TALMUD YERUSHALMI

תלמוד ירושלמי

This volume is part of

THE ARTSCROLL SERIES®

an ongoing project of
translations, commentaries and expositions on
Scripture, Mishnah, Talmud, Midrash, Halachah,
liturgy, history, the classic Rabbinic writings,
biographies and thought.

For a brochure of current publications visit your local
Hebrew bookseller or contact the publisher:

Mesorah Publications, ltd

4401 Second Avenue / Brooklyn, New York 11232
(718) 921-9000 / www.artscroll.com

Many of these works are possible
only thanks to the support of the
MESORAH HERITAGE FOUNDATION,
which has earned the generous support of concerned people,
who want such works to be produced
and made available to generations world-wide.
Such books represent faith in the eternity of Judaism.
If you share that vision as well,
and you wish to participate in this historic effort
and learn more about support and dedication opportunities –
please contact us.

Mesorah Heritage Foundation

4401 Second Avenue / Brooklyn, N.Y. 11232
(718) 921-9000 / www.mesorahheritage.org

Mesorah Heritage Foundation is a 501c3 not-for-profit organization.

Scriptural Index

stringency associated with **terumah** and sacrifices, their levels of contamination can go beyond that of *sheni*. Thus, if a *sheni* touches *terumah,* it becomes a *shelishi l'tumah* (third degree of [acquired] *tumah*) but the *tumah* of *terumah* goes no further than this degree. Sacrificial items can go a step further, to *revii l'tumah* (fourth degree of [acquired] *tumah*).

As a general rule, the word **tamei,** *contaminated,* is applied to an object that can convey its *tumah* to another object of its genre. An object that cannot convey its *tumah* in this way is called, **pasul,** (invalid,) rather than *tamei.*

tumas meis — the **tumah** of a human corpse.

tzaraas — See **metzora**.

tzitzis — the fringes that by **Torah** law must be placed on a four-cornered garment.

yavam — See **yibum**.

yetzer hara — Evil Inclination.

yevamah — See **yibum**.

yibum — levirate marriage. When a man dies childless, the **Torah** provides for one of his brothers to marry the widow. This marriage is called *yibum*. Pending this, the widow is forbidden to marry anyone else. The surviving brother, upon whom theobligation to perform the **mitzvah** of *yibum* falls, is called the *yavam.* The widow is called the *yevamah. Yibum* is effected only through cohabitation. If the brother should refuse to perform *yibum*, he must release her from her *yibum*-bond by performing the alternate rite of **chalitzah,** in which she removes his shoe before the court and spits before him and declares: *So should be done to the man who will not build his brother's house* (*Deuteronomy* 25:5-10).

Yisrael [pl. **Yisraelim**] — (a) Jew; (b) Israelite (in contradistinction to **Kohen** or **Levi**).

Yom Kippur — Day of Atonement; a day of prayer, penitence, fasting and abstention from **melachah**.

Yom Tov [pl. **Yamim Tovim**] — holiday; the festival days on which the Torah prohibits **melachah**. Specifically, it refers to the first and last days of **Pesach,** the first day of **Succos, Shemini Atzeres, Shavuos, Yom Kippur** and the two days of **Rosh Hashanah**. Outside of **Eretz Yisrael,** an additional day of **Yom Tov** is added to each of these festivals, except **Yom Kippur** and **Rosh Hashanah**.

Yovel — fiftieth year [Jubilee]; the year following the conclusion of a set of seven **shemittah** cycles. On **Yom Kippur** of that year, the **shofar** is sounded to proclaim freedom for the Jewish servants, and to signal the return to the original owner of fields sold in **Eretz Yisrael** during the previous forty-nine years.

zav [pl. **zavim**] — a man who has become **tamei** because of a specific type of seminal emission. If three emissions were experienced during a three-day period, the man must bring offerings upon his purification.

zavah [pl. **zavos**] — After a woman concludes her seven days of **niddah,** there is an eleven-day period during which any menseslike bleeding renders her a *minor zavah.* If the menstruation lasts for three consecutive days, she is a *major zavah* and must bring offerings upon her purification.

Zichronos — part of the **Mussaf** prayer of **Rosh Hashanah**. The verses of Remembrance deal with God's attribute of remembering all the deeds of mankind, good and bad; and His examination of them all on this Day of Judgment.

zivah — lit. seepage or flow; the type of discharge which if repeated renders one to be a **zav** or **zavah**.

zomemim — witnesses who were proven to be false due to the appearance of other witnesses who claim that the first pair were with them and could not have seen whatever it was they testified about.

for the sake of a different type of sacrifice, e.g. an *olah* for the sake of a *shelamim*.

shemittah – the Sabbatical year, occurring every seventh year, during which the land of **Eretz Yisrael** may not be cultivated.

Shemoneh Esrei – also called **Amidah;** the silent, standing prayer, which is one of the main features of the daily prayer services.

Shevat – eleventh month of the Hebrew calendar.

sheviis – See **shemittah**.

shevuah oaths – a formula with which one may make a self-imposed prohibition. A *shevuah oath* renders actions, in contradistinction to objects, forbidden.

shich'chah – sheaves forgotten in the field during their removal to the threshing floor as well as standing produce that the harvester overlooked. The Torah grants these to the poor. See **leket, pe'ah**.

shliach tzibbur – lit. messenger of the congregation; the individual leading the prayer service, e.g. the *chazzan*.

shofar – trumpet formed from the horn of a ram or certain other animals. It is a Biblical obligation to hear the blowing of a *shofar* on **Rosh Hashanah**.

Shofaros – part of the **Mussaf** prayer of **Rosh Hashanah**. The verses of *Shofaros* discuss God's revelation through the **shofar** blasts at Mount Sinaa and His future Revelation through the **shofar** that heralds the advent of the Messianic King.

shtei halechem – lit. two loaves; the offering of two wheat loaves that must be brought on **Shavuos.** It is accompanied by two lambs with which it is waved, and whose offering permits it for consumption by the **Kohanim.** In addition to these lambs, the **Torah** mandates another group of offerings to be brought in conjunction with the *shtei halechem,* one of which is the **chatas**.

Shulchan – lit. table; the golden Table for the **lechem hapanim,** located in the **Holy**.

sotah – an adulteress or a woman whose suspicious behavior has made her suspected of adultery. The **Torah** prescribes, under specific circumstances, that her guilt or innocence be established by having her drink specially prepared water.

succah – (a) the temporary dwelling in which one must live during the festival of **Succos;** (b) [cap.] the Talmudic tractate that deals with the laws that pertain to the festival of **Succos.**

Succos – one of the three **pilgrimage festivals;** on Succos one must dwell in a **succah**.

taharah – a halachically defined state of ritual purity; the absence of **tumah**-contamination.

tahor – person or object in a state of **taharah**.

tamei – person or object that has been contaminated by **tumah** and that can convey *tumah* to another object of its genre.

tamid [pl. **temidim**] – communal **olah,** offered twice daily.

Tanna [pl. **Tannaim**] – Sage of the Mishnaic period whose view is recorded in a **Mishnah** or **Baraisa.**

Tanna Kamma – the anonymous first opinion of a **Mishnah** or **Baraisa**.

Targum – lit. translation; the Aramaic interpretive translation of Scripture.

techum [pl. **techumim**] – Sabbath boundary; the distance of 2,000 **amos** from a person's Sabbath residence which he is permitted to travel on the Sabbath or **Yom Tov**. See **eruvei techumim**.

tefach [pl. **tefachim**] – handbreadth; a measure of length equal to the width of four thumbs.

tefillah – (a) prayer; (b) in Talmudic usage, **tefillah** invariably refers to **Shemoneh Esrei**.

tefillin – phylacteries; two black leather casings, each of which contains Torah passages written on parchment. It is a **mitzvah** for adult males to wear one on the head and one on the arm.

tekiah – sound of the shofar – a long even blast.

tekias shofar – blowing of the shofar.

tekufah – season.

temei'ah – female for **tamei**.

Temple – See **Beis HaMikdash**.

Temple Mount – the site of the Holy **Temple.** See **Beis HaMikdash**.

temurah – The **Torah** forbids a person to even verbally substitute a different animal for an already consecrated sacrificial animal. This is forbidden even if the second animal is superior. If one violates this prohibition, both the animals are sacred. Both the act of substitution and the animal substituted are known as a *temurah*.

teruah – sounding of the shofar – a wavering blast.

terumah [pl. **terumos**] – the first portion of the crop separated and given to a **Kohen,** usually between 1/40 and 1/60 of the total crop. It is separated prior to **maaser,** and upon separation attains a of state sanctity which prohibits it from being eaten by a non-**Kohen,** or by a **Kohen** in a state of **tumah**.

terumas maaser – the tithe portion separated by the **Levi** from the **maaser rishon** he receives, and given to **Kohen**.

tevel – produce of **Eretz Yisrael** that has become subject to the obligation of **terumah** and **tithes;** it is forbidden for consumption until *terumah* and all tithes have been designated.

tevul yom – lit. one who has immersed that day. This is a person who had been rendered ritually impure with a Biblical **tumah** from which he purified himself with immersion in a **mikveh.** A residue of the *tumah* lingers until nightfall of the day of his immersion, leaving him *tamei* in regard to sacrifices, **terumah** and entering the **Temple** Courtyard. A person in this reduced state of *tumah* is known as a *tevul yom,* and he renders *terumah* and *kodashim* invalid through contact.

Tishah B'Av – lit. the Ninth of Av; the fast day that commemorates the destruction of the First the Second **Beis HaMikdash** and as well as other national tragedies.

Tishrei – seventh month of the Hebrew calendar.

todah [pl. **todos**] – thanksgiving offering brought when a person survives a potentially life-threatening situation. It is unique in that forty loaves of bread accompany it.

tumah [pl. **tumos**] – legally defined state of ritual impurity affecting certain people or objects. The strictest level of *tumah, avi avos hatumah* [literally: father of fathers of *tumah*], is limited to a human corpse. The next, and far more common level, is known as *av hatumah,* primary [literally: father] *tumah.* This category includes: one who touched a human corpse; **sheretz,** the carcass of one of the eight species of creeping creatures listed in *Leviticus* 11:29-30; the carcass of a **neveilah,** an animal that died by some means other than a valid ritual slaughter; or one who is a **zav, zavah, niddah** or **metzora**.

An object that is contaminated by an **av hatumah** [primary *tumah*] becomes a **rishon l'tumah** (*first degree of* [acquired] *tumah*). This degree of contamination is also called *v'lad hatumah* (*secondary tumah*) [literally: child (as opposed to *av,* father) of *tumah*]. An object contracting *tumah* from a *rishon* becomes a *sheni l'tumah* (second degree *of* [acquired] *tumah*) – (or *v'lad v'lad hatumah, child of child of tumah*).

In the case of *chullin, unsanctified food,* contamination can go no further than a *sheni;* thus, if a *sheni* touches unsanctified food, that food acquires no degree of contamination whatsoever.

Commensurate with the respectively greater degrees of

or **Yom Tov.** The Rabbis prohibited moving such objects on the Sabbath or *Yom Tov;* (b) an animal set aside to be sacrificed for idolatry.

mussaf — (a) additional sacrifices offered on the Sabbath, **Rosh Chodesh** or **Yom Tov;** (b) [cap.] the prayer service which is recited in lieu of these sacrifices.

Nasi [pl. **Nesiim**] — the Prince. He serves as the head of the **Sanhedrin** and de facto as the spiritual leader of the people.

nazir [f. **nezirah**] — a person who takes the vow of **nezirus,** which prohibits him to drink wine, eat grapes, cut his hair or contaminate himself with the **tumah** of a corpse.

nedavah [pl. **nedavos**] — See **donated offering**.

neder [pl. **nedarim**] — a vow which renders objects, in contradistinction to actions, prohibited. There are two basic categories of vows: (a) restrictive vows; (b) vows to donate to **hekdesh.** See **hekdesh,** see also **donated offering**.

Ne'ilah — closing prayer service of Yom Kippur.

nesachim — a libation, generally of wine, which is poured upon the **Altar.** It accompanies certain offerings and may be donated separately as well.

netz reva'im — See **revai.**

nezirus — the state of being a **nazir.**

niddah — a woman who has menstruated but has not yet completed her purification process, which concludes with immersion in a **mikveh.**

Nissan — first month of the Hebrew calendar.

nisuch hamayim — water libation brought on Succos

olah [pl. **olos**] — burnt or elevation offering; an offering which is consumed in its entirety by the **Altar** fire. It is one of the **kodshei kodashim**.

olas re'iyah — **olah** of appearance. Every adult Jewish male is commanded to appear at the **Beis HaMikdash** during the three pilgrimage festivals of **Pesach, Shavuos** and **Succos.** He may not appear empty handed, but must bring an *olah* called *olas re'iyah* as sacrifice.

Omer — an obligatory **minchah** offering brought on the sixteenth of **Nissan.** It is brought from toasted kernals of barley. It was forbidden to eat from the new grain crop (**chadash**) before this offering was brought.

onein [f. **onenes**] [pl. **onenim**] — See **aninus**.

orlah — lit. sealed; fruit that grows on a tree during the first three years after it has been planted (or transplanted). The Torah prohibits any benefit from such fruit.

parah adumah — lit. red cow. The ashes of the *parah adumah* are mixed with springwater. The resulting mixture is known as **mei chatas** and is used in the purification process of people or objects who have contracted **tumah** from a human corpse.

peace offering — See **shelamim**.

pe'ah — the portion of the crop, generally the corner of the field, that must be left unreaped as an entitlement to the poor.

peret — individual grapes which fell during harvesting. The Torah grants these to the poor. See **shich'chah, leket** and **pe'ah**.

Pesach — Passover, the **Yom Tov** that celebrates the Exodus of the Jewish nation from Egypt.

pesach offering — sacrifice offered on the afternoon of the fourteenth day of **Nissan** and eaten after nightfall. It is one of the **kodashim kalim**.

Pesach Sheni — lit. Second **Pesach;** (a) u.c. the fourteenth of **Iyar.** This day fell one month after the **Yom Tov** of Pesach. Any individual who is **tamei** at the time designated for the **pesach offering** must wait till *Pesach Sheni* to bring his offering; (b) l.c. a *pesach* offering brought on the fourteenth of Iyar.

pilgrimage festival — the title for the holidays of **Pesach, Shavuos** and **Succos,** when all Jewish males were obligated to appear at the **Beis HaMikdash** in Jerusalem.

Rebbi — R' Yehudah HaNasi; the redactor of the **Mishnah**.

red cow — See **parah adumah**.

re'iyah — See **olas re'iyah.**

reshus harabim — lit. public domain; any unroofed, commonly used street, public area or highway at least sixteen **amos** wide and open at both ends. According to some, it must be used by at least 600,000 people.

reshus hayachid — lit. private domain; any area measuring at least four **tefachim** by four *tefachim* and enclosed by partitions at least ten *tefachim* high. According to most opinions, it needs to be enclosed only on three sides to qualify as a *reshus hayachid*. Private ownership is not a prerequisite.

reva'i — fruit produced by a tree in its fourth year. This is consecrated in the same manner as **maaser sheni** and must be eaten in Jerusalem or be redeemed with money which is spent in Jerusalem on food to be eaten there. See **orlah**.

Rishon [pl. **Rishonim**] — a **Torah** authority of the period following the Geonim (approx. 1000-1500 C.E.).

Rosh Chodesh — (a) festival celebrating the new month; (b) the first of the month.

Rosh Hashanah — the **Yom Tov** that celebrates the new year. It falls on the first and second days of **Tishrei**.

R' — Rabbi; specifically a **Tanna,** or **Amora** of **Eretz Yisrael**.

Sadducees — heretical sect active during the Second **Temple** era named after Tzaddok, a disciple of Antigenos of Socho. They denied the Divine origin of the **Oral Law** and refused to accept the Sages' interpretation of the **Torah**.

Sages — (a) the collective body of Torah authorities in the Mishnaic era; (b) the anonymous majority opinion in a **Mishnah** or **Baraisa;** (c) [l.c.] Torah scholar and authority.

Sanctuary — a term applied to the Temple building that housed the **Holy** and the **Holy of Holies**.

Sanhedrin — (a) the High Court of Israel; the Supreme Court consisting of seventy-one judges whose decisions on questions of Torah law are definitive and binding on all courts; (b) [l.c.] a court of twenty-three judges authorized to adjudicate capital and corporal cases.

semichah — (a) Rabbinical ordination empowering one to serve as a judge. This ordination stretches back in an unbroken chain to Moses; (b) a rite performed with almost all personal sacrificial offerings. The owner of the offering places both his hands on the top of the animal's head and presses down with all his might. In the case of a **chatas** or an **asham,** he makes his confession during *semichah*. In the case of a **shelamim** or **todah** offering, he praises and thanks God.

Sgan Kohen Gadol — deputy Kohen Gadol.

shaatnez — See **kilayim**.

Shacharis — the morning prayer service.

shalmei chagigah — see **chagigah offering**

shalmei simchah — *shelamim* of joy — a *shelamim* that is slaughtered and eaten during the course of a festival.

shekel [pl. **shekalim, shekels**] — Scriptural coin equivalent to the Aramaic **sela** or four **dinars.** In Mishnaic terminology, the Scriptural half-*shekel* is called a *shekel,* and the Scriptural *shekel* is called by its Aramaic name, **sela**.

shelamim — peace offering; generally brought by an individual on a voluntary basis; part is burnt on the **Altar,** part is eaten by a **Kohen** (and the members of his household) and part is eaten by the owner. It is one of the **kodashim kalim**.

shelo lishmah — not for its own sake; i.e. intending a sacrifice lashes unless he was warned, immediately prior to commission, of the forbidden nature of the crime and the punishment to which he would be liable.

Heichal – See **Beis HaMikdash**.

hekdesh – (a) items consecrated to the **Temple** treasury or as offerings. *Hekdesh* can have two levels of sanctity: **monetary sanctity** and **physical sanctity.** Property owned by the Temple treasury is said to have monetary sanctity. Such property can be redeemed or can be sold by the *hekdesh* treasurers, and the proceeds of the redemption or sale become *hekdesh* in its place. Consecrated items that are fit for the Temple service (e.g. unblemished animals or sacred vessels) are deemed to have physical sanctity; (b) the state of consecration; (c) the **Temple** treasury.

hekeish – an exegetical derivation based on a connection that Scripture makes (often through juxtaposition) between different areas of law. By making this connection, Scripture teaches that the laws that apply to one area can be applied to the other area as well.

kal vachomer – lit. light and heavy, or lenient and stringent; an *a fortiori* argument. It is one of the thirteen principles of Biblical hermeneutics. It involves the following reasoning: If a particular stringency applies in a usually lenient case, it must certainly apply in a more serious case; the converse of this argument is also a *kal vachomer.*

kares – excision; Divinely imposed premature death decreed by the **Torah** for certain classes of transgression.

kav [pl. **kabim**] – a measure equal to four **lugin**.

kebeitzah – an egg's volume.

kemitzah – the first of four essential services of a **minchah** offering. The **Kohen** closes the middle three fingers of his right hand over his palm and scoops out flour from the *minchah* to form the **kometz** that is burned on the **Altar**.

kezayis – the volume of an olive; minimum amount of food whose consumption is considered "eating."

Kiddush HaChodesh – lit. sanctifying the renewal. Sanctification and declaration of the day that is Rosh Chodesh.

Kislev – ninth month of the Hebrew calendar.

kodashim kalim – offerings of lesser holiness (one of the two classifications of sacrificial offerings). They may be eaten anywhere in Jerusalem by any **tahor** person. They include the **todah,** regular **shelamim, bechor, nazir's ram, maaser** and **pesach offerings.** This category of offerings is not subject to the stringencies applied to **kodshei kodashim**.

kodesh – (a) any consecrated object; (b) the anterior chamber of the **Temple** – the **Holy;** (c) portions of sacrificial offerings.

kodshei kodashim – most-holy offerings (one of the two classifications of sacrificial offerings). They may be eaten only in the Temple Courtyard and only by male **Kohanim.** They include the **olah** (which may not be eaten at all), **chatas, asham** and communal **shelamim.** These are subject to greater stringencies than **kodashim kalim**.

kometz [pl. **kematzim**] – See **kemitzah**.

korban – a sacrificial offering brought in the **Beis HaMikdash**.

lashes – See **malkus** and **makkas mardus**.

lechatchilah – (a) before the fact; (b) performance of a **mitzvah** or procedure in the proper manner.

leket – gleanings; one of the various portions of the harvest which the Torah grants to the poor. *Leket* refers to one or two stalks of grain that fall from the reaper when he gathers the harvest. See **shich'chah, pe'ah** and **peret**.

libation – See **nesachim**.

lishmah – for its own sake.

litra – (a) a liquid measure equal to the volume of six eggs; (b) a unit of weight.

log [pl. **lugin]** – a liquid measure equal to the volume of six eggs, between 16 and 21 ounces in contemporary measure.

Maariv – the evening prayer service.

maaser [pl. **maasros**] – tithe. It is a Biblical obligation to give two tithes, each known as *maaser,* from the produce of the Land of Israel. The first tithe (**maaser rishon**) is given to a **Levi.** The second tithe (**maaser sheni**) is taken to Jerusalem and eaten there, or redeemed with coins which are then taken to Jerusalem for the purchase of food to be eaten there. In the third and sixth years of the seven-year **shemittah** cycle, the *maaser sheni* obligation is replaced with **maaser ani,** the tithe for the poor.

maasar ani – See **maaser.**

maasar beheimah – the animal tithe. The newborn kosher animals born to one's herds and flocks are gathered into a pen and made to pass through an opening one at a time. Every tenth animal is designated as **maaser.** It is brought as an offering in the **Temple** and is eaten by the owner.

maaser of animals – See **maasar beheimah.**

maaser rishon – See **maaser**.

maaser sheni – See **maaser**.

Malchiyos – part of the **Mussaf** prayer of **Rosh Hashanah**. The verses of Kingship attest to God's past, present and future ultimate Kingship.

malkus – the thirty-nine lashes (forty minus one) imposed by the court for violations of Biblical prohibitions, where a more severe punishment is not indicated.

mechussar kapparah [pl. **mechussar kippurim**] – lit. lacking atonement; the status accorded to a **tevul yom** in the interim between sunset of the day of his immersion and the time he brings his offerings. During that interval, he retains a vestige of his earlier **tumah** and is thus forbidden to enter the **Temple** Courtyard or partake of the offerings.

melachah [pl. **melachos**] – labor; specifically, one of the thirty-nine labor categories whose performance is forbidden by the Torah on the Sabbath and **Yom Tov.** These prohibited categories are known as ***avos*** *melachah.* Activities whose prohibition is derived from one of these thirty-nine categories are known as **tolados** (s. *toladah*) – secondary labor.

Menorah – the seven-branched gold candelabrum which stood in the **Holy**.

metzora – A *metzora* is a person who has contracted **tzaraas** (erroneously described as leprosy), an affliction mentioned in *Leviticus* (Chs. 13,14). *Tzaraas* manifests itself (on people) as white or light-colored spots on the body.

mikveh – ritualarium; a body of standing water containing at least forty **se'ah.** It is used to purify (by immersion) people and utensils of their **tumah**-contamination. A *mikveh* consists of waters naturally collected, without direct human intervention. Water drawn in a vessel is not valid for a *mikveh.*

minchah – (a) [cap.] the afternoon prayer service; (b) [pl. **menachos**] a flour offering, generally consisting of fine wheat flour, oil and frankincense, part of which is burnt on the **Altar.** See **kemitzah**.

molad – birth. This is the moment during the moons monthly rotation around earth at which the moon is located precisely between the earth and the sun. At this point it begins a new revolution and chages from an "old" moon to a "new" moon.

molad halevanah – birth of the moon. See **molad**.

muktzeh – lit. set aside; (a) a class of objects which, in the normal course of events, do not stand to be used on the Sabbath in boiling water, baked and fried in a **machavas**. Half of it is offered with the morning **tamid** and half with the afternoon *tamid.* It is completely burned on the Altar.

chazakah — (a) legal presumption that conditions remain unchanged unless proven otherwise; (b) one of the methods of acquiring real estate; it consists of performing an act of improving the property, such as enclosing it with a fence or plowing it in preparation for planting; (c) "established rights"; uncontested usage of another's property establishes the right to such usage; since the owner registered no protest, acquiescence is assumed; (d) uncontested holding of real property for three years as a basis for claiming acquisition of title from the prior owner.

chelek [pl. **chalakim**] — portion(s). Our Sages divided the hour into 1080 portions. Each portion is equivalent to 3½ seconds.

cheresh — lit. a deaf person; generally used for a deaf-mute who can neither hear nor speak. A *cheresh* is legally deemed mentally incompetent; his actions or commitments are not legally significant or binding.

chillul Hashem — lit. profanation of God's Name. (a) behavior which casts Jews in a negative light; (b) violation of a Torah prohibition done in the presence of ten male Jews.

chinuch — education, training

chodesh — month, renewal. (a) As the moon gradually moves out of precise alignment between the earth and the sun, the moon reaches a point where some sunlight is reflected toward the earth. Then, a small part of the moon becomes visible as a very thin crescent which is known as the first phase of the moon. *Chodesh* is one of the names given to this first phase, see **molad**. (b) The Hebrew word for month.

Chol HaMoed — the Intermediate Days of the festivals of **Pesach** and **Succos**; these enjoy a quasi-**Yom Tov** status.

chullin — lit. profane things; any substance that is not sanctified. See **kodesh**.

chutz laaretz — the Diaspora.

Cutheans — a non-Jewish tribe brought by the Assyrians to settle the part of **Eretz Yisrael** left vacant by the exile of the Ten Tribes. Their subsequent conversion to Judaism was considered questionable and their observance of many laws was lax.

decapitated calf — see **eglah arufah.**

donated offering — There is a difference between a נֶדֶר, **neder** (vowed offering), and a נְדָבָה, **nedavah** (donated offering). In the case of a *neder,* the vower declares הֲרֵי עָלַי קָרְבָּן, "It is hereby incumbent upon me to bring a sacrifice." He fulfills his vow by later designating a specific animal as the sacrifice and offering it. In the case of a **nedavah**, the vower declares הֲרֵי זוּ קָרְבָּן, "This [animal] is a sacrifice," designating from the very start the particular animal he wishes to bring as an offering. In the case of a *neder,* if the designated animal is lost or dies, the vower must bring another in its place, since he has not yet fulfilled his vow "to bring a sacrifice." In the case of **a nedavah,** however, if anything happens to the designated animal the vower need not replace it since his vow was only to bring "*this* animal."

eglah arufah — *decapitated calf;* when a murder victim is found and the murderer is not known, the **beis din** measures to determine the city closest to where the corpse lies. The elders of that city are required to decapitate a calf, in accordance with the laws outlined in *Deuteronomy* 21:1-9.

encumbered property — land owned by a debtor at the time he incurred a debt, but which he later sold or gave to a third party. Such land is encumbered by the debt; the creditor can retrieve it from the current owner to satisfy the debt, if the debtor defaults.

erech [pl. **arachin**] — a fixed valuation. The *erech* of a person is the amount fixed by the **Torah** for each of eight different groupings classified by age and gender. All individuals included in the same broad grouping have the identical *erech* valuation, regardless of their value on the slave market.

Eretz Yisrael — Land of Israel.

eruv — popular contraction of **eruvei chatzeiros, eruvei tavshilin** or **eruvei techumin**.

eruvei chatzeiros — a legal device which merges several separate ownerships **(reshus hayachid)** into a single joint ownership. Each resident family of a **chatzeir** contributes food to the *eruv,* which is then placed in one of the dwellings of the *chatzeir.* This procedure allows us to view all the houses opening into the courtyard as the property of a single consortium (composed of all the residents of the courtyard). This permits all the contributing residents of the *chatzeir* to carry items during the Sabbath from the houses into the *chatzeir* and from one house to another.

eruvei tavshilin — the prepared food set aside prior to a **Yom Tov** that falls on Friday to serve as token food for the Sabbath that follows. Once this token food has been set aside, the person is allowed to complete his preparations for Sabbath on *Yom Tov.* Such preparation is generally forbidden otherwise.

eruvei techumin — merging of boundaries; a legal device that allows a person to shift his Sabbath residence from which the 2,000-**amah techum** is measured. This is accomplished by placing a specific amount of food at the desired location before the start of the Sabbath. The place where the food has been placed is then viewed as his Sabbath residence, and his *techum*-limit is measured from there. This does not extend his **techum** Shabbos, but merely shifts the point from which it is measured.

four species — (a) **aravos** — willow branches; (b) **esrog** — citron; (c) **hadasim** — myrtle branches; (d) **lulav** — palm branches; we are commanded to hold these **four species** in hand on the Festival of **Succos.**

Gemara — portion of the Talmud which disucsses the **Mishnah;** also, loosely, a synonym for the Talmud as a whole.

gematria — the numeric valuation of the Hebrew alphabet.

get [pl. **gittin**]—bill of divorce; the document that—when it is placed in the wife's possession—effects the dissolution of a marriage.

gezeirah shavah — one of the thirteen principles of Biblical hermeneutics. If a similar word or phrase occurs in two otherwise unrelated passages in the **Torah,** the principle of *gezeirah shavah* teaches that these passages are linked to one another, and the laws of one passage are applied to the other. Only those words which are designated by the Oral Sinaitic Law for this purpose may serve as a basis for a *gezeirah shavah.*

gifts to the poor — These include **leket, shich'chah, pe'ah, peret, oleilos** and **maaser ani**.

Hakheil — assemble; see **Assembly.**

halachah [pl. **halachos**] — (a) a **Torah** law; (b) [u.c.] the body of Torah law; (c) in cases of dispute, the position accepted as definitive by the later authorities and followed in practice; (d) a **Halachah LeMoshe MiSinai**.

Halachah LeMoshe MiSinai — laws taught orally to Moses at Sinai, which cannot be derived from the Written Torah.

half-shekel — While the Temple stood, every adult male Jew was required to donate a half-*shekel* annually to fund the purchase of the various communal offerings (including, among others, the daily **tamid** offerings and the holiday **mussaf** offerings).

Hashem — lit. the Name; a designation used to refer to God without pronouncing His Ineffable Name.

hasraah — warning. One does not incur the death penalty or

Glossary

Adar Sheni – lit. the second Adar. When it is deemed necessary for a leap year to be designated, an extra month is added. When this occurs there are two Adars, the second of which is Adar Sheni.

Aggadah, aggadata – the homiletical teachings of the Sages and all non-halachic Rabbinic literature found in the Talmud.

Altar – the great *Altar*, which stands in the Courtyard of the **Beis HaMikdash.** Certain portions of every offering are burnt on the *Altar*. The blood of most offerings is applied to the walls of the *Altar*. See also **Inner Altar.**

amah [pl. **amos**] – cubit; a linear measure equaling six **tefachim.** Opinions regarding its modern equivalent range between 18 and 22.9 inches.

am haaretz [pl. **amei haaretz**] – a common, ignorant person who, possibly, is not meticulous in his observance of **halachah.**

Amidah – see **Shemoneh Esrei**

Amora [pl. **Amoraim**] – sage of the **Gemara;** cf. **Tanna.**

aninus – the state of being an **onein.** Upon the death of one's seven closest relatives a person enters a state of mourning. The first stage of the mourning period is called *aninus.* This stage (during which the mourner is known as an *onein*) lasts until the end of the day on which the death occurred. When burial is delayed the Rabbis extend the *aninus* period until the end of that day.

Anshei Knesses HaGedolah – See **Men of the Great Assembly.**

asham [pl. **ashamos**] – guilt offering, an offering brought to atone for one of several specific sins; in addition, a part of certain purification offerings. It is one of the **kodshei kodashim.**

asham for a doubt – See **ashum talui.**

asham talui – an *asham* offering brought by a person who is unsure whether he has inadvertently committed a **kares**-bearing sin. It does not atone for the *kares* penalty but serves only to suspend punishment until the person confirms that he has committed the transgression and brings a **chatas** for atonement.

asmachta [pl. **asmachtos**] – lit. reliance. (a) a conditional commitment made by a party who does not really expect to have to honor it; (b) a verse cited by the **Gemara** not as a Scriptural basis for the law but rather as an allusion to a Rabbinic law.

Assembly – This event took place on the evening following the first day of Succos, in the year following the **shemittah** year. The entire nation would gather in one of the Temple Courtyards to hear the king read from the Book of *Deuteronomy.*

Av – (a) fifth month of the Hebrew calendar. (b) l.c. [pl. **avos**] see **melachah.**

av beis din – chief of the court. This position was second in importance to the **Nasi** who served as head of the **Sanhedrin.**

avodah [pl. **avodos**] – the sacrificial service, or any facet of it. There are four critical *avodos* in the sacrificial service. They are **shechitah, kabbalah, holachah** and **zerikah.**

avodah zarah – idol worship, idolatry.

Baraisa [pl. **Baraisos**] – the statements of **Tannaim** not included by **Rebbi** in the **Mishnah.** R' Chiya and R' Oshaya, the students of Rebbi, researched and reviewed the *Baraisa* and compiled an authoritative collection of them.

bechor – (a) firstborn male child; (b) a firstborn male kosher animal. Such an animal is born with sacrificial sanctity, and must be given to a **Kohen** who then offers it (if unblemished) as a *bechor* sacrifice in the **Temple** and eats its sacred meat. Unlike other sacrifices, the *bechor* is automatically sacred from birth even without designation.

bedek habayis – **Temple** Treasury – monies for the Temple upkeep.

bedi'avad – after the fact. See **lechatchilah.**

bein hashemashos – the twilight period preceding night. The legal status of *bein hashemashos* as day or night is uncertain.

beis din – court; Rabbinical court comprised minimally of three members. Such a court is empowered to rule on civil matters. See also **Sanhedrin.**

Beis HaMikdash – Holy **Temple** in Jerusalem. The **Temple** edifice comprised (a) the Antechamber or **Ulam**; (b) the **Holy** or **Heichal**; and (c) the **Holy of Holies.** See **Sanctuary.**

bikkurim – the first-ripening fruits of any of the seven species (wheat, barley, grapes, figs, pomegranates, olives, dates), with which the Torah praises Eretz Yisrael. They are brought to the **Temple** where certain rites are performed, and given to the **Kohanim.**

Bircas HaMazon – the blessings recited after a meal.

Bircas Kohanim – See **Priestly Blessing.**

bitul (or **bitul b'rov**) – the principle of nullification in a majority. Under certain circumstances, a mixture of items of differing legal status assumes the status of its majority component.

Bris Milah – ritual circumcision.

Canaanite slave – a non-Jewish slave owned by a Jew. His term of servitude is for life. While owned by the Jew, he is obligated in all the **mitzvos** incumbent upon a Jewish woman. Upon being freed, he becomes a full-fledged Jew, with a status similar to that of a convert.

chadash – the new crop of grain until the *Omer* is brought, one is forbidden to eat from the new crop of grain – see **Omer.**

chagigah offering – festival offering. Every adult Jewish male is required to bring a *chagigah* offering on the first day of the festivals of **Pesach, Shavuos** and **Succos.** It is one of the **kodashim kalim**, specifically, a type of **shelamim** offering.

chametz – leavened products of the five species of grain. *Chametz* is forbidden on **Pesach.**

chatas [pl. **chataos**] – sin offering; an offering generally brought in atonement for the inadvertent transgression of a prohibition punishable by **kares** when transgressed deliberately. A *chatas* is also brought as one of various purification offerings. It is one of the **kodshei kodashim.**

chatas cow – See **parah adumah.**

chavitin – a **minchah** offering that consists of twelve loaves made from flour and oil. Before being offered on the Altar, the *chavitin* were kneaded with warm water and oil, boiled

Glossary

Scriptural Index

מלכיות דא"כ למה קחשיב דווקא הנך תלת, אלא על כרחך דס"ל דאלהות אינן מלכיות, רק הנך ג' פסוקי דמיירי מאחדות אלהות, אחד, אין עוד מלבדו, אין עוד, בזה ס"ל לר' יוסי דהוי מלכיות. וזה אלו הג' הפסוקים דנחלקו ר' יוסי ור' יהודא קרי להו בירושלמי אלהות ומלכיות, מכיון שהוא אחד ואין עוד מלבדו הוי מלכיות ונמצא דאחדות הוא מלכיות ומכיון דמייחד אלהות הוי אלהות מלכיות, ולא עוד אלא דאליבא דר' יוסי הוי חשוב לעלות לשנים אליבא דשיטת הירושלמי, ור' יהודה דס"ל דאינו עולה לשנים אבל לאחד עולה דס"ל לר' יהודא דאחדות אלהות אינו עולה לשם מלכיות, ולשיטת הבבלי מוכרח על כרחך דאליבא דר' יהודה אינו עולה אף לאחד, אבל במקום דאינו מייחד אלהות אלא אלהים לבד נאמר בלא יחוד בזה ס"ל לר' יוסי דאלהות אינן מלכיות, רק באלו הג' פסוקים דמייחד אלהות ונקרא בירושלמי אלהות ומלכיות בזה ס"ל לר' יוסי דהוי מלכיות, ולא עוד אלא דעולה לשנים דס"ל לר' יוסי דאלהות ומלכיות בפסוק אחד עולה משום שנים:

זמרו אלהים זמרו זמרו למלכינו זמרו עולין לו משום שנים דברי ר' יהודה ר' יוסי אומר אינן עולין, ר' זעירה בעי ביה ודבתריה פליגין או ביה לגרמיה. 'אם פליגין בקרא דבתריה כי מלך כל הארץ אלהים וגו' או ביה לגרמיה פליגין. י פ דבבבלי (לב:) מפורש דפליגי בקרא דבתריה [א]דר' יהודא ס"ל דזמרו למלכנו הוי מלכיות, וכי מלך כל הארץ אלהים הוי מלכיות ג"כ ועולין לו משום שנים, אבל ר' יוסי ס"ל דמלכנו לא הוי מלכיות כפירש"י ז"ל, ונמצא דהוי אחד. אבל ליכא למימר דפליגי בקרא קמא לבד דלר' יהודה הוי זמרו אלהים וזמרו למלכנו שנים ולר"י הוי אחד, זה אינו לשיטת הבבלי, דלשיטתם לא ס"ל לר' יהודה דאלהות הוי מלכיות ועל כרחך פליגי בקרא דבתריה ופליגין אם מלכנו עולה לשם מלכיות, אבל לשיטת הירושלמי מיבעיא לר"ז או דפליגי בקרא קמא לבד דר' יהודא ס"ל דאלהים ומלכנו עולה משום שנים ור' יוסי ס"ל דאלהות אינו עולה לשם מלכות, אבל מלכנו לכו"ע הוי מלכות, או דפליגי ביה ודאבתריה ופליגי אם מלכנו עולה לשם מלכיות, אבל לכו"ע בפסוק הראשון לבד אינו עולה משום שנים אף לר' יהודא, דר' יהודא לא ס"ל הא דר' יוסי דאלהות ומלכיות עולין לו משום שנים בפסוק אחד, ולא פליגי רק ביה ובדאבתריה דרבי יהודא סבירא ליה מלכנו עולה משום מלכיות ורבי יוסי סבירא ליה דמלכנו אינה עולה, ולא הוי רק אחד בקרא דאבתריה כי מלך כל הארץ אלהים. ופשטינן מהא דתני הכל מודין **במלך אלהים על גוים שהוא אחד הדא אמרה ביה ובדאבתריה פליגין**, דהכל מודין במלך אלהים על גוים שהוא אחד, דרבי יוסי אף דסבירא ליה דאלהות ומלכיות עולין לו משום שנים אבל סבירא ליה דאלהות בלא יחוד אינו עולה משום מלכיות, ור' יהודה אף דסבירא ליה דאלהות לבד עולה משום מלכיות אבל פליג על ר' יוסי בהא דסבירא ליה דאלהות ומלכיות עולין לו משום שנים. ונמצא דרבי יהודא לא סבירא ליה דאלהות ומלכיות בפסוק אחד עולה לו משום שנים, א"כ על כרחך ליכא למימר דפליגי ביה לבד, דהא ר"י לא ס"ל דאלהות ומלכיות עולין לו משום שנים, אלא על כרחך דפליגי ביה ובדבתריה ופליגי אם מלכנו עולה משום מלכיות. אבל בשיטת הבבלי ע"כ דהא דקתני הכל מודין במלך אלהים על גוים שהוא אחד, הוא דקמ"ל דאלהים ישב על כסא קדשו אינו עולה משום מלכיות, ולשיטת הירושלמי מכריח מזה דר' יהודא לא סבירא ליה דאלהות ומלכיות עולין משום שנים. ונמצא לפ"ז דלשיטת הבבלי כו"ע ס"ל דאלהות אינן עולין משום מלכיות, ואדרבה לר' יהודא אינו עולה כלל, ולר' יוסי באחדות אלהות ס"ל דעולה משום מלכיות, ור' יהודא פליג אף ע"ז. ולשיטת הירושלמי אליבא דר' יהודא אלהות עולין לו משום מלכיות ולר' יוסי אינה עולה, אבל ביחוד אלהות אליבא דר' יוסי עולה על כרחך משום שנים, דאי משום אחד פשיטא דלר' יהודא לא כל שכן דעולה והאיך יפליג ר' יהודא, אלא על כרחך דלר' יוסי עולה משום שנים ולר' יהודא משום אחד, ורק מיבעיא לן בדר' יהודא אי ס"ל דאלוהות ומלכיות מפורש בפסוק אחד אי עולה משום שנים, דאפשר דס"ל דעולה משום שנים ולא פליג על ר' יוסי רק דס"ל דאחדות אלהות אינו עולה משום שנים אבל אלהות ומלכיות מפורש בפסוק אחד עולה משום שנים. וע"ז פשיט ממלך אלהים על גוים שהוא אחד הדא אמרה ביה ובדבתריה פליגין שאו שערים וגו', כמבואר בבבלי בפירש"י ז"ל, כן נראה לפענ"ד ביאור הסוגיא הזאת ודו"ק:

א. לפי המבואר בבבלי לפנינו נ"ל רבי יהודה במקום רבי יוסי ורבי יוסי במקום רבי יהודה:

עד שלא הקטיר נשפך הדם ספק משהקטיר נשפך, להביא פר אחר ולהכנס בדמו אין את יכול שאני אומר עד שלא הקטיר נשפך הדם והיא חתייה פסולה וצריך לחתות כתחלה אין את יכול שאני אומר משהקטיר נשפך הדם והיא חתייה כשירה והוא עובר משום הכנסה יתירה ובטלו עבודות, אשכחן אמר בטלו עבודות של אותו יום, ע"כ. ואילו בבבלי דף ס' ע"ב גרסינן, אמר ר' חנינא קטורת שחפנה קודם שחיטת הפר לא עשה ולא כלום, תנן אם עד שלא נשפך וכו' ויחזור וכו' ואם איתא יחזור ויחפון מיבעיא ליה בקטורת לא קמיירי, ע"כ. פירש"י ז"ל דודאי צריך להקטיר קטורת אחרת אחר שחיטת פר זה, ע"כ. והרי לפ"ז מחולק הבבלי והירושלמי בענין שנשפך הדם אחר הקטרה, דלשיטת הבבלי צריך להקטיר קטורת אחרת, ולשיטת הירושלמי א"צ להקטיר קטורת אחרת. וכן מפורש מוכח בדף מ"ט ע"א ומי אמר ר' חנינא הכי והאמר ר"ח בפר ולא בדמו של פר ואמר ר"ח קטורת שחפנה קודם שחיטת הפר לא עשה ולא כלום. הרי מפורש דלאחר שחיטת פר השני צריך להקטיר קטורת עוד הפעם והקטורת הראשונה נפסלה.

ע"ב נראה לפענ"ד דהבבלי והירושלמי אזלי בזה לטעמייהו, דגרסינן במס' תרומות פ"ג (ה"ג) המקדים תרומה לביכורים מעשר שני למעשר ראשון עובר בלא תעשה. וגרסינן בירושלמי אימתי היא עובר, ר' חייא בר בא אמר מתחלה ר' שמואל בר ר' יצחק אמר בסוף, מה נפיק מביניהון לשורף הכרי נפק מביניהון, על דעתיה דר"ח בר בא עובר על דעתיה דר"ש בר"י אינו עובר. פי' דר"ח בר בא אמר אע"פ שנשרף הכרי ולא הפריש אח"כ ביכורים מ"מ עובר במה שהקדים ליתן תרומה קודם ביכורים העיקר הל"ת היא מה שנתן התרומה קודם ביכורים, ור' שמואל ב"ר יצחק אמר בסוף דהעיקר הל"ת היא מה שנותן ביכורים אחר תרומה ובזה עובר בל"ת למפרע על התרומה מה שנתן לאח"כ ביכורים וכל זמן שלא נתן אחר התרומה ביכורים לא עבר בל"ת דהא לא הקדים תרומה אלא לאחר שנותן ביכורים אז הקדים התרומה ועובר בל"ת למפרע, ור"ח בר"ב אמר מתחלה דהעיקר ל"ת היא מה שנותן תרומה קודם ביכורים ור"ש בר"י ס"ל דעיקר הל"ת שעובר על התרומה במה שלאחר התרומה בא הביכורים [דזה פשיטא דעל הביכורים אינו עובר בל"ת, דהא אם היה הדין בתרומה וביכורים דמה שעשה לא כלום ולא מהני, איזה מהן היה לא מהני, פשיטא דהתרומה לא היה מהני וצריך להפריש תרומה אחרת, אבל הביכורים בודאי מהני דמהיכי תיתי נימא דצריך להפריש ביכורים אחרת במה עדיף הביכורים השניה מן הראשונה, ונמצא דאם היה פסול לא היה פסול אלא התרומה וכמו כן הל"ת לא הוי אלא בתרומה לאחר שהפריש ביכורים עובר למפרע על ל"ת של הפרשת תרומה, וזה פשוט מאוד דעל הביכורים אינו עובר דהאיך יעבור הא מחויב להפריש].

והנה הירושלמי ס"ל בבירור דעובר על הראשונה, וכמו כן בהקדים גבי מעשה יוה"כ אחד לחבירו כמו הקטרה קודם שחיטה פסול ההקטרה אפילו קודם שחיטת הפר. והראיה גבי ספק אם נשפך הדם קודם הקטרה או לאחר הקטרה דמסקינן דבטלו עבודות משום שאינו יכול להקטיר פעם אחרת, והא דלא יזה מדם הפר ויגמור כל עבודות להבא דהא כל אחד מכפר כפרה דידיה וכל אחד כפרה בפני עצמה, היא על כרחך משום דהקטרה צריך להיות קודם הזייה והאיך יזה שמא נשפך הדם קודם הקטרה והוי קטורת פסולין וא"כ נמצא דהזייה הוא קודם הקטרה ואם הקדים אחד לחבירו לא עשה כלום, והא הכא דלא יקטיר יותר והוי כמו נשרף הכרי דאינו עובר למ"ד בסוף ואימתי פסול הזייה כשהקדימו דווקא כשיבוא קטורת אחריו משא"כ הכא שלא יקטיר אחריו דהא אסור לו להקטיר א"כ יהיה כשר ההזייה, אלא על כרחך דעובר בתחלה, וכן נמי פסול ההזייה אף בלא ההקטרה, א"כ כיון דכל פסולה דההקטרה היא משום שנקטר קודם שחיטת הפר ולא משום שבא אחריו שחיטת הפר אלא משום שנקטר בלא שחיטת הפר, ממילא הכא שנשפך הדם אין לפסול ההקטרה דהא ההקטרה היה לו דם הפר קודם. אבל שיטת הבבלי דעובר בסוף ועיקר דעובר על התרומה היא משום דבא אחריו ביכורים וכמו כן פסול דההקטרה היא ג"כ משום דבא הפר אחריו, א"כ הכי נמי פסול ההקטרה אפילו דנקטר בשעה שהיו דם הפר מ"מ פסול משום דם הפר שבא אחריו, וכמו כל הקטרה שנפסל משום דם הפר שבא אחריו כמו כן הקטרה הזאת לא מהני ליה דם הפר שהיה לפניו כיון שבא דם הפר לאחריו דהא אין פסולו משום שלא היה דם פר לפניו אלא עיקר פסולו משום דם הפר הבא אחריו ע"כ הוא נמי פסול משום דם הפר הבא אחריו. וכן מצינו ג"כ דשיטת הש"ס דילן היא דעובר בסוף, מהא דגרסינן במס' תמורה דף ד' ע"ב מקדים תרומה לביכורים נמי לילקי משום דבדיבורו עשה מעשה, אמר ר' אבין שאני התם דלאו שניתק לעשה הוא דכתיב (במדבר יח כט) מכל מתנותיכם תרימו. פי' רש"י ז"ל ודרשינן ליה להקדימו בכרי מעשר לתרומה ונתקיה ללאו ממלקות והעמידו בחוזר ומפריש וכו', עכ"ל ז"ל עיי"ש. ולכאורה אם נימא דעובר בתחלה א"כ האיך שייך דהעמידו בחוזר ומפריש, דהא הל"ת עבר על התרומה, וכי משום דמחויב לעשות מצוה אחרת ע"כ נתקו לעשה הל"ת הראשונה אע"ג דלא סמיך ליה, הגע עצמך בכל ל"ת שניתק לעשה כמו השבת גזילה ומצות ציצית האפשר לומר דעושה מצות ציצית מתקן הל"ת דגזילה, והכא נמי תרומה וביכורים ב' מצות הן ועבר על התרומה קודם אף כשלא יפריש ביכורים, והאיך נאמר דבביכורים יתקן הל"ת של תרומה ונאמר דהעמידו הכתוב על חוזר ומפריש אע"ג דלא סמכי אהדדי. אלא על כרחך דעיקר שעובר היא בעת הפרשת ביכורים, ואעפ"כ גזירת הכתוב כשהפריש מעש"ר קודם התרומה דיתן התרומה אף דעובר בלא תעשה בהפרשת התרומה, אלא על כרחך דהעמידו הכתוב בעשה דהפרשת תרומה ונתקיה ללאו ממלקות והעמידו על חוזר ומפריש תרומה, ואין עליו חיוב מלקות בהפרשת התרומה כי אם חובת הפרשת תרומה, ויש עליו חיוב קיום עשה בהעברת הלאו ולא מלקות כמו בעלמא לאו הניתק לעשה דיש עליו חיוב קיום העשה על זה הלאו אבל לא מלקות, והכי נמי יש עליו חיוב קיום העשה ע"ז הלאו ולא מלקות.

א"ב הכא גבי קצירה וספירה ג"כ, מכיון שהעיקר הקפדת הכתוב שיהא הספירה סמוך לקצירה ולא קצירה סמוך לספירה, אם קצר בלילה וספר ונטמאת העומר הוי כמו נשפך הדם דמביא אחר לכתחלה והקטרה כשירה, ה"כ מביא קצירה אחרת ביום לכתחלה, דאין הקפדה בקצירה על זמנו כי אם משום ספירה, והכא הרי היתה הספירה אחר הקצירה ואין שום חסרון מה שיהיה הקצירה אחר הספירה בפעם שני כמו בנשפך הדם כנ"ל. ואפילו לשיטת הבבלי דצריך הקטרה אחרת, היא כדברינו משום דקפדינן שלא יהא לבתר הקטרה שחיטת הפר, היינו התם דהקפיד הכתוב שיהא דם הפר קודם הקטרה והכא אחר הקטרה, משא"כ הכא דלא קפד רחמנא שיהא הקצירה קודם הספירה אלא שיהא הספירה לבתר הקצירה, וכיון שהיה הספירה לבתר הקצירה לא אכפת לן מה שנקצר לבתר הספירה הכי נאמר שלא יהיה הקצירה לבתר הספירה. נמצא לפי דברינו דלא נמצא בכל הסוגיא דאליבא דר"א בר' שמעון נקצר ביום שלאחריו בדיעבד פסול אלא נקצר שלא כמצותו פסול בדיעבד משא"כ ביום שלאחריו יכול להיות כשר כמו גבי מילה וכנ"ל, ע"כ שפיר פסק הרמב"ם ז"ל דכשר כל הלילה ואם קצרוהו ביום כשר ועל כרחך קאי איום שלאחריו דכן פשטת הלשון דהו"א דאינו כשר כל הלילה אלא עד חצות קמ"ל דאף להבא יותר כשר וכשר כל הלילה וכן אם קצר עוד להבא דהיינו נקצר ביום כשר דאל"כ הוה ליה למימר ואם נקצר שלא בזמנו כשר אלא ע"כ דקאי איום שלאחריו וזה כשר, ודו"ק:

פרק רביעי

דף כב ע"ב

ר' אבא בר פפא אמר רבי יוחנן ור"ש בן לקיש הוון יתיבין מקשיי וכו' אין דבר תורה היא אף בגבולין ידחה. פי' אין מן התורה מותר לתקוע בשבת שאין שום מלאכה בתקיעה אף בגבולין ידחה, **אין לית היא דבר תורה,** פי' דמן התורה הוי תקיעה מלאכה **אף במקדש לא ידחה. עבר כהנא וכו' אתון שאלין ליה,** פי' ששאלו ממנו אם יש איסור תקיעה בשבת, אבל לא ששאלוהו הקושיא דממה נפשך או דבמקדש לא ידחה או דבגבולין ידחה, אלא ששאלוהו אם דבר תורה או לית היא ד"ת אם תקיעה בשבת אסור מן התורה או מותר. **אמר לון כתוב אחד אומר יום תרועה וכתוב אחד אומר זכרון תרועה הא כיצד בשעה שהיא חל בחול יום תרועה ובשעה שהיא חל בשבת זכרון תרועה מזכירין אבל לא תוקעין.** א"כ נפשט להו במה שנסתפקו אם היא ד"ת אין לית היא ד"ת, ע"ז נפשט להו דלית היא ד"ת דמן התורה יש איסור בתקיעה בשבת. וכן דרש להו לחבריא ר' לוי דמן התורה יש איסור לתקוע בשבת דהוא אב מלאכה ונפשט הספק. אבל הקושיא דממנ"פ נשאר, ועכשיו אינו הקושיא מכח ממנ"פ אלא מצד אחד, כיון דנפשוט דלית היא ד"ת אלא מן התורה יש איסור בתקיעה בשבת א"כ אף במקדש לא ידחה. וע"ז פריך **מעתה אף במקדש לא ידחה,** ומשני **תנא באחד לחודש** דהיא כמו בעלמא במועדו אף בשבת (פסחים עז.), ביום השמיני ימול אפילו בשבת (שבת קלב.), כל אימת דהוי במועדו כל אימת דהוי יום השמיני אפילו בשבת, וה"כ באחד לחודש אפילו בשבת כל אימת דהוי אחד בחודש דוחה שבת. ופריך **מעתה אפילו במקום** כלומר אפילו בכל מקום שהיו יודעין שהיא באחד לחודש, כיון דרבתה תורה מקרא אחד מרבה שבת ומקרא אחד ממעט למה אני אומר במקדש ידחה ובגבולין לא ידחה. ומשני **תני רשב"י והקרבתם במקום שהקרבנות קריבין,** במקום שנדחה שבת אצל קרבנות דראש השנה נדחה שבת ג"כ לענין תקיעה דר"ה, דהא לגבי קרבנות דר"ה נדחה שבת, א"כ סמך ליה והקרבתם לאחד בחודש, ומסתברא דהא דדחי שבת הוא במקדש במקום שהקרבנות קריבין, והא דילפינן מזכרון תרועה דלא דחי שבת הוא בגבולין [ונמצא דהא דאמר רב כהנא והאי דתנין באחד לחודש, והא דתני רשב"י הוא הכל אחד, ולא דבאחד לחודש ממעט לגבולין משום דלא ידעינן אימתי אחד לחודש כפי' הק"ע ז"ל, ועל כן מקשה בשיירי קרבן ז"ל למה לן קרא למעוטי ספיקא, ומפלפל בזה בגליון הש"ס ז"ל. ולפי דברינו הוא דבאחד לחודש הוא כמו ביום השמיני והוא ריבוי על שבת, וזכרון תרועה הוא מיעוט על שבת, ומסתברא דריבוי הוא על מקדש מוהקרבתם במקום שהקרבנות קריבין וכמו דנדחה שבת מפני קרבנות דר"ה כן נדחה מפני שופר של ר"ה, ע"כ מסתברא לאוקמיה האי ריבוי דבאחד לחודש אפילו בשבת הוא במקום שהקרבנות קריבין]. ונמצא לפי דברינו דדרשת ר' כהנא והאי דתני באחד לחודש והא דתני רשב"י במקום שהקרבנות קריבין הוא הכל אחד, דר' כהנא דריש דמן התורה יש איסור תקיעה בשבת בר"ה, וידעינן מר' כהנא דלית הוא ד"ת, ומברייתא דבאחד לחודש ילפינן ריבוי אף בשבת, ובא הברייתא דרשב"י ומפרש לן דהריבוי אף בשבת הוא במקום שהקרבנות קריבין מדכתיב כל מלאכת עבודה לא תעשו והקרבתם אשה וגו', הרי אף דמלאכת עבודה לא תעשו ואעפ"כ והקרבתם אלמא דמוקמינן להריבוי אף בשבת מלאכת התקיעה במקום שהקרבנות קריבין. ולפי דברי המפרשים ז"ל לא הבנתי דלדידהו הוי כל מדרש בפני עצמה א"כ קשה מאוד להאי ברייתא דבאחד לחודש, וכן קשה ג"כ מאי דמותיב להו רב כהנא, ולפי דברינו ניחא. ודע דלמסקנא לשיטת הבבלי (כט:) הוא מדרבנן, גזירה דרבה דאין תוקעין בגבולין. ולשיטת הירושלמי אין תוקעין בשבת בגבולין הוא מדאורייתא. ואין להקשות לפ"ז האיך תיקן רבי יוחנן בן זכאי שיהא תוקעין בכל מקום שיש בי"ד, הא מן התורה אסור והאיך יכולין רבנן למשרי וכי בי"ד מתנין לעקור דבר מן התורה. זה אינו, דלשיטת הבבלי אין ה"כ דאין בי"ד מתנין לעקור דבר מן התורה אך בשב ואל תעשה, כדאיתא במס' יבמות דף צ' ע"ב איזמל וסדין בציצית שופר וכו' שוא"ת, שאני הוא דמן התורה היה מחויב לתקוע אף בשבת ומשום גזירה דרבה אין תוקעין דשב ואל תעשה הוא אבל אי מן התורה היה אסור לתקוע בשבת בגבולין אין כח ביד חכמים למשרי ולא היה רבי יוחנן בן זכאי מתקן שיהא תוקעין בכל מקום שיש בו בי"ד. אבל שיטת הירושלמי הוא כדרב חסדא בבבלי במס' יבמות דף פ"ט (ע"ב) דיש כח ביד בי"ד לעקור דבר מן התורה אף בקום עשה, כדגרסינן בירושלמי במס' גיטין פ' השולח (ה"ב) גבי אם בטלו מבוטל דברי רבי רשב"ג אומר אינו יכול לבטלו ולא להוסיף על תנאו משום מה כח בי"ד יפה, ומקשה בירושלמי כמו בש"ס דילן מי איכא מידי דמדאורייתא בטל גיטא ומשום מה כח בי"ד יפה, שרינן אשת איש לעלמא, דמתרץ לה בש"ס דילן דכל דמקדש אדעתא דרבנן מקדש [בגיטין ל"ג ע"א וביבמות פ"ט ע"א הנ"ל], ואילו בירושלמי מתרצינן וכי זיתים על שמן וענבים על היין לא תורה הוא שיתרום והן אמרו לא יתרום, ולא עוד אלא שאם עבר ותרם אין תרומתו תרומה, ע"כ. הרי מפורש דהוא בשיטת רב חסדא הן בתרומה והן באשת איש, עיי"ש בש"ס דילן במס' יבמות ותמצא ממש כדברינו, א"כ לפ"ז שפיר אזלי הבבלי והירושלמי לטעמייהו, ועי' בזה מה שכתבתי במס' תרומות פ"ד עיי"ש, ודו"ק:

דף כה ע"א

אלוהות עולין לו לשם מלכיות דברי ר' יהודא ר' יוסי אומר אינן עולין לו אלהות ומלכות עולין לו משום שנים דברי ר' יוסי ר' יהודא אומר אינן עולין לו. פי' אלוהות ומלכיות הוא כמו דאיתא בבבלי דף ל"ג (ע"ב) שמע ישראל וגו' אלהינו וגו' אחד, אתה הראת לדעת וגו' האלהים אין עוד וגו', וידעת היום והשבות וגו' האלהים וגו' ועל הארץ וגו' אין עוד מלכיות דברי ר' יוסי, ר' יהודה אומר אינו מלכיות. ואוקמינן בגמ' דהיכן משכחת לה בתורה פסוקי דמלכיות יותר מג', ואוקמינן דאליבא דר' יוסי משכחת לה עוד הנך ג' פסוקים. ועל כרחך דר' יוסי ס"ל דאלהות אינן

רבי שמעון בן לקיש בעי קצירת העומר מהו שתדחה את השבת ביום התיב ר' אביי והא תנינן מצותו לקצור בלילה נקצר ביום כשר ודוחה את השבת ולא קיבלה. פי' דס"ל דדוחה את השבת לא קאי אנקצר ביום, וב' דינים קמ"ל, דנקצר ביום כשר הרי חדא, וב' דדוחה את השבת. **אמר ר' אחא חזר בו רשב"ל מן הדא [וכו'] בא השמש [וכו'] בא השבת מה אנן קיימין אם ללילה כבר הוא אמר.** פי' הא דתני נקצר ביום כשר ודוחה את השבת, האי ודוחה את השבת במה קמיירי, אם ללילה כבר קמ"ל במתניתין דבא השמש דבא השבת, אלא על כרחך דקמ"ל במתניתין הזה דדוחה את השבת אף ביום, כן פי' הפשוט וכן פי' הק"ע ז"ל. **וראיתי** בק"ע ז"ל בשיירי קרבן שכתב דבהאי סוגיא יתורץ הקושיא שהרעיש הלחם משנה ז"ל על הרמב"ם ז"ל בפ"ז מהל' תמידין (ה"ו) שפסק שדוחה את השבת ונקצר ביום כשר, שזהו לנגד סוגיא ערוכה במס' מנחות דף ע"ב ע"א עיי"ש, שהרמב"ם ז"ל סמך עצמו על האי ירושלמי דדחי שבת אף ביום, וכן כתב החכם צבי ז"ל סי' קס"ז, עיי"ש. ולא הבנתי דא"כ הוה ליה להרמב"ם ז"ל לפסוק דדוחה את השבת ביום, ומלשונו ז"ל לא משמע כן, דזה לשונו ז"ל שם (ה"ו־ז), מצותו להקצר בליל ט"ז בין בחול בין בשבת וכל הלילה כשר לקצירת העומר ואם קצרוהו ביום כשר, עכ"ל ז"ל. ואי ס"ד דביום דוחה שבת הוה ליה למימר האי דבין בחול בין בשבת לאחר שמסיים קצרוהו ביום כשר.

ע"ב נראה לפענ"ד לתרץ דעת הרמב"ם ז"ל, דלא קשה משיטת הגמ' דמשמע (דאידחי) [דמדדחי] שבת נקצר שלא כמצותו פסול, עי' במס' מנחות דף ע"ב כל הסוגיא דאי אפשר להאריך ולהעתיק כל הסוגיא, משום דלכאורה נראה לפענ"ד דנקצר שלא כמצותו ונקצר ביום ב' ענינים הן, אפילו למאן דפוסל נקצר שלא כמצותו מ"מ נקצר ביום שלאחריו כשר, כי לא דמי נקצר לפני זמנו לנקצר לאחר זמנו. דכמו גבי מילה נימול קודם הזמן פסול לכמה פוסקים ז"ל (עי' שו"ע יו"ד סי' רס"ב ס"א) ולאחר זמן כשר, לכן גבי קצירת העומר ג"כ דכוותיה דאף דלפני זמנו פסול מ"מ נקצר ביום שלאחריו כשר, משום דבקצירה לא כתב רחמנא בלילה דנימא דהוי פסול יום, ולאו פסול דלילה ויום נגעו בה, אלא דקבע רחמנא זמן התחלת קצירה סמוך לספירה, ובספירה גופיה לא כתיב לילה אלא תמימות, וע"כ ממילא צריך להתחיל מבערב בשביל תמימות כדאיתא (שם) לעיל דף ס"ו ע"א עיי"ש. ועל כן לא פריך הגמ' בפשיטות על המתניתין דהאיך נקצר ביום כשר הא קבע לו רחמנא זמנו לילה, זה אינו, אלא דפריך ומדייק ממתניתין דמגילה ומותיב תיובתא קתני לילה דומיא דיום מה דיום בלילה לא אף לילה ביום נמי לא, ועל כרחך ס"ל להמשנה מדנקט קצירת העומר והקטר חלבים בכלל דכל הכשר ביום וכל הכשר בלילה היא על כרחך להורות דכמו דיום בלילה לא אף דלילה ביום נמי לא, ולאו משום קביעת לילה ויום נגעו בה, זה אינו, אלא משום שלא בזמנו נגעו בה, דהא הקטר חלבים ואיברים כשר ביום שלפניו כדאיתא בתום' ז"ל (שב. ד"ה אף), ומפרשין דביום דלמחרת קאמר ומדמה לילה ליום הוא על מחר וע"כ משום דחשיב דעבר זמנו. וא"כ לפ"ז לא דמי נקצר ביום שלאחריו לנקצר ביום שלפניו, דבנקצר ביום שלפניו חשוב מחוסר זמן אבל לאחריו שפיר דמי. ודמי למילה דבמל לפני זמנו פסול ולאחר זמנו כשר, וכתב השאגת אריה ז"ל (סי' נג) דלאחר זמנו במל בלילה אפילו לפי מה דקי"ל דמילה שלא בזמנה נוהגת ביום ולא בלילה מ"מ בדיעבד כשר, ולא דמי למל בדיעבד לפני זמנו משום דלפני זמנו הוי מחוסר זמן משא"כ פסול דלילה דלאחר זמנו דלא הוי מחוסר זמן. ואפילו לפי מה שמביא שם השאג"א ז"ל סי' נ"ג דעת הרמב"ם ז"ל (הל' מילה פ"א ה"ח) דפסול, הוא משום דהתם גבי מילה קפיד רחמנא איום ולילה, משא"כ הכא בקצירה לא קפיד רחמנא ע"ז רק דממילא מתחיל זמנו בלילה משום תמימות.

והא דכתבו התוס' ז"ל (שם) וזה לשונם ז"ל, ותימה דא"כ מאי קשה דילמא מתניתין דקתני נקצר ביום כשר היינו ביום שלפניו כמו הקטרת חלבין [אבל ביום שלאחריו כשר דהא לא הוי הקפדת לילה ויום בזה כדברינו], וי"ל דלענין קצירה לא שייך לחלק בין יום שלפניו ליום שלאחריו כדילפינן בריש פרקין דף ס"ו (ע"א) קצירה וספירה [ר"ל דבעינן קצירה סמוך לספירה] עכ"ל ז"ל. אף אנו נאמר להוסיף על דבריהם ז"ל לדעת רש"י ז"ל והרמב"ם ז"ל, דלענין קצירה לא שייך לחלק ליום שלפניו או שלאחריו, דאדרבה דלפניו צריך להיות יותר פסול מלאחריו כנ"ל. וראיה גמורה לזה דלאו הקפדת לילה ויום נגע בה, מדקפריך אמאי דחי שבת נקצריה מערב שבת [והכונה היא על ערב יו"ט], וקשה אם אפילו תימא דנקצר בערב שבת הוא פסול והוא משום פסול דיום, סוף סוף תקשי ליקצריה בלילה של ערב שבת, אלא ודאי דלאו הקפדת לילה ויום נגע בה אלא משום שלא בזמנו. והא דמשמע בגמ' דלא מחלקין בזה, דקאמר טעמא דרבי שמעון בן אלעזר דס"ל ביום פסול משום דס"ל מדדחי שבת ע"כ נקצר שלא כמצותו פסול, ואי לפי דברינו קשה מאי ראיה היא מלפני זמנו אלאחר זמנו. נראה לפענ"ד דעומק כונת הגמ' לפי רש"י ז"ל הוא כוונה אחרת, דכד נדייק בלשון רש"י ז"ל, ולכאורה הוא קשה מאוד, דפי' רש"י ז"ל ד"ה שנקצר שלא כמצותו פסול, הילכך מצות קצירה בלילה ולא ביום הילכך הא דתני נקצר ביום כשר רבי היא והא דתניא פסול ר"א ב"ר שמעון. וכתב הצאן קדשים ז"ל דט"ס הילכך הראשון, וצ"ל ומצות קצירה בלילה וכו'. והשטמ"ק ז"ל כתב דכך צ"ל, הילכך מצות קצירה בלילה, ומחק הוא [וא"ו] של ומצות. ולכאורה אין לנו הבנה בדברי השטמ"ק ז"ל כמובן. וגם מה שפירש [רש"י] בד"ה ואי ס"ד וכו', אלא מדדחי שבת שמע מינה נקצר שלא כמצותו פסול ומצותו לא הוי אלא במוצאי יו"ט וגבי לילה נמי מצותו בלילה. האי וגבי לילה נמי מצותו בלילה ולא ביום קשה להבין, וכי עד כאן לא שמענו שמצותו בלילה ולא ביום. ועוד קשה לי ע"פ התוס' ז"ל ד"ה אמאי, וזה לשונם, ואע"ג דלכתחלה מצותו בלילה כיון דדיעבד כשר לא הוי דומיא דתמיד דכתיב ביה במועדו לומר דדחי שבת ומסתברא דדומיא דתמיד בעינן, עכ"ל ז"ל. ולכאורה קשה לי לפ"ז בההיא ברייתא דרבי ור' אלעזר ב"ר שמעון (מנחות שם) דס"ל לרבי אם יש אחרת אומר [הבא אחרת תחתיה] ובאין אחרת תחתיה אף נקצר ביום [כשר], וקשה הא נקצר ביום אינו כשר אלא בדיעבד א"כ ידחה את הטומאה משום לכתחלה דמצותו בלילה לכתחלה, דהא גבי שבת נמי צריך ג"כ הלכתחלה לדחות שבת, אך משום דבעינן דומיא דתמיד ולא אשכחן גבי תמיד דדחי שבת אלא בדליכא דיעבד מער"ש הילכך לא דחי שבת אלא במקום דליכא דיעבד בער"ש, וגבי תמיד בדחיית שבת ליכא בדיעבד בער"ש כלל, אבל לענין דחיית הטומאה משכחת לה גבי תמיד נמי בדיעבד כגון אם היה עומד ומקריב את קרבן תמיד ונטמאת ויש לו קרבן אחר מאותן שאם עלו לא ירדו כגון מום בדוקין שבעין אליבא דר"ע (זבחים פד.) ודכוותיה, א"כ ליכא למימר דלא דחי הלכתחלה טומאה משום דאפשר בדיעבד ובעינן דומיא דתמיד דלא דחי טומאה רק בדליכא דיעבד, זה אינו, דהא בתמיד נמי איכא דיעבד, וליכא למימר דלא דחי הלכתחלה רק בדלא אשכחן בדיעבד כמו גבי תמיד דלא אשכחן דיעבד, זה אינו, כנ"ל.

ע"ב נראה לפענ"ד דה"פ דהדין שמעתתא עפ"י פירוש רש"י ז"ל, דלעיל בסוגיא דף ס"ו ע"א ילפינן דקצירה וספירה בלילה והקרבה ביום מדכתיב (דברים טז ט) מהחל חרמש בקמה תחל לספור, אלמא דבעינן ספירה לאחר קצירה תיכף ומיד, וכתיב גבי ספירה (ויקרא כג טו) תמימות, ואין אתה מוצא תמימות אלא כשמתחיל בערב, הרי על כרחך דקצירה וספירה בלילה והקרבה ביום דכתיב (שם) מיום הביאכם, ע"כ עיי"ש. ונראה לפענ"ד דלשיטת רש"י ז"ל בזה פליגי רבי ור' אלעזר ב"ר שמעון, דרבי ס"ל דלא מצינו רק ספירה סמוך לקצירה ולא קצירה סמוך לספירה רק ממילא מכיון דבעינן ספירה סמוך לקצירה ע"כ בעינן גם הקצירה בלילה כדי שיהא ספירה סמוך לקצירה, וע"כ לפ"ז באם לא קצר בלילה לא קיים בזה הספירה סמוך לקצירה ולא נתקיים מצות ספירה כדת, אבל הקצירה כשר להקרבה דלא נתנה התורה זמן להקצירה רק בשביל הספירה, ואם לא קצר כמצותו בלילה לא הוי שום חסרון בקצירה כי אם בהספירה שלא היתה סמוכה לקצירה אבל הקצירה כשר להקרבה. ור"א ב"ר שמעון ס"ל דנקצר שלא כמצותו פסול, משום דס"ל דבעינן קצירה סמוך לספירה וא"כ זמן קצירה הוא בלילה מצד קצירה גופה, ואם נקצר שלא כמצותו א"כ לא עבד הקצירה בזמנו ופסול. וזהו עיקר הפלוגתא בין רבי ור"א ב"ר שמעון, דלרבי העיקר זמן קצירה דבלילה הוא משום דיהא ספירה סמוך לקצירה אבל מצות קצירה מצד עצמו אינו בלילה, ור"א בר"ש ס"ל דמצות קצירה גופיה זמנו בלילה משום קצירה גופיה דבעינן קצירה סמוך לספירה, וא"כ אם נקצר שלא כמצותו, לרבי לא קיים ספירה סמוך לקצירה אבל אין בהקצירה שום חסרון ופסול משלא בזמנו, ולר"א בר"ש בעינן קצירה סמוך לספירה ואם קצר שלא כמצותו הוי הפסול דשלא בזמנו בקצירה ע"כ נקצר שלא כמצותו פסול.

ועפ"ז מדויק היטב שיטת הש"ס ושיטת רש"י ז"ל כעין חומר, דלעולם נקצר ביום ונקצר שלא כמצותו ב' ענינים הן, דלא דמי נקצר שלא כמצותו לנקצר ביום ד[מ]נקצר שלא כמצותו [ד]הוא מערב יו"ט לפני זמנו דפסול אין ראיה לנקצר ביום אחר זמנו דיכול להיות דכשר לאחר זמנו, כמו במצות מילה דלפני זמנו פסול ולאחר זמנו כשר בדיעבד, אך ר"א ב"ר שמעון ס"ל דבין כך ובין כך אומרים לו הוי פקח ושתוק דעדיף לדחות את הטומאה מלקצור ביום הוא משום דנקצר שלא כמצותו פסול וכפי' רש"י ז"ל, הילכך מצות קצירתה בלילה ולא ביום. הילכך הא דתני נקצר ביום כשר רבי היא, דרבי לא ס"ל דזמן קצירתה בלילה ולא ביום, זה אינו, אלא דלרבי ליכא זמן גבי קצירה דנימא דהוי שלא בזמנו הקצירה, אלא קפדינן דיהא הספירה סמוך לקצירה, ומכיון דנקצר פעם אחת בלילה והיה הספירה סמוך לקצירה ואח"כ נטמא העומר או שנאבד רשאי לכתחלה לקצור ביום ולהקריב ממנה העומר, דלענין קצירה לא שייך שנקרב העומר שנקצר שלא בזמנו, זה אינו, דאין זמן להקצירה, אלא דכל עיקר הזמן היא להספירה ואם כבר נתקיים הספירה סמוך לקצירה הרי קוצר לכתחלה ביום. אבל ר"א ב"ר שמעון דס"ל דנקצר שלא כמצותו פסול הילכך על כרחך מצות קצירתה בלילה ולא ביום משום דקפדינן אקצירה סמוך לספירה, וע"כ אומרים לו הוי פקח ושתוק דעדיף לדחות הטומאה מלקצור ביום, אף אם נקצר ביום כשר בדיעבד כמו מילה לאחר זמנו מ"מ כיון דאינו כשר רק בדיעבד ע"כ דחינן טומאה משום לכתחלה כדברינו לעיל על פי התוס' ז"ל ד"ה אמאי כנ"ל. אבל לרבי דאין מצות קצירתה בלילה ואין צריך לקצור בלילה רק משום ספירה סמוך לקצירה ממילא כשקצר פעם אחת בלילה והיה ספירה סמוך לקצירה ונאבדו (האימורין) [העומרין] או שנטמאו קוצר לכתחלה ביום ואם נקצר שלא כמצותו כשר ג"כ בדיעבד משום דלא הוי פסול שלא בזמנו בקצירה רק בספירה, משא"כ לר"א ב"ר שמעון דס"ל דנקצר שלא כמצותו פסול משום דבעינן קצירה סמוך לספירה וע"כ פסול אף בדיעבד הילכך מצות קצירתה בלילה ולא ביום ופסול דשלא בזמנו הוי בקצירה, ע"כ אפילו יש אחרת לקצור ביום אומרים לו הוי פקח ושתוק, דעדיף לדחות הטומאה מלהביא קצירת היום, ואפילו דקצירת היום בדיעבד כשר מ"מ עדיף לדחות את הטומאה משום לכתחלה כדעת התוס' ז"ל ד"ה אמאי הנ"ל. וכן מה דמסיק טעמא דר"א בר"ש דאי ס"ד נקצר שלא כמצותו כשר אמאי דחי שבת, ה"כ מביא הראיה דבעינן קצירה סמוך לספירה מדנקצר שלא כמצותו פסול א"כ על כרחך דקצירה בעינן בזמנו דהכתוב מייחד זמן על הקצירה, וכיון שנקצר שלא בזמנו פסול א"כ על כרחך דמצות קצירה בלילה ולא ביום, דאי נקצר שלא כמצותו כשר א"כ אין מצות קצירה בלילה דלא בעינן רק ספירה סמוך לקצירה אבל קצירה בלילה לא מקיים מצוה בזמנו על הקצירה, ורק מדנקצר שלא כמצותו פסול על כרחך דבעינן קצירה סמוך לספירה. וזהו שכתב רש"י ז"ל דנקצר שלא כמצותו פסול ומצותו לא הוי אלא במוצאי יו"ט וגבי לילה נמי מצותו בלילה ולא ביום, כלומר כמו דעל כרחך אין מצותו אלא במוצאי יו"ט ואז הוי בזמנו כמו כן גבי לילה נמי אין זמנו אלא בלילה ולא ביום, ולא דמביא ראיה כמו שנקצר שלא כמצותו פסול כן נמי נקצר ביום פסול, זה אינו, דלא דמי לאחר זמנו ולפני זמנו כנ"ל דלפני זמנו פסול ולאחר זמנו כשר בדיעבד, אלא מביא ראיה דבעינן בקצירה ג"כ זמן דהכתוב מייחד זמן על הקצירה דבעינן קצירה סמוך לספירה, וכמו דזמנו היא במוצאי יו"ט כן נמי גבי לילה זמנו בלילה ולא ביום. אבל מ"מ אינו מוכרח דלאחר זמנו בדיעבד פסול, זה אינו, דאפילו דכשר בדיעבד מ"מ דוחה את הטומאה משום לכתחלה כנ"ל.

ואין להקשות לדברינו א"כ אמאי משני הא רבי הא ר"א בר"ש, הא מתניתין נמי יש לאוקמי כר"א בר"ש בדיעבד אף ר"א בר"ש מודה דנקצר ביום כשר ואינו פוסל אלא דווקא נקצר שלא כמצותו כנ"ל, אבל ז"א, דהא על כרחך מתניתין דידן ס"ל דנקצר אף ביום שלפניו ג"כ כשר, דאי סלקא דעתך דנקצר ביום כשר היינו על כרחך דווקא ביום שלאחריו א"כ קשה למה שינה התנא מלשון הרישא מצות עומר להביא מן הלח לא מצא יביא מן היבש מצותו להביא מן הקמה לא מצא יביא מן העומרין מצותו לקצור בלילה ואם נקצר ביום כשר, ואי איום שלאחריו קאמר הוה ליה למימר לא קצר בלילה קוצר ביום, כמו ברישא לא מצא מן הלח לא מצא מן הקמה יביא מן היבש יביא מן העומרין ה"נ לא קצר בלילה קוצר ביום, אלא על כרחך דקאי איום שלפניו ג"כ, א"כ מתניתין אתיא כרבי. וכדי להביא ראיה לדברינו דלרבי אם קצר בלילה ונטמאת בידו מביא אחרת תחתיה דאז מותר לכתחלה קצירה ביום משום דלא בעינן אלא ספירה סמוך לקצירה וכיון דקצר בלילה וספר ונמצא נתקיים מצות ספירה ע"כ קוצר לכתחלה ביום, דאין להקשות ע"ז הא ספירה צריך להיות אחר קצירה והאיך קוצר ביום דאז הוי קצירה בתר ספירה, זה אינו, כיון דהיה הספירה לאחר הקצירה פעם אחת לא אכפת לן מה שקוצר עוד הפעם לאחר הספירה, יש להביא ראיה לזה דגרסינן בירושלמי פ"ד דמס' יומא (ה"ג) חתה והקטיר ונשפך הדם יביא פר אחר ונכנס בדמו, עד שלא הקטיר נשפך הדם חתייה פסולה היא והוא צריך לחתות כתחלה, ספק

כרחך היא חובת הרגל וע"כ אינו עובר אלא בכל רגל, **ועוד מן הדא ועשית עשה תשמור ל"ת כלום הוא עובר** וכו' וא"כ תרי קראי למה לי כדפירכת הש"ס דילן. ומשני ר' אבין בשם רבנן דתמן **באומר הרי עלי עולה להביאה בשני בשבת כיון שבא שני בשבת ולא הביאה עובר**, וא"כ על כרחך ב' עשה ול"ת חד לקביעת זמן וחד לחובת הרגל ולא לקביעת הזמן ועל כרחך דאינו עובר בין רגל לרגל אלא בכל רגל, וכן מסיק ג"כ גבי ג' רגלים דאינו עובר בבל תאחר בכל יום אלא בכל רגל ורגל. סוף דבר דלשיטת הש"ס דילן באומר הרי עלי עולה להביאה בשני בשבת ישנו בבל תאחר כמו שמבואר במס' נדרים הנ"ל, אבל לשיטת הירושלמי אין שייך בל תאחר רק לגבי רגל וכן העשה דובאתם שמה והוי קס"ד דגם דמוצא שפתיך תשמור שייך נמי לרגלים כמו בל תאחר, ואהדר ר' אבין בשם רבנן דתמן דזה אינו דמוצא שפתיך תשמור אינו שייך לרגלים אבל בל תאחר שייך דווקא לרגלים משא"כ הש"ס דילן ס"ל דקבוע זמן עובר בבל תאחר ג"כ ולאו דווקא ברגלים, נמצא דלשיטת הש"ס דילן בל תאחר והבאתם היא בשביל נודר וקביעת זמן לנודר ולא חובת הרגל, ולהירושלמי היא חובת הרגל. וע"ז מסיים **עברה שנתו את מפיל יום האחרון והוא עובר על כל יום ויום**, פי' כמו שכתב הבעל המאור ז"ל (א. מדה"ר ד"ה בשלמא) דבשנה אינו עובר רק בכל שנה אבל לאחר ג' רגלים עובר בכל יום הוא משום דראיית פנים הוא יום אחד כך בכל יום עובר בבל תאחר משא"כ התלוי בשנה אינו עובר אלא על כל שנה ושנה דזמנו היא שנה. וזהו לשיטת הש"ס דילן דבל תאחר אינו חובת הרגל אלא קביעת הזמן לנודר, ע"כ מהזמן ההוא והלאה עובר בכל יום, משא"כ לשיטת הירושלמי דבל תאחר היא חובת הרגל אינו עובר אלא בכל רגל, וע"ז קאמרינן דלפיכך בשנה עובר בכל יום הגם דזמנו הוא שנה והיה צריך לעבור בכל שנה משום דאת מפיל יום האחרון ועל כרחך חיובא הוא יום וע"כ עובר על כל יום. וע"כ מסיק **ואין כיני אפילו עברו עליו** ג' **רגלים את מפיל רגל האחרון ועובר על כל רגל** ורגל, דאי לא היה מפיל רגל האחרון היה צריך לעבור כל ג' רגלים כשיעבור כל פעם ג' רגלים [דכל יום ודאי אינו לשיטת הירושלמי] אבל כשאת מפיל רגל האחרון הוא עובר בכל רגל ורגל.

ודע דהא דכתבנו דלשיטת הש"ס דילן דהרגל היא בקביעת זמן ועובר בכל יום בעשה לאחר רגל הראשון כהגירסא במס' תמורה הנ"ל, יש לומר לשיטת הרשב"א ז"ל (מיוחסות לרמב"ן סי' רנט) דס"ל דבקביעת זמן אינו עובר שוב לאחר הזמן על השבועה, עי' ביו"ד סי' רכ"ח (שם), י"ל דהוא ס"ל לעיקר כגירסת הש"ס בר"ה דאינו עובר בכל יום לאחר רגל ראשון, משום דעשה והבאתם אינו רק בעת ובאתם שמה אבל בל תאחר דכתיב לא תאחר בפרשת נדרים ואח"כ במקום אחר קבע לו זמן הרי עובר בבל תאחר אף לאחר שעבר הזמן כמו שכתב הרשב"א ז"ל, עי' בט"ז ז"ל ביו"ד סי' רכ"ח הנ"ל, הנשבע לשלם לחבירו וגם קבעו לו זמן הוי ב' שבועות על העיקר והזמן ועובר אפילו לאחר זמן משא"כ בנשבע בפעם אחת על הפירעון לזמן ההוא אינו עובר לאחר זמן, עיי"ש. וה"כ הלא תעשה דבל תאחר וקביעת זמן אינם בבת אחת אבל העשה לא נאמרה בפרשת נדרים ואח"כ קביעת הזמן ברגלים, זה אינו, אלא דעיקר העשה נאמרה רק בזמן ובאתם ע"כ אינו עובר לאחר זמן דובאתם על העשה דוהבאתם, כי עיקר העשה לא נאמרה רק על הזמן אף דאינו חובת הרגל משא"כ בל תאחר לא נאמרה על הזמן. ולשיטתו דהרשב"א ז"ל האיבעיא דירושלמי היא אם העיקר העשה על הזמן או דהעשה הוא על גוף הדבר, וקפשיט ליה דהוא רק חובת הרגל וע"כ אינו עובר רק בעת הרגל. אבל הש"ס דילן ס"ל אף שאינו חובת הרגל אלא קביעות הזמן מ"מ אינו עובר ג"כ אלא בעת הזמן, כי עיקר העשה לא נאמרה רק על הזמן הנ"ל. ואולי אף לשיטת הרא"ש ז"ל י"ל דסבירא ליה עיקר גירסא דר"ה וסבירא ליה דמ"מ ללשון בני אדם עיקר השבועה על גוף הדבר והזמן אינו רק לזרז משא"כ בעשה דכתב רחמנא, ויש להאריך בזה ואכמ"ל ודו"ק:

דף ד ע"א

ר' בא בר חייה בעי שלמה שנתו בעצרת אפשר לומר הוא אינו כשר ועובר כהדא וכו'. והקשה הק"ע ז"ל (בשיירי קרבן ד"ה ר"ב) דהוה ליה למיפרך האיך עובר ברגל ראשון בעשה אם ראשון היה עצרת. יתורץ ע"פ מה שכתב הטורי אבן ז"ל (ר"ה ו. ד"ה אלא) דתשלומי עצרת מצטרף לבל תאחר. אולם מה שהוסיף עוד להקשות דהוה מצי למיפרך אם שלמה שנתו בשבת למה יעבור עליו, זה הוי קושיא חמורה. ע"כ נראה לפענ"ד דשיטת הירושלמי הוא גבי בל תלין, דלאו דקשה דווקא דהפסוק לא ילין חלב חגי עד בוקר הא כל הלילה ילין כקושית הש"ס דילן (פסחים) דף כ"ט ע"ב אבל לא דמקשה האיך הוא עובר על בל תלין, זה אינו, אלא דעיקר הקושיא על עיקר הדין דהאיך הוא עובר על בל תלין, כיון דאינו כשר להקריבו בלילה א"כ האיך עובר על ולא ילין עד בוקר, דלא ילין עד בוקר הוא במקום דכשר בלילה ע"כ עובר בבוקר, אבל כיון דאינו כשר בלילה האיך עובר על לא ילין לבוקר עולת הקרבת אימורין. ועי"ז יתפרש הסוגיא באר היטב, דקבעו ג"כ על הקרבת אימורין על ענין דבל תאחר, וע"כ מיבעיא ליה עצרת דווקא דלקמן (ע"ב) מסקינן דהאיך משכחת לה שנה בלא רגלים, אמר ר' אבא מרי תיפתר שהיתה עצרת באה בחמשה ונולד בששה והיתה עצרת הבאה בשבעה, עד כאן. א"כ לא משכחת לה כלל שנה בלא רגלים רק באופן זה ששלמה שנתו בערב השבועות וערב שבועות הוא יום האחרון וכל היום של ערב שבועות הוא עדיין שנתו ואימתי נשלם שנתו בעצרת דהלילה הולך אחר היום בקדשים ואימתי נשלם שנתו הוא בעצרת, וע"כ מיבעיא ליה לר"ב בר חייה נשלם שנתו בעצרת אפשר לומר הוא אינו כשר ועובר על הקרבת אימורין דהקרבת אימורין כשירין כל הלילה, אבל בעצרת דאינו כשר להקריב אימורי חול האיך עובר על בל תאחר כשלא הקריב האימורין בלילה. ע"ז מסיק **בהדא לא ילין חלב חגי עד בוקר ואימורי חול קריבין ביו"ט**. פי' א"כ האיך הוא עובר על בל תלין, וכו' **אמרה תורה הקריבהו מבעוד יום שלא תבא לידי בל תלין**. וה"כ עובר על בל תאחר על הקרבת אימורין בבוקר **אמרה תורה הקריבהו מבעוד יום שלא תבא לידי בל תאחר**. ועובר על בל תאחר בבוקר כמו שעובר על בל תלין בבוקר, ועובר על בל תאחר ובל תלין בבת אחת כשהגיע אור הבוקר, **אמר ר' חיננא אילו עבר והביא שמא אינו כשר** וכו', כפי' הק"ע ז"ל. ולישנא דהגמ' מוכיח כדברינו, דליכא למימר דקאי על עצרת גופיה [דא"כ] הוה ליה למימר הקריבוהו מאתמול שלא יבוא לידי בל תאחר, ומדנקט לישנא מבעוד יום משמע לאפוקי הלילה ולשון הקריבוהו הוא אימורין כמו הקריבוהו מבעוד יום שלא יבוא לידי בל תלין, ולישנא דאם עבר והביא ולא נקט אם עבר והקריב משמע כפי' הקרבן עדה ז"ל דקאי על חגיגה בשבת, וקאי על לישנא דלעיל אין חגיגה באה עמו לשון ביאה, א"כ נקט אם עבר והביא לשון ביאה.

וע"י פירושינו בע"ה בסוגיא הזאת יתורץ מאוד מה דקשה לכאורה על הא דמיבעיא בשלמה שנתו בעצרת אפשר לומר אינו כשר ועובר, לכאורה קשה למה לא יעבור הא יכול להביא ביו"ט גופיה לצאת בהם ידי שמחה, כדקי"ל במס' חגיגה דף ז' ע"ב דהכהנים יוצאים בבכור, ועי' בתוס' ז"ל שם ד"ה עולת, דהא דנדרים ונדבות אין קריבין ביו"ט היינו שלא הקריבו לשם שמחה או שכבר יצא ידי שמחה אבל בלא"ה יכול להקריב נדרים ונדבות לצאת בהם משום שמחה. אבל לדברינו שפיר ניחא דהא דמיבעיא שלמה שנתו בעצרת הוא כשיום האחרון הוא ערב שבועות ומיבעיא על הקרבת אימורין, וליכא למימר דיוצא משום שמחה דקי"ל במס' פסחים דף ע' (ע"ב) ובירושלמי (חגיגה פ"א ה"ד) דשלמי שמחה ששחטן ערב הרגל אינו יוצא ידי חובתו ברגל בהם, ודו"ק:

דף ד ע"ב

ר' בון בר חייה בעי קומי ר' זעירא כתיב לא יבקר וכו' **כל דבר שבא להתיר אינו עובר** וכו' **תמן תנינן** וכו'. פי' המפרשים ז"ל לא הבנתי. ונראה לפענ"ד דה"פ, דגבי מצורע עשיר כתיב (ויקרא יד י־כ) ביום השמיני יקח שני כבשים, דהוא אשם ועולה, וכבשה אחת, דהיא חטאת, ולקח הכהן וכו' עד ועשה הכהן את החטאת וכו' והעלה הכהן את העולה וכו'. ואילו גבי מצורע עני כתיב (ויקרא שם כא־כג, ל, לא) ולקח כבש אחד אשם וגו' ושתי תורים ושני בני יונה וגו' והיה אחד חטאת ואחד עולה והביא אותם ביום השמיני וגו' ועשה את האחד מן התורים וגו' את האחד חטאת ואת האחד עולה. וגרסינן במס' יומא דף מ"א (ע"א) אמר ר' חסדא אין הקינין מתפרשות אלא או בלקיחת בעלים או בעשיית כהן, שנאמר ולקח והביא, או בלקיחה או בהביאה, ע"כ. וכפי' רש"י ז"ל דכתיב גבי כהן את האחד חטאת ואת האחד עולה, וגבי בעלים ולקח, אין מתפרשות הקינין איזה לחטאת ואיזה לעולה אלא ע"י לקיחת הבעלים שיאמר בשעת לקיחה שלוקח זה לחטאת וזה לעולה ונעשית בעת לקיחה זה חטאת וזה עולה. והנה מצינו לפ"ז חילוק גדול לבין מצורע עשיר ובין מצורע עני, דמצורע עשיר הוי סדר הקדישן מחוסר זמן, משא"כ במצורע עני דהוי כסדר הקרבה כן סדר הקדישו דהא קי"ל במס' זבחים דף (נ') [פ"ט] (ע"א) במתניתין דסדר הקדישו הוי כסדר הקרבה, אבל במצורע עשיר לא משכחת לה כלל דהא קי"ל דהקינין מתפרשות בעת הלקיחה. וכתב (בתיו"ט) [בתוס' ישנים] ז"ל דלאו דווקא קינין אלא ה"ה שני קרבנות ממין אחד וחובה אחת. והנה קי"ל גבי קינין דאחד חטאת ואחד עולה דצריך להפריש ב' קינין, אבל אם יקח בן יונה או תור אחת ויעשנה לחטאת ואח"כ יקח בן יונה או תור אחרת ויעשנה שלמים לא עשה כלום אלא צריך להפריש שתים בבת אחת ויפריש אחד מהן לחטאת ואחד לעולה, ועי' בירושלמי יומא ריש פרק שני שעירי (פ"ו), וקי"ל דחטאת קודמת לעולה בזבחים פ' כל התדיר (שם) ובפסחים פ' תמיד נשחט דף נ"ט ע"א, וקי"ל דאשם מצורע קודם לחטאת מפני שבא להכשיר כדאיתא פ' כל התדיר דף נ' (ע"ב) עיי"ש, וא"כ גבי מצורע עשיר אי אפשר להקדישו כסדר הקרבתו כדין התורה בכל מקום, דכיון דצריך להוציא האשם והעולה מב' כבשים, ועל כרחך צריך לקרא שם אשם ועולה בבת אחת וחטאת צריך להיות קודם עולה בכל מקום ואשם מצורע צריך להיות קודם לחטאת א"כ האיך שנעשה נעשה שלא כסדר, דאם יקדיש תחלה החטאת א"כ מקדים חטאת לאשם מצורע, ואי יקדיש האשם תחלה א"כ על כרחך מקדיש לעולה ג"כ דהא האשם מוציא מב' כבשים מאחד אשם ואחד עולה א"כ מקדים עולה לחטאת, ואי אפשר לו להקדיש כסדר הקרבתו אשם חטאת עולה, זה אינו, דהא האשם צריך להוציא מן הזוג שלו דהוא עולה. משא"כ גבי מצורע עני, דהתם מוציא החטאת מן הזוג שלו דהיא עולה, ואשם אינו מוציא מן הזוג על כרחך דמקדיש להו כסדר הקרבתו.

וביון שמבואר כל זה עולה הסוגיא כפתור ופרח, דהתנא קמ"ל דביום השמיני מביא ג' בהמות חטאת אשם ועולה כיון דאי אפשר להקדיש כסדר הקרבתו אשם חטאת ועולה ע"כ ס"ל להתנא דהא דכתב רחמנא קודם אשם ועולה ואח"כ חטאת לאו דווקא אלא ה"ה קודם חטאת ואח"כ אשם ועולה דאין חילוק בינייהו כלל, דאם מקדיש תחלה אשם ועולה איכא מעלה דהקדיש אשם לחטאת אבל איכא חסרון דהקדיש עולה לחטאת ע"כ, כמו כן אם יקדיש חטאת לאשם ועולה הגם דאיכא חסרון דמקדים חטאת לאשם אבל איכא מעלה דהקדיש חטאת לעולה, וכל זה הוא דווקא במצורע עשיר אבל בעני דהזוג שלו הוא חטאת ועולה על כרחך דמקדיש כסדר הקרבתו אשם וחטאת ועולה, אבל חטאת קודם לאשם לא דהוי מחוסר זמן. ועכשיו דביארנו כל זה בע"ה, וכעת נמצא כל דברינו שדברנו מבואר בפירוש הגמ' וכל זה דברי הגמ' הוא, דפריך על המתניתין דנקט חטאת קודם אשם ועולה, ע"ז פריך **ואין חטאת העוף מחוסרת זמן אצל אשם**, בתמיה, הכי לא קמודית לן דחטאת העוף מחוסרת זמן אצל אשם, ועל כרחך דקמודית לן דמחוסרת זמן אצל אשם, ולמה גבי חטאת בהמה דעשיר קאמרת דמביא חטאת קודם אשם הלא על כרחך חטאת מחוסרת זמן אצל אשם, דכמו דחטאת העוף פשיטא לך דמחוסרת זמן אצל אשם ומ"ש בהמה גבי עשיר. ומשני **אמר ר' אלעזר כאן התירה התורה להקדיש מחוסר זמן**, כלומר כאן גבי מצורע עשיר התירה התורה להקדיש מחוסר זמן דלאו דווקא אשם קודם חטאת דנמצא עולה קודם החטאת אלא ה"ה חטאת קודם לאשם ועולה והוי חטאת קודם לעולה ונמצא דחטאת העוף הוי מחוסרת זמן אצל אשם אבל חטאת בהמה אינה מחוסרת זמן אצל אשם כיון דעל כרחך צריכה להיות מחוסרת זמן כנ"ל. ובזה מובן דנקט התנא הדין הזה ביום השמיני מביא ג' בהמות חטאת ואשם ועולה, מאי קמ"ל התנא בזה הא מקרא מפורש הוא בתורה, אבל לדברינו ניחא דקמ"ל דיכול להקדיש חטאת קודם לאשם ועולה, ודו"ק:

דף ה ע"א

עבר ולא הביא מהו שיעבור. פי' אם שמיני דווקא וכשעבר שמיני עבר על מצות עשה, או דילמא דשמיני פירושו משמיני ואילך. **אמר ליה כל דבר שבא להתיר אינו עובר** וכו' **התורה התירה להקדיש מחוסר זמן**, פי' דשמיני הוא היתר ולא זמן, דקמ"ל התורה דמותר להקדיש האשם או החטאת בשמיני הגם דמחוסר זמן, הגם דאימתי דיקדשו הוי שלא בזמנו ותמיד מחוסר זמן דלא אפשר, בלא"ה קמ"ל התורה דאעפ"כ מיום שמיני מותר, ואי ביום שמיני היה מגיע זמנו היה לנו לומר דשמיני דווקא והוי קביעת זמן, אבל כיון דאפילו בשמיני אין מגיע זמנו עדיין דהוי מחוסר זמנו בזמן הקדישו וא"כ לעולם הוא מחוסר זמן לא שנא שמיני ולא שנא לבתר שמיני ואעפ"כ התירו הכתוב, א"כ האי בשמיני הוא להתיר בא ולא עשה דדווקא בשמיני, ודו"ק:

דף יב ע"א

ורבנן הוא דגזור ביה וכדרבה וכו', והרי ירושלים כרמלית הואי כדאמרינן בעירובין דף ו' (ע"ב) ובכמה מקומות אמר ר' יוחנן ירושלים אלמלא דלתותיה ננעלים בלילה חייבין עליה משום רשות הרבים וכדפירש"י שם (ד"ה ירושלים) דנעילת דלתות משויא לה כחצר של רבים ומערבין את כולה, וכל זמן שלא עירבו הויא כרמלית ולא מחייבי עלה וה"נ אמרינן בפרק בתרא (שם קא.) דירושלים כרמלית היא. וא"כ מה שייך למיגזר גזירה דרבה בכרמלית, והא רבא גופיה ס"ל בפ"ק דשבת דף י"א (ע"ב) דלא גזרינן גזירה לגזירה בהוצאה, ועיין בתוס' שם, אלא למאי דאמרינן בפרק בתרא דעירובין דף ק"א (ע"א) ניחא דתנינן שם לא יעמוד אדם ברשות היחיד ויפתח ברשות הרבים וכו' אמרו לו מעשה בשוק של פטמין שהיה בירושלים וכו', ופריך התם ורבנן אמר ר' מאיר רשות הרבים ומהדרו איניהו כרמלית דאמר ר' יוחנן ירושלים אלמלא וכו', ופירש"י (ד"ה חייבין עליה) וכיון דכרמלית היא לית לן למגזר, אמר רב פפא כאן קודם שנפרצו בה פרצות כאן לאחר שנפרצו בה פרצות. וכהאי גוונא מתרצי התוס' בפסחים בריש פ"ו (סו. ד"ה תוחב) גבי האי מעשה דהלל ובני בתירא, וזהו שנתכוין רש"י נמי כאן במתני' ועוד זאת היתה ירושלים יתרה בעודה בבניינה ר"ל קודם שנפרצו בה פרצות בחומה דלא הואי אלא כרמלית ולא היו תוקעין בה בשבת. ומה שפירש ברישא לא בירושלים היינו לאחר שנפרצו בה פרצות ורשות הרבים הויא ועדיין היה בהמ"ק קיים ולעולם קודם החורבן איירי במתני' זהו הנכון לדעת רש"י ז"ל. ודעת הרמב"ם לפרש דירושלים ג"כ קרוי מקדש וכמ"ש ג"כ בחבורו בהלכות שופר שם הלכה ח', ומדינה נאמר על שאר העיירות שבכל ארץ ישראל דהוא ז"ל מיירי בכל מקום בחיבורו בענין כיוצא בזה לדבר כמו שהיה בזמן הקודש ועתיד ג"כ להיות כמו כך וזהו כדקאמר ר' יוחנן וכדמשני התם, ולא הזכיר זמן שנפרצו בה פרצות כלל ושכן דרכו. ועוד הוספתי בראיות חזקות שם בחיבורי הנזכר ובכללים ודינים היוצאים מזה ואין כאן מקומו להאריך:

[המשך מדף כו.] וא"כ ק"ו כאן דתקיעה דאורייתא היא וחיישינן שאם יחזור לקיים גם מצוה דרבנן שהיא הברכה שמא מתוך טרדתו יתבטל מהעיקר המצוה דאורייתא. ועוד אוסיף לומר דמדברי הש"ס בבלי בסוגיא זו יש ללמוד נמי כן דהא לכאורה איכא למידק על דפריך פשיטא הא דאורייתא וכו' לא צריכא וכו', דמנא לן למידק הכי דילמא לעולם אין ודאי דרבנן נדחה מפני הספק דמדאורייתא והא דאיצטריך ליה למימר הולכין למקום שתוקעין דמהו דתימא הואיל והכל יודעין לתקוע ואין הכל יודעין לברך וכן אין חבירו יכול להוציאו בברכה, אבל בתקיעה מוציאו כהאי דקאמר הכא לאידך תנא דס"ל ברכה עדיפא, והכי קאמר נמי התם בהאי ברייתא גופה דמייתי יחיד שלא תקע חבירו תוקע לו ויחיד שלא בירך אין חבירו מברך לו ס"ד אמינא דמהאי טעמא מקום ברכה עדיפא שאם לא ילך למקום שיש שם המוציאו בברכה והוא הש"ץ שוב אין יכול לצאת ידי חובתו, אבל בתקיעה יש לומר שימצא אח"כ הרבה מהיודעין לתקוע הלכך קמ"ל דאפי' כן מקום התקיעה עדיף, ואכתי מנא לן דאע"ג דהא ודאי והא ספק. וכן המקשה דפריך פשיטא דילמא לאפוקי מאידך תנא הוא דקאמר ואיצטריך לאשמעינן וכדאמרן, אלא דע"כ דנראה מסתמא דהש"ס דילן דס"ל בפשיטות להכריח מדקתני בהאי ברייתא הולכין למקום שתוקעין ואין הולכין למקום שמברכין דאשמעינן בהאי לישנא יתירא דלעולם תקיעה עדיפא ואפי' יש שהות ביום ומטעמא דהואיל והברכות מדרבנן לא הטריחוהו חכמים כלל לזה כשהוא הולך לקיים המצוה מדאורייתא דשמא יטרד וכו' וכעין סברת הר"ן גבי העוסק במצוה וכו' הנזכר. ועוד דהכא איכא טעמא אחרינא ועדיפא מדהתם דהיאך יסמוך על כך שימצא אח"כ אחד שיתקע לו דשמא לא ימצא ובין כך ובין כך יעבור הזמן מתוך שהולך למקום הברכה וזה פשוט הוא, ולפיכך נמי פריך בפשיטות דלא איצטריך לאשמעינן לזה דהא דאורייתא והא דרבנן ומהיכי תיתי נימא שיניח למדאורייתא משום האי מדרבנן ועל סמך שיוכל אח"כ לקיים גם להתקיעה מדאורייתא דשמא לא יהא סיפוק בידו ויעבור הזמן ומאי קמ"ל התנא בהא, והלכך הוא דלמד לשנויי הכי לא צריכא דאע"ג דהא ודאי והא ספק, והא קמ"ל דודאי דרבנן נדחה מפני הספק דאורייתא. נקטינן מיהת השתא דמוכרח הוא משיטת הבבלי דאע"ג דיש שהות ביום לקיים שתיהן הולך הוא למקום שתוקעין וא"צ לילך כלל למקום שמברכין כדנשמע מכל הלין דאמרן וזהו טעמו של הרמב"ם ז"ל שלא הזכיר כלל מסברא זו הנזכרת כאן כנ"ל:

תוספות הרי"ד

פרק ראשון

דף ג ע"ב

בעון קומי ר' זעירא בין רגל לרגל מהו שיעבור וכו'. לפרש הסוגיא הזאת ולהבין החילוק שבין בבלי לירושלמי, דבבבלי (ו:) אמרינן לאחר ג' רגלים עובר בכל יום בבל תאחר, ובירושלמי בסוגיא דידן אמרינן דעובר על כל רגל ורגל, נראה לפענ"ד דהכי פירושו, ע"פ מה דמבואר בבבלי דף ו' ע"א מוצא שפתיך למה לי מובאתם שמה והבאתם שמה נפקא, תשמור זו מצות ל"ת למה לי מלא תאחר לשלמו נפקא, חד דאמר ולא אפריש וכו'. הסוגיא הזאת תמוהה מאוד, בהא דפריך דלמה לן העשה ול"ת של מוצא שפתיך הא ידעינן מובאתם והבאתם שמה נפקא, זה אינו, דמובאתם שמה לא ידעינן רק דעובר ברגל הראשון, אבל באומר הרי עלי עולה להביאה בשני בשבת דקבע מעצמו זמן הבאה לא נפקא לן מקרא דובאתם, ואיצטריך תרי קראי, הקרא דמוצא שפתיך קאי להיכי דקבע מעצמו זמן, והקרא דובאתם שמה קאי להיכי דלא קבע זמן בעצמו קבעה לו התורה זמן לעשה, וכן לא תעשה דבל תאחר ול"ת דתשמור הוא דל"ת דתשמור הוא לשקבע זמן בעצמו ול"ת דבל תאחר שלא קבע לו זמן בעצמו וקבעה לו התורה זמן, וכמו דאיתא בירושלמי ר' אבין בשם רבנן דתמן באומר הרי עלי עולה להביאה בשני בשבת כיון שבא שני בשבת ולא הביא עובר ע"ז צריכין לקרא דמוצא שפתיך תשמור לעשה ול"ת, ולפענ"ד היא קושיא עצומה מאוד.

וע"ב נראה לפי עניות דעתי לבאר החילוק שבין בבלי וירושלמי בזה ע"פ שיטת הרא"ש ז"ל (שו"ת הרא"ש כלל ח סי' ו) דמובא ביו"ד סי' רכ"ח (סמ"א) ובחו"מ סי' ע"ג (ס"ו) דהנשבע לשלם לחבירו וקבע לו זמן פירעון ועבר הזמן עדיין השבועה במקומה עומדת, וכתב הרא"ש ז"ל כי הזמן הוא לזרז הפירעון אבל העיקר הוא על הפירעון גופיה. ולא דמי לנשבע שיאכל ככר זה היום ועבר היום ולא אכל דעבר על השבועה ואינו מחויב עוד לאכול, דהתם עיקר השבועה על היום כיון דאינו מחויב לאכול בלא השבועה, אבל הכא דמחויב לו בלא"ה על כרחך עיקר השבועה על גוף הפירעון והזמן לזרז. ועי' בגליון רעק"א ז"ל דמביא שם דהזמן הוא פי' מיום הזה ולהלאה יתחיל החיוב, עיין שם בט"ז ז"ל (ס"ק ט) ובהגהות ובבאור הגר"א ז"ל (ס"ק ז) עיי"ש.

ועפ"ז יתבאר עניינו בע"ה, דלכאורה נחקור הא דתלה רחמנא העשה דובאתם שמה והל"ת דבל תאחר ברגלים, אם הוא מחמת נדרו שקבעה לו התורה זמן להבאת נדרו, או דילמא דהוא חובת הרגל, וה"ק רחמנא בשעה שתעלה לרגל מחויב אתה להביא את הקרבן שנדרת וחיובא דרגל הוא, וכמו דמחויב בחובת הרגל להביא קרבן חגיגה ועולת ראיה והוא חיובא דרגל ה"נ מחויב להביא הערכין והחרמים והצדקות וההקדשות בעת שעולה לרגל כמו שכתב הרמב"ם ז"ל בפי"ד מהל' מעשה הקרבנות (הי"ג), והיא חיובא דרגל בלבד. ויהיה נפק"מ גדולה בזה, אם הוא חיובא דרגל אם עבר הרגל ולא הביא, הרי זה מעוות לא יוכל לתקן באמצע השנה ואינו עובר עוד לאחר הרגל באמצע השנה כי אם עד שיבוא רגל אחר כמו בלא הביא ברגל עולת ראיה וכן כל חובת הרגל, אבל באם הוא קביעת זמן על הנדר וקאמר רחמנא דבקביעת זמן זה עובר בעשה ול"ת, א"כ אפילו כשעבר הזמן עובר ג"כ כההיא דתשובת הרא"ש ז"ל דכיון דחייב בלאו הכי א"כ העשה הוא על עיקר ההבאה ולא על הזמן ואפילו לאחר שעבר זמן דובאת[ם] מ"מ מחויב לקיים והבאתם כההיא דתשובת הרא"ש ז"ל ממש, אבל אי הוא חובת הרגל אינו עובר רק על ובאתם והבאתם אבל לאחר ובאתם ליכא שום חיוב דוהבאתם. ועוד נפק"מ באם קבע לו זמן בעצמו, כגון הרי עלי להביא עולה בשני בשבת, כיון שבא שני בשבת ולא הביא עובר בבל תאחר באם בל תאחר הוא רק קביעות הזמן, אבל אם הוא חובת הרגל לא מצינו בנדרים בעבר הזמן דעובר בבל תאחר דב"ת הוא לענין של חובת הרגל. ולפי מה דקי"ל במס' נדרים דף ד' ע"א דבקובע זמן עובר בבל תאחר לאלתר, וא"כ לשיטת הש"ס דילן על כרחך דעיקר העשה והל"ת הוא משום הלכות נדר ומשום נדר נגע בה, וובאתם הוא קביעות זמן שקבעה תורה למי שלא קבע מעצמו אבל בקבע מעצמו עובר מיד בבל תאחר, ע"כ שפיר פרכינן למה לי מובאת שמה והבאתם שמה נפקא, ואין לומר דמוצא שפתיך מיבעיא לן שאינו עובר עד ג' רגלים או רגל אחד כגון דקבע זמן מעצמו כתירוץ הירושלמי הנ"ל ועובר מיד, זה אינו, דכיון דובאת שמה הוא רק קביעת הזמן למי שלא קבע לו זמן וכן ל"ת דבל תאחר, א"כ פשיטא דלא גרע זמן שקבע לו בעצמו לזמן שקבעה לו התורה, וכמו שעובר בעשה בזמן שקבעה לו התורה ועובר על והבאתם בזמן ובאתם והבאתם כן נמי עובר על ג ע"ב והבאתם בזמן שקבע לו, דהא העשה של והבאתם אינו בשביל החובת רגל אלא דהוא קביעת זמן להנודר שקבע מעצמו, וכן בבל תאחר נמי דכוותיה דכיון דלא תלי העשה ברגלים אלא בקביעת הזמן של נודר ממילא כשקביעת הזמן ברגלים עובר ביום ההוא ולהלן וכשקביעות הזמן מעצמו עובר מיום ההוא על הל"ת דבל תאחר. ומפורש כן בר"ן ז"ל במס' נדרים דף ג' ע"ב (ד"ה בל תאחר) דבאומר הרי עלי להביא קרבן מיד דקם ליה בבל תאחר לאלתר, דמה לן כשהגיע הזמן של ובאתם או הגיע הזמן אחר שקבע לו מעצמו, כיון דמצינו דעובר בעשה משהגיע הזמן של ובאתם שמה דהוא אך קביעות הזמן א"כ פשיטא דעובר תמיד בעשה משהגיע הזמן, וכן בבל תאחר מאי נפק"מ בין הזמן של ובאתם לזמן אחר כיון דובאתם אינו חובת הרגל אלא קביעות זמן לנודר. ע"כ מתרצינן בש"ס דילן דחד דאפריש ולא אקריב וחד דאמר ולא אפריש, וכן ס"ל נמי לש"ס דילן דאם עבר ג' רגלים עובר בכל יום בבל תאחר משום דאינו חובת הרגל אלא קביעות זמן לנודר ועובר בכל יום כההיא דתשובת הרא"ש ז"ל דעיקר לא תעשה היא לגוף ההבאה מהזמן ההוא והלאה. אבל שיטת הירושלמי אינו כן, אלא דהוא חובת הרגל ומוזהר משום חובת הרגל להביא הערכין והחרמים והצדקות והקדשות והיא מצות הרגל. ע"כ שפיר משני ר' אבין בשם רבנן דתמן דקרא דמוצא שפתיך קאי לקבע לו זמן מעצמו, דזה אין ללמוד מעשה דובאתם שמה ובל תאחר דהתם לאו משום קביעת הזמן עובר בעשה דנדרים והל"ת של נדרים, זה אינו, אלא משום חובת הרגל ומצוה דרגל הוא, ואומר הרי עלי להביא קרבן לאחר ל' יום אינו עובר בבל תאחר, כי בל תאחר אין לו ענין לעבור על הנדר כי אינו שייך רק לחובת הרגל, וע"כ לאחר שעבר ג' רגלים אינו עובר בבל תאחר בכל יום, זה אינו, אלא דעובר בכל רגל, אבל בין רגל לרגל אינו עובר דאינו קביעת זמן דיעבור מזמן ההוא והלאה בכל יום, זה אינו, אלא דמצות רגל הוא להביא מה שאמר או שהפריש ברגל דווקא וכשעבר הרגל אינו חייב באמצע השנה, אלא בעת רגל מחויב להביא מה שנדר או שהפריש קודם הרגל הזה או קודם כמה רגלים.

ולפ"ז שפיר עולה יפה ב' התלמודים, דבש"ס דילן במס' תמורה דף י"ח (ע"ב) גרסינן, אמר רבא כיון שעבר עליו רגל אחד בכל יום ויום עובר בעשה. עי' פי' רש"י ז"ל שם עיי"ש. [ועי' בפני יהושע (ר"ה ד. ד"ה ר"ח) ז"ל דכתב לדייק מדאמר רבא גבי ג' רגלים בכל יום ויום עובר בבל תאחר וגבי רגל ראשון לא קאמר בכל יום, ש"מ דברגל ראשון אינו עובר בכל יום, וגם לפי שיטתו ז"ל (שם ו: בתוד"ה בשלמא) שם דאי עובר בכל יום מחויב לשלח קרבנותיו באם שחלה ולא יוכל לעלות לרגל, עיי"ש. וכבר כתב בהגהות הגאון ר' צבי הירש חיות ז"ל דתמה על הגאון בעל פני יהושע ז"ל מהאי סוגיא דמס' תמורה. וגם יש להעיר בזה הענין דחלה אם מחויב לשלח ע"י שליח, דיהיה נפק"מ בין חלה הבעלים אם הקרבן ואכמ"ל] משום דובאת שמה הוי קביעות זמן לנדר ומיום ההוא והלאה עובר בעשה, וע"כ לא מצינן לאוקמיה דעשה ול"ת דמוצא שפתיך ועשה ול"ת דובאת שמה ובל תאחר הוא דזה מיירי בקבע זמן מעצמו ובשני בשבת וזה בשלא קבע זמן לעצמו וקבעה לו התורה זמן, זה אינו, כיון דסוף סוף עובר בעשה משהגיע הזמן א"כ מאי נפק"מ בזמן שקבע לו התורה או בזמן שקבע לו מעצמו הא בקובע זמן לעצמו עובר בבל תאחר כמפורש במס' נדרים הנ"ל, ע"כ מוקמינן חד דאמר ולא אפריש וחד דאפריש ולא אקריב. אבל שיטת הירושלמי דמיבעיא בין רגל לרגל מהו שיעבור אם היא קביעות זמן לנדר עובר בין רגל לרגל אבל אם היא חובת הרגל אינו עובר אלא בכל רגל ולא באמצע השנה. וקפשיט ליה מחגיגה דעל

מלך גדול בבבל בימי רבותינו ז"ל. ועוד הוצרכנו לומר שהסהר האמור כאן אינו משעת הדיבוק עד שעת הדיבוק, אבל מתחלת הדקות בחדשה ועד תכלית הדקות בישנה וזהו זמן בכל סהר שכח העין שולט עליו לולא שהוא נמנע ומתכסה במקום אחד זולתי במקום אחר מפני המונע אותו והמכסה כמו שאנו עתידים לפרש.

והרי אנו מתחילים בפירוש השמועה, כבר נתברר לך ממה שפירשנו למעלה כי כשנראית הלבנה בתחלת דקותה שהיא בחידושה לשוכני קצה המזרח בסוף יום השבת בפאת מערב עם שקיעת החמה היא עומדת באותה שעה ברקיע על ראשי שוכני ארץ ישראל והוא להם חצות יום ראשון, לפי שהן מקדימין ח"י שעות ואין הלבנה נראית להם מחצות זו שהגיע להם שיעור המראה עד הערב שהוא ליל שני ולא מפני מיעוט הלבנה ודקותה מן השיעור הנראה שהרי נראתה כבר לשוכני קצה המזרח אלא מפני אור החמה התוקף עליה, וזו היא הלבנה החדשה הנכסית לשוכני ארץ ישראל שש שעות אחר שהגיע לשיעור הנראה שנראתה בו בקצה המזרח והוא היה תחלת הדקות. ואם הגיעה הלבנה הישנה לתכלית הדקות לשוכני קצה המזרח שחרית יום שבת בפאת מזרח עם הנץ החמה והיא עומדת באותה שעה כנגד נקודה הרביעית שהוא טבור ים אוקיאנוס ואותה שעה היא לשוכני ארץ ישראל חצות ליל יום הראשון לפי שהם מקדימין י"ח שעות והם לא ראו הלבנה מאחרי שחרית יום שבת מפני אור החמה התוקף עליה כל יום השבת ומפני הסתירה תחת הארץ מתחלת מוצאי שבת עד חצות, ואע"פ שלא הגיע עד כאן לתכלית דקותה שהרי נראתה בשעה זו לשוכני קצה המזרח ומשם ואילך היא נכסית ונסתרת מכל העולם כולו כאחד זו היא הלבנה הישנה שנכסית משוכני ארץ ישראל י"ח שעות קודם שתגיע לתכלית דקותה, וזהו פירוש לדידהו שית מחדתא ותמני סרי מעתיקא, וכנגד זה הוא פירוש לדידן שית מעתיקא ותמני סרי מחדתא שאם הגיע הלבנה הישנה לתכלית הדקות לשוכני ארץ ישראל שחרית יום שבת עם הנץ החמה והיא עומדת באותה שעה ברקיע על ראש שוכני קצה המזרח והוא להם חצות יום ששי לפי שהם מתאחרים י"ח שעות והם לא ראו הלבנה מאחרי שחרית יום ששי, ולא מפני שהגיעה לתכלית דקותה אלא מפני אור החמה התוקף עליה מיום ששי שחרית עד חצי היום שהגיעה לתכלית דקותה ואז נכסית מהם ומכל העולם כאחת וזו היא הלבנה הנכסית לשוכני קצה המזרח שש שעות קודם שהגיעה לתכלית דקותה ואם תחלת הדקות שהוא בחדוש הלבנה היתה לשוכני ארץ ישראל בסוף יום שבת עם שקיעת החמה והיא עומדת באותה שעה על ראשי שוכני קצה המערב והוא חצות ליל שבת לשוכני קצה המזרח לפי שהם מתאחרים משוכני ארץ ישראל י"ח שעות והם אינם יכולים לראות הלבנה כל הלילה מפני שהיא מסתתרת תחת הארץ, ואף בכל יום השבת אינם יכולים לראותה מפני שהיא הולכת אחר החמה ואור החמה תוקף עליה ומונעה מלהראות עד סוף יום השבת עם שקיעת החמה אע"פ שכבר עברו מתחלת דקותה י"ח שעות זו היא הלבנה החדשה הנכסית לשוכני קצה המזרח י"ח שעות מאחר שהגיעה לשיעור המראה שנראתה בו לשוכני ארץ ישראל והוא היה תחלת הדקות, וזהו פירוש לדידן שית מעתיקתא ותמני סרי מחדתא ולדידהו וכו' כדלעיל, ובזה נשלם פי' שלש שמועות קשות בעזרת השם הנותן חכמה.

וכתב עוד מוסיף אני לך לפרש מה שאמרו על זה צריך שיהא לילה ויום מן החדש מנא לן ר' יוחנן אמר וכו' עד רבא אמר חצות לילה איכא בינייהו, דלר' יוחנן דאמר מערב עד ערב כשם שהשביתה בכל ימים טובים מתחלת לילה נמנית עד תחלת לילה האחרת לפיכך צריך שיהא כל הלילה עם היום מחדש, ולריש לקיש דאמר עד יום וגו' בערב, ס"ל מדכתיב (שמות יב יח) בערב ולא כתיב עד הערב לומר לך שאף ערב הבא לאחר יום כ"א הוא נמנה בחשבון ימי החדש והוא עד חצות ליל יום כ"ב ולא לענין אכילת מצה וחמץ אלא שעד כאן הוא סוף ימי החדש שעברו, וכלומר שסוף ימי החדש תלוי בערב ומזה אתה למד כשם שסופן בחצי הלילה כך תחלתן בחצי הלילה וכו', וליתא לדריש לקיש שאם היה כדבריו לא היה מולד זקן נדחה אלא שמי שדחה אזן וחקר ותיקן כר' יוחנן ע"כ דבריו ז"ל. ומזה נבין גם השמועות מהענין הזה דאיתמר בהאי תלמודא בפרק הזה (כ:), וכן בפלוגתא דר' יוחנן ודריש לקיש דהכא והיוצא מביניהם אלא שמחליף דברי ר' יוחנן לדריש לקיש ודריש לקיש לר' יוחנן כדרך הש"ס הזה בחליפין. ומיהו למאי דמסיק הכא דצריכא לתרווייהו קראי דמייתי א"כ מסתברא דגם ר' יוחנן והוא ר"ל דהתם מודה דצריך שיהא לילה ויום מן החדש והכל ניחא לפי משמעות דהני קראי דמייתי הכא וכמבואר בס"ד:

[המשך מדף יט:] ולא דמי למשך בשנייה כשנים דהתם מיהת מתחלתו ועד סופו היתה כוונתו לשם מצוה והוה ליה למימר לר' אבא בר זמינא לא יצא, אלא דאגב דאמר משך בשנייה כשנים אין בידו אלא אחת נקט נמי גבי מתעסק אפי' אחת אין בידו אע"ג דלא שייך גבי מתעסק האי לישנא עכ"ל. והר"ן ז"ל בפ"ד (יא: מדה"ר ד"ה ולפיכך) תמה עליו בהאי פירושא עיי"ש ולא רציתי להאריך. ולמאי דפרישית בפנים להא דר' אבא היינו דמקשה ליה היכי דמפרשת לטעמא דמתני' בהאי גוונא דקאמרת ומדמית לה להאי דמתעסק דא"כ בדין היה דאפי' אחת אין בידו למה ראשה גבי סופה מצטרף וכו', אלא דממתני' אין ראיה לדבריך דאיכא למימר דהאי אין בידו אלא אחת דקאמר משום דפסוקי תקיעתא לא פסקינן וזה שנתכוין לפסקן לפיכך לא עלתה בידו אלא אחת, והיינו דקאמר לא ראשה אית לה סוף וכו' כלומר אם לפי טעמך כך היה בדין אלא ודאי טעמא אחרינא איכא הכא וכדאמרן ואחת מיהת עלתה בידו, ואין ראיה מכאן למתעסק דלא דמיא לדינא דמתני', ולפ"ז הוי ממש כהאי דהתם והאי דר' אבא לאו אמתעסק קאי אלא אההיא דומיא דבעי לדמות ההיא מתני' לדינא דמתעסק וא"צ לשום דוחק:

[המשך מדף כא.]

בענין פירושו בזה לא משמע הכי מלישנא דתלמודא אלא אלפני הסתימה קאי, וכן פירשו התוס' והרא"ש לזה והכי משמע נמי מנסחת המשנה דכאן אם עיכב את התקיעה וכו' וכמבואר בפנים, וכן בענין ההשגה האחרת בסוף דבריו שכתב וגם פירשו שאם לא סתמו והניחו פגום כשר שכל הקולות כשרים בשופר. וכלומר מפני מה סתם הרמב"ם דבריו ולא הביא כלל לזה. וי"ל לדברי הרמב"ם שרמז לזה בדבריו שכתב ניקב אם סתמו שלא במינו פסול וכו', וכך היה לו לומר ניקב וסתמו אם שלא במינו וכו', שכן דרכו בכל מקום להביא כלשון הגמרא או כלשון המשנה אם הדין מפורש הכל במשנה אלא שבא לרמז אם סתמו וכו' כך הוא הדין וממילא אם לא סתמו והניחו כך כשר, וכמו שביאר ענין בזה לקמן בהל' ז' היה קולו עב וכו' שכל הקולות כשרים בשופר, נחזור לעיקר השגה שנראה לדעת הראב"ד הוא כדעת בעל המאור שכתב שהיו רגילין לפרש כי מחלוקת ר' נתן וחכמים בשאינו מעכבין את התקיעה וכן פי' הר"ר שלמה ז"ל גם דברי הר"י מוכיחין כן אח"כ מצאתי תלמוד ירושלמי שנראה ממנו

כי מחלוקת ר' נתן וחכמים בשמעכב את התקיעה וכו'. ור"ל בזה דעכשיו לפי דעת רוב הפוסקים שהסכימו להלכה כר' נתן מדמפרש ר' יוחנן אליביה, ועוד דהאי תלמודא מוקי לסתמא דמתני' כר' נתן א"כ אם סתמו במינו לעולם כשר הוא, וזה דלא כדעת הרי"ף והרמב"ם שכתבו דווקא אם נשתייר רובו וכו' וכהמסקנא שהבאתי במתני' שתפסו לעיקר ללישנא קמא דר' יוחנן ולחומרא דבשל תורה הלך אחר המחמיר (ע"ז ז.), ודעת המשיגים לפסוק כלישנא בתרא דר' יוחנן ולקולא שסוברים בכל מקום לישנא בתרא עיקר וכמו שהביא הרא"ש לדעתם.

ובענין זה כתב שם הרמב"ן ז"ל לפרש סוגיא זו דהכא, וז"ל ופירוש הירושלמי כך הוא שופר שנסדק ודבקו פסול למאן נצרכה לר' נתן דאלו לרבנן מאי אריא נסדק כולו לאורכו אפי' ניקב נמי ואע"פ שאינו מעכב את התקיעה כדפי' שם לעיל, אבל לר' נתן סד"א מדנקב וסתמו במינו כשר אף נסדק לארכו ודבקו בעצמו כשר נצרכא, וכן דייק שברי שופרות ניקב וסתמו ר' חייה בשם ר' יוחנן אמר דר' נתן היא, דתניא ניקב וסתמו אם מעכב את התקיעה פסול ואם לאו כשר וכך הגירסא בכל הנסחאות, ופירושה שר' חייה בר אבא בא לפרש הברייתא לקיים דבריו שהעמיד משנתנו כר' נתן ואמר דהכי קתני אם היה מעכב את התקיעה מתחלה קודם סתימה, ובהא פליגי ת"ק ור' נתן דלת"ק לעולם פסול אע"פ שעכשיו אינו מעכב ולדברי ר' נתן במינו כשר, נמצאת משנתנו שמכשרת אם אין מעכב את התקיעה לאחר סתימה ר' נתן היא, ותפתר בשסתמו במינו ובמעכב עכשיו את התקיעה אפי' ר' נתן מודה דפסול לעולם, והיינו דלא קתני בגמרא דילן בברייתא אם היה מעכב את התקיעה משום דפשיטא ליה שאם מתחלה אין הנקב מעכב את התקיעה כלל אינו נקב ואין סתימתו פוסלת לפי שאינה מסייעת בקולו של שופר כלל, ועוד שאינו בכלל ניקב וסתמו, ובירושלמי שנו ופירשו זהו פירושה של שמועה כדברי הראשונים ז"ל והירושלמי מוכיח שהוא מתרץ בלשון הברייתא היה כמו שכתוב בכל הנסחאות. וכתבתי זה לברר דברי רבינו הגדול שפסק כר' נתן שעל כרחינו סתם מתני' כר' נתן ולא כרבנן, ועוד מדקא מתרץ ר' יוחנן אליביה ש"מ הלכתא כוותיה כדאמרינן במסכת שבת (קיב.) וכו' עכ"ל רמב"ן שם בפי' השמועה. והנך רואה שלענין הכוונה בפלוגתא דר' נתן ורבנן הסכמתי לפירושו ז"ל והוספתי בביאור ולהכריח דע"כ הוא דלא פליג ר' נתן באם מעכב את התקיעה לאחר הסתימה שהוא פסול, אלא במה דפירש בהאי דקאמר למאן נצרכה לר' נתן, לשיטתו הוא דפירש וכענין שהבאתי בשמו שחולק על רש"י בפירוש ודבקו. ולפי המבואר בפנים הכל ניחא ועולה כפי מסקנת רוב הפוסקים וגדולי הראשונים ז"ל ובלי שום דוחק לפי הכתוב לפנינו כמו שהוא לפניך בס"ד:

[המשך מדף כב.]

יום טוב של ראש השנה שחל להיות בשבת. נראה דדקדק התנא למנקט יו"ט של ראש השנה ולא נקט בקצרה לומר ר"ה שחל להיות בשבת, אלא דאגב בא להשמיענו מילתא אחריתא בהאי לישנא יתרה שאף יום שני של ר"ה שחל להיות בשבת וכפי שהיו נוהגין לעשות שני ימים לאחר התקנה שלא יהו מקבלין עדים אלא עד המנחה כדלקמן במתני' בהלכה ד' (כג:), שיהא השופר דוחה שבת גם ביום השני במקדש, וקמ"ל ג"כ בזה שבזמן שהיו מקדשין ע"פ הראייה לא היו משגיחין על הדחיות כי היכי דלא ליתרמו תרי שבי בהדדי וכמו הסימן של הקביעות לא אד"ו רא"ש וכו', וזהו כדעת רש"י ז"ל פ' תמיד נשחט דף נ"ח ע"ב (ד"ה בשני בשבת) והתוס' שם (ד"ה כאילו חל) חולקין, וכתבו בשם הר"י שאע"פ שהיו מקדשים ע"פ הראייה היו נזהרין שלא יבואו תרי שבי בהדדי דאמרינן בהדיא בפ"ק דר"ה (בבלי כ.) מאיימין על העדים על החדש שנראה בזמנו לומר שלא ראו וכו'. ואין דבריהם מוכרחין וראיה זו לאו ראיה היא שהרי אין זו הלכה פסוקה ודעות מחולקות שם בזה בדף כ' (ע"א), והרמב"ם ז"ל ג"כ לא כתב בענין זה כי אם כמסתפק כמ"ש בפ"ג מקידוש החודש בהלכה י"ז ואם הוצרכו ב"ד להניח חודש זה מעובר וכו', וזה הוא שאמרו מעברין את החודש לצורך, ויש מן החכמים הגדולים מי שחולק בדבר זה ואומר לעולם אין מעברין את החודש לצורך הואיל ובאו העדים מקדשין ואין מאיימין עליהם, והוסיף עוד שם וכתב יראה לי שאין מחלוקת החכמים בדבר זה אלא בשאר החדשים וכו', אבל אם באו העדים בניסן ותשרי וכו' מקבלין עדותן וכו' שאין מאיימין על עדים שהעידו על חדש שראוהו בזמנו כדי לעברו, הרי שאין זו דעת מוחלטת והלכה פסוקה לעבר החודש מפני הצורך וא"כ לא נהגו הדחיות בזמן שהיו מקדשין ע"פ הראיה וכדעת רש"י ז"ל. ומה שזכר הרמב"ם עוד מהדחיות לקמן בפ"ז שם בהל' ז' ומפני מה אין קובעין בחשבון זה בימי אד"ו לפי שהחשבון הזה הוא לקיבוץ הירח והשמש בהלוכם האמצעי לא במקום האמתי וכו', זהו לפי הענין חכמת האצטגנינות ואין זה ענין למה שאמרו מפני הצורך דלא ליתרמו תרי שבי בהדדי, וכן מורין הדברים מהאי תלמודא דהך מילתא דלא ליתרמו תרי שבי בהדדי לא היתה זה בידם לכלל קבוע לעולם כדאמר בפ"ק דע"ז סוף הלכה א' על דאמר שם על הכתוב בנחמיה (ט א) וביום עשרים וארבעה לחדש השביעי נאספו בני ישראל וכו' אין נימר דהוה בשובתא לית יכול דלא מחשב ולא משכח צומא רבא בחד בשובא ודחי לה וקאמר ומה בה ולית ר' חוניא מיקל למאן דמעבר ליה מן אתריה עיי"ש, הרי דמסקנת האי תלמודא כמ"ד אין מעברין מפני הצורך אלא היו מקדשין בזמנו וכפי העדים שהעידו ע"פ הראייה ולפעמים היו עושין שתי ימים ר"ה וזהו לאחר התקנה דלקמן וכנזכר. וזהו דאשמעינן התנא כאן ונקט י"ט של ר"ה שחל להיות בשבת דוק ותשכח דבמקום דמיירי בזמן שהיו נוהגין לעשות שתי ימים ר"ה קאמר התנא י"ט של ר"ה וכדגשנה בסוף פ"ג דעירובין (לט.) ר' דוסא בן הרכינס אומר העובר לפני התיבה בי"ט של ר"ה אומר וכו' ולמחר הוא אומר וכו', ולעיל שם דמיירי בחד יומא נקט בלישניה ר"ה בלחוד ר' יהודה אומר ר"ה שהיה ירא שמא תתעבר וכו' וכן בכמה מקומות בכיוצא בזה:

במקדש היו תוקעין אבל לא במדינה. רש"י ז"ל (כט: ד"ה אבל לא במדינה) פי' לא בירושלים ולא בגבולין, וכ"כ התוס' (שם ד"ה אבל לא במדינה) וסיימו והא דקתני כל עיר שרואה ושומעת תוקעין בה היינו לאחר חורבן שתיקן רבן יוחנן בן זכאי, וכבר הרגיש המהרש"א בזה דהא רש"י גופיה (בד"ה ועוד זאת) פירש בהא דקתני ועוד זאת היתה ירושלים וכו' בעודה בבניינה, ומה שרצה לתרץ דלאחר חורבן דקאמרי היינו לאחר שגלתה סנהדרין וכו' זהו דוחק גדול ואין במשמעות כלל לפרש כן, והלחם משנה בפ"ב מהל' שופר (ה"ח) הניח דברי רש"י הללו בצ"ע דסותר לדברי עצמו. ואני כתבתי בחיבורי פני המנורה בנר הרביעי ובמוצק הרביעי ליישב דברי רש"י וכוונתו נוטה לקו האמת ודלא כדברי התוס'. ובתחלה ראוי להבין על שכתב לא בירושלים והרי למאי דמסיק רבא (בבלי כט:) מדאורייתא משרי שרי

מיהו דווקא במכשירי מצוה כמו דקאמרינן במכשירי מילה (שבת קלג.) ומכשירי דפסח (פסחים סט:) וכה"ג, אבל לא בהמצוה גופה דכי גלי קרא דדוחה שבת דחיא לעולם ואפי' היה יכול לקיים מקודם מ"מ מצוה בזמנה עדיפא לכתחלה, אלא דאם לא קצרה בלילה קוצר אף ביום ובשבת מדגלי קרא דדחיא שבת זו היא סברא דהאי תלמודא וכפי אשר נתבאר דע"כ בין ריש לקיש ובין ר' אביי דאותביה ומשום כך הדר ביה ריש לקיש ומכא הני מתני' כדאמרן כו"ע מודים בה.

והשתא הדרינן למאי דאיתמר התם (מנחות עב:) דלבסוף מוקי לה להך סיפא דמתני' כרבי ולהקרבה קאמר התנא דדחיא שבת ולא לקצירה, וקשיא הא לא אתיא כר' ישמעאל דמסקינן כוותיה בכמה מקומות בהש"ס דקצירת העומר דוחה שבת ודלא כר"ע וזה מוסכם, ועיקר הטעם דרבן גמליאל ובית דינו בריש מו"ק (ד.) כוותיה דר' ישמעאל הוא דס"ל וכן פסק הרמב"ם (שמו"י פ"ג ה"א) כוותיה בענין תוספת שביעית ודלא כר' עקיבה כאשר ביארתי זה בריש מסכת שביעית ובכמה מקומות המצויינין שם, וחזינן השתא דסוגיא דמנחות שם ומאי דמוקי לה הסיפא כרבי וכל היוצא מזה שמה דלא כהלכתא היא בענין שאין קצירת העומר דוחה שבת, אלא כמסקנא דהכא וכמסקנת הבבלי בריש מו"ק דקיי"ל כרבן גמליאל ובית דינו וכר' ישמעאל דשביעית דקצירת העומר דוחה שבת ואפי' ביום ט"ז אם לא נקצר בלילה, וסיפא דמתני' וכל הני מתני' דלעיל כולה מיתוקמי כר' ישמעאל. ובהיות מבואר לך כל הדברים שזכרנו תראה עין בעין טעמיה דהרמב"ם ז"ל שפסק כן בפ"ז מהל' תמידין ומוספין בהל' ו' וכתב מצותו להקצר בליל ט"ז בין בחול ובין בשבת, וכל הלילה כשר לקצירת העומר ואם קצרוהו ביום כשר. וכמה דיו משתפך וכמה קולמוסין משתברין להבין דבריו, דלכאורה זהו נגד המסקנא דמנחות שם וכדמפרש שם אליבא דרבי. אבל למה שבירריתי ובארתי לפניך דההיא סוגיא דלא כהלכתא ולא סמיך עלה, אלא כהמסקנא דהתם בריש מו"ק וכר' ישמעאל דהלכתא כוותיה בעיקרא דמילתא בענין דחיית שבת בקצירת העומר, וכדמוכחא נמי ממסקנת סוגיא דהכא והכל ניחא בס"ד:

[המשך מדף יג.]

אמר אביי ליכתוב חתימת ידיה אחספא ושדי ליה בבי דינא ומחזקי ליה בי דינא, ולא צריך איהו לאסהודי אחתימת ידיה ואזיל איהו והאי ומסהדי אאידך. וא"כ הוא הדין בנידון שלפנינו שאם הכל מכירין חתימת ידיה ולא צריך איהו לאסהודי אדידיה, דבהא כל היכא דצריך שנים אף מדינא הוא אחד מן השוק מעידין על חבירו זה השני, וזה דווקא בדבר דבעינן שנים כהאי דהתם, והשתא נימא דבענין עדות דמיירי כאן להעיד על העד של עדות החודש דחזינן דהאי ש"ס מחמיר גם כאן בענין זה כדקאמר והכא נמצאת כל העדות מתקיימת בעד אחד, זהו נמי לשיטתיה דלא מחלק בין אם צריך לעדות דידיה או לא, כגון בגוונא דאיירינן שהכל מכירין אותו אלא חבירו אין מכירין כי אם הוא מכיר חבירו, והיינו דמסתמא מכיר חבירו שהוא אדם נאמן דאי לאו הכי היכי אזיל לאסהודי אעדות חודש בהדי דידיה, ולשיטתא דהאי ש"ס הוא דמחמרינן דלא מצטרף עם אחר להעיד על חבירו בגוונא דבעינן שנים. ואף להאי דמיקל הש"ס בעדות דהכא דבתחלה בחד סגי היכא דמשלחין עמו, מ"מ בגוונא דבאו מאליהן לב"ד הגדול מחמיר הוא וכמבואר זה בפנים, וא"כ בכה"ג אינו יכול להצטרף עם אחר להעיד על חבירו דא"כ נמצאת כל העדות וכו', ומכ"ש בשאין כאן אחר להעיד עליו שאין יכול הוא לבדו להעיד על חבירו דלא מהני מידי דא"כ כל העדות מתקיימת בעד אחד וכל זה לשיטתא דהאי ש"ס, אבל לפי שיטת הבבלי דמיקל בגוונא דלא צריכין לסהדותא דידיה דלא אמרינן דזהו כאלו רוב העדות מתקיימת בעד אחד כמוזכר, א"כ איפכא הוא כאן דאי איתא דלא הוה בעינן אלא חד סהדא להעיד על שאין מכירין אותו פשיטא ופשיטא דהוה מהני סהדותא דזה שהכל מכירין אותו להעיד על זה שאין מכירין אותו, שהרי אין אנחנו צריכין לסהדותא דידיה אדנפשיה ולא הוה שייך כאן כלל וכלל לומר דרוב העדות מתקיימת בעד אחד. וזה נלמד מק"ו לשיטת הבבלי דמה התם עדות ממון הוא וצריך שני עדים אמרינן דאי לא צריך לסהדותא דידיה אדנפשיה הרי הוא כאחד מן השוק, ובדבר דצריך שנים וכגון התם מצטרף הוא עם אחד מן השוק להעיד על אידך, מכ"ש כאן דעיקר עדות על אותן עידי החודש אינו אלא משום חשש דרבנן בעלמא וכדתקינו זה משום דקלקול דזמנא חדא, פשיטא ופשיטא שיכול להעיד זה על חבירו לפי שהכל מכירין אותו ואין צריך לעד אחר עליו כלל ומעיד הוא על חבירו שאין מכירין אותו, שהרי ודאי הוא מכיר אותו וכדלעיל ולא היו צריכין לשלח אחר עמו כלל אי איתא דסגי בעד אחד להעיד על עד החודש, אלא מדבאמת צריך שני עדים אפי' בעדות זה כפי שיטת הבבלי הלכך צריך לשלח עמו אחר ומאי אחר זוג אחר וכדמסיק, וכל זה ברור הוא לפי שיטת הבבלי דהכא ודכתובות כמו שהוא לפניך.

ובהיות כן ממילא מתורצת תמיהת התוס' שתמהו מאי קאמר להוכיח מאי אחר זוג אחר מדקתני אותו, ומאי אותו הזוג דאני יכול לומר אחד מאותו זוג, וכלומר דהשתא ממאי דאחר זוג אחר דילמא אחר חד הוא כדברישא אותו אחד מן הזוג, דהא ליתא דא"כ הוה קשה למה משלחין עמו אחר כלל, הרי יש כאן אחד מהזוג של עדי חדש שהכל מכירין אותו דהא קאמרת אותו היינו אחד מאותו הזוג וא"כ אחד מהן הוא שאין מכירין אותו והשני מכירין אותו ולמה לנו אחר הרי הוא בעצמו יכול להעיד על חבירו, אלא ודאי מאי אותו אותו הזוג שלשניהם אין מכירין אותן והשתא נמי מאי אחר זוג אחר הרי הכל ניחא בס"ד. והארכתי קצת ואף שלענין תירוץ קושית התוס' אין צריך לאריכות כאלה כי אם בידיעת לההיא דכתובות אליבא דשיטת הבבלי שם סגי, דזה הכלל כל מקום שא"צ לעדות עצמו על הדבר יכול הוא להצטרף עם אחר ולהעיד בדבר שצריך שני עדים וממילא נשמע דאי ס"ד דכאן א"צ כי אם עדות אחד אין ספק שזה שמכירין אותו יכול הוא להעיד על חברו שאין מכירין אותו מכיון שהוא מכיר אותו, ועל כרחך לומר כן שמכיר הוא אותו וא"כ לא היה צריך כאן לשלח אחר עמו אלא דעל כרחך שצריך שנים גם לעדות זו וזה מבואר. ומה שהארכתי הוא כדי להבין הסוגיות דהכא ודהתם ולידע ההפרש ביניהן ומה היוצא מהן לדינא בהני גווני דאמרן וכמבואר הכל בס"ד:

[המשך מדף יז:]

ויש בין כל נקודה ונקודה מהראשונות מרחק מהלך י"ב שעות באורך הארץ כפי הקפת הגלגל עליהם ומכל נקודה אל נקודה הסמוכה לה מהלך שש שעות באורך הארץ מהקפת הגלגל עליהם, והמשל על זה כי כשיהיה בקר לשוכני מזרח לא יהיה בקר לשוכני ירושלים עד שש שעות לאחר מכאן, ועל הדרך הזה אתה מחשב בכל שעה ושעה המרחק מכל נקודה מארבע הנקודות אל הנקודה הסמוכה לה וזהו מהלך החמה בהקפת הגלגל בעשרים וארבע שעות על ארבע נקודות אלה. ודע כי חשבון הימים הנמנים מימי השבוע תחלתו מן הנקודה השלישית שהיא טבור הארץ והיא ארץ ישראל, והמשל על זה כי כשמתחיל יום ראשון מימי השבוע לשוכני ירושלים וארץ ישראל לא יתחיל לשוכני קצה המערב עד שש שעות לאחר מכאן ובטבור הים שלמטה מן הארץ והיא נקודת התהום לא יתחיל עד שתים עשרה שעות לאחר מכאן ולשוכני קצה המזרח לא יתחיל עד שמנה עשר שעות לאחר מכאן, וכן בכל יום ויום מימי השבוע וכן בכל שעה ושעה מן היום ומן הלילה כך הוא סדרן לעולם.

ונתברר לך מזה כי יש הקדמת י"ח שעות במנין ימי השבוע ושעותיהם בין שוכני ירושלים לשוכני קצה המזרח שהן מקדימין על שוכני קצה המזרח, ואע"פ שאין המרחק ביניהם כפי מהלך הגלגל הגדול אלא שש שעות כשאתה מתחיל למנות מקצה המזרח, אבל במנין ימי השבוע ושעותיהם כך הוא הסדר להן וזהו הסדר שנסדר להן מששת ימי בראשית.

ודע כי סוד העיבור המסור בידינו יסודתו בהררי קודש והם שתי הנקודות מן הארבע הנזכרות, האחת ארץ ישראל והיא אדמת הקודש אשר בה עיר הקודש והיא המקום אשר בחר בו ד' כדכתיב (דברים יב ה) לשכנו תדרשו וגו', והשנית קצה המזרח שהוא תחלת הישוב וכמאמר הנביא (יחזקאל מג ב) והנה כבוד אלהי ישראל בא מדרך הקדים וגו' והארץ האירה מכבודו, ופירוש הענין הזה כי חשבון המולד שאנו אומרים שהוא ביום פלוני בכך וכך שעות מן היום או מן הלילה היא כנגד ירושלים, ומה שאנו דנין על ראיית הלבנה מתוך חשבון המולד כפי מה שאמר אבוה דר' שמלאי הוא על ראיית הלבנה בקצה המזרח ויתבאר עוד מזה לקמן בתוך פי' השמועה.

ודע כי אין אור ללבנה מעצמה כי אם אור הנאצל על פניה מאור החמה, ומולד הלבנה היא דיבוק הלבנה בחלק אחד כנגד גלגליהם והדיבוק הוא כהרף עין ולאחר נפרדות זו מזו והלבנה הולכת ומתרחקת מן החמה לפאת מזרח, ואור החמה הולך ופושט על הלבנה על פניה שכנגד הארץ כפי המרחק קו לקו זעיר שם זעיר שם (ע"פ ישעי' כח י) ואין כח העין שולט עליו עד שיגיע המרחק לי"ב מעלות ממעלות הרקיע שהם שלוש מאות וששים מעלות ברקיע כולו וזהו יתרון מהלך הלבנה על החמה בכ"ד שעות. ובכן האור פושט על פניה עד שכח העין שולט עליו לראותו קודם שקיעת אור החמה וזהו תחלת דקות הלבנה בחידושה והיא הנראה בפאת מערב וכנגד זה בלבנה הישנה הנראית בפאת מזרח בתכלית דקותה עם הגן החמה והיא כשיעור המרחק הנזכר שהוא י"ב מעלות ולאחר היא הולכת ומתקרבת אל החמה ומסתתרת תחת אורה עד שהיא חוזרת להדבק בה כבתחלה ועל הסדר הזה חוזרת חלילה. ואחר הקדמות הללו שהן כיסודות לפירוש שלש שמועות הרצופות בכאן זה אחר זה נתחיל בפירוש השמועה הראשונה בעזרת המלמד לאדם דעת.

כי סליק ר' זירא שלח אמר צריך שיהא לילה ויום מן החדש, כלומר אין אנו קובעים היום ר"ח אלא א"כ היה בו המולד מתחלת הלילה במקום אחד ממקומות הישוב, ואע"פ שאין המולד נתקן אלא עד י"ח שעות ואין לנו מן החדש אלא שש שעות אנו מולאין במקום אחר שיש בו לילה ויום מן החדש, ולבאר הענין הזה אני נותן לך משל ודמיון באחד מן הימים שאנו קובעים בו ר"ה שהוא ר"ח תשרי, שכשאנו קובעין אותו ביום השבת אין אנו קובעין אותו עד שיהא המולד בירושלים יום שבת קודם חצות ואותה השעה שהיא המולד היא בקצה המזרח תחלת לילי שבת כמו שבארנו לך כי שוכני ארץ ישראל מקדימין בסדר מנין ימי השבוע ושעותיהם לבני שוכני קצה המזרח י"ח שעות. ואחר שתלך הלבנה ברקיע השמים עשרים וארבע שעות אחר המולד היא תחלת דקותה והיא שיעור החידוש הנראה נמצאת הלבנה נראית בחידושה ליושבי קצה המזרח בסוף יום השבת לפני שקיעת אור החמה, ולפיכך היה יום השבת יום ראוי לקבעו ר"ח בכל מקום מפני הלבנה שנראית ביום שבת בערב בקצה המזרח קודם שקיעת אור החמה ולא נמלט היום מראיית הלבנה במקום אחד ממקומות הארץ ושם היה להם הלילה [והיום] מן החדש כולו אחר המולד, ואע"פ שלבני ארץ ישראל לא נראתה הלבנה ביום שבת מפני שהיתה שעת תחלת דקות הלבנה והיא שיעור לחידוש הנראה להם בחצי יום ראשון מימי השבוע, אלא שאור החמה התוקף עליה מכהה את אורה ומונעו מהראותו עד הערב שהוא סוף יום ראשון ותחלת יום שני, זהו פירוש צריך שיהא לילה ויום מן החדש, וגם היא פירוש הברייתא השנויה בסוד העיבור הסמוכה לזו השמועה לפי שדברי שתיהן שוין, ולכך אמר זה שאמר אבוה דר' שמלאי מחשבין את תולדתו נולד קודם חצות, כלומר אם נולד בירושלים ביום שבת קודם חצות ובאותה שעה היא תחלת לילי שבת בקצה המזרח בידוע שנראה סמוך לשקיעת החמה ביום שבת לשוכני קצה המזרח ולא נמלט היום ההוא מראיית הלבנה, ולפיכך ראוי הוא היום ההוא לקבעו ר"ח בכל מקום, והוא הדין לשאר הימים נולד אחר חצות בידוע שלא נראה סמוך לשקיעת החמה ביום שבת בשום מקום בעולם כי כשנראה לשוכני קצה המזרח כבר שקע כל אור החמה ויצא אור השבת ולפיכך נדחה יום ההוא מלקבעו ר"ח בכל מקום.

וזהו סוד העיבור בדחיית מולד זקן שהוא לאחר י"ז שעות תתרע"ט חלקים שהוא נדחה בכל ראשי שנים לעולם ואין לנו בימים הראוים לקביעת ראש השנה שהם ימי בגה"ז כי אם שתי דחיות אחרות והם בשנים הפשוטות, הדחיה האחת בט"ו תקפ"ט לאחר מעוברת והשנית ג"ט ר"ד בכל שנה פשוטה והמולד הזקן הוא נדחה לעולם, ושורש דחייתו מן ההלכה הזאת והוא מסור בידינו ע"פ חשבון בסוד העיבור מימי הלל בן יהודה [בן גמליאל] בן רבינו הקדוש שהנהיג לקדש ע"פ החשבון ועל פי הראייה מדוחק הגלות שלא היו עדים מצויין ללכת להעיד ולא השלוחים להודיע קידוש ב"ד מחמת שבוש דרכים, אבל בדורות הראשונים שהיו מקדשין ע"פ הראייה לא היו נוהגין בסוד הזה שאנו נוהגין בו לסמוך עליו, וע"כ שאלו בגמרא למאי נפק"מ כלומר מה איכפת להם לדורות הראשונים להיות מחשבין תולדת הלבנה תדיר והלא הם לא היו מקדשים אלא ע"פ הראייה, ובאה התשובה על השאלה הזאת נפקא מינה לאכחושי סהדי כי מחשבון המולד אתה יכול לדעת שעת הראייה ולידע אם דברי העדים אמת או מוכחשים הם, והרי השלמנו פי' שתי השמועות הקשות והם קשורות ותלויות זו בזו.

ונשאר לנו לפרש השמועה השלישית והיא אמר ר' זירא אמר רב נחמן עשרים וארבע שעי מיכסי סיהרא וכו', גם בזה ראיתי להוסיף ולהקדים לך הקדמות שיפתחו לבך לפירושי, כבר ידעת כי כל לדידן האמור בתלמוד הוא לבני בבל ונקראו מדינחאי, וכל לדידהו הוא לבני ארץ ישראל ונקראו מערבאי, ובעלי המחקר חקרו על אורך הנמצא בין בבל ובין ירושלים ולא מצאו בו שתי שעות שלימות ואי אפשר שימצא ביניהם ההפרש הגדול הנאמר בשמועה זו בכל סיהרא חדתא ועתיקא, על כן הוצרכנו לומר כי המקום הרמוז כאן על לשון לדידן הוא קצה המזרח שהגיעה שם מלכות בבל בימי שבור מלכא שהיה

[המשך מדף א.]

והשתא למאי שאמרנו הכל ניחא דלפי הסלקא דעתך קסבור באמת הכי דמדקתני באחד בתשרי ר"ה וקחשיב נמי יובלות לא הוה קשה מידי דמצינן לשנויי כהאי דרב חסדא ברגלים, אלא דהכתי הוה קשה לשנויא דרב פפא. והרי יובלות דלא חיילא מאורתא ולשנויא דרב שישא בריה דרב אידי והרי יובלות דתלי במעשה הוא וקתני, ועל כרחך דאתינן להאי אוקמתא דכר' ישמעאל בנו של ר' יוחנן בן ברוקה היא. אבל כל זה אליבא דפירושא דרבא היא ולשינויא דהני אמוראי, אבל לרב אשי ולפירושו דבלאו הכי ניחא הא דלא קחשיב ר"ה דעומר ושתי הלחם, וא"כ לקושטא דמילתא אמרינן הכי דגבי יובלות לא קשה הא דקחשיב באחד בתשרי ר"ה משום דרגל שבו קאמר ולא איצטריך לן לאוקי מתני' אליבא דחד תנא דוקא אלא ככו"ע אתיא, והא דקחשיב ארבעה ר"ה ותו לא ה"ק ארבעה ר"ה שהן בארבעה ראשי חדשים וכו' וזה פשוט וברור. נקטינן מיהת השתא מה דאיכא נפק"מ בין פירושא ואוקמתא דרבא במתני' ובין פירושא ואוקמתא דרב אשי, דלרבא ע"כ דאתינן לאוקי מתני' כר' ישמעאל בנו של ר' יוחנן בן ברוקא ושנת יובל מתקדשת והולכת מתחלתה כדאית ליה ולרב אשי לא איצטריך ליה לאוקמי כהאי תנא אלא כדאמרן.

ונבאר דאיכא עוד נפק"מ רבתא לדינא, ומתוך כך יתבאר לנו דעת הרמב"ם ז"ל במילתא ברירא וקושטא דמילתא והאי קושטא קאי דהתוס' בדף ט' ע"א כתבו בד"ה ולאפוקי מדר' יהודה אומר ר"י אפ"ה הלכה כר' יהודה דאמר שנת החמשים עולה לכאן ולכאן וכו'. ועוד דסתם מתני' דהכא אוקמא כר' ישמעאל דפליג ארבנן דפליגי על דר' יהודה, ועוד דלר' ישמעאל מקדשין חדשים ואנן קיי"ל בכוליה הש"ס שמקדשין חדשים ור' יוסי נימוקו עמו קאי כר' ישמעאל בפ"ק דמס' קידושין (מ:) דאית ליה דיובל משמט בתחלתו וכו'. והנה מה שהביאו מע"ז (ט:) ומערכין (כח:) כבר דברו המפרשים בזה, והביא הכסף משנה בשם הר"י קורקוס בריש פ"י מהל' שמטה ויובל עיי"ש.

ונדבר במה שנשאר לנו לבאר מענין אוקמתא דמתני' דהכא ובמה דנראה מסוגית הש"ס דהתם בזה. דהרמב"ם בפ"י הנזכר בהל' ז' כתב שנת היובל אינה עולה ממנין שני השבוע, אלא שנת מ"ט שמיטה ושנת חמשים יובל, ושנת חמשים ואחת תחלת שש שנים של שבוע וכן בכל יובל ויובל. וכרבנן דר' יהודה. ולקמן בהל' י"ד פסק כר' ישמעאל בנו של ר' יוחנן בן ברוקה שכתב מר"ה ועד יוה"כ לא היו עבדים נפטרים לבתיהם וכו'. א"כ מתקדשת שנת היובל מתחלתה, והנה לכאורה הני פיסקי סתרי אהדדי דאם כר' ישמעאל בנו של ר' יוחנן בן ברוקה א"כ היאך פסק לעיל כרבנן ודלא כר' יהודה וכהוכחת התוס', אבל האמת יורה דרכו דודאי בענין שהיובל משמט ומתקדש מתחלתו דברי ר' ישמעאל בנו של ר' יוחנן בן ברוקה אמת הן, דהכי תני בתו"כ (בהר פרשה ב פ"ב) בלי שום חולק ורבי יוסי דמס' קידושין קאי כוותיה כדכתבו התוס' בזה, אלא מה שכתבו להוכיח מדאוקי הכא לסתמא דמתני' כוותיה, זה אינו אלא לפי אוקמתא ופירושא דרבא, אבל לרב אשי דהוא בתרא וכמבואר בדברינו לעיל לא איצטריך לן לאוקי מתני' כוותיה, ואדרבה איפכא מוכחא דלא בעי רב אשי לאוקי סתמא דמתני' אליבא דחד תנא וכדלעיל. ומינו ג"כ דלענין שמקדשין חדשים דהכי קיי"ל נמי כוותיה דר' ישמעאל בנו של ר' יוחנן בן ברוקה פסק, וזה מבואר ממתני' ומהסוגיא דפ"ב (בבלי כד.) ולא כרבנן דקאמר הש"ס כאן לפי ברייתא קדמייתא דמייתי. ובמה דנראה מהברייתא בתרייתא דמייתי תניא אידך יובל היא וכו' דלר' ישמעאל הוא דאיצטריך היא למעוטי שאינה מתקדשת בסופה, אבל לרבנן דלא סבירא להו שמתקדשת מתחלתה לא איצטריך היא למעוטי אלא דדרשי שנת חמשים שנה אתה מונה וכו' ולאפוקי מדר' יהודה, וזה היה קשה לכאורה דאם פסק כר' ישמעאל דמתקדשת מתחלתה, א"כ על כרחך אתינן לדרשא דידיה דיכול כשם שמתקדש והולכת מתחלתה וכו', ושפיר איצטריך לן למעוטי שאינה מתקדשת בסופה, ואם נאמר דיתורא דהיא לא קשיא לן דאיצטריך לדרשא לעכב וכדלקמן שם ע"ב גבי פלוגתא דר' יהודה ור' יוסי יובל היא אע"פ שלא שמטו וכו' ת"ל היא, וכחכמים דשלשתן מעכבות וכו' והכי קי"ל ואיצטריך היא, מ"מ היא גופה קשיא דהשתא מנא לן דאינה מתקדשת בסופה כמו שמתקדשת בתחלתה וכרבי ישמעאל בנו של ר' יוחנן בן ברוקה דכוותיה קיי"ל בהא, אבל כי דייקינן שפיר לא קשה מידי דהא מסיים בהאי תניא אידך יכול כשם וכו', ואל תתמה שהרי מוסיפין מחול על הקדש וכו', ולבתר הכי אמרינן (בבלי ט.) דמוסיפין מחול על הקדש מנא לן, דתניא בחריש ובקציר תשבות ר' עקיבא אומר וכו', ר' ישמעאל אומר מה חריש רשות וכו', ולר' ישמעאל מוסיפין מחול על הקודש מנא ליה נפקא ליה מדתניא ועניתם וכו', והיינו למילף בעלמא דמוסיפין מחול על הקדש בכניסה וביציאה, אבל לשביעית עצמה ודאי דלית ליה לר' ישמעאל שום תוספות מקרא, והכי אמרינן בהדיא בריש מו"ק (ג:) דר"ג ובית דינו דביטלו שני פרקים הראשונים דשביעית כר' ישמעאל בר פלוגתיה דר' עקיבא ס"ל, דלית ליה תוספת שביעית מקרא אלא הלכתא היא ובזמן המקדש דוקא, וא"כ ודאי לדידיה לא איצטריך לן למעוטי גבי יובל בסופה דהא אליביה לא אשכחן תוספת דכוותה אלא מעט תוספת ביה"כ ובשבתות וכי"ט. וזה דלא כדברי התוס' דכאן שכתבו בד"ה כל מקום שנאמר שבות ואתא לרבות שביעית. דזה אינו דאין לנו ללמד תוספת שביעית שהיא כל כך מתוספת שבת וי"ט שאינה אלא מעט, וזהו דעת הרמב"ם והשתא ממילא רווחא לן שמעתא. דהרמב"ם פסק כר' ישמעאל ודלא כר' עקיבא, וכמבואר בהדיא בריש הל' שמטה ויובל, וכן בפ"ז דתמידין (ה"ד) דפסק קצירת העומר דוחה שבת. וכבר זכרנו מזה בריש מסכת שביעית ובכמה מקומות, ותו לא איצטריך לן שום מיעוטא גבי הוספה דיובל בסופה, וכל האי סוגיא דתניא אידך וכו' אליבא דר"ע היא דאזלא ובזה נתבאר לנו הכל. ועיין עוד בסוף פרקין מענין קצירת העומר שדוחה שבת במה שיתבאר בס"ד:

באחד בניסן ראש השנה למלכים. אמרינן התם (בבלי ב.) למאי הלכתא לשטרות דתנן שטרי חוב המוקדמין פסולין, ופי' רש"י ז"ל (ד"ה שטרי חוב) ואם לא קבעו יום לתחלת שנות המלך, אלא כל מלך ומלך מיום שעמד אין להבחין אם השטר מוקדם או מאוחר וכו'. והתוס' (ד"ה לשטרות) הקשו על פירושו דמשמע דמספק היו חושבין אותו מוקדם וכו', ומיהו עיקר פירושו תימה גדולה שעשו תקנה פן ישכחו כל העולם מתי עמד המלך, וכן סופר שכותב כל היום שטרות [היאך] ישכח וכו', ופירשו דנראה דנפק"מ לשטרי חוב המוקדמין, הייינו כגון אם עמד המלך באחד בניסן כשיגיע אחד בניסן אחר ישכח הסופר ויסבור דאשתקד עמד המלך בשנים בניסן, דעביד איניש דטעי בחד יומא ויכתוב באחד בניסן בשנה ראשונה למלך ונמצא שטר זה מוקדם שנה שלימה שהיא שנה שנייה וכתוב ראשונה ונמצא בית דין טורפין מן הלקוחות של שנה זו שלא כדין, אבל עכשיו שקבעו ניסן ר"ה תו לא אתי לידי תקלה שאפי' עמד אשתקד בשני בניסן כשמגיע ניסן אחר מתחילין למנות לו שנה אחרת, וא"ת אכתי אתי לידי תקלה דאם עמד בכ"ט באדר, כשיגיע כ"ט אדר אחר יטעה הסופר ביום אחד ויסבור שעמד באחד [בניסן] ויכתוב עכשיו בכ"ט באדר בשנה ראשונה למלך ונמצא מוקדם שנה שלימה, לאו פירכא היא דכשעמד בכ"ט באדר מיד שיגיע לאחד בניסן מתחיל למנות שנה שנייה ויודע הסופר שכל השנה כתב בכל השטרות שנה שנייה הילכך לא טעי עכ"ד בזה. ולפי פירושם צריך לומר דבאחד בניסן עצמו של שנה שלישית למלך זה שעמד בכ"ט באדר לא חיישינן שמא יטעה הסופר ויכתוב בשנה שנייה כמו שהיה רגיל לכתוב כל השנה ונמצא זה מוקדם שנה שלימה שהרי שלישית היא, להא לא חיישינן דמיד כשהגיע אחד בניסן יודע הוא שמתחיל שנה אחרת.

אבל אין כן דעת הר"ן ז"ל (ר"ה ב. מדה"ר ד"ה לפיכך) שלאחר שפלפל על פי' רש"י והקשה כעין קושיית התוס' על רש"י כתב, לפיכך נראה לי דברים כפשטן דהכא למאי הלכתא קאמרינן ולא בעי טעמא אלא כי היכי דאמרינן גבי ר"ה לרגלים (בבלי ד.) דנפק"מ לנודר וכו', דנפקותא הוא דאמרינן וטעמא לא שיילינן הכי נמי אמרינן הכא בהאי ר"ה למלכים למאי הלכתא ולמאי נפקא לן מינה, ומהדרינן דנפק"מ לשטרות דתנן שטרי חוב המוקדמים פסולין, הלכך מלך שעמד באדר וכתב לו סופר בניסן שלאחר (י"ב) [י"ג חודש] ניסן של שנה שנייה וכו' כדפרישית בפנים, והן הן דברי הר"ן ונמשך גם הרע"ב אחריו ופירש כן, וכלומר שזה הסופר יטעה ויכתוב על אחד בניסן של שנה שלישית אחד בניסן בשנה שנייה דהא ודאי לא חיישינן שיכתוב כך בכוונה דלרשיעי לא חיישינן כדאמרינן בעלמא, אלא שישכח ויסבור דאכתי עומד הוא בשנה שנייה, וסובר הר"ן דאף באחד בניסן עצמו שכיח הוא למטעי וישכח שהיום מתחילין למנות שנה אחרת, ולאחד בניסן קמא שלאחר אדר שעמד המלך לא חיישינן שמא יכתוב עליו שנה הראשונה ובאמת היא שנה שנייה והוי ליה שטר מוקדם, דהא ליתא וכדכתב התוס' יו"ט דבכה"ג ליכא למיחש למטרף לקוחות שלא כדין שבכיון שזה המלך לא מלך שום ניסן לפני זה הניסן, ושם המלך הרי כתוב בשטר ונמצא שלא יכול לטרוף שום לקוחות אלא שלקחו אחר הניסן שמלך זה המלך ולאותן כדין הוא טורף.

אמנם ראיתי לבעל המאור ז"ל שכתב כן (א. מדה"ר ד"ה למלכים) וז"ל שאם עמד באדר וכשהגיע ניסן היה לו למנות שנה שנייה ומנה לו בניסן שנה ראשונה הוה ליה שטר מוקדם ופסול כדתנן שטרי חוב המוקדמין פסולין עכ"ל. ולכאורה קשה דהאיך משכחת לה שיטרוף הלקוחות שלא כדין באותן שלקחו בשנה זו, ונראה ליישב לפי' בעל המאור דודאי אם שטר הלואה היה כתוב באחד בניסן בשנה ראשונה למלך פלוני ליכא למיחש בשום צד למיטרף הלקוחות שלקחו אחר הניסן שלא כדין וכדאמרן, אלא דמשכחת לה שאנחנו חוששין להלקוחות שלקחו אח"כ ואף בניסן עצמו והיה קודם ההלואה ולפי הטעות של השטר הלואה יסברו שלקחו אחר זמן הלואה, וכגון שהן לקחו בעשרה בניסן שלאחר כ"ט אדר שעמד בו המלך וכתוב בשטר מכירה בעשרה בניסן שנה שנייה למלך פלוני וכפי המנין למלכים והלואה היתה אח"כ בט"ו או בעשרים בניסן, ובזה השטר יטעה הסופר ויכתוב בט"ו בניסן בשנה הראשונה למלך פלוני דעביד דטעי בחד יומא, ויסבור שבאחד בניסן עמד המלך ולאחר זמן כשמוציא המלוה שטרו יסברו שהוא קודם זמן המכירה שישכחו מתי עמד המלך ונמצא ההלואה קודמת ויכול לטרוף להלקוחות האלו ובאמת ההלואה היתה אחר המכירה וטורף שלא כדין, והיינו שכתב הוא ז"ל וכשהגיע ניסן היה לו למנות שנה שנייה וכו', כלומר לא באחד בניסן עצמו היה הטעות אלא מאחד בניסן ואילך שהיה לו למנות לכל השטרות שנה שניה והוא מנה לו להמלוה בניסן עצמו שנה ראשונה שאז הוא שטעה והו"ל מוקדם.

וסיימו התוס' (ב. ד"ה לשטרות) ויש שיטה אחרת בירושלמי בין מ"ד מניסן מנינן וכו', ומלתא אחריתא היא ולא אתי לפרושי מאי טעמא קבעו ניסן ר"ה. ר"ל בזה דאף דפשוט הוא דאין כוונת הש"ס דהכא לפרש כאן להטעם לקביעות ר"ה, אלא דמפרש מה נפק"מ אי אמרינן דגם למלכי אומות העולם מניסן מנינן או מתשרי מנינן וכדפרישית לקמן, מ"מ יש לנו לבאר מפני מה לא נפרש בכה"ג גם לשיטת הבבלי דבהא איכא נפק"מ אם מנינן מניסן או מאיזה זמן אחר וכעין שאמרו כאן, הלכך כתבו ויש שיטה אחרת בירושלמי שאי אפשר לפרש לגמרין ולכוין כפי שיטתא דהכא, שהרי רב חסדא קאמר לשטרות דתנן שטרי חוב המוקדמים פסולין, וא"כ אין לנו לפרש דנפק"מ לידע אם המכירה קדמה או הלואה קדמה דמאי שיטתא דשטרי חוב המוקדמים הכא, אלא דמשמע דאיכא נפק"מ אם שטר הזה מוקדם הוא מחמת זמן שכתוב בו ופסול ולפי שיטתא דהכא אין כאן שום פסול מוקדם כלל. ומה שכתב עוד בעל המאור ז"ל ובירושלמי גרסינן מי מודיע וכו', זה הירושלמי הוא במקומו בפרק בתרא דשביעית (פ"י ה"ג) על המתני' שטרי חוב המוקדמין פסולין ועיי"ש בהלכה ה' ד"ה מי מודיע מה שזכרתי מזה בס"ד:

[המשך מדף יב.]

דהא ודאי ליתא דאי הכי הו"ל לאתובי לריש לקיש עדיפא טפי דמנא לך הא דבלילה מיהת דוחה דילמא מתני' להקרבה קתני, אלא ודאי דהכא לכו"ע אית להו דמיהת קצירתו בלילה דוחה שבת וביום הוא דשקלי וטרי הכא. ומעיקרא לא קיבלה מיניה ריש לקיש למיפשט מהאי מתני' משום דאיכא לדחויי דנקצר ביום אייום שלפניו קאי, ולבתר הדר ביה ריש לקיש ופשיט ליה מהני מתני' דתני והדר קתני לאשמעינן דקצירת העומר דוחה שבת ולמה לי כל הני, אלא אם אינו ענין ללילה תנהו ענין ליום והיינו ביום שלמחרת ולא כדקס"ד מעיקרא, והשתא מיתוקמא שפיר כל הני מתני' ודלא כרבי, ולא קשה נמי הא על כרחך הא דקתני נקצר ביום כשר כרבי הוא דאתיא דס"ל נקצר שלא כמצותו כשר כדמייתי לה התם, מדקאמר רבי גבי היה עומד ומקריב מנחת העומר ונטמאת בידו אם יש אחרת אומרים לו הבא אחרת תחתיה וכו' (מנחות עב.), וא"כ נקצר שלא כמצותו כשר וכרבי והדר קתני ודוחה את השבת וזהו דלא כרבי וכר' אלעזר בר' שמעון לא מצית לאוקמי הך סיפא דא"כ רישא דהאי בבא כרבי וסיפא כר' אלעזר בר' שמעון בתמיה, וע"כ דאתינן לפרושי כדמפרש התם דדוחה את השבת להקרבה קאמר. דאי משום הא לא אריא דאי תיקשי הך סיפא דמתני' אמאן תרמייה, אמינא לך אנא כר' ישמעאל בר פלוגתיה דר' עקיבה הוא דאתיא (מנחות עב.) דדריש (שמות לד כא) מבחריש ובקציר תשבות וכו', דקצירת העומר דחי שבת והיינו בין בלילה ובין ביום אם לא קצר בלילה, ולא קשה מהכלל דר' עקיבה כל מלאכה שאפשר לעשותה מע"ש וכו' וכדאמר התם להכריח אליבא דר' אלעזר בר' שמעון דנקצר [שלא] כמצותו פסול, ולא אשכחן דר' ישמעאל פליג אדר' עקיבה בהאי כללא, דאמינא לך אין הכי נמי דמודי ליה בהא

מראה הפנים (השלמה)

תוס' הרי"ד

יְהִי רָצוֹן לְפָנֶיךָ יי אֱלֹהַי, כְּשֵׁם שֶׁעֲזַרְתַּנִי לְסַיֵּים מַסֶּכֶת רֹאשׁ הַשָּׁנָה כֵּן תַּעַזְרֵנִי לְהַתְחִיל מַסֶּכְתּוֹת וּסְפָרִים אֲחֵרִים וּלְסַיְּמָם, לִלְמוֹד וּלְלַמֵּד לִשְׁמוֹר וְלַעֲשׂוֹת וּלְקַיֵּם אֶת כָּל דִּבְרֵי תַלְמוּד תּוֹרָתֶךָ בְּאַהֲבָה. וּזְכוּת כָּל הַתַּנָּאִים וַאֲמוֹרָאִים וְתַלְמִידֵי חֲכָמִים יַעֲמוֹד לִי וּלְזַרְעִי, שֶׁלֹּא תָמוּשׁ הַתּוֹרָה מִפִּי וּמִפִּי זַרְעִי וְזֶרַע זַרְעִי עַד עוֹלָם. וְתִתְקַיֶּם בִּי: בְּהִתְהַלֶּכְךָ תַּנְחֶה אֹתָךְ, בְּשָׁכְבְּךָ תִּשְׁמֹר עָלֶיךָ, וַהֲקִיצוֹתָ הִיא תְשִׂיחֶךָ. כִּי בִי יִרְבּוּ יָמֶיךָ, וְיוֹסִיפוּ לְךָ שְׁנוֹת חַיִּים. אֹרֶךְ יָמִים בִּימִינָהּ, בִּשְׂמֹאלָהּ עֹשֶׁר וְכָבוֹד. יי עֹז לְעַמּוֹ יִתֵּן, יי יְבָרֵךְ אֶת עַמּוֹ בַשָּׁלוֹם.

יְהִי רָצוֹן *May it be Your will,* HASHEM, *my God, that just as You have helped me complete Tractate Rosh Hashanah, so may You help me to begin other tractates and books, and to complete them; to learn and to teach, to safeguard and to perform, and to fulfill all the words of Your Torah's teachings with love. May the merit of all the Tannaim, Amoraim, and Torah scholars stand by me and my children, that the Torah shall not depart from my mouth and from the mouth of my children and my children's children forever. May there be fulfilled for me the verse: When you walk, it (i.e., the Torah) will guide you; when you lie down, it will watch over you; and when you wake up, it will converse with you.*[8] *For because of me (i.e., the Torah), your days will increase, and years of life will be added to you.*[9] *Long days are in its right hand, and in its left hand are wealth and honor.*[10] HASHEM *will give might to His people,* HASHEM *will bless His people with peace.*[11]

If a *minyan* is present, the following version of the Rabbis' *Kaddish* is recited by one or more of those present. It may be recited even by one whose parents are still living.

יִתְגַּדַּל וְיִתְקַדַּשׁ שְׁמֵהּ רַבָּא. (.Cong – אָמֵן.) בְּעָלְמָא דִּי הוּא עָתִיד לְאִתְחַדָּתָא, וּלְאַחֲיָאָה מֵתַיָּא, וּלְאַסָּקָא יָתְהוֹן לְחַיֵּי עָלְמָא, וּלְמִבְנֵא קַרְתָּא דִירוּשְׁלֵם, וּלְשַׁכְלָלָא הֵיכְלֵהּ בְּגַוַּהּ, וּלְמֶעְקַר פָּלְחָנָא נֻכְרָאָה מִן אַרְעָא, וְלַאֲתָבָא פָּלְחָנָא דִי שְׁמַיָּא לְאַתְרֵהּ, וְיַמְלִיךְ קֻדְשָׁא בְּרִיךְ הוּא בְּמַלְכוּתֵהּ וִיקָרֵהּ, [וְיַצְמַח פֻּרְקָנֵהּ וִיקָרֵב מְשִׁיחֵהּ (.Cong – אָמֵן)] בְּחַיֵּיכוֹן וּבְיוֹמֵיכוֹן וּבְחַיֵּי דְכָל בֵּית יִשְׂרָאֵל, בַּעֲגָלָא וּבִזְמַן קָרִיב. וְאִמְרוּ: אָמֵן.

(.Cong – אָמֵן. יְהֵא שְׁמֵהּ רַבָּא מְבָרַךְ לְעָלַם וּלְעָלְמֵי עָלְמַיָּא.)

יְהֵא שְׁמֵהּ רַבָּא מְבָרַךְ לְעָלַם וּלְעָלְמֵי עָלְמַיָּא.

יִתְבָּרַךְ וְיִשְׁתַּבַּח וְיִתְפָּאַר וְיִתְרוֹמַם וְיִתְנַשֵּׂא וְיִתְהַדָּר וְיִתְעַלֶּה וְיִתְהַלָּל שְׁמֵהּ דְּקֻדְשָׁא בְּרִיךְ הוּא (.Cong – בְּרִיךְ הוּא) °לְעֵֽלָּא מִן כָּל (From Rosh Hashanah to Yom Kippur substitute – °לְעֵֽלָּא וּלְעֵֽלָּא מִכָּל) בִּרְכָתָא וְשִׁירָתָא תֻּשְׁבְּחָתָא וְנֶחֱמָתָא, דַּאֲמִירָן בְּעָלְמָא. וְאִמְרוּ: אָמֵן. (.Cong – אָמֵן.)

עַל יִשְׂרָאֵל וְעַל רַבָּנָן, וְעַל תַּלְמִידֵיהוֹן וְעַל כָּל תַּלְמִידֵי תַלְמִידֵיהוֹן, וְעַל כָּל מָאן דְּעָסְקִין בְּאוֹרַיְתָא, דִּי בְאַתְרָא הָדֵין וְדִי בְכָל אֲתַר וַאֲתַר. יְהֵא לְהוֹן וּלְכוֹן שְׁלָמָא רַבָּא, חִנָּא וְחִסְדָּא וְרַחֲמִין, וְחַיִּין אֲרִיכִין, וּמְזוֹנֵי רְוִיחֵי, וּפֻרְקָנָא מִן קֳדָם אֲבוּהוֹן דִּי בִשְׁמַיָּא [וְאַרְעָא]. וְאִמְרוּ: אָמֵן. (.Cong – אָמֵן.)

יְהֵא שְׁלָמָא רַבָּא מִן שְׁמַיָּא, וְחַיִּים [טוֹבִים] עָלֵינוּ וְעַל כָּל יִשְׂרָאֵל. וְאִמְרוּ: אָמֵן. (.Cong – אָמֵן.)

Take three steps back. Bow left and say . . . עֹשֶׂה; bow right and say . . . הוּא; bow forward and say וְעַל כָּל . . . אָמֵן. Remain standing in place for a few moments, then take three steps forward.

עֹשֶׂה שָׁלוֹם בִּמְרוֹמָיו, הוּא בְּרַחֲמָיו יַעֲשֶׂה שָׁלוֹם עָלֵינוּ, וְעַל כָּל יִשְׂרָאֵל. וְאִמְרוּ: אָמֵן. (.Cong – אָמֵן.)

יִתְגַּדַּל *May His great Name grow exalted and sanctified* (Cong.– *Amen*) *in the world that will be renewed and where He will resuscitate the dead and raise them up to eternal life, and rebuild the city of Jerusalem and complete His Temple within it, and uproot alien worship from the earth, and return the service of Heaven to its place, and may the Holy One, Blessed is He, reign in His sovereignty and splendor [and cause salvation to sprout and bring near His Messiah* (Cong.– *Amen*)*] in your lifetimes and in your days, and in the lifetimes of the entire House of Israel, swiftly and soon. Now respond: Amen.*

(Cong.– *Amen. May His great Name be blessed forever and ever.*)

May His great Name be blessed forever and ever.

Blessed, praised, glorified, exalted, extolled, mighty, upraised, and lauded be the Name of the Holy One, Blessed is He (Cong.– *Blessed is He*), (From Rosh Hashanah to Yom Kippur add: *exceedingly*) *beyond any blessing and song, praise, and consolation that are uttered in the world. Now respond: Amen.* (Cong.– *Amen.*)

Upon Israel, upon the teachers, upon their disciples and upon all of their disciples' disciples and upon all those who engage in the study of Torah, who are here or anywhere else; may they and you have abundant peace, grace, kindness, and mercy, long life, ample nourishment, and salvation, from before their Father Who is in Heaven [and on earth]. Now respond: Amen. (Cong.– *Amen.*)

May there be abundant peace from Heaven, and [good] life upon us and upon all Israel. Now respond: Amen. (Cong.– *Amen.*)

Take three steps back. Bow left and say, *'He Who makes peace . . .'*; bow right and say, *'may He . . .'*; bow forward and say, *'and upon all Israel . . . Amen.'* Remain standing in place for a few moments, then take three steps forward.

He Who makes peace in His heights, may He, in His compassion, make peace upon us, and upon all Israel. Now respond: Amen. (Cong.– *Amen.*)

---

8. *Proverbs* 6:22. 9. 9:11. 10. 3:16. 11. *Psalms* 29:11.

Hadran – הַדְרָן

Upon the סיום, *completion*, of the study of an entire tractate, a festive meal (which has the status of a *seudas mitzvah*) should be eaten – preferably with a *minyan* in attendance. The following prayers of thanksgiving are recited by those who have completed the learning. [The words in brackets are inserted according to some customs.]

The first paragraph is recited three times.

הַדְרָן עֲלָךְ מַסֶּכֶת רֹאשׁ הַשָּׁנָה וְהַדְרָךְ עֲלָן. דַּעְתָּן עֲלָךְ מַסֶּכֶת רֹאשׁ הַשָּׁנָה וְדַעְתָּךְ עֲלָן. לָא נִתְנַשֵׁי מִנָּךְ מַסֶּכֶת רֹאשׁ הַשָּׁנָה וְלָא תִתְנַשֵׁי מִנָּן – לָא בְּעָלְמָא הָדֵין וְלָא בְּעָלְמָא דְּאָתֵי.

הַדְרָן *We shall return*[1] *to you, Tractate Rosh Hashanah, and you shall return to us. Our thoughts are on you, Tractate Chullin, and your thoughts are on us. We will not forget you, Tractate Rosh Hashanah, and you will not forget us – neither in This World, nor in the World to Come.*

יְהִי רָצוֹן מִלְּפָנֶיךָ יי אֱלֹהֵינוּ וֵאלֹהֵי אֲבוֹתֵינוּ, שֶׁתְּהֵא תוֹרָתְךָ אֻמָּנוּתֵנוּ בָּעוֹלָם הַזֶּה וּתְהֵא עִמָּנוּ לָעוֹלָם הַבָּא. חֲנִינָא בַּר פָּפָּא, רָמִי בַּר פָּפָּא, נַחְמָן בַּר פָּפָּא, אַחָאִי בַּר פָּפָּא, אַבָּא מָרִי בַּר פָּפָּא, רַפְרָם בַּר פָּפָּא, רָכִישׁ בַּר פָּפָּא, סוּרְחָב בַּר פָּפָּא, אַדָּא בַּר פָּפָּא, דָּרוּ בַּר פָּפָּא.

יְהִי רָצוֹן *May it be Your will,* Hashem, *our God, and the God of our forefathers, that Your Torah be our preoccupation in This World, and may it remain with us in the World to Come. Chanina bar Pappa,*[2] *Rami bar Pappa, Nachman bar Pappa, Achai bar Pappa, Abba Mari bar Pappa, Rafram bar Pappa, Rachish bar Pappa, Surchav bar Pappa, Adda bar Pappa, Daru bar Pappa.*

הַעֲרֶב נָא יי אֱלֹהֵינוּ אֶת דִּבְרֵי תוֹרָתְךָ בְּפִינוּ וּבְפִיפִיּוֹת עַמְּךָ בֵּית יִשְׂרָאֵל. וְנִהְיֶה [כֻּלָּנוּ,] אֲנַחְנוּ וְצֶאֱצָאֵינוּ [וְצֶאֱצָאֵי צֶאֱצָאֵינוּ] וְצֶאֱצָאֵי עַמְּךָ בֵּית יִשְׂרָאֵל, כֻּלָּנוּ יוֹדְעֵי שְׁמֶךָ וְלוֹמְדֵי תוֹרָתֶךָ [לִשְׁמָהּ]. מֵאֹיְבַי תְּחַכְּמֵנִי מִצְוֹתֶךָ, כִּי לְעוֹלָם הִיא לִי. יְהִי לִבִּי תָמִים בְּחֻקֶּיךָ, לְמַעַן לֹא אֵבוֹשׁ. לְעוֹלָם לֹא אֶשְׁכַּח פִּקּוּדֶיךָ, כִּי בָם חִיִּיתָנִי. בָּרוּךְ אַתָּה יי, לַמְּדֵנִי חֻקֶּיךָ. אָמֵן אָמֵן אָמֵן, סֶלָה וָעֶד.

הַעֲרֶב נָא *Please,* Hashem, *our God, sweeten the words of Your Torah in our mouth and in the mouths of Your people, the House of Israel, and may [we all –] we, our offspring, [the offspring of our offspring,] and the offspring of Your people, the House of Israel, all of us – know Your Name and study Your Torah. Your commandment makes me wiser than my enemies, for it is forever with me.*[3] *May my heart be perfect in Your statutes, so that I not be shamed.*[4] *I will never forget Your precepts, for through them You have preserved me.*[5] *Blessed are You,* Hashem, *teach me Your statutes.*[6] *Amen. Amen. Amen. Selah! Forever!*

מוֹדִים אֲנַחְנוּ לְפָנֶיךָ יי אֱלֹהֵינוּ וֵאלֹהֵי אֲבוֹתֵינוּ, שֶׁשַּׂמְתָּ חֶלְקֵנוּ מִיּוֹשְׁבֵי בֵּית הַמִּדְרָשׁ, וְלֹא שַׂמְתָּ חֶלְקֵנוּ מִיּוֹשְׁבֵי קְרָנוֹת. שֶׁאָנוּ מַשְׁכִּימִים וְהֵם מַשְׁכִּימִים, אָנוּ מַשְׁכִּימִים לְדִבְרֵי תוֹרָה, וְהֵם מַשְׁכִּימִים לִדְבָרִים בְּטֵלִים. אָנוּ עֲמֵלִים וְהֵם עֲמֵלִים, אָנוּ עֲמֵלִים וּמְקַבְּלִים שָׂכָר, וְהֵם עֲמֵלִים וְאֵינָם מְקַבְּלִים שָׂכָר. אָנוּ רָצִים וְהֵם רָצִים, אָנוּ רָצִים לְחַיֵּי הָעוֹלָם הַבָּא, וְהֵם רָצִים לִבְאֵר שַׁחַת, שֶׁנֶּאֱמַר: וְאַתָּה אֱלֹהִים, תּוֹרִדֵם לִבְאֵר שַׁחַת, אַנְשֵׁי דָמִים וּמִרְמָה לֹא יֶחֱצוּ יְמֵיהֶם, וַאֲנִי אֶבְטַח בָּךְ.

מוֹדִים *We express gratitude before You,* Hashem, *our God, and the God of our forefathers, that You have established our portion with those who dwell in the study hall, and have not established our portion with idlers. For we arise early and they arise early; we arise early for the words of Torah, while they arise early for idle words. We toil and they toil; we toil and receive reward, while they toil and do not receive reward. We run and they run; we run to the life of the World to Come, while they run to the well of destruction, as it is said: But You, O God, You will lower them into the well of destruction, men of bloodshed and deceit shall not live out half their days; and I will trust in You.*[7]

1. הַדְרָן עֲלָךְ – *We shall return to you* . . . We express the hope that we will review constantly what we have learned and that, in the merit of our desire to learn, the Torah itself will long to return to us, as it were. Thus, the word is derived from הָדַר, *to return*. This is in the spirit of the Talmudic dictum that תּוֹרָה מְחַזֶּרֶת עַל אַכְסַנְיָא שֶׁלָּהּ, *the Torah returns to its inn*, i.e., the place or people where it was made welcome (*Bava Metzia* 88a).

According to *Sefer HaChaim*, the term is derived from the word הָדָר, *glory*. Thus, whatever glory we have attained is due to the Torah, and we pray that the Torah shed its glory upon us.

2. חֲנִינָא בַּר פָּפָּא – *Chanina bar Pappa* . . . In the simple sense, Rav Pappa was a very wealthy man who, whenever he completed a tractate, used to make great celebrations to which he invited his ten sons, as well as many others. As a result, he brought glory to the Torah, which was reflected in the scholarly attainments of his sons. The nation, therefore, honors Rav Pappa and his family by mentioning them at every *siyum*. Furthermore, esoterically, Rav Pappa symbolizes Moses and the names of his sons symbolize the Ten Commandments (*Teshuvos HaRema; Yam Shel Shelomo, Bava Kamma*, end of ch. 7).

3. *Psalms* 119:98. 4. 119:80. 5. 119:93. 6. 119:12. 7. 55:24.

הַדְרָן
Hadran

ר' אדא דקיסרין בשם ר' יוחנן [א]והוא שיהא שם מראש [א]התפילה. אמר ר' תנחום בר' ירמיה מתניתא אמרה כן [א]סדר ברכות אומר אבות וגבורות וקדושת השם:

הדרן עלך פרק יום טוב של ראש השנה
וכולא מסכתא דראש השנה ברחמי דשמייא

קרבן העדה

והוא שיהא שם מראש התפילה. ושמע כל התשע ברכות ממנו הוא דהשליח ציבור מוציאו, אבל אם לא שמע כל הברכות מהשליח ציבור אף על גב דשמע מלכיות זכרונות מהשליח ציבור אינו מוציאו: **מתניתא אמרה כן.** שצריך שיהא שם מתחילת התפילה: **סדר ברכות אומר אבות וכו'.** אלמא סדר תפלה זו היא מתחלת אבות ועד סוף, כדקתני במתני' ואומר עבודה והודאה וברכת כהנים:

הדרן עלך פרק יום טוב
וסליקא לה מסכת ראש השנה

פני משה

והוא שיהא שם מראש התפלה. מי שהוא רוצה לצאת במה ששומע מהשליח ציבור צריך שיהא שם מראש התפלה וישמע כל הברכות כולן על הסדר: **מתניתא אמרה כן.** וממתניתן נמי שמעינן הכי דקתני סדר ברכות וכו', אלמא דצריך שישמע כסדרן אבות וכו' וכולל מלכיות עם קדושת היום וזכרונות ושופרות:

סליק פני משה מסכת ראש השנה

מסורת הש"ס

א) [לעיל ה"ו - כד., ברכות פ"ד ה"ו, ספרא אמור פרשה יא ה"ג, ילקו"ש אמור תרמה]

עין משפט

א [מיי' פ"ח מהלכות תפילה הלכה ט טוש"ע או"ח סימן קכד סעיף א]:

שינויי נוסחאות

א] **התפילה.** באו"ז (ח"ב רסב) נוסף ועד סופה:

The Gemara stipulates a provision for one who wishes to fulfill his obligation by listening to the prayer leader's recitation of the Kingship, Remembrance, and *Shofaros* blessings:[1] רַבִּי אַדָּא דְקֵיסָרִין בְּשֵׁם רַבִּי יוֹחָנָן – **R' Adda of Kisrin** said **in the name of R' Yochanan:** וְהוּא שֶׁיְּהֵא שָׁם מֵרֹאשׁ הַתְּפִילָּה – **This** is possible only **if one is present** in the synagogue and paid attention to the prayer leader's Mussaf recitation **from the beginning of the prayer** until the end. However, if one only listens to the prayer leader's recitation of Kingship, Remembrance, and *Shofaros,* he has not fulfilled his obligation, for he must hear the blessings in order.[2]

The Gemara supports this ruling:

אָמַר רַבִּי תַּנְחוּם בְּרַבִּי יִרְמְיָה – **R' Tanchum the son of R' Yirmiyah said:** מַתְנִיתָא אָמְרָה כֵּן – **The Mishnah** earlier in this chapter **already said this,** for it states:[3] סֵדֶר בְּרָכוֹת – This is THE ORDER OF THE BLESSINGS of the Rosh Hashanah Mussaf prayer: אוֹמֵר אָבוֹת וּגְבוּרוֹת וּקְדוּשַּׁת הַשֵּׁם – ONE RECITES the blessings of PATRIARCHS, POWERS, AND HOLINESS OF THE NAME. The Mishnah goes on to list all the blessings of the Mussaf prayer and explains where the passage of Kingship should be inserted and at which point the shofar is sounded. This indicates that the order of all nine Mussaf blessings is essential.[4] This proves that one who did not recite the blessings of Kingship, Remembrance, and *Shofaros* on his own must listen to the *shliach tzibbur's* recitation of the entire Mussaf prayer, for one must hear all nine blessings in their established order.[5]

הדרן עלך יום טוב של ראש השנה

WE SHALL RETURN TO YOU, YOM TOV SHEL ROSH HASHANAH,

וכולא מסכתא דראש השנה ברחמי דשמייא

AND THE ENTIRE TRACTATE OF ROSH HASHANAH, WITH THE MERCY OF HEAVEN

NOTES

1. The following Gemara refers to one who recited the seven standard Mussaf blessings and omitted the passages of *Malchiyos, Zichronos,* and *Shofaros,* intending to hear those three lengthy and unfamiliar blessings from the *shliach tzibbur.* As noted above, this was in fact the accepted custom in Geonic times, as attested to by the Rishonim (see 26b note 14). [Actually, only the passages of *Zichronos* and *Shofaros* are recited in the form of separate blessings, but the passage of *Malchiyos* is included in the blessing of *Holiness of the Day,* which is the fourth of the standard seven blessings (see Halachah 6; 24a), and concludes with *Blessed are You, Hashem, "King" over the entire world, Who sanctifies Israel and the Day of Remembrance.* Hence, when the Gemara refers to one who prays only the seven standard Mussaf blessings and omits the blessings of *Malchiyos, Zichronos,* and *Shofaros,* it does not mean that he omitted the entire blessing of *Malchiyos.* Rather, it refers to one who recited the basic blessing but did not recite all of the Kingship verses featured in the *Malchiyos* section of that blessing, and must therefore still hear the missing *Malchiyos* verses from the *shliach tzibbur* (*Chareidim, Berachos* ibid.; see also *Pri Meggadim, Eishel Avraham* 593:1; cf. *Machatzis Hashekel,* end of preface to §591).]

2. Even though the individual already recited the seven standard Mussaf blessings on his own, he must hear the *shliach tzibbur's* recitation of the entire Mussaf. One cannot fulfill his obligation merely by listening to the *shliach tzibbur* recite the blessings of *Malchiyos, Zichronos,* and *Shofaros,* for those blessings were instituted as part and parcel of the entire nine-blessing Mussaf prayer and they must be recited [and heard] in their established order (*Korban HaEidah; Chareidim* and *Rash Sirilio* to *Berachos* 4:6).

3. Halachah 6; 24a.

4. Since the Mishnah begins with the words, [this is] *the order* of the blessings, it implies that the order of the blessings is essential (*Chareidim* ibid.). Also, the fact that the Mishnah bothers to list all nine blessings of the Mussaf prayer despite the fact that the Mishnah's discussion centers only the blessings of *Malchiyos, Zichronos,* and *Shofaros,* indicates that these three blessings cannot be recited (or heard) individually but only within the context of the entire nine-blessing Mussaf prayer (*Korban HaEidah; Ritva, Bavli* 35a; *Yefei Einayim, Bavli* 32a).

5. [Although the Gemara concludes that the order of the blessings is essential and one cannot recite (or listen to) the blessings of *Malchiyos, Zichronos,* and *Shofaros* without the other blessings, *Ran* [folio 12b] holds that one may omit these three blessings from his private Mussaf prayer – with the intent to discharge the rest of his Mussaf obligation by listening to the *shliach tzibbur,* as was the custom in Geonic times. Such a prayer is not deemed as one that lacks the proper order since it consists of the standard seven blessings of which every festival prayer is comprised. *Rosh* (4:14), however, takes issue with the Geonic custom, arguing that it is forbidden for one to recite only seven blessings during his private Rosh Hashanah Mussaf prayer, for all nine blessings of the Mussaf prayer are essential and must be recited together in their proper order. In fact, *Rosh* says that the recital of only seven blessings instead of the required nine constitutes a recitation of blessings in vain. Therefore, he concludes that an individual who does not want to pray the entire Mussaf himself must discharge his entire Mussaf obligation through the *shliach tzibbur* without praying any portion of it on his own. (Although our Gemara initially addressed the case of one who prayed only seven blessings with intent to hear the rest of the blessings from the *shliach tzibbur, Rosh* understands that according to the Gemara's conclusion this is not permitted since all nine Mussaf blessings must be recited in order.) See *Tur* and *Shulchan Aruch, Orach Chaim* 591:1. See also *Kaf HaChaim* (ibid.), who enumerates several reasons why a proficient individual today must recite his own Mussaf prayer on Rosh Hashanah, and not rely on the recitation of the *shliach tzibbur.*]

The Gemara comments on R' Yochanan's ruling:

אֲמַר רַבִּי זְעִירָא – R' Z'eira said: **וְיָאוּת – And it is correct** that the halachah accords with Rabban Gamliel. **כָּל תַּנַּיָּיא תָּנַיי לַהּ בְּשֵׁם רַבָּן גַּמְלִיאֵל – For although all Tannaim teach** this ruling **in the name of Rabban Gamliel,** **וְרַבִּי הוֹשַׁעְיָה תָּנֵי לַהּ בְּשֵׁם חֲכָמִים – R' Hoshayah teaches it in the name of the Sages.** We thus see that the halachah accords with his view.[16]

NOTES

16. R' Hoshayah deliberately related Rabban Gamliel's teaching in the name of the Sages to indicate that the halachah follows his opinion [see *Bavli Gittin* 20a] (*Korban HaEidah*).

TEXTUAL AND INTERPRETIVE VARIANTS

Malchiyos, Zichronos, and *Shofaros* since I am unable to pay proper attention to the *shliach tzibbur's* recitation (*Masa DiYerushalayim; Maharam Chaviv* to *Berachos* ibid.).

Korban HaEidah (here) and *Mahara Fulda* (*Berachos* ibid.) offer a variation of *Ran's* approach, suggesting that the incident occurred as follows. Rav Chisda first recited Mussaf privately, and then after hearing the *shliach tzibbur's* recitation he wanted to pray Mussaf again, prompting R' Z'eira to ask: לָא כְּבָר צַלֵּינַן, *Did you not already pray "Mussaf"?* Why do you need to pray Mussaf a second time!? Rav Chisda answered that when he initially prayed Mussaf he recited only the seven standard festival blessings and omitted the blessings of *Malchiyos, Zichronos,* and *Shofaros,* expecting to discharge his obligation for those blessing through the *shliach tzibbur* (as was the custom in Geonic times). He explained, however, that since he failed to concentrate properly during the *shliach tzibbur's* recitation, he was obligated to recite Mussaf again with all nine blessings to fulfill the obligation of *Malchiyos, Zichronos,* and *Shofaros.* [He was not able to recite just those three missing blessings, for as we will learn shortly (27a), the blessings of *Malchiyos, Zichronos,* and *Shofaros* cannot be recited alone but only as part of the nine-blessing Mussaf.] See *Sheyarei Korban,* who explains the advantages of this approach, and see also *Michal HaMayim* for another approach.

[כא: כב. - ה"ו]

מאן דאמר הולך לו אצל המברך בשיש ביום כדי לתקוע. נישמעינה מן הדא דאמר ר' יעקב בר אידי בשם ר' יהושע בן לוי במקום אחד תוקעין ובמקום אחד מברכין [א]הולך לו אצל תוקע ואינו הולך לו אצל מברך. והיידא אמרה דא. יום טוב של ראש השנה שחל להיות בשבת במקום אחד תוקעין ובמקום אחד מברכין הולך לו אצל מברך ואינו הולך לו אצל תוקע. למה שהכל יודעין לתקוע ואין הכל יודעין לברך. דבר אחר אדם מוציא ידי חבירו בתקיעה ואין אדם מוציא ידי חבירו בברכה. יום טוב של ראש השנה שחל להיות בשבת לא כמי שאין ביום כדי לתקוע ואת אמר הולך לו אצל מברך. הדא אמרה פליגין: רבן גמליאל אומר שליח הציבור מוציא את הרבים ידי חובתן: [א]ר' חונה רבה דציפורין בשם ר' יוחנן הלכה כרבן גמליאל באילין תקיעתא. ר' זעירא ורב חסדא הוון יתיבין תמן בתקיעתא. מן דצלון [א]את צלותא. קם רב חסדא [ב]בעי מצלייה. אמר ליה ר' זעירא לא כבר צלינן. כב. אמר ליה [ג]מצלינא וחזר ומצלי °דנחתון [ד]מערבייא ואמרון תמן בשם ר' יוחנן הלכה כרבן גמליאל באילין תקיעתא ואנא [ה]דלא כוונית אילו כוונית נפק ידי חובתי. אמר ר' זעירא ויאות כל תנייא תניי לה בשם רבן גמליאל ור' הושעיה תני לה בשם חכמים.

פני משה

אלא המברך לשמוע סדר הברכות ואחר כך לילך אלא התוקע לא יהיה שהות ביום כדי לתקוע בהא הוא דקאמר שהולך אלא התוקע, וקא משמע לן שאע"פ שמתוך כך יעבור הזמן ולא יהיה לו שהות ביום לילך לשמוע הברכות, אפילו הכי תקיעה דמדאורייתא היא עדיפא והלכך בשאין שהות כדי הליכה לקיים שתיהן ילך לו אלא התוקע, ואף שיכול להיות שמא מתוך כך לא יהא סיפוק בידו לילך אחר כך אלא המברך. ומאן דאמר הולך לו אלא המברך בשיש שהות ביום כדי לתקוע, כלומר דאיהו איירי בשיש שהות ביום כדי לקיים שתיהן, והלכך קאמר שהולך לו בתחלה אלא המברך שאף על פי שאין הברכות אלא מדרבנן, מכל מקום לענין קדימה אמרינן דהואיל ואין הכל יודעין הברכות מוטב שיקדים לילך לשמוע הברכות, שאם ילך בתחלה לשמוע התקיעה שמא לא ימלא אחר כך מי שיודע הברכות והמברך הראשון כבר בירך ואינו חוזר ומברך, והלכך הולך בתחלה אלא המברך ואחר כך ילך אלא התוקע שהרי יש שהות ביום והכל יודעין לתקוע וא"כ בודאי ימלא אחד שיהא תוקע לפניו או התוקע הראשון יחזור ויתקע להוליא אותו, והשתא הני תנאי לא פליגי כלל, או דילמא דפליגי וכדלקמן: נישמעינה מן הדא וכו'. כלומר דסלקא דעתיה דהש"ס מעיקרא למיפשט מדמסיים ר' יהושע בן לוי וקאמר ואינו הולך אלא המברך דלישנא יתירא היא, אלא דקא משמע לן דלעולם הולך לו אלא התוקע ואין לריך לילך כלל אלא המברך ואפילו יש שהות ביום, וטעמא דמכיון דהברכות מדרבנן הם לא הטריחו חכמים אותו הואיל ומתעסק הוא במלוה דאורייתא לילך לשמוע התקיעה פטור הוא לגמרי מברכות דרבנן, והשתא שמעינן דר' יהושע בן לוי דקאי בשיטתיה דת"ק דהולך לו אלא התוקע ומשום דתקיעה עדיפא סבירא ליה נמי דאפילו יש שהות ביום כדי לקיים שתיהן אין לריך לילך להמברך, והאי תנא בתרא סבירא ליה דמכיון דיכול לקיים שתיהן ילך לו אלא המברך ובהאי סברא דאמרן הוא דפליגי, הכי הוה בעי הש"ס למיפשט מעיקרא: והיידא אמרה. כלומר למהדר הש"ס ודאי לה דהאיך נלמד זה מכאן דפליגי בהא דאמרן, דילמא לעולם לא פליגי בשיש כדי לקיים שתיהן ומר אמר חדא ומר אמר חדא וכדלעיל, והא דמסיים ר' יהושע בן לוי וקאמר ואינו הולך לו אלא המברך, הכי קאמר דהואיל ואין שהות ביום כדי לתקוע אחר כך הלכך הוא דאמרינן דאינו הולך אלא המברך, והיא גופה הוא דקא משמע לן דתנא דברייתא קמייתא בשאין שהות ביום לתקוע אחר כך היא דמיירי ואכתי לא פליגי הני תנאי: דא. כלומר ומאיזה מקום נוכל לפשוט בעיין דא מהאי ברייתא דלקמיה: יום טוב של ראש השנה שחל להיות בשבת ובמקום אחד יש תוקעין וכו' וכדמפרשינן לקמן: שהכל יודעין וכו'. כדפרישית לעיל: דבר אחר וכו' ואין אדם מוציא ידי חבירו בברכה. אלא השליח ליבור הוא שמוליא הרבים וכרבן גמליאל דקיימא לן כוותיה בברכות של ראש השנה, אבל בתקיעה מוליא הוא היחיד את חבירו ולפיכך הולך לו אלא המברך שהוא השליח ליבור ומוליאו ושלא יעבור הזמן: יום טוב של ראש השנה שחל להיות בשבת וכו'. השתא מסיק למילתיה דהא מדקאמר שחל להיות בשבת על כרחך לומר דהא קא משמע לן שאף על פי שאין שהות ביום כדי לתקוע אחר כך אפילו הכי ברכה עדיפא, שהרי במקום שתוקעין אף בשבת ודאי משום דמקום שיש בו בית דין הוא וכתקנת ר' יוחנן בן זכאי, והשתא וכי לאו כמי שאין שהות ביום כדי לתקוע אחר כך הוא דהויא, שהרי אם יעבור זמן בית דין שוב אין תוקעין אפילו באותו מקום בית דין ומכל שכן במקום אחר, ואפילו הכי את אומר הולך לו אלא המברך ולא אלא התוקע, א"כ על כרחך דהאי תנא סבירא ליה דלעולם ברכה עדיפא, והלכך הוא דקאמר שחל להיות בשבת לאשמעינן היא גופה דכך סבירא לן לעולם וכי היכי דלא נטעי ביה בדעתיה, ואידך תנא סבירא ליה דלעולם תקיעה עדיפא, והדא אמרה דפליגין הני תנאי דלעיל וכדאמרן: הלכה כרבן גמליאל באילין תקיעתא. באלו הברכות של ראש השנה מלכיות זכרונות ושופרות דנהגין בתקיעתא שהש"ץ מוליא אף למי שהוא בקי ומשום דאוושי ברכות, וגרסינן להא לעיל בסוף פ"ד דברכות (ה"ו): הוון יתיבין תמן. בבבל ביומא דתקיעתא: מן דצלין (אחת) [את] וכו'. לאחר שהתפללו בפני עלמן הגיע שעת תפלת הלבור וקם רב חסדא לחזור ולהתפלל עם הלבור: דנחתין מערבייא. בני ארץ ישראל שירדו לכאן ואמרין תמן בשם ר' יוחנן דפסק הלכתא כרבן גמליאל בברכות דראש השנה והואיל ואנא לא כוונית בתפלה לפיכך אני חוזר ומתפלל: אילו כוונית נפקה ידי חובתי. כלומר דקא משמע לן דאף על מי שהוא בקי אמרו כן, והלכך קאמר ואנא שאני בקי אלו כוונתי בתחלה בתפלתי הייתי יולא ידי חובתי ומאחר שלא כיוונתי השליח ליבור מוליא אותי עכשיו: ויאות. האי פסקא דפסקו כרבן גמליאל דאע"ג דרבים פליגי עליה, משום דכל תנאי הוא דתני לה בשם רבן גמליאל אבל ר' הושעיה בברייתא דיליה תני להא דרבן גמליאל בשם חכמים דאמרי להא, והלכה כרבים:

קרבן העדה

בשיש. שהות ביום כדי לתקוע, הולך תחלה לעיר שמברכין, שיעבור זמן תפלת הציבור, ואח"כ ילך לעיר שתוקעין בה: נישמעינה מן הדא. כמו תא שמע, דאף באין שהות ביום לחזור ולילך בעיר שתוקעין בה אפילו הכי הולך לעיר שמברכין: יום טוב של ראש השנה שחל להיות בשבת. ולריך לערב מבעוד יום לאחד משני המקומות, וכשמערב למקום שמברכין אינו יכול לילך עוד למקום שתוקעין: שהכל יודעין לתקוע. ומסתמא ימלא שם מי שיתקע: דבר אחר אדם מוציא ידי חבירו בתקיעה. אפילו ביחיד וכשימלא שם אדם אחד יכול להוליאו, מה שאין כן בברכה אינו מוליא אלא שליח ליבור בעשרה: יום טוב של ראש השנה וכו'. סיומא דקושיא הוא, הרי יום טוב של ראש השנה שחל בשבת הוא כמי שאין לו שהות ביום לתקוע, ואפילו הכי הולך אלא המברך: הדא אמרה. זאת אומרת דפליג אהא דלעיל: באילין תקיעתה. שהשליח ליבור מוליא את הרבים ידי חובתן בברכות של מלכיות זכרונות ושופרות: מן דצלון. לאחר שהתפלל השליח ליבור תפילת מוסף קם רב חסדא להתפלל: לא כבר צלינן. תפלת מוסף קודם שהתפלל השליח ליבור ולמה לך להתפלל שנית: אמר ליה. רב חסדא לריך אני להתפלל שנית דבתפלת מוסף שהתפללתי קודם תפלת השליח ליבור לא התפללתי רק שבע ברכות ובברכות דמלכיות זכרונות ושופרות סמכתי על תפלת השליח ליבור: דנחתון מערבייא. דתלמידי חכמים שבאו מארץ ישראל אמרו משמיה דר' יוחנן הלכה כרבן גמליאל שהשליח ליבור מוליא ברכות אלו אפילו הבקי, ובשעת תפלת השליח ליבור לא כיוונתי, ולריך אני להתפלל שנית משום ברכות אלו מלכיות זכרונות ושופרות שלא התפללתי בתחלה: אילו כוונית. אילו הייתי מכוין ודאי שהייתי יולא בברכת השליח ליבור*: ויאות. שפיר קאמרו החכמים אלו דהלכה כרבן גמליאל, שכל התנאים אמרו שהשליח ליבור מוליא הבקי משמיה דרבן גמליאל, ור' אושעיה תני לה משמיה דחכמים, ללמדך שהלכתא כוותיה דרבן גמליאל:

עין משפט

א מיי' פ"ג מהלכות שופר הלכה יג טוש"ע או"ח סימן תקצה סעיף א:

שינויי נוסחאות

א] **את.** כ"ה גם באו"ז (ח"ב רסב). בש"ג **אתת.** וכ"ה בירושלמי ברכות (פ"ה ה"ו - נב:):

ב] **בעי מצלייה.** בש"ג תיבת בעי ליתא וכ"ה בירושלמי ברכות (שם). באו"ז (שם) **ומצלי:**

ג] **מצלינא וחזר.** ברוקח (ר"ה סי' רג) **מצלי אנא והדר** וכ"ה בירושלמי ברכות (שם):

ד] **מערבייא ואמרון תמן.** בש"ג **מערבייא ואמרין.** ברוקח (שם) **מערבי לתמן אמרין** וכעי"ז באו"ז (שם):

ה] **דלא כוונית אילו כוונית נפק.** בש"ג וכעי"ז ברוקח (שם) דלא כוונית, **הא** אילו כוונית **הוינה** נפק. באו"ז (שם) **לא** כוונית, **הא** אילו כוונית **הוינא** נפיק:

מראה הפנים

אלו כוונית נפקית ידי חובתי. משמע דעל תפלתו שבתחלה שהתפלל בפני עלמו קאמר, ור"ל שאני שאיני לריך לשמוע מהש"ץ ודאי הייתי יולא ידי חובתי אלו כוונתי בתחלה, אלא מפני שלא כוונתי בתחלה שומע אני עכשיו מהש"ץ והוא מוליא ידי חובתי וכדברי רבן גמליאל כשם שהוא מוליא את שאינו בקי כך הוא מוליא את הבקי והלכתא כוותיה בברכות של ר"ה כדקאמר נמי התם. ובסוף פ"ד דברכות (ה"ו) איתמר בהדיא כן דהנוסחא שמה הא אלו כוונית הווינא נפיק ידי חובתי וא"כ הכוונה על התפלה שהתפלל בתחלה, וכך משמע נמי מדהשיב לר' זעירא דקאמר ולא כבר ללינן וא"ל מללינא וחזר ומללי וכו', ומשום דהתפלה שבתחלה לא היתה בכוונה ועכשיו אני חוזר להתפלל עם הלבור והש"ץ מוליאני וכרבן גמליאל, והרמב"ן ז"ל הביא לזה בספר המלחמות (יב. מדה"ר) בשלהי מכלתין והנוסחא הכתובה בפ"ד דברכות הוינא נפיק ידי חובתי ועם כל זה פירש דהכי קאמר ה"ק רב חסדא דדווקא במכוין ללאת הא אם לא נתכוין ללאת אע"פ ששמע מש"ץ לא ילא, ובא רב אדא והוסיף והוא שיהיה שם מראש התפלה כלומר מתחלת אבות וכו'. ומכל הענין הזה נלמוד שלריך היחיד להתפלל שבע שהם חובת היום ואפי' את"ל שש"ץ מוליא ופוטרן מכולן בר"ה וכו', וכ"כ הר"ן ז"ל (יב. מדה"ר ד"ה ירושלמי) ללמוד מכאן שבמלכיות זכרונות ושופרות בלבד הוא שש"ל מוליא את הרבים ידי חובתן. ואיך שיהיה נראה דבענין דאמר רב חסדא הא אלו כוונית נפקי ידי חובתי הפי' שפירשתי יותר נוח הוא כמבואר בס"ד:

מסורת הש"ס

(א) ברכות פ"ד ה"ו [כל הענין, ר"ה לה.]

שירי קרבן

ר' זעירא ורב חסדא וכו'. כתב הר"ן (יב. מדה"ר ד"ה ירושלמי) ר' זעירא הקשה על רב חסדא כיון דכבר צלי יולר למה ליה לצלויי תו, דבשלמא יולר היה לריך להתפלל דכיון שאינו אלא ז' ברכות אין ש"ץ מוליא את הרבים ידי חובתן, אבל מוסף שהן ט' כיון דאוושי ביה ברכות לא היה לריך להתפלל שהרי ש"ץ מוליא את הרבים ידי חובתן, והדר ליה דהלכה כר' גמליאל באילין תקיעתא, פירוש לברכות של מלכיות זכרונות שופרות קרי תקיעתא לפי שתוקעין בהן, ובהגהו קי"ל כר"ג, אבל ז' ברכות של מוסף עלמו לריך כל יחיד להתפלל, ומשו"ה אע"ג דכבר ללינן יולר הדר מללינן למוספין ז' ברכות, שבמלכיות וכו' בלבד הוא שש"ץ מוליא את הרבים ידי חובתן. וקשה לי א"כ מאי האי דקאמר רב חסדא ואנא לא כוונית, הא עדיין לא התפלל הש"ץ מוסף ואף רב חסדא לא רלה להתפלל רק ז' ברכות, ואין ש"ץ מוליאן אפי' כיון. ואין לומר דלא היה כתוב כן בגרסתו, הרי בספר מלחמות ה' (שם) כתוב כגירסא שלפנינו. ועוד קשה דמשמע לאחר שהתפללו מוסף היה, דקאמר הוו יתבין בתקיעתא, דהיינו תפלת מוסף. ועוד קשה הא אף ר' זעירא כשהקשה לרב חסדא ידע דהלכה כר"ג שש"ץ מוליא את הרבים ידי חובתן, א"כ למאי לריך רב חסדא לאתויי הא דאמרו הנהו דנחתי ממערבא. וגם ר' זעירא מאי קאמר ויאות דהלכה כר"ג הא מעיקרא נמי הכי הוה סובר. לכן נ"ל פירושי שבקונטרס עיקר, גם דברי הרמב"ן אפשר לפרשם שכיון לזה:

סליק מסכת ראש השנה

רַבִּי חוּנָה רַבָּה דְצִיפּוֹרִין בְּשֵׁם רַבִּי יוֹחָנָן – **R' Chunah the Great of Tzipporin** said **in the name of R' Yochanan:** הֲלָכָה כְּרַבָּן גַּמְלִיאֵל בְּאִילֵּין תְּקִיעָתָא – **The halachah accords with Rabban Gamliel,** who says that the prayer leader discharges everyone of their prayer obligation **with regard to these** blessings that accompany the **shofar blasts** (i.e. the Rosh Hashanah Mussaf prayer), for the Rosh Hashanah Mussaf prayer contains the lengthy and unfamiliar blessings of *Malchiyos, Zichronos,* and *Shofaros,* and there is a risk of confusion if an individual were to recite that prayer on his own.[11] However, with regard to all other prayers, the halachah follows the Tanna Kamma, who says that each individual must pray himself.

The Gemara cites a related incident:

רַבִּי זְעִירָא וְרַב חִסְדָּא הֲווֹן יְתִיבִין תַּמָּן בְּתְקִיעָתָא – **R' Z'eira and Rav Chisda were sitting there** in Babylonia **on** the day of **shofar blowing** (Rosh Hashanah).[12] מִן דְּצַלּוֹן אֶת צְלוֹתָא – **After they had prayed the** Shacharis **prayer,** קָם רַב חִסְדָּא בָּעֵי מְצַלְיָיה – **Rav Chisda arose to pray** the Mussaf prayer.[13] אֲמַר לֵיהּ רַבִּי זְעִירָא – **R' Z'eira asked him:** לָא כְּבָר צַלֵּינַן – **Did we not already pray** Shacharis? Why do you need to pray the Mussaf prayer when you could discharge your obligation by listening to the prayer leader's public prayer?[14] אֲמַר לֵיהּ – **[Rav Chisda] responded:** מְצַלֵּינָא וְחָזַר וּמְצַלֵּי – Although **I** already **prayed** Shacharis, **I** must nonetheless **pray again** for my Mussaf obligation. דְּנַחְתּוּן מַעַרְבָיֵיא – **For** although **the Westerners** (i.e. those living in Eretz Yisrael) **came down** to Babylonia, וְאָמְרוּן תַּמָּן בְּשֵׁם רַבִּי יוֹחָנָן – **and said** that **there** in Eretz Yisrael they say **in the name of R' Yochanan:** הֲלָכָה כְּרַבָּן גַּמְלִיאֵל בְּאִילֵּין תְּקִיעָתָא – **"The halachah accords with** the opinion of **Rabban Gamliel,** who permits one to rely on the prayer leader's public recitation **with regard to these** blessings of the **shofar blasts** (i.e. the Rosh Hashanah Mussaf prayer)," וַאֲנָא דְּלָא כַּוְונִית – **I am unable to concentrate** properly during the prayer leader's recitation. אִילּוּ כַּוְונִית נָפַק יְדֵי חוֹבָתִי – However, **had I been able to concentrate, I would have** indeed **fulfilled my** Mussaf **obligation** by listening to the prayer leader's recitation.[15]

NOTES

11. *Bavli* 35a and *Rashi* ibid. ד״ה אלא משום. [Although the ruling of our Gemara is cited by *Bavli* (ibid.), R' Yaakov bar Idi says there in the name of R' Shimon Chasida, that Rabban Gamliel (only) exempts people who are outside the city [עַם שֶׁבַּשָּׂדוֹת, *people in the field*] from praying on their own. According to *Rashi* (ibid. ד״ה אבל; see also *Tosafos* 34b ד״ה כך) it appears that *Bavli* is saying that those who live in the city and are able to pray in the synagogue may not discharge their obligation through the *shliach tzibbur* (see *Baal HaItur,* cited by *Tur* 591:1 and *Beis Yosef* ד״ה ומ״ש רבינו). Most Rishonim, however, prove from the Gemara there on 34b that *everyone* may fulfill their Rosh Hashanah Mussaf obligation through the *shliach tzibbur,* as indicated here in *Yerushalmi.* They explain that *Bavli* merely means to say that those in the field can discharge their obligation through the *shliach tzibbur* even though they do not hear his recitation, whereas the people who live in the city must come to the synagogue and pay attention to the *shliach tzibbur's* recitation if they want to discharge their obligation through him (*Ramban, Ran, Rashba,* and *Ritva*).]

12. *Pnei Moshe.*

13. The Gemara's account of this incident and the ensuing exchange is subject to numerous interpretations by the commentators. Our elucidation is based on *Beis Yosef, Orach Chaim* 591:1; *Sdeh Yehoshua* and *Rash Sirilio* to the parallel *sugya* in *Yerushalmi Berachos* 4:6. Alternative approaches will be presented in Variant A below.

14. [Since the law is that everyone may fulfill his Rosh Hashanah Mussaf obligation by listening to the *shliach tzibbur's* recitation, R' Z'eira held that an individual should not recite his own Mussaf prayer, for it could be deemed a recitation of unnecessary blessings (see *Teshuvos Maharashdam, Orach Chaim* §1). Alternatively, even if one's private recital of the Mussaf prayer in such a case is *not* considered a recital of unnecessary blessings, since it is not his intent to discharge his obligation via the *shliach tzibbur* (see *Shulchan Aruch, Orach Chaim* 6:4 and *Shaarei Teshuvah* ibid. §5), R' Z'eira felt that since the Rosh Hashanah Mussaf prayer contains lengthy and unfamiliar blessings, it is preferable for one to discharge his obligation specifically through the *shliach tzibbur* in order to avoid mistakes and confusion. In fact, in Geonic times it was customary for the entire congregation to recite only the seven standard Mussaf blessings on their own and they would discharge their obligation of *Malchiyos, Zichronos,* and *Shofaros* by listening to the *shliach tzibbur's* recitation (*Ramban* in *Milchamos Hashem* folio 12b, *Rashba* to 35a, and *Tur* 591:1). Moreover, *Beis Yosef* (ibid.) writes that in the province of Aragon the congregation did not pray Mussaf at all, for they would discharge their entire Mussaf obligation via the *shliach tzibbur.* Therefore, R' Z'eira challenged Rav Chisda as to why he wanted to recite the Mussaf prayer privately on his own.]

15. Rav Chisda agreed that one may fulfill his Rosh Hashanah Mussaf obligation by listening to the *shliach tzibbur's* recitation – provided, however, that one pays careful attention to each word of the recitation – something that Rav Chisda found too difficult to do. Therefore, Rav Chisda recited his own Mussaf prayer (see *Beis Yosef, Orach Chaim* §591:1 ד״ה ולפי זה; *Sdeh Yehoshua,* and *Rash Sirilio, Berachos* 4:6). Indeed, *Tur* (ibid.), in codifying this halachah, writes that although the halachah follows Rabban Gamliel with regard to the Rosh Hashanah Mussaf prayer, nevertheless, it is preferable for everyone (who is proficient in praying) to pray on their own because it is difficult to pay attention to every word of the *shliach tzibbur.*

[Alternatively, Rav Chisda simply meant to say that he prayed himself because he did not have in mind to discharge his obligation through the *shliach tzibbur.* Rav Chisda held that although the halachah follows Rabban Gamliel with regard to the Rosh Hashanah Mussaf prayer, nevertheless, one has the option of reciting his own Rosh Hashanah Mussaf prayer as long as he has in mind not to discharge his obligation via the *shliach tzibbur* (see *Ramban* ibid. and *Beur of R' Chaim Kanievski;* see previous note).]

See Variant A for alternative approaches to this *sugya.*

TEXTUAL AND INTERPRETIVE VARIANTS

A. Our elucidation follows *Beis Yosef* (*Orach Chaim* §591:1), *Sdeh Yehoshua,* and *Rash Sirilio* to the parallel *sugya* in *Yerushalmi Berachos* 4:6, according to whom when the Gemara says that that the halachah follows Rabban Gamliel regarding אִילֵּין תְּקִיעָתָא (*these [blessings of the] shofar blasts*), it refers to the entire nine-blessing Mussaf prayer of Rosh Hashanah. According to this approach, R' Z'eira asked Rav Chisda why he wanted to recite his own Mussaf prayer when the law is that one could discharge his Mussaf obligation through the *shliach tzibbur's* public recitation, and Rav Chisda answered that he was unable to pay proper attention to each word of the *shliach tzibbur's* recitation.

According to *Ran* (*Bavli* folio 12a) the term אִילֵּין תְּקִיעָתָא does not refer to the entire Mussaf prayer, but only to the three special blessings that are recited during the Mussaf prayer at the time of the shofar blasts, viz. *Malchiyos, Zichronos,* and *Shofaros.* According to *Ran,* Rav Chisda's response to R' Z'eira's question was that the halachah follows Rabban Gamliel only regarding the Mussaf blessings of *Malchiyos, Zichronos,* and *Shofaros,* but one must pray the rest of Mussaf on his own (if he is proficient in praying). Therefore, Rav Chisda said that he was obligated to pray the standard seven-blessing Mussaf prayer on his own (as was the custom in Geonic times; see note 14).

Ran, however, does not explain the relevance of Rav Chisda's point about not being able to concentrate, leading some to suggest that the *Ran's* text of *Yerushalmi* did not include the statement וַאֲנָא דְּלָא כַּוְונִית וכו׳, *I am unable to concentrate etc.,* for even one who is able to concentrate is obligated to pray the seven standard festival blessings on his own (*Sdeh Yehoshua* to *Berachos* ibid.; see *Rashba* 35a). [See also *Chareidim* (*Berachos* ibid.), who emends the text and explains how to understand these words of the Gemara in conformance with *Ran's* approach.] Others, in defense of *Ran,* suggest that Rav Chisda meant to say as follows: Not only must I pray the seven standard holiday Mussaf blessings on my own (for those blessings cannot be discharged through the *shliach tzibbur*), but I am even obligated to say the blessings of

עין משפט

א מיי' פ"ג מהלכות שופר הלכה יג טוש"ע או"ח סימן תקפה סעיף א:

שינויי נוסחאות

א] **את.** כ"ה גם באו"ז (ח"ב רסב). בש"ג **אתת.** וכ"ה בירושלמי ברכות (פ"ה ה"ו - נב:):

ב] **בעי מצלייה.** בש"ג תיבת בעי ליתא וכ"ה בירושלמי ברכות (שם). באו"ז (שם) **ומצלי:**

ג] **מצלינא וחזר.** ברוקח (ר"ה סי' רג) **מצלי אנא והדר** וכ"ה בירושלמי ברכות (שם):

ד] **מערבייא ואמרון תמן.** בש"ג **מערבייא ואמרין.** ברוקח (שם) **מערבי לתמן אמרין** וכעי"ז באו"ז (שם):

ה] **דלא כוונית אילו כוונית נפק.** בש"ג וכעי"ז ברוקח (שם) דלא כוונית, **הא** אילו כוונית **הוינה** נפק. באו"ז (שם) **לא** כוונית, **הא** אילו כוונית **הוינא** נפיק:

מאן דאמר הולך לו אצל המברך בשיש ביום כדי לתקוע. נישמעינה מן הדא דאמר ר' יעקב בר אידי בשם ר' יהושע בן לוי במקום אחד תוקעין ובמקום אחד מברכין [א]הולך לו אצל תוקע ואינו הולך לו אצל מברך. והיידא אמרה דא. יום טוב של ראש השנה שחל להיות בשבת במקום אחד תוקעין ובמקום אחד מברכין הולך לו אצל מברך ואינו הולך לו אצל תוקע. למה שהכל יודעין לתקוע ואין הכל יודעין לברך. דבר אחר אדם מוציא ידי חבירו בתקיעה ואין אדם מוציא ידי חבירו בברכה. יום טוב של ראש השנה שחל להיות בשבת לא כמי שאין ביום כדי לתקוע ואת אמר הולך לו אצל מברך. הדא אמרה פליגין: רבן גמליאל אומר שליח הציבור מוציא את הרבים ידי חובתן: (א)ר' חונה רבה דציפורין בשם ר' יוחנן הלכה כרבן גמליאל באילין תקיעתא. ר' זעירא ורב חסדא הוון יתיבין תמן בתקיעתא. מן דצלון א]את צלותא. קם רב חסדא ב]בעי מצלייה. אמר ליה ר' זעירא לא כבר צלינן.
כב. אמר ליה ג]מצלינא וחזר ומצלי °דנחתון ד]מערבייא ואמרון תמן בשם ר' יוחנן הלכה כרבן גמליאל באילין תקיעתא ואנא ה]דלא כוונית אילו כוונית נפק ידי חובתי. אמר ר' זעירא ויאות כל תנייא תניי לה בשם רבן גמליאל ור' הושעיה תני לה בשם חכמים.

פני משה

אלא המברך לשמוע סדר הברכות ואחר כך ילך אלא התוקע לא יהיה שהות ביום כדי לתקוע בהא הוא דקאמר שהולך אלא התוקע, וקא משמע לן שאע"פ שמתוך כך יעבור הזמן ולא יהיה לו שהות ביום לילך לשמוע הברכות, אפילו הכי תקיעה דמדאורייתא היא עדיפא והלכך בשאין שהות כדי הליכה לקיים שתיהן ילך לו אלא התוקע, ואף שיכול להיות שמא מתוך כך לא יהא סיפוק בידו לילך אחר כך אלא המברך. ומאן דאמר הולך לו אלא המברך בשיש שהות ביום כדי לתקוע, כלומר דאיהו איירי בשיש שהות ביום כדי לקיים שתיהן, והלכך קאמר שהולך לו בתחלה אלא המברך שאף על פי שאין הברכות אלא מדרבנן, מכל מקום לענין קדימה אמרינן דהואיל ואין הכל יודעין הברכות מוטב שיקדים לילך לשמוע הברכות, שאם ילך בתחלה לשמוע התקיעה שמא לא ימצא אחר כך מי שיודע הברכות והמברך הראשון כבר בירך ואינו חוזר ומברך, והלכך הולך בתחלה אלא המברך ואחר כך ילך אלא התוקע שהרי יש שהות ביום והכל יודעין לתקוע וא"כ בודאי ימצא אחד שיסא תוקע לפניו או התוקע הראשון יחזור ויתקע להוציא אותו, והשתא הכי תנאי לא פליגי כלל, או דילמא דפליגי וכדלקמן: נישמעינה מן הדא וכו'. כלומר דסלקא דעתיה דהש"ס מעיקרא למיפשט מדמסיים ר' יהושע בן לוי וקאמר ואינו הולך אלא המברך דלישנא יתירא היא, אלא דקא משמע לן דלעולם הולך לו אלא התוקע ואין צריך לילך כלל אלא המברך ואפילו יש שהות ביום, וטעמא דמכיון דהברכות מדרבנן הם לא הטריחו חכמים אותו הואיל ומתעסק הוא במצוה דאורייתא לילך לשמוע התקיעה פטור הוא לגמרי מברכות דרבנן, והשתא שמעינן דר' יהושע בן לוי דקאי בשיטתיה דת"ק דהולך לו אלא התוקע ומשום דתקיעה עדיפא סבירא ליה נמי דאפילו יש שהות ביום כדי לקיים שתיהן אין צריך לילך להמברך, והאי תנא בתרא סבירא ליה דמכיון דיכול לקיים שתיהן ילך לו אלא המברך ובהאי סברא דאמרן הוא דפליגי, הכי הוה בעי הש"ס למיפשט מעיקרא: והיידא אמרה. כלומר דמהדר הש"ס ודחי לה דהאיך נלמד זה מכאן דפליגי בהא דאמרן, דילמא לעולם לא פליגי בשיש כדי לקיים שתיהן ומר אמר חדא ומר אמר חדא וכדלעיל, והא דמסיים ר' יהושע בן לוי וקאמר ואינו הולך לו אלא המברך, הכי קאמר דהואיל ואין שהות ביום כדי לתקוע אחר כך הלכך הוא דאמרינן דאינו הולך אלא המברך, והיא גופה הוא דקא משמע לן דתנא דברייתא קמייתא בשאין שהות ביום לתקוע אחר כך היא דמיירי ואכתי לא פליגי הני תנאי: דא. כלומר ומאיזה מקום נוכל לפשוט בעיין דא מהאי ברייתא דלקמיה: יום טוב של ראש השנה שחל להיות בשבת ובמקום **אחד** יש תוקעין וכו' וכדמפרשינן לקמן: שהכל יודעין וכו'. כדפרישית לעיל: דבר אחר וכו' ואין **אדם מוציא** ידי חבירו בברכה. אלא השליח ציבור הוא שמוציא הרבים וכרבן גמליאל דקיימא לן כוותיה בברכות של ראש השנה, אבל בתקיעה מוציא הוא היחיד את חבירו ולפיכך הולך לו אלא המברך שהוא השליח ציבור ומוציאו ושלא יעבור הזמן: יום טוב של ראש השנה שחל להיות בשבת וכו'. השתא מסיק למילתיה דהא מדקאמר שחל להיות בשבת על כרחך לומר דהא קא משמע לן שאף על פי שאין שהות ביום כדי לתקוע אחר כך אפילו הכי ברכה עדיפא, שהרי במקום שתוקעין אף בשבת ודאי משום דמקום שיש בו בית דין הוא וכתקנת ר' יוחנן בן זכאי, והשתא וכי לאו כמי שאין שהות ביום כדי לתקוע אחר כך הוא דהויא, שהרי אם יעבור זמן בית דין שוב אין תוקעין אפילו באותו מקום בית דין ומכל שכן במקום אחר, ואפילו הכי את אומר הולך לו אלא המברך ולא אלא התוקע, א"כ על כרחך דהאי תנא סבירא ליה דלעולם ברכה עדיפא, והלכך הוא דקאמר שחל להיות בשבת לאשמעינן היא גופה דכך סבירא לן לעולם וכי היכי דלא נטעי ביה בדעתיה, ואידך תנא סבירא ליה דלעולם תקיעה עדיפא, והדא אמרה דפליגין הני תנאי לעיל וכדאמרן: הלכה כרבן גמליאל באילין תקיעתא. באלו הברכות של ראש השנה מלכיות זכרונות ושופרות דנהגין בתקיעתא שהש"ץ מוציא אף למי שהוא בקי ומשום דאוושי ברכות, וגרסינן להא לעיל בסוף פ"ד דברכות (ה"ו): הוון יתיבין תמן. בכנל ביומא דתקיעתא: מן דצלין (אחת) [את] וכו'. לאחר שהתפללו בפני עצמן הגיע שעת תפלת הצבור וקם רב חסדא לחזור ולהתפלל עם הצבור: דנחתין מערבייא. בני ארץ ישראל שירדו לכאן ואמרין תמן בשם ר' יוחנן דפסק הלכתא כרבן גמליאל בברכות דראש השנה והואיל ואנא לא כוונית בתפלה לפיכך אני חוזר ומתפלל: אילו כוונית נפקה ידי חובתי. כלומר דקא משמע לן דאף על מי שהוא בקי אמרו כן, והלכך קאמר ואנא שאני בקי הא אלו כוונתי בתחלה בתפלתי הייתי יוצא ידי חובתי ומאחר שלא כיוונתי השליח ציבור מוציא אותי עכשיו: ויאות. הא פסקא דפסקו כרבן גמליאל דאע"ג דרבים פליגי עליה, משום דכל תנאי הוא דתני לה בשם רבן גמליאל אבל ר' הושעיה בברייתא דיליה תני להא בשם חכמים דאמרי להא, והלכה כרבים:

קרבן העדה

בשיש. שהות ביום כדי לתקוע, הולך תחלה לעיר שמברכין, שיעבור זמן תפלת הציבור, ואח"כ ילך לעיר שתוקעין בה: נישמעינה מן הדא. כמו תא שמע, דאף באין שהות ביום לחזור ולילך בעיר שתוקעין בה אפילו הכי הולך לעיר שמברכין: יום טוב של ראש השנה שחל להיות בשבת. וצריך לערב מבעוד יום לאחד משני המקומות, וכשמערב למקום שמברכין אינו יכול לילך עוד למקום שתוקעין: שהכל יודעין לתקוע. ומסתמא ימצא שם מי שיתקע: דבר אחר אדם מוציא ידי חבירו בתקיעה. אפילו ביחיד וכשימצא שם אדם אחד יכול להוציאו, מה שאין כן בברכה אינו מוציא אלא שליח ציבור בעשרה: יום טוב של ראש השנה וכו'. סיומא דקושיא הוא, הרי יום טוב של ראש השנה שחל בשבת הוא כמי שאין לו שהות ביום לתקוע, ואפילו הכי הולך אצל המברך: הדא אמרה. זאת אומרת דפליג אהא דלעיל: באילין תקיעתה. שהשליח ציבור מוציא את הרבים ידי חובתן בברכות של מלכיות זכרונות ושופרות: מן דצלון. לאחר שהתפלל השליח ציבור תפילת מוסף קם רב חסדא להתפלל: לא כבר צלינן. תפלת מוסף קודם שהתפלל השליח ציבור ולמה לך להתפלל שנית: אמר ליה. רב חסדא צריך אני להתפלל שנית דבתפלת מוסף שהתפללתי קודם תפלת השליח ציבור לא התפללתי רק שבע ברכות ובברכות דמלכיות זכרונות ושופרות סמכתי על תפלת השליח ציבור: דנחתון מערבייא. דתלמידי חכמים שבאו מארץ ישראל אמרו משמיה דר' יוחנן הלכה כרבן גמליאל שהשליח ציבור מוציא ברכות אלו אפילו הבקי, ובשעת תפלת השליח ציבור לא כיוונתי, וצריך אני להתפלל שנית משום ברכות אלו מלכיות זכרונות ושופרות שלא התפללתי בתחלה: אילו כוונית. אילו הייתי מכוין ודאי שהייתי יוצא בברכת השליח ציבור*: ויאות. שפיר קאמרו החכמים אלו דהלכה כרבן גמליאל, שכל התנאים אמרו שהשליח ציבור מוציא הבקי משמיה דרבן גמליאל, ור' הושעיה תני לה משמיה דחכמים, ללמדך שהלכתא כוותיה דרבן גמליאל:

מסורת הש"ס

א) ברכות פ"ד ה"ו [כל הענין, ר"ה לה.]

שירי קרבן

ר' זעירא ורב חסדא וכו'. כתב הר"ן (יב. מדה"ר ד"ה ירושלמי) ר' זעירא הקשה על רב חסדא כיון דכבר צלי יוצר למה ליה לצלויי תו, דבשלמא יוצר היה צריך להתפלל דכיון שאינו אלא ז' ברכות אין ש"ץ מוציא את הרבים ידי חובתן, אבל מוסף שהן ט' כיון דאוושי ביה ברכות לא היה צריך להתפלל שהרי ש"ץ מוציא את הרבים ידי חובתן, והדר ליה דהלכה כר' גמליאל באילין תקיעתא, פירוש לברכות של מלכיות זכרונות שופרות קרי תקיעתא לפי שתוקעין בהן, ובהגהו קי"ל כר"ג, אבל ז' ברכות של מוסף עצמו צריך כל יחיד להתפלל, ומשו"ה אע"ג דכבר צלינן יוצר הדר מצלינן למוספין ז' ברכות, שבמלכיות וכו' בלבד הוא שש"ץ מוציא את הרבים ידי חובתן. וקשה לי א"כ מאי האי דקאמר רב חסדא ואנא לא כוונית, הא עדיין לא התפלל הש"ץ מוסף ואף רב חסדא לא רצה להתפלל רק ז' ברכות, ואין ש"ץ מוציאן אפי' כיון. ואין לומר דלא היה כתוב כן בגרסתו, הרי בספר מלחמות ה' (שם) כתוב כגירסא שלפנינו. ועוד קשה דמשמע לאחר שהתפללו מוסף היה, דקאמר הוו יתבין בתקיעתא, דהיינו תפלת מוסף. ועוד קשה הא אף ר' זעירא כשהקשה לרב חסדא ידע דהלכה כר"ג שש"ץ מוציא את הרבים ידי חובתן, א"כ למאי צריך רב חסדא לאתויי הא דאמרו הנהו דנחתי ממערבא. וגם ר' זעירא מאי קאמר ויאות דהלכה כר"ג הא מעיקרא נמי הכי הוה סובר. לכן נ"ל פירושי שבקונטרס עיקר, גם דברי הרמב"ן אפשר לפרשם שכיון לזה:

מראה הפנים

אלו כוונית נפקית ידי חובתי. משמע דעל תפלתו שבתחלה שהתפלל בפני עצמו קאמר, ור"ל שאני שאיני צריך לשמוע מהש"ץ ודאי הייתי יוצא ידי חובתי אלו כוונתי בתחלה, אלא מפני שלא כוונתי בתחלה שומע אני עכשיו מהש"ץ והוא מוציא ידי חובתי וכדברי רבן גמליאל כשם שהוא מוציא את שאינו בקי כך הוא מוציא את הבקי והלכתא כוותיה בברכות של ר"ה כדקאמר נמי התם. ובסוף פ"ד דברכות (ה"ו) איתמר בהדיא כן דהנוסחא שמה הא אלו כוונית הוינא נפיק ידי חובתי וא"כ הכוונה על התפלה שהתפלל בתחלה, וכך משמע נמי מדהשיב לר' זעירא דקאמר ולא כבר צלינן וא"ל מצלינא וחזר ומצלי וכו', ומשום דהתפלה שבתחלה לא היתה בכוונה ועכשיו אני חוזר להתפלל עם הצבור והש"ץ מוציאני וכרבן גמליאל, והרמב"ן ז"ל הביא לזה בספר המלחמות (יב. מדה"ר) בשלהי מכלתין והנוסחא הכתובה בפ"ד דברכות הוינא נפיק ידי חובתי ועם כל זה פירש דהכי קאמר ה"ק רב חסדא דדווקא במכוון לצאת הא אם לא נתכוון לצאת אע"פ ששמע מש"ץ לא יצא, וכן רב אדא והוסיף והוא שיהיה שם מראש התפלה כלומר מתחלת אבות וכו'. ומכל הענין הזה נלמוד שצריך היחיד להתפלל שבע שהם חובת היום ואפי' את"ל שש"ץ מוציא ופוטרן מכולן בר"ה וכו', וכ"כ הר"ן ז"ל (יב. מדה"ר ד"ה ירושלמי) דלמוד מכאן שבמלכיות זכרונות ושופרות בלבד הוא שש"ץ מוציא את הרבים ידי חובתן. ואיך שיהיה נראה דבטעין דאמר רב חסדא הא אלו כוונית נפקי ידי חובתי הפי' שפירשתי יותר טוח הוא כמבואר בס"ד:

סליק מסכת ראש השנה

מַאן דְּאָמַר הוֹלֵךְ לוֹ אֵצֶל הַמְבָרֵךְ – And we can say that **the one who says he should go to** the place where he will hear **someone recite the blessings** בְּשֶׁיֵּשׁ בַּיּוֹם כְּדֵי לִתְקוֹעַ – is dealing with a case **where** the person knows that **there will be enough** time **in the day to sound** the shofar after returning from the place of the blessings. Therefore, he goes first to hear the blessings so that he does not miss the communal prayer, and then he returns to hear the shofar.[1] Accordingly, the two Baraisos are not in dispute, for each Baraisa is referring to a different scenario.

The Gemara, however, cites an Amora who holds that the two Baraisos are in fact referring to the same case and are in dispute: נִישְׁמְעִינָהּ מִן הָדָא – **Deduce from the following** that the Baraisos are in dispute,[2] דְּאָמַר רַבִּי יַעֲקֹב בַּר אִידִי בְּשֵׁם רַבִּי יְהוֹשֻׁעַ בֶּן לֵוִי – **for R' Yaakov bar Idi said in the name of R' Yehoshua ben Levi:** בְּמָקוֹם אֶחָד תּוֹקְעִין וּבְמָקוֹם אֶחָד מְבָרְכִין – Regarding a case where **in one place they will sound** the shofar, **and in another place they will recite the blessings** of the Mussaf prayer, הוֹלֵךְ לוֹ אֵצֶל תּוֹקֵעַ – the law is that **one goes to** the place where they will **blow** the shofar – as stated in the first Baraisa, וְאֵינוֹ הוֹלֵךְ לוֹ אֵצֶל מְבָרֵךְ – **and he does not go to** the place where they will **recite the blessings.** The fact that R' Yehoshua ben Levi issued a ruling in accordance with the first Baraisa indicates that in his view there is a dispute between the two Baraisos:[3]

The Gemara asks:

וְהֵיידָא אָמְרָה דָא – **So from where did [R' Yehoshua ben Levi]** know to **say this** – that the Baraisos are actually in dispute? Perhaps they are referring to different cases?[4]

The Gemara answers that R' Yehoshua ben Levi understood that the Baraisos are in dispute from the following Baraisa:

יוֹם טוֹב שֶׁל רֹאשׁ הַשָּׁנָה שֶׁחָל לִהְיוֹת בְּשַׁבָּת – WHEN THE ROSH HASHANAH HOLIDAY FELL ON THE SABBATH,[5] בְּמָקוֹם אֶחָד תּוֹקְעִין וּבְמָקוֹם אֶחָד מְבָרְכִין – if IN ONE PLACE THEY WILL SOUND the shofar, AND IN ONE other PLACE WHEY WILL RECITE THE BLESSINGS of the Mussaf prayer, הוֹלֵךְ לוֹ אֵצֶל מְבָרֵךְ – HE SHOULD GO WHERE THEY WILL RECITE THE BLESSINGS, וְאֵינוֹ הוֹלֵךְ לוֹ אֵצֶל תּוֹקֵעַ – AND HE SHOULD NOT GO TO WHERE THEY WILL SOUND the shofar. לָמָּה – WHY? שֶׁהַכֹּל יוֹדְעִין לִתְקוֹעַ – BECAUSE EVERYONE KNOWS HOW TO SOUND the shofar, וְאֵין הַכֹּל יוֹדְעִין לְבָרֵךְ – BUT NOT EVERYONE KNOWS HOW TO RECITE THE BLESSINGS.[6] דָּבָר אַחֵר – ANOTHER EXPLANATION: אָדָם מוֹצִיא יְדֵי חֲבֵירוֹ בִּתְקִיעָה – A PERSON CAN always DISCHARGE HIS FELLOW OF HIS OBLIGATION FOR SOUNDING the shofar; וְאֵין אָדָם מוֹצִיא יְדֵי חֲבֵירוֹ בִּבְרָכָה – BUT A PERSON CANNOT always DISCHARGE HIS FELLOW OF HIS OBLIGATION FOR RECITING THE BLESSINGS.[7]

The Gemara concludes its proof:

יוֹם טוֹב שֶׁל רֹאשׁ הַשָּׁנָה שֶׁחָל לִהְיוֹת בְּשַׁבָּת – Now, **a Rosh Hashanah holiday that fell on the Sabbath,** לָא כְּמִי שֶׁאֵין בַּיּוֹם כְּדֵי לִתְקוֹעַ – **is that not like where there is not enough** time **in the day to sound** the shofar?![8] וְאַתְּ אָמַר הוֹלֵךְ לוֹ אֵצֶל מְבָרֵךְ – **Yet, you say** (i.e. the Baraisa says) **that he should go to where they will recite the blessings!** הָדָא אָמְרָה פְּלִיגִין – **This says** in effect **that [the two Baraisos] are in dispute** as to which city one should go to when there will be not be enough time to go afterward to the second city to fulfill the second mitzvah there.[9]

The Gemara quotes the last ruling of the Mishnah:

The Tanna Kamma says that just as the prayer leader is obligated to pray himself, so too, is each and every individual obligated to pray himself. רַבָּן גַּמְלִיאֵל אוֹמֵר – But RABBAN GAMLIEL SAYS: שְׁלִיחַ הַצִּיבּוּר מוֹצִיא אֶת הָרַבִּים יְדֵי חוֹבָתָן – THE PRAYER LEADER DISCHARGES THE PUBLIC OF THEIR OBLIGATION, and there is no obligation for each individual to pray privately for themselves.[10]

The Gemara cites a ruling on this matter:

NOTES

1. *Korban HaEidah.* [The individual should go first to hear the blessings and afterward to hear the shofar, rather than vice versa, because the shofar may be blown the entire day (*Rama, Orach Chaim* 595:1) and thus he could hear the shofar when he returns from the blessings. The Mussaf prayers, on the other hand, should be recited before the end of the seventh hour of the day, and therefore, if he goes first to hear the shofar he might miss the Mussaf prayer (*Magen Avraham* ibid.).]

2. The Gemara seeks to prove that even when there might not be time for both mitzvos, there is a view that holds that it is preferable to go to the town where they will recite the Mussaf prayer rather than to the town where they will sound the shofar (*Korban HaEidah*). Consequently, we may assume that this is the view of the second Baraisa.

3. R' Yaakov bar Idi in the name of R' Yehoshua ben Levi ruled in accordance with the first Baraisa – that one should go to the place of the shofar. Now, from the fact that he bothered to issue a ruling on this matter indicates that this law is subject to dispute. The Gemara will proceed to explain how R' Yehoshua ben Levi indeed knew that the second Baraisa (that states that one should go the place of the blessings) is actually disputing the first Baraisa and is not perhaps referring to a different case, as the Gemara initially suggested (cf. *Pnei Moshe;* see *Michal HaMayim* and *Beur of R' Chaim Kanievski*).

4. That is, how did R' Yehoshua ben Levi know that the second Baraisa is in disagreement with the first Baraisa and holds that the individual should go to hear the blessings even in a case where there might not be enough time to hear the shofar afterward? Perhaps the second Baraisa is referring specifically to a case where the individual knows for certain that (after hearing the blessings) there will be enough time to go to the other town to hear the shofar? (*Beur of R' Chaim Kanievski*).

5. The Gemara will focus on why the Baraisa states this law specifically with regard to a case where Rosh Hashanah fell on the Sabbath as opposed to any other day of the week. See below, note 8.

6. Blowing the shofar is a relatively easy task that many people can do, whereas the recital of the unfamiliar blessings of the Rosh Hashanah Mussaf prayer requires an experienced *shliach tzibbur.* Hence, one should first go to the city where he will hear a *shliach tzibbur* reciting the blessings, for there is a good chance that he will still be able to find someone afterward who can blow the shofar for him, and thus he will probably be able to fulfill both mitzvos (*Korban HaEidah*). However, if one goes first to hear the shofar he probably will not find anyone to recite the blessings for him afterward.

7. The *shliach tzibbur* cannot discharge anyone of his prayer obligation unless there is a quorum of ten men. There is no such requirement, however, with regard to shofar. Hence, this Baraisa holds that one should not go first to hear the shofar because he probably will not be able to find another *shliach tzibbur* with a quorum of men to recite the blessings for him. Rather, he should first go to the city where he will hear a *shliach tzibbur* recite the blessings, for there is a good chance that he will be able to find someone afterward who can blow the shofar for him (*Korban HaEidah, Pnei Moshe,* and *Beur of R' Chaim Kanievski*).

8. That is, the Sabbath is similar to a case where there might not be enough time in the day to blow the shofar (after going to hear the blessings), for after the destruction of the Temple the shofar is blown on the Sabbath only in a city where there is a *beis din,* and only when the court is in session, but not after the judges have left the courtroom (see Mishnah and Gemara 23a, and *Bavli* 30a). Thus, if one goes first to hear the Mussaf blessings in one city, we have reason to believe that he might miss the shofar blowing in the other city (*Pnei Moshe, Sefer Nir, Yefei Einayim,* and *Beur of R' Chaim Kanievski*). [See *Korban HaEidah* for another approach, and see a serious question on his approach raised by *Mareh HaPanim* and *Klei Chemdah, Ki Seitzei* §11.]

9. The first Baraisa holds that one should go first to hear the shofar, for shofar is a Biblical obligation and one may not risk losing that mitzvah by going to perform a Rabbinic mitzvah first. However, the second Baraisa holds that one should go first to hear the blessings, for one may assume that he will find someone to blow the shofar for him afterward (while the court is still in session), since many people can blow the shofar, as the just-cited Baraisa explained.

10. See notes 9 and 10 to Mishnah 26a.

עין משפט

א מיי' פ"ג מהלכות שופר הלכה יג טוש"ע או"ח סימן תקצה סעיף א:

שינויי נוסחאות

א] **את.** כ"ה גם באו"ז (ח"ב רסב). בש"ג **אתת.** וכ"ה בירושלמי ברכות (פ"ה ה"י - נב:):
ב] **בעי מצלייה.** בש"ג תיבת בעי ליתא וכ"ה בירושלמי ברכות (שם). באו"ז (שם) **ומצלי:**
ג] **מצלינא וחזר.** ברוקח (ר"ה סי' רג) **מצלי אנא והדר** וכ"ה בירושלמי ברכות (שם):
ד] **מערבייא ואמרון תמן.** בש"ג **מערבייא ואמרין.** ברוקח (שם) **מערבי לתמן אמרין** וכעי"ז באו"ז (שם):
ה] **דלא כוונית אילו כוונית נפק.** בש"ג וכעי"ז ברוקח (שם) דלא כוונית, **הא** אילו כוונית **הוינה** נפק. באו"ז (שם) **לא** כוונית, **הא** אילו כוונית **הוינא** נפיק:

גמרא

מאן דאמר הולך לו אצל המברך בשיש ביום כדי לתקוע. נישמעינה מן הדא דאמר ר' יעקב בר אידי בשם ר' יהושע בן לוי במקום אחד תוקעין ובמקום אחד מברכין [א]הולך לו אצל תוקע ואינו הולך לו אצל מברך. והיידא אמרה דא. יום טוב של ראש השנה שחל להיות בשבת במקום אחד תוקעין ובמקום אחד מברכין הולך לו אצל מברך ואינו הולך לו אצל תוקע. למה שהכל יודעין לתקוע ואין הכל יודעין לברך. דבר אחר אדם מוציא ידי חבירו בתקיעה ואין אדם מוציא ידי חבירו בברכה. יום טוב של ראש השנה שחל להיות בשבת לא כמי שאין ביום כדי לתקוע ואת אמר הולך לו אצל מברך. הדא אמרה פליגין: רבן גמליאל אומר שליח הציבור מוציא את הרבים ידי חובתן: [א]ר' חונה רבה דציפורין בשם ר' יוחנן הלכה כרבן גמליאל באילין תקיעתא. ר' זעירא ורב חסדא הוון יתיבין תמן בתקיעתא. מן דצלון [א]את צלותא. קם רב חסדא [ב]בעי מצלייה. אמר ליה ר' זעירא לא כבר צלינן. כב. אמר ליה [ג]מצלינא וחזר ומצלי [ב]דנחתון [ד]מערבייא ואמרון תמן בשם ר' יוחנן הלכה כרבן גמליאל באילין תקיעתא ואנא [ה]דלא כוונית אילו כוונית נפק ידי חובתי. אמר ר' זעירא ויאות כל תנייא תניי לה בשם רבן גמליאל ור' הושעיה תני לה בשם חכמים.

פני משה

אלא המברך לשמוע סדר הברכות ואחר כך לילך אלא התוקע לא יהיה שהות ביום כדי לתקוע בהא הוא דקאמר שהולך אלא התוקע, וקא משמע לן שאע"פ שמתוך כך יעבור הזמן ולא יהיה לו שהות ביום לילך לשמוע הברכות, אפילו הכי תקיעה דמדאורייתא היא עדיפא והלכך בשאין שהות כדי הליכה לקיים שתיהן ילך לו אלא התוקע, ואף שיכול להיות שמא מתוך כך לא יהא סיפוק בידו לילך אחר כך אלא המברך. ומאן דאמר הולך לו אלא המברך בשיש שהות ביום כדי לתקוע, כלומר דאיהו מיירי בשיש שהות ביום כדי לקיים שתיהן, והלכך קאמר שהולך לו בתחלה אלא המברך שאף על פי שאין הברכות אלא מדרבנן, מכל מקום לענין קדימה אמרינן דהואיל ואין הכל יודעין הברכות מוטב שיקדים לילך לשמוע הברכות, שאם ילך בתחלה לשמוע התקיעה שמא לא ימצא אחר כך מי שיודע הברכות והמברך הראשון כבר בירך ואינו חוזר ומברך, והלכך הולך בתחלה אלא המברך ואחר כך ילך אלא התוקע שהרי יש שהות ביום והכל יודעין לתקוע וא"כ בודאי ימצא אחד שיהא תוקע לפניו או התוקע הראשון יחזור ויתקע להוציא אותו, והשתא הני תנאי לא פליגי כלל, או דילמא דפליגי וכדלקמן: נישמעינה מן הדא וכו'. כלומר דסלקא דעתיה דהש"ס מעיקרא למיפשט מדמסיים ר' יהושע בן לוי וקאמר ואינו הולך אלא המברך דלישנא יתירא היא, אלא דקא משמע לן דלעולם הולך לו אלא התוקע ואין צריך לילך כלל אלא המברך ואפילו יש שהות ביום, וטעמא דמכיון דהברכות מדרבנן הם לא הטריחו חכמים אותו הואיל ומתעסק הוא במצוה דאורייתא לילך לשמוע התקיעה פטור הוא לגמרי מברכות דרבנן, והשתא שמעינן דר' יהושע בן לוי דקאי בשיטתיה דת"ק דהולך לו אלא התוקע ומשום דתקיעה עדיפא סבירא ליה נמי דאפילו יש שהות ביום כדי לקיים שתיהן אין צריך לילך להמברך, והאי תנא בתרא סבירא ליה דמכיון דיכול לקיים שתיהן ילך לו אלא המברך ובהאי סברא דאמרן הוא דפליגי, הכי הוה בעי הש"ס למיפשט מעיקרא: והיידא אמרה. כלומר דמהדר הש"ס ודחי לה דהאיך נלמד זה מכאן דפליגי בהא דאמרן, דילמא לעולם לא פליגי בשיש כדי לקיים שתיהן ומר אמר חדא ומר אמר חדא וכדלעיל, והא דמסיים ר' יהושע בן לוי וקאמר ואינו הולך לו אלא המברך, הכי קאמר דהואיל ואין שהות ביום כדי לתקוע אחר כך הלכך הוא דאמרינן דאינו הולך אלא המברך, והיא גופה הוא דקא משמע לן דתנא דברייתא קמייתא בשאין שהות ביום לתקוע אחר כך היא דמיירי ואכתי לא פליגי הני תנאי: דא. כלומר ומאיזה מקום נוכל לפשוט בעיין דא מהאי ברייתא דלקמיה: יום טוב של ראש השנה שחל להיות בשבת ובמקום אחד יש תוקעין וכו' וכדמפרשינן לקמן: שהכל יודעין וכו'. כדפרישית לעיל: דבר אחר וכו' ואין אדם מוציא ידי חבירו בברכה. אלא השליח ציבור הוא שמוציא הרבים וכרבן גמליאל דקיימא לן כוותיה בברכות של ראש השנה, אבל בתקיעה מוציא הוא היחיד את חבירו ולפיכך הולך לו אלא המברך שהוא השליח ציבור ומוציאו ושלא יעבור הזמן: יום טוב של ראש השנה שחל להיות בשבת וכו'. השתא מסיק למילתיה דהא מדקאמר שחל להיות בשבת על כרחך לומר דהא קא משמע לן שאף על פי שאין שהות ביום כדי לתקוע אחר כך אפילו הכי ברכה עדיפא, שהרי במקום שתוקעין אף בשבת ודאי משום דמקום שיש בו בית דין הוא וכתקנת ר' יוחנן בן זכאי, והשתא וכי לאו כמי שאין שהות ביום כדי לתקוע אחר כך הוא דהויא, שהרי אם יעבור זמן בית דין שוב אין תוקעין אפילו באותו מקום בית דין ומכל שכן במקום אחר, ואפילו הכי את אומר הולך לו אלא המברך ולא אלא התוקע, א"כ על כרחך דהאי תנא סבירא ליה דלעולם ברכה עדיפא, והלכך הוא דקאמר שחל להיות בשבת לאשמעינן היא גופה דכך סבירא לן לעולם וכי היכי דלא נטעי ביה בדעתיה, ואידך תנא סבירא ליה דלעולם תקיעה עדיפא, והדא אמרה דפליגין הני תנאי לעיל וכדאמרן: הלכה כרבן גמליאל באילין תקיעתא. באלו הברכות של ראש השנה מלכיות זכרונות ושופרות דנהגין בתקיעתא שהש"ץ מוציא אף למי שהוא בקי ומשום דאוושי ברכות, וגרסינן להא לעיל בסוף פ"ד דברכות (ה"ו): הוון יתיבן תמן. בבבל ביומא דתקיעתא: מן דצלין (אחת) [את] וכו'. לאחר שהתפללו בפני עצמן הגיע שעת תפלת הצבור וקם רב חסדא לחזור ולהתפלל עם הצבור: דנחתין מערבייא. בני ארץ ישראל שירדו לכאן ואמרין תמן בשם ר' יוחנן דפסק הלכתא כרבן גמליאל בברכות דראש השנה והואיל ואנא לא כוונית בתפלה לפיכך אני חוזר ומתפלל: אילו כוונית נפקה ידי חובתי. כלומר דקא משמע לן דאף על מי שהוא בקי אמרו כן, והלכך קאמר ואנא שאני בקי אלו כוונתי בתחלה בתפלתי הייתי יוצא ידי חובתי ומאחר שלא כיוונתי השליח ציבור מוציא אותי עכשיו: ויאות. האי פסקא דפסקו כרבן גמליאל דאע"ג דרבים פליגי עליה, משום דכל תנאי הוא דתני לה בשם רבן גמליאל אבל ר' הושעיה בברייתא דיליה תני להא דרבן גמליאל בשם חכמים דאמרי להא, והלכה כרבים:

קרבן העדה

לא בשיש. שהות ביום כדי לתקוע, הולך תחלה לעיר שמברכין, שיעבור זמן תפלת הציבור, ואח"כ ילך לעיר שתוקעין בה: נישמעינה מן הדא. כמו תא שמע, דאף באין שהות ביום לחזור ולילך בעיר שתוקעין בה אפילו הכי הולך לעיר שמברכין: יום טוב של ראש השנה שחל להיות בשבת. וצריך לערב מבעוד יום לאחד משני המקומות, וכשמערב למקום שמברכין אינו יכול לילך עוד למקום שתוקעין: שהכל יודעין לתקוע. ומסתמא ימצא שם מי שיתקע: דבר אחר אדם מוציא ידי חבירו בתקיעה. אפילו ביחיד וכשימצא שם אדם אחד יכול להוציאו, מה שאין כן בברכה אינו מוציא אלא שליח ציבור בעשרה: יום טוב של ראש השנה וכו'. סיומא דקושיא הוא, הרי יום טוב של ראש השנה שחל בשבת הוא כמי שאין לו שהות ביום לתקוע, ואפילו הכי הולך אצל המברך: הדא אמרה. זאת אומרת דפליג אהא דלעיל: באילין תקיעתה. שהשליח ציבור מוציא את הרבים ידי חובתן בברכות של מלכיות זכרונות ושופרות: מן דצלון. לאחר שהתפלל השליח ציבור תפילת מוסף קם רב חסדא להתפלל: לא כבר צלינן. תפלת מוסף קודם שהתפלל השליח ציבור ולמה לך להתפלל שנית: אמר ליה. רב חסדא צריך אני להתפלל שנית דבתפלת מוסף שהתפללתי קודם תפלת השליח ציבור לא התפללתי רק שבע ברכות ובברכות דמלכיות זכרונות ושופרות סמכתי על תפלת השליח ציבור: דנחתון מערבייא. דתלמידי חכמים שבאו מארץ ישראל אמרו משמיה דר' יוחנן הלכה כרבן גמליאל שהשליח ציבור מוציא ברכות אלו אפילו הבקי, ובשעת תפלת השליח ציבור לא כיוונתי, וצריך אני להתפלל שנית משום ברכות אלו מלכיות זכרונות ושופרות שלא התפללתי בתחלה: אילו כוונית. אילו הייתי מכוין ודאי שהייתי יוצא בברכת השליח ציבור*: ויאות. שפיר קאמרו החכמים אלו דהלכה כרבן גמליאל, שכל התנאים אמרו שהשליח ציבור מוציא הבקי משמיה דרבן גמליאל, ור' אושעיה תני לה משמיה דחכמים, ללמדך שהלכתא כוותיה דרבן גמליאל:

מסורת הש"ס

א) ברכות פ"ד ה"ו [כל הענין, ר"ה לה.]

שירי קרבן

ר' זעירא ורב חסדא וכו'. כתב הר"ן (יב. מדה"ר ד"ה ירושלמי) ר' זעירא הקשה על רב חסדא כיון דכבר צלי יוצר למה ליה לצלויי תו, דבשלמא יוצר היה צריך להתפלל דכיון שאינו אלא ז' ברכות אין ש"ץ מוציא את הרבים ידי חובתן, אבל מוסף שהן ט' כיון דאוושי ביה ברכות לא היה צריך להתפלל שהרי ש"ץ מוציא את הרבים ידי חובתן, והדר ליה דהלכה כר' גמליאל באילין תקיעתא, פירוש לברכות של מלכיות זכרונות שופרות קרי תקיעתא לפי שתוקעין בהן, ובהנהו קי"ל כר"ג, אבל ז' ברכות של מוסף עצמו צריך כל יחיד להתפלל, ומשו"ה אע"ג דכבר צלינן יוצר הדר מצלינן למוספין ז' ברכות, שבמלכיות וכו' בלבד הוא שש"ץ מוציא את הרבים ידי חובתן. וקשה לי א"כ מאי האי דקאמר רב חסדא ואנא לא כוונית, הא עדיין לא התפלל הש"ץ מוסף ואף רב חסדא לא רצה להתפלל רק ז' ברכות, ואין ש"ץ מוציאן אפי' כיון. ואין לומר דלא היה כתוב כן בגרסתו, הרי בספר מלחמות ה' (שם) כתוב כגירסא שלפנינו. ועוד קשה דמשמע לאחר שהתפללו מוסף היה, דקאמר הוון יתבין בתקיעתא, דהיינו תפלת מוסף. ועוד קשה הא אף ר' זעירא כשהקשה לרב חסדא ידע דהלכה כר"ג שש"ץ מוציא את הרבים ידי חובתן, א"כ למאי צריך רב חסדא לאתויי הא דאמרו הנהו דנחתי ממערבא. וגם ר' זעירא מאי קאמר ויאות דהלכה כר"ג הא מעיקרא נמי הכי הוה סובר. לכן נ"ל פירושי שבקונטרס עיקר, גם דברי הרמב"ן אפשר לפרשם שכיון לזה:

מראה הפנים

אלו כוונית נפקית ידי חובתי. משמע דעל תפלתו שבתחלה שהתפלל בפני עצמו קאמר, ור"ל שאני שאיני צריך לשמוע מהש"ץ ודאי הייתי יוצא ידי חובתי אלו כוונתי בתחלה, אלא מפני שלא כוונתי בתחלה שומע אני עכשיו מהש"ץ והוא מוציא ידי חובתי וכדברי רבן גמליאל כשם שהוא מוציא את שאינו בקי כך הוא מוציא את הבקי והלכתא כוותיה בברכות של ר"ה כדקאמר נמי התם. ובסוף פ"ד דברכות (ה"ו) איתמר בהדיא כן דהנוסחא שמה הא אלו כוונית הווינא נפיק ידי חובתי וא"כ הכוונה על התפלה שהתפלל בתחלה, וכך משמע נמי מדהשיב לר' זעירא דקאמר ולא כבר צלינן וא"ל מצלינא וחזר ומצלי וכו', ומשום דהתפלה שבתחלה לא היתה בכוונה ועכשיו אני חוזר להתפלל עם הצבור והש"ץ מוציאני וכרבן גמליאל, והרמב"ן ז"ל הביא לזה בספר המלחמות (יב. מדה"ר) בשלהי מכלתין והנוסחא הכתובה בפ"ד דברכות הוינא נפיק ידי חובתי ועם כל זה פירש דהכי קאמר ה"ק רב חסדא דדווקא במכוין לצאת הא אם לא נתכוין לצאת אע"פ ששמע מש"ץ לא יצא, ובא רב אדא והוסיף והוא שיהיה שם מראש התפלה כלומר מתחלת אבות וכו'. ומכל הענין הזה נלמוד שצריך היחיד להתפלל שבע שהם חובת היום ואפי' את"ל שש"ץ מוציא ופוטרן מכולן בר"ה וכו', וכ"כ הר"ן ז"ל (יב. מדה"ר ד"ה ירושלמי) ללמוד מכאן שבמלכיות זכרונות ושופרות בלבד הוא שש"ל מוציא את הרבים ידי חובתן. ואיך שיהיה נראה דבענין דאמר רב חסדא הא אלו כוונית נפקי ידי חובתי הפי' שפירשתי יותר טוב הוא כמבואר בס"ד:

סליק מסכת ראש השנה

ותני כן [א][א]מתלמדין מלתקוע בשבת אין מעכבין [ב]את התינוקות מלתקוע ביום טוב:

הלכה י מתני' [מ"ט] [א][ב]סדר תקיעות שלש של שלש שלש. [ב]שיעור תקיעה [ג]כדי שלש תרועות. שיעור תרועה כדי שלש יבבות. [ג]תקע בראשונה ומשך בשנייה כשתים [ג]אין בידו אלא אחת. מי שבירך ואחר כך נתמנה לו שופר תוקע ומריע ותוקע [ד]תוקע ומריע ותוקע שלשה פעמים. [ד]כשם ששליח ציבור חייב כך כל יחיד ויחיד חייב. [ה]רבן גמליאל אומר [ד]שליח ציבור מוציא את הרבים ידי חובתן: **גמ'** [ה][ה]אמרן בנפיחה אחת. אשכחת תני [ו]אמר [ו]בנפיחה אחת [ז]יצא. והא תנינן סדר תקיעות שלש של שלש [ח]שלש. שלא יפחות. ר' זעירא ר' אבא בר עילאי בשם רב צריך להריע מתוך פשוטה. ר' בא בשם אבא בר רב חונא אינו צריך להריע מתוך פשוטה. אי זו היא [ט]הרעה. ר' חנניה ור' מנא חד אמר [י]אהן [כ]טרימוטה וחורנה אמר [ז][ל]תלת דקיקן. ר' חנניה חשש להדא דר' מנא ולהדא דידן. [ז]והיידא אמרה דא. תקע בראשונה ומשך בשנייה כשתיים אין בידו אלא אחת. [מ]ר' אבא בר זמינא בשם ר' זעירא אפילו אחת אין בידו. למה ראשה גבי סופה מצטרף וסופה גבי ראשה מצטרף לא ראשה אית לה סוף ולא סופא אית לה ראש: [ח]במקום אחד תוקעין ובמקום אחד מברכין אית תניי תני הולך לו אצל התוקע. אית תניי תני אצל המברך. מאן דאמר הולך לו אצל התוקע בשאין ביום כדי לתקוע.

קרבן העדה

ותני כן. ותניא נמי הכי: ה"ג מתעסקין עמהן עד שילמדו אפילו בשבת ואין מעכבין את התינוקות מלתקוע בשבת ואין צריך לומר ביום טוב. והכי פירושו, הגדולים מתעסקין עמהן אפילו בשבת ואין מעכבין תינוקות שכבר למדו לתקוע אפילו הכי אין מעכבין אותן: **מתני'** סדר תקיעות שלשה וכו'. אחת למלכיות, ואחת לזכרונות, ואחת לשופרות: של שלשה שלשה. תקיעה תרועה תקיעה לכל אחת ואחת, ולעיל פ"ג (ה"ה - כ:) ילפינן מקראי: שלשה יבבות. שלשה קולות בעלמא, כל שהוא: תקע בראשונה. בתקיעה שלפני התרועה תקע כדרכה: ומשך בשנייה. תקיעה שלאחר התרועה משך כשתים, לצאת בה ידי שתים שהיה צריך לעשות זו אחר זו, פשוטה שלאחריה דלמלכיות ופשוטה שלפניה דזכרונות: אין בידו אלא אחת. דאפסוקי תקיעה אחת לשתים לא מפסקינן: מי שבירך. התפלל תפילת המוספין ובירך תשע ברכות: שלש פעמים. בשביל מלכיות וזכרונות ושופרות: **גמ'** ה"ג עשאן בנפיחה אחת. כן הוא ברא"ש (סימן י). שעשה תקיעה תרועה תקיעה בנשימה אחת, מהו. מי אמרינן כיון שהן קולות מופרשין יצא דאיכא היכירא, או דלמא בעינן שיהו מופסקין וניכרין לכל שהן שלש: ופשיט אשכחת. ברייתא דתני בה עשאן בנפיחה אחת יצא: ופריך והא תנינן במתני' שלשה של שלשה. ואם עשאן בנפיחה אחת אין כאן שלשה של שלשה שלשה: ומשני שלא יפחות. מהשיעור, אבל לענין שיפסוק ביניהם לא נאמר, כן פירש הרא"ש: צריך להריע מתוך תקיעה. שצריך לעשות תקיעה ותרועה בנשימה אחת, דכתיב (במדבר י ה) ותקעתם תרועה, אלמא חדא נינהו: אינו צריך להריע מתוך פשוטה. והאי קרא לפשוטה לפניה ולאחריה הוא דאתי: איזו היא הרעה. כלומר כמה שיעור תרועה: אהן טרימוטה. קולות קטנות, כעין שתוקעין על החצוצרות שקורין טרומי"ט בל"א: תלת דקיקין. שלשה קולות של כל שהן: חשש להא דר' מנא וכו'. ועשה שלשה סדרים שהתרועות קצרות. ועוד עשה שלשה סדרים שהיו התרועות ארוכות: והיידא אמרה דא. קאי אהא דאמר ר' יוסי לעיל פ"ג (ה"ג - יט:) פשוטה ששמעה מקצתה מן המתעסק לא יצא. מהיכן שמע לא דבעינן שישמע כל התקיעה מתחלה ועד סוף לצאת בה למצוה: אפילו אחת אין בידו. פירשתי לעיל פ"ג (שם): במקום אחד. פירוש בעיר אחת תוקעין ובעיר אחרת מברכין, איזו מהן עדיף לילך לשם: כשאין. שהות ביום כדי לתקוע, לא שבקינן תקיעת שופר שהוא לאורייתא ועבדינן ברכות דרבנן:

פני משה

ותני כן. בתוספתא פ"ב (הי"ב) והכי גריס שם מתלמדין לתקוע בשבת ואין מעכבין את הנשים ואת הקטנים מלתקוע בשבת ואין צריך לומר ביום טוב, ופירושה מתלמדין לתקוע בשבת אפילו בשבת דעלמא מותר הגדול להתעסק עמהן להתלמד ובשלא הגיעו לחינוך, ואין מעכבין את הנשים ואת הקטנים מלתקוע בשבת שחל בו ראש השנה ובמקום שתוקעין ואין צריך לומר ביום טוב של ראש השנה שחל להיות בחול, ורישא דסיפא איירי בקטנים שלא הגיעו לחינוך דדומיא דנשים קתני דלעולם לאו בני חיובא נינהו וכן הרישא דברייתא מתלמדין וכו' וכדפרישית. וסיפא דסיפא ואין צריך לומר ביום טוב פשוט הוא דבין הגיעו לחינוך ובין לא הגיעו לחינוך אין מעכבין וכן נמי מתעסקין עמהן: **מתני'** כא: סדר תקיעות שלש. למלכיות ולזכרונות ולשופרות, והן של שלש שלש ותקיעה ותרועה ותקיעה לכל אחד ואחד, ובגמרא (בבלי לד.) למדו לפי שבראש השנה נאמרו שתי תרועות וביובל תרועה אחת וילפינן גזירה שוה שביעי שביעי ליתן את האמור של זה בזה, וכל תרועה צריך פשוטה לפניה ופשוטה לאחריה דכתיב (ויקרא כה ט) והעברת שופר תרועה הרי פשוטה לפניה דהעברת קול פשוט הוא ותעבירו שופר כתיב הרי פשוטה לאחריה ולמד ר"ה מיובל בגזירה שוה: שיעור תקיעה. דכלהו בבי כדי שלש תרועות, ושיעור תרועה כדי שלש יבבות ויבבא הוא שלשה כחות של כל שהוא, נמצא שיעור תרועה תשעה כחות של כל שהוא: תקע בראשונה. פשוטה שלפני התרועה ומשך בשניה בפשוטה של אחריה כשיעור שתים שהיה רוצה לצאת בה גם לפשוטה שלפניה לסדר שאחר זה אין בידו אלא אחת לפשוטה של אחריה של סדר הראשון דפסוקי תקיעתא מהדדי לא פסקינן (בבלי כז.): מי שבירך. תשע ברכות בתפלת המוספין: כשם ששליח ציבור חייב. בין בברכות של ראש השנה ובין בשאר ימות השנה, כך כל יחיד ויחיד הבקי חייב ואין השליח ציבור יורד לפני התיבה אלא להוציא לשאינו בקי: רבן גמליאל אומר וכו'. לעולם השליח ציבור מוציא את הרבים ידי חובתם, והלכה כרבן גמליאל בברכות של ראש השנה ושל יובל ביום הכיפורים לפי שהן ברכות ארוכות ואין הכל בקיאין בהן, והלכה כחכמים בברכות של כל השנה: **גמ'** אמרן בנפיחה אחת. כלומר שיעשה תר"ת בנשימה אחת, ואשכחת אמר לחדא ברייתא דתני וכו' יצא, ולא שצריך לעשותן בנשימה אחת והא תנינן סדר תקיעות וכו', וקא סלקא דעתיה דצריך שיהא ניכר שהן שלש בכל סדר, ואי אמרת שיעשה בנשימה אחת הלא אינו ניכר, ומשני שלא יפחות משלש קאמר, וכלומר מכדי שלש ולעולם אם עשאן בנשימה אחת יצא: צריך להריע מתוך פשוטה. כלומר שלא יפסיק בין התקיעה לבין התרועה, ור' בא פליג שאינו צריך: חד אמר אהן טרימוטה. כהאי טרומיטה אחת, ודקתני במתניתן כדי שלש יבבות שיעשה הטרומיטה כשיעור שלש יבבות, ואחרינא אמר תלת דקיקן שלש כחות קטנות: ר' חנניה חשש וכו'. ולהדא דידן כמו שאנו נוהגין ומשך בתקיעה כשלש תרועות, וכל תרועה כשלש כחות מלבד שיעור הטרומיטה, נמצא שיעור תקיעה כתשעה כחות ועוד: והיידא אמרה. והיכן מצינו זה דנוהגין להמשיך כך ויש שיעור בהמשך התקיעה, דלאי מהסיפא דמתניתן תקע בראשונה וכו' אלמא דיש שיעור להמשכת התקיעה מדקתני ומשך בשניה כשתים: ר' אבא בר זמינא וכו'. מפורש בפרק דלעיל בהלכה שלש ע"ש: במקום אחד תוקעין וכו'. אם יש לפניו מקום אחד שתוקעין בו ואין יודעין לברך סדר הברכות מלכיות זכרונות ושופרות ובמקום אחר מברכין ואין תוקעין אית תניי וכו': מאן דאמר הולך לו אצל התוקע וכו'. בעיא היא לבעלי הש"ס מי נימא דהני תנאי לא פליגי, אלא למאן דאמר הולך לו אצל התוקע בשאין שהות ביום כדי לתקוע, שאם ילך בתחלה

מסורת הש"ס

א) [ר"ה לג. בשינוי, תוספתא פ"ב הי"ב] ב) ר"ה לג.: [תוספתא פ"ב הי"ב, פסיקתא זוטרתא בראשית כב יג, פסיקתא זוטרתא ויקרא כג כד, לעיל פ"ג ה"ט וספרא אמור פרשה יא ה"ט וילקו"ש אמור תרמו בשינוי] ג) [לעיל פ"ג ה"ג - יט:, ר"ה כז., כח., לג.:] ד) [תוספתא פ"ב הי"ד] ה) [ברכות פ"ד ה"ו] ו) [עי' תוספתא פ"ב הי"ב] ז) לעיל פ"ג ה"ג - יט: ח) ר"ה לד:

עין משפט

א מיי' פ"ג מהלכות שופר הלכה א טוש"ע או"ח סימן תקצ סעיף א:

ב מיי' שם הלכה ד והשגות טוש"ע או"ח סימן תקצ סעיף ג:

ג מיי' שם טוש"ע או"ח סימן תקצ סעיף ו:

ד מיי' פ"ח מהלכות תפילה הלכה י טור או"ח סימן תקצא [וטוש"ע או"ח סימן קכד סעיף א]:

ה טוש"ע או"ח סימן תקצ סעיף ה:

ו טוש"ע או"ח סימן תקצ סעיף ג:

שינויי נוסחאות

א] **מתלמדין מלתקוע.** בתוספתא (פ"ב הי"ב) מתלמדין **לתקוע.** בשיבולי הלקט (סי' רצה) **מלמדין לתקוע.** בערוך לנר (לג.) הגיה **מעכבין** מלתקוע. וראה קה"ע ופנ"מ:

ב] **את התינוקות מלתקוע.** בתוספתא (שם) **את הנשים ואת התינוקות** מלתקוע **בשבת ואין צריך לומר** ביום טוב. וכעי"ז הגיה בקה"ע:

ג] **כדי שלש.** כ"ה גם גירסת הרמב"ם בפיה"מ. במשניות ובבבלי (לג:) **כשלש.** וכן בסמוך:

ד] **תוקע ומריע ותוקע.** כ"ה גם גירסת הרמב"ם בפיה"מ. במשניות ובבבלי (שם) ליתא:

ה] **אמרן וכו'.** ז"ל הרשב"א (לד.) והר"ן (יא. מדה"ר) "וגרסינן בירושלמי **תקע והריע ותקע בנפיחה אחת יצא**". במאירי ובריטב"א (לג:) אמרן **כולן** בנפיחה אחת יצא בדיעבד:

ו] **אמר.** בש"ג **אמרן.** ברא"ש (סי' י) ובטור (סי' תקצ) **עשאן:**

ז] **יצא.** בתוספתא (פ"ב הי"ב) **לא** יצא. ולשון הרמב"ן (כז.) "והא דתשכח בתוספתא תקע והריע ותקע בנשימה אחת לא יצא, לא תסמוך עלה ומשבשתא היא ותני יצא, שהיא אותה הברייתא שהביאו בירושלמי דקתני יצא". ועי' ריטב"א (לג:) שיישב התוספתא עם הירושלמי:

ח] **שלש.** בד"ו ואחריו בדפוסים נשמט:

ט] **הרעה.** בר"ח (לה.) וברי"ץ גיאת (ר"ה עמ' נב) וברמב"ן (שם) ובמגדל עוז (ה' שופר פ"ג ד"ה ואני) **תרועה:**

י] **אהן.** ברי"ץ גיאת (שם) ובמגדל עוז (שם) **כהדין:**

כ] **טרימוטה.** כ"ה גם בר"ח (שם). בש"ג **טרפוסה:**

ל] **תלת דקיקן.** בר"ח (שם) **תרין דקיקין.** ברי"ץ גיאת (הובא במגדל עוז שם) **תלת רקיקין.** עיי"ש פירושו:

מ] **ר' אבא בר זמינא וכו'.** עי' לעיל פ"ג ה"ג (יט:) בשנו"ס אות (ד):

מראה הפנים

רבי חנניה חשש להדא דר' מנא ולהדא דידן. הרי מכאן ראיה לנהוג במשך התרועה וכדנראה שלמד הרמב"ם ז"ל מכאן במ"ש בפ"ג (מהלכות שופר) בה"ד שיעור תרועה כשתי תקיעות. והיינו כדתנינן בדין המשנה שיעור תקיעה כדי שלש תרועות, ואלו שלש תרועות הן תלת דקיקן האמור כאן ומפורש לדברי ר' מנא וזהו כשיעור תקיעה אחת, ומדחשש ר' חנניה להלכה למעשה ועביד נמי להדא דידן והיינו עוד כהדין טרימוטה וזהו עוד כשיעור תקיעה אחת שהטרומיטה ותלת דקיקן חדא שיעורא הוא, ואין להאריך בזה בשכבר מבואר מעניינים אלו בדברי האחרונים. מלבד מזה נזכיר דהגמלא כתוב בדבריהם מענין הנשימה אחת אין שורש לדבר זה ואיפכא מוכרח מכאן דקאמר אשכחת תני אמרן בנפיחה אחת יצא ודברי הברייתא עיקר, וא"כ אין למנהג הזה שום סמך לעשות לכתחילה כן: רבי אבא בר זמינא וכו'. לא שייך כאן לזה אלא אגב הובאה כדרך הש"ס הזה. ועיקר דברי ר' אבא לעיל בפ"ג (ה"ג – יט:) שם הוא דשייך וביארתי שם היטב, וא"ל למה שמצאתי לגדולי האחרונים מה שפירשו בזה ועיי"ש: במקום אחד תוקעין וכו'. הרי לפניך הסוגיא זו מבוארת ומדוקדקת במה דנקט בהאי ברייתא י"ט של ר"ה שחל להיות בשבת דוקא כמבואר בפנים. ופלוני אלמוני אחד שיבש עצמו בכאן כמו בכל מקום דרכו כן ופירש ע"ש עירוב ועשה חמר גמל ושכח עצמו ולא זכר דבי"ש בלא שבת צריך ג"כ עירוב. ודי בזה שלאתי חוץ לגדרי שלא לזכור כלל מאלו ומכיוצא בהם. ודע דהב"ד בסי' תקפ"ח לא הביא אלא ריש הסוגיא דבכאן עד כשמעתין מן הדא ודימו דהמסקנא הכי הוא דהויה, ואינו כן אלא דהמסקנא הכא דהני תנאי פליגי וכל חד וחד לפי סברתו כמבואר הכל בפנים, והאי תנא קמייתא כפי המשמעות משיטת הבבלי הוא דס"ל דלעולם תקיעה עדיפא וכדבעינן למימר לקמן מדברי הרמב"ם ז"ל דמינן אנו מדסתם דבריו בסוף פ"ג מהלכות שופר ולא הביא כי אם כפי דברי הבבלי דבדף ל"ד ע"ב לא שני עיירות וכו' לא צריכא דלתא"ג דהלא ודאי והא ספק. ובאמת דבדבר זה לא צריך תלמוד אם מצד הסברא שאם יש שהות ביום כדי לקיים שתיהן למה לא יעשה כן, ועוד דמוכרח בהאי תלמודא לסברא זו ונהי דלא קיימא המסקנא לומר דכו"ע סברי הכי מ"מ למה לא הזכיר הוא ז"ל במה שאין שיטת הגמ' דילן מנגד להא דהכא ודרכו בכל מקום להזכיר בכגונן זה מסברת הש"ס דהכא ולפסוק כן, אלא דנראה דדעתו ז"ל מדקאמר הש"ס הכא להמסקנא הדא אמרה פלגין משמע לכל חד וחד פליג אדחבריה, ותנא קמייתא כפי שיטת הבבלי הוא דס"ל ולא ניחא ליה להאי סברא וכו'. וראיה לדבר זה דכתב הר"ן ז"ל בסוכה פ"ב (יא. מדה"ר) גבי שלוחי מצוה וכו' ופלפל על דברי התוס' שם (ד"ה שלוחי מצוה) ודעתו כיון דפטור הוא ממצוה אחרת אפי' יכול לקיים שתיהן פטור הוא דחיישינן שמא מתוך טרדתו יתבטל מזו וכו' ועיי"ש. [המשך בסוף הספר]

וְהַיְידָא אָמְרָה דָא — **And which [Tannaic teaching]** in effect **says this?** It is the ruling of our Mishnah that states: תָּקַע בְּרִאשׁוֹנָה וּמָשַׁךְ בִּשְׁנִיָּה כִּשְׁתַּיִם — If **ONE BLEW THE FIRST** ***TEKIAH*** of a set normally, **AND PROLONGED THE SECOND** ***tekiah*** **FOR THE DURATION OF TWO** ordinary *tekios,* אֵין בְּיָדוֹ אֶלָּא אַחַת — **HE HAS ONLY ONE TO HIS CREDIT.** Now, what does the Mishnah mean when it says that he has only one to his credit?[27] רַבִּי אַבָּא בַּר זְמִינָא בְּשֵׁם רַבִּי זְעִירָא — **R' Abba bar Zemina** said **in the name of R' Z'eira:** אֲפִילוּ אַחַת אֵין בְּיָדוֹ — It means that **he does not have even one** *tekiah* from the prolonged *tekiah* **to his credit.** When the Mishnah says "he has only one to his credit," it means that he is credited with only the opening *tekiah* of the first set, but the prolonged *tekiah* at the end of the set is entirely invalid.

The Gemara presents the underlying principle:

לָמָּה — **Why** is the extended *tekiah* at the end of the first set entirely invalid? רֹאשָׁהּ גַּבֵּי סוֹפָהּ מִצְטָרֵךְ — For **the beginning of [a** ***shofar*** **blast] is connected to its end,** וְסוֹפָהּ גַּבֵּי רֹאשָׁהּ מִצְטָרֵךְ — **and the end [of a shofar blast] is connected to its beginning.** That is, a *tekiah* must have a beginning and an end. Accordingly, the prolonged shofar blast is entirely invalid, לָא רֹאשָׁהּ אִית לָהּ סוֹף — for **the beginning [of the blast],** which was intended as the concluding *tekiah* for the first set, **has no end,** since the end of the blast was intended as the first *tekiah* of the next set,[28] וְלָא סוֹפָא אִית לָהּ רֹאשׁ — **and the end [of the extended blast],** intended as the initial *tekiah* for the second set, **has no beginning,** since the beginning of the blast was intended as the concluding *tekiah* for the first set.[29] Since the segment intended for the first set has no end and the segment intended for the second set has no beginning, the extended *tekiah* is completely disregarded. It is this Tannaic ruling that says, in effect, that one who hears an extended *tekiah* from one who blew the first segment absentmindedly cannot discharge his obligation with the end of the blast blown with the proper intent, for the end of the blast does not have a beginning, since the beginning was blown absentmindedly.

The Mishnah states that if one recited all the blessings of the Mussaf prayer without blowing the shofar, and afterward a shofar became available, he should blow *tekiah-teruah-tekiah* three times consecutively at that point, for one fulfills the mitzvah of shofar even when it is not sounded together with the blessings of *Malchiyos, Zichronos,* and *Shofaros.*[30] The Gemara will discuss what one should do when faced with a choice of either hearing the Mussaf blessings or hearing the shofar:

בְּמָקוֹם אֶחָד תּוֹקְעִין וּבְמָקוֹם אֶחָד מְבָרְכִין — Regarding a situation where **in one place they will sound** the shofar, **and in another place they will recite the blessings** of the Mussaf prayer, and one must choose between the two,[31] אִית תַּנֵּיי תָּנֵי הוֹלֵךְ לוֹ אֵצֶל הַתּוֹקֵעַ — **there is a Tanna** (teacher of Baraisos) **who taught: HE SHOULD GO TO THE PLACE WHERE THEY WILL SOUND** the shofar, אִית תַּנֵּיי תָּנֵי אֵצֶל הַמְבָרֵךְ — and **there is** another **Tanna who taught:** He should go to **WHERE THEY WILL RECITE THE BLESSINGS.**

The Gemara examines whether these Baraisos are necessarily in dispute:

מַאן דְּאָמַר הוֹלֵךְ לוֹ אֵצֶל הַתּוֹקֵעַ — We can say that **the one who says he should go to where they will sound** the shofar בְּשֶׁאֵין בַּיּוֹם כְּדֵי לִתְקוֹעַ — is dealing **with** a case **where there will not be enough time in the day to sound** the shofar after returning from the place of the blessings. Since hearing the shofar is a Torah obligation and reciting the Mussaf blessings is only a Rabbinic obligation, one must first go to hear the shofar.[32]

NOTES

It might also refer to one who blew the shofar for music, or for practice (see *Bavli* 33b, and *Rambam, Hil. Shofar* 2:4 with *Maggid Mishneh*).]

The Gemara here refers to a case (mentioned on 19b) where one began to blow a *tekiah* absentmindedly, and a friend came along and expressed interest in fulfilling his shofar obligation by listening to the blower's sounding of the shofar. The blower then prolonged the *tekiah* and completed the initial blast with the proper intent. R' Yosah rules that one cannot discharge his obligation with this blast because a shofar blast must be valid in its entirety. Since the first part of the *tekiah* blast was done absentmindedly, the entire blast is invalid even though the final portion of the blast — the part that was blown with proper intent — was for the requisite amount of time.

Our elucidation of this *sugya* follows *Korban HaEidah* and *R' Yitzchak ibn Gei'as* (cited by *Ramban, Ritva* 27a, *Rosh* 4:8, and *Ran* folio 11a). *Ramban* has another approach to the *sugya,* as we will note below.

27. The Mishnah can be understood as teaching that the extended blast counts only as one *tekiah,* not two, or as teaching that the only *tekiah* that counts is the opening *tekiah* of the first set, but the extended *tekiah* sounded at the end of the first set is entirely invalid. The Gemara clarifies this point.

28. The extended *tekiah* blast cannot count for the final *tekiah* of the *Malchiyos* set, for only the beginning of the blast was sounded with that intent, but the end was sounded for the sake of a different *tekiah.* Hence, in this case, "the begining has no end" (*Beur of R' Chaim Kanievski*). [R' Abba bar Zemina holds that the intent to blow a *tekiah* of one set for the sake of a *tekiah* of another set is considered a disqualifying intent, for the shofar must be sounded for the sake of the proper *tekiah* of the proper set (see *Tosafos* 33b סוד"ה שיעור, *Rosh* 4:10 with *Korban Nesanel* §2, and *Moadim U'Zemanim* Vol. I, 5:2). It should be noted, however, that *Ramban* has another approach to this *sugya,* according to which he disagrees with this conclusion, as mentioned in the following note.]

29. That is, the extended shofar blast cannot count for the opening *tekiah* of the *Zichronos* set, for only the end of the blast was sounded for the sake of that *tekiah,* but not the beginning. Hence, "the end has no beginning" (*Beur of R' Chaim Kanievski*). [*Hagaos R' Eliezer Moshe Horowitz* (*Bavli* 33b) questions the necessity of this latter phrase, "the end has no beginning," for we know in any case that the extended blast cannot count just for the opening *tekiah* of the *Zichronos* set, since the final *tekiah* of the *Malichiyos* set has not yet been sounded. Possibly, however, this phrase was added because it is relevant to R' Yosah's case where the end of the shofar blast was blown with the proper intent but not the beginning.]

This is how *R' Yitzchak ibn Gei'as* (cited by *Ramban, Ritva* 27a, *Rosh* 4:8, and *Ran* folio 11a) understands the Gemara. According to *Ramban,* however, R' Abba bar Zemina did not mean to disqualify the long *tekiah* (for he does *not* consider intent for another *tekiah* as an improper intent); he only disqualifies the *tekiah* that was partially blown absentmindedly. According to *Ramban,* the ruling of our Mishnah "he has only one to his credit" means that the extended *tekiah* counts as one *tekiah* (viz. as the final *tekiah* of the first set), as the simple reading of *Bavli* (27a) indicates. See Rishonim ad loc. where this dispute is discussed at length. *Shulchan Aruch* (*Orach Chaim* 590:6) cites both views (see *Mishnah Berurah* ibid.). See above, 20b Variant A, where *Ramban's* approach to this *sugya* is presented in greater detail.

30. Even though the Mussaf blessings of *Malchiyos, Zichronos,* and *Shofaros* should ideally be recited at the time of the shofar blowing, as each of these blessings should precede a different set of shofar blasts, in cases of necessity it is possible to fulfill these two mitzvos — the Mussaf blessings and the shofar blowing — independently (see *Tosafos,* end of 33b, and *Aruch LaNer* there).

31. *Korban HaEidah.*

32. *Korban HaEidah,* based on *Bavli* 34b. [Although *Bavli* 32a cites a Scriptural source for the obligation to recite the Mussaf blessings of *Malchiyos, Zichronos,* and *Shofaros* (and even uses the expression *"the Merciful One said to mention [these blessings]"*), the recital of these blessings is actually a Rabbinic obligation and the Scriptural verse cited by the Gemara is merely an *asmachta, a Scriptural allusion to a Rabbinic law* (*Rashba* and *Turei Even* ibid.; see, however, *Yom Teruah* there and to 29b ד"ה גמרא מנה"מ; see also *Teruas Melech* 69:5).]

[Even if there is a *possibility* of finding someone to blow the shofar for him after he hears the blessings, the Baraisa teaches that one must, nevertheless, go to hear the shofar first, for one may not go to perform the Rabbinic mitzvah of hearing the blessings at the expense of possibly losing the Biblical mitzvah of shofar (*Beur of R' Chaim Kanievski,* based on Gemara below; see also *Bavli* 34b).]

ותני כן [א]א) מתלמדין מלתקוע בשבת אין מעכבין [ב]את התינוקות מלתקוע ביום טוב:

הלכה י מתני'

[מ"ט] [א]ב) סדר תקיעות שלש של שלש שלש. [ב]שיעור תקיעה [ג]כדי שלש תרועות. שיעור תרועה כדי שלש יבבות. [ג]תקע בראשונה ומשך בשנייה כשתים [ג]אין בידו אלא אחת. מי שבירך ואחר כך נתמנה לו שופר תוקע ומריע ותוקע [ד]תוקע ומריע ותוקע שלשה פעמים. [ד]כשם ששליח ציבור חייב כך כל יחיד ויחיד חייב. [ה]רבן גמליאל אומר [ד]שליח ציבור מוציא את הרבים ידי חובתן: כא: גמ' [ה][ה]אמרן בנפיחה אחת. אשכחת תני [ו]אמר [ו]בנפיחה אחת [ז]יצא. והא תנינן סדר תקיעות שלש של שלש [ח]שלש. שלא יפחות. ר' זעירא ר' אבא בר עילאי בשם רב צריך להריע מתוך פשוטה. ר' בא בשם אבא בר רב חונא אינו צריך להריע מתוך פשוטה. אי זו היא [ט]הרעה. ר' חנניה ור' מנא חד אמר [י]אהן [כ]טרימוטה וחורנה אמר [ו][ל]תלת דקיקן. ר' חנניה חשש להדא דר' מנא ולהדא דידן. [ז]והיידא אמרה דא. תקע בראשונה ומשך בשנייה כשתיים אין בידו אלא אחת. [מ]ר' אבא בר זמינא בשם ר' זעירא אפילו אחת אין בידו. למה ראשה גבי סופה מצטרף וסופה גבי ראשה מצטרף לא ראשה אית לה סוף ולא סופא אית לה ראש: [ח]במקום אחד תוקעין ובמקום אחד מברכין אית תניי תני הולך לו אצל התוקע. אית תניי תני אצל המברך. מאן דאמר הולך לו אצל התוקע בשאין ביום כדי לתקוע.

קרבן העדה

ותני כן. ותניא נמי הכי: ה"ג מתעסקין עמהן עד שילמדו אפילו בשבת ואין מעכבין את התינוקות מלתקוע בשבת ואין צריך לומר ביום טוב. והכי פירושו, הגדולים מתעסקין עמהן אפילו בשבת ואין מעכבין תינוקות שכבר למדו לתקוע אפילו הכי אין מעכבין אותן: מתני' סדר תקיעות שלשה וכו'. אחת למלכיות, ואחת לזכרונות, ואחת לשופרות: של שלשה שלשה. תקיעה תרועה תקיעה לכל אחת ואחת, ולעיל פ"ג (ה"ה - כ:) ילפינן מקראי: שלשה יבבות. שלשה קולות בעלמא, כל שהוא: תקע בראשונה. בתקיעה שלפני התרועה תקע כדרכה: ומשך בשנייה. תקיעה שלאחר התרועה משך כשתים, לצאת בה ידי שתים שהיה צריך לעשות זו אחר זו, פשוטה שלאחריה דלמלכיות ופשוטה שלפניה דזכרונות: אין בידו אלא אחת. דאפסוקי תקיעה אחת לשתים לא מפסקינן: מי שבירך. התפלל תפילת המוספין ובירך תשע ברכות: שלש פעמים. בשביל מלכיות וזכרונות ושופרות: גמ' ה"ג עשאן בנפיחה אחת. כן הוא ברא"ש (סימן י). שעשה תקיעה תרועה תקיעה בנשימה אחת, מהו. מי אמרינן כיון שהן קולות מופרשין יצא דאיכא היכירא, או דלמא בעינן שיהו מופסקין וניכרין לכל שהן שלש: ופשיט אשכחת. ברייתא דתני בה עשאן בנפיחה אחת יצא: ופריך והא תנינן במתני' שלשה של שלשה שלשה. ואם עשאן בנפיחה אחת אין כאן שלשה של שלשה שלשה: ומשני שלא יפחות. מהשיעור, אבל לענין שיפסוק ביניהם לא נאמר, כן פירש הרא"ש: צריך להריע מתוך תקיעה. שצריך לעשות תקיעה ותרועה בנשימה אחת, דכתיב (במדבר י ה) ותקעתם תרועה, אלמא חדא נינהו: אינו צריך להריע מתוך פשוטה. והאי קרא לפשוטה לפניה ולאחריה הוא דאתי: איזו היא הרעה. כלומר כמה שיעור תרועה: אהן טרימוטה. קולות קטנות, כעין שתוקעין על החצוצרות שקורין טרומי"ט בל"א: תלת דקיקין. שלשה קולות של כל שהן: חשש להא דר' מנא וכו'. ועשה שלשה סדרים שהתרועות קצרות. ועוד עשה שלשה סדרים שהיו התרועות ארוכות: והיידא אמרה דא. קאי אהא דאמר ר' יוסי לעיל פ"ג (ה"ג - יט:) פשוטה ששמעה מקצתה מן המתעסק לא יצא. מהיכן שמע דא דבעינן שישמע כל התקיעה מתחלה ועד סוף לצאת בה למצוה: אפילו אחת אין בידו. פירשתי לעיל פ"ג (שם): במקום אחד. פירוש בעיר אחת תוקעין ובעיר אחרת מברכין, איזו מהן עדיף לילך לשם: כשאין. שהות ביום כדי לתקוע, לא שבקינן תקיעת שופר שהוא דאורייתא ועבדינן ברכות דרבנן:

פני משה

ותני כן. בתוספתא פ"ב (הי"ב) והכי גריס שם מתלמדין לתקוע בשבת ואין מעכבין את הנשים ואת הקטנים מלתקוע בשבת ואין צריך לומר ביום טוב, ופירושה מתלמדין לתקוע בשבת אפילו בשבת דעלמא מותר הגדול להתעסק עמהן להתלמד ובשלא הגיעו לחינוך, ואין מעכבין את הנשים ואת הקטנים מלתקוע בשבת שחל בו ראש השנה ובמקום שתוקעין ואין צריך לומר ביום טוב של ראש השנה שחל להיות בחול, ורישא דסיפא איירי בקטנים שלא הגיעו לחינוך דדומיא דנשים קתני דלעולם לאו בני חיובא נינהו וכן הרישא דברייתא מתלמדין וכו' וכדפרישית. וסיפא דסיפא ואין צריך לומר ביום טוב פשוט הוא דבין הגיעו לחינוך ובין לא הגיעו לחינוך אין מעכבין וכן נמי מתעסקין עמהן: מתני' סדר תקיעות שלש. למלכיות ולזכרונות ולשופרות, והן של שלש שלש ותקיעה ותרועה ותקיעה לכל אחד ואחד, ובגמרא (בבלי לד.) למדו לפי שבראש השנה נאמרו שתי תרועות וביובל תרועה אחת וילפינן גזירה שוה שביעי שביעי ליתן את האמור של זה בזה, וכל תרועה צריך פשוטה לפניה ופשוטה לאחריה דכתיב (ויקרא כה ט) והעברת שופר תרועה הרי פשוטה לפניה דהעברת קול פשוט הוא ותעבירו שופר כתיב הרי פשוטה לאחריה ולמד ר"ה מיובל בגזירה שוה: שיעור תקיעה. דכלהו בבי כדי שלש תרועות, ושיעור תרועה כדי שלש יבבות ויבבא הוא שלשה כחות של כל שהוא, נמצא שיעור תרועה תשעה כחות של כל שהוא: תקע בראשונה. פשוטה שלפני התרועה ומשך בשניה בפשוטה של אחריה כשיעור שתים שהיה רוצה לצאת בה גם לפשוטה שלפניה לסדר שאחר זה אין בידו אלא אחת לפשוטה של אחריה של סדר הראשון דפסוקי תקיעתא מהדדי לא פסקינן (בבלי כז.): מי שבירך. תשע ברכות בתפלת המוספין: כשם ששליח ציבור חייב. בין בברכות של ראש השנה ובין בשאר ימות השנה, כך כל יחיד ויחיד הבקי חייב ואין השליח ציבור יורד לפני התיבה אלא להוציא לשאינו בקי: רבן גמליאל אומר וכו'. לעולם השליח ציבור מוציא את הרבים ידי חובתם, והלכה כרבן גמליאל בברכות של ראש השנה ושל יובל ביום הכיפורים לפי שהן ברכות ארוכות ואין הכל בקיאין בהן, והלכה כחכמים בברכות של כל השנה: גמ' אמרן בנפיחה אחת. כלומר שיעשה תר"ת בנשימה אחת, ואשכחת אמר לחדא ברייתא דתני וכו' יצא, ולא שצריך לעשותן בנשימה אחת והא תנינן סדר תקיעות וכו', וקא סלקא דעתיה דצריך שיהא ניכר שהן שלש בכל סדר, ואי אמרת שיעשה בנשימה אחת הלא אינו ניכר, ומשני שלא יפחות משלש קאמר, וכלומר מכדי שלש ולעולם אם עשאן בנשימה אחת יצא: צריך להריע מתוך פשוטה. כלומר שלא יפסיק בין התקיעה לבין התרועה, ור' בא פליג שאינו צריך: חד אמר אהן טרימוטה. כהאי טרומיטה אחת, ודקתני במתניתן כדי שלש יבבות שיעשה הטרומיטה כשיעור שלש יבבות, ואחרינא אמר תלת דקיקן שלש כחות קטנות: ר' חנניה חשש וכו'. ולהדא דידן כמו שאנו נוהגין ומשך בתקיעה כשלש תרועות, וכל תרועה כשלש כחות מלבד שיעור הטרומיטה, נמצא שיעור תקיעה כתשעה כחות ועוד: והיידא אמרה. והיכן מצינו זה דנוהגין להמשיך כך ויש שיעור בהמשך התקיעה, דאי מהסיפא דמתניתן תקע בראשונה וכו' אלמא דיש שיעור להמשכת התקיעה מדקתני ומשך בשניה כשתים: ר' אבא בר זמינא וכו'. מפורש בפרק דלעיל בהלכה שלש ע"ש: במקום אחד תוקעין וכו'. אם יש לפניו מקום אחד שתוקעין בו ואינן יודעין לברך סדר הברכות מלכיות זכרונות ושופרות ובמקום אחר מברכין ואינן תוקעין אית תניי וכו': מאן דאמר הולך לו אצל התוקע וכו'. בעיא היא דבעי הש"ס מי נימא דהני תנאי לא פליגי, אלא למאן דאמר הולך לו אצל התוקע בשאין שהות ביום כדי לתקוע, שאם ילך בתחלה

מסורת הש"ס

א) [ר"ה לג. בשינוי, תוספתא פ"ב הי"ב] ב) ר"ה לג: [תוספתא פ"ב הי"ב, פסיקתא זוטרתא בראשית כב יג, פסיקתא זוטרתא ויקרא כג כד, לעיל פ"ג ה"ט וספרא אמור פרשה יא ה"ט וילקו"ש אמור תרמו בשינוי] ג) [לעיל פ"ג ה"ג - יט:, ר"ה כז., כח., לג:] ד) [תוספתא פ"ב הי"ד] ה) [ברכות פ"ד ה"ו] ו) [עי' תוספתא פ"ב הי"ב] ז) לעיל פ"ג ה"ג - יט: ח) ר"ה לד:

מראה הפנים

רבי חנניה חשש להדא דר' מנא ולהדא דידן. הרי מכאן ראיה לנהוג במשך התרועה וכדנראה שלמד הרמב"ם ז"ל מכאן במ"ש בפ"ג (מהלכות שופר) בה"ד שיעור תרועה כשתי תקיעות. והיינו כדתנינן בדין המשנה שיעור תקיעה כדי שלש תרועות, ואלו שלש תרועות הן תלת דקיקין האמור כאן ומפורש לדברי ר' מנא וזהו כשיעור תקיעה אחת, ומדחשש ר' חנניה להלכה למעשה ועביד נמי להדא דידן והיינו עוד כהדין טרימוטה וזהו עוד כשיעור תקיעה אחת שהטרומיטה ותלת דקיקן חדא שיעורא הוא, ואין להאריך בזה שכבר מבואר מעניים אלו בדברי האחרונים. מלבד מזה נזכיר דהגמרא כתוב בדבריהם מענין הנשימה אחת אין שורש לדבר זה ואיפכא מוכרח מכאן דקאמר אשכחת תני אמרן בנפיחה אחת יצא ודברי הברייתא עיקר, וא"כ אין למנהג הזה שום סמך לעשות לכתחילה כן: רבי אבא בר זמינא וכו'. לא שייך כאן לזה אלא אגב הובאה כדרך הש"ס הזה. ועיקר דברי ר' אבא לעיל בפ"ג (ה"ג – יט:) שם הוא דשייך וביארתי שם היטב, וא"צ למה שמצאתי לגדולי האחרונים מה שפירשו בזה ועיי"ש: במקום אחד תוקעין וכו'. הרי לפניך הסוגיא זו מבוארת ומדוקדקת במה דנקט בהאי ברייתא י"ט של ר"ה שחל להיות בשבת דוקא כמבואר בפנים. ופלוני אלמוני אחד שיבש עצמו בכאן כמו בכל מקום דרכו כן ופירש ע"י עירוב ועשה חמר גמל ושכח עצמו ולא זכר דבי"ט בלא שבת צריך ג"כ עירוב. ודי בזה שילאתי חוץ לגדרי שלא לזכור כלל מאלו ומכיולא בהם. ודע דהב"י בסי' תקל"ה לא הביא אלא ריש הסוגיא דכאן עד נשמעינה מן הדא ודימו דהמסקנא הכי הוא דהויא, ואינו כן אלא דהמסקנא הכא דהני תנאי פליגי וכל חד וחד לפי סברתו כמבואר הכל בפנים, והאי תנא קמייתא כפי המשמעות מסיטת הבבלי הוא דס"ל דלעולם תקיעה עדיפא וכדבעינן למימר לקמן מדברי הרמב"ם ז"ל למדין אנו מדסתם דבריו בסוף פ"ג מהלכות שופר ולא הביא כי אם כפי דברי הבבלי בדף ל"ד ע"ב שתי עיירות וכו' לא צריכא דלאו"ג דהא ודאי והא ספק. ובאמת דדבר זה צריך תלמוד אם מגד הסברא שאם יש שהות ביום כדי לקיים שתיהן למה לא יעשה כן, ועוד דמוזכר בהאי תלמודא לסברא זו והיי דלא קיימא המסקנא לומר דכו"ע סברי הכי מ"מ למה לא הזכיר הוא ז"ל במה שאין שיטת הגמ' דילן מנגד להא דהכא ודרכו בכל מקום להזכיר בכענין זה מסברת הש"ס דהכא ולפסוק כן, אלא דנראה דדעתו ז"ל מדקאמר הש"ס הכא להמסקנא הדא אמרה פלגין משמע דכל חד וחד פליג אדחבריה, ותנא קמייתא כפי שיטת הבבלי הוא דס"ל ולא ניחא ליה להאי סברא ולומר ביש שהות וכו'. וראיה לדבר זה כדכתב הר"ן ז"ל בסוכה פ"ב (יא. מדה"ר) גבי שלוחי מצוה וכו' ופלפל על דברי התוס' שם (ד"ה שלוחי מצוה) ודעתו כיון דפטור הוא ממצוה אחרת אפי' יכול לקיים שתיהן פטור הוא דחיישינן שמא מתוך טרדתו יתבטל מזו וכו' ועיי"ש. [המשך בסוף הספר]

עין משפט

א מיי' פ"ג מהלכות שופר הלכה א טוש"ע או"ח סימן תקל סעיף א:
ב מיי' שם הלכה ד ובהשגות טוש"ע או"ח סימן תקל סעיף ג:
ג מיי' שם טוש"ע או"ח סימן תקל סעיף ו:
ד מיי' פ"ח מהלכות תפילה הלכה י טור או"ח סימן תקלא [וטוש"ע או"ח סימן קכד סעיף א]:
ה טוש"ע או"ח סימן תקל סעיף ה:
ו טוש"ע או"ח סימן תקל סעיף ג:

שינויי נוסחאות

א] מתלמדין מלתקוע. בתוספתא (פ"ב הי"ב) מתלמדין לתקוע. בשיבולי הלקט (סי' רצה) מלמדין לתקוע. בערוך לנר (לג.) הגיה מעכבין מלתקוע. וראה קה"ע ופנ"מ:
ב] את התינוקות מלתקוע. בתוספתא (שם) את הנשים ואת התינוקות מלתקוע בשבת ואין צריך לומר ביום טוב. וכעי"ז הגיה בקה"ע:
ג] כדי שלש. כ"ה גם גירסת הרמב"ם בפיה"מ. במשניות ובבבלי (לג:) כשלש. וכן בסמוך:
ד] תוקע ומריע ותוקע. כ"ה גם גירסת הרמב"ם בפיה"מ. במשניות ובבבלי (שם) ליתא:
ה] אמרן וכו'. ז"ל הרשב"א (לד.) והר"ן (יא. מדה"ר) "וגרסינן בירושלמי תקע והריע ותקע בנפיחה אחת יצא". במאירי ובריטב"א (לג:) אמרן כולן בנפיחה אחת יצא בדיעבד:
ו] אמר. בש"ג אמרן. ברא"ש (סי' י) ובטור (סי' תקצ) עשאן:
ז] יצא. בתוספתא (פ"ב הי"ב) לא יצא. ולשון הרמב"ן (כז.) "והא דתשכח בתוספתא תקע והריע ותקע בנשימה אחת לא יצא, לא תסמוך עלה ומשבשתא היא ותני יצא, שהיא אותה הברייתא שהביאו בירושלמי דקתני יצא". ועי' ריטב"א (לג:) שיישב התוספתא עם הירושלמי:
ח] שלש. בד"ו ואחריו בדפוסים נשמט:
ט] הרעה. בר"ח (לה.) ובריי"ץ גיאת (ר"ה עמ' נב) וברמב"ן (שם) ובמגדל עוז (ה' שופר פ"ג ד"ה ואני) תרועה:
י] אהן. בריי"ץ גיאת (שם) ובמגדל עוז (שם) כהדין:
כ] טרימוטה. כ"ה גם בר"ח (שם). בש"ג טרפוטה:
ל] תלת דקיקן. בר"ח (שם) תרין דקיקן. בריי"ץ גיאת (הובא במגדל עוז שם) תלת רקיקין. עיי"ש פירושו:
מ] ר' אבא בר זמינא וכו'. עי' לעיל פ"ג ה"ג (יט:) בשנו"ס אות (ד):

The Mishnah states that the length of a *teruah* is like three weeping sounds. The Gemara explains:

אֵי זוֹ הִיא הֲרָעָה – What is the proper length of **a** ***teruah?***

The Gemara presents a dispute:

רַבִּי חֲנַנְיָה וְרַבִּי מָנָא – R' Chananyah and R' Mana disagree regarding this matter: **חַד אָמַר אָהֵן טְרִימוֹטָה – One says** that it is like **these** moderately short **trumpet** notes[20] (i.e. the sound that we call *shevarim*).[21] **וְחוֹרָנָה אָמַר תְּלַת דַּקִּיקָן – And the other said** that a *teruah* is a series of **three very short notes** (i.e. the sound referred to today as *teruah*).[22]

The Gemara relates R' Chananyah's practice:

רַבִּי חֲנַנְיָה חָשַׁשׁ לְהָדָא דְּרַבִּי מָנָא וְלַהָדָא דִּידָן – R' Chananyah was concerned about this opinion **of R' Mana as well as for his own** opinion and he, therefore, blew both types of *teruah* sounds.[23] That is, he blew three sets of *tekiah-shevarim-tekiah* and also three sets of *tekiah-teruah-tekiah* in order to satisfy both views.[24]

R' Yosah stated in the third chapter[25] that if one heard a *shofar* blast from one who began blowing the *shofar* absentmindedly, he does not discharge his obligation since only the second part of the blast was sounded with the proper intent.[26] The Gemara cites our Mishnah in support of this ruling:

NOTES

20. *Korban HaEidah.*

21. *Beur of R' Chaim Kanievski.* According to this Amora, the Biblical term *teruah* — which our Mishnah, based on *Targum Onkelos* (*Numbers* 29:1), describes as יַבָּבָא (weeping sound) — does not refer to very short whimpering sounds that we call *teruah* today, but to the somewhat longer moaning sounds that we call *shevarim.*

22. *Korban HaEidah; Rosh* 4:10. According to this Amora, the Biblical term *teruah* [described by *Onkelos* and our Mishnah as יַבָּבָא] refers to the series of very short staccato notes that we still call *teruah* today (*Beur of R' Chaim Kanievski*). [While *Yerushalmi* cites an Amoraic dispute as to the meaning of יַבָּבָא in our Mishnah, *Bavli* 33b holds that the term יַבָּבָא in our Mishnah definitely refers to the short whimpering sounds that we call *teruah. Bavli* cites a dissenting view from a Baraisa that holds like the first view cited here — that the Biblical term *teruah* [as well as the term יַבָּבָא used by *Onkelos*] refers to longer moaning sounds that we call *shevarim* (see *Ritva* ibid.).]

Ramban (27a ד"ה עוד), *Raavad* (*Hil. Shofar* 3:4), and *R' Yitzchak ibn Gei'as* (cited by *Migdal Oz, Hil. Shofar* ibid.) appear to explain the Amoraic dispute in the opposite way of *Korban HaEidah* and *Rosh:* They understand that the first Amora, who says that the *teruah* is like a טְרִימוֹטָא, holds that it is like short whimpering sounds (viz. *teruah*), whereas the second Amora holds that the *teruah* is similar to a moaning sound (viz. *shevarim*). [*Ran* (folio 10a ד"ה תנא דידן) and *Shulchan Aruch* (*Orach Chaim* 590:3) also seem to be of this opinion, for they use the term טְרוּמִיטִין to describe the short *teruah* notes rather than the somewhat longer *shevarim* notes.] See Variant C for further discussion about the *teruah* sound.

23. Based on *Korban HaEidah. Gilyon Ephraim* emends the text to read דִּידֵיהּ, *his own.* [See also *Yefei Einayim* (to *Bavli* 33b), *Lechem Shlomo* 107:5, and *Alei Tamar*, who suggest other explanations of this Gemara that accommodate the literal translation of דִּידָן, *ours.*]

24. *Bavli* 34a addresses why one cannot satisfy both interpretations of *teruah* by combining the *shevarim* and *teruah* into a single *shevarim-teruah* blast. Why did R' Chananyah not blow three sets of *tekiah, shevarim-teruah, tekiah* instead of blowing three sets with *shevarim* only and three with *teruah* only? *Bavli* explains that if the *teruah* is really the Biblically required *teruah* sound, then the *shevarim* preceding it will constitute an unwarranted interruption between the *tekiah* and the *teruah,* and vice versa. Therefore, since we are in doubt as to which is the correct Biblical *teruah* sound we cannot combine the *shevarim* and the *teruah* into a single *shevarim-teruah* blast. *Bavli* (34a), however, cites the practice of R' Abahu, who blew sets of *tekiah, shevarim-teruah, tekiah* in addition to blowing sets of *tekiah-teruah-tekiah* and of *tekiah-shevarim-tekiah* [as we do today], because he was in doubt whether the Biblical *teruah* perhaps consists of a combination of both the *shevarim* and *teruah* sound together (see also *Ramban* to 27a ד"ה עוד and *Yefei Einayim* to 33b). See Schottenstein edition of *Bavli Rosh Hashanah,* 34a note 43, for various contemporary *shofar*-blowing customs and the reasoning behind them.

25. 3:3; 19b.

26. [The previous Mishnah (4:9; 25b) ruled that הַמִּתְעַסֵּק לֹא יָצָא, *one who [blows the shofar] absentmindedly does not discharge his obligation,* and also הַשּׁוֹמֵעַ מִן הַמִּתְעַסֵּק לֹא יָצָא, *one who hears the shofar blasts from one who [blows] absentmindedly does not discharge his obligation.* The case of הַמִּתְעַסֵּק, *one who blows absentmindedly,* refers to a person who toyed with the *shofar* and accidentally produced the proper sounds (*Rashi* to 33b).

TEXTUAL AND INTERPRETIVE VARIANTS

tekiah-teruah-tekiah sequence is considered a single mitzvah) and it is permitted to pause briefly between the *tekiah* and *teruah* blasts, this Gemara's discussion is relevant to whether one may pause between *shevarim-teruah* sounds that we blow. Since the *shevarim-teruah* sound is certainly considered a single blast, several Rishonim rule based on this Gemara that one may not pause between the *shevarim* and *teruah* sounds (see *Tosafos* to *Arachin* 10a ד"ה אין בין, *Ramban* 34a ד"ה ומסתברא and *Meiri* ibid.). See *Tur* and *Shulchan Aruch* 590:4 with commentators for a wide-ranging discussion; see also *Zichron Teruah* (pp. 470-542) for comprehensive treatment of this topic.

C. *Rashi* (33b, cited by *Korban HaEidah* to our Mishnah) explains that a *teruah* consists of a total of three very short notes, for he understands that each יַבָּבָא is a single note. [Accordingly, the *tekiah* (that precedes and follows the *teruah*) must be an uninterrupted blast in the duration of three very short notes. And according to the view that describes the Biblical *teruah* as the somewhat longer *shevarim* sound, the *tekiah* must be as long as three *shevarim* sounds, which equals *nine* very short notes.]

Tosafos (33b), however, maintain that each יַבָּבָא is a cluster of *three* short notes. Thus a full *teruah* [which the Mishnah says consists of three יַבָּבוֹת] is a string of *nine* short notes. This opinion is shared by *Raavad* and *Rambam* (according to *Maggid Mishneh* loc. cit.). [*Shulchan Aruch* (*Orach Chaim* 590:3) cites both opinions regarding the duration of the *teruah* without choosing between them. *Magen Avraham* (590:2, cited by *Mishnah Berurah* ibid.) rules that ideally, one should follow *Tosafos'* view and sound nine short notes for the *teruah,* but if one blew only three short notes, he need not blow the *teruah* again, for he may rely on *Rashi's* opinion after the fact.]

Rosh (4:10) cites the *Yerushalmi* here — which describes the *teruah* as תְּלַת דַּקִּיקִן [literally: three very thin (notes)] — as support for *Rashi's* view, for this Gemara indicates that the complete *teruah* (i.e. all three יַבָּבוֹת together) totals only *three* very short notes, and not nine.

Ramban (27a ד"ה עוד), however, has another version of the text here that reads תְּלַת רְקִיקִין [literally: three wafers, which he says refers to the *shevarim* sound]. Accordingly, there is no proof from this Gemara to *Rashi's* approach, for the Gemara never said that the *teruah* is three very short sounds. [As mentioned in note 22, *Ramban* understands that the Amora who says that the *teruah* is תְּלַת רְקִיקִין is the one who holds that the Biblical *teruah* refers to the *shevarim* sound, and the first Amora (who says that the *teruah* is like a טְרִימוֹטָה) is one who holds that it refers to the *teruah* sound.] See *Korban Nesanel* ad loc. §70 and see also *Aruch HaShulchan* 590:9.

Following *Rashi* (and other Rishonim) we have explained that the difference between the *teruah* and *shevarim* relates to the length of their notes, the *teruah* being a series of very short notes [sounding like *tu-tu-tu*] and the *shevarim* being a series of somewhat longer notes [sounding like *tuu-tuu-tuu*] (see *Ritva* 33b סוד"ה הא דתנן). *Tur* (*Orach Chaim* 590), however, cites *Baal HaIttur,* who describes the difference between the two *shofar* sounds is that the *teruah* is blown as one long continuous quavering blast and the *shevarim* is a series of small distinct notes [but the difference is *not* related to the length of their notes]. This also appears to be the opinion of *Ramban* (ibid.) and *R' Yitzchak ibn Gei'as* (cited by *Migdal Oz, Hilchos Shofar* 3:4). *Migdal Oz* (ibid.) testifies that this was how the *teruah* was traditionally blown in Eretz Yisrael in his days, and in fact, Yemenite Jews today still blow the *teruah* in this manner (see *Moadim U'Zemanim* 1:5).

ותני כן [א] א) [א]מתלמדין מלתקוע בשבת אין מעכבין [ב]את התינוקות מלתקוע ביום טוב:

הלכה י מתני'

[מ"ט] [א] ב) סדר תקיעות שלש של שלש שלש. [ב] שיעור תקיעה [ג]כדי שלש תרועות. שיעור תרועה כדי שלש יבבות. [ג] תקע בראשונה ומשך בשנייה כשתים [ג] אין בידו אלא אחת. מי שבירך ואחר כך נתמנה לו שופר תוקע ומריע ותוקע [ד]תוקע ומריע ותוקע שלשה פעמים. [ד] כשם ששליח ציבור חייב כך כל יחיד ויחיד חייב. [ה] רבן גמליאל אומר [ד] שליח ציבור מוציא את הרבים ידי חובתן: גמ' [ה] [ה]אמרן כא: בנפיחה אחת. אשכחת תני [ו]אמר [ה]בנפיחה אחת [ז]יצא. והא תנינן סדר תקיעות שלש של שלש [ח]שלש. שלא יפחות. ר' זעירא ר' אבא בר עילאי בשם רב צריך להריע מתוך פשוטה. ר' בא בשם אבא בר רב חונא אינו צריך להריע מתוך פשוטה. אי זו היא [ט]הרעה. ר' חנניה ור' מנא חד אמר [י]אהן [כ]טרימוטה וחורנה אמר [ו][ל]תלת דקיקן. ר' חנניה חשש להדא דר' מנא ולהדא דידן. [ז]והיידא אמרה דא. תקע בראשונה ומשך בשנייה כשתיים אין בידו אלא אחת. [מ]ר' אבא בר זמינא בשם ר' זעירא אפילו אחת אין בידו. למה ראשה גבי סופה מצטרף וסופה גבי ראשה מצטרף לא ראשה אית לה סוף ולא סופא אית לה ראש: [ח]במקום אחד תוקעין ובמקום אחד מברכין אית תניי תני הולך לו אצל התוקע. אית תניי תני אצל המברך. מאן דאמר הולך לו אצל התוקע בשאין ביום כדי לתקוע.

קרבן העדה

ותני כן. ותניא נמי הכי: ה"ג מתעסקין עמהן עד שילמדו אפילו בשבת ואין מעכבין את התינוקות מלתקוע בשבת ואין צריך לומר ביום טוב. והכי פירושו, הגדולים מתעסקין עמהן אפילו בשבת ואין מעכבין תינוקות שכבר למדו לתקוע אפילו הכי אין מעכבין אותן: מתני' סדר תקיעות שלשה וכו'. אחת למלכיות, ואחת לזכרונות, ואחת לשופרות: של שלשה שלשה. תקיעה תרועה תקיעה לכל אחת ואחת, ולעיל פ"ג (ה"ה - כ:) ילפינן מקראי: שלשה יבבות. שלשה קולות בעלמא, כל שהוא: תקע בראשונה. בתקיעה שלפני התרועה תקע כדרכה: ומשך בשנייה. תקיעה שלאחר התרועה משך כשתים, לצאת בה ידי שתים שהיה צריך לעשות זו אחר זו, פשוטה שלאחריה דלמלכיות ופשוטה שלפניה דזכרונות: אין בידו אלא אחת. דאפסוקי תקיעה אחת לשתים לא מפסקינן: מי שבירך. התפלל תפילת המוספין ובירך תשע ברכות: שלש פעמים. בשביל מלכיות וזכרונות ושופרות: גמ' ה"ג עשאן בנפיחה אחת. כן הוא ברא"ש (סימן י). שעשה תקיעה תרועה תקיעה בנשימה אחת, מהו. מי אמרינן כיון שהן קולות מופרשין יצא דאיכא היכירא, או דלמא בעינן שיהו מופסקין וניכרין לכל שהן שלש: ופשיט אשכחת. ברייתא דתני בה עשאן בנפיחה אחת יצא: ופריך והא תנינן במתני' שלשה של שלשה. ואם עשאן בנפיחה אחת אין כאן שלשה של שלשה: ומשני שלא יפחות. מהשיעור, אבל לענין שיפסוק ביניהם לא נאמר, כן פירש הרא"ש: צריך להריע מתוך תקיעה. שצריך לעשות תקיעה ותרועה בנשימה אחת, דכתיב (במדבר י ה) ותקעתם תרועה, אלמא חדא נינהו: אינו צריך להריע מתוך פשוטה. והאי קרא לפשוטה לפניה ולאחריה הוא דאתי: איזו היא הרעה. כלומר כמה שיעור תרועה: אהן טרימוטה. קולות קטנות, כעין שתוקעין על החצוצרות שקורין טרומי"ט בלע"ז: תלת דקיקן. שלשה קולות של כל שהן: חשש להא דר' מנא וכו'. ועשה שלשה סדרים שהתרועות קצרות. ועוד עשה שלשה סדרים שהיו התרועות ארוכות: והיידא אמרה דא. קאי אהא דאמר ר' יוסי לעיל פ"ג (ה"ג - יט:) פשוטה ששמעה מקצתה מן המתעסק לא יצא. מהיכן שמע לא דבעינן שישמע כל התקיעה מתחלה ועד סוף לצאת בה למצוה: אפילו אחת אין בידו. פירשתי לעיל פ"ג (שם): במקום אחד. פירוש בעיר אחת תוקעין ובעיר אחרת מברכין, איזו מהן עדיף לילך לשם: כשאין. שהות ביום כדי לתקוע, לא שבקינן תקיעת שופר שהוא דאורייתא ועבדינן ברכות דרבנן:

פני משה

ותני כן. בתוספתא פ"ב (הי"ב) והכי גרים שם מתלמדין לתקוע בשבת ואין מעכבין את הנשים ואת הקטנים מלתקוע בשבת ואין צריך לומר ביום טוב, ופירושה מתלמדין לתקוע בשבת אפילו בשבת דעלמא מותר הגדול להתעסק עמהן להתלמד ובשלא הגיעו לחינוך, ואין מעכבין את הנשים ואת הקטנים מלתקוע בשבת שחל בו ראש השנה ובמקום שתוקעין ואין צריך לומר ביום טוב של ראש השנה שחל להיות בחול, ורישא דסיפא מיירי בקטנים שלא הגיעו לחינוך דדומיא דנשים קתני דלעולם לאו בני חיובא נינהו וכן הרישא דברייתא מתלמדין וכו' וכדפרישית. וסיפא דסיפא ואין צריך לומר ביום טוב פשוט הוא דבין הגיעו לחינוך ובין לא הגיעו לחינוך אין מעכבין וכן נמי מתעסקין עמהן: מתני' סדר תקיעות שלש. למלכיות ולזכרונות ולשופרות, והן של שלש שלש ותקיעה ותרועה ותקיעה לכל אחד ואחד, ובגמרא (בבלי לד.) למדו לפי שבראש השנה נאמרו שתי תרועות וביובל תרועה אחת וילפינן גזירה שוה שביעי שביעי ליתן את האמור של זה בזה, וכל תרועה צריך פשוטה לפניה ופשוטה לאחריה דכתיב (ויקרא כה ט) והעברת שופר תרועה הרי פשוטה לפניה והעברת קול פשוט הוא ותעבירו שופר כתיב הרי פשוטה לאחריה ולמד ר"ה מיובל בגזירה שוה: שיעור תקיעה. דכלהו גבי כדי שלש תרועות, ושיעור תרועה כדי שלש יבבות ויבבא הוא שלשה כחות של כל שהוא, נמלא שיעור תרועה תשעה כחות של כל שהוא: תקע בראשונה. פשוטה שלפני התרועה ומשך בשניה בפשוטה של אחריה כשיעור שתים שהיה רוצה לצאת בה גם לפשוטה שלפניה לסדר שאחר זה אין בידו אלא אחת לפשוטה של אחריה של סדר הראשון דפסוקי תקיעתא מהדדי לא פסקינן (בבלי כז.): מי שבירך. תשע ברכות בתפלת המוספין: כשם ששליח ציבור חייב. בין בברכות של ראש השנה ובין בשאר ימות השנה, כך כל יחיד ויחיד הבקי חייב ואין השליח ציבור יורד לפני התיבה אלא להוציא לשאינו בקי: רבן גמליאל אומר וכו'. לעולם השליח ציבור מוציא את הרבים ידי חובתם, והלכה כרבן גמליאל בברכות של ראש השנה ושל יובל ביום הכיפורים לפי שהן ברכות ארוכות ואין הכל בקיאין בהן, והלכה כחכמים בברכות של כל השנה: גמ' אמרן בנפיחה אחת. כלומר שיעשה תר"ת בנשימה אחת, ואשכחת אמר לחדא ברייתא דתני וכו' יצא, ולא שצריך לעשותן בנשימה אחת והא תנינן סדר תקיעות וכו', וקא סלקא דעתיה דצריך שיהא ניכר שהן שלש בכל סדר, ואי אמרת שיעשה בנשימה אחת הלא אינו ניכר, ומשני שלא יפחות משלש קאמר, וכלומר מכדי שלש ולעולם אם עשאן בנשימה אחת יצא: צריך להריע מתוך פשוטה. כלומר שלא יפסיק בין התקיעה לבין התרועה, ור' בא פליג שאינו צריך: חד אמר אהן טרימוטה. כהאי טרומיטה אחת, ודקתני במתניתן כדי שלש יבבות שיעשה הטרומיטה כשיעור שלש יבבות, ואחרינא אמר תלת דקיקן שלש כחות קטנות: ר' חנניה חשש וכו'. ולהדא דידן כמו שאנו נוהגין ומשך בתקיעה כשלש תרועות, וכל תרועה כשלש כחות מלבד שיעור הטרומיטה, נמלא שיעור תקיעה כתשעה כחות ועוד: והיידא אמרה. והיכן מלינו זה דנוהגין להמשיך כך ויש שיעור בהמשך התקיעה, דאי מהסיפא דמתניתן תקע בראשונה וכו' אלמא דיש שיעור להמשכת התקיעה מדקתני ומשך בשניה כשתים: ר' אבא בר זמינא וכו'. מפורש בפרק דלעיל בהלכה שלש ע"ש: במקום אחד תוקעין וכו'. אם יש לפניו מקום אחד שתוקעין בו ואינן יודעין לברך סדר הברכות מלכיות זכרונות ושופרות ובמקום אחר מברכין ואינן תוקעין אית תניי וכו': מאן דאמר הולך לו אצל התוקע וכו'. בעיא היא דבעי הש"ס מי נימא דהני תנאי לא פליגי, אלא למאן דאמר הולך לו אצל התוקע בשאין שהות ביום כדי לתקוע, שאם ילך בתחלה

מסורת הש"ס

א) [ר"ה לג. בשינוי, תוספתא פ"ב הי"ב] ב) ר"ה לג: [תוספתא פ"ב הי"ב, פסיקתא זוטרתא בראשית כב יג, פסיקתא זוטרתא ויקרא כג כד, לעיל פ"ג ה"ט וספרא אמור פרשה יא ה"ט ויל"ש אמור תרמו בשינוי] ג) [לעיל פ"ג ה"ג - יט, ר"ה כז., כח., לג:] ד) [תוספתא פ"ב הי"ד] ה) [ברכות פ"ד ה"ו] ו) [עי' תוספתא פ"ב הי"ב] ז) לעיל פ"ג ה"ג - יט: ח) ר"ה לד:

מראה הפנים

רבי חנניה חשש להדא דר' מנא ולהדא דידן. הרי מכאן ראיה לנהוג במשך התרועה וכדנראה שלמד הרמב"ם ז"ל מכאן במ"ש בפ"ג (מהלכות שופר) בה"ד שיעור תרועה כשתי תקיעות. והיינו כדתנינן בדין המשנה שיעור תקיעה כדי שלש תרועות, ואלו שלש תרועות הן תלת דקיקן האמור כאן ומפורש לדברי ר' מנא וזהו כשיעור תקיעה אחת, ומדחשש ר' חנניה להלכה למעשה ועביד נמי להדא דידן והיינו עוד כההדין טרימוטה וזהו עוד כשיעור תקיעה אחת שהטרומיטה ותלת דקיקין חדא שיעורא הוא, ואין להאריך בזה בשכבר מבואר מעניינים אלו בדברי האחרונים. מלבד מזה נזכיר דהגמלא כתוב בדבריהם מענין הנשימה אחת אין שורש לדבר זה ואיפכא מוכרח מכאן דקאמר אשכחת תני אמרן בנפיחה אחת יצא ודברי הברייתא עיקר, וא"כ אין למנהג הזה שום סמך לעשות לכתחילה כן: רבי אבא בר זמינא וכו'. לא שייך כאן לזה אלא אגב הובאה כדרך הש"ס הזה. ועיקר דברי ר' אבא לעיל בפ"ג (ה"ג – יט:) שם הוא דשייך וביארתי שם היטב, וא"ל למה שמלאתי לגדולי האחרונים מה שפירשו בזה ועיי"ש: במקום אחד תוקעין וכו'. הרי לפניך הסוגיא זו מבוארת ומדוקדקת במה דנקט בהאי ברייתא י"ט של ר"ה שחל להיות בשבת דוקא כמבואר בפנים. ופלוני אלמוני אחד שיבש עצמו בכאן כמו בכל מקום דרכו כן ופירש ע"י עירוב ועשה חמר גמל ושכח עצמו ולא זכר דבי"ט בלא שבת צריך ג"כ עירוב. ודי בזה שילאתי חוץ לגדרי שלא לזכור כלל מאלו ומכיונא בהם. ודע דהב"י בסי' תקנ"ה לא הביא אלא ריש הסוגיא דכאן עד נשמעינה מן הדא ודימו דהמסקנא הכי הוא דהויא, ואינו כן אלא דהמסקנא הכא דהני תנאי פליגי וכל חד וחד לפי סברתו כמבואר הכל בפנים, והאי תנא קמייתא כפי המשמעות משיטת הבבלי הוא דס"ל דלעולם תקיעה עדיפא וכדבעינן למימר לקמן מדברי הרמב"ם ז"ל למדין אנו מדסתם דבריו בסוף פ"ג מהלכות שופר ולא הביא כי אם כפי דברי הבבלי בדף ל"ד ע"ב שתי עיירות וכו' לא נריכא דלתע"ג דהלא ודאי והא ספק, ובאמת דדבר זה צריך תלמוד אם מלד הסברא שאם יש שהות ביום כדי לקיים שתיהן למה לא יעשה כן, ועוד דמוזכר בהאי תלמודא לסברא זו והני דלא קיימא המסקנא לומר דכו"ע סברי הכי מ"מ למה לא הזכיר הוא ז"ל בזה מהא שלמן שיטת הגמ' דילן מנגד להא דהלכה ודרכו בכל מקום להזכיר בכגונן זה מסברת הש"ס דהכא ולפסוק כן, אלא דנראה דדעתו ז"ל מדקאמר הש"ס הכא להמסקנא הדא אמרה פליגין משמע דכל חד וחד לפי סברתו והנא קמייתא כפי שיטת הבבלי הוא דס"ל ולא ניחא ליה להאי סברא ולומר בשיש שהות וכו'. וראיה לדבר זה דכתב הר"ן ז"ל בסוכה פ"ב (יא. מדה"ר) גבי שלוחי מצוה וכו' ופלפל על דברי התוס' שם (ד"ה שלוחי מצוה) ודעתו כיון דפטור הוא ממצוה אחרת אפי' יכול לקיים שתיהן פטור הוא דחיישינן שמא מתוך טרדתו יתבטל מזו וכו' ועיי"ש. [המשך בסוף הספר]

עין משפט

א מיי' פ"ג מהלכות שופר הלכה א טוש"ע או"ח סימן תקצ סעיף ח:
ב מיי' שם הלכה ד והשגות טוש"ע או"ח סימן תקצ סעיף ג:
ג מיי' שם טוש"ע או"ח סימן תקצ סעיף ו:
ד מיי' פ"ח מהלכות תפילה הלכה י טור או"ח סימן תקצא [וטוש"ע או"ח סימן קכד סעיף א]:
ה טוש"ע או"ח סימן תקצ סעיף ה:
ו טוש"ע או"ח סימן תקצ סעיף ג:

שינויי נוסחאות

א] מתלמדין מלתקוע. בתוספתא (פ"ב הי"ב) מתלמדין לתקוע. בשיבולי הלקט (סי' רצה) מלמדין לתקוע. בערוך לנר (לג.) הגיה מעכבין מלתקוע. וראה קה"ע ופנ"מ:
ב] את התינוקות מלתקוע. בתוספתא (שם) את הנשים ואת התינוקות מלתקוע בשבת ואין צריך לומר ביום טוב. וכעי"ז הגיה בקה"ע:
ג] כדי שלש. כ"ה גם גירסת הרמב"ם בפיה"מ. במשניות ובבבלי (לג:) כשלש. וכן בסמוך:
ד] תוקע ומריע ותוקע. כ"ה גם גירסת הרמב"ם בפיה"מ. במשניות ובבבלי (שם) ליתא:
ה] אמרן וכו'. ז"ל הרשב"א (לד.) והר"ן (יא. מדה"ר) "וגרסינן בירושלמי תקע והריע ותקע בנפיחה אחת יצא". במאירי ובריטב"א (לג:) אמרן כולן בנפיחה אחת יצא בדיעבד:
ו] אמר. בש"ג אמרן. בראב"ש (סי' ר) ובטור (סי' תקצ) עשאן:
ז] יצא. בתוספתא (פ"ב הי"ב) לא יצא. ולשון הרמב"ן (כז.) "והא דתשכח בתוספתא תקע והריע ותקע בנשימה אחת לא יצא, לא תסמוך עליה, ומשבשתא היא ותני יצא, שהיא אותה הברייתא שהביאו בירושלמי דקתני יצא". ועי' ריטב"א (לג:) שיישב התוספתא עם הירושלמי:
ח] שלש. בד"ו ואחריו בדפוסים נשמט:
ט] הרעה. בר"ח (לה.) ובר"ץ גיאת (ר"ה עמ' נב) וברמב"ן (שם) ובמגדל עוז (הל' שופר פ"ג ד"ה ואני) תרועה:
י] אהן. בר"ץ גיאת (שם) ובמגדל עוז (שם) כהדין:
כ] טרימוטה. כ"ה גם בר"ח (שם). בש"ג טרפוטה:
ל] תלת דקיקן. בר"ח (שם) תרין דקיקן. בר"ץ גיאת (הובא במגדל עוז שם) תלת רקיקין. עיי"ש פירושו:
מ] ר' אבא בר זמינא וכו'. עי' לעיל פ"ג ה"ג (יט:) בשנו"נ אות (ד).

שְׁלִיחַ צִיבּוּר מוֹצִיא אֶת הָרַבִּים יְדֵי חוֹבָתָן — **The prayer leader discharges the public of their obligation,** and there is no obligation for each individual to recite the *Shemoneh Esrei* prayer privately on his own.[12]

Gemara The Gemara inquires about the shofar blowing: (אמרן) [עֲשָׂאָן] בִּנְפִיחָה אַחַת[13] — What is the law regarding **one who made [the entire sequence]** of *tekiah-teruah-tekiah* **in one breath?** Has he fulfilled the mitzvah since he blew the proper shofar sounds, or perhaps each sound must be blown with a separate breath in order for them to be considered separate shofar blasts?[14]

The Gemara answers:

אַשְׁכְּחַת תָּנֵי (אמר) [עֲשָׂאָן] בִּנְפִיחָה אַחַת יָצָא — **We find a Baraisa that teaches:** If HE MADE THEM IN ONE BREATH, HE DISCHARGED his obligation.[15]

The Gemara objects:

וְהָא תְּנִינָן — **But we learned in our Mishnah:** סֵדֶר תְּקִיעוֹת שָׁלֹשׁ שֶׁל שָׁלֹשׁ — THE ORDER OF THE SHOFAR BLASTS is THREE sets OF THREE blasts EACH. The term three [blasts] implies that each sound should be blown with a separate breath, for if one blows an entire set of *tekiah-teruah-tekiah* in a single breath it is like one blast, not three.[16] — ? —

The Gemara answers:

שֶׁלֹּא יִפְחוֹת — The Mishnah means **that he may not reduce** the number of shofar sounds (i.e. he must blow three shofar blasts in each set), but it does not necessarily mean that he must take a breath between each blast.[17]

Having concluded that the *tekiah-teruah-tekiah* sequence may be sounded in one breath, the Gemara discusses whether one may pause between the blasts:

רַבִּי זְעִירָא רַבִּי אַבָּא בַּר עִילַאי בְּשֵׁם רַב — **R' Z'eira** quoted **R' Abba bar I'lai, who** said **in the name of Rav:** צָרִיךְ לְהָרִיעַ מִתּוֹךְ פְּשׁוּטָה — **One should sound the *teruah*** immediately after the *tekiah* without pausing so that the *teruah* appears to emerge **from within the straight** sound of the *tekiah*.[18]

A dissenting view:

רַבִּי בָּא בְּשֵׁם אַבָּא בַּר רַב חוּנָא — But **R' Ba** said **in the name of Abba bar Rav Chuna:** אֵינוֹ צָרִיךְ לְהָרִיעַ מִתּוֹךְ פְּשׁוּטָה — **One need not sound the *teruah*** as though it appears to emerge **from within the straight** sound of the *tekiah* (i.e. one may pause between the two blasts).[19]

NOTES

shliach tzibbur's communal prayer; rather, they must pray themselves. All agree, however, that unlearned individuals who do not know how to pray may discharge their obligation by listening to the *shliach tzibbur's* prayer. Indeed, the reason the Sages instituted the public repetition of the *Shemoneh Esrei* in the first place is to accommodate unlearned individuals (*Bavli* 34b).

12. That is, even learned individuals may discharge their obligation by listening to the *shliach tzibbur's* communal prayer and they need not recite the *Shemoneh Esrei* silently on their own. [See *Bavli* 34b for explanation as to why, according to this view, it is customary for the congregation to pray silently prior to the *shliach tzibbur's* public prayer, when by law everyone can discharge their prayer obligation simply by listening to the *shliach tzibbur's* prayer.]

13. This emendation and the next follows *Rosh* 4:10, as cited by *Korban HaEidah*. See also *Panim Me'iros*.

14. *Korban HaEidah*.

15. See *Tosefta* 2:12. [Although our texts of *Tosefta* read the opposite, viz. *if one blows tekiah-teruah-tekiah in one breath he does "not" discharge his obligation, Ramban* (27b) emends the text and removes the word *not* so as to conform with *Yerushalmi's* version of this Baraisa. See, however, *Ritva* 33b, who preserves our version of *Tosefta*. He asserts that the Baraisa cited by *Yerushalmi* and the *Tosefta* are not the same and he explains that they are speaking of different cases. See also *Meiri* in *Magen Avos* §2.]

16. The Gemara initially assumes that when three shofar sounds are blown in a single breath it is considered as a single blast rather than three blasts. Thus, when the Mishnah says that the order of shofar blasts is three sets of three blasts each it indicates that each of the nine shofar sounds must be blown with a separate breath (*Ramban* to 27a; *Beur of R' Chaim Kanievski*).

17. *Korban HaEidah,* citing *Rosh* 4:10. Even though the Mishnah states that one cannot blow an extra-long *tekiah* and count it as two separate *tekios,* blowing a sequence of *tekiah-teruah-teruah* in one breath is different and can be counted as three separate shofar blasts since the *tekiah* and *teruah* sounds are recognizable as different tones (*Rashba* 34a סד״ה ודילמא, *Ran* fol. 11a ד״ה מתני׳, and *Ramban* 27a ד״ה והוי יודע).

[Although *Yerushalmi* concludes that when one blows *tekiah-teruah-tekiah* in a single breath it is valid, there is a dispute among the authorities as to the practical halachah regarding this matter (see *Rishonim* cited above; *Rosh* 4:10; *Beis Yosef* and *Shuchan Aruch, Orach Chaim* 590:5).]

18. *Pnei Moshe.* [R' Z'eira infers from the Scriptural term וּתְקַעְתֶּם תְּרוּעָה (*when you blast [teka] a teruah*) that the *tekiah* and *teruah* should be blown jointly without interruption (*Korban HaEidah*). *Bavli Succah* 53b and *Arachin* 10a cites this view in the name of R' Yehudah, who holds that the sounding of the *tekiah-teruah-tekiah* sequence is considered a single mitzvah act rather than three separate acts. Therefore, one may not pause between these shofar blasts except to take a short breath (see *Rashi* ibid. ד״ה ולא כלום). See also glosses to *Avnei Nezer, Orach Chaim* §444 for another possible reason why it might be preferable to blow the *tekiah-teruah-tekiah* sequence without interruption (see *Alei Tamar*).]

19. R' Ba is of the opinion that the above-mentioned verse comes to teach that every *teruah* should be surrounded by a *tekiah,* but it does not mean that the *tekiah* and *teruah* must be blown jointly without interruption (*Korban HaEidah*; see *Bavli* 34a). [*Bavli Succah* and *Arachin* ibid. cite this view in the name of the Rabbis.] See Variant B for further discussion.

TEXTUAL AND INTERPRETIVE VARIANTS

B. *Korban HaEidah* explains that when R' Z'eira says that *one must sound the teruah from within the tekiah* he means that the *tekiah* and *teruah* must be blown in a single breath. This understanding is difficult, for the Gemara just considered the possibility that one is obligated to blow the *tekiah* and *teruah* with separate breaths and not in the same breath. And although the Gemara cited a Baraisa that states that if one blew them in one breath he has discharged his obligation, the Baraisa's language implies that doing so is valid only after the fact (*bedi'avad*), but ideally the *tekiah* and *teruah* should be blown with separate breaths. Consequently, how could R' Z'eira say to the contrary — that one is obligated to blow the *tekiah* and *teruah* in the same breath? (*Teshuvos Lechem Shlomo, Orach Chaim* 107:4).

We have therefore elucidated the Gemara based on *Pnei Moshe* (as explained by *Teshuvos Lechem Shlomo* ibid.), who explains that *sounding the teruah from within the tekiah* does not mean that one must blow the *tekiah* and *teruah* in a single breath without any interruption at all; rather, it means that one may not interrupt *except to take a breath.* This interpretation of the Gemara here is consistent with *Rashi's* interpretation of a similar Gemara in *Bavli* (*Succah* 53b), where Rav Kahana states [that according to R' Yehudah, who holds that the *tekiah-teruah-tekiah* sequence is a single mitzvah] אֵין בֵּין תְּקִיעָה לִתְרוּעָה וְלֹא כְלוּם, *there should be no interruption between the tekiah and the teruah at all. Rashi* (ibid. ד״ה ולא כלום) explains that "no interruption at all" means that one may not interrupt except to take a breath. [*Tosafos* ibid. (54a ד״ה מהו) also write that when the Gemara states that there should be no interruption between the *tekiah* and *teruah,* it means there should be no *significant* interruption between them, but there can — and in fact, should — be a short pause between them, long enough for the blower to take a breath.]

Even though the halachah does not follow R' Yehudah (who holds the

ותני כן [א]מתלמדין מלתקוע בשבת אין מעכבין [ב]את התינוקות מלתקוע ביום טוב:

הלכה י מתני'

[מ"ט] סדר תקיעות שלש של שלש שלש. שיעור תקיעה [ג]כדי שלש תרועות. שיעור תרועה כדי שלש יבבות. תקע בראשונה ומשך בשנייה כשתים אין בידו אלא אחת. מי שבירך ואחר כך נתמנה לו שופר תוקע ומריע ותוקע [ד]תוקע ומריע ותוקע שלשה פעמים. כשם ששליח ציבור חייב כך כל יחיד ויחיד חייב. רבן גמליאל אומר שליח ציבור מוציא את הרבים ידי חובתן: גמ' כא: [ה]אמרן בנפיחה אחת. אשכחת תני [ו]אמר בנפיחה אחת [ז]יצא. והא תנינן סדר תקיעות שלש של שלש [ח]שלש. שלא יפחות. ר' זעירא ר' אבא בר עילאי בשם רב צריך להריע מתוך פשוטה. ר' בא בשם אבא בר רב חונא אינו צריך להריע מתוך פשוטה. אי זו היא [ט]הרעה. ר' חנניה ור' מנא חד אמר [י]אהן [כ]טרימוטה וחורנה אמר [ל]תלת דקיקן. ר' חנניה חשש להדא דר' מנא ולהדא דידן. והיידא אמרה דא. תקע בראשונה ומשך בשנייה כשתיים אין בידו אלא אחת. [מ]ר' אבא בר זמינא בשם ר' זעירא אפילו אחת אין בידו. למה ראשה גבי סופה מצטרף וסופה גבי ראשה מצטרף לא ראשה אית לה סוף ולא סופא אית לה ראש: במקום אחד תוקעין ובמקום אחד מברכין אית תניי תני הולך לו אצל התוקע. אית תניי תני אצל המברך. מאן דאמר הולך לו אצל התוקע בשאין ביום כדי לתקוע.

קרבן העדה

ותני כן. ותניא נמי הכי: ה"ג מתעסקין עמהן עד שילמדו אפילו בשבת ואין מעכבין את התינוקות מלתקוע בשבת ואין צריך לומר ביום טוב. והכי פירושו, הגדולים מתעסקין עמהן אפילו בשבת ואין מעכבין תינוקות שכבר למדו לתקוע אפילו הכי אין מעכבין אותן: מתני' סדר תקיעות שלשה וכו'. אחת למלכיות, ואחת לזכרונות, ואחת לשופרות: של שלשה שלשה. תקיעה תרועה תקיעה לכל אחת ואחת, ולעיל פ"ג (ה"ה - כ:) ילפינן מקראי: שלשה יבבות. שלשה קולות בעלמא, כל שהוא: תקע בראשונה. בתקיעה שלפני התרועה תקע כדרכה: ומשך בשנייה. תקיעה שלאחר התרועה משך כשתים, לצאת בה ידי שתים שהיה צריך לעשות זו אחר זו, פשוטה שלאחריה דלמלכיות ופשוטה שלפניה דזכרונות: אין בידו אלא אחת. דאפסוקי תקיעה אחת לשתים לא מפסקינן: מי שבירך. התפלל תפילת המוספין ובירך תשע ברכות: שלש פעמים. בשביל מלכיות וזכרונות ושופרות: גמ' ה"ג עשאן בנפיחה אחת. כן הוא ברא"ש (סימן י). שעשה תקיעה תרועה תקיעה בנשימה אחת, מהו. מי אמרינן כיון שהן קולות מופרשין יצא דאיכא היכירא, או דלמא בעינן שיהו מופסקין וניכרין לכל שהן שלש: ופשיט אשכחת. ברייתא דתני בה עשאן בנפיחה אחת יצא: ופריך והא תנינן במתני' שלשה של שלשה. ואם עשאן בנפיחה אחת אין כאן שלשה של שלשה: ומשני שלא יפחות. מהשיעור, אבל לענין שיפסוק ביניהם לא נאמר, כן פירש הרא"ש: צריך להריע מתוך תקיעה. שצריך לעשות תקיעה ותרועה בנשימה אחת, דכתיב (במדבר י ה) ותקעתם תרועה, אלמא חדא נינהו: אינו צריך להריע מתוך פשוטה. והאי קרא לפשוטה לפניה ולאחריה הוא דאתי: איזו היא הרעה. כלומר כמה שיעור תרועה: אהן טרימוטה. קולות קטנות, כעין שתוקעין על החצוצרות שקורין טרומי"ט בל"א: תלת דקיקין. שלשה קולות של כל שהן: חשש להא דר' מנא וכו'. ועשה שלשה סדרים שהתרועות קצרות. ועוד עשה שלשה סדרים שהיו התרועות ארוכות: והיידא אמרה דא. קאי אהא דאמר ר' יוסי לעיל פ"ג (ה"ג - יט:) פשוטה ששמעה מקצתה מן המתעסק לא יצא. מהיכן שמע דא דבעינן שישמע כל התקיעה מתחלה ועד סוף לצאת בה למצוה: אפילו אחת אין בידו. פירשתי לעיל פ"ג (שם): במקום אחד. פירוש בעיר אחת תוקעין ובעיר אחרת מברכין, איזו מהן עדיף לילך לשם: בשאין. שהות ביום כדי לתקוע, לא שבקינן תקיעת שופר שהוא דאורייתא ועבדינן ברכות דרבנן:

פני משה

ותני כן. בתוספתא פ"ב (הי"ב) והכי גריס שם מתלמדין לתקוע בשבת ואין מעכבין את הנשים ואת הקטנים מלתקוע בשבת ואין צריך לומר ביום טוב, ופירושה מתלמדין לתקוע בשבת אפילו בשבת דעלמא מותר הגדול להתעסק עמהן להתלמד ובשלא הגיעו לחינוך, ואין מעכבין את הנשים ואת הקטנים מלתקוע בשבת שחל בו ראש השנה ובמקום שתוקעין ואין צריך לומר ביום טוב של ראש השנה שחל להיות בחול, ורישא דסיפא מיירי בקטנים שלא הגיעו לחינוך דדומיא דנשים קתני דלעולם לאו בני חיובא נינהו וכן הרישא דברייתא מתלמדין וכו' וכדפרישית. וסיפא דסיפא ואין צריך לומר ביום טוב פשוט הוא דבין הגיעו לחינוך ובין לא הגיעו לחינוך אין מעכבין וכן נמי מתעסקין עמהן: מתני' סדר תקיעות שלש. למלכיות ולזכרונות ולשופרות, והן של שלש שלש ותקיעה ותרועה ותקיעה לכל אחד ואחד, ובגמרא (בבלי לד.) למדו לפי שבראש השנה נאמרו שתי תרועות וביובל תרועה אחת וילפינן גזירה שוה שביעי שביעי ליתן את האמור של זה בזה, וכל תרועה צריך פשוטה לפניה ופשוטה לאחריה דכתיב (ויקרא כה ט) והעברת שופר תרועה הרי פשוטה לפניה והעברת קול פשוט הוא ותעבירו שופר כתיב הרי פשוטה לאחריה ולמד ר"ה מיובל בגזירה שוה: שיעור תקיעה. דכלהו בבי כדי שלש תרועות, ושיעור תרועה כדי שלש יבבות ויבבא הוא שלשה כחות של כל שהוא, נמצא שיעור תרועה תשעה כחות של כל שהוא: תקע בראשונה. פשוטה שלפני התרועה ומשך בשניה בפשוטה של אחריה כשיעור שתים שהיה רוצה לצאת בה גם לפשוטה שלפניה לסדר שאחר זה אין בידו אלא אחת לפשוטה של אחריה של סדר הראשון דפסוקי תקיעתא מהדדי לא פסקינן (בבלי כז.): מי שבירך. תשע ברכות בתפלת המוספין: כשם ששליח ציבור חייב. בין בברכות של ראש השנה ובין בשאר ימות השנה, כך כל יחיד ויחיד הבקי חייב ואין השליח ציבור יורד לפני התיבה אלא להוציא לשאינו בקי: רבן גמליאל אומר וכו'. לעולם השליח ציבור מוציא את הרבים ידי חובתם, והלכה כרבן גמליאל בברכות של ראש השנה ושל יובל ביום הכיפורים לפי שהן ברכות ארוכות ואין הכל בקיאין בהן, והלכה כחכמים בברכות של כל השנה: גמ' אמרן בנפיחה אחת. כלומר שיעשה תר"ת בנשימה אחת, ואשכחת אמר לחדא ברייתא דתני וכו' יצא, ולא שצריך לעשותן בנשימה אחת והא תנינן סדר תקיעות וכו', וקא סלקא דעתיה דצריך שיהא ניכר שהן שלש בכל סדר, ואי אמרת שיעשה בנשימה אחת הלא אינו ניכר, ומשני שלא יפחות משלש קאמר, וכלומר מכדי שלש ולעולם אם עשאן בנשימה אחת יצא: צריך להריע מתוך פשוטה. כלומר שלא יפסיק בין התקיעה לבין התרועה, ור' בא פליג שאינו צריך: חד אמר אהן טרימוטה. כהאי טרומיטה אחת, ודקתני במתניתן כדי שלש יבבות שיעשה הטרומיטה כשיעור שלש יבבות, ואחרינא אמר תלת דקיקין שלש כחות קטנות: ר' חנניה חשש וכו'. ולהדא דידן כמו שאנו נוהגין ומשך בתקיעה כשלש תרועות, וכל תרועה כשלש כחות מלבד שיעור הטרומיטה, נמצא שיעור תקיעה כתשעה כחות ועוד: והיידא אמרה. והיכן מצינו זה דנוהגין להמשיך כך ויש שיעור בהמשך התקיעה, דאי מהסיפא דמתניתן תקע בראשונה וכו' אלמא דיש שיעור להמשכת התקיעה מדקתני ומשך בשניה כשתים: ר' אבא בר זמינא וכו'. מפורש בפרק דלעיל בהלכה שלש ע"ש: במקום אחד תוקעין וכו'. אם יש לפניו מקום אחד שתוקעין בו ואינן יודעין לברך סדר הברכות מלכיות זכרונות ושופרות ובמקום אחר מברכין ואינן תוקעין אית תניי וכו': מאן דאמר הולך לו אצל התוקע וכו'. בעיא היא דבעי הש"ס מי נימא דהני תנאי לא פליגי, אלא דמאן דאמר הולך לו אצל התוקע בשאין שהות ביום כדי לתקוע, שאם ילך בתחלה

מסורת הש"ס

א) [ר"ה לג. בשינוי, תוספתא פ"ב הי"ב] ב) ר"ה לג: [תוספתא פ"ב הי"ב, פסיקתא זוטרתא בראשית כב יג, פסיקתא זוטרתא ויקרא כג כד, לעיל פ"ג ה"ט וספרא אמור פרשה יא ה"ט וילקו"ש אמור תרמו בשינוי] ג) [לעיל פ"ג ה"ג - יט:, ר"ה כז., כח., לג:] ד) [תוספתא פ"ב הי"ד] ה) [ברכות פ"ד ה"ו] ו) [עי' תוספתא פ"ב הי"ב] ז) לעיל פ"ג ה"ג - יט: ח) ר"ה לד:

עין משפט

א מיי' פ"ג מהלכות שופר הלכה א טוש"ע או"ח סימן תקל סעיף א:
ב מיי' שם הלכה ד ובהשגות טוש"ע או"ח סימן תקל סעיף ג:
ג מיי' שם טוש"ע או"ח סימן תקל סעיף ו:
ד מיי' פ"ח מהלכות תפילה הלכה י טור או"ח סימן תקצא [וטוש"ע או"ח סימן קכד סעיף א]:
ה טוש"ע או"ח סימן תקל סעיף ה:
ו טוש"ע או"ח סימן תקל סעיף ג:

שינויי נוסחאות

א] מתלמדין מלתקוע. בתוספתא (פ"ב הי"ב) מתלמדין לתקוע. בשיבולי הלקט (סי' רצה) מלמדין לתקוע. בערוך לנר (לג.) הגיה מעכבין מלתקוע. וראה קה"ע ופנ"מ:
ב] את התינוקות מלתקוע. בתוספתא (שם) את הנשים ואת התינוקות מלתקוע בשבת ואין צריך לומר ביום טוב. וכעי"ז הגיה בקה"ע:
ג] כדי שלש. כ"ה גם גירסת הרמב"ם בפיה"מ. במשניות ובבבלי (לג:) כשלש. וכן בסמוך:
ד] תוקע ומריע ותוקע. כ"ה גם גירסת הרמב"ם בפיה"מ. במשניות ובבבלי (שם) ליתא:
ה] אמרן וכו'. ז"ל הרשב"א (לד.) והר"ן (יא. מדה"ר) "וגרסינן בירושלמי תקע והריע ותקע בנפיחה אחת יצא". במאירי ובריטב"א (לג:) אמרן כולן בנפיחה אחת יצא בדיעבד:
ו] אמר. בש"ג אמרן. ברא"ש (סי' י) ובטור (סי' תקצ) עשאן:
ז] יצא. בתוספתא (פ"ב הי"ב) לא יצא. ולשון הרמב"ן (כז.) "והא דתשכח בתוספתא תקע והריע ותקע בנשימה אחת לא יצא, לא תסמוך עלה ומשבשתא היא ותני יצא, שהיא אותה הברייתא שהביאו בירושלמי דקתני יצא". ועי' ריטב"א (לג:) שיישב התוספתא עם הירושלמי:
ח] שלש. בד"ו ואחריו בדפוסים נשמט:
ט] הרעה. בר"ח (לה.) ובריי"ץ גיאת (ר"ה עמ' נב) וברמב"ן (שם) ובמגדל עוז (ה' שופר פ"ג ד"ה ואני) תרועה:
י] אהן. בריי"ץ גיאת (שם) ובמגדל עוז (שם) כהדין:
כ] טרימוטה. כ"ה גם בר"ח (שם). בש"ג טרפוסה:
ל] תלת דקיקן. בר"ח (שם) תרין דקיקין. בריי"ץ גיאת (הובא במגדל עוז שם) תלת רקיקין. עיי"ש פירושו:
מ] ר' אבא בר זמינא וכו'. עי' לעיל פ"ג (יט:) בשנו"ס אות (ד):

מראה הפנים

רבי חנניה חשש להדא דר' מנא ולהדא דידן. הרי מכאן ראיה לנהוג במשך התרועה וכדנראה שלמד הרמב"ם ז"ל מכאן במ"ש בפ"ג (מהלכות שופר) בה"ד שיעור תרועה כשתי תקיעות. והיינו כדתנינן בדין המשנה שיעור תקיעה כדי שלש תרועות, ואלו שלש תרועות הן תלת דקיקין האמור כאן ומפורש לדברי ר' מנא וזהו כשיעור תקיעה אחת, ומדחשש ר' חנניה להלכה למעשה ועביד נמי להדא דידן והיינו עוד כהדין טרימוטה וזהו עוד כשיעור תקיעה אחת שהטרומיטה ותלת דקיקין חדא שיעורא הוא, ואין להאריך בזה בשכבר מבואר מעניינים אלו בדברי האחרונים. מלבד מזה נזכיר דהגמלא כתוב בדבריהם מענין הנשימה אחת אין שורש לדבר זה ואיפכא מוכרח מכאן דקאמר אשכחת תני אמרן בנפיחה אחת יצא ודברי הברייתא עיקר, וא"כ אין למנהג הזה שום סמך לעשות לכתחילה כן: רבי אבא בר זמינא וכו'. לא שייך כאן לזה אלא אגב הובאה כדרך הש"ס הזה. ועיקר דברי ר' אבא לעיל בפ"ג (ה"ג – יט:) שם הוא דשייך וביארתי שם היטב, וא"ל למה שמצאתי לגדולי האחרונים מה שפירשו בזה ועיי"ש: במקום אחד תוקעין וכו'. הרי לפניך הסוגיא זו מבוארת ומדוקדקת במה דנקט בהאי ברייתא י"ט של ר"ה שחל להיות בשבת דוקא כמבואר בפנים. ופלוני אלמוני אחד שיבש עצמו בכאן כמו בכל מקום דרכו כן ופירש ע"י עירוב ועשה חמר גמל ושכח עצמו ולא זכר דבי"ט בלא שבת לא צריך ג"כ עירוב. ודי בזה שילאתי חוץ לגדרי שלא לזכור כלל מאלו ומכיוצא בהם. ודע דהב"י בסי' תקצ"ה לא הביא אלא ריש הסוגיא דכאן עד נשמעינה מן הדא ודימו דהמסקנא הכי הוא דהויא, ואינו כן אלא דהמסקנא הכא דהני תנאי פליגי וכל חד וחד לפי סברתו כמבואר הכל בפנים, והאי תנא קמייתא כפי המשמעות משיטת הבבלי הוא דס"ל דלעולם תקיעה עדיפא וכדבעינן למימר לקמן מדברי הרמב"ס ז"ל למדין אנו מדסתם דבריו בסוף פ"ג מהלכות שופר ולא הביא כי אם כפי דברי הבבלי בדף ל"ד ע"ב שתי עיירות וכו' לא צריכא דאע"ג דהא ודאי והא ספק. ובאמת דדבר זה צריך תלמוד אם מצד הסברא שאם יש שהות ביום כדי לקיים שתיהן למה לא יעשה כן, ועוד דמוזכר בהאי תלמודא לסברא זו ונהי דלא קיימא המסקנא לומר דכו"ע סברי הכי מ"מ למה לא הזכיר הוא ז"ל במה שאין שיטת הגמ' דילן מנגד להא דהכא ודרכו בכל מקום להזכיר בכענין זה מסברת הש"ס דהכא ולפסוק כן, אלא דנראה דדעתו ז"ל מדקאמר הש"ס הכא להמסקנא הדא אמרה פלגין משמע דכל חד וחד פליג אדחבריה, ותנא קמייתא כפי שיטת הבבלי הוא דס"ל ולא ניחא ליה להאי סברא ולומר ביש שהות וכו'. וראיה לדבר זה כדכתב הר"ן ז"ל בסוכה פ"ב (יא. מדה"ר) גבי שלוחי מצוה וכו' ופלפל על דברי התוס' שם (ד"ה שלוחי מצוה) ודעתו כיון דפטור הוא ממצוה אחרת אפי' יכול לקיים שתיהן פטור הוא דחיישינן שמא מתוך טרדתו יתבטל מזו וכו' ועיי"ש. [המשך בסוף הספר]

The Gemara quotes a Baraisa that also distinguishes between a child who has reached the age of training and one who has not:

וְתַנֵּי כֵּן – **And so has it been taught in a Baraisa:** (מתלמדין) [מְלַמְּדִין] (מ)לִתְקוֹעַ[1] בְּשַׁבָּת – WE TEACH children TO BLOW the shofar ON Rosh Hashanah that fell on THE SABBATH. אֵין מְעַכְּבִין אֶת הַתִּינוֹקוֹת מִלִּתְקוֹעַ בְּיוֹם טוֹב – But WE DO NOT PREVENT CHILDREN FROM BLOWING the shofar ON YOM TOV.

The two statements of the Baraisa seem to contradict each other: The first statement says that we teach children to blow the shofar on Rosh Hashanah, even when it falls on the Sabbath. The second statement says that [although we do not teach children to blow the shofar even on Yom Tov,] we do not prevent them from blowing. The resolution to this contradiction must be that the Baraisa's first statement refers to a child who has reached the age of training and its second statement refers to a child who has not. Thus, we see that the Baraisa distinguishes between these two categories of children.[2]

Halachah 10

Mishnah The Mishnah discusses the details of the shofar blowing:

סֵדֶר תְּקִיעוֹת שָׁלֹשׁ שֶׁל שָׁלֹשׁ שָׁלֹשׁ – **The order of the shofar blasts** is **three** sets **of three** sounds **each** – *tekiah, teruah, tekiah.*[3] שִׁיעוּר תְּקִיעָה כְּדֵי שָׁלֹשׁ תְּרוּעוֹת – **The length of a *tekiah* is like three *teruos*,**[4] שִׁיעוּר תְּרוּעָה כְּדֵי שָׁלֹשׁ יַבָּבוֹת – and **the length of a *teruah* is like three weeping sounds.**[5] תָּקַע בָּרִאשׁוֹנָה וּמָשַׁךְ בַּשְּׁנִיָּיה כִּשְׁתַּיִם – If **one blew the first *tekiah*** of a set normally, **and prolonged the second** *tekiah* of the set **for the duration of two** ordinary *tekios*,[6] אֵין בְּיָדוֹ אֶלָּא אַחַת – **he has only one to his credit.**[7] מִי שֶׁבֵּירַךְ – If **one recited** all **the blessings** of the Mussaf prayer without blowing the shofar,[8] וְאַחַר כָּךְ נִתְמַנָּה לוֹ שׁוֹפָר – **and afterwards a shofar became available to him,** תּוֹקֵעַ וּמֵרִיעַ וְתוֹקֵעַ תּוֹקֵעַ וּמֵרִיעַ וְתוֹקֵעַ שְׁלֹשָׁה פְּעָמִים – **he should blow *tekiah-teruah-tekiah*** and again ***tekiah-teruah-tekiah* three times** consecutively.[9]

The Mishnah concludes with a ruling concerning the recitation of the *Shemoneh Esrei* prayer throughout the year:

כְּשֵׁם שֶׁשְּׁלִיחַ צִיבּוּר חַיָּיב – **Just as the prayer leader is obligated** to pray himself,[10] כָּךְ כָּל יָחִיד וְיָחִיד חַיָּיב – **so too, is each and every individual obligated** to pray himself.[11] רַבָּן גַּמְלִיאֵל אוֹמֵר – But **Rabban Gamliel says:**

NOTES

1. Emendation follows *Milchamos Hashem* ibid.

2. Based on *Rif's* text and understanding of *Bavli* 33a, see *Hagahos HaGra* loc. cit. See further, *Tosafos* loc. cit. ד״ה תניא; *Shelom Yerushalayim, Masa DiYerushalayim,* and *Beur of R' Chaim Kanievski.*

For a different explanation of our Gemara, see Variant A.

3. Three sets of shofar blasts are sounded during the *shliach tzibbur's* (prayer leader's) repetition of the Rosh Hashanah Mussaf prayer; one set is sounded after the blessing of *Malchiyos,* another after *Zichronos,* and a third set after *Shofaros.* A set consists of an opening *tekiah* (long blast), followed by a *teruah* (broken blast), then a final *tekiah* [see above, 20b] (*Korban HaEidah,* from *Rashi* to 33b).

The Mishnah here discusses the essential requirement, which is to blow *one set* of blasts after each of the three special Rosh Hashanah Mussaf blessings. Nowadays, many congregations blow *three sets* of blasts after each blessing. See *Shulchan Aruch, Orach Chaim* 592:1, and *Mishnah Berurah* ibid. §4, where a number of different customs are cited. Furthermore, it is customary to blow nine sets of blasts (three sets of each combination) before Mussaf (ibid. 585:2).

4. *Bavli* (33b) understands the Mishnah to mean that the length of the *tekiah* blasts of *all three* sets equals the length of the three *teruah* blasts in those sets. [The length of the *teruah* blasts will be described in the Mishnah's next clause.] According to *Rashi* and *Rosh* 4:9 this does not mean that all six *tekiah* blasts equal the three *teruah* blasts, but rather that the length of the three *opening tekios* (sounded at the beginning of each set) equals the length of the three *teruah* blasts [and the three closing *tekiah* blasts are also of this length]. In other words, the length of a single *tekiah* is the same as a single *teruah* (*Pnei Moshe*). [According to *Rambam* (*Hil. Shofar* 3:4), however, *Bavli* means to say that the sum of all six *tekios* equals the sum of the three *teruos,* meaning, the duration of a *tekiah* is only half that of a *teruah. Shulchan Aruch, Orach Chaim* 590:3 rules in accordance with the first view.]

5. The term יַבָּבָא is the Aramaic translation of *teruah* (*Targum Onkelos* to *Numbers* 29:1) and it refers to a type of weeping sound, the exact meaning of which will be debated in the Gemara (*Beur of R' Chaim Kanievski*).

6. That is, he blew an extra-long closing *tekiah* for the first set (called the *Malchiyos* set), one that was twice the required duration, with the intent that the second half of this long *tekiah* be counted as the opening *tekiah* of the *Zichronos* set (*Korban HaEidah,* from *Rashi*). [Although the *tekiah* of *Zichronos* is normally blown after the recitation of the *Zichronos* section, the Mishnah is referring to a case where the *shliach tzibbur* recited the required *Zichronos* section during the extra-long *tekiah* (see *Tos. Yom Tov*). Alternatively, we are discussing the next case of the Mishnah, of one who failed to blow shofar during the Mussaf prayer and is now blowing all three sets of blasts consecutively (*Tos. Yom Tov;* see *Chazon Ish, Orach Chaim* 137:2).]

7. The Gemara will explain the meaning of this.

8. *Korban HaEidah,* from *Rashi.* [See *Bavli* 34b for discussion of whether the Mishnah here is speaking of a person praying privately or a *shliach tzibbur* praying on behalf of the congregation.]

9. That is, he does not repeat the Mussaf prayer in order to be able to blow each set in its designated place in the prayer. Rather, he fulfills the mitzvah by blowing three sets consecutively, one set representing the *Malchiyos* blasts, one the *Zichronos* blasts, and one the *Shofaros* blasts (*Korban HaEidah,* from *Rashi*).

10. *Rambam Commentary* and *Rav.*

11. That is, learned individuals who know how to recite the prayers may not discharge their prayer obligation simply by listening to the

TEXTUAL AND INTERPRETIVE VARIANTS

A. According to our explanation of the Gemara, R' Lazar's statement, מַתְנִיתָא בְּגָדוֹל, is not meant literally: The Mishnah refers not to an adult, but to a child who has reached the age of training. This follows the opinion of most commentators that, although an adult may encourage children to blow the shofar on Rosh Hashanah, he may not blow it himself, even in order to teach them how to blow. Following the opinion of *Rabbeinu Manoach* to *Rambam, Hil. Shofar* 2:7, however, *Korban HaEidah* explains R' Lazar's statement literally: The Mishnah teaches that, in order to teach children how to blow, an adult may even blow the shofar himself.

Based on *Rashi's* reading of *Bavli* ibid., *Korban HaEidah* emends the next passage of the Gemara to read: וְתַנֵּי כֵּן – **And so has it been taught in a Baraisa:** מִתְעַסְּקִין בָּהֶן עַד שֶׁיִּלְמְדוּ אֲפִילוּ בְּשַׁבָּת – WE ENGAGE [CHILDREN] by blowing the shofar for them UNTIL THEY LEARN the skill, EVEN ON THE SABBATH. וְאֵין מְעַכְּבִין אֶת הַתִּינוֹקוֹת מִלִּתְקוֹעַ בְּשַׁבָּת – AND WE DO NOT RESTRAIN CHILDREN who already know how to blow FROM BLOWING for themselves ON THE SABBATH, וְאֵין צָרִיךְ לוֹמַר בְּיוֹם טוֹב – AND IT NEED NOT BE STATED that we do not restrain them from blowing for themselves ON YOM TOV. We do not, however, blow for these children ourselves.

For other explanations of the Gemara, see *Pnei Moshe* and *Aruch LaNer* to *Bavli* 33a.

an implement whose use is **prohibited by Rabbinic law** וְלֹא בְּדָבָר שֶׁהוּא מִשּׁוּם לֹא תַעֲשֶׂה – **nor with one** whose use is **prohibited by a** Biblical **negative commandment.**[30] אֲבָל אִם רָצָה לִיתֵּן לְתוֹכוֹ יַיִן אוֹ מַיִם יִתֵּן – **However, if one wishes to put wine or water into it, he may put** it in.[31]

The Mishnah turns to another subject:

אֵין מְעַכְּבִין אֶת הַתִּינוֹקוֹת מִלִּתְקוֹעַ – **We do not restrain the children from blowing** the shofar, אֲבָל מִתְעַסְּקִין בָּהֶם עַד שֶׁיִּלְמוֹדוּ – **but,** to the contrary, **we engage them** in blowing **until they learn** the skill.[32]

The Mishnah states further:

וְהַמִּתְעַסֵּק לֹא יָצָא – **One who [blows]** the shofar **absentmindedly does not fulfill** his obligation,[33] וְהַשּׁוֹמֵעַ מִן הַמִּתְעַסֵּק לֹא יָצָא – **and one who hears** the shofar blasts **from one who [blows] absentmindedly does not fulfill** his obligation.[34]

Gemara

The Mishnah states: "We may not cut [a shofar], neither with an implement whose use is prohibited by Rabbinic law nor with one whose use is prohibited by a Biblical negative commandment." The Mishnah's order seems illogical: Having taught that one may not repair a shofar with an implement prohibited under Rabbinic law, the Mishnah no longer needs to teach that one may not do so with an implement prohibited under Biblical law. The Gemara addresses this problem:[35]

כֵּינִי מַתְנִיתָא – **This is** the correct reading of **our Mishnah:** אָסוּר מִשּׁוּם (שבות ובלא תעשה) [לֹא תַעֲשֶׂה וּמִשּׁוּם שְׁבוּת][36] – First it teaches that one may not repair a shofar with an implement **prohibited by a** Biblical **negative commandment,** and then it teaches that one may not repair a shofar with an implement prohibited **by Rabbinic law.**

The Mishnah's order is now logical: Even after teaching that one may not repair a shofar with an implement prohibited under Biblical law, the Mishnah must still teach that one may not do so with an implement prohibited under Rabbinic law.[37]

The Mishnah rules that we encourage children to blow the shofar. The Gemara qualifies this ruling in two ways:

אָמַר רַבִּי לְעָזָר – **R' Lazar said:** מַתְנִיתָא בְּגָדוֹל – **Our Mishnah refers** only **to an older child,** i.e. one old enough to be trained to perform mitzvos,[38] בְּיוֹם טוֹב שֶׁל רֹאשׁ הַשָּׁנָה שֶׁחָל לִהְיוֹת בְּשַׁבָּת – and even **to a festival of Rosh Hashanah that fell on a Sabbath.**[39]

NOTES

30. There is a general rule that the Biblical prohibition against labor pertains only when the act is done in the normal manner. Hence, one who scrapes out the inside of a shofar with a tool normally used for this purpose, such as a knife, violates a Biblical prohibition, and one who does so it with a tool not normally used for this purpose, such as a sickle, violates a Rabbinic violation (*Pnei Moshe,* from *Rashi* ibid. ff.; cf. *Rabbeinu Chananel* ibid.). The Mishnah teaches that both methods are forbidden.

31. Although rinsing a shofar with water or wine refines its sound, it is permitted to do so on Yom Tov. The Rishonim give two reasons for this permit: According to *Rashi* (to *Bavli* 32b ד״ה אם רצה) [since the shofar can be sounded without rinsing it (*Sfas Emes* to *Bavli* ibid.)], rinsing it is not considered to be repairing it (see *Korban HaEidah*). According to *Ritva* (to *Bavli* ibid.), however, although rinsing a shofar *is* considered to be repairing it, one may do so on Yom Tov. Since it is permitted to rinse utensils in order to clean them, it is not obvious to the viewer that the shofar is being repaired. [An act of Rabbinically prohibited repairing is prohibited only if it is obviously being performed for the sake of repairing.]

The explanation of *Ritva* is supported by a passage that is quoted in the name of *Yerushalmi* by *Raaviah* (2:541) and *Or Zarua* (2:265), but that does not appear in our editions of *Yerushalmi*: הֲדָא אָמְרָה – **This** (i.e. the fact that one may rinse a shofar on Rosh Hashanah to repair it) **teaches us** that שְׁטִיפַת כֵּלִים בְּמוֹעֵד מוּתָּר – **rinsing utensils on Yom Tov** to clean them **is permitted.** For if such rinsing were forbidden, there would be no permit to rinse a shofar on Rosh Hashanah – neither to clean it nor to repair it. But since rinsing utensils on Yom Tov to clean them is permitted, one may rinse a shofar on Rosh Hashanah not only to clean it but even to repair it. וּבְמַיִם צוֹנֵן וְיַיִן חָרִיף מְצַחְצְחִין אֶת הַקּוֹל – When one rinses a shofar with **cold water or sharp wine, it refines the sound.**

For a discussion of this passage, see *Alei Tamar.*

32. I.e. we encourage them to blow the shofar and teach them how it is done (*Maggid Mishneh, Hil. Shofar* 2:7; *Rama, Orach Chaim* 596:1). This applies even when Rosh Hashanah falls on the Sabbath (Gemara below). Ordinarily, it is forbidden to blow the shofar on the Sabbath. According to many authorities, even when Rosh Hashanah falls on a weekday it is forbidden to blow the shofar needlessly once the mitzvah has been fulfilled (see *Rama* ibid.). The Mishnah teaches that this Rabbinic prohibition is suspended for the sake of children learning how to blow (*Milchamos Hashem* at the beginning of this chapter). The Gemara will qualify the Mishnah's ruling.

33. *Bavli* 33b discusses whether the Mishnah refers to someone who blew the shofar without intending to produce the necessary *tekiah, teruah, tekiah* blasts or to someone who blew the shofar intending to produce the necessary blasts, but without intending to fulfill the mitzvah (see *Pnei Moshe*).

34. I.e. the listener must hear the shofar blasts from someone who blows the shofar with the intention of fulfilling the listener's obligation (*Pnei Moshe;* see *Bavli* ibid.).

35. When the Mishnah teaches two laws, one more obvious and the other more novel, it usually lists them in logical order, first the more obvious and then the more novel. This format is known as לֹא זוֹ אַף זוֹ, *not only this (the more obvious law), but even this (the more novel law).* Sometimes, however, the Mishnah lists them in reverse order, first the more novel and then the more obvious. This format is known as זוֹ וְאֵין צָרִיךְ לוֹמַר זוֹ, *first this (the more novel law), and it is not even necessary to mention this (the more obvious law).* Our Mishnah, which first teaches that one may not repair a shofar with an implement prohibited under Rabbinic law and then that one may not do so with an implement prohibited under Biblical law, appears to follow the latter format. This, indeed, is how *Bavli* 33a understands it. Our Gemara, however, will emend the Mishnah so that it follows the former format.

36. Emendation follows *Gilyon Ephraim, Yefei Einayim* to *Bavli* 33a, and *Beur of R' Chaim Kanievski.*

37. Thus, our Mishnah follows the more usual and more logical format of לֹא זוֹ אַף זוֹ.

Our explanation of the Gemara follows *Gilyon Ephraim, Yefei Einayim* to *Bavli* ibid., and *Beur of R' Chaim Kanievski*; cf. *Alei Tamar.* For other approaches, see *Korban HaEidah, Pnei Moshe, Shelom Yerushalayim,* and *Meromei Sadeh* to *Bavli* 32b.

38. *Milchamos Hashem* ibid., *Ran* to *Rif,* fol. 9b, *Ritva* to *Bavli* 32b. Literally: adult.

39. As we have previously noted (above, note 32), the prohibition against blowing the shofar on the Sabbath or Yom Tov is suspended in order to fulfill the mitzvah of training children to perform mitzvos. If so, the prohibition may be suspended only under circumstance in which the mitzvah of training children will be fulfilled. Based on this, the Gemara allows the prohibition to be suspended only when two conditions are met: (1) The child must be an older child, i.e. one old enough to be trained to perform mitzvos. He may not be a younger child, i.e. one too young to be so trained. (2) The day must be one on which it is a mitzvah to blow the shofar, such as when Rosh Hashanah falls on a weekday or – in a place where there is a sitting Sanhedrin – even when it falls on the Sabbath (see above Halachah 1 [22b-b]). The day may not, however, be a day in which it is forbidden to blow the shofar, such as an ordinary Sabbath or Yom Tov or – in a place where there is no sitting Sanhedrin – when Rosh Hashanah falls on a Sabbath (*Milchamos Hashem* ibid. in explanation of *Rabbeinu Ephraim*; see *Ran* and *Ritva* ibid.).

אמר ר' יונה כתיב (א) ואותי יום יום ידרושון זו תקיעה וערבה. (א) ר' יהושע בן לוי בשם ר' אלכסנדרי שמע לה מן הדא (ב) שמעה ה' צדק זו קריאת שמע. הקשיבה רנתי זו רינון תורה. האזינה תפילתי זו תפילה. בלא שפתי מרמה זו מוסף. מה כתיב בתריה מלפניך משפטי יצא. אמר ר' אחא בר פפא קומי ר' זעירא שנייא היא שמצות היום במוסף. (ג) אמר ר' תחליפא קיסרייא קרייא אמר כן (ג) יום תרועה ועשיתם. (א) ר' לעזר בר' יוסה בשם ר' יוסי בר קצרתא (ג) בכל (ב) הקרבנות כתיב והקרבתם וכאן כתיב (ד) ועשיתם אמר להן הקדוש ברוך הוא מכיון שנכנסתם לדין לפני בראש השנה ויצאתם בשלום מעלה אני עליכם כאילו נבראתם ברייה חדשה. (ד) ר' משרשיא בשם ר' אידי בכל הקרבנות כתיב (ג) חטא ובעצרת אין כתיב חטא אמר להן הקדוש ברוך הוא מכיון שקיבלתם עליכם עול תורה מעלה אני עליכם כאילו לא חטאתם מימיכם: הלכה ט מתני' [מ"ח] (א) שופר של ראש השנה אין מעבירין עליו את התחום ואין מפקחין עליו את הגל ולא עולין באילן ולא רוכבין על גבי בהמה ולא שטין על פני המים ואין חותכין אותו לא בדבר שהוא משום שבות ולא בדבר שהוא משום לא תעשה. (ב) אבל אם רצה ליתן לתוכו יין או מים יתן. (ג) אין מעכבין את התינוקות מלתקוע אבל מתעסקין (ד) בהם (ה) עד שילמודו. (ד) והמתעסק לא יצא. (ה) והשומע מן המתעסק לא יצא: גמ' כיני מתניתא אסור משום שבות ובלא תעשה: אמר ר' לעזר (ו) מתניתא בגדול (ו) ביום טוב של ראש השנה שחל להיות בשבת.

פני משה

א"ר יונה. שאני בראש השנה דודאי כל העם מתקבצים ובאים לבית הכנסת, דכתיב ואותי יום יום ידרושון זו יום של תקיעה ויום של ערבה שהכל באים להתפלל יחד בביה"כ: שמע לה מן הדא. שהעיקר הוא בשעת תפלת מוסף, ולפיכך תיקנו התקיעות במוסף כדדריש לה מהאי קרא שמעה ה' צדק זו קריאת שמע שצדקה היא להם שמשכימים לקרות קריאת שמע בעונתה: הקשיבה רנתי זו רינון תורה. ועל שקורין כא. בתורה, האזינה תפלתי זו תפלה של שחרית, ואף על פי שהתפלה קודמת לרינון תורה, מכל מקום דריש הכתוב לפי משמעות ושנוי המלות שהשמע שייך לקריאת שמע שאין צריך כוונה כל כך כמו התפלה דרחמי היא (ברכות כ:) ובעי כוונה טפי, והקשבה שהיא קרובה יותר מן השמיעה שייך לרנון תורה, והאזנה שהיא עוד קרובה ביותר שייך לתפלה: בלא שפתי מרמה. משמע לרבות עוד תפלה אחרת זו מוסף: מלפניך משפטי יצא. שאז היא שעת רצון שיצא זכאי במשפט, ולפיכך תוקעין במוסף שבו עולה הזכרון לטובה וכדאמרינן (בבלי לד:) ובמה בשופר: א"ר אחא בר פפא קומי ר' זעירה. בלאו הכי איכא טעמא אחרינא לתקיעה במוסף ולא בשחרית כמו הלל, דשאני היא תקיעה ששייכה למצות היום בקרבן מוסף וכדר' תחליפא דאמר קרייא אמר כן מקרא דתקיעה גופה למדנו כן דכתיב יום תרועה יהיה לכם, וכתיב בתריה ועשיתם עולה לריח ניחוח לה' וגו', ובקרבן מוסף משתעי: וכאן. אצל קרבן מוסף בפרשת פנחס כתיב ועשיתם: בריה חדשה. כאלו עשיתם עצמכם בריה חדשה: בכל הקרבנות. מוספי רגלים כתיב בשעיר חטא, ושעיר חטאת אחד ושעיר עזים אחד חטאת לכפר, מלבד בעצרת כתיב שעיר עזים אחד לכפר עליכם (במדבר כט ה), אמר להם הקב"ה מכיון שקבלתם עליכם עול תורה שניתנה בעצרת להיות עמל ויגע בה כל צרכיכם מעלה אני עליכם כאלו לא חטאתם מימיכם ואין החטא נזכר לפני לפי שהתורה מכפרת עליכם: מתני' שופר של ראש השנה אין מעבירין עליו את התחום. לא יילך חוץ לתחום כדי להביא השופר וכן ליילך לשמוע התקיעות: ואין מפקחין וכו'. משום דלא אתי עשה דשופר ודחי יום טוב דעשה ולא תעשה הוא, וכיון דלא דחי מלאכה דאורייתא אף שבות דדבריהם נמי אינו דוחה דחכמים עשו כאן חיזוק לדבריהם כשל תורה: ואין חותכין אותו לא בדבר שהוא משום שבות. שאין בו אלא משום שבות, כגון לחתכו במגל שאין דרך לחתוך בו, ולא בדבר שהוא משום לא תעשה כגון לחתכו בסכין דאורחיה הוא בכך וזו ואין צריך לומר זו קתני: אבל אם רצה ליתן יין או מים. כדי לצחצחו מותר ולא הוי כמתקן מנא: אין מעכבין את התינוקות מלתקוע. ואפילו בשבת: אבל מתעסקין בהם עד שילמדו. כלומר אף הגדול מתעסק עמהן כדי ללמדן לתקוע: והמתעסק. תקיעת שופר להתלמד לא יצא ידי חובתו, וכן השומע מן המתעסק לא יצא לפי שצריך עד שיתכוין השומע לצאת מן המשמיע שנתכוין להוציאו ידי חובתו: גמ' כיני מתניתא. כן צריך לפרש הא דקתני ואין חותכין אותו וכו': אסור משום שבות ובלא תעשה. וכלומר לא בדבר שחיתוכו אסור משום שבות ולא בדבר שחיתוכו אסור משום לא תעשה, וקא משמע לן דיש דבר שחיתוכו נמי משום שבות בעלמא הוא לאסור וכגון במגל דלאו אורחיה הוא ודבר שחיתוכו אסור בלא תעשה כגון בסכין וכדפרישית במתני': אמר ר' אלעזר מתניתא בגדול ביום טוב וכו'. כלומר דלא תיקשי מעיקרא קתני אין מעכבין את התינוקת מלתקוע משמע עכובא הוא דלא מעכבין כשהן תוקעין מעצמן הא אין מתעסקין עמהן לכתחלה לתקוע והדר קתני אבל מתעסקין בהן וכו', הלכך מפרש דהכי קאמר דרישא איירי בשבת דלאו יום טוב של ראש השנה ואפילו הכי אין מעכבין אותן מלתקוע כדי שילמדו, והואיל ותינוקות הן ולא הגיעו לחינוך לא איכפת לן מידי, וסיפא דקתני אבל מתעסקין בהן היינו אפילו ביום טוב של ראש השנה שחל להיות בשבת, והרבותא דהגדול מותר להתעסק עמהן עד שילמדו וכגון בזמן שמותר לתקוע בשבת, והיינו לאחר תקנת רבן יוחנן בן זכאי בכל מקום שיש בו בית דין דאז מתעסק הגדול עמהן ואפילו אם הגיעו לחינוך מכיון שתוקעין היום שם, וכן עם הקטן שלא הגיע לחינוך, שהרי אין התקיעה אסורה בשבת אלא משום שבות:

קרבן העדה

ואותי יום יום ידרושון. וכי ביום דורשין ובלילה אין דורשין, אלא שני ימים בשנה הכל דורשין את ה' מגדולים עד קטנים, והם יום טוב של ראש השנה ויום ז' של ערבה, שהכל שומעין תקיעת שופר והכל נוטלין הערבה. הלכך תקנו במוסף שיהיו גם הקטנים בבית הכנסת, מה שאין כן בשחרית עדיין ישינים הקטנים, כדתנן בברכות (כ.) דקטנים פטורין מקריאת שמע, אפילו קטן שהגיע לחינוך לפי שאינו מצוי בשעת קריאת שמע: שמע לה. לטעמא דמתני' דהשני מתקיע מהא: שמעה ה' צדק זו קריאת שמע. כשקורא אותה בזמנה ואז נקראת צדק, ואם לא קרא עד שעה ד' אף זה יקשיב ה' כדתנן פרק קמא דברכות (ט:), ואח"כ שמעה תפילתי דתפלה זמנה עד ד' שעות. ובייפה מראה פירש בענין אחר, ואין נראה: זו רינון תורה. שצריך לקרות בזמרה לכך נקרא רנון: זו מוסף. שלא עמד לתפלת מוסף בשפתי מרמה אלא מתוך דברי תורה, שלאחר קריאת התורה מתפללין מוסף: מלפניך משפטי יצא. היינו תקיעת שופר שהוא בא להזכיר זכיות של ישראל לפני הקב"ה בשעת הדין: שנייא היא. שאני תקיעות מהלל שמצות היום לתקוע הוא דוקא במוסף, וכדמסיק ר' תחליפא: קרייא אמר כן. מקרא מוכח כן, דכתיב יום תרועה יהיה לכם ועשיתם וגו', סמיך תרועה לגבי קרבן מוסף לומר דתקיעה בשעת מוסף. אי נמי דבשאר קרבנות כתיב והקרבתם, וכאן כתיב ועשיתם, למידרשיה לפניו ולאחריו יום תרועה ועשיתם ועשיתם אשה וגו', ללמדך שבזמן אחד תעשו שניהם: ויצאתם בשלום. שזכיות הכריעו החובות: כאילו נבראתם בריה חדשה. ואתם עשיתם עצמיכם: בכל הקרבנות כתיב. ועשיתם שעיר עזים אחד לחטאת, ובעצרת לא כתיב לחטאת אלא שעיר עזים אחד: מכיון שקבלתם וכו'. שבכל שנה בעצרת הוא כיום אשר עמדנו לפני הר סיני ומקבלים התורה מחדש, וכדאמר רב יוסף (פסחים סח:) אי לאו האי יומא וכו', הלכך אין שם חטאת ביום הזה: מתני' אין מעבירין עליו את התחום. לילך חוץ לתחום לשמוע התקיעות: אם רצה ליתן לתוכו מים וכו'. ולא אמרינן קא מתקן מנא: גמ' כיני מתני'. כן צריכין לפרש מתני': משום שבות ובלא תעשה. שצריך לשבות בו משום לא תעשה, דאי כדתנן במתני' קשיא השתא דרבנן אמרת לא דאורייתא מיבעיא: מתניתא. דתנן אבל מתעסקין עמהן וכו' היינו שיתקע הגדול בראש השנה שחל בשבת כדי שילמדו התינוקות:

עין משפט

א מיי' פ"א מהלכות שופר הלכה ד טוש"ע או"ח סימן תקפו סעיף כא:
ב [מיי' שם טוש"ע או"ח סימן תקפו סעיף כג]:
ג מיי' שם פ"ב הלכה ז טור או"ח סימן תקפח [טוש"ע סימן תקלו סעיף א בהג"ה]:
ד ה מיי' שם הלכה ד טוש"ע או"ח סימן תקפט סעיף ח:
ו מיי' שם הלכה ז ובהשגות ובמג"מ:

שינויי נוסחאות

א] ר' לעזר בר' יוסה בשם ר' יוסי בר קצרתא. כך העתיק גם בספר הישר לר"ת (חידושים סי' תד). במדרשים (ראה מסוהש"ס) הובאה מימרא זו בשם ר' תחליפא קיסרייא:
ב] הקרבנות. כ"ה גם במדרשים הנ"ל. בויק"ר (אמור כט יב) מוספין:
ג] חטא. בספר הישר (שם) ובראביה (ר"ה סי' תקמ) וברוקח (ה' שבועות סי' רצה) חטאת, וכן בסמוך:
ד] בהם. במשניות ובבבלי (לב:) עמהם:
ה] עד. ברי"ף (ט: מדה"ר) ובגירסת הרמב"ם בפיה"מ כדי. וכן נראה שהיתה הגירסא לפני עוד ראשונים:
ו] מתניתא. ז"ל שבולי הלקט (סי' רצה) "ירושלמי. מתעסקין בהן עד שילמדו. א"ר אלעזר מתעסקין בגדול וכו'":

תורה אור השלם

א) וְאוֹתִי יוֹם יוֹם יִדְרֹשׁוּן וְדַעַת דְּרָכַי יֶחְפָּצוּן כְּגוֹי אֲשֶׁר צְדָקָה עָשָׂה וּמִשְׁפַּט אֱלֹהָיו לֹא עָזָב יִשְׁאָלוּנִי מִשְׁפְּטֵי צֶדֶק קִרְבַת אֱלֹהִים יֶחְפָּצוּן: (ישעיה נח ב)

ב) תְּפִלָּה לְדָוִד שִׁמְעָה יְהוָה צֶדֶק הַקְשִׁיבָה רִנָּתִי הַאֲזִינָה תְפִלָּתִי בְּלֹא שִׂפְתֵי מִרְמָה: (תהלים יז א)

ג) וּבַחֹדֶשׁ הַשְּׁבִיעִי בְּאֶחָד לַחֹדֶשׁ מִקְרָא קֹדֶשׁ יִהְיֶה לָכֶם כָּל מְלֶאכֶת עֲבֹדָה לֹא תַעֲשׂוּ יוֹם תְּרוּעָה יִהְיֶה לָכֶם: וַעֲשִׂיתֶם עֹלָה לְרֵיחַ נִיחֹחַ לַיהוָה פַּר בֶּן בָּקָר אֶחָד אַיִל אֶחָד כְּבָשִׂים בְּנֵי שָׁנָה שִׁבְעָה תְּמִימִם: (במדבר כט א-ב)

ד) וַעֲשִׂיתֶם עֹלָה לְרֵיחַ נִיחֹחַ לַיהוָה פַּר בֶּן בָּקָר אֶחָד אַיִל אֶחָד כְּבָשִׂים בְּנֵי שָׁנָה שִׁבְעָה תְּמִימִם: (במדבר כט ב)

גליון הש"ס

שמעה ה' צדק זו ק"ש וכו'. עי' בבעל המאור ריש תענית הביא זה הדרש בשם מדרש אגדה, ועי' ברכב"ץ סי' ס"ח: מתניתא בגדול. היינו קטן שהגיע לחינוך כן פי' הר"ן (ט: מדה"ר ד"ה אמר) ולא כקרבן העדה:

מסורת הש"ס

א) [פסיקתא רבתי מ, מדרש תהלים יז בשינוי, ילקו"ש תהלים תרמג, ושם תרעז] ב) [ילקו"ש תהלים תרעז] ג) ויקרא רבה כט יב [פסיקתא דר"כ כג, פסיקתא רבתי מ, אמור תרמה, פנחס תשפב, עי' זהר פנחס רנח:] ד) [ויקרא רבה (מרגליות) כט יב] ה) ר"ה לג: [עי' שבת פי"ט ה"א] ו) [עירובין לו:, ערכין ב:, תוספתא פ"ב ה"ו, פסיקתא זוטרתא בראשית כב יג] ז) [ברכות פ"ז ה"ג, תוספתא פ"ב ה"ה]

מראה הפנים

אמר רבי אלעזר מתניתא בגדול ביום טוב של ראש השנה שחל להיות בשבת. לכשתתבונן במה דפרישית בפנים וביארתי התוספתא שהובאה כאן והעתקתי אותה כמו שכתובה שם, תראה עין בעין לדברי הרמב"ם ז"ל בענין זה כמ"ש בהלכות שופר (פ"ב) בהלכה ז' התינוקות שלא הגיעו לחינוך וכו', שהמה מדוקדקים והמה נלקחים מכאן ומהתוספתא כפירושו למה דמשני התם (בבלי לג.) לא קשיא כאן בקטן שהגיע לחינוך וכו', ודלא כפירש"י (לג: ד"ה קטן שהגיע לחינוך) שפירש בהגיע לחינוך מתעסקין בהן וכו' אלא איפכא הוא, וכן התוס' בדף ל"ג (ע"א) ד"ה תניא נמי הכי וכו' הקשו על פירש"י וכתבו, ודבר תימה הוא היאך יכול לומר דבקטן שהגיע לחינוך מתעסקים ואפי' בשבת הלא אין מצות היום בשופר וכו'. ולדעת הרמב"ם הכל ניחא, ושיעור הלעת דבריו באלו החלוקות שביאר שם כך הם, התינוקות שלא הגיעו לחינוך וכו' בשבת שאינה ביו"ט של ר"ה כדי שילמדו, כלומר אפי' בשבת דעלמא ומכ"ש בשבת שחל ר"ה בו וכפי' הכ"מ בזה, ודלא כדברי הרב המגיד שכתב דלכך אמר בשבת שאינה בי"ט וכו', לפי שביו"ט של ר"ה שחל להיות בשבת ודאי מעכבין אותן שלא יאמרו שתוקעין ביו"ט של ר"ה שחל להיות בשבת וסיים שם וכן נראה מן הירושלמי, ולא כן הוא דהא בהדיא אמרו הכא בהיפך מדבריו. אלא דצריך ביאור מהיכן הוציא הרמב"ם זה דאף בשבת דעלמא אמרו כן ומכ"ש בר"ה שחל בשבת, ולפי התוספתא שהבאתי מוכרח הוא דע"כ רישא מתלמדין לתקוע בשבת היינו בשבת דעלמא וסיפא ואין מעכבין וכו' דהדר נקט בשבת היינו ביו"ט של ר"ה שחל להיות בשבת. ומיירי התם בשלא הגיעו לחינוך דדומיא דנשים קתני וכדפרישית בפנים, וסיים שם הרמב"ם בחלוקה זו ומותר לגדול להתעסק וכו', וזהו כרישא דהתוספתא וכדהובאה כאן, ואח"כ כתב ביו"ט בין קטן שהגיע לחינוך וכו', כלומר וביו"ט של ר"ה שחל להיות בשבת והיינו במקום שתוקעין בשבת וכתקנת ר' יוחנן בן זכאי בזה אין חילוק שאף בהגיע לחינוך אין מעכבין ומתעסקין עמהן, שאע"פ שכבר תקעו בב"ד ועבר זמן ב"ד אפ"ה הואיל שהתקיעה אינה אסורה אלא משום שבות לא גזרו בקטן ואפי' הגיע לחינוך וכדי להתלמד, והנה נכון ואמת הדבר ואזדא לה השגת הראב"ד שם וא"צ לבאר יותר בזה:

אָמַר רַבִּי תַּחְלִיפָא קֵיסָרָיָיא – as **R' Tachlifa of Caesarea said:** קְרָיָיא אָמַר כֵּן – **A verse says this,** that the mitzvah of blowing the shofar is associated with the Mussaf service:[12] ,,יוֹם תְּרוּעָה. . . וַעֲשִׂיתֶם" – ***A day of shofar sounding. . . and you shall make*** *a Mussaf offering.* We thus see that the Torah connects the blowing of the shofar to the Mussaf service; hence it is most appropriately performed during the Mussaf prayer (which corresponds to the Mussaf offering).[13]

The Gemara digresses to present another exposition of that verse:[14]

רַבִּי לְעָזָר בְּרַבִּי יוֹסָה בְּשֵׁם רַבִּי יוֹסֵי בַּר קֶצַרְתָּא – **R' Lazar the son of R' Yosah** said **in the name of R' Yose bar Ketzarta:** בְּכָל הַקָּרְבָּנוֹת כְּתִיב ,,וְהִקְרַבְתֶּם" – **Regarding all** other Mussaf **offerings it is written:** ***And you shall offer;***[15] וְכָאן כְּתִיב ,,וַעֲשִׂיתֶם" – **but here,** regarding the Mussaf offerings of Rosh Hashanah, **it is written:** ***And you shall make.***[16] The reason for this distinction is as follows: אָמַר לָהֶן הַקָּדוֹשׁ בָּרוּךְ הוּא – **The Holy One, Blessed is He, said to [the Jews]:** מִכֵּיוָן שֶׁנִּכְנַסְתֶּם לְדִין לְפָנַי בְּרֹאשׁ הַשָּׁנָה וִיצָאתֶם בְּשָׁלוֹם – **Since you entered for judgment before Me on Rosh Hashanah and emerged in peace,**[17] מַעֲלֶה אֲנִי עֲלֵיכֶם כְּאִילוּ נִבְרֵאתֶם בְּרִיָּיה חֲדָשָׁה – **I consider you as though you were created anew, as a new being.**[18]

Another exposition regarding the Mussaf offerings:

רַבִּי מְשַׁרְשְׁיָא בְּשֵׁם רַבִּי אִידִי – **R' Mesharsheya** said **in the name of R' Idi:** בְּכָל הַקָּרְבָּנוֹת כְּתִיב ,,חֵטְא" – **Regarding all the offerings** of other holidays ***sin*** **is written.**[19] וּבַעֲצֶרֶת אֵין כְּתִיב חֵטְא – **But regarding** the offerings of **Shavuos, *sin* is not written.**[20] The reason for this distinction is as follows: אָמַר לָהֶן הַקָּדוֹשׁ בָּרוּךְ הוּא – **The Holy One, Blessed is He, said to [the Jewish people]:** מִכֵּיוָן שֶׁקִּיבַּלְתֶּם עֲלֵיכֶם עוֹל תּוֹרָה – **Since you accepted upon yourselves the yoke of Torah,**[21] מַעֲלֶה אֲנִי עֲלֵיכֶם כְּאִילוּ לֹא חֲטָאתֶם מִימֵיכֶם – **I consider you as though you have never sinned in your life.**[22]

Halachah 9

Mishnah

The Mishnah lists Rabbinic prohibitions that one may not transgress, even to fulfill the mitzvah of blowing the shofar:[23]

שׁוֹפָר שֶׁל רֹאשׁ הַשָּׁנָה – **The shofar of Rosh Hashanah,** אֵין מַעֲבִירִין עָלָיו אֶת הַתְּחוּם – **we may not go beyond the *techum* for it,**[24] וְאֵין מְפַקְּחִין עָלָיו אֶת הַגַּל – **and we may not clear away a heap** of rubble **for it,**[25] וְלֹא עוֹלִין בְּאִילָן – **nor climb a tree,**[26] וְלֹא רוֹכְבִין עַל גַּבֵּי בְהֵמָה – **nor ride on an animal,**[27] וְלֹא שָׁטִין עַל פְּנֵי הַמַּיִם – **nor swim on the water;**[28] וְאֵין חוֹתְכִין אוֹתוֹ – **and we may not cut it,**[29] לֹא בְּדָבָר שֶׁהוּא מִשּׁוּם שְׁבוּת – **neither with**

NOTES

offering peculiar to that day. Hence, since shofar blowing is a mitzvah peculiar to the festival of Rosh Hashanah, it is most aptly performed at Mussaf, whereas *Hallel* is common to all festivals, and does not manifest their respective uniqueness.]

12. *Numbers* 29:1-2.

13. *Korban HaEidah, Yefeh Mareh,* and *Pnei Moshe*. See *Korban HaEidah* for an alternative explanation of the inference from the verse.

14. This exposition is found in *Vayikra Rabbah* 29:12.

15. See *Numbers* 28:19 regarding Pesach; 28:26 regarding Shavuos; 29:7 regarding Yom Kippur; and 29:13 regarding Succos.

16. *Numbers* 29:2.

17. That is, you procured a favorable verdict by virtue of your merits outweighing your sins (*Korban HaEidah*); and by virtue of blowing the shofar and repenting (*Yefeh Mareh*).

18. That is, it is as though you made yourselves anew (*Korban HaEidah; Pnei Moshe; Yefeh Mareh*). [*Yefeh Mareh* explains that this is derived as follows: The sequence of verses states (ibid. 29:1-2): *a day of sounding the shofar it shall be for* ***you. You shall make*** *an olah offering* The verse is thus interpreted as saying "you, you shall make," i.e. you shall make yourselves.]

The significance of becoming a "new being" is that upon repenting, we begin with a completely new slate, with no record at all of our previous misdeeds, similar to the dictum that "a convert is like a newborn child" [see *Bavli Yevamos* 22a et al.]. This is further expressed in *Vayikra Rabbah* 30:3, which states that Hashem not only welcomes penitents, but creates them anew (*Yefeh Mareh* [first explanation] and *Hagahos Yerushalmi*; see also *Masa DiYerushalayim*; cf. *Yefeh Mareh* for alternatives).

19. The Mussaf offerings of every festival include a he-goat for a *chatas,* a sin offering. When listing the offerings brought at each festival, the Torah articulates that this he-goat is brought as a sin offering [that is, the verse states: *one he-goat for a chatas*] (*Korban HaEidah; Pnei Moshe*). See *Numbers* 28:15 regarding Rosh Chodesh; 28:23 regarding Pesach; 29:5 regarding Rosh Hashanah; 29:11 regarding Yom Kippur; and 29:16 regarding Succos.

20. Verse 28:30 about Shavuos states merely: *one he-goat [to atone for you],* without articulating that it is a sin offering, thus omitting any mention of sin (see *Korban HaEidah; Pnei Moshe*).

21. Every Shavuos, it is as though we stand at Mount Sinai and accept the Torah anew (*Korban HaEidah; Yefeh Mareh*; cf. *Pnei Moshe*).

22. There is therefore no mention of the word "sin" in Scripture's description of the Mussaf offerings on that day, for that day is in fact free of sin (*Korban HaEidah*).

[Alternatively, *Pnei Moshe* explains that Shavuos – which is the day we accept the Torah, and renew our resolve to dedicate ourselves to its study – has the power to cleanse us of all sin, for diligence and toil in Torah study atones for sins.]

23. Although the mitzvah of blowing the shofar is Biblical, it does not override these Rabbinic prohibitions. This is because the Rabbis are empowered to ordain passive non-performance of positive Biblical commandments for the sake of the general preservation of the Torah (*Ritva* to *Bavli* 32b, from *Bavli Yevamos* 90a-b).

24. The *techum* is the 2,000-*amah* boundary from one's place of residence. Under Rabbinic law, it is prohibited to go beyond the *techum* on the Sabbath or Yom Tov (see *Rashi* to *Bavli* ibid. ד״ה השתא; cf. *Rabbeinu Chananel* [printed in *Bavli* 33a]). The Mishnah teaches that one may not go beyond the *techum* even to hear the shofar blowing (*Korban HaEidah*, from *Rashi* to 32b ד״ה שופר; cf. *Pnei Moshe*).

25. Even if the only available shofar is buried under a pile of rubble, one may not retrieve it. Clearing rubble by hand violates the Rabbinic prohibition against moving *muktzeh* (*Rashba* to *Bavli* ibid.). [Clearing it with a shovel violates Biblical law (*Rashba* ibid. citing *Bavli Eruvin* 35a; cf. *Rabbeinu Chananel*).]

26. Even if the only available shofar is hanging from a tree, one may not climb the tree to retrieve it. Climbing a tree on the Sabbath or Yom Tov is Rabbinically forbidden lest the climber violate Biblical law by tearing off a branch (*Meiri* and *Ran,* from *Bavli Beitzah* 36b).

27. Even if one is incapable of walking the distance to where the shofar will be blown, one may not ride on an animal to get there (*Ran* and *Meiri*). Riding an animal is Rabbinically forbidden lest the rider cut a branch off a tree to be used as a whip (*Bavli Beitzah* ibid.).

28. Even if the only available shofar must be brought from beyond a river (*Rambam, Hil. Shofar* 1:4; cf. *Meiri* to *Bavli* 32b), one may not swim across the river in order to bring it. Swimming on the Sabbath or Yom Tov is Rabbinically forbidden lest one construct a wooden barrel to be used as a life preserver (*Bavli Beitzah* ibid.).

29. Even if the only available shofar is currently unusable, one may not repair it [by scraping out its inside] (*Rashi* to *Bavli* 33a ד״ה ואין חותכים; *Meiri* and *Ran* ibid.; cf. *Rabbeinu Chananel* ibid.). Repairing a utensil violates the *melachah* (labor) of מַכֶּה בְּפַטִּישׁ, *striking [the final blow] with a hammer,* which includes any act that completes the formation of an object and renders it usable (see next note).

אמר ר' יונה כתיב א) ואותי יום יום ידרושון זו תקיעה וערבה. ו ר' יהושע בן לוי בשם ר' אלכסנדרי שמע לה מן הדא ב) שמעה ה' כא. צדק זו קריאת שמע. הקשיבה רנתי ז זו רינון תורה. האזינה תפילתי זו תפילה. בלא שפתי מרמה זו מוסף. מה כתיב בתריה מלפניך משפטי יצא. אמר ר' אחא בר פפא קומי ר' זעירא שנייא היא שמצות היום במוסף. ב אמר ר' תחליפא קיסרייא קרייא אמר כן ג) יום תרועה ועשיתם. א] ר' לעזר בר' יוסה בשם ר' יוסי בר קצרתא ג בכל ב] הקרבנות כתיב והקרבתם וכאן כתיב ד) ועשיתם אמר להן הקדוש ברוך הוא מכיון שנכנסתם לדין לפני בראש השנה ויצאתם בשלום מעלה אני עליכם כאילו נבראתם בריה חדשה. ד ר' משרשיא בשם ר' אידי בכל הקרבנות כתיב ג] חטא ובעצרת אין כתיב חטא אמר להן הקדוש ברוך הוא מכיון שקיבלתם עליכם עול תורה מעלה אני עליכם כאילו לא חטאתם מימיכם: הלכה ט מתני' [מ"ח] א ה) שופר של ראש השנה אין מעבירין עליו את התחום ואין מפקחין עליו את הגל ולא עולין באילן ולא רוכבין על גבי בהמה ולא שטין על פני המים ואין חותכין אותו לא בדבר שהוא משום שבות ולא בדבר שהוא משום לא תעשה. ב אבל אם רצה ליתן לתוכו יין או מים יתן. ג ו) אין מעכבין את התינוקות מלתקוע אבל מתעסקין ד] בהם ה] עד שילמדו. ד ז) והמתעסק לא יצא. ה והשומע מן המתעסק לא יצא: גמ' כיני מתניתא אסור משום שבות ובלא תעשה: אמר ר' לעזר ו] מתניתא בגדול ו ביום טוב של ראש השנה שחל להיות בשבת.

פני משה

א"ר יונה. שאני בראש השנה דודאי כל העם מתקבצים ובאים לבית הכנסת, דכתיב ואותי יום יום ידרושון זו יום של תקיעה ויום של ערבה שהכל באים להתפלל יחד בביה"כ: שמע לה מן הדא. שהעיקר הוא בשעת תפלת מוסף, ולפיכך תיקנו התקיעות במוסף כדדריש לה מהאי קרא שמעה ה' צדק זו קריאת שמע שצדקה היא להם שמשכימים לקרות קריאת שמע בעונתה: הקשיבה רנתי זו רינון תורה. ועל שקורין בתורה, האזינה תפלתי זו תפלה של שחרית, ואף על פי שהתפלה קודמת לרינון תורה, מכל מקום דריש הכתוב לפי משמעות ושנוי המלות שהשמע שייך לקריאת שמע שאין צריך כוונה כל כך כמו התפלה דרחמי היא (ברכות כ:) ובעי כוונה טפי, והקשבה שהיא קרובה יותר מן השמיעה שייך לרנון תורה, והאזנה שהיא עוד קרובה ביותר שייך לתפלה: בלא שפתי מרמה. משמע לרבות עוד תפלה אחרת זו מוסף: מלפניך משפטי יצא. שאז היא שעת רצון שיצא זכאי במשפט, ולפיכך תוקעין במוסף שבו עולה הזכרון לטובה וכדאמרינן (בבלי לד:) ובמה בשופר: א"ר אחא בר פפא קומי ר' זעירה. בלאו הכי איכא טעמא אחרינא לתקיעה במוסף ולא בשחרית כמו הלל, דשאני היא תקיעה ששייכה למצות היום בקרבן מוסף וכדר' תחליפא דאמר קרייא אמר כן מקרא דתקיעה גופה למדנו כן דכתיב יום תרועה יהיה לכם, וכתיב בתריה ועשיתם עולה לריח ניחוח לד' וגו', ובקרבן מוסף משתעי: וכאן. אלל קרבן מוסף בפרשת פנחס כתיב ועשיתם: בריה חדשה. כאלו עשיתם עצמכם בריה חדשה: בכל הקרבנות. מוספי רגלים כתיב בשעיר חטא, ושעיר חטאת אחד ושעיר עזים אחד חטאת לכפר, מלבד בעצרת כתיב שעיר עזים אחד לכפר עליכם (במדבר כט ה), אמר להם הקב"ה מכיון שקבלתם עליכם עול תורה שניתנה בעצרת להיות עמל ויגע בה כל צרכיכם מעלה אני עליכם כאלו לא חטאתם מימיכם ואין החטא נזכר לפני לפי שהתורה מכפרת עליכם: מתני' שופר של ראש השנה אין מעבירין עליו את התחום. לא יילך חוץ לתחום כדי להביא השופר וכן לילך לשמוע התקיעות: ואין מפקחין וכו'. משום דלא אתי עשה דשופר ודחי יום טוב דעשה ולא תעשה הוא, וכיון דלא דחי מלאכה דאורייתא אף שבות דדבריהם נמי אינו דוחה דחכמים עשו כאן חיזוק לדבריהם כשל תורה: ואין חותכין אותו לא בדבר שהוא משום שבות. שאין בו אלא משום שבות, כגון לחתכו במגל שאין דרך לחתוך בו, ולא בדבר שהוא משום לא תעשה כגון לחתכו בסכין דאורחיה הוא בכך וזו ואין צריך לומר זו קתני: אבל אם רצה ליתן יין או מים. כדי לצחצחו מותר ולא הוי כמתקן מנא: אין מעכבין את התינוקות מלתקוע. ואפילו בשבת: אבל מתעסקין בהם עד שילמדו. כלומר אף הגדול מתעסק עמהן כדי ללמדן לתקוע: והמתעסק. תקיעת שופר להתלמד לא יצא ידי חובתו, וכן השומע מן המתעסק לא יצא לפי שצריך עד שיתכוין השומע לצאת מן המשמיע שנתכוין להוציאו ידי חובתו: גמ' כיני מתניתא. כן צריך לפרש הא דקתני ואין חותכין אותו וכו': אסור משום שבות ובלא תעשה. וכלומר לא בדבר שחיתוכו אסור משום שבות ולא בדבר שחיתוכו אסור משום לא תעשה, וקא משמע לן דיש דבר שחיתוכו נמי משום שבות בעלמא הוא דאסור וכגון במגל דלאו אורחיה הוא ודבר שחיתוכו אסור בלא תעשה כגון בסכין וכדפרישית במתני': אמר ר' אלעזר מתניתא בגדול ביום טוב וכו'. כלומר דלא תיקשי מעיקרא קתני אין מעכבין את התינוקת מלתקוע משמע עכובא הוא דלא מעכבין כשהן תוקעין מעצמן הא אין מתעסקין עמהן לכתחלה לתקוע והדר קתני אבל מתעסקין בהן וכו', הלכך מפרש דהכי קאמר דרישא איירי בשבת דלאו יום טוב של ראש השנה ואפילו הכי אין מעכבין אותן מלתקוע כדי שילמדו, והואיל ותינוקות הן ולא הגיעו לחינוך לא איכפת לן מידי, וסיפא דקתני אבל מתעסקין בהן היינו אפילו ביום טוב של ראש השנה שחל להיות בשבת, והרבותא דהגדול מותר להתעסק עמהן עד שילמדו וכגון בזמן שמותר לתקוע בשבת, והיינו לאחר תקנת רבן יוחנן בן זכאי בכל מקום שיש בו בית דין דאז מתעסק הגדול עמהן ואפילו אם הגיעו לחינוך מכיון שתוקעין היום שם, וכן עם הקטן שלא הגיע לחינוך, שהרי אין התקיעה אסורה בשבת אלא משום שבות:

קרבן העדה

ואותי יום יום ידרושון. וכי ביום דורשין ובלילה אין דורשין, אלא שני ימים בשנה הכל דורשין את ה' מגדולים עד קטנים, והם יום טוב של ראש השנה ויום ז' של ערבה, שהכל שומעין תקיעת שופר והכל נוטלין הערבה. הלכך תקנו במוסף שיהיו גם הקטנים בבית הכנסת, מה שאין כן בשחרית עדיין ישינים הקטנים, כדתנן בברכות (כ.) דקטנים פטורין מקריאת שמע, אפילו קטן שהגיע לחינוך לפי שאינו מצוי בשעת קריאת שמע: שמע לה. לטעמא דמתני' דהשני מתקיע מהא: שמעה ה' צדק זו קריאת שמע. כשקורא אותה בזמנה ואז נקראת צדק, ואם לא קרא עד שעה ד' אף זה יקשיב ה' כדתנן פרק קמא דברכות (ט:), ואח"כ שמעה תפילתי דתפלה זמנה עד ד' שעות. וביפה מראה פירש בענין אחר, ואין נראה: זו רינון תורה. שצריך לקרות בזמרה לכך נקרא רנון: זו מוסף. שלא עמד לתפלת מוסף בשפתי מרמה אלא מתוך דברי תורה, שלאחר קריאת התורה מתפללין מוסף: מלפניך משפטי יצא. היינו תקיעת שופר שהוא בא להזכיר זכיות של ישראל לפני הקב"ה בשעת הדין: שנייא היא. שאני תקיעות מהלל שמצות היום לתקוע הוא דוקא במוסף, וכדמסיק ר' תחליפא: קרייא אמר כן. מקרא מוכח כן, דכתיב יום תרועה יהיה לכם ועשיתם וגו', סמיך תרועה לגבי קרבן מוסף לומר דתקיעה בשעת מוסף. אי נמי דבשאר קרבנות כתיב והקרבתם, וכאן כתיב ועשיתם, למידרשיה לפניו ולאחריו יום תרועה ועשיתם ועשיתם אשה וגו', ללמדך שבזמן אחד תעשו שניהם: ויצאתם בשלום. שזכיות הכריעו החובות: כאילו נבראתם בריה חדשה. ואתם עשיתם עצמיכם: בכל הקרבנות כתיב. ועשיתם שעיר עזים אחד לחטאת, ובעצרת לא כתיב לחטאת אלא שעיר עזים אחד: מכיון שקבלתם וכו'. שבכל שנה בעצרת הוא כיום אשר עמדו לפני הר סיני ומקבלים התורה מחדש, וכדאמר רב יוסף (פסחים סח:) אי לאו האי יומא וכו', הלכך אין שם חטאת ביום הזה: מתני' אין מעבירין עליו את התחום. לילך חוץ לתחום לשמוע התקיעות: אם רצה ליתן לתוכו מים וכו'. ולא אמרינן קא מתקן מנא: גמ' כיני מתני'. כן צריכין לפרש מתני': משום שבות ובלא תעשה. שצריך לשבות בו משום לא תעשה, דאי כלתנן במתני' קשיא השתא דרבנן אמרת לא דאורייתא מיבעיא: מתניתא. דתנן אבל מתעסקין עמהן וכו' היינו שיתקע הגדול בראש השנה שחל בשבת כדי שילמדו התינוקות:

עין משפט

א מיי' פ"א מהלכות שופר הלכה ד טוש"ע או"ח סימן תקפו סעיף כא:
ב [מיי' שם טוש"ע או"ח סימן תקפו סעיף כג]:
ג מיי' שם פ"ב הלכה ז טור או"ח סימן תקפח [טוש"ע סימן תקנו סעיף א בהג"ה]:
ד ה מיי' שם הלכה ד טוש"ע או"ח סימן תקפט סעיף ח:
ו מיי' שם הלכה ז ובהשגות ובמג"מ:

שינויי נוסחאות

א] ר' לעזר בר' יוסה בשם ר' יוסי בר קצרתא. כך העתיק גם בספר הישר לר"ת (חידושים סי' תד). במדרשים (ראה מסוהש"ס) הובאה מימרא זו בשם ר' תחליפא קיסרייא:
ב] הקרבנות. כ"ה גם במדרשים הנ"ל. בויק"ר (אמור כט יב) מוספין:
ג] חטא. בספר הישר (שם) ובראביה (ר"ה סי' תקמ) וברוקח (ה' שבועות סי' רצה) חטאת, וכן בסמוך:
ד] בהם. במשניות ובבבלי (לב:) עמהם:
ה] עד. בריו"ף (ט: מדה"ר) ובגירסת הרמב"ם בפיה"מ כדי. וכן נראה שהיתה הגירסא לפני עוד ראשונים:
ו] מתניתא. ז"ל שבולי הלקט (סי' רצה) "ירושלמי. מתעסקין בהן עד שילמדו. א"ר אלעזר מתעסקין בגדול וכו'":

תורה אור השלם

א) ואותי יום יום ידרשון ודעת דרכי יחפצון כגוי אשר צדקה עשה ומשפט אלהיו לא עזב ישאלוני משפטי צדק קרבת אלהים יחפצון: (ישעיה נח ב)
ב) תפלה לדוד שמעה יהוה צדק הקשיבה רנתי האזינה תפלתי בלא שפתי מרמה: (תהלים יז א)
ג) ובחדש השביעי באחד לחדש מקרא קדש יהיה לכם כל מלאכת עבדה לא תעשו יום תרועה יהיה לכם: ועשיתם עלה לריח ניחח ליהוה פר בן בקר אחד איל אחד כבשים בני שנה שבעה תמימם: (במדבר כט א-ב)
ד) ועשיתם עלה לריח ניחח ליהוה פר בן בקר אחד איל אחד כבשים בני שנה שבעה תמימם: (במדבר כט ב)

גליון הש"ס

שמעה ה' צדק זו ק"ש וכו'. עי' בבעל המאור ריש תענית הביא זה הדרש בשם מדרש אגדה, ועי' ברלב"ן סי' ס"א: מתניתא בגדול. היינו קטן שהגיע לחינוך כן פי' הר"ן (ט: מדה"ר ד"ה אמר) ודלא כקרבן העדה:

מסורת הש"ס

א) [פסיקתא רבתי מ, מדרש תהלים יז בשינוי, ילקו"ש תהלים תרמג, ושם תרע] ב) [ילקו"ש תהלים תרע] ג) ויקרא רבה כט יב [פסיקתא דר"כ כג, ילקו"ש אמור תרמה, פנחס תשפב, עי' זהר פנחס רנח:] ד) [ויקרא רבה (מרגליות) כט יב] ה) ר"ה לג: [עי' שבת פי"ט ה"א] ו) [עירובין לו:, ערכין ג:, תוספתא פ"ב הי"ג, פסיקתא זוטרתא בראשית כב יג] ז) [ברכות פ"ז ה"ג, תוספתא פ"ב ה"ה]

מראה הפנים

אמר רבי אלעזר מתניתא בגדול ביום טוב של ראש השנה שחל להיות בשבת. לכשתתבונן במה דפרישית בפנים וביארתי התוספתא שהובאה כאן והעתקתי אותה כמו שכתובה שם, תראה עין בעין לדברי הרמב"ם ז"ל בענין זה כמ"ש בהלכות שופר (פ"ב) בהלכה ז' התינוקות שלא הגיעו לחינוך וכו', שהמה מדוקדקים והמה נלקחים מכאן ומהתוספתא כפירושו למה דמסקי התם (בבלי לג.) לא קשיא כאן בקטן שהגיע לחינוך וכו', ודלא כפירש"י (לג.: ד"ה קטן שהגיע לחינוך) שפירש בהגיע לחינוך מתעסקין בהן וכו' אלא איפכא הוא, וכן התוס' בדף ל"ג (ע"א) ד"ה תניא נמי הכי וכו' הקשו על פירש"י וכתבו, ודבר תימה הוא היאך יכול לומר דבקטן שהגיע לחינוך מתעסקים ואפי' בשבת הלא אין מצות היום בשופר וכו'. ולדעת הרמב"ם הכל ניחא, ושיעור הלעת דבריו באלו החלוקות שביאר שם כך הם, התינוקות שלא הגיעו לחינוך וכו' בשבת שאינה ביו"ט של ר"ה כדי שילמדו, כלומר אפי' בשבת דעלמא ומכ"ש בשבת שחל ר"ה בו וכפי' הכ"מ בזה, ודלא כדברי הרב המגיד שכתב דלכך אמר בשבת שאינה בי"ט וכו', לפי שביו"ט של ר"ה שחל להיות בשבת ודאי מעכבין אותן שלא יאמרו שתוקעין ביו"ט של ר"ה שחל להיות בשבת וסיים שם וכן נראה מן הירושלמי, ולא כן הוא דהא בהדיא אמרו הכא בהיפך מדבריו. אלא דצריך ביאור מהיכן הוציא הרמב"ם זה דאף בשבת דעלמא אמרו כן ומכ"ש בר"ה שחל בשבת, ולפי התוספתא שהבאתי מוכרח הוא דע"כ רישא מתלמדין לתקוע בשבת היינו בשבת דעלמא וסיפא ואין מעכבין וכו' להדר נקט בשבת היינו ביו"ט של ר"ה שחל להיות בשבת. ומיירי התם בשלא הגיעו לחינוך דדומיא דנשים קתני וכדפרישית בפנים, וסיים שם הרמב"ם בחלוקה זו ומותר לגדול להתעסק וכו', וזהו כרישא דהתוספתא וכדהובאה כאן, ואח"כ כתב ביו"ט בין קטן שהגיע לחינוך וכו', כלומר וביו"ט של ר"ה שחל להיות בשבת והיינו במקום שתוקעין בשבת וכתקנת ר' יוחנן בן זכאי בזה אין חילוק שאף בהגיע לחינוך אין מעכבין ומתעסקין עמהן, שאע"פ שכבר תקנו בב"ד ועבר זמן ב"ד אפ"ה הואיל שהתקיעה אינה אסורה אלא משום שבות לא גזרו בקטן ואפי' הגיע לחינוך וכדי להתלמד, והנה נכון ואמת הדבר ואזדא לה השגת הראב"ד שם וא"ל לבאר יותר בזה:

The Gemara answers why Rosh Hashanah is different:

אָמַר רַבִּי יוֹנָה – R' Yonah said: כְּתִיב ,,וְאוֹתִי יוֹם יוֹם יִדְרֹשׁוּן" – When **it is written** in Scripture: ***They seek Me day [after] day,***[1] זוֹ תְּקִיעָה וַעֲרָבָה – **this** refers to the day of shofar **blowing** (i.e. Rosh Hashanah) **and** to the day of ***aravah*** (i.e. the seventh day of Succos [Hoshana Rabbah] when the *aravah* branch is taken in hand). On these two days *everyone* gathers in the synagogue.[2] There was therefore more concern on Rosh Hashanah than when *Hallel* is recited on an ordinary Yom Tov.

The Gemara cites another source for blowing the shofar during the Mussaf prayer:

רַבִּי יְהוֹשֻׁעַ בֶּן לֵוִי בְּשֵׁם רַבִּי אֲלֶכְּסַנְדְּרִי שָׁמַע לָהּ מִן הֲדָא – **R' Yehoshua ben Levi in the name of R' Alexandri learned [the source] from the following** verse:[3] ,,שִׁמְעָה ה' צֶדֶק" זוֹ קְרִיאַת שְׁמַע – ***Hear, Hashem, what is righteous;*** **this refers to** ***Krias Shema;***[4] ,,הַקְשִׁיבָה רִנָּתִי" זוֹ רִינּוּן תּוֹרָה – ***be attentive to my intonation;*** **this refers to the song of Torah,** i.e. the communal Torah reading;[5] ,,הַאֲזִינָה תְפִלָּתִי" זוֹ תְּפִילָּה – ***give ear to my prayer;*** **this refers to the** Shacharis **Prayer;**[6] ,,בְּלֹא שִׂפְתֵי מִרְמָה" זוֹ מוּסָף – ***which is not from deceitful lips;*** **this refers to** the **Mussaf** prayer.[7] מַה כְּתִיב בַּתְרֵיהּ – And **what is written after [the allusion to the Mussaf prayer]?** ,,מִלְּפָנֶיךָ מִשְׁפָּטִי יֵצֵא" – ***From before You may my judgment go forth.***[8] This alludes to the blowing of the shofar, whose purpose is to invoke a favorable remembrance of the Jewish people before Hashem at the time of judgment.[9] This verse thus positions the blowing of the shofar at the end of the services, along with Mussaf.[10]

The Gemara presents yet another reason why the sounding of the shofar, unlike the reading of *Hallel*, should take place during Mussaf:

אָמַר רַבִּי אַחָא בַּר פַּפָּא קוֹמֵי רַבִּי זְעִירָא – **R' Acha bar Pappa said in the presence of R' Z'eira:** שַׁנְיָיא הִיא – **[The shofar] is different** from *Hallel*, שֶׁמִּצְוַת הַיּוֹם בְּמוּסָף – **because the mitzvah of the day** (i.e. the blowing of the shofar) **is at Mussaf,**[11]

NOTES

1. *Isaiah* 58:2. Literally, this verse states that the Jewish people seek Hashem "day, day." Simply understood, this is a form of speech that means every day ("day [after] day"). The Gemara here, however, expounds its literal meaning, and construes it to be referring to two particular days (day day) upon which the Jewish people convene to supplicate God more than at other times, as the Gemara will explain (*Beur of R' Chaim Kanievski;* see also *Pnei Moshe;* cf. *Korban HaEidah*). [*Korban HaEidah* and *Yefeh Mareh* add that the simple understanding is difficult, for it implies that the Jewish people seek God out only by day, not at night (see *Bavli Chagigah* 5b). The Gemara therefore explains the verse as referring to two particular days.]

2. People accord these two days especial significance since they are days of judgment (see below). Hence, the entire Jewish populace in fact gathers in the synagogue on these two days in particular, more so than on other festivals (*Pnei Moshe;* see also *Beur of R' Chaim Kanievski*).

[It is of note that our Gemara constitutes a rare Talmudic source for the especial significance of Hoshana Rabbah as a general day of judgment (as it is not referred to as such anywhere in *Bavli,* nor anywhere else in *Yerushalmi*). See also *Zohar, Parashas Tzav* 31b-32a; *Shibbolei HaLeket* 371; *Sefer HaManhig, Hil. Succah* 38; *Sefer Chassidim* 453; *Shaar HaKavanos, Inyan Succos, Minhag Leil Hoshana Rabbah; Matteh Moshe* 957.]

[One may wonder: If the reason these days are accorded especial significance is that they are days of judgment, why is Yom Kippur not mentioned as well? Some commentators answer that Yom Kippur is certainly not excluded. On the contrary, this chapter of *Isaiah* (58) deals primarily with Yom Kippur. Hence, this verse adds that *besides* Yom Kippur, there are two *additional* days of judgment – Rosh Hashanah and Hoshana Rabbah – which are regarded in the same way (*Taama D'Kra* to *Isaiah* ibid.; see also *Alei Tamar* for a similar explanation).]

3. *Psalms* 17:1. For variant versions of this exposition, see *Midrash Shocher Tov* 17; *Pesikta Rabbasi* 40; *Yalkut Shimoni, Tehillim,* 643, 670. See also *Baal HaMaor* to *Taanis* fol. 1b; *Toras HaMinchah, Derashah* 77.

4. Reciting the *Shema* at the proper time is referred to as righteousness (*Korban HaEidah; Pnei Moshe*). Alternatively, *Shema* is referred to as *righteousness* (i.e. truth) since it proclaims the Oneness of God, which is the greatest and most fundamental truth of all (*Toras HaMinchah, Derashah* 77). Cf. *Beur of R' Chaim Kanievski* for yet another explanation.

5. *Pnei Moshe; Yefeh Mareh; Beur of R' Chaim Kanievski; Toras HaMinchah* (ibid.); cf. *Korban HaEidah.* [The verse alludes to Torah study as "song" because it should be studied with a tune [see *Bavli Megillah* 32a] (*Korban HaEidah*). Alternatively, it is because one should relate to Torah as one would relate to a melody – with delight and rapt attention (*Toras HaMinchah* ibid.).]

According to this understanding, the verse notes the various elements of service in imprecise order, for the Shacharis *Amidah* is mentioned after the reading of the Torah (in the verse's next phrase; see below), while it in fact precedes it (see the aforementioned commentators for their respective explanations). *Teshuvos Dvar Yehoshua* (1:78) explains that the main thrust here is not to present the sequence of the service per se, but to emphasize that the *Amidah* prayers of Shacharis and Mussaf should each be preceded by a session of Torah. Hence, the verse first indicates the two Torah sessions: *Shema* and the Torah reading, and then indicates the two prayers to which they correspond respectively: [*Shema* with] Shacharis, and [the Torah reading with] Mussaf. See also *Midrash Shocher Tov* 17, which reverses the order, and places "the song of Torah" after the reference to the Shacharis prayer.

[Many authorities derive from here that: (a) The Torah reading must precede the Mussaf prayer; the order should not be reversed unless there is a serious need (see *Tziyun Yerushalayim,* citing *Teshuvah MeiAhavah* 2:243; see also *Kaf HaChaim, Orach Chaim* 286:4); (b) Mussaf should directly follow the Torah reading, without other activities in between (for discussion, see *Teshuvos Maharitz Dushinsky* 1:32; *Teshuvos Dvar Yehoshua* 1:84; see also *Teshuvos Tzitz Eliezer* 13:38 for discussion regarding a Torah discourse between the Torah reading and Mussaf; and see also *Alei Tamar* for further discussion).]

6. *Pnei Moshe; Beur of R' Chaim Kanievski;* see *Pesikta Rabbasi* 40 with variations.

7. The commentators offer a number of explanations of how the phrase *which is not from deceitful lips* alludes to the Mussaf prayer: (1) The Mussaf prayer immediately follows the Torah reading. We can therefore confidently declare that it was not preceded by any form of improper speech (*Korban HaEidah* and *Yefeh Mareh,* based on *Midrash Shocher Tov* ibid.; *Pesikta Rabbasi* ibid.). (2) It is at Mussaf that our prayers are most heartfelt and sincere, since our focus intensifies throughout the services, and reaches its peak at Mussaf (see *Baal HaMaor* to *Taanis* fol. 1b; *Teshuvos Dvar Yehoshua* ibid.; see also *Michtav MeEliyahu, Elul-Tishrei* 236 [p. 288]). (3) Whereas the three standard prayers are primarily "service of the heart" (meaning, one's inner intent is the main purpose, with the articulation a secondary element of the prayer), the primary purpose of the Mussaf prayer is to replace the Mussaf offering with our verbal recitation of the procedure. Hence, Mussaf is characterized primarily as an activity of the *lips*, unlike the other prayers, which are primarily an activity of the heart, and are merely bolstered by the lips (*Teshuvos Dvar Yehoshua* ibid.; see *Tosafos* to *Berachos* 26a ד"ה איבעיא להו). See also *Maharsha* to *Avodah Zarah* 4b for yet another explanation.

8. *Psalms* 17:2.

9. *Korban HaEidah, Yefeh Mareh.* Alternatively, [the phrase *may my judgment go forth* does not directly allude to the blowing of the shofar. Rather, David requests to be judged at the time of Mussaf because it is an auspicious time, since it follows a series of mitzvos, and it is then that our prayer is most sincere (see note 7). Accordingly] since we see that Mussaf is an auspicious time for judgment, it is most fitting to blow the shofar then, for by invoking the merit of the shofar at the already auspicious time of Mussaf, we enhance the prospect of a favorable verdict (*Pnei Moshe;* see also *Roke'ach, Hil. Rosh Hashanah* 203).

10. [It is not to be understood as *following* Mussaf, for the shofar blowing must be performed *along with* the recitation of *Malchiyos* etc.]

11. *Korban HaEidah.* [*Pnei Moshe* and *Beur of R' Chaim Kanievski* add that the unique mitzvah of a festival is most congruent with Mussaf; Mussaf manifests the uniqueness of each festival since it mentions the

אמר ר' יונה כתיב (א) ואותי יום יום ידרושון זו תקיעה וערבה. (א) ר' יהושע בן לוי בשם ר' אלכסנדרי שמע לה מן הדא (ב) שמעה ה' צדק זו קריאת שמע. הקשיבה רנתי (ב) זו רינון תורה. האזינה תפילתי זו תפילה. בלא שפתי מרמה זו מוספ. מה כתיב בתריה מלפניך משפטי יצא. אמר ר' אחא בר פפא קומי ר' זעירא שנייא היא שמצות היום במוספ. (ג) אמר ר' תחליפא קיסרייא קרייא אמר כן (ג) יום תרועה ועשיתם. [א] ר' לעזר בר' יוסה בשם ר' יוסי בר קצרתא (ג) בכל [ב] הקרבנות כתיב והקרבתם וכאן כתיב (ד) ועשיתם אמר להן הקדוש ברוך הוא מכיון שנכנסתם לדין לפני בראש השנה ויצאתם בשלום מעלה אני עליכם כאילו נבראתם ברייה חדשה. (ד) ר' משרשיא בשם ר' אידי בכל הקרבנות כתיב [ג] חטא ובעצרת אין כתיב חטא אמר להן הקדוש ברוך הוא מכיון שקיבלתם עליכם עול תורה מעלה אני עליכם כאילו לא חטאתם מימיכם:

הלכה ט מתני' [מ"ח] (א) (ה) שופר של ראש השנה אין מעבירין עליו את התחום ואין מפקחין עליו את הגל ולא עולין באילן ולא רוכבין על גבי בהמה ולא שטין על פני המים ואין חותכין אותו לא בדבר שהוא משום שבות ולא בדבר שהוא משום לא תעשה. (ב) אבל אם רצה ליתן לתוכו יין או מים יתן. (ג) (ו) אין מעכבין את התינוקות מלתקוע אבל מתעסקין [ד] בהם [ה] עד שילמודו. (ד) (ז) והמתעסק לא יצא. (ה) והשומע מן המתעסק לא יצא: גמ' כיני מתניתא אסור משום שבות ובלא תעשה: אמר ר' לעזר [ו] מתניתא בגדול (ו) ביום טוב של ראש השנה שחל להיות בשבת.

פני משה

א"ר יונה. שאני בראש השנה דודאי כל העם מתקבצים ובאים לבית הכנסת, דכתיב ואותי יום יום ידרושון זו יום של תקיעה ויום של ערבה שהכל באים להתפלל יחד בביה"כ: שמע לה מן הדא. שהעיקר הוא בשעת תפלת מוספ, ולפיכך תיקנו התקיעות במוספ כדדריש לה מהאי קרא שמעה ה' צדק זו קריאת שמע שצדקה היא להם שמשכימים לקרות קריאת שמע בעונתה: הקשיבה רנתי זו רינון תורה. ועל שקורין בתורה, האזינה תפלתי זו תפלה של שחרית, ואף על פי שהתפלה קודמת לרינון תורה, מכל מקום דריש הכתוב לפי משמעות ושנוי המלות שהשמע שייך לקריאת שמע שאין צריך כוונה כל כך כמו התפלה דרחמי היא (ברכות כ:) ובעי כוונה טפי, והקשבה שהיא קרובה יותר מן השמיעה שייך לרנון תורה, והאזנה שהיא עוד קרובה ביותר שייך לתפלה: בלא שפתי מרמה. משמע לרבות עוד תפלה אחרת זו מוסף: מלפניך משפטי יצא. שאז היא שעת רצון שיצא זכאי במשפט, ולפיכך תוקעין במוסף שבו עולה הזכרון לטובה וכדאמרינן (בבלי לד:) ובמה בשופר: א"ר אחא בר פפא קומי ר' זעירה. בלאו הכי איכא טעמא אחרינא לתקיעה במוסף ולא בשחרית כמו הלל, דשאני היא תקיעה שייכה למצות היום בקרבן מוסף וכדר' תחליפא דאמר קרייא אמר כן מקרא דתקיעה גופה למדנו כן דכתיב יום תרועה יהיה לכם, וכתיב בתריה ועשיתם עולה לריח ניחוח לד' וגו', ובקרבן מוסף משתעי: וכאן. אצל קרבן מוסף בפרשת פנחס כתיב ועשיתם: בריה חדשה. כאלו עשיתם עצמכם בריה חדשה: בכל הקרבנות. מוספי רגלים כתיב בשעיר חטא, ושעיר חטאת אחד ושעיר עזים אחד חטאת לכפר, מלבד בעצרת כתיב שעיר עזים אחד לכפר עליכם (במדבר כט ה), אמר להם הקב"ה מכיון שקבלתם עליכם עול תורה שניתנה בעצרת להיות עמל ויגע בה כל צרכיכם מעלה אני עליכם כאלו לא חטאתם מימיכם ואין החטא נזכר לפני לפי שהתורה מכפרת עליכם: מתני' שופר של ראש השנה אין מעבירין עליו את התחום. לא לילך חוץ לתחום כדי להביא השופר וכן לילך לשמוע התקיעות: ואין מפקחין וכו'. משום דלא אתי עשה דשופר ודחי יום טוב דעשה ולא תעשה הוא, וכיון דלא דחי מלאכה דאורייתא אף שבות דדבריהם נמי אינו דוחה דחכמים עשו כאן חיזוק לדבריהם כשל תורה: ואין חותכין אותו לא בדבר שהוא משום שבות. שאין בו אלא משום שבות, כגון לחתכו במגל שאין דרך לחתוך בו, ולא בדבר שהוא משום לא תעשה כגון לחתכו בסכין דאורחיה הוא בכך וזו ואין צריך לומר זו קתני: אבל אם רצה ליתן יין או מים. כדי לצחצחו מותר ולא הוי כמתקן מנא: אין מעכבין את התינוקות מלתקוע. ואפילו בשבת: אבל מתעסקין בהם עד שילמדו. כלומר אף הגדול מתעסק עמהן כדי ללמדן לתקוע: והמתעסק. תקיעת שופר להתלמד לא יצא ידי חובתו, וכן השומע מן המתעסק לא יצא לפי שצריך עד שיתכוין השומע לצאת מן המשמיע שנתכוין להוציאו ידי חובתו: גמ' כיני מתניתא. כן צריך לפרש הא דקתני ואין חותכין אותו וכו': אסור משום שבות ובלא תעשה. וכלומר לא בדבר שחיתוכו אסור משום שבות ולא בדבר שחיתוכו אסור משום לא תעשה, וקא משמע לן דיש דבר שחיתוכו נמי משום שבות בעלמא הוא דאסור וכגון במגל דלאו אורחיה הוא ודבר שחיתוכו אסור בלא תעשה כגון בסכין וכדפרישית במתני': אמר ר' אלעזר מתניתא בגדול ביום טוב וכו'. כלומר דלא תיקשי מעיקרא קתני אין מעכבין את התינוקת מלתקוע משמע עכובא הוא דלא מעכבין כשהן תוקעין מעצמן הא אין מתעסקין עמהן לכתחלה לתקוע והדר קתני אבל מתעסקין בהן וכו', הלכך מפרש דהכי קאמר דרישא מיירי בשבת דלאו יום טוב של ראש השנה ואפילו הכי אין מעכבין אותן מלתקוע כדי שילמדו, והואיל ותינוקות הן ולא הגיעו לחינוך לא איכפת לן מידי, וסיפא דקתני אבל מתעסקין בהן היינו אפילו ביום טוב של ראש השנה שחל להיות בשבת, והרבותא דהגדול מותר להתעסק עמהן עד שילמדו וכגון בזמן שמותר לתקוע בשבת, והיינו לאחר תקנת רבן יוחנן בן זכאי בכל מקום שיש בו בית דין דאז מתעסק הגדול עמהן ואפילו אם הגיעו לחינוך מכיון שתוקעין היום שם, וכן עם הקטן שלא הגיע לחינוך, שהרי אין התקיעה אסורה בשבת אלא משום שבות:

קרבן העדה

ואותי יום יום ידרושון. וכי ביום דורשין ובלילה אין דורשין, אלא שני ימים בשנה הכל דורשין את ה' מגדולים עד קטנים, והם יום טוב של ראש השנה ויום ז' של ערבה, שהכל שומעין תקיעת שופר והכל נוטלין הערבה. הלכך תקנו במוסף שיהיו גם הקטנים בבית הכנסת, מה שאין כן בשחרית עדיין ישינים הקטנים, כדתנן בברכות (כ.) דקטנים פטורין מקריאת שמע, אפילו קטן שהגיע לחינוך לפי שאינו מצוי בשעת קריאת שמע: שמע לה. לטעמא דמתני' דהשני מתקיע מהא: שמעה ה' צדק זו קריאת שמע. כשקורא אותה בזמנה ואז נקראת צדק, ואם לא קרא עד שעה ד' אף זה יקשיב ה' כדתנן פרק קמא דברכות (ט:), ואח"כ שמעה תפילתי דתפלה זמנה עד ד' שעות. וביפה מראה פירש בענין אחר, ואין נראה: זו רינון תורה. שצריך לקרות בזמרה לכך נקרא רנון: זו מוסף. שלא עמד לתפלת מוסף בשפתי מרמה אלא מתוך דברי תורה, שלאחר קריאת התורה מתפללין מוסף: מלפניך משפטי יצא. היינו תקיעת שופר שהוא בא להזכיר זכיות של ישראל לפני הקב"ה בשעת הדין: שנייא היא. שאני תקיעות מהלל שמצות היום לתקוע הוא דוקא במוסף, וכדמסיק ר' תחליפא: קרייא אמר כן. מקרא מוכח כן, דכתיב יום תרועה יהיה לכם ועשיתם וגו', סמיך תרועה לגבי קרבן מוסף לומר דתקיעה בשעת מוסף. אי נמי דבשאר קרבנות כתיב והקרבתם, וכאן כתיב ועשיתם, למידרשיה לפניו ולאחריו יום תרועה ועשיתם ועשיתם אשה וגו', ללמדך שבזמן אחד תעשו שניהם: ויצאתם בשלום. שזכיות הכריעו החובות: כאילו נבראתם בריה חדשה. ואתם עשיתם עצמיכם: בכל הקרבנות כתיב. ועשיתם שעיר עזים אחד לחטאת, ובעצרת לא כתיב לחטאת אלא שעיר עזים אחד: מכיון שקבלתם וכו'. שבכל שנה בעצרת הוא כיום אשר עמדנו לפני הר סיני ומקבלים התורה מחדש, וכדאמר רב יוסף (פסחים סח:) אי לאו האי יומא וכו', הלכך אין שם חטאת ביום הזה: מתני' אין מעבירין עליו את התחום. לילך חוץ לתחום לשמוע התקיעות: אם רצה ליתן לתוכו מים וכו'. ולא אמרינן קא מתקן מנא: גמ' כיני מתני'. כן צריכין לפרש מתני': משום שבות ובלא תעשה. שצריך לשבות בו משום לא תעשה, דאי כדתנן במתני' קשיא השתא דרבנן אמרת לא דאורייתא מיבעיא: מתניתא. דתנן אבל מתעסקין עמהן וכו' היינו שיתקע הגדול בראש השנה שחל בשבת כדי שילמדו התינוקות:

שינויי נוסחאות

א] ר' לעזר בר' יוסה בשם ר' יוסי בר קצרתא. כך העתיק גם בספר הישר לר"ת (חידושים סי' תד). במדרשים (ראה מסוהש"ס) הובאה מימרא זו בשם ר' תחליפא קיסרייא:
ב] הקרבנות. כ"ה גם במדרשים הנ"ל. בויק"ר (אמור כט יב) מוספין:
ג] חטא. בספר הישר (שם) ובראביה (ר"ה סי' תקמ) וברוקח (ה' שבועות סי' רצה) חטאת, וכן בסמוך:
ד] בהם. במשניות ובבבלי (לב:) עמהם:
ה] עד. ברי"ף (ט: מדה"ר) ובגירסת הרמב"ם בפיה"מ כדי. וכן נראה שהיתה הגירסא לפני עוד ראשונים:
ו] מתניתא. ז"ל שבולי הלקט (סי' רצה) "ירושלמי. מתעסקין בהן עד שילמדו. א"ר אלעזר מתעסקין בגדול וכו'":

עין משפט

א מיי' פ"א מהלכות שופר הלכה ד טוש"ע או"ח סימן תקפו סעיף כא:
ב [מיי' שם טוש"ע או"ח סימן תקפו סעיף כג]:
ג מיי' שם פ"ב הלכה ז טור או"ח סימן תקפח [טוש"ע סימן תקצו סעיף א בהג"ה]:
ד ה מיי' שם הלכה ד טוש"ע או"ח סימן תקפט סעיף ח:
ו מיי' שם הלכה ז ובהשגות ובמג"מ:

תורה אור השלם

א) וְאוֹתִי יוֹם יוֹם יִדְרֹשׁוּן וְדַעַת דְּרָכַי יֶחְפָּצוּן כְּגוֹי אֲשֶׁר צְדָקָה עָשָׂה וּמִשְׁפַּט אֱלֹהָיו לֹא עָזָב יִשְׁאָלוּנִי מִשְׁפְּטֵי צֶדֶק קִרְבַת אֱלֹהִים יֶחְפָּצוּן: (ישעיה נח ב)

ב) תְּפִלָּה לְדָוִד שִׁמְעָה יְהוָה צֶדֶק הַקְשִׁיבָה רִנָּתִי הַאֲזִינָה תְפִלָּתִי בְּלֹא שִׂפְתֵי מִרְמָה: (תהלים יז א)

ג) וּבַחֹדֶשׁ הַשְּׁבִיעִי בְּאֶחָד לַחֹדֶשׁ מִקְרָא קֹדֶשׁ יִהְיֶה לָכֶם כָּל מְלֶאכֶת עֲבֹדָה לֹא תַעֲשׂוּ יוֹם תְּרוּעָה יִהְיֶה לָכֶם: וַעֲשִׂיתֶם עֹלָה לְרֵיחַ נִיחֹחַ לַיהוָה פַּר בֶּן בָּקָר אֶחָד אַיִל אֶחָד כְּבָשִׂים בְּנֵי שָׁנָה שִׁבְעָה תְּמִימִם: (במדבר כט א-ב)

ד) וַעֲשִׂיתֶם עֹלָה לְרֵיחַ נִיחֹחַ לַיהוָה פַּר בֶּן בָּקָר אֶחָד אַיִל אֶחָד כְּבָשִׂים בְּנֵי שָׁנָה שִׁבְעָה תְּמִימִם: (במדבר כט ב)

גליון הש"ס

שמעה ה' צדק זו ק"ש וכו'. עי' בבעל המאור ריש תענית הביא זה הדרש בשם מדרש אגדה, ועי' ברא"ן סי' ס"א: מתניתא בגדול. היינו קטן שהגיע לחינוך כן פי' הר"ן (ט: מדה"ר ד"ה אמר) ודלא כקרבן העדה:

מסורת הש"ס

א) [פסיקתא רבתי מ, מדרש תהלים יז בשינוי, ילקו"ש תהלים תרמג, ושם תרעו] ב) [ילקו"ש תהלים תרעו] ג) ויקרא רבה כט יב [פסיקתא דר"כ כג, ילקו"ש אמור תרמה, פנחס תשפב, ע' זהר פנחס רנח:] ד) [ויקרא רבה (מרגליות) כט יב] ה) ר"ה לב: [ע' שבת פי"ט ה"א] ו) [עירובין לו:, ערכין ב:, תוספתא פ"ב ה"ג, פסיקתא זוטרתא בראשית כב יב] ז) [ברכות פ"ו ה"ג, תוספתא פ"ב ה"ה]

מראה הפנים

אמר רבי אלעזר מתניתא בגדול ביום טוב של ראש השנה שחל להיות בשבת. לכשתדקדקו במה דפרישית בפנים וביארתי התוספתא שהובאה כאן והעתקתי אותה כמו שכתובה שם, תראה עין בעין לדברי הרמב"ם ז"ל בענין זה כמ"ש בהלכות שופר (פ"ב) בהלכה ז' התינוקות שלא הגיעו לחינוך וכו', שהמה מדוקדקים והמה נלקחים מכאן ומהתוספתא כפירושו למה דמשני התם (בבלי לג.) לא קשיא כאן בקטן שהגיע לחינוך וכו', ודלא כפירש"י (ד"ה קטן שהגיע לחינוך) שפירש בהגיע לחינוך מתעסקין בהן וכו' אלא איפכא הוא, וכן התוס' בדף ל"ג (ע"א) ד"ה תניא נמי הכי וכו' הקשו על פירש"י וכתבו, ודבר תימה הוא היאך יכול לומר דקטן שהגיע לחינוך מתעסקים ואפי' בשבת הלא אין מצות היום בשופר וכו'. ולדעת הרמב"ם הכל ניחא, ושיעור הלשון דבריו באלו החלוקות שביאר שאם כך הם, התינוקות שלא הגיעו לחינוך וכו' בשבת שאינה ביו"ט של ר"ה כדי שילמדו, כלומר אפי' בשבת דעלמא ומכ"ש בשבת שחל בו וכפי' הכ"מ בזה, ודלא כדברי הרב המגיד שכתב דלכך אמר בשבת שאינה בי"ט וכו', לפי שביו"ט של ר"ה שחל להיות בשבת ודאי מעכבין אותן שלא יאמרו שתוקעין ביו"ט של ר"ה שחל להיות בשבת וסיים שם וכן נראה מן הירושלמי, ולא כן הוא דהא בהדיא אמרו הכא בהיפך מדבריו. אלא דצריך ביאור מהיכן הוציא הרמב"ם זה דאף בשבת דעלמא אמרו כן ומכ"ש בר"ה שחל בשבת, ולפי התוספתא שהבאתי מוכרח הוא דע"כ רישא מתלמדין לתקוע בשבת היינו בשבת דעלמא וסיפא ואין מעכבין וכו' דהדר נקט בשבת היינו ביו"ט של ר"ה שחל להיות בשבת. ומיירי התם בשלא הגיעו לחינוך דדומיא דנשים קתני וכדפרישית בפנים, וסיים שם הרמב"ם בחלוקה זו ומותר לגדול להתעסק וכו', וזהו כרישא דהתוספתא וכדהובאה כאן, ואח"כ כתב ביו"ט בין קטן שהגיע לחינוך וכו', כלומר וביו"ט של ר"ה שחל להיות בשבת והיינו במקום שתוקעין בשבת וכתקנת ר' יוחנן בן זכאי בזה אין חילוק שאף בהגיע לחינוך אין מעכבין ומתעסקין עמהן, שאע"פ שכבר תקעו בב"ד ועבר זמן ב"ד אפ"ה הואיל שהתקיעה אינה אסורה אלא משום שבות לא גזרו בקטן ואפי' הגיע לחינוך וכדי להתלמד, והנה נכון ואמת הדבר ואזדא לה השגת הראב"ד שם וא"צ לבאר יותר בזה:

מעשרה שופרות כנגד שבעה כבשים פר ואיל ושעיר: [א]אלוהות עולין לו לשם מלכיות דברי ר' יהודה. ר' יוסי אומר אינן עולין לו. אלוהות ומלכיות עולין לו משם שנים דברי ר' יוסי. ר' יהודה אומר אינן עולין. [ב][א]זמרו אלהים זמרו זמרו למלכנו זמרו עולין לו משם שנים דברי [א]ר' יהודה. ר' יוסה אומר אינן עולין. ר' זעירא בעי ביה ובדבתריה כ: פליגין או ביה לגרמיה פליגין. מן מה דתני [ג]הכל מודין [ב]במלך אלהים על גוים שהוא אחד הדא אמרה ביה ובדבתריה פליגין. [ד][ג]שאו שערים ראשיכם והנשאו פתחי עולם וגו' [ד][ב]ושאו שערים ראשיכם ושאו פתחי עולם הראשון משם אחד והשני משם שנים דברי ר' יהודה. ר' יוסי אומר הראשון משם שנים והשני משם שלשה: ר' יוחנן בן נורי אומר אם אמרן [ג]שלש יצא: [ה]הוינן סברין מימר שלש מכל אחד ואחד. אשכחת תני [ו]אפילו שלש מכולן יצא: אין מזכירין זכרון ומלכות ושופר של פורענות: זכרון דכתיב [ה]אותם זכר ה' וגו'. [ז]מלכות דכתיב [ו]חי אני נאם ה' אלהים אם לא ביד חזקה וגו'. שופר דכתיב [ז]כי קול שופר שמעת נפשי תרועת מלחמה: מתחיל בתורה ומשלים בנביא: מה לשעבר הא בתחילה לא. אמר ר' יוחנן [ח]כיני מתניתא ר' יוסה אומר [א]צריך להשלים בתורה:

הלכה ח מתני'

[מ"ז] [ט]העובר לפני התיבה ביום טוב של ראש השנה [ב]השיני מתקיע ובשעת ההלל הראשון מקרא את ההלל: גמ' ר' יעקב בר אחא בשם ר' יוחנן [י]מפני מעשה שאירע פעם אחת תקעו בראשונה והיו השונאים סבורין [ד]שמא עליהם הם הולכין ועמדו עליהן והרגום. מיגו דאינון חמי לון קראיי שמע ומצליין וקוראין [ה]באוריתא ומצליי ותקעין אינון אמרין בנימוסין אינון עסיקין. ואמר אף בהלל כן. לית כל עמא תמן. ואמר אף בתקיעה כן לית כל עמא תמן.

קרבן העדה

כנגד שבעה כבשים ופר ואיל ושעיר. הרי עשר קרבנות שמקריבים בראש השנה: אלוה'. פסוקים שיש בהן אלוקות כמו שמע ישראל ה' אלהינו וגו', עולין לו משום פסוקי מלכיות: אלוקו' ומלכיות. בפסוק אחד: עולין לו משום שנים. פסוקים: אינן עולין. אלא לאחד: ביה ובדבתריה פליגין. מי אמרינן דפליגי אם אמר גם סיפא דקרא כי מלך על כל הארץ אלקי', וסובר ר' יוסי דכולא קרא אינו עולה אלא לאחד. או דלמא בו לבדו פליגי, וסובר ר' יוסי כיון דנאמר בו אלקי' ומלכות חשבינן לשנים, אבל כי מלך וגו' עם הרישא לכולי עלמא נחשב לשנים: שהוא אחד. שמעינן דמלכות ואלוקו' שבפסוק אחד אינו נחשב אלא לאחד לכולי עלמא, ולא פליגי אלא בשתי מלכיות בפסוק אחד. שמע מינה דביה ובדבתריה פליגין, דהיינו שתי מלכיות בפסוק אחד: הראשון. פסוק הראשון משום מלכות אחד ופסוק השני משום שתים, דמי הוא זה מלך הכבוד לאו ממנינא הוא: הוינון סברין וכו'. סברוהו למימר דלא פליג ר' יוחנן בן נורי אלא על העשירי, וסובר דבתשעה סגי, והיינו שלשה מכל אחד: אשכחת תני. בברייתא דלר' יוחנן בן נורי אפילו אמר שלש מכולן מתורה נביאים כתובים יצא: מה לשעבר. בדיעבד הוא דאמר ר' יוסי דאם השלים בתורה יצא, משמע הא לכתחילה אינו משלים בתורה, וקשיא אנן היכא עבדינן דמסיימין לכתחילה בתורה: כיני מתניתא. כן צריך להיות במתני', ר' יוסי אמר צריך להשלים בתורה לכתחילה: מתני' השני מתקיע. המתפלל תפלת המוספין מתקיע ולא בתפלת שחרית, וטעמא מפרש בגמ': ובשעת ההלל. משום דאין אומרים הלל בראש השנה ויום הכיפורים קתני ובשעת ההלל, כלומר בשאר יום טוב שאומרים הלל: גמ' מפני מעשה וכו'. הא דשני מתקיע ולא בשחרית מפני מעשה וכדמסיק: בראשונה. בשחרית: שמא עליהן הן הולכים. ותוקעין כדרך שתוקעין לקבץ העם למלחמה: מגו דאינון וכו'. מתוך שהן רואין אותן קורין קריאת שמע ומתפללין וקוראין בתורה ומתפללין ואחר כך תוקעין הם, אומרים במנהגיהם הם עוסקים ואין דעתם למלחמה: ופריך ואמר אף בהלל כן. דנגזור שמא יאמרו העכו"ם קיבוץ מלחמה הוא מקול רעש של התפלה שאחד אומר וכולן עונין אחריו כאחת וקולם נשמע למרחוק, ולא יאמר אלא במוסף. ויותר נראה לי דה"ג, מפני שברוב עם הדרת מלך, ואמר אף בהלל כן, וכ"ה בבבלי (לג:). (וה"ה) [והכי פירושו], מפני שברוב עם וכו' הלכך השני מתקיע, ופריך א"כ אף בהלל נמי נאמר כן דהשני יקרא הלל משום ברוב עם: ומשני לית כל עמא תמן. בתמיה, וכי אין הכל שם בשחרית כמו במוסף: ופריך ואמר אף בתקיעה כן וכי לית כל עמא תמן. בשחרית כמו במוסף:

פני משה

כנגד שבעה כבשים וכו'. שמקריבין בראש השנה: אלוהות. פסוקים שנאמר בהן השם אלהי אלהינו וכיוצא: ר' זעורה בעי ביה ובדבתריה פליגין. בקרא דזמרו ובקרא דאבתריה כי מלך כל הארץ אלהים פליגי אם נחשבין הם לשנים, אבל בקרא דזמרו לחוד שוין שלאחד הוא נחשב, או דילמא ביה לגרמיה פליגין בפסוק דזמרו בעצמו פליגי אם עולה לשנים דכתיב בה אלהינו ומלכנו, ופשיט לה מן מה דתני בברייתא הכל מודים במלך אלהים על גוים אלהים ישב על כסא קדשו דכתיב בתר כי מלך כל הארץ, ושוין בזה שאין נחשב אלא לאחד ואע"ג דכתיב ביה תרי אלהים א"כ הוא הדין בפסוק דזמרו מודים שאינו אלא אחד והדא אמרה ביה ובדבתריה פליגין אם נחשבים לשנים: הוינן סברין. מעיקרא מימר שלש מכל אחד קאמר, אשכחת ברייתא דתני בהדיא אפילו שלש מכולן יצא כדפרישית במתניתן: מה לשעבר. לר' יוסי הוא דבעי דקאמר אם השלים בתורה יצא ומאי קאמר אם השלים יצא לשעבר. והיינו דיעבד הא לכתחלה לא בתמיה הרי ודאי יותר משובח אם משלים בתורה: אמר ר' יוחנן כיני מתניתא. כן צריך לומר לר' יוסי צריך לכתחלה להשלים בתורה ואם השלים בנביא יצא: מתני' העובר לפני התיבה ביום טוב של ראש השנה השני מתקיע. המתפלל תפלת המוסף הוא המתקיע להיות אחר תוקע ולא המתפלל תפלה של שחרית, וכלומר שבתפלת המוסף תוקעין ולא בתפלת שחרית, ובשעת גזרת השמד תיקנו שהיו אורבים עליהם כל זמן השחרית וכדקאמר בגמרא, ותיקנו לתקוע במוסף ואף על פי שבטלה הגזירה נשארה התקנה דשמא יחזור הדבר לקלקולו, ובתחלה היו אומרים כל סדר הברכות בשחרית ותוקעין על הסדר ולאחר התקנה אומרים ותוקעין במוסף: ובשעת ההלל. משום דבראש השנה ויום הכיפורים אין אומרים הלל (בבלי לב:), תני בשעת ההלל בשאר ימים טובים שקורין הלל הראשון המתפלל שחרית הוא המקרא את ההלל משום דזריזין ומקדימין למצות: גמ' מפני מעשה שאירע. תיקנו שיהיו תוקעין במוסף שפעם אחת היו תוקעין בתפלה ראשונה בשחרית והיו השונאים וכו', ואחר כך מתוך שרואין שקוראין קריאת שמע ומתפללין וקוראים בתורה וחוזרין ומתפללין מוסף ותוקעין אמרו בנמוסיהון הן עוסקין והניחום, ולפיכך נשאר כך שיהו תוקעין במוסף: ואימר אף בהלל כן. ולמה לא חששו אף בימים שקוראין את הלל שיתקנו לומר במוסף דשמא יהו השונאים סוברין שמתקבלים עליהם ואף שאין תוקעין מכל מקום מחמת קיבוץ רוב עם יהו סבורין כך: ומשני לית כל עמא תמן. שאין כל העם מתקבלין כל כך לבא אל בית הכנסת בימים שקוראין ההלל: ואימר אף בתקיעה כן לית כל עמא תמן. ונימא אף בראש השנה ביום תקיעה גם כן אין כל העם מתקבלין, והרי עיקר החשש היה שיאמרו הן מתקבלין כולן למלחמה ונותנין סימן מלחמה בתקיעתן ואם אין כל העם שם לית כאן חששא:

מסורת הש"ס

א) [עי' ר"ה לג: ותוספתא פ"ב הי"א] ב) [עי' ר"ה לב:] ג) [ר"ה לב:] ד) [ר"ה לב:, עי' תוספתא פ"ב הי"א] ה) [ר"ה לב.] ו) [ר"ה לב., תוספתא פ"ב ה"י] ז) [ר"ה לב:] ח) [ר"ה לב:] ט) ר"ה לב: [פסיקתא זוטרתא בראשית כב יג] י) [עי' ר"ה לב: תוד"ה בשעת

גליון הש"ס

מפני מעשה שאירע וכו'. עיין בתוס' (לב: ד"ה בשעת) ורא"ש (סי' ד) בסוגיין:

שירי קרבן

אשכחת תני וכו'. בבבלי (לב.) גרסינן, איבעיא להו היכי קתני שלש מן התורה וכו', ת"ש דתניא אין פוחתין וכו'. ופירש"י בד"ה לא יפחות משבע וכו', ואי ס"ד שלש מן התורה וכו', עיי"ש. ופירושו דחוק. לכן נ"ל דאף בבבלי לא גרסינן במתני' מכולן, אלא אם אמר שלש שלש יצא, וכגירסתינו. והשתא שפיר פשט מברייתא דתני בה שלש מכולן דילא, ובעיין וגם הפשיטות אתיין כפשטן:

מראה הפנים

מיגו דאינון חמי לון קראיי שמע וכו'. לפי טעמא דהכא פשוט הוא דהמנהג נשאר כך שירצו שנוהגין אנחנו כך לפי הדת של תורה, וכ"כ התוס' בדף הנזכר (לב: ד"ה בשעת) דלפי' הירושלמי ניחא טפי:

עין משפט

א מיי' פ"ג מהלכות שופר הלכה ח טוש"ע או"ח סימן תקצא סעיף ד:
ב טור או"ח סימן תקפה:

שינויי נוסחאות

א] ר' יהודה, ר' יוסה אומר אינן עולין. בבבלי (לב:) ר' יוסי, ר' יהודה אומר אחת:
ב] ושאו. בדפ"ו שאו:
ג] שלש. במשנה שלש שלש:
ד] שמא. נוסף בכי"ל ע"ל המגיה. וכ"ה בר"ח (לב:) ובריי"ץ גיאת (ה' ר"ה עמ' לד) ובר"ן (ט. מדה"ר) ועוד. במאירי (שם) ליתא:
ה] באוריתא. בשבולי הלקט (סדר ר"ה סי' דש) נוסף ובאפטרתא. בשאר ראשונים ליתא:

תורה אור השלם

א) זַמְּרוּ אֱלֹהִים זַמֵּרוּ זַמְּרוּ לְמַלְכֵּנוּ זַמֵּרוּ: (תהלים מז ז)

ב) מָלַךְ אֱלֹהִים עַל גּוֹיִם אֱלֹהִים יָשַׁב עַל כִּסֵּא קָדְשׁוֹ: (תהלים מז ט)

ג) שְׂאוּ שְׁעָרִים רָאשֵׁיכֶם וְהִנָּשְׂאוּ פִּתְחֵי עוֹלָם וְיָבוֹא מֶלֶךְ הַכָּבוֹד: (תהלים כד ז)

ד) שְׂאוּ שְׁעָרִים רָאשֵׁיכֶם וּשְׂאוּ פִּתְחֵי עוֹלָם וְיָבֹא מֶלֶךְ הַכָּבוֹד: (תהלים כד ט)

ה) הֲלוֹא אֶת הַקִּטֵּר אֲשֶׁר קִטַּרְתֶּם בְּעָרֵי יְהוּדָה וּבְחֻצוֹת יְרוּשָׁלַםִ אַתֶּם וַאֲבוֹתֵיכֶם מַלְכֵיכֶם וְשָׂרֵיכֶם וְעַם הָאָרֶץ אֹתָם זָכַר יְהוָה וַתַּעֲלֶה עַל לִבּוֹ: (ירמיהו מד כא)

ו) חַי אָנִי נְאֻם אֲדֹנָי יֱהֹוִה אִם לֹא בְּיָד חֲזָקָה וּבִזְרוֹעַ נְטוּיָה וּבְחֵמָה שְׁפוּכָה אֶמְלוֹךְ עֲלֵיכֶם: (יחזקאל כ לג)

ז) מֵעַי מֵעַי אוֹחִילָה קִירוֹת לִבִּי הֹמֶה לִּי לִבִּי לֹא אַחֲרִישׁ כִּי קוֹל שׁוֹפָר שָׁמַעַתְּ נַפְשִׁי תְּרוּעַת מִלְחָמָה: (ירמיה ד יט)

The Gemara asks:

וְאֵמַר אַף בְּהַלֵּל כֵּן – But say the same about *Hallel*![34] Why was the recitation of *Hallel* not deferred to Mussaf as well, for concern that the gathering and commotion might be construed by the enemies as a call to battle?

The Gemara answers:

לֵית כָּל עַמָּא תַּמָּן – Not all the people are there for *Hallel.*[35]

The Gemara counters:

וְאֵמַר אַף בִּתְקִיעָה כֵּן – But say the same about blowing the shofar, **לֵית כָּל עַמָּא תַּמָּן** – that **not all the people are there,** and that it therefore does not have the semblance of a gathering for battle.[36] **– ? –**

NOTES

34. The recitation of *Hallel* was significantly louder than the prayer services of other days, for in those days, the leader would recite the *Hallel*, and the congregants would respond to his recitation in unison [see above, note 28]. This resulted in a loud noise that could be heard at a distance. Why, then, is there no concern that this, too, might be construed by the enemies as a call to battle? (*Korban HaEidah* [first explanation]; see also *Pnei Moshe*). [*Korban HaEidah* offers an alternative explanation (which he prefers), based on an emendation of the text. *Rashba* (ibid.), however, presents our version of *Yerushalmi*. See also *Yefeh Mareh* and *Beur of R' Chaim Kanievski* for yet another explanation.]

35. That is, not everyone comes to the synagogue on Yom Tov. Therefore, although there is indeed more of a commotion at *Hallel* than at an ordinary prayer, the commotion alone would not appear as a call to battle unless the entire Jewish populace were to gather in the synagogue (*Pnei Moshe;* cf. *Yefeh Mareh, Beur of R' Chaim Kanievski*).

36. Presumably, there is not more of a crowd in the synagogue at the shofar blowing on Rosh Hashanah than on other festivals. If in fact anything less than a gathering of the entire Jewish populace does not have the semblance of a call to battle, why would there be more of a concern on Rosh Hashanah than on other festivals? (*Pnei Moshe*). [It seems obvious that the Gemara's intent is not to question the reality that the blowing of Rosh Hashanah had in fact been construed as a call to battle. Apparently, the Gemara means to argue that this nevertheless could not be the reason for the custom of blowing during Mussaf, and that there must be some other reason (as other Amoraim below [25b] indeed maintain), for this reason alone does not justify a distinction between Rosh Hashanah and other festivals.]

מעשרה שופרות כנגד שבעה כבשים פר ואיל ושעיר: (א)אלוהות עולין לו לשם מלכיות דברי ר' יהודה. ר' יוסי אומר אינן עולין לו. אלוהות ומלכיות עולין לו משם שנים דברי ר' יוסי. ר' יהודה אומר אינן עולין. (ב)א)זמרו אלהים זמרו זמרו למלכנו זמרו עולין לו משם שנים דברי א]ר' יהודה. ר' יוסה אומר אינן עולין. ר' זעירא בעי (ס)ביה ובדבתריה כ: פליגין או ביה לגרמיה פליגין. מן מה דתני (ג)הכל מודין ב)במלך אלהים על גוים שהוא אחד הדא אמרה ביה ובדבתריה פליגין. ג)ד)שאו שערים ראשיכם והנשאו פתחי עולם וגו' ד)ב]ושאו שערים ראשיכם ושאו פתחי עולם הראשון משם אחד והשני משם שנים דברי ר' יהודה. ר' יוסי אומר הראשון משם שנים והשני משם שלשה: ר' יוחנן בן נורי אומר אם אמרן ג]שלש יצא: (ה)הוינן סברין מימר שלש מכל אחד ואחד. אשכחת תני (ו)אפילו שלש מכולן יצא: אין מזכירין זכרון ומלכות ושופר של פורענות: זכרון דכתיב ה)אותם זכר ה' וגו'. (ז)מלכות דכתיב ו)חי אני נאם ה' אלהים אם לא ביד חזקה וגו'. שופר דכתיב ז)כי קול שופר שמעת נפשי תרועת מלחמה: מתחיל בתורה ומשלים בנביא: מה לשעבר הא בתחילה לא. אמר ר' יוחנן (ח)כיני מתניתא ר' יוסה אומר אצריך להשלים בתורה: **הלכה ח מתני'** [מ"ז] (ט)העובר לפני התיבה ביום טוב של ראש השנה בהשיני מתקיע ובשעת ההלל הראשון מקרא את ההלל: **גמ'** ר' יעקב בר אחא בשם ר' יוחנן (י)מפני מעשה שאירע פעם אחת תקעו בראשונה והיו השונאים סבורין ד]שמא עליהם הם הולכין ועמדו עליהן והרגום. מיגו דאינון חמי לון קראיי שמע ומצליין וקוראין ה]באוריתא ומצליי ותקעין אינון אמרין בנימוסין אינון עסיקין. ואמר אף בהלל כן. לית כל עמא תמן. ואמר אף בתקיעה כן לית כל עמא תמן.

קרבן העדה

כנגד שבעה כבשים ופר ואיל ושעיר. הרי עשר קרבנות שמקריבים בראש השנה: **אלוה'**. פסוקים שיש בהן אלוקות כמו שמע ישראל ה' אלהינו וגו', עולין לו משום פסוקי מלכיות: **אלוקו' ומלכיות. בפסוק אחד**: עולין לו משום שנים. פסוקים: **אינן עולין**. אלא לאחד: **ביה ובדבתריה פליגין**. מי אמרינן דפליגי אם אמר גם סיפא דקרא כי מלך על כל הארץ אלקי', וסובר ר' יוסי דכולא קרא אינו עולה אלא לאחד. או דלמא בו לבדו פליגי, וסובר ר' יוסי כיון דנאמר בו אלקי' ומלכות חשבינן לשנים, אבל כי מלך וגו' עם הרישא לכולי עלמא נחשב לשנים: **שהוא אחד**. שמעינן דמלכות ואלוקו' שבפסוק אחד אינו נחשב אלא לאחד לכולי עלמא, ולא פליגי אלא בשתי מלכיות בפסוק אחד. שמע מינה דביה ובדבתריה פליגין, דהיינו שתי מלכיות בפסוק אחד: **הראשון**. פסוק הראשון משום מלכות אחד ופסוק השני משום שתים, דמי הוא זה מלך הכבוד לאו ממנינא הוא: **הוינן סברין וכו'**. סברוהו למימר דלא פליג ר' יוחנן בן נורי אלא על העשירי', וסובר דבתשעה סגי, והיינו שלשה מכל אחד: **אשכחת תני**. בברייתא דלר' יוחנן בן נורי אפילו אמר שלש מכולן מתורה נביאים כתובים יצא: **מה לשעבר**. בדיעבד הוא דאמר ר' יוסי דאם השלים בתורה יצא, משמע הא לכתחילה אינו משלים בתורה, וקשיא אנן היכא עבדינן דמסיימין לכתחילה בתורה: **כיני מתניתא**. כן צריך להיות במתני', ר' יוסי אמר צריך להשלים בתורה לכתחילה: **מתני'** השני מתקיע. המתפלל תפלת המוספין מתקיע ולא בתפלת שחרית, וטעמא מפרש בגמ': **ובשעת ההלל**. משום דאין אומרים הלל בראש השנה ויום הכיפורים קתני ובשעת ההלל, כלומר בשאר יום טוב שאומרים הלל: **גמ' מפני מעשה וכו'**. הא דשני מתקיע ולא בשחרית מפני מעשה וכדמסיק: **בראשונה**. בשחרית: **שמא עליהן הן הולכים. ותוקעין** כדרך שתוקעין לקבץ העם למלחמה: **מגו דאינון וכו'**. מתוך שהן רואין אותן קורין קריאת שמע ומתפללין וקוראין בתורה ומתפללין ואחר כך תוקעין הם, אומרים במנהגיהם הם עוסקים ואין דעתם למלחמה: **ופריך ואמר אף בהלל כן**. דנגזור שמא יאמרו העכו"ם קיבוץ מלחמה הוא מקול רעש של התפלה שאחד אומר וכולן עונין אחריו כאחת וקולם נשמע למרחוק, ולא יאמר אלא במוסף. ויותר נראה לי דה"ג, מפני שברוב עם הדרת מלך, ואמר אף בהלל כן, וכ"ה בבבלי (לב:). (וה"ה) [והכי פירושו], מפני שברוב עם וכו' הלכך השני מתקיע, ופריך א"כ אף בהלל נמי נאמר כן דהשני יקרא הלל משום ברוב עם: ומשני **לית כל עמא תמן**. בתמיה, וכי אין הכל שם בשחרית כמו במוסף: ופריך **ואמר אף** בתקיעה כן וכי לית כל עמא תמן. בשחרית כמו במוסף:

פני משה

כנגד שבעה כבשים וכו'. שמקריבין בראש השנה: **אלוהות.** פסוקים שנאמר בהן השם אלהי אלהינו וכיוצא: **ר' זעורה בעי ביה ובדבתריה פליגין**. בקרא דזמרו ובקרא דאבתריה כי מלך כל הארץ אלהים פליגי אם נחשבין הם לשנים, אבל בקרא דזמרו לחוד שוין שלאחד הוא נחשב, או דילמא ביה לגרמיה פליגין בפסוק דזמרו בעצמו פליגי אם עולה לשנים דכתיב בה אלהינו ומלכנו, ופשיט לה מן מה דתני בברייתא הכל מודים במלך אלהים על גוים אלהים ישב על כסא קדשו דכתיב בתר כי מלך כל הארץ, ושוין בזה שאין נחשב אלא לאחד ואע"ג דכתיב ביה תרי אלהים א"כ הוא הדין בפסוק דזמרו מודים שאינו אלא אחד והדא אמרה ביה ובדבתריה פליגין אם נחשבים לשנים: **הוינן סברין**. מעיקרא מימר שלש מכל אחד קאמר, אשכחת ברייתא דתני בהדיא אפילו שלש מכולן יצא כדפרישית במתניתן: **מה לשעבר**. לר' יוסי הוא דבעי דקאמר אם השלים בתורה יצא ומאי קאמר אם השלים יצא לשעבר. והיינו דיעבד הא לכתחלה לא בתמיה הרי ודאי יותר משובח אם משלים בתורה: **אמר ר' יוחנן כיני מתניתא.** כן צריך לומר לר' יוסי צריך לכתחלה להשלים בתורה ואם השלים בנביא יצא: **מתני'** העובר לפני התיבה ביום טוב של ראש השנה השני מתקיע. המתפלל תפלת המוסף הוא המתקיע להיות אחר תוקע ולא המתפלל תפלה של שחרית, וכלומר שבתפלת המוסף תוקעין ולא בתפלת שחרית, ובשעת גזרת השמד תיקנוה שהיו אורבים עליהם כל זמן השחרית וכדקאמר בגמרא, ותיקנו לתקוע במוסף ואף על פי שבטלה הגזירה נשארה התקנה דשמא יחזור הדבר לקלקולו, ובתחלה היו אומרים כל סדר הברכות בשחרית ותוקעין על הסדר ולאחר התקנה אומרים ותוקעין במוסף: **ובשעת ההלל**. משום דבראש השנה ויום הכיפורים אין אומרים הלל (בבלי לב:), תני בשעת ההלל בשאר ימים טובים שקורין הלל הראשון המתפלל שחרית הוא המקרא את ההלל משום דזריזין ומקדימין למצות: **גמ' מפני מעשה שאירע.** תיקנו שיהיו תוקעין במוסף שפעם אחת היו תוקעין בתפלה ראשונה בשחרית והיו השונאים וכו', ואחר כך מתוך שרואין שקוראין קריאת שמע ומתפללין וקוראים בתורה וחוזרין ומתפללין מוסף ותוקעין אמרו בנמוסיהון הן עוסקין והניחום, ולפיכך נשאר כך שיהו תוקעין במוסף: **ואימר אף בהלל כן**. ולמה לא חששו אף בימים שקוראין את ההלל שיתקנו לומר במוסף דשמא יהו השונאים סוברין שמתקבצים עליהם ואף שאין תוקעין מכל מקום מחמת קיבוץ רוב עם יהו סבורין כך: ומשני **לית כל עמא תמן**. שאין כל העם מתקבצין כל כך לבא אל בית הכנסת בימים שקוראין ההלל: **ואימר אף בתקיעה כן לית כל עמא תמן**. וכימא אף בראש השנה ביום תקיעה גם כן אין כל העם מתקבצין, והרי עיקר החשש היה שיאמרו הן מתקבצין כולן למלחמה ונותנין סימן מלחמה בתקיעתן ואם אין כל העם שם לית כאן חששא:

מסורת הש"ס

א) [עי' ר"ה לב: ותוספתא פ"ב הי"א] **ב)** [עי' ר"ה לב:] **ג)** [ר"ה לב:] **ד)** [ר"ה לב:, עי' תוספתא פ"ב הי"א] **ה)** [ר"ה לב.] **ו)** [ר"ה לב., תוספתא פ"ב ה"י] **ז)** [ר"ה לב:] **ח)** [ר"ה לב:] **ט)** ר"ה לב: [פסיקתא זוטרתא בראשית כב יג] **י)** [עי' ר"ה לב: תוד"ה בשעת

גליון הש"ס

מפני מעשה שאירע וכו'. עיין בתוס' (לב: ד"ה בשעת) ורא"ש (סי' ד) בסוגיין:

שירי קרבן

אשכחת תני וכו'. בבבלי (לב.) גרסינן, איבעיא להו היכי קתני שלש מן התורה וכו', ת"ש דתניא אין פוחתין וכו'. ופירש"י בד"ה לא יפחות משבע וכו', ואי ס"ד שלש מן התורה וכו', עיי"ש. ופירושו דחוק. לכן נ"ל דאף בבבלי לא גרסינן במתני' מכולן, אלא אם אמר שלש שלש יצא, וכגירסתינו. והשתא שפיר פשט מברייתא דתני בה שלש מכולן דיצא, ובעיין וגם הפשיטות אתיין כפשטן:

מראה הפנים

מיגו דאינון חמי לון קראיי שמע וכו'. לפי טעמא דהכא פשוט הוא דהמנהג נשאר כך שירצו שנוהגין אנחנו כך לפי הדת של תורה, וכ"כ התוס' בדף הנזכר (לב: ד"ה בשעת) דלפי' הירושלמי ניחא טפי:

עין משפט

א מיי' פ"ג מהלכות שופר הלכה ח טוש"ע או"ח סימן תקצא סעיף ד:
ב טור או"ח סימן תקפה:

שינויי נוסחאות

א] **ר' יהודה, ר' יוסה אומר אינן עולין.** בבבלי (לב:) ר' יוסי, ר' **יהודה אומר אחת:**
ב] **ושאו.** בדפ"ו **שאו:**
ג] **שלש.** במשנה **שלש שלש:**
ד] **שמא.** נוסף בכי"ל ע"ל המגיה. וכ"ה בר"ח (לב:) ובר"י"ץ גיאת (ה' ר"ה עמ' לד) ובר"ן (ט. מדה"ר) ועוד. במאירי (שם) ליתא:
ה] **באוריתא.** בשבולי הלקט (סדר ר"ה סי' דש) נוסף **ובאפטרתא.** בשאר ראשונים ליתא:

תורה אור השלם

א) זַמְּרוּ אֱלֹהִים זַמֵּרוּ זַמְּרוּ לְמַלְכֵּנוּ זַמֵּרוּ: (תהלים מז ז)

ב) מָלַךְ אֱלֹהִים עַל גּוֹיִם אֱלֹהִים יָשַׁב עַל כִּסֵּא קָדְשׁוֹ: (תהלים מז ט)

ג) שְׂאוּ שְׁעָרִים רָאשֵׁיכֶם וְהִנָּשְׂאוּ פִּתְחֵי עוֹלָם וְיָבוֹא מֶלֶךְ הַכָּבוֹד: (תהלים כד ז)

ד) שְׂאוּ שְׁעָרִים רָאשֵׁיכֶם וּשְׂאוּ פִּתְחֵי עוֹלָם וְיָבֹא מֶלֶךְ הַכָּבוֹד: (תהלים כד ט)

ה) הֲלוֹא אֶת הַקִּטֵּר אֲשֶׁר קִטַּרְתֶּם בְּעָרֵי יְהוּדָה וּבְחֻצוֹת יְרוּשָׁלַםִ אַתֶּם וַאֲבוֹתֵיכֶם מַלְכֵיכֶם וְשָׂרֵיכֶם וְעַם הָאָרֶץ אֹתָם זָכַר יְהֹוָה וַתַּעֲלֶה עַל לִבּוֹ: (ירמיהו מד כא)

ו) חַי אָנִי נְאֻם אֲדֹנָי יֱהֹוִה אִם לֹא בְּיָד חֲזָקָה וּבִזְרוֹעַ נְטוּיָה וּבְחֵמָה שְׁפוּכָה אֶמְלוֹךְ עֲלֵיכֶם: (יחזקאל כ לג)

ז) מֵעַי מֵעַי אוֹחִילָה קִירוֹת לִבִּי הֹמֶה לִּי לִבִּי לֹא אַחֲרִישׁ כִּי קוֹל שׁוֹפָר שָׁמַעַתְּ נַפְשִׁי תְּרוּעַת מִלְחָמָה: (ירמיה ד יט)

Halachah 8

Mishnah הָעוֹבֵר לִפְנֵי הַתֵּיבָה בְּיוֹם טוֹב שֶׁל רֹאשׁ הַשָּׁנָה – **The leader of the prayer service on the Yom Tov of Rosh Hashanah,** הַשֵּׁנִי מַתְקִיעַ – **the second one,** i.e. the leader of the Mussaf prayer, **causes** the *shofar* **to be blown.**[26] וּבִשְׁעַת הַהַלֵּל – **But when the *Hallel* is recited,**[27] הָרִאשׁוֹן מַקְרֵא אֶת הַהַלֵּל – **the first one,** i.e. the leader of the Shacharis prayer, **leads the *Hallel* recitation.**[28]

Gemara The Gemara explains why the shofar is blown during the Mussaf prayer:[29]

רַבִּי יַעֲקֹב בַּר אַחָא בְּשֵׁם רַבִּי יוֹחָנָן – **R' Yaakov bar Acha said in the name of R' Yochanan:** מִפְּנֵי מַעֲשֶׂה שֶׁאֵירַע – **It is because of an incident that occurred:** פַּעַם אַחַת תָּקְעוּ בָּרִאשׁוֹנָה – **One time they blew** the shofar **in the beginning,** during Shacharis, וְהָיוּ הַשּׂוֹנְאִים סְבוּרִין שֶׁמָּא עֲלֵיהֶם הֵם הוֹלְכִין – **and the enemies**[30] **thought that perhaps [the Jews] were going** to fight **against them.**[31] וְעָמְדוּ עֲלֵיהֶן וַהֲרָגוּם – **[They therefore] rose up against [the Jews] and killed them.** To preclude a repetition of such a tragic mishap, the blowing was deferred to Mussaf. מִיגּוֹ דְּאִינוּן חָמֵי לוֹן קָרְאֵיי שְׁמַע וּמְצַלְיִין וְקוֹרְאִין בְּאוֹרַיְתָא וּמְצַלְיי – For **since [the enemies] see that they recite the *Shema,* pray** the Shacharis *Amidah,* **read the Torah, and pray** the Mussaf *Amidah,* וְתָקְעִין – **and** only then **blow** the shofar,[32] אִינוּן אָמְרִין בְּנִימוּסִין אִינוּן עֲסִיקִין – **[the enemies] will say that [the Jews] are** merely **engaging in** their religious **rituals** and have no intention of battle.[33]

NOTES

26. The shofar is blown [in the manner outlined in the earlier Mishnah] during the *shliach tzibbur's* recitation of the Mussaf prayer, not during the Shacharis prayer. [It was customary already at that time to have a different *shliach tzibbur* for Mussaf than for Shacharis. Hence, he is called the "second one" (*Meiri* to *Bavli* 32b; *Ran* fol. 9a; see also *Mishnah Taanis* 1:2).]

The expression מַתְקִיעַ, *"causes" the shofar to be blown,* rather than תוֹקֵעַ, *blows the shofar,* implies that the *shliach tzibbur* does not blow the shofar himself; rather, through his recitation of the prayer, he indicates when it should be blown by someone else designated for this purpose (*Rav Hai Gaon* in *Otzar HaGeonim,* cited by *Rosh* 4:4 and *Tur* 585). This is to ensure that the *shliach tzibbur* does not lose his place by becoming preoccupied with the blowing. Therefore, if the *shliach tzibbur* is confident that he will not become confused, he is permitted to perform the blowing (*Rosh* ibid., *Ritva, Meiri, Ran* to *Bavli* ibid. based on Mishnah *Berachos* 5:4 [58b]; cf. *Ramban* fol. 12a and *Ritva* (ibid.) for another explanation of the term מַתְקִיעַ). [This applied particularly in earlier times when the prayers were recited from memory. Nowadays, when the *shliach tzibbur* reads from a prayer book, he may certainly blow the shofar (*Magen Avraham* 585:9).] See also below, note 28.

27. That is, on those days when *Hallel* is recited (i.e. on the other festivals, e.g. Pesach, Shavuos, and Succos); for on Rosh Hashanah [which we have been discussing until now] and Yom Kippur, *Hallel* is not recited (*Korban HaEidah* and *Pnei Moshe* from *Rambam Commentary*; see *Bavli* ibid.). [The reason for this, as explained by *Bavli* ibid., is that Rosh Hashanah (and Yom Kippur) is the time when the Heavenly Court sits in judgment and decides the fate of each individual. This is a time for solemnity and introspection, not for the jubilant rejoicing that characterizes *Hallel*.]

28. Here too, the Mishnah does not state simply הָרִאשׁוֹן קוֹרֵא אֶת הַהַלֵּל, *the first one reads the Hallel,* because the custom was for the leader to recite the *Hallel* and for the congregants to answer him in unison [see *Yerushalmi Berachos* 8:8 [85a]; *Bavli Succah* 38b]. He was thus leading the *Hallel* recitation (*Meiri* and *Ran* ibid.). See also below, note 34.

The Gemara will explain the reason for the Mishnah's rulings.

29. The ruling that the shofar is blown only at Mussaf, not at Shacharis [like *Hallel*], requires explanation, for it would seem fitting to blow it as early as possible [i.e. at Shacharis] based on the principle of זְרִיזִין מַקְדִּימִין לְמִצְוֹת, *The diligent hasten to [perform] mitzvos* (*Beur of R' Chaim Kanievski,* based on *Bavli* ibid.). [In fact, some commentators present a version of *Yerushalmi* that articulates this explicitly (as does *Bavli* ibid.): מַה בֵּין רִאשׁוֹן לְשֵׁנִי מִשּׁוּם זְרִיזִין מַקְדִּימִין לְמִצְוֹת מֵעַתָּה נִתְקַע בְּרִאשׁוֹן מִשּׁוּם מַעֲשֶׂה שֶׁהָיָה כו׳, *What is [the reason for the difference] between the first [ruling, that the shofar should be blown during Mussaf] and the second [ruling, that Hallel should be recited at Shacharis]? Because of [the principle that] "the diligent hasten to mitzvos"; if so, we should blow during the first [i.e. during Shacharis]! It is because of an incident that occurred...* (see *Raaviah* 540).]

One may wonder: The shofar must be blown in conjunction with the passages of *Malchiyos* et al. These passages are recited at Mussaf. Does this alone not necessitate the blowing to be performed at Mussaf? The commentators answer that the Gemara's intent is to explain why we do not in fact recite these passages along with the shofar blowing at Shacharis (*Beur of R' Chaim Kanievski* from *Ramban, Rashba, Ritva* ibid.; cf. *Baal HaMaor* [fol. 12a]).

30. That is, the Greeks, who ruled Eretz Yisrael at the time (see *Raaviah* ibid.; *Or Zarua* 264).

31. The enemies thought that they were sounding the shofar as a call to battle (*Korban HaEidah; Yefeh Mareh*).

32. One may wonder: How can the Gemara state that the shofar was blown only at Mussaf in order to allay the enemies' suspicion? Why, the first series of blowings [תְּקִיעוֹת דִּמְיֻשָּׁב] is performed immediately after the Torah reading, before the Mussaf prayer (see *Bavli* 16a-16b)! Why was there no cause for concern that those blowings might alarm the enemy? Some commentators answer that in those times, the blowing after the Torah reading was performed by one person alone, with the rest of the congregation listening [as in our times], while the blowing of Mussaf was performed by everyone together, each congregant blowing his own shofar. It was the great commotion created by this latter blowing that caused the enemy to suspect that the Jews were preparing for battle, so this blowing had to be deferred to Mussaf. The earlier blowing, which was performed by one person alone, did not alarm the enemy, and therefore did not have to be deferred (*Tos. Yeshanim* to *Bavli* ibid.). [It is of note, though, that other commentators present a version of *Yerushalmi* that in fact reads: וְקָרוּ קְרִיאַת שְׁמַע וּמְצַלּוֹ וְקָרוּ בְּאוֹרַיְיתָא וּבְאַפְטַרְתָּא אָמְרִין בְּנִימוּסֵיהוֹן אִינוּן עָסְקִין, *[They would see them] recite the Shema, pray, read the Torah and the Haftarah, they would say that [the Jews are merely] engaging in their rituals.* According to this version, there is in fact no mention of delaying the blowing to Mussaf; apparently, delaying it past the Torah reading sufficed to allay the enemies' fears (see *Meiri* ibid.; *Aruch* ערך שמד). For another approach, see glosses of *Chasam Sofer* to *Bavli* ibid.]

33. Since several hours of prayer and Torah reading elapse before the shofar is blown, the others realize that this is merely part of a religious ritual.

[*Bavli* (ibid.) explains that the shofar blowing was moved to Mussaf because of a governmental decree. *Rashi* there explains that the government forbade the blowing of the shofar, and sent agents to spy on the morning service in search of violators. However, the agents would leave after the time for the Shacharis services had passed; hence it was safe to blow the shofar afterward, at Mussaf. Many commentators thus understand *Yerushalmi* and *Bavli* to be offering different explanations (see *Tosafos, Ritva* ibid.). Other commentators, however, understand *Bavli* too to be referring to the incident cited in *Yerushalmi* (*Chidushei HaRan, Meiri* ibid.). Cf. *Orchos Chaim, Hil. Tekias Shofar* 17; *Kol Bo, Hil. Rosh Hashanah* 64.]

[The commentators offer several reasons as to why the custom to blow the shofar at Mussaf remains in effect even nowadays: (1) The potential danger described in the Gemara is extant now as well, as long as we are under non-Jewish rule (*Tosafos, Ritva* ibid.). (2) The custom is based on the subsequent reasons presented by the Gemara [see below, 25b], which are applicable at all times (*Ritva, Rashba* ibid.; see also *Machzor Vitri* 347; *Roke'ach* 201, from *Pesikta Rabbasi* 40). (3) Any Rabbinic institution remains in force even if the reason it was initially enacted no longer applies, until a *beis din* revokes it (*Ritva* ibid.; *Rosh* ibid.).]

מעשרה שופרות כנגד שבעה כבשים פר ואיל ושעיר: [א]אלוהות עולין לו לשם מלכיות דברי ר' יהודה. ר' יוסי אומר אינן עולין לו. אלוהות ומלכיות עולין לו משם שנים דברי ר' יוסי. ר' יהודה אומר אינן עולין. [ב][א]זמרו אלהים זמרו זמרו למלכנו זמרו עולין לו משם שנים דברי [א]ר' יהודה. ר' יוסה אומר אינן עולין. ר' זעירא בעי [ב]ביה ובדבתריה פליגין או ביה לגרמיה פליגין. מן מה דתני [ג]הכל מודין [ב]במלך אלהים על גוים שהוא אחד הדא אמרה ביה ובדבתריה פליגין. כ:

[ג][ד]שאו שערים ראשיכם והנשאו פתחי עולם וגו' [ד][ב]ושאו שערים ראשיכם ושאו פתחי עולם הראשון משם אחד והשני משם שנים דברי ר' יהודה. ר' יוסי אומר הראשון משם שנים והשני משם שלשה: ר' יוחנן בן נורי אומר אם אמרן [ג]שלש יצא: [ה]הוינן סברין מימר שלש מכל אחד ואחד. אשכחת תני [ו]אפילו שלש מכולן יצא: אין מזכירין זכרון ומלכות ושופר של פורענות: זכרון דכתיב [ה]אותם זכר ה' וגו'. [ז]מלכות דכתיב [ו]חי אני נאם ה' אלהים אם לא ביד חזקה וגו'. שופר דכתיב [ז]כי קול שופר שמעת נפשי תרועת מלחמה: מתחיל בתורה ומשלים בנביא: מה לשעבר הא בתחילה לא. אמר ר' יוחנן [ח]כיני מתניתא ר' יוסה אומר [א]צריך להשלים בתורה: **הלכה ח מתני'**

[מ"ז] [ט]העובר לפני התיבה ביום טוב של ראש השנה [ב]השיני מתקיע ובשעת ההלל הראשון מקרא את ההלל: גמ' ר' יעקב בר אחא בשם ר' יוחנן [י]מפני מעשה שאירע פעם אחת תקעו בראשונה והיו השונאים סבורין [ד]שמא עליהם הם הולכין ועמדו עליהן והרגום. מיגו דאינון חמי לון קראיי שמע ומצליין וקוראין [ה]באוריתא ומצליי ותקעין אינון אמרין בנימוסין אינון עסיקין. ואמר אף בהלל כן. לית כל עמא תמן. ואמר אף בתקיעה כן לית כל עמא תמן.

קרבן העדה

כנגד שבעה כבשים ופר ואיל ושעיר. הרי עשר קרבנות שמקריבים בראש השנה: **אלוה'**. פסוקים שיש בהן אלוקות כמו שמע ישראל ה' אלהינו וגו', עולין לו משום פסוקי מלכיות: **אלוקו' ומלכיות. בפסוק אחד:** עולין לו משום שנים. **פסוקים: אינן עולין.** אלא לאחד: **ביה ובדבתריה פליגין.** מי אמרינן דפליגי אם אמר גם סיפא דקרא כי מלך על כל הארץ אלקי', וסובר ר' יוסי דכולא קרא אינו עולה אלא לאחד. או דלמא בו לבדו פליגי, וסובר ר' יוסי כיון דנאמר בו אלקי' ומלכות חשבינן לשנים, אבל כי מלך וגו' עם הרישא לכולי עלמא נחשב לשנים: **שהוא אחד.** שמעינן דמלכות ואלוקו' שבפסוק אחד אינו נחשב אלא לאחד לכולי עלמא, ולא פליגי אלא בשתי מלכיות בפסוק אחד. שמע מינה דביה ובדבתריה פליגין, דהיינו שתי מלכיות בפסוק אחד: **הראשון.** פסוק הראשון משום מלכות אחד ופסוק השני משום שתים, דמי הוא זה מלך הכבוד לאו ממנינא הוא: **הוינן סברין וכו'.** סברוהו למימר דלא פליג ר' יוחנן בן נורי אלא על העשירי, וסובר דבתשעה סגי, והיינו שלשה מכל אחד: **אשכחת תני.** בברייתא דלר' יוחנן בן נורי אפילו אמר שלש מכולן מתורה נביאים כתובים יצא: **מה לשעבר.** בדיעבד הוא דאמר ר' יוסי דאם השלים בתורה יצא, משמע הא לכתחילה אינו משלים בתורה, וקשיא אנן היכא עבדינן דמסיימין לכתחילה בתורה: **כיני מתניתא.** כן צריך להיות במתני', ר' יוסי אמר צריך להשלים בתורה לכתחילה: **מתני' השני מתקיע.** המתפלל תפלת המוספין מתקיע ולא בתפלת שחרית, וטעמא מפרש בגמ': **ובשעת ההלל.** משום דאין אומרים הלל בראש השנה ויום הכיפורים קתני ובשעת ההלל, כלומר בשאר יום טוב שאומרים הלל: **גמ' מפני מעשה וכו'.** הא דשני מתקיע ולא בשחרית מפני מעשה וכדמסיק: **בראשונה.** בשחרית: **שמא עליהן הן הולכים.** ותוקעין כדרך שתוקעין לקבץ העם למלחמה: **מגו דאינון וכו'.** מתוך שהן רואין אותן קורין קריאת שמע ומתפללין וקוראין בתורה ומתפללין ואחר כך תוקעין הם, אומרים במנהגיהם הם עוסקים ואין דעתם למלחמה: **ופריך ואמר אף בהלל כן.** דנגזור שמא יאמרו העכו"ם קיבוץ מלחמה הוא מקול רעש של התפלה שאחד אומר וכולן עונין אחריו כאחת וקולם נשמע למרחוק, ולא יאמר אלא במוסף. ויותר נראה לי דה"ג, מפני שברוב עם הדרת מלך, ואמר אף בהלל כן, וכ"ה בבבלי (לב:). (וה"ה) [והכי פירושו], מפני שברוב עם וכו' הלכך השני מתקיע, ופריך א"כ אף בהלל נמי נאמר כן דהשני יקרא הלל משום ברוב עם: **ומשני לית כל עמא תמן.** בתמיה, וכי אין הכל שם בשחרית כמו במוסף: **ופריך ואמר אף בתקיעה כן וכי לית כל עמא תמן.** בשחרית כמו במוסף:

פני משה

כנגד שבעה כבשים וכו'. שמקריבין בראש השנה: **אלוהות.** פסוקים שנאמר בהן השם אלהי אלהינו וכיולא: **ר' זעורה בעי ביה ובדבתריה פליגין.** בקרא דזמרו ובקרא דאבתריה כי מלך כל הארץ אלהים פליגי אם נחשבין הם לשנים, אבל בקרא דזמרו לחוד שוין שלאחד הוא נחשב, או דילמא ביה לגרמיה פליגין בפסוק דזמרו בעצמו פליגי אם עולה לשנים דכתיב בה אלהינו ומלכנו, ופשיט לה מן מה דתני בברייתא הכל מודים במלך אלהים על גוים אלהים ישב על כסא קדשו דכתיב בתר כי מלך כל הארץ, ושוין בזה שאין נחשב אלא לאחד ואע"ג דכתיב ביה תרי אלהים א"כ הוא הדין בפסוק דזמרו מודים שאינו אלא אחד והדא אמרה ביה ובדבתריה פליגין אם נחשבים לשנים: **הוינן סברין.** מעיקרא מימר שלש מכל אחד קאמר, אשכחת ברייתא דתני בהדיא אפילו שלש מכולן יצא כדפרישית במתניתן: **מה לשעבר.** לר' יוסי הוא דבעי דקאמר אם השלים בתורה יצא ומאי קאמר אם השלים יצא לשעבר. והיינו דיעבד הא לכתחלה לא בתמיה הרי ודאי יותר משובח אם משלים בתורה: **אמר ר' יוחנן כיני מתניתא.** כן צריך לומר לר' יוסי צריך לכתחלה להשלים בתורה ואם השלים בנביא יצא: **מתני'** העובר לפני התיבה ביום טוב של ראש השנה השני מתקיע. המתפלל תפלת המוסף הוא המתקיע להיות אחר תוקע ולא המתפלל תפלה של שחרית, וכלומר שבתפלת המוסף תוקעין ולא בתפלת שחרית, ובשעת גזרת השמד תיקנוה שהיו אורבים עליהם כל זמן השחרית וכדקאמר בגמרא, ותיקנו לתקוע במוסף ואף על פי שבטלה הגזירה נשארה התקנה דשמא יחזור הדבר לקלקולו, ובתחלה היו אומרים כל סדר הברכות בשחרית ותוקעין על הסדר ולאחר התקנה אומרים ותוקעין במוסף: **ובשעת ההלל.** משום דבראש השנה ויום הכיפורים אין אומרים הלל (בבלי לב:), תני בשעת ההלל בשאר ימים טובים שקורין הלל הראשון המתפלל שחרית הוא המקרא את ההלל משום דזריזין ומקדימין למצות: **גמ' מפני מעשה שאירע.** תיקנו שיהיו תוקעין במוסף שפעם אחת היו תוקעין בתפלה ראשונה בשחרית והיו השונאים וכו', ואחר כך מתוך שרואין שקוראין קריאת שמע ומתפללין וקוראים בתורה וחוזרין ומתפללין מוסף ותוקעין אמרו בנמוסיהון הן עוסקין והניחום, ולפיכך נשאר כך שיהו תוקעין במוסף: **ואימר אף בהלל כן.** ולמה לא חששו אף בימים שקוראין את הלל שיתקנו לומר במוסף דשמא יהו השונאים סוברין שמתקבצים עליהם ואף שאינן תוקעין מכל מקום מחמת קיבוץ רוב עם יהו סבורין כך: **ומשני לית כל עמא תמן.** שאין כל העם מתקבצין כל כך לבא אל בית הכנסת בימים שקוראין ההלל: **ואימר אף בתקיעה כן לית כל עמא תמן.** וכימא אף בראש השנה ביום תקיעה גם כן אין כל העם מתקבצין, והרי עיקר החשש היה שיאמרו הן מתקבצין כולן למלחמה ונותנין סימן מלחמה בתקיעתן ואם אין כל העם שם לית כאן חששא:

עין משפט

א מיי' פ"ג מהלכות שופר הלכה ח טוש"ע או"ח סימן תקצא סעיף ז:
ב טור או"ח סימן תקפה:

שינויי נוסחאות

א] ר' יהודה, ר' יוסה אומר אינן עולין. בבבלי (לב:) ר' יוסי, ר' יהודה אומר אחת:
ב] ושאו. בדפ"ו שאו:
ג] שלש. במשנה שלש שלש:
ד] שמא. נוסף בכי"ל ע"ל המגיה. וכ"ה בר"ח (לב:) ובריא"ץ גיאת (ה' ר"ה עמ' לד) ובר"ן (ט. מדה"ר) ועוד. במאירי (שם) ליתא:
ה] באוריתא. בשבולי הלקט (סדר ר"ה סי' דש) נוסף ובאפטרתא. בשאר ראשונים ליתא:

תורה אור השלם

א) זַמְּרוּ אֱלֹהִים זַמֵּרוּ זַמְּרוּ לְמַלְכֵּנוּ זַמֵּרוּ: (תהלים מז ז)
ב) מָלַךְ אֱלֹהִים עַל גּוֹיִם אֱלֹהִים יָשַׁב עַל כִּסֵּא קָדְשׁוֹ: (תהלים מז ט)
ג) שְׂאוּ שְׁעָרִים רָאשֵׁיכֶם וְהִנָּשְׂאוּ פִּתְחֵי עוֹלָם וְיָבוֹא מֶלֶךְ הַכָּבוֹד: (תהלים כד ז)
ד) שְׂאוּ שְׁעָרִים רָאשֵׁיכֶם וּשְׂאוּ פִּתְחֵי עוֹלָם וְיָבֹא מֶלֶךְ הַכָּבוֹד: (תהלים כד ט)
ה) הֲלוֹא אֶת הַקִּטֵּר אֲשֶׁר קִטַּרְתֶּם בְּעָרֵי יְהוּדָה וּבְחֻצוֹת יְרוּשָׁלַםִ אַתֶּם וַאֲבוֹתֵיכֶם מַלְכֵיכֶם וְשָׂרֵיכֶם וְעַם הָאָרֶץ אֹתָם זָכַר יְהוָה וַתַּעֲלֶה עַל לִבּוֹ: (ירמיהו מד כא)
ו) חַי אָנִי נְאֻם אֲדֹנָי יְהוִה אִם לֹא בְּיָד חֲזָקָה וּבִזְרוֹעַ נְטוּיָה וּבְחֵמָה שְׁפוּכָה אֶמְלוֹךְ עֲלֵיכֶם: (יחזקאל כ לג)
ז) מֵעַי מֵעַי אוֹחִילָה קִירוֹת לִבִּי הֹמֶה לִּי לִבִּי לֹא אַחֲרִישׁ כִּי קוֹל שׁוֹפָר שָׁמַעַתְּ נַפְשִׁי תְּרוּעַת מִלְחָמָה: (ירמיה ד יט)

מסורת הש"ס

א) [עי' ר"ה לב: ותוספתא פ"ב הי"א] ב) [עי' ר"ה לב:] ג) [ר"ה לב:] ד) [ר"ה לב:, עי' תוספתא פ"ב הי"א] ה) [ר"ה לב.] ו) [ר"ה לב., תוספתא פ"ב ה"י] ז) [ר"ה לב:] ח) [ר"ה לב:] ט) ר"ה לב: [פסיקתא זוטרתא בראשית כב יג] י) [עי' ר"ה לב: תוד"ה בשעת

גליון הש"ס

מפני מעשה שאירע וכו'. עיין בתוס' (לב: ד"ה בשעת) ורא"ש (סי' ד) בסוגיין:

שירי קרבן

אשכחת תני וכו'. בבבלי (לב.) גרסינן, איבעיא להו היכי קתני שלש מן התורה וכו', ת"ש דתניא אין פוחתין וכו'. ופירש"י בד"ה לא יפחות משבע וכו', ואי ס"ד שלש מן התורה וכו', עיי"ש. ופירושו דחוק. לכן נ"ל דאף בבבלי לא גרסינן במתני' מכולן, אלא אם אמר שלש שלש יצא, וכגירסתינו. והשתא שפיר פשט מברייתא דתני בה שלש מכולן דילא, ובעיין וגם הפשיטות אתיין כפשטן:

מראה הפנים

מיגו דאינון חמי לון קראיי שמע וכו'. לפי טעמא דהכא פשוט הוא דהמנהג נשאר כך שירא שנוהגין אנחנו כך לפי הדת של תורה, וכ"כ התוס' בדף הנזכר (לב: ד"ה בשעת) דלפי' הירושלמי ניחא טפי:

The Gemara returns to its original Baraisa:

"שְׂאוּ שְׁעָרִים רָאשֵׁיכֶם וְהִנָּשְׂאוּ פִּתְחֵי עוֹלָם וגו׳" – Scripture states:[14] *RAISE UP YOUR HEADS, O GATES, AND BE UPLIFTED, YOU EVERLASTING ENTRANCES,* **etc.** *so that the King of Glory may enter. Who is this King of Glory? Hashem, the mighty and strong; Hashem, the strong in battle.* "וּשְׂאוּ פִּתְחֵי עוֹלָם" ,,שְׂאוּ שְׁעָרִים רָאשֵׁיכֶם – AND it continues:[15] *RAISE UP YOUR HEADS, O GATES, AND RAISE UP, YOU EVERLASTING ENTRANCES, so that the King of Glory may enter. Who is He, this King of Glory? Hashem, Master of Legions, He is the King of Glory, Selah!* הָרִאשׁוֹן מִשֵּׁם אֶחָד – THE FIRST passage counts AS only ONE expression of *Malchiyos,* וְהַשֵּׁנִי מִשֵּׁם שְׁנַיִם – and THE SECOND passage AS TWO expressions. דִּבְרֵי רַבִּי יְהוּדָה – These are THE WORDS OF R' YEHUDAH.[16] רַבִּי יוֹסֵי אוֹמֵר – R' YOSE SAYS: הָרִאשׁוֹן מִשֵּׁם שְׁנַיִם – THE FIRST passage counts AS TWO mentions of Kingship, וְהַשֵּׁנִי מִשֵּׁם שְׁלֹשָׁה – and THE SECOND passage AS THREE mentions.[17]

The Mishnah stated, *We recite no fewer than ten verses of Malchiyos, ten verses of Zichronos, and ten verses of Shofaros.* The Mishnah continues:

רַבִּי יוֹחָנָן בֶּן נוּרִי אוֹמֵר – R' YOCHANAN BEN NURI SAYS: אִם אֲמָרָן שָׁלֹשׁ יָצָא – IF ONE RECITED only THREE verses, HE HAS DISCHARGED his obligation.

The Gemara elaborates:

הֲוִינָן סָבְרִין מֵימַר שָׁלֹשׁ מִכָּל אֶחָד וְאֶחָד – **We had** originally **thought to say** that R' Yochanan ben Nuri requires **three** verses **from each and every [section]** of Scripture: three from Torah, three from Writings, and three from Prophets.[18] אַשְׁכְּחַת תָּנֵי – But **a Baraisa was found** that taught: אֲפִילוּ שָׁלֹשׁ מִכּוּלָּן יָצָא – EVEN if he recited THREE FROM ALL OF THEM together,[19] HE HAS DISCHARGED his obligation.

The Mishnah stated further:

אֵין מַזְכִּירִין זִכְרוֹן וּמַלְכוּת וְשׁוֹפָר שֶׁל פּוּרְעָנוּת – WE DO NOT MENTION ANY verse of *ZICHRON, MALCHUS, OR SHOFAR* THAT DEALS WITH PUNISHMENT.[20]

For each of the three sections, the Gemara recites an example of a verse dealing with punishment:

זִכְרוֹן דִּכְתִיב ,,אֹתָם זָכַר ה׳ וגו׳" – An example of a verse dealing with punishment in the section of ***Zichronos*** is **that which is written:** *Is it not because of the incense that you and your fathers and your kings and your officers and the general populace burned in the cities of Judah and in the streets of Jerusalem?* ***They are what Hashem recalled,*** *and they came to His attention.*[21] מַלְכוּת דִּכְתִיב ,,חַי־אָנִי נְאֻם אֲדֹנָי אֱלֹהִים אִם־לֹא בְּיָד חֲזָקָה וגו׳" – An example of a verse dealing with punishment in the section of ***Malchiyos*** is **that which is written:** ***As I live – declares the Lord Hashem/Elokim – with a strong hand*** **etc.** *and with an outstretched arm and with outpoured fury will I reign over you!*[22] שׁוֹפָר דִּכְתִיב ,,כִּי קוֹל שׁוֹפָר שָׁמַעַתְּ נַפְשִׁי תְּרוּעַת מִלְחָמָה" – An example of a verse dealing with punishment in the section of ***Shofaros*** is **that which is written:** ***For you have heard the sound of the shofar, O my soul, the shofar blast of war.***[23]

The Mishnah concluded:

מַתְחִיל בַּתּוֹרָה וּמַשְׁלִים בְּנָבִיא – ONE BEGINS WITH verses from THE TORAH AND CONCLUDES WITH verses from THE PROPHETS. R' Yose says: If one concluded with a verse from the Torah, he has discharged his obligation.

The Gemara questions R' Yose's statement:

מַה לְשֶׁעָבַר – This implies that **after the fact** one has discharged his obligation, הָא בַּתְּחִילָּה לֹא – **but** one may **not initially** do so. But our custom is to initially conclude the sections of *Malchiyos, Zichronos,* and *Shofaros* with a verse from the Torah![24] – ? –

The Gemara answers:

אָמַר רַבִּי יוֹחָנָן – **R' Yochanan said:** כֵּינִי מַתְנִיתָא – **This is** what **our Mishnah** means to say: רַבִּי יוֹסָה אוֹמֵר – **R' Yosah says:** צָרִיךְ לְהַשְׁלִים בַּתּוֹרָה – **One** ***must*** **conclude** with a verse from the Torah.[25]

NOTES

14. *Psalms* 24:7-8.

15. Ibid. vs. 8-9.

16. In the first passage, the term *Melech* is mentioned twice: (1) וְיָבוֹא מֶלֶךְ הַכָּבוֹד, *so that the King of Glory may enter,* and (2) מִי זֶה מֶלֶךְ הַכָּבוֹד, *Who is this King of Glory?* In the second passage, the term *Melech* is mentioned three times: (1) וְיָבֹא מֶלֶךְ הַכָּבוֹד, *so that the King of Glory may enter,* (2) מִי הוּא זֶה מֶלֶךְ הַכָּבוֹד, *Who is He, this King of Glory?* and (3) ה׳ צְבָאוֹת הוּא מֶלֶךְ הַכָּבוֹד סֶלָה, *Hashem, Master of Legions, He is the King of Glory, Selah!*

According to R' Yehudah, the phrases *Who is [He] this King of Glory* in each passage [which are rhetorical questions] do not count as mentions of *Malchiyos* (*Korban HaEidah*, from *Rashi* ibid. ד״ה רבי יהודה אומר; see *Maharsha* ibid.). Thus, the first passage contains only one mention of *Malchiyos* and the second passage two.

17. According to R' Yose, the phrases *Who is [He] this King of Glory* in each passage do count as mentions of *Malchiyos.* Thus, the first passage contains two mentions of *Malchiyos* and the second passage three.

18. Thus, unlike the Tanna Kamma, who requires a total of ten verses, R' Yochanan ben Nuri requires a total of nine (*Korban HaEidah*; see *Bavli* 32a).

19. I.e. one verse from each section, for a total of three verses (*Korban HaEidah*; see *Beur of R' Chaim Kanievski*).

20. The text of the Mishnah itself lists the three sections in a different order: not *Zichron, Malchus,* and *Shofar,* but *Malchiyos, Zichron,* and *Shofar.* See *Shinuyei Nuschaos* above, 24b §9.

21. *Jeremiah* 44:21. In this verse, Jeremiah rebukes the Jews of Egypt for burning incense to idols. He reminds them that it is precisely due to such incense burnings that God destroyed Jerusalem and Judah.

We have identified the verse quoted by the Gemara as *Jeremiah* 44:21. This identification is supported by the text of the Venice ed. et al., in which the Gemara cites the three words אֹתָם זָכַר ה׳, which appear nowhere else in Scripture. In the text of the Vilna ed., however, the Gemara cites only the two words אוֹתָם זָכַר, which also appear in *Psalms* 9:13: *That the Avenger of blood has remembered them* [i.e. the wicked nations]; *He has not forgotten the cry of the humble. Masa DiYerushalayim* notes that, if our Gemara refers to the latter verse, it must disagree with *Bavli* 32b, which states that, although we may not mention a verse dealing with the punishment of Jews, we may mention a verse dealing with the punishment of enemies of the Jews (see *Yefei Einayim* to *Bavli* 32b and *Beur of R' Chaim Kanievski* here).

22. *Ezekiel* 20:33.

23. *Jeremiah* 4:19.

24. *Korban HaEidah. Beur of R' Chaim Kanievski* notes that *Bavli* ibid. asks this question slightly differently: It quotes a Baraisa in which R' Yose himself states that one who concludes with a verse from the Torah is praiseworthy (cf. *Pnei Moshe*).

25. See *Alei Tamar* for an explanation of the seemingly contrary wording of the Mishnah.

TEXTUAL AND INTERPRETIVE VARIANTS

can be removed without distorting its meaning. Just as R' Yose agrees with R' Yehudah that v. 9 counts as only one mention, so too he agrees with R' Yehudah that v. 8 counts as only one mention. According to this explanation, we must emend the Gemara's conclusion to read, הָדָא אָמְרָה בֵּיהּ לְגַרְמֵיהּ פְּלִיגִין, *this tells us that they disagree only about it itself.*

For other explanations of this *sugya,* see *Korban HaEidah, Pnei Moshe, Masa DiYerushalayim, Sefer Nir,* and *Beur of R' Chaim Kanievski.*

מעשרה שופרות כנגד שבעה כבשים פר ואיל ושעיר: אלוהות עולין לו לשם מלכיות דברי ר' יהודה. ר' יוסי אומר אינן עולין לו. אלוהות ומלכיות עולין לו משום שנים דברי ר' יוסי. ר' יהודה אומר אינן עולין. זמרו אלהים זמרו זמרו למלכנו זמרו עולין לו משום שנים דברי ר' יהודה. ר' יוסה אומר אינן עולין. ר' זעירא בעי ביה ובדבתריה כ: פליגין או ביה לגרמיה פליגין. מן מה דתני הכל מודין במלך אלהים על גוים שהוא אחד הדא אמרה ביה ובדבתריה פליגין. שאו שערים ראשיכם והנשאו פתחי עולם וגו' ושאו שערים ראשיכם ושאו פתחי עולם הראשון משם אחד והשני משם שנים דברי ר' יהודה. ר' יוסי אומר הראשון משם שנים והשני משם שלשה: ר' יוחנן בן נורי אומר אם אמרן שלש שלש יצא: הוינן סברין מימר שלש מכל אחד ואחד. אשכחת תני אפילו שלש מכולן יצא: אין מזכירין זכרון ומלכות ושופר של פורענות: זכרון דכתיב אותם זכר ה' וגו'. מלכות דכתיב חי אני נאם ה' אלהים אם לא ביד חזקה וגו'. שופר דכתיב כי קול שופר שמעת נפשי תרועת מלחמה: מתחיל בתורה ומשלים בנביא: מה לשעבר הא בתחילה לא. אמר ר' יוחנן כיני מתניתא ר' יוסה אומר צריך להשלים בתורה:

הלכה ח מתני'

[מ"ז] העובר לפני התיבה ביום טוב של ראש השנה השיני מתקיע ובשעת ההלל הראשון מקרא את ההלל: גמ' ר' יעקב בר אחא בשם ר' יוחנן מפני מעשה שאירע פעם אחת תקעו בראשונה והיו השונאים סבורין שמא עליהם הם הולכין ועמדו עליהן והרגום. מיגו דאינון חמי לון קראיי שמע ומצליין וקוראין באוריתא ומצליי ותקעין אינון אמרין בנימוסין אינון עסיקין. ואמר אף בהלל כן. לית כל עמא תמן. ואמר אף בתקיעה כן לית כל עמא תמן.

קרבן העדה

כנגד שבעה כבשים ופר ואיל ושעיר. הרי עשר קרבנות שמקריבים בראש השנה: אלוה'. פסוקים שיש בהן אלוקות כמו שמע ישראל ה' אלהינו וגו', עולין לו משום פסוקי מלכיות: אלוקו' ומלכיות. בפסוק אחד: עולין לו משום שנים. פסוקים: אינן עולין. אלא לאחד: ביה ובדבתריה פליגין. מי אמרינן דפליגי אם אמר גם סיפא דקרא כי מלך על כל הארץ אלקי', וסובר ר' יוסי דכולא קרא אינו עולה אלא לאחד. או דלמא בו לבדו פליגי, וסובר ר' יוסי כיון דנאמר בו אלקי' ומלכות חשבינן לשנים, אבל כי מלך וגו' עם הרישא לכולי עלמא נחשב לשנים: שהוא אחד. שמעינן דמלכות ואלוקו' שבפסוק אחד אינו נחשב אלא לאחד לכולי עלמא, ולא פליגי אלא בשתי מלכיות בפסוק אחד. שמע מינה דביה ובדבתריה פליגין, דהיינו שתי מלכיות בפסוק אחד: הראשון. פסוק הראשון משום מלכות אחד ופסוק השני משום שתים, דמי הוא זה מלך הכבוד לאו ממנינא הוא: הוינן סברין וכו'. סברוהו למימר דלא פליג ר' יוחנן בן נורי אלא על העשירי, וסובר דבתשעה סגי, והיינו שלשה מכל אחד: אשכחת תני. בברייתא דלר' יוחנן בן נורי אפילו אמר שלש מכולן מתורה נביאים כתובים יצא: מה לשעבר. בדיעבד הוא דאמר ר' יוסי דאם השלים בתורה יצא, משמע הא לכתחילה אינו משלים בתורה, וקשיא אנן היכא עבדינן דמסיימין לכתחילה בתורה: כיני מתניתא. כן צריך להיות במתני', ר' יוסי אמר צריך להשלים בתורה לכתחילה: מתני' השני מתקיע. המתפלל תפלת המוספין מתקיע ולא בתפלת שחרית, וטעמא מפרש בגמ': ובשעת ההלל. משום דאין אומרים הלל בראש השנה ויום הכיפורים קתני ובשעת ההלל, כלומר בשאר יום טוב שאומרים הלל: גמ' מפני מעשה וכו'. הא דשני מתקיע ולא בשחרית מפני מעשה וכדמסיק: בראשונה. בשחרית: שמא עליהן הן הולכים. ותוקעין כדרך שתוקעין לקבץ העם למלחמה: מגו דאינון וכו'. מתוך שהן רואין אותן קורין קריאת שמע ומתפללין וקוראין בתורה ומתפללין ואחר כך תוקעין הם, אומרים במנהגיהם הם עוסקים ואין דעתם למלחמה: ופריך ואמר אף בהלל כן. דנגזור שמא יאמרו העכו"ם קיבוץ מלחמה הוא מקול רעש של התפלה שאחד אומר וכולן עונין אחריו כאחת וקולם נשמע למרחוק, ולא יאמר אלא במוסף. ויותר נראה לי דה"ג, מפני שברוב עם הדרת מלך, ואמר אף בהלל כן, וכ"ה בבבלי (לב:). (וה"ה) [והכי פירושו], מפני שברוב עם וכו' הלכך השני מתקיע, ופריך א"כ אף בהלל נמי נאמר כן דהשני יקרא הלל משום ברוב עם: ומשני לית כל עמא תמן. בתמיה, וכי אין הכל שם בשחרית כמו במוסף: ופריך ואמר אף בתקיעה כן וכי לית כל עמא תמן. בשחרית כמו במוסף:

פני משה

כנגד שבעה כבשים וכו'. שמקריבין בראש השנה: אלוהות. פסוקים שנאמר בהן השם אלהי אלהינו וכיוצא: ר' זעורה בעי ביה ובדבתריה פליגין. בקרא דזמרו ובקרא דאבתריה כי מלך כל הארץ אלהים פליגי אם נחשבין הם לשנים, אבל בקרא דזמרו לחוד שוין שלאחד הוא נחשב, או דילמא ביה לגרמיה פליגין בפסוק דזמרו בעצמו פליגי אם עולה לשנים דכתיב בה אלהינו ומלכנו, ופשיט לה מן מה דתני בברייתא הכל מודים במלך אלהים על גוים אלהים ישב על כסא קדשו דכתיב בתר כי מלך כל הארץ, ושוין בזה שאין נחשב אלא לאחד ואע"ג דכתיב ביה תרי אלהים א"כ הוא הדין בפסוק דזמרו מודים שאינו אלא אחד והדא אמרה ביה ובדבתריה פליגין אם נחשבים לשנים: הוינן סברין. מעיקרא מימר שלש מכל אחד קאמר, אשכחת ברייתא דתני בהדיא אפילו שלש מכולן יצא כדפרישית במתניתן: מה לשעבר. לר' יוסי הוא דבעי דקאמר אם השלים בתורה יצא ומאי קאמר אם השלים יצא לשעבר. והיינו דיעבד הא לכתחלה לא בתמיה הרי ודאי יותר משובח אם משלים בתורה: אמר ר' יוחנן כיני מתניתא. כן צריך לומר לר' יוסי צריך לכתחלה להשלים בתורה ואם השלים בנביא יצא: מתני' העובר לפני התיבה ביום טוב של ראש השנה השני מתקיע. המתפלל תפלת המוסף הוא המתקיע להיות אחר תוקע ולא המתפלל תפלה של שחרית, וכלומר שבתפלת המוסף תוקעין ולא בתפלת שחרית, ובשעת גזרת השמד תיקנו שהיו אורבים עליהם כל זמן השחרית וכדקאמר בגמרא, ותיקנו לתקוע במוסף ואף על פי שבטלה הגזירה נשארה התקנה דשמא יחזור הדבר לקלקולו, ובתחלה היו אומרים כל סדר הברכות בשחרית ותוקעין על הסדר ולאחר התקנה אומרים ותוקעין במוסף: ובשעת ההלל. משום דבראש השנה ויום הכיפורים אין אומרים הלל (בבלי לב:), תני בשעת ההלל בשאר ימים טובים שקורין הלל הראשון המתפלל שחרית הוא המקרא את ההלל משום דזריזין ומקדימין למצות: גמ' מפני מעשה שאירע. תיקנו שיהיו תוקעין במוסף שפעם אחת היו תוקעין בתפלה ראשונה בשחרית והיו השונאים וכו', ואחר כך מתוך שרואין שקוראין קריאת שמע ומתפללין וקוראים בתורה וחוזרין ומתפללין מוסף ותוקעין אמרו בנמוסיהון הן עוסקין והניחום, ולפיכך נשאר כך שיהו תוקעין במוסף: ואימר אף בהלל כן. ולמה לא חששו אף בימים שקוראין את הלל שיתקנו לומר במוסף דשמא יהו השונאים סוברין שמתקבצים עליהם ואף שאין תוקעין מכל מקום מחמת קיבוץ רוב עם יהו סבורין כך: ומשני לית כל עמא תמן. שאין כל העם מתקבצין כל כך לבא אל בית הכנסת בימים שקוראין ההלל: ואימר אף בתקיעה כן לית כל עמא תמן. ונימא אף בראש השנה ביום תקיעה גם כן אין כל העם מתקבצין, והרי עיקר החשש היה שיאמרו הן מתקבצין כולן למלחמה ונותנין סימן מלחמה בתקיעתן ואם אין כל העם שם לית כאן חששא:

עין משפט

א מיי' פ"ג מהלכות שופר הלכה ח טוש"ע או"ח סימן תקצא סעיף ד:
ב טור או"ח סימן תקפה:

שינויי נוסחאות

א] ר' יהודה, ר' יוסה אומר אינן עולין. בבבלי (לב:) ר' יוסי, ר' יהודה אומר אחת:
ב] ושאו. בדפ"ו שאו:
ג] שלש. במשנה שלש שלש:
ד] שמא. נוסף בכי"ל ע"ל המגיה. וכ"ה בר"ח (לב:) ובריי"ץ גיאת (ה' ר"ה עמ' לד) ובר"ן (ט. מדה"ר) ועוד. במאירי (שם) ליתא:
ה] באוריתא. בשבולי הלקט (סדר ר"ה סי' דש) נוסף ובאפטרתא. בשאר ראשונים ליתא:

תורה אור השלם

א) זַמְּרוּ אֱלֹהִים זַמֵּרוּ זַמְּרוּ לְמַלְכֵּנוּ זַמֵּרוּ: (תהלים מז ז)

ב) מָלַךְ אֱלֹהִים עַל גּוֹיִם אֱלֹהִים יָשַׁב עַל כִּסֵּא קָדְשׁוֹ: (תהלים מז ט)

ג) שְׂאוּ שְׁעָרִים רָאשֵׁיכֶם וְהִנָּשְׂאוּ פִּתְחֵי עוֹלָם וְיָבוֹא מֶלֶךְ הַכָּבוֹד: (תהלים כד ז)

ד) שְׂאוּ שְׁעָרִים רָאשֵׁיכֶם וּשְׂאוּ פִּתְחֵי עוֹלָם וְיָבֹא מֶלֶךְ הַכָּבוֹד: (תהלים כד ט)

ה) הֲלוֹא אֶת הַקִּטֵּר אֲשֶׁר קִטַּרְתֶּם בְּעָרֵי יְהוּדָה וּבְחֻצוֹת יְרוּשָׁלַםִ אַתֶּם וַאֲבוֹתֵיכֶם מַלְכֵיכֶם וְשָׂרֵיכֶם וְעַם הָאָרֶץ אֹתָם זָכַר יְהוָה וַתַּעֲלֶה עַל לִבּוֹ: (ירמיהו מד כא)

ו) חַי אָנִי נְאֻם אֲדֹנָי יֱהֹוִה אִם לֹא בְּיָד חֲזָקָה וּבִזְרוֹעַ נְטוּיָה וּבְחֵמָה שְׁפוּכָה אֶמְלוֹךְ עֲלֵיכֶם: (יחזקאל כ לג)

ז) מֵעַי מֵעַי אוֹחִילָה קִירוֹת לִבִּי הֹמֶה לִּי לִבִּי לֹא אַחֲרִישׁ כִּי קוֹל שׁוֹפָר שָׁמַעַתְּ נַפְשִׁי תְּרוּעַת מִלְחָמָה: (ירמיה ד יט)

מסורת הש"ס

א) [עי' ר"ה לב: ותוספתא פ"ב הי"א] ב) [עי' ר"ה לב:] ג) [ר"ה לב:] ד) [ר"ה לב:, עי' תוספתא פ"ב הי"א] ה) [ר"ה לב.] ו) [ר"ה לב., תוספתא פ"ב ה"י] ז) [ר"ה לב:] ח) [ר"ה לב:] ט) ר"ה לב: [פסיקתא זוטרתא בראשית כב יג] י) [עי' ר"ה לב: תוד"ה בשעת

גליון הש"ס

מפני מעשה שאירע וכו'. עיין בתוס' (לב: ד"ה בשעת) ורא"ש (סי' ד) בסוגיין:

שירי קרבן

אשכחת תני וכו'. בבבלי (לב.) גרסינן, איבעיא להו היכי קתני שלש מן התורה וכו', ת"ש דתניא אין פוחתין וכו'. ופירש"י בד"ה לא יפחות משבע וכו', ואי ס"ד שלש מן התורה וכו', עיי"ש. ופירושו דחוק. לכן נ"ל דאף בבבלי לא גרסינן במתני' מכולן, אלא אם אמר שלש שלש יצא, וכגירסתינו. והשתא שפיר פשט מברייתא דתני בה שלש מכולן דילא, ובעיין וגם הפשיטות אתיין כפשטן:

מראה הפנים

מיגו דאינון חמי לון קראיי שמע וכו'. לפי טעמא דהכא פשוט הוא דהמנהג נשאר כך שיראו שנוהגין אנחנו כך לפי הדת של תורה, וכ"כ התוס' בדף הנזכר (לב: ד"ה בשעת) דלפי' הירושלמי ניחא טפי:

A source for the ten verses of *Shofaros:*

מֵעֲשָׂרָה שׁוֹפָרוֹת – We recite no fewer **than ten [verses] of *Shofaros,*** כְּנֶגֶד שִׁבְעָה כְּבָשִׂים פָּר וְאַיִל וְשָׂעִיר – **corresponding to the seven lambs,** and one **bull, ram, and he-goat** brought for the *mussaf* offering on Rosh Hashanah.[1]

The Gemara quotes a Baraisa:[2]

אֱלוֹהוֹת עוֹלִין לוֹ לְשֵׁם מַלְכִיּוֹת – VERSES THAT CONTAIN the Divine Name *ELOHIM* COUNT AS VERSES OF *MALCHIYOS.*[3] דִּבְרֵי רַבִּי (יוסי) [יוֹסֵי][4] (יהודה) – These are THE WORDS OF R' YOSE. (יוסי) [יְהוּדָה] אוֹמֵר – But R' YEHUDAH SAYS: אֵינָן עוֹלִין לוֹ – THEY DO NOT COUNT as verses of *Malchiyos.*[5] אֱלוֹהוֹת וּמַלְכִיּוֹת עוֹלִין לוֹ מִשֵּׁם שְׁנַיִם – VERSES THAT CONTAIN both the Divine Name *ELOHIM* AND the Divine Title *MELECH* COUNT AS TWO mentions of *Malchiyos.* דִּבְרֵי רַבִּי יוֹסֵי – These are THE WORDS OF R' YOSE.[6] רַבִּי יְהוּדָה אוֹמֵר – But R' YEHUDAH SAYS: אֵינָן עוֹלִין – THEY DO NOT COUNT as two mentions.[7]

The Baraisa discusses one such verse:[8]

"זַמְּרוּ אֱלֹהִים זַמֵּרוּ זַמְּרוּ לְמַלְכֵּנוּ זַמֵּרוּ" – The verse, *SING [FOR] GOD (Elohim), SING; SING FOR OUR KING (Malkeinu), SING,* עוֹלִין לוֹ מִשֵּׁם שְׁנַיִם – COUNTS AS TWO mentions of *Malchiyos.* דִּבְרֵי רַבִּי (יוסה) [יוֹסֵי] (יהודה) – These are THE WORDS OF R' YOSE.[9] (יוסה) [יְהוּדָה] אוֹמֵר – R' YEHUDAH SAYS: אֵינָן עוֹלִין – IT DOES NOT COUNT.

R' Yehudah does not say whether the verse does not count as two mentions of *Malchiyos* or whether it does not count as even one. The Gemara clarifies this point:

רַבִּי זְעִירָא בָּעֵי – **R' Z'eira inquired:** בֵּיהּ וּבְדַבַתְרֵיהּ פְּלִיגִין – **Do they disagree about** both halves of the verse, **the beginning and the end,**[10] אוֹ בֵּיהּ לְגַרְמֵיהּ פְּלִיגִין – **or do they disagree** only **about** the first half of the verse, **the beginning?**[11]

The Gemara resolves this question:

מִן מַה דְּתָנֵי – The answer may be deduced **from that which was taught in a** different **Baraisa:** הַכֹּל מוֹדִין בְּ,,מָלַךְ אֱלֹהִים עַל־גּוֹיִם" שֶׁהוּא אֶחָד – ALL, i.e. both R' Yose and R' Yehudah, AGREE THAT the verse *GOD (Elohim) HAS REIGNED (malach) OVER THE NATIONS*[12] COUNTS AS ONE mention of *Malchiyos.* הֲדָא אָמְרָה בֵּיהּ וּבְדַבַתְרֵיהּ פְּלִיגִין – **This tells us that they disagree about** both halves of the verse cited earlier, **the beginning and the end.**[13]

NOTES

1. See *Numbers* 29:2,5. The ten verses of *Shofaros* correspond to the ten *mussaf* offerings, each of which was offered together with trumpet blasts; see *Numbers* 10:10 (*Beur of R' Chaim Kanievski*; cf. *Yefeh Mareh*).

2. See *Tosefta* 2:11.

3. *Korban HaEidah* and *Pnei Moshe.* Verses of *Malchiyos* must express God's sovereignty over the entire world. Thus, a verse using the root מֶלֶךְ, *Melech, King,* definitely counts as a verse of *Malchiyos.* R' Yose teaches that even a verse using the root אֱלֹהִים, *Elohim, God,* also counts as a verse of *Malchiyos.* An example of such a verse is *Deuteronomy* 6:4: שְׁמַע יִשְׂרָאֵל ה' אֱלֹהֵינוּ ה' אֶחָד, *Hear O Israel, Hashem is our God (Hashem Eloheinu), Hashem is the One and Only* (*Korban HaEidah*, from *Bavli* 32b).

4. All the emendations in this *sugya* follow *Noam Yerushalmi* et al. and are based on the parallel *sugya* in *Bavli* 32b.

5. R' Yehudah disagrees with R' Yose and holds that only a verse containing the root *melech* can count as a verse of *Malchiyos.*

6. Since according to R' Yose, a verse containing only *Elohim* counts as one mention of *Malchiyos,* a verse containing both *Elohim* and *Melech* counts as two mentions.

7. Since according to R' Yehudah, a verse containing only *Elohim* does not count as a mention of *Malchiyos,* a verse containing both *Elohim* and *Melech* can count only as one mention (*Noam Yerushalmi*).

8. *Psalms* 47:7.

9. Since this verse contains both *Elohim* and *Melech,* R' Yose holds that it counts as two mentions of *Malchiyos.*

10. Literally: do they disagree both about it itself and about what follows it?

The verse contains two halves: (1) *Sing for God (Elohim), sing* and (2) *sing for our King (Malkeinu), sing.* R' Yose counts each half of this verse as a separate mention of *Malchiyos*: the first half because it contains *Elohim* and the second half because it contains *Malkeinu.* R' Yehudah, who does not count *Elohim* as a mention of *Malchiyos,* surely does not count the first half. Does he count the second half? Perhaps he holds that not only must a verse of *Malchiyos* contain the word *melech* but it must also describe God's universal sovereignty (see *Rashi* to *Bavli* 32b ד"ה זמרו). Therefore, since the second half of the verse describes God as *our King,* i.e. King of Israel, and as not King of the entire world, it cannot count as a mention of *Malchiyos* (*Noam Yerushalmi* and *Gilyon Ephraim*).

11. Literally: or do they disagree only about it itself?

Perhaps R' Yehudah agrees that any mention of God's sovereignty, even His sovereignty over a particular nation, counts as a mention of *Malchiyos*

12. *Psalms* 47:9.

13. The Baraisa says that all — both R' Yose and R' Yehudah — agree that the verse *God has reigned (malach Elohim) over the nations* counts as one mention of *Malchiyos.* If we have to be told that they both agree with this statement of the Baraisa, there must have been reason to think that they disagree. According to R' Yose, this reason is obvious: Since both *Elohim* and *Melech* count as mentions of *Malchiyos,* the verse, which mentions both, should count as *two* mentions. The Baraisa therefore teaches that, since the two words מָלַךְ אֱלֹהִים, *God reigned,* appear right next to each other, they cannot be counted as two. According to R' Yehudah, however, there seems to be no reason to disagree with the Baraisa's statement: Since only *Melech,* and not *Elohim*, counts as a mention of *Malchiyos,* there is no reason for the verse not to be counted as only one mention.

This is true, however, only if R' Yehudah regards the mention of God's Kingship over a particular nation, or nations, as a mention of *Malchiyos.* If, however, he regards only a mention of God's universal sovereignty as a mention of *Malchiyos,* there *is* reason for him to disagree with the Baraisa: The verse, which says that *God has reigned over nations,* can be understood to mean that God has reigned over a few particular nations. If so, it would not be counted as *even one* mention of *Malchiyos.* The Baraisa must therefore teach that the verse means that God has rules over *all*, and not merely *some*, of the nations.

Thus, we see that R' Yehudah argues with R' Yose regarding both halves of the verse: *Sing for God (Elohim), sing; sing for our King (Malkeinu), sing.* He holds that the first half does not count as a mention of *Malchiyos* because it mentions *Elohim* and not *Melech.* And he holds that the second half does not count as a mention of *Malchiyos* because it refers to God's Kingship over a particular nation and not God's universal sovereignty (*Noam Yerushalmi*; cf. *Gilyon Ephraim*).

Our explanation of the *sugya* follows *Noam Yerushalmi* and *Gilyon Ephraim.* For a different approach, see Variant A.

TEXTUAL AND INTERPRETIVE VARIANTS

A. According to the *Gilyonos R' Y. Y. Kanievski,* R' Z'eira's question, *Do they disagree both about it itself and about what follows it, or do they disagree only about it itself,* means: Do R' Yose and R' Yehudah disagree only about v. 7: *Sing for God (Elohim), sing; sing for our King (Malkeinu), sing,* or do they also disagree about the following verse, v. 8, which states: כִּי מֶלֶךְ כָּל־הָאָרֶץ אֱלֹהִים, *for God (Elohim) is King (Melech) of all the earth?* To explain:

Both v. 7 and v. 8 contain mention of *Elohim* and *Melech.* Do we say that, just as R' Yose and R' Yehudah argue regarding v. 7, so too they argue regarding v. 8, or do we say that even R' Yose would count v. 8 as only one mention, because — unlike v. 7, which consists of two phrases, one containing *Elohim* and one containing *Melech* — v. 8 consists of only one phrase in which neither *Elohim* nor *Melech* can be removed without distorting its meaning?

The Gemara resolves its query by citing the Baraisa stating that both R' Yose and R' Yehudah agree that v. 9, *God reigned (Elohim malach) over the nations,* counts as only one mention of *Malchiyos.* This verse, too, consists of only one phrase in which neither *Elohim* nor *Melech* the shofar;[36] זִכְרוֹנוֹת וְתוֹקֵעַ — recites the blessing of ***Zichronos* and blows** the shofar, שׁוֹפָרוֹת וְתוֹקֵעַ — and the blessing of ***Shofaros* and blows** the shofar; וְאוֹמֵר עֲבוֹדָה וְהוֹדָיָיה וּבִרְכַּת כֹּהֲנִים — **and** then **he says** the blessings of the sacrificial **Service, Thanksgiving, and the Benediction of the Kohanim.**

The Mishnah continues its explanation about the added passages to the Mussaf Prayer:

אֵין פּוֹחֲתִין מֵעֶשֶׂר מַלְכִיּוֹת מֵעֲשָׂרָה זִכְרוֹנוֹת מֵעֲשָׂרָה שׁוֹפָרוֹת — **We recite no fewer than ten** verses **of *Malchiyos,*** ten verses **of *Zichronos,*** and **ten** verses **of *Shofaros.***[37] רַבִּי יוֹחָנָן בֶּן נוּרִי אוֹמֵר — **R' Yochanan ben Nuri says:** אִם אֲמָרָן שָׁלֹשׁ שָׁלֹשׁ יָצָא — **If one recited three** verses **for each of them, he has discharged** his obligation.[38]

The Mishnah continues:

אֵין מַזְכִּירִין מַלְכוּת זִכְרוֹן שׁוֹפָר שֶׁל פּוּרְעָנוּת — **We do not mention any** verse of ***Malchus, Zichron,* or *Shofar* that deals with punishment.**[39] מַתְחִיל בַּתּוֹרָה וּמַשְׁלִים בְּנָבִיא — **One begins with** verses from **the Torah and concludes with** verses from **the Prophets.**[40] רַבִּי יוֹסֵי אוֹמֵר — **R' Yose says:** אִם הִשְׁלִים בַּתּוֹרָה יָצָא — **If one concluded with** a verse from **the Torah, he has discharged** his obligation.[41]

Gemara

The Mishnah teaches that we recite no fewer than ten verses of *Malchiyos,* ten verses of *Zichronos,* and ten verses of *Shofaros.* The Gemara seeks a source for each. It begins with *Malchiyos*:

אֵין פּוֹחֲתִין מֵעֲשָׂרָה מַלְכִיּוֹת — **We recite no fewer than ten [verses] of *Malchiyos,*** כְּנֶגֶד עֲשָׂרָה קִילּוּסִין שֶׁאָמַר דָּוִד — **corresponding to the ten praises that David said** in Psalm 150, the psalm that begins: "הַלְלוּיָהּ הַלְלוּ־אֵל בְּקָדְשׁוֹ הַלְלוּהוּ בִּרְקִיעַ עֻזּוֹ" וגו׳ — ***Halleluyah! Praise God in His Sanctuary; praise Him in the firmament of His power* etc.,** "עַד "כֹּל הַנְּשָׁמָה תְּהַלֵּל יָהּ הַלְלוּיָהּ — and **ends:**[42] ***Let all souls praise God, Halleluyah!***[43]

A source for the ten verses of *Zichronos*:

מֵעֲשָׂרָה זִכְרוֹנוֹת — We recite no fewer **than ten [verses] of *Zichronos,*** כְּנֶגֶד עֲשָׂרָה וִידּוּיִים שֶׁאָמַר יְשַׁעְיָה — **corresponding to the ten acts of repentance**[44] **stated by Isaiah:**[45] "רַחֲצוּ הִזַּכּוּ הָסִירוּ וגו׳" — ***Wash yourselves, purify yourselves, remove* etc.** *the evil of your deeds from before My eyes, cease doing evil.* "לִמְדוּ הֵיטֵב דִּרְשׁוּ מִשְׁפָּט וגו׳" — ***Learn to do good, seek justice,* etc.** *vindicate the victim, render justice to the orphan, take up the grievance of the widow.* מַה כְּתִיב בַּתְרֵיהּ — **What is written after [that passage]?**[46] "לְכוּ־נָא וְנִוָּכְחָה יֹאמַר ה׳ וגו׳" — ***Come, now, let us reason together, says Hashem,* etc.** *If your sins are like scarlet they will become white as snow; if they have become red as crimson, they will become [white] as wool.*[47]

NOTES

36. By including *Malchiyos* in the *fourth* blessing, we are enabled to blow the shofar upon concluding this passage (*Yom Teruah, Aruch LaNer*). [The preeminent theme of Rosh Hashanah is God's Kingship, and it is thus appropriate to combine the passages of Kingship and the Holiness of the Day in a single blessing.]

Our Rosh Hashanah liturgy conforms with the version of R' Akivah. The fourth blessing begins אַתָּה בְחַרְתָּנוּ, *You chose us,* discusses the uniqueness of Rosh Hashanah, continues with the passage of Kingship, and concludes with the combined blessing, מֶלֶךְ עַל כָּל הָאָרֶץ מְקַדֵּשׁ יִשְׂרָאֵל וְיוֹם הַזִּכָּרוֹן, *King over the entire world, Who sanctifies Israel and the Day of Remembrance.* This is followed by the blowing of the shofar.

37. I.e. each of the three blessings, *Malchiyos, Zichronos,* and *Shofaros,* must contain ten verses: three from the Torah, three from the Writings, three from the Prophets, and a concluding verse from the Torah (*Korban HaEidah* and *Pnei Moshe*). See below, note 41.

38. The Gemara (25a) will clarify R' Yochanan ben Nuri's statement.

39. The Gemara will give examples. Since the goal of the day's prayers is to obtain God's mercy, it is inappropriate to cite instances of Divine retribution (see Gemara below).

40. Verses from the Writings are recited between those from the Torah and those from the Prophets (*Rashi* to *Bavli* 32b ד״ה ומתחיל). The reason the verses from the Writings are recited before those from the Prophets, even though they come later in the order of Scripture (see *Bavli Bava Basra* 14b), is that the Book of *Psalms,* from which all the Writings verses come, was written by King David before the Books of the Later Prophets, from which all the Prophets verses come (*Tosafos* to *Bavli* 32a; see *Aruch LaNer* to *Bavli* ibid. ד״ה מתחיל).

41. The Gemara will revise this statement.

42. Literally: until.

43. This psalm contains ten mentions of הַלְלוּ, *Praise,* and הַלְלוּהוּ, *Praise Him.* [The phrases *Halleluyah* at the beginning and end of the psalm are not included (*Maharsha* to *Bavli* 32a; see *Yefeh Mareh*).] The ten verses of *Malchiyos,* in which we praise God by declaring His sovereignty, correspond to these ten praises (*Yefeh Mareh*; cf. *Korban HaEidah* and *Pnei Moshe*).

44. *Korban HaEidah* and *Yefeh Mareh*; cf. *Alei Tamar.* The word וִידּוּיִים literally means *confessions.* Since confession is a necessary part of the repentance process, any step toward repentance is called a "confession" (*Yefeh Mareh*).

45. *Isaiah* 1:16-17.

46. Ibid. v. 18.

47. Isaiah told the Jewish people that, if they perform these ten acts of repentance, God will remember them favorably and accept their repentance. Thus, the ten verses of *Zichronos,* which we recite in order that God remember us favorably (see *Bavli* 16a), correspond to these ten acts of repentance (*Pnei Moshe* and *Yefeh Mareh*; cf. *Korban HaEidah*).

To prove that the number of acts of repentance listed by Isaiah is ten, the Gemara cites three verses: *Isaiah* 1:16, which begins with רַחֲצוּ הִזַּכּוּ הָסִירוּ רֹעַ מַעַלְלֵיכֶם, *wash yourselves, purify yourselves, remove the evil of your deeds*; v. 17, which begins with לִמְדוּ הֵיטֵב דִּרְשׁוּ מִשְׁפָּט, *learn to do good, seek justice*; and v. 18, which begins with לְכוּ־נָא וְנִוָּכְחָה יֹאמַר ה׳, *come now, let us reason together, says Hashem.* The wording of our text, which introduces the final verse with the words, מַה כְּתִיב בַּתְרֵיהּ, *what is written after that,* implies that the final verse is the result of the first two verses, i.e. if you perform all the ten acts of repentance listed in the first two verses, God will accept your repentance.

Based on the above, it must be that all ten acts of repentance are listed in the first two verses. But, as *Yefeh Mareh* notes, this is not so. Only nine acts of repentances are listed! *Yefeh Mareh* therefore divides לִמְדוּ הֵיטֵב into two acts of repentance, translating it into as *learn Torah and do good.* For a different resolution of this difficulty, one based on a different reading of our Gemara's text, see Variant B.

TEXTUAL AND INTERPRETIVE VARIANTS

B. *Yefeh Mareh's* translation of לִמְדוּ הֵיטֵב as *learn Torah and do good,* rather than *learn to do good,* is forced. *Alei Tamar* notes that one of the Rishonim (R' Yisrael Alnakava, in his work *Menoras HaMaor* p. 366) had a different reading of our Gemara. According to this reading, the Gemara asks מַה כְּתִיב בַּתְרֵיהּ, only *after* its cites all three verses, including the final one, לְכוּ־נָא וְנִוָּכְחָה. The Gemara then answers: אִם־יִהְיוּ חֲטָאֵיכֶם כַּשָּׁנִים כַּשֶּׁלֶג יַלְבִּינוּ — *if your sins are like scarlet they will become white as snow;* אִם יַאְדִּימוּ כַתּוֹלָע כַּצֶּמֶר יִהְיוּ — *if they have become red as crimson, they will become [white] as wool.* Based on his version of the text, R' Yisrael Alnakava counts לְכוּ־נָא וְנִוָּכְחָה יֹאמַר ה׳, *Come now, let us reason together, says Hashem,* as one of the ten acts of repentance. For similar readings of our Gemara, see *Rabbeinu Chananel* and *Rashba* to *Bavli* 32a, *Ran* to *Rif* fol. 8b, and *Roke'ach, Hil. Rosh Hashanah* §2-3.

גמ' ^אביהודה נהגו כר' עקיבה ובגליל כר' יוחנן בן נורי. עבר ועשה ביהודה כגליל ובגליל כיהודה יצא. ^בוכשקידשו את השנה באושא ביום הראשון עבר [א]ר' ישמעאל בנו של ר' יוחנן בן ברוקה ואמר כדברי ר' יוחנן בן נורי. [ב]אמר רבן שמעון בן גמליאל לא [ג]היינו נוהגין כן ביבנה. ביום השיני עבר ר' חנניה בנו של ר' יוסי הגלילי ואמר כדברי ר' עקיבה. אמר רבן שמעון בן גמליאל כך היינו נוהגין ביבנה. ר' אבהו בשם ר' לעזר בכל מקום עבר והזכיר אדיר המלוכה לא יצא חוץ מן האל הקדוש של ראש השנה ובלבד במוסף. ואתייא כר' יוחנן בן נורי. ^גרבן שמעון בן גמליאל אומר אומר קדושת היום עם זכרונות. ואתייא כר' עקיבה. ^דאמר רבן שמעון בן גמליאל מה מצאנו בכל מקום אומרה [ד]אמצעית אף כאן אומרה אמצעית. ^הרבי אומר מה מצאנו מכל מקום אומרה [ה]רביעית אף כאן אומרה רביעית. ר' יעקב בר אחא ר' זעירא חנין בר בא בשם רב צריך לומר האל הקדוש. ר' בא בשם אבא בר ר' חונה צריך לומר האל הקדוש ומרבה לסלוח. ר' בא בשם אבא בר ירמיה ^ובתפילה הוא אומר אלהי דוד ובונה ירושלים. בנביא הוא אומר אלהי דוד [ו]מצמיח ישועה. ^זיום טוב של ראש השנה שחל להיות בשבת אית תניי תני פותח ביום טוב וחותם בשבת ואית תניי תני פותח בשבת וחותם ביום טוב. רבי אומר ^חפותח בשבת וחותם בשבת ויום טוב בינתיים. ר' יודה בר פזי בשם ר' יהושע בן לוי הלכה כרבי:

הלכה ז מתני' [מ"ה] ^טאמר לו ר' עקיבה אם אינו תוקע למלכיות למה הוא מזכיר. אלא אומר אבות וגבורות וקדושת השם ^אוכולל מלכיות עם קדושת היום ותוקע זכרונות ותוקע שופרות ותוקע ואומר עבודה והודייה וברכת כהנים: [מ"ו] ^באין פוחתין [ז]מעשר מלכיות מעשרה זכרונות מעשרה שופרות. ר' יוחנן בן נורי אומר אם [ח]אמרן שלש שלש יצא. ^גאין מזכירין [ט]מלכות זכרון שופר של פורענות. מתחיל בתורה ומשלים בנביא. ר' יוסי אומר אם השלים בתורה יצא: **גמ'** אין פוחתין מעשרה מלכיות ^ככנגד עשרה קילוסין שאמר דוד ^אהללויה הללו אל בקדשו הללוהו ברקיע עזו וגו' עד כל הנשמה תהלל יה הללויה. מעשרה זכרונות כנגד עשרה וידויים שאמר ישעיה ^ברחצו הזכו הסירו וגו' ^גלמדו היטב דרשו משפט וגו' מה כתיב בתריה ^דלכו נא ונוכחה יאמר ה' וגו'.

פני משה

גמ' ביהודה נהגו וכו' עבר ועשה ביהודה. כמנהג בגליל או איפכא יצא שבדיעבד אינו מעכב: וכשקידשו את השנה וכו'. תוספתא היא בפ"ב (ה"ט) ומייתי לה לעיל בפ"ג (ה"א - יח:): בכל מקום. בברכת כל ימות השנה אם עבר והזכיר אדיר במלוכה לא יצא, כלומר אם חתם ברוך אדיר במלוכה במקום האל הקדוש: חוץ מן ברכת האל הקדוש של ראש השנה. אם חתם ברוך אדיר במלוכה יצא, ובלבד אם זה הוא במוסף ואתיא האי כר' יוחנן בן נורי דאמר כולל מלכיות עם קדושת השם, הלכך הואיל ושניהם נכללים בברכה אחת יצא: רבן שמעון בן גמליאל אומר אומר קדושת היום עם הזכרונות ואתייא כר' עקיבה. וענין תקיעה שתוקע לקדושת היום שכולל זכרונות עמה: אמר רבן שמעון בן גמליאל מה מצינו בכל מקום אומרה רביעית אף כאן אומרה רביעית. וכן הוא בתוספתא (פ"ב ה"ט) ובתו"כ פרשת אמור (פר' יא)*: רבי אומר מה מצינו בכל מקום באמצע אף כאן אומרה באמצע. כך הוא שם. ובספרי הדפוס נתחלף והיא גרסא אחרת: צריך לומר. בראש השנה האל הקדוש ומרבה לסלוח: בתפלה. בכל יום הוא אומר אלהי דוד ובונה ירושלים שכולל ברכת צמח דוד בברכת ירושלים כדלעיל בברכות פ"ד (ה"ה) ובנביא בברכת הפטרה מסיים אלהי דוד מצמיח ישועה: וחותם בשבת ויום טוב בינתים. שחותם בשתיהן: מתני' אמר לו ר' עקיבה אם אינו תוקע למלכיות למה הוא מזכיר. הכי קאמר למה הוא מזכיר עשר נימא תשע דהואיל וישתנו מלכיות מזכרונות ושופרות לענין תקיעה לישתנו נמי לענין מנין הפסוקים אלא אומר וכו'. והלכה כר' עקיבה: אין פוחתין מעשרה מלכיות וכו'. שלש פסוקים משל תורה, ושלש משל כתובים לפי שספר תהלים קדם לנביאים, ושלש משל נביאים, ואחד משל תורה שמשלים בו: ר' יוחנן בן נורי אומר אם אמרו שלש שלש. אחד משל תורה ואחד של כתובים ואחד של נביאים יצא, וכן הלכה שיצא בדיעבד: אין מזכירין מלכות זכרון שופר של פורענות. כגון אם לא ביד חזקה ובחימה שפוכה אמלוך עליכם (יחזקאל כ לג). ויזכור כי בשר המה (תהלים עח לט). תקעו שופר בגבעה (הושע ה ח) וכיוצא בהן, וזכרון של יחיד אף על פי שהוא לטובה כגון זכרה לי אלהי לטובה (נחמיה ה יט) וכיוצא בו אין מזכירין אותו: ר' יוסי אומר אם השלים בתורה יצא. מפרש בגמרא (בבלי לג:) דהכי קאמר ר' יוסי ומשלים בתורה ואם השלים בנביא יצא. וכן הלכה: גמ' אין פוחתין מעשרה מלכיות כנגד עשרה קילוסין. של הלל בפרשה זו שאמר דוד הללויה הללו אל בקדשו וגו', שנאמר כאן שופר: מה כתיב בתריה. לכו נא ונוכחה וגו', אם יהיו חטאיכם כשנים כשלג ילבינו וגו', וכנגד זה זכרונות שיעלו לטובה ותקובל תשובתם:

קרבן העדה

גמ' ביהודה נהגו כר' עקיבא. לכלול מלכיות עם קדושת היום: ובגליל נהגו כר' יוחנן בן נורי. לכלול מלכיות עם קדושת השם: עבר בנו של ר' יוחנן בן ברוקה. לפני התיבה להתפלל: לא כך היינו נוהגין ביבנה. בימי אבא כשהיו הסנהדרין יושבים שם, אלא נהגו כר' עקיבא. ואפילו הכי לא העבירוהו מתפלתו, שמע מינה דעביד ביהודה כגליל יצא: בכל מקום. בתפלתו עבר והזכיר אדיר המלוכה במקום מלכיות שצריך לומר בתפלה, או שאמר בכל ימות השנה במקום האל הקדוש ברוך אדיר המלוכה, לא יצא: חוץ מן האל הקדוש של ראש השנה. שאמר במקומו ברוך אדיר במלוכה שיצא: ובלבד. בתפלת מוסף הוא דיצא אם אמר הכי, אבל לא בשאר תפלות של ראש השנה כגון ערבית שחרית ומנחה: ואתיא כר' יוחנן בן נורי. דאמר שכולל מלכיות עם קדושת השם, הלכך אם חתם במקום קדושת השם מלכיות יצא: ואתיא. דרבן שמעון בן גמליאל כר' עקיבא בהא דסובר נמי שאינו כולל למלכיות עם קדושת השם, וכדמסיק: מה מצאנו בכל מקום. כשמתפלל שבע אומר לקדושת היום באמצע, ג' לפניה וג' לאחריה, אף בראש השנה קדושת היום באמצע, ד' לפניה וד' לאחריה. ואי סלקא דעתך דכולל למלכיות עם קדושת השם א"כ אין קדושת היום באמצע: מה מצאנו בכל מקום. בשבתות וימים טובים אומר לקדושת היום ברכה רביעית, אף כאן בראש השנה אומרה ברכה רביעית, והיינו בתר קדושת היום. וטעמיה דרבי דמסמך קדושה לקדושה טפי עדיף: צריך לומר. בראש השנה בקדושת השם האל הקדוש ולא המלך הקדוש: האל הקדוש ומרבה לסלוח. שיום סליחה נמי הוא שצדיקים נכתבים לאלתר לחיים: בתפלה. י"ח שמתפלל בכל יום אומר בחתימת ברכת בונה אלקי דוד ובונה ירושלים: בנביא. בחתימת ברכת הפטרה אומר אלקי דוד ומצמיח ישועה: ה"ג יום טוב שחל להיות בשבת: פותח ביום טוב. ותתן לנו את יום חג פלוני ואת יום השבת הזה: וחותם בשבת. מקדש השבת, ותו לא: וחותם ביום טוב. מקדש ישראל והזמנים, ותו לא: פותח בשבת וחותם בשבת וכו'. ואומר ותתן לנו את יום השבת הזה ואת יום חג פלוני, וחותם מקדש השבת ותו לא: מתני' מעשרה מלכיות. שלשה פסוקים של תורה, ושלשה של כתובים, ושלשה של נביאים, ואחד של תורה שמשלים בו: שלשה שלשה. אחד של תורה, ואחד של כתובים, ואחד של נביאים, יצא: של פורעניות. בגמ' מפרש: גמ' כנגד י' קילוסין וכו'. שאחד מהן הללוהו בתקע שופר: מעשרה זכרונות. אין פוחתין. כנגד עשרה וידויים לאו דוקא, אלא עשרה ענייני תשובה: מה כתיב בתריה לכו נא ונוכחה וגו'. והיינו בראש השנה שהוא יום הדין יום הוכוח [ועי' ביפה מראה]:

עין משפט

א מיי' פ"ג מהלכות שופר הלכה ז טוש"ע או"ח סימן תקצב סעיף א:
ב מיי' שם הלכה ח טוש"ע או"ח סימן תקצא סעיף ד:
ג מיי' שם הלכה ט טוש"ע או"ח סימן תקצא סעיף ה:

שינויי נוסחאות

א] ר' ישמעאל בנו של. כ"ה גם בירושלמי שביעית (פ"י ה"א) ונדרים (פ"ו ה"ח) וסנהדרין (פ"א ה"ב). בבבלי (לב.) ליתא:
ב] אמר. כ"ה גם בשאר המקומות בירושלמי הנ"ל. בבבלי (שם) נוסף לו:
ג] היינו. כ"ה גם בשאר המקומות בירושלמי הנ"ל. בבבלי (שם) היו. וכן בסמוך:
ד] אמצעית וכו' אמצעית. לפנינו בתוספתא (פ"ב ה"ט) רביעית וכו' רביעית. וכן הגיה כאן הפנ"מ. אמנם הגר"א הגיה בתוספתא כמו שלפנינו בירושלמי:
ה] רביעית. בתוספתא (שם) עם אמצעית. וכעי"ז הגיה בפנ"מ. אמנם הגר"א הגיה בתוספתא כמו שלפנינו בירושלמי:
ו] מצמיח ישועה. בר"ח (לב.) ומצמיח קרן ישועה. בתוס' רי"ד (תענית יג.) ומצמיח ישועה:
ז] מעשר. כ"ה גם גירסת הרמב"ם בפיה"מ. במשניות ובבבלי (לב.) מעשרה:
ח] אמרן שלש שלש. כ"ה גם בפיה"מ לרמב"ם. במשניות ובבבלי (שם) אמר שלש שלש מכולן:
ט] מלכות זכרון שופר. להלן בפיסקא שבגמ' (כה.) ובמשניות ובבבלי (שם) ובתוספתא (פ"ב ה"י) זכרון מלכות ושופר. ברי"ף (ח. מדה"ר) ובראו"ש (סי' ג) מלכויות זכרונות ושופרות:

תורה אור השלם

א) הַלְלוּיָהּ הַלְלוּ אֵל בְּקָדְשׁוֹ הַלְלוּהוּ בִּרְקִיעַ עֻזּוֹ: (תהלים קנ א)
ב) רַחֲצוּ הִזַּכּוּ הָסִירוּ רֹעַ מַעַלְלֵיכֶם מִנֶּגֶד עֵינָי חִדְלוּ הָרֵעַ: (ישעיה א טז)
ג) לִמְדוּ הֵיטֵב דִּרְשׁוּ מִשְׁפָּט אַשְּׁרוּ חָמוֹץ שִׁפְטוּ יָתוֹם רִיבוּ אַלְמָנָה: (ישעיה א יז)
ד) לְכוּ נָא וְנִוָּכְחָה יֹאמַר יְהֹוָה אִם יִהְיוּ חֲטָאֵיכֶם כַּשָּׁנִים כַּשֶּׁלֶג יַלְבִּינוּ אִם יַאְדִּימוּ כַתּוֹלָע כַּצֶּמֶר יִהְיוּ: (ישעיה א יח)

מסורת הש"ס

א) פסחים פ"ד ה"א, פ"י ה"ו ב) לעיל פ"ג ה"א - יח: [שביעית פ"י ה"א, נדרים פ"ו ה"ח, סנהדרין פ"א ה"ב, ר"ה לב., תוספתא פ"ב ה"ט, ספרא אמור פרשה יא ה"ה, ילקו"ש אמור תרמה בשינוי] ג) [ר"ה לב., תוספתא פ"ב ה"ט, ספרא אמור פרשה יא ה"ה, ילקו"ש אמור תרמה] ד) [ר"ה לב., תוספתא פ"ב ה"ט, ספרא אמור פרשה יא ה"ה, ילקו"ש אמור תרמה] ה) [ספרא אמור פרשה יא ה"ד, פסיקתא זוטרתא בראשית כב יג, ילקו"ש אמור תרמה] ו) [ברכות פ"ד ה"ה, מדרש שמואל כו ג, מדרש תהלים כט] ז) [עי' שבועות פ"א ה"ד ועירובין מ. ותוספתא ברכות פ"ג הט"ו ותוספתא ר"ה פ"ב הי"ג] ח) [ביצה יז., תוספתא ברכות פ"ג הט"ו, תוספתא ר"ה פ"ב הי"ג] ט) ר"ה לב. [ספרא אמור פרשה יא ה"ד, פסיקתא זוטרתא בראשית כב יג, ילקו"ש אמור תרמה] י) [תוספתא פ"ב ה"י, פסיקתא זוטרתא בראשית כב יג, תיקו"ז פח:, זהר חדש פא:, ילקו"ש יחזקאל שנט] כ) [ר"ה לב.]

שירי קרבן

בנביא הוא אומר אלהי דוד ומצמיח ישועה. וקשה הא אין חותמין בשתים (ברכות מט.) וי"ל דבחדא קחשיב להו, וצ"ע:

גליון הש"ס

ובלבד במוסף. עיין ברמב"ן במלחמות פ"ד (יב. מדה"ר):

מראה הפנים

אמר רשב"ג מה מצינו בכל מקום אומרה אמצעית וכו'. כך היא הגירסא בבבלי דף ל"ב (ע"א) והיא נכונה ודלא כגירסת התוספתא (פ"ב ה"ט) והת"כ (אמור פרשה יא) שהבאתי בפנים:

one says, "God of David, Who causes salvation to flourish."[28] בְּשַׁבָּת וְחוֹתֵם בְּיוֹם טוֹב – ONE OPENS the blessing WITH SABBATH AND CLOSES it WITH YOM TOV.[31]

The Gemara discusses another blessing that deals with two subjects:

יוֹם טוֹב (של ראש השנה)[29] שֶׁחָל לִהְיוֹת בְּשַׁבָּת – Regarding **a Yom Tov that fell on the Sabbath,** there is a dispute regarding how to recite the middle blessing of the *Amidah.* אִית תַּנֵּיי תָּנֵי – **There is a Tanna who teaches:** פּוֹתֵחַ בְּיוֹם טוֹב וְחוֹתֵם בְּשַׁבָּת – ONE OPENS the blessing WITH YOM TOV AND CLOSES it WITH SABBATH.[30] וְאִית תַּנֵּיי תָּנֵי – **But there is** another **Tanna who teaches:** פּוֹתֵחַ בְּשַׁבָּת וְחוֹתֵם בְּיוֹם טוֹב – ONE OPENS the blessing WITH SABBATH AND CLOSES it WITH YOM TOV.[31]

The Gemara cites a third Tanna:

רַבִּי אוֹמֵר – REBBI SAYS: פּוֹתֵחַ בְּשַׁבָּת וְחוֹתֵם בְּשַׁבָּת – ONE OPENS the blessing WITH SABBATH AND CLOSES it WITH SABBATH, וְיוֹם טוֹב בֵּינְתַיִים – AND mentions YOM TOV IN BETWEEN.[32]

The Gemara rules on the dispute:

רַבִּי יוּדָה בַּר פַּזִי בְּשֵׁם רַבִּי יְהוֹשֻׁעַ בֶּן לֵוִי – **R' Yudah bar Pazi** said **in the name of R' Yehoshua ben Levi:** הֲלָכָה כְּרַבִּי – **The halachah is in accordance with Rebbi.**[33]

Halachah 7

Mishnah In the previous Mishnah (24a), R' Yochanan ben Nuri is quoted as saying that, in the Rosh Hashanah Mussaf prayer, one says *Malchiyos* in the third blessing – the Holiness of the Name, and blows the shofar in the fourth blessing – the Holiness of the Day. The Mishnah below presents the conflicting opinion of R' Akivah:[34]

אָמַר לוֹ רַבִּי עֲקִיבָה – **R' Akivah said to [R' Yochanan ben Nuri]:** אִם אֵינוֹ תוֹקֵעַ לְמַלְכִיּוֹת לָמָּה הוּא מַזְכִּיר – **If one does not blow** the shofar **for *Malchiyos*, why does he mention** it?[35] אֶלָּא – **Rather,** the order is this: אוֹמֵר אָבוֹת וּגְבוּרוֹת וּקְדוּשַּׁת הַשֵּׁם – **He says** the blessings of **Patriarchs, Powers, and Holiness of the Name,** וְכוֹלֵל מַלְכִיּוֹת עִם קְדוּשַּׁת הַיּוֹם וְתוֹקֵעַ – **then combines *Malchiyos* with** the blessing of the **Holiness of the Day and blows**

NOTES

28. The third post-*Haftarah* blessing (שַׂמְּחֵנוּ ה׳) discusses the future Messianic reign. Based on *Bavli Pesachim* ibid., our custom is to conclude this blessing with the words בָּרוּךְ אַתָּה ה׳ מָגֵן דָּוִד, *Blessed are You, Hashem, Shield of David. Yerushalmi* follows a different custom, according to which the conclusion of the blessing is: בָּרוּךְ אַתָּה ה׳ אֱלֹהֵי דָוִד מַצְמִיחַ יְשׁוּעָה, *Blessed are You, Hashem, God of David, Who causes salvation to flourish.* For different versions of the conclusion to this blessing, see *Alei Tamar.*

Tos. Rid ibid. notes another point of disagreement between *Yerushalmi* and *Bavli*: According to *Bavli,* the words *God of David* never appears in our prayers (see *Bavli Sanhedrin* 107a, which relates that David himself asked Hashem why this should be so). Our Gemara, however, states that the words *God of David* do indeed appear twice in our prayers: once in the weekday *Amidah* and once in the post-*Haftarah* blessings.

Bavli Berachos 49a states that one blessing may not conclude with two subjects. Regarding why the blessings mentioned in our Gemara do conclude with two subjects, see *Sheyarei Korban* and *Amudei Yerushalayim Tinyana.*

29. Emendation follows *Korban HaEidah.* See the text of *Tosefta Berachos* 3:15. For further discussion, see *Alei Tamar.*

30. I.e. one opens the blessing with וַתִּתֶּן לָנוּ אֶת יוֹם חַג... הַזֶּה, *And You gave us the day of this festival of...* (inserting the name of the appropriate festival). He [continues with וְאֶת יוֹם הַשַּׁבָּת הַזֶּה, *and this day of Sabbath,* and] concludes with בָּרוּךְ אַתָּה ה׳ מְקַדֵּשׁ הַשַּׁבָּת, *Blessed are You, God, Who sanctifies the Sabbath,* and does not mention Yom Tov in the conclusion (*Korban HaEidah*).

31. I.e. he opens the blessing with וַתִּתֶּן לָנוּ אֶת יוֹם הַשַּׁבָּת הַזֶּה, *And You gave us this day of Sabbath.* He [continues with וְאֶת יוֹם חַג... הַזֶּה, *the day of this festival of...* (inserting the name of the appropriate festival), and] concludes with בָּרוּךְ אַתָּה ה׳ מְקַדֵּשׁ יִשְׂרָאֵל וְהַזְּמַנִּים, *Blessed are You, God, Who sanctifies Israel and the festival seasons,* and does not mention Sabbath in the conclusion (*Korban HaEidah*).

These two Tannaim agree that when two subjects are mentioned in the body of a blessing, the conclusion follows the latter subject. They also both agree that, when Yom Tov falls on a Sabbath, both subjects are mentioned in the body of the blessing. What they disagree about is the order in which these two subjects are mentioned. According to the first Tanna, the order is first Yom Tov and then Sabbath; according to the second Tanna, the reverse. Thus, according to the first Tanna, one concludes with Yom Tov; according to the second Tanna, with Sabbath (*Lev Yerushalayim*).

32. I.e. he opens the blessing with וַתִּתֶּן לָנוּ אֶת יוֹם הַשַּׁבָּת הַזֶּה, *And You gave us this day of Sabbath.* He continues with וְאֶת יוֹם חַג... הַזֶּה, *the day of this festival of...* (inserting the name of the appropriate festival), and concludes with בָּרוּךְ אַתָּה ה׳ מְקַדֵּשׁ הַשַּׁבָּת, *Blessed are You, God, Who sanctifies the Sabbath,* and does not mention Yom Tov in the conclusion (*Korban HaEidah*; cf. *Pnei Moshe*).

Rebbi holds like the second Tanna that, when Yom Tov falls on a Sabbath, one opens the middle blessing of the *Amidah* with Sabbath. However, he disagrees with both Tannaim, and holds that when two subjects are mentioned in the body of a blessing, the conclusion follows the *former* subject. Thus, he holds that, when Yom Tov falls on a Sabbath, one both opens and closes the middle blessing with Sabbath (*Lev Yerushalayim*).

33. For a discussion regarding the contradiction between Rebbi's ruling as quoted by our Gemara and his ruling as quoted in *Bavli,* see Variant A.

34. See above, 24a note 27.

35. *Bavli* ibid. (cited in *Pnei Moshe*) comments that R' Akivah's words are not meant literally, for the recital of *Malchiyos* is an obligation independent of the blowing of the shofar. *Bavli* concludes that R' Akivah meant that, since the recital of *Malchiyos* differs from the recital of *Zichronos* and *Shofaros* in that the shofar is not blown, it should also differ in the formula of the recital. Instead of the ten verses recited in the latter blessings (see below), only nine or fewer verses should be said in the blessing of *Malchiyos.*

TEXTUAL AND INTERPRETIVE VARIANTS

A. Our Gemara states that, according to Rebbi, if Yom Tov falls on Sabbath, one opens and closes the fourth blessing of the *Amidah* with Sabbath and mentions Yom Tov in the middle. *Bavli Beitzah* 17a attributes this opinion to Beis Hillel. According to *Bavli,* Rebbi holds that one opens the blessing with Sabbath, mentions Yom Tov in the middle, and closes it with *both* Sabbath *and* Yom Tov. Thus, we have a contradiction between Rebbi's ruling as quoted by our Gemara and his ruling as quoted in *Bavli.* This contradiction is compounded by the fact that both *Yerushalmi* and *Bavli* conclude that the halachah follows Rebbi.

Beur Halachah 487:1 ד״ה מקדש reconciles this contradiction as follows: In our Gemara, Rebbi discusses the mandatory conclusion of the blessing. He teaches that one who did not close the blessing with a mention of Sabbath has not fulfilled his obligation [even if he closed the blessing with a mention of Yom Tov]. In *Bavli,* however, Rebbi discusses the preferred conclusion of the blessing. He teaches that, preferably, one should close the blessing with a mention of both Sabbath *and* Yom Tov. If, however, one mentioned only Sabbath, he has fulfilled his obligation. As mentioned above in note 15, *Nishmas Adam* disagrees and holds that, in a blessing that closes with two subjects, one who concludes with either of the two subjects has fulfilled his obligation.

גמ' [א]ביהודה נהגו כר' עקיבה ובגליל כר' יוחנן בן נורי. עבר ועשה ביהודה כגליל ובגליל כיהודה יצא. [ב]וכשקידשו את השנה באושא ביום הראשון עבר [א]ר' ישמעאל בנו של ר' יוחנן בן ברוקה ואמר כדברי ר' יוחנן בן נורי. [ב]אמר רבן שמעון בן גמליאל לא [ג]היינו נוהגין כן ביבנה. ביום השיני עבר ר' חנניה בנו של ר' יוסי הגלילי ואמר כדברי ר' עקיבה. אמר רבן שמעון בן גמליאל כך היינו נוהגין ביבנה. ר' אבהו בשם ר' לעזר בכל מקום עבר והזכיר אדיר המלוכה לא יצא חוץ מן האל הקדוש של ראש השנה ובלבד במוסף. ואתייא כר' יוחנן בן נורי. [ג]רבן שמעון בן גמליאל אומר אומר קדושת היום עם זכרונות. ואתייא כר' עקיבה. [ד]אמר רבן שמעון בן גמליאל מה מצאנו בכל מקום אומרה [ד]אמצעית אף כאן אומרה אמצעית. [ה]רבי אומר מה מצאנו מכל מקום אומרה [ה]רביעית אף כאן אומרה רביעית. ר' יעקב בר אחא ר' זעירא חנין בר בא בשם רב צריך לומר האל הקדוש. ר' בא בשם אבא בר ר' חונה צריך לומר האל הקדוש ומרבה לסלוח. ר' בא בשם אבא בר ירמיה [ו]בתפילה הוא אומר אלהי דוד ובונה ירושלים. בנביא הוא אומר אלהי דוד [ו]מצמיח ישועה. [ז]יום טוב של ראש השנה שחל להיות בשבת אית תניי תני פותח ביום טוב וחותם בשבת ואית תניי תני פותח בשבת וחותם ביום טוב. רבי אומר [ח]פותח בשבת וחותם בשבת ויום טוב בינתיים. ר' יודה בר פזי בשם ר' יהושע בן לוי הלכה כרבי: **הלכה ז מתני'** [מ"ה] [ט]אמר לו ר' עקיבה אם אינו תוקע למלכיות למה הוא מזכיר. אלא אומר אבות וגבורות וקדושת השם [א]וכולל מלכיות עם קדושת היום ותוקע זכרונות ותוקע שופרות ותוקע ואומר עבודה והודייה וברכת כהנים: [מ"ו] [ב][י]אין פוחתין [ז]מעשר מלכיות מעשרה זכרונות מעשרה שופרות. ר' יוחנן בן נורי אומר אם [ח]אמרן שלש שלש יצא. [ג]אין מזכירין [ט]מלכות זכרון שופר של פורענות. מתחיל בתורה ומשלים בנביא. ר' יוסי אומר אם השלים בתורה יצא: גמ' אין פוחתין מעשרה מלכיות [כ]כנגד עשרה קילוסין שאמר דוד [א]הללויה הללו אל בקדשו הללוהו ברקיע עזו וגו' עד כל הנשמה תהלל יה הללויה. מעשרה זכרונות כנגד עשרה וידויים שאמר ישעיה [ב]רחצו הזכו הסירו וגו' [ג]למדו היטב דרשו משפט וגו' מה כתיב בתריה [ד]לכו נא ונוכחה יאמר ה' וגו'.

פני משה

גמ' ביהודה נהגו וכו' עבר ועשה ביהודה. כמנהג בגליל או איפכא יצא שבדיעבד אינו מעכב: וכשקידשו את השנה וכו'. תוספתא היא בפ"ב (ה"ט) ומייתי לה לעיל בפ"ג (ה"א - יח:): בכל מקום. בברכת כל ימות השנה אם עבר והזכיר אדיר במלוכה לא יצא, כלומר אם חתם ברוך אדיר במלוכה במקום האל הקדוש: חוץ מן ברכת האל הקדוש של ראש השנה. אם חתם ברוך אדיר במלוכה יצא, ובלבד אם זה הוא במוסף ואתיא האי כר' יוחנן בן נורי דאמר כולל מלכיות עם קדושת השם, הלכך הואיל ושניהם נכללים בברכה אחת יצא: רבן שמעון בן גמליאל אומר אומר קדושת היום עם הזכרונות ואתייא כר' עקיבה. ועניין תקיעה שתוקע לקדושת היום שכולל זכרונות עמה: אמר רבן שמעון בן גמליאל מה מצינו בכל מקום אומרה רביעית אף כאן אומרה רביעית. וכך הוא בתוספתא (פ"ב ה"ט) ובתו"כ פרשת אמור (פר' יא)*: רבי אומר מה מצינו בכל מקום באמצע אף כאן אומרה באמצע. כך הוא שם. ובספרי הדפוס נתחלף והיא גרסא אחרת: צריך לומר. בראש השנה האל הקדוש ומרבה לסלוח: בתפלה. בכל יום הוא אומר אלהי דוד ובונה ירושלים שכולל ברכת צמח דוד בברכת ירושלים כדלעיל בברכות פ"ד (ה"ה) ובנביא בברכת הפטרה מסיים אלהי דוד מצמיח ישועה: וחותם בשבת ויום טוב בינתים. שחותם בשתיהן: מתני' אמר לו ר' עקיבה אם אינו תוקע למלכיות למה הוא מזכיר. הכי קאמר למה הוא מזכיר עשר נימא תשע דהואיל וישתנו מלכיות מזכרונות ושופרות לענין תקיעה לישתנו נמי לענין מנין הפסוקים אלא אומר וכו'. והלכה כר' עקיבה: אין פוחתין מעשרה מלכיות וכו'. שלש פסוקים משל תורה, ושלש משל כתובים לפי שספר תהלים קדם לנביאים, ושלש משל נביאים, ואחד משל תורה שמשלים בו: ר' יוחנן בן נורי אומר אם אמרו שלש שלש. אחד משל תורה ואחד של כתובים ואחד של נביאים יצא, וכן הלכה שיצא בדיעבד: אין מזכירין מלכות זכרון שופר של פורענות. כגון אם לא ביד חזקה ובחימה שפוכה אמלוך עליכם (יחזקאל כ לג). ויזכור כי בשר המה (תהלים עח לט). תקעו שופר בגבעה (הושע ה ח) וכיוצא בהן, וזכרון של יחיד אף על פי שהוא לטובה כגון זכרה לי אלהי לטובה (נחמיה ה יט) וכיוצא בו אין מזכירין אותו: ר' יוסי אומר אם השלים בתורה יצא. מפרש בגמרא (בבלי לב:) דהכי קאמר ר' יוסי ומשלים בתורה ואם השלים בנביא יצא. וכן הלכה: גמ' אין פוחתין מעשרה מלכיות כנגד עשרה קילוסין. של הלל בפרשה זו שאמר דוד הללויה הללו אל בקדשו וגו', שנאמר כאן שופר: מה כתיב בתריה. לכו נא ונוכחה וגו', אם יהיו חטאיכם כשנים כשלג ילבינו וגו', וכנגד זה זכרונות שיעלו לטובה ותקובל תשובתם:

קרבן העדה

גמ' ביהודה נהגו כר' עקיבא. לכלול מלכיות עם קדושת היום: ובגליל נהגו כר' יוחנן בן נורי. לכלול מלכיות עם קדושת השם: עבר בנו של ר' יוחנן בן ברוקה. לפני התיבה להתפלל: לא כך היינו נוהגין ביבנה. בימי אבא כשהיו הסנהדרין יושבים שם, אלא נהגו כר' עקיבא. ואפילו הכי לא העבירוהו מתפלתו, שמע מינה דעביד ביהודה כגליל יצא: בכל מקום. בתפלתו עבר והזכיר אדיר המלוכה במקום מלכיות שצריך לומר בתפלה, או שאמר בכל ימות השנה במקום האל הקדוש ברוך אדיר המלוכה, לא יצא: חוץ מן האל הקדוש של ראש השנה. שאמר במקומו ברוך אדיר במלוכה שיצא: ובלבד. בתפלת מוסף הוא דיצא אם אמר הכי, אבל לא בשאר תפלות של ראש השנה כגון ערבית שחרית ומנחה: ואתיא כר' יוחנן בן נורי. דאמר שכולל מלכיות עם קדושת השם, הלכך אם חתם במקום קדושת השם מלכיות יצא: ואתיא. דרבן שמעון בן גמליאל כר' עקיבא בהא דסובר נמי שאינו כולל למלכיות עם קדושת השם, וכדמסיק: מה מצאנו בכל מקום. כשמתפלל שבע אומר לקדושת היום באמצע, ג' לפניה וג' לאחריה, אף בראש השנה קדושת היום באמצע, ד' לפניה וד' לאחריה. ואי סלקא דעתך דכולל למלכיות עם קדושת השם א"כ אין קדושת היום באמצע: מה מצאנו בכל מקום. בשבתות וימים טובים אומר לקדושת היום ברכה רביעית, אף כאן בראש השנה אומרה ברכה רביעית, והיינו בתר קדושת היום. וטעמיה דרבי דמסמך קדושה לקדושה טפי עדיף: צריך לומר. בראש השנה בקדושת השם האל הקדוש ולא המלך הקדוש: האל הקדוש ומרבה לסלוח. שיום סליחה נמי הוא שצדיקים נכתבים לאלתר לחיים: בתפלה. י"ח שמתפלל בכל יום אומר בחתימת ברכת בונה אלקי דוד ובונה ירושלים: בנביא. בחתימת ברכת הפטרה אומר אלקי דוד ומצמיח ישועה: ה"ג יום טוב שחל להיות בשבת: פותח ביום טוב. ותתן לנו את יום חג פלוני ואת יום השבת הזה: וחותם בשבת. מקדש השבת, ותו לא: וחותם ביום טוב. מקדש ישראל והזמנים, ותו לא: פותח בשבת וחותם בשבת וכו'. ואומר ותתן לנו את יום השבת הזה ואת יום חג פלוני, וחותם מקדש השבת ותו לא: מתני' מעשרה מלכיות. שלשה פסוקים של תורה, ושלשה של כתובים, ושלשה של נביאים, ואחד של תורה שמשלים בו: שלשה שלשה. אחד של תורה, ואחד של כתובים, ואחד של נביאים, יצא: של פורעניות. בגמ' מפרש: גמ' כנגד י' קילוסין וכו'. שאחד מהן הללוהו בתקע שופר: מעשרה זכרונות. אין פוחתין. כנגד עשרה וידויים לאו דוקא, אלא עשרה ענייני תשובה: מה כתיב בתריה לכו נא ונוכחה וגו'. והיינו בראש השנה שהוא יום הדין יום הויכוח [ועי' ביפה מראה]:

עין משפט

א מיי' פ"ג מהלכות שופר הלכה ז טוש"ע או"ח סימן תקצא סעיף א:
ב מיי' שם הלכה ח טוש"ע או"ח סימן תקצא סעיף ד:
ג מיי' שם הלכה ט טוש"ע או"ח סימן תקצא סעיף ה:

שינויי נוסחאות

א] ר' ישמעאל בנו של. כ"ה גם בירושלמי שביעית (פ"י ה"א) ונדרים (פ"ו ה"ח) וסנהדרין (פ"א ה"ב). בבבלי (לב.) ליתא:
ב] אמר. כ"ה גם בשאר המקומות בירושלמי הנ"ל. בבבלי (שם) נוסף לו:
ג] היינו. כ"ה גם בשאר המקומות בירושלמי הנ"ל. בבבלי (שם) היו. וכן בסמוך:
ד] אמצעית וכו' אמצעית. לפנינו בתוספתא (פ"ב ה"ט) רביעית וכו' רביעית. וכן הגיה כאן הפנ"מ. אמנם הגר"א הגיה בתוספתא כמו שלפנינו בירושלמי:
ה] רביעית. בתוספתא (שם) עם אמצעית. וכעי"ז הגיה בפנ"מ. אמנם הגר"א הגיה בתוספתא כמו שלפנינו בירושלמי:
ו] מצמיח ישועה. בר"ח (לב.) ומצמיח קרן ישועה. בתוס' רי"ד (תענית יג.) ומצמיח ישועה:
ז] מעשר. כ"ה גם גירסת הרמב"ם בפיה"מ. במשניות ובבבלי (לב.) מעשרה:
ח] אמרן שלש שלש. כ"ה גם בפיה"מ לרמב"ם. במשניות ובבבלי (שם) אמר שלש שלש מכולן:
ט] מלכות זכרון שופר. להלן בפיסקא שבגמ' (כה.) ובמשניות ובבבלי (שם) ובתוספתא (פ"ב ה"י) זכרון מלכות ושופר. בריי"ף (ח. מדה"ר) ובראב"ש (סי' ג) מלכויות זכרונות ושופרות:

תורה אור השלם

א) הַלְלוּיָהּ הַלְלוּ אֵל בְּקָדְשׁוֹ הַלְלוּהוּ בִּרְקִיעַ עֻזּוֹ: (תהלים קנ א)
ב) רַחֲצוּ הִזַּכּוּ הָסִירוּ רֹעַ מַעַלְלֵיכֶם מִנֶּגֶד עֵינָי חִדְלוּ הָרֵעַ: (ישעיה א טז)
ג) לִמְדוּ הֵיטֵב דִּרְשׁוּ מִשְׁפָּט אַשְּׁרוּ חָמוֹץ שִׁפְטוּ יָתוֹם רִיבוּ אַלְמָנָה: (ישעיה א יז)
ד) לְכוּ נָא וְנִוָּכְחָה יֹאמַר יְהוָה אִם יִהְיוּ חֲטָאֵיכֶם כַּשָּׁנִים כַּשֶּׁלֶג יַלְבִּינוּ אִם יַאְדִּימוּ כַתּוֹלָע כַּצֶּמֶר יִהְיוּ: (ישעיה א יח)

מסורת הש"ס

א) פסחים פ"ד ה"א, פ"י ה"ו ב) לעיל פ"ג ה"א - יח: [שביעית פ"י ה"א, נדרים פ"ו ה"ח, סנהדרין פ"א ה"ב, ר"ה לב., תוספתא פ"ב ה"ט, ספרא אמור פרשה יא ה"ה, ילקו"ש אמור תרמה בשינוי] ג) [ר"ה לב., תוספתא פ"ב ה"ט, ספרא אמור פרשה יא ה"ה, ילקו"ש אמור תרמה] ד) [ר"ה לב., תוספתא פ"ב ה"ט, ספרא אמור פרשה יא ה"ה, ילקו"ש אמור תרמה] ה) [ספרא אמור פרשה יא ה"ד, פסיקתא זוטרתא בראשית כב יג, ילקו"ש אמור תרמה] ו) [ברכות פ"ד ה"ה, מדרש שמואל כו ג, מדרש תהלים כט] ז) [עי' שבועות פ"א ה"ד ועירובין מ. ותוספתא ברכות פ"ג הט"ו ותוספתא ר"ה פ"ב הי"ג] ח) [ביצה יז., תוספתא ברכות פ"ג הט"ו, תוספתא ר"ה פ"ב הי"ג] ט) ר"ה לב. [ספרא אמור פרשה יא ה"ד, פסיקתא זוטרתא בראשית כב יג, ילקו"ש אמור תרמה] י) [תוספתא פ"ב ה"י, פסיקתא זוטרתא בראשית כב יג, תיקו"ז פח:, זהר חדש פא:, ילקו"ש יחזקאל שנט] כ) [ר"ה לב.]

שירי קרבן

בנביא הוא אומר אלהי דוד ומצמיח ישועה. וקשה הא אין חותמין בשתים (ברכות מט.). וי"ל דבחדא קחשיב להו, וצ"ע:

גליון הש"ס

ובלבד במוסף. עיין ברמב"ן במלחמות פ"ד (יב. מדה"ר):

מראה הפנים

אמר רשב"ג מה מצינו בכל מקום אומרה אמצעית וכו'. כך היא הגירסא בבבלי דף ל"ב (ע"א) והיא נכונה ודלא כגירסת התוספתא (פ"ב ה"ט) והת"כ (אמור פרשה יא) שהבאתי בפנים:

The Mishnah discusses a dispute between two Tannaim, R' Yochanan ben Nuri and R' Akivah. The Gemara quotes a Baraisa that offers yet a third opinion:[16]

רַבָּן שִׁמְעוֹן בֶּן גַּמְלִיאֵל אוֹמֵר – **RABBAN SHIMON BEN GAMLIEL SAYS:** אוֹמֵר קְדוּשַּׁת הַיּוֹם עִם זִכְרוֹנוֹת – **ONE RECITES THE HOLINESS OF THE DAY WITH *ZICHRONOS*** – i.e. in the fifth blessing.[17]

The Gemara interrupts the Baraisa to comment:

וְאַתְיָיא כְּרַבִּי עֲקִיבָה – **And [Rabban Shimon ben Gamliel's opinion] follows that of R' Akivah.**[18]

The Gemara continues with its citation of the Baraisa:

אָמַר רַבָּן שִׁמְעוֹן בֶּן גַּמְלִיאֵל – **RABBAN SHIMON BEN GAMLIEL SAID** in explanation of his opinion that one recites the Holiness of the Day in the fifth blessing: מַה מָּצָאנוּ בְּכָל מָקוֹם – **WHAT DO WE FIND IN EVERY** other **PLACE,** i.e. what is done in every other holiday prayer? אוֹמְרָהּ אֶמְצָעִית – **HE MENTIONS [THE HOLINESS OF THE DAY] IN THE MIDDLE** blessing.[19] אַף כָּאן אוֹמְרָהּ אֶמְצָעִית – **HERE, TOO,** in the Rosh Hashanah Mussaf prayer, **HE SHOULD MENTION IT IN THE MIDDLE** blessing.[20] רַבִּי אוֹמֵר – **REBBE SAYS** in explanation of R' Akivah's opinion that one recites that Holiness of the Day in the fourth blessing: מַה מָּצָאנוּ מִכָּל מָקוֹם – **WHAT DO WE FIND IN EVERY** other **PLACE?** אוֹמְרָהּ רְבִיעִית – **HE MENTIONS** the Holiness of the Day **IN THE FOURTH** blessing. אַף כָּאן אוֹמְרָהּ רְבִיעִית – **HERE, TOO, HE SHOULD MENTION IT IN THE FOURTH** blessing.[21]

During the course of the year, one concludes the third blessing of the *Amidah* with the words *the Holy God.* The Gemara discusses how to conclude the blessing on Rosh Hashanah and throughout the Ten Days of Repentance:

רַבִּי יַעֲקֹב בַּר אַחָא רַבִּי זְעִירָא חָנִין בַּר בָּא בְּשֵׁם רַב – **R' Yaakov bar Acha** quoted **R' Z'eira,** who quoted **Chanin bar Ba,** who said **in the name of Rav:** צָרִיךְ לוֹמַר הָאֵל הַקָּדוֹשׁ – On Rosh Hashanah, **one should say "the Holy God"** at the conclusion of the third blessing.[22]

A dissenting opinion that calls for a lengthier conclusion:

רַבִּי בָּא בְּשֵׁם אַבָּא בַּר רַבִּי חוּנָה – **R' Ba** said **in the name of Abba bar R' Chunah:** צָרִיךְ לוֹמַר הָאֵל הַקָּדוֹשׁ וּמַרְבֶּה לִסְלוֹחַ – **One should say "the Holy God and the One Who pardons abundantly"** at the conclusion of the third blessing.[23]

According to R' Ba, the third blessing of the Rosh Hashanah *Amidah* concludes with two subjects. The Gemara gives other examples of blessings that, according to R' Ba, conclude with two subjects:[24]

רַבִּי בָּא בְּשֵׁם אַבָּא בַּר יִרְמְיָה – **R' Ba** said **in the name of Abba bar Yirmiyah:** בִּתְפִילָּה הוּא אוֹמֵר אֱלֹהֵי דָוִד וּבוֹנֵה יְרוּשָׁלַיִם – **In the** weekday **Prayer,**[25] **one says, "God of David and Builder of Jerusalem."**[26] בְּנָבִיא הוּא אוֹמֵר אֱלֹהֵי דָוִד מַצְמִיחַ יְשׁוּעָה – And **in the** blessings recited after the public reading of **the Prophets,**[27]

NOTES

16. *Tosefta* 2:9, as emended by *Chasdei David* and *Hagahos HaGra*; see *Mareh HaPanim.*

17. The *Amidah* prayer of every holiday contains seven blessings – the standard three-blessing opening, a blessing referring to the Holiness of the Day, and the standard three-blessing closing. The Rosh Hashanah Mussaf *Amidah* prayer, however, contains nine blessings – the standard three-blessing opening, three middle blessings, and the standard three-blessing closing. According to R' Yochanan ben Nuri, *Malchiyos* is recited in the third blessing, the Holiness of the Day in the fourth blessing, and *Zichronos* and *Shofaros* in the fifth and sixth blessings respectively. According to R' Akivah, both *Malchiyos* and the Holiness of the Day are recited in the fourth blessing, and *Zichronos* and *Shofaros* in the fifth and sixth blessings respectively. According to Rabban Shimon ben Gamliel, *Malchiyos* is recited by itself in the fourth blessing, *Zichronos* and the Holiness of the Day are recited in the fifth blessing, and *Shofaros* is recited in the sixth blessing.

18. The Gemara does not mean that Rabban Shimon ben Gamliel agrees with R' Akivah in all respects. As we have seen in the previous note, Rabban Shimon ben Gamliel disagrees with R' Akivah regarding where to recite the Holiness of the Day: According to R' Akivah, in the *fourth* blessing; according to Rabban Shimon ben Gamliel, in the *fifth.* What the Gemara means is that Rabban Shimon ben Gamliel agrees with R' Akivah regarding where to recite *Malchiyos* and blow the shofar: Unlike R' Yochanan ben Nuri, who holds that *Malchiyos* is recited in the third blessing, both R' Akivah and Rabban Shimon ben Gamliel agree that it is recited in the *fourth* blessing (*Beur of R' Chaim Kanievski*; cf. *Korban HaEidah*; for an emendation of the text that avoids this difficulty, see below, note 21).

[Similarly, when Rabban Shimon ben Gamliel said (in the Baraisa quoted above) that in Yavneh they followed the opinion of R' Akivah, he did not mean that they followed the opinion of R' Akivah totally, even with regard to reciting the Holiness of the Day in the fourth blessing. What he meant was that they followed the opinion of R' Akivah partially, only with regard to reciting *Malchiyos* in the fourth blessing (*Bavli* 32a).]

19. Which, in the seven-blessing holiday prayer, is the fourth blessing.

20. Which, in the nine-blessing Rosh Hashanah Mussaf prayer, is the fifth blessing.

21. Rebbi holds that it is preferable to keep the Holiness of the Day next to the Holiness of the Name, even at the expense of not reciting it in the middle blessing (*Korban HaEidah*).

[We have explained our Gemara according to the standard text. However, in light of the fact that, unlike the opinion of Rabban Shimon ben Gamliel (see above, note 18), the opinion of Rebbi is in complete accordance with that of R' Akivah, *Shaarei Toras Eretz Yisrael* emends the text by transferring the words וְאַתְיָיא כְּרַבִּי עֲקִיבָה from above, where they would refer to the opinion of Rabban Shimon ben Gamliel, to here, where they would refer to the opinion of Rebbi.]

22. *Bavli Berachos* 12b holds that on Rosh Hashanah (and indeed throughout the entire Ten Days of Repentance) one should conclude the third blessing not with הָאֵל הַקָּדוֹשׁ, *the Holy God,* as he does throughout the year, but with הַמֶּלֶךְ הַקָּדוֹשׁ, *the Holy King.* (Indeed, according to one opinion in *Bavli* [which is indeed the halachah, see *Orach Chaim* 582:1] one who concludes with *the Holy God* has not fulfilled his obligation even after the fact.) Our Gemara disagrees with *Bavli* and holds that one should, even in the first instance, conclude the blessing with *the Holy God* (*Korban HaEidah* and *Hagahos Maharsham* to *Bavli* loc. cit.; cf. *Sefer Nir, Shelom Yerushalayim, Masa DiYerushalayim,* and *Alei Tamar*).

23. Rosh Hashanah is not only a day of judgment but also a day of forgiveness, on which the righteous are written in the Book of Life (see *Bavli* 16b). Abba bar R' Chunah holds that it is appropriate to include this fact in the conclusion of the third blessing (*Korban HaEidah*).

24. *Beur of R' Chaim Kanievski.*

25. *Korban HaEidah* and *Pnei Moshe.*

26. According to our custom, the thirteenth blessing of the weekday *Amidah* discusses the rebuilding of Jerusalem and concludes with the words בָּרוּךְ אַתָּה ה׳ בּוֹנֵה יְרוּשָׁלָיִם, *Blessed are You, Hashem, the Builder of Jerusalem.* The fourteenth blessing discusses the Davidic reign (i.e. the reign of the Messiah, a scion of David) and concludes with the words בָּרוּךְ אַתָּה ה׳ מַצְמִיחַ קֶרֶן יְשׁוּעָה, *Blessed are You, Hashem, Who causes the pride of salvation to flourish.* This custom is based on *Bavli,* which in *Megillah* 17b lists the two as separate blessings and in *Pesachim* 117b gives מַצְמִיחַ קֶרֶן יְשׁוּעָה as the conclusion of the fourteenth blessing. *Yerushalmi,* however, disputes this custom (see *Berachos* 2:4 [25a-b] and 4:3 [48b]). Accordingly, it holds that the prayers for rebuilding of Jerusalem and for the future Davidic reign are combined into one blessing, which concludes בָּרוּךְ אַתָּה ה׳ אֱלֹהֵי דָוִד וּבוֹנֵה יְרוּשָׁלָיִם, *Blessed are You, Hashem, God of David and the Builder of Jerusalem* (*Pnei Moshe, Tos. Rid* to *Taanis* 13a and *Chareidim* to *Berachos* 4:3 [25a] ד״ה צדקנו).

[It should be noted that from *Bamidbar Rabbah* 18:21 it seems that the two prayers were originally combined into one blessing, as stated in *Yerushalmi,* and later divided into two, as stated in *Bavli.* See *Maharzav, Rashash,* and *Radal* loc cit.]

27. I.e. the blessing recited after the *Haftarah* (*Korban HaEidah* and *Pnei Moshe*).

[יט: כ. - ה"ו ה"ז]

גמרא

גמ' [א]ביהודה נהגו כר' עקיבה ובגליל כר' יוחנן בן נורי. עבר ועשה ביהודה כגליל ובגליל כיהודה יצא. [ב]וכשקידשו את השנה
כ.
באושא ביום הראשון עבר א]ר' ישמעאל בנו של ר' יוחנן בן ברוקה ואמר כדברי ר' יוחנן בן נורי. ב]אמר רבן שמעון בן גמליאל לא ג]היינו נוהגין כן ביבנה. ביום השיני עבר ר' חנניה בנו של ר' יוסי הגלילי ואמר כדברי ר' עקיבה. אמר רבן שמעון בן גמליאל כך היינו נוהגין ביבנה. ר' אבהו בשם ר' לעזר בכל מקום עבר והזכיר אדיר המלוכה לא יצא חוץ מן האל הקדוש של ראש השנה ובלבד במוסף. ואתייא כר' יוחנן בן נורי. [ג]רבן שמעון בן גמליאל אומר אומר קדושת היום עם זכרונות. ואתייא כר' עקיבה. [ד]אמר רבן שמעון בן גמליאל מה מצאנו בכל מקום אומרה ד]אמצעית אף כאן אומרה אמצעית. [ה]רבי אומר מה מצאנו מכל מקום אומרה ה]רביעית אף כאן אומרה רביעית. ר' יעקב בר אחא ר' זעירא חנין בר בא בשם רב צריך לומר האל הקדוש. ר' בא בשם אבא בר ר' חונה צריך לומר האל הקדוש ומרבה לסלוח. ר' בא בשם אבא בר ירמיה [ו]בתפילה הוא אומר אלהי דוד ובונה ירושלים. בנביא הוא אומר אלהי דוד ו]מצמיח ישועה. [ז]יום טוב של ראש השנה שחל להיות בשבת אית תניי תני פותח ביום טוב וחותם בשבת ואית תניי תני פותח בשבת וחותם ביום טוב. רבי אומר [ח]פותח בשבת וחותם בשבת ויום טוב בינתיים. ר' יודה בר פזי בשם ר' יהושע בן לוי הלכה כרבי: **הלכה ז מתני'** [מ"ה] [ט]אמר לו ר' עקיבה אם אינו תוקע למלכיות למה הוא מזכיר. אלא אומר אבות וגבורות וקדושת השם [א]וכולל מלכיות עם קדושת היום ותוקע זכרונות ותוקע שופרות ותוקע ואומר עבודה והודייה וברכת כהנים: [מ"ו] ב[י]אין פוחתין ז]מעשר מלכיות מעשרה זכרונות מעשרה שופרות. ר' יוחנן בן נורי אומר אם ח]אמרן שלש שלש יצא. ג[אין מזכירין ט]מלכות זכרון שופר של פורענות. מתחיל בתורה ומשלים בנביא. ר' יוסי אומר אם השלים בתורה יצא: גמ' אין פוחתין מעשרה מלכיות [כ]כנגד עשרה קילוסין שאמר דוד א)הללויה הללו אל בקדשו הללוהו ברקיע עזו וגו' עד כל הנשמה תהלל יה הללויה. מעשרה זכרונות כנגד עשרה וידויים שאמר ישעיה ב)רחצו הזכו הסירו וגו' ג)למדו היטב דרשו משפט וגו' מה כתיב בתריה ד)לכו נא ונוכחה יאמר ה' וגו'.

פני משה

גמ' ביהודה נהגו וכו' עבר ועשה ביהודה. כמנהג בגליל או איפכא יצא שבדיעבד אינו מעכב: וכשקידשו את השנה וכו'. תוספתא היא בפ"ב (ה"ט) ומייתי לה לעיל בפ"ג (ה"א - יח:): בכל מקום. בברכת כל ימות השנה אם עבר והזכיר אדיר במלוכה לא יצא, כלומר אם חתם ברוך אדיר במלוכה במקום האל הקדוש: חוץ מן ברכת האל הקדוש של ראש השנה. אם חתם ברוך אדיר במלוכה יצא, ובלבד אם זה הוא במוסף ואתיא האי כר' יוחנן בן נורי דאמר כולל מלכיות עם קדושת השם, הלכך הואיל ושניהם נכללים בברכה אחת יצא: רבן שמעון בן גמליאל אומר קדושת היום עם הזכרונות ואתייא כר' עקיבה. וענין תקיעה שתוקע לקדושת היום שכולל זכרונות עמה: אמר רבן שמעון בן גמליאל מה מצינו בכל מקום אומרה רביעית אף כאן אומרה רביעית. וכן הוא בתוספתא (פ"ב ה"ט) ובתו"כ פרשת אמור (פר' יא)*: רבי אומר מה מצינו בכל מקום באמצע אף כאן אומרה באמצע. כך הוא שם. ובספרי הדפוס נתחלף והיא גרסא אחרת: צריך לומר. בראש השנה האל הקדוש ומרבה לסלוח: בתפלה. בכל יום הוא אומר אלהי דוד ובונה ירושלים שכולל ברכת צמח דוד בברכת ירושלים כדלעיל בברכות פ"ד (ה"ה) ובנביא בברכת הפטרה מסיים אלהי דוד מצמיח ישועה: וחותם בשבת ויום טוב בינתים. שחותם בשתיהן: מתני' אמר לו ר' עקיבה אם אינו תוקע למלכיות למה הוא מזכיר. הכי קאמר למה הוא מזכיר עשר נימא תשע דהואיל וישתנו מלכיות מזכרונות ושופרות לענין תקיעה לישתנו נמי לענין מנין הפסוקים אלא אומר וכו'. והלכה כר' עקיבה: אין פוחתין מעשרה מלכיות וכו'. שלש פסוקים משל תורה, ושלש משל כתובים לפי שספר תהלים קדם לנביאים, ושלש משל נביאים, ואחד משל תורה שמשלים בו: ר' יוחנן בן נורי אומר אם אמרו שלש שלש. אחד משל תורה ואחד של כתובים ואחד של נביאים יצא, וכן הלכה שיצא בדיעבד: אין מזכירין מלכות זכרון שופר של פורענות. כגון אם לא ביד חזקה ובחימה שפוכה אמלוך עליכם (יחזקאל כ לג). ויזכור כי בשר המה (תהלים עח לט). תקעו שופר בגבעה (הושע ה ח) וכיוצא בהן, וזכרון של יחיד אף על פי שהוא לטובה כגון זכרה לי אלהי לטובה (נחמיה ה יט) וכיוצא בו אין מזכירין אותו: ר' יוסי אומר אם השלים בתורה יצא. מפרש בגמרא (בבלי לג:) דהכי קאמר ר' יוסי ומשלים בתורה ואם השלים בנביא יצא. וכן הלכה: גמ' אין פוחתין מעשרה מלכיות כנגד עשרה קילוסין. של הלל בפרשה זו שאמר דוד הללויה הללו אל בקדשו וגו', שנאמר כאן שופר: מה כתיב בתריה. לכו נא ונוכחה וגו', אם יהיו חטאיכם כשנים כשלג ילבינו וגו', וכנגד זה זכרונות שיעלו לטובה ותקובל תשובתם:

קרבן העדה

גמ' ביהודה נהגו כר' עקיבא. לכלול מלכיות עם קדושת היום: ובגליל נהגו כר' יוחנן בן נורי. לכלול מלכיות עם קדושת השם: עבר בנו של ר' יוחנן בן ברוקה. לפני התיבה להתפלל: לא כך היינו נוהגין ביבנה. בימי אבא כשהיו הסנהדרין יושבים שם, אלא נהגו כר' עקיבא. ואפילו הכי לא העבירוהו מתפלתו, שמע מינה דעביד ביהודה כגליל יצא: בכל מקום. בתפלתו עבר והזכיר אדיר המלוכה במקום מלכיות שצריך לומר בתפלה, או שאמר בכל ימות השנה במקום האל הקדוש ברוך אדיר המלוכה, לא יצא: חוץ מן האל הקדוש של ראש השנה. שאמר במקומו ברוך אדיר במלוכה שיצא: ובלבד. בתפלת מוסף הוא דיצא אם אמר הכי, אבל לא בשאר תפלות של ראש השנה כגון ערבית שחרית ומנחה: ואתיא כר' יוחנן בן נורי. דאמר שכולל מלכיות עם קדושת השם, הלכך אם חתם במקום קדושת השם מלכיות יצא: ואתיא. דרבן שמעון בן גמליאל כר' עקיבא בהא דסובר נמי שאינו כולל למלכיות עם קדושת השם, וכדמסיק: מה מצאנו בכל מקום. כשמתפלל שבע אומר לקדושת היום באמצע, ג' לפניה וג' לאחריה, אף בראש השנה קדושת היום באמצע, ד' לפניה וד' לאחריה. ואי סלקא דעתך דכולל למלכיות עם קדושת השם א"כ אין קדושת היום באמצע: מה מצאנו בכל מקום. בשבתות וימים טובים אומר לקדושת היום ברכה רביעית, אף כאן בראש השנה אומרה ברכה רביעית, והיינו בתר קדושת היום. וטעמיה דרבי דמסמך קדושה לקדושה טפי עדיף: צריך לומר. בראש השנה בקדושת השם האל הקדוש ולא המלך הקדוש: האל הקדוש ומרבה לסלוח. שיום סליחה נמי הוא שצדיקים נכתבים לאלתר לחיים: בתפלה. י"ח שמתפלל בכל יום אומר בחתימת ברכת בונה אלקי דוד ובונה ירושלים: בנביא. בחתימת ברכת הפטרה אומר אלקי דוד ומצמיח ישועה: ה"ג יום טוב שחל להיות בשבת: פותח ביום טוב. ותתן לנו את יום חג פלוני ואת יום השבת הזה: וחותם בשבת. מקדש השבת, ותו לא: וחותם ביום טוב. מקדש ישראל והזמנים, ותו לא: פותח בשבת וחותם בשבת וכו'. ואומר ותתן לנו את יום השבת הזה ואת יום חג פלוני, וחותם מקדש השבת ותו לא: מתני' מעשרה מלכיות. שלשה פסוקים של תורה, ושלשה של כתובים, ושלשה של נביאים, ואחד של תורה שמשלים בו: שלשה שלשה. אחד של תורה, ואחד של כתובים, ואחד של נביאים, יצא: של פורעניות. בגמ' מפרש: גמ' כנגד י' קילוסין וכו'. שאחד מהן הללוהו בתקע שופר: מעשרה זכרונות. אין פוחתין. כנגד עשרה וידויים לאו דוקא, אלא עשרה ענייני תשובה: מה כתיב בתריה לכו נא ונוכחה וגו'. והיינו בראש השנה שהוא יום הדין יום הויכוח [ועי' ביפה מראה]:

עין משפט

א מיי' פ"ג מהלכות שופר הלכה ז טוש"ע או"ח סימן תקצא סעיף א:
ב מיי' שם הלכה ח טוש"ע או"ח סימן תקצא סעיף ד:
ג מיי' שם הלכה ט טוש"ע או"ח סימן תקצא סעיף ה:

שינויי נוסחאות

א] ר' ישמעאל בנו של. כ"ה גם בירושלמי שביעית (פ"י ה"א) ונדרים (פ"ו ה"ח) וסנהדרין (פ"א ה"ב). בבבלי (לב.) ליתא:

ב] אמר. כ"ה גם בשאר המקומות בירושלמי הנ"ל. בבבלי (שם) נוסף לו:

ג] היינו. כ"ה גם בשאר המקומות בירושלמי הנ"ל. בבבלי (שם) היו. וכן בסמוך:

ד] אמצעית וכו' אמצעית. לפנינו בתוספתא (פ"ב ה"ט) רביעית וכו' רביעית. וכן הגיה כאן הפנ"מ. אמנם הגר"א הגיה בתוספתא כמו שלפנינו בירושלמי:

ה] רביעית. בתוספתא (שם) עם אמצעית. וכעי"ז הגיה בפנ"מ. אמנם הגר"א הגיה בתוספתא כמו שלפנינו בירושלמי:

ו] מצמיח ישועה. בר"ח (לב.) ומצמיח קרן ישועה. בתוס' רי"ד (תענית יג.) ומצמיח ישועה:

ז] מעשר. כ"ה גם גירסת הרמב"ם בפיה"מ. במשניות ובבבלי (לב.) מעשרה:

ח] אמרן שלש שלש. כ"ה גם בפיה"מ לרמב"ם. במשניות ובבבלי (שם) אמר שלש שלש מכולן:

ט] מלכות זכרון שופר. להלן בפיסקא שבגמ' (כה.) ובמשניות ובבבלי (שם) ובתוספתא (פ"ב ה"י) זכרון מלכות ושופר. בריו"ף (ח. מדה"ר) וברא"ש (סי' ג) מלכיות זכרונות ושופרות:

תורה אור השלם

א) הַלְלוּיָהּ הַלְלוּ אֵל בְּקָדְשׁוֹ הַלְלוּהוּ בִּרְקִיעַ עֻזּוֹ: (תהלים קנ א)

ב) רַחֲצוּ הִזַּכּוּ הָסִירוּ רֹעַ מַעַלְלֵיכֶם מִנֶּגֶד עֵינָי חִדְלוּ הָרֵעַ: (ישעיה א טז)

ג) לִמְדוּ הֵיטֵב דִּרְשׁוּ מִשְׁפָּט אַשְּׁרוּ חָמוֹץ שִׁפְטוּ יָתוֹם רִיבוּ אַלְמָנָה: (ישעיה א יז)

ד) לְכוּ נָא וְנִוָּכְחָה יֹאמַר יְהוָה אִם יִהְיוּ חֲטָאֵיכֶם כַּשָּׁנִים כַּשֶּׁלֶג יַלְבִּינוּ אִם יַאְדִּימוּ כַתּוֹלָע כַּצֶּמֶר יִהְיוּ: (ישעיה א יח)

מסורת הש"ס

א) פסחים פ"ד ה"א, פ"י ה"ו ב) לעיל פ"ג ה"א - יח: [שביעית פ"י ה"א, נדרים פ"ו ה"ח, סנהדרין פ"א ה"ב, ר"ה לב., תוספתא פ"ב ה"ט, ספרא אמור פרשה יא ה"ה, ילקו"ש אמור תרמה בשינוי] ג) [ר"ה לב., תוספתא פ"ב ה"ט, ספרא אמור פרשה יא ה"ה, ילקו"ש אמור תרמה] ד) [ר"ה לב., תוספתא פ"ב ה"ט, ספרא אמור פרשה יא ה"ה, ילקו"ש אמור תרמה] ה) [ספרא אמור פרשה יא ה"ד, פסיקתא זוטרתא בראשית כב יג, ילקו"ש אמור תרמה] ו) [ברכות פ"ד ה"ה, מדרש שמואל כו ג, מדרש תהלים כט] ז) [עי' שבועות פ"א ה"ד ועירובין מ. ותוספתא ברכות פ"ג הט"ו ותוספתא ר"ה פ"ב הי"ג] ח) [ביצה יז., תוספתא ברכות פ"ג הט"ו, תוספתא ר"ה פ"ב הי"ג] ט) ר"ה לב. [ספרא אמור פרשה יא ה"ד, פסיקתא זוטרתא בראשית כב יג, ילקו"ש אמור תרמה] י) [תוספתא פ"ב ה"י, פסיקתא זוטרתא בראשית כב יג, תיקו"ז פח:, זהר חדש פא:, ילקו"ש יחזקאל שנט] כ) [ר"ה לב.]

שירי קרבן

בנביא הוא אומר אלהי דוד ומצמיח ישועה. וקשה הא אין חותמין בשתים (ברכות מט.). וי"ל דבחדא קחשיב להו, וצ"ע:

גליון הש"ס

ובלבד במוסף. עיין ברמב"ן במלחמות פ"ד (יב. מדה"ר):

מראה הפנים

אמר רשב"ג מה מצינו בכל מקום אומרה אמצעית וכו'. כך היא הגירסא בבבלי דף ל"ב (ע"א) והיא נכונה ולא כגירסת התוספתא (פ"ב ה"ט) והת"כ (אמור פרשה יא) שהבאתי בפנים:

Gemara Our Mishnah quotes the opinion of R' Yochanan ben Nuri, who holds that *Malchiyos* is said in the third blessing, the Holiness of the Name, in which the shofar is not blown. The Mishnah below[1] quotes the conflicting opinion of R' Akiva, who holds that *Malchiyos* in said in the fourth blessing, the Holiness of the Day, in which the shofar is blown. The Gemara quotes a Baraisa that discusses this dispute:[2]

בִּיהוּדָה נָהֲגוּ כְּרַבִּי עֲקִיבָה — IN JUDEA, THEY ACT IN ACCORDANCE WITH the opinion of **R' AKIVAH, וּבְגָלִיל כְּרַבִּי יוֹחָנָן בֶּן נוּרִי — BUT IN THE GALILEE THEY ACT IN ACCORDANCE WITH** the opinion of **R' YOCHANAN BEN NURI. עָבַר וְעָשָׂה בִּיהוּדָה כְּגָלִיל** — However, even **IF ONE VIOLATED** the practice of his locale **AND ACTED IN JUDEA AS THEY DO IN THE GALILEE, וּבְגָלִיל כִּיהוּדָה — OR** acted **IN THE GALILEE AS** they do in **JUDEA, יָצָא — HE HAS FULFILLED** his obligation.[3]

The Baraisa cites an incident to prove that one who acted in the Galilee as they do in Judea (or vice versa) has fulfilled his obligation:[4]

וּכְשֶׁקִּידְּשׁוּ אֶת הַשָּׁנָה בְּאוּשָׁא — WHEN THEY SANCTIFIED THE YEAR IN USHA,[5] **בַּיּוֹם הָרִאשׁוֹן — ON THE FIRST DAY** of Rosh Hashanah **עָבַר רַבִּי יִשְׁמָעֵאל בְּנוֹ שֶׁל רַבִּי יוֹחָנָן בֶּן בְּרוֹקָה — R' YISHMAEL THE SON OF R' YOCHANAN BEN BEROKAH LED** the prayer service, **וְאָמַר כְּדִבְרֵי רַבִּי יוֹחָנָן בֶּן נוּרִי** — and **RECITED** *Malchiyos* in the third blessing **IN ACCORDANCE WITH THE OPINION OF R' YOCHANAN BEN NURI.**[6] **אָמַר רַבָּן שִׁמְעוֹן בֶּן גַּמְלִיאֵל — RABBAN SHIMON BEN GAMLIEL SAID: לֹא הָיִינוּ נוֹהֲגִין כֵּן בְּיַבְנֶה — WE DID NOT FOLLOW THIS PRACTICE IN YAVNEH.**[7] **בַּיּוֹם הַשֵּׁינִי — ON THE SECOND DAY** of Rosh Hashanah,[8] **עָבַר רַבִּי חֲנַנְיָה בְּנוֹ שֶׁל רַבִּי יוֹסֵי הַגְּלִילִי — R' CHANANYAH THE SON OF R' YOSE HAGLILI LED** the prayer service **וְאָמַר כְּדִבְרֵי רַבִּי עֲקִיבָה** — and **RECITED** *Malchiyos* in the fourth blessing **IN ACCORDANCE WITH THE OPINION OF R' AKIVAH. אָמַר רַבָּן שִׁמְעוֹן בֶּן גַּמְלִיאֵל — RABBAN SHIMON BEN GAMLIEL SAID: כָּךְ הָיִינוּ נוֹהֲגִין בְּיַבְנֶה — THIS IS THE PRACTICE THAT WE FOLLOWED IN YAVNEH.** Thus, we see that in Usha — which is in the Galilee — one may follow the custom of Yavneh — which is in Judea.[9]

The Gemara quotes an Amoraic ruling, which it will relate to the dispute between R' Yochanan ben Nuri and R' Akivah:

רַבִּי אַבָּהוּ בְּשֵׁם רַבִּי לְעָזָר — R' Abahu said **in the name of R' Lazar: בְּכָל מָקוֹם עָבַר וְהִזְכִּיר אַדִּיר הַמְּלוּכָה — If, during the course of the year,**[10] **one led the prayer service and mentioned** the words *the **Mighty One of the Monarchy*** at the conclusion of the third blessing of the *Amidah* instead of its proper conclusion, *the Holy God,*[11] **לֹא יָצָא — he has not fulfilled his obligation.**[12] **חוּץ מִן הָאֵל הַקָּדוֹשׁ שֶׁל רֹאשׁ הַשָּׁנָה — This is not true,** however, **of** when the third blessing of the *Amidah,* which concludes with the words ***the Holy God,*** is said **on Rosh Hashanah:** In such a case, even if one concludes the blessing with the words *the Mighty One of the Monarchy* instead of with its proper conclusion, *the Holy God,* he has fulfilled his obligation.[13]

The Gemara concludes:

וּבִלְבַד בְּמוּסָף — And this teaching is true **only** of the third blessing of the Rosh Hashanah **Mussaf** *Amidah,* in which *Malchiyos* is recited. It is not true, however, of the third blessing of the other Rosh Hashanah *Amidos,* in which *Malchiyos* is not recited.[14] **וְאַתְיָיא כְּרַבִּי יוֹחָנָן בֶּן נוּרִי — And** furthermore **[this teaching] conforms with** the opinion of **R' Yochanan ben Nuri,** who holds that *Malchiyos* is recited in the third blessing, but not with the opinion of R' Akivah, who holds that *Malchiyos* is recited in the fourth blessing.[15]

NOTES

1. Halachah 7; see above, 24a note 27.

2. See *Tosefta* 2:9.

3. Because regardless of in which blessing one says *Malchiyos*, one fulfills his obligation after the fact (*Pnei Moshe*).

4. *Bavli* 31b relates that the Sanhedrin was exiled ten times, one of which was from Yavneh in Judea to Usha in the Galilee. In Yavneh, they had followed the Judean custom of reciting *Malchiyos* in the fourth blessing. The question arose what they should do in Usha: Should they retain their Judean custom, or switch to the Galilean custom of reciting *Malchiyos* in the third blessing? The Baraisa discusses what they actually did (*Doros HaRishonim* Vol. 3, pp. 448-449 and *Alei Tamar*).

5. [The wording of the Baraisa, *when they sanctified the year in Usha,* is unclear: *Beis Din* does not sanctify years, it sanctifies months (but see *Alei Tamar*). What the Baraisa actually means is *when they sanctified the month that inaugurates the new year,* i.e. Tishrei.]

6. R' Yishmael the son of R' Yochanan ben Berokah reasoned that, since the Sanhedrin was now in the Galilee, it must follow the custom of the Galilee, which was in accordance with R' Yochanan ben Nuri (*Doros HaRishonim* and *Alei Tamar* ibid.).

7. Rabban Shimon ben Gamliel reasoned as follows: When my father was *Nasi* in Yavneh, the Sanhedrin followed the Judean custom, which was in accordance with R' Akivah. Although we are now in the Galilee, we may continue following the Judean custom, since one who acts in the Galilee as they do in Judea has fulfilled his obligation. And since we *may* follow the Judean custom, we indeed *ought* to do so, in deference to the great Sages of Yavneh (*Alei Tamar;* see *Doros HaRishonim* ibid.).

8. In the days when the *Beis Din* proclaimed Rosh Chodesh on the basis of witnesses who saw the new moon, those in the vicinity of *Beis Din* would observe two days of Rosh Hashanah only if no witnesses arrived in time for the 30th of Elul to be declared Rosh Chodesh Tishrei. The Gemara (both above, 18b, and in *Bavli* 32a) notes, however, that this never occurred in all the years that *Beis Din* sanctified the new moon based upon the testimony of witnesses. How, then, could there have been a second day of Rosh Hashanah in Usha, the seat of the Sanhedrin? See there for the Gemara's answer.

9. *Alei Tamar*; cf. *Korban HaEidah.* Regarding whether Rabban Shimon ben Gamliel is in total agreement with R' Akivah, see below, note 18.

Teshuvos Divrei Chaim, Orach Chaim Vol. II §8, derives from our Gemara that, just as one who leads the prayers according to the Judean custom may discharge the obligation of those who follow the Galilean custom (and vice versa), so too one who prays in *Nusach Ashkenaz* may discharge the obligation of one who prays in *Nusach Sefard* and (vice versa). See also *Teshuvos Maharsham* (Vol. III §162).

10. Literally: in every place.

11. *Korban HaEidah* (second explanation) and *Pnei Moshe.*

12. Because the words he used to conclude the blessing, *the Mighty One of the Monarchy,* deal with God's Kingship and are unrelated to the topic of the blessing, which is the Holiness of God's Name (*Beur of R' Chaim Kanievski*).

13. *Korban HaEidah* and *Pnei Moshe.* According to R' Yochanan ben Nuri, one recites *Malchiyos* in the third blessing of the Rosh Hashanah *Amidah.* Thus, the blessing has two topics: (1) the Holiness of God's Name and (2) His Kingship. Although the words, *the Mighty One of the Monarchy,* are unrelated to the first topic, they are related to the second topic. Thus, although one ought to conclude the blessing with the words *the Holy God,* if he concludes it with the words *the Mighty One of the Monarchy,* he has fulfilled his obligation (*Milchamos Hashem* fol. 12a; see *Pnei Moshe;* see also note 22).

14. The passages of *Malchiyos, Zichronos,* and *Shofaros* are recited on Rosh Hashanah only in the Mussaf prayer and not in the Maariv, Shacharis, Minchah, and Ne'ilah prayers (*Ramban* ibid.).

15. See above, note 13.

Nishmas Adam (28:7) proves from this Gemara that whenever a passage includes two topics (as in our case: the Holiness of the Name and *Malchiyos*), and one concludes the blessing by mentioning only one of those topics (as here where he recited only *the Mighty One of the Monarchy*), he has discharged his obligation. Hence, according to our accepted version of the Mussaf prayer, where *Malchiyos* is recited in the blessing of Holiness of the Day (the fourth blessing), if one concluded the blessing with the ordinary Yom Tov conclusion [מְקַדֵּשׁ יִשְׂרָאֵל וְיוֹם הַזִּכָּרוֹן] without mentioning *Malchiyos* [מֶלֶךְ עַל כָּל הָאָרֶץ], his prayer is valid. Cf. *Beur Halachah* 487:1 ד״ה מקדש, who disputes this inference and interprets our Gemara differently. For further discussion, see below, note 26.

גמ' [א]ביהודה נהגו כר' עקיבה ובגליל כר' יוחנן בן נורי. עבר ועשה ביהודה כגליל ובגליל כיהודה יצא. [ב][ג]וכשקידשו את השנה באושא ביום הראשון עבר [א]ר' ישמעאל בנו של ר' יוחנן בן ברוקה ואמר כדברי ר' יוחנן בן נורי. [ב]אמר רבן שמעון בן גמליאל לא [ג]היינו נוהגין כן ביבנה. ביום השיני עבר ר' חנניה בנו של ר' יוסי הגלילי ואמר כדברי ר' עקיבה. אמר רבן שמעון בן גמליאל כך היינו נוהגין ביבנה. ר' אבהו בשם ר' לעזר בכל מקום עבר והזכיר אדיר המלוכה לא יצא חוץ מן האל הקדוש של ראש השנה ובלבד במוסף. ואתייא כר' יוחנן בן נורי. [ג]רבן שמעון בן גמליאל אומר קדושת היום עם זכרונות. ואתייא כר' עקיבה. [ד]אמר רבן שמעון בן גמליאל מה מצאנו בכל מקום אומרה [ד]אמצעית אף כאן אומרה אמצעית. [ה]רבי אומר מה מצאנו מכל מקום אומרה [ה]רביעית אף כאן אומרה רביעית. ר' יעקב בר אחא ר' זעירא חנין בר בא בשם רב צריך לומר האל הקדוש. ר' בא בשם אבא בר ר' חונה צריך לומר האל הקדוש ומרבה לסלוח. ר' בא בשם אבא בר ירמיה [ו]בתפילה הוא אומר אלהי דוד ובונה ירושלים. בנביא הוא אומר אלהי דוד [ו]מצמיח ישועה. [ז]יום טוב של ראש השנה שחל להיות בשבת אית תניי תני פותח ביום טוב וחותם בשבת ואית תניי תני פותח בשבת וחותם ביום טוב. רבי אומר [ח]פותח בשבת וחותם בשבת ויום טוב בינתיים. ר' יודה בר פזי בשם ר' יהושע בן לוי הלכה כרבי: **הלכה ז מתני'** [מ"ה] [ט]אמר לו ר' עקיבה אם אינו תוקע למלכיות למה הוא מזכיר. אלא אומר אבות וגבורות וקדושת השם [א]וכולל מלכיות עם קדושת היום ותוקע זכרונות ותוקע שופרות ותוקע ואומר עבודה והודייה וברכת כהנים: [מ"ו] [ב][י]אין פוחתין [ז]מעשר מלכיות מעשרה זכרונות מעשרה שופרות. ר' יוחנן בן נורי אומר אם [ח]אמרן שלש שלש יצא. [ג]אין מזכירין [ט]מלכות זכרון שופר של פורענות. מתחיל בתורה ומשלים בנביא. ר' יוסי אומר אם השלים בתורה יצא: **גמ'** אין פוחתין מעשרה מלכיות [כ]כנגד עשרה קילוסין שאמר דוד [א]הללויה הללו אל בקדשו הללוהו ברקיע עזו וגו' עד כל הנשמה תהלל יה הללויה. מעשרה זכרונות כנגד עשרה וידויים שאמר ישעיה [ב]רחצו הזכו הסירו וגו' [ג]למדו היטב דרשו משפט וגו' מה כתיב בתריה [ד]לכו נא ונוכחה יאמר ה' וגו'.

פני משה

גמ' ביהודה נהגו וכו' עבר ועשה ביהודה. כמנהג בגליל או איפכא יצא שבדיעבד אינו מעכב: וכשקידשו את השנה וכו'. תוספתא היא בפ"ב (ה"ט) ומייתי לה לעיל בפ"ג (ה"א - יח:): בכל מקום. בברכת כל ימות השנה אם עבר והזכיר אדיר במלוכה לא יצא, כלומר אם חתם ברוך אדיר במלוכה במקום האל הקדוש: חוץ מן ברכת האל הקדוש של ראש השנה. אם חתם ברוך אדיר במלוכה יצא, ובלבד אם זה הוא במוסף ואתיא הא כר' יוחנן בן נורי דאמר כולל מלכיות עם קדושת השם, הלכך הואיל ושניהם נכללים בברכה אחת יצא: רבן שמעון בן גמליאל אומר אומר קדושת היום עם הזכרונות ואתייא כר' עקיבה. וענין תקיעה שתוקע לקדושת היום שכולל זכרונות עמה: אמר רבן שמעון בן גמליאל מה מצינו בכל מקום אומרה רביעית אף כאן אומרה רביעית. וכן הוא בתוספתא (פ"ב ה"ט) ובתו"כ פרשת אמור (פר' יא)*: רבי אומר מה מצינו בכל מקום באמצע אף כאן אומרה באמצע. כך הוא שם. ובספרי הדפוס נתחלף והיא גרסא אחרת: צריך לומר. בראש השנה האל הקדוש ומרבה לסלוח: בתפלה. בכל יום הוא אומר אלהי דוד ובונה ירושלים שכולל ברכת צמח דוד בברכת ירושלים כדלעיל בברכות פ"ד (ה"ה) ובנביא בברכת הפטרה מסיים אלהי דוד מצמיח ישועה: וחותם בשבת ויום טוב בינתים. שחותם בשתיהן: מתני' אמר לו ר' עקיבה אם אינו תוקע למלכיות למה הוא מזכיר. הכי קאמר למה הוא מזכיר עשר נימא תשע דהואיל וישתנו מלכיות מזכרונות ושופרות לענין תקיעה לישתנו נמי לענין מנין הפסוקים אלא אומר וכו'. והלכה כר' עקיבה: אין פוחתין מעשרה מלכיות וכו'. שלש פסוקים משל תורה, ושלש משל כתובים לפי שספר תהלים קדם לנביאים, ושלש משל נביאים, ואחד משל תורה שמשלים בו: ר' יוחנן בן נורי אומר אם אמרו שלש שלש. אחד משל תורה ואחד של כתובים ואחד של נביאים יצא, וכן הלכה שיצא בדיעבד: אין מזכירין מלכות זכרון שופר של פורענות. כגון אם לא ביד חזקה ובחימה שפוכה אמלוך עליכם (יחזקאל כ לג). ויזכור כי בשר המה (תהלים עח לט). תקעו שופר בגבעה (הושע ה ח) וכיוצא בהן, וזכרון של יחיד אף על פי שהוא לטובה כגון זכרה לי אלהי לטובה (נחמיה ה יט) וכיוצא בו אין מזכירין אותו: ר' יוסי אומר אם השלים בתורה יצא. מפרש בגמרא (בבלי לב:) דהכי קאמר ר' יוסי ומשלים בתורה ואם השלים בנביא יצא. וכן הלכה: גמ' אין פוחתין מעשרה מלכיות כנגד עשרה קילוסין. של הלל בפרשה זו שאמר דוד הללויה הללו אל בקדשו וגו', שנאמר כאן שופר: מה כתיב בתריה. לכו נא ונוכחה וגו', אם יהיו חטאיכם כשנים כשלג ילבינו וגו', וכנגד זה זכרונות שיעלו לטובה ותקובל תשובתם:

קרבן העדה

גמ' ביהודה נהגו כר' עקיבא. לכלול מלכיות עם קדושת היום: ובגליל נהגו כר' יוחנן בן נורי. לכלול מלכיות עם קדושת השם: עבר בנו של ר' יוחנן בן ברוקה. לפני התיבה להתפלל: לא כך היינו נוהגין ביבנה. בימי אבא כשהיו הסנהדרין יושבים שם, אלא נהגו כר' עקיבא. ואפילו הכי לא העבירוהו מתפלתו, שמע מינה דעביד ביהודה כגליל יצא: בכל מקום. בתפלתו עבר והזכיר אדיר המלוכה במקום מלכיות שצריך לומר בתפלה, או שאמר בכל ימות השנה במקום האל הקדוש ברוך אדיר המלוכה, לא יצא: חוץ מן האל הקדוש של ראש השנה. שאמר במקומו ברוך אדיר במלוכה שיצא: ובלבד. בתפלת מוסף הוא דיצא אם אמר הכי, אבל לא בשאר תפלות של ראש השנה כגון ערבית שחרית ומנחה: ואתיא כר' יוחנן בן נורי. דאמר שכולל מלכיות עם קדושת השם, הלכך אם חתם במקום קדושת השם מלכיות יצא: ואתיא. דרבן שמעון בן גמליאל כר' עקיבא בהא דסובר נמי שאינו כולל למלכיות עם קדושת השם, וכדמסיק: מה מצאנו בכל מקום. כשמתפלל שבע אומר לקדושת היום באמצע, ג' לפניה וג' לאחריה, אף בראש השנה קדושת היום באמצע, ד' לפניה וד' לאחריה. ואי סלקא דעתך דכולל למלכיות עם קדושת השם א"כ אין קדושת היום באמצע: מה מצאנו בכל מקום. בשבתות וימים טובים אומר לקדושת היום ברכה רביעית, אף כאן בראש השנה אומרה ברכה רביעית, והיינו בתר קדושת היום. וטעמיה דרבי דמסמך קדושה לקדושה טפי עדיף: צריך לומר. בראש השנה בקדושת השם האל הקדוש ולא המלך הקדוש: האל הקדוש ומרבה לסלוח. שיום סליחה נמי הוא שצדיקים נכתבים לאלתר לחיים: בתפלה. י"ח שמתפלל בכל יום אומר בחתימת ברכת בונה אלקי דוד ובונה ירושלים: בנביא. בחתימת ברכת הפטרה אומר אלקי דוד ומצמיח ישועה: ה"ג יום טוב שחל להיות בשבת: פותח ביום טוב. ותתן לנו את יום חג פלוני ואת יום השבת הזה: וחותם בשבת. מקדש השבת, ותו לא: וחותם ביום טוב. מקדש ישראל והזמנים, ותו לא: פותח בשבת וחותם בשבת וכו'. ואומר ותתן לנו את יום השבת הזה ואת יום חג פלוני, וחותם מקדש השבת ותו לא: מתני' מעשרה מלכיות. שלשה פסוקים של תורה, ושלשה של כתובים, ושלשה של נביאים, ואחד של תורה שמשלים בו: שלשה שלשה. אחד של תורה, ואחד של כתובים, ואחד של נביאים, יצא: של פורעניות. בגמ' מפרש: גמ' כנגד י' קילוסין וכו'. שאחד מהן הללוהו בתקע שופר: מעשרה זכרונות. אין פוחתין. כנגד עשרה וידויים לאו דוקא, אלא עשרה ענייני תשובה: מה כתיב בתריה לכו נא ונוכחה וגו'. והיינו בראש השנה שהוא יום הדין יום הוכחות [ועי' ביפה מראה]:

עין משפט

א מיי' פ"ג מהלכות שופר הלכה ז טוש"ע או"ח סימן תקצב סעיף א:
ב מיי' שם הלכה ח טוש"ע או"ח סימן תקצא סעיף ד:
ג מיי' שם הלכה ט טוש"ע או"ח סימן תקצא סעיף ה:

שינויי נוסחאות

א] ר' ישמעאל בנו של. כ"ה גם בירושלמי שביעית (פ"י ה"א) ונדרים (פ"ו ה"ח) וסנהדרין (פ"א ה"ב). בבבלי (לב.) ליתא:
ב] אמר. כ"ה גם בשאר המקומות בירושלמי הנ"ל. בבבלי (שם) נוסף לו:
ג] היינו. כ"ה גם בשאר המקומות בירושלמי הנ"ל. בבבלי (שם) היו. וכן בסמוך:
ד] אמצעית וכו' אמצעית. לפנינו בתוספתא (פ"ב ה"ט) רביעית וכו' רביעית. וכן הגיה כאן הפנ"מ. אמנם הגר"א הגיה בתוספתא כמו שלפנינו בירושלמי:
ה] רביעית. בתוספתא (שם) עם אמצעית. וכעי"ז הגיה בפנ"מ. אמנם הגר"א הגיה בתוספתא כמו שלפנינו בירושלמי:
ו] מצמיח ישועה. בר"ח (לב.) ומצמיח קרן ישועה. בתוס' רי"ד (תענית יג.) ומצמיח ישועה:
ז] מעשר. כ"ה גם גירסת הרמב"ם בפיה"מ. במשניות ובבבלי (לב.) מעשרה:
ח] אמרן שלש שלש. כ"ה גם בפיה"מ לרמב"ם. במשניות ובבבלי (שם) אמר שלש שלש מכולן:
ט] מלכות זכרון שופר. להלן בפיסקא שבגמ' (כה.) ובמשניות ובבבלי (שם) ובתוספתא (פ"ב ה"י) זכרון מלכות ושופר. ברי"ף (ח. מדה"ר) ובבראש (סי' ג) מלכויות זכרונות ושופרות:

תורה אור השלם

א) הַלְלוּיָהּ הַלְלוּ אֵל בְּקָדְשׁוֹ הַלְלוּהוּ בִּרְקִיעַ עֻזּוֹ: (תהלים קנ א)
ב) רַחֲצוּ הִזַּכּוּ הָסִירוּ רֹעַ מַעַלְלֵיכֶם מִנֶּגֶד עֵינָי חִדְלוּ הָרֵעַ: (ישעיה א טז)
ג) לִמְדוּ הֵיטֵב דִּרְשׁוּ מִשְׁפָּט אַשְּׁרוּ חָמוֹץ שִׁפְטוּ יָתוֹם רִיבוּ אַלְמָנָה: (ישעיה א יז)
ד) לְכוּ נָא וְנִוָּכְחָה יֹאמַר יְהוָה אִם יִהְיוּ חֲטָאֵיכֶם כַּשָּׁנִים כַּשֶּׁלֶג יַלְבִּינוּ אִם יַאְדִּימוּ כַתּוֹלָע כַּצֶּמֶר יִהְיוּ: (ישעיה א יח)

מסורת הש"ס

א) פסחים פ"ד ה"א, פ"י ה"ו ב) לעיל פ"ג ה"א - יח: [שביעית פ"י ה"א, נדרים פ"ו ה"ח, סנהדרין פ"א ה"ב, ר"ה לב., תוספתא פ"ב ה"ט, ספרא אמור פרשה יא ה"ה, ילקו"ש אמור תרמה בשינוי] ג) [ר"ה לב., תוספתא פ"ב ה"ט, ספרא אמור פרשה יא ה"ה, ילקו"ש אמור תרמה] ד) [ר"ה לב., תוספתא פ"ב ה"ט, ספרא אמור פרשה יא ה"ה, ילקו"ש אמור תרמה] ה) [ספרא אמור פרשה יא ה"ד, פסיקתא זוטרתא בראשית כב יג, ילקו"ש אמור תרמה] ו) [ברכות פ"ד ה"ה, מדרש שמואל כו ג, מדרש תהלים כט] ז) [עי' שבועות פ"א ה"ד ועירובין מ. ותוספתא ברכות פ"ג הט"ו ותוספתא ר"ה פ"ב הי"ג] ח) [ביצה יז., תוספתא ברכות פ"ג הט"ו, תוספתא ר"ה פ"ב הי"ג] ט) ר"ה לב. [ספרא אמור פרשה יא ה"ד, פסיקתא זוטרתא בראשית כב יג, ילקו"ש אמור תרמה] י) [תוספתא פ"ב ה"י, פסיקתא זוטרתא בראשית כב יג, תיקו"ז פח:, זהר חדש פא:, ילקו"ש יחזקאל שנט] כ) [ר"ה לב.]

שירי קרבן

בנביא הוא אומר אלהי דוד ומצמיח ישועה. וקשה הא אין חותמין בשתים (ברכות מט.) וי"ל דבחדא קחשיב להו, וצ"ע:

גליון הש"ס

ובלבד במוסף. עיין ברמב"ן במלחמות פ"ד (יב. מדה"ר):

מראה הפנים

אמר רשב"ג מה מצינו בכל מקום אומרה אמצעית וכו'. כך היא הגירסא בבבלי דף ל"ב (ע"א) והיא נכונה ודלא כגירסת התוספתא (פ"ב ה"ט) והת"כ (אמור פרשה יא) שהבאתי בפנים:

אמר לון דכוותכון דאית לכון [א]רברבין סגין בשם ר' יהושע בן לוי אמר ליה. ורבי לא מייתי לה טעם דהלכה דתני (א)[א]שירו של חמישי היו אומרים [א]הרנינו לאלהים עוזינו. ובראש השנה היו אומרים [ב]הסירותי מסבל שכמו. (ב)חל יום טוב להיות בחמישי בשחרית היו אומרים הרנינו לאלהים עוזינו ובמנחה היו אומרים הסירותי מסבל שכמו אם באו מן המנחה ולמטן אומרים הרנינו לאלהים [ב]עוזינו לא נמצאו אומרים שיר וכופלין אותו: ר' אדא דקיסרין בשם ר' יוחנן [ג]כבר עבר רובו של יום בקדושה. (ג)אמר ר' חייה בר בא ר' יוחנן מפקד [ד]לאילין דכנישא דכיפרא סבין מטול ומיעול עד דו אימממא ואתון מדכרין זמנו ועיבורו:

הלכה ה מתני' (ד)אמר ר' יהושע בן קרחה ועוד [ה]זו התקין רבן יוחנן בן זכאי שאפילו ראש בית דין בכל מקום שלא יהו העדים הולכין אלא למקום הוועד: **גמ'** ביני מתניתא למקום הוועד של חודש:

הלכה ו מתני' [מ"ה] (ה)סדר ברכות אומר אבות וגבורות וקדושת השם וכולל מלכיות [ו]עמם ואינו תוקע קדושת היום ותוקע זכרונות ותוקע שופרות ותוקע ואומר עבודה והודייה וברכת כהנים דברי ר' יוחנן בן נורי:

קרבן העדה

אמר להו. וכי אני כמותכם שיש לכם הרבה חכמים שאתם למידין מהם, כל מה שאני אומר בשמם הוא בשם ר' יהושע בן לוי שהיה רבו והכל יודעין שתורתו הוא: **ור' לא.** ור' אילא מייתי לה לטעם דמתני' למה נתקלקלו מהכא: **שירו של חמישי.** שיר שהיו הלוים אומרים ביום חמישי בחול הוא מזמור הרנינו וגו' עד סוף כל המזמור: ה"ג **ובראש השנה היו אומרים למוסף וכו' ובמנחה היו אומרים קול ה' יחיל וגו' חל יום טוב להיות בה' בשחרית אומרים הסירותי מסבל שכמו ובמוסף הרנינו וגו' ואם באו עדים אחר תמיד של שחר אומרים הרנינו וגו' נמצאו אומרים שיר וכו'.** וכ"ה בבבלי (ל:). והכי פירושו, כשחל ראש השנה בשאר ימות השבוע חוץ מן הה' היו אומרים במוסף הרנינו, שהמזמור מדבר בתרועות וראש השנה יום תרועה הוא, ובמנחה קול ה' יחיל, כדי להזכיר בראש השנה קול שופר של מתן תורה: **חל יום טוב להיות בה'.** ובאו עדים קודם תמיד של שחר, לא היו אומרים שחרית שיר של חול דהיינו הרנינו, מפני שחוזר וכופלו במוסף, אלא מתחיל הסירותי, משום דבראש השנה יצא יוסף מבית האסורים. ואם באו עדים בראש השנה שחל בה' אחר תמיד של שחר, מפני הספק יאמרו בשחרית שיר של יום דהיינו הרנינו, ויחזרו ויאמרו במוסף, נמצא שכפלו לשיר אחד ביום אחד פעמיים. שמעינן מהכא היכא דמספקא לן אומר שירה של יום חול. ונתקלקלו הלוים ואמרו גם בתמיד של בין הערבים שיר של יום חול, לכך התקינו שלא יהו מקבלין עדות החדש אלא אם כן יש שהות ביום להקריב קרבן תמיד של בין הערביים: ה"ג **כבר עבר רובו של יום בקדושה.** והכי פירושו, לכך נוהגין אותו היום קדש אף על גב דאין מקדשין היום, לפי שכבר עבר רובו של יום בקדושה אין מזלזלין בו: **ר' יוחנן.** צוה לאותן שבבית הכנסת דכיפרא, שבכל ראש השנה: **סבין וכו'.** יקחו משאן ויכנסו לעיר בעוד שהוא יום ויהיו מזכירין בתפלה של ראש השנה: **זמנו.** היינו ביום ל', והוא נקרא זמנו. ובליל ל"א הוא נקרא זמן עיבורו*: **מתני' שאפילו ראש בית דין בכל מקום.** שהולך לפרוש ממקום הועד למקום אחר, ועיקר מצות קידוש החדש תלויה בו, כדתנן לעיל פ"ב (ה"ה - טו:) ראש בית דין אומר מקודש. שלא יהו צריכין עידי החדש לילך אחריו: **אלא למקום הועד.** בגמ' מפרש: **גמ' ביני מתניתין.** כן פירושא דמתניתין: **למקום הועד של חדש.** אבל לא למקום הועד של הישיבה ילכו: **מתני' אבות.** מגן אברהם: **גבורות.** אתה גבור: **קדושת השם.** קדושה: **קדושת היום.** אתה בחרתנו:

פני משה

אמר לון דכוותכון. אפשר כמו שאתם נוהגין בהלכה: **דאית לכון רברבין סגין.** הרבה רבנים זה אומר בשם רבו כך וזה בשם רבו לא כן רבי אלא בשם ר' יהושע בן לוי אמר לה, אלא ורבי לא מייתי לה לטעם דהלכה בהמתניתן במה היה הקלקול דתני וכו', וכלומר ומברייתא זו שמעינן לה מה היה הקלקול: **שירו של חמישי.** בשבת בכל השנה היו אומרים הרנינו, ובראש השנה לא היו פותחין מהרנינו אלא אומרים הסירותי מסבל מפני שבראש השנה יצא יוסף מבית האסורים. ואם חל יום טוב של ראש השנה להיות בחמישי היו אומרים בשחרית הרנינו, לפי שעל הרוב עדיין לא באו עדים והיו אומרים בשיר של חמישי בחול, ובמנחה דעל הרוב כבר באו עדים היו אומרים הסירותי וגו' שיר של יום טוב, ועכשיו אם באו עדים מן המנחה ולמטן, כלומר אחר המנחה ובתמיד של בין הערבים שהקריבו ועדיין לא היו העדים והיו אומרים עוד פעם אחד הרנינו שלא היו אומרים הסירותי שאפשר שלא יבואו עדים כלל היום וא"כ לא נמצאו אומרים שיר, וכופלין אותו שהיו אומרים הרנינו שתי פעמים והוא שיר של חול היום, וזהו הקלקול באותו פעם: **כבר עבר רובו של היום בקדושה.** לפיכך נוהגין אותו היום לגמרי בקדושה וכדפרישית במתניתן: **ר' יוחנן מפקד לאילין דכנישא דכיפרא סבין.** היה מצוה לאלו הזקנים של בית הכנסת דמקום כיפרא מטול ומיעל עד דהוא יממא שיהו מטיילין והולכין אנה ואנה בעוד שהוא יום וביום שלשים היה ולא באו עדיין העדים ושלא יתפללו מנחה כל זמן שיכולין להתעכב: **ואתון מדכרין זמנו ועיבורו.** כלומר דשמא בין כך ובין כך יבואו עדים ואז תתפללו מנחה ואתם מרויחין שתזכרו במנחה כמו שנתקדש היום בזמנו ויכולין אתם לומר יום ראש חודש או יום הזכרון הזה, וכן בעיבורו שהוא למחר ביום ל"א כדתנינן נוהגין אותו היום קדש ולמחר קדש, וקא משמע לן בזה שיכולין הן להמתין מלהתפלל מנחה כל זמן שהוא יום, ואם שלענין קדושה כבר תנינן שנוהגין שתי ימים בקדושה אם יבואו אחר זמן המנחה שהוא זמן תמיד של בין הערבים, אלא שרבי יוחנן בא לומר שימתינו מלהתפלל מנחה כל זמן שהוא עדיין יום כדי שיזכירו במנחה קדושת היום וכדאמרן: **מתני'** אמר ר' יהושע בן קרחה וכו' **שאפילו ראש בית דין בכל מקום.** שנצרך לפרוש ממקום הועד למקום אחר והרי עיקר מצות קידוש החדש תלויה בו כדתנן בפרק ב' (ה"ה - טו:) ראש בית דין אומר מקודש, אפילו הכי לא היו העדים צריכין לילך אחריו אלא ילכו למקום הועד שסנהדרין יושבים שם והם יקדשוהו בלא ראש בית דין: **גמ' ביני מתניתא.** כן צריך לפרש המתניתן למקום הוועד של חדש שהם מקדשין אותו, וכלומר דלא תנינן אלא לענין קידוש החודש בדווקא שאין צריכין להלך אחר הראש בית דין, וטעמא דאם אתה מטריחן נמצאת מכשילן לעתיד לבא, אבל בדיני ממונות צריך הבעל דין לילך אחר ראש בית דין שהזמינו לבא לפניו לדין*: **מתני' סדר ברכות אומר אבות.** (אומר) ברכת מגן אברהם: **וגבורות.** אתה גבור: **וקדושת השם.** אתה קדוש עם השלשה קדושות וכולל לברכת מלכיות עמם ואינו תוקע: **קדושת היום.** אתה בחרתנו שבו נזכר לקדושת היום ותוקע שלש תקיעות של שלש שלש כדתנן לקמן (ה"י - כו.): **זכרונות וכו'.** כדיליף בגמרא (בבלי לד.) מקראי דכתיב (ויקרא כג כד) זכרון תרועה זכרון אלו זכרונות תרועה אלו שופרות וכתיב (במדבר י י) והיו לכם לזכרון לפני ה' אלהיכם אני ה' אלהיכם, ומה תלמוד לומר אני ה' אלהיכם לימד על כל מקום שיש שם זכרונות ושופרות יהיו מלכיות עמהן ומקדימין המלכיות, כדקאמר בגמרא (בבלי לד:) אמר הקב"ה אמרו לפני מלכיות כדי שתמליכוני עליכם זכרונות כדי שיעלה לפני זכרוניכם לטובה ובמה בשופר:

מסורת הש"ס

א) [תמיד פ"ז מ"ד, ר"ה ל:, לא., מס' סופרים פי"ח ה"א, אבות דר"נ פרק א, שיר השירים רבה ד ט, ילקו"ש תהלים תרלו] ב) [עי' ר"ה ל:] ג) תענית פ"ד ה"ג ד) ר"ה לא: ה) [לקמן ה"י - כו., ברכות פ"ד ה"ו] ר"ה לב. [ספרא אמור פרשה יא ה"ג, ילקו"ש אמור תרמה]

מראה הפנים

לא נמצאו אומרין שיר וכופלין אותו. למאי דבארתי בפנים כדמשמע בהדיא מהכא דזהו הקלקול בשיר שאמרו שירה של חול עם תמיד של בין הערבים וכדקאמר ר' זירא התם בדף ל' ע"ב, ואיכא למימר דהאי מילתא קיימא כדאמר ליה ר' זירא לאהבה בריה פוק תני להו התקינו וכו' כדי שיהא שהות ביום להקריב תמידין ומוספין ונסכיהם וכו', ואע"ג דדחו לה להאי ראיה וכן להא דלקמן אי אמרת בשלמא וכו' ודחי שאני התם וכו', היינו דמהכא אין ראיה לדברי ר' זירא דמצינא לשנויי לך הכי, אבל באמת דברי הברייתא עיקר וכדר' זירא וכדמסיק הכא. ואיכא נמי למימר דאידך פירושא הוא עיקר כדקאמר שם הכא תרגימו שלא אמרו שירה כל עיקר וכהני שינויי הוא דקאי וא"כ נשאר הדבר בספק במה היה הקלקול ולמדנו עוד מברייתא זו דקתני להקריב תמידין ומוספין וכו', א"כ היה עוד קילקול ג"כ במוספין שלא ידעו מה לעשות. והתוס' מקשין כאן (שם ד"ה ונתקלקלו) וגם בריש פ"ק דביצה (ה. ד"ה ונתקלקלו) אמאי לא חשיב קלקול של מוסף שלא הקריבו מוסף של ר"ח שאחר התמיד אין יכולין להקריבו כדדרשינן עליה השלם וכו' וי"ל דיכולין להקריב מוסף דאתי עשה דרבים ודחי עשה דהשלמה וכו'. וז"ל הרמב"ם ז"ל בפ"ג מקידוש החודש בהלכה ה' בראשונה היו מקבלין עדות החודש בכל יום שלשים, פעם אחת נשתהו העדים מלבוא עד בין הערבים ונתקלקלו במקדש ולא ידעו מה יעשו אם יעשו עולה של בין הערבים שמא יבואו העדים ואי אפשר שיקריבו מוסף היום אחר תמיד של בין הערבים, עמדו ב"ד והתקינו שלא יהו מקבלים עדות החודש אלא עד המנחה כדי שיהא שהות ביום להקריב מוספין ותמיד של בין הערבים ונסכיהם. ולכאורה נראה מדבריו ז"ל שלא היה הקלקול אלא בענין המוסף וזה שלא כמפורש במשנה ובגמרא והתוי"ט (פ"ד מ"ד) הניח קושיא זו בל"ע. ולענ"ד נראה הדברים כפשטן דהוא ז"ל מרמז לנו שתי דברים במה שכתב ונתקלקלו במקדש ולא ידעו וכו', דלכאורה שפת יתר הוא לא היה לו לומר אלא ולא ידעו וכו', לפיכך נראה דתרי מילי דהקלקול קחשיב, ונתקלקלו במקדש ור"ל בשיר כדתנינן, ומפני שלא רצה להכריע בדבריו במה היה הקלקול אם לא אמרו כל עיקר כדתרגימו הכא או כהאי דר' זירא וכדנראה מכאן וכדאמרן דאין הכרע לזה מהש"ס דהתם, לפיכך סתם דבריו בזה וכתב ונתקלקלו במקדש ולא ידעו וכו', מילתא אחריתא היא שרצה לומר שג"כ לא ידעו מה לעשות במוסף היום. ונראה ג"כ מדבריו ז"ל דלא ס"ל כדעת התוס' דאתי עשה דרבים וכו', וטעמו דשאני ההיא דתמיד נשחט (פסחים נח:) גבי מחוסר כפורים דאי אפשר בענין אחר דאם לא יקריב אינו יכול לאכול הפסח אבל הכא אם יבואו עדים מן המנחה ולמעלה יקריבו מוסף למחר כדכתב שם אחר זה בסמוך: **רבי יוחנן מפקד וכו'.** הגירסא דלקמן בפ"ד דתענית (ה"ג) בזה היא עיקר דגרים סבון ומיעל עד דהוא יממא וכו', ולענין סעודת ר"ח איתמר התם שהיו נוהגין לעשות סעודה בעת קדוש החודש וזה ר' יוחנן שיהו נוטלין וכנסין לעשות הסעודה בעוד יום. ובענין שני ימים דר"ח איירי התם כדבעינן לפרש בהגיעי שם ברחמי ובסייעתא דשמיא: **ביני מתניתא למקום הוועד של חדש.** כדפרישית, והרי זה כדמהדר ליה אמימר לרב אשי התם בדף ל"א ע"ב דא"ל הני מילי לענין עדות החודש דא"כ נמצאת מכשילן לעתיד לבא אבל הכא עבד לוה לאיש מלוה:

עין משפט

א מיי' פ"ו מהלכות תמידין ומוספין הלכה ט:

שינויי נוסחאות

א] **רברבין.** כ"ה בד"ו ובדפוסים. בכי"ל **רבבין:**
ב] **עוזינו.** בכי"ל נוסף **ואם באו מן המנחה ולמעלן אומרים הרנינו לאלהים** עוזינו לא נמצאו, והוגה כמו שלפנינו:
ג] **כבר.** בד"ק ובדפ"ו **סבר:**
ד] **לאילין** וכו'. בירושלמי תענית (פ"ד ה"ג) **לכנישתא דכופרא סבון מיעול** עד דו אימא ואתון **אמרין** זמנו ועיבורו:
ה] **זו.** במשניות ובבבלי (לא:) **זאת:**
ו] **עמם.** במשניות ובבבלי (לב.) **עמהן:**

תורה אור השלם

א) הַרְנִינוּ לֵאלֹהִים עוּזֵּנוּ הָרִיעוּ לֵאלֹהֵי יַעֲקֹב: (תהלים פא ב)
ב) הֲסִירוֹתִי מִסֵּבֶל שִׁכְמוֹ כַּפָּיו מִדּוּד תַּעֲבֹרְנָה: (תהלים פא ז)

שירי קרבן

ואתון מדכרין זמנו ועיבורו. עיין מה שכתבתי בקונטרס. ועוד י"ל שיאמרו החליצנו ה' ביום ראש חודש הזה אם היום אם למחר, וכדתנן בעירובין (לט.). מיהו פירושי שבקונטרס נראה עיקר: **ביני מתני' למקום הועד של החדש.** מכאן קשה לי אפירוש רש"י (לא: ד"ה אלא) שפי' אלא למקום הועד, של ישיבה ילכו, וסנהדרין יקדשוהו בלא ראש בי"ד, ול"ע:

the ***Malchiyos*** passage **with them,**[21] **but does not blow** the shofar;[22] **קְדוּשַּׁת הַיּוֹם וְתוֹקֵעַ** — then he says the blessing of **the Holiness of the Day and blows** the shofar,[23] **זִכְרוֹנוֹת וְתוֹקֵעַ** — the blessing of ***Zichronos*** **and blows** the shofar,[24] **שׁוֹפָרוֹת וְתוֹקֵעַ** — and the blessing of ***Shofaros*** **and blows** the shofar;[25] **וְאוֹמֵר עֲבוֹדָה וְהוֹדָיָיה וּבִרְכַּת כֹּהֲנִים** — **then he says** the blessings of the sacrificial **Service and Thanksgiving, and the Benediction of the Kohanim.**[26] **דִּבְרֵי רַבִּי יוֹחָנָן בֶּן נוּרִי** — These are **the words of R' Yochanan ben Nuri.**[27]

NOTES

21. He includes *Malchiyos* in the blessing of Holiness of the Name, because God's Kingship is related to the theme of the Holiness of His Name (*Aruch LaNer* to *Bavli* 32a ד״ה במתניתין). *Malchiyos* is introduced by עָלֵינוּ לְשַׁבֵּחַ, *It is our duty to praise*. . . (see *Tur Orach Chaim* §591 with *Beis Yosef* ד״ה ואומר עלינו), and includes ten verses referring to God's Kingship and a prayer that He may openly reign over the entire world [מְלוֹךְ עַל כָּל הָעוֹלָם].

22. The Mishnah teaches below (*Halachah* 10 [26a]) that three sets of shofar blasts are required [i.e. one must blow *tekiah, teruah, tekiah* three times]. This would seem to indicate that one set of blasts is blown for each of the *Malchiyos, Zichronos,* and *Shofaros* passages. However, if the shofar were blown at the conclusion of the third blessing (which includes *Malchiyos*) and not blown again until the *fifth* blessing (*Zichronos*), the sequence of blowing would be interrupted by the fourth blessing during which no blowing is done. Since the three sets of shofar blowing should follow one another closely, the first blowing is deferred to the end of the fourth blessing, *Holiness of the Day* (*Yom Teruah, Turei Even,* and *Aruch LaNer* to *Bavli* ibid.). See following note.

23. The fourth blessing in the Sabbath and festival prayers discusses the holiness of the particular day. According to the current opinion (R' Yochanan ben Nuri), no special verses are added to this blessing on Rosh Hashanah. It follows the same general formula used on all the other holidays — beginning with אַתָּה בְחַרְתָּנוּ, *You chose us,* and ending with מְקַדֵּשׁ יִשְׂרָאֵל וְיוֹם הַזִּכָּרוֹן, *Who sanctifies Israel and the Day of Remembrance.* The first series of shofar blasts comes at the conclusion of this blessing.

24. This blessing begins with אַתָּה זוֹכֵר, *You recall,* and ends with זוֹכֵר הַבְּרִית, *Recaller of the Covenant.*

25. This blessing begins with אַתָּה נִגְלֵיתָ, *You revealed Yourself,* and ends with שׁוֹמֵעַ קוֹל תְּרוּעַת עַמּוֹ יִשְׂרָאֵל בְּרַחֲמִים, *Who heeds the sound of the shofar blasts of His nation, Israel, with mercy.*

26. These are the three closing blessings of every *Shemoneh Esrei* Prayer. In the first of these blessings, we pray for God's acceptance of the offerings — and, in post-Temple times, for His acceptance of our prayers, which replace the offerings. This blessing begins with רְצֵה, *Be pleased,* and ends with הַמַּחֲזִיר שְׁכִינָתוֹ לְצִיּוֹן, *Who returns His Presence to Zion.* The next blessing, *Thanksgiving,* begins מוֹדִים אֲנַחְנוּ, *We give thanks,* and ends הַטּוֹב שִׁמְךָ וּלְךָ נָאֶה לְהוֹדוֹת, *that Your Name is "Good" and it is becoming to thank You.* The concluding blessing, which focuses on the gift of Peace, is called *The Benediction of the Kohanim,* because in the *shliach tzibbur's* repetition the Kohanim bless the congregation at its beginning.

Our Mishnah purports to list the blessings in which the shofar blasts are blown. If so, why does it list all nine of the Mussaf blessings? Why does it not merely list those blessings in which the shofar blast is blown? The Gemara below (27a) indicates that the Mishnah did so to teach us that all nine blessings must be recited (or heard from the *shliach tzibbur*) *in order* (see note 4 there). Therefore, one may not first recite the standard seven-blessing Mussaf prayer and then listen to the *shliach tzibbur's* recital of *Malchiyos, Zichronos,* and *Shofaros.* Rather, one must either recite all nine blessings himself or hear the *shliach tzibbur's* recital of all nine blessings (see *Ritva* to *Bavli* 32a).

27. The Mishnah as printed here in *Yerushalmi* contains only the first half of a dispute between two Tannaim. The second part of the Mishnah, containing the dissenting opinion of R' Akiva, was erroneously placed below, at the beginning of Halachah 7. [In the Mishnayos and in *Bavli* 32a, both parts of the Mishnah appear together.] It is therefore recommended that the reader now see the first half of the Mishnah below (on 24b).

[This phenomenon is not uncommon in *Yerushalmi.* In the Leiden *Yerushalmi* manuscript and the Venice edition of *Yerushalmi,* the full text of each chapter's Mishnah was cited at the beginning of its chapter, and was followed by the complete, unbroken Gemara text. Both Mishnah and Gemara had numbers inserted into the text to indicate the start of each new Halachah. It sometimes occurred that a scribe or typesetter would insert a Halachah number in the wrong location. These errors were then carried over into the later editions that featured interpolation of the Mishnah and Gemara texts, which resulted in passages of Mishnah or Gemara being wrongly placed. Indeed, *Mareh HaPanim* (*Sheviis* 3:5 ד״ה וזאת אומרת) argues strongly that the Halachah divisions in *Yerushalmi* are entirely unreliable.]

אמר לון דכוותכון דאית לכון א]רברבין סגין בשם ר' יהושע בן לוי אמר ליה. ורבי לא מייתי לה טעם דהלכה דתני אשירו של חמישי היו אומרים א)הרנינו לאלהים עוזינו. ובראש השנה היו אומרים ב)הסירותי מסבל שכמו. בחל יום טוב להיות בחמישי בשחרית היו אומרים הרנינו לאלהים עוזינו ובמנחה היו אומרים הסירותי מסבל שכמו אם באו מן המנחה ולמטן אומרים הרנינו לאלהים ב]עוזינו לא נמצאו אומרים שיר וכופלין אותו: ר' אדא דקיסרין בשם ר' יוחנן ג]כבר עבר רובו של יום בקדושה. גאמר ר' חייה בר בא ר' יוחנן מפקד ד]לאילין דכנישא דכיפרא סבין מטול ומיעול עד דו אימּמא ואתון מדכרין זמנו ועיבורו:

הלכה ה מתני'

דאמר ר' יהושע בן קרחה ועוד ה]זו התקין רבן יוחנן בן זכאי שאפילו ראש בית דין בכל מקום שלא יהו העדים הולכין אלא למקום הוועד:

גמ' כיני מתניתא למקום הוועד של חודש:

הלכה ו מתני'

[מ"ה] הסדר ברכות אומר אבות וגבורות וקדושת השם וכולל מלכיות ו]עמם ואינו תוקע קדושת היום ותוקע זכרונות ותוקע שופרות ותוקע ואומר עבודה והודייה וברכת כהנים דברי ר' יוחנן בן נורי:

קרבן העדה

אמר להו. וכי אני כמותכם שיש לכם הרבה חכמים שאתם למידין מהם, כל מה שאני אומר בסתם הוא בשם ר' יהושע בן לוי שהיה רבו והכל יודעין שתורתו הוא: ור' לא. ור' אילא מייתי לה לטעם דמתני' למה נתקלקלו מהכא: שירו של חמישי. שיר שהיו הלוים אומרים ביום חמישי בחול הוא מזמור הרנינו וגו' עד סוף כל המזמור: ה"ג ובראש השנה היו אומרים למוסף וכו' ובמנחה היו אומרים קול ה' יחיל וגו' חל יום טוב להיות בה' בשחרית אומרים הסירותי מסבל שכמו ובמוסף הרנינו וגו' ואם באו עדים אחר תמיד של שחר אומרים הרנינו וגו' נמצאו אומרים שיר וכו'. וכ"ה בבבלי (ל:). והכי פירושו, כשחל ראש השנה בשאר ימות השבוע חוץ מן הה' היו אומרים במוסף הרנינו, שהמזמור מדבר בתרועות וראש השנה יום תרועה הוא, ובמנחה קול ה' יחיל, כדי להזכיר בראש השנה קול שופר של מתן תורה: חל יום טוב להיות בה'. ובאו עדים קודם תמיד של שחר, לא היו אומרים שחרית שיר של חול דהיינו הרנינו, מפני שחוזר וכופלו במוסף, אלא מתחיל הסירותי, משום דבראש השנה יצא יוסף מבית האסורים. ואם באו עדים בראש השנה שחל בה' אחר תמיד של שחר, מפני הספק יאמרו בשחרית שיר של יום דהיינו הרנינו, ויחזרו ויאמרו במוסף, נמצא שכפלו לשיר אחד ביום אחד פעמיים. שמעינן מהכא היכא דמספקא לן אומר שירה של יום חול. ונתקלקלו הלוים ואמרו גם בתמיד של בין הערבים שיר של יום חול, לכך התקינו שלא יהו מקבלין עדות החדש אלא אם כן יש שהות ביום להקריב קרבן תמיד של בין הערביים: ה"ג כבר עבר רובו של יום בקדושה. והכי פירושו, לכך נוהגין אותו היום קדש אף על גב דאין מקדשין היום, לפי שכבר עבר רובו של יום בקדושה אין מזלזלין בו: ר' יוחנן. צוה לאותן שבבית הכנסת דכיפרא, שבכל ראש השנה: סבין וכו'. יקחו משאן ויכנסו לעיר בעוד שהוא יום ויהיו מזכירין בתפלה של ראש השנה: זמנו. היינו ביום ל', והוא נקרא זמנו. ובליל ל"א הוא נקרא זמן עיבורו*: מתני' שאפילו ראש בית דין בכל מקום. שהולך לפרוש ממקום הועד למקום אחר, ועיקר מצות קידוש החדש תלויה בו, כדתנן לעיל פ"ב (ה"ה - טו:) ראש בית דין אומר מקודש. שלא יהו צריכין עידי החדש לילך אחריו: אלא למקום הועד. בגמ' מפרש: גמ' כיני מתניתין. כן פירושא דמתניתין: למקום הועד של חדש. אבל לא למקום הועד של הישיבה ילכו: מתני' אבות. מגן אברהם: גבורות. אתה גבור: קדושת השם. קדושה: קדושת היום. אתה בחרתנו:

פני משה

אמר לון דכוותכון. אפשר כמו שאתם נוהגין בהלכה: דאית לכון רברבין סגין. הרבה רבנים זה אומר בשם רבו כך וזה בשם רבו לא כן רבי אלא בשם ר' יהושע בן לוי אמר לה, אלא ורבי לא מייתי לה לטעם דהלכה בהמתניתן במה היה הקלקול דתני וכו', וכלומר ומברייתא זו שמעינן לה מה היה הקלקול: שירו של חמישי. בשבת בכל השנה היו אומרים הרנינו, ובראש השנה לא היו פותחין מהרנינו אלא אומרים הסירותי מסבל מפני שבראש השנה יצא יוסף מבית האסורים. ואם חל יום טוב של ראש השנה להיות בחמישי היו אומרים בשחרית הרנינו, לפי שעל הרוב עדיין לא באו עדים והיו אומרים בשיר של חמישי בחול, ובמנחה דעל הרוב כבר באו עדים היו אומרים הסירותי וגו' שיר של יום טוב, ועכשיו אם באו עדים מן המנחה ולמטן, כלומר אחר המנחה ובתמיד של בין הערבים שהקריבו ועדיין לא היו העדים והיו אומרים עוד פעם אחד הרנינו שלא היו אומרים הסירותי שאפשר שלא יבואו עדים כלל היום וא"כ לא נמצאו אומרים שיר, וכופלין אותו שהיו אומרים הרנינו שתי פעמים והוא שיר של חול היום, וזהו הקלקול באותו פעם: כבר עבר רובו של היום בקדושה. לפיכך נוהגין אותו היום לגמרי בקדושה וכדפרישית במתניתן: ר' יוחנן מפקד לאילין דכנישא דכיפרא סבין. היה מצוה לאלו הזקנים של בית הכנסת דמקום כיפרא מטול ומיעל עד דהוא יממא שיהו מטיילין והולכין אנה ואנה בעוד שהוא יום וביום שלשים היה ולא באו עדיין העדים ושלא יתפללו מנחה כל זמן שיכולין להתעכב: ואתון מדכרין זמנו ועיבורו. כלומר דשמא בין כך ובין כך יבואו עדים ואז תתפללו מנחה ואתם מרויחין שתזכרו במנחה כמו שנתקדש היום בזמנו ויכולין אתם לומר יום ראש חודש או יום הזכרון הזה, וכן בעיבורו שהוא למחר ביום ל"א כדתנינן נוהגין אותו היום קדש ולמחר קדש, וקא משמע לן בזה שיכולין הן להמתין מלהתפלל מנחה כל זמן שהוא יום, ואם שלענין קדושה כבר תנינן שנוהגין שתי ימים בקדושה אם יבואו אחר זמן המנחה שהוא זמן תמיד של בין הערבים, אלא שרבי יוחנן בא לומר שימתינו מלהתפלל מנחה כל זמן שהוא עדיין יום כדי שיזכירו במנחה קדושת היום וכדאמרן: מתני' אמר ר' יהושע בן קרחה וכו' שאפילו ראש בית דין בכל מקום. שנצרך לפרוש ממקום הועד למקום אחר והרי עיקר מצות קידוש החדש תלויה בו כדתנן בפרק ב' (ה"ה - טו:) ראש בית דין אומר מקודש, אפילו הכי לא היו העדים צריכין לילך אחריו אלא ילכו למקום הועד שסנהדרין יושבים שם והם יקדשוהו בלא ראש בית דין: גמ' כיני מתניתא. כן צריך לפרש המתניתן למקום הוועד של חדש שהם מקדשין אותו, וכלומר דלא תנינן אלא לענין קידוש החודש בדווקא שאינן צריכין להלך אחר הראש בית דין, וטעמא דאם אתה מטריחן נמצאת מכשילן לעתיד לבא, אבל בדיני ממונות צריך הבעל דין לילך אחר ראש בית דין שהזמינו לבא לפניו לדין*: מתני' סדר ברכות אומר אבות. (אומר) ברכת מגן אברהם: וגבורות. אתה גבור: וקדושת השם. אתה קדוש עם השלשה קדושות וכולל לברכת מלכיות עמם ואינו תוקע: קדושת היום. אתה בחרתנו שבו נזכר לקדושת היום ותוקע שלש תקיעות של שלש שלש כדתנן לקמן (ה"י - כו.): זכרונות וכו'. כדיליף בגמרא (בבלי לד.) מקראי דכתיב (ויקרא כג כד) זכרון תרועה זכרון אלו זכרונות תרועה אלו שופרות וכתיב (במדבר י י) והיו לכם לזכרון לפני ה' אלהיכם אני ה' אלהיכם, ומה תלמוד לומר אני ה' אלהיכם לימד על כל מקום שיש שם זכרונות ושופרות יהיו מלכיות עמהן ומקדימין המלכיות, כדקאמר בגמרא (בבלי לד:) אמר הקב"ה אמרו לפני מלכיות כדי שתמליכוני עליכם זכרונות כדי שיעלה לפני זכרוניכם לטובה ובמה בשופר:

מסורת הש"ס

א) [תמיד פ"ז מ"ד, ר"ה ל:, לא., מס' סופרים פי"ח ה"א, אבות דר"נ פרק א, שיר השירים רבה ד ט, ילקו"ש תהלים תרלו] ב) [עי' ר"ה ל:] ג) תענית פ"ד ה"ג ד) ר"ה לא: ה) [לקמן ה"י - כז., ברכות פ"ד ה"ו] ר"ה לב. [ספרא אמור פרשה יא ה"ג, ילקו"ש אמור תרמה]

מראה הפנים

לא נמצאו אומרין שיר וכופלין אותו. לאמי דבארתי בפנים כדמשמע בהדיא מהכא דזהו הקלקול בשיר שאמרו שירה של חול עם תמיד של בין הערבים וכדקאמר ר' זירא התם בדף ל' ע"ב, ואיכא למימר דהאי מילתא קיימא כדאמר ליה ר' זירא לאהבה בריה פוק תני להו התקינו וכו' כדי שיהא שהות ביום להקריב תמידין ומוספין ונסכיהם וכו', ואע"ג דדחו לה להאי ראיה וכן להא דלקמן אי אמרת בשלמא וכו' ודחי שאני התם וכו', היינו דמהכא אין ראיה לדברי ר' זירא דמצינא לשנויי לך הכי, אבל באמת דברי הברייתא עיקר וכדר' זירא וכדמסיק הכא. ואיכא נמי למימר דאידך פירושא הוא עיקר כדקאמר שם הכא תרגימו שלא אמרו שירה כל עיקר וכהני שינויי הוא דקאי וא"כ נשאר הדבר בספק במה היה הקלקול ולמדנו עוד מברייתא זו דקתני להקריב תמידין ומוספין וכו', א"כ היה עוד קילקול ג"כ במוספין שלא ידעו מה לעשות. והתוס' מקשין כאן (שם ד"ה ונתקלקלו) וגם בריש פ"ק דביצה (ה. ד"ה ונתקלקלו) אמאי לא חשיב קלקול של מוסף שלא הקריבו מוסף של ר"ח שאחר התמיד אין יכולין להקריבו כדדרשינן עליה השלם וכו' וי"ל דיכולין להקריב מוסף דאתי עשה דרבים ודחי עשה דהשלמה וכו'. וז"ל הרמב"ם ז"ל בפ"ג מקידוש החודש בהלכה ה' בראשונה היו מקבלין עדות החודש בכל יום שלשים, פעם אחת נשתהו העדים מלבוא עד בין הערבים ונתקלקלו במקדש ולא ידעו מה יעשו אם יעשו עולה של בין הערבים שמא יבואו העדים ואי אפשר שיקריבו מוסף היום אחר תמיד של בין הערבים, עמדו ב"ד והתקינו שלא יהו מקבלים עדות החודש אלא עד המנחה כדי שיהא שהות ביום להקריב מוספין ותמיד של בין הערבים ונסכיהם. ולכאורה נראה מדבריו ז"ל שלא היה הקלקול אלא בענין המוסף וזה שלא כמפורש במשנה ובגמרא והתוי"ט (פ"ד מ"ד) הניח קושיא זו בצ"ע. ולענ"ד נראה הדברים כפשטן דהוא ז"ל מרמז לנו שתי דברים במה שכתב ונתקלקלו במקדש ולא ידעו וכו', דלכאורה שפת יתר הוא לא היה לו לומר אלא ולא ידעו וכו', לפיכך נראה דתרי מילי דהקלקול קחשיב, ונתקלקלו במקדש ור"ל בשיר כדתנינן, ומפני שלא רצה להכריע בדבריו במה היה הקלקול אם לא אמרו כל עיקר כדתרגימו הכא או כהאי דר' זירא וכדנראה מכאן וכדאמרן דאין הכרע לזה מהש"ס דהתם, לפיכך סתם דבריו בזה וכתב ונתקלקלו במקדש ולא ידעו וכו', מילתא אחריתא היא שרצה לומר שג"כ לא ידעו מה לעשות במוסף היום. ונראה ג"כ מדבריו ז"ל דלא ס"ל כדעת התוס' דאתי עשה דרבים וכו', וטעמו דשאני ההיא דתמיד נשחט (פסחים נח:) גבי מחוסר כפורים דאי אפשר בענין אחר דאם לא יקריב אינו יכול לאכול הפסח אבל הכא אם יבואו עדים מן המנחה ולמעלה יקריבו מוסף למחר כדכתב שם אחר זה בסמוך: רבי יוחנן מפקד וכו'. הגירסא דלקמן בפ"ד דתענית (ה"ג) בזה היא עיקר דגרים סבון ומיעל עד דהוא יממא וכו', ולענין סעודת ר"ח איתמר התם שהיו נוהגין לעשות סעודה בעת קדוש החודש וצוה ר' יוחנן שיהו נוטלין ונכנסין לעשות הסעודה בעוד יום. ובענין שני ימים דר"ח איירי התם כדבעינן לפרש בהגיעי שם ברחמי ובסייעתא דשמיא: כיני מתניתא למקום הוועד של חדש. כדפרישית, והרי זה כדמהדר ליה אמימר לרב אשי התם בדף ל"א ע"ב דא"ל הני מילי לענין עדות החודש דא"כ נמצאת מכשילן לעתיד לבא אבל הכא עבד לוה לאיש מלוה:

עין משפט

א מיי' פ"ו מהלכות תמידין ומוספין הלכה ט:

שינויי נוסחאות

א] רברבין. כ"ה בד"ו ובדפוסים. בכי"ל רבבין:
ב] עוזינו. בכי"ל נוסף ואם באו מן המנחה ולמעלן אומרים הרנינו לאלהים עוזינו לא נמצאו, והוגה כמו שלפנינו:
ג] כבר. בד"ק ובדפ"ו סבר:
ד] לאילין וכו'. בירושלמי תענית (פ"ד ה"ג) לכנישתא דכופרא סבון מיעול עד דו אימּמא ואתון אמרין זמנו ועיבורו:
ה] זו. במשניות ובבבלי (לא:) זאת:
ו] עמם. במשניות ובבבלי (לב.) עמהן:

תורה אור השלם

א) הַרְנִינוּ לֵאלֹהִים עוּזֵּנוּ הָרִיעוּ לֵאלֹהֵי יַעֲקֹב: (תהלים פא ב)

ב) הֲסִירוֹתִי מִסֵּבֶל שִׁכְמוֹ כַּפָּיו מִדּוּד תַּעֲבֹרְנָה: (תהלים פא ז)

שירי קרבן

ואתון מדכרין זמנו ועיבורו. עיין מה שכתבתי בקונטרס. ועוד י"ל שיאמרו החליצנו ה' ביום ראש חודש הזה אם היום אם למחר, וכדתנן בעירובין (לט.). מיהו פירושי שבקונטרס נראה עיקר: כיני מתני' למקום הועד של החדש. מכאן קשה לי אפירוש רש"י (לא: ד"ה אלא) שפי' אלא למקום הועד, של ישיבה ילכו, וסנהדרין יקדשוהו בלא ראש בי"ד, ול"ע:

head of the *Beis Din* is anywhere other than the place where the *Beis Din* assembles, שֶׁלֹּא יְהוּ הָעֵדִים הוֹלְכִין אֶלָּא לִמְקוֹם הַוַּעַד – **the witnesses** bearing testimony to the appearance of the new moon **should go only to the place of the assembly.**[18]

Gemara Rabban Yochanan ben Zakkai enacted that witnesses bearing testimony to the appearance of the new moon need not follow the head of the *Beis Din* to wherever he may be. Rather, they may go to the place of the assembly and testify there. One might have thought that the same applies to litigants summoned to *Beis Din*. The Gemara teaches that this is not so: כֵּינִי מַתְנִיתָא – **This is** how **the Mishnah** must be explained: Do not broaden Rabban Yochanan ben Zakkai's enactment to include even litigants summoned to *Beis Din*. Rather, his enactment applies only to witnesses bearing testimony to the appearance of the new moon: לִמְקוֹם הַוַּעַד שֶׁל חוֹדֶשׁ – They may go to the **place of the assembly for** sanctifying **the month,** but litigants summoned to *Beis Din* must indeed follow the head of *Beis Din* to wherever he may be.[19]

Halachah 6

Mishnah Having concluded its digression into Rabban Yochanan ben Zakkai's various innovations, the Mishnah returns to its original topic – the blowing of the shofar. The shofar is sounded before Mussaf, and again during Mussaf in conjunction with the special liturgy of the day. The Mussaf prayer contains three special sections: (a) מַלְכִיּוֹת, *Malchiyos, verses of Kingship,* attesting to God's ultimate Kingship – past, present, and future; (b) זִכְרוֹנוֹת, *Zichronos, verses of Remembrance,* dealing with God's attribute of remembering all the deeds of mankind, good and bad, and His examination of them all on this Day of Judgment; (c) שׁוֹפָרוֹת, *verses of Shofaros,* discussing God's revelation through the shofar blasts at Mount Sinai, and His future revelation through the shofar that will herald the advent of the Messianic King. Each section consists of an opening prayer related to the particular topic, a selection of relevant Scriptural verses, and a concluding prayer and blessing. Our Mishnah focuses on the liturgy and how it interrelates with the shofar blowing:

סֵדֶר בְּרָכוֹת – This is **the order of the blessings** in the Mussaf prayer: אוֹמֵר אָבוֹת וּגְבוּרוֹת וּקְדוּשַּׁת הַשֵּׁם – **One says** the blessings of **Patriarchs, Powers, and Holiness of the Name,**[20] וְכוֹלֵל מַלְכִיּוֹת עִמָּם וְאֵינוֹ תוֹקֵעַ – **and combines**

NOTES

18. The pronouncement of Rosh Chodesh was ordinarily done by the head of the *Beis Din,* as taught in the Mishnah (24a): *The head of the Beis Din says, "It is sanctified!" and all the people respond after him, "It is sanctified, it is sanctified!"* Rabban Yochanan ben Zakkai ordained that if the head of the *Beis Din* was away from the headquarters of the *Beis Din,* the witnesses would not have to travel after him to offer their testimony. Rather, they should come to the *Beis Din's* headquarters and *Beis Din* should pronounce Rosh Chodesh without the head (*Korban HaEidah* and *Pnei Moshe,* from *Rashi* to *Bavli* 31b ד״ה אמר ר׳ יהושע ff.).

19. Were witnesses obligated to follow the head of the *Beis Din* to wherever he may be, they might find the journey too burdensome to undertake. Rabban Yochanan ben Zakkai therefore enacted that the witnesses bearing testimony to the appearance of the new moon may testify at the place of the assembly [which – being in a fixed place – is well known]. Litigants summoned to *Beis Din,* however, must follow the head of *Beis Din* – who issued the summons – to wherever he may be (*Pnei Moshe* from *Bavli* 31b; see *Aruch LaNer, Yom Teruah,* and *Turei Even* there).

For a different interpretation of our *sugya,* see Variant C.

20. The Rosh Hashanah Mussaf prayer consists of nine blessings. Some of these sections are essentially prayers, but they are called "blessings," because each of them contains a blessing to God. The first three sections are the same as those recited every day in the *Shemoneh Esrei* prayer (however, they contain some variations for Rosh Hashanah and the ensuing Ten Days of Repentance; see below, 24b note 22). The first section is known as אָבוֹת, *Patriarchs,* because it recalls the greatness of our forefathers, Abraham, Isaac, and Jacob, in whose merit God pledged to help Israel throughout history, even if we are unworthy. This blessing includes the beginning of the prayer until the words מָגֵן אַבְרָהָם, *Shield of Abraham.* The next blessing extends from the words אַתָּה גִּבּוֹר, *You are mighty,* until מְחַיֵּה הַמֵּתִים, *Revivifier of the Dead.* This is known as the blessing of גְּבוּרוֹת, *Powers,* because it lists several of God's Powers that are manifested in the world (see *Bavli Taanis* 2a). The third blessing, known as קְדוּשַּׁת הַשֵּׁם, *Holiness of the Name,* begins with אַתָּה קָדוֹשׁ, *You are holy,* and usually concludes with הָאֵל הַקָּדוֹשׁ, *the Holy God* [except for during the Ten Days of Repentance (i.e. Rosh Hashanah, Yom Kippur, and the days in between), when it concludes with הַמֶּלֶךְ הַקָּדוֹשׁ, *the Holy King*].

TEXTUAL AND INTERPRETIVE VARIANTS

C. According to our explanation of the *sugya,* both the Mishnah and the Gemara deal with a hypothetical situation in which the head of the *Beis Din,* for some reason, happens to be away from the seat of the *Beis Din.* According to *Doros HaRishonim* (Vol. 3, Chapter 16), however, Rabban Yochanan ben Zakkai's enactment was due to an actual historical situation, and the Gemara deals with how to apply his enactment to the different circumstances of its time:

After the destruction of the Temple, the Sanhedrin relocated from Jerusalem to Yavneh. The Sanhedrin in Yavneh was headed by two Torah giants, the *Nasi,* Rabban Gamliel, and the *Av* (or *Rosh*) *Beis Din,* Rabban Yochanan ben Zakkai. Although Rabban Gamliel was the younger of the two, he held the senior position, that of *Nasi.* To strengthen the authority of his younger colleague, Rabban Yochanan ben Zakkai established his residence not in Yavneh, the seat of the Sanhedrin, but in Beror Chayil (see *Demai* 3:1 [24a] and *Bavli Sanhedrin* 32b). To further strengthen Rabban Gamliel's authority, Rabban Yochanan ben Zakkai enacted that the witnesses bearing testimony to the appearance of the new moon should go to the seat of the Sanhedrin, in Yavneh, and not to the *Av Beis Din's* residence, in Beror Chayil.

The situation in the time of the early Amoraim was different: After the Bar Kochba rebellion, the Romans attempted to weaken the Jewish presence in Judea. They therefore forced the Sanhedrin to relocate to the Galilee, with its final relocation being to Tiberias (see *Bavli* 31b). However, to retain somewhat of a presence in Judea, the Sages continued sanctifying the new moon in Judea, in the town of Ein Tav (*Doros HaRishonim* Vol. 5, Chapter 17; see above, note 14). This entailed sanctifying the new moon without the *Av Beis Din,* who resided not in Ein Tav, where the new moon was sanctified, but in Tiberias, where the Sanhedrin was located. Based on the enactment of Rabban Yochanan ben Zakkai, the Gemara teaches that such sanctification is permissible (ibid. Vol. 3, pp. 68-9, note 30).

אמר לון דכוותכון דאית לכון [א]רברבין סגין בשם ר' יהושע בן לוי אמר ליה. ורבי לא מייתי לה טעם דהלכה דתני (א)[א]שירו של חמישי היו אומרים (א)הרנינו לאלהים עוזינו. ובראש השנה היו אומרים (ב)הסירותי מסבל שכמו. (ג)חל יום טוב להיות בחמישי בשחרית היו אומרים הרנינו לאלהים עוזינו ובמנחה היו אומרים הסירותי מסבל שכמו אם באו מן המנחה ולמטן אומרים הרנינו לאלהים [ב]עוזינו לא נמצאו אומרים שיר וכופלין אותו: ר' אדא דקיסרין בשם ר' יוחנן [ג]כבר עבר רובו של יום בקדושה. (ג)אמר ר' חייה בר בא ר' יוחנן מפקד [ד]לאילין דכנישא דכיפרא סבין מטול ומיעול עד דו אימּמא ואתון מדכרין זמנו ועיבורו:

הלכה ה מתני' (ד)אמר ר' יהושע בן קרחה ועוד [ה]זו התקין רבן יוחנן בן זכאי שאפילו ראש בית דין בכל מקום שלא יהו העדים הולכין אלא למקום הוועד: גמ' כיני מתניתא למקום הוועד של חודש:

הלכה ו מתני' [מ"ה] (ה)סדר ברכות אומר אבות וגבורות וקדושת השם וכולל מלכיות [ו]עמם ואינו תוקע קדושת היום ותוקע זכרונות ותוקע שופרות ותוקע ואומר עבודה והודייה וברכת כהנים דברי ר' יוחנן בן נורי:

קרבן העדה

אמר להו. וכי אני כמותכם שיש לכם הרבה חכמים שאתם למידין מהם, כל מה שאני אומר בשמם הוא בשם ר' יהושע בן לוי שהיה רבו והכל יודעין שתורתו הוא: ור' לא. ור' אילא מייתי לה לטעם דמתני' למה נתקלקלו מהכא: שירו של חמישי. שיר שהיו הלוים אומרים ביום חמישי בחול הוא מזמור הרנינו וגו' עד סוף כל המזמור: ה"ג ובראש השנה היו אומרים למוסף וכו' ובמנחה היו אומרים קול ה' יחיל וגו' חל יום טוב להיות בה' בשחרית אומרים הסירותי מסבל שכמו ובמוסף הרנינו וגו' ואם באו עדים אחר תמיד של שחר אומרים הרנינו וגו' נמצאו אומרים שיר וכו'. וכ"ה בבבלי (ל:). והכי פירושו, כשחל ראש השנה בשאר ימות השבוע חוץ מן הה' היו אומרים במוסף הרנינו, שהמזמור מדבר בתרועות וראש השנה יום תרועה הוא, ובמנחה קול ה' יחיל, כדי להזכיר בראש השנה קול שופר של מתן תורה: חל יום טוב להיות בה'. ובאו עדים קודם תמיד של שחר, לא היו אומרים שחרית שיר של חול דהיינו הרנינו, מפני שחוזר וכופלו במוסף, אלא מתחיל הסירותי, משום דבראש השנה יצא יוסף מבית האסורים. ואם באו עדים בראש השנה שחל בה' אחר תמיד של שחר, מפני הספק יאמרו בשחרית שיר של יום דהיינו הרנינו, ויחזרו ויאמרו במוסף, נמצא שכפלו לשיר אחד ביום אחד פעמיים. שמעינן מהכא היכא דמספקא לן אומר שירה של יום חול. ונתקלקלו הלוים ואמרו גם בתמיד של בין הערבים שיר של יום חול, לכך התקינו שלא יהו מקבלין עדות החדש אלא אם כן יש שהות ביום להקריב קרבן תמיד של בין הערביים: ה"ג כבר עבר רובו של יום בקדושה. והכי פירושו, לכך נוהגין אותו היום קדש אף על גב דאין מקדשין היום, לפי שכבר עבר רובו של יום בקדושה אין מזלזלין בו: ר' יוחנן. צוה לאותן שבבית הכנסת דכיפרא, שבכל ראש השנה: סבין וכו'. יקחו משאן ויכנסו לעיר בעוד שהוא יום ויהיו מזכירין בתפלה של ראש השנה: זמנו. היינו ביום ל', והוא נקרא זמנו. ובליל ל"א הוא נקרא זמן עיבורו*: מתני' שאפילו ראש בית דין בכל מקום. שהולך לפרוש ממקום הועד למקום אחר, ועיקר מצות קידוש החדש תלויה בו, כדתנן לעיל פ"ב (ה"ה - טו:) ראש בית דין אומר מקודש. שלא יהו צריכין עידי החדש לילך אחריו: אלא למקום הועד. בגמ' מפרש: גמ' כיני מתניתין. כן פירושא דמתניתין: למקום הועד של חדש. אבל לא למקום הועד של הישיבה ילכו: מתני' אבות. מגן אברהם: גבורות. אתה גבור: קדושת השם. קדושה: קדושת היום. אתה בחרתנו:

פני משה

אמר לון דכוותכון. אפשר כמו שאתם נוהגין בהלכה: דאית לכון רברבין סגין. הרבה רבנים זה אומר בשם רבו כך וזה בשם רבו לא כן רבי אלא בשם ר' יהושע בן לוי אמר לה, אלא ורבי לא מייתי לה לטעם דהלכה בהמתניתן במה היה הקלקול דתני וכו', וכלומר ומברייתא זו שמעינן לה מה היה הקלקול: שירו של חמישי. בשבת בכל השנה היו אומרים הרנינו, ובראש השנה לא היו פותחין מהרנינו אלא אומרים הסירותי מסבל מפני שבראש השנה יצא יוסף מבית האסורים. ואם חל יום טוב של ראש השנה להיות בחמישי היו אומרים בשחרית הרנינו, לפי שעל הרוב עדיין לא באו עדים והיו אומרים בשיר של חמישי בחול, ובמנחה דעל הרוב כבר באו עדים היו אומרים הסירותי וגו' שיר של יום טוב, ועכשיו אם באו עדים מן המנחה ולמטן, כלומר אחר המנחה ובתמיד של בין הערבים שהקריבו ועדיין לא היו העדים והיו אומרים עוד פעם אחד הרנינו שלא היו אומרים הסירותי שאפשר שלא יבואו עדים כלל היום וא"כ לא נמצאו אומרים שיר, וכופלין אותו שהיו אומרים הרנינו שתי פעמים והוא שיר של חול היום, וזהו הקלקול באותו פעם: כבר עבר רובו של היום בקדושה. לפיכך נוהגין אותו היום לגמרי בקדושה וכדפרישית במתניתן: ר' יוחנן מפקד לאילין דכנישא דכיפרא סבין. היה מצוה לאלו הזקנים של בית הכנסת דמקום כיפרא מטול ומיעל עד דהוא יממא שיהו מטיילין והולכין אנה ואנה בעוד שהוא יום וביום שלשים היה ולא באו עדיין העדים ושלא יתפללו מנחה כל זמן שיכולין להתעכב: ואתון מדכרין זמנו ועיבורו. כלומר דשמא בין כך ובין כך יבואו עדים ואז תתפללו מנחה ואתם מרויחין שתזכרו במנחה כמו שנתקדש היום בזמנו ויכולין אתם לומר יום ראש חודש או יום הזכרון הזה, וכן בעיבורו שהוא למחר ביום ל"א כדתנינן נוהגין אותו היום קדש ולמחר קדש, וקא משמע לן בזה שיכולין הן להמתין מלהתפלל מנחה כל זמן שהוא יום, ואם שלעניין קדושה כבר תנינן שנוהגין שתי ימים בקדושה אם יבואו אחר זמן המנחה שהוא זמן תמיד של בין הערבים, אלא שרבי יוחנן בא לומר שימתינו מלהתפלל מנחה כל זמן שהוא עדיין יום כדי שיזכירו במנחה קדושת היום וכדאמרן: מתני' אמר ר' יהושע בן קרחה וכו' שאפילו ראש בית דין בכל מקום. שנצרך לפרוש ממקום הועד למקום אחר והרי עיקר מצות קידוש החדש תלויה בו כדתנן בפרק ב' (ה"ה - טו:) ראש בית דין אומר מקודש, אפילו הכי לא היו העדים צריכין לילך אחריו אלא ילכו למקום הועד שסנהדרין יושבים שם והם יקדשוהו בלא ראש בית דין: גמ' כיני מתניתא. כן צריך לפרש המתניתן למקום הוועד של חדש שאם מקדשין אותו, וכלומר דלא תנינן אלא לענין קידוש החודש בדווקא שאין צריכין להלך אחר הראש בית דין, וטעמא דאם אתה מטריחן נמצאת מכשילן לעתיד לבא, אבל בדיני ממונות צריך הבעל דין לילך אחר ראש בית דין שהזמינו לבא לפניו לדין*:

מתני' סדר ברכות אומר אבות. (אומר) ברכת מגן אברהם: וגבורות. אתה גבור: וקדושת השם. אתה קדוש עם השלשה קדושות וכולל לברכת מלכיות עמם ואינו תוקע: קדושת היום. אתה בחרתנו שבו נזכר לקדושת היום ותוקע שלש תקיעות של שלש שלש כדתנן לקמן (ה"י - כו.): זכרונות וכו'. כדיליף בגמרא (בבלי לד.) מקראי דכתיב (ויקרא כג כד) זכרון תרועה זכרון אלו זכרונות תרועה אלו שופרות וכתיב (במדבר י י) והיו לכם לזכרון לפני ה' אלהיכם אני ה' אלהיכם, ומה תלמוד לומר אני ה' אלהיכם לימד על כל מקום שיש שם זכרונות ושופרות יהיו מלכיות עמהן ומקדימין המלכיות, כדקאמר בגמרא (בבלי לד:) אמר הקב"ה אמרו לפני מלכיות כדי שתמליכוני עליכם זכרונות כדי שיעלה לפני זכרוניכם לטובה ובמה בשופר:

מסורת הש"ס

א) [תמיד פ"ז מ"ד, ר"ה ל:, לא., מס' סופרים פי"ח ה"א, אבות דר"נ פרק א, שיר השירים רבה ד ט, ילקו"ש תהלים תרלו] ב) [עי' ר"ה ל:] ג) תענית פ"ד ה"ג ד) ר"ה לא: ה) [לקמן ה"י - כו., ברכות פ"ד ה"ו] ר"ה לב. [ספרא אמור פרשה יא ה"ג, ילקו"ש אמור תרמה]

מראה הפנים

לא נמצאו אומרין שיר וכופלין אותו. למאי דבארתי בפנים כדמשמע בהדיא מהכא דזהו הקלקול בשיר שאמרו שירה של חול עם תמיד של בין הערבים וכדקאמר ר' זירא התם בדף ל' ע"ב, ואיכא למימר דהאי מילתא קיימא כדאמר ליה ר' זירא לאהבה בריה פוק תני להו התקינו וכו' כדי שיהא שהות ביום להקריב תמידין ומוספין ונסכיהם וכו', ואע"ג דדחו לה להאי ראיה וכן להא דלקמן אי אמרת בשלמא וכו' ודחי שאני התם וכו', היינו דמהכא אין ראיה לדברי ר' זירא דמצינא לשנויי לך הכי, אבל באמת דברי הברייתא עיקר וכדר' זירא וכדמסיק הכא. ואיכא נמי למימר דאידך פירושא הוא עיקר כדקאמר שם הכא תרגימו שלא אמרו שירה כל עיקר וכהאי שינויי הוא דקאי וא"כ נשאר הדבר בספק במה היה הקלקול ולמדנו עוד מברייתא זו דקתני להקריב תמידין ומוספין וכו', א"כ היה עוד קילקול ג"כ במוספין שלא ידעו מה לעשות. והתוס' מקשין כאן (שם ד"ה ונתקלקלו) וגם בריש פ"ק דביצה (ה. ד"ה ונתקלקלו) אמאי לא חשיב קלקול של מוסף שלא הקריבו מוסף של ר"ח שאחר התמיד אין יכולין להקריבו כדדרשינן עליה השלם וכו' וי"ל דיכולין להקריב מוסף דאתי עשה דרבים ודחי עשה דהשלמה וכו'. וז"ל הרמב"ם ז"ל בפ"ג מקידוש החודש בהלכה ה' בראשונה היו מקבלין עדות החודש בכל יום שלשים, פעם אחת נשתהו העדים מלבוא עד בין הערבים ונתקלקלו במקדש ולא ידעו מה יעשו אם יעשו עולה של בין הערבים שמא יבואו העדים ואי אפשר שיקריבו מוסף היום אחר תמיד של בין הערבים, עמדו ב"ד והתקינו שלא יהו מקבלים עדות החודש אלא עד המנחה כדי שיהא שהות ביום להקריב מוספין ותמיד של בין הערבים ונסכיהם. ולכאורה נראה מדבריו ז"ל שלא היה הקלקול אלא בענין המוסף וזה שלא כמפורש במשנה ובגמרא והתוי"ט (פ"ד מ"ד) הניח קושיא זו בצ"ע. ולענ"ד נראה הדברים כפשטן דהוא ז"ל מרמז לנו שתי דברים במה שכתב ונתקלקלו במקדש ולא ידעו וכו', דלכאורה שפת יתר הוא לא היה לו לומר אלא ולא ידעו וכו', לפיכך נראה דתרי מילי דהקלקול קחשיב, ונתקלקלו במקדש ור"ל בשיר כדתנינן, ומפני שלא רצה להכריע בדבריו במה היה הקלקול אם לא אמרו כל עיקר כדתרגימו הכא או כהאי דר' זירא וכדנראה מכאן וכדאמרן דאין הכרע לזה מהש"ס דהתם, לפיכך סתם דבריו בזה וכתב ונתקלקלו במקדש ולא ידעו וכו', מילתא אחריתא היא שרצה לומר שג"כ לא ידעו מה לעשות במוסף היום. ונראה ג"כ מדבריו ז"ל דלא ס"ל כדעת התוס' דאתי עשה דרבים וכו', וטעמו דשאני התם דהתמיד נשחט (פסחים נח:) גבי מחוסר כפורים דאי אפשר בענין אחר דאם לא יקריב אינו יכול לאכול הפסח אבל הכא אם יבואו עדים מן המנחה ולמעלה יקריבו מוסף למחר כדכתב שם אחר זה בסמוך: רבי יוחנן מפקד וכו'. הגירסא דלקמן בפ"ד דתענית (ה"ג) בזה היא עיקר דגרים סבון ומיעל עד דהוא יממא וכו', ולענין סעודת ר"ח איתמר התם שהיו נוהגין לעשות סעודה בעת קדוש החודש וצוה ר' יוחנן שיהו נוטלין ונכנסין לעשות הסעודה בעוד יום. ובענין שני ימים דר"ח איירי התם כדבעינן לפרש בהגיעי שם ברחמי ובסייעתא דשמיא: כיני מתניתא למקום הוועד של חדש. כדפרישית, והרי זה כדמהדר ליה אמימר לרב אשי התם בדף ל"א ע"ב דא"ל הני מילי לענין עדות החודש דא"כ נמצאת מכשילן לעתיד לבא אבל הכא עבד לוה לאיש מלוה:

עין משפט

א מיי' פ"ז מהלכות תמידין ומוספין הלכה ט:

שינויי נוסחאות

א] רברבין. כ"ה בד"ו ובדפוסים. בכי"ל רבבין:
ב] עוזינו. בכי"ל נוסף ואם באו מן המנחה ולמעלן אומרים הרנינו לאלהים עוזינו לא נמצאו, והוגה כמו שלפנינו:
ג] כבר. בד"ק ובדפ"ו סבר:
ד] לאילין וכו'. בירושלמי תענית (פ"ד ה"ג) לכנישתא דכופרא סבון מיעול עד דו אימּמא ואתון אמרין זמנו ועיבורו:
ה] זו. במשניות ובבבלי (לא:) זאת:
ו] עמם. במשניות ובבבלי (לב.) עמהן:

תורה אור השלם

א) הַרְנִינוּ לֵאלֹהִים עוּזֵּנוּ הָרִיעוּ לֵאלֹהֵי יַעֲקֹב: (תהלים פא ב)

ב) הֲסִירוֹתִי מִסֵּבֶל שִׁכְמוֹ כַּפָּיו מִדּוּד תַּעֲבֹרְנָה: (תהלים פא ז)

שירי קרבן

ואתון מדכרין זמנו ועיבורו. עיין מה שכתבתי בקונטרס. ועוד י"ל שיאמרו החליצנו ה' ביום ראש חודש הזה אם היום אם למחר, וכדתנן בעירובין (לט.). מיהו פירושי שבקונטרס נראה עיקר: כיני מתני' למקום הוועד של החדש. מכאן קשה לי אפירוש רש"י (לא: ד"ה אלא) שפי' אלא למקום הוועד, של ישיבה ילכו, וסנהדרין יקדשוהו בלא ראש בי"ד, וצ"ע:

The Mishnah states that if witnesses came from the *minchah* and onward, the people would observe both that day and the following one as holy. The Gemara explains why:[10]

רַבִּי אַדָּא דְקֵיסָרִין בְּשֵׁם רַבִּי יוֹחָנָן – **R' Adda of Keisrin** said **in the name of R' Yochanan:** כְּבָר עָבַר רוּבּוֹ שֶׁל יוֹם בִּקְדוּשָּׁה – Since **most of the day** already **passed in** a state of **sanctity,** we treat the rest of the day as sanctified as well.[11]

Our Mishnah discusses issues that arise from the uncertainty of which day will be declared Rosh Hashanah. The Gemara will now discuss an issue that arises from the uncertainty of which day will be declared Rosh Chodesh:[12]

אָמַר רַבִּי חִיָּיה בַּר בָּא – **R' Chiyah bar Ba said:** רַבִּי יוֹחָנָן מְפַקֵּד (לאילין דכנישא דכיפרא) [לִכְנִישְׁתָּא דְכוּפְרָא][13] – **R' Yochanan would instruct** the members of **the synagogue of Kufra:**[14] When you go to eat the Rosh Chodesh meal,[15] (סבין מטול ומיעול) [סְכוֹן מֵיעוֹל] עַד דּוּ אִימְמָא – **see that you enter** the synagogue and begin eating the meal **while it is still day** and continue eating into the night.[16] וְאַתּוּן מַדְכְּרִין זְמַנּוֹ וְעִיבּוּרוֹ – **And you will** fulfill your obligation to **mention** Rosh Chodesh in the Grace After Meals regardless of whether the new moon appeared in **its proper time,** or on the evening of **its extension day.**[17]

Halachah 5

Mishnah The Mishnah records a final enactment of Rabban Yochanan ben Zakkai: אָמַר רַבִּי יְהוֹשֻׁעַ בֶּן קָרְחָה – **R' Yehoshua ben Korchah said:** וְעוֹד זוֹ הִתְקִין רַבָּן יוֹחָנָן בֶּן זַכַּאי – **This, additionally, did Rabban Yochanan ben Zakkai institute,** שֶׁאֲפִילוּ רֹאשׁ בֵּית דִּין בְּכָל מָקוֹם – **that even** if **the**

NOTES

10. From sunset of the 29th day of Elul, the people were required to observe the day as if it were Rosh Hashanah since, from the following morning until the time of the *minchah, Beis Din* might accept witnesses and declare Rosh Chodesh. If, however, witnesses had not arrived by *minchah, Beis Din* would not accept witnesses, and Rosh Hashanah would be the next day. The Mishnah teaches that, nevertheless, the rest of the 30th day was kept as if it were Yom Tov. The Gemara will explain why this should be so.

11. *Rashi* to *Bavli* 30b ד״ה נוהגים gives what appears to be a different answer to the Gemara's problem: If, in a year where the witnesses did not arrive until after the *minchah,* the entire day is not observed as holy, people might fail to keep even the first part of the day holy in the following year. See *Pnei Moshe* and *Beur of R' Chaim Kanievski.*

12. The following *sugya* is very cryptic, and the commentators struggle to explain it (see *Korban HaEidah* and *Beur of R' Chaim Kanievski,* both here and in the parallel *sugya, Taanis* 4:3; *Sheyarei Korban, Pnei Moshe,* and *Sefer Nir* here; and *Shekel HaKodesh* to *Hil. Kiddush HaChodesh* 3:7, *Beur HaHalachah* ד״ה היום). In our main explanation, we will follow *Pnei Moshe* to *Taanis* ibid. as explained by *Alei Tamar* there, and in Variant B below, we will discuss the explanation of *Gilyon Ephraim* to *Taanis* ibid.

13. All the emendations in this *sugya* follow the text of the parallel *sugya* in *Taanis* ibid.

14. The synagogue of Kufra was located in the Galilee, on the site of the ancient city of Tiberias (see *Megillah* 1:1 [2b]), and was quite a distance from Ein Tav in Judea, where the new moon was sanctified in the days of R' Yochanan (see *Tosafos* to *Bavli* 25a ד״ה זיל לעין טב; see further, *Doros HaRishonim* Vol. 5, Chapter 17, and *Yerushalmi Berachos,* Schottenstein ed., 46b note 3). Thus, the members of the synagogue of Kufra would not know whether the 30th or 31st day from the previous Rosh Chodesh had been declared as this month's Rosh Chodesh until after both days had passed (*Alei Tamar* to *Taanis* ibid.).

15. It is a mitzvah to eat a festive meal on Rosh Chodesh (see *Tur, Orach Chaim* 419 and *Beis Yosef* loc. cit.). However, due to the Kufrans' lack of information as to whether the 30th or the 31st day had been declared Rosh Chodesh, they did not know on which day to eat this meal. R' Yochanan advised them how to fulfill the mitzvah despite their ignorance.

16. I.e. begin eating the meal on the afternoon of the 30th day and continue into the evening of the 31st. See next note.

17. [The new moon can appear on one of two evenings: either on the evening that precedes the 30th day or on the evening that precedes the 31st day. If it appears on the evening that precedes the 30th, it is said to have appeared בִּזְמַנּוֹ, *in its proper time,* and Rosh Chodesh will be on the 30th. If it appears on the evening that precedes the 31st, it is said to have appeared בְּלֵיל עִיבּוּרוֹ, *on the evening of its extension day,* and Rosh Chodesh will be on the 31st. [As to why the 31st day from the previous Rosh Chodesh is called *its extension day,* see above, 14a note 32.] But regardless of which day is the true Rosh Chodesh, by eating a meal that overlaps both the 30th and the 31st days, the Kufrans can be certain [both that they have fulfilled the mitzvah of eating a special Rosh Chodesh meal and] that they may recite the *Yaaleh VeYavo* prayer in the Grace After Meals (*Pnei Moshe*; cf. *Alei Tamar* to *Taanis* ibid.; see *Shulchan Aruch, Orach Chaim* 188:10).

For a different explanation of our Gemara, see Variant B.

TEXTUAL AND INTERPRETIVE VARIANTS

same hymn for both the morning and afternoon *temidim.* Furthermore, according to *Pnei Moshe,* the Thursday hymn is the entire Psalm 81, which the Baraisa calls, *sing joyously to the God of our might,* and the Rosh Hashanah hymn is the second half of *Psalm* 81 (vs. 7-17), which the Baraisa calls, *I removed his shoulder from the burden.* The Thursday hymn is recited with the morning *tamid,* and the Rosh Hashanah hymn, with the afternoon *tamid.* One year, the witnesses did not arrive until *after* the afternoon *tamid* had been offered. Since at the time that the afternoon *tamid* was offered, the Leviim were not certain that the day would be declared Rosh Hashanah, they recited the Thursday hymn with both the morning and the afternoon *temidim.* This is how they went awry.

Beur of R' Chaim Kanievski questions this explanation: If the concern is that the Leviim not repeat the weekday hymn, why does the Baraisa discuss only a Rosh Hashanah that fell on a Thursday? The same concern should apply to any Rosh Hashanah, regardless of which day of the week it fell on. Let us say, for example, that Rosh Hashanah fell on a Monday: The correct way of reciting the hymns is to recite the Monday hymn, גָּדוֹל ה׳ וּמְהֻלָּל מְאֹד, *Great is Hashem and much praised* (*Psalms* 48:2; see *Bavli* 31a), in the morning and the Rosh Hashanah hymn, *I removed his shoulder from the burden,* in the afternoon. To recite *Great is Hashem and much praised* twice and *I removed his shoulder from the burden* not at all is incorrect. Since it is possible for the Leviim's singing to go awry regardless of which day of the week Rosh Hashanah falls on, why does the Baraisa discuss only a Rosh Hashanah that fell on a Thursday?

For other explanations of this Gemara, see *Korban HaEidah* and *Beur of R' Chaim Kanievski.*

B. *Bavli Sanhedrin* 70b relates that, when a month was intercalated, a special meal would be eaten in order to publicize the intercalation. Ten people would gather on the afternoon of the 30th day and enter the synagogue. There they would wait until nightfall and then eat a special meal. This combination of publicly gathering in the afternoon and eating in the evening served to publicize the intercalation. *Gilyon Ephraim* to *Taanis* ibid. understands that R' Yochanan's advice to the Kufrans referred not to the standard Rosh Chodesh meal but to this special intercalary meal. He told them to enter the synagogue in the afternoon in order to publicize both זְמַנּוֹ, *that today is Rosh Chodesh,* and עִיבּוּרוֹ, *that the previous month had been intercalated.*

There is, however, a difficulty with this explanation: The intercalary meal, whose purpose was to publicize the intercalation, could have been eaten only by people who were certain of the intercalation, i.e. by people who lived near Ein Tav in Judea, where the month was intercalated. Thus, it could not have been eaten by the Kufrans, who lived in the Galilee (see above, note 14).

אמר לון דכוותכון דאית לכון [א]רברבין סגין בשם ר' יהושע בן לוי אמר ליה. ורבי לא מייתי לה טעם דהלכה דתני [א]שירו של חמישי היו אומרים [א]הרנינו לאלהים עוזינו. ובראש השנה היו אומרים [ב]הסירותי מסבל שכמו. [ג]חל יום טוב להיות בחמישי בשחרית היו אומרים הרנינו לאלהים עוזינו ובמנחה היו אומרים הסירותי מסבל שכמו אם באו מן המנחה ולמטן אומרים הרנינו לאלהים [ב]עוזינו לא נמצאו אומרים שיר וכופלין אותו: ר' אדא דקיסרין בשם ר' יוחנן [ג]כבר עבר רובו של יום בקדושה. [ג]אמר ר' חייה בר בא ר' יוחנן מפקד [ד]לאילין דכנישא דכיפרא סבין מטול ומיעול עד דו אימּמא ואתון מדכרין זמנו ועיבורו:

הלכה ה מתני' [ד]אמר ר' יהושע בן קרחה ועוד [ה]זו התקין רבן יוחנן בן זכאי שאפילו ראש בית דין בכל מקום שלא יהו העדים הולכין אלא למקום הוועד: גמ' כיני מתניתא למקום הוועד של חודש:

הלכה ו מתני' [מ"ה] [ה]סדר ברכות אומר אבות וגבורות וקדושת השם וכולל מלכיות [ו]עמם ואינו תוקע קדושת היום ותוקע זכרונות ותוקע שופרות ותוקע ואומר עבודה והודייה וברכת כהנים דברי ר' יוחנן בן נורי:

קרבן העדה

אמר להו. וכי אני כמותכם שיש לכם הרבה חכמים שאתם למידין מהם, כל מה שאני אומר בשמם הוא בשם ר' יהושע בן לוי שהיה רבו והכל יודעין שתורתו הוא: ור' לא. ור' אילא מייתי לה לטעם דמתני' למה נתקלקלו מהכא: שירו של חמישי. שיר שהיו הלוים אומרים ביום חמישי בחול הוא מזמור הרנינו וגו' עד סוף כל המזמור: ה"ג ובראש השנה היו אומרים למוסף וכו' ובמנחה היו אומרים קול ה' יחיל וגו' חל יום טוב להיות בה' בשחרית אומרים הסירותי מסבל שכמו ובמוסף הרנינו וגו' ואם באו עדים אחר תמיד של שחר אומרים הרנינו וגו' נמצאו אומרים שיר וכו'. וכ"ה בבבלי (ל:). והכי פירושו, כשחל ראש השנה בשאר ימות השבוע חוץ מן הה' היו אומרים במוסף הרנינו, שהמזמור מדבר בתרועות וראש השנה יום תרועה הוא, ובמנחה קול ה' יחיל, כדי להזכיר בראש השנה קול שופר של מתן תורה: חל יום טוב להיות בה'. ובאו עדים קודם תמיד של שחר, לא היו אומרים שחרית שיר של חול דהיינו הרנינו, מפני שחוזר וכופלו במוסף, אלא מתחיל הסירותי, משום דבראש השנה יצא יוסף מבית האסורים. ואם באו עדים בראש השנה שחל בה' אחר תמיד של שחר, מפני הספק יאמרו בשחרית שיר של יום דהיינו הרנינו, ויחזרו ויאמרו במוסף, נמצא שכפלו לשיר אחד ביום אחד פעמיים. שמעינן מהכא היכא דמספקא לן אומר שירה של יום חול. ונתקלקלו הלוים ואמרו גם בתמיד של בין הערבים שיר של יום חול, לכך התקינו שלא יהו מקבלין עדות החדש אלא אם כן יש שהות ביום להקריב קרבן תמיד של בין הערביים: ה"ג כבר עבר רובו של יום בקדושה. והכי פירושו, לכך נוהגין אותו היום קדש אף על גב דאין מקדשין היום, לפי שכבר עבר רובו של יום בקדושה אין מזלזלין בו: ר' יוחנן. לוה לאותן שבבית הכנסת דכיפרא, שבכל ראש השנה: סבין וכו'. יקחו משאן ויכנסו לעיר בעוד שהוא יום ויהיו מזכירין בתפלה של ראש השנה: זמנו. היינו ביום ל', והוא נקרא זמנו. ובליל ל"א הוא נקרא זמן עיבורו*: מתני' שאפילו ראש בית דין בכל מקום. שהולרך לפרוש ממקום הועד למקום אחר, ועיקר מצות קידוש החדש תלויה בו, כדתנן לעיל פ"ב (ה"ה - טו:) ראש בית דין אומר מקודש. שלא יהו צריכין עידי החדש לילך אחריו: אלא למקום הועד. בגמ' מפרש: גמ' כיני מתניתין. כן פירושא דמתניתין: למקום הועד של חדש. אבל לא למקום הועד של הישיבה ילכו: מתני' אבות. מגן אברהם: גבורות. אתה גבור: קדושת השם. קדושה: קדושת היום. אתה בחרתנו:

פני משה

אמר לון דכוותכון. אפשר כמו שאתם נוהגין בהלכה: דאית לכון רברבין סגין. הרבה רבנים זה אומר בשם רבו כך וזה בשם רבו לא כן רבי אלא בשם ר' יהושע בן לוי אמר לה, אלא ורבי לא מייתי לה לטעם דהלכה בהמתניתן במה היה הקלקול דתני וכו', וכלומר ומברייתא זו שמעינן לה מה היה הקלקול: שירו של חמישי. בשבת בכל השנה היו אומרים הרנינו, ובראש השנה לא היו פותחין מהרנינו אלא אומרים הסירותי מסבל מפני שבראש השנה יצא יוסף מבית האסורים. ואם חל יום טוב של ראש השנה להיות בחמישי היו אומרים בשחרית הרנינו, לפי שעל הרוב עדיין לא באו עדים והיו אומרים בשיר של חמישי בחול, ובמנחה דעל הרוב כבר באו עדים היו אומרים הסירותי וגו' שיר של יום טוב, ועכשיו אם באו עדים מן המנחה ולמטן, כלומר אחר המנחה ובתמיד של בין הערבים שהקריבו ועדיין לא היו העדים והיו אומרים עוד פעם אחד הרנינו שלא היו אומרים הסירותי שאפשר שלא יבואו עדים כלל היום וא"כ לא נמצאו אומרים שיר, וכופלין אותו שהיו אומרים הרנינו שתי פעמים והוא שיר של חול היום, וזהו הקלקול באותו פעם: כבר עבר רובו של היום בקדושה. לפיכך נוהגין אותו היום לגמרי בקדושה וכדפרישית במתניתן: ר' יוחנן מפקד לאילין דכנישא דכיפרא סבין. היה מצוה לאלו הזקנים של בית הכנסת דמקום כיפרא מטול ומיעל עד דהוא יממא שיהו מטיילין והולכין אנה ואנה בעוד שהוא יום וביום שלשים היה ולא באו עדיין העדים ושלא יתפללו מנחה כל זמן שיכולין להתעכב: ואתון מדכרין זמנו ועיבורו. כלומר דשמא בין כך ובין כך יבואו עדים ואז תתפללו מנחה ואתם מרויחין שתזכרו במנחה כמו שנתקדש היום בזמנו ויכולין אתם לומר יום ראש חודש או יום הזכרון הזה, וכן בעיבורו שהוא למחר ביום ל"א כדתנינן נוהגין אותו היום קדש ולמחר קדש, וקא משמע לן בזה שיכולין הן להמתין מלהתפלל מנחה כל זמן שהוא יום, ואם שלענין קדושה כבר תנינן שנוהגין שתי ימים בקדושה אם יבואו אחר זמן המנחה שהוא זמן תמיד של בין הערבים, אלא שרבי יוחנן בא לומר שימתינו מלהתפלל מנחה כל זמן שהוא עדיין יום כדי שיזכירו במנחה קדושת היום וכדאמרן: מתני' אמר ר' יהושע בן קרחה וכו' שאפילו ראש בית דין בכל מקום. שנצרך לפרוש ממקום הועד למקום אחר והרי עיקר מצות קידוש החדש תלויה בו כדתנן בפרק ב' (ה"ה - טו:) ראש בית דין אומר מקודש, אפילו הכי לא היו העדים צריכין לילך אחריו אלא ילכו למקום הועד שסנהדרין יושבים שם והם יקדשוהו בלא ראש בית דין: גמ' כיני מתניתא. כן צריך לפרש המתניתן למקום הוועד של חדש שהם מקדשין אותו, וכלומר דלא תנינן אלא לענין קידוש החודש בדווקא שאין צריכין להלך אחר הראש בית דין, וטעמא דאם אתה מטריחן נמצאת מכשילן לעתיד לבא, אבל בדיני ממונות צריך הבעל דין לילך אחר ראש בית דין שהזמינו לבא לפניו לדין*: מתני' סדר ברכות אומר אבות. (אומר) ברכת מגן אברהם: וגבורות. אתה גבור: וקדושת השם. אתה קדוש עם השלשה קדושות וכולל לברכת מלכיות עמם ואינו תוקע: קדושת היום. אתה בחרתנו שבו נזכר לקדושת היום ותוקע שלש תקיעות של שלש שלש כדתנן לקמן (ה"י - כו.): זכרונות וכו'. כדיליף בגמרא (בבלי לד.) מקראי דכתיב (ויקרא כג כד) זכרון תרועה זכרון אלו זכרונות תרועה אלו שופרות וכתיב (במדבר י י) והיו לכם לזכרון לפני ה' אלהיכם אני ה' אלהיכם, ומה תלמוד לומר אני ה' אלהיכם לימד על כל מקום שיש שם זכרונות ושופרות יהיו מלכיות עמהן ומקדימין המלכיות, כדקאמר בגמרא (בבלי לד:) אמר הקב"ה אמרו לפני מלכיות כדי שתמליכוני עליכם זכרונות כדי שיעלה לפני זכרוניכם לטובה ובמה בשופר:

מסורת הש"ס

א) [תמיד פ"ז מ"ד, ר"ה ל:, לא., מס' סופרים פי"ח ה"א, אבות דר"נ פרק א, שיר השירים רבה ד ט, ילקו"ש תהלים תרלו] ב) [עי' ר"ה ל:] ג) תענית פ"ד ה"ג ד) ר"ה לא: ה) [לקמן ה"י - כו., ברכות פ"ד ה"ו] ר"ה לב. [ספרא אמור פרשה יא ה"ג, ילקו"ש אמור תרמה]

מראה הפנים

לא נמצאו אומרין שיר וכופלין אותו. למאי דבארתי בפנים כדמשמע בהדיא מהכא דזהו הקלקול בשיר שאמרו שירה של חול עם תמיד של בין הערבים וכדקאמר ר' זירא התם בדף ל' ע"ב, ואיכא למימר דהאי מילתא קיימא כדאמר ליה ר' זירא לאהבה בריה פוק תני להו התקינו וכו' כדי שיהא שהות ביום להקריב תמידין ומוספין ונסכיהם וכו', ואע"ג דדחו לה להאי ראיה וכן להא דלקמן אי אמרת בשלמא וכו' ודחי שאני התם וכו', היינו דמהכא אין ראיה לדברי ר' זירא דמגיא לשנויי לך הכי, אבל באמת דברי הברייתא עיקר וכדר' זירא וכדמסיק הכא. ואיכא נמי למימר דאידך פירושא הוא עיקר כדקאמר שם הכא תרגימו שלא אמרו שירה כל עיקר וכהאי שינויי הוא דקאי וא"כ נשאר הדבר בספק במה היה הקלקול ולמדנו עוד מברייתא זו דקתני להקריב תמידין ומוספין וכו', א"כ היה עוד קילקול ג"כ במוספין שלא ידעו מה לעשות. והתוס' מקשין כאן (שם ד"ה ונתקלקלו) וגם בריש פ"ק דבילה (ה. ד"ה ונתקלקלו) אמאי לא חשיב קלקול של מוסף שלא הקריבו מוסף של ר"ח שאחר התמיד אין יכולין להקריבו כדדרשינן עליה השלם וכו' וי"ל דיכולין להקריב מוסף דאתי עשה דרבים ודחי עשה דהשלמה וכו'. וז"ל הרמב"ם ז"ל בפ"ג מקידוש החודש בהלכה ה' בראשונה היו מקבלין עדות החודש בכל יום שלשים, פעם אחת נשתהו העדים מלבוא עד בין הערבים ונתקלקלו במקדש ולא ידעו מה יעשו אם יעשו עולה של בין הערבים שמא יבואו העדים ואי אפשר שיקריבו מוסף היום אחר תמיד של בין הערבים, עמדו ב"ד והתקינו שלא יהו מקבלים עדות החודש אלא עד המנחה כדי שיהא שהות ביום להקריב מוספין ותמיד של בין הערבים ונסכיהם. ולכאורה נראה מדבריו ז"ל שלא היה הקלקול אלא בענין המוסף וזה שלא כמפורש במשנה ובגמרא והתוי"ט (פ"ד מ"ד) הניח קושיא זו בצ"ע. ולענ"ד נראה הדברים כפשטן דהוא ז"ל מרמז לנו שתי דברים במה שכתב ונתקלקלו במקדש ולא ידעו וכו', דלכאורה שפת יתר הוא לא היה לו לומר אלא ולא ידעו וכו', לפיכך נראה דתרי מילי דהקלקול קחשיב, ונתקלקלו במקדש ור"ל בשיר כדתנינן, ומפני שלא רצה להכריע בדבריו במה היה הקלקול אם לא אמרו כל עיקר כדתרגימו הכא או כהאי דר' זירא וכדנראה מכאן וכדאמרן דאין הכרע לזה מהש"ס דהתם, לפיכך סתם דבריו בזה וכתב ונתקלקלו במקדש ולא ידעו וכו', מילתא אחריתא היא שרצה לומר שג"כ לא ידעו מה לעשות במוסף היום. ונראה ג"כ מדבריו ז"ל דלא ס"ל כדעת התוס' דאתי עשה דרבים וכו', וטעמו דשאני התיא דתמיד נשחט (פסחים נח:) גבי מחוסר כפורים דאי אפשר בענין אחר דאם לא יקריב אינו יכול לאכול הפסח אבל הכא אם יבואו עדים מן המנחה ולמעלה יקריבו מוסף למחר כדכתב שם אחר זה בסמוך: רבי יוחנן מפקד וכו'. הגירסא דלקמן בפ"ד דתענית (ה"ג) בזה היא עיקר דגרים סבון ומיעל עד דהוא יממא וכו', ולענין סעודת ר"ח איתמר התם שהיו נוהגין לעשות סעודה בעת קדוש החודש ולוה ר' יוחנן שיהו נוטלין ונכנסין לעשות הסעודה בעוד יום. ובענין שני ימים דר"ח איירי התם כדבעינן לפרש בהגיעי שם ברחמי ובסייעתא דשמיא: כיני מתניתא למקום הוועד של חדש. כדפרישית, והרי זה כדמהדר ליה אמימר לרב אשי התם בדף ל"א ע"ב דא"ל הני מילי לענין עדות החודש דא"כ נמצאת מכשילן לעתיד לבא אבל הכא עבד לוה לאיש מלוה:

עין משפט

א מיי' פ"ו מהלכות תמידין ומוספין הלכה ט:

שינויי נוסחאות

א] רברבין. כ"ה בד"ו ובדפוסים. בכי"ל רבבין:
ב] עוזינו. בכי"ל נוסף ואם באו מן המנחה ולמעלן אומרים הרנינו לאלהים עוזינו לא נמצאו, והוגה כמו שלפנינו:
ג] כבר. בד"ק ובדפ"ו סבר:
ד] לאילין וכו'. בירושלמי תענית (פ"ד ה"ג) לכנישתא דכופרא סבון מיעול עד דו אימּמא ואתון אמרין זמנו ועיבורו:
ה] זו. במשניות ובבבלי (לא:) זאת:
ו] עמם. במשניות ובבבלי (לב.) עמהן:

תורה אור השלם

א) הַרְנִינוּ לֵאלֹהִים עוּזֵּנוּ הָרִיעוּ לֵאלֹהֵי יַעֲקֹב: (תהלים פא ב)

ב) הֲסִירוֹתִי מִסֵּבֶל שִׁכְמוֹ כַּפָּיו מִדּוּד תַּעֲבֹרְנָה: (תהלים פא ז)

שירי קרבן

ואתון מדכרין זמנו ועיבורו. עיין מה שכתבתי בקונטרס. ועוד י"ל שיאמרו החליצנו ה' ביום ראש חודש הזה אם היום אם למחר, וכדתנן בעירובין (לט.). מיהו פירושי שבקונטרס נראה עיקר: כיני מתני' למקום הועד של החדש. מכאן קשה לי אפירוש רש"י (לא: ד"ה אלא) שפי' אלא למקום הועד, של ישיבה ילכו, וסנהדרין יקדשוהו בלא ראש בי"ד, וצ"ע:

אֲמַר לוֹן – [R' Shmuel bar Nachman] replied to them: דִּכְוָותְכוֹן דְּאִית לְכוֹן רַבְרְבִין סַגִּין – Am I **like you who have many sages** from whom to learn? בְּשֵׁם רַבִּי יְהוֹשֻׁעַ בֶּן לֵוִי אֲמָר[ית] לֵיהּ – **I said it in the name of** my only teacher, **R' Yehoshua ben Levi.**[1]

The Gemara gives a second explanation of how the Leviim's singing went awry:

וְרַבִּי לָא מַיְיתֵי לָהּ טַעַם דַּהֲלָכָה – **R' La gave a** different **explanation for our Mishnah:**[2] דְּתָנֵי – **For it was taught in a Baraisa:** שִׁירוֹ שֶׁל חֲמִישִׁי הָיוּ אוֹמְרִים – For **THE HYMN OF THURSDAY, [THE LEVIIM] WOULD RECITE** the first half of Psalm 81, which begins: "הַרְנִינוּ לֵאלֹהִים עוּזֵּנוּ" – ***SING JOYOUSLY TO THE GOD OF OUR MIGHT.***[3] וּבְרֹאשׁ הַשָּׁנָה הָיוּ אוֹמְרִים – **AND ON ROSH HASHANAH THEY WOULD RECITE** the entire Psalm 81, including the second half, which begins: "הֲסִירוֹתִי מִסֵּבֶל שִׁכְמוֹ" – ***I REMOVED HIS SHOULDER FROM THE BURDEN.***[4] חָל יוֹם טוֹב לִהְיוֹת בַּחֲמִישִׁי – If **THE HOLIDAY** of Rosh Hashanah **FELL ON A THURSDAY** and the witnesses arrived in the morning, בְּשַׁחֲרִית הָיוּ אוֹמְרִים "הַרְנִינוּ לֵאלֹהִים עוּזֵּנוּ" – **[THE LEVIIM] WOULD RECITE** the Thursday hymn, ***SING JOYOUSLY TO THE GOD OF OUR MIGHT,*** together **WITH THE MORNING** *tamid.* וּבְמִנְחָה הָיוּ אוֹמְרִים "הֲסִירוֹתִי מִסֵּבֶל שִׁכְמוֹ" – **AND THEY WOULD RECITE** the Rosh Hashanah hymn, ***I REMOVED HIS SHOULDER FROM THE BURDEN,*** together **WITH THE** *mussaf,* which is usually offered in the afternoon, that is, at the time of the ***MINCHAH*** prayer.[5] But if Rosh Hashanah fell on a Thursday and the witnesses did not arrive in the morning, the Leviim would recite the Rosh Hashanah hymn, *I removed his shoulder from the burden,* together with the morning *tamid.*[6] אִם בָּאוּ מִן הַמִּנְחָה וּלְמַטָּן אוֹמְרִים "הַרְנִינוּ לֵאלֹהִים עוּזֵּנוּ" – **IF** afterward **[THE WITNESSES] ARRIVED BEFORE THE AFTERNOON** ***TAMID,*** **[THE LEVIIM] WOULD RECITE** the Thursday hymn, ***SING JOYOUSLY TO THE GOD OF OUR MIGHT,*** together with the *mussaf.*[7] It once occurred that the witnesses did not arrive in the morning, and the Leviim recited the Rosh Hashanah hymn with the morning *tamid.* When they did arrive in the early afternoon, the Leviim, instead of reciting the Thursday hymn with the *mussaf,* mistakenly recited the Rosh Hashanah hymn a second time. לֹא נִמְצְאוּ אוֹמְרִים שִׁיר וְכוֹפְלִין אוֹתוֹ – **DID IT NOT EMERGE THAT THEY RECITED THE HYMN AND REPEATED IT?** To prevent such a thing from recurring, the Sages instituted that *Beis Din* should accept witnesses only until *minchah.*[8]

Thus, there are two opinions regarding how the Leviim went awry: According to R' Shmuel bar Nachman, they omitted the afternoon hymn entirely; according to R' La, they sang the wrong hymn.[9]

NOTES

1. *Korban HaEidah* and *Beur of R' Chaim Kanievski*; for a different approach, see *Pnei Moshe.*

R' Shmuel bar Nachman's statement, as we have explained it, implies two things: (1) that R' Yehoshua ben Levi was R' Shmuel bar Nachman's sole teacher and (2) that R' Yehoshua ben Levi is the source of all R' Shmuel bar Nachman's teachings. However, both of these implications are incorrect: (1) *Bavli Pesachim* 24a states that R' Shmuel bar Nachman was [also] a disciple of R' Yonasan, and (2) both *Yerushalmi* and *Bavli* contain numerous teachings of R' Shmuel bar Nachman in the name of R' Yonasan.

Beur of R' Chaim Kanievski suggests that R' Shmuel bar Nachman studied Aggadah under R' Yonasan and halachah under R' Yehoshua ben Levi. [Thus, R' Yehoshua ben Levi was R' Shmuel bar Nachman's sole teacher of halachah and the source of all his halachic teachings.] However, as *Toldos Tannaim VaAmoraim*, Vol. 3, p. 1142a, points out, although it is true that in *Bavli* all the statements of R' Shmuel bar Nachman in the name of R' Yonasan are Aggadic, in *Yerushalmi* many such statements are halachic (see, for example, *Berachos* 6:7 [70a]). [Perhaps, then, what R' Shmuel bar Nachman meant to say was that R' Yehoshua ben Levi was the source of not *all* his teachings but all his *unattributed* teachings (see *Korban HaEidah*; cf. *Alei Tamar*).]

[Our emendation of אֲמָרִית, *I said,* follows the Venice and nearly all printed editions, which have this as an acronym א״ל, and the Leiden ms., which has אמ׳ ליה.]

2. *Korban HaEidah; see Alei Tamar;* cf. *Pnei Moshe.*

3. This hymn (*Psalm* 81:2-6) was sung on Thursday because on that day Hashem created birds and fish. When man sees the various different species of birds [and fish], his soul is uplifted to sing praise to the One Who created such diverse, wondrous creatures (*Mirkeves HaMishneh, Hil. Temidin U'Mussafin* 8:9; see *Bavli* 31a and *Rashi* there ד״ה שברא).

4. This hymn, which in its first half (vs. 2-6) discusses the shofar blowing and in its second half (vs. 7-17), the Exodus from Egypt, is appropriate for Rosh Hashanah, the day on which the shofar is blown and on which our ancestors [while not yet allowed to leave Egypt] were freed from serving the Egyptians (*Mirkeves HaMishneh* ibid.; see *Bavli* 11a).

5. *Mirkeves HaMishneh* ibid.

[Our Baraisa does not discuss which hymn was recited together with the afternoon *tamid.* According to the Baraisa quoted in *Bavli* 30b, it was Psalm 29, which in verse 8 – referring to the powerful blasts of God's shofar that accompanied His giving of the Torah in the Wilderness – states, *the voice of Hashem convulses the wilderness* (*Mirkeves HaMishneh* ibid.).]

6. The Baraisa distinguishes between a situation where the witnesses arrive in the morning, in which case the Thursday hymn is recited with the morning *tamid*, or where they do not arrive, in which case the Rosh Hashanah hymn is recited. To explain:

The law is that no offering may be brought after the afternoon *tamid* (see *Bavli Pesachim* 58b). Thus, if the witnesses do not arrive until after the afternoon *tamid* has been offered, the day is declared Rosh Hashanah, but the *mussaf* is not offered (*Mirkeves HaMishneh* ibid.; cf. *Tosafos* to *Bavli* 30b ד״ה ונתקלקו).

Based on the above, the hymn to be recited with the morning *tamid* depends on whether the witnesses arrive in the morning or in the afternoon: If they arrive in the morning, we can be certain that the *mussaf* will be offered. Since the Rosh Hashanah hymn will be recited with the *mussaf,* the Thursday hymn may be recited with the morning *tamid.* But if the witnesses do not arrive in the morning, we cannot be certain that the *mussaf* will be offered. Since the Rosh Hashanah hymn might not be recited with the *mussaf,* it must be recited with the morning *tamid* (*Mirkeves HaMishneh* ibid.).

7. The Baraisa has just taught that, when the witnesses do not arrive in the morning, the Rosh Hashanah hymn is recited with the morning *tamid.* What is recited with the *mussaf* depends on when the witnesses do arrive: If they do not arrive until after the afternoon *tamid* has been offered, the *mussaf* will not be offered, and, hence, no hymn will be recited with it. The Baraisa will now discuss what happens when the witnesses arrive in the early afternoon, before the afternoon *tamid* is offered. In such a case, the *mussaf* will be offered. What hymn is recited with it?

The Baraisa teaches that the Rosh Hashanah hymn, which was already recited with the morning *tamid*, is not repeated with the *mussaf.* Rather, what is recited with the *mussaf* is the Thursday hymn, which – because it discusses shofar blowing – is relevant to Rosh Hashanah (*Mirkeves HaMishneh* ibid.).

8. Thus, there will never be a case in which the day is declared Rosh Hashanah and the *mussaf* is not offered: If the witnesses arrive before the afternoon *tamid,* the day is declared Rosh Hashanah and the *mussaf* is offered; if the witnesses arrive after the afternoon *tamid,* the day is not declared Rosh Hashanah and the *mussaf* is not offered. Thus, there was never a need to recite the Rosh Hashanah hymn in the morning (*Mirkeves HaMishneh* ibid.).

9. Our explanation of the Gemara has followed *Mirkeves HaMishneh.* For the explanation of *Pnei Moshe,* see Variant A.

TEXTUAL AND INTERPRETIVE VARIANTS

A. According to *Mirkeves HaMishneh,* what caused the Leviim's singing to go awry was that they recited the same hymn for both the morning *tamid* and for the *mussaf.* According to *Pnei Moshe,* however, what caused the Leviim's singing to go awry was that they recited the

וְנִתְקַלְקְלוּ הַלְוִיִּם בְּשִׁיר – This caused **the Leviim to go awry by** omitting **the** afternoon **hymn.**[25]

R' Shmuel bar Nachman gives the source of his statement: **אָמַר רַבִּי אַחָא בַּר פָּפָּא קוּמֵי רַבִּי זְעֵירָא – R' Acha bar Pappa said before R' Z'eira:** חַבְרַיָּיא בְּעוֹן קוּמֵי רַבִּי שְׁמוּאֵל בַּר נַחְמָן – **The colleagues inquired of R' Shmuel bar Nachman:** בְּשֵׁם מַן רַבִּי אָמַר לָהּ – **In whose name did our teacher** [i.e. you] **say [this explanation]?**

NOTES

25. Because of what happened to the witnesses, the Leviim were able to recite neither the weekday nor the festival hymn: They could not recite the weekday hymn because of the existence of witnesses who could testify that today was Rosh Hashanah. They could not recite the festival hymn because those witnesses, having been kidnaped, could not be examined. Thus, the Leviim had no choice but to omit the hymn entirely (*Chidushei Chasam Sofer* [Mechon Chasam Sofer ed.] to *Rosh Hashanah* 30b ד״ה ומשמעות ירושלמי).

עין משפט

א מיי' פ"ג מהלכות קידוש החודש הלכה ה:
ב מיי' שם הלכה ו:
ג [מיי' שם]:

שינויי נוסחאות

א] **בשמחת שלמים** וכו' **בשמחת הלולב.** כ"ה גם בירושלמי סוכה (פ"ג הי"א). אמנם בקה"ע ובפנ"מ שם הגיהו בשמחת **לולב** וכו' בשמחת **שלמים**:
ב] **ריבה** וכו' **מיעט.** בירושלמי סוכה (שם) **מיעט** וכו' **ריבה**:
ג] **וקילקלו.** במשניות ובבבלי (ל.) **ונתקלקלו**:
ד] **באו.** במשניות ובבבלי (שם) **ואם באו עדים**:

תורה אור השלם

א) וְהִקְרַבְתֶּם אִשֶּׁה לַיהוָה שִׁבְעַת יָמִים בַּיּוֹם הַשְּׁבִיעִי מִקְרָא קֹדֶשׁ כָּל מְלֶאכֶת עֲבֹדָה לֹא תַעֲשׂוּ: (ויקרא כג ח)

ב) וּלְקַחְתֶּם לָכֶם בַּיּוֹם הָרִאשׁוֹן פְּרִי עֵץ הָדָר כַּפֹּת תְּמָרִים וַעֲנַף עֵץ עָבֹת וְעַרְבֵי נָחַל וּשְׂמַחְתֶּם לִפְנֵי יְהוָה אֱלֹהֵיכֶם שִׁבְעַת יָמִים: (ויקרא כג מ)

אית תניי תני [א]בשמחת הלולב הכתוב מדבר. מאן דאמר [א]בשמחת שלמים הכתוב מדבר ביום הראשון דבר תורה ושאר כל הימים דבר תורה ורבן יוחנן בן זכאי מתקין על דבר תורה. מאן דאמר בשמחת הלולב הכתוב מדבר ביום הראשון דבר תורה ושאר כל הימים מדבריהן [ב]ורבן יוחנן בן זכאי מתקין על דבריהן. ויש תקנה אחר תקנה. [ג]חברייא בעון קומי ר' יונה כמה דאת אמר תמן [א]והקרבתם אשה לה' שבעת ימים אין שבעה בלא שבת ודכוותה [ב]ושמחתם לפני ה' אלהיכם שבעת ימים אין שבעה בלא שבת. אמר לון שניא היא דכתיב [ד][ב]ולקחתם לכם ביום הראשון חלק הראשון מהם. מעתה במקדש ידחה ובגבולין לא ידחה. אמר ר' יונה אילו הוה כתיב ולקחתם לפני ה' אלהיכם הייתי אומר כאן [ב]ריבה ובמקום אחר מיעט. אלא ולקחתם לכם מכל מקום. ושמחתם לפני ה' אלהיכם שבעת ימים בירושלם:

הלכה ד מתני'

[ה][א]בראשונה היו מקבלין עדות החדש כל היום. פעם אחת נשתהו העדים מלבוא [ג]וקילקלו הלוים בשיר. התקינו שלא יהו מקבלין אלא עד המנחה. [ב][ו][ד]באו מן המנחה ולמעלן נוהגין אותו היום קודש ולמחר קודש. [ג][ז]משחרב בית המקדש התקין רבן יוחנן בן זכאי שיהו יט: מקבלין עדות החדש כל היום: **גמ'** אמר ר' שמואל בר נחמן מפני מעשה שאירע פעם אחת נפלה הברה בעיר ובאו סרקיים ונטלום ונתקלקלו הלוים בשיר. אמר ר' אחא בר פפא קומי ר' זעירא חברייא בעון קומי ר' שמואל בר נחמן בשם מן רבי אמר לה.

פני משה

מ"ד וכו'. הגירסא מהופכת ומסורסת, וניכר טעות המעתיקים מתוכה וכצ"ל **מ"ד בשמחת לולב הכתוב מדבר ביום הראשון דבר תורה ושאר כל הימים דבר תורה ורבן יוחנן בן זכאי התקין על דבר תורה.** כלומר כמו ביום הראשון לולב דבר תורה בכל מקום כך בשאר כל הימים לולב דבר תורה במקדש דלפני ה' אלהיכם כתיב, ושפיר הוא דרבן יוחנן בן זכאי התקין על דברי תורה כלדך שהיה במקדש מן התורה כל שבעה התקין הוא זכר למקדש גם במדינה: **מ"ד בשמחת שלמים הכתוב מדבר.** א"כ לולב ביום ראשון הוא מדברי תורה בכל מקום ושאר כל הימים מדבריהן הוא אף במקדש: **קשיא ור' יוחנן בן זכאי מתקין על דבריהן.** דהרי במקדש עצמו לא היה שאר כל הימים אלא מדבריהן והוא התקין אף במדינה זכר למקדש: **וכי יש התקנה אחר התקנה.** דנעשה תקנה זכר לדבר שאינו אלא תקנה מדבריהן אלא ודאי דהעיקר כהאי תנא דתו"כ דבשמחת לולב הכתוב מדבר כדדריש ולא בגבולין שבעת ימים וזה לא שייך אלא בלולב דאילו שלמים מי איתא בגבולין כלל: **חברייא בעון קומי ר' יונה.** הקשו לפני ר' יונה, על הא דנקטינן דאין לולב דוחה שבת בשאר כל הימים אפילו במקדש אלא ביום הראשון בלבד כדתנן בריש פרקא דלקמן לולב וערבה ששה ושבעה, ואמאי ונימא היך דאת אמר והקרבתם אשה לה' שבעת ימים דכתיב בחג הפסח דאין שבעה בלא שבת לימד על כל מוספי מועדות שדוחין את השבת, ה"נ דכותה ושמחתם לפני ה' אלהיכם שבעת ימים דבלולב משתעי, נימא ג"כ אין שבעה בלא שבת וידחה שבת במקדש אף בשאר כל הימים: **א"ל שנייא היא.** גבי לולב: דכתיב ולקחתם לכם ביום הראשון חלק הראשון מהן. מדהוציא ביום הראשון מכלל שבעת הימים ש"מ ללמד לחלק הראשון משאר הימים, שאם יום הראשון הוא שחל להיות בשבת דוחה שבת אבל לא בשאר הימים: **מעתה במקדש ידחה.** שבת ביום הראשון שחלקו הכתוב מכלל שבעת ימים דושמחתם שנאמר בו לפני ה' אלהיכם: **אבל בגבולין לא ידחה.** אף ביום ראשון, ואנן קיי"ל דאף בגבולין לולב דוחה שבת ביום הראשון בזמן המקדש כדתנן לקמן (סוכה פ"ד ה"א): **אילו הוה כתיב ולקחתם לפני ה' אלהיכם.** ביום הראשון: **שפיר הייתי אומר כאן מיעט.** בגבולין שאין דוחה שבת אף בראשון: **ובמקום אחר ריבה.** כלומר אם אינו בשבת ריבה אף לגבולין שיהא נוהג בראשון: **אלא.** השתא דכתיב ולקחתם לכם ביום הראשון ולא כתיב כאן לפני ה' אלהיכם, א"כ דרשינן מכל מקום, דמחלק הכתוב לראשון ללמד שראשון הוא שדוחה שבת דוחה הוא מכל מקום ואף בגבולין, וקרא דושמחתם דכתיב לפני ה' אלהיכם שבעת ימים הוא שנאמר בירושלים בלבד דהיינו מקדש:] **מתני' בראשונה.** קודם שאירע הקילקול היו מקבלין עדות החודש כל היום שלשים: **פעם אחת נשתהו העדים מלבוא.** עד בין הערבים ונתקלקלו הלוים בשיר של תמיד של בין הערבים שלא אמרו בו שירה כלל, לפי שרוב פעמים היו העדים באים קודם המנחה ולפיכך היו נוהגים בו לומר שיר של יום טוב בתמיד של בין הערבים, ולתמיד של שחר שעל הרוב עדיין לא היו העדים באים ולא ידעו אם יתקדש היום אם לאו לא תיקנו לו שיר של יום טוב אלא שיר של חול היו אומרים, ואותו הפעם הגיע שעת הקרבה של תמיד של בין הערבים ועדיין לא באו העדים לא ידעו הלוים מה שיר יאמרו אם שיר של חול או של יום טוב שאפשר שיבואו העדים מיד ויתקדש היום ולא אמרו שירה כלל, והתקינו שלא יהו מקבלין אלא עד המנחה ואם לא באו עד מן המנחה ולמעלה אע"פ שלא יתקדש היום ויעברו את אלול ויקדשוהו למחר מכל מקום הואיל והתחילו לנהוג בו קדושה דשמא יבואו עדים ויתקדש היום נוהגין בו קדושה ואסור בעשיית מלאכה, ומשום דילמא אתי לזלזוליה ביה לשנה הבאה ויעשו בו מלאכה בתחלת היום שיאמרו אשתקד נהגנו בו קודש ומן המנחה ולמעלה חזרנו ונהגנו בו חול לפיכך גומרין אותו היום בקדושה: **ולמחר קודש.** שזהו יום טוב: **משחרב בית המקדש.** ואין כאן חשש קלקול השיר ולא קרבן: **התקין רבן יוחנן בן זכאי.** שיחזור הדבר ליושנו ושיהו מקבלין עדות החודש כל היום ולקדשו היום ולא עשו שני ימים: **גמ' מפני מעשה שאירע.** באותו הפעם לפיכך נשתהו העדים מלבוא, שפעם אחת נפלה קול הברה בעיר ובאו וכו', כלומר שנפלה הברה שבאו הסרקיים והן ישמעאלים הגזלנים ונטלום להעדים ונתעכבו בידיהם ועל ידי כך נשתהו מלבוא ומתוך כך נתקלקלו הלוים בשיר: **בשם מאן רבי אמר לה.** רבי שסידר את המשנה וסתם דבריו ולא פירש מה היה הקלקול בשם מי אמר לה:

קרבן העדה

חברייא. הקשו לפני ר' יונה: **כמה דאת אמר תמן.** בפרשת אמור גבי פסח כתיב (ויקרא שם) והקרבתם אשה לה' שבעת ימים וקרא יתירא הוא דכבר כתיב בחומש הפקודים (במדבר כח יט), אלא ללמד שקרבנות דוחין את השבת שאין שבעה ימים בלא שבת: **דכוותה.** נאמר שבעת ימים דלולב אפילו בשבת, ובמתני' תנן חל יום ראשון להיות בשבת משמע דשאר כל הימים אינן דוחין את השבת: **אמר.** להו שאני הכא בלולב דכתיב ולקחתם לכם ביום הראשון לומר שהראשון חלוק מן השבעה דאינו דוחה שבת אלא הראשון בלבד: **ופריך מעתה.** דמחלק הראשון משבעה שמעינן דדוחה שבת, נימא דוקא במקדש דוחה שבת הראשון שבו הוא חלוק ולא בגבולין: **הייתי אומר.** דהראשון אינו דוחה שבת אלא לפני ה' דהיינו במקדש, אבל השתא דכתיב ולקחתם לכם משמע דהנטילה ביום הראשון שוה לכולם ודוחה שבת: **בירושלים.** אפילו בירושלים לפני ה' הוא שבמעשר שני כתיב (דברים יד כג) ואכלת לפני ה' אלקיך וגו' והיינו בירושלים:] **מתני' הלוים בשיר.** בגמ' מפרש: **נוהגין אותו היום קודש.** דמשחשיכה ליל שלאחר כ"ט באלול נהגו בו קודש, שמא יבואו עדים מחר ויקדשוהו בית דין ונמצא שבלילה ליל יום טוב הוא, וכן למחר כל היום עד המנחה. ואם באו עדים קודם המנחה בית דין מקדשין את החדש ונודע שיפה נהגו בו קדש. ואם מן המנחה ולמעלה באו עדים, אף על פי שאין בית דין מקדשין אותו היום, ויעברו את אלול ויקדשוהו למחר, אף על פי כן נוהגין אותו בקדושה ואסור במלאכה, דלמא אתי לזלזולי ביה לשנה הבאה ויעשו בו מלאכה כל היום, ואמרי אשתקד נהגנו בו קדש בחנם ומן המנחה ולמעלה חזרנו ונהגנו בו חול: **גמ' נפלה קול הברה בעיר.** שבאו גזלנים ונטלו העדים שבאו להעיד על החדש, ועל ידי כן נתקלקלו הלוים בשיר שסברו שמא יבואו העדים עדיין ויאמרו שיר של יום טוב ולא אמרו כלל: **בשם מאן ר' אמר לה.** לשמועה זו:

מסורת הש"ם

א) [ספרא אמור פרק טז ה"ט, פסיקתא זוטרתא ויקרא כג מ, ילקו"ש אמור תרנג] **ב)** [לעיל ה"ב - ע"א וחלה פ"א ה"א כעי"ז] **ג)** [סוכה פ"ג הי"א] **ד)** [במדבר רבה יד ד, פסיקתא רבתי ג] **ה)** ר"ה ל: [ביצה ד:] **ו)** [עירובין לט.] **ז)** [ביצה ה. ושם ע"ב]

Halachah 4

Mishnah The Mishnah records another innovation of Rabban Yochanan ben Zakkai:

בָּרִאשׁוֹנָה הָיוּ מְקַבְּלִין עֵדוּת הַחֹדֶשׁ כָּל הַיּוֹם – **Originally, they accepted testimony concerning the** new **moon all day.**[19] פַּעַם אַחַת נִשְׁתַּהוּ הָעֵדִים מִלָּבוֹא – It **once** occurred that **the witnesses were delayed in coming,** וְקִילְקְלוּ הַלְוִיִּם בְּשִׁיר – **and the Leviim went awry in** the singing of **the hymn.**[20] הִתְקִינוּ שֶׁלֹּא יְהוּ מְקַבְּלִין אֶלָּא עַד הַמִּנְחָה – Consequently, **[the Sages] instituted that [*Beis Din*] should accept** witnesses **only until the *minchah*,**[21] בָּאוּ מִן הַמִּנְחָה וּלְמַעְלָן – and if **[witnesses] came from the *minchah* and onward,** נוֹהֲגִין אוֹתוֹ הַיּוֹם קוֹדֶשׁ וּלְמָחָר קוֹדֶשׁ – **they would observe that day as holy and the following day as holy.**[22] מִשֶּׁחָרַב בֵּית הַמִּקְדָּשׁ – **After the Temple was destroyed,** הִתְקִין רַבָּן יוֹחָנָן בֶּן זַכַּאי שֶׁיְּהוּ מְקַבְּלִין עֵדוּת הַחֹדֶשׁ כָּל הַיּוֹם – **Rabban Yochanan ben Zakkai instituted that they should** once again **accept testimony concerning the** new **month all day.**[23]

Gemara The Gemara explains how the Leviim's singing went awry:

אָמַר רַבִּי שְׁמוּאֵל בַּר נַחְמָן – **R' Shmuel bar Nachman said:** מִפְּנֵי מַעֲשֶׂה שֶׁאֵירַע – Their error was **due to an incident that occurred:** פַּעַם אַחַת נָפְלָה הֲבָרָה בָּעִיר – **One time a report came to the city** that witnesses were on the way to testify that the day was Rosh Hashanah. וּבָאוּ סַרְקִיִּים וּנְטָלוּם – **But** before the witnesses had a chance to arrive, **Saracens came and kidnaped them.**[24]

NOTES

19. As we learned in Chapters 1 and 2 (above, 10a ff.), while the Sanhedrin was extant, it would declare Rosh Chodesh on the basis of witnesses who had sighted the new moon. Rosh Chodesh could occur on either the 30th or the 31st day from the previous Rosh Chodesh. Under the original, Biblical law, the *Beis Din* was prepared to accept the testimony of such witnesses the entire 30th day. Even if witnesses arrived late in the afternoon, the *Beis Din* could declare that day Rosh Chodesh, and their declaration would take effect retroactively, to the beginning of the previous night. If witnesses did not appear that day, the 31st day would be Rosh Chodesh.

Now, Rosh Hashanah occurs on the first of Tishrei, which is also Rosh Chodesh. Thus, from the nightfall that ushered in the 30th day after Rosh Chodesh Elul, a state of doubt existed whether this day (the 30th) or the next day (the 31st) would be Rosh Hashanah. The people would treat the day as Rosh Hashanah and refrain from labor out of doubt, while waiting to see whether the *Beis Din* would in fact declare it to be the holy day. The Sages of *Beis Din,* for their part, were prepared to accept testimony regarding the new moon all day. If credible witnesses testified, even shortly before nightfall, the *Beis Din* would declare that day Rosh Hashanah (*Rashi* to *Bavli* 30b ד״ה נוהגים).

20. The Leviim sang a hymn every day, when the wine libation, *nesachim,* that accompanied the daily *tamid* offering was poured on the Altar (see *Bavli Arachin* 11a). There was a hymn for every day of the week, but each festive day had a special hymn. For the most part, the hymns consisted of chapters from the Book of *Psalms* (see *Tamid* 7:4; *Bavli* 33b). On Rosh Hashanah, the ordinary weekday hymn would be sung for the morning *tamid.* Since witnesses who had seen the new moon rarely arrived before the morning *tamid* was offered, no special festival hymn was recited with it. Special festival hymns accompanied the *mussaf* and the afternoon *tamid.* The Mishnah states that one year the Leviim's singing went awry. The Gemara will discusses exactly what happened.

21. I.e. until the afternoon *tamid* was offered (*Rashi* to *Beitzah* 5a ד״ה עד המנחה; see *Turei Even* [ד״ה התקינו] and *Sfas Emes* to *Bavli* ibid.). [The afternoon *tamid* was called the "*minchah,*" as evidenced in *II Kings* 16:15 and *Psalms* 141:2 (see *Radak, Shorashim* ד״ה מנח; see further, General Introduction to Schottenstein ed. of *Bavli Menachos*, note 21).]

22. Not only was Rosh Hashanah observed on the 31st day, the actual day of Rosh Hashanah, it was also observed on the 30th day, which was actually the last day of Elul. The Gemara will explain why the 30th day should also be observed. [Yom Kippur and Succos fell on the tenth and fifteenth day from the 31st day, respectively (*Rashi* to *Beitzah* ibid.).]

[The law about keeping both days holy applies specifically to Rosh Hashanah (see *Rashi* to *Bavli* ibid.). However, the enactment that witnesses not be received after the *minchah* was established for every Rosh Chodesh (see *Tosafos* to *Bavli* ibid.; *Rambam, Hil. Kiddush HaChodesh* 3:5 with *Shekel HaKodesh* §28; *Re'ah* to *Beitzah* 4b ד״ה איתמר; *Pnei Moshe* below, 24a ד״ה ואתון; *Tzlach, Berachos* 26b to *Tosafos* ד״ה טעה; and *Sfas Emes* to *Bavli* ibid. ד״ה ואם באו). Others maintain that even the enactment against receiving witnesses after the *minchah* was made only with regard to Tishrei (*Meiri, Ri MiLunel, Pnei Yehoshua,* and *Turei Even* to *Bavli* ibid.). For further discussion, see *Shekel HaKodesh* to *Hil. Kiddush HaChodesh* 3:6, *Beur HaHalachah* ד״ה היום.]

23. With the Temple's destruction and the end of the bringing of offerings, the reason for the original decree — to ensure that the proper hymn be sung — was removed. Nevertheless, the decree remained in effect until it was repealed by Rabban Yochanan ben Zakkai and his court, in keeping with the rule that "Any law enacted by a quorum of sages requires another quorum to abrogate it" (see *Bavli Beitzah* 5a). [And although Rabban Yochanan's court was not necessarily equal in scholarship to the earlier court that had enacted the law, it was authorized to repeal the law since its original reason no longer existed (see *Raavad, Hil. Mamrim* 2:2; *Meiri* to *Beitzah* 5a ד״ה כל דבר; *Shitah Mekubetzes* to *Beitzah* 5b ד״ה כי אימני; cf. *Rambam, Hil. Mamrim* 2:2 with *Kesef Mishneh* and *Shaar HaMelech*; *Kovetz Shiurim, Beitzah* §13).]

24. [The Saracens were a nomadic Arabian tribe (see *Pnei Moshe, Aruch* ע׳ סרק, and *Targum Yerushalmi* to *Genesis* 37:25).]

TEXTUAL AND INTERPRETIVE VARIANTS

muktzeh according to *Bavli* is *not* a Biblical prohibition. Rather, the prohibition to take the *lulav* on the Sabbath (on days two through seven) is the product of a Rabbinic decree, for the Rabbis feared that one who takes the *lulav* on the Sabbath might inadvertently transgress the Sabbath by transporting the *lulav* four *amos* in the public domain. According to *Bavli,* the reason the prohibition to take the *lulav* on the Sabbath does not apply on the first day of Succos is not because of a Scriptural exposition (as *Yerushalmi* maintains), but simply because the Rabbis did not want to enact their decree regarding the first day when the mitzvah of *lulav* is more significant than on the other days (see *Bavli Succah* 43a).

As noted above (22a note 10), there is a similar dispute between *Bavli* and *Yerushalmi* regarding the prohibition to sound the shofar on the Sabbath outside the Temple area. While *Yerushalmi* bases this prohibition on Scriptural sources, *Bavli* (29b) asserts that sounding the shofar on the Sabbath is not a Biblical prohibition and it is forbidden only due to the above-mentioned Rabbinic decree (viz. lest one carry the shofar in a public domain). See *Tosafos* 29b ד״ה אבל, *Ritva,* and *Aruch LaNer* ibid., who address why the Rabbinic decree not to blow the shofar on the Sabbath was not stated with regard to the Temple area, whereas the decree not to take the *lulav* on the Sabbath applies even in the Temple. According to *Yerushalmi,* however, the reason for this distinction between shofar and *lulav* is that there is a specific Scriptural exposition that teaches that the shofar is sounded on the Sabbath in the Temple (see 22b), whereas with regard to *lulav* in the Temple there is no such exposition. [Note that we have presented the view of *Yerushalmi* based on the simple reading of our texts. *Raaviah* (§536,688), however, seems to have a reading in which *Yerushalmi* too attributes the prohibition to the Rabbinic decree mentioned by *Bavli* (see, however, glosses to *Raaviah* ibid.). See *Yerushalmi Succah,* Schottenstein edition, 21b note 14, for a possible approach to *Raaviah's* understanding of *Yerushalmi.* See also above, 22b, end of Variant A.]

איתא תניי תני [א]בשמחת הלולב הכתוב מדבר. מאן דאמר [א]בשמחת שלמים הכתוב מדבר ביום הראשון דבר תורה ושאר כל הימים דבר תורה ורבן יוחנן בן זכאי מתקין על דבר תורה. מאן דאמר בשמחת הלולב הכתוב מדבר ביום הראשון דבר תורה ושאר כל הימים מדבריהן [ג]ורבן יוחנן בן זכאי מתקין על דבריהן. ויש תקנה אחר תקנה. [ג]חברייא בעון קומי ר' יונה כמה דאת אמר תמן [א]והקרבתם אשה לה' שבעת ימים אין שבעה בלא שבת ודכוותה [ב]ושמחתם לפני ה' אלהיכם שבעת ימים אין שבעה בלא שבת. אמר לון שניא היא דכתיב [ד ב]ולקחתם לכם ביום הראשון חלק הראשון מהם. מעתה במקדש ידחה ובגבולין לא ידחה. אמר ר' יונה אילו הוה כתיב ולקחתם לפני ה' אלהיכם הייתי אומר כאן [ב]ריבה ובמקום אחר מיעט. אלא ולקחתם לכם מכל מקום. ושמחתם לפני ה' אלהיכם שבעת ימים בירושלם:

הלכה ד

מתני' [א ה]בראשונה היו מקבלין עדות החדש כל היום. פעם אחת נשתהו העדים מלבוא [ג]וקילקלו הלוים בשיר. התקינו שלא יהו מקבלין אלא עד המנחה. [ב ד]באו מן המנחה ולמעלן נוהגין אותו היום קודש ולמחר קודש. [ג ו]משחרב בית המקדש התקין רבן יוחנן בן זכאי שיהו
יט: מקבלין עדות החדש כל היום: גמ' [ז]אמר ר' שמואל בר נחמן מפני מעשה שאירע פעם אחת נפלה הברה בעיר ובאו סרקיים ונטלום ונתקלקלו הלוים בשיר. אמר ר' אחא בר פפא קומי ר' זעירא חברייא בעון קומי ר' שמואל בר נחמן בשם מן רבי אמר לה.

פני משה

מ"ד וכו'. הגירסא מהופכת ומסורסת, וניכר טעות המעתיקים מתוכה וכצ"ל מ"ד בשמחת לולב הכתוב מדבר ביום הראשון דבר תורה ושאר כל הימים דבר תורה ורבן יוחנן בן זכאי התקין על דבר תורה. כלומר כמו ביום הראשון לולב דבר תורה בכל מקום כך בשאר כל הימים לולב דבר תורה במקדש דלפני ה' אלהיכם כתיב, ושפיר הוא דרבן יוחנן בן זכאי התקין על דברי תורה כדרך שהיה במקדש מן התורה כל שבעה התקין הוא זכר למקדש גם במדינה: מ"ד בשמחת שלמים הכתוב מדבר. א"כ לולב ביום ראשון הוא מדברי תורה בכל מקום ושאר כל הימים מדבריהן הוא אף במקדש: קשיא ור' יוחנן בן זכאי מתקין על דבריהן. דהרי במקדש עצמו לא היה שאר כל הימים אלא מדבריהן והוא התקין אף במדינה זכר למקדש: וכי יש התקנה אחר התקנה. דנעשה תקנה זכר לדבר שאינו אלא תקנה מדבריהן אלא ודאי דהעיקר כהאי תנא דתו"כ דבשמחת לולב הכתוב מדבר כדדריש ולא בגבולין שבעת ימים וזה לא שייך אלא בלולב דאילו שלמים מי איתא בגבולין כלל: חברייא בעון קומי ר' יונה. הקשו לפני ר' יונה, על הא דנקטינן דאין לולב דוחה שבת בשאר כל הימים אפילו במקדש אלא ביום הראשון בלבד כדתנן בריש פרקא דלקמן לולב וערבה ששה ושבעה, ואמאי וניהא היך דאת אמר והקרבתם אשה לה' שבעת ימים דכתיב בחג הפסח דאין שבעה בלא שבת לימד על כל מוספי מועדות שדוחין את השבת, ה"נ ודכותה ושמחתם לפני ה' אלהיכם שבעת ימים דבלולב משתעי, נימא ג"כ אין שבעה בלא שבת וידחה שבת במקדש אף בשאר כל הימים: א"ל שנייא היא. גבי לולב: דכתיב ולקחתם לכם ביום הראשון חלק הראשון מהן. מדהוציא ביום הראשון מכלל שבעת הימים ש"מ ללמד לחלק הראשון משאר הימים, שאם יום הראשון הוא שחל להיות בשבת דוחה שבת אבל לא בשאר הימים: מעתה במקדש ידחה. שבת ביום הראשון שחלקו הכתוב מכלל שבעת ימים דושמחתם שנאמר בו לפני ה' אלהיכם: אבל בגבולין לא ידחה. אף ביום ראשון, ואנן קיי"ל דאף בגבולין לולב דוחה שבת ביום הראשון בזמן המקדש כדתנן לקמן (סוכה פ"ד ה"א): אילו הוה כתיב ולקחתם לפני ה' אלהיכם. ביום הראשון: שפיר הייתי אומר כאן מיעט. בגבולין שאין דוחה שבת אף בראשון: ובמקום אחר ריבה. כלומר אם אינו בשבת ריבה אף לגבולין שיהא נוהג בראשון: אלא. השתא דכתיב ולקחתם לכם ביום הראשון ולא כתיב כאן לפני ה' אלהיכם, א"כ דרשינן מכל מקום, דמדחלק הכתוב לראשון ללמד שראשון הוא שדוחה שבת דוחה הוא מכל מקום ואף בגבולין, וקרא דושמחתם דכתיב לפני ה' אלהיכם שבעת ימים הוא שנאמר בירושלים בלבד דהיינו מקדש:] מתני' בראשונה. קודם שאירע הקילקול היו מקבלין עדות החודש כל היום שלשים: פעם אחת נשתהו העדים מלבוא. עד בין הערבים ונתקלקלו הלוים בשיר של תמיד של בין הערבים שלא אמרו בו שירה כלל, לפי שרוב פעמים היו העדים באים קודם המנחה ולפיכך היו נוהגים בו לומר שיר של יום טוב בתמיד של בין הערבים, ולתמיד של שחר שעל הרוב עדיין לא היו העדים באים ולא ידעו אם יתקדש היום אם לאו לא תיקנו לו שיר של יום טוב אלא שיר של חול היו אומרים, ואותו הפעם הגיע שעת הקרבה של תמיד של בין הערבים ועדיין לא באו העדים לא ידעו הלוים מה שיר יאמרו אם שיר של חול או של יום טוב שאפשר שיבואו העדים מיד ויתקדש היום ולא אמרו שירה כלל, והתקינו שלא יהו מקבלין אלא עד המנחה ואם לא באו עד מן המנחה ולמעלה אע"פ שלא יתקדש היום ויעברו את אלול ויקדשוהו למחר מכל מקום הואיל והתחילו לנהוג בו קדושה דשמא יבואו עדים ויתקדש היום נוהגין בו קדושה ואסור בעשיית מלאכה, ומשום דילמא אתי לזלזוליה ביה לשנה הבאה ויעשו בו מלאכה בתחלת היום שיאמרו אשתקד נהגנו בו קודש ומן המנחה ולמעלה חזרנו ונהגנו בו חול לפיכך גומרין אותו היום בקדושה: ולמחר קודש. שזהו יום טוב: משחרב בית המקדש. ואין כאן חשש קלקול השיר ולא קרבן: התקין רבן יוחנן בן זכאי. שיחזור הדבר ליושנו ושיהו מקבלין עדות החודש כל היום ולקדשו היום ולא עשו שני ימים: גמ' מפני מעשה שאירע. באותו הפעם לפיכך נשתהו העדים מלבוא, שפעם אחת נפלה קול הברה בעיר ובאו וכו', כלומר שנפלה הברה שבאו הסרקיים והן ישמעאלים הגזלנים ונטלום להעדים ונתעכבו בידיהם ועל ידי כך נשתהו מלבוא ומתוך כך נתקלקלו הלוים בשיר: בשם מאן רבי אמר לה. רבי שסידר את המשנה וסתם דבריו ולא פירש מה היה הקלקול בשם מי אמר לה:

קרבן העדה

חברייא. הקשו לפני ר' יונה: כמה דאת אמר תמן. בפרשת אמור גבי פסח כתיב (ויקרא שם) והקרבתם אשה לה' שבעת ימים וקרא יתירא הוא דהא כתיב בחומש הפקודים (במדבר כח יט), אלא ללמד שקרבנות דוחין את השבת שאין שבעה ימים בלא שבת: דכוותה. נאמר שבעת ימים דלולב אפילו בשבת, ובמתני' תנן חל יום ראשון להיות בשבת משמע דשאר כל הימים אינן דוחין את השבת: אמר. להו שאני הכא בלולב דכתיב ולקחתם לכם ביום הראשון לומר שהראשון חלוק מן השבעה דאינו דוחה שבת אלא הראשון בלבד: ופריך מעתה. דמדחלק הראשון משבעה שמעינן דדוחה שבת, נימא דוקא במקדש דוחה שבת הראשון שבו הוא חלוק ולא בגבולין: הייתי אומר. דהראשון אינו דוחה שבת אלא לפני ה' דהיינו במקדש, אבל השתא דכתיב ולקחתם לכם משמע דהנטילה ביום הראשון שוה לכולם ודוחה שבת: בירושלים. אפילו בירושלים לפני ה' הוא שבמעשר שני כתיב (דברים יד כג) ואכלת לפני ה' אלקיך וגו' והיינו בירושלים:] מתני' הלוים בשיר. בגמ' מפרש: נוהגין אותו היום קודש. דמשחשיכה ליל שלאחר כ"ט באלול נהגו בו קודש, שמא יבואו עדים מחר ויקדשוהו בית דין ונמצא שבלילה ליל יום טוב הוא, וכן למחר כל היום עד המנחה. ואם באו עדים קודם המנחה בית דין מקדשין את החדש ונודע שיפה נהגו בו קדש. ואם מן המנחה ולמעלה באו עדים, אף על פי שאין בית דין מקדשין אותו היום, ויעברו את אלול ויקדשוהו למחר, אף על פי כן נוהגין אותו בקדושה ואסור במלאכה, דלמא אתי לזלזולי ביה לשנה הבאה ויעשו בו מלאכה כל היום, ואמרי אשתקד נהגנו בו קדש בחנם ומן המנחה ולמעלה חזרנו ונהגנו בו חול: גמ' נפלה קול הברה בעיר. שבאו גזלנים ונטלו העדים שבאו להעיד על החדש, ועל ידי כן נתקלקלו הלוים בשיר שסברו שמא יבואו העדים עדיין ויאמרו שיר של יום טוב ולא אמרו כלל: בשם מאן ר' אמר לה. לשמועה זו:

עין משפט

א מיי' פ"ג מהלכות קידוש החודש הלכה ה:
ב מיי' שם הלכה ו:
ג [מיי' שם]:

שינויי נוסחאות

א] בשמחת שלמים וכו' בשמחת הלולב. כ"ה גם בירושלמי סוכה (פ"ג הי"א). אמנם בקה"ע ובפנ"מ שם הגיהו בשמחת לולב וכו' בשמחת שלמים:
ב] ריבה וכו' מיעט. בירושלמי סוכה (שם) מיעט וכו' ריבה:
ג] וקילקלו. במשניות ובבבלי (ל.) ונתקלקלו:
ד] באו. במשניות ובבבלי (שם) ואם באו עדים:

תורה אור השלם

א) וְהִקְרַבְתֶּם אִשֶּׁה לַיהוָה שִׁבְעַת יָמִים בַּיּוֹם הַשְּׁבִיעִי מִקְרָא קֹדֶשׁ כָּל מְלֶאכֶת עֲבֹדָה לֹא תַעֲשׂוּ: (ויקרא כג ח)

ב) וּלְקַחְתֶּם לָכֶם בַּיּוֹם הָרִאשׁוֹן פְּרִי עֵץ הָדָר כַּפֹּת תְּמָרִים וַעֲנַף עֵץ עָבֹת וְעַרְבֵי נָחַל וּשְׂמַחְתֶּם לִפְנֵי יְהוָה אֱלֹהֵיכֶם שִׁבְעַת יָמִים: (ויקרא כג מ)

מסורת הש"ס

א) [ספרא אמור פרק טז ה"ט, פסיקתא זוטרתא ויקרא כג מ, ילקו"ש אמור תרנג] ב) [לעיל ה"ב - ע"א ותלה פ"א ה"א כעי"ז] ג) [סוכה פ"ג הי"א] ד) [במדבר רבה יד ד, פסיקתא רבתי ג] ה) ר"ה ל: [ביצה ד:] ו) [עירובין לט.] ז) [ביצה ה. ושם ע"ב]

"וְהִקְרַבְתֶּם אִשֶּׁה לַה׳ שִׁבְעַת יָמִים" – regarding the verse ***and you shall bring a burnt offering to Hashem for seven days,***[12] אֵין שִׁבְעָה בְּלֹא שַׁבָּת – that since **there is no seven-day period without the Sabbath,** the offering is perforce brought on the Sabbath too,[13] וְדִכְווָתָהּ – **similarly** you should say here, "וּשְׂמַחְתֶּם לִפְנֵי ה׳ אֱלֹהֵיכֶם שִׁבְעַת יָמִים" – regarding the verse ***and you shall rejoice before Hashem, your God, for seven days,*** אֵין שִׁבְעָה בְּלֹא שַׁבָּת – that since **there is no seven-day period without the Sabbath,** the *lulav* too is perforce taken even on the Sabbath, no matter on which day of Succos it falls. This contradicts the ruling of the Mishnah in *Succah,* which permits the Sabbath *lulav* only on the first day of the festival.[14] – ? –

R' Yonah responds:

אֲמַר לוֹן – **He said to them:** שַׁנְיָא הִיא – **[The mitzvah of *lulav*] is different,** דִּכְתִיב – **for it is written** regarding it: "וּלְקַחְתֶּם לָכֶם בַּיּוֹם הָרִאשׁוֹן" – ***And you shall take for yourselves on the first day.*** חֲלֵק הָרִאשׁוֹן מֵהֶם – With this, the verse indicates: **Separate the first** day **from [the others],** so that only the *lulav* of the first day of Succos overrides the Sabbath, but not the *lulav* of any other day.[15]

The scholars counter:

מֵעַתָּה – **But now** that we derive the Sabbath permit from the verse, *and you shall rejoice before Hashem, your God, for seven days,* the law should be as follows: בְּמִקְדָּשׁ יִדְחֶה – **In the Temple** area, which is "before Hashem," **[the *lulav*] should override** the Sabbath, וּבִגְבוּלִין לֹא יִדְחֶה – but **in the provinces,** which are not "before Hashem," **it should not override** the Sabbath.[16] – ? –

R' Yonah replies:

אֲמַר רַבִּי יוֹנָה – **R' Yonah said:** אִילּוּ הֲוָה כְּתִיב – **If it had been written** in the verse, וּלְקַחְתֶּם לִפְנֵי ה׳ אֱלֹהֵיכֶם – **And you shall take before Hashem, your God,** *on the first day,* הָיִיתִי אוֹמֵר – **I would** indeed **have said** כָּאן רִיבָּה – that **[the verse] included this place** (i.e. the Temple area) in the Sabbath permit, וּבְמָקוֹם אַחֵר מִיעֵט – **but excluded this other place** (i.e the provinces) from the Sabbath permit. "אֶלָּא "וּלְקַחְתֶּם לָכֶם – **But** instead the verse says, ***And you shall take for yourselves*** *on the first day,* without specifying "before Hashem." מִכָּל מָקוֹם – Thus, the first-day mitzvah overrides the Sabbath **in every case,** i.e. whether in the Temple area or in the provinces.[17] "וּשְׂמַחְתֶּם לִפְנֵי ה׳ אֱלֹהֵיכֶם שִׁבְעַת יָמִים" – The verse then says, ***and you shall rejoice before Hashem, your God, for seven days,*** specifying "before Hashem" as a requirement of the seven-day mitzvah. בִּירוּשָׁלַם – Thus, the mitzvah of seven days applies only **in Jerusalem,** i.e. the Temple area.[18]

NOTES

12. *Leviticus* 23:8. The verse teaches the requirement to bring *mussaf* offerings on the Pesach festival.

13. By stating that you must bring the offering שִׁבְעַת יָמִים, *for seven days,* the verse implies that it must be brought on each day of the seven-day festival period. Since every seven-day period includes a Sabbath, the *mussaf* offerings are perforce brought even on the Sabbath (*Pnei Moshe*). Although this verse is stated with regard to the Pesach *mussaf* offerings, we derive from here that the same applies with regard to *all* festival *mussaf* offerings (*Pnei Moshe; Beur of R' Chaim Kanievski;* cf. *Korban HaEidah*).

[Elsewhere, this teaching is derived from a different verse, i.e. *Numbers* 29:39; see Tractate *Pesachim, Yerushalmi* 7:4, *Bavli* 77a (*Beur of R' Chaim Kanievski*).]

14. *Korban HaEidah* and *Pnei Moshe.* [Our Gemara's question is based on the opinion cited above that the verse, *and you shall rejoice... for seven days,* refers to the rejoicing of the *lulav.*]

15. [The verse, *and you shall rejoice... for seven days,* begins with the clause, *And you shall take for yourselves on the first day,* which implies that the *lulav* is taken for only one day, not seven.] R' Yonah explains that this section of the verse is stated with regard to the Sabbath permit. The verse teaches that the permit applies only when the first day of the festival falls on the Sabbath, but not when any of the other days do. Thus, only on the first day of the festival does the mitzvah of *lulav* override the Sabbath (*Korban HaEidah* and *Pnei Moshe*).

One might ask that the phrase *on the first day* is needed to teach the obligation to take the *lulav* in the provinces on the first day (see 23a note 28). Accordingly, it is not available to limit the Sabbath permit to the first day. *Sheyarei Korban* (to *Succah* loc. cit.) explains that instead of בַּיּוֹם הָרִאשׁוֹן, *on* ***the*** *first day,* the verse could have written בְּיוֹם רִאשׁוֹן; the letter ה (*hei,* "the"), of the word הָרִאשׁוֹן, is superfluous and teaches that the permit to take the *lulav* on the Sabbath is limited to the first day of *Succos.*

16. The Sabbath permit is derived from the verse, *and you shall rejoice before Hashem, your God, for seven days,* as modified by the verse, *and you shall take... on the first day.* Since the permit is derived from a verse containing the words, *before Hashem,* it ought to apply only in the Temple area but not in the provinces. Yet, the Mishnah in *Succah* (4:11; *Bavli* 41b) implies that the *lulav* may be taken on the Sabbath even in the provinces, for it states that when the first day of Succos falls on the Sabbath, all the people bring their *lulavim* to the synagogue on Friday so that they can take the *lulav* on the Sabbath in the synagogue. The Gemara questions: What is the Mishnah's source for allowing this? (*Pnei Moshe;* see *Beur of R' Chaim Kanievski*).

17. The Gemara concedes that had the phrase "before Hashem" appeared in the beginning of the verse, together with the phrase, *on the first day,* it would indeed have served to limit the Sabbath permit to the Temple area. But in fact, the beginning of the verse makes no mention of "before Hashem." Therefore, its permit applies in both the provinces and the Temple area (*Korban HaEidah; Beur of R' Chaim Kanievski;* cf. *Pnei Moshe*). Although the original source of the Sabbath permit (*and you shall rejoice*) does mention *before Hashem,* the Torah transferred the permit to the verse of *on the first day,* which makes no distinction between the Temple area and the provinces.

[*Rash MiShantz* (to *Toras Kohanim* to *Leviticus* 23:40) reads here: בְּכָל מָקוֹם, *in any place* (i.e. both the provinces and the Temple area).]

18. The Gemara explains that the limitation of "before Hashem" applies only to the seven-day Temple-area mitzvah, regarding which this requirement was stated, but not to the Sabbath permit of the first day, which makes no mention of "before Hashem," and therefore applies both in the Temple area and in the provinces (*Pnei Moshe*).

Several commentators observe that by identifying the seven-day mitzvah with Jerusalem rather than the Temple, *Yerushalmi* here indicates that the seven-day *lulav* mitzvah applies in the entire city of Jerusalem, as *Rambam* says [see 23a note 28] (*Korban HaEidah; Rabbeinu Manoach, Hil. Shofar* 2:8 and *Hil. Lulav* 7:13; *Aruch LaNer* to *Succah* 41a ד״ה במדינה; *Beur of R' Chaim Kanievski;* cf. *Pnei Moshe*). [*Teshuvos Tzitz HaKodesh* (§47), however, offers a possible defense of *Rashi.* He suggests that the Gemara perhaps mentions Jerusalem not because the mitzvah may be fulfilled anywhere in Jerusalem, but because it is the residents of Jerusalem who, living in close proximity to the Temple, are the ones who are under obligation to fulfill this seven-day mitzvah and take their *lulavim* in the Temple each day.]

The fact that a Scriptural source is provided here to permit taking the *lulav* on the first day of Succos that falls on a Sabbath implies that according to *Yerushalmi,* there is generally a Biblical prohibition to take the *lulav* on the Sabbath. Even though the only conceivable Sabbath transgression that one might violate by taking the *lulav* is that of handling *muktzeh, Yerushalmi* apparently holds that handling *muktzeh* on the Sabbath is Biblically forbidden – a prospect that is contemplated (but then rejected) by *Bavli Pesachim* 47b (*Meromei Sadeh, Succah* 42b; see also *Kappos Temarim* to *Succah* 43b ד״ה אמר רבא).

Regarding the difference between *Yerushalmi* and *Bavli* regarding shofar and *lulav* on the Sabbath, see Variant B.

TEXTUAL AND INTERPRETIVE VARIANTS

B. While *Yerushalmi* appears to be of the opinion that taking the *lulav* on the Sabbath involves a Biblical prohibition (as just explained), *Bavli* (*Succah* 42b) argues that there are no Biblical grounds for prohibiting the taking of the *lulav* on the Sabbath, for the handling of

עין משפט

א מיי' פ"ג מהלכות קידוש החודש הלכה ה:
ב מיי' שם הלכה ו:
ג [מיי' שם]:

שינויי נוסחאות

א] **בשמחת שלמים** וכו' **בשמחת הלולב**. כ"ה גם בירושלמי סוכה (פ"ג הי"א). אמנם בקה"ע ובפנ"מ שם הגיהו **בשמחת לולב** וכו' **בשמחת שלמים**:
ב] **ריבה** וכו' **מיעט**. בירושלמי סוכה (שם) **מיעט** וכו' **ריבה**:
ג] **וקילקלו**. במשניות ובבבלי (ל.) **ונתקלקלו**:
ד] **באו**. במשניות ובבבלי (שם) **ואם באו עדים**:

תורה אור השלם

א) וְהִקְרַבְתֶּם אִשֶּׁה לַיהוָה שִׁבְעַת יָמִים בַּיּוֹם הַשְּׁבִיעִי מִקְרָא קֹדֶשׁ כָּל מְלֶאכֶת עֲבֹדָה לֹא תַעֲשׂוּ: (ויקרא כג ח)

ב) וּלְקַחְתֶּם לָכֶם בַּיּוֹם הָרִאשׁוֹן פְּרִי עֵץ הָדָר כַּפֹּת תְּמָרִים וַעֲנַף עֵץ עָבֹת וְעַרְבֵי נָחַל וּשְׂמַחְתֶּם לִפְנֵי יְהוָה אֱלֹהֵיכֶם שִׁבְעַת יָמִים: (ויקרא כג מ)

מסורת הש"ס

א) [ספרא אמור פרק טז ה"ט, פסיקתא זוטרתא ויקרא כג מ, ילקו"ש אמור תרנג] ב) [לעיל ה"ב - ע"א ותלה פ"א ה"א כעי"ז] ג) [סוכה פ"ג הי"א] ד) [במדבר רבה יד ד, פסיקתא רבתי ג] ה) ר"ה ל: [ביצה ד:] ו) [עירובין לט.] ז) [ביצה ה. ושם ע"ב]

גמרא

אית תניי תני [א] בשמחת הלולב הכתוב מדבר. מאן דאמר [א] בשמחת שלמים הכתוב מדבר ביום הראשון דבר תורה ושאר כל הימים דבר תורה ורבן יוחנן בן זכאי מתקין על דבר תורה. מאן דאמר בשמחת הלולב הכתוב מדבר ביום הראשון דבר תורה ושאר כל הימים מדבריהן [ב] ורבן יוחנן בן זכאי מתקין על דבריהן. ויש תקנה אחר תקנה. [ג] חברייא בעון קומי ר' יונה כמה דאת אמר תמן [א] והקרבתם אשה לה' שבעת ימים אין שבעה בלא שבת ודכוותה [ב] ושמחתם לפני ה' אלהיכם שבעת ימים אין שבעה בלא שבת. אמר לון שניא היא דכתיב [ד][ב] ולקחתם לכם ביום הראשון חלק הראשון מהם. מעתה במקדש ידחה ובגבולין לא ידחה. אמר ר' יונה אילו הוה כתיב ולקחתם לפני ה' אלהיכם הייתי אומר כאן [ב] ריבה ובמקום אחר מיעט. אלא ולקחתם לכם מכל מקום. ושמחתם לפני ה' אלהיכם שבעת ימים בירושלם: **הלכה ד מתני'** [א][ה] בראשונה היו מקבלין עדות החדש כל היום. פעם אחת נשתהו העדים מלבוא [ג] וקילקלו הלוים בשיר. התקינו שלא יהו מקבלין אלא עד המנחה. [ב][ו][ד] באו מן המנחה ולמעלן נוהגין אותו היום קודש ולמחר קודש. [ג][ז] משחרב בית המקדש התקין רבן יוחנן בן זכאי שיהו יט: מקבלין עדות החדש כל היום: **גמ'** אמר ר' שמואל בר נחמן מפני מעשה שאירע פעם אחת נפלה הברה בעיר ובאו סרקיים ונטלום ונתקלקלו הלוים בשיר. אמר ר' אחא בר פפא קומי ר' זעירא חברייא בעון קומי ר' שמואל בר נחמן בשם מן רבי אמר לה.

פני משה

מ"ד וכו'. הגירסא מהופכת ומסורסת, וניכר טעות המעתיקים מתוכה וכצ"ל מ"ד **בשמחת לולב הכתוב מדבר ביום הראשון דבר תורה ושאר כל הימים דבר תורה ורבן יוחנן בן זכאי התקין על דבר תורה**. כלומר כמו ביום הראשון לולב דבר תורה בכל מקום כך בשאר כל הימים לולב דבר תורה במקדש דלפני ה' אלהיכם כתיב, ושפיר הוא דרבן יוחנן בן זכאי התקין על דברי תורה כדרך שהיה במקדש מן התורה כל שבעה התקין הוא זכר למקדש גם במדינה: **מ"ד בשמחת שלמים הכתוב מדבר**. א"כ לולב ביום ראשון הוא מדברי תורה בכל מקום ושאר כל הימים מדבריהן הוא אף במקדש: קשיא ור' יוחנן בן זכאי מתקין על דבריהן. דהרי במקדש עצמו לא היה שאר כל הימים אלא מדבריהן והוא התקין אף במדינה זכר למקדש: וכי יש התקנה אחר התקנה. דנעשה תקנה זכר לדבר שאינו אלא תקנה מדבריהן אלא ודאי דהעיקר כהאי תנא דתו"כ דבשמחת לולב הכתוב מדבר כדדריש ולא בגבולין שבעת ימים וזה לא שייך אלא בלולב דאילו שלמים מי איתא בגבולין כלל: **חברייא בעון קומי ר' יונה**. הקשו לפני ר' יונה, על הא דנקטינן דאין לולב דוחה שבת בשאר כל הימים אפילו במקדש אלא ביום הראשון בלבד כדתנן בריש פרקא דלקמן לולב וערבה ששה ושבעה, ואמאי ונימא היך דאת אמר והקרבתם אשה לה' שבעת ימים דכתיב בחג הפסח דאין שבעה בלא שבת לימד על כל מוספי מועדות שדוחין את השבת, ה"נ ודכותה ושמחתם לפני ה' אלהיכם שבעת ימים דבלולב משתעי, נימא ג"כ אין שבעה בלא שבת וידחה שבת במקדש אף בשאר כל הימים: **א"ל שנייא היא. גבי לולב**: דכתיב ולקחתם לכם ביום הראשון חלק הראשון מהן. מדהוציא ביום הראשון מכלל שבעת הימים ש"מ ללמד לחלק הראשון משאר הימים, שאם יום הראשון הוא שחל להיות בשבת דוחה שבת אבל לא בשאר הימים: **מעתה במקדש ידחה**. שבת ביום הראשון שחלקו הכתוב מכלל שבעת ימים דושמחתם שנאמר בו לפני ה' אלהיכם: **אבל בגבולין לא ידחה**. אף ביום ראשון, ואנן קיי"ל דאף בגבולין לולב דוחה שבת ביום הראשון בזמן המקדש כדתנן לקמן (סוכה פ"ד ה"א): **אילו הוה כתיב ולקחתם לפני ה' אלהיכם**. ביום הראשון: שפיר **הייתי אומר כאן מיעט**. בגבולין שאין דוחה שבת אף בראשון: **ובמקום אחר ריבה**. כלומר אם אינו בשבת ריבה אף לגבולין שיהא נוהג בראשון: **אלא**. השתא דכתיב ולקחתם לכם ביום הראשון ולא כתיב כאן לפני ה' אלהיכם, א"כ דרשינן מכל מקום, דמדחלק הכתוב לראשון ללמד שראשון הוא שדוחה שבת דוחה הוא מכל מקום ואף בגבולין, וקרא דושמחתם דכתיב לפני ה' אלהיכם שבעת ימים הוא שנאמר בירושלים בלבד דהיינו מקדש:] **מתני' בראשונה**. קודם שאירע הקילקול היו מקבלין עדות החודש כל היום שלשים: **פעם אחת נשתהו העדים מלבוא**. עד בין הערבים ונתקלקלו הלוים בשיר של תמיד של בין הערבים שלא אמרו בו שירה כלל, לפי שרוב פעמים היו העדים באים קודם המנחה ולפיכך היו נוהגים בו לומר שיר של יום טוב בתמיד של בין הערבים, ולתמיד של שחר שעל הרוב עדיין לא היו העדים באים ולא ידעו אם יתקדש היום אם לאו לא תיקנו לו שיר של יום טוב אלא שיר של חול היו אומרים, ואותו הפעם הגיע שעת הקרבה של תמיד של בין הערבים ועדיין לא באו העדים לא ידעו הלוים מה שיר יאמרו אם שיר של חול או של יום טוב שאפשר שיבואו העדים מיד ויתקדש היום ולא אמרו שירה כלל, והתקינו שלא יהו מקבלין אלא עד המנחה ואם לא באו עד מן המנחה ולמעלה אע"פ שלא יתקדש היום ויעברו את אלול ויקדשוהו למחר מכל מקום הואיל והתחילו לנהוג בו קדושה דשמא יבואו עדים ויתקדש היום נוהגין בו קדושה ואסור בעשיית מלאכה, ומשום דילמא אתי לזלזוליה ביה לשנה הבאה ויעשו בו מלאכה בתחלת היום שיאמרו אשתקד נהגו בו קודש ומן המנחה ולמעלה חזרו והנהגו בו חול לפיכך גומרין אותו היום בקדושה: **ולמחר קודש**. שזהו יום טוב: **משחרב בית המקדש**. ואין כאן חשש קלקול השיר ולא קרבן: **התקין רבן יוחנן בן זכאי**. שיחזור הדבר ליושנו ושיהו מקבלין עדות החודש כל היום ולקדשו היום ולא עשו שני ימים: **גמ' מפני מעשה שאירע**. באותו הפעם לפיכך נשתהו העדים מלבוא, שפעם אחת נפלה קול הברה בעיר ובאו וכו', כלומר שנפלה הברה שבאו הסרקיים והן ישמעאלים הגזלנים ונטלום להעדים ונתעכבו בידיהם ועל ידי כך נשתהו מלבוא ומתוך כך נתקלקלו הלוים בשיר: **בשם מאן רבי אמר לה**. רבי שסידר את המשנה וסתם דבריו ולא פירש מה היה הקלקול בשם מי אמר לה:

קרבן העדה

חברייא. הקשו לפני ר' יונה: **כמה דאת אמר תמן**. בפרשת אמור גבי פסח כתיב (ויקרא שם) והקרבתם אשה לה' שבעת ימים וקרא יתירא הוא דהא כבר כתיב בחומש הפקודים (במדבר כח יט), אלא ללמד שקרבנות דוחין את השבת שאין שבעה ימים בלא שבת: **דכוותה**. נאמר שבעת ימים ללולב אפילו בשבת, ובמתני' תנן חל יום ראשון להיות בשבת משמע דשאר כל הימים אינן דוחין את השבת: **אמר**. להו שאני הכא בלולב דכתיב ולקחתם לכם ביום הראשון לומר שהראשון חלוק מן השבעה דאינו דוחה שבת אלא הראשון בלבד: **ופריך מעתה**. דמחלק הראשון משבעה שמעינן דדוחה שבת, נימא דוקא במקדש דוחה שבת הראשון שבו הוא חלוק ולא בגבולין: **הייתי אומר**. דהראשון אינו דוחה שבת אלא לפני ה' דהיינו במקדש, אבל השתא דכתיב ולקחתם לכם משמע דהנטילה ביום הראשון שוה לכולם ודוחה שבת: **בירושלים**. אפילו בירושלים לפני ה' הוא שבמעשר שני כתיב (דברים יד כג) ואכלת לפני ה' אלקיך וגו' והיינו בירושלים:] **מתני' הלוים בשיר**. בגמ' מפרש: **נוהגין אותו היום קודש**. דמשחשיכה ליל שלאחר כ"ט באלול נהגו בו קודש, שמא יבואו עדים מחר ויקדשוהו בית דין ונמצא שבלילה ליל יום טוב הוא, וכן למחר כל היום עד המנחה. ואם באו עדים קודם המנחה בית דין מקדשין את החדש ונודע שיפה נהגו בו קדש. ואם מן המנחה ולמעלה באו עדים, אף על פי שאין בית דין מקדשין אותו היום, ויעברו את אלול ויקדשוהו למחר, אף על פי כן נוהגין אותו בקדושה ואסור במלאכה, דלמא אתי לזלזולי ביה לשנה הבאה ויעשו בו מלאכה כל היום, ואמרי אשתקד נהגו בו קדש בחנם ומן המנחה ולמעלה חזרו ונהגו בו חול: **גמ'** נפלה קול הברה בעיר. שבאו גזלנים ונטלו העדים שבאו להעיד על החדש, ועל ידי כן נתקלקלו הלוים בשיר שסברו שמא יבואו העדים עדיין ויאמרו שיר של יום טוב ולא אמרו כלל: **בשם מאן ר' אמר לה**. לשמועה זו:

אִית תַּנֵּיי תָּנֵי – But **there is** another **Tanna who teaches:** בְּשִׂמְחַת הַלּוּלָב הַכָּתוּב מְדַבֵּר – THE VERSE SPEAKS OF THE REJOICING OF THE *LULAV*.[1] Thus, according to this second Tanna, the verse teaches that the *lulav* is taken in the Temple area for seven days. Our Mishnah's ruling that the *lulav* is taken all seven days in the Temple area is therefore a Biblical requirement.[2] However, according to the first Tanna, the passage does not address the law of *lulav* at all. In his view, the requirement in our Mishnah to take the *lulav* in the Temple area beyond the first day is only a Rabbinic enactment.[3]

The Gemara questions the first opinion:

מַאן דְּאָמַר בְּשִׂמְחַת (שלמים) [לולב][4] הַכָּתוּב מְדַבֵּר – All is well according to **the one who says** that **Scripture speaks of the rejoicing of the *lulav*:** בַּיּוֹם הָרִאשׁוֹן דְּבַר תּוֹרָה – In his view, the *lulav* obligation in the provinces **on the first day is of Biblical origin,**[5] וּשְׁאָר כָּל הַיָּמִים דְּבַר תּוֹרָה – **and** the *lulav* obligation in the Temple area on **all the rest of the days is** also **of Biblical origin.**[6] וְרַבָּן יוֹחָנָן בֶּן זַכַּאי מַתְקִין עַל דְּבַר תּוֹרָה – **Thus, Rabban Yochanan ben Zakkai instituted** a decree based **on Biblical law,** as is usually done.[7] מַאן דְּאָמַר בְּשִׂמְחַת (הלולב) [שְׁלָמִים] הַכָּתוּב מְדַבֵּר – But according to **the one who says** that **Scripture speaks of the rejoicing of the *shelamim*** and not of the *lulav,* Rabban Yochanan ben Zakkai's enactment is difficult to understand: בַּיּוֹם הָרִאשׁוֹן דְּבַר תּוֹרָה – The *lulav* obligation **on the first day is of Biblical origin,** וּשְׁאָר כָּל הַיָּמִים מִדִּבְרֵיהֶן – **but** the obligation in the Temple area on **all the rest of the days is of Rabbinic origin** only.[8] וְרַבָּן יוֹחָנָן בֶּן זַכַּאי מַתְקִין עַל דִּבְרֵיהֶן – **Thus, Rabban Yochanan ben Zakkai would have instituted** his decree of taking the *lulav* in the provinces for seven days based **on the Rabbinic law** of taking the *lulav* in the Temple area. וְיֵשׁ תַּקָּנָה אַחַר תַּקָּנָה – **But is there** ever a Rabbinic **decree** issued **upon** another Rabbinic **decree?** Of course not![9] – ? –

The Mishnah in *Succah* implies that, during the Temple era,[10] when the first day of Succos fell on the Sabbath, the *lulav* was taken, but when other days of the festival fell on the Sabbath, the *lulav* was not taken.[11] The Gemara cites Scripture with respect to this rule:

חַבְרַיָּיא בְּעוֹן קוֹמֵי רַבִּי יוֹנָה – **The scholars posed a question before R' Yonah:** כְּמָה דְאַתְּ אָמַר תַּמָּן – **Just as you say there,**

NOTES

1. This Tanna connects the "rejoicing" of the verse's later segment with the *lulav* obligation of its earlier segment (*Korban HaEidah*).

2. The term *"before Hashem"* in this passage indicates that this seven-day obligation applies only in the Temple area (*Rashi* to *Bavli Succah* 41a ד״ה במקדש שבעה, from *Toras Kohanim* to the verse).

[Above (23a note 28) we cited the dispute between *Rashi,* who holds that by Torah law the *lulav* must be taken seven days only in the Temple proper, and *Rambam,* who holds that it must be taken seven days throughout Jerusalem. Seemingly, this dispute hinges on whether the Scriptural expression *before Hashem* stated in the passage of *lulav* refers specifically to the Temple or to the the entire city of Jerusalem. *Korban HaEidah* (below ד״ה בירושלים) cites a verse from the passage of *maaser sheni* (*Deuteronomy* 14:23): וְאָכַלְתָּ לִפְנֵי ה׳ אֱלֹהֶיךָ, *you shall eat before Hashem, your God,* as a source that *before Hashem* could refer to the entire city of Jerusalem, for we know that *maaser sheni* may be eaten anywhere in Jerusalem (see also *Aruch LaNer* to *Succah* and *Bikkurei Yaakov* 558:1). See, however, *Meiri* to *Succah* 41a, who follows *Rashi's* view and explains why the term *before Hashem* stated regarding *lulav* refers to the Temple itself even though it refers to the entire city of Jerusalem with regard to *maaser sheni.*]

3. According to this interpretation of the verse, there is no Biblical requirement that specifies taking the *lulav* in the Temple area. The mitzvah of the first day, derived from the first part of our verse, is a universal one. Since this segment of the verse does not specify the Temple area, the mitzvah applies everywhere, both in the provinces and in the Temple area. The second part of the verse, which does mention the Temple, is not discussing the *lulav.* According to this Tanna, then, the seven-day mitzvah of *lulav* specific to the Temple area is of Rabbinic origin only (see *Pnei Moshe* below ד״ה מ״ד בשמחת שלמים, and *Korban HaEidah* above, 23a ד״ה ה״ג; cf. *Chidushei R' Y. F. Perla* to *Sefer HaMitzvos L'Rasag,* Vol. 3, p. 466 ד״ה איברא).

4. This emendation and the next one follow *Korban HaEidah, Pnei Moshe,* et al. For a discussion of the difficulties with this emendation, see Variant A at the end of the *sugya.*

5. From the passage: *And you shall take for yourselves on the first day* (*Korban HaEidah*).

6. From the passage: *and you shall rejoice before Hashem, your God, for seven days* (ibid.).

7. I.e. his decree to take the *lulav* in the provinces for seven days in remembrance of the Temple is based on the seven-day Biblical *lulav* obligation in the Temple area (*Korban HaEidah* and *Pnei Moshe*).

8. As explained above (note 3), according to this Tanna, there is no Biblical source to take the *lulav* in the Temple area after the first day of the festival. In his view, the *lulav* of the final six days is Rabbinic even in the Temple (*Korban HaEidah* and *Pnei Moshe*).

9. If the seven-day *lulav* obligation in the Temple is itself only Rabbinic, then Rabban Yochanan ben Zakkai's institution represents one Rabbinic enactment issued upon another, which is never done. The Gemara thus concludes in favor of the first opinion, that the seven-day Temple area obligation is of Biblical origin (*Pnei Moshe*).

See Variant A.

10. See *Bavli Succah* 44a with *Rashi* ד״ה בגבולין; and *Ran* to *Succah* fol. 19b.

11. Our Mishnah also appears in Tractate *Succah* (3:11 [21a]; *Bavli* 41a). The Mishnah immediately following it (ibid.; *Bavli* 41b) states that when the first day of Succos coincided with the Sabbath everyone would bring their *lulavim* to the synagogue before the Sabbath [since they could not transport them through the public domain on the Sabbath]. This implies that when one of the other days of Succos coincided with the Sabbath they would not bring their *lulavim* to the synagogue before the Sabbath. Thus, we see that, when the first day of Succos fell on the Sabbath, the *lulav* was taken, but when other days of the festival fell on the Sabbath, the *lulav* was not taken (*Korban HaEidah;* see *Pnei Moshe,* who derives this distinction from *Mishnah Succah* 4:1 [22b]; *Bavli* 42b).

TEXTUAL AND INTERPRETIVE VARIANTS

A. Our interpretation of the Gemara's exchange follows the majority of commentators in emending the text of the Gemara. *Chidushei R' Y. F. Perla,* however, [to *Sefer HaMitzvos L'Rasag,* Vol. 3, p. 466 ד״ה ואמנם] objects to the emendation, on the grounds that the original reading appears both here and in the parallel *sugya* in *Yerushalmi Succah* (3:11 21b]), and so is clearly *not* in error. He takes issue as well with the interpretation of "the verse speaks of the rejoicing of the *shelamim.*" According to most commentators, it emerges that according to the Tanna who expounds the verse in this manner, the special Temple *lulav* requirement is merely Rabbinic, for this verse has no connection to the mitzvah of *lulav* (see note 3). *R' Perla* argues that without any source for a Biblical requirement regarding *lulav* in the Temple, there would be no basis whatsoever for the Sages to enact a Rabbinic Temple-area requirement of seven days. Clearly, then, the seven-day requirement is *not* merely the product of a Rabbinic decree. *R' Perla* (ibid. p. 469) also takes note of numerous sources that assume as an established fact that one is Biblically obligated to take the *lulav* in the Temple area for seven days.

Because of these difficulties, *R' Perla* (ibid. 469-471) suggests an entirely different interpretation of both the Tannaic dispute and the Gemara's subsequent discussion, one that preserves the Gemara's original reading and features universal agreement on the existence of a seven-day Biblical Temple requirement. His approach is presented at considerable length, and is beyond the purview of this work.

For other possible approaches to preserving the standard text of the Gemara, see *Sheyarei Korban* to *Succah* ibid.

איז תניי תני [א]בשמחת הלולב הכתוב מדבר. מאן דאמר [א]בשמחת שלמים הכתוב מדבר ביום הראשון דבר תורה ושאר כל הימים דבר תורה ורבן יוחנן בן זכאי מתקין על דבר תורה. מאן דאמר בשמחת הלולב הכתוב מדבר ביום הראשון דבר תורה ושאר כל הימים מדבריהן [ב]ורבן יוחנן בן זכאי מתקין על דבריהן. ויש תקנה אחר תקנה. [ג]חברייא בעון קומי ר' יונה כמה דאת אמר תמן [א]והקרבתם אשה לה' שבעת ימים אין שבעה בלא שבת ודכוותה [ב]ושמחתם לפני ה' אלהיכם שבעת ימים אין שבעה בלא שבת. אמר לון שניא היא דכתיב [ב][ד]ולקחתם לכם ביום הראשון חלק הראשון מהם. מעתה במקדש ידחה ובגבולין לא ידחה. אמר ר' יונה אילו הוה כתיב ולקחתם לפני ה' אלהיכם הייתי אומר כאן [ב]ריבה ובמקום אחר מיעט. אלא ולקחתם לכם מכל מקום. ושמחתם לפני ה' אלהיכם שבעת ימים בירושלם:

הלכה ד מתני'

[א][ה]בראשונה היו מקבלין עדות החדש כל היום. פעם אחת נשתהו העדים מלבוא [ג]וקילקלו הלוים בשיר. התקינו שלא יהו מקבלין אלא עד המנחה. [ב][ו][ד]באו מן המנחה ולמעלן נוהגין אותו היום קודש ולמחר קודש. [ג][ז]משחרב בית המקדש התקין רבן יוחנן בן זכאי שיהו
יט: מקבלין עדות החדש כל היום: גמ' [ט]אמר ר' שמואל בר נחמן מפני מעשה שאירע פעם אחת נפלה הברה בעיר ובאו סרקיים ונטלום ונתקלקלו הלוים בשיר. אמר ר' אחא בר פפא קומי ר' זעירא חברייא בעון קומי ר' שמואל בר נחמן בשם מן רבי אמר לה.

פני משה

מ"ד וכו'. הגירסא מהופכת ומסורסת, וניכר טעות המעתיקים מתוכה וכל"ל מ"ד בשמחת לולב הכתוב מדבר ביום הראשון דבר תורה ושאר כל הימים דבר תורה ורבן יוחנן בן זכאי התקין על דבר תורה. כלומר כמו ביום הראשון לולב דבר תורה בכל מקום כך בשאר כל הימים לולב דבר תורה במקדש דלפני ה' אלהיכם כתיב, ושפיר הוא דרבן יוחנן בן זכאי התקין על דברי תורה כלדך שהיה במקדש מן התורה כל שבעה התקין הוא זכר למקדש גם במדינה: מ"ד בשמחת שלמים הכתוב מדבר. א"כ לולב ביום ראשון הוא מדברי תורה בכל מקום ושאר כל הימים מדבריהן הוא אף במקדש: קשיא ור' יוחנן בן זכאי מתקין על דבריהן. דהרי במקדש עצמו לא היה שאר כל הימים אלא מדבריהן והוא התקין אף במדינה זכר למקדש: וכי יש התקנה אחר התקנה. דנעשה תקנה זכר לדבר שאינו אלא תקנה מדבריהן אלא ודאי דהעיקר כהאי תנא דתו"כ דבשמחת לולב הכתוב מדבר כדדריש ולא בגבולין שבעת ימים וזה לא שייך אלא בלולב דאילו שלמים מי איתא בגבולין כלל: חברייא בעון קומי ר' יונה. הקשו לפני ר' יונה, על הא דנקטינן דאין לולב דוחה שבת בשאר כל הימים אפילו במקדש אלא ביום הראשון בלבד כדתנן בריש פרקא דלקמן לולב וערבה ששה ושבעה, ואמאי ונימא היך דאת אמר והקרבתם אשה לה' שבעת ימים דכתיב בחג הפסח דאין שבעה בלא שבת לימד על כל מוספי מועדות שדוחין את השבת, ה"נ ודכותה ושמחתם לפני ה' אלהיכם שבעת ימים דבלולב משתעי, נימא ג"כ אין שבעה בלא שבת וידחה שבת במקדש אף בשאר כל הימים: א"ל שנייא היא. גבי לולב: דכתיב ולקחתם לכם ביום הראשון חלק הראשון מהן. מדהוציא ביום הראשון מכלל שבעת הימים ש"מ ללמד לחלק הראשון משאר הימים, שאם יום הראשון הוא שחל להיות בשבת דוחה שבת אבל לא בשאר הימים: מעתה במקדש ידחה. שבת ביום הראשון שחלקו הכתוב מכלל שבעת ימים דושמחתם שנאמר בו לפני ה' אלהיכם: אבל בגבולין לא ידחה. אף ביום ראשון, ואנן קיי"ל דאף בגבולין לולב דוחה שבת ביום הראשון בזמן המקדש כדתנן לקמן (סוכה פ"ד ה"א): אילו הוה כתיב ולקחתם לפני ה' אלהיכם. ביום הראשון: שפיר הייתי אומר כאן מיעט. בגבולין שאין דוחה שבת אף בראשון: ובמקום אחר ריבה. כלומר אם אינו בשבת ריבה אף לגבולין שיהא נוהג בראשון: אלא. השתא דכתיב ולקחתם לכם ביום הראשון ולא כתיב כאן לפני ה' אלהיכם, א"כ דרשינן מכל מקום, דמדחלק הכתוב לראשון ללמד שראשון הוא שדוחה שבת דוחה הוא מכל מקום ואף בגבולין, וקרא דושמחתם דכתיב לפני ה' אלהיכם שבעת ימים הוא שנאמר בירושלים בלבד דהיינו מקדש:] מתני' בראשונה. קודם שאירע הקילקול היו מקבלין עדות החודש כל היום שלשים: פעם אחת נשתהו העדים מלבוא. עד בין הערבים ונתקלקלו הלוים בשיר של תמיד של בין הערבים שלא אמרו בו שירה כלל, לפי שרוב פעמים היו העדים באים קודם המנחה ולפיכך היו נוהגים בו לומר שיר של יום טוב בתמיד של בין הערבים, ולתמיד של שחר שעל הרוב עדיין לא היו העדים באים ולא ידעו אם יתקדש היום אם לאו לא תיקנו לו שיר של יום טוב אלא שיר של חול היו אומרים, ואותו הפעם הגיע שעת הקרבה של תמיד של בין הערבים ועדיין לא באו העדים לא ידעו הלוים מה שיר יאמרו אם שיר של חול או של יום טוב שאפשר שיבואו העדים מיד ויתקדש היום ולא אמרו שירה כלל, והתקינו שלא יהו מקבלין אלא עד המנחה ואם לא באו עד מן המנחה ולמעלה אע"פ שלא יתקדש היום ויעברו את אלול ויקדשוהו למחר מכל מקום הואיל והתחילו לנהוג בו קדושה דשמא יבואו עדים ויתקדש היום נוהגין בו קדושה ואסור בעשיית מלאכה, ומשום דילמא אתי לזלזוליה ביה לשנה הבאה ויעשו בו מלאכה בתחלת היום שיאמרו אשתקד נהגו בו קודש ומן המנחה ולמעלה חזרנו ונהגנו בו חול לפיכך גומרין אותו היום בקדושה: ולמחר קודש. שזהו יום טוב: משחרב בית המקדש. ואין כאן חשש קלקול השיר ולא קרבן: התקין רבן יוחנן בן זכאי. שיחזור הדבר ליושנו ושיהו מקבלין עדות החודש כל היום ולקדשו היום ולא עשו שני ימים: גמ' מפני מעשה שאירע. באותו הפעם לפיכך נשתהו העדים מלבוא, שפעם אחת נפלה קול הברה בעיר ובאו וכו', כלומר שנפלה הברה שבאו הסרקיים והן ישמעאלים הגזלנים ונטלום להעדים ונתעכבו בידיהם ועל ידי כך נשתהו מלבוא ומתוך כך נתקלקלו הלוים בשיר: בשם מאן רבי אמר לה. רבי שסידר את המשנה וסתם דבריו ולא פירש מה היה הקלקול בשם מי אמר לה:

קרבן העדה

חברייא. הקשו לפני ר' יונה: כמה דאת אמר תמן. בפרשת אמור גבי פסח כתיב (ויקרא שם) והקרבתם אשה לה' שבעת ימים וקרא יתירא הוא דהכי כתיב בחומש הפקודים (במדבר כח יט), אלא ללמד שקרבנות דוחין את השבת שאין שבעה ימים בלא שבת: דכוותה. נאמר שבעת ימים דלולב אפילו בשבת, ובמתני' תנן חל יום ראשון להיות בשבת משמע דשאר כל הימים אינן דוחין את השבת: אמר. להו שאני הכא בלולב דכתיב ולקחתם לכם ביום הראשון לומר שהראשון חלוק מן השבעה דאינו דוחה שבת אלא הראשון בלבד: ופריך מעתה. דמחלק הראשון משבעה שמעינן דדוחה שבת, נימא דוקא במקדש דוחה שבת הראשון שבו הוא חלוק ולא בגבולין: הייתי אומר. דהראשון אינו דוחה שבת אלא לפני ה' דהיינו במקדש, אבל השתא דכתיב ולקחתם לכם משמע דהנטילה ביום הראשון שוה לכולם ודוחה שבת: בירושלים. אפילו בירושלים לפני ה' הוא שבמעשר שני כתיב (דברים יד כג) ואכלת לפני ה' אלקיך וגו' והיינו בירושלים:] מתני' הלוים בשיר. בגמ' מפרש: נוהגין אותו היום קודש. דמספיקה ליל שלאחר כ"ט באלול נהגו בו קודש, שמא יבואו עדים מחר ויקדשוהו בית דין ונמצא שבלילה ליל יום טוב הוא, וכן למחר כל היום עד המנחה. ואם באו עדים קודם המנחה בית דין מקדשין את החדש ונודע שיפה נהגו בו קדש. ואם מן המנחה ולמעלה באו עדים, אף על פי שאין בית דין מקדשין אותו היום, ויעברו את אלול ויקדשוהו למחר, אף על פי כן נוהגין אותו בקדושה ואסור במלאכה, דלמא אתי לזלזולי ביה לשנה הבאה ויעשו בו מלאכה כל היום, ואמרי אשתקד נהגנו בו קדש בחנם ומן המנחה ולמעלה חזרנו ונהגנו בו חול: גמ' נפלה קול הברה בעיר. שבאו גזלנים ונטלו העדים שבאו להעיד על החדש, ועל ידי כן נתקלקלו הלוים בשיר שסברו שמא יבואו העדים עדיין ויאמרו שיר של יום טוב ולא אמרו כלל: בשם מאן ר' אמר לה. לשמועה זו:

עין משפט

א מיי' פ"ג מהלכות קידוש החודש הלכה ה:
ב מיי' שם הלכה ו:
ג [מיי' שם]:

שינויי נוסחאות

א] בשמחת שלמים וכו' בשמחת הלולב. כ"ה גם בירושלמי סוכה (פ"ג הי"א). אמנם בקה"ע ובפנ"מ שם הגיהו בשמחת לולב וכו' בשמחת שלמים:
ב] ריבה וכו' מיעט. בירושלמי סוכה (שם) מיעט וכו' ריבה:
ג] וקילקלו. במשניות ובבבלי (ל.) ונתקלקלו:
ד] באו. במשניות ובבבלי (שם) ואם באו עדים:

תורה אור השלם

א) וְהִקְרַבְתֶּם אִשֶּׁה לַיהֹוָה שִׁבְעַת יָמִים בַּיּוֹם הַשְּׁבִיעִי מִקְרָא קֹדֶשׁ כָּל מְלֶאכֶת עֲבֹדָה לֹא תַעֲשׂוּ: (ויקרא כג ח)

ב) וּלְקַחְתֶּם לָכֶם בַּיּוֹם הָרִאשׁוֹן פְּרִי עֵץ הָדָר כַּפֹּת תְּמָרִים וַעֲנַף עֵץ עָבֹת וְעַרְבֵי נָחַל וּשְׂמַחְתֶּם לִפְנֵי יְהֹוָה אֱלֹהֵיכֶם שִׁבְעַת יָמִים: (ויקרא כג מ)

מסורת הש"ס

א) [ספרא אמור פרק טז ה"ט, פסיקתא זוטרתא ויקרא כג מ, ילקו"ש אמור תרנג] ב) [לעיל ה"ב - ע"א וחלה פ"א ה"א כעי"ז] ג) [סוכה פ"ג הי"א] ד) [במדבר רבה יד ד, פסיקתא רבתי ג] ה) ר"ה ל: [ביצה ד:] ו) [עירובין לט.] ז) [ביצה ה. ושם ע"ב]

הייתי אומר כאן מיעט ובמקום אחר ריבה אלא בכל ארצכם כאן ריבה ובמקום אחר מיעט: **הלכה ב מתני'** [א]ועוד זאת היתה ירושלם יתירה על יבנה שכל עיר שהיא רואה ושומעת וקרובה ויכולה לבוא תוקעין [א]בה וביבנה לא היו תוקעין אלא בבית דין בלבד: **גמ'** והן שיהו כל הדרכים האלו בה. [ב]רואה ואינה שומעת כגון ירושלם מלמעלן ועיר מלמטן. ושומעת ואינה רואה ההר מפסיק. רואה ושומעת ואינה יכולה לבוא [ג]חוץ לתחום. רואה ושומעת וקרובה ואינה יט. יכולה לבוא הנחל מפסיק. ר' יונה בעי היתה יכולה לבוא בעירובין: היך מה דאת אמר בירושלם שכל עיר שהיא רואה ושומעת וקרובה ויכולה לבוא תוקעין בה ואמר אף ביבנה כן. ירושלם דבר תורה והעיירות הסמוכות לה דבר תורה ורבן יוחנן בן זכאי מתקין על דבר תורה. ויבנה מדבריהן והעיירות הסמוכות לה מדבריהן [ד]ורבן יוחנן בן זכאי מתקין על דבריהן ויש תקנה אחר התקנה: ר' סימון בשם ר' יהושע בן לוי יצאו בית דין ממקום למקום [ב]ולא היו תוקעין. ר' יוסה בעא קומי ר' סימון אפילו מבית לבית אפילו מטריקלין לקיטון. אמר ליה ברבי עד כאן שמעתי: **הלכה ג' מתני'** [ד]בראשונה היה הלולב ניטל במקדש שבעה ובמדינה יום אחד. משחרב בית המקדש התקין רבן יוחנן בן זכאי [ה]שיהא לולב ניטל במדינה שבעה זכר למקדש [ג][ה]ושיהא יום הנף כולו אסור: **גמ'** [ו][א]ושמחתם לפני ה' אלהיכם שבעת ימים. אית תניי תני בשמחת שלמים הכתוב מדבר.

קרבן העדה

מתני' ועוד זאת היתה ירושלים. בעודה בבניינה, יתירה בתקיעת שבת על יבנה: כל עיר שהיא רואה וכו'. בגמ' מפרש לה: **גמ'** והן וכו'. והוא שיהו כל הדרכים האלו דתנן במתני' בעיר ההיא. ולאפוקי דלא נטעה לומר דלאו או קתני: ועיר. יושבת מלמטה בנחל: ההר מפסיק. בין ירושלים להעיר. לכך שומעת, שהיא סמוכה, ואינה רואה, שההר מפסיק ביניהם: חוץ לתחום. שבת, דאסורין לבא בשבת לירושלים, לפיכך אינן נחשבים כבני העיר: היתה יכולה לבא לירושלים. על ידי עירוב, מהו שיהו מותרין לתקוע, כיון ששומעה וקרובה ויכולה לבא: ופריך היך מה דאת אומר וכו' ואמר אף ביבנה כן. שיהו תוקעין בעיירות הסמוכות ורואות, ומאי טעמא נחלק ביניהן: ומשני ירושלים דבר תורה. מן התורה תוקעין בה, כדאמרינן לעיל (ה"א - כב:) באחד לחדש והקרבתם: והעיירות הסמוכות לה ממש שהן נבלעין בתוך עיבורה של עיר: דבר תורה. שהן כבני העיר ממש: ור' יוחנן בן זכאי מתקן. סייג לדברי תורה שיהו תוקעין בכל העיר שהיא קרובה ושומעה וכו': ויבנה. שיהו תוקעין בה הוא מדבריהן מתקנת ר' יוחנן בן זכאי, (וכ"ש) [וכמו כן] שיהו תוקעין בעיירות הסמוכות לה שהן מדבריהן: ור' יוחנן בן זכאי מתקין על דבריהן. בתמיה, וכי עבדינן תקנתא לתקנתא, לכך אין תוקעין ביבנה אלא בבית דין בלבד: יצאו בית דין ממקום. ישיבתן. לא היו היחידים תוקעין בשבת ביבנה, שאין תוקעין אלא בפני בית דין בלבד: אפילו מבית לבית. אם יצאו מבית לבית או מחדר לחדר ועדיין הן באסיפה אחת, מי הוה כאלו לא נתפרדו, או דלמא כל שעמדו פעם אחת כשלא בפני בית דין דמי: טרקלין. חדר גדול: קיטון. חדר קטן: אמר ליה בי רבי. כלומר אדם חשוב: עד כאן שמעתי. דאם יצאו לא היו תוקעין, אבל לא שמעתי אם עמדו וחזרו וישבו מה דינו: **מתני'** במקדש שבעה. מפרש בגמ': ושיהא יום הנף. של עומר, דהיינו ט"ז בניסן: כולו אסור. ובזמן שבית המקדש קיים היו אוכלים חדש ביום ט"ז אחר חצות, ובסוכה מפרש הטעם: **גמ'** בשמחת הלולב הכתוב מדבר. כל הסוגיא מפורשת בסוכה פ"ג דף ח' ע"ב (הי"א): [וז"ל שם, בשמחת הלולב הכתוב מדבר. דביה משתעי קרא: בשמחת שלמים הכתוב מדבר. שיאכל שלמים שבעת ימים, דאין שמחה אלא בבשר שלמים: ה"ג מאן דאמר בשמחת לולב הכתוב מדבר וכו' ריב"ז מתקין על דבר תורה מ"ד בשמחת שלמים הכתוב מדבר וכו'. והכי פירושו בשלמא למאן דאמר בשמחת הלולב הכתוב מדבר כי היכא דלולב ביום הראשון דאורייתא דכתיב ולקחתם לכם ביום הראשון וגו', הוא הדין שאר כל הימים במקדש דאורייתא דכתיב ושמחתם לפני ה' אלקיכם שבעת ימים, ור' יוחנן בן זכאי מתקן שגם במדינה יעשו שבעה זכר למקדש שהוא מן התורה, אלא למ"ד דבשמחת שלמים הכתוב מדבר נמצא שאף במקדש כל שבעה מדרבנן ור' יוחנן בן זכאי מתקן במדינה שבעה על תקנת חכמים שבמקדש, וכי עבדינן תקנה לתקנת חכמים בתמיה:

פני משה

מתני' ועוד זאת. מתניתן חסורי מחסרא והכי קתני בירושלים היו תוקעין בכל העיר כל זמן שהיו בית דין יושבין בלשכת הגזית במקדש ששם בית דין יושבין עד שש שעות ביום וביבנה לא היו תוקעין אלא בזמן בית דין ובפני בית דין ועוד זאת היתה ירושלים בעודה בבניינה יתרה בתקיעת שבת על יבנה: שכל עיר שהיא רואה. כדמפרש בגמרא (בבלי ל.) פרט לעיר שיושבת בנחל ואינה רואה ירושלים ואף על פי שהיתה קרובה לא היו תוקעין בה בשבת, ושומעת פרט לעיר שיושבת בראש ההר. וקרובה פרט ליושבת חוץ לתחום. ויכולה לבא פרט למפסיק לה נהר: **גמ'** והן. ודווקא שיהו כל הדרכים האלו השנוים בה ומפרש ואזיל: רואה ואינה שומעת. כלומר אף על פי שהיא רואה ירושלים כגון שירושלים היא מלמעלן לנגדה והעיר היא מלמטן ויכולה לראות למקום הגבוה ממנה שהיא יושבת במישור אלא שאינה שומעת להשופר שבירושלים וזו נמעטת מדקתני שומעת: ושומעת. אף על פי ששומעת אלא שאינו רואה ירושלים וכגון שההר מפסיק ביניהם: רואה וכו'. אף על פי שיש לה אלו השנים אלא שאינה יכולה לבא וזו היושבת חוץ לתחום ואימעוט מקרובה: רואה ושומעת וקרובה. אלא שאינה יכולה לבוא מחמת שהנחל של מים מפסיק וזו אימעוט מיכולה לבא: ר' יונה בעי היתה יכולה לבא על ידי עירובין. מהו אם קרינן בה יכולה לבא, או דילמא אפילו כן קרינן בה אינה יכולה לבא דזימנין יאבד העירוב, אי נמי דבעינן דלעולם יכולה לבוא אפילו בלא עירוב הוא דבעינן ולא איפשיטא: היך מה דאת אמר וכו'. קושיא היא אמאי לא אמרינן דכמו דגבי ירושלים שכל עיר וכו' ואימר אף ביבנה כן, ואמאי לא התקין רבן יוחנן בן זכאי שיהא זה גם ביבנה שכל עיר שהיא רואה וכו', ומשני דלא דמי דבשלמא ירושלים דבר תורה שתוקעין בה בשבת, והעיירות הסמוכות לה דבר תורה, כלומר שנוסף הוא על מקום שהוא דבר תורה שם וכדמסיים ואזיל ורבן יוחנן בן זכאי מתקין על דבר תורה, וכלומר דשפיר שייך שמתקינין ומוסיפין על המקום שהוא מדברי תורה, אבל יבנה היא גופה מדבריהן הוא והעיירות הסמוכות לה מדבריהן בתמיה וכדמסיים ורבן יוחנן בן זכאי יהא מתקין להוסיף על דבר שהוא מדבריהם וכי יש תקנה אחר התקנה: יצאו בית דין ממקום. שהן יושבין למקום אחר לא היו תוקעין, ור' יוסי בעי לפני ר' סימון אם אפילו מבית לבית או מטרקלין לקיטון והוא החדר שמבפנים נמי בכלל או לא: אמר ליה. ר' סימון: בי רבי. שלי והוא ר' יהושע בן לוי: עד כאן שמעתי. ממקום למקום ותו לא שמעתי ממנו: **מתני'** בראשונה היה הלולב ניטל במקדש שבעה. דכתיב (ויקרא כג מ) ושמחתם לפני ה' אלהיכם שבעת ימים: ובמדינה יום אחד דכתיב (שם) ולקחתם לכם ביום הראשון ולא כתיב כאן לפני ה' אלהיכם: זכר למקדש. דמצוה לעשות זכר למקדש דאמר קרא (ירמיה ל יז) ציון אין דורש לה מכלל דבעי דרישה: ושיהא יום הנף. של העומר שהוא ששה עשר בניסן כולו אסור לאכול חדש כמפורש הטעם לעיל בפרק לולב הגזול בהלכה י"א: **גמ'** כתיב ושמחתם לפני ה' אלהיכם וכו'. גרסינן להא לעיל פרק לולב הגזול שם עד סוף הלכה ומפורש היטב ועיי"ש: [וז"ל שם, כתיב ושמחתם לפני ה' אלהיכם וגו' אית תניא תני. דושמחתם: בשמחת שלמים הכתוב מדבר. שתהא נוהגת כל שבעת ימים:

מסורת הש"ם

א) ר"ה כט: [תוספתא פ"ב ה"ו] ב) ר"ה ל. ג) [לקמן ה"ג - ע"ב וחלה פ"א ה"א כעי"ז] ד) [סוכה פ"ג מי"ב, ספרא אמור פט"ז ה"ט, פסיקתא זוטרתא אמור כג מ, ילקו"ש אמור תרנג, ירמי' שיב] ה) [סוכה פ"ג מי"ב, מנחות פ"י מ"ה, חלה פ"א ה"א, תוספתא מנחות פ"י ה"ו, ספרא אמור פרשה י ה"י, ספרא אמור פרק טו ה"ט, ילקו"ש אמור תרמג, תוספתא מגילה פ"ב ה"ו בשינוי] ו) סוכה פ"ג הי"א [כל הענין]

שירי קרבן

ירושלים דבר תורה וכו' ור' יוחנן בן זכאי מתקן על דבר תורה. כתב הרמב"ם פ"ב מהלכות שופר (ה"ח) בזמן שהיה בית המקדש קיים והיה בי"ד הגדול בירושלים היו הכל תוקעין בירושלים בשבת כל זמן שבי"ד יושבין, ולא אנשי ירושלים בלבד אלא כל עיר שהיתה בתוך תחום ירושלים והיתה רואה וכו', ע"כ. והשיגו הראב"ד בזמן המקדש לא היו תוקעין אלא במקדש אבל בזמן שחרב תוקעין כל הסמוך לה, ע"כ. וכן כתבו התוס' בריש פירקין (כט: ד"ה אבל) עיי"ש. וזהו לפי שיטתם דאבל לא במדינה קאי אף על ירושלים. וקשה הא אמרינן הכא דירושלים דבר תורה, והיינו מדכתיב (ויקרא כג כה) והקרבתם, וזהו בזמן שבית המקדש קיים, וכשיטת הרמב"ם. גם מדקאמר ירושלים דבר תורה משמע דהא דתני במקדש תוקעין קאי אף על ירושלים. גם מהא דמסיק לקמן (ה"ג - ע"ב) ושמחתם לפני ה' אלקיכם שבעת ימים בירושלים, שמעינן מפורש דהא דתנן לולב ניטל במקדש שבעה היינו בירושלים:

עין משפט

א מיי' פ"ב מהלכות שופר הלכה יג [סמ"ג עשין מד] טוש"ע או"ח סימן תרפח סעיף א:
ב מיי' שם הלכה טו [סמ"ג עשין מד] טוש"ע או"ח סימן תרפח סעיף א:
ג מיי' פ"י מהלכות מאכלות אסורות הלכה ב [סמ"ג לאוין קמב] טוש"ע יו"ד סימן רצג סעיף א [וטוש"ע או"ח סימן תפט סעיף י]:

שינויי נוסחאות

א] **בה.** כ"ה גם גירסת הרמב"ם בפיה"מ. במשניות ובבבלי (כט:) ליתא:
ב] **ולא.** אולי צ"ל **לא**:

תורה אור השלם

א) וּלְקַחְתֶּם לָכֶם בַּיּוֹם הָרִאשׁוֹן פְּרִי עֵץ הָדָר כַּפֹּת תְּמָרִים וַעֲנַף עֵץ עָבֹת וְעַרְבֵי נָחַל וּשְׂמַחְתֶּם לִפְנֵי יְהֹוָה אֱלֹהֵיכֶם שִׁבְעַת יָמִים: (ויקרא כג מ)

מראה הפנים

התם דף ל' (ע"א) גרים רואה פרט ליושבת בנחל וכו'. ואין הפרש ו רואה ואינה שומעת וכו' ושומעת ואינה רואה ההר מפסיק. בין הסוגיות לענין כוונה דמילתא וכמבואר בפנים אלא דהתם נחל הוא מקום נמוך וכדפירש"י בריש מגילה (ג: ד"ה בנחל), והכא נחל פירושו נהר כעין לשון המקרא (דברים כא ד) נחל איתן, ולפי הפי' שפירשו על מים העזים והארכתי בענין זה בחיבורי על סדר נשים במס' סוטה במקומו (פ"ט ה"ה ד"ה ודכוותה). ובהא דמפרש הכא אינו רואה ההר מפסיק, יש לייסב להא דגרסינן בבבלי פ"ק דמגילה דף ג' (ע"ב) אמר ר' יהושע בן לוי כרך וכל הסמוך לו וכל הנראה עמו נידון ככרך, תנא סמוך אע"פ שאינו נראה נראה אע"פ שאינו סמוך בשלמא נראה אע"פ שאינו סמוך משכחת לה כגון דיתבא בראש ההר אלא סמוך אע"פ שאינו נראה היכי משכחת לה א"ר ירמיה שיושבת בנחל. ומדקדקים כאן וכי לא ידע המקשה ההיפוך מהרישא דמיירי שיושבת במקום הגבוה א"כ סיפא מיירי שיושבת במקום נמוך עד שבא ר' ירמיה ולימד זה, ולמאי דלמדנו מכאן ניחא דבזה היו מפלפלין, דהא לכאורה משכחת לה כגון שההר מפסיק ביניהם ואינו נראה וכדקאמר הכא דזהו נקרא אינו רואה לענין האמור כאן, אלא דלהמקשה ספוקי מספקא ליה אם זה נקרא סמוך לכרך שיהא נידון עמו דמכיון דגובה ההר מפסיק והמהלך מכאן לכאן צריך שילך בגובה ובשיפוע ההר עד שהוא מגיע לשם או צריך שיקיף את ההר ואם כן אינו סמוך הוא, וזהו דקאמר היכי משכחת לה וכלומר מי ניחא דמשכחת לה בהפסק ההר ביניהם ואין גובה ההר נחשב לשלא יהא נקרא סמוך וא"כ שפיר נקרא סמוך אע"פ שאינו נראה או דילמא דזה לא נקרא סמוך כלל מכיון דצריך להלך או בגובה ושיפוע או בהיקף ההר, ופשיט ליה ר' ירמיה דאין הכי נמי דזה לא מיקרי סמוך ולא משכחת לה סמוך אע"פ שאינו נראה אלא ביושבת בנחל:

שֶׁיְּהֵא לוּלָב נִיטָּל בַּמְּדִינָה שִׁבְעָה זֵכֶר לַמִּקְדָּשׁ – Rabban Yochanan ben Zakkai instituted that the ***lulav* be taken in the provinces** all **seven** days of Succos **in remembrance of the Temple** area obligation,[29] **וְשֶׁיְּהֵא יוֹם הָנֵף כּוּלּוֹ אָסוּר – and that the entire Day of Waving**[30] **be forbidden** for eating from the new crop of grain.[31]

Gemara The Mishnah states that the *lulav* was taken in the Temple area on all seven days of Succos. The Gemara cites a Tannaic dispute regarding this matter:

"וּשְׂמַחְתֶּם לִפְנֵי ה׳ אֱלֹהֵיכֶם שִׁבְעַת יָמִים" – Scripture states at the end of the verse that teaches the *lulav* requirement:[32] ***and you shall rejoice before Hashem, your God, for seven days.*** **אִית תַּנָּיֵי תָּנֵי – There is one Tanna who teaches: בְּשִׂמְחַת שְׁלָמִים הַכָּתוּב מְדַבֵּר – THE VERSE SPEAKS OF THE REJOICING OF THE *SHELAMIM*** offering.[33]

NOTES

seven-day Temple-area mitzvah begins on the first day of the festival, and remains in effect for all seven days, or whether it begins on the second day, and is in effect for only six days. See Schottenstein edition of *Yerushalmi Succah,* 21a note 11.

29. Once the Temple was destroyed, there was no remnant of the special Temple-area mitzvah to take the *lulav* for seven days. Therefore, Rabban Yochanan ben Zakkai instituted, as a remembrance of the Temple-area practice, that the *lulav* be taken *everywhere* on all seven days.

The institution of a Temple remembrance is derived in *Bavli* (30a) from a verse in *Jeremiah* (30:17), which quotes the nations of the world as saying: צִיּוֹן הִיא דֹּרֵשׁ אֵין לָהּ, *She is Zion, there are none who seek her.* The words "there are none who seek her," used by the nations as a taunt to Zion, indicate that we must indeed strive to seek out Zion. Rabban Yochanan ben Zakkai determined that a way to commemorate Zion is by performing the mitzvah of *lulav* as it was performed in the Temple area (*Pnei Moshe*).

In the previous note, we cited *Rambam,* who holds that the seven-day mitzvah could be fulfilled in Jerusalem too. According to his view, there would seem to be no need for Rabban Yochanan ben Zakkai's enactment, for the city of Jerusalem remained consecrated even after the Temple was destroyed (see *Rambam, Hil. Beis HaBechirah* 6:16), which means that the Temple mitzvah remained relevant even *after* the Destruction, and thus required no remembrance! Because of this question – among others – *Chidushei R' Meir Simchah* (to *Bavli Succah,* beginning of Ch. 4) argues that even according to *Rambam,* the mitzvah was contingent upon the existence of the Temple. Once the Temple was destroyed, the Temple-area mitzvah was negated entirely, even in Jerusalem. Thus, a remembrance was indeed required (see also *Sfas Emes* to *Succah* and *Moadim U'Zemanim* Vol. V §348, fn. 1). However, *Bikkurei Yaakov* 658:1 maintains that even after the Temple was destroyed, the seven-day mitzvah remained in effect in Jerusalem (see there for how, in his view, this could apply even nowadays). According to his position, the enactment of Rabban Yochanan ben Zakkai remains difficult to explain. See *Chidushei R' Y. F. Perla* to *Sefer HaMitzvos of Rav Saadiah Gaon* (Vol. 3, pp. 467-8 ד״ה אלא, cited also in *Mikra'ei Kodesh, Succos* Vol. II §19, p. 91) and *Moadim U'Zemanim* ibid. for explanations according to this view.

[It is important to note that today, in the absence of the Temple, the *lulav* is never taken on the Sabbath, even on the first day (see *Bavli Succah* 44a and *Rashi* ד״ה לדידהו for reason). Hence, when the Mishnah says that, after the Destruction, Rabban Yochanan ben Zakkai instituted that the *lulav* be taken in the provinces "seven" days, it means "except for the day of Succos that coincides with the Sabbath" (*Meiri* to *Bavli Succah* 41a; cf. *Likkutei Halachos* there, in *Zevach Todah* ד״ה שיהא לולב).]

30. On the 16th of Nissan (the second day of Pesach), the *Omer* offering of barley was brought in the Temple (see *Leviticus* 23:9-14). The Torah (ibid. verse 11) commands that this offering be "waved" and a *kometz* of it removed and burned on the Altar. Thus, this day is called "the Day of Waving."

31. Until the *Omer* is brought, one is forbidden to eat from the new crop of grain. [This is the prohibition of חָדָשׁ (*chadash*), the "new" grain.] The verse states (ibid. verse 14): וְלֶחֶם וְקָלִי וְכַרְמֶל לֹא תֹאכְלוּ עַד־עֶצֶם הַיּוֹם הַזֶּה עַד הֲבִיאֲכֶם אֶת־קָרְבַּן אֱלֹהֵיכֶם, *And bread or roasted kernels or plump kernels you shall not eat until this very day, until you bring the offering of your God.* The verse gives two different times for the permit of the new grain: *Until this very day* implies that the new grain is permitted at daybreak of that day, i.e. the 16th of Nissan. *Until you bring the offering* implies that the new grain is not permitted until the *Omer* is actually brought. *Bavli* (*Menachos* 68a) resolves the contradiction: While the Temple stands, and it is possible to bring the *Omer* offering, the new grain is not permitted until the *Omer* is brought. In the absence of the Temple and the *Omer* offering, however, the new grain is permitted immediately upon daybreak of the 16th.

This represents the Biblical law. Rabban Yochanan ben Zakkai, however, instituted after the Destruction that the new grain should remain forbidden throughout the 16th of Nissan (i.e. for the entire Day of Waving). He was concerned about a scenario in which the Temple will be rebuilt on the night of the 16th or late on the 15th (see *Rashi* to *Bavli* 30a ד״ה אי נמי), and the *Omer* will be delayed until late in the day on the 16th. Since the Temple will then be standing, the new grain will be prohibited until the offering is brought. People will assume, however, remembering the previous year, that it may be consumed at daybreak, and will transgress. To avoid this pitfall, Rabban Yochanan ben Zakkai decreed that in the absence of the Temple the new grain should not be eaten the *entire* day of the 16th until nightfall (*Bavli* ibid.).

Alternatively, Rabban Yochanan ben Zakkai expounded the verse *until this very day* differently, to teach that in the absence of the Temple, the new grain may not be eaten until the entire day of the 16th has passed. According to this approach, Rabban Yochanan ben Zakkai is teaching a *Biblical* law. Although the Mishnah employs the phrase, "Rabban Yochanan ben Zakkai instituted," which implies a Rabbinic decree, it simply means that he instituted the new practice in accordance with his understanding of how the verse should be expounded (*Bavli* 30a-b).

[See *Yerushalmi Challah* 1:1 [6a-6b], for further discussion about the second enactment of Rabban Yochanan ben Zakkai.]

32. *Leviticus* 23:40.

33. The verse begins with the words quoted in note 28 above, וּלְקַחְתֶּם לָכֶם בַּיּוֹם הָרִאשׁוֹן פְּרִי עֵץ הָדָר כַּפֹּת תְּמָרִים וַעֲנַף עֵץ־עָבֹת וְעַרְבֵי־נָחַל, *And you shall take for yourselves on the first day, the fruit of a citron tree, the branches of date palms, twigs of a plaited tree, and brook willows.* It continues with the passage cited here: וּשְׂמַחְתֶּם לִפְנֵי ה׳ אֱלֹהֵיכֶם שִׁבְעַת יָמִים, *and you shall rejoice before Hashem, your God, for seven days.* This Tanna holds that the two segments of the verse address different topics. When the end of the verse speaks of "rejoicing," it refers not to the *lulav* mentioned in the beginning, but to a more conventional method of rejoicing during the festival, consuming *shelamim* offerings. The verse states (*Deuteronomy* 27:7): וְזָבַחְתָּ שְׁלָמִים וְאָכַלְתָּ שָּׁם וְשָׂמַחְתָּ לִפְנֵי ה׳ אֱלֹהֶיךָ, *And you shall slaughter shelamim offerings, and you shall eat them there, and you shall rejoice before Hashem, your God.* This teaches that in the Temple era, rejoicing demanded the consumption of sacrificial offerings (see *Bavli Pesachim* 109a). When our verse states that one must rejoice on all seven days of Succos, it refers to "the rejoicing of the *shelamim* offering" (*Korban HaEidah* and *Pnei Moshe*).

הייתי אומר כאן מיעט ובמקום אחר ריבה אלא בכל ארצכם כאן ריבה ובמקום אחר מיעט: **הלכה ב מתני'** [א] ועוד זאת היתה ירושלם יתירה על יבנה שכל עיר שהיא רואה ושומעת וקרובה ויכולה לבוא תוקעין [א] בה וביבנה לא היו תוקעין אלא בבית דין בלבד: **גמ'** והן שיהו כל הדרכים האלו בה. [ב] רואה ואינה שומעת כגון ירושלם מלמעלן ועיר מלמטן. ושומעת ואינה רואה ההר מפסיק. רואה ושומעת ואינה יכולה לבוא [ג] חוץ לתחום. רואה ושומעת וקרובה ואינה יכולה לבוא הנחל מפסיק. ר' יונה בעי היתה יכולה לבוא בעירובין: היך מה דאת אמר בירושלם שכל עיר שהיא רואה ושומעת וקרובה ויכולה לבוא תוקעין בה ואמר אף ביבנה כן. ירושלם דבר תורה והעיירות הסמוכות לה דבר תורה ורבן יוחנן בן זכאי מתקין על דבר תורה. ויבנה מדבריהן והעיירות הסמוכות לה מדבריהן [ג] ורבן יוחנן בן זכאי מתקין על דבריהן ויש תקנה אחר התקנה: ר' סימון בשם ר' יהושע בן לוי יצאו בית דין ממקום למקום [ב] ולא היו תוקעין. ר' יוסה בעא קומי ר' סימון אפילו מבית לבית אפילו מטריקלין לקיטון. אמר ליה ברבי עד כאן שמעתי: **הלכה ג' מתני'** [ד] בראשונה היה הלולב ניטל במקדש שבעה ובמדינה יום אחד. משחרב בית המקדש התקין רבן יוחנן בן זכאי [ה] שיהא לולב ניטל במדינה שבעה זכר למקדש [ו] ושיהא יום הנף כולו אסור: **גמ'** [א] ושמחתם לפני ה' אלהיכם שבעת ימים. אית תניי תני בשמחת שלמים הכתוב מדבר.

קרבן העדה

מתני' ועוד זאת היתה ירושלים. בעודה בבניינה, יתירה בתקיעת שבת על יבנה: כל עיר שהיא רואה וכו'. בגמ' מפרש לה: **גמ'** והן וכו'. והוא שיהו כל הדרכים האלו דתנן במתני' בעיר ההיא. ולאפוקי דלא נטעה לומר דלאו או קתני: ועיר. יושבת מלמטה בנחל: ההר מפסיק. בין ירושלים להעיר. לכך שומעת, שהיא סמוכה, ואינה רואה, שההר מפסיק ביניהם: חוץ לתחום. שבת, דאסורין לבא בשבת לירושלים, לפיכך אינן נחשבים כבני העיר: היתה יכולה לבא לירושלים. על ידי עירוב, מהו שיהו מותרין לתקוע, כיון ששומעה וקרובה ויכולה לבא: ופריך היך מה דאת אומר וכו' ואמר אף ביבנה כן. שיהו תוקעין בעיירות הסמוכות ורואות, ומאי טעמא נחלק ביניהן: ומשני ירושלים דבר תורה. מן התורה תוקעין בה, כדאמרינן לעיל (ה"א - כב:) באחד לחדש והקרבתם: והעיירות הסמוכות לה ממש שהן נבלעין בתוך עיבורה של עיר: דבר תורה. שהן כבני העיר ממש: ור' יוחנן בן זכאי מתקן. סייג לדברי תורה שיהו תוקעין בכל העיר שהיא קרובה ושומעה וכו': ויבנה. שיהו תוקעין בה הוא מדבריהן מתקנת ר' יוחנן בן זכאי, (וכ"ש) [וכמו כן] שיהו תוקעין בעיירות הסמוכות לה שהן מדבריהן: ור' יוחנן בן זכאי מתקין על דבריהן. בתמיה, וכי עבדינן תקנתא לתקנתא, לכך אין תוקעין ביבנה אלא בבית דין בלבד: יצאו בית דין ממקום. ישיבתן. לא היו היחידים תוקעין בשבת ביבנה, שאין תוקעין אלא בפני בית דין בלבד: אפילו מבית לבית. אם יצאו מבית לבית או מחדר לחדר ועדיין הן באסיפה אחת, מי הוה כאלו לא נתפרדו, או דלמא כל שעמדו פעם אחת כשלא בפני בית דין דמי: טרקלין. חדר גדול: קיטון. חדר קטן: אמר ליה בי רבי. כלומר אדם חשוב: עד כאן שמעתי. דאם יצאו לא היו תוקעין, אבל לא שמעתי אם עמדו וחזרו וישבו מה דינו: **מתני'** במקדש שבעה. מפרש בגמ': ושיהא יום הנף. של עומר, דהיינו ט"ז בניסן: כולו אסור. ובזמן שבית המקדש קיים היו אוכלים חדש ביום ט"ז אחר חצות, ובסוכה מפרש הטעם: **גמ'** בשמחת הלולב הכתוב מדבר. כל הסוגיא מפורשת בסוכה פ"ג דף מ' ע"ב (הי"א): [וז"ל שם, בשמחת הלולב הכתוב מדבר. דביה משתעי קרא: בשמחת שלמים הכתוב מדבר. שיאכל שלמים שבעת ימים, דאין שמחה אלא בבשר שלמים: ה"ג מאן דאמר בשמחת לולב הכתוב מדבר וכו' ריב"ז מתקין על דבר תורה מ"ד בשמחת שלמים הכתוב מדבר וכו'. והכי פירושו בשלמא למאן דאמר בשמחת הלולב הכתוב מדבר כי היכא דלולב ביום הראשון דאורייתא דכתיב ולקחתם לכם ביום הראשון וגו', הוא הדין שאר כל הימים במקדש דאורייתא דכתיב ושמחתם לפני ה' אלקיכם שבעת ימים, ור' יוחנן בן זכאי מתקן שגם במדינה יעשו שבעה זכר למקדש שהוא מן התורה, אלא למ"ד דבשמחת שלמים הכתוב מדבר נמצא שאף במקדש כל שבעה מדרבנן ור' יוחנן בן זכאי מתקן במדינה שבעה על תקנת חכמים שבמקדש, וכי עבדינן תקנה לתקנת חכמים בתמיה:

פני משה

מתני' ועוד זאת. מתניתן חסורי מחסרא והכי קתני בירושלים היו תוקעין בכל העיר כל זמן שהיו בית דין יושבין בלשכת הגזית במקדש ששם בית דין יושבין על ששה שעות ביום וביבנה לא היו תוקעין אלא בזמן בית דין ובפני בית דין ועוד זאת היתה ירושלים בעודה בבניינה יתרה בתקיעת שבת על יבנה: שכל עיר שהיא רואה. כדמפרש בגמרא (בבלי ל.) פרט לעיר שיושבת בנחל ואינה רואה ירושלים ואף על פי שהיתה קרובה לא היו תוקעין בה בשבת, ושומעת פרט לעיר שיושבת בראש ההר. וקרובה פרט ליושבת חוץ לתחום. ויכולה לבא פרט למפסיק לה נהר: **גמ'** והן. ודווקא שיהו כל הדרכים האלו השנוים בה ומפרש ואזיל: רואה ואינה יט. שומעת. כלומר אף על פי שהיא רואה ירושלים כגון שירושלים היא מלמעלן לנגדה והעיר היא מלמטן ויכולה לראות למקום הגבוה ממנה שהיא יושבת במישור אלא שאינה שומעת להשופר שבירושלים וזו נמעטת מדקתני שומעת: ושומעת. אף על פי ששומעת אלא שאינו רואה ירושלים וכגון שההר מפסיק ביניהם: רואה וכו'. אף על פי שיש לה אלו השנים אלא שאינה יכולה לבא וזו היושבת חוץ לתחום ואימעוט מקרובה: רואה ושומעת וקרובה. אלא שאינה יכולה לבוא מחמת שהנחל של מים מפסיק וזו אימעוט מיכולה לבא: ר' יונה בעי היתה יכולה לבא על ידי עירובין. מהו אם קרינן בה יכולה לבא, או דילמא אפילו כן קרינן בה אינה יכולה לבא דזימנין יאבד העירוב, אי נמי דבעינן דלעולם יכולה לבוא אפילו בלא עירוב הוא דבעינן ולא איפשיטא: היך מה דאת אמר וכו'. קושיא היא אמאי לא אמרינן דכמו לגבי ירושלים שכל עיר וכו' ולימר אף ביבנה כן, ולמאי לא התקין רבן יוחנן בן זכאי שיהא זה גם ביבנה שכל עיר שהיא רואה וכו', ומשני דלא דמי דבשלמא ירושלים דבר תורה שתוקעין בה בשבת, והעיירות הסמוכות לה דבר תורה, כלומר שנוסף הוא על מקום שהוא דבר תורה הם וכדמסיים ואזיל ורבן יוחנן בן זכאי מתקין על דבר תורה, וכלומר דשפיר שייך שמתקינין ומוסיפין על המקום שהוא מדברי תורה, אבל יבנה היא גופה מדבריהן הוא והעיירות הסמוכות לה מדבריהן בתמיה וכדמסיים ורבן יוחנן בן זכאי יהא מתקין להוסיף על דבר שהוא מדבריהם וכי יש תקנה אחר התקנה: יצאו בית דין ממקום. שהן יושבין למקום אחר לא היו תוקעין, ור' יוסי בעי לפני ר' סימון אם אפילו מבית לבית או מטרקלין לקיטון והוא החדר שמבפנים נמי בכלל או לא: אמר ליה. ר' סימון: בי רבי. שלי והוא ר' יהושע בן לוי: עד כאן שמעתי. ממקום למקום ותו לא שמעתי ממנו: **מתני'** בראשונה היה הלולב ניטל במקדש שבעה. דכתיב (ויקרא כג מ) ושמחתם לפני ה' אלהיכם שבעת ימים: ובמדינה יום אחד דכתיב (שם) ולקחתם לכם ביום הראשון ולא כתיב כאן לפני ה' אלהיכם: זכר למקדש. דמצוה לעשות זכר למקדש דאמר קרא (ירמיה ל יז) ציון אין דורש לה מכלל דבעי דרישה: ושיהא יום הנף. של העומר שהוא ששה עשר בניסן כולו אסור לאכול חדש כמפורש הטעם לעיל בפרק לולב הגזול בהלכה י"א: **גמ'** כתיב ושמחתם לפני ה' אלהיכם וכו'. גרסינן להא לעיל פרק לולב הגזול שם עד סוף הלכה ומפורש היטב ועיי"ש: [וז"ל שם, כתיב ושמחתם לפני ה' אלהיכם וגו' אית תניא תני. דושמחתם: בשמחת שלמים הכתוב מדבר. שתהא נוהגת כל שבעת ימים:

מסורת הש"ס

א) ר"ה כט: [תוספתא פ"ב ה"ו] ב) ר"ה ל. ג) [לקמן ה"ג - ע"ב ושם פ"א ה"א בעי"ין] ד) [סוכה פ"ג מי"ב, ספרא אמור פט"ז ה"ט, פסיקתא זוטרתא אמור כג מ, ילקו"ש אמור תרנג, ירמי' תיב] ה) [סוכה פ"ג מי"ב, מנחות פ"י מ"ה, חלה פ"א ה"א, תוספתא מנחות פ"י ה"ו, ספרא אמור פרשה י ה"י, ספרא אמור פרק טו ה"ט, ילקו"ש אמור תרמג, תוספתא מגילה פ"ב ה"ו בשינוי] ו) סוכה פ"ג הי"א [כל הענין]

שירי קרבן

ירושלים דבר תורה וכו' ור' יוחנן בן זכאי מתקן על דבר תורה. כתב הרמב"ם פ"ב מהלכות שופר (ה"ח) בזמן שהיה בית המקדש קיים והיה בי"ד הגדול בירושלים היו הכל תוקעין בירושלים בשבת כל זמן שבי"ד יושבין, ולא אנשי ירושלים בלבד אלא כל עיר שהיתה בתוך תחום ירושלים והיתה רואה וכו', ע"כ. והשיגו הראב"ד בזמן המקדש לא היו תוקעין אלא במקדש אבל בזמן שחרב תוקעין כל הסמוך לה, ע"כ. וכן כתבו התוס' בריש פירקין (כט: ד"ה אבל) עיי"ש. וזהו לפי שיטתם דאבל לא במדינה קאי אף על ירושלים. וקשה הא אמרינן הכא דירושלים דבר תורה, והיינו מדכתיב (ויקרא כג כה) והקרבתם, וזהו בזמן שבית המקדש קיים, וכשיטת הרמב"ם. גם מדקאמר ירושלים דבר תורה משמע דהא דתני במקדש תוקעין קאי אף על ירושלים. גם מהא דמסיק לקמן (ה"ג - ע"ב) ושמחתם לפני ה' אלקיכם שבעת ימים בירושלים, שמעינן מפורש דהא דתנן לולב ניטל במקדש שבעה היינו בירושלים:

עין משפט

א מיי' פ"ב מהלכות שופר הלכה יג [סמ"ג עשין מד] טוש"ע או"ח סימן תרנח סעיף א:
ב מיי' שם הלכה טו [סמ"ג עשין מד] טוש"ע או"ח סימן תרנח סעיף א:
ג מיי' פ"י מהלכות מאכלות אסורות הלכה ב [סמ"ג לאוין קמב] טוש"ע יו"ד סימן רצג סעיף א [וטוש"ע או"ח סימן תפט סעיף י]:

שינויי נוסחאות

א] בה. כ"ה גם גירסת הרמב"ם בפיה"מ. במשניות ובבבלי (כט:) ליתא:
ב] ולא. אולי צ"ל לא:

תורה אור השלם

א) וּלְקַחְתֶּם לָכֶם בַּיּוֹם הָרִאשׁוֹן פְּרִי עֵץ הָדָר כַּפֹּת תְּמָרִים וַעֲנַף עֵץ עָבֹת וְעַרְבֵי נָחַל וּשְׂמַחְתֶּם לִפְנֵי יְהֹוָה אֱלֹהֵיכֶם שִׁבְעַת יָמִים: (ויקרא כג מ)

מראה הפנים

התם דף ל' (ע"א) גרים רואה פרט ליושבת בנחל וכו'. ואין הפרש ו רואה ואינה שומעת וכו' ושומעת ואינה רואה ההר מפסיק. בין הסוגיות לענין כוונה דמילתא וכמבואר בפנים אלא דהתם נחל הוא מקום נמוך וכדפירש"י בריש מגילה (ג: ד"ה בנחל), והכא נחל פירושו נהר כענין לשון המקרא (דברים כא ד) נחל איתן, ולפי הפי' שפירשו על מים העזים והארכתי בענין זה בחיבורי על סדר נשים במס' סוטה במקומו (פ"ט ה"ה ד"ה ודכוותה). ובהא דמפרש הכא אינו רואה ההר מפסיק, יש ליישב להא דגרסינן בבבלי פ"ק דמגילה דף ג' (ע"ב) אמר ר' יהושע בן לוי כרך וכל הסמוך לו וכל הנראה עמו נידון ככרך, תנא סמוך אע"פ שאינו נראה נראה אע"פ שאינו סמוך בשלמא נראה אע"פ שאינו סמוך משכחת לה כגון דיתבא בראש ההר אלא סמוך אע"פ שאינו נראה היכי משכחת לה א"ר ירמיה שיושבת בנחל. ומדקדקים כאן וכי לא ידע המקשה ההיפוך מהרישא דמיירי שיושבת במקום הגבוה א"כ סיפא מיירי שיושבת במקום נמוך עד שבא ר' ירמיה ולימד זה, ולמאי דלמדנו מכאן ניחא דבזה היו מפלפלין, דהא לכאורה משכחת לה כגון שההר מפסיק ביניהם ואינו נראה וכדקאמר הכא דזהו נקרא אינו רואה לענין האמור כאן, אלא דלהמקשה ספוקי מספקא ליה אם זה נקרא סמוך לכרך שיהא נידון עמו דמכיון דגובה ההר מפסיק והמהלך מכאן לכאן צריך שילך בגובה ובשיפוע ההר עד שהוא מגיע לשם או צריך שיקיף את ההר ואם כן אינו סמוך הוא, וזהו דקאמר היכי משכחת לה וכלומר מי ניחא דמשכחת לה בהפסק ההר ביניהם ואין גובה ההר נחשב לשלא יהא נקרא סמוך וא"כ שפיר נקרא סמוך אע"פ שאינו נראה או דילמא דזה לא נקרא סמוך כלל מכיון דצריך להלך או בגובה ושיפוע או בהיקף ההר, ופשיט ליה ר' ירמיה דאין הכי נמי דזה לא מיקרי סמוך ולא משכחת לה סמוך אע"פ שאינו נראה אלא ביושבת בנחל:

the **Biblical law,**[18] וְרַבָּן יוֹחָנָן בֶּן זַכַּאי מַתְקִין עַל דְּבַר תּוֹרָה – for **Rabban Yochanan ben Zakkai established** an enactment **for** the sake of strengthening the **Biblical law.**[19] וְיַבְנֶה מִדִּבְרֵיהֶן – By contrast, the obligation to sound the shofar on the Sabbath in **Yavneh is** merely **Rabbinic,**[20] וְהָעֲיָירוֹת הַסְּמוּכוֹת לָהּ מִדִּבְרֵיהֶן **– and** were there to be an enactment to sound the shofar in **the towns near [Yavneh],** this would be an addendum to **a Rabbinic law.** וְרַבָּן יוֹחָנָן בֶּן זַכַּאי מַתְקִין עַל דִּבְרֵיהֶן – **And** do you think that **Rabban Yochanan ben Zakkai would establish** an enactment **upon a Rabbinic law?** וְיֵשׁ תַּקָּנָה אַחַר הַתַּקָּנָה – Why, **is there** ever **a Rabbinic enactment following another** Rabbinic **enactment?** No![21] Therefore, although there was a Rabbinic enactment to blow the shofar in the towns near Jerusalem, there was no such enactment with respect to Yavneh.[22]

The Mishnah stated that during the period when the shofar was blown on the Sabbath in Yavneh, it was blown only in the *beis din* itself. The Gemara elaborates on this law:

רַבִּי סִימוֹן בְּשֵׁם רַבִּי יְהוֹשֻׁעַ בֶּן לֵוִי – **R' Simone** said **in the name of R' Yehoshua ben Levi:** יָצְאוּ בֵּית דִּין מִמָּקוֹם לְמָקוֹם – If the judges of **the *beis din* departed from** their regular **place** of judgment and went **to** another **place,** וְלֹא הָיוּ תּוֹקְעִין – **they would not blow** the shofar on the Sabbath, for the Sabbath shofar blowing in Yavneh may be performed only in the presence of *beis din.*[23]

The Gemara inquires:

רַבִּי יוֹסָה בָּעָא קוֹמֵי רַבִּי סִימוֹן – **R' Yosah inquired before R' Simone:** אֲפִילוּ מִבַּיִת לְבַיִת – Does the same law apply **even** if the judges merely went **from** the **courthouse to** a nearby **house,** אֲפִילוּ מִטְּרִיקְלִין לְקִיטוֹן – or **even** if they merely went **from the** main assembly **hall to an anteroom** in the same building? Would it perhaps be permitted to blow the shofar in such cases since the judges merely took temporary leave of the courtroom and they are still in session nearby?[24]

R' Simone replies:

אֲמַר לֵיהּ – **He said to [R' Yosah]:** בְּרַבִּי – **Prominent one!**[25] עַד כָּאן שָׁמַעְתִּי – **I heard just so far** from R' Yehoshua ben Levi – that the shofar is not blown when the judges have gone to another location. However, I did not specifically hear any ruling regarding a case where the judges merely went to a nearby house or to an anteroom.[26]

The Gemara leaves this question unresolved.[27]

Halachah 3

Mishnah The Mishnah digresses to cite another enactment of Rabban Yochanan ben Zakkai:

בָּרִאשׁוֹנָה הָיָה הַלּוּלָב נִיטָּל בְּמִקְדָּשׁ שִׁבְעָה – **Originally,** when the Temple stood, **the *lulav*** (with the other species) **was taken in the Temple** area all **seven** days of Succos, וּבַמְּדִינָה יוֹם אֶחָד – **and in the provinces one day** (i.e. the first).[28] מִשֶּׁחָרַב בֵּית הַמִּקְדָּשׁ – **When the Temple was destroyed,** הִתְקִין רַבָּן יוֹחָנָן בֶּן זַכַּאי

NOTES

18. Elucidation follows *Pnei Moshe* (cf. *Korban HaEidah*). [The phrase וְהָעֲיָירוֹת הַסְּמוּכוֹת לָהּ דְּבַר תּוֹרָה cannot be taken literally, as meaning that the shofar is blown on the Sabbath in the towns near Jerusalem according to Biblical law, for the Gemara's very next statement makes clear that this practice is only due to a Rabbinic enactment. *Sefer Nir* therefore removes this phrase entirely, while *Beur of R' Chaim Kanievski* and *Mazkeres Yerushalayim* change the expression דְּבַר תּוֹרָה (*by Biblical law*) to read מִדִּבְרֵיהֶן (*by Rabbinic law*). *Pnei Moshe,* however, simply explains דְּבַר תּוֹרָה to mean an *addendum* to the Biblical law.]

19. To safeguard the Biblical obligation to sound the shofar on the Sabbath in Jerusalem, Rabban Yochanan ben Zakkai enacted that the shofar should be sounded in the nearby towns as well (*Korban HaEidah*). This type of enactment is similar to other Rabbinic enactments that are typically instituted to safeguard or strengthen a particular Biblical law.

20. For there is no Torah law allowing for Yavneh residents to blow the shofar on the Sabbath; rather, this practice was instituted by Rabban Yochanan ben Zakkai after the destruction of the Temple (*Korban HaEidah*).

21. For as a rule, the Rabbis establish enactments to safeguard or strengthen Biblical laws, but not to safeguard Rabbinic enactments (*Korban HaEidah*).

22. [It emerges from this *sugya* that while the obligation to sound the shofar on the Sabbath in the Temple area is Biblical, the permit to do so in the neighboring towns (and in Yavneh) is only a Rabbinic enactment. See Variant A on 22b for various approaches as to how the Rabbis could institute such a practice, when the Gemara there derives from Scriptural sources that the shofar may not be blown on the Sabbath according to *Yerushalmi.* See also *Masa DiYerushalayim.*]

23. *Korban HaEidah* and *Pnei Moshe.* [Although the Mishnah has stated that the shofar may be sounded only in the *beis din,* R' Yehoshua ben Levi adds that the judges must actually be present in the courtroom at the time of the shofar blowing. However, if they have left the courtroom (and have temporarily gone to another location in another town), the shofar may not be blown. Alternatively, R' Yehoshua ben Levi is teaching that the shofar may not be sounded in the court's temporary location (first approach of *Beur of R' Chaim Kanievski*).]

24. That is, since the judges of the court have not disbanded but have merely left the courtroom temporarily and gone to a nearby room, perhaps the shofar may still be blown in that *beis din*? Or perhaps once the judges have left the courtroom, the shofar cannot be blown, for it is no longer considered to be in the presence of the *beis din* (*Korban HaEidah*).

25. *Korban HaEidah. B'Ribbi* is a title of distinction accorded to great men (*Rashi, Shabbos* 115a ד״ה בירבי and *Rashbam, Pesachim* 100a). Cf. *Pnei Moshe.*

26. *Korban HaEidah.*

27. *Bavli* (30a; see *Tosafos* ibid. ד״ה אין) inquires whether the shofar may be blown once the judges have stirred themselves and prepared to stand up and leave. While *Bavli* does not resolve this inquiry, *Tal Torah* notes that from the fact that *Yerushalmi* inquires only about a case where the judges have already left the room, we can deduce that *Yerushalmi* is of the opinion that as long as the judges have not yet left the courtroom the shofar certainly may be blown – even if the judges have finished their session and are in the process of departing. Indeed, this is the ruling of *Rambam* (*Hil. Shofar* 2:9). *Masa DiYerushalayim* suggests that *Rambam's* source for issuing a definitive ruling on this matter – despite the fact that *Bavli* remains unresolved – is this *Yerushalmi* (see *Maggid Mishneh* ad loc.).

28. Regarding the Four Species, the Mishnah teaches two distinct obligations: (1) to take them in the Temple area all seven days of Succos and (2) to take them [both in the Temple area and] in the provinces on the first day of Succos. The second obligation is Biblical and is stated clearly in Scripture (*Leviticus* 23:40): וּלְקַחְתֶּם לָכֶם בַּיּוֹם הָרִאשׁוֹן פְּרִי עֵץ הָדָר כַּפֹּת תְּמָרִים וַעֲנַף עֵץ־עָבֹת וְעַרְבֵי־נָחַל, *And you shall take for yourselves on the first day, the fruit of a citron tree, the branches of date palms, twigs of a plaited tree, and brook willows.* The Gemara will discuss whether the first obligation is Biblical or Rabbinic, and if it is Biblical, what its source is.

The definition of our Mishnah's term מִקְדָּשׁ is subject to the same dispute that we cited in the first Mishnah of this chapter regarding the law of shofar on the Sabbath (see 22a note 1). According to *Rashi* (*Succah* 41a ד״ה במדינה), the seven-day Temple obligation applies only in the Temple proper, while according to *Rambam* it appears that this obligation applies in the entire city of Jerusalem. [See, however, *Turei Even, Rosh Hashanah* 30a and *Hagahos Imrei Baruch* ibid.] Several commentators note that the words of the Gemara at the end of this Halachah (23b) seem to support *Rambam's* view (see note 18 there; see next note for further discussion of *Rambam's* view, and see 23b note 2 for underlying basis of this dispute).

There is some question among the commentators whether the

הייתי אומר כאן מיעט ובמקום אחר ריבה אלא בכל ארצכם כאן ריבה ובמקום אחר מיעט: **הלכה ב מתני'** [א]ועוד זאת היתה ירושלם יתירה על יבנה שכל עיר שהיא רואה ושומעת וקרובה ויכולה לבוא תוקעין [א]בה וביבנה לא היו תוקעין אלא בבית דין בלבד: **גמ'** והן שיהו כל הדרכים האלו בה. רואה ואינה שומעת כגון ירושלם מלמעלן ועיר מלמטן. ושומעת ואינה רואה ההר מפסיק. רואה ושומעת ואינה יכולה לבוא חוץ לתחום. רואה ושומעת וקרובה ואינה יכולה לבוא הנחל מפסיק. ר' יונה בעי היתה יכולה לבוא בעירובין: היך מה דאת אמר בירושלם שכל עיר שהיא רואה ושומעת וקרובה ויכולה לבוא תוקעין בה ואמר אף ביבנה כן. ירושלם דבר תורה והעיירות הסמוכות לה דבר תורה ורבן יוחנן בן זכאי מתקין על דבר תורה. ויבנה מדבריהן והעיירות הסמוכות לה מדבריהן ורבן יוחנן בן זכאי מתקין על דבריהן ויש תקנה אחר התקנה: ר' סימון בשם ר' יהושע בן לוי יצאו בית דין ממקום למקום [ב]ולא היו תוקעין. ר' יוסה בעא קומי ר' סימון אפילו מבית לבית אפילו מטריקלין לקיטון. אמר ליה ברבי עד כאן שמעתי: **הלכה ג' מתני'** בראשונה היה הלולב ניטל במקדש שבעה ובמדינה יום אחד. משחרב בית המקדש התקין רבן יוחנן בן זכאי שיהא לולב ניטל במדינה שבעה זכר למקדש ושיהא יום הנף כולו אסור: **גמ'** [א]ושמחתם לפני ה' אלהיכם שבעת ימים. אית תניי תני בשמחת שלמים הכתוב מדבר.

קרבן העדה

מתני' ועוד זאת היתה ירושלים. בעודה בבניינה, יתירה בתקיעת שבת על יבנה: כל עיר שהיא רואה וכו'. בגמ' מפרש לה: **גמ'** והן וכו'. והוא שיהו כל הדרכים האלו דתנן במתני' בעיר ההיא. ולאפוקי דלא נטעה לומר דאו או קתני: ועיר. יושבת מלמטה בנחל: ההר מפסיק. בין ירושלים להעיר. לכך שומעת, שהיא סמוכה, ואינה רואה, שההר מפסיק ביניהם: חוץ לתחום. שבת, דאסורין לבא בשבת לירושלים, לפיכך אין נחשבים כבני העיר: היתה יכולה לבא לירושלים. על ידי עירוב, מהו שיהו מותרין לתקוע, כיון ששומעה וקרובה ויכולה לבא: ופריך היך מה דאת אומר וכו' ואמר אף ביבנה כן. שיהו תוקעין בעיירות הסמוכות ורואות, ומאי טעמא נחלק ביניהן: ומשני ירושלים דבר תורה. מן התורה תוקעין בה, כדאמרינן לעיל (ה"א - כב:) באחד לחדש והקרבתם: והעיירות הסמוכות לה ממש שהן נבלעין בתוך עיבורה של עיר: דבר תורה. שהן כבני העיר ממש: ור' יוחנן בן זכאי מתקן. סייג לדברי תורה שיהו תוקעין בכל העיר שהיא קרובה ושומעה וכו': ויבנה. שיהו תוקעין בה הוא מדבריהן מתקנת ר' יוחנן בן זכאי, (וכ"ש) [וכמו כן] שיהו תוקעין בעיירות הסמוכות לה שהן מדבריהן: ור' יוחנן בן זכאי מתקין על דבריהן. בתמיה, וכי עבדינן תקנתא לתקנתא, לכך אין תוקעין ביבנה אלא בבית דין בלבד: יצאו בית דין ממקום. ישיבתן. לא היו היחידים תוקעין בשבת ביבנה, שאין תוקעין אלא בפני בית דין בלבד: אפילו מבית לבית. אם יצאו מבית לבית או מחדר לחדר ועדיין הן באסיפה אחת, מי הוה כאלו לא נתפרדו, או דלמא כל שעמדו פעם אחת כשלא בפני בית דין דמי: טרקלין. חדר גדול: קיטון. חדר קטן: אמר ליה בי רבי. כלומר אדם חשוב: עד כאן שמעתי. דאם יצאו לא היו תוקעין, אבל לא שמעתי אם עמדו וחזרו וישבו מה דינו: **מתני'** במקדש שבעה. מפרש בגמ': ושיהא יום הנף. של עומר, דהיינו ט"ז בניסן: כולו אסור. וזמן שבית המקדש קיים היו אוכלים חדש ביום ט"ז אחר חצות, ובסוכה מפרש הטעם: **גמ'** בשמחת הלולב הכתוב מדבר. כל הסוגיא מפורשת בסוכה פ"ג דף ח' ע"ב (ה"ח): [וז"ל שם, בשמחת הלולב הכתוב מדבר. דביה משתעי קרא: בשמחת שלמים הכתוב מדבר. שיאכל שלמים שבעת ימים, דאין שמחה אלא בבשר שלמים: ה"ג מאן דאמר בשמחת לולב הכתוב מדבר וכו' ריב"ז מתקין על דבר תורה מ"ד בשמחת שלמים הכתוב מדבר וכו'. והכי פירושו בשלמא למאן דאמר בשמחת הלולב הכתוב מדבר כי היכא דלולב ביום הראשון דאורייתא דכתיב ולקחתם לכם ביום הראשון וגו', הוא הדין שאר כל הימים במקדש דאורייתא דכתיב ושמחתם לפני ה' אלקיכם שבעת ימים, ור' יוחנן בן זכאי מתקן שגם במדינה יעשו שבעה זכר למקדש שהוא מן התורה, אלא למ"ד דבשמחת שלמים הכתוב מדבר נמצא שאף במקדש כל שבעה מדרבנן ור' יוחנן בן זכאי מתקן במדינה שבעה על תקנת חכמים שבמקדש, וכי עבדינן תקנה לתקנת חכמים בתמיה:

פני משה

מתני' ועוד זאת. מתניתן חסורי מחסרא והכי קתני בירושלים היו תוקעין בכל העיר כל זמן שהיו בית דין יושבין בלשכת הגזית במקדש ששם בית דין יושבין עד ששה שעות ביום וביבנה לא היו תוקעין אלא בזמן בית דין ובפני בית דין ועוד זאת היתה ירושלים בעודה בבניינה יתרה בתקיעת שבת על יבנה: שכל עיר שהיא רואה. כדמפרש בגמרא (בבלי ל.) פרט לעיר שיושבת בנחל ואינה רואה ירושלים ואף על פי שהיתה קרובה לא היו תוקעין בה בשבת, ושומעת פרט לעיר שיושבת בראש ההר. וקרובה פרט ליושבת חוץ לתחום. ויכולה לבא פרט למפסיק לה נהר: **גמ'** והן. ודווקא שיהו כל הדרכים האלו השנוים בה ומפרש ואזיל: רואה ואינה שומעת. כלומר אף על פי שהיא רואה ירושלים כגון שירושלים היא מלמעלן לנגדה והעיר היא מלמטן ויכולה לראות למקום הגבוה ממנה שהיא יושבת במישור אלא שאינה שומעת להשופר שבירושלים וזו נמעטת מדקתני שומעת: ושומעת. אף על פי ששומעת אלא שאינו רואה ירושלים וכגון שההר מפסיק ביניהם: רואה וכו'. אף על פי שיש לה אלו השנים אלא שאינה יכולה לבא וזו היושבת חוץ לתחום ואימעוט מקרובה: רואה ושומעת וקרובה. אלא שאינה יכולה לבוא מחמת שהנחל של מים מפסיק וזו אימעוט מיכולה לבא: ר' יונה בעי היתה יכולה לבא על ידי עירובין. מהו אם קרינן בה יכולה לבא, או דילמא אפילו כן קרינן בה אינה יכולה לבא דזימנין יאבד העירוב, אי נמי דבעינן דלעולם יכולה לבוא אפילו בלא עירוב הוא דבעינן ולא איפשיטא: היך מה דאת אמר וכו'. קושיא היא אמאי לא אמרינן דכמו דגבי ירושלים שכל עיר וכו' ואימר אף ביבנה כן, ואמאי לא התקין רבן יוחנן בן זכאי שיהא זה גם ביבנה שכל עיר שהיא רואה וכו', ומשני דלא דמי דבשלמא ירושלים דבר תורה שתוקעין בה בשבת, והעיירות הסמוכות לה דבר תורה, כלומר שנוסף הוא על מקום שהוא דבר תורה שם וכדמסיים ואזיל ורבן יוחנן בן זכאי מתקין על דבר תורה, וכלומר דשפיר שייך שמתקינין ומוסיפין על המקום שהוא מדברי תורה, אבל יבנה היא גופה מדבריהן הוא והעיירות הסמוכות לה מדבריהן בתמיה וכדמסיים ורבן יוחנן בן זכאי יהא מתקין להוסיף על דבר שהוא מדבריהם וכי יש תקנה אחר התקנה: יצאו בית דין ממקום. שהן יושבין למקום אחר לא היו תוקעין, ור' יוסי בעי לפני ר' סימון אם אפילו מבית לבית או מטרקלין לקיטון והוא החדר שמבפנים נמי בכלל או לא: אמר ליה. ר' סימון: בי רבי. שלי והוא ר' יהושע בן לוי: עד כאן שמעתי. ממקום למקום ותו לא שמעתי ממנו: **מתני'** בראשונה היה הלולב ניטל במקדש שבעה. דכתיב (ויקרא כג מ) ושמחתם לפני ה' אלהיכם שבעת ימים: ובמדינה יום אחד דכתיב (שם) ולקחתם לכם ביום הראשון ולא כתיב כאן לפני ה' אלהיכם: זכר למקדש. דמצוה לעשות זכר למקדש דאמר קרא (ירמיה ל יז) ציון אין דורש לה מכלל דבעי דרישה: ושיהא יום הנף. של העומר שהוא ששה עשר בניסן כולו אסור לאכול חדש כמפורש הטעם לעיל בפרק לולב הגזול בהלכה י"א: **גמ'** כתיב ושמחתם לפני ה' אלהיכם וכו'. גרסינן להא לעיל פרק לולב הגזול שם עד סוף הלכה ומפורש היטב ועיי"ש: [וז"ל שם, כתיב ושמחתם לפני ה' אלהיכם וגו' אית תניא תני. דושמחתם: בשמחת שלמים הכתוב מדבר. שתהא נוהגת כל שבעת ימים:

מסורת הש"ס

א) ר"ה כט: [תוספתא פ"ב ה"ז] ב) ר"ה ל. ג) [לקמן ה"ג - ע"ב וחלה פ"א ה"א כעי"ז] ד) [סוכה פ"ג מי"ב, ספרא אמור פט"ז ה"ט, פסיקתא זוטרתא אמור כג מ, ילקו"ש אמור תרנג, ירמי' שיב] ה) [סוכה פ"ג מי"ב, מנחות פ"י מ"ה, חלה פ"א ה"א, תוספתא מנחות פ"י ה"ו, ספרא אמור פרשה י ה"י, ספרא אמור פרק טז ה"ט, ילקו"ש אמור תרמג, תוספתא מגילה פ"ב ה"ו בשינוי] ו) סוכה פ"ג הי"א [כל הענין]

שירי קרבן

ירושלים דבר תורה וכו' ור' יוחנן בן זכאי מתקן על דבר תורה. כתב הרמב"ם פ"ב מהלכות שופר (ה"ח) בזמן שהיה בית המקדש קיים והיה בי"ד הגדול בירושלים היו הכל תוקעין בירושלים בשבת כל זמן שבי"ד יושבין, ולא אנשי ירושלים בלבד אלא כל עיר שהיתה בתוך תחום ירושלים והיתה רואה וכו', ע"כ. והשיגו הראב"ד בזמן המקדש לא היו תוקעין אלא במקדש אבל בזמן שחרב תוקעין כל הסמוך לה, ע"כ. וכן כתבו התוס' בריש פירקין (כט: ד"ה אבל) עיי"ש. וזהו לפי שיטתם דאבל לא במדינה קאי אף על ירושלים. וקשה הא אמרינן הכא דירושלים דבר תורה, והיינו מדכתיב (ויקרא כג כה) והקרבתם, וזהו בזמן שבית המקדש קיים, וכשיטת הרמב"ם. גם מדקאמר ירושלים דבר תורה משמע דהא דתני במקדש תוקעין קאי אף על ירושלים. גם מהא דמסיק לקמן (ה"ג - ע"ב) ושמחתם לפני ה' אלקיכם שבעת ימים בירושלים, שמעינן מפורש דהא דתנן לולב ניטל במקדש שבעה היינו בירושלים:

עין משפט

א מיי' פ"ב מהלכות שופר הלכה יג [סמ"ג עשין מד] טוש"ע או"ח סימן תקפח סעיף א:
ב מיי' שם הלכה טו [סמ"ג עשין מד] טוש"ע או"ח סימן תקפח סעיף א:
ג מיי' פ"י מהלכות מאכלות אסורות הלכה ב [סמ"ג לאוין קמב] טוש"ע יו"ד סימן רצג סעיף א [וטוש"ע או"ח סימן תפט סעיף י]:

שינויי נוסחאות

א] **בה.** כ"ה גם גירסת הרמב"ם בפיה"מ. במשניות ובבבלי (כט:) ליתא:
ב] **ולא.** אולי צ"ל **לא:**

תורה אור השלם

א) וּלְקַחְתֶּם לָכֶם בַּיּוֹם הָרִאשׁוֹן פְּרִי עֵץ הָדָר כַּפֹּת תְּמָרִים וַעֲנַף עֵץ עָבֹת וְעַרְבֵי נָחַל וּשְׂמַחְתֶּם לִפְנֵי יְהוָה אֱלֹהֵיכֶם שִׁבְעַת יָמִים: (ויקרא כג מ)

מראה הפנים

התם דף ל' (ע"א) גרים רואה פרט ליושבת בנחל וכו'. ואין הפרש ו רואה ואינה שומעת וכו' ושומעת ואינה רואה ההר מפסיק. בין הסוגיות לענין כוונה דמילתא וכמבואר בפנים אלא דהתם נחל הוא מקום נמוך וכדפירש"י בריש מגילה (ג: ד"ה בנחל), והכא נחל פירושו נהר כענין לשון המקרא (דברים כא ד) נחל איתן, ולפי הפי' שפירשו על מים העזים והארכתי בענין זה בחיבורי על סדר נשים במס' סוטה במקומו (פ"ט ה"ה ד"ה ודכוותה). ובהא דמפרש הכא אינו רואה ההר מפסיק, יש ליישב להא דגרסינן בבבלי פ"ק דמגילה דף ג' (ע"ב) אמר ר' יהושע בן לוי כרך וכל הסמוך לו וכל הנראה עמו נידון ככרך, תנא סמוך אע"פ שאינו נראה נראה אע"פ שאינו סמוך בשלמא נראה אע"פ שאינו סמוך משכחת לה כגון דיתבא בראש ההר אלא סמוך אע"פ שאינו נראה היכי משכחת לה א"ר ירמיה שיושבת בנחל. ומדקדקים כאן וכי לא ידע המקשה ההיפוך מהרישא דמיירי שיושבת במקום הגבוה א"כ סיפא מיירי שיושבת במקום נמוך עד שבא ר' ירמיה ולימד זה, ולמאי דלמדנו מכאן ניחא דבזה היו מפלפלין, דהא לכאורה משכחת לה כגון שההר מפסיק ביניהם ואינו נראה וכדקאמר הכא דזהו נקרא אינו רואה לענין האמור כאן, אלא דלהמקשה ספוקי מספקא ליה אם זה נקרא סמוך לכך שיהא נידון עמו דמכיון דגובה ההר מפסיק והמהלך מכאן לכאן צריך שילך בגובה ובשיפוע ההר עד שהוא מגיע לשם או צריך שיקיף את ההר ואם כן אינו סמוך הוא, וזהו דקאמר היכי משכחת לה וכלומר מי ניחא דמשכחת לה בהפסק ההר ביניהם ואין גובה ההר נחשב לשלא יהא נקרא סמוך וא"כ שפיר נקרא סמוך אע"פ שאינו נראה או דילמא דזה לא נקרא סמוך כלל מכיון דצריך להלך או בגובה ושיפוע או בהיקף ההר, ופשיט ליה ר' ירמיה דאין הכי נמי דזה לא מיקרי סמוך ולא משכחת לה סמוך אע"פ שאינו נראה אלא ביושבת בנחל:

mountain **and the town is** at a distance **below.**[11] **וְשׁוֹמַעַת וְאֵינָהּ רוֹאָה** – The case of **[a town] that hears** sounds from Jerusalem, **but cannot see** it, **הָהָר מַפְסִיק** – is where the town is close to Jerusalem but **a mountain blocks** its view.[12] **רוֹאָה וְשׁוֹמַעַת וְאֵינָהּ יְכוֹלָה לָבוֹא** – The case of **[a town] that sees** Jerusalem **and** also **hears, but is not able to come,** **חוּץ לַתְּחוּם** – is where the town is **outside the *techum*** of Jerusalem.[13] **רוֹאָה וְשׁוֹמַעַת וּקְרוֹבָה וְאֵינָהּ יְכוֹלָה לָבוֹא** – And the case of **[a town] that sees** Jerusalem, **hears** its sounds, **and is close** to it, **but** yet **cannot** easily **access** it, **הַנַּחַל מַפְסִיק** – is where there is **a river** that **separates** the two cities, hindering accessibility.

The Gemara presents a query:

רַבִּי יוֹנָה בָּעֵי – **R' Yonah inquired:** **הָיְתָה יְכוֹלָה לָבוֹא בְּעֵירוּבִין** – **If [the town]** was beyond Jerusalem's *techum* but one **was able to come** to Jerusalem **through** the placement of **an *eruvei techumin,***[14] may the town residents blow the shofar on the Sabbath?[15] The Gemara leaves this query unresolved.

Our Mishnah states that in contrast to Jerusalem, where the shofar was sounded on the Sabbath even in nearby towns, in Yavneh the shofar was sounded only in the *beis din,* but not throughout the city and certainly not in nearby towns. The Gemara questions this ruling:

הֵיךְ מַה דְּאַתְּ אָמַר בִּירוּשָׁלַם – **Just as you say regarding Jerusalem,** **שֶׁכָּל עִיר שֶׁהִיא רוֹאָה וְשׁוֹמַעַת וּקְרוֹבָה וִיכוֹלָה לָבוֹא תּוֹקְעִין בָּהּ** – **that in any town** where they **could see** Jerusalem, **hear** it, **was near** it, **and was accessible** to it, **they would blow** the shofar on the Sabbath, **וְאֵמַר אַף בְּיַבְנֶה כֵּן** – **say the same regarding Yavneh!** Why are the residents of the towns near Yavneh not permitted to blow the shofar on the Sabbath?[16]

The Gemara answers:

יְרוּשָׁלַם דְּבַר תּוֹרָה – Sounding the shofar in **Jerusalem** on the Sabbath is a **Biblical law,**[17] **וְהָעֲיָירוֹת הַסְּמוּכוֹת לָהּ דְּבַר תּוֹרָה** – **and** it is therefore reasonable for there to be an enactment to sound it also **in the towns near [Jerusalem]** as an addendum to

NOTES

11. The town is too far away to hear sounds from Jerusalem, but they can, nevertheless, see Jerusalem by looking up (*Pnei Moshe*). [*Bavli* (30a) suggests another example of a town that can see Jerusalem but cannot hear it: It gives the opposite case of where a town is situated on a mountain and could see Jerusalem (by looking down below, or perhaps by looking across at the neighboring mountaintop).]

12. That is, the town is close enough to hear sounds originating from Jerusalem, but it cannot see Jerusalem because there is a mountain that blocks their view (*Korban HaEidah* and *Pnei Moshe*). [*Bavli* gives another example; one where the town is near Jerusalem but is situated in a valley and its view is blocked by the valley wall. This is *not* the first case of the Gemara here of "Jerusalem above and the town below," for in that case the town below is situated in a plain from where it can look up and see Jerusalem, rather than in a valley where its view is blocked (see *Pnei Moshe* and *Mareh HaPanim;* cf. *Korban HaEidah*).]

13. [On the Sabbath or festivals, a person is forbidden to travel more than 2,000 *amos* (viz. one *mil*) from his place of residence. This 2,000-*amah* boundary is called the *techum.*]

A town that is located more than 2,000 *amos* from Jerusalem lacks the Mishnah's condition of קְרוֹבָה, *nearby,* and therefore may not blow the shofar on the Sabbath even if it can "see" and "hear" Jerusalem (*Pnei Moshe,* based on *Bavli* 30a). [*Beur of R' Chaim Kanievski* suggests modifying the text of our Gemara to read: רוֹאָה וְשׁוֹמַעַת וְאֵינָהּ (יכולה לבא) קְרוֹבָה חוּץ לַתְּחוּם, *the case of a town that sees and hears but is "not nearby" is where it is outside the techum,* for the Gemara here seems to be describing the case of a town that lacks the requirement of *nearby,* and the following Gemara describes the case of a town that lacks the condition of *accessibility* (viz. a town that is separated from Jerusalem by a river). [See, however, the Gemara's query in the following Gemara, and see Variant B.]

14. [As explained in the previous note, a person is forbidden to travel on the Sabbath or festivals more than 2,000 *amos* from his *place of residence.* It is possible, however, for a person to formally establish his Sabbath residence in a place other than where he actually resides by placing (before Shabbos) an *eruv [eruvei techumin]* (consisting of food for two meals) at a location up to 2,000 *amos* away from his actual location. Since his Sabbath residence is then considered to be at the location of his *eruv,* his 2,000-*amah techum* is measured from there, and he is permitted to walk 2,000 *amos* beyond his *eruv.*] The Gemara speaks of a town that was between 2,000 and 4,000 *amos* from Jerusalem and they placed an *eruv* outside their town, enabling them to walk to Jerusalem on Rosh Hashanah.

15. Since the townspeople placed an *eruv* that enables them to walk to Jerusalem, perhaps Jerusalem is now considered accessible to them (see *Korban HaEidah*), or perhaps the town must satisfy the conditions of the Mishnah without having to resort to an *eruv* (*Pnei Moshe*). See Variant B.

16. *Korban HaEidah.*

17. As the Gemara above (22b) derived from the combined verses in *Numbers* (29:1-2), *on the first of the month* etc. and *you shall make an olah offering to Hashem,* that the shofar is sounded on the first of the month even on the Sabbath, but only in the Temple where offerings are brought. [The Gemara here states that by Biblical law the shofar is sounded on the Sabbath only in the city of Jerusalem, but not elsewhere. This passage of *Yerushalmi* implies two things: (a) When the Mishnah speaks of blowing the shofar on the Sabbath in the מִקְדָּשׁ it refers to the entire city of Jerusalem, not just the Temple proper (*Sheyarei Korban;* see 22a note 1). (b) The Scriptural sources cited earlier on 22b for not blowing the shofar on the Sabbath (outside the city of Jerusalem) are bona fide Scriptural expositions and not just *asmachtos* (see 22b note 10 and Variant A there). See, however, *Mirkeves HaMishneh, Hil. Shofar* 2:8, and *Klei Chemdah, Behar* §5.]

TEXTUAL AND INTERPRETIVE VARIANTS

B. Earlier in the *sugya* (see note 12) we cited *Pnei Moshe* and *Beur of R' Chaim Kanievski,* who explain that the reason a town outside Jerusalem's *techum* does not have the same law as Jerusalem (regarding permission to blow the shofar on the Sabbath) is that it lacks the Mishnah's requisite of קְרוֹבָה, *nearby. Beur of R' Chaim Kanievski,* however, notes that R' Yonah's query [about placement of an *eruv*] indicates that the issue concerning a town beyond the *techum* is *not* that it lacks the condition of קְרוֹבָה, *nearby,* for if that were the issue, then placement of an *eruv* would not allay that problem, as the *eruv* does not bring the town any closer to Jerusalem. It seems, rather, that the issue regarding a town that is beyond Jerusalem's *techum* is that it lacks the condition of יְכוֹלָה לָבוֹא, *accessibility,* since the townspeople cannot walk beyond the *techum* on the Sabbath and festivals. Accordingly, R' Yonah understandably questions whether we say that placement of an *eruv* alleviates this problem since the townspeople can now walk to Jerusalem, or perhaps we say that a town beyond the *techum* is considered inaccessible since it cannot access Jerusalem without the device of an *eruv* (*Pnei Moshe*). Alternatively, *Tal Torah* suggests that R' Yonah's inquiry turns on this very point, as he is uncertain as to the reason a town that is beyond Jerusalem's *techum* is excluded from shofar blowing on the Sabbath. Is such a town disassociated from Jerusalem because it lacks the condition of accessibility [יְכוֹלָה לָבוֹא], in which case placement of an *eruv* would effectively remove its impediment, since the *eruv* renders the town accessible? Or perhaps, wonders R' Yonah, such a town is disassociated from Jerusalem based on the fact that it lacks the condition of *close by* [קְרוֹבָה], in which case placement of an *eruv* would not change its status, since the *eruv* does not bring the town any closer to Jerusalem?

Bavli (30a) clearly states that a town that is beyond Jerusalem's *techum* does not have the shofar blown on the Sabbath due to the fact that it lacks the condition of *nearby. Tal Torah* accordingly suggests that according to *Bavli* there are no grounds for R' Yonah's query, for as we just explained, an *eruv* does not bring the town any closer to Jerusalem. Accordingly, he suggests that this is why *Rambam* (*Hil. Shofar* 2:8), in codifying this halachah, rules categorically that any town outside the *techum* of Jerusalem does not blow the shofar on the Sabbath, and he makes no mention of the fact that the law might be different in the case of an *eruv,* as *Yerushalmi* suggests (see *Zecher Yeshayahu* ad loc. and *Otzar HaYerushalmi*). This is because *Rambam* rules in accordance with *Bavli,* according to which the placement of an *eruv* certainly does not change the town's status, since the *eruv* does not bring the town any closer to Jerusalem.

הייתי אומר כאן מיעט ובמקום אחר ריבה אלא בכל ארצכם כאן ריבה ובמקום אחר מיעט: **הלכה ב מתני'** [א] ועוד זאת היתה ירושלם יתירה על יבנה שכל עיר שהיא רואה ושומעת וקרובה ויכולה לבוא תוקעין [א] בה וביבנה לא היו תוקעין אלא בבית דין בלבד: **גמ'** והן שיהו כל הדרכים האלו בה. [ב] רואה ואינה שומעת כגון ירושלם מלמעלן ועיר מלמטן. ושומעת ואינה רואה ההר מפסיק. רואה ושומעת ואינה יכולה לבוא חוץ לתחום. רואה ושומעת וקרובה ואינה יכולה לבוא הנחל מפסיק. ר' יונה בעי היתה יכולה לבוא בעירובין: היך מה דאת אמר בירושלם שכל עיר שהיא רואה ושומעת וקרובה ויכולה לבוא תוקעין בה ואמר אף ביבנה כן. ירושלם דבר תורה והעיירות הסמוכות לה דבר תורה ורבן יוחנן בן זכאי מתקין על דבר תורה. ויבנה מדבריהן והעיירות הסמוכות לה מדבריהן [ג] ורבן יוחנן בן זכאי מתקין על דבריהן ויש תקנה אחר התקנה: ר' סימון בשם ר' יהושע בן לוי יצאו בית דין ממקום למקום [ב] ולא היו תוקעין. ר' יוסה בעא קומי ר' סימון אפילו מבית לבית אפילו מטריקלין לקיטון. אמר ליה ברבי עד כאן שמעתי: **הלכה ג' מתני'** [ד] בראשונה היה הלולב ניטל במקדש שבעה ובמדינה יום אחד. משחרב בית המקדש התקין רבן יוחנן בן זכאי [ב] שיהא לולב ניטל במדינה שבעה זכר למקדש [ג ה] ושיהא יום הנף כולו אסור: **גמ'** [ו א] ושמחתם לפני ה' אלהיכם שבעת ימים. אית תניי תני בשמחת שלמים הכתוב מדבר.

קרבן העדה

מתני' ועוד זאת היתה ירושלים. בעודה בבניינה, יתירה בתקיעת שבת על יבנה: כל עיר שהיא רואה וכו'. בגמ' מפרש לה: **גמ'** והן וכו'. והוא שיהו כל הדרכים האלו דתנן במתני' בעיר ההיא. ולאפוקי דלא נטעה לומר דאו או קתני: ועיר. יושבת מלמטה בנחל: ההר מפסיק. בין ירושלים להעיר. לכך שומעת, שהיא סמוכה, ואינה רואה, שההר מפסיק ביניהם: חוץ לתחום. שבת, דאסורין לבא בשבת לירושלים, לפיכך אינן נחשבים כבני העיר: היתה יכולה לבא לירושלים. על ידי עירוב, מהו שיהו מותרין לתקוע, כיון ששומעה וקרובה ויכולה לבא: ופריך היך מה דאת אומר וכו' ואמר אף ביבנה כן. שיהו תוקעין בעיירות הסמוכות ורואות, ומאי טעמא נחלק ביניהן: ומשני ירושלים דבר תורה. מן התורה תוקעין בה, כדאמרינן לעיל (ה"א - כב:) באחד לחדש והקרבתם: והעיירות הסמוכות לה ממש שהן נבלעין בתוך עיבורה של עיר: דבר תורה. שהן כבני העיר ממש: ור' יוחנן בן זכאי מתקן. סייג לדברי תורה שיהו תוקעין בכל העיר שהיא קרובה ושומעה וכו': ויבנה. שיהו תוקעין בה הוא מדבריהן מתקנת ר' יוחנן בן זכאי, (וכ"ש) [וכמו כן] שיהו תוקעין בעיירות הסמוכות לה שהן מדבריהן: ור' יוחנן בן זכאי מתקין על דבריהן. בתמיה, וכי עבדינן תקנתא לתקנתא, לכך אין תוקעין ביבנה אלא בבית דין בלבד: יצאו בית דין ממקום. ישיבתן. לא היו היחידים תוקעין בשבת ביבנה, שאין תוקעין אלא בפני בית דין בלבד: אפילו מבית לבית. אם יצאו מבית לבית או מחדר לחדר ועדיין הן באסיפה אחת, מי הוה כאלו לא נתפרדו, או דלמא כל שעמדו פעם אחת כשלא בפני בית דין דמי: טרקלין. חדר גדול: קיטון. חדר קטן: אמר ליה בי רבי. כלומר אדם חשוב: עד כאן שמעתי. דאם יצאו לא היו תוקעין, אבל לא שמעתי אם עמדו וחזרו וישבו מה דינו: **מתני'** במקדש שבעה. מפרש בגמ': ושיהא יום הנף. של עומר, דהיינו ט"ז בניסן: כולו אסור. ובזמן שבית המקדש קיים היו אוכלים חדש ביום ט"ז אחר חצות, ובסוכה מפרש הטעם: **גמ'** בשמחת הלולב הכתוב מדבר. כל הסוגיא מפורשת בסוכה פ"ג דף ח' ע"ב (הי"א): [וז"ל שם, בשמחת הלולב הכתוב מדבר. לדיה משתעי קרא: בשמחת שלמים הכתוב מדבר. שיאכל שלמים שבעת ימים, דאין שמחה אלא בבשר שלמים: ה"ג מאן דאמר בשמחת לולב הכתוב מדבר וכו' ריב"ז מתקין על דבר תורה מ"ד בשמחת שלמים הכתוב מדבר וכו'. והכי פירושו בשלמא למאן דאמר בשמחת הלולב הכתוב מדבר כי היכא דלולב ביום הראשון דאורייתא דכתיב ולקחתם לכם ביום הראשון וגו', הוא הדין שאר כל הימים במקדש דאורייתא דכתיב ושמחתם לפני ה' אלקיכם שבעת ימים, ור' יוחנן בן זכאי מתקן שגם במדינה יעשו שבעה זכר למקדש שהוא מן התורה, אלא למ"ד דבשמחת שלמים הכתוב מדבר נמצא שאף במקדש כל שבעה מדרבנן ור' יוחנן בן זכאי מתקן במדינה שבעה על תקנת חכמים שבמקדש, וכי עבדינן תקנה לתקנת חכמים בתמיה:

פני משה

מתני' ועוד זאת. מתניתן חסורי מחסרא והכי קתני בירושלים היו תוקעין בכל העיר כל זמן שהיו בית דין יושבין בלשכת הגזית במקדש ששם בית דין יושבין עד ששה שעות ביום וביבנה לא היו תוקעין אלא בזמן בית דין ובפני בית דין ועוד זאת היתה ירושלים בעודה בבניינה יתרה בתקיעת שבת על יבנה: שבכל עיר שהיא רואה. כדמפרש בגמרא (בבלי ל.) פרט לעיר שיושבת בנחל ואינה רואה ירושלים ואף על פי שהיתה קרובה לא היו תוקעין בה בשבת, ושומעת פרט לעיר שיושבת בראש ההר. וקרובה פרט ליושבת חוץ לתחום. ויכולה לבא פרט למפסיק לה נהר: **גמ'** והן. ודווקא שיהו כל הדרכים האלו השנוים בה ומפרש ואזיל: רואה ואינה שומעת. כלומר אף על פי שהיא רואה ירושלים כגון שירושלים היא מלמעלן לנגדה והעיר היא מלמטן ויכולה לראות למקום הגבוה ממנה שהיא יושבת במישור אלא שאינה שומעת להשופר שבירושלים וזו נמעטת מדקתני שומעת: ושומעת. אף על פי ששומעת אלא שאינו רואה ירושלים וכגון שההר מפסיק ביניהם: רואה וכו'. אף על פי שיש לה אלו השנים אלא שאינה יכולה לבא וזו היושבת חוץ לתחום ואימעוט מקרובה: רואה ושומעת וקרובה. אלא שאינה יכולה לבוא מחמת שהנחל של מים מפסיק וזו אימעוט מיכולה לבא: ר' יונה בעי היתה יכולה לבא על ידי עירובין. מהו אם קרינן בה יכולה לבא, או דילמא אפילו כן קרינן בה אינה יכולה לבא דזימנין יאבד העירוב, אי נמי דבעינן דלעולם יכולה לבוא אפילו בלא עירוב הוא דבעינן ולא איפשיטא: היך מה דאת אמר וכו'. קושיא היא אמאי לא אמרינן דכמו לגבי ירושלים שכל עיר וכו' ולימר אף ביבנה כן, ולמאי לא התקין רבן יוחנן בן זכאי שיהא זה גם ביבנה שכל עיר שהיא רואה וכו', ומשני דלא דמי דבשלמא ירושלים דבר תורה שתוקעין בה בשבת, והעיירות הסמוכות לה דבר תורה, כלומר שנוסף הוא על מקום שהוא דבר תורה שם וכדמסיים ואזיל ורבן יוחנן בן זכאי מתקין על דבר תורה, וכלומר דשפיר שייך שמתקינין ומוסיפין על המקום שהוא מדברי תורה, אבל יבנה היא גופה מדבריהן הוא והעיירות הסמוכות לה מדבריהן בתמיה וכדמסיים ורבן יוחנן בן זכאי יהא מתקין להוסיף על דבר שהוא מדבריהם וכי יש תקנה אחר התקנה: יצאו בית דין ממקום. שהן יושבין למקום אחר לא היו תוקעין, ור' יוסי בעי לפני ר' סימון אם אפילו מבית לבית או מטרקלין לקיטון והוא החדר שמבפנים נמי בכלל או לא: אמר ליה. ר' סימון: בי רבי. שלי והוא ר' יהושע בן לוי: עד כאן שמעתי. ממקום למקום ותו לא שמעתי ממנו: **מתני'** בראשונה היה הלולב ניטל במקדש שבעה. דכתיב (ויקרא כג מ) ושמחתם לפני ה' אלהיכם שבעת ימים: ובמדינה יום אחד דכתיב (שם) ולקחתם לכם ביום הראשון ולא כתיב כאן לפני ה' אלהיכם: זכר למקדש. דמלוה לעשות זכר למקדש דאמר קרא (ירמיה ל יז) ציון אין דורש לה מכלל דבעי דרישה: ושיהא יום הנף. של העומר שהוא ששה עשר בניסן כולו אסור לאכול חדש כמפורש הטעם לעיל בפרק לולב הגזול בהלכה י"א: **גמ'** כתיב ושמחתם לפני ה' אלהיכם וכו'. גרסינן להא לעיל פרק לולב הגזול שם עד סוף הלכה ומפורש היטב ועיי"ש: [וז"ל שם, כתיב ושמחתם לפני ה' אלהיכם וגו' אית תניא תני. דושמחתם: בשמחת שלמים הכתוב מדבר. שתהא נוהגת כל שבעת ימים:

מסורת הש"ס

א) ר"ה כט: [תוספתא פ"ב ה"ו] ב) ר"ה ל. ג) [לקמן ה"ג - ע"ב וחלה פ"א ה"א כעי"ז] ד) [סוכה פ"ג מי"ב, ספרא אמור פט"ז ה"ט, פסיקתא זוטרתא אמור כג מ, ילקו"ש אמור תרנג, ירמי' שיב] ה) [סוכה פ"ג מי"ב, מנחות פ"י מ"ה, חלה פ"א ה"א, תוספתא מנחות פ"י ה"ו, ספרא אמור פרשה י ה"י, ספרא אמור פרק טז ה"ט, ילקו"ש אמור תרמג, תוספתא מגילה פ"ב ה"ו בשינוי] ו) סוכה פ"ג הי"א [כל הענין]

שירי קרבן

ירושלים דבר תורה וכו' ור' יוחנן בן זכאי מתקן על דבר תורה. כתב הרמב"ם פ"ב מהלכות שופר (ה"ח) בזמן שהיה בית המקדש קיים והיה בי"ד הגדול בירושלים היו הכל תוקעין בירושלים בשבת כל זמן שבי"ד יושבין, ולא אנשי ירושלים בלבד אלא כל עיר שהיתה בתוך תחום ירושלים והיתה רואה וכו', ע"כ. והשיגו הראב"ד בזמן המקדש לא היו תוקעין אלא במקדש אבל בזמן שחרב תוקעין כל הסמוך לה, ע"כ. וכן כתבו התוס' בריש פירקין (כט: ד"ה אבל) עיי"ש. וזהו לפי שיטתם דאבל לא במדינה קאי אף על ירושלים. וקשה הא אמרינן הכא דירושלים דבר תורה, והיינו מדכתיב (ויקרא כג כה) והקרבתם, וזהו בזמן שבית המקדש קיים, וכשיטת הרמב"ם. גם מדקאמר ירושלים דבר תורה משמע דהא דתני במקדש תוקעין קאי אף על ירושלים. גם מהא דמסיק לקמן (ה"ג - ע"ב) ושמחתם לפני ה' אלקיכם שבעת ימים בירושלים, שמעינן מפורש דהא דתנן לולב ניטל במקדש שבעה היינו בירושלים:

עין משפט

א מיי' פ"ב מהלכות שופר הלכה יג [סמ"ג עשין מד] טוש"ע או"ח סימן תרנח סעיף א:
ב מיי' שם הלכה טו [סמ"ג עשין מד] טוש"ע או"ח סימן תרנח סעיף א:
ג מיי' פ"י מהלכות מאכלות אסורות הלכה ב [סמ"ג לאוין קמב] טוש"ע יו"ד סימן רצג סעיף א [וטוש"ע או"ח סימן תפט סעיף י]:

שינויי נוסחאות

א] בה. כ"ה גם גירסת הרמב"ם בפיה"מ. במשניות ובבבלי (כט:) ליתא:
ב] ולא. אולי צ"ל לא:

תורה אור השלם

א) וּלְקַחְתֶּם לָכֶם בַּיּוֹם הָרִאשׁוֹן פְּרִי עֵץ הָדָר כַּפֹּת תְּמָרִים וַעֲנַף עֵץ עָבֹת וְעַרְבֵי נָחַל וּשְׂמַחְתֶּם לִפְנֵי יְהוָה אֱלֹהֵיכֶם שִׁבְעַת יָמִים: (ויקרא כג מ)

מראה הפנים

התם דף ל' (ע"א) גרים רואה פרט ליושבת בנחל וכו'. ואין הפרש ו רואה ואינה שומעת וכו' ושומעת ואינה רואה ההר מפסיק. בין הסוגיות לענין כוונה דמילתא וכמבואר בפנים אלא דהתם נחל הוא מקום נמוך וכדפירש"י בריש מגילה (ג: ד"ה בנחל), והכא נחל פירושו נהר כענין לשון המקרא (דברים כא ד) נחל איתן, ולפי הפי' שפירשו על מים העזים והארכתי בענין זה בחיבורי על סדר נשים במס' סוטה במקומו (פ"ט ה"ה ד"ה ודכוותה). ובהא דמפרש הכא אינו רואה ההר מפסיק, יש ליישב להא דגרסינן בבבלי פ"ק דמגילה דף ג' (ע"ב) אמר ר' יהושע בן לוי כרך וכל הסמוך לו וכל הנראה עמו נידון ככרך, תנא סמוך אע"פ שאינו נראה נראה אע"פ שאינו סמוך בשלמא נראה אע"פ שאינו סמוך משכחת לה כגון דיתבא בראש ההר אלא סמוך אע"פ שאינו נראה היכי משכחת לה א"ר ירמיה שיושבת בנחל. ומדקדקים כאן וכי לא ידע המקשה ההיפוך מהרישא דמיירי שיושבת במקום הגבוה א"כ סיפא מיירי שיושבת במקום נמוך עד שבא ר' ירמיה ולימד זה, ולמאי דלמדו מכאן ניחא דבזה היו מפלפלין, דהא לכאורה משכחת לה כגון שההר מפסיק ביניהם ואינו נראה וכדקאמר הכא דזהו נקרא אינו רואה לענין האמור כאן, אלא דלהמקשה ספוקי מספקא ליה אם זה נקרא סמוך לכרך שיהא נידון עמו דמכיון דגובה ההר מפסיק והמהלך מכאן לכאן צריך שילך בגובה ובשיפוע ההר עד שהוא מגיע לשם או צריך שיקיף את ההר ואם כן אינו סמוך הוא, וזהו דקאמר היכי משכחת לה וכלומר מי ניחא דמשכחת לה בהפסק ההר ביניהם ואין גובה ההר נחשב לשלא יהא נקרא סמוך וא"כ שפיר נקרא סמוך אע"פ שאינו נראה או דילמא דזה לא נקרא סמוך כלל מכיון דצריך להלך או בגובה ושיפוע או בהיקף ההר, ופשיט ליה ר' ירמיה דאין הכי נמי דזה לא מיקרי סמוך ולא משכחת לה סמוך אע"פ שאינו נראה אלא ביושבת בנחל:

הָיִיתִי אוֹמֵר כָּאן מִיעֵט – **I would** indeed **say that here** in the case of the shofar of *Yovel* **[the verse] limits** the blowing to the Land of Israel, וּבְמָקוֹם אַחֵר רִיבָּה – **and with regard to the other case** – the shofar of Rosh Hashanah – **it includes** blowing even in places outside the Land of Israel. אֶלָּא ,,בְּכָל־אַרְצְכֶם" – **But** since the verse uses the inclusionary term ***"throughout" your land*** instead of *"in" your Land,* we must assume that כָּאן רִיבָּה – **here** in the case of *Yovel* **it increases** the shofar blowing, and it comes to include places outside the Temple, וּבְמָקוֹם אַחֵר מִיעֵט – **whereas with regard to the other case** – the shofar of Rosh Hashanah – **it limits** blowing the shofar on the Sabbath to the Temple area.[1]

Halachah 2

Mishnah During the Temple era when the shofar was blown on the Sabbath in Jerusalem, it was blown throughout the entire city.[2] By contrast, after the destruction of the Temple when the Sanhedrim moved to Yavneh and the shofar was blown there, the shofar was blown only in the presence of the *beis din.*[3] The Mishnah states that there was an additional aspect in which shofar blowing (on the Sabbath) in Jerusalem was superior to shofar blowing in Yavneh:

וְעוֹד זֹאת הָיְתָה יְרוּשָׁלַיִם יְתֵירָה עַל יַבְנֶה – **And in this** following **additional** respect **Jerusalem was superior to Yavneh:**[4] שֶׁכָּל עִיר שֶׁהִיא רוֹאָה – **For** regarding Jerusalem, **any** nearby **town that could see** the city of Jerusalem, וְשׁוֹמַעַת – **and could hear** sounds from there,[5] וּקְרוֹבָה – **and was nearby,** וִיכוֹלָה לָבוֹא – **and was accessible** to Jerusalem, was considered as part of Jerusalem,[6] תּוֹקְעִין בָּהּ – and **they would blow** the shofar **[on the Sabbath]**, just as it was blown throughout the city of Jerusalem itself;[7] וּבְיַבְנֶה לֹא הָיוּ תוֹקְעִין אֶלָּא בְּבֵית דִּין בִּלְבַד – **whereas in** Yavneh, they would blow the shofar on the Sabbath **only in the *beis din* itself,** but not throughout the city and certainly not in any nearby town.[8]

Gemara The Gemara elaborates on the Mishnah's ruling regarding towns close to Jerusalem:

וְהֵן שֶׁיְּהוּ כָּל הַדְּרָכִים הָאֵלּוּ בָּהּ – **This** means **that [the nearby town] must have all of these provisions** mentioned by the Mishnah in order for them to blow the shofar on the Sabbath.[9]

The Gemara explains how it is possible for a town to have one condition without the other:[10]

רוֹאָה וְאֵינָהּ שׁוֹמַעַת – The case of **[a town] that sees** Jerusalem, **but does not hear** sounds from there כְּגוֹן יְרוּשָׁלַיִם מִלְמַעְלָן וְעִיר מִלְמַטָּן – occurs, **for example,** where **Jerusalem is above** on a

NOTES

1. *Korban HaEidah* and *Pnei Moshe.*

See Variant A for discussion as to whether the obligation to blow the shofar of *Yovel* is limited to those living in Eretz Yisrael.

2. That is, the shofar blowing in Jerusalem was not limited to the place of the *beis din* (Sanhedrin); rather, it was blown everywhere throughout the city as long as the Sanhedrin was in session (*Pnei Moshe,* citing *Bavli* 30a). See below, note 4.

3. Ibid.; see Gemara there.

4. That is, in addition to the point mentioned in our preface to the Mishnah (viz. that shofar blowing in Jerusalem was superior to the subsequent shofar blowing in Yavneh with regard to the fact that the shofar was sounded throughout the entire city and not just in the place of the *beis din*), there was an additional aspect of the Sabbath shofar blowing in Jerusalem that was superior (*Korban HaEidah, from Rashi* to 29b). [This Mishnah indicates that prior to the destruction of the Temple the shofar was sounded on the Sabbath throughout the entire city of Jerusalem and not just in the Temple. This conforms with the view of *Rambam* cited in the previous Halachah, but not with *Rashi* (see 22a note 1). For discussion of how *Rashi* understands this Mishnah, see *Tosafos* ד״ה אבל, *Ritva, Meiri, Maharsha, Tos. Yom Tov, Pnei Yehoshua, Yom Teruah, Aruch LaNer, Pnei Yehoshua* to 29b, and *Beur of R' Chaim Kanievski.* See also *Ramban, Derashah LeRosh Hashanah* §11 (*Kisvei Ramban,* MHK ed., Vol. I, p. 244).]

5. That is, the town is close enough to Jerusalem to hear the sound of the shofar issuing from the city (*Meiri*). [This does not mean that *everyone* in the nearby town actually hears the shofar from Jerusalem, for in that case there would be no need for them to blow the shofar themselves. Rather, it means that *some* of the inhabitants of the town can hear it (*Yom Teruah* to 29b ד״ה י״ט).]

6. *Meiri.*

7. The Gemara will clarify these conditions and also whether the nearby city must have all of these conditions or just one.

8. The Gemara will explain the reason for this distinction between Yavneh and Jerusalem.

9. That is, the Mishnah does *not* mean to say that a nearby town that has any *one* of these four conditions may blow the shofar on the Sabbath (*Korban HaEidah*), but rather, the town must satisfy *all* of the conditions.

10. For if the presence of any one of these conditions would automatically necessitate another, there would be no need for the Mishnah to specify all four conditions.

TEXTUAL AND INTERPRETIVE VARIANTS

A. The Gemara initially suggested that the term *"your" Land* in the verse *you shall sound the shofar [of Yovel] throughout your Land* implies that the obligation to blow the shofar of *Yovel* is limited to Eretz Yisrael. [Indeed, *Tosafos* (30a סוד״ה לא) and *Kesef Mishneh* (*Hil. Shemittah VeYovel* 10:10, in explanation of *Rambam* ibid.) state that the term *your Land* implies that the shofar of *Yovel* is sounded only in Eretz Yisrael. This is also the view of *Sefer HaChinuch* §331.]

The understanding of the Gemara's conclusion, however, is subject to debate, for the Gemara concludes that this verse is not exclusionary but rather inclusionary. The Gemara explains that the phrase *throughout your Land* does not come to exclude blowing the shofar of *Yovel* outside Eretz Yisrael, but rather to include blowing the shofar of *Yovel* throughout the entire Land, even outside the Temple area (in contrast to the shofar of Rosh Hashanah that is blown on the Sabbath only in the Temple). *Tal Torah* understands that according to the Gemara's conclusion, this verse does *not* come to exclude places outside Eretz Yisrael. He understands, rather, that the Gemara here means to conclude that there is an obligation to blow the shofar of *Yovel* everywhere — even outside Eretz Yisrael. *Or Same'ach,* on the other hand, understands that even according to the Gemara's conclusion, the shofar of *Yovel* is limited to Eretz Yisrael, for the Gemara never retracted from its original assertion that the term *"your" Land* excludes *chutz laaretz.* [The point of the Gemara's conclusion is only that when contrasting *Yovel* to Rosh Hashanah, we do not infer that the shofar of Rosh Hashanah is blown everywhere on the Sabbath, but rather we infer the opposite — that the shofar of Rosh Hashanah (on the Sabbath) is limited to the Temple.]

Rambam (*Hil. Shemittah VeYovel* 10:10) writes that the shofar of *Yovel* is sounded בכל גבול ישראל, *in all Jewish boundaries. Minchas Chinuch* (331:3) considers whether this language might imply that the shofar of *Yovel* is sounded everywhere Jewish people reside — even in *chutz laaretz.* However, *Kesef Mishneh* and *Or Same'ach* (ad loc.) take the words of *Rambam* to mean specifically Eretz Yisrael. Indeed, in some variant texts of *Rambam* it states explicitly: בכל ארץ ישראל, *in all of "Eretz" Yisrael.* See also *Klei Chemdah, Parshas Bahar* §5.

The Gemara presents another source for permitting blowing the shofar on the Sabbath:

אָמְרִין חַבְרַיָּיא קוֹמֵי רַבִּי יוֹנָה – The scholars said before R' Yonah: **וְהָכְתִיב ,,וְהַעֲבַרְתָּ שׁוֹפַר תְּרוּעָה בַּחֹדֶשׁ הַשְּׁבִעִי" וגו' – But it is written** regarding the shofar blowing on Yom Kippur during the *Yovel* year:[16] ***You shall sound a teruah on the shofar, in the seventh month etc.****, [on the tenth of the month; on the Day of Atonement shall you sound the shofar throughout your Land].* Now, since the verse states that the shofar of *Yovel* is blown on the tenth of the month there is no need to state *on the Day of Atonement,* for we know that the tenth of the month is Yom Kippur. The superfluous words *the Day of Atonement* teach that the shofar of *Yovel* shall be blown on the Day of Atonement whenever that might be, even on the Sabbath day.[17] Furthermore, since the verse states that the shofar of Yovel is blown on the Day of Atonement, there is no need to state *in the seventh month,* for we know that Yom Kippur is in the seventh month. The superfluous words *in the seventh month* teach that the laws regarding the shofar of *Yovel* and those regarding the shofar of Rosh Hashanah are the same since they both take place in the seventh month.[18] Accordingly, the shofar of Rosh Hashanah should be sounded on the Sabbath even outside the Temple area just as the shofar of *Yovel* is sounded even outside the Temple area! **– ? –**

R' Yonah responds:

אֲמַר לוֹן – He said to [the scholars]: We expound the words *throughout your Land* stated in the above cited verse concerning the blowing shofar of *Yovel* even on the Sabbath as follows: **זוֹ אַתְּ מַעֲבִיר בְּאַרְצְכֶם – This** shofar of *Yovel* **you should sound throughout your Land** even on the Sabbath; **הָא אַחֶרֶת לֹא – but the other** shofar – the one of Rosh Hashanah – you should sound only in the Temple on the Sabbath, but **not** throughout the land.[19]

The scholars counter:

אָמְרִין לֵיהּ – They said to [R' Yonah]: **אוֹ נֹאמַר – Let us perhaps say** the opposite: Since the verse states *throughout "your" land,* the exclusionary term *your* should teach that **זוֹ אַתֶּם מַעֲבִירִין בְּאַרְצְכֶם – this** shofar of *Yovel* **you should sound throughout "your" Land** only, and not outside the Land of Israel;[20] **הָא אַחֶרֶת בֵּין בָּאָרֶץ בֵּין בְּחוּצָה לָאָרֶץ – but the other** shofar, the one of Rosh Hashanah, you sound everywhere, **whether in the Land** of Israel or **whether outside the Land** of Israel. Accordingly, the shofar of Rosh Hashanah should be blown on the Sabbath even outside the Temple area, and even outside the Land of Israel! **– ? –**

The Gemara answers:

אֲמַר רַבִּי יוֹנָה – R' Yonah said: **אִילּוּ הֲוָה כְּתִיב תַּעֲבִירוּ שׁוֹפָר בְּאַרְצְכֶם – If** in fact **it was written** in this verse **"You shall sound the shofar 'in' your Land,"** instead of *throughout* your Land,

NOTES

Mishnah permits blowing shofar in the entire city of Jerusalem, we must say that when the Gemara here says that the shofar is blown in the place where offerings are brought, it refers to the entire city of Jerusalem and not just to the Temple proper (*Aruch LaNer* to *Bavli* 29b ד"ה במתניתין אבל and *Beur of R' Chaim Kanievski*).]

See Variant A for further discussion about the various expositions cited by the Gemara regarding blowing the shofar on the Sabbath.

16. *Leviticus* 25:9.

17. *Korban HaEidah* and *Beur of R' Chaim Kanievski,* citing *Toras Kohanim* ad loc. [See slightly different version of this exposition cited by *Rashi* to *Leviticus* ibid.; see *Mizrachi* there.]

18. *Korban HaEidah,* citing Gemara above on 20b.

19. *Korban HaEidah* and *Pnei Moshe* (see *Rashi* ibid.). Thus, although the superfluous phrase *on the seventh day* teaches that the shofar of *Yovel* is generally compared to the shofar of Rosh Hashanah, the phrase *throughout the land* teaches that with regard to the law of blowing the shofar on the Sabbath outside the Temple area they are different, for this verse indicates that *only* the shofar of *Yovel* is sounded on the Sabbath throughout the land.

20. [The Gemara here indicates that the shofar of *Yovel* is sounded only in Eretz Yisrael and not in *chutz laaretz;* see Variant A on 23a for discussion whether this is true according to the Gemara's final conclusion.]

TEXTUAL AND INTERPRETIVE VARIANTS

A. *Yefeh Mareh* and *Sefer Nir* understand that once we have the combined expositions of the Baraisa and R' Shimon ben Yochai (from the verses *on the first of the month* and *you shall make an olah offering*) that teach that the shofar is blown on the Sabbath in the Temple, we know that it may not be blown anywhere else and there is no need for the original expositions of Kahana and R' Levi (viz. the inference from the verse *a "remembrance" of teruah sounding*). Accordingly, the Gemara's question — as to why according to Kahana and R' Levi blowing the shofar on the Sabbath is permitted in the Temple — has never been answered. *Yefeh Mareh* thus suggests that Kahana and R' Levi hold that there is actually no Biblical prohibition to blow the shofar on the Sabbath, and the reason that the shofar is not blown on the Sabbath is due to the Rabbinic decree mentioned in *Bavli* 29b (viz. lest one come to carry his shofar on the Sabbath), and their derivation from the verse is not a bona fide Scriptural exposition, but merely an *asmachta* (a Scriptural allusion to this Rabbinic enactment) as indicated in *Maseches Soferim* 19:8 (see note 10; see also *Raaviah* §688 with glosses there; *Mirkeves HaMishneh, Hil. Shofar* 2:8; *Klei Chemdah, Behar* §5).

Other commentators, however, understand that all the expositions cited by the Gemara here operate in concert: Kahana and R' Levi's exposition (from the verse *a "remembrance" of teruah sounding*) is necessary to teach that there is a prohibition to sound the shofar on the Sabbath in the first place (see note 8). Then, in answer to why the shofar is blown on the Sabbath in the Temple, the Gemara cites the Baraisa that derives from *on the first of the month* that there is an exception to this prohibition, for this verse indicates that the shofar may be blown on the Sabbath [at least in certain cases]. R' Shimon ben Yochai then explains that since the following verse states *you shall make an olah offering,* we infer that this permit applies specifically to the place of offerings (viz. the Temple area). However, the original exposition of Kahana and R' Levi (*a "remembrance" of teruah sounding*) is still needed, for R' Shimon ben Yochai would not have sufficient grounds to limit shofar blowing on the Sabbath to the place of offerings if we would not know that shofar blowing is forbidden on the Sabbath in the first place (see *Tos. HaRid, Amudei Yerushalayim,* and *Yefei Einayim* to *Bavli* 29b ד"ה אי).

There is another point that must be addressed: The Mishnah states that after the destruction of the Temple, Rabban Yochanan ben Zakkai instituted that the shofar should be blown on the Sabbath in Yavneh [and in any place where there is a *beis din* of twenty-three judges]. Commentators ask: Since according to *Yerushalmi* there are Scriptural verses that teach that the shofar may be sounded on the Sabbath only in the Temple area, how could Rabban Yochanan ben Zakkai institute shofar blowing in Yavneh and other places where there is a *beis din* outside the Temple area?

Tos. HaRid answers that *Yerushalmi* is of the opinion that the Sages are authorized to abrogate a Torah law when they deem it necessary, even when this involves a קוּם וַעֲשֵׂה, *an active violation.* [This is in contrast to *Bavli Yevamos* 90b, where the Gemara concludes that the Rabbis only have the power to permit passive neglect of a Torah law (שֵׁב וְאַל תַּעֲשֶׂה) but not an active violation (קוּם וַעֲשֵׂה).] Thus, Rabban Yochanan ben Zakkai was empowered to enact blowing the shofar on the Sabbath in certain places outside the Temple even though by Biblical law this is forbidden!

Some suggest that the Scriptural sources cited by *Yerushalmi* teach only that one is *not obligated* to sound the shofar outside the Temple area on the Sabbath, but not that it is Biblically forbidden to do so. Therefore, Rabban Yochanan ben Zakkai was authorized to enact shofar blowing in Yavneh on the Sabbath, for the Scriptural verses do not explicitly prohibit this (*Teruas Melech* 69:2 ד"ה ובירושלמי and *Meshech Chochmah, Leviticus* 25:9; see also *Yom Teruah* 29b ד"ה אמר רבא and *Teruas Melech* ibid. §4).

אמרו לו אחד יבנה ואחד כל מקום שיש בו בית דין: גמ' יום טוב של ראש השנה כו': יח: [ס]ר' אבא בר פפא אמר [א]ר' יוחנן ור' שמעון בן לקיש הוון יתיבין מקשיי אמרין תנינן יום טוב של ראש השנה שחל להיות בשבת במקדש היו תוקעין אבל לא במדינה. אין דבר תורה הוא אף [א]בגבולין ידחה. אין לית הוא דבר תורה אף במקדש לא ידחה. עבר כהנא אמרין הא [ב]גברא רבה דנישאול ליה. אתון שאלון ליה אמר לון [ג]כתוב אחד אומר [א]יום תרועה וכתוב אחר אומר [ב]זכרון תרועה הא כיצד. בשעה שהוא חל בחול יום תרועה בשעה שהוא חל בשבת זכרון תרועה מזכירין אבל לא תוקעין. ר' זעירא מפקד לחברייא עולון ושמעון קליה דר' לוי דרש דלית איפשר דהוא מפיק פרשתיה דלא אולפן. [ג][ג]ועל ואמר קומיהון כתוב אחד אומר [א]יום תרועה וכתוב אחר אומר [ב]זכרון תרועה הא כיצד. בשעה שהוא חל בחול יום תרועה בשעה שהוא חל בשבת זכרון תרועה מזכירין אבל לא תוקעין. מעתה אף במקדש לא ידחה. תנא [ב]באחד לחודש. מעתה אפילו במקום שהן יודעין שהוא באחד לחודש ידחה. [ד]תני ר' שמעון בן יוחי [ג]והקרבתם במקום שהקרבנות קריבין. אמרין חברייא קומי ר' יונה והכתיב [ד]והעברת שופר תרועה בחודש השביעי וגו'. אמר לון [ד][ה]זו את מעביר בארצכם הא אחרת לא. אמרין ליה או נאמר זו אתם מעבירין בארצכם הא אחרת בין בארץ בין בחוצה לארץ. אמר ר' יונה אילו הוה כתיב תעבירו שופר בארצכם

פני משה

אמרו לו אחד יבנה ואחד כל מקום שיש בו בית דין. איכא בינייהו בין הת"ק לאמרו לו דלת"ק לא בעינן בית דין קבוע אלא אפילו באקראי שבמקרה באו שם תוקעין בו, ותנא דאמרו לו סבירא ליה דווקא בבית דין קבוע שם ולהכי קאמרי אחד יבנה וכו', כלומר בית דין קבוע כמו ביבנה הוא דבעינן ולא בבית דין של אקראי, והלכה כתנא דאמרו לו: **גמ' ר' אבא בר פפא אמר.** דר' יוחנן ור' שמעון בן לקיש הוון יתבין ומקשין בהא דתנינן וכו' אם דבר תורה הוא שדוחה את השבת אף בגבולין ידחה וכו': **אמר לון כתוב אחד אומר וכו'.** כלומר ודאי דיש לנו ללמוד מהכתובים הללו דכאן אומר יום תרועה וכאן אומר זכרון תרועה דזה מיירי בחול וזה מיירי בשבת, אלא דקשיא דא"כ אף במקדש לא ידחה ועל כרחינו צריכין אנו להאי דרשא דר' שמעון בן יוחי כדלקמן, אלא דאכתי לא אסיק להקושיא ולהתירוץ עד דמייתי להאי דר' זעירה דלקמיה דהכי נמי דריש ר' לוי ולבתר הכי מקשה ומפרק: **מפקד.** מצוה לחברייא עולון לבית המדרש ושמעו קולו דר' לוי מה הוא דורש היום דלית אפשר שהוא מוצא פרשה שלו כמה שדורש דלא יהא איזה לימוד ודבר חדש, ונכנס ר' לוי לבית המדרש ואמר לפניהם הדרש הזה כתוב אחד אומר וכו', ואמור מעתה אפילו במקדש לא ידחה, ומתרץ דתנא דהיינו טעמא דכתיב באחד לחדש יום תרועה וגו', וזהו במקדש שהם היו קובעין החודש ויודעין מתי הוא באחד לחדש. אלא דאכתי קשיא מעתה אפילו במקום המדינה שהן יודעין שהוא באחד לחדש שהרי שלוחין יוצאין, וכי תימה הרי היום אין השלוחין יוצאין מכל מקום מאי שנא במקדש דנקט אפילו בירושלים ידחה שהרי הן יודעין שקבעו בית דין את החודש היום, ועל כרחך דאתינן להאי דתני ר' שמעון בן יוחי דכתיב בתר דהאי קרא יום תרועה יהיה לכם ועשיתם עולה וגו' (במדבר כח א), ודנקט כאן והקרבתם אגב אשגרת לישנא הוא דהאי והקרבתם דפרשת אמור בתר שבתון זכרון תרועה הוא דכתיב, וקרא דפרשת פנחס דבתר יום תרועה הוא ועשיתם כתיב, והיינו הך דהתורה מרמזת לנו דבמקום שמקריבין קרבנות הוא דלעולם יום תרועה יהיה לכם ואפילו בשבת, ומשום דועשיתם דפרשת פנחס סמיך ליה ליום תרועה יהיה לכם, וקרא דזכרון תרועה על גבולין הוא דנאמר ואף בירושלים לפי האי דרשא: **והכתיב והעברת שופר תרועה בחדש השביעי בעשור לחודש ביום הכפורים.** ומאי שנא שופר דראש השנה בשבת משופר דיובל ביום הכפורים ונימא נמי דלא דחיא יום הכיפורים בגבולין, וקרא כתיב בכל ארצכם: **אמר לון.** הכי דרשינן, זו שופר דיובל את מעביר בארצכם, הא אחרת וזה שופר של ראש השנה לא נוהגת בכל ארצכם בשבת: **אמרין ליה.** חברייא או דילמא נאמר דהכי קאמר קרא זו אתם מעבירין בארצכם אבל לא בחוץ לארץ, הא אחרת של ראש השנה בין בארץ ובין בחוץ לארץ נוהג אף בשבת: **אילו הוה כתיב.** גבי יובל תעבירו שופר בארצכם הייתי דורש כאן מיעט לחוץ לארץ, ובמקום אחר והוא ראש השנה ריבה אף בחוץ לארץ, אבל השתא דכתיב תעבירו שופר בכל ארצכם ובכל ריבויא הוא, ועל כרחך דהכי דרשינן כאן ריבה אף בגבולין ובמקום אחר בראש השנה מיעט גבולין דלא דחיא שבת:

קרבן העדה

אמרו לו וכו'. ואיכא בין אמרו לו לתנא קמא, דתנא קמא סבר כל מקום שיש בו בית דין ואפילו באקראי. ואמרו לו סברו אחד יבנה ואחד כל מקום שיש שם בית דין קבוע כמו ביבנה, אבל בית דין של אקראי לא: **גמ' אין דבר תורה הוא.** דתקיעת שופר דוחה שבת, אם כן אף בגבולין ידחה תקיעת שופר את השבת: **אין לית וכו'.** ואם לאו מן התורה הוא דתדחה שבת, אף במקדש לא ידחה, דסברי תקיעת שופר מלאכה היא: **עבר.** רב כהנא, אמרו הא גברא רבה עובר לפנינו נשאל ממנו: **אמר.** להו על שני מקראות אלו סמכו חכמים לאסור בגבולין, והתירא דמקדש מפרש בסמוך: **ר' זעירא.** מצוה לחבירים שיכנסו וישמעו דרשת ר' לוי, דאי אפשר שידרוש פרשה שלא יצא ממנו דבר חדש: ה"ג **ועלו ואמר קומיהון:** **ופריך מעתה אף במקדש לא ידחה.** שבת: **ומשני תנא באחד לחדש.** דכתיב באחד לחדש יהיה לכם שבתון זכרון תרועה מקרא קדש כל מלאכת עבודה לא תעשו, והקרבתם וגו'. ובחומש הפקודים כתיב באחד לחדש מקרא קדש יהיה לכם כל מלאכת עבודה לא תעשו יום תרועה יהיה לכם, ועשיתם עולה וגו'. קא סלקא דעתך דהכי קאמר, באחד לחדש יהיה לכם שבתון, אבל לגבוה אינו שבתון דהא לפניו גלוי אימתי הוא יום ראשון, והוא הדין במקדש דידעינן אימתי ראש השנה תוקעין אפילו בשבת: **ופריך מעתה.** בכל מקום שיודעין שהוא ראש השנה יהיו תוקעין, ואנן תנן שלא היו תוקעין במדינה אפילו במקום שיודעין: **תני ר' שמעון בר יוחאי והקרבתם.** מדכתיב והקרבתם רחוק מן זכרון תרועה [ו]ועשיתם כתיב סמוך [ל]יום תרועה שמע מינה במקום שמקריבין הוא לעולם יום תרועה: **והכתיב והעברת שופר תרועה בחדש השביעי.** ודרשינן מיניה לעיל בפ"ג (ה"ה - כ:) שתקיעת ראש השנה ויום הכיפורים שוין, וכי היכא דתקיעת יום הכפורים דוחה שבת בכל מקום, כדדריש בתורת כהנים (בהר פרשה ב) ביום הכפורים אפילו בשבת. אם כן אף תקיעת ראש השנה תדחי שבת בכל מקום: **זו את מעביר בארצכם.** ודריש בתורת כהנים (שם) בעשור לחדש למה נאמר, לומר לך בעשור לחדש דוחה שבת בכל ארצכם ואין תקיעת ראש השנה אלא בבית דין בלבד: **או נאמר.** דבארצכם אתי למעט שלא תדחי תקיעת היובל אלא בארץ ולא בחוצה לארץ, אבל תקיעת ראש השנה נוהגת ודוחה שבת בין בארץ בין בחוץ לארץ: **אילו כתיב תעבירו שופר בארצכם.** הייתי אומר דלמעט חוץ לארץ קאתי ביובל ולרבות תקיעת ראש השנה שנוהג בכל מקום, [השתא] דכתיב בכל ארצכם על כרחך למעט ראש השנה קאתי:

שינויי נוסחאות

א] **בגבולין.** בפסיקתא דר"כ (כג יב) ובילקו"ש (אמור תרמה) **במדינה:**

ב] **גברא רבה.** בפסיקתא (שם) ובילקו"ש (שם) **מרא דשמעתא:**

ג] **ועל.** בפסיקתא (שם) ובילקו"ש (שם) **עלון.** וכעי"ז הגיה בקה"ע:

ד] **תני וכו'.** בפסיקתא דר"כ (שם) ובילקו"ש (שם) "תני רבי שמעון בן יוחאי ידחה במקדש שהם יודעים זמנו של חדש ואל ידחה במדינה שאין יודעין זמנו של חדש, **דתני** ר"ש בן יוחאי **יום תרועה יהיה לכם ועשיתם** במקום שהקרבנות קריבין". [והמעיין שם יראה שלדעת המדרשים הנ"ל דברי רשב"י לא באו כתירוץ על הקושיא דלעיל אלא ילפותא בפני עצמה היא]:

ה] **זו את מעביר וכו'.** לשון הספרא (בהר פרשתא ב ה"ה) על הפסוק והעברת שופר תרועה בחדש השביעי בעשור לחדש ביום הכפורים תעבירו שופר בכל ארצכם, "ביום הכיפורים, אפילו בשבת וכו'. יכול אף תרועת ראש השנה תהיה דוחה את השבת, תלמוד לומר בכל ארצכם והעברת שופר תרועה בחודש השביעי בעשור לחודש ביום הכיפורים, שאין תלמוד לומר בעשור לחודש ביום הכיפורים, ממשמע שנאמר ביום הכיפורים איני יודע שהוא יום הכיפורים בעשור לחודש, אם כן למה נאמר בעשור לחודש, אלא בעשור לחדש דוחה את השבת בכל ארצכם ואין תרועת ראש השנה דוחה שבת בכל ארצכם אלא בבית דין בלבד":

תורה אור השלם

א) וּבַחֹדֶשׁ הַשְּׁבִיעִי בְּאֶחָד לַחֹדֶשׁ מִקְרָא קֹדֶשׁ יִהְיֶה לָכֶם כָּל מְלֶאכֶת עֲבֹדָה לֹא תַעֲשׂוּ יוֹם תְּרוּעָה יִהְיֶה לָכֶם: (במדבר כט א)

ב) דַּבֵּר אֶל בְּנֵי יִשְׂרָאֵל לֵאמֹר בַּחֹדֶשׁ הַשְּׁבִיעִי בְּאֶחָד לַחֹדֶשׁ יִהְיֶה לָכֶם שַׁבָּתוֹן זִכְרוֹן תְּרוּעָה מִקְרָא קֹדֶשׁ: (ויקרא כג כד)

ג) כָּל מְלֶאכֶת עֲבֹדָה לֹא תַעֲשׂוּ וְהִקְרַבְתֶּם אִשֶּׁה לַיהוָה: (ויקרא כג כה)

ד) וְהַעֲבַרְתָּ שׁוֹפַר תְּרוּעָה בַּחֹדֶשׁ הַשְּׁבִעִי בֶּעָשׂוֹר לַחֹדֶשׁ בְּיוֹם הַכִּפֻּרִים תַּעֲבִירוּ שׁוֹפָר בְּכָל אַרְצְכֶם: (ויקרא כה ט)

שירי קרבן

תנא באחד לחדש. וא"ת איצטריך קרא למעוטי ספיקא. וי"ל דאיצטריך לאשמועינן דתקיעת שופר מלאכה היא דסד"א תקיעת שופר חכמה ואינה מלאכה:

מסורת הש"ס

א) ויקרא רבה כט יב [פסיקתא דר"כ כג, ילקו"ש אמור תרמה, פנחס תשפב]
ב) [פסיקתא זוטרתא ויקרא כג עז, במדבר כט א]
ג) [ר"ה כט:, פסיקתא דר"כ כג, פסיקתא רבתי מ בשינוי, ילקו"ש אמור תרמה]
ד) ספרא בהר פרשה ב ה"ה [ילקו"ש בהר תרנט]

גליון הש"ס

שיירי קרבן ד"ה תנא באחד וכו'. וא"ת איצטריך קרא למעוטי ספיקא. עי' שיירי קרבן, ולפמ"ש התוס' בחולין דף כ"ב ע"ב ד"ה איצטריך דכל ספיקא שאי אפשר להתברר ולפעמים שהוא כך ופעמים בענין אחר שפיר ממעטינן ספיקא מקרא עיי"ש, א"כ לא קשיא מידי:

מראה הפנים

רבי יוחנן ור' שמעון בן לקיש הוון יתיבון מקשיי אמרין תנינן וכו'. המאמר הזה ג"כ במדרש רבה פ' אמור (פרשה כט יב) וניתן לדרוש הוא, והרבה דקדקתי בו והארכתי בזה בחיבורי פני המנורה בנר הרביעי שם, והרחבתי הדבור ג"כ בענין קושיית התוס' בריש פרקין (כט: ד"ה אבל) וא"ת ומאי שנא מלולב וכו' ושתי התירוצים שכתבו בזה, ובעל המאור ז"ל בסוכה (כג. מדה"ר ד"ה אי הכי) תירץ בזה בענין אחר, וכן (הרשב"א) [הריטב"א] ז"ל (סוכה מג.) הביא עוד שתי תרוצים אחרים אחד בשם רבו ואחד בשם התוס' אשר היה לפניו ז"ל, וכתבתי שמה דלכולהו שינויי אית להו פירכא לבר מתירוץ אחד של הרשב"א בשם התוס' דבזמן המקדש ליכא חששא שמא ישתכח מצות שופר שהרי במקדש היו תוקעין ולא נתבטלה המצוה לגמרי בשנה זו וכו', וזהו עיקרא מכללא דהאי מילתא וכמו שזכרתי מזה לעיל ריש פרק החליל (ד"ה החליל), וביארתי שמה כמה וכמה סוגיות דר"ה ודסוכה והרבה ענינים מענין לענין היוצאים מזה ובמה שהיו ר' יוחנן וריש לקיש מפלפלין זה עם זה במאי דקמפלגי במקום אחר השייך לענין סוגיא דשמעתתא זו והיינו דקאמר יתיבין מקשיי אמרין וכו' שהיו מקשין זה לזה מכח מה דתנינן י"ט של ר"ה וכו'. ודווקא לר' כהנא הוא דשאלו וכגי' המדרש אמרין הא מרה דשמועתא וכו' ואם יזכני המקום ברוב רחמיו ורב חסדיו להוציא גם החיבור הנזכר לאורה ויראו וישישו הלומדים בו ומבינים על קו האמת ומודים אחר העיון בדבר כי שם ימצאו דברי חריפות בהלכה ודברים מתוקים בדברי אגדה וחרוזים זה לזה בס"ד:

Having cited a Biblical teaching that the shofar should not be blown when Rosh Hashanah falls on the Sabbath, the Gemara re-asks its original question:

מֵעַתָּה אַף בְּמִקְדָּשׁ לֹא יִדְחֶה – **But now** that there is a Scriptural source for not blowing the shofar on the Sabbath, **it should not override** the Sabbath **even in the Temple.** Why, then, does the Mishnah say that they would blow the shofar in the Temple area on the Sabbath?

The Gemara answers:

תָּנָא – **A Baraisa taught:** "בְּאֶחָד לַחֹדֶשׁ" – The verse mandating shofar blowing on Rosh Hashanah states:[10] ***ON THE FIRST OF THE MONTH*** *. . . a day of teruah sounding shall it be for you,* which implies, the shofar shall be sounded on the first day of the [seventh] month, whenever that may be, even on the Sabbath day.[11] Therefore, even though blowing the shofar is generally forbidden on the Sabbath, the shofar was blown in the Temple area on the Sabbath because the verse teaches that shofar blowing on Rosh Hashanah overrides the Sabbath. Although the verse *on the first of the month* teaches that shofar blowing on Rosh Hashanah overrides the Sabbath, the Mishnah limits shofar blowing on the Sabbath to those in the Temple area, for only those living near the Temple would know for certain on which day the Sanhedrin sanctified the new moon and which day was actually the first day of the seventh month (Rosh Hashanah).[12] People living in other locations may not blow the shofar on the Sabbath, for they cannot be certain that it is actually Rosh Hashanah on that day, and blowing shofar on the Sabbath is permitted only on Rosh Hashanah, but not on any other day of the year.

The Gemara asks:

מֵעַתָּה אֲפִילוּ בְּמָקוֹם שֶׁהֵן יוֹדְעִין שֶׁהוּא בְּאֶחָד לַחוֹדֶשׁ יִדְחֶה – **But now, even** in places outside the Temple area **where they** were close enough to the Temple to **know** with certainty **that it is the first of the month, [the shofar] should override** the Sabbath! Why does the Mishnah limit shofar blowing on the Sabbath specifically to the Temple area?[13]

The Gemara responds:

תָּנֵי – **A Baraisa taught:** רַבִּי שִׁמְעוֹן בֶּן יוֹחַי – **R' SHIMON BEN YOCHAI** said: After stating the obligation to blow the shofar *on the first of the month* [which implies, even on the Sabbath], the verse states: "(והקרבתם) [וַעֲשִׂיתֶם]" – ***YOU SHALL MAKE*** *an olah offering to Hashem,*[14] thus implying that בְּמָקוֹם שֶׁהַקָּרְבָּנוֹת קְרֵיבִין – only **IN THE PLACE WHERE SACRIFICES ARE OFFERED** (i.e. in the Temple area) is the shofar blown even on the Sabbath, but it is not blown on the Sabbath outside the Temple area.[15]

NOTES

Levi as a Biblical source that the shofar is not blown on the Sabbath is also cited in *Bavli* (29b) in the name of R' Levi ben Lachma. In conclusion, however, *Bavli* cites Rabbah, who asserts that under Biblical law the shofar should be blown even on the Sabbath, for the act of blowing shofar is considered a skill and not a *melachah*. Rabbah asserts that the only reason the shofar is not sounded on the Sabbath [outside the Temple area] is due to a Rabbinic concern that one might inadvertently transgress the Sabbath by transporting the shofar four *amos* in the public domain. Thus, *Bavli* holds that it is only due to a Rabbinic decree that the shofar is not blown on the Sabbath, and the Scriptural sources cited are only an *asmachta, a Scriptural allusion* to the Rabbinic law (*Ramban, Derashah LeRosh Hashanah* §4 [*Kisvei Ramban,* MHK ed., p. 219]; see *Maseches Soferim* 19:8 and *Aruch HaShulchan* 588:9). The fact that *Yerushalmi* never makes mention of Rabbah's Rabbinic decree leads most commentators to conclude that in *Yerushalmi's* view the prohibition to sound the shofar on the Sabbath is Biblical (see note 8). Also, the words of the Gemara below on 23a (viz. יְרוּשָׁלַם דְּבַר תּוֹרָה. . . וְיַבְנֶה מִדִּבְרֵיהֶן, *the shofar in blown in Jerusalem [on the Sabbath] by Biblical law. . . and in Yavneh by Rabbinic law*) clearly indicate that our *sugya* is dealing with bona fide Scriptural expositions rather than *asmachtos* (*Yefei Einayim, Bavli* 29b ד״ה אי מדאורייתא).

[As a matter of practice, when Rosh Hashanah falls on a weekday we refer to Rosh Hashanah in *Shemoneh Esrei* as יוֹם תְּרוּעָה, *a day of teruah sounding,* and when Rosh Hashanah falls on the Sabbath we say instead זִכְרוֹן תְּרוּעָה, *a remembrance of the teruah sounding* (*Maseches Soferim* 19:8; *Rosh, Rosh Hashanah* 4:4; *Tur, Orach Chaim* 582:7). Thus, the text of our prayers conforms with Kahana and R' Levi, who explain that the verse *a remembrance of the teruah sounding* is applicable specifically on the Sabbath when the shofar may not be blown.]

10. *Numbers* 29:1.

11. *Tos. HaRid* and *Beur of R' Chaim Kanievski* (cf. *Korban HaEidah* and *Sheyarei Korban*). [This exposition (permitting shofar blowing on the Sabbath from the verse *on the first of the month*) is similar to the exposition in *Bavli Shabbos* 132a, where the Gemara derives from the verse (*Leviticus* 12:3): *And "on the eighth day" the flesh of his foreskin shall be circumcised,* that circumcision is performed on the eighth day, whenever that may be, even on the Sabbath day. A similar exposition cited in *Bavli Shabbos* 131b based the extra word *day* in the verse *it shall be "a day" of shofar-sounding for you.* The Gemara there (initially) says that this verse implies that the shofar shall be sounded *on the day* of Rosh Hashanah, whenever that may be, even on the Sabbath day.]

12. [Rosh Chodesh, which marks the beginning of the new Jewish month, always falls either on the 30th day from the previous Rosh Chodesh, or on the 31st. In the times of the Mishnah, this would be determined by the Sanhedrin, based on the sighting of the new moon and various other factors. Therefore, at the end of each month it would be necessary to await *beis din's* designation to know on which day Rosh Chodesh was declared. Since Rosh Hashanah is on the first day of the month of Tishrei, only those living in the vicinity of the Temple, where the Sanhedrin was located, would know for certain when it was Rosh Hashanah. However, people living in locations far from the Temple would not immediately know when the new month was declared by the Sanhedrin, and thus they would not know whether the day that they observed as (the first day of) Rosh Hashanah was actually the 1st of Tishrei or was actually the 30th day of Elul and not Rosh Hashanah.]

13. That is, it is understandable why the Mishnah does not permit those living in locations far from the Temple to blow the shofar on the Sabbath, since they do not know for certain when it is Rosh Hashanah (as explained in the previous note), nevertheless, in the city of Jerusalem (and its nearby environs), where they were close enough to the Temple to immediately know when the Sanhedrin declared the new month, they should be permitted to blow the shofar on the Sabbath.

[According to *Rambam* (cited on 22a note 1), who asserts that the Mishnah permits blowing shofar in the entire city of Jerusalem, we must say that the Gemara means to ask why this permit applies only to Jerusalem proper and not to the outlying areas where they were close enough to the Temple to know for certain when the Sanhedrin declared the new month (*Yefeh Mareh* and *Beur of R' Chaim Kanievski* ד״ה והקרבתם).]

14. *Numbers* 29:2. In the printed texts of our Gemara the verse וְהִקְרַבְתֶּם, *you shall offer [a fire offering to God],* is cited, referring to a verse in the Rosh Hashanah passage in *Leviticus* (23:25). We have, however, emended the text – based on *Pnei Moshe, Aruch LaNer,* and *Yefei Einyaim* to *Bavli* 29b, and *Beur of R' Chaim Kanievski* – to read וַעֲשִׂיתֶם, *you shall make [an olah offering],* which is a verse in the Rosh Hashanah passage in *Numbers.* This emendation conforms with the text of R' Shimon ben Yochai's teaching that is found in *Vayikra Rabbah* 29:12 and *Pesikta DeRav Kahana* (end of §23). [The compelling reason for this emendation will immediately become evident (see next note).]

15. R' Shimon ben Yochai infers that the permit to blow the shofar even on the Sabbath is limited to the Temple area – the place where offerings are brought – since the verse *you shall make an olah offering* immediately follows the verse (*Numbers* ibid. v. 1) *on the first of the month. . . a day of teruah sounding it shall be for you,* from which the Gemara earlier deduced that the shofar is blown even on the Sabbath. [Clearly, R' Shimon ben Yochai cannot be referring to the verse *you shall offer [a fire offering to God]* (*Leviticus* 23:24), for that verse is preceded by *a "remembrance" of teruah sounding,* which indicates, if anything, that the shofar is only mentioned and *not* blown on the Sabbath [as the Gemara said earlier], and thus it cannot serve as a source that the shofar *is* blown on the Sabbath in the Temple. See *Korban HaEidah,* who manages to preserve the text of the Gemara here, although he too, understands that R' Shimon ben Yochai's inference is based primarily on the verse in *Numbers.* See also *Yefeh Mareh.*]

[According to *Rambam* (cited on 22a note 1), who asserts that the

שינויי נוסחאות | מסורת הש"ס

גמרא

אמרו לו אחד יבנה ואחד כל מקום שיש בו בית דין: גמ' יום טוב של ראש השנה כו': יח: [ס]ר' אבא בר פפא אמר [א]ר' יוחנן ור' שמעון בן לקיש הוון יתיבין מקשיי אמרין תנינן יום טוב של ראש השנה שחל להיות בשבת במקדש היו תוקעין אבל לא במדינה. אין דבר תורה הוא אף [א]בגבולין ידחה. אין לית הוא דבר תורה אף במקדש לא ידחה. עבר כהנא אמרין הא [ב]גברא רבה דנישאול ליה. אתון שאלון ליה אמר לון [ב]כתוב אחד אומר [א]יום תרועה וכתוב אחר אומר [ב]זכרון תרועה הא כיצד. בשעה שהוא חל בחול יום תרועה בשעה שהוא חל בשבת זכרון תרועה מזכירין אבל לא תוקעין. ר' זעירא מפקד לחברייא עולון ושמעון קליה דר' לוי דרש דלית איפשר דהוא מפיק פרשתיה דלא אולפן. [ג][ג]ועל ואמר קומיהון כתוב אחד אומר [א]יום תרועה וכתוב אחר אומר [ב]זכרון תרועה הא כיצד. בשעה שהוא חל בחול יום תרועה בשעה שהוא חל בשבת זכרון תרועה מזכירין אבל לא תוקעין. מעתה אף במקדש לא ידחה. תנא [ב]באחד לחודש. מעתה אפילו במקום שהן יודעין שהוא באחד לחודש ידחה. [ד]תני ר' שמעון בן יוחי [ג]והקרבתם במקום שהקרבנות קריבין. אמרין חברייא קומי ר' יונה והכתיב [ד]והעברת שופר תרועה בחודש השביעי וגו'. אמר לון [ד][ה]זו את מעביר בארצכם הא אחרת לא. אמרין ליה או נאמר זו אתם מעבירין בארצכם הא אחרת בין בארץ בין בחוצה לארץ. אמר ר' יונה אילו הוה כתיב תעבירו שופר בארצכם

פני משה

אמרו לו אחד יבנה ואחד כל מקום שיש בו בית דין. איכא בינייהו בין הת"ק לאמרו לו דלת"ק לא בעינן בית דין קבוע אלא אפילו באקראי שבמקרה באו שם תוקעין בו, ותנא דאמרו לו סבירא ליה דווקא בבית דין קבוע שם ולהכי קאמרי אחד יבנה וכו', כלומר בית דין קבוע כמו ביבנה הוא דבעינן ולא בבית דין של אקראי, והלכה כתנא דאמרו לו: גמ' ר' אבא בר פפא אמר. דר' יוחנן ור' שמעון בן לקיש הוון יתבין ומקשין בהא דתנינן וכו' אם דבר תורה הוא שדוחה את השבת אף בגבולין ידחה וכו': אמר לון כתוב אחד אומר וכו'. כלומר ודאי דיש לנו ללמוד מהכתובים הללו דכאן אומר יום תרועה וכאן אומר זכרון תרועה דזה איירי בחול וזה איירי בשבת, אלא דקשיא דא"כ אף במקדש לא ידחה ועל כרחינו צריכין אנו להאי דרשא דר' שמעון בן יוחי כדלקמן, אלא דהכתי לא אסיק להקושיא ולהתירוץ עד דמייתי להאי דר' זעירה דלקמיה דהכי נמי דריש ר' לוי ולבתר הכי מקשה ומפרק: מפקד. מצווה לחברייא עולון לבית המדרש ושמעו קולו דר' לוי מה הוא דורש היום דלית אפשר שהוא מוצא פרשה שלו כמה שדורש דלא יהא איזה לימוד ודבר חדש, ונכנס ר' לוי לבית המדרש ואמר לפניהם הדרש הזה כתוב אחד אומר וכו', ואמור מעתה אפילו במקדש לא ידחה, ומתרץ דתנא דהיינו טעמא דכתיב באחד לחדש יום תרועה וגו', וזהו במקדש שהם היו קובעין החודש ויודעין מתי הוא באחד לחדש. אלא דהכתי קשיא מעתה אפילו במקום המדינה שהן יודעין שהוא באחד לחדש שהרי שלוחין יוצאין, וכי תימה הרי היום אין השלוחין יוצאין מכל מקום מאי שנא במקדש דנקט אפילו בירושלים ידחה שהרי הן יודעין שקבעו בית דין את החודש היום, ועל כרחך דאתינן להאי דתני ר' שמעון בן יוחי דכתיב בתר דהאי קרא יום תרועה יהיה לכם ועשיתם עולה וגו' (במדבר כח א), ודנקט כאן והקרבתם אגב אשגרת לישנא הוא דהאי והקרבתם דפרשת אמור בתר שבתון זכרון תרועה הוא דכתיב, וקרא דפרשת פנחס דבתר יום תרועה הוא ועשיתם כתיב, והיינו הך דהתורה מרמזת לנו דבמקום שמקריבין קרבנות הוא דלעולם יום תרועה יהיה לכם ואפילו בשבת, ומשום דועשיתם דפרשת פנחס סמיך ליה ליום תרועה יהיה לכם, וקרא דזכרון תרועה על גבולין הוא דנאמר ואף בירושלים לפי האי דרשא: והכתיב והעברת שופר תרועה בחדש השביעי בעשור לחודש ביום הכפורים. ומאי שנא שופר דראש השנה בשבת משופר דיובל ביום הכפורים ונימא נמי דלא דחיא יום הכיפורים בגבולין, וקרא כתיב בכל ארצכם: אמר לון. הכי דרשינן, זו שופר דיובל את מעביר בארצכם, הא אחרת וזה שופר של ראש השנה לא נוהגת בכל ארצכם בשבת:

אמרין ליה. חברייא או דילמא נאמר דהכי קאמר קרא זו אתם מעבירין בארצכם אבל לא בחוץ לארץ, הא אחרת של ראש השנה בין בארץ ובין בחוץ לארץ נוהג אף בשבת: אילו הוה כתיב. גבי יובל תעבירו שופר בארצכם הייתי דורש כאן מיעט לחוץ לארץ, ובמקום אחר והוא ראש השנה ריבה אף בחוץ לארץ, אבל השתא דכתיב תעבירו שופר בכל ארצכם ובכל ריבויא הוא, ועל כרחך דהכי דרשינן כאן ריבה אף בגבולין ובמקום אחר בראש השנה מיעט גבולין דלא דחיא שבת:

קרבן העדה

אמרו לו וכו'. ואיכא בין אמרו לו לתנא קמא, דתנא קמא סבר כל מקום שיש בו בית דין ואפילו באקראי. ואמרו לו סברו אחד יבנה ואחד כל מקום שיש שם בית דין קבוע כמו ביבנה, אבל בית דין של אקראי לא: גמ' אין דבר תורה הוא. דתקיעת שופר דוחה שבת, אם כן אף בגבולין ידחה תקיעת שופר את השבת: אין לית וכו'. ואם לאו מן התורה הוא דתדחה שבת, אף במקדש לא ידחה, דסברי תקיעת שופר מלאכה היא: עבר. רב כהנא, אמרו הא גברא רבה עובר לפנינו נשאל ממנו: אמר. להו על שני מקראות אלו סמכו חכמים לאסור בגבולין, והתירא דמקדש מפרש בסמוך: ר' זעירא. מצוה לחבירים שיכנסו וישמעו דרשת ר' לוי, דאי אפשר שידרוש פרשה שלא יצא ממנו דבר חדש: ה"ג ועלו ואמר קומיהון: ופריך מעתה אף במקדש לא ידחה. שבת: ומשני תנא באחד לחדש. דכתיב באחד לחדש יהיה לכם שבתון זכרון תרועה מקרא קדש כל מלאכת עבודה לא תעשו, והקרבתם וגו'. ובחומש הפקודים כתיב באחד לחדש מקרא קדש יהיה לכם כל מלאכת עבודה לא תעשו יום תרועה יהיה לכם, ועשיתם עולה וגו'. קא סלקא דעתך דהכי קאמר, באחד לחדש יהיה לכם שבתון, אבל לגבוה אינו שבתון דהא לפניו גלוי אימתי הוא יום ראשון, והוא הדין במקדש דידעינן אימתי ראש השנה תוקעין אפילו בשבת: ופריך מעתה. בכל מקום שיודעין שהוא ראש השנה יהיו תוקעין, ואנן תנן שלא היו תוקעין במדינה אפילו במקום שיודעין: תני ר' שמעון בר יוחאי והקרבתם. מדכתיב והקרבתם רחוק מן זכרון תרועה [ו]ועשיתם כתיב סמוך [ל]יום תרועה שמע מינה במקום שמקריבין הוא לעולם יום תרועה: והכתיב והעברת שופר תרועה בחדש השביעי. ודרשינן מיניה לעיל בפ"ג (ה"ה - כ:) שתקיעת ראש השנה ויום הכיפורים שוין, וכי היכא דתקיעת יום הכפורים דוחה שבת בכל מקום, כדדריש בתורת כהנים (בהר פרשה ב) ביום הכפורים אפילו בשבת. אם כן אף תקיעת ראש השנה תדחי שבת בכל מקום: זו את מעביר בארצכם. ודריש בתורת כהנים (שם) בעשור לחדש למה נאמר, לומר לך בעשור לחדש דוחה שבת בכל ארצכם ואין תקיעת ראש השנה אלא בבית דין בלבד: או נאמר. דבארצכם אתי למעט שלא תדחי תקיעת היובל אלא בארץ ולא בחוצה לארץ, אבל תקיעת ראש השנה נוהגת ודוחה שבת בין בארץ בין בחוץ לארץ: אילו כתיב תעבירו שופר בארצכם. הייתי אומר דלמעט חוץ לארץ קאתי ביובל ולרבות תקיעת ראש השנה שנוהג בכל מקום, [השתא] דכתיב בכל ארצכם על כרחך למעט ראש השנה קאתי:

שינויי נוסחאות

א] בגבולין. בפסיקתא דר"כ (כג יב) ובילקו"ש (אמור תרמה) במדינה:

ב] גברא רבה. בפסיקתא (שם) ובילקו"ש (שם) מרא דשמעתא:

ג] ועל. בפסיקתא (שם) ובילקו"ש (שם) עלון. וכעי"ז הגיה בקה"ע:

ד] תני וכו'. בפסיקתא דר"כ (שם) ובילקו"ש (שם) "תני רבי שמעון בן יוחאי ידחה במקדש שהם יודעים זמנו של חדש ואל ידחה במדינה שאין יודעין זמנו של חדש, דתני ר"ש בן יוחאי יום תרועה יהיה לכם ועשיתם במקום שהקרבנות קרבין". [והמעיין שם יראה שלדעת המדרשים הנ"ל דברי רשב"י לא באו כתירוץ על הקושיא דלעיל אלא ילפותא בפני עצמה היא]:

ה] זו את מעביר וכו'. לשון הספרא (בהר פרשתא ב ה"ה) על הפסוק והעברת שופר תרועה בחדש השביעי בעשור לחדש ביום הכפורים תעבירו שופר בכל ארצכם, "ביום הכיפורים, אפילו בשבת וכו'. יכול אף תרועת ראש השנה תהיה דוחה את השבת, תלמוד לומר בכל ארצכם והעברת שופר תרועה בחודש השביעי בעשור לחודש ביום הכיפורים, שאין תלמוד לומר בעשור לחודש ביום הכיפורים, ממשמע שנאמר ביום הכיפורים איני יודע שהוא יום הכיפורים בעשור לחודש, אם כן למה נאמר בעשור לחודש, אלא בעשור לחדש דוחה את השבת בכל ארצכם ואין תרועת ראש השנה דוחה שבת בכל ארצכם אלא בבית דין בלבד":

תורה אור השלם

א) וּבַחֹדֶשׁ הַשְּׁבִיעִי בְּאֶחָד לַחֹדֶשׁ מִקְרָא קֹדֶשׁ יִהְיֶה לָכֶם כָּל מְלֶאכֶת עֲבֹדָה לֹא תַעֲשׂוּ יוֹם תְּרוּעָה יִהְיֶה לָכֶם: (במדבר כט א)

ב) דַּבֵּר אֶל בְּנֵי יִשְׂרָאֵל לֵאמֹר בַּחֹדֶשׁ הַשְּׁבִיעִי בְּאֶחָד לַחֹדֶשׁ יִהְיֶה לָכֶם שַׁבָּתוֹן זִכְרוֹן תְּרוּעָה מִקְרָא קֹדֶשׁ: (ויקרא כג כד)

ג) כָּל מְלֶאכֶת עֲבֹדָה לֹא תַעֲשׂוּ וְהִקְרַבְתֶּם אִשֶּׁה לַיהֹוָה: (ויקרא כג כה)

ד) וְהַעֲבַרְתָּ שׁוֹפַר תְּרוּעָה בַּחֹדֶשׁ הַשְּׁבִעִי בֶּעָשׂוֹר לַחֹדֶשׁ בְּיוֹם הַכִּפֻּרִים תַּעֲבִירוּ שׁוֹפָר בְּכָל אַרְצְכֶם: (ויקרא כה ט)

שירי קרבן

תנא באחד לחדש. וא"ת איצטריך קרא למעוטי ספיקא. וי"ל דאיצטריך לאשמועינן דתקיעת שופר מלאכה היא דסד"א תקיעת שופר חכמה ואינה מלאכה:

מסורת הש"ס

א) ויקרא רבה כט יב [פסיקתא דר"כ כג, ילקו"ש אמור תרמה, פנחס תשפב]

ב) [פסיקתא זוטרתא ויקרא כג טז, במדבר כט א]

ג) [ר"ה כט:, פסיקתא דר"כ כג, פסיקתא רבתי מ בשינוי, ילקו"ש אמור תרמה]

ד) ספרא בהר פרשה ב ה"ה [ילקו"ש בהר תרנט]

גליון הש"ס

שיירי קרבן ד"ה תנא באחד וכו'. וא"ת איצטריך קרא למעוטי ספיקא. עי' שיירי קרבן, ולפמ"ש התוס' בחולין דף כ"ב ע"ב ד"ה איצטריך דכל ספיקא שאי אפשר להתברר ולפעמים שהוא כך ופעמים בענין אחר שפיר ממעטינן ספיקא מקרא עיי"ש, א"כ לא קשיא מידי:

מראה הפנים

רבי יוחנן ור' שמעון בן לקיש הוון יתיבון מקשיי אמרין תנינן וכו'. המאמר הזה ג"כ במדרש רבה פ' אמור (פרשה כט יב) וניתן לדרוש הוא, והרבה דקדקתי בו והארכתי בזה בחיבורי פני המנורה בנר הרביעי שם, והרחבתי הדבור ג"כ בענין קושיית התוס' בריש פרקין (כט: ד"ה אבל) וא"ת ומאי שנא מלולב וכו' ושתי התירוצים שכתבו בזה, ובעל המאור ז"ל בסוכה (כח. מדה"ר ד"ה אי הכי) תירץ בזה בענין אחר, וכן (הרשב"א) [הריטב"א] ז"ל (סוכה מג.) הביא עוד שתי תרוצים אחרים אחד בשם רבו ואחד בשם התוס' אשר היה לפניו ז"ל, וכתבתי שמה דלכולהו שינויי אית להו פירכא לבר מתירוץ אחד של הרשב"א בשם התוס' דבזמן המקדש ליכא חששא שמא ישתכח מצות שופר שהרי במקדש היו תוקעין ולא נתבטלה המצוה לגמרי בשנה זו וכו', וזהו עיקרא מכללא דהאי מילתא וכמו שזכרתי מזה לעיל ריש פרק החליל (ד"ה החליל), וביארתי שמה כמה וכמה סוגיות דר"ה ודסוכה והרבה ענייניים מענין לענין היוצאים מזה ובמה שהיו ר' יוחנן ור"ל מפלפלין זה עם זה במאי דקמפלגי במקום אחר השייך לענין סוגיא דשמעתתא זו והיינו דקאמר יתיבין מקשיי אמרין וכו' שהיו מקשין זה לזה מכח מה דתנינן י"ט של ר"ה וכו'. ודווקא לר' כהנא הוא דשאלו וכגי' המדרש אמרין הא מרה דשמעתתא וכו' ואם יזכני המקום ברוב רחמיו ורב חסדיו להוציא גם החיבור הנזכר לאורה ויראו וישישו הלומדים בו ומבינים על קו האמת ומודים אחר העיון בדבר כי שם ימלאו דברי חריפות בהלכה ודברים מתוקים בדברי אגדה וחרוזים זה לזה בס"ד:

אָמְרוּ לוֹ – [The Sages] said to him: אֶחָד יַבְנֶה וְאֶחָד כָּל מָקוֹם שֶׁיֵּשׁ בּוֹ בֵּית דִּין – He instituted it both for the Great Sanhedrin in Yavneh and for any other place in which there is even a lesser *beis din.*[1]

Gemara The Mishnah states: יוֹם טוֹב שֶׁל רֹאשׁ הַשָּׁנָה כו׳ – When **the Yom Tov of Rosh Hashanah etc.**

The Gemara questions our Mishnah's ruling regarding blowing the shofar on the Sabbath:[2]

רַבִּי אַבָּא בַּר פַּפָּא אֲמַר – **R' Abba bar Pappa said:** רַבִּי יוֹחָנָן וְרַבִּי שִׁמְעוֹן בֶּן לָקִישׁ הֲווֹן יָתִיבִין מַקְשִׁיי – **R' Yochanan and R' Shimon ben Lakish were sitting** and **asking** as follows: אָמְרִין תְּנִינָן – **They said: We learned in our Mishnah:** יוֹם טוֹב שֶׁל רֹאשׁ הַשָּׁנָה שֶׁחָל לִהְיוֹת בְּשַׁבָּת – WHEN THE YOM TOV OF ROSH HASHANAH FELL ON THE SABBATH, בְּמִקְדָּשׁ הָיוּ תוֹקְעִין – THEY WOULD BLOW the shofar IN THE TEMPLE area, אֲבָל לֹא בַּמְּדִינָה – BUT NOT IN THE PROVINCES. אִין דְּבַר תּוֹרָה הוּא – Now, **if it a Biblical law** that blowing the shofar overrides the Sabbath, אַף בִּגְבוּלִין יִדְחֶה – then **it should override** the Sabbath **even in the provinces,** and not only in the Temple area! אִין לֵית הוּא דְּבַר תּוֹרָה – On the other hand, **if there is no Biblical law** that permits blowing the shofar on the Sabbath,[3] אַף בְּמִקְדָּשׁ לֹא יִדְחֶה – then **even in the Temple area it should not override** the Sabbath! Why, then, does the Mishnah permit blowing the shofar the Temple area but not anywhere else?

The Gemara relates that while these Sages were deliberating this issue they noticed a prominent sage passing:

עָבַר כַּהֲנָא – **Kahana was passing by,** אָמְרִין הָא גַבְרָא רַבָּה דְּנִישְׁאוֹל לֵיהּ – and **they said: This is a great man** to **whom we can ask** our question, אֲתוֹן שָׁאֲלוּן לֵיהּ – so **they approached** Kahana and **asked him** whether there is a Scriptural teaching regarding sounding the shofar on the Sabbath.[4]

Kahana replied:

אֲמַר לוֹן – **He said to them:** כָּתוּב אֶחָד אוֹמֵר ,,יוֹם תְּרוּעָה" – **One verse states:** ***a day of teruah sounding*** *shall it be for you.*[5] וְכָתוּב אַחֵר אוֹמֵר ,,זִכְרוֹן תְּרוּעָה" – **And another verse states:** ***a remembrance of teruah sounding.***[6] The first verse states that the shofar must actually be sounded, whereas the second verse implies that the shofar must merely be mentioned in prayer! הָא כֵּיצַד – **How** can **this** be reconciled? בְּשָׁעָה שֶׁהוּא חָל בְּחוֹל ,,יוֹם תְּרוּעָה" – **When [Rosh Hashanah] falls on a weekday,** we apply the verse ***a day of teruah sounding*** and we actually blow the shofar. בְּשָׁעָה שֶׁהוּא חָל בְּשַׁבָּת ,,זִכְרוֹן תְּרוּעָה" – But **when it falls on the Sabbath,** we apply the verse ***a remembrance of teruah sounding,*** מַזְכִּירִין אֲבָל לֹא תוֹקְעִין – in which case **we recall** the shofar in our prayers, **but do not blow** it.[7]

The Gemara interjects with another Amora who gave the identical exposition:

רַבִּי זְעִירָא מְפַקֵּד לְחַבְרַיָּיא – **R' Z'eira instructed** his **colleagues:** עוּלוֹן וְשִׁמְעוֹן קָלֵיהּ דְּרַבִּי לֵוִי דָּרֵשׁ – **Go up** to the study hall **and listen to what R' Levi expounds,** דְּלֵית אֶפְשַׁר דְּהוּא מַפִּיק פַּרְשָׁתֵיהּ דְּלָא אוּלְפָן – **for it is not possible that he will expound his** Torah **portion without teaching** something new. וַעֲלוֹן[8] וַאֲמַר קוֹמֵיהוֹן – **They went up and [R' Levi] said before them** as follows: כָּתוּב אֶחָד אוֹמֵר ,,יוֹם תְּרוּעָה" – **One verse states:** ***a day of teruah sounding shall it be for you.*** וְכָתוּב אַחֵר אוֹמֵר ,,זִכְרוֹן תְּרוּעָה" – **And another verse states:** ***a remembrance of teruah sounding.*** הָא כֵּיצַד – **How is this** to be reconciled? בְּשָׁעָה שֶׁהוּא חָל בְּחוֹל ,,יוֹם תְּרוּעָה" – **When [Rosh Hashanah] falls on a weekday,** we apply the verse ***a day of teruah sounding*** and we blow the shofar. בְּשָׁעָה שֶׁהוּא חָל בְּשַׁבָּת ,,זִכְרוֹן תְּרוּעָה" – But **when it falls on the Sabbath,** we apply the verse ***a remembrance of teruah sounding,*** מַזְכִּירִין אֲבָל לֹא תוֹקְעִין – in which case **we recall** the shofar in our prayers, **but do not blow** it.[9]

NOTES

1. According to this latter view (viz. the Sages), Rabban Yochanan ben Zakkai instituted that the shofar be blown on the Sabbath in any place where there is a Sanhedrin of twenty-three judges.

Bavli (29b) explains that the difference between the view of the Sages (viz. the latter Tannaim of the Mishnah) and the Tanna Kamma (viz. the first Tanna of the Mishnah) is that according to the Sages the shofar is blown only in a place where there is a *permanent beis din* (of twenty-three judges) but not in a place where there is merely a temporary *beis din,* whereas according to the Tanna Kamma, the shofar is blown even in a place where there is only a *transient beis din* (*Korban HaEidah* from *Rashi* ibid.; cf. *Rambam Commentary* and *Rabbeinu Chananel* ibid.). *Rif* (ibid., as explained by *Ran* and *Ritva* et al.) understands that the Tanna Kamma holds that the shofar is blown in the place of *any* type of *beis din,* even an ordinary *beis din* of only *three* judges (rather than twenty-three judges). Indeed, *Rif's* disciples testified that *Rif* followed this view in practice and the shofar was blown in his own court when Rosh Hashanah fell on the Sabbath even though it was merely a court of three judges! This practice, however, was not followed even by his own disciples (see *Ramban, Rosh, Ran, Ritva,* and *Meiri* ibid.).

2. The discussion that follows is found with variations in *Vayikra Rabbah* 29:12; *Pesikta DeRav Kahana,* end of §23; and *Yalkut Shimoni* Vol. I §645.

3. The Rabbis were deliberating whether blowing shofar is considered a *melachah* and is thus forbidden on the Sabbath, or perhaps it is just a skill [as *Bavli* 29b states in the name of a Baraisa taught in the academy of Shmuel] and is thus Biblically permitted on the Sabbath (*Korban HaEidah* and *Yefeh Mareh,* first approach). [Only activities that are classified as creative "labor" (are considered *melachah* and) are Biblically prohibited on the Sabbath and festivals.]

Alternatively, the Gemara knows that the act of blowing shofar is *not* considered a bona fide *melachah* (as taught by the academy of Shmuel in *Bavli* 29b), but nevertheless considers the possibility that it is forbidden on the Sabbath due to the positive commandment וּבַיּוֹם הַשְּׁבִיעִי תִּשְׁבֹּת, *and on the seventh day you shall rest* (*Exodus* 23:12). This mitzvah (which applies only on the Sabbath but not on Yom Tov) obligates one to refrain on the Sabbath from performing certain labor-related activities even though they are technically not classified as *melachos* (see *Rambam, Hil. Shabbos* 21:1). [This mitzvah is comparable to the positive commandment to refrain from having one's animal work on the Sabbath (see *Rambam* ibid. 20:1).] The Gemara here is questioning whether according to Biblical law one must refrain from blowing the shofar when Rosh Hashanah falls on the Sabbath since doing so would be a violation of the mitzvah of *on the seventh day you shall rest,* or perhaps the mitzvah of shofar overrides the positive commandment to rest on the Sabbath (see *Yom Teruah, Turei Even, Mitzpeh Eisan,* and *Poras Yosef* to *Rosh Hashanah* 29b; *Pnei Yehoshua* ibid. 30a סוד״ה בתוס׳ בד״ה לא; see also *Beur of R' Chaim Kanievski*).

4. *Tos. HaRid;* see also *Pnei Moshe.*

5. *Numbers* 29:1. This verse clearly states that there is an obligation to blow the shofar on Rosh Hashanah.

6. *Leviticus* 23:24. This verse indicates that the obligation on Rosh Hashanah is merely to mention verses that discuss shofar blowing, but not to actually blow it (*Rashi* to 29b; *Turei Even* ibid.).

7. Kahana thus proves that by Biblical law the shofar is not blown on the Sabbath, for the verse indicates that when Rosh Hashanah falls on the Sabbath the shofar should only be *mentioned* in the prayers but not blown. The Gemara later will address the question as to why, then, is the shofar blown on the Sabbath *in the Temple* if in fact it is Biblically forbidden to blow the shofar on the Sabbath (*Korban HaEidah*).

[Presumably, the reason the verse says to *mention* shofar on the Sabbath and not blow it is that the act of blowing shofar is considered a forbidden *melachah* [see note 4] (*Tos. HaRid;* see also *Yefeh Mareh* סוד״ה מזכירין, *Sheyarei Korban* סוד״ה תנא and *Beur of R' Chaim Kanievski*). See, however, *Yom Teruah* 29b ד״ה אמר רבא, cited in Variant A.]

8. [See *Shinuyei Nuschaos.*]

9. It should be noted that the Scriptural exposition (from the twin verses in *Leviticus* and *Numbers*) cited here in the name of Kahana and R'

אמרו לו אחד יבנה ואחד כל מקום שיש בו בית דין: גמ' יום טוב של ראש השנה כו': יח: ר' אבא בר פפא אמר [א]ר' יוחנן ור' שמעון בן לקיש הוון יתיבין מקשיי אמרין תנינן יום טוב של ראש השנה שחל להיות בשבת במקדש היו תוקעין אבל לא במדינה. אין דבר תורה הוא אף [א]בגבולין ידחה. אין לית הוא דבר תורה אף במקדש לא ידחה. עבר כהנא אמרין הא [ב]גברא רבה דנישאול ליה. אתון שאלון ליה אמר לון [ב]כתוב אחד אומר [א]יום תרועה וכתוב אחר אומר [ב]זכרון תרועה הא כיצד. בשעה שהוא חל בחול יום תרועה בשעה שהוא חל בשבת זכרון תרועה מזכירין אבל לא תוקעין. ר' זעירא מפקד לחברייא עולון ושמעון קליה דר' לוי דרש דלית איפשר דהוא מפיק פרשתיה דלא אולפן. [ג][ג]ועל ואמר קומיהון כתוב אחד אומר [א]יום תרועה וכתוב אחר אומר [ב]זכרון תרועה הא כיצד. בשעה שהוא חל בחול יום תרועה בשעה שהוא חל בשבת זכרון תרועה מזכירין אבל לא תוקעין. מעתה אף במקדש לא ידחה. תנא [ב]באחד לחודש. מעתה אפילו במקום שהן יודעין שהוא באחד לחודש ידחה. [ד]תני ר' שמעון בן יוחי [ג]והקרבתם במקום שהקרבנות קריבין. אמרין חברייא קומי ר' יונה והכתיב [ד]והעברת שופר תרועה בחודש השביעי וגו'. אמר לון [ד][ה]זו את מעביר בארצכם הא אחרת לא. אמרין ליה או נאמר זו אתם מעבירין בארצכם הא אחרת בין בארץ בין בחוצה לארץ. אמר ר' יונה אילו הוה כתיב תעבירו שופר בארצכם

פני משה

אמרו לו אחד יבנה ואחד כל מקום שיש בו בית דין. איכא בינייהו בין הת"ק לאמרו לו דלת"ק לא בעינן בית דין קבוע אלא אפילו באקראי שבמקרה באו שם תוקעין בו, ותנא דאמרו לו סבירא ליה דווקא בבית דין קבוע שם ולהכי קאמרי אחד יבנה וכו', כלומר בית דין קבוע כמו ביבנה הוא דבעינן ולא בבית דין של אקראי, והלכה כתנא דאמרו לו: גמ' ר' אבא בר פפא אמר. דר' יוחנן ור' שמעון בן לקיש הוון יתבין ומקשין בהא דתנינן וכו' אם דבר תורה הוא שדוחה את השבת אף בגבולין ידחה וכו': אמר לון כתוב אחד אומר וכו'. כלומר ודאי דיש לנו ללמוד מהכתובים הללו דכאן אומר יום תרועה וכאן אומר זכרון תרועה דזה מיירי בחול וזה מיירי בשבת, אלא דקשיא דא"כ אף במקדש לא ידחה ועל כרחינו צריכין אנו להאי דרשא דר' שמעון בן יוחי כדלקמן, אלא דאכתי לא אסיק להקושיא ולהתירוץ עד דמייתי להאי דר' זעירה דלקמיה דהכי נמי דריש ר' לוי ולבתר הכי מקשה ומפרק: מפקד. מצווה לחברייא עולון לבית המדרש ושמעו קולו דר' לוי מה הוא דורש היום דלית אפשר שהוא מוציא פרשה שלו כמה שדורש דלא יהא איזה לימוד ודבר חדש, ונכנס ר' לוי לבית המדרש ואמר לפניהם הדרש הזה כתוב אחד אומר וכו', ואמור מעתה אפילו במקדש לא ידחה, ומתרץ דתנא דהיינו טעמא דכתיב באחד לחדש יום תרועה וגו', וזהו במקדש ששם היו קובעין החודש ויודעין מתי הוא באחד לחדש. אלא דאכתי קשיא מעתה אפילו במקום המדינה שהן יודעין שהוא באחד לחדש שהרי שלוחין יוצאין, וכי תימה הרי היום אין השלוחין יוצאין מכל מקום מאי שנא במקדש דנקט אפילו בירושלים ידחה שהרי הן יודעין שקבעו בית דין את החודש היום, ועל כרחך דאתינן להאי דתני ר' שמעון בן יוחי דכתיב בתר דהאי קרא יום תרועה יהיה לכם ועשיתם עולה וגו' (במדבר כח א), ודנקט כאן והקרבתם אגב אשגרת לישנא הוא דהאי והקרבתם דפרשת אמור בתר שבתון זכרון תרועה הוא דכתיב, וקרא דפרשת פנחס דבתר יום תרועה הוא ועשיתם כתיב, והיינו הך דהתורה מרמזת לנו דבמקום שמקריבין קרבנות הוא לעולם יום תרועה יהיה לכם ואפילו בשבת, ומשום דועשיתם דפרשת פנחס סמיך ליה ליום תרועה יהיה לכם, וקרא דזכרון תרועה על גבולין הוא דנאמר ואף בירושלים לפי האי דרשא: והכתיב והעברת שופר תרועה בחדש השביעי בעשור לחודש ביום הכפורים. ומאי שנא שופר דראש השנה בשבת משופר דיובל ביום הכפורים ונימא נמי דלא דחיא יום הכיפורים בגבולין, וקרא כתיב בכל ארצכם: אמר לון. הכי דרשינן, זו שופר דיובל את מעביר בארצכם, הא אחרת וזה שופר של ראש השנה לא נוהגת בכל ארצכם בשבת: אמרין ליה. חברייא או דילמא נאמר דהכי קאמר קרא זו אתם מעבירין בארצכם אבל לא בחוץ לארץ, הא אחרת של ראש השנה בין בארץ ובין בחוץ לארץ נוהג אף בשבת: אילו הוה כתיב. גבי יובל תעבירו שופר בארצכם הייתי דורש כאן מיעט לחוץ לארץ, ובמקום אחר והוא ראש השנה ריבה אף בחוץ לארץ, אבל השתא דכתיב תעבירו שופר בכל ארצכם ובכל ריבויא הוא, ועל כרחך דהכי דרשינן כאן ריבה אף בגבולין ובמקום אחר בראש השנה מיעט גבולין דלא דחיא שבת:

קרבן העדה

אמרו לו וכו'. ואיכא בין אמרו לו לתנא קמא, דתנא קמא סבר כל מקום שיש בו בית דין ואפילו באקראי. ואמרו לו סברו אחד יבנה ואחד כל מקום שיש שם בית דין קבוע כמו ביבנה, אבל בית דין של אקראי לא: גמ' אין דבר תורה הוא. דתקיעת שופר דוחה שבת, אם כן אף בגבולין ידחה תקיעת שופר את השבת: אין לית וכו'. ואם לאו מן התורה הוא לתדחה שבת, אף במקדש לא ידחה, דסברי תקיעת שופר מלאכה היא: עבר. רב כהנא, אמרו הא גברא רבה עובר לפנינו נשאל ממנו: אמר. להו על שני מקראות אלו סמכו חכמים לאסור בגבולין, והתירא דמקדש מפרש בסמוך: ר' זעירא. מצוה לחבירים שיכנסו וישמעו דרשת ר' לוי, דאי אפשר שידרוש פרשה שלא יצא ממנו דבר חדש: ה"ג ועלו ואמר קומיהון: ופריך מעתה אף במקדש לא ידחה. שבת: ומשני תנא באחד לחדש. דכתיב באחד לחדש יהיה לכם שבתון זכרון תרועה מקרא קדש כל מלאכת עבודה לא תעשו, והקרבתם וגו'. ובחומש הפקודים כתיב באחד לחדש מקרא קדש יהיה לכם כל מלאכת עבודה לא תעשו יום תרועה יהיה לכם, ועשיתם עולה וגו'. קא סלקא דעתך דהכי קאמר, באחד לחדש יהיה לכם שבתון, אבל לגבוה אינו שבתון דהא לפניו גלוי אימתי הוא יום ראשון, והוא הדין במקדש דידעינן אימתי ראש השנה תוקעין אפילו בשבת: ופריך מעתה. בכל מקום שיודעין שהוא ראש השנה יהיו תוקעין, ואנן תנן שלא היו תוקעין במדינה אפילו במקום שיודעין: תני ר' שמעון בר יוחאי והקרבתם. מדכתיב והקרבתם רחוק מן זכרון תרועה [ו]ועשיתם כתיב סמוך [ל]יום תרועה שמע מינה במקום שמקריבין הוא לעולם יום תרועה: והכתיב והעברת שופר תרועה בחדש השביעי. ודרשינן מיניה לעיל בפ"ג (ה"ה - כ:) שתקיעת ראש השנה ויום הכיפורים שוין, וכי היכא דתקיעת יום הכפורים דוחה שבת בכל מקום, כדדריש בתורת כהנים (בהר פרשה ב) ביום הכפורים אפילו בשבת. אם כן אף תקיעת ראש השנה תדחי שבת בכל מקום: זו את מעביר בארצכם. ודריש בתורת כהנים (שם) בעשור לחדש למה נאמר, לומר לך בעשור לחדש דוחה שבת בכל ארצכם ואין תקיעת ראש השנה אלא בבית דין בלבד: או נאמר. דבארצכם אתי למעט שלא תדחי תקיעת היובל אלא בארץ ולא בחוצה לארץ, אבל תקיעת ראש השנה נוהגת ודוחה שבת בין בארץ בין בחוץ לארץ: אילו כתיב תעבירו שופר בארצכם. הייתי אומר דלמעט חוץ לארץ קאתי ביובל ולרבות תקיעת ראש השנה שנוהג בכל מקום, [השתא] דכתיב בכל ארצכם על כרחך למעט ראש השנה קאתי:

שינויי נוסחאות

א) בגבולין. בפסיקתא דר"כ (כג יב) ובילקו"ש (אמור תרמה) במדינה:

ב) גברא רבה. בפסיקתא (שם) ובילקו"ש (שם) מרא דשמעתא:

ג) ועל. בפסיקתא (שם) ובילקו"ש (שם) עלון. וכעי"ז הגיה בקה"ע:

ד) תני וכו'. בפסיקתא דר"כ (שם) ובילקו"ש (שם) "תני רבי שמעון בן יוחאי ידחה במקדש שהם יודעים זמנו של חדש ואל ידחה במדינה שאין יודעין זמנו של חדש, דתני ר"ש בן יוחאי יום תרועה יהיה לכם ועשיתם במקום שהקרבנות קריבין". [והמעיין שם יראה שלדעת המדרשים הנ"ל דברי רשב"י לא באו כתירוץ על הקושיא דלעיל אלא ילפותא בפני עצמה היא]:

ה) זו את מעביר וכו'. לשון הספרא (בהר פרשה ב ה"ה) על הפסוק והעברת שופר תרועה בחדש השביעי בעשור לחדש ביום הכפורים תעבירו שופר בכל ארצכם, "ביום הכיפורים, אפילו בשבת וכו'. יכול אף תרועת ראש השנה תהיה דוחה את השבת, תלמוד לומר בכל ארצכם והעברת שופר תרועה בחודש השביעי בעשור לחודש ביום הכיפורים, שאין תלמוד לומר בעשור לחודש ביום הכיפורים, ממשמע שנאמר ביום הכיפורים איני יודע שהוא יום הכיפורים בעשור לחודש, אם כן למה נאמר בעשור לחודש, אלא בעשור לחדש דוחה את השבת בכל ארצכם ואין תרועת ראש השנה דוחה שבת בכל ארצכם אלא בבית דין בלבד":

תורה אור השלם

א) וּבַחֹדֶשׁ הַשְּׁבִיעִי בְּאֶחָד לַחֹדֶשׁ מִקְרָא קֹדֶשׁ יִהְיֶה לָכֶם כָּל מְלֶאכֶת עֲבֹדָה לֹא תַעֲשׂוּ יוֹם תְּרוּעָה יִהְיֶה לָכֶם: (במדבר כט א)

ב) דַּבֵּר אֶל בְּנֵי יִשְׂרָאֵל לֵאמֹר בַּחֹדֶשׁ הַשְּׁבִיעִי בְּאֶחָד לַחֹדֶשׁ יִהְיֶה לָכֶם שַׁבָּתוֹן זִכְרוֹן תְּרוּעָה מִקְרָא קֹדֶשׁ: (ויקרא כג כד)

ג) כָּל מְלֶאכֶת עֲבֹדָה לֹא תַעֲשׂוּ וְהִקְרַבְתֶּם אִשֶּׁה לַיהוָה: (ויקרא כג כה)

ד) וְהַעֲבַרְתָּ שׁוֹפַר תְּרוּעָה בַּחֹדֶשׁ הַשְּׁבִעִי בֶּעָשׂוֹר לַחֹדֶשׁ בְּיוֹם הַכִּפֻּרִים תַּעֲבִירוּ שׁוֹפָר בְּכָל אַרְצְכֶם: (ויקרא כה ט)

שירי קרבן

תנא באחד לחדש. וא"ת איצטריך קרא למעוטי ספיקא. וי"ל דלאיצטריך לאשמועינן דתקיעת שופר מלאכה היא דסד"א תקיעת שופר חכמה ואינה מלאכה:

מסורת הש"ס

א) ויקרא רבה כט יב [פסיקתא דר"כ כג, ילקו"ש אמור תרמה, פנחס תשפב] ב) [פסיקתא זוטרתא ויקרא כג טז, במדבר כט א] ג) [ר"ה כט:, פסיקתא דר"כ כג, פסיקתא רבתי מ בשינוי, ילקו"ש אמור תרמה] ד) ספרא בהר פרשה ב ה"ה [ילקו"ש בהר תרנט]

גליון הש"ס

שיירי קרבן ד"ה תנא באחד וכו'. וא"ת איצטריך קרא למעוטי ספיקא. עי' שיירי קרבן, ולפמ"ש התוס' בחולין דף כ"ב ע"ב ד"ה איצטריך דכל ספיקא שאי אפשר להתברר ולפעמים שהוא כך ופעמים בענין אחר שפיר ממעטינן ספיקא מקרא עיי"ש, א"כ לא קשיא מידי:

מראה הפנים

רבי יוחנן ור' שמעון בן לקיש הוון יתיבין מקשיי אמרין תנינן וכו'. המאמר הזה ג"כ במדרש רבה פ' אמור (פרשה כט יב) וניתן לדרוש הוא, והרבה דקדקתי בו והארכתי בזה בחיבורי פני המנורה בנר הרביעי שם, והרחבתי הדבור ג"כ בענין קושית התוס' בריש פרקין (כט: ד"ה אבל) וא"ת ומאי שנא מלולב וכו' ושתי התירוצים שכתבו בזה, ובעל המאור ז"ל בסוכה (כג. מהד"ר ד"ה אי הכי) תירץ בזה בענין אחר, וכן (הרשב"א) [הריטב"א] ז"ל (סוכה מג.) הביא עוד שתי תרוצים אחרים אחד בשם רבו ואחד בשם התוס' אשר היה לפניו ז"ל, וכתבתי שמה דלכולהו שינויי אית להו פירכא לבר מתירוץ אחד של הרשב"א ז"ל בשם התוס' דבזמן המקדש ליכא חששא שמא יעבירנו דבטלה מצות שופר שהרי במקדש היו תוקעין ולא נתבטלה המצוה לגמרי בשנה זו וכו', וזהו עיקרו מכללא דהאי מילתא וכמו שזכרתי מזה לעיל ריש פרק החליל (ה"א החליל) וביארתי שמה כמה וכמה סוגיות דר"ה ודסוכה והרבה ענינים מענין לענין היוצאים מזה ובמה שהיו ר' יוחנן וריש לקיש מפלפלין זה עם זה במאי דקמפלגי במקום אחר השייך לענין סוגיא דשמעתתא זו והיינו דקאמר יתיבין מקשיי אמרין וכו' שהיו מקשין זה לזה מכח מה דתנינן י"ט של ר"ה וכו'. ודווקא לר' כהנא הוא דשאלו וכגי' המדרש אמרין הא מרה דשמועתא וכו' ואם יזכני המקום ברוב רחמיו ורב חסדיו להוציא גם החיבור הנזכר לאורה ויראו וישישו הלומדים בו ומבינים על קו האמת ומודים אחר העיון בדבר כי שם ימצאו דברי חריפות בהלכה ודברים מתוקים בדברי אגדה וחרוזים זה לזה בס"ד:

ⓐ ואין אמת אלא תורה היך מה דאת אמר א) אמת קנה ואל תמכור חכמה ומוסר ובינה. ⓑ אמר ר' יודה בר פזי ב) זנח ישראל טוב אויב ירדפו ואין טוב אלא תורה היך מה דאת אמר ג) כי לקח טוב נתתי לכם תורתי אל תעזובו: **הלכה ט מתני'** ⓒ כיוצא א] בו ד) ויאמר ה' אל משה עשה לך שרף ושים אותו על נס וגו' וכי נחש ממית ב] ומחייה אלא ג] כל זמן שישראל מסתכלין כלפי ד] למעלן ומשעבדין את ליבן לאביהן שבשמים היו מתרפאין ואם לאו היו נימוקין: **גמ'** ⓓ אמר ר' יסא בארבעה מקומות נאמר עשה לך בשלשה פירש ואחד לא פירש. ה) עשה לך תיבת עצי גופר ו) עשה לך שתי חצוצרות כסף ז) עשה לך חרבות צורים ד) עשה לך שרף לא פירש. אמר משה עיקרה לא נחש הוא לפיכך ח) ויעש משה נחש נחושת. מיכן היה ⓔ ר' מאיר דורש שמות. ⓕ חד בר נש הוה שמיה כידור. אמר לון ר' מאיר הובא לכון מיניה בר נש ביש הוא ט) כי דור תהפוכות המה. ר' לוי בשם ר' חמא בר חנינה ו) והיה הנשוך אין כתיב כאן אלא ד) כל הנשוך אפילו נשיכת כלב אפילו נשיכת נחש. ולא דמיא נשיכת כלב וראה נשיכת נחש והביט. ר' יודה גוזריא בשם ר' אחא נשיכת כלב שאינו ממינו וראה נשיכת נחש שהוא ממינו והביט. ורבנן אמרי נשיכת כלב שאינו מחלחל וראה נשיכת נחש שהוא מחלחל והביט: **הלכה י מתני'** א ⓖ חרש שוטה ⓗ וקטן ה] אינו מוציא את הרבים ידי חובתן. ב זה הכלל ⓘ כל שאינו חייב בדבר אינו מוציא את הרבים ידי חובתן: **גמ'** תני ⓙ ו] אבל אמרו אשה מברכת לבעלה עבד לרבו ג קטן לאביו. ניחא אשה מברכת לבעלה עבד לרבו. קטן לאביו לא כן אמר ר' אחא בשם ר' יוסה בר ז] נוהריי כל שאמרו בקטן כדי לחנכו. תיפתר בעונה ח] אחריהן. כהיא דתנינן תמן ⓚ מי שהיה עבד או אשה או קטן מקרים אותו ט] ועונה אחריהם מה שהם אומרים ותהא לו מאירה. י] תבוא מאירה לבן עשרים שצריך לבן עשר:

הדרן עלך פרק ראוהו בית דין

ד ⓛ **יום** טוב של ראש השנה שחל להיות בשבת במקדש היו תוקעין אבל לא במדינה. משחרב בית המקדש התקין רבן יוחנן בן זכאי שיהו תוקעין ה בכל מקום שיש בו בית דין. אמר ר' אלעזר לא התקין רבן יוחנן בן זכאי שיהו תוקעין אלא ביבנה בלבד.

קרבן העדה

זנח ישראל טוב. מייתי ראיה לשמואל: ואין טוב אלא תורה. דאי טוב עולם הזה זנח למה אויב ירדופו אדרבה כך היא דרכה של תורה, אלא הכי קאמר, זנח ישראל תורה לפיכך אויב ירדופו: בארבעה מקומות נאמר בתורה עשה לך: בשלשה פירש. הקב"ה, מאיזה מין יעשה: עשה לך שרף לא פירש. מאיזה מין: עיקרה. של שרף, וכי לא נחש היא, בתמיה, א"כ סמך הקב"ה שתהא של נחשת כעיקר שמה, אלא שתהא בצורת שרף, לכך כתיב ויעש משה נחש הנחושת: מכאן היה ר' מאיר דורש שמות. מדלא פירש השם וסמך הקב"ה שידרוש משה שם נחש, שמע מינה שדורשין שמות: הובא לכון. כלומר לאו לכם ממנו, איש רע מעללים הוא: ה"ג אפילו נשיכת כלב פתן ועקרב וחיה רעה: ולא דמיא. מיהא לא דמי, גבי נשיכת כלב כתיב וראה, דמשמע מקרוב, נשיכת הנחש כתיב והביט, דמשמע מיד שהסתכל בו נתרפא: שאינו ממינו. של הנעשה לרפואה היה צריך הסתכלות גדול: שאינו מחלחל. שאינו מזיק ונכנס לתוך הגוף, כתיב וראה, דסובר וראה מרחוק משמע, והביט מקרוב. וכיוצא בזה פליגי באיכה רבתי בפסוק הביטה וראה (ה א): אבל אמרו. כמו באמת אמרו. כל באמת אמרו הלכה ואין חולק בדבר: אשה מברכת לבעלה. ברכת המזון: ופריך ניחא אשה מברכת לבעלה וכו'. שאף הן בברכת המזון מדרבנן לכולי עלמא: אלא קטן. יברך לאביו, מאי טעמא: לא כן אמר ר' אחא וכו'. כל שאמרו בקטן כדי לחנכו ואפילו חיוב מדרבנן ליכא, ואיך מוציא את אביו שחייב מדאורייתא: ומשני תיפתר. הך ברייתא איירי בשעונה אחריהן אמן: כהאי דתנינן תמן. במתני' [בסוכה]: תבוא מאירה לבן כ'. כלומר לגדול בר חיובא, שצריך לקטן שאינו בר חיובא אף על פי שהגיע לחינוך:

הדרן עלך פרק ראוהו בית דין

יום טוב. במקדש היו תוקעין. בגמ' מפרש לה: אבל לא במדינה. לא בירושלים ולא בגבולין. והרמב"ם (בפירוש המשנה) מפרש שירושלים כולה קרויה מקדש ושאר ארץ ישראל קרויה מדינה: בכל מקום שיש בו בית דין. ואפילו אינן קבועין אלא שבמקרה באו שם תוקעין בו: אלא ביבנה. שהיתה שם סנהדרי גדולה בימיו, וכן בכל מקום שגלתה לשם סנהדרי גדולה, אבל לא בבית דין של כ"ג:

פני משה

ועשה לך שרף. ולא פירש ממה יעשה אלא משה למד מעצמו, וכי עיקרה של השרף לא נחש הוא שהארס שורף הגוף, לפיכך עשה מנחושת לשון נופל על לשון: הובא לכון מיניה. תרחיקו עצמכם ממנו ותנו לכם להצלה דבר נש ביש הוא דכתיב כי דור וגו': אלא כל הנשוך. לרבות אפילו מנשיכת כלב הוא נשוך נרפא כשראה אותו: אפילו נשיכת נחש. כלומר אפילו נשיכת כלב כמו נשיכת נחש הוא: ולא דמיא. ומכל מקום לא היו שוין ברפואתן דמנשיכת כלב וראה אותו וחי מיד כשראה אותו בראיה בעלמא נרפא, אבל מנשיכת נחש היה צריך והביט שההבטה היא יותר בהשגחה מהראייה, ולפיכך כתיב כאן וראה אצל כל הנשוך, ובנשיכת נחש כתיב אם נשך הנחש וגו' והביט אל נחש הנחושת וחי: ר' יודא וכו'. מפרשין טעמא נשיכת כלב שאינו ממינו של נחש הנחושת שעשה וראה אותו סגי, ונשיכת נחש שהוא ממינו היה צריך והביט כדי שישימו אל לבם שנענשו על לשון הרע שהוא מעשה נחש, ורבנן סבירא להו לפי הצורך לרפואתן היה שנשיכת כלב אין בו ארס המתחלחל בגוף וראה סגי, ונשיכת נחש שהארס מתחלחל צריך והביט: מתני' חרש שוטה וקטן וכו'. הואיל והן אינן מחויבין בדבר: גמ' תני אבל אמרו אשה מברכת לבעלה וכו'. כתוב זה לעיל פרק לולב הגזול בהלכה ט ועיי"ש: [וז"ל שם, תני. בתוספתא דברכות פרק (ו') [ה'] (הי"ח) ומייתי להא לעיל בפ"ג דברכות בהלכה ג', וכן לקמן בסוף פ"ג דר"ה: אבל אמרו. חכמים אשה מברכת לבעלה וכו': ניחא אשה וכו'. דמ"מ שייכים במצות הם: אלא קטן לאביו. בתמיה: והא לא כן אמר ר' אחא כל שאמרו. חכמים במצות בקטן לא אמרו אלא כדי לחנכו, כגון סוכה ולולב וכיוצא בזה הנוהגות בקטן שהגיע לחינוך, ומכיון שלחנכו בעלמא הוא היאך מוציא הוא את אביו, דקס"ד שהקטן מברך הוא לבדו להוציא את אביו: תיפתר בעונה אחריהן. כך היא הגירסא בר"ה. ול"ג אמן ונכונה היא, וכלומר הכא במאי עסקינן שהוא עונה הברכה אחריהן מה שהן מברכין. וכהאי דתנינן תמן וכו', כדתנינן הכא: ועוד אמרו תבא מאירה לבן עשרים וכו'. כלומר וביותר אמרו לזה שהוא גדול ובן עשרים וצריך הוא לבן עשר, שגנאי גדול הוא לו שצריך הוא להקטן ממנו:]

הדרן עלך פרק ראוהו בית דין

יום טוב של ראש השנה שחל להיות בשבת. אף על פי שמן התורה מותר לתקוע לא היו תוקעין אלא במקדש, דרבנן הוא דגזור ביה לפי שהכל חייבין בתקיעת שופר ואין הכל בקיאין בתקיעת שופר, גזרה שמא יטלנו בידו וילך אצל הבקי ללמוד ויעבירנו ארבע אמות ברשות הרבים (בבלי כט:): במקדש היו תוקעין. שהרי אין בו אלא משום שבות ואין שבות במקדש (פסחים סה.): אבל לא במדינה. שאר ארץ ישראל חוץ מירושלים קרוי מדינה: בכל מקום שיש בו בית דין. מפני שבית דין זריזין הן (עי' פסחים יב:) ולא יבואו התוקעים בפניהם להעביר השופר לפי שהם מודיעים את העם ומזהירין אותן: אלא ביבנה בלבד. שהיתה שם סנהדרי גדולה בימיו, וכן בכל מקום שגלתה שם סנהדרי גדולה אבל לא בשאר בית דין:

מסורת הש"ס

א) [ברכות ה., ע"ז ד:, פסיקתא זוטרתא עקב יא יג, מדרש תהלים קי, ילקו"ש משלי תתקנד, תיקו"ז ג. בשינוי] ב) [איכה רבה פתיחתא ב, פסיקתא דר"כ טו, ילקו"ש הושע תקכד] ג) ר"ה כט. [מכילתא דר"י בשלח מס' דעמלק פרשה א, מכילתא דרשב"י יז יא, תנחומא (ורשא) בשלח כז, פסיקתא זוטרתא חקת כא ח, מדרש אגדה כא ח, ילקו"ש בשלח רסב, זהר ח"ג קעה.] ד) ב"ר לא ח [פסיקתא זוטרתא בראשית ו יד, ילקו"ש נח נז, יהושע טו] ה) יומא פג: [ב"ר מב ה, רות רבה ב ה, פסיקתא בראשית ל, ילקו"ש לך לך עב, רות תרב] ו) [תנחומא בראשית ל, ילקו"ש האזינו תתקמב] ז) [במדבר רבה יט כב, תנחומא חקת מב, ילקו"ש חקת תשסד] ח) ר"ה כט. ט) [תוספתא ברכות פ"ה ה"ח, תוספתא מגילה פ"ב ה"ד] י) ברכות פ"ג ה"ג, מגילה פ"ב ה"ד וה"ט, ברכות כ: כ) ברכות פ"ג ה"ג, סוכה פ"ג ה"ט, סוכה לח. [ברכות כ:, תוספתא ברכות פ"ה ה"ח] ל) [סוכה פ"ג ה"ט] מ) מ"ג, ברכות פ"ג ה"ג] נ) [ויקרא רבה כט יב, פסיקתא דר"כ כג, ילקו"ש אמור תרמה, פנחס תשפב]

גליון הש"ס

כל שאמרו בקטן כדי לחנכו. מכאן מבואר כמ"ש הר"ן בשם הרמב"ן פ"ב דמגילה דף י"ט ע"ב (ו: מדה"ר ד"ה מתני הכל): קרבן העדה ד"ה ומשני תיפתר. בשעונה אחריהן אמן. עיין קרבן העדה, ובאמת כן הוא בירושלמי סוכה שם (פ"ג ה"ט), אמנם מדברי כל הפוסקים מבואר שצריך לענות אחריהם מה שהם אומרים, ועי' בהשגות הראב"ד פ"ה מברכות הלכה ט"ו ובכסף משנה שם:

מראה הפנים

רבי יודן גוזריא בשם ר' אחא נשיכת כלב שאינו ממינו וראה וכו'. נראה דודאי לא פליגי ר' יודא ורבנן דיש הפרש בין נשיכת כלב לבין נשיכת נחש בענין הרפואה כנודע, אלא דכל חד וחד מפרש ההפרש לענין העונש ובענין גרם החטא שידוע הוא מההפרש של החטא והחוטא, וכמו דאמר (ישעיהו נה ז) יעזוב רשע דרכו ואיש און מחשבותיו אצל הרשע הפועל החטא לפי דרכו אמר ג"כ יעזוב דרכו, ואיש און זהו שאין בו בפועל כי אם בכח כענין שהוא מחשב כך וכך לעשות או תחבולות רשע לו להסית אחרים שיעשו כך וכך והוא נקרא איש און זה יעזוב מחשבותיו, וכך היה באותו הדור שיש שחטאו בפועל ודברו לשון הרע שלהם בפרסום לעיני משה וכל ישראל, ויש שבהסתר מחשבותיהם ובהסתה לחבירו על מה אתה שותק או דוגמתו, ולכת האחת להם מגיע נשיכת הנחש כנודע מדרש חז"ל (תענית ח.) מפסוק (קהלת י יא) (מה יתרון לנחש) [אם ישך הנחש] וכו', ולכת השניה נשיכת הכלב להם מגיע, ולפיכך נמי היה ההפרש ברפואתם אלו וראה ואלו והביט כל זה לדברי ר' יודא, ורבנן מוסיפין הם בזה וכלומר נהי שכדבריך כן הוא דהכל ניתן במדה כנגד מדה אלא שאתה צריך להוסיף ולומר דהכת השניה שאמרנו אשר להם ראוי הוא נשיכת הכלב זהו אמת לענין העונש, אבל עיקר הטעם לא פירשת בביאור היטב שכך הוא הדבר בענין הרפואה ולפי החטא שלהם שזה של כלב אינו מחלחל הארס שלו בתוך החלל של הגוף, ולפיכך וראה היתה רפואתו ומפני שהחטא שלו לא היה נכנס באוזן השומע ולא נכנס לתוכיות גופו שיצטער בשביל כך וכך רפואתו לפי פגמו וארס הנחש מחלחל הארס שלו בתוך חלל הגוף, וכך היה החטא שלו כת האחת שביותר מצטער השומע חרפתו מהמחרף והטולב אותו ונכנס לתוכיות גופו, ולפיכך רפואתו צריך והביט אל נחש הנחושת ואז וחי: [המשך בסוף הספר]

עין משפט

א מיי' פ"ב מהלכות שופר הלכה ב טוש"ע או"ח סימן תקפח סעיף ב [ג]:
ב מיי' פ"ה מהלכות ברכות הלכה טו [סמ"ג עשין כז] טוש"ע או"ח סימן קפו סעיף ב:
ג מיי' פ"ב מהלכות שופר הלכה ו [סמ"ג עשין מב] טוש"ע או"ח סימן תקפט סעיף ה:
ד מיי' שם הלכה ט ו [ופ"ו מהלכות שמיטה ויובל הלכה יב]:
ה מיי' פ"ב מהלכות שופר הלכה ט:

שינויי נוסחאות

א] בו ויאמר ה' אל משה עשה. במשניות ובבבלי (כט.) בדבר אתה אומר עשה:
ב] ומחייה. כ"ה גם גירסת הרמב"ם בפיה"מ. במשניות ובבבלי (שם) או נחש מחייה:
ג] כל זמן. כ"ה גם גירסת הרמב"ם בפיה"מ. במשניות ובבבלי (שם) בזמן:
ד] למעלן. בדפו"י מעלן:
ה] אינו מוציא. במשניות ובבבלי (שם) אין מוציאין:
ו] אבל. כ"ה גם בירושלמי ברכות (פ"ג ה"ג) וסוכה (פ"ג ה"ט). בתוספתא ברכות (פ"ה ה"ח) ובבבלי ברכות (כ:) באמת:
ז] נוהריי. בירושלמי ברכות (שם) וסוכה (שם) נהוריי:
ח] אחריהן. בירושלמי ברכות (שם) וסוכה (שם) נוסף אמן:
ט] ועונה. בירושלמי ברכות (שם) עונה:
י] תבוא. בירושלמי ברכות (שם) אבל אמרו תבוא. בירושלמי סוכה (שם) ועוד אמרו תבוא:

תורה אור השלם

א) אֱמֶת קְנֵה וְאַל תִּמְכֹּר חָכְמָה וּמוּסָר וּבִינָה: (משלי כג כג)
ב) זָנַח יִשְׂרָאֵל טוֹב אוֹיֵב יִרְדְּפוֹ: (הושע ח ג)
ג) כִּי לֶקַח טוֹב נָתַתִּי לָכֶם תּוֹרָתִי אַל תַּעֲזֹבוּ: (משלי ד ב)
ד) וַיֹּאמֶר יְהֹוָה אֶל מֹשֶׁה עֲשֵׂה לְךָ שָׂרָף וְשִׂים אֹתוֹ עַל נֵס וְהָיָה כָּל הַנָּשׁוּךְ וְרָאָה אֹתוֹ וָחָי: (במדבר כא ח)
ה) עֲשֵׂה לְךָ תֵּבַת עֲצֵי גֹפֶר קִנִּים תַּעֲשֶׂה אֶת הַתֵּבָה וְכָפַרְתָּ אֹתָהּ מִבַּיִת וּמִחוּץ בַּכֹּפֶר: (בראשית ו יד)
ו) עֲשֵׂה לְךָ שְׁתֵּי חֲצוֹצְרֹת כֶּסֶף מִקְשָׁה תַּעֲשֶׂה אֹתָם וְהָיוּ לְךָ לְמִקְרָא הָעֵדָה וּלְמַסַּע אֶת הַמַּחֲנוֹת: (במדבר י ב)
ז) בָּעֵת הַהִיא אָמַר יְהֹוָה אֶל יְהוֹשֻׁעַ עֲשֵׂה לְךָ חַרְבוֹת צֻרִים וְשׁוּב מֹל אֶת בְּנֵי יִשְׂרָאֵל שֵׁנִית: (יהושע ה ב)
ח) וַיַּעַשׂ מֹשֶׁה נְחַשׁ נְחֹשֶׁת וַיְשִׂמֵהוּ עַל הַנֵּס וְהָיָה אִם נָשַׁךְ הַנָּחָשׁ אֶת אִישׁ וְהִבִּיט אֶל נְחַשׁ הַנְּחֹשֶׁת וָחָי: (במדבר כא ט)
ט) וַיֹּאמֶר אַסְתִּירָה פָנַי מֵהֶם אֶרְאֶה מָה אַחֲרִיתָם כִּי דוֹר תַּהְפֻּכֹת הֵמָּה בָּנִים לֹא אֵמֻן בָּם: (דברים לב כ)

Chapter Four

Halachah 1

Mishnah The Mishnah discusses the law of shofar blowing when Rosh Hashanah occurs on the Sabbath: יוֹם טוֹב שֶׁל רֹאשׁ הַשָּׁנָה שֶׁחָל לִהְיוֹת בְּשַׁבָּת — **When the Yom Tov of Rosh Hashanah fell on the Sabbath,** בְּמִקְדָּשׁ הָיוּ תוֹקְעִין — **they would blow** the shofar **in the Temple** area, אֲבָל לֹא בִּמְדִינָה — **but not in the provinces.**[1] מִשֶּׁחָרַב בֵּית הַמִּקְדָּשׁ — **After the** Second **Temple was destroyed,** הִתְקִין רַבָּן יוֹחָנָן בֶּן זַכַּאי שֶׁיְּהוּ תוֹקְעִין בְּכָל מָקוֹם שֶׁיֵּשׁ בּוֹ בֵּית דִּין — **Rabban Yochanan ben Zakkai instituted that they should blow the shofar** on the Sabbath **wherever there is a** ***beis din.***[2] אָמַר רַבִּי אֶלְעָזָר — **R' Elazar said:** לֹא הִתְקִין רַבָּן יוֹחָנָן בֶּן זַכַּאי שֶׁיְּהוּ תוֹקְעִין — **Rabban Yochanan ben Zakkai did not institute that they should blow** the shofar on the Sabbath אֶלָּא בְּיַבְנֶה בִּלְבַד — **except in Yavneh** where the Great Sanhedrin was located.[3]

NOTES

1. The reason for this distinction between the Temple area and the provinces will be explained in the Gemara.

Korban HaEidah notes that the terms מִקְדָּשׁ and מְדִינָה in the Mishnah are subject to dispute: According to *Rashi* (ד״ה אבל לא) and *Raavad* (*Hil. Shofar* 2:8), the term מִקְדָּשׁ refers to the Temple itself, whereas מְדִינָה, *provinces,* refers to all places outside the Temple, including the city of Jerusalem. Accordingly, the Mishnah is saying that the shofar was sounded on the Sabbath only in the Temple proper but not in Jerusalem or anywhere else outside the Temple (see, however, *Rashi* ד״ה ועוד זאת and note 4 to 23a). However, according to *Rambam* (*Commentary* and *Hil. Shofar* 2:8), the term מִקְדָּשׁ refers to the entire city of Jerusalem, and the Mishnah is saying that they would blow the shofar on the Sabbath in the city of Jerusalem, but not in the provinces outside the city of Jerusalem. *Korban HaEidah* (in *Sheyarei Korban* ד״ה ירושלים), as well as several other commentators, note that the words of the Gemara below on 23a (see note 17 there) and on 23b (see note 18 there) indicate that *Yerushalmi* defines the term מִקְדָּשׁ to mean the entire city of Jerusalem — as *Rambam* says (*Amudei Yerushalayim Tinyana,* Halachah 3 ד״ה ושמחתם; *Aruch LaNer* to *Bavli* 29b ד״ה במתניתין; *Yefei Einayim* ibid. ד״ה אי; *Rabbeinu Manoach* to *Rambam, Hil. Shofar* ibid.; *Beur of R' Chaim Kanievski;* see, however, end of next note, and below, 22b note 16). [The Mishnah below (Halachah 3; 23a) makes a distinction between מִקְדָּשׁ and מְדִינָה with regard to the mitzvah of *lulav* as well. In that case too, the meaning of these terms is subject to the same dispute (see 23a note 28). We have interpreted the term מִקְדָּשׁ throughout the *sugya* as "Temple area" to accommodate both interpretations.]

2. After the destruction of the Temple, Rabban Yochanan ben Zakkai sought to preserve the shofar blowing on the Sabbath in at least some locations since it serves the critical role of conveying our remembrance before God on the Day of Judgment (*Tosafos* ד״ה אבל לא במדינה). He therefore instituted that the shofar should be blown on the Sabbath in any place where there is a *beis din* (of twenty-three judges).

This is the first of three views that the Mishnah presents concerning Rabban Yochanan ben Zakkai's enactment (the differences between them will be explained below on 22b notes 1 and 2).

[The Mishnah indicates that the original law — that the shofar be sounded in the מִקְדָּשׁ on the Sabbath — was negated when the Temple was destroyed, hence necessitating an enactment by Rabban Yochanan ben Zakkai to continue this practice in places where there was a *beis din.* Even though *Rambam* (cited in the previous note) holds that מִקְדָּשׁ refers to the entire city of Jerusalem, and the city of Jerusalem remained consecrated even after the Temple was destroyed (see *Rambam, Hil. Beis HaBechirah* 6:16), nevertheless, the original obligation to sound the shofar in Jerusalem on the Sabbath was evidently contingent on the existence of the Temple. Presumably, the reason for this is that the Scriptural source (cited on 22b) for blowing the shofar on the Sabbath in the Temple area (and not elsewhere) is the verse in the passage of shofar (*Numbers* 29:2) that states: *You shall make an olah offering to Hashem,* which the Gemara says implies that the shofar is blown on the Sabbath only in the place where offerings are brought (see 22b note 16). Although "the place where offerings are brought" according to *Rambam* includes the entire city of Jerusalem, it stands to reason that this obligation is limited to when offerings are being brought (i.e. when the Temple is in existence) since it is derived from *you shall make an olah offering* (see *Rambam, Hil. Maaser Sheni* 2:1). See *Chidushei R' Meir Simchah, Bavli Succah,* beginning of Ch. 4, and see below, 23a note 29, where a similar point is discussed with regard to the mitzvah to take the *lulav* for seven days in the Temple area.]

3. [The Great Sanhedrin is the term used for the Supreme Court of Israel. It was originally situated in the Chamber of Hewn Stone (לִשְׁכַּת הַגָּזִית) in the Temple complex, but moved to a location within Jerusalem in the waning years of the Temple and, around the time of the Destruction, was forced to leave Jerusalem (see *Bavli* 31a-b). Also, lesser sanhedrins of twenty-three sages were always established in all major towns in Eretz Yisrael, and were empowered to adjudicate capital cases. There further existed minor courts of three sages in most towns. These were authorized to judge only civil cases (see *Bavli Sanhedrin* 2a-b).]

According to R' Elazar, Rabban Yochanan ben Zakkai allowed the blowing of the shofar on the Sabbath only in the established location of the Great Sanhedrin — which was in Yavneh in his times. But he did not allow shofar blowing in any other place, not even in places where there was a *beis din* of twenty-three judges (*Korban HaEidah*, from *Rashi*).

[א]ואין אמת אלא תורה היך מה דאת אמר [א]אמת קנה ואל תמכור חכמה ומוסר ובינה. [ב]אמר ר' יודה בר פזי [ב]זנח ישראל טוב אויב ירדפו ואין טוב אלא תורה היך מה דאת אמר [ג]כי לקח טוב נתתי לכם תורתי אל תעזובו:

הלכה ט מתני'

[ג]כיוצא [א]בו [ד]ויאמר ה' אל משה עשה לך שרף ושים אותו על נס וגו' וכי נחש ממית [ב]ומחייה אלא [ג]כל זמן שישראל מסתכלין כלפי [ד]למעלן ומשעבדין את ליבן לאביהן שבשמים היו מתרפאין ואם לאו היו נימוקין: גמ' [ד]אמר ר' יסא בארבעה מקומות נאמר עשה לך בשלשה פירש ואחד לא פירש. [ה]עשה לך תיבת עצי גופר [ו]עשה לך שתי חצוצרות כסף [ז]עשה לך חרבות צורים [ד]עשה לך שרף לא פירש. אמר משה עיקרה לא נחש הוא לפיכך [ח]ויעש משה נחש נחושת. מיכן היה [ה]ר' מאיר דורש שמות. [ו]חד בר נש הוה שמיה כידור. אמר לון ר' מאיר הובא לכון מיניה בר נש ביש הוא [ט]כי דור תהפוכות המה. ר' לוי בשם ר' חמא בר חנינה [ז]והיה הנשוך אין כתיב כאן אלא [ד]כל הנשוך אפילו נשיכת כלב אפילו נשיכת נחש. ולא דמיא נשיכת כלב וראה נשיכת נחש והביט. ר' יודה גוזריא בשם ר' אחא נשיכת כלב שאינו ממינו וראה נשיכת נחש שהוא ממינו והביט. ורבנן אמרי נשיכת כלב שאינו מחלחל וראה נשיכת נחש שהוא מחלחל והביט:

הלכה י מתני'

[א][ח]חרש שוטה [ט]וקטן [ה]אינו מוציא את הרבים ידי חובתן. [ב]זה הכלל [י]כל שאינו חייב בדבר אינו מוציא את הרבים ידי חובתן: גמ' תני [כ][ו]אבל אמרו אשה מברכת לבעלה עבד לרבו [ג]קטן לאביו. ניחא אשה מברכת לבעלה עבד לרבו. קטן לאביו לא כן אמר ר' אחא בשם ר' יוסה בר [ז]נוהריי כל שאמרו בקטן כדי לחנכו. תיפתר בעונה [ח]אחריהן. כהיא דתנינן תמן [ל]מי שהיה עבד או אשה או קטן מקרים אותו [ט]ועונה אחריהם מה שהם אומרים ותהא לו מאירה. [י]תבוא מאירה לבן עשרים שצריך לבן עשר:

הדרן עלך פרק ראוהו בית דין

[ד][מ]יום טוב של ראש השנה שחל להיות בשבת במקדש היו תוקעין אבל לא במדינה. משחרב בית המקדש התקין רבן יוחנן בן זכאי שיהו תוקעין [ה]בכל מקום שיש בו בית דין. אמר ר' אלעזר לא התקין רבן יוחנן בן זכאי שיהו תוקעין אלא ביבנה בלבד.

קרבן העדה

זנח ישראל טוב. מייתי ראיה לשמואל: ואין טוב אלא תורה. דאי טוב עולם הזה זנח למה אויב ירדופו אדרבה כך היא דרכה של תורה, אלא הכי קאמר, זנח ישראל תורה לפיכך אויב ירדופו: בארבעה מקומות נאמר בתורה עשה לך: בשלשה פירש. הקב"ה, מאיזה מין יעשה: עשה לך שרף לא פירש. מאיזה מין: עיקרה. של שרף, וכי לא נחש היא, בתמיה, א"כ סמך הקב"ה שתהא של נחשת כעיקר שמה, אלא שתהא בצורת שרף, לכך כתיב ויעש משה נחש הנחושת: מכאן היה ר' מאיר דורש שמות. מדלא פירש השם וסמך הקב"ה שידרוש משה שם נחש, שמע מינה שדורשין שמות: הובא לכון. כלומר לאו לכם ממנו, איש רע מעללים הוא: ה"ג אפילו נשיכת כלב פתן ועקרב וחיה רעה: ולא דמיא. מיהא לא דמי, גבי נשיכת כלב כתיב וראה, דמשמע מקרוב, נשיכת הנחש כתיב והביט, דמשמע מיד שהסתכל בו נתרפא: שאינו ממינו. של הנעשה לרפואה היה צריך הסתכלות גדול: שאינו מחלחל. שאינו מזיק ונכנס לתוך הגוף, כתיב וראה, דסובר וראה מרחוק משמע, והביט מקרוב. וכיוצא בזה פליגי באיכה רבתי בפסוק הביטה וראה (ה א): אבל אמרו. כמו באמת אמרו. כל באמת אמרו הלכה ואין חולק בדבר: אשה מברכת לבעלה. ברכת המזון: ופריך ניחא אשה מברכת לבעלה וכו'. שאף הן בברכת המזון מדרבנן לכולי עלמא: אלא קטן. יברך לאביו, מאי טעמא: לא כן אמר ר' אחא וכו'. כל שאמרו בקטן כדי לחנכו ואפילו חיוב מדרבנן ליכא, ואיך מוציא את אביו שחייב מדאורייתא: ומשני תיפתר. הך ברייתא איירי בשעונה אחריהן אמן: כהאי דתנינן תמן. במתני' [בסוכה]: תבוא מאירה לבן כ'. כלומר לגדול בר חיובא, שצריך לקטן שאינו בר חיובא אף על פי שהגיע לחינוך:

הדרן עלך פרק ראוהו בית דין

יום טוב. במקדש היו תוקעין. בגמ' מפרש לה: אבל לא במדינה. לא בירושלים ולא בגבולין. והרמב"ם (בפירוש המשנה) מפרש שירושלים כולה קרויה מקדש ושאר ארץ ישראל קרויה מדינה: בכל מקום שיש בו בית דין. ואפילו אינן קבועין אלא שבמקרה באו שם תוקעין בו: אלא ביבנה. שהיתה שם סנהדרי גדולה בימיו, וכן בכל מקום שגלתה לשם סנהדרי גדולה, אבל לא בבית דין של כ"ג:

פני משה

ועשה לך שרף. ולא פירש ממה יעשה אלא משה למד מעצמו, וכי עיקרה של השרף לא נחש הוא שהארס שורף הגוף, לפיכך עשה מנחושת לשון נופל על לשון: הובא לכון מיניה. תרחיקו עצמכם ממנו ותנו לכם להלאה דבר גם ביש הוא דכתיב כי דור וגו': אלא כל הנשוך. לרבות אפילו מנשיכת כלב הוא נשוך נרפא כשראה אותו: אפילו נשיכת נחש. כלומר אפילו נשיכת כלב כמו נשיכת נחש הוא: ולא דמיא. ומכל מקום לא היו שוין ברפואתן דמנשיכת כלב וראה אותו וחי מיד כשראה אותו בראיה בעלמא נרפא, אבל מנשיכת נחש היה צריך והביט שההבטה היא יותר בהשגחה מהראייה, ולפיכך כתיב כאן וראה אצל כל הנשוך, ובנשיכת נחש כתיב אם נשך הנחש וגו' והביט אל נחש הנחושת וחי: ר' יודא וכו'. מפרשין טעמא נשיכת כלב שאינו ממינו של נחש הנחושת שעשה וראה אותו סגי, ונשיכת נחש שהוא ממינו היה צריך והביט כדי שישימו אל לבם שנענשו על לשון הרע שהוא מעשה נחש, ורבנן סבירא להו לפי הצורך לרפואתן היה שנשיכת כלב אין בו ארס המתחלחל בגוף וראה סגי, ונשיכת נחש שהארס מתחלחל צריך והביט: מתני' חרש שוטה וקטן וכו'. הואיל והן אינן מחויבין בדבר: גמ' תני אבל אמרו אשה מברכת לבעלה וכו'. כתוב זה לעיל פרק לולב הגזול בהלכה ט ועיי"ש: [וז"ל שם, תני. בתוספתא דברכות פרק (ו') [ה'] (הי"ח) ומייתי להא לעיל בפ"ג דברכות בהלכה ג', וכן לקמן בסוף פ"ג דר"ה: אבל אמרו. חכמים אשה מברכת לבעלה וכו': ניחא אשה וכו'. דמ"מ שייכים במצות הם: אלא קטן לאביו. בתמיה: והא לא כן אמר ר' אחא כל שאמרו. חכמים במצות בקטן לא אמרו אלא כדי לחנכו, כגון סוכה ולולב וכיוצא בזה הנוהגות בקטן שהגיע לחינוך, ומכיון שלחנכו בעלמא הוא היאך מוציא הוא את אביו, דקס"ד שהקטן מברך הוא לבדו להוציא את אביו: תיפתר בעונה אחריהן. כך היא הגירסא בר"ה. ול"ג אמן ונכונה היא, וכלומר הכא במאי עסקינן שהוא עונה הברכה אחריהן מה שהן מברכין. וכהאי דתנינן תמן וכו', כדתנינן הכא: ועוד אמרו תבא מאירה לבן עשרים וכו'. כלומר וביותר אמרו לזה שהוא גדול ובן עשרים וצריך הוא לבן עשר, שגנאי גדול הוא לו שצריך הוא להקטן ממנו:]

הדרן עלך פרק ראוהו בית דין

יום טוב של ראש השנה שחל להיות בשבת. אף על פי שמן התורה מותר לתקוע לא היו תוקעין אלא במקדש, דרבנן הוא דגזור ביה לפי שהכל חייבין בתקיעת שופר ואין הכל בקיאין בתקיעת שופר, גזרה שמא יטלנו בידו וילך אצל הבקי ללמוד ויעבירנו ארבע אמות ברשות הרבים (בבלי כט:): במקדש היו תוקעין. שהרי אין בו אלא משום שבות ואין שבות במקדש (פסחים סה.): אבל לא במדינה. שאר ארץ ישראל חוץ מירושלים קרוי מדינה: בכל מקום שיש בו בית דין. מפני שבית דין זריזין הן (עי' פסחים יב:) ולא יבואו התוקעים בפניהם להעביר השופר לפי שהם מודיעים את העם ומזהירין אותן: אלא ביבנה בלבד. שהיתה שם סנהדרי גדולה בימיו, וכן בכל מקום שגלתה שם סנהדרי גדולה אבל לא בשאר בית דין:

עין משפט

א מיי' פ"ב מהלכות שופר הלכה ב טוש"ע או"ח סימן תקפח סעיף א [ב]:
ב מיי' פ"ה מהלכות ברכות הלכה טו [סמ"ג עשין כז] טוש"ע או"ח סימן קפו סעיף ב:
ג מיי' פ"ב מהלכות שופר הלכה ו [סמ"ג עשין מב] טוש"ע או"ח סימן תקפט סעיף ה:
ד מיי' שם הלכה ח ט [ופ"י מהכות שמיטה ויובל הלכה יב]:
ה מיי' פ"ב מהלכות שופר הלכה ח ט:

שינויי נוסחאות

א] בו ויאמר ה' אל משה עשה. במשניות ובבבלי (כט.) בדבר אתה אומר עשה:
ב] ומחייה. כ"ה גם גירסת הרמב"ם בפיה"מ. במשניות ובבבלי (שם) או נחש מחייה:
ג] כל זמן. כ"ה גם גירסת הרמב"ם בפיה"מ. במשניות ובבבלי (שם) בזמן:
ד] למעלן. בדפ"ו מעלן:
ה] אינו מוציא. במשניות ובבבלי (שם) אין מוציאין:
ו] אבל. כ"ה גם בירושלמי ברכות (פ"ג ה"ג) וסוכה (פ"ג ה"ט). בתוספתא ברכות (פ"ה הי"ח) ובבבלי ברכות (כ:) באמת:
ז] נוהריי. בירושלמי ברכות (שם) וסוכה (שם) נהוריי:
ח] אחריהן. בירושלמי ברכות (שם) וסוכה (שם) נוסף אמן:
ט] ועונה. בירושלמי ברכות (שם) עונה:
י] תבוא. בירושלמי ברכות (שם) אבל אמרו תבוא. בירושלמי סוכה (שם) ועוד אמרו תבוא:

תורה אור השלם

א) אֱמֶת קְנֵה וְאַל תִּמְכֹּר חָכְמָה וּמוּסָר וּבִינָה: (משלי כג כג)
ב) זָנַח יִשְׂרָאֵל טוֹב אוֹיֵב יִרְדְּפוֹ: (הושע ח ג)
ג) כִּי לֶקַח טוֹב נָתַתִּי לָכֶם תּוֹרָתִי אַל תַּעֲזֹבוּ: (משלי ד ב)
ד) וַיֹּאמֶר יְהוָה אֶל מֹשֶׁה עֲשֵׂה לְךָ שָׂרָף וְשִׂים אֹתוֹ עַל נֵס וְהָיָה כָּל הַנָּשׁוּךְ וְרָאָה אֹתוֹ וָחָי: (במדבר כא ח)
ה) עֲשֵׂה לְךָ תֵּבַת עֲצֵי גֹפֶר קִנִּים תַּעֲשֶׂה אֶת הַתֵּבָה וְכָפַרְתָּ אֹתָהּ מִבַּיִת וּמִחוּץ בַּכֹּפֶר: (בראשית ו יד)
ו) עֲשֵׂה לְךָ שְׁתֵּי חֲצוֹצְרֹת כֶּסֶף מִקְשָׁה תַּעֲשֶׂה אֹתָם וְהָיוּ לְךָ לְמִקְרָא הָעֵדָה וּלְמַסַּע אֶת הַמַּחֲנוֹת: (במדבר י ב)
ז) בָּעֵת הַהִיא אָמַר יְהוָה אֶל יְהוֹשֻׁעַ עֲשֵׂה לְךָ חַרְבוֹת צֻרִים וְשׁוּב מֹל אֶת בְּנֵי יִשְׂרָאֵל שֵׁנִית: (יהושע ה ב)
ח) וַיַּעַשׂ מֹשֶׁה נְחַשׁ נְחֹשֶׁת וַיְשִׂמֵהוּ עַל הַנֵּס וְהָיָה אִם נָשַׁךְ הַנָּחָשׁ אֶת אִישׁ וְהִבִּיט אֶל נְחַשׁ הַנְּחֹשֶׁת וָחָי: (במדבר כא ט)
ט) וַיֹּאמֶר אַסְתִּירָה פָנַי מֵהֶם אֶרְאֶה מָה אַחֲרִיתָם כִּי דוֹר תַּהְפֻּכֹת הֵמָּה בָּנִים לֹא אֵמֻן בָּם: (דברים לב כ)

מסורת הש"ס

א) [ברכות ה., ע"ז ד:, פסיקתא זוטרתא עקב יא יג, מדרש תהלים קי, ילקו"ש משלי תתקנד, תיקו"ז ג. בשינוי] ב) [איכה רבה פתיחתות ב, פסיקתא דר"כ טו, ילקו"ש הושע תקכד] ג) ר"ה כט. [מכילתא דר"י בשלח מס' דעמלק פרשה א, מכילתא דרשב"י יז יא, תנחומא (ורשא) בשלח כז, פסיקתא זוטרתא חקת כא ח, מדרש אגדה כא ט, ילקו"ש בשלח רסה, זהר ח"ג קעה. בשינוי] ד) בר"ר לא ח [פסיקתא זוטרתא בראשית ו יד, ילקו"ש נח נב, יהושע טו] ה) יומא פג: [בר"ר מב ה, רות רבה ב ה, פסיקתא זוטרתא בראשית יד ב, ילקו"ש לך לך עב, רות תרו] ו) [תנחומא בראשית ג, ילקו"ש האזינו תתקמה, ישעי' תמט] ז) [במדבר רבה יט כג, תנחומא חקת מו, ילקו"ש חקת תשסד] ח) ר"ה כט. ט) [תוספתא ברכות פ"ה הי"ח, תוספתא ר"ה פ"ב ה"ד, תוספתא מגילה פ"ב ה"ד] י) [ברכות פ"ג ה"ג, מגילה פ"ב ה"ח וה"ג, ברכות כ:] כ) ברכות פ"ג ה"ג, סוכה פ"ג ה"ט, סוכה לח. [ברכות כ:, תוספתא ברכות פ"ה הי"ח] ל) [סוכה פ"ג מ"י, ברכות פ"ג ה"ג] מ) ר"ה כט: [ויקרא רבה כט יב, פסיקתא דר"כ כג, ילקו"ש אמור תרמה, פנחס תשפב]

גליון הש"ס

כל שאמרו בקטן כדי לחנכו. מכאן מבואר כמ"ש הר"ן בשם הרמב"ן פ"ב דמגילה דף י"ט ע"ב (ו: מדה"ר ד"ה מתני הכל): קרבן העדה ד"ה ומשני תיפתר. בשעונה אחריהן אמן. עיין קרבן העדה, ובאמת כן הוא בירושלמי סוכה שם (פ"ג ה"ט), אמנם מדברי כל הפוסקים מבואר שצריך לענות אחריהם מה שהם אומרים, ועי' בהשגות הראב"ד פ"ה מברכות הלכה ט"ו ובכסף משנה שם:

מראה הפנים

רבי יודן גוזריא בשם ר' אחא נשיכת כלב שאינו ממינו וראה וכו'. נראה דודאי לא פליגי ר' יודא ורבנן דיש הפרש בין נשיכת כלב לבין נשיכת נחש בענין הרפואה כנודע, אלא דלכל חד וחד מפרש ההפרש לענין העונש ובענין גרם החטא שידוע הוא מההפרש של החטא והחוטא, וכמו דאמר (ישעיהו נה ז) יעזוב רשע דרכו ואיש און מחשבותיו שאצל הרשע הפועל החטא לפי דרכו אמר ג"כ יעזוב דרכו, ואיש און זהו שאין בו בפועל כי אם בכח כענין שהוא מחשב כך וכך לעשות או תחבולות רשע לו להסית אחרים שיעשו כך וכך והוא נקרא איש און זה יעזוב מחשבותיו, וכך היה באותו הדור שיש שחטאו בפועל ודברו לשון הרע שלהם בפרסום לעיני משה וכל ישראל, ויש שבהסתר מחשבותיהם ובהסתה לחבירו על מה אתה שותק או דוגמתו, ולכת האחת להם מגיע נשיכת הנחש כנודע מדרש חז"ל (תענית ח.) מפסוק (קהלת י יא) (מה יתרון לנחש) [אם ישך הנחש] וכו', ולכת השניה נשיכת הכלב להם מגיע, ולפיכך נמי היה ההפרש ברפואתם אלו וראה ואלו והביט כל זה לדברי ר' יודא, ורבנן מוסיפין הם בזה וכלומר נהי שכדבריך כן הוא דהכל ניתן במדה כנגד מדה אלא שאתה צריך להוסיף ולומר דהכת השניה שאמרנו אשר להם ראוי הוא נשיכת הכלב זהו אמת לענין העונש, אבל עיקר הטעם לא פירשת בביאור היטב שכך הוא הדבר בענין הרפואה ולפי החטא שלהם שזה של כלב אינו מחלחל הארס שלו בתוך החלל של הגוף, ולפיכך וראה היתה רפואתו ומפני שהחטא שלו לא היה נכנס באוזן השומע ולא נכנס לתוכיות גופו שילטער בשביל כך וכך רפואתו לפי פגמו וארס הנחש מחלחל הארס שלו בתוך חלל הגוף, וכך היה החטא שלו כת האחת שביותר מצטער השומע חרפתו מהמחרף והעולב אותו ונכנס לתוכיות גופו, ולפיכך רפואתו צריך והביט אל נחש הנחושת ואז וחי: [המשך בסוף הספר]

תָּבוֹא מְאֵירָה לְבֶן עֶשְׂרִים שֶׁצָּרִיךְ לְבֶן עֶשֶׂר — **LET A CURSE BE UPON A TWENTY-YEAR-OLD** (i.e. a full adult) who is so unlearned **THAT** he **NEEDS A TEN-YEAR-OLD** (i.e a minor) to recite *Bircas HaMazon* for him.[39]

הדרן עלך ראוהו בית דין

WE SHALL RETURN TO YOU, RA'UHU BEIS DIN

NOTES

39. Here, too, he is cursed because he is unable to say the prayer himself (*Rashi* ibid. ד״ה שאשתו).

The same applies to a man who has his wife or Canaanite slave read *Bircas HaMazon* for him and he repeats what they say. Such a man deserves to be cursed, because he is duty-bound to study Torah yet did not even learn how to say *Bircas HaMazon,* relying instead on someone (a woman, Canaanite slave, or minor) who is exempt from studying Torah, and yet learned how to fulfill his or her personal obligation of *Bircas HaMazon* (*Chareidim, Berachos* 3:3 [38a]).

(א) ואין אמת אלא תורה היך מה דאת אמר (א) אמת קנה ואל תמכור חכמה ומוסר ובינה. (ב) אמר ר' יודה בר פזי (ב) זנח ישראל טוב אויב ירדפו ואין טוב אלא תורה היך מה דאת אמר (ג) כי לקח טוב נתתי לכם תורתי אל תעזובו: **הלכה ט מתני'** (ג) כיוצא [א] בו (ד) ויאמר ה' אל משה עשה לך שרף ושים אותו על נס וגו' וכי נחש ממית [ב] ומחייה אלא [ג] כל זמן שישראל מסתכלין כלפי [ד] למעלן ומשעבדין את ליבן לאביהן שבשמים היו מתרפאין ואם לאו היו נימוקין: **גמ'** (ד) אמר ר' יסא בארבעה מקומות נאמר עשה לך בשלשה פירש ואחד לא פירש. (ה) עשה לך תיבת עצי גופר (ו) עשה לך שתי חצוצרות כסף (ז) עשה לך חרבות צורים (ד) עשה לך שרף לא פירש. אמר משה עיקרה לא נחש הוא לפיכך (ח) ויעש משה נחש נחושת. מיכן היה (ה) ר' מאיר דורש שמות. (ו) חד בר נש הוה שמיה כידור. אמר לון ר' מאיר הובא לכון מיניה בר נש ביש הוא (ט) כי דור תהפוכות המה. ר' לוי בשם ר' חמא בר חנינה (ז) והיה הנשוך אין כתיב כאן אלא (ד) כל הנשוך אפילו נשיכת כלב אפילו נשיכת נחש. ולא דמיא נשיכת כלב וראה נשיכת נחש והביט. ר' יודה גוזריא בשם ר' אחא נשיכת כלב שאינו ממינו וראה נשיכת נחש שהוא ממינו והביט. ורבנן אמרי נשיכת כלב שאינו מחלחל וראה נשיכת נחש שהוא מחלחל והביט: **הלכה י מתני'** (א)(ט) חרש שוטה (ט) וקטן [ה] אינו מוציא את הרבים ידי חובתן. (ב) זה הכלל (י) כל שאינו חייב בדבר אינו מוציא את הרבים ידי חובתן: **גמ'** תני (ט)[ו] אבל אמרו אשה מברכת לבעלה עבד לרבו (ג) קטן לאביו. ניחא אשה מברכת לבעלה עבד לרבו. קטן לאביו לא כן אמר ר' אחא בשם ר' יוסה בר [ז] נוהריי כל שאמרו בקטן כדי לחנכו. תיפתר בעונה [ח] אחריהן. כהיא דתנינן תמן (ל) מי שהיה עבד או אשה או קטן מקרים אותו [ט] ועונה אחריהם מה שהם אומרים ותהא לו מאירה. [י] תבוא מאירה לבן עשרים שצריך לבן עשר:

הדרן עלך פרק ראוהו בית דין

(ד)(מ) **יום טוב** של ראש השנה שחל להיות בשבת במקדש היו תוקעין אבל לא במדינה. משחרב בית המקדש התקין רבן יוחנן בן זכאי שיהו תוקעין (ה) בכל מקום שיש בו בית דין. אמר ר' אלעזר לא התקין רבן יוחנן בן זכאי שיהו תוקעין אלא ביבנה בלבד.

קרבן העדה

זנח ישראל טוב. מייתי ראיה לשמואל: **ואין טוב אלא תורה.** דאי טוב עולם הזה זנח למה אויב ירדופו אדרבה כך היא דרכה של תורה, אלא הכי קאמר, זנח ישראל תורה לפיכך אויב ירדופו: **בארבעה מקומות נאמר בתורה עשה לך: בשלשה פירש.** הקב"ה, מאיזה מין יעשה: **עשה לך שרף לא פירש.** מאיזה מין: **עיקרה.** של שרף, וכי לא נחש היא, בתמיה, א"כ סמך הקב"ה שתהא של נחשת כעיקר שמה, אלא שתהא בצורת שרף, לכך כתיב ויעש משה נחש הנחושת: **מכאן היה ר' מאיר דורש שמות.** מדלא פירש השם וסמך הקב"ה שידרוש משה שם נחש, שמע מינה שדורשין שמות: **הובא לכון.** כלומר לאו לכם ממנו, איש רע מעללים הוא: ה"ג **אפילו נשיכת כלב** פתן ועקרב וחיה רעה: **ולא דמיא.** מיהא לא דמי, גבי נשיכת כלב כתיב וראה, דמשמע מקרוב, נשיכת הנחש כתיב והביט, דמשמע מיד שהסתכל בו נתרפא: **שאינו ממינו.** של הנעשה לרפואה היה צריך הסתכלות גדול: **שאינו מחלחל.** שאינו מזיק ונכנס לתוך הגוף, כתיב וראה, דסובר וראה מרחוק משמע, והביט מקרוב. וכיוצא בזה פליגי באיכה רבתי בפסוק הביטה וראה (ה א): **אבל אמרו.** כמו באמת אמרו. כל באמת אמרו הלכה ואין חולק בדבר: **אשה מברכת לבעלה.** ברכת המזון: ופריך **ניחא אשה מברכת לבעלה וכו'.** שאף הן בברכת המזון מדרבנן לכולי עלמא: **אלא קטן.** יברך לאביו, מאי טעמא: **לא כן אמר ר' אחא וכו'.** כל שאמרו בקטן כדי לחנכו ואפילו חיוב מדרבנן ליכא, ואיך מוציא את אביו שחייב מדאורייתא: ומשני **תיפתר.** הך ברייתא איירי בשעונה אחריהן אמן: **כהאי דתנינן תמן.** במתני' [בסוכה]: **תבוא מאירה** לבן כ'. כלומר לגדול בר חיובא, שצריך לקטן שאינו בר חיובא אף על פי שהגיע לחינוך:

הדרן עלך פרק ראוהו בית דין

יום טוב. במקדש היו תוקעין. בגמ' מפרש לה: **אבל לא במדינה.** לא בירושלים ולא בגבולין. והרמב"ם (בפירוש המשנה) מפרש שירושלים כולה קרויה מקדש ושאר ארץ ישראל קרויה מדינה: **בכל מקום שיש בו בית דין.** ואפילו אינן קבועין אלא שבמקרה באו שם תוקעין בו: **אלא ביבנה.** שהיתה שם סנהדרי גדולה בימיו, וכן בכל מקום שגלתה לשם סנהדרי גדולה, אבל לא בבית דין של כ"ג:

פני משה

ועשה לך שרף. ולא פירש ממה יעשה אלא משה למד מעצמו, וכי עיקרה של השרף לא נחש הוא שהארס שורף הגוף, לפיכך עשה מנחושת לשון נופל על לשון: **הובא לכון מיניה.** תרחיקו עצמכם ממנו ותנו לכם להלאה דבר נש ביש הוא דכתיב כי דור וגו': **אלא כל הנשוך.** לרבות אפילו מנשיכת כלב הוא נשוך נרפא כשראה אותו: **אפילו נשיכת נחש.** כלומר אפילו נשיכת כלב כמו נשיכת נחש הוא: **ולא דמיא.** ומכל מקום לא היו שוין ברפואתן דמנשיכת כלב וראה אותו וחי מיד כשראה אותו בראיה בעלמא נרפא, אבל מנשיכת נחש היה צריך והביט שההבטה היא יותר בהשגחה מהראייה, ולפיכך כתיב כאן וראה אצל כל הנשוך, ובנשיכת נחש כתיב אם נשך הנחש וגו' והביט אל נחש הנחושת וחי: **ר' יודא וכו'.** מפרשין טעמא נשיכת כלב שאינו ממינו של נחש הנחושת שעשה וראה אותו סגי, ונשיכת נחש שהוא ממינו היה צריך והביט כדי שישימו אל לבם שנענשו על לשון הרע שהוא מעשה נחש, ורבנן סבירא להו לפי הצורך לרפואתן היה שנשיכת כלב אין בו ארס המתחלחל בגוף וראה סגי, ונשיכת נחש שהארס מתחלחל צריך והביט: **מתני'** חרש שוטה וקטן וכו'. הואיל והן אינן מחויבין בדבר: **גמ'** **תני אבל אמרו אשה מברכת לבעלה וכו'.** כתוב זה לעיל פרק לולב הגזול בהלכה ט ועיי"ש: [וז"ל שם, תני. בתוספתא דברכות פרק (ו') [ה'] (הי"ח) ומייתי להא לעיל בפ"ג דברכות בהלכה ג', וכן לקמן בסוף פ"ג דר"ה: **אבל אמרו.** חכמים אשה מברכת לבעלה וכו': **ניחא אשה וכו'.** דמ"מ שייכים במצות הם: **אלא קטן לאביו.** בתמיה: והא **לא כן אמר ר' אחא כל שאמרו.** חכמים במצות בקטן לא אמרו אלא כדי לחנכו, כגון סוכה ולולב וכיוצא בזה הנוהגות בקטן שהגיע לחינוך, ומכיון שלחנכו בעלמא הוא היאך מוציא הוא את אביו, דקס"ד שהקטן מברך הוא לבדו להוציא את אביו: **תיפתר בעונה אחריהן.** כך היא הגירסא בר"ה. ול"ג אמן ונכונה היא, וכלומר הכא במאי עסקינן שהוא עונה הברכה אחריהן מה שהן מברכין. וכהאי דתנינן תמן וכו', כדתנינן הכא: **ועוד אמרו תבא מאירה לבן עשרים וכו'.** כלומר וביותר אמרו לזה שהוא גדול ובן עשרים וצריך הוא לבן עשר, שגנאי גדול הוא לו שצריך הוא להקטן ממנו:]

הדרן עלך פרק ראוהו בית דין

יום טוב של ראש השנה שחל להיות בשבת. אף על פי שמן התורה מותר לתקוע לא היו תוקעין אלא במקדש, דרבנן הוא דגזור ביה לפי שהכל חייבין בתקיעת שופר ואין הכל בקיאין בתקיעת שופר, גזרה שמא יטלנו בידו וילך אצל הבקי ללמוד ויעבירנו ארבע אמות ברשות הרבים (בבלי כט:): **במקדש היו תוקעין.** שהרי אין בו אלא משום שבות ואין שבות במקדש (פסחים סה.): **אבל לא במדינה.** שאר ארץ ישראל חוץ מירושלים קרוי מדינה: **בכל מקום שיש בו בית דין.** מפני שבית דין זריזין הן (עי' פסחים יב:) ולא יבואו התוקעים בפניהם להעביר השופר לפי שהם מודיעים את העם ומזהירין אותן: **אלא ביבנה בלבד.** שהיתה שם סנהדרי גדולה בימיו, וכן בכל מקום שגלתה שם סנהדרי גדולה אבל לא בשאר בית דין:

מסורת הש"ס

(א) [ברכות ה., ע"ז ד:, פסיקתא זוטרתא עקב יא יג, מדרש תהלים קי, ילקו"ש משלי תתקנד, תיקו"ז ג. בשינוי] (ב) [איכה רבה פתיחתות ב, פסיקתא דר"כ טו, ילקו"ש הושע תקכד] (ג) ר"ה כט. [מכילתא דר"י בשלח מס' דעמלק פרשה א, מכילתא דרשב"י יז יא, תנחומא (ורשא) בשלח כז, פסיקתא זוטרתא חקת כא ח, מדרש אגדה כא ט, ילקו"ש בשלח רסה, זהר ח"ג קעה. בשינוי] (ד) בר"ר לא ח [פסיקתא זוטרתא בראשית ו יד, ילקו"ש נח נג, יהושע טו] (ה) יומא פג: [בר"ר מב ה, רות רבה ב ה, פסיקתא זוטרתא בראשית יד ב, ילקו"ש לך לך עב, רות תרו] (ו) [תנחומא בראשית ל, ילקו"ש האזינו תתקמה, ישעי' תמטו] (ז) [במדבר רבה יט כג, תנחומא חקת מו, ילקו"ש חקת תשסד] (ח) ר"ה כט. (ט) [תוספתא ברכות פ"ה הי"ח, תוספתא ר"ה פ"ב ה"ד, תוספתא מגילה פ"ב ה"ד] (י) [ברכות פ"ג ה"ג, מגילה פ"ב ה"א וה"ג, ברכות כ:] (כ) ברכות פ"ג ה"ג, סוכה פ"ג ה"ט, סוכה לח. [ברכות כ:, תוספתא ברכות פ"ה הי"ח] (ל) [סוכה פ"ג מ"י, ברכות פ"ג ה"ג] (מ) ר"ה כט: [ויקרא רבה כט יב, פסיקתא דר"כ כג, ילקו"ש אמור תרמה, פנחס תשפב]

גליון הש"ס

כל שאמרו בקטן כדי לחנכו. מכאן מבואר כמ"ש הר"ן בשם הרמב"ן פ"ב דמגילה דף י"ט ע"ב (ו: מדה"ר ד"ה מתני הכל): קרבן העדה ד"ה ומשני תיפתר. בשעונה אחריהן אמן. עיין קרבן העדה, ובאמת כן הוא בירושלמי סוכה שם (פ"ג ה"ט), אמנם מדברי כל הפוסקים מבואר שצריך לענות אחריהם מה שהם אומרים, ועי' בהשגות הראב"ד פ"ה מברכות הלכה ט"ו ובכסף משנה שם:

מראה הפנים

רבי יודן גוזריא בשם ר' אחא נשיכת כלב שאינו ממינו וראה וכו'. נראה דודאי לא פליגי ר' יודא ורבנן דיש הפרש בין נשיכת כלב לבין נשיכת נחש בענין הרפואה כנודע, אלא דכל חד וחד מפרש ההפרש לענין העונש ובענין גרם החטא שידוע הוא מההפרש של החטא והחוטא, וכמו דאמר (ישעיהו נה ז) יעזוב רשע דרכו ואיש און מחשבותיו שאצל הרשע הפועל החטא לפי דרכו אמר ג"כ יעזוב דרכו, ואיש און זהו שאין בו בפועל כי אם בכח כענין שהוא מחשב כך וכך לעשות או תחבולות רשע לו להסית אחרים שיעשו כך וכך והוא נקרא איש און זה יעזוב מחשבותיו, וכך היה באותו הדור שיש שחטאו בפועל ודברו לשון הרע שלהם בפרסום לעיני משה וכל ישראל, ויש שבהסתר מחשבותיהם ובהסתה לחבירו על מה אתה שותק או דוגמתו, ולכת האחת להם מגיע נשיכת הנחש כנודע מדרש חז"ל (תענית ח.) מפסוק (קהלת י יא) (מה יתרון לנחש) [אם ישך הנחש] וכו', ולכת השניה נשיכת הכלב להם מגיע, ולפיכך נמי היה ההפרש ברפואתם אלו וראה ואלו והביט כל זה לדברי ר' יודא, ורבנן מוסיפין הם בזה וכלומר נהי שכדבריך כן הוא דהכל ניתן במדה כנגד מדה אלא שאתה צריך להוסיף ולומר דהכת השניה שאמרנו אשר להם ראוי הוא נשיכת הכלב זהו אמת לענין העונש, אבל עיקר הטעם לא פירשת בביאור היטב שכך הוא הדבר בענין הרפואה ולפי החטא שלהם שזה של כלב אינו מחלחל הארס שלו בתוך החלל של הגוף, ולפיכך וראה היתה רפואתו ומפני שהחטא שלו לא היה נכנס באוזן השומע ולא נכנס לתוכיות גופו שילמטר בשביל כך וכך רפואתו לפי פגמו וארס הנחש מחלחל הארס שלו בתוך חלל הגוף, וכך היה החטא שלו כת האחת שביותר מלמטר השומע חרפתו מהמחרף והעולב אותו ונכנס לתוכיות גופו, ולפיכך רפואתו צריך והביט אל נחש הנחושת ואז וחי: [המשך בסוף הספר]

עין משפט

א מיי' פ"ב מהלכות שופר הלכה ב טוש"ע או"ח סימן תקפט סעיף א [ב]:
ב מיי' פ"ה מהלכות ברכות הלכה טו [סמ"ג עשין כז] טוש"ע או"ח סימן קפו סעיף ב:
ג מיי' פ"ב מהלכות שופר הלכה ו [סמ"ג עשין מב] טוש"ע או"ח סימן תקפח סעיף ה:
ד מיי' שם הלכה ח ט [ופ"י מהלכות שמיטה ויובל הלכה יב]:
ה מיי' פ"ב מהלכות שופר הלכה ח ט:

שינויי נוסחאות

א] **בו ויאמר ה' אל משה עשה.** במשניות ובבבלי (כט.) **בדבר אתה אומר עשה:**
ב] **ומחייה.** כ"ה גם גירסת הרמב"ם בפיה"מ. במשניות ובבבלי (שם) **או נחש מחייה:**
ג] **כל זמן.** כ"ה גם גירסת הרמב"ם בפיה"מ. במשניות ובבבלי (שם) **בזמן:**
ד] **למעלן.** בדפ"ו **מעלן:**
ה] **אינו מוציא.** במשניות ובבבלי (שם) **אין מוציאין:**
ו] **אבל.** כ"ה גם בירושלמי ברכות (פ"ג ה"ג) וסוכה (פ"ג ה"ט). בתוספתא ברכות (פ"ה הי"ח) ובבבלי ברכות (כ:) **באמת:**
ז] **נוהריי.** בירושלמי ברכות (שם) וסוכה (שם) **נהוריי:**
ח] **אחריהן.** בירושלמי ברכות (שם) וסוכה (שם) נוסף **אמן:**
ט] **ועונה.** בירושלמי ברכות (שם) **עונה:**
י] **תבוא.** בירושלמי ברכות (שם) **אבל אמרו תבוא.** בירושלמי סוכה (שם) **ועוד אמרו תבוא:**

תורה אור השלם

א) אֱמֶת קְנֵה וְאַל תִּמְכֹּר חָכְמָה וּמוּסָר וּבִינָה: (משלי כג כג)
ב) זָנַח יִשְׂרָאֵל טוֹב אוֹיֵב יִרְדְּפוֹ: (הושע ח ג)
ג) כִּי לֶקַח טוֹב נָתַתִּי לָכֶם תּוֹרָתִי אַל תַּעֲזֹבוּ: (משלי ד ב)
ד) וַיֹּאמֶר יְהוָה אֶל מֹשֶׁה עֲשֵׂה לְךָ שָׂרָף וְשִׂים אֹתוֹ עַל נֵס וְהָיָה כָּל הַנָּשׁוּךְ וְרָאָה אֹתוֹ וָחָי: (במדבר כא ח)
ה) עֲשֵׂה לְךָ תֵּבַת עֲצֵי גֹפֶר קִנִּים תַּעֲשֶׂה אֶת הַתֵּבָה וְכָפַרְתָּ אֹתָהּ מִבַּיִת וּמִחוּץ בַּכֹּפֶר: (בראשית ו יד)
ו) עֲשֵׂה לְךָ שְׁתֵּי חֲצוֹצְרֹת כֶּסֶף מִקְשָׁה תַּעֲשֶׂה אֹתָם וְהָיוּ לְךָ לְמִקְרָא הָעֵדָה וּלְמַסַּע אֶת הַמַּחֲנוֹת: (במדבר י ב)
ז) בָּעֵת הַהִיא אָמַר יְהוָה אֶל יְהוֹשֻׁעַ עֲשֵׂה לְךָ חַרְבוֹת צֻרִים וְשׁוּב מֹל אֶת בְּנֵי יִשְׂרָאֵל שֵׁנִית: (יהושע ה ב)
ח) וַיַּעַשׂ מֹשֶׁה נְחַשׁ נְחֹשֶׁת וַיְשִׂמֵהוּ עַל הַנֵּס וְהָיָה אִם נָשַׁךְ הַנָּחָשׁ אֶת אִישׁ וְהִבִּיט אֶל נְחַשׁ הַנְּחֹשֶׁת וָחָי: (במדבר כא ט)
ט) וַיֹּאמֶר אַסְתִּירָה פָנַי מֵהֶם אֶרְאֶה מָה אַחֲרִיתָם כִּי דוֹר תַּהְפֻּכֹת הֵמָּה בָּנִים לֹא אֵמֻן בָּם: (דברים לב כ)

OF HIS MASTER,[29] קָטָן לְאָבִיו – and **A MINOR** can recite it **ON BEHALF OF HIS FATHER...**

Before the quotation of the Baraisa is completed,[30] its last ruling is challenged:

נִיחָא אִשָּׁה מְבָרֶכֶת לְבַעְלָהּ – **It is understandable** that **a woman can recite the blessing on behalf of her husband** עֶבֶד לְרַבּוֹ – **and a slave on behalf of his master;**[31] קָטָן לְאָבִיו – but how can **a minor** recite the blessing **on behalf of his father? לָא כֵן אֲמַר רַבִּי אַחָא בְּשֵׁם רַבִּי יוֹסָה בַּר נוֹהֲרַיי – Did not R' Acha say the following in the name of R' Yosah bar Noharai:** כֹּל שֶׁאָמְרוּ בְּקָטָן כְּדֵי לְחַנְּכוֹ – **Whenever [the Sages] said regarding a minor** that he should do a mitzvah, they meant only that his father ought **to train him** in its performance. The minor himself, however, is not personally obligated. Thus, how can his recital of *Bircas HaMazon* suffice for an adult?[32]

The Gemara answers:

תִּיפְתַּר בְּעוֹנֶה אַחֲרֵיהֶן – **Interpret** the Baraisa as referring to a case **where [the listener] repeats** each word[33] **after them,** i.e. after the minor;[34] כַּהִיא דִּתְנִינַן תַּמָּן – **as in this Mishnah, which we learned there:**[35] מִי שֶׁהָיָה עֶבֶד אוֹ אִשָּׁה אוֹ קָטָן מַקְרִים אוֹתוֹ – If **ONE HAS A SLAVE, WOMAN, OR MINOR RECITING** *Hallel* **FOR HIM,** (ו)עוֹנֶה[36] אַחֲרֵיהֶםמַה שֶׁהֵם אוֹמְרִים – **HE MUST RESPOND AFTER THEM WHATEVER THEY SAY.**[37] וּתְהֵא לוֹ מְאֵירָה – **AND LET A CURSE BE UPON HIM!**[38]

The Gemara now resumes its quotation of the Baraisa regarding the recital of *Bircas HaMazon* by one person for another:

NOTES

refer to a woman who had also eaten a meal and is currently fulfilling her own obligation.

[Although the Baraisa mentions a husband and wife, the same law would apply where any adult recites *Bircas HaMazon* on behalf of any other adult.]

29. See previous note.

30. *Chareidim* and *Mahara Fulda* to the parallel *sugya* in *Berachos* 3:3 [37b-38a].

31. Because women and Canaanite slaves are obligated to recite *Bircas HaMazon* after they eat (Mishnah *Berachos* 3:3; 20b in *Bavli*).

Actually, *Bavli* (ibid.) inquires, and does not resolve, whether the obligation of a woman (or a Canaanite slave) to recite *Bircas HaMazon* is Biblical or Rabbinic. *Yerushalmi,* however, maintains that it is Biblical (*Milchamos Hashem* to *Bavli* there, folio 12a; in fact, *Milchamos Hashem* asserts that even *Bavli* itself, in every place other than *Berachos* ibid., agrees with this). Since a woman and a slave have the same level of obligation as an ordinary Jewish male, they can recite *Bircas HaMazon* on his behalf. [See, however, *Korban HaEidah,* and *Teshuvos HaElef Lecha Shlomo, Hashmatos LeOrach Chaim* §25.]

32. Even if a minor is mature enough to perform a mitzvah, he is not under any personal obligation to do so. The obligation of *chinuch* (training) rests solely on the father, who must see to it that his child performs the mitzvah. Being personally exempt from reciting *Bircas HaMazon,* a minor may not say it on behalf of one who is obligated to recite it [even if the latter is incapable of saying it himself] (*Korban HaEidah;* see *Chareidim, Berachos* 3:3 [37b] ד"ה תני). [It should be noted that even if a minor *was* personally subject to the requirement of saying *Bircas HaMazon,* it would at most be a Rabbinic obligation, and thus he could not say it on behalf of one who is Biblically obligated.]

33. In this way, the minor is not reciting the blessings on behalf of the adult [with the adult merely listening] (*Beur of R' Chaim Kanievski*); rather, the adult says the words himself, and the minor serves merely as a guide.

This version of the Gemara's text is adopted by several authorities (*Ramban, Milchamos Hashem, Berachos* folio 12a; *Raavad* ibid. and *Hil. Berachos* 5:16; *Rashba, Berachos* 20b). However, other commentators have a version of the Gemara that states: בְּעוֹנֶה אַחֲרֵיהֶן אָמֵן, *where [the listener] answers "Amen" after [the minor]* (*Baal HaMaor* to *Berachos* ibid.; *Kesef Mishneh, Hil. Berachos* 5:15; *Rash Sirilio, Chareidim,* and *Sdeh Yehoshua* to *Berachos* ibid.; *Korban HaEidah,* here and to *Succah* 3:8 [20a]). This is also the standard text of the parallel segment in *Berachos* ibid. and *Succah* ibid.

The explanation of the second version is that when one says אָמֵן, *Amen,* after a blessing, it is as though he said the blessing itself. This is so even where he is responding to someone who is not obligated at all, such as a minor. Hence, an adult who answers "Amen" after a minor's recitation of *Bircas HaMazon* is viewed as having said each word, thereby fulfilling his obligation (*Meiri* to *Berachos* 20b).

The former authorities apparently hold that responding "Amen" would not help in this case, where the blessing was recited by someone who is not obligated at all (see *Rambam, Hil. Berachos* 1:11,15; see further, *Kehillos Yaakov, Berachos, Siman* 26 in the new edition [*Siman* 17 in the old edition] §3,4).

See Variant A for *Bavli's* answer to the Gemara's question of how a minor can recite *Bircas HaMazon* for an adult.

34. The Gemara's use of the plural form, "after *them,*" is imprecise, because its answer is needed only in the case of a minor. In the Baraisa's earlier cases (woman, Canaanite slave), the listener fulfills his duty even without repeating the words after them (*Chareidim* ibid.; see *Mareh HaPanim* to the Mishnah in *Berachos* ibid. ד"ה וברכת המזון).

35. Mishnah *Succah* 3:9 [20a], 38a in *Bavli.*

36. Emendation follows the Mishnah in *Succah.*

37. Women are not obligated to recite *Hallel* because it is a positive time-bound mitzvah (see Mishnah *Kiddushin* 1:7; 29a in *Bavli*), and the same exemption applies in the case of Canaanite slaves (*Tosafos* to *Succah* 38a ד"ה ותהי; see *Bavli Chagigah* 4a). A minor is not obligated to perform any mitzvah. Consequently, if one of these three people would recite *Hallel* on behalf of an adult male, who *is* obligated in its recitation, the latter would not fulfill his duty by merely listening. Instead, as the Mishnah teaches, he must repeat each word after the reader, thereby reading *Hallel* himself.

[Even according to those who hold that answering "Amen" is effective in the case of *Bircas HaMazon* (see note 33), it is ineffective in the case of *Hallel,* because *Hallel* is not a blessing. Saying "Amen" in response to the blessings recited before and after *Hallel* would not be effective either, because they are only the "blessings of the mitzvah," as opposed to the mitzvah itself. Hence, the listener has no option but to repeat each word.]

38. He deserves to be cursed because he evidently did not learn how to recite *Hallel* by himself (see *Rashi* to *Succah* 38a ד"ה ותבא לו מאירה and *Tosafos* there; see also *Chareidim* cited in next note).

TEXTUAL AND INTERPRETIVE VARIANTS

A. Like our Gemara, *Bavli* (*Berachos* 20b) also quotes this Baraisa ("In truth they said, etc.") and asks how a (minor) son can recite *Bircas HaMazon* for his father. However, it gives a different answer; namely, that the Baraisa refers to a case where the father was *Rabbinically* obligated to recite *Bircas HaMazon* (e.g. he ate a *kezayis* of bread but was not truly satisfied). He can fulfill the mitzvah by listening to a minor, because — according to *Bavli* — a minor who is old enough to be trained is also Rabbinically obligated.

Yerushalmi, though, which does not give this answer, holds that even where the father's obligation is merely Rabbinic, a minor cannot recite *Bircas HaMazon* on his behalf. It emerges that *Bavli* and *Yerushalmi* disagree regarding the nature of a minor's obligation. According to *Yerushalmi,* even a minor who has reached the age of training is exempt from the mitzvos, and it is only his father who is obligated to train him (see above, note 33). But *Bavli* maintains that the minor is *personally* obligated at the Rabbinic level (see *Tosafos* to *Berachos* 48a-b ד"ה עד); he can therefore exempt an adult who ate an amount that requires him to recite the *Bircas HaMazon* only Rabbinically (*Chareidim, Berachos* 3:3 [37b] ד"ה תני; *Pri Megadim,* General Introduction 3:28).

It should be noted, though, that several Rishonim explain even *Bavli* as maintaining that a minor is not personally subject to any obligation (*Rashi* to *Berachos* 48a ד"ה עד שיאכל; *Ritva* and *Meiri* to *Megillah* 19b). As for the aforementioned proof that *Bavli* deems him personally obligated, *Ramban* (*Milchamos* folio 12a) has a different version of that Gemara, which eliminates the proof (see there).

[יח. - ה"ח ה"ט ה"י ה"א]

[א] ואין אמת אלא תורה היך מה דאת אמר [א] אמת קנה ואל תמכור חכמה ומוסר ובינה. [ב] אמר ר' יודה בר פזי [ב] זנח ישראל טוב אויב ירדפו ואין טוב אלא תורה היך מה דאת אמר [ג] כי לקח טוב נתתי לכם תורתי אל תעזובו:

הלכה ט מתני'

[ג] כיוצא [א] בו [ד] ויאמר ה' אל משה עשה לך שרף ושים אותו על נס וגו' וכי נחש ממית [ב] ומחייה אלא [ג] כל זמן שישראל מסתכלין כלפי [ד] למעלן ומשעבדין את ליבן לאביהן שבשמים היו מתרפאין ואם לאו היו נימוקין: גמ' [ד] אמר ר' יסא בארבעה מקומות נאמר עשה לך בשלשה פירש ואחד לא פירש. [ה] עשה לך תיבת עצי גופר [ו] עשה לך שתי חצוצרות כסף [ז] עשה לך חרבות צורים [ד] עשה לך שרף לא פירש. אמר משה עיקרה לא נחש הוא לפיכך [ח] ויעש משה נחש נחושת. מיכן היה [ה] ר' מאיר דורש שמות. [ו] חד בר נש הוה שמיה כידור. אמר לון ר' מאיר הובא לכון מיניה בר נש ביש הוא [ט] כי דור תהפוכות המה. ר' לוי בשם ר' חמא בר חנינה [ז] והיה הנשוך אין כתיב כאן אלא [ד] כל הנשוך אפילו נשיכת כלב אפילו נשיכת נחש. ולא דמיא נשיכת כלב וראה נשיכת נחש והביט. ר' יודה גוזריא בשם ר' אחא נשיכת כלב שאינו ממינו וראה נשיכת נחש שהוא ממינו והביט. ורבנן אמרי נשיכת כלב שאינו מחלחל וראה נשיכת נחש שהוא מחלחל והביט:

הלכה י מתני'

[יא] חרש שוטה [ט] וקטן [ה] אינו מוציא את הרבים ידי חובתן. [ב] זה הכלל [י] כל שאינו חייב בדבר אינו מוציא את הרבים ידי חובתן: גמ' תני [כ] [ו] אבל אמרו אשה מברכת לבעלה עבד לרבו [ג] קטן לאביו. ניחא אשה מברכת לבעלה עבד לרבו. קטן לאביו לא כן אמר ר' אחא בשם ר' יוסה בר [ז] נוהריי כל שאמרו בקטן כדי לחנכו. תיפתר בעונה [ח] אחריהן. כהיא דתנינן תמן [ל] מי שהיה עבד או אשה או קטן מקרים אותו [ט] ועונה אחריהם מה שהם אומרים ותהא לו מאירה. [י] תבוא מאירה לבן עשרים שצריך לבן עשר:

הדרן עלך פרק ראוהו בית דין

[ד] [מ] יום טוב של ראש השנה שחל להיות בשבת במקדש היו תוקעין אבל לא במדינה. משחרב בית המקדש התקין רבן יוחנן בן זכאי שיהו תוקעין [ה] בכל מקום שיש בו בית דין. אמר ר' אלעזר לא התקין רבן יוחנן בן זכאי שיהו תוקעין אלא ביבנה בלבד.

קרבן העדה

זנח ישראל טוב. מייתי ראיה לשמואל: ואין טוב אלא תורה. דאי טוב עולם הזה זנח למה אויב ירדופו אדרבה כך היא דרכה של תורה, אלא הכי קאמר, זנח ישראל תורה לפיכך אויב ירדופו: בארבעה מקומות נאמר בתורה עשה לך: בשלשה פירש. הקב"ה, מאיזה מין יעשה: עשה לך שרף לא פירש. מאיזה מין: עיקרה. של שרף, וכי לא נחש היא, בתמיה, א"כ סמך הקב"ה שתהא של נחשת כעיקר שמה, אלא שתהא בצורת שרף, לכך כתיב ויעש משה נחש הנחושת: מכאן היה ר' מאיר דורש שמות. מדלא פירש השם וסמך הקב"ה שידרוש משה שם נחש, שמע מינה שדורשין שמות: הובא לכון. כלומר לאו לכם ממנו, איש רע מעללים הוא: ה"ג אפילו נשיכת כלב פתן ועקרב וחיה רעה: ולא דמיא. מיהא לא דמי, גבי נשיכת כלב כתיב וראה, דמשמע מקרוב, נשיכת הנחש כתיב והביט, דמשמע מיד שהסתכל בו נתרפא: שאינו ממינו. של הנעשה לרפואה היה צריך הסתכלות גדול: שאינו מחלחל. שאינו מזיק ונכנס לתוך הגוף, כתיב וראה, דסובר וראה מרחוק משמע, והביט מקרוב. וכיוצא בזה פליגי באיכה רבתי בפסוק הביטה וראה (ה א): אבל אמרו. כמו באמת אמרו. כל באמת אמרו הלכה ואין חולק בדבר: אשה מברכת לבעלה. ברכת המזון: ופריך ניחא אשה מברכת לבעלה וכו'. שאף הן בברכת המזון מדרבנן לכולי עלמא: אלא קטן. יברך לאביו, מאי טעמא: לא כן אמר ר' אחא וכו'. כל שאמרו בקטן כדי לחנכו ואפילו חיוב מדרבנן ליכא, ואיך מוציא את אביו שחייב מדאורייתא: ומשני תיפתר. הך ברייתא איירי בשעונה אחריהן אמן: כהאי דתנינן תמן. במתני' [בסוכה]: תבוא מאירה לבן כ'. כלומר לגדול בר חיובא, שצריך לקטן שאינו בר חיובא אף על פי שהגיע לחינוך:

הדרן עלך פרק ראוהו בית דין

יום טוב. במקדש היו תוקעין. בגמ' מפרש לה: אבל לא במדינה. לא בירושלים ולא בגבולין. והרמב"ם (בפירוש המשנה) מפרש שירושלים כולה קרויה מקדש ושאר ארץ ישראל קרויה מדינה: בכל מקום שיש בו בית דין. ואפילו אינן קבועין אלא שבמקרה באו שם תוקעין בו: אלא ביבנה. שהיתה שם סנהדרי גדולה בימיו, וכן בכל מקום שגלתה לשם סנהדרי גדולה, אבל לא בבית דין של כ"ג:

פני משה

ועשה לך שרף. ולא פירש ממה יעשה אלא משה למד מעצמו, וכי עיקרה של השרף לא נחש הוא שהארס שורף הגוף, לפיכך עשה מנחושת לשון נופל על לשון: הובא לכון מיניה. תרחיקו עצמכם ממנו ותנו לכם להלאה דבר גם ביש הוא דכתיב כי דור וגו': אלא כל הנשוך. לרבות אפילו מנשיכת כלב הוא נשוך נרפא כשראה אותו: אפילו נשיכת נחש. כלומר אפילו נשיכת כלב כמו נשיכת נחש הוא: ולא דמיא. ומכל מקום לא היו שוין ברפואתן דמנשיכת כלב וראה אותו וחי מיד כשראה אותו בראיה בעלמא נרפא, אבל מנשיכת נחש היה צריך והביט שההבטה היא יותר בהשגחה מהראייה, ולפיכך כתיב כאן וראה אצל כל הנשוך, ובנשיכת נחש כתיב אם נשך הנחש וגו' והביט אל נחש הנחושת וחי: ר' יודא וכו'. מפרשין טעמא נשיכת כלב שאינו ממינו של נחש הנחושת שעשה וראה אותו סגי, ונשיכת נחש שהוא ממינו היה צריך והביט כדי שישימו אל לבם שנענשו על לשון הרע שהוא מעשה נחש, ורבנן סבירא להו לפי הצורך לרפואתן היה שנשיכת כלב אין בו ארס המתחלחל בגוף וראה סגי, ונשיכת נחש שהארס מתחלחל צריך והביט: מתני' חרש שוטה וקטן וכו'. הואיל והן אינן מחויבין בדבר: גמ' תני אבל אמרו אשה מברכת לבעלה וכו'. כתוב זה לעיל פרק לולב הגזול בהלכה ט ועיי"ש: [וז"ל שם, תני. בתוספתא דברכות פרק (ו') [ה'] (הי"ח) ומייתי להא לעיל בפ"ג דברכות בהלכה ג', וכן לקמן בסוף פ"ג דר"ה: אבל אמרו. חכמים אשה מברכת לבעלה וכו': ניחא אשה וכו'. דמ"מ שייכים במצות הם: אלא קטן לאביו. בתמיה: והא לא כן אמר ר' אחא כל שאמרו. חכמים במצות בקטן לא אמרו אלא כדי לחנכו, כגון סוכה ולולב וכיוצא בזה הנוהגות בקטן שהגיע לחינוך, ומכיון שלחנכו בעלמא הוא היאך מוציא הוא את אביו, דקס"ד שהקטן מברך הוא לבדו להוציא את אביו: תיפתר בעונה אחריהן. כך היא הגירסא בר"ה. ול"ג אמן ונכונה היא, וכלומר הכא במאי עסקינן שהוא עונה הברכה אחריהן מה שהן מברכין. וכהאי דתנינן תמן וכו', כדתנינן הכא: ועוד אמרו תבא מאירה לבן עשרים וכו'. כלומר וביותר אמרו לזה שהוא גדול ובן עשרים וצריך הוא לבן עשר, שגנאי גדול הוא לו שצריך הוא להקטן ממנו:]

הדרן עלך פרק ראוהו בית דין

יום טוב של ראש השנה שחל להיות בשבת. אף על פי שמן התורה מותר לתקוע לא היו תוקעין אלא במקדש, דרבנן הוא דגזור ביה לפי שהכל חייבין בתקיעת שופר ואין הכל בקיאין בתקיעת שופר, גזרה שמא יטלנו בידו וילך אצל הבקי ללמוד ויעבירנו ארבע אמות ברשות הרבים (בבלי כט:): במקדש היו תוקעין. שהרי אין בו אלא משום שבות ואין שבות במקדש (פסחים סה.): אבל לא במדינה. שאר ארץ ישראל חוץ מירושלים קרוי מדינה: בכל מקום שיש בו בית דין. מפני שבית דין זריזין הן (עי' פסחים יב:) ולא יבואו התוקעים בפניהם להעביר השופר לפי שהם מודיעים את העם ומזהירין אותן: אלא ביבנה בלבד. שהיתה שם סנהדרי גדולה בימיו, וכן בכל מקום שגלתה שם סנהדרי גדולה אבל לא בשאר בית דין:

מסורת הש"ס

א) [ברכות ה., ע"ז ד:, פסיקתא זוטרתא עקב יא יג, מדרש תהלים קי, ילקו"ש משלי תתקנד, תיקו"ז נ. בשינוי] ב) [איכה רבה פתיחתות ב, פסיקתא דר"כ טו, ילקו"ש הושע תקכד] ג) ר"ה כט. [מכילתא דר"י בשלח מס' דעמלק פרשה א, מכילתא דרשב"י יז יא, תנחומא (ורשא) בשלח כז, פסיקתא זוטרתא חקת כא ח, מדרש אגדה כא ט, ילקו"ש בשלח רסה, זהר ח"ג קעה. בשינוי] ד) בר"ר לא ח [פסיקתא זוטרתא בראשית ו יד, ילקו"ש נח נב, יהושע טו] ה) יומא פג: [בר"ר מב ה, רות רבה ב ה, פסיקתא זוטרתא בראשית יד ב, ילקו"ש לך לך עב, רות תרב] ו) [תנחומא בראשית ל, ילקו"ש האזינו תתקמב, ישעי' תמט] ז) [במדבר רבה יט כג, תנחומא חקת מו, ילקו"ש חקת תשסד] ח) ר"ה כט. ט) [תוספתא ברכות פ"ה הי"ח, תוספתא ר"ה פ"ב ה"ה, תוספתא מגילה פ"ב ה"ד] י) [ברכות פ"ג ה"ג, מגילה פ"ב ה"א וה"ג, ברכות כ:] כ) ברכות פ"ג ה"ג, סוכה פ"ג ה"ט, סוכה לח. [ברכות כ:, תוספתא ברכות פ"ה הי"ח] ל) [סוכה פ"ג מ"י, ברכות פ"ג ה"ג] מ) ר"ה כט: [ויקרא רבה כט יב, פסיקתא דר"כ כג, ילקו"ש אמור תרמה, פנחס תשפב]

גליון הש"ס

כל שאמרו בקטן כדי לחנכו. מכאן מבואר כמ"ש הר"ן בשם הרמב"ן פ"ב דמגילה דף י"ט ע"ב (ו: מדה"ר ד"ה מתני הכל): קרבן העדה ד"ה ומשני תיפתר. בשעונה אחריהן אמן. עיין קרבן העדה, ובאמת כן הוא בירושלמי סוכה שם (פ"ג ה"ט), אמנם מדברי כל הפוסקים מבואר שצריך לענות אחריהם מה שהם אומרים, ועי' בהשגות הראב"ד פ"ה מברכות הלכה ט"ו ובכסף משנה שם:

מראה הפנים

רבי יודן גוזריא בשם ר' אחא נשיכת כלב שאינו ממינו וראה וכו'. נראה דודאי לא פליגי ר' יודא ורבנן דיש הפרש בין נשיכת כלב לבין נשיכת נחש בענין הרפואה כנודע, אלא דכל חד וחד מפרש ההפרש לענין העונש ובענין גרם החטא שידוע הוא מההפרש של החטא והחוטא, וכמו דאמר (ישעיהו נה ז) יעזוב רשע דרכו ואיש און מחשבותיו שאצל הרשע הפועל החטא לפי דרכו אמר ג"כ יעזוב דרכו, ואיש און זהו שאין בו בפועל כי אם בכח כענין שהוא מחשב כך וכך לעשות או תחבולות רשע לו להסית אחרים שיעשו כך וכך והוא נקרא איש און זה יעזוב מחשבותיו, וכך היה באותו הדור שיש שחטאו בפועל ודברו לשון הרע שלהם בפרסום לעיני משה וכל ישראל, ויש שבהסתר מחשבותיהם והסתה לחבירו על מה אתה שותק או דוגמתו, ולכת האחת להם מגיע נשיכת הנחש כנודע מדרש חז"ל (תענית ח.) מפסוק (קהלת י יא) (מה יתרון לנחש) [אם ישך הנחש] וכו', ולכת השניה נשיכת הכלב להם מגיע, ולפיכך נמי היה ההפרש ברפואתם אלו וראה ואלו והביט כל זה לדברי ר' יודה, ורבנן מוסיפין הם בזה וכלומר נהי שכדבריך כן הוא דהכל ניתן במדה כנגד מדה אלא שאתה צריך להוסיף ולומר דהכת השניה שאמרנו אשר להם ראוי הוא נשיכת הכלב זהו אמת לענין העונש, אבל עיקר הטעם לא פירשת בביאור היטב שכך הוא הדבר בענין הרפואה ולפי החטא שלהם שזה של כלב אינו מחלחל הארס שלו בתוך החלל של הגוף, ולפיכך וראה היתה רפואתו ומפני שהחטא שלו לא היה נכנס באוזן השומע ולא נכנס לתוכיות גופו שיצטער בשביל כך וכך רפואתו לפי פגמו וארס הנחש מחלחל הארס שלו בתוך חלל הגוף, וכך היה החטא שלו כת האחת שביותר מצטער השומע חרפתו מהמחרף והעולב אותו ונכנס לתוכיות גופו, ולפיכך רפואתו צריך והביט אל נחש הנחושת וחי: [המשך בסוף הספר]

עין משפט

א מיי' פ"ב מהלכות שופר הלכה ב טוש"ע או"ח סימן תקפט סעיף א [ב]:
ב מיי' פ"ה מהלכות ברכות הלכה טו [סמ"ג עשין כז] טוש"ע או"ח סימן קפו סעיף ב:
ג מיי' פ"ב מהלכות שופר הלכה ו [סמ"ג עשין מב] טוש"ע או"ח סימן תקפח סעיף ה:
ד מיי' שם הלכה ח ט [ופ"ד מהלכות שמיטה ויובל הלכה יב]:
ה מיי' פ"ב מהלכות שופר הלכה ח ט:

שינויי נוסחאות

א] בו ויאמר ה' אל משה עשה. במשניות ובבבלי (כט.) בדבר אתה אומר עשה:
ב] ומחייה. כ"ה גם גירסת הרמב"ם בפיה"מ. במשניות ובבבלי (שם) או נחש מחייה:
ג] כל זמן. כ"ה גם גירסת הרמב"ם בפיה"מ. במשניות ובבבלי (שם) בזמן:
ד] למעלן. בדפ"ו מעלן:
ה] אינו מוציא. במשניות ובבבלי (שם) אין מוציאין:
ו] אבל. כ"ה גם בירושלמי ברכות (פ"ג ה"ג) וסוכה (פ"ג ה"ט). בתוספתא ברכות (פ"ה הי"ח) ובבבלי ברכות (כ:) באמת:
ז] נוהריי. בירושלמי ברכות (שם) וסוכה (שם) נהוריי:
ח] אחריהן. בירושלמי ברכות (שם) וסוכה (שם) נוסף אמן:
ט] ועונה. בירושלמי ברכות (שם) עונה:
י] תבוא. בירושלמי ברכות (שם) אבל אמרו תבוא. בירושלמי סוכה (שם) ועוד אמרו תבוא:

תורה אור השלם

א) אֱמֶת קְנֵה וְאַל תִּמְכֹּר חָכְמָה וּמוּסָר וּבִינָה: (משלי כג כג)

ב) זָנַח יִשְׂרָאֵל טוֹב אוֹיֵב יִרְדְּפוֹ: (הושע ח ג)

ג) כִּי לֶקַח טוֹב נָתַתִּי לָכֶם תּוֹרָתִי אַל תַּעֲזֹבוּ: (משלי ד ב)

ד) וַיֹּאמֶר יְהֹוָה אֶל מֹשֶׁה עֲשֵׂה לְךָ שָׂרָף וְשִׂים אֹתוֹ עַל נֵס וְהָיָה כָּל הַנָּשׁוּךְ וְרָאָה אֹתוֹ וָחָי: (במדבר כא ח)

ה) עֲשֵׂה לְךָ תֵּבַת עֲצֵי גֹפֶר קִנִּים תַּעֲשֶׂה אֶת הַתֵּבָה וְכָפַרְתָּ אֹתָהּ מִבַּיִת וּמִחוּץ בַּכֹּפֶר: (בראשית ו יד)

ו) עֲשֵׂה לְךָ שְׁתֵּי חֲצוֹצְרֹת כֶּסֶף מִקְשָׁה תַּעֲשֶׂה אֹתָם וְהָיוּ לְךָ לְמִקְרָא הָעֵדָה וּלְמַסַּע אֶת הַמַּחֲנוֹת: (במדבר י ב)

ז) בָּעֵת הַהִיא אָמַר יְהֹוָה אֶל יְהוֹשֻׁעַ עֲשֵׂה לְךָ חַרְבוֹת צֻרִים וְשׁוּב מֹל אֶת בְּנֵי יִשְׂרָאֵל שֵׁנִית: (יהושע ה ב)

ח) וַיַּעַשׂ מֹשֶׁה נְחַשׁ נְחֹשֶׁת וַיְשִׂמֵהוּ עַל הַנֵּס וְהָיָה אִם נָשַׁךְ הַנָּחָשׁ אֶת אִישׁ וְהִבִּיט אֶל נְחַשׁ הַנְּחֹשֶׁת וָחָי: (במדבר כא ט)

ט) וַיֹּאמֶר אַסְתִּירָה פָנַי מֵהֶם אֶרְאֶה מָה אַחֲרִיתָם כִּי דוֹר תַּהְפֻּכֹת הֵמָּה בָּנִים לֹא אֵמֻן בָּם: (דברים לב כ)

The Gemara elaborates on the fiery serpent made by Moses: רַבִּי לֵוִי בְּשֵׁם רַבִּי חָמָא בַּר חֲנִינָה – **R' Levi** said **in the name of R' Chama bar Chaninah:** וְהָיָה הַנָּשׁוּךְ אֵין כְּתִיב כָּאן – **It is not stated here: "It will be that *he* who was bitten** will see it and live"; אֶלָּא ,,כָּל־הַנָּשׁוּךְ" – **rather,** it is stated: "It will be that ***all* who were bitten** will see it and live."[16] אֲפִילוּ נְשִׁיכַת כֶּלֶב אֲפִילוּ נְשִׁיכַת נָחָשׁ – The plural form indicates that **even one bitten by a dog** and **even one bitten by a snake** were healed through looking at the snake.[17] וְלָא דָמְיָא – **However, [the two situations] are not** entirely **comparable,** נְשִׁיכַת כֶּלֶב – for in reference to **a dog bite** it is written: ,,וְרָאָה" – *all who were bitten will* ***see*** *it and live,*[18] נְשִׁיכַת נָחָשׁ – but regarding **a snakebite** it is written: ,,וְהִבִּיט" – *he would* ***look*** *at the copper snake and live.*[19]

R' Chama bar Chaninah did not explain *why* mere "seeing" sufficed for a dog bite whereas "looking" (i.e. viewing with intent) was required for a dog bite. The Gemara cites two explanations:[20] רַבִּי יוּדָה גוֹזְרָיָא בְּשֵׁם רַבִּי אַחָא – **R' Yudah Gozraya** said **in the name of R' Acha:** נְשִׁיכַת כֶּלֶב שֶׁאֵינוֹ מִמִּינוֹ – Regarding **the bite of a dog, which is not of its species** (i.e. a dog is not of the same species as the snake represented in the figure made by Moses), ,,וְרָאָה" – the verse states: *all who were bitten will* ***see;*** נְשִׁיכַת נָחָשׁ שֶׁהוּא מִמִּינוֹ – but regarding **the bite of a snake, which *is* of its species,** ,,וְהִבִּיט" – the verse states: *he would* ***look.***[21]

A different explanation:

וְרַבָּנָן אָמְרֵי – **But the Rabbis said:** נְשִׁיכַת כֶּלֶב שֶׁאֵינוֹ מְחַלְחֵל – Regarding **a dog bite, which does not penetrate,** ,,וְרָאָה" – the verse states: ***see;*** נְשִׁיכַת נָחָשׁ שֶׁהוּא מְחַלְחֵל – but regarding **a snakebite, which does penetrate,** ,,וְהִבִּיט" – it is stated: ***look.***[22]

Halachah 10

Mishnah After its digression on the subject of intent in prayer, the Mishnah returns to halachic matters. It was previously taught (21a) that one may fulfill his obligation to hear the shofar by listening to another's blowing. The following Mishnah narrows the category of who may blow the shofar for others:

חֵרֵשׁ – **A deaf person,**[23] שׁוֹטֶה – **a deranged person,**[24] וְקָטָן – **and a minor**[25] אֵינוֹ מוֹצִיא אֶת הָרַבִּים יְדֵי חוֹבָתָן – **cannot cause the public to discharge their obligation.** זֶה הַכְּלָל – **This is the general rule:** כֹּל שֶׁאֵינוֹ חַיָּיב בְּדָבָר – **Whoever is not** himself **obligated in a** particular **matter** (i.e. mitzvah) אֵינוֹ מוֹצִיא אֶת הָרַבִּים יְדֵי חוֹבָתָן – **cannot cause the public to discharge their obligation** vis-a-vis that matter.

Gemara The Gemara addresses the subject of one person performing a mitzvah on behalf of another:

תָּנֵי – **A Baraisa**[26] **teaches:** אֲבָל אָמְרוּ – IN TRUTH THEY SAID:[27] אִשָּׁה מְבָרֶכֶת לְבַעְלָהּ – A WOMAN CAN RECITE THE BLESSING, i.e. *Bircas HaMazon,* ON BEHALF OF HER HUSBAND,[28] עֶבֶד לְרַבּוֹ – and A Canaanite SLAVE can recite it ON BEHALF

NOTES

16. *Numbers* 21:8. The full verse states: וַיֹּאמֶר ה׳ אֶל־מֹשֶׁה עֲשֵׂה לְךָ שָׂרָף וְשִׂים אֹתוֹ עַל־נֵס וְהָיָה כָּל־הַנָּשׁוּךְ וְרָאָה אֹתוֹ וָחָי, *God said to Moses: Make for yourself a serpent and place it on a pole; and it will be that all who are bitten will see it and live.*

17. Although God sent *snakes* to attack the people, even those bitten by dogs or donkeys [at that time] would suffer serious harm (*Rashi* ad loc.). Moses' replica of a snake effected the cure of all who had been bitten by any animal.

18. See note 16.

19. Verse 9, which states: וַיַּעַשׂ מֹשֶׁה נְחַשׁ נְחֹשֶׁת וַיְשִׂמֵהוּ עַל־הַנֵּס וְהָיָה אִם־נָשַׁךְ הַנָּחָשׁ אֶת־אִישׁ וְהִבִּיט אֶל־נְחַשׁ הַנְּחֹשֶׁת וָחָי, *Moses made a copper serpent and placed it on a pole; and it happened that if a snake bit someone he would look at the copper snake and live.*

This verse (9), which specifies the bite of a snake, uses the verb וְהִבִּיט, *look,* while the previous verse (8, cited in note 16), which alludes to the bite of a dog (as taught above), states וְרָאָה, *see.* "Looking" means viewing with intent, whereas "seeing" could be just a cursory glance. The Gemara will explain why each verb is appropriate in its context.

20. *Yefeh Mareh; Pnei Moshe; Haamek Davar, Numbers* 21:8 (cited by *Alei Tamar*).

21. The snakes were sent to punish those who had spoken *lashon hara* against God (see note 4). In order to be healed, they had to take to heart that they were being punished for that sin. They accomplished this by staring at the copper snake, which was the first creature that slandered (for it slandered God, as related in *Genesis* 3:4-5). However, regarding those who had been bitten by dogs, their sin was not specifically related to the species represented by Moses' snake. [Since, in their case, looking at the snake was less relevant to their repentance] it was not necessary for them to stare at it; a mere glimpse sufficed (*Pnei Moshe;* see *Mareh HaPanim*).

[For other explanations, see *Yefeh Mareh, Korban HaEidah, Masa DiYerushalayim, Alei Tamar,* and *Haamek Davar* to *Numbers* ibid.]

22. Since a snakebite is more dangerous than a dog bite, its cure required a more intense viewing of Moses' snake (*Pnei Moshe, Yefeh Mareh, Korban HaEidah;* see *Rashi* to *Numbers* 21:8). [*Alei Tamar* explains that in order to be healed from the dangerous bite of a snake, the victim had to undergo full repentance. But to be cured of a dog bite, which was relatively mild, a short prayer sufficed.]

23. Generally, the "deaf person" listed together with a deranged person in the Mishnah is a deaf-mute (see *Chagigah* 2b-3a, *Terumos* 1:1). However, regarding the mitzvah of shofar he is simply one who cannot hear, for although such a person can speak and is therefore deemed mentally competent, the mitzvah of shofar is to *hear* its blast. Since a deaf person is incapable of doing so, he is exempt from the mitzvah. Accordingly, he cannot blow for another, pursuant to the Mishnah's general rule that one cannot cause another to discharge his obligation when he himself is not obligated in that mitzvah (*Orach Chaim* 589:2). See *Responsa of R' Akiva Eiger* (end of §7) for an explanation of this opinion. See also *Responsa Avnei Nezer, Orach Chaim* 439, and *Kovetz He'aros, Yevamos* §48.

R' Yehonasan MiLunel (*Bavli* 29a) disagrees; in his opinion, the Mishnah does speak of a deaf-mute [however, one who is merely deaf can indeed blow the shofar for others]. The explanation of this view is that one who is deaf but can speak is obligated in the mitzvah; it is just that he is unavoidably prevented (אָנוּס) from fulfilling it for himself (see *Avi Ezri, Hil. Shofar* 2:1, who proves that this is the opinion of *Rambam;* see also *Aruch HaShulchan* 589:3-6). See above, 21b note 9.

24. A deranged person is not obligated to observe mitzvos because he is not considered responsible for his actions. See *Bavli Chagigah* 3b and *Rambam, Hil. Eidus* 9:9, for the criteria of imbecility.

25. I.e. a boy who has not reached his 13th birthday and grown two pubic hairs. The halachah does not consider minors legally competent.

26. *Tosefta Berachos* 5:18.

27. The expression אֲבָל אָמְרוּ is equivalent to בֶּאֱמֶת אָמְרוּ, *in truth they said* (see *Genesis* 17:19, 42:21), which introduces a law that is universally accepted (*Korban HaEidah,* from *Rashi* to *Succah* 38a; see also *Rashi* to *Bava Metzia* 60a). *Yerushalmi* (*Kilayim* 2:1; *Terumos* 2:1; *Shabbos* 1:3, 10:4) states that בֶּאֱמֶת אָמְרוּ prefaces a הֲלָכָה לְמֹשֶׁה מִסִּינַי, *halachah transmitted to Moses at Sinai.* The latter explanation is given by *Rambam* in his *Commentary* to *Terumos* 2:1 (see *Rav* ibid., *Meromei Sadeh* and *Maharatz Chayes* to *Succah* ibid., and *Sfas Emes* to *Shabbos* 92b).

28. The Baraisa refers to a man who is incapable of reciting *Bircas HaMazon* himself; otherwise, he could not fulfill his obligation by listening to another [who had not eaten] (*Ran,* folios 11b-12a; see also *Rashi* to *Berachos* 20b and *Meiri* to *Succah* 38a). Alternatively, the Baraisa may

א) ואין אמת אלא תורה היך מה דאת אמר [א] אמת קנה ואל תמכור חכמה ומוסר ובינה. ב) אמר ר' יודה בר פזי [ב] זנח ישראל טוב אויב ירדפו ואין טוב אלא תורה היך מה דאת אמר [ג] כי לקח טוב נתתי לכם תורתי אל תעזובו:

הלכה ט מתני'

ג) כיוצא [א] בו [ד] ויאמר ה' אל משה עשה לך שרף ושים אותו על נס וגו' וכי נחש ממית [ב] ומחייה אלא [ג] כל זמן שישראל מסתכלין כלפי [ד] למעלן ומשעבדין את ליבן לאביהן שבשמים היו מתרפאין ואם לאו היו נימוקין:

גמ' ד) אמר ר' יסא בארבעה מקומות נאמר עשה לך בשלשה פירש ואחד לא פירש. [ה] עשה לך תיבת עצי גופר [ו] עשה לך שתי חצוצרות כסף [ז] עשה לך חרבות צורים [ד] עשה לך שרף לא פירש. אמר משה עיקרה לא נחש הוא לפיכך [ח] ויעש משה נחש נחושת. מיכן היה ה) ר' מאיר דורש שמות. ו) חד בר נש הוה שמיה כידור. אמר לון ר' מאיר הובא לכון מיניה בר נש ביש הוא [ט] כי דור תהפוכות המה. ר' לוי בשם ר' חמא בר חנינה ז) והיה הנשוך אין כתיב כאן אלא [ד] כל הנשוך אפילו נשיכת כלב אפילו נשיכת נחש. ולא דמיא נשיכת כלב וראה נשיכת נחש והביט. ר' יודה גוזריא בשם ר' אחא נשיכת כלב שאינו ממינו וראה נשיכת נחש שהוא ממינו והביט. ורבנן אמרי נשיכת כלב שאינו מחלחל וראה נשיכת נחש שהוא מחלחל והביט:

הלכה י מתני'

א) חרש שוטה ט) וקטן [ה] אינו מוציא את הרבים ידי חובתן. ב) זה הכלל י) כל שאינו חייב בדבר אינו מוציא את הרבים ידי חובתן: גמ' תני כ) [ו] אבל אמרו אשה מברכת לבעלה עבד לרבו ג) קטן לאביו. ניחא אשה מברכת לבעלה עבד לרבו. קטן לאביו לא כן אמר ר' אחא בשם ר' יוסה בר [ז] נודריי כל שאמרו בקטן כדי לחנכו. תיפתר בעונה [ח] אחריהן. כהיא דתנינן תמן ל) מי שהיה עבד או אשה או קטן מקרים אותו [ט] ועונה אחריהם מה שהם אומרים ותהא לו מאירה. [י] תבוא מאירה לבן עשרים שצריך לבן עשר:

הדרן עלך פרק ראוהו בית דין

ד) מ) יום טוב של ראש השנה שחל להיות בשבת במקדש היו תוקעין אבל לא במדינה. משחרב בית המקדש התקין רבן יוחנן בן זכאי שיהו תוקעין ה) בכל מקום שיש בו בית דין. אמר ר' אלעזר לא התקין רבן יוחנן בן זכאי שיהו תוקעין אלא ביבנה בלבד.

קרבן העדה

זנח ישראל טוב. מייתי ראיה לשמואל: ואין טוב אלא תורה. דאי טוב עולם הזה זנח למה אויב ירדופו אדרבה כך היא דרכה של תורה, אלא הכי קאמר, זנח ישראל תורה לפיכך אויב ירדופו: בארבעה מקומות נאמר בתורה עשה לך: בשלשה פירש. הקב"ה, מאיזה מין יעשה: עשה לך שרף לא פירש. מאיזה מין: עיקרה. של שרף, וכי לא נחש היא, בתמיה, א"כ סמך הקב"ה שתהא של נחשת כעיקר שמה, אלא שתהא בצורת שרף, לכך כתיב ויעש משה נחש הנחושת: מכאן היה ר' מאיר דורש שמות. מדלא פירש השם וסמך הקב"ה שידרוש משה שם נחש, שמע מינה שדורשין שמות: הובא לכון. כלומר לאו לכם ממנו, איש רע מעללים הוא: ה"ג אפילו נשיכת כלב פתן ועקרב וחיה רעה: ולא דמיא. מיהא לא דמי, גבי נשיכת כלב כתיב וראה, דמשמע מקרוב, נשיכת הנחש כתיב והביט, דמשמע מיד שהסתכל בו נתרפא: שאינו ממינו. של הנעשה לרפואה היה צריך הסתכלות גדול: שאינו מחלחל. שאינו מזיק ונכנס לתוך הגוף, כתיב וראה, דסובר וראה מרחוק משמע, והביט מקרוב. וכיוצא בזה פליגי באיכה רבתי בפסוק הביטה וראה (ה א): אבל אמרו. כמו באמת אמרו. כל באמת אמרו הלכה ואין חולק בדבר: אשה מברכת לבעלה. ברכת המזון: ופריך ניחא אשה מברכת לבעלה וכו'. שאף הן בברכת המזון מדרבנן לכולי עלמא: אלא קטן. יברך לאביו, מאי טעמא: לא כן אמר ר' אחא וכו'. כל שאמרו בקטן כדי לחנכו ואפילו חיוב מדרבנן ליכא, ואיך מוציא את אביו שחייב מדאורייתא: ומשני תיפתר. הך ברייתא איירי בשעונה אחריהן אמן: כהאי דתנינן תמן. במתני' [בסוכה]: תבוא מאירה לבן כ'. כלומר לגדול בר חיובא, שצריך לקטן שאינו בר חיובא אף על פי שהגיע לחינוך:

הדרן עלך פרק ראוהו בית דין

יום טוב. במקדש היו תוקעין. בגמ' מפרש לה: אבל לא במדינה. לא בירושלים ולא בגבולין. והרמב"ם (בפירוש המשנה) מפרש שירושלים כולה קרויה מקדש ושאר ארץ ישראל קרויה מדינה: בכל מקום שיש בו בית דין. ואפילו אינן קבועין אלא שבמקרה באו שם תוקעין בו: אלא ביבנה. שהיתה שם סנהדרי גדולה בימיו, וכן בכל מקום שגלתה לשם סנהדרי גדולה, אבל לא בבית דין של כ"ג:

פני משה

ועשה לך שרף. ולא פירש ממה יעשה אלא משה למד מעצמו, וכי עיקרה של השרף לא נחש הוא שהארס שורף הגוף, לפיכך עשה מנחושת לשון נופל על לשון: הובא לכון מיניה. תרחיקו עצמכם ממנו ותנו לכם להלאה דבר נש ביש הוא דכתיב כי דור וגו': אלא כל הנשוך. לרבות אפילו מנשיכת כלב הוא נשוך נרפא כשראה אותו: אפילו נשיכת נחש. כלומר אפילו נשיכת כלב כמו נשיכת נחש הוא: ולא דמיא. ומכל מקום לא היו שוין ברפואתן דמנשיכת כלב וראה אותו וחי מיד כשראה אותו בראיה בעלמא נרפא, אבל מנשיכת נחש היה צריך והביט שההבטה היא יותר בהשגחה מהראייה, ולפיכך כתיב כאן וראה אצל כל הנשוך, ובנשיכת נחש כתיב אם נשך הנחש וגו' והביט אל נחש הנחושת וחי: ר' יודא וכו'. מפרשין טעמא נשיכת כלב שאינו ממינו של נחש הנחושת שעשה וראה אותו סגי, ונשיכת נחש שהוא ממינו היה צריך והביט כדי שישימו אל לבם שנענשו על לשון הרע שהוא מעשה נחש, ורבנן סבירא להו לפי הצורך לרפואתן היה שנשיכת כלב אין בו ארס המתחלחל בגוף וראה סגי, ונשיכת נחש שהארס מתחלחל צריך והביט: מתני' חרש שוטה וקטן וכו'. הואיל והן אינן מחוייבין בדבר: גמ' תני אבל אמרו אשה מברכת לבעלה וכו'. כתוב זה לעיל פרק לולב הגזול בהלכה ט ועיי"ש: [וז"ל שם, תני. בתוספתא דברכות פרק (ו') [ה'] (הי"ח) ומייתי להא לעיל בפ"ג דברכות בהלכה ג', וכן לקמן בסוף פ"ג דר"ה: אבל אמרו. חכמים אשה מברכת לבעלה וכו': ניחא אשה וכו'. דמ"מ שייכים במצות הם: אלא קטן לאביו. בתמיה: והא לא כן אמר ר' אחא כל שאמרו. חכמים במצות בקטן לא אמרו אלא כדי לחנכו, כגון סוכה ולולב וכיוצא בזה הנוהגות בקטן שהגיע לחינוך, ומכיון שלחנכו בעלמא הוא היאך מוציא הוא את אביו, דקס"ד שהקטן מברך הוא לבדו להוציא את אביו: תיפתר בעונה אחריהן. כך היא הגירסא בר"ה. ול"ג אמן ונכונה היא, וכלומר הכא במאי עסקינן שהוא עונה הברכה אחריהן מה שהן מברכין. וכהאי דתנינן תמן וכו', כדתנינן הכא: ועוד אמרו תבא מאירה לבן עשרים וכו'. כלומר וביותר אמרו לזה שהוא גדול ובן עשרים וצריך הוא לבן עשר, שגנאי גדול הוא לו שצריך הוא להקטן ממנו:]

הדרן עלך פרק ראוהו בית דין

יום טוב של ראש השנה שחל להיות בשבת. אף על פי שמן התורה מותר לתקוע לא היו תוקעין אלא במקדש, דרבנן הוא דגזור ביה לפי שהכל חייבין בתקיעת שופר ואין הכל בקיאין בתקיעת שופר, גזרה שמא יטלנו בידו וילך אצל הבקי ללמוד ויעבירנו ארבע אמות ברשות הרבים (בבלי כט:): במקדש היו תוקעין. שהרי אין בו אלא משום שבות ואין שבות במקדש (פסחים סה.): אבל לא במדינה. שאר ארץ ישראל חוץ מירושלים קרוי מדינה: בכל מקום שיש בו בית דין. מפני שבית דין זריזין הן (עי' פסחים יב:) ולא יבואו התוקעים בפניהם להעביר השופר לפי שהם מודיעים את העם ומזהירין אותן: אלא ביבנה בלבד. שהיתה שם סנהדרי גדולה בימיו, וכן בכל מקום שגלתה שם סנהדרי גדולה אבל לא בשאר בית דין:

עין משפט

א מיי' פ"ב מהלכות שופר הלכה ב טוש"ע או"ח סימן תקפט סעיף א [ב]:
ב מיי' פ"ה מהלכות ברכות הלכה טו [סמ"ג עשין כז] טוש"ע או"ח סימן קפו סעיף ב:
ג מיי' פ"ב מהלכות שופר הלכה ו [סמ"ג עשין מב] טוש"ע או"ח סימן תקפט סעיף ה:
ד מיי' שם הלכה ח ט [ופ"ו מהכות שמיטה ויובל הלכה יג]:
ה מיי' פ"ב מהלכות שופר הלכה ח ט:

שינויי נוסחאות

א] בו ויאמר ה' אל משה עשה. במשניות ובבבלי (כט.) בדבר אתה אומר עשה:
ב] ומחייה. כ"ה גם גירסת הרמב"ם בפיה"מ. במשניות ובבבלי (שם) או נחש מחייה:
ג] כל זמן. כ"ה גם גירסת הרמב"ם בפיה"מ. במשניות ובבבלי (שם) בזמן:
ד] למעלן. בדפ"ו מעלן:
ה] אינו מוציא. במשניות ובבבלי (שם) אין מוציאין:
ו] אבל. כ"ה גם בירושלמי ברכות (פ"ג ה"ג) וסוכה (פ"ג ה"ט). בתוספתא ברכות (פ"ה הי"ח) ובבבלי ברכות (כ:) באמת:
ז] נודריי. בירושלמי ברכות (שם) וסוכה (שם) נהוריי:
ח] אחריהן. בירושלמי ברכות (שם) וסוכה (שם) נוסף אמן:
ט] ועונה. בירושלמי ברכות (שם) עונה:
י] תבוא. בירושלמי ברכות (שם) אבל אמרו תבוא. בירושלמי סוכה (שם) ועוד אמרו תבוא:

תורה אור השלם

א) אֱמֶת קְנֵה וְאַל תִּמְכֹּר חָכְמָה וּמוּסָר וּבִינָה: (משלי כג כג)
ב) זָנַח יִשְׂרָאֵל טוֹב אוֹיֵב יִרְדְּפוֹ: (הושע ח ג)
ג) כִּי לֶקַח טוֹב נָתַתִּי לָכֶם תּוֹרָתִי אַל תַּעֲזֹבוּ: (משלי ד ב)
ד) וַיֹּאמֶר יְהוָה אֶל מֹשֶׁה עֲשֵׂה לְךָ שָׂרָף וְשִׂים אֹתוֹ עַל נֵס וְהָיָה כָּל הַנָּשׁוּךְ וְרָאָה אֹתוֹ וָחָי: (במדבר כא ח)
ה) עֲשֵׂה לְךָ תֵּבַת עֲצֵי גֹפֶר קִנִּים תַּעֲשֶׂה אֶת הַתֵּבָה וְכָפַרְתָּ אֹתָהּ מִבַּיִת וּמִחוּץ בַּכֹּפֶר: (בראשית ו יד)
ו) עֲשֵׂה לְךָ שְׁתֵּי חֲצוֹצְרֹת כֶּסֶף מִקְשָׁה תַּעֲשֶׂה אֹתָם וְהָיוּ לְךָ לְמִקְרָא הָעֵדָה וּלְמַסַּע אֶת הַמַּחֲנוֹת: (במדבר י ב)
ז) בָּעֵת הַהִיא אָמַר יְהוָה אֶל יְהוֹשֻׁעַ עֲשֵׂה לְךָ חַרְבוֹת צֻרִים וְשׁוּב מֹל אֶת בְּנֵי יִשְׂרָאֵל שֵׁנִית: (יהושע ה ב)
ח) וַיַּעַשׂ מֹשֶׁה נְחַשׁ נְחֹשֶׁת וַיְשִׂמֵהוּ עַל הַנֵּס וְהָיָה אִם נָשַׁךְ הַנָּחָשׁ אֶת אִישׁ וְהִבִּיט אֶל נְחַשׁ הַנְּחֹשֶׁת וָחָי: (במדבר כא ט)
ט) וַיֹּאמֶר אַסְתִּירָה פָנַי מֵהֶם אֶרְאֶה מָה אַחֲרִיתָם כִּי דוֹר תַּהְפֻּכֹת הֵמָּה בָּנִים לֹא אֵמֻן בָּם: (דברים לב כ)

מסורת הש"ס

א) [ברכות ה., ע"ז ד:, פסיקתא זוטרתא עקב יא יג, מדרש תהלים קי, ילקו"ש משלי תתקנד, תיקו"ז ג. בשינוי] ב) [איכה רבה פתיחתות ב, פסיקתא דר"כ טו, ילקו"ש הושע תקכד] ג) ר"ה כט. [מכילתא דר"י בשלח מס' דעמלק פרשה א, מכילתא דרשב"י יז יא, תנחומא (ורשא) בשלח כז, פסיקתא זוטרתא חקת כא ח, מדרש אגדה כא ט, ילקו"ש בשלח רסה, זהר ח"ג קעה. בשינוי] ד) בר"ר לא ח [פסיקתא זוטרתא בראשית ו יד, ילקו"ש נח נב, יהושע טו] ה) יומא פג: [בר"ר מב ה, רות רבה ב ה, פסיקתא זוטרתא בראשית יד ב, ילקו"ש לך לך עב, רות תרן] ו) [תנחומא בראשית ל, ילקו"ש האזינו תתקמה, ישעי' תמטו] ז) [במדבר רבה יט כג, תנחומא חקת מו, ילקו"ש חקת תשסד] ח) ר"ה כט. ט) [תוספתא ברכות פ"ה הי"ח, תוספתא ר"ה פ"ב ה"ד, תוספתא מגילה פ"ב ה"ד] י) [ברכות פ"ג ה"ג, מגילה פ"ב ה"א וה"ג, ברכות כ:] כ) ברכות פ"ג ה"ג, סוכה פ"ג ה"ט, סוכה לח. [ברכות כ:, תוספתא ברכות פ"ה הי"ח] ל) [סוכה פ"ג מ"י, ברכות פ"ג ה"ג] מ) ר"ה כט: [ויקרא רבה כט יב, פסיקתא דר"כ כג, ילקו"ש אמור תרמה, פנחס תשפב]

גליון הש"ס

כל שאמרו בקטן כדי לחנכו. מכאן מבואר כמ"ש הר"ן בשם הרמב"ן פ"ב דמגילה דף י"ט ע"ב (ו: מדה"ר ד"ה מתני הכל): קרבן העדה ד"ה ומשני תיפתר. בשעונה אחריהן אמן. עיין קרבן העדה, ובאמת כן הוא בירושלמי סוכה שם (פ"ג ה"ט), אמנם מדברי כל הפוסקים מבואר שצריך לענות אחריהם מה שהם אומרים, ועי' בהשגות הראב"ד פ"ה מברכות הלכה ט"ו ובכסף משנה שם:

מראה הפנים

רבי יודן גוזריא בשם ר' אחא נשיכת כלב שאינו ממינו וראה וכו'. נראה דודאי לא פליגי ר' יודא ורבנן דיש הפרש בין נשיכת כלב לבין נשיכת נחש בענין הרפואה כנודע, אלא דכל חד וחד מפרש ההפרש לענין הטועם ובענין גרם החטא שידוע הוא מההפרש של החטא והחוטא, וכמו דאמר (ישעיהו נה ז) יעזוב רשע דרכו ואיש און מחשבותיו שאצל הרשע הפועל החטא לפי דרכו אמר ג"כ יעזוב דרכו, ואיש און זהו שאין בו בפועל כי אם בכח כענין שהוא מחשב כך וכך לעשות או תחבולות רשע לו להסית אחרים שיעשו כך וכך והוא נקרא איש און זה יעזוב מחשבותיו, וכך היה באותו הדור שיש שחטאו בפועל ודברו לשון הרע שלהם בפרסום לעיני משה וכל ישראל, ויש שבהסתר מחשבותיהם ובהסתה לחבירו על מה אתה שותק או דוגמתו, ולכת האחת להם מגיע נשיכת הנחש כנודע מדרש חז"ל (תענית ח.) מפסוק (קהלת י יא) (מה יתרון לנחש) [אם ישך הנחש] וכו', ולכת השניה נשיכת הכלב להם מגיע, ולפיכך נמי היה ההפרש ברפואתם אלו וראה ואלו והביט כל זה לדברי ר' יודה, ורבנן מוסיפין הם בזה וכלומר נהי שכדבריך כן הוא דהכל ניתן במדה כנגד מדה אלא שאתה צריך להוסיף ולומר דהכת השניה שאמרנו אשר להם ראוי הוא נשיכת הכלב זהו אמת לענין הטועם, אבל עיקר הטעם לא פירשת בביאור היטב שכך הוא הדבר בענין הרפואה ולפי החטא שלהם שזה של כלב אינו מתחלחל הארס שלו בתוך החלל של הגוף, ולפיכך וראה היתה רפואתו ומפני שהחטא שלו לא היה נכנס באוזן השומע ולא נכנס לתוכיות גופו שילטער בשביל כך וכך רפואתו לפי פגמו וארס הנחש מתחלחל הארס שלו בתוך חלל הגוף, וכך היה החטא שלו כת האחת שביותר מצטער השומע חרפתו מהמחרף והטולב אותו ונכנס לתוכיות גופו, ולפיכך רפואתו צריך להביט אל נחש הנחושת ואז וחי: [המשך בסוף הספר]

It is demonstrated that this verse (*It will throw truth to the ground* etc.) alludes to the Torah: וְאֵין אֱמֶת אֶלָּא תוֹרָה — **And** the word **"truth"** in this verse **is** interpreted as signifying **nothing other than the Torah.** הֵיךְ מַה דְּאַתְּ אָמַר — We know **this from that which is stated:** ,,אֱמֶת קְנֵה וְאַל־תִּמְכֹּר חָכְמָה וּמוּסָר וּבִינָה" — ***Purchase "truth"*** [Torah], ***do not sell [it] — knowledge, discipline, and understanding.***[1]

Another source for the link between abandoning the Torah and defeat in battle:

אָמַר רַבִּי יוּדָה בַּר פַּזִּי — **R' Yudah bar Pazi said:** ,,זָנַח יִשְׂרָאֵל טוֹב אוֹיֵב יִרְדְּפוֹ" — Scripture states: ***Israel has forsaken good; so the enemy will pursue him.***[2] וְאֵין טוֹב אֶלָּא תוֹרָה — **And** the word **"good"** in this verse **is** interpreted as signifying **nothing other than Torah.** הֵיךְ מַה דְּאַתְּ אָמַר — We know this **from that which is stated:** ,,כִּי לֶקַח טוֹב נָתַתִּי לָכֶם תּוֹרָתִי אַל תַּעֲזֹבוּ" — ***For I have given you a "good" teaching, do not forsake My "Torah."***[3]

Halachah 9

Mishnah The previous Mishnah taught that the raising of Moses' hand caused the people to prevail in battle because it prompted them to direct their hearts to Heaven. The following Mishnah presents another teaching of this nature:

כַּיּוֹצֵא בוֹ — **Similarly,** with regard to the following verse: ,,וַיֹּאמֶר ה׳ אֶל־מֹשֶׁה עֲשֵׂה לְךָ שָׂרָף וְשִׂים אֹתוֹ עַל־נֵס וגו׳" — ***Hashem said to Moses: Make yourself a fiery [serpent] and place it on a pole etc.,*** *[and it will be that anyone who has been bitten will look at it and live].*[4] וְכִי נָחָשׁ מֵמִית וּמְחַיֶּה — **But does a serpent kill or restore life?!**[5] Certainly not! אֶלָּא כָּל זְמַן שֶׁיִּשְׂרָאֵל מִסְתַּכְּלִין כְּלַפֵּי לְמַעְלָן — **Rather, as long as Israel gazed upward** וּמְשַׁעְבְּדִין אֶת לִיבָּן לַאֲבִיהֶן שֶׁבַּשָּׁמַיִם — **and subjugated their heart to their Father in Heaven,** הָיוּ מִתְרַפְּאִין — **they would be healed.** וְאִם לָאו — **But if not,** הָיוּ נִימּוֹקִין — **they would perish.**[6]

Gemara Although God did not tell him to do so, Moses made the serpent out of copper. The Gemara comments: אָמַר רַבִּי יַסָּא — **R' Yassa said:** בְּאַרְבָּעָה מְקוֹמוֹת נֶאֱמַר ,,עֲשֵׂה לְךָ" — **In four places [Scripture] states:** ***Make for yourself.*** בִּשְׁלֹשָׁה פֵּירֵשׁ — **In three** of those places **[God] specified** the material out of which the items should be made, וְאֶחָד לֹא פֵּירֵשׁ — **and** in **one** place **He did not specify** the material. ,,עֲשֵׂה לְךָ תֵּבַת עֲצֵי־גֹפֶר" — God told Noah: ***Make for yourself an Ark of gopher wood;***[7] ,,עֲשֵׂה לְךָ שְׁתֵּי חֲצוֹצְרֹת כֶּסֶף" — God told Moses: ***Make for yourself two silver trumpets;***[8] ,,עֲשֵׂה לְךָ חַרְבוֹת צֻרִים" — and God told Joshua: ***Make for yourself razors of stone.***[9] ,,עֲשֵׂה לְךָ שָׂרָף" — But in our passage, where God said to Moses: ***Make for yourself a fiery [serpent],***[10] לֹא פֵּירֵשׁ — **He did not specify** the material. How, then, did Moses know that it should be of copper? אָמַר מֹשֶׁה — **Moses said:** עִיקָּרָהּ לֹא נָחָשׁ הוּא — **Is not a [fiery serpent] essentially a snake?**[11] לְפִיכָךְ ,,וַיַּעַשׂ מֹשֶׁה נְחַשׁ נְחֹשֶׁת" — **Therefore,** ***Moses made a snake of copper,***[12] because the word for copper (*nechoshes*) resembles the word for snake (*nachash*).[13]

The Gemara builds on the previous teaching, which showed that a word indicates the essence of what it describes:

מִיכָּן הָיָה רַבִּי מֵאִיר דּוֹרֵשׁ שֵׁמוֹת — **It is from here that R' Meir would examine** people's **names** to discern their characters.[14]

The Gemara gives an example:

חַד בַּר נַשׁ הֲוָה שְׁמֵיהּ כִּידוֹר — There was **a man whose name was Kidor.** אָמַר לוֹן רַבִּי מֵאִיר — **R' Meir said to [people]:** הוּבָא לְכוֹן מִינֵּיהּ — **Stay away from him!** בַּר נַשׁ בִּישׁ הוּא — His name evinces that **he is an evil man,** because the Torah states: ,,כִּי דוֹר תַּהְפֻּכֹת הֵמָּה" — ***For they are a generation*** (*ki dor*) ***of reversals,*** *children in whom I have no trust.*[15]

NOTES

1. *Proverbs* 23:23. [This verse is explained as follows: If necessary, one should pay someone to teach him Torah if necessary (*Purchase truth*), but one may not charge tuition to others (*do not sell*). A person should not say that since he had to pay to study Torah, he will charge for teaching it (*Bechoros* 29a).]

2. *Hosea* 8:3.

3. *Proverbs* 4:2.

4. *Numbers* 21:8. When the Israelites, weary from their long journeys in the Wilderness, began losing faith in Hashem and started complaining of hunger and thirst, thus displaying ingratitude for the miraculous gift of the manna that fell from heaven, God sent fiery serpents to bite and kill them. After many died, the Jews admitted their sin and begged Moses to intercede on their behalf, whereupon God commanded Moses to fashion a serpentine image and set it upon a pole, where it could be seen by all, so that they would live. Moses thereupon fashioned a copper snake and placed it atop a pole.

5. How could the inanimate serpent be a source of life and death?

6. I.e. the copper snake served as a reminder to the Israelites to repent for their sins and concentrate their hearts and minds in prayer to God, Who dwells on high.

7. *Genesis* 6:14.

8. *Numbers* 10:2.

9. *Joshua* 5:2. God told Joshua to make slivers of stone as sharp as razor blades [and use them to circumcise the Jewish males] (*Rashi* to *Bereishis Rabbah* 31:8; see *Malbim* ad loc. for the reason why stone was used).

[Our Gemara and *Bereishis Rabbah* seems to understand צֻרִים as the plural of צוּר, *rock.* See, however, the *Targum* and commentators to the verse, who translate חַרְבוֹת צֻרִים as *sharpened knives.*]

10. *Numbers* 21:8.

11. A שָׂרָף, *fiery [serpent],* is included in the category of נָחָשׁ, *snake* (*Eitz Yosef* to *Bereishis Rabbah* 31:8).

12. Ibid. v. 9.

13. *Bereishis Rabbah* ibid., cited by *Rashi* to the verse; see also *Ramban* to the verse.

The similarity in spelling between the words for *snake* (נָחָשׁ) and *copper* (נְחֹשֶׁת) indicates a relationship between the two. Thus, a replica of a snake that would have the most snakelike qualities would be one of copper (see *Gur Aryeh, Numbers* ibid. v. 9).

14. Since Moses used the name of the item in question (*nachash*) to determine which material to use, it is evident that the names of things have significance. R' Meir would therefore seek to match individuals' names to analogous words in Scripture to gain insight into their character and the circumstances of their lives.

God inspires parents to select a name for their child that has a significance unknown to them. Years later, the relevance of the name becomes apparent (see *Berachos* 7b). This inspiration is granted not only to Jews, but to non-Jews as well (see, for example, *Or HaChaim* to *Exodus* 2:10).

Of course, a name does not determine vice or virtue: it does not preclude free will. For those who choose to be righteous, their names are the cause of good; for those who choose evil, their names are the cause of bad (*Zohar, Bereishis* 58b). [That is, the God-given name contains within it the potential of its bearer at both ends of the moral spectrum.]

15. *Deuteronomy* 32:20. This is a prophetic reference to a generation of Jews that will cast aside the faith in which they were raised.

"נָתַן תְּהוֹם קוֹלוֹ רוֹם יָדֵיהוּ נָשָׂא„ – ***The depth issued its voice, and the heights raised their hands,*** which can be interpreted as referring to Moses, as follows: "מֵ,,רוֹם יָדֵיהוּ נָשָׂא – **Because *he*** [Moses] ***raised his hands to the heights,*** "נָתַן תְּהוֹם קוֹלוֹ„ – Amalek was defeated, and ***his voice issued*** from ***the depth.***[35] Thus, the juxtaposition of this verse to the other one (*The sun and the moon stood in the zevul*) conveys that Moses "weakened" Amalek by mixing up the constellations.[36]

The following Amora, Shmuel, maintains that the raising of Moses' hands alludes to the exaltation of Torah study. When the study of Torah is supreme, Israel's enemies can do it no harm, but a decline in Torah study causes Israel to fall. Shmuel cites Scriptural support for this correlation:[37]

שְׁמוּאֵל אָמַר – Shmuel said: "וְצָבָא תִּנָּתֵן עַל־הַתָּמִיד בְּפָשַׁע„ – Scripture states:[38] ***And legions will be sent for the tamid because of sin.*** This verse can be interpreted to mean that foreign legions will be sent to destroy the Temple, and thereby discontinue the *tamid* offering, **בְּפִשְׁעָה שֶׁל תּוֹרָה – because of the sin of** neglecting the study of **Torah,** which should be *tamid* (constant).[39]

A similar teaching from the end of the verse:

"וְתַשְׁלֵךְ אֱמֶת אַרְצָה„ – ***It will throw truth to the ground*** **etc.** **אֵימָתַי שֶׁיִּשְׂרָאֵל מַשְׁלִיכִין דִּבְרֵי תוֹרָה לָאָרֶץ – When Israel casts words of Torah to the ground,**[40] **הַמַּלְכוּת הָרְשָׁעָה הַזֹּאת גּוֹזֶרֶת וּמַצְלַחַת – this evil empire** [Rome][41] **will issue decrees** against Israel **and will succeed.** **מַה טַעְמָא – What is the Scriptural source?** "וְתַשְׁלֵךְ אֱמֶת אַרְצָה וְעָשְׂתָה וְהִצְלִיחָה„ – ***It*** [Israel] ***will throw truth to the ground and it*** [Rome] ***will achieve and prosper.***

NOTES

set them in the firmament (rakia) of the heaven to give light upon the earth. The fourth heaven is *Zevul,* which contains the Heavenly Temple. Our verse thus indicates that the sun and the moon were moved from their regular place [*Rakia*] to a new one [*Zevul*] (*Yefeh Mareh, Korban HaEidah;* see *Bavli Nedarim* 39b).

35. *Pnei Moshe.* [For other explanations, see *Yefeh Mareh, Korban HaEidah, Alei Tamar,* and *Meshech Chochmah* to *Exodus* 17:8.]

36. *Yefeh Mareh, Korban HaEidah* et al.

[*Targum* and commentaries to the verses in *Habakkuk,* as well as *Bavli Nedarim* 39b, interpret the passages as referring to other incidents.]

37. *Korban HaEidah.*

38. *Daniel* 8:12.

39. In this exposition, the word הַתָּמִיד (literally: constant) is linked to both the preceding and following words. It is as if the verse stated, וְצָבָא תִּנָּתֵן עַל־הַתָּמִיד עַל־הַתָּמִיד בְּפָשַׁע, *And legions will be sent for the constant offering, because of the sin of that which should be constant.* That is, heathen armies will destroy the Temple and prevent the constant offering (i.e. the twice-daily *tamid*) from being brought, because Israel neglected the constant study of Torah (*Rashash* to *Pesichta D'Eichah Rabbah* §2).

40. I.e. they eschew the study of Torah, as one would discard a worthless item (*Korban HaEidah*).

41. In this passage, Daniel describes a prophetic vision that showed a great he-goat representing the Edomite (Roman) kingdom.

ר׳ אבא בר זמינא בשם ר׳ זעירא [א]והוא שסתמו אבל [א]אם לא סתמו כשר שכל הקולות כשירין בשופר. ר׳ יעקב בר אחא אמר אבא בר בא שאל לרבי [ב]שופר קדוח מהו. אמר ליה [בא]כזה תוקעין ביבנה. ר׳ בא בעי קומי רב שופר קדוח מהו. אמר ליה [ג]כזה תוקעין [ב]בעייני טב: **הלכה ז מתני׳** [גד]התוקע לתוך הבור או לתוך הדות או לתוך [ג]הפיטם אם קול שופר שמע יצא אם קול הברה שמע לא יצא. [הד]וכן מי שהיה עובר אחורי בית הכנסת או שהיה ביתו סמוך לבית הכנסת ושמע קול שופר או קול מגילה [ד]אם כיון לבו יצא ואם לאו לא יצא אף על פי שזה שמע וזה שמע זה כיון לבו וזה לא כיון לבו: **גמ׳** [ה]אמר ר׳ יוסי בן חנינה לא אמר אלא [ו]וכן מי שהיה עובר הא אם עמד חזקה כיון: [הו]נתן שופר בתוך שופר ותקע אם קול הפנימי שמע יצא אם קול חיצון שמע לא יצא. ר׳ אבינא בעי הפכו מהו. נישמעינה מן הדא [ו]גרדו [ז]מבפנים פסול מבחוץ [י]כשר. לא אמר אלא גרדו הא אם [ז]הפכו פסול. מה בין זה לזה. זה ביטל חללו וזה לא ביטל חללו: **הלכה ח מתני׳** [טא]והיה כאשר ירים משה ידו וגבר ישראל וגו׳ וכי ידיו של משה עושות מלחמה או שוברות מלחמה [ח]אלא כל זמן שהיו ישראל מסתכלין כלפי [ט]למעלן [י]ומכוונין ליבן לאביהן שבשמים הן מתגברין ואם לאו היו נופלין: **גמ׳** ר׳ יהושע בן לוי אמר [ט]עמלק כושפן היה. מה היה עושה היה מעמיד בני אדם ביום גינוסיא שלו לומר לא במהרה אדם נופל ביום גינוסיא שלו. מה עשה משה עירבב את המזלות. הדא הוא דכתיב [ב]שמש ירח עמד זבולה וגו׳ וכתיב [ג]נתן תהום קולו רום ידיהו נשא. מרום ידיהו נשא נתן תהום קולו. [י]שמואל אמר [ד]וצבא תינתן על התמיד בפשע בפשעה של תורה. [ד]ותשלך אמת ארצה אימתי שישראל משליכין דברי תורה לארץ המלכות [כ]הרשעה הזאת גוזרת ומצלחת. מה טעמא. ותשלך אמת ארצה ועשתה והצליחה. יח.

פני משה

והוא שסתמו. דלא מחלקין בין אם היה מעכב התקיעה או לא, אבל אם לא סתמו כלל כשר אפילו נשתנה קולו מחמת הנקב שכל הקולות כשרין בשופר: **שופר קדוח.** שקדחו בזכרותו והוא עצם הבולט מן הראש ונכנס לתוכו כשהוא מחובר בבהמה ומוציאין אותו מתוכו, ואם לא הוציא אלא נקבו בזכרותו מהו שיהא חוצץ: **אמר ליה בזה תוקעין ביבנה.** משום דמין במינו אינו חוצץ, וכן שאל ר׳ בא לרב וכו׳ בזה תוקעין בעין טב ששם היו בית דין קבועין כמו ביבנה: **מתני׳** **התוקע לתוך הבור או לתוך הדות.** בור הוא חפירה בקרקע, ודות הוא מקום מחילות הבנוי בבור: **או לתוך הפיטם.** הוא כלי גדול של חרס: **אם קול שופר שמע.** זה העומד חוץ לבור על שפתו ושמע קול התוקע בבור ואם שמע התקיעה יצא ואם קול הברה בעלמא שמע לא יצא, אבל אלו שעומדין בתוך הבור לעולם יצאו שהן שומעין קול השופר: **וכן מי שהיה עובר וכו׳ אם כיון לבו.** לצאת יצא אע״פ שלא ידע התוקע ממנו, משום דהכא בחזן הכנסת שהוא תוקע עסקינן שהוא מכוין להוציא לכל השומעים תקיעתו, אבל התוקע להוציא להיחיד ידי חובתו לא יצא עד שיתכוין שומע ומשמיע: **גמ׳** **לא אמר אלא** וכן מי שהיה עובר אחורי בית הכנסת. דמספקינן ביה אם כיון לבו או לא ואומרים לו אם כוונת לבך לצאת בהיותך עובר ושומע טוב, אבל אם רואין שעמד אחורי בית הכנסת ושומע חזקה שהוא כיון לצאת ואין צריך לשאול אותו: **אם קול חיצון שמע לא יצא.** לפי שמחילת הפנימי מפסקת התקיעה: **הפכו.** להשופר שקילר את הרחב והרחיב את הקלר מהו לצאת בו: **נישמעינה.** לזה מן הדא ברייתא דתני בתוספתא פ״ב (ה״ג) והכי גריס שם גרדו בין מבפנים בין מבחוץ כשר לפהו זהב מבפנים פסול מבחוץ כשר. וחסר הוא כאן: **לא אמר אלא גרדו** שהוא כשר הא אם הפכו פסול. דאם לא כן לישמעינן אפילו הפכו והרי גרדו בכלל דכשמרחיב את הקלר ומקלר הרחב על כרחך צריך הוא לגרדו: **מה בין זה לזה.** ומאי טעמא דזה כשר וזה פסול הא שניהן נשתנו מכמות שהיו: **זה ביטל חללו.** כשהפכו צריך לבטל את חללו שהרי מקלר את חלק הרחב ומרחיב הקלר ואין זה חללו שבתחלה, אבל גרדו אינו מבטל חללו שאפי׳ מגרדו מבפנים נתקיים החלל מיהת לאורך ולרחב כבתחלה: **מתני׳** והיה **כאשר ירים משה ידו וגבר ישראל.** איידי דאיירי לעיל בכוונת הלב תני נמי להנך דבשעה שמתכוונים ומשעבדים לבם לשמים הם מתגברים ומתרפאים: **גמ׳** **עמלק כושפן היה.** מכשף, שהיה יודע לכוין השעות והיה מעמיד בחיילותיו בני אדם שהן ביום גנוסיא שלו נולדו לפי שלא במהרה אדם נופל ביום גינוסיא ולידה שלו: **מה עשה משה ערבב את המזלות וכו׳.** כדדרשי להו מקראי, ומתוך כך לא ידע לכוין להיום ממש: **מרום ידיהו נשא.** מחמת שמשה הרים את ידו נתן תהום קולו, שגבר ישראל ונפל עמלק וירד עד שנתן התהום קולו: **בפשעה של תורה.** בשעה שפושעים מתעללים ומשליכים התורה אז צבא תנתן עליהם, ומפני שכך נדרש גם כן קראי ויחנו ברפידים שרפו ידיהם מן התורה לפיכך ויבא עמלק (תנחומא בשלח כה) דריש נמי הכא להני קראי כעין זה:

קרבן העדה

והוא. דשופר שניקב פסול, דוקא כשסתמו והוי ליה כשני שופרות וכדפריסית: **אבל אם לא סתמו כשר.** כל שיכול לתקוע בו, אף על גב שאין קולו עתה כמו שהיה קולו כשהיה שלם, דכל הקולות כשירין: **שופר קדוח מהו.** שנקב בזכרותו. בעודו מחובר בבהמה עלם בולט מן הראש ונכנס לתוך חלל הקרן, ומוליאין אותו מתוכו, וזה לא הוליאו אלא עשה נקב בעלם זה ועדיין מקלתו מחובר בקרן, מהו: **אמר ליה כזה.** בשופר קדוח היו תוקעין בעין טב, במקום שהיה הבית דין קבוע שם לקדש החדש, שם היו תוקעין בשופר כזה בראש השנה: **מתני׳** **בור.** חפירה בקרקע: **דות.** מקום מוקף מחילות על הארץ: **פיטם.** כלי גדול של חרס: **אם קול שופר שמע.** העומד חוץ לבור, ושמע קול תקיעת התוקע בבור, דאילו אותן שבבור לעולם יוצאים: **אם כוין לבו לצאת יצא.** אף על פי שלא כיון התוקע להוציאו, דבחזן הכנסת איירי שתוקע והוא מתכוין להוציא כל השומע, אבל התוקע להוציא היחיד צריך שיכונו השומע ומשמיע: **גמ׳** **אבל עמד.** ושכח אם כיון או לא, אין צריך לתקוע שנית דחזקה כיון: **אם קול פנימי שמע.** כגון שהפנימי ארוך מן החיצון שאין כאן אלא קול פנימי: **אם קול חיצון.** נמי שמע לא יצא, דהוי ליה קול שני שופרות. אי נמי אפילו לא שמע אלא קול החיצון לחוד, לא יצא, דאיכא חצילת הפנימי: **הפכו.** כהפיכת החלוק לעשות פנימי לחוץ, מהו: ה״ג גרדו בין מבפנים בין מבחוץ כשר. וכן הוא ברא״ש (סימן ד): **זה ביטל חללו.** זה שהפכו ביטל חללו הראשון, וזה שגרדו הניח עדיין חלל הראשון, הלכך כשר: ה״ג ותוקע מן הקצר שנאמר (תהלים קיח ה) מן המיצר קראתי יה. כך היא גירסת רא״ש (שם) ור״ן (ו: מדה״ר ד״ה לא תימא): **מתני׳** **והיה כאשר ירים** וגו׳. איידי דאיירי לעיל בכוונת הלב, תנא נמי להך דאית בה בשעה שמתכוונין לבן לאביהם שבשמים מתגברים: **גמ׳** **כושפן היה.** מכשף היה: **היה מעמיד.** למלחמה עם ישראל בני אדם שהיה אותו היום יום לידתו: **לומר לא במהרה אדם.** ניזוק ביום מולדתו שאז המזל השולט ביום ההוא עוזר לו: **עירבב את המזלות.** שלא ישלוט ביום ההוא המזל שנולד בו ויפלו: **שמש ירח עמד זבולה.** וכי מי נתן אותן בזבול והוא הרקיע הרביעי, והלא ברקיע שהוא השני שם דרכן לעמוד, אלא שעירבב את המזלות: **וכתיב.** כלומר מנא לן דביום מלחמת עמלק עמדו שמש וירח בזבול, דכתיב נתן תהום קולו רום ידיהו נשא שמש ירח וגו׳, ודריש הכי, מרום נשא משה ידיו, כדכתיב והיה כאשר ירים משה את ידיו וגומר, וכאשר נתן משה קולו בתפלה למטה בארץ למעלה בשמים שמש וירח עמדו בזבול. אי נמי מרום ידיהו נשא, משה, נתן תהום קולו, עמלק, ניתן לאבדון כתהום על ידי שהשמש וירח עמדו זבולה: **שמואל אמר וכו׳.** אמתני׳ קאי, ומפרש דהרמת יד דמשה רמז לעסק התורה, ומייתי ראיה מהאי קרא, וצבא אלו המלכיות שנאמר (ישעיה כד כא) יפקוד ה׳ על צבא מרום במרום: **התמיד.** אלו ישראל שנאמר (יהושע א ח) והגית בו יומם ולילה: **בפשעה של תורה.** שמבטלים מעסק התורה: **ותשלך אמת ארצה.** ככלי אין חפץ בו: **גוזרת ומצלחת.** שכן כתיב בסיפא דקרא ותשלך אמת ארצה עשתה והצליחה:

עין משפט

א מיי׳ פ״א מהלכות שופר הלכה ה טוש״ע או״ח סימן תקפו סעיף טז:
ב מיי׳ שם הלכה ח טוש״ע או״ח סימן תקפז סעיף א:
ג מיי׳ שם פ״ב הלכה ה טוש״ע או״ח סימן תקפט סעיף ט:
ד מיי׳ שם פ״א הלכה ו טוש״ע או״ח סימן תקפו סעיף כ:
ה מיי׳ שם הלכה ז טוש״ע או״ח סימן תקפו סעיף יד:
ו מיי׳ שם הלכה ו טוש״ע או״ח סימן תקפו סעיף יג:
ז מיי׳ שם פ״ב הלכה ב טוש״ע או״ח סימן תקפט סעיף א [ב]:

שינויי נוסחאות

א] **כזה תוקעין ביבנה. ר׳ בא בעי קומי רב שופר קדוח מהו אמר ליה.** נוסף בכי״ל ע״י המגיה, וכ״ה בראשונים. בד״ק ובדפוסים נשמט:
ב] **בעייני טב.** כעי״ז בראשונים. בבעה״מ (ו: מדה״ר) **בעין בול.** [והוא שם מקום. רש״י נדה (לב.)]:
ג] **הפיטם.** בדפ״ו ובמשניות **הפיטום:**
ד] **וכן מי שהיה.** כ״ה גם במשניות ובבבלי (כז:). ועי׳ תוס׳ הרא״ש שהעיר "האי 'וכן' לא אתי שפיר, שאין סוף המשנה מענין תחילתה וכו׳". עיי״ש מה שפירש גירסת הספרים. ובתוי״ט ציין "ובסדר המשנה שבגמרא ל״ג וכן". ואמנם ראשונים רבים מעתיקים משנתנו היה עובר וכו׳. [וע״ע בבבלי (כט.) מיתיבי היה עובר וכו׳ ובמפרשי המשנה האחרונים]:
ה] **אמר.** בספר הרוקח (סי׳ שכד) "ובירושלמי דראש השנה **היה עובר אחורי בית הכנסת הדא אמרה מצות צריכות כונה**". וכעי״ז באגור (סי׳ קו) וברא״ש (סי׳ יא) ובעוד ראשונים:
ו] **וכן מי שהיה.** ליתא ברשב״א (שו״ת ח״א סי׳ תסז וסי׳ תשכז) ובספר האשכול (ה׳ ר״ה עמ׳ כח.) ובעוד ראשונים. בשיבולי הלקט (סי׳ רצז) ליתא תיבת 'וכן' [ראה לעיל אות ד]:
ז] **מבפנים פסול מבחוץ כשר.** בתוספתא (פ״ב ה״ג) ובבבלי (כז:) **בין** מבפנים **בין** מבחוץ. בר״ן (ו: מדה״ר) **והעמידו על גלדו:**
ח] **אלא.** במשניות ובבבלי (כט.) נוסף **לומר לך.** בגירסת הרמב״ם בפיה״מ ליתא:
ט] **למעלן.** בדפ״ו **מעלן:**
י] **ומכוונין.** כ״ה גם גירסת הרמב״ם בפיה״מ. במשניות ובבבלי (שם) **ומשעבדין:**
כ] **הרשעה.** בדפ״ו **העכו״ם:**

תורה אור השלם

א) וְהָיָה כַּאֲשֶׁר יָרִים מֹשֶׁה יָדוֹ וְגָבַר יִשְׂרָאֵל וְכַאֲשֶׁר יָנִיחַ יָדוֹ וְגָבַר עֲמָלֵק: (שמות יז יא)

ב) שֶׁמֶשׁ יָרֵחַ עָמַד זְבֻלָה לְאוֹר חִצֶּיךָ יְהַלֵּכוּ לְנֹגַהּ בְּרַק חֲנִיתֶךָ: (חבקוק ג יא)

ג) רָאוּךָ יָחִילוּ הָרִים זֶרֶם מַיִם עָבָר נָתַן תְּהוֹם קוֹלוֹ רוֹם יָדֵיהוּ נָשָׂא: (חבקוק ג י)

ד) וְצָבָא תִּנָּתֵן עַל הַתָּמִיד בְּפָשַׁע וְתַשְׁלֵךְ אֱמֶת אַרְצָה וְעָשְׂתָה וְהִצְלִיחָה: (דניאל ח יב)

מסורת הש״ם

א) [עי׳ ר״ה כז: תוד״ה ניקב] ב) [ר״ה כז:] ג) [עי׳ ר״ה כה. תוד״ה זיל] ד) ר״ה [כז.] כז: ה) [ר״ה כח: ותוספתא פ״ב ה״ט בשינוי] ו) [ר״ה כז:, תוספתא פ״ב ה״ג] ז) [ר״ה כז:, תוספתא פ״ב ה״ג] ח) ר״ה כט. [מכילתא דר״י בשלח מס׳ דעמלק פרשה א, מכילתא דרשב״י יז יא, תנחומא (ורשא) בשלח כז, פסיקתא זוטרתא שמות יז יא, ילקו״ש בשלח רסד] ט) [תנחומא (ורשא) בשלח כח בשינוי, ילקו״ש חבקוק תקסד] י) איכה רבה פתיחתות ב [תנא דבי אליהו יח, פסיקתא דר״כ טו, ילקו״ש דניאל תתרסו]

גליון הש״ם

ר׳ יעקב בר אחא וכו׳ בעייני טב. עי׳ בב״י סי׳ תקפ״ו (סעיף טו) גירסא אחרת בירושלמי:

שירי קרבן

לומר לא במהרה אדם נופל ביום גינוסיא שלו. נ״ל דהיינו טעמא שהקב״ה יושב וממלא שנותיהן של צדיקים מיום ליום, להראות שאין מזל שולט בהם אלא הם תחת ממשלתו של הקב״ה:

An inquiry concerning the suitability of an altered shofar.
רַבִּי אָבִינָא בָּעֵי – **R' Avina inquired:** הָפְכוֹ מַהוּ – **If one reversed [the shofar]** and blew it that way, **what is** the law?[21]

The Gemara resolves the inquiry:
נִשְׁמְעִינָהּ מִן הָדָא – **Let us learn** the answer **from the following** Baraisa: גְּרָדוֹ – If ONE SCRAPED [A SHOFAR], (מבפנים פסול מבחוץ כשר) [בֵּין מִבִּפְנִים בֵּין מִבַּחוּץ כָּשֵׁר][22] – WHETHER FROM THE INSIDE outward OR FROM THE OUTSIDE inward, IT IS FIT.[23] לָא אָמַר אֶלָּא גְּרָדוֹ – **[The Baraisa] says only** that if **he scraped it** it is fit. הָא אִם הָפְכוֹ פָּסוּל – This indicates that **if he reversed it, it is unfit.**

The Gemara seeks clarification:
מַה בֵּין זֶה לָזֶה – **What is** the difference **between this and that?** Why is the shofar valid in the first case but not in the second? In both cases, the shofar was physically changed from its original state![24]

The Gemara answers:
זֶה בִּיטֵּל חֲלָלוֹ – **This** (i.e. reversing the shofar) **nullified its interior,** וְזֶה לֹא בִיטֵּל חֲלָלוֹ – **but this** (scraping it) **did not nullify its interior.**[25]

Halachah 8

Mishnah Having discussed the requirement of intent as it relates to the fulfillment of mitzvos, the Mishnah elaborates on the subject in an Aggadic vein, teaching that intent is crucial in other areas as well:[26] "וְהָיָה כַּאֲשֶׁר יָרִים מֹשֶׁה יָדוֹ וְגָבַר יִשְׂרָאֵל וגו׳" – The Torah relates: ***And it was that when Moses raised his hand Israel was stronger,*** **etc.** [*and when he lowered his hand Amalek was stronger*].[27] וְכִי יָדָיו שֶׁל מֹשֶׁה עוֹשׂוֹת מִלְחָמָה אוֹ שׁוֹבְרוֹת מִלְחָמָה – **But do Moses' hands win a battle or lose a battle?!**[28] Certainly not! אֶלָּא כָּל זְמַן שֶׁהָיוּ יִשְׂרָאֵל מִסְתַּכְּלִין כְּלַפֵּי לְמַעְלָן – **Rather, as long as Israel gazed upward** וּמְכַוְּונִין לִיבָּן לַאֲבִיהֶן שֶׁבַּשָּׁמַיִם – **and directed their heart to their Father in Heaven,** הֵן מִתְגַּבְּרִין – **they would prevail.**[29] וְאִם לָאו – **But if not,** הָיוּ נוֹפְלִין – **they would fall.**[30]

Gemara רַבִּי יְהוֹשֻׁעַ בֶּן לֵוִי אָמַר – **R' Yehoshua ben Levi said:** עֲמָלֵק כּוֹשְׁפָן הָיָה – **Amalek was a sorcerer.** מֶה הָיָה עוֹשֶׂה – **What would he do** to win in battle? הָיָה מַעֲמִיד בְּנֵי אָדָם בְּיוֹם גִּינִיסְיָא שֶׁלּוֹ – **He would post people** at the battlefront **on their** ***ginisya*** **day,**[31] לוֹמַר לֹא בִמְהֵרָה אָדָם נוֹפֵל בְּיוֹם גִּינִיסְיָא שֶׁלּוֹ – **reasoning that a person does not easily fall** in battle **on his** ***ginisya*** **day.** מֶה עָשָׂה מֹשֶׁה – **What did Moses do** to thwart Amalek's strategy? עִירְבֵּב אֶת הַמַּזָּלוֹת – **He mixed up the constellations.**[32] הָדָא הוּא דִכְתִיב – **This is** the meaning of **that which is written:**[33] "שֶׁמֶשׁ יָרֵחַ עָמַד זְבֻלָה וגו׳" – ***The sun and the moon stood in the zevul*** **etc.** Instead of standing in their regular position in the *Rakia, the sun and* moon "stood in the *Zevul,*" which indicates that the constellations were mixed up.[34] וּכְתִיב – **And it is written** in the verse before that one:

NOTES

sounds issuing together are not discerned [תְּרֵי קָלֵי לָא מִשְׁתַּמְעֵי] (*Ramban* in *Derashah L'Rosh Hashanah* p. 236; *Ritva* ibid.; see *Bavli* 27a).

For alternative explanations, see *Korban HaEidah*, second explanation, and *Pnei Moshe*, from *Rashi* to 27b, with discussion of this explanation in *Ritva* and *Meiri* ibid.; *Turei Even*, *Sfas Emes,* and *Aruch LaNer* ad loc.; see also *Tosafos* ad loc.; *Derashas HaRaavad L'Rosh Hashanah* p. 40.

21. This case is where he softened the shofar [by immersing it in boiling water], and then reshaped it by widening the narrow end and narrowing the wide end (*Pnei Moshe*). Alternatively, he actually reversed the shofar as one turns an undershirt inside out (*Korban HaEidah*; see *Bavli* 27b).

22. Emendation follows *Korban HaEidah* and *Pnei Moshe,* from *Rosh* 3:4, *Rif* folio 6b, and the standard text of *Tosefta* 2:3 and *Bavli* 27b.

23. He shaved the shofar thin by scraping off the inner layer, leaving only the outer layer intact, or he shaved the outside of the shofar, leaving only the innermost layer. In either case, the shofar is valid.

24. *Pnei Moshe.*

25. In the case where he scraped the shofar, it is valid because the horn remains basically unchanged; its shell merely became thinner. However, where he turned the shofar inside out [or he widened the narrow end and narrowed the wide one] it is invalid because he abrogated the shofar's natural structure, whereas the Torah requires that the shofar remain in its original state (see *Korban HaEidah*; *Pnei Moshe*). [*Bavli* derives this from the verse (*Leviticus* 25:9), וְהַעֲבַרְתָּ שׁוֹפַר תְּרוּעָה, which literally means: *You shall cause to pass through on the shofar a teruah.* The Torah could have written more simply וְתָקַעְתָּ, *and you shall blow [a teruah],* as appears elsewhere in Scripture (see *Rabbeinu Manoach*, *Hil.* Shofar 1:6). Therefore, the verse is expounded to teach that we require the shofar to be in the state it was in when the live animal caused it to pass (i.e. carried it) on its head (*Rashi* ad loc.; cf. *Ritva* ad loc.).]

26. See *Korban HaEidah, Pnei Moshe;* see also *Pnei Yehoshua* and *Yom Teruah* to *Bavli* 29a.

27. *Exodus* 17:11. The Torah relates that in the battle between the Israelites and the Amalekites, Moses appointed Joshua to lead the fighting and he himself ascended to the top of a hill, where he raised his hands toward heaven in prayer. Our verse recounts that when Moses' hands were raised, the Israelites prevailed; when he lowered them, Amalek prevailed.

28. Literally: make the battle or break the battle. The outcome surely was not solely dependent on Moses' prayer, for then he would never have lowered his arms [i.e. ceased praying] (*Yom Teruah* ibid.).

Scripture implies that the outcome was dependent also upon the Israelites, for Joshua was commanded to choose carefully those who would fight [ibid. v. 9]. Moreover, the Torah credits Joshua's army with the defeat of Amalek, as it states: *Joshua weakened Amalek and its people with the sword's blade* [v. 13] (*Meromei Sadeh* ibid.).

29. In contrast to the normal tactics of battle, where soldiers must keep a constant eye on their enemy, Israel "gazed upward" – which speaks metaphorically of their inner focus on God in the form of prayer (*Chasam Sofer* to *Bavli* ibid.).

30. Thus, the raising of Moses' hands was a signal to Israel to emulate him in prayer and concentration (*Tiferes Yisrael*).

Others explain that the raising and lowering of Moses' hands indicated the level of Israel's faith in and subservience to God. When they subjugated their hearts to Hashem, Moses gained strength to pray (as symbolized by his outstretched arms). When they did not, Moses' hands became weak and he was forced to lower them, allowing Amalek to prevail (*Yom Teruah* ibid.; see *Maharsha* there).

31. I.e. on their birthday (*Yefeh Mareh; Korban HaEidah; Pnei Moshe;* see *Pnei Moshe* and *Mareh HaPanim* to *Avodah Zarah* 1:2; *Yefei Einayim* to *Bavli Avodah Zarah* 10a; cf. *Alei Tamar*).

According to astrological principles, the fate of every individual is influenced by the constellation that was dominant in the sky at the time of his birth. On one's birthday, that constellation, which is again ascendant, affords him celestial protection (*Yefeh Mareh, Korban HaEidah*).

32. Moses rearranged the positions of the heavenly bodies on that day, so that the patron constellation of the Amalekite warriors would not be in its dominant position (*Yefeh Mareh, Korban HaEidah*).

33. *Habakkuk* 3:11.

34. *Bavli Chagigah* (12b) lists seven heavens, one above the other, each with a unique function. *Rakia* (*firmament*) is the second heaven, in which the sun, moon, and stars are located, as the Torah states (*Genesis* 1:16-17): *God made the two great luminaries. . . and the stars. And God*

ר' אבא בר זמינא בשם ר' זעירא [ם]והוא שסתמו אבל [א]אם לא סתמו כשר שכל הקולות כשירין בשופר. ר' יעקב בר אחא אמר אבא בר בא שאל לרבי [ם]שופר קדוח מהו. אמר ליה [בא]כזה תוקעין ביבנה. ר' בא בעי קומי רב שופר קדוח מהו. אמר ליה [ג]כזה תוקעין [ב]בעייני טב: **הלכה ז מתני'** [גד]התוקע לתוך הבור או לתוך הדות או לתוך [ג]הפיטס אם קול שופר שמע יצא אם קול הברה שמע לא יצא. [םד]וכן מי שהיה עובר אחורי בית הכנסת או שהיה ביתו סמוך לבית הכנסת ושמע קול שופר או קול מגילה [ד]אם כיון לבו יצא ואם לאו לא יצא אף על פי שזה שמע וזה שמע זה כיון לבו וזה לא כיון לבו: **גמ'** [ה]אמר ר' יוסי בן חנינה לא אמר אלא [ו]וכן מי שהיה עובר הא אם עמד חזקה כיון: [הי]נתן שופר בתוך שופר ותקע אם קול הפנימי שמע יצא אם קול חיצון שמע לא יצא. ר' אבינא בעי הפכו מהו. נישמעינה מן הדא [י]גרדו [ז]מבפנים פסול מבחוץ [י]כשר. לא אמר אלא גרדו הא אם [י]הפכו פסול. מה בין זה לזה. זה ביטל חללו וזה לא ביטל חללו: **הלכה ח מתני'** [םא]והיה כאשר ירים משה ידו וגבר ישראל וגו' וכי ידיו של משה עושות מלחמה או שוברות מלחמה [ח]אלא כל זמן שהיו ישראל מסתכלין כלפי [ט]למעלן [י]ומכוונין ליבן לאביהן שבשמים הן מתגברין ואם לאו היו נופלין: **גמ'** ר' יהושע בן לוי אמר [ט]עמלק כושפן היה. מה היה עושה היה מעמיד בני אדם ביום גיניסיא שלו לומר לא במהרה אדם נופל ביום גיניסיא שלו. מה עשה משה עירבב את המזלות. הדא הוא דכתיב [ב]שמש ירח עמד זבולה וגו' וכתיב [ג]נתן תהום קולו רום ידיהו נשא. מרום יח. ידיהו [ם]נשא נתן תהום קולו. [י]שמואל אמר [ד]וצבא תינתן על התמיד בפשע בפשעה של תורה. [ד]ותשלך אמת ארצה אימתי שישראל משליכין דברי תורה לארץ המלכות [כ]הרשעה הזאת גוזרת ומצלחת. מה טעמא. ותשלך אמת ארצה ועשתה והצליחה.

פני משה

והוא שסתמו. לאו מחלקינן בין אם היה מעכב התקיעה או לא, אבל אם לא סתמו כלל כשר אפילו נשתנה קולו מחמת הנקב שכל הקולות כשרין בשופר: **שופר קדוח.** שקדחו בזכרותו והוא עלם הבולט מן הראש ונכנס לתוכו כשהוא מחובר בבהמה ומוליאין אותו מתוכו, ואם לא הוליא אלא נקבו בזכרותו מהו שיהא חולך: **אמר ליה בזה תוקעין ביבנה.** משום דמין במינו אינו חולך, וכן שאל ר' בא לרב וכו' בזה תוקעין בעין טב שאם היו בית דין קבועין כמו ביבנה: **מתני'** התוקע **לתוך הבור או לתוך הדות.** בור הוא חפירה בקרקע, ודות הוא מקום מחילות הבנוי בבור: **או לתוך הפיטם.** הוא כלי גדול של חרס: **אם קול שופר שמע.** זה העומד חוץ לבור על שפתו ושמע קול התוקע בבור ואם שמע התקיעה יצא ואם קול הברה בעלמא שמע לא יצא, אבל אלו שעומדין בתוך הבור לעולם יצאו שהן שומעין קול השופר: **וכן מי שהיה עובר וכו' אם כיון לבו.** לצאת יצא אע"פ שלא ידע התוקע ממנו, משום דהכא בחזן הכנסת שהוא תוקע עסקינן שהוא מכוין להוציא לכל השומעים תקיעתו, אבל התוקע להוציא להיחיד ידי חובתו לא יצא עד שיתכוין שומע ומשמיע: **גמ' לא אמר אלא וכן מי שהיה עובר אחורי בית הכנסת.** דמספקינן ביה אם כיון לבו או לא ואומרים לו אם כוונת לבך לצאת בהיותך עובר ושומע טוב, אבל אם רואין שעמד אחורי בית הכנסת ושומע חזקה שהוא כיון לצאת ואין צריך לשאול אותו: **אם קול חיצון שמע לא יצא.** לפי שמחילת הפנימי מפסקת התקיעה: **הפכו.** להשופר שקילר את הרחב והרחיב את הקלר מהו לצאת בו: **נישמעינה.** לזה מן הדא ברייתא דתני בתוספתא פ"ב (ה"ג) והכי גרים שם גרדו בין מבפנים בין מבחוץ כשר לפהו זהב מבפנים פסול מבחוץ כשר. וחסר הוא כאן: **לא אמר אלא גרדו** שהוא כשר **הא אם הפכו פסול.** דאם לא כן לישמעינן אפילו הפכו והרי גרדו בכלל דכשמרחיב את הקלר ומקלר הרחב על כרחך לריך הוא לגרדו: **מה בין זה לזה.** ומאי טעמא דזה כשר וזה פסול הא שניהן נשתנו מכמות שהיו: **זה ביטל חללו.** כשהפכו לריך לבטל את חללו שהרי מקלר את חלק הרחב ומרחיב הקלר ואין זה חללו שבתחלה, אבל גרדו אינו מבטל חללו שאפי' מגרדו מבפנים נתקיים החלל מיהת לאורך ולרחב כבתחלה: **מתני'** והיה **כאשר ירים משה ידו וגבר ישראל.** איידי דאיירי לעיל בכוונת הלב תני נמי להנך דבשעה שמתכוונים ומשעבדים לבם לשמים הם מתגברים ומתרפאים: **גמ'** עמלק כושפן היה. מכשף, שהיה יודע לכוין השעות והיה מעמיד בחיילותיו בני אדם שהן ביום גנוסיא שלו נולדו לפי שלא במהרה אדם נופל ביום גינוסיא ולידה שלו: **מה עשה משה ערבב את המזלות וכו'.** כלדרשי להו מקראי, ומתוך כך לא ידע לכוין להיום ממש: **מרום ידיהו נשא.** מחמת שמשה הרים את ידו נתן תהום קולו, שגבר ישראל ונפל עמלק וירד עד שנתן התהום קולו: **בפשעה של תורה.** בשעה שפושעים מתעללים ומשליכים התורה אז לבא תנתן עליהם, ומפני שכך נדרש גם כן קראי ויחנו ברפידים שרפו ידיהם מן התורה לפיכך ויבא עמלק (תנחומא בשלח כה) דריש נמי הכא להני קראי כעין זה:

קרבן העדה

והוא. לשופר שניקב פסול, דוקא כשסתמו והוי ליה כשני שופרות וכלפריסית: **אבל אם לא סתמו כשר.** כל שיכול לתקוע בו, אף על גב שאין קולו עתה כמו שהיה קולו כשהיה שלם, דכל הקולות כשירין: **שופר קדוח מהו.** שנקב בזכרותו. בעודו מחובר בבהמה עלם בולט מן הראש ונכנס לתוך חלל הקרן, ומוליאין אותו מתוכו, וזה לא הוליאו אלא עשה נקב בעלם זה ועדיין מקלתו מחובר בקרן, מהו: **אמר ליה כזה.** בשופר קדוח היו תוקעין בעין טב, במקום שהיה הבית דין קבוע שם לקדש החדש, שם היו תוקעין בשופר כזה בראש השנה: **מתני'** **בור.** חפירה בקרקע: **דות.** מקום מוקף מחילות על הארץ: **פיטם.** כלי גדול של חרס: **אם קול שופר שמע.** העומד חוץ לבור, ושמע קול תקיעת התוקע בבור, דאילו אותן שבבור לעולם יולאים: **אם כוין לבו ללאת יצא.** אף על פי שלא כיון התוקע להוליאו, דבחזן הכנסת איירי שתוקע והוא מתכוין להוליא כל השומע, אבל התוקע להוליא היחיד לריך שיכונו השומע ומשמיע: **גמ' אבל עמד.** ושכח אם כיון או לא, אין לריך לתקוע שנית דחזקה כיון: **אם קול פנימי שמע.** כגון שהפנימי ארוך מן החילון שאין כאן אלא קול פנימי: **אם קול חיצון.** נמי שמע לא ילא, דהוי ליה קול שני שופרות. אי נמי אפילו לא שמע אלא קול החילון לחוד, לא ילא, דאיכא חלילת הפנימי: **הפכו.** כהפיכת החלוק לעשות פנימי לחוץ, מהו: ה"ג גרדו בין מבפנים בין מבחוץ כשר. וכן הוא ברא"ש (סימן ד): **זה ביטל חללו.** זה שהפכו ביטל חללו הראשון, וזה שגרדו הניח עדיין חלל הראשון, הלכך כשר: ה"ג ותוקע מן הקצר **שנאמר** (תהלים קיח ה) מן המיצר קראתי יה. כך היא גירסת רא"ש (שם) ור"ן (ו: מדה"ר ד"ה לא תימא): **מתני'** והיה **כאשר ירים וגו'.** איידי דאיירי לעיל בכוונת הלב, תנא נמי להך דאית בה בשעה שמתכוונין לבן לאביהם שבשמים מתגברים: **גמ'** כושפן היה. מכשף היה: **היה מעמיד.** למלחמה עם ישראל בני אדם שהיה אותו היום יום לידתו: **לומר לא במהרה אדם.** ניזוק ביום מולדתו שאז המזל השולט ביום ההוא עוזר לו: **עירבב את המזלות.** שלא ישלוט ביום ההוא המזל שנולד בו ויפלו: **שמש ירח עמד זבולה.** וכי מי נתן אותן בזבול והוא הרקיע הרביעי, והלא ברקיע שהוא השני שם דרכן לעמוד, אלא שעירבב את המזלות: **וכתיב.** כלומר מנא לן דביום מלחמת עמלק עמדו שמש וירח בזבול, דכתיב נתן תהום קולו רום ידיהו נשא שמש ירח וגו', ודריש הכי, מרום נשא משה ידיו, כדכתיב והיה כאשר ירים משה את ידיו וגומר, וכאשר נתן משה קולו בתפלה למטה בארץ למעלה בשמים שמש וירח עמדו בזבול. אי נמי מרום ידיהו נשא, משה, נתן תהום קולו, עמלק, ניתן לאבדון כתהום על ידי שהשמש וירח עמדו זבולה: **שמואל אמר וכו'.** אמתני' קאי, ומפרש דהרמת יד דמשה רמז לעסק התורה, ומייתי ראיה מהאי קרא, ולבא אלו המלכיות שנאמר (ישעיה כד כא) יפקוד ה' על לבא מרום במרום: **התמיד.** אלו ישראל שנאמר (יהושע א ח) והגית בו יומם ולילה: **בפשעה של תורה.** שמבטלים מעסק התורה: **ותשלך אמת ארצה.** ככלי אין חפץ בו: **גוזרת ומצלחת.** שכן כתיב בסיפא דקרא ותשלך אמת ארצה עשתה והצליחה:

עין משפט

א מיי' פ"א מהלכות שופר הלכה ה טוש"ע או"ח סימן תקפו סעיף טו:
ב מיי' שם הלכה ח טוש"ע או"ח סימן תקפז סעיף א:
ג מיי' שם פ"ב הלכה ה טוש"ע או"ח סימן תקפט סעיף ט:
ד מיי' שם פ"א הלכה ו טוש"ע או"ח סימן תקפו סעיף כ:
ה מיי' שם הלכה ז טוש"ע או"ח סימן תקפו סעיף יד:
ו מיי' שם הלכה ו טוש"ע או"ח סימן תקפו סעיף יג:
ז מיי' שם פ"ב הלכה ג טוש"ע או"ח סימן תקפט סעיף א [ג]:

שינויי נוסחאות

א] **כזה תוקעין ביבנה. ר' בא בעי קומי רב שופר קדוח מהו אמר ליה.** נוסף בכי"ל ע"י המגיה, וכ"ה בראשונים. בד"ק ובדפוסים נשמט:
ב] **בעייני טב.** כעי"ז בראשונים. בבעה"מ (ו: מדה"ר) **בעין בול.** [והוא שם מקום. רש"י נדה (לב.)]:
ג] **הפיטם.** בדפ"ו ובמשניות **הפיטם:**
ד] **וכן מי שהיה.** כ"ה גם במשניות ובבבלי (כז:). ועי' תוס' הרא"ש שהעיר "האי 'וכן' לא אתי שפיר, שאין סוף המשנה מענין תחילתה וכו'". עיי"ש מה שפירש גירסת הספרים. ובתוי"ט ציין "ובסדר המשנה שבגמרא ל"ג וכן". ואמנם ראשונים רבים מעתיקים משנתנו **היה** עובר וכו'. [וע"ע בבבלי (כט.) מיתיבי היה עובר וכו' ובמפרשי המשנה האחרונים]:
ה] **אמר.** בספר הרוקח (סי' שכד) "ובירושלמי דראש השנה היה **עובר אחורי בית הכנסת הדא אמרה מצות צריכות כונה**". וכעי"ז באגור (סי' קו) וברא"ש (סי' יא) ובעוד ראשונים:
ו] **וכן מי שהיה.** ליתא ברשב"א (שו"ת ח"א סי' תסז וסי' תשכז) ובספר האשכול (ה' ר"ה עמ' כח.) ובעוד ראשונים. בשיבולי הלקט (סי' רצז) ליתא תיבת 'וכן' [ראה לעיל אות ד]:
ז] **מבפנים פסול מבחוץ כשר.** בתוספתא (פ"ב ה"ג) ובבבלי (כז:) **בין** מבפנים **בין** מבחוץ. בר"ן (ו: מדה"ר) **והעמידו על גלדו:**
ח] **אלא.** במשניות ובבבלי (כט.) נוסף **לומר לך.** בגירסת הרמב"ם בפיה"מ ליתא:
ט] **למעלן.** בדפ"ו **מעלן:**
י] **ומכוונין.** כ"ה גם גירסת הרמב"ם בפיה"מ. במשניות ובבבלי (שם) **ומשעבדין:**
כ] **הרשעה.** בדפ"ו **העכו"ם:**

תורה אור השלם

א) וְהָיָה כַּאֲשֶׁר יָרִים מֹשֶׁה יָדוֹ וְגָבַר יִשְׂרָאֵל וְכַאֲשֶׁר יָנִיחַ יָדוֹ וְגָבַר עֲמָלֵק: (שמות יז יא)
ב) שֶׁמֶשׁ יָרֵחַ עָמַד זְבֻלָה לְאוֹר חִצֶּיךָ יְהַלֵּכוּ לְנֹגַהּ בְּרַק חֲנִיתֶךָ: (חבקוק ג יא)
ג) רָאוּךָ יָחִילוּ הָרִים זֶרֶם מַיִם עָבָר נָתַן תְּהוֹם קוֹלוֹ רוֹם יָדֵיהוּ נָשָׂא: (חבקוק ג י)
ד) וְצָבָא תִּנָּתֵן עַל הַתָּמִיד בְּפָשַׁע וְתַשְׁלֵךְ אֱמֶת אַרְצָה וְעָשְׂתָה וְהִצְלִיחָה: (דניאל ח יב)

מסורת הש"ס

א) [עי' ר"ה כז: תוד"ה ניקב] ב) [ר"ה כז:] ג) [עי' ר"ה כח. תוד"ה זיל] ד) ר"ה [כז.] כז: ה) [ר"ה כח: ותוספתא פ"ב ה"ט בשינוי] ו) [ר"ה כז:, תוספתא פ"ב ה"ג] ז) [ר"ה כז:, תוספתא פ"ב ה"ג] ח) ר"ה כט. [מכילתא דר"י בשלח מס' דעמלק פרשה א, מכילתא דרשב"י יז יא, תנחומא (ורשא) בשלח כז, פסיקתא זוטרתא שמות יז יא, ילקו"ש בשלח רסד] ט) [תנחומא (ורשא) בשלח כח בשינוי, ילקו"ש חבקוק תקסד] י) איכה רבה פתיחתות ג [תנא דבי אליהו יח, פסיקתא דר"כ טו, ילקו"ש דניאל תתרסו]

גליון הש"ס

ר' יעקב בר אחא וכו' בעייני טב. עי' בב"י סי' תקפ"ו (סעיף טו) גירסא אחרת בירושלמי:

שירי קרבן

לומר לא במהרה אדם נופל ביום גינוסיא שלו. ונ"ל דהיינו טעמא שהקב"ה יושב וממלא שנותיהן של לדיקים מיום ליום, להראות שאין מזל שולט בהם אלא הם תחת ממשלתו של הקב"ה:

he heard the sound of a shofar emanating from the synagogue, אוֹ קוֹל מְגִילָּה – **or** on Purim he heard **the sound of** the **Megillah** reading emanating from the synagogue,[11] the law is as follows: אִם כִּיוֵּן לִבּוֹ – **If he directed his mind** to what he was hearing,[12] יָצָא – **he has discharged** his obligation.[13] וְאִם לָאו – **But if not,**[14] לֹא יָצָא – **he has not discharged** his obligation.[15] אַף עַל פִּי שֶׁזֶּה שָׁמַע וְזֶה שָׁמַע – **Even though this one heard** the sound **and that one heard** the same sound, זֶה כִּיוֵּן לִבּוֹ – **this one directed his mind** to it וְזֶה לֹא כִּיוֵּן לִבּוֹ – **and that one did not direct his mind** to it; hence, the law is different for each.[16]

Gemara The Gemara draws an inference from the Mishnah's ruling regarding one who was passing behind a synagogue:

אָמַר רַבִּי יוֹסֵי בֶּן חֲנִינָה – **R' Yose ben Chaninah said:** לֹא אָמַר אֶלָּא וְכֵן מִי שֶׁהָיָה עוֹבֵר – **[The Mishnah] states only:** SIMILARLY, regarding ONE WHO WAS PASSING behind a synagogue, if he directed his mind to hear the shofar, he has discharged his obligation, but if he did not direct his mind he has not discharged his obligation. הָא אִם עָמַד – This suggests that **if he** had **stood** behind the synagogue and heard the shofar, חֲזָקָה כִּיוֵּן – there is **a presumption** that **he directed** his mind.[17]

The Mishnah ruled that *If one blows a shofar into a pit, etc.*, the question of whether the listener fulfills his obligation depends on whether he heard the sound of the shofar by itself, without any accompanying echo. The Gemara presents a Baraisa[18] that records a similar ruling:

נָתַן שׁוֹפָר בְּתוֹךְ שׁוֹפָר וְתָקַע – If ONE PLACED A SHOFAR INSIDE A second SHOFAR AND then BLEW, the law is as follows: אִם קוֹל הַפְּנִימִי שָׁמַע – IF HE HEARD THE SOUND OF THE INNER [SHOFAR] alone, יָצָא – HE HAS DISCHARGED his obligation.[19] אִם קוֹל חִיצוֹן שָׁמַע – But IF HE HEARD THE SOUND OF the OUTER [SHOFAR], לֹא יָצָא – HE HAS NOT DISCHARGED his obligation.[20]

NOTES

11. (See *Beur Halachah* 587:1 ד"ה ואם.) The Mishnah mentions both cases to teach that intent is required regardless of whether the mitzvah is Scriptural (shofar) or Rabbinic (Megillah) [*Sifsei Chachamim* ibid.].

[The phrase "*sound* of the Megillah" implies that it suffices to hear merely the sound of the reading without actually understanding the meaning of the words (*Sefer HaItur, Hil. Megillah* p. 112; see *Pesach HaDevir* ad loc.). This ruling is actually stated explicitly in *Bavli Megillah* 18a.]

12. I.e. if he consciously intended to fulfill the precept of hearing the sound of the shofar or the reading of the Megillah (*Korban HaEidah,* from *Bavli* 28b).

This explanation follows the view that מִצְוֹת צְרִיכוֹת כַּוָּנָה, *the fulfillment of precepts requires intent*; i.e. the person must have in mind, when performing a mitzvah, that he wishes to fulfill the obligation required by that particular mitzvah (see *Beur of R' Chaim Kanievski*).

There is a conflicting view that holds: מִצְוֹת אֵין צְרִיכוֹת כַּוָּנָה, *the fulfillment of precepts does not require intent.* But even according to this latter view, intent to perform the particular *act* is required, although one need not have in mind that he is doing it for the sake of a mitzvah. Accordingly, אִם כִּיוֵּן לִבּוֹ, *if he directed his mind* [*to what he was hearing*], means that he *realized he was hearing* the sound of a shofar; if he thought that he was listening to the braying of a donkey or some other non-shofar sound, he did not fulfill his obligation (*Bavli* ibid.). Regarding the reading of the Megillah, the Mishnah means that the listener realized that the day was Purim (*Meiri* to *Bavli* ibid.), or that he knew that the reader was not a minor or a non-Jew – whose Megillah readings cannot enable a listener to fulfi his obligation (*Aruch LaNer* ibid.).

13. The man blowing the shofar or reading the Megillah was unaware of the listener's presence and thus had no specific intent to discharge this particular listener of his obligation. Nevertheless, the assumption is that a שְׁלִיחַ צִבּוּר, *representative of the community* [e.g. the *chazzan*] intends to discharge any listeners, whomever they are. However, if the one blowing the shofar or reading the Megillah is doing so not for a community but rather for a private individual, then an outsider could *not* fulfill his obligation, for intent is required both on the part of the performer and the listener (*Korban HaEidah* and *Pnei Moshe,* from *Bavli* 29a).

[The Rishonim discuss how someone standing outside the synagogue can fulfill his obligation according to the opinions that require recital of the Megillah with a quorum of ten (see *Rashba* to *Bavli* 28b; *Ritva* to 27b; *Ran* folio 7a).]

14. I.e. if he did not intend to fulfill his obligation – according to the opinion that *the fulfillment of precepts requires intent.* According to the view that such intent is unnecessary, the Mishnah means that he did not realize he was hearing the sound of a shofar or that the day was Purim, etc. (see above, note 12).

15. [However, if one entered a synagogue with the proper intent but failed to have conscious intent during the actual shofar blowing or Megillah reading, he has nevertheless fulfilled his obligation, since when he initially came to the synagogue he had intent to hear the shofar or Megillah later on (*Magen Avraham* 589:4, from *Teshuvos Radbaz* 2:809).]

16. I.e., even though two people both heard the same blowing of the shofar or the reading of the Megillah, only the one with the proper intent fulfills his obligation.

17. The Mishnah speaks specifically of one who was *passing* behind a synagogue, so as to imply that had he been standing still when he heard the sound of the shofar, it is assumed that he entertained the proper intent. Therefore, if one remembers that he was standing near a synagogue and heard the shofar blast, but does not recall if he had directed his mind toward it, he need not hear the sounding of the shofar a second time. Rather, he can assume that he had, in fact, directed his mind toward the shofar blowing the first time. [But if he was merely passing the synagogue, or sitting in his house next door to the synagogue, and does not remember if he had paid attention to the shofar or not, he is indeed obligated to hear the shofar again. He must presume that his mind may have been preoccupied and that he did not properly concentrate on the shofar blast] (*Korban HaEidah; Magen Avraham* 589:5; see also *Pnei Moshe*).

Meiri (to *Bavli* 27b) suggests that we attribute intent to one who was standing next to a synagogue only if he had been passing by and stopped to hear the shofar. However, if he was *already* standing near the synagogue when the shofar sounded, we must suspect that he might not have had the required intent when he heard the shofar blasts (see also *Eliyah Rabbah* 589:9, cited by *Mishnah Berurah* ibid. 589:18). Similarly, the Mishnah's ruling, that one who was sitting in his house needs to know that he had proper intent when he heard the shofar, applies only when he continued attending to his chores while the shofar sounded. But if he interrupted his work to hear the sound, he may assume that he had the necessary intent.

18. *Tosefta* 2:3; cited also in *Bavli* 27b.

19. I.e. he placed the inner shofar such that its mouthpiece protruded through the narrow opening of the outer shofar, and thus he blew into the inner shofar alone (*Korban HaEidah; Rosh* §4; *Ritva* to *Bavli* ibid.). *Rosh* rules that the blast is valid only if the outer shofar does not change the sound in any way; otherwise, the blast is the product of two shofars, which violates the requirement (see above, 21a note 12) that the sound must emanate from a single shofar by itself. But according to *Meiri* (ibid. ד"ה נתן שופר), even if the sound is affected by the outer shofar, the blast is still valid [since the air that creates the sound has no contact with the outer shofar (see also *Ritva* ibid.)].

The wide end of the inner shofar must extend at least as far as that of the outer shofar. If it does not, the sound is produced by the wide end of the outer shofar as well, and thus is invalid (see *Ritva* and *Meiri* ibid.; *Shulchan Aruch, Orach Chaim* 586:20 with *Rama; Shaar HaTziyun* ad loc. §115).

20. The Baraisa's case is when either the mouthpiece of the inner shofar remains inside that of the outer shofar (*Ritva* and *Meiri* ibid.), or when the wide end of the inner shofar remains inside that of the outer shofar (*Ritva* ibid.). The blast is invalid because it is produced by both shofars together (*Korban HaEidah,* first explanation; *Rosh* ibid.; *Meiri* ibid.; *Ritva* ibid.; *Ran* folio 6b). Even if neither mouthpiece protrudes any more than the other, some invalidate the blast either because it is still considered produced by two shofars (*Meiri* ibid.) or because *two*

ר' אבא בר זמינא בשם ר' זעירא [א]והוא שסתמו אבל [א]אם לא סתמו כשר שכל הקולות כשירין בשופר. ר' יעקב בר אחא אמר אבא בר בא שאל לרבי [ב]שופר קדוח מהו. אמר ליה [א]כזה תוקעין ביבנה. ר' בא בעי קומי רב שופר קדוח מהו. אמר ליה [ג]כזה תוקעין [ב]בעייני טב: **הלכה ז מתני'** [ג,ד]התוקע לתוך הבור או לתוך הדות או לתוך [ג]הפיטם אם קול שופר שמע יצא אם קול הברה שמע לא יצא. [ה,ד]וכן מי שהיה עובר אחורי בית הכנסת או שהיה ביתו סמוך לבית הכנסת ושמע קול שופר או קול מגילה [ד]אם כיון לבו יצא ואם לאו לא יצא אף על פי שזה שמע וזה שמע זה כיון לבו וזה לא כיון לבו: **גמ'** [ה]אמר ר' יוסי בן חנינה לא אמר אלא [ו]וכן מי שהיה עובר הא אם עמד חזקה כיון: [ה,ו]נתן שופר בתוך שופר ותקע אם קול הפנימי שמע יצא אם קול חיצון שמע לא יצא. ר' אבינא בעי הפכו מהו. נישמעינה מן הדא [ז]גרדו [ז]מבפנים פסול מבחוץ [ז]כשר. לא אמר אלא גרדו הא אם [ז]הפכו פסול. מה בין זה לזה. זה ביטל חללו וזה לא ביטל חללו: **הלכה ח מתני'** [ח,א]והיה כאשר ירים משה ידו וגבר ישראל וגו' וכי ידיו של משה עושות מלחמה או שוברות מלחמה [ח]אלא כל זמן שהיו ישראל מסתכלין כלפי [ט]למעלן [י]ומכוונין ליבן לאביהן שבשמים הן מתגברין ואם לאו היו נופלין: **גמ'** ר' יהושע בן לוי אמר [ט]עמלק כושפן היה. מה היה עושה היה מעמיד בני אדם ביום גיניסיא שלו לומר לא במהרה אדם נופל ביום גיניסיא שלו. מה עשה משה עירבב את המזלות. הדא הוא דכתיב [ב]שמש ירח עמד זבולה וגו' וכתיב [ג]נתן תהום קולו רום ידיהו נשא. מרום ידיהו נשא נתן תהום קולו. [י]שמואל אמר
יח. [ד]וצבא תינתן על התמיד בפשע בפשעה של תורה. [ד]ותשלך אמת ארצה אימתי שישראל משליכין דברי תורה לארץ המלכות [כ]הרשעה הזאת גוזרת ומצלחת. מה טעמא. ותשלך אמת ארצה ועשתה והצליחה.

פני משה

והוא שסתמו. דאז מחלקינן בין אם היה מעכב התקיעה או לא, אבל אם לא סתמו כלל כשר אפילו נשתנה קולו מחמת הנקב שכל הקולות כשרין בשופר: **שופר קדוח.** שקדחו בזכרותו והוא עצם הבולט מן הראש ונכנס לתוכו כשהוא מחובר בבהמה ומוציאין אותו מתוכו, ואם לא הוציא אלא נקבו בזכרותו מהו שיהא חוצץ: **אמר ליה בזה תוקעין ביבנה.** משום דמין במינו אינו חוצץ, וכן שאל ר' בא לרב וכו' בזה תוקעין בעין טב שאם היו בית דין קבועין כמו ביבנה: **מתני' התוקע לתוך הבור או לתוך הדות.** בור הוא חפירה בקרקע, ודות הוא מקום מחילות הבנוי בבור: **או לתוך הפיטם.** הוא כלי גדול של חרס: **אם קול שופר שמע.** זה העומד חוץ לבור על שפתו ושמע קול התוקע בבור ואם שמע התקיעה יצא ואם קול הברה בעלמא שמע לא יצא, אבל אלו שעומדין בתוך הבור לעולם יצאו שהן שומעין קול השופר: **וכן מי שהיה עובר וכו' אם כיון לבו.** לצאת יצא אע"פ שלא ידע התוקע ממנו, משום דהכא בחזן הכנסת שהוא תוקע עסקינן שהוא מכוין להוציא לכל השומעים תקיעתו, אבל התוקע להוציא להיחיד ידי חובתו לא יצא עד שיתכוין שומע ומשמיע: **גמ' לא אמר אלא וכן מי שהיה עובר אחורי בית הכנסת.** דמספקינן ביה אם כיון לבו או לא ואומרים לו אם כוונת לבך לצאת בהיותך עובר ושומע טוב, אבל אם רואין שעמד אחורי בית הכנסת ושומע חזקה שהוא כיון לצאת ואין צריך לשאול אותו: **אם קול חיצון שמע לא יצא.** לפי שמחילת הפנימי מפסקת התקיעה: **הפכו.** להשופר שקיצר את הרחב והרחיב את הקצר מהו לצאת בו: **נישמעינה.** לזה מן הדא ברייתא דתני בתוספתא פ"ב (ה"ג) והכי גרים שם גרדו בין מבפנים בין מבחוץ כשר לפהו זהב מבפנים פסול מבחוץ כשר. וחסר הוא כאן: **לא אמר אלא גרדו** שהוא כשר **הא אם הפכו פסול.** דאם לא כן לישמעינן אפילו הפכו והרי גרדו בכלל דכשמרחיב את הקצר ומקצר הרחב על כרחך צריך הוא לגרדו: **מה בין זה לזה.** ומאי טעמא דזה כשר וזה פסול הא שניהן נשתנו מכמות שהיו: **זה ביטל חללו.** כשהפכו צריך לבטל את חללו שהרי מקצר את חלק הרחב ומרחיב הקצר ואין זה חללו שבתחלה, אבל גרדו אינו מבטל חללו שאפי' מגרדו מבפנים נתקיים החלל מיהת לאורך ולרחב כבתחלה: **מתני' והיה כאשר ירים משה ידו וגבר ישראל.** איידי דאיירי לעיל בכוונת הלב תני נמי להנך דבשעה שמתכוונים ומשעבדים לבם לשמים הם מתגברים ומתרפאים: **גמ' עמלק כושפן היה.** מכשף, שהיה יודע לכוין השעות והיה מעמיד בחיילותיו בני אדם שהן ביום גנוסיא שלו נולדו לפי שלא במהרה אדם נופל ביום גינוסיא ולידה שלו: **מה עשה משה ערבב את המזלות וכו'.** כדדרשי להו מקראי, ומתוך כך לא ידע לכוין להיום ממש: **מרום ידיהו נשא.** מחמת שמשה הרים את ידו נתן תהום קולו, שגבר ישראל ונפל עמלק וירד עד שנתן התהום קולו: **בפשעה של תורה.** בשעה שפושעים מתעצלים ומשליכים התורה אז צבא תנתן עליהם, ומפני שכך נדרש גם כן קראי וימנו ברפידים שרפו ידיהם מן התורה לפיכך ויבא עמלק (תנחומא בשלח כה) דריש נמי הכא להני קראי כעין זה:

קרבן העדה

והוא. דשופר שניקב פסול, דוקא כשסתמו והוי ליה כשני שופרות וכדפרישית: **אבל אם לא סתמו כשר.** כל שיכול לתקוע בו, אף על גב שאין קולו עתה כמו שהיה קולו כשהיה שלם, דכל הקולות כשירין: **שופר קדוח מהו.** שנקב בזכרותו. בעודו מחובר בבהמה עצם בולט מן הראש ונכנס לתוך חלל הקרן, ומוציאין אותו מתוכו, וזה לא הוציאו אלא עשה נקב בעצם זה ועדיין מקצתו מחובר בקרן, מהו: **אמר ליה כזה.** בשופר קדוח היו תוקעין בעין טב, במקום שהיה הבית דין קבוע שם לקדש החדש, שם היו תוקעין בשופר כזה בראש השנה: **מתני' בור.** חפירה בקרקע: **דות.** מקום מוקף מחילות על הארץ: **פיטם.** כלי גדול של חרס: **אם קול שופר שמע.** העומד חוץ לבור, ושמע קול תקיעת התוקע בבור, דאילו אותן שבבור לעולם יוצאים: **אם כוין לבו לצאת יצא.** אף על פי שלא כיון התוקע להוציאו, דבחזן הכנסת איירי שתוקע והוא מתכוין להוציא כל השומע, אבל התוקע להוציא היחיד צריך שיכונו השומע ומשמיע: **גמ' אבל עמד.** ושכח אם כיון או לא, אין צריך לתקוע שנית דחזקה כיון: **אם קול פנימי שמע.** כגון שהפנימי ארוך מן החיצון שאין כאן אלא קול פנימי: **אם קול חיצון.** נמי שמע לא יצא, דהוי ליה קול שני שופרות. אי נמי אפילו לא שמע אלא קול החיצון לחוד, לא יצא, דאיכא חציצת הפנימי: **הפכו.** כהפיכת החלוק לעשות פנימי לחוץ, מהו: ה"ג **גרדו בין מבפנים בין מבחוץ כשר.** וכן הוא ברא"ש (סימן ד): **זה ביטל חללו.** זה שהפכו ביטל חללו הראשון, וזה שגרדו הניח עדיין חלל הראשון, הלכך כשר: ה"ג ותוקע **מן הקצר שנאמר** (תהלים קיח ה) **מן המיצר קראתי יה.** כך היא גירסת רא"ש (שם) ור"ן (ו: מדה"ר ד"ה לא תימא): **מתני' והיה כאשר ירים וגו'.** איידי דאיירי לעיל בכוונת הלב, תנא נמי להך דאית בה בשעה שמתכוונין לבן לאביהם שבשמים מתגברים: **גמ' כושפן היה.** מכשף היה: **היה מעמיד.** למלחמה עם ישראל בני אדם שהיה אותו היום יום לידתו: **לומר לא במהרה אדם.** ניזוק ביום מולדתו שאז המזל השולט ביום ההוא עוזר לו: **עירבב את המזלות.** שלא ישלוט ביום ההוא המזל שנולד בו ויפלו: **שמש ירח עמד זבולה.** וכי מי נתן אותן בזבול והוא הרקיע הרביעי, והלא ברקיע שהוא השני שם דרכן לעמוד, אלא שעירבב את המזלות: **וכתיב.** כלומר מנא לן דביום מלחמת עמלק עמדו שמש וירח בזבול, דכתיב נתן תהום קולו רום ידיהו נשא שמש ירח וגו', ודריש הכי, מרום נשא משה ידיו, כדכתיב והיה כאשר ירים משה את ידיו וגומר, וכאשר נתן משה קולו בתפלה למטה בארץ למעלה בשמים שמש וירח עמדו בזבול. אי נמי מרום ידיהו נשא, משה, נתן תהום קולו, עמלק, ניתן לאבדון כתהום על ידי שהשמש וירח עמדו זבולה: **שמואל אמר וכו'.** אמתני' קאי, ומפרש דהרמת יד דמשה רמז לעסק התורה, ומייתי ראיה מהאי קרא, וצבא אלו המלכיות שנאמר (ישעיה כד כא) יפקוד ה' על צבא מרום במרום: **התמיד.** אלו ישראל שנאמר (יהושע א ח) והגית בו יומם ולילה: **בפשעה של תורה.** שמבטלים מעסק התורה: **ותשלך אמת ארצה.** ככלי אין חפץ בו: **גוזרת ומצלחת.** שכן כתיב בסיפא דקרא ותשלך אמת ארצה עשתה והצליחה:

עין משפט

א מיי' פ"א מהלכות שופר הלכה ה טוש"ע או"ח סימן תקפו סעיף טז:
ב מיי' שם הלכה ח טוש"ע או"ח סימן תקפו סעיף א:
ג מיי' שם פ"ב הלכה ה טוש"ע או"ח סימן תקפז סעיף ט:
ד מיי' שם פ"א הלכה ו טוש"ע או"ח סימן תקפו סעיף כ:
ה מיי' שם הלכה ז טוש"ע או"ח סימן תקפו סעיף יד:
ו מיי' שם הלכה ו טוש"ע או"ח סימן תקפו סעיף יב:
ז מיי' שם פ"ב הלכה ג טוש"ע או"ח סימן תקפט סעיף א [ג]:

שינויי נוסחאות

א] **כזה תוקעין ביבנה. ר' בא בעי קומי רב שופר קדוח מהו אמר ליה.** נוסף בכי"ל ע"י המגיה, וכ"ה בראשונים. בד"ק ובדפוסים נשמט:
ב] **בעייני טב.** כעי"ז בראשונים. בבעה"מ (ו: מדה"ר) **בעין בול**. [והוא שם מקום. רש"י נדה (לב.)]:
ג] **הפיטם.** בדפ"ו ובמשניות **הפיטס**:
ד] **וכן מי שהיה.** כ"ה גם במשניות ובבבלי (כז:). ועי' תוס' הרא"ש שהעיר "האי 'וכן' לא אתי שפיר, שאין סוף המשנה מענין תחילתה וכו'". עיי"ש מה שפירש גירסת הספרים. ובתוי"ט ציין "ובסדר המשנה שבגמרא ל"ג וכן". ואמנם ראשונים רבים מעתיקים משנתנו **היה** עובר וכו'. [ועי' בבבלי (כט.) מיתיבי היה עובר וכו' ובמפרשי המשנה האחרונים]:
ה] **אמר.** בספר הרוקח (סי' שכד) "ובירושלמי דראש השנה היה **עובר אחורי בית הכנסת הדא אמרה מצות צריכות כונה**". וכעי"ז באגור (סי' קו) ובר"ש (סי' יא) ובעוד ראשונים:
ו] **וכן מי שהיה.** ליתא ברשב"א (שו"ת ח"א סי' תסז וסי' תשכז) ובספר האשכול (ה' ר"ה עמ' כח.) ובעוד ראשונים. בשיבולי הלקט (סי' רצז) ליתא תיבת 'וכן' [ראה לעיל אות ד]:
ז] **מבפנים פסול מבחוץ כשר.** בתוספתא (פ"ב ה"ג) ובבבלי (כז:) **בין** מבפנים **בין** מבחוץ. בר"ן (ו: מדה"ר) **והעמידו על גלדו**:
ח] **אלא.** במשניות ובבבלי (כט.) נוסף **לומר לך**. בגירסת הרמב"ם בפיה"מ ליתא:
ט] **למעלן.** בדפ"ו **מעלן**:
י] **ומכוונין.** כ"ה גם גירסת הרמב"ם בפיה"מ. במשניות ובבבלי (שם) **ומשעבדין**:
כ] **הרשעה.** בדפ"ו **העכו"ם**:

תורה אור השלם

א) וְהָיָה כַּאֲשֶׁר יָרִים מֹשֶׁה יָדוֹ וְגָבַר יִשְׂרָאֵל וְכַאֲשֶׁר יָנִיחַ יָדוֹ וְגָבַר עֲמָלֵק: (שמות יז יא)
ב) שֶׁמֶשׁ יָרֵחַ עָמַד זְבֻלָה לְאוֹר חִצֶּיךָ יְהַלֵּכוּ לְנֹגַהּ בְּרַק חֲנִיתֶךָ: (חבקוק ג יא)
ג) רָאוּךָ יָחִילוּ הָרִים זֶרֶם מַיִם עָבָר נָתַן תְּהוֹם קוֹלוֹ רוֹם יָדֵיהוּ נָשָׂא: (חבקוק ג י)
ד) וְצָבָא תִּנָּתֵן עַל הַתָּמִיד בְּפָשַׁע וְתַשְׁלֵךְ אֱמֶת אַרְצָה וְעָשְׂתָה וְהִצְלִיחָה: (דניאל ח יב)

מסורת הש"ס

א) [עי' ר"ה כז: תוד"ה ניקב] ג) [עי' ר"ה כז. תוד"ה זלו] ד) ר"ה [כז.] כז: ה) [ר"ה כח. ותוספתא פ"ב ה"ט בשינוי] ו) [ר"ה כז:, תוספתא פ"ב ה"ג] ז) [ר"ה כז:, תוספתא פ"ב ה"ג] ח) ר"ה כט. [מכילתא דר"י בשלח מס' דעמלק פרשה א, מכילתא דרשב"י יז יא, תנחומא (ורשא) בשלח כז, פסיקתא זוטרתא שמות יז יא, ילקו"ש בשלח רסד] ט) [תנחומא (ורשא) בשלח כח בשינוי, ילקו"ש חבקוק תקסד] י) [איכה רבה פתיחתות ג, תנא דבי אליהו יח, פסיקתא דר"כ טו, ילקו"ש דניאל תתרסו]

גליון הש"ס

ר' יעקב בר אחא וכו' בעייני טב. עי' בב"י סי' תקפ"ו (סעיף טו) גירסא אחרת בירושלמי:

שירי קרבן

לומר לא במהרה אדם נופל ביום גינוסיא שלו. וכ"ל דהיינו טעמא שהקב"ה יושב וממלא שנותיהן של צדיקים מיום ליום, להראות שאין מזל שולט בהם אלא הם תחת ממשלתו של הקב"ה:

The Gemara qualifies the Mishnah's final ruling:

רַבִּי אַבָּא בַּר זְמִינָא בְּשֵׁם רַבִּי זְעִירָא – **R' Abba bar Zemina** said **in the name of R' Z'eira:** וְהוּא שֶׁסְּתָמוֹ – If a shofar has a hole, it is unfit **only if one sealed [the hole];**[1] אֲבָל אִם לֹא סְתָמוֹ – **but if he did not seal [the hole],** כָּשֵׁר – **[the shofar] is fit.** שֶׁכָּל הַקּוֹלוֹת כְּשֵׁירִין בְּשׁוֹפָר – **For,** as a Baraisa taught: **ALL SOUNDS ARE VALID IN [THE CASE OF] A SHOFAR.**[2]

Another ruling relating to a shofar that has non-shofar material joined to it:

רַבִּי יַעֲקֹב בַּר אַחָא אָמַר – **R' Yaakov bar Acha said:** אַבָּא בַּר בָּא שְׁאַל לְרַבִּי – **Abba bar Ba asked** the following question **of Rebbi:** שׁוֹפָר קְדוּחַ מַהוּ – **What is** the law concerning **a shofar** whose bony inside **was bored into** rather than removed?[3] אֲמַר לֵיהּ – **[Rebbi] responded:** כָּזֶה תּוֹקְעִין בְּיַבְנֶה – **This** is the type of shofar **they** would **blow in Yavneh.**[4] רַבִּי בָּא בְּעֵי קוֹמֵי רַב – Similarly, **R' Ba asked of Rav:** שׁוֹפָר קְדוּחַ מַהוּ – **What is** the law concerning **a shofar** whose bony inside **was bored into?**[5] אֲמַר לֵיהּ – **[Rav] responded:** כָּזֶה תּוֹקְעִין בְּעֵינֵי טָב – **This** is the type of shofar **they** would **blow in Ayenei Tav.**[6]

Halachah 7

Mishnah The Mishnah now discusses circumstances that invalidate the blasts of a valid shofar: הַתּוֹקֵעַ לְתוֹךְ הַבּוֹר – **If one blows** a shofar **into a pit,**[7] אוֹ לְתוֹךְ הַדּוּת – **or into a cistern,**[8] אוֹ לְתוֹךְ הַפִּיטָס – **or into a large barrel,** the law is as follows: אִם קוֹל שׁוֹפָר שָׁמַע – **If he heard the sound of** the **shofar** without an accompanying echo, יָצָא – **he has discharged** his obligation. אִם קוֹל הֲבָרָה שָׁמַע – But **if he heard the sound of** the shofar's **echo** together with the sound of the shofar itself, לֹא יָצָא – **he has not discharged** his obligation.[9]

Another invalidating circumstance:

וְכֵן מִי שֶׁהָיָה עוֹבֵר אֲחוֹרֵי בֵּית הַכְּנֶסֶת – **Similarly,** regarding **one who was passing behind a synagogue,**[10] אוֹ שֶׁהָיָה בֵּיתוֹ סָמוּךְ לְבֵית הַכְּנֶסֶת – **or whose house was adjacent to a synagogue,** וְשָׁמַע קוֹל שׁוֹפָר – **and** on Rosh Hashanah

NOTES

1. I.e. the hole changed the sound of the shofar and someone sealed it with a foreign material, according to R' Nassan, or with any material, according to the Sages (see 21a note 20).

2. A damaged shofar is valid — so long as it can produce some blast, even one whose sound is inferior to the one it produced before being damaged. For the Torah issued no specifications regarding the quality of the sound that a shofar must issue. A punctured shofar becomes disqualified only when a seal is applied that does not become nullified vis-a-vis the body of the shofar. The shofar is unfit due to the rule that the shofar sound may not issue from a shofar in conjunction with another source (*Korban HaEidah;* see 21a note 15).

[For discussion of whether or not a punctured, non-sealed shofar remains valid even if *less than half* of the shofar's length remains intact, see *Beur Halachah* 586:7; see also *Teshuvos HaRosh* 24:8.]

3. The horn used for a shofar is a shell that encases a bony protrusion on the animal's skull. Normally, after the total appendage is detached, the bone is removed and the hollow shell remains for use as a shofar. In this case, however, one bored through the bone itself from end to end rather than removing it. Thus, the entire inside of the shofar is lined with the bony material (*Rashi* 27b, *Ran* folio 7a). [According to *Ritva* (ad loc.), he did remove most of the bone; however, instead of using a more thorough method of doing so, he used a borer (drill), which left *vestiges* of bone remaining along the inner surface of the shofar.]

The Gemara inquires whether the bony material that lines the inner surface of the shofar is considered an interposition [חֲצִיצָה], such that the sound is considered as issuing from the bone rather than from the horn (*Pnei Moshe*, from *Rabbeinu Chananel* and *Rif* ad loc.).

4. Such a shofar was blown on Rosh Hashanah under the auspices of the *Beis Din*; thus it is clearly valid (based on *Korban HaEidah*; cf. *Tzafnas Pane'ach*, *Hil.* Shofar 1:2).

This ruling teaches that since the bone and horn are composed of similar materials and the two grew together as one, blowing through the bone is tantamount to blowing through the horn itself [מִין בְּמִינוֹ אֵינוֹ חוֹצֵץ] (*Pnei Moshe*, from *Rabbeinu Chananel* and *Rif* ibid.; see also *Rabbeinu Yehonasan HaKohen MiLunel* ad loc.; *Ramban* in *Derashah L'Rosh Hashanah* p. 229; *Kehillos Yaakov* §21 and *Pri Megadim* [cited in *Mishnah Berurah* 586:67]; see also *Sifsei Chachamim* to *Bavli* ibid.).

5. The Gemara relates that R' Ba asked of Rav the same query that Abba bar Ba had previously asked Rebbe (*Pnei Moshe*).

6. Ayenei Tav was a town near Tzippori (Sepphoris), where the Sanhedrin often convened to make calendrical decisions (see *Korban HaEidah*; *Tosafos* 25a). [Some read here *Ein* Tav or Ein *Bul*; see *Tosafos* ibid.; *Sefer HaMaor* folio 6b; *Pesikta Rabbasi* 42:1.]

7. [*Rav Hai Gaon* (cited by *Ran* folio 7a and *Meiri* to 27b) explains that the Mishnah was formulated at a time when foreign rulers prohibited the performance of mitzvos, and the Jews were compelled to fulfill them clandestinely.]

The word לְתוֹךְ, *into,* implies that the blower is standing at the edge of the pit and blowing the shofar into it (*Derishah, Orach Chaim* 585:1). Most authorities explain, however, that the blower is himself inside the pit (*Rambam, Hil.* Shofar 1:8; *Tur* and *Shulchan Aruch, Orach Chaim* 587:1). Nevertheless, the rules governing either case, as stated in our Mishnah (and developed in *Bavli* 27b-28a), are the same (*Mishnah Berurah* 587:10 and *Shaar HaTziyun* §18; but see *Shelom Yehudah, Moed* §20).

8. I.e. an aboveground structure (*Korban HaEidah*, from *Rashi* 27a ד״ה בור ודות; *Rambam*, *Commentary to Mishnah*). Others, however, understand a דות to be a pit lined with stone or cement [as opposed to a בּוֹר, which is not lined] (*Pnei Moshe; Meiri* to 27b; *Rashbam* to *Bava Basra* 64a; see *Tiferes Yisrael* §30). Although a דות according to either definition has no roof, these same rulings also apply to a cellar that does have a roof (see *Magen Avraham* 587:1), since an echo can be produced in any kind of underground structure. See *Eliyah Rabbah* (587:1) and *Beur Halachah* (587:1) for further discussion of this subject.

9. [This is because the shofar's blast is commingled with the echo, which is not an authentic shofar sound.]

Even the shofar blower does not fulfill his obligation if he hears an echo along with the blast, for the mitzvah is to *hear* the shofar sound, not to produce it (*Rambam*, *Hil* Shofar 1:1,3 and *Teshuvos Pe'er HaDor* §51; see also *Yerushalmi Succah* 3:1 and *Maggid Mishneh* ad loc. 1:3). This distinction is reflected in the blessing recited prior to the blowing: וְצִוָּנוּ לִשְׁמֹעַ קוֹל שׁוֹפָר, *and has commanded us to* ***hear*** *the sound of the shofar* (*Rosh*, end of 4:10; *Ritva* to 34a ד״ה כתב הרי״ף; cf. *Rabbeinu Tam*, cited in *Rosh* ibid.; *Smag, Asei* §42; see also *Yeshuos Yaakov*, *Orach Chaim* 585:1; *Mikra'ei Kodesh* [Rav Frank], *Yamim Noraim* §9 and §16).

10. The Gemara will explain that the Mishnah speaks specifically of one who was *passing* a synagogue so as to imply that had he stood still when he heard the sound of the shofar, it is assumed that he entertained the proper intent (see below, note 17). See *Sifsei Chachamim* (to *Bavli* ibid.) for why the Mishnah specifies that he passed *behind* the synagogue.

[The Mishnah introduces this case with the words *And similarly*. *Rabbeinu Yehonasan HaKohen MiLunel* (§7) and *Ritva* (to *Bavli* 27b) wonder what similarity there is between this case and the previous one in which *one blows a* shofar *into a pit*, etc. *Tos. Yom Tov* explains that the similarity lies in the fact that in each case the person blowing the shofar and the one listening were not together in one location. Alternatively, *Aruch LaNer* (to *Bavli* 27b) suggests that in both cases the shofar blower, the shofar itself, and the blasts were all valid, and the listeners indeed heard the blasts (in some form), and yet the mitzvah was not fulfilled for external (albeit different) reasons.

For additional suggestions, see *Rabbeinu Yehonasan HaKohen MiLunel* and *Ritva* ibid.; *Yom Teruah* and *Rashash* ad loc.]

ר' אבא בר זמינא בשם ר' זעירא (א) והוא שסתמו אבל (א) אם לא סתמו כשר שכל הקולות כשירין בשופר. ר' יעקב בר אחא אמר אבא בר בא שאל לרבי (ב) שופר קדוח מהו. אמר ליה [א] כזה תוקעין ביבנה. ר' בא בעי קומי רב שופר קדוח מהו. אמר ליה (ג) כזה תוקעין [ב] בעייני טב: **הלכה ז מתני'** (ג)(ד) התוקע לתוך הבור או לתוך הדות או לתוך [ג] הפיטם אם קול שופר שמע יצא אם קול הברה שמע לא יצא. (ה)[ד] וכן מי שהיה עובר אחורי בית הכנסת או שהיה ביתו סמוך לבית הכנסת ושמע קול שופר או קול מגילה (ד) אם כיון לבו יצא ואם לאו לא יצא אף על פי שזה שמע וזה שמע זה כיון לבו וזה לא כיון לבו: **גמ'** [ה] אמר ר' יוסי בן חנינה לא אמר אלא [ו] וכן מי שהיה עובר הא אם עמד חזקה כיון: (ה)(ו) נתן שופר בתוך שופר ותקע אם קול הפנימי שמע יצא אם קול חיצון שמע לא יצא. ר' אבינא בעי הפכו מהו. נישמעינה מן הדא (ז) גרדו [ז] מבפנים פסול מבחוץ (י) כשר. לא אמר אלא גרדו הא אם (י) הפכו פסול. מה בין זה לזה. זה ביטל חללו וזה לא ביטל חללו: **הלכה ח מתני'** (ח)(א) והיה כאשר ירים משה ידו וגבר ישראל וגו' וכי ידיו של משה עושות מלחמה או שוברות מלחמה [ח] אלא כל זמן שהיו ישראל מסתכלין כלפי [ט] למעלן [י] ומכוונין ליבן לאביהן שבשמים הן מתגברין ואם לאו היו נופלין: **גמ'** ר' יהושע בן לוי אמר (ט) עמלק כושפן היה. מה היה עושה היה מעמיד בני אדם ביום גיניסיא שלו לומר לא במהרה אדם נופל ביום גיניסיא שלו. מה עשה משה עירבב את המזלות. הדא הוא דכתיב (ב) שמש ירח עמד זבולה וגו' וכתיב (ג) נתן תהום קולו רום ידיהו נשא. מרום ידיהו (ס) נשא נתן תהום קולו. (י) שמואל אמר (ד) וצבא תינתן על התמיד בפשע בפשעה של תורה. (ד) ותשלך אמת ארצה אימתי שישראל משליכין דברי תורה לארץ המלכות [כ] הרשעה הזאת גוזרת ומצלחת. מה טעמא. ותשלך אמת ארצה ועשתה והצליחה. יח.

פני משה

והוא שסתמו. דלא מחלקינן בין אם היה מעכב התקיעה או לא, אבל אם לא סתמו כלל כשר אפילו נשתנה קולו מחמת הנקב שכל הקולות כשרין בשופר: שופר קדוח. שקדחו בזכרותו והוא עלם הבולט מן הראש ונכנס לתוכו כשהוא מחובר בבהמה ומוציאין אותו מתוכו, ואם לא הוציא אלא נקבו בזכרותו מהו שיהא חוצץ: אמר ליה כזה תוקעין ביבנה. משום דמין במינו אינו חוצץ, וכן שאל ר' בא לרב וכו' כזה תוקעין בעין טב ששם היו בית דין קבועין כמו ביבנה: **מתני'** התוקע לתוך הבור או לתוך הדות. בור הוא חפירה בקרקע, ודות הוא מקום מחילות הבנוי בבור: או לתוך הפיטם. הוא כלי גדול של חרס: אם קול שופר שמע. זה העומד חוץ לבור על שפתו ושמע קול התוקע בבור ואם שמע התקיעה יצא ואם קול הברה בעלמא שמע לא יצא, אבל אלו שעומדין בתוך הבור לעולם יצאו שהן שומעין קול השופר: וכן מי שהיה עובר וכו' אם כיון לבו. לצאת יצא אע"פ שלא ידע התוקע ממנו, משום דהכא בחזן הכנסת שהוא תוקע עסקינן שהוא מכוין להוציא לכל השומעים תקיעתו, אבל התוקע להוציא להיחיד ידי חובתו לא יצא עד שיתכוין שומע ומשמיע: **גמ'** לא אמר אלא וכן מי שהיה עובר אחורי בית הכנסת. דמספקינן ביה אם כיון לבו או לא ואומרים לו אם כוונת לבך לצאת בהיותך עובר ושומע טוב, אבל אם רואין שעמד אחורי בית הכנסת ושומע חזקה שהוא כיון לצאת ואין צריך לשאול אותו: אם קול חיצון שמע לא יצא. לפי שמחילת הפנימי מפסקת התקיעה: הפכו. להשופר שקיצר את הרחב והרחיב את הקצר מהו לצאת בו: נישמעינה. לזה מן הדא ברייתא דתני בתוספתא פ"ב (ה"ג) והכי גרים שם גרדו בין מבפנים בין מבחוץ כשר לפהו זהב מבפנים פסול מבחוץ כשר. וחסר הוא כאן: לא אמר אלא גרדו שהוא כשר הא אם הפכו פסול. דאם לא כן לישמעינן אפילו הפכו והרי גרדו בכלל דכשמרחיב את הקצר ומקצר הרחב על כרחך צריך הוא לגרדו: מה בין זה לזה. ומאי טעמא דזה כשר וזה פסול הא שניהן נשתנו מכמות שהיו: זה ביטל חללו. כשהפכו צריך לבטל את חללו שהרי מקצר את חלק הרחב ומרחיב הקצר ואין זה חללו שבתחלה, אבל גרדו אינו מבטל חללו שאפי' מגרדו מבפנים נתקיים החלל מיהת לאורך ולרחב כבתחלה: **מתני'** והיה כאשר ירים משה ידו וגבר ישראל. איידי דאיירי לעיל בכוונת הלב תני נמי להנך דבשעה שמתכוונים ומשעבדים לבם לשמים הם מתגברים ומתרפאים: **גמ'** עמלק כושפן היה. מכשף, שהיה יודע לכוין השעות והיה מעמיד בחיילותיו בני אדם שהן ביום גנוסיא שלו נולדו לפי שלא במהרה אדם נופל ביום גינוסיא ולידה שלו: מה עשה משה ערבב את המזלות וכו'. כדדרשי להו מקראי, ומתוך כך לא ידע לכוין להיום ממש: מרום ידיהו נשא. מחמת שמשה הרים את ידו נתן תהום קולו, שגבר ישראל ונפל עמלק וירד עד שנתן התהום קולו: בפשעה של תורה. בשעה שפושעים מתעצלים ומשליכים התורה אז צבא תנתן עליהם, ומפני שכך נדרש גם כן קראי ויחנו ברפידים שרפו ידיהם מן התורה לפיכך ויבא עמלק (תנחומא בשלח כה) דריש נמי הכא להני קראי כעין זה:

קרבן העדה

והוא. דשופר שניקב פסול, דוקא כשסתמו והוי ליה כשני שופרות וכדפריסית: אבל אם לא סתמו כשר. כל שיכול לתקוע בו, אף על גב שאין קולו עתה כמו שהיה קולו כשהיה שלם, דכל הקולות כשירין: שופר קדוח מהו. שנקב בזכרותו. בעודו מחובר בבהמה עלם בולט מן הראש ונכנס לתוך חלל הקרן, ומוציאין אותו מתוכו, וזה לא הוציאו אלא עשה נקב בעלם זה ועדיין מקצתו מחובר בקרן, מהו: אמר ליה כזה. בשופר קדוח היו תוקעין בעין טב, במקום שהיה הבית דין קבוע שם לקדש החדש, שם היו תוקעין בשופר כזה בראש השנה: **מתני'** בור. חפירה בקרקע: דות. מקום מוקף מחילות על הארץ: פיטם. כלי גדול של חרס: אם קול שופר שמע. העומד חוץ לבור, ושמע קול תקיעת התוקע בבור, דאילו אותן שבבור לעולם יוצאים: אם כוין לבו לצאת יצא. אף על פי שלא כיון התוקע להוציאו, דבחזן הכנסת איירי שתוקע והוא מתכוין להוציא כל השומע, אבל התוקע להוציא היחיד צריך שיכונו השומע ומשמיע: **גמ'** אבל עמד. ושכח אם כיון או לא, אין צריך לתקוע שנית דחזקה כיון: אם קול פנימי שמע. כגון שהפנימי ארוך מן החיצון שאין כאן אלא קול פנימי: אם קול חיצון. נמי שמע לא יצא, דהוי ליה קול שני שופרות. אי נמי אפילו לא שמע אלא קול החיצון לחוד, לא יצא, דאיכא חציצת הפנימי: הפכו. כהפיכת החלוק לעשות פנימי לחוץ, מהו: ה"ג גרדו בין מבפנים בין מבחוץ כשר. וכן הוא ברא"ש (סימן ד): זה ביטל חללו. זה שהפכו ביטל חללו הראשון, וזה שגרדו הניח עדיין חלל הראשון, הלכך כשר: ה"ג ותוקע מן הקצר שנאמר (תהלים קיח ה) מן המיצר קראתי יה. כך היא גירסת רא"ש (שם) ור"ן (ו: מדה"ר ד"ה לא תימא): **מתני'** והיה כאשר ירים וגו'. איידי דאיירי לעיל בכוונת הלב, תנא נמי להך דאית בה בשעה שמתכוונין לבן לאביהם שבשמים מתגברים: **גמ'** כושפן היה. מכשף היה: היה מעמיד. למלחמה עם ישראל בני אדם שהיה אותו היום יום לידתו: לומר לא במהרה אדם. ניזוק ביום מולדתו שאז המזל השולט ביום ההוא עוזר לו: עירבב את המזלות. שלא ישלוט ביום ההוא המזל שנולד בו ויפלו: שמש ירח עמד זבולה. וכי מי נתן אותן בזבול והוא הרקיע הרביעי, והלא ברקיע שהוא השני שם דרכן לעמוד, אלא שעירבב את המזלות: וכתיב. כלומר מנא לן דביום מלחמת עמלק עמדו שמש וירח בזבול, דכתיב נתן תהום קולו רום ידיהו נשא שמש ירח וגו', ודריש הכי, מרום נשא משה ידיו, כדכתיב והיה כאשר ירים משה את ידיו וגומר, וכאשר נתן משה קולו בתפלה למטה בארץ למעלה בשמים שמש וירח עמדו בזבול. אי נמי מרום ידיהו נשא, משה, נתן תהום קולו, עמלק, ניתן לאבדון כתהום על ידי שהשמש וירח עמדו זבולה: שמואל אמר וכו'. אמתני' קאי, ומפרש דהרמת יד דמשה רמז לעסק התורה, ומייתי ראיה מהאי קרא, וצבא אלו המלכיות שנאמר (ישעיה כד כא) יפקוד ה' על צבא מרום במרום: התמיד. אלו ישראל שנאמר (יהושע א ח) והגית בו יומם ולילה: בפשעה של תורה. שמבטלים מעסק התורה: ותשלך אמת ארצה. ככלי אין חפץ בו: גוזרת ומצלחת. שכן כתיב בסיפא דקרא ותשלך אמת ארצה עשתה והצליחה:

עין משפט

א מיי' פ"א מהלכות שופר הלכה ה טוש"ע או"ח סימן תקפו סעיף טו:
ב מיי' שם הלכה ח טוש"ע או"ח סימן תקפז סעיף א:
ג מיי' שם פ"ב הלכה ה טוש"ע או"ח סימן תקפט סעיף ט:
ד מיי' שם פ"א הלכה ו טוש"ע או"ח סימן תקפו סעיף כ:
ה מיי' שם הלכה ז טוש"ע או"ח סימן תקפו סעיף יד:
ו מיי' שם הלכה ו טוש"ע או"ח סימן תקפו סעיף יב:
ז מיי' שם פ"ב הלכה ב טוש"ע או"ח סימן תקפט סעיף א [ב]:

שינויי נוסחאות

א] **כזה תוקעין ביבנה. ר' בא בעי קומי רב שופר קדוח מהו אמר ליה.** נוסף בכי"ל ע"י המגיה, וכ"ה בראשונים. בד"ק ובדפוסים נשמט:
ב] **בעייני טב.** כעי"ז בראשונים. בבעה"מ (ו: מדה"ר) **בעין בול**. [והוא שם מקום. רש"י נדה (לב.)]:
ג] **הפיטם.** בדפ"ו ובמשניות **הפיטם**:
ד] **וכן מי שהיה.** כ"ה גם במשניות ובבבלי (כז:). ועי' תוס' הרא"ש שהעיר "האי 'וכן' לא אתי שפיר, שאין סוף המשנה מענין תחילתה וכו'". עיי"ש מה שפירש גירסת הספרים. ובתוי"ט ציין "ובסדר המשנה שבגמרא ל"ג וכן". ואמנם ראשונים רבים מעתיקים משנתנו **היה** עובר וכו'. [וע"ע בבבלי (כט.) מיתיבי היה עובר וכו' ובמפרשי המשנה האחרונים]:
ה] **אמר.** בספר הרוקח (סי' שכד) "ובירושלמי דראש השנה **היה עובר אחורי בית הכנסת הדא אמרה מצות צריכות כונה**". וכעי"ז באגור (סי' קו) ובר"ש (סי' יא) ובעוד ראשונים:
ו] **וכן מי שהיה.** ליתא ברשב"א (שו"ת ח"א סי' תסז וסי' תשכז) ובספר האשכול (ה' ר"ה עמ' כח.) ובעוד ראשונים. בשיבולי הלקט (סי' רצז) ליתא תיבת 'וכן' [ראה לעיל אות ד]:
ז] **מבפנים פסול מבחוץ כשר.** בתוספתא (פ"ב ה"ג) ובבבלי (כז:) **בין מבפנים בין מבחוץ**. בר"ן (ו: מדה"ר) **והעמידו על גלדו**:
ח] **אלא.** במשניות ובבבלי (כט.) נוסף **לומר לך**. בגירסת הרמב"ם בפיה"מ ליתא:
ט] **למעלן.** בדפ"ו **מעלן**:
י] **ומכוונין.** כ"ה גם גירסת הרמב"ם בפיה"מ. במשניות ובבבלי (שם) **ומשעבדין**:
כ] **הרשעה.** בדפ"ו **העכו"ם**:

תורה אור השלם

א) וְהָיָה כַּאֲשֶׁר יָרִים מֹשֶׁה יָדוֹ וְגָבַר יִשְׂרָאֵל וְכַאֲשֶׁר יָנִיחַ יָדוֹ וְגָבַר עֲמָלֵק: (שמות יז יא)

ב) שֶׁמֶשׁ יָרֵחַ עָמַד זְבֻלָה לְאוֹר חִצֶּיךָ יְהַלֵּכוּ לְנֹגַהּ בְּרַק חֲנִיתֶךָ: (חבקוק ג יא)

ג) רָאוּךָ יָחִילוּ הָרִים זֶרֶם מַיִם עָבָר נָתַן תְּהוֹם קוֹלוֹ רוֹם יָדֵיהוּ נָשָׂא: (חבקוק ג י)

ד) וְצָבָא תִּנָּתֵן עַל הַתָּמִיד בְּפָשַׁע וְתַשְׁלֵךְ אֱמֶת אַרְצָה וְעָשְׂתָה וְהִצְלִיחָה: (דניאל ח יב)

מסורת הש"ס

א) [עי' ר"ה כז: תוד"ה ניקב] ב) [ר"ה כז:] ג) [עי' ר"ה כה. תוד"ה זיל] ד) ר"ה [כז.] כז: ה) [ר"ה כח: ותוספתא פ"ב ה"ט בשינוי] ו) [ר"ה כז:, תוספתא פ"ב ה"ג] ז) [ר"ה כז:, תוספתא פ"ב ה"ג] ח) ר"ה כט. [מכילתא דר"י בשלח מס' דעמלק פרשה א, מכילתא דרשב"י יז יא, תנחומא (ורשא) בשלח כז, פסיקתא זוטרתא שמות יז יא, ילקו"ש בשלח רסד] ט) [תנחומא (ורשא) בשלח כח בשינוי, ילקו"ש חבקוק תקסד] י) איכה רבה פתיחתות ב [תנא דבי אליהו יח, פסיקתא דר"כ טו, ילקו"ש דניאל תתרסו]

גליון הש"ס

ר' יעקב בר אחא וכו' בעייני טב. עי' בב"י סי' תקפ"ו (סעיף טו) גירסא אחרת בירושלמי:

שירי קרבן

לומר לא במהרה אדם נופל ביום גינוסיא שלו. ונ"ל דהיינו טעמא שהקב"ה יושב וממלא שנותיהן של צדיקים מיום ליום, להראות שאין מזל שולט בהם אלא הם תחת ממשלתו של הקב"ה:

דברי תורה עניים במקומן ועשירים במקום אחר. [א]אמר ר' יוחנן זו דברי ר' יודה ור' יוסה *אבל דברי חכמים קידוש בית דין ותקיעת שופר [ג]והשמט כספים משמיטין. ניחא קידוש בית דין ותקיעת שופר. השמט כספים לא בסוף הן משמיטין. ר' זעירא שמע לה מן הדא [ג][א]ויאמר אלי אל תירא דניאל כי מן היום הראשון אשר נתת [א]את לבך להבין ולהתענות לפני אלהיך נשמעו דבריך. כבר נשמעו דבריך: אמר ר' יוחנן [ד]טעמיה דר' יהודה [ב]כדי ליתן את המצוי על המצוי ואת שאינו מצוי על שאינו מצוי:

הלכה ו מתני' [ה][ב]שופר שנסדק ודיבקו פסול. [ג]דיבק שיברי שופרות פסול. [ו]ניקב וסתמו אם [ג]עיכב את התקיעה פסול ואם לאו כשר: גמ' שופר שנסדק ודיבקו פסול: למי נצרכה לר' נתן. דיבק שיברי שופרות פסול [ט]עוד היא דר' נתן. ניקב וסתמו [ד]ר' יז: חייה בשם ר' יוחנן דר' נתן היא דתני [ז]ניקב וסתמו בין במינו בין שלא במינו אם [ה]היה מעכב את התקיעה פסול ואם לאו כשר. ר' נתן אומר [ד]במינו כשר שלא במינו פסול. ר' חייה בשם ר' יוחנן [ח]כיני מתניתא אם [ו]היה מעכב את [ז]התקיעה פסול ואם לאו כשר.

קרבן העדה

ועשירים במקום אחר. וצריך להביא ממרחק לחמה. והכא נמי אי לאו דכתיב ויצוס אל בני ישראל לא היינו יודעין היכן נצטוו ישראל על שילוח עבדים בצאתם ממצרים ושעל ידי כן נגאלו, ואי [לאו] מקץ שבע שנים וגו' לא היינו מפרשים ויצוס אל בני ישראל דקאי על שילוח עבדים*: קידוש בית דין וכו'. כלומר הנך תלתא מעכבים היובל: לא בסוף הן משמיטין. ואיך יעכב השמטה זו את היובל שכבר עבר: שמע לה מן הדא. תירוץ לקושית הש"ס דהשמטת כספים בסופה היא: כבר נשמעו דבריך. משעה שקיבל עליו, הכי נמי אם נתנו בתחלתו בלבם להשמיט כספים בסופה הרי היא יובל ואם לאו אינו יובל: כדי ליתן את המצוי. שופרות של אילים זכרים המצויים, למצוי, לראש השנה שהוא בכל שנה ושנה: ואת שאינו מצוי. של יעל, שהוא מין חיה שקורין שטנבו"ק. אי נמי של כשבה, שאינו מצוי שיהא לכשבה קרן שזהו מום (כדתנן) [כדתניא] בבכורות (מד.): לשאינו מצוי. ליובל, שהוא אחת לחמשים שנה: מתני' שופר שנסדק ודבקו. בדבק: פסול. דהוי ליה כשתי שופרות. אף על גב שכל אורך השופר אחד מכל מקום כשתי שופרות הוא. ודבק נמי כשאינו מינו הוא, דאין הדבר ניכר בין הסדקים כמו בניקב וסתמו שלא במינו (רא"ש סימן ג): גמ' למי נצרכה לר' נתן. כלומר מתני' כר' נתן אתיא, דאילו לרבנן השתא ניקב וסתמו במינו פסלי רבנן נסדק כולו לא כל שכן: עוד היא דר' נתן. אף זו כר' נתן אתיא, דלרבנן פשיטא דפסולין: דר' נתן היא. מצינן לאוקמי אף כר' נתן דניקב וסתמו שלא במינו איירי: כיני מתני'. כן היא מתני', אם היה הנקב מעכב את התקיעה קודם הסתימה, נמצא שסתימה זו מסייעא לקול שופר, פסול, דשופר אחד אמר רחמנא, ולא שיסייע שום דבר אחר להשופר, והוי ליה כמו לפהו זהב דפסול: ואם לאו. אלא שקולו לאחר הסתימה כמו שהיה קודם הסתימה, כשר. לישנא אחרינא אברייתא קאי ר' יוחנן, וקאמר הא דפוסל ר' נתן שלא במינו דוקא אם היה הסתימה מעכב התקיעה, ואם לאו שאינו מעכב התקיעה ולא נשתנה קולו מכמות שהיה אפילו שלא במינו כשר:

פני משה

עניים במקומן ועשירים במקום אחר. שבמקומן לא מצינו שענש הכתוב על זה ולמדין אנו מקראי דירמיה: אבל דברי חכמים וכו' משמיטין. כלומר אלו הן העיקר שמעכבין ביובל והן הן המשמיטין להיות היובל נוהג כדינו: ניחא. הוא דקחשיב הני תרתי קידוש בית דין ותקיעת שופר שהן נוהגין בתחלת יובל, אלא השמטת כספים וכי לא בסוף השנה הוא שהן משמיטין כדכתיב (דברים טו א) מקץ שבע שנים תעשה שמטה וילפינן גם כן ליובל שאין משמטו כספים אלא בסוף השנה והיאך יהיה שנת היובל כולו תלוי בו: ר' זעירה שמע לה. לתרץ זה מן הדא מקרא דדניאל ויאמר אלי וגו', כבר נשמע דבריך מיום הראשון אשר נתת לבך, והכי נמי כן מתחלת השנה שנותנין לבם להשמט כספים בשנה זו הרי הן כאלו מקיימין מיד ונוהג היובל בכל דיניו: טעמיה דר' יהודה. במתניתן דמחלק בענין השופר בין ראש השנה לבין היובל, כדי ליתן המצוי וזהו של זכרים שהן מצוין בכל מקום למצוי זה ראש השנה, ואת שאינו מצוי של יעלים שאינן מצוין בעיר ליובל שאינו מצוי אלא פעם אחת לחמשים שנה: מתני' שופר שנסדק. לארכו ודיבקו בדבק שקורין גילו"ד פסול דהוי ליה כשני שופרות: דיבק שברי שופרות. ועשה מהן שופר אפילו יש בשבר שכנגד פיו שיעור שופר פסול: ניקב וסתמו אם עיכב את התקיעה. לפי נוסחא דהכא אם עיכב משמע דאקודם שסתמו קאי, וכן מפרש הכא בגמרא כיני מתניתן אם היה מעכב את התקיעה פסול, שאם היה מעכב את הקול מקודם שסתמו אע"פ שלאחר שסתמו חזר קולו לכמות שהיה אפילו הכי פסול, משום דשופר אחד אמר רחמנא ולא שתים שופרות (בבלי כו.) וכאן דסתימה זו מסייעה לקול הוה ליה כשני שופרות: ואם לאו. שלא היה מעכב את התקיעה שלא נשתנה קולו (קול) מתחלה מחמת הנקב הרי הוא כאלו לא נקב וכשר שאין לחוש במה שסתמו, ואם לא סתמו כלל כשר מדינא ואפילו נשתנה קולו כדקאמר הכא בגמ' לפי שכל הקולות כשרים בשופר. ולענין הלכה למעשה בדין סתמו, כך הוא המסקנא שאם סתמו במינו ונשתייר רובו שלם, ולא נשתנה קולו לאחר שסתמו אלא שחזר לכמות שהיה קודם שניקב כשר, ואם חסר אחת משלש אלה שסתמו שלא במינו, או אפילו במינו ולא נשתייר רובו שלם, או אפי' נשתייר רובו גם כן אלא שנשתנה קולו ולא חזר לכמות שהיה פסול: גמ' למי נצרכה לרבי נתן. הא דקתני שופר שנסדק ודבקו פסול לא איצטריך אלא לר' נתן בברייתא דלקמן דקאמר גבי ניקב אם סתמו במינו כשר שלא במינו פסול, דמהו דתימא התם דניכר הסתימה שלא במינו שהיא מחתיכה אחרת הוא דפסול, אבל הכא שמחבר הסדק בדבק לא מיקרי שלא במינו מכיון שאין הדבק ניכר בין הסדקים והרי הוא כמו שהיה, אימא מכשיר הוא ר' נתן קא משמע לן דאף לר' נתן פסול דהוי ליה כשני שופרות, דאלו לרבנן דלקמן דסבירא להו בניקב אפילו סתמו במינו פסול אם מעכב את התקיעה פשיטא דבנסדק ודבקו בדבק שהוא פסול: דיבק שברי וכו' עוד היא דר' נתן. גם האי בבא לר' נתן הוא דאיצטריך, דאלו לרבנן פשיטא ופשיטא דפסול מכיון שלא נעשה השופר אלא על ידי השברים שדיבקן: נקב וסתמו וכו' דר' נתן היא. כלומר הא דמחלק במתניתן דאם מעכב את התקיעה פסול אף ר' נתן מודה בזה, והא דקאמר ר' נתן אם סתמו במינו כשר לא תטעה לפרש דבמינו לעולם כשר, דלא היא שהרי האי מעכב דקתני במתניתן היינו שהיה מעכב בתחלה לאחר שניקב וקודם שסתמו כדמפרש ר' חייה בשם ר' יוחנן גופיה לקמן, וא"כ מה לי שסתמו לאחר כך במינו או שלא במינו הא כיון שעיכב לאחר שניקב תו לא מהני ליה סתימה, אלא על כרחך לר' נתן נמי אם היה מעכב לאחר שניקב פסול הוא ולא פליג ר' נתן אדרבנן אלא בחלוקה דסיפא, דלרבנן אם אינו מעכב את התקיעה כשר אף בשסתמו שלא במינו כדקאמרי סתמא ואם לאו כשר, ולדידהו אין חילוק בין הסתימה במינו או שלא במינו, ועלה קאמר ר' נתן אם סתמו במינו הוא דכשר אם לא היה עיכוב להתקיעה לאחר שנקב, אבל אם הסתימה שלא במינו פליגא עלייכו דמכיון שהסתימה מין אחר הוא אף על פי שלא היה מעכב בתחלה את התקיעה פסול הוא: דתני וכו'. השתא מייתי האי ברייתא דפליגי ר' נתן ורבנן וכדאמרן: ר' חייה וכו' כיני מתני'. כן צריך לפרש המתניתן אם עיכב וכו', היינו אם היה מעכב לאחר שניקב וקודם הסתימה דאז פסול לכולי עלמא כדפרישית דלא מהני סתימה כלל, אלא שאם לא היה מעכב בהא הוא דפליגי דלרבנן אפילו הסתימה שלא במינו כשר ולר' נתן דווקא אם הסתימה במינו היא בהא הוא דמכשרין בשלא היה מעכב בתחלה וכדאמרן:

מסורת הש"ס

א) [ר"ה ט:, פסיקתא זוטרתא בהר כה י, ילקו"ש בהר תרנט] ב) [עי' ספרי דברים קיב וספרא בהר פרק ג ה"ו וילקו"ש בהר תרמ ושם ראה תתצו, ועי' ר"ה כט. תוד"ה קמ"ל] ג) עי' תענית פ"ג ה"א ותענית ח. [קהלת רבה ט ז, פסיקתא זוטרתא שמות יב כח, ילקו"ש דניאל תתרסו] ד) [תוספתא פ"ב ה"ג] ה) ר"ה כז. ו) [תוספתא פ"ב ה"ג בשינוי, ילקו"ש זכרי' תקעח] ז) ר"ה כז: [תוספתא פ"ב ה"ג] ח) [עי' ר"ה כז: תוד"ה ניקב]

גליון הש"ס

והשמט כספים משמיטין וכו'. עי' שירי קרבן תמה הא ביובל לא שייך שמיטת כספים. ונראה דהירושלמי אליבא דרבי (גיטין לו.) הוא דס"ל דשמיטת כספים תלוי ביובל, ועי' בתוס' ר"ה דף כ"ט (ע"א) ד"ה קמ"ל דמה"ט אמרינן דכהנים איתנייהו ביובל אף דשמיטת כספים אינו ביובל, מ"מ כל שאינו משמט כספים בשמיטה אינו ביובל, וה"ה כאן מעכב שמיטת כספים בשמיטה לקדושת יובל, וע"ז פריך הירושלמי לא בסוף משמיטין, היינו כיון דענין שמיטה הוא אפקעתא דמלכא וע"כ משמט שאין צריך לשלם ואף אי משלם מתנה הוא דיהיב ליה, א"כ האיך אפשר דליעכב ליובל, ומשני כיון דמכוין עכ"פ שלא לשמט הוי כאילו עבר ולכך מעכב: למי נצרכה לר' נתן וכו'. עי' ברא"ש דף קמ"ז ע"ד (שו"ת בסוף הספר ד"ה באתי לשאול) פי' הירושלמי:

שירי קרבן

עניים במקומן וכו'. כתב מהר"ש יפה (ביפה מראה) עניים במקומן שלא נכתב כל הצורך במקומן אבל הענין מפורש במקומות אחרים, כהא דאיפליגו ר' יוסי ור' יהודה במה יובל תלוי אם בשילוח עבדים או בתקיעת שופר ומייתי ר' יוסי ראיה קראי דדוכתא אחריתי, והיינו כאניות סוחר שמביא צרכו מארץ מרחק. וקשה אדרבה ר' יוסי מביא ראיה מסברא ולא מקרא, ומה שפרשתי בקונטרס הוא נכון: והשמטת כספים וכו'. ותימה דתניא בתורת כהנים פרשת בהר (פ"ב ג) ומה אם היובל שאינו משמט כספים, וכן הוא בספרי פרשת ראה (קיב), וכ"כ הרמב"ם פ"י מהל' שמיטה ויובל (הט"ז), אבל השמטת קרקעות נוהגת ביובל ויובל משמט בתחילתה, וצ"ע, ובדרושים הארכתי ליישב ואין כאן מקומו: ביני מתני' אם היה וכו'. כתב הרא"ש (פ"ג סי' ה) והא דקאמר בירושלמי אם היה מעכב התקיעה וסתמו, צריך לפרש אם היה מעכב לאחר שסתמו, ואפילו אי פליגי גמ' דידן (כז:) אירושלמי, גמ' דידן עיקר, ע"כ. וקשה אם נפרש אם היה מעכב לאחר שסתמו א"כ מאי קמ"ל ר' יוחנן, והרי מתני' מפורש כן ניקב וסתמו אם מעכב את התקיעה פסול. וי"ל דהרא"ש קאמר לפי גירסת הירושלמי דגרס במתני' אם עיכב את התקיעה, ושוב קמ"ל ר' יוחנן. אך קשה א"כ על כרחך לפרש דברי ר"י כמ"ש הרא"ש, דאי כפשטא מאי קמ"ל, א"כ מאי קאמר ואפי' אי פליגי וכו', הא מוכח דלא פליגי:

עין משפט

א מיי' פ"ה מהלכות שופר הלכה ה [סמ"ג עשין מג] טוש"ע או"ח סימן תקפו סעיף ח:
ב מיי' שם טוש"ע או"ח סימן תקפו סעיף י:
ג מיי' שם טוש"ע או"ח סימן תקפו סעיף ז:
ד טוש"ע או"ח סימן תקפו סעיף ז:

שינויי נוסחאות

א] את. כ"ה במקרא. בכי"ל ובדפוסים נשמט.
ב] כדי ליתן את המצוי על וכו'. ברשב"א (כו.) תקנו את המצוי למצוי ושאינו מצוי לשאינו מצוי:
ג] עיכב. במשניות ובבבלי (כז:) מעכב.
ד] ר' חייה. ברמב"ן וברשב"א (כז:) אמר ר' חייא בר אבא:
ה] היה. כתב הרמב"ן (שם) "לא גרסינן בכאן 'היה', אע"פ שהוא במקצת נוסחי לא גרסינן, וכן במקצת נוסחי ליתיה". וכן בתוספתא (פ"ב ה"ג) וברשב"א (שם) ובמדה"ר (ו: מדה"ר) ליתא. ועי' בתוס' הרא"ש שהעתיק כמו שלפנינו ופירש דהיינו שמעכב אחר הסתימה.
ו] היה. כ"ה גם ברמב"ן (שם) ובעיטור (עשרת הדברות הל' שופר צו:). ברשב"א (שם) ובבעה"מ (שם) ליתא:
ז] התקיעה. בעיטור (שם) התקיעה מקודם סתימה:

תורה אור השלם

א) וַיֹּאמֶר אֵלַי אַל תִּירָא דָנִיֵּאל כִּי מִן הַיּוֹם הָרִאשׁוֹן אֲשֶׁר נָתַתָּ אֶת לִבְּךָ לְהָבִין וּלְהִתְעַנּוֹת לִפְנֵי אֱלֹהֶיךָ נִשְׁמְעוּ דְבָרֶיךָ וַאֲנִי בָאתִי בִּדְבָרֶיךָ: (דניאל י יב)

מראה הפנים

טעמיה דר' יהודה כדי ליתן את המצוי על המצוי וכו'. ולפ"ז גם בתעניות תוקעין בשל יעלים פשוטין, ולא משמע כן מהאי תלמודא דלקמן במסכת תענית והרחבתי הדבור בזה בחיבורי פני המנורה בנר הד' עיי"ש: למי נצרכה לר' נתן וכו'. בשמועה זו רבו המפרשים ופירשתי בפנים על דרך דברי הרא"ש ז"ל (פ"ג סי' ה) שהן נוחין ומסכימים ג"כ לפירש"י ז"ל בענין שפירש במתני' (כז. ד"ה שופר) ודבקו בדבק. ובענין מה שהקשה הרמב"ן ז"ל בזה דהוי ליה שלא במינו ומאי אירייא נסדק אפי' ניקב נמי פסול, ופירש ודבקו היינו מעלמו שחממו באור ונפשר ונדבק. כתב עליו (שם סי' ג) ולא מיסתברא לי שאי אפשר שידבק יחד ע"י חימום ולא מיקרי חבור ע"י דבק שלא במינו אלא דוקא בניקב וסתם הנקב בחתיכה אחרת. אבל אם חבר הסדק בדבק חוזר לכמות שהיה ואין הדבק ניכר בין הסדקים עכ"ל בזה, ועולה פירוש הסוגיא שבפנים נמי על דרך זה, וכן הא דלקמן נמי כפי הנראה מדברי התוס' (שם ד"ה שופר) והרא"ש (שם) שהביאו לזה ועם מה שהוספתי קצת ביאור להבין הכל. ובספר המלחמות (ו: מדה"ר) ראיתי שלאחר שהביא דברי בעל המאור ז"ל שכתב שדברי הרי"ף ז"ל נראה לו לפסק הלכה כלמנקט לחומרא כלישנא קמא דרבי יוחנן בהסוגיא שם (בבלי כז:). אח"כ מצאתי תלמוד ירושלמי וכו', וכן הרא"ד ז"ל בהשגות פ"א מהל' שופר בהל' ה' כתב על דברי הרמב"ם ז"ל שפסק כדברי הרי"ף להלכה ולחומרא וכמו שהבאתי להמסקנא בפנים בפי' המשנה. וז"ל לא הסכים לירושלמי וה"ג כיני מתניתא היה מעכב את התקיעה פסול, פי' אע"פ שתיקנו מפני שקול הסתימה הוא זה ואם סתמו במינו מיהת כשר. [המשך בסוף הספר]

Gemara The Mishnah states: שׁוֹפָר שֶׁנִּסְדַּק וְדִיבְּקוֹ פָּסוּל – **A shofar that split and was rejoined is invalid.**

The Gemara reveals the authorship of this ruling: לְמִי נִצְרְכָה – **For whom was [this ruling] necessary?** לְרַבִּי נָתָן – **For R' Nassan,** who holds that a punctured shofar, whose hole had hindered the blowing but was then sealed with material of its own kind, is valid. The Mishnah therefore teaches that a split shofar is invalid even if glued together. But this ruling is unnecessary according to the Sages, who invalidate such a punctured shofar however the hole was sealed. They would certainly rule that a split shofar that was glued together is invalid.[17]

The Mishnah's next ruling: דִּיבֵּק שִׁבְרֵי שׁוֹפָרוֹת פָּסוּל – If ONE JOINED SHARDS OF various SHOFARS to form one shofar, IT IS UNFIT. עוֹד הִיא דְּרַבִּי נָתָן – **This** ruling, **too, is that of R' Nassan.** For according to the Sages, it is unnecessary to teach that this shofar is unfit. If a shofar with a repaired hole is unfit, then surely a shofar made from shards is invalid.[18]

The Mishnah's final ruling: נִיקַּב וּסְתָמוֹ – If [A SHOFAR] WAS PUNCTURED AND ONE SEALED [THE HOLE], the law is as follows: If the hole had hindered the blowing, the shofar is unfit, but if not, it is fit. רַבִּי חִיָּיה בְּשֵׁם רַבִּי יוֹחָנָן – **R' Chiyah** said **in the name of R' Yochanan:** דְּרַבִּי נָתָן הִיא – **This** ruling **is** also that **of R' Nassan.** דְּתַנֵּי – **For a Baraisa taught:**[19] נִיקַּב וּסְתָמוֹ – Regarding [A SHOFAR] that WAS PUNCTURED AND ONE SEALED [THE HOLE], בֵּין בְּמִינוֹ – WHETHER he sealed it with material OF ITS own KIND בֵּין שֶׁלֹּא בְּמִינוֹ – OR with material NOT OF ITS own KIND, the law is as follows: אִם הָיָה מְעַכֵּב אֶת הַתְּקִיעָה – IF [THE HOLE] HAD BEEN HINDERING THE BLOWING and the plug restored the shofar's original sound, פָּסוּל – [THE SHOFAR] IS UNFIT; וְאִם לָאו כָּשֵׁר – BUT IF the hole had NOT hindered the shofar's sound, IT IS FIT. רַבִּי נָתָן אוֹמֵר – R' NASSAN SAYS: בְּמִינוֹ כָּשֵׁר – Even if the hole had hindered the shofar's sound, if one sealed the shofar with material OF ITS own KIND, IT IS FIT. שֶׁלֹּא בְּמִינוֹ פָּסוּל – But if he sealed it with material NOT OF ITS own KIND, IT IS UNFIT.[20]

The Gemara now clarifies the Mishnah's final statement: רַבִּי חִיָּיה בְּשֵׁם רַבִּי יוֹחָנָן – **R' Chiyah** said **in the name of R' Yochanan:** כֵּינִי מַתְנִיתָא – **This is** the correct explanation of **the Mishnah:** אִם הָיָה מְעַכֵּב אֶת הַתְּקִיעָה – Regarding a punctured shofar that was sealed, the law is as follows: **If [the hole] had been hindering the blowing** before it was sealed, פָּסוּל – **[the shofar] is unfit;** וְאִם לָאו – **but if not,** i.e. if the hole had not hindered the blowing before it was sealed, כָּשֵׁר – then **[the shofar] is fit.**[21]

NOTES

17. A split shofar that has been glued together could perhaps be equated to a punctured shofar that was sealed with material of its own kind, which R' Nassan validates. Even if the glue is not of shofar material, nevertheless, after attaching a split shofar's pieces the glue does not remain recognizable [as consisting of foreign material]. Therefore, one might have thought that R' Nassan would similarly validate a split shofar glued together. The Mishnah is thus needed to rule that such a shofar would actually be invalid [since the *two halves*, even when glued together, are still viewed as two shofars, as above in note 12]. But according to the Sages who invalidate a punctured shofar — whose hole hindered the blowing — even if sealed with material of its own kind, it is obvious that a split shofar should certainly be invalid. According to their opinion, the Mishnah's ruling is superfluous (*Pnei Moshe*; see also *Korban HaEidah*).

[The Gemara will quote the rulings of R' Nassan and the Sages shortly.]

18. *Korban HaEidah*; *Pnei Moshe*.

19. *Tosefta* 2:3; see also *Bavli* 27b.

20. R' Nassan rules more leniently than do the Sages. According to the Sages, when a *shofar's* sound was affected by a hole, the repair invalidates the *shofar* even if *shofar* material was used. A plugged shofar is fit only if the *shofar's* sound was unaffected by the hole, in which case it makes no difference what type of material was used to plug the hole. R' Nassan, however, rules that if shofar material was used to plug a hole, then the *shofar* is fit even if the hole had affected the shofar's sound. The shofar becomes unfit only if the hole had affected the shofar's sound *and also* the shofar was plugged with foreign material.

R' Chiyah maintains that the Mishnah reflects R' Nassan's opinion and is speaking of a case where the shofar was plugged with non-shofar material. In such a case, the validity of the shofar is entirely dependent on whether or not the hole had altered the shofar's sound; if the hole altered the sound, the shofar is unfit, but if it did not affect the sound, the shofar remains valid (*Korban HaEidah; Beur of R' Chaim Kanievski; Tosafos* 27b ד"ה ניקב; *Baal HaMaor* folio 6b; see *Rosh* ibid.; see *Beur HaGra* to *Orach Chaim* 586:7).

See Variant D.

21. The Mishnah stated that a plugged hole invalidates the shofar if the hole had hindered the blowing of the shofar. This does not mean that the seal renders the shofar unfit if the *repair* hinders the blowing, i.e. if the plug does not completely seal the hole and the sound remains affected. Rather, the Mishnah is to be understood as follows: If the hole hindered the sound *before* it was sealed, and the shofar regained its original sound only though being sealed, then the plug is significant enough to be considered as contributing to the shofar's sound. The shofar is then unfit to be used on account of the rule that a sound produced by a shofar together with other material is unacceptable (*Pnei Moshe*; see *Raavad* there; see also *Korban HaEidah*, first explanation; *Tosafos* ibid.; cf. *Korban HaEidah*, second explanation; *Masa DiYerushalayim*).

See Variant E.

TEXTUAL AND INTERPRETIVE VARIANTS

D. We have explained, following *Korban HaEidah* and several Rishonim, that R' Nassan expresses a more lenient opinion than do the Sages. However, *Pnei Moshe* follows the view of other Rishonim (*Rashi* 27b ד"ה במינו כשר; *Milchamos Hashem* folio 6b and others to *Bavli* ibid.; *Rambam, Hil. Shofar* 1:5) who are of the opinion that R' Nassan takes the more strict stance. *Pnei Moshe* explains that in R' Nassan's view, a plugged shofar is fit only if the hole had not altered the shofar's sound *and* if it was also sealed with shofar material. For only when the seal is shofar material and it plays no consequential role can it be seen as being nullified vis-a-vis the shofar. Accordingly, R' Chiyah is stating that the Mishnah's ruling accords with R' Nassan only in a case where one sealed the hole with shofar material. Only in such a situation does R' Nassan rule that the validity of the shofar is dependent on whether or not the hole affected the sound of the shofar; but if the hole was sealed with other material, R' Nassan rules that the shofar is always invalid. According to the Sages, however, the Mishnah's ruling always applies; the shofar's validity depends only on whether or not *the hole hindered the blowing*, but the material used to seal the hole is *not* relevant.

E. R' Yochanan's comment, אִם הָיָה מְעַכֵּב אֶת הַתְּקִיעָה, "if it *had been* hindering the blowing," seems to indicate that the Mishnah refers to a case in which the *hole itself* had affected the quality of the shofar's sound (as we explained above; see note 14). However, *Ramban* (*Chidushim* to 27b; *Milchamos*, folio 6b-7a; see also *Derashah L'Rosh Hashanah*, p. 235) understands that the Mishnah's words, which he reads (as in the text appearing in *Bavli*): אִם מְעַכֵּב אֶת הַתְּקִיעָה, "if it *hinders* the blowing," refer to the state of the shofar *after* its hole is sealed. The Mishnah's ruling is that if the hole is not filled sufficiently well, such that the shofar blast's quality is still deficient after being sealed, then the shofar is invalid (see there for his reasons for this ruling). But *Ramban* agrees that *R' Yochanan* is discussing whether or not the *hole* had hindered the blowing. Indeed, R' Yochanan's point is that the entire ruling of the Mishnah, as well as the debate in the Baraisa between the Sages and R' Nassan, refer specifically to a case in which the puncture had originally hindered the blowing. Only in such a case do the Sages invalidate the shofar and only then does the Mishnah rule (following R' Nassan's opinion, in a case in which the plug was of shofar material) that the shofar's status depends on whether or not the blast remains altered after the sealing. See there for further discussion; see also *Rashba, Ritva, Ran* ad loc.; *Tosafos* ad loc.

דברי תורה עניים במקומן ועשירים במקום אחר. אמר ר' יוחנן זו דברי ר' יודה ור' יוסה אבל דברי חכמים קידוש בית דין ותקיעת שופר והשמט כספים משמיטין. ניחא קידוש בית דין ותקיעת שופר. השמט כספים לא בסוף הן משמיטין. ר' זעירא שמע לה מן הדא א) ויאמר אלי אל תירא דניאל כי מן היום הראשון אשר נתת [א]את לבך להבין ולהתענות לפני אלהיך נשמעו דבריך. כבר נשמעו דבריך: אמר ר' יוחנן טעמיה דר' יהודה [ב]כדי ליתן את המצוי על המצוי ואת שאינו מצוי על שאינו מצוי:

הלכה ו מתני' שופר שנסדק ודיבקו פסול. דיבק שיברי שופרות פסול. ניקב וסתמו אם [ג]עיכב את התקיעה פסול ואם לאו כשר: **גמ'** שופר שנסדק ודיבקו פסול: למי נצרכה לר' נתן. דיבק שיברי שופרות פסול עוד היא דר' נתן. ניקב וסתמו [ד]ר' (יז:) חייה בשם ר' יוחנן דר' נתן היא דתני ניקב וסתמו בין במינו בין שלא במינו אם [ה]היה מעכב את התקיעה פסול ואם לאו כשר. ר' נתן אומר במינו כשר שלא במינו פסול. ר' חייה בשם ר' יוחנן כיני מתניתא אם [ו]היה מעכב את [ז]התקיעה פסול ואם לאו כשר.

קרבן העדה

ועשירים במקום אחר. וצריך להביא ממרחק לחמה. והכא נמי אי לאו דכתיב ויצום אל בני ישראל לא היינו יודעין היכן נצטוו ישראל על שילוח עבדים בלאתם ממצרים ושעל ידי כן נגאלו, ואי [לאו] מקץ שבע שנים וגו' לא היינו מפרשים ויצום אל בני ישראל דקאי על שילוח עבדים*: קידוש בית דין וכו'. כלומר הנך תלתא מעכבים היובל: לא בסוף הן משמיטין. ואיך יעכב השמטה זו את היובל שכבר עבר: שמע לה מן הדא. תירוץ לקושית הש"ס דהשמטת כספים בסופה היא: כבר נשמעו דבריך. משעה שקיבל עליו, הכי נמי אם נתנו בתחלתו בלבם להשמיט כספים בסופה הרי היא יובל ואם לאו אינו יובל: כדי ליתן את המצוי. שופרות של אילים זכרים המצויים, למצוי, לראש השנה שהוא בכל שנה ושנה: ואת שאינו מצוי. של יעל, שהוא מין חיה שקורין שטיינבו"ק. אי נמי של כשבה, שאינו מצוי שיהא לכשבה קרן שזהו מום (כדתנן) [כדתניא] בבכורות (מד.): לשאינו מצוי. ליובל, שהוא אחת לחמשים שנה: מתני' שופר שנסדק ודבקו. בדבק: פסול. דהוי ליה כשתי שופרות. אף על גב שכל אורך השופר אחד מכל מקום כשתי שופרות הוא. ודבק לאו כשאינו מינו הוא, דאין הדבר ניכר בין הסדקים כמו בניקב וסתמו שלא במינו (רא"ש סימן ב): גמ' למי נצרכה לר' נתן. כלומר מתני' כר' נתן אתיא, דאילו לרבנן השתא ניקב וסתמו במינו פסלי רבנן נסדק כולו לא כל שכן: עוד היא דר' נתן. אף זו כר' נתן אתיא, דלרבנן פשיטא דפסולין: דר' נתן היא. מצינן לאוקמי אף כר' נתן דניקב וסתמו שלא במינו איירי: כיני מתני'. כן היא מתני', אם היה הנקב מעכב את התקיעה קודם הסתימה, נמצא שסתימה זו מסייעא לקול שופר, פסול, דשופר אחד אמר רחמנא, ולא שיסייע שום דבר אחר להשופר, והוי ליה כמו לפהו זהב דפסול: ואם לאו. אלא שקולו לאחר הסתימה כמו שהיה קודם הסתימה, כשר. לישנא אחרינא אברייתא קאי ר' יוחנן, וקאמר הא דפוסל ר' נתן שלא במינו דוקא אם היה הסתימה מעכב התקיעה, ואם לאו שאינו מעכב התקיעה ולא נשתנה קולו מכמות שהיה אפילו שלא במינו כשר:

פני משה

דברי תורה עניים במקומן ועשירים במקום אחר. שבמקומן לא מצינו שענש הכתוב על זה ולמדין אנו מקראי דירמיה: אבל דברי חכמים וכו' משמיטין. כלומר אלו הן העיקר שמעכבין ביובל והן הן המשמיטין להיות היובל נוהג כדינו: ניחא. הוא דקשיא הני תרתי קידוש בית דין ותקיעת שופר שהן נוהגין בתחלת יובל, אלא השמטת כספים וכי לא בסוף השנה הוא שהן משמיטין כדכתיב (דברים טו א) מקץ שבע שנים תעשה שמטה וילפינן גם כן ליובל שאין משמט כספים אלא בסוף השנה והיאך יהיה שנת היובל כולו תלוי בו: ר' זעירה שמע לה. לתרץ זה מן הדא מקרא דדניאל ויאמר אלי וגו', כבר נשמע דבריך מיום הראשון אשר נתת לבך, והכי נמי כן מתחלת השנה שנותנין לבם להשמט כספים בשנה זו הרי הן כאלו מקיימין מיד ונוהג היובל בכל דיניו: טעמיה דר' יהודה. במתניתן דמחלק בענין השופר בין ראש השנה לבין היובל, כדי ליתן המצוי וזהו של זכרים שהן מצוין בכל מקום למצוי זה ראש השנה, ואת שאינו מצוי של יעלים שאינן מצוין בעיר ליובל שאינו מצוי אלא פעם אחת לחמשים שנה: מתני' שופר שנסדק. לארכו ודיבקו בדבק שקורין גילו"ד פסול דהוי ליה כשני שופרות: דיבק שברי שופרות. ועשה מהן שופר אפילו יש בשבר שכנגד פיו שיעור שופר פסול: ניקב וסתמו אם עיכב את התקיעה. לפי נוסחא דהכא אם עיכב משמע דאקודם שסתמו קאי, וכן מפרש הכא בגמרא כיני מתניתן אם היה מעכב את התקיעה פסול, שאם היה מעכב את הקול מקודם שסתמו אע"פ שלאחר שסתמו חזר קולו לכמות שהיה אפילו הכי פסול, משום דשופר אחד אמר רחמנא ולא שתים שופרות (בבלי כו.) וכאן דסתימה זו מסייעה לקול הוה ליה כשני שופרות: ואם לאו. שלא היה מעכב את התקיעה שלא נשתנה קולו (קול) מתחלה מחמת הנקב הרי הוא כאלו לא נקב וכשר שאין לחוש במה שסתמו, ואם לא סתמו כלל כשר מדינא ואפילו נשתנה קולו כדקאמר הכא בגמ' לפי שכל הקולות כשרים בשופר. ולענין הלכה למעשה בדין סתמו, כך הוא המסקנא שאם סתמו במינו ונשתייר רובו שלם, ולא נשתנה קולו לאחר שסתמו אלא שחזר לכמות שהיה קודם שניקב כשר, ואם חסר אחת משלש אלה שסתמו שלא במינו, או אפילו במינו ולא נשתייר רובו שלם, או אפי' נשתייר רובו גם כן אלא שנשתנה קולו ולא חזר לכמות שהיה פסול: גמ' למי נצרכה לרבי נתן. הא דקתני שופר שנסדק ודבקו פסול לא איצטריך אלא לר' נתן בברייתא דלקמן דקאמר גבי נקב אם סתמו במינו כשר שלא במינו פסול, למהו דתימא התם דניכר הסתימה שלא במינו שהיא מחתיכה אחרת הוא דפסול, אבל הכא שמחבר הסדק בדבק לא מיקרי שלא במינו מכיון שאין הדבק ניכר בין הסדקים והרי הוא כמו שהיה, אימא מכשיר הוא ר' נתן קא משמע לן דאף לר' נתן פסול דהוי ליה כשני שופרות, דאלו לרבנן דלקמן דסבירא להו בניקב אפילו סתמו במינו פסול אם מעכב את התקיעה פשיטא דבנסדק ודבקו בדבק שהוא פסול: דיבק שברי וכו' עוד היא דר' נתן. גם האי בבא לר' נתן הוא דאיצטריך, דאלו לרבנן פשיטא ופשיטא דפסול מכיון שלא נעשה השופר אלא על ידי השברים שדיבקן: נקב וסתמו וכו' דר' נתן היא. כלומר הא דמחלק במתניתן דאם מעכב את התקיעה פסול אף ר' נתן מודה בזה, והא דקאמר ר' נתן אם סתמו במינו כשר לא תטעה לפרש דבמינו לעולם כשר, דלא היא שהרי האי מעכב דקתני במתניתן היינו שהיה מעכב בתחלה לאחר שניקב וקודם שסתמו כדמפרש ר' חייה בשם ר' יוחנן גופיה לקמן, וא"כ מה לי שסתמו לאחר כך במינו או שלא במינו הא כיון שעיכב לאחר שניקב תו לא מהני ליה סתימה, אלא על כרחך לר' נתן נמי אם היה מעכב לאחר שניקב פסול הוא ולא פליג ר' נתן אדרבנן אלא בחלוקה דסיפא, דלרבנן אם אינו מעכב את התקיעה כשר אף בשסתמו שלא במינו כדקאמרי סתמא ואם לאו כשר, ולדידהו אין חילוק בין הסתימה במינו או שלא במינו, ועלה קאמר ר' נתן אם סתמו במינו הוא דכשר אם לא היה עיכוב להתקיעה לאחר שנקב, אבל אם הסתימה שלא במינו פליגא עלייכו דמכיון שהסתימה מין אחר הוא אף על פי שלא היה מעכב בתחלה את התקיעה פסול הוא: דתני וכו'. השתא מייתי האי ברייתא דפליגי ר' נתן ורבנן וכדאמרן: ר' חייה וכו' כיני מתני'. כן צריך לפרש המתניתן אם עיכב וכו', היינו אם היה מעכב לאחר שניקב וקודם הסתימה דאז פסול לכולי עלמא כדפרישית דלא מהני סתימה כלל, אלא שאם לא היה מעכב בהא הוא דפליגי דלרבנן אפילו הסתימה שלא במינו כשר ולר' נתן דווקא אם הסתימה במינו היא בהא הוא דמכשרינן בשלא היה מעכב בתחלה וכדאמרן:

מסורת הש"ס

א) [ר"ה ט:, פסיקתא זוטרתא בהר כה י, ילקו"ש בהר תרמג] ב) [עי' ספרי דברים קיב וספרא בהר פרק ג ה"ו וילקו"ש בהר תרמג ושם ראה תתעג, ועי' ר"ה כט. תוספתא פ"ב] ג) עי' תענית פ"ב ה"א ותענית ח. [קהלת רבה ט ו, פסיקתא זוטרתא שמות יב כא, ילקו"ש דניאל תתרסו] ד) [תוספתא פ"ב ה"ב] ה) ר"ה כז. ו) [תוספתא פ"ב ה"ג בשינוי, ילקו"ש וזכרי תקמגו] ז) ר"ה כז: [תוספתא פ"ב ה"ג] ח) [עי' ר"ה כז: תוד"ה ניקב]

גליון הש"ס

והשמט כספים משמיטין וכו'. עי' שירי קרבן תמה הא ביובל לא שייך שמיטת כספים. ונראה דהירושלמי אזיל לשיטתיה (גיטין לו) הוא דס"ל דשמיטת כספים תלוי ביובל, ועי' תוס' ר"ה דף ל"ט (ע"ב) ד"ה קמ"ל דמה"ט אמרינן דכהנים איתנייהו ביובל אף דשמיטת כספים אינו ביובל, מ"מ כל שאינו משמט כספים בשמיטה אינו ביובל, וה"ה כאן מעכב שמיטת כספים בשמיטה לקדושת יובל, וע"פ פריך הירושלמי לא בסוף משמיטין, היינו כיון דענין שמיטה הוא אפקעתא דמלכא וכ"כ משמט שאין צריך לשלם ואף אי משלם מתנה הוא דיהיב ליה, א"כ היאך אפשר דליעכב ליובל, ומשני כיון דמכוין עכ"פ שלא לשמט הוי כאילו עבר ולכך מעכב: למי נצרכה לר' נתן וכו'. עי' ברבה"ב דף קמ"ז ע"ד (טו"ש בסוף הספר ד"ה באחי) פי' הירושלמי:

שירי קרבן

עניים במקומן וכו'. כתב מהר"ש יפה (ביפה מראה) עניים במקומן שלא נכתב כל הצורך במקומן אבל הענין מפורש במקומות אחרים, כהא דאיפליגו ר' יוסי ור' יהודה במה יובל תלוי אם בשילוח עבדים או בתקיעת שופר ומייתי ר' יוסי ראיה קרא דכתיבא אחריתי, והוי כאניות סוחר שמביא לחמו ממרחק. וקשה אדרבה ר' יוסי מביא ראיה מסברא ולא מקרא, ומה שפרשתי בקונטרס הוא נכון: והשמטת כספים וכו'. ותימה דתניא בתורת כהנים פרשת בהר (פ"ב ג) ומה אם היובל שאינו משמט כספים, וכן הוא בספרי פרשת ראה (קיב), וכ"כ הרמב"ם פ"י מהל' שמיטה ויובל (הט"ז), אבל השמטת קרקעות נוהגת ביובל ויובל משמט בתחילתה, וצ"ע, ובדרושים הארכתי ליישב ואין כאן מקומו: כיני מתני' אם היה וכו'. כתב הרא"ש (פ"ג סי' ה) והא דקאמר בירושלמי אם היה מעכב התקיעה וסתמו, צריך לפרש אם היה מעכב לאחר שסתמו, ואפילו אי פליגי גמ' דידן (כז:) אירושלמי, גמ' דידן עיקר, ע"כ. וקשה אם נפרש אם היה מעכב לאחר שסתמו א"כ מאי קמ"ל ר' יוחנן, והרי מתני' מפורש כן ניקב וסתמו אם מעכב את התקיעה פסול. וי"ל דהרא"ש קאמר לפי גירסת הירושלמי דגרס במתני' אם עיכב את התקיעה, וטובא קמ"ל ר' יוחנן. אך קשה א"כ על כרחך לפרש דברי ר"י כמ"ש הרא"ש, דאי כפשטא מאי קמ"ל, א"כ מאי קאמר ואפי' אי פליגי וכו', הא מוכח דלא פליגי:

עין משפט

א מיי' פ"א מהלכות שופר הלכה ה [סמ"ג עשין מב] טוש"ע או"ח סימן תקפו סעיף ח:
ב מיי' שם טוש"ע או"ח סימן תקפו סעיף י:
ג מיי' שם טוש"ע או"ח סימן תקפו סעיף ז:
ד טוש"ע או"ח סימן תקפו סעיף ז:

שינויי נוסחאות

א] את. כ"ה במקרא. בכי"ל ובדפוסים נשמט.
ב] כדי ליתן את המצוי על' וכו'. ברשב"א (כו.) תקנו את המצוי למצוי ושאינו מצוי לשאינו מצוי:
ג] עיכב. במשניות ובבבלי (כז:) מעכב:
ד] ר' חייה. ברמב"ן וברשב"א (כז:) אמר ר' חייא בר אבא:
ה] היה. כתב הרמב"ן (שם) "לא גרסינן בכאן 'היה', אע"פ שהוא במקצת נוסחי לא גרסינן, וכן במקצת נוסחי ליתיה". וכן בתוספתא (פ"ב ה"ג) וברשב"א (שם) ובבעה"מ (ו: מדה"ר) ליתא. ועי' בתוס' הרא"ש שהעתיק כמו שלפנינו ופירש דהיינו שמעכב אחר הסתימה:
ו] היה. כ"ה גם ברמב"ן ובעיטור (עשרת הדיברות הל' שופר צו:). ברשב"א (שם) ובבעה"מ (שם) ליתא:
ז] התקיעה. בעיטור (שם) התקיעה מקודם סתימה:

תורה אור השלם

א) וַיֹּאמֶר אֵלַי אַל תִּירָא דָנִיֵּאל כִּי מִן הַיּוֹם הָרִאשׁוֹן אֲשֶׁר נָתַתָּ אֶת לִבְּךָ לְהָבִין וּלְהִתְעַנּוֹת לִפְנֵי אֱלֹהֶיךָ נִשְׁמְעוּ דְבָרֶיךָ וַאֲנִי בָאתִי בִּדְבָרֶיךָ: (דניאל י יב)

מראה הפנים

טעמיה דר' יהודה כדי ליתן את המצוי על המצוי וכו'. ולפ"ז גם בתעניות תוקעין בשל יעלים פשוטין, ולא משמע כן מהאי תלמודא דלקמן במסכת תענית והרחבתי הדבור בזה בחיבורי פני המנורה בנר הד' עיי"ש: למי נצרכה לר' נתן וכו'. בשמועה זו רבו המפרשים ופירשתי בפנים על דרך דברי הרא"ש ז"ל (פ"ג סי' ה) שהן נוחין ומסכימים ג"כ לפירש"י ז"ל בענין שפירש במתני' (כז: ד"ה שופר) ודבקו בדבק. ובענין מה שהקשה הרמב"ן ז"ל בזה דהוי ליה שלא במינו ומאי איריא נסדק אפי' ניקב נמי פסול, ופירש ודבקו היינו מטלטו שחממו באור ונפשר ונדבק. כתב עליו (שם סי' ב) ולא מיסתברא לי שאי אפשר שידבק יחד ע"י חימום ולא מיקרי חבור ע"י דבק שלא במינו אלא דוקא בניקב וסתם הנקב בחתיכה אחרת. אבל אם חבר הסדק בדבק חוזר לכמות שהיה ואין הדבק ניכר בין הסדקים עכ"ל בזה, ועולה פירוש הסוגיא שבפנים נמי על דרך זה, וכן הא דלקמן נמי כפי הגהה מדברי התוס' (שם ד"ה שופר) והרא"ש (שם) שהביאו לזה ועם מה שהוספתי קצת ביאור להבין הכל. ובספר המלחמות (ו: מדה"ר) ראיתי שלאחר שהביא דברי בעל המאור ז"ל שכתב שדברי הרי"ף ז"ל נראה לו לפסק הלכה למנקט לחומרא כלישנא קמא דרבי יוחנן בהסוגיא שם (בבלי כז:). אח"כ מצאתי תלמוד ירושלמי וכו', וכן הרא"ב"ד ז"ל בהשגות פ"א מהל' שופר בהל' ה' כתב על דברי הרמב"ם ז"ל שפסק כדברי הרי"ף להלכה ולחומרא וכמו שהבאתי להמסקנא בפנים בפי' המשנה. וז"ל לא הסכים לירושלמי וה"ג כיני מתניתא אם היה מעכב את התקיעה פסול, פי' אע"פ שתיקנו מפני שקול הסתימה הוא זה ואם סתמו במינו מיהת כשר. [המשך בסוף הספר]

Halachah 6

Mishnah The Mishnah enumerates physical defects that disqualify a shofar: **שׁוֹפָר שֶׁנִּסְדַּק** — With regard to **a shofar that split** lengthwise[10] **וְדִיבְּקוֹ** — **and one joined [the halves]** together,[11] **פָּסוּל** — **it is unfit** for use.[12] **דִּיבֵּק שִׁיבְרֵי שׁוֹפָרוֹת** — If **one joined shards of** various **shofars** to form one shofar, **פָּסוּל** — **it is unfit.**[13] **נִיקַּב** — If **[a shofar] was punctured** **וּסְתָמוֹ** — **and one sealed [the hole]**, the law is as follows: **אִם עִיכֵּב אֶת הַתְּקִיעָה** — **If [the hole had] hindered the blowing,**[14] **פָּסוּל** — **[the shofar] is unfit,**[15] **וְאִם לָאו** — **but if not,** **כָּשֵׁר** — **it is fit.**[16]

NOTES

for a ewe to grow horns (*Korban HaEidah*, second explanation; see *Bavli Bechoros* 44a; cf. *Chidushei HaRan* to *Rosh Hashanah* 26b).]

Chasdei David (*Tosefta* 1:2) explains that the basis for R' Yehudah's opinion that the Mishnah wishes *to match the common with the common* is that הַתּוֹרָה חָסָה עַל מָמוֹנָם שֶׁל יִשְׂרָאֵל, *the Torah was concerned for Israel's money* (see *Bavli* 27a) [and it thus required the less common — and therefore more costly — horn of the wild goat (or of the ewe) only once every fifty years].

[*Bavli* 26b provides a different explanation for the basis of R' Yehudah's ruling. See *Chasdei David* ibid. for a resolution of *Bavli's* explanation with that of our Gemara.]

10. *Korban HaEidah* and *Pnei Moshe,* from *Rashi* (as understood by *Tosafos* et al. to *Bavli* 27a; cf. *Pri Chadash, Orach Chaim* 586:8). According to the Rishonim's understanding of *Rashi*, the shofar split on both sides, becoming two separate pieces.

11. With glue (*Korban HaEidah,* from *Rashi* ibid.; see *Rosh* ad loc. §2 and *Beur HaGra* to *Orach Chaim* 586:8; cf. *Ramban, Bavli* ibid., and *Derashah L'Rosh Hashanah,* p. 235).

12. The *shofar* is invalid even if both halves remain intact with no pieces missing (*Mishnah Berurah* 586:38).

The basis for disqualifying a split shofar is a requirement cited in *Bavli* (26a): דְּשׁוֹפָר אֶחָד אָמַר רַחֲמָנָא וְלֹא שְׁנַיִם וּשְׁלֹשָׁה שׁוֹפָרוֹת, *The Merciful One said [that the sound must emanate from] a single shofar and not [from] two or three shofars.* Here too, the sound produced from the two halves, even if they are glued together, is viewed as emanating from two shofars (*Korban HaEidah,* from *Rashi*).

This ruling will be discussed further in the Variants.

13. In this case one or more shofars were broken breadthwise, and the ringlike pieces were then joined to create one "composite" *shofar* (*Meiri* to 27a). According to *Rashi,* the shofar is disqualified because it is considered two or more shofars (see previous note). This disqualification applies even if the ring closest to the blower's mouth is as long as the minimum-length requirement of a shofar [i.e. a *tefach* in length; see *Bavli Niddah* 26a], and thus that ring would have been a valid shofar had it not been attached to the others (*Pnei Moshe*; *Ramban, Derashah L'Rosh Hashanah* ibid.; *Ritva* to 27a; *Shulchan Aruch, Orach Chaim* 586:10; see also *Tosafos* 27b ד"ה צפהו זהב). [However, *Raavad* in *Derashah L'Rosh Hashanah* p. 37 and *R' Yehonasan HaKohen MiLunel* §5 disqualify the *shofar* only if each ring is by itself less than the minimum length. See *Ritva* and *Meiri* to 27a for further discussion of this opinion.]

See Variant C.

14. By weakening the shofar blast or otherwise negatively affecting the sound's quality (*Tosafos*, *Ramban,* and other Rishonim to 27b).

[From the words of the Mishnah itself, אִם עִיכֵּב אֶת הַתְּקִיעָה, it is unclear if the sound was affected by the hole or by that with which the hole was sealed. But the Gemara below explains that the hole itself is that which impaired the shofar's sound, and filling the hole restores the original quality of the shofar's blast (*Pnei Moshe; Raavad, Derashah L'Rosh Hashanah* pp. 37-38; *Rabbeinu Manoach, Hil. Shofar* 1:5; see *Rosh* 3:5 in the name of יש מפרשים; see also below, note 21; an alternative understanding to the Mishnah and to the Gemara below will be presented in the Variants).]

Another interpretation is that the hole was of such a nature that before it was plugged *no* blast could be produced from the *shofar* (*Meiri*).

15. The case here involves a plug that is שֶׁלֹּא בְּמִינוֹ, *not of its own kind* (i.e. not made of shofar material). When the plug used to repair the hole is of foreign material, it is not nullified vis-a-vis the shofar. Thus, if the shofar's sound had been changed by the hole before it was filled, the plug is viewed as contributing to the shofar's current sound. The sound is considered caused by a combination of the shofar and the other material. This is invalid under the Torah's requirement (see above, note 12) that the sound be produced by a single shofar alone, without assistance from any foreign element (*Pnei Moshe; Rosh* ibid.; see *Ritva* ibid.).

However, shofar *material* used to plug the shofar does not invalidate it. Such a plug is considered part of the shofar and not a separate entity. The shofar blast is thus considered produced by the shofar alone, and it is therefore valid even if the plug was used to fill a hole that changed the shofar's sound.

16. The problem of another element contributing to the shofar's sound does not arise in this case, even if the plug was not made of shofar material, since the plug plays no significant role. The sound is thus considered caused by the shofar alone and the shofar is therefore valid.

[This ruling follows the opinion of R' Nassan, which will be presented in the Gemara. However, according to the Sages the Mishnah's ruling applies both to a filling consisting of shofar material and also to one made from other material. In either case, if the hole affected the sound, the shofar is unfit; if the sound was unaffected by the hole, the shofar is valid.]

TEXTUAL AND INTERPRETIVE VARIANTS

C. We have followed *Rashi* in explaining that both the first ruling of the Mishnah, that *a shofar that split lengthwise and one joined the halves together is unfit for use,* and also the second ruling, that *if one joined shards of various shofars to form one shofar, it is unfit,* are based on the same principle. Both are cases of shofars that are invalid because *The Merciful One said [that the sound must emanate from] a single shofar and not [from] two or three shofars. Tosafos* (27a) ask, according to this understanding, why the Mishnah would separate what appear to be two essentially identical cases, into two distinct rulings.

Rosh (§2) responds that in fact, the two cases are not the same. In the second case the pieces are from a shofar (or shofars) that was split across its breadth. When these pieces are joined to form one shofar, its sound travels from one piece to the next along the length of the composite shofar. This certainly falls under the rubric of *two or three shofars.* In the first case, however, the shofar was split lengthwise. When the two pieces are glued together, the sound does not pass from one piece to another, but rather travels only along the entire length of each piece. Thus, one might have thought that this is not considered a case of *two or three shofars.* Hence, the Mishnah had to teach that since two separate halves are needed to produce the sound, the instrument is indeed viewed as "two shofars." [According to this explanation, the Mishnah employs the זוֹ וְאֵין צָרִיךְ לוֹמַר זוֹ (*this and needless to say that*) formula, an anticlimactic sequence that states the more novel case first and then proceeds to the more obvious one.] See also *Meiri, Ritva,* and *Pnei Yehoshua* ad loc. for further discussion.

Tosafos (ibid.), however, contend that in the Mishnah's first case the shofar was split along its entire length on only one of its sides. The Mishnah disqualifies the horn because it has lost the status of a shofar; rather, it is viewed merely as a piece of shofar material that is in the shape of a shofar (*Ran* folio 6b; see *Ramban* in *Derashah L'Rosh Hashanah, p.* 235). Hence, according to *Tosafos* as well, the Mishnah teaches in a *this and needless to say that* fashion: If the split horn in the first case has lost its "shofar" status, then certainly when it is a composite of *several* pieces it lacks that status (see there for a second interpretation of the disqualification; see also *Yom Teruah* ad loc. and *Teshuvos R' Akiva Eiger* §11).

Ritva and *Meiri* (ibid.) opine that the shofar is disqualified even if only the *majority* of one side was split. *Raavad* (*Derashah L'Rosh Hashanah* pp. 34-35) and *Rabbeinu Yehonasan HaKohen MiLunel* (ד"ה נסדק לארכו) hold that even a tiny lengthwise split invalidates, since the force of the blowing is liable to extend the split along the entire length [even if it was glued (*Ran* ibid.)], and the split will also affect the shofar's sound. Nevertheless, *Raavad* adds that if one secured the small crack by *tying it tightly closed* and thereby both preventing it from splitting further and also preserving its sound, the shofar may be used (see also *Meiri, Chibbur HaTeshuvah* p. 317).

דברי תורה עניים במקומן ועשירים במקום אחר. אמר ר' יוחנן זו דברי ר' יודה ור' יוסה אבל דברי חכמים קידוש בית דין ותקיעת שופר והשמט כספים משמיטין. ניחא קידוש בית דין ותקיעת שופר. השמט כספים לא בסוף הן משמיטין. ר' זעירא שמע לה מן הדא (א) ויאמר אלי אל תירא דניאל כי מן היום הראשון אשר נתת את לבך להבין ולהתענות לפני אלהיך נשמעו דבריך. כבר נשמעו דבריך: אמר ר' יוחנן טעמיה דר' יהודה כדי ליתן את המצוי על המצוי ואת שאינו מצוי על שאינו מצוי:

הלכה ו מתני' שופר שנסדק ודיבקו פסול. דיבק שיברי שופרות פסול. ניקב וסתמו אם עיכב את התקיעה פסול ואם לאו כשר: **גמ'** שופר שנסדק ודיבקו פסול: למי נצרכה לר' נתן. דיבק שיברי שופרות פסול עוד היא דר' נתן. ניקב וסתמו ר' חייה בשם ר' יוחנן דר' נתן היא דתני ניקב וסתמו בין במינו בין שלא במינו אם היה מעכב את התקיעה פסול ואם לאו כשר. ר' נתן אומר במינו כשר שלא במינו פסול. ר' חייה בשם ר' יוחנן כיני מתניתא אם היה מעכב את התקיעה פסול ואם לאו כשר.

קרבן העדה

ועשירים במקום אחר. וצריך להביא ממרחק לחמה. והכא נמי אי לאו דכתיב ויצום אל בני ישראל לא היינו יודעין היכן נצטוו ישראל על שילוח עבדים כשיצאתם ממצרים ושעל ידי כן נגאלו, ואי [לאו] מקץ שבע שנים וגו' לא היינו מפרשים ויצום אל בני ישראל דקאי על שילוח עבדים*: קידוש בית דין וכו'. כלומר הנך תלתא מעכבים היובל: לא בסוף הן משמיטין. ואיך יעכב השמטה זו את היובל שכבר עבר: שמע לה מן הדא. תירוץ לקושית הש"ס דהשמטת כספים בסופה היא: כבר נשמעו דבריך. משעה שקיבל עליו, הכי נמי אם נתנו בתחלתו בלבם להשמיט כספים בסופה הרי היא יובל ואם לאו אינו יובל: כדי ליתן את המצוי. שופרות של אילים זכרים המצויים, למצוי, לראש השנה שהוא בכל שנה ושנה: ואת שאינו מצוי. של יעל, שהוא מין חיה שקורין שטנבו"ק. אי נמי של כשבה, שאינו מצוי שיהא לכשבה קרן שזהו מום (כדתנן) [כדתניא] בבכורות (מד.): לשאינו מצוי. ליובל, שהוא אחת לחמשים שנה: מתני' שופר שנסדק ודבקו. בדבק: פסול. דהוי ליה כשתי שופרות. אף על גב שכל אורך השופר אחד מכל מקום כשתי שופרות הוא. ודבק לאו כשאינו מינו הוא, דאין הדבר ניכר בין הסדקים כמו בניקב וסתמו שלא במינו (רא"ש סימן ג): גמ' למי נצרכה לר' נתן. כלומר מתני' כר' נתן אתיא, דאילו לרבנן השתא ניקב וסתמו במינו פסלי רבנן נסדק כולו לא כל שכן: עוד היא דר' נתן. אף זו כר' נתן אתיא, דלרבנן פשיטא דפסולין: דר' נתן היא. מצינן לאוקמי אף כר' נתן דניקב וסתמו שלא במינו איירי: כיני מתני'. כן היא מתני', אם היה הנקב מעכב את התקיעה קודם הסתימה, נמצא שסתימה זו מסייעא לקול שופר, פסול, דשופר אחד אמר רחמנא, ולא שיסייע שום דבר אחר להשופר, והוי ליה כמו לפהו זהב דפסול: ואם לאו. אלא שקולו לאחר הסתימה כמו שהיה קודם הסתימה, כשר. לישנא אחרינא אברייתא קאי ר' יוחנן, וקאמר הא דפוסל ר' נתן שלא במינו דוקא אם היה הסתימה מעכב התקיעה, ואם לאו שאינו מעכב התקיעה ולא נשתנה קולו מכמות שהיה אפילו שלא במינו כשר:

פני משה

דברי תורה עניים במקומן ועשירים במקום אחר. שבמקומן לא מצינו שענש הכתוב על זה ולמדין אנו מקראי דירמיה: אבל דברי חכמים וכו' משמיטין. כלומר אלו הן העיקר שמעכבין ביובל והן הן המשמיטין להיות היובל נוהג כדינו: ניחא. הוא דקשיא הני תרתי קידוש בית דין ותקיעת שופר שהן נוהגין בתחלת יובל, אלא השמטת כספים וכי לא בסוף השנה הוא שהן משמיטין כדכתיב (דברים טו א) מקץ שבע שנים תעשה שמטה וילפינן גם כן ליובל שאין משמט כספים אלא בסוף השנה והיאך יהיה שנת היובל כולו תלוי בו: ר' זעירה שמע לה. לתרץ זה מן הדא מקרא דדניאל ויאמר אלי וגו', כבר נשמע דבריך מיום הראשון אשר נתת לבך, והכי נמי כן מתחלת השנה שנותנין לבם להשמט כספים בשנה זו הרי הן כאלו מקיימין מיד ונוהג היובל בכל דיניו: טעמיה דר' יהודה. במתניתן דמחלק בענין השופר בין ראש השנה לבין היובל, כדי ליתן המצוי וזהו של זכרים שהן מצוין בכל מקום למצוי זה ראש השנה, ואת שאינו מצוי של יעלים שאינן מצוין בעיר ליובל שאינו מצוי אלא פעם אחת לחמשים שנה: מתני' שופר שנסדק. לארכו ודיבקו בדבק שקורין גילו"ד פסול דהוי ליה כשני שופרות: דיבק שברי שופרות. ועשה מהן שופר אפילו יש בשבר שכנגד פיו שיעור שופר פסול: ניקב וסתמו אם עיכב את התקיעה. לפי נוסחא דהכא אם עיכב משמע דאקודם שסתמו קאי, וכן מפרש הכא בגמרא כיני מתניתן אם היה מעכב את התקיעה פסול, שאם היה מעכב את הקול מקודם שסתמו אע"פ שלאחר שסתמו חזר קולו לכמות שהיה אפילו הכי פסול, משום דשופר אחד אמר רחמנא ולא שתים שופרות (בבלי כז.) וכאן דסתימה זו מסייעה לקול הוה ליה כשני שופרות: ואם לאו. שלא היה מעכב את התקיעה שלא נשתנה קולו (קול) מתחלה מחמת הנקב הרי הוא כאלו לא נקב וכשר שאין לחוש במה שסתמו, ואם לא סתמו כלל כשר מדינא ואפילו נשתנה קולו כדקאמר הכא בגמ' לפי שכל הקולות כשרים בשופר. ולענין הלכה למעשה בדין סתמו, כך הוא המסקנא שאם סתמו במינו ונשתייר רובו שלם, ולא נשתנה קולו לאחר שסתמו אלא שחזר לכמות שהיה קודם שניקב כשר, ואם חסר אחת משלש אלה שסתמו שלא במינו, או אפילו במינו ולא נשתייר רובו שלם, או אפי' נשתייר רובו גם כן אלא שנשתנה קולו ולא חזר לכמות שהיה פסול: גמ' למי נצרכה לרבי נתן. הא דקתני שופר שנסדק ודבקו פסול לא איצטריך אלא לר' נתן בברייתא דלקמן דקאמר גבי נקב אם סתמו במינו כשר שלא במינו פסול, דמהו דתימא התם דניכר הסתימה שלא במינו שהיא מחתיכה אחרת הוא דפסול, אבל הכא שמחבר הסדק בדבק לא מיקרי שלא במינו מכיון שאין הדבק ניכר בין הסדקים והרי הוא כמו שהיה, אימא מכשיר הוא ר' נתן קא משמע לן דאף לר' נתן פסול דהוי ליה כשני שופרות, דאלו לרבנן דלקמן דסבירא להו בניקב אפילו סתמו במינו פסול אם מעכב את התקיעה פשיטא דבנסדק ודבקו בדבק שהוא פסול: דיבק שברי וכו' עוד היא דר' נתן. גם האי בבא לר' נתן הוא דאיצטריך, דאלו לרבנן פשיטא ופשיטא דפסול מכיון שלא נעשה השופר אלא על ידי השברים שדיבקן: נקב וסתמו וכו' דר' נתן היא. כלומר הא דמחלק במתניתן דאם מעכב את התקיעה פסול אף ר' נתן מודה בזה, והא דקאמר ר' נתן אם סתמו במינו כשר לא תטעה לפרש דבמינו לעולם כשר, דלא היא שהרי האי מעכב דקתני במתניתן היינו שהיה מעכב בתחלה לאחר שניקב וקודם שסתמו כדמפרש ר' חייה בשם ר' יוחנן גופיה לקמן, וא"כ מה לי שסתמו לאחר כך במינו או שלא במינו הא כיון שעיכב לאחר שניקב תו לא מהני ליה סתימה, אלא על כרחך לר' נתן נמי אם היה מעכב לאחר שניקב פסול הוא ולא פליג ר' נתן אדרבנן אלא בחלוקה דסיפא, דלרבנן אם אינו מעכב את התקיעה כשר אף בשסתמו שלא במינו כדקאמרי סתמא ואם לאו כשר, ולדידהו אין חילוק בין הסתימה במינו או שלא במינו, ועלה קאמר ר' נתן אם סתמו במינו הוא דכשר אם לא היה עיכוב להתקיעה לאחר שנקב, אבל אם הסתימה שלא במינו פליגא עלייכו דמכיון שהסתימה מין אחר הוא אף על פי שלא היה מעכב בתחלה את התקיעה פסול הוא: דתני וכו'. השתא מייתי האי ברייתא דפליגי ר' נתן ורבנן וכדאמרן: ר' חייה וכו' כיני מתני'. כן צריך לפרש המתניתן אם עיכב וכו', היינו אם היה מעכב לאחר שניקב וקודם הסתימה דאז פסול לכולי עלמא כדפרישית דלא מהני סתימה כלל, אלא שאם לא היה מעכב בהא הוא דפליגי דלרבנן אפילו הסתימה שלא במינו כשר ולר' נתן דווקא אם הסתימה במינו היא בהא הוא דמכשרינן בשלא היה מעכב בתחלה וכדאמרן:

מסורת הש"ס

א) [ר"ה ט:, פסיקתא זוטרתא בהר כה י, ילקו"ש בהר תרנט] ב) [עי' ספרי דברים קיב וספרא בהר פרק ג ה"ו וילקו"ש בהר תרמ ושם ראה תתלו, ועי' ר"ה כט. תוד"ה קמ"ל] ג) עי' תענית פ"ג ה"א ותענית ח. [קהלת רבה ט ז, פסיקתא זוטרתא שמות יב כח, ילקו"ש דניאל תתקס] ד) [תוספתא פ"ב ה"ג] ה) ר"ה כז. ו) [תוספתא פ"ב בשינוי, ילקו"ש זכרי' תקעה] ז) ר"ה כז: [תוספתא פ"ב ה"ג] ח) [עי' ר"ה כז: תוד"ה ניקב]

גליון הש"ס

והשמט כספים משמיטין וכו'. עי' שיירי קרבן תמה הא ביובל לא שייך שמיטת כספים. ונראה דהירושלמי אזיל כדרבי (גיטין לו.) הוא דס"ל דשמיטת כספים תלוי ביובל, ועי' בתוס' ר"ה דף כ"ט (ע"א) ד"ה קמ"ל דמה"ט אמרינן דכהנים איתנייהו ביובל אף דשמיטת כספים אינו ביובל, מ"מ כל שאינו משמט כספים בשמיטה אינו ביובל, וה"ה כאן מעכב שמיטת כספים בשמיטה לקדושת יובל, וע"ז פריך הירושלמי לא בסוף משמיטין, היינו כיון דענין שמיטה הוא אפקעתא דמלכא וע"כ משמט שאין צריך לשלם ואף אי משלם מתנה הוא דיהיב ליה, א"כ האיך אפשר דליעכב ליובל, ומשני כיון דמכוון עכ"פ שלא לשמט הוי כאילו עבר ולכך מעכב: למי נצרכה לר' נתן וכו'. עי' ברמב"ן דף קמ"ז ע"ד (שו"ת בסוף הספר ד"ה באתי לבאר) פי' הירושלמי:

שירי קרבן

עניים במקומן וכו'. כתב מהר"ש יפה (ביפה מראה) עניים במקומן שלא נכתב כל הצורך במקומן אבל הענין מפורש במקומות אחרים, כהא דאיפליגו ר' יוסי ור' יהודה במה יובל תלוי אם בשילוח עבדים או בתקיעת שופר ומייתי ר' יוסי ראיה קראי דדוכתא אחריתי, והיינו כאניות סוחר שמביא צרכו מארץ מרחק. וקשה אדרבה ר' יוסי מביא ראיה מסברא ולא מקרא, ומה שפרשתי בקונטרס הוא נכון: והשמטת כספים וכו'. ותימה דתניא בתורת כהנים פרשת בהר (פ"ב ג) ומה אם היובל שאינו משמט כספים, וכן הוא בספרי פרשת ראה (קיב), וכ"כ הרמב"ם פ"י מהל' שמיטה ויובל (הט"ז), אבל השמטת קרקעות נוהגת ביובל ויובל משמט בתחילתה, וצ"ע, ובדרושים הארכתי ליישב ואין כאן מקומו: כיני מתני' אם היה וכו'. כתב הרא"ש (פ"ג סי' ה) והא דקאמר בירושלמי אם היה מעכב התקיעה וסתמו, צריך לפרש אם היה מעכב לאחר שסתמו, ואפילו אי פליגי גמ' דידן (כז:) אירושלמי, גמ' דידן עיקר, ע"כ. וקשה אם נפרש אם היה מעכב לאחר שסתמו א"כ מאי קמ"ל ר' יוחנן, והרי מתני' מפורש כן ניקב וסתמו אם מעכב את התקיעה פסול. וי"ל דהרא"ש קאמר לפי גירסת הירושלמי דגרס במתני' אם עיכב את התקיעה, ועובדא קמ"ל ר' יוחנן. אך קשה א"כ על כרחך לפרש דברי ר"י כמ"ש הרא"ש, דאי כפשטא מאי קמ"ל, א"כ מאי קאמר ואפי' אי פליגי וכו', הא מוכח דלא פליגי:

עין משפט

א מיי' פ"א מהלכות שופר הלכה ה [סמ"ג עשין מב] טוש"ע או"ח סימן תקפו סעיף ח:

ב מיי' שם טוש"ע או"ח סימן תקפו סעיף י:

ג מיי' שם טוש"ע או"ח סימן תקפו סעיף ז:

ד טוש"ע או"ח סימן תקפו סעיף ז:

שינויי נוסחאות

א] **את.** כ"ה במקרא. בכי"ל ובדפוסים נשמט:

ב] **כדי ליתן את המצוי על וכו'.** ברשב"א (כו.) **תקנו את המצוי למצוי ושאינו מצוי לשאינו מצוי:**

ג] **עיכב.** במשניות ובבבלי (כז:) **מעכב:**

ד] **ר' חייה.** ברמב"ן וברשב"א (כז:) **אמר ר' חייא בר אבא:**

ה] **היה.** כתב הרמב"ן (שם) "לא גרסינן בכאן 'היה', אע"פ שהוא במקצת נוסחי לא גרסינן, וכן במקצת נוסחי ליתיה". וכן בתוספתא (פ"ב ה"ג) וברשב"א (שם) ובבעה"מ (ו: מדה"ר) ליתא. ועי' בתוס' הרא"ש שהעתיק כמו שלפנינו ופירש דהיינו שמעכב אחר הסתימה:

ו] **היה.** כ"ה גם ברמב"ן (שם) ובעיטור (עשרת הדיברות הל' שופר צו:). ברשב"א (שם) ובבעה"מ (שם) ליתא:

ז] **התקיעה.** בעיטור (שם) התקיעה מקודם סתימה:

תורה אור השלם

א) וַיֹּאמֶר אֵלַי אַל תִּירָא דָנִיֵּאל כִּי מִן הַיּוֹם הָרִאשׁוֹן אֲשֶׁר נָתַתָּ אֶת לִבְּךָ לְהָבִין וּלְהִתְעַנּוֹת לִפְנֵי אֱלֹהֶיךָ נִשְׁמְעוּ דְבָרֶיךָ וַאֲנִי בָאתִי בִּדְבָרֶיךָ: (דניאל י יב)

מראה הפנים

טעמיה דר' יהודה כדי ליתן את המצוי על המצוי וכו'. ולפ"ז גם בתעניות תוקעין בשל יעלים פשוטין, ולא משמע כן מהאי תלמודא דלקמן במסכת תענית והרחבתי הדבור בזה בחיבורי פני המנורה בנר הד' עיי"ש: למי נצרכה לר' נתן וכו'. בשמועה זו רבו המפרשים ופירשתי בפנים על דרך דברי הרא"ש ז"ל (פ"ג סי' ה) שהן נוחין ומסכימים ג"כ לפירש"י ז"ל בענין שפירש במתני' (כז. ד"ה שופר) ודבקו בדבק. ובענין מה שהקשה הרמב"ן ז"ל בזה דהוי ליה שלא במינו ומאי איריא נסדק אפי' ניקב נמי פסול, ופירש ודבקו היינו מטלמו שחממו באור וכפשר ונדבק. כתב עליו (שם סי' ג) ולא מיסתברא לי שאי אפשר שידבק יחד ע"י חימום ולא מיקרי חבור ע"י דבק שלא במינו אלא דוקא בשניקב וסתם הנקב בחתיכה אחרת. אבל אם חבר הסדק בדבק חוזר לכמות שהיה ואין הדבק ניכר בין הסדקים עכ"ל בזה, ועולה פירוש הסוגיא שבפנים נמי על דרך זה, וכן הא דלקמן נמי כפי הנראה מדברי התוס' (שם ד"ה שופר) והרא"ש (שם) שהביאו לזה ועם מה שהוספתי קצת ביאור להבין הכל. ובספר המלחמות (ו: מדה"ר) ראיתי שלאחר שהביא דברי בעל המאור ז"ל שכתב שדברי הרי"ף ז"ל נראה לו לפסק הלכה כלישנא קמא דרבי יוחנן בהסוגיא שם (בבלי כז:). אח"כ מצאתי תלמוד ירושלמי וכו', וכן הר[מב"ם] פ"א מהל' שופר בהל' ה' כתב על דברי הרמב"ם ז"ל שפסק כדברי הרי"ף להלכה ולחומרא להמסקנא בפנים בפי' המשנה. וז"ל לא הסכים לירושלמי וה"ג כיני מתניתא היה מעכב פסול, פי' אע"פ שתיקנו מפני שקול הסתימה הוא זה ואם סתמו במינו מיהת כשר. [המשך בסוף הספר]

דִּבְרֵי תוֹרָה עֲנִיִּים בִּמְקוֹמָן וַעֲשִׁירִים בְּמָקוֹם אַחֵר – This alludes to the fact that the **WORDS OF TORAH ARE** sometimes **SPARSE IN THEIR** primary **AREA, YET ABUNDANT ELSEWHERE.**[1]

Having cited two opinions regarding which obligation of *Yovel* is crucial, the Gemara now cites a third opinion:

אָמַר רַבִּי יוֹחָנָן – **R' Yochanan said:** זוֹ דִּבְרֵי רַבִּי יוּדָה וְרַבִּי יוֹסָה – **[The above discussion] presents the opinions of R' Yudah and R' Yosah.** אֲבָל דִּבְרֵי חֲכָמִים – **But the opinion of** the **Sages is** that the following three requirements, namely: קִידּוּשׁ בֵּית דִּין – the **sanctification of** the *Yovel* year by the **court,**[2] וּתְקִיעַת שׁוֹפָר – the **sounding of** the **shofar** on Yom Kippur, וְהַשְׁמֵט כְּסָפִים – **and** the **cancellation of debts**[3] מַשְׁמִיטִין – **effect** the obligation on **relinquishment** of land, i.e. the obligation of a farmer to refrain from farming his land during the *Yovel* year.[4]

The Gemara asks:

נִיחָא קִידּוּשׁ בֵּית דִּין וּתְקִיעַת שׁוֹפָר – **It is understandable** that the **sanctification of** the **court and** the **sounding of** the **shofar** are crucial for *Yovel* status.[5] הַשְׁמֵט כְּסָפִים – But how can the **cancellation of debts** be a prerequisite to *Yovel;* לֹא בְּסוֹף הֵן מַשְׁמִיטִין – **are [the debts] not canceled** only **at the end** of the year, when *Yovel* has already ended?[6]

The Gemara answers based on a principle derived from Scripture:

רַבִּי זְעִירָא שָׁמַע לָהּ מִן הָדָא – **R' Z'eira derived [a principle]** – which resolves our difficulty – **from the following** verse: "וַיֹּאמֶר אֵלַי אַל־תִּירָא דָנִיֵּאל כִּי מִן־הַיּוֹם הָרִאשׁוֹן אֲשֶׁר נָתַתָּ אֶת־לִבְּךָ לְהָבִין וּלְהִתְעַנּוֹת לִפְנֵי אֱלֹהֶיךָ נִשְׁמְעוּ דְבָרֶיךָ" – ***[The angel] said to me: "Do not fear, Daniel, for from the first day that you set your heart to understand and to fast before your God, your words have been heard."***[7] כְּבָר נִשְׁמְעוּ דְּבָרֶיךָ – The implication of the phrase ***your words have been heard*** is that even before Daniel had begun to fast, his petitions were **already** accepted. The very resolve to fast is treated as equivalent to the actual act of fasting. Similarly, with regard to the *Yovel* year as well, the mere fact that the people accepted upon themselves the obligation of canceling their debts at the end of the *Yovel* year is viewed as if they had already canceled their debts at the beginning of the year.[8]

R' Yehudah ruled in the Mishnah that a ram's horn is used as a *shofar* on Rosh Hashanah and a wild goat's horn is used on *Yovel*. The Gemara explains this ruling:

אָמַר רַבִּי יוֹחָנָן – **R' Yochanan said:** טַעְמֵיהּ דְּרַבִּי יְהוּדָה – **The reasoning of R' Yehudah** is: כְּדֵי לִיתֵּן אֶת הַמָּצוּי עַל הַמָּצוּי – **So as to match the common with the common** – וְאֶת שֶׁאֵינוֹ מָצוּי עַל שֶׁאֵינוֹ מָצוּי – **and the uncommon with the uncommon.**[9]

NOTES

1. Sometimes a verse in one passage is cryptic and can be understood only in light of another verse that appears in a different passage. In our case, the verse in *Exodus* that speaks of God's command to Moses and Aaron is ambiguous; the verse does not specify what was commanded to them. However, the passage in *Jeremiah* sheds light on this verse by describing the commandment to free the slaves as having been given to the Israelites at the time of the Exodus; we thus understand that this commandment is the referent of the verse in *Exodus*. Hence, the explanation of an enigmatic verse is obtained from a "faraway" source (*Beur of R' Chaim Kanievski;* see also *Korban HaEidah*; cf. *Pnei Moshe*). For alternative explanations, see *Masa DiYerushalayim* and *Mazkeres Yerushalayim*.

2. Scripture's instruction, *You shall sanctify the fiftieth year,* requires the Great Sanhedrin to sanctify each *Yovel* year (*Rambam, Hil. Shemittah VeYovel* 10:1). They fulfill this requirement by declaring at the year's outset, "This year is sanctified" (see *Rashi* to 8b and to *Leviticus* 25:10; see also *Ramban* to *Exodus* 20:8; *Meiri* 8b; *Minchas Chinuch* 332:2; *Mishnas Yavetz*, *Yoreh Deah* 25:2).
See Variant A.

3. This law mandates the cancellation of outstanding loans owed by a fellow Jew, as is delineated in *Deuteronomy* (15:1-3). The obligation applies both to the *sheviis* year and to the year of *Yovel* (see *Pnei Moshe*).
See Variant B.

4. If any of these was omitted, the year would not acquire *Yovel* status [such that there would then be no obligation to refrain from working the land (see above, 20b note 27)] (*Korban HaEidah*).

5. The sanctification of the court takes place at the *Yovel* year's onset; the blowing of the shofar takes place near the beginning of the year on Yom Kippur.

6. The relinquishment of debts takes effect every seven years at the end of the *sheviis* year, as Scripture states (*Deuteronomy* 15:1): מִקֵּץ שֶׁבַע־שָׁנִים תַּעֲשֶׂה שְׁמִטָּה, *At the end of seven years you shall institute a remission* (see *Arachin* 28b; *Rambam, Hil. Shemittah VeYovel* 9:4; *Shulchan Aruch, Choshen Mishpat* 67:30). The Gemara posits – based on the model of the *sheviis* year – that the relinquishment of debts during the *Yovel* year too takes place only at the very end of the year. Therefore, it could not be a prerequisite to the year's *Yovel* status (*Pnei Moshe*).

7. *Daniel* 10:12. Daniel accepted twenty-one years of fasting upon himself after King Cyrus halted the reconstruction of the Temple (see *Rashi* ad loc. v. 2). Scripture relates that an angel appeared to Daniel and informed him that his prayers had already been accepted at the time that he made this vow.

8. But if at the beginning of the year the people do intend to collect their outstanding debts, the year will not be considered *Yovel* (*Korban HaEidah*).

9. Rosh Hashanah is a standard, yearly event; *Yovel* is rare, occurring only once every fifty years. Therefore, on Rosh Hashanah we are required to blow an ordinary ram's horn, whereas on *Yovel* we use the less common horn of a wild goat (*Korban HaEidah*, first explanation). [According to *Aruch* (cited in 19b note 20), a *ya'el* is the *common* ewe. Nevertheless, a shofar from a *ya'el* is still *uncommon*, since it is unusual

TEXTUAL AND INTERPRETIVE VARIANTS

A. Our Gemara lists קִידּוּשׁ בֵּית דִּין, *sanctification of the Yovel year by the court,* as one of the three requirements that are prerequisites for the year to attain *Yovel* status. This implies that an oral declaration of the year's sanctity is needed in and of itself, as indeed maintain *Rashi* and other Rishonim (see above, note 2). Others, however, maintain that *sanctification of the Yovel year* does not entail a declaration of *Beis Din*. Rather, it is accomplished by the nation itself when the people refrain from working the ground and they relinquish ownership over its fruit (*Rambam, Sefer HaMitzvos, Asei* §136; cf. *Hil. Shemittah VeYovel* 10:1), and according to some opinions, when the people also free their slaves (*Sefer HaChinuch* §332; see also *Rabbeinu Chananel* 9b). Indeed, the parallel passage in *Bavli* (9b) makes no mention of an independent oral sanctification of the *Yovel* year, and *Yefei Einayim* (ad loc.) emends our Gemara so that it reads שִׁילּוּחַ עֶבֶד, *freeing of slaves*, instead of קִידּוּשׁ בֵּית דִּין, *sanctification by the court.* For further discussion, see *R' Y. F. Perla* to *Sefer HaMitzvos of Rav Saadiah Gaon, Asei* 63, Vol. I, p. 547.

[See also *Mishnas Yavetz, Yoreh Deah* §25 for discussion as to whether *sanctification of the Yovel year* is a prerequisite for the year's attainment of *Yovel* status, according to *Bavli*.]

B. Although the commandment of שְׁמִטַּת כְּסָפִים, *cancellation of outstanding loans*, is stated in Scripture only in connection with the *sheviis* year, it is apparent from our Gemara that it applies also to *Yovel*. This is surprising, since *Toras Kohanim* (*Behar, perek* 3:6) and *Sifrei* (*Re'eh* §112) both state explicitly that שְׁמִטַּת כְּסָפִים applies only to *sheviis* but *not* to *Yovel* (and so rules *Rambam, Hil. Shemittah VeYovel* 10:16).

Because of this difficulty, some emend our text to read וְהַשְׁמָטַת קַרְקָעוֹת, *release of fields*, rather than וְהַשְׁמֵט כְּסָפִים, *cancellation of outstanding loans* (*Shaarei Toras Eretz Yisrael; Teshuvos She'eilas David*, Vol. I, *Chidushim B'Inyanei Sheviis* §4, fn. 1; see both for explanations of the continuation of our Gemara). Alternatively, *Alei Tamar* (first explanation) notes that it appears from *Yerushalmi Gittin* 4:3 that according to Rebbi, *cancellation of outstanding loans* actually does apply also to *Yovel*, and perhaps our Gemara is following his opinion (see also *Arachin* 4a; cf. *Bavli's* presentation of Rebbi's opinion in *Gittin* 36a; *Tosafos* to *Rosh Hashanah* 29a and *Arachin* ibid.). For additional suggestions, see *Gilyon HaShas; Shelom Yerushalayim; Alei Tamar*, second explanation.

would not make *Yovel* dependent upon something whose performance cannot be ensured by *Beis Din.*

The Gemara now explains the position of R' Yudah:
וְאַתְיָיא כָּהִיא דַּאֲמַר רַבִּי שְׁמוּאֵל בַּר רַבִּי יִצְחָק – This [i.e. R' Yudah's view] **follows that which R' Shmuel bar R' Yitzchak said:** ,,וַיְדַבֵּר ה' אֶל־מֹשֶׁה וְאֶל־אַהֲרֹן וַיְצַוֵּם אֶל־בְּנֵי יִשְׂרָאֵל" – Scripture states:[35] ***And Hashem spoke to Moses and Aaron and commanded them regarding the Children of Israel*** *and regarding Pharaoh the king of Egypt to take the Children of Israel out of Egypt.* **עַל מָה צִיוָּם – About what matter did [Hashem] command [Moses and Aaron]** to tell the Israelites? **עַל פָּרָשַׁת שִׁילּוּחַ עֲבָדִים – About the section of** the Torah dealing with the **release of slaves.**[36] Thus, R' Yudah assumes that the Torah linked the status of the *Yovel* year specifically to the fulfillment of this obligation of freeing slaves.[37]

The Gemara relates an additional Scriptural passage to the above discussion:
וְאַתְיָא כַּהִיא דַּאֲמַר רַבִּי הִילָא – And [this statement of R' Shmuel bar R' Yitzchak] accords with that which R' Hila said: לֹא נֶעֶנְשׁוּ יִשְׂרָאֵל אֶלָּא עַל פָּרָשַׁת שִׁילּוּחַ עֲבָדִים – The Jews were punished with the Babylonian exile **only because** they violated **the section of** the Torah dealing with **the release of slaves.**[38] **הָדָא הוּא דִכְתִיב – This explains that which is written** in the Book of *Jeremiah:* ,,מִקֵּץ שֶׁבַע שָׁנִים תְּשַׁלְּחוּ אִישׁ אֶת־אָחִיו הָעִבְרִי וגו' " – *Thus said Hashem, God of Israel: I sealed a covenant with your forefathers on the day I took them out of the land of Egypt, from the house of slaves, saying:* ***At the outset of the seventh year, each of you shall send forth his Hebrew brother*** *who will have been sold to you,* **etc.**[39] This covenant refers to the commandment of freeing slaves that God had instructed to Moses and Aaron prior to the Exodus from Egypt.[40]

The Gemara cites an exegetical interpretation relevant to the previous discussion:
תָּנֵי בְּשֵׁם רַבִּי נְחֶמְיָה – A Baraisa was taught in the name of R' Nechemiah: ,,הָיְתָה כָּאֳנִיּוֹת סוֹחֵר מִמֶּרְחָק תָּבִיא לַחְמָהּ" – Scripture states:[41] ***SHE*** (the Torah) ***IS LIKE A MERCHANT'S SHIPS, FROM AFAR SHE BRINGS HER SUSTENANCE.***

NOTES

35. *Exodus* 6:13.

36. Scripture suggests that the Israelites were commanded the laws of freeing slaves even before their Exodus from Egypt. For the verse states that Moses and Aaron were commanded regarding both Pharaoh *and* the Children of Israel, yet the only command mentioned in the verse is *to take the Children of Israel out...* The Gemara therefore understands that this command of freeing the Israelite slaves was meant not only for Pharaoh and the Egyptians to follow, but for the Jewish people to implement as well (*Haamek Davar* ad loc.). [Before God redeemed the Israelites from their bondage, he commanded that in the future they should similarly free their slaves, at the times specified in the Torah.]

[Some suggest that the Israelites actually fulfilled this commandment to free their slaves even before the Exodus from Egypt. Some of the Israelites had attained positions of prominence and had acquired some of their less-fortunate brethren as slaves. God's command to Moses included not only that Pharaoh free the Israelite nation, but also that those Israelite slave masters free their slaves as well (*Meshech Chochmah* ad loc.; *Yad Tamar;* see also *Korban HaEidah*).]

37. R' Yudah reasoned that from the significance of the commandment of freeing the slaves, in that it was instructed to the Jewish people even prior to the Revelation at Mount Sinai (see *Bavli Chagigah* 6a), we should determine that the status of the *Yovel* year is dependent on fulfillment of this obligation, rather than on the blowing of the shofar (*Beur of R' Chaim Kanievski;* see also *Yefei Einayim* 9b).

See Variant C.

38. R' Shmuel bar R' Yitzchak stated that the aforementioned verse teaches that God had commanded the laws of freeing slaves even prior to the Exodus from Egypt. The freeing of Jewish slaves is so significant that it was the first commandment instructed to the Israelites in Egypt, and the Jewish nation's freedom – via the Exodus – was linked to it. This accords with R' Hila's statement that the violation of this commandment was a dominant factor in the Babylonian exile, and that the tenure of the Jewish people in the Land of Israel was conditional on it. As a result of violating this commandment, the Jewish nation was punished with exile (*Korban HaEidah;* see also *Meshech Chochmah* to *Leviticus* 25:9).

39. *Jeremiah* 34:13-14. The verse appears in a passage that speaks of the period during which Jerusalem and Judea were under siege of Nebuchadnezzar, king of Babylonia. King Tzidkiyahu of Judea established a covenant with the people of Judea through which they committed themselves to freeing their Jewish slaves [upon the completion of six years of servitude, as mandated by *Exodus* 21:2 and *Deuteronomy* 15:12]. The passage continues to relate that the people indeed initially freed their slaves, but they subsequently reclaimed them. Jeremiah then prophesied that because the people of Israel had reneged on their commitment to fulfill this commandment, the nation and its leaders will be vanquished by the enemy, and Jerusalem will be destroyed.

40. Jeremiah refers to the commandment to set Jewish slaves free as *the covenant that God made with the Children of Israel when He took them out of Egypt.* The Gemara explains that these words are to be understood in light of R' Shmuel bar R' Yitzchak's assertion, that God's command to Moses and Aaron in Egypt included a commandment for the Jewish people to free their slaves. Since we do not find any other allusion to such a covenant being made prior to the Exodus, we can assume that this is to what the covenant refers (*Korban HaEidah*).

41. *Proverbs* 31:14.

TEXTUAL AND INTERPRETIVE VARIANTS

C. As we explained above, *Beur of R' Chaim Kanievski* understands that the words וְאַתְיָיא כָּהִיא דַּאֲמַר רַבִּי שְׁמוּאֵל בַּר רַבִּי יִצְחָק, ***This*** *follows that which R' Shmuel bar R' Yitzchak said,* refer to the *view of R' Yudah.* The Gemara is stating that R' Shmuel bar R' Yitzchak's explanation of the verse in *Exodus* serves as the basis for R' Yudah's opinion that the freeing of slaves is the law whose fulfillment is essential for *Yovel's* status.

Bavli (9b), however, provides a different basis for R' Yudah's position, based on the sequence of *Yovel* commands in this passage (see verses cited in note 24). The obligation to sound the shofar appears first (in verse 9), followed by the obligation to free slaves. The next verse contains the words, *It is Yovel,* followed by the verse commanding return of ancestral fields. Since the command to free slaves is the one immediately preceding the exclusionary term *It is,* R' Yudah expounds this term as referring to this obligation. Accordingly, the year's *Yovel* status depends specifically on fulfillment of the obligation to free slaves. However, R' Yudah does not expound a Scriptural verse as referring to a previous phrase *twice removed* from it. Therefore, *It is* does not exclude a year in which the shofar is not sounded from attaining *Yovel* status. Similarly, R' Yudah also maintains that a Scriptural phrase is not expounded as referring to a phrase that comes *after* it. Accordingly, since the command to return ancestral fields *follows* the phrase *It is,* this command as well must not be essential to the year's *Yovel* status (*Tosafos* ד"ה מקרא to *Bavli* ibid.; see also *Tos. HaRosh* there; *Rash MiShantz* and *Raavad* to *Toras Kohanim* ibid.; *Pnei Yehoshua* ad loc.).

Korban HaEidah, however, understands that *Yerushalmi* is not offering any explanation for the basis of R' Yudah's ruling (and he indeed explains R' Yudah's ruling based on *Bavli's* understanding just presented). According to *Korban HaEidah's* approach, R' Shmuel bar R' Yitzchak's explanation of the verse in *Exodus* is cited in connection with the Gemara's immediately prior explanation of the opinion of R' Yosah: that *the freeing of the slaves is dependent on everyone to perform.* [These words imply that if the slave owners violate the commandment and refuse to free their Jewish slaves, the slaves do not become free men automatically due to Heavenly decree (אפקעתא דמלכא), since the year does not attain *Yovel* status (see *Minchas Chinuch* 43:14). So too, we see from R' Shmuel bar R' Yitzchak's words that God did not free the Israelites' slaves Himself, but rather He commanded the individual owners to do so.]

עד כדון ראש השנה יובל. א)והעברת שופר תרועה בחודש השביעי בעשור לחדש ביום הכיפורים שאין תלמוד לומר בחודש השביעי מה תלמוד לומר בחודש השביעי אלא כל מה שאת עושה בראש השנה הוי עושה בעשור לחודש מה כאן מלכיות זכרונות ושופרות אף כאן מלכיות זכרונות ושופרות. א)מניין שהיא פשוטה לפניה. תלמוד לומר א)והעברת שופר. ומניין שהיא פשוטה לאחריה. תלמוד לומר א)תעבירו שופר. עד כדון יובל ראש השנה. א)א]והעברת שופר תרועה ב][בחודש השביעי] בעשור לחדש ביום הכיפורים שאין תלמוד לומר בחודש השביעי מה תלמוד לומר בחודש השביעי אלא מה שאת עושה בחודש השביעי כבעשור לחודש מה כאן תוקע ומריע ותוקע א)אף כאן תוקע ומריע ותוקע. ב)מניין שהן שלש של שלש שלש. תלמוד לומר ב)יום תרועה ג)זכרון תרועה א)שופר תרועה. עד כדון כר' עקיבה כר' ישמעאל. תני ר' ישמעאל ג)ד)ותקעתם תרועה ה)ותקעתם תרועה שנית תרועה יתקעו למסעיהם. ס)אין תימר היא תקיעה היא תרועה והכתיב ו)ובהקהיל את הקהל תתקעו ולא תריעו. ד)ז)יובל ג](היא) אף על פי שלא השמיטו אף על פי שלא תקעו בשופר. או יכול אף על פי שלא שילחו עבדים. תלמוד לומר ז)היא דברי ר' יודה. ר' יוסה אומר יובל אף על פי שלא השמיטו אף על פי שלא שילחו עבדים. או יכול אף על פי שלא תקעו בשופר. תלמוד לומר ז)היא. אמר ר' יוסה מאחר שהכתוב תולה אותה לענין תקיעת שופר וכתוב ד]אחר תולה אותה לענין שילוח עבדים מפני מה אני אומר יובל שלא בשילוח עבדים. שאיפשר ה]ליובל בלא שילוח עבדים אבל אי אפשר ליובל שלא בתקיעת שופר. דבר אחר תקיעת שופר תלויה בבית דין ושילוח עבדים תלוי בכל אדם. ואתייא כהיא דאמר ר' שמואל בר ר' יצחק ח)וידבר ה' אל משה ואל אהרן ויצום אל בני ישראל על מה ציום על פרשת שילוח עבדים. ואתיא כהיא דאמר ר' הילא ט)לא נענשו ישראל אלא על פרשת שילוח עבדים. הדא הוא דכתיב ט)מקץ שבע שנים תשלחו איש את אחיו העברי וגו'. תני בשם ר' נחמיה י)היתה כאניות סוחר ממרחק תביא לחמה

פני משה

עד כדון ראש השנה יובל. מנין, תלמוד לומר וכו': עד כדון כר"ע. זו דברי ר' עקיבא, אבל לר' ישמעאל יליף גזירה שוה ממדבר כדדריש בספרי פרשת בהעלותך (עג) ותקעתם תרועה וכו', ומסיים שם אין לי אלא במדבר בראש השנה מנין נאמר כאן [תרועה] ונאמר להלן תרועה, מה תרועה האמורה להלן תוקע ומריע ותוקע אף תרועה האמורה כאן תוקע ומריע ותוקע: **יובל היא** וכו'. ברייתא היא בתו"כ פרשת בהר (פרשה ב פ"ב ד) ודריש קרא יתירא דהא לעיל מינה כתיב (ויקרא כה ט-י) והעברת שופר תרועה וגו' וקדשתם את שנת החמישים שנה וקראתם דרור, והדר כתיב יובל היא תהיה לכם ודריש יובל מכל מקום אע"פ שלא השמיטו השדות לחזור לבעליהן ואף על פי שלא תקעו בשופר אפילו כן שם יובל עליו להיות אסור בזריעה בקצירה ובצירה: **דברי ר' יהודה.** דסבירא ליה דשילוח עבדים מעכב ביובל, ור' יוסי סבירא ליה תקיעת שופר הוא דמעכב כדמפרש טעמיה א"ר יוסי מאחר שהכתוב אחד משמע שתולה העיכוב בענין זה וכתוב אחד וכו' שאפשר לעולם בלא שילוח עבדים שפעמים אין עבד עברי בישראל שיהא טעון שלוח, אבל אי אפשר שלא יהא שופר בעולם ותלינן העיכוב בדבר המצוי: יז. **תלויה בבית דין.** והם יכולים לצוות לשלוחם לתקוע, אבל שילוח עבדים תלוי בכל אדם ואם ימאן לשלוח יבטל היובל הלכך אמרינן דלא תלה הכתוב בו: **הדא הוא דכתיב מקץ שבע שנים וכו'.** והוכיחן ירמיהו כשלא קיימו ואמר שסופן להענש על כך:

קרבן העדה

עד. כאן שמעינן ראש השנה שאומרים מלכיות זכרונות ושופרות, ביום הכיפורים של יובל מנין שאומרים מלכיות וכו': **תלמוד לומר והעברת שופר וגו'.** שאין תלמוד לומר בחדש השביעי, דהא כתיב בכמה מקומות דיום הכיפורים בחדש השביעי הוא, והכא יום הכיפורים כתיב: **תלמוד לומר והעברת שופר.** פשוטה משמע העברת קול אחד: **ראש השנה.** מניין דבעינן פשוטה לפניה ופשוטה לאחריה: ה"ג **תלמוד לומר והעברת שופר תרועה בחדש השביעי וגו': מה כאן.** ביום הכיפורים תוקע ומריע ותוקע, דהא תרועה כתיב בין הפשוטות: **עד כדון כר' עקיבא.** דדריש לשונות כפולות, ואייתר לן בחדש השביעי כיון דכתיב ביום הכיפורים: **לר' ישמעאל.** דסובר דברה תורה כלשון בני אדם, ואף על גב דכתיב כפל בחדש השביעי וביום הכיפורים ליכא למילף מיניה מידי, מנא ליה בראש השנה פשוטה לפניה ולאחריה: **אין תימר.** שלא היה שם תקיעה כלל, והכי קאמר היו תוקעין תרועה: **תתקעו ולא תריעו.** מכלל דבמסעות תתקעו ותריעו, הרי תקיעה בפני עצמה ותרועה בפני עצמה, וכתיב (במדבר י ו) ותקעתם תרועה שנית, היינו שתהא תרועה שנית ותקיעה שלישית: **יובל היא.** ברישא כתיב והעברת שופר וקדשתם שנת החמשים שנה וקראתם דרור, והדר כתיב יובל היא תהיה לכם, וקרא יתירא הוא, והכי תדרשנה, יובל היא לכם מכל מקום, ואפילו לא נעשה בו דברים הללו העברת שופר ושמיטת הקרקעות שקנו זה מזה דכתיב בתר הכי ושבתם איש אל אחוזתו, אף על פי כן שם יובל עליו להיות אסור בזריעה ובצירה וקצירה כדכתיב לא תזרעו וגו': **או יכול אע"פ שלא שילחו העבדים.** יהא יובל: **תלמוד לומר היא.** אם עשית דברים הללו היא יובל ואם לאו אינו יובל, דקסבר מקרא נדרש לפניו, מיעוטא דהיא אקריאת דרור קאי דסליק מיניה: **מאחר שהכתוב וכו'.** דר' יוסי סובר מקרא נדרש לפניו ולאחריו: **שאפשר ליובל בלא שילוח עבדים.** פעמים שאין עבד עברי בישראל שיטעון שילוח: **אבל אי אפשר.** שלא יהא שופר מצוי בעולם, לפיכך יש לנו לומר כשתלה הכתוב לא תלה אלא בדבר המצוי בעולם: **תקיעת שופר תלויה בבית דין.** לצוות לשלוחם לתקוע: **שילוח עבדים תלויה בכל אדם.** ואם ימאן יבטל היובל, לפיכך לא תלה הכתוב בו: **ואתייא.** הא דאמרינן ששילוח עבדים ביד כל אדם, כהא דאמר ר' שמואל וכו': **ויצום אל בני ישראל.** כאלו כתיב על בני ישראל, לוס שלא ישעבדו איש באחיו מבני ישראל ובזכות זה יהיו נגאלים: **ואתיא.** הא דאמר ר' שמואל כהא דאמר ר' הילא לא נענשו ישראל שגלו מן הארץ אלא על פרשת שילוח עבדים, ולמה דוקא על שילוח עבדים, לפי שהיא היתה מצוה ראשונה להם במצרים ובשבילה נגאלו ממצרים: **הדא הוא דכתיב מקץ שבע שנים וגו'.** לעיל מיניה כתיב כה אמר ה' אלקי ישראל אנכי כרתי ברית את אבותיכם ביום הוציאי אותם מארץ מצרים מבית עבדים לאמר מקץ שבע שנים תשלחו איש את אחיו העברי וגו'. וקשיא היכן כרת ברית שעל ידי כן יהיו נגאלים, אלא כדאמר ר' שמואל ויצום אל בני ישראל:

עין משפט

א מיי' פ"י מהלכות שמיטה ויובל הלכה יג:

שינויי נוסחאות

א] **והעברת.** בספרא (אמור יא ז) **תלמוד לומר והעברת.** וכן הגיה בקה"ע:
ב] **בחודש השביעי.** כ"ה בספרא (שם). וכן הגיה בקה"ע:
ג] **היא.** נוסף בכי"ל ע"י המגיה [אולי עפ"י הבבלי (ט:)]. בספרא (בהר ב פ"ב ה"ד) ובר"ח (ט:) ובתוס' סוטה (לג:) ליתא:
ד] **אחר.** בדפ"ו **אחד:**
ה] **ליובל.** כ"ה גם בספרא (שם). בבבלי (שם) **לעולם.** וכן בסמוך:

תורה אור השלם

א) וְהַעֲבַרְתָּ שׁוֹפַר תְּרוּעָה בַּחֹדֶשׁ הַשְּׁבִעִי בֶּעָשׂוֹר לַחֹדֶשׁ בְּיוֹם הַכִּפֻּרִים תַּעֲבִירוּ שׁוֹפָר בְּכָל אַרְצְכֶם: (ויקרא כה ט)

ב) וּבַחֹדֶשׁ הַשְּׁבִיעִי בְּאֶחָד לַחֹדֶשׁ מִקְרָא קֹדֶשׁ יִהְיֶה לָכֶם כָּל מְלֶאכֶת עֲבֹדָה לֹא תַעֲשׂוּ יוֹם תְּרוּעָה יִהְיֶה לָכֶם: (במדבר כט א)

ג) דַּבֵּר אֶל בְּנֵי יִשְׂרָאֵל לֵאמֹר בַּחֹדֶשׁ הַשְּׁבִיעִי בְּאֶחָד לַחֹדֶשׁ יִהְיֶה לָכֶם שַׁבָּתוֹן זִכְרוֹן תְּרוּעָה מִקְרָא קֹדֶשׁ: (ויקרא כג כד)

ד) וּתְקַעְתֶּם תְּרוּעָה וְנָסְעוּ הַמַּחֲנוֹת הַחֹנִים קֵדְמָה: (במדבר י ה)

ה) וּתְקַעְתֶּם תְּרוּעָה שֵׁנִית וְנָסְעוּ הַמַּחֲנוֹת הַחֹנִים תֵּימָנָה תְּרוּעָה יִתְקְעוּ לְמַסְעֵיהֶם: (במדבר י ו)

ו) וּבְהַקְהִיל אֶת הַקָּהָל תִּתְקְעוּ וְלֹא תָרִיעוּ: (במדבר י ז)

ז) וְקִדַּשְׁתֶּם אֵת שְׁנַת הַחֲמִשִּׁים שָׁנָה וּקְרָאתֶם דְּרוֹר בָּאָרֶץ לְכָל יֹשְׁבֶיהָ יוֹבֵל הִוא תִּהְיֶה לָכֶם וְשַׁבְתֶּם אִישׁ אֶל אֲחֻזָּתוֹ וְאִישׁ אֶל מִשְׁפַּחְתּוֹ תָּשֻׁבוּ: (ויקרא כה י)

ח) וַיְדַבֵּר יְהֹוָה אֶל מֹשֶׁה וְאֶל אַהֲרֹן וַיְצַוֵּם אֶל בְּנֵי יִשְׂרָאֵל וְאֶל פַּרְעֹה מֶלֶךְ מִצְרָיִם לְהוֹצִיא אֶת בְּנֵי יִשְׂרָאֵל מֵאֶרֶץ מִצְרָיִם: (שמות ו יג)

ט) מִקֵּץ שֶׁבַע שָׁנִים תְּשַׁלְּחוּ אִישׁ אֶת אָחִיו הָעִבְרִי אֲשֶׁר יִמָּכֵר לְךָ וַעֲבָדְךָ שֵׁשׁ שָׁנִים וְשִׁלַּחְתּוֹ חָפְשִׁי מֵעִמָּךְ וְלֹא שָׁמְעוּ אֲבוֹתֵיכֶם אֵלַי וְלֹא הִטּוּ אֶת אָזְנָם: (ירמיה לד יד) י) הָיְתָה כָּאֳנִיּוֹת סוֹחֵר מִמֶּרְחָק תָּבִיא לַחְמָהּ: (משלי לא יד)

מסורת הש"ס

א) ר"ה לג: [ספרא אמור פרשה יא ה"ו, ספרא בהר פרשה ב ה"ד, פסיקתא זוטרתא אמור כג כד, ושם בהר כה ט, ילקו"ש אמור תרמו] ב) [ר"ה לד., ספרא אמור פרשה יא ה"ט, פסיקתא זוטרתא אמור כג כד, ילקו"ש אמור תרמו] ג) ר"ה לד. [סוכה נג:, ערכין י., ספרי בהעלותך עג, ילקו"ש אמור תרמו, בהעלותך תשכה] ד) [ר"ה ט:, ספרא בהר פרק ב ה"ד, פסיקתא זוטרתא בהר כה י, ילקו"ש בהר תרנט] ה) [איכה רבה א כט, ילקו"ש איכה תתרי]

רידב"ז

מנין שהן ג' של ג' ג' וכו' עד כדון כרבי עקיבא כר' ישמעאל. דבר זה מצוי רוב פעמים בירושלמי כר' עקיבא דדריש לשונות כפולים כר' ישמעאל דס"ל דברה תורה כלשון בני אדם, והה"נ דכוותיה, וכן פי' הק"ע ז"ל הכא, וכן הוא מצוי רוב פעמים:

their fields to the ancestral owners,[26] אַף עַל פִּי שֶׁלֹּא תָּקְעוּ בְּשׁוֹפָר – and **EVEN IF THEY** also **DID NOT SOUND THE SHOFAR,** the year retains its *Yovel* status; therefore, it is forbidden to work the land.[27] אוֹ יָכוֹל אַף עַל פִּי שֶׁלֹּא שִׁילְּחוּ עֲבָדִים – **IT COULD BE** thought that *Yovel* takes effect **EVEN IF THEY DID NOT RELEASE** their **SLAVES.**[28] תַּלְמוּד לוֹמַר ,,הִוא" – **[THE VERSE] THEREFORE STATES** the exclusionary words ***IT IS,*** to teach that a year in which the slaves are not freed does not attain *Yovel* status.[29] דִּבְרֵי רַבִּי יוּדָה – These are the **WORDS OF R' YUDAH.** רַבִּי יוֹסָה אוֹמֵר – But **R' YOSAH SAYS:** ,,יוֹבֵל" – The apparently extra phrase *It is* **YOVEL,** *[so] it shall be for you,* teaches that אַף עַל פִּי שֶׁלֹּא הִשְׁמִיטוּ – **EVEN IF THEY DID NOT RELEASE** their fields to the ancestral owners, אַף עַל פִּי שֶׁלֹּא שִׁילְּחוּ עֲבָדִים – and **EVEN IF THEY** also **DID NOT RELEASE** their **SLAVES,** the year retains its *Yovel* status; therefore, it is forbidden to work the land. אוֹ יָכוֹל אַף עַל פִּי שֶׁלֹּא תָּקְעוּ בְּשׁוֹפָר – **OR IT COULD BE** thought that *Yovel* takes effect **EVEN IF THEY DID NOT SOUND THE SHOFAR.** תַּלְמוּד לוֹמַר ,,הִוא" – **[THE VERSE] THEREFORE STATES** the exclusionary words **IT IS,** to teach that a year in which the shofar is not sounded does not attain *Yovel* status.[30]

R' Yosah explains his reasoning:

אָמַר רַבִּי יוֹסָה – **R' YOSAH SAID:** מֵאַחַר שֶׁהַכָּתוּב תּוֹלֶה אוֹתָהּ לְעִנְיַן תְּקִיעַת שׁוֹפָר – **NOW THAT** one **VERSE TIES [THE WORK PROHIBITION] TO THE SOUNDING OF THE SHOFAR,** וְכָתוּב אַחֵר תּוֹלֶה אוֹתָהּ לְעִנְיַן שִׁילּוּחַ עֲבָדִים – **AND ANOTHER VERSE TIES IT TO THE RELEASE OF SLAVES,** מִפְּנֵי מָה אֲנִי אוֹמֵר יוֹבֵל שֶׁלֹּא בְּשִׁילּוּחַ עֲבָדִים – **WHY** then **DO I SAY** that the extra phrase *It is Yovel, [so] it shall be for you* teaches that ***YOVEL*** status can be obtained **WITHOUT THE RELEASE OF SLAVES,** but not without the sounding of the shofar? Perhaps the reverse is true – i.e. that it is *Yovel* even if the shofar is not sounded, but it is not *Yovel* unless the slaves are freed![31] שֶׁאֶיפְשַׁר לְיוֹבֵל בְּלֹא שִׁילּוּחַ עֲבָדִים – The reason is **BECAUSE IT IS POSSIBLE THAT THERE COULD BE *YOVEL* WITHOUT** the opportunity to **RELEASE SLAVES,** אֲבָל אִי אֶפְשַׁר לְיוֹבֵל שלא בִּתְקִיעַת שׁוֹפָר – **BUT IT IS NOT POSSIBLE THAT THERE COULD BE *YOVEL* WITHOUT** the opportunity to **SOUND THE SHOFAR.** We may assume that the Torah would make *Yovel* dependent upon an act that is always feasible, and not upon an act that might prove impossible to perform.[32] דָּבָר אַחֵר – **ANOTHER POINT:** תְּקִיעַת שׁוֹפָר תְּלוּיָה בְּבֵית דִּין – **THE SOUNDING OF THE SHOFAR IS DEPENDENT ON *BEIS DIN*** to perform,[33] וְשִׁילּוּחַ עֲבָדִים תָּלוּי בְּכָל אָדָם – **WHEREAS THE RELEASE OF SLAVES IS DEPENDENT ON EVERYONE** to perform.[34] The Torah

NOTES

26. [*Rash MiShantz* and *Raavad* (to *Toras Kohanim* ibid.) state that this actually occurred during the reign of the wicked Yehoyakim, king of Judea, and during that of Tzidkiyahu, a later king of Judea. Although Tzidkiyahu was personally pious, he ruled over an unrighteous populace.]

27. The phrase *It is Yovel, [so] shall it be for you* is seemingly superfluous, for Scripture writes in the very next verse, *It is Yovel, the fiftieth year; [so] it shall be for you* (*Ritva* to 9b). The Baraisa therefore expounds the phrase to teach that this year *shall be Yovel for you* in any event, i.e. even if the commands of these verses are not heeded. Hence, even if the people do not fulfill their obligation to sound the shofar (v. 9) or to return their fields to the ancestral owners (v. 10), the year retains its *Yovel* status with regard to the prohibition against working the land (v. 11). Sounding the shofar and returning ancestral lands are not *essential* for *Yovel's* taking effect (*Korban HaEidah,* from *Rashi* ibid.).

28. Perhaps the inclusionary phrase *It is Yovel, [so] shall it be for you* teaches that it is *Yovel* even if the command to free the slaves is not heeded [just as it teaches regarding the other commands of this verse] (*Korban HaEidah;* see previous note).

29. The term *It is* is exclusionary, implying that *it,* i.e. the 50th year, is *Yovel* only if the commands enumerated in these verses are fulfilled. If they are not fulfilled, the year does not become *Yovel* (with regard to the prohibition against working the land). [It emerges that whereas the superfluous phrase *It is Yovel, [so] shall it be for you* indicates that fulfillment of the *Yovel* regulations is not essential to *Yovel* status, the limiting term *It is* teaches that fulfillment of at least one such obligation is indeed essential. R' Yudah applies the extra, inclusionary phrase to the obligations of shofar and return of ancestral lands, and applies the limiting term to the obligation of freeing the slaves.] The Gemara below will explain R' Yudah's reasoning in singling out freedom for the slaves as an essential *Yovel* criterion.

The only *Yovel* aspect mentioned by the Rishonim as dependent upon freeing slaves is the prohibition against working the land (i.e. that which is mentioned in verse 11); apparently, the shofar must be sounded and ancestral lands are to be returned even if the slaves are not freed. This is the case according to all three Tannaic opinions cited in the Gemara (R' Yudah; R' Yosah; the Sages [see below]); no matter what each holds regarding which criteria are essential, all agree that the only *Yovel* aspect dependent on these criteria is the prohibition against working the land (see *Rashi, Tosafos, Meiri,* and *Pnei Yehoshua* to *Bavli* 9b; cf. *Hagahos HaGra* to *Toras Kohanim* ibid.; *Turei Even* to *Bavli* 8b).

[The Gemara does not elaborate on what it would consider failure to heed the command to free the slaves. Must a majority of the Jewish slave owners refuse to free their slaves in order to effect the negation of the year's *Yovel* status, or does the failure of even a single Jew to keep the command bring this result? Or perhaps, on the contrary, all that is needed to *preserve Yovel* status is that a single Jew *keep* the obligation! *Korban HaEidah* (from *Rashi* 9b) implies that the refusal of a single Jew to free his slaves will cause *Yovel* to be negated. For further discussion, see *Aruch LaNer* and *Sfas Emes* ad loc.; *Minchas Chinuch* 335.]

30. R' Yosah applies the inclusionary phrase *It is Yovel, [so] shall it be for you* to the obligations of returning ancestral lands and freeing slaves. He applies the limiting term *It is* to the sounding of the shofar. Thus, in his opinion, it is essential to sound the shofar, but it is not essential to return the lands or free the slaves. R' Yosah will now give the reasoning behind his understanding.

31. Perhaps the inclusionary phrase *It is Yovel, [so] shall it be for you* concerns a year in which the shofar is not sounded, and the limiting term *It is* concerns a year in which the slaves are not freed.

32. There could be a point of time at which there are no Jewish slaves anywhere in the Land of Israel, and thus no opportunity to liberate slaves would exist. We may therefore assume that the Torah would not make *Yovel* dependent upon freeing slaves, since this might prove impossible to perform. However, it is impossible to imagine a situation in which there would be *no* shofar available anywhere (*Korban HaEidah,* from *Rashi* 9b; cf. *Raavad* to *Toras Kohanim* ibid.; see *Sfas Emes* to 9b).

[The obligation of returning ancestral lands is analogous to that of freeing slaves; it is certainly possible that there would be no sold ancestral fields to return at a given *Yovel* year. Therefore, R' Yosah assumes that this obligation is also not essential to the year's attaining *Yovel* status (*Tos. HaRosh* to *Bavli* ibid.; see also *Rashba, Ritva, Pnei Yehoshua,* and *Turei Even* there).]

See Variant B.

33. I.e. it is within *Beis Din's* power to sound the shofar.

34. The obligation to sound the shofar is incumbent upon *Beis Din,* and thus they are the ones who ensure its fulfillment. But granting the slaves freedom is in the hands of individual masters. The Torah would not make *Yovel* dependent upon the actions of these individuals, thereby enabling them to negate *Yovel* at whim (*Korban HaEidah,* from *Rashi* ibid.).

[Although there is also a commandment for individuals to sound the *shofar* (see *Bavli* 30a), only *Beis Din's* act is *essential* for *Yovel's* status (*Aruch LaNer* to *Bavli* 9b; see also *Maharatz Chayes* ad loc.).]

TEXTUAL AND INTERPRETIVE VARIANTS

B. We explained, based on the implication of the *Korban HaEidah's* words, that the freeing of slaves that is essential for a year's attainment of *Yovel* status — according to R' Yudah and the Sages — refers specifically to that of slaves in the Land of Israel. Indeed, this is the opinion of *Raavad* (to *Toras Kohanim, Behar* 2:4; *Hasagos* to *Rif, Gittin* folio 19a) and *Turei Even* 9b ד"ה ההיא; this is also implied by *Rashi, Rabbeinu Chananel,* and *Ritva* to 9b.

But from the words of *Tosafos* (ad loc. ד"ה דאפילו) it appears that freeing slaves even in the Diaspora alone also suffices to enable the year to attain *Yovel* status (see *Sfas Emes* ad loc. and *Minchas Chinuch* 335:3).

עד כדון ראש השנה יובל. [א]והעברת שופר תרועה בחודש השביעי בעשור לחדש ביום הכיפורים שאין תלמוד לומר בחודש השביעי מה תלמוד לומר בחודש השביעי אלא כל מה שאת עושה בראש השנה הוי עושה בעשור לחודש מה כאן מלכיות זכרונות ושופרות אף כאן מלכיות זכרונות ושופרות. [א]מניין שהיא פשוטה לפניה. תלמוד לומר [א]והעברת שופר. ומניין שהיא פשוטה לאחריה. תלמוד לומר [א]תעבירו שופר. עד כדון יובל ראש השנה. [א][א]והעברת שופר תרועה [ב][בחודש השביעי] בעשור לחדש ביום הכיפורים שאין תלמוד לומר בחודש השביעי מה תלמוד לומר בחודש השביעי אלא מה שאת עושה בחודש השביעי כבעשור לחודש מה כאן תוקע ומריע ותוקע [א]אף כאן תוקע ומריע ותוקע. [ב]מניין שהן שלש של שלש שלש. תלמוד לומר [ב]יום תרועה [ג]זכרון תרועה [א]שופר תרועה. עד כדון כר' עקיבה כר' ישמעאל. תני ר' ישמעאל [ג][ד]ותקעתם תרועה [ה]ותקעתם תרועה שנית תרועה יתקעו למסעיהם. [ס]אין תימר היא תקיעה היא תרועה והכתיב [ו]ובהקהיל את הקהל תתקעו ולא תריעו. [ד][ז]יובל [ג](היא) אף על פי שלא השמיטו אף על פי שלא תקעו בשופר. או יכול אף על פי שלא שילחו עבדים. תלמוד לומר [ז]היא דברי ר' יודה. ר' יוסה אומר יובל אף על פי שלא השמיטו אף על פי שלא שילחו עבדים. או יכול אף על פי שלא תקעו בשופר. תלמוד לומר [ז]היא. אמר ר' יוסה מאחר שהכתוב תולה אותה לענין תקיעת שופר וכתוב [ד]אחר תולה אותה לענין שילוח עבדים מפני מה אני אומר יובל שלא בשילוח עבדים. שאיפשר [ה]ליובל בלא שילוח עבדים אבל אי אפשר ליובל שלא בתקיעת שופר. דבר אחר תקיעת שופר תלויה בבית דין ושילוח עבדים תלוי בכל אדם. ואתייא כהיא דאמר ר' שמואל בר ר' יצחק [ח]וידבר ה' אל משה ואל אהרן ויצום אל בני ישראל על מה ציום על פרשת שילוח עבדים. ואתיא כהיא דאמר ר' הילא [ה]לא נענשו ישראל אלא על פרשת שילוח עבדים. הדא הוא דכתיב [ט]מקץ שבע שנים תשלחו איש את אחיו העברי וגו'. תני בשם ר' נחמיה [י]היתה כאניות סוחר ממרחק תביא לחמה

פני משה

עד כדון ראש השנה יובל. מנין, תלמוד לומר וכו': עד כלון כר"ע. זו דברי ר' עקיבה, אבל לר' ישמעאל יליף גזירה שוה ממדבר כדדריש בספרי פרשת בהעלותך (עג) ותקעתם תרועה וכו', ומסיים שם אין לי אלא במדבר בראש השנה מנין נאמר כאן [תרועה] ונאמר להלן תרועה, מה תרועה האמורה להלן תוקע ומריע ותוקע אף תרועה האמורה כאן תוקע ומריע ותוקע: **יובל היא וכו'.** ברייתא היא בתו"כ פרשת בהר (פרשה ב פ"ב ד) ודריש קרא יתירא דהא לעיל מינה כתיב (ויקרא כב ט-י) והעברת שופר תרועה וגו' וקדשתם את שנת החמשים שנה וקראתם דרור, והדר כתיב יובל היא תהיה לכם ודריש יובל מכל מקום אע"פ שלא השמיטו השדות לחזור לבעליהן ואף על פי שלא תקעו בשופר אפילו כן שם יובל עליו להיות אסור בזריעה בקצירה ובצירה: **דברי ר' יהודה.** דסבירא ליה דשילוח עבדים מעכב ביובל, ור' יוסי סבירא ליה תקיעת שופר הוא דמעכב כדמפרש טעמיה א"ר יוסי מאחר שהכתוב אחד משמע שתולה העיכוב בענין זה וכתוב אחד וכו' שאפשר לעולם בלא שילוח עבדים שפעמים אין עבד עברי בישראל שיהא טעון שלוח, אבל אי אפשר שלא יהא שופר בעולם ותלינן העיכוב בדבר המצוי: **תלויה בבית דין.** והם יכולים לצוות לשלוחם לתקוע, אבל שילוח עבדים תלוי בכל אדם ואם ימאן לשלוח יבטל היובל הלכך אמרינן דלא תלה הכתוב בו: **הדא הוא דכתיב מקץ שבע שנים וכו'.** והוכיחן ירמיהו כשלא קיימו ואמר שסופן להענש על כך:

קרבן העדה

עד. כאן שמעינן ראש השנה שאומרים מלכיות זכרונות ושופרות, ביום הכיפורים של יובל מנין שאומרים מלכיות וכו': **תלמוד לומר והעברת שופר וגו'.** שאין תלמוד לומר בחדש השביעי, דהא כתיב בכמה מקומות דיום הכיפורים בחדש השביעי הוא, והכא יום הכיפורים כתיב: **תלמוד לומר והעברת שופר.** פשוטה משמע העברת קול אחד: **ראש השנה.** מניין דבעינן פשוטה לפניה ופשוטה לאחריה: ה"ג **תלמוד לומר והעברת שופר תרועה בחדש השביעי וגו':** **מה כאן.** ביום הכיפורים תוקע ומריע ותוקע, דהא תרועה כתיב בין הפשוטות: **עד כדון כר' עקיבא.** דדריש לשונות כפולות, ואייתר לן בחדש השביעי כיון דכתיב ביום הכיפורים: **לר' ישמעאל.** דסובר דברה תורה כלשון בני אדם, ואף על גב דכתיב כפל בחדש השביעי וביום הכיפורים ליכא למילף מיניה מידי, מנא ליה בראש השנה פשוטה לפניה ולאחריה: **אין תימר.** שלא היה שם תקיעה כלל, והכי קאמר היו תוקעין תרועה: **תתקעו ולא תריעו.** מכלל דבמסעות תתקעו ותריעו, הרי תקיעה בפני עצמה ותרועה בפני עצמה, וכתיב (במדבר י ו) ותקעתם תרועה שנית, היינו שתהא תרועה שנית ותקיעה שלישית: **יובל היא.** ברישא כתיב והעברת שופר וקדשתם שנת החמשים שנה וקראתם דרור, והדר כתיב יובל היא תהיה לכם, וקרא יתירא הוא, והכי תדרשנה, יובל היא לכם מכל מקום, ואפילו לא נעשה בו דברים הללו העברת שופר ושמיטת הקרקעות שקנו זה מזה דכתיב בתר הכי ושבתם איש אל אחוזתו, אף על פי כן שם יובל עליו להיות אסור בזריעה ובצירה וקצירה כדכתיב לא תזרעו וגו': **או יכול אע"פ שלא שילחו העבדים.** יהא יובל: **תלמוד לומר היא.** אם עשית דברים הללו היא יובל ואם לאו אינו יובל, דקסבר מקרא נדרש לפניו, מיעוטא דהיא אקריאת דרור קאי דסליק מיניה: **מאחר שהכתוב וכו'.** דר' יוסי סובר מקרא נדרש לפניו ולאחריו: **שאפשר ליובל בלא שילוח עבדים.** פעמים שאין עבד עברי בישראל שיטעון שילוח: **אבל אי אפשר.** שלא יהא שופר מצוי בעולם, לפיכך יש לנו לומר כשתלה הכתוב לא תלה אלא בדבר המצוי בעולם: **תקיעת שופר תלויה בבית דין.** לצוות לשלוחם לתקוע: **שילוח עבדים תלויה בכל אדם.** ואם ימאן יבטל היובל, לפיכך לא תלה הכתוב בו: **ואתייא.** הא דאמרינן ששילוח עבדים ביד כל אדם, כהא דאמר ר' שמואל וכו': **ויצום אל בני ישראל.** כאלו כתיב על בני ישראל, צום שלא ישעבדו איש באחיו מבני ישראל ובזכות זה יהיו נגאלים: **ואתיא.** הא דאמר ר' שמואל כהא דאמר ר' הילא לא נענשו ישראל שגלו מן הארץ אלא על פרשת שילוח עבדים, ולמה דוקא על שילוח עבדים, לפי שהיא היתה מצוה ראשונה להם במצרים ובשבילה נגאלו ממצרים: **הדא הוא דכתיב מקץ שבע שנים וגו'.** לעיל מיניה כתיב כה אמר ה' אלקי ישראל אנכי כרתי ברית את אבותיכם ביום הוציאי אותם מארץ מצרים מבית עבדים לאמר מקץ שבע שנים תשלחו איש את אחיו העברי וגו'. וקשיא היכן כרת ברית שעל ידי כן יהיו נגאלים, אלא כדאמר ר' שמואל ויצום אל בני ישראל:

עין משפט

א מיי' פ"י מהלכות שמיטה ויובל הלכה יג:

שינויי נוסחאות

א] **והעברת.** בספרא (אמור יא ז) **תלמוד לומר והעברת.** וכן הגיה בקה"ע:

ב] **בחודש השביעי.** כ"ה בספרא (שם). וכן הגיה בקה"ע:

ג] **היא.** נוסף בכי"ל ע"י המגיה [אולי עפ"י הבבלי (ט:)]. בספרא (בהר ב פ"ב ה"ד) ובר"ח (ט:) ובתוס' סוטה (לג:) ליתא:

ד] **אחר.** בדפ"ו **אחד**:

ה] **ליובל.** כ"ה גם בספרא (שם). בבבלי (שם) **לעולם**. וכן בסמוך:

תורה אור השלם

א) וְהַעֲבַרְתָּ שׁוֹפַר תְּרוּעָה בַּחֹדֶשׁ הַשְּׁבִעִי בֶּעָשׂוֹר לַחֹדֶשׁ בְּיוֹם הַכִּפֻּרִים תַּעֲבִירוּ שׁוֹפָר בְּכָל אַרְצְכֶם: (ויקרא כה ט)

ב) וּבַחֹדֶשׁ הַשְּׁבִיעִי בְּאֶחָד לַחֹדֶשׁ מִקְרָא קֹדֶשׁ יִהְיֶה לָכֶם כָּל מְלֶאכֶת עֲבֹדָה לֹא תַעֲשׂוּ יוֹם תְּרוּעָה יִהְיֶה לָכֶם: (במדבר כט א)

ג) דַּבֵּר אֶל בְּנֵי יִשְׂרָאֵל לֵאמֹר בַּחֹדֶשׁ הַשְּׁבִיעִי בְּאֶחָד לַחֹדֶשׁ יִהְיֶה לָכֶם שַׁבָּתוֹן זִכְרוֹן תְּרוּעָה מִקְרָא קֹדֶשׁ: (ויקרא כג כד)

ד) וּתְקַעְתֶּם תְּרוּעָה וְנָסְעוּ הַמַּחֲנוֹת הַחֹנִים קֵדְמָה: (במדבר י ה)

ה) וּתְקַעְתֶּם תְּרוּעָה שֵׁנִית וְנָסְעוּ הַמַּחֲנוֹת הַחֹנִים תֵּימָנָה תְּרוּעָה יִתְקְעוּ לְמַסְעֵיהֶם: (במדבר י ו)

ו) וּבְהַקְהִיל אֶת הַקָּהָל תִּתְקְעוּ וְלֹא תָרִיעוּ: (במדבר י ז)

ז) וְקִדַּשְׁתֶּם אֵת שְׁנַת הַחֲמִשִּׁים שָׁנָה וּקְרָאתֶם דְּרוֹר בָּאָרֶץ לְכָל יֹשְׁבֶיהָ יוֹבֵל הִוא תִּהְיֶה לָכֶם וְשַׁבְתֶּם אִישׁ אֶל אֲחֻזָּתוֹ וְאִישׁ אֶל מִשְׁפַּחְתּוֹ תָּשֻׁבוּ: (ויקרא כה י)

ח) וַיְדַבֵּר יְהוָה אֶל מֹשֶׁה וְאֶל אַהֲרֹן וַיְצַוֵּם אֶל בְּנֵי יִשְׂרָאֵל וְאֶל פַּרְעֹה מֶלֶךְ מִצְרָיִם לְהוֹצִיא אֶת בְּנֵי יִשְׂרָאֵל מֵאֶרֶץ מִצְרָיִם: (שמות ו יג)

ט) מִקֵּץ שֶׁבַע שָׁנִים תְּשַׁלְּחוּ אִישׁ אֶת אָחִיו הָעִבְרִי אֲשֶׁר יִמָּכֵר לְךָ וַעֲבָדְךָ שֵׁשׁ שָׁנִים וְשִׁלַּחְתּוֹ חָפְשִׁי מֵעִמָּךְ וְלֹא שָׁמְעוּ אֲבוֹתֵיכֶם אֵלַי וְלֹא הִטּוּ אֶת אָזְנָם: (ירמיה לד יד)

י) הָיְתָה כָּאֳנִיּוֹת סוֹחֵר מִמֶּרְחָק תָּבִיא לַחְמָהּ: (משלי לא יד)

מסורת הש"ס

א) ר"ה לג: [ספרא אמור פרשה יא ה"ז, ספרא בהר פרשה ב ה"ד, פסיקתא זוטרתא אמור כג כד, ושם בהר כה ט, ילקו"ש אמור תרמו] ב) [ר"ה לד., ספרא אמור פרשה יא ה"ט, פסיקתא זוטרתא אמור כג כד, ילקו"ש אמור תרמו] ג) ר"ה לד. [סוכה נג:, ערכין י., ספרי בהעלותך עג, ילקו"ש אמור תרמו, בהעלותך תשכה] ד) [ר"ה ט:, ספרא בהר פרק ב ה"ד, פסיקתא זוטרתא בהר כה י, ילקו"ש בהר תרנט] ה) [איכה רבה א כט, ילקו"ש איכה תתרי]

רידב"ז

מנין שהן ג' של ג' ג' וכו' עד כדון כרבי עקיבא כר' ישמעאל. דבר זה מצוי רוב פעמים בירושלמי כר' עקיבא דדריש לשונות כפולים כר' ישמעאל דס"ל דברה תורה כלשון בני אדם, וה"נ דכוותיה, וכן פי' הק"ע ז"ל הכא, וכן הוא מצוי רוב פעמים:

יִשְׁמָעֵאל — **R' Yishmael taught in a Baraisa**[15] that this law is learned from the following three phrases written concerning the trumpet blasts that the Jews blew in the Wilderness:[16] "וּתְקַעְתֶּם תְּרוּעָה" — Scripture states: ***WHEN YOU SOUND A TERUAH;***[17] "וּתְקַעְתֶּם תְּרוּעָה שֵׁנִית" — ***WHEN YOU SOUND A TERUAH A SECOND TIME;***[18] "תְּרוּעָה יִתְקְעוּ לְמַסְעֵיהֶם" — ***A TERUAH THEY SHALL SOUND FOR THEIR JOURNEYS.***[19]

The Baraisa elaborates:

אִין תֵּימַר — **IF YOU WILL SAY** הִיא תְּקִיעָה הִיא תְּרוּעָה — that the terms ***TEKIAH*** **AND** ***TERUAH*** in this verse **ARE ONE AND THE SAME,**[20] this cannot be! וְהָכְתִיב "וּבְהַקְהִיל אֶת־הַקָּהָל תִּתְקְעוּ וְלֹא תָרִיעוּ" — For **IT IS WRITTEN** afterward: ***WHEN YOU GATHER THE CONGREGATION, YOU SHALL SOUND A TEKIAH BUT NOT A TERUAH,***[21] which implies that the previous verses, regarding the camps' journeying, required that both a *teruah* and a *tekiah* were to be sounded.[22]

The Gemara presents a Baraisa[23] in which there is a Tannaic dispute regarding the criteria necessary for the laws of *Yovel* to take effect:

"יוֹבֵל הִוא" — Scripture states a seemingly superfluous phrase: ***IT IS YOVEL, [so] it shall be for you;***[24] אַף עַל פִּי שֶׁלֹּא הִשְׁמִיטוּ — this phrase[25] teaches that **EVEN IF [THE PEOPLE] DID NOT RELEASE**

NOTES

(see *Rash Sirilio* and *Mahara Fulda,* to *Orlah* 2:1 [20a]; cf. *Gra* and *Ridvaz* there).

For yet another explanation of the Gemara's assumption that the Baraisa reflects R' Akivah's opinion, see *Yefei Einayim* to *Bavli* 34a.

15. See *Sifrei* to *Numbers* 10:5; *Bavli* 34a.

16. God commanded Moses to craft two silver trumpets that would be blown to assemble the Jews and to instruct the camps to journey. These trumpets were used only during Moses' lifetime (*Menachos* 28b).

17. *Numbers* 10:5. This verse reads in its entirety: וּתְקַעְתֶּם תְּרוּעָה וְנָסְעוּ הַמַּחֲנוֹת הַחֹנִים קֵדְמָה, *When you sound a teruah, the camps resting to the east shall journey.* The following verse reads: וּתְקַעְתֶּם תְּרוּעָה שֵׁנִית וְנָסְעוּ הַמַּחֲנוֹת הַחֹנִים תֵּימָנָה תְּרוּעָה יִתְקְעוּ לְמַסְעֵיהֶם, *When you sound a teruah a second time, the camps resting to the south shall journey; a teruah they shall sound for their journeys.*

The root תקע implies blowing a *tekiah.* Thus, the phrase וּתְקַעְתֶּם תְּרוּעָה, *when you sound a teruah,* indicates that in the Wilderness the *teruah* blast was preceded by a *tekiah* blast.

18. Ibid. v. 6. Having stated previously (v. 5) that upon the first blast the camps resting to the east should journey, the verse could simply have continued: *When you sound a teruah, the camps resting to the south shall journey.* The additional word שֵׁנִית, *a second time,* is superfluous. The verse thereby indicates that when they blew the shofar, the *teruah* was the second blast sounded (based on *Korban HaEidah*).

19. Ibid. The words תְּרוּעָה יִתְקְעוּ, *a teruah they shall sound (tka),* indicate that a *tekiah* follows the *teruah.*

[The first of these three phrases teaches that the shofar-blowing sequence in the Wilderness contained a *tekiah* followed by a *teruah.* The third of these phrases teaches that the sequence contained a *teruah-tekiah.* These two guidelines by themselves would still be met by blowing a *teruah-tekiah-teruah* sequence. The second phrase, however, teaches that a *teruah* must be the *second* blast of the sequence; from this we deduce that in the Wilderness they sounded specifically a *tekiah-teruah-tekiah.*]

20. I.e. perhaps Scripture uses the term תקע simply to mean blowing the *shofar;* thus וּתְקַעְתֶּם תְּרוּעָה and תְּרוּעָה יִתְקְעוּ mean only that one is to blow a *teruah,* with no indication whatsoever that a *tekiah* blast is to be sounded! (*Korban HaEidah,* from *Rashi* 34a).

Alternatively, perhaps *tekiah* and *teruah* together constitute a single *shofar* blast, and they must therefore be blown in the same breath. From where do we know that they are two distinct blasts and are blown with a pause between them? (*Ramban* and *Rashba* to *Bavli* ibid.).

21. Ibid. v. 7.

22. This latter verse states that a *tekiah* is sounded without a *teruah* specifically when gathering the congregation; the implication is that when a shofar is sounded to instruct the journey to commence, a *distinct tekiah* blast is sounded in addition to the *teruah* (*Korban HaEidah,* from *Rashi* ibid.). [For further discussion of how the shofar was blown in the Wilderness, see *Tosefta* 2:2, with *Chasdei David.*]

The verses cited speak only of the blasts that were sounded in the Wilderness. But a *gezeirah shavah* between the word *teruah* stated regarding the trumpets in the Wilderness, and the word *teruah* stated regarding Rosh Hashanah, teaches that the *teruah* also on Rosh Hashanah must be preceded and followed by a *tekiah* (*Pnei Moshe,* from *Bavli* ibid.).

See Variant A for further discussion of R' Yishmael's derivation.

23. *Toras Kohanim, Behar, perek* 2:4, cited in *Bavli* 9b; with slight variations.

24. *Leviticus* 25:10.

This verse, and the ones preceding and following it, will prove significant in the forthcoming Gemara. We therefore quote these relevant verses here (vs. 9-11) so that they can be referred to throughout the course of the Gemara. The previous verse (v. 9) reads: וְהַעֲבַרְתָּ שׁוֹפַר תְּרוּעָה בַּחֹדֶשׁ הַשְּׁבִעִי בֶּעָשׂוֹר לַחֹדֶשׁ בְּיוֹם הַכִּפֻּרִים תַּעֲבִירוּ שׁוֹפָר בְּכָל־אַרְצְכֶם, *You shall sound on the shofar a teruah in the seventh month, on the tenth of the month; on Yom Kippur you shall sound the shofar throughout your land.* Our verse (v. 10) reads: וְקִדַּשְׁתֶּם אֵת שְׁנַת הַחֲמִשִּׁים שָׁנָה וּקְרָאתֶם דְּרוֹר בָּאָרֶץ לְכָל־יֹשְׁבֶיהָ יוֹבֵל הִוא תִּהְיֶה לָכֶם וְשַׁבְתֶּם אִישׁ אֶל־אֲחֻזָּתוֹ וְאִישׁ אֶל־מִשְׁפַּחְתּוֹ תָּשֻׁבוּ, *You shall sanctify the fiftieth year, and you shall proclaim liberty in the land for all its inhabitants. It is Yovel, [so] it shall be for you, and each man shall return to his ancestral inheritance, and each man shall return to his family.* The third verse (v. 11) reads: יוֹבֵל הִוא שְׁנַת הַחֲמִשִּׁים שָׁנָה תִּהְיֶה לָכֶם לֹא תִזְרָעוּ וְלֹא תִקְצְרוּ אֶת־סְפִיחֶיהָ וְלֹא תִבְצְרוּ אֶת־נְזִרֶיהָ, *It is Yovel, the fiftieth year; [so] it shall be for you. You shall not sow, you shall not reap its aftergrowth and you shall not pick its set-aside [grapes].* Verse 9 requires sounding the *shofar* on Yom Kippur of *Yovel.* Verse 10 requires the Great Sanhedrin to sanctify each *Yovel* year by declaring at its outset, "The year is sanctified" (see *Rashi* to 8b ד״ה שנים אתה מקדש; *Rambam, Hil. Shemittah VeYovel* 10:1; see also Variants to 21a); it also requires that Jewish slaves be sent free, and that fields be returned to their ancestral owners. Verse 11 discusses the prohibition against working the land during the *Yovel* year.

25. *Korban HaEidah,* from *Rashi* 9b; cf. *Raavad* and *Korban Aharon* to *Toras Kohanim* ibid.

TEXTUAL AND INTERPRETIVE VARIANTS

A. Our Gemara quotes R' Yishmael as citing three phrases in his derivation of the nature of the *shofar* blowing in the Wilderness. As we explained above, based on *Korban HaEidah,* R' Yishmael is deriving only that each *teruah* blown to initiate travel must be both preceded and followed by a *tekiah.* We learn from the first and third phrases quoted that the set of shofar blasts must be either a *tekiah-teruah-tekiah* or a *teruah-tekiah-teruah.* But the second phrase specifies that the *teruah* is to be in the middle. Perforce the set must be specifically a *tekiah-teruah-tekiah.* Apparently, however, there is no need for R' Yishmael to present his own derivation for the ruling that "the blasts to be blown are *three sets* consisting of three blasts each." [This is certainly true according to the first explanation presented above in note 14, since the derivation already presented in the Gemara for this ruling (from the verses יוֹם תְּרוּעָה, זִכְרוֹן תְּרוּעָה, שׁוֹפַר תְּרוּעָה) is valid even if we maintain, as R' Yishmael does, that "the Torah speaks in the common language of man."]

According to this understanding, *Yerushalmi* utilizes all three phrases cited to teach the *tekiah-teruah-tekiah* sequence. *Bavli* (34a), however, understands that two of the three phrases are sufficient for this derivation (see there for a dispute as to which two are used). Apparently, *Bavli* understands that the earliest written phrase, *When you sound a teruah,* clearly indicates that the set *commences* with a *tekiah-teruah,* and only one other phrase is necessary to teach that an additional *tekiah* must follow the *teruah.*

It appears from *Beur of R' Chaim Kanievski,* however, that also *Yerushalmi* is deriving the *tekiah-teruah-tekiah* sequence in the Wilderness from two phrases alone. The reason *Yerushalmi* nevertheless cites a third phrase is because R' Yishmael actually *is* presenting an alternative derivation also for the ruling that *three full sets* are to be blown. His derivation is from the fact that *three different phrases* mention blowing of a *teruah* in announcement of the journeying in the Wilderness. From this he concludes that three sets (of *tekiah-teruah-tekiah* each) must be sounded (see also *Mazkeres Yerushalayim, Peirush HaAroch*).

עד כדון ראש השנה יובל. [א]והעברת שופר תרועה בחודש השביעי בעשור לחדש ביום הכיפורים שאין תלמוד לומר בחודש השביעי מה תלמוד לומר בחודש השביעי אלא כל מה שאת עושה בראש השנה הוי עושה בעשור לחודש מה כאן מלכיות זכרונות ושופרות אף כאן מלכיות זכרונות ושופרות. [ב]מניין שהיא פשוטה לפניה. תלמוד לומר [א]והעברת שופר. ומניין שהיא פשוטה לאחריה. תלמוד לומר [א]תעבירו שופר. עד כדון יובל ראש השנה. [א][א]והעברת שופר תרועה ב][בחודש השביעי] בעשור לחדש ביום הכיפורים שאין תלמוד לומר בחודש השביעי מה תלמוד לומר בחודש השביעי אלא מה שאת עושה בחודש השביעי כבעשור לחודש מה כאן תוקע ומריע ותוקע [א]אף כאן תוקע ומריע ותוקע. [ג]מניין שהן שלש של שלש שלש. תלמוד לומר [ב]יום תרועה [ג]זכרון תרועה [א]שופר תרועה. עד כדון כר' עקיבה כר' ישמעאל. תני ר' ישמעאל [ג][ד]ותקעתם תרועה [ה]ותקעתם תרועה שנית תרועה

יז. יתקעו למסעיהם. [ה]אין תימר היא תקיעה היא תרועה והכתיב [ו]ובהקהיל את הקהל תתקעו ולא תריעו. [ד][ז]יובל ג](היא) אף על פי שלא השמיטו אף על פי שלא תקעו בשופר. או יכול אף על פי שלא שילחו עבדים. תלמוד לומר [ז]היא דברי ר' יודה. ר' יוסה אומר יובל אף על פי שלא השמיטו אף על פי שלא שילחו עבדים. או יכול אף על פי שלא תקעו בשופר. תלמוד לומר [ז]היא. אמר ר' יוסה מאחר שהכתוב תולה אותה לענין תקיעת שופר וכתוב ד]אחר תולה אותה לענין שילוח עבדים מפני מה אני אומר יובל שלא בשילוח עבדים. שאיפשר ה]ליובל בלא שילוח עבדים אבל אי אפשר ליובל שלא בתקיעת שופר. דבר אחר תקיעת שופר תלויה בבית דין ושילוח עבדים תלוי בכל אדם. ואתייא כהיא דאמר ר' שמואל בר ר' יצחק [ח]וידבר ה' אל משה ואל אהרן ויצום אל בני ישראל על מה ציום על פרשת שילוח עבדים. ואתיא כהיא דאמר ר' הילא [ה]לא נענשו ישראל אלא על פרשת שילוח עבדים. הדא הוא דכתיב [ט]מקץ שבע שנים תשלחו איש את אחיו העברי וגו'. תני בשם ר' נחמיה [י]היתה כאניות סוחר ממרחק תביא לחמה

פני משה

עד כדון ראש השנה יובל. מנין, תלמוד לומר וכו': עד כדון כר"ע. זו דברי ר' עקיבא, אבל לר' ישמעאל יליף גזירה שוה ממדבר כדדריש בספרי פרשת בהעלותך (עג) ותקעתם תרועה וכו', ומסיים שם אין לי אלא במדבר בראש השנה מנין נאמר כאן [תרועה] ונאמר להלן תרועה, מה תרועה האמורה להלן תוקע ומריע ותוקע אף תרועה האמורה כאן תוקע ומריע ותוקע: יובל היא וכו'. ברייתא היא בתו"כ פרשת בהר (פרשה ב פ"ב ד) ודריש קרא יתירא דהא לעיל מינה כתיב (ויקרא כה ט-י) והעברת שופר תרועה וגו' וקדשתם את שנת החמשים שנה וקראתם דרור, והדר כתיב יובל היא תהיה לכם ודריש יובל מכל מקום אע"פ שלא השמיטו השדות לחזור לבעליהן ואף על פי שלא תקעו בשופר אפילו כן שם יובל עליו להיות אסור בזריעה בקצירה ובצירה: דברי ר' יהודה. דסבירא ליה דשילוח עבדים מעכב ביובל, ור' יוסי סבירא ליה תקיעת שופר הוא דמעכב כדמפרש טעמיה א"ר יוסי מאחר שהכתוב אחד משמע שתולה העיכוב בענין זה וכתוב אחד וכו' שאפשר לעולם בלא שילוח עבדים שפעמים אין עבד עברי בישראל שיהא טעון שלוח, אבל אי אפשר שלא יהא שופר בעולם ותלינן העיכוב בדבר המצוי: תלויה בבית דין. והם יכולים לצוות לשלוחם לתקוע, אבל שילוח עבדים תלוי בכל אדם ואם ימאן לשלוח יבטל היובל הלכך אמרינן דלא תלה הכתוב בו: הדא הוא דכתיב מקץ שבע שנים וכו'. והוכיחן ירמיהו כשלא קיימו ואמר שסופן להענש על כך:

קרבן העדה

עד. כאן שמעינן ראש השנה שאומרים מלכיות זכרונות ושופרות, ביום הכיפורים של יובל מנין שאומרים מלכיות וכו': תלמוד לומר והעברת שופר וגו'. שאין תלמוד לומר בחדש השביעי, דהא כתיב בכמה מקומות דיום הכיפורים בחדש השביעי הוא, והכא יום הכיפורים כתיב: תלמוד לומר והעברת שופר. פשוטה משמע העברת קול אחד: ראש השנה. מניין דבעינן פשוטה לפניה ופשוטה לאחריה: ה"ג תלמוד לומר והעברת שופר תרועה בחדש השביעי וגו': מה כאן. ביום הכיפורים תוקע ומריע ותוקע, דהא תרועה כתיב בין הפשוטות: עד כדון כר' עקיבא. דדריש לשונות כפולות, ואייתר לן בחדש השביעי כיון דכתיב ביום הכיפורים: לר' ישמעאל. דסובר דברה תורה כלשון בני אדם, ואף על גב דכתיב כפל בחדש השביעי וביום הכיפורים ליכא למילף מיניה מידי, מנא ליה בראש השנה פשוטה לפניה ולאחריה: אין תימר. שלא היה שם תקיעה כלל, והכי קאמר היו תוקעין תרועה: תתקעו ולא תריעו. מכלל דבמסעות תתקעו ותריעו, הרי תקיעה בפני עצמה ותרועה בפני עצמה, וכתיב (במדבר י ו) ותקעתם תרועה שנית, היינו שתהא תרועה שנית ותקיעה שלישית: יובל היא. ברישא כתיב והעברת שופר וקדשתם שנת החמשים שנה וקראתם דרור, והדר כתיב יובל היא תהיה לכם, וקרא יתירא הוא, והכי תדרשנה, יובל היא לכם מכל מקום, ואפילו לא נעשה בו דברים הללו העברת שופר ושמיטת הקרקעות שקנו זה מזה דכתיב בתר הכי ושבתם איש אל אחוזתו, אף על פי כן שם יובל עליו להיות אסור בזריעה ובצירה וקצירה כדכתיב לא תזרעו וגו': או יכול אע"פ שלא שילחו העבדים. יהא יובל: תלמוד לומר היא. אם עשית דברים הללו היא יובל ואם לאו אינו יובל, דקסבר מקרא נדרש לפניו, מיעוטא דהיא אקריאת דרור קאי דסליק מיניה: מאחר שהכתוב וכו'. דר' יוסי סובר מקרא נדרש לפניו ולאחריו: שאפשר ליובל בלא שילוח עבדים. פעמים שאין עבד עברי בישראל שיטעון שילוח: אבל אי אפשר. שלא יהא שופר מצוי בעולם, לפיכך יש לנו לומר כשתלה הכתוב לא תלה אלא בדבר המצוי בעולם: תקיעת שופר תלויה בבית דין. לצוות לשלוחם לתקוע: שילוח עבדים תלויה בכל אדם. ואם ימאן יבטל היובל, לפיכך לא תלה הכתוב בו: ואתייא. הא דאמרינן ששילוח עבדים ביד כל אדם, כהא דאמר ר' שמואל וכו': ויצום אל בני ישראל. כאלו כתיב על בני ישראל, נוס שלא ישעבדו איש באחיו מבני ישראל ובזכות זה יהיו נגאלים: ואתיא. הא דאמר ר' שמואל כהא דאמר ר' הילא לא נענשו ישראל שגלו מן הארץ אלא על פרשת שילוח עבדים, ולמה דוקא על שילוח עבדים, לפי שהיא היתה מצוה ראשונה להם במצרים ובשבילה נגאלו ממצרים: הדא הוא דכתיב מקץ שבע שנים וגו'. לעיל מיניה כתיב כה אמר ה' אלקי ישראל אנכי כרתי ברית את אבותיכם ביום הוציאי אותם מארץ מצרים מבית עבדים לאמר מקץ שבע שנים תשלחו איש את אחיו העברי וגו'. וקשיא היכן כרת ברית שעל ידי כן יהיו נגאלים, אלא כדאמר ר' שמואל ויצום אל בני ישראל:

עין משפט

א מיי' פ"י מהלכות שמיטה ויובל הלכה יג:

שינויי נוסחאות

א] והעברת. בספרא (אמור יא ז) תלמוד לומר והעברת. וכן הגיה בקה"ע:

ב] בחודש השביעי. כ"ה בספרא (שם). וכן הגיה בקה"ע:

ג] היא. נוסף בכי"ל ע"י המגיה [אולי עפ"י הבבלי (ט:)]. בספרא (בהר ב פ"ב ה"ד) ובר"ח (ט:) ובתוס' סוטה (לג:) ליתא:

ד] אחר. בדפ"ו אחד:

ה] ליובל. כ"ה גם בספרא (שם). בבבלי (שם) לעולם. וכן בסמוך:

תורה אור השלם

א) וְהַעֲבַרְתָּ שׁוֹפַר תְּרוּעָה בַּחֹדֶשׁ הַשְּׁבִעִי בֶּעָשׂוֹר לַחֹדֶשׁ בְּיוֹם הַכִּפֻּרִים תַּעֲבִירוּ שׁוֹפָר בְּכָל אַרְצְכֶם: (ויקרא כה ט)

ב) וּבַחֹדֶשׁ הַשְּׁבִיעִי בְּאֶחָד לַחֹדֶשׁ מִקְרָא קֹדֶשׁ יִהְיֶה לָכֶם כָּל מְלֶאכֶת עֲבֹדָה לֹא תַעֲשׂוּ יוֹם תְּרוּעָה יִהְיֶה לָכֶם: (במדבר כט א)

ג) דַּבֵּר אֶל בְּנֵי יִשְׂרָאֵל לֵאמֹר בַּחֹדֶשׁ הַשְּׁבִיעִי בְּאֶחָד לַחֹדֶשׁ יִהְיֶה לָכֶם שַׁבָּתוֹן זִכְרוֹן תְּרוּעָה מִקְרָא קֹדֶשׁ: (ויקרא כג כד)

ד) וּתְקַעְתֶּם תְּרוּעָה וְנָסְעוּ הַמַּחֲנוֹת הַחֹנִים קֵדְמָה: (במדבר י ה)

ה) וּתְקַעְתֶּם תְּרוּעָה שֵׁנִית וְנָסְעוּ הַמַּחֲנוֹת הַחֹנִים תֵּימָנָה תְּרוּעָה יִתְקְעוּ לְמַסְעֵיהֶם: (במדבר י ו)

ו) וּבְהַקְהִיל אֶת הַקָּהָל תִּתְקְעוּ וְלֹא תָרִיעוּ: (במדבר י ז)

ז) וְקִדַּשְׁתֶּם אֵת שְׁנַת הַחֲמִשִּׁים שָׁנָה וּקְרָאתֶם דְּרוֹר בָּאָרֶץ לְכָל יֹשְׁבֶיהָ יוֹבֵל הִוא תִּהְיֶה לָכֶם וְשַׁבְתֶּם אִישׁ אֶל אֲחֻזָּתוֹ וְאִישׁ אֶל מִשְׁפַּחְתּוֹ תָּשֻׁבוּ: (ויקרא כה י)

ח) וַיְדַבֵּר יְהוָה אֶל מֹשֶׁה וְאֶל אַהֲרֹן וַיְצַוֵּם אֶל בְּנֵי יִשְׂרָאֵל וְאֶל פַּרְעֹה מֶלֶךְ מִצְרָיִם לְהוֹצִיא אֶת בְּנֵי יִשְׂרָאֵל מֵאֶרֶץ מִצְרָיִם: (שמות ו יג)

ט) מִקֵּץ שֶׁבַע שָׁנִים תְּשַׁלְּחוּ אִישׁ אֶת אָחִיו הָעִבְרִי אֲשֶׁר יִמָּכֵר לְךָ וַעֲבָדְךָ שֵׁשׁ שָׁנִים וְשִׁלַּחְתּוֹ חָפְשִׁי מֵעִמָּךְ וְלֹא שָׁמְעוּ אֲבוֹתֵיכֶם אֵלַי וְלֹא הִטּוּ אֶת אָזְנָם: (ירמיה לד יד)

י) הָיְתָה כָּאֳנִיּוֹת סוֹחֵר מִמֶּרְחָק תָּבִיא לַחְמָהּ: (משלי לא יד)

מסורת הש"ס

א) ר"ה לג: [ספרא אמור פרשה יא ה"ז, ספרא בהר פרשה ב ה"ד, פסיקתא זוטרתא אמור כג כד, ושם בהר כה ט, ילקו"ש אמור תרמו] ב) [ר"ה לד., ספרא אמור פרשה יא ה"ט, פסיקתא זוטרתא אמור כג כד, ילקו"ש אמור תרמו] ג) ר"ה לד. [סוכה נג:, ערכין י., ספרי בהעלותך עג, ילקו"ש אמור תרמו, בהעלותך תשכה] ד) [ר"ה ט:, ספרא בהר פרק ב ה"ד, פסיקתא זוטרתא בהר כה י, ילקו"ש בהר תרנט] ה) [איכה רבה א כט, ילקו"ש איכה תתרי]

רידב"ז

מנין שהן ג' של ג' ג' וכו' עד כדון כרבי עקיבא כר' ישמעאל. דבר זה מצוי רוב פעמים בירושלמי כר' עקיבא דדריש לשונות כפולים כר' ישמעאל דס"ל דברה תורה כלשון בני אדם, וה"נ דכוותיה, וכן פי' הק"ע ז"ל הכא, וכן הוא מצוי רוב פעמים:

עַד כְּדוֹן רֹאשׁ הַשָּׁנָה — UNTIL NOW, based on the aforementioned verses, we have learned only that these blessings are recited on Rosh Hashanah. יוֹבֵל — But from where do we know that they are recited also on Yom Kippur of *YOVEL?* ״וְהַעֲבַרְתָּ שׁוֹפַר תְּרוּעָה בַּחֹדֶשׁ הַשְּׁבִעִי בֶּעָשׂוֹר לַחֹדֶשׁ בְּיוֹם הַכִּפֻּרִים״ — Scripture therefore states:[1] ***YOU SHALL SOUND ON THE SHOFAR A TERUAH [A WAVERING BLAST] IN THE SEVENTH MONTH, ON THE TENTH OF THE MONTH; ON YOM KIPPUR.*** שֶׁאֵין תַּלְמוּד לוֹמַר ״בַּחֹדֶשׁ הַשְּׁבִעִי״ — **FOR IT** appears **UNNECESSARY** for Scripture **TO STATE *IN THE SEVENTH MONTH,*** since we already know that Yom Kippur occurs in this month.[2] מַה תַּלְמוּד לוֹמַר ״בַּחֹדֶשׁ הַשְּׁבִעִי״ — **WHAT,** then, **IS THE PURPOSE OF STATING *IN THE SEVENTH MONTH?*** אֶלָּא כָּל מַה שֶׁאַתְּ עוֹשֶׂה בְּרֹאשׁ הַשָּׁנָה הֱוֵי עוֹשֶׂה בֶּעָשׂוֹר לַחוֹדֶשׁ — To teach that **ALL THAT YOU DO ON ROSH HASHANAH** every year **YOU SHOULD** similarly **DO ON THE TENTH DAY OF THE MONTH** (Yom Kippur) of the *Yovel* year.[3] מַה כָּאן מַלְכִיּוֹת זִכְרוֹנוֹת וְשׁוֹפָרוֹת — **JUST AS HERE,** on Rosh Hashanah, we recite the blessings of **KINGSHIP, REMEMBRANCE, AND *SHOFAROS,*** אַף כָּאן מַלְכִיּוֹת זִכְרוֹנוֹת וְשׁוֹפָרוֹת — **SO TOO HERE,** on Yom Kippur of the *Yovel* year, we recite the blessings of **KINGSHIP, REMEMBRANCE, AND *SHOFAROS.***[4]

The Baraisa continues:[5]

מִנַּיִין שֶׁהִיא פְּשׁוּטָה לְפָנֶיהָ — And **FROM WHERE** do we derive **THAT A STRAIGHT [BLAST],** i.e. a *tekiah,* **PRECEDES [THE WAVERING *TERUAH* BLAST]?**[6] תַּלְמוּד לוֹמַר ״וְהַעֲבַרְתָּ שׁוֹפָר״ — **[SCRIPTURE] THEREFORE STATES** regarding Yom Kippur of *Yovel:* ***YOU SHALL SOUND*** (*vehaavarta*) ***ON THE SHOFAR.***[7] The term *vehaavarta* alludes to a straight blast.[8] וּמִנַּיִין שֶׁהִיא פְּשׁוּטָה לְאַחֲרֶיהָ — **AND FROM WHERE** do we derive **THAT** another **STRAIGHT [BLAST] FOLLOWS [THE *TERUAH* BLAST]?** תַּלְמוּד לוֹמַר ״תַּעֲבִירוּ שׁוֹפָר״ — **[SCRIPTURE] THEREFORE STATES** in the aforementioned verse: ***YOU SHALL SOUND*** (*taaviru*) ***ON THE SHOFAR.***[9] עַד כְּדוֹן יוֹבֵל — **UNTIL NOW** we have learned only that the *teruah* blast of ***YOVEL*** is preceded and followed by a straight blast; רֹאשׁ הַשָּׁנָה — from where do we derive that the *teruah* blast of **ROSH HASHANAH** is also preceded and followed by a straight blast? ״וְהַעֲבַרְתָּ שׁוֹפַר תְּרוּעָה [בַּחֹדֶשׁ הַשְּׁבִעִי] בֶּעָשׂוֹר לַחֹדֶשׁ בְּיוֹם הַכִּפֻּרִים״ — Scripture therefore says: ***YOU SHALL SOUND ON THE SHOFAR A TERUAH IN THE SEVENTH MONTH, ON THE TENTH OF THE MONTH; ON YOM KIPPUR.*** שֶׁאֵין תַּלְמוּד לוֹמַר ״בַּחֹדֶשׁ הַשְּׁבִעִי״ — **FOR IT IS UNNECESSARY TO STATE *IN THE SEVENTH MONTH,*** since we already know that Yom Kippur occurs in this month. מַה תַּלְמוּד לוֹמַר ״בַּחֹדֶשׁ הַשְּׁבִעִי״ — **WHAT,** then, **IS THE PURPOSE OF STATING *IN THE SEVENTH MONTH?*** אֶלָּא מַה שֶׁאַתְּ עוֹשֶׂה בַּחוֹדֶשׁ הַשְּׁבִיעִי כְּבֶעָשׂוֹר לַחוֹדֶשׁ — To teach us **THAT WHAT YOU DO *IN THE SEVENTH MONTH*** every year (i.e. on Rosh Hashanah) should be **AS** is done **ON THE TENTH DAY OF THE MONTH** (Yom Kippur) of the *Yovel* year. מַה כָּאן תּוֹקֵעַ וּמֵרִיעַ וְתוֹקֵעַ — **JUST AS HERE,** on Yom Kippur of *Yovel,* **ONE BLOWS TEKIAH-TERUAH-TEKIAH,** אַף כָּאן תּוֹקֵעַ וּמֵרִיעַ וְתוֹקֵעַ — **SO TOO HERE,** on Rosh Hashanah of every year, **ONE BLOWS *TEKIAH-TERUAH-TEKIAH.***

The Baraisa concludes:

מִנַּיִין שֶׁהֵן שָׁלֹשׁ שֶׁל שָׁלֹשׁ שָׁלֹשׁ — And **FROM WHERE** do we derive **THAT [THE BLASTS TO BE BLOWN] ARE THREE** sets **CONSISTING OF THREE** blasts **EACH?**[10] תַּלְמוּד לוֹמַר — **[SCRIPTURE] THEREFORE STATES** three references to *teruah* blasts: ״יוֹם תְּרוּעָה״ — Concerning Rosh Hashanah it states: ***A DAY OF TERUAH SOUNDING,***[11] ״זִכְרוֹן תְּרוּעָה״ — and: ***A REMEMBRANCE OF TERUAH SOUNDING;***[12] ״שׁוֹפַר תְּרוּעָה״ — and with regard to Yom Kippur of the *Yovel* year it states: *You shall sound* ***ON THE SHOFAR A TERUAH.***[13]

The Baraisa taught that the rule that each *teruah* of Rosh Hashanah is preceded and followed by a *tekiah* is learned from a *hekeish* comparing Rosh Hashanah and *Yovel.* The Gemara identifies the Tanna of the Baraisa and presents another view:

עַד כְּדוֹן כְּרַבִּי עֲקִיבָה — **Until now** we learned how this is derived **according to R' Akivah.** כְּרַבִּי יִשְׁמָעֵאל — But **according to R' Yishmael,** how is this to be derived?[14] תָּנֵי רַבִּי

NOTES

1. *Leviticus* 25:9.

2. The Torah states in several other places [e.g. ibid. 16:29, 23:27, and *Numbers* 29:7] that Yom Kippur is in the seventh month [Tishrei] (*Korban HaEidah,* from *Rashi* to 34a).

3. The apparently unnecessary words *In the seventh month,* written regarding Yom Kippur of *Yovel,* create a *hekeish* that equates the laws of the sounding of the shofar on Rosh Hashanah (the first day of the seventh month) with those on Yom Kippur of *Yovel* (based on *Bavli* 34a; cf. *Pnei Moshe*).

4. *Korban HaEidah.*

5. The continuation of the Baraisa appears, with slight variation, in *Toras Kohanim, Emor* 11:7-8 and in *Bavli* 33b-34a.

6. The aforementioned verse regarding blowing the shofar on Yom Kippur of *Yovel* (*Leviticus* 25:9) specifies only the sounding of a *teruah,* a *wavering blast* (*Ritva* to 33b).

7. *Leviticus* 25:9. The verse reads, in its entirety: וְהַעֲבַרְתָּ שׁוֹפַר תְּרוּעָה בַּחֹדֶשׁ הַשְּׁבִעִי בֶּעָשׂוֹר לַחֹדֶשׁ בְּיוֹם הַכִּפֻּרִים תַּעֲבִירוּ שׁוֹפָר בְּכָל־אַרְצְכֶם, *You shall sound on the shofar a teruah in the seventh month, on the tenth of the month; on Yom Kippur you shall sound the shofar throughout your land.*

8. The word וְהַעֲבַרְתָּ means literally: *You shall cause to pass through.* This alludes to passing a blast through the shofar without interruption, i.e. sounding a *tekiah* (*Korban HaEidah,* from *Rashi* — printed on top of 34a). Since the verse states וְהַעֲבַרְתָּ before the word תְּרוּעָה, we learn that a *tekiah* must precede the *teruah* (*Rashi* ibid.; see also *Rashi* to *Zevachim* 25b ד״ה שיעברו תנן; cf. *Malbim* to *Leviticus* 23:24).

9. Also the word תַּעֲבִירוּ means literally: *You shall cause to pass through.* Since it appears later in the verse than the word תְּרוּעָה (see note 7), it indicates that a *tekiah* must follow the *teruah.* Thus, we know that the *teruah* is blown between two *tekiah* blasts (*Rashi* ibid.). [See *Ramban* to *Leviticus* 23:24 for a discussion of why the Torah mentions explicitly only the *teruah.*]

10. How do we know that we must blow the combination of *tekiah-teruah-tekiah* three times — once corresponding to the Kingship blessing, once to the Remembrance blessing, and once to the *Shofaros* blessing? (*Rashi* 34a; see below, Mishnah 4:10 [26a]).

11. *Numbers* 29:1.

12. Ibid. 23:24.

13. *Leviticus* 25:9. Since we know that each *teruah* is always preceded and followed by a *tekiah,* we can derive the requirement of three full sets of blasts. [*Bavli* (ibid.) adds that although *teruah* is mentioned only twice concerning Rosh Hashanah and only once concerning Yom Kippur, we nevertheless derive that the three mentions are to be combined. For the phrase בַּחֹדֶשׁ הַשְּׁבִעִי, *in the seventh month,* appears both in *Leviticus* 29:1 regarding Rosh Hashanah, and in ibid. 25:9 regarding Yom Kippur of the *Yovel* year. This creates a *gezeirah shavah* that links together the two passages, teaching that the *teruah* of *Yovel* applies also to Rosh Hashanah, and the two *teruahs* of Rosh Hashanah apply also to *Yovel.* Thus, we blow a total of three sets of blasts on both Rosh Hashanah and Yom Kippur of *Yovel* (see *Rashi* ibid.).]

14. The Baraisa's *hekeish* is based on the redundance of the term *in the seventh month* written in the context of Yom Kippur of *Yovel.* This accords well with the opinion of R' Akivah, who is oft quoted in the Talmud as deriving new laws from redundant Scriptural phrases. However, R' Yishmael maintains that laws cannot be inferred from repeated words since "the Torah speaks in the [common] language of man" (דברה תורה כלשון בני אדם) [see *Shabbos* 19:2]. According to him, there is no special significance in the redundance of *in the seventh month.* Thus, the rule that each *teruah* of Rosh Hashanah must be preceded and followed by a *tekiah* cannot be learned from *Yovel,* and a different derivation must be sought (*Korban HaEidah; Ridvaz;* see *Pnei Moshe* to *Pesachim* 2:7 [21a]; cf. *Pnei Moshe* and *Beur of R' Chaim Kanievski* here; see also *Bavli Berachos* 31b).

Alternatively, the Gemara assumes that the Baraisa cited reflects the opinion of R' Akivah because the Baraisa is found in *Toras Kohanim* (*Sifra*). This work was compiled by R' Yehudah, a disciple of R' Akivah, in accordance with his master's teachings [see *Bavli Sanhedrin* 86a]

עד כדון ראש השנה יובל. [א]והעברת שופר תרועה בחודש השביעי בעשור לחדש ביום הכיפורים שאין תלמוד לומר בחודש השביעי מה תלמוד לומר בחודש השביעי אלא כל מה שאת עושה בראש השנה הוי עושה בעשור לחודש מה כאן מלכיות זכרונות ושופרות אף כאן מלכיות זכרונות ושופרות. [ב]מניין שהיא פשוטה לפניה. תלמוד לומר [א]והעברת שופר. ומניין שהיא פשוטה לאחריה. תלמוד לומר [א]תעבירו שופר. עד כדון יובל ראש השנה. [א][א]והעברת שופר תרועה [ב][בחודש השביעי] בעשור לחדש ביום הכיפורים שאין תלמוד לומר בחודש השביעי מה תלמוד לומר בחודש השביעי אלא מה שאת עושה בחודש השביעי כבעשור לחודש מה כאן תוקע ומריע ותוקע [א]אף כאן תוקע ומריע ותוקע. [ג]מניין שהן שלש של שלש שלש. תלמוד לומר [ב]יום תרועה [ג]זכרון תרועה [א]שופר תרועה. עד כדון כר' עקיבה כר' ישמעאל. תני ר' ישמעאל [ג][ד]ותקעתם תרועה [ה]ותקעתם תרועה שנית תרועה יתקעו למסעיהם. יז. [ט]אין תימר היא תקיעה היא תרועה והכתיב [ו]ובהקהיל את הקהל תתקעו ולא תריעו. [ד][ז]יובל [ג](היא) אף על פי שלא השמיטו אף על פי שלא תקעו בשופר. או יכול אף על פי שלא שילחו עבדים. תלמוד לומר [ז]היא דברי ר' יודה. ר' יוסה אומר יובל אף על פי שלא השמיטו אף על פי שלא שילחו עבדים. או יכול אף על פי שלא תקעו בשופר. תלמוד לומר [ז]היא. אמר ר' יוסה מאחר שהכתוב תולה אותה לענין תקיעת שופר וכתוב [ד]אחר תולה אותה לענין שילוח עבדים מפני מה אני אומר יובל שלא בשילוח עבדים. שאיפשר [ה]ליובל בלא שילוח עבדים אבל אי אפשר ליובל שלא בתקיעת שופר. דבר אחר תקיעת שופר תלויה בבית דין ושילוח עבדים תלוי בכל אדם. ואתייא כהיא דאמר ר' שמואל בר ר' יצחק [ח]וידבר ה' אל משה ואל אהרן ויצום אל בני ישראל על מה ציום על פרשת שילוח עבדים. ואתיא כהיא דאמר ר' הילא [ה]לא נענשו ישראל אלא על פרשת שילוח עבדים. הדא הוא דכתיב [ט]מקץ שבע שנים תשלחו איש את אחיו העברי וגו'. תני בשם ר' נחמיה [י]היתה כאניות סוחר ממרחק תביא לחמה

פני משה

עד כדון ראש השנה יובל. מנין, תלמוד לומר וכו': עד כדון כר"ע. זו דברי ר' עקיבא, אבל לר' ישמעאל יליף גזירה שוה ממדבר כדדריש בספרי פרשת בהעלותך (עג) ותקעתם תרועה וכו', ומסיים שם אין לי אלא במדבר בראש השנה מנין נאמר כאן [תרועה] ונאמר להלן תרועה, מה תרועה האמורה להלן תוקע ומריע ותוקע אף תרועה האמורה כאן תוקע ומריע ותוקע: יובל היא וכו'. ברייתא היא בתו"כ פרשת בהר (פרשה ב פ"ב ד) ודריש קרא יתירא דהא לעיל מינה כתיב (ויקרא כה ט-י) והעברת שופר תרועה וגו' וקדשתם את שנת החמישים שנה וקראתם דרור, והדר כתיב יובל היא תהיה לכם ודריש יובל מכל מקום אע"פ שלא השמיטו השדות לחזור לבעליהן ואף על פי שלא תקעו בשופר אפילו כן שם יובל עליו להיות אסור בזריעה בקצירה ובצירה: דברי ר' יהודה. דסבירא ליה דשילוח עבדים מעכב ביובל, ור' יוסי סבירא ליה תקיעת שופר הוא דמעכב כדמפרש טעמיה א"ר יוסי מאחר שהכתוב אחד משמע שתולה העיכוב בענין זה וכתוב אחד וכו' שאפשר לעולם בלא שילוח עבדים שפעמים אין עבד עברי בישראל שיהא טעון שלוח, אבל אי אפשר שלא יהא שופר בעולם ותלינן העיכוב בדבר המצוי: תלויה בבית דין. והם יכולים לצוות לשלוחם לתקוע, אבל שילוח עבדים תלוי בכל אדם ואם ימאן לשלוח יבטל היובל הלכך אמרינן דלא תלה הכתוב בו: הדא הוא דכתיב מקץ שבע שנים וכו'. והוכיחן ירמיהו כשלא קיימו ואמר שסופן להענש על כך:

קרבן העדה

עד. כאן שמעינן ראש השנה שאומרים מלכיות זכרונות ושופרות, ביום הכיפורים של יובל מנין שאומרים מלכיות וכו': תלמוד לומר והעברת שופר וגו'. שאין תלמוד לומר בחדש השביעי, דהא כתיב בכמה מקומות דיום הכיפורים בחדש השביעי הוא, והכא יום הכיפורים כתיב: תלמוד לומר והעברת שופר. פשוטה משמע העברת קול אחד: ראש השנה. מניין דבעינן פשוטה לפניה ופשוטה לאחריה: ה"ג תלמוד לומר והעברת שופר תרועה בחדש השביעי וגו': מה כאן. ביום הכיפורים תוקע ומריע ותוקע, דהא תרועה כתיב בין הפשוטות: עד כדון כר' עקיבא. דדריש לשונות כפולות, ואייתר לן בחדש השביעי כיון דכתיב ביום הכיפורים: לר' ישמעאל. דסובר דברה תורה כלשון בני אדם, ואף על גב דכתיב כפל בחדש השביעי וביום הכיפורים ליכא למילף מיניה מידי, מנא ליה בראש השנה פשוטה לפניה ולאחריה: אין תימר. שלא היה שם תקיעה כלל, והכי קאמר היו תוקעין תרועה: תתקעו ולא תריעו. מכלל דבמסעות תתקעו ותריעו, הרי תקיעה בפני עצמה ותרועה בפני עצמה, וכתיב (במדבר י ו) ותקעתם תרועה שנית, היינו שתהא תרועה שנית ותקיעה שלישית: יובל היא. ברישא כתיב והעברת שופר וקדשתם שנת החמשים שנה וקראתם דרור, והדר כתיב יובל היא תהיה לכם, וקרא יתירא הוא, והכי תדרשנה, יובל היא לכם מכל מקום, ואפילו לא נעשה בו דברים הללו העברת שופר ושמיטת הקרקעות שקנו זה מזה דכתיב בתר הכי ושבתם איש אל אחוזתו, אף על פי כן שם יובל עליו להיות אסור בזריעה ובצירה וקצירה כדכתיב לא תזרעו וגו': או יכול אע"פ שלא שילחו העבדים. יהא יובל: תלמוד לומר היא. אם עשית דברים הללו היא יובל ואם לאו אינו יובל, דקסבר מקרא נדרש לפניו, מיעוטא דהיא אקריאת דרור קאי דסליק מיניה: מאחר שהכתוב וכו'. דר' יוסי סובר מקרא נדרש לפניו ולאחריו: שאפשר ליובל בלא שילוח עבדים. פעמים שאין עבד עברי בישראל שיטעון שילוח: אבל אי אפשר. שלא יהא שופר מצוי בעולם, לפיכך יש לנו לומר כשתלה הכתוב לא תלה אלא בדבר המצוי בעולם: תקיעת שופר תלויה בבית דין. לצוות לשלוחם לתקוע: שילוח עבדים תלויה בכל אדם. ואם ימאן יבטל היובל, לפיכך לא תלה הכתוב בו: ואתייא. הא דאמרינן ששילוח עבדים ביד כל אדם, כהא דאמר ר' שמואל וכו': ויצום אל בני ישראל. כאלו כתיב על בני ישראל, לוס שלא ישעבדו איש באחיו מבני ישראל ובזכות זה יהיו נגאלים: ואתיא. הא דאמר ר' שמואל כהא דאמר ר' הילא לא נענשו ישראל שגלו מן הארץ אלא על פרשת שילוח עבדים, ולמה דוקא על שילוח עבדים, לפי שהיא היתה מצוה ראשונה להם במצרים ובשבילה נגאלו ממצרים: הדא הוא דכתיב מקץ שבע שנים וגו'. לעיל מיניה כתיב כה אמר ה' אלקי ישראל אנכי כרתי ברית את אבותיכם ביום הוציאי אותם מארץ מצרים מבית עבדים לאמר מקץ שבע שנים תשלחו איש את אחיו העברי וגו'. וקשיא היכן כרת ברית שעל ידי כן יהיו נגאלים, אלא כדאמר ר' שמואל ויצום אל בני ישראל:

עין משפט

א מיי' פ"י מהלכות שמיטה ויובל הלכה יג:

שינויי נוסחאות

א] והעברת. בספרא (אמור יא ז) תלמוד לומר והעברת. וכן הגיה בקה"ע:

ב] בחודש השביעי. כ"ה בספרא (שם). וכן הגיה בקה"ע:

ג] היא. נוסף בכי"ל ע"י המגיה [אולי עפ"י הבבלי (ט:)]. בספרא (בהר ב פ"ב ה"ד) ובר"ח (ט:) ובתוס' סוטה (לג:) ליתא:

ד] אחר. בדפ"ו אחד:

ה] ליובל. כ"ה גם בספרא (שם). בבבלי (שם) לעולם. וכן בסמוך:

תורה אור השלם

א) וְהַעֲבַרְתָּ שׁוֹפַר תְּרוּעָה בַּחֹדֶשׁ הַשְּׁבִעִי בֶּעָשׂוֹר לַחֹדֶשׁ בְּיוֹם הַכִּפֻּרִים תַּעֲבִירוּ שׁוֹפָר בְּכָל אַרְצְכֶם: (ויקרא כה ט)

ב) וּבַחֹדֶשׁ הַשְּׁבִיעִי בְּאֶחָד לַחֹדֶשׁ מִקְרָא קֹדֶשׁ יִהְיֶה לָכֶם כָּל מְלֶאכֶת עֲבֹדָה לֹא תַעֲשׂוּ יוֹם תְּרוּעָה יִהְיֶה לָכֶם: (במדבר כט א)

ג) דַּבֵּר אֶל בְּנֵי יִשְׂרָאֵל לֵאמֹר בַּחֹדֶשׁ הַשְּׁבִיעִי בְּאֶחָד לַחֹדֶשׁ יִהְיֶה לָכֶם שַׁבָּתוֹן זִכְרוֹן תְּרוּעָה מִקְרָא קֹדֶשׁ: (ויקרא כג כד)

ד) וּתְקַעְתֶּם תְּרוּעָה וְנָסְעוּ הַמַּחֲנוֹת הַחֹנִים קֵדְמָה: (במדבר י ה)

ה) וּתְקַעְתֶּם תְּרוּעָה שֵׁנִית וְנָסְעוּ הַמַּחֲנוֹת הַחֹנִים תֵּימָנָה תְּרוּעָה יִתְקְעוּ לְמַסְעֵיהֶם: (במדבר י ו)

ו) וּבְהַקְהִיל אֶת הַקָּהָל תִּתְקְעוּ וְלֹא תָרִיעוּ: (במדבר י ז)

ז) וְקִדַּשְׁתֶּם אֵת שְׁנַת הַחֲמִשִּׁים שָׁנָה וּקְרָאתֶם דְּרוֹר בָּאָרֶץ לְכָל יֹשְׁבֶיהָ יוֹבֵל הִוא תִּהְיֶה לָכֶם וְשַׁבְתֶּם אִישׁ אֶל אֲחֻזָּתוֹ וְאִישׁ אֶל מִשְׁפַּחְתּוֹ תָּשֻׁבוּ: (ויקרא כה י)

ח) וַיְדַבֵּר יְהוָה אֶל מֹשֶׁה וְאֶל אַהֲרֹן וַיְצַוֵּם אֶל בְּנֵי יִשְׂרָאֵל וְאֶל פַּרְעֹה מֶלֶךְ מִצְרָיִם לְהוֹצִיא אֶת בְּנֵי יִשְׂרָאֵל מֵאֶרֶץ מִצְרָיִם: (שמות ו יג)

ט) מִקֵּץ שֶׁבַע שָׁנִים תְּשַׁלְּחוּ אִישׁ אֶת אָחִיו הָעִבְרִי אֲשֶׁר יִמָּכֵר לְךָ וַעֲבָדְךָ שֵׁשׁ שָׁנִים וְשִׁלַּחְתּוֹ חָפְשִׁי מֵעִמָּךְ וְלֹא שָׁמְעוּ אֲבוֹתֵיכֶם אֵלַי וְלֹא הִטּוּ אֶת אָזְנָם: (ירמיה לד יד)

י) הָיְתָה כָּאֳנִיּוֹת סוֹחֵר מִמֶּרְחָק תָּבִיא לַחְמָהּ: (משלי לא יד)

מסורת הש"ם

א) ר"ה לג: [ספרא אמור פרשה יא ה"ז, ספרא בהר פרשה ב ה"ד, פסיקתא זוטרתא אמור כג כד, ושם בהר כה ט, ילקו"ש אמור תרמו] ב) [ר"ה לד., ספרא אמור פרשה יא ה"ט, פסיקתא זוטרתא אמור כג כד, ילקו"ש אמור תרמו] ג) ר"ה לד. [סוכה נג:, ערכין י., ספרי בהעלותך עג, ילקו"ש אמור תרמו, בהעלותך תשכה] ד) [ר"ה ט:, ספרא בהר פרק ב ה"ד, פסיקתא זוטרתא בהר כה י, ילקו"ש בהר תרנט] ה) [איכה רבה א כט, ילקו"ש איכה תתרי]

רידב"ז

מנין שהן ג' של ג' ג' וכו' עד כדון כרבי עקיבא כר' ישמעאל. דבר זה מצוי רוב פעמים בירושלמי כר' עקיבא דדריש לשונות כפולים כר' ישמעאל דס"ל דברה תורה כלשון בני אדם, וה"נ דכוותיה, וכן פי' הק"ע ז"ל הכא, וכן הוא מצוי רוב פעמים:

למה ראשה גבי סופה מצטרף [א]וסופה גבי ראשה מצטרף לא ראשה אית לה סוף ולא סופה אית לה ראש:

הלכה ד

מתני' [א]ובתעניות [ב]של זכרים כפופין [ב][ג]ופיו מצופה כסף ושתי חצוצרות באמצע. [א]שופר מקצר וחצוצרות מאריכות שמצות היום בחצוצרות:

גמ' אמר ר' יונה כדי שיכופו את לבם [ד]בתפילה. [ג]קומי ר' יהושע בן לוי [ב]תקעין [ה]בתעניתא. ר' יוסה בעי ויתקעון קומוי בחצוצרתא. ולא שמיע דתני [ג][ד]חצוצרות במקדש אין חצוצרות בגבולין. ויתפללו לפניו עשרים וארבע כהדא [ה]ר' יוחנן מתפלל בתשעה באב עשרים וארבע ומפקד לתלמידוי לא תילפון מיני הדין עובדה. דצריכה ליה אבל הוא תענית ציבור הוא. ר' יוסה בשם ר' יהושע בן לוי אינו תענית ציבור. ר' יונה ר' יצחק בר נחמן בשם ר' יהושע בן לוי אבל הוא אינו תענית ציבור. אמר ר' זעירא מילתיה [י]דר' יוחנן אמרה יחיד בתשעה באב מתפלל ארבע. לא אמר אלא ארבע הא עשרים וארבע לא:

הלכה ה

מתני' [ד][ז]שוה היובל לראש השנה לתקיעה [ח]ולברכות. [ט]ר' יהודה אומר בראש השנה [ה]תוקעין בשל זכרים [ו]וביובל בשל יעילים:

גמ' [י][א]אני ה' אלהיכם אלו המלכיות. [כ][ב]זכרון תרועה אלו הזכרונות. [ג]שופר תרועה אלו השופרות.

קרבן העדה

למה. אין בידו אפילו אחת: דראשה לסופה מצטרף. לעולם בעינן ראש וסוף בתקיעה אחת, והכא ראשה כיון לפשוטה שלאחריה וסופה לפשוטה שלפניה, נמצא דאין לשום תקיעה ראש וסוף. והא דתנן במתני' אין בידו אלא אחת, אתקיעה ראשונה קאי: **מתני'** בשל זכרים. אילים: ושתי חצוצרות באמצע. שני שופרות היו להן אחד מכאן ואחד מכאן וחצוצרות באמצע: שמצות היום בחצוצרות. דסתם תענית על צרת הצבור, וכתיב (במדבר י ט) על הצר הצורר אתכם והרעותם בחצוצרות: **גמ'** כדי שיכופו את לבם בתפלה. לכך בעינן כפופים דכתיב (מלכים-א ט ג) והיו עיני ולבי שם, בעינן שתהא פניו כבושין לארץ: קומי. לפני ר' יהושע בן לוי תקעו בתענית בשופרות: ויתקעון וכו'. הוי ליה לתקוע לפניהם אף בחצוצרות: ולא שמיע ליה. לר' יוסה הא דתניא בחצוצרות במקדש תוקעין אבל לא במדינה, דכתיב (תהלים צח ו) בחצוצרות וקול שופר הריעו לפני המלך ה', לפני המלך ה' אין שלא לפני המלך ה' לא: ויתפללו לפניו עשרים וארבע. ר' יהושע בן לוי צוה שיתפללו לפניו בתענית ציבור כ"ד ברכות, כדתנן במס' תענית (פ"ב מ"ב), דלא נימא דוקא במקדש עשו כן: כהא דר' יוחנן. התפלל בתשעה באב כ"ד ברכות, וצוה לתלמידיו אחר כך שלא ילמדו ממנו לעשות כן: דצריכה ליה. דקמיבעיא ליה לר' יוחנן אחר כך אם תענית של תשעה באב משום אבילות הוא ואין מתפללין כ"ד ברכות, או כתענית ציבור הוא ומתפללין בו כ"ד ברכות: אבל הוא. תשעה באב ואינו תענית ציבור: מילתיה דר' יוחנן אמרה. אף מדברי ר' יוחנן שמעינן דאין מתפללין בתשעה באב כ"ד ברכות, דאמר יחיד מתפלל בתשעה באב ד' תפילות ערבית שחרית מנחה ונעילה, דסבירא ליה כתענית ציבור היא ומתפללין נעילה: לא אמר. דתשעה באב כתענית ציבור אלא לענין נעילה, אבל כ"ד ברכות אין מתפללין בו: **מתני'** לתקיעה. בפשוטין. ואף על גב דתקיעה ביובל לא לתפלה ולא לזכרון אלא לסימן שילוח עבדים וחזרת שדות לבעליהן, אפילו הכי כעין ראש השנה בעי, כדמפרש בגמ': ולברכות. למנין הברכות. דבעי למימר מלכיות זכרונות ושופרות ביום הכיפורים של יובל כמו בראש השנה: ר' יהודה אומר וכו'. טעמא מפרש בגמ': **גמ'** אני ה' אלהיכם. הוא לשון אני אדון לכם, וסמיך ליה בחדש השביעי זכרון תרועה:

פני משה

למה משום ראשה וכו'. כלומר ראשה של תקיעה זו גבי סופה מצטרף הוא, וכן סופה גבי ראשה מצטרף, ואת אמרת דסופה של זו לא כלום הוא שתעלה לשל אחרים, א"כ גם כן ראשה לא תעלה לפשוטה של אחריה של סדר הראשון, שהרי הכל מקצת תקיעה היא ומקצת ראשה הויא כמקצת סופה אם כן לא ראשה אית לה סוף ולא סופה אית לה ראש, וכלומר כמו שסופה לא כלום הוא כך ראשה לא כלום, ובדין הוא שזה שנתכוין למשוך לצאת לפשוטה של אחריה והסדר הראשון ולפשוטה שלפניה של הסדר של אחריו, שלא עשה כלום בתקיעה זו ואפילו אחת אין בידו: **מתני'** ובתעניות. שבית דין גוזרין על הצבור כדתנן במסכת תענית (פ"א מ"ה): תוקעין בשל זכרים. והיא של אילים: כפופין. סתמן כפופין הן, וטעמא דבתעניות כמה דכייף איניש טפי מעלי, על דרך (מלכים-א ט ג) והיו עיני ולבי שם וצריך לבן אדם שיהו עיניו למטה לארץ: ופיו מצופה כסף. משום דתענית יומא דכינופיא, וכל כינופיא דכסף היא כדאשכחן בחצוצרות של משה דלכינופיא עבידי והיו של כסף (במדבר י ב). אי נמי דהתורה חסה על ממונן של ישראל ובראש השנה משום כבוד יום טוב עבדי דזהב: ושתי חצוצרות באמצע. מפני שמצות היום בחצוצרות דסתם תענית על צרת צבור הוא, וכתיב (במדבר שם ט) על הצר הצורר אתכם והרעותם בחצוצרות: וחצוצרות מאריכות. כדי להודיע לכל שמצות היום בחצוצרות: **גמ'** אמר ר' יונה. טעמא דבתעניות בכפופין כדי שיכופו וכו' כדפרישית במתניתן: קומי ר' יהושע בן לוי. הוו תקעין בתעניתא בשופר: ויתקעין קומוי. גם בחצוצרתא כדתנן במתניתן, וקאמר הש"ס ומאי תבעי ליה לר' יוסה וכי לא שמיע ליה דתני וכו' שאין חצוצרות בגבולין דכתיב (תהלים צח ו) בחצוצרות וקול שופר הריעו לפני המלך ה' בדווקא: מתפלל בתשעה באב עשרים וארבע. ברכות, כדתנינן בפ"ב דתענית (מ"ב) גבי תענית צבור שגוזרין על הגשמים שמוסיף שש ברכות על שמונה עשרה שבכל יום, והיה ר' יוחנן נוהג גם בט' באב כן ומצוה לתלמידיו שלא ילמדו ממנו לעשות מעשה כזה: דצריכה ליה. משום דספוקי מספקא ליה בענין ט' באב: אבל הוא תענית צבור הוא. כלומר אי משום אבלות בלבד התענית הזה הוא או כשאר תענית צבור על הגשמים דינו: אינו תענית צבור. אין לט' באב דין תענית צבור שעל הגשמים, וכן א"ר יונה וכו' בשם ר' יהושע בן לוי שדין אבל הוא ואינו תענית צבור כשל גשמים: מילתיה דר' יוחנן אמרה. שמעינן ממנו: יחיד בתשעה באב מתפלל ארבע. כלומר ארבע מאלו שש ברכות דתנינן שם הוא מוסיף, ולא אמר אלא ארבע הא כ"ד של שאר תענית צבור לא כמו דהוה מפקיד לתלמידיו לעיל: **מתני'** שוה היובל לראש השנה לתקיעה. לענין באיזה שופר, ולתנא דמתניתן לעיל מה ראש השנה בפשוטים אף יובל בפשוטים, ואע"ג דהתקיעה ביובל לא לתפלה ולא לזכרון היא אלא סימן לשלוח העבדים וחזרת שדות לבעליהן, אפילו הכי כעין ראש השנה בעינן דגמרינן בגזירה שוה שביעי שביעי שיהו כל התקיעות של חודש השביעי זו כזו, וכן לענין מנין התקיעות ילפינן ראש השנה ויובל בהאי גזירה שוה שיהו שוין זה כזה כדאמרינן בגמרא (בבלי לד.): ולברכות. למלכיות זכרונות ושופרות אומרים ביום הכיפורים של יובל כמו בראש השנה: ר' יהודה אומר בראש השנה תוקעין בשל זכרים, כפופין דבראש השנה אמרינן כל כמה דכייף איניש טפי עדיף (בבלי כו:), וביובל בשל יעלים פשוטים שהוא לקרות דרור טפי עדיף, וסבירא ליה דלא גמרינן גזירה שוה אלא למנין התקיעות בלחוד דבזה שוין הן וכן לענין הברכות, אבל באיזה שופר דסברא בעלמא הוא וכדאמרן אינן שווין, ואין הלכה כר' יהודה ולא כת"ק דמתניתן אלא הלכה כר' לוי דגמרא דהתם (בבלי כו:) דקאמר בין בראש השנה בין יום הכיפורים של יובל בשל זכרים כפופין, וטעמא דכי גמרינן גזירה שוה לכולא מילתא גמרינן דקיימא לן (זבחים מח.) אין גזירה שוה למחצה: **גמ'** אני ה' אלהיכם אלו המלכיות. הכי דריש לה בתו"כ פרשת אמור (פרשה יא) דכתיב (ויקרא כג כב) לעני ולגר תעזוב אותם אני ה' אלהיכם, וסמיך ליה (ויקרא שם כד) בחדש השביעי באחד לחדש יהיה לכם שבתון זכרון תרועה מקרא קודש וגו', ודריש מהסמיכות רמז לאלו פסוקי המלכיות, זכרון תרועה וכו'.

מסורת הש"ס

א) ר"ה כו: [ילקו"ש תהלים תתנב] ב) [ילקו"ש בהעלותך תשכד בשינוי] ג) [ר"ה כז. וילקו"ש תהלים תתנב בשינוי] ד) [ר"ה כז., ילקו"ש בהעלותך תשכד, תהלים תתנב] ה) [עי' פסחים נד:] ו) [פסחים נד: בשינוי] ז) ר"ה כו: [כט., ל., ערכין ג., מס' עבדים פ"א ה"ב] ח) [תענית יז בשינוי] ט) [תוספתא פ"ב ה"ב] י) ר"ה לג: [פסיקתא זוטרתא בהעלותך י י, ילקו"ש אמור תרמה, בהעלותך תשכה] כ) [תוספתא פ"ב ה"ח, ספרא אמור פרשה יא ה"א, פסיקתא זוטרתא אמור כג כד]

גליון הש"ס

חצוצרות במקדש אין חצוצרות בגבולין. עיין ברמב"ן במלחמות ובר"ן בפ"ג (ו. מדה"ר):

מראה הפנים

ויתפללו לפניו עשרים וארבע. לפי גירסא זו דרך קושיא היא אמאי לא מזכיר אלא מתקיעות שתקעו לפניו בתענית צבור, ולמה לא התפללו ג"כ עשרים וארבע ברכות כהדא וכו' דבתענית צבור ליכא מאן דפליג שצריך עשרים וארבע ברכות (תענית פ"ב מ"ב), ויותר נכון לגרוס והתפללו לפניו עשרים וארבע כהדא ר' יוחנן וכו', דמשמע דכך היו נוהגין לצבור אף בימיהם כמו בימי חכמי המשנה:

עין משפט

א טוש"ע או"ח סימן תקפו סעיף ד:
ב [מיי' פ"א מהלכות שופר הלכה ד ופ"א מהלכות תענית הלכה ד ופ"ד הלכה יז]:
ג מיי' פ"ג מהלכות שופר הלכה א ופ"י מהלכות שמיטה ויובל הלכה [י] יא ופ"ב מהלכות תפילה הלכה ח [טוש"ע או"ח סימן תקל סעיף א]:
ד מיי' פ"א מהלכות שופר הלכה א טוש"ע או"ח סימן תקפו סעיף א:
ה מיי' שם פ"ג הלכה א טוש"ע או"ח סימן תקל סעיף א:

שינויי נוסחאות

א] **וסופה גבי ראשה מצטרף.** בריטב"א (כז.) ליתא:
ב] **של.** במשניות ובבבלי (כו:) **בשל:**
ג] **ופיו.** כ"ה גם בבבלי (כז.) בפיסקא ממתני'. במשניות ובמשניות שבבבלי **ופיהם:**
ד] **בתפילה.** ברמב"ן (דרשה לר"ה) **לתפלה.** בשבולי הלקט (סדר ר"ה סי' רצב) **בתשובה:**
ה] **בתעניתא.** במאירי (תענית יד.) נוסף **בשופר:**
ו] **וביובל.** כ"ה גם בגירסת הרמב"ם בפיה"מ. במשניות ובבבלי (כו:) **וביובלות:**

תורה אור השלם

א) וּבְיוֹם שִׂמְחַתְכֶם וּבְמוֹעֲדֵיכֶם וּבְרָאשֵׁי חָדְשֵׁכֶם וּתְקַעְתֶּם בַּחֲצֹצְרֹת עַל עֹלֹתֵיכֶם וְעַל זִבְחֵי שַׁלְמֵיכֶם וְהָיוּ לָכֶם לְזִכָּרוֹן לִפְנֵי אֱלֹהֵיכֶם אֲנִי יְהוָה אֱלֹהֵיכֶם: (במדבר י י)

וּבְקֻצְרְכֶם אֶת קְצִיר אַרְצְכֶם לֹא תְכַלֶּה פְּאַת שָׂדְךָ בְּקֻצְרֶךָ וְלֶקֶט קְצִירְךָ לֹא תְלַקֵּט לֶעָנִי וְלַגֵּר תַּעֲזֹב אֹתָם אֲנִי יְהוָה אֱלֹהֵיכֶם: (ויקרא כג כב עי' פ"מ)

ב) דַּבֵּר אֶל בְּנֵי יִשְׂרָאֵל לֵאמֹר בַּחֹדֶשׁ הַשְּׁבִיעִי בְּאֶחָד לַחֹדֶשׁ יִהְיֶה לָכֶם שַׁבָּתוֹן זִכְרוֹן תְּרוּעָה מִקְרָא קֹדֶשׁ: (ויקרא כג כד)

ג) וְהַעֲבַרְתָּ שׁוֹפַר תְּרוּעָה בַּחֹדֶשׁ הַשְּׁבִעִי בֶּעָשׂוֹר לַחֹדֶשׁ בְּיוֹם הַכִּפֻּרִים תַּעֲבִירוּ שׁוֹפָר בְּכָל אַרְצְכֶם: (ויקרא כה ט)

horns **of rams,**[26] **וּבְיוֹבֵל בְּשֶׁל יְעֵילִים** – **whereas on** Yom Kippur of the ***Yovel*** year we blow **with** the horns **of wild goats.**[27]

Gemara Our Mishnah states that *The laws of the Yovel year are identical to the laws of Rosh Hashanah with regard to the blowing of the shofar and to the blessings.* The Gemara cites a Baraisa that derives this comparison from Scriptural verses:

"אֲנִי ה' אֱלֹהֵיכֶם" – Scripture states:[28] ***I AM HASHEM, YOUR GOD;*** **אֵלּוּ הַמַּלְכִיּוֹת** – **THIS IS** an allusion to **THE** blessings dedicated to God's **KINGSHIP.**[29] **"זִכְרוֹן תְּרוּעָה"** – Two verses later we read: ***A REMEMBRANCE OF TERUAH SOUNDING*** (i.e. the sounding of a broken shofar blast);[30] **אֵלּוּ הַזִּכְרוֹנוֹת** – when the verse states: *A remembrance,* **THIS IS** an allusion to **THE** blessings of **REMEMBRANCE,** **"(שׁוֹפָר)**[31] **תְּרוּעָה"** – and when it states: ***OF TERUAH SOUNDING,***[32] **אֵלּוּ הַשּׁוֹפָרוֹת** – **THIS IS** an allusion to **THE** blessings of ***SHOFAROS.***

NOTES

26. According to many Rishonim, R' Yehudah requires only that on Rosh Hashanah the shofar be bent and that on *Yovel* it should be straight. The bent shofar reflects the attitude of submission and humility appropriate for Rosh Hashanah (*Bavli* 26b), whereas the straight shofar reflects an attitude of freedom appropriate for the *Yovel* year, when Jewish servants and purchased fields are emancipated (ibid.). In our Mishnah, R' Yehudah mentions rams simply as an *example* of an animal whose horn is usually bent, and he mentions wild goats only because their horns are *usually* straight (*Ramban* in *Derashah L'Rosh Hashanah* [p. 231]; *Ritva* to 26b; *Ran* ad loc. and *Chidushim;* see also 19b note 21).

Tosafos (26b ד"ה של יעל פשוט) maintain, however, that in R' Yehudah's opinion using specifically a ram's horn actually *is* preferable on Rosh Hashanah. This is because a ram alludes to the *Akeidas Yitzchak, the Binding of Isaac on the altar* (*Genesis* 22:1-18), at the end of which Abraham offered a ram as an offering in Isaac's stead (ibid. v. 13; see *Bavli* 16a). And *Rambam* (*Hil. Shofar* 1:1), who rules in accordance with R' Yehudah's opinion, understands that horns of other animals are actually *invalid* for use as a shofar.

[R' Yehudah makes no mention in our Mishnah of fast days. From this omission we may conclude that he agrees with the Tanna of the previous Mishnah that on those days a bent (ram's) horn is blown (*Ramban* in *Derashah L'Rosh Hashanah* ibid.; *Chidushei HaRan* to *Bavli* 26b; cf. *Ritva* ad loc.; see also *Turei Even* there).]

27. Unlike the Tanna Kamma, R' Yehudah applies the comparison of the shofar blowing of *Yovel* to that of Rosh Hashanah only vis-a-vis the number of blasts blown. The type of shofar used, however, is deduced from reason, not derived from Scripture (*Pnei Moshe;* see *Tosafos* 26b ד"ה רבי יהודה; cf. *Rashi* ad loc.). The Gemara [21a] will elaborate.

28. *Leviticus* 23:22.

29. In *Leviticus* Ch. 23, the laws of the various holidays are set forth. Verse 22, the last in the passage discussing the festival of Shavuos, ends with the words *I am Hashem, your God,* i.e. I am your King and Master. This is followed by the Rosh Hashanah passage (v. 23-25), that states: *In the seventh month, on the first of the month* etc. The juxtaposition of *I am Hashem, your God* with the Rosh Hashanah passage indicates that on Rosh Hashanah we are to proclaim God's Majesty (*Korban HaEidah; Pnei Moshe,* from *Toras Kohanim, Emor* 11:1 and *Bavli* 32a).

30. Ibid. v. 24. The verse in its entirety reads: דַּבֵּר אֶל־בְּנֵי יִשְׂרָאֵל לֵאמֹר בַּחֹדֶשׁ הַשְּׁבִיעִי בְּאֶחָד לַחֹדֶשׁ יִהְיֶה לָכֶם שַׁבָּתוֹן זִכְרוֹן תְּרוּעָה מִקְרָא־קֹדֶשׁ, *Speak to the Children of Israel, saying: In the seventh month, on the first of the month, there shall be a rest day for you, a remembrance of teruah sounding, a holy convocation.*

31. Emendation follows *Yefei Einayim* to *Bavli* 32a, based on the text of *Bavli* there; see also *Beur of R' Chaim Kanievski;* cf. *Sefer Nir.*

32. Ibid.

למה ראשה גבי סופה מצטרף [א]וסופה גבי ראשה מצטרף לא ראשה אית לה סוף ולא סופה אית לה ראש: **הלכה ד** **מתני'** [א]ובתעניות [ב]של זכרים כפופין [ג][ב]ופיו מצופה כסף ושתי חצוצרות באמצע. [א]שופר מקצר וחצוצרות מאריכות שמצות היום בחצוצרות: **גמ'** אמר ר' יונה כדי שיכופו את לבם [ד]בתפילה. [ג]קומי ר' יהושע בן לוי [ב]תקעין [ה]בתעניתא. ר' יוסה בעי ויתקעון קומוי בחצוצרתא. ולא שמיע דתני [ג][ד]חצוצרות במקדש אין חצוצרות בגבולין. ויתפללו לפניו עשרים וארבע כהדא [ה]ר' יוחנן מתפלל בתשעה באב עשרים וארבע ומפקד לתלמידוי לא תילפון מיני הדין עובדה. דצריכה ליה אבל הוא תענית ציבור הוא. ר' יוסה בשם ר' יהושע בן לוי אינו תענית ציבור. ר' יונה ר' יצחק בר נחמן בשם ר' יהושע בן לוי אבל הוא אינו תענית ציבור. אמר ר' זעירא מילתיה [ו]דר' יוחנן אמרה יחיד בתשעה באב מתפלל ארבע. לא אמר אלא ארבע הא עשרים וארבע לא: **הלכה ה** **מתני'** [ד][ז]שוה היובל לראש השנה לתקיעה [ח]ולברכות. [ט]ר' יהודה אומר בראש השנה [ה]תוקעין בשל זכרים [ו]וביובל בשל יעילים: **גמ'** [י][א]אני ה' אלהיכם אלו המלכיות. [כ][ב]זכרון תרועה אלו הזכרונות. [ג]שופר תרועה אלו השופרות.

קרבן העדה

למה. אין בידו אפילו אחת: **דראשה לסופה מצטרף.** לעולם בעינן ראש וסוף בתקיעה אחת, והכא ראשה כיון לפשוטה שלאחריה וסופה לפשוטה שלפניה, נמצא דאין לשום תקיעה ראש וסוף. והא דתנן במתני' אין בידו אלא אחת, אתקיעה ראשונה קאי: **מתני'** בשל זכרים. אילים: **ושתי חצוצרות באמצע.** שני שופרות היו להן אחד מכאן ואחד מכאן וחצוצרות באמצע: **שמצות היום בחצוצרות.** דסתם תענית על צרת הצבור, וכתיב (במדבר י ט) על הצר הצורר אתכם והרעותם בחצוצרות: **גמ'** כדי שיכופו את לבם בתפלה. לכך בעינן כפופים דכתיב (מלכים-א ט ג) והיו עיני ולבי שם, בעינן שתהא פניו כבושין לארץ: קומי. לפני ר' יהושע בן לוי תקעו בתענית בשופרות: **ויתקעון** וכו'. הוי ליה לתקוע לפניהם אף בחצוצרות: **ולא שמיע ליה.** לר' יוסה הא דתניא בחצוצרות במקדש תוקעין אבל לא במדינה, דכתיב (תהלים צח ו) בחצוצרות וקול שופר הריעו לפני המלך ה', לפני המלך ה' אין שלא לפני המלך ה' לא: **ויתפללו לפניו עשרים וארבע.** ר' יהושע בן לוי צוה שיתפללו לפניו בתענית ציבור כ"ד ברכות, כדתנן במס' תענית (פ"ב מ"ג), דלא נימא דוקא במקדש עשו כן: **כהא דר' יוחנן.** התפלל בתשעה באב כ"ד ברכות, וצוה לתלמידיו אחר כך שלא ילמדו ממנו לעשות כן: **דצריכה ליה.** דקמיבעיא ליה לר' יוחנן אחר כך אם תענית של תשעה באב משום אבילות הוא ואין מתפללין כ"ד ברכות, או כתענית ציבור הוא ומתפללין בו כ"ד ברכות: **אבל הוא.** תשעה באב ואינו תענית ציבור: **מילתיה דר' יוחנן אמרה.** אף מדברי ר' יוחנן שמעינן דאין מתפללין בתשעה באב כ"ד ברכות, דאמר יחיד מתפלל בתשעה באב ד' תפילות ערבית שחרית מנחה ונעילה, דסבירא ליה כתענית ציבור היא ומתפללין נעילה: **לא אמר.** דתשעה באב כתענית ציבור אלא לענין נעילה, אבל כ"ד ברכות אין מתפללין בו: **מתני'** **לתקיעה.** בפשוטין. ואף על גב דתקיעה ביובל לא לתפלה ולא לזכרון אלא לסימן שילוח עבדים וחזרת שדות לבעליהן, אפילו הכי כעין ראש השנה בעי, כדמפרש בגמ': **ולברכות.** למנין הברכות. דבעי למימר מלכיות זכרונות ושופרות ביום הכיפורים של יובל כמו בראש השנה: **ר' יהודה אומר** וכו'. טעמא מפרש בגמ': **גמ'** **אני ה' אלהיכם.** הוא לשון אני אדון לכם, וסמיך ליה בחדש השביעי זכרון תרועה:

פני משה

למה משום ראשה וכו'. כלומר ראשה של תקיעה זו גבי סופה מצטרף הוא, וכן סופה גבי ראשה מצטרף, ואת אמרת דסופה של זו לא כלום הוא שתעלה לשל אחריה, א"כ גם כן ראשה לא תעלה לפשוטה של אחריה של סדר הראשון, שהרי הכל מקצת תקיעה היא ומקצת ראשה הויא כמקצת סופה אם כן **לא ראשה אית לה סוף ולא סופה אית לה ראש**, וכלומר כמו שסופה לא כלום הוא כך ראשה לא כלום, ובדין הוא שזה שנתכוין למשוך לצאת לפשוטה של אחריה והסדר הראשון ולפשוטה שלפניה של הסדר של אחריו, שלא עשה כלום בתקיעה זו ואפילו אחת אין בידו: **מתני'** **ובתעניות.** שבית דין גוזרין על הצבור כדתנן במסכת תענית (פ"א מ"ה): **תוקעין בשל זכרים.** והיא של אילים: **כפופין.** סתמן כפופין הן, וטעמא דבתעניות כמה דכייף איניש טפי מעלי, על דרך (מלכים-א ט ג) והיו עיני ולבי שם וצריך לבן אדם שיהו עיניו למטה לארץ: **ופיו מצופה כסף.** משום דתענית יומא דצינופיא, וכל צינופיא דכסף היא כדאשכחן בחצוצרות של משה דלצינופיא עבידי והיו של כסף (במדבר י ב). אי נמי דהתורה חסה על ממונן של ישראל ובראש השנה משום כבוד יום טוב עבדי דזהב: **ושתי חצוצרות באמצע.** מפני שמצות היום בחצוצרות דסתם תענית על צרת צבור הוא, וכתיב (במדבר שם ט) על הצר הצורר אתכם והרעותם בחצוצרות: **וחצוצרות מאריכות.** כדי להודיע לכל שמצות היום בחצוצרות: **גמ'** **אמר ר' יונה.** טעמא דבתעניות בכפופין כדי שיכופו וכו' כדפרישית במתניתן: קומי ר' יהושע בן לוי. הוו תקעין בתעניתא בשופר: **ויתקעין** קומוי. גם בחצוצרתא כדתנן במתניתן, וקאמר הש"ס ומאי תבעי ליה לר' יוסה וכי לא שמיע ליה דתני וכו' שאין חצוצרות בגבולין דכתיב (תהלים צח ו) בחצוצרות וקול שופר הריעו לפני המלך ה' בדווקא: **מתפלל בתשעה באב עשרים וארבע.** ברכות, כדתנינן בפ"ב דתענית (מ"ג) גבי תענית צבור שגוזרין על הגשמים שמוסיף שש ברכות על שמונה עשרה שבכל יום, והיה ר' יוחנן נוהג גם בט' באב כן ומצוה לתלמידיו שלא ילמדו ממנו לעשות מעשה כזה: **דצריכה ליה.** משום דספוקי מספקא ליה בענין ט' באב: **אבל הוא תענית צבור הוא.** כלומר אי משום אבלות בלבד התענית הזה הוא או כשאר תענית צבור על הגשמים דינו: **אינו תענית צבור.** אין לט' באב דין תענית צבור שעל הגשמים, וכן א"ר יונה וכו' בשם ר' יהושע בן לוי שדין אבל הוא ואינו תענית צבור כשל גשמים: **מילתיה דר' יוחנן אמרה.** שמענו ממנו: **יחיד בתשעה באב מתפלל ארבע.** כלומר ארבע מאלו שש ברכות דתנינן שם הוא מוסיף, ולא אמר אלא ארבע הא כ"ד של שאר תענית צבור לא כמו דהוה מפקיד לתלמידיו לעיל: **מתני'** **שוה היובל לראש השנה לתקיעה.** לענין באיזה שופר, ולתנא דמתניתן לעיל מה ראש השנה בפשוטים אף יובל בפשוטים, ואע"ג דהתקיעה ביובל לא לתפלה ולא לזכרון היא אלא סימן לשלוח העבדים וחזרת שדות לבעליהן, אפילו הכי כעין ראש השנה בעינן דגמרינן בגזירה שוה שביעי שביעי שיהו כל התקיעות של חודש השביעי זו כזו, וכן לענין מנין התקיעות ילפינן ראש השנה ויובל בהאי גזירה שוה שיהו שוין זה כזה כדאמרינן בגמרא (בבלי לג.): **ולברכות.** למלכיות זכרונות ושופרות אומרים ביום הכיפורים של יובל כמו בראש השנה: **ר' יהודה אומר בראש השנה תוקעין בשל זכרים**, כפופין דבראש השנה אמרינן כל כמה דכייף איניש טפי עדיף (בבלי כו:), וביובל בשל יעלים פשוטים שהוא לקרות דרור טפי עדיף, וסבירא ליה דלא גמרינן גזירה שוה אלא למנין התקיעות בלחוד דבזה שוין הן וכן לענין הברכות, אבל באיזה שופר סברא בעלמא הוא וכדאמרן אינן שוין, ואין הלכה כר' יהודה ולא כת"ק דמתניתין אלא הלכה כר' לוי דגמרא דהכא (בבלי כו:) דקאמר בין בראש השנה בין יום הכיפורים של יובל בשל זכרים כפופין, וטעמא דכי גמרינן גזירה שוה לכולה מילתא גמרינן דקיימא לן (זבחים מח.) אין גזירה שוה למחצה: **גמ'** **אני ה' אלהיכם אלו המלכיות.** הכי דריש לה בתו"כ פרשת אמור (פרשה יא) דכתיב (ויקרא כג כב) לעני ולגר תעזוב אותם אני ה' אלהיכם, וסמיך ליה (ויקרא שם כד) בחדש השביעי באחד לחדש יהיה לכם שבתון זכרון תרועה מקרא קודש וגו', ודריש מהסמיכות רמז לאלו פסוקי המלכיות, זכרון תרועה וכו'.

מסורת הש"ס

א) ר"ה כו: [ילקו"ש תהלים תתנב] ב) [ילקו"ש בהעלותך תשכד בשינוי] ג) [ר"ה כז. וילקו"ש תהלים תתנב בשינוי] ד) [ר"ה כז., ילקו"ש בהעלותך תשכד, תהלים תתנב] ה) [עי' פסחים נד:] ו) [פסחים נד: בשינוי] ז) ר"ה כו: [כט., ל., ערכין ג:, מס' עבדים פ"א ה"ב] ח) [תענית יז בשינוי] ט) [תוספתא פ"ב ה"ב] י) ר"ה לב: [פסיקתא זוטרתא בהעלותך י י, ילקו"ש אמור תרמה, בהעלותך תשכה] כ) [תוספתא פ"ב ה"ח, ספרא אמור פרשה יא ה"א, פסיקתא זוטרתא אמור כג כד]

גליון הש"ס

חצוצרות במקדש אין חצוצרות בגבולין. עיין ברמב"ן במלחמות ובר"ן בפ"ג (ו. מדה"ר):

מראה הפנים

ויתפללו לפניו עשרים וארבע. לפי גירסא זו דרך קושיא היא אמאי לא מזכיר אלא מתקיעות שתקעו לפניו בתענית צבור, ולמה לא התפללו ג"כ עשרים וארבע ברכות כהדא וכו' דבתענית צבור ליכא מאן דפליג שצריך עשרים וארבע ברכות (תענית פ"ב מ"ב), ויותר נכון לגרוס והתפללו לפניו עשרים וארבע כהדא ר' יוחנן וכו', דמשמע דכך היו נוהגין בתענית צבור אף בימיהם כמו בימי חכמי המשנה:

עין משפט

א טוש"ע או"ח סימן תקעה סעיף ד:
ב [מיי' פ"א מהלכות שופר הלכה ד ופ"א מהלכות תענית הלכה ד ופ"ד הלכה יז]:
ג מיי' פ"ג מהלכות שופר הלכה א ופ"י מהלכות שמיטה ויובל הלכה [יז] יא ופ"ב מהלכות תפילה הלכה ח [טוש"ע או"ח סימן תקצ סעיף א]:
ד מיי' פ"א מהלכות שופר הלכה א טוש"ע או"ח סימן תקפו סעיף א:
ה מיי' שם פ"ג הלכה א טוש"ע או"ח סימן תקצ סעיף א:

שינויי נוסחאות

א] וסופה גבי ראשה מצטרף. בריטב"א (כז.) ליתא:
ב] של. במשניות ובבבלי (כו:) בשל:
ג] ופיו. כ"ה גם בבבלי (כז.) בפיסקא ממתני'. במשניות ובמשניות שבבבלי ופיהם:
ד] בתפילה. ברמב"ן (דרשה לר"ה) לתפלה. בשבולי הלקט (סדר ר"ה סי' רצב) בתשובה:
ה] בתעניתא. במאירי (תענית יד.) נוסף בשופר:
ו] וביובל. כ"ה גם בגירסת הרמב"ם בפיה"מ. במשניות ובבבלי (כו:) וביובלות:

תורה אור השלם

א) וּבְיוֹם שִׂמְחַתְכֶם וּבְמוֹעֲדֵיכֶם וּבְרָאשֵׁי חָדְשֵׁכֶם וּתְקַעְתֶּם בַּחֲצֹצְרֹת עַל עֹלֹתֵיכֶם וְעַל זִבְחֵי שַׁלְמֵיכֶם וְהָיוּ לָכֶם לְזִכָּרוֹן לִפְנֵי אֱלֹהֵיכֶם אֲנִי יְהוָה אֱלֹהֵיכֶם: (במדבר י י)

וּבְקֻצְרְכֶם אֶת קְצִיר אַרְצְכֶם לֹא תְכַלֶּה פְּאַת שָׂדְךָ בְּקֻצְרֶךָ וְלֶקֶט קְצִירְךָ לֹא תְלַקֵּט לֶעָנִי וְלַגֵּר תַּעֲזֹב אֹתָם אֲנִי יְהוָה אֱלֹהֵיכֶם: (ויקרא כג כב עי' פ"מ)

ב) דַּבֵּר אֶל בְּנֵי יִשְׂרָאֵל לֵאמֹר בַּחֹדֶשׁ הַשְּׁבִיעִי בְּאֶחָד לַחֹדֶשׁ יִהְיֶה לָכֶם שַׁבָּתוֹן זִכְרוֹן תְּרוּעָה מִקְרָא קֹדֶשׁ: (ויקרא כג כד)

ג) וְהַעֲבַרְתָּ שׁוֹפַר תְּרוּעָה בַּחֹדֶשׁ הַשְּׁבִעִי בֶּעָשׂוֹר לַחֹדֶשׁ בְּיוֹם הַכִּפֻּרִים תַּעֲבִירוּ שׁוֹפָר בְּכָל אַרְצְכֶם: (ויקרא כה ט)

The Gemara supports R' Yehoshua ben Levi's practice: כַּהֲדָא רַבִּי יוֹחָנָן – This practice **is in accordance with R' Yochanan,** מִתְפַּלֵּל בְּתִשְׁעָה בְּאָב עֶשְׂרִים וְאַרְבַּע – who **prayed twenty-four** blessings **on the Ninth of Av.**[16]

The Gemara relates that R' Yochanan had misgivings about his conduct:

וּמְפַקֵּד לְתַלְמִידוֹי – **He** subsequently **instructed his students:** לָא תֵּילְפוּן מִינִּי הָדֵין עוֹבְדָה – **"Do not learn this practice** of reciting twenty-four blessings on the Ninth of Av **from me."**[17]

The Gemara explains R' Yochanan's misgivings:

דִּצְרִיכָה לֵיהּ – **For [R' Yochanan] was uncertain**[18] אֵבֶל הוּא – if **[the Ninth of Av] is** only a day of **mourning,** תַּעֲנִית צִיבּוּר הוּא – or if **it is** also **a public fast day.**[19]

The Gemara cites a definitive view concerning this matter:

רַבִּי יוֹסָה בְּשֵׁם רַבִּי יְהוֹשֻׁעַ בֶּן לֵוִי – **R' Yosah** said **in the name of R' Yehoshua ben Levi:** אֵינוֹ תַּעֲנִית צִיבּוּר – **[The Ninth of Av] is** a day of mourning and **not a public fast day.** רַבִּי יוֹנָה רַבִּי יִצְחָק בַּר נַחְמָן בְּשֵׁם רַבִּי יְהוֹשֻׁעַ בֶּן לֵוִי – Similarly, **R' Yonah** cited **R' Yitzchak bar Nachman,** who said **in the name of R' Yehoshua ben Levi:** אֵבֶל הוּא – **[The Ninth of Av] is a day of mourning,** אֵינוֹ תַּעֲנִית צִיבּוּר – **not a public fast day.**[20]

The Gemara notes:

אָמַר רַבִּי זְעִירָא – **R' Z'eira said:** מִילְּתֵיהּ דְּרַבִּי יוֹחָנָן אָמְרָה – The following **statement of R' Yochanan says,** in effect, that twenty-four blessings are not recited on the Ninth of Av: יָחִיד בְּתִשְׁעָה בְּאָב מִתְפַּלֵּל אַרְבַּע – **An individual must pray four** times **on the Ninth of Av.**[21] לָא אָמַר אֶלָּא אַרְבַּע – **[R' Yochanan] said only** that one must pray **four** times, הָא עֶשְׂרִים וְאַרְבַּע לָא – **but not** that the prayer contains **twenty-four** blessings. This implies that while the Ninth of Av has the status of a public fast day with respect to praying four times, it does not have the status of a public fast day with respect to reciting twenty-four blessings.[22]

Halachah 5

Mishnah The Mishnah compares Yom Kippur of the *Yovel* year with Rosh Hashanah: שָׁוֶה הַיּוֹבֵל לְרֹאשׁ הַשָּׁנָה – The laws of **the *Yovel* year are identical to** the laws of **Rosh Hashanah**[23] לִתְקִיעָה – with regard **to the blowing** of the shofar[24] וְלִבְרָכוֹת – **and to the blessings.**[25]

A Tanna disputes this equation:

רַבִּי יְהוּדָה אוֹמֵר – **R' Yehudah says:** בְּרֹאשׁ הַשָּׁנָה תּוֹקְעִין בְּשֶׁל זְכָרִים – **On Rosh Hashanah we blow with** the

NOTES

was performed even outside the Temple (*Korban HaEidah*) and even in Amoraic times (*Mareh HaPanim; Beur of R' Chaim Kanievski*).

The word יִתְפַּלְּלוּ means *they should pray. Korban HaEidah* (whom we have followed), therefore, explains that R' Yehoshua ben Levi instructed that *they should pray* these additional blessings. *Mareh HaPanim,* however, explains the Gemara as asking a question — *and they should have prayed* etc. (see also *Beur of R' Chaim Kanievski*). [*Mareh HaPanim* also suggests emending the text to read הִתְפַּלְּלוּ, *they prayed* (so that the Gemara is relating what occurred), rather than יִתְפַּלְּלוּ, *they should pray,* which, in his view, denotes a question.]

16. This demonstrates that these additional six blessings were recited even outside the Temple and even in Amoraic times, as R' Yehoshua ben Levi asserted. However, while R' Yehoshua ben Levi recited these blessings on an ordinary communal fast day, R' Yochanan recited them even on Tishah B'Av, the Ninth of Av (see *Pnei Moshe*). The Gemara immediately discusses this.

17. *Korban HaEidah.*

18. In *Yerushalmi,* the word צְרִיכָה (*needs*) can be used to mean *uncertain* (*Mahara Fulda* to *Bikkurim* 2a ד״ה דצריכה). [The connotation is that one who has an uncertainty *needs* a solution (see *Pnei Moshe* to *Bikkurim* 2b ד״ה אלא צריכה לרבנן).]

19. *Pnei Moshe.*

[The six additional blessings were instituted on fast days proclaimed as days of prayer (see above, note 14), such as a fast day decreed in the event of a drought. Tishah B'Av is a fast day commemorating the destruction of the Holy Temples (see *Taanis* 4:5; *Bavli* 26b).] R' Yochanan was unsure if the fast of Tishah B'Av is only an expression of *mourning,* in which case, the additional six blessings are not recited, or whether it also has the character of an ordinary communal fast day — a day of prayer — to pray for the rebuilding of the Temple, in which case, the additional six blessings are recited. See *Ran* to *Taanis,* folio 9a, and *Tur* and *Beis Yosef,* cited at the end of note 14.

Initially, R' Yochanan was certain that Tishah B'Av has the status of a communal fast day. He later reconsidered his position (see *Korban HaEidah*).

20. Accordingly, the six additional blessings are not recited on Tishah B'Av. [The incident recounted above, in which the six additional blessings were recited in the presence of R' Yehoshua ben Levi, occurred on an ordinary fast day, not on Tishah B'Av (see above, note 16).]

21. As mentioned above (note 14), on public fast days, the Rabbis added a service to the three traditional prayers recited daily (Shacharis, Minchah, and Maariv), bringing the total number of prayers on those days to four. This prayer, known as *Ne'ilah,* was said at the end of the day.

R' Yochanan held that an individual should add the *Ne'ilah* prayer on Tishah B'Av (*Korban HaEidah;* cf. *Pnei Moshe*).

22. *Korban HaEidah.* [This conforms with the second explanation offered by *Bavli Pesachim* 54b.]

[As explained above (note 19), the reason twenty-four blessings are not recited on Tishah B'Av is that Tishah B'Av is a day of mourning, not prayer, and the additional prayers were added only on a fast day instituted as a day of prayer. Nevertheless, the Ne'ilah *Shemoneh Esrei* is said (according to R' Yochanan), in line with his dictum (*Bavli Berachos* 21a) that prayer is always a praiseworthy act. Accordingly, he sanctions the recital of *Ne'ilah* on Tishah B'Av, since it resembles a public fast for rain in several ways and *Ne'ilah* is recited on a public fast day (see *Bavli Pesachim* 54b, with *Rashi* and *Tosafos*).]

[Note that although the Gemara mentions only Tishah B'Av, the discussion applies to the other three prophetically ordained fasts (i.e. Seventeenth of Tammuz, Tenth of Teves, and Tzom Gedaliah) as well (see *Ran, Taanis* folio 9a; and *Beis Yosef, Orach Chaim,* end of §579).]

23. The Torah (*Leviticus* 25:9) commands that a shofar be blown on Yom Kippur of the *Yovel* (Jubilee) year. These shofar blasts both proclaim the freedom of Jewish slaves, and also proclaim the return of fields — sold during the previous forty-nine years — to their original Jewish owners. Although blowing a shofar on Rosh Hashanah serves a completely different purpose [viz. to accompany our prayers and to effect a remembrance (see *Bavli* 16a)], the Torah equates the shofar blowing of *Yovel* to that of Rosh Hashanah, as explained in the Gemara [20b; see also *Bavli* 34a] (*Korban HaEidah* and *Pnei Moshe,* from *Rashi* 26b; cf. *Beur of R' Chaim Kanievski,* first explanation).

24. I.e. a straight horn is used both on Rosh Hashanah every year and on Yom Kippur of *Yovel* (*Korban HaEidah,* from *Rashi* ibid.). In addition, the number [and types] of blasts that must be sounded on these two days are also equated, as outlined in the Gemara below (*Pnei Moshe; Rambam, Commentary* and *Hil. Shemittah VeYovel* 10:10; see also *Shelom Yerushalayim*).

25. Nine blessings [and their accompanying Scriptural verses] comprise the Mussaf prayer of Rosh Hashanah, as recorded in the Mishnahs below (4:6-7 [24a-24b]). These are recited also in the Yom Kippur Mussaf of *Yovel* (*Korban HaEidah; Rashi* ibid.).

למה ראשה גבי סופה מצטרף [א]וסופה גבי ראשה מצטרף לא ראשה אית לה סוף ולא סופה אית לה ראש: **הלכה ד מתני'** [א]ובתעניות [ב]של זכרים כפופין [ב][ג]ופיו מצופה כסף ושתי חצוצרות באמצע. [א]שופר מקצר וחצוצרות מאריכות שמצות היום בחצוצרות: **גמ'** אמר ר' יונה כדי שיכופו את לבם [ד]בתפילה. [ג]קומי ר' יהושע בן לוי [ז]תקעין [ה]בתעניתא. ר' יוסה בעי ויתקעון קומוי בחצוצרתא. ולא שמיע דתני [ג][ד]חצוצרות במקדש אין חצוצרות בגבולין. ויתפללו לפניו עשרים וארבע כהדא [ה]ר' יוחנן מתפלל בתשעה באב עשרים וארבע ומפקד לתלמידוי לא תילפון מיני הדין עובדה. דצריכה ליה אבל הוא תענית ציבור הוא. ר' יוסה בשם ר' יהושע בן לוי אינו תענית ציבור. ר' יונה ר' יצחק בר נחמן בשם ר' יהושע בן לוי אבל הוא אינו תענית ציבור. אמר ר' זעירא מילתיה [ו]דר' יוחנן אמרה יחיד בתשעה באב מתפלל ארבע. לא אמר אלא ארבע הא עשרים וארבע לא: **הלכה ה מתני'** [ד][ז]שוה היובל לראש השנה לתקיעה [ח]ולברכות. [ט]ר' יהודה אומר בראש השנה [ה]תוקעין בשל זכרים [ו]וביובל בשל יעילים: **גמ'** [י][א]אני ה' אלהיכם אלו המלכיות. [כ][ב]זכרון תרועה אלו הזכרונות. [ג]שופר תרועה אלו השופרות.

קרבן העדה

למה. אין בידו אפילו אחת: דראשה לסופה מצטרף. לעולם בעינן ראש וסוף בתקיעה אחת, והכא ראשה כיון לפשוטה שלאחריה וסופה לפשוטה שלפניה, נמצא דאין לשום תקיעה ראש וסוף. והא דתנן במתני' אין בידו אלא אחת, אתקיעה ראשונה קאי: **מתני'** בשל זכרים. אלים: ושתי חצוצרות באמצע. שני שופרות היו להן אחד מכאן ואחד מכאן וחצוצרות באמצע: שמצות היום בחצוצרות. דסתם תענית על צרת הצבור, וכתיב (במדבר י ט) על הצר הצורר אתכם והרעותם בחצוצרות: **גמ'** כדי שיכופו את לבם בתפלה. לכך בעינן כפופים דכתיב (מלכים-א ט ג) והיו עיני ולבי שם, בעינן שתהא פניו כבושין לארץ: קומי. לפני ר' יהושע בן לוי תקעו בתענית בשופרות: ויתקעון וכו'. הוי ליה לתקוע לפניהם אף בחצוצרות: ולא שמיע ליה. לר' יוסה הא דתניא בחצוצרות במקדש תוקעין אבל לא במדינה, דכתיב (תהלים צח ו) בחצוצרות וקול שופר הריעו לפני המלך ה', לפני המלך ה' אין שלא לפני המלך ה' לא: יתפללו לפניו עשרים וארבע. ר' יהושע בן לוי צוה שיתפללו לפניו בתענית ציבור כ"ד ברכות, כדתנן במס' תענית (פ"ב מ"ב), דלא נימא דוקא במקדש עשו כן: כהא דר' יוחנן. התפלל בתשעה באב כ"ד ברכות, וצוה לתלמידיו אחר כך שלא ילמדו ממנו לעשות כן: דצריכה ליה. דקמיבעיא ליה לר' יוחנן אחר כך אם תענית של תשעה באב משום אבילות הוא ואין מתפללין כ"ד ברכות, או כתענית ציבור הוא ומתפללין בו כ"ד ברכות: אבל הוא. תשעה באב ואינו תענית ציבור: מילתיה דר' יוחנן אמרה. אף מדברי ר' יוחנן שמעינן דאין מתפללין בתשעה באב כ"ד ברכות, דאמר יחיד מתפלל בתשעה באב ד' תפילות ערבית שחרית מנחה ונעילה, דסבירא ליה כתענית ציבור היא ומתפללין נעילה: לא אמר. דתשעה באב כתענית ציבור אלא לענין נעילה, אבל כ"ד ברכות אין מתפללין בו: **מתני'** לתקיעה. בפשוטין. ואף על גב דתקיעה ביובל לא לתפלה ולא לזכרון אלא לסימן שילוח עבדים וחזרת שדות לבעליהן, אפילו הכי כעין ראש השנה בעי, כדמפרש בגמ': ולברכות. למנין הברכות. דבעי למימר מלכיות זכרונות ושופרות ביום הכיפורים של יובל כמו בראש השנה: ר' יהודה אומר וכו'. טעמא מפרש בגמ': **גמ'** אני ה' אלהיכם. הוא לשון אני אדון לכם, וסמיך ליה בחדש השביעי זכרון תרועה:

פני משה

למה משום ראשה וכו'. כלומר ראשה של תקיעה זו גבי סופה מצטרף הוא, וכן סופה גבי ראשה מצטרף, ואת אמרת דסופה של זו לא כלום הוא שתעלה לשל אחרים, א"כ גם כן ראשה לא תעלה לפשוטה של אחריה של סדר הראשון, שהרי הכל מקצת תקיעה היא ומקצת ראשה הויא כמקצת סופה אם כן **לא ראשה אית לה סוף ולא סופה אית לה ראש**, וכלומר כמו שסופה לא כלום הוא כך ראשה לא כלום, ודין הוא שזה שנתכוין למשוך לצאת לפשוטה של אחריה והסדר הראשון ולפשוטה שלפניה של הסדר של אחריו, שלא עשה כלום בתקיעה זו ואפילו אחת אין בידו: **מתני'** ובתעניות. שבית דין גוזרין על הצבור כדתנן במסכת תענית (פ"א מ"ה): תוקעין בשל זכרים. והיא של אילים: כפופין. סתמן כפופין הן, וטעמא דבתעניות כמה דכייף אינש טפי מעלי, על דרך (מלכים-א ט ג) והיו עיני ולבי שם וצריך לבן אדם שיהו עיניו למטה לארץ: ופיו מצופה כסף. משום דתענית יומא דכינופיא, וכל כינופיא דכסף היא כדאשכחן בחצוצרות של משה לכינופיא עבידי והיו של כסף (במדבר י ב). אי נמי דהתורה חסה על ממונן של ישראל וברא‍ש השנה משום כבוד יום טוב עבדי דזהב: ושתי חצוצרות באמצע. מפני שמצות היום בחצוצרות דסתם תענית על צרת צבור הוא, וכתיב (במדבר שם ט) על הצר הצורר אתכם והרעותם בחצוצרות: וחצוצרות מאריכות. כדי להודיע לכל שמצות היום בחצוצרות: **גמ'** אמר ר' יונה. טעמא דבתעניות בכפופין כדי שיכופו וכו' כדפרישית במתניתן: קומי ר' יהושע בן לוי. הוו תקעין בתעניתא בשופר: ויתקעין קומוי. גם בחצוצרתא כדתנן במתניתן, וקאמר הש"ס ומאי תבעי ליה לר' יוסה וכי לא שמיע ליה דתני וכו' שאין חצוצרות בגבולין דכתיב (תהלים צח ו) בחצוצרות וקול שופר הריעו לפני המלך ה' בדווקא: מתפלל בתשעה באב עשרים וארבע. ברכות, כדתנינן בפ"ב דתענית (מ"ב) גבי תענית צבור שגוזרין על הגשמים שמוסיף שש ברכות על שמונה עשרה שבכל יום, והיה ר' יוחנן נוהג גם בט' באב כן ומצוה לתלמידיו שלא ילמדו ממנו לעשות מעשה כזה: דצריכה ליה. משום דספוקי מספקא ליה בענין ט' באב: אבל הוא תענית צבור הוא. כלומר אי משום אבלות בלבד התענית הזה הוא או כשאר תענית צבור על הגשמים דינו: אינו תענית צבור. אין לט' באב דין תענית צבור שעל הגשמים, וכן א"ר יונה וכו' בשם ר' יהושע בן לוי שדין אבל הוא ואינו תענית צבור כשל גשמים: מילתיה דר' יוחנן אמרה. שמענו ממנו: יחיד בתשעה באב מתפלל ארבע. כלומר ארבע מאלו שש ברכות דתנינן שם הוא מוסיף, ולא אמר אלא ארבע הא כ"ד של שאר תענית צבור לא כמו דהוה מפקיד לתלמידיו לעיל: **מתני'** שוה היובל לראש השנה לתקיעה. לענין באיזה שופר, ולתנא דמתניתן לעיל מה ראש השנה בפשוטים אף יובל בפשוטים, ואע"ג דהתקיעה ביובל לא לתפלה ולא לזכרון היא אלא סימן לשלוח העבדים וחזרת שדות לבעליהן, אפילו הכי כעין ראש השנה בעינן דגמרינן בגזירה שוה שביעי שביעי שיהו כל התקיעות של חודש השביעי זו כזו, וכן לענין מנין התקיעות ילפינן ראש השנה ויובל בהאי גזירה שוה שיהו שוין זה כזה כדאמרינן בגמרא (בבלי לד.): ולברכות. למלכיות זכרונות ושופרות אומרים ביום הכיפורים של יובל כמו בראש השנה: ר' יהודה אומר בראש השנה תוקעין בשל זכרים, כפופין דבראש השנה אמרינן כל כמה דכייף אינש טפי עדיף (בבלי כו:), וביובל בשל יעלים פשוטים שהוא לקרות דרור טפי עדיף, וסבירא ליה דלא גמרינן גזירה שוה אלא למנין התקיעות בלחוד דבזה שוין הן וכן לענין הברכות, אבל באיזה שופר דסברא בעלמא הוא וכדאמרן אינן שוין, ואין הלכה כר' יהודה ולא כת"ק דמתניתן אלא הלכה כר' לוי דגמרא דהתם (בבלי כו:) דקאמר בין בראש השנה בין יום הכיפורים של יובל בשל זכרים כפופין, וטעמא דכי גמרינן גזירה שוה לכולא מילתא גמרינן דקיימא לן (זבחים מח.) אין גזירה שוה למחצה: **גמ'** אני ה' אלהיכם אלו המלכיות. הכי דריש לה בתו"כ פרשת אמור (פרשה יא) דכתיב (ויקרא כג כב) לעני ולגר תעזוב אותם אני ה' אלהיכם, וסמיך ליה (ויקרא שם כד) בחדש השביעי באחד לחדש יהיה לכם שבתון זכרון תרועה מקרא קודש וגו', ודריש מהסמיכות רמז לאלו פסוקי המלכיות, זכרון תרועה וכו'.

מסורת הש"ס

א) ר"ה כו: [ילקו"ש תהלים תתנב] ב) [ילקו"ש בהעלותך תשכד בשינוי] ג) [ר"ה כו. וילקו"ש תהלים תתנב בשינוי] ד) [ר"ה כו., ילקו"ש בהעלותך תשכד, תהלים תתנב] ה) [עי' פסחים נד:] ו) [פסחים נד: בשינוי] ז) ר"ה כו: [כט., ל., ערכין ג:, מס' עבדים פ"א ה"ב] ח) [תענית יז בשינוי] ט) [תוספתא פ"ב ה"ב] י) ר"ה לב: [פסיקתא זוטרתא בהעלותך י, ילקו"ש אמור תרמה, בהעלותך תשכה] כ) [תוספתא פ"ב ה"ח, ספרא אמור פרשה יא ה"א, פסיקתא זוטרתא אמור כג כד]

גליון הש"ס

חצוצרות במקדש אין חצוצרות בגבולין. עיין ברמב"ן במלחמות ובר"ן בפ"ג (ו. מדה"ר):

מראה הפנים

ויתפללו לפניו עשרים וארבע. לפי גירסא זו דרך קושיא היא אמאי לא מזכיר אלא מתקיעות שתקעו לפניו בתענית צבור, ולמה לא התפללו ג"כ עשרים וארבע ברכות כהדא וכו' דבתענית צבור ליכא מאן דפליג שצריך עשרים וארבע ברכות (תענית פ"ב מ"ב), ויותר נכון לגרוס והתפללו לפניו עשרים וארבע כהדא ר' יוחנן וכו', דמשמע דכך היו נוהגין בתענית צבור אף בימיהם כמו בימי חכמי המשנה:

עין משפט

א טוש"ע או"ח סימן תקפו סעיף ד:

ב [מיי' פ"א מהלכות שופר הלכה ד ופ"א מהלכות תענית הלכה ד ופ"ד הלכה יז]:

ג מיי' פ"ג מהלכות שופר הלכה א ופ"י מהלכות שמיטה ויובל הלכה [י] יא ופ"ב מהלכות תפילה הלכה ח [טוש"ע או"ח סימן תקצ סעיף א]:

ד מיי' פ"א מהלכות שופר הלכה א טוש"ע או"ח סימן תקפו סעיף א:

ה מיי' שם פ"ג הלכה א טוש"ע או"ח סימן תקצ סעיף א:

שינויי נוסחאות

א] וסופה גבי ראשה מצטרף. בריטב"א (כז.) ליתא:

ב] של. במשניות ובבבלי (כו:) **בשל**:

ג] ופיו. כ"ה גם בבבלי (כז.) בפיסקא ממתני'. במשניות ובמשניות שבבבלי **ופיהם**:

ד] **בתפילה.** ברמב"ן (דרשה לר"ה) **לתפלה**. בשבולי הלקט (סדר ר"ה סי' רצב) **בתשובה**:

ה] **בתעניתא.** במאירי (תענית יד.) נוסף **בשופר**:

ו] **וביובל.** כ"ה גם בגירסת הרמב"ם בפיה"מ. במשניות ובבבלי (כו:) **וביובלות**:

תורה אור השלם

א) וּבְיוֹם שִׂמְחַתְכֶם וּבְמוֹעֲדֵיכֶם וּבְרָאשֵׁי חָדְשֵׁכֶם וּתְקַעְתֶּם בַּחֲצֹצְרֹת עַל עֹלֹתֵיכֶם וְעַל זִבְחֵי שַׁלְמֵיכֶם וְהָיוּ לָכֶם לְזִכָּרוֹן לִפְנֵי אֱלֹהֵיכֶם אֲנִי יְהוָה אֱלֹהֵיכֶם: (במדבר י י)

וּבְקֻצְרְכֶם אֶת קְצִיר אַרְצְכֶם לֹא תְכַלֶּה פְּאַת שָׂדְךָ בְּקֻצְרֶךָ וְלֶקֶט קְצִירְךָ לֹא תְלַקֵּט לֶעָנִי וְלַגֵּר תַּעֲזֹב אֹתָם אֲנִי יְהוָה אֱלֹהֵיכֶם: (ויקרא כג כב עי' פ"מ)

ב) דַּבֵּר אֶל בְּנֵי יִשְׂרָאֵל לֵאמֹר בַּחֹדֶשׁ הַשְּׁבִיעִי בְּאֶחָד לַחֹדֶשׁ יִהְיֶה לָכֶם שַׁבָּתוֹן זִכְרוֹן תְּרוּעָה מִקְרָא קֹדֶשׁ: (ויקרא כג כד)

ג) וְהַעֲבַרְתָּ שׁוֹפַר תְּרוּעָה בַּחֹדֶשׁ הַשְּׁבִעִי בֶּעָשׂוֹר לַחֹדֶשׁ בְּיוֹם הַכִּפֻּרִים תַּעֲבִירוּ שׁוֹפָר בְּכָל אַרְצְכֶם: (ויקרא כה ט)

וּפִיו מְצוּפֶּה כֶּסֶף – **and its mouth is plated with silver,**[6] וּשְׁתֵּי חֲצוֹצְרוֹת בָּאֶמְצַע – **and** they should be accompanied by **two trumpets** blown **in the middle.**[7] שׁוֹפָר מְקַצֵּר – **The shofar [blows] short** וַחֲצוֹצְרוֹת מַאֲרִיכוֹת – **and the trumpets [blow] long,** שֶׁמִּצְוַת הַיּוֹם בַּחֲצוֹצְרוֹת – **for the commandment of the day is with trumpets.**[8]

Gemara The Mishnah ruled that a bent horn be blown on a fast day. The Gemara provides the reason:

אָמַר רַבִּי יוֹנָה – **R' Yonah said:** כְּדֵי שֶׁיִּכּוֹפוּ אֶת לִבָּם בִּתְפִילָּה – **In order that [the people]** be reminded to **bend their hearts** submissively **in prayer.**[9]

The Mishnah described the fast-day procedure. The Gemara discusses whether this procedure applies only inside, or even outside, the Temple:

קוֹמֵי רַבִּי יְהוֹשֻׁעַ בֶּן לֵוִי תָּקְעִין בְּתַעֲנִיתָא – **They would blow** the shofar **before R' Yehoshua ben Levi on fast days.**

The Gemara examines this practice:

רַבִּי יוֹסָה בָּעֵי – **R' Yosah asked:** וְיִתְקְעוּן קוּמוֹי בַּחֲצוֹצְרָתָא – Why did they blow only a shofar? **They should have blown before him with trumpets** as well?[10]

The Gemara retorts:

וְלָא שְׁמִיעַ דְּתָנֵי – **Did [R' Yosah] not hear that which a Baraisa taught:**[11] חֲצוֹצְרוֹת בְּמִקְדָּשׁ – The TRUMPETS were sounded together with the shofars IN THE TEMPLE, אֵין חֲצוֹצְרוֹת בִּגְבוּלִין – But the TRUMPETS WERE NOT SOUNDED together with the shofars IN THE PROVINCES, i.e. outside of the Temple?[12] It is based on this Baraisa that only the shofar was blown before R' Yehoshua ben Levi on a fast day.[13]

Another practice of R' Yehoshua ben Levi on a communal fast day:[14]

וְיִתְפַּלְלוּ לְפָנָיו עֶשְׂרִים וְאַרְבַּע – **And he instructed that they pray before him twenty-four blessings** on a communal fast.[15]

NOTES

should be bent. R' Levi, cited in *Bavli* 26b, follows this view and adds that the shofar used on fast days is straight.

[*Lechem Mishneh* (*Hil. Taanis* 1:4, based on *Rashi* 26b ד"ה כמה דפשיט) interprets this to mean that on fast days it does not matter what type of shofar is used – whether curved or straight. He thereby explains *Rambam's* failure to mention (in *Hilchos Taanis* 1:4) the specific type of shofar that must be blown on fast days – for all kinds are equally permitted.

Ritva (to *Bavli* 26b), however, quotes an opinion that on fast days a straight horn should be used in order to differentiate between fast days, when blowing the shofar is a Rabbinic obligation, and Rosh Hashanah, when blowing the shofar is a Scriptural injunction.]

6. This is in contrast to the shofar of Rosh Hashanah, which was plated with gold (as taught by the preceding Mishnah). *Bavli* (27a) mentions two reasons for this difference: (1) Fast days are times of communal gathering (above, note 3; *Tos. Yom Tov*) and the horns used for gathering the populace were of silver, as mentioned in *Numbers* 10:2. (2) The Torah did not want to burden the communal treasury with the expense of purchasing gold. On Rosh Hashanah, however, gold was used in honor of Yom Tov.

7. Two men stood in the center blowing trumpets, while a shofar was blown on each side of the trumpets (*Rashi* 26b; *Korban HaEidah*).

[The law (cited at the end of note 3) actually mandates only one shofar.] Two shofars accompanied the trumpets, with one shofar on each side, so that the trumpets should be in the center, since the primary mitzvah of the day is with trumpets (*Tosafos* 26b). [*Yom Teruah* (26b) adds that the next clause of the Mishnah alludes to this by stating shofar (שׁוֹפָר מְקַצֵּר) in the singular; the singular form of shofar demonstrates that the law actually mandates only one shofar.]

8. As explained above (note 3), there is [either] a [Biblical or Rabbinic] requirement to sound trumpets on a fast day. The shofar is blown merely as an accompaniment to the trumpets. Since the trumpets were the primary mitzvah, they were positioned in the center and their sound endured longer than the accompanying shofars.

9. The bent shofar reflects an attitude of humility and subjugation, the attitude most appropriate for supplication and prayer on a fast day (see above, 19b note 26; see *Bavli* 26b; *Korban HaEidah; Pnei Moshe* to Mishnah).

10. *Korban HaEidah.*

The Mishnah ruled that trumpets were blown along with the shofar. Why did R' Yehoshua ben Levi not follows the Mishnah's ruling? (*Pnei Moshe*).

11. *Pnei Moshe.*

12. This is derived from *Psalms* (98:6): בַּחֲצֹצְרוֹת וְקוֹל שׁוֹפָר הָרִיעוּ לִפְנֵי הַמֶּלֶךְ ה׳, *With trumpets and shofar sound, call out before the King, Hashem.* Trumpets are sounded only before Hashem – in the Temple; outside the Temple, only the shofar is sounded (*Korban HaEidah; Pnei Moshe;* see end of note 3).

[The shofar is certainly sounded even outside the Temple – on Rosh Hashanah. Accordingly, the verse cannot mean that the shofar is sounded only in the Temple. Rather, it means that trumpets were sounded only in the Temple; outside of the Temple, only the shofar was sounded.]

13. It emerges that outside the Temple, only the shofar was blown on a fast day. This explains an otherwise difficult Mishnah in *Taanis* (1:7; *Bavli* 12b, with *Bavli* 14a), which states that on fast days we cry out with shofars. Now, seemingly, this is in contradiction to our Mishnah that insists on the sounding of *trumpets*! The answer is that the trumpet is sounded only in the Temple; outside the Temple, the shofar is sounded and not the trumpet. Indeed, the Geonic responsa state that the practice was to blow shofars on fast days (*Ramban,* in *Milchamos* to *Rosh Hashanah* folio 6a, and in *Chidushei Ramban* to *Taanis* 14a).

Bavli 27a (as explained by *Rashi*), however, states that the Mishnah's ruling [that trumpets and the shofar were blown together on Rosh Hashanah and fast days] applies only in the Temple, but outside the Temple, the rule is that when the shofar is blown, i.e. on Rosh Hashanah, the trumpets are not blown, and when the trumpets are blown, i.e. on a fast day, the shofar was not blown. Based on this Gemara, *Baal HaMaor* (*Rosh Hashanah,* folio 6a) refutes the Geonic practice. In defense of the Geonic practice, *Ramban* (ibid.) explains *Bavli* 27a in a manner consistent with our Gemara and *Bavli Taanis* ibid. (see there for the specifics).

[For further discussion regarding the procedure followed outside the Temple, see *Ramban* ibid.; *Ritva* to *Rosh Hashanah* 27a and *Taanis* 12b; *Ran* to *Rosh Hashanah* folio 6a and *Taanis* folio 4b; *Maggid Mishneh* and *Lechem Mishneh, Hil. Taanis* 1:4; *Netziv* in *Emek HaNetziv* to *Sifri* on *Numbers* 10:9; and *Meromei Sadeh* to *Rosh Hashanah* 27a; *Mishnah Berurah* 576:1, and *Aruch HaShulchan* 576:3,4.]

14. The following Gemara concerns the additional prayers instituted on a communal fast day. Fast days were decreed so that the community could unite in prayer to seek God's mercy. Additional prayers were added in line with the solemnity of the day.

In the event of a drought, a series of special fast days is proclaimed. If the drought does not end, additional fasts of steadily increasing severity are added (Mishnah, *Taanis* 1:5-7, *Bavli* 10a, 12b). If necessary, thirteen fasts were decreed, two sets of three and finally a set of seven. On the most severe fast days (the series of seven fasts), six extra blessings are inserted in the *shliach tzibbur's* (reader's) repetition of *Shemoneh Esrei* (Mishnah ibid. 2:1; *Bavli* 15a; see *Bavli* 13b; *Rambam, Hil. Taanis* Chs. 3-4). [See *Tur, Orach Chaim* §575-§576, with *Beis Yosef,* end of §579, for the procedure concerning calamities other than drought (see *Rambam, Hil. Taaniyos* 4:1, with *Lechem Mishneh*).]

Also added to the prayers of a fast day is the concluding prayer of *Ne'ilah* [(Mishnah, *Taanis* 4:1; *Bavli* 26a). See *Tur* and *Beis Yosef,* end of §579, for whether this prayer was added even to the prayers recited on the first two series of fasts and whether it was instituted for a fast decreed for calamities other than a drought (see *Ran, Taanis,* folio 9a).

15. The aforecited Mishnah teaches that six blessings are added to the repetition of *Shemoneh Esrei.* The Gemara teaches that this practice

למה ראשה גבי סופה מצטרף [א]וסופה גבי ראשה מצטרף לא ראשה אית לה סוף ולא סופה אית לה ראש: **הלכה ד מתני'** [א]ובתעניות [ב]של זכרים כפופין [ב][ג]ופיו מצופה כסף ושתי חצוצרות באמצע. [א]שופר מקצר והחצוצרות מאריכות שמצות היום בחצוצרות: **גמ'** אמר ר' יונה כדי שיכופו את לבם [ד]בתפילה. [ג]קומי ר' יהושע בן לוי [ב]תקעין [ה]בתעניתא. ר' יוסה בעי ויתקעון קומוי בחצוצרתא. ולא שמיע דתני [ג][ד]חצוצרות במקדש אין חצוצרות בגבולין. ויתפללו לפניו עשרים וארבע כהדא [ה]ר' יוחנן מתפלל בתשעה באב עשרים וארבע ומפקד לתלמידוי לא תילפון מיני הדין עובדה. דצריכה ליה אבל הוא תענית ציבור הוא. ר' יוסה בשם ר' יהושע בן לוי אינו תענית ציבור. ר' יונה ר' יצחק בר נחמן בשם ר' יהושע בן לוי אבל הוא אינו תענית ציבור. אמר ר' זעירא מילתיה [י]דר' יוחנן אמרה יחיד בתשעה באב מתפלל ארבע. לא אמר אלא ארבע הא עשרים וארבע לא: **הלכה ה מתני'** [ד][ו]שוה היובל לראש השנה לתקיעה [ט]ולברכות. [ט]ר' יהודה אומר בראש השנה [ה]תוקעין בשל זכרים [ו]וביובל בשל יעילים: **גמ'** [י][א]אני ה' אלהיכם אלו המלכיות. [כ][ב]זכרון תרועה אלו הזכרונות. [ג]שופר תרועה אלו השופרות.

קרבן העדה

למה. אין בידו אפילו אחת: דראשה לסופה מצטרף. לעולם בעינן ראש וסוף בתקיעה אחת, והכא ראשה כיון לפשוטה שלאחריה וסופה לפשוטה שלפניה, נמצא דאין לשום תקיעה ראש וסוף. והא דתנן במתני' אין בידו אלא אחת, אתקיעה ראשונה קאי: **מתני'** בשל זכרים. אילים: ושתי חצוצרות באמצע. שני שופרות היו להן אחד מכאן ואחד מכאן וחצוצרות באמצע: שמצות היום בחצוצרות. דהשם תענית על צרת הצבור, וכתיב (במדבר י ט) על הצר הצורר אתכם והרעותם בחצוצרות: **גמ'** כדי שיכופו את לבם בתפלה. לכך בעינן כפופים דכתיב (מלכים-א ט ג) והיו עיני ולבי שם, בעינן שתהא פניו כבושין לארץ: קומי. לפני ר' יהושע בן לוי תקעו בתענית בשופרות: ויתקעון וכו'. הוי ליה לתקוע לפניהם אף בחצוצרות: ולא שמיע ליה. לר' יוסה הא דתניא בחצוצרות במקדש תוקעין אבל לא במדינה, דכתיב (תהלים צח ו) בחצוצרות וקול שופר הריעו לפני המלך ה', לפני המלך ה' אין שלא לפני המלך ה' לא: ויתפללו לפניו עשרים וארבע. ר' יהושע בן לוי צוה שיתפללו לפניו בתענית ציבור כ"ד ברכות, כדתנן במס' תענית (פ"ב מ"ב), דלא נימא דוקא במקדש עשו כן: כהא דר' יוחנן. התפלל בתשעה באב כ"ד ברכות, וצוה לתלמידיו אחר כך שלא ילמדו ממנו לעשות כן: דצריכה ליה. דקמיבעיא ליה לר' יוחנן אחר כך אם תענית של תשעה באב משום אבילות הוא ואין מתפללין כ"ד ברכות, או כתענית ציבור הוא ומתפללין בו כ"ד ברכות: אבל הוא. תשעה באב ואינו תענית ציבור: מילתיה דר' יוחנן אמרה. אף מדברי ר' יוחנן שמעינן דאין מתפללין בתשעה באב כ"ד ברכות, דאמר יחיד מתפלל בתשעה באב ד' תפילות ערבית שחרית מנחה ונעילה, דסבירא ליה כתענית ציבור היא ומתפללין נעילה: לא אמר. דתשעה באב כתענית ציבור אלא לענין נעילה, אבל כ"ד ברכות אין מתפללין בו: **מתני'** לתקיעה. בפשוטין. ואף על גב דתקיעה ביובל לא לתפלה ולא לזכרון אלא לסימן שילוח עבדים וחזרת שדות לבעליהן, אפילו הכי כעין ראש השנה בעי, כדמפרש בגמ': ולברכות. למנין הברכות. דבעי למימר מלכיות זכרונות ושופרות ביום הכיפורים של יובל כמו בראש השנה: ר' יהודה אומר וכו'. טעמא מפרש בגמ': **גמ'** אני ה' אלהיכם. הוא לשון אני אדון לכם, וסמיך ליה בחדש השביעי זכרון תרועה:

פני משה

למה משום ראשה וכו'. כלומר ראשה של תקיעה זו גבי סופה מצטרף הוא, וכן סופה גבי ראשה מצטרף, ואת אמרת דסופה של זו לא כלום הוא שתעלה לשל אחריה, א"כ גם כן ראשה לא תעלה לפשוטה של אחריה של סדר הראשון, שהרי הכל מקצת תקיעה היא ומקצת ראשה הויא כמקצת סופה אם כן לא ראשה אית לה סוף ולא סופה אית לה ראש, וכלומר כמו שסופה לא כלום הוא כך ראשה לא כלום, ובדין הוא שזה שנתכוין למשוך לצאת לפשוטה של אחריה והסדר הראשון ולפשוטה שלפניה של הסדר של אחריו, שלא עשה כלום בתקיעה זו ואפילו אחת אין בידו: **מתני'** ובתעניות. שבית דין גוזרין על הצבור כדתנן במסכת תענית (פ"א מ"ה): תוקעין בשל זכרים. והיא של אילים: כפופין. סתמן כפופין הן, וטעמא דבתעניות כמה דכייף איניש טפי מעלי, על דרך (מלכים-א ט ג) והיו עיני ולבי שם וצריך לבן אדם שיהו עיניו למטה לארץ: ופיו מצופה כסף. משום דתענית יומא דצינופיא, וכל צינופיא דכסף היא כדאשכחן בחצוצרות של משה דלצינופיא עבידי והיו של כסף (במדבר י ב). אי נמי דהתורה חסה על ממונן של ישראל ובראש השנה משום כבוד יום טוב עבדי דזהב: ושתי חצוצרות באמצע. מפני שמצות היום בחצוצרות דהשם תענית על צרת צבור הוא, וכתיב (במדבר שם ט) על הצר הצורר אתכם והרעותם בחצוצרות: והחצוצרות מאריכות. כדי להודיע לכל שמצות היום בחצוצרות: **גמ'** אמר ר' יונה. טעמא דבתעניות בכפופין כדי שיכופו וכו' כדפרישית במתניתן: קומי ר' יהושע בן לוי. הוו תקעין בתעניתא בשופר: ויתקעין קומוי. גם בחצוצרתא כדתנן במתניתן, וקאמר הש"ס ומאי תבעי ליה לר' יוסה וכי לא שמיע ליה דתני וכו' שאין חצוצרות בגבולין דכתיב (תהלים צח ו) בחצוצרות וקול שופר הריעו לפני המלך ה' בדווקא: מתפלל בתשעה באב עשרים וארבע. ברכות, כדתנינן בפ"ב דתענית (מ"ב) גבי תענית צבור שגוזרין על הגשמים שמוסיף שש ברכות על שמונה עשרה שבכל יום, והיה ר' יוחנן נוהג גם בט' באב כן ומצוה לתלמידיו שלא ילמדו ממנו לעשות מעשה כזה: דצריכה ליה. משום דספוקי מספקא ליה בענין ט' באב: אבל הוא תענית צבור הוא. כלומר אי משום אבלות בלבד התענית הזה הוא או כשאר תענית צבור על הגשמים דינו: אינו תענית צבור. אין לט' באב דין תענית צבור שעל הגשמים, וכן א"ר יונה וכו' בשם ר' יהושע בן לוי שדין אבל הוא ואינו תענית צבור כשל גשמים: מילתיה דר' יוחנן אמרה. שמענו ממנו: יחיד בתשעה באב מתפלל ארבע. כלומר ארבע מאלו שש ברכות דתנינן שם הוא מוסיף, ולא אמר אלא ארבע הא כ"ד של שאר תענית צבור לא כמו דהוה מפקיד לתלמידיו לעיל: **מתני'** שוה היובל לראש השנה לתקיעה. לענין באיזה שופר, ולתנא דמתניתן לעיל מה ראש השנה בפשוטים אף יובל בפשוטים, ואע"ג דהתקיעה ביובל לא לתפלה ולא לזכרון היא אלא סימן לשלוח העבדים וחזרת שדות לבעליהן, אפילו הכי כעין ראש השנה בעינן דגמרינן בגזירה שוה שביעי שביעי שיהו כל התקיעות של חודש השביעי זו כזו, וכן לענין מנין התקיעות ילפינן ראש השנה ויובל בהאי גזירה שוה שיהו שוין זה כזה כדאמרינן בגמרא (בבלי לד.): ולברכות. למלכיות זכרונות ושופרות אומרים ביום הכיפורים של יובל כמו בראש השנה: ר' יהודה אומר בראש השנה תוקעין בשל זכרים, כפופין דבראש השנה אמרינן כל כמה דכייף איניש טפי עדיף (בבלי כו:), וביובל בשל יעלים פשוטים שהוא לקרות דרור טפי עדיף, וסבירא ליה דלא גמרינן גזירה שוה אלא למנין התקיעות בלחוד דזה שוין הן וכן לענין הברכות, אבל באיזה שופר דסברא בעלמא הוא וכדאמרן אינן שווין, ואין הלכה כר' יהודה ולא כת"ק דמתניתין אלא הלכה כר' לוי דגמרא דהתם (בבלי כו:) דקאמר בין בראש השנה בין יום הכיפורים של יובל בשל זכרים כפופין, וטעמא דכי גמרינן גזירה שוה לכולא מילתא גמרינן דקיימא לן (זבחים מח.) אין גזירה שוה למחצה: **גמ'** אני ה' אלהיכם אלו המלכיות. הכי דריש לה בתו"כ פרשת אמור (פרשה יא) דכתיב (ויקרא כג כב) לעני ולגר תעזוב אותם אני ה' אלהיכם, וסמיך ליה (ויקרא שם כד) בחדש השביעי באחד לחדש יהיה לכם שבתון זכרון תרועה מקרא קודש וגו', ודריש מהסמיכות רמז לאלו פסוקי המלכיות, זכרון תרועה וכו'.

מסורת הש"ס

א) ר"ה כו: [ילקו"ש תהלים תתנב] ב) [ילקו"ש בהעלותך תשכד בשינוי] ג) [ר"ה כז. וילקו"ש תהלים תתנב בשינוי] ד) [ר"ה כז., ילקו"ש בהעלותך תשכד, תהלים תתנב] ה) [עי' פסחים נד:] ו) [פסחים נד: בשינוי] ז) ר"ה כו: [כט., ל., ערכין ג., מס' עבדים פ"א ה"ב] ח) [תענית יז בשינוי] ט) [תוספתא פ"ב ה"ב] י) ר"ה לב: [פסיקתא זוטרתא בהעלותך י, י, ילקו"ש אמור תרמה, בהעלותך תשכה] כ) [תוספתא פ"ב ה"ח, ספרא אמור פרשה יא ה"א, פסיקתא זוטרתא אמור כג כד]

גליון הש"ס

חצוצרות במקדש אין חצוצרות בגבולין. עיין ברמב"ן במלחמות וכר"ן בפ"ג (ו. מדה"ר):

מראה הפנים

ויתפללו לפניו עשרים וארבע. לפי גירסא זו דרך קושיא היא אמאי לא מזכיר אלא מתקיעות שתקעו לפניו בתענית צבור, ולמה לא התפללו ג"כ עשרים וארבע ברכות כהדא וכו' דבתענית צבור ליכא מאן דפליג שצריך עשרים וארבע ברכות (תענית פ"ב מ"ב), ויותר נכון לגרוס והתפללו לפניו עשרים וארבע כהדא ר' יוחנן וכו', דמשמע דכך היו נוהגין בתענית צבור אף בימיהם כמו בימי חכמי המשנה:

עין משפט

א טוש"ע או"ח סימן תקעה סעיף ד:
ב [מיי' פ"א מהלכות שופר הלכה ד ופ"א מהלכות תענית הלכה ד ופ"ד הלכה יז]:
ג מיי' פ"ג מהלכות שופר הלכה א ופ"י מהלכות שמיטה ויובל הלכה [י] יא ופ"ב מהלכות תפילה הלכה ח [טוש"ע או"ח סימן תקנ סעיף א]:
ד מיי' פ"א מהלכות שופר הלכה א טוש"ע או"ח סימן תקפו סעיף א:
ה מיי' שם פ"ג הלכה א טוש"ע או"ח סימן תקנ סעיף א:

שינויי נוסחאות

א] וסופה גבי ראשה מצטרף. בריטב"א (כז.) ליתא:
ב] של. במשניות ובבבלי (כו:) בשל:
ג] ופיו. כ"ה גם בבבלי (כז.) בפיסקא ממתני'. במשניות ובמשניות שבבבלי ופיהם:
ד] בתפילה. ברמב"ן (דרשה לר"ה) לתפלה. בשבולי הלקט (סדר ר"ה סי' רצב) בתשובה:
ה] בתעניתא. במאירי (תענית יד.) נוסף בשופר:
ו] וביובל. כ"ה גם בגירסת הרמב"ם בפיה"מ. במשניות ובבבלי (כו:) וביובלות:

תורה אור השלם

א) וּבְיוֹם שִׂמְחַתְכֶם וּבְמוֹעֲדֵיכֶם וּבְרָאשֵׁי חָדְשֵׁכֶם וּתְקַעְתֶּם בַּחֲצֹצְרֹת עַל עֹלֹתֵיכֶם וְעַל זִבְחֵי שַׁלְמֵיכֶם וְהָיוּ לָכֶם לְזִכָּרוֹן לִפְנֵי אֱלֹהֵיכֶם אֲנִי יְהֹוָה אֱלֹהֵיכֶם: (במדבר י י)

וּבְקֻצְרְכֶם אֶת קְצִיר אַרְצְכֶם לֹא תְכַלֶּה פְּאַת שָׂדְךָ בְּקֻצְרֶךָ וְלֶקֶט קְצִירְךָ לֹא תְלַקֵּט לֶעָנִי וְלַגֵּר תַּעֲזֹב אֹתָם אֲנִי יְהֹוָה אֱלֹהֵיכֶם: (ויקרא כג כב עי' פ"מ)

ב) דַּבֵּר אֶל בְּנֵי יִשְׂרָאֵל לֵאמֹר בַּחֹדֶשׁ הַשְּׁבִיעִי בְּאֶחָד לַחֹדֶשׁ יִהְיֶה לָכֶם שַׁבָּתוֹן זִכְרוֹן תְּרוּעָה מִקְרָא קֹדֶשׁ: (ויקרא כג כד)

ג) וְהַעֲבַרְתָּ שׁוֹפַר תְּרוּעָה בַּחֹדֶשׁ הַשְּׁבִעִי בֶּעָשׂוֹר לַחֹדֶשׁ בְּיוֹם הַכִּפֻּרִים תַּעֲבִירוּ שׁוֹפָר בְּכָל אַרְצְכֶם: (ויקרא כה ט)

The Gemara presents the underlying principle:

לְמָּה – **Why** is the extended *tekiah* at the end of the first set entirely invalid? רֹאשָׁהּ גַּבֵּי סוֹפָהּ מִצְטָרֵף – For **the beginning of [a shofar blast] is connected to its end,** וְסוֹפָהּ גַּבֵּי רֹאשָׁהּ מִצְטָרֵף – **and the end [of a shofar blast] is connected to its beginning.** That is, a *tekiah* must have a beginning and an end. Accordingly, a prolonged shofar blast such as the one described above is entirely invalid, לָא רֹאשָׁהּ אִית לָהּ סוֹף – for **the beginning [of the blast],** which was intended as the concluding *tekiah* for the first set, **has no end,** since the end of the blast was intended as the first *tekiah* of the next set, וְלָא סוֹפָהּ אִית לָהּ רֹאשׁ – **and the end [of the extended blast],** intended as the initial *tekiah* for the second set, **has no beginning,** since the beginning of the blast was intended as the concluding *tekiah* for the first set. Since the segment intended for the first set has no end and the segment intended for the second set has no beginning, the extended *tekiah* is completely disregarded.[1] It is this Tannaic ruling that says, in effect, that one who hears an extended *tekiah* from one who blew the first segment absentmindedly cannot discharge his obligation with the end of the blast blown with the proper intent, for the end of the blast does not have a beginning, since the beginning was blown absentmindedly.[2]

Halachah 4

Mishnah The previous Mishnah (19b) described the type of shofar preferable for use on Rosh Hashanah, and the procedure followed. This Mishnah informs us that on fast days a different type of shofar was used and a different procedure was followed:[3]

וּבְתַעֲנִיּוֹת – **And on fast days** שֶׁל זְכָרִים כְּפוּפִין – we blow **with** horns **of male** sheep (rams),[4] which are typically **bent,**[5]

NOTES

1. And the ruling of the Mishnah, that he has only one *tekiah* to his credit, refers not to the prolonged *tekiah,* but to the first *tekiah* of the first set.

2. See Variant A for another explanation of this Gemara.

3. Days of fasting are declared when a community is beset by calamity (see *Rambam, Hil. Taanis* 1:4). This is a Rabbinic obligation. [The types of misfortune that demand the declaration of a fast are described at length in Tractate *Taanis* (Chs. 1 and 3) and in *Rambam* ibid. 2:1.]

In addition to fasting, there is a Biblical requirement to blow trumpets, as it is written (*Numbers* 10:9): עַל־הַצַּר הַצֹּרֵר אֶתְכֶם וַהֲרֵעֹתֶם בַּחֲצֹצְרֹת, *against an enemy who oppresses you, you shall sound the trumpets* (*Korban HaEidah,* from *Rambam Commentary*). [While the verse refers specifically to military aggression, its intent is extended to include all forms of calamity (see *Sifri* to the verse).] The trumpets are sounded [during the additional blessings inserted into *Shemoneh Esrei* (see *Taanis* 2:10; *Bavli* 15b, cited by *Rashi* 26b)] to stir the hearts of the people and bring them to repentance by causing them to realize that the disaster befell them because of their sins (*Rambam* ibid. 1-3; see *Bavli Taanis* 15b).

[Others maintain that blowing trumpets on fast days is by Rabbinic decree (*Baal HaMaor,* folio 7a ד״ה אמר רבא). *Rashi* (26b ד״ה שמצות היום בחצוצרות) states that on fast days the people are assembled for supplication and prayer, and assemblage was always accomplished through trumpets, as it is written (*Numbers* 10:2, concerning the Israelite encampment in the desert): *And they* (the silver trumpets) *shall be yours for summoning the assembly* (see *R' Y. F. Perla* to *Sefer HaMitzvos* of *Rav Saadiah Gaon,* Vol. I, *Asei* 16, p. 260, and *Emek Berachah, Taanis* §5, p. 132, for discussion of *Rashi*).]

The blast of a shofar accompanied the trumpets in the Temple, as derived by *Bavli* from *Psalms* 98:6: בַּחֲצֹצְרוֹת וְקוֹל שׁוֹפָר הָרִיעוּ לִפְנֵי הַמֶּלֶךְ ה׳, *With trumpets and shofar sound, call out before the King, Hashem* [The words *before the King, Hashem* mean, in the Temple.] See further, the Gemara's discussion of our Mishnah.

4. *Korban HaEidah.*

5. The Mishnah's main point is that the horn should be bent (for the reason provided by the Gemara). It mentions the male sheep only as an example of an animal whose horns are typically bent (*Ramban* and *Ritva* 26b; see *Rashi,* with *Yom Teruah; Pnei Moshe*).

It emerges from this Mishnah and the preceding one that on Rosh Hashanah, a straight horn should be used, and on a fast day, a bent horn should be used. The next Mishnah (on this *amud*) cites the halachically accepted view of R' Yehudah, that the shofar used on Rosh Hashanah

TEXTUAL AND INTERPRETIVE VARIANTS

A. We have followed the standard text of *Yerushalmi,* as explained by *Korban HaEidah,* in explaining this Gemara. According to this approach, the Gemara concludes that one must hear a valid *tekiah* from beginning to end, for a *tekiah* without a beginning or an end is invalid. Accordingly, we must say that the trumpets and shofar were not blown simultaneously in the Temple (for, if they were, the beginning of the shofar blast would not be heard and the end would have no beginning). We must also say that in the case of the cited Mishnah (4:10, 26a; *Bavli* 33b) [concerning an extended *tekiah*], only the initial *tekiah* counts, but not the prolonged *tekiah.* Indeed, based on *Yerushalmi, R' Yitzchak ibn Gias* (*Meah She'arim, Hil. Rosh Hashanah,* pp. 39-41) and *Raavad* (end of *Derashah* to *Rosh Hashanah*) rule that the prolonged *tekiah,* intended for two *tekios,* is entirely disqualified (see *Rosh* 4:8 and *Ran* folio 11b).

A simple reading of *Bavli* (27a), however, implies that the cited Mishnah refers to the extended *tekiah.* The Mishnah thus rules that the extended *tekiah* does not count for two *tekios,* but *does* count for one (see *Rosh* ibid., who explains how *Bavli* accommodates the ruling of *R' Yitzchak ibn Gias*). Also, as noted above (19b note 37), *Bavli* (ibid.) maintains that the trumpets and shofar were blown simultaneously in the Temple, with the people discharging their obligation with the entire *tekiah,* which can be distinguished from the sound of the trumpets, since the sound of the shofar is dear to the listener.

Other Rishonim, therefore, set forth another approach, based on their version of the text, which states (on 19b): פְּשׁוּטָה שֶׁשָּׁמַע מִקְצָתָהּ מִן הַמִּתְעַסֵּק יָצָא, rather than לֹא יָצָא: According to this version, R' Yosah maintains that one discharges his obligation with the second segment of a blast, whose beginning was invalid. Initially, the Gemara attempts to prove this from *our* Mishnah which states that in the Temple (where the first segment of the *tekiah* was blown simultaneously with trumpets), one discharged his obligation through hearing only the end of a *tekiah.* The Gemara refutes this, for as *Bavli* asserts, one *can* distinguish the sound of the shofar from the sound of the trumpets. Accordingly, in the Temple, one discharged his obligation through hearing the entire *tekiah.* The Gemara concludes that R' Yosah inferred his view from the Mishnah below (4:10, 26a; *Bavli* 33b), which states that an extended *tekiah* does not count as both the last *tekiah* of the first set and the first *tekiah* of the second set, but does count as the last *tekiah* of the first set. Now, in that case, one fulfills his obligation only with the first segment of the *tekiah,* but not with the second segment, which was intended as the first *tekiah* of the second set. Similarly, one may fulfill his obligation with the second segment of a *tekiah* whose first segment was invalid.

Finally, the Gemara cites the dissenting view of R' Z'eira, who differentiates between the Mishnah's case of an extended *tekiah* and the case of a *tekiah* whose first segment was blown absentmindedly. An absentminded *tekiah* is invalid; thus, one who hears only the end does not fulfill his obligation, since the end does not have a beginning. On the other hand, in the Mishnah's case, the entire extended blast was blown intentionally for the mitzvah. True, it cannot be counted as two *tekios,* because a single *tekiah* cannot be split into two, but the end of the *tekiah* can combine with the beginning, so that the extended *tekiah* counts as the last *tekiah* of the first set (*Ramban* and *Ritva* to 27a; see *Sheyarei Korban; Pnei Moshe; Masa DiYerushalayim; Tur, Orach Chaim* 490:6, with *Beis Yosef* and *Bach; Magen Avraham* 595:5).

[For yet another explanation, see *Rashba* 27a.]

be with the sound of the shofar continuing after the trumpet blasts have ceased.[34] Since the mitzvah in the Temple was fulfilled with the end of the shofar's blast, even though one did not hear the beginning of the blast, it would appear that the shofar sound need not be heard from beginning to end. The Gemara cites a ruling based on a Tannaic teaching that contradicts this assumption:

אָמַר רַבִּי יוֹסָה – **R' Yosah said:** הָדָא אָמְרָה – **This** Tannaic ruling[35] **says,** in effect, the following: פְּשׁוּטָה שֶׁשָּׁמַע מִקְצָתָהּ מִן הַמִּתְעַסֵּק לֹא יָצָא – Concerning **an** extended **straight [blast],** i.e. a *tekiah*, **that one heard part of it from one who [blows] absentmindedly** and the other part of it from the same person blowing with proper intent, the law is that **he does not discharge** his obligation, because a valid shofar sound must be heard from beginning to end.[36] This contradicts the simple meaning of our Mishnah, according to which, the mitzvah in the Temple was fulfilled with the end of the blast alone! Perforce, the true meaning of the Mishnah is that in the Temple, the shofar was not blown until *after* the sound of the trumpets *ceased*. And, when the Mishnah states that the shofar blows long, it means that the blast of the shofar was longer than the blast of the trumpets preceding it.[37]

Having clarified the Mishnah's intent, the Gemara wonders: וְהֵיי דָא אָמְרָה – **Which** Tannaic ruling **says this?** From which Tannaic ruling did R' Yosah infer that a valid shofar sound must be heard from beginning to end?[38]

The Gemara identifies R' Yosah's source:

תָּקַע בָּרִאשׁוֹנָה וּמָשַׁךְ בַּשְּׁנִיָּה כִּשְׁתַּיִם – It is the ruling of the following Mishnah, that states:[39] If ONE BLEW THE FIRST *TEKIAH* of a set normally, AND PROLONGED THE SECOND *tekiah* of the set FOR THE DURATION OF TWO customary *tekios*,[40] אֵין בְּיָדוֹ אֶלָּא אַחַת – HE HAS ONLY ONE TO HIS CREDIT.

The Gemara explains which *tekiah* he has to his credit:[41]

רַבִּי אַבָּא בַּר זְמִינָא בְּשֵׁם רַבִּי זְעִירָא – **R' Abba bar Zemina** said **in the name of R' Z'eira:** אֲפִילוּ אַחַת אֵין בְּיָדוֹ – **He does not have even one** *tekiah* from the extended *tekiah* **to his credit.** When the Mishnah says "he has one to his credit," it refers not to the extended *tekiah* but to the first customary *tekiah*.

NOTES

34. This is also *Bavli's* (ibid.) initial explanation of the Mishnah. According to this understanding, when the Mishnah states that the shofar blows long, it means that the shofar blast extends for the requisite amount of time beyond its accompanying trumpet blast (see *Ritva* 27a). The Mishnah explains: "For the commandment of the day is with a shofar"; in other words, the shofar must continue beyond the accompanying trumpet blast, so that the commandment of the day be fulfilled.

35. R' Yosah was not addressing our Mishnah. He inferred his ruling from a different Tannaic teaching that the Gemara will immediately identify.

36. The Mishnah (below 4:9, 25b; *Bavli* 32b) rules that one who blows the shofar absentmindedly does not discharge his obligation and one who hears the shofar blasts from one who blows absentmindedly does not discharge his obligation. [The definition of "absentmindedly" will be discussed in our notes to that Mishnah.]

In the case at hand, one began to blow a straight blast absentmindedly, and another person came along and expressed interest in fulfilling his obligation with the blower's sounding of the shofar. The blower then completed the single blast with the proper intent. R' Yosah rules that one does not discharge his obligation with the second segment of the blast (even if the second segment extends for the requisite amount of time). This is because one fulfills his obligation only if he hears a valid shofar blast from beginning to end, to the exclusion of a case, such as the one at hand, where the first part of the blast is invalid.

37. *Korban HaEidah*; see *Yom Teruah* to *Rashi* 26b.

According to this explanation of the Mishnah, the people would fulfill their obligation even if the sound of the shofar was for the same duration as the sound of the trumpets, since the shofar was sounded in its entirety after the trumpets. Why, then, was the shofar sound longer than the sound of the trumpets? The Mishnah explains: "For the commandment of the day is with a shofar." In other words, the blast of the shofar lasted longer than the blast of the trumpets as an indication that the commandment of the day is the shofar [and not the trumpets] (see *Rashi* 26b; *Pnei Moshe* to the Mishnah; *Ran* folio 6a). [See above, note 34.]

Bavli remains with the simple reading of the Mishnah, that the shofar and trumpets were sounded simultaneously. Although, generally, two simultaneous sounds are not distinguishable, the sound of the shofar is distinguishable from the sound of the trumpets, for the shofar sound is חָבִיב, *dear,* to the listener and he thus exerts enough concentration to distinguish the sound he is required to hear (see *Pnei Moshe* to the Mishnah). According to *Bavli's* conclusion, as well, the people would fulfill their obligation even if the sound of the shofar was not longer than the sound of the trumpets (i.e. if the sound of the shofar ceased at the same time as the trumpets). Nevertheless, the shofar continued after the sound of the trumpets ceased, as an indication that the commandment of the day is the shofar [and not the trumpets] (see *Rashi* 26b; *Pnei Moshe* to the Mishnah; *Ran* folio 6a).

38. *Korban HaEidah*.

39. Below, 4:10, 26a; *Bavli* 33b.

40. In Mishnaic times, the mitzvah of shofar was performed in the following manner (the procedure we now follow developed later, in the Amoraic era – *Bavli* 34a): Three sets of sounds were blown (corresponding to the Orders of *Malchiyos, Zichronos*, and *Shofaros*), and each set consisted of three blasts: a *tekiah* – a long, even blast; a *teruah* – a wavering blast; and a final *tekiah* (*Maharsha* to *Bavli* 27a). Each sound had a minimum prescribed duration (see Mishnah ibid.). In the cited Mishnah's case, the person blew the first *tekiah* of the first set for the requisite length of time. However, after the *teruah* he blew a *tekiah* twice the required length, intending that the prolonged blast constitute both the concluding *tekiah* of the first set and the first *tekiah* of the second set (*Rashi* 27a and 33b).

41. The Mishnah can be understood as teaching that the extended blast counts only as one *tekiah*, not two, or as referring to the first *tekiah* of the first set and teaching that he has only that *tekiah* to his credit, but the extended *tekiah* is entirely invalid. The Gemara clarifies this point.

[טז. טז: - ה"ב ה"ג]

הלכה ב מתני' א) א) כל השופרות כשירין חוץ משל פרה מפני שהוא קרן. אמר ר' יוסי והלא כל השופרות נקראו קרן שנאמר א) והיה במשוך בקרן היובל א) כשמעכם את קול השופר: **גמ'** הוון בעיי מימר ולא פליגין. אשכחת תני ר' יוסה מכשיר בשל פרה וחכמים פוסלין. מה טעמיה דר' יוסי. א) והיה במשוך בקרן היובל. מה טעמא דרבנן. ב) ותיטב לה' משור פר מקרין מפרים ב) מקרן כתיב. ג) ורבנן כל השופרות נקראו קרן ונקראו שופר חוץ משל פרה שנקרא קרן ולא נקרא שופר. התיבון הרי של יעל הרי אינו קרוי לא קרן ולא שופר. מאי כדון. כהיא דאמר ר' לוי שנייא היא שאין קטיגור נעשה סניגור: **הלכה ג מתני'** ד) שופר של ראש השנה של יעל פשוט ה) ופיו מצופה זהב ב) ושתי חצוצרות מן הצדדין. שופר מאריך וחצוצרות מקצרות שמצות היום בשופר: **גמ'** אמר ר' יונה כדי שיפשטו לבם ב] בתשובה: פיו מצופה זהב: ג) ו) ציפהו זהב מבפנים פסול מבחוץ כשר. ז) ציפהו מקום הנחת פיו או שהיה קולו עבה מחמת הציפוי פסול: אמר ר' יוסה הדא אמרה ד) פשוטה ששמע מקצתה מן המתעסק ג] לא יצא. ח) והיי דא אמרה. ה) ח) תקע בראשונה ומשך בשנייה טז: כשתים ט) אין בידו אלא אחת. ד] ר' אבא בר זמינא בשם ר' זעירא אפילו אחת אין בידו.

פני משה

מתני' כל השופרות כשרין. בראש השנה: חוץ משל פרה. מפני שהוא נקרא קרן כדכתיב (דברים לג יז) בכור שורו הדר לו וקרני ראם קרניו, וקא משמע לן דשל פרה נקרא גם כן קרן כשל שור ולא נקרא שופר, וגבי ראש השנה שופר בעינן, דכתיב ביובל (ויקרא כה ט) והעברת שופר תרועה, וגמרינן ראש השנה מיובל: והלא כל השופרות נקראו קרן שנאמר והיה במשוך בקרן היובל. ויובל דכרא הוא כדקאמר ר' עקיבא בגמרא (כו.) כשהלכתי לערביא היו קורין לדכרא יובלא. אלמא אפילו שופר של איל נקרא קרן וכתיב כשמעכם את קול השופר, ורבנן אמרי כל השופרות אקרו קרן ואקרו שופר דכתיב במתן תורה (שמות יט יג) במשוך היובל וכתיב (שמות שם יט) ויהי קול השופר, אבל דפרה קרן אקרי שופר לא אקרי, והלכה כחכמים: גמ' הוון. בני הישיבה: בעיין מימר. מעיקרא: ולא פליגין. ר' יוסי ורבנן לדינא, אלא ר' יוסי כמקשה על טעמייהו דרבנן הוא, דקאמריתו מפני שהוא קרן והלא כל השופרות נקראו קרן, אבל לדינא מודה ר' יוסי דשל פרה פסול ומטעמא אחרינא וכדאמרינן לקמן שאין קטיגור נעשה סניגור: אשכחת. אלא דאשכחת לה דתני בברייתא בהדיא דפליגי, דר' יוסי מכשיר בשל פרה דלית ליה כל הני טעמי לפסול וחכמים פוסלין וכדמסיק לטעמייהו: מאי טעמא דר' יוסי וכו'. כדפרישנא במתניתן: מאי טעמא דרבנן. דאע"ג דקאמר לקמן טעמייהו דכל השופרות וכו' דפרה קרן אקרי ולא נקרא שופר, מכל מקום הרי מצינו דפרה נמי אקרי שופר דכתיב (תהלים סט לב) ותיטב לה' משור פר, ומאי משור פר דקאמר אלא משופר הוא וכתיב כאן שור, הלכך קאמר דרבנן דרשי להאי קרא דקאי על שור שהקריב אדם הראשון והיינו שור פר שור שהוא גדול כפר, דכל מעשה בראשית בקומתן נבראו: מקרן כתיב חסר קרן אחד, וכלומר זהו ראיה דעלייהו האי שור קאי וכדאמרינן (שבת כח:) שור שהקריב אדם הראשון קרן אחת היה לו במצחו: התיבון. על טעמייהו דרבנן דקאמר בברייתא, והרי של יעל דכשר הוא כדתנן במתני' לקמן, והלא אינו קרוי לא קרן ולא שופר דלא אשכחן דכתיב גביה לא זה ולא זה: מאי כדון. והשתא מאי טעמא דרבנן גבי פרה: כהיא. אלא כהאי דאמר לר' לוי דעיקר טעמייהו דשניא היא פרה לפי שאין קטיגור נעשה סניגור, דמכיון דשופר לזכרון הוא בדין הוא שלא יזכר להם מעשה עגל: מתני' שופר של ראש השנה של יעל. היא אחת שמה יעל, וקורין אותה אשטיינבו"ק: פשוט. שהוא פשוט מן הסתם, ומשום דלתפלה בעינן פשוטות וכדכתיב (איכה ג מא) נשא לבבינו אל כפים: ופיו מצופה זהב. בשל מקדש קאמר, ושלא במקום הנחת הפה, אבל בגבולין לא עשו כך דחסה התורה על ממונם של ישראל: ושתי חצוצרות מן הצדדין. לפי שמצות היום בשופר, לפיכך הוא באמצע, ואף על גב דתרי קלי לא מישתמעי (בבלי כז.), איידי דדבר חדש הוא וחביבא עלייהו משתמעי: שופר מאריך וכו'. לאחר שפסק מתקיעת חצוצרות מאריך הוא בשופר כדי להודיע שמצות היום בשופר: גמ' אמר ר' יונה. לכך שופר של ראש השנה של יעל פשוט, כדי שיפשטו לבם לעשות בתשובה: פיו מצופה זהב. ותני בתוספתא פ"ב (ה"ג) ליפהו זהב מבפנים פסול מבחוץ כשר, אם אינו נשתנה קול התקיעה מכמות שהיה: ציפהו מקום הנחת פיו וכו'. ומתניתן שלא במקום הנחת פיו תנן: אמר ר' יוסי וכו'. אהא דקתני שופר מאריך קאי, הדא אמרה פשוטה תקיעה ששמע מקצתה מן המתעסק בעלמא ולא משום לצאת ידי חובתו לא יצא: ופריך והיי דא אמרה. והיכן שמענו לזה ממתני' דידן, אדרבה ממתניתן משמע דלכך מאריך בשופר כדי לצאת מסוף התקיעה ששומע, א"כ אפילו שמע מקצת התקיעה נמי יצא: תקע בראשונה וכו'. כלומר מהאי מתניתן דפרק דלקמן הוא דאיכא למידק, דקתני שאף על פי שמשך בשנייה והיינו בתקיעה של אחר התרועה הראשונה, היה מושך ומאריך כשנים של תקיעה הראשונה, והיה סבור שתעלה לו תקיעה שנייה זו כשתים ולצאת בה גם כן לפשוטה שלפניה של הסדר שאחר זה, אפילו כן אין בידו אלא אחת לפשוטה של אחריה של סדר הראשון, ומפני שאין כאן אלא מקצת תקיעה בלבד והלכך לא יצא בה לפשוטה שלפניה של הסדר של אחר זה: ר' אבא בר זמינא בשם ר' זעירה. אמר בכהאי גונא דקאמרת בדין הוא שאפילו אחת אין בידו:

קרבן העדה

מתני' כל השופרות. בין של איל בין של יעל: שהוא קרן. אינו קרוי שופר, וגבי יום הכיפורים שופר כתיב (ויקרא כה ט) והעברת שופר תרועה, וגמרינן (בבלי לג:) ראש השנה מיובל: בקרן היובל. ויובל דכרא הוא: גמ' הוון בעי מימר. סברוהו למימר דלא פליגי, דרבנן אוסרין בשל פרה לכתחילה, ור' יוסה מכשיר דיעבד. אי נמי דסברוהו דהודו חכמים לר' יוסה מדשתקו: וחכמים פוסלין. משמע אפילו בדיעבד: מה טעמא דרבנן. מנא לן דשל פרה איקרי קרן: מקרן כתיב. הרי דשל שור פר קרן איקרי: נקראו קרן. [כדאמרן. ונקראו שופר] דכתיב במתן תורה (שמות יט יג) במשוך (בקרן) היובל וכתיב (שמות יט יט) ויהי קול השופר: התיבון. הקשו, הרי יעל דתנן לקמן (ה"ג) דכשר, ולא מצינו שנקרא קרן או שופר: מאי כדון. מעתה מה טעמא דרבנן: שאין קטיגור. שופר של פרה קטיגור דעגל הוא. והא דתנן מפני שהוא קרן, הכי קאמר, שלא נמצא בתורה שנקרא שופר דנכשיר אותו נגד סברת ר' לוי: מתני' של יעל פשוט. בגמרא מפרש טעמא: ופיו מצופה זהב. בשל מקדש קאמר: שופר מאריך. לאחר שהחצוצרות פוסקים תקיעתן נשמע קול השופר: גמ' כדי שיפשטו לבם בתשובה. דכתיב (איכה ג מא) נשא לבבינו אל כפים: מבפנים פסול. שהתקיעה בזהב ולא בשופר: ציפהו זהב במקום הנחת פיו. פסול, שהתקיעה בזהב, ומתני' איירי שהזהב מבחוץ: לא יצא. דבעינן שישמע כל התקיעה, וקשיא מתני' דתנן שופר מאריך שמע מינה דשמע סוף תקיעה בלא תחילת תקיעה יצא, אלא ודאי דמתני' דקתני שופר מאריך היינו לאחר שסיימו החצוצרות מתחיל השופר: והיידא אמרה. והיכן אמר זה דלא יצא עד שישמע כל התקיעה מתחלתה ועד סופה: תקע בראשונה וכו'. לקמן פ"ד תנן תקע בראשונה וכו' אין בידו אלא אחת, ואמר רבי אבא וכו': אפילו אחת אין בידו. דהך תקיעה לא עלתה לו אפילו לתקיעה אחת*:

עין משפט

א מיי' פ"א מהלכות שופר הלכה ב:
ב מיי' שם הלכה ו [סמ"ג עשין מב] טוש"ע או"ח סימן תקפו סעיף כו:
ג טוש"ע או"ח סימן תקפו סעיף ג:
ד מיי' שם פ"ג הלכה ד טוש"ע או"ח סימן תקפ סעיף ו:
ה מיי' פ"א מהלכות תענית הלכה ד ופ"ד הלכה יז:

שינויי נוסחאות

א] כשמעכם את קול השופר. כ"ה גם גירסת הרמב"ם בפיה"מ. במשניות ובבבלי (כו.) ליתא:
ב] בתשובה. בפיסקי הריא"ז (כו:) בתפילה. וראה להלן ריש ה"ד (כ.):
ג] לא. נוסף בכי"ל ע"י המגיה. ברמב"ן ובריטב"א ובתוס' הרא"ש ובריטב"א (כו.) ובר"ן (יא: מדה"ר) ליתא:
ד] ר' אבא בר זמינא וכו'. עי' בראשונים הנ"ל שר' יצחק אבן גיאת (הל' ר"ה עמ' נה) מפרש דר' אבא קאי אמתניתין דפ"ד ה"י תקע בראשונה ומשך בשניה כשנים וכו'. אמנם לדעת הראשונים הנ"ל קאי אמתניתין דידן, עיי"ש פירוש הדברים באריכות:

תורה אור השלם

א) וְהָיָה בִּמְשֹׁךְ בְּקֶרֶן הַיּוֹבֵל בְּשָׁמְעֲכֶם אֶת קוֹל הַשּׁוֹפָר יָרִיעוּ כָל הָעָם תְּרוּעָה גְדוֹלָה וְנָפְלָה חוֹמַת הָעִיר תַּחְתֶּיהָ וְעָלוּ הָעָם אִישׁ נֶגְדּוֹ: (יהושע ו ה)

ב) וְתִיטַב לַיהוָה מִשּׁוֹר פָּר מַקְרִן מַפְרִיס: (תהלים סט לב)

רידב"ז

אמר ר' יוסי הדא אמרה פשוטה ששמע מקצתה מן המתעסק לא יצא. הסוגיא הזאת פירשוהו הרא"ש ז"ל (פ"ד סימן ח) וכן הרמב"ן ז"ל (כז. ד"ה הא דתנן) והר"ן ז"ל (יא: מדה"ר), עיי"ש:

שירי קרבן

מקרן כתיב. קאי קשה א"כ למה תנן במתני' חוץ משל פרה הו"ל למימר שור דביה כתיב קרא, וכן קשה בבבלי (כו.), וי"ל לפי המסקנא ניחא, דהטעם דאין קטיגור נעשה סניגור, והו"א דוקא שור פסול דומיא דעגל כדכתיב (תהלים קו כ) וימירו את כבודם בתבנית שור וגו', אבל של פרה כשר, קמ"ל דאפי' של פרה נמי דבפרה נמי שייך האי טעמא, כדאמרינן (במדבר רבה פרשה יט ח) תבא אמו ותקנח בנה: אמר ר' יוסה הדא אמרה וכו'. והרמב"ן (כז. ד"ה ועכשיו) גורס אמר ר' יוסי הדא אמרה פשוטה ששמע מקצתה מן המתעסק יצא, הדא אמרה דא תקע בראשונה ומשך בשנייה אין בידו אלא אחת, ר' בא בר זבינא אומר אפילו אחת אין בידו וכו'. וה"פ, הדא אמר פשוטה ששמע מקצתה מן המתעסק שלא כיון לשם מצוה, ובא חבירו ואמר לו איכוין ותקע לי להשלים את התקיעה ולשם מצוה, והאריך בהשלמה כשיעור תקיעה, יצא. ומייתי ראיה מהא דתנן דמשך בשנייה כשתים אין בידו אלא אחת, וכיון דאין בידו אלא אחת נמצא דכמה שהאריך יותר מכדי תקיעה אינו אלא כמתעסק, אפילו הכי עולה מקצתה לאחת. ואתא ר' בא לפלוגי, דזה ששמע פשוטה מן המתעסק אפי' אחת אין בידו, כיון דבתחלת התקיעה היה מתעסק נמצא דרישא לית ליה סיפא וכו', ולא דמי למשך בשניה כשנים, דהתם מיהא מתחלתו ועד סופו היתה כוונתו לשם מצוה. והו"ל למימר לר' בא בר זבינא לא יצא, אלא אגב דאמר משך בשניה כשתים אין בידו אלא אחת נקט נמי גבי מתעסק אין בידו אפילו אחת, אף ע"ג דלא שייך גבי מתעסק האי לישנא, וניחא השתא אין בידו אלא אחת היינו שניה, ע"כ. ולפי גירסתינו ופירושינו בקונטרס עולה דברי הש"ס כהוגן, אלא דלפום ריהטא פליג אבבלי (כז.), וכבר תירץ הרא"ש (פ"ד סי' ח) לקיים שניהם, ואף הר"ן (יא: מדה"ר ד"ה ותמהני) פליג אפירוש הרמב"ן עיי"ש:

מסורת הש"ס

א) ר"ה כו. [ויקרא רבה כז ג, פסיקתא דר"כ ט, תנחומא אמור יא, ילקו"ש אמור תרמב, יחזקאל שסט, תהלים תתב] ב) [שבת פ"ב ה"ג, ופ"ו ה"ב, שבת כח:, ע"ז ח., חולין ס., קהלת רבה א כח, ילקו"ש תהלים תתב, ועי' פני משה] ג) [ר"ה כו., ילקו"ש תהלים תתב] ד) ר"ה כו: ה) [ילקו"ש בהעלותך תשכד] ו) ר"ה כז: [תוספתא פ"ב ה"ג] ז) [ר"ה כז. וכס ע"ב, תוספתא פ"ב ה"ג] ח) לקמן פ"ד ה"י - כו. ט) [לקמן פ"ד מ"ט - כו., ר"ה כז, כח.]

מראה הפנים

שניא היא שאין קטיגור וכו'. הכא משמע דהך טעמא הוא העיקר, והתם (בבלי כו.) מפרש חדא ועוד קאמר, והארכתי בזה בחיבורי פני המנורה בנר הרביעי במזלג ה' ואין כאן מקומו: רבי אבא בר זמינא בשם ר' זמינא אפי' אחת אין בידו וכו'. והתם בדף כ"ז (ע"א) על הא דמדייק מהמתניתין למימרא דשמע סוף תקיעה וכו' יצא, פריך מההיא מתני' תקע בראשונה וכו' אמאי תיסלק ליה בתרתי פסוקי תקיעתא מהדדי לא פסקינן, משמע דקמה המסקנא דלאחת מיהת עלתה בידו. וכתב הרא"ש ז"ל לקמן בפ"ד (סי' ח) אמתני' דסדר תקיעות דלפירוש שהביא שם לעיל מהאי תלמודא דצריך לומר דגמרא דידן פליג אהאי דירושלמי, ונראה לפרש גמרא דידן כמו הירושלמי והכי פירושה וליסלק ליה בתרתי תחלתה לסוף מלכיות וסופה לתחלת זכרונות, ומשני פסוקי תקיעתא מהדדי לא פסקינן, וכיון דאי אפשר לחלק לשנים גם בחדא נמי לא סלקא כדמפרש טעמא בירושלמי כיון שהיה בדעתו שהן שתי תקיעות וזה אי אפשר דפסוקי תקיעתא מהדדי לא פסקינן גם חדא נמי לא סלקא שמצטרפין יחד הראש והסוף, והראש לפי כוונתו הוא לשם מלכיות וסופה שיהא לשם זכרונות אינה מצטרפת עמה, הלכך אין לראשונה סוף ואין לשניה ראש עכ"ל בזה. וא"ב הייתו צריכין לפרש להמתני' דקתני אין בידו אלא אחת, ומשמע דמיהת אחת עלתה לו דזה קאי על תקיעה ראשונה, וכי היכא דלא ליפלוג ר' אבא בר זמינא אמתני' וכמו שהביא הוא ז"ל שם לעיל להאי פירושא להאי מתני' ולהכי קתני תקע בראשונה, אלא דדחה שם להאי פירושא דאי הכי הו"ל למיתני הכי האריך ותקע בשנייה כשנים אין בידו כלום ולא היה צריך למיתני תקע בראשונה כדי לסיים אין בידו אלא אחת, אלא ודאי הא דנקט תקע בראשונה משום דמינה ידעינן דהאריך בשנייה כשנים מכיון דהאריך בה יותר מבראשונה אלו דבריו ז"ל שם לעיל ומסיים כמו שהבאתי. והדרן לקושיין דהיכי פליג ר' אבא בר זמינא אמתני'. ובשם הרמב"ן ז"ל הביא שפירש להך דהכא בענין אחר שכתב דהירושלמי לא על הדא מילתא איתמר אלא אההיא דשופר מאריך וכו', דגרסינן התם א"ר יוסי הדא אמרה וכו', וה"פ הדא אמרה פשוטה ששמע מקצתה מן המתעסק שלא כיון לשם מצוה ובא חברו ואמר לו איכוין ותקע לי להשלים את התקיעה ולשם מצוה והאריך בהשלמה כשיעור תקיעה יצא. ומייתי ראיה מהא דתנן (פ"ד מ"ט) משך בשנייה כשתים אין בידו אלא אחת, וכיון דאין בידו אלא אחת נמצא דמה שהאריך יותר מכדי תקיעה אינו אלא כמתעסק ואפ"ה עולה מקצתה לאחת, ואתי ר' בא לפלוגי דזה ששמע פשוטה מן המתעסק אפי' אחת אין בידו כיון דבתחלת התקיעה הוה מתעסק נמצא דרישא לית לה סופא וכו', [המשך בסוף הספר]

straight,[21] וּפִיו מְצוּפֶּה זָהָב — **and its mouth is plated with gold,**[22] וּשְׁתֵּי חֲצוֹצְרוֹת מִן הַצְּדָדִין — **and** it should be accompanied by **two trumpets** blown **at the sides.**[23] שׁוֹפָר מַאֲרִיךְ — **The shofar [blows] long** וַחֲצוֹצְרוֹת מְקַצְּרוֹת — **and the trumpets [blow] short,**[24] שֶׁמִּצְוַת הַיּוֹם בְּשׁוֹפָר — **for the commandment of the day is with a shofar.**[25]

Gemara

The Mishnah ruled that a straight horn be blown on Rosh Hashanah. The Gemara provides the reason: אָמַר רַבִּי יוֹנָה — **R' Yonah said:** כְּדֵי שֶׁיִּפְשְׁטוּ לִבָּם בִּתְשׁוּבָה — **In order that [the people]** be reminded to **straighten their hearts through repentance.**[26]

פִּיו מְצוּפֶּה זָהָב — The Mishnah stated regarding the shofar blown in the Temple: AND ITS MOUTH IS PLATED WITH GOLD.

A simple reading of the Mishnah suggests that any part of the shofar's mouth may be plated with gold. The Gemara cites a Baraisa that demonstrates otherwise:[27]

צִיפָּהוּ זָהָב — If ONE PLATED [THE SHOFAR] WITH GOLD, the law is as follows: מִבִּפְנִים — If the gold is ON THE INSIDE, פָּסוּל — IT IS INVALID;[28] מִבַּחוּץ — but if the gold is ON THE OUTSIDE, כָּשֵׁר — IT IS VALID.

The Baraisa qualifies the last ruling:

צִיפָּהוּ מְקוֹם הַנָּחַת פִּיו — If HE PLATED THE PLACE WHERE HIS MOUTH RESTS,[29] אוֹ שֶׁהָיָה קוֹלוֹ עָבֶה מֵחֲמַת הַצִּיפּוּי — OR ITS SOUND BECAME THICK ON ACCOUNT OF THE PLATING,[30] פָּסוּל — IT IS INVALID, even if the plating is on the outside. Hence, when our Mishnah permits goldplating the shofar's mouth, it permits it only on the outside (i.e. upper edge) of the shofar's mouth, and not on the place where the mouth actually rests.[31]

The Mishnah ruled that the trumpets, which accompanied the shofar in the Temple, blow short and the shofar blows long.[32] The simple meaning of the Mishnah is that the shofar and trumpets are sounded together at the start, and after the sound of the trumpets has ceased, the shofar continues and is heard by itself. Now, the shofar sound cannot be distinguished from the trumpet sound while they are sounded simultaneously. How, then, does one fulfill his requirement to hear the sound of the shofar?[33] It must

NOTES

21. The Mishnah's main point is that the horn should be straight (for the reason provided by the Gemara). It mentions the wild goat only as an example of an animal whose horns are typically straight (*Ramban* and *Ritva*, 26b; see *Rashi*, with *Yom Teruah*; *Pnei Moshe*).

The horn of the wild goat is called *straight* only in a relative sense, since it is considerably less curved than that of a ram [preferred by R' Yehudah in Mishnah 5, 20a] (*Meiri*).

22. The Mishnah speaks of the shofar that was blown in the Temple (*Korban HaEidah* and *Pnei Moshe*, from *Rashi* 26b; see *Yom Teruah* ad loc. for *Rashi's* source).

It emerges from the Gemara that the gold may not cover the part of the mouthpiece where the blower places his lips (*Pnei Moshe*).

[For this reason, plating the shofar with gold does not contravene the principle, *an accuser cannot become a defender* (cited above in the Gemara, at note 17), for the actual sound of the shofar does not issue from the gold (*Yom Teruah* to *Bavli* 26b ד״ה ופיו; see there and *Masa DiYerushalayim* ד״ה וע׳ ברמב״ם for another explanation).]

23. Two men blowing trumpets stood on either side of the one blowing the shofar. This, too, was done only in the Temple and is derived by *Bavli* (27a) from *Psalms* 98:6: בַּחֲצֹצְרוֹת וְקוֹל שׁוֹפָר הָרִיעוּ לִפְנֵי הַמֶּלֶךְ ה׳, *with trumpets and shofar sound, call out before the King, Hashem.* [The words *before the King, Hashem* mean, in the Temple.]

[The shofar is placed in the center because of its importance as the commandment of the day, just as the most important and distinguished of a group of people walks in the middle (*Ran*, folio 6a; see *Pnei Moshe*).]

24. After the sound of the trumpets had ceased, the shofar continues and is heard by itself (*Korban HaEidah* and *Pnei Moshe*, from *Rashi*).

This reflects *Bavli's* (27a) understanding and *Yerushalmi's* initial understanding of the Mishnah. A different understanding emerges from the *Yerushalmi's* conclusion. This will be elaborated in our notes to the Gemara (see note 34).

25. This will be explained in our notes to the Gemara (notes 34 and 37).

26. *Pnei Moshe.*

According to *Yerushalmi*, the straight shofar reflects the *attitude* required on this day in terms of *repentance*. This conforms with our version of *Bavli* 26b, as explained by *Rashba* (26a). According to *Rashi's* (26b) version of *Bavli*, however, the straight shofar reflects the correct *physical* posture for *prayer*, which, according to our Mishnah, is an upright stance [see *Korban HaEidah*] (see *Beis David, Orach Chaim, Hil. Rosh Hashanah*, pp. 202a-b; *Or HaYashar*; *Alei Tamar*; see also below, 20a note 9).

27. *Tosefta* 2:3, cited by *Bavli* 27a-b.

28. Because the sound is produced by the gold plating, not the shofar (*Korban HaEidah*, from *Rashi* and *Tosafos* 27b). [This implies that the entire inside of the shofar is plated with gold. See *Rabbeinu Yehonasan MiLunel* (ad loc.). *Ritva* (27b), however, asserts that even the smallest amount of plating inside the shofar invalidates it, because the sound of the shofar must be produced by the shofar *alone* and even a small amount of plating alters the shofar's sound.]

29. In this case, the shofar blowing is performed on the gold and not on the animal horn (*Rashi* 27a; see *Korban HaEidah*). *Ritva* (27b) explains that the shofar is disqualified because the gold interposes between the blower's mouth and the shofar, and so it is considered that he did not blow on the shofar. [Presumably, this is also *Rashi's* understanding; see *Sfas Emes* 27a.] *Ritva* adds that since nothing may separate the shofar and the blower's lips, the disqualification applies also where the blower held an unplated shofar away from his lips and blew into it, since his lips do not touch the shofar (see also *Maggid Mishneh, Hil. Shofar* 1:6; *Tur* and *Shulchan Aruch, Orach Chaim* 586:16-19; *Avnei Nezer, Orach Chaim* §432).

The area *where the mouth rests* is not clearly defined. According to the rationale set forth in the preceding paragraph, it would seem that *where the mouth rests* includes any area that touches the lips of the blower, which includes both the circular area immediately surrounding the hole into which one blows (so that plating that area with gold lengthens the shofar a bit) and the area on the length of the shofar, which is placed into the blower's lips (so that plating that area will thicken the shofar a bit). Since the blower's lips touch the gold, rather than the shofar, it is disqualified (see *Tur* ibid., with *Pri Megadim, Mishbetzos Zahav* §18; see further, *Rosh* 3:3, *Ran* folio 6a, and *Levushei Serad* and *Pri Chadash* to *Shulchan Aruch* ibid.).

30. I.e. the sound of the shofar was altered on account of the plating. [*Ritva* (ibid.) states that the shofar is disqualified even if the plating improved its sound.]

The shofar is disqualified because the sound must be produced by the shofar and not by another material [or, as *Ritva* (cited above, note 28) states, the sound must be produced by the shofar alone].

[Plating the inside of a shofar *always* alters its sound, while plating the outside does not always alter its sound. The Baraisa, therefore, disqualifies any shofar plated on the inside, but states that whether or not a shofar plated on the outside is disqualified depends on whether the sound is altered (see *Ritva* ibid.).]

31. *Korban HaEidah* and *Pnei Moshe* (see *Bavli* 27a).

[According to the explanation set forth in note 29, *not where the mouth rests* refers to a narrow band along the length of the shofar just adjacent to the section that touches the blower's lips. The Mishnah calls it the shofar's "mouth" because it is the narrowest revealed part of the shofar — i.e. that which is closest to what is concealed in the blower's mouth (see *Yom Teruah* 27a ד״ה ופיו). Since the blower's lips do not touch the plating (and the sound is not altered) it is valid (see *Tur* and *Pri Megadim* ibid.).]

32. We will be following the standard text of *Yerushalmi*, as explained by *Korban HaEidah* (cf. *Pnei Moshe*). Another explanation, following the emended text of many Rishonim, will be presented in the Variants Section to 20a.

33. *Bavli* (27a) puts it this way: וּתְרֵי קָלֵי מִי מִשְׁתַּמְעֵי, *Are two simultaneous sounds distinguishable*? [See also *Yerushalmi Berachos* 5:3, 58a.]

עין משפט

א מיי' פ"א מהלכות שופר הלכה ב:
ב מיי' שם הלכה ו [סמ"ג עשין מב] טוש"ע או"ח סימן תקפו סעיף טז:
ג טוש"ע או"ח סימן תקפז סעיף ג:
ד מיי' שם פ"ג הלכה ד טוש"ע או"ח סימן תקל סעיף ו:
ה מיי' פ"א מהלכות תענית הלכה ד ופ"ד הלכה יז:

הלכה ב מתני' [א](א)כל השופרות כשירין חוץ משל פרה מפני שהוא קרן. אמר ר' יוסי והלא כל השופרות נקראו קרן שנאמר (א)והיה במשוך בקרן היובל [א]כשמעכם את קול השופר: **גמ'** הוון בעיי מימר ולא פליגין. אשכחת תני ר' יוסה מכשיר בשל פרה וחכמים פוסלין. מה טעמיה דר' יוסי. (א)והיה במשוך בקרן היובל. מה טעמא דרבנן. (ב)ותיטב לה' משור פר מקרין מפרים (ב)מקרן כתיב. (ג)ורבנן כל השופרות נקראו קרן ונקראו שופר חוץ משל פרה שנקרא קרן ולא נקרא שופר. התיבון הרי של יעל הרי אינו קרוי לא קרן ולא שופר. מאי כדון. כהיא דאמר ר' לוי שנייא היא שאין קטיגור נעשה סניגור: **הלכה ג מתני'** (ד)שופר של ראש השנה של יעל פשוט (ה)ופיו מצופה זהב (ב)ושתי חצוצרות מן הצדדין. שופר מאריך וחצוצרות מקצרות שמצות היום בשופר: **גמ'** אמר ר' יונה כדי שיפשטו לבם [ב]בתשובה: פיו מצופה זהב: (ג)ציפהו זהב מבפנים פסול מבחוץ כשר. (ו)ציפהו מקום הנחת פיו או שהיה קולו עבה מחמת הציפוי פסול: אמר ר' יוסה הדא אמרה (ד)פשוטה ששמע מקצתה מן המתעסק [ג]לא יצא. (ח)והיי דא אמרה. (ה)(ט)תקע בראשונה ומשך בשנייה טז: כשתים (ט)אין בידו אלא אחת. [ד]ר' אבא בר זמינא בשם ר' זעירא אפילו אחת אין בידו.

פני משה

מתני' כל השופרות כשרין. בראש השנה: חוץ משל פרה. מפני שהוא נקרא קרן כדכתיב (דברים לג יז) בכור שורו הדר לו וקרני ראם קרניו, וקא משמע לן דשל פרה נקרא גם כן קרן כשל שור ולא נקרא שופר, וגבי ראש השנה שופר בעינן, דכתיב ביובל (ויקרא כה ט) והעברת שופר תרועה, וגמרינן ראש השנה מיובל: והלא כל השופרות נקראו קרן שנאמר והיה במשוך בקרן היובל. ויובל דכרא הוא כדקאמר ר' עקיבא בגמרא (כו.) כשהלכתי לערביא היו קורין לדכרא יובלא. אלמא אפילו שופר של איל נקרא קרן וכתיב כשמעכם את קול השופר, ורבנן אמרי כל השופרות אקרו קרן ואקרו שופר דכתיב במתן תורה (שמות יט יג) במשוך היובל וכתיב (שמות שם יט) ויהי קול השופר, אבל דפרה קרן אקרי שופר לא אקרי, והלכה כחכמים: **גמ'** הוון. בני הישיבה: בעיין מימר. מעיקרא: ולא פליגין. ר' יוסי ורבנן לדינא, אלא ר' יוסי כמקשה על טעמייהו דרבנן הוא, דקאמריתו מפני שהוא קרן והלא כל השופרות נקראו קרן, אבל לדינא מודה ר' יוסי דשל פרה פסול ומטעמא אחרינא וכדאמרינן לקמן שאין קטיגור נעשה סניגור: אשכחת. אלא דאשכחת לה דתני בברייתא בהדיא דפליגי, דר' יוסי מכשיר בשל פרה דלית ליה כל הני טעמי לפסול וחכמים פוסלין וכדמסיק לטעמייהו: מאי טעמא דר' יוסי וכו'. כדפרישנא במתניתן: מאי טעמא דרבנן. דאע"ג דקאמר לקמן טעמייהו דכל השופרות וכו' דפרה קרן אקרי ולא נקרא שופר, מכל מקום הרי מלינו דפרה נמי אקרי שופר דכתיב (תהלים סט לג) ותיטב לה' משור פר, ומאי משור פר דקאמר אלא משופר הוא וכתיב כאן שור, הלכך קאמר דרבנן דרשי להאי קרא דקאי על שור שהקריב אדם הראשון והיינו שור פר שהוא גדול כפר, דכל מעשה בראשית בקומתן נבראו: מקרן כתיב חסר קרן אחד, וכלומר זהו ראיה דעלייהו האי שור קאי וכדאמרינן (שבת כח:) שור שהקריב אדם הראשון קרן אחת היה לו במצחו: התיבון. על טעמייהו דרבנן דקאמר בברייתא, והרי של יעל דכשר הוא כדתנן במתני' דלקמן, והלא אינו קרוי לא קרן ולא שופר דלא אשכחן דכתיב גביה לא זה ולא זה: מאי כדון. והשתא מאי טעמא דרבנן גבי פרה: כהיא. אלא כהאי דאמר לר' לוי דעיקר טעמייהו דשניא היא פרה לפי שאין קטיגור נעשה סניגור, דמכיון דשופר לזכרון הוא בדין הוא שלא יזכר להם מעשה עגל: **מתני'** שופר של ראש השנה של יעל. היא אחת שמה יעל, וקורין אותה אשטיינבו"ק: פשוט. שהוא פשוט מן הסתם, ומשום דלתפלה בעינן פשוטות וכדכתיב (איכה ג מא) נשא לבבינו אל כפים: ופיו מצופה זהב. בשל מקדש קאמר, ושלא במקום הנחת הפה, אבל בגבולין לא עשו כך דחסה התורה על ממונם של ישראל: ושתי חצוצרות מן הצדדין. לפי שמצות היום בשופר, לפיכך הוא באמצע, ואף על גב דתרי קלי לא מישתמעי (בבלי כז.), איידי דדבר חדש הוא וחביבא עלייהו משתמעי: שופר מאריך וכו'. לאחר שפסק מתקיעת חצוצרות מאריך הוא בשופר כדי להודיע שמצות היום בשופר: **גמ'** אמר ר' יונה. לכך שופר של ראש השנה של יעל פשוט, כדי שיפשטו לבם לעשות בתשובה: פיו מצופה זהב. ותני בתוספתא פ"ב (ה"ג) ציפהו זהב מבפנים פסול מבחוץ כשר, אם אינו נשתנה קול התקיעה מכמות שהיה: ציפהו מקום הנחת פיו וכו'. ומתניתן שלא במקום הנחת פיו תנן: אמר ר' יוסי וכו'. אהא דקתני שופר מאריך קאי, הדא אמרה פשוטה תקיעה ששמע מקצתה מן המתעסק בעלמא ולא משום לצאת ידי חובתו לא יצא: ופריך והיי דא אמרה. והיכן שמענו לזה ממתני' דידן, אדרבה ממתניתן משמע דלכך מאריך בשופר כדי לצאת מסוף התקיעה ששומע, א"כ אפילו שמע מקצת התקיעה נמי יצא: תקע בראשונה וכו'. כלומר מהאי מתניתן דפרק דלקמן הוא דאיכא למידק, דקתני שאף על פי שמשך בשנייה והיינו בתקיעה של אחר התרועה היה מושך ומאריך כשנים של תקיעה הראשונה, והיה סבור שתעלה לו תקיעה שנייה זו כשתים ולצאת בה גם כן לפשוטה שלפניה של הסדר שאחר זה, אפילו כן אין בידו אלא אחת לפשוטה של אחריה של סדר הראשון, ומפני שאין כאן אלא מקצת תקיעה בלבד והלכך לא יצא בה לפשוטה שלפניה של הסדר של אחר זה: ר' אבא בר זמינא בשם ר' זעירה. אמר בכהאי גונא דקאמרת בדין הוא שאפילו אחת אין בידו:

קרבן העדה

מתני' כל השופרות. בין של איל בין של יעל: שהוא קרן. אינו קרוי שופר, וגבי יום הכיפורים שופר כתיב (ויקרא כה ט) והעברת שופר תרועה, וגמרינן (בבלי לג:) ראש השנה מיובל: בקרן היובל. ויובל דכרא הוא: **גמ'** הוון בעי מימר. סברוהו למימר דלא פליגי, דרבנן אוסרין בשל פרה לכתחילה, ור' יוסה מכשיר דיעבד. אי נמי דסברוהו דהודו חכמים לר' יוסה מדשתקו: וחכמים פוסלין. משמע אפילו בדיעבד: מה טעמא דרבנן. מנא לן דשל פרה איקרי קרן: מקרן כתיב. הרי דשל שור פר קרן איקרי: נקראו קרן. [כדאמרן. ונקראו שופר] דכתיב במתן תורה (שמות יט יג) במשוך (בקרן) היובל וכתיב (שמות יט יט) ויהי קול השופר: התיבון. הקשו, הרי יעל דתנן לקמן (ה"ג) דכשר, ולא מלינו שנקרא קרן או שופר: מאי כדון. מעתה מה טעמא דרבנן: שאין קטיגור. שופר של פרה קטיגור דעגל הוא. והא דתנן מפני שהוא קרן, הכי קאמר, שלא נמצא בתורה שנקרא שופר דנכשיר אותו נגד סברת ר' לוי: **מתני'** של יעל פשוט. בגמרא מפרש טעמא: ופיו מצופה זהב. בשל מקדש קאמר: שופר מאריך. לאחר שהצוצרות פוסקים תקיעתן נשמע קול השופר: **גמ'** כדי שיפשטו לבם בתשובה. דכתיב (איכה ג מא) נשא לבבינו אל כפים: מבפנים פסול. שהתקיעה בזהב ולא בשופר: ציפהו זהב במקום הנחת פיו. פסול, שהתקיעה בזהב, ומתני' איירי שהזהב מבחוץ: לא יצא. דבעינן שישמע כל התקיעה, וקשיא מתני' דתנן שופר מאריך שמע מינה דשמע סוף תקיעה בלא תחילת תקיעה יצא, אלא ודאי דמתני' דקתני שופר מאריך היינו לאחר שסיימו החצוצרות מתחיל השופר: והיידא אמרה. והיכן אמר זה דלא יצא עד שישמע כל התקיעה מתחלתה ועד סופה: תקע בראשונה וכו'. לקמן פ"ד תנן תקע בראשונה וכו' אין בידו אלא אחת, ואמר רבי אבא וכו': אפילו אחת אין בידו. דהך תקיעה לא עלתה לו אפילו לתקיעה אחת*:

מסורת הש"ס

א) ר"ה כו. [ויקרא רבה כז ג, פסיקתא דר"כ ט, תנחומא אמור יא, ילקו"ש אמור תרמב, יחזקאל שסט, תהלים תתב] ב) [שבת פ"ב ה"ג, ופ"ז ה"ב, שבת כח:, ע"ז ח., חולין ס., קהלת רבה א כח, ילקו"ש תהלים תתב, וע"ע פני משה] ג) [ר"ה כו., ילקו"ש תהלים תתב] ד) ר"ה כו: ה) [ילקו"ש בהעלותך תשכד] ו) ר"ה כז: [תוספתא פ"ב ה"ג] ז) [ר"ה כז. ושם ע"ב, תוספתא פ"ב ה"ג] ח) [לקמן פ"ד ה"י - כו.] ט) [לקמן פ"ד מ"ט - כו., ר"ה כז., כח.]

שינויי נוסחאות

א] **כשמעכם את קול השופר.** כ"ה גם גירסת הרמב"ם בפיה"מ. במשניות ובבבלי (כו.) ליתא:
ב] **בתשובה.** בפיסקי הרי"ד (כו:) **בתפילה.** וראה להלן ריש ה"ד (כ.):
ג] **לא.** נוסף בכי"ל ע"י המגיה. ברמב"ן וברשב"א ובתוס' הרא"ש ובריטב"א (כז.) ובר"ן (יא: מדה"ר) ליתא:
ד] **ר' אבא בר זמינא וכו'.** עי' בראשונים הנ"ל שר' יצחק אבן גיאת (הל' ר"ה עמ' נה) מפרש דר' אבא קאי אמתניתין דפ"ד ה"י תקע בראשונה ומשך בשניה כשנים וכו'. אמנם לדעת הראשונים הנ"ל קאי אמתניתין דידן, עיי"ש פירוש הדברים באריכות:

תורה אור השלם

א) וְהָיָה בִּמְשֹׁךְ בְּקֶרֶן הַיּוֹבֵל כְּשָׁמְעֲכֶם אֶת קוֹל הַשּׁוֹפָר יָרִיעוּ כָל הָעָם תְּרוּעָה גְדוֹלָה וְנָפְלָה חוֹמַת הָעִיר תַּחְתֶּיהָ וְעָלוּ הָעָם אִישׁ נֶגְדּוֹ: (יהושע ו ה)

ב) וְתִיטַב לַיהוָה מִשּׁוֹר פָּר מַקְרִן מַפְרִיס: (תהלים סט לב)

רידב"ז

אמר ר' יוסי הדא אמרה פשיטא ששמע מקצתה מן המתעסק לא יצא. הסוגיא הזאת פירשוהו הרא"ש ז"ל (פ"ד סימן ח) וכן הרמב"ן ז"ל (כז. ד"ה הא דתנן) והר"ן ז"ל (יא: מדה"ר), עיי"ש:

שירי קרבן

מקרן כתיב. קשה א"כ למה תנן במתני' חוץ משל פרה הו"ל למימר שור דביה כתיב קרא, וכן קשה בבבלי (כו.). וי"ל לפי המסקנא ניחא, דהטעם דאין קטיגור נעשה סניגור, והו"א דוקא שור פסול דומיא דעגל כדכתיב (תהלים קו כ) וימירו את כבודם בתבנית שור וגו', אבל של פרה כשר, קמ"ל דאפי' של פרה נמי דבפרה נמי שייך האי טעמא, כדאמרינן (במדבר רבה פרשה יט ח) תבא אמו ותקנח בנה: **אמר ר' יוסה הדא אמרה** וכו'. והרמב"ן (כז. ד"ה ועכשיו) גורס **אמר ר' יוסי הדא אמרה פשוטה ששמע מקצתה מן המתעסק יצא. הדא אמרה דא תקע בראשונה ומשך בשנייה אין בידו אלא אחת. ר' בא בר זבינא אומר אפילו אחת אין בידו** וכו'. וה"פ, הדא אמר פשוטה ששמע מקצתה מן המתעסק שלא כיון לשם מצוה, ובא חבירו ואמר לו איכוין ותקע לי להשלים את התקיעה ולשם מצוה, והאריך בהשלמה כשיעור תקיעה, יצא. ומייתי ראיה מהא דתנן דמשך בשנייה כשתים אין בידו אלא אחת, וכיון דאין בידו אלא אחת נמצא דכמה שהאריך יותר מכדי תקיעה אינו אלא כמתעסק, אפילו הכי עולה מקצתה לאחת. ואתא ר' בא לפלוגי, דזה ששמע פשוטה מן המתעסק אפי' אחת אין בידו, כיון דבתחלת התקיעה היה מתעסק נמצא דרישא לית ליה סיפא וכו', ולא דמי למשך בשניה כשנים, דהתם מיהא מתחלתו ועד סופו היתה כוונתו לשם מצוה. והו"ל למימר לר' בא בר זבינא לא יצא, אלא אגב דאמר משך בשניה כשתים אין בידו אלא אחת נקט נמי גבי מתעסק אין בידו אפילו אחת, אף ע"ג דלא שייך גבי מתעסק האי לישנא, וניחא השתא אין בידו אלא אחת היינו שניה, ע"כ. ולפי גירסתינו ופירושינו בקונטרס עולה דברי הש"ס כהוגן, אלא דלפום ריהטא פליג אבבלי (כז.), וכבר תירץ הרא"ש (פ"ד סי' ח) לקיים שניהם, ואף הר"ן (יא: מדה"ר ד"ה ותמהני) פליג אפירוש הרמב"ן עיי"ש:

מראה הפנים

שניא היא שאין קטיגור וכו'. הכא משמע דהך טעמא הוא העיקר, והתם (בבלי כו.) מפרש חדא ועוד קאמר, והארכתי בזה בחיבורי פני המנורה בנר הרביעי במולק ה' ואין כאן מקומו: **רבי אבא בר זמינא בשם ר' זמינא אפי' אחת אין בידו** וכו'. והתם בדף כ"ז (ע"א) על הא דמדייק מהמתניתין למימרא דשמע סוף תקיעה וכו' יצא, פריך מההיא מתני' תקע בראשונה וכו' אמאי תיסלק ליה בתרתי פסוקי תקיעתא מהדדי לא פסקין, משמע דקמה המסקנא דאחת מיהת עלתה בידו. וכתב הרא"ש ז"ל לקמן בפ"ד (סי' ח) אמתני' דסדר תקיעות דלפירוש שהביא שם לעיל מהאי תלמודא דצריך לומר דגמרא דידן פליג אהאי דירושלמי, ונראה לפרש גמרא דידן כמו הירושלמי והכי פירושו וליסלק ליה בתרתי תחלתה לסוף מלכיות וסופה לתחלת זכרונות, ומשני פסוקי תקיעתא מהדדי לא פסקין, וכיון דאי אפשר לחלק לשנים גם בחדא נמי לא סלקא כדמפרש טעמא בירושלמי כיון שהיה בדעתו שהן שתי תקיעות וזה אי אפשר דפסוקי תקיעתא מהדדי לא פסקינן גם חדא נמי לא סלקא שמצטרפין יחד הראש והסוף, והראש לפי כוונתו הוא לשם מלכיות וסופה שיהא לשם זכרונות אינה מצטרפת עמה, הלכך אין לראשונה סוף ואין לשנייה ראש עכ"ל בזה. וא"כ היינו נריכין לפרש להמתני' דקתני אין בידו אלא אחת, ומשמע דמיהת אחת עלתה לו דזה קאי על תקיעה ראשונה, וכי היכא דלא ליפלוג ר' אבא בר זמינא אמתני' וכמו שהביא הוא ז"ל שם לעיל להאי פירושא לההיא מתני' ולהכי קתני תקע בראשונה, אלא דדחה שם להאי פירושא דאי הכי הו"ל למיתני הכי האריך ותקע בשנייה כשנים אין בידו כלום ולא היה נריך למיתני תקע בראשונה כדי לסיים אין בידו אלא אחת, אלא ודאי הא דנקט תקע בראשונה משום דמינה ידעינן דהאריך בשנייה כשנים מכיון דהאריך בה יותר מבראשונה אלו דבריו ז"ל שם לעיל ומסיים כמו שהבאתי. והדרן לקושיין דהיכי פליג ר' אבא בר זמינא אמתני'. ובשם הרמב"ן ז"ל הביא שפירש להך דהכא בענין אחר שכתב דהירושלמי לא על הדא מילתא איתמר אלא אההיא דשופר מאריך וכו', דגרסינן התם א"ר יוסי הדא אמרה וכו', וה"פ הדא אמרה פשוטה ששמע מקצתה מן המתעסק שלא כיון לשם מצוה ובא חברו ואמר לו איכוין ותקע לי להשלים את התקיעה ולשם מצוה והאריך בהשלמה כשיעור תקיעה יצא. ומייתי ראיה מהא דתנן (פ"ד מ"ט) משך בשנייה כשתים אין בידו אלא אחת, וכיון דאין בידו אלא אחת נמצא דמה שהאריך יותר מכדי תקיעה אינו אלא כמתעסק ואפ"ה עולה מקצתה לאחת, ואתי ר' בא לפלוגי דזה ששמע פשוטה מן המתעסק אפי' אחת אין בידו כיון דבתחלת התקיעה הוה מתעסק נמצא דרישא לית לה סופא וכו', [המשך בסוף הספר]

(*horned*), as if there is the letter *yud* between the *reish* and the *nun*, **it is written** without a *yud* and can be pronounced מִקֶּרֶן, ***mi'keren*** (literally: of a horn). Thus, we find that Scripture refers to the horn of an ox[11] as *keren*.[12]

The Gemara continues to explain the view of the Rabbis. How do they deal with R' Yose's argument that all horns, even those of a ram, are called *keren:*

וְרַבָּנָן – And the Rabbis reply to R' Yose: **כָּל הַשּׁוֹפָרוֹת נִקְרָאוּ קֶרֶן – All the shofars** are valid, for while they **are,** indeed, **called *keren,***[13] **וְנִקְרָאוּ שׁוֹפָר – they are** also **called shofar;**[14] **חוּץ מִשֶּׁל פָּרָה – except for that of a cow, שֶׁנִּקְרָא קֶרֶן – which is called *keren,* וְלֹא נִקְרָא שׁוֹפָר – and is never called shofar.**

This reasoning is questioned:

הֵתִיבוּן – They (the students of the academy) **challenged** this rationale with the following argument: **הֲרֵי שֶׁל יָעֵל – Consider [the horn] of a wild goat, הֲרֵי אֵינוֹ קָרוּי לֹא קֶרֶן וְלֹא שׁוֹפָר – why,** in Scripture **it is called neither *keren* nor shofar,** and yet the next Mishnah rules that it is valid.[15] **– ? –**

Having demonstrated the inherent weakness of the Rabbis' reasoning, the Gemara wonders:

מַאי כְּדוֹן – What now is the basis for disqualifying a cow's horn?[16]

The Gemara offers another explanation for why the Rabbis disqualify a cow's horn for use on Rosh Hashanah:

שַׁנְיָיא כַּהִיא דְּאָמַר רַבִּי לֵוִי – It is like that which R' Levi said: שַׁנְיָיא הִיא – [A cow's horn] is different from other horns, **שֶׁאֵין קַטֵּיגוֹר נַעֲשֶׂה סַנֵּיגוֹר – because an accuser cannot become a defender.** The Rabbis maintain that the horn of a cow (or any cattle) recalls its "offspring," the Golden Calf, and so may not be used as a shofar on Rosh Hashanah, the day of judgment.[17]

Halachah 3

Mishnah The Mishnah continues its discussion concerning the type of shofar that should be used on Rosh Hashanah,[18] and the procedure for blowing it in the Temple:

שׁוֹפָר שֶׁל רֹאשׁ הַשָּׁנָה שֶׁל יָעֵל פָּשׁוּט – The shofar of Rosh Hashanah[19] should be the horn **of a wild goat,**[20] which is

NOTES

11. And, by the same token, a cow (as explained in note 3).

12. See *Korban HaEidah* and *Pnei Moshe.*

13. The ram's horn is called *keren* in the verse cited by R' Yose.

14. In *Exodus* 19:12-13, Moses warns the people not to ascend Mount Sinai while God's Presence is there. At the end of v. 13 he advises them that upon the *Shechinah's* departure, *upon the drawing out of the ram* [horn's blast], *they may ascend the mountain.* The blast is again mentioned in v. 19: *And the sound of the shofar grew continually much stronger*. Thus, in this passage the Torah calls the ram's horn a "shofar" (*Rashi* 26a; *Korban HaEidah*, as emended by *Oz VeHadar*; Vilna edition's version of *Korban HaEidah* has obvious copyist errors — see *Sefer Nir*).

[In fact, the very verse cited by R' Yose calls the ram's horn both a *keren* and a shofar (*and it shall be upon the drawing out [of the blast] with the ram's **keren**, when you hear the sound of the shofar*). See *Tosafos* (26a) for why *Rashi* cited the passage in *Exodus*.]

15. *Korban HaEidah; Pnei Moshe*. [It has emerged that the Rabbis invalidate the horn of a cow not because it is called a *keren*, for all shofars are called *keren*. Rather, it is because it is not called shofar, whereas other horns, such as a ram's horn, are called shofar (see *Rashi* and *Korban HaEidah* to the Mishnah). Following this logic, the horn of a wild goat should also be disqualified, since it, too, is not referred to as shofar! See Variants section.]

16. *Korban HaEidah; Pnei Moshe.* See Variant A.

17. *Korban HaEidah*. [On the other hand, since the horn of a wild goat is not "an accuser," it is valid, notwithstanding the fact that it is not referred to as shofar.]

Bavli (26a) explains that the rule barring an accuser from acting as a defender applies only to a service performed in the Holy of Holies. The Rabbis equate shofar blowing to a service performed in the Holy of Holies because the shofar blowing is the vehicle that transports Israel's prayers before the Holy One Himself (see *Ritva* to 26a). R' Yose argues that shofar blowing is considered a service performed outside the Holy of Holies. Accordingly, the rule barring an accuser from becoming a defender does not apply and the horn of a cow may be used.

The Mishnah states that the Rabbis disqualify the horn of a cow because it is called a *keren*. According to the conclusion of the Gemara, this is not a *reason* to disqualify the horn of a cow. Rather, the reason is as R' Levi says, that "an accuser cannot become a defender." However, if the Torah would refer to the horn of a cow as a shofar, we would be compelled to say that R' Levi's logic is flawed (for the Torah directs us to blow a shofar and refers to the horn of a cow as a shofar). The Rabbis thus point out that the Torah refers to the horn of a cow as *keren* and not shofar and so we are not compelled by Scripture to validate it (*Korban HaEidah*; see *Bavli* 26a, with *Ramban*, *Ritva*, and *Sfas Emes*; see *Pnei Moshe* and *Mareh HaPanim*).

18. According to most Rishonim, the previous Mishnah discussed which shofars are *Biblically valid* for the mitzvah [according to the Tanna Kamma, all but a cow's horn; according to R' Yose, all shofars that are hollow], while this Mishnah and Mishnah 5, 20a cite a dispute regarding which type of shofar is *Rabbinically preferred* (see *Meiri, Ramban, Rashba*, and *Ritva* to *Bavli* 26b; see also *Ramban, Derashah* Ch. 6 ד"ה מ"מ שנינו). However, other Rishonim maintain that these two Mishnahs dispute the previous one, with each Tanna (one in this Mishnah; and one in Mishnah 5) holding that only the type of shofar he recommends is *valid* for the mitzvah (*Rambam*, *Hil. Shofar* 1:1, with commentaries; see *Tosafos* 26b ד"ה של יעל פשוט; see also *Tzemach Tzedek,* cited in *Asifas Zekeinim*; *Rashash; Mordechai* §711).

19. [As opposed to the shofar used on fast days, discussed in the following Mishnah (20a).]

20. *Pnei Moshe.*

This is the definition of *Rashi* 26b, who translates יָעֵל as *steinbok* (the Old French term for the wild goat). *Rashi* follows *Onkelos'* translation of *Deuteronomy* 14:5, where the latter renders אַקּוֹ, one of the kosher nondomestic animals, as יַעְלָא. However, *Aruch* (cited in *Tosafos* ibid.; see there) states that יָעֵל is a *ewe*, whose horns are normally straight, as opposed to the curved horns of the ram, its male counterpart (see *Ran* folio 6a).

TEXTUAL AND INTERPRETIVE VARIANTS

A. *Ramban* (26a, cited by *Amudei Yerushalayim Tinyana,* printed in Vilna ed. 16a) reads the Gemara differently: The Gemara asks: הֲרֵי שֶׁל יָעֵל? Why is the horn of a wild goat valid? But it is not called a shofar! The Gemara answers: הֲרֵי אֵינוֹ קָרוּי קֶרֶן וְלֹא שׁוֹפָר, True, it is not called a shofar, but it is not called a *keren* either. In other words, a horn that is, by definition, classified as a shofar (see above, note 2) is disqualified only if the Torah refers to it as *keren* and not shofar; the fact that the Torah refers to it exclusively as *keren* demonstrates that it is legally considered a *keren* and not a shofar. Accordingly, the horn of a cow, which is referred to exclusively as *keren*, has the legal status of a *keren*, notwithstanding the fact that it has the physical makeup of a shofar. On the other hand, the horn of a wild goat has the legal status of a shofar, since it has the physical makeup of a shofar and is never called *keren* in the Torah (see *Ritva* 26a ד"ה א"ר יוסי). Not satisfied with this logic, the Gemara wonders: מַאי כְּדוֹן, What now is this rationale? Since the Torah never references the horn of a wild goat, how can it be assumed that the Torah views it as a shofar? Perhaps, if the Torah would reference it, it would refer to it as a *keren*, just as the Torah refers to the horn of a cow as a *keren*!

הלכה ב

הלכה ב מתני' [א] כל השופרות כשירין חוץ משל פרה מפני שהוא קרן. אמר ר' יוסי והלא כל השופרות נקראו קרן שנאמר [א] והיה במשוך בקרן היובל [א] כשמעכם את קול השופר: **גמ'** הוון בעיי מימר ולא פליגין. אשכחת תני ר' יוסה מכשיר בשל פרה וחכמים פוסלין. מה טעמיה דר' יוסי. [א] והיה במשוך בקרן היובל. מה טעמא דרבנן. [ב] ותיטב לה' משור פר מקרין מפרים [ב] מקרן כתיב. [ג] ורבנן כל השופרות נקראו קרן ונקראו שופר חוץ משל פרה שנקרא קרן ולא נקרא שופר. התיבון הרי של יעל הרי אינו קרוי לא קרן ולא שופר. מאי כדון. כהיא דאמר ר' לוי שנייא היא שאין קטיגור נעשה סניגור:

הלכה ג

הלכה ג מתני' [ד] שופר של ראש השנה של יעל פשוט [ה] ופיו מצופה זהב [ב] ושתי חצוצרות מן הצדדין. שופר מאריך וחצוצרות מקצרות שמצות היום בשופר: **גמ'** אמר ר' יונה כדי שיפשטו לבם [ב] בתשובה: פיו מצופה זהב: [ג] ציפהו זהב מבפנים פסול מבחוץ כשר. [ו] ציפהו מקום הנחת פיו או שהיה קולו עבה מחמת הציפוי פסול: אמר ר' יוסה הדא אמרה [ד] פשוטה ששמע מקצתה מן המתעסק [ג] לא יצא. [ח] והיי דא אמרה. [ה ט] תקע בראשונה ומשך בשנייה טז: כשתים [ט] אין בידו אלא אחת. [ד] ר' אבא בר זמינא בשם ר' זעירא אפילו אחת אין בידו.

פני משה

מתני' כל השופרות כשרין. בראש השנה: חוץ משל פרה. מפני שהוא נקרא קרן כדכתיב (דברים לג יז) בכור שורו הדר לו וקרני ראם קרניו, וקא משמע לן דשל פרה נקרא גם כן קרן כשל שור ולא נקרא שופר, וגבי ראש השנה שופר בעינן, דכתיב ביובל (ויקרא כה ט) והעברת שופר תרועה, וגמרינן ראש השנה מיובל: **והלא כל השופרות נקראו קרן שנאמר והיה במשוך בקרן היובל.** ויובל דכרא הוא כדקאמר ר' עקיבא בגמרא (כו.) כשהלכתי לערביא היו קורין לדכרא יובלא. אלמא אפילו שופר של איל נקרא קרן וכתיב כשמעכם את קול השופר, ורבנן אמרי כל השופרות אקרו קרן ואקרו שופר דכתיב במתן תורה (שמות יט יג) במשוך היובל וכתיב (שמות שם יט) ויהי קול השופר, אבל דפרה קרן אקרי שופר לא אקרי, והלכה כחכמים: **גמ' הוון.** בני הישיבה: **בעיין מימר.** מעיקרא: **ולא פליגין.** ר' יוסי ורבנן לדינא, אלא ר' יוסי כמקשה על טעמייהו דרבנן הוא, דקאמריתו מפני שהוא קרן והלא כל השופרות נקראו קרן, אבל לדינא מודה ר' יוסי דשל פרה פסול ומטעמא אחרינא וכדאמרינן לקמן שאין קטיגור נעשה סניגור: **אשכחת.** אלא דאשכחת לה דתני בברייתא בהדיא דפליגי, דר' יוסי מכשיר בשל פרה דלית ליה כל הני טעמי לפסול וחכמים פוסלין וכדמסיק לטעמייהו: **מאי טעמא דר' יוסי וכו'.** כדפרישנא במתניתן: **מאי טעמא דרבנן.** דאע"ג דקאמר לקמן טעמייהו דכל השופרות וכו' דפרה קרן אקרי ולא נקרא שופר, מכל מקום הרי מצינו דפרה נמי אקרי שופר דכתיב (תהלים סט לב) ותיטב לה' משור פר, ומאי משור פר דקאמר אלא משופר הוא וכתיב כאן שור, הלכך קאמר דרבנן דרשי להאי קרא דקאי על שור שהקריב אדם הראשון והיינו שור פר שור שהוא גדול כפר, דכל מעשה בראשית בקומתן נבראו: **מקרן כתיב** חסר קרן אחד, וכלומר זהו ראיה דעלייהו האי שור קאי וכדאמרינן (שבת כח:) שור שהקריב אדם הראשון קרן אחת היה לו במצחו: **התיבון.** על טעמייהו דרבנן דקאמר בברייתא, והרי של יעל דכשר הוא כדתנן במתני' לקמן, והלא אשכחן דכתיב גביה לא זה ולא זה: **מאי כדון.** והשתא מאי טעמא דרבנן גבי פרה: **כהיא.** אלא כהאי דאמר לר' לוי דעיקר טעמייהו דשניא היא פרה לפי שאין קטיגור נעשה סניגור, דמכיון דשופר לזכרון הוא בדין הוא שלא יזכר להם מעשה עגל: **מתני' שופר של ראש השנה של יעל.** היא אחת שמה יעל, וקורין אותה אשטיינבו"ק: **פשוט.** שהוא פשוט מן הסתם, ומשום דלתפלה בעינן פשוטות וכדכתיב (איכה ג מא) נשא לבבינו אל כפים: **ופיו מצופה זהב.** בשל מקדש קאמר, ושלא במקום הנחת הפה, אבל בגבולין לא עשו כך דחסה התורה על ממונם של ישראל: **ושתי חצוצרות מן הצדדין.** לפי שמצות היום בשופר, לפיכך הוא באמצע, ואף על גב דתרי קלי לא מישתמעי (בבלי כז.), איידי דדבר חדש הוא וחביבא עלייהו משתמעי: **שופר מאריך וכו'.** לאחר שפסק מתקיעת חצוצרות מאריך הוא בשופר כדי להודיע שמצות היום בשופר: **גמ' אמר ר' יונה.** לכך שופר של ראש השנה של יעל פשוט, כדי שיפשטו לבם לעשות בתשובה: **פיו מצופה זהב.** ותני בתוספתא פ"ב (ה"ג) ציפהו זהב מבפנים פסול מבחוץ כשר, אם אינו נשתנה קול התקיעה מכמות שהיה: **ציפהו מקום הנחת פיו וכו'.** ומתניתן שלא במקום הנחת פיו תנן: **אמר ר' יוסי וכו'.** אהא דקתני שופר מאריך קאי, הדא אמרה פשוטה תקיעה ששמע מקצתה מן המתעסק בעלמא ולא משום לצאת ידי חובתו לא יצא: **ופריך והיי דא אמרה.** והיכן שמענו לזה ממתני' דידן, אדרבה ממתניתן משמע דלכך מאריך בשופר כדי לצאת מסוף התקיעה ששומע, א"כ אפילו שמע מקצת התקיעה נמי יצא: **תקע בראשונה וכו'.** כלומר מהאי מתניתן דפרק דלקמן הוא דאיכא למידק, דקתני שאף על פי שמשך בשנייה והיינו בתקיעה של אחר התרועה היה מושך ומאריך כשנים של תקיעה הראשונה, והיה סבור שתעלה לו תקיעה שנייה זו כשתים ולצאת בה גם כן לפשוטה שלפניה של הסדר שאחר זה, אפילו כן אין בידו אלא אחת לפשוטה של אחריה של סדר הראשון, ומפני שאין כאן אלא מקצת תקיעה בלבד והלכך לא יצא בה לפשוטה שלפניה של הסדר של אחר זה: **ר' אבא בר זמינא בשם ר' זעירה.** אמר בכהאי גונא דקאמרת בדין הוא שאפילו אחת אין בידו:

קרבן העדה

מתני' כל השופרות. בין של איל בין של יעל: **שהוא קרן.** אינו קרוי שופר, וגבי יום הכיפורים שופר כתיב (ויקרא כה ט) והעברת שופר תרועה, וגמרינן (בבלי לג:) ראש השנה מיובל: **בקרן היובל.** ויובל דכרא הוא: **גמ' הוון בעי מימר.** סברוהו למימר דלא פליגי, דרבנן אוסרין בשל פרה לכתחילה, ור' יוסה מכשיר דיעבד. אי נמי דסברוהו דהודו חכמים לר' יוסה מדשתקו: **וחכמים פוסלין.** משמע אפילו בדיעבד: **מה טעמא דרבנן.** מנא לן דשל פרה איקרי קרן: **מקרן כתיב.** הרי דשל שור פר קרן איקרי: **נקראו קרן.** [כדאמרן. **ונקראו שופר**] דכתיב במתן תורה (שמות יט יג) במשוך (בקרן) היובל וכתיב (שמות יט יט) ויהי קול השופר: **התיבון.** הקשו, הרי יעל דתנן לקמן (ה"ג) דכשר, ולא מצינו שנקרא קרן או שופר: **מאי כדון.** מעתה מה טעמא דרבנן: **שאין קטיגור.** שופר של פרה קטיגור דעגל הוא. והא דתנן מפני שהוא קרן, הכי קאמר, שלא נמצא בתורה שנקרא שופר דנכשיר אותו נגד סברת ר' לוי: **מתני' של יעל פשוט.** בגמרא מפרש טעמא: **ופיו מצופה זהב.** בשל מקדש קאמר: **שופר מאריך.** לאחר שהחצוצרות פוסקים תקיעתן נשמע קול השופר: **גמ' כדי שיפשטו לבם בתשובה.** דכתיב (איכה ג מא) נשא לבבינו אל כפים: **מבפנים פסול.** שהתקיעה בזהב ולא בשופר: **ציפהו זהב במקום הנחת פיו.** פסול, שהתקיעה בזהב, ומתני' איירי שהזהב מבחוץ: **לא יצא.** דבעינן שישמע כל התקיעה, וקשיא מתני' דתנן שופר מאריך שמע מינה דשמע סוף תקיעה בלא תחילת תקיעה יצא, אלא ודאי דמתני' דקתני שופר מאריך היינו לאחר שסיימו החצוצרות מתחיל השופר: **והיידא אמרה.** והיכן אמר זה דלא יצא עד שישמע כל התקיעה מתחלתה ועד סופה: **תקע בראשונה וכו'.** לקמן פ"ד תנן תקע בראשונה וכו' אין בידו אלא אחת, ואמר רבי אבא וכו': **אפילו אחת אין בידו.** דהך תקיעה לא עלתה לו אפילו לתקיעה אחת*:

עין משפט

א מיי' פ"א מהלכות שופר הלכה ב:
ב מיי' שם הלכה ו [סמ"ג עשין מב] טוש"ע או"ח סימן תקפו סעיף טו:
ג טוש"ע או"ח סימן תקפו סעיף ג:
ד מיי' שם פ"ג הלכה ד טוש"ע או"ח סימן תקל סעיף ו:
ה מיי' פ"א מהלכות תענית הלכה ד ופ"ד הלכה יז:

שינויי נוסחאות

א] **כשמעכם את קול השופר.** כ"ה גם גירסת הרמב"ם בפיה"מ. במשניות ובבבלי (כו.) ליתא:
ב] **בתשובה.** בפיסקי הרי"ד (כו:) **בתפילה.** וראה להלן ריש ה"ד (כ.):
ג] **לא.** נוסף בכי"ל ע"י המגיה. ברמב"ן וברשב"א ובתוס' הרא"ש ובריטב"א (כז.) ובר"ן (יא: מדה"ר) ליתא:
ד] **ר' אבא בר זמינא וכו'.** עי' בראשונים הנ"ל שר' יצחק אבן גיאת (הל' ר"ה עמ' נה) מפרש דר' אבא קאי אמתניתין דפ"ד ה"י תקע בראשונה ומשך בשניה כשנים וכו'. אמנם לדעת הראשונים הנ"ל קאי אמתניתין דידן, עיי"ש פירוש הדברים באריכות:

תורה אור השלם

א) וְהָיָה בִּמְשֹׁךְ בְּקֶרֶן הַיּוֹבֵל בְּשָׁמְעֲכֶם אֶת קוֹל הַשּׁוֹפָר יָרִיעוּ כָל הָעָם תְּרוּעָה גְדוֹלָה וְנָפְלָה חוֹמַת הָעִיר תַּחְתֶּיהָ וְעָלוּ הָעָם אִישׁ נֶגְדּוֹ: (יהושע ו ה)

ב) וְתִיטַב לַיהוָה מִשּׁוֹר פָּר מַקְרִן מַפְרִיס: (תהלים סט לב)

רידב"ז

אמר ר' יוסי הדא אמרה פשיטא ששמע מקצתה מן המתעסק לא יצא. הסוגיא הזאת פירשוהו הרא"ש ז"ל (פ"ד סימן ח) וכן הרמב"ן ז"ל (כז. ד"ה הא דתנן) והר"ן ז"ל (יא: מדה"ר), עיי"ש:

שירי קרבן

מקרן כתיב. קצת קשה א"כ למה תנן במתני' חוץ משל פרה הו"ל למימר שור דביה כתיב קרא, וכן קשה בבבלי (כו.). וי"ל לפי המסקנא ניחא, דהטעם דאין קטיגור נעשה סניגור, והו"א דוקא שור פסול דומיא דעגל כדכתיב (תהלים קו כ) וימירו את כבודם בתבנית שור וגו', אבל של פרה כשר, קמ"ל דאפי' של פרה נמי דבפרה נמי שייך האי טעמא, כדאמרינן (במדבר רבה פרשה יט ח) תבא אמו ותקנח בנה: **אמר ר' יוסה הדא אמרה וכו'.** והרמב"ן (כז. ד"ה ועכשיו) גורס **אמר ר' יוסי הדא אמרה פשוטה ששמע** מקצתה מן המתעסק יצא, **הדא אמרה דא תקע בראשונה ומשך בשנייה אין בידו אלא אחת.** ר' **בא בר זבינא אומר אפילו אחת אין בידו וכו'.** וה"פ, הדא אמר פשוטה ששמע מקצתה מן המתעסק שלא כיון לשם מצוה, ובא חבירו ואמר לו איכוין ותקע לי להשלים את התקיעה ולשם מצוה, והאריך בהשלמה כשיעור תקיעה, יצא. ומייתי ראיה מהא דתנן דמשך בשנייה כשתים אין בידו אלא אחת, וכיון דאין בידו אלא אחת נמצא דכמה שהאריך יותר מכדי תקיעה אינו אלא כמתעסק, אפילו הכי עולה מקצתה לאחת. ואתא ר' בא לפלוגי, דזה ששמע פשוטה מן המתעסק אפי' אחת אין בידו, כיון דבתחלת התקיעה היה מתעסק נמצא דרישא לית ליה סיפא וכו', ולא דמי למשך בשניה כשנים, דהתם מיהא מתחלתו ועד סופו היתה כוונתו לשם מצוה. והו"ל למימר לר' בא בר זבינא לא יצא, אלא אגב דאמר משך בשניה כשתים אין בידו אלא אחת נקט נמי גבי מתעסק אין בידו אפילו אחת, אף ע"ג דלא שייך גבי מתעסק האי לישנא, וניחא השתא אין בידו אלא אחת היינו שניה, ע"כ. ולפי גירסתינו ופירושינו בקונטרס עולה דברי הש"ם כהוגן, אלא דלפום ריהטא פליג אבבלי (כז.), וכבר תירץ הרא"ש (פ"ד סי' ח) לקיים שניהם, ואף הר"ן (יא: מדה"ר ד"ה ותמהני) פליג אפירוש הרמב"ן עיי"ש:

מסורת הש"ם

א) ר"ה כו. [ויקרא רבה כז ג, פסיקתא דר"כ ט, תנחומא אמור יא, ילקו"ש אמור תרמב, יחזקאל שסט, תהלים תתב] ב) [שבת פ"ב ה"ג, ופ"ז ה"ב, שבת כח., ע"ז ח., חולין ס., קהלת רבה א כח, ילקו"ש תהלים תתב, ועי' פני משה] ג) [ר"ה כו., ילקו"ש תהלים תתב] ד) ר"ה כו: ה) [ילקו"ש בהעלותך תשכד] ו) ר"ה כז: [תוספתא פ"ב ה"ג] ז) [ר"ה כז. ושם ע"ב, תוספתא פ"ב ה"ג] ח) לקמן פ"ד ה"י - כו. ט) [לקמן פ"ד מ"ט - כו., ר"ה כז., כח.]

מראה הפנים

שניא היא שאין קטיגור וכו'. הכא משמע דהך טעמא הוא העיקר, והתם (בבלי כו.) מפרש חדא ועוד קאמר, והארכתי בזה בחיבורי פני המנורה בנר הרביעי במולק ה' ואין כאן מקומו: **רבי אבא בר זמינא בשם ר' זמינא אפי' אחת אין בידו וכו'.** והתם בדף כ"ז (ע"א) על הא דמדייק מהמתניתין למימרא דשמע סוף תקיעה וכו' יצא, פריך מההיא מתני' תקע בראשונה וכו' אמאי תיסלק ליה בתרתי פסוקי תקיעתא מהדדי לא פסקינן, משמע דקמה המסקנא דאחת מיהת עלתה בידו. וכתב הרא"ש ז"ל לקמן בפ"ד (סי' ח) אמתני' דסדר תקיעות דלפירוש שהביא שם לעיל מהאי תלמודא דצריך לומר דגמרא דידן פליג אהאי דירושלמי, ונראה לפרש גמרא דידן כמו הירושלמי והכי פירושה וליסלק ליה בתרתי תחלתה לסוף מלכיות וסופה לתחלת זכרונות, ומשני פסוקי תקיעתא מהדדי לא פסקינן, וכיון דאי אפשר לחלק לשנים גם בחדא נמי לא סלקא כדמפרש טעמא בירושלמי כיון שהיה בדעתו שהן שתי תקיעות וזה אי אפשר דפסוקי תקיעתא מהדדי לא פסקינן גם חדא נמי לא סלקא שמצטרפין יחד הראש והסוף, והראש לפי כוונתו הוא לשם מלכיות וסופה שיהא לשם זכרונות אינה מצטרפת עמה, הלכך אין לראשונה סוף ואין לשניה ראש עכ"ל בזה. וא"כ הוינו צריכין לפרש להמתני' דקתני אין בידו אלא אחת, ומשמע דמיהת אחת עלתה לו דזה קאי על תקיעה ראשונה, וכי היכא דלא ליפלוג ר' אבא בר זמינא אמתני' וכמו שהביא הוא ז"ל שם לעיל להאי פירושא לההיא מתני' ולהכי קתני תקע בראשונה, אלא דדחה שם להאי פירושא דאי הכי הו"ל למיתני הכי האריך ותקע בשנייה כשנים אין בידו כלום ולא היה צריך למיתני תקע בראשונה כדי לסיים אין בידו אלא אחת, אלא ודאי הא דנקט תקע בראשונה משום דמינה ידעינן דהאריך בשנייה כשנים מכיון דהאריך בה יותר מבראשונה אלו דבריו ז"ל שם לעיל ומסיים כמו שהבאתי. והדרן לקושיין דהיכי פליג ר' אבא בר זמינא אמתני'. ובשם הרמב"ן ז"ל הביא שפירש להך דהכא בענין אחר שכתב דהירושלמי לא על הדא מילתא איתמר אלא אההיא דשופר מאריך וכו', דגרסינן התם א"ר יוסי הדא אמרה וכו', וה"פ הדא אמרה פשוטה ששמע מקצתה מן המתעסק שלא כיון לשם מצוה ובא חברו ואמר לו איכוין ותקע לי להשלים את התקיעה ולשם מצוה והאריך בהשלמה כשיעור תקיעה יצא. ומייתי ראיה מהא דתנן (פ"ד מ"ט) משך בשנייה כשתים אין בידו אלא אחת, וכיון דאין בידו אלא אחת נמצא דמה שהאריך יותר מכדי תקיעה אינו אלא כמתעסק ואפ"ה עולה מקצתה לאחת, ואתי ר' בא לפלוגי דזה ששמע פשוטה מן המתעסק אפי' אחת אין בידו כיון דבתחלת התקיעה הוה מתעסק נמצא דרישא לית לה סופא וכו', [המשך בסוף הספר]

Halachah 2

Mishnah Having completed the subject of *Kiddush HaChodesh,* the remainder of our tractate is given over to the laws and regulations governing *tekias* shofar [blowing the shofar], the performance of which is the distinctive mitzvah of Rosh Hashanah.[1] The following Mishnah discusses which type of shofar is valid for use on Rosh Hashanah:

כָּל הַשּׁוֹפָרוֹת כְּשֵׁירִין – All shofars are valid for use on Rosh Hashanah[2] **חוּץ מִשֶּׁל פָּרָה – except for that of a cow, מִפְּנֵי שֶׁהוּא קֶרֶן – because it is a *keren.***[3] **אָמַר רַבִּי יוֹסֵי – R' Yose said: וַהֲלֹא כָּל הַשּׁוֹפָרוֹת נִקְרְאוּ קֶרֶן – But are not all shofars called *keren,***[4] **שֶׁנֶּאֱמַר ,,וְהָיָה בִּמְשֹׁךְ בְּקֶרֶן הַיּוֹבֵל כְּשָׁמְעֲכֶם אֶת־קוֹל הַשּׁוֹפָר" – as it is stated:**[5] ***It shall be that upon the drawing out [of the blast] with the ram's keren, when you hear the sound of the shofar?***

Gemara The Gemara presents a give-and-take concerning R' Yose's view:

הֲוֹון בָּעֵיי מֵימַר – They (the students of the academy) **initially wished to say וְלָא פְּלִיגִין – that [the Rabbis and R' Yose] do not disagree.** R' Yose merely takes issue with the contention that a cow's horn is invalid because it is called *keren*, but concedes that a cow's horn is invalid, albeit for another reason.[6] **אַשְׁכְּחַת תָּנֵי – However, a Baraisa was found that teaches** to the contrary: **רַבִּי יוֹסָה מַכְשִׁיר בְּשֶׁל פָּרָה – R' YOSAH VALIDATES [THE HORN] OF A COW; וַחֲכָמִים פּוֹסְלִין – AND THE SAGES INVALIDATE** it. Clearly, R' Yose (Yosah) holds that a cow's horn is valid, in dissent with the ruling of the Rabbis (the Tanna Kamma) of the Mishnah.[7]

Having established that R' Yose and the Rabbis disagree, the Gemara seeks an explanation of their respective positions:

מַה טַעְמֵיהּ דְּרַבִּי יוֹסֵי – What is the Scriptural **source of R' Yose?** ,,וְהָיָה בִּמְשֹׁךְ בְּקֶרֶן הַיּוֹבֵל" – It is the verse cited by the Mishnah: ***And it shall be upon the drawing out [of the blast] with the ram's keren****, when you hear the sound of the shofar.* Evidently, the fact that a ram's horn is called *keren* does not detract from its classification as a shofar. Similarly, the fact that a cow's horn is called *keren* does not detract from its classification as a shofar.[8]

The Gemara turns to the Rabbis' position:

מַה טַעְמָא דְּרַבָּנָן – What is the Scriptural **source of the Rabbis?** Where do we find that a cow's horn is called *keren?*[9] **,,וְתִיטַב לַה' מִשּׁוֹר פָּר מַקְרִן מַפְרִיס"** – It is the verse in which King David says:[10] ***And it*** (the praise that I sing) ***shall please Hashem more than a full-grown bull, possessed of horns and hoofs.*** **,,מִקֶּרֶן" כְּתִיב** – Although the Masoretic reading of this word is מַקְרִן, *makrin*

NOTES

1. *Tekias* shofar on Rosh Hashanah is mandated by the Torah in *Numbers* (29:1): יוֹם תְּרוּעָה יִהְיֶה לָכֶם, *a day of shofar blowing shall it be for you.* While the Torah does not explicitly state here that a shofar, as opposed to a trumpet or other instrument, must be used, *Leviticus* 25:9, which discusses Yom Kippur of the *Yovel* (Jubilee) year, clearly mentions the shofar as the instrument that must be blown. And it is derived that the blasts of Rosh Hashanah and Yom Kippur must be alike (*Bavli* 33b-34a, cited by *Rashi* 26a and *Korban HaEidah* et al.; see also below, Mishnah and Gemara, Halachah 5, 20a-b).

2. All animal horns that are classified as a shofar are valid for use on Rosh Hashanah. The Torah (*Exodus* 19:13,19; *Joshua* 6:5) explicitly classifies the ram's horn as a shofar. The Mishnah teaches that this classification includes not only the horns of rams, but also the horns of wild goats [mentioned in the next Mishnah] (see *Rashi* 26a; *Korban HaEidah*), as well as those from ewes and domestic goats (see *Ramban*).

[While any one of the above-mentioned horns is acceptable, the preferred horn is the subject of dispute between the Tanna of the next Mishnah and R' Yehudah in Mishnah 5 (20a; see below, note 18).]

The word שׁוֹפָר has its root in the word שְׁפוֹפֶרֶת, *hollow tube* (*Ran*, folio 6a; see *Ritva* 26a). A shofar therefore refers to any naturally hollow animal horn that grows around a bony protrusion on the animal's skull. [After the total appendage is detached, the bone is removed and the hollow shell remains for use as a shofar.] This description disqualifies any horn that is solid bone; even if one carves out the interior of the bone, it cannot be used for the mitzvah, for it is simply a "horn," not a shofar. The horns listed above are "hollow" and are therefore valid. On the other hand, the horns of, for example, a *re'eim,* a beast noted for the beauty of its horns [see *Rashi* to *Deuteronomy* 33:17], and a deer, are not naturally hollow (i.e. they are solid bone) and are therefore disqualified (*Ramban*, in *Chidushei Ramban* 26a and in his *Derashah L'Rosh Hashanah* [in *Kisvei HaRamban* I, p. 228, *MHK* ed.]; *Ran*, folio 6a; *Ritva* 26a; see *Tosafos* 26a ד"ה חוץ, with *Sfas Emes*).

3. [Certainly, the horns of, for example, the *re'eim* and the deer are invalid, since, by definition, they are a horn, not a shofar (*Ramban* and other Rishonim cited in preceding note). The horn of a cow, however, is naturally hollow, and therefore fits the *description* of a shofar. The Mishnah teaches that although, by definition, the horn of a cow is categorized as a shofar,] it is, nevertheless, disqualified, since Scripture refers to it as *"keren,* horn," rather than shofar (*Korban HaEidah*). [The Gemara will cite the relevant Scriptural verse.]

Although the verse speaks specifically of the *keren* of an *ox*, the appellation is applied to its female counterpart, the cow, as well. In fact, according to some, it is to teach this very matter that the Mishnah chooses to state that the horn of a *cow* is disqualified, for otherwise one might have mistakenly thought that only the horn of an ox, which the verse specifies, is disqualified (*Ramban* and *Ritva* to *Bavli* 26a; for other reasons, see *Tos. Yom Tov*; see also *Sheyarei Korban* ד"ה מקרן).

[*Ran* (folio 6a) suggests that the Mishnah addresses the shofar horns of kosher animals. The horns of nonkosher animals – even those classified as a shofar – might be unfit by analogy to the law that tefillin must be made only from the skin of a kosher animal, as stated in *Bavli Shabbos* 28a.

Mishnah Berurah 586:8 notes that since there is some doubt as to *Ran's* view that the rule for tefillin also applies to shofar, one who has no other shofar but that of a nonkosher animal should blow it without reciting the blessing of shofar blowing.]

4. Even a ram's horn, which is called shofar (in the verse that the Mishnah will immediately cite and in *Exodus* 19:19), is called *keren* (*Pnei Moshe*, from *Rav*). [Evidently, the fact that it is called *keren* does not detract from its classification as a shofar. Similarly, the fact that a cow's horn is called *keren* should not necessarily detract from its classification as a shofar.]

The Gemara will discuss whether R' Yose disagrees with the Rabbis (the Tanna Kamma) or simply takes issue with their rationale, but concedes to their ruling for a different reason (see *Ramban, Derashah L'Rosh Hashanah* ibid.). The Gemara will also relate the Rabbis' rejoinder.

5. *Joshua* 6:5.

[See *Tosafos* (26a ד"ה והיה) regarding why R' Yose does not cite *Genesis* 22:13, which also calls the horn of a ram (viz. that which was sacrificed in place of Isaac) a *keren.*]

6. I.e. because an accuser cannot become a defender, as the Gemara will say shortly (*Pnei Moshe; Sefer Nir; Beur of R' Chaim Kanievski*; see *Ramban* cited at the end of note 4; cf. *Korban HaEidah*).

7. R' Yose disagrees with both reasons of the Rabbis: their contention in the Mishnah that a cow's horn is invalid because it is called a *keren,* and the reason mentioned shortly in the Gemara, that an accuser cannot become a defender (*Pnei Moshe*; see below, note 17).

8. As explained in the Mishnah (*Pnei Moshe*).

9. *Korban HaEidah; Beur of R' Chaim Kanievski;* cf. *Pnei Moshe.*

10. *Psalms* 69:32.

הלכה ב מתני' [א]כל השופרות כשירין חוץ משל פרה מפני שהוא קרן. אמר ר' יוסי והלא כל השופרות נקראו קרן שנאמר [א]והיה במשוך בקרן היובל [א]כשמעכם את קול השופר: גמ' הוון בעיי מימר ולא פליגין. אשכחת תני ר' יוסה מכשיר בשל פרה וחכמים פוסלין. מה טעמיה דר' יוסי. [א]והיה במשוך בקרן היובל. מה טעמא דרבנן. [ב]ותיטב לה' משור פר מקרין מפרים [ג]מקרן כתיב. [ג]ורבנן כל השופרות נקראו קרן ונקראו שופר חוץ משל פרה שנקרא קרן ולא נקרא שופר. התיבון הרי של יעל הרי אינו קרוי לא קרן ולא שופר. מאי כדון. כהיא דאמר ר' לוי שנייא היא שאין קטיגור נעשה סניגור: הלכה ג מתני' [ד]שופר של ראש השנה של יעל פשוט [ה]ופיו מצופה זהב [ב]ושתי חצוצרות מן הצדדין. שופר מאריך וחצוצרות מקצרות שמצות היום בשופר: גמ' אמר ר' יונה כדי שיפשטו לבם [ב]בתשובה: פיו מצופה זהב: [ג]ציפהו זהב מבפנים פסול מבחוץ כשר. [ו]ציפהו מקום הנחת פיו או שהיה קולו עבה מחמת הציפוי פסול: אמר ר' יוסה הדא אמרה [ד]פשוטה ששמע מקצתה מן המתעסק [ג]לא יצא. [ח]והיי דא אמרה. [ה]תקע בראשונה ומשך בשנייה טז: כשתים [ט]אין בידו אלא אחת. [ד]ר' אבא בר זמינא בשם ר' זעירא אפילו אחת אין בידו.

פני משה

מתני' כל השופרות כשרין. בראש השנה: חוץ משל פרה. מפני שהוא נקרא קרן כדכתיב (דברים לג יז) בכור שורו הדר לו וקרני ראם קרניו, וקא משמע לן דשל פרה נקרא גם כן קרן כשל שור ולא נקרא שופר, וגבי ראש השנה שופר בעינן, דכתיב ביובל (ויקרא כה ט) והעברת שופר תרועה, וגמרינן ראש השנה מיובל: והלא כל השופרות נקראו קרן שנאמר והיה במשוך בקרן היובל. ויובל דכרא הוא כדקאמר ר' עקיבא בגמרא (כו.) כשהלכתי לערביא היו קורין לדכרא יובלא. אלמא אפילו שופר של איל נקרא קרן וכתיב כשמעכם את קול השופר, ורבנן אמרי כל השופרות אקרו קרן ואקרו שופר דכתיב במתן תורה (שמות יט יג) במשוך היובל וכתיב (שמות שם יט) ויהי קול השופר, אבל דפרה קרן אקרי שופר לא אקרי, והלכה כחכמים: גמ' הוון. בני הישיבה: בעיין מימר. מעיקרא: ולא פליגין. ר' יוסי ורבנן לדינא, אלא ר' יוסי כמקשה על טעמייהו דרבנן הוא, דקאמריתו מפני שהוא קרן והלא כל השופרות נקראו קרן, אבל לדינא מודה ר' יוסי דשל פרה פסול ומטעמא אחרינא וכדאמרינן לקמן שאין קטיגור נעשה סניגור: אשכחת. אלא דאשכחת לה דתני בברייתא בהדיא דפליגי, דר' יוסי מכשיר בשל פרה דלית ליה כל הני טעמי לפסול וחכמים פוסלין וכדמסיק לטעמייהו: מאי טעמא דר' יוסי וכו'. כדפרישנא במתניתן: מאי טעמא דרבנן. דאע"ג דקאמר לקמן טעמייהו דכל השופרות וכו' דפרה קרן אקרי ולא נקרא שופר, מכל מקום הרי מצינו דפרה נמי אקרי שופר דכתיב (תהלים סט לב) ותיטב לה' משור פר, ומאי משור פר דקאמר אלא משופר הוא וכתיב כאן שור, הלכך קאמר דרבנן דרשי להאי קרא דקאי על שור שהקריב אדם הראשון והיינו שור פר שור שהוא גדול כפר, דכל מעשה בראשית בקומתן נבראו: מקרן כתיב חסר קרן אחד, וכלומר זהו ראיה דעלייהו האי שור קאי וכדאמרינן (שבת כח:) שור שהקריב אדם הראשון קרן אחת היה לו במצחו: התיבון. על טעמייהו דרבנן דקאמר בברייתא, והרי של יעל דכשר הוא כדתנן במתני' דלקמן, והלא אינו קרוי לא קרן ולא שופר דלא אשכחן דכתיב גביה לא זה ולא זה: מאי כדון. והשתא מאי טעמא דרבנן גבי פרה: כהיא. אלא כהאי דאמר לר' לוי דעיקר טעמייהו דשניא היא פרה לפי שאין קטיגור נעשה סניגור, דמכיון דשופר לזכרון הוא בדין הוא שלא יזכר להם מעשה עגל: מתני' שופר של ראש השנה של יעל. היא אחת שמה יעל, וקורין אותה אשטיינבו"ק: פשוט. שהוא פשוט מן הסתם, ומשום דלתפלה בעינן פשוטות וכדכתיב (איכה ג מא) נשא לבבינו אל כפים: ופיו מצופה זהב. בשל מקדש קאמר, ושלא במקום הנחת הפה, אבל בגבולין לא עשו כך דחסה התורה על ממונם של ישראל: ושתי חצוצרות מן הצדדין. לפי שמצות היום בשופר, לפיכך הוא באמצע, ואף על גב דתרי קלי לא מישתמעי (בבלי כז.), איידי דלדבר חדש הוא וחביבא עלייהו משתמעי: שופר מאריך וכו'. לאחר שפסק מתקיעת חצוצרות מאריך הוא בשופר כדי להודיע שמצות היום בשופר: גמ' אמר ר' יונה. לכך שופר של ראש השנה של יעל פשוט, כדי שיפשטו לבם לעשות בתשובה: פיו מצופה זהב. ותני בתוספתא פ"ב (ה"ג) ציפהו זהב מבפנים פסול מבחוץ כשר, אם אינו נשתנה קול התקיעה מכמות שהיה: ציפהו מקום הנחת פיו וכו'. ומתניתן שלא במקום הנחת פיו תנן: אמר ר' יוסי וכו'. אהא דקתני שופר מאריך קאי, הדא אמרה פשוטה תקיעה ששמע מקצתה מן המתעסק בעלמא ולא משום לצאת ידי חובתו לא יצא: ופריך והיי דא אמרה. והיכן שמענו לזה ממתני' דידן, אדרבה ממתניתן משמע דלכך מאריך בשופר כדי לצאת מסוף התקיעה ששומע, א"כ אפילו שמע מקצת התקיעה נמי יצא: תקע בראשונה וכו'. כלומר מהאי מתניתן דפרק דלקמן הוא דאיכא למידק, דקתני שאף על פי שמשך בשנייה והיינו בתקיעה של אחר התרועה היה מושך ומאריך כשנים של תקיעה הראשונה, והיה סבור שתעלה לו תקיעה שנייה זו כשתים ולצאת בה גם כן לפשוטה שלפניה של הסדר שאחר זה, אפילו כן אין בידו אלא אחת לפשוטה של אחריה של סדר הראשון, ומפני שאין כאן אלא מקצת תקיעה בלבד והלכך לא יצא בה לפשוטה שלפניה של הסדר של אחר זה: ר' אבא בר זמינא בשם ר' זעירה. אמר בכהאי גונא דקאמרת בדין הוא שאפילו אחת אין בידו:

קרבן העדה

מתני' כל השופרות. בין של איל בין של יעל: שהוא קרן. אינו קרוי שופר, וגבי יום הכיפורים שופר כתיב (ויקרא כה ט) והעברת שופר תרועה, וגמרינן (בבלי לג:) ראש השנה מיובל: בקרן היובל. ויובל דכרא הוא: גמ' הוון בעי מימר. סברוהו למימר דלא פליגי, דרבנן אוסרין בשל פרה לכתחילה, ור' יוסה מכשיר דיעבד. אי נמי דסברוהו דהודו חכמים לר' יוסה מדשתקו: וחכמים פוסלין. משמע אפילו בדיעבד: מה טעמא דרבנן. מנא לן דשל פרה איקרי קרן: מקרן כתיב. הרי דשל שור פר קרן איקרי: נקראו קרן. [כדאמרן. ונקראו שופר] דכתיב במתן תורה (שמות יט יג) במשוך (בקרן) היובל וכתיב (שמות יט יט) ויהי קול השופר: התיבון. הקשו, הרי יעל דתנן לקמן (ה"ג) דכשר, ולא מצינו שנקרא קרן או שופר: מאי כדון. מעתה מה טעמא דרבנן: שאין קטיגור. שופר של פרה קטיגור דעגל הוא. והא דתנן מפני שהוא קרן, הכי קאמר, שלא נמצא בתורה שנקרא שופר דנכשיר אותו נגד סברת ר' לוי: מתני' של יעל פשוט. בגמרא מפרש טעמא: ופיו מצופה זהב. בשל מקדש קאמר: שופר מאריך. לאחר שהצוצרות פוסקים תקיעתן נשמע קול השופר: גמ' כדי שיפשטו לבם בתשובה. דכתיב (איכה ג מא) נשא לבבינו אל כפים: מבפנים פסול. שהתקיעה בזהב ולא בשופר: ציפהו זהב במקום הנחת פיו. פסול, שהתקיעה בזהב, ומתני' איירי שהזהב מבחוץ: לא יצא. דבעינן שישמע כל התקיעה, וקשיא מתני' דתנן שופר מאריך שמע מינה דשמע סוף תקיעה בלא תחילת תקיעה יצא, אלא ודאי דמתני' דקתני שופר מאריך היינו לאחר שסיימו החצוצרות מתחיל השופר: והיידא אמרה. והיכן אמר זה דלא יצא עד שישמע כל התקיעה מתחלתה ועד סופה: תקע בראשונה וכו'. לקמן פ"ד תנן תקע בראשונה וכו' אין בידו אלא אחת, ואמר רבי אבא וכו': אפילו אחת אין בידו. דהך תקיעה לא עלתה לו אפילו לתקיעה אחת*:

עין משפט

א מיי' פ"א מהלכות שופר הלכה ג:
ב מיי' שם הלכה ו [סמ"ג עשין מב] טוש"ע או"ח סימן תקפו סעיף טז:
ג טוש"ע או"ח סימן תקפז סעיף ג:
ד מיי' שם פ"ג הלכה ד טוש"ע או"ח סימן תקל סעיף ו:
ה מיי' פ"א מהלכות תענית הלכה ד ופ"ד הלכה יז:

שינויי נוסחאות

א] כשמעכם את קול השופר. כ"ה גם גירסת הרמב"ם בפיה"מ. במשניות ובבבלי (כו.) ליתא:
ב] בתשובה. בפיסקי הרי"ד (כו:) בתפילה. וראה להלן ריש ה"ד (כ.):
ג] לא. נוסף בכי"ל ע"י המגיה. ברמב"ן וברשב"א ובתוס' הרא"ש ובריטב"א (כז.) ובר"ן (יא: מדה"ר) ליתא:
ד] ר' אבא בר זמינא וכו'. עי' בראשונים הנ"ל שר' יצחק אבן גיאת (הל' ר"ה עמ' נה) מפרש דר' אבא קאי אמתניתין דפ"ד ה"י תקע בראשונה ומשך בשניה כשנים וכו'. אמנם לדעת הראשונים הנ"ל קאי אמתניתין דידן, עיי"ש פירוש הדברים באריכות:

תורה אור השלם

א) וְהָיָה בִּמְשֹׁךְ בְּקֶרֶן הַיּוֹבֵל כְּשָׁמְעֲכֶם אֶת קוֹל הַשּׁוֹפָר יָרִיעוּ כָל הָעָם תְּרוּעָה גְדוֹלָה וְנָפְלָה חוֹמַת הָעִיר תַּחְתֶּיהָ וְעָלוּ הָעָם אִישׁ נֶגְדּוֹ: (יהושע ו ה)

ב) וְתִיטַב לַיהוָה מִשּׁוֹר פָּר מַקְרִן מַפְרִיס: (תהלים סט לב)

רידב"ז

אמר ר' יוסי הדא אמרה פשיטא ששמע מקצתה מן המתעסק לא יצא. הסוגיא הזאת פירשוהו הרא"ש ז"ל (פ"ד סימן ח) וכן הרמב"ן ז"ל (כז. ד"ה הא דתנן) והר"ן ז"ל (יא: מדה"ר), עיי"ש:

שירי קרבן

מקרן כתיב. קצת קשה א"כ למה תנן במתני' חוץ משל פרה הו"ל למימר שור דביה כתיב קרא, וכן קשה בבבלי (כו.). וי"ל לפי המסקנא ניחא, דהטעם דאין קטיגור נעשה סניגור, והו"א דוקא שור פסול דומיא דעגל כדכתיב (תהלים קו כ) וימירו את כבודם בתבנית שור וגו', אבל של פרה כשר, קמ"ל דאפי' של פרה נמי דכפרה נמי שייך האי טעמא, כדאמרינן (במדבר רבה פרשה יט ח) תבא אמו ותקנח בנה: אמר ר' יוסה הדא אמרה וכו'. והרמב"ן (כז. ד"ה ועכשיו) גורס אמר ר' יוסי הדא אמרה פשוטה ששמע מקצתה מן המתעסק יצא, הדא אמרה דא תקע בראשונה ומשך בשנייה אין בידו אלא אחת, ר' בא בר זבינא אומר אפילו אחת אין בידו וכו'. וה"פ, הדא אמר פשוטה ששמע מקצתה מן המתעסק שלא כיון לשם מצוה, ובא חבירו ואמר לו איכוין ותקע לי להשלים את התקיעה ולשם מצוה, והאריך בהשלמה כשיעור תקיעה, יצא. ומייתי ראיה מהא דתנן דמשך בשנייה כשתים אין בידו אלא אחת, וכיון דאין בידו אלא אחת נמצא דכמה שהאריך יותר מכדי תקיעה אינו אלא כמתעסק, אפילו הכי עולה מקצתה לאחת. ואתא ר' בא לפלוגי, דזה ששמע פשוטה מן המתעסק אפי' אחת אין בידו, כיון דבתחלת התקיעה היה מתעסק נמצא דרישא לית ליה סיפא וכו', ולא דמי למשך בשניה כשנים, דהתם מיהא מתחלתו ועד סופו היתה כוונתו לשם מצוה. והו"ל למימר לר' בא בר זבינא לא יצא, אלא אגב דאמר משך בשניה כשתים אין בידו אלא אחת נקט נמי גבי מתעסק אין בידו אפילו אחת, אף ע"ג דלא שייך גבי מתעסק האי לישנא, וניחא השתא אין בידו אלא אחת היינו שניה, ע"כ. ולפי גירסתינו ופירושינו בקונטרס עולה דברי הש"ס כהוגן, אלא דלפום ריהטא פליג אבבלי (כז.), וכבר תירץ הרא"ש (פ"ד סי' ח) לקיים שניהם, ואף הר"ן (יא: מדה"ר ד"ה ותמהני) פליג אפירוש הרמב"ן עיי"ש:

מסורת הש"ס

א) ר"ה כו. [ויקרא רבה כז ג, פסיקתא דר"כ ט, תנחומא אמור יא, ילקו"ש אמור תרמג, יחזקאל שסט, תהלים תתנ] ב) [שבת פ"ב ה"ג, ופ"ז ה"ב, שבת כח:, ע"ז ח., חולין ס., קהלת רבה א כח, ילקו"ש תהלים תתנ, ועי' פני משה] ג) [ר"ה כו., ילקו"ש תהלים תתנ] ד) ר"ה כו: ה) [ילקו"ש בהעלותך תשכד] ו) ר"ה כז: [תוספתא פ"ב ה"ג] ז) [ר"ה כז. ושם ע"ב, תוספתא פ"ב ה"ג] ח) לקמן פ"ד ה"י - כו. ט) [לקמן פ"ד מ"ט - כו., ר"ה כז., כח.]

מראה הפנים

שניא היא שאין קטיגור וכו'. הכא משמע דהך טעמא הוא העיקר, והתם (בבלי כו.) מפרש חדא ועוד קאמר, והארכתי בזה בחיבורי פני המנורה בנר הרביעי במולק ה' ואין כאן מקומו: רבי אבא בר זמינא בשם ר' זמינא אפי' אחת אין בידו וכו'. והתם בדף כ"ז (ע"א) על הא דמדייק מהמתניתין למימרא דשמע סוף תקיעה וכו' יצא, פריך מההיא מתני' תקע בראשונה וכו' אמאי תיסלק ליה בתרתי פסוקי תקיעתא מהדדי לא פסקינן, משמע דקמה המסקנא דאחת מיהת עלתה בידו. וכתב הרא"ש ז"ל לקמן בפ"ד (סי' ח) אמתני' דסדר תקיעות דלפירוש שהביא שם לעיל מהאי תלמודא דצריך לומר דגמרא דידן פליג אהאי דירושלמי, ונראה לפרש גמרא דידן כמו הירושלמי והכי פירושה וליסלק ליה בתרתי תחלתה לסוף מלכיות וסופה לתחלת זכרונות, ומשני פסוקי תקיעתא מהדדי לא פסקינן, וכיון דאי אפשר לחלק לשנים גם בחדא נמי לא סלקא כדמפרש טעמא בירושלמי כיון שהיה בדעתו שהן שתי תקיעות וזה אי אפשר דפסוקי תקיעתא מהדדי לא פסקינן גם חדא נמי לא סלקא שמצטרפין יחד הראש והסוף, והראש לפי כוונתו הוא לשם מלכיות וסופה שיהא לשם זכרונות אינה מצטרפת עמה, הלכך אין לראשונה סוף ואין לשניה ראש עכ"ל בזה. וא"כ היינו צריכין לפרש להמתני' דקתני אין בידו אלא אחת, ומשמע דמיהת אחת עלתה לו דזה קאי על תקיעה ראשונה, וכי היכא דלא ליפלוג ר' אבא בר זמינא אמתני' וכמו שהביא הוא ז"ל שם לעיל להאי פירושא לההיא מתני' ולהכי קתני תקע בראשונה, אלא דדחה שם להאי פירושא דאי הכי הו"ל למיתני הכי האריך ותקע בשנייה כשנים אין בידו כלום ולא היה צריך למיתני תקע בראשונה כדי לסיים אין בידו אלא אחת, אלא ודאי הא דנקט תקע בראשונה משום דמינה ידעינן דהאריך בשנייה כשנים מכיון דהאריך בה יותר מבראשונה אלו דבריו ז"ל שם לעיל ומסיים כמו שהבאתי. והדרן לקושיין דהיכי פליג ר' אבא בר זמינא אמתני'. ובשם הרמב"ן ז"ל הביא שפירש להך דהכא בענין אחר שכתב דהירושלמי לא על הדא מילתא איתמר אלא אההיא דשופר מאריך וכו', דגרסינן התם א"ר יוסי הדא אמרה וכו', וה"פ הדא אמרה פשוטה ששמע מקצתה מן המתעסק שלא כיון לשם מצוה ובא חברו ואמר לו איכוין ותקע לי להשלים את התקיעה ולשם מצוה והאריך בהשלמה כשיעור תקיעה יצא. ומייתי ראיה מהא דתנן (פ"ד מ"ט) משך בשנייה כשתים אין בידו אלא אחת, וכיון דאין בידו אלא אחת נמצא דמה שהאריך יותר מכדי תקיעה אינו אלא כמתעסק ואפ"ה עולה מקצתה לאחת, ואתי ר' בא לפלוגי דזה ששמע פשוטה מן המתעסק אפי' אחת אין בידו כיון דבתחלת התקיעה הוה מתעסק נמצא דרישא לית לה סופא וכו', [המשך בסוף הספר]

אמר ליה כן אמר אבא בשם ר' יוחנן אין מדקדקין בעדות החדש: (א)בית דין שראו את ההורג אמרו אם רואין אנו אותו אין אנו מכירין אותו לא היו עורפין דכתיב (א)ועינינו לא ראו מכל מקום והרי ראו. ובית דין שראו את ההורג (ב)אית תניי תני [א]יעמדו שנים ויעידו לפניהן. אית תניי תני [ב]יעמדו כולן (ג)ויעידו במקום אחר. ר' יודה בר פזי בשם ר' זעירא (ד)כשם שהן חלוקין כאן כך חלוקין בעידות החודש. ויקום חד ויתיב חד ויקום חד ויתיב חד. (ה)שנייא היא (א)שאין העד נעשה דיין. כהדא רב חונה הוה ידע שהדו לחד בר נש אזל בעי מידון קומוי וכפר ביה. אמר ליה ר' שמואל בר רב יצחק בגין דאת ידע דרב חונה בר נשא רבה את כפר ביה מה אילו ייזיל וישהד עלך קומי בית דין חורן. אמר ליה רב חונה ועבדין כן. אמר ליה אין. [ג]ושרא רב חונה גרמיה מן ההוא דינא ואזל ואשהד עלוי קומי בית דין חורן. (ו)קרא ערר על חתימת ידי העדים [ד]על חתימת ידי הדיינין ר' בא בשם ר' יהודה (ז)רצה לקיים בכתב ידי טז. העדים מקיים בכתב ידי הדיינים מקיים. ואני אומר (ב)אפילו בעד אחד אפילו בדיין אחד מקיים. ביומוי דר' אבהו אתון בעיי מימר גואלינו ואמרון גאולתינו וקבלון. ביומוי דר' ברכיה אישתתקון. אמר לון שמעתון דאיתקדש ירחא וארכינון בראשיהן וקבלון:

קרבן העדה

אין מדקדקין בעדות החדש. לאחר שקידשו בית דין את החדש אין מקבלין תו הזמה על העדות, כ"כ הרמב"ם פ"ג (ה"ב): **אמרו אם רואין אנו.** את ההורג אין אנו מכירין אותו, אפילו הכי לא היו עורפין, דכתיב ועינינו לא ראו, ובית דין ראו מכל מקום ראו אותו פעם אחת, אף ע"פ שעכשיו אין מכירין אותו: **ובית דין שראו את ההורג.** וצריכין להעיד על הרציחה. ויותר נראה לי דגרסינן ובית דין שראו את ההרוג, דאמרינן במסכת סוטה (פ"ט ה"א) כי ימצא (דברים יז ג), אין מציאה אלא בעדים: **יעמדו שנים.** מהם ויעידו בפני הנותרים: **ויעידו במקום אחר.** לפני בית דין אחר, דבית דין זה כיון שראו פסולין להיות דיינים: **כך חלוקין בעדות החדש.** אם ראו בית דין את החדש אם ידונו הנותרים או שצריכין להעיד בפני אחרים: **ויקום חד ויתיב חד.** אמתני' פריך, למה יעמדו שנים ויושיבו שנים מחבריהם, לא יושיבו אלא אחד ויעמוד חד ויעיד לפני שלשה, ואחר כך ישב העד הראשון ויעמוד העד השני ויעיד בפניהם, אלא ודאי דפסול לדון כיון דראה גם הוא, אם כן קשיא למה כשר השלישי שגם הוא ראה: ומשני **שנייא היא.** שאני הכא שאין העד נעשה דיין, מה שאין כן השלישי מעולם לא נעשה (דיין) [עד] בדבר: **כהדא וכו'.** כהא דרב הונא הוה ידע סהדותא לאדם אחד, והלך האי גברא לדון לפני רב הונא והכחיש ביה בשכנגדו: **בגין וכו'.** בשביל שאתה יודע דרב הונא אדם גדול הוא את מכחיש ביה, בתמיה. לישנא אחרינא בשביל שאתה יודע דרב הונא אדם גדול הוא ואין כבודו לילך ולהעיד אתה מכחיש בו: **מה אלו וכו'.** הלא אם ירצה רב הונא למחול על כבודו וילך ויעיד לפני בית דין אחר ו[י]תגלה קלונך: **אמר ליה רב הונא.** לרב שמואל ועושין כן, להעיד אחרי שבאו לדון לפני. אי נמי שרשאי לו למחול על כבודו: **אמר ליה אין.** שמותר לעשות כן: **ושרא רב הונא וכו'.** והתיר רב הונא עצמו מלדון דין זה והלך והעיד עליו לפני בית דין אחר: **קרא.** הנתבע ערער על חתימת העדים ועל חתימת הדיינין שקיימו השטר לומר דהכל מזוייף הוא: **רצה לקיים.** השטר בעדות שיעידו על חתימת ידי העדים או על חתימת הדיינין מקויים. אבל אם העידו עדים על חתימת עד אחד ועל חתימת דיין אחד לא הוי קיום, דמאי דמסהיד סהדא לא מסהיד דיינא, דעד מעיד אמנה שבשטר והדיין מעיד אכתב יד העדים: **ואני אומר.** ור' בא עצמו אמר אפילו העידו עדים על חתימת עד אחד ודיין אחד, מצטרפין, דעל כל פנים ניכרין שני חתימות שהן אמת: **אתון.** באו שני עדים מבית דין שמקדשין החדש, והיה הסימן גואלינו שכך היה מנהגן למסור סימן לשלוחים שידעו שאמת אומרים, ורצו לומר גואלינו שהוא היה הסימן ואמרו גאולתינו, וקבל אותן ר' אבהו דניכר שהוא מחמת טעות: **אישתתקון.** נעשו אילמים העדים שרצו להעיד שקידשו בית דין את החדש: **אמר.** להם שמעתם דבר זה מפי בית דין מקודש החדש: **וארכינון בראשיהון.** ורמזו בראשם שכך שמעו, וקיבל אותן ר' ברכיה:

פני משה

אין מדקדקין בעדות החדש. אע"פ שאחר כך נודע שסקר העידו מה שעשו עשוי: **בית דין שראו את ההורג וכו'.** גרסינן להא ריש פרק עגלה ערופה (סוטה פ"ט ה"א): **מכל מקום.** והרי ראו אע"פ שאינן מכירין אותו: **ובית דין שראו את ההרוג.** כצ"ל, דאמרינן התם (שם) לעיל שצריך שיראו העדים את ההרוג ואם בית דין ראו אותו ובבית דין של כ"ג איירי: **יעמדו שנים.** מהן ויעידו לפני השאר שראו אותו: **אית תניי תני יעמדו כולן ויעידו.** לפני בית דין אחר, דמכיון שראו והן עדים אינן ראוין להיות עכשיו בית דין אלא שנים מכולן יעידו במקום אחר: **כשם שהן חלוקין כאן.** לענין אם עד הרואה נעשה דיין, כך חלוקין הן בעדות החדש ותנא בתרא פליג אמתניתן דהכא: **ויקים חד ויתיב חד.** להאי תנא בתרא מפרש אמאי מעידין בפני אחרים ויקים חד ויעיד בפני השני שיושב ואחר כך ויקום זה ויתיב זה, וכלומר שהרי יכולין שנים מהן להעיד בפני השאר ואפילו בעמידת שנים בבת אחת לא צריך אלא ויקים חד וכו' ואחר כך ישבו, ומשני שאני היא הכא הואיל וכולן ראו ואף עד הרואה אין נעשה דיין: **אזל.** האי ובעי מידון קמיה דרב הונא וכפר בבעל דינו, ואף שהיה יודע דרב הונא יודע עדות לחבירו: **בגין דאת ידע דרב הונא בר נש רבה.** ואין כבודו לילך ולהעיד בפני בית דין אחר אתה סומך על זה וכפר ביה בפניו: **מה אילו ייזיל.** ומה תעשה אם ירצה רב הונא לילך ולהעיד עלך לפני בית דין אחר: **אמר ליה רב הונא.** לר' שמואל: **ועבדין כן.** אם יכול אני לסלק עצמי מן הדין הזה כדי ליעשות עד בדבר. ואמר ליה אין, ומיד סילק רב הונא עצמו מן הדין והלך והעיד לפני בית דין אחר: **קרא ערר.** אם הבעל דין קרא ערער על השטר היוצא עליו בחתימת עדים ומקוייס בבית דין וטוען זה מזויף הוא: **ר' בא בשם רב יהודה.** אמר אם רצה לקיימו זה השטר או בחתימת ידי העדים או בחתימת ידי הדיינים היוצא ממקום אחר מקיים: **ואני אומר.** דלאו דוקא בחתימת שני העדים או בחתימת כל הבית דין, אלא אפילו בחתימת עד אחד ובחתימת אחד מהדיינים מצטרפין זה עם זה ומקויים הוא. ואיידי דאיירי הכא בעד שמצטרף להיות דיין בדבר מייתי נמי להא: **ביומו דר' אבוהו.** אירע שבאו אנשים להעיד שקידשו בית דין את החדש ורצה לנסותם אם כשרים ומהוגנין הן, ואמר להם שיאמרו פסוק זה (ישעיה מז ד) גואלינו ה' צבאות, ומפני שלא רצה להשביעם בשם ה' הזכיר לפניהם זה כדי שיתבוננו ויאמרו האמת, ורצו לומר גואלינו וטעו ואמרו גאולתינו ואפילו כן קבלום ר' אבוהו, וטעמא דעדות זה אינו אלא גילוי מלתא בעלמא ואפילו בא אחד בסוף העולם ואמר קדשו בית דין את החדש נאמן, וכן ביומי דרב ברכיה אירע שבאו להעיד שנתקדש החדש ונשתתקו, ואמר להן ר' ברכיה שמעתם דאיתקדיש ירחא והרכינו בראשיהם הן וקיבל אותם דבהרכנת הראש סגי לעדות כזו:

מסורת הש"ס

(א) סוטה פ"ט ה"א [סוטה מז., ספרי דברים רה, ילקו"ש שופטים תתקכג] (ב) סנהדרין פ"א ה"ב [כל הענין, ר"ה כה:, ב"ק צ:] (ג) [מכות יב., ילקו"ש בא קפו, מסעי תשפו] (ד) [ר"ה כו.] (ה) [ר"ה כו. ועי' פני משה] (ו) [סנהדרין פ"ה ה"ה, כתובות כא., גיטין ה:, ב"ק צ:, ב"ב קיד., סנהדרין לד:, ילקו"ש פנחס תשעו, כי תצא תתקכו] (ז) עי' כתובות כא. וגיטין פ"ט ה"ז וסנהדרין פ"ג הי"ב

גליון הש"ס

ויקום חד ויתיב חד וכו'. עיין בר"ן כתובות פ"ב (ח: מדה"ר ד"ה ש"מ): קרא ערר על חתימת ידי העדים וכו'. עיין שו"ת תשב"ץ ח"א סי' קע"ג וח"ג סי' ט"ז וסי' כ"ב:

מראה הפנים

בית דין שראו את ההורג וכו'. פלוגתא דר' טרפון ור' עקיבא עיקרה בבבלי פרק החובל דף צ' (ע"ב) ועיין בתוס' שם (ד"ה כגון) וכבר זכרתי מזה בפ"ק דסנהדרין שם (ה"ב ד"ה סנהדרין) דמ"ש התוס' כאן (כו. ד"ה דרחמנא) ובכמה מקומות דיש שלשה חלוקים בענין אין עד נעשה דיין, דבעדות החודש דווקא עד המעיד אין נעשה דיין, אבל עד הרואה נעשה דיין, ובקיום שטרות דרבנן אפי' עד המעיד נעשה דיין, ובדיני נפשות אפי' עד הרואה אין נעשה דיין, ואין דעת הרמב"ם ז"ל כן בדיני נפשות שהרי כתב בפ"ה מהל' עדות בהל' ח' כל עד שהעיד בדיני נפשות אינו מורה בדין זה הנהרג, וא"כ עד הרואה נעשה דיין ועיין בכס"מ שם, ובאמת נלמד הוא מהיא דפ"ק דמכות (ו.) מה יעשו שני אחים שראו באחד שהרג את הנפש, ומסוגיא דהכא דמדמי לה לעדות החודש ובהדיא מוכח ממתני' דידן דעד הרואה נעשה דיין משמע נמי כן ועיי"ש, ובמה שציינתי בענין עדות שאי אתה יכול להזימה בענין הטעמים המוזכרים בתוס' פרק החובל שם דתליא נמי בהאי ענינא כמה שביארתי פ' זה בורר וע"ש:

עין משפט

א טוש"ע חו"מ סימן מו סעיף טו:

ב מיי' פ"א מהלכות שופר הלכה א [ועי"ש בנו"כ סמ"ג עשין מב] טוש"ע או"ח סימן תקפא סעיף ז:

שינויי נוסחאות

א] **יעמדו שנים ויעידו לפניהן.** בירושלמי סנהדרין (פ"א ה"ב) **שנים נעשים עדים ומעידין בפני השאר:**

ב] **יעמדו כולן ויעידו במקום אחר.** בירושלמי סנהדרין (שם) **כולן עדים ומעידין בפני אחרים:**

ג] **ושרא.** בש"ג **ושרע.** [פי' "לשון השמטה הוא, כמו גולתיה שריעה מיניה" (ירושלמי ברכות פ"ה ה"א). רש"ס שביעית (פ"ז ה"א)]. וכ"ה לשון הירושלמי בכמה מקומות (פאה פ"ב ה"א, קידושין פ"א ה"ה, ועוד):

ד] **על.** בירושלמי גיטין (פ"ט ה"ח) **ועל.** בכפתור ופרח (פי"ב) **או:**

תורה אור השלם

א) וְעָנוּ וְאָמְרוּ יָדֵינוּ לֹא שָׁפְכוּ אֶת הַדָּם הַזֶּה וְעֵינֵינוּ לֹא רָאוּ: (דברים כא ז)

רידב"ז

ובית דין ישראל את ההורג. וצ"ל **ב"ד שראו את ההורג,** וטעות דמוכח היא: **ויקום חד ויתיב חד ויקום חד ויתיב חד.** ראיתי בס' אחד שכתב להוכיח דהירושלמי ס"ל דגבי עדות החודש כו"ע ס"ל כר' נתן (כתובות כו:) דלא בעינן הגדה בבת אחת. ומפלפל בזה הענין של טורי אבן ז"ל גבי ב' מרדע (ר"ה כד. ד"ה אבל מצטרפין) לענין אם נמצא אחד קרוב או פסול, וכתב כיון דבעדות החודש לא בעינן שיעידו שניהם כאחד לא שייך נמצא אחד קרוב או פסול, ע"כ. והוכיח המחבר ז"ל הנ"ל דהירושלמי ר"ל דלא בעינן שיעידו שניהם כאחד מדקאמר ויקום חד ויתיב חד. ודבריו ז"ל תמוהין, דזה לא שייך כלל לדינא דר' נתן ורבנן, דרבנן ור' נתן לא פליגי אלא אם צריך כל עד להעיד עדותו בפני חבירו, אבל פשיטא דלא יגידו הגדתן בבת אחת [דהא יש סברא דתרי קלא לא משתמע אפילו מתרי גברא], ולא נחלקו רק אם צריך להעיד בפני חבירו, ואם מעיד בפני חבירו וחבירו עושה איזה מעשה כגון שאוכל או ששותה בעת שהעד השני מגיד עדותו מה איכפית לן, וה"נ פריך ויקום חד ויתיב חד ויעיד עדותו בפני חבירו, וכי אם חבירו עוסק בעת הגדה בדיינות בשביל זה לא נקרא מעיד בפניו, בתמיה, ומה לן אם העד השני אוכל ושותה בעת הגדתו או שיושב בדיינות, וזה פשוט מאוד שאין מזה שום הוכחה כלל ודו"ק:

וְקַבְּלוֹן – and **[R' Abahu] accepted [their report].**[26]

A similar incident is recounted:

בְּיוֹמוֹי דְרַבִּי בֶּרֶכְיָה – **In the days of R' Berechyah** אִישְׁתַּתְּקוּן – **[the messengers] were struck mute** before they were able to report which day the court had declared as Rosh Chodesh.[27] אֲמַר לוֹן – **[R' Berechyah] said to them:** שְׁמַעְתּוּן דְּאִיתְקַדֵּשׁ יַרְחָא – **Did you hear** from the court **that the** new **month was sanctified?** וְאַרְכִּינוּן בְּרָאשֵׁיהוֹן – **They nodded their heads** to indicate that they had indeed heard so, וְקַבְּלוֹן – **and [R' Berechyah] accepted [their report].**[28]

NOTES

Bavli Sanhedrin 42a]. Similarly, *Bavli* (25a) reports that Rebbi chose the signal "David king of Israel lives and endures," because David's kingdom is compared to the moon, as it states (*Psalms* 89:37-38):... *his throne shall be like the sun before Me. Like the moon, it shall be established forever* [see *Rashi* there] (*Shaarei Toras Eretz Yisrael*).

26. R' Abahu accepted their testimony because they had obviously confused the code word *Go'aleinu* with the word *Ge'ulaseinu* (*Korban HaEidah*).

27. *Korban HaEidah; Pnei Moshe.*

[*Alei Tamar* suggests that the fear of informants (see note 24) rendered them unable to speak.]

28. Nodding of the head is an acceptable form of communication, as long as it is clear that the communicator is of sound mind (see *Yerushalmi Gittin* 7:1, cited by *Teshuvos HaRashba HaChadashos* §191, quoted by *Beis Yosef, Even HaEzer* 96:1 ד״ה ומ״ש אבל נתגרשה ומתה; see also *Rashba* to *Gittin* 72b; see *Tziyun Yerushalayim*, printed in Vilna ed. 16a).

Although a valid means of communication, nodding of the head is not a valid means of testimony; generally, only verbal testimony is accepted. However, the ordinary rules of testimony apply only when the witnesses must be believed based on the Torah law that adjures one to believe the testimony of witnesses. In our case, however, it is merely a matter of revealing the facts of the matter (גילוי מילתא בעלמא) and the messenger is believed because the matter will become public knowledge and he is thus afraid to say anything but the truth (as explained above, note 23). Hence, we need not rely on the intrinsic veracity of the witness to be sure that he is telling the truth, and, thus, the ordinary rules of testimony do not apply (see *Pnei Moshe*, based on *Bavli, Yevamos* 39b and *Rosh Hashanah* 22b, with *Ritva*; see also *Nachal Yitzchak* 37:3 ד״ה ובירושלמי; *Maharsham* II §161 and VIII §245; cf. *Rambam, Hil. Kiddush HaChodesh* 3:14).

אמר ליה כן אמר אבא בשם ר' יוחנן אין מדקדקין בעדות החדש: (א)בית דין שראו את ההורג אמרו אם רואין אנו אותו אין אנו מכירין אותו לא היו עורפין דכתיב א)ועינינו לא ראו מכל מקום והרי ראו. ובית דין שראו את ההורג (ב)אית תניי תני א]יעמדו שנים ויעידו לפניהן. אית תניי תני ב]יעמדו כולן (ג)ויעידו במקום אחר. ר' יודה בר פזי בשם ר' זעירא (ד)כשם שהן חלוקין כאן כך חלוקין בעידות החודש. ויקום חד ויתיב חד ויקום חד ויתיב חד. (ה)שנייא היא א)שאין העד נעשה דיין. כהדא רב חונה הוה ידע שהדו לחד בר נש אזל בעי מידון קומוי וכפר ביה. אמר ליה ר' שמואל בר רב יצחק בגין דאת ידע דרב חונה בר נשא רבה את כפר ביה מה אילו ייזיל וישהד עלך קומי בית דין חורן. אמר ליה רב חונה ועבדין כן. אמר ליה אין. ג]ושרא רב חונה גרמיה מן ההוא דינא ואזל ואשהד עלוי קומי בית דין חורן. (ו)קרא ערר על חתימת ידי העדים ד]על חתימת ידי הדיינין ר' בא בשם ר' יהודה (ז)רצה לקיים בכתב ידי (טז.) העדים מקיים בכתב ידי הדיינים מקיים. ואני אומר ב)אפילו בעד אחד אפילו בדיין אחד מקיים. ביומוי דר' אבהו אתון בעיי מימר גואלינו ואמרון גאולתינו וקבלון. ביומוי דר' ברכיה אישתתקון. אמר לון שמעתון דאיתקדש ירחא וארכינון בראשיהן וקבלון:

קרבן העדה

אין מדקדקין בעדות החדש. לאחר שקידשו בית דין את החדש אין מקבלין תו הזמה על העדות, כ"כ הרמב"ם פ"ג (ה"ב): אמרו אם רואין אנו. את ההורג אין אנו מכירין אותו, אפילו הכי לא היו עורפין, דכתיב ועינינו לא ראו, ובית דין מכל מקום ראו אותו פעם אחת, אף ע"פ שעכשיו אין מכירין אותו: ובית דין שראו את ההורג. וצריכין להעיד על הרציחה. ויותר נראה לי דגרסינן ובית דין שראו את ההרוג, דאמרינן במסכת סוטה (פ"ט ה"א) כי ימצא (דברים יז ב), אין מציאה אלא בעדים: יעמדו שנים. מהם ויעידו בפני הנותרים: ויעידו במקום אחר. לפני בית דין אחר, דבית דין זה כיון שראו פסולין להיות דיינים: כך חלוקין בעדות החדש. אם ראו בית דין את החדש אם ידונו הנותרים או שצריכין להעיד בפני אחרים: ויקום חד ויתיב חד. אמתני' פריך, למה יעמדו שנים ויושיבו שנים מחבריהם, לא יושיבו אלא אחד ויעמוד חד ויעיד לפני שלשה, ואחר כך ישב העד הראשון ויעמוד העד השני ויעיד בפניהם, אלא ודאי דפסול לדון כיון דראה גם הוא, אם כן קשיא למה כשר השלישי שגם הוא ראה: ומשני שנייא היא. שאני הכא שאין העד נעשה דיין, מה שאין כן השלישי מעולם לא נעשה (דיין) [עד] בדבר: כהדא וכו'. כהא דרב הונא הוה ידע סהדותא לאדם אחד, והלך האי גברא לדון לפני רב הונא והכחיש ביה בשכנגדו: בגין וכו'. בשביל שאתה יודע דרב הונא אדם גדול הוא את מכחיש ביה, בתמיה. לישנא אחרינא בשביל שאתה יודע דרב הונא אדם גדול הוא ואין כבודו לילך ולהעיד אתה מכחיש בו: מה אלו וכו'. הלא אם ירצה רב הונא למחול על כבודו וילך ויעיד לפני בית דין אחר ונ[י]תגלה קלונך: אמר ליה רב הונא. לרב שמואל ועושין כן, להעיד אחרי שבאו לדון לפני. אי נמי שרשאי לו למחול על כבודו: אמר ליה אין. שמותר לעשות כן: ושרא רב הונא וכו'. והתיר רב הונא עצמו מלדון דין זה והלך והעיד עליו לפני בית דין אחר: קרא. הנתבע ערער על חתימת העדים ועל חתימת הדיינין שקיימו השטר לומר דהכל מזוייף הוא: רצה לקיים. השטר בעדות שיעידו על חתימת ידי העדים או על חתימת הדיינין מקויים. אבל אם העידו עדים על חתימת עד אחד ועל חתימת דיין אחד לא הוי קיום, דמאי דמסהיד סהדא לא מסהיד דיינא, דעד מעיד אמנה שבשטר והדיין מעיד אכתב יד העדים: ואני אומר. ור' בא עצמו אמר אפילו העידו עדים על חתימת עד אחד ודיין אחד, מצטרפין, דעל כל פנים ניכרין שני חתימות שהן אמת: אתון. באו שני עדים מבית דין שמקדשין החדש, והיה הסימן גואלינו שכך היה מנהגן למסור סימן לשלוחים שידעו שאמת אומרים, ורצו לומר גואלינו שהוא היה הסימן ואמרו גאולתינו, וקבל אותן ר' אבהו דניכר שהוא מחמת טעות: אישתתקון. נעשו אילמים העדים שרצו להעיד שקידשו בית דין את החדש: אמר. להם שמעתם דבר זה מפי בית דין מקודש החדש: וארכינון בראשיהון. ורמזו בראשם שכך שמעו, וקיבל אותן ר' ברכיה:

פני משה

אין מדקדקין בעדות החדש. אע"פ שאחר כך נודע ששקר העידו מה שעשו עשוי: בית דין שראו את ההורג וכו'. גרסינן להא ריש פרק עגלה ערופה (סוטה פ"ט ה"א): מכל מקום. והרי ראו אע"פ שאין מכירין אותו: ובית דין שראו את ההרוג. כצ"ל, דאמרינן התם (שם) לעיל שצריך שיראו העדים את ההרוג ואם בית דין ראו אותו ובבית דין של כ"ג מיירי: יעמדו שנים. מהן ויעידו לפני השאר שראו אותו: אית תניי תני יעמדו כולן ויעידו. לפני בית דין אחר, דמכיון שראו והן עדים אינן ראוין להיות עכשיו בית דין אלא שנים מכולן יעידו במקום אחר: כשם שהן חלוקין כאן. לענין אם עד הרואה נעשה דיין, כך חלוקין הן בעדות החדש ותנא בתרא פליג אמתניתן דהכא: ויקים חד ויתיב חד. להאי תנא בתרא מפרש אמאי מעידין בפני אחרים ויקים חד ויעיד בפני השני שיושב ואחר כך ויקום זה ויתיב זה, וכלומר שהרי יכולין שנים מהן להעיד בפני השאר ואפילו בעמידת שנים בבת אחת לא צריך אלא ויקים חד וכו' ואחר כך ישבו, ומשני שאני היא הכא הואיל וכולן ראו ואף עד הרואה אין נעשה דיין: אזל. האי ובעי מידון קמיה דרב הונא וכפר בבעל דינו, ואף שהיה יודע דרב הונא יודע עדות לחבירו: בגין דאת ידע דרב הונא בר נש רבה. ואין כבודו לילך ולהעיד בפני בית דין אחר אתה סומך על זה וכפר ביה בפניו: מה אילו ייזיל. ומה תעשה אם ירצה רב הונא לילך ולהעיד עלך לפני בית דין אחר: אמר ליה רב הונא. לר' שמואל: ועבדין כן. אם יכול אני לסלק עצמי מן הדין הזה כדי ליעשות עד בדבר. ואמר ליה אין, ומיד סילק רב הונא עצמו מן הדין והלך והעיד לפני בית דין אחר: קרא ערר. אם הבעל דין קרא ערער על השטר היוצא עליו בחתימת עדים ומקויים בבית דין וטוען זה מזויף הוא: ר' בא בשם רב יהודה. אמר אם רצה לקיימו זה השטר או בחתימת ידי העדים או בחתימת ידי הדיינים היוצא ממקום אחר מקיים: ואני אומר. דלאו דוקא בחתימת שני העדים או בחתימת כל הבית דין, אלא אפילו בחתימת עד אחד ובחתימת אחד מהדיינים מצטרפין זה עם זה ומקויים הוא. ואיידי דאיירי הכא בעד שמצטרף להיות דיין בדבר מייתי נמי להא: ביומו דר' אבוהו. אירע שבאו אנשים להעיד שקידשו בית דין את החדש ורצה לנסותם אם כשרים ומהוגנין הן, ואמר להם שיאמרו פסוק זה (ישעיהו מז ד) גואלינו ה' צבאות, ומפני שלא רצה להשביעם בשם ה' הזכיר לפניהם זה כדי שיתבוננו ויאמרו האמת, ורצו לומר גואלינו וטעו ואמרו גאולתינו ואפילו כן קבלום ר' אבוהו, וטעמא דעדות זה אינו אלא גילוי מלתא בעלמא ואפילו בא אחד בסוף העולם ואמר קדשו בית דין את החדש נאמן, וכן ביומי דרב ברכיה אירע שבאו להעיד שנתקדש החדש ונשתתקו, ואמר להן ר' ברכיה שמעתם דאיתקדיש ירחא והרכינו בראשיהם הן וקיבל אותם דהרכנת הראש סגי לעדות כזו:

מסורת הש"ס

א) סוטה פ"ט ה"א [סוטה מז., ספרי דברים רה, ילקו"ש שופטים תתקכג] ב) סנהדרין פ"א ה"ב [כל הענין, ר"ה כה:, ב"ק ל:] ג) [מכות יב., ילקו"ש בא קפז, מסעי תשפז] ד) [ר"ה כו.] ה) [ר"ה כו. ועי' פני משה] ו) [סנהדרין פ"ה ה"ה, כתובות כא:, גיטין ה:, ב"ק ל:, ב"ב קיד., סנהדרין לד:, ילקו"ש פנחס תשעו, כי תצא תתקכו] ז) עי' כתובות כא. וגיטין פ"ט ה"ז וסנהדרין פ"ג הי"ב

גליון הש"ס

ויקום חד ויתיב חד וכו'. עיין בר"ן כתובות פ"ב (ח: מדה"ר ד"ה ש"מ): קרא ערר על חתימת ידי העדים וכו'. עיין שו"ת תשב"ץ ח"א סי' קע"ג וח"ג סי' ט"ז וסי' כ"ב:

מראה הפנים

בית דין שראו את ההורג וכו'. פלוגתא דר' טרפון ור' עקיבא עיקרה בבבלי פרק החובל דף צ' (ע"ב) ועיין בתוס' שם (ד"ה כגון) וכבר זכרתי מזה בפ"ק דסנהדרין שם (ה"ב ד"ה סנהדרין) דמ"ש התוס' כאן (כו. ד"ה דרחמנא) ובכמה מקומות דיש שלשה חלוקים בענין אין עד נעשה דיין, דבעדות החודש דווקא עד המעיד אין נעשה דיין, אבל עד הרואה נעשה דיין, ובקיום שטרות דרבנן אפי' עד המעיד נעשה דיין, ובדיני נפשות אפי' עד הרואה אין נעשה דיין, ואין דעת הרמב"ם ז"ל כן בדיני נפשות שהרי כתב בפ"ה מהל' עדות בהל' ח' כל עד שהעיד בדיני נפשות אינו מורה בדין זה הנהרג, וא"כ עד הרואה נעשה דיין ועיין בכס"מ שם, ובאמת נלמד הוא מההיא דפ"ק דמכות (ו.) מה יעשו שני אחים שראו באחד שהרג את הנפש, ומסוגיא דהכא דמדמי לה לעדות החודש ובהדיא מוכח ממתני' דידן דעד הרואה נעשה דיין משמע נמי כן ועיי"ש, ובמה שפלפלתי בענין עדות שאי אתה יכול להזימה בענין הטעמים המוזכרים בתוס' פרק החובל שם דתליא נמי בהאי עניינא כמה שביארתי פ' זה בורר וע"ש:

עין משפט

א טוש"ע חו"מ סימן מו סעיף טו:
ב מיי' פ"א מהלכות שופר הלכה א [ועי"ש בנו"כ סמ"ג עשין מב] טוש"ע או"ח סימן תקפא סעיף ד:

שינויי נוסחאות

א] יעמדו שנים ויעידו לפניהן. בירושלמי סנהדרין (פ"א ה"ב) שנים נעשים עדים ומעידין בפני השאר:
ב] יעמדו כולן ויעידו במקום אחר. בירושלמי סנהדרין (שם) כולן עדים ומעידין בפני אחרים:
ג] ושרא. בש"ג ושרע. [פי' "לשון השמטה הוא, כמו גולתיה שריעה מיניה" (ירושלמי ברכות פ"ה ה"א). רש"ס שביעית (פ"ז ה"א)]. וכ"ה לשון הירושלמי בכמה מקומות (פאה פ"ב ה"א, קידושין פ"א ה"ה, ועוד):
ד] על. בירושלמי גיטין (פ"ט ה"ח) ועל. בכפתור ופרח (פי"ב) או:

תורה אור השלם

א) וְעָנוּ וְאָמְרוּ יָדֵינוּ לֹא שָׁפְכוּ אֶת הַדָּם הַזֶּה וְעֵינֵינוּ לֹא רָאוּ: (דברים כא ז)

רידב"ז

ובית דין ישראל את ההורג. וצ"ל ב"ד שראו את ההורג, וטעות דמוכח היא: ויקום חד ויתיב חד ויקום חד ויתיב חד. ראיתי בס' אחד שכתב להוכיח דהירושלמי ס"ל דגבי עדות החודש כו"ע ס"ל כר' נתן (כתובות כו:) דלא בעינן הגדה בבת אחת. ומפלפל בזה הענין של טורי אבן ז"ל גבי ב' מרדע (ר"ה כד. ד"ה אבל מצטרפין) לענין אם נמצא אחד קרוב או פסול, וכתב כיון דבעדות החודש לא בעינן שיעידו שניהם כאחד לא שייך נמצא אחד קרוב או פסול, ע"כ. והוכיח המחבר ז"ל הנ"ל דהירושלמי ר"ל דלא בעינן שיעידו שניהם כאחד מדקאמר ויקום חד ויתיב חד. ודבריו ז"ל תמוהין, דזה לא שייך כלל לדינא דר' נתן ורבנן, דרבנן ור' נתן לא פליגי אלא אם צריך כל עד להעיד עדותו בפני חבירו, אבל פשיטא דלא יגידו הגדתן בבת אחת [דהא יש סברא דתרי קלא לא משתמע אפילו מתרי גברא], ולא נחלקו רק אם צריך להעיד בפני חבירו, ואם מעיד בפני חבירו וחבירו עושה איזה מעשה כגון שאוכל או ששותה בעת שהעד השני מגיד עדותו מה איכפת לן, וה"נ פריך ויקום חד ויתיב חד ויעיד עדותו בפני חבירו, וכי אם חבירו עוסק בעת הגדה בדיינות בשביל זה לא נקרא מעיד בפניו, בתמיה, ומה לן אם העד השני אוכל ושותה בעת הגדתו או שיושב בדיינות, וזה פשוט מאוד שאין מזה שום הוכחה כלל ודו"ק:

name of Rav Yehudah: רָצָה לְקַיֵּים בִּכְתָב יְדֵי הָעֵדִים מְקַיְּימִים – **If [the plaintiff] wishes to certify** the document **through** authenticating **the signatures of the witnesses, he may certify** the document in that manner. בִּכְתָב יְדֵי הַדַּיָּינִים מְקַיְּימִים – And if he wishes to certify the document **through** authenticating **the signatures of the judges, he may certify** the document in that manner. But he may not certify the document through authenticating the signatures of one witness and one judge.[21] וַאֲנִי אוֹמֵר – **But I** (R' Ba) argue with Rav Yehudah and **say:** אֲפִילוּ בְעֵד אֶחָד אֲפִילוּ בְדַיָּין אֶחָד מְקַיְּימִים – If he wishes to certify the document **even through** testimony authenticating the signatures of only **one witness** and **one judge, he may certify** the document in that manner.[22]

The Gemara returns to its primary topic, the sanctification of the new moon. When the court would establish a new month, messengers would be sent to publicize their determination.[23] As a means of substantiating their testimony, the sanctifying court would provide the messengers with a code word, which they would convey to the courts where they gave their report.[24] The Gemara recounts an incident:

בְּיוֹמוֹי דְּרַבִּי אַבָּהוּ – **In the days of R' Abahu** אֲתוֹן – **[witnesses] came** before him to report which day the court had declared to be Rosh Chodesh. בָּעֵיי מֵימַר גּוֹאֲלֵינוּ – **They wished to say** the code word ***Go'aleinu*** (*"our Redeemer"*),[25] וְאָמְרוּן גְּאוּלָּתֵינוּ – **but,** mistakenly, **said,** ***Ge'ulaseinu*** (*"our redemption"*),

NOTES

defendant in a monetary case could invalidate the contract by claiming that the signatures of its witnesses were forged. To prevent this, the signatures are verified by a court using one of three methods: (a) The witnesses who signed the note attest to the authenticity of their own signatures; (b) two outside witnesses testify that they recognize the signatures as authentic (*Korban HaEidah*); (c) the court compares the signatures to those on another document that these witnesses are known to have signed (*Pnei Moshe*). Once this is accomplished, the judges record their certification on the legal document in question and sign their names (see *Shulchan Aruch, Choshen Mishpat* 46:2, with *Shach* §2).]

The Gemara refers to a case where, for example, a loan document already bears the signed certification of a court, but the borrower claims that both the original signatures and the certification are forged (*Korban HaEidah, Pnei Moshe*). The Gemara will discuss the requisite level of proof necessary to re-certify the document. [The identical discussion — in other words and in the name of other Amoraim — is recorded in *Yerushalmi Sanhedrin* 3:12, 25b (see also *Bavli Kesubos* 21a-b).]

[One cannot help but wonder: If judicial certification can be challenged, of what use is certification to begin with? The answer is that with certification, it is easier to deflect a claim of forgery. Without certification, ratifying the document would be limited to confirming the validity of the two signatures on the original document. With certification, we provide further opportunity for verification, for there may be people who do not recognize the signatures of the witnesses, but do recognize those of the certifying judges (*Ran, Kesubos* 21a; *Tur and Shulchan Aruch* ibid.; see *Ritva* loc. cit. for another approach).]

21. According to Rav Yehudah, validation of the certified document requires authentication of either the signatures of the witnesses who signed the original document or the signatures of [any two of] the certifying judges [see *Shulchan Aruch, Choshen Mishpat* 46:6]. The latter would constitute indirect proof of the authenticity of the witnesses' signatures, which were certified by these very judges. Each judge is regarded as a witness to the authenticity of the two signatures; thus, by validating the signatures of two judges, the signatures on the document too are validated by two witnesses. Whether one authenticates the signatures of the witnesses or those of the judges, the original document is validated, and the plaintiff can collect.

It would not suffice, however, to authenticate the signatures of only one witness and one judge (*Korban HaEidah*), for this would result in the signature of the second witness remaining unverified. The reasoning runs thus: If the signatures on the document are to be verified through the testimony of outside witnesses, then one must provide two witnesses for each of the signatures. The judge's signature, however, which attests to the authenticity of the signatures on the original document, is itself regarded as the testimony of only a single witness. It emerges that the second signature on the original document is verified by only one witness — i.e. the judge — and therefore the document remains unvalidated (*Rashba* to *Kesubos* ibid.; cf. *Rashi*, with *Ritva* there, and *Korban HaEidah*; see *Panim Me'iros*).

22. According to R' Ba himself, it is necessary only to authenticate the signatures of one of the witnesses who signed on the original document and one of the judges who certified it, through, say, the testimony of a pair of outside witnesses who are familiar with these two signatures. Once this is done, the signatures of the witness and the judge combine to validate the document, which may now be used to compel payment (*Korban HaEidah*). [Cf. *Masa DiYerushalayim*, who asserts that there is no dispute here; Rav Yehudah is dealing with a recertification utilizing method one, cited above (note 20 — i.e. the witnesses who signed the note attest to the authenticity of their own signatures); in that case, confirming the signatures of one judge and one witness is insufficient. R' Ba adds that there is a case where it is sufficient; namely, when two outside witnesses confirm the signatures of one judge and one witness (method 2, cited above ibid.).]

Now, in this scenario, the signature of the second witness is verified by only a single witness; namely, the judge whose signature has been authenticated, who is tantamount to a single witness [as explained in the previous note]. Although authentication of a signature usually requires two witnesses, in this case the document is valid nevertheless. The Rishonim offer two possible explanations:

(a) When the document was originally certified, the signatures of its witnesses were authenticated by two witnesses, upon whose testimony the judges based their certification. Accordingly, the authenticated signature of a certifying judge is not merely the equivalent of a single witness, but is in fact representative of the two original authenticating witnesses. It emerges that signatures of the witnesses who signed the original document have each been verified by two witnesses; to wit, the two who come now to testify regarding one of the signers, and the two upon whom the judge based his original certification (*Rashba* ibid.).

(b) Since it is extremely unlikely that one would forge both the signatures of the witnesses and those of the certifying judges, and since the certification of legal documents is merely Rabbinic [since by Biblical law, the signatures of witnesses on a document are assumed to be genuine], the Rabbis deemed it sufficient to authenticate nothing more than the signatures of one witness and one judge, notwithstanding that this results in one of the original signatures being verified by only a single witness (see *Ritva* ibid.; *Shach* ibid. §46).

[Note that while our Gemara records Rav Yehudah as maintaining that authenticating one judge and one witness is insufficient, *Bavli* (*Kesubos* ibid.) records Rav Yehudah (in the name of Shmuel) as maintaining that it *is* sufficient (see *Yefei Einayim* there; *Panim Me'iros*).]

23. See above, 1:4, 10a and 2:1, 12b.

A single messenger is trusted to report which day the court had declared Rosh Chodesh. This is because it stands to become public knowledge which day the court actually declared to be Rosh Chodesh and "people do not lie about any matter that is likely to be revealed" [כָּל מִילְּתָא דַּעֲבִידָא לְאִגַּלּוּיֵי לָא מְשַׁקְּרֵי בָּהּ אִינָשֵׁי] (*Bavli* 22b; *Rambam, Hil. Kiddush HaChodesh* 3:14; see, however, *Korban HaEidah* ד״ה אתון, but see *Sheyarei Korban, Nedarim* 6:8; see above, 10a note 30). Nevertheless, many messengers were sent in all directions bearing the information (*Sifsei Chachamim* to *Bavli* 18a).

24. *Korban HaEidah*. [Presumably, the purpose of the code was to ensure that the messengers were not Samaritans, who would seek to mislead the people (see above, 2:1, 12b).]

[*Shaarei Toras Eretz Yisrael* suggests that this procedure began during a period of persecution, during which the Roman authorities had issued a decree against sanctifying the new moon (see *Bavli* 25a with *Rashi* ד״ה זיל לעין טב וקדשיה; see also Schottenstein ed. of *Yerushalmi Sanhedrin* 5a note 32). So that an informant not betray them to the government, the court would provide the messenger with a code word (see *Bavli Sanhedrin* 12a with *Yad Ramah*, cited in Schottenstein ed. of *Bavli Sanhedrin* note 18). Even when this period ended, the procedure was kept in place.]

25. This was the code word provided by the court that had sanctified the new moon (*Korban HaEidah*; cf. *Pnei Moshe*).

Perhaps, the word *Go'aleinu, our Redeemer,* was chosen as the code word, because the renewal of the moon portends that the Jewish people will eventually be *redeemed* and restored to their former grandeur [see

אמר ליה כן אמר אבא בשם ר' יוחנן אין מדקדקין בעדות החדש: (א)בית דין שראו את ההורג אמרו אם רואין אנו אותו אין אנו מכירין אותו לא היו עורפין דכתיב (א)ועינינו לא ראו מכל מקום והרי ראו. ובית דין שראו את ההורג (ב)אית תניי תני [א]יעמדו שנים ויעידו לפניהן. אית תניי תני [ב]יעמדו כולן (ג)ויעידו במקום אחר. ר' יודה בר פזי בשם ר' זעירא (ד)כשם שהן חלוקין כאן כך חלוקין בעידות החודש. ויקום חד ויתיב חד ויקום חד ויתיב חד. (ה)שנייא היא (ו)שאין העד נעשה דיין. כהדא רב חונה הוה ידע שהדו לחד בר נש אזל בעי מידון קומוי וכפר ביה. אמר ליה ר' שמואל בר רב יצחק בגין דאת ידע דרב חונה בר נשא רבה את כפר ביה מה אילו ייזיל וישהד עלך קומי בית דין חורן. אמר ליה רב חונה ועבדין כן. אמר ליה אין. [ג]ושרא רב חונה גרמיה מן ההוא דינא ואזל ואשהד עלוי קומי בית דין חורן. (ז)קרא ערר על חתימת ידי העדים [ד]על חתימת ידי הדיינין ר' בא בשם ר' יהודה (ח)רצה לקיים בכתב ידי טז. העדים מקיים בכתב ידי הדיינים מקיים. ואני אומר (ט)אפילו בעד אחד אפילו בדיין אחד מקיים. ביומוי דר' אבהו אתון בעיי מימר גואלינו ואמרון גאולתינו וקבלון. ביומוי דר' ברכיה אישתתקון. אמר לון שמעתון דאיתקדש ירחא וארכינון בראשיהן וקבלון:

קרבן העדה

אין מדקדקין בעדות החדש. לאחר שקידשו בית דין את החדש אין מקבלין תו הזמה על העדות, כ"כ הרמב"ם פ"ג (ה"ב): אמרו אם רואין אנו. את ההורג אין אנו מכירין אותו, אפילו הכי לא היו עורפין, דכתיב ועינינו לא ראו, ובית דין מכל מקום ראו אותו פעם אחת, אף ע"פ שעכשיו אין מכירין אותו: ובית דין שראו את ההורג. וצריכין להעיד על הרציחה. ויותר נראה לי דגרסינן ובית דין שראו את ההרוג, דאמרינן במסכת סוטה (פ"ט ה"א) כי ימצא (דברים יז ב), אין מציאה אלא בעדים: יעמדו שנים. מהם ויעידו בפני הנותרים: ויעידו במקום אחר. לפני בית דין אחר, דבית דין זה כיון שראו פסולין להיות דיינים: כך חלוקין בעדות החדש. אם ראו בית דין את החדש אם ידונו הנותרים או שצריכין להעיד בפני אחרים: ויקום חד ויתיב חד. אמתני' פריך, למה יעמדו שנים ויושיבו שנים מחבריהם, לא יושיבו אלא אחד ויעמוד חד ויעיד לפני שלשה, ואחר כך ישב העד הראשון ויעמוד העד השני ויעיד בפניהם, אלא ודאי דפסול לדון כיון דראה גם הוא, אם כן קשיא למה כשר השלישי שגם הוא ראה: ומשני שנייא היא. שאני הכא שאין העד נעשה דיין, מה שאין כן השלישי מעולם לא נעשה (דיין) [עד] בדבר: כהדא וכו'. כהא דרב הונא הוה ידע סהדותא לאדם אחד, והלך האי גברא לדון לפני רב הונא והכחיש ביה בשכנגדו: בגין וכו'. בשביל שאתה יודע דרב הונא אדם גדול הוא את מכחיש ביה, בתמיה. לישנא אחרינא בשביל שאתה יודע דרב הונא אדם גדול הוא ואין כבודו לילך ולהעיד אתה מכחיש בו: מה אלו וכו'. הלא אם ירצה רב הונא למחול על כבודו וילך ויעיד לפני בית דין אחר ו[י]תגלה קלונך: אמר ליה רב הונא. לרב שמואל ועושין כן, להעיד אחרי שבאו לדון לפני. אי נמי שרשאי לו למחול על כבודו: אמר ליה אין. שמותר לעשות כן: ושרא רב הונא וכו'. והתיר רב הונא עצמו מלדון דין זה והלך והעיד עליו לפני בית דין אחר: קרא. הנתבע ערער על חתימת העדים ועל חתימת הדיינין שקיימו השטר לומר דהכל מזוייף הוא: רצה לקיים. השטר בעדות שיעידו על חתימת ידי העדים או על חתימת הדיינין מקויים. אבל אם העידו עדים על חתימת עד אחד ועל חתימת דיין אחד לא הוי קיום, דמאי דמסהיד סהדא לא מסהיד דיינא, דעד מעיד אמנה שבשטר והדיין מעיד אכתב יד העדים: ואני אומר. ור' בא עצמו אמר אפילו העידו עדים על חתימת עד אחד ודיין אחד, מצטרפין, דעל כל פנים ניכרין שני חתימות שהן אמת: אתון. באו שני עדים מבית דין שמקדשין החדש, והיה הסימן גואלינו שכך היה מנהגן למסור סימן לשלוחים שידעו שאמת אומרים, ורצו לומר גואלינו שהוא היה הסימן ואמרו גאולתינו, וקבל אותן ר' אבהו דניכר שהוא מחמת טעות: אישתתקון. נעשו אלימים העדים שבאו להעיד שקידשו בית דין את החדש: אמר. להם שמעתם דבר זה מפי בית דין מקודש החדש: וארכינון בראשיהון. ורמזו בראשם שכך שמעו, וקיבל אותן ר' ברכיה:

פני משה

אין מדקדקין בעדות החדש. אע"פ שאחר כך נודע ששקר העידו מה שעשו עשוי: בית דין שראו את ההורג וכו'. גרסינן להא ריש פרק עגלה ערופה (סוטה פ"ט ה"א): מכל מקום. והרי ראו אע"פ שאינן מכירין אותו: ובית דין שראו את ההרוג. כצ"ל, דאמרינן התם (שם) לעיל שצריך שיראו העדים את ההרוג ואם בית דין ראו אותו ובבית דין של כ"ג מיירי: יעמדו שנים. מהן ויעידו לפני השאר שראו אותו: אית תניי תני יעמדו כולן ויעידו. לפני בית דין אחר, דמכיון שראו והן עדים אינן ראוין להיות עכשיו בית דין אלא שנים מכולן יעידו במקום אחר: כשם שהן חלוקין כאן. לענין אם עד הרואה נעשה דיין, כך חלוקין הן בעדות החדש ותנא בתרא פליג אמתניתן דהכא: ויקים חד ויתיב חד. להאי תנא בתרא מפרש אמאי מעידין בפני אחרים ויקים חד ויעיד בפני השני שיושב ואחר כך ויקום זה ויתיב זה, וכלומר שהרי יכולין שנים מהן להעיד בפני השאר ואפילו בעמידת שנים בבת אחת לא צריך אלא ויקים חד וכו' ואחר כך ישבו, ומשני שאני היא הכא הואיל וכולן ראו ואף עד הרואה אין נעשה דיין: אזל. האי ובעי מידון קמיה דרב הונא וכפר בבעל דינו, ואף שהיה יודע דרב הונא יודע עדות לחבירו: בגין דאת ידע דרב הונא בר נש רבה. ואין כבודו לילך ולהעיד בפני בית דין אחר אתה סומך על זה וכפר ביה בפניו: מה אילו ייזיל. ומה תעשה אם ירצה רב הונא לילך ולהעיד עלך לפני בית דין אחר: אמר ליה רב הונא. לר' שמואל: ועבדין כן. אם יכול אני לסלק עצמי מן הדין הזה כדי ליעשות עד בדבר. ואמר ליה אין, ומיד סילק רב הונא עצמו מן הדין והלך והעיד לפני בית דין אחר: קרא ערר. אם הבעל דין קרא ערער על השטר היוצא עליו בחתימת עדים ומקויים בבית דין וטוען זה מזויף הוא: ר' בא בשם רב יהודה. אמר אם רצה לקיימו זה השטר או בחתימת ידי העדים או בחתימת ידי הדיינים היוצא ממקום אחר מקיים: ואני אומר. דלאו דוקא בחתימת שני העדים או בחתימת כל הבית דין, אלא אפילו בחתימת עד אחד ובחתימת אחד מהדיינים מצטרפין זה עם זה ומקוים הוא. ואיידי דאיירי הכא בעד שמצטרף להיות דיין בדבר מייתי נמי להא: ביומו דר' אבוהו. אירע שבאו אנשים להעיד שקידשו בית דין את החדש ורצה לנסותם אם כשרים ומהוגנין הן, ואמר להם שיאמרו פסוק זה (ישעיהו מז ד) גואלינו ה' צבאות, ומפני שלא רצה להשביעם בשם ה' הזכיר לפניהם זה כדי שיתבוננו ויאמרו האמת, ורצו לומר גואלינו וטעו ואמרו גאולתינו ואפילו כן קבלום ר' אבוהו, וטעמא דעדות זה אינו אלא גילוי מלתא בעלמא ואפילו בא אחד בסוף העולם ואמר קדשו בית דין את החדש נאמן, וכן ביומי דרב ברכיה אירע שבאו להעיד שנתקדש החדש ונשתתקו, ואמר להן ר' ברכיה שמעתם דאיתקדיש ירחא והרכינו בראשיהם הן וקיבל אותם דבהרכנת הראש סגי לעדות כזו:

מסורת הש"ס

א) סוטה פ"ט ה"א [סוטה מז., ספרי דברים רה, ילקו"ש שופטים תתקכג] ב) סנהדרין פ"א ה"ב [כל הענין, ר"ה כה:, ב"ק ל:] ג) [מכות יב., ילקו"ש בא קפז, מסעי תשפז] ד) [ר"ה כו.] ה) [ר"ה כו. ועי' פני משה] ו) [סנהדרין פ"ה ה"ה, כתובות כא:, גיטין ה:, ב"ק ל:, ב"ב קיד., סנהדרין לד:, ילקו"ש פנחס תשעו, כי תצא תתקכו] ז) עי' כתובות כא. וגיטין פ"ט ה"ז וסנהדרין פ"ג הי"ב

גליון הש"ס

ויקום חד ויתיב חד וכו'. עיין בר"ן כתובות פ"ב (ח: מדה"ר ד"ה ש"מ): קרא ערר על חתימת ידי העדים וכו'. עיין שו"ת תשב"ץ ח"א סי' קע"ג וח"ג סי' ט"ז וסי' כ"ב:

מראה הפנים

בית דין שראו את ההורג וכו'. פלוגתא דר' טרפון ור' עקיבא עיקרה בבבלי פרק החובל דף צ' (ע"ב) ועיין בתוס' שם (ד"ה כגון) וכבר זכרתי מזה בפ"ק דסנהדרין שם (ה"ב ד"ה סנהדרין) דמ"ש התוס' כאן (כו. ד"ה דרחמנא) דבכמה מקומות דיש שלשה חלוקים בענין אין עד נעשה דיין, דבעדות החודש דווקא עד המעיד אין נעשה דיין, אבל עד הרואה נעשה דיין, ובקיום שטרות דרבנן אפי' עד המעיד נעשה דיין, ובדיני נפשות אפי' עד הרואה אין נעשה דיין, ואין דעת הרמב"ם ז"ל כן בדיני נפשות שהרי כתב בפ"ה מהל' עדות בהל' ח' כל עד שהעיד בדיני נפשות אינו מורה בדין זה הנהרג, וא"כ עד הרואה נעשה דיין ועיין בכס"מ שם, ובאמת נלמד הוא מההיא דפ"ק דמכות (ו.) מה יעשו שני אחים שראו באחד שהרג את הנפש, ומסוגיא דהכא דמדמי לה לעדות החודש ובהדיא מוכח ממתני' דידן דעד הרואה נעשה דיין משמע נמי כן ועיי"ש, ובמה שלייתי בענין עדות שאי אתה יכול להזימה בענין הטעמים המוזכרים בתוס' פרק החובל שם דתליא נמי בהאי עניינא כמה שביארתי פ' זה בורר וע"ש:

עין משפט

א טוש"ע חו"מ סימן מו סעיף טז:
ב מיי' פ"א מהלכות שופר הלכה א [ועיי"ש בנו"כ סמ"ג עשין מב] טוש"ע או"ח סימן תקפא סעיף ד:

שינויי נוסחאות

א] יעמדו שנים ויעידו לפניהן. בירושלמי סנהדרין (פ"א ה"ב) שנים נעשים עדים ומעידין בפני השאר:
ב] יעמדו כולן ויעידו במקום אחר. בירושלמי סנהדרין (שם) כולן עדים ומעידין בפני אחרים:
ג] ושרא. בש"ג ושרע. [פי' "לשון השמטה הוא, כמו גולתיה שריעה מיניה" (ירושלמי ברכות פ"ה ה"א). רש"ס שביעית (פ"ז ה"א)]. וכ"ה לשון הירושלמי בכמה מקומות (פאה פ"ב ה"א, קידושין פ"א ה"ה, ועוד):
ד] על. בירושלמי גיטין (פ"ט ה"ח) ועל. בכפתור ופרח (פי"ב) או:

תורה אור השלם

א) וְעָנוּ וְאָמְרוּ יָדֵינוּ לֹא שָׁפְכוּ אֶת הַדָּם הַזֶּה וְעֵינֵינוּ לֹא רָאוּ: (דברים כא ז)

רידב"ז

ובית דין ישראל את ההורג. וצ"ל ב"ד שראו את ההורג, וטעות דמוכח היא: ויקום חד ויתיב חד ויקום חד ויתיב חד. ראיתי בס' אחד שכתב להוכיח דהירושלמי ס"ל דגבי עדות החודש כו"ע ס"ל כר' נתן (כתובות כו:) דלא בעינן הגדה בבת אחת. ומפלפל בזה הענין של טורי אבן ז"ל גבי ב' מרדע (ר"ה כד. ד"ה אבל מצטרפין) לענין אם נמצא אחד קרוב או פסול, וכתב כיון דבעדות החודש לא בעינן שיעידו שניהם כאחד לא שייך נמצא אחד קרוב או פסול, ע"כ. והוכיח המחבר ז"ל הנ"ל דהירושלמי ר"ל דלא בעינן שיעידו שניהם כאחד מדקאמר ויקום חד ויתיב חד. ודבריו ז"ל תמוהין, דזה לא שייך כלל לדינא דר' נתן ורבנן, דרבנן ור' נתן לא פליגי אלא אם צריך כל עד להעיד עדותו בפני חבירו, אבל פשיטא דלא יגידו הגדתן בבת אחת [דהא יש סברא דתרי קלא לא משתמע אפילו מתרי גברא], ולא נחלקו רק אם צריך להעיד בפני חבירו, ואם מעיד בפני חבירו וחבירו עושה איזה מעשה כגון שאוכל או ששותה בעת שהעד השני מגיד עדותו מה איכפית לן, וה"נ פריך ויקום חד ויתיב חד ויעיד עדותו בפני חבירו, וכי אם חבירו עוסק בעת הגדה בדיינות בשביל זה לא נקרא מעיד בפניו, בתמיה, ומה לן אם העד השני אוכל ושותה בעת הגדתו או שיושב בדיינות, וזה פשוט מאוד שאין מזה שום הוכחה כלל ודו"ק:

as a judge.[13] Accordingly, the Mishnah ruled that if the only witnesses to the new moon are the judges of a twenty-three-member sanhedrin, two of them should testify before the others. Likewise, the Mishnah ruled that if the only people who saw the new moon were three members of the court, two of them should testify before the third judge, who is joined by two more judges. The Gemara wonders why two more judges must join:

וִיקוּם חַד וִיתִיב חַד — **But let one** of the three judges who saw the new moon **stand** to testify **while the** second **one** of the three **sits** to accept the testimony along with the third judge and one additional judge, **וִיקוּם חַד וִיתִיב חַד** — **and,** then, **let the** second **one stand** to testify before the court **while the** first **one sits** on the court along with the third judge and one additional judge. In this manner, only one additional judge would be required![14] — ? —

The Gemara answers:

שַׁנְיָיא הִיא — **[This case] is different,** **שֶׁאֵין הָעֵד נַעֲשֶׂה דַּיָּין** — **for** an actual **witness** certainly **may not serve as a judge.** It is only a potential witness who may serve as a judge.[15]

The Gemara supplies support for this differentiation:

כְּהָדָא — **As in the following** incident: **רַב חוּנָה הֲוָה יָדַע שַׁהֲדוּ לְחַד בַּר נַשׁ** — **Rav Chunah knew** incriminating **testimony about a certain person** involved in a monetary dispute. **אֲזַל בָּעֵי מֵידוּן קוּמוֹי** — Subsequently, **[that person] appeared** together with his litigant **before [Rav Chunah] for judgment** **וּכְפַר בֵּיהּ** — **and denied [his litigant's]** claims. **אֲמַר לֵיהּ רַבִּי שְׁמוּאֵל בַּר רַב יִצְחָק** — **R' Shmuel bar Rav Yitzchak**, who was observing the proceedings, **said to [the defendant]:** **בְּגִין דְּאַתְּ יָדַע דְּרַב חוּנָה בַּר נָשָׁא רַבָּה** — It is **because you know that Rav Chunah is a preeminent person** and it is demeaning for him to testify in court, **אַתְּ כָּפַר בֵּיהּ** — that **you** feel secure to **deny [your litigant's] claim.** **מַה אִילּוּ יֵיזִיל וְיַשְׁהֵד עֲלָךְ קוּמֵי בֵּית דִּין חוֹרָן** — **What,** however, **will** you do **if he** renounces his honor **and goes to testify against you before another court?!**[16] **אֲמַר לֵיהּ רַב חוּנָה** — Surprised to hear this, **Rav Chunah said to [Rav Shmuel bar Rav Yitzchak]:** **וְעָבְדִין כֵּן** — **May we,** in fact, **do so?** **אֲמַר לֵיהּ** — **He said to [Rav Chunah]** in response: **אִין** — **Indeed,** it is permitted to do so.[17] **וּשְׁרָא רַב חוּנָה גַּרְמֵיהּ מִן הַהוּא דִּינָא** — And, so, **Rav Chunah recused himself from** judging **that case,** **וַאֲזַל וְאַשְׁהֵד עֲלוֹי קוּמֵי בֵּית דִּין חוֹרָן** — **and went to testify against [the defendant] before another court** that tried the case.[18]

The Gemara discusses another issue that relates to combining a witness and a judge:[19]

קָרָא עָרֵר עַל חֲתִימַת יְדֵי הָעֵדִים — If **[the defendant] raised a challenge concerning the** authenticity of the **signatures of the witnesses** **עַל חֲתִימַת יְדֵי הַדַּיָּינִין** — **and concerning the** authenticity of the **signatures of the judges** of a certified legal document, the law is disputed:[20] **רַבִּי בָּא בְּשֵׁם רַב יְהוּדָה** — **R' Ba** said **in the**

NOTES

13. *Pnei Moshe.*

14. *Korban HaEidah* assumes that even if a witness may serve also as a judge, he certainly may not accept his own testimony and simultaneously serve as a witness and a judge. Accordingly, if, for example, Reuven, Shimon, and Levi, observed the new moon, Yehudah must join the group, so that first Reuven testifies before Shimon, Levi, and Yehudah, and then Shimon testifies before Reuven (who already served as a witness), Levi, and Yehudah. Since it would seemingly be sufficient for one person (Yehudah) to join, the Gemara wonders why the Mishnah requires two judges to join, for a total of five (see also *Ran* to *Kesubos*, folio 8b; and *Nimukei Yosef* to *Sanhedrin*, folio 13a; cf. *Rashi* to *Kesubos* 21b ד"ה ליחבו and *Teshuvos HaRashba HaMeyuchasos LeRamban* §112 ד"ה ואם תאמר לעולם; see *Teshuvos R' Akiva Eiger* III §66; *Ketzos HaChoshen* 7:5; and *Kehillos Yaakov*, *Rosh Hashanah* §20 and *Kesubos* §18, for discussion).

The simple answer to this question is that a witness may not serve as a judge. Thus, Reuven and Shimon, who are testifying witnesses, are disqualified from judging, and two others must join Levi. But that cannot be, for if a witness cannot serve as a judge, how can Levi serve as a judge? He, too, observed the new moon, and, as a potential witness, should be disqualified from judging the case! (*Korban HaEidah*; cf. *Pnei Moshe*).

15. Up to this point, the Gemara did not differentiate between a testifying witness and a potential witness. The Gemara now draws a distinction between the two. The first Tanna [cited above] allows only for a *potential* witness to serve as a judge (in disagreement with the second Tanna, who disqualifies even a potential witness); he agrees, however, that a witness who testified cannot serve as a judge. Accordingly, in the case addressed by our Mishnah, Levi, who is a potential witness, may serve as a judge, but Reuven and Shimon, who are testifying, may not serve as judges. Therefore, two others must join Levi to sanctify the new month (*Korban HaEidah* here and to *Sanhedrin* 1:2, 4a).

[As explained above (note 11), the law that a witness may not serve as a judge in the same case is promulgated by Scriptural decree (גְּזֵרַת הַכָּתוּב). The Gemara now explains that all agree to the existence of this Scriptural decree. The first Tanna maintains that only a testifying witness constitutes a witness and thus cannot also serve as a judge; a potential witness does not constitute a witness and thus may serve as a judge. The second Tanna argues that even a potential witness is considered a witness and may not serve as a judge (see *Chidushei R' Aryeh Leib* I §35). For further discussion, see Schottenstein ed. of *Bavli Rosh Hashanah*, 26a note 3.]

[We have followed *Korban HaEidah* in explaining the give and take of the Gemara. See *Ramban* (to *Bava Basra* 113b ד"ה ודאמרינן) for another approach.]

[With respect to how this entire discussion affects capital cases, see *Bavli* 25b-26a, *Tosafos* 26a, and *Bava Kamma* 90b; *Rambam, Hil. Eidus* 5:8, and *Mareh HaPanim* here and to *Sanhedrin* 1:2, 4a; see also Schottenstein ed. of *Yerushalmi Sanhedrin*, 4a with note 38.]

16. Normally, a witness who knows testimony is obligated to go to court and testify. *Bavli Shevuos* (30b), however, states that a Torah scholar need not demean himself by testifying in a court whose judges are less prestigious than he is. R' Shmuel bar R' Yitzchak accused the defendant of knowing this law and therefore feeling secure to deny the charges leveled against him. R' Shmuel bar R' Yitzchak then pointed out that the defendant's strategy would be of no avail, for although a Torah scholar *need not* testify in such a situation, he is permitted to renounce his honor and testify (*Korban HaEidah*, second explanation; *Pnei Moshe*; see *Sheyarei Korban* to *Sanhedrin* 1:2, 4b).

17. Rav Chunah was unsure whether he was in fact permitted to testify once the case had begun with him serving as judge (*Korban HaEidah*, first explanation; *Pnei Moshe*). Alternatively, he was unsure whether he was, in fact, permitted to renounce his honor and testify (second explanation of *Korban HaEidah*). R' Shmuel bar R' Yitzchak responded that Rav Chunah could [renounce his honor and] testify, although he had already began adjudicating the case.

[There is a dispute among the halachic authorities whether it is permitted for a Torah scholar to renounce his honor and testify in a court whose judges are less prestigious than he is. Our Gemara supports the view that it is permitted for him to do so (see *Sheyarei Korban* ibid., from *Radvaz* IV §119; see also *Ritva* and *Toras Chaim* to *Shevuos* ibid.).]

18. This incident demonstrates the differentiation between a potential and a testifying witness. For although Rav Chunah knew testimony for the claimant, he initially wished to judge the case [because a potential witness can serve as a judge], but upon deciding to testify, it was necessary for him to go before another court, for a testifying witness may not serve as a judge (see *Korban HaEidah*, *Sanhedrin* 1:2, 4b).

As for why he could not simply adjudicate the case based on his own knowledge of the case, see *Sheyarei Korban* to *Sanhedrin* ד"ה ושרי and above, note 9.

[Our Gemara also demonstrates that although a (testifying) witness may not serve as a judge, a judge can remove himself and testify before another court (see *Mareh HaPanim*; *Or Zarua*, IV *Piskei Sanhedrin* §87; see also *Chidushei R' Aryeh Leib* I §35).]

19. *Pnei Moshe* ד"ה ואני אומר.

20. [A certified legal document is a document (e.g. a loan document) bearing the signature of two witnesses and a statement by the court that certifies the validity of the signatures. Without such certification, a

אמר ליה כן אמר אבא בשם ר' יוחנן אין מדקדקין בעדות החדש: (א)בית דין שראו את ההורג אמרו אם רואין אנו אותו אין אנו מכירין אותו לא היו עורפין דכתיב (א)ועינינו לא ראו מכל מקום והרי ראו. ובית דין שראו את ההורג (ב)אית תניי תני [א]יעמדו שנים ויעידו לפניהן. אית תניי תני [ב]יעמדו כולן (ג)ויעידו במקום אחר. ר' יודה בר פזי בשם ר' זעירא (ד)כשם שהן חלוקין כאן כך חלוקין בעידות החודש. ויקום חד ויתיב חד ויקום חד ויתיב חד. (ה)שנייא היא (א)שאין העד נעשה דיין. כהדא רב חונה הוה ידע שהדו לחד בר נש אזל בעי מידון קומוי וכפר ביה. אמר ליה ר' שמואל בר רב יצחק בגין דאת ידע דרב חונה בר נשא רבה את כפר ביה מה אילו ייזיל וישהד עלך קומי בית דין חורן. אמר ליה רב חונה ועבדין כן. אמר ליה אין. [ג]ושרא רב חונה גרמיה מן ההוא דינא ואזל ואשהד עלוי קומי בית דין חורן. (ו)קרא ערר על חתימת ידי העדים [ד]על חתימת ידי הדיינין ר' בא בשם ר' יהודה (ז)רצה לקיים בכתב ידי טז.
העדים מקיים בכתב ידי הדיינים מקיים. ואני אומר (ב)אפילו בעד אחד אפילו בדיין אחד מקיים. ביומוי דר' אבהו אתון בעיי מימר גואלינו ואמרון גאולתינו וקבלון. ביומוי דר' ברכיה אישתתקון. אמר לון שמעתון דאיתקדש ירחא וארכינון בראשיהן וקבלון:

אין מדקדקין בעדות החדש. לאחר שקידשו בית דין את החדש אין מקבלין תו הזמה על העדות, כ"כ הרמב"ם פ"ב (ה"ב): **אמרו אם רואין אנו.** את ההורג אין אנו מכירין אותו, אפילו הכי לא היו עורפין, דכתיב ועינינו לא ראו, ובית דין מכל מקום ראו אותו פעם אחת, אף ע"פ שעכשיו אין מכירין אותו: **ובית דין שראו את ההורג.** וצריכין להעיד על הרציחה. ויותר נראה לי דגרסינן ובית דין שראו את ההרוג, דאמרינן במסכת סוטה (פ"ט ה"א) כי ימצא (דברים יז ב), אין מציאה אלא בעדים: **יעמדו שנים.** מהם ויעידו בפני הנותרים: **ויעידו במקום אחר.** לפני בית דין אחר, דבית דין זה כיון שראו פסולין להיות דיינים: **כך חלוקין בעדות החדש.** אם ראו בית דין את החדש אם ידונו הנותרים או שצריכין להעיד בפני אחרים: **ויקום חד ויתיב חד.** אמתני' פריך, למה יעמדו שנים ויושיבו שנים מחבריהם, לא יושיבו אלא אחד ויעמוד חד ויעיד לפני שלשה, ואחר כך ישב העד הראשון ויעמוד העד השני ויעיד בפניהם, אלא ודאי דפסול לדון כיון דראה גם הוא, אם כן קשיא למה כשר השלישי שגם הוא ראה: ומשני **שנייא היא.** שאני הכא שאין העד נעשה דיין, מה שאין כן השלישי מעולם לא נעשה (דיין) [עד] בדבר: **כהדא וכו'.** כהא דרב הונא הוה ידע סהדותא לאדם אחד, והלך האי גברא לדון לפני רב הונא והכחיש ביה בשכנגדו: **בגין וכו'.** בשביל שאתה יודע דרב הונא אדם גדול הוא את מכחיש ביה, בתמיה. לישנא אחרינא בשביל שאתה יודע דרב הונא אדם גדול הוא ואין כבודו לילך ולהעיד אתה מכחיש בו: **מה אלו וכו'.** הלא אם ירצה רב הונא למחול על כבודו וילך ויעיד לפני בית דין אחר וני[ת]גלה קלונך: **אמר ליה רב הונא.** לרב שמואל ועושין כן, להעיד אחרי שבאו לדון לפני. אי נמי שרשאי לו למחול על כבודו: **אמר ליה אין.** שמותר לעשות כן: **ושרא רב הונא וכו'.** והתיר רב הונא עצמו מלדון דין זה והלך והעיד עליו לפני בית דין אחר: **קרא.** הנתבע ערער על חתימת העדים ועל חתימת הדיינין שקיימו השטר לומר דהכל מזוייף הוא: **רצה לקיים.** השטר בעדות שיעידו על חתימת ידי העדים או על חתימת הדיינין מקויים. אבל אם העידו עדים על חתימת עד אחד ועל חתימת דיין אחד לא הוי קיום, דמאי דמסהיד סהדא לא מסהיד דיינא, דעד מעיד אמנה שבשטר והדיין מעיד אכתב יד העדים: **ואני אומר.** ור' בא עצמו אמר אפילו העידו עדים על חתימת עד אחד ודיין אחד, מצטרפין, דעל כל פנים ניכרין שני חתימות שהן עדות אמת: **אתון.** באו שני עדים מבית דין שמקדשין החדש, והיה הסימן גואלינו שכך היה מנהגן למסור סימן לשלוחים שידעו שאמת אומרים, ורצו לומר גואלינו שהוא היה הסימן ואמרו גאולתינו, וקבל אותן ר' אבהו דניכר שהוא מחמת טעות: **אישתתקון.** נעשו אלמים העדים שרצו להעיד שקידשו בית דין את החדש: **אמר.** להם שמעתם דבר זה מפי בית דין מקודש החדש: **וארכינון בראשיהון.** ורמזו בראשם שכך שמעו, וקיבל אותן ר' ברכיה:

אין מדקדקין בעדות החדש. אע"פ שאחר כך נודע שקר העידו מה שעשו עשוי: **בית דין שראו את ההורג וכו'.** גרסינן להא ריש פרק עגלה ערופה (סוטה פ"ט ה"א): **מכל מקום.** והרי ראו אע"פ שאינן מכירין אותו: **ובית דין שראו את ההרוג.** כצ"ל, דאמרינן התם (שם) לעיל שצריך שיראו העדים את ההרוג ואם בית דין ראו אותו ובבית דין של כ"ג איירי: **יעמדו שנים.** מהן ויעידו לפני השאר שראו אותו: **אית תניי תני יעמדו כולן ויעידו.** לפני בית דין אחר, דמכיון שראו והן עדים אינן ראוין להיות עכשיו בית דין אלא שנים מכולן יעידו במקום אחר: **כשם שהן חלוקין כאן.** לענין אם עד הרואה נעשה דיין, כך חלוקין הן בעדות החדש ותנא בתרא פליג אמתניתן דהכא: **ויקים חד ויתיב חד.** להאי תנא בתרא מפרש אמאי מעידין בפני אחרים ויקים חד ויעיד בפני השני שיושב ואחר כך ויקום זה ויתיב זה, וכלומר שהרי יכולין שנים מהן להעיד בפני השאר ואפילו בעמידת שנים בבת אחת לא צריך אלא ויקים חד וכו' ואחר כך ישבו, ומשני שאני היא הכא הואיל וכולן ראו ואף עד הרואה אין נעשה דיין: **אזל.** האי ובעי מידון קמיה דרב הונא וכפר בבעל דינו, ואף שהיה יודע דרב הונא יודע עדות לחבירו: **בגין דאת ידע דרב הונא בר נש רבה.** ואין כבודו לילך ולהעיד בפני בית דין אחר אתה סומך על זה וכפר ביה בפניו: **מה אילו ייזיל.** ומה תעשה אם ירצה רב הונא לילך ולהעיד עלך לפני בית דין אחר: **אמר ליה רב הונא.** לר' שמואל: **ועבדין כן.** אם יכול אני לסלק עצמי מן הדין הזה כדי ליעשות עד בדבר. ואמר ליה אין, ומיד סילק רב הונא עצמו מן הדין והלך והעיד לפני בית דין אחר: **קרא ערר.** אם הבעל דין קרא ערער על השטר היוצא עליו בחתימת עדים ומקויים בבית דין וטוען זה מזויף הוא: **ר' בא בשם רב יהודה.** אמר אם רצה לקיימו זה השטר או בחתימת ידי העדים או בחתימת ידי הדיינים היוצא ממקום אחר מקיים: **ואני אומר.** דלאו דוקא בחתימת שני העדים או בחתימת כל הבית דין, אלא אפילו בחתימת עד אחד ובחתימת אחד מהדיינים מצטרפין זה עם זה ומקוים הוא. ואיידי דאיירי הכא בעד שמצטרף להיות דיין בדבר מייתי נמי להא: **ביומו דר' אבוהו.** אירע שבאו אנשים להעיד שקידשו בית דין את החדש ורצה לנסותם אם כשרים ומהוגנין הן, ואמר להם שיאמרו פסוק זה (ישעיהו מז ד) גואלינו ה' צבאות, ומפני שלא רצה להשביעם בשם ה' הזכיר לפניהם זה כדי שיתבוננו ויאמרו האמת, ורצו לומר גואלינו וטעו ואמרו גאולתינו ואפילו כן קבלום ר' אבוהו, וטעמא דעדות זה אינו אלא גילוי מלתא בעלמא ואפילו בא אחד בסוף העולם ואמר קדשו בית דין את החדש נאמן, וכן ביומי דרב ברכיה אירע שבאו להעיד שנתקדש החדש ונשתתקו, ואמר להן ר' ברכיה שמעתם דאיתקדש ירחא והרכינו בראשיהם הן וקיבל אותם דהרכנת הראש סגי לעדות כזו:

מסורת הש"ס

א) סוטה פ"ט ה"א [סוטה מז:, ספרי דברים רה, ילקו"ש שופטים תתקכג] ב) סנהדרין פ"א ה"ב [כל הענין, ר"ה כה:, ב"ק ל:] ג) [מכות יב., ילקו"ש בא קפז, מסעי תשפז] ד) [ר"ה כו.] ה) [ר"ה כו. ועי' פני משה] ו) [סנהדרין פ"ה ה"ה, כתובות כא:, גיטין ה:, ב"ק ל:, ב"ב קיד., סנהדרין לד:, ילקו"ש פנחס תשעו, כי תצא תתקכו] ז) עי' כתובות כא. וגיטין פ"ט ה"ז וסנהדרין פ"ג הי"ב

גליון הש"ס

ויקום חד ויתיב חד וכו'. עיין בר"ן כתובות פ"ב (ח: מדה"ר ד"ה ש"מ): **קרא ערר על חתימת ידי העדים וכו'.** עיין שו"ת תשב"ץ ח"א סי' קע"ג וח"ג סי' ט"ז וסי' כ"ב:

מראה הפנים

בית דין שראו את ההורג וכו'. פלוגתא דר' טרפון ור' עקיבא עיקרה בבבלי פרק החובל דף צ' (ע"ב) ועיין בתוס' שם (ד"ה כגון) וכבר זכרתי מזה בפ"ק דסנהדרין שם (ה"ב ד"ה סנהדרין) דמ"ש התוס' כאן (כו. ד"ה דרחמנא) ובכמה מקומות דיש שלשה חלוקים בענין אין עד נעשה דיין, דבעדות החודש דווקא עד המעיד אין נעשה דיין, אבל עד הרואה נעשה דיין, ובקיום שטרות דרבנן אפי' עד המעיד נעשה דיין, ובדיני נפשות אפי' עד הרואה אין נעשה דיין, ואין דעת הרמב"ם ז"ל כן בדיני נפשות שהרי כתב בפ"ה מהל' עדות בהל' ח' כל עד שהעיד בדיני נפשות אינו מורה בדין זה הנהרג, וא"כ עד הרואה נעשה דיין ועיין בכס"מ שם, ובאמת נלמד הוא מההיא דפ"ק דמכות (ו.) מה יעשו שני אחים שראו באחד שהרג את הנפש, ומסוגיא דהכא דמדמי לה לעדות החודש והדיה מוכח ממתני' דידן דעד הרואה נעשה דיין משמע נמי כן ועי"ש, וכמה שציינתי בענין עדות שאי אתה יכול להזימה בענין הטעמים המוזכרים בתוס' פרק החובל שם דתליא נמי בהאי ענינא כמה שבארתי פ' זה בורר וע"ש:

עין משפט

א טוש"ע חו"מ סימן מו סעיף טו:

ב מיי' פ"א מהלכות שופר הלכה א [ועי"ש בנו"כ] סמ"ג עשין מב] טוש"ע או"ח סימן תקפא סעיף ד:

שינויי נוסחאות

א] **יעמדו שנים ויעידו לפניהן.** בירושלמי סנהדרין (פ"א ה"ב) **שנים נעשים עדים ומעידין בפני השאר:**

ב] **יעמדו כולן ויעידו במקום אחר.** בירושלמי סנהדרין (שם) **כולן עדים ומעידין בפני אחרים:**

ג] **ושרא.** בש"ג **ושרע.** [פי' "לשון השמטה הוא, כמו גולתיה שריעה מיניה" (ירושלמי ברכות פ"ה ה"א). רש"ס שביעית (פ"ז ה"א)]. וכ"ה לשון הירושלמי בכמה מקומות (פאה פ"ב ה"א, קידושין פ"א ה"ה, ועוד):

ד] **על.** בירושלמי גיטין (פ"ט ה"ח) **ועל.** בכפתור ופרח (פי"ב) **או:**

תורה אור השלם

א) וְעָנוּ וְאָמְרוּ יָדֵינוּ לֹא שָׁפְכוּ אֶת הַדָּם הַזֶּה וְעֵינֵינוּ לֹא רָאוּ: (דברים כא ז)

רידב"ז

ובית דין ישראל את ההורג. וצ"ל **ב"ד שראו את ההורג**, וטעות דמוכח היא: **ויקום חד ויתיב חד ויקום חד ויתיב חד.** ראיתי בס' אחד שכתב להוכיח דהירושלמי ס"ל דגבי עדות החודש כו"ע ס"ל כר' נתן (כתובות כו:) דלא בעינן הגדה בבת אחת. ומפלפל בזה הענין של טורי אבן ז"ל גבי ב' מרדע (ר"ה כב. ד"ה אבל מצטרפין) לענין אם נמצא אחד קרוב או פסול, וכתב כיון דבעדות החודש לא בעינן שיעידו שניהם כאחד לא שייך נמצא אחד קרוב או פסול, ע"כ. והוכיח המחבר ז"ל הנ"ל דהירושלמי ר"ל דלא בעינן שיעידו שניהם כאחד מדקאמר ויקום חד ויתיב חד. ודבריו ז"ל תמוהין, דזה לא שייך כלל לדינא דר' נתן ורבנן, דרבנן ור' נתן לא פליגי אלא אם צריך כל עד להעיד עדותו בפני חבירו, אבל פשיטא דלא יגידו הגדתן בבת אחת [דהא יש סברא דתרי קלא לא משתמע אפילו מתרי גברא], ולא נחלקו רק אם צריך להעיד בפני חבירו, ואם מעיד בפני חבירו וחבירו עושה איזה מעשה כגון שאוכל או ששותה בעת שהעד השני מגיד עדותו מה איכפת לן, וה"נ פריך ויקום חד ויתיב חד ויעיד עדותו בפני חבירו, וכי אם חבירו עוסק בעת הגדה בדיינות בשביל זה לא נקרא מעיד בפניו, בתמיה, ומה לן אם העד השני אוכל ושותה בעת הגדתו או שיושב בדיינות, וזה פשוט מאוד שאין מזה שום הוכחה כלל ודו"ק:

אֲמַר לֵיהּ – **[R' Yehudah bar Pazi] replied:** **כֵּן אֲמַר אַבָּא בְּשֵׁם רַבִּי יוֹחָנָן** – Yes, **so said** my **father in the name of R' Yochanan:** **אֵין מְדַקְדְּקִין בְּעֵדוּת הַחוֹדֶשׁ** – **We are not meticulous with** verifying testimony of **witnesses concerning the** new **moon.**[1]

The Gemara begins a discussion concerning the law of *eglah arufah (decapitated calf)*, which it will relate to our Mishnah:[2] **בֵּית דִּין שֶׁרָאוּ אֶת הַהוֹרֵג** – IF THE COURT SAW THE MURDERER kill the victim, **אָמְרוּ** – and THEY SAY: **אִם רוֹאִין אָנוּ אוֹתוֹ אֵין אָנוּ מַכִּירִין אוֹתוֹ** – IF WE WERE TO SEE [THE MURDERER] WE WOULD NOT RECOGNIZE HIM,[3] **לֹא הָיוּ עוֹרְפִין** – the law is that THEY WOULD NOT PERFORM THE DECAPITATION of a calf. **דִּכְתִיב** – FOR IT IS WRITTEN:[4] **"וְעֵינֵינוּ לֹא רָאוּ"** – *AND OUR EYES DID NOT SEE* the murderer, **מִכָּל מָקוֹם** – which implies that the court did not see the murderer IN ANY MANNER, **וַהֲרֵי רָאוּ** – AND in this case, THEY SAW HIM.[5]

The *eglah arufah* process begins with two witnesses testifying that they saw a murder victim lying on the ground outside the city.[6] The Gemara discusses a case in which the only witnesses were the members of a twenty-three-member sanhedrin:[7] **וּבֵית דִּין שֶׁרָאוּ אֶת (ההורג) [הֶהָרוּג]**[8] – A twenty-three-member **court that saw the** corpse of the **murder victim** should adjudicate the matter in the following manner:[9] **אִית תַּנָּיֵי תָּנֵי** – **There is a Tanna who taught:** **יַעַמְדוּ שְׁנַיִם וְיָעִידוּ לִפְנֵיהֶן** – TWO of the judges SHOULD STAND AND TESTIFY BEFORE [THE OTHER JUDGES].[10] **אִית תַּנָּיֵי תָּנֵי** – And **there is another Tanna who taught:** **יַעַמְדוּ כּוּלָּן וְיָעִידוּ בְּמָקוֹם אַחֵר** – ALL OF THEM SHOULD STAND AND TESTIFY ELSEWHERE, before different judges who did not see the corpse. The first Tanna maintains that a witness is qualified to join the court adjudicating the case; the second Tanna maintains that a witness is not qualified to serve as a judge for that case.[11]

The Gemara extends this dispute to the judges performing sanctification of the new month:

רַבִּי יוּדָה בַּר פָּזִי בְּשֵׁם רַבִּי זְעִירָא – **R' Yudah bar Pazi** said **in the name of R' Z'eira:** **כְּשֵׁם שֶׁהֵן חֲלוּקִין כָּאן** – **Just as [these Tannaim] disagree here,** concerning *eglah arufah,* **כָּךְ חֲלוּקִין בְּעֵדוּת הַחוֹדֶשׁ** – **so do they disagree with respect to testimony** concerning **the** new **moon.** According to the first Tanna, a judge who saw the new moon is qualified to join the court performing sanctification of the new month; according to the second Tanna, a judge who saw the new moon may not join the court sanctifying the new month.[12]

Our Mishnah subscribes to the view that a witness may also act

NOTES

1. I.e. even if the testimony of the witnesses was found to be false, the sanctification based on that testimony stands (*Pnei Moshe*; see *Noam Yerushalmi* ד"ה וע"ב איפשר; *Rambam, Hil. Kiddush HaChodesh* 2:2; see *Korban HaEidah*).

This law has a practical application not only after the fact (i.e. if the witnesses were found to be *zomemin*), but also initially: Since the sanctification of the month is totally dependent on the declaration of the court, the witnesses of the new moon are not examined extensively, at least by Biblical law, as they are with respect to other matters (*Beur of R' Chaim Kanievski*, based on *Rambam* ibid.; see *Lechem Mishneh* loc. cit. and *Shekel HaKodesh* there §10 and §16; see also *Beis HaLevi* III 6:1 §4; and *Emek Berachah, Kiddush HaChodesh* §2 p. 71). [See above, 14b note 39 and 15a notes 9 and 11.]

The Gemara's discussion centers on the validity of the court's declaration in the face of false witnesses. The Gemara does not discuss whether or not the *zomemin* witnesses incur lashes for testifying falsely. This is the subject of discussion among the Acharonim; see *Teshuvos R' Akiva Eiger* I §176 and *Kehillos Yaakov, Rosh Hashanah* §20.

2. The following Baraisa is found, with variations, in *Sifri* to *Deuteronomy* 21:1, and is cited by *Bavli Sotah* 47b.

The law of *eglah arufah* concerns a situation in which the body of a murder victim is discovered outside of a town in Eretz Yisrael and it is not known who killed him. Three [or five] members of the Great Sanhedrin measure which town is closest to the corpse, and the [twenty-three-member] sanhedrin of that town is required to decapitate a calf, in accordance with the procedure outlined in *Deuteronomy* (21:1-9), after which they declare (along with the other elders of the town): *Our hands have not spilled this blood and our eyes did not see* (ibid. v. 7; see *Rambam, Hil. Rotze'ach* Ch. 9 and *Nachal Eisan* 15:1).

3. They no longer recall what the murderer looks like (*Korban HaEidah*).

4. *Deuteronomy* 21:7.

5. The Baraisa derives from the words of the court's declaration (see note 2) that the Torah refers to a case in which no member of that court was a witness to the murder (see *Nachal Eisan* 4:2). But if any member of the town's sanhedrin saw the murderer committing the crime, even if he is now unable to identify him, the rite of *eglah arufah* is not performed.

The *eglah arufah* is not performed if *any* individual can *now* identify the murderer; the Baraisa teaches that if a member of the town's sanhedrin witnessed the murder, the *eglah arufah* procedure is not performed, even if that member cannot *now* identify the murderer (*Beur of R' Chaim Kanievski*, from *Yerushalmi Sotah* 9:1, with *Korban HaEidah*, and *Bavli* there 47b).

[For further discussion, see Schottenstein ed. of *Bavli Sotah*, 47b note 8.]

6. The verse that introduces the *eglah arufah* rite states (*Deuteronomy* 21:1): כִּי־יִמָּצֵא חָלָל בָּאֲדָמָה, *If a corpse will be found on the land.* In the context of the judiciary system, the term *will be found* connotes the sighting of witnesses, as in, for example, *If there **will be found** (through witnesses) among you... a man or woman... serve the gods of others...* (*Yerushalmi Sotah* 9:1, with *Korban HaEidah* and *Pnei Moshe*).

7. *Pnei Moshe*.

8. Emendation based on second, and primary, explanation of *Korban HaEidah* and *Pnei Moshe*, and conforms with the simple reading of *Yerushalmi Sotah* 9:1.

[See Schottenstein ed. of *Yerushalmi Sanhedrin* 4a for elucidation and explanation of the unemended text.]

9. The issue at hand is whether a witness is qualified to join the court adjudicating the case as a judge.

One may wonder why the judges cannot simply adjudicate this case based on their own observation of the corpse, which is equivalent to קַבָּלַת עֵדוּת, *acceptance of testimony* (לֹא תְּהֵא שְׁמִיעָה גְּדוֹלָה מֵרְאִיָּה, *hearing cannot be considered greater than seeing*; see *Bavli* 25b). In answer to this question, we must interpret the case, as *Bavli Bava Kamma* (90b) interprets a similar case, as where the sighting was made at night, when they may not adjudicate the case. And on the morrow, they must adjudicate the case based on the testimony of witnesses, for a court may adjudicate a case based on their own observation only at the time of their sighting and not afterward relying on what they saw (see *Sheyarei Korban* to *Sanhedrin* 1:2, 4a; see *Rashi* to *Rosh Hashanah* 25b-26a; see *Tosafos* there; see Schottenstein ed. of *Bavli Rosh Hashanah*, 25b note 28, 26a note 3; and *Bavli Bava Kamma*, 90b note 17; see also *Mareh HaPanim* to *Sotah* 9:1).

10. Two of the judges assume the role of witnesses and testify before their colleagues (see *Korban HaEidah* and *Pnei Moshe*).

11. [At this point, the Gemara does not differentiate between a potential witness and a testifying witness. According to the first Tanna, even a testifying witness is qualified to join the court adjudicating the case as a judge, while] according to the second Tanna, even a potential witness (i.e. one who saw the event) is no longer qualified to act as a judge for the case at hand (see *Korban HaEidah*).

[According to the second Tanna, the law that a witness may not serve as a judge in the same case is promulgated by Scriptural decree (גְּזֵרַת הַכָּתוּב). The Torah states (*Deuteronomy* 19:17): *The two men* – these are the witnesses –... *shall stand before Hashem* – these are the judges. The verse teaches that the witnesses and the judges cannot be one and the same (see *Rashbam*, *Bava Basra* 114a ד"ה ואין עד). At this point, the Gemara assumes that the first Tanna argues with this derivation and thus maintains that even a testifying witness may serve as a judge.]

12. *Pnei Moshe*. Hence, according to the first Tanna, if the entire twenty-three-member court sighted the new moon, two of them testify before three of the remaining twenty-one members. And, according to the second Tanna, they must testify before a different court (*Korban HaEidah*).

to the **twenty-ninth day;**[24] לְאַחַר עִיבּוּרוֹ שְׁלֹשִׁים וּשְׁנַיִם יוֹם – the phrase **"after its extension"** refers to the **thirty-second day.**[25] If the court declares Rosh Chodesh on either of these two days, their declaration is ineffective, and the festivals based on that declaration are not sanctified.

The Gemara digresses to discuss a law – learned from the same Scriptural passage – concerning the intercalation of the year:[26]

וּמְנַיִין שֶׁמְּעַבְּרִין אֶת הַשָּׁנָה – **FROM WHERE** do we know **THAT WE INTERCALATE** a month into **THE YEAR** עַל הַגָּלִיּוֹת שֶׁעָלוּ וַעֲדַיִין לֹא הִגִּיעוּ – **ON ACCOUNT OF** the Jews of **THE DIASPORA, WHO ASCENDED** from the Diaspora, **BUT DID NOT YET ARRIVE** in Eretz Yisrael?[27] תַּלְמוּד לוֹמַר ,,בְּנֵי יִשְׂרָאֵל... מוֹעֲדֵי" – **[THE TORAH]** therefore **STATES:** ***THE CHILDREN OF ISRAEL... God's APPOINTED FESTIVALS.***[28] עֲשֵׂה אֶת הַמּוֹעֲדוֹת שֶׁיַּעֲשׂוּ אוֹתָן כָּל יִשְׂרָאֵל – This teaches: **ESTABLISH THE FESTIVALS SO THAT ALL OF ISRAEL MAY OBSERVE THEM.**[29]

The Gemara qualifies this ruling:

אָמַר רַבִּי שְׁמוּאֵל בַּר נַחְמָן – **R' Shmuel bar Nachman said:** וְהֵן שֶׁהִגִּיעוּ לִנְהַר פְּרָת – **And** this refers to **where they have** already **arrived at the Euphrates River.** But if they have not yet reached the Euphrates, it is as if they have not left their homes, and the year is not extended in their consideration.[30]

An earlier Gemara (18a) discussed whether we intimidate witnesses to testify falsely that they sighted the moon. The Gemara now cites a related ruling:

רַבִּי יַעֲקֹב בַּר אַחָא רַבִּי אִימִי בְּשֵׁם רַבִּי יְהוּדָה בַּר פַּזִּי – **R' Yaakov bar Acha** cited **R' Imi,** who said **in the name of R' Yehudah bar Pazi:** קִידְּשׁוּהוּ וְאַחַר כָּךְ נִמְצְאוּ הָעֵדִים זוֹמְמִין – If **they sanctified [the month] and afterward the witnesses were found to be *zomemin,***[31] הֲרֵי זֶה מְקוּדָּשׁ – **[the month] is** nevertheless **sanctified.**[32]

The Gemara seeks to trace the originator of this ruling:

קָם רַבִּי יוֹסָה עִם רַבִּי יְהוּדָה בַּר פַּזִּי – **R' Yosah met R' Yehudah bar Pazi.** אֲמַר לֵיהּ – **[R' Yosah] said to him:** אַתְּ שְׁמַעְתָּה מִן אָבוּךְ הָדָא מִילְּתָה – **Did you hear this matter** [i.e. the ruling that Rosh Chodesh becomes sanctified in such a case] **from your father?**[33]

NOTES

24. As explained above (note 4), Rosh Chodesh sanctified *in its time* refers to a new month sanctified on the 30th day of the preceding month; thus, a new month sanctified before its time refers to a new month sanctified on the 29th day of the preceding month.

25. When the previous month is full, Rosh Chodesh is said to have been extended to the 31st day; that is, in addition to being observed "in its time" on the 30th day, Rosh Chodesh is observed also on the 31st day (see 14a note 32 for further explanation; see also above, note 2). Hence, the phrase, "after its extension" refers to the 32nd day of the previous month.

26. This Baraisa is found in *Toras Kohanim* (*Emor, Parshasa* 9:1) and is cited in *Yerushalmi Sanhedrin* 1:2, 7a (*Bavli* 11a; see also, *Tosefta Sanhedrin* Ch. 2, as emended by *Minchas Bikkurim* and *Chazon Yechezkel*). See above, 18a note 19.

27. This refers to the Jews who left their homes in the Diaspora to travel to Eretz Yisrael for the Passover festival. If they will not arrive in Jerusalem in time to bring the *pesach* offering, *beis din* adds an extra Adar to give them additional travel time (*Korban HaEidah*). If the month was not added, Jews of the Diaspora would be discouraged from coming in future years to offer the *pesach* (*Rashi* to *Sanhedrin* 11a ד"ה ומפני גליות ישראל [see alternative reading in marginal gloss to *Rashi* there]). [The Gemara will immediately derive this law from a verse. *Rashi's* reasoning therefore seems unnecessary. See *Sheyarei Korban* (*Sanhedrin* 7a) for discussion.]

There is no concern about people living in Eretz Yisrael arriving on time, because *Bavli* (*Taanis* 10a) states that it takes only fifteen days to travel from Jerusalem to the farthest reaches of Eretz Yisrael, the Euphrates River [see next note]. Thus, even those living along the border could leave on Rosh Chodesh Nissan and reach Jerusalem on time without the addition of a second Adar (*Tosafos* to *Sanhedrin* 11a; see *Sheyarei Korban* ibid.).

28. *Leviticus* 23:2. See above, note 11.

29. The obligation to establish the festivals at the proper time is incumbent upon the courts, and not upon the general public. Why then does the passage begin: *Speak to the* **Children of Israel** *and say to them: God's appointed festivals* etc.? The Baraisa therefore expounds the verse as saying that when establishing the festivals, the court should take into consideration all the Children of Israel and ensure their presence in Jerusalem by extending the year, if necessary (*Malbim* to the verse, *Leviticus* 23:2; *Chazon Yechezkel* to *Tosefta Sanhedrin* Ch. 2; see also *Chofetz Chaim* to *Toras Kohanim* ibid.). [For another version and explanation of this Gemara, see *Korban HaEidah*, *Sanhedrin* 1:2, 7a, based on *Nedarim* 6:8; see *Sheyarei Korban* to *Nedarim* ibid.]

30. The Euphrates River lies at the [northeastern] border of Eretz Yisrael (see *Deuteronomy* 11:24 with *Ramban,* and *Joshua* 1:4 with *Rashi*). If the court heard that the Jews of the Diaspora had reached the Euphrates River whereupon they were delayed, the court adds a month to enable them to reach Jerusalem on time. If, however, they had not even reached there, then it is as if they have not even left home and we do not declare a leap year [for a leap year is not declared for the benefit of the Jews in the Diaspora who did not yet leave their homes (*Bavli Sanhedrin* 11a)] (*Korban HaEidah*; *Rash Sirilio* to *Sheviis* ibid.; see *Mahara Fulda*, *Sheviis* 82a, for another explanation).

[Actually, the Euphrates represents the northeastern border of the area *promised* to Israel (see *Genesis* 15:18-21; *Exodus* 23:30,31), and, indeed, Kings David and Solomon had dominion over all the northern lands until the Euphrates (see *I Kings* 5:1-5; see also *I Chronicles* 19:16-190). However, Jews never actually settled the land that far north.]

31. [*Zomemin* are witnesses who are proven false by the testimony of other witnesses that places them elsewhere at the time of the alleged incident (see *Deuteronomy* 19:16-21). In this case,] the court declared Rosh Chodesh based on two witnesses, who testified that they saw the new moon on the previous night at a certain place. Subsequently, two other witnesses refuted that testimony by testifying that at that very time the first witnesses were with them at another location (*Pnei Moshe* to *Sheviis* 10:1, 82a).

32. The sanctification of the month is totally dependent on the decision of the court, regardless of the actual sighting of the moon. This is based on the verse (*Leviticus* 23:2): אֲשֶׁר־תִּקְרְאוּ אֹתָם, *that you are to designate them.* The word אֹתָם, *them,* is spelled defectively, without a *vav,* and is therefore expounded as if it were vowelized אַתֶּם, *you,* conveying that the festivals that *you* declare are legitimate even if you were misled with regard to the sighting of the new moon (*Pnei Moshe* ibid.; see Mishnah above, 2:7, 17a; *Bavli* 25a; *Tosefta* 2:1, with *Chazon Yechezkel*; *Toras Kohanim, Emor, Parshasa* §7 10:2; *Minchas Chinuch* 4:13; see also, *Tzafnas Pane'ach, Hil. Kiddush HaChodesh* 1:1, cited above, 11a notes 15 and 17).

33. [R' Yosah knew the Baraisa in *Tosefta* and *Toras Kohanim*, cited in the preceding note. Nevertheless, he had reason to assume that the ruling of the Baraisa follows a minority view. He was thus surprised that R' Yehudah bar Pazi ruled in conformance with the Baraisa, and asked him whether he ruled so on his own or had a tradition to that effect (see *Shelom Yerushalayim*).]

[א]רבי אומר ניסן לא נתעבר מימיו. והא תנינן אם בא חדש בזמנו. [ב]אם בא לא בא. [ג]רב אמר תשרי לא נתעבר מימיו. והא תנינן [ד]אם היה החדש מעובר. אם היה לא היה. [ה]וכשקידשו את השנה באושא ביום הראשון [א]עבר [ב]ר' ישמעאל בנו של ר' יוחנן טו: בן ברוקה [ג]אמר כדברי ר' יוחנן בן נורי. [ד]אמר רבן שמעון בן גמליאל לא היינו נוהגין כן ביבנה. ביום השיני עבר ר' חנינה בנו של ר' יוסי הגלילי ואמר כדברי ר' עקיבה. אמר רבן שמעון בן גמליאל כן היינו נוהגין ביבנה. [ה]והא תני קידשוהו בראשון ובשיני. ר' זעירא בשם ר' חסדא אותה השנה נתקלקלה. מהו בראשון מהו בשיני. ר' בא בשם רב שנה ראשונה ושנה השנייה. והא תני ביום הראשון וביום השיני: [ו]קידשוהו קודם לזמנו או לאחר עיבורו יום אחד יכול יהא מקודש תלמוד לומר [א]אותם אותם אלה הם מועדיי [ו]אין אלה מועדיי. לפני זמנו עשרים ותשעה יום לאחר עיבורו שלשים ושנים יום. [ז]ומניין [א]שמעברין את השנה על הגליות [ז]שעלו ואדיין לא [ח]הגיעו תלמוד לומר [א][ט]בני ישראל מועדיי עשה את המועדות שיעשו אותן כל ישראל. אמר ר' שמואל בר נחמן והן שהגיעו לנהר פרת. ר' יעקב בר אחא ר' אימי בשם ר' יהודה בר פזי [ח][ב]קידשוהו ואחר כך נמצאו העדים זוממין הרי זה מקודש. קם ר' יוסה עם ר' יהודה בר פזי אמר ליה אתה שמעתה מן אבוך הדא מילתה.

פני משה

רבי אומר ניסן לא נתעבר מימיו. מעולם לא הוקבע ראש חודש ניסן ביום ל"א, ולפי שהאדר הסמוך לניסן לעולם חסר הוא. וגרסינן להא לעיל בשביעית פ"י (ה"א) ובנדרים פ"ו (ה"ח) ובסנהדרין פ"ק (ה"ב): והתנינן אם בא החדש בזמנו. עיקרא דמילתא בתוספתא פרק קמא דר"ה היא (ה"ד) דתני ניסן ראש השנה למלכים ולתרומת שקלים וכו', כיצד לתרומת שקלים כל קרבנות צבור קריבין באחד בניסן אם בא חדש בזמנו קריבין מן החדשה ואם לאו קריבין מן הישנה, וכעין דתנן בפ"ד דשקלים (מ"ה) גבי מותר הקטורת מה היו עושין בה וכו', אם בא החדש בזמנו לוקחין אותה מתרומה חדשה, ומפני שבאחד בניסן היו צריכין להביא כל קרבנות הצבור מתרומה חדשה כדאמרינן (בבלי ז.) חדש והביא קרבן מתרומה חדשה, וקא סלקא דעתיה דהכי קאמר אם בא החדש בזמנו היינו שלא בא התרומה חדשה עד זמנו שהוא יום שלשים קריבין למחר מתרומה חדשה, וכלומר שעל כרחם היו צריכין לעבר החדש ולקבוע ראש חודש ניסן ביום ל"א כדי שיקריבו תמיד של שחר וכן הקטרת באחד בניסן מתרומה חדשה, ואם לאו שלא בא עדיין החדשה קריבין מן הישנה שאי אפשר בענין אחר, שמעינן מיהת דלפעמים מלינו שראש חודש ניסן ביום ל"א הוא, ומשני אם בא קאמר, אבל באמת מעולם לא בא שלא נזדמן להיות כך, לפי שהיו מקדימין להביא שקליהן כדתנן (שקלים פ"א מ"א) באחד באדר משמיעין על השקלים ומעולם לא נתאחר תרומה חדשה עד זמנו להביא קרבנות מהחדש שילטרכו לעבר משום זה כדי להקריב באחד בניסן מן החדש: תשרי לא נתעבר מימיו. לקבוע ראש השנה ביום ל"א, לפי שאלול לעולם חסר הוא: והתנינן. בפ"י דשביעית (מ"ב) השוחט את הפרה וחלקה בראש השנה אם היה החדש מעובר משמט דשביעית אינה משמטת אלא בסופה (ערכין כח:): אם היה. אבל באמת לא היה שלא נזדמן להיות כך: וכשקידשו את השנה באושא. תוספתא היא בפרק שני דמכילתין (ה"ט) ולקמיה פריך אהא דאמר רבי תשרי לא נתעבר מימיו: כדברי ר' יוחנן בן נורי. לקמן בפ"ד (ה"ו - כד.) דקאמר כולל מלכיות עם קדושת השם ואינו תוקע: ואמר כדברי ר' עקיבה. דקאמר כולל מלכיות עם קדושת היום ותוקע: והא תני קידשוהו בראשון ובשני. כלומר שמעינן מיהת מהאי ברייתא שעשו שני ימים ראש השנה ועיברוהו לאלול: ומשני אותה השנה נתקלקלה. קלקול וטעות בחשבון אירע להם באותה שנה ועל ידי כך עשו שני ימים מה בין ראשון לשני. כך גרים בשביעית, וסיומא דמילתא היא שהטעות היה כך, ולגירסא דהכא וכן בנדרים ובסנהדרין כמו ואיבעית אימא הוא, מהו בראשון מהו בשני כדר' בא בשנה הראשונה ובשנה השניה, ודחי לה הש"ס והתני ביום הראשון וביום השני אלא מחוורתא כדר' זעירא: קידשוהו קודם לזמנו. כדמפרש לקמיה קודם לזמנו בכ"ט ולאחר עיבורו ביום ל"ב, ואע"פ שקידשוהו ליום זמנו שהוא יום שלשים או עיברוהו ליום העיבור: יכול יהא מקודש. ואין צריך לקדשו עוד: תלמוד לומר אותם. אם תקראו בזמנן אלה הם מועדי, ואין אלה מועדי שנקראו שלא בזמנן: על הגליות שיצאו. גרים בנדרים. שיצאו לעלות לרגל ואינן יכולין להגיע לירושלים לעשות הפסח בזמנו: והן שהגיעו לנהר פרת. דוקא כשכבר נשמע שהגיעו לגבול ארץ ישראל:

קרבן העדה

ניסן לא נתעבר מימיו. לא היה מעולם ביום שלשים ואחד: והא תנינן. בשקלים פ"ד: אם בא החדש בזמנו. לוקחין אותו מתרומה חדשה, ואם לאו מן הישנה. וקסבר דאהחדש קאי אם בא ראש חודש ניסן בזמנו דהיינו ביום ל' שהוא הנקרא ליל זמנו באה הקטרת מתרומה חדשה, ואם לאו באה הקטרת ביום ל' מן הישנה, שמעינן ממתני' דלפעמים ראש חודש ניסן בא ביום שלשים ואחד: ומשני אם בא. התנא קא משמע לן אם בא ראש חדש ניסן ביום שלשים ואחד, אבל רבי קאמר שמעולם לא נזדמן להיות כך*: תשרי לא נתעבר מימיו. להיות ביום שלשים ואחד: והתנינן. בשביעית פ' בתרא (מ"ג): אם היה וכו'. ברישא תנן השוחט את הפרה בראש השנה אם היה החדש מעובר משמט שהשביעית משמטת בסופה, שמעינן דראש חדש תשרי לפעמים מעובר: ומשני אם היה. התנא קא משמע לן דינא אם יהיה כך שאלול מעובר, ורב קאמר לא היה שלא נזדמן שיהיה אלול מלא: ופריך וכשקידשו וכו'. דתניא בתוספתא כשקידשו השנה דהיינו ראש חדש תשרי כשקידשו באושא: ביום הראשון. של ראש השנה עבר לפני התיבה ר' ישמעאל בנו של ר' יוחנן בן ברוקה, וכלל מלכיות עם קדושת השם כדעת ר' יוחנן בן נורי לקמן פ"ד (ה"ו - כד.): ביום השני. של ראש השנה עבר לפני התיבה ר' חנינה בנו של ר' יוסי הגלילי, וכלל מלכיות עם קדושת היום: ומשני והא תני קידשוהו בראשון ובשני. כלומר וליטעמיך איך קידשו שני ימים אלא כדר' זעירה בשם רב חסדא אותה השנה נתקלקלה, וטעו בחשבון וסברו ביום כ"ט שהוא יום ל' והוצרכו לעשות שני ימים תשרי*: מהו בראשון וכו'. כלומר ואיבעית אימא מהו בראשון ובשני, לאו ביום ראשון ושני של ראש השנה קאי, אלא בראשון היינו בשנה ראשונה ובשני היינו בשנה שנייה: ופריך והא תני ביום הראשון וביום השני. משמע דבשנה אחת היה, אלא מחוורתא כדשנינן מעיקרא: קידשוהו קודם לזמנו או לאחר עיבורו. בסמוך מפרש לה: אין אלה מועדי. דלעולם אין מקדשין אלא או יום ל' דהוי ליה חדש שעבר חסר, או יום ל"א דהוי ליה חדש שעבר מלא: על הגליות שעלו. בני הגולה הרחוקים ונשמע לבית דין שנעקרו ממקומן לעשות פסחיהם ועדיין לא הגיעו: תלמוד לומר. דבר אל בני ישראל ואמרת אליהם מועדי ה', שיהיו המועדים לכל ישראל, ולכך מעברין השנה שיהיה להם זמן להגיע: והן וכו'. והוא שהגיעו הגלות לנהר פרת, והוא הנהר המפסיק בין ארץ ישראל לבבל, אבל אם לא הגיעו לשם הוי ליה כאלו לא נעקרו ואין מעברין השנה בשבילם: קידשוהו. בית דין את החדש ואחר כך נמצאו זוממין בעדות זו, הרי זה מקודש:

עין משפט

א מיי' פ"ג מהלכות קידוש החודש הלכה ג:
ב מיי' פ"ה מהלכות עדות הלכה ח טוש"ע חו"מ סימן ז סעיף ה:

שינויי נוסחאות

א] עבר. כ"ה גם בירושלמי נדרים (פ"ו ה"ח) וסנהדרין (פ"ו ה"ח). בתוספתא (פ"ב ה"ט) ובירושלמי שביעית (פ"י ה"א) עמד. בבבלי (לב.) ירד. וכן בסמוך:
ב] ר' ישמעאל בנו של. בתוספתא (שם) ובבבלי (שם) ליתא:
ג] אמר. בתוספתא (שם) ואמר:
ד] אמר. בבבלי (שם) אמר לו:
ה] והא תני וכו' ביום הראשון וביום השני. הגר"א בשביעית (שם) הגיה והתני קדשוהו בראשון ובשני. ר' בא בשם רב שנה ראשונה שנה שניה. והתני יום הראשון יום השני. ר' זעירא בשם רב וכו':
ו] אין. בירושלמי שביעית (שם) לפני זמנו אין:
ז] שעלו. בירושלמי שביעית (שם) ונדרים (שם) שיצאו. בירושלמי סנהדרין (שם) שגלו:
ח] הגיעו. בירושלמי נדרים (שם) נוסף למקומן:
ט] בני ישראל. בירושלמי נדרים (שם) וידבר משה את מועדי ה' אל בני ישראל:

תורה אור השלם

א) דַּבֵּר אֶל בְּנֵי יִשְׂרָאֵל וְאָמַרְתָּ אֲלֵהֶם מוֹעֲדֵי יְהוָה אֲשֶׁר תִּקְרְאוּ אֹתָם מִקְרָאֵי קֹדֶשׁ אֵלֶּה הֵם מוֹעֲדָי: (ויקרא כג ב)

רידב"ז

וכשקידשו את השנה באושא ביום הראשון וכו' ביום השני עבר ר' חנינה בנו של ר' יוסי הגלילי ואמר כדברי ר' עקיבא אמר רבן שמעון בן גמליאל כן היינו נוהגין ביבנה. גירסת הגר"א ז"ל בירושלמי שביעית (פ"י ה"א - פא:) ר' בא בשם רב שנה ראשונה ושנה שניה, והא תני ביום הראשון וביום השני, ר' זעירא בשם ר' חסדא אותה שנה נתקלקלה:

מסורת הש"ס

א) שביעית פ"י ה"א, נדרים פ"ו ה"ח, סנהדרין פ"א ה"ב [מגילה פ"א ה"ה] ר"ה יט: [בכורות נח.] ב) [שקלים פ"ד מ"ה ועי' קרבן העדה, תוספתא שקלים פ"ב ה"ח ותוספתא ר"ה פ"א ה"ד ועי' פני משה] ג) שביעית פ"י ה"א ונדרים פ"ו ה"ח וסנהדרין פ"א ה"ב [כל הענין] ר"ה [יט:] לב. [ביצה ו., כב:] ד) [שביעית פ"י מ"ב, שבת קמח:] ה) לקמן פ"ד ה"ו - כד: [תוספתא פ"ב ה"ט, ספרא אמור פרשה יא ה"ה, ילקו"ש אמור תרמה בשינוי] ו) תוספתא פ"ב ה"א, ספרא אמור פרק י ה"ד [ילקו"ש אמור תרמג] ז) סנהדרין יא. [ותוספתא סנהדרין פ"ב ה"ו בשינוי] ספרא אמור פרשה ט ה"א [ילקו"ש אמור תרמג] ח) [שביעית פ"י ה"א] לעיל פ"ב ה"ו - יז., תוספתא פ"ב ה"א, ספרא אמור פרק י ה"ב [ילקו"ש אמור תרמג]

שירי קרבן

אם בא חדש וכו'. בשביעית פרק בתרא (ה"א) פי' הר"א פולדא דקושית הש"ס כיון דמשמיעין על השקלים מא' באדר (שקלים פ"א מ"א), לפי ששואלין ודורשין בענין ל' יום קודם, ולא משכחת ל' יום אלא א"כ ניסן מעובר, וש"מ דניסן נמי מעברין. ומשני אם בא וכו', כלומר התנא דתנא מא' באדר משמיעין מיירי אם עיברו ניסן, ורבי אמר דלא בא שלא אירע שעיברו ניסן, ע"כ. ודבריו תמוהים מאוד, א"כ למה שבק הש"ס העיקר ולא פריך ממתני' דא' באדר משמיעין, והיא המשנה הראשונה דשקלים, והך מתני' אם בא חדש אין לה מקום כאן לפי פירושו לא לשיטת המקשה והמתרץ. ותו נראה דשואלין ודורשין חדש אחד סגי, דמהיכא קילפא ליה דבעינן ל' יום, שהרי משה עומד בפסח ראשון ומזהיר על פסח שני (פסחים ו:), אי ס"ד דבעינן ל' יום דוקא מנא ידע משה שיהיה ניסן מלא אולי יבואו עדים ויעידו שראו החדש וצריכין אנו לקבל אותן אם אי אפשר להכחישן, והיה לו להקדים יום אחד, אלא ודאי דלחדש הוא [ד]קפיד קרא, ועיין בבכורות דף נ"ז ע"ב בתוס' בד"ה בפרוס וכו'. אלא ודאי פירושי שבקונטרס עיקר. ואף שהרמב"ס והרע"ב פירשו בשקלים (פ"ד מ"ה) אם בא החדש בזמנו, שהביאו שקלים חדשים קודם ר"ח ניסן שהוא זמן התרומה חדשה, לוקחין מותר הקטרת מתרומה חדשה וכו', ע"כ. קשיא לי לישנא דמתני' דתני אם בא החדש, כיון דאתרומה קאי הו"ל למתני אם באה התרומה חדשה בזמנה לוקחין אותם ממנו. וכ"ה לשון הרמב"ס סוף הלכות שקלים (פ"ד ה"א) משיגיע ר"ח ניסן מקריבין קרבנות ציבור מן החדשה, ואם לא באה החדשה לוקחין מן הישנה, ע"כ, ועוד בשביעית פרק בתרא (שם) מפורש בירושלמי אם בא החודש. והר"א פולדא הגיה ללא צורך. וא"ת לפי פירושי מאי קמ"ל התנא, י"ל דטובא קמ"ל דבשחרית ביום ל' מקטירין הקטורת מן הישנה אם לא באו עדים קודם הקטרת קטרת. והשתא לשון המתרגן נכון, ופירושי זה במתני' דשקלים נראה ברור ודלא כהרמב"ס והרע"ב: ר' זעירא בשם רב חסדא אותה השנה נתקלקלה. כתב הר"א פולדא בשביעית (פ"י ה"א) והא דר"ח לא קאי לתרוצי דרב רק דהוא אומר על הברייתא שהיו עושים ר"ה ביום ל' כשלוחי אלול, וגם היכא דלא מטו שלוחי תשרי היו מקולקלים ביום הכיפורים וסוכות וכו', ולגב שיטפה מייתי הא דר"ח קודם שמתרץ דברי רב וכו', ע"כ. ודבריו תמוהים דודאי באושא היה מקום הועד ושם לא סמכו כלל על שלוחי אלול, וגם בזה לא שייך לומר לשון מקולקלת. גם דוחק לומר דמפסיק בדברי ר"ח בין קושיא לפירושא. ופירושי שבקונטרס נראה עיקר:

R' YOCHANAN BEN BEROKAH LED the prayer service, אָמַר כְּדִבְרֵי רַבִּי יוֹחָנָן בֶּן נוּרִי – and **RECITED** the blessings **IN ACCORDANCE WITH R' YOCHANAN BEN NURI.**[11] אָמַר רַבָּן שִׁמְעוֹן בֶּן גַּמְלִיאֵל – **RABBAN SHIMON BEN GAMLIEL SAID:** לֹא הָיִינוּ נוֹהֲגִין כֵּן בְּיַבְנֶה – **WE WERE NOT ACCUSTOMED SO IN YAVNEH,** when the Sanhedrin was located there in my father's days.[12] בַּיּוֹם הַשֵּׁינִי – **ON THE SECOND DAY** of Rosh Hashanah, עָבַר רַבִּי חֲנַנְיָה בְּנוֹ שֶׁל רַבִּי יוֹסֵי הַגְּלִילִי – **R' CHANANYAH THE SON OF R' YOSE HAGLILI LED** the prayer service וְאָמַר כְּדִבְרֵי רַבִּי עֲקִיבָה – **AND RECITED** the blessings **IN ACCORDANCE WITH R' AKIVAH.**[13] אָמַר רַבָּן שִׁמְעוֹן בֶּן גַּמְלִיאֵל – **RABBAN SHIMON BEN GAMLIEL SAID:** כֵּן הָיִינוּ נוֹהֲגִין בְּיַבְנֶה – **SO WERE WE ACCUSTOMED IN YAVNEH.**

וְהָא תָּנֵי קִידְּשׁוּהוּ בְּרִאשׁוֹן וּבְשֵׁינִי – **Now, the Baraisa has** thus **taught that they sanctified** Rosh Hashanah **on the first and second** days – i.e. there were two days of Rosh Chodesh Tishrei, or Rosh Hashanah. This contradicts Rav's contention that Rosh Chodesh Tishrei was always one day![14] – ? –

The Gemara defends Rav:[15]

רַבִּי זְעִירָא בְּשֵׁם רַבִּי חִסְדָּא – **R' Z'eira** said **in the name of R' Chisda:** אוֹתָהּ הַשָּׁנָה נִתְקַלְקְלָה – The two-day Rosh Hashanah on **that year was** observed **in error.**[16]

The Gemara offers a second resolution:

מַהוּ בְּרִאשׁוֹן מַהוּ בְּשֵׁינִי – **What is [the Mishnah's intent]** when it says **"the first** day," **and** when it says **"the second** day"?[17] רַבִּי בָּא בְּשֵׁם רַב – **R' Ba** said **in the name of Rav:** שָׁנָה רִאשׁוֹנָה וְשָׁנָה הַשְּׁנִיָּה – It means **the first year and the second** (i.e. following) **year.**[18]

The Gemara counters:

וְהָא תָּנֵי בַּיּוֹם הָרִאשׁוֹן וּבַיּוֹם הַשֵּׁינִי – **But the Baraisa taught** explicitly: **THE FIRST "DAY" AND THE SECOND "DAY"**! This indicates that these prayers were recited on consecutive days in the same year, not during consecutive years.

The Gemara successfully deflects R' Ba's resolution, and only R' Z'eira's resolution remains.[19]

Earlier (18a), the Gemara cited two Baraisos that precluded declaring Rosh Chodesh on the thirty-second day of the preceding month, even under extenuating circumstances and even if the moon was not observed beforehand.[20] The Gemara cites a related Baraisa:[21]

קִידְּשׁוּהוּ קוֹדֶם לִזְמַנּוֹ – If **[THE COURT] SANCTIFIED [THE NEW MONTH] BEFORE ITS TIME** אוֹ לְאַחַר עִיבּוּרוֹ – **OR AFTER ITS EXTENSION** יוֹם אֶחָד – by even **ONE DAY,** יָכוֹל יְהֵא מְקוּדָּשׁ – **IT COULD BE** thought that **[THE NEW MONTH] WOULD BE SANCTIFIED.** תַּלְמוּד לוֹמַר ,,אֹתָם" – **[THE TORAH]** therefore **STATES** regarding the festivals:[22] *you shall declare* ***THEM,*** ,,אֹתָם אֵלֶּה הֵם מוֹעֲדָי" – teaching that only with regard to ***THEM*** (i.e. festivals that are designated in their proper time), does Scripture declare ***THESE ARE MY APPOINTED FESTIVALS;*** אֵין אֵלֶּה מוֹעֲדַיי – but if the month is sanctified on an improper day, so that the festivals were not designated in their proper time, then **THESE ARE NOT MY APPOINTED FESTIVALS.**[23]

The Gemara defines the phraseology of the Baraisa:

לִפְנֵי זְמַנּוֹ עֶשְׂרִים וְתִשְׁעָה יוֹם – The phrase **"before its time"** refers

NOTES

At some point during his lifetime, he brought the Sanhedrin back to Yavneh (see Mishnah 2:6, 16b, *Bavli* 25a, and *Rashi* to 32a ד״ה לא כך; see also *Maharsha*). It later returned to Usha in the time of his son, Rabban Shimon ben Gamliel. This is evident from a Baraisa, cited in *Bavli* 32a, which teaches that the declaration of Rosh Chodesh took place in Usha during the tenure of Rabban Shimon ben Gamliel (*Rashi* 31b ד״ה ומיבנה לאושא).

Rashi does not explain why the *Nesiim* chose different places of residence, nor why Rabban Gamliel returned with the Sanhedrin from Usha to Yavneh. According to *Doros HaRishonim* (III, pp. 344-372, 425-432), the *Nasi* and Sanhedrin were forced to abandon Yavneh and the Land of Judah due to Roman persecution under the reign of the emperor Domitian. They convened in Usha, in the Galilee, where the situation was more tranquil. When Domitian died and was succeeded by Nerva, who was more kindly disposed to the Jews, the Sanhedrin was able to return to Yavneh. Sadly, Nerva's rule was brief and the terrible persecution under his successor, Trajan, forced the Sanhedrin to disband. When Trajan was succeeded by Hadrian, a brief period of calm ensued and the Sages again convened the Sanhedrin under the leadership of Rabban Shimon ben Gamliel. However, in order to maintain a low profile, they settled in Usha rather than Yavneh.]

11. That is, he recited the verses of *Malchiyos* in the third blessing (*Korban HaEidah*). They did not sound the *shofar* then, but rather during the fourth blessing, *Holiness of the Day* (*Pnei Moshe*).

12. [See note 10 (cf. *Rash Sirilio* to *Sheviis* ibid.).]

13. He recited verses of *Malchiyos* in the fourth blessing (*Korban HaEidah*), and the *shofar* was sounded then (*Pnei Moshe*).

14. This Baraisa stands in contradiction to Rav, for in his opinion, Elul was always deficient and Rosh Hashanah would be observed only on the 30th day (*Pnei Moshe*; *Korban HaEidah* to *Sanhedrin* 7a; see *Korban HaEidah* here).

15. The Gemara will now present two answers to its question on Rav (*Korban HaEidah*; cf. *Mahara Fulda* to *Sheviis* ibid.; see *Sheyarei Korban*).

16. In fact, Elul is always deficient and Rosh Hashanah is thus always on the 30th day (from Elul). That year was no different. However, the people erred in their calculations and mistakenly thought that the 29th day of Elul was the 30th day. They therefore observed it as Rosh Hashanah. The next day they discovered that they had mistakenly observed Rosh Hashanah on the 29th day of Elul, and therefore observed the following day, the actual first of Tishrei, as Rosh Hashanah (*Korban HaEidah*; *Pnei Moshe*; cf. *Mahara Fulda* and *Rash Sirilio* to *Sheviis* ibid. for other approaches).

17. *Korban HaEidah; Pnei Moshe,* second explanation; cf. *Pnei Moshe,* first explanation.

18. The cited Baraisa does not mean that R' Yishmael and R' Chananyah lead the prayers on two consecutive days of a single Rosh Hashanah holiday. Rather, R' Yishmael led the prayers on the single day of Rosh Hashanah one year, and R' Chananyah led the prayers the next year (*Korban HaEidah; Pnei Moshe*).

19. *Korban HaEidah; Pnei Moshe*.

[*Bavli* (32a) accepts the resolution that these events occurred in consecutive years; when the Baraisa says "the second day," it means the next day that was sanctified as Rosh Hashanah, which occurred in the following year.]

20. See 18a note 28.

21. *Toras Kohanim, Emor, perek* 10:4. This Baraisa will teach that a delayed [or premature] declaration of Rosh Chodesh is not effective, even after the fact (see *Raavad* to *Toras Kohanim* ibid. 10:5).

22. *Leviticus* 23:2. The verse states: דַּבֵּר אֶל־בְּנֵי יִשְׂרָאֵל וְאָמַרְתָּ אֲלֵהֶם מוֹעֲדֵי ה׳ אֲשֶׁר־תִּקְרְאוּ אֹתָם מִקְרָאֵי קֹדֶשׁ אֵלֶּה הֵם מוֹעֲדָי, *Speak to the Children of Israel and say to them: God's appointed festivals that you shall declare* ***them*** *declarations of holiness – these are My appointed festivals.* The word them is superfluous (*Korban HaEidah, Sanhedrin* 7a).

23. The superfluous word אֹתָם, *them*, is understood as portraying *timeliness.* Thus, the phrase: מוֹעֲדֵי ה׳ אֲשֶׁר־תִּקְרְאוּ אֹתָם מִקְרָאֵי קֹדֶשׁ אֵלֶּה הֵם מוֹעֲדָי is taken to mean: *God's appointed festivals that you shall declare* ***in their proper times*** *as declarations of holiness – these are My appointed festivals.* In other words, only those festivals that are designated in their proper time have legitimacy. This indicates that Rosh Chodesh is considered sanctified only when it is either declared on the 30th or 31st day from the previous Rosh Chodesh (*Korban HaEidah* ibid., first approach; cf. second approach).

[*Pnei Moshe* asserts that if a declaration was *made* on another day it is invalid even if the court declares that it should be effective on the proper day (for example, the court declared on the 29th day that the 30th day should be Rosh Chodesh); see, however, glosses of *R' Y. Y. Kanievski* (printed in *Yerushalmi Sheviis* with *Beur of R' Chaim Kanievski*, citing *Rambam, Hil. Kiddush HaChodesh* 2:9 and 3:15 ff.).]

(א)רבי אומר ניסן לא נתעבר מימיו. והא תנינן אם בא חדש בזמנו. (ב)אם בא לא בא. (ג)רב אמר תשרי לא נתעבר מימיו. והא תנינן (ד)אם היה החדש מעובר. אם היה לא היה. (ה)וכשקידשו את השנה באושא ביום הראשון א]עבר ב]ר' ישמעאל בנו של ר' יוחנן בן ברוקה ג]אמר כדברי (ו)ר' יוחנן בן נורי. טו: ד]אמר רבן שמעון בן גמליאל לא היינו נוהגין כן ביבנה. ביום השיני עבר ר' חנינה בנו של ר' יוסי הגלילי ואמר כדברי ר' עקיבה. אמר רבן שמעון בן גמליאל כן היינו נוהגין ביבנה. ה]והא תני קידשוהו בראשון ובשיני. ר' זעירא בשם ר' חסדא אותה השנה נתקלקלה. מהו בראשון מהו בשיני. ר' בא בשם רב שנה ראשונה ושנה השנייה. והא תני ביום הראשון וביום השיני: (ז)קידשוהו קודם לזמנו או לאחר עיבורו יום אחד יכול יהא מקודש תלמוד לומר א)אותם אלה הם מועדיי ו]אין אלה מועדיי. לפני זמנו עשרים ותשעה יום לאחר עיבורו שלשים ושנים יום. (ח)ומניין א שמעברין את השנה על הגליות ז]שעלו ואדיין לא ח]הגיעו תלמוד לומר א)ט]בני ישראל מועדיי עשה את המועדות שיעשו אותן כל ישראל. אמר ר' שמואל בר נחמן והן שהגיעו לנהר פרת. ר' יעקב בר אחא ר' אימי בשם ר' יהודה בר פזי (ט)ב קידשוהו ואחר כך נמצאו העדים זוממין הרי זה מקודש. קם ר' יוסה עם ר' יהודה בר פזי אמר ליה אתה שמעתה מן אבוך הדא מילתה.

פני משה

רבי אומר ניסן לא נתעבר מימיו. מעולם לא הוקבע ראש חודש ניסן ביום ל"א, ולפי שהאדר הסמוך לניסן לעולם חסר הוא. וגרסינן להא לעיל בשביעית פ"י (ה"א) ובנדרים פ"ו (פ"ח) ובסנהדרין פ"ק (ה"ב): והתנינן אם בא החדש בזמנו. עיקרא דמילתא בתוספתא פרק קמא דר"ה היא (ה"ד) דתני ניסן ראש השנה למלכים ולתרומת שקלים וכו', כיצד לתרומת שקלים כל קרבנות צבור קריבין באחד בניסן אם בא חדש בזמנו קריבין מן החדשה ואם לאו קריבין מן הישנה, וכעין דתנן בפ"ד דשקלים (מ"ה) גבי מותר הקטורת מה היו עושין בה וכו', אם בא החדש בזמנו לוקחין אותה מתרומה חדשה, ומפני שבאחד בניסן היו צריכין להביא כל קרבנות הצבור מתרומה חדשה כדאמרינן (בבלי ז.) חדש והבא קרבן מתרומה חדשה, וקא סלקא דעתיה דהכי קאמר אם בא החדש בזמנו היינו שלא בא התרומה חדשה עד זמנו שהוא יום שלשים קריבין למחר מתרומה חדשה, וכלומר שעל כרחם היו צריכין לעבר החדש ולקבוע ראש חודש ניסן ביום ל"א כדי שיקריבו תמיד של שחר וכן הקטרת באחד בניסן מתרומה חדשה, ואם לאו שלא בא עדיין החדשה קריבין מן הישנה שאי אפשר בענין אחר, שמעינן מיהת דלפעמים מלינו שראש חודש ניסן ביום ל"א הוא, ומשני אם בא קאמר, אבל באמת מעולם לא בא שלא נזדמן להיות כך, לפי שהיו מקדימין להביא שקליהן כדתנן (שקלים פ"א מ"א) באחד באדר משמיעין על השקלים ומעולם לא נתאחר תרומה חדשה עד זמנו להביא קרבנות מהחדש שילטרכו לעבר משום זה כדי להקריב באחד בניסן מן החדש: תשרי לא נתעבר מימיו. לקבוע ראש השנה ביום ל"א, לפי שאלול לעולם חסר הוא: והתנינן. בפ"י דשביעית (מ"ב) השוחט את הפרה וחלקה בראש השנה אם היה החדש מעובר משמט דשביעית אינה משמטת אלא בסופה (ערכין כח:): אם היה. אבל באמת לא היה שלא נזדמן להיות כך: וכשקידשו את השנה באושא. תוספתא היא בפרק שני דמכילתין (ה"ט) ולקמיה פריך אהא דאמר רבי תשרי לא נתעבר מימיו: כדברי ר' יוחנן בן נורי. לקמן בפ"ד (ה"ו - כד.) דקאמר כולל מלכיות עם קדושת השם ואינו תוקע: ואמר כדברי ר' עקיבה. דקאמר כולל מלכיות עם קדושת היום ותוקע: והא תני קידשוהו בראשון ובשני. כלומר שמעינן מיהת מהאי ברייתא שעשו שני ימים ראש השנה ועיברוהו לאלול: ומשני אותה השנה נתקלקלה. קלקול וטעות בחשבון אירע להם באותה שנה ועל ידי כך עשו שני ימים מה בין ראשון לשני. כך גרים בשביעית, וסיומא למילתא היא שהטעות היה כך, ולגירסא דהכא וכן בנדרים ובסנהדרין כמו ואיבעית אימא הוא, מהו בראשון מהו בשני כדר' בא בשנה הראשונה ובשנה השניה, ודחי לה הש"ס והתני ביום הראשון וביום השני אלא מחוורתא כדר' זעירא: קידשוהו קודם לזמנו. כלמפרש לקמיה קודם לזמנו בכ"ט ולאחר עיבורו ביום ל"ב, ואע"פ שקידשוהו ליום זמנו שהוא יום שלשים או עיברוהו ליום העיבור: יכול יהא מקודש. ואין צריך לקדשו עוד: תלמוד לומר אותם. אם תקראו בזמנן אלה הם מועדי, ואין אלה מועדי שנקראו שלא בזמנן: על הגליות שיצאו. גרים בנדרים. שיצאו לעלות לרגל ואינן יכולין להגיע לירושלים לעשות הפסח בזמנו: והן שהגיעו לנהר פרת. דוקא כשכבר נשמע שהגיעו לגבול ארץ ישראל:

קרבן העדה

ניסן לא נתעבר מימיו. לא היה מעולם ביום שלשים ואחד: והא תנינן. בשקלים פ"ד: אם בא החדש בזמנו. לוקחין אותו מתרומה חדשה, ואם לאו מן הישנה. וקסבר דאהחדש קאי אם בא ראש חודש ניסן בזמנו דהיינו ביום ל' שהוא הנקרא ליל זמנו באה הקטרת מתרומה חדשה, ואם לאו באה הקטרת ביום ל' מן הישנה, שמעינן ממתני' דלפעמים ראש חודש ניסן בא ביום שלשים ואחד: ומשני אם בא. התנא קא משמע לן אם בא ראש חדש ניסן ביום שלשים ואחד, אבל רבי קאמר שמעולם לא נזדמן להיות כך*: תשרי לא נתעבר מימיו. להיות ביום שלשים ואחד: והתנינן. בשביעית פ' בתרא (מ"ב): אם היה וכו'. ברישא תנן השוחט את הפרה בראש השנה אם היה החדש מעובר משמט שהשביעית משמטת בסופה, שמעינן דראש חדש תשרי לפעמים מעובר: ומשני אם היה. התנא קא משמע לן דינא אם יהיה כך שאלול מעובר, ורב קאמר לא היה שלא נזדמן שיהיה אלול מלא: ופריך וכשקידשו וכו'. דתניא בתוספתא כשקידשו השנה דהיינו ראש חדש תשרי כשקידשו באושא: ביום הראשון. של ראש השנה עבר לפני התיבה ר' ישמעאל בנו של ר' יוחנן בן ברוקה, וכלל מלכיות עם קדושת השם כדעת ר' יוחנן בן נורי לקמן פ"ד (ה"ו - כד.): ביום השני. של ראש השנה עבר לפני התיבה ר' חנינה בנו של ר' יוסי הגלילי, וכלל מלכיות עם קדושת היום: ומשני והא תני קידשוהו בראשון ובשני. כלומר וליטעמיך איך קידשו שני ימים אלא כדר' זעירה בשם רב חסדא אותה השנה נתקלקלה, וטעו בחשבון וסברו ביום כ"ט שהוא יום ל' והוצרכו לעשות שני ימים תשרי*: מהו בראשון וכו'. כלומר ואיבעית אימא מהו בראשון ובשני, לאו ביום ראשון ושני של ראש השנה קאי, אלא בראשון היינו בשנה ראשונה ובשני היינו בשנה שנייה: ופריך והא תני ביום הראשון וביום השני. משמע דבשנה אחת היה, אלא מחוורתא כדשנין מעיקרא: קידשוהו קודם לזמנו או לאחר עיבורו. בסמוך מפרש לה: אין אלה מועדי. דלעולם אין מקדשין אלא או יום ל' דהוי ליה חדש שעבר חסר, או יום ל"א דהוי ליה חדש שעבר מלא: על הגליות שעלו. בני הגולה הרחוקים ונשמע לבית דין שנעקרו ממקומן לעשות פסחיהם ועדיין לא הגיעו: תלמוד לומר. דבר אל בני ישראל ואמרת אליהם מועדי ה', שיהיו המועדים לכל ישראל, ולכך מעברין השנה שיהיה להם זמן להגיע: והן וכו'. והוא שהגיעו הגלות לנהר פרת, והוא הנהר המפסיק בין ארץ ישראל לבבל, אבל אם לא הגיעו לשם הוי ליה כאלו לא נעקרו ואין מעברין השנה בשבילם: קדשוהו. בית דין את החדש ואחר כך נמצאו זוממין בעדות זו, הרי זה מקודש:

עין משפט

א מיי' פ"ב מהלכות קידוש החודש הלכה ג:
ב מיי' פ"ה מהלכות עדות הלכה ח טוש"ע חו"מ סימן ז סעיף ה:

שינויי נוסחאות

א] עבר. כ"ה גם בירושלמי נדרים (פ"ו ה"ח) וסנהדרין (פ"ו ה"ח). בתוספתא (פ"ב ה"ט) ובירושלמי שביעית (פ"י ה"א) עמד. בבבלי (לב.) ירד. וכן בסמוך:
ב] ר' ישמעאל בנו של. בתוספתא (שם) ובבבלי (שם) ליתא:
ג] אמר. בתוספתא (שם) ואמר:
ד] אמר. בבבלי (שם) אמר לו:
ה] והא תני וכו' ביום הראשון וביום השיני. הגר"א בשביעית (שם) הגיה והתני קדשוהו בראשון ובשני. ר' בא בשם רב שנה ראשונה שנה שניה. והתני יום הראשון יום השני. ר' זעירא בשם רב וכו':
ו] אין. בירושלמי שביעית (שם) לפני זמנו אין:
ז] שעלו. בירושלמי שביעית (שם) ונדרים (שם) שיצאו. בירושלמי סנהדרין (שם) שגלו:
ח] הגיעו. בירושלמי נדרים (שם) נוסף למקומן:
ט] בני ישראל. בירושלמי נדרים (שם) וידבר משה את מועדי ה' אל בני ישראל:

תורה אור השלם

א) דַּבֵּר אֶל בְּנֵי יִשְׂרָאֵל וְאָמַרְתָּ אֲלֵהֶם מוֹעֲדֵי יְהֹוָה אֲשֶׁר תִּקְרְאוּ אֹתָם מִקְרָאֵי קֹדֶשׁ אֵלֶּה הֵם מוֹעֲדָי: (ויקרא כג ב)

רידב"ז

וכשקידשו את השנה באושא ביום הראשון וכו' ביום השני עבר ר' חנינה בנו של ר' יוסי הגלילי ואמר כדברי ר' עקיבא אמר רבן שמעון בן גמליאל כן היינו נוהגין ביבנה. גירסת הגר"א ז"ל בירושלמי שביעית (פ"י ה"א - פא:) ר' בא בשם רב שנה ראשונה ושנה שניה, והא תני ביום הראשון וביום השני, ר' זעירא בשם ר' חסדא אותה שנה נתקלקלה:

מסורת הש"ס

א) שביעית פ"י ה"א, נדרים פ"ו ה"ח, סנהדרין פ"א ה"ב [מגילה פ"א ה"ה] ר"ה יט: [בכורות נח.] ב) [שקלים פ"ד מ"ה ועי' קרבן העדה, תוספתא שקלים פ"ב ה"ח ותוספתא ר"ה פ"א ה"ד ועי' פני משה] ג) שביעית פ"י ה"א ונדרים פ"ו ה"ח וסנהדרין פ"א ה"ב [כל הענין] ר"ה [יט:] לב. [ביצה ו., כב:] ד) [שביעית פ"י מ"ב, שבת קמח:] ה) לקמן פ"ד ה"ו - כד: [תוספתא פ"ב ה"ט, ספרא אמור פרשה יא ה"ה, ילקו"ש אמור תרמה בשינוי] ו) תוספתא פ"ב ה"א, ספרא אמור פרק י ה"ד [ילקו"ש אמור תרמג] ז) סנהדרין יא. [ותוספתא סנהדרין פ"ב ה"ו בשינוי] ספרא אמור פרשה ט ה"א [ילקו"ש אמור תרמג] ח) [שביעית פ"י ה"א] לעיל פ"ב ה"ו - יז., תוספתא פ"ב ה"א, ספרא אמור פרק י ה"ב [ילקו"ש אמור תרמג]

שירי קרבן

אם בא חדש וכו'. בשביעית פרק בתרא (ה"א) פי' הר"א פולדא דקושית הש"ס כיון דמשמיעין על השקלים מא' באדר (שקלים פ"א מ"א), לפי ששואלין ודורשין בענין ל' יום קודם, ולא משכחת ל' יום אלא א"כ ניסן מעובר, וש"מ דניסן נמי מעברין. ומשני אם בא וכו', כלומר התנא דתנא מא' באדר משמיעין איירי אם עיברו ניסן, ורבי אמר דלא בא שלא אירע שעיברו ניסן, ע"כ. ודבריו תמוהים מאוד, א"כ למה שבק הש"ס העיקר ולא פריך ממתני' דא' באדר משמיעין, והיא המשנה הראשונה דשקלים, והך מתני' אם בא חדש אין לה מקום כאן לפי פירושו לא לשיטת המקשה והמתרץ. ותו נראה דשואלין ודורשין חדש אחד סגי, דמהיכא קילפת ליה דבעינן ל' יום, שהרי משה עומד בפסח ראשון ומזהיר על פסח שני (פסחים ו:), אי ס"ד דבעינן ל' יום דוקא מנא ידע משה שיהיה ניסן מלא אולי יבואו עדים ויעידו שראו החדש וצריכין אנו לקבל אותן אם אי אפשר להכחישן, והיה לו להקדים יום אחד, אלא ודאי דאחדש הוא [ד]קפיד קרא, ועיין בבכורות דף כ"ז ע"ב בתוס' בד"ה בפרוס וכו'. אלא ודאי פירושי שבקונטרס עיקר. ואף שהרמב"ם והרע"ב פירשו בשקלים (פ"ד מ"ה) אם בא החדש בזמנו, שהביאו שקלים חדשים קודם ר"ח ניסן שהוא זמן התרומה חדשה, לוקחין מותר הקטרת מתרומה חדשה וכו', ע"כ. קשיא לי לישנא דמתני' דתני אם בא החדש, כיון דאתרומה קאי הו"ל למתני אם באה התרומה חדשה בזמנה לוקחין אותם ממנו. וכ"ה לשון הרמב"ם סוף הלכות שקלים (פ"ד ה"א) משיגיע ר"ח ניסן מקריבין קרבנות ציבור מן החדשה, ואם לא באה החדשה לוקחין מן הישנה, ע"כ, ועוד בשביעית פרק בתרא (שם) מפורש בירושלמי אם בא החודש. והר"א פולדא הגיה ללא צורך. ואת"ל לפי פירושי מאי קמ"ל התנא, י"ל דטובא קמ"ל דבשחרית ביום ל' מקטירין הקטורת מן הישנה אם לא באו עדים קודם הקטרת קטרת. והשתא לשון המתרץ נכון, ופירושי זה במתני' דשקלים נראה ברור ודלא כהרמב"ם והרע"ב: ר' זעירא בשם רב חסדא אותה השנה נתקלקלה. כתב הר"א פולדא בשביעית (פ"י ה"א) והא דר"ח לא קאי לתרולי דרב רק דהוא אומר על הברייתא שהיו עושים ר"ה ביום ל' כשלוחי אלול, וגם היכא דלא מטו שלוחי תשרי היו מקולקלים ביום הכיפורים וסוכות וכו', ואגב שיטפה מייתי הא דר"ח קודם שמתרץ דברי רב וכו', ע"כ. ודבריו תמוהים דודאי באושא היה מקום הועד ושם לא סמכו כלל על שלוחי אלול, וגם בזה לא שייך לומר לשון מקולקלת. גם דוחק לומר דמפסיק בדברי ר"ח בין קושיא לפירוקא. ופירושי שבקונטרס נראה עיקר:

The Gemara has stated that we may intimidate witnesses to testify falsely, in order to declare Rosh Chodesh Nissan and Tishrei prematurely – on the thirtieth day. The Gemara now states that, in fact, Rosh Chodesh Nissan and Tishrei were always on the thirtieth day. The Gemara begins with Rosh Chodesh Nissan:[1]

רַבִּי אוֹמֵר – REBBI SAID: נִיסָן לֹא נִתְעַבֵּר מִיָּמָיו – Rosh Chodesh NISSAN WAS NEVER EXTENDED to two days.[2]

The Gemara asks:

וְהָא תְּנִינָן – **But we learned in a Mishnah:**[3] אִם בָּא חֹדֶשׁ בִּזְמַנּוֹ – IF the MONTH of Nissan CAME IN ITS proper TIME, i.e. on the thirtieth day of Adar,[4] the Temple treasurers would use the new *shekalim* to purchase communal offerings for that day. But if the first day of Nissan came the following day, the treasurers purchased the offerings for the thirtieth of Adar from the old *shekalim*.[5] This Mishnah indicates that Nissan can sometimes have two days Rosh Chodesh (with the first day of Nissan being on the thirty-first day of Adar), in contradiction to Rebbi's statement that Rosh Chodesh Nissan was never extended to two days!

The Gemara answers:

אִם בָּא – The Mishnah is teaching what the law would be **if it** ever **came** to be that Adar had thirty days and Nissan began on the thirty-first day, לֹא בָּא – but, in reality, **it did not** ever **come** to be, as Rebbi reported.[6]

The Gemara now turns to Rosh Chodesh Tishrei:

רַב אָמַר – **Rav said:** תִּשְׁרֵי לֹא נִתְעַבֵּר מִיָּמָיו – Rosh Chodesh **Tishrei** (Rosh Hashanah) **was never extended** to two days, because the month of Elul is always deficient.

The Gemara asks:

וְהָא תְּנִינָן – **But we learned in a Mishnah** concerning one who slaughters a cow and apportions it (on credit) on (the first day of) Rosh Hashanah (following a *sheviis* year):[7] אִם הָיָה הַחֹדֶשׁ מְעוּבָּר – IF THE MONTH of Elul WAS FULL (so that "the first day" of Rosh Hashanah was actually the last day of the *sheviis* year), the obligation is canceled; but if not (i.e. the first day of Rosh Hashanah was, in fact, the first day of Tishrei) it is not canceled.[8] The Mishnah implies that Elul is sometimes full. This contradicts Rav's teaching! – ? –

Again, the Gemara answers:

אִם הָיָה – The Mishnah is teaching what the law would be **if [Elul] were** thirty days, לֹא הָיָה – but, in reality, **it never was** full, as Rav reported.

The Gemara persists in challenging Rav's statement, by citing a Baraisa concerning the Mussaf prayer on Rosh Hashanah:[9] וּכְשֶׁקִּידְּשׁוּ אֶת הַשָּׁנָה בְּאוּשָׁא – WHEN THEY SANCTIFIED THE YEAR IN USHA[10] בַּיּוֹם הָרִאשׁוֹן – ON THE FIRST DAY of Rosh Hashanah, עָבַר רַבִּי יִשְׁמָעֵאל בְּנוֹ שֶׁל רַבִּי יוֹחָנָן בֶּן בְּרוֹקָה – R' YISHMAEL THE SON OF

NOTES

1. This Gemara (until five lines from the bottom of the *amud*) is found also in *Sheviis* 10:1, 81a, and *Sanhedrin* 1:2, 6b-7a. [See also *Bavli* 19b-20a and 32a.]

2. The Adar before Nissan [be it Adar Rishon or Adar Sheni] is always a "deficient" month of 29 days, so that the first day of Nissan is always on the 30th day of Adar (*Korban HaEidah*; *Pnei Moshe*).

If Rosh Chodesh Nissan were two days, the "first day" of Rosh Chodesh would be the 30th day of Adar (and the first day of Nissan would be on the 31st day from Adar). Since this never occurred, the 30th day from the beginning of Adar was always the first day of Nissan, with that day alone being Rosh Chodesh (*Mahara Fulda* to *Sheviis* ibid.).

[The term נִתְעַבֵּר, *extended*, is used in a different sense here than usual. Generally, the term מְעוּבָּר refers to a month that has the extra, 30th day added to it. In this case, however, when the Baraisa refers to Nissan as "extended," it is referring to the number of days of Rosh Chodesh (*Ziv HaYam* there; see there for further discussion).]

3. *Shekalim* 4:3. See *Tosefta Rosh Hashanah* 1:4.

4. When a new month is sanctified on the 30th day from the beginning of the previous month, it is called sanctified "in its time" (*Korban HaEidah*; see above, 18a note 24).

5. Beginning in Nissan, the communal offerings are purchased with the new half-*shekel* donations collected during the previous month of Adar. The Mishnah discusses which *shekalim* were used for communal offerings that were brought on the 30th day after the beginning of Adar: If the first day of Nissan was established that day (so that Adar was a "deficient" month), the new *shekalim* would be used; but if Nissan was not to be sanctified until the following day (so that Adar was a "full" month), the old *shekalim* would be used (*Korban HaEidah; Rash Sirilio* to *Sheviis* ibid.; see also *Turei Even*, *Rosh Hashanah* 7a; cf. *Mahara Fulda* to *Sheviis*; see also *Tos. R' Akiva Eiger* to the Mishnah in *Shekalim*).

[For discussion of the novelty of the Mishnah's ruling, see *Sheyarei Korban* and *Turei Even* ibid.]

6. The Mishnah addresses the hypothetical case where Rosh Chodesh Nissan has two days. In such a case, the Temple treasurers would use the old *shekalim* to purchase the communal offerings for the first day Rosh Chodesh (which, in reality, is the 30th day of Adar). But Rebbi relates that, in truth, it never happened this way (*Korban HaEidah*).

7. *Sheviis* 10:1, 79a.

The Torah mandates that every seventh year be designated as *sheviis*. All outstanding debts are automatically canceled at the end of this year, as taught by the verse (*Deuteronomy* 15:1): מִקֵּץ שֶׁבַע־שָׁנִים תַּעֲשֶׂה שְׁמִטָּה, *At the end of seven years you shall make a relinquishment* (*Arachin* 28b). The Mishnah cited here elaborates on how this law applies to the Rosh Hashanah following *sheviis*. In Mishnaic times, when the new month was based upon the arrival of witnesses, the people would wait each month to hear from Sanhedrin whether a month was "deficient" or "full." This posed a special problem for the festival of Rosh Hashanah, which is Biblically observed for one day only, on the first day of the month of Tishrei. When the 30th day of Elul began, the populace would not know whether that day was in fact the last day of Elul or the first day of Tishrei. It was therefore necessary for them to observe that day as Yom Tov due to the possibility of witnesses arriving that day and the Sanhedrin declaring it to be Rosh Hashanah (see *Rashi* to *Eruvin* 39a ד״ה ור״י). In the event that witnesses would not come, and the 31st day was designated Rosh Hashanah, the day that they had observed as the first day of Rosh Hashanah was actually the last day of Elul and belonged to the previous year. The following Mishnah deals with a case where meat was sold on credit on the first day of Rosh Hashanah following *sheviis* and discusses whether *sheviis* abrogates the loan.

[See Mishnah, *Shabbos* 22:1 and *Bavli Shabbos* 148b as to the general issue of making a loan on Yom Tov; regarding conducting business on the Sabbath or Yom Tov, see *Beitzah* 3:6, 32b, *Bavli* 27b; *Rashi* there ד״ה אין פוסקין; *Rambam, Hil. Shabbos* 23:12.]

8. If Elul were "full," the day observed as the first day of Rosh Hashanah was in fact the 30th day of Elul, and the debt was thus incurred on the last day of *sheviis*. Since *sheviis* cancels debts at its conclusion, the debt is canceled. If, however, Elul was "deficient," the debt was incurred *after* the *sheviis* year had ended and is not subject to cancellation (*Korban HaEidah*).

[The ruling of this Mishnah infers that shop credit is canceled by *sheviis*. The beginning of the same Mishnah, however, states that shop credit is not canceled; only debts from loans are canceled. See *Yerushalmi Sheviis* 80b for discussion.]

9. This Baraisa is found in *Tosefta* (2:9) and quoted below, 4:6, 24b (*Bavli* 32a). The Mishnah (4:6-7, 24a-b) presents a dispute concerning when to recite the verses of *Malchiyos* (one of the three special sections added to the Mussaf *Shemoneh Esrei* of Rosh Hashanah). According to R' Yochanan ben Nuri, the verses of *Malchiyos* are recited in the third blessing without the *shofar* being blown; the first blasts of the *shofar* are blown during the fourth blessing, *Holiness of the Day*. R' Akivah, though, holds that the verses of *Malchiyos* are recited in the fourth blessing (and the *shofar* is sounded then).

10. I.e. when the Sanhedrin was exiled from Yavneh to Usha (see *Bavli Rosh Hashanah* 31b), and the declaration of the month of Tishrei – which inaugurated the new year – was done there.

[The Great Sanhedrin would follow the *Nasi* to his place of residence. In Rabban Yochanan ben Zakkai's times, the Sanhedrin was in Yavneh. After his passing, it followed the *Nasi*, Rabban Gamliel, to Usha.

[א]רבי אומר ניסן לא נתעבר מימיו. והא תנינן אם בא חדש בזמנו. [ב]אם בא לא בא. [ג]רב אמר תשרי לא נתעבר מימיו. והא תנינן [ד]אם היה החדש מעובר. אם היה לא היה. [ה]וכשקידשו את השנה באושא ביום הראשון [א]עבר [ב]ר' ישמעאל בנו של ר' יוחנן בן ברוקה [ג]אמר כדברי [ה]ר' יוחנן בן נורי. טו: [ד]אמר רבן שמעון בן גמליאל לא היינו נוהגין כן ביבנה. ביום השני עבר ר' חנינה בנו של ר' יוסי הגלילי ואמר כדברי ר' עקיבה. אמר רבן שמעון בן גמליאל כן היינו נוהגין ביבנה. [ה]והא תני קידשוהו בראשון ובשני. ר' זעירא בשם ר' חסדא אותה השנה נתקלקלה. מהו בראשון מהו בשני. ר' בא בשם רב שנה ראשונה ושנה השנייה. והא תני ביום הראשון וביום השיני: [ו]קידשוהו קודם לזמנו או לאחר עיבורו יום אחד יכול יהא מקודש תלמוד לומר [א]אותם אותם אלה הם מועדיי [ו]אין אלה מועדיי. לפני זמנו עשרים ותשעה יום לאחר עיבורו שלשים ושנים יום. [ז]ומניין [א]שמעברין את השנה על הגליות [ז]שעלו ואדיין לא [ח]הגיעו תלמוד לומר [א][ט]בני ישראל מועדיי עשה את המועדות שיעשו אותן כל ישראל. אמר ר' שמואל בר נחמן והן שהגיעו לנהר פרת. ר' יעקב בר אחא ר' אימי בשם ר' יהודה בר פזי [ח][ב]קידשוהו ואחר כך נמצאו העדים זוממין הרי זה מקודש. קם ר' יוסה עם ר' יהודה בר פזי אמר ליה אתה שמעתה מן אבוך הדא מילתה.

פני משה

רבי אומר ניסן לא נתעבר מימיו. מעולם לא הוקבע ראש חודש ניסן ביום ל"א, ולפי שהאדר הסמוך לניסן לעולם חסר הוא. וגרסינן להא לעיל בשביעית פ"י (ה"א) ובנדרים פ"ו (פ"ח) ובסנהדרין פ"ק (ה"ב): **והתנינן אם בא החדש בזמנו.** עיקרא דמילתא בתוספתא פרק קמא דר"ה היא (ה"ד) דתני ניסן ראש השנה למלכים ולתרומת שקלים וכו', כילד לתרומת שקלים כל קרבנות לבור קריבין באחד בניסן אם בא חדש בזמנו קריבין מן החדשה ואם לאו קריבין מן הישנה, וכעין דתנן בפ"ד דשקלים (מ"ה) גבי מותר הקטורת מה היו עושין בה וכו', אם בא החדש בזמנו לוקחין אותה מתרומה חדשה, ומפני שבאחד בניסן היו לריכין להביא כל קרבנות הלבור מתרומה חדשה כדאמרינן (בבלי ז.) חדש והביא קרבן מתרומה חדשה, וקא סלקא דעתיה דהכי קאמר אם בא החדש בזמנו היינו שלא בא התרומה חדשה עד זמנו שהוא יום שלשים קריבין למחר מתרומה חדשה, וכלומר שעל כרחם היו לריכין לעבר החדש ולקבוע ראש חודש ניסן ביום ל"א כדי שיקריבו תמיד של שחר וכן הקטרת באחד בניסן מתרומה חדשה, ואם לאו שלא בא עדיין החדשה קריבין מן הישנה שאי אפשר בענין אחר, שמעינן מיהת דלפעמים מלינו שראש חודש ניסן ביום ל"א הוא, ומשני אם בא קאמר, אבל באמת מעולם לא בא שלא נזדמן להיות כך, לפי שהיו מקדימין להביא שקליהן כדתנן (שקלים פ"א מ"א) באחד באדר משמיעין על השקלים ומעולם לא נתאחר תרומה חדשה עד זמנו להביא קרבנות מהחדש שילטרכו לעבר משום זה כדי להקריב באחד בניסן מן החדש: **תשרי לא נתעבר מימיו.** לקבוע ראש השנה ביום ל"א, לפי שאלול לעולם חסר הוא: **והתנינן.** בפ"י דשביעית (מ"ב) השוחט את הפרה וחלקה בראש השנה אם היה החדש מעובר משמט דשביעית אינה משמטת אלא בסופה (ערכין כח:): **אם היה.** אבל באמת לא היה שלא נזדמן להיות כך: **וכשקידשו את השנה באושא.** תוספתא היא בפרק שני דמכילתין (ה"ט) ולקמיה פריך אהא דאמר רבי תשרי לא נתעבר מימיו: **כדברי ר' יוחנן בן נורי.** לקמן בפ"ד (ה"ו - כד.) דקאמר כולל מלכיות עם קדושת השם ואינו תוקע: **ואמר כדברי ר' עקיבה.** דקאמר כולל מלכיות עם קדושת היום ותוקע: **והא תני קידשוהו בראשון ובשני.** כלומר שמעינן מיהת מהאי ברייתא שעשו שני ימים ראש השנה ועיברוהו לאלול: **ומשני אותה השנה נתקלקלה.** קלקול וטעות בחשבון אירע להם באותה שנה ועל ידי כך עשו שני ימים מה בין ראשון לשני. כך גרים בשביעית, וסיומא דמילתא היא שהטעות היה כך, ולגירסא דהכא וכן בנדרים ובסנהדרין כמו ואיבעית אימא הוא, מהו בראשון מהו בשני כדר' בא בשנה הראשונה ובשנה השניה, ודחי לה הש"ס והתני ביום הראשון וביום השני אלא מחוורתא כדר' זעירא: **קידשוהו קודם לזמנו.** כדמפרש לקמיה קודם לזמנו בכ"ט ולאחר עיבורו ביום ל"ב, ואע"פ שקידשוהו ליום זמנו שהוא יום שלשים או עיברוהו ליום העיבור: **יכול יהא מקודש.** ואין לריך לקדשו עוד: **תלמוד לומר אותם.** אם תקראו בזמנן אלה הם מועדי, ואין אלה מועדי שנקראו שלא בזמנן: **על הגליות שיצאו.** גרים בנדרים. שיצאו לעלות לרגל ואינן יכולין להגיע לירושלים לעשות הפסח בזמנו: **והן שהגיעו לנהר פרת.** דוקא כשכבר נשמע שהגיעו לגבול ארץ ישראל:

קרבן העדה

ניסן לא נתעבר מימיו. לא היה מעולם ביום שלשים ואחד: **והא תנינן.** בשקלים פ"ד: **אם בא החדש בזמנו.** לוקחין אותו מתרומה חדשה, ואם לאו מן הישנה. וקסבר דאהחדש קאי אם בא ראש חודש ניסן בזמנו דהיינו ביום ל' שהוא הנקרא ליל זמנו באה הקטרת מתרומה חדשה, ואם לאו באה הקטרת ביום ל' מן הישנה, שמעינן ממתני' דלפעמים ראש חודש ניסן בא ביום שלשים ואחד: **ומשני אם בא.** התנא קא משמע לן אם בא ראש חדש ניסן ביום שלשים ואחד, אבל רבי קאמר שמעולם לא נזדמן להיות כך*: **תשרי לא נתעבר מימיו.** להיות ביום שלשים ואחד: **והתנינן.** בשביעית פ' בתרא (מ"ב): **אם היה וכו'.** ברישא תנן השוחט את הפרה בראש השנה אם היה החדש מעובר משמט שהשביעית משמטת בסופה, שמעינן דראש חדש תשרי לפעמים מעובר: **ומשני אם היה.** התנא קא משמע לן דינא אם יהיה כך שאלול מעובר, ורב קאמר לא היה שלא נזדמן שיהיה אלול מלא: **ופריך וכשקידשו וכו'.** דתניא בתוספתא כשקידשו השנה דהיינו ראש חדש תשרי כשקידשו באושא: **ביום הראשון.** של ראש השנה עבר לפני התיבה ר' ישמעאל בנו של ר' יוחנן בן ברוקה, וכלל מלכיות עם קדושת השם כדעת ר' יוחנן בן נורי לקמן פ"ד (ה"ו - כד.): **ביום השני.** של ראש השנה עבר לפני התיבה ר' חנינה בנו של ר' יוסי הגלילי, וכלל מלכיות עם קדושת היום: **ומשני והא תני קידשוהו בראשון ובשני.** כלומר וליטעמיך איך קידשו שני ימים אלא כדר' זעירה בשם רב חסדא אותה השנה נתקלקלה, וטעו בחשבון וסברו ביום כ"ט שהוא יום ל' והוצרכו לעשות שני ימים תשרי*: **מהו בראשון וכו'.** כלומר ואיבעית אימא מהו בראשון ובשני, לאו ביום ראשון ושני של ראש השנה קאי, אלא בראשון היינו בשנה ראשונה ובשני היינו בשנה שנייה: **ופריך והא תני ביום הראשון וביום השני.** משמע דבשנה אחת היה, אלא מחוורתא כדשנינן מעיקרא: **קידשוהו קודם לזמנו או לאחר עיבורו.** בסמוך מפרש לה: **אין אלה מועדי.** דלעולם אין מקדשין אלא או יום ל' דהוי ליה חדש שעבר חסר, או יום ל"א דהוי ליה חדש שעבר מלא: **על הגליות שעלו.** בני הגולה הרחוקים ונשמע לבית דין שנעקרו ממקומן לעשות פסחיהם ועדיין לא הגיעו: **תלמוד לומר.** דבר אל בני ישראל ואמרת אליהם מועדי ה', שיהיו המועדים לכל ישראל, ולכך מעברין השנה שיהיה להם זמן להגיע: **והן וכו'.** והוא שהגיעו הגלות לנהר פרת, והוא הנהר המפסיק בין ארץ ישראל לבבל, אבל אם לא הגיעו לשם הוי ליה כאלו לא נעקרו ואין מעברין השנה בשבילם: **קדשוהו.** בית דין את החדש ואחר כך נמצאו זוממין בעדות זו, הרי זה מקודש:

עין משפט

א מיי' פ"ג מהלכות קידוש החודש הלכה ב:
ב מיי' פ"ה מהלכות עדות הלכה ח טוש"ע חו"מ סימן ז סעיף ה:

שינויי נוסחאות

א] **עבר.** כ"ה גם בירושלמי נדרים (פ"ו ה"ח) וסנהדרין (פ"ו ה"ח). בתוספתא (פ"ב ה"ט) ובירושלמי שביעית (פ"י ה"א) **עמד.** בבבלי (לב.) **ירד.** וכן בסמוך:
ב] **ר' ישמעאל בנו של.** בתוספתא (שם) ובבבלי (שם) ליתא:
ג] **אמר.** בתוספתא (שם) **ואמר:**
ד] **אמר.** בבבלי (שם) **אמר לו:**
ה] **והא תני וכו' ביום הראשון וביום השיני.** הגר"א בשביעית (שם) הגיה והתני קדשוהו בראשון ובשני. ר' בא בשם רב שנה ראשונה שנה שניה. והתני יום הראשון יום השני. ר' זעירא בשם רב וכו':
ו] **אין.** בירושלמי שביעית (שם) **לפני זמנו אין:**
ז] **שעלו.** בירושלמי שביעית (שם) ונדרים (שם) **שיצאו.** בירושלמי סנהדרין (שם) **שגלו:**
ח] **הגיעו.** בירושלמי נדרים (שם) נוסף **למקומן:**
ט] **בני ישראל.** בירושלמי נדרים (שם) **וידבר משה את מועדי ה' אל בני ישראל:**

תורה אור השלם

א) דַּבֵּר אֶל בְּנֵי יִשְׂרָאֵל וְאָמַרְתָּ אֲלֵהֶם מוֹעֲדֵי יְהוָה אֲשֶׁר תִּקְרְאוּ אֹתָם מִקְרָאֵי קֹדֶשׁ אֵלֶּה הֵם מוֹעֲדָי: (ויקרא כג ב)

רידב"ז

וכשקידשו את השנה באושא ביום הראשון וכו' ביום השני עבר ר' חנינה בנו של ר' יוסי הגלילי ואמר כדברי ר' עקיבא אמר רבן שמעון בן גמליאל כן היינו נוהגין ביבנה. גירסת הגר"א ז"ל בירושלמי שביעית (פ"י ה"א - פא:) ר' בא בשם רב שנה ראשונה ושנה שניה, והא תני ביום הראשון וביום השני, ר' זעירא בשם ר' חסדא אותה שנה נתקלקלה:

מסורת הש"ס

א) שביעית פ"י ה"א, נדרים פ"ו ה"ח, סנהדרין פ"א ה"ב [מגילה פ"א ה"ה] ר"ה יט: [בכורות נח.] ב) [שקלים פ"ד מ"ה ועי' קרבן העדה, תוספתא שקלים פ"ב ה"ח ותוספתא ר"ה פ"א ה"ד ועי' פני משה] ג) שביעית פ"י ה"א ונדרים פ"ו ה"ח וסנהדרין פ"א ה"ב [כל הענין] ר"ה [יט:] לב. [ביצה ו., כב:] ד) [שביעית פ"י מ"ב, שבת קמח:] ה) לקמן פ"ד ה"ו - כד: [תוספתא פ"ב ה"ט, ספרא אמור פרשה יא ה"ה, ילקו"ש אמור תרמה בשינוי] ו) תוספתא פ"ב ה"א, ספרא אמור פרק י ה"ד [ילקו"ש אמור תרמג] ז) סנהדרין יא. [ותוספתא סנהדרין פ"ב ה"ו בשינוי] ספרא אמור פרשה ט ה"א [ילקו"ש אמור תרמג] ח) [שביעית פ"י ה"א] לעיל פ"ב ה"ז - יז., תוספתא פ"ב ה"א, ספרא אמור פרק י ה"ב [ילקו"ש אמור תרמג]

שירי קרבן

אם בא חדש וכו'. בשביעית פרק בתרא (ה"א) פי' הר"א פולדא דקושית הש"ס כיון דמשמיעין על השקלים מא' באדר (שקלים פ"א מ"א), לפי ששואלין ודורשין בענין ל' יום קודם, ולא משכחת ל' יום אלא א"כ ניסן מעובר, וש"מ דניסן נמי מעברינן. ומשני אם בא וכו', כלומר התנא דתנא מא' באדר משמיעין מיירי אם עיברו ניסן, ורבי אמר דלא בא שלא אירע שעיברו ניסן, ע"כ. ודבריו תמוהים מאוד, א"כ למה שבק הש"ס העיקר ולא פריך ממתני' דא' באדר משמיעין, והיא המשנה הראשונה דשקלים, והך מתני' אם בא חדש אין לה מקום כאן לפי פירושו לא לשיטת המקשה והמתרץ. ותו נראה דשואלין ודורשין חדש אחד סגי, דמהיכא קילפת ליה דבעינן ל' יום, שהרי משה עומד בפסח ראשון ומזהיר על פסח שני (פסחים ו.), אי ס"ד דבעינן ל' יום דוקא מנא ידע משה שיהיה ניסן מלא אולי יבואו עדים ויעידו שראו החדש וצריכין אנו לקבל אותן אם אי אפשר להכחישן, והיה לו להקדים יום אחד, אלא ודאי דאחדש הוא [ד]קפיד קרא, ועיין בבכורות דף נ"ח ע"ב בתוס' בד"ה בפרוס וכו'. אלא ודאי פירושי שבקונטרס עיקר. ואף שהרמב"ם והרע"ב פירשו בשקלים (פ"ד מ"ה) אם בא החדש בזמנו, שהביאו שקלים חדשים קודם ר"ח ניסן שהוא זמן התרומה חדשה, לוקחין מותר הקטרת מתרומה חדשה וכו', ע"כ. קשיא לי לישנא דמתני' דתני אם בא החדש, כיון דאתרומה קאי הו"ל למתני אם באה התרומה חדשה בזמנה לוקחין אותם ממנו. וכ"ה לשון הרמב"ם סוף הלכות שקלים (פ"ד הי"א) משיגיע ר"ח ניסן מקריבין קרבנות ציבור מן החדשה, ואם לא באה החדשה לוקחין מן הישנה, ע"כ, ועוד בשביעית פרק בתרא (שם) מפורש בירושלמי אם בא החודש. והר"א פולדא הגיה ללא צורך. וא"ת לפי פירושי מאי קמ"ל התנא, י"ל דטובא קמ"ל דבשחרית ביום ל' מקטירין הקטורת מן הישנה אם לא באו עדים קודם הקטרת קטרת. והשתא לשון המתרץ נכון, ופירושי זה במתני' דשקלים נראה ברור ולא כהרמב"ם והרע"ב: ר' זעירא בשם רב חסדא אותה השנה נתקלקלה. כתב הר"א פולדא בשביעית (פ"י ה"א) והא דר"ח לא קאי לתרוצי דרב רק דהוא אומר על הברייתא שהיו עושים ר"ה ביום ל' כשלוחי אלול, וגם היכא דלא מטו שלוחי תשרי היו מקולקלים ביום הכיפורים וסוכות וכו', ואגב שיטפה מייתי הא דר"ח קודם שמתרץ דברי רב וכו', ע"כ. ודבריו תמוהים דודאי באושא היה מקום הועד ושם לא סמכו כלל על שלוחי אלול, וגם בזה לא שייך לומר לשון מקולקלת. גם דוחק לומר דמפסיק בדברי ר"ח בין קושיא לפירוקא. ופירושי שבקונטרס נראה עיקר:

ויאמרו מקודש מקודש. [א]ראוהו שלשה והן בית דין יעמדו [א]שנים ויושיבו מחביריהם אצל היחיד ויעידו בפניהן ויאמרו מקודש מקודש שאין היחיד נאמן על ידי עצמו:

גמ' ראוהו בית דין וכל ישראל וכו': ביני מתניתא או בית דין או כל ישראל. ר' זעירא ר' אמי [ב]בשם ר' יהושע בן לוי [ו]מעמעמין על הנראה לעברו אין מעמעמין על שלא נראה לקדשו. ר' בא ור' חייה בשם ר' יהושע בן לוי [א]מעמעמין על שלא נראה לקדשו ואין מעמעמין על הנראה לעברו. מתניתא פליגא על ר' זעירא ראוהו בית דין וכל ישראל נחקרו העדים ולא הספיקו לומר מקודש עד שחשיכה הרי זה (מקודש) [ב][מעובר] מפני שחשיכה הא אם לא חשיכה לא הדא אמרה אין מעמעמין על הנראה לעברו. מתניתא פליגא על ר' בא [ג]יכול אם היה צריך שני ימים נותנין לו שני ימים תלמוד לומר [ג]אותו אין לו אלא יום אחד בלבד. הדא אמרה אין מעמעמין על שלא נראה לקדשו. מתניתא פליגא על ר' בא [ד]יכול כשם שמעברין את השנה מפני הצורך כך יקדשו את החודש מפני הצורך תלמוד לומר [א]החודש אחר החודש הן הולכין. הדא אמרה אין מעמעמין על שלא נראה לקדשו. מתניתא פליגא על ר' בא [ה]יכול אם לא נראתה הלבנה לשני ימים כך יקדשו את החודש לשני ימים [ד]תלמוד לומר [ב)ה]אותם אלה הם אין אלה מועדיי מפני שלא נראתה הא אם נראתה לא. הדא אמרה אין מעמעמין על שלא נראה לקדשו. הוון בעיי מימר [ו]ולא פליגין מה דאמר ר' זעירא בשאר כל החדשים מה דאמר ר' בא על ניסן ועל תשרי:

פני משה

א ראוהו שלשה והן בית דין. כלומר שהן ראוין לכך להיות בית דין לקדש החדש וכדתנן בפרק קמא דסנהדרין (מ"ג) עיבור החדש בשלשה והיינו קידוש החדש, והך סיפא קא משמע לן דאע"ג דבדיני ממונות ביחיד מומחה סגי, הכא בקידוש החדש שלשה שהן בית דין בעינן דאין לך מומחה לרבים יותר ממשה רבינו וקאמר ליה הקב"ה עד דאיכא אהרן בהדך דכתיב (שמות יב א-ב) ויאמר ה' אל משה ואל אהרן וגו', החדש הזה לכם: גמ' ביני מתניתא. כן מפרשינן להמתניתן דאו או קתני או בית דין ראוהו או כל ישראל, ומשום דקשיא ליה ליתני כל ישראל בלחוד ובית דין בכלל היא, הלכך מפרש דהכי קאמר ראוהו בית דין וסלקא דעתיה אמינא דהואיל דהוי כמי שהעידו בפניהם שהרי אין שמיעה גדולה מראיה ותו לא ליעברוה. אי נמי ראוהו כל ישראל ואפילו הבית דין לא ראוהו סלקא דעתיה אמינא איפרסמא מילתא ולא לעברוה קא משמע לן*: ר' זעירה וכו'. אמרי בשם ר' יהושע בן לוי דהכי אמר מעמעמין על הנראה לעברו. לשון מגמגמין הוא כדקאמר בפ"ק דשבת (ה"ד) פיתן מהלכות של עמעום הוא, וכלומר מאיימין על העדים להיות מגמגמין על החדש שנראה יום שלשים שלא יעידו שראו וכדי לעברו להחדש אם צריך הוא לכך, אבל אין מאיימין עליהם על שלא נראה שיאמרו ראינו היום וכדי לקדשו ולעשות החודש חסר אם צריך לכך מפני שהוא שקר: ור' בא ור' חייא. קאמרו איפכא בשם ר' יהושע בן לוי מאיימין לומר ראינו אע"פ שלא נראה כדי לקדשו, דהאי לא מיחזי כשיקרא שאפשר שהם ראו ואם שלא נראה לכל, ואין מאיימין עליהן שיכחישו אם נראה הוא לכל דמיחזי כשיקרא: מתניתא. דידן פליגא על ר' זעירה דקאמר בשם ר' יהושע בן לוי, דהא קתני ראוהו בית דין וכל ישראל וכו' ודייקינן הרי זה מעובר. כצ"ל: מפני שחשיכה. ואי אפשר לקדשו, הא אם לא חשיכה לא עבדינן מעובר אלא צריך לקדשו הואיל ונראה לכל, וקשיא על דר' זעירה דהרי הלא אמרה אין מעמעמין על הנראה וכדי לעברו: מתניתא. ברייתא פליגא על ר' בא דקאמר בשם ר' יהושע בן לוי: יכול וכו'. תוספתא היא בריש פ"ב והכי איתא התם לא נראית לבנה לשני ימים יכול יקדשוהו לאחר שני ימים תלמוד לומר יום אין לו אלא יום אחד בלבד. וזו היא הגירסא הנכונה, דלגירסא דהכא תלמוד לומר אותו, היכן מלינו דכתיב אותו גבי אחד בחדש, ויום הוא דמלינו, (במדבר כט א) בחדש השביעי באחד לחדש וגו' יום תרועה יהיה לכם, ולמדנו שאין לו אלא יום אחד בלבד להיות נמנה להתחלת החדש משנראה ביום כ"ט סמוך לשקיעת החמה, ולא שימתינו לקדש החדש אחר שני ימים והיינו ביום ל"א שהוא לאחר שני ימים משנראה. אי נמי לאחר שני ימים ממש כדלקמן, שאפילו רוצין לקדש את יום שלשים הואיל ועברו שני ימים בחדש אין מקדשין. אלמא דאין מאיימין על שלא נראה ולומר שנראה כדי לקדשו מפני הצורך ודלא כר' בא, דהא שמעינן מהאי ברייתא דלאחר שנראה הוא דהולכין: מתניתא. וכן האי ברייתא נמי פליגא על ר' בא דקתני יכול כשם וכו', וכן אידך ברייתא יכול אם לא נראתה הלבנה עד לשני ימים בחדש שנמלא שמעובר החדש, ויכול יקדשוהו כך לאחר שני ימים ויעשו חסר, תלמוד לומר (ויקרא כג ג) אשר תקראו אותם אלה הם מועדי אבל אין אלה מועדי, וטעמא מפני שלא נראתה בזמנו, הא אם נראתה בזמנו לא אמרו כזה דהוי אמינא שימתינו מלקדשו, משום דהכל אחר הראייה אנו הולכין, אם כן הדא אמרה אין מאיימין על שלא נראה לומר שנראה כדי לקדשו ודלא כר' בא: הוון. בני הישיבה: בעיי מימר. דלא פליגין אלא מה דאמר ר' זעירה דאין מאיימין על שלא נראה לקדשו בשאר החדשים, ומה דאמר ר' בא מאיימין על שלא נראה לקדשו, על ניסן ועל תשרי הוא דקאמר שבהן תקנת המועדות תלויין הן:

קרבן העדה

יעמדו שנים ויושיבו מחבריהם אצל היחיד. ואע"ג דמומחה דן אפילו יחידי, קידוש החדש בעינן שלשה. דאין לך מומחה לרבים יותר ממשה רבינו ע"ה וקא אמר ליה רחמנא עד דאיכא אהרן בהדך, דכתיב (שמות יב א) ויאמר ה' אל משה ואל אהרן וגו' החדש הזה לכם (ר"ה כה:). ואין בית דין שקול ומוסיפין עליהם עוד אחד (תוס' שם ד"ה עד): גמ' ביני מתניתא. כן צריכין לפרש מתני', ראוהו או בית דין או כל ישראל, דאם לא כן הוי ליה למתני סתמא ראוהו כל ישראל, דאטו בית דין לאו בכלל ישראל הן: מעמעמין וכו'. כלומר מאיימין על העדים על החדש שנראה בזמנו ביום ל' שיכחישו בשביל לעברו: אין מעמעמין. ביום ל' על העדים שלא ראוהו ואין צריכין לקדשו היום, כדי להפריד שבת מיום הכיפורים, שיאמרו ראינו ויעידו שקר: מעמעמין על שלא נראה לקדשו. אם אנו צריכין לעשותו חסר: ואין מעמעמין וכו'. משום דכשנראית בזמנה ואינן מעידין יש הרבה שראו ונראה שעל שקר עברוהו, אבל כשלא ראו ואמרו ראינו אין השקר נודע: ה"ג הרי זה מעובר: מפני שחשיכה. הוא דמעברין, הא אם לא חשיכה לעולם אין מעברין כשיש עדים ונתברר הדבר לבית דין, וקשיא לר' זעירה דאמר מעמעמין על הנראה בזמנו לעברו: יכול אם היה צריך ב' ימים. אם חסרו לו ב' ימים לצורך מוסיפין ב' ימים: ה"ג בתורת כהנים תלמוד לומר יום אין לו אלא יום אחד. והכי פירושו, דכתיב (ויקרא כג ו) ובחמשה עשר יום לחדש, דמלת יום מיותר, אלא לומר יום אתה נותן לחדש למלאו ולעברו ולא שני ימים: הדא אמרה שאין מעמעמין וכו'. דאי מאיימין לקדשו לא צריכין לעולם ב' ימים, שהרי יכולין לחסרו בלא עדים: יכול כשם שמעברין את השנה לצורך. מפני האביב ותקופה ופירות אילן כדאיתא פ"ק דסנהדרין (יא.): כך מקדשין את החדש לצורך. דלא ליחול יום הכפורים באחד בשבת: תלמוד לומר החדש. הזה לכם, כזה ראה וקדש, אחר חדוש הלבנה תהא מקדש, אבל כשאתה מעברו ראה וקדש הוא, וקשיא לר' בא: כך יקדשו את החדש לשני ימים. דסלקא דעתך אמינא דוקא בראייה תלה רחמנא: ה"ג בתוספתא תלמוד לומר יום אין לו אלא יום אחד. והא דתלה רחמנא בראייה, היינו שתהא ראויה בודאי לראות: מפני שלא נראתה. שמע מינה דבראייה תלה רחמנא שתהא ראויה לראות בודאי, אבל לחסר אף על פי שלא נראתה לא, וקשיא לר' בא: הא אם נראתה לא לא גרסינן: הוו בעי מימר. סברוהו למימר דלא פליגי ר' בא ור' זעירא: בשאר כל החדשים. והצורך בהן לעבר לפעמים, כגון שהיו שמנה חסרים ואין פוחתין מארבע חדשים המעוברין, וצריכין לעבר אותו החדש אף על פי שנראה: על ניסן ועל תשרי. שהמועדות תלויין בהן ומקדשין לצורך:

מסורת הש"ס

א) [כתובות כא:, ילקו"ש בא קפז] ב) ר"ה כ. [כל הענין בשינוי, ילקו"ש בא קפז] ג) ספרא אמור פרק י ה"ו [וילקו"ש אמור תרמג ועי' קרבן העדה, תוספתא פ"ב ה"א ועי' פני משה] ד) ספרא אמור פרק י ה"ה ה) תוספתא פ"ב ה"א ו) [ר"ה כ.]

גליון הש"ס

מתניתא פליגא על ר' זעירה וכו'. עי' בחידושי רשב"א ריש פרק ג' דר"ה (כה:):

מראה הפנים

ביני מתניתא או בית דין או כל ישראל. ביארתי בפנים מה דהכריחו להש"ס דהכא לפרש כן, משום דהוה קשיא ליה ליתני ראוהו כל ישראל בלבד וא"כ בית דין בכלל, אלא דבכל חדא וחדא מילתא באנפי נפשה קמ"ל, דבראוהו ב"ד אשמעינן דלא תימא ליהוי ראייה דידהו כהעדאת העדים בפניהם, ומכיון שראוהו ביום דהא בהכי איירי האי רישא דמתני' דקתני ולא הספיקו וכו' משמע שראו קודם שחשיכה אלא שלא הספיקו לקדשו עד שחשיכה הו"א ליקדשי ליה בלילה דהוי כגמר דין קמ"ל דלא, ומשום דמשפט כתיב ביה (תהלים פא ה), ובראוהו כל ישראל קמ"ל דלא תימא הא איפרסמא מילתא ונראית לכל היום והיאך ליעברוהו קמ"ל דלאו בראייה תליא אלא עד שיאמרו ב"ד מקודש היא דתליא מילתא. ולפי שיטת הבבלי (כה:) דלא מפרש דאו או קתני, אלא דמשמע מסוגיא דהתם דמפרש דראוהו ב"ד וגם כל ישראל קתני כדקאמר התם סד"א הואיל וראוהו ב"ד וכל ישראל וכו', נ"ל דטעמא דלא דייק נמי התם וליתני ראוהו כל ישראל בלחוד וא"כ ב"ד בכלל, משום דאי הוה תני הכי הו"א דטעמא הויא משום דלא ראוהו ב"ד ובדידהו תליא מילתא, ואיפכא הוי דייקין דלהכי קתני כל ישראל לאשמעינן דטעמא דלא ראוהו אלא כל ישראל ולא הב"ד הא אם ראוהו גם הב"ד ראייה דידהו כהעדאת עדים דמיא, הלכך איצטריך למיתני ראוהו ב"ד וכל ישראל ומשום דלא תימא איפרסמא וכו', והיינו נמי דהדר מדייק וקאמר וכיון דתני ליה ראוהו ב"ד וכל ישראל נחקרו העדים למה לי והו"ל למימר בקצרה נחקרו העדים למה לי, אלא דעיקר דיוקא דכיון דתני להו לתרוייהו ותו ליכא למטעי נחקרו העדים למה לי, ומשני דעוד איכא למיטעי בהא דס"ד אמינא דחקירת עדים דעדיפא תהוי כתחלת דין וכו'. נקטינן מיהת לפירושא דמתני' לפי המסקנא דהתם דבכל חדא וחדא מהני בבא דמתני' מילתא באנפי נפשה קמ"ל כדפרישית במתני' וזה פשוט ומבואר, אלא דהכא איכא למידק דהשתא דקתני סיפא דמתני' ראוהו שלשה והן ב"ד וכו', א"כ הך מציעתא ראוהו ב"ד בלבד דמיירי בב"ד של כ"ג כדכתבו התוס' (ד"ה ראוהו) ומוכרח היא וכדפרישית למה לי, דהא מסיפא הכל שמעינן שהרי ע"כ דמוקמינן נמי להאי סיפא שראוהו בלילה דאל"כ לא תהא שמיעה גדולה מראיה, אלא ודאי דג"כ בראוהו בלילה מיירי ושמעינן דאין מקדשין ביום ע"פ ראיית ב"ד שבלילה בלא העדאת עדים וכדכתבו התוס' ד"ה כגון שראוהו בלילה וכו'. ובהא דקתני ויושיבו מחביריהם אצל היחיד וכו' שמעינן נמי דיחיד מומחה לא מהני בקידוש החודש והשתא הבבא מציעתא מיותר הוא, ויש ליישב ואין להאריך:

עין משפט

א מיי' פ"ד מהלכות קידוש החודש הלכה ה:

שינויי נוסחאות

א] שנים. כ"ה גם גירסת הרמב"ם בפיה"מ. במשניות ובבבלי (כה:) השנים:

ב] מעובר. כ"ה במשנה וברשב"א (כה:) וכן הגיהו בקה"ע ובפנ"מ:

ג] אותו. בספרא (אמור ט פ"י ה"ו) יום. וכן הגיהו בקה"ע ובפנ"מ:

ד] תלמוד לומר אותם וכו'. בתוספתא (פ"ב ה"א) תלמוד לומר יום, אין לו אלא יום אחד בלבד. וראה באות הסמוכה:

ה] אותם וכו'. להלן (ע"ב) ובירושלמי שביעית (פ"י ה"א) ונדרים (פ"ו ה"ח) וסנהדרין (פ"ו ה"ח) קדשוהו קודם לזמנו או לאחר עיבורו יום אחד יכול יהא מקודש, תלמוד לומר אותם, אותם אלה הם מועדיי, אין אלה מועדיי. ומקור ברייתא זו הוא מן הספרא (שם ד). [ואפשר ששתי קושיות הן בירושלמי, אחת מן התוספתא המובאת באות הקודמת והשניה מן הספרא, אלא שדילג הסופר מן 'תלמוד לומר' קמא עד 'תלמוד לומר' בתרא, וכצ"ל יכול אם לא נראתה הלבנה לשני ימים כך יקדשו את החודש לשני ימים, תלמוד לומר יום, אין לו אלא יום אחד בלבד. הדא אמרה אין מעמעמין על שלא נראה לקדשו. (פי', דאת"ל מעמעמין, היה להם לקדשו ביום הראשון אע"פ שלא נראה). מתניתא פליגא על ר' בא, קדשוהו קודם לזמנו או לאחר עיבורו יום אחד יכול יהא מקודש, תלמוד לומר אותם וכו']:

תורה אור השלם

א) הַחֹדֶשׁ הַזֶּה לָכֶם רֹאשׁ חֳדָשִׁים רִאשׁוֹן הוּא לָכֶם לְחָדְשֵׁי הַשָּׁנָה: (שמות יב ב)

ב) דַּבֵּר אֶל בְּנֵי יִשְׂרָאֵל וְאָמַרְתָּ אֲלֵהֶם מוֹעֲדֵי יְהוָה אֲשֶׁר תִּקְרְאוּ אֹתָם מִקְרָאֵי קֹדֶשׁ אֵלֶּה הֵם מוֹעֲדָי: (ויקרא כג ב)

שירי קרבן

מפני שחשיכה וכו'. וא"ת מנ"ל למידק דאם לא חשיכה לא, דלמא היא גופא קמ"ל דאם חשיכה אין מקדשין אע"ג דאיפרסמא מילתא וכדפרישית במתני'. וי"ל דמראוהו בית דין דייק, דל"ל דהא לא איפרסמי מילתא והתנא או לא קתני כדאמר בסמוך: בשאר כל החדשים. כתבו תוס' בבבלי דף כ' ע"א בד"ה הא בניסן ובתשרי, פי' בקונטרס שהמועדות תלויין בהן מקדשין לצורך בשאר ירחי לא, ויש מפרשים איפכא, ע"כ. ומסוגיין מתבאר שפירוש הקונטרס עיקר:

NOTES

precludes sanctifying the incoming month a day early, before the moon was sighted. The Gemara here suggests that this Scriptural decree applies only to the other months – mentioned at the end of the verse (*This month shall be for you... months of the year*) – but not to Tishrei (or Nissan), which contains the festivals [see next paragraph] (see *Rashi* 20a and *Baal HaMaor* folio 5a).

We have also explained (ibid.) that the court would sometimes wish to adjust the day of Rosh Chodesh Tishrei, in order to ensure that Yom Kippur would not fall on a Friday or Sunday, so that vegetables needed for the second of these two days will not wilt before they could be used. The same applies with respect to Nissan; the court would adjust the day of Rosh Chodesh in order to ensure that Yom Tov would not fall on a Friday or Sunday, so that vegetables needed for the second of these two days will not wilt (*Aruch LaNer* to *Bavli* 20a; cf. *Pnei Yehoshua* there; for another explanation, see *Hasagos HaRaavad*, in *Sefer Kasuv Sham* p. 36, to *Baal HaMaor* folio 5a).

It is also possible to need a month other than Nissan and Tishrei to be a certain length, based on a principle stated in *Arachin* (8b) that a year must include at least four full months but may have no more than eight. Thus, if there were already eight full months in the year, and the moon did not appear on the night of the 30th, we would have reason to intimidate witnesses to testify that they saw the moon even though they did not (*Rashi* 20a). Or, if there were already eight deficient months in the year and the moon appeared on the 30th, there would be reason to delay Rosh Chodesh (*Korban HaEidah*).

According to the student's suggestion, all agree that Rosh Chodesh, aside from Rosh Chodesh Tishrei and Nissan, may not be declared early, even though there will now be nine deficient months. It is with respect to delaying Rosh Chodesh, that there is disagreement. R' Z'eira maintains that Rosh Chodesh may be delayed. Rosh Chodesh Nissan and Tishrei may be delayed, in order that Yom Kippur or Yom Tov do not fall immediately preceding or after the Sabbath, and the other months may be delayed in order to ensure that there are no more than eight deficient months. R' Ba argues that Rosh Chodesh may never be delayed, even though not delaying it will result in too many deficient months or Yom Kippur and Yom Tov falling immediately preceding or after the Sabbath.

[*Bavli* 20a also differentiates between declaring Tishrei and Nissan early and declaring the other months early, but does not clarify which may be declared early. *Rashi* asserts that Tishrei and Nissan may be declared early and other months may not, while *Tosafos* cite the reverse opinion. *Baal HaMaor* (folio 5a), *Pnei Yehoshua* (20a), and *Sheyarei Korban* cite *Yerushalmi* as support for *Rashi's* view.]

We have followed the simple reading of *Pnei Moshe* and *Beur of R' Chaim Kanievski* in explaining this Gemara (see *Korban HaEidah*), according to which R' Z'eira and R' Ba certainly disagree with respect to delaying Rosh Chodesh. The Gemara's language, *they do not disagree*, however, implies that there is no disagreement whatsoever between R' Z'eira and R' Ba. Indeed, this is the implication of *Rabbeinu Chananel* 20a. See *Sefer Nir* and *Mirkeves HaMishneh* (*Hil. Kiddush HaChodesh* 3:15-17) for discussion.

ויאמרו מקודש מקודש. [א]ראוהו שלשה והן בית דין יעמדו [א]שנים ויושיבו מחביריהם אצל היחיד ויעידו בפניהן ויאמרו מקודש מקודש שאין היחיד נאמן על ידי עצמו:

גמ' ראוהו בית דין וכל ישראל וכו': כיני מתניתא או בית דין או כל ישראל. ר' זעירא ר' אמי [ב]בשם ר' יהושע בן לוי [ו]מעמעמין על טו. הנראה לעברו אין מעמעמין על שלא נראה לקדשו. ר' בא ור' חייה בשם ר' יהושע בן לוי [א]מעמעמין על שלא נראה לקדשו ואין מעמעמין על הנראה לעברו. מתניתא פליגא על ר' זעירא ראוהו בית דין וכל ישראל נחקרו העדים ולא הספיקו לומר מקודש עד שחשיכה הרי זה (מקודש) [ב][מעובר] מפני שחשיכה הא אם לא חשיכה לא הדא אמרה אין מעמעמין על הנראה לעברו. מתניתא פליגא על ר' בא [ג]יכול אם היה צריך שני ימים נותנין לו שני ימים תלמוד לומר [ג]אותו אין לו אלא יום אחד בלבד. הדא אמרה אין מעמעמין על שלא נראה לקדשו. מתניתא פליגא על ר' בא [ד]יכול כשם שמעברין את השנה מפני הצורך כך יקדשו את החודש מפני הצורך תלמוד לומר [א]החודש אחר החודש הן הולכין. הדא אמרה אין מעמעמין על שלא נראה לקדשו. מתניתא פליגא על ר' בא [ה]יכול אם לא נראתה הלבנה לשני ימים כך יקדשו את החודש לשני ימים [ד]תלמוד לומר [ב][ה]אותם אלה הם אין אלה מועדיי מפני שלא נראתה הא אם נראתה לא. הדא אמרה אין מעמעמין על שלא נראה לקדשו. הוון בעיי מימר [ו]ולא פליגין מה דאמר ר' זעירא בשאר כל החדשים מה דאמר ר' בא על ניסן ועל תשרי:

קרבן העדה

יעמדו שנים ויושיבו מחבריהם אצל היחיד. ולע"ג דמומחה דן אפילו יחידי, קידוש החדש בעינן שלשה. דאין לך מומחה לרבים יותר ממשה רבינו ע"ה וקא אמר ליה רחמנא עד דאיכא אהרן בהדך, דכתיב (שמות יב א) ויאמר ה' אל משה ואל אהרן וגו' החדש הזה לכם (ר"ה כה:). ואין בית דין שקול ומוסיפין עליהם עוד אחד (תוס' שם ד"ה עד): גמ' כיני מתניתא. כן צריכין לפרש מתני', ראוהו או בית דין או כל ישראל, דאם לא כן הוי ליה למתני סתמא ראוהו כל ישראל, דאטו בית דין לאו בכלל ישראל הן: מעמעמין וכו'. כלומר מאיימין על העדים על החדש שנראה בזמנו ביום ל' שיתרישו בשביל לעברו: אין מעמעמין. ביום ל' על העדים שלא ראוהו ואין צריכין לקדשו היום, כדי להפריד שבת מיום הכיפורים, שיאמרו ראינו ויעידו שקר: מעמעמין על שלא נראה לקדשו. אם אנו צריכין לעשותו חסר: ואין מעמעמין וכו'. משום דכשנראית בזמנה ואינן מעידין יש הרבה שראו ונראה שעל שקר עברוהו, אבל כשלא ראו ואמרו ראינו אין השקר נודע: ה"ג הרי זה מעובר: מפני שחשיכה. הוא דמעברין, הא אם לא חשיכה לעולם אין מעברין כשיש עדים ונתברר הדבר לבית דין, וקשיא לר' זעירה דאמר מעמעמין על הנראה בזמנו לעברו: יכול אם היה צריך ב' ימים. אם חסרו לו ב' ימים לצורך מוסיפין ב' ימים: ה"ג בתורת כהנים תלמוד לומר יום אין לו אלא יום אחד. והכי פירושו, דכתיב (ויקרא כג ו) ובחמשה עשר יום לחדש, דמלת יום מיותר, אלא לומר יום אתה נותן לחדש למלאו ולעברו ולא שני ימים: הדא אמרה שאין מעמעמין וכו'. דאי מאיימין לקדשו לא צריכין לעולם ב' ימים, שהרי יכולין לחסרו בלא עדים: יכול כשם שמעברין את השנה לצורך. מפני האביב ותקופה ופירות אילן כדאיתא פ"ק דסנהדרין (יא.): כך מקדשין את החדש לצורך. דלא ליחול יום הכפורים באחד בשבת: תלמוד לומר החדש. הזה לכם, כזה ראה וקדש, אחר חדוש הלבנה תהא מקדש, אבל כשאתה מעברו ראה וקדש הוא, וקשיא לר' בא: כך יקדשו את החדש לשני ימים. דסלקא דעתך אמינא דוקא בראייה תלה רחמנא: ה"ג בתוספתא תלמוד לומר יום אין לו אלא יום אחד. והא דתלה רחמנא בראייה, היינו שתהא ראויה בודאי לראות: מפני שלא נראתה. שמע מינה דבראייה תלה רחמנא שתהא ראויה לראות בודאי, אבל לחסר אף על פי שלא נראתה לא, וקשיא לר' בא: הא אם נראתה לא לא גרסינן: הוו בעי מימר. סברוהו למימר דלא פליגי ר' בא ור' זעירא: בשאר כל החדשים. והצורך בהן לעבר לפעמים, כגון שהיו שמנה חסרים ואין פוחתין מארבע חדשים המעוברין, וצריכין לעבר אותו החדש אף על פי שנראה: על ניסן ועל תשרי. שהמועדות תלויין בהן ומקדשין לצורך:

פני משה

ראוהו שלשה והן בית דין. כלומר שהן ראוין לכך להיות בית דין לקדש החדש וכדתנן בפרק קמא דסנהדרין (מ"ב) עיבור החדש בשלשה והיינו קידוש החדש, והך סיפא קא משמע לן דאע"ג דבדיני ממונות ביחיד מומחה סגי, הכא בקידוש החדש שלשה שהן בית דין בעינן דאין לך מומחה לרבים יותר ממשה רבינו וקאמר ליה הקב"ה עד דאיכא אהרן בהדך דכתיב (שמות יב א-ב) ויאמר ה' אל משה ואל אהרן וגו', החדש הזה לכם: גמ' כיני מתניתא. כן מפרשינן להמתניתן דאו או קתני או בית דין ראוהו או כל ישראל, ומשום דקשיא ליה ליתני כל ישראל בלחוד ובית דין בכלל היא, הלכך מפרש דהכי קאמר ראוהו בית דין וסלקא דעתיה אמינא דהואיל דהוי כמי שהעידו בפניהם שהרי אין שמיעה גדולה מראיה ותו לא ליעברוה. אי נמי ראוהו כל ישראל ואפילו הבית דין לא ראוהו סלקא דעתיה אמינא איפרסמא מילתא ולא לעברוה קא משמע לן*: ר' זעירה וכו'. אמרי בשם ר' יהושע בן לוי דהכי אמר מעמעמין על הנראה לעברו. לשון מגמגמין הוא כדקאמר בפ"ק דשבת (ה"ד) פיתן מהלכות של עמעום הוא, וכלומר מאיימין על העדים להיות מגמגמין על החדש שנראה יום שלשים שלא יעידו שראו וכדי לעברו להחדש אם צריך הוא לכך, אבל אין מאיימין עליהם על שלא נראה שיאמרו ראינו היום וכדי לקדשו ולעשות החודש חסר אם צריך לכך מפני שהוא שקר: ור' בא ור' חייא. קאמרו איפכא בשם ר' יהושע בן לוי מאיימין לומר ראינו אע"פ שלא נראה כדי לקדשו, דהאי לא מיחזי כשיקרא שאפשר שהם ראו ואם שלא נראה לכל, ואין מאיימין עליהן שיתרישו אם נראה הוא לכל דמיחזי כשיקרא: מתניתא. דידן פליגא על ר' זעירה דקאמר בשם ר' יהושע בן לוי, דהא קתני ראוהו בית דין וכל ישראל וכו' ודייקינן הרי זה מעובר. כצ"ל: מפני שחשיכה. ואי אפשר לקדשו, הא אם לא חשיכה לא עבדינן מעובר אלא צריך לקדשו הואיל ונראה לכל, וקשיא על דר' זעירה דהרי הדא אמרה אין מעמעמין על הנראה וכדי לעברו: מתניתא. ברייתא פליגא על ר' בא דקאמר בשם ר' יהושע בן לוי: יכול וכו'. תוספתא היא בריש פ"ב והכי איתא התם לא נראית לבנה לשני ימים יכול יקדשוהו לאחר שני ימים תלמוד לומר יום אין לו אלא יום אחד בלבד. וזו היא הגירסא הנכונה, דלגירסא דהכא תלמוד לומר אותו, היכן מצינו דכתיב אותו גבי אחד בחדש, ויום הוא דמצינו, (במדבר כט א) בחדש השביעי באחד לחדש וגו' יום תרועה יהיה לכם, ולמדנו שאין לו אלא יום אחד בלבד להיות נמנה להתחלת החדש משנראה ביום כ"ט סמוך לשקיעת החמה, ולא שימתינו לקדש החדש אחר שני ימים והיינו ביום ל"א שהוא לאחר שני ימים משנראה. אי נמי לאחר שני ימים ממש כדלקמן, שאפילו רוצין לקדש את יום שלשים הואיל ועברו שני ימים בחדש אין מקדשין. אלמא דאין מאיימין על שלא נראה ולומר שנראה כדי לקדשו מפני הצורך ולא כר' בא, דהא שמעינן מהאי ברייתא דלאחר שנראה הוא דהולכין: מתניתא. וכן האי ברייתא נמי פליגא על ר' בא דקתני יכול כשם וכו', וכן אידך ברייתא יכול אם לא נראתה הלבנה עד לשני ימים בחדש שנמצא שמעובר החדש, ויכול יקדשהו כך לאחר שני ימים ויעשו חסר, תלמוד לומר (ויקרא כג ג) אשר תקראו אותם אלה הם מועדי אבל אין אלה מועדי, וטעמא מפני שלא נראתה בזמנו, הא אם נראתה בזמנו לא אמרו כזה דהוי אמינא שימתינו מלקדשו, משום דהכל אחר הראייה אנו הולכין, אם כן הדא אמרה אין מאיימין על שלא נראה לומר שנראה כדי לקדשו ולא כר' בא: הוון. בני הישיבה: בעיי מימר. דלא פליגין אלא מה דאמר ר' זעירא דאין מאיימין על שלא נראה לקדשו בשאר החדשים, ומה דאמר ר' בא מאיימין על שלא נראה לקדשו, על ניסן ועל תשרי הוא דקאמר שבהן תקנת המועדות תלויין הן:

מסורת הש"ס

א) [כתובות כא:, ילקו"ש בא קפו] ב) ר"ה כ. [כל הענין בשינוי, ילקו"ש בא קפו] ג) ספרא אמור פרק י ה"ו [וילקו"ש אמור תרמג ועי' קרבן העדה, תוספתא פ"ב ה"א ועי' פני משה] ד) ספרא אמור פרק י ה"ה ה) תוספתא פ"ב ה"א ו) [ר"ה כ.]

גליון הש"ס

מתניתא פליגא על ר' זעירה וכו'. עי' בחידושי רשב"א ריש פרק ג' דר"ה (כה:):

מראה הפנים

כיני מתניתא או בית דין או כל ישראל. ביארתי בפנים מה דהכריחו להש"ס דהכא לפרש כן, משום דהוה קשיא ליה ליתני ראוהו כל ישראל בלבד וא"כ בית דין בכלל, אלא דבכל חדא וחדא מילתא באנפי נפשה קמ"ל, דבראוהו ב"ד אשמעינן דלא תימא ליהוי ראייה דידהו כהעדאת העדים בפניהם, ומכיון שראוהו ביום דהא בהכי איירי האי רישא דמתני' דקתני ולא הספיקו וכו' משמע שראו קודם שחשיכה אלא שלא הספיקו לקדשו עד שחשיכה הו"א ליקדשי ליה בלילה דהוי כגמר דין קמ"ל דלא, ומשום דמשפט כתיב ביה (תהלים פא ה), ובראוהו כל ישראל קמ"ל דלא תימא הא איפרסמא מילתא ונראית לכל היום והיאך ליעברוהו קמ"ל דלאו בראייה תליא אלא עד שיאמרו ב"ד מקודש היא דתליא מילתא. ולפי שיטת הבבלי (כה:) דלא מפרש דאו או קתני, אלא דמשמע מסוגיא דהתם דמפרש דראוהו ב"ד וגם כל ישראל קתני כדקאמר התם סד"א הואיל וראוהו ב"ד וכל ישראל וכו', נ"ל דטעמא דלא דייק נמי התם וליתני ראוהו כל ישראל בלחוד וא"כ ב"ד בכלל, משום דאי הוה תני הכי הו"א דטעמא הויא משום דלא ראוהו ב"ד ובדידהו תליא מילתא, ואיפכא הוי דייקינן דלהכי קתני כל ישראל לאשמעינן דטעמא דלא ראוהו אלא כל ישראל ולא הב"ד הא אם ראוהו גם הב"ד ראייה דידהו כהעדאת עדים דמיא, הלכך אצטריך למיתני ראוהו ב"ד וכל ישראל ומשום דלא תימא איפרסמא וכו', והיינו נמי דהדר מדייק וקאמר וכיון דתני ליה ראוהו ב"ד וכל ישראל נחקרו העדים למה לי והו"ל למימר בקצרה נחקרו העדים למה לי, אלא דעיקר דיוקא דכיון דתני להו לתרוייהו ותו ליכא למטעי נחקרו העדים למה לי, ומשני דעוד איכא למיטעי בהא דס"ד אמינא דחקירת עדים דעדיפא תהוי כתחלת דין וכו'. נקטינן מיהת לפירושא דמתני' לפי המסקנא דהתם דבכל חדא וחדא מהני בבא דמתני' מילתא באנפי נפשה קמ"ל כדפרישית במתני' וזה פשוט ומבואר, אלא דהאכתי איכא למידק דהשתא דקתני סיפא דמתני' ראוהו שלשה והן ב"ד וכו', א"כ הך מציעתא ראוהו ב"ד בלבד דמיירי בב"ד של כ"ג כדכתבו התוס' (ד"ה ראוהו) ומוכרח היא וכדפרישית למה לי, דהא מסיפא הכל שמעינן שהרי ע"כ דמוקמינן נמי להאי סיפא שראוהו בלילה דאל"כ לא תהא שמיעה גדולה מראייה, אלא ודאי דג"כ בראוהו בלילה מיירי ושמעינן דאין מקדשין ביום ע"פ ראיית ב"ד שבלילה בלא העדאת עדים וכדכתבו התוס' ד"ה כגון שראוהו בלילה וכו'. ובהא דקתני ויושיבו מחביריהם אצל היחיד וכו' שמעינן נמי דיחיד מומחה לא מהני בקידוש החודש והשתא הבבא מציעתא מיותר הוא, ויש ליישב ואין להאריך:

עין משפט

א מיי' פ"ד מהלכות קידוש החודש הלכה ה:

שינויי נוסחאות

א] **שנים.** כ"ה גם גירסת הרמב"ם בפיה"מ. במשניות ובבבלי (כה:) **השנים**:

ב] **מעובר.** כ"ה במשנה וברשב"א (כה:) וכן הגיהו בקה"ע ובפנ"מ:

ג] **אותו.** בספרא (אמור ט פ"י ה"ו) **יום.** וכן הגיהו בקה"ע ובפנ"מ:

ד] **תלמוד לומר אותם וכו'.** בתוספתא (פ"ב ה"א) תלמוד לומר יום, **אין לו אלא יום אחד בלבד.** וראה באות הסמוכה:

ה] **אותם וכו'.** להלן (ע"ב) ובירושלמי שביעית (פ"י ה"א) ונדרים (פ"ו ה"ח) וסנהדרין (פ"ו ה"ח) **קדשוהו קודם לזמנו או לאחר עיבורו יום אחד יכול יהא מקודש,** תלמוד לומר אותם, **אותם** אלה הם **מועדיי,** אין אלה מועדיי. ומקור ברייתא זו הוא מן הספרא (שם ד). [ואפשר ששתי קושיות הן בירושלמי, אחת מן התוספתא המובאת באות הקודמת והשניה מן הספרא, אלא שדילג הסופר מן 'תלמוד לומר' קמא עד 'תלמוד לומר' בתרא, וכצ"ל יכול אם לא נראתה הלבנה לשני ימים כך יקדשו את החודש לשני ימים, **תלמוד לומר יום, אין לו אלא יום אחד בלבד. הדא אמרה אין מעמעמין על שלא נראה לקדשו.** (פי', דאת"ל מעמעמין, היה להם לקדשו ביום הראשון אע"פ שלא נראה). **מתניתא פליגא על ר' בא, קדשוהו קודם לזמנו או לאחר עיבורו יום אחד יכול יהא מקודש,** תלמוד לומר אותם וכו']:

תורה אור השלם

א) הַחֹדֶשׁ הַזֶּה לָכֶם רֹאשׁ חֳדָשִׁים רִאשׁוֹן הוּא לָכֶם לְחָדְשֵׁי הַשָּׁנָה: (שמות יב ב)

ב) דַּבֵּר אֶל בְּנֵי יִשְׂרָאֵל וְאָמַרְתָּ אֲלֵהֶם מוֹעֲדֵי יְהוָה אֲשֶׁר תִּקְרְאוּ אֹתָם מִקְרָאֵי קֹדֶשׁ אֵלֶּה הֵם מוֹעֲדָי: (ויקרא כג ב)

שירי קרבן

מפני שחשיכה וכו'. וא"ת מנ"ל למידק דאם לא חשיכה לא, דלמא היא גופא קמ"ל דאם חשיכה אין מקדשין אע"ג דאיפרסמא מילתא וכדפרישית במתני'. וי"ל דמראוהו בית דין דייק, דל"ל דהא לא איפרסמי מילתא והתנא או או קתני כדאמר בסמוך: בשאר כל החדשים. כתבו תוס' בבבלי דף כ' ע"א בד"ה הא בניסן ובתשרי, פי' בקונטרס שהמועדות תלויין בהן מקדשין לצורך בשאר ירחי לא, ויש מפרשים איפכא, ע"כ. ומסוגיין מתבאר שפירוש הקונטרס עיקר:

implies that only **SUBSEQUENT TO THE REBIRTH OF THE MOON** may **[THE COURT] CONSIDER** sanctifying the new month; i.e. the moon must be seen before the court may sanctify the new month. This precludes sanctifying the incoming month a day early, before the moon was sighted.[22] הָדָא אָמְרָה – **This says,** in effect, אֵין מְעַמְעֲמִין עַל שֶׁלֹּא נִרְאָה לְקַדְּשׁוֹ – that **we do not intimidate** witnesses **over [a new moon] that was not sighted** in its time **in order to sanctify [the incoming month]** on the thirtieth day.

The third and final Baraisa is cited:

מַתְנִיתָא פְּלִיגָא עַל רַבִּי בָּא – Yet another **Baraisa**[23] **contradicts the view of** R' Yehoshua ben Levi as set forth by **R' Ba:** יָכוֹל אִם לֹא נִרְאֲתָה הַלְּבָנָה לִשְׁנֵי יָמִים – **IT COULD BE** thought **THAT IF THE MOON DID NOT APPEAR UNTIL TWO DAYS** after its appropriate time, i.e. on the thirty-second day of the preceding month,[24] כָּךְ יְקַדְּשׁוּ אֶת הַחוֹדֶשׁ לִשְׁנֵי יָמִים – **[THE COURT] SHOULD ACCORDINGLY SANCTIFY THE MONTH TWO DAYS** late, on the thirty-second day of the preceding month.[25] תַּלְמוּד לוֹמַר – To dispel this notion, **[THE TORAH] STATES:**[26] (אותם אלה הם אין אלה מועדיו) ,,יוֹם" – *And on the fifteenth* **DAY** *of the month.* אֵין לוֹ אֶלָּא יוֹם אֶחָד בִּלְבַד[27] – The extra word *day* teaches that **[A MONTH] CAN HAVE ONLY ONE DAY** appended to it.[28] Accordingly, when the moon did not yet appear, Rosh Chodesh is sanctified on the thirty-first day of the preceding month. מִפְּנֵי שֶׁלֹּא נִרְאֲתָה – The Baraisa implies that the court may sanctify the month without the moon having been observed only **because it was not visible** on the thirty-first and Rosh Chodesh may not be declared later than the thirty-first. הָא אִם נִרְאֲתָה – **But if it is** anticipated that it will be **visible** on the thirty-first day, לֹא – the court may **not** sanctify the month on the thirtieth day, before the moon's emergence; rather, the new month begins on the thirty-first. הָדָא אָמְרָה – **This says,** in effect, אֵין מְעַמְעֲמִין עַל שֶׁלֹּא נִרְאָה לְקַדְּשׁוֹ – that **we do not** intimidate witnesses **over [a new moon] that was not sighted** in its time **in order to sanctify [the incoming month]** on the thirtieth day.[29]

The Gemara has cited two versions of R' Yehoshua ben Levi's view. According to R' Z'eira, Rosh Chodesh may be delayed but not declared prematurely, while according to R' Ba, the opposite is true: Rosh Chodesh may be declared prematurely, but not delayed. The Gemara qualifies their argument:

הֲוֹון בָּעֵיי מֵימַר – **They** (the students of the academy) **wished to say** וְלָא פְּלִיגִין – **that [R' Z'eira and R' Ba] do not disagree** with respect to a premature declaration of Rosh Chodesh.[30] מַה דַּאֲמַר רַבִּי זְעִירָא – **That which R' Z'eira said,** that we do not intimidate witnesses to testify falsely, in order to prematurely declare Rosh Chodesh, בִּשְׁאָר כָּל הֶחֳדָשִׁים – **refers to all the months,** other than Nissan and Tishrei. מַה דַּאֲמַר רַבִּי בָּא – And **that which R' Ba said,** that we may intimidate witnesses to testify falsely, in order to declare Rosh Chodesh prematurely, עַל נִיסָן וְעַל תִּשְׁרֵי – **refers to** the months of **Nissan and Tishrei,** which contain the festivals.[31]

NOTES

22. The verse indicates that the new moon should not be sanctified until it is seen (כָּזֶה רְאֵה וְקַדֵּשׁ, *thus you should see and sanctify*; *Bavli* 20a). This precludes sanctifying the incoming month a day early, before the moon was sighted. But if we add a day to the outgoing month, we are in fulfillment of the Torah's directive, because the declaration of Rosh Chodesh, while late, *follows* the sighting of the moon (*Korban HaEidah*, from *Rashi* 20a).

23. *Tosefta* 2:1.

24. A Mishnah (2:5, 15b; *Bavli* 24a) describes the 30th day as the "appropriate time" for the new moon to appear. [See there, note 26, for why this is so.] Accordingly, *if the moon did not appear until two days...* means that the moon was first visible on the 32nd day from the preceding Rosh Chodesh.

25. As explained (in note 22), a verse indicates that the new moon should not be sanctified until it is seen (כָּזֶה רְאֵה וְקַדֵּשׁ, *thus you should see and sanctify*). The Gemara presently understands this to mean that the new month should not be declared until the moon is actually observed, even if it is first observed on the 32nd day of the new month (*Korban HaEidah*).

26. *Leviticus* 23:6.

27. Emendation follows *Korban HaEidah* and conforms with the standard text of *Tosefta* (cf. *Pnei Moshe*).

28. See above, notes 15-16.

A Baraisa cited above derived from this verse that even under extenuating circumstances, a month may not be extended by more than a single day. This Baraisa extends the meaning of the verse to preclude extending the month by more than a day, even when the moon was not yet observed (see *Rash MiShantz* to *Toras Kohanim* ibid.; see *Tosefta* and *Toras Kohanim* ibid., with commentaries; cf. *Pnei Moshe* and *Beur of R' Chaim Kanievski*).

As for the verse *"The new moon...,"* which indicates that the new moon should not be sanctified until it is seen, that should be understood as directing us not to sanctify the month until the emergence of the new moon, when it is theoretically *possible* to see the new moon [i.e. the moon has already reached the point in its orbit where some sunlight is reflected toward earth, though it may not be visible due to cloud cover] (*Korban HaEidah*).

29. The Baraisa entertained the notion that Rosh Chodesh may not be declared until the moon is actually observed. And, although the Baraisa concluded that in the event the moon is not observed, Rosh Chodesh is on the 31st, that is because the preceding month cannot be longer than 30 days. But the Baraisa certainly remains with its initial reasoning that, when possible, Rosh Chodesh may not be declared until the moon is observed, so that when faced with a choice between declaring Rosh Chodesh on the 30th or the 31st, the court may not declare Rosh Chodesh on the 30th if the moon was not yet observed. This contradicts R' Ba, who said in the name of R' Yehoshua ben Levi that the court may intimidate witnesses to testify falsely concerning the appearance of the moon, in order to declare Rosh Chodesh prematurely (*Beur of R' Chaim Kanievski*; cf. *Pnei Moshe*).

Korban HaEidah deletes a section of the text and explains as follows: As explained in the preceding note, the Baraisa concluded that we may not sanctify the new month until it is conceivable to see the new moon. Accordingly, lacking a sighting of the moon, the court may declare the 31st day as Rosh Chodesh, since the moon has certainly emerged by that point; they may not, however, declare the 30th day as Rosh Chodesh, since the possibility exists that the moon has not yet emerged and will not emerge until the 31st. Clearly, the Baraisa holds that the court may not declare Rosh Chodesh prematurely.

30. The students suggested that R' Z'eira and R' Ba argue only concerning delaying Rosh Chodesh: R' Z'eira maintains that Rosh Chodesh may be delayed, while R' Ba argues that it may not. They do not argue, however, concerning a premature declaration of Rosh Chodesh. Rather, R' Z'eira, who says that Rosh Chodesh may not be declared prematurely, and R' Ba, who says that it may be declared prematurely, refer to different months, as the Gemara will immediately explain (see *Pnei Moshe* and *Beur of R' Chaim Kanievski*; see *Bavli* 20a; cf. next note).

31. *Korban HaEidah*.

R' Z'eira's statement should be understood as follows: Under extenuating circumstances, the court may extend *any* month, so that Rosh Chodesh will fall on the 31st day. They, however, may not cut short any month that they wish, even under extenuating circumstances; they may cut short only Elul and Adar, in order to declare Rosh Chodesh Tishrei and Nissan on the 30th day, but they may not shorten any other month.

On the other hand, R' Ba's statement should be understood as follows: Even under extenuating circumstances, the court may never extend a month, so that Rosh Chodesh will fall on the 31st day. There are, however, certain months that they may cut short; they may cut short Elul and Adar, in order to declare Rosh Chodesh Tishrei and Nissan on the 30th day, but they may not cut short any other month (based on *Bavli* ibid. and *Pnei Moshe*).

As explained above (note 8), the verse (*Exodus* 12:2): *The new moon shall be for you...*, implies that the new moon should not be sanctified until it is seen (כָּזֶה רְאֵה וְקַדֵּשׁ, *thus you should see and sanctify*). This

ויאמרו מקודש. [א]ראוהו שלשה והן בית דין יעמדו [א]שנים ויושיבו מחביריהם אצל היחיד ויעידו בפניהן ויאמרו מקודש מקודש שאין היחיד נאמן על ידי עצמו:

גמ' ראוהו בית דין וכל ישראל וכו': ביני מתניתא או בית דין או כל ישראל. ר' זעירא ר' אמי [ב]בשם ר' יהושע בן לוי מעמעמין על הנראה לעברו אין מעמעמין על שלא נראה לקדשו. ר' בא ור' חייה בשם ר' יהושע בן לוי מעמעמין על שלא נראה לקדשו ואין מעמעמין על הנראה לעברו. טו. מתניתא פליגא על ר' זעירא ראוהו בית דין וכל ישראל נחקרו העדים ולא הספיקו לומר מקודש עד שחשיכה הרי זה (מקודש) [ב][מעובר] מפני שחשיכה הא אם לא חשיכה לא הדא אמרה אין מעמעמין על הנראה לעברו. מתניתא פליגא על ר' בא [ג]יכול אם היה צריך שני ימים נותנין לו שני ימים תלמוד לומר [ג]אותו אין לו אלא יום אחד בלבד. הדא אמרה אין מעמעמין על שלא נראה לקדשו. מתניתא פליגא על ר' בא [ד]יכול כשם שמעברין את השנה מפני הצורך כך יקדשו את החודש מפני הצורך תלמוד לומר [א]החודש אחר החודש הן הולכין. הדא אמרה אין מעמעמין על שלא נראה לקדשו. מתניתא פליגא על ר' בא [ה]יכול אם לא נראתה הלבנה לשני ימים כך יקדשו את החודש לשני ימים [ד]תלמוד לומר [ב][ה]אותם אלה הם אין אלה מועדיי מפני שלא נראתה הא אם נראתה לא. הדא אמרה אין מעמעמין על שלא נראה לקדשו. הוון בעיי מימר [ו]ולא פליגין מה דאמר ר' זעירא בשאר כל החדשים מה דאמר ר' בא על ניסן ועל תשרי:

קרבן העדה

יעמדו שנים ויושיבו מחבריהם אצל היחיד. ואע"ג דמומחה דן אפילו יחידי, קידוש החדש בעינן שלשה. דאין לך מומחה לרבים יותר ממשה רבינו ע"ה וקא אמר ליה רחמנא עד דאיכא אהרן בהדך, דכתיב (שמות יב א) ויאמר ה' אל משה ואל אהרן וגו' החדש הזה לכם (ר"ה כה:). ואין בית דין שקול ומוסיפין עליהם עוד אחד (תוס' שם ד"ה עד): **גמ' ביני מתניתא.** כן צריכין לפרש מתני', ראוהו או בית דין או כל ישראל, דאם לא כן הוי ליה למתני סתמא ראוהו כל ישראל, דאטו בית דין לאו בכלל ישראל הן: **מעמעמין** וכו'. כלומר מאיימין על העדים על החדש שנראה בזמנו ביום ל' שיחרישו בשביל לעברו: **אין מעמעמין.** ביום ל' על העדים שלא ראוהו ואין צריכין לקדשו היום, כדי להפריד שבת מיום הכיפורים, שיאמרו ראינו ויעידו שקר: **מעמעמין על שלא נראה לקדשו.** אם אנו צריכין לעשותו חסר: **ואין מעמעמין** וכו'. משום דכשנראית בזמנה ואינן מעידין יש הרבה שראו ונראה שעל שקר עברוהו, אבל כשלא ראו ואמרו ראינו אין השקר נודע: ה"ג **הרי זה מעובר: מפני שחשיכה.** הוא דמעברין, הא אם לא חשיכה לעולם אין מעברין כשיש עדים ונתברר הדבר לבית דין, וקשיא לר' זעירא דאמר מעמעמין על הנראה בזמנו לעברו: **יכול אם היה צריך ב' ימים.** אם חסרו לו ב' ימים לצורך מוסיפין ב' ימים: ה"ג בתורת כהנים **תלמוד לומר יום אין לו אלא יום אחד.** והכי פירושו, דכתיב (ויקרא כג ו) ובחמשה עשר יום לחדש, דמלת יום מיותר, אלא לומר יום אתה נותן לחדש למלאו ולעברו ולא שני ימים: **הדא אמרה שאין מעמעמין** וכו'. דאי מאיימין לקדשו לא צריכין לעולם ב' ימים, שהרי יכולין לחסרו בלא עדים: **יכול כשם שמעברין את השנה לצורך.** מפני האביב ותקופה ופירות אילן כדאיתא פ"ק דסנהדרין (יא.): **כך מקדשין את החדש לצורך.** דלא ליחול יום הכפורים באחד בשבת: **תלמוד לומר החדש.** הזה לכם, כזה ראה וקדש, אחר חדוש הלבנה תהא מקדש, אבל כשאתה מעברו ראה וקדש הוא, וקשיא לר' בא: **כך יקדשו את החדש לשני ימים.** דסלקא דעתך אמינא דוקא בראייה תלה רחמנא: ה"ג בתוספתא **תלמוד לומר יום אין לו אלא יום אחד.** והא דתלה רחמנא בראייה, היינו שתהא ראויה בודאי לראות: **מפני שלא נראתה.** שמע מינה דבראייה תלה רחמנא שתהא ראויה לראות בודאי, אבל לחסר אף על פי שלא נראתה לא, וקשיא לר' בא: **הא אם נראתה לא** לא גרסינן: **הוון בעי מימר.** סברוהו למימר דלא פליגי ר' בא ור' זעירא: **בשאר כל החדשים.** והצורך בהן לעבר לפעמים, כגון שהיו שמנה חסרים ואין פוחתין מארבע חדשים המעוברין, וצריכין לעבר אותו החדש אף על פי שנראה: **על ניסן ועל תשרי.** שהמועדות תלויין בהן ומקדשין לצורך:

פני משה

ראוהו שלשה והן בית דין. כלומר שהן ראוין לכך להיות בית דין לקדש החדש וכדתנן בפרק קמא דסנהדרין (מ"ב) עיבור החדש בשלשה והיינו קידוש החדש, והך סיפא קא משמע לן דאע"ג דבדיני ממונות ביחיד מומחה סגי, הכא בקידוש החדש שלשה שהן בית דין בעינן דאין לך מומחה לרבים יותר ממשה רבינו וקאמר ליה הקב"ה עד דאיכא אהרן בהדך דכתיב (שמות יב א-ג) ויאמר ה' אל משה ואל אהרן וגו', החדש הזה לכם: **גמ' ביני מתניתא.** כן מפרשינן להמתניתן דאו או קתני או בית דין ראוהו או כל ישראל, ומשום דקשיא ליה ליתני כל ישראל בלחוד ובית דין בכלל היא, הלכך מפרש דהכי קאמר ראוהו בית דין וסלקא דעתיה אמינא דהואיל דהוי כמי שהעידו בפניהם שהרי אין שמיעה גדולה מראיה ותו לא ליעברוה. אי נמי ראוהו כל ישראל ואפילו הבית דין לא ראוהו סלקא דעתיה אמינא איפרסמא מילתא ולא לעברוה קא משמע לן*: **ר' זעירה** וכו'. אמרי בשם ר' יהושע בן לוי דהכי אמר מעמעמין על הנראה לעברו. לשון מגמגמין הוא כדקאמר בפ"ק דשבת (ה"ד) פיתן מהלכות של עמעום הוא, וכלומר מאיימין על העדים להיות מגמגמין על החדש שנראה יום שלשים שלא יעידו שראו וכדי לעברו להחדש אם צריך הוא לכך, אבל אין מאיימין עליהם על שלא נראה שיאמרו ראינו היום וכדי לקדשו ולעשות החודש חסר אם צריך לכך מפני שהוא שקר: **ור' בא ור' חייא.** קאמרו איפכא בשם ר' יהושע בן לוי מאיימין לומר ראינו אע"פ שלא נראה כדי לקדשו, דהאי לא מיחזי כשיקרא שאפשר שהם ראו ואם שלא נראה לכל, ואין מאיימין עליהן שיחרישו אם נראה הוא לכל דמיחזי כשיקרא: **מתניתא.** דידן פליגא על ר' זעירה דקאמר בשם ר' יהושע בן לוי, דהא קתני ראוהו בית דין וכל ישראל וכו' ודייקינן הרי זה מעובר. כצ"ל: **מפני שחשיכה.** ואי אפשר לקדשו, הא אם לא חשיכה לא עבדינן מעובר אלא צריך לקדשו הואיל ונראה לכל, וקשיא על דר' זעירה דהרי הדא אמרה אין מעמעמין על הנראה וכדי לעברו: **מתניתא.** ברייתא פליגא על ר' בא דקאמר בשם ר' יהושע בן לוי: **יכול** וכו'. תוספתא היא בריש פ"ב והכי איתא התם לא נראית לבנה לשני ימים יכול יקדשוהו לאחר שני ימים תלמוד לומר יום אין לו אלא יום אחד בלבד. וזו היא הגירסא הנכונה, דלגירסא דהכא תלמוד לומר אותו, היכן מצינו דכתיב אותו גבי אחד בחדש, ויום הוא דמצינו, (במדבר כט א) בחדש השביעי באחד לחדש וגו' יום תרועה יהיה לכם, ולמדנו שאין לו אלא יום אחד בלבד להיות נמנה להתחלת החדש משנראה ביום כ"ט סמוך לשקיעת החמה, ולא שימתינו לקדש החדש אחר שני ימים והיינו ביום ל"א שהוא לאחר שני ימים משנראה. אי נמי לאחר שני ימים ממש כדלקמן, שאפילו רוצין לקדש את יום שלשים הואיל ועברו שני ימים בחדש אין מקדשין. אלמא דאין מאיימין על שלא נראה ולומר שנראה כדי לקדשו מפני הצורך ולא כר' בא, דהא שמעינן מהאי ברייתא דאחר שנראה הוא דהולכין: **מתניתא.** וכן האי ברייתא נמי פליגא על ר' בא דקתני יכול כשם וכו', וכן אידך ברייתא יכול אם לא נראתה הלבנה עד לשני ימים בחדש שנמצא שמעובר החדש, ויכול יקדשהו כך לאחר שני ימים ויעשו חסר, תלמוד לומר (ויקרא כג ב) אשר תקראו אותם אלה הם מועדי אבל אין אלה מועדי, וטעמא מפני שלא נראתה בזמנו, הא אם נראתה בזמנו לא אמרו כזה דהוי אמינא שימתינו מלקדשו, משום דהכל אחר הראייה אנו הולכין, אם כן הדא אמרה אין מאיימין על שלא נראה לומר שנראה כדי לקדשו ולא כר' בא: **הוון.** בני הישיבה: **בעיי מימר.** דלא פליגין אלא מה דאמר ר' זעירא דאין מאיימין על שלא נראה לקדשו בשאר החדשים, ומה דאמר ר' בא מאיימין על שלא נראה לקדשו, על ניסן ועל תשרי הוא דקאמר שבהן תקנת המועדות תלויין הן:

מסורת הש"ס

א) [כתובות כא:, ילקו"ש בא קפז] ב) ר"ה כ. [כל הענין בשינוי, ילקו"ש בא קפז] ג) ספרא אמור פרק י ה"ו [וילקו"ש אמור תרמג ועי' קרבן העדה, תוספתא פ"ב ה"א ועי' פני משה] ד) ספרא אמור פרק י ה"ה ה) תוספתא פ"ב ה"א ו) [ר"ה כ.]

גליון הש"ס

מתניתא פליגא על ר' זעירה וכו'. עי' בחידושי רשב"א ריש פרק ג' דר"ה (כה:):

מראה הפנים

ביני מתניתא או בית דין או כל ישראל. ביארתי בפנים מה דהכריחו להש"ס דהכא לפרש כן, משום דהוה קשיא ליה ליתני ראוהו כל ישראל בלבד וא"כ בית דין בכלל, אלא דבכל חדא וחדא מילתא באנפי נפשה קמ"ל, דבראוהו ב"ד אשמעינן דלא תימא ליהוי ראייה דידהו כהעדאת העדים בפניהם, ומכיון שראוהו ביום דהא בהכי איירי האי רישא דמתני' דקתני ולא הספיקו וכו' משמע שראו קודם שחשיכה אלא שלא הספיקו לקדשו עד שחשיכה הו"א ליקדשי ליה בלילה דהוי כגמר דין קמ"ל דלא, ומשום דמשפט כתיב ביה (תהלים פא ה), ורואהו כל ישראל קמ"ל דלא תימא דאיפרסמא מילתא ונראית לכל היום והיאך ליעברוהו קמ"ל דלאו בראייה תליא אלא עד שיאמרו ב"ד מקודש היא דתליא מילתא. ולפי שיטת הבבלי (כה:) דלא מפרש דלאו או קתני, אלא למשמע מסוגיא דהתם דמפרש דראוהו ב"ד וגם כל ישראל קתני כדקאמר התם סד"א הואיל וראוהו ב"ד וכל ישראל וכו', נ"ל דטעמא דלא דייק נמי התם וליתני ראוהו כל ישראל בלחוד וא"כ ב"ד בכלל, משום דאי הוה תני הכי הו"א דטעמא הויא משום דלא ראוהו ב"ד ובדידהו תליא מילתא, ואיפכא הוי דייקינן להכי קתני כל ישראל לאשמעינן דטעמא דלא ראוהו אלא כל ישראל ולא הב"ד הא אם ראוהו גם הב"ד ראייה דידהו כהעדאת עדים דמיא, הלכך איצטריך למיתני ראוהו ב"ד וכל ישראל ומשום דלא תימא איפרסמא וכו', והיינו נמי דהדר מדייק וקאמר וכיון דתני ליה ראוהו ב"ד וכל ישראל נחקרו העדים למה לי והו"ל למימר בקצרה נחקרו העדים למה לי, אלא דעיקר דיוקא דכיון דתני להו לתרוייהו ותו ליכא למטעי נחקרו העדים למה לי, ומשני דעוד איכא למיטעי בהא דס"ד אמינא דחקירת עדים דעדיפא תהוי כתחלת דין וכו'. נקטינן מיהת לפירושא דמתני' לפי המסקנא דהתם דבכל חדא וחדא מהני בבא דמתני' מילתא באנפי נפשה קמ"ל כדפרישית במתני' וזה פשוט ומבואר, אלא דלהכי איכא למידק דהשתא דקתני סיפא דמתני' ראוהו שלשה והן ב"ד וכו', א"כ הך מציעתא ראוהו ב"ד בלבד דמיירי בב"ד של כ"ג כדכתבו התוס' (ד"ה ראוהו) ומוכרח היא וכדפרישית למה לי, דהא מסיפא הכל שמעינן שהרי ע"כ דמוקמינן נמי להאי סיפא שראוהו בלילה דאל"כ לא תהא שמיעה גדולה מראייה, אלא ודאי דג"כ בראוהו בלילה מיירי ושמעינן דאין מקדשין ביום ע"פ ראיית ב"ד שבלילה בלא העדאת עדים וכדכתבו התוס' ד"ה כגון שראוהו בלילה וכו'. ובהא דקתני ויושיבו מחביריהם אצל היחיד וכו' שמעינן נמי דיחיד מומחה לא מהני בקידוש החודש והשתא הבבא מציעתא מיותר הוא, ויש ליישב ואין להאריך:

עין משפט

א מיי' פ"ד מהלכות קידוש החודש הלכה ה:

שינויי נוסחאות

א] **שנים.** כ"ה גם גירסת הרמב"ם בפיה"מ. במשניות ובבבלי (כה:) **השנים:**
ב] **מעובר.** כ"ה במשנה וברשב"א (כה.) וכן הגיהו בקה"ע ובפנ"מ:
ג] **אותו.** בספרא (אמור ט פ"י ה"ו) **יום.** וכן הגיהו בקה"ע ובפנ"מ:
ד] **תלמוד לומר אותם וכו'.** בתוספתא (פ"ב ה"א) תלמוד לומר יום, אין לו אלא יום אחד בלבד. וראה באות הסמוכה:
ה] **אותם וכו'.** להלן (ע"ב) ובירושלמי שביעית (פ"י ה"א) ונדרים (פ"ו ה"ח) וסנהדרין (פ"ו ה"ח) קדשוהו קודם לזמנו או לאחר עיבורו יום אחד יכול יהא מקודש, תלמוד לומר אותם, אותם אלה הם מועדיי, אין אלה מועדיי. ומקור ברייתא זו הוא מן הספרא (שם ד). [ואפשר ששתי קושיות בירושלמי, אחת מן התוספתא המובאת באות הקודמת והשניה מן הספרא, אלא שדילג הסופר מן 'תלמוד לומר' קמא עד 'תלמוד לומר' בתרא, וכצ"ל יכול אם לא נראתה הלבנה לשני ימים כך יקדשו את החודש לשני ימים, **תלמוד לומר יום, אין לו אלא יום אחד בלבד. הדא אמרה אין מעמעמין על שלא נראה לקדשו.** (פי', דאת"ל מעמעמין, היה להם לקדשו ביום הראשון אע"פ שלא נראה). **מתניתא פליגא על ר' בא, קדשוהו קודם לזמנו או לאחר עיבורו יום אחד יכול יהא מקודש, תלמוד לומר** אותם וכו'].

תורה אור השלם

א) הַחֹדֶשׁ הַזֶּה לָכֶם רֹאשׁ חֳדָשִׁים רִאשׁוֹן הוּא לָכֶם לְחָדְשֵׁי הַשָּׁנָה: (שמות יב ב)
ב) דַּבֵּר אֶל בְּנֵי יִשְׂרָאֵל וְאָמַרְתָּ אֲלֵהֶם מוֹעֲדֵי יְהוָה אֲשֶׁר תִּקְרְאוּ אֹתָם מִקְרָאֵי קֹדֶשׁ אֵלֶּה הֵם מוֹעֲדָי: (ויקרא כג ב)

שירי קרבן

מפני שחשיכה וכו'. וא"ת מנ"ל למידק דאם לא חשיכה לא, דלמא היא גופה קמ"ל דאם חשיכה אין מקדשין אע"ג דאיפרסמא מילתא וכדפרישית במתני'. וי"ל דמדראוהו בית דין דייק, דל"ל דהא לא איפרסמי מילתא והתנא או או קתני כדאמר בסמוך: **בשאר כל החדשים.** כתבו תוס' בבבלי דף כ' ע"א בד"ה הא בניסן ובתשרי, פי' בקונטרס שהמועדות תלויין בהן מקדשין לצורך בשאר ירחי לא, ויש מפרשים איפכא, ע"כ. ומסוגיין מתבאר שפירוש הקונטרס עיקר:

was not sighted in its time **in order to sanctify [the incoming month]** on the thirtieth day;[9] וְאֵין מְעַמְעֲמִין עַל הַנִּרְאֶה לְעַבְּרוֹ – **but we do not intimidate** witnesses **over [a new moon] that was sighted** in its time **in order to extend [the outgoing month].**[10]

The Gemara questions the former version:

מַתְנִיתָא פְּלִיגָא עַל רַבִּי זְעֵירָא – **Our Mishnah contradicts the view of** R' Yehoshua ben Levi as set forth by **R' Z'eira:** רָאוּהוּ בֵּית דִּין וְכָל יִשְׂרָאֵל נֶחְקְרוּ הָעֵדִים וְלֹא הִסְפִּיקוּ לוֹמַר מְקוּדָּשׁ עַד שֶׁחֲשֵׁיכָה הֲרֵי זֶה (מקודש) [מְעוּבָּר] – If THE COURT itself OR ALL OF ISRAEL SAW [THE NEW MOON], or if THE WITNESSES WERE INTERROGATED, AND, in either of these cases, [THE COURT] DID NOT MANAGE TO PROCLAIM "IT IS SANCTIFIED" BEFORE IT GREW DARK, THEN THIS month IS EXTENDED. מִפְּנֵי שֶׁחֲשֵׁיכָה – The Mishnah implies that the court extends the month only **because it grew dark.** הָא אִם לֹא חֲשֵׁיכָה – **But if it did not** yet **grow dark,** לָא – the court has no choice but to sanctify the thirtieth day and they are **not** authorized to extend the new month. הָדָא אָמְרָה – **This says,** in effect, אֵין מְעַמְעֲמִין עַל הַנִּרְאֶה לְעַבְּרוֹ – that **we do not intimidate witnesses over [a new moon] that was sighted** in its time **in order to extend [the outgoing month].**[11]

The Gemara will now cite three Baraisos that contradict the latter version of R' Yehoshua ben Levi's ruling. The first Baraisa is cited:

מַתְנִיתָא פְּלִיגָא עַל רַבִּי בָּא – **The** following **Baraisa**[12] **contradicts the view of** R' Yehoshua ben Levi as set forth by **R' Ba:** יָכוֹל אִם הָיָה צָרִיךְ שְׁנֵי יָמִים – IT COULD BE thought THAT IF [THE MONTH] NEEDS TWO extra DAYS,[13] נוֹתְנִין לוֹ שְׁנֵי יָמִים – [THE COURT] APPENDS TWO DAYS TO IT. תַּלְמוּד לוֹמַר – To dispel this notion, [THE TORAH] STATES: (אותו) [„יוֹם"][14] – *And on the fifteenth* DAY *of the month...*[15] אֵין לוֹ אֶלָּא יוֹם אֶחָד בִּלְבַד – The extra word *day* teaches that [A MONTH] CAN HAVE ONLY ONE DAY appended to it.[16] הָדָא אָמְרָה – This says, in effect, אֵין מְעַמְעֲמִין עַל שֶׁלֹּא נִרְאָה לְקַדְּשׁוֹ – that **we do not intimidate** witnesses **over [a new moon] that was not sighted** in its time **in order to sanctify [the incoming month]** on the thirtieth day.[17]

The second Baraisa is cited:

מַתְנִיתָא פְּלִיגָא עַל רַבִּי בָּא – **The** following **Baraisa,**[18] also, **contradicts the view of** R' Yehoshua ben Levi as set forth by **R' Ba:** יָכוֹל כְּשֵׁם שֶׁמְּעַבְּרִין אֶת הַשָּׁנָה מִפְּנֵי הַצּוֹרֶךְ – IT COULD BE thought that JUST AS WE EXTEND THE YEAR FOR A PURPOSE,[19] כָּךְ יְקַדְּשׁוּ אֶת הַחוֹדֶשׁ מִפְּנֵי הַצּוֹרֶךְ – SO WE prematurely SANCTIFY THE new MONTH FOR A PURPOSE.[20] תַּלְמוּד לוֹמַר – To dispel this notion, [THE TORAH] STATES: „הַחֹדֶשׁ" – *THE NEW MOON shall be for you the beginning of the months.*[21] אַחַר הַחוֹדֶשׁ הֵן הוֹלְכִין – This

NOTES

9. If there is need to make Elul 29 days long (e.g. so that Yom Kippur does not fall on Sunday), but witnesses have yet to arrive on the 30th day, we may intimidate "witnesses" to testify *falsely* that they observed the new moon on the the previous night, and we declare Rosh Chodesh based on their "testimony." See *Kehillos Yaakov, Rosh Hashanah* §20 and *Emek Berachah, Kiddush HaChodesh* §2, p. 71, for elaboration of the concept of false testimony with respect to *Kiddush HaChodesh* (see also *Chazon Yechezkel, Chidushim* 2:1).

[See *Rabbeinu Chananel* (to *Bavli* 20a) and *Rambam, Hil. Kodesh HaChodesh* 3:15-19, for other explanations.]

10. According to R' Ba, R' Yehoshua ben Levi reasons as follows: If two witnesses sighted the moon on the night of the 30th, it is likely that many other people saw the moon as well. Therefore, if we do not allow them to testify about it the following day, it will become known that the court manipulated the beginning of the new month. But if the court intimidates "witnesses" to testify that they saw the moon when they actually had not, there is no reason for people to suspect that the witnesses were intimidated; they will simply think that the "witnesses" sighted the moon, while they did not (*Korban HaEidah* and *Pnei Moshe*, from *Bavli* 20a-b).

11. The Mishnah implies that when the moon was seen on the 30th day of the preceding month, Rosh Chodesh must be on that day unless the court does not have time to proclaim: "It is sanctified!" while it is still day. If the court has the time, they have no choice but to declare the 30th day Rosh Chodesh, even when doing so will cause Yom Kippur to fall just prior to or just following the Sabbath. This contradicts R' Z'eira's version of R' Yehoshua ben Levi's view, according to which, when necessary, we intimidate witnesses who come to testify on the 30th day of the preceding month that they saw the new moon so they will not testify, so that we can make the previous month full (*Korban HaEidah*; see *Rashba* to *Bavli* 20a; *Sheyarei Korban; Amudei Yerushalayim*, Vilna ed. 15a; *Mashbiach*).

12. *Toras Kohanim, Emor, Parshasa* §9 10:6.

13. For example, if the moon did not appear on Tuesday, the 30th of Elul, so that Rosh Chodesh Tishrei falls on Wednesday, the 31st day from Rosh Chodesh Elul, and Yom Kippur (the 10th day of Tishrei) falls on Friday. Now, as explained above, the court tries to prevent Yom Kippur from falling just before the Sabbath. Hence, it could be thought that, in this case, the court should extend the month by yet, one more day, and declare Rosh Chodesh on Thursday, the 32nd. This way, Yom Kippur will fall on the Sabbath itself, instead of the day before the Sabbath (*Korban HaEidah; Rash MiShantz* to *Toras Kohanim;* cf. *Beur of R' Chaim Kanievski*).

14. Emendation based on *Korban HaEidah* (see also *Pnei Moshe*) and conforms with the standard print of *Toras Kohanim* and *Yalkut Shimoni* to the verse. [The unemended text is found in the standard Vilna ed. of *Yerushalmi* and conforms with *Rash MiShantz* and *Raavad's* version of *Toras Kohanim*.]

15. *Leviticus* 23:6.

Immediately after setting forth the court's authority in declaring Rosh Chodesh, the verse sets forth the laws associated with the festival of Pesach (ibid. vs. 5-6): *In the first month, on the fourteenth of the month, in the afternoon... And on the fifteenth day...*

16. The verse could have stated *"on the fifteenth of the month,"* just as the preceding verse states *"on the fourteenth,"* without the word *day* (*Minchas Yitzchak* and *Chazon Yechezkel* to *Tosefta* 2:1). The superfluous word *day* in our verse teaches that a month may never be extended by more than a single day (*Korban HaEidah*).

17. There is no question that Rosh Chodesh must preferably be on the 30th or 31st day of the preceding month. The Gemara entertained the possibility that under extenuating circumstances, another day can be appended to the month. Now, if it were possible to intimidate "witnesses" to testify concerning the observation of the new moon on the 30th day, there would never be extenuating circumstances to extend the month through the 31st day, for, instead, the court could simply declare the 30th day *Rosh Chodesh*, notwithstanding the lack of true witnesses to the moon's emergence. [In the example given in note 13, the court could have intimidated "witnesses" to testify that they observed the new moon on Tuesday, the 30th of *Elul*. Tuesday would then have been Rosh Hashanah and Yom Kippur would have fallen on Thursday. There would be no reason to extend the month through the 31st day, in order for Yom Kippur to fall on the Sabbath.] The Baraisa's assumption that there can exist a need to add two days to a month therefore demonstrates that the court is unauthorized to declare the 30th day Rosh Chodesh through intimidating witnesses to testify falsely (*Korban HaEidah*).

18. *Toras Kohanim* ibid. 10:5

19. The Gemara in *Sanhedrin* (5b, *Bavli* there 11b) lists several necessities that justify adding a second Adar to make a leap year: to ensure that the ripening of the grain takes place before Pesach, or to synchronize the solar seasons with the lunar months, or to ensure that the fruits ripen before Shavuos (*Korban HaEidah*).

20. [I.e. we declare the 30th day to be Rosh Chodesh even though the moon was not yet seen,] so that Yom Kippur does not fall on Friday or Sunday (*Korban HaEidah*).

21. *Exodus* 12:2 (*Korban HaEidah,* based on *Bavli* 20a; see *Rabbeinu Hillel* and *Korban Aharon* to *Toras Kohanim* ibid.; cf. *Rash MiShantz* and *Raavad* there, who understand the Baraisa as referring to a different verse).

ויאמרו מקודש מקודש. [א]ראוהו שלשה והן בית דין יעמדו [א]שנים ויושיבו מחביריהם אצל היחיד ויעידו בפניהן ויאמרו מקודש מקודש שאין היחיד נאמן על ידי עצמו:

גמ' ראוהו בית דין וכל ישראל וכו': כיני מתניתא או בית דין או כל ישראל. ר' זעירא ר' אמי [ב]בשם ר' יהושע בן לוי מעמעמין על טו. הנראה לעברו אין מעמעמין על שלא נראה לקדשו. ר' בא ור' חייה בשם ר' יהושע בן לוי מעמעמין על שלא נראה לקדשו ואין מעמעמין על הנראה לעברו. מתניתא פליגא על ר' זעירא ראוהו בית דין וכל ישראל נחקרו העדים ולא הספיקו לומר מקודש עד שחשיכה הרי זה (מקודש) [ב][מעובר] מפני שחשיכה הא אם לא חשיכה לא הדא אמרה אין מעמעמין על הנראה לעברו. מתניתא פליגא על ר' בא [ג]יכול אם היה צריך שני ימים נותנין לו שני ימים תלמוד לומר [ג]אותו אין לו אלא יום אחד בלבד. הדא אמרה אין מעמעמין על שלא נראה לקדשו. מתניתא פליגא על ר' בא [ד]יכול כשם שמעברין את השנה מפני הצורך כך יקדשו את החודש מפני הצורך תלמוד לומר [א]החודש אחר החודש הן הולכין. הדא אמרה אין מעמעמין על שלא נראה לקדשו. מתניתא פליגא על ר' בא [ה]יכול אם לא נראתה הלבנה לשני ימים כך יקדשו את החודש לשני ימים [ד]תלמוד לומר [ב][ה]אותם אלה הם אין אלה מועדיי מפני שלא נראתה הא אם נראתה לא. הדא אמרה אין מעמעמין על שלא נראה לקדשו. הוון בעיי מימר [ו]ולא פליגין מה דאמר ר' זעירא בשאר כל החדשים מה דאמר ר' בא על ניסן ועל תשרי:

קרבן העדה

יעמדו שנים ויושיבו מחבריהם אצל היחיד. ולאע"ג דמומחה דן אפילו יחידי, קידוש החדש בעינן שלשה. דאין לך מומחה לרבים יותר ממשה רבינו ע"ה וקא אמר ליה רחמנא עד דאיכא אהרן בהדך, דכתיב (שמות יב א) ויאמר ה' אל משה ואל אהרן וגו' החדש הזה לכם (ר"ה כה:). ואין בית דין שקול ומוסיפין עליהם עוד אחד (תוס' שם ד"ה עד): גמ' כיני מתניתא. כן צריכין לפרש מתני', ראוהו או בית דין או כל ישראל, דאם לא כן הוי ליה למתני סתמא ראוהו כל ישראל, דהטו בית דין לאו בכלל ישראל הן: מעמעמין וכו'. כלומר מאיימין על העדים על החדש שנראה בזמנו ביום ל' שיכחישו בשביל לעברו: אין מעמעמין. ביום ל' על העדים שלא ראוהו ואין צריכין לקדשו היום, כדי להפריד שבת מיום הכיפורים, שיאמרו ראינו ויעידו שקר: מעמעמין על שלא נראה לקדשו. אם אנו צריכין לעשותו חסר: ואין מעמעמין וכו'. משום דכשנראית בזמנה ואינן מעידין יש הרבה שראו ונראה שעל שקר עברוהו, אבל כשלא ראו ואמרו ראינו אין השקר נודע: ה"ג הרי זה מעובר: מפני שחשיכה. הוא דמעברין, הא אם לא חשיכה לעולם אין מעברין כשיש עדים ונתברר הדבר לבית דין, וקשיא לר' זעירה דאמר מעמעמין על הנראה בזמנו לעברו: יכול אם היה צריך ב' ימים. אם חסרו לו ב' ימים לצורך מוסיפין ב' ימים: ה"ג בתורת כהנים תלמוד לומר יום אין לו אלא יום אחד. והכי פירושו, דכתיב (ויקרא כג ו) ובחמשה עשר יום לחדש, דמלת יום מיותר, אלא לומר יום אתה נותן לחדש למלאו ולעברו ולא שני ימים: הדא אמרה שאין מעמעמין וכו'. דאי מאיימין לקדשו לא צריכין לעולם ב' ימים, שהרי יכולין לחסרו בלא עדים: יכול כשם שמעברין את השנה לצורך. מפני האביב ותקופה ופירות אילן כדאיתא פ"ק דסנהדרין (יא.): כך מקדשין את החדש לצורך. דלא ליחול יום הכפורים באחד בשבת: תלמוד לומר החדש. הזה לכם, כזה ראה וקדש, אחר חדוש הלבנה תהא מקדש, אבל כשאתה מעברו ראה וקדש הוא, וקשיא לר' בא: כך יקדשו את החדש לשני ימים. דסלקא דעתך אמינא דוקא בראייה תלה רחמנא: ה"ג בתוספתא תלמוד לומר יום אין לו אלא יום אחד. והא דתלה רחמנא בראייה, היינו שתהא ראויה בודאי לראות: מפני שלא נראתה. שמע מינה דבראייה תלה רחמנא שתהא ראויה לראות בודאי, אבל לחסר אף על פי שלא נראתה לא, וקשיא לר' בא: הא אם נראתה לא לא גרסינן: הוו בעי מימר. סברוהו למימר דלא פליגי ר' בא ור' זעירא: בשאר כל החדשים. והצורך בהן לעבר לפעמים, כגון שהיו שמנה חסרים ואין פוחתין מארבע חדשים המעוברין, וצריכין לעבר אותו החדש אף על פי שנראה: על ניסן ועל תשרי. שהמועדות תלויין בהן ומקדשין לצורך:

פני משה

ראוהו שלשה והן בית דין. כלומר שהן ראוין לכך להיות בית דין לקדש החדש וכדתנן בפרק קמא דסנהדרין (מ"ב) עיבור החדש בשלשה והיינו קידוש החדש, והך סיפא קא משמע לן דאע"ג דבדיני ממונות ביחיד מומחה סגי, הכא בקידוש החדש שלשה שהן בית דין בעינן דאין לך מומחה לרבים יותר ממשה רבינו וקאמר ליה הקב"ה עד דאיכא אהרן בהדך דכתיב (שמות יב א-ג) ויאמר ה' אל משה ואל אהרן וגו', החדש הזה לכם: גמ' כיני מתניתא. כן מפרשינן להמתניתן דאו או קתני או בית דין ראוהו או כל ישראל, ומשום דקשיא ליה ליתני כל ישראל בלחוד ובית דין בכלל היא, הלכך מפרש דהכי קאמר ראוהו בית דין וסלקא דעתיה אמינא דהואיל דהוי כמי שהעידו בפניהם שהרי אין שמיעה גדולה מראיה ותו לא ליעברוה. אי נמי ראוהו כל ישראל ואפילו הבית דין לא ראוהו סלקא דעתיה אמינא איפרסמא מילתא ולא לעברוה קא משמע לן*: ר' זעירה וכו'. אמרי בשם ר' יהושע בן לוי דהכי אמר מעמעמין על הנראה לעברו. לשון מגמגמין הוא כדקאמר בפ"ק דשבת (ה"ד) פיתן מהלכות של עמעום הוא, וכלומר מאיימין על העדים להיות מגמגמין על החדש שנראה יום שלשים שלא יעידו שראו וכדי לעברו להחדש אם צריך הוא לכך, אבל אין מאיימין עליהם על שלא נראה שיאמרו ראינו היום וכדי לקדשו ולעשות החודש חסר אם צריך לכך מפני שהוא שקר: ור' בא ור' חייא. קאמרו איפכא בשם ר' יהושע בן לוי מאיימין לומר ראינו אע"פ שלא נראה כדי לקדשו, דהאי לא מיחזי כשיקרא שאפשר שהם ראו ואם שלא נראה לכל, ואין מאיימין עליהן שיכחישו אם נראה הוא לכל דמיחזי כשיקרא: מתניתא. דידן פליגא על ר' זעירה דקאמר בשם ר' יהושע בן לוי, דהא קתני ראוהו בית דין וכל ישראל וכו' ודייקינן הרי זה מעובר. כצ"ל: מפני שחשיכה. ואי אפשר לקדשו, הא אם לא חשיכה לא עבדינן מעובר אלא צריך לקדשו הואיל ונראה לכל, וקשיא על דר' זעירה דהרי הדא אמרה אין מעמעמין על הנראה וכדי לעברו: מתניתא. ברייתא פליגא על ר' בא דקאמר בשם ר' יהושע בן לוי: יכול וכו'. תוספתא היא בריש פ"ב והכי איתא התם לא נראית לבנה לשני ימים יכול יקדשוהו לאחר שני ימים תלמוד לומר יום אין לו אלא יום אחד בלבד. וזו היא הגירסא הנכונה, דלגירסא דהכא תלמוד לומר אותו, היכן מצינו דכתיב אותו גבי אחד בחדש, ויום הוא דמצינו, (במדבר כט א) בחדש השביעי באחד לחדש וגו' יום תרועה יהיה לכם, ולמדנו שאין לו אלא יום אחד בלבד להיות נמנה להתחלת החדש משנראה ביום כ"ט סמוך לשקיעת החמה, ולא שימתינו לקדש החדש אחר שני ימים והיינו ביום ל"א שהוא לאחר שני ימים משנראה. אי נמי לאחר שני ימים ממש כדלקמן, שאפילו רוצין לקדש את יום שלשים הואיל ועברו שני ימים בחדש אין מקדשין. אלמא דאין מאיימין על שלא נראה ולומר שנראה כדי לקדשו מפני הצורך ולא כר' בא, דהא שמעינן מהאי ברייתא דאחר שנראה הוא דהולכין: מתניתא. וכן האי ברייתא נמי פליגא על ר' בא דקתני יכול כשם וכו', וכן אידך ברייתא יכול אם לא נראתה הלבנה עד לשני ימים בחדש שנמצא שמעובר החדש, ויכול יקדשהו כך לאחר שני ימים ויעשו חסר, תלמוד לומר (ויקרא כג ב) אשר תקראו אותם אלה הם מועדי אבל אין אלה מועדי, וטעמא מפני שלא נראתה בזמנו, הא אם נראתה בזמנו לא אמרו כזה דהוי אמינא שימתינו מלקדשו, משום דהכל אחר הראייה אנו הולכין, אם כן הדא אמרה אין מאיימין על שלא נראה לומר שנראה כדי לקדשו ולא כר' בא: הוון. בני הישיבה: בעיי מימר. דלא פליגין אלא מה דאמר ר' זעירא דאין מאיימין על שלא נראה לקדשו בשאר החדשים, ומה דאמר ר' בא מאיימין על שלא נראה לקדשו, על ניסן ועל תשרי הוא דקאמר שבהן תקנת המועדות תלויין הן:

מסורת הש"ס

א) [כתובות כא:, ילקו"ש בא קפז] ב) ר"ה כ. [כל הענין בשינוי, ילקו"ש בא קפז] ג) ספרא אמור פרק י ה"ו [וילקו"ש אמור תרמג ועי' קרבן העדה, תוספתא פ"ב ה"א ועי' פני משה] ד) ספרא אמור פרק י ה"ה ה) תוספתא פ"ב ה"א ו) [ר"ה כ.]

גליון הש"ס

מתניתא פליגא על ר' זעירה וכו'. עי' בחידושי רשב"א ריש פרק ג' דר"ה (כה:):

מראה הפנים

כיני מתניתא או בית דין או כל ישראל. ביארתי בפנים מה דהכריחו להש"ס דהכא לפרש כן, משום דהוה קשיא ליה ליתני ראוהו כל ישראל בלבד וא"כ בית דין בכלל, אלא דבכל חדא וחדא מילתא באנפי נפשה קמ"ל, דבראוהו ב"ד אשמעינן דלא תימא ליהוי ראייה דידהו כהעדאת העדים בפניהם, ומכיון שראוהו ביום דהא בהכי איירי האי רישא דמתני' דקתני ולא הספיקו וכו' משמע שראו קודם שחשיכה אלא שלא הספיקו לקדשו עד שחשיכה הו"א ליקדשי ליה בלילה דהוי כגמר דין קמ"ל דלא, ומשום דמשפט כתיב ביה (תהלים פא ה), ובראוהו כל ישראל קמ"ל דלא תימא הא איפרסמא מילתא ונראית לכל היום והיאך ליעברוהו קמ"ל דלאו בראייה תליא אלא עד שיאמרו ב"ד מקודש היא דתליא מילתא. ולפי שיטת הבבלי (כה:) דלא מפרש דאו או קתני, אלא דמשמע מסוגיא דהתם דמפרש דראוהו ב"ד וגם כל ישראל קתני כדקאמר התם סד"א הואיל וראוהו ב"ד וכל ישראל וכו', נ"ל דטעמא דלא דייק נמי התם וליתני ראוהו כל ישראל בלחוד וא"כ ב"ד בכלל, משום דאי הוה תני הכי הו"א דטעמא הויא משום דלא ראוהו ב"ד ובדידהו תליא מילתא, ואיפכא הוי דייקין דלהכי קתני כל ישראל לאשמעינן דטעמא דלא ראוהו אלא כל ישראל ולא הב"ד הא אם ראוהו גם הב"ד ראייה דידהו כהעדאת עדים דמיא, הלכך איצטריך למיתני ראוהו ב"ד וכל ישראל ומשום דלא תימא איפרסמא וכו', והיינו נמי דהדר מדייק וקאמר וכיון דתני ליה ראוהו ב"ד וכל ישראל נחקרו העדים למה לי והו"ל למימר בקצרה נחקרו העדים למה לי, אלא דעיקר דיוקא דכיון דתני להו לתרוייהו ותו ליכא למטעי נחקרו העדים למה לי, ומשני דעוד איכא למיטעי בהא דס"ד אמינא דחקירת עדים דעדיפא תהוי כתחלת דין וכו'. נקטינן מיהת לפירושא דמתני' לפי המסקנא דהתם דבכל חדא וחדא מהני בבא דמתני' מילתא באנפי נפשה קמ"ל כדפרישית במתני' וזה פשוט ומבואר, אלא דאכתי איכא למידק דהשתא דקתני סיפא דמתני' ראוהו שלשה והן ב"ד וכו', א"כ הך מציעתא ראוהו ב"ד בלבד דמיירי בב"ד של כ"ג (ר"ה ראוהו) ומוכרח היא וכדפרישית למה לי, דהא מסיפא הכל שמעינן שהרי ע"כ דמוקמינן נמי להאי סיפא שראוהו בלילה דאל"כ לא תהא שמיעה גדולה מראיה, אלא ודאי דג"כ בראוהו בלילה מיירי ושמעינן דאין מקדשין ביום ע"פ ראיית ב"ד שבלילה בלא העדאת עדים וכדכתבו התוס' ד"ה כגון שראוהו בלילה וכו'. ובהא דקתני ויושיבו מחביריהם אצל היחיד וכו' שמעינן נמי דיחיד מומחה לא מהני בקידוש החודש והשתא הבבא מציעתא מיותר הוא, ויש ליישב ואין להאריך:

עין משפט

א מיי' פ"ד מהלכות קידוש החודש הלכה ה:

שינויי נוסחאות

א] **שנים.** כ"ה גם גירסת הרמב"ם בפיה"מ. במשניות ובבבלי (כה:) **השנים**:

ב] **מעובר.** כ"ה במשנה וברשב"א (כה:) וכן הגיהו בקה"ע ובפנ"מ:

ג] **אותו.** בספרא (אמור ט פ"י ה"ו) **יום.** וכן הגיהו בקה"ע ובפנ"מ:

ד] **תלמוד לומר אותם וכו'.** בתוספתא (פ"ב ה"א) תלמוד לומר **יום, אין לו אלא יום אחד בלבד.** וראה באות הסמוכה:

ה] **אותם וכו'.** להלן (ע"ב) ובירושלמי שביעית (פ"י ה"א) ונדרים (פ"ו ה"ח) וסנהדרין (פ"ו ה"ח) קדשוהו קודם **לזמנו או לאחר עיבורו יום אחד יכול יהא מקודש,** תלמוד לומר אותם, **אותם** אלה הם **מועדיי,** אין אלה מועדיי. ומקור ברייתא זו הוא מן הספרא (שם ד). [ואפשר ששתי קושיות הן בירושלמי, אחת מן התוספתא המובאת באות הקודמת והשניה מן הספרא, אלא שדילג הסופר מן 'תלמוד לומר' קמא עד 'תלמוד לומר' בתרא, וכצ"ל יכול אם לא נראתה הלבנה לשני ימים כך יקדשו את החודש לשני ימים, **תלמוד לומר יום, אין לו אלא יום אחד בלבד. הדא אמרה אין מעמעמין על שלא נראה לקדשו.** (פי', דאת"ל מעמעמין, היה להם לקדשו ביום הראשון אע"פ שלא נראה). **מתניתא פליגא על ר' בא, קדשוהו קודם לזמנו או לאחר עיבורו יום אחד יכול יהא מקודש,** תלמוד לומר אותם וכו']:

תורה אור השלם

א) הַחֹדֶשׁ הַזֶּה לָכֶם רֹאשׁ חֳדָשִׁים רִאשׁוֹן הוּא לָכֶם לְחָדְשֵׁי הַשָּׁנָה: (שמות יב ב)

ב) דַּבֵּר אֶל בְּנֵי יִשְׂרָאֵל וְאָמַרְתָּ אֲלֵהֶם מוֹעֲדֵי יְהוָה אֲשֶׁר תִּקְרְאוּ אֹתָם מִקְרָאֵי קֹדֶשׁ אֵלֶּה הֵם מוֹעֲדָי: (ויקרא כג ב)

שירי קרבן

מפני שחשיכה וכו'. וא"ת מנ"ל למידק דאם לא חשיכה לא, דלמא היא גופא קמ"ל דאם חשיכה אין מקדשין אע"ג דאיפרסמא מילתא וכדפרישית במתני'. וי"ל דמראוהו בית דין דייק, דל"ל דהא לא איפרסמי מילתא והתנא או או קתני כדאמר בסמוך: בשאר כל החדשים. כתבו תוס' בבבלי דף כ' ע"א בד"ה הא בניסן ובתשרי, פי' בקונטרס שהמועדות תלויין בהן מקדשין לצורך בשאר ירחי לא, ויש מפרשים איפכא, ע"כ. ומסוגיין מתבאר שפירוש הקונטרס עיקר:

וְיֹאמְרוּ מְקוּדָּשׁ מְקוּדָּשׁ — **and they should** then **proclaim: "It is sanctified, it is sanctified."**[1] רָאוּהוּ שְׁלֹשָׁה — If only **three** people **saw [the new moon]** וְהֵן בֵּית דִּין — **and they constitute a court,**[2] יַעַמְדוּ שְׁנַיִם — **two** of them **should stand** ready to testify וְיוֹשִׁיבוּ מֵחַבְרֵיהֶם אֵצֶל הַיָּחִיד — **and should seat** two other sages **from** among **their colleagues beside the single** judge, וְיָעִידוּ בִּפְנֵיהֶן — **and** then **[the two designated witnesses] should testify before [the three judges]** regarding the appearance of the new moon, וְיֹאמְרוּ מְקוּדָּשׁ מְקוּדָּשׁ — **and they should** then **proclaim: "It is sanctified, it is sanctified."** שֶׁאֵין הַיָּחִיד נֶאֱמָן עַל יְדֵי עַצְמוֹ — **For the individual** judge **is not trusted** to proclaim Rosh Chodesh **by himself.**[3]

Gemara The Mishnah states: רָאוּהוּ בֵּית דִּין וְכָל יִשְׂרָאֵל וכו׳ — If **the court** itself **or all of Israel saw it** etc.

A simple reading of the Mishnah's first ruling indicates that it deals with a case in which the court *and* all of Israel saw the new moon.[4] This reading, however, is difficult, for "all of Israel" includes the court, since its members are also part of Israel. Why does the Mishnah make separate mention of the court?[5] Anticipating this question, the Gemara asserts:

כֵּינִי מַתְנִיתָא — **This is** the meaning of **the Mishnah:** אוֹ בֵּית דִּין אוֹ כָּל יִשְׂרָאֵל — If **either the court or all of Israel** saw the new moon, and in either case the court did not manage to proclaim: "It is sanctified," before it grew dark, this month is extended.[6]

The Gemara cites an Amoraic discussion that it will relate to our Mishnah:

רַבִּי זְעִירָא רַבִּי אַמִּי בְּשֵׁם רַבִּי יְהוֹשֻׁעַ בֶּן לֵוִי — **R' Z'eira and R' Ami** said **in the name of R' Yehoshua ben Levi:** מְעַמְעֲמִין עַל הַנִּרְאָה לְעַבְּרוֹ — **We intimidate** witnesses **over [a new moon] that was sighted** in its time **in order to extend [the outgoing month];**[7] אֵין מְעַמְעֲמִין עַל שֶׁלֹּא נִרְאָה לְקַדְּשׁוֹ — **we do not intimidate** witnesses **over [a new moon] that was not sighted** in its time **in order to sanctify [the incoming month]** on the thirtieth day.[8]

The Gemara cites a conflicting version of R' Yehoshua ben Levi's ruling:

רַבִּי בָּא וְרַבִּי חִיָּיה בְּשֵׁם רַבִּי יְהוֹשֻׁעַ בֶּן לֵוִי — **R' Ba and R' Chiyah** said **in the name of R' Yehoshua ben Levi:** מְעַמְעֲמִין עַל שֶׁלֹּא נִרְאָה לְקַדְּשׁוֹ — **We intimidate** witnesses **over [a new moon] that**

NOTES

1. That is, the head of the court proclaims: "It is sanctified!," and the people assembled respond, "It is sanctified! it is sanctified!"

2. A three-member court is necessary to sanctify the month (*Pnei Moshe*; see Mishnah, *Sanhedrin* 1:2, *Bavli* there 2a). In our case, the three people who saw it are duly ordained with *semichah* [a process of ordination that was passed on in an unbroken chain from Moses] and qualified to proclaim Rosh Chodesh (*Ritva* to *Bavli* 25b).

[*Bavli Bava Basra* (121a) requires expert (i.e. ordained) judges for *Kiddush HaChodesh*. This is derived from the fact that God commanded Moses and Aaron to perform *Kiddush HaChodesh*. Just as they were ordained judges, so too, all judges who perform *Kiddush HaChodesh* must be ordained (see also *Ramban*, glosses to *Sefer HaMitzvos* §153).]

This case is similar to the previous one, except that here only *three* members of the *beis din* saw the moon at night. If two of them bear witness, their colleague cannot serve as the *beis din,* since *Kiddush HaChodesh* requires a *beis din* of no fewer than three members. Here, therefore, the procedure is somewhat different than in the previous case.

3. Although a single ordained judge may try financial disputes (see *Bavli Sanhedrin* 5a), a *beis din* of a minimum of three is required for *Kiddush HaChodesh*, as derived from *Exodus* 12:1 where the authority to decide on *Kiddush HaChodesh* was not given to Moses alone but to Moses and Aaron together (*Korban HaEidah* and *Pnei Moshe*, from *Bavli* 25b). *Tosafos* (25b, cited by *Pnei Moshe*) add that although this would seem to indicate that a *beis din* of two is sufficient, a third judge must be added in conformance with the rule mentioned in *Sanhedrin* 1:4 (11a; *Bavli* 2b) that a *beis din* may not contain an even number of judges.

4. As explained in the Mishnah (17b note 2), the letter *vav* affixed to the beginning of a word generally means *and*. Accordingly, the simple meaning of the Mishnah, which states רָאוּהוּ בֵּית דִּין וְכָל יִשְׂרָאֵל, is *the court **and** all of Israel saw the new moon.*

5. *Korban HaEidah; Pnei Moshe.* See *Aruch LaNer* (to *Bavli* 25b) for another difficulty with the simple reading of the Mishnah.

6. In this instance, the prefix *vav* should be understood as *or*, so that the Mishnah means *the court [alone] **or** all of Israel saw the new moon.* In either case, if there was not sufficient time on the 30th day to proclaim that day as Rosh Chodesh, the month is extended (see 17b note 6 for the novelty taught by each case of the Mishnah).

7. [When *beis din* wishes, for whatever reason, to make a month full (see next note), they may] intimidate witnesses — who come to testify on the 30th day of the preceding month that they saw the new moon — not to testify. No longer having witnesses to testify that the moon was observed, we can make the previous month full (*Korban HaEidah*, from *Rashi* 20a; cf. *Rabbeinu Chananel* there and *Rambam, Hil. Kiddush HaChodesh* 3:15, with *Lechem Mishneh*).

Korban HaEidah seems to relate the term מְעַמְעֲמִין to the phonetically similar מְאַיְּמִין, which means *we intimidate*. Others render מְעַמְעֲמִין, *we cause them to stammer*, from the word עָמוּם, which connotes obscurity or dimness. [*Targum Onkelos* to *Leviticus* 13:6 renders וְהִנֵּה כֵּהָה as וְהָא עֲמְיָא, *and behold, it has dimmed*; see also *Ezekiel* 31:8 (see *Korban HaEidah* to *Shabbos* 1:4; see also *Rash* to *Maaser Sheni* 3:1 and *Rash Sirilio* to *Sheviis* 8:4, 63b).] When used in reference to speech, this term means *stammering,* which itself connotes a lack of clarity (*Pnei Moshe*). Either way, the Gemara means that we render the witnesses unable to provide testimony (cf. *Sefer Nir* and *Shaarei Toras Eretz Yisrael*).

8. If the moon was not yet sighted and we wish to declare Rosh Chodesh, we do not intimidate "witnesses" to testify falsely that they sighted the moon, in order to declare that day Rosh Chodesh (*Korban HaEidah* and *Pnei Moshe*, from *Rashi* ibid.).

[The court would sometimes wish to adjust the day of Rosh Chodesh due to communal needs; for example, in order to ensure that Yom Kippur will not fall on a Friday or Sunday (*Korban HaEidah*).

Bavli (20a), cited by *Beur of R' Chaim Kanievski*, explains that such an arrangement (i.e. Yom Kippur falling on Friday or Sunday) is to be avoided for two reasons: (1) If Yom Kippur falls either just prior to or just after the Sabbath, vegetables needed for the second of these two days (be it the Sabbath or the night after the fast of Yom Kippur ends) will have to be picked before the first day. This will result in raw vegetables wilting before they could be used. Rosh Chodesh Tishrei was sometimes adjusted so that there would be a weekday between the Sabbath and Yom Kippur. (2) If Yom Kippur would fall just prior to or just following the Sabbath, and someone were to die on the first of these two days, caring for the corpse would be prohibited until after both days had ended. To prevent possible decomposition of a corpse in these cases, the court would adjust Rosh Chodesh Tishrei.]

The Gemara teaches that we can intimidate witnesses not to testify, so that Rosh Chodesh will fall on the 31st day, but we may not intimidate "witnesses" to testify falsely, in order that Rosh Chodesh be proclaimed on the 30th day. The difference between delaying Rosh Chodesh and declaring it prematurely is based on the verse, cited by the Gemara below (*Exodus* 12:2): *The new moon shall be for you. . .*, which implies that the new moon should not be sanctified until it is seen (כָּזֶה רְאֵה וְקַדֵּשׁ, *thus you should see and sanctify*). This precludes sanctifying the incoming month a day early, before the moon was actually sighted. But if we merely add a day to the outgoing month, we are in fulfillment of the Torah's directive, because the declaration of Rosh Chodesh, while late, *follows* the sighting of the moon (*Beur of R' Chaim Kanievski*, from *Bavli* 20a, with *Rashi*).

Alternatively, the difference is that in the former case, the witnesses are simply holding back their testimony, while in the latter case, they would be lying outright (*Pnei Moshe*; see *Korban HaEidah*).

Chapter Three
Halachah 1

Mishnah This Mishnah continues the discussion of the laws of *Kiddush HaChodesh.*[1] The beginning of the Mishnah is an elaboration of the rule stated in 2:7 (15b), which makes the date of Rosh Chodesh dependent on the court's proclamation: "It is sanctified!" In the cases presented in our Mishnah, there seems to be reason for dispensing with the rule:

רָאוּהוּ בֵּית דִּין וְכָל יִשְׂרָאֵל – If **the court** itself **or all of Israel saw [the new moon],**[2] **נֶחְקְרוּ הָעֵדִים** – or if **the witnesses were interrogated,**[3] **וְלֹא הִסְפִּיקוּ לוֹמַר "מְקוּדָּשׁ"** – **and**, in either of these cases, **[the court] did not manage to proclaim: "It is sanctified,"**[4] **עַד שֶׁחֲשֵׁיכָה** – **before it grew dark,**[5] **הֲרֵי זֶה מְעוּבָּר** – **then this** month **is extended.**[6]

The Mishnah now outlines the procedure for *Kiddush HaChodesh* in another case where the only witnesses to the new moon are the judges of *beis din* themselves:

רָאוּהוּ בֵּית דִּין בִּלְבַד – If **the court**[7] **alone saw [the new moon],** **יַעַמְדוּ שְׁנַיִם** – **two** of them **should stand וְיָעִידוּ לִפְנֵיהֶם** – **and testify before [the others],**[8]

NOTES

1. [Although this chapter deals with the subject of blowing the shofar on Rosh Hashanah, the following Mishnah is a continuation of the laws of *Kiddush HaChodesh*; accordingly, it would seem to belong in the previous chapter. For possible explanations for the placement of this Mishnah in this chapter, see *Tiferes Yisrael* (introduction to this Mishnah) and *Sifsei Chachamim* to *Bavli* 25b.]

2. Elucidation reflects *Yerushalmi's* understanding of this clause. *Bavli* argues that the Mishnah be understood as presenting one case.

To explain: The letter *vav* affixed to the beginning of a word generally means *and,* but can also mean *or. Bavli* (25b) understands the *vav* affixed to the word וְכָל according to its usual meaning: *and*. Hence, the Mishnah means to present one case, in which the court *along* with all of Israel saw the new moon. *Yerushalmi* (18a), however, renders the *vav* as *or*. [The reason for *Yerushalmi's* assertion will be presented below, 18a note 5.] Hence, the Mishnah presents two cases. In the first case, the court itself saw the new moon on the 30th day. In the second case, all of Israel [or a large segment of it (*Ritva* ad loc.).], but not necessarily the court, saw the new moon (*Pnei Moshe* to 18a ד״ה כיני).

3. This is a new case, where two or more witnesses saw the new moon. [They underwent the necessary interrogations, and properly replied to the questions put to them] (*Korban HaEidah* and *Pnei Moshe*, from *Bavli* 25b).

Hence, the Mishnah deals with three cases: (1) The court alone saw the new moon; (2) all of Israel saw the new moon; (3) only the witnesses saw the new moon.

4. [The Mishnah above (2:5, 15b) teaches that after the Head of the Court declares: "It is sanctified!," all the people respond after him, "It is sanctified! It is sanctified!" It is therefore puzzling why the Mishnah here mentions only the proclamation of the Head of the Court and not the proclamation of the people, especially in light of the fact that the next section of the Mishnah (18a) *does* mention the people's response.

Turei Even (to *Bavli* 25b) infers from this that only the declaration of the Head of the Court need be made before dark; the people's response can be given afterward (see also *Igros Moshe* I, *Orach Chaim* §142; and *He'aros of R' Y. S. Elyashiv, Bavli* ibid.). *Aruch LaNer* (ad loc.), however, disputes this.]

[*Ramban* (glosses to *Sefer HaMitzvos, Asei* §153) asserts that the proclamation: "It is sanctified!," is not essential. Accordingly, our Mishnah's expression *they did not manage to proclaim* must be understood to mean that the *beis din* was unable to reach its decision before nightfall (*Sefer HaZichronos* p. 41; cf. *Toldos Shmuel, Kiddush HaChodesh* 5:3).]

5. In all three cases, the moon was observed late on the day of the 30th [when it was sufficiently dark to observe the moon, but not yet legally night], and there was not sufficient time to sanctify that day as Rosh Chodesh before nightfall of the 31st (*Rashi* 25b ד״ה ראוהו ב״ד and *Tosafos* ד״ה ראוהו ב״ד there; *Ritva* loc. cit. ד״ה וכיון; *Mareh HaPanim* to the Gemara 18a).

[*Rambam* (*Hil. Kiddush HaChodesh* 2:8) interprets that the moon was observed on the night preceding the 30th day, and the court's failure to sanctify the month on the 30th day was because the judges were preoccupied the entire day with other pressing matters (see *Korban HaEidah* and *Pnei Moshe*).]

6. The previous month contains 30 days, and Rosh Chodesh does not commence until the next day.

This rule aplies to all three cases of our Mishnah (see note 3). The Mishnah teaches that the daytime proclamation of: "It is sanctified," cannot be dispensed with under any circumstance:

In the first case of the Mishnah, the court observed the new moon late on the day of the 30th. Based on the rule לֹא תְּהֵא שְׁמִיעָה גְּדוֹלָה מֵרְאִיָּה, *hearing cannot be considered greater than seeing, beis din's* own sighting of an event is equivalent to קַבָּלַת עֵדוּת, *acceptance of testimony.* Now, one might have thought that since the sighting of the new moon ("the acceptance of testimony") took place during the day, the decision can be rendered at night, as is the law with respect to monetary litigations, where the court may render a decision at night, provided they concluded their deliberations during the day. The Mishnah teaches otherwise: Although the court observed the moon during the day, the *Kiddush HaChodesh* proclamation must also be issued before nightfall.

The *third* case of the Mishnah adds that even when witnesses alone saw the moon and actual acceptance of testimony and deliberations took place during the day, nevertheless, the proclamation of the court must also take place before nightfall.

[Regarding *Kiddush HaChodesh,* a verse states (*Psalms* 81:5): כִּי חֹק לְיִשְׂרָאֵל הוּא מִשְׁפָּט לֵאלֹהֵי יַעֲקֹב, *Because it is a decree for Israel, a judgment [day] for the God of Jacob.* We derive from there that just as judgment must be conducted by day, the decree — i.e. the proclamation — of Rosh Chodesh must be performed by day (*Bavli* 25b, cited by *Pnei Moshe*).]

In the second case of the Mishnah, the general public (but not the court) observed the new moon on the 30th day just before nightfall. Although the court did not have sufficient time to complete the necessary procedures, it would already be general knowledge that the 30th day *should* be proclaimed Rosh Chodesh. One might therefore think that the 30th day should be considered Rosh Chodesh even if the court failed to make the proper declaration. The Mishnah teaches that the proclamation may never be dispensed with. And since they failed to make the proclamation on the 30th day, the new month begins the next day (*Pnei Moshe,* with *Mareh HaPanim* to the Gemara 18a, based on *Bavli* 25b, with *Rashba* and *Ritva* there; *Beur of R' Chaim Kanievski*).

[According to *Rambam* (*Hil. Kiddush HaChodesh* 3:15), if witnesses first come after the 30th day and testify to the appearance of the moon on the 30th day, the court may sanctify the new month retroactively to the 30th day of the previous month. *Ritva* (to *Bavli* 25b) asks: If so, why, in our cases, is Rosh Chodesh on the 31st day? True, the court did not issue a proclamation on the 30th day, but let them proclaim on the 31st day that the 30th day was Rosh Chodesh! See *Turei Even* to *Bavli* 25b, *Shelom Yerushalayim* here, *Minchas Chinuch* 4:6, and *He'aros of R' Y. S. Elyashiv* to *Bavli* ibid., for discussion.]

7. The entire Sanhedrin of seventy-one members (*Meiri* 25b; see *Rashash* to *Tosafos* 25b) or a minor sanhedrin of twenty-three members (*Tosafos* 25b, cited by *Korban HaEidah* and *Pnei Moshe*) saw the new moon on the *night* of the 30th and there were no other witnesses (*Korban HaEidah*, from *Rashi* 25b).

This case is unrelated to the previous ones. The problem here is not lack of time to declare Rosh Chodesh (*Rashi* ibid.), but the court's eligibility to act as judge of a matter it witnessed.

As explained in the preceding note, if the court observed the moon during daytime (of the 30th day), they may declare Rosh Chodesh without hearing testimony. In this case, however, the sighting of the new moon occurred at night (the night preceding the 30th day). And just as testimony may be accepted only during the day, so too, the court's observation of the facts [upon which they wish to base their judgment] — which is equivalent to acceptance of testimony — must take place during the day. If, as in this case of the new moon, it occurred at night, the procedure that the Mishnah will now detail must be followed (*Korban HaEidah* and *Pnei Moshe*, from *Bavli* 25b).

8. Since there are no witnesses other than the members of the court, two of them must assume the role of witnesses and testify before their colleagues.

יד: משמש ידע מבואו עשה ירח למועדים. א) א] אמר ר' ברכיה כתיב א) ויסעו מרעמסס בחודש הראשון וגו' כד יטמע בלילי מועדא ארבע עשרה מטמיעין אית בה הוי משקיעת החמה את מונה ללבנה. אמר ר' סימון בוהיו על ידי זה ועל ידי זה. ב) אמר ר' יוחנן ג) ויהי ערב ויהי בוקר יום אחד. ר' שמעון בן לקיש אמר ד) החדש עד שיהא כולו מן החדש. אשכחת אמר מה דאמר ר' יוחנן צריכה לר' שמעון בן לקיש ומה דאמר ר' שמעון בן לקיש צריכה לר' יוחנן. אילו אמר ר' יוחנן ולא אמר ר' שמעון בן לקיש הוינן אמרין לא אמר אלא אפילו כולו מן החדש הוי צורכה להיא דאמר ר' שמעון בן לקיש. או אילו אמר ר' שמעון בן לקיש ולא אמר ר' יוחנן הוינן אמרין לא אמר אלא יום הא לילה לא. הוי צורכה להיא דאמר ר' יוחנן וצורכה להיא דאמר ר' שמעון בן לקיש:

הדרן עלך פרק אם אינן מכירין

א ג) ראוהו בית דין וכל ישראל נחקרו העדים ולא הספיקו לומר מקודש עד שחשיכה הרי זה מעובר. ראוהו בית דין בלבד יעמדו שנים ויעידו ב] לפניהם

פני משה

משמש ידע מבואו עשה ירח למועדים. כלומר שעל ידי שיש כאן כך וכך שקיעת החמה בכך וכך מהזמן אז מחשבין ויודעין לעשות מועדים על פי חשבון הירח, וכלל החשבון הוא לעולם משקיעת החמה, וכדדריש נמי ר' ברכיה לקמיה: כתיב ויסעו מרעמסס בחדש הראשון. בחמשה עשר יום לחדש הראשון ממחרת הפסח יצאו בני ישראל. והלא מרעמסס בלילה הוא שנסעו כדכתיב בפרשת בא (שמות יב כט) ויהי בחצי הלילה וגו', ותחזק מצרים על העם למהר לשלחם וגו' (שמות שם לג), וכתיב אבתריה (שמות שם לז) ויסעו בני ישראל מרעמסס סכתה וגו', אלא שמע מינה מכאן כד יטמע, כשתשקע החמה בלילי מועדא, ואז ארבעה עשר מטמיעין אית בה, שכבר כלו י"ד שקיעות מתחלת החדש ומיד נחשב אח"כ ליום ט"ו, וא"כ יצאו בט"ו והמועד בט"ו הוא הוי משקיעת החמה אתה מונה ללבנה וכלומר החשבון הוא משקיעת החמה וכדאמרן: אמר ר' סימון והיו. כתיב (בראשית א יד) והיו לאותות ולמועדים ולימים ושנים והרי המועדים לחשבון הירח אנו מונים, אלא לומר לך על ידי זה ועל ידי זה אנו מונים שהחשבון משקיעת החמה היא: א"ר יוחנן ויהי ערב ויהי בקר יום אחד. כתיב, על ידי שקיעת החמה שהוא תחלת הערב הוא יום אחד עם יום שלאחר כן: ר' שמעון בן לקיש אומר החדש. הזה לכם, כתיב גבי קידוש החדש כדדרשינן (בבלי כ.) הזה כזה ראה וקדש, וללמד עד שיהא כולו מן החדש, וכלומר שצריך שיהא היום כולו מן חודש של לבנה שנתחדש, ואכתי לילה שלפניו אין אנו יודעין אלא מן מה דאמר ר' יוחנן ויהי ערב וגו' וכדמסיק ואזיל: אשכחת. נמצאת למד דצריך ללימוד תרווייהו, דאלו מדר' יוחנן לחוד ולא שמעינן מה דאמר ר' שמעון בן לקיש הוי אמינא דלא אמר אלא אם אפילו היא כולו מן החדש, דלא שמעינן מהכתוב שהביא ר' יוחנן דלענין קידוש החדש הוא דמיירי, אלא הוה דרשינן לקרא דהחדש שאף שהוא כולו וכו' שפיר דמי ולא הוה דייקינן שצריך שיהא כך, הלכך צריך לדרשיה דריש לקיש דדייק הכי, ואי מדריש לקיש לחוד לא הוה ידעינן שאף הלילה צריך שיהא מן החדש, ומדרשיה דר' יוחנן דדריש ויהי ערב וגו' הוא דלמדנו שאין נחשב יום כולו אלא אם כן בחשבון גם הלילה שלפניו עמו, הוי דצריכא לתרווייהו ללמד שצריך שיהא הלילה והיום כולו מן החדש:

הדרן עלך אם אינן מכירין

ראוהו בית דין וכל ישראל נחקרו העדים. מפרש התם (בבלי כה:) בגמרא דאי נמי נחקרו העדים קאמר, וכל חלוקה דהאי בבא דרישא רבותא באנפי נפשה קתני דבראוהו בית דין וכל ישראל סלקא דעתיה אמינא דאע"פ שלא הספיקו לומר מקודש עד שחשיכה ליל ל"א לא יעברוה הואיל ואיפרסמא מילתא שנראית הלבנה ויהיה ראש חודש יום שלשים, קא משמע לן דאף שנראית בליל שלשים ולא קידשו בית דין היום מכיון שכבר חשכה ליל ל"א והוא אחר צאת הכוכבים הרי זה מעובר ויהיה ראש חודש למחר ביום ל"א דלאו בראיה לחוד תליא מילתא אלא עד שיקבעו ב"ד ויאמרו מקודש ביום שלשים, ובחלוקה דנחקרו העדים איצטריך דסלקא דעתיה אמינא תהוי חקירת העדים כתחילת דין ומקודש כגמר דין וליקדשיה בלילא קא משמע לן דלא, דאמר קרא (תהלים פא ה) כי חק לישראל הוא וגו' אימת קרוי חק בגמר דין וקרי ליה משפט, מה משפטו היינו תחילת דין ביום אף הכא נמי ביום: ראוהו בית דין בלבד. הך מליעתא בבית דין של כ"ג מיירי דאלו בית דין של שלשה בסיפא הוא דקתני, והכא קא משמע לן דאע"פ שכל הבית דין של סנהדרי קטנה ראוהו אפילו הכי צריך שיעמדו שנים ויעידו לפניהם, דמיירי שראוהו בלילה ליל שלשים, דאי לאו הכי לא תהא שמיעה גדולה מראייה ולא היה צריך לעדות כלל אלא דהואיל ובלילה ראוהו ואין מקדשין את החדש בלילה, יעמדו שנים מהם ויעידו למחר בפניהם ויאמרו מקודש:

קרבן העדה

משמש ידע מבואו. לאחר שתשקע החמה אז ירח עשה למועדים, ואפילו נראה חדש בכ"ט אין מונין החדש עד שקיעת החמה. אי נמי לכך קבעה התורה זמן מועדים ללבנה ולא לחמה, דהוו להו כולן בזמן שוה אבל ירח שפעמים בא בקצרה ופעמים בא בארוכה וצריכין לעדות החדש, והכי קאמר כיון דשמש ידעה מבואה ולא נשתנית מה שאין כן ירח דלא ידעה סדרה: ויסעו מרעמסס בחדש הראשון בחמשה עשר לחדש ממחרת הפסח. מדקרי למחרת הפסח בשחרית יום ט"ו, ואם נאמר מעת מולד הלבנה חשבינן א"כ היה אז יום ט"ז, דמולד ניסן בשנה שיצאו ישראל ממצרים היה ביום ד' אחר חצות ואז הראה הקב"ה הלבנה למשה, ואף דשש שעות מתכסי סיהרא ואין מקדשין אלא ביום א"כ לא קידשו החדש אלא ביום ל', שאני הכא דהקב"ה הראה למשה, ואי סלקא דעתך דמזמן הראייה חשבינן א"כ כבר נכנס יום ט"ז ביום הראשון של פסח, אבל אי חשבינן משקיעת החמה עד שקיעת החמה ליום שלם א"כ כשהגיע ליל פסח לא עברו אלא ארבע עשרה שקיעות והוי ליה יום ט"ו: כד יטמע. כשהיא שוקעת בליל יום טוב ארבע עשרה שקיעות יש בה: והיו על ידי זה ועל ידי זה. כלומר מן הלבנה ומן החמה נקבעים המועדים, וכדאמר דהכל תלוי במולד הלבנה ובשקיעת החמה: ויהי ערב ויהי בקר. אז הוא יום אחד, אבל יום לחוד בלא ערב לא חשבינן ליום: החדש. הזה לכם, עד שיהא כל היום מן החדשה: אשכחת אמר. כשתדקדק תמצא דאצטרך לדר' יוחנן ולדר' שמעון בן לקיש: הוינן אמרין. היינו אומרים דהכי קאמר, לא נחלק ערב ובקר לשני חדשים (נחשוב) [לחשוב] לערב לחדש שעבר ויום לחדש הבא, אלא או שניהם לשעבר או שניהם לחדש הבא, אבל שלא לחשוב כולו מן החדש אם היה מקצתו מן החדש זה ודאי לא שמעינן מיניה, לכך איצטרך דר' שמעון בן לקיש: לא אמר אלא יום. דביום לחוד סגי בחדש ואין צריך שיהא היום והלילה מן החדש, לכך איצטרך דר' יוחנן ואיצטרך לדר' שמעון בן לקיש:

הדרן עלך פרק אם אינן מכירין

ראוהו בית דין וכל ישראל. בליל ל'. דסלקא דעתך אמינא הואיל וראוהו בית דין וכל ישראל אפרסמא ליה מלתא דביום ל' נראה לקדשו, קא משמע לן דאם חשכה והגיע ליל ל"א ולא אמרו בית דין מקודש, מעברים אותו וקובעים ראש חודש יום ל"א: נחקרו העדים. הכי קאמר, אי נמי נחקרו העדים בלבד ולא הספיקו לומר מקודש עד שהגיע ליל ל"א, מעברים אותו. דסלקא דעתך אמינא תיהוי חקירת עדים כתחילת דין, ומקודש כגמר דין, וגמר דין הוה בלילה ונקדשיה בלילה, קא משמע לן דלא, שאין מקדשין את החדש בלילה: ראוהו בית דין. של כ"ג בלבד: יעמדו שנים ויעידו. מתני' איירי כגון שראוהו בית דין בלילה ליל ל' ואי אפשר לקדשו בלילה, הלכך למחר יעמדו שנים ויעידו, דאם לא על עדותן של אלו על מה יקד(י)שו, אבל אם ראוהו בית דין עם שקיעת החמה בזמן שיש שהות לומר מקודש, יקד(י)שו בראייתם, דלא תהא שמיעה גדולה מראייה:

עין משפט

א מיי' פ"ג מהלכות קידוש החודש הלכה יח יט ופי"ח הלכה יא:

שינויי נוסחאות

א] אמר ר' ברכיה וכו'. בב"ר (ו א) "רבי ברכיה אמר הרי הוא אומר ויסעו מרעמסס בחדש הראשון בחמשה עשר לחדש, ואם ללבנה אתה מונה, עד כדון לית לה אלא ארבע עשרה מטמועין, הוי אין מונין ללבנה אלא משתשקע החמה":
ב] לפניהם. במשניות ובבבלי (כה:) בפניהם:

תורה אור השלם

א) וַיִּסְעוּ מֵרַעְמְסֵס בַּחֹדֶשׁ הָרִאשׁוֹן בַּחֲמִשָּׁה עָשָׂר יוֹם לַחֹדֶשׁ הָרִאשׁוֹן מִמָּחֳרַת הַפֶּסַח יָצְאוּ בְנֵי יִשְׂרָאֵל בְּיָד רָמָה לְעֵינֵי כָּל מִצְרָיִם: (במדבר לג ג)

ב) וַיֹּאמֶר אֱלֹהִים יְהִי מְאֹרֹת בִּרְקִיעַ הַשָּׁמַיִם לְהַבְדִּיל בֵּין הַיּוֹם וּבֵין הַלָּיְלָה וְהָיוּ לְאֹתֹת וּלְמוֹעֲדִים וּלְיָמִים וְשָׁנִים: (בראשית א יד)

ג) וַיִּקְרָא אֱלֹהִים לָאוֹר יוֹם וְלַחֹשֶׁךְ קָרָא לָיְלָה וַיְהִי עֶרֶב וַיְהִי בֹקֶר יוֹם אֶחָד: (בראשית א ה)

ד) הַחֹדֶשׁ הַזֶּה לָכֶם רֹאשׁ חֳדָשִׁים רִאשׁוֹן הוּא לָכֶם לְחָדְשֵׁי הַשָּׁנָה: (שמות יב ב)

רידב"ז

עד שיהא כולה מן החדש. עי' במראה הפנים ז"ל שמביא כל דברי הבעל המאור ז"ל (ה. מדה"ר). ועי' היטב בבעל המאור ז"ל ותמצא אשר ידע ממדינת אמריקא שהיא יושבת מעבר לים אוקיאנוס, עיי"ש:

הדרן פרק שני

מסורת הש"ס

א) [בראשית רבה ו א, פסיקתא דר"כ ה, פסיקתא רבתי טו, ילקו"ש מקץ תשפו, תהלים תתסב] ב) עי' ר"ה כ: ונזיר ז. [וילקו"ש בא רב ואמור תרמג] ג) ר"ה [כד.] כה: [ספרא אמור פרק י ה"א, ילקו"ש אמור תרמג]

מראה הפנים

עד שיהא כולו מן החדש וכו'. הא כהאי דאמר בבבלי פ"ק דף כ' (ע"ב) כי סליק ר' זירא שלח להו לריך שיהא לילה ויום מן החדש, וזו שאמר אבא אבוה דר' שמלאי מחשבין את תולדתו וכו'. שמועות הללו באמת קשין הן מאוד להבין, וביותר מה שפירש"י ז"ל בזה וכמה שהקשו התוס' שם ד"ה חלות לילה וכו' בקושיא השניה, ועוד משהלבנה מתחלת להתחסר לעולם לא תראה עוד בתחלת הלילה עד שתתחדש וכו' שהיא קושיא עצומה ולית נגר ובר נגר דיפרקינה. והנה ראיתי כמה קונטריסין מתפשטין לפרש ענייניס האלה ואין נוח בהם, כי אם מתורתו של בעל המאור ז"ל (ה. מדה"ר ד"ה כי סליק ר"ז) למדנו פירוש נכון ואמתי בשמועות האלו והאריך בהם, וראיתי להביא תוכן דבריו במה שאפשר בקצרה וז"ל כי סליק ר"ז וכו', יש בכאן שלש שמועות עמוקות [בסודותיהן] וקשות בפירושיהן והם סתומות ונעלמות מלב רוב החכמים עד שדנו לפי דעתם שאינן כהלכה, וזה דבר של תימה איך יהיו כל הדברים האמורים בתלמוד בסוד העיבור שלא כהלכה, ואיך נסמוך על הקונטריסין המחוברים בסוד העיבור ונניח תלמוד הערוך לפנינו, ועל כן אני אומר כי כל השמועות הללו כהלכה הן אמורות וכל דבריהם הם יסוד לסוד העיבור המסור בידינו, אבל הפירוש הוא רחוק מי ידענו ועמוק עמוק מי ימצאנו וכו', ונשאני לבי לכתוב דעתי בפירוש שמועות הללו וראיתי להקדים לך הקדמות שהן לך כיסודות והעמודים (לסמוך) [לתמוך] בהם הסודות הרמוזים בדרכי החכמה בשמועות הללו. דע לך כי אין היום והלילה שוים בזמנם באחת בכל מקומות הישוב ולא בכל הארץ כולה כי כל עשרים וארבע שעות מן היום ומן הלילה כל שעה ושעה מהן היא ערב במקום אחד ובקר במקום אחר על פני אורך הארץ כולה והיא כהקפת הגלגל עליה המקיף ממזרח למערב וזהו הפי' ויהי ערב ויהי בקר האמור בימי בראשית. והקו המקיף את אורך הארץ על פני הפלך הרביעי משבעת הפלכים והוא האמצעי בהישוב יש לו ארבע נקודות כנגד ארבעת רבעי היום שהם תחלת היום ותחלת הלילה וחצי היום וחצי הלילה, וגם אלה ארבעת רבעי היום [הם] במזג מן הלח והיבש ומן הקור והחום כנגד ארבעת תקופות השנה. והארבע נקודות אשר בקו הסובב את אורך הארץ הראשונה היא קצה המזרח, והנקודה השנית היא שכנגדה והיא קצה המערב ויושביהם הם השוכנים על שפת ים האוקיאנוס מזה ומזה, והנקודה השלישית היא האמצעית בין שתי נקודות הראשונות האלה והיא נקראת טבור הארץ מלמעלה על הארץ ויושביה הם יושבי ירושלים וכל ארץ ישראל, והנקודה הרביעית שכנגדה מתחת לארץ וגם היא האמצעית בין שתי הנקודות הראשונות והיא נקראת טבור הים או לב הים או נקודת התהום. [המשך בסוף הספר]

אָמַר רַבִּי יוֹחָנָן – **R' Yochanan said:** ,,וַיְהִי־עֶרֶב וַיְהִי־בֹקֶר יוֹם אֶחָד" – ***And there was evening and there was morning, one day***[9] implies that a legal day comprises the evening and the morning together.[10] רַבִּי שִׁמְעוֹן בֶּן לָקִישׁ אָמַר – **R' Shimon ben Lakish says:** ,,הַחֹדֶשׁ" – *This **new moon** shall be for you the beginning of months*[11] implies עַד שֶׁיְּהֵא כּוּלּוֹ מִן הַחֹדֶשׁ – **that the entire [day of Rosh Chodesh] must be** part **of the new moon,** i.e. it must fall entirely after the *molad.*[12]

The Gemara elaborates:

אַשְׁכְּחַת אָמַר – **It emerges** that מַה דַּאֲמַר רַבִּי יוֹחָנָן צְרִיכָה לְרַבִּי שִׁמְעוֹן בֶּן לָקִישׁ – **what R' Yochanan said requires** what **R' Shimon ben Lakish** said, וּמַה דַּאֲמַר רַבִּי שִׁמְעוֹן בֶּן לָקִישׁ צְרִיכָה לְרַבִּי יוֹחָנָן – and **what R' Shimon ben Lakish said requires** what **R' Yochanan** said.

The Gemara elaborates:

אִילּוּ אָמַר רַבִּי יוֹחָנָן – **Had R' Yochanan said** what he did וְלָא אָמַר רַבִּי שִׁמְעוֹן בֶּן לָקִישׁ – **but R' Shimon ben Lakish would not have said what he did,** הֲוֵינַן אָמְרִין – **we would have said** that לָא אָמַר אֶלָּא אֲפִילּוּ כּוּלּוֹ מִן הַחֹדֶשׁ – **[R' Yochanan] said only** that the night and following day cannot be split between two different months.[13] However if both night and day are made part of the same month, then **even** though part of that period preceded the *molad* and the other part followed the *molad,* **all of [that period]** can be made part **of the new month.**[14] הֲוֵי צוֹרְכָה לְהִיא דַּאֲמַר רַבִּי שִׁמְעוֹן בֶּן לָקִישׁ – **Hence, the need for that which R' Shimon ben Lakish said,** that the entire day of Rosh Chodesh must fall after the *molad.* אוֹ – **Conversely,** אִילּוּ אָמַר רַבִּי שִׁמְעוֹן בֶּן לָקִישׁ – **had R' Shimon ben Lakish said** what he did וְלָא אָמַר רַבִּי יוֹחָנָן – **but R' Yochanan would not have said** what he did, הֲוֵינַן אָמְרִין – **we would have said** לָא אָמַר אֶלָּא יוֹם – **that [R' Shimon ben Lakish] spoke only of the daytime,** i.e. he meant that the daylight hours must all fall after the *molad,* הָא לֵילָה לָא – **but the** preceding **nighttime** hours need **not** necessarily fall after the *molad.* הֲוֵי צוֹרְכָה לְהִיא דַּאֲמַר רַבִּי יוֹחָנָן – **Hence the need for that which R' Yochanan said** וְצוֹרְכָה לְהִיא דַּאֲמַר רַבִּי שִׁמְעוֹן בֶּן לָקִישׁ – **and the need for that which R' Shimon ben Lakish said.**[15]

הדרן עלך אם אינן מכירין

WE SHALL RETURN TO YOU, IM EINAN MAKIRIN

NOTES

9. *Genesis* 1:5.

10. Only because *there was evening and there was morning* was it considered *one day.* The daytime itself, without the preceding evening, is not considered a legal day (*Korban HaEidah*).

11. *Exodus* 12:1, which is written in regard to the mitzvah of sanctifying the new moon (*Pnei Moshe*).

12. I.e. every part of the day that is declared to be Rosh Chodesh must fall after the *molad* (see *Pnei Moshe* and *Korban HaEidah*).

13. The night cannot be made part of the outgoing month and the following day part of the incoming month. Either both must be reckoned as part of the outgoing month or both as part of the incoming month (*Korban HaEidah*).

14. *Korban HaEidah.*

15. [In *Bavli* (20b), a statement by R' Zeira is cited: צָרִיךְ שֶׁיְּהֵא לַיְלָה וְיוֹם מִן הַחֹדֶשׁ, *It is necessary that the night and [following] day be [part] of the new month.* The Rishonim there offer various interpretations of that statement. The explanation of *Baal HaMaor* (also suggested – but rejected – by *Tosafos* there ד״ה חצות) is that both the night and day of the day that is declared to be Rosh Chodesh must follow the *molad* (at least somewhere on the globe). This explanation is supported by the present *Yerushalmi* (according to the explanation that we have followed). For further treatment of *Baal HaMaor's* explanation (and its significant impact on the placement of the halachic dateline), see at length Appendix II to Schottenstein edition of *Bavli Rosh Hashanah.*

יד: משמש ידע מבואו עשה ירח למועדים. (א) א] אמר ר' ברכיה כתיב א) ויסעו מרעמסס בחודש הראשון וגו' כד יטמע בלילי מועדא ארבע עשרה מטמיעין אית בה הוי משקיעת החמה את מונה ללבנה. אמר ר' סימון ב) והיו על ידי זה ועל ידי זה. (ב) אמר ר' יוחנן ג) ויהי ערב ויהי בוקר יום אחד. ר' שמעון בן לקיש אמר ד) החדש עד שיהא כולו מן החדש. אשכחת אמר מה דאמר ר' יוחנן צריכה לר' שמעון בן לקיש ומה דאמר ר' שמעון בן לקיש צריכה לר' יוחנן. אילו אמר ר' יוחנן ולא אמר ר' שמעון בן לקיש הוינן אמרין לא אמר אלא אפילו כולו מן החדש הוי צורכה להיא דאמר ר' שמעון בן לקיש. או אילו אמר ר' שמעון בן לקיש ולא אמר ר' יוחנן הוינן אמרין לא אמר אלא יום הא לילה לא. הוי צורכה להיא דאמר ר' יוחנן וצורכה להיא דאמר ר' שמעון בן לקיש:

הדרן עלך פרק אם אינן מכירין

א (ג) **ראוהו** בית דין וכל ישראל נחקרו העדים ולא הספיקו לומר מקודש עד שחשיכה הרי זה מעובר. ראוהו בית דין בלבד יעמדו שנים ויעידו ב] לפניהם

פני משה

משמש ידע מבואו עשה ירח למועדים. כלומר שעל ידי שיש כאן כך וכך שקיעת החמה בכך וכך מהזמן אז מחשבין ויודעין לעשות מועדים על פי חשבון הירח, וכלל החשבון הוא לעולם משקיעת החמה, וכדדריש נמי ר' ברכיה לקמיה: כתיב ויסעו מרעמסס בחדש הראשון. בחמשה עשר יום לחדש הראשון ממחרת הפסח יצאו בני ישראל. והלא מרעמסס בלילה הוא שנסעו כדכתיב בפרשת בא (שמות יב כט) ויהי בחצי הלילה וגו', ותחזק מצרים על העם למהר לשלחם וגו' (שמות שם לג), וכתיב אבתריה (שמות שם לז) ויסעו בני ישראל מרעמסס סכתה וגו', אלא שמע מינה מכאן כד יטמע, כשתשקע החמה בלילי מועדא, ואז ארבעה עשר מטמיעין אית בה, שכבר כלו י"ד שקיעות מתחלת החדש ומיד נחשב אח"כ ליום ט"ו, וא"כ יצאו בט"ו והמועד בט"ו הוא הוי משקיעת החמה אתה מונה ללבנה וכלומר החשבון הוא משקיעת החמה וכדאמרן: אמר ר' סימון והיו. כתיב (בראשית א יד) והיו לאותות ולמועדים ולימים ושנים והרי המועדים לחשבון הירח אנו מונים, אלא לומר לך על ידי זה ועל ידי זה אנו מונים שהחשבון משקיעת החמה היא: א"ר יוחנן ויהי ערב ויהי בקר יום אחד. כתיב, על ידי שקיעת החמה שהוא תחלת הערב הוא יום אחד עם יום שלאחר כן: ר' שמעון בן לקיש אומר החדש. הזה לכם, כתיב גבי קידוש החדש כדדרשינן (בבלי כ.) הזה כזה ראה וקדש, וללמד עד שיהא כולו מן החדש, וכלומר שצריך שיהא היום כולו מן חודש של לבנה שנתחדש, ואכתי לילה שלפניו אין אנו יודעין אלא מן מה דאמר ר' יוחנן ויהי ערב וגו' וכדמסיק ואזיל: אשכחת. נמצאת למד דצריך ללימוד תרוייהו, דאלו מדר' יוחנן לחוד ולא שמעינן מה דאמר ר' שמעון בן לקיש הוי אמינא דלא אמר אלא אם אפילו היא כולו מן החדש, דלא שמעינן מהכתוב שהביא ר' יוחנן דלענין קידוש החדש הוא דמיירי, אלא הוה דרשינן לקרא דהחדש שאף שהוא כולו וכו' שפיר דמי ולא הוה דייקינן שצריך שיהא כך, הלכך צריך לדרשיה דריש לקיש דדייק הכי, ואי מדריש לקיש לחוד לא הוה ידעינן שאף הלילה צריך שיהא מן החדש, ומדרשיה דר' יוחנן דדריש ויהי ערב וגו' הוא דלמדנו שאין נחשב יום כולו אלא אם כן בחשבון גם הלילה שלפניו עמו, הוי דצריכא לתרוייהו ללמד שצריך שיהא הלילה והיום כולו מן החדש:

הדרן עלך אם אינן מכירין

ראוהו בית דין וכל ישראל נחקרו העדים. מפרש התם (בבלי כה:) בגמרא דאי נמי נחקרו העדים קאמר, וכל חלוקה דהאי בבא דרישא רבותא באנפי נפשה קתני דבראוהו בית דין וכל ישראל סלקא דעתיה אמינא דאע"פ שלא הספיקו לומר מקודש עד שחשיכה ליל ל"א לא יעברוה הואיל ואיפרסמא מילתא שנראית הלבנה ויהיה ראש חודש יום שלשים, קא משמע לן דאף שנראית בליל שלשים ולא קידשו בית דין היום מכיון שכבר חשכה ליל ל"א והוא אחר צאת הכוכבים הרי זה מעובר ויהיה ראש חודש למחר ביום ל"א דלאו בראיה לחוד תליא מילתא אלא עד שיקבעו ב"ד ויאמרו מקודש ביום שלשים, ובחלוקה דנחקרו העדים איצטריך דסלקא דעתיה אמינא תהוי חקירת העדים כתחילת דין ומקודש כגמר דין וליקדשיה בלילה קא משמע לן דלא, דאמר קרא (תהלים פא ה) כי חק לישראל הוא וגו' אימת קרוי חק בגמר דין וקרי ליה משפט, מה משפטו היינו תחילת דין ביום אף הכא נמי ביום: ראוהו בית דין בלבד. הך מליעתא בבית דין של כ"ג איירי דאלו בית דין של שלשה בסיפא הוא דקתני, והכא קא משמע לן דאע"פ שכל הבית דין של סנהדרי קטנה ראוהו אפילו הכי צריך שיעמדו שנים ויעידו לפניהם, דמיירי שראוהו בלילה ליל שלשים, דאי לאו הכי לא תהא שמיעה גדולה מראייה ולא היה צריך לעדות כלל אלא דהואיל ובלילה ראוהו ואין מקדשין את החדש בלילה, יעמדו שנים מהם ויעידו למחר בפניהם ויאמרו מקודש:

קרבן העדה

משמש ידע מבואו. לאחר שתשקע החמה אז ירח עשה למועדים, ואפילו נראה חדש בכ"ט אין מונין החדש עד שקיעת החמה. אי נמי לכך קבעה התורה זמן מועדים ללבנה ולא לחמה, דהוו להו כולן בזמן שוה אבל ירח שפעמים בא בקצרה ופעמים בא בארוכה וצריכין לעדות החדש, והכי קאמר כיון דשמש ידעה מבואה ולא נשתנית מה שאין כן ירח דלא ידעה סדרה: ויסעו מרעמסס בחדש הראשון בחמשה עשר לחדש ממחרת הפסח. מדקרי למחרת הפסח בשחרית יום ט"ו, ואם נאמר מעת מולד הלבנה חשבינן א"כ היה אז יום ט"ז, דמולד ניסן בשנה שיצאו ישראל ממצרים היה ביום ד' אחר חצות ואז הראה הקב"ה הלבנה למשה, ואף דשש שעות מתכסי סיהרא ואין מקדשין אלא ביום א"כ לא קידשו החדש אלא ביום ל', שאני הכא דהקב"ה הראה למשה, ואי סלקא דעתך דמזמן הראייה חשבינן א"כ כבר נכנס יום ט"ז ביום הראשון של פסח, אבל אי חשבינן משקיעת החמה עד שקיעת החמה ליום שלם א"כ כשהגיע ליל פסח לא עברו אלא ארבע עשרה שקיעות והוי ליה יום ט"ו: כד יטמע. כשהיא שוקעת בליל יום טוב ארבע עשרה שקיעות יש בה: והיו על ידי זה ועל ידי זה. כלומר מן הלבנה ומן החמה נקבעים המועדים, וכדאמר דהכל תלוי במולד הלבנה ובשקיעת החמה: ויהי ערב ויהי בקר. אז הוא יום אחד, אבל יום לחוד בלא ערב לא חשבינן ליום: החדש. הזה לכם, עד שיהא כל היום מן החדשה: אשכחת אמר. כשתדקדק תמצא דאצטרך לדר' יוחנן ולדר' שמעון בן לקיש: הוינן אמרין. היינו אומרים דהכי קאמר, לא נחלק ערב ובקר לשני חדשים (נחשוב) [לחשוב] לערב לחדש שעבר ויום לחדש הבא, אלא או שניהם לשעבר או שניהם לחדש הבא, אבל שלא לחשוב כולו מן החדש אם היה מקצתו מן החדש זה ודאי לא שמעינן מיניה, לכך איצטרך דר' שמעון בן לקיש: לא אמר אלא יום. דביום לחוד סגי בחדש ואין צריך שיהא היום והלילה מן החדש, לכך איצטרך דר' יוחנן ואיצטרך לדר' שמעון בן לקיש:

הדרן עלך פרק אם אינן מכירין

ראוהו בית דין וכל ישראל. בליל ל'. דסלקא דעתך אמינא הואיל ורא‍והו בית דין וכל ישראל אפרסמא ליה מלתא דביום ל' נראה לקדשו, קא משמע לן דאם חשכה והגיע ליל ל"א ולא אמרו בית דין מקודש, מעברים אותו וקובעים ראש חודש יום ל"א: נחקרו העדים. הכי קאמר, אי נמי נחקרו העדים בלבד ולא הספיקו לומר מקודש עד שהגיע ליל ל"א, מעברים אותו. דסלקא דעתך אמינא תיהוי חקירת עדים כתחילת דין, ומקודש מקודש כגמר דין, וגמר דין הוה בלילה ונקדשיה בלילה, קא משמע לן דלא, שאין מקדשין את החדש בלילה: ראוהו בית דין. של כ"ג בלבד: יעמדו שנים ויעידו. מתני' איירי כגון שראוהו בית דין בלילה ליל ל' ואי אפשר לקדשו בלילה, הלכך למחר יעמדו שנים ויעידו, דאם לא על עדותן של אלו על מה יקד(י)שו, אבל אם ראוהו בית דין עם שקיעת החמה בזמן שיש שהות לומר מקודש, יקד(י)שו בראייתם, דלא תהא שמיעה גדולה מראייה:

עין משפט

א מיי' פ"ג מהלכות קידוש החודש הלכה יח יט ופי"ח הלכה יא:

שינויי נוסחאות

א] אמר ר' ברכיה וכו'. בב"ר (ו א) "רבי ברכיה אמר הרי הוא אומר ויסעו מרעמסס בחדש הראשון בחמשה עשר לחדש, ואם ללבנה אתה מונה, עד כדון לית לה אלא ארבע עשרה מטמועין, הוי אין מונין ללבנה אלא משתשקע החמה":

ב] לפניהם. במשניות ובבבלי (כה:) בפניהם:

תורה אור השלם

א) וַיִּסְעוּ מֵרַעְמְסֵס בַּחֹדֶשׁ הָרִאשׁוֹן בַּחֲמִשָּׁה עָשָׂר יוֹם לַחֹדֶשׁ הָרִאשׁוֹן מִמָּחֳרַת הַפֶּסַח יָצְאוּ בְנֵי יִשְׂרָאֵל בְּיָד רָמָה לְעֵינֵי כָּל מִצְרָיִם: (במדבר לג ג)

ב) וַיֹּאמֶר אֱלֹהִים יְהִי מְאֹרֹת בִּרְקִיעַ הַשָּׁמַיִם לְהַבְדִּיל בֵּין הַיּוֹם וּבֵין הַלָּיְלָה וְהָיוּ לְאֹתֹת וּלְמוֹעֲדִים וּלְיָמִים וְשָׁנִים: (בראשית א יד)

ג) וַיִּקְרָא אֱלֹהִים לָאוֹר יוֹם וְלַחֹשֶׁךְ קָרָא לָיְלָה וַיְהִי עֶרֶב וַיְהִי בֹקֶר יוֹם אֶחָד: (בראשית א ה)

ד) הַחֹדֶשׁ הַזֶּה לָכֶם רֹאשׁ חֳדָשִׁים רִאשׁוֹן הוּא לָכֶם לְחָדְשֵׁי הַשָּׁנָה: (שמות יב ב)

רידב"ז

עד שיהא כולה מן החדש. עי' במראה הפנים ז"ל שמביא כל דברי הבעל המאור ז"ל (ה. מדה"ר). ועי' היטב בבעל המאור ז"ל ותמצא אשר ידע ממדינת אמעריקא שהיא יושבת מעבר לים אוקיאנוס, עיי"ש:

הדרן פרק שני

מסורת הש"ס

א) [בראשית רבה ו א, פסיקתא דר"כ ה, פסיקתא רבתי טו, ילקו"ש מסעי תשפו, תהלים תתסב] ב) עי' ר"ה כ: ונזיר ז. [וילקו"ש בא רב ואמור תרמז] ג) ר"ה [כד.] כה: [ספרא אמור פרק י ה"א, ילקו"ש אמור תרמג]

מראה הפנים

עד שיהא כולו מן החדש וכו'. הא כהאי דאמר בבבלי פ"ק דף כ' (ע"ב) כי סליק ר' זירא שלח להו צריך שיהא לילה ויום מן החדש, וזו שאמר אבא אבוה דר' שמלאי מחשבין את תולדתו וכו'. שמועות הללו באמת קשין הן מאוד להבין, וביותר מה שפירש"י ז"ל בזה וכמה שהקשו התוס' שם ד"ה חצות לילה וכו' בקושיא השניה, ועוד משהלבנה מתחלת להתחסר לעולם לא תראה עוד בתחלת הלילה עד שתתחדש וכו' שהיא קושיא עצומה ולית נגר ובר נגר דיפרקינה. והנה ראיתי כמה קונטריסין מתפשטין לפרש ענייניס האלה ואין נוח בהם, כי אם מתורתו של בעל המאור ז"ל (ה. מדה"ר ד"ה כי סליק ר"ז) למדנו פירוש נכון ואמתי בשמועות האלו והאריך בהם, וראיתי להביא תוכן דבריו במה שאפשר בקצרה וז"ל כי סליק ר"ז וכו', יש בכאן שלש שמועות עמוקות [בסודותיהן] וקשות בפירושיהן והם סתומות ונעלמות מלב רוב החכמים עד שדנו לפי דעתם שאינן כהלכה, וזה דבר של תימה איך יהיו כל הדברים האמורים בתלמוד בסוד העיבור שלא כהלכה, ואיך נסמוך על הקונטריסין המחוברים בסוד העיבור ונניח תלמוד הערוך לפנינו, ועל כן אני אומר כי כל השמועות הללו כהלכה הן אמורות וכל דבריהם הם יסוד לסוד העיבור המסור בידינו, אבל הפירוש הוא רחוק מי ידענו ועמוק עמוק מי ימצאנו וכו', ונשאני לבי לכתוב דעתי בפירוש שמועות הללו וראיתי להקדים לך הקדמות שהן לך כיסודות והעמודים (לסמוך) [לתמוך] בהם הסודות הרמוזים בדרכי החכמה בשמועות הללו. דע לך כי אין היום והלילה שוים בזמנם באחת בכל מקומות הישוב ולא בכל הארץ כולה כי כל עשרים וארבע שעות מן היום ומן הלילה כל שעה ושעה מהן היא ערב במקום אחד ובקר במקום אחר על פני אורך הארץ כולה והיא כהקפת הגלגל עליה המקיף ממזרח למערב וזהו הפי' ויהי ערב ויהי בקר האמור בימי בראשית. והקו המקיף את אורך הארץ על פני הפלך הרביעי משבעת הפלכים והוא האמצעי בהישוב יש לו ארבע נקודות כנגד ארבעת רבעי היום שהם תחלת היום ותחלת הלילה וחצי היום וחצי הלילה, וגם אלה ארבעת רבעי היום [הם] במזג מן הלח והיבש ומן הקור והחום כנגד ארבעת תקופות השנה. והארבע נקודות אשר בקו הסובב את אורך הארץ הראשונה היא קצה המזרח, והנקודה השנית היא שכנגדה והיא קצה המערב ויושביהם הם השוכנים על שפת ים האוקיאנוס מזה ומזה, והנקודה השלישית היא האמצעית בין שתי נקודות הראשונות האלה והיא נקראת טבור הארץ מלמעלה על הארץ ויושביה הם יושבי ירושלים וכל ארץ ישראל, והנקודה הרביעית שכנגדה מתחת לארץ וגם היא האמצעית בין שתי הנקודות הראשונות והיא נקראת טבור הים או לב הים או נקודת התהום, [המשך בסוף הספר]

מִשֶּׁמֶשׁ יָדַע מְבוֹאוֹ – it is only **from** the time **"the sun knows its coming,"** i.e. when the sun sets in the evening, עָשָׂה יָרֵחַ לְמוֹעֲדִים – that the clause **"He made the moon for festivals"** takes effect. That is, although the rebirth of the moon indeed indicates when Rosh Chodesh is observed – and consequently when the festivals will fall – nevertheless the setting of the sun also plays a significant role in this determination. For the sunset that follows the moon's rebirth is when Rosh Chodesh actually starts, and from when the days of the month are counted – regardless of the exact time of day that the rebirth occurred.[1]

The Gemara cites a Scriptural precedent for R' Shilah's teaching, which is based on two established traditions: (1) The *molad* (i.e. conjunction of the moon and sun) of Nissan before the Exodus occurred on a Wednesday, just after midday; and (2) The journey of the Jews from Rameses to Succos, which signaled the beginning of the Exodus, took place on a Thursday:[2]

אֲמַר רַבִּי בֶּרֶכְיָה – **R' Berechyah said:** כְּתִיב ,,וַיִּסְעוּ מֵרַעְמְסֵס בַּחֹדֶשׁ הָרִאשׁוֹן וגו׳ ״ – Regarding the Jews' Exodus from Egypt **it is written:**[3] ***And they journeyed from Rameses in the first month*** [i.e. Nissan] **etc.,** *on the fifteenth day of the first month.* Now, if the days of the month are counted from the *molad,* it emerges that the journey from Rameses did not occur on the fifteenth of Nissan, but rather on the *sixteenth!*[4] Perforce, therefore, the days of the month are not counted from the *molad* alone, but rather from the sunset that follows the *molad.* כַּד יִטְמַע בְּלֵילֵי מוֹעֲדָא – Hence, **when [the sun] set** in Egypt **on the night of the festival** and ushered in the holiday, אַרְבַּע עֶשְׂרֵה מַטְמִיעִין אִית בָּהּ – **[the month] contained** just **fourteen sunsets,**[5] and the journey from Rameses indeed occurred on the fifteenth of Nissan. הֲוֵי מִשְּׁקִיעַת הַחַמָּה אַתְּ מוֹנֶה לִלְּבָנָה – **It is** thus apparent that it is only **from the setting of the sun** after the *molad* that **you count** the days of the month **according to the moon.**[6]

The Gemara cites another Scriptural allusion to the previous teaching:

אֲמַר רַבִּי סִימוֹן – **R' Simone said:** בּ,,וְהָיוּ״ – ***And they shall serve*** *as signs and for festivals.*[7] This teaches that Rosh Chodesh and the days of the month are counted עַל יְדֵי זֶה וְעַל יְדֵי זֶה – **through this one and this one,** i.e. the sun and the moon collectively.[8]

The Gemara cites other Scriptural sources concerning the dating of Rosh Chodesh:

NOTES

1. One might have thought that the rebirth of the moon serves to indicate not only on which *day* Rosh Chodesh falls, but also in which *hour* of the day it starts. That is, I would have thought that the time of the moon's rebirth is when the new month actually begins, and every successive 24 hours that elapse – from that specific point in time – is counted as a day in the month. Accordingly, the beginning of each month would not necessarily start at sunset of any given day; rather, it would start at the time of the moon's rebirth. R' Shilah, however, teaches that the start of the new month is determined by both the moon and the sun, i.e. the month begins at the first sunset following the moon's rebirth (*Shibbolei HaLeket, Inyan Rosh Chodesh* §168; *Korban HaEidah,* first explanation; *Michal HaMayim;* cf. *Beur of R' Chaim Kanievski* ד״ה ויסעו מרעמסס).

2. See *Rashi* to *Bereishis Rabbah* 6:1.

The first tradition is mentioned in *Pesikta Rabbasi* 15:21 [78a] and *Tanchuma Yashan, Bo* 10; the second is stated in two Baraisos quoted in *Bavli Shabbos* 87b.

3. *Numbers* 33:3.

4. If the days of the month are determined exclusively by the occurrence of the *molad,* which, for the Nissan preceding the Exodus occurred on Wednesday at midday, then each day of the month spanned a 24-hour period from noon until the next day at noon. Accordingly, Rosh Chodesh Nissan of that year should have spanned the last six hours of Wednesday and the first eighteen hours of Thursday (from midday to midday), and each successive day in the month should have been counted accordingly. It follows that two weeks later, on the Thursday that the Jews traveled from Rameses, the day could not be called accurately the 15th of Nissan, since the last six hours of that day were in fact considered part of the *16th* day of Nissan (*Korban HaEidah;* see also *Rashi* to *Bereishis Rabbah* ibid.; cf. *Maharzu* ibid.).

The question arises: True, the *last* six hours of that Thursday were already part of the 16th of Nissan, but the *first 18* hours – including the morning, when the journey from Rameses apparently occurred – were, in fact, part of the *15th* day (see *Bavli Berachos* 9a; see *Korban HaEidah*). If so, it *is* accurate to say that the journey from Rameses took place on the 15th of Nissan, since it took place during the part of the day that was still the 15th!

The answer, however, is that *Yerushalmi* here follows its own view in *Pesachim* 10:5 (85a in Schottenstein edition) that the Exodus from Egypt did *not* take place in the morning of the 15th of Nissan. Rather, it took place at *noon* of the day after the *pesach* offering: בְּעֶצֶם הַיּוֹם הַזֶּה, *in the middle of this day* [*Exodus* 12:17,41,51] (see also *Shemos Rabbah* 18:10, *Sifrei* to *Deuteronomy* 32:48 [cited by *Rashi* there], and *Ramban, Bo* 12:31). Accordingly, if the *molad* alone determines the days of the month, then from noon of the "15th" of Nissan and onward, when the Jews journeyed from Rameses, it was, in fact, already the *16th* of Nissan.

5. I.e. 14 sunsets each marking the end of a 24-hour period of Nissan.

6. Although it is true that the months of the Jewish calendar are counted according to the rebirth of the moon, the count is actually from the sunset that follows that moon's rebirth and not from the moon's rebirth alone. See Variant A.

7. *Genesis* 1:14.

8. The word וְהָיוּ, *and they,* in the plural, indicates that the establishment of Rosh Chodesh is determined by the rebirth of the moon *together with* the setting of the sun (*Korban HaEidah* et al.).

TEXTUAL AND INTERPRETIVE VARIANTS

A. Our elucidation, which follows *Korban HaEidah,* takes the approach that R' Berechyah's proof comes to preclude the idea that the months are counted from the *molad* alone. Indeed, the *Yotzer* to *Parashas HaChodesh* entitled *Avi Kol Chozeh* (by *R' Elazar HaKalir*) relates that our teacher Moses himself, upon being shown by God in Egypt Nissan's new moon at noon on Wednesday, presumed that the count of the month's days was to run from noon to noon, until God instructed him to count from sunset to sunset.

Others, however, explain that R' Berechyah comes to negate the possibility that the months are counted from the time the moon is first *sighted* (see *Rashi, Matnos Kehunah,* and *Eitz Yosef* to *Bereishis Rabbah* ibid.). This explanation (which is supported by the wording in the Midrash ibid.) is as follows:

As mentioned, Nissan's *molad* in the year of the Exodus occurred at midday on Wednesday. Six hours after the *molad,* however, which is the earliest possible time for the widening crescent of a new moon to become visible (see above, 16b note 23), the moon had already set, and thus its rebirth was not yet seen. The first time the moon *was* seen was thirty hours after the *molad,* on Thursday night at sunset. Assuming the months are counted from when the moon is *seen,* it emerges that Rosh Chodesh Nissan of that year was on Friday.

Now as mentioned above, a tradition states that the 15th of Nissan, when the Jews journeyed from Rameses, fell on a Thursday. Accordingly, if the days of the month are counted solely from the *sighting* of the new moon, the Torah should not have dated the journey from Rameses as having occurred on the 15th of Nissan. כַּד יִטְמַע בְּלֵילֵי מוֹעֲדָא — For **when [the sun] set on the night of the festival** to usher in the holiday, אַרְבַּע עֶשְׂרֵה מַטְמִיעִין אִית בָּהּ — **[the month] contained** only **fourteen settings [of the sun]** (*including* the first sunset on Thursday evening going into Friday of Rosh Chodesh). Accordingly, the day of their journey from Rameses should have been dated as the *14th* of Nissan — *not* the 15th! הֲוֵי מִשְּׁקִיעַת הַחַמָּה אַתְּ מוֹנֶה לִלְּבָנָה — **It is** thus apparent that it is only **from the setting of the sun** that precedes the sighting of the new moon that **you count** the days of the month **according to the moon.** Rosh Chodesh Nissan was thus in fact on Thursday, and two Thursdays later, when the Jews journeyed from Rameses, was the 15th of Nissan.

יד: משמש ידע מבואו עשה ירח למועדים. [א] א) אמר ר' ברכיה כתיב א) ויסעו מרעמסס בחודש הראשון וגו' כד יטמע בלילי מועדא ארבע עשרה מטמיעין אית בה הוי משקיעת החמה את מונה ללבנה. אמר ר' סימון בוהיו ב) על ידי זה ועל ידי זה. ב) אמר ר' יוחנן ג) ויהי ערב ויהי בוקר יום אחד. ר' שמעון בן לקיש אמר ד) החדש עד שיהא כולו מן החדש. אשכחת אמר מה דאמר ר' יוחנן צריכה לר' שמעון בן לקיש ומה דאמר ר' שמעון בן לקיש צריכה לר' יוחנן. אילו אמר ר' יוחנן ולא אמר ר' שמעון בן לקיש הוינן אמרין לא אמר אלא אפילו כולו מן החדש הוי צורכה להיא דאמר ר' שמעון בן לקיש. או אילו אמר ר' שמעון בן לקיש ולא אמר ר' יוחנן הוינן אמרין לא אמר אלא יום הא לילה לא. הוי צורכה להיא דאמר ר' יוחנן וצורכה להיא דאמר ר' שמעון בן לקיש:

הדרן עלך פרק אם אינן מכירין

א ג) ראוהו בית דין וכל ישראל נחקרו העדים ולא הספיקו לומר מקודש עד שחשיכה הרי זה מעובר. ראוהו בית דין בלבד יעמדו שנים ויעידו ב] לפניהם

פני משה

משמש ידע מבואו עשה ירח למועדים. כלומר שעל ידי שיש כאן כך וכך שקיעת החמה בכך וכך מהזמן אז מחשבין ויודעין לעשות מועדים על פי חשבון הירח, וכלל החשבון הוא לעולם משקיעת החמה, וכדדריש נמי ר' ברכיה לקמיה: כתיב ויסעו מרעמסס בחדש הראשון. בחמשה עשר יום לחדש הראשון ממחרת הפסח יצאו בני ישראל. והלא מרעמסס בלילה הוא שנסעו כדכתיב בפרשת בא (שמות יב כט) ויהי בחצי הלילה וגו', ותחזק מצרים על העם למהר לשלחם וגו' (שמות שם לג), וכתיב אבתריה (שמות שם לז) ויסעו בני ישראל מרעמסס סכתה וגו', אלא שמע מינה מכאן כד יטמע, כשתשקע החמה בלילי מועדא, ואז ארבעה עשר מטמיעין אית בה, שכבר כלו י"ד שקיעות מתחלת החדש ומיד נחשב אח"כ ליום ט"ו, וא"כ יצאו בט"ו והמועד בט"ו הוא הוי משקיעת החמה אתה מונה ללבנה וכלומר החשבון הוא משקיעת החמה וכדאמרן: אמר ר' סימון והיו. כתיב (בראשית א יד) והיו לאותות ולמועדים ולימים ושנים והרי המועדים לחשבון הירח אנו מונים, אלא לומר לך על ידי זה ועל ידי זה אנו מונים שהחשבון משקיעת החמה היא: א"ר יוחנן ויהי ערב ויהי בקר יום אחד. כתיב, על ידי שקיעת החמה שהוא תחלת הערב הוא יום אחד עם יום שלאחר כן: ר' שמעון בן לקיש אומר החדש. הזה לכם, כתיב גבי קידוש החדש כדדרשינן (בבלי כ.) הזה כזה ראה וקדש, וללמד עד שיהא כולו מן החדש, וכלומר שצריך שיהא היום כולו מן חודש של לבנה שנתחדש, ואכתי לילה שלפניו אין אנו יודעין אלא מן מה דאמר ר' יוחנן ויהי ערב וגו' וכדמסיק ואזיל: אשכחת. נמצאת למד דצריך ללימוד תרווייהו, דאלו מדר' יוחנן לחוד ולא שמעינן מה דאמר ר' שמעון בן לקיש הוי אמינא דלא אמר אלא אם אפילו היא כולו מן החדש, דלא שמעינן מהכתוב שהביא ר' יוחנן דלענין קידוש החדש הוא דמיירי, אלא הוה דרשינן לקרא דהחדש שאף שהוא כולו וכו' שפיר דמי ולא הוה דייקינן שצריך שיהא כך, הלכך צריך לדרשיה דריש לקיש דדייק הכי, ואי מדריש לקיש לחוד לא הוה ידעינן שאף הלילה צריך שיהא מן החדש, ומדרשיה דר' יוחנן דדריש ויהי ערב וגו' הוא דלמדנו שאין נחשב יום כולו אלא אם כן בחשבון גם הלילה שלפניו עמו, הוי דצריכא לתרווייהו ללמד שצריך שיהא הלילה והיום כולו מן החדש:

הדרן עלך **אם אינן מכירין**

ראוהו בית דין וכל ישראל נחקרו העדים. מפרש התם (בבלי כה:) בגמרא דאי נמי נחקרו העדים קאמר, וכל חלוקה דהאי בבא דרישא רבותא באנפי נפשה קתני דבראוהו בית דין וכל ישראל סלקא דעתיה אמינא דאע"פ שלא הספיקו לומר מקודש עד שחשיכה ליל ל"א לא יעברוה הואיל ואיפרסמא מילתא שנראית הלבנה ויהיה ראש חודש יום שלשים, קא משמע לן דאף שנראית בליל שלשים ולא קידשו בית דין היום מכיון שכבר חשכה ליל ל"א והוא אחר צאת הכוכבים הרי זה מעובר ויהיה ראש חודש למחר ביום ל"א דלאו בראיה לחוד תליא מילתא אלא עד שיקבעו ב"ד ויאמרו מקודש ביום שלשים, ובחלוקה דנחקרה העדים איצטריך דסלקא דעתיה אמינא תהוי חקירת העדים כתחילת דין ומקודש כגמר דין וליקדשיה בלילא קא משמע לן דלא, דאמר קרא (תהלים פא ה) כי חק לישראל הוא וגו' אימת קרוי חק בגמר דין וקרי ליה משפט, מה משפטו היינו תחילת דין ביום אף הכא נמי ביום: **ראוהו בית דין בלבד**. הך מציעתא בבית דין של כ"ג מיירי דאלו בית דין של שלשה בסיפא הוא דקתני, והכא קא משמע לן דאע"פ שכל הבית דין של סנהדרי קטנה ראוהו אפילו הכי צריך שיעמדו שנים ויעידו לפניהם, דמיירי שראוהו בלילה ליל שלשים, דאי לאו הכי לא תהא שמיעה גדולה מראייה ולא היה צריך לעדות כלל אלא דהואיל ובלילה ראוהו ואין מקדשין את החדש בלילה, יעמדו שנים מהם ויעידו למחר בפניהם ויאמרו מקודש:

קרבן העדה

משמש ידע מבואו. לאחר שתשקע החמה אז ירח עשה למועדים, ואפילו נראה חדש בכ"ט אין מונין החדש עד שקיעת החמה. אי נמי לכך קבעה התורה זמן מועדים ללבנה ולא לחמה, דהוו להו כולן בזמן שוה אבל ירח שפעמים בא בקצרה ופעמים בא בארוכה וצריכין לעדות החדש, והכי קאמר כיון דשמש ידעה מבואה ולא נשתנית מה שאין כן ירח דלא ידעה סדרה: ויסעו מרעמסס בחדש הראשון בחמשה עשר לחדש ממחרת הפסח. מדקרי למחרת הפסח בשחרית יום ט"ו, ואם נאמר מעת מולד הלבנה חשבינן א"כ היה אז יום ט"ז, דמולד ניסן בשנה שיצאו ישראל ממצרים היה ביום ד' אחר חצות ואז הראה הקב"ה הלבנה למשה, ואף דשש שעות מתכסי סיהרא ואין מקדשין אלא ביום א"כ לא קידשו החדש אלא ביום ל', שאני הכא דהקב"ה הראה למשה, ואי סלקא דעתך דמזמן הראייה חשבינן א"כ כבר נכנס יום ט"ז ביום הראשון של פסח, אבל אי חשבינן משקיעת החמה עד שקיעת החמה ליום שלם א"כ כשהגיע ליל פסח לא עברו אלא ארבע עשרה שקיעות והוי ליה יום ט"ו: כד יטמע. כשהיא שוקעת בליל יום טוב ארבע עשרה שקיעות יש בה: והיו על ידי זה ועל ידי זה. כלומר מן הלבנה ומן החמה נקבעים המועדים, וכדאמר דהכל תלוי במולד הלבנה ובשקיעת החמה: ויהי ערב ויהי בקר. אז הוא יום אחד, אבל יום לחוד בלא ערב לא חשבינן ליום: החדש. הזה לכם, עד שיהא כל היום מן החדשה: אשכחת אמר. כשתדקדק תמצא דאצטרך לדר' יוחנן ולדר' שמעון בן לקיש: הוינן אמרין. היינו אומרים דהכי קאמר, לא נחלק ערב ובקר לשני חדשים (נחשוב) [לחשוב] לערב לחדש שעבר ויום לחדש הבא, אלא או שניהם לשעבר או שניהם לחדש הבא, אבל שלא לחשוב כולו מן החדש אם היה מקצתו מן החדש זה ודאי לא שמעינן מיניה, לכך איצטרך דר' שמעון בן לקיש: לא אמר אלא יום. דביום לחוד סגי בחדש ואין צריך שיהא היום והלילה מן החדש, לכך איצטרך דר' יוחנן ואיצטרך לדר' שמעון בן לקיש:

הדרן עלך פרק **אם אינן מכירין**

ראוהו בית דין וכל ישראל. בליל ל'. דסלקא דעתך אמינא הואיל וראוהו בית דין וכל ישראל אפרסמא ליה מלתא דביום ל' נראה לקדשו, קא משמע לן דאם חשכה והגיע ליל ל"א ולא אמרו בית דין מקודש, מעברים אותו וקובעים ראש חודש יום ל"א: נחקרו העדים. הכי קאמר, אי נמי נחקרו העדים בלבד ולא הספיקו לומר מקודש עד שהגיע ליל ל"א, מעברים אותו. דסלקא דעתך אמינא תיהוי חקירת עדים כתחילת דין, ומקודש מקודש כגמר דין, וגמר דין הוה בלילה ונקדשיה בלילה, קא משמע לן דלא, שאין מקדשין את החדש בלילה: ראוהו בית דין. של כ"ג בלבד: יעמדו שנים ויעידו. מתני' איירי כגון שראוהו בית דין בלילה ליל ל' ואי אפשר לקדשו בלילה, הלכך למחר יעמדו שנים ויעידו, דאם לא על עדותן של אלו על מה יקד(י)שו, אבל אם ראוהו בית דין עם שקיעת החמה בזמן שיש שהות לומר מקודש, יקד(י)שו בראייתם, דלא תהא שמיעה גדולה מראייה:

עין משפט

א מיי' פ"ג מהלכות קידוש החודש הלכה יח יט ופי"ח הלכה יא:

שינויי נוסחאות

א] אמר ר' ברכיה וכו'. בב"ר (ו א) "רבי ברכיה אמר הרי הוא אומר ויסעו מרעמסס בחדש הראשון בחמשה עשר לחדש, ואם ללבנה אתה מונה, עד כדון לית לה אלא ארבע עשרה מטמעין, הוי אין מונין ללבנה אלא משתשקע החמה":

ב] לפניהם. במשניות ובבבלי (כה:) בפניהם.

תורה אור השלם

א) וַיִּסְעוּ מֵרַעְמְסֵס בַּחֹדֶשׁ הָרִאשׁוֹן בַּחֲמִשָּׁה עָשָׂר יוֹם לַחֹדֶשׁ הָרִאשׁוֹן מִמָּחֳרַת הַפֶּסַח יָצְאוּ בְנֵי יִשְׂרָאֵל בְּיָד רָמָה לְעֵינֵי כָּל מִצְרָיִם: (במדבר לג ג)

ב) וַיֹּאמֶר אֱלֹהִים יְהִי מְאֹרֹת בִּרְקִיעַ הַשָּׁמַיִם לְהַבְדִּיל בֵּין הַיּוֹם וּבֵין הַלָּיְלָה וְהָיוּ לְאֹתֹת וּלְמוֹעֲדִים וּלְיָמִים וְשָׁנִים: (בראשית א יד)

ג) וַיִּקְרָא אֱלֹהִים לָאוֹר יוֹם וְלַחֹשֶׁךְ קָרָא לָיְלָה וַיְהִי עֶרֶב וַיְהִי בֹקֶר יוֹם אֶחָד: (בראשית א ה)

ד) הַחֹדֶשׁ הַזֶּה לָכֶם רֹאשׁ חֳדָשִׁים רִאשׁוֹן הוּא לָכֶם לְחָדְשֵׁי הַשָּׁנָה: (שמות יב ב)

רידב"ז

עד שיהא כולה מן החדש. עי' במראה הפנים ז"ל שמביא כל דברי הבעל המאור ז"ל (ה. מדה"ר). ועי' היטב בבעל המאור ז"ל ותמצא אשר ידע ממדינת אמעריקא שהיא יושבת מעבר לים אוקיאנוס, עיי"ש.

הדרן פרק שני

מסורת הש"ס

א) [בראשית רבה ו א, פסיקתא דר"כ ה, פסיקתא רבתי טו, ילקו"ש מסעי תשפו, תהלים תתמב] ב) עי' ר"ה כ: ונזיר ז. [וילקו"ש בא רב ואמור תרמז] ג) ר"ה [כד.] כה: [ספרא אמור פרק י ה"א, ילקו"ש אמור תרמג]

מראה הפנים

עד שיהא כולו מן החדש וכו'. הא כהאי דאמר בבבלי פ"ק דף כ' (ע"ב) כי סליק ר' זירא שלח להו צריך שיהא לילה ויום מן החדש, וזו שאמר אבא אבוה דר' שמלאי מחשבין את תולדתו וכו'. שמועות הללו באמת קשין הן מאוד להבין, וביותר מה שפירש"י ז"ל בזה וכמה שהקשו התוס' שם ד"ה חצות לילה וכו' בקושיא השניה, ועוד משהלבנה מתחלת להתחסר לעולם לא תראה עוד בתחלת הלילה עד שתתחדש וכו' שהיא קושיא עצומה ולית נגר ובר נגר דיפרקינה. והנה ראיתי כמה קונטריסין מתפשטין לפרש ענייניס האלה ואין נוח בהם, כי אם מתורתו של בעל המאור ז"ל (ה. מדה"ר ד"ה כי סליק ר"ז) למדנו פירוש נכון ואמתי בשמועות האלו והאריך בהם, וראיתי להביא תוכן דבריו במה שאפשר בקצרה וז"ל כי סליק ר"ז וכו', יש בכאן שלש שמועות עמוקות [בסודותיהן] וקשות בפירושיהן והם סתומות ונעלמות מלב רוב החכמים עד שדנו לפי דעתם שאינן כהלכה, וזה דבר של תימה איך יהיו כל הדברים האמורים בתלמוד בסוד העיבור שלא כהלכה, ואיך נסמוך על הקונטריסין המחוברים בסוד העיבור ונניח תלמוד הערוך לפנינו, ועל כן אני אומר כי כל השמועות הללו כהלכה הן אמורות וכל דבריהם הם יסוד לסוד העיבור המסור בידינו, אבל הפירוש הוא רחוק מי ידענו ועמוק עמוק מי ימצאנו וכו', ונשאני לבי לכתוב דעתי בפירוש שמועות הללו וראיתי להקדים לך הקדמות שהן לך כיסודות והעמודים (לסמוך) [לתמוך] בהם הסודות הרמוזים בדרכי החכמה בשמועות הללו. דע לך כי אין היום והלילה שוים בזמנם כאחת בכל מקומות הישוב ולא בכל הארץ כולה כי כל עשרים וארבע שעות מן היום ומן הלילה כל שעה ושעה מהן היא ערב במקום אחד ובקר במקום אחר על פני אורך הארץ כולה והיא כהקפת הגלגל עליה המקיף ממזרח למערב וזהו הפי' ויהי ערב ויהי בקר האמור בימי בראשית. והקו המקיף את אורך הארץ על פני הפלך הרביעי משבעת הפלכים והוא האמצעי בהישוב יש לו ארבע נקודות כנגד ארבעת רבעי היום שהם תחלת היום ותחלת הלילה וחצי היום וחצי הלילה, וגם אלה ארבעת רבעי היום [הם] במזג מן הלח והיבש ומן הקור והחום כנגד ארבעת תקופות השנה. והארבע נקודות אשר בקו הסובב את אורך הארץ הראשונה היא קצה המזרח, והנקודה השנית היא שכנגדה והיא קצה המערב ויושביהם הם השוכנים על שפת ים האוקיאנוס מזה ומזה, והנקודה השלישית היא האמצעית בין שתי נקודות הראשונות האלה והיא נקראת טבור הארץ מלמעלה על הארץ ויושביה הם יושבי ירושלים וכל ארץ ישראל, והנקודה הרביעית שכנגדה מתחת לארץ וגם היא האמצעית בין שתי נקודות הראשונות והיא נקראת טבור הים או לב הים או נקודת התהום. [המשך בסוף הספר]

אמר לו א) א]ויש לי ללמד שכל מה שעשה רבן גמליאל עשוי שנאמר א) א)אלה מועדי ה' מקראי קודש אשר תקראו ב]אותם. בין בזמנן בין שלא בזמנן אין לי מועדות אלא אלו: גמ' ג)אצל מי שלח. מן מה דתני אמר ר' יהושע נוח היה לי מוטל על המיטה ולא שלח רבן גמליאל הדבר הזה הדא אמרה אצל ר' יהושע שילח. ביד מי שילח. מן מה דתני ג)כלשון זה אמר לו ניחמתני עקיבה הדא אמרה ביד ר' עקיבה שילח. מה היה לו ללמד. אמר ר' יוסה יודעין היינו שאם קידשוהו שלא בעדים שהוא מקודש ומה בא להעיד ד)שאם קידשוהו ואחר כך נמצאו העדים זוממין ב)הרי זה מקודש. והא תנינן ה)מעשה שעברו יותר מארבעים זוג ועיכבן ר' עקיבה בלוד. ו)על ידי שהיו ארבעים זוג אבל אם היה זוג אחד לא היה מעכבו:

הלכה ח מתני' ז)בא לו אצל ר' דוסא בן ארכינס אמר לו אם באים אנו לדון אחר בית דינו של רבן גמליאל צריכין אנו לדון אחר כל בית דין ובית דין שעמד מימות משה ועד עכשיו שנאמר ב)ויעל משה ואהרן נדב ואביהוא ושבעים מזקני ישראל. ח)ולמה לא נתפרשו שמותן של זקנים. אלא ללמדך שכל שלשה ושלשה שעמדו בית דין על ישראל הרי הן כבית דינו של משה. נטל מקלו ומעותיו בידו והלך ליבנה אצל רבן גמליאל ביום שחל יום הכיפורים להיות בחשבונו. ג]עמד רבן גמליאל ונשקו על ראשו ואמר לו בוא בשלום רבי ותלמידי. רבי בחכמה ותלמידי שקיבלת עליך את דבריי: גמ' כתיב ג)ה' אשר עשה את משה ואת אהרן ואשר העלה וגו' ט)ד)וישלח ה' את ירובעל ואת בדן ואת יפתח ואת שמואל. ירובעל גדעון. בדן שמשון. יפתח זה יפתח הגלעדי. הקיש שלשה קלי עולם לשלשה אבירי עולם ללמדך שבית דינו של גדעון ושל יפתח ושל שמשון שקולין כנגד משה ואהרן ושמואל. ולא עוד אלא שסמך הגדולים מיכן ומיכן והקטנים באמצע: עמד רבן גמליאל ונשקו על ראשו ואמר לו בוא בשלום רבי ותלמידי: רבי בחכמה ותלמידי ביראת חטא. רבי בחכמה ותלמידי שכל מה שאני גוזר עליו הוא מקיים. כתיב י)ה)אלופינו מסובלים וגו'. ר' יוחנן ור' שמעון בן לקיש ר' יוחנן אמר ד]אלופים מסובלים אין כתיב כאן אלא אלופינו מסובלים בשעה שהגדולים סובלין את הקטנים ה)אין פרץ ואין יוצאת ואין צווחה ברחובותינו. ר' שמעון בן לקיש ה]מסרם הדין קרייא ו]אלופים מסובלים אין כתיב כאן אלא אלופינו מסובלים בשעה שהקטנים סובלין את הגדולים אין פרץ ואין יוצאת ואין צווחה ברחובותינו. כ)ר' שילה דכפר תמרתה בשם ז]ר' יוחנן ו)ח]עשה ירח למועדים שמש ידע מבואו.

קרבן העדה

אשר תקראו. בקריאת הבית דין תלה רחמנא: **גמ' אצל מי שלח.** רבן גמליאל אצל ר' יוחנן בן נורי או אצל ר' יהושע: ומשני **מן מה דתני אמר ר' יהושע** וכו' **הדא אמרה.** זאת אומרת: **ביד מי שילח.** רבן גמליאל דבר זה: **מה היה לו.** לר' עקיבא ללמד: **ומה בא.** ר' עקיבא להעיד אם באו עדים להזים עדים הראשונים אפילו הכי הרי זה מקודש: **אבל אם היה זוג אחד לא היה מעכבו.** שמע מינה דאם קדשוהו שלא בעדים אינו מקודש אפילו לר' עקיבא: **מתני' בא לו.** ר' יהושע אצל ר' דוסא: **למה לא נתפרשו שמותן** וכו'. שאם בא אדם לדון אחר בית דין שבימיו לומר וכי בית דין זה כמשה ואהרן או כאלדד ומידד, אומרים לו שמא חשוב הוא כשלשה מן השאר שלא נתפרשו שמותם: **גמ' כתיב.** ויאמר שמואל אל העם ה' אשר עשה וגו': **ירובעל גדעון.** שעשה מריבה עם הבעל: **בדן שמשון.** דאתי מדן: **הקיש ג' קלי עולם** וכו'. דקשיא למה נקט אלו דוקא ולא שאר שופטים שעמדו על ישראל כגון יהושע ודדמיין ליה, אלא להקיש: **והקטנים באמצע.** והיה להן לסדרן אחר שמואל כפי חשיבותו אף על פי שהן קדמו בזמן: **אלפים מסובלים.** הוה משמע דאלפים הן השוורים מסובלים ואינן מזיקין את בני אדם ולכך אין פרץ ואין צוחה ברחובותינו, אבל השתא דכתיב אלופינו מסובלים אי אפשר לפרשו על הבהמות, דמאי רבותיה שכן דרך העולם שאין האדם ניזוק מבהמתו אבל היא מזקת שאר בני אדם שאינה מכירן, ועל כן דרשינן אלופינו לשון אדנות וכשהגדולים שומעים לקטנים אז אין פרץ וגו'. והיפה מראה הגיה, ואין צורך: **מסרם הדין קרייא.** מפרש להאי קרא בהיפך: **בשעה שהקטנים.** שומעים לדברי הגדולים אז אין פרץ וגו':

פני משה

אשר תקראו אותם. חסר כתיב קרי ביה אתם אפי' שוגגין או מזידין או מוטעים, הלך אחר אותו הבית דין שבימיך: **בא לו.** ר' יהושע אצל ר' דוסא ואמר לו ר' דוסא אם באים אנו לדון וכו': **ולמה לא נתפרשו שמותן** וכו'. שאם יבא אדם לדון אחר בית דין שבימיו לומר וכי כמשה ואהרן או כאלדד ומידד הוא, אומרים לו אפשר שהוא חשוב כאותן האחרים שלא נתפרשו שמותן: **גמ' אצל מי שלח.** רבן גמליאל, לר' דוסא שהוא החולק הראשון על דבריו, או אצל ר' יהושע שהסכים לר' דוסא: **מן מה דתני.** בברייתא א"ר יהושע וכו', הדא אמרה אצל ר' יהושע הוא ששילח: **ביד מי שלח.** זה, וקאמר מן מה דתני בברייתא שר' עקיבה השיב לר' יהושע על שהיה מיצר על הדבר ואמר לו כתיב אותם קרי ביה אתם וכו', וכלשון הזה אמר לו ר' יהושע עקיבא נחמתני הדא אמרה ביד ר' עקיבה שילח לו, והיה מיצר ודואג וכשאמר ליה ר' עקיבה שאל יהי מיצר אמר ליה נחמתני, כלומר אתה שגרמת לי להיות מיצר ואתה הוא שעכשיו חזרת ונחמתני: **מה היה לו ללמד.** לר' עקיבה לפי שאינו מפורש במתניתן: **א"ר יוסה יודעין אנו** וכו'. כלומר זה ודאי ידוע היא שאם קידשו בית דין את החדש שלא בעדים, שלא באו להעיד שהחדש מקודש, שלכתחלה מצוה היא לקדש על ידי עדים המעידין על הראיה ובדיעבד מקודש הוא אף בלא עדים: **ומה בא להעיד.** ר' עקיבה שאמר יש לי ללמד מה שאינו מפורש בהדיא במתניתן, זהו מה דתנינן בתוספתא ריש פ"ב (ה"א) שאם קדשו על פי העדים ואחר כך נמצאו העדים זוממין אפילו כן הרי זה מקודש דאתם אפי' מוטעים, וא"כ אפי' לדידך שטעות הוא אין לנו מועדות אלא אלו של רבן גמליאל ובית דינו: **והא תנינן.** לעיל בפ"ק (ה"ה - י:) מעשה שעברו וכו' וקא סלקא דעתיה דטעמיה דר' עקיבה מפני שבארבעים זוג אי אפשר שלא יהא זוג אחד שלא יכוונו עדותן ויכול הבית דין לבוא לידי טעות על ידי עדותן ונמצא שלא קידשו כראוי, והא אמרת אפילו מוטעין מה שעשו עשוי: **על ידי שהיו ארבעים זוג** וכו'. כלומר לא כדקא סלקא דעתיה, אלא הטעם על ידי שהיו ארבעים זוג ובאו זוג אחר זוג, וכדפירשנא שם שאחר שבאו זוג הראשון והעידו ונתקבלה עדותן באו עוד זוג אחר זוג עד ארבעים זוג, אבל אם היה זוג אחד וכלומר שהיו באים כולם יחד כזוג אחד לא היה מעכב לשום זוג מהן ואין זה שייך להא דקאמר אתם אפי' מוטעין: **כתיב ה' אשר עשה** וכו'. זה גם כן ראייה שאין לדון אחר כל בית דין ובית דין שבימיו: **והקטנים באמצע.** הוא יפתח ללמד ששקול הוא כזה שלפניו וכזה של אחריו, ולפיכך הקדים לבדן אף שהיה יפתח קודם לו: **אלא אלופינו מסובלים.** משמע שהקטנים אומרים כך בשעה שהגדולים סובלים את הקטנים אין פרץ וגו', שאלופינו מסובלים ממנו בטורח ובמשא בדינים ובמשפטים שמטריחין אותם והם מקבלים על עצמם בענוה ובנחת: **ר' שמעון בן לקיש מסרם הדין קרייא** וכו'. כלומר שדורש בהיפוך דהכי קאמר שאלופינו מסובלים כמו מסבלים שמטריחין וגוזרין על הקטנים והם נשמעין ונסבלים אז אין פרץ וכו':

מסורת הש"ם

א) [לעיל פ"א ה"ג - ט: בשינוי, ספרא אמור פרשה ט ה"ב, ופרק י ה"ג, שמות רבה טו ב, מדרש תהלים ד, פסיקתא דר"כ ה, פסיקתא רבתי טו, ילקו"ש בא קצא] ב) [ר"ה כה. בשינוי] ג) [ר"ה כה., ילקו"ש משפטים שסב, אמור תרמג] ד) [שביעית פ"י ה"א] לקמן פ"ג ה"א - יח: [תוספתא ר"ה פ"ב ה"א, ספרא אמור פרק י ה"ב, ילקו"ש אמור תרמג] ה) [לעיל פ"א ה"ה - י:, מגילה פ"ב ה"ו, ר"ה כב.] ו) לעיל פ"א ה"ה - יא., מגילה פ"ב ה"ו ז) ר"ה כה. [ילקו"ש משפטים שסב] ח) [תוספתא פ"א הי"ז, ילקו"ש שמואל-א קיד] ט) [ר"ה כה., תוספתא פ"א הי"ז, קהלת רבה א ח, מדרש שמואל טו ב, מדרש אגדה דברים יז ט, ילקו"ש שמואל-א קיד] י) [רות רבה פתיחתא ו, ילקו"ש תהלים תתפח] כ) [פסיקתא דר"כ ה, פסיקתא רבתי טו, מדרש תהלים קד, ילקו"ש מסעי תשפו, תהלים תתסב]

גליון הש"ס

שאם קדשוהו ואחר כך נמצאו העדים זוממין הרי זה מקודש. עיין בתוס' כתובות דף כ"א ע"ב ד"ה הנח בשם יש מפרשים דטעם הדבר דאין עד נעשה דיין משום דהוי עדות שאי אתה יכול להזימן, ולפי דברי הירושלמי דאפילו אם הוזמו אפ"ה מקודש א"כ אמאי בקדוש החודש אין עד נעשה דיין, ועי' בבלי ר"ה דף כ"ה ע"ב ויש ליישב, ועי' ברמב"ם פ"ג מקידוש החודש הל' י"ט ובירושלמי לקמן פ"ג הלכה א' (יט.): קרבן העדה ד"ה אלפים. והיפה מראה הגיה ואין צורך. עיין קרבן העדה, ובמדרש רבה רות (פתיחות ו) פסוק ושם האיש אלימלך (רות א ב) מבואר כמו שהגיה היפה מראה:

עין משפט

א [מיי' פ"ב מהלכות קידוש החודש הלכה י]:
ב מיי' פ"ב מהלכות קידוש החודש הלכה ב:
ג מיי' שם הלכה ח ט:

שינויי נוסחאות

א] **ויש לי ללמד.** במשניות ובבבלי (כה.) **יש לי ללמוד.** בגירסת הרמב"ם בפיה"מ **יש לי ללמד**:
ב] **אותם.** במשניות ובבבלי (שם) **אתם** כמו במקרא. בגירסת הרמב"ם בפיה"מ נוסף **אשר תקראו אותם** בין:
ג] **עמד.** מכאן עד סוף המשנה ליתא בגירסת הרמב"ם בפיה"מ:
ד] **אלופים מסובלים וכו'.** תיבות 'אלופים מסובלים אין כתיב כאן אלא אלופינו מסובלים' נוספו בכי"ל ע"י המגיה. בש"ג (הניקוד במקור) **אלופינו מְסֻבָּלִים** אין כתיב כאן אלא **מְסַבְּלִין**, בשעה שהקטנים סובלין את הגדולים אין פרץ. ברות רבה (פתיחתות ו) **סובלין** אין כתיב כאן אלא מסובלים, בשעה **שהקטנים** סובלים את **הגדולים**, אין פרץ, אין פרצה של מגפה וכו', ואין יוצאת, אין יציאתה של מגפה וכו', אין צוחה, אין צוחה של מגפה וכו'. וכעי"ז בילקו"ש (תהלים תתפח):
ה] **מסרס הדין קרייא וכו'.** ברות רבה (שם) "מסרס קרא, בשעה שהגדולים סובלים את הקטנים, אין פרץ של גלות דכתיב וכו', ואין יוצאת של גלות דכתיב וכו', ואין צוחה של גלות דכתיב וכו'". וכעי"ז בילקו"ש (שם):
ו] **אלופים.** בכי"ל **אלופינו** וחוגה כמו שלפנינו:
ז] **ר' יוחנן.** בד"ק ובדפוסים **רבי**:
ח] **עשה ירח וכו'.** בב"ר (ו א) "אע"פ שעשה ירח למועדים, שמש ידע מבואו, אין מונין ללבנה אלא משתשקע החמה":

תורה אור השלם

א) אֵלֶּה מוֹעֲדֵי יְהוָה מִקְרָאֵי קֹדֶשׁ אֲשֶׁר תִּקְרְאוּ אֹתָם בְּמוֹעֲדָם: (ויקרא כג ד)

ב) וַיַּעַל מֹשֶׁה וְאַהֲרֹן נָדָב וַאֲבִיהוּא וְשִׁבְעִים מִזִּקְנֵי יִשְׂרָאֵל: (שמות כד ט)

ג) וַיֹּאמֶר שְׁמוּאֵל אֶל הָעָם יְהוָה אֲשֶׁר עָשָׂה אֶת מֹשֶׁה וְאֶת אַהֲרֹן וַאֲשֶׁר הֶעֱלָה אֶת אֲבֹתֵיכֶם מֵאֶרֶץ מִצְרָיִם: (שמואל-א יב ו)

ד) וַיִּשְׁלַח יְהוָה אֶת יְרֻבַּעַל וְאֶת בְּדָן וְאֶת יִפְתָּח וְאֶת שְׁמוּאֵל וַיַּצֵּל אֶתְכֶם מִיַּד אֹיְבֵיכֶם מִסָּבִיב וַתֵּשְׁבוּ בֶּטַח: (שמואל-א יב יא)

ה) אַלּוּפֵינוּ מְסֻבָּלִים אֵין פֶּרֶץ וְאֵין יוֹצֵאת וְאֵין צְוָחָה בִּרְחֹבֹתֵינוּ: (תהלים קמד יד)

ו) עָשָׂה יָרֵחַ לְמוֹעֲדִים שֶׁמֶשׁ יָדַע מְבוֹאוֹ: (תהלים קד יט)

מְקַיֵּים – **BUT MY DISCIPLE IN THAT WHATEVER I DECREE UPON HIM HE FULFILLS.**"[26]

The Gemara cites a teaching regarding the great virtues of obedience to Torah leaders:[27]

כְּתִיב ,,אַלּוּפֵינוּ מְסֻבָּלִים וגו׳ " – **It is written:** ***Our leaders "mesubalim" etc.***[28] רַבִּי יוֹחָנָן וְרַבִּי שִׁמְעוֹן בֶּן לָקִישׁ – **R' Yochanan and R' Shimon ben Lakish** argue as to the interpretation of this verse. רַבִּי יוֹחָנָן אָמַר – **R' Yochanan says:** (אלופים מסובלים) [אַלּוּפֵינוּ סוֹבְלִים] אֵין כְּתִיב כָּאן – **"Our leaders *sovelim*"** [bear] **is not written here.**[29] אֶלָּא ,,אַלּוּפֵינוּ מְסֻבָּלִים" – **Rather,** it is written: ***Our leaders mesubalim*** [are borne]. This means that we, the people, bear our leaders.[30] The verse teaches that בְּשָׁעָה (שהגדולים) [שֶׁהַקְּטַנִּים] סוֹבְלִין אֶת (הקטנים) [הַגְּדוֹלִים] – **when the lesser ones bear** the burden of **the greater ones,** this secures the fulfillment of the end of the verse: ,,אֵין־פֶּרֶץ וְאֵין יוֹצֵאת וְאֵין צְוָחָה בִּרְחֹבֹתֵינוּ" – ***there is neither disturbance, nor outburst, nor wailing in our streets.***[31] רַבִּי שִׁמְעוֹן בֶּן לָקִישׁ מְסָרֵס הָדֵין קְרָיָיא – **R' Shimon ben Lakish,** however, **inverts** the message of **this verse** vis-a-vis R' Yochanan's, as follows: (אלופים) [אַלּוּפֵינוּ] מְסַ(ו)בְּלִים אֵין כְּתִיב כָּאן – **Our leaders *mesablim*** [lade] **is not written here.**[32] אֶלָּא ,,אַלּוּפֵינוּ מְסֻבָּלִים" – **Rather,** it is written: ***Our leaders mesubalim*** [are laden]. This means that our leaders bear us, their followers.[33] The verse teaches that בְּשָׁעָה (שהקטנים) [שֶׁהַגְּדוֹלִים] סוֹבְלִין אֶת (הגדולים) [הַקְּטַנִּים] – **when the greater ones bear** the burden of **the lesser ones,** this secures the fulfillment of the end of the verse: ,,אֵין־פֶּרֶץ וְאֵין יוֹצֵאת וְאֵין צְוָחָה בִּרְחֹבֹתֵינוּ" – ***there is neither disturbance, nor outburst, nor wailing in our streets.***

The Gemara discusses how the days of the month are counted once Rosh Chodesh is established:

רַבִּי שִׁילָה דִּכְפַר תְּמַרְתָּה בְּשֵׁם רַבִּי יוֹחָנָן – **R' Shilah of Kfar Temartah** said **in the name of R' Yochanan:** It is written:[34] ,,עָשָׂה יָרֵחַ לְמוֹעֲדִים שֶׁמֶשׁ יָדַע מְבוֹאוֹ" – ***He made the moon for festivals, the sun knows its destination.*** This teaches that

NOTES

26. [Rabban Gamliel's second statement explains his earlier one. Though he is my teacher in wisdom, his fear of sin causes him to accept my decrees as if he were my disciple. Cf. *Yefeh Mareh.*]

27. Emendations in the coming passage are from *Yefeh Mareh*, based on the parallel passage in *Rus Rabbah, Pesichta* §6. [For various interpretations according to the unemended version, see *Korban HaEidah, Pnei Moshe*, and *Beur of R' Chaim Kanievski.*]

28. *Psalms* 144:14. The verse in its entirety states: אַלּוּפֵינוּ מְסֻבָּלִים אֵין־פֶּרֶץ וְאֵין יוֹצֵאת וְאֵין צְוָחָה בִּרְחֹבֹתֵינוּ, *Our leaders "misubalim"* (the Gemara will discuss the meaning of this word), *there is neither disturbance, nor outburst, nor wailing in our streets.*

29. אַלּוּפֵינוּ סוֹבְלִים would mean *our leaders bear* us, their followers. But this is not what is written.

30. According to R' Yochanan, the verse speaks of the Jewish *masses,* who obediently accept their leaders and obey the ruling they issue, without protest or resistance. Thus, the אַלּוּפִים, *leaders,* are מְסֻבָּלִים, *patiently borne* by us (*Yefeh Mareh;* see also *Rashi* to *Psalms* ibid.).

31. [It is presumably this interpretation by R' Yochanan that is the reason for this passage's inclusion here. R' Yehoshua, the subordinate, bore the burden of his master, Rabban Gamliel, without resistance.]

32. אַלּוּפֵינוּ מְסַבְּלִים would imply – similar to the sense of the verse according to R' Yochanan's interpretation – that *our leaders lade* us, their followers, with mandates and restrictions, which we obediently bear. But this is not what is written.

33. According to Reish Lakish, the verse refers to the Jewish *leaders,* who devotedly bear the contentiousness, burdens, and quarrels of their followers. Thus, the אַלּוּפִים, *leaders,* are מְסֻבָּלִים, *laden,* with our burdens (*Yefeh Mareh*). [See further on the responsibility of a leader to shoulder the people's burdens *Rashi* to *Numbers* 11:12 ד״ה שאהו בחיקך, ibid. 11:17 ד״ה ונשאו, and ibid. 27:19 ד״ה וצויתה אותו; see also *Rambam, Hil. Melachim* 2:6, end.]

34. *Psalms* 104:19.

אמר לו [א][א] ויש לי ללמד שכל מה שעשה רבן גמליאל עשוי שנאמר [א][א] אלה מועדי ה' מקראי קודש אשר תקראו [ב] אותם. בין בזמנן בין שלא בזמנן אין לי מועדות אלא אלו: גמ' [ב] אצל מי שלח. מן מה דתני אמר ר' יהושע נוח היה לי מוטל על המיטה ולא שלח רבן גמליאל הדבר הזה הדא אמרה אצל ר' יהושע שילח. ביד מי שילח. מן מה דתני [ג] כלשון זה אמר לו ניחמתני עקיבה הדא אמרה ביד ר' עקיבה שילח. מה היה לו ללמד. אמר ר' יוסה יודעין היינו שאם קידשוהו שלא בעדים שהוא מקודש ומה בא להעיד [ד] שאם קידשוהו ואחר כך נמצאו העדים זוממין [ב] הרי זה מקודש. והא תנינן [ה] מעשה שעברו יותר מארבעים זוג ועיכבן ר' עקיבה בלוד. [ו] על ידי שהיו ארבעים זוג אבל אם היה זוג אחד לא היה מעכבו:

הלכה ח מתני' [ז] בא לו אצל ר' דוסא בן ארכינס אמר לו אם באים אנו לדון אחר בית דינו של רבן גמליאל צריכין אנו לדון אחר כל בית דין ובית דין שעמד מימות משה ועד עכשיו שנאמר [ב] ויעל משה ואהרן נדב ואביהוא ושבעים מזקני ישראל. [ח] ולמה לא נתפרשו שמותן של זקנים. אלא ללמדך שכל שלשה ושלשה שעמדו בית דין על ישראל הרי הן כבית דינו של משה. נטל מקלו ומעותיו בידו והלך ליבנה אצל רבן גמליאל ביום שחל יום הכיפורים להיות בחשבונו. [ג] עמד רבן גמליאל ונשקו על ראשו ואמר לו בוא בשלום רבי ותלמידי. רבי בחכמה ותלמידי שקיבלת עליך את דבריי: גמ' כתיב [ג] ה' אשר עשה את משה ואת אהרן ואשר העלה וגו' [ט][ד] וישלח ה' את ירובעל ואת בדן ואת יפתח ואת שמואל. ירובעל גדעון. בדן שמשון. יפתח זה יפתח הגלעדי. הקיש שלשה קלי עולם לשלשה אבירי עולם ללמדך שבית דינו של גדעון ושל יפתח ושל שמשון שקולין כנגד משה ואהרן ושמואל. ולא עוד אלא שסמך הגדולים מיכן ומיכן והקטנים באמצע: עמד רבן גמליאל ונשקו על ראשו ואמר לו בוא בשלום רבי ותלמידי: רבי בחכמה ותלמידי ביראת חטא. רבי בחכמה ותלמידי שכל מה שאני גוזר עליו הוא מקיים. כתיב [י][ה] אלופינו מסובלים וגו'. ר' יוחנן ור' שמעון בן לקיש ר' יוחנן אמר [ד] אלופים מסובלים אין כתיב כאן אלא אלופינו מסובלים בשעה שהגדולים סובלין את הקטנים [ה] אין פרץ ואין יוצאת ואין צווחה ברחובותינו. ר' שמעון בן לקיש [ה] מסרס הדין קרייא [ו] אלופים מסובלים אין כתיב כאן אלא אלופינו מסובלים בשעה שהקטנים סובלין את הגדולים אין פרץ ואין יוצאת ואין צווחה ברחובותינו. [כ] ר' שילה דכפר תמרתה בשם [ז] ר' יוחנן [ו][ח] עשה ירח למועדים שמש ידע מבואו.

קרבן העדה

אשר תקראו. בקריאת הבית דין תלה רחמנא: גמ' אצל מי שלח. רבן גמליאל אצל ר' יוחנן בן נורי או אצל ר' יהושע: ומשני מן מה דתני אמר ר' יהושע וכו' הדא אמרה. זאת אומרת: ביד מי שילח. רבן גמליאל דבר זה: מה היה לו. לר' עקיבא ללמד: ומה בא. ר' עקיבא להעיד אם באו עדים להזים עדים הראשונים אפילו הכי הרי זה מקודש: אבל אם היה זוג אחד לא היה מעכבו. שמע מינה דאם קדשוהו שלא בעדים אינו מקודש אפילו לר' עקיבא: מתני' בא לו. ר' יהושע אצל ר' דוסא: למה לא נתפרשו שמותן וכו'. שאם בא אדם לדון אחר בית דין שבימיו לומר וכי בית דין זה כמשה ואהרן או כאלדד ומידד, אומרים לו שמא חשוב הוא כשלשה מן השאר שלא נתפרשו שמותם: גמ' כתיב. ויאמר שמואל אל העם ה' אשר עשה וגו': ירובעל גדעון. שעשה מריבה עם הבעל: בדן שמשון. דאתי מדן: הקיש ג' קלי עולם וכו'. דקשיא למה נקט אלו דוקא ולא שאר שופטים שעמדו על ישראל כגון יהושע ודדמיין ליה, אלא להקיש: והקטנים באמצע. והיה להן לסדרן לאחר שמואל כפי חשיבותו אף על פי שהן קדמו בזמן: אלפים מסובלים. הוה משמע דאלפים הן השוורים מסובלים ואינן מזיקין את בני אדם ולכך אין פרץ ואין צוחה ברחובותינו, אבל השתא דכתיב אלופינו מסובלים אי אפשר לפרשו על הבהמות, דמאי רבותיה שכן דרך העולם שאין האדם ניזוק מבהמתו אבל היא מזקת שאר בני אדם שאינה מכירן, ועל כן דרשינן אלופינו לשון אדנות וכשהגדולים שומעים לקטנים אז אין פרץ וגו'. והיפה מראה הגיה, ואין צורך: מסרס הדין קרייא. מפרש להאי קרא בהיפך: בשעה שהקטנים. שומעים לדברי הגדולים אז אין פרץ וגו':

פני משה

אשר תקראו אותם. חסר כתיב קרי ביה אתם אפי' שוגגין או מזידין או מוטעים, הלך אחר אותו הבית דין שבימיך: בא לו. ר' יהושע אצל ר' דוסא ואמר לו ר' דוסא אם באים אנו לדון וכו': ולמה לא נתפרשו שמותן וכו'. שאם יבא אדם לדון אחר בית דין שבימיו לומר וכי כמשה ואהרן או כאלדד ומידד הוא, אומרים לו אפשר שהוא חשוב כאותן האחרים שלא נתפרשו שמותן: גמ' אצל מי שלח. רבן גמליאל, לר' דוסא שהוא החולק הראשון על דבריו, או אצל ר' יהושע שהסכים לר' דוסא: מן מה דתני. בברייתא א"ר יהושע וכו', הדא אמרה אצל ר' יהושע הוא שילח: ביד מי שלח. זה, וקאמר מן מה דתני בברייתא שר' עקיבה השיב לר' יהושע על שהיה מיצר על הדבר ואמר לו כתיב אותם קרי ביה אתם וכו', וכלשון הזה אמר לו ר' יהושע עקיבא נחמתני הדא אמרה ביד ר' עקיבה שילח לו, והיה מיצר ודואג וכשאמר ליה ר' עקיבה שאל יהי מיצר אמר ליה נחמתני, כלומר אתה שגרמת לי להיות מיצר ואתה הוא שעכשיו חזרת ונחמתני: מה היה לו ללמד. לר' עקיבה לפי שאינו מפורש במתניתן: א"ר יוסה יודעין אנו וכו'. כלומר זה ודאי ידוע היא שאם קידשו בית דין את החדש שלא בעדים, שלא באו להעיד שהחדש מקודש, שלכתחלה מצוה היא לקדש על ידי עדים המעידין על הראיה ובדיעבד מקודש הוא אף בלא עדים: ומה בא להעיד. ר' עקיבה שאמר יש לי ללמד מה שאינו מפורש בהדיא במתניתן, זהו מה דתנינן בתוספתא ריש פ"ב (ה"א) שאם קדשו על פי העדים ואחר כך נמצאו העדים זוממין אפילו כן הרי זה מקודש דאתם אפי' מוטעים, וא"כ אפי' לדידך שטעות הוא אין לנו מועדות אלא אלו של רבן גמליאל ובית דינו: והא תנינן. לעיל בפ"ק (ה"ה - י:) מעשה שעברו וכו' וקא סלקא דעתיה דטעמיה דר' עקיבה מפני שבארבעים זוג אי אפשר שלא יהא זוג אחד שלא יכוונו עדותן ויכול הבית דין לבוא לידי טעות על ידי עדותן ונמצא שלא קידשו כראוי, והא אמרת אפילו מוטעין מה שעשו עשוי: על ידי שהיו ארבעים זוג וכו'. כלומר לא כדקא סלקא דעתיה, אלא הטעם על ידי שהיו ארבעים זוג ובאו זוג אחר זוג, וכדפרישנא שם שאחר שבאו זוג הראשון והעידו ונתקבלה עדותן באו עוד זוג אחר זוג עד ארבעים זוג, אבל אם היה זוג אחד וכלומר שהיו באים כולם יחד כזוג אחד לא היה מעכב לשום זוג מהן ואין זה שייך להא דקאמר אתם אפי' מוטעין: כתיב ה' אשר עשה וכו'. זה גם כן ראייה שאין לדון אחר כל בית דין ובית דין שבימיו: והקטנים באמצע. הוא יפתח ללמד ששקול הוא כזה שלפניו וכזה של אחריו, ולפיכך הקדים לבדן אף שהיה יפתח קודם לו: אלא אלופינו מסובלים. משמע שהקטנים אומרים כך בשעה שהגדולים סובלים את הקטנים אין פרץ וגו', שאלופינו מסובלים ממנו בטורח ובמשא בדינים ובמשפטים שמטריחין אותם והם מקבלים על עצמם בענוה ובנחת: ר' שמעון בן לקיש מסרס הדין קרייא וכו'. כלומר שדורש בהיפוך דהכי קאמר שאלופינו מסובלים כמו מסבלים שמטריחין וגוזרין על הקטנים והם נשמעין ונסבלים אז אין פרץ וכו':

מסורת הש"ס

א) [לעיל פ"א ה"ג - ט: בשינוי, ספרא אמור פרשה ט ה"ב, ופרק י ה"ג, שמות רבה טו ב, מדרש תהלים ד, פסיקתא דר"כ ה, פסיקתא רבתי טו, ילקו"ש בא קלא] ב) [ר"ה כה. בשינוי] ג) [ר"ה כה., ילקו"ש משפטים שסב, אמור תרמג] ד) [שביעית פ"י ה"א] לקמן פ"ג ה"א - יח: [תוספתא ר"ה פ"ב ה"א, ספרא אמור פרק י ה"ב, ילקו"ש אמור תרמג] ה) [לעיל פ"א ה"ה - י:, מגילה פ"ב ה"ז, ר"ה כב.] ו) לעיל פ"א ה"ה - יא., מגילה פ"ב ה"ז ז) ר"ה כה. [ילקו"ש משפטים שסב] ח) [תוספתא פ"א הי"ז, ילקו"ש שמואל-א קיד] ט) [ר"ה כה., תוספתא פ"א הי"ז, קהלת רבה א ח, מדרש שמואל טו ב, מדרש אגדה דברים יז ט, ילקו"ש שמואל-א קיד] י) [רות רבה פתיחתא ו, ילקו"ש תהלים תתפח] כ) [פסיקתא דר"כ ה, פסיקתא רבתי טו, מדרש תהלים קד, ילקו"ש מסעי תשפו, תהלים תתסב]

גליון הש"ס

שאם קדשוהו ואחר כך נמצאו העדים זוממין הרי זה מקודש. עיין בתוס' כתובות דף כ"א ע"ב ד"ה הנח בשם יש מפרשים דטעם הדבר דאין עד נעשה דיין משום דהוי עדות שאי אתה יכול להזימן, ולפי דברי הירושלמי דאפילו אם הוזמו אפ"ה מקודש א"כ אמאי בקדוש החודש אין עד נעשה דיין, ועי' בבלי ר"ה דף כ"ה ע"ב ויש ליישב, ועי' ברמב"ם פ"ג מקידוש החודש הל' י"ט ובירושלמי לקמן פ"ג הלכה א' (יט.): קרבן העדה ד"ה אלפים. והיפה מראה הגיה ואין צורך. עיין קרבן העדה, ובמדרש רבה רות (פתיחתות ו) פסוק ושם האיש אלימלך (רות א ב) מבואר כמו שהגיה היפה מראה:

עין משפט

א [מיי' פ"ב מהלכות קידוש החודש הלכה י]:
ב מיי' פ"ב מהלכות קידוש החודש הלכה ב:
ג מיי' שם הלכה ח ט:

שינויי נוסחאות

א] ויש לי ללמד. במשניות ובבבלי (כה.) יש לי ללמוד. בגירסת הרמב"ם בפיה"מ יש לי ללמד:
ב] אותם. במשניות ובבבלי (שם) אתם כמו במקרא. בגירסת הרמב"ם בפיה"מ נוסף אשר תקראו אותם בין:
ג] עמד. מכאן עד סוף המשנה ליתא בגירסת הרמב"ם בפיה"מ:
ד] אלופים מסובלים וכו'. תיבות 'אלופים מסובלים אין כתיב כאן אלא אלופינו מסובלים' נוספו בכי"ל ע"י המגיה. בש"ג (הניקוד במקור) אלופינו מְסוּבָּלִים אין כתיב כאן אלא מְסַבָּלִין, בשעה שהקטנים סובלין את הגדולים אין פרץ. ברות רבה (פתיחתות ו) סובלין אין כתיב כאן אלא מסובלים, בשעה שהקטנים סובלים את הגדולים, אין פרץ, אין פרצה של מגפה וכו', ואין יוצאת, אין יציאתה של מגפה וכו', אין צוחה, אין צוחה של מגפה וכו'. וכעי"ז בילקו"ש (תהלים תתפח):
ה] מסרס הדין קרייא וכו'. ברות רבה (שם) "מסרס קרא, בשעה שהגדולים סובלים את הקטנים, אין פרץ של גלות דכתיב וכו', ואין יוצאת של גלות דכתיב וכו', ואין צוחה של גלות דכתיב וכו'". וכעי"ז בילקו"ש (שם):
ו] אלופים. בכי"ל אלופינו והוגה כמו שלפנינו:
ז] ר' יוחנן. בד"ק ובדפוסים רבי:
ח] עשה ירח וכו'. בב"ר (ו א) "אע"פ שעשה ירח למועדים, שמש ידע מבואו, אין מונין ללבנה אלא משתשקע החמה":

תורה אור השלם

א) אֵלֶּה מוֹעֲדֵי יְהוָה מִקְרָאֵי קֹדֶשׁ אֲשֶׁר תִּקְרְאוּ אֹתָם בְּמוֹעֲדָם: (ויקרא כג ד)
ב) וַיַּעַל מֹשֶׁה וְאַהֲרֹן נָדָב וַאֲבִיהוּא וְשִׁבְעִים מִזִּקְנֵי יִשְׂרָאֵל: (שמות כד ט)
ג) וַיֹּאמֶר שְׁמוּאֵל אֶל הָעָם יְהוָה אֲשֶׁר עָשָׂה אֶת מֹשֶׁה וְאֶת אַהֲרֹן וַאֲשֶׁר הֶעֱלָה אֶת אֲבוֹתֵיכֶם מֵאֶרֶץ מִצְרָיִם: (שמואל-א יב ו)
ד) וַיִּשְׁלַח יְהוָה אֶת יְרֻבַּעַל וְאֶת בְּדָן וְאֶת יִפְתָּח וְאֶת שְׁמוּאֵל וַיַּצֵּל אֶתְכֶם מִיַּד אֹיְבֵיכֶם מִסָּבִיב וַתֵּשְׁבוּ בֶּטַח: (שמואל-א יב יא)
ה) אַלּוּפֵינוּ מְסֻבָּלִים אֵין פֶּרֶץ וְאֵין יוֹצֵאת וְאֵין צְוָחָה בִּרְחֹבֹתֵינוּ: (תהלים קמד יד)
ו) עָשָׂה יָרֵחַ לְמוֹעֲדִים שֶׁמֶשׁ יָדַע מְבוֹאוֹ: (תהלים קד יט)

Halachah 8

Mishnah The Mishnah concludes its narrative: אָמַר — בָּא לוֹ אֵצֶל רַבִּי דוֹסָא בֶּן אַרְכִּינָס — [R' Yehoshua] then **came to R' Dosa ben Orkinas,** לוֹ — **who said to him:** אִם בָּאִים אָנוּ לָדוּן אַחַר בֵּית דִּינוֹ שֶׁל רַבָּן גַּמְלִיאֵל — **If we are going to reconsider** the decisions of **Rabban Gamliel's court,** צְרִיכִין אָנוּ לָדוּן אַחַר כָּל בֵּית דִּין וּבֵית דִּין — **then we will have to reconsider** the decisions of **each and every court** שֶׁעָמַד מִימוֹת מֹשֶׁה וְעַד עַכְשָׁיו — **that was established from the days of Moses until now.** This, we surely cannot do, שֶׁנֶּאֱמַר ,,וַיַּעַל מֹשֶׁה וְאַהֲרֹן נָדָב וַאֲבִיהוּא וְשִׁבְעִים מִזִּקְנֵי יִשְׂרָאֵל" — **as it is stated:**[15] ***And there went up Moses and Aaron, Nadav and Avihu, and seventy of the elders of Israel.*** וְלָמָּה לֹא נִתְפָּרְשׁוּ שְׁמוֹתָן שֶׁל זְקֵנִים — **Now why were the names of the** seventy **elders not expressly mentioned?** אֶלָּא לְלַמֶּדְךָ שֶׁכָּל שְׁלֹשָׁה וּשְׁלֹשָׁה שֶׁעָמְדוּ בֵּית דִּין עַל יִשְׂרָאֵל — **Just to teach you that every three** judges **that arose as a court over Israel** הֲרֵי הֵן כְּבֵית דִּינוֹ שֶׁל מֹשֶׁה — **are like the court of Moses** with regard to authority![16] נָטַל מַקְלוֹ וּמָעוֹתָיו בְּיָדוֹ — Accepting the arguments of R' Akivah and R' Dosa, **[R' Yehoshua] took in hand his walking stick and his money** וְהָלַךְ לְיַבְנֶה אֵצֶל רַבָּן גַּמְלִיאֵל — **and traveled to Yavneh to Rabban Gamliel** בְּיוֹם שֶׁחָל יוֹם הַכִּיפּוּרִים לִהְיוֹת בְּחֶשְׁבּוֹנוֹ — **on the day that Yom Kippur fell according to his** [R' Yehoshua's] **reckoning.** עָמַד רַבָּן גַּמְלִיאֵל וּנְשָׁקוֹ עַל רֹאשׁוֹ — **Rabban Gamliel** thereupon **arose and kissed [R' Yehoshua] on his head,** וְאָמַר לוֹ בּוֹא בְשָׁלוֹם רַבִּי וְתַלְמִידִי — **and said to him: "Come in peace, my master and my disciple!** רַבִּי בְּחָכְמָה — **My master in wisdom,** וְתַלְמִידִי שֶׁקִּיבַּלְתָּ עָלֶיךָ אֶת דְּבָרַיי — **and my disciple** in **that you accepted upon yourself my words."**

Gemara Further proof that we may not doubt the decisions of courts throughout the generations is adduced from a Baraisa:[17]

כְּתִיב — IT IS WRITTEN:[18] ,,ה' אֲשֶׁר עָשָׂה אֶת־מֹשֶׁה וְאֶת־אַהֲרֹן וַאֲשֶׁר הֶעֱלָה וגו' " — *And Samuel said to the people: **HASHEM WHO PRODUCED MOSES AND AARON, AND WHO BROUGHT UP** etc. your forefathers from the land of Egypt.* And Samuel stated further:[19] ,,וַיִּשְׁלַח ה' אֶת־יְרֻבַּעַל וְאֶת־בְּדָן וְאֶת־יִפְתָּח וְאֶת־שְׁמוּאֵל" — ***AND HASHEM SENT YERUBAAL AND BEDAN AND YIFTACH AND SAMUEL.*** The Baraisa first identifies some of these people. יְרוּבַּעַל גִּדְעוֹן — YERUBAAL is GIDEON.[20] בְּדָן שִׁמְשׁוֹן — BEDAN is SAMSON.[21] יִפְתָּח זֶה יִפְתָּח הַגִּלְעָדִי — YIFTACH IS YIFTACH THE GILEADITE.[22] הִקִּישׁ שְׁלֹשָׁה קַלֵּי עוֹלָם לִשְׁלֹשָׁה אַבִּירֵי עוֹלָם — [SCRIPTURE] EQUATED THE THREE LEAST SIGNIFICANT leaders WITH THE THREE MOST DISTINGUISHED leaders.[23] לְלַמֶּדְךָ — The Scriptural equation comes TO TEACH YOU שֶׁבֵּית דִּינוֹ שֶׁל גִּדְעוֹן וְשֶׁל יִפְתָּח וְשֶׁל שִׁמְשׁוֹן — THAT THE COURTS OF GIDEON AND OF YIFTACH AND OF SAMSON שְׁקוּלִין כְּנֶגֶד מֹשֶׁה וְאַהֲרֹן וּשְׁמוּאֵל — ARE EQUAL in authority TO the courts of MOSES AND of AARON AND of SAMUEL.[24] וְלֹא עוֹד — NOT ONLY THAT, אֶלָּא שֶׁסָּמַךְ הַגְּדוֹלִים מִיכָּן וּמִיכָּן — BUT [SCRIPTURE] PLACED THE GREAT ONES (Moses, Aaron, and Samuel) ON EITHER SIDE, i.e. at the beginning and at the end of the list, וְהַקְּטַנִּים בְּאֶמְצַע — AND THE MINOR ONES (Gideon, Samson, and Yiftach) IN THE MIDDLE.[25]

The Gemara cites a Baraisa that describes the encounter of R' Yehoshua with Rabban Gamliel in greater detail:

עָמַד רַבָּן גַּמְלִיאֵל וּנְשָׁקוֹ עַל רֹאשׁוֹ — RABBAN GAMLIEL thereupon AROSE AND KISSED [R' YEHOSHUA] ON HIS HEAD, וְאָמַר לוֹ בּוֹא בְשָׁלוֹם רַבִּי וְתַלְמִידִי — AND SAID TO HIM: "COME IN PEACE, MY TEACHER AND MY DISCIPLE! רַבִּי בְּחָכְמָה — MY TEACHER IN WISDOM, וְתַלְמִידִי בְּיִרְאַת חֵטְא — BUT MY DISCIPLE IN FEAR OF SIN. רַבִּי בְּחָכְמָה — MY TEACHER IN WISDOM, וְתַלְמִידִי שֶׁכָּל מַה שֶּׁאֲנִי גּוֹזֵר עָלָיו הוּא

NOTES

have allowed one pair of witnesses to travel on the Sabbath. This does not negate the fact that if it should happen that no witnesses arrive, *Beis Din* may declare Rosh Chodesh without any testimony (*Beur of R' Chaim Kanievski*).]

15. *Exodus* 24:9.

16. The Torah's omission of the names of the elders of Moses' court provides an answer to those who might claim in future generations that *their* judges are not of the caliber of Moses and Aaron, and need not be obeyed. One can point out to these challengers that their judges might be of the caliber of the remainder of the seventy elders of Moses' court whose names are *not* expressly mentioned in Scripture (*Pnei Moshe*, from *Rashi,* based on a Baraisa cited in *Bavli*).

17. See *Tosefta* 1:17 (cited in *Bavli* 25a-b).

18. *I Samuel* 12:6.

19. Ibid. verse 11. Samuel tells the people how God performed miracles on their behalf throughout the ages, from the Exodus down to his own time, through the agency of the six leaders that he mentions (*Rashi* 25a).

20. Whose reign is described in *Judges* Chs. 6-8. The reason he is called Yerubaal is given in 6:32 there (cf. *Bavli* 25a with *Maharsha*).

21. Whose story is recounted in Chs. 13-16 there. He is called Bedan because he came from the tribe of Dan (*Bavli* ibid.; see *Judges* 13:2). בְּדָן is a contraction of בֶּן דָּן, *a son of Dan* (*Radak* ibid.).

22. See *Judges* 11:1. His reign is described in Chs. 11 and 12:1-7 there.

23. I.e. in the previous verses (*I Samuel* 12:8-11), three of our people's most insignificant leaders — Yerubaal, Bedan, and Yiftach — were equated with three of its most important leaders — Moses, Aaron, and Samuel (see *Rashi* 25b).

[Although, Yerubaal, Bedan, and Yiftach were righteous and worthy of their positions, they are referred to as the "least significant leaders" because of the serious mistakes they committed during their reigns. Gideon misjudged in fashioning a golden *ephod*, which, though he intended it as a memorial to God's salvation, turned into a stumbling block for Israel, for after his death some Jews worship it as a god (*Judges* 8:27). Samson "followed his eyes" (*Bavli Sotah* 9b), i.e. he was drawn after women (see *Judges* 14:2-3; 16:1; 16:4). Yiftach erred in believing that the vow he had made to bring as an offering the first creature to exit his house when he returned victorious from battle applied to his daughter (see 11:30-40 with *Bavli Taanis* 4a and *Tosafos* ד״ה והיינו) (*Yefeh Mareh*).]

24. And, therefore, if that court issues a ruling or enacts a decree, the people must submit to it (see *Teshuvos Maharik* §163).

25. Taken together, verses 8 and 11 list the six leaders in the following order: Moses, Aaron, Yerubaal, Bedan, Yiftach, and Samuel, with Moses and Aaron at the beginning of the list and Samuel at the end. This leaves no room for arguing that those listed first have more authority than those listed last; rather, all six are equal (*Beur of R' Chaim Kanievski*; cf. *Yefeh Mareh; Pnei Moshe*).

[Actually, the fact that Moses and Aaron are listed first and Samuel last would seem to be attributable to the fact that Moses and Aaron *chronologically* preceded the other three whereas Samuel followed them. *Yefeh Mareh* explains, however, that if the list's order was in fact dictated by chronology, Yiftach would have been listed before Bedan, because Yiftach judged Israel before Samson. We must therefore conclude that Samson is listed before Yiftach because the list follows the leaders' order of importance, and Samson was greater than Yiftach. But then Samuel should have been listed after Moses and Aaron, since he certainly was more important than the remaining three. The Baraisa answers that Samuel was placed at the end of the list in order to bracket the least significant leaders between the greatest, thereby teaching that to his own generation even a minor leader is to be considered as authoritative as a major one.]

אמר לו [א]ויש לי ללמד שכל מה שעשה רבן גמליאל עשוי שנאמר [א] [א]אלה מועדי ה' מקראי קודש אשר תקראו [ב]אותם. בין בזמנן בין שלא בזמנן אין לי מועדות אלא אלו: גמ' [ב]אצל מי שלח. מן מה דתני אמר ר' יהושע נוח היה לי מוטל על המיטה ולא שלח רבן גמליאל הדבר הזה הדא אמרה אצל ר' יהושע שילח. ביד מי שילח. מן מה דתני [ג]כלשון זה אמר לו ניחמתני עקיבה הדא אמרה ביד ר' עקיבה שילח. מה היה לו ללמד. אמר ר' יוסה יודעין היינו שאם קידשוהו שלא בעדים שהוא מקודש ומה בא להעיד [ד]שאם קידשוהו ואחר כך נמצאו העדים זוממין [א]הרי זה מקודש. והא תנינן [ה]מעשה שעברו יותר מארבעים זוג ועיכבן ר' עקיבה בלוד. [ו]על ידי שהיו ארבעים זוג אבל אם היה זוג אחד לא היה מעכבו:

הלכה ח מתני' [ז]בא לו אצל ר' דוסא בן ארכינס אמר לו אם באים אנו לדון אחר בית דינו של רבן גמליאל צריכין אנו לדון אחר כל בית דין ובית דין שעמד מימות משה ועד עכשיו שנאמר [ב]ויעל משה ואהרן נדב ואביהוא ושבעים מזקני ישראל. [ח]ולמה לא נתפרשו שמותן של זקנים. אלא ללמדך שכל שלשה ושלשה שעמדו בית דין על ישראל הרי הן כבית דינו של משה. נטל מקלו ומעותיו בידו והלך ליבנה אצל רבן גמליאל ביום שחל יום הכיפורים להיות בחשבונו. [ג]עמד רבן גמליאל ונשקו על ראשו ואמר לו בוא בשלום רבי ותלמידי. רבי בחכמה ותלמידי שקיבלת עליך את דבריי: גמ' כתיב [ג]ה' אשר עשה את משה ואת אהרן ואשר העלה וגו' [ט][ד]וישלח ה' את ירובעל ואת בדן ואת יפתח ואת שמואל. ירובעל גדעון. בדן שמשון. יפתח זה יפתח הגלעדי. הקיש שלשה קלי עולם לשלשה אבירי עולם ללמדך שבית דינו של גדעון ושל יפתח ושל שמשון שקולין כנגד משה ואהרן ושמואל. ולא עוד אלא שסמך הגדולים מיכן ומיכן והקטנים באמצע: עמד רבן גמליאל ונשקו על ראשו ואמר לו בוא בשלום רבי ותלמידי: רבי בחכמה ותלמידי ביראת חטא. רבי בחכמה ותלמידי שכל מה שאני גוזר עליו הוא מקיים. כתיב [י][ה]אלופינו מסובלים וגו'. ר' יוחנן ור' שמעון בן לקיש ר' יוחנן אמר [ד]אלופים מסובלים אין כתיב כאן אלא אלופינו מסובלים בשעה שהגדולים סובלין את הקטנים [ה]אין פרץ ואין יוצאת ואין צווחה ברחובותינו. ר' שמעון בן לקיש [ה]מסרם הדין קרייא [ו]אלופים מסובלים אין כתיב כאן אלא אלופינו מסובלים בשעה שהקטנים סובלין את הגדולים אין פרץ ואין יוצאת ואין צווחה ברחובותינו. [כ]ר' שילה דכפר תמרתה בשם [ז]ר' יוחנן [ו][ח]עשה ירח למועדים שמש ידע מבואו.

קרבן העדה

אשר תקראו. בקריאת הבית דין תלה רחמנא: גמ' אצל מי שלח. רבן גמליאל אצל ר' יוחנן בן נורי או אצל ר' יהושע: ומשני מן מה דתני אמר ר' יהושע וכו' הדא אמרה. זאת אומרת: ביד מי שילח. רבן גמליאל דבר זה: מה היה לו. לר' עקיבא ללמד: ומה בא. ר' עקיבא להעיד אם באו עדים להזים עדים הראשונים אפילו הכי הרי זה מקודש: אבל אם היה זוג אחד לא היה מעכבו. שמע מינה דאם קדשוהו שלא בעדים אינו מקודש אפילו לר' עקיבא: מתני' בא לו. ר' יהושע אצל ר' דוסא: למה לא נתפרשו שמותן וכו'. שאם בא אדם לדון אחר בית דין שבימיו לומר וכי בית דין זה כמשה ואהרן או כאלדד ומידד, אומרים לו שמא חשוב הוא כשלשה מן השאר שלא נתפרשו שמותם: גמ' כתיב. ויאמר שמואל אל העם ה' אשר עשה וגו': ירובעל גדעון. שעשה מריבה עם הבעל: בדן שמשון. דאתי מדן: הקיש ג' קלי עולם וכו'. דקשיא למה נקט אלו דוקא ולא שאר שופטים שעמדו על ישראל כגון יהושע ודדמיין ליה, אלא להקיש: והקטנים באמצע. והיה להן לסדרן לאחר שמואל כפי חשיבותו אף על פי שהן קדמו בזמן: אלפים מסובלים. הוה משמע דאלפים הן השוורים מסובלים ואינן מזיקין את בני אדם ולכך אין פרץ ואין צוחה ברחובותינו, אבל השתא דכתיב אלופינו מסובלים אי אפשר לפרשו על הבהמות, דמאי רבותיה שכן דרך העולם שאין האדם ניזוק מבהמתו אבל היא מזקת שאר בני אדם שאינה מכירן, ועל כן דרשינן אלופינו לשון אדנות וכשהגדולים שומעים לקטנים אז אין פרץ וגו'. והיפה מראה הגיה, ואין צורך: מסרם הדין קרייא. מפרש להאי קרא בהיפך: בשעה שהקטנים. שומעים לדברי הגדולים אז אין פרץ וגו':

פני משה

אשר תקראו אותם. חסר כתיב קרי ביה אתם אפי' שוגגין או מזידין או מוטעים, הלך אחר אותו הבית דין שבימיך: בא לו. ר' יהושע אצל ר' דוסא ואמר לו ר' דוסא אם באים אנו לדון וכו': ולמה לא נתפרשו שמותן וכו'. שאם יבא אדם לדון אחר בית דין שבימיו לומר וכי כמשה ואהרן או כאלדד ומידד הוא, אומרים לו אפשר שהוא חשוב כאותן האחרים שלא נתפרשו שמותן: גמ' אצל מי שלח. רבן גמליאל, לר' דוסא שהוא החולק הראשון על דבריו, או אצל ר' יהושע שהסכים לר' דוסא: מן מה דתני. בברייתא א"ר יהושע וכו', הדא אמרה אצל ר' יהושע הוא ששילח: ביד מי שלח. זה, וקאמר מן מה דתני בברייתא שר' עקיבה השיב לר' יהושע על שהיה מיצר על הדבר ואמר לו כתיב אותם קרי ביה אתם וכו', וכלשון הזה אמר לו ר' יהושע עקיבא נחמתני הדא אמרה ביד ר' עקיבה שילח לו, והיה מיצר ודואג וכשאמר ליה ר' עקיבה שאל יהי מיצר אמר ליה נחמתני, כלומר אתה שגרמת לי להיות מיצר ואתה הוא שעכשיו חזרת ונחמתני: מה היה לו ללמד. לר' עקיבה לפי שאינו מפורש במתניתן: א"ר יוסה יודעין אנו וכו'. כלומר זה ודאי ידוע היא שאם קידשו בית דין את החדש שלא בעדים, שלא באו להעיד שהחדש מקודש, שלכתחלה מצוה היא לקדש על ידי עדים המעידין על הראיה ובדיעבד מקודש הוא אף בלא עדים: ומה בא להעיד. ר' עקיבה שאמר יש לי ללמד מה שאינו מפורש בהדיא במתניתן, זהו מה דתנינן בתוספתא ריש פ"ב (ה"א) שאם קדשו על פי העדים ואחר כך נמצאו העדים זוממין אפילו כן הרי זה מקודש דאתם אפי' מוטעים, וא"כ אפי' לדידך שטעות הוא אין לנו מועדות אלא אלו של רבן גמליאל ובית דינו: והא תנינן. לעיל בפ"ק (ה"ה - י:) מעשה שעברו וכו' וקא סלקא דעתיה דטעמיה דר' עקיבה מפני שבארבעים זוג אי אפשר שלא יהא זוג אחד שלא יכוונו עדותן ויכול הבית דין לבוא לידי טעות על ידי עדותן ונמצא שלא קידשו כראוי, והא אמרת אפילו מוטעין מה שעשו עשוי: על ידי שהיו ארבעים זוג וכו'. כלומר לא כדקא סלקא דעתיה, אלא הטעם על ידי שהיו ארבעים זוג ובאו זוג אחר זוג, וכדפרישנא שם שאחר שבאו זוג הראשון והעידו ונתקבלה עדותן באו עוד זוג אחר זוג עד ארבעים זוג, אבל אם היה זוג אחד וכלומר שהיו באים כולם יחד כזוג אחד לא היה מעכב לשום זוג מהן ואין זה שייך להא דקאמר אתם אפי' מוטעין: כתיב ה' אשר עשה וכו'. זה גם כן ראייה שאין לדון אחר כל בית דין ובית דין שבימיו: והקטנים באמצע. הוא יפתח ללמד ששקול הוא כזה שלפניו וכזה של אחריו, ולפיכך הקדים לבדן אף שהיה יפתח קודם לו: אלא אלופינו מסובלים. משמע שהקטנים אומרים כך בשעה שהגדולים סובלים את הקטנים אין פרץ וגו', שאלופינו מסובלים ממנו בטורח ובמשא בדינים ובמשפטים שמטריחין אותם והם מקבלים על עצמם בענוה ובנחת: ר' שמעון בן לקיש מסרם הדין קרייא וכו'. כלומר שדורש בהיפוך דהכי קאמר שאלופינו מסובלים כמו מסבלים שמטריחין וגוזרין על הקטנים והם נשמעין ונסבלים אז אין פרץ וכו':

מסורת הש"ס

א) [לעיל פ"א ה"ג - ט: בשינוי, ספרא אמור פרשה ט ה"ב, ופרק י ה"ג, שמות רבה טו ב, מדרש תהלים ד, פסיקתא דר"כ ה, פסיקתא רבתי טו, ילקו"ש בא קצא] ב) [ר"ה כה. בשינוי] ג) [ר"ה כה., ילקו"ש משפטים שסב, אמור תרמג] ד) [שביעית פ"י ה"א] לקמן פ"ג ה"א - יח: [תוספתא ר"ה פ"ב ה"א, ספרא אמור פרק י ה"ב, ילקו"ש אמור תרמג] ה) [לעיל פ"א ה"ה - י:, מגילה פ"ב ה"ז, ר"ה כב.] ו) לעיל פ"א ה"ה - יא., מגילה פ"ב ה"ז ז) ר"ה כה. [ילקו"ש משפטים שסב] ח) [תוספתא פ"א הי"ז, ילקו"ש שמואל-א קיד] ט) [ר"ה כה., תוספתא פ"א הי"ז, קהלת רבה א ח, מדרש שמואל טו ב, מדרש אגדה דברים יז ט, ילקו"ש שמואל-א קיד] י) [רות רבה פתיחתא ו, ילקו"ש תהלים תתפח] כ) [פסיקתא דר"כ ה, פסיקתא רבתי טו, מדרש תהלים קד, ילקו"ש מסעי תשפו, תהלים תתסג]

גליון הש"ס

שאם קדשוהו ואחר כך נמצאו העדים זוממין הרי זה מקודש. עיין בתוס' כתובות דף כ"א ע"ב ד"ה הנח בשם יש מפרשים דטעם הדבר דאין עד נעשה דיין משום דהוי עדות שאי אתה יכול להזימן, ולפי דברי הירושלמי דאפילו אם הוזמו אפ"ה מקודש א"כ אמאי בקדוש החודש אין עד נעשה דיין, ועי' בבלי ר"ה דף כ"ה ע"ב ויש ליישב, ועי' ברמב"ם פ"ג מקידוש החודש הל' י"ט ובירושלמי לקמן פ"ג הלכה א' (יט.): קרבן העדה ד"ה אלפים. והיפה מראה הגיה ואין צורך. עיין קרבן העדה, ובמדרש רבה רות (פתיחתות ו) פסוק ושם האיש אלימלך (רות א ב) מבואר כמו שהגיה היפה מראה:

עין משפט

א [מיי' פ"ב מהלכות קידוש החודש הלכה י]:
ב מיי' פ"ב מהלכות קידוש החודש הלכה ג:
ג מיי' שם הלכה ח ט:

שינויי נוסחאות

א] ויש לי ללמד. במשניות ובבבלי (כה.) יש לי ללמוד. בגירסת הרמב"ם בפיה"מ יש לי ללמד:
ב] אותם. במשניות ובבבלי (שם) אתם כמו במקרא. בגירסת הרמב"ם בפיה"מ נוסף אשר תקראו אותם בין:
ג] עמד. מכאן עד סוף המשנה ליתא בגירסת הרמב"ם בפיה"מ:
ד] אלופים מסובלים וכו'. תיבות 'אלופים מסובלים אין כתיב כאן אלא אלופינו מסובלים' נוספו בכי"ל ע"י המגיה. בש"ג (הניקוד במקור) אלּוּפינו מְסוּבָּלִים אין כתיב כאן אלא מְסַבָּלִין, בשעה שהקטנים סובלין את הגדולים אין פרץ. ברות רבה (פתיחתות ו) סובלין אין כתיב כאן אלא מסובלים, בשעה שהקטנים סובלים את הגדולים, אין פרץ, אין פרצה של מגפה וכו', ואין יוצאת, אין יציאתה של מגפה וכו', אין צוחה, אין צוחה של מגפה וכו'. וכעי"ז בילקו"ש (תהלים תתפח):
ה] מסרם הדין קרייא וכו'. ברות רבה (שם) "מסרס קרא, בשעה שהגדולים סובלים את הקטנים, אין פרץ של גלות דכתיב וכו', ואין יוצאת של גלות דכתיב וכו', ואין צוחה של גלות דכתיב וכו'". וכעי"ז בילקו"ש (שם):
ו] אלופים. בכי"ל אלופינו והוגה כמו שלפנינו:
ז] ר' יוחנן. בד"ק ובדפוסים רבי:
ח] עשה ירח וכו'. בב"ר (ו א) "אע"פ שעשה ירח למועדים, שמש ידע מבואו, אין מונין ללבנה אלא משתשקע החמה":

תורה אור השלם

א) אֵלֶּה מוֹעֲדֵי יְהֹוָה מִקְרָאֵי קֹדֶשׁ אֲשֶׁר תִּקְרְאוּ אֹתָם בְּמוֹעֲדָם: (ויקרא כג ד)

ב) וַיַּעַל מֹשֶׁה וְאַהֲרֹן נָדָב וַאֲבִיהוּא וְשִׁבְעִים מִזִּקְנֵי יִשְׂרָאֵל: (שמות כד ט)

ג) וַיֹּאמֶר שְׁמוּאֵל אֶל הָעָם יְהֹוָה אֲשֶׁר עָשָׂה אֶת מֹשֶׁה וְאֶת אַהֲרֹן וַאֲשֶׁר הֶעֱלָה אֶת אֲבוֹתֵיכֶם מֵאֶרֶץ מִצְרָיִם: (שמואל-א יב ו)

ד) וַיִּשְׁלַח יְהֹוָה אֶת יְרֻבַּעַל וְאֶת בְּדָן וְאֶת יִפְתָּח וְאֶת שְׁמוּאֵל וַיַּצֵּל אֶתְכֶם מִיַּד אֹיְבֵיכֶם מִסָּבִיב וַתֵּשְׁבוּ בֶּטַח: (שמואל-א יב יא)

ה) אַלּוּפֵינוּ מְסֻבָּלִים אֵין פֶּרֶץ וְאֵין יוֹצֵאת וְאֵין צְוָחָה בִּרְחֹבֹתֵינוּ: (תהלים קמד יד)

ו) עָשָׂה יָרֵחַ לְמוֹעֲדִים שֶׁמֶשׁ יָדַע מְבוֹאוֹ: (תהלים קד יט)

אָמַר לוֹ – [R' Akivah] said to him: וְיֵשׁ לִי לְלַמֵּד שֶׁכָּל מַה שֶׁעָשָׂה רַבָּן גַּמְלִיאֵל עָשׂוּי – I can demonstrate that whatever Rabban Gamliel did – even if mistaken – is done and is legally definitive. שֶׁנֶּאֱמַר ,,אֵלֶּה מוֹעֲדֵי ה' מִקְרָאֵי קֹדֶשׁ אֲשֶׁר־תִּקְרְאוּ אֹתָם" – For it is stated:[1] *These are the festivals of Hashem, holy convocations, that you shall declare.* בֵּין בִּזְמַנָּן בֵּין שֶׁלֹּא בִּזְמַנָּן אֵין לִי מוֹעֲדוֹת אֶלָּא אֵלּוּ – This is to say: **Whether** you declare them **in their** correct **time or not in their** correct **time, I** [God] **have no festivals other than these.**[2]

Gemara The Gemara clarifies various points of the story: אֵצֶל מִי שָׁלַח – **To whom did [Rabban Gamliel] send** his decree?[3] מִן מַה דְּתָנֵי – **From that which was taught in a Baraisa:** אָמַר רַבִּי יְהוֹשֻׁעַ – R' YEHOSHUA SAID: נוֹחַ הָיָה לִי מוּטָל עַל הַמִּיטָּה – "IT WOULD HAVE BEEN BETTER FOR ME TO BE BEDRIDDEN וְלֹא שָׁלַח רַבָּן גַּמְלִיאֵל הַדָּבָר הַזֶּה – RATHER THAN TO HAVE RABBAN GAMLIEL SEND me THIS THING,"[4] הֲדָא אָמְרָה אֵצֶל רַבִּי יְהוֹשֻׁעַ שִׁילַּח – **it may be deduced that** it was **to R' Yehoshua** that **he sent** the decree.[5]

The Gemara clarifies another point:

בְּיַד מִי שִׁילַּח – And **through whose hand did [Rabban Gamliel] send** the decree to R' Yehoshua? מִן מַה דְּתָנֵי – **Since a Baraisa taught:** בִּלְשׁוֹן זֶה אָמַר לוֹ – THESE exact WORDS [R' YEHOSHUA] SPOKE TO [R' AKIVAH] when the latter demonstrated that what Rabban Gamliel did was legally binding: נִיחַמְתַּנִי עֲקִיבָה – "YOU HAVE COMFORTED ME, AKIVAH!," הֲדָא אָמְרָה בְּיַד רַבִּי עֲקִיבָה שִׁילַּח – **this says** that it was **through the hand of R' Akivah** that **[Rabban Gamliel] sent** the decree.[6]

The Gemara asks:

מֶה הָיָה לוֹ לְלַמֵּד – **What did [R' Akivah] have to demonstrate** that R' Yehoshua did not know already?[7]

The Gemara answers:

אָמַר רַבִּי יוֹסָה – **R' Yosah said:** יוֹדְעִין הָיִינוּ שֶׁאִם קִידְּשׁוּהוּ שֶׁלֹּא בְעֵדִים שֶׁהוּא מְקוּדָּשׁ – **We** (i.e. even R' Yehoshua) already **knew that if [*Beis Din*] sanctified [the new month] without** any **witnesses it is sanctified.**[8] וּמַה בָּא לְהָעִיד – **What then did [R' Akivah] come to teach?** שֶׁאִם קִידְּשׁוּהוּ – **That if [*Beis Din*] sanctified [the new month]** with witnesses וְאַחַר כָּךְ נִמְצְאוּ הָעֵדִים זוֹמְמִין – **and subsequently the witnesses were found to be *zomemin*,**[9] הֲרֵי זֶה מְקוּדָּשׁ – **[the month] is still sanctified.** R' Akivah taught R' Yehoshua that even in this case, where Rabban Gamliel was apparently *misled* by false testimony, his designation of Rosh Chodesh was still valid.[10]

The preceding Gemara asserted that *Beis Din* does not need the testimony of witnesses in order to declare Rosh Chodesh. The Gemara challenges this assertion:

וְהָא תְּנִינָן – **But we learned in a Mishnah:**[11] מַעֲשֶׂה שֶׁעָבְרוּ יוֹתֵר מֵאַרְבָּעִים זוּג – IT ONCE HAPPENED THAT MORE THAN FORTY PAIRS of witnesses PASSED THROUGH Lod on the Sabbath[12] en route to Jerusalem to testify regarding the new moon, וְעִיכְּבָן רַבִּי עֲקִיבָה בְּלוֹד – AND R' AKIVAH DETAINED THEM IN LOD. The Mishnah implies that it was עַל יְדֵי שֶׁהָיוּ אַרְבָּעִים זוּג – only **because there were forty pairs** of witnesses that R' Akivah detained them, אֲבָל אִם הָיָה זוּג אֶחָד – **but had there been** just **one pair,** לֹא הָיָה מְעַכְּבוֹ – **he would not have detained it.**[13] Is this not because the testimony of witnesses *is* essential for the declaration of Rosh Chodesh? But if you say that *Beis Din* may declare Rosh Chodesh without *any* witnesses, R' Akivah should have detained the witnesses *regardless* of their number![14]

NOTES

1. *Leviticus* 23:4.

2. By stating *that you shall declare,* the verse indicates that the matter is dependent solely on the declaration of the *Beis Din* (*Korban HaEidah,* from *Rashi*).

3. Both R' Dosa and R' Yehoshua argued with Rabban Gamliel's ruling. The Mishnah itself, however, does not specify which of them Rabban Gamliel ordered to come (*Pnei Moshe, Beur of R' Chaim Kanievski;* cf. *Korban HaEidah*).

4. [Had R' Yehoshua been bedridden, Rabban Gamliel would never have ordered him to come.]

5. [Actually, from the end of the Mishnah itself (where "he came to R' Dosa etc.") it seems clear that the decree was addressed to R' Yehoshua. *Beur of R' Chaim Kanievski* is puzzled by why the Gemara does not adduce this proof.]

6. The Gemara understands the sense of R' Yehoshua's comment to be, "[Though] it was you who caused me distress, you have now comforted me." Thus, it is evident that R' Akivah had been the bearer of Rabban Gamliel's message (*Pnei Moshe*).

[Actually, the Mishnah's words, "R' Akivah went and *found* him distraught," might seem to imply more that R' Yehoshua had received the message from someone *else, before* R' Akivah arrived and found him *already* distraught. The Gemara, however, understands the Mishnah to mean that R' Akivah went to deliver R' Gamliel's decree expecting that R' Yehoshua would accept it stoically, but instead found that it had rendered him distraught.]

7. Surely, R' Yehoshua already knew the exposition (cited by R' Akivah in the Mishnah) that the words אֲשֶׁר־תִּקְרְאוּ אֹתָם, *that you* (*Beis Din*) *shall declare,* imply that Rosh Chodesh is dependent exclusively on the declaration of *Beis Din* (*Beur of R' Chaim Kanievski*).

8. [This is in fact stated explicitly in *Toras Kohanim, Emor, Perek* 10:2.]

The procedure to accept testimony about the new moon from witnesses is only the *initially* required method (לְכַתְּחִלָּה), but it is not *essential.* If no witnesses come, *Beis Din* may declare Rosh Chodesh based on its own astronomical calculations.

9. I.e. a second pair of witnesses testified that the first pair were with them somewhere else, where the new moon could not have been seen, at the time they claimed to have seen it.

10. From the derivation cited in the Mishnah, I know only that *Beis Din's* designation is valid when there are *no* witnesses involved, and *Beis Din* declares Rosh Chodesh independently. If, however, there *are* witnesses involved, and they have *misled Beis Din,* I would have thought that *Beis Din's* designation is invalid, since the basis for their decision is false. R' Akivah demonstrated (in a Baraisa cited in *Bavli,* see the following paragraph) that even in such a case their designation is binding (*Pnei Moshe; Chazon Yechezkel, Beurim* to *Tosefta* 2:1, p. 17 col. 2).

[A Baraisa cited in *Bavli* elaborates R' Akivah's exegesis as follows: With regard to the designation of the festivals Scripture states: *You, you, you* – three times. The phrase מוֹעֲדֵי ה'...אֲשֶׁר־תִּקְרְאוּ אֹתָם, *the festivals of Hashem... that you shall call,* appears three times in the passage concerning the festivals – *Leviticus* 23:2,4 and 37. In each occurrence, the word אֹתָם, *them,* is spelled defectively (rather than אוֹתָם, with a ו) and is therefore expounded as if it were vowelized אַתֶּם, *you* (*Rashi* 25a). These three occurrences indicate: The festivals that *you, Beis Din,* declare (through your designation of Rosh Chodesh) are valid even if you choose the wrong date for Rosh Chodesh (1) *in error* (2) *deliberately,* and (3) having been *misled.*]

11. Above, 10b [*Bavli* 21b].

12. *Meiri;* see *Teshuvos She'eilas Yavetz* 1:131-132; cf. *Turei Even* to 25b.

13. *Many* pairs were not needed, and so R' Akivah did not allow them to proceed and desecrate the Sabbath. *One* pair, however, *was* necessary, and thus R' Akivah would have allowed it to proceed.

14. The Gemara thus attempts to prove that *Beis Din* may *not* declare Rosh Chodesh without the testimony of witnesses (*Korban HaEidah; Beur of R' Chaim Kanievski;* cf. *Pnei Moshe; Masa DiYerushalayim*).

[Though the Gemara does not counter this challenge, it can be deflected quite simply. Testimony of witnesses indeed may not be *essential* for declaring Rosh Chodesh; however, it is definitely an initial requirement (see above, note 8). Because of this requirement, R' Akivah would

בְּיוֹם שֶׁחָל **וּבְמָעוֹתֶיךָ — I decree upon you that you shall come to me with your walking stick and your money** **יוֹם הַכִּיפּוּרִים לִהְיוֹת בְּחֶשְׁבּוֹנְךָ — on the day that Yom Kippur falls according to your reckoning!**[29] **הָלַךְ וּמְצָאוֹ רַבִּי** **עֲקִיבָה מֵיצֵר — R' Akivah went and found [R' Yehoshua] distraught** over his predicament.[30]

NOTES

29. According to R' Yehoshua's reckoning, Yom Kippur (the 10th of Tishrei) would actually fall on what Rabban Gamliel's official calendar called the 11th of Tishrei. Rabban Gamliel considered that day to be an ordinary weekday, whereas R' Yehoshua considered it to be Yom Kippur. Rabban Gamliel, as the *Nasi* (whom R' Yehoshua would be obliged to obey), therefore commanded R' Yehoshua to travel to him on the official 11th of Tishrei with his walking stick and money, ordering him in effect to desecrate the Yom Kippur of his reckoning, and to thereby display publicly his acceptance of Rabban Gamliel's official calendar.

Rabban Gamliel felt compelled to assert his authority in this extreme manner in order to preserve the unity of the nation. Had R' Yehoshua been permitted to disagree with the calendar as established by the Sanhedrin, others would eventually have done the same.

[Though R' Dosa, too, had challenged Rabban Gamliel's decision, Rabban Gamliel sent this order only to R' Yehoshua. For R' Yehoshua was the Head of the Sanhedrin, second only to Rabban Gamliel himself (see *Bavli Bava Kamma* 74b), and R' Yehoshua's dissent was therefore potentially far more divisive than R' Dosa's (see *Maharsha* 25a; see also *Tiferes Yisrael* §43; see, however, *Maharatz Chayes* to *Berachos* 28a ד״ה מכותלי, who cites evidence that according to *Yerushalmi* R' Yehoshua was *not* the Head of the Sanhedrin; see, though, the counter-assertion of *Doros HaRishonim,* Vol. 5, p. 362, footnote 52.]

30. As Rabban Gamliel, the *Nasi,* had ordered him to [from his perspective] desecrate Yom Kippur (*Korban HaEidah*, from *Rashi*).

[יג: יד. - ה"ה ה"ו ה"ז]

לא כן אמר ר' זעירא והן שיהו כולם מורין מטעם אחד. מכיון דאילין מודיי לאילין ואילין מודיי לאילין כמי שכולן מורין מטעם אחד. ור' שמעון בן לקיש מקפד על הדא מילתא. חשש להיא דאמר ר' לעזר דאמר ר' לעזר (א) והיתה ידי אל הנביאים החוזים שוא והקוסמים כזב (א) בסוד עמי לא יהיו זה סוד העיבור. ובכתב בית ישראל לא יכתבו זה המינוי. ואל אדמת ישראל לא יבואו זו ארץ ישראל. (ב) ואמר ר' לעזר כד סלקית להכא אמרית הא גבי חדא. כד מנוני אמרית הא גבי תרתיי. כד עלית לעיבורא אמרית הא תלתיהון גבי: (ג) ר' בא בר זבדא בשם רב טעמא דר' לעזר בר' צדוק. כיון שבית דין של מעלן רואין שאין בית דין שלמטן מקדשין אותו הן מקדשין אותו: **הלכה ו מתני'** [מ"ח] (ד) דמות צורות [א] לבנה היו לו לרבן גמליאל בעלייתו בטבלה ובכותל שבהן מראה את ההדיוטות ואומר [ב] כזה ראית או כזה ראית. (ה) מעשה שבאו שנים ואמרו ראינוהו שחרית במזרח וערבית במערב אמר ר' יוחנן (ג) [בן נורי] עידי שקר הן וכשבאו ליבנה (א) קיבלן רבן גמליאל. (ו) ועוד באו שנים ואמרו [ד] ראינו בזמנו ובלילה בעיבורו לא
יד. נראה (ז) וקיבלן רבן גמליאל. אמר ר' דוסא בן ארכינס עידי שקר הן האיך מעידין על האשה שילדה [ה] והרי כריסה בן שיניה. אמר לו ר' יהושע רואה אני את דבריך: **גמ'** (ח) אמר ר' שמלאי טעמיה דר' יוחנן בן נורי (ב) כל חודש [ו] שנולד קודם לשש שעות אין כח בעין לראות את הישן. ותני כן נראה ישן בשחרית לא נראה חדש בין הערבים נראה חדש בין הערבים לא נראה ישן בשחרית. אמר ר' חייה [ז] בר בא (ט) ולמה קיבלן רבן גמליאל שכן מסורת בידיו מאבותיו (ג) פעמים מהלך בקצרה פעמים מהלך בארוכה: **הלכה ז מתני'** [מ"ט] (י) שלח לו רבן גמליאל גוזר אני עליך שתבוא אצלי במקלך ובמעותיך ביום [ח] שחל יום הכיפורים להיות בחשבונך. הלך ומצאו ר' עקיבה מיצר.

פני משה

וריש לקיש מקפיד על הדא מילתא. ומאי טעמיה שהקפיד כל כך שלא הכניסו אותו למנין העיבור, וקאמר דהיינו טעמיה שחשש להא דאמר ר' אלעזר דדריש לה מן הכתוב שהוא אחד מכלל העונשין למי שאינו זוכה להכנס במנין סוד העיבור: זה המינוי. הסמיכות: הא גביי חדא. הרי אלי האחת שהיא ראשונה לי שזכיתי לבא לארץ ישראל: טעמא דר' אלעזר בר' צדוק. דמתניתן שמכיון שבית דין שלמעלן רואין שאין בית דין שלמטן מקדשין אותו עומדין הן ומקדשין אותו ביום ל"א: **מתני'** דמות צורות לבנה. שיעור הירח כפי שאפשר להיות בשעה שנראית ולאיזה צד קרנותיה נוטות: היו לו לרבן גמליאל וכו'. שזה מותר לעשות כדי ללמד להבין ולהורות: מעשה שבאו שנים ואמרו ראינוהו שחרית במזרח וערבית במערב. מפרש הכא בגמרא שאמרו ראינו את הישנה בשחרית במזרח ואת החדשה ערבית במערב וזה דבר שאי אפשר, שהרי עד אחר שש שעות מהמולד אין כח בעין לראות החדשה בשום מקום, ואם ראו החדשה בערבית א"כ היה המולד קודם שש שעות לשקיעת החמה ואז אי אפשר שיתראה הישנה בו ביום בשחרית בשום פנים, ולפיכך אמר ר' יוחנן בן נורי עדי שקר הם: וכשבאו ליבנה. לפני בית דין הגדול שהיה שם באותו הזמן קיבלן רבן גמליאל. וטעמו לפי שלא היה חושש למה שאמרו שראו את הישנה בשחרית שאין אנו אחראין לראיית הישנה כלל, ושמא טועים היו ומחמת העננים נראית להם כדמות ירח ברקיע, ובענין ראיית החדשה בערבית היו מחולקין בזה, דר' יוחנן בן נורי לפי דרכי החשבון שלו שחשב לא היה כל כך שעות בין המולד ובין שעת הראיה שאמרו שיהא אפשר שתהא נראית הלבנה ועדי שקר הן בכל מה שאמרו, ורבן גמליאל קיבלן דמכיון שאין אנו חוששין לראיית הישנה בשחרית שאמרו א"כ ראיית החדשה בערבית יכול להיות אמת, ומפני שכך היתה מסורת בידו מאבותיו שהזמן שבין המולד ובין שעת הראייה שיהא אפשר שתתראה איננו זמן קצוב לעולם, לפי שעל ידי סדר חכמת המזלות פעמים שמהלך בקצרה ופעמים מהלך בארוכה. וביאור הדבר בתכלית הקיצור כך הוא, שהסכימו חכמי המזלות היודעים סוד בחכמת העיבור שיש להירח שני מהלכים אמצעים, וזה שהירח עצמו הוא מסבב בגלגל קטן שאינו מקיף את כל העולם כולו ונקרא גלגל ההקפה לפי שהירח בו הוא מקיף ומסבב תמיד ומהלכו ממזרח למערב, ולמהלך הזה קראו חכמי תכונה אמצעי המסלול, ואותו גלגל הקטן עצמו קבוע מולקו בגלגל גדול המקיף את העולם כולו ומהלכו כמהלך גלגל החמה ממערב למזרח, ולאותו מהלך של גלגל גדול עם הגלגל הקטן הקבוע בו והירח בתוכו קראו חכמי התכונה אמצע הירח. ומעתה נדע שכל זמן שהירח הוא בחצי העליון מגלגל הקטן והוא חוצה מגלגל הגדול הסובל אותו, ואותו גלגל הקטן מהלכו ממזרח למערב כמו שאמרנו שהוא בחילוף מהגלגל הגדול הסובלו ובחילוף מהלך גלגל החמה אז מהלך הירח במתינות לאט לאט, וזהו פירוש פעמים בא בארוכה לפי שהגלגל הגדול הסובל להקטן ומכריחו כפי מהלכו ממערב למזרח ומהלך הקטן עצמו והירח בו מהלכו בחילוף ממזרח למערב נמצא שמהלך הירח במיתון, אבל כשהירח הוא בחצי התחתון של גלגל הקטן א"כ הוא לפנים מהגלגל הגדול הסובלו ואז מהלכו כמו גלגל הסובלו שהוא ממערב למזרח, ואין כאן שני מהלכים בחילוף זה מזה אלא הכל אחד הוא, ומהלך הירח במרוצה וזהו פירוש פעמים שבא בקצרה, ובזה תבין כל מה שאמרו בגמרא בענין זה: **גמ'** אמר ר' שמלאי טעמיה דר' יוחנן בן נורי וכו'. כבר מפורש הכל במתניתן: **מתני'** ועוד באו שנים ואמרו ראינוהו בזמנו. בליל שלשים, ובליל שלשים ואחד שהוא ליל עיבורו לא נראה: וקיבלן רבן גמליאל. לא מפני שנאמר שנתרחק הירח מן השמש בליל שלשים עד שיתראה ובליל שלשים ואחד חזר לאחוריו ונתקרב אל השמש עד שנתכסה, זה ודאי אינו שאין הירח חוזר לאחוריו אלא סובב והולך בגלגל שלו, אבל רבן גמליאל הוא שידע לפי החשבון שלו שבאותו הלילה שאמרו העדים שראוהו כבר נתרחק הירח מן השמש עד שאפשר שיתראה ולפיכך קבל עדותן, ובמה שאמרו שבליל עיבורו לא נראה, אפשר שזה מחמת שכיסה אותו הענן או סיבה אחרת גרמה להם שלא ראו אותו: אמר ליה (ל)ר' יהושע רואה אני את דבריך. לעבר החדש: שלח לו רבן גמליאל. לר' יהושע גוזר אני וכו': הלך ומצאו ר' עקיבה מיצר. הלך ר' עקיבה לרבי יהושע ומצאו שהוא מיצר על שגזר הנשיא עליו לחלל את יום הכיפורים לפי דעתו:

קרבן העדה

והן וכו'. והוא שיהו כולן מסכימין לעבר מטעם אחד, והכא הסכימו משום ג' טעמים: ומשני כיון דאלו מודין וכו'. והכי פירושו, דוקא כשאחד חולק על טעמו של חבירו והשני חולק על טעמו של הראשון הוא דאין מעברין, אבל הכא דכולן הסכימו זה עם זה בשביל שיש לו הרבה טעמים לא נתבטל ההסכמה: ופריך ר' שמעון בן לקיש מקפיד. על דבר זה שלא הכניסו אותו לעיבור, מאי כולי האי: ומשני חשש. להא דאמר ר' אלעזר וכו': זה סוד העיבור. שיהיה בקיבוץ שמקבלין לעבר השנה: זה המינוי. שממנין אותו בסמיכה להיות מורה הוראות: כד סלקית להכא. כשעלה לארץ ישראל: הא גבי חדא. מהנך קללות שקיללן השם שלא נתקיימה בי: כדעלית וכו'. כשעלה לעיבור שנה: הא תלתיהון. קללות שלא נתקיימו בי: הן מקדשין. את יום ל"א מיד בתחלת הלילה: **מתני'** צורות לבנות. שיעור הירח ולאיזה צד קרניה נוטות: ראינוהו שחרית במזרח. את הישנה: וערבית במערב. את החדשה: עידי שקר הן. בגמ' מפרש טעמא: ראינוהו בזמנו. ביום ל': ובליל עיבורו. ליל ל"א: וקיבלן רבן גמליאל. שידע שלפי חשבונו אפשר היה לראותה בליל ל', והא דלא נראית בליל ל"א אפשר מפני שכסה הענן או סבה אחרת גרמה להם שלא ראו אותה: רואה אני את דבריך. לעבר את החדש: **גמ'** כל חדש. שש שעות קודם המולד אי אפשר לראות הישנה מחמת קוטנה וכן שש שעות לאחר המולד אי אפשר שתראה החדשה מחמת קוטנה, הלכך אמר ר' יוחנן בן נורי עידי שקר הם: ותני כן. ותניא נמי הכי: פעמים בא בארוכה. ומתעכבת הראות בין הישנה לחדשה י"ב שעות, ופעמים ממהרת לרוץ ואינה שוהה י"ב שעות שאינה יכולה לראות: **מתני'** הלך ומצאו מיצר. על שגזר עליו הנשיא לחלל יום הכיפורים:

עין משפט

א מיי' פ"ב מהלכות קידוש החודש הלכה ו:
ב מיי' שם פ"ד הלכה ח:

שינויי נוסחאות

א] **לבנה.** כ"ה גם בבבלי (כד.). במשניות ובגירסת הרמב"ם בפיה"מ **לבנות**:
ב] **כזה.** במשניות ובבבלי (שם) ובגירסת הרמב"ם בפיה"מ **הכזה**:
ג] **בן נורי.** כ"ה במשניות ובבבלי (כה.) ולהלן בגמ':
ד] **ראינו בזמנו ובלילה בעיבורו.** במשניות ובבבלי (שם) **ראינוהו בזמנו ובליל עיבורו**:
ה] **והרי.** במשניות ובבבלי (שם) ובגירסת הרמב"ם בפיה"מ **ולמחר**:
ו] **שנולד.** בכל הראשונים (תוס' רשב"א, ריטב"א, תוס' הרא"ש כד:) **שנראה**:
ז] **בר בא.** ברשב"א (כד.) ובריטב"א (כה.) **בר אשי**:
ח] **שחל יום הכיפורים.** כ"ה גם בגירסת הרמב"ם בפיה"מ. במשניות ובבבלי (שם) **הכיפורים שחל להיות**:

תורה אור השלם

א) וְהָיְתָה יָדִי אֶל הַנְּבִיאִים הַחֹזִים שָׁוְא וְהַקֹּסְמִים כָּזָב בְּסוֹד עַמִּי לֹא יִהְיוּ וּבִכְתָב בֵּית יִשְׂרָאֵל לֹא יִכָּתֵבוּ וְאֶל אַדְמַת יִשְׂרָאֵל לֹא יָבֹאוּ וִידַעְתֶּם כִּי אֲנִי אֲדֹנָי יֱהוִֹה: (יחזקאל יג ט)

רידב"ז

מכיון שאילו מודין לאלו כמו שכולן מורין מטעם אחד. יש להעיר מכאן לענין שיטת הפוסקים ז"ל אם אזלינן בתר רוב הפוסקים ז"ל כשאינן מורין מטעם אחד:

מסורת הש"ס

א) [כתובות קיב. כעין זה] **ב)** כתובות קיב. [ילקו"ש יחזקאל שנב בשינוי] **ג)** [עי' סנהדרין י: תוד"ה שכבר] **ד)** ר"ה כד. [ע"ז מג., ילקו"ש יתרו רפו] **ה)** ר"ה כד: [ילקו"ש תהלים תתסב] **ו)** [ילקו"ש משפטים שסב, אמור תרמג] **ז)** [תנחומא בא י, פסיקתא דר"כ ה, פסיקתא רבתי טו, פסיקתא זוטרתא שמות יב ב, ילקו"ש בא קנא, עי' ר"ה כד: תוד"ה ראינוהו] **ח)** עי' ר"ה כ: **ט)** ר"ה כה. [פסיקתא זוטרתא שמות יב ב, ילקו"ש תהלים תתסב] **י)** ר"ה כה. [ילקו"ש משפטים שסב, אמור תרמג]

מראה הפנים

פעמים מהלך בקצרה וכו'. התוס' יו"ט פירש כאן ג"כ אפס קצהו ולייר ליורים ומובן הוא להיודע בחכמת התכונה ולמד בקידוש החודש בדברי הרמב"ם ז"ל ורואה שם בריש פרק י"א וי"ד ובפ' י"ז גבי קיצי הראיה, ודברים פשוטים הם למי שטעם בפיו טעם מתוק בחכמה זו והוספתי קצת ביאור בפנים:

גליון הש"ס

כיון שבית דין של מעלן רואין שאין בית דין שלמטן מקדשין אותו הן מקדשין אותו. עיין בתוס' סנהדרין דף י' ע"ב ד"ה שכבר: כל חדש שנולד קודם לשש שעות אין כח בעין לראות. עי' בתוס' (כה.) ד"ה ראיתוהו:

Gemara The Gemara explains R' Yochanan ben Nuri's reasoning in the first case of the Mishnah, where he invalidates witnesses who claimed to have seen both the old moon in the morning and the new moon in the evening, a mere twelve hours later:

אֲמַר רַבִּי שִׂמְלַאי – **R' Simlai said:** טַעְמֵיהּ דְּרַבִּי יוֹחָנָן בֶּן נוּרִי – **The reason of R' Yochanan ben Nuri** is that כָּל חוֹדֶשׁ שֶׁנּוֹלַד – **every month, when the *molad* occurs,** קוֹדֶם לְשֵׁשׁ שָׁעוֹת – **for six hours before** conjunction אֵין כֹּחַ בָּעַיִן לִרְאוֹת אֶת הַיָּשָׁן – **the eye does not have the ability to see the old moon.**[23] And the same is true for six hours *after* conjunction; thus, for at least twelve hours the moon cannot be seen.[24]

The Gemara cites a Baraisa that corroborates R' Simlai's explanation:

וְתָנֵי כֵּן – **And a Baraisa teaches so:** נִרְאָה יָשָׁן בְּשַׁחֲרִית – If THE OLD [MOON] WAS SEEN IN THE MORNING, לֹא נִרְאָה חָדָשׁ בֵּין הָעַרְבַּיִם – then THE NEW [MOON] WILL NOT BE SEEN THAT EVENING; נִרְאָה חָדָשׁ בֵּין הָעַרְבַּיִם – And if THE NEW [MOON] WAS SEEN IN THE EVENING, לֹא נִרְאָה יָשָׁן בְּשַׁחֲרִית – then THE OLD [MOON] COULD NOT HAVE BEEN SEEN THAT MORNING. For in any event, at least twelve hours must pass between the sighting of the old moon and the new one.

The Gemara now explains Rabban Gamliel's view:

אֲמַר רַבִּי חִיָּיה בַּר בָּא – **R' Chiyah bar Ba said:** וְלָמָּה קִיבְּלָן רַבָּן גַּמְלִיאֵל – **Then why did Rabban Gamliel accept [the witnesses]?**[25] שֶׁכֵּן מָסוֹרֶת בְּיָדָיו מֵאֲבוֹתָיו – **Because he had a tradition handed down to him from his ancestors**[26] that פְּעָמִים מְהַלֵּךְ בִּקְצָרָה פְּעָמִים מְהַלֵּךְ בַּאֲרוּכָּה – SOMETIMES [THE MOON] TRAVELS A SHORT ROUTE, AND SOMETIMES IT TRAVELS A LONG ROUTE.[27]

Halachah 7

Mishnah The Mishnah continues its narrative of the case of witnesses who said that they saw the new moon on the thirtieth day, but on the following night it was not seen. Rabban Gamliel accepted them, but R' Dosa and R' Yehoshua doubted the correctness of his ruling:

שָׁלַח לוֹ רַבָּן גַּמְלִיאֵל – **Rabban Gamliel sent** the following message **to him:**[28] גּוֹזֵר אֲנִי עָלֶיךָ שֶׁתָּבוֹא אֶצְלִי בְּמַקֶּלְךָ

NOTES

23. Although technically the moon's crescent disappears only *at* conjunction, the crescent is already too small to be seen with the naked eye even six hours earlier.

24. *Korban HaEidah* (based on *Rashi* 20b ד״ה כ״ד שעי מכסי סיהרא).

25. If it is true that both the old moon and the new moon cannot be seen within the same twelve-hour period, why *did* Rabban Gamliel accept their testimony that they had indeed seen this?

26. [In *Bavli* 25a, the Baraisa attributes this tradition to Rabban Gamliel's father's father. The incident involves Rabban Gamliel of Yavneh, whose "father's father" was Rabban Gamliel the Elder. the grandson of Hillel.]

27. Rabban Gamliel's tradition states that the rate at which the moon moves into and out of conjunction is not constant. In most cases it indeed takes twelve hours from the time the old moon disappears until the new moon moves out of conjunction sufficiently to be seen. But occasionally the moon moves with exceptional speed and the new moon will be visible even within twelve hours of the disappearance of the old moon (*Korban HaEidah*). [*Di Shemaya* (by R' Alexander Schutz), pp. 36-40, presents a clear explanation of the various astronomical factors (such as different points in the elliptical orbit and the consequent differences in gravitational forces) that affect the speed of the moon's revolution and the rate of its moving out of alignment with the sun. See also at length *Maggid HaRakia* (III, Ch. 2).]

Thus, Rabban Gamliel did not consider the two sightings claimed by the witnesses as proof of falsehood (see *Tosafos* 24b ד״ה ראינוהו). Although what they claimed to have seen was unusual, it was not impossible. (See Variant A.)

28. The Gemara will explain whether "him" refers to R' Dosa or R' Yehoshua. [The Gemara will conclude, however, that it refers to R' Yehoshua, so our elucidation of the Mishnah will proceed accordingly.]

TEXTUAL AND INTERPRETIVE VARIANTS

A. In *Bavli* (20b) we find the statement of R' Zeira in the name of Rav Nachman that at the time of the *molad* the moon is invisible for *twenty-four* hours — in Babylonia it is invisible for six hours of the old and eighteen hours of the new; in Eretz Yisrael it is invisible for eighteen hours of the old and six hours of the new. That statement would seem to be at odds with *Yerushalmi* here, which states that the moon is invisible for only twelve hours. However, as explained there at length (note 14, based on *Hagahos Ben Aryeh* and others), the meaning of the *Bavli* there is that the moon is technically invisible for only *six* hours on either side of conjunction, for a total of *twelve* hours. [The moon orbits around the earth once a month, making a complete circuit (360°) each day, or ½° once a month. in about thirty days. Thus it moves along the circle (actually, the ellipse) of its orbit approximately 12° in twenty-four hours, or about ½° an hour. To be even barely visible, the moon must be at least 3° away from alignment with the sun, or six hours on either side of conjunction.] At six hours [3° from alignment], though, the moon will be visible only under ideal viewing conditions; sunlight will render this "minimally visible" moon invisible for another twelve hours, until it is at least eighteen hours [9°] away from alignment, at which point the moon is visible even in daylight (see our note there at length).

It would emerge, then, that if conjunction occurred at noon [which is what the Gemara there refers to — see note loc. cit. — and which must be what happened in the case of our Mishnah if the witnesses indeed saw the old moon in the morning and the new one that evening] and the pace of the moon were accelerated so that it moved to within 3° of conjunction and beyond 3° of conjunction in less than twelve hours (so that daylight obscured neither the old moon nor the new), it would be theoretically possible to see both the old moon in the morning and the new moon that evening, which is what Rabban Gamliel holds. [Thus, Rabban Gamliel would agree with R' Zeira's statement there regarding the moon's "twenty-four-hour period of invisibility." But that statement is meant only as a general rule. There can be exceptions (see *Rashba* ad loc.; see also *Tosafos* to 24b ד״ה ראינוהו).]

Rambam, Peirush HaMishnah, however, asserts that it is impossible for the old moon to be seen in the morning and the new moon that evening, under any circumstances. He explains that Rabban Gamliel accepted their testimony only because he knew according to his calculations that the new moon was indeed visible that evening. And he attributed their report about having seen the old moon that morning as resulting from their having seen some shape in the sky that they *mistakenly* thought was the old moon. R' Yochanan ben Nuri rejected their testimony because according to his standard calculation the new moon would *not* have been visible that evening. Rabban Gamliel, however, asserted that the standard calculation used by R' Yochanan ben Nuri was not always accurate, for Rabban Gamliel had a tradition that sometimes the movement of the moon is indeed more rapid. [It is possible that *Rambam* is not following *Yerushalmi* here in explanation of the Mishnah, and is of the opinion that *Bavli* disputes *Yerushalmi* in this (see *Emunas Chachamim,* referenced by *Hagahos Ben Aryeh* there and cited by *Maggid HaRakia,* III Ch. 2, p. 207).]

[See that entire chapter of *Maggid HaRakia* for an exhaustive treatment of various approaches to this *sugya,* and the meaning of the principle that "sometimes it travels a short route, and sometimes it travels a long route."]

לא כן אמר ר' זעירא והן שיהו כולם מורין מטעם אחד. מכיון דאילין מודיי לאילין ואילין מודיי לאילין כמי שכולן מורין מטעם אחד. ור' שמעון בן לקיש מקפד על הדא מילתא. חשש להיא דאמר ר' לעזר דאמר ר' לעזר [א]והיתה ידי אל הנביאים החוזים שוא והקוסמים כזב [א]בסוד עמי לא יהיו זה סוד העיבור. ובכתב בית ישראל לא יכתבו זה המינוי. ואל אדמת ישראל לא יבואו זו ארץ ישראל. [ב]ואמר ר' לעזר כד סלקית להכא אמרית הא גבי חדא. כד מנוני אמרית הא גבי תרתיי. כד עלית לעיבורא אמרית הא תלתיהון גבי: [ג]ר' בא בר זבדא בשם רב טעמא דר' לעזר בר' צדוק. כיון שבית דין של מעלן רואין שאין בית דין שלמטן מקדשין אותו הן מקדשין אותו: **הלכה ו**

מתני' [מ"ח] [ד]דמות צורות [א]לבנה היו לו לרבן גמליאל בעלייתו בטבלה ובכותל שבהן מראה את ההדיוטות ואומר [ב]כזה ראית או כזה ראית. [ה]מעשה שבאו שנים ואמרו ראינוהו שחרית במזרח וערבית במערב אמר ר' יוחנן [ג][בן נורי] עידי שקר הן וכשבאו ליבנה [*]קיבלן רבן גמליאל. [ו]ועוד באו שנים ואמרו [ד]ראינו בזמנו ובלילה בעיבורו לא

יד. נראה [ז]וקיבלן רבן גמליאל. אמר ר' דוסא בן ארכינס עידי שקר הן האיך מעידין על האשה שילדה [ה]והרי כריסה בן שיניה. אמר לו ר' יהושע רואה אני את דבריך:

גמ' [*]אמר ר' שמלאי טעמיה דר' יוחנן בן נורי [ח]כל חודש [ו]שנולד קודם לשש שעות אין כח בעין לראות את הישן. ותני כן נראה ישן בשחרית לא נראה חדש בין הערבים נראה חדש בין הערבים לא נראה ישן בשחרית. אמר ר' חייה [ז]בר בא [ט]ולמה קיבלן רבן גמליאל שכן מסורת בידיו מאבותיו [*]פעמים מהלך בקצרה פעמים מהלך בארוכה: **הלכה ז מתני'** [מ"ט] [י]שלח לו רבן גמליאל גוזר אני עליך שתבוא אצלי במקלך ובמעותיך ביום [ח]שחל יום הכיפורים להיות בחשבונך. הלך ומצאו ר' עקיבה מיצר.

פני משה

וריש לקיש מקפיד על הדא מילתא. ומאי טעמיה שהקפיד כל כך שלא הכניסו אותו למנין העיבור, וקאמר דהיינו טעמיה שחשש להא דאמר ר' אלעזר דדריש לה מן הכתוב שהוא אחד מכלל העונשין למי שאינו זוכה להכנס במנין סוד העיבור: זה המינוי. הסמיכות: הא גביי חדא. הרי אללי האחת שהיא ראשונה לי שזכיתי לבא לארץ ישראל: טעמא דר' אלעזר בר' צדוק. דמתניתן שמכיון שבית דין שלמעלן רואין שאין בית דין שלמטן מקדשין אותו עומדין הן ומקדשין אותו ביום ל"א: מתני' דמות צורות לבנה. שיעור הירח כפי שאפשר להיות בשעה שנראית ולאיזה צד קרנותיה נוטות: היו לו לרבן גמליאל וכו'. שזה מותר לעשות כדי ללמד להבין ולהורות: מעשה שבאו שנים ואמרו ראינוהו שחרית במזרח וערבית במערב. מפרש הכא בגמרא שאמרו ראינו את הישנה בשחרית במזרח ואת החדשה ערבית במערב וזה דבר שאי אפשר, שהרי עד אחר שש שעות מהמולד אין כח בעין לראות החדשה בשום מקום, ואם ראו החדשה בערבית א"כ היה המולד קודם שש שעות לשקיעת החמה ואז אי אפשר שיתראה הישנה בו ביום בשחרית בשום פנים, ולפיכך אמר ר' יוחנן בן נורי עדי שקר הם: וכשבאו ליבנה. לפני בית דין הגדול שהיה שם באותו הזמן קיבלן רבן גמליאל. וטעמו לפי שלא היה חושש למה שאמרו שראו את הישנה בשחרית שאין אנו אחראין לראיית הישנה כלל, ושמא טועים היו ומחמת העננים נראית להם כדמות ירח ברקיע, ובענין ראיית החדשה בערבית היו מחולקין בזה, דר' יוחנן בן נורי לפי דרכי החשבון שלו שחשב לא היה כל כך שעות בין המולד ובין שעת הראיה שאמרו שיהא אפשר שתהא נראית הלבנה ועדי שקר הן בכל מה שאמרו, ורבן גמליאל קיבלן דמכיון שאין אנו חוששין לראיית הישנה בשחרית שאמרו א"כ ראיית החדשה בערבית יכול להיות אמת, ומפני שכך היתה מסורת בידו מאבותיו שהזמן שבין המולד ובין שעת הראייה שיהא אפשר שתתראה איננו זמן קצוב לעולם, לפי שעל ידי סדר חכמת המזלות פעמים שמהלך בקצרה ופעמים מהלך בארוכה. וביאור הדבר בתכלית הקיצור כך הוא, שהסכימו חכמי המזלות היודעים סוד בחכמת העיבור שיש להירח שני מהלכים אמצעים, וזה שהירח עצמו הוא מסבב בגלגל קטן שאינו מקיף את כל העולם כולו ונקרא גלגל ההקפה לפי שהירח בו הוא מקיף ומסבב תמיד ומהלכו ממזרח למערב, ולמהלך הזה קראו חכמי תכונה אמצעי המסלול, ואותו גלגל הקטן עצמו קבוע מולקו בגלגל גדול המקיף את העולם כולו ומהלכו כמהלך גלגל החמה ממערב למזרח, ולאותו מהלך של גלגל גדול עם הגלגל הקטן הקבוע בו והירח בתוכו קראו חכמי התכונה אמצע הירח. ומעתה נדע שכל זמן שהירח הוא בחצי העליון מגלגל הקטן והוא חוצה מגלגל הגדול הסובל אותו, ואותו גלגל הקטן מהלכו ממזרח למערב כמו שאמרנו שהוא בחילוף מהגלגל הגדול הסובלו ובחילוף מהלך גלגל החמה אז מהלך הירח במתינות לאט לאט, וזהו פירוש פעמים בא בארוכה לפי שהגלגל הגדול הסובל להקטן ומכריחו כפי מהלכו ממערב למזרח ומהלך הקטן עצמו והירח בו מהלכו בחילוף ממזרח למערב נמצא שמהלך הירח במיתון, אבל כשהירח הוא בחצי התחתון של גלגל הקטן א"כ הוא לפנים מהגלגל הגדול הסובלו ואז מהלכו כמו גלגל הסובלו שהוא ממערב למזרח, ואין כאן שני מהלכים בחילוף זה מזה אלא הכל אחד הוא, ומהלך הירח במרוצה וזהו פירוש פעמים שבא בקצרה, ובזה תבין כל מה שאמרו בגמרא בענין זה: גמ' אמר ר' שמלאי טעמיה דר' יוחנן בן נורי וכו'. כבר מפורש הכל במתניתן: מתני' ועוד באו שנים ואמרו ראינוהו בזמנו. בליל שלשים, ובליל שלשים ואחד שהוא ליל עיבורו לא נראה: וקיבלן רבן גמליאל. לא מפני שנאמר שנתרחק הירח מן השמש בליל שלשים עד שיתראה ובליל שלשים ואחד חזר לאחוריו ונתקרב אל השמש עד שנתכסה, זה ודאי אינו שאין הירח חוזר לאחוריו אלא סובב והולך בגלגל שלו, אבל רבן גמליאל הוא שידע לפי החשבון שלו שבאותו הלילה שאמרו העדים שראוהו כבר נתרחק הירח מן השמש עד שאפשר שיתראה ולפיכך קבל עדותן, ובמה שאמרו שבליל עיבורו לא נראה, אפשר שזה מחמת שכיסה אותו הענן או סיבה אחרת גרמה להם שלא ראו אותו: אמר ליה (ל)ר' יהושע רואה אני את דבריך. לעבר החדש: שלח לו רבן גמליאל. לר' יהושע גוזר אני וכו': הלך ומצאו ר' עקיבה מיצר. הלך ר' עקיבה לרבי יהושע ומצאו שהוא מיצר על שגזר הנשיא עליו לחלל את יום הכיפורים לפי דעתו:

קרבן העדה

והן וכו'. והוא שיהו כולן מסכימין לעבר מטעם אחד, והכא הסכימו משום ג' טעמים: ומשני כיון דאלו מודין וכו'. והכי פירושו, דוקא כשאחד חולק על טעמו של חבירו והשני חולק על טעמו של הראשון הוא דאין מעברין, אבל הכא דכולן הסכימו זה עם זה בשביל שיש לו הרבה טעמים לא נתבטל ההסכמה: ופריך ר' שמעון בן לקיש מקפיד. על דבר זה שלא הכניסו אותו לעיבור, מאי כולי האי: ומשני חשש. להא דאמר ר' אלעזר וכו': זה סוד העיבור. שיהיה בקיבוץ שמקבלין לעבר השנה: זה המינוי. שממנין אותו בסמיכה להיות מורה הוראות: כד סלקית להכא. כשעלה לארץ ישראל: הא גבי חדא. מהנך קללות שקיללן הנביא שלא נתקיימה בי: כדעלית וכו'. כשעלה לעיבור שנה: הא תלתיהון. קללות שלא נתקיימו בי: הן מקדשין. את יום ל"א מיד בתחלת הלילה: מתני' צורות לבנות. שיעור הירח ולאיזה צד קרניה נוטות: ראינוהו שחרית במזרח. את הישנה: וערבית במערב. את החדשה: עידי שקר הן. בגמ' מפרש טעמא: ראינוהו בזמנו. ביום ל': ובליל עיבורו. ליל ל"א: וקיבלן רבן גמליאל. שידע שלפי חשבונו אפשר היה לראותה בליל ל', והא דלא נראית בליל ל"א אפשר מפני שכסה הענן או סבה אחרת גרמה להם שלא ראו אותה: רואה אני את דבריך. לעבר את החדש: גמ' כל חדש. שש שעות קודם המולד אי אפשר לראות הישנה מחמת קוטנה וכן שש שעות לאחר המולד אי אפשר שתראה החדשה מחמת קוטנה, הלכך אמר ר' יוחנן בן נורי עידי שקר הם: ותני כן. ותניא נמי הכי: פעמים בא בארוכה. ומתעכבת הראות בין הישנה לחדשה י"ב שעות, ופעמים ממהרת לרוץ ואינה שוהה י"ב שעות שאינה יכולה לראות: מתני' הלך ומצאו מיצר. על שגזר עליו הנשיא לחלל יום הכיפורים:

עין משפט

א מיי' פ"ג מהלכות קידוש החודש הלכה ו:
ב מיי' שם פ"ד הלכה ח:

שינויי נוסחאות

א] **לבנה.** כ"ה גם בבבלי (כד.). במשניות ובגירסת הרמב"ם בפיה"מ **לבנות:**
ב] **כזה.** במשניות ובבבלי (שם) ובגירסת הרמב"ם בפיה"מ **הכזה:**
ג] **בן נורי.** כ"ה במשניות ובבבלי (כה.) ולהלן בגמ':
ד] **ראינו בזמנו ובלילה בעיבורו.** במשניות ובבבלי (שם) **ראינוהו בזמנו ובליל עיבורו:**
ה] **והרי.** במשניות ובבבלי (שם) ובגירסת הרמב"ם בפיה"מ **ולמחר:**
ו] **שנולד.** בכל הראשונים (תוס' רשב"א, ריטב"א, תוס' הרא"ש כד:) **שנראה:**
ז] **בר בא.** ברשב"א (כד.) ובריטב"א (כה.) **בר אשי:**
ח] **שחל יום הכיפורים.** כ"ה גם בגירסת הרמב"ם בפיה"מ. במשניות ובבבלי (שם) **הכיפורים שחל להיות:**

תורה אור השלם

א) וְהָיְתָה יָדִי אֶל הַנְּבִיאִים הַחֹזִים שָׁוְא וְהַקֹּסְמִים כָּזָב בְּסוֹד עַמִּי לֹא יִהְיוּ וּבִכְתָב בֵּית יִשְׂרָאֵל לֹא יִכָּתֵבוּ וְאֶל אַדְמַת יִשְׂרָאֵל לֹא יָבֹאוּ וִידַעְתֶּם כִּי אֲנִי אֲדֹנָי יֱהֹוִה: (יחזקאל יג ט)

רידב"ז

מכיון שאילו מודין לאלו כמו שכולן מורין מטעם אחד. יש להעיר מכאן לענין שיטת הפוסקים ז"ל אם אזלינן בתר רוב הפוסקים ז"ל כשאינן מורין מטעם אחד:

מסורת הש"ס

א) [כתובות קיב. כעין זה] ב) כתובות קיב. [ילקו"ש יחזקאל שנב בשינוי] ג) [עי' סנהדרין י: תוד"ה שכבר] ד) ר"ה כד. [ע"ז מג., ילקו"ש יתרו רפו] ה) ר"ה כד: [ילקו"ש תהלים תתסב] ו) [ילקו"ש משפטים שסב, אמור תרמג] ז) [תנחומא בא י, פסיקתא דר"כ ה, פסיקתא רבתי טו, פסיקתא זוטרתא שמות יב ב, ילקו"ש בא קצא, עי' ר"ה כד: תוד"ה ראיתוהו] ח) עי' ר"ה כ: ט) ר"ה כה. [פסיקתא זוטרתא שמות יב ב, ילקו"ש תהלים תתסב] י) ר"ה כה. [ילקו"ש משפטים שסב, אמור תרמג]

מראה הפנים

פעמים מהלך בקצרה וכו'. התוס' יו"ט פירש כאן ג"כ אפס קצהו ולייר ליוריס ומובן הוא להיודע בחכמת התכונה ולמד בקידוש החודש בדברי הרמב"ם ז"ל ורואה שם בריש פרק י"א וי"ד ובפ' י"ז גבי קיצי הראיה, ודברים פשוטים הם למי שטעם בפיו טעם מתוק בחכמה זו והוספתי קצת ביאור בפנים:

גליון הש"ס

כיון שבית דין של מעלן רואין שאין בית דין שלמטן מקדשין אותו הן מקדשין אותו. עיין בתוס' סנהדרין דף י' ע"ב ד"ה שכבר: כל חדש שנולד קודם לשש שעות אין כח בעין לראות. עי' בתוס' (כד:) ד"ה ראיתוהו:

Halachah 6

Mishnah The Mishnah returns to the subject of the interrogation of the new-moon witnesses: **דְּמוּת צוּרוֹת לְבָנָה הָיוּ לוֹ לְרַבָּן גַּמְלִיאֵל בַּעֲלִיָּיתוֹ – Rabban Gamliel had the form of** various **moon shapes**[11] **in his upper chamber** **בְּטַבְלָה וּבַכּוֹתֶל – on a tablet and on the wall,** **שֶׁבָּהֶן מַרְאֶה אֶת הַהֶדְיוֹטוֹת – with which he would show the simple folk** various shapes **וְאוֹמֵר כָּזֶה רָאִיתָ אוֹ כָזֶה רָאִיתָ – and say** to them, **"Did you see** the moon **like this or did you see it like that?"**[12]

The Mishnah relates an incident:

מַעֲשֶׂה שֶׁבָּאוּ שְׁנַיִם – It once happened that two witnesses **came** **וְאָמְרוּ רְאִינוּהוּ שַׁחֲרִית בְּמִזְרָח – and said, "We saw it** [the old moon] **in the morning in the east** **וְעַרְבִית בְּמַעֲרָב – and** we saw the new moon **in the evening in the west."**[13] **אָמַר רַבִּי יוֹחָנָן [בֶּן נוּרִי] עֵידֵי שֶׁקֶר הֵן – R' Yochanan [ben Nuri] said, "They are false witnesses!"**[14] **וּכְשֶׁבָּאוּ לְיַבְנֶה קִיבְּלָן רַבָּן גַּמְלִיאֵל – But when [these witnesses] came to Yavneh,**[15] **Rabban Gamliel accepted them** as valid witnesses.[16] **וְעוֹד בָּאוּ שְׁנַיִם וְאָמְרוּ – On another occasion, two** witnesses **came and said,** **רְאִינוּ בִּזְמַנּוֹ – "We saw** the new moon **in its time,"** i.e. on the thirtieth day,[17] **וּבַלַּיְלָה בְּעִיבּוּרוֹ לֹא נִרְאָה – but at night on its extension [day]**[18] **it was not visible,**[19] **וְקִיבְּלָן רַבָּן גַּמְלִיאֵל – and Rabban Gamliel accepted them** as valid witnesses, and, on the basis of their testimony, established the thirtieth day as Rosh Chodesh.[20] **אָמַר רַבִּי דוֹסָא בֶּן אַרְכִּינַס עֵידֵי שֶׁקֶר הֵן – But R' Dosa ben Orkinas said, "They are false witnesses!** **הֵאיךְ מְעִידִין עַל הָאִשָּׁה שֶׁיָּלְדָה – How can they testify about a woman that she gave birth,** **וַהֲרֵי כְרֵיסָהּ בֵּין שִׁינֶּיהָ – yet** we see subsequently that **her belly is between her teeth!"**[21] **אָמַר לוֹ רַבִּי יְהוֹשֻׁעַ רוֹאֶה אֲנִי אֶת דְּבָרֶיךָ – R' Yehoshua said to [R' Dosa], "I see** the correctness of **your words,"** i.e. I agree with you that the witnesses are surely false, and that the outgoing month should therefore be extended to thirty days.[22]

NOTES

11. These were images of the lunar crescent in various sizes and positions (*Korban HaEidah*, from *Rav*).

12. In order to determine whether their [respective] statements regarding the appearance of the new moon are in agreement with one another (*Rashi* to *Avodah Zarah* 43a), and also with the facts as ascertained by calculation (see *Shekel HaKodesh* 2:4 §26 and *Beur HaHalachah* there ד״ה נמצאו דבריהם).

These "simple folk" were the witnesses who could not understand the questions mentioned in the previous Mishnah [or could not verbally describe the appearance of the new moon without these visual aids] (see *Tiferes Yisrael*).

[*Bavli* addresses at length the issues related to making, and possessing, shapes and images of the moon (and similar objects). See *Pnei Moshe*; see *Bavli* (24a-b, and *Avodah Zarah* 43a-b) for elaboration.]

13. [The old moon is visible at the end of the month in the east in the early morning; the new moon is visible at the beginning of the month in the west in the early evening.] Here the witnesses claimed to have seen the old moon in the morning and to have seen the new moon that same evening (*Korban HaEidah*, from *Rashi* 25a, quoting his teachers; *Tosafos* 24b ד״ה ראינוהו, based on the Gemara below; cf. *Rashi's* own explanation).

14. For reasons that the Gemara will explain, R' Yochanan ben Nuri holds that it is impossible to see both the old moon in the morning and the new moon that evening. Hence, they are obviously false witnesses.

15. [Yavneh at the time was the seat of the Sanhedrin presided over by Rabban Gamliel.]

16. The Gemara will explain why Rabban Gamliel validated their testimony.

17. *Korban HaEidah*, from *Rashi* loc. cit. [A new moon is visible only in the early evening or – sometimes – even in the late afternoon. Thus, the witnesses here claimed to have seen the new moon either early evening of the night of the 30th (i.e. the night following the 29th day) or in the late afternoon of the 30th day.]

18. I.e. the night that begins the extension day – the night between day 30 and day 31 (see *Korban HaEidah* from *Rashi* loc. cit.).

We have translated בְּעִיבּוּרוֹ as "on its extension day," in keeping with *Yerushalmi's* reading in the Mishnah here and *Yerushalmi's* use of this expression elsewhere; see above, 14a (with note 32), and below, 18b (with note 2). "The extension day" is the second day of a two-day Rosh Chodesh – i.e. the 31st day (from the beginning of the preceding month). In this case, it refers to the day that *would have been* the second day of Rosh Chodesh had the previous month been "full."

[In *Bavli,* the reading in the Mishnah is וּבְלֵיל עִיבּוּרוֹ, which we translate there as "on the night of its intercalary day," based on *Rashi* to *Bavli* 22b ד״ה לאור עיבורו. (The "intercalary day" is the 30th day of a "full" month. It is the extra day inserted into such a month, which delays the beginning of the new month by a day.) In this case, it would refer to the day that *would have been* the intercalary day had Rosh Chodesh not been declared on that day. By "the night of" the intercalary day, the Mishnah would mean the night *at the end of* the intercalary day. (There is no substantive difference between the two readings and translations. According to both, the reference is to the same night: the night between day 30 and day 31.)]

19. [This was not part of the witnesses' testimony. Rather, the Mishnah is relating that] on the night following the day that the witnesses claim to have seen the new moon, the *Beis Din* and the people looked for the new moon to appear and it did not (*Rashi* loc. cit.). [See, however, *Rambam, Peirush HaMishnah*; and *Meiri,* who explain that this *was* part of their testimony.]

20. [These witnesses had testified on day 30, and Rabban Gamliel accepted their testimony and declared that very day to be Rosh Chodesh-Rosh Hashanah (this incident took place at the end of Elul). That night, the *Beis Din* and the people looked for the new moon, but could not find it.]

21. I.e. she is undeniably pregnant. [This is an exaggerated expression: The woman's belly is so distended that it reaches to her teeth!] Similarly, the fact that the new moon is invisible in the evening is the greatest proof that the witnesses could not have seen it earlier. [For the new moon moves progressively away from the sun and grows progressively larger. It is impossible for the new moon to appear and then to retrograde toward the sun and become invisible (*Rambam, Peirush HaMishnah*; and *Rav*; see *Pnei Moshe* ד״ה וקיבלן ר״ג).] Thus, R' Dosa maintained that Rabban Gamliel's earlier declaration of Rosh Chodesh was now shown to have been based on the testimony of false witnesses.

Rabban Gamliel, however, did not consider their testimony to have been disproven by the failure of the moon to appear that night, because he knew through calculation that the new moon was indeed visible at the time they claimed to have seen it. The invisibility of the moon at the later time can easily be attributed to some failure in visual perception, such as the moon's being obscured by a cloud (*Korban HaEidah*, from *Rambam, Peirush HaMishnah*; and *Rav*). [See *Korban HaEidah,* who uses here the language of *Rambam* and *Rav,* which is in accordance with their explanation that the witnesses had claimed to see the new moon on the night *preceding* the 30th.]

22. [R' Yehoshua therefore rejected Rabban Gamliel's declaration of Rosh Chodesh, and considered Rosh Chodesh to automatically fall on the morrow. According to R' Yehoshua's reckoning, then, all the month's festivals (Rosh Hashanah, Yom Kippur, and Succos) would fall one day later than the official days established by Rabban Gamliel.]

לא כן אמר ר' זעירא והן שיהו כולם מורין מטעם אחד. מכיון דאילין מודיי לאילין ואילין מודיי לאילין כמי שכולן מורין מטעם אחד. ור' שמעון בן לקיש מקפד על הדא מילתא. חשש להיא דאמר ר' לעזר דאמר ר' לעזר [א]והיתה ידי אל הנביאים החוזים שוא והקוסמים כזב [א]בסוד עמי לא יהיו זה סוד העיבור. ובכתב בית ישראל לא יכתבו זה המינוי. ואל אדמת ישראל לא יבואו זו ארץ ישראל. [ב]ואמר ר' לעזר כד סלקית להכא אמרית הא גבי חדא. כד מנוני אמרית הא גבי תרתיי. כד עלית לעיבורא אמרית הא תלתיהון גבי: [ג]ר' בא בר זבדא בשם רב טעמא דר' לעזר בר' צדוק. כיון שבית דין של מעלן רואין שאין בית דין שלמטן מקדשין אותו הן מקדשין אותו: **הלכה ו**

מתני' [מ"ח] [ד]דמות צורות [א]לבנה היו לו לרבן גמליאל בעלייתו בטבלה ובכותל שבהן מראה את ההדיוטות ואומר [ב]כזה ראית או כזה ראית. [ה]מעשה שבאו שנים ואמרו ראינוהו שחרית במזרח וערבית במערב אמר ר' יוחנן [ג][בן נורי] עידי שקר הן וכשבאו ליבנה [א]קיבלן רבן גמליאל. [ו]ועוד באו שנים ואמרו [ד]ראינו בזמנו ובלילה בעיבורו לא נראה [ז]וקיבלן רבן גמליאל. אמר ר' דוסא בן ארכינס עידי שקר הן האיך מעידין על האשה שילדה [ה]והרי כריסה בן שיניה. אמר לו ר' יהושע רואה אני את דבריך:

גמ' [ח]אמר ר' שמלאי טעמיה דר' יוחנן בן נורי [ט]כל חודש [ו]שנולד קודם לשש שעות אין כח בעין לראות את הישן. ותני כן נראה ישן בשחרית לא נראה חדש בין הערבים נראה חדש בין הערבים לא נראה ישן בשחרית. אמר ר' חייה [ז]בר בא [ט]ולמה קיבלן רבן גמליאל שכן מסורת בידיו מאבותיו [ב]פעמים מהלך בקצרה פעמים מהלך בארוכה: **הלכה ז מתני'** [מ"ט]

[י]שלח לו רבן גמליאל גוזר אני עליך שתבוא אצלי במקלך ובמעותיך ביום [ח]שחל יום הכיפורים להיות בחשבונך. הלך ומצאו ר' עקיבה מיצר.

פני משה

וריש לקיש מקפיד על הדא מילתא. ומאי טעמיה שהקפיד כל כך שלא הכניסו אותו למנין העיבור, וקאמר דהיינו טעמיה שחשש להא דאמר ר' אלעזר דדריש לה מן הכתוב שהוא אחד מכלל העונשין למי שאינו זוכה להכנס במנין סוד העיבור: זה המינוי. הסמיכות: הא גביי חדא. הרי אלי האחת שהיא ראשונה לי שזכיתי לבא לארץ ישראל: טעמא דר' אלעזר בר' צדוק. למתניתן שמכיון שבית דין שלמעלן רואין שאין בית דין שלמטן מקדשין אותו עומדין הן ומקדשין אותו ביום ל"א: **מתני'** דמות צורות לבנה. שיעור הירח כפי שאפשר להיות בשעה שנראית ולאיזה צד קרנותיה נוטות: היו לו לרבן גמליאל וכו'. שזה מותר לעשות כדי ללמד להבין ולהורות: מעשה שבאו שנים ואמרו ראינוהו שחרית במזרח וערבית במערב. מפרש הכא בגמרא שאמרו ראינו את הישנה בשחרית במזרח ואת החדשה ערבית במערב וזה דבר שאי אפשר, שהרי עד אחר שש שעות מהמולד אין כח בעין לראות החדשה בשום מקום, ואם ראו החדשה בערבית א"כ היה המולד קודם שש שעות לשקיעת החמה ואז אי אפשר שיתראה הישנה בו ביום בשחרית בשום פנים, ולפיכך אמר ר' יוחנן בן נורי עדי שקר הם: וכשבאו ליבנה. לפני בית דין הגדול שהיה שם באותו הזמן קיבלן רבן גמליאל. וטעמו לפי שלא היה חושש למה שאמרו שראו את הישנה בשחרית שאין אנו אחראין לראיית הישנה כלל, ושמא טועים היו ומחמת העננים נראית להם כדמות ירח ברקיע, ובענין ראיית החדשה בערבית היו מחולקין בזה, דר' יוחנן בן נורי לפי דרכי החשבון שלו שחשב לא היה כל כך שעות בין המולד ובין שעת הראיה שאמרו שיהא אפשר שתהא נראית הלבנה ועדי שקר הן בכל מה שאמרו, ורבן גמליאל קיבלן דמכיון שאין אנו חוששין לראיית הישנה בשחרית שאמרו א"כ ראיית החדשה בערבית יכול להיות אמת, ומפני שכך היתה מסורת בידו מאבותיו שהזמן שבין המולד ובין שעת הראייה שיהא אפשר שתתראה איננו זמן קבוע לעולם, לפי שעל ידי סדר חכמת המזלות פעמים שמהלך בקצרה ופעמים מהלך בארוכה. וביאור הדבר בתכלית הקיצור כך הוא, שהסכימו חכמי המזלות היודעים סוד בחכמת העיבור שיש להירח שני מהלכים אמצעים, וזה שהירח עצמו הוא מסבב בגלגל קטן שאינו מקיף את כל העולם כולו ונקרא גלגל ההקפה לפי שהירח בו הוא מקיף ומסבב תמיד ומהלכו ממזרח למערב, ולמהלך הזה קראו חכמי תכונה אמצעי המסלול, ואותו גלגל הקטן עצמו קבוע מוקפו בגלגל גדול המקיף את העולם כולו ומהלכו כמהלך גלגל החמה ממערב למזרח, ולאותו מהלך של גלגל גדול עם הגלגל הקטן הקבוע בו והירח בתוכו קראו חכמי התכונה אמצע הירח. ומעתה נדע שכל זמן שהירח הוא בחצי העליון מגלגל הקטן והוא חולה מגלגל הגדול הסובל אותו, ואותו גלגל הקטן מהלכו ממזרח למערב כמו שאמרנו שהוא בחילוף מהגלגל הגדול הסובלו ובחילוף מהלך גלגל החמה אז מהלך הירח במתינות לאט לאט, וזהו פירוש פעמים בא בארוכה לפי שהגלגל הגדול הסובל להקטן ומכריחו כפי מהלכו ממערב למזרח ומהלך הקטן עצמו והירח בו מהלכו בחילוף ממזרח למערב נמצא שמהלך הירח במיתון, אבל כשהירח הוא בחצי התחתון של גלגל הקטן א"כ הוא לפנים מהגלגל הגדול הסובלו ואז מהלכו כמו גלגל הסובלו שהוא ממערב למזרח, ואין כאן שני מהלכים בחילוף זה מזה אלא הכל אחד הוא, ומהלך הירח במרוצה וזהו פירוש פעמים שבא בקצרה, ובזה תבין כל מה שאמרו בגמרא בענין זה: **גמ'** אמר ר' שמלאי טעמיה דר' יוחנן בן נורי וכו'. כבר מפורש הכל במתניתן: **מתני'** ועוד באו שנים ואמרו ראינוהו בזמנו. בליל שלשים, ובליל שלשים ואחד שהוא ליל עיבורו לא נראה: וקיבלן רבן גמליאל. לא מפני שנאמר שנתרחק הירח מן השמש בליל שלשים עד שיתראה ובליל שלשים ואחד חזר לאחוריו ונתקרב אל השמש עד שנתכסה, זה ודאי אינו שאין הירח חוזר לאחוריו אלא סובב והולך בגלגל שלו, אבל רבן גמליאל הוא שידע לפי החשבון שלו שבאותו הלילה שאמרו העדים שראוהו כבר נתרחק הירח מן השמש עד שאפשר שיתראה ולפיכך קבל עדותן, ובמה שאמרו שבליל עיבורו לא נראה, אפשר שזה מחמת שכיסה אותו הענן או סיבה אחרת גרמה להם שלא ראו אותו: אמר ליה (ל)ר' יהושע רואה אני את דבריך. לעבר החדש: שלח לו רבן גמליאל. לר' יהושע גוזר אני וכו': הלך ומצאו ר' עקיבה מיצר. הלך ר' עקיבה לרבי יהושע ומצאו שהוא מיצר על שגזר הנשיא עליו לחלל את יום הכיפורים לפי דעתו:

קרבן העדה

והן וכו'. והוא שיהו כולן מסכימין לעבר מטעם אחד, והכא הסכימו משום ג' טעמים: ומשני כיון דאלו מודין וכו'. והכי פירושו, דוקא כשאחד חולק על טעמו של חבירו והשני חולק על טעמו של הראשון הוא דאין מעברין, אבל הכא דכולן הסכימו זה עם זה בשביל שיש לו הרבה טעמים לא נתבטל ההסכמה: ופריך ר' שמעון בן לקיש מקפיד. על דבר זה שלא הכניסו אותו לעיבור, מאי כולי האי: ומשני חשש. להא דאמר ר' אלעזר וכו': זה סוד העיבור. שיהיה בקיבוץ שמקבלין לעבר השנה: זה המינוי. שממנין אותו בסמיכה להיות מורה הוראות: כד סלקית להכא. כשעלה לארץ ישראל: הא גבי חדא. מהנך קללות שקיללן השם שלא נתקיימה בי: כדעלית וכו'. כשעלה לעיבור שנה: הא תלתיהון. קללות שלא נתקיימו בי: הן מקדשין. את יום ל"א מיד בתחלת הלילה: **מתני'** צורות לבנות. שיעור הירח ולאיזה צד קרניה נוטות: ראינוהו שחרית במזרח. את הישנה: וערבית במערב. את החדשה: עידי שקר הן. בגמ' מפרש טעמא: ראינוהו בזמנו. ביום ל': ובליל עיבורו. ליל ל"א: וקיבלן רבן גמליאל. שידע שלפי חשבונו אפשר היה לראותה בליל ל', והא דלא נראית בליל ל"א אפשר מפני שכסה הענן או סבה אחרת גרמה להם שלא ראו אותה: רואה אני את דבריך. לעבר את החדש: **גמ'** כל חדש. שש שעות קודם המולד אי אפשר לראות הישנה מחמת קוטנה וכן שש שעות לאחר המולד אי אפשר שתראה החדשה מחמת קוטנה, הלכך אמר ר' יוחנן בן נורי עידי שקר הם: ותני כן. ותניא נמי הכי: פעמים בא בארוכה. ומתעכבת הראות בין הישנה לחדשה י"ב שעות, ופעמים ממהרת לרוץ ואינה שוהה י"ב שעות שאינה יכולה לראות: **מתני'** הלך ומצאו מיצר. על שגזר עליו הנשיא לחלל יום הכיפורים:

מסורת הש"ס

א) [כתובות קיב. כעין זה] ב) כתובות קיב. [ילקו"ש יחזקאל שנב בשינוי] ג) [עי' סנהדרין י: תוד"ה שכבר] ד) ר"ה כד. [ע"ז מג., ילקו"ש יתרו רפו] ה) ר"ה כד: [ילקו"ש תהלים תתסב] ו) [ילקו"ש משפטים שסב, אמור תרמג] ז) [תנחומא בא י, פסיקתא דר"כ ה, פסיקתא רבתי טו, פסיקתא זוטרתא שמות יב ב, ילקו"ש בא קלא, עי' ר"ה כד: תוד"ה ראינוהו] ח) עי' ר"ה כ: ט) ר"ה כה. [פסיקתא זוטרתא שמות יב ב, ילקו"ש תהלים תתסב] י) ר"ה כה. [ילקו"ש משפטים שסב, אמור תרמג]

מראה הפנים

פעמים מהלך בקצרה וכו'. התוס' יו"ט פירש כאן ג"כ אפס קצהו ולייר ליוריס ומובן הוא להיודע בחכמת התכונה ולמד בקידוש החודש בדברי הרמב"ם ז"ל ורואה שם בריש פרק י"א וי"ד ובפ' י"ז גבי קיצי הראיה, ודברים פשוטים הם למי שטעם בפיו טעם מתוק בחכמה זו והוספתי קצת ביאור בפנים:

גליון הש"ס

כיון שבית דין של מעלן רואין שאין בית דין שלמטן מקדשין אותו הן מקדשין אותו. עיין בתוס' סנהדרין דף י' ע"ב ד"ה שכבר: כל חדש שנולד קודם לשש שעות אין כח בעין לראות. עי' בתוס' (כד:) ד"ה ראינוהו:

עין משפט

א מיי' פ"ב מהלכות קידוש החודש הלכה ו:
ב מיי' שם פ"ד הלכה ח:

שינויי נוסחאות

א] **לבנה.** כ"ה גם בבבלי (כד.). במשניות ובגירסת הרמב"ם בפיה"מ **לבנות**:
ב] **כזה.** במשניות ובבבלי (שם) ובגירסת הרמב"ם בפיה"מ **הכזה**:
ג] **בן נורי.** כ"ה במשניות ובבבלי (כה.) ולהלן בגמ':
ד] **ראינו בזמנו ובלילה בעיבורו.** במשניות ובבבלי (שם) **ראינוהו בזמנו ובליל עיבורו**:
ה] **והרי.** במשניות ובבבלי (שם) ובגירסת הרמב"ם בפיה"מ **ולמחר**:
ו] **שנולד.** בכל הראשונים (תוס' רשב"א, ריטב"א, תוס' הרא"ש כד:) **שנראה**:
ז] **בר בא.** ברשב"א (כד.) ובריטב"א (כה.) **בר אשי**:
ח] **שחל יום הכיפורים.** כ"ה גם בגירסת הרמב"ם בפיה"מ. במשניות ובבבלי (שם) **הכיפורים שחל להיות**:

תורה אור השלם

א) וְהָיְתָה יָדִי אֶל הַנְּבִיאִים הַחֹזִים שָׁוְא וְהַקֹּסְמִים כָּזָב בְּסוֹד עַמִּי לֹא יִהְיוּ וּבִכְתָב בֵּית יִשְׂרָאֵל לֹא יִכָּתֵבוּ וְאֶל אַדְמַת יִשְׂרָאֵל לֹא יָבֹאוּ וִידַעְתֶּם כִּי אֲנִי אֲדֹנָי יֱהֹוִה: (יחזקאל יג ט)

רידב"ז

מכיון שאילו מודין לאלו כמו שכולן מורין מטעם אחד. יש להעיר מכאן לענין שיטת הפוסקים ז"ל אם אזלינן בתר רוב הפוסקים ז"ל כשאינן מורין מטעם אחד:

The Gemara assumes that the Rabbis' calculations concurred completely with the herdsmen. That is, they extended the year for the exact reasons stated by the herdsmen.[1] The Gemara therefore asks:

לָא כֵן אָמַר רַבִּי זְעִירָא – But did R' Z'eira not say the following rule: **וְהֵן שֶׁיְּהוּ כּוּלָּם מוֹרִין מִטַּעַם אֶחָד – And this** that we extend the year **is** only **if all** the judges **agree** that an extension is necessary **due to one consideration**. But in this case, each one wished to extend the year because of a different consideration! How then could they extend the year?[2]

The Gemara answers:

מִכֵּיוָן דְּאִילֵּין מוֹדֵיי לְאִילֵּין – Since this one **agreed to that** one, **וְאִילֵּין מוֹדֵיי לְאִילֵּין – and that** one **agreed to this** one, **כְּמִי שֶׁכּוּלָּן מוֹרִין מִטַּעַם אֶחָד – it is considered** a case **in which they all agree** to extend **due to one consideration.**[3]

The Gemara wonders:

וְרַבִּי שִׁמְעוֹן בֶּן לָקִישׁ מַקְפִּד עַל הָדָא מִילְּתָא – And as for **R' Shimon ben Lakish**, why **was** he so **particular about this matter** of not being chosen to join the intercalation process?[4]

The Gemara explains R' Shimon ben Lakish's conduct:

חָשַׁשׁ לְהִיא דְּאָמַר רַבִּי לְעָזָר – He was concerned about what R' Lazar stated. דְּאָמַר רַבִּי לְעָזָר – For R' Lazar said:[5] "וְהָיְתָה יָדִי אֶל־הַנְּבִיאִים הַחֹזִים שָׁוְא וְהַקֹּסְמִים כָּזָב" – The verse states:[6] ***And My hand will be against the prophets who see worthless visions and divine falsehoods;*** *they will not be in the council of My people, and they will not be recorded in the record of the House of Israel, and they will not enter the Land of Israel.* "בְּסוֹד עַמִּי לֹא־יִהְיוּ" – ***They will not be in the council of My people;*** **זֶה סוֹד הָעִיבּוּר – this refers to the** Council for **intercalation.**[7] "וּבִכְתָב בֵּית־יִשְׂרָאֵל לֹא יִכָּתֵבוּ" – ***And they will not be recorded in the record of the House of Israel***; **זֶה הַמִּינּוּי – this is** a reference to **ordination.**[8] "וְאֶל־אַדְמַת יִשְׂרָאֵל לֹא יָבֹאוּ" – ***And they will not enter the Land of Israel***; **זוֹ אֶרֶץ יִשְׂרָאֵל – this is** an obvious reference to Eretz Yisrael – **the Land of Israel.** The evil people enumerated in this verse are punished by forfeiting the right to three privileges: They will not participate in the Council of intercalation, they will not receive ordination, and they will not dwell in the Land of Israel. **וַאֲמַר רַבִּי לְעָזָר** – Indeed, following this interpretation of the verse, **R' Lazar said, כַּד סָלְקִית לְהָכָא אֲמָרִית – "When I came up** from Babylonia to dwell **here** in Eretz Yisrael, **I said, הָא גַּבֵּי חָדָא – 'There is** now **by me** (i.e. I have obtained) **one** of the three privileges that evil people will not obtain by the curse of the prophet'; **כַּד מַנּוּנִי אֲמָרִית – when they ordained me, I said, הָא גַּבֵּי תַּרְתַּיי – 'There is** now **by me two** of the three privileges'; **כַּד עָלִית לְעִיבּוּרָא אֲמָרִית – when I entered to** participate in **the intercalation** process, **I said, הָא גַּבֵּי תְּלָתֵיהוֹן – 'There is** now **by me** all **three** privileges that evil people will not obtain.' " R' Lazar rejoiced over the fact that he was not subject to the prophet's curse reserved for evil people. In the same vein, R' Shimon ben Lakish was distressed that he was not chosen to participate in the intercalation process, for he was concerned that he might be deserving of punishment.[9]

After describing the procedure by which the court declares Rosh Chodesh, the Mishnah cited a dispute whether this procedure was necessary in all cases or only where the thirtieth day of the preceding month is Rosh Chodesh. According to the Tanna Kamma, the court would sanctify the new month whether it fell on the thirtieth or thirty-first day of the preceding month. R' Elazar the son of R' Tzadok argued that the court would sanctify the month only when the thirtieth day of the preceding month is Rosh Chodesh. If, the thirty-first day of the preceding month is Rosh Chodesh, they do not sanctify the new month because "Heaven has already sanctified it." The Gemara explains:

רַבִּי בָּא בַּר זַבְדָּא בְּשֵׁם רַב – R' Ba bar Zavda said **in the name of Rav: טַעְמָא דְּרַבִּי לְעָזָר בְּרַבִּי צָדוֹק – The rationale of R' Lazar the son R' Tzadok** is as follows: **כֵּיוָן שֶׁבֵּית דִּין שֶׁל מַעְלָן רוֹאִין שֶׁאֵין בֵּית דִּין שֶׁלְּמַטָּן מְקַדְּשִׁין אוֹתוֹ – When the** Heavenly **Court Above observes that the court below** on earth **does not sanctify [the new month]** on the thirtieth day, **הֵן מְקַדְּשִׁין אוֹתוֹ – they sanctify it** on the thirty-first day, and so it is unnecessary for the earthly court to sanctify it.[10]

NOTES

1. [Cf. *Bavli Sanhedrin* 18b, which states that the Rabbis extended the year for a completely different consideration and not for the considerations discussed by the herdsmen.]

2. *Korban HaEidah* (cf. *Pnei Moshe*, bot. of 16a).

[In order to extend the year, a majority of the *Beis Din* must agree that there is reason to do so. R' Z'eira teaches that it is not sufficient for a majority to agree that the year needs to be extended; they must also agree to the reason it is necessary to extend the year. If they rule to extend the year based on completely different reasons, their views may not be combined. Accordingly, the Gemara wonders how the Rabbis – who each gave a different reason – were able to extend the year.]

3. R' Z'eira said that their views may not be combined only if each judge disagrees with the consideration mentioned by the other judge. In our case, however, although each one pointed out a different consideration, each agreed to the consideration mentioned by the other judges. Certainly, then, their views are considered to be concurring and the year may be extended (*Korban HaEidah*).

[Some cite this Gemara as proof that a ruling cannot be established based on a majority of judges who, based on *dissenting* reasons, reach the same conclusion. See *Rama, Choshen Mishpat* 25:2, with *Shach* §19 (and final comments to *Yoreh Deah* §242) and *Beur HaGra* §21, *Noda BiYehudah, Tinyana, Choshen Mishpat* §3, with glosses of *R' Yosef Shaul Nathanson*; *Panim Me'iros*; *Ridvaz*; *Tziyun Yerushalayim* to *Sanhedrin*, printed in the Vilna ed. of *Yerushalmi* 4b; see also Schottenstein ed. of *Chullin* 36a note 12).]

4. *Korban HaEidah.*

Certainly, R' Shimon ben Lakish would not have protested so vehemently about being excluded from the proceedings because of a mere personal slight. Rather there must have been a more substantive basis to his indignation (*Sheyarei Korban* to *Sanhedrin* 5a).

5. R' Lazar's statement, along with the subsequent incident, are cited also in *Bavli Kesubos* 112a.

6. *Ezekiel* 13:9.

7. The word סוֹד connotes an assembly that is convened to achieve one goal, as in בְּסֹדָם אַל־תָּבֹא נַפְשִׁי, *In their* **conspiracy** *may my soul not enter* (*Genesis* 49:6). This is a reference to the intercalation process that was performed in such a setting (*Korban HaEidah* here and to *Sanhedrin* 5a).

8. [*Yerushalmi Sanhedrin* (8a) states that in Babylonia, the term מִינּוּי was used for *semichah* (*ordination*).]

See *Maharam Schif* to *Kesubos* 112a for a suggestion as to why ordination is referred to as being *inscribed in the record of the House of Israel*.

9. See *Pnei Moshe* ד״ה וריש לקיש.

10. As explained (in our notes to the Mishnah), Rosh Chodesh can be only on the 30th or 31st day from the preceding Rosh Chodesh. On the 30th day, the Heavenly Court waits to see whether an earthly court will sanctify it as Rosh Chodesh. If they do not, then the Heavenly Court does so immediately at nightfall of the 31st day, since there is no other day that can possibly be Rosh Chodesh (*Korban HaEidah,* with *Sheyarei Korban* to *Sanhedrin* 5a, based on his understanding of *Rashi*, *Sanhedrin* 10b; see also *Smag*, cited by *Margaliyos HaYam* there; cf. *Maharsha* there and *Rashash* to *Rosh Hashanah* 24a, who understand *Rashi* differently; see *She'eilos Chaim* §8, cited by *Margaliyos HaYam* ibid.).

Alternatively, the Heavenly Court sanctifies Rosh Chodesh at daybreak of day 31 (*Tosafos*, *Sanhedrin* 10b; *Pnei Moshe*; see *Or Same'ach, Hil. Tefillah* 10:11).

לא כן אמר ר' זעירא והן שיהו כולם מורין מטעם אחד. מכיון דאילין מודיי לאילין ואילין מודיי לאילין כמי שכולן מורין מטעם אחד. ור' שמעון בן לקיש מקפד על הדא מילתא. חשש להיא דאמר ר' לעזר דאמר ר' לעזר [א]והיתה ידי אל הנביאים החוזים שוא והקוסמים כזב [א]בסוד עמי לא יהיו זה סוד העיבור. ובכתב בית ישראל לא יכתבו זה המינוי. ואל אדמת ישראל לא יבואו זו ארץ ישראל. [ב]ואמר ר' לעזר כד סלקית להכא אמרית הא גבי חדא. כד מנוני אמרית הא גבי תרתיי. כד עלית לעיבורא אמרית הא תלתיהון גבי: [ג]ר' בא בר זבדא בשם רב טעמא דר' לעזר בר' צדוק. כיון שבית דין של מעלן רואין שאין בית דין שלמטן מקדשין אותו הן מקדשין אותו: **הלכה ו** מתני' [מ"ח] [ד]דמות צורות [א]לבנה היו לו לרבן גמליאל בעלייתו בטבלה ובכותל שבהן מראה את ההדיוטות ואומר [ב]כזה ראית או כזה ראית. [ה]מעשה שבאו שנים ואמרו ראינוהו שחרית במזרח וערבית במערב אמר ר' יוחנן [ג][בן נורי] עידי שקר הן וכשבאו ליבנה [א]קיבלן רבן גמליאל. [ו]ועוד באו שנים ואמרו [ד]ראינו בזמנו ובלילה בעיבורו לא

יד. נראה [ט]וקיבלן רבן גמליאל. אמר ר' דוסא בן ארכינס עידי שקר הן האיך מעידין על האשה שילדה [ה]והרי כריסה בן שיניה. אמר לו ר' יהושע רואה אני את דבריך: גמ' [י]אמר ר' שמלאי טעמיה דר' יוחנן בן נורי [ח]כל חודש [ו]שנולד קודם לשש שעות אין כח בעין לראות את הישן. ותני כן נראה ישן בשחרית לא נראה חדש בין הערבים נראה חדש בין הערבים לא נראה ישן בשחרית. אמר ר' חייה [ז]בר בא [ט]ולמה קיבלן רבן גמליאל שכן מסורת בידיו מאבותיו [ב]פעמים מהלך בקצרה פעמים מהלך בארוכה: **הלכה ז** מתני' [מ"ט] [י]שלח לו רבן גמליאל גוזר אני עליך שתבוא אצלי במקלך ובמעותיך ביום [ח]שחל יום הכיפורים להיות בחשבונך. הלך ומצאו ר' עקיבה מיצר.

פני משה

וריש לקיש מקפיד על הדא מילתא. ומאי טעמיה שהקפיד כל כך שלא הכניסו אותו למנין העיבור, וקאמר דהיינו טעמיה שחשש להא דאמר ר' אלעזר דדריש לה מן הכתוב שהוא אחד מכלל העונשין למי שאינו זוכה להכנס במנין סוד העיבור: זה המינוי. הסמיכות: הא גביי חדא. הרי אלו האחת שהיא ראשונה לי שזכיתי לבא לארץ ישראל: טעמא דר' אלעזר בר' צדוק. דמתניתן שמכיון שבית דין שלמעלן רואין שאין בית דין שלמטן מקדשין אותו עומדין הן ומקדשין אותו ביום ל"א: מתני' דמות צורות לבנה. שיעור הירח כפי שאפשר להיות בשעה שנראית ולאיזה צד קרנותיה נוטות: היו לו לרבן גמליאל וכו'. שזה מותר לעשות כדי ללמד להבין ולהורות: מעשה שבאו שנים ואמרו ראינוהו שחרית במזרח וערבית במערב. מפרש הכא בגמרא שאמרו ראינו את הישנה בשחרית במזרח ואת החדשה ערבית במערב וזה דבר שאי אפשר, שהרי עד אחר שש שעות מהמולד אין כח בעין לראות החדשה בשום מקום, ואם ראו החדשה בערבית א"כ היה המולד קודם שש שעות לשקיעת החמה ואז אי אפשר שיתראה הישנה בו ביום בשחרית בשום פנים, ולפיכך אמר ר' יוחנן בן נורי עדי שקר הם: וכשבאו ליבנה. לפני בית דין הגדול שהיה שם באותו הזמן קיבלן רבן גמליאל. וטעמו לפי שלא היה חושש למה שאמרו שראו את הישנה בשחרית שאין אנו אחראין לראיית הישנה כלל, ושמא טועים היו ומחמת העננים נראית להם כדמות ירח ברקיע, ובענין ראיית החדשה בערבית היו מחולקין בזה, דר' יוחנן בן נורי לפי דרכי החשבון שלו שחשב לא היה כל כך שעות בין המולד ובין שעת הראייה שאמרו שיהא אפשר שתהא נראית הלבנה ועדי שקר הן בכל מה שאמרו, ורבן גמליאל קיבלן דמכיון שאין אנו חוששין לראיית הישנה בשחרית שאמרו א"כ ראיית החדשה בערבית יכול להיות אמת, ומפני שכך היתה מסורת בידו מאבותיו שהזמן שבין המולד ובין שעת הראייה שיהא אפשר שתתראה איננו זמן קבוע לעולם, לפי שעל ידי סדר חכמת המזלות פעמים שמהלך בקצרה ופעמים מהלך בארוכה. וביאור הדבר בתכלית הקיצור כך הוא, שהסכימו חכמי המזלות היודעים סוד בחכמת העיבור שיש להירח שני מהלכים אמצעים, וזה שהירח עצמו הוא מסבב בגלגל קטן שאינו מקיף את כל העולם כולו ונקרא גלגל ההקפה לפי שהירח בו הוא מקיף ומסבב תמיד ומהלכו ממזרח למערב, ולמהלך הזה קראו חכמי תכונה אמצעי המסלול, ואותו גלגל הקטן עצמו קבוע מולקו בגלגל גדול המקיף את העולם כולו ומהלכו כמהלך גלגל החמה ממערב למזרח, ולאותו מהלך של גלגל גדול עם הגלגל הקטן הקבוע בו והירח בתוכו קראו חכמי התכונה אמצע הירח. ומעתה נדע שכל זמן שהירח הוא בחצי העליון מגלגל הקטן והוא חוצה מגלגל הגדול הסובל אותו, ואותו גלגל הקטן מהלכו ממזרח למערב כמו שאמרנו שהוא בחילוף מהגלגל הגדול הסובלו ובחילוף מהלך גלגל החמה אז מהלך הירח במתינות לאט לאט, וזהו פירוש פעמים בא בארוכה לפי שהגלגל הגדול הסובל להקטן ומכריחו כפי מהלכו ממערב למזרח ומהלך הקטן עצמו והירח בו מהלכו בחילוף ממזרח למערב נמצא שמהלך הירח במיתון, אבל כשהירח הוא בחצי התחתון של גלגל הקטן א"כ הוא לפנים מהגלגל הגדול הסובלו ואז מהלכו כמו גלגל הסובלו שהוא ממערב למזרח, ואין כאן שני מהלכים בחילוף זה מזה אלא הכל אחד הוא, ומהלך הירח במרוצה וזהו פירוש פעמים שבא בקצרה, ובזה תבין כל מה שאמרו בגמרא בענין זה: גמ' אמר ר' שמלאי טעמיה דר' יוחנן בן נורי וכו'. כבר מפורש הכל במתניתן: מתני' ועוד באו שנים ואמרו ראינוהו בזמנו. בליל שלשים, ובליל שלשים ואחד שהוא ליל עיבורו לא נראה: וקיבלן רבן גמליאל. לא מפני שנאמר שנתרחק הירח מן השמש בליל שלשים עד שיתראה ובליל שלשים ואחד חזר לאחוריו ונתקרב אל השמש עד שנתכסה, זה ודאי אינו שאין הירח חוזר לאחוריו אלא סובב והולך בגלגל שלו, אבל רבן גמליאל הוא שידע לפי החשבון שלו שבאותו הלילה שאמרו העדים שראוהו כבר נתרחק הירח מן השמש עד שאפשר שיתראה ולפיכך קבל עדותן, ובמה שאמרו שבליל עיבורו לא נראה, אפשר שזה מחמת שכיסה אותו הענן או סיבה אחרת גרמה להם שלא ראו אותו: אמר ליה (ל)ר' יהושע רואה אני את דבריך. לעבר החדש: שלח לו רבן גמליאל. לר' יהושע גוזר אני וכו': הלך ומצאו ר' עקיבה מיצר. הלך ר' עקיבה לרבי יהושע ומצאו שהוא מיצר על שגזר הנשיא עליו לחלל את יום הכיפורים לפי דעתו:

קרבן העדה

והן וכו'. והוא שיהו כולן מסכימין לעבר מטעם אחד, והכא הסכימו משום ג' טעמים: ומשני כיון דאלו מודין וכו'. והכי פירושו, דוקא כשאחד חולק על טעמו של חבירו והשני חולק על טעמו של הראשון הוא דאין מעברין, אבל הכא דכולן הסכימו זה עם זה בשביל שיש לו הרבה טעמים לא נתבטל ההסכמה: ופריך ר' שמעון בן לקיש מקפיד. על דבר זה שלא הכניסו אותו לעיבור, מאי כולי האי: ומשני חשש. להא דאמר ר' אלעזר וכו': זה סוד העיבור. שיהיה בקיבוץ שמקבלין לעבר השנה: זה המינוי. שממנין אותו בסמיכה להיות מורה הוראות: כד סלקית להכא. כשעלה לארץ ישראל: הא גבי חדא. מהנך קללות שקיללן השם שלא נתקיימה בי: כדעלית וכו'. כשעלה לעיבור שנה: הא תלתיהון. קללות שלא נתקיימו בי: הן מקדשין. את יום ל"א מיד בתחלת הלילה: מתני' צורות לבנות. שיעור הירח ולאיזה צד קרניה נוטות: ראינוהו שחרית במזרח. את הישנה: וערבית במערב. את החדשה: עידי שקר הן. בגמ' מפרש טעמא: ראינוהו בזמנו. ביום ל': ובליל עיבורו. ליל ל"א: וקיבלן רבן גמליאל. שידע שלפי חשבונו אפשר היה לראותה בליל ל', והא דלא נראית בליל ל"א אפשר מפני שכסה הענן או סבה אחרת גרמה להם שלא ראו אותה: רואה אני את דבריך. לעבר את החדש: גמ' כל חדש. שש שעות קודם המולד אי אפשר לראות הישנה מחמת קוטנה וכן שש שעות לאחר המולד אי אפשר שתראה החדשה מחמת קוטנה, הלכך אמר ר' יוחנן בן נורי עידי שקר הם: ותני כן. ותניא נמי הכי: פעמים בא בארוכה. ומתעכבת הראות בין הישנה לחדשה י"ב שעות, ופעמים ממהרת לרוץ ואינה שוהה י"ב שעות שאינה יכולה לראות: מתני' הלך ומצאו מיצר. על שגזר עליו הנשיא לחלל יום הכיפורים:

עין משפט

א מיי' פ"ג מהלכות קידוש החודש הלכה ו:
ב מיי' שם פ"ד הלכה ח:

שינויי נוסחאות

א] לבנה. כ"ה גם בבבלי (כד.). במשניות ובגירסת הרמב"ם בפיה"מ לבנות:
ב] כזה. במשניות ובבבלי (שם) ובגירסת הרמב"ם בפיה"מ הכזה:
ג] בן נורי. כ"ה במשניות ובבבלי (כה.) ולהלן בגמ':
ד] ראינו בזמנו ובלילה בעיבורו. במשניות ובבבלי (שם) ראינוהו בזמנו ובליל עיבורו:
ה] והרי. במשניות ובבבלי (שם) ובגירסת הרמב"ם בפיה"מ ולמחר:
ו] שנולד. בכל הראשונים (תוס' רשב"א, ריטב"א, תוס' הרא"ש כד:) שנראה:
ז] בר בא. ברשב"א (כד.) ובריטב"א (כה.) בר אשי:
ח] שחל יום הכיפורים. כ"ה גם בגירסת הרמב"ם בפיה"מ. במשניות ובבבלי (שם) הכיפורים שחל להיות:

תורה אור השלם

א) וְהָיְתָה יָדִי אֶל הַנְּבִיאִים הַחֹזִים שָׁוְא וְהַקֹּסְמִים כָּזָב בְּסוֹד עַמִּי לֹא יִהְיוּ וּבִכְתָב בֵּית יִשְׂרָאֵל לֹא יִכָּתֵבוּ וְאֶל אַדְמַת יִשְׂרָאֵל לֹא יָבֹאוּ וִידַעְתֶּם כִּי אֲנִי אֲדֹנָי יֱהֹוִה: (יחזקאל יג ט)

רידב"ז

מכיון שאילו מודין לאלו כמו שכולן מורין מטעם אחד. יש להעיר מכאן לענין שיטת הפוסקים ז"ל אם אזלינן בתר רוב הפוסקים ז"ל כשאינן מורין מטעם אחד:

מסורת הש"ס

א) [כתובות קיב. כעין זה] ב) כתובות קיב. [ילקו"ש יחזקאל שנב בשינוי] ג) [עי' סנהדרין י: תוד"ה שככר] ד) ר"ה כד. [ע"ז מג., ילקו"ש יתרו רפו] ה) ר"ה כד: [ילקו"ש תהלים תתסב] ו) [ילקו"ש משפטים שסב, אמור תרמג] ז) [תנחומא בא י, פסיקתא דר"כ ה, פסיקתא רבתי טו, פסיקתא זוטרתא שמות יב ב, ילקו"ש בא קצא, עי' ר"ה כד: תוד"ה ראינוהו] ח) עי' ר"ה כ: ט) ר"ה כה. [פסיקתא זוטרתא שמות יב ב, ילקו"ש תהלים תתסב] י) ר"ה כה. [ילקו"ש משפטים שסב, אמור תרמג]

מראה הפנים

פעמים מהלך בקצרה וכו'. התוס' יו"ט פירש כאן ג"כ אפס קצהו ולייר ליוריס ומובן הוא להיודע בחכמת התכונה ולמד בקידוש החודש בדברי הרמב"ם ז"ל ורואה שם בריש פרק י"א וי"ד ובפ' י"ז גבי קיצי הראיה, ודברים פשוטים הם למי שטעם בפיו טעם מתוק בחכמה זו והוספתי קצת ביאור בפנים:

גליון הש"ס

כיון שבית דין של מעלן רואין שאין בית דין שלמטן מקדשין אותו הן מקדשין אותו. עיין בתוס' סנהדרין דף י' ע"ב ד"ה שככר: כל חדש שנולד קודם לשש שעות אין כח בעין לראות. עי' בתוס' (כד:) ד"ה ראינוהו:

[יג. יג: - ה"ה]

אמר ר' יונתן ראה לשון שלימדנו בן הנפח אילו אמר בעיבורה הייתי אומר אלו אחד עשר יום שהחמה עודפת על הלבנה בכל שנה אלא [א]בעיבור שהוסיפו לה חכמים שלשים יום [ב]ועיבורה. ר' יעקב בר אחא ר' יסא בשם ר' יוחנן לעיבור הולכין אחר המינוי. לבית הוועד הולכין אחר הרגיל. [א]והוא שיהא כל אחד ואחד מדבר [ג]במקומו. כגון ר' חנינא פתח ר' יוחנן ור' שמעון בן לקיש חתמין. ר' בא בר זבדא פתח ר' חייא ור' יסא ור' אימי חתמין. ר' חגיי פתח ר' יונה ור' יוסי חתמין. כהנא איתמני קדמיי מן ר' יעקב בר אחא. עאל ר' יעקב בר אחא קדמיי מיניה לעיבורא. אמר [ד]הכין מרה דשמועתא לא מקיים לה. [ב]ר' חייה בר בא הוה קאים מצלי. עאל ר' כהנא וקם ליה מצלי מן אחורויי. מן דחסל ר' חייה בר בא מן צלותיה יתיב ליה [א](ג)[ה]דלא מיעבור קומוי [ו]ר' כהנא מאריך בצלותיה. מן דחסל ר' כהנא אמר ליה הכין אתון נהיגין גביכון מצערין רברביכון. אמר ליה רבי אנא מדבית [ז]עלי וכתיב על דבית עלי [א]אם יתכפר עון בית עלי בזבח ובמנחה עד עולם בזבח ובמנחה אין מתכפר לו [ד]אבל מתכפר לו בתפילה. וצלי עלוי [ה]וזכה למיסב עד דאיתעבדון טפרוי סומוקן כהדא [ח]דקקה. ר' שמעון בן לקיש אקדמון ליה חד סב לעיבורא ואעלוניה מן ההוא תרעא [ט]דלהל. אמר כן יהא בשכרן. ולא שמיע דאמר ר' קריספא בשם ר' יוחנן [ו]מעשה שעיברו השנה שלשה רועי בקר. חד מינון אמר [י]בכיר לקיש באדר מינץ. וחורנה אמר [כ]קדום באדר [ל]פוח לוחיך ופוק לקובליה. וחורנה אמר [מ]תור באדר [נ]בעדרייה ימות [ס]ובטל תינתה משכיה ישלח. ואנן חמיין שתא דלית חד מינהון ועיברו את השנה על פיהם. אמר ר' חלבו והסכים בית דין עמהן. יג:

קרבן העדה

בעיבורה שהוסיפו לה חכמים ל' יום אמר ר' יונתן וכו': בן הנפח. הוא ר' יוחנן: שהחמה עודפת על הלבנה. ששנת הלבנה שנ"ד ושנת החמה שס"ה יום: ועיבורה. לאותה שנה: אחר המינוי. מי שנתמנה תחלה: לבית הוועד. בקידוש החדש, כדתנן במתני' שאין העדים הולכים אלא למקום הוועד: הולכין אחר הרגיל. מי שרגיל להיות בבית הועד, הוא נכנס תחלה: מדבר במקומו. אף בבית הועד מי שהוא זקן מדבר תחלה: חתמין. השטרות ששולחין ע"י שלוחים לבני הגולה: כהנא. רב כהנא נתמנה קודם ר' יעקב בר אחא והוה נכנס ר' יעקב בר אחא קודם לרב כהנא לעבר השנה: אמר. רב כהנא ר' יעקב בר אחא דהוא מארי דשמעתא דאמר משמיה דר' יוחנן שמי שנתמנה תחלה נכנס תחילה לעיבור, והוא עצמו אינו מקיים דבריו: עאל וכו'. נכנס רב כהנא ועמד אחורי דרבי חייה להתפלל: מן דחסל. לאחר שסיים ר' חייה בר אבא תפלתו [א]עמד במקומו דלא לעבור לפני רב כהנא דהוה מאריך בתפלתו ואסור לעבור לפני המתפלל: מן דחסל רב כהנא. לאחר שסיים רב כהנא תפלתו: אמר ליה. ר' חייה בר אבא הכי המנהג אצליכם שאתם מצערין לגדולים שבכם: אבל מתכפר לו בתפלה. לפיכך האריך בתפלתו: וצלי עלוי. והתפלל רבי חייה על רב כהנא וזכה להזקין עד שנעשו צפרניו אדומים כצפרני תינוק: ר' שמעון בן לקיש. הקדימו זקן אחד לכנוס לעיבור: ואעלוניה וכו'. והוציאו לאותו זקן מן הפתח ההיא. ונראה שמת שם. אי נמי שהוציאו אותו מן הפתח השנייה: אמר. ר' שמעון בן לקיש כן יהא בשכרן הואיל שפגם בכבודו: ולא שמיע. לר' שמעון בן לקיש הא דאמר ר' קריספא דאפילו רועי בקר כשירים לעיבור שנה, וכיון שכן אפילו זקן עם הארץ קודם לתלמיד חכם בעיבור שנה: חד מינון. אחד מהם אמר: בכיר וכו'. אם יהא חום בקרקע שיצמח זרע הבכיר והאפיל יחד חיטין שנזרעו בראש החדש והשעורים שנזרעו עכשיו דין הוא אדר, ואם לאו לית דין אדר אלא שבט: וחורנה. ואידך אמר אם כבר תשש כח החורף כל כך שכשרוח מזרחית חזקה מאוד והיא מביאה צינה וכשאתה מנשב בפיך ויוצא לקראתה ונפיחתך קשה מן הרוח ומחממתה דין הוא אדר, ואם לאו שעדיין צינה חזקה לית דין אדר אלא שבט: תור באדר וכו'. שור באדר בעדריה ימות מחמת הקור החזק: ובטל תונתיה וכו'. בצל התאנה יהא השור מיצל בצהרים מחמת החום ועורו יפשיט כלומר יתחכך בתאנה מחמת החום: ואנן. רואין שנה זו אפילו אחד מאלו אין בו ועיברוהו לשנה על פיהם, הרי דאפילו ארועי בקר סמכינן: והסכים בית דין עמהן. עם רועי בקר, אבל שיהא זקן עם הארץ ראוי לעיבור ודאי אינו, ושפיר הקפיד רשב"ל:

פני משה

ראה לשון שלימדנו בן הנפח. ר' יוחנן קרו ליה בר נפחא ולימדנו במוצא פיו להוציא את הה"א בכח להבין הכוונה, שאילו אמר בעיבורה בלא מפיק ה"א אפשר לטעות שאין הכוונה שמעברין אותה השנה בעיבור חדש אחד אלא על סתם עיבור של כל שנה ושנה והן י"א יום שיתירין ימות החמה על ימות הלבנה, אבל עכשיו שאמר בעיבורה במפיק ה"א אין הכוונה אלא על העיבור שלה מאותה השנה שהוסיפו לה חכמים חדש אחד: לעיבור הולכין אחר המינוי. להכניס למנין עיבור שנה הולכין אחר מי שנתמנה לחכם בתחלה ומכניסין אותו קודם לחבירו שנתמנה אחריו: לבית הועד. בבית המדרש לפתוח בהלכה: הולכין אחר הרגיל. מי שהוא מורגל ביותר הוא פותח בתחלה וכדמפרש ואזיל: והוא. וזהו שיהא כל אחד ואחד מדבר במקומו המיוחד לו וחותם ועונה אחר מי שפתח בתחלה, כגון ר' חנינה הוא היה הראש והרגיל שבכולם היה פותח בהלכה ור' יוחנן וריש לקיש חותמין ועונין אחריו ואחר כך האחרים וכן ר' בא בר זבדא וכו' וכן כולם, וכעין דאמרינן בפרק יש נוחלין (ב"ב קכ.) בישיבה הלך אחר החכמה: כהנא. רב כהנא סמכו אותו ונתמנה מקודם שסמכו לר' יעקב בר אחא ואף על פי כן נכנס ר' יעקב מקודם לרב כהנא למנין עיבור שנה: אמר הכין. אמר רב כהנא וכי כן הוא הדבר דר' יעקב בר' אחא גופיה הוא מרה דשמעתתא דאמר לעיל לעיבור הולכין אחר המינוי, ולא מקיים ליה לשמעתיה שלא היה לו לקבל עליו להיות נכנס מקודם: הוה קאים ומצלי. היה עומד ומתפלל ונכנס רב כהנא לשם ועמד לו מאחוריו דר' חייא להתפלל: מן דחסל ר' חייא. משגמר תפלתו והיה צריך לו לישב, כלומר להתעכב מלפסוע אחוריו שלא יעבור לפני רב כהנא לפי שאין עוברין לפני העומדין בתפלה והתחיל רב כהנא להאריך בתפלתו, ולאחר שסיים רב כהנא תפלתו אמר לו ר' חייא וכי כך אתם נוהגין להאריך ולצער רבכם שהייתי מוכרח להמתין כל כך: א"ל רבי. אל ירע בעיניך שאני מאריך ומרבה בתפלה דאנא מבית עלי קאתינא וזכות התפלה יגן עלי להאריך ימים, והתפלל עליו ר' חייא וזכה להזקין עד שנעשו צפרניו אדומות כמו של התינוק הזה: ר' שמעון בן לקיש אקדמון ליה חד סב בעיבור. הקדימו לפניו זקן אחד להכניסו למנין עיבור שנה ואותו זקן לא היה ראוי לכך: ואעלוניה מן ההיא תרעא דלהלן. ולבסוף העלוהו לאותו הזקן משם ודחפוהו מהשער ולחוץ שראו שלא היה חכם וראוי לזה: אמר. ריש לקיש כן יהא בשכרן כך ראוי להן בשכרן שעברו והקדימו לזקן הזה לפני: ולא שמיע. ומתמה הש"ס וכי לא שמיע להו מה דאמר ר' יוחנן דאפילו על ידי שלשה רועי בקר עיברו את השנה כדלקמיה, ומידי להוה הזקן הזה כאחד מרועי בקר ומפני מה דחו אותו: בביר ולקיש מיניץ. הסימן הוא אם זהו אדר צריך שיהא בו חום שיכולין זרע הבכיר והיא השעורה, וזרע הלקיש ואפילה והן החטים, לצמוח ולהנץ כאחת: תור באדר בעדריה ימות. אם הוא אדר דרך השור למות ממש בעדריה בבקר מחמת הקור, ועם כל זה אין הקור מאריך כל היום, שבצהרים בטול תאינתא משכיה ישלח, שצריך לו לילך להיות מצל בצל התאנה ויפשיט עורו כלומר יתחכך שם מחמת החום: וחורנה. ואחרינא אמר: קידום באדר. אם הוא אדר דרך להיות תש כח החורף כל כך שאפילו רוח קדים החזקה נושבת יהיה פח לחייך, הבל החום היוצא מפיך יוצא לנגדו ומחממו: ואנן חמיין. ואנחנו רואין בשנה זו שאין בו אחד מכל הסימנין הללו, וא"כ אין זה אדר אלא שבט ועיברו חכמים אותה השנה על פיהם: והסכים בית דין עמהן. בתמיה, וכי לא אמר ר' זעירה שצריך דוקא שיהו האומרים שצריכה השנה להתעבר הכל מודים מטעם אחד ואלו הרועי בקר זה אומר כך וזה אומר כך, ומשני מכיון דאלו מודים לאלו ואלו לאלו הוי כמי שכולן מסכימין מטעם אחד:

מסורת הש"ס

א) [ב"ב קכ. וילקו"ש פנחס תשעג כעין זה] ב) [סנהדרין פ"א ה"ב כל הענין, מדרש שמואל י, ילקו"ש שמואל-א לט] ג) [ברכות כז.] ד) עי' ר"ה יח. [ויבמות קה.] ה) סנהדרין יח:

שירי קרבן

אמר ליה רבי אנא מדבית עלי וכו'. וקשה כיון דידע שיאריך בתפלתו למה העמיד עצמו להתפלל לאחוריו. וי"ל דה"ק ליה, דלאו במרד עשה כן והאריך בתפלתו לצער אותו, ומתחלה היה סובר שרבי חייה שהוא זקן נמי יאריך בתפלתו על אריכות ימים, שכל המאריך בתפלתו מאריכין לו ימיו (ברכות נד:):

עין משפט

א מיי' פ"ה מהלכות תפילה הלכה ו טוש"ע או"ח סימן קב סעיף ד:

שינויי נוסחאות

א] בעיבור. בד"ק ובדפוסים בעיבורה:

ב] ועיבורה. נוסף בכי"ל ע"י המגיה. בירושלמי סנהדרין (פ"א ה"ב) וברמב"ן ובמאירי (סנהדרין יג.) ליתא:

ג] במקומו. בירושלמי סנהדרין (שם) נוסף וחותם:

ד] הכין. בירושלמי סנהדרין (שם) אכן:

ה] דלא. בירושלמי סנהדרין (שם) בגין דלא:

ו] ר' כהנא. בירושלמי סנהדרין (שם) שרי ר' כהנא:

ז] עלי. בירושלמי סנהדרין (שם) נוסף קאתינא:

ח] דקקה. בירושלמי סנהדרין (שם) רקקה:

ט] דלהל. בירושלמי סנהדרין (שם) דלהן:

י] בכיר לקיש וכו'. בסנהדרין (יח:) "אם בכיר ולקיש כחדא יינץ, דין הוא אדר, ואם לאו לית דין אדר". וראה פירושו בקה"ע שהעתיק פירש"י על זה:

כ] קדום באדר וכו'. בסנהדרין (שם) "אם קידום תקיף לחדא יהא, יפח בלועך נפיק לקיבליה, דין הוא אדר ואם לאו לית דין אדר". וראה פירושו בקה"ע שהעתיק פרש"י ע"ז:

ל] פוח לוחיך ופוק לקובליה. בירושלמי סנהדרין (שם) פח בלועך יפוק לקיבליה. בדפ"ו פוח ליחיך ופיק לקיבליה:

מ] תור באדר וכו'. בסנהדרין (יח:) "אם תור בצפר בתלג ימות, ובטיהרא בטול תאינה ידמוך, ישלח משכיה, דין הוא אדר, ואם לאו לית דין אדר". ופרש"י, "אם בבקר יהא קור חזק עד שיהא השור קרוב למות מחמת הצינה, ובטיהרא בטול תאינתא ידמוך, ובצהרים יגדל כח החום עד שיהא השור מיצל בצל התאנה מחמת החום, וישלח משכיה, ויפשיט עורו, כלומר יתחכך בתאינה מחמת החום":

נ] בעדרייה. כך הוגה בכי"ל. בכי"ל כאן ובירושלמי סנהדרין (שם) בערייה:

ס] ובטל תינתה. בירושלמי סנהדרין (שם) ובטול תינתא:

תורה אור השלם

א) וְלָכֵן נִשְׁבַּעְתִּי לְבֵית עֵלִי אִם יִתְכַּפֵּר עֲוֹן בֵּית עֵלִי בְּזֶבַח וּבְמִנְחָה עַד עוֹלָם: (שמואל-א ג יד)

הגהות וציונים

א. בסנהדרין פ"א ה"ב פירש רבינו ישב ר' חייה במקומו. ובשיירי קרבן שם ד"ה חסל כתב ואף שבר"ה פרשתי ויתיב ליה ועמד במקומו, הדרי בי דא"כ הו"ל למימר וקאים תמן:

varies so that in the morning **an ox in a herd** almost **dies** from the cold, **וּבְטָל תֵּינְתָה מִשְׁכֵּיהּ יְשַׁלַּח** – **but** in the afternoon the heat is so great that the ox rests **in the shade of a fig tree** and **rubs itself**[29] against the tree. If this is not the situation, a month should be added." **וַאֲנַן חָמְיִין שַׁתָּא** – All three herdsmen then said: "**We have seen** the conditions **this year** **דְּלֵית חַד מִינְּהוֹן** – **and not one of these** signs of Adar **are present.**" **וְעִיבְּרוּ אֶת הַשָּׁנָה עַל פִּיהֶם** – **And [the Rabbis] extended the year based on [the herdsmen's] words.**[30] In other words, the Rabbis relied on the assessment of the herdsmen in extending the year. What then was the objection to the participation of the elder?[31]

The Gemara answers:

אָמַר רַבִּי חֶלְבּוֹ – **R' Chelbo said:** Certainly, an ignoramus may not participate in the intercalation process. As for the incident involving the herdsmen, **וְהִסְכִּים בֵּית דִּין עִמָּהֶן** – **the court** did not rely on their calculations. Rather, they relied on their own calculations, which ultimately **concurred with** the assessment of **[the herdsmen].**[32]

NOTES

29. Literally: strip off its skin.

30. *Pnei Moshe*; see *Korban HaEidah*; *Sheyarei Korban* ibid.

The Rabbis understood from the herdsmen's conversation that the weather conditions were more representative of Shevat than Adar. To rectify this abnormality, the Rabbis declared a leap year.

31. *Korban HaEidah*.

[The Gemara maintains that if the members of *beis din* need not have their own opinion, but can rather base their decision on the assessment of the herdsmen, then, in essence, the herdsmen are participating in the process. And, if so, there should also be no problem with the ignorant elder participating (see *Bavli Sanhedrin* 26a).

One may ask: How can the Gemara contemplate the possibility that an ignoramus may participate in the intercalation process, since, as established in *Yerushalmi Sanhedrin* (4a; see Schottenstein ed. notes 11 and 27), the members of *beis din* who participate in this process must be ordained Rabbis, who are members of a Sanhedrin? See *Sheyarei Korban* ibid.]

32. *Korban HaEidah* here and to *Sanhedrin* 5a, first explanation; see, similarly, *Bavli* 18b (cf. *Pnei Moshe*).

[יג. יג: - ה"ה]

אמר ר' יונתן ראה לשון שלימדנו בן הנפח אילו אמר בעיבורה הייתי אומר אלו אחד עשר יום שהחמה עודפת על הלבנה בכל שנה אלא [א]בעיבור שהוסיפו לה חכמים שלשים יום [ב]ועיברוה. ר' יעקב בר אחא ר' יסא בשם ר' יוחנן לעיבור הולכין אחר המינוי. לבית הוועד הולכין אחר הרגיל. [א]והוא שיהא כל אחד ואחד מדבר [ג]במקומו. כגון ר' חנינא פתח ר' יוחנן ור' שמעון בן לקיש חתמין. ר' בא בר זבדא פתח ר' חייא ור' יסא ור' אימי חתמין. ר' חגיי פתח ר' יונה ור' יוסי חתמין. כהנא איתמני קדמיי מן ר' יעקב בר אחא. עאל ר' יעקב בר אחא קדמיי מיניה לעיבורא. אמר [ד]הכין מרה דשמועתא לא מקיים לה. [ב]ר' חייה בר בא הוה קאים מצלי. עאל ר' כהנא וקם ליה מצלי מן אחורויי. מן דחסל ר' חייה בר בא מן צלותיה יתיב ליה [א][ג][ה]דלא מיעבור קומוי [ו]ר' כהנא מאריך בצלותיה. מן דחסל ר' כהנא אמר ליה הכין אתון נהיגין גביכון מצערין רברביכון. אמר ליה רבי אנא מדבית [ז]עלי וכתיב על דבית עלי [א]אם יתכפר עון בית עלי בזבח ובמנחה עד עולם בזבח ובמנחה אין מתכפר לו [ד]אבל מתכפר לו בתפילה. וצלי עלוי [ה]וזכה למיסב עד יג: דאיתעבדון טפרוי סומוקן כהדא [ח]דקקה. ר' שמעון בן לקיש אקדמון ליה חד סב לעיבורא ואעלוניה מן ההוא תרעא [ט]דלהל. אמר כן יהא בשכרן. ולא שמיע דאמר ר' קריספא בשם ר' יוחנן [ה]מעשה שעיברו השנה שלשה רועי בקר. חד מינון אמר [י]בכיר לקיש באדר מינץ. וחורנה אמר [כ]קדום באדר [ל]פוח לוחיך ופוק לקובליה. וחורנה אמר [מ]תור באדר [נ]בעדרייה ימות [ס]ובטל תינתה משכיה ישלח. ואנן חמיין שתא דלית חד מינהון ועיברו את השנה על פיהם. אמר ר' חלבו והסכים בית דין עמהן.

קרבן העדה

בעיבורה שהוסיפו לה חכמים ל' יום אמר ר' יונתן וכו': בן הנפח. הוא ר' יוחנן: שהחמה עודפת על הלבנה. ששנת הלבנה שנ"ד ושנת החמה שס"ה יום: ועיברוה. לאותה שנה: אחר המינוי. מי שנתמנה תחלה: לבית הוועד. בקידוש החדש, כדתנן במתני' שאין העדים הולכים אלא למקום הוועד: הולכין אחר הרגיל. מי שרגיל להיות בבית הועד, הוא נכנס תחלה: מדבר במקומו. אף בבית הועד מי שהוא זקן מדבר תחלה: חתמין. השטרות ששולחין ע"י שלוחים לבני הגולה: כהנא. רב כהנא נתמנה קודם ר' יעקב בר אחא והוה נכנס ר' יעקב בר אחא קודם לרב כהנא לעבר השנה: אמר. רב כהנא ר' יעקב בר אחא דהוא מארי דשמעתא דאמר משמיה דר' יוחנן שמי שנתמנה תחלה נכנס תחילה לעיבור, והוא עצמו אינו מקיים דבריו: עאל וכו'. נכנס רב כהנא ועמד אחורי דרבי חייה להתפלל: מן דחסל. לאחר שסיים ר' חייה בר אבא תפלתו [א]עמד במקומו דלא לעבור לפני רב כהנא דהוה מאריך בתפלתו ואסור לעבור לפני המתפלל: מן דחסל רב כהנא. לאחר שסיים רב כהנא תפלתו: אמר ליה. ר' חייה בר אבא הכי המנהג אצליכם שאתם מצערין לגדולים שבכם: אבל מתכפר לו בתפלה. לפיכך האריך בתפלתו: וצלי עלוי. והתפלל רבי חייה על רב כהנא וזכה להזקין עד שנעשו צפרניו אדומים כצפרני תינוק: ר' שמעון בן לקיש. הקדימו זקן אחד לכנוס לעיבור: ואעלוניה וכו'. והוציאו לאותו זקן מן הפתח ההיא. ונראה שמת שם. אי נמי שהוציאו אותו מן הפתח השנייה: אמר. ר' שמעון בן לקיש כן יהא בשכרן הואיל שפגם בכבודו: ולא שמיע. לר' שמעון בן לקיש הא דאמר ר' קריספא דאפילו רועי בקר כשירים לעיבור שנה, וכיון שכן אפילו זקן עם הארץ קודם לתלמיד חכם בעיבור שנה: חד מינון. אחד מהם אמר: בכיר וכו'. אם יהא חום בקרקע שיצמח זרע הבכיר והאפיל יחד חיטין שנזרעו בראש החדש והשעורים שנזרעו עכשיו דין הוא אדר, ואם לאו לית דין אדר אלא שבט: וחורנה. ואידך אמר אם כבר תשש כח החורף כל כך שכשרוח מזרחית חזקה מאוד היא מביאה צינה וכשאתה מנשב בפיך ויוצא לקראתה ונפיחתך קשה מן הרוח ומחממתה דין הוא אדר, ואם לאו שעדיין צינה חזקה לית דין אדר אלא שבט: תור באדר וכו'. שור באדר בעדריה ימות מחמת הקור החזק: ובטל תונתיה וכו'. בצל התאנה יהא השור מיצל בצהרים מחמת החום ועורו יפשיט כלומר יתחכך בתאנה מחמת החום: ואנן. רואין שנה זו אפילו אחד מאלו אין בו ועיברוהו לשנה על פיהם, הרי דאפילו ארועי בקר סמכינן: והסכים בית דין עמהן. עם רועי בקר, אבל שיהא זקן עם הארץ ראוי לעיבור ודאי אינו, ושפיר הקפיד רשב"ל:

פני משה

ראה לשון שלימדנו בן הנפח. ר' יוחנן קרו ליה בר נפחא ולימדנו במוצא פיו להוציא את הה"א בכח להבין הכוונה, שאילו אמר בעיבורה בלא מפיק ה"א אפשר לטעות שאין הכוונה שמעברין אותה השנה בעיבור חדש אחד אלא על סתם עיבור של כל שנה ושנה והן י"א יום שיתירין ימות החמה על ימות הלבנה, אבל עכשיו שאמר בעיבורה במפיק ה"א אין הכוונה אלא על העיבור שלה מאותה השנה שהוסיפו לה חכמים חדש אחד: לעיבור הולכין אחר המינוי. להכניס למנין עיבור שנה הולכין אחר מי שנתמנה לחכם בתחלה ומכניסין אותו קודם לחבירו שנתמנה אחריו: לבית הועד. בבית המדרש לפתוח בהלכה: הולכין אחר הרגיל. מי שהוא מורגל ביותר הוא פותח בתחלה וכדמפרש ואזיל: והוא. וזהו שיהא כל אחד ואחד מדבר במקומו המיוחד לו וחותם ועונה אחר מי שפתח בתחלה, כגון ר' חנינה הוא היה הראש והרגיל שבכולם היה פותח בהלכה ור' יוחנן וריש לקיש חותמין ועונין אחריו ואחר כך האחרים וכן ר' בא בר זבדא וכו' וכן כולם, וכעין דאמרינן בפרק יש נוחלין (ב"ב קכ.) בישיבה הלך אחר החכמה: כהנא. רב כהנא סמכו אותו ונתמנה מקודם שסמכו לר' יעקב בר אחא ואף על פי כן נכנס ר' יעקב מקודם לרב כהנא למנין עיבור שנה: אמר הכין. אמר רב כהנא וכי כן הוא הדבר דר' יעקב בר' אחא גופיה הוא מרה דשמעתא דאמר לעיל לעיבור הולכין אחר המינוי, ולא מקיים ליה לשמעתיה שלא היה לו לקבל עליו להיות נכנס מקודם: הוה קאים ומצלי. היה עומד ומתפלל ונכנס רב כהנא לשם ועמד לו מאחוריו דר' חייא להתפלל: מן דחסל ר' חייא. משגמר תפלתו והיה צריך לו לישב, כלומר להתעכב מלפסוע אחוריו שלא יעבור לפני רב כהנא לפי שאין עוברין לפני העומדין בתפלה והתחיל רב כהנא להאריך בתפלתו, ולאחר שסיים רב כהנא תפלתו אמר לו ר' חייא וכי כך אתם נוהגין להאריך ולצער רבכם שהייתי מוכרח להמתין כל כך: א"ל רבי. אל ירע בעיניך שאני מאריך ומרבה בתפלה דאנא מבית עלי קאתינא וזכות התפלה יגן עלי להאריך ימים, והתפלל עליו ר' חייא וזכה להזקין עד שנעשו צפרניו אדומות כמו של התינוק הזה: ר' שמעון בן לקיש אקדמון ליה חד סב בעיבור. הקדימו לפניו זקן אחד להכניסו למנין עיבור שנה ואותו זקן לא היה ראוי לכך: ואעלוניה מן ההיא תרעא דלהלן. ולבסוף העלוהו לאותו הזקן משם ודחפוהו מהשער ולחוץ שראו שלא היה חכם וראוי לזה: אמר. ריש לקיש כן יהא בשכרן כך ראוי להן בשכרן שעברו והקדימו לזקן הזה לפני: ולא שמיע. ומתמה הש"ס וכי לא שמיע להו מה דאמר ר' יוחנן דאפילו על ידי שלשה רועי בקר עיברו את השנה כדלקמיה, ומידי דהוה הזקן הזה כאחד מרועי בקר ומפני מה דחו אותו: בכיר ולקיש מינץ. הסימן הוא אם זהו אדר צריך שיהא בו חום שיכולין זרע הבכיר והיא השעורה, וזרע הלקיש ואפילה והן החטים, לצמוח ולהנץ כאחת: תור באדר בעדריה ימות. אם הוא אדר דרך השור למות ממש בעדריה בבקר מחמת הקור, ועם כל זה אין הקור מאריך כל היום, שבצהרים בטול תאינתא משכיה ישלח, שצריך לו לילך להיות מצל בצל התאנה ויפשיט עורו כלומר יתחכך שם מחמת החום: וחורנה. ואחרינא אמר: קידום באדר. אם הוא אדר דרך להיות תש כח החורף כל כך שאפילו רוח קדים החזקה נושבת יהיה פח לחיך, הבל החום היוצא מפיך יוצא לנגדו ומחממו: ואנן חמיין. ואנחנו רואין בשנה זו שאין בו אחד מכל הסימנין הללו, וא"כ אין זה אדר אלא שבט ועיברו חכמים אותה השנה על פיהם: והסכים בית דין עמהן. בתמיה, וכי לא אמר ר' זעירה שצריך דוקא שיהו האומרים שצריכה השנה להתעבר הכל מודים מטעם אחד ואלו הרועי בקר זה אומר כך וזה אומר כך, ומשני מכיון דאלו מודים לאלו ואלו לאלו הוי כמי שכולן מסכימין מטעם אחד:

מסורת הש"ס

א) [ב"ב קכ. וילקו"ש פנחס תשעג כעין זה] ב) [סנהדרין פ"א ה"ב כל הענין, מדרש שמואל י, ילקו"ש שמואל-א לט] ג) [ברכות כז.] ד) עי' ר"ה יח. [ויבמות קה.] ה) סנהדרין יח:

שירי קרבן

אמר ליה רבי אנא מדבית עלי וכו'. וקשה כיון דידע שיאריך בתפלתו למה העמיד עצמו להתפלל לאחוריו. וי"ל דה"ק ליה, דלאו במרד עשה כן והאריך בתפלתו לצער אותו, ומתחלה היה סובר שרבי חייה שהוא זקן נמי יאריך בתפלתו על אריכות ימים, שכל המאריך בתפלתו מאריכין לו ימיו (ברכות נד:):

עין משפט

א מיי' פ"ה מהלכות תפלה הלכה ו טוש"ע או"ח סימן קב סעיף ד:

שינויי נוסחאות

א] בעיבור. בד"ק ובדפוסים בעיבורה:

ב] ועיברוה. נוסף בכי"ל ע"י המגיה. בירושלמי סנהדרין (פ"א ה"ב) וברמב"ן ובמאירי (סנהדרין יג.) ליתא:

ג] במקומו. בירושלמי סנהדרין (שם) נוסף וחותם:

ד] הכין. בירושלמי סנהדרין (שם) אכן:

ה] דלא. בירושלמי סנהדרין (שם) בגין דלא:

ו] ר' כהנא. בירושלמי סנהדרין (שם) שרי ר' כהנא:

ז] עלי. בירושלמי סנהדרין (שם) נוסף קאתינא:

ח] דקקה. בירושלמי סנהדרין (שם) רקקה:

ט] דלהל. בירושלמי סנהדרין (שם) דלהן:

י] בכיר לקיש וכו'. בסנהדרין (יח:) "אם בכיר ולקיש כחדא יינץ, דין הוא אדר, ואם לאו לית דין אדר". וראה פירושו בקה"ע שהעתיק פירש"י על זה:

כ] קדום באדר וכו'. בסנהדרין (שם) "אם קידום תקיף לחדא יהא, יפח בלועך נפיק לקיבליה, דין הוא אדר ואם לאו לית דין אדר". וראה פירושו בקה"ע שהעתיק פרש"י ע"ז:

ל] פוח לוחיך ופוק לקובליה. בירושלמי סנהדרין (שם) פח בלועך יפוק לקיבליה. בדפ"ו פוח ליחיך ופיק לקיבליה:

מ] תור באדר וכו'. בסנהדרין (יח:) "אם תור בצפר בתלג ימות, ובטיהרא בטול תאינח ידמוך, ישלח משכיה, דין הוא אדר, ואם לאו לית דין אדר". ופרש"י, "אם בבקר יהא קור חזק עד שיהא השור קרוב למות מחמת הצינה, ובטיהרא בטול תאינתא ידמוך, ובצהרים יגדל כח החום עד שיהא השור מיצל בצל התאנה מחמת החום, וישלח משכיה, ויפשיט עורו, כלומר יתחכך בתאינה מחמת החום":

נ] בעדרייה. כך הוגה בכי"ל. בכי"ל כאן ובירושלמי סנהדרין (שם) בעריה:

ס] ובטל תינתה. בירושלמי סנהדרין (שם) ובטול תינתא:

תורה אור השלם

א) וְלָכֵן נִשְׁבַּעְתִּי לְבֵית עֵלִי אִם יִתְכַּפֵּר עֲוֹן בֵּית עֵלִי בְּזֶבַח וּבְמִנְחָה עַד עוֹלָם: (שמואל-א ג יד)

הגהות וציונים

א. בסנהדרין פ"א ה"ב פירש רבינו ששר' חייא במקומו. ובשירי קרבן שם ד"ה חסל כתב ואף שבר"ה פרשתי ויתיב ליה ועמד במקומו, הדרי בי דלא סו"ל למימר ושהה שם.

not to pass before R' Kahana, who prolonged his prayers.[12] מִן דַּחֲסַל רַבִּי כַּהֲנָא – **When R' Kahana concluded** his prayers, אֲמַר לֵיהּ – **[R' Chiyah bar Ba] said to him:** הָכֵין אַתּוּן נְהִיגִין גַּבֵּיכוֹן מְצַעֲרִין רַבְרְבֵיכוֹן – **Is this how you are accustomed [in Babylonia], to inconvenience those that are greater than you,** by prolonging your prayers and requiring them to stand in place?![13] אֲמַר לֵיהּ – **[R' Kahana] said to him** in response: רַבִּי – **My master!** אֲנָא מִדְּבֵית עֵלִי – **I descend from the house of Eli** the Kohen,[14] וּכְתִיב עַל דְּבֵית עֵלִי – **and it is written concerning the house of Eli:**[15] "אִם־יִתְכַּפֵּר עֲוֹן בֵּית־עֵלִי בְּזֶבַח וּבְמִנְחָה עַד־עוֹלָם" – *Therefore I have sworn concerning the house of Eli* ***that the sin of the house of Eli would never be atoned for by sacrifice nor by minchah-offering forever.***[16] בְּזֶבַח וּבְמִנְחָה אֵין מִתְכַּפֵּר לוֹ – The verse implies that **by a sacrifice or *minchah* offering it will not be atoned for [the house of Eli],** אֲבָל מִתְכַּפֵּר לוֹ בִּתְפִלָּה – **but [the house of Eli] can be atoned for with** the power of **prayer.**[17] It is for this reason that I prolong my prayers.[18] וְצַלֵּי עֲלוֹי – Upon hearing this, **[R' Chiyah bar Ba] prayed for [R' Kahana],** וְזָכָה לְמֵיסַב עַד דְּאִיתְעַבְדוּן טַפְרוֹי סוּמּוּקִן – **and he merited to advance in age to the point that his fingernails turned red** כְּהָדָא דַקִּיקָה – **like** the fingernails of **this infant.**[19]

The Gemara returns to its discussion regarding the intercalation process:

רַבִּי שִׁמְעוֹן בֶּן לָקִישׁ אַקְדְּמוֹן לֵיהּ חַד סַב לְעִיבּוּרָא – It once occurred that **R' Shimon ben Lakish was preceded by a certain elderly person,** who was chosen **for** the **intercalation** process.[20] וְאַעֲלוּנֵיהּ מִן הַהוּא תַּרְעָא (דלהל) [דִּלְהָלָן][21] – Upon realizing that he was unlearned and unfit to participate in the proceedings,[22] **they removed him from** the chamber and deposited him outside **that door.**[23] אָמַר – Upon observing this, **[R' Shimon ben Lakish] said:** כֵּן יְהֵא בִשְׂכָרָן – **This is befitting** them **as payback** for having invited that elderly person in my stead.[24]

The Gemara wonders why they found it necessary to dismiss this unlearned elderly person:[25]

וְלָא שְׁמִיעַ דְּאָמַר רַבִּי קְרִיסְפָּא בְּשֵׁם רַבִּי יוֹחָנָן – **But did** they **not hear that R' K'rispa related** the following incident **in the name of R' Yochanan:** מַעֲשֶׂה שֶׁעִיבְּרוּ הַשָּׁנָה שְׁלֹשָׁה רוֹעֵי בָקָר – **It happened that three** ignorant **herdsmen extended the year** based upon the following considerations:[26] חַד מִינּוֹן אָמַר – **One of them said:** בָּכִיר לָקִישׁ בַּאֲדָר מֵינַץ – **"The early crop** [wheat] **and the late crop** [barley] **sprout** together **in** the month of **Adar.** If the ground is not warm enough for that to occur, then a month should be added."[27] וְחוּרָנָה אָמַר – **And another one said:** קדום פוח לוחיך ופוק בַּאֲדָר – **"In Adar,** when **the east wind** blows, לְקוּבְלֵיהּ – the warm air **blown by your cheeks goes out and prevails against it.**"[28] וְחוּרָנָה אָמַר – **And** yet **another one said:** תּוֹר בַּאֲדָר בְּעֶדְרָיֵיהּ יְמוּת – **"In Adar,** the temperature

NOTES

12. It is forbidden to pass through the four *amos* before one who is praying (*Bavli Berachos* 27a, cited by *Korban HaEidah*) [because doing so disturbs the petitioner's concentration (*Mishnah Berurah* 102:15; cf. *Chayei Adam* cited there)].

Upon concluding the *Shemoneh Esrei*, R' Chiyah did not take three strides backward, for just as one may not pass through the four *amos* before one who is praying, he also may not take the three concluding strides by entering into the four *amos* of a person praying behind him, or by striding within these four *amos* (*Shulchan Aruch* loc. cit. §5). Instead, he waited in his place until R' Kahana concluded his prayers (*Pnei Moshe*; see *Korban HaEidah*; *Magen Avraham* loc. cit. §7).

Alternatively, upon concluding the *Shemoneh Esrei* and taking three steps backward (see *Bavli Yoma* 53b), R' Chiyah sat down to wait for R' Kahana to conclude his prayers. He could not move to the side, for he was within four *amos* of R' Kahana and one may not pass through the four *amos* before one who is praying (*Korban HaEidah*, with *Sheyarei Korban* to *Sanhedrin* ibid.). [It is also forbidden to sit idle in front of someone praying *Shemoneh Esrei* (*Bavli Berachos* 31b). R' Chiyah, however, was praying or learning Torah and was thus permitted to sit in front of R' Kahana (*Sheyarei Korban* ibid.; see *Shulchan Aruch, Orach Chaim* 102:1).]

[*Shiurei R' Chaim Kanievski* (ibid.) adopts the first approach – that R' Chiyah did not step back – and also takes the word "sat" literally (see preceding note). Based on this, he asserts that one who has concluded the *Shemoneh Esrei*, but has not taken three strides backward (because one is praying behind him), is considered to have legally finished the *Shemoneh Esrei*. Since he is legally finished, he may sit down in his place (and one praying in front of him may take three strides backward, even if he will thereby enter his four *amos*).]

13. [*Bavli Berachos* 27b, as understood by *Rabbeinu Yonah* there, forbids one to pray behind his master for this very reason – so as to avoid inconveniencing the master, by preventing him from taking his three steps backward (or from moving aside after taking his three steps). See *Pri Chadash, Orach Chaim* 90:24; cf. *Shiltei HaGiborim, Berachos* folio 18b §3.]

14. [*Bavli Chullin* (132a) implies that R' Kahana was not a Kohen. *Tosafos* there demonstrate, however, that several Amoraim were named Kahana. See also *Sheyarei Korban* to *Sanhedrin* ibid.]

15. *I Samuel* 3:14.

16. Eli served as Kohen Gadol when the prophet Samuel was a young man. While he was righteous, his sons Chafni and Pinchas were not (ibid. 2:12-25, with *Bavli, Shabbos* 55b and *Yoma* 9b). In retribution for their sins, Heaven decreed that all Eli's male descendants would die young (ibid. 2:27-3:18). The verse cited in our Gemara states that the sin of the House of Eli will never be atoned for by sacrifice or *minchah* offering.

17. [The verse could have simply stated that the sin of the house of Eli will never be atoned for. Why was it necessary to add *by sacrifice or minchah offering*? It is to teach that while it cannot be atoned for through sacrifices, it can be atoned for through a different vehicle – namely, prayer (*Yefeh Mareh*).]

Bavli Berachos (32b) states that prayer is greater than the Temple offerings. Additionally, the Gemara (ibid. 54b) states that prolonged prayer prolongs the life of a person (*Korban HaEidah* to *Sanhedrin* 5a).

[*Bavli Rosh Hashanah* (18a) states that the sin of the house of Eli can be atoned through Torah study and (according to Abaye) acts of kindness. R' Kahana argues that only prayer can atone for this sin (*Yefeh Mareh*).]

18. [Additionally, R' Kahana thought that R' Chiyah, who was elderly at the time, would prolong his prayers as well (in order to prolong his life further), and did not expect to inconvenience him (*Sheyarei Korban*).]

19. See *Korban HaEidah* et al. [The nails of an infant are translucent, and thus appear red.]

20. That is, the *beis din*, headed by the *Nasi*, invited a certain elder, but not Reish Lakish, to participate in the proceedings (*Pnei Moshe*; *Sheyarei Korban* to *Sanhedrin* ibid.; see also *Korban HaEidah* 16b ד״ה ור״ל).

21. Emendation based on text of parallel Gemara, *Sanhedrin* 5a (see also *Pnei Moshe* here and *Korban HaEidah* ibid.).

22. *Sheyarei Korban* ibid.; *Pnei Moshe*.

23. *Pnei Moshe*. See *Korban HaEidah*.

24. *Pnei Moshe*; see *Korban HaEidah*; *Sheyarei Korban* to *Sanhedrin* 5a; cf. *Korban HaEidah* there.

25. *Pnei Moshe*. [According to *Korban HaEidah*, the Gemara's question is addressed to R' Shimon ben Lakish.]

26. When deciding whether to add a month to the year, *beis din* takes the weather conditions and state of the crops into consideration (see *Yerushalmi Sanhedrin* 1:2, 5b and above, 15b note 38). If they calculate that Pesach will not be in the spring, when the grain is ripening, they will declare a leap year.

Each of the three herdsman noted, in his own way, that based on the current conditions of Adar, Pesach would not be in the spring, and the year should therefore be extended.

27. The wheat had been planted at the beginning of the [previous] month, while the barley had been planted more recently. If spring was on its way, then during the month of Adar the ground should have warmed to the degree that the wheat, which was planted earlier, and the barley, which was just planted, sprout together (*Korban HaEidah*, from *Rashi*, *Sanhedrin* 18b; see *Rashash* there).

28. The cold of winter has subsided to such a degree that even when a strong east wind blows, the cold air that is brought in its wake can be warmed by a person's breath (*Korban HaEidah*, from *Bavli Sanhedrin* 18b, with *Rashi*).

אמר ר' יונתן ראה לשון שלימדנו בן הנפח אילו אמר בעיבורה הייתי אומר אלו אחד עשר יום שהחמה עודפת על הלבנה בכל שנה אלא [א]בעיבור שהוסיפו לה חכמים שלשים יום [ב]ועיברוה. ר' יעקב בר אחא ר' יסא בשם ר' יוחנן לעיבור הולכין אחר המינוי. לבית הוועד הולכין אחר הרגיל. (א)והוא שיהא כל אחד ואחד מדבר [ג]במקומו. כגון ר' חנינא פתח ר' יוחנן ור' שמעון בן לקיש חתמין. ר' בא בר זבדא פתח ר' חייא ור' יסא ור' אימי חתמין. ר' חגיי פתח ר' יונה ור' יוסי חתמין. כהנא איתמני קדמיי מן ר' יעקב בר אחא. עאל ר' יעקב בר אחא קדמיי מיניה לעיבורא. אמר [ד]הכין מרה דשמועתא לא מקיים לה. (ב)ר' חייה בר בא הוה קאים מצלי. עאל ר' כהנא וקם ליה מצלי מן אחורויי. מן דחסל ר' חייה בר בא מן צלותיה יתיב ליה א(ג)[ה]דלא מיעבור קומוי [ו]ר' כהנא מאריך בצלותיה. מן דחסל ר' כהנא אמר ליה הכין אתון נהיגין גביכון מצערין רברביכון. אמר ליה רבי אנא מדבית [ז]עלי וכתיב על דבית עלי (א)אם יתכפר עון בית עלי בזבח ובמנחה עד עולם בזבח ובמנחה אין מתכפר לו (ד)אבל מתכפר לו בתפילה. וצלי עלוי (ה)וזכה למיסב עד יג: דאיתעבדון טפרוי סומוקן כהדא [ח]דקקה. ר' שמעון בן לקיש אקדמון ליה חד סב לעיבורא ואעלוניה מן ההוא תרעא [ט]דלהל. אמר כן יהא בשכרן. ולא שמיע דאמר ר' קריספא בשם ר' יוחנן (ו)מעשה שעיברו השנה שלשה רועי בקר. חד מינון אמר [י]בכיר לקיש באדר מינץ. וחורנה אמר [כ]קדום באדר [ל]פוח לוחיך ופוק לקובליה. וחורנה אמר [מ]תור באדר [נ]בעדרייה ימות [ס]ובטל תינתה משכיה ישלח. ואנן חמיין שתא דלית חד מינהון ועיברו את השנה על פיהם. אמר ר' חלבו והסכים בית דין עמהן.

קרבן העדה

בעיבורה שהוסיפו לה חכמים ל' יום אמר ר' יונתן וכו': בן הנפח. הוא ר' יוחנן: שהחמה עודפת על הלבנה. ששנת הלבנה שנ"ד ושנת החמה שס"ה יום: ועיברוה. לאותה שנה: אחר המינוי. מי שנתמנה תחלה: לבית הוועד. בקידוש החדש, כדתנן במתני' שאין העדים הולכים אלא למקום הוועד: הולכין אחר הרגיל. מי שרגיל להיות בבית הועד, הוא נכנס תחלה: מדבר במקומו. אף בבית הועד מי שהוא זקן מדבר תחלה: חתמין. השטרות ששולחין ע"י שלוחים לבני הגולה: כהנא. רב כהנא נתמנה קודם ר' יעקב בר אחא והוה נכנס ר' יעקב בר אחא קודם לרב כהנא לעבר השנה: אמר. רב כהנא ר' יעקב בר אחא דהוא מארי דשמעתא דאמר משמיה דר' יוחנן שמי שנתמנה תחלה נכנס תחילה לעיבור, והוא עצמו אינו מקיים דבריו: עאל וכו'. נכנס רב כהנא ועמד אחורי דרבי חייה להתפלל: מן דחסל. לאחר שסיים ר' חייה בר אבא תפלתו (א)עמד במקומו דלא לעבור לפני רב כהנא דהוה מאריך בתפלתו ואסור לעבור לפני המתפלל: מן דחסל רב כהנא. לאחר שסיים רב כהנא תפלתו: אמר ליה. ר' חייה בר אבא הכי המנהג אצליכם שאתם מצערין לגדולים שבכם: אבל מתכפר לו בתפלה. לפיכך האריך בתפלתו: וצלי עלוי. והתפלל רבי חייה על רב כהנא וזכה להזקין עד שנעשו צפרניו אדומים כצפרני תינוק: ר' שמעון בן לקיש. הקדימו זקן אחד לכנוס לעיבור: ואעלוניה וכו'. והוציאו לאותו זקן מן הפתח ההיא. ונראה שמת שם. א"י נמי שהוציאו אותו מן הפתח השנייה: אמר. ר' שמעון בן לקיש כן יהא בשכרן הואיל שפגם בכבודו: ולא שמיע. לר' שמעון בן לקיש הא דאמר ר' קריספא דאפילו רועי בקר כשרים לעיבור שנה, וכיון שכן אפילו זקן עם הארץ קודם לתלמיד חכם בעיבור שנה: חד מינון. אחד מהם אמר: בכיר וכו'. אם יהא חום בקרקע שילמח זרע הבכיר והאפיל יחד חיטין שנזרעו בראש החדש והשעורים שנזרעו עכשיו דין הוא אדר, ואם לאו לית דין אדר אלא שבט: וחורנה. ואידך אמר אם כבר תשש כח החורף כל כך שכשרוח מזרחית חזקה מאוד והיא מביאה צינה וכשאתה מנשב בפיך ויוצא לקראתה ונפיתחך קשה מן הרוח ומחממתה דין הוא אדר, ואם לאו שעדיין צינה חזקה לית דין אדר אלא שבט: תור באדר וכו'. שור באדר בעדריה ימות מחמת הקור החזק: ובטל תונתיה וכו'. בצל התאנה יהא השור מיצל בצהרים מחמת החום ועורו יפשיט כלומר יתחכך בתאנה מחמת החום: ואנן. רואין שנה זו אפילו אחד מאלו אין בו ועיברוהו לשנה על פיהם, הרי דאפילו ארועי בקר סמכינן: והסכים בית דין עמהן. עם רועי בקר, אבל שיהא זקן עם הארץ ראוי לעיבור ודאי אינו, ושפיר הקפיד רשב"ל:

פני משה

ראה לשון שלימדנו בן הנפח. ר' יוחנן קרו ליה בר נפחא ולימדנו במוצא פיו להוציא את הה"א בכח להבין הכוונה, שאילו אמר בעיבורה בלא מפיק ה"א אפשר לטעות שאין הכוונה שמעברין אותה השנה בעיבור חדש אחד אלא על סתם עיבור של כל שנה ושנה והן י"א יום שיתירין ימות החמה על ימות הלבנה, אבל עכשיו שאמר בעיבורה במפיק ה"א אין הכוונה אלא על העיבור שלה מאותה השנה שהוסיפו לה חכמים חדש אחד: לעיבור הולכין אחר המינוי. להכניס למנין עיבור שנה הולכין אחר מי שנתמנה לחכם בתחלה ומכניסין אותו קודם לחבירו שנתמנה אחריו: לבית הועד. בבית המדרש לפתוח בהלכה: הולכין אחר הרגיל. מי שהוא מורגל ביותר הוא פותח בתחלה וכדמפרש ואזיל: והוא. וזהו שיהא כל אחד ואחד מדבר במקומו המיוחד לו וחותם ועונה אחר מי שפתח בתחלה, כגון ר' חנינה הוא היה הראש והרגיל שבכולם היה פותח בהלכה ור' יוחנן וריש לקיש חותמין ועונין אחריו ואחר כך האחרים וכן ר' בא בר זבדא וכו' וכן כולם, וכעין דאמרינן בפרק יש נוחלין (ב"ב קכ.) בישיבה הלך אחר החכמה: כהנא. רב כהנא סמכו אותו ונתמנה מקודם שסמכו לר' יעקב בר אחא ואף על פי כן נכנס ר' יעקב מקודם לרב כהנא למנין עיבור שנה: אמר הכין. אמר רב כהנא וכי כן הוא הדבר דר' יעקב בר' אחא גופיה הוא מרה דשמעתא דאמר לעיל לעיבור הולכין אחר המינוי, ולא מקיים ליה לשמעתיה שלא היה לו לקבל עליו להיות נכנס מקודם: הוה קאים ומצלי. היה עומד ומתפלל ונכנס רב כהנא לשם ועמד לו מאחוריו דר' חייא להתפלל: מן דחסל ר' חייא. משגמר תפלתו והיה צריך לו לישב, כלומר להתעכב מלפסוע אחוריו שלא יעבור לפני רב כהנא לפי שאין עוברין לפני העומדין בתפלה והתחיל רב כהנא להאריך בתפלתו, ולאחר שסיים רב כהנא תפלתו אמר לו ר' חייא וכי כך אתם נוהגין להאריך ולצער רבכם שהייתי מוכרח להמתין כל כך: א"ל רבי. אל ירע בעיניך שאני מאריך ומרבה בתפלה דאנא מבית עלי קאתינא וזכות התפלה יגן עלי להאריך ימים, והתפלל עליו ר' חייא וזכה להזקין עד שנעשו צפרניו אדומות כמו של התינוק הזה: ר' שמעון בן לקיש אקדמון ליה חד סב בעיבור. הקדימו לפניו זקן אחד להכניסו למנין עיבור שנה ואותו זקן לא היה ראוי לכך: ואעלוניה מן ההיא תרעא דלהלן. ולבסוף העלוהו לאותו הזקן משם ודחפוהו מהשער ולחוץ שראו שלא היה חכם וראוי לזה: אמר. ריש לקיש כן יהא בשכרן כך ראוי להן בשכרן שעברו והקדימו לזקן הזה לפני: ולא שמיע. ומתמה הש"ס וכי לא שמיע להו מה דאמר ר' יוחנן דאפילו על ידי שלשה רועי בקר עיברו את השנה כדלקמיה, ומידי דהוה הזקן הזה כאחד מרועי בקר ומפני מה דחו אותו: בכיר ולקיש מינץ. הסימן הוא אם זהו אדר צריך שיהא בו חום שיכולין זרע הבכיר והיא השעורה, וזרע הלקיש ואפילה והן החטים, לנמוח ולהנץ כאחת: תור באדר בעדריה ימות. אם הוא אדר דרך השור למות ממש בעדריה בבקר מחמת הקור, ועם כל זה אין הקור מאריך כל היום, שבצהרים בטול תאינתא משכיה ישלח, שצריך לו לילך להיות מצל בצל התאנה ויפשיט עורו כלומר יתחכך שם מחמת החום: וחורנה. ואחרינא אמר: קידום באדר. אם הוא אדר דרך להיות תש כח החורף כל כך שאפילו רוח קדים החזקה נושבת יהיה פח לחייך, הבל החום היוצא מפיך יוצא לנגדו ומחממו: ואנן חמיין. ואנחנו רואין בשנה זו שאין בו אחד מכל הסימנין הללו, וא"כ אין זה אדר אלא שבט ועיברו חכמים אותה השנה על פיהם: והסכים בית דין עמהן. בתמיה, וכי לא אמר ר' זעירה שצריך דוקא שיהו האומרים שצריכה השנה להתעבר הכל מודים מטעם אחד ואלו הרועי בקר זה אומר כך וזה אומר כך, ומשני מכיון דאלו מודים לאלו ואלו לאלו הוי כמי שכולן מסכימין מטעם אחד:

מסורת הש"ם

א) [ב"ב קכ. וילקו"ש פנחס תשעג כעין זה] ב) [סנהדרין פ"א ה"ב כל הענין, מדרש שמואל י, ילקו"ש שמואל-א לט] ג) [ברכות כז.] ד) עי' ר"ה יח. [ויבמות קה.] ה) סנהדרין יח:

שירי קרבן

אמר ליה רבי אנא מדבית עלי וכו'. וקשה כיון דידע שיאריך בתפלתו למה העמיד עצמו להתפלל לאחוריו. וי"ל דה"ק ליה, דלאו במרד עשה כן והאריך בתפלתו לצער אותו, ומתחלה היה סובר שרבי חייה שהוא זקן נמי יאריך בתפלתו על אריכות ימים, שכל המאריך בתפלתו מאריכין לו ימיו (ברכות נד:):

עין משפט

א מיי' פ"ה מהלכות תפילה הלכה ו טוש"ע או"ח סימן קב סעיף ד:

שינויי נוסחאות

א] **בעיבור.** בד"ק ובדפוסים **בעיבורה:**
ב] **ועיברוה.** נוסף בכי"ל ע"י המגיה. בירושלמי סנהדרין (פ"א ה"ב) וברמב"ן ובמאירי (סנהדרין יג.) ליתא:
ג] **במקומו.** בירושלמי סנהדרין (שם) נוסף **וחותם:**
ד] **הכין.** בירושלמי סנהדרין (שם) **אכן:**
ה] **דלא.** בירושלמי סנהדרין (שם) **בגין דלא:**
ו] **ר' כהנא.** בירושלמי סנהדרין (שם) **שרי ר' כהנא:**
ז] **עלי.** בירושלמי סנהדרין (שם) נוסף **קאתינא:**
ח] **דקקה.** בירושלמי סנהדרין (שם) **רקקה:**
ט] **דלהל.** בירושלמי סנהדרין (שם) **דלהן:**
י] **בכיר לקיש וכו'.** בסנהדרין (יח:) "אם בכיר ולקיש כחדא יינץ, דין הוא אדר, ואם לאו לית דין אדר". וראה פירושו בקה"ע שהעתיק פירש"י על זה:
כ] **קדום באדר וכו'.** בסנהדרין (שם) "אם קידום תקיף לחדא יהא, יפח בלועך נפיק לקיבליה, דין הוא אדר ואם לאו לית דין אדר". וראה פירושו בקה"ע שהעתיק פרש"י ע"ז:
ל] **פוח לוחיך ופוק לקובליה.** בירושלמי סנהדרין (שם) פח בלועך יפוק לקיבליה. בדפ"ו פוח ליחיך ופיק לקיבליה:
מ] **תור באדר וכו'.** בסנהדרין (יח:) "אם תור בצפר בתלג ימות, ובטיהרא בטול תאינה ידמוך, ישלח משכיה, דין הוא אדר, ואם לאו לית דין אדר". ופרש"י, "אם בבקר יהא קור חזק עד שיהא השור קרוב למות מחמת הצינה, ובטיהרא בטול תאינתא ידמוך, ובצהרים יגדל כח החום עד שיהא השור מיצל בצל התאנה מחמת החום, וישלח משכיה, ויפשיט עורו, כלומר יתחכך בתאינה מחמת החום":
נ] **בעדרייה.** כך הוגה בכי"ל. בכי"ל כאן ובירושלמי סנהדרין (שם) **בעריה:**
ס] **ובטל תינתה.** בירושלמי סנהדרין (שם) **ובטול תינתא:**

תורה אור השלם

א) וְלָכֵן נִשְׁבַּעְתִּי לְבֵית עֵלִי אִם יִתְכַּפֵּר עֲוֹן בֵּית עֵלִי בְּזֶבַח וּבְמִנְחָה עַד עוֹלָם: (שמואל-א ג יד)

הגהות וציונים

א. בסנהדרין פ"א ה"ב פירש רבינו ישב ר' חייה במקומו. ובשיירי קרבן שם ד"ה חסל כתב ואף שבר"ה פרשתי ויתיב ליה ועמד במקומו, הדרי בי דא"כ הו"ל למימר וקאם שם:

Before concluding the incident, the Gemara explains R' Yochanan's choice of words:

אֲמַר רַבִּי יוֹנָתָן – R' Yonasan said: רְאֵה לָשׁוֹן שֶׁלִּימְּדָנוּ בֶּן הַנַּפָּח – Consider the language that the blacksmith's son, i.e. R' Yochanan,[1] **has taught us. אִילּוּ אָמַר בְּעִיבּוּרָהּ – Had he said,** "The year is sanctified **in its extension," הָיִיתִי אוֹמֵר אֵלּוּ אַחַד עָשָׂר יוֹם שֶׁהַחַמָּה עוֹדֶפֶת עַל הַלְּבָנָה בְּכָל שָׁנָה – I would have said that these** additional days **are the eleven days** by **which the solar** year **exceeds the lunar** year **on an annual basis. אֶלָּא בְּעִיבּוּר שֶׁהוֹסִיפוּ לָהּ חֲכָמִים** – By instead stating ". . . in *the* extension," R' Yochanan taught that this is not the case. **Rather,** the additional days are **the extension** period **that the Sages added to [the year]; שְׁלֹשִׁים יוֹם** – namely, **thirty days.**[2]

The Gemara returns to recounting the incident:

וְעִיבְּרוּהָ – And, after deliberating, **they extended [the year].**[3]

The Gemara presents another difference between the process of sanctifying the new month and of extending the year:

רַבִּי יַעֲקֹב בַּר אַחָא רַבִּי יַסָּא בְּשֵׁם רַבִּי יוֹחָנָן – R' Yaakov bar Acha cited **R' Yassa,** who said **in the name of R' Yochanan: לְעִיבּוּר הוֹלְכִין אַחַר הַמִּינּוּי – Concerning** the **intercalation** process, **we follow the** order of **designation** in determining who enters first.[4] **לְבֵית הַוַּועַד הוֹלְכִין אַחַר הָרָגִיל** – However, **concerning the House of Assembly,** where they sanctified the new month, **we follow the most frequent** judge in determining who enters first.[5] **וְהוּא שֶׁיְּהֵא כָּל אֶחָד וְאֶחָד מְדַבֵּר בִּמְקוֹמוֹ – But this** guideline still **provides that each and every** judge **speaks in his proper place** when opening the session.[6] Accordingly, when sanctifying the month, the judge who most frequently served in that position enters first, but the most eminent one would begin deliberations.

The Gemara provides several examples:

כְּגוֹן רַבִּי חֲנִינָא פָּתַח – For example, R' Chanina would open the proceedings, **רַבִּי יוֹחָנָן וְרַבִּי שִׁמְעוֹן בֶּן לָקִישׁ חָתְמִין – and R' Yochanan and R' Shimon ben Lakish,** who were not as eminent as he, **would** continue and **conclude** the proceedings. **רַבִּי בָּא בַּר זַבְדָּא פָּתַח** – Similarly, **R' Ba bar Zavda would open** the sanctification proceedings, **רַבִּי חִיָּיא וְרַבִּי יַסָּא וְרַבִּי אִימִּי חָתְמִין – and R' Chiya, R' Yassa, and R' Imi would conclude** them.[7] **רַבִּי חַגַּיי פָּתַח** – And, finally, **R' Chaggai would open** the proceedings, **רַבִּי יוֹנָה וְרַבִּי יוֹסֵי חָתְמִין** – and **R' Yonah and R' Yose would conclude** them.[8]

R' Yaakov bar Acha stated in the name of R' Yochanan that concerning the intercalation process, the one designated first enters first. The Gemara recounts:

כַּהֲנָא אִיתְמְנֵי קַדְמַיי מִן רַבִּי יַעֲקֹב בַּר אַחָא – Kahana was designated as a judge for the intercalation process **before R' Yaakov bar Acha, עָאל רַבִּי יַעֲקֹב בַּר אַחָא קַדְמַיי מִינֵּיהּ לְעִיבּוּרָא** – and, yet, **R' Yaakov bar Acha entered** the courthouse **before [Kahana] for** the purpose of **extending** the year. **אֲמַר**– Expressing surprise that R' Yaakov bar Acha entered before him, **[Kahana] exclaimed: הָכִין מָרֵהּ דִּשְׁמוּעֲתָא לָא מְקַיֵּים לַהּ – Is it so, that** R' Yaakov bar Acha, who is **the source of the ruling** – according the honor of entering first to the one designated first – **does not** personally **fulfill it?!**[9]

The Gemara digresses to cite another incident involving R' Kahana:[10]

רַבִּי חִיָּיה בַּר בָּא הֲוָה קָאִים מְצַלֵּי – R' Chiyah bar Ba was standing and **praying** the *Shemoneh Esrei.* **עָאל רַבִּי כַּהֲנָא וְקָם לֵיהּ מְצַלֵּי מִן אֲחוֹרוֹיי** – While he was praying, **R' Kahana entered and stood in prayer behind him. מִן דַּחֲסַל רַבִּי חִיָּיה בַּר בָּא מִן צְלוֹתֵיהּ יְתִיב לֵיהּ – When R' Chiyah bar Ba concluded his prayers, he sat** in his place,[11] **דְּלָא מֵיעֲבוֹר קוֹמוֹי רַבִּי כַּהֲנָא מַאֲרִיךְ בִּצְלוֹתֵיהּ – so as**

NOTES

1. *Korban HaEidah* et al.; *Rashi, Sanhedrin* 96a. [R' Yochanan's father was a blacksmith. Alternatively, "*ben hanapach*" means "handsome" (*Rashi* ibid.). Indeed, R' Yochanan was renowned for his physical beauty (see *Yerushalmi Avodah Zarah* 3:1; *Bavli Bava Metzia* 84a).]

2. A lunar month lasts approximately 29 ½ days, so that a twelve-month lunar year is approximately 354 days, some eleven days shorter than a solar year (which contains approximately 365 ¼ days – the time in which the earth completes one revolution around the sun). Without adjustment, then, the lunar calendar will annually move approximately 11 days in relation to the solar year [and the festivals will not fall in their proper seasons]. Now, there would seem to be two possible ways to compensate for this loss. An additional month can occasionally be added to the lunar year or eleven days can be added on a more regular basis. R' Yochanan's choice of words made it clear that adding eleven days to the year is not an option. Instead of declaring that the year is sanctified "in *its* extension," which implies the extension of the year itself – i.e. the eleven days that the solar year extends past the lunar year – he declared that the year is sanctified "in *the* extension," alluding to *the* specific extension ordained by the Sages; namely, an additional month (based on *Ramban* in his glosses to *Sefer HaMitzvos*, end of *Asei* §153; and *Meiri* to *Sanhedrin* 13a). [See *Mechilta, Bo, Parashah 2,* for the source of this law that a year may be extended only by adding a month, not days; see also *Bavli Megillah* 5a.]

3. R' Yochanan began the deliberations. Subsequently, the court extended the year (based on *Korban HaEidah*).

[According to those (cited above, 15b note 38) who explain our Gemara as dealing with the declaration of the court, this Gemara is difficult, for R' Yochanan already announced the court's decision (end of 15b; see there, note 43). Possibly, those commentators did not have this word (וְעִיבְּרוּהָ) in their text. Indeed, it does not appear in the parallel Gemara in *Sanhedrin* (4b).]

4. The judges who participate in the intercalation process must be designated beforehand (see *Bavli Sanhedrin* 10b-11a; *Yerushalmi* there 1:2, 4a). The judge who was designated first is accorded the honor of entering the courthouse first (*Korban HaEidah*).

[Others understand the word מִינּוּי as referring to *semichah* – the process of ordination that was passed along in an unbroken chain from Moses (see below, 16b note 8 and *Yerushalmi Sanhedrin* 5a and 8a-b). Thus, the Gemara means that the judges enter the courtroom in the order in which they received *semichah* (*Pnei Moshe* here and below ד"ה רב כהנא).]

5. A Mishnah below (4:5, 24a; *Bavli* 31b) refers to the sanctification headquarters of *Beis Din* as the *place of the assembly*.

With respect to sanctification [which did not require designation of the judges], the judge who participated more often in the sanctification process was accorded the honor of entering first (*Korban HaEidah*; cf. *Pnei Moshe*).

6. Although entry into the courthouse is determined by frequency, the opening of the session is determined by degree of eminence, in consonance with the Gemara's teaching above, that concerning the sanctification process, deliberations begin with the most eminent judge (*Korban HaEidah* here and ד"ה כגון).

7. [It is unclear why four judges (R' Ba bar Zavda along with R' Chiyah, R' Yassa, and R' Imi) were necessary. *Yerushalmi Sanhedrin* (4b) omits R' Chiyah.]

8. In all three instances the most eminent scholar opened deliberations, and the other scholars continued (*Korban HaEidah, Sanhedrin* 4b; cf. *Korban HaEidah* here).

9. *Korban HaEidah*. [See *Ridvaz* to *Shabbos* (2:1 ד"ה וכן) for a possible justification of R' Yaakov bar Acha's conduct.]

10. [See *Sheyarei Korban* (*Sanhedrin* 4b סוד"ה חסל), who suggests a direct relationship between the following incident and the preceding Gemara.]

11. "Sitting" in this context means waiting in one place [see *Bavli Megillah* 21a] (*Korban HaEidah*; *Pnei Moshe*).

Alternatively, he literally sat down (*Korban HaEidah* and *Shiurei R' Chaim Kanievski* to *Sanhedrin* ibid.; see *Sheyarei Korban* there).

The Gemara recounts an incident reflecting R' Yochanan's view:

וּכְבָר נִכְנַס רַבִּי יוֹחָנָן – **And,** indeed, **R' Yochanan once entered** the court to participate in the intercalation process, וְהוּא הָיָה הַקָּטָן שֶׁבָּהֶן – **and** although **he was the least eminent of** all **[the judges present],** אָמְרוּ לוֹ – **they said to him:** אֱמוֹר הֲרֵי הַשָּׁנָה מְקוּדֶּשֶׁת בְּעִיבּוּרָהּ – "Submit your decision and if you so opine, **declare: 'Behold, the year is sanctified in its extension.'** "[43] אָמַר – **He** instead **said:** הֲרֵי הַשָּׁנָה מְקוּדֶּשֶׁת בְּעִיבּוּר(ה)[44] – **"Behold, the year is sanctified in the extension."**[45] Thus, we see that regarding the extension of the year, the least eminent judge is asked to submit his decision first.

NOTES

43. Based on *Korban HaEidah.* [According to the alternate explanation set forth above (note 38), the Gemara means that R' Yochanan was asked to announce the decision after the deliberations.]

44. Emendation based on *Ramban* in his glosses to *Sefer HaMitzvos,* end of *Asei* §153 and *Meiri* to *Sanhedrin* 13a. For other suggestions, see *Rabbeinu Chananel* 15a, *Korban HaEidah,* and *Pnei Moshe.*

45. The Gemara will immediately explain why R' Yochanan stated *the extension* instead of *its extension.*

תני [א]א) נראה באשש ובמים אין מעידין עליו. אמר ר' חייא בר בא ראו אותו יוצא מענן זה ונכנס לתוך ענן אחר מעידין עליו. כהדא ר' חנינה אזל ב)לעין טב למימנא והוה אוירא מעונן. אמר כדון אמרין מה נטיל אוירא דהן סבא. והקדיח לו הקדוש ברוך הוא ככברה ונראה מתוכה. ר' חייה רבה הילך לאורו של ישן ארבעת מיל. ר' אבון ג)משדי עלוי צררין ואמר לה לא תבהית בני מריך ברמשא אנן בעיין תיתחמי מיכא ואת מיתחמי מיכא. מיד איתבלע מן קומוי: לצפונה לדרומה: ד)אית תניי תני לצפונה דבריו קיימין. אית תניי תני ה)לדרומה דבריו קיימין. מאן דאמר לצפונה דבריו קיימין מן טבת ועד תמוז. מאן דאמר לדרומה דבריו קיימין מן תמוז ועד טבת: כמה היה גבוה: זה אומר מלא מרדע אחד וזה אומר מלא שני מרדעים אית תניי תני דבריהן קיימין ואית תניי תני אין דבריהן קיימין. מאן דאמר דבריהן קיימין
יג. בהינון ו)דהוון קיימין חד מלעיל וחד מלרע. מאן דאמר אין דבריהן קיימין בהינון דהוון קיימין שווי: כמה היה רחב: כשעורה ויותר מכשעורה. ואם אמר לפני החמה לא אמר כלום: הלכה ה מתני' [מ"ז] ב)ראש בית דין אומר מקודש וכל העם עונין אחריו מקודש מקודש. בין שנראה בזמנו בין שלא נראה בזמנו מקדשין אותו. ז)ר' אלעזר בר' צדוק אומר ג)אם לא נראה בזמנו אין מקדשין אותו שכבר קידשוהו שמים: גמ' תני ח)ר' שמעון בן יוחי אומר א)וקדשתם את שנת החמשים שנה שנים מקדשין אין מקדשין חדשים. והא תנינן ראש בית דין אומר מקודש. מהו מקודש מקויים. תני ד)ט)לקידוש החודש מתחילין מן הגדול. אמר ר' חייה בר אדא מתניתא אמרה כן ראש בית דין אומר מקודש. תני ה)י)לעיבור א]השנה מתחילין מן הצד. אמר ר' זבידא והן בייתא דלרע לא נהגין כן. ולא שמיע דאמר ר' חייה בר ב]מדייא ג]ר' יונה ר' בא ר' חייה בשם ר' חייה בשם ר' יוחנן ד]לקידוש החודש מתחילין מן הגדול לעיבור השנה מתחילין מן הצד. וכבר נכנס ר' יוחנן והוא היה הקטן שבהן אמרו לו אמור הרי השנה מקודשת ה]בעיבורה.

פני משה

נראה באשש. בעששית, קנדילה בלע"ז: ונכנס לתוך ענן אחר מעידין עליו. כלומר שנראית מתוך הענן אע"פ שאינה מאירה כל כך אלא כנראית מתוך הכברה מעידין עליו כהדא מעשה דר' חנינה: למימנא. לקידוש החדש שאם היה בית דין קבוע לכך. לעיל (סוכה פ"ב ה"ה וכגירסת ד"ו שם) גרים לסימנא וזהו לקידוש החדש ועל שם שהיו נותנין סימן שנתקדש: אמר כדון אמרין. עכשיו יאמרו הבריות: מה נטיל אוירא דהן סבא. כמה הוא גלול ונטול האויר של זקן הזה, ודרך לעג יאמרו כך מפני שהאויר מעונן הוא ובא לקדש החדש על פי ראיה, ונעשה לו נס שהקדיח לו הקב"ה על ידי נקב כנקב הכברה ונראה הלבנה מתוכה: לאורו של ישן. של הלבנה ישנה שעדיין לא נתכסית ומאירה והם היו רוצין לראות החדשה ולקדשה, והיה ר' אבון זורק עליו צררין ואמר לא תבייש בני קונך שבערב אנו רוצין שתתראה מכאן ממקום שנראית בחידושה ואת נראית עכשיו ממקום שהישנה נראית ומיד איתבלע ונכסית מלפניו: מן טבת ועד תמוז. נקראו ימות הגשמים ולצפונה דבריו קיימין, ומן תמוז ועד טבת נקראו ימות החמה ולדרומה דבריו קיימין: מאן דאמר דבריהן קיימין בהינון דהוון קיימין חד מלעיל וחד מלרע. שהאחד מהעדים היה עומד במקום גבוה כגון בהר או מקום שמשפע והולך, וזה העומד מלמעלה נראית לו שהיא גבוה שני מרדעים גבוה מן הארץ, וזה שהוא עומד למטה הימנו נראית לו מרדע אחד גבוה מן הארץ, ומאן דאמר אין דבריהן קיימין מיירי בהינון שהן עומדין במקום שוה ואפ"כ מכחישין זה את זה: בשעורה ויותר מכשעורה. אם הוא כפי השיעור לפי דרכו החשבון בקשת הראיה או יותר מכשיעור, ובודקין אותן אם מכוונין כפי קשת הראיה או אומרים יותר מכשיעור הזה ואינו כלום: ואם אמר וכו'. הוי כאומר לפני החמה ולא אמר כלום: מתני' ראש בית דין אומר מקודש. דכתיב (ויקרא כג מד) וידבר משה את מועדי ה' מכאן שראש בית דין אומר מקודש: וכל העם עונין אחריו. דכתיב (ויקרא שם ב) מועדי ה' אשר תקראו אותם קרי ביה אתם דחסר כתיב בלא וא"ו: מקודש מקודש. תרי זימני, דכתיב מקראי קדש שני מקראות: בין שנראה בזמנו. בליל שלשים: בין שלא נראה בזמנו. שאז יהיה ראש חודש ביום ל"א, ואין נזקקין לירח ביום ל"א שאף אם לא נראה אין לך חדש לבנה יותר על שלשים יום: ר' אליעזר בר' צדוק אומר אם לא נראה בזמנו. וקובעין ראש חודש ליל אחד ושלשים אין מקדשין אותו לפי שאין קדוש החדש חובה, דילפינן מדאמר קרא וקדשתם את שנת החמשים שנים אתה מקדש שחובה על הבית דין בשנת היובל לומר מקודשת השנה, ואין אתה מקדש חדשים שאין חובה מוטל על הבית דין לומר מקודש החדש אלא כשנראה בזמנו מקדשין אותו מפני שצריך חיזוק, והלכה כר' אליעזר בר' צדוק: גמ' תני ר' שמעון בן יוחי אומר וקדשתם וכו'. וכר' אליעזר בר' צדוק דמתניתין. וגרסינן לכל הסוגיא עד סוף הלכה בפ"ק דסנהדרין הלכה ב' וגירסא דהכא עיקרית: והתנינן ראש בית דין אומר מקודש. וילפינן ליה מקרא כדפרישית במתניתן: מהו מקודש מקוים. אחר שהעידו העדים שראו את החדש אומר מקוים הדבר אבל אין חובה להיות מקדשין ממש כמו שמקדשין שנת היובל: לקידוש החדש מתחילין מן הגדול. כדתנן ראש בית דין אומר מקודש וכל העם עונין אחריו: לעיבור השנה מתחילין מן הצד. הקטן שבהן אומר בתחלה מקודשת השנה: והההן בייתא דלרע. וזה הבית של מטה ועל בית הנשיא רמז שהם אין מניחין לנהוג כן: ולא שמיע וכו'. מתמה על זה וכי לא שמעו דכל הני אמוראי מסכימים לדבר אחד שאמרו בשם ר' יוחנן כן: וכבר נכנס ר' יוחנן. לעיבור שנה והוא היה הקטן שבהם וציוו לו לומר הרי השנה מקודשת בעיבורה: אמר הרי השנה מקודשת בעיבורה. דיקדק לומר בעיבורה במפיק ה"א:

קרבן העדה

נראה באשש. דרך זכוכית ראה אותה. או במים, תוך הנהר או מעיין ראה דמות הלבנה: למימנא. להיות נמנה על החדש אם לעברו או לא, והיה אויר היום מעונן: אמר כך. יאמרו מה עב אוירו דהאי סבא שבפעם הראשון למינויו אין הלבנה נראית: והקדיח לו הקב"ה. הענן ככברה והיתה הלבנה נראית מתוך הענן: והקדיח. נקב: [ר' חייה רבה הילך]. לאורו של לבנה ישנה ביום כ"ט ארבע מיל: ר' אבון. ראה הלבנה הישנה בשחרית ביום כ"ט וזרק עליה צרורות עפר: ואמר. לה לא תבייש ותבהל בני אדוניך, שהבית דין מצטערין אם לא יקדשו היום שכפי חשבונם ראוי שיהיה חסר: ברמשאי. בערב אנו צריכין לראותך מצד זה במערב, ואת נראית כעת מכאן. מיד נבלעת מלפניו: מן תמוז. היינו מתקופת תמוז ועד תקופת טבת: בהינון דהוון קיימין. באותן עדים שהיו אחד עומד מלמעלה ואחד מלמטה, ולכך דבריהן קיימין שטעו בשיעור גבהות: בהינון. באותן עדות שהיו עומדין בשוה, והלכך אין דבריהן קיימין: כשיעורא. שראוי להיות, וכדפרישית במתני': מתני' ראש בית דין אומר מקודש. בגמ' מפרש: גמ' שנים מקדשין. כששנת היובל נכנסת מצוה על הבית דין לומר מקודשת השנה: מקויים. דברי העדים שיהא החדש חסר ויהא ראש חודש ביום ל': מתניתא. נמי דייקא שמתחילין מן הגדול: לעיבור שנה מתחילין מן הצד. כיון שהדבר תלוי בדעת הדיינים שמא יסמכו השאר על דעתו של הגדול וימנעו מלומר דעתן כמו בדיני נפשות. אבל קידוש החדש שהכל תלוי בהעדאת העדים מתחילין מן הגדול, כן פסק הרמב"ם בפ"ד מהל' קידוש החודש (ה"י): והן ביתא דלרע. והך בית הנשיא שלמטה לא נהגו כן לענין עיבור (החדש) [השנה] אלא מתחילין מן הגדול. אי נמי [על] ריש גלותא שבבבל הוא דאמר כן: ה"ג אמר הרי השנה מקודשת

אומר חמשה עדותן בטילה. דלעולם באחת עבידי דטעי ולא בשתים, והא דנקט שלשה וחמש ולא נקט שנים וארבעה דחדא טעמא אית להו היינו משום דהואיל דנקט ברישא שלשה קתני נמי בסיפא שלשה וחמשה ובאמת הוא הדין בשנים וארבעה או באחד ושלשה, דהכלל היא שלא יהא ביניהם אלא אחת, וכדכתב הרמב"ם ז"ל בפ"ב בהל' קידוש החודש בסוף הל' ה. ודוגמא זו גבי עדים בסנהדרין פ"ה (מ"ג) אחד אומר בשנים בחודש וכו' ואחד אומר בשתי שעות ביום וכו', והתם טעמא היכא דלא פתח באחד לפי שזה לא שכיח דטעה בר"ח עלמו לפי הטעם שאמרו שם שעדותן קיימת שזה יודע בעיבורו של חדש וכו', ואגב קתני הכא בסיפא שתי שעות וכו', ושלשה וחמשה דנקט שם כמו דמפרשינן כאן הוא. והא דנקט הכא לקמן כשעורה וכו' יש לפרש נמי דכשעורה ממש קאמר והיינו לפי דקות מראיתה לעין:

עין משפט

א מיי' פ"ב מהלכות קידוש החודש הלכה ה:
ב מיי' שם הלכה ח:
ג [מיי' שם]:
ד ה מיי' שם פ"ד הלכה ח:

שינויי נוסחאות

א] השנה. בירושלמי סנהדרין (פ"א ה"ב) החודש. ובפנ"מ שם הגיה כמו שלפנינו:
ב] מדייא. כך נזכר שם זה בכמה מקומות בירושלמי (פסחים פ"ה ה"ו, ועוד). בד"ק ובדפוסים מרייא, וכך נזכר שם זה בכמה מקומות בירושלמי (שבת פ"ג ה"ג, ועוד):
ג] ר' יונה וכו'. בירושלמי סנהדרין (שם) ור' יונה ר' בא בר חייה בשם ר' יוחנן:
ד] לקידוש. בירושלמי סנהדרין (שם) לעיבור, וצ"ל כמו שלפנינו:
ה] בעיבורה. בש"ג וברמב"ן (השגות לסה"מ עשה קנג) ובמאירי (סנהדרין יג.) ובכפתור ופרח (פט"ז) בעיבור. ועי' קה"ע ופנ"מ:

תורה אור השלם

א) וְקִדַּשְׁתֶּם אֵת שְׁנַת הַחֲמִשִּׁים שָׁנָה וּקְרָאתֶם דְּרוֹר בָּאָרֶץ לְכָל יֹשְׁבֶיהָ יוֹבֵל הִוא תִּהְיֶה לָכֶם וְשַׁבְתֶּם אִישׁ אֶל אֲחֻזָּתוֹ וְאִישׁ אֶל מִשְׁפַּחְתּוֹ תָּשֻׁבוּ: (ויקרא כה י)

גליון הש"ס

מ"ד לצפונה דבריו קיימין מן טבת ועד תמוז וכו'. עי' ברש"י דף כ"ד (ע"א ד"ה כאן) שלא פירש כן, ועי' בבעל המאור (ה: מדה"ר): תני לעיבור שנה מתחילין מן הצד. עי' בספר המצות להרמב"ן מצוה קנ"ג:

מסורת הש"ס

א) ר"ה כד. ב) [עי' ר"ה כה. תוד"ה זיל, ברכות פ"ד ה"א ונדרים פ"ו ה"ח] ג) עי' ר"ה כה. ד) ר"ה כד. ה) [תוספתא פ"א הט"ז] ו) ר"ה כד. [סנהדרין פ"א ה"ב, פסיקתא זוטרתא בראשית יז יג, ילקו"ש אמור תרמג] ז) [סנהדרין י:, תוספתא פ"א הט"ז, ילקו"ש בהר תרנט] ח) סנהדרין פ"א ה"ב [כל הענין, ר"ה ח:, כד., סנהדרין י:, ילקו"ש בהר תרנט] ט) [תוספתא סנהדרין פ"ז ה"ב] י) [עי' תוספתא סנהדרין פ"ז ה"ב]

מראה הפנים

אית תניי תני לצפונה דבריו קיימין וכו'. זה לשון בעל המאור ז"ל שם בתר הא דלעיל. ובפסקא דמתני' דתנן כמה גבוה [היה] ולאן היה נוטה הואיל ותנינן עלה במתני' אם אמר לפני החמה לא אמר כלום הוזקקו כמו כן לחקור גם על הבדיקה הראשונה של צפונה ושל דרומה, ומאי דלא פריש במתני' פירש בברייתא דתני חדא לצפונה דבריו קיימין לדרומה לא אמר כלום ותניא איפכא ופרשינהו אביי כאן בימות החמה כאן בימות הגשמים. ופירשוהו בירושלמי מתקופת תמוז ועד תקופת טבת לדרומה דבריו קיימין ונקראו ימות החמה מפני ששתי תקופות של תמוז ושל תשרי הם תקופות היובש ומתקופת טבת ועד תקופת תמוז לצפונה דבריו קיימין ונקראו ימות הגשמים לפי שתקופת טבת וניסן שכיחי גשמים ושכיחי קטרי. ועל זו הדרך מסכימים חכמי המזלות בראיית הלבנה בחידושה והר"ר שלמה ז"ל לא פירש כן עכ"ל. וזהו נוטה שאמרו וכפירושו שהבאתי בדבור דלעיל, ושבברייתא פירשו לצפונה ולדרומה ששאלו והיינו לפני החמה ולאחר החמה ממש אימתי דבריהם קיימים אם אמרו לצפונה שזהו לפני החמה ממש וזהו בימות הגשמים ולדרומה שזהו לאחר החמה זהו בימות החמה ומבואר הוא לפי דעת חכמי המזלות: כמה היה גבוה וכו'. זהו דלא כדאיתמר התם (בבלי) דף כ"ד (ע"ב) בעינן זה דברים אחד אומר שתי מרדעות ואחד אומר שלשה דבריהם קיימין, אחד אומר שלשה ואחד

הַגָּדוֹל — CONCERNING SANCTIFICATION OF THE new MONTH, WE BEGIN FROM THE MOST EMINENT judge.[36]

The Gemara provides support for this law:

אָמַר רַבִּי חִיָּיה בַּר אַדָּא — R' Chiyah bar Adda said: מַתְנִיתָא אָמְרָה כֵּן — The Mishnah says so, for it states: רֹאשׁ בֵּית דִּין אוֹמֵר מְקוּדָּשׁ — THE HEAD OF *BEIS DIN* SAYS: "IT IS SANCTIFIED," and all the people respond after him: "It is sanctified! It is sanctified!" Clearly, we begin with the most eminent judge.[37]

The Gemara now discusses whether the same is true for the intercalation of the years:

תָּנֵי — It was taught in a Baraisa: לְעִיבּוּר הַשָּׁנָה מַתְחִילִין מִן הַצַּד — CONCERNING INTERCALATING a month into THE YEAR, WE BEGIN FROM THE SIDE — i.e. from a less eminent judge.[38]

Another view:

אָמַר רַבִּי זְבִידָא — R' Zevida said: וְהָן בַּיְיתָא דִלְרַע לָא נָהֲגִין כֵּן — But this courthouse of below — i.e. the court of the Nasi[39] — did not conduct itself this way, but instead began even the intercalation process from the most eminent judge.[40] וְלָא שְׁמִיעַ דַּאֲמַר רַבִּי חִיָּיה בַּר מַדְיָיא רַבִּי יוֹנָה רַבִּי בָּא רַבִּי חִיָּיה בְּשֵׁם רַבִּי חִיָּיה בְּשֵׁם רַבִּי יוֹחָנָן — And the reason they did so is that they did not hear that R' Chiyah bar Madya, R' Yonah, R' Ba, and R' Chiyah, all said in the name of R' Chiyah, who said in the name of R' Yochanan:[41] לְקִידּוּשׁ הַחוֹדֶשׁ מַתְחִילִין מִן הַגָּדוֹל — Concerning sanctifying the month, we begin from the most eminent judge, לְעִיבּוּר הַשָּׁנָה מַתְחִילִין מִן הַצַּד — but concerning intercalating a month into the year, we begin from the side.[42]

NOTES

sanctify the new month (as learned from the verse, cited in note 25: *you shall declare them declarations of* ***holiness***). They, therefore, declare, "It is sanctified! It is sanctified!" (*Masa DiYerushalayim;* see also *Igros Moshe* ibid.).

[See further, *Ramban,* in his glosses to *Sefer HaMitzvos,* end of *Asei* §153; *Minchas Chinuch* 4:2; *Mishnas Yavetz, Orach Chaim* 1:3; *Emek Berachah, Kiddush HaChodesh,* end of §1, p. 71; and *Gevuras Yitzchak* to *Bavli* 24a.]

It emerges from *Yerushalmi* that the first ruling of our Mishnah is unanimous — all agree that the Head of *Beis Din* must declare or sanctify Rosh Chodesh. The Mishnah then cites a dispute as to when this procedure is necessary. According to the Tanna Kamma, this procedure is followed every month; according to R' Elazar the son of R' Tzadok, it is followed only when Rosh Chodesh is on day 30, not day 31. And, as noted in the Mishnah (note 29), Plimo maintains that this procedure is necessary only when the 31st day from the preceding month is Rosh Chodesh. *Bavli* (24a), however, implies that there are four opinions. The first segment of our Mishnah (which states that the Head of *Beis Din* must declare "It is sanctified") reflects the view of the Tanna Kamma, who maintains that the court must sanctify Rosh Chodesh every month. R' Elazar the son of R' Tzadok argues that they need sanctify Rosh Chodesh only when it falls on day 30. Plimo argues that they need sanctify Rosh Chodesh only when it falls on day 31. And, finally, R' Shimon ben Yochai (or R' Elazar; see note 31) argues that this procedure is never followed; i.e. there is never a mitzvah for the court to declare a certain day Rosh Chodesh (see further, Schottenstein ed. of *Bavli Rosh Hashanah,* 24a note 23).

36. A Mishnah in *Sanhedrin* (4:7, 27b; *Bavli* 32a) states that when judging monetary cases, as well as cases of *tumah* and *taharah,* the deliberations begin with the most eminent judge, whereas when judging capital cases, the deliberations begin with a less eminent judge. [The Gemara (ibid.; *Bavli* there 36a) presents the reason for this distinction.]

The Baraisa cited here adds that the sanctification of the new month is similar to monetary cases in that the deliberations whether or not to sanctify the new month begin with the most eminent of the judges (*Sheyarei Korban* to the parallel Gemara in *Sanhedrin*).

Others explain that the most eminent judge announces that the month is sanctified (*Meiri* to *Sanhedrin* 13a; *Pnei Moshe* here and to *Sanhedrin* 4b; *Mefareish* to *Rambam, Hil. Kiddush HaChodesh* 4:10; see *Sheyarei Korban* ibid.).

37. The Mishnah certainly demonstrates that the most eminent judge (i.e. the Head of *Beis Din*) announces that the new month is sanctified. It is, however, unclear how the Gemara extrapolates from this that it is the most eminent judge who begins the deliberations (*Sheyarei Korban;* see *Chazon Yechezkel* to *Tosefta Sanhedrin* 2:6).

38. [The Sanhedrin was seated in a semicircle (Mishnah, *Sanhedrin* 4:3; *Bavli* there 36b), with the most eminent judge in the middle and the others flanking him in order of their eminence. Thus, the less eminent judges sat farthest away from the middle at the ends (or "sides") of the semicircle.]

When deliberating whether to extend the year, the less eminent judges express their opinion first (*Korban HaEidah; Sheyarei Korban* ibid.).

[The months of the Jewish calendar are based on the lunar cycle, in which each revolution of the moon around the earth is a month. The lunar month lasts approximately 29 ½ days (see *Bavli* 25a). Accordingly, a twelve-month lunar year is approximately 354 days, some 11 days shorter than a solar year (which contains approximately 365 ¼ days — the time in which the earth completes one revolution around the sun). Without adjustment, then, the lunar calendar will annually move approximately 11 days in relation to the solar year, so that each lunar month would not remain fixed in a particular season (which are functions of the solar year). Thus, for example, in a given year, the month of Nissan would begin 11 days earlier in the solar year than it began in the preceding year, so that it would eventually fall in seasons other than spring. This is problematic, for the Torah (*Deuteronomy* 16:1) commands that we observe the festival of Pesach in the spring, which can be accomplished only if the lunar and solar years are synchronized (see *Yerushalmi Sanhedrin* 5b). Thus, in effect, the Torah is charging the court to synchronize the lunar years with the solar years by adding an extra month (i.e. a second Adar) into some years. (The Jewish leap year contains an extra *month,* not merely an extra *day.*) A court of three would convene to deliberate whether the coming year be proclaimed a leap year (see *Rambam, Hil. Kiddush HaChodesh* 4:1).]

The decision whether to intercalate a month into the year is not based merely on the shifting of the lunar calendar relative to the solar one, but on how the shifting affects various matters, such as the ripening of the fruits, and the like (see *Sanhedrin* ibid.). Such matters are dependent on the varying opinions of the judges and will likely be subject to conflicting opinions. There is thus concern that if the most eminent judge would voice his opinion first, a lesser judge might be reluctant to disagree with him. The less eminent judge therefore offers his opinion first. On the other hand, sanctifying the new month is a relatively straightforward process, in that it primarily involves accepting the witnesses. Since it is less subject to debate, there is no concern that a lesser judge might be reluctant to disagree, and the most eminent judge is accorded the honor of expressing his view first (*Korban HaEidah; Aruch HaShulchan HeAsid* 95:8; cf. *Sheyarei Korban* ibid. ד״ה לעיבור החדש וד״ה והחן; see also *Rashash* to *Sanhedrin* 10b and *Mishnas Yavetz, Yoreh Deah* 25:9).

As with respect to sanctifying the month, others explain the Gemara as dealing with the proclamation, rather than the deliberation. It is the least eminent of the judges who announces that the year is extended (*Meiri* to *Sanhedrin* 13a; *Pnei Moshe*).

39. *Korban HaEidah* (first explanation). R' Zevida pointed to the *Nasi's* court, which was situated in a low-lying area (*Pnei Moshe;* cf. second explanation of *Korban HaEidah; Sheyarei Korban* ibid.).

40. *Korban HaEidah.* [A Baraisa cited by *Tosefta* (*Sanhedrin* 7:2) argues on the Baraisa cited above and maintains that we begin with a less eminent judge only in capital cases. In all other cases, including sanctifying the month *and* extending the year, we begin with the most eminent judge. Presumably, the *Nasi's* court adopted the view set forth by *Tosefta.*]

41. First explanation of *Korban HaEidah* to *Sanhedrin* 4b; cf. second explanation there and *Pnei Moshe* here.

42. [Perhaps, the *Nasi's* court was aware of the Baraisa cited by the Gemara above. They, nevertheless, questioned the authenticity of our Baraisa and adopted the view of the Baraisa cited by *Tosefta* (see note 40). They, however, were not aware that all these Amoraim ruled in the name of R' Yochanan in accordance with the Baraisa cited by our Gemara. If they would have been aware of that, they certainly would have followed the ruling of the Baraisa cited here.] Indeed, *Rambam* (*Hil. Kiddush HaChodesh* 4:10) rules in accordance with the Baraisas set forth in our Gemara (see *Sheyarei Korban* and *Mareh HaPanim* to *Sanhedrin* 4b).

תני [א]נראה באשש ובמים אין מעידין עליו. אמר ר' חייא בר בא ראו אותו יוצא מענן זה ונכנס לתוך ענן אחר מעידין עליו. כהדא ר' חנינה אזל [ב]לעין טב למימנא והוה אוירא מעונן. אמר כדון אמרין מה נטיל אוירא דהן סבא. והקדיח לו הקדוש ברוך הוא ככברה ונראה מתוכה. ר' חייה רבה הילך לאורו של ישן ארבעת מיל. ר' אבון [ג]משדי עלוי צררין ואמר לה לא תבהית בני מריך ברמשא אנן בעיין תיתחמי מיכא ואת מיתחמי מיכא. מיד איתבלע מן קומוי: לצפונה לדרומה: [ד]אית תניי תני לצפונה דבריו קיימין. אית תניי תני [ה]לדרומה דבריו קיימין. מאן דאמר לצפונה דבריו קיימין מן טבת ועד תמוז. מאן דאמר לדרומה דבריו קיימין מן תמוז ועד טבת: כמה היה גבוה: זה אומר מלא מרדע אחד וזה אומר מלא שני מרדעים אית תניי תני דבריהן קיימין ואית תניי תני אין דבריהן קיימין. מאן דאמר דבריהן קיימין
יג. בהינון [ו]דהוון קיימין חד מלעיל וחד מלרע. מאן דאמר אין דבריהן קיימין בהינון דהוון קיימין שווי: כמה היה רחב: כשעורה ויותר מכשעורה. ואם אמר לפני החמה לא אמר כלום: הלכה ה מתני' [מ"ז] [ב]ראש בית דין אומר מקודש וכל העם עונין אחריו מקודש מקודש. בין שנראה בזמנו בין שלא נראה בזמנו מקדשין אותו. [ז]ר' אלעזר בר' צדוק אומר [ג]אם לא נראה בזמנו אין מקדשין אותו שכבר קידשוהו שמים: גמ' תני [ח]ר' שמעון בן יוחי אומר [א]וקדשתם את שנת החמשים שנה שנים מקדשין אין מקדשין חדשים. והא תנינן ראש בית דין אומר מקודש. מהו מקודש מקויים. תני [ד][ט]לקידוש החודש מתחילין מן הגדול. אמר ר' חייה בר אדא מתניתא אמרה כן ראש בית דין אומר מקודש. תני [ה][י]לעיבור [א]השנה מתחילין מן הצד. אמר ר' זבידא והן בייתא דלרע לא נהגין כן. ולא שמיע דאמר ר' חייה בר [ב]מדייא [ג]ר' יונה ר' בא ר' חייה בשם ר' חייה בשם ר' יוחנן [ד]לקידוש החודש מתחילין מן הגדול לעיבור השנה מתחילין מן הצד. וכבר נכנס ר' יוחנן והוא היה הקטן שבהן אמרו לו אמור הרי השנה מקודשת בעיבורה. אמר הרי השנה מקודשת [ה]בעיבורה.

פני משה

נראה באשש. בעששית, קנדילה בלע"ז: ונכנס לתוך ענן אחר מעידין עליו. כלומר שנראית מתוך הענן אע"פ שאינה מאירה כל כך אלא כנראית מתוך הכברה מעידין עליו כהדא מעשה דר' חנינה: למימנא. לקידוש החדש שאם היה בית דין קבוע לכך. לעיל (סוכה פ"ב ה"ה וכגירסא ד"ו שם) גריס לסימנא וזהו לקידוש החדש ועל שם שהיו נותנין סימן שנתקדש: אמר כדון אמרין. עכשיו יאמרו הבריות: מה נטיל אוירא דהן סבא. כמה הוא נלול ונטול האויר של זקן הזה, ודרך לעג יאמרו כך מפני שהאויר מעונן הוא ובא לקדש החדש על פי ראיה, ונעשה לו נס שהקדיח לו הקב"ה על ידי נקב כנקב הכברה ונראה הלבנה מתוכה: לאורו של ישן. של הלבנה ישנה שעדיין לא נתכסית ומאירה והם היו רוצין לראות החדשה ולקדשה, והיה ר' אבון זורק עליו צררין ואמר לא תבייש בני קונך שבערב אנו רוצין שתתראה מכאן ממקום שנראית בחידושה ואת נראית עכשיו ממקום שהישנה נראית ומיד איתבלע ונכסית מלפניו: מן טבת ועד תמוז. נקראו ימות הגשמים ולצפונה דבריו קיימין, ומן תמוז ועד טבת נקראו ימות החמה ולדרומה דבריו קיימין: מאן דאמר דבריהן קיימין כהינין דהוון קיימין חד מלעיל וחד מלרע. שהאחד מהעדים היה עומד במקום גבוה כגון בהר או מקום שמשפע והולך, וזה העומד מלמעלה נראית לו שהיא גבוה שני מרדעים גבוה מן הארץ, וזה שהוא עומד למטה הימנו נראית לו מרדע אחד גבוה מן הארץ, ומאן דאמר אין דבריהן קיימין מיירי בהינון שהן עומדין במקום שוה וא"כ מכחישין זה את זה: בשעורה ויותר מכשעורה. אם הוא כפי השיעור לפי דרכו החשבון בקשת הראיה או יותר מכשיעור, ובודקין אותן אם מכוונין כפי קשת הראיה או אומרים יותר מכשיעור הזה ואינו כלום: ואם אמר וכו'. הוי כאומר לפני החמה ולא אמר כלום: מתני' ראש בית דין אומר מקודש. דכתיב (ויקרא כג מד) וידבר משה את מועדי ה' מכאן שראש בית דין אומר מקודש: וכל העם עונין אחריו. דכתיב (ויקרא שם ב) מועדי ה' אשר תקראו אותם קרי ביה אתם דחסר כתיב בלא וא"ו: מקודש מקודש. תרי זימני, דכתיב מקראי קדש שני מקראות: בין שנראה בזמנו. בליל שלשים: בין שלא נראה בזמנו. שאז יהיה ראש חודש ביום ל"א, ואין נזקקין לירח ביום ל"א שאף אם לא נראה אין לך חדש לבנה יותר על שלשים יום: ר' אליעזר בר' צדוק אומר אם לא נראה בזמנו. וקובעין ראש חודש ליל אחד ושלשים אין מקדשין אותו לפי שאין קדוש החדש חובה, דילפינן מדאמר קרא וקדשתם את שנת החמשים שנים אתה מקדש שחובה על הבית דין בשנת היובל לומר מקודשת השנה, ואין אתה מקדש חדשים שאין חובה מוטל על הבית דין לומר מקודש החדש אלא כשנראה בזמנו מקדשין אותו מפני שצריך חיזוק, והלכה כר' אליעזר בר' צדוק: גמ' תני ר' שמעון בן יוחי אומר וקדשתם וכו'. וכר' אליעזר בר' צדוק דמתניתין. וגרסינן לכל הסוגיא עד סוף הלכה בפ"ק דסנהדרין הלכה ב' וגירסא דהכא עיקרית: והתנינן ראש בית דין אומר מקודש. וילפינן ליה מקרא כדפרישית במתניתן: מהו מקודש מקויים. אחר שהעידו העדים שראו את החדש אומר מקוים הדבר אבל אין חובה להיות מקדשין ממש כמו שמקדשין שנת היובל: לקידוש החדש מתחילין מן הגדול. כדתנן ראש בית דין אומר מקודש וכל העם עונין אחריו: לעיבור השנה מתחילין מן הצד. הקטן שבהן אומר בתחלה מקודשת השנה: וההן בייתא דלרע. וזה הבית של מטה ועל בית הנשיא רמז שהם אין מניחין לנהוג כן: ולא שמיע וכו'. מתמה על זה וכי לא שמעו דכל הני אמוראי מסכימים לדבר אחד שאמרו בשם ר' יוחנן כן: וכבר נכנס ר' יוחנן. לעיבור שנה והוא היה הקטן שבהם וציוו לו לומר הרי השנה מקודשת בעיבורה: אמר הרי השנה מקודשת בעיבורה. דיקדק לומר בעיבורה במפיק ה"א:

קרבן העדה

נראה באשש. דרך זכוכית ראה אותה. או במים, תוך הנהר או מעיין ראה דמות הלבנה: למימנא. להיות נמנה על החדש אם לעברו או לא, והיה אויר היום מעונן: אמר כך. יאמרו מה עב אוירו דהאי סבא שבפעם הראשון למינויו אין הלבנה נראית: והקדיח לו הקב"ה. הענן ככברה והיתה הלבנה נראית מתוך הענן: והקדיח. נקב: [ר' חייה רבה הילך]. לאורו של לבנה ישנה ביום כ"ט ארבע מיל: ר' אבון. ראה הלבנה הישנה בשחרית ביום כ"ט וזרק עליה צרורות עפר: ואמר. לה לא תבייש ותבהל בני אדוניך, שהבית דין מצטערין אם לא יקדשו היום שכפי חשבונם ראוי שיהיה חסר: ברמשאי. בערב אנו צריכין לראותך מצד זה במערב, ואת נראית כעת מכאן. מיד נבלעת מלפניו: מן תמוז. היינו מתקופת תמוז ועד תקופת טבת: בהינון דהוון קיימין. באותן עדים שהיו אחד עומד מלמעלה ואחד מלמטה, ולכך דבריהן קיימין שטעו בשיעור גבהות: בהינון. באותן עדות שהיו עומדין בשוה, והלכך אין דבריהן קיימין: כשיעורא. שראוי להיות, וכדפרישית במתני': מתני' ראש בית דין אומר מקודש. בגמ' מפרש: גמ' שנים מקדשין. כששנת היובל נכנסת מצוה על הבית דין לומר מקודשת השנה: מקויים. דברי העדים שיהא החדש חסר ויהא ראש חודש ביום ל': מתניתא. נמי דייקא שמתחילין מן הגדול: לעיבור שנה מתחילין מן הצד. כיון שהדבר תלוי בדעת הדיינים שמא יסמכו השאר על דעתו של הגדול וימנעו מלומר דעתן כמו בדיני נפשות. אבל קידוש החדש שהכל תלוי בהעדאת העדים מתחילין מן הגדול, כן פסק הרמב"ם בפ"ד מהל' קידוש החודש (ה"י): והן ביתא דלרע. והך בית הנשיא שלמטה לא נהגו כן לענין עיבור (החדש) [השנה] אלא מתחילין מן הגדול. אי נמי [על] ריש גלותא שבבבל הוא דקאמר כן: ה"ג אמר הרי השנה מקודשת

עין משפט

א מיי' פ"ב מהלכות קידוש החודש הלכה ה:
ב מיי' שם הלכה ח:
ג [מיי' שם]:
ד ה מיי' שם פ"ד הלכה ח:

שינויי נוסחאות

א] השנה. בירושלמי סנהדרין (פ"א ה"ב) החודש. ובפנ"מ שם הגיה כמו שלפנינו:
ב] מדייא. כך נזכר שם זה בכמה מקומות בירושלמי (פסחים פ"ה ה"ו, ועוד). בד"ק ובדפוסים מרייא, וכך נזכר שם זה בכמה מקומות בירושלמי (שבת פ"ג ה"ג, ועוד):
ג] ר' יונה וכו'. בירושלמי סנהדרין (שם) ור' יונה ר' בא בר חייה בשם ר' יוחנן:
ד] לקידוש. בירושלמי סנהדרין (שם) לעיבור, וצ"ל כמו שלפנינו:
ה] בעיבורה. בש"ג וברמב"ן (השגות לסה"מ עשה קנג) ובמאירי (סנהדרין יג.) ובכפתור ופרח (פט"ז) בעיבור. ועי' קה"ע ופנ"מ:

תורה אור השלם

א) וְקִדַּשְׁתֶּם אֵת שְׁנַת הַחֲמִשִּׁים שָׁנָה וּקְרָאתֶם דְּרוֹר בָּאָרֶץ לְכָל יֹשְׁבֶיהָ יוֹבֵל הִוא תִּהְיֶה לָכֶם וְשַׁבְתֶּם אִישׁ אֶל אֲחֻזָּתוֹ וְאִישׁ אֶל מִשְׁפַּחְתּוֹ תָּשֻׁבוּ: (ויקרא כה י)

גליון הש"ס

מ"ד לצפונה דבריו קיימין מן טבת ועד תמוז וכו'. עי' ברש"י דף כ"ד (ע"א ד"ה כאן) שלא פירש כן, ועי' בבעל המאור (ה: מדה"ר): תני לעיבור שנה מתחילין מן הצד. עי' בספר המצות להרמב"ן מצוה קנ"ג:

מסורת הש"ס

א) ר"ה כד. ב) [עי' ר"ה כה. תוד"ה זיל, ברכות פ"ד ה"א ונדרים פ"ו ה"ח] ג) עי' ר"ה כה. ד) ר"ה כד. ה) [תוספתא פ"א הט"ז] ו) ר"ה כד. [סנהדרין פ"א ה"ב, פסיקתא זוטרתא בראשית יז יג, ילקו"ש אמור תרמג] ז) [סנהדרין י:, תוספתא פ"א הט"ז, ילקו"ש בהר תרנט] ח) סנהדרין פ"א ה"ב [כל הענין, ר"ה ח:, כד., סנהדרין י:, ילקו"ש בהר תרנט] ט) [תוספתא סנהדרין פ"ז ה"ב] י) [עי' תוספתא סנהדרין פ"ז ה"ב]

מראה הפנים

אית תניי תני לצפונה דבריו קיימין וכו'. זה לשון בעל המאור ז"ל שם בתר הא דלעיל. ובפסקא דמתני' דתנן כמה גבוה [היה] ולאן היה נוטה הואיל ותנינן עלה במתני' אם אמר לפני החמה לא אמר כלום הוזקקנו כמו כן לחקור גם על הבדיקה הראשונה של לפונה ושל דרומה, ומאי דלא פריש במתני' פירש בברייתא דתני חדא ללפונה דבריו קיימין לדרומה לא אמר כלום ותניא איפכא ופרשינהו אביי כאן בימות החמה כאן בימות הגשמים. ופירשוהו בירושלמי מתקופת תמוז ועד תקופת טבת לדרומה דבריו קיימין ונקראו ימות החמה מפני ששתי תקופות של תמוז ושל תשרי הם תקופות היובש ומתקופת טבת ועד תקופת תמוז ללפונה דבריו קיימין ונקראו ימות הגשמים לפי שתקופת טבת וניסן שכיחי גשמים ושכיחי קטרי. ועל זו הדרך מסכימים חכמי המזלות בראיית הלבנה בחידושה וה"ר שלמה ז"ל לא פירש כן עכ"ל. וזהו נוטה שאמרו וכפירושו שהבאתי בדבור דלעיל, ושבברייתא פירשו ללפונה ולדרומה שאלו והיינו לפני החמה ולאחר החמה ממש אימתי דבריהם קיימים אם אמרו ללפונה שזהו לפני החמה ממש וזהו בימות הגשמים ולדרומה שזהו לאחר החמה זהו בימות החמה ומבואר הוא לפי דעת חכמי המזלות: כמה היה גבוה וכו'. זהו דלא כדאיתמר התם (בבלי) דף כ"ד (ע"א) בענין זה דגרים אחד אומר שתי מרדעות ואחד אומר שלשה דבריהם קיימין, אחד אומר שלשה ואחד אומר חמשה עדותן בטילה. דלעולם באחת עבידי דטעי ולא בשתים, והא דנקט שלשה וחמש ולא נקט שנים וארבעה דחדא טעמא אית להו היינו משום דהואיל דנקט ברישא שלשה קתני נמי בסיפא שלשה וחמשה ובאמת הוא הדין בשנים וארבעה או באחד ושלשה, דהכלל היא שלא יהא ביניהם אלא אחת, וכדכתב הרמב"ם ז"ל בפ"ב בהל' קידוש החודש בסוף הל' ה. ודוגמא זו גבי עדים בסנהדרין פ"ה (מ"ג) אחד אומר בשנים בחודש וכו' ואחד אומר בשתי שעות ביום וכו', והתם טעמא איכא דלא פתח באחד לפי שזה לא שכיח דטעה בר"ח עלמו לפי הטעם שאמרו שם שעדותן קיימת שזה יודע בעיבורו של חדש וכו', ואגב קתני הכא בסיפא שתי שעות וכו', ושלשה וחמשה דנקט שם כמו דמפרשינן כאן הוא. והא דנקט הכא לקמן כשעורה וכו', יש לפרש נמי דכשעורה ממש קאמר והיינו לפי דקות מראיתה לעין:

Halachah 5

Mishnah The Mishnah describes the procedure by which *Beis Din* declares Rosh Chodesh: רֹאשׁ בֵּית דִּין אוֹמֵר מְקוּדָּשׁ – **The Head of *Beis Din* says: "It is sanctified!,"**[24] וְכָל הָעָם עוֹנִין אַחֲרָיו מְקוּדָּשׁ מְקוּדָּשׁ – **and all the people respond after him: "It is sanctified! It is sanctified!"**[25] בֵּין שֶׁנִּרְאָה בִּזְמַנּוֹ – **Whether [the new moon] was seen at its** appropriate **time**[26] בֵּין שֶׁלֹּא נִרְאָה בִּזְמַנּוֹ – **or whether it was not seen at its** appropriate **time,**[27] מְקַדְּשִׁין אוֹתוֹ – **they sanctify it.**[28] רַבִּי אֶלְעָזָר בְּרַבִּי צָדוֹק אוֹמֵר – **R' Elazar the son of R' Tzadok says:** אִם לֹא נִרְאָה בִּזְמַנּוֹ – **If it was not seen at its** appropriate **time,** in which case day thirty-one is Rosh Chodesh in any event, אֵין מְקַדְּשִׁין אוֹתוֹ – **they do not sanctify it,** שֶׁכְּבָר קִידְּשׁוּהוּ שָׁמַיִם – **because Heaven has already sanctified it.**[29]

Gemara The Gemara cites a relevant Baraisa:[30]

תָּנֵי – **It was taught in a Baraisa:** רַבִּי שִׁמְעוֹן בֶּן יוֹחַי אוֹמֵר – **R' Shimon ben Yochai says:**[31] "וְקִדַּשְׁתֶּם אֵת שְׁנַת הַחֲמִשִּׁים שָׁנָה" – The verse states: ***AND YOU SHALL SANCTIFY THE "YEAR" OF THE FIFTIETH YEAR.***[32] שָׁנִים מְקַדְּשִׁין – From here we learn that **WE SANCTIFY "YEARS,"** אֵין מְקַדְּשִׁין חֳדָשִׁים – **BUT WE DO NOT SANCTIFY "MONTHS."**[33]

The Gemara asks:

וְהָא תְּנִינַן – **But we have learned in our Mishnah:** רֹאשׁ בֵּית דִּין אוֹמֵר מְקוּדָּשׁ – **THE HEAD OF *BEIS DIN* SAYS: "IT IS SANCTIFIED!"** Clearly, the court sanctifies even months![34] – ? –

The Gemara reconciles the view of R' Shimon ben Yochai with the Mishnah:

מַהוּ מְקוּדָּשׁ – **What is** the meaning of **"IT IS SANCTIFIED"?** מְקוּיָּים – It means that the court declares the testimony of the witnesses to be **confirmed** so that the new month begins. There is, however, no need to *sanctify* the new month.[35]

The Gemara sets forth a ruling related to our Mishnah:

תָּנֵי – **It was taught in a Baraisa:** לְקִידּוּשׁ הַחוֹדֶשׁ מַתְחִילִין מִן

NOTES

who claims the moon is wider than the usual measure. The Gemara concludes that it is as if he said that the moon was "before the sun," for his testimony too is dismissed.

24. A verse at the end of the passage concerning the major festivals states (*Leviticus* 23:44): *And Moses spoke the festivals of Hashem to the Children of Israel. Bavli* (24a) expounds this to mean that Moses, in his capacity as head of the premier *Beis Din* of his time, would declare verbally that a certain day be Rosh Chodesh (*Pnei Moshe*).

25. An earlier verse, at the beginning of that passage, states (v. 2): *Speak to the Children of Israel and say to them: The festivals of Hashem that you shall declare them* (אֹתָם) *declarations of holiness – these are My festivals.* The Hebrew word for *them* (in "you shall declare them") is spelled defectively – without a *vav* (אתם), and can, therefore, be vowelized as "אַתֶּם, *you (plural).*" This teaches that the people (*you*), too, should declare, "It is sanctified" (*Bavli* ibid., as explained by *Rav* and *Pnei Moshe*).

The verse states מִקְרָאֵי קֹדֶשׁ, ***declarations*** (plural) *of holiness.* This implies two declarations. *Bavli* (ibid.) learns from here that the people declare, "It is sanctified!" two times (*Pnei Moshe*).

26. I.e. on the night that begins the 30th day [of the outgoing month] (*Pnei Moshe;* see *Rambam, Hil. Kiddush HaChodesh* 1:4).

The Mishnah describes the 30th day as the "appropriate time" for the new moon to occur, because the lunar cycle is 29 days, 12 hours, 44 minutes and 3 ⅓ seconds (see *Bavli* 25a and *Rashi* to *Sanhedrin* 10b ד"ה בזמנו). [Since the new moon is thus always born on the 30th day from the previous *molad,* the term "its appropriate time" is used for the 30th day *of the month* even though it is not necessarily the 30th day from the previous *molad* (and thus not necessarily the time that the new moon will first become visible). See also *Rambam, Hil. Kiddush HaChodesh* 1:4, with *Shekel HaKodesh, Beur HaHalachah* ד"ה הוא הנקרא.]

27. I.e. it was not seen on day 30, in which case the 31st day (from the preceding month) will be Rosh Chodesh (*Pnei Moshe*).

[Although a lunar month lasts approximately 29 ½ days, a month must consist of whole days; it is, therefore, necessary to make some months 29 days and others 30. Rosh Chodesh is therefore sometimes on the 30th day of the preceding month and sometimes on the 31st day.]

28. [They go through the aforementioned procedure (of the Head of the *Beis Din* declaring, "It is sanctified!" and the people responding, "It is sanctified! It is sanctified!")] even on day 31, which must be Rosh Chodesh in any event – for Rosh Chodesh can be only on day 30 or 31 (see *Pnei Moshe*).

29. The Gemara (16b) will explain R' Elazar ben R' Tzadok's rationale. [Cf. *Pnei Moshe,* citing *Rav.*]

[A Baraisa, cited by *Bavli* (24a), adds another opinion, that of Plimo, who maintains that this procedure is necessary *only* when the 31st day from the preceding month is Rosh Chodesh.]

30. This entire halachah is found, with slight variations, in *Yerushalmi Sanhedrin* 1:2, 4b-5a (*Pnei Moshe*).

31. *Bavli* (24a) attributes the following teaching to R' Elazar [ben R' Shimon (ben Yochai)].

32. *Leviticus* 25:10. The verse refers to the *Yovel* (Jubilee) year (every fiftieth year), which applies when the majority of the Jewish nation is settled in Eretz Yisrael. Aside from the agricultural laws that apply, the *Yovel* year is sanctified in that all the Jewish slaves are freed and all lands that have been sold (in Eretz Yisrael) revert to their ancestral owners (see *Bavli* 8b).

33. According to R' Shimon ben Yochai, this verse teaches two laws. First, the verse explicitly requires the Great Sanhedrin [see *Rambam, Hil. Shemittah* 10:1] to sanctify each *Yovel* year by declaring at its outset, "The year is sanctified" (*Korban HaEidah,* from *Rashi* 8b ד"ה שנים אתה מקדש and to *Leviticus* 25:10). Second, the verse implies that the *years* (of *Yovel*) require the court's sanctification, but *months* – i.e. the declaration of Rosh Chodesh – do not require the court's sanctification.

[*Minchas Chinuch* (332:2) assumes that the laws of the *Yovel* year are in force even in the absence of declaring the *Yovel* year sanctified. This is also the view of *Or Same'ach, Hil. Kiddush HaChodesh* 2:8. Cf. *Chidushei Rabbeinu Chaim HaLevi, Hil. Shemittah VeYovel* 9:6 ד"ה ואשר יראה לומר בזה (see below, 3:5, 21a note 2).]

34. R' Shimon ben Yochai is a Tanna. It is, nevertheless, implausible that he disputes the Mishnah's statement, since it is derived from a verse [as explained in the Mishnah] (*Pnei Moshe;* cf. *Yefei Einayim* to *Bavli* 24a).

35. [*Korban HaEidah;* see *Pnei Moshe;* see *Sheyarei Korban* to the parallel Gemara in *Sanhedrin.*]

R' Shimon ben Yochai posits that Rosh Chodesh need not be sanctified. He agrees, however, that *Beis Din* must declare a certain day Rosh Chodesh; i.e. the Head of *Beis Din* declares the testimony of the witnesses to have been confirmed, so that it is Rosh Chodesh (*Korban HaEidah*). [In other words, according to R' Shimon ben Yochai, by Scriptural decree, the Head of *Beis Din* simply needs to announce the court's decision, through which that day becomes Rosh Chodesh (see *Turei Even* to *Bavli* 25b, beg. of Ch. 3; *Igros Moshe, Orach Chaim* I §142).] When the Mishnah states that the Head of *Beis Din* says, "It is sanctified," it should be understood as stating that the Head of *Beis Din* says, "It is confirmed."

R' Shimon ben Yochai's view can be explained based on the verses cited in our notes to the Mishnah. The verse concerning the *Yovel* year (*Leviticus* 25:10) teaches that *Beis Din* must *sanctify* the *Yovel* year (by declaring it sanctified), but not Rosh Chodesh. Although Rosh Chodesh need not be sanctified, the verse at the end of the passage concerning the festivals (ibid. 23:44, cited in note 24) teaches that the Head of *Beis Din* must declare verbally (as Moses did) that a certain day be Rosh Chodesh.

The Mishnah also states that the people respond: "It is sanctified! It is sanctified!" Now, it is certainly not the job of the assembled to confirm the testimony of the witnesses. Rather, here the word sanctified should be taken literally, for although the Head of *Beis Din* need not sanctify the new month, R' Shimon ben Yochai agrees that the assembled must

תני [א][א]נראה באשש ובמים אין מעידין עליו. אמר ר' חייא בר בא ראו אותו יוצא מענן זה ונכנס לתוך ענן אחר מעידין עליו. כהדא ר' חנינה אזל [ב]לעין טב למימנא והוה אוירא מעונן. אמר כדון אמרין מה נטיל אוירא דהן סבא. והקדיח לו הקדוש ברוך הוא ככברה ונראה מתוכה. ר' חייה רבה הילך לאורו של ישן ארבעת מיל. ר' אבון [ג]משדי עלוי צררין ואמר לה לא תבהית בני מריך ברמשא אנן בעיין תיתחמי מיכא ואת מיתחמי מיכא. מיד איתבלע מן קומוי: לצפונה לדרומה: [ד]אית תניי תני לצפונה דבריו קיימין. אית תניי תני [ה]לדרומה דבריו קיימין. מאן דאמר לצפונה דבריו קיימין מן טבת ועד תמוז. מאן דאמר לדרומה דבריו קיימין מן תמוז ועד טבת: כמה היה גבוה: זה אומר מלא מרדע אחד וזה אומר מלא שני מרדעים אית תניי תני דבריהן קיימין ואית תניי תני אין דבריהן קיימין. מאן דאמר דבריהן קיימין
יג. בהינון [ו]דהוון קיימין חד מלעיל וחד מלרע. מאן דאמר אין דבריהן קיימין בהינון דהוון קיימין שווי: כמה היה רחב: כשעורה ויותר מכשעורה. ואם אמר לפני החמה לא אמר כלום:

הלכה ה מתני' [מ"ז]

[ב]ראש בית דין אומר מקודש וכל העם עונין אחריו מקודש מקודש. בין שנראה בזמנו בין שלא נראה בזמנו מקדשין אותו. [ז]ר' אלעזר בר' צדוק אומר [ג]אם לא נראה בזמנו אין מקדשין אותו שכבר קידשוהו שמים: גמ' תני [ח]ר' שמעון בן יוחי אומר [א]וקדשתם את שנת החמשים שנה שנים מקדשין אין מקדשין חדשים. והא תנינן ראש בית דין אומר מקודש. מהו מקודש מקויים. תני [ד][ט]לקידוש החודש מתחילין מן הגדול. אמר ר' חייה בר אדא מתניתא אמרה כן ראש בית דין אומר מקודש. תני [ה][י]לעיבור [א]השנה מתחילין מן הצד. אמר ר' זבידא והן בייתא דלרע לא נהגין כן. ולא שמיע דאמר ר' חייה בר [ב]מדייא [ג]ר' יונה ר' בא ר' חייה בשם ר' חייה בשם ר' יוחנן [ד]לקידוש החודש מתחילין מן הגדול לעיבור השנה מתחילין מן הצד. וככר נכנס ר' יוחנן והוא היה הקטן שבהן אמרו לו אמור הרי השנה מקודשת בעיבורה. אמר הרי השנה מקודשת [ה]בעיבורה.

פני משה

נראה באשש. בעששית, קנדילה בלע"ז: ונכנס לתוך ענן אחר מעידין עליו. כלומר שנראית מתוך הענן אע"פ שאינה מאירה כל כך אלא כנראית מתוך הכברה מעידין עליו כהדא מעשה דר' חנינה: למימנא. לקידוש החדש שאם היה בית דין קבוע לכך. לעיל (סוכה פ"ב ה"ה וכגירסת ד"ו שם) גרים לסימנא וזהו לקידוש החדש ועל שם שהיו נותנין סימן שנתקדש: אמר כדון אמרין. עכשיו יאמרו הבריות: מה נטיל אוירא דהן סבא. כמה הוא זלול ונטול האויר של זקן הזה, ודרך לעג יאמרו כך מפני שהאויר מעונן הוא ובא לקדש החדש על פי ראיה, ונעשה לו נס שהקדיח לו הקב"ה על ידי נקב כנקב הכברה ונראה הלבנה מתוכה: לאורו של ישן. של הלבנה ישנה שעדיין לא נתכסית ומאירה והם היו רוצין לראות החדשה ולקדשה, והיה ר' אבון זורק עליו צררין ואמר לא תבייש בני קונך שבערב אנו רוצין שתתראה מכאן ממקום שנראית בחידושה ואת נראית עכשיו ממקום שהישנה נראית ומיד איתבלע ונכסית מלפניו: מן טבת ועד תמוז. נקראו ימות הגשמים ולצפונה דבריו קיימין, ומן תמוז ועד טבת נקראו ימות החמה ולדרומה דבריו קיימין: מאן דאמר דבריהן קיימין כהינון דהוון קיימין חד מלעיל וחד מלרע. שהאחד מהעדים היה עומד במקום גבוה כגון בהר או מקום שמשפע והולך, וזה העומד מלמעלה נראית לו שהיא גבוה שני מרדעים גבוה מן הארץ, וזה שהוא עומד למטה הימנו נראית לו מרדע אחד גבוה מן הארץ, ומאן דאמר אין דבריהן קיימין מיירי בהינון שהן עומדין במקום שוה וא"כ מכחישין זה את זה: כשעורה ויותר מכשעורה. אם הוא כפי השיעור לפי דרכו החשבון בקשת הראיה או יותר מכשיעור, ובודקין אותן אם מכוונין כפי קשת הראיה או אומרים יותר מכשיעור הזה ואינו כלום: ואם אמר וכו'. הוי כאומר לפני החמה ולא אמר כלום: מתני' ראש בית דין אומר מקודש. דכתיב (ויקרא כג מד) וידבר משה את מועדי ה' מכאן שראש בית דין אומר מקודש: וכל העם עונין אחריו. דכתיב (ויקרא שם ב) מועדי ה' אשר תקראו אותם קרי ביה אתם דחסר כתיב בלא וא"ו: מקודש מקודש. תרי זימני, דכתיב מקראי קדש שני מקראות: בין שנראה בזמנו. בליל שלשים: בין שלא נראה בזמנו. שאז יהיה ראש חודש ביום ל"א, ואין נזקקין לירח ביום ל"א שאף אם לא נראה אין לך חדש לבנה יותר על שלשים יום: ר' אליעזר בר' צדוק אומר אם לא נראה בזמנו. וקובעין ראש חודש ליל אחד ושלשים אין מקדשין אותו לפי שאין קדוש החדש חובה, דילפינן מדאמר קרא וקדשתם את שנת החמשים שנים אתה מקדש שחובה על הבית דין בשנת היובל לומר מקודשת השנה, ואין אתה מקדש חדשים שאין חובה מוטל על הבית דין לומר מקודש החדש אלא כשנראה בזמנו מקדשין אותו מפני שצריך חיזוק, והלכה כר' אליעזר בר' צדוק: גמ' תני ר' שמעון בן יוחי אומר וקדשתם וכו'. וכר' אליעזר בר' צדוק דמתניתין. וגרסינן לכל הסוגיא עד סוף הלכה בפ"ק דסנהדרין הלכה ב' וגירסא דהכא עיקרית: והתנינן ראש בית דין אומר מקודש. וילפינן ליה מקרא כדפרישית במתניתן: מהו מקודש מקוים. אחר שהעידו העדים שראו את החדש אומר מקוים הדבר אבל אין חובה להיות מקדשין ממש כמו שמקדשין שנת היובל: לקידוש החדש מתחילין מן הגדול. כדתנן ראש בית דין אומר מקודש וכל העם עונין אחריו: לעיבור השנה מתחילין מן הצד. הקטן שבהן אומר בתחלה מקודשת השנה: והדהן בייתא דלרע. וזה הבית של מטה ועל בית הנשיא רמז שהם אין מניחין לנהוג כן: ולא שמיע וכו'. מתמה על זה וכי לא שמעו דכל הני אמוראי מסכימים לדבר אחד שאמרו בשם ר' יוחנן כן: וככר נכנס ר' יוחנן. לעיבור שנה והוא היה הקטן שבהם וציוו לו לומר הרי השנה מקודשת בעיבורה: אמר הרי השנה מקודשת בעיבורה. דיקדק לומר בעיבורה במפיק ה"א:

קרבן העדה

נראה באשש. דרך זכוכית ראה אותה. או במים, תוך הנהר או מעיין ראה דמות הלבנה: למימנא. להיות נמנה על החדש אם לעברו או לא, והיה אויר היום מעונן: אמר כך. יאמרו מה עב אוירו דהאי סבא שבפעם הראשון למינויו אין הלבנה נראית: והקדיח לו הקב"ה. הענן ככברה והיתה הלבנה נראית מתוך הענן: והקדיח. נקב: [ר' חייה רבה הילך]. לאורו של לבנה ישנה ביום כ"ט ארבע מיל: ר' אבון. ראה הלבנה הישנה בשחרית ביום כ"ט וזרק עליה צרורות עפר: ואמר. לה לא תבייש ותבהל בני אדוניך, שהבית דין מצטערין אם לא יקדשו היום שכפי חשבונם ראוי שיהיה חסר: ברמשאי. בערב אנו צריכין לראותך מצד זה במערב, ואת נראית כעת מכאן. מיד נבלעת מלפניו: מן תמוז. היינו מתקופת תמוז ועד תקופת טבת: בהינון דהוון קיימין. באותן עדים שהיו אחד עומד מלמעלה ואחד מלמטה, ולכך דבריהן קיימין שטעו בשיעור גבהות: בהינון. באותן עדות שהיו עומדין בשוה, והלכך אין דבריהן קיימין: כשיעורא. שראוי להיות, וכדפרישית במתני': מתני' ראש בית דין אומר מקודש. בגמ' מפרש: גמ' שנים מקדשין. כששנת היובל נכנסת מצוה על הבית דין לומר מקודשת השנה: מקויים. דברי העדים שיהא החדש חסר ויהא ראש חודש ביום ל': מתניתא. נמי דייקא שמתחילין מן הגדול: לעיבור שנה מתחילין מן הצד. כיון שהדבר תלוי בדעת הדיינים שמא יסמכו השאר על דעתו של הגדול וימנעו מלומר דעתן כמו בדיני נפשות. אבל קידוש החדש שהכל תלוי בהעדאת העדים מתחילין מן הגדול, כן פסק הרמב"ם בפ"ד מהל' קידוש החודש (ה"י): והן ביתא דלרע. והך בית הנשיא שלמטה לא נהגו כן לענין עיבור (החדש) [השנה] אלא מתחילין מן הגדול. אי נמי [על] ריש גלותא שבבבל הוא דאמר כן: ה"ג אמר הרי השנה מקודשת

עין משפט

א מיי' פ"ב מהלכות קידוש החודש הלכה ה:
ב מיי' שם הלכה ח:
ג [מיי' שם]:
ד ה מיי' שם פ"ד הלכה ח:

שינויי נוסחאות

א] השנה. בירושלמי סנהדרין (פ"א ה"ב) החודש. ובפנ"מ שם הגיה כמו שלפנינו:
ב] מדייא. כך נזכר שם זה בכמה מקומות בירושלמי (פסחים פ"ה ה"ו, ועוד). בד"ק ובדפוסים מרייא, וכך נזכר שם זה בכמה מקומות בירושלמי (שבת פ"ג ה"ג, ועוד):
ג] ר' יונה וכו'. בירושלמי סנהדרין (שם) ור' יונה ר' בא בר חייה בשם ר' יוחנן:
ד] לקידוש. בירושלמי סנהדרין (שם) לעיבור, וצ"ל כמו שלפנינו:
ה] בעיבורה. בש"ג וברמב"ן (השגות לסה"מ עשה קנג) ובמאירי (סנהדרין יג.) ובכפתור ופרח (פט"ז) בעיבור. ועי' קה"ע ופנ"מ:

תורה אור השלם

א) וְקִדַּשְׁתֶּם אֵת שְׁנַת הַחֲמִשִּׁים שָׁנָה וּקְרָאתֶם דְּרוֹר בָּאָרֶץ לְכָל יֹשְׁבֶיהָ יוֹבֵל הִוא תִּהְיֶה לָכֶם וְשַׁבְתֶּם אִישׁ אֶל אֲחֻזָּתוֹ וְאִישׁ אֶל מִשְׁפַּחְתּוֹ תָּשֻׁבוּ: (ויקרא כה י)

גליון הש"ס

מ"ד לצפונה דבריו קיימין מן טבת ועד תמוז וכו'. עי' ברש"י דף כ"ד (ע"א ד"ה כאן) שלא פירש כן, ועי' בבעל המאור (ה: מדה"ר): תני לעיבור שנה מתחילין מן הצד. עי' בספר המצות להרמב"ן מצוה קנ"ג:

מסורת הש"ס

א) ר"ה כד. ב) [עי' ר"ה כה. תוד"ה זיל, ברכות פ"ד ה"א ונדרים פ"ו ה"ח] ג) עי' ר"ה כה. ד) ר"ה כד. ה) [תוספתא פ"א הט"ו] ו) ר"ה כד. [סנהדרין פ"א ה"ב, פסיקתא זוטרתא בראשית יז יג, ילקו"ש אמור תרמג] ז) [סנהדרין י:, תוספתא פ"א הט"ז, ילקו"ש בהר תרנט] ח) סנהדרין פ"א ה"ב [כל הענין, ר"ה ח:, כד., סנהדרין י:, ילקו"ש בהר תרנט] ט) [תוספתא סנהדרין פ"ז ה"ב] י) [עי' תוספתא סנהדרין פ"ז ה"ב]

מראה הפנים

אית תניי תני לצפונה דבריו קיימין וכו'. זה לשון בעל המאור ז"ל שם בתר הא דלעיל. ובפסקא דמתני' דתנן כמה גבוה [היה] ולאן היה נוטה הואיל ותנינן עלה במתני' אם אמר לפני החמה לא אמר כלום הוזקקנו כמו כן לחקור גם על הבדיקה הראשונה של לצפונה ושל דרומה, ומאי דלא פירש במתני' פירש בברייתא דתני חדא לצפונה דבריו קיימין לדרומה לא אמר כלום ותניא איפכא ופרשינהו אביי כאן בימות החמה כאן בימות הגשמים. ופירשוהו בירושלמי מתקופת תמוז ועד תקופת טבת לדרומה דבריו קיימין ונקראו ימות החמה מפני ששתי תקופות של תמוז ושל תשרי הם תקופות היובש ומתקופת טבת ועד תקופת תמוז לצפונה דבריו קיימין ונקראו ימות הגשמים לפי שתקופת טבת וניסן שכיחי גשמים ושכיחי קטרי. ועל זו הדרך מסכימים חכמי המזלות בראיית הלבנה בחידושה וה"ר שלמה ז"ל לא פירש כן עכ"ל. וזהו נוטה שאמרו וכפירושו שהבאתי בדבור דלעיל, ושבברייתא פירשו לצפונה ולדרומה ששאלו והיינו לפני החמה ולאחר החמה ממש איממי דבריהם קיימים אם אמרו לצפונה שזהו לפני החמה ממש וזהו בימות הגשמים ולדרומה שזהו לאחר החמה זהו בימות החמה ומבואר הוא לפי דעת חכמי המזלות: כמה היה גבוה וכו'. זהו דלא כדאיתמר התם (בבלי) דף כ"ד (ע"א) בענין זה דגרים אחד אומר שתי מרדעות ואחד אומר שלשה דבריהם קיימין, אחד אומר שלשה ואחד אומר חמשה עדותן בטילה. דלעולם באחת עבידי דטעי ולא בשתים, והא דנקט שלשה וחמש ולא נקט שנים וארבעה דחדא טעמא אית להו היינו משום דהואיל דנקט ברישא שלשה קתני נמי בסיפא שלשה וחמשה ובאמת הוא הדין בשנים וארבעה או באחד ושלשה, דהכלל היא שלא יהא ביניהם אלא אחת, וכדכתב הרמב"ם ז"ל בפ"ב בהל' קידוש החודש בסוף הל' ה. ודוגמא זו גבי עדים בסנהדרין פ"ה (מ"ג) אחד אומר בשנים בחודש וכו' ואחד אומר בשתי שעות ביום וכו', והתם טעמא איכא דלא פתח באחד לפי שזה לא שכיח דטעה בר"ח עצמו לפי הטעם שאמרו שם שעדותן קיימת שזה יודע בעיבורו של חדש וכו', ואגב קתני הכא בסיפא שתי שעות וכו', ושלשה וחמשה דנקט שם כמו דמפרשינן כאן הוא. והא דנקט הכא לקמן כשעורה וכו', יש לפרש נמי דכשעורה ממש קאמר והיינו לפי דקות מראיתה לעין:

witness saw the new moon **to the north of [due west], his words are valid,** [תַּמּוּז וְעַד טֵבֵת] (טבת ועד תמוז) מִן — refers to the period **from** the **Tammuz** season **until** the **Teves** season, i.e. in the summertime, when the new moon sets northward of due west.[17] מַאן דְּאָמַר לִדְרוֹמָהּ דְּבָרָיו קַיָּימִין — **The one who says** that when the witness saw it **to the south of [due west], his words are valid,** [טֵבֵת וְעַד תַּמּוּז] (תמוז ועד טבת) מִן — refers to the period **from** the **Teves** season **until** the **Tammuz** season, i.e. in the wintertime, when the new moon sets southward of due west. Thus, there is no contradiction.[18]

The Mishnah stated:
כַּמָּה הָיָה גָבוֹהַּ — **HOW HIGH** in the sky **WAS [THE MOON]?**

The Gemara discusses a case in which the witnesses contradict each other as to how high the moon appeared to be in the sky. It cites an apparent contradiction between Baraisos:
זֶה אוֹמֵר מְלֹא מַרְדֵּעַ אֶחָד — If **this one** witness **says** that **[its height] was** the span of **one full** cattle **goad,**[19] וְזֶה אוֹמֵר מְלֹא שְׁנֵי מַרְדְּעִים — **and this** other **one says** that **it was** the span of **two full** cattle **goads,** אִית תַּנַּיי תָּנֵי — **there is a Tanna who teaches:** דִּבְרֵיהֶן קַיָּימִין — **THEIR WORDS** of testimony **ARE VALID;** וְאִית תַּנַּיי תָּנֵי אֵין דִּבְרֵיהֶן קַיָּימִין — **there is another Tanna who teaches: THEIR WORDS** of testimony **ARE NOT VALID.** These Baraisos contradict each other! — **?** —

The Gemara resolves the contradiction:
מַאן דְּאָמַר דִּבְרֵיהֶן קַיָּימִין — **The one who says** that **their words are valid** בְּהִינּוּן דַּהֲווֹן קַיְימִין חַד מִלְּעֵיל וְחַד מִלְּרַע — is dealing **with these** witnesses **who were standing** on a slope, **one higher up and one lower down.** It is for this reason that they estimated the moon to be at different heights; therefore, the discrepancy does not invalidate their testimony.[20] מַאן דְּאָמַר אֵין דִּבְרֵיהֶן קַיָּימִין — **The one who says** that **their words are not valid** בְּהִינּוּן דַּהֲווֹן קַיְימִין שְׁווִי — is dealing **with these** witnesses **who were standing at the same [elevation].** Since there was no reason for their perceptions to differ, the discrepancy between the two accounts invalidates their testimony.[21]

The Mishnah stated:
כַּמָּה הָיָה רָחָב — **HOW WIDE WAS IT?**

The Gemara elaborates the question:
כִּשְׁעוּרָהּ וְיוֹתֵר מִכִּשְׁעוּרָהּ — They check to see whether the width seen by the witness was **in accord with [the moon's]** usual **measure** of width for this time of year, in which case the testimony is accepted, **or** whether it **exceeded [the moon's]** usual **measure,** in which case the testimony is rejected.[22]

The Mishnah stated:
וְאִם אָמַר לִפְנֵי הַחַמָּה לֹא אָמַר כְּלוּם — **IF HE SAID,** "It was **BEFORE THE SUN," HE HAS SAID NOTHING,** i.e. his testimony is dismissed.[23]

NOTES

17. The Tammuz season [or *tekufah*] is the three months following the summer solstice; the Teves season [or *tekufah*] is the three months following the winter solstice. During the summertime, the days are long, and the sun sets northward of due west. Since the moon follows the sun's path across the sky, it too sets north of due west. Therefore, if during this period the witness states that he saw the new moon set north of due west, his testimony is valid. If, however, he claims to have seen it set south of due west, his testimony is rejected (*Meiri* 23b).

[Emendation follows *Meiri* (ibid.); see *Baal HaMaor* to 23b (folio 5b), who preserves the original reading; see *Mareh HaPanim* for discussion.]

18. During the wintertime, when the days are short, the sun sets southward of due west. Its path is followed by the moon. Accordingly, if a witness claims that he saw the new moon set north of due west during the winter months, his testimony is rejected (*Meiri* ibid.).

[The Gemara's wording is imprecise. The phrase "from the Tammuz season until the Teves season," if defined with precision, would include also the period following the autumnal equinox, when the days begin to grow shorter, and the sun sets south of due west. The Gemara is simply using the term as shorthand for "summertime," the period of longer days, when the sun rises and sets northward of due east and west, which begins sometime in the spring and ends during autumn. Similarly, the phrase "from the Teves season until the Tammuz season," if defined with absolute precision, would include also the period of the spring equinox, when the days begin to grow longer and the sun sets north of due west. Rather, the Gemara intends the phrase only as an imprecise reference to the period of shorter days, in which the sun rises and sets southward of due east and west, which begins sometime in the autumn and ends toward spring. Indeed, in the parallel Gemara in *Bavli* (24a), the Gemara employs the general terms, יְמוֹת הַחַמָּה, *summertime,* and יְמוֹת הַגְּשָׁמִים, *wintertime* (see *Meiri* 23b; see also *Beur of R' Chaim Kanievski*).

[*Rashi* (24a) explains this Baraisa differently; for discussion of *Rashi's* approach, and various difficulties associated with it, see Schottenstein edition of *Bavli Rosh Hashanah,* 24a note 3.]

19. [A cattle goad is a long stick with a point at one end, used to prick and urge on an animal. Presumably, the goads were common implements and were of a standard size. Thus, a witness would refer to the moon above the horizon as being so-and-so many goads high.]

20. Their testimony is accepted because the one-goad discrepancy in height can reasonably be explained as a result of their standing at points of different elevation (see *Koran HaEidah*). The one standing in a high place perceived the moon as closer to him, the one standing in a low place perceived it as farther away (*Beur of R' Chaim Kanievski*). Alternatively, the moon seemed higher to the one standing in a high place, and lower to the one standing in a low place (*Pnei Moshe*).

21. Since both were standing at the same elevation, the new moon should have appeared to both of them as being at a single height. Instead, the estimate of one witness was twice that of his fellow. Such a discrepancy must be deemed a contradiction, and therefore disqualifies the testimony (see *Korban HaEidah; Pnei Moshe*). [If the version reported by either of the witnesses is corroborated by a third, the two combine to form a valid testimony (see *Bavli* 24a, with *Rashi;* see also *Rambam* 2:5).]

[*Bavli* 24a discusses two other cases, one in which the first witness estimates the moon's height at two goads and the second estimates it at three goads, and another in which the contradictory estimates were three goads and five goads. A discrepancy of a single goad is not deemed to be significant; therefore, in the first case, the testimony is accepted. A discrepancy of two goads is significant; therefore, in the second case, the testimony is rejected (*Meiri* there). In our case, where the estimates were one goad versus two goads, *Bavli* would maintain that the testimony is accepted, since there is only a one-goad difference between them (*Mareh HaPanim*). Others say that in our case, *Bavli* might agree that the testimony is rejected. Although there is only a one-goad discrepancy, it is a *greater* difference if viewed in terms of percentages. In our case, the estimate of one witness is twice that of the other; in *Bavli's* case, it is only a third as great. *Bavli* might very well admit that where one witness gives a height twice that of the other, the testimony is invalidated (see *Yefeh Einayim* 24a).]

22. The court calculated the correct width of the new moon in a given month. They examine the witnesses to see whether or not their testimony accords with the predetermined measure (*Pnei Moshe;* see also *Korban HaEidah*).

Alternatively, the phrase is vowelized as: כִּשְׂעוֹרָה וְיוֹתֵר מִכִּשְׂעוֹרָה, *like a barleycorn or like more than a barleycorn.* The Gemara specifies a minimum width for the crescent of the new moon; namely, a barleycorn. The witnesses must have perceived the width of the crescent of the new moon as measuring a barleycorn or more; otherwise, their testimony is invalid (*Maharal, Gur Aryeh, Exodus* 12:2; *Mareh HaPanim; Masa DiYerushalayim; Beur of R' Chaim Kanievski;* see *Shekel HaKodesh* 2:4, *Tziyun HaHalachah* §27). Possibly, this is because an image thinner than a barleycorn might not be the moon at all, but merely a wisp of cloud that was mistaken for the moon (see *Mizrachi, Exodus* 12:2; see also *Chidushei HaGriz Al HaTorah* there).

See *Tzion Yerushalayim* for yet another approach.

23. This was explained above, 15a note 1, and in the notes to the Gemara there.

It is not clear why the Gemara repeats this line from the Mishnah here. *Pnei Moshe* suggests that this is not a quote of the Mishnah, but represents the continuation of the previous ruling regarding a witness

תני [א]נראה באשש ובמים אין מעידין עליו. אמר ר' חייא בר בא ראו אותו יוצא מענן זה ונכנס לתוך ענן אחר מעידין עליו. כהדא ר' חנינה אזל [ב]לעין טב למימנא והוה אוירא מעונן. אמר כדון אמרין מה נטיל אוירא דהן סבא. והקדיח לו הקדוש ברוך הוא ככברה ונראה מתוכה. ר' חייה רבה הילך לאורו של ישן ארבעת מיל. ר' אבון [ג]משדי עלוי צררין ואמר לה לא תבהית בני מריך ברמשא אנן בעיין תיתחמי מיכא ואת מיתחמי מיכא. מיד איתבלע מן קומוי: לצפונה לדרומה: [ד]אית תניי תני לצפונה דבריו קיימין. אית תניי תני [ה]לדרומה דבריו קיימין. מאן דאמר לצפונה דבריו קיימין מן טבת ועד תמוז. מאן דאמר לדרומה דבריו קיימין מן תמוז ועד טבת: כמה היה גבוה: זה אומר מלא מרדע אחד וזה אומר מלא שני מרדעים אית תניי תני דבריהן קיימין ואית תניי תני אין דבריהן קיימין. מאן דאמר דבריהן קיימין בהינון [ו]דהוון קיימין חד מלעיל וחד מלרע. מאן דאמר אין דבריהן קיימין בהינון דהוון קיימין שווי: כמה היה רחב: כשעורה ויותר מכשעורה. ואם אמר לפני החמה לא אמר כלום: **הלכה ה מתני'** [מ"ז] [ב]ראש בית דין אומר מקודש וכל העם עונין אחריו מקודש מקודש. בין שנראה בזמנו בין שלא נראה בזמנו מקדשין אותו. [ז]ר' אלעזר בר' צדוק אומר [ג]אם לא נראה בזמנו אין מקדשין אותו שכבר קידשוהו שמים: **גמ'** תני [ח]ר' שמעון בן יוחי אומר [א]וקדשתם את שנת החמשים שנה שנים מקדשין אין מקדשין חדשים. והא תנינן ראש בית דין אומר מקודש. מהו מקודש מקויים. תני [ד][ט]לקידוש החודש מתחילין מן הגדול. אמר ר' חייה בר אדא מתניתא אמרה כן ראש בית דין אומר מקודש. תני [ה][י]לעיבור [א]השנה מתחילין מן הצד. אמר ר' זבידא והן בייתא דלרע לא נהגין כן. ולא שמיע דאמר ר' חייה בר [ב]מדייא [ג]ר' יונה ר' בא ר' חייה בשם ר' חייה בשם ר' יוחנן [ד]לקידוש החודש מתחילין מן הגדול לעיבור השנה מתחילין מן הצד. וכבר נכנס ר' יוחנן והוא היה הקטן שבהן אמרו לו אמור הרי השנה מקודשת בעיבורה. אמר הרי השנה מקודשת [ה]בעיבורה.

פני משה

נראה באשש. בעששית, קנדילה בלע"ז: ונכנס לתוך ענן אחר מעידין עליו. כלומר שנראית מתוך הענן אע"פ שאינה מאירה כל כך אלא כנראית מתוך הכברה מעידין עליו כהדא מעשה דר' חנינה: למימנא. לקידוש החדש שאם היה בית דין קבוע לכך. לעיל (סוכה פ"ב ה"ה וכגירסת ד"ו שם) גריס לסימנא וזהו לקידוש החדש ועל שם שהיו נותנין סימן שנתקדש: אמר כדון אמרין. עכשיו יאמרו הבריות: מה נטיל אוירא דהן סבא. כמה הוא נלול ונטול האויר של זקן הזה, ודרך לעג יאמרו כך מפני שהאויר מעונן הוא ובא לקדש החדש על פי ראיה, ונעשה לו נס שהקדיח לו הקב"ה על ידי נקב כנקב הכברה ונראה הלבנה מתוכה: לאורו של ישן. של הלבנה ישנה שעדיין לא נתכסית ומאירה והם היו רוצין לראות החדשה ולקדשה, והיה ר' אבון זורק עליו צררין ואמר לא תבייש בני קונך שבערב אנו רוצין שתתראה מכאן ממקום שנראית בחידושה ואת נראית עכשיו ממקום שהישנה נראית ומיד איתבלע ונכסית מלפניו: מן טבת ועד תמוז. נקראו ימות הגשמים ולצפונה דבריו קיימין, ומן תמוז ועד טבת נקראו ימות החמה ולדרומה דבריו קיימין: מאן דאמר דבריהן קיימין כהינין דהוון קיימין חד מלעיל וחד מלרע. שהאחד מהעדים היה עומד במקום גבוה כגון בהר או מקום שמשפע והולך, וזה העומד מלמעלה נראית לו שהיא גבוה שני מרדעים גבוה מן הארץ, וזה שהוא עומד למטה הימנו נראית לו מרדע אחד גבוה מן הארץ, ומאן דאמר אין דבריהן קיימין מיירי בהינון שהן עומדין במקום שוה וא"כ מכחישין זה את זה: בשעורה ויותר מכשעורה. אם הוא כפי השיעור לפי דרכו החשבון בקשת הראיה או יותר מכשיעור, ובודקין אותן אם מכוונין כפי קשת הראיה או אומרים יותר מכשיעור הזה ואינו כלום: ואם אמר וכו'. הוי כאומר לפני החמה ולא אמר כלום: מתני' ראש בית דין אומר מקודש. דכתיב (ויקרא כג מד) וידבר משה את מועדי ה' מכאן שראש בית דין אומר מקודש: וכל העם עונין אחריו. דכתיב (ויקרא שם ב)

קרבן העדה

נראה באשש. דרך זכוכית ראה אותו. או במים, תוך הנהר או מעיין ראה דמות הלבנה: למימנא. להיות נמנה על החדש אם לעברו או לא, והיה אויר היום מעונן: אמר כך. יאמרו מה עב אוירו דהאי סבא שבפעם הראשון למינויו אין הלבנה נראית: והקדיח לו הקב"ה. הענן ככברה והיתה הלבנה נראית מתוך הענן: והקדיח. נקב: [ר' חייה רבה הילך]. לאורו של לבנה ישנה ביום כ"ט ארבע מיל: ר' אבון. ראה הלבנה הישנה בשחרית ביום כ"ט וזרק עליה צרורות עפר: ואמר. לה לא תבייש ותבהל בני אדוניך, שהבית דין מצטערין אם לא יקדשו היום שכפי חשבונם ראוי שיהיה חסר: ברמשאי. בערב אנו צריכין לראותך מצד זה במערב, ואת נראית כעת מכאן. מיד נבלעת מלפניו: מן תמוז. היינו מתקופת תמוז ועד תקופת טבת: בהינון דהוון קיימין. באותן עדים שהיו אחד עומד מלמעלה ואחד מלמטה, ולכך דבריהן קיימין שטעו בשיעור גבהות: בהינון. באותן עדות שהיו עומדין בשוה, והלכך אין דבריהן קיימין: כשיעורא. שראוי להיות, וכדפרישית במתני': **מתני'** ראש בית דין אומר מקודש. בגמ' מפרש: גמ' שנים מקדשין. כששנת היובל נכנסת מלוה על הבית דין לומר מקודשת השנה: מקויים. דברי העדים שיהא החדש חסר ויהא ראש חודש ביום ל': מתניתא. נמי דייקא שמתחילין מן הגדול: לעיבור שנה מתחילין מן הצד. כיון שהדבר תלוי בדעת הדיינים שמא יסמכו השאר על דעתו של הגדול וימנעו מלומר דעתן כמו בדיני נפשות. אבל קידוש החדש שהכל תלוי בהעדאת העדים מתחילין מן הגדול, כן פסק הרמב"ם בפ"ד מהל' קידוש החודש (ה"י): והן ביתא דלרע. והך בית הנשיא שלמטה לא נהגו כן לענין עיבור (החדש) [השנה] אלא מתחילין מן הגדול. אי נמי [על] ריש גלותא שבבבל הוא דאמר כן: ה"ג אמר הרי השנה מקודשת

מועדי ה' אשר תקראו אותם קרי ביה אתם דחסר כתיב בלא וא"ו: מקודש מקודש. תרי זימני, דכתיב מקראי קדש שני מקראות: בין שנראה בזמנו. בליל שלשים: בין שלא נראה בזמנו. שאז יהיה ראש חודש ביום ל"א, ואין נזקקין לירח ביום ל"א שאף אם לא נראה אין לך חדש לבנה יותר על שלשים יום: ר' אליעזר בר' צדוק אומר אם לא נראה בזמנו. וקובעין ראש חודש ליל אחד ושלשים אין מקדשין אותו לפי שאין קדוש החדש חובה, דילפינן מדאמר קרא וקדשתם את שנת החמשים שנים אתה מקדש שחובה על הבית דין בשנת היובל לומר מקודשת השנה, ואין אתה מקדש חדשים שאין חובה מוטל על הבית דין לומר מקודש החדש אלא כשנראה בזמנו מקדשין אותו מפני שצריך חיזוק, והלכה כר' אליעזר בר' צדוק: **גמ'** תני ר' שמעון בן יוחי אומר וקדשתם וכו'. וכר' אליעזר בר' צדוק דמתניתין. וגרסינן לכל הסוגיא עד סוף הלכה בפ"ק דסנהדרין הלכה ב' וגירסא דהכא עיקרית: והתנינן ראש בית דין אומר מקודש. וילפינן ליה מקרא כדפרישית במתניתן: מהו מקודש מקויים. אחר שהעידו העדים שראו את החדש אומר מקוים הדבר אבל אין חובה להיות מקדשין ממש כמו שמקדשין שנת היובל: לקידוש החדש מתחילין מן הגדול. כדתנן ראש בית דין אומר מקודש וכל העם עונין אחריו: לעיבור השנה מתחילין מן הצד. הקטן שבהן אומר בתחלה מקודשת השנה: והההן בייתא דלרע. וזה הבית של מטה ועל בית הנשיא רמז שהם אין מניחין לנהוג כן: ולא שמיע וכו'. מתמה על זה וכי לא שמעו דכל הני אמוראי מסכימים לדבר אחד שאמרו בשם ר' יוחנן כן: וכבר נכנס ר' יוחנן. לעיבור שנה והוא היה הקטן שבהם וליוו לו לומר הרי השנה מקודשת בעיבורה: אמר הרי השנה מקודשת בעיבורה. דיקדק לומר בעיבורה במפיק ה"א:

עין משפט

א מיי' פ"ב מהלכות קידוש החודש הלכה ה:
ב מיי' שם הלכה ח:
ג [מיי' שם]:
ד ה מיי' שם פ"ד הלכה ח:

שינויי נוסחאות

א] **השנה.** בירושלמי סנהדרין (פ"א ה"ב) **החודש.** ובפנ"מ שם הגיה כמו שלפנינו:
ב] **מדייא.** כך נזכר שם זה בכמה מקומות בירושלמי (פסחים פ"ה ה"ו, ועוד). בד"ק ובדפוסים **מרייא**, וכך נזכר שם זה בכמה מקומות בירושלמי (שבת פ"ג ה"ג, ועוד):
ג] **ר' יונה וכו'.** בירושלמי סנהדרין (שם) **ור'** יונה ר' בא **בר חייה בשם ר'** יוחנן:
ד] **לקידוש.** בירושלמי סנהדרין (שם) **לעיבור**, וצ"ל כמו שלפנינו:
ה] **בעיבורה.** בש"ג וברמב"ן (השגות לסה"מ עשה קנג) ובמאירי (סנהדרין יג.) ובכפתור ופרח (פט"ז) **בעיבור.** ועי' קה"ע ופנ"מ:

תורה אור השלם

א) וְקִדַּשְׁתֶּם אֵת שְׁנַת הַחֲמִשִּׁים שָׁנָה וּקְרָאתֶם דְּרוֹר בָּאָרֶץ לְכָל יֹשְׁבֶיהָ יוֹבֵל הִוא תִּהְיֶה לָכֶם וְשַׁבְתֶּם אִישׁ אֶל אֲחֻזָּתוֹ וְאִישׁ אֶל מִשְׁפַּחְתּוֹ תָּשֻׁבוּ: (ויקרא כה י)

גליון הש"ם

מ"ד לצפונה דבריו קיימין מן טבת ועד תמוז וכו'. עי' ברש"י דף כ"ד (ע"א ד"ה כאן) שלא פירש כן, ועי' בבעל המאור (ה: מדה"ר): תני לעיבור שנה מתחילין מן הצד. עי' בספר המצות להרמב"ן מצוה קנ"ג:

מסורת הש"ס

א) ר"ה כד. **ב)** [עי' ר"ה כה. תוד"ה זיל, ברכות פ"ד ה"א ונדרים פ"ו ה"ח] **ג)** עי' ר"ה כה. **ד)** ר"ה כד. **ה)** [תוספתא פ"א הט"ז] **ו)** ר"ה כד. [סנהדרין פ"א ה"ב, פסיקתא זוטרתא בראשית יז יג, ילקו"ש אמור תרמג] **ז)** [סנהדרין י:, תוספתא פ"א הט"ז, ילקו"ש בהר תרנט] **ח)** סנהדרין פ"א ה"ב [כל הענין, ר"ה ח:, כד., סנהדרין י:, ילקו"ש בהר תרנט] **ט)** [תוספתא סנהדרין פ"ז ה"ב] **י)** [עי' תוספתא סנהדרין פ"ז ה"ב]

מראה הפנים

אית תניי תני לצפונה דבריו קיימין וכו'. זה לשון בעל המאור ז"ל שם בתר הא דלעיל. ובפסקא דמתני' דתנן כמה גבוה [היה] ולאן היה נוטה הואיל ותנינן עלה במתני' אם אמר לפני החמה לא אמר כלום הוזקקנו כמו כן לחקור גם על הבדיקה הראשונה של לצפונה ושל דרומה, ומאי דלא פירש במתני' פירש בברייתא דתני חדא לצפונה דבריו קיימין לדרומה לא אמר כלום ותניא איפכא ופרשינהו אביי כאן בימות החמה כאן בימות הגשמים. ופירשוהו בירושלמי מתקופת תמוז ועד תקופת טבת לדרומה דבריו קיימין ונקראו ימות החמה מפני ששתי תקופות של תמוז ושל תשרי הם תקופות היובש ומתקופת טבת ועד תקופת תמוז לצפונה דבריו קיימין ונקראו ימות הגשמים לפי שתקופת טבת וניסן שכיחי גשמים ושכיחי קטרי. ועל זו הדרך מסכימים חכמי המזלות בראיית הלבנה בחידושה והר"ר שלמה ז"ל לא פירש כן עכ"ל. וזהו נוטה שאמרו וכפירושו שהבאתי בדבור דלעיל, ושבברייתא פירשו לצפונה ולדרומה ששאלו והיינו לפני החמה ולאחר החמה ממש אימתי דבריהם קיימים אם אמרו לצפונה שזהו לפני החמה ממש וזהו בימות הגשמים ולדרומה שזהו לאחר החמה זהו בימות החמה ומבואר הוא לפי דעת חכמי המזלות: כמה היה גבוה וכו'. זהו דלא כדאיתמר התם (בבלי) דף כ"ד (ע"א) בענין זה דגרים אחד אומר שתי מרדעות ואחד אומר שלשה דבריהם קיימין, אחד אומר שלשה ואחד אומר חמשה עדותן בטילה. דלעולם באחת עבידי דטעי ולא בשתים, והא דנקט שלשה וחמש ולא נקט שנים וארבעה דחדא טעמא אית להו היינו משום דהואיל דנקט ברישא שלשה קתני נמי בסיפא שלשה וחמשה ובאמת הוא הדין בשנים וארבעה או באחד ושלשה, דהכלל היא שלא יהא ביניהם אלא אחת, וכדכתב הרמב"ם ז"ל בפ"ב בהל' קידוש החודש בסוף הל' ה. ודוגמא זו גבי עדים בסנהדרין פ"ה (מ"ג) אחד אומר בשנים בחודש וכו' ואחד אומר בשתי שעות ביום וכו', והתם טעמא איכא דלא פתח באחד לפי שזה לא שכיח דטעה בר"ח עצמו לפי הטעם שאמרו שם שעדותן קיימת שזה יודע בעיבורו של חדש וכו', ואגב קתני הכא בסיפא שתי שעות וכו', ושלשה וחמשה דנקט שם כמו דמפרשינן כאן הוא. והא דנקט הכא לקמן כשעורה וכו', יש לפרש נמי דכשעורה ממש קאמר והיינו לפי דקות מראיתה לעין:

The Gemara cites a Baraisa:

תָּנֵי – It was taught in a Baraisa: נִרְאָה בָּאֲשָׁשׁ וּבַמַּיִם – If [THE NEW MOON] WAS SEEN IN A LANTERN[1] OR reflected IN THE WATER, אֵין מְעִידִין עָלָיו – [THE WITNESSES] CANNOT TESTIFY ABOUT IT.[2]

The same generally applies when the witnesses see the bright outline of the moon through the clouds.[3] The Gemara now discusses a case in which such testimony *is* accepted:

אָמַר רַבִּי חִיָּיא בַּר בָּא – **R' Chiya bar Ba said:** רָאוּ אוֹתוֹ יוֹצֵא מֵעָנָן זֶה וְנִכְנָס לְתוֹךְ עָנָן אַחֵר – **If they saw [the new moon] come out from this** certain **cloud and go into another cloud,** מְעִידִין עָלָיו – **they may testify about it,** since it was momentarily visible in the space between the clouds. If, however, it was observed only *behind* the clouds, their testimony is not accepted.[4]

The Gemara cites a corroborative incident:

כְּהָדָא רַבִּי חֲנִינָה – It is **like that** which occurred **with R' Chaninah.** אֲזַל לְעֵין טָב לְמִימְנָא – **He went to Ein Tav**[5] **to be appointed** as a member of the court that would sanctify the new moon,[6] וַהֲוָה אֲוִירָא מְעוּנָּן – **and the air** [i.e. the sky] **was cloudy,** so that the moon could not be clearly sighted.[7] אֲמַר – **He said:** כְּדוֹן אָמְרִין – **"Now [people] will say** about me, in mockery: מָה נְטִיל אֲוִירָא דְּהָן סָבָא – **How thick is the air of this old man."**[8] וְהִקְדִּיחַ לוֹ הַקָּדוֹשׁ בָּרוּךְ הוּא כִּכְבָרָה – **The Holy One, Blessed is He,** intervened on R' Chaninah's behalf, **and perforated** the clouds **for him like a sieve,** וְנִרְאָה מִתּוֹכָהּ – **and [the new moon] was visible from within [the cloud],** allowing R' Chaninah to participate in the sanctification of the new month.

From this incident we see that if the moon was visible only through the clouds, the testimony is not accepted, but if one sights the new moon through a gap in the clouds, his testimony is accepted.[9]

The Gemara records an incident:

רַבִּי חִיָּיה רַבָּה הִילֵּךְ לְאוֹרוֹ שֶׁל יָשָׁן אַרְבַּעַת מִיל – **R' Chiyah the Great** once **walked four *mil* in the light of the old [moon]** at morning on the twenty-ninth of the month. Since the old moon was large enough to provide light, it would almost certainly not emerge as the new moon that night, in which case the court would not be able to declare the next day Rosh Chodesh.[10] רַבִּי אָבוּן מְשַׁדֵּי עָלוֹי צְרָרִין – **R' Avun,** who was accompanying R' Chiyah, **threw pebbles at [the moon]** in a gesture of rebuke.[11] וַאֲמַר לָהּ – **He said to [the moon]:** לָא תַבְהִית בְּנֵי מָרִיךְ – **"Do not bring shame upon the children of your Master** by remaining in your place, and preventing them from sanctifying the new month.[12] בְּרַמְשָׁא אֲנַן בָּעֱיִין תִּיתְחֲמֵי מִיכָּא – **Tonight we need for you to be seen from here,** i.e. in the west, following the sun, וְאַתְּ מִיתְחֲמֵי מִיכָּא – **but** instead, **you are** now **seen from here,** i.e. in the east, preceding the sun!"[13] מִיַּד אִיתְבְּלַע מִן קוּמוֹי – **Immediately, [the moon] was swallowed up from before them,** and reemerged that evening in the west, where the new moon is visible just after conjunction, thereby allowing the court to sanctify the new month as planned.[14]

The Mishnah stated:

לִצְפוֹנָהּ לִדְרוֹמָהּ – Was it TO THE NORTH OF [DUE WEST] or TO THE SOUTH OF [DUE WEST]?[15]

The Gemara cites two Baraisos that seem to contradict each other:

אִית תַּנָּיֵי תָּנֵי – **There is a Tanna who teaches** the following: לִצְפוֹנָהּ דְּבָרָיו קַיָּימִין – If the witness replies that he saw the new moon TO THE NORTH, HIS WORDS of testimony ARE VALID, but not if he says that he saw it to the south,[16] אִית תַּנָּיֵי תָּנֵי – while **another Tanna teaches** the opposite, לִדְרוֹמָהּ דְּבָרָיו קַיָּימִין – that if the witness says that he saw the new moon TO THE SOUTH, HIS WORDS of testimony ARE VALID, but not if he says that he saw it to the north. These teachings are contradictory. – **?** –

The Gemara resolves the contradiction:

מַאן דְּאָמַר לִצְפוֹנָהּ דְּבָרָיו קַיָּימִין – **The one who says** that when the

NOTES

1. I.e. through glass, such as that of a lantern (*Korban HaEidah*) or a window (*Ritva* 24a). Alternatively, the Baraisa refers to a case in which one saw the moon *reflected* in a lantern (*Meiri* 24a; *Mefareish* to *Rambam* 2:5; *Teshuvos Shevus Yaakov,* Vol. 1, §126). [An advantage of this second interpretation is that the teaching regarding a lantern now parallels the accompanying one regarding water (*Shevus Yaakov* ibid.).]

2. *Rambam* (ibid.) explains: אין זו ראייה, *this is not considered "seeing,"* by which he means that the reflection the witnesses saw may have been nothing more than the image of a wisp of white cloud, and not of the moon (*Mefareish* to *Rambam* ibid.).

3. In this case, the court does not accept the witnesses' testimony (*Bavli* 24a).

4. *Beur of R' Chaim Kanievski.* See *Pnei Moshe* for another approach.

5. A town [near Tzippori (Sepphoris)] where the Sanhedrin convened for calendrical rulings (*Tosafos* 25a ד״ה זיל).

6. Some read: לְסִימָנָא, *to signal* [the sanctification of the new moon] (*Pnei Moshe*).

7. It was obscured by the clouds.

8. He feared they would mock him [as unworthy of the honor] since on his very first attempt, the skies were clouded over, preventing him from performing the sanctification (*Korban HaEidah*).

[Some say נְטִיל does not mean "thick," but rather "thin" or "clear." R' Chaninah feared that people would refer sarcastically to the cloudy skies as clear to mock him (*Pnei Moshe*).]

9. [Without this teaching, it could be thought that such testimony may not be relied upon, for one might have erred in the glimpse he caught of the moon in the tiny space that opened up, and in the very brief window of time available. The Gemara must therefore state that in fact, such testimony is accepted.]

10. As the moon nears conjunction, it disappears from view for approximately twenty-four hours. An old moon bright enough to shed light would need at least twenty-four hours, and perhaps more, to achieve conjunction and emerge as a new moon, which means that in R' Chiyah's case, the new moon would definitely not have been visible that night, and the court would not have been able to sanctify the new month the next day (*Beur of R' Chaim Kanievski;* see below, Halachah §6, 16b).

11. According to *Bavli* (25a), this was done by R' Chiyah himself. See also *Yalkut Shimoni* §191. See *Beur of R' Chaim Kanievski.*

12. This incident concerned a case in which the court had determined that Rosh Chodesh must fall on the 30th day of the month. Upon seeing the old moon still visible on the eastern horizon on the morning of the 29th, R' Chiyah and R' Avun realized that it would not be possible to sanctify the next day as Rosh Chodesh, for the new moon would not be visible that night (see note 10). R' Avun rebuked the moon for causing the court distress, and demanded that it realign itself in accordance with the wishes of the court (*Korban HaEidah; Pnei Moshe;* see *Bavli* ibid.; see *Rashi* there for another approach).

13. In the period just before conjunction, the moon rises toward the end of the night, and is visible in the east prior to dawn. It thus precedes the sun on its path through the sky. In the period of the new moon, just following conjunction, the moon rises and sets *after* the sun, and follows it through the sky throughout the day. It is visible in the west just after sunset. R' Avun complained that if the old moon was visible in the east that morning, the new moon would not be visible in the west, as required, that evening (see *Korban HaEidah; Pnei Moshe*).

14. See *Peirush HaKatzar;* see also *Chayei Olam* Ch. 30. [*Bavli* (25a), in its version of this incident, does not say that the moon vanished. *Ritva* maintains that R' Chiyah did not actually throw the stones or order the moon to conceal itself. Rather, this was simply the way the Gemara expressed R' Chiyah's thoughts regarding the inconvenient appearance of the old moon. From our Gemara, however, it appears that the incident transpired as stated, and that the moon actually and miraculously disappeared.]

15. See 15a note 2.

16. See the version of this Baraisa cited on *Bavli* 24a.

תני [א] נראה באשש ובמים אין מעידין עליו. אמר ר' חייא בר בא ראו אותו יוצא מענן זה ונכנס לתוך ענן אחר מעידין עליו. כהדא ר' חנינה אזל [ב] לעין טב למימנא והוה אוירא מעונן. אמר כדון אמרין מה נטיל אוירא דהן סבא. והקדיח לו הקדוש ברוך הוא ככברה ונראה מתוכה. ר' חייה רבה הילך לאורו של ישן ארבעת מיל. ר' אבון [ג] משדי עלוי צררין ואמר לה לא תבהית בני מריך ברמשא אנן בעיין תיתחמי מיכא ואת מיתחמי מיכא. מיד איתבלע מן קומוי: לצפונה לדרומה: [ד] אית תניי תני לצפונה דבריו קיימין. אית תניי תני [ה] לדרומה דבריו קיימין. מאן דאמר לצפונה דבריו קיימין מן טבת ועד תמוז. מאן דאמר לדרומה דבריו קיימין מן תמוז ועד טבת: כמה היה גבוה: זה אומר מלא מרדע אחד וזה אומר מלא שני מרדעים אית תניי תני דבריהן קיימין ואית תניי תני אין דבריהן קיימין. מאן דאמר דבריהן קיימין יג. בהינון [ו] דהוון קיימין חד מלעיל וחד מלרע. מאן דאמר אין דבריהן קיימין בהינון דהוון קיימין שווי: כמה היה רחב: כשעורה ויותר מכשעורה. ואם אמר לפני החמה לא אמר כלום: **הלכה ה מתני'** [מ"ז] [ב] ראש בית דין אומר מקודש וכל העם עונין אחריו מקודש מקודש. בין שנראה בזמנו בין שלא נראה בזמנו מקדשין אותו. [ז] ר' אלעזר בר' צדוק אומר [ג] אם לא נראה בזמנו אין מקדשין אותו שכבר קידשוהו שמים: **גמ'** תני [ח] ר' שמעון בן יוחי אומר [א] וקדשתם את שנת החמשים שנה שנים מקדשין אין מקדשין חדשים. והא תנינן ראש בית דין אומר מקודש. מהו מקודש מקויים. תני [ד][ט] לקידוש החודש מתחילין מן הגדול. אמר ר' חייה בר אדא מתניתא אמרה כן ראש בית דין אומר מקודש. תני [ה][י] לעיבור [א] השנה מתחילין מן הצד. אמר ר' זבידא והן בייתא דלרע לא נהגין כן. ולא שמיע דאמר ר' חייה בר [ב] מדייא [ג] ר' יונה ר' בא ר' חייה בשם ר' חייה בשם ר' יוחנן [ד] לקידוש החודש מתחילין מן הגדול לעיבור השנה מתחילין מן הצד. וכבר נכנס ר' יוחנן והוא היה הקטן שבהן אמרו לו אמור הרי השנה מקודשת בעיבורה. אמר הרי השנה מקודשת [ה] בעיבורה.

קרבן העדה

נראה באשש. דרך זכוכית ראה אותה. או במים, תוך הנהר או מעיין ראה דמות הלבנה: למימנא. להיות נמנה על החדש אם לעברו או לא, והיה אויר היום מעונן: אמר כך. יאמרו מה עב אוירו דהאי סבא שבפעם הראשון למינויו אין הלבנה נראית: והקדיח לו הקב"ה. הענן ככברה והיתה הלבנה נראית מתוך הענן: והקדיח. נקב: [ר' חייה רבה הילך]. לאורו של לבנה ישנה ביום כ"ט ארבע מיל: ר' אבון. ראה הלבנה הישנה בשחרית ביום כ"ט וזרק עליה צרורות עפר: ואמר. לה לא תבייש ותבהל בני אדוניך, שהבית דין מצטערין אם לא יקדשו היום שכפי חשבונם ראוי שיהיה חסר: ברמשאי. בערב אנו צריכין לראותך מצד זה במערב, ואת נראית כעת מכאן. מיד נבלעת מלפניו: מן תמוז. היינו מתקופת תמוז ועד תקופת טבת: בהינון דהוון קיימין. באותן עדים שהיו אחד עומד מלמעלה ואחד מלמטה, ולכך דבריהן קיימין שטעו בשיעור גבהות: בהינון. באותן עדות שהיו עומדין בשוה, והלכך אין דבריהן קיימין: כשיעורא. שראוי להיות, וכדפרישית במתני': **מתני'** ראש בית דין אומר מקודש. בגמ' מפרש: **גמ'** שנים מקדשין. כששנת היובל נכנסת מצוה על הבית דין לומר מקודשת השנה: מקויים. דברי העדים שיהא החדש חסר ויהא ראש חודש ביום ל': מתניתא. נמי דייקא שמתחילין מן הגדול: לעיבור שנה מתחילין מן הצד. כיון שהדבר תלוי בדעת הדיינים שמא יסמכו השאר על דעתו של הגדול וימנעו מלומר דעתן כמו בדיני נפשות. אבל קידוש החדש שהכל תלוי בהעדאת העדים מתחילין מן הגדול, כן פסק הרמב"ם בפ"ד מהל' קידוש החודש (ה"י): והן ביתא דלרע. והן בית הנשיא שלמטה לא נהגו כן לענין עיבור (החדש) [השנה] אלא מתחילין מן הגדול. אי נמי [על] ריש גלותא שבבבל הוא דאמר כן: ה"ג אמר הרי השנה מקודשת

פני משה

נראה באשש. בעששית, קנדילה בלע"ז: ונכנס לתוך ענן אחר מעידין עליו. כלומר שנראית מתוך הענן אע"פ שאינה מאירה כל כך אלא כנראית מתוך הככרה מעידין עליו כהדא מעשה דר' חנינה: למימנא. לקידוש החדש שאם היה בית דין קבוע לכך. לעיל (סוכה פ"ב ה"ה וכגירסת ד"ו שם) גריס לסימנא וזהו לקידוש החדש ועל שם שהיו נותנין סימן שנתקדש: אמר כדון אמרין. עכשיו יאמרו הבריות: מה נטיל אוירא דהן סבא. כמה הוא נלול ונטול האויר של זקן הזה, ודרך לעג יאמרו כך מפני שהאויר מעונן הוא ובא לקדש החדש על פי ראיה, ונעשה לו נס שהקדיח לו הקב"ה על ידי נקב כנקב הככרה ונראה הלבנה מתוכה: לאורו של ישן. של הלבנה ישנה שעדיין לא נתכסית ומאירה והם היו רוצין לראות החדשה ולקדשה, והיה ר' אבון זורק עליו צררין ואמר לא תבייש בני קונך שבערב אנו רוצין שתתראה מכאן ממקום שנראית בחידושה ואת נראית עכשיו ממקום שהישנה נראית ומיד איתבלע ונכסית מלפניו: מן טבת ועד תמוז. נקראו ימות הגשמים ולצפונה דבריו קיימין, ומן תמוז ועד טבת נקראו ימות החמה ולדרומה דבריו קיימין: מאן דאמר דבריהן קיימין כהינין דהוון קיימין חד מלעיל וחד מלרע. שהאחד מהעדים היה עומד במקום גבוה כגון בהר או מקום שמשפע והולך, וזה העומד מלמעלה נראית לו שהיא גבוה שני מרדעים גבוה מן הארץ, וזה שהוא עומד למטה הימנו נראית לו מרדע אחד גבוה מן הארץ, ומאן דאמר אין דבריהן קיימין מיירי בהינון שהן עומדין במקום שוה וא"כ מכחישין זה את זה: בשעורה ויותר מכשעורה. אם הוא כפי השיעור לפי דרכו החשבון בקשת הראיה או יותר מכשיעור, ובודקין אותן אם מכוונין כפי קשת הראיה או אומרים יותר מכשיעור הזה ואינו כלום: ואם אמר וכו'. הוי כאומר לפני החמה ולא אמר כלום: **מתני'** ראש בית דין אומר מקודש. דכתיב (ויקרא כג מד) וידבר משה את מועדי ה' מכאן שראש בית דין אומר מקודש: וכל העם עונין אחריו. דכתיב (ויקרא שם ב) מועדי ה' אשר תקראו אותם קרי ביה אתם דחסר כתיב בלא וא"ו: מקודש מקודש. תרי זימני, דכתיב מקראי קדש שני מקראות: בין שנראה בזמנו. בליל שלשים: בין שלא נראה בזמנו. שאז יהיה ראש חודש ביום ל"א, ואין נזקקין לירח ביום ל"א שאף אם לא נראה אין לך חדש לבנה יותר על שלשים יום: ר' אליעזר בר' צדוק אומר אם לא נראה בזמנו. וקובעין ראש חודש ליל אחד ושלשים אין מקדשין אותו לפי שאין קדוש החדש חובה, דילפינן מדאמר קרא וקדשתם את שנת החמשים שנים אתה מקדש שחובה על הבית דין בשנת היובל לומר מקודשת השנה, ואין אתה מקדש חדשים שאין חובה מוטל על הבית דין לומר מקודש החדש אלא כשנראה בזמנו מקדשין אותו מפני שצריך חיזוק, והלכה כר' אליעזר בר' צדוק: **גמ'** תני ר' שמעון בן יוחי אומר וקדשתם וכו'. וכר' אליעזר בר' צדוק דמתניתין. וגרסינן לכל הסוגיא עד סוף הלכה בפ"ק דסנהדרין הלכה ב' וגירסא דהכא עיקרית: והתנינן ראש בית דין אומר מקודש. וילפינן ליה מקרא כדפרישית במתניתן: מהו מקודש מקוים. אחר שהעידו העדים שראו את החדש אומר מקוים הדבר אבל אין חובה להיות מקדשין ממש כמו שמקדשין שנת היובל: לקידוש החדש מתחילין מן הגדול. כדתנן ראש בית דין אומר מקודש וכל העם עונין אחריו: לעיבור השנה מתחילין מן הצד. הקטן שבהן אומר בתחלה מקודשת השנה: והההן בייתא דלרע. וזה הבית של מטה ועל בית הנשיא רמז שהם אין מניחין לנהוג כן: ולא שמיע וכו'. מתמה על זה וכי לא שמעו דכל הני אמוראי מסכימים לדבר אחד שאמרו בשם ר' יוחנן כן: וכבר נכנס ר' יוחנן. לעיבור שנה והוא היה הקטן שבהם וציוו לו לומר הרי השנה מקודשת בעיבורה: אמר הרי השנה מקודשת בעיבורה. דיקדק לומר בעיבורה במפיק ה"א:

עין משפט

א מיי' פ"ב מהלכות קידוש החודש הלכה ה:
ב מיי' שם הלכה ח:
ג [מיי' שם]:
ד ה מיי' שם פ"ד הלכה ח:

שינויי נוסחאות

א] **השנה.** בירושלמי סנהדרין (פ"א ה"ב) **החודש.** ובפנ"מ שם הגיה כמו שלפנינו:
ב] **מדייא.** כך נזכר שם זה בכמה מקומות בירושלמי (פסחים פ"ה ה"ו, ועוד). בד"ק ובדפוסים **מרייא**, וכך נזכר שם זה בכמה מקומות בירושלמי (שבת פ"ג ה"ג, ועוד):
ג] **ר' יונה וכו'.** בירושלמי סנהדרין (שם) **ור'** יונה ר' בא **בר** חייה **בשם** ר' יוחנן:
ד] **לקידוש.** בירושלמי סנהדרין (שם) **לעיבור**, וצ"ל כמו שלפנינו:
ה] **בעיבורה.** בש"ג וברמב"ן (השגות לסה"מ עשה קנג) ובמאירי (סנהדרין יג.) ובכפתור ופרח (פט"ז) **בעיבור.** ועי' קה"ע ופנ"מ:

תורה אור השלם

א) וְקִדַּשְׁתֶּם אֵת שְׁנַת הַחֲמִשִּׁים שָׁנָה וּקְרָאתֶם דְּרוֹר בָּאָרֶץ לְכָל יֹשְׁבֶיהָ יוֹבֵל הִוא תִּהְיֶה לָכֶם וְשַׁבְתֶּם אִישׁ אֶל אֲחֻזָּתוֹ וְאִישׁ אֶל מִשְׁפַּחְתּוֹ תָּשֻׁבוּ: (ויקרא כה י)

גליון הש"ס

מ"ד לצפונה דבריו קיימין מן טבת ועד תמוז וכו'. עי' ברש"י דף כ"ד (ע"א ד"ה כאן) שלא פירש כן, ועי' בבעל המאור (ה: מדה"ר): תני לעיבור שנה מתחילין מן הצד. עי' בספר המצות להרמב"ן מצוה קנ"ג:

מסורת הש"ס

א) ר"ה כד. ב) [עי' ר"ה כה. תוד"ה זיל, ברכות פ"ד ה"א ונדרים פ"ו ה"ח] ג) עי' ר"ה כה. ד) ר"ה כד. ה) [תוספתא פ"א הט"ז] ו) ר"ה כד. [סנהדרין פ"א ה"ב, פסיקתא זוטרתא בראשית יז יג, ילקו"ש אמור תרמג] ז) [סנהדרין י:, תוספתא פ"א הט"ז, ילקו"ש בהר תרנט] ח) סנהדרין פ"א ה"ב [כל הענין, ר"ה ח:, כד., סנהדרין י:, ילקו"ש בהר תרנט] ט) [תוספתא סנהדרין פ"ז ה"ב] י) [עי' תוספתא סנהדרין פ"ז ה"ב]

מראה הפנים

אית תניי תני לצפונה דבריו קיימין וכו'. זה לשון בעל המאור ז"ל שם בתר הא דלעיל. ובפסקא דמתני' דתנן כמה גבוה [היה] ולאן היה נוטה הואיל ותנינן עלה במתני' אם אמר לפני החמה לא אמר כלום הוזקקנו כמו כן לחקור גם על הבדיקה הראשונה של לצפונה ושל דרומה, ומאי דלא פירש במתני' פירש בברייתא דתני חדא לצפונה דבריו קיימין לדרומה לא אמר כלום ותניא איפכא ופרשינהו אביי כאן בימות החמה כאן בימות הגשמים. ופירשוהו בירושלמי מתקופת תמוז ועד תקופת טבת לדרומה דבריו קיימין ונקראו ימות החמה מפני שבשתי תקופות של תמוז ושל תשרי הם תקופות היובש ומתקופת טבת ועד תקופת תמוז לצפונה דבריו קיימין ונקראו ימות הגשמים לפי שתקופת טבת וניסן שכיחי גשמים ושכיחי קטרי. ועל זו הדרך מסכימים חכמי המזלות בראיית הלבנה בחידושה וה"ר שלמה ז"ל לא פירש כן עכ"ל. וזהו נוטה שאמרו וכפירושו שהבאתי בדבור דלעיל, ושבברייתא פירשו לצפונה ולדרומה ששאלו והיינו לפני החמה ולאחר החמה ממש אימתי דבריהם קיימים אם אמרו לצפונה שזהו לפני החמה ממש וזהו בימות הגשמים ולדרומה שזהו לאחר החמה זהו בימות החמה ומבואר הוא לפי דעת חכמי המזלות: כמה היה גבוה וכו'. זהו דלא כדאיתמר התם (בבלי) דף כ"ד (ע"א) בענין זה דגרים אחד אומר שתי מרדעות ואחד אומר שלשה דבריהם קיימין, אחד אומר שלשה ואחד אומר חמשה עדותן בטילה. דלעולם באחת עבידי דטעי ולא בשתים, והא דנקט שלשה וחמש ולא נקט שנים וארבעה דחדא טעמא אית להו היינו משום דהואיל דנקט ברישא שלשה קתני נמי בסיפא שלשה וחמשה ובאמת הוא הדין בשנים וארבעה או באחד ושלשה, דהכלל היא שלא יהא ביניהם אלא אחת, וכדכתב הרמב"ם ז"ל בפ"ב בהל' קידוש החודש בסוף הל' ה. ודוגמא זו גבי עדים בסנהדרין פ"ה (מ"ג) אחד אומר בשנים בחודש וכו' ואחד אומר בשתי שעות ביום וכו', והתם טעמא איכא דלא פתח באחד לפי שזה לא שכיח דטעה בר"ח עצמו לפי הטעם שאמרו שם שעדותן קיימת שזה יודע בעיבורו של חדש וכו', ואגב קתני הכא בסיפא שתי שעות וכו', ושלשה וחמשה דנקט שם כמו דמפרשינן כאן הוא. והא דנקט הכא לקמן כשעורה וכו', יש לפרש נמי דכשעורה ממש קאמר והיינו לפי דקות מראיתה לעין:

א) לפני החמה או לאחר החמה לצפונה או לדרומה כמה היה גבוה ולאיין היה נוטה וכמה היתה רחבה. אם אמר לפני החמה לא אמר כלום. ב) א] היו מכניסין את השיני ובודקין אותו ב] נמצאו דבריהן מכוונין עדותן קיימת. ושאר כל הזוגות שואלין אותן ראשי דברים לא שהן צריכין להן ג] אלא שלא יצאו בפחי נפש בשביל שיהו רגילין לבוא: גמ' אמר ר' יוחנן אפילו טועה שבטועין אינו טועה בדבר הזה לפני החמה לאחר החמה. לא צורכא די לא פיגמתה לפני החמה פיגמתה לאחר החמה. תני בר קפרא תרתיי לפני החמה לאחר החמה פיגמתה לפני החמה פיגמתה לאחר החמה. א) אמר ר' יוחנן כתיב א) המשל ופחד עמו עושה שלום במרומיו מימיה של חמה לא ראתה פגימתה של לבנה. תני ב) ר' שמעון בן יוחי לפי שהרקיע של מים והכוכבים של אש והן דרים זה עם זה ואינן מזיקין זה את זה לפיכך עושה שלום במרומיו. ג) אמר ר' אבון המלאך עצמו חציו מים וחציו אש ואית ביה חמש ד] גפין ב) וגווייתו כתרשיש ופניו כמראה ברק ועיניו כלפידי אש וגו'. אמר ר' לוי לעולם לית מזל חמי מה דקומוי אלא כולהון סלקין כאילין דסלקין בסולמא הפיך. ד) שלש מאות וששים וחמש חלונות ברא הקדוש ברוך הוא שישתמש בהן העולם מאה ושמונים ושתים במזרח ומאה ושמונים ושתים במערב ואחד באמצעו של רקיע שממנו יצא מתחילת מעשה בראשית. ה) מה שחמה מהלכת לשלשים יום הלבנה מהלכת לשני ימים ומחצה. מה שחמה מהלכת בשני חדשים הלבנה מהלכת לחמשה ימים. מה שחמה מהלכת לשלשה חדשים הלבנה מהלכת לשבעה ימים ומחצה. מה שחמה מהלכת לששה חדשים הלבנה מהלכת לחמשה עשר יום. ו) מה שחמה הולכת לשנים עשר חודש הלבנה מהלכת לשלשים יום. אמר ר' יונה לית כאן שיעורא אלא אפילו פרא מיכן:

קרבן העדה

מתני' לפני החמה. החמה הולכת לעולם ממזרח לדרום ומדרום למערב וממערב לצפון, שנאמר (קהלת א ו) הולך אל דרום וסובב אל צפון. והלבנה אינה נראית ביום ל' לעולם אלא סמוך לשקיעת החמה, שמתוך שהיא דקה וקטנה אינה נראית בעוד שהחמה בגבורתה, וקא סלקא דעתך שהיו שואלין את העדים אם ראוה מהלכת לפני החמה או לאחריה: כמה היה גבוה. מן הארץ לפי ראיית עיניכם: וכמה היה רחב. שהלבנה משתנה שיעורה כפי מה שהיא רחוקה מן החמה או קרובה אליה: גמ' אינו טועה בדבר הזה. שתהא לבנה לפני החמה, ומה צורך לשאול על זה: לא צורכא. אלא כך שאלו אם היתה פגימתה של לבנה פונה לצד החמה, דלעולם חלק המאיר מן הלבנה נוטה לצד השמש והחלק הפגום נוטה לצד האחר: תרתיי. על שניהם שאלו דסובר דאף בהא איכא למטעי אם היא לפני החמה ממש או לא: לא ראתה פגימתה של לבנה. מפני דרכי שלום שלא יהא קנאה ביניהם, לכך היתה תחלת הבריאה באופן זה: והכוכבים. שהן של אש תקועים בהם ואינן נכבים, ולכך נקראים שמים אש ומים מעורבים זה בזה: לפיכך. כתיב עושה שלום וגו': חמש גפין. כלומר אנפין, והן מראות תרשיש וברק ולפידי אש ונחשת מים: ועיניו כלפידי אש. וזרועותיו ומרגלותיו כעין נחשת קלל וקול דבריו כקול המון, וקול דבריו היינו בכנפיו כדכתיב ביחזקאל (א כד) ואשמע את קול כנפיהם כקול מים רבים, שמעינן שהן ממים: לית מזל וכו'. אין המזל רואה מה שלפניו אלא כולן כאותן שהולכים על הסולם דרך אחוריהן שכל העולה אינו רואה שיש אחד לפניו, כך המזלות תקועים בגלגל דרך אחוריו, ואף זה לעשות שלום ביניהם: מאה ושמונים ושתים במזרח. שמהן החמה יוצאת, ומאה ושמונים ושתים במערב שבהן היא שוקעת, ובכל חצי שנה חוזרת לאחוריה: אלא אפילו פרא מכאן. בפחות משלשים יום חוזרת הלבנה שממהרת בהילוכה, כדאמרינן לקמן (ה"ו - טז:) פעמים בא בארוכה פעמים בקצרה:

פני משה

מתני' כיצד בודקין וכו' לפני החמה או לאחר החמה. מפרש בגמרא דאפגימתה קאי, אם פגימתה של לבנה נראית שנוטה לצד החמה או לאחר החמה, ועלה קתני אם אמר שפגימתה לצד החמה לא אמר כלום שמעולם לא ראתה החמה פגימתה של לבנה אלא חלק המאיר ממנה לעולם הוא לצד השמש והחלק הפגום נוטה הוא לצד האחר: לצפונה או לדרומה. לפי שהלבנה מתרחקת מן השמש פעם לצד לפון פעם לצד דרום, ואם הבית דין רואין לפי דרכי החשבון שבאותו הזמן ראוי שתהיה לצד לפון והוא אומר שראה נוטה לצד דרום או איפכא בידוע ששקר הוא: כמה היה גבוה. מן הארץ לפי ראות העין, ואם אחד מן העדים אומר גבוה שתי קומות ואחד אומר שלש עדותן קיימת דעביד איניש דטועה באחד, ואם אחד אומר שלש ואחד אומר חמש עדותן בטלה: ולאיין היה נוטה. ראשי הפגימה לאיזה צד היו נוטין לצפון או לדרום: וכמה היתה רחבה. לפי שהלבנה משתנית שיעורה כפי שהיא רחוקה מן החמה או קרובה אליה: ואחר כך היו מכניסין את השני. כשילא זה ובודקין אותו וכו': גמ' אמר ר' יוחנן אפילו טועה שבטועים אינו טועה בדבר זה וכו'. כלומר להיות טועה בכך ולומר לפני החמה בזמן שהכל יודעין שאינו כן וכן בלאחר החמה, שהרי הלבנה לעולם בחידושה בקרן מערבית דרומית ומתוך דקותה אינה נראית אלא סמוך לשקיעת החמה, וא"כ בימים ארוכים שהחמה שוקעת במערב הרבה סמוך לצפון, היא לאחר החמה שהחמה קדמה לה במערב, ובימים קצרים שהחמה שוקעת במקצוע דרומית, היא לפני החמה: לא צורכה די לא פגימתה וכו'. לא צריכא לומר אלא כך אם פגימתה לצד החמה וכו' כדפרישית במתניתן: כאילין דסלקין בסולמא הפיך. פניו פונות לצד מטה ולא לצד מעלה שמתוך כך שלום ביניהן ואינו מקנא למזל שלמעלה הימנו לפי שרואה עצמו שהוא למעלה מחבירו וכן כל מזל ומזל: אמר ר' יונה לית כאן שיעורא. אין השיעור של שלשים יום מכוון: אלא אפילו פרא מכאן. פחות מזה מהלכת מה שהחמה מהלכת לי"ב חדש, שחדשה של הלבנה כ"ט י"ב תשל"ג ולא יותר:

מסורת הש"ס

א) ר"ה כג: [במדבר רבה יב ח, דברים רבה ה יב, שה"ש רבה ג כד, פסיקתא דר"כ א, ילקו"ש וארא קפו, איוב תתקיב, שה"ש תתקפו, תיקו"ז נא.] ב) במדבר רבה יב ח [תנחומא ויגש ו, תרומה יא בשינוי, פסיקתא דר"כ א, ילקו"ש וארא קפו] ג) [דברים רבה ה יב, שה"ש רבה ג כד, ילקו"ש איוב תתקיב] ד) [שמות רבה טו כב] ה) [מדרש תהלים יט] ו) [פסיקתא זוטרתא בראשית א יד]

מראה הפנים

תני בר קפרא תרתי וכו'. כדי להבין זה צריכין אנחנו להביא כאן לדברי בעל המאור ז"ל (ה: מדה"ר ד"ה היינו) מה שכתב בענין זה על מה דאיתמר התם (בבלי כג:) היינו לפני החמה היינו לצפונה היינו לאחר החמה היינו לדרומה, וז"ל פי' מפני שישוב העולם [בצפון] וגלגל המישור נוטה מעל נוכח ראשיהם כלפי דרום, לפיכך החמה נראית להם לעולם כאילו היא הולכת כלפי דרום עד חצות היום ומחצות היום ולמעלה כאלו היא פונה ללכת מדרום לצפון, וזהו שאמרו במקום אחר (ב"ב כה:) הולך אל דרום ביום וסובב אל צפון בלילה סובב סובב הולך הרוח אלו פני המזרח ופני המערב שפעמים מסבבתן ופעמים מהלכתן, וכיון שהחמה נראית בשקיעתה כאילו היא מהלכת מדרום לצפון לכך נקרא רוח צפון פני החמה ורוח דרום אחר החמה כאדם המהלך אל נכח פניו, כי (במהלכם) [במהלכת] מן המזרח למערב אין אדם שאינו יודע שהלבנה בחידושה אחר החמה היא ואין צריך בדיקה בזה לכך שאלו בגמרא היינו לפני החמה היינו לצפונה וכו', כלומר למה לי למיתנייה תרין בבי ובחדא מנייהו סגי ופירש אביי כי זה ששנינו לפני החמה ולאחר החמה על פגימתה היא שאין הכל בקיאין בדבר ולעולם שתי שאלות הן עכ"ל בזה. ומזה מובן הא דבר קפרא הכא דתני תרתיי לפני החמה וכו', כלומר דלצפונה או לדרומה שזהו כלפי החמה וכו' ממש זהו שאלה אחת, ומה דכפלו לומר עוד לשניהן לא תטעה דהכוונה אחת היא דא"כ בחדא מינייהו הוה סגיא אלא ודאי שתי שאלות הן, ולפיכך אמרו עוד לצפונה או לדרומה כדי לרמז להם דמה שאמרו בתחלה לפני החמה וכו' לאו על ממש קאי דא"כ למה לנו למיהדר ולשאול לצפונה וכו' אלא דעל פגימתה קאי ומכפל הדברים בעצמן הבינו ששתי שאלות שאלו להם וכדי להשיב על שתיהן:

עין משפט

א מיי' פ"ב מהלכות קידוש החודש הלכה ד:
ב [מיי' שם הלכה ז]:

שינויי נוסחאות

א] היו. במשניות ובבבלי (כג:) ואחר כך היו:
ב] נמצאו. כ"ה גם גירסת הרמב"ם בפיה"מ. במשניות ובבלי (שם) אם נמצאו:
ג] אלא. כ"ה גם גירסת הרמב"ם בפיה"מ. במשניות ובבלי (שם) אלא כדי:
ד] גפין. במדרש רבה (במ"ר נשא יב ח, שהש"ר ג א, ועוד) אפין:

תורה אור השלם

א) הַמְשֵׁל וָפַחַד עִמּוֹ עֹשֶׂה שָׁלוֹם בִּמְרוֹמָיו: (איוב כה ב)

ב) וּגְוִיָּתוֹ כְתַרְשִׁישׁ וּפָנָיו כְּמַרְאֵה בָרָק וְעֵינָיו כְּלַפִּידֵי אֵשׁ וּזְרֹעֹתָיו וּמַרְגְּלֹתָיו כְּעֵין נְחֹשֶׁת קָלָל וְקוֹל דְּבָרָיו כְּקוֹל הָמוֹן: (דניאל י ו)

שירי קרבן

תני בר קפרא תרתיי. ביפה מראה פי' ששנה בהדיא ב' הדברים לישנא דמתני' ולישנא דאוקימנא פגימתה וכו', והיינו לומר שזה פירוש לישנא דמתני' ע"כ. ואינו מחוור דא"כ אינו תרתי אלא אחד. לכן פי' שבקונטרס עיקר: שס"ה חלונות וכו'. כתב היפה מראה, אבל זה שאמר שיש שס"ה חלונות והליכת חמה ולבנה בהן לא הבינותי ענינו להסכימו עם מה שנתפרסם בעולם מחכמת האצטגניות בענינים אלו, ע"כ. והנה מש"כ שהחלונות ללבנה ליתא, ומאי דקשיא ליה משס"ה חלונות כבר פירשתי בקונטרס. אך קשה ממ"ש כאן ואחת באמצעו של רקיע, היכן הוא השקיעה כנגדו דהא בעינן שתהא הזריחה והשקיעה בשוה, מיהו י"ל דבעינן שיהא יום דאין הזריחה והשקיעה שוין וזה ברור:

וְאֶחָד בְּאֶמְצָעוֹ שֶׁל רָקִיעַ – **and one** window is **in middle of the sky,** שֶׁמִּמֶּנּוּ יָצָא מִתְּחִילַּת מַעֲשֵׂה בְרֵאשִׁית – **from which [the sun]** first **emerged at the beginning of Creation.**[29]

The sun and the moon describe roughly similar paths, from east to west, through the sky each day. Both, however, move also from west to east over the course of a longer period, as measured by a constantly changing background of stars.[30] With respect to this latter motion, the cycle of the sun is drawn out far longer than that of the moon. The Gemara compares the times needed for these two cycles:

מַה שֶׁחַמָּה מְהַלֶּכֶת לִשְׁלֹשִׁים יוֹם – **The [distance] the sun travels in thirty days,** i.e. against the backdrop of the constellations in the celestial sphere, הַלְּבָנָה מְהַלֶּכֶת לִשְׁנֵי יָמִים וּמֶחֱצָה – **the moon travels in two-and-a-half days.**[31] מַה שֶׁחַמָּה מְהַלֶּכֶת בִּשְׁנֵי חֳדָשִׁים – **The [distance] the sun travels in two months** against the star background, הַלְּבָנָה מְהַלֶּכֶת לַחֲמִשָּׁה יָמִים – **the moon travels in five days.**[32] מַה שֶׁחַמָּה מְהַלֶּכֶת לִשְׁלֹשָׁה חֳדָשִׁים – **The [distance] the sun travels in three months,** הַלְּבָנָה מְהַלֶּכֶת לְשִׁבְעָה יָמִים וּמֶחֱצָה – **the moon travels in seven-and-a-half days.** מַה שֶׁחַמָּה מְהַלֶּכֶת לְשִׁשָּׁה חֳדָשִׁים – **The [distance] the sun travels in six months,** הַלְּבָנָה מְהַלֶּכֶת לַחֲמִשָּׁה עָשָׂר יוֹם – **the moon travels in fifteen days.** מַה שֶׁחַמָּה הוֹלֶכֶת לִשְׁנֵים עָשָׂר חוֹדֶשׁ – **The [distance] the sun travels in twelve months,** הַלְּבָנָה מְהַלֶּכֶת לִשְׁלֹשִׁים יוֹם – **the moon travels in thirty days.**

The Gemara comments:

אָמַר רַבִּי יוֹנָה – **R' Yonah said:** לֵית כָּאן שִׁיעוּרָא – **There is no** accurate **measurement here.** אֶלָּא אֲפִילוּ פְּרָא מִיכֵּן – **Rather, even less** time **than this** is needed for the cycle of the moon.[33]

NOTES

This arrangement too does not account for all 365 days of the year. *Radal* (ibid.) maintains that according to *Pirkei DeRabbi Eliezer* (ibid.), there are 365 windows on *each* side, in a double row of 182 [plus one window that stands alone]. Now, the variation in the length of the days, and in where the sun rises and sets, spans only half a year, which means that daily conditions are repeated twice a year. The repetition, however, does not include use of the same "windows." Rather, the sun's movement from south to north utilizes one of the 182-window rows, while its movement from north to south utilizes the other. Each day of the year has its own set of windows through which the sun enters and exits the dome. Each set of windows is used only once in a single year. According to this version, the above difficulties are resolved.]

29. The Gemara refers to the point in the dome through which the sun entered when it was first created and placed into the sky at the beginning of the fourth day of Creation, which was at evening of the first Tuesday of Creation (*Pirkei DeRabbi Eliezer* ibid.). [This window required no corresponding one for the sun's exit, for the sun immediately began traveling in a westerly direction, and exited from the usual window for that time of year (see, however, *Sheyarei Korban*).] When the sun returns to this point in the sky after its 28-year cycle, we recite a special blessing, known as *Bircas HaChammah.* See *Pirkei DeRabbi Eliezer* (ibid.); *Yerushalmi Berachos* 89b; *Bavli Berachos* 59b.

30. The earth's daily rotation on its north-south axis gives the impression that the sun, the moon, and the constellations rise in the east and set in the west. Upon careful observation, one perceives that the sun and the moon do not remain in fixed positions vis-a-vis the constellations. Rather, although they cross the sky daily from east to west, they appear over the longer term to retrograde [i.e. to move backward] from west to east, in relation to the backdrop of stars and constellations. In the case of the moon, the retrograde is actual, and is caused by the moon's monthly orbit around the earth. In the case of the sun, it is only apparent, and is caused by the earth's yearly orbit around the sun. To an observer standing on the earth, there is no difference. Both moon and sun appear to be slowly moving across the sky from west to east.

The moon completes its retrograde cycle far more quickly than does the sun. The Gemara will now compare the rates of speed of the retrograde motion of both sun and moon.

To expand on the mechanics of the retrograde motion of sun and moon: As the earth moves in its yearly orbit, it is on different sides of the sun. As a result, the star background against which the sun appears is constantly changing. Thus, the sun is said to move through the stars during the course of the year. By plotting where among the stars the sun rises each morning, we can map out a great circle along the celestial sphere. This circle is known as the "ecliptic," which marks the retrograde path of the sun through the stars. The stars within the ecliptic, and immediately above and below it, form a band known as the "zodiac." The zodiac is divided into twelve equal sections, with the stars in each section being grouped in a constellation. In the course of a year, the sun makes a complete revolution through the zodiac. This journey constitutes its retrograde cycle.

The moon began its orbit at Creation from "The First Point of Aries," which is a longitudinal point on the celestial ecliptic; specifically, the celestial longitude of 0 degrees, otherwise known as "the vernal equinox." This is the point at which the leading edge of the constellation Aries was located in earlier times. The moon begins and ends its monthly orbit of the earth at the First Point of Aries [i.e. the celestial longitude of 0 degrees] (see Schottenstein edition of *Yerushalmi Berachos,* 89b note 35, and sources cited there). The precise length of its orbit, known as a sidereal month, will be discussed below. The path the moon takes in its monthly orbit, as measured by the backdrop of stars, is its retrogade cycle.

31. The moon retrogrades through the celestial sphere at a relatively quick rate, appearing significantly farther eastward against the constellations on each successive day of the month. Approximately 30 days are required for the moon to retrograde through the entire celestial sphere until it returns full circle to its starting point.

The sun's apparent retrograde through the celestial sphere occurs at a much slower rate. As explained, the sun's retrogade cycle derives from the earth's yearly orbit of the sun. Therefore, an entire year is required for the sun to complete its passage through the celestial sphere.

The thirty-day period of the moon's retrogade cycle is approximately one-twelfth of the 365-day period of the sun's. It follows that the distance traveled by the sun in 30 days will be traveled by the moon in one-twelfth of the time, 2.5 days.

[These numbers are imprecise; see below, note 33.]

32. Two months is 60 days; the five days of the moon's motion is one-twelfth of the sixty days of the sun's. Thus, the distance covered by the sun in two months (one-sixth of its total cycle) is the same as that covered by the moon in five days.

This same ratio of the moon's one month to the sun's twelve months explains the calculations that follow as well.

33. The above calculations assume an approximately 30-day retrogade cycle for the moon, in accordance with the length of a month, and twelve times that number for the sun, approximately a year. We will soon see that the 30-day number for the moon is quite inaccurate, since the retrograde cycle is in fact *not* the equivalent of a lunar month. But even supposing that the retrogade cycle *is* the equivalent of a lunar month, the Gemara's numbers are still not accurate. In fact, a lunar month, measured by successive conjunctions of the moon (i.e. when the moon lines up with the sun and goes dark), is not a full 30 days, but is rather just a bit more than 29.5 days (*Korban HaEidah; Pnei Moshe*), whereas a solar year is not 360 days, but is in fact just a bit less than 365.25 days (*Sefer Nir*). The Gemara rounds out the numbers for easy comparison; a more precise calculation, however, would conclude that the sun's retrogade cycle is approximately 12.38 times as long as the moon's cycle. [$365.25 \div 29.5$ is approximately 12.38.] R' Yonah takes note of this discrepancy.

[Alternatively, R' Yonah is concerned with an even greater inaccuracy. The 29.5-day number measures the lunar month, which begins at the conjunction of the moon, when it lines up with the sun and so cannot be seen, and ends with its conjunction on the following month. (This is known as a synodic month.) However, the time required for the moon to retrograde through the entire 360 degrees of the celestial sphere (known as a sidereal month) is actually significantly less than 29.5 days. In fact, after only 27.32 days, the moon completes its orbit of the earth, and returns to the celestial longitude at which it began. The reason the month is extended for another two days is that in the meantime, the sun moved eastward in its own retrogade cycle, and the moon must now catch the sun to achieve conjunction. When this is factored in, the retrogade cycle of the sun is more than thirteen times as long as that of the moon; the cycle of the moon is less than one-thirteenth that of the sun. R' Yonah points out that this represents a serious divergence from the numbers offered by the Gemara above (*Sefer Nir;* see *Baraisa DeMazalos* §8).]

[א]לפני החמה או לאחר החמה לצפונה או לדרומה כמה היה גבוה ולאיין היה נוטה וכמה היתה רחבה. אם אמר לפני החמה לא אמר כלום. [ב][א]היו מכניסין את השיני ובודקין אותו [ב]נמצאו דבריהן מכוונין עדותן קיימת. ושאר כל הזוגות שואלין אותן ראשי דברים לא שהן צריכין להן [ג]אלא שלא יצאו בפחי נפש בשביל שיהו רגילין לבוא: גמ' אמר ר' יוחנן אפילו טועה שבטועין אינו טועה בדבר הזה לפני החמה לאחר החמה. לא צורכא די לא פיגמתה לפני החמה פיגמתה לאחר החמה. תני בר קפרא תרתיי לפני החמה לאחר החמה פיגמתה לפני החמה פיגמתה לאחר החמה. [א]אמר ר' יוחנן כתיב [א]המשל ופחד עמו עושה שלום במרומיו מימיה של חמה לא ראתה פגימתה של לבנה. תני [ב]ר' שמעון בן יוחי לפי שהרקיע של מים והכוכבים של אש והן דרים זה עם זה ואינן מזיקין זה את זה לפיכך עושה שלום במרומיו. [ג]אמר ר' אבון המלאך עצמו חציו מים וחציו אש ואית ביה חמש [ד]גפין [ב]וגוייתו כתרשיש ופניו כמראה ברק ועיניו כלפידי אש וגו'. אמר ר' לוי לעולם לית מזל חמי מה דקומוי אלא כולהון סלקין כאילין דסלקין בסולמא הפיך. [ד]שלש מאות וששים וחמש חלונות ברא הקדוש ברוך הוא שישתמש בהן העולם מאה ושמונים ושתים במזרח ומאה ושמונים ושתים במערב ואחד באמצעו של רקיע שממנו יצא מתחילת מעשה בראשית. [ה]מה שחמה מהלכת לשלשים יום הלבנה מהלכת לשני ימים ומחצה. מה שחמה מהלכת בשני חדשים הלבנה מהלכת לחמשה ימים. מה שחמה מהלכת לשלשה חדשים הלבנה מהלכת לשבעה ימים ומחצה. מה שחמה מהלכת לששה חדשים הלבנה מהלכת לחמשה עשר יום. [ו]מה שחמה הולכת לשנים עשר חודש הלבנה מהלכת לשלשים יום. אמר ר' יונה לית כאן שיעורא אלא אפילו פרא מיכן:

קרבן העדה

מתני' לפני החמה. החמה הולכת לעולם ממזרח לדרום ומדרום למערב וממערב לצפון, שנאמר (קהלת א ו) הולך אל דרום וסובב אל צפון. והלבנה אינה נראית ביום ל' לעולם אלא סמוך לשקיעת החמה, שמתוך שהיא דקה וקטנה אינה נראית בעוד שהחמה בגבורתה, וקא סלקא דעתך שהיו שואלין את העדים אם ראוה מהלכת לפני החמה או לאחריה: כמה היה גבוה. מן הארץ לפי ראיית עיניכם: וכמה היה רחב. שהלבנה משתנה שיעורה כפי מה שהיא רחוקה מן החמה או קרובה אליה: גמ' אינו טועה בדבר הזה. שתהא לבנה לפני החמה, ומה צורך לשאול על זה: לא צורכא. אלא כך שאלו אם היתה פגימתה של לבנה פונה לצד החמה, דלעולם חלק המאיר מן הלבנה נוטה לצד השמש והחלק הפגום נוטה לצד האחר: תרתיי. על שניהם שאלו דסובר דאף בהא איכא למטעי אם היא לפני החמה ממש או לא: לא ראתה פגימתה של לבנה. מפני דרכי שלום שלא יהא קנאה ביניהם, לכך היתה תחלת הבריאה באופן זה: והכוכבים. שהן של אש תקועים בהם ואינן נכבים, ולכך נקראים שמים אש ומים מעורבים זה בזה: לפיכך. כתיב עושה שלום וגו': חמש גפין. כלומר אנפין, והן מראות תרשיש וברק ולפידי אש ונחשת מים: ועיניו כלפידי אש. וזרועותיו ומרגלותיו כעין נחשת קלל וקול דבריו כקול המון, וקול דבריו היינו בכנפיו כדכתיב ביחזקאל (א כד) ואשמע את קול כנפיהם כקול מים רבים, שמעינן שהן ממים: לית מזל וכו'. אין המזל רואה מה שלפניו אלא כולן כאותן שהולכים על הסולם דרך אחוריהן שכל העולה אינו רואה שיש אחד לפניו, כך המזלות תקועים בגלגל דרך אחוריו, ואף זה לעשות שלום ביניהם: מאה ושמונים ושתים במזרח. שמהן החמה יוצאת, ומאה ושמונים ושתים במערב שבהן היא שוקעת, ובכל חצי שנה חוזרת לאחוריה: אלא אפילו פרא מכאן. בפחות משלשים יום חוזרת הלבנה שממהרת בהילוכה, כדאמרינן לקמן (ה"ו - טו:) פעמים בא בארוכה פעמים בקצרה:

פני משה

מתני' כיצד בודקין וכו' לפני החמה או לאחר החמה. מפרש בגמרא דאפגימתה קאי, אם פגימתה של לבנה נראית שנוטה לצד החמה או לאחר החמה, ועלה קתני אם אמר שפגימתה לצד החמה לא אמר כלום שמעולם לא ראתה החמה פגימתה של לבנה אלא חלק המאיר ממנה לעולם הוא לצד השמש והחלק הפגום נוטה הוא לצד האחר: לצפונה או לדרומה. לפי שהלבנה מתרחקת מן השמש פעם לצד צפון פעם לצד דרום, ואם הבית דין רואין לפי דרכי החשבון שבאותו הזמן ראוי שתהיה לצד צפון והוא אומר שראה נוטה לצד דרום או איפכא בידוע ששקר הוא: כמה היה גבוה. מן הארץ לפי ראות העין, ואם אחד מן העדים אומר גבוה שתי קומות ואחד אומר שלש עדותן קיימת דעביד אינש דטועה באחד, ואם אחד אומר שלש ואחד אומר חמש עדותן בטלה: ולאין היה נוטה. ראשי הפגימה לאיזה צד היו נוטין לצפון או לדרום: וכמה היתה רחבה. לפי שהלבנה משתנית שיעורה כפי שהיא רחוקה מן החמה או קרובה אליה: ואחר כך היו מכניסין את השני. כשילא זה ובודקין אותו וכו': גמ' אמר ר' יוחנן אפילו טועה שבטועים אינו טועה בדבר זה וכו'. כלומר להיות טועה בכך ולומר לפני החמה בזמן שהכל יודעין שאינו כן וכן בלאחר החמה, שהרי הלבנה לעולם בחידושה בקרן מערבית דרומית ומתוך דקותה אינה נראית אלא סמוך לשקיעת החמה, וא"כ בימים ארוכים שהחמה שוקעת במערב הרבה סמוך לצפון, היא לאחר החמה שהחמה קדמה לה במערב, ובימים קצרים שהחמה שוקעת במקצוע דרומית, היא לפני החמה: לא צורכה די לא פגימתה וכו'. לא צריכא לומר אלא כך אם פגימתה לצד החמה וכו' כדפרישית במתניתן: כאילין דסלקין בסולמא הפיך. פניו פונות לצד מטה ולא לצד מעלה שמתוך כך שלום ביניהן ואינו מקנא למזל שלמעלה הימנו לפי שרואה עצמו שהוא למעלה מחבירו וכן כל מזל ומזל: אמר ר' יונה לית כאן שיעורא. אין השיעור של שלשים יום מכוון: אלא אפילו פרא מכאן. פחות מזה מהלכת מה שהחמה מהלכת לי"ב חדש, שחדשה של הלבנה כ"ט י"ב תשל"ג ולא יותר:

מסורת הש"ס

א) ר"ה כג: [במדבר רבה יב ח, דברים רבה ה יב, שה"ש רבה ג כד, פסיקתא דר"כ א, ילקו"ש וארא קפו, איוב תתקיב, שה"ש תתקפו, תיקו"ז נא.] ב) במדבר רבה יב ח [תנחומא ויגש ו, תרומה יא בשינוי, פסיקתא דר"כ א, ילקו"ש וארא קפו] ג) [דברים רבה ה יב, שה"ש רבה ג כד, ילקו"ש איוב תתקיב] ד) [שמות רבה טו כב] ה) [מדרש תהלים יט] ו) [פסיקתא זוטרתא בראשית א יד]

מראה הפנים

תני בר קפרא תרתי וכו'. כדי להבין זה צריכין אנחנו להביא כאן לדברי בעל המאור ז"ל (ה: מדה"ר ד"ה היינו) מה שכתב בענין זה על מה דאיתמר התם (בבלי כג:) היינו לפני החמה היינו לצפונה היינו לאחר החמה היינו לדרומה, וז"ל פי' מפני שישוב העולם [בצפון] וגלגל המישור נוטה מעל נוכח ראשיהם כלפי דרום, לפיכך החמה נראית להם לעולם כאילו היא הולכת כלפי דרום עד חצות היום ומחצות היום ולמעלה כאלו היא פונה ללכת מדרום לצפון, וזהו שאמרו במקום אחר (ב"ב כה:) הולך אל דרום ביום וסובב אל צפון בלילה סובב סובב הולך הרוח אלו פני המזרח ופני המערב שפעמים מסבבתן ופעמים מהלכתן, וכיון שהחמה נראית בשקיעתה כאילו היא מהלכת מדרום לצפון לכך נקרא רוח צפון פני החמה ורוח דרום אחר החמה כאדם המהלך אל נכח פניו, כי (במהלכם) [במהלכת] מן המזרח למערב אין אדם שאינו יודע שהלבנה בחידושה אחר החמה היא ואין צריך בדיקה בזה לכך שאלו בגמרא היינו לפני החמה היינו לצפונה וכו', כלומר למה לי למיתנייה תרין בבי ובחדא מנייהו סגי ופירש אביי כי זה ששנינו לפני החמה ולאחר החמה על פגימתה היא שאין הכל בקיאין בדבר ולעולם שתי שאלות הן עכ"ל בזה. ומזה מובן הא דבר קפרא הכא דתני תרתיי לפני החמה וכו', כלומר דלצפונה או לדרומה שזהו כלפי החמה וכו' ממש זהו שאלה אחת, ומה דכפלו לומר עוד לשניהן לא תטעה דהכוונה אחת היא דא"כ בחדא מינייהו הוה סגיא אלא ודאי שתי שאלות הן, ולפיכך אמרו עוד לצפונה או לדרומה כדי לרמז להם דמה שאמרו בתחלה לפני החמה וכו' לאו על ממש קאי דא"כ למה לנו למיהדר ולשאול לצפונה וכו' אלא דעל פגימתה קאי ומכפל הדברים בעלמן הבינו ששתי שאלות שאלו להם וכדי להשיב על שתיהן:

עין משפט

א מיי' פ"ב מהלכות קידוש החודש הלכה ד:
ב [מיי' שם הלכה ז]:

שינויי נוסחאות

א] היו. במשניות ובבבלי (כג:) ואחר כך היו:
ב] נמצאו. כ"ה גם גירסת הרמב"ם בפיה"מ. במשניות ובבלי (שם) אם נמצאו:
ג] אלא. כ"ה גם גירסת הרמב"ם בפיה"מ. במשניות ובבלי (שם) אלא כדי:
ד] גפין. במדרש רבה (במ"ר נשא יב ח, שהש"ר ג א, ועוד) אפין:

תורה אור השלם

א) הַמְשֵׁל וָפַחַד עִמּוֹ עֹשֶׂה שָׁלוֹם בִּמְרוֹמָיו: (איוב כה ב)

ב) וּגְוִיָּתוֹ כְתַרְשִׁישׁ וּפָנָיו כְּמַרְאֵה בָרָק וְעֵינָיו כְּלַפִּידֵי אֵשׁ וּזְרֹעֹתָיו וּמַרְגְּלֹתָיו כְּעֵין נְחֹשֶׁת קָלָל וְקוֹל דְּבָרָיו כְּקוֹל הָמוֹן: (דניאל י ו)

שירי קרבן

תני בר קפרא תרתיי. ביפה מראה פי' ששנה בהדיא ב' הדברים לישנא דמתני' ולישנא דאוקימנא פגימתה וכו', והיינו לומר שזה פירוש לישנא דמתני' ע"כ. ואינו מחוור דא"כ אינו תרתי אלא אחד. לכן פי' שבקונטרס עיקר: שס"ה חלונות וכו'. כתב היפה מראה, אבל זה שאמר שיש שס"ה חלונות והליכת חמה ולבנה בהן לא הבינותי ענינו להסכימו עם מה שנתפרסם בעולם מחכמת האצטגניות בענינים אלו, ע"כ. והנה מש"כ שהחלונות ללבנה ליתא, ומאי דקשיא ליה משס"ה חלונות כבר פירשתי בקונטרס. אך קשה ממ"ש כאן ואחת באמצעו של רקיע, היכן הוא השקיעה כנגדו דהא בעינן שתהא הזריחה והשקיעה בשוה, מיהו י"ל דבעינן שיהא יום דאין הזריחה והשקיעה שוין וזה ברור:

precedes it.[24] אֶלָּא כּוּלְּהוֹן סָלְקִין כְּאִילֵּין דְּסָלְקִין בְּסוּלְמָא הֲפִיךְ – **Rather, they rise** through the sky **like those who ascend a ladder backward,** who face downward, and so cannot see the ones who climb the ladder above them.[25]

The Gemara above, in debating the court's question of "before the sun or after the sun," discussed the path taken by the sun through the sky each day. The Gemara now describes the framework within which the rising and setting of the sun occurs:[26] שְׁלֹשׁ מֵאוֹת וְשִׁשִּׁים וְחָמֵשׁ חַלּוֹנוֹת בָּרָא הַקָּדוֹשׁ בָּרוּךְ הוּא – **The Holy One, Blessed is He, created three hundred sixty-five windows** in the firmament שֶׁיִּשְׁתַּמֵּשׁ בָּהֶן הָעוֹלָם – **for the world to use,** i.e. when the sun enters and exits.[27] מֵאָה וּשְׁמוֹנִים וּשְׁתַּיִם בְּמִזְרָח – **One hundred eighty-two** windows are **in the east,** through which the sun enters, וּמֵאָה וּשְׁמוֹנִים וּשְׁתַּיִם בְּמַעֲרָב – **and one hundred eighty-two** are **in the west,** through which the sun exits,[28]

NOTES

24. As the earth rotates on its axis, stars rise in the east, while others set in the west. As one constellation appears in the east, another slowly disappears in the west. [This is the same phenomenon that causes the sun to rise and set every day.] The process takes two hours; at the end of two hours, the new constellation is completely revealed, and another begins rising behind it, while the setting constellation has descended entirely below the western horizon. During the course of twenty-four hours, another of the twelve constellations appears on the horizon every two hours: six constellations by day and six by night [although the stars that appear during the day are of course invisible, since they are lost in the glare of the sun] (see *Rashi* 11b).

25. One who climbs a ladder in the normal way, i.e. with his front toward the ladder, so that he faces upward, will be able to see those who occupy higher positions on the ladder. One who ascends a ladder with his back to the ladder, however, faces downward, and so cannot see those who are higher up on the ladder than he, but only those who are below. R' Levi offers this as an illustration of God's arrangement of the constellations, which are attached to the "wheel of the zodiac" in such a way that none ever "see" the constellations above, and each imagines that it reigns supreme in the sky, so that none will ever be "envious" of the other. [The "zodiac" is a broad band of stars containing twelve constellations, which forms the background to the sun on its journey through the celestial sphere — see below, note 31] (*Korban HaEidah; Pnei Moshe*).

Obviously, the comparison is imprecise. The constellations, unlike a man on a ladder, look neither upward nor downward. R' Levi's point is that like the man, they perceive nothing above them. This is because they are affixed to the wheel of the zodiac, which, being circular, has no top or bottom, no beginning or end, and therefore allows each constellation to envision itself as located at the top of the wheel, first among its fellows, preceded by no other (see *Yefei Einayim,* end of *Parashas Shemos; Arugas HaBosem,* Vol. 3, p. 128; see also *Korban HaEidah*).

[A related teaching appears in *Devarim Rabbah* (5:12). It concludes that if in the Heavens, where there is no hatred and jealousy, God must impose peace, how much more so is peace needed among men, where envy and enmity so often hold sway. See *Masa DiYerushalayim;* see *Orchos Chaim LeHaRosh* §59. See *Akeidas Yitzchak* §87 (*Devarim* pp. 5,6) for further discussion of the implications of this teaching.]

26. The forthcoming discussion is based upon an astronomical model often employed by the Rabbis. A simple reading of various Talmudic passages indicates that the Sages spoke of the sky as a dome positioned over the earth. The daily journey of the sun takes place inside the dome. The sun enters the eastern part of the dome in the morning, at dawn, travels across the dome from east to west through the day, and exits the western part of the dome at sunset. Through the night, the sun travels across the outside of the dome from west to east, where it again enters the dome, and begins a new day (see *Bavli, Pesachim* 94a-b and *Bava Basra* 25b). The Gemara will discuss the means by which the sun enters and exits the dome.

[*Maharal* (*Be'er HaGolah* §6) discusses a number of related teachings, in which the Sages of the Talmud address themselves to astronomical phenomena, and other workings of Creation. *Maharal* maintains that the Gemara's true purpose in these cases is not to discuss astronomy, but rather to allude to metaphysical concepts, which it couches in astronomical terms. A similar view is expressed by *Ramchal* in his *Maamar al HaHaggados.* He makes the point that the non-halachic component of the Talmud includes ideas too esoteric to be presented to the general public, who would surely misunderstand and distort them. When compiling the Talmud, therefore, the Sages encapsulated these ideas in various cryptic statements and parables whose superficial meaning masked their true, esoteric content. The hidden meanings were divulged only to the few disciples in each generation deemed both worthy and capable of comprehending these sublime ideas. Occasionally, the Sages even chose the commonly held notions of their day as a convenient metaphor for the secret knowledge they wished to convey. They did not concern themselves with scientific accuracy because the superficial meaning was in any case meant only to obscure from public view the profound ideas that could be assimilated by only a select few. *Chazon Ish* (*Orach Chaim* 13:4 ד״ה פסחים) states, in the name of the *Gra,* that the teaching of our Gemara is indeed one of these esoteric matters, whose true meaning is concealed in a parable of the sun's means of entry into the sky. The Gemara's deeper meanings, however, are outside the scope of this work. Our elucidation will confine itself to the simple meaning of the Gemara, taking the astronomical model it assumes at face value.]

27. These "windows" are the openings through which the sun enters the dome of the sky in the morning and exits it at night (*Korban HaEidah;* see previous and following note).

28. The windows range from south to north, 182 on the eastern side of the dome, 182 on its western side. The sun enters through a window on the eastern side, and exits through the corresponding window on the western side. The following day, it moves to the next set of windows and repeats the process. Over the course of a year, each set of windows is utilized twice.

To explain: Although the sun always rises in the east and sets in the west, moving from east to west in a southerly arc (see above, note 1), the exact points of sunrise and sunset are almost never due east or west, but vary toward the north and south through the course of the year. If one draws an imaginary line from due east to due west, he will observe that in the summer the sun rises and sets north of this line, whereas in winter it rises and sets south of the line. On the summer solstice (the longest day of the year, which falls Tammuz time) the sun rises and sets at its most northerly position, rising at the northeast point (midway between due east and due north) and setting at the northwest point (midway between due west and due north). Each day after the summer solstice, as the days begin to shorten, the sun rises and sets progressively more toward the south. On the winter solstice (the shortest day of the year, which falls Teves time), the sun rises at the furthest southeast point and sets at the furthest southwest point, after which it begins to move north again (see *Bavli, Pesachim* 94b, *Bava Basra* 25b, and *Eruvin* 56a). See diagram.

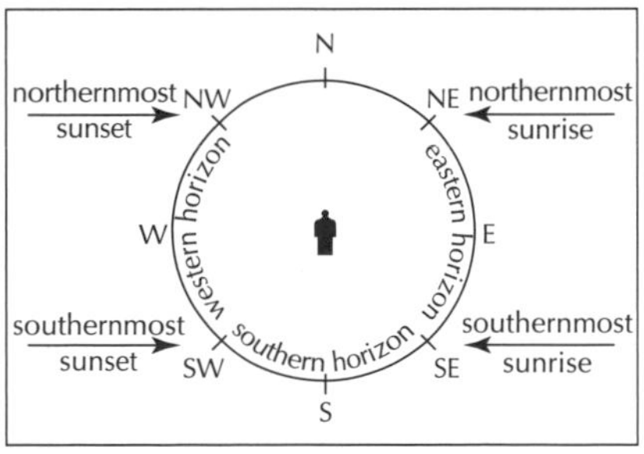

According to our Gemara, there are 182 of these points, or "windows," on the eastern horizon, and 182 corresponding points on the western horizon. The windows range from the northeastern and northwestern windows used at the summer solstice to the southeastern and southwestern windows used at the winter solstice. Each day following the summer solstice, the sun enters through a window on the eastern horizon just south of the one used on the previous day, and exits from the corresponding window on the western horizon. The same occurs in reverse following the winter solstice, when the sun begins working its way back along the 182 windows, this time from southeast to northeast (*Korban HaEidah; Beur of R' Chaim Kanievski;* see *Pirkei DeRabbi Eliezer* Ch. 6, with *Radal* §28; see also *Iyun Tefillah, Siddur Otzar HaTefillos,* Vol. 1, p. 662 ד״ה ובוקע חלוני רקיע; cf. *Yefeh Mareh*). [The moon too enters and leaves via these windows, but does not utilize all of them, since the lunar year is shorter than the solar year by eleven days (see *Shemos Rabbah,* end of 15:22).]

[There is an obvious difficulty with the Gemara's calculation. The days in a solar year are 365. The scheme of 182 windows used twice a year, however, accounts for only 364 days, since the windows at each end are used only once a year, leaving only 180 windows that are used twice, for a total of 360 days! Another version of this teaching says that there are 183 windows in the east and 182 in the west, for a total of 365 windows, corresponding to the 365 days of the solar year (*Shemos Rabbah* 15:22).

מתני' לפני החמה או לאחר החמה לצפונה או לדרומה כמה היה גבוה ולאיין היה נוטה וכמה היתה רחבה. אם אמר לפני החמה לא אמר כלום. [ב][א]היו מכניסין את השיני ובודקין אותו [ב]נמצאו דבריהן מכוונין עדותן קיימת. ושאר כל הזוגות שואלין אותן ראשי דברים לא שהן צריכין להן [ג]אלא שלא יצאו בפחי נפש בשביל שיהו רגילין לבוא: **גמ'** אמר ר' יוחנן אפילו טועה שבטועין אינו טועה בדבר הזה לפני החמה לאחר החמה. לא צורכא די לא פיגמתה לפני החמה פיגמתה לאחר החמה. תני בר קפרא תרתיי לפני החמה לאחר החמה פיגמתה לפני החמה פיגמתה לאחר החמה. [א]אמר ר' יוחנן כתיב [א]המשל ופחד עמו עושה שלום במרומיו מימיה של חמה לא ראתה פגימתה של לבנה. תני [ב]ר' שמעון בן יוחי לפי שהרקיע של מים והכוכבים של אש והן דרים זה עם זה ואינן מזיקין זה את זה לפיכך עושה שלום במרומיו. [ג]אמר ר' אבון המלאך עצמו חציו מים וחציו אש ואית ביה חמש [ד]גפין [ב]וגוייתו כתרשיש ופניו כמראה ברק ועיניו כלפידי אש וגו'. אמר ר' לוי לעולם לית מזל חמי מה דקומוי אלא כולהון סלקין כאילין דסלקין בסולמא הפיך. [ד]שלש מאות וששים וחמש חלונות ברא הקדוש ברוך הוא שישתמש בהן העולם מאה ושמונים ושתים במזרח ומאה ושמונים ושתים במערב ואחד באמצעו של רקיע שממנו יצא מתחילת מעשה בראשית. [ה]מה שחמה מהלכת לשלשים יום הלבנה מהלכת לשני ימים ומחצה. מה שחמה מהלכת בשני חדשים הלבנה מהלכת לחמשה ימים. מה שחמה מהלכת לשלשה חדשים הלבנה מהלכת לשבעה ימים ומחצה. מה שחמה מהלכת לששה חדשים הלבנה מהלכת לחמשה עשר יום. [ו]מה שחמה הולכת לשנים עשר חודש הלבנה מהלכת לשלשים יום. אמר ר' יונה לית כאן שיעורא אלא אפילו פרא מיכן:

קרבן העדה

מתני' לפני החמה. החמה הולכת לעולם ממזרח לדרום ומדרום למערב וממערב לצפון, שנאמר (קהלת א ו) הולך אל דרום וסובב אל צפון. והלבנה אינה נראית ביום ל' לעולם אלא סמוך לשקיעת החמה, שמתוך שהיא דקה וקטנה אינה נראית בעוד שהחמה בגבורתה, וקא סלקא דעתך שהיו שואלין את העדים אם ראוה מהלכת לפני החמה או לאחריה: כמה היה גבוה. מן הארץ לפי ראיית עיניכם: וכמה היה רחב. שהלבנה משתנה שיעורה כפי מה שהיא רחוקה מן החמה או קרובה אליה: **גמ'** אינו טועה בדבר הזה. שתהא לבנה לפני החמה, ומה צורך לשאול על זה: **לא צורכא.** אלא כך שאלו אם היתה פגימתה של לבנה פונה לצד החמה, דלעולם חלק המאיר מן הלבנה נוטה לצד השמש והחלק הפגום נוטה לצד האחר: תרתיי. על שניהם שאלו דסובר דאף בהא איכא למטעי אם היא לפני החמה ממש או לא: **לא ראתה פגימתה של לבנה.** מפני דרכי שלום שלא יהא קנאה ביניהם, לכך היתה תחלת הבריאה באופן זה: והכוכבים. שהן של אש תקועים בהם ואינן נכבים, ולכך נקראים שמים אש ומים מעורבים זה בזה: לפיכך. כתיב עושה שלום וגו': חמש גפין. כלומר אנפין, והן מראות תרשיש וברק ולפידי אש ונחשת מים: ועיניו **כלפידי אש.** וזרועותיו ומרגלותיו כעין נחשת קלל וקול דבריו כקול המון, וקול דבריו היינו בכנפיו כדכתיב ביחזקאל (א כד) ואשמע את קול כנפיהם כקול מים רבים, שמעינן שהן ממים: לית מזל וכו'. אין המזל רואה מה שלפניו אלא כולן כאותן שהולכים על הסולם דרך אחוריהן שכל העולה אינו רואה שיש אחד לפניו, כך המזלות תקועים בגלגל דרך אחוריו, ואף זה לעשות שלום ביניהם: מאה ושמונים ושתים במזרח. שמהן החמה יוצאת, ומאה ושמונים ושתים במערב שבהן היא שוקעת, ובכל חצי שנה חוזרת לאחוריה: **אלא אפילו פרא מכאן.** בפחות משלשים יום חוזרת הלבנה שממהרת בהילוכה, כדאמרינן לקמן (ה"ו - טז:) פעמים בא בארוכה פעמים בקצרה:

פני משה

מתני' כיצד בודקין וכו' לפני החמה או לאחר החמה. מפרש בגמרא דאפגימתה קאי, אם פגימתה של לבנה נראית שנוטה לצד החמה או לאחר החמה, ועלה קתני אם אמר שפגימתה לצד החמה לא אמר כלום שמעולם לא ראתה החמה פגימתה של לבנה אלא חלק המאיר ממנה לעולם הוא לצד השמש והחלק הפגום נוטה הוא לצד האחר: לצפונה או לדרומה. לפי שהלבנה מתרחקת מן השמש פעם לצד לצפון פעם לצד דרום, ואם הבית דין רואין לפי דרכי החשבון שבאותו הזמן ראוי שתהיה לצד לצפון והוא אומר שראה נוטה לצד דרום או איפכא בידוע שקר הוא: כמה היה גבוה. מן הארץ לפי ראות העין, ואם אחד מן העדים אומר גבוה שתי קומות ואחד אומר שלש עדותן קיימת דעביד איניש דטועה באחד, ואם אחד אומר שלש ואחד אומר חמש עדותן בטלה: ולאיין היה נוטה. ראשי הפגימה לאיזה צד היו נוטין לצפון או לדרום: וכמה היתה רחבה. לפי שהלבנה משתנית שיעורה כפי שהיא רחוקה מן החמה או קרובה אליה: ואחר כך היו מכניסין את השני. כשילא זה ובודקין אותו וכו': **גמ'** אמר ר' יוחנן אפילו טועה שבטועים אינו טועה בדבר זה וכו'. כלומר להיות טועה בכך ולומר לפני החמה בזמן שהכל יודעין שאינו כן וכן בלאחר החמה, שהרי הלבנה לעולם בחידושה בקרן מערבית דרומית ומתוך דקותה אינה נראית אלא סמוך לשקיעת החמה, וא"כ בימים ארוכים שהחמה שוקעת במערב הרבה סמוך לצפון, היא לאחר החמה שהחמה קדמה לה במערב, ובימים קצרים שהחמה שוקעת במקצוע דרומית, היא לפני החמה: **לא צורכה די לא פגימתה וכו'.** לא נריכא לומר אלא כך אם פגימתה לצד החמה וכו' כדפרישית במתניתן: **כאילין דסלקין בסולמא הפיך.** פניו פונות לצד מטה ולא לצד מעלה שמתוך כך שלום ביניהן ואינו מקנא למזל שלמעלה הימנו לפי שרואה עצמו שהוא למעלה מחבירו וכן כל מזל ומזל: **אמר ר' יונה לית כאן שיעורא.** אין השיעור של שלשים יום מכוון: **אלא אפילו פרא מכאן.** פחות מזה מהלכת מה שהחמה מהלכת לי"ב חדש, שחדשה של הלבנה כ"ט י"ב תשל"ג ולא יותר:

עין משפט

א מיי' פ"ב מהלכות קידוש החודש הלכה ד:
ב [מיי' שם הלכה ז]:

שינויי נוסחאות

א] **היו.** במשניות ובבבלי (כג:) **ואחר כך היו:**
ב] **נמצאו.** כ"ה גם גירסת הרמב"ם בפיה"מ. במשניות ובבלי (שם) **אם** נמצאו:
ג] **אלא.** כ"ה גם גירסת הרמב"ם בפיה"מ. במשניות ובבלי (שם) אלא **כדי:**
ד] **גפין.** במדרש רבה (במ"ר נשא יב ח, שהש"ר ג א, ועוד) **אפין:**

תורה אור השלם

א) הַמְשֵׁל וָפַחַד עִמּוֹ עֹשֶׂה שָׁלוֹם בִּמְרוֹמָיו: (איוב כה ב)

ב) וּגְוִיָּתוֹ כְתַרְשִׁישׁ וּפָנָיו כְּמַרְאֵה בָרָק וְעֵינָיו כְּלַפִּידֵי אֵשׁ וּזְרֹעֹתָיו וּמַרְגְּלֹתָיו כְּעֵין נְחֹשֶׁת קָלָל וְקוֹל דְּבָרָיו כְּקוֹל הָמוֹן: (דניאל י ו)

שירי קרבן

תני בר קפרא תרתיי. ביפה מראה פי' שתנה בהדיא ב' הדברים לישנא דמתני' ולישנא דאוקימנא פגימתה וכו', והיינו לומר שזה פירוש לישנא דמתני' ע"כ. ואינו מחוור דא"כ אינו תרתי אלא אחד. לכן פי' שבקונטרס עיקר: שס"ה חלונות וכו'. כתב היפה מראה, אבל זה שאמר שיש שס"ה חלונות והליכת חמה ולבנה בהן לא הבינותי ענינו להסכימו עם מה שנתפרסם בעולם מחכמת האצטגניות בענינים אלו, ע"כ. והנה מש"כ שהחלונות ללבנה ליתא, ומאי דקשיא ליה משס"ה חלונות כבר פירשתי בקונטרס. אך קשה ממ"ש כאן ואחת באמצעו של רקיע, היכן הוא השקיעה כנגדו דהא בעינן שתהא הזריחה והשקיעה בשוה, מיהו י"ל דבעינן שיהא יום דאין הזריחה והשקיעה שוין וזה ברור:

מסורת הש"ס

א) ר"ה כג: [במדבר רבה יב ח, דברים רבה ה יב, שה"ש רבה ג כד, פסיקתא דר"כ א, ילקו"ש וארא קפו, איוב תתקיב, שה"ש תתקפו, תיקו"ז נא.] **ב)** במדבר רבה יב ח [תנחומא ויגש ו, תרומה יא בשינוי, פסיקתא דר"כ א, ילקו"ש וארא קפו] **ג)** [דברים רבה ה יב, שה"ש רבה ג כד, ילקו"ש איוב תתקיב] **ד)** [שמות רבה טו כב] **ה)** [מדרש תהלים יט] **ו)** [פסיקתא זוטרתא בראשית א יד]

מראה הפנים

תני בר קפרא תרתי וכו'. כדי להבין זה צריכין אנחנו להביא כאן לדברי בעל המאור ז"ל (ה: מדה"ר ד"ה היינו) מה שכתב בענין זה על מה דאיתמר התם (בבלי כג:) היינו לפני החמה היינו לצפונה היינו לאחר החמה היינו לדרומה, וז"ל פי' מפני שישוב העולם [בצפון] וגלגל המישור נוטה מעל נוכח ראשיהם כלפי דרום, לפיכך החמה נראית להם לעולם כאילו היא הולכת כלפי דרום עד חצות היום ומחצות היום ולמעלה כאלו היא פונה ללכת מדרום לצפון, וזהו שאמרו במקום אחר (ב"ב כה:) הולך אל דרום ביום וסובב אל צפון בלילה סובב סובב הולך הרוח אלו פני המזרח ופני המערב שפעמים מסבבתן ופעמים מהלכתן, וכיון שהחמה נראית בשקיעתה כאילו היא מהלכת מדרום לצפון לכך נקרא רוח צפון פני החמה ורוח דרום אחר החמה כאדם המהלך אל נכח פניו, כי (במהלכם) [במהלכת] מן המזרח למערב אין אדם שאינו יודע שהלבנה בחידושה אחר החמה היא ואין צריך בדיקה בזה לכך שאלו בגמרא היינו לפני החמה היינו לצפונה וכו', כלומר למה לי למיתנייה תרין בבי ובחדא מנייהו סגי ופירש אביי כי זה ששנינו לפני החמה ולאחר החמה על פגימתה היא שאין הכל בקיאין בדבר ולעולם שתי שאלות הן עכ"ל בזה. ומזה מובן הא דבר קפרא הכא דתני תרתיי לפני החמה וכו', כלומר דלצפונה או לדרומה שזהו כלפי החמה וכו' ממש זהו שאלה אחת, ומה דכפלו לומר עוד לשניהן לא תטעה דהכוונה אחת היא דא"כ בחדא מינייהו הוה סגיא אלא ודאי שתי שאלות הן, ולפיכך אמרו עוד לצפונה או לדרומה כדי לרמז להם דמה שאמרו בתחלה לפני החמה וכו' לאו על ממש קאי דא"כ למה לנו למיהדר ולשאול לצפונה וכו' אלא דעל פגימתה קאי ומכפל הדברים בעצמן הבינו ששתי שאלות שאלו להם וכדי להשיב על שתיהן:

לָא צוֹרְכָא דִי – **This [question]** of whether or not the new moon preceded the sun **is** indeed **not needed.** לָא – **Rather,** this is the question they would ask: פִּיגְמָתָהּ לִפְנֵי הַחַמָּה – Was **its *indentation*** (i.e. its concavity, and thus its horns) **"before the sun,"** i.e. facing the sun, פִּיגְמָתָהּ לְאַחַר הַחַמָּה – or was **its indentation "after the sun,"** i.e. facing away from the sun?[12] The correct answer to this question is not widely known; it therefore proves that the testimony is reliable.[13]

According to this approach, the court did not raise the question of whether the new moon preceded the sun or followed it, but asked only about the direction of its horns. The Gemara now cites a dissenting view:

תָּנֵי בַּר קַפָּרָא – **Bar Kappara taught a Baraisa** תַּרְתַּיי – that says that **both** questions were asked, as follows: לִפְנֵי הַחַמָּה לְאַחַר הַחַמָּה – Was the new moon BEFORE THE SUN OR AFTER THE SUN, i.e. did it precede the sun in its path or follow it? פִּיגְמָתָהּ לִפְנֵי הַחַמָּה פִּיגְמָתָהּ לְאַחַר הַחַמָּה – Was its INDENTATION BEFORE THE SUN or was ITS INDENTATION AFTER THE SUN, i.e. were the horns of the moon facing toward the sun or away from it?[14]

The Gemara cites an Aggadic teaching regarding the direction of the horns of the moon:

אֲמַר רַבִּי יוֹחָנָן – **R' Yochanan said:** כְּתִיב – **It is written:**[15] ,,הַמְשֵׁל וָפַחַד עִמּוֹ עֹשֶׂה שָׁלוֹם בִּמְרוֹמָיו" – ***Dominion and dread are with Him; He makes peace in His heights.*** How has God made peace in His heights? מִיָּמֶיהָ שֶׁל חַמָּה לֹא רָאֲתָה פְּגִימָתָהּ שֶׁל לְבָנָה – He has arranged His Creation so that **from the days of** the creation of **the sun, it has never seen the indentation of the moon.**[16]

The Gemara cites a Baraisa that offers another interpretation of the above verse:

תָּנֵי – **They taught a Baraisa:** רַבִּי שִׁמְעוֹן בֶּן יוֹחַי – R' SHIMON BEN YOCHAI said: לְפִי שֶׁהָרָקִיעַ שֶׁל מַיִם – SINCE THE SKY IS made OF WATER,[17] וְהַכּוֹכָבִים שֶׁל אֵשׁ – AND THE STARS ARE made OF FIRE, וְהֵן דָּרִים זֶה עִם זֶה – AND THEY DWELL TOGETHER, וְאֵינָן מַזִּיקִין זֶה אֶת זֶה – BUT yet DO NOT CAUSE EACH OTHER DAMAGE,[18] לְפִיכָךְ – THEREFORE, the verse states: ,,עֹשֶׂה שָׁלוֹם בִּמְרוֹמָיו" – ***HE MAKES PEACE IN HIS HEIGHTS,*** i.e. between these opposing elements.

Another example of peace reigning in the heavens:

אֲמַר רַבִּי אָבוּן – **R' Avun said:** Not only are different angels composed of opposing elements, הַמַּלְאָךְ עַצְמוֹ חֶצְיוֹ מַיִם וְחֶצְיוֹ אֵשׁ – but **an angel is *itself* half water and half fire.** Its parts co-exist; God imposes peace between the elements.[19]

R' Avun proves that an angel contains elements of both water and fire:

וְאִית בֵּיהּ חֲמֵשׁ (גפין) [אַפִּין] – **It has five aspects,**[20] which are enumerated in the following verse, which speaks of Daniel's vision of the angel Gabriel:[21] ,,וּגְוִיָּתוֹ כְתַרְשִׁישׁ וּפָנָיו כְּמַרְאֵה בָרָק וְעֵינָיו כְּלַפִּידֵי אֵשׁ וגו' " – (1) ***His body was like tarshish,***[22] (2) ***his face like the appearance of lightning***, (3) ***his eyes like flaming torches,*** (4) *his arms and legs like the color of burnished copper,* (5) *the sound of his words like the sound of many [waters].*[23] From this verse we see that an angel is made up of both fire and water.

Another example of God ensuring that there will be peace in His heaven:

אֲמַר רַבִּי לֵוִי – **R' Levi said:** לְעוֹלָם לֵית מַזָּל חָמֵי מַה דִּקוּמוֹי – **Never does one constellation** of the zodiac **see [the constellation] that**

NOTES

12. The new moon appears as a thin crescent. The concave side of the crescent, the part that curves inward, is its "indentation," for that is where the moon, which is actually round, appears to be indented.

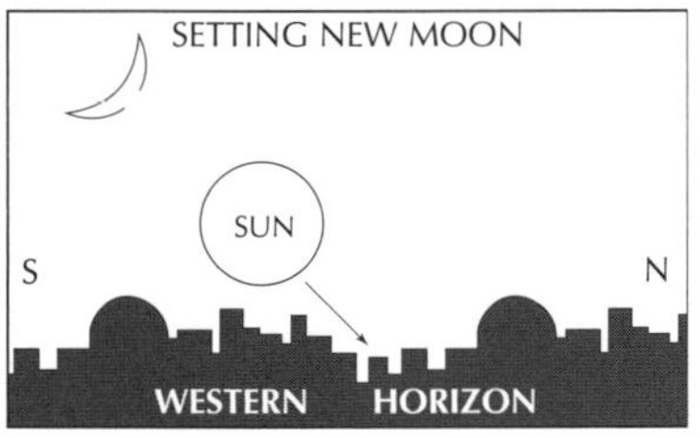

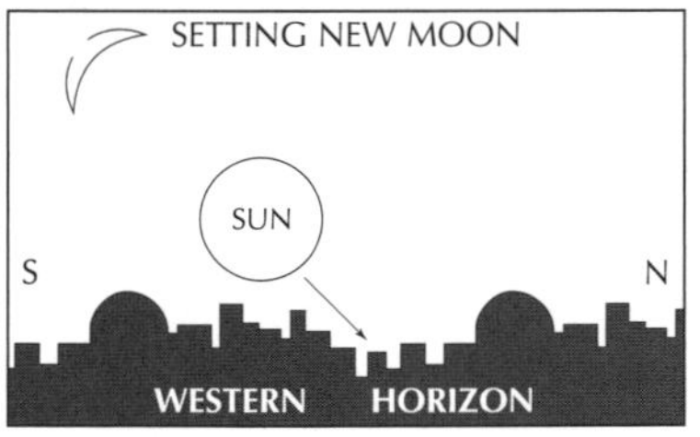

According to R' Yochanan, the question put to the witness was not whether the new moon while setting preceded or followed the sun, but whether its concave side [i.e. where the horns are] was facing the sun and its convex side was facing away, or whether its concave side was facing away from the sun and its convex side was facing toward it (see diagrams).

13. The concave side of a crescent moon, i.e. the side with the horns, must *always* face away from the sun (see the next Gemara). [This is because the moon receives its light from the sun, and so the convex side, which is lit, is the one that faces the sun.] This fact regarding the new moon is less well known than the one concerning its position relative to the sun; therefore, a question about this detail is an effective means of testing the witness' veracity (see *Baal HaMaor* ibid.).

14. The Tanna of this Baraisa holds that it is not terribly unusual for a person to be unaware that the new moon must always follow the sun, in which case the question concerning its location relative to the sun is indeed an effective one. According to this Baraisa, when the Mishnah speaks of "before the sun or after the sun," it makes reference to *two* questions: (a) Did the new moon precede or follow the sun, and (b) Was the "indentation" facing toward the sun or away from it? (*Korban HaEidah;* see *Sefer Nir*).

[According to *Yefeh Mareh,* the Baraisa is not at odds with R' Yochanan's view, but serves rather to *illustrate* it, by saying that the question of "before the sun or after the sun" is actually a reference to the direction of the "indentation." See *Sheyarei Korban* for discussion of this interpretation. See *Mareh HaPanim* for yet another approach.]

15. *Job* 25:2.

16. So that the moon should not be disheartened by having its deficiency displayed to the sun (*Bavli* 23b). In this way, God prevents discord in His abode (*Yefeh Mareh;* see there for further exposition).

17. This refers to the waters that are above the firmament (see *Genesis* 1:6-8). Their presence is alluded to in the word שָׁמַיִם, *heaven,* which is an acrostic for שָׁם מַיִם, *water is there* (*Bavli Chagigah* 12a). See also *Psalms* 104:3: הַמְקָרֶה בַמַּיִם עֲלִיּוֹתָיו, *He Who roofs His upper chambers with water* (*Yefeh Mareh*).

18. The water of the heavens does not extinguish the fire of the stars (*Korban HaEidah*), nor does the fire of the stars evaporate the water of the heavens (*Yefeh Mareh*). This peaceful co-existence of fire and water On High is alluded to in the very name שָׁמַיִם, *heaven,* which combines elements of the words אֵשׁ, *fire,* and מַיִם, *water* (*Korban HaEidah;* see *Bavli Chagigah* ibid.; cf. *Yefeh Mareh*).

19. R' Avun comments on a teaching concerning the remarkable co-existence of the angels Gabriel and Michael, who, although constituted, respectively, of fire and snow, do not cause damage to each other (*Shir HaShirim Rabbah* 3:20, et al.). R' Avun observes that this is seen not only in the harmonious co-existence of two separate angels, but in the very makeup of the angel itself, which comprises elements that are usually at odds with each other, but in the Heavenly realms are at peace.

20. Emendation follows the version of this teaching found in *Shir HaShirim Rabbah* ibid.; see also *Bamidbar Rabbah* 12:8.

21. *Daniel* 10:6.

22. Rock crystal or beryl (see *Targum Onkelos, Exodus* 28:20; *R' Saadiah Gaon, Daniel* ibid.). [See, however, *Bavli Chullin* 91b; see following note.]

23. The sound of the angel's words, produced by his wings, is the sound of many waters. Thus, the verse states that the angel is comprised of both fire and water (*Korban HaEidah,* based on *Ezekiel* 1:24; see also *Eitz Yosef* to *Shir HaShirim Rabbah* ibid.).

[Alternatively, the verse mentions water in its first phrase, *his body was like tarshish,* which is a reference to the Sea of Tarshish, as in *Bavli Chullin* ibid. (*Matnos Kehunah* to *Bamidbar Rabbah* ibid).]

מתני׳ לפני החמה או לאחר החמה לצפונה או לדרומה כמה היה גבוה ולאיין היה נוטה וכמה היתה רחבה. אם אמר לפני החמה לא אמר כלום. [ב א]היו מכניסין את השיני ובודקין אותו [ב]נמצאו דבריהן מכוונין עדותן קיימת. ושאר כל הזוגות שואלין אותן ראשי דברים לא שהן צריכין להן [ג]אלא שלא יצאו בפחי נפש בשביל שיהו רגילין לבוא: **גמ׳** אמר ר׳ יוחנן אפילו טועה שבטועין אינו טועה בדבר הזה לפני החמה לאחר החמה. לא צורכא די לא פיגמתה לפני החמה פיגמתה לאחר החמה. תני בר קפרא תרתיי לפני החמה לאחר החמה פיגמתה לפני החמה פיגמתה לאחר החמה. [א]אמר ר׳ יוחנן כתיב [א]המשל ופחד עמו עושה שלום במרומיו מימיה של חמה לא ראתה פגימתה של לבנה. תני [ב]ר׳ שמעון בן יוחי לפי שהרקיע של מים והכוכבים של אש והן דרים זה עם זה ואינן מזיקין זה את זה לפיכך עושה שלום במרומיו. [ג]אמר ר׳ אבון המלאך עצמו חציו מים וחציו אש ואית ביה חמש [ד]גפין [ב]וגוייתו כתרשיש ופניו כמראה ברק ועיניו כלפידי אש וגו׳. אמר ר׳ לוי לעולם לית מזל חמי מה דקומוי אלא כולהון סלקין כאילין דסלקין בסולמא הפיך. [ד]שלש מאות וששים וחמש חלונות ברא הקדוש ברוך הוא שישתמש בהן העולם מאה ושמונים ושתים במזרח ומאה ושמונים ושתים במערב ואחד באמצעו של רקיע שממנו יצא מתחילת מעשה בראשית. [ה]מה שחמה מהלכת לשלשים יום הלבנה מהלכת לשני ימים ומחצה. מה שחמה מהלכת בשני חדשים הלבנה מהלכת לחמשה ימים. מה שחמה מהלכת לשלשה חדשים הלבנה מהלכת לשבעה ימים ומחצה. מה שחמה מהלכת לששה חדשים הלבנה מהלכת לחמשה עשר יום. [ו]מה שחמה הולכת לשנים עשר חודש הלבנה מהלכת לשלשים יום. אמר ר׳ יונה לית כאן שיעורא אלא אפילו פרא מיכן:

קרבן העדה

מתני׳ לפני החמה. החמה הולכת לעולם ממזרח לדרום ומדרום למערב וממערב לצפון, שנאמר (קהלת א ו) הולך אל דרום וסובב אל צפון. והלבנה אינה נראית ביום ל׳ לעולם אלא סמוך לשקיעת החמה, שמתוך שהיא דקה וקטנה אינה נראית בעוד שהחמה בגבורתה, וקא סלקא דעתך שהיו שואלין את העדים אם ראוה מהלכת לפני החמה או לאחריה: כמה היה גבוה. מן הארץ לפי ראיית עיניכם: וכמה היה רחב. שהלבנה משתנה שיעורה כפי מה שהיא רחוקה מן החמה או קרובה אליה: **גמ׳** אינו טועה בדבר הזה. שתהא לבנה לפני החמה, ומה צורך לשאול על זה: **לא צורכא.** אלא כך שאלו אם היתה פגימתה של לבנה פונה לצד החמה, דלעולם חלק המאיר מן הלבנה נוטה לצד השמש והחלק הפגום נוטה לצד האחר: תרתיי. על שניהם שאלו דסובר דאף בהא איכא למטעי אם היא לפני החמה ממש או לא: **לא ראתה פגימתה של לבנה.** מפני דרכי שלום שלא יהא קנאה ביניהם, לכך היתה תחלת הבריאה באופן זה: והכוכבים. שהן של אש תקועים בהם ואינן נכבים, ולכך נקראים שמים אש ומים מעורבים זה בזה: **לפיכך.** כתיב עושה שלום וגו׳: חמש גפין. כלומר אנפין, והן מראות תרשיש וברק ולפידי אש ונחשת מים: ועיניו כלפידי אש. וזרועותיו ומרגלותיו כעין נחשת קלל וקול דבריו כקול המון, וקול דבריו היינו בכנפיו כדכתיב ביחזקאל (א כד) ואשמע את קול כנפיהם כקול מים רבים, שמעינן שהן ממים: **לית מזל וכו׳.** אין המזל רואה מה שלפניו אלא כולן כאותן שהולכים על הסולם דרך אחוריהן שכל העולה אינו רואה שיש אחד לפניו, כך המזלות תקועים בגלגל דרך אחוריו, ואף זה לעשות שלום ביניהם: **מאה ושמונים ושתים במזרח.** שמהן החמה יוצאת, ומאה ושמונים ושתים במערב שבהן היא שוקעת, ובכל חצי שנה חוזרת לאחוריה: **אלא אפילו פרא מכאן.** בפחות משלשים יום חוזרת הלבנה שממהרת בהילוכה, כדאמרינן לקמן (ה"ו - טז:) פעמים בא בארוכה פעמים בקצרה:

פני משה

מתני׳ כיצד בודקין וכו׳ **לפני החמה או לאחר החמה.** מפרש בגמרא דאפגימתה קאי, אם פגימתה של לבנה נראית שנוטה לצד החמה או לאחר החמה, ועלה קתני אם אמר שפגימתה לצד החמה לא אמר כלום שמעולם לא ראתה החמה פגימתה של לבנה אלא חלק המאיר ממנה לעולם הוא לצד השמש והחלק הפגום נוטה הוא לצד האחר: **לצפונה או לדרומה.** לפי שהלבנה מתרחקת מן השמש פעם לצד לצפון פעם לצד דרום, ואם הבית דין רואין לפי דרכי החשבון שבאותו הזמן ראוי שתהיה לצד לצפון והוא אומר שראה נוטה לצד דרום או איפכא בידוע ששקר הוא: כמה היה גבוה. מן הארץ לפי ראות העין, ואם אחד מן העדים אומר גבוה שתי קומות ואחד אומר שלש עדותן קיימת דעביד איניש דטועה באחד, ואם אחד אומר שלש ואחד אומר חמש עדותן בטלה: **ולאין** היה נוטה. ראשי הפגימה לאיזה צד היו נוטין לצפון או לדרום: וכמה היתה רחבה. לפי שהלבנה משתנית שיעורה כפי שהיא רחוקה מן החמה או קרובה אליה: **ואחר כך היו מכניסין את השני.** כשיצא זה ובודקין אותו וכו׳: **גמ׳ אמר ר׳ יוחנן אפילו טועה שבטועים אינו טועה בדבר זה וכו׳.** כלומר להיות טועה בכך ולומר לפני החמה בזמן שהכל יודעין שאינו כן וכן בלאחר החמה, שהרי הלבנה לעולם בחידושה בקרן מערבית דרומית ומתוך דקותה אינה נראית אלא סמוך לשקיעת החמה, וא"כ בימים ארוכים שהחמה שוקעת במערב הרבה סמוך לצפון, היא לאחר החמה שהחמה קדמה לה במערב, ובימים קצרים שהחמה שוקעת במקצוע דרומית, היא לפני החמה: **לא צורכה די לא פגימתה וכו׳.** לא צריכא לומר אלא כך אם פגימתה לצד החמה וכו׳ כדפרישית במתניתן: **כאילין דסלקין בסולמא הפיך.** פניו פונות לצד מטה ולא לצד מעלה שמתוך כך שלום ביניהן ואינו מקנא למזל שלמעלה הימנו לפי שרואה עצמו שהוא למעלה מחבירו וכן כל מזל ומזל: **אמר ר׳ יונה לית כאן שיעורא.** אין השיעור של שלשים יום מכוון: **אלא אפילו פרא מכאן.** פחות מזה מהלכת מה שהחמה מהלכת לי"ב חדש, שחדשה של הלבנה כ"ט י"ב תשל"ג ולא יותר:

מסורת הש"ס

א) ר"ה כג: [במדבר רבה יב ח, דברים רבה ה יב, שה"ש רבה ג כד, פסיקתא דר"כ א, ילקו"ש וארא קפו, איוב תתקיב, שה"ש תתקפו, תיקו"ז נא.] ב) במדבר רבה יב ח [תנחומא ויגש ו, תרומה יא בשינוי, פסיקתא דר"כ א, ילקו"ש וארא קפו] ג) [דברים רבה ה יב, שה"ש רבה ג כד, ילקו"ש איוב תתקיב] ד) [שמות רבה טו כב] ה) [מדרש תהלים יט] ו) [פסיקתא זוטרתא בראשית א יד]

מראה הפנים

תני בר קפרא תרתי וכו׳. כדי להבין זה צריכין אנחנו להביא כאן לדברי בעל המאור ז"ל (ה: מדה"ר ד"ה היינו) מה שכתב בענין זה על מה דאיתמר התם (בבלי כג:) היינו לפני החמה היינו לצפונה היינו לאחר החמה היינו לדרומה, וז"ל פי׳ מפני שישוב העולם [בצפון] וגלגל המישור נוטה מעל נוכח ראשיהם כלפי דרום, לפיכך החמה נראית להם לעולם כאילו היא הולכת כלפי דרום עד חצות היום ומחצות היום ולמעלה כאלו היא פונה ללכת מדרום לצפון, וזהו שאמרו במקום אחר (ב"ב כה:) הולך אל דרום ביום וסובב אל צפון בלילה סובב סובב הולך הרוח אלו פני המזרח ופני המערב שפעמים מסבבתן ופעמים מהלכתן, וכיון שהחמה נראית בשקיעתה כאילו היא מהלכת מדרום לצפון לכך נקרא רוח צפון פני החמה ורוח דרום אחר החמה כאדם המהלך אל נכח פניו, כי (במהלכם) [במהלכת] מן המזרח למערב אין אדם שאינו יודע שהלבנה בחידושה אחר החמה היא ואין צריך בדיקה בזה לכך שאלו בגמרא היינו לפני החמה היינו לצפונה וכו׳, כלומר למה לי למיתנייה תרין בבי ובחדא מנייהו סגי ופירש אביי כי זה ששנינו לפני החמה ולאחר החמה על פגימתה היא שאין הכל בקיאין בדבר ולעולם שתי שאלות הן עכ"ל בזה. ומזה מובן הא דבר קפרא הכא דתני תרתיי לפני החמה וכו׳, כלומר דלצפונה או לדרומה שזהו כלפי החמה וכו׳ ממש זהו שאלה אחת, ומה דכפלו לומר עוד לשניהן לא תטעה דהכוונה אחת היא דא"כ בחדא מינייהו הוה סגיא אלא ודאי שתי שאלות הן, ולפיכך אמרו עוד לצפונה או לדרומה כדי לרמז להם דמה שאמרו בתחלה לפני החמה וכו׳ לאו על ממש קאי דא"כ למה לנו למיהדר ולשאול לצפונה וכו׳ אלא דעל פגימתה קאי ומכפל הדברים בעצמן הבינו ששתי שאלות שאלו להם וכדי להשיב על שתיהן:

עין משפט

א מיי׳ פ"ב מהלכות קידוש החודש הלכה ד:
ב [מיי׳ שם הלכה ז]:

שינויי נוסחאות

א] **היו.** במשניות ובבבלי (כג:) **ואחר כך היו**:
ב] **נמצאו.** כ"ה גם גירסת הרמב"ם בפיה"מ. במשניות ובבלי (שם) **אם** נמצאו:
ג] **אלא.** כ"ה גם גירסת הרמב"ם בפיה"מ. במשניות ובבלי (שם) אלא **כדי**:
ד] **גפין.** במדרש רבה (במ"ר נשא יב ח, שהש"ר ג א, ועוד) **אפין**:

תורה אור השלם

א) הַמְשֵׁל וָפַחַד עִמּוֹ עֹשֶׂה שָׁלוֹם בִּמְרוֹמָיו: (איוב כה ב)

ב) וּגְוִיָּתוֹ כְתַרְשִׁישׁ וּפָנָיו כְּמַרְאֵה בָרָק וְעֵינָיו כְּלַפִּידֵי אֵשׁ וּזְרֹעֹתָיו וּמַרְגְּלֹתָיו כְּעֵין נְחֹשֶׁת קָלָל וְקוֹל דְּבָרָיו כְּקוֹל הָמוֹן: (דניאל י ו)

שירי קרבן

תני בר קפרא תרתיי. ביפה מראה פי׳ ששנה בהדיא ב׳ הדברים לישנא דמתני׳ ולישנא דאוקימנא פגימתה וכו׳, והיינו לומר שזה פירוש לישנא דמתני׳ ע"כ. ואינו מחוור דא"כ אינו תרתי אלא אחד. לכן פי׳ שבקונטרס עיקר: שס"ה חלונות וכו׳. כתב היפה מראה, אבל זה שאמר שיש שס"ה חלונות והליכת חמה ולבנה בהן לא הבינותי ענינו להסכימו עם מה שנתפרסם בעולם מחכמת האצטגניות בעניים אלו, ע"כ. והנה מש"כ שהחלונות ללבנה ליתא, ומאי דקשיא ליה משס"ה חלונות כבר פירשתי בקונטרס. אך קשה ממ"ש כאן ואחת באמצעו של רקיע, היכן הוא השקיעה כנגדו דהא בעינן שתהא הזריחה והשקיעה בשוה, מיהו י"ל דבעינן שיהא יום דאין הזריחה והשקיעה שוין וזה ברור:

לִפְנֵי הַחַמָּה אוֹ לְאַחַר הַחַמָּה — Was it **before the sun or after the sun?**[1] לִצְפוֹנָהּ אוֹ לִדְרוֹמָהּ — Was it **to the north of [due west]** when setting **or to the south of [due west]?**[2] כַּמָּה הָיָה גָּבוֹהַּ — **How high** in the sky **was [the moon]?**[3] וּלְאַיִין הָיָה נוֹטֶה — **And which way was it pointing?**[4] וְכַמָּה הָיְתָה רְחָבָה — **And how wide was it?"**[5] אִם אָמַר לִפְנֵי הַחַמָּה לֹא אָמַר כְּלוּם — **If he said, "**It was **before the sun," he has said nothing,** i.e. his testimony is dismissed.[6]

They would then question the second witness:

הָיוּ מַכְנִיסִין אֶת הַשֵּׁנִי וּבוֹדְקִין אוֹתוֹ — **They would bring in the second** witness **and examine him,** posing the same questions as were put to the first witness. נִמְצְאוּ דִּבְרֵיהֶן מְכֻוָּונִין עֵדוּתָן קַיֶּימֶת — If **their words are found to be in agreement,**[7] **their testimony is valid.**

After validating the testimony of the first set of witnesses, the court would turn its attention to the other witnesses who came:

וּשְׁאָר כָּל הַזּוּגוֹת שׁוֹאֲלִין אוֹתָן רָאשֵׁי דְּבָרִים — **And they would** then **ask all the other pairs** of witnesses **the main points.**[8] לֹא שֶׁהֵן צְרִיכִין לָהֶן — This was done **not because [the court] needed them,** since the first testimony was validated, אֶלָּא שֶׁלֹּא יֵצְאוּ בְּפַחֵי נֶפֶשׁ — **but so that they would not leave disappointed,** בִּשְׁבִיל שֶׁיְּהוּ רְגִילִים לָבוֹא — **in order** to ensure **that they would be accustomed to come** in the future.[9]

Gemara The Mishnah stated that the members of the court asked whether the new moon was seen "before" or "after" the sun. The Gemara casts doubt upon the effectiveness of this question:

אֲמַר רַבִּי יוֹחָנָן — **R' Yochanan said:** אֲפִילּוּ טוֹעֶה שֶׁבְּטוֹעִין אֵינוֹ טוֹעֶה בַּדָּבָר הַזֶּה לִפְנֵי הַחַמָּה לְאַחַר הַחַמָּה — **Even the most errant of [witnesses]**[10] **would not err in this matter** of **"before the sun"** and **"after the sun,"** for it is extremely well known that the new moon *never* precedes the sun in its path. This is thus an ineffective question, for it reveals nothing at all about the reliability of the testimony![11] — ? —

The Gemara explains:

NOTES

1. During the period of the new moon, the moon follows closely the daily path of the sun across the sky from east to west. In the northern hemisphere, where Eretz Yisrael is located, the sun [and thus the moon as well] is never directly overhead, but moves in an arc across the southern part of the sky. It begins in the east [at a point ranging from southeast to northeast depending on the season] and moves south and west until midday, when it turns and begins moving north and west, and sets in the west [again, at a point ranging from southwest to northwest depending on the season]. During the new-moon period, the sliver of a moon rises shortly after the sun, and follows the sun in its path throughout the day, but is not visible in the intense daylight. Toward evening, as the light of the sun grows less, the new moon is visible for a short period (*Korban HaEidah,* from *Rashi* 23b).

The court asks whether the witness saw the new moon "before the sun" or "after the sun," meaning: Was the setting new moon ahead of the sun in its path, or behind the sun in its path? Now, in point of fact, the new moon, which rises in the east *after* the sun, *always* trails behind the sun in its path from east to west. The question was designed to test the truthfulness and accuracy of the witness. If he claims to have seen the moon precede the sun in its path, his testimony is rejected (see below).

The above is the *apparent* meaning of the question put to the witness. However, the Gemara will question this interpretation, which, it will be seen, is a matter of dispute.

2. As we have explained, in Eretz Yisrael, and elsewhere in the northern hemisphere, the sun never travels directly from east to west, but rather rises at an angle to the south (see diagram). During the morning, as the sun rises and moves westward, it also travels toward the south. At midday, the sun is at its highest and most southerly point. It then begins to descend, turning toward the north while continuing on its westward course. The sun descends toward the northwest throughout the afternoon, eventually setting in the west at a northerly angle (see diagram).

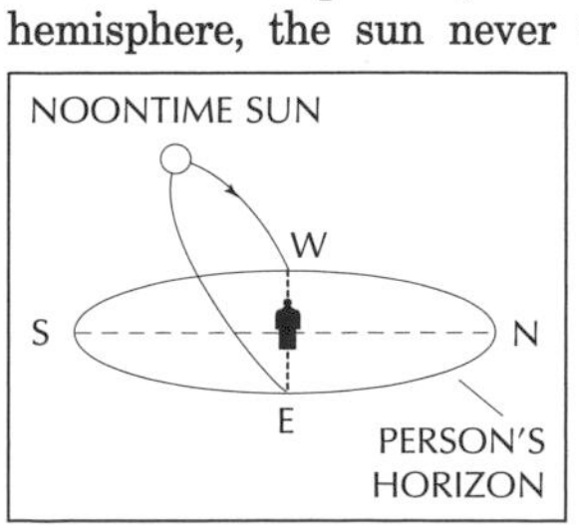

The new moon follows in the path of the sun. The court asks the witness whether the moon had set south of due west, i.e. toward the southwest, or north of due west, i.e. toward the northwest. With its knowledge of astronomy, the court knows which answer is correct in each given month. If the witness answers incorrectly, his testimony is rejected (see *Meiri* 23b; see below, 15b).

[*Rashi* (23b) says that when the Mishnah speaks of "north or south," it means north or south of the sun. For discussion of *Rashi's* approach, and the difficulties associated with it, see Schottenstein edition of *Bavli Rosh Hashanah,* 24a note 3.]

3. The witness was asked to estimate about how high above the horizon the moon appeared to be (*Korban HaEidah,* from *Rashi* 23b). For example: Did it appear at about a man's height or double a man's height, etc.? (*Rambam, Kiddush HaChodesh* 2:4-5).

4. I.e. in which direction were the horns of the moon's crescent pointing? [The new moon appears as a crescent. The tips of the crescent are its "horns."] Were they pointing to the north or to the south? (*Pnei Moshe,* from *Rashi* ibid.). [As was explained, the new moon is briefly visible late in the day, for a short time before it sets. Its path follows that of the sun; it sets in the west soon after the sun. One who looks west toward the setting sun will see the new moon south of the sun, to its left. The horns of the moon, whether waxing or waning, always point away from the sun (see Gemara below); thus, the horns of the new moon point in a southerly direction. If the witness says that he saw the horns of the moon pointing northward, then what he saw cannot have been the new moon, for it is only the horns of the *waning* moon, which sets north of the sun, that point in a northerly direction (see *Maharsha* to 24a, and see *Sefer Nir* to the Gemara below).]

5. The witness was asked to estimate the width of the crescent (*Tiferes Yisrael* §26; see below, 15b), which changes according to the moon's distance from the sun (*Rambam Commentary*). The court knows how wide it should appear in a given month and time (*Beur of R' Chaim Kanievski;* see 15b note 22). See *Mefareish* to *Rambam* 2:4 for another approach; see *Shekel HaKodesh* 2:22.

6. See above, note 1.

7. I.e. if the reports of each are in agreement with those of his fellow, and also with the facts as ascertained by the court through their astronomical calculations (*Rambam* ibid. 2:7; see *Shekel HaKodesh, Kiddush HaChodesh* 2:26, and *Beur HaHalachah* there ד״ה נמצאו דבריהם). A small discrepancy that can be attributed to special circumstances of their sighting is allowable (see below, 15b notes 20 and 21).

8. Without the detailed particulars.

9. If the court would not question them at all, they would leave disappointed, feeling that their trip had been for nothing, and they would not come again when their testimony might be needed.

10. Literally: an errant one among errant ones.

11. The purpose of the court's questions is to determine that the testimony is true and accurate; i.e. that the witness is neither lying nor mistaken regarding what he saw (see *Bavli* 20b, 24a; *Rambam, Kiddush HaChodesh* 1:4,6-7; *Baal HaMaor* to *Bavli* 23b, 5b in *dafei haRif;* see also *Beur HaHalachah* ibid.). The position of the new moon in relation to the sun, however, is common knowledge. No false witness could possibly be caught by this question, nor would any witness err regarding this. Indeed, the suggestion that a witness was unaware of this most elementary matter would shame the witness. Since the question will certainly fail to expose any flaw in the testimony, there is no reason to ask it (see *Baal HaMaor* ibid., with *Raavad, Kasuv Sham,* p. 70; see *Korban HaEidah; Beur of R' Chaim Kanievski;* see also *Sefer Nir;* cf. *Pnei Moshe*).

[For a totally different approach, see *Yefeh Mareh* ד״ה ובגמרא גרסינן מקמי הא.]

אַלְפַּיִים אַמָּה לְכָל רוּחַ – **and enacted that [the witnesses] should** be permitted to **travel two thousand *amos* in every direction** outside of Jerusalem, just like the residents of the city.[31]

The Gemara cites a Baraisa that extends the ruling of our Mishnah to an additional case:

תָּנֵי – **A Baraisa taught:** אַף בָּא לָמוּל אֶת הַקָּטָן כֵּן – LIKEWISE, ONE WHO COMES out of his *techum* on the Sabbath TO CIRCUMCISE AN INFANT[32] enjoys THE SAME leniency that was granted to those listed in the Mishnah, and may travel two thousand *amos* in every direction beyond the limits of the city in which he performed the circumcision.[33]

Clearly, the Tanna of this Baraisa holds that one is permitted to leave his *techum* on the Sabbath for the sake of performing a circumcision.[34] The Gemara thus concludes:

מַתְנִיתָא דְּרַבִּי לִיעֶזֶר – **The** ruling of this **Baraisa** reflects the opinion **of R' Liezer.** דִּתְנִינָן תַּמָּן – **For we learned in the Mishnah there:**[35] וְעוֹד אָמַר רַבִּי אֱלִיעֶזֶר – AND R' ELIEZER SAID FURTHER:[36] כּוֹרְתִין עֵצִים לַעֲשׂוֹת פֶּיחָמִין לַעֲשׂוֹת בַּרְזֶל – WE MAY even FELL TREES TO MAKE CHARCOAL IN ORDER TO MAKE IRON.[37] R' Eliezer thus maintains that even preliminaries to circumcision may be performed on the Sabbath. This view is the basis for the Baraisa's premise that one may leave his *techum* on the Sabbath in order to circumcise an infant.[38]

Halachah 4

Mishnah This Mishnah describes how the court would interrogate the new-moon witnesses: כֵּיצַד בּוֹדְקִין אֶת הָעֵדִים – **How do they examine the witnesses?** זוּג שֶׁבָּא רִאשׁוֹן בּוֹדְקִין אוֹתוֹ רִאשׁוֹן – **The pair that arrives first** is **examined first.** וּמַכְנִיסִין אֶת הַגָּדוֹל שֶׁבָּהֶן – **The more prominent of them is brought in,**[39] וְאוֹמְרִים לוֹ אֱמוֹר כֵּיצַד רָאִיתָה אֶת הַלְּבָנָה – **and [the members of the court] say to him: "Tell us how you saw the** new **moon,** i.e. how did it appear?[40]

NOTES

be moved throughout the courtyard, but may not be taken outside the courtyard (*Ramban* loc. cit.; see *Beur of R' Chaim Kanievski*). [The comparison is still somewhat imprecise, for whereas a utensil that rested in a courtyard may also be taken into adjoining courtyards (as explained in the previous note), the new-moon witnesses were restricted to the Beis Ya'zek courtyard itself. Possibly, the Gemara here is following the dissenting view of the Sages in Mishnah *Eruvin* ibid., that every courtyard is considered a domain unto itself, and utensils may not be transferred between them in the absence of a common *eruv chatzeiros* (glosses of *R' Isser Zalman Meltzer* to *Ramban* ibid.).]

31. To summarize: Originally, the new-moon witnesses who arrived on the Sabbath were treated like any other person who intentionally left his *techum,* and were confined to their four *amos* within the Beis Ya'zek courtyard. The Rabbis subsequently drew a distinction between new-moon witnesses and others who left their *techum* intentionally; new-moon witnesses, who might be discouraged by such confinement, were given permission to move throughout the entire courtyard, but not beyond. Ultimately, Rabban Gamliel the Elder released the witnesses from *any* restriction that may have applied for leaving their *techum.* He ordained that the witnesses should have the same status as the residents of Jerusalem themselves, so that they may travel anywhere in the city, and up to 2,000 *amos* in every direction beyond the city limits.

32. In a case where there is nobody in the infant's locale who can perform the circumcision (see *Pnei Moshe*).

33. *Korban HaEidah.* [In order that a *mohel* not be discouraged from leaving his *techum* on the Sabbath to perform a circumcision when necessary, he is extended the same dispensation that was granted to new-moon witnesses and the others enumerated in our Mishnah.]

34. [For otherwise, one who does so would not merit any leniency with regard to the limits of movement that normally apply to one who leaves his *techum* on the Sabbath.]

35. *Shabbos* 19:1 (130a in *Bavli*).

The rule is that all requirements of circumcision may be performed on the Sabbath (Mishnah, *Shabbos* 18:3 and 19:2 [128b and 133a in *Bavli*]). The cited Mishnah discusses whether the *preliminaries* to circumcision likewise override the Sabbath prohibitions.

36. In the first part of the Mishnah, R' Eliezer ruled that a circumcision knife may be carried [through a public domain] on the Sabbath, to the house where an infant's circumcision is scheduled to take place. In the part of the Mishnah cited here, R' Eliezer adds that even preliminaries that are further removed from the circumcision override the Sabbath.

37. If there is no knife available, we may even fell trees to make the charcoal necessary to forge iron in order to make a knife.

[In the version of this Mishnah recorded in *Bavli Shabbos* 130a, the closing phrase of R' Eliezer's statement reads: לַעֲשׂוֹת כְּלִי בַּרְזֶל, *in order to make **an instrument of** iron.* However, the version recorded in *Yerushalmi* (here and in *Shabbos* 19:1) omits the word כְּלִי, *an instrument.* It is also apparent from several commentators to *Bavli* ibid. that the word כְּלִי did not appear in their editions of the Mishnah. Accordingly, the text states simply: *in order to make iron.* The reason the Mishnah refers simply to "iron" rather than to an iron *instrument* is possibly to teach that even according to R' Eliezer's lenient opinion, the iron may not be fashioned into a finished instrument on the Sabbath. Rather, one may forge it only into a sharp piece, since that is sufficient for performing a circumcision (*Tiferes Yisrael* ad loc. §7). See also *Shulchan Aruch, Yoreh Deah* 264:2 with *Beur HaGra* §17.]

38. [However, according to R' Eliezer's disputant there (R' Akiva), who maintains that preliminaries to circumcision may *not* be performed on the Sabbath, it is prohibited for a *mohel* to leave his *techum* in order to perform a circumcision on the Sabbath. Thus, should he do so, he will be confined to a four-*amah* area in his new location until the Sabbath is over (as explained earlier).]

39. As in all cases of testimony before a *beis din,* the witnesses are interrogated separately [to prevent them from coordinating their answers to the court's questions] (see Mishnah, *Yerushalmi Sanhedrin* 3:8, 22a).

In the case of new-moon testimony, the questioning has two purposes: (a) to see whether there are discrepancies between the testimonies of the two witnesses, and (b) to ensure that their testimony coincides with the court's knowledge of the cycles of the moon. They weigh the answers given by the first witness against the established astronomical facts. When they have satisfied themselves as to the accuracy and truthfulness of his testimony, they examine the second witness, to see whether his testimony accords with that of the first, as well as with the established facts (see *Rambam* 2:4,7; *Shekel HaKodesh* 2:4, *Beur HaHalachah* ד״ה נמצאו דבריהם; see below, 15a notes 7 and 11).

40. Our Mishnah mentions only the part of the interrogation that deals with the position and appearance of the moon. Certainly, however, the witnesses were also asked the questions mentioned in *Sanhedrin* 40a regarding the exact time and place that the witnesses claim to have seen the occurrence, for these are Biblically essential elements of interrogating witnesses before the court (see *Lechem Mishneh, Kiddush HaChodesh* 2:2 ד״ה ושיהו דורשין; see also *Aruch HaShulchan HeAsid, Kiddush HaChodesh* 89:11; see, however, *Tumim* 30:3, who argues that these "time-and-place questions" are *not* Biblically essential for new-moon testimony; see *Rambam, Kiddush HaChodesh* 1:7 and 2:2 with commentaries).

שאם אומר את משיאין בין על החדשים המיושבין בזמנן בין על החדשים המעוברין שאינן מיושבין בזמנן אם אומר את כן אף הן סבורין שמא נמלכו בית דין לעברו והן מתקלקלין: **הלכה ב מתני'** [מ"ג] [א]כיצד היו משיאין משואות. מביאין כלונסות של ארז ארוכין וקנים ועצי שמן ונעורת של פשתן [א]וכורך במשיחה ועולה לראש ההר ומצית בהן את האור ומוליך ומביא [ב]מעלה ומוריד עד שהוא רואה את חבירו שהוא עושה כן בראש ההר השני וכן בראש ההר השלישי: [מ"ד] [ג]ומניין היו משיאין משואות. מהר המשחה לסרטבא ומסרטבא [ד]לגריפינא ומגריפינא לחוורן ומחוורן לבית בלתין ומבית בלתין לא [ה]זזו אלא מוליך ומביא מעלה ומוריד עד [ו]שהוא רואה כל הגולה לפניו כמדורת האש: **גמ'** מהו עצי שמן. [ז][ב]דדנין. אמר ר' יונה כהדין מקזנה: אמר ר' זעירא [ג]דלא יהוון סברין דהוא כוכב. אמר ר' יוסה חמינן כוכב סלק ונחית חמינן כוכב אזיל ואתי: תני [ד]בהרי [ח]מכוור וגדור. אמר ר' חונה כד סלקינן להכא סלקינן לראש בית בלתין והוינן חמיין דקלייא דבבל כאילין חגייא: **הלכה ג מתני'** [מ"ה] [א][ה]חצר גדולה היתה בירושלם ובית יעזק היתה נקראת ולשם כל העדים מתכנסין ובית דין בודקין אותן שם וסעודות גדולות היו עושין להן בשביל שיהו רגילין לבוא. [ו]בראשונה לא היו זזין [ט]משם כל היום. [ז]התקין רבן גמליאל הזקן שיהו מהלכין אלפיים אמה לכל רוח. [ח]ולא אלו [י]בלבד [ג]אלא אף חכמה הבאה ליילד והבא להציל [כ]מיד הדליקה מיד הגיים [ל]מיד הנהר מיד המפולת הרי אלו כאנשי העיר ויש להן אלפיים אמה לכל רוח: **גמ'** חצר גדולה היתה בירושלם בית יעזק היתה נקראת: מהו בית יעזק. ששם היו עוזקין את ההלכה כמה דאת אמר [א]ויעזקהו ויסקלהו וגו': בראשונה לא היו זזין משם כל היום. [מ]חזרו ועשו אותם ככלי שבא חוץ לתחום משחשיכה [ט]שמותר לטלטלו בתוך ארבע אמות. חזרו ועשו אותם [י]ככלים ששבתו בחצר שמותר לטלטלן בחצר. עד שבא רבן גמליאל הזקן והתקין שיהו מהלכין אלפיים אמה לכל רוח. תני אף בא למול את הקטן כן. מתניתא דר' ליעזר דתנינן תמן [כ]ועוד אמר ר' אליעזר כורתין עצים לעשות פיחמין [נ]לעשות ברזל: **הלכה ד מתני'** [מ"ו] [ד][ל]כיצד בודקין את העדים. זוג שבא ראשון בודקין אותו ראשון. ומכניסין את הגדול שבהן ואומרים לו אמור [מ]כיצד ראיתה את הלבנה

פני משה

מתני' כיצד היו משיאין משואות. אף על פי שבימי רבי בטלו המשואות כדאמר בגמרא לעיל (ה"א - ע"א), מכל מקום מפרש כילד היו עושין בשעה שהיו נוהגין בהן, ונפקא מינה שאם יתבטלו המינין שיחזרו למנהג שלהם: כלונסות. עלים ארוכים וגבוהים כדי שיראו מרחוק: וקנים ועצי שמן ונעורת של פשתן. שכל אלו מרבים שלהבת: ומוליך ומביא ומעלה ומוריד. בתכיפה אחת ולא יפסיק ביניהן, שלא יטעו בכוכב כדקאמר בגמרא: מהר משחה. זהו הר הזיתים שהוא נגד ירושלים במזרחה עד שרואין שעושין כן בהר סרטבא ומסרטבא וכו': עד שהוא רואה כל הגולה. זהו בבל: כמדורת האש. שכל אחד ואחד נוטל אבוקה ומעלהו לראש גגו: **גמ'** מהו עצי שמן דדנין. כך שמו, וזהו לבש המוזכר בריש במה מדליקין (שבת כ:) כדקאמר שם: כהדין מקזנה. כמו מגזנה, כגוזז הזה שגוזז הנמר מעט לאורך ומעט לרוחב בתכיפה אחת, כך מעלה ומוריד מיד אחר שמוליך ומביא מבלי הפסק וכן בכל פעם ופעם, וכדמפרש ר' זעירא דלא יהוון סברין דהוא כוכב הנראה באויר רקיע וכדר' יוסה דקאמר חמינן כוכב אחד סליק ונחית וחמינן לכוכב אחר דאזיל ואתי, ואם יפסיק בין הולכה והובאה לבין עליה וירידה יש לטעות שמא זה הוא הכוכב דאזיל ואתי וזה הוא הכוכב דסליק ונחית, ולפיכך היה עושה הכל בתכיפה אחת זה אחר זה שעכשיו אין לטעות דאין כוכב אחד עושה הכל: תני. בתוספתא פ"ק (הט"ו) אף בהרי מכוור וגדר היו עושין משואות: כד סלקינא להכא. מבבל לארץ ישראל ועלינו לראש בית בלתין וראינו לדקלים של בבל: כאילין חגייא. כאלו הקולים והקנים קטנים כל כך הוא גבוה ההר הזה שהדבר הגבוה כמו הדקל נראה מעליו למרחוק קטן הרבה, ולפיכך מהר בית בלתין לא היו זזין ממנו עד וכו': **מתני'** חצר גדולה היתה בירושלים ובית יעזק היתה נקראת. לישנא דקרא ויעזקהו ויסקלהו וכדאמר בגמרא ששם היו עוזקין את ההלכה שהיו בוררין להלכה ומעמידים אותה על בוריו, כדרך שנאמר ויעזקהו מנקהו מן האבנים והפסולת ומסקל אותן החולה כדי שיהא הכרם יפה ומתוקן: **גמ'** מהו בית יעזק וכו'. כדפרישית במתני': **מתני'** בראשונה לא היו זזין משם כל היום. העדים שבאו בשבת להעיד מחוץ לתחום: **גמ'** בראשונה לא היו זזין משם כל היום. ממקומן ואפילו באותה חצר: (בכלים) [ככלים] שבאו מחוץ לתחום משחשיכה. בלילי שבת: ככלים ששבתו בחצר שמותר לטלטלן בחצר. כולו: תני. בהדא ברייתא אף בא למול את הקטן מחוץ לתחום יש לו גם כן אלפים אמה לכל רוח, וכדמסיק ואזיל דהך ברייתא דר' אליעזר היא דאמר בפרק המילה (שבת פי"ט מ"א) כורתין עצים וכו' ולעשות כלי ברזל, דסבירא ליה מכשירי מילה דוחין את השבת כמילה עצמה, והלכך משכחת לה שזה בא לכתחלה מחוץ לתחום ומביא כלי ברזל בידו למול את הקטן. או שאין כאן אחר למול כי אם זה:

קרבן העדה

שאם אומר את. ואם נאמר להשיא משואות בין על חדש שנראה בזמנו בליל ל"א ועל חדש מעובר בליל ל"ב, ביום טוב שחל להיות ערב שבת שאף על החסר צריכין להשיא בליל ל"ב וסברי שמעובר הוא: **שמא נמלכו בית דין לעברו.** לאו דוקא אלא שמא עיברו בית דין, והוא הדין בכל החדשים שחלו להיות בערב שבת איכא הך חששא: **מתני'** כלונסאות. עלים ארוכים וגבוהים כדי שיראו למרחוק: **וקנים ועצי שמן ונעורת של פשתן.** כל אלו מרבים שלהבת: **מהר המשחה.** הר הזתים, שהוא נגד ירושלים במזרחה: כל הגולה. בני בבל: **כמדורת אש.** שכל אחד ואחד נוטל אבוקה ועולה לראש גגו: **גמ'** דדנין. מין עץ, ובלע"ז קורין לו דני"ן: **מקזנה.** נמי מין עץ הוא אלא שבמקומו לא היו מצויין דנין: **[דלא יהוון סברין].** שלא יטעו ויאמרו כוכב הוא, לכך מעלה ומוריד ותו ליכא למטעי: **אמר ר' יוסה.** לזה לא מהני מוליך ומביא דהא חזינן כוכב שעולה ויורד וחזינן כוכב שהולך ובא וא"כ עדיין איכא למטעי בכוכב*: **בהרי מכוור וגדור.** היו משיאין משואות: **כד סלקינן וכו'.** כשהיינו עולין לראש בית בלתין והיינו רואין דקלים שבבבל כבהמות, מלשון אסרו חג בעבותים (תהלים קיח כז). אי נמי כקולים, מלשון חגים ינקופו (ישעיהו כט א): **מתני'** לא היו זזים כל היום. העדים שילאו חוץ לתחומן בשבת ובאו להעיד, שהיוצא חוץ לתחום אין לו אלא ד' אמות: **גמ'** היו עוזקין את ההלכה. היו מבררין את ההלכה שלא יהא בה שום פקפוק: **לא היו זזין משם כל היום.** ממקום שבאו שם עמדו ואפילו ד' אמות לא נתנו להם: **שמותר לטלטלן** בחצר. ואף להן התירו שילכו בכל החצר של בית יעזק: **תני אף** המוהל שבא מחוץ לתחום למול את הקטן הדין כן שיהיה לו אלפיים אמה לכל רוח: **מתניתא** ברייתא זו שמשמע מינה שמותר למוהל לילך חוץ לתחום למול אתיא כר' אליעזר דאמר אף מכשירי מילה דוחין את השבת: דתנינן תמן. שבת פרק ר' אליעזר דמילה:

עין משפט

א מיי' פ"ג מהלכות קידוש החודש הלכה ז:
ב ג מיי' פכ"ז מהלכות שבת הלכה טז יז [סמ"ג לאוין סה] טוש"ע או"ח סימן תז סעיף א וסעיף ג:
ד מיי' פ"ב מהלכות קידוש החודש הלכה ז:

שינויי נוסחאות

א] **וכורך.** גירסת הרמב"ם בפיה"מ **וכורכן**:
ב] **מעלה.** במשניות ובבבלי (כב:) **ומעלה**:
ג] **ומניין.** כ"ה גם גירסת הרמב"ם בפיה"מ. במשניות ובבלי (שם) **ומאין**:
ד] **לגריפינא ומגריפינא.** במשניות ובבבלי (שם) **לגרופינא ומגרופינא.** בגירסת הרמב"ם בפיה"מ **לאגרופינה ומאגרופינה**:
ה] **זזו.** במשניות ובבבלי (שם) **זזו משם.** בגירסת הרמב"ם בפיה"מ ליתא:
ו] **שהוא.** כ"ה גם בגירסת הרמב"ם בפיה"מ. במשניות ובבבלי (שם) **שהיה**:
ז] **דדנין.** בש"ג **דדנון**:
ח] **מכוור.** עטרות ודיבון ויעזר ונמרה (במדבר לב ג), תרגם יונתן מכללתא ומדבשתא מכוור ובית נמרי:
ט] **משם.** כתב הרמב"ן בעירובין (מא:) "ומצאתי נוסחאות שכתוב בהם לא היו זזין **ממקומם**", עיי"ש:
י] **בלבד.** בעירובין (מה.) נוסף **אמרו**:
כ] **מיד וכו' מיד וכו' מיד.** במשניות ובבבלי (כג:) **מן וכו' ומן וכו' ומן**:
ל] **מיד הנהר.** בד"ק ובדפוסים נשמט:
מ] **חזרו ועשו.** כתב הרמב"ן (שם) "אבל נראה שהגירסא כך, בראשונה לא היו זזין משם כל **היום עשו** אותן ככלי וכו'":
נ] **לעשות.** כ"ה ברוב המקומות שנזכרה משנה זו. בד"ק ואחריו בדפוסים **ולעשות.** וכ"ה ברי"ף בשבת (נב. מדה"ר) וברע"ב (שם פי"ט מ"א):

תורה אור השלם

א) וַיְעַזְּקֵהוּ וַיְסַקְּלֵהוּ וַיִּטָּעֵהוּ שֹׂרֵק וַיִּבֶן מִגְדָּל בְּתוֹכוֹ וְגַם יֶקֶב חָצֵב בּוֹ וַיְקַו לַעֲשׂוֹת עֲנָבִים וַיַּעַשׂ בְּאֻשִׁים: (ישעיה ה ב)

מסורת הש"ס

א) ר"ה כב: **ב)** [שבת פ"ב ה"א כעין זה] **ג)** [עי' ר"ה כג: תוד"ה מוליך] **ד)** תוספתא פ"א הט"ו [בשינוי] **ה)** ר"ה כג: **ו)** [עירובין מה.] **ז)** [שבת פי"ח ה"ג] **ח)** [תוספתא שבת פי"ח ה"ח ועי"ש מנחת ילחק] **ט)** [שבת פי"ט ה"א, עירובין פ"ו ה"ח, ופ"ט ה"א, עירובין לא., וסם ע"ב, תוספתא עירובין פ"ה הי"ח] **י)** [שבת פי"ט מ"א] שבת קל. [יבמות יד. וחולין קטז. בשינוי, ילקו"ש תזריע תקמז, אמור תרמג] **כ)** ראש השנה כג: [ילקו"ש אמור תרמג] **ל)** [פסיקתא דר"כ ה, פסיקתא רבתי טו, ילקו"ש בא קלא]

גליון הש"ס

חזרו ועשו אותם ככלי שבא חוץ לתחום וכו'. עי' ברמב"ן בליקוטיו למס' עירובין דף מ"א (ע"ב):

שירי קרבן

אמר ר' יוסה חמינן וכו'. לפי מש"כ תוס' בבבלי דף כ"ב ע"ב בד"ה מוליך וכו' עיי"ש, צריך לומר דה"פ, אמר ר' יוסה לכך בעינן מוליך ומביא מעלה ומוריד, דחזינן כוכב אחד עולה ויורד וכוכב אחד מוליך ומביא, אבל שיהא כוכב אחד הולך ובא ועולה ויורד לא מצינו ואיכא סימנא דמשואות כן:

army, or **from a** flooding **river,**[22] or **from a collapsed building,**[23] **הֲרֵי אֵלּוּ כְּאַנְשֵׁי הָעִיר** – **they** too **are** considered **like the people of the city,** **וְיֵשׁ לָהֶן אַלְפַּיִים אַמָּה לְכָל רוּחַ** – **and** thus **have** the right to travel **two thousand *amos*** beyond the city limits **in every direction.**[24]

Gemara The Mishnah stated: **חָצֵר גְּדוֹלָה הָיְתָה בִּירוּשָׁלַם בֵּית יַעְזֵק הָיְתָה נִקְרֵאת** – **THERE WAS A LARGE COURTYARD IN JERUSALEM THAT WAS CALLED BEIS YA'ZEK,** and it was to there that all the witnesses would gather etc.

The Gemara explains what the name of this courtyard alludes to: **מַהוּ בֵּית יַעְזֵק** – **What is [the significance]** of the name **"Beis Ya'zek"?** **שֶׁשָּׁם הָיוּ עוֹזְקִין אֶת הַהֲלָכָה** – It conveys **that there,** in that courtyard, **[*Beis Din*] would clarify the law** regarding Rosh Chodesh, and eliminate any doubts; **כְּמָה דְאַתְּ אָמַר** – **as you say** in the verse: **"וַיְעַזְּקֵהוּ וַיְסַקְּלֵהוּ וגו׳"** – ***And he cleared it*** (*va'y'azekehu*), ***and he removed its stones etc.***[25]

The Mishnah stated that initially witnesses who arrived on the Sabbath were confined to their place in Beis Ya'zek the entire day, until Rabban Gamliel instituted that they should have the same status as the residents of the city. The Gemara describes how such witnesses were progressively accorded greater freedom of movement:

בָּרִאשׁוֹנָה לֹא הָיוּ זָזִין מִשָּׁם כָּל הַיּוֹם – **Originally, [the witnesses] would not move from there the entire day,** **(חזרו ו)עָשׂוּ**[26] **אוֹתָם כִּכְלִי שֶׁבָּא חוּץ לַתְּחוּם מִשֶּׁחֲשֵׁיכָה** – for **[the Rabbis]** at that time **classified them like a utensil that went outside of** its ***techum*** boundary **after dark** (i.e. after the Sabbath had already begun), regarding which the rule is **שֶׁמּוּתָּר לְטַלְטְלוֹ בְּתוֹךְ אַרְבַּע אַמּוֹת** – **that one is permitted to move it** only **within** the **four *amos*** of its current location.[27] Every new-moon witness who traveled outside of his *techum* on the Sabbath thus had to remain within the four *amos* he occupied in the Beis Ya'zek courtyard.[28] **חָזְרוּ וְעָשׂוּ אוֹתָם כְּכֵלִים שֶׁשָּׁבְתוּ בְּחָצֵר** – Later, **[the Rabbis] reconsidered and classified [the witnesses] like utensils that had rested in a courtyard** at the onset of the Sabbath, regarding which the rule is **שֶׁמּוּתָּר לְטַלְטְלָן בֶּחָצֵר** – **that one is permitted to move [the utensils]** anywhere **in the courtyard.**[29] I.e. the witnesses were no longer confined to their own four *amos,* but rather were allowed to circulate freely throughout the entire courtyard.[30] **עַד שֶׁבָּא רַבָּן גַּמְלִיאֵל הַזָּקֵן** – This was the law **until Rabban Gamliel the Elder came along** **וְהִתְקִין שֶׁיְּהוּ מְהַלְּכִין**

NOTES

22. I.e. a river whose waters rise suddenly and threaten to wash away the city's residents and their children (*Rashi* ibid.).

23. In all of these cases, desecration of the Sabbath is permitted, on account of the general rule that saving a life takes precedence over the Sabbath (see *Yerushalmi Yoma* 8:5 [54b-55a] and *Bavli Yoma* 84b).

24. [The residents of a city may travel throughout it and 2,000 *amos* beyond it in every direction on the Sabbath.]

25. *Isaiah* 5:2. In this passage, Isaiah, serving as God's beloved and agent, sings an allegory that expresses God's disappointment with the sins of His people; the prophet describes how God prepared Eretz Yisrael for the Jews, only to be disillusioned by their behavior in the Land. In this allegory, the Jewish people is likened to a vineyard, and the Holy One, Blessed is He, to the owner of the vineyard (see *Rashi* to *Succah* 49a, and *Radak* to *Isaiah* ibid.). The verse cited here describes how the owner of the vineyard cleared it from obstructions by digging out and removing its stones. The act of clearing by digging out stones is expressed with the word וַיְעַזְּקֵהוּ, *va'y'azekehu,* which is cognate to the name "Beis Ya'zek" that was given to the courtyard where the witnesses had their testimony examined. The courtyard's name thus conveyed that this is the place where the legal uncertainties [regarding Rosh Chodesh] are eliminated, just as obstructions are eliminated from a vineyard (*Korban HaEidah, Pnei Moshe*).

[The preceding translation of וַיְעַזְּקֵהוּ follows *Aruch* ע׳ עזק, cited by *Tosafos* to *Menachos* 85b ד״ה עוזק (see also *Rashi ms.* there, and *Radak* to the verse). However, *Rashi* to the verse and to *Bavli* 23b translates it as "encircling [the vineyard] with a wall." See *Shelom Yerushalayim* for further discussion.]

26. Emendation follows *Ramban* to *Eruvin* 41b ד״ה ומצינו; see end of note 28 below.

27. Utensils (as well as animals and food items) are typically restricted to the *techum* boundary of their owner (Mishnah, *Beitzah* 5:3 [*Yerushalmi* 47b, *Bavli* 37a]). Therefore, a utensil that was taken out of its owner's *techum* on the Sabbath may not be removed from its four-*amah* area, just as a person who has gone beyond his *techum* must remain within the four *amos* in which he finds himself (see *Bavli Eruvin* 41b-42a and *Shulchan Aruch, Orach Chaim* 405:9).

28. [It is in fact implied by our Mishnah's wording, *they would not* ***move*** *from there,* that the witnesses were confined to their four *amos* in the courtyard. For had the Mishnah meant that the witnesses could not leave the *courtyard* (but were permitted to move beyond their four *amos*), it would rather have said: לֹא הָיוּ יוֹצְאִין מִשָּׁם, *they would not* ***leave*** *from there.* Indeed, some versions of the Mishnah actually read: לֹא הָיוּ זָזִין מִמְּקוֹמָם כָּל הַיּוֹם, *they would not move* ***from their places*** *the entire day* (see *Ramban* loc. cit.).]

Now, the halachah is that if one was taken outside of his *techum* and placed inside a walled enclosure, the entire enclosure is considered "his four *amos,*" and he may travel anywhere inside of it (see *Rambam, Hil. Shabbos* 27:12, from Mishnah *Eruvin* 4:1 [*Bavli* 41b], and see *Rashi* there ד״ה מהלך). This is true, however, only for someone who leaves his *techum* inadvertently, or was transported against his will. But for one who *intentionally* travels outside his *techum,* no exception is made in the case of a walled enclosure; he is always restricted to his actual four *amos.* Accordingly, the new-moon witnesses who arrived on the Sabbath had to stay within their four *amos* and could not move throughout the courtyard, since they left their *techum* intentionally [though for a permissible reason] (*Ramban* loc. cit.; see *Pnei Moshe;* see also *Rambam* loc. cit. 27:13, with *Maggid Mishneh;* but cf. *Tosafos* 23b ד״ה לא, and the Rishonim cited in *Beur Halachah* 405:6 ד״ה אבל).

[As noted earlier, we have followed *Ramban* in emending the text of the Gemara. The printed version, which reads **חָזְרוּ וְעָשׂוּ** אוֹתָם כִּכְלִי שֶׁבָּא חוּץ לַתְּחוּם, *they* ***reconsidered and*** *classified (the witnesses) like a utensil that went outside of its techum,* implies that the witnesses were originally forbidden to budge at all from their place (even *within* four *amos*), and only later did the Rabbis permit them to move within a four-*amah* area (see *Korban HaEidah,* who explains the Gemara accordingly). However, *Ramban* rejects this possibility, as there is no precedent to forbid one who has left his *techum* – even intentionally – from moving within his four *amos.*]

29. The Mishnah in *Eruvin* (9:1; 89a in *Bavli*) teaches that according to R' Shimon (whose opinion the halachah follows), adjoining roofs, courtyards, and non-residential enclosures are regarded as a single domain with regard to utensils that were in one of these areas at the onset of the Sabbath. This means that any object that was in a courtyard, for example, when the Sabbath began, may be freely moved throughout any adjoining courtyards (or roofs or non-residential enclosures) even if those areas are owned by different people who have not joined in a common *eruv chatzeiros* (see *Rashi* there ד״ה ר׳ שמעון).

30. The Rabbis were concerned that confining the witnesses to their respective four *amos* would discourage them from coming again. They therefore granted a special dispensation for these witnesses, allowing them to move anywhere within the courtyard (see *Ramban* loc. cit.).

When the Gemara compares the witnesses to utensils that rested in a courtyard at the onset of the Sabbath, it does not mean that the same law is operative for both, as the rules pertaining to utensils in a courtyard have no relevance to the status of one who has left his *techum.* Rather, the Gemara is merely providing a conceptual precedent for the rule enacted by the Rabbis: They allowed the witnesses to move beyond four *amos,* but not outside the confines of the courtyard – just as a utensil that rested in a courtyard at the onset of the Sabbath may

שאם אומר את משיאין בין על החדשים המיושבין בזמנן בין על החדשים המעוברין שאינן מיושבין בזמנן אם אומר את כן אף הן סבורין שמא נמלכו בית דין לעברו והן מתקלקלין: **הלכה ב מתני'** [מ"ג] ⁽ᵃ⁾כיצד היו משיאין משואות. מביאין כלונסות של ארז ארוכין וקנים ועצי שמן ונעורת של פשתן [א]וכורך במשיחה ועולה לראש ההר ומצית בהן את האור ומוליך ומביא [ב]מעלה ומוריד עד שהוא רואה את חבירו שהוא עושה כן בראש ההר השני וכן בראש ההר השלישי: [מ"ד] [ג]ומניין היו משיאין משואות. מהר המשחה לסרטבא ומסרטבא [ד]לגריפינא ומגריפינא לחוורן ומחוורן לבית בלתין ומבית בלתין לא [ה]זזו אלא מוליך ומביא מעלה ומוריד עד [ו]שהוא רואה כל הגולה לפניו כמדורת האש: **גמ'** מהו עצי שמן. [ב][ז]דדנין. אמר ר' יונה כהדין מקזנה: אמר ר' זעירא [ג]דלא יהוון סברין דהוא כוכב. אמר ר' יוסה חמינן כוכב סלק ונחית חמינן כוכב אזיל ואתי: תני [ד]בהרי [ח]מכוור וגדור. אמר ר' חונה כד סלקינן להכא סלקינן לראש בית בלתין והוינן חמיין דקלייא דבבל כאילין חגייא: **הלכה ג מתני'** [מ"ה] [א][ה]חצר גדולה היתה בירושלם ובית יעזק היתה נקראת ולשם כל העדים מתכנסין ובית דין בודקין אותן שם וסעודות גדולות היו עושין להן בשביל שיהו רגילין לבוא. [ו]בראשונה לא היו זזין [ט]משם כל היום. [ב]התקין רבן גמליאל הזקן שיהו מהלכין אלפיים אמה לכל רוח. [ז]ולא אלו [י]בלבד [ג]אלא אף חכמה הבאה ליילד והבא להציל [כ]מיד הדליקה מיד הגיים [ל]מיד הנהר מיד המפולת הרי אלו כאנשי העיר ויש להן אלפיים אמה לכל רוח: **גמ'** חצר גדולה היתה בירושלם בית יעזק היתה נקראת: מהו בית יעזק. ששם היו עוזקין את ההלכה כמה דאת אמר [א]ויעזקהו ויסקלהו וגו': בראשונה לא היו זזין משם כל היום. [מ]חזרו ועשו אותם ככלי שבא חוץ לתחום משחשיכה [ח]שמותר לטלטלו בתוך ארבע אמות. חזרו ועשו אותם [ט]ככלים ששבתו בחצר שמותר לטלטלן בחצר. עד שבא רבן גמליאל הזקן והתקין שיהו מהלכין אלפיים אמה לכל רוח. תני אף בא למול את הקטן כן. מתניתא דר' ליעזר דתנינן תמן [י]ועוד אמר ר' אליעזר כורתין עצים לעשות פיחמין [נ]לעשות ברזל: **הלכה ד מתני'** יב: [מ"ו] [ד][ס]כיצד בודקין את העדים. זוג שבא ראשון בודקין אותו ראשון. ומכניסין את הגדול שבהן ואומרים לו אמור [ע]כיצד ראיתה את הלבנה

פני משה

מתני' כיצד היו משיאין משואות. אף על פי שבימי רבי בטלו המשואות כדאמר בגמרא לעיל (ה"א - ע"א), מכל מקום מפרש כיצד היו עושין בשעה שהיו נוהגין בהן, ונפקא מינה שאם יתבטלו המינין שיחזרו למנהג שלהם: **כלונסות.** עצים ארוכים וגבוהים כדי שיראו מרחוק: **וקנים ועצי שמן ונעורת של פשתן.** שכל אלו מרבים שלהבת: **ומוליך ומביא ומעלה ומוריד.** בתכיפה אחת ולא יפסיק ביניהן, שלא יטעו בכוכב כדקאמר בגמרא: **מהר משחה.** זהו הר הזיתים שהוא נגד ירושלים במזרחה עד שרואין שעושין כן בהר סרטבא ומסרטבא וכו': **עד שהוא רואה כל הגולה.** זהו בבל: **כמדורת האש.** שכל אחד ואחד נוטל אבוקה ומעלהו לראש גגו: **גמ'** מהו עצי שמן דדנין. כך שמו, וזהו לכש המוזכר בריש במה מדליקין (שבת כ:) כדקאמר שם: **כהדין מקזנה.** כמו מגזזה, כגוזז הזה שגוזז הצמר מעט לאורך ומעט לרוחב בתכיפה אחת, כך מעלה ומוריד מיד אחר שמוליך ומביא מבלי הפסק וכן בכל פעם ופעם, וכדמפרש ר' זעירא דלא יהוון סברין דהוא כוכב הנראה באויר רקיע וכדר' יוסה דקאמר חמינן כוכב אחד סליק ונחית וחמינן לכוכב אחר דאזיל ואתי, ואם יפסיק בין הולכה והובאה לבין עליה וירידה יש לטעות שמא זה הוא הכוכב דאזיל ואתי וזה הוא הכוכב דסליק ונחית, ולפיכך היה עושה הכל בתכיפה אחת זה אחר זה שעכשיו אין לטעות דאין כוכב אחד עושה הכל: **תני.** בתוספתא פ"ק (הט"ו) אף בהרי מכוור וגדר היו עושין משואות: **כד סלקינא להכא.** מבבל לארץ ישראל ועלינו לראש בית בלתין וראינו לדקלים של בבל: **כאילין חגייא.** כאלו הקולים והקנים קטנים כל כך הוא גבוה ההר הזה שהדבר הגבוה כמו הדקל נראה מעליו למרחוק קטן הרבה, ולפיכך מהר בית בלתין לא היו זזין ממנו עד וכו': **מתני'** חצר גדולה היתה בירושלים ובית יעזק היתה נקראת. לישנא דקרא ויעזקהו ויסקלהו וכדאמר בגמרא ששם היו עוזקין את ההלכה שהיו בוררין להלכה ומעמידים אותה על בוריו, כדרך שנאמר ויעזקהו מנקהו מן האבנים והפסולת ומסקל אותן החוצה כדי שיהא הכרם יפה ומתוקן: **גמ'** מהו בית יעזק וכו'. כדפרישית במתני': **מתני'** בראשונה לא היו זזין משם כל היום. העדים שבאו בשבת להעיד מחוץ לתחום: **גמ'** בראשונה לא היו זזין משם כל היום. ממקומן ואפילו באותה חצר: (בכלים) [ככלים] שבאו מחוץ לתחום משחשיכה. בלילי שבת: **ככלים ששבתו בחצר שמותר לטלטלן בחצר.** כולו: **תני.** בהדא ברייתא אף בא למול את הקטן מחוץ לתחום יש לו גם כן אלפים אמה לכל רוח, וכלמסיק ואזיל דהך ברייתא דר' אליעזר היא דאמר בפרק המילה (שבת פי"ט מ"א) כורתין עצים וכו' ולעשות כלי ברזל, דסבירא ליה מכשירי מילה דוחין את השבת כמילה עצמה, והלכך משכחת לה שזה בא לכתחלה מחוץ לתחום ומביא כלי ברזל בידו למול את הקטן. או שאין כאן אחר למול כי אם זה:

קרבן העדה

שאם אומר את. ואם נאמר להשיא משואות בין על חדש שנראה בזמנו בליל ל"א ועל חדש מעובר בליל ל"ב, ביום טוב שחל להיות ערב שבת שאף על החסר צריכין להשיא בליל ל"ב וסברי שמעובר הוא: **שמא נמלכו בית דין לעברו.** לאו דוקא אלא שמא עיברו בית דין, והוא הדין בכל החדשים שחלו להיות בערב שבת איכא הך חששא: **מתני'** **כלונסאות.** עצים ארוכים וגבוהים כדי שיראו למרחוק: **וקנים ועצי שמן ונעורת של פשתן.** כל אלו מרבים שלהבת: **מהר המשחה.** הר הזתים, שהוא נגד ירושלים במזרחה: **כל הגולה.** בני בבל: **כמדורת אש.** שכל אחד ואחד נוטל אבוקה ועולה לראש גגו: **גמ'** **דדנין.** מין עץ, ובלע"ז קורין לו דני"ן: **מקזנה.** נמי מין עץ הוא אלא שבמקומו לא היו מצויין דדנין: **[דלא יהוון סברין].** שלא יטעו ויאמרו כוכב הוא, לכך מעלה ומוריד ותו ליכא למטעי: **אמר ר' יוסה.** לזה לא מהני מוליך ומביא דהא חזינן כוכב שעולה ויורד וחזינן כוכב שהולך ובא וא"כ עדיין איכא למטעי בכוכב*: **בהרי מכוור וגדור.** היו משיאין משואות: **כד סלקינן וכו'.** כשהיינו עולין לראש בית בלתין והיינו רואין דקלים שבבבל כבהמות, מלשון אסרו חג בעבותים (תהלים קיח כז). אי נמי כקולים, מלשון חגים ינקופו (ישעיהו כט א): **מתני'** **לא היו זזים כל היום.** העדים שיצאו חוץ לתחומן בשבת ובאו להעיד, שהיוצא חוץ לתחום אין לו אלא ד' אמות: **גמ'** **היו עוזקין את ההלכה.** היו מבררין את ההלכה שלא יהא בה שום פקפוק: **לא היו זזין משם כל היום.** ממקום שבאו שם עמדו ואפילו ד' אמות לא נתנו להם: **שמותר לטלטלן בחצר.** ואף להן התירו שילכו בכל החצר של בית יעזק: **תני אף המוהל** שבא מחוץ לתחום למול את הקטן הדין כן שיהיה לו אלפיים אמה לכל רוח: **מתניתא** ברייתא זו שמשמע מינה שמותר למוהל לילך חוץ לתחום למול אתיא כר' אליעזר דאמר אף מכשירי מילה דוחין את השבת: **דתנינן תמן.** שבת פרק ר' אליעזר דמילה:

עין משפט

א מיי' פ"ב מהלכות קידוש החודש הלכה ז:
ב ג מיי' פכ"ז מהלכות שבת הלכה טז יז [סמ"ג לאוין סה] טוש"ע או"ח סימן תז סעיף א וסעיף ג:
ד מיי' פ"ב מהלכות קידוש החודש הלכה ז:

שינויי נוסחאות

א] **וכורך.** גירסת הרמב"ם בפיה"מ **וכורכן:**
ב] **מעלה.** במשניות ובבבלי (כב:) **ומעלה:**
ג] **ומניין.** כ"ה גם גירסת הרמב"ם בפיה"מ. במשניות ובבבלי (שם) **ומאין:**
ד] **לגריפינא ומגריפינא.** במשניות ובבבלי (שם) **לגרופינא ומגרופינא.** בגירסת הרמב"ם בפיה"מ **לאגרופינה ומאגרופינה:**
ה] **זזו.** במשניות ובבבלי (שם) זזו **משם.** בגירסת הרמב"ם בפיה"מ ליתא:
ו] **שהוא.** כ"ה גם בגירסת הרמב"ם בפיה"מ. במשניות ובבלי (שם) **שהיה:**
ז] **דדנין.** בש"ג **דדנון:**
ח] **מכוור.** עטרות ודיבון ויעזר ונמרה (במדבר לב ג), תרגם יונתן מכללתא ומדבשתא מכוור ובית נמרי:
ט] **משם.** כתב הרמב"ן בעירובין (מא:) "ומצאתי נוסחאות שכתוב בהם לא היו זזין ממקומם", עיי"ש:
י] **בלבד.** בעירובין (מה.) נוסף **אמרו:**
כ] **מיד וכו' מיד וכו' מיד.** במשניות ובבבלי (כג:) **מן וכו' ומן וכו' ומן:**
ל] **מיד הנהר.** בד"ק ובדפוסים נשמט:
מ] **חזרו ועשו.** כתב הרמב"ן (שם) "אבל נראה שהגירסא כך, בראשונה לא היו זזין משם כל היום **עשו** אותן ככלי וכו'":
נ] **לעשות.** כ"ה ברוב המקומות שנזכרה משנה זו. בד"ק ואחריו בדפוסים **ולעשות.** וכ"ה ברי"ף בשבת (נב. מדה"ר) וברע"ב (שם פי"ט מ"א):

תורה אור השלם

א) וַיְעַזְּקֵהוּ וַיְסַקְּלֵהוּ וַיִּטָּעֵהוּ שֹׂרֵק וַיִּבֶן מִגְדָּל בְּתוֹכוֹ וְגַם יֶקֶב חָצֵב בּוֹ וַיְקַו לַעֲשׂוֹת עֲנָבִים וַיַּעַשׂ בְּאֻשִׁים: (ישעיה ה ב)

מסורת הש"ס

א) ר"ה כב: **ב)** [שבת פ"ב ה"א כעין זה] **ג)** [עי' ר"ה כב: תוד"ה מוליך] **ד)** תוספתא פ"א הט"ו [בשינוי] **ה)** ר"ה כג: **ו)** [עירובין מה.] **ז)** [שבת פי"ח ה"ג] **ח)** [תוספתא שבת פי"ח ה"ח ועי"ש מנחת יצחק] **ט)** [שבת פי"ט ה"א, עירובין פ"ו ה"ח, ופ"ט ה"א, עירובין לא., ושם ע"ב, תוספתא עירובין פ"ה הי"ח] **י)** [שבת פי"ט מ"א] שבת קל. [יבמות יד. וחולין קטז. בשינוי, ילקו"ש תזריע תקמז, אמור תרמג] **כ)** ראש השנה כג: [ילקו"ש אמור תרמג] **ל)** [פסיקתא דר"כ ה, פסיקתא רבתי טו, ילקו"ש בא קצא]

גליון הש"ס

חזרו ועשו אותם ככלי שבא חוץ לתחום וכו'. עי' ברמב"ן בליקוטיו למס' עירובין דף מ"א (ע"ב):

שירי קרבן

אמר ר' יוסה חמינן וכו'. לפי מש"כ תוס' בבבלי דף כ"ב ע"ב בד"ה מוליך וכו' עיי"ש, צריך לומר דה"פ, אמר ר' יוסה לכך בעינן מוליך ומביא מעלה ומוריד, דחזינן כוכב אחד עולה ויורד וכוכב אחד מוליך ומביא, אבל שיהא כוכב אחד הולך ובא עולה ויורד לא מצינו ואיכא סימנא דמשואות הן:

Gemara מַהוּ עֲצֵי שֶׁמֶן – **What is "oil-wood"?** דַּדְנִין – It is *dadnin.*[11] אָמַר רַבִּי יוֹנָה – **R' Yonah said:** כְּהָדֵין מַקְזֶנָה – **It is like that** wood called ***makzenah.***[12]

The Mishnah stated that the signaler would wave the torch back and forth and up and down. The Gemara explains why this was necessary:

אָמַר רַבִּי זְעֵירָא – **R' Z'eira said:** The signaler had to wave the torch as described דְּלָא יֶהֱווֹן סָבְרִין דְּהוּא כּוֹכָב – **so that [the observers] would not** mistakenly **think that it was a** shooting **star** they had sighted. אָמַר רַבִּי יוֹסָה – For indeed, **R' Yosah said:** חֲמִינַן כּוֹכָב סָלֵק וְנָחִית – **"We have seen a star ascend and descend,** חֲמִינַן כּוֹכָב אָזִיל וְאָתֵי – and **we have** also **seen a star move to and fro."**[13] Waving the torch both vertically and horizontally prevents it from being mistaken for one of these stars, for they never move in *both* directions.[14]

Our Mishnah listed five mountains upon which the torches were waved, beginning with the Mount of Olives and ending with Beis Baltin. The Gemara now cites a Baraisa that mentions two additional relay points:

תָּנֵי – **A Baraisa taught:**[15] בְּהָרֵי מַכְוָור וּגְדוֹר – Torches were lit **ON THE MOUNTAINS OF MACHVAR AND GEDOR** as well.[16]

The Gemara explains why Beis Baltin was chosen as the final point in the relay:[17]

אָמַר רַבִּי חוּנָה – **R' Chunah said:** כַּד סַלְקִינַן לְהָכָא – **When we ascended** from Babylonia **to here** [Eretz Yisrael], סַלְקִינַן לְרֹאשׁ בֵּית בַּלְתִּין – **we went up to the summit of** the mountain of **Beis Baltin,** וַהֲוֵינַן חָמְיִין דִּקְלַיָּא דְּבָבֶל כְּאִילֵין חַגַּיָּיא – **and** due to its great height **we could see the palm trees of Babylonia,** which appeared to us **like thorns.**[18] Because this mountain offered such an exceptional vantage point, the final torch in the relay would be waved there continuously until it was seen by everyone in the Babylonian Diaspora.

Halachah 3

Mishnah The Mishnah now begins to describe how the *Beis Din* received the witnesses: חָצֵר גְּדוֹלָה הָיְתָה בִּירוּשָׁלַיִם – **There was a large courtyard in Jerusalem** וּבֵית יַעְזֵק הָיְתָה נִקְרֵאת – **that was called Beis Ya'zek,** וּלְשָׁם כָּל הָעֵדִים מִתְכַּנְּסִין – **and** it was **to there** that **all the witnesses** who had come to testify about sighting the new moon **would gather,**[19] וּבֵית דִּין בּוֹדְקִין אוֹתָן שָׁם – **and the *Beis Din* would examine them there.** וּסְעוּדוֹת גְּדוֹלוֹת הָיוּ עוֹשִׂין לָהֶן – **And they would make for [these witnesses] large feasts** בִּשְׁבִיל שֶׁיְּהוּ רְגִילִין לָבוֹא – **so that that they should be accustomed to come** because of this incentive. בָּרִאשׁוֹנָה לֹא הָיוּ זָזִין מִשָּׁם כָּל הַיּוֹם – **Originally, [the witnesses] would not move from there the entire day.**[20] הִתְקִין רַבָּן גַּמְלִיאֵל הַזָּקֵן – Subsequently, **Rabban Gamliel the Elder enacted** שֶׁיְּהוּ מְהַלְּכִין אַלְפַּיִם אַמָּה לְכָל רוּחַ – **that they should** be permitted to **travel two thousand *amos*** beyond the city limits **in every direction.**[21] וְלֹא אֵלּוּ בִּלְבַד – **And** it was **not only** for **these** new-moon witnesses that this leniency was stated; אֶלָּא אַף חֲכָמָה הַבָּאָה לְיַלֵּד – **rather,** there was **likewise** an enactment that **a midwife who comes to deliver** a baby, וְהַבָּא לְהַצִּיל מִיַּד הַדְּלֵיקָה מִיַּד הַגַּיִיס מִיַּד הַנָּהָר מִיַּד הַמַּפּוֹלֶת – **or one who comes to rescue** others **from a fire,** or **from an** attacking

NOTES

11. A type of wood that exudes a [flammable] sap, and is therefore well suited for use in the fabrication of torches (see *Mussaf HeAruch* ע׳ דדנין; *Radak* and *Ralbag* to *I Kings* 6:23; see also *Yerushalmi Shabbos* 2:1, cited by *Pnei Moshe*).

12. This is a kind of wood [whose characteristics are similar to those of *dadnin*]. Since *dadnin* wood was not common in R' Yonah's locale, he mentioned a comparable species that people would recognize (*Korban HaEidah;* see also *Gilyonei HaShas* to *Sheviis* 1:5).

[For other approaches to this line of the Gemara, see *Pnei Moshe* and *Masa DiYerushalayim.*]

13. R' Yosah was not describing actual stars or planets, for these never move in such a quick and unpredictable manner. Rather, he was referring to some kind of atmospheric phenomenon [presumably a meteor] that produces the appearance of a star [moving vertically or horizontally] (*Tos. Yom Tov* to our Mishnah).

14. Elucidation follows *Sheyarei Korban* and *Beur of R' Chaim Kanievski,* based on *Tosafos* 22b ד״ה מוליך; see also *Pnei Moshe.* For alternative approaches, see *Korban HaEidah* and *Hagahos HaGrim* (printed in the Vilna ed. of *Yerushalmi*).

15. See *Bavli* 23b, and *Tosefta* 1:15 with *Hagahos HaGra.*

16. *Bavli* (ibid.) cites a disagreement as to where these mountains were located in relation to the others. According to one opinion, they were situated *between* the mountains enumerated in the Mishnah. [I.e. the Mishnah's list is not exhaustive, and the Baraisa supplements the list with the points omitted by the Mishnah (see *Rabbeinu Chananel* there).] According to the other opinion, these mountains were situated in a different part of Eretz Yisrael: The borders of Eretz Yisrael extend toward Babylonia in two separate places, and torches were lit in relays along both routes. Our Mishnah lists the relay points along one of those routes, whereas the Baraisa lists the relay points along the other route (see *Rashi* there).

[*Yerushalmi Sheviis* 9:2 (73b) states that the mountains of Machvar and Gedor were located in the trans-Jordan region. See also *Targum Yonasan* to *Numbers* 32:3.]

17. *Pnei Moshe.*

18. The tall palm trees in Babylonia appeared like thorns or small twigs when seen in the distance from that high mountaintop in Beis Baltin (*Pnei Moshe*).

Translation of חַגַּיָּיא as *thorns* follows *Korban HaEidah's* second interpretation (based on *Isaiah* 29:1) and *Pnei Moshe;* cf. *Korban HaEidah's* first interpretation. Alternatively, some emend the text so that it states that the palm trees appeared like חַגְבַיָּיא, *grasshoppers* (*Gilyon Ephraim, Beur of R' Chaim Kanievski;* see also *Bereishis Rabbah* 38:8).

19. The reference is to the witnesses who had arrived *on the Sabbath* [and desecrated it, albeit permissibly,] by traveling beyond their *techum* (the 2,000-*amah* boundary surrounding their place of residence) (*Korban HaEidah,* from *Rav;* see *Rashi* 23b).

[From *Rambam* (*Hil. Kiddush HaChodesh* 2:7) and *Meiri* (23b), however, it would seem that the witnesses *always* gathered in Beis Ya'zek, even during the week, in order to facilitate the court's examination of them, as stated next in the Mishnah (see *Tos. Yom Tov;* see also the Gemara immediately below, with note 25).]

20. If witnesses arrived on the Sabbath by traveling beyond their *techum,* they were not permitted to move from their place in the courtyard of Beis Ya'zek until after the Sabbath. This is in keeping with the law (Mishnah, *Eruvin* 4:1 [*Bavli* 41b]) that one who goes beyond his *techum* on the Sabbath is thereafter (Rabbinically) restricted for the rest of the Sabbath to the four *amos* of his current location (*Korban HaEidah,* from *Rashi* and *Rav;* see further below).

21. [That is, they may travel throughout Jerusalem and up to 2,000 *amos* beyond the city limits in any direction — just like the people who began the Sabbath within the confines of Jerusalem may do (see end of Mishnah).]

This enactment was made so that the witnesses (and the others listed further in the Mishnah) should not be discouraged from coming in the future (*Tosafos* 23b ד״ה שיהו; see also *Maggid Mishneh* to *Hil. Shabbos* 27:16).

עין משפט

א מיי' פ"ב מהלכות קידוש החודש הלכה ז:
ב ג מיי' פכ"ז מהלכות שבת הלכה טו יז [סמ"ג לאוין סה] טוש"ע או"ח סימן תז סעיף א וסעיף ג:
ד מיי' פ"ב מהלכות קידוש החודש הלכה ז:

שאם אומר את משיאין בין על החדשים המיושבין בזמנן בין על החדשים המעוברין שאינן מיושבין בזמנן אם אומר את כן אף הן סבורין שמא נמלכו בית דין לעברו והן מתקלקלין: **הלכה ב מתני'** [מ"ג] [א]כיצד היו משיאין משואות. מביאין כלונסות של ארז ארוכין וקנים ועצי שמן ונעורת של פשתן [א]וכורך במשיחה ועולה לראש ההר ומצית בהן את האור ומוליך ומביא [ב]מעלה ומוריד עד שהוא רואה את חבירו שהוא עושה כן בראש ההר השני וכן בראש ההר השלישי: [מ"ד] [ג]ומניין היו משיאין משואות. מהר המשחה לסרטבא ומסרטבא [ד]לגריפינא ומגריפינא לחוורן ומחוורן לבית בלתין ומבית בלתין לא [ה]זזו אלא מוליך ומביא מעלה ומוריד עד [ו]שהוא רואה כל הגולה לפניו כמדורת האש: **גמ'** מהו עצי שמן. [ב][ז]דדנין. אמר ר' יונה כהדין מקזנה: אמר ר' זעירא [ג]דלא יהוון סברין דהוא כוכב. אמר ר' יוסה חמינן כוכב סלק ונחית חמינן כוכב אזיל ואתי: תני [ד]בהרי [ח]מכוור וגדור. אמר ר' חונה כד סלקינן להכא סלקינן לראש בית בלתין והוינן חמיין דקלייא דבבל כאילין חגייא: **הלכה ג מתני'** [מ"ה] [א][ה]חצר גדולה היתה בירושלם ובית יעזק היתה נקראת ולשם כל העדים מתכנסין ובית דין בודקין אותן שם וסעודות גדולות היו עושין להן בשביל שיהו רגילין לבוא. [ו]בראשונה לא היו זזין [ט]משם כל היום. [ב]התקין רבן גמליאל הזקן שיהו מהלכין אלפיים אמה לכל רוח. [ז]ולא אלו [י]בלבד [ג]אלא אף חכמה הבאה ליילד והבא להציל [כ]מיד הדליקה מיד הגיים [ל]מיד הנהר מיד המפולת הרי אלו כאנשי העיר ויש להן אלפיים אמה לכל רוח: **גמ'** חצר גדולה היתה בירושלם בית יעזק היתה נקראת: מהו בית יעזק. ששם היו עוזקין את ההלכה כמה דאת אמר [א]ויעזקהו ויסקלהו וגו': בראשונה לא היו זזין משם כל היום. [מ]חזרו ועשו אותם ככלי שבא חוץ לתחום משחשיכה [ס]שמותר לטלטלו בתוך ארבע אמות. חזרו ועשו אותם [ט]ככלים ששבתו בחצר שמותר לטלטלן בחצר. עד שבא רבן גמליאל הזקן והתקין שיהו מהלכין אלפיים אמה לכל רוח. תני אף בא למול את הקטן כן. מתניתא דר' ליעזר דתנינן תמן [י]ועוד אמר ר' אליעזר כורתין עצים לעשות פיחמין [נ]לעשות ברזל: **הלכה ד מתני'** יב: [מ"ו] [ד][ס]כיצד בודקין את העדים. זוג שבא ראשון בודקין אותו ראשון. ומכניסין את הגדול שבהן ואומרים לו אמור [ע]כיצד ראיתה את הלבנה

פני משה

מתני' כיצד היו משיאין משואות. אף על פי שבימי רבי בטלו המשואות כדאמר בגמרא לעיל (ה"א - ע"א), מכל מקום מפרש כיצד היו עושין בשעה שהיו נוהגין בהן, ונפקא מינה שאם יתבטלו המינין שיחזרו למנהג שלהם: כלונסות. עצים ארוכים וגבוהים כדי שיראו מרחוק: וקנים ועצי שמן ונעורת של פשתן. שכל אלו מרבים שלהבת: ומוליך ומביא ומעלה ומוריד. בתכיפה אחת ולא יפסיק ביניהן, שלא יטעו בכוכב כדקאמר בגמרא: מהר משחה. זהו הר הזיתים שהוא נגד ירושלים במזרחה עד שרואין שעושין כן בהר סרטבא ומסרטבא וכו': עד שהוא רואה כל הגולה. זהו בבל: כמדורת האש. שכל אחד ואחד נוטל אבוקה ומעלהו לראש גגו: **גמ'** מהו עצי שמן דדנין. כך שמו, וזהו לבש המוזכר בריש במה מדליקין (שבת כ:) כדקאמר שם: כהדין מקזנה. כמו מגזזה, כגוזז הזה שגוזז הגמר מעט לאורך ומעט לרוחב בתכיפה אחת, כך מעלה ומוריד מיד אחר שמוליך ומביא מבלי הפסק וכן בכל פעם ופעם, וכדמפרש ר' זעירא דלא יהוון סברין דהוא כוכב הנראה באויר רקיע וכדר' יוסה דקאמר חמינן כוכב אחד סליק ונחית וחמינן לכוכב אחר דאזיל ואתי, ואם יפסיק בין הולכה והובאה לבין עליה וירידה יש לטעות שמא זה הוא הכוכב דאזיל ואתי וזה הוא הכוכב דסליק ונחית, ולפיכך היה עושה הכל בתכיפה אחת זה אחר זה שעכשיו אין לטעות דאין כוכב אחד עושה הכל: תני. בתוספתא פ"ק (הט"ו) אף בהרי מכוור וגדר היו עושין משואות: כד סלקינא להכא. מבבל לארץ ישראל ועלינו לראש בית בלתין וראינו לדקלים של בבל: כאילין חגייא. כאלו הקולים והקנים קטנים כל כך הוא גבוה ההר הזה שהדבר הגבוה כמו הדקל נראה מעליו למרחוק קטן הרבה, ולפיכך מהר בית בלתין לא היו זזין ממנו עד וכו': **מתני'** חצר גדולה היתה בירושלים ובית יעזק היתה נקראת. לישנא דקרא ויעזקהו ויסקלהו וכדאמר בגמרא ששם היו עוזקין את ההלכה שהיו בוררין לההלכה ומעמידים אותה על בוריו, כדרך שנאמר ויעזקהו מנקהו מן האבנים והפסולת ומסקל אותן החוצה כדי שיהא הכרם יפה ומתוקן: **גמ'** מהו בית יעזק וכו'. כדפרישית במתני': **מתני'** בראשונה לא היו זזין משם כל היום. העדים שבאו בשבת להעיד מחוץ לתחום: **גמ'** בראשונה לא היו זזין משם כל היום. ממקומן ואפילו באותה חצר: (בכלים) [ככלים] שבאו מחוץ לתחום משחשיכה. בלילי שבת: ככלים ששבתו בחצר שמותר לטלטלן בחצר. כולו: תני. בהדא ברייתא אף בא למול את הקטן מחוץ לתחום יש לו גם כן אלפים אמה לכל רוח, וכדמסיק ואזיל דהך ברייתא דר' אליעזר היא דאמר בפרק המילה (שבת פי"ט מ"א) כורתין עצים וכו' ולעשות כלי ברזל, דסבירא ליה מכשירי מילה דוחין את השבת כמילה עצמה, והלכך משכחת לה שיהא בא לכתחלה מחוץ לתחום ומביא כלי ברזל בידו למול את הקטן. או שאין כאן אחר למול כי אם זה:

קרבן העדה

שאם אומר את. ואם נאמר להשיא משואות בין על חדש שנראה בזמנו בליל ל"א ועל חדש מעובר בליל ל"ב, ביום טוב שחל להיות ערב שבת שאף על החסר צריכין להשיא בליל ל"ב וסברי שמעובר הוא: שמא נמלכו בית דין לעברו. לאו דוקא אלא שמא עיברו בית דין, והוא הדין בכל החדשים שחלו להיות בערב שבת איכא הך חששא: **מתני'** כלונסאות. עצים ארוכים וגבוהים כדי שיראו למרחוק: וקנים ועצי שמן ונעורת של פשתן. כל אלו מרבים שלהבת: מהר המשחה. הר הזתים, שהוא נגד ירושלים במזרחה: כל הגולה. בני בבל: כמדורת אש. שכל אחד ואחד נוטל אבוקה ועולה לראש גגו: **גמ'** דדנין. מין עץ, ובלע"ז קורין לו דני"ן: מקזנה. נמי מין עץ הוא אלא שבמקומו לא היו מצויין דדנין: [דלא יהוון סברין]. שלא יטעו ויאמרו כוכב הוא, לכך מעלה ומוריד ותו ליכא למטעי: אמר ר' יוסה. לזה לא מהני מוליך ומביא דהא חזינן כוכב שעולה ויורד וחזינן כוכב שהולך ובא וא"כ עדיין איכא למטעי בכוכב*: בהרי מכוור וגדור. היו משיאין משואות: כד סלקינן וכו'. כשהיינו עולין לראש בית בלתין והיינו רואין דקלים שבבבל כבהמות, מלשון אסרו חג בעבותים (תהלים קיח כז). אי נמי כקולים, מלשון חגים ינקופו (ישעיהו כט א): **מתני'** לא היו זזים כל היום. העדים שיצאו חוץ לתחומן בשבת ובאו להעיד, שהיוצא חוץ לתחום אין לו אלא ד' אמות: **גמ'** היו עוזקין את ההלכה. היו מבררין את ההלכה שלא יהא בה שום פקפוק: לא היו זזין משם כל היום. ממקום שבאו שם עמדו ואפילו ד' אמות לא נתנו להם: שמותר לטלטלן בחצר. ואף להן התירו שילכו בכל החצר של בית יעזק: תני אף המוהל שבא מחוץ לתחום למול את הקטן הדין כן שיהיה לו אלפיים אמה לכל רוח: מתניתא ברייתא זו שמשמע מינה שמותר למוהל לילך חוץ לתחום למול אתיא כר' אליעזר דאמר אף מכשירי מילה דוחין את השבת: דתנינן תמן. שבת פרק ר' אליעזר דמילה:

מסורת הש"ס

א) ר"ה כב: ב) [שבת פ"ב ה"א כעין זה] ג) [עי' ר"ה כב: תוד"ה מוליך] ד) תוספתא פ"א הט"ו [בשינוי] ה) ר"ה כג: ו) [עירובין מה.] ז) [שבת פי"ח ה"ג] ח) [תוספתא שבת פי"ח ה"ח ועי"ש מנחת ילחק] ט) [שבת פי"ט ה"א, עירובין פ"ו ה"ח, ופ"ט ה"א, עירובין לא., ושם ע"ב, תוספתא עירובין פ"ה הי"ח] י) [שבת פי"ט מ"א] שבת קל. [יבמות יד. וחולין קטז. בשינוי, ילקו"ש תזריע תקמז, אמור תרמג] כ) ראש השנה כג: [ילקו"ש אמור תרמג] ל) [פסיקתא דר"כ ה, פסיקתא רבתי טו, ילקו"ש בא קלא]

שינויי נוסחאות

א] **וכורך.** גירסת הרמב"ם בפיה"מ **וכורכן:**
ב] **מעלה.** במשניות ובבבלי (כב:) **ומעלה:**
ג] **ומניין.** כ"ה גם בגירסת הרמב"ם בפיה"מ. במשניות ובבבלי (שם) **ומאין:**
ד] **לגריפינא ומגריפינא.** במשניות ובבלי (שם) **לגרופינא ומגרופינא.** בגירסת הרמב"ם בפיה"מ **לאגרופינה ומאגרופינה:**
ה] **זזו.** במשניות ובבבלי (שם) **זזו משם.** בגירסת הרמב"ם בפיה"מ ליתא:
ו] **שהוא.** כ"ה גם בגירסת הרמב"ם בפיה"מ. במשניות ובבבלי (שם) **שהיה:**
ז] **דדנין.** בש"ג **דדנון:**
ח] **מכוור.** עטרות ודיבון ויעזר ונמרה (במדבר לב ג), תרגם יונתן מכללתא ומדבשתא מכוור ובית נמרי:
ט] **משם.** כתב הרמב"ן בעירובין (מא:) "ומצאתי נוסחאות שכתוב בהם לא היו זזין **ממקומם**", עיי"ש:
י] **בלבד.** בעירובין (מה.) נוסף **אמרו:**
כ] **מיד וכו' מיד וכו' מיד.** במשניות ובבבלי (כג:) **מן וכו' ומן וכו' ומן:**
ל] **מיד הנהר.** בד"ק ובדפוסים נשמט:
מ] **חזרו ועשו.** כתב הרמב"ן (שם) "אבל נראה שהגירסא כך, בראשונה לא היו זזין משם כל היום **עשו** אותן ככלי וכו'":
נ] **לעשות.** כ"ה ברוב המקומות שנזכרה משנה זו. בד"ק ואחריו בדפוסים **ולעשות.** וכ"ה ברי"ף בשבת (נב. מדה"ר) וברע"ב (שם פי"ט מ"א):

גליון הש"ס

חזרו ועשו אותם ככלי שבא חוץ לתחום וכו'. עי' ברמב"ן בליקוטיו למס' עירובין דף מ"א (ע"ב):

שירי קרבן

אמר ר' יוסה חמינן וכו'. לפי מש"כ תוס' בבבלי דף כ"ב ע"ב בד"ה מוליך וכו' עיי"ש, צריך לומר דה"פ, אמר ר' יוסה לכך בעינן מוליך ומביא מעלה ומוריד, דחזינן כוכב אחד עולה ויורד וכוכב אחד מוליך ומביא, אבל שיהא כוכב אחד הולך ובא עולה ויורד לא מצינו ואיכא סימנא דמשואות הן:

תורה אור השלם

א) וַיְעַזְּקֵהוּ וַיְסַקְּלֵהוּ וַיִּטָּעֵהוּ שֹׂרֵק וַיִּבֶן מִגְדָּל בְּתוֹכוֹ וְגַם יֶקֶב חָצֵב בּוֹ וַיְקַו לַעֲשׂוֹת עֲנָבִים וַיַּעַשׂ בְּאֻשִׁים: (ישעיה ה ב)

The Gemara concludes its reasoning:

שֶׁאִם אוֹמֵר אַתְּ מַשִּׂיאִין בֵּין עַל הֶחֳדָשִׁים הַמְיוּשָּׁבִין בִּזְמַנָּן – **Now, if you will say that we light** torches **both for months that are established in their** proper **time** (on the thirtieth day) **בֵּין עַל הֶחֳדָשִׁים הַמְעוּבָּרִין שֶׁאֵינָן מְיוּשָּׁבִין בִּזְמַנָּן** – **as well as for months** whose Rosh Chodesh is **extended** an extra day, **which are not established in their** proper **time** (but rather a day later, on the thirty-first day),[1] then a problem will arise in the case of our discussion. **אִם אוֹמֵר אַתְּ כֵּן** – For **if you say that it is so** that the torches are lit after Rosh Chodesh even when Rosh Chodesh is sanctified on the thirty-first day, **אַף הֵן סְבוּרִין** – then in the case where Rosh Hashanah was sanctified on the thirtieth day of Elul that falls on Friday, so that the lighting of the torches must be delayed until the night after the thirty-first day (as explained above), there would **in fact** be a possibility that **those** who see the torches on that night **may** mistakenly **think: שֶׁמָּא נִמְלְכוּ בֵּית דִּין לְעַבְּרוֹ** – **"Perhaps** the torches are being lit on this night because **the court decided to extend [the beginning of the month]** to the thirty-first day, so that Rosh Hashanah was actually on the Sabbath!" **וְהֵן מִתְקַלְקְלִין** – **[The people] would thus err** in their observance of the holidays, for in reality, the month of Tishrei began on Friday, and the lighting of the torches was merely *postponed* until the night following the Sabbath (since the lighting could not be done on Friday night).[2] To prevent such confusion from occurring, the rule was set that the torches are lit only when Rosh Chodesh is sanctified on the thirtieth day, and never when Rosh Chodesh is sanctified on the thirty-first day.[3]

Halachah 2

Mishnah The Mishnah now describes in great detail how the torches were originally used to notify distant places about the sanctification of the new month:

כֵּיצַד הָיוּ מַשִּׂיאִין מַשּׂוּאוֹת – **How did they light** the **torches?** **מְבִיאִין כְּלוּנְסוֹת שֶׁל אֶרֶז אֲרוּכִּין** – **They would bring long poles of cedarwood,**[4] **וְקָנִים וַעֲצֵי שֶׁמֶן וּנְעוֹרֶת שֶׁל פִּשְׁתָּן** – **and reeds, oil-wood,**[5] **and flax combings.**[6] **וְכוֹרֵךְ בִּמְשִׁיחָה** – **And one would bundle** them around the top of the pole **with a string, וְעוֹלֶה לְרֹאשׁ הָהָר** – **go up to the top of the mountain, וּמַצִּית בָּהֶן אֶת הָאוּר** – **and set fire to them. וּמוֹלִיךְ וּמֵבִיא מַעֲלֶה וּמוֹרִיד** – **And he would wave** the torch **back and forth** and **up and down, עַד שֶׁהוּא רוֹאֶה אֶת חֲבֵירוֹ שֶׁהוּא עוֹשֶׂה כֵּן בְּרֹאשׁ הָהָר הַשֵּׁנִי** – **until he sees his counterpart doing the same on the top of the second mountain; וְכֵן בְּרֹאשׁ הָהָר הַשְּׁלִישִׁי** – **and so** too, **at the top of the third mountain,** and so on, all along the relay. **וּמִנַּיִין הָיוּ מַשִּׂיאִין מַשּׂוּאוֹת** – **And from which** vantage **points would they light** the **torches?** [I.e. which mountaintops were the points in the relay?] **מֵהַר הַמִּשְׁחָה לְסַרְטְבָא** – **From the Mount of Olives**[7] they would shine torches **to Sartava,**[8] **וּמִסַּרְטְבָא לִגְרִיפִינָא** – **and from Sartava to Grifina, וּמִגְּרִיפִינָא לְחַוְורָן** – **and from Grifina to Chavran, וּמֵחַוְורָן לְבֵית בַּלְתִּין** – **and from Chavran to Beis Baltin. וּמִבֵּית בַּלְתִּין לֹא זָזוּ** – **And** when signaling **from Beis Baltin, they would not move** from there; **אֶלָּא מוֹלִיךְ וּמֵבִיא מַעֲלֶה וּמוֹרִיד** – **rather, [the signaler] would wave** the torch **back and forth** and **up and down עַד שֶׁהוּא רוֹאֶה כָּל הַגּוֹלָה לְפָנָיו כִּמְדוּרַת הָאֵשׁ** – **until he saw the entire** Babylonian **Diaspora**[9] illuminated **before him like a bonfire.**[10]

NOTES

1. I.e. if you will say that the torches are lit on the night that follows *every* Rosh Chodesh, whether it was sanctified on the 30th day or on the 31st day (*Korban HaEidah*).

2. When the 30th day of Elul falls on Friday, and torches are seen on the night following the Sabbath, it could mean one of two things (if we assume that torches are lit on the night that follows Rosh Chodesh regardless of when it was sanctified): Either that Rosh Hashanah was sanctified on Friday, but the lighting of the torches had to be deferred until the night following the Sabbath since it could not be done on Friday night; or that Rosh Hashanah was in fact sanctified on the Sabbath (the 31st day), and the torches are now being lit on the night after Rosh Chodesh, as usual. Since the people of the Diaspora have no way of knowing which of these possibilities is correct, they might assume that Rosh Hashanah was sanctified on the Sabbath, when in truth it was sanctified on Friday. This would lead them to observe the holidays of Yom Kippur and Succos a day late (see *Bavli* 22b-23a and *Pnei Moshe* to our Mishnah).

3. Once we have made a rule that torches are lit only for a Rosh Chodesh that is sanctified on the 30th day, there is no possibility of confusion in the case under discussion. For when the torches are seen on the night following the Sabbath, everyone will know that it means that the new month was declared on Friday [day 30] (*Rashi* 23a ד״ה אתו למיטעי). [Had Rosh Hashanah been delayed until the Sabbath (day 31), no torches would have been lit at all.]

Note that although the Gemara has focused on the example of *Rosh Hashanah* that was sanctified on the 30th day and which falls on Friday, the issue raised here would in fact apply when *any* Rosh Chodesh is sanctified on the 30th day and falls on Friday (*Korban HaEidah;* see *Bavli* ibid.). For as explained earlier (14a note 34), the Rabbis made a general rule that the lighting of the torches should take place on the night following Rosh Chodesh. Therefore, whenever any Rosh Chodesh is sanctified on a Friday, the lighting of the torches must be postponed until the night after the Sabbath.

[For additional elaboration of the present topic, see *Bavli* 23a.]

4. The poles were long, so that their flaming tops would be seen from afar (*Korban HaEidah,* from *Rashi* 22b), and of cedar, a hardwood that is not consumed quickly, so that they would burn for a long time (*Tiferes Yisrael* §9).

5. The Gemara will identify this.

6. These materials enlarge the flame (ibid.).

7. Literally: Mount of Oil.

8. They began at the Mount of Olives, which is right outside Jerusalem to the east; from there they signaled to Mount Sartava (*Korban HaEidah,* from *Rashi* and *Rav*).

9. *Bavli* (23b) explains that "the entire Diaspora" here refers specifically to the city of Pumbedisa [which was sometimes referred to as "the Diaspora" because it contained the main Jewish settlement in Babylonia (*Rashi* to *Sanhedrin* 32b ד״ה לגולה)]. The Mishnah cannot be referring to the *entire* Babylonian Diaspora, as it would be impossible for the signaler to see the entire Babylonian Diaspora from Beis Baltin (*Aruch LaNer* to *Bavli* 23b).

10. *Bavli* (ibid.) explains that "the entire Diaspora" [i.e. Pumbedisa] was illuminated like a bonfire because all the Pumbedisans, upon seeing the torch being waved on top of Beis Baltin, would go up to their roofs and wave flaming torches, thus making the entire city appear like a mass of fire to those watching from afar at the top of Beis Baltin.

The Pumbedisans would then proceed to inform all the people throughout Babylonia [via messengers (*Teshuvos Bnei Tziyon* Vol. I, §15:6)] that Rosh Chodesh had been declared (*Rashi* 22b).

שאם אומר את משיאין בין על החדשים המיושבין בזמנן בין על החדשים המעוברין שאינן מיושבין בזמנן אם אומר את כן אף הן סבורין שמא נמלכו בית דין לעברו והן מתקלקלין: **הלכה ב מתני'** [מ"ג] [א]כיצד היו משיאין משואות. מביאין כלונסות של ארז ארוכין וקנים ועצי שמן ונעורת של פשתן [א]וכורך במשיחה ועולה לראש ההר ומצית בהן את האור ומוליך ומביא [ב]מעלה ומוריד עד שהוא רואה את חבירו שהוא עושה כן בראש ההר השני וכן בראש ההר השלישי: [מ"ד] [ג]ומניין היו משיאין משואות. מהר המשחה לסרטבא ומסרטבא [ד]לגריפינא ומגריפינא לחוורן ומחוורן לבית בלתין ומבית בלתין לא [ה]זזו אלא מוליך ומביא מעלה ומוריד עד [ו]שהוא רואה כל הגולה לפניו כמדורת האש: **גמ'** מהו עצי שמן. [ז][ה]דדנין. אמר ר' יונה כהדין מקזנה: אמר ר' זעירא [ו]דלא יהוון סברין דהוא כוכב. אמר ר' יוסה חמינן כוכב סלק ונחית חמינן כוכב אזיל ואתי: תני [ז]בהרי [ח]מכוור וגדור. אמר ר' חונה כד סלקינן להכא סלקינן לראש בית בלתין והוינן חמיין דקלייא דבבל כאילין חגייא: **הלכה ג מתני'** [מ"ה] [א][ח]חצר גדולה היתה בירושלם ובית יעזק היתה נקראת ולשם כל העדים מתכנסין ובית דין בודקין אותן שם וסעודות גדולות היו עושין להן בשביל שיהו רגילין לבוא. [ט]בראשונה לא היו זזין [ט]משם כל היום. [ב]התקין רבן גמליאל הזקן שיהו מהלכין אלפיים אמה לכל רוח. [י]ולא אלו [י]בלבד [ג]אלא אף חכמה הבאה ליילד והבא להציל [כ]מיד הדליקה מיד הגיים [ל]מיד הנהר מיד המפולת הרי אלו כאנשי העיר ויש להן אלפיים אמה לכל רוח: **גמ'** חצר גדולה היתה בירושלם בית יעזק היתה נקראת: מהו בית יעזק. ששם היו עוזקין את ההלכה כמה דאת אמר [א]ויעזקהו ויסקלהו וגו': בראשונה לא היו זזין משם כל היום. [מ]חזרו ועשו אותם ככלי שבא חוץ לתחום משחשיכה [כ]שמותר לטלטלו בתוך ארבע אמות. חזרו ועשו אותם [ט]ככלים ששבתו בחצר שמותר לטלטלן בחצר. עד שבא רבן גמליאל הזקן והתקין שיהו מהלכין אלפיים אמה לכל רוח. תני אף בא למול את הקטן כן. מתניתא דר' ליעזר דתנינן תמן [ל]ועוד אמר ר' אליעזר כורתין עצים לעשות פיחמין [נ]לעשות ברזל: **הלכה ד מתני'** [מ"ו] [ד][ס]כיצד בודקין את העדים. זוג שבא ראשון בודקין אותו ראשון. ומכניסין את הגדול שבהן ואומרים לו אמור [ע]כיצד ראית את הלבנה

פני משה

מתני' כיצד היו משיאין משואות. אף על פי שבימי רבי בטלו המשואות כדאמר בגמרא לעיל (ה"א - ע"א), מכל מקום מפרש כילד היו עושין בשעה שהיו נוהגין בהן, ונפקא מינה שאם יתבטלו המינין שיחזרו למנהג שלהם: **כלונסות.** עצים ארוכים וגבוהים כדי שיראו מרחוק: **וקנים ועצי שמן ונעורת של פשתן.** שכל אלו מרבים שלהבת: **ומוליך ומביא ומעלה ומוריד.** בתכיפה אחת ולא יפסיק ביניהן, שלא יטעו בכוכב כדקאמר בגמרא: **מהר משחה.** זהו הר הזיתים שהוא נגד ירושלים במזרחה עד שרואין שעושין כן בהר סרטבא ומסרטבא וכו': **עד שהוא רואה כל הגולה.** זהו בבל: **כמדורת האש.** שכל אחד ואחד נוטל אבוקה ומעלהו לראש גגו: **גמ'** מהו עצי שמן דדנין. כך שמו, וזהו לכש המוזכר בריש במה מדליקין (שבת כ:) כדקאמר שם: **כהדין מקזנה.** כמו מגזיה, כגוזז הזה שגוזז הצמר מעט לאורך ומעט לרוחב בתכיפה אחת, כך מעלה ומוריד מיד אחר שמוליך ומביא מבלי הפסק וכן בכל פעם ופעם, וכדמפרש ר' זעירא דלא יהוון סברין דהוא כוכב הנראה באויר רקיע וכדר' יוסה דקאמר חמינן כוכב אחד סליק ונחית וחמינן לכוכב אחר דאזיל ואתי, ואם יפסיק בין הולכה והובאה לבין עליה וירידה יש לטעות שמא זה הוא הכוכב דאזיל ואתי וזה הוא הכוכב דסליק ונחית, ולפיכך היה עושה הכל בתכיפה אחת זה אחר זה שעכשיו אין לטעות דאין כוכב אחד עושה הכל: **תני.** בתוספתא פ"ק (הט"ו) אף בהרי מכוור וגדר היו עושין משואות: **כד סלקינא להכא.** מבבל לארץ ישראל ועלינו לראש בית בלתין וראינו לדקלים של בבל: **כאילין חגייא.** כאלו הקולים והקנים קטנים כל כך הוא גבוה ההר הזה שהדבר הגבוה כמו הדקל נראה מעליו למרחוק קטן הרבה, ולפיכך מהר בית בלתין לא היו זזין ממנו עד וכו': **מתני'** חצר גדולה היתה בירושלים ובית יעזק היתה נקראת. לישנא דקרא ויעזקהו ויסקלהו וכדאמר בגמרא ששם היו עוזקין את ההלכה שהיו בוררין להלכה ומעמידים אותה על בוריו, כדרך שנאמר ויעזקהו מנקהו מן האבנים והפסולת ומסקל אותן החולה כדי שיהא הכרם יפה ומתוקן: **גמ'** מהו בית יעזק וכו'. כדפרישית במתני': **מתני'** בראשונה לא היו זזין משם כל היום. העדים שבאו בשבת להעיד מחוץ לתחום: **גמ'** בראשונה לא היו זזין משם כל היום. ממקומן ואפילו באותה חצר: (בכלים) [ככלים] שבאו מחוץ לתחום משחשיכה. בלילי שבת: **ככלים** ששבתו בחצר שמותר לטלטלן בחצר. כולו: **תני.** בתחלת ברייתא אף בא למול את הקטן מחוץ לתחום יש לו גם כן אלפים אמה לכל רוח, וכדמסיק ואזיל דהך ברייתא דר' אליעזר היא דאמר בפרק המילה (שבת פי"ט מ"א) כורתין עצים וכו' ולעשות כלי ברזל, דסבירא ליה מכשירי מילה דוחין את השבת כמילה עצמה, והלכך משכחת לה שזה בא לכתחלה מחוץ לתחום ומביא כלי ברזל בידו למול את הקטן. או שאין כאן אחר למול כי אם זה:

קרבן העדה

שאם אומר את. ואם נאמר להשיא משואות בין על חדש שנראה בזמנו בליל ל"א ועל חדש מעובר בליל ל"ב, ביום טוב שחל להיות ערב שבת שאף על החסר צריכין להשיא בליל ל"ב וסברי שמעובר הוא: **שמא נמלכו בית דין לעברו.** לאו דוקא אלא שמא עיברו בית דין, והוא הדין בכל החדשים שחלו להיות בערב שבת איכא הך חששא: **מתני' כלונסאות.** עצים ארוכים וגבוהים כדי שיראו למרחוק: **וקנים ועצי שמן ונעורת של פשתן.** כל אלו מרבים שלהבת: **מהר המשחה.** הר הזתים, שהוא נגד ירושלים במזרחה: **כל הגולה.** בני בבל: **כמדורת אש.** שכל אחד ואחד נוטל אבוקה ועולה לראש גגו: **גמ' דדנין.** מין עץ, ובלע"ז קורין לו דני"ן: **מקזנה.** נמי מין עץ הוא אלא שבמקומו לא היו מצויין דדנין: **[דלא יהוון סברין].** שלא יטעו ויאמרו כוכב הוא, לכך מעלה ומוריד ותו ליכא למטעי: **אמר ר' יוסה.** לזה לא מהני מוליך ומביא דהא חזינן כוכב שעולה ויורד וחזינן כוכב שהולך ובא וא"כ עדיין איכא למטעי בכוכב*: **בהרי מכוור וגדור.** היו משיאין משואות: **כד סלקינן וכו'.** כשהיינו עולין לראש בית בלתין והיינו רואין דקלים שבבבל כבהמות, מלשון אסרו חג בעבותים (תהלים קיח כז). אי נמי כקולים, מלשון חגים ינקופו (ישעיהו כט א): **מתני' לא** היו זזים כל היום. העדים שילאו חוץ לתחומן בשבת ובאו להעיד, שהיוצא חוץ לתחום אין לו אלא ד' אמות: **גמ' היו עוזקין את** ההלכה. היו מבררין את ההלכה שלא יהא בה שום פקפוק: **לא** היו זזין משם כל היום. ממקום שבאו שם עמדו ואפילו ד' אמות לא נתנו להם: **שמותר לטלטלן** בחצר. ואף להן התירו שילכו בכל החצר של בית יעזק: **תני אף** המוהל שבא מחוץ לתחום למול את הקטן הדין כן שיהיה לו אלפיים אמה לכל רוח: **מתניתא** ברייתא זו שמשמע מינה שמותר למוהל לילך חוץ לתחום למול אתיא כר' אליעזר דאמר אף מכשירי מילה דוחין את השבת: **דתנינן תמן.** שבת פרק ר' אליעזר דמילה:

עין משפט

א מיי' פ"ב מהלכות קידוש החודש הלכה ז:
ב ג מיי' פכ"ז מהלכות שבת הלכה טו יז [סמ"ג לאוין סה] טוש"ע או"ח סימן תז סעיף א וסעיף ג:
ד מיי' פ"ב מהלכות קידוש החודש הלכה ז:

שינויי נוסחאות

א] **וכורך.** גירסת הרמב"ם בפיה"מ **וכורכן:**
ב] **מעלה.** במשניות ובבבלי (כב:) **ומעלה:**
ג] **ומניין.** כ"ה גם גירסת הרמב"ם בפיה"מ. במשניות ובבבלי (שם) **ומאין:**
ד] **לגריפינא ומגריפינא.** במשניות ובבבלי (שם) **לגרופינא ומגרופינא.** בגירסת הרמב"ם בפיה"מ **לאגרופינה ומאגרופינה:**
ה] **זזו.** במשניות ובבבלי (שם) זזו **משם.** בגירסת הרמב"ם בפיה"מ ליתא:
ו] **שהוא.** כ"ה גם בגירסת הרמב"ם בפיה"מ. במשניות ובבבלי (שם) **שהיה:**
ז] **דדנין.** בש"ג **דדנון:**
ח] **מכוור.** עטרות ודיבון ויעזר ונמרה (במדבר לב ג), תרגם יונתן מכללתא ומדבשתא מכוור ובית נמרי:
ט] **משם.** כתב הרמב"ן בעירובין (מא:) "ומצאתי נוסחאות שכתוב בהם לא היו זזין **ממקומם**", עיי"ש:
י] **בלבד.** בעירובין (מה.) נוסף **אמרו:**
כ] **מיד וכו' מיד וכו' מיד.** במשניות ובבבלי (כג:) **מן וכו' ומן וכו' ומן:**
ל] **מיד הנהר.** בד"ק ובדפוסים נשמט:
מ] **חזרו ועשו.** כתב הרמב"ן (שם) "אבל נראה שהגירסא כך, בראשונה לא היו זזין משם כל **היום עשו** אותן ככלי וכו'":
נ] **לעשות.** כ"ה ברוב המקומות שנזכרה משנה זו. בד"ק ואחריו בדפוסים **ולעשות.** וכ"ה בריי"ף בשבת (נב. מדה"ר) וברע"ב (שם פי"ט מ"א):

תורה אור השלם

א) וַיְעַזְּקֵהוּ וַיְסַקְּלֵהוּ וַיִּטָּעֵהוּ שֹׂרֵק וַיִּבֶן מִגְדָּל בְּתוֹכוֹ וְגַם יֶקֶב חָצֵב בּוֹ וַיְקַו לַעֲשׂוֹת עֲנָבִים וַיַּעַשׂ בְּאֻשִׁים: (ישעיה ה ב)

מסורת הש"ס

א) ר"ה כב: ב) [שבת פ"ב ה"א כעין זה] ג) [עי' ר"ה כב: תוד"ה מוליך] ד) תוספתא פ"א הט"ו [בשינוי] ה) ר"ה כג: ו) [עירובין מה.] ז) [שבת פי"ח ה"ג] ח) [תוספתא שבת פי"ח ה"ח ועי"ש מנחת ילחק] ט) [שבת פי"ט ה"א, עירובין פ"ו ה"ח, ופ"ט ה"א, עירובין לא, וסס ע"ב, תוספתא עירובין פ"ה הי"ח] י) [שבת פי"ט מ"א] שבת קל. [יבמות יד. וחולין קטז. בשינוי, ילקו"ש תזריע תקמז, אמור תרמג] כ) ראש השנה כג: [ילקו"ש אמור תרמג] ל) [פסיקתא דר"כ ה, פסיקתא רבתי טו, ילקו"ש בא קלא]

גליון הש"ס

חזרו ועשו אותם ככלי שבא חוץ לתחום וכו'. עי' ברמב"ן בליקוטיו למס' עירובין דף מ"א (ע"ב):

שירי קרבן

אמר ר' יוסה חמינן וכו'. לפי מש"כ תוס' בבבלי דף כ"ב ע"ב בד"ה מוליך וכו' עיי"ש, צריך לומר דה"פ, אמר ר' יוסה לכך בעינן מוליך ומביא מעלה ומוריד, דחזינן כוכב אחד עולה ויורד וכוכב אחד מוליך ומביא, אבל שיהא כוכב אחד הולך ובא עולה ויורד לא מצינו וליכא סימנא דמשואות הן:

מעתה על ניסן לא יקבלינון על שאר ירחיא יקבלינון. אמר ר' יוסי בר' בון עיקר קלקלתהון מן אדר הוות. מעתה כד היא דכוותהון יקבלינון אין לית הוא דכוותהון לא יקבלינון. זו מפני זו. [א]מעשה ששכרו בייתוסין שני עידי שקר להעיד על החודש שנתקדש ובא אחד והעיד עדותו והלך לו ובא אחר ואמר עולה הייתי במעלה אדומים וראיתיו רבוץ בין שני סלעים ראשו דומה לעגל אזניו דומות לגדי וראיתיו ונבהלתי ונרתעתי לאחוריי והרי מאתים זוז קשורים באפונדתי. אמרו לו הרי מאתים זוז נתונין לך במתנה א] ושלוחיך יבאו וילקו אתה למה הכנסתה עצמך ב] למספק. אמר להן ראיתי אותם מבקשין להטעות את חכמים אמרתי מוטב שאלך אני ג] ונודיע לחכמים: ומה קילקול הוה תמן. דהוון אילין מסבין יום דין ואילין מסבין למחר והיו סבורין שנמלכו בית דין לעברו והן מתקלקלין. מי ביטל את המשואות. רבי ביטל את המשואות. והתיר רוצח. והתיר עד מפי עד. [א]והתיר שיהו יוצאין עליו מבערב בחזקת שנתקדש. אמר ר' אבהו אף על גב דאמר את בטלו את המשואות לא בטלו מים טיבריה. ר' זעירא בעא קומי ר' אבהו אילין דחמיין צפת מהו דיסבון. אמר ליה רבי ביטל את המשואות צפת למה מסבה אלא בגין מודעא דאינון ידעין: [ב]אין משיאין לילי זמנו אלא לילי עיבורו. לילי זמנו אין משיאין מפני יום טוב אבל משיאין לילי עיבורו.
יב. אין משיאין אלא על החדשים המיושבין בזמנן מפני יום טוב שחל להיות בערב שבת. לילי זמנו אין משיאין מפני יום טוב. לילי עיבורו אין משיאין מפני כבוד שבת.

קרבן העדה

ופריך מעתה על ניסן לא יקבלו. אלא מן המכירין, ועל שאר החדשים יקבלו מכל אדם: עיקר קלקלתהון. כבר התחילו באדר להקדימו שיהא יום ל' של שבט ביום ג', וידעו שלא יעשו בית דין שנים או שלשה חסרים בהדי הדדי: ופריך מעתה. אם הוא שהעדים מעידין שיהיה עצרת באחד בשבת לא יאמינו אלא למכירין, ואם לאו יקבלו מכל אדם: ומשני זו גזרו מפני זו. והתקינו שלא יקבלו שום עדות החדש אלא מן המכירין: באפונדתי. אזור חלול שנותנין בו המעות: נתונין לך במתנה. ואף על פי שלא השלמת התנאי לשוכרך, דיש רשות לבית דין לקנוס ממון ולעשותו הפקר: למספק. לטורח לילך בשליחות כזה: מה קלקול. קלקלו הכותיים: דהוון אילין וכו'. שהיו הבית דין משיאין משואות בליל עיבורו שהוא ליל ל"א לסימן שנתקדש בזמנו, והכותיים היו משיאין בליל ל"ב וסברו אלו שבגולה שנמלכו בית דין לעבר לכך השיאו שנית להודיע להם ועשאו יום הכיפורים בי"א בתשרי, וכהאי גוונא קלקלו כל המועדות: מסבין. לוקחין משואות: והתיר רוצח. בלא עדים לעדות החדש*: והתיר. פעם אחת עד מפי עד לעדות החדש: והתיר שיהו יוצאין. השלוחים בליל שלשים לאחר שבאו עדים, אף על פי שלא נתקדש עדיין ולא שמעו מפי בית דין מקודש, כיון שלמחר בודאי יקדשו: לא בטלו מים טבריה. אותן שיושבין על ים טבריה, שלא היו כותיים דרים שם: אילין דחמיין. אותן שרואין עיר צפת מהו שיהיו משיאין: אמר ליה רבי ביטל את המשואות. מפני הכותיים, צפת למה תהא משיאה משואות: אלא בגין מודעא וכו'. בשביל הידיעה שהן יודעין שהיו קרובין למקום הועד, מפני השמחה היה דרכיהן של אנשי צפת לעשות משואות, ולא להודיע לשאר בני אדם: אין משיאין. לחדש חסר: לילי זמנו. היינו ליל ל' שהוא זמן שמקדשים החדש החסר: לילי עיבורו. היינו ליל ל"א: מפני יום טוב. של ראש השנה דאסור לישא משואות אבל בזמן עיבורו כבר עבר יום טוב, ואין משיאין אלא על החדש שנראה בזמנו: אלא על החדשים המיושבין בזמנן. היינו החדשים החסרים: מפני יום טוב שחל להיות בערב שבת. והוא חסר, שאי אפשר להשיא משואות עד ליל ל"ב:

פני משה

מעתה על חדש [ניסן] לא יקבלינון. אלא מן המכירין דהדבר תלוי מחשבון העומר שהוא בט"ז בניסן, אבל על שאר ירחייא יקבלינון מהכל שאין לחוש לחשבון המינין: עיקר קלקלתהון מן חדש אדר הוות. שבאותו חדש עשו זה כהאי מעשה דלקמן וסבורין היו שעל ידי חדש אדר יעשו הניסן של אחריו לפי חשבונם ויהא עצרת לאחר השבת: מעתה כד היא כוותהון יקבלינון. שהרי הבית דין הגדול המקבלין עדות החדש יודעין הן לחשוב אם האמת הוא כך שנראית הירח בזמן שמעידין שראו, ואם האמת הוא כך יקבלינון מהכל ואפילו אינן מכירין אותם, ואם הם רואים שאין הדבר כמותם אל יקבלינון: ומשני זו מפני זו. שאם אתה אומר כך סוף סוף שיכול לבוא לידי טעות והתקינו על זו ואף שהאמת הוא כך שלא יקבלו מסתם בני אדם מפני זו שלפעמים שקר הוא, והלכך לא פלוג רבנן: מעשה ששכרו וכו'. תוספתא (פ"א הי"ד) שם: ומה קילקול הוה תמן. גבי משואות: דהוון אילין מסבין יום דין וכו'. שהיו אלו שעושין על פי בית דין נוטלין ועושין המשואות יום זה ואלו הכותים נוטלין למחר ועושין והיו סבורין העם שנמלכו בית דין לעברו ועל ידי כך הן מתקלקלין: מי ביטל את המשואות. באיזה דור אירע הקלקול שמתוך כך בטלו: רבי ביטל וכו' והתיר רוצח. להיות שליח: והתיר עד מפי עד. לומר שקידשו בית דין את החדש כדי שיהו יוצאין השלוחין להודיע, והתיר גם כן שיהו שלוחין יוצאין עליו מבערב בחזקת שנתקדש, כגון שנראה בעליל בכ"ט סמוך לחשיכה או בתחלת הלילה דבחזקת שיקדשו למחר את החדש, ואינן צריכין להמתין עד שישמעו למחר מפי הבית דין מקודש, ואף בניסן ובתשרי דאמרינן בפרק דלעיל דאין יוצאין עד שישמעו מפי בית דין מקודש, התיר רבי לפי הוראת שעה כדי שימהרו הליכתן: לא ביטלו מים טיבריה. מקום האחרון שהוא בית בלתין הנזכר במתני' במתניתן דלקמן, הוא סמוך לים טבריה והוא ים כנרת ושם לא ביטלו שהוא היותר קרוב לגולה: אילין דחמיין צפת. שהוא להלן מן טבריה מהו שיהו הן נוטלין להשיא משואות. אמר ליה אם רבי ביטל את המשואות אם כן צפת למה יטלו שם ומאי שנא דשאלית על צפת: אלא בגין מודעה דאינון ידעין. כלומר וכי בשביל להודיע שהן יודעין שנתקדש החדש, הלא מכל מקום היו שלוחין יוצאין לאחר שביטלו המשואות: אין משיאין לילי זמנו אלא ליל עיבורו. ובתוספתא (פ"א הט"ז) שם מאימתי משיאין על החדש לאור עיבורו, והיינו הך שמשיאין ביום שלשים לערב שהיא אור עיבורו והיינו של יום ל"א ואין משיאין בכ"ט לערב שהוא לילי זמנו יום שלשים: לילי זמנו אין משיאין מפני יום טוב. בחדש אלול שהוא חסר, ואם כן יום שלשים ראש השנה ואי אפשר להשיא בלילי יום טוב, ולפיכך לא נהגו בכל ראש חדש להשיא בליל זמנו אלא בלילי עיבורו שהוא מוצאי יום טוב להודיע שלא עיברו את אלול, וכן בכל החדשים: המיושבין בזמנן. שהוקבעו ביום שלשים מפני יום טוב וכו', כלומר משום חדש חסר שחל להיות בערב שבת ויום טוב של ראש השנה הוא בערב שבת וזהו בזמן שהיו מקדשין על פי הראיה דאפשר דמיקלע כן, וא"כ בלילי זמנו אי אפשר שהוא יום טוב כדלעיל, וכן בלילי עיבורו שהוא מוצאי יום טוב אי אפשר מפני כבוד השבת, שאם אתה אומר וכו', כלומר דהשתא לא היו יכולין להשיא אלא במוצאי שבת שהוא ביום שלשים ואחד לערב, ואם אתה אומר שמשיאין בין אחסר ובין אמלא אם אתה אומר כן אתי למיטעי שיהו סבורין שמא נמלכו בית דין לעברו לאלול ונמצא שהן מתקלקלין ולפיכך עבדינן אחסר לעולם ולא אמלא והשתא ליכא למיחש למידי וכדפרישית במתני':

מסורת הש"ס

א) [ר"ה כב:, תוספתא פ"א הי"ד] ב) ר"ה כב: [פסחים ב:, תוספתא ר"ה פ"א הט"ו, תוספתא מגילה פ"ג ה"ח]

שירי קרבן

והתיר רוצח וכו'. בקונטרס פירשתי דקאי אעדות החדש. ועוד י"ל דה"פ, אם העיד בעדות אשה ואמר הרגתיו שנאמן כדתנן פ"ב דיבמות (כה.), וה"ה עד מפי עד נמי בעדות אשה קאמר. אך הו"ל למקרייה בי"ד שריא, דהא כל בי"ד שהתיר שלשה דברים נקראים בית דין שריא כדאמרינן בשבת דף ו' ע"ב (פ"א ה"ד). ועוד הא ר' עקיבא ורבן גמליאל הן התירו עד מפי עד כדתנן סוף פרק בתרא דיבמות (קכב.), אבל אי אמרינן דקאי אעדות החדש ניחא: אילין דחמיין צפת וכו'. פי' בגליון (פירוש הקצר) אלו שרואין כמין מנורה, כמו צפה הצפית (ישעיהו כא ה), מהו שיקחו אותם לעדים, והשיב היינו משואות, וזה אומרו רבי ביטל המשואות א"כ צפת למה ליקח, ע"כ. ואינו מחוור כלל:

עין משפט

א מיי' פ"ג מהלכות קידוש החודש הלכה י':

שינויי נוסחאות

א] ושלוחיך. בש"ג ושלוחיך:
ב] למספק. בתוספתא (פ"א הי"ד) נוסף הזה:
ג] ונודיע. בתוספתא (שם) ואודיע:

מראה הפנים

והתיר רוצח. על כרחך דלענין שליחות קאמר דרבי ביטל משואות והתקין שיהו שלוחין יוצאין והתיר ג"כ רוצח לכך שאינו אלא גלוי מלתא בעלמא ולמדו מכאן דבכה"ג שאינו אלא גילוי מלתא בעלמא אף פסולי עדות מדאורייתא נאמנים כן:

The Gemara explains why this is so:

לֵילֵי זְמַנּוֹ אֵין מַשִּׂיאִין — On **the night of its** proper **time** (the night preceding the thirtieth day) **we do not light** the torches מִפְּנֵי יוֹם טוֹב — **because** in the case of the month of Tishrei, that night (the night preceding the thirtieth of Elul) coincides with **the holiday** of Rosh Hashanah, when lighting the torches would be forbidden.[33] אֲבָל מַשִּׂיאִין לֵילֵי עִיבּוּרוֹ — **Rather, we light** the torches **on the night of its extension** (the night preceding the thirty-first day), thereby avoiding any conflict with the holiday of Rosh Hashanah.[34]

The Baraisa continues:

אֵין מַשִּׂיאִין אֶלָּא עַל הֶחֳדָשִׁים הַמְּיוּשָּׁבִין בִּזְמַנָּן — WE DO NOT LIGHT the torches to publicize the sanctification of Rosh Chodesh EXCEPT FOR MONTHS THAT ARE ESTABLISHED IN THEIR proper TIME, meaning that they begin on the thirtieth day of the outgoing month.[35] However, for months that are *not* established in their proper time, but rather begin a day later (on the thirty-first day), we do not light torches at all.[36]

The Gemara proceeds to explain why the torches are not lit when Rosh Chodesh occurs on the thirty-first day:

מִפְּנֵי יוֹם טוֹב שֶׁחָל לִהְיוֹת בְּעֶרֶב שַׁבָּת — This rule is **due to** the confusion that might otherwise ensue **when the holiday** of Rosh Hashanah is established on the thirtieth day of Elul and **falls on a Friday.**[37] For in this situation, the lighting of the torches cannot take place until after the Sabbath, on the night following the thirty-first day: לֵילֵי זְמַנּוֹ אֵין מַשִּׂיאִין — On **the night of its** proper **time** (i.e. on Thursday night, the eve of the thirtieth day) **they could not light** the torches מִפְּנֵי יוֹם טוֹב — **because** this night coincides with **the holiday** of Rosh Hashanah;[38] לֵילֵי עִיבּוּרוֹ אֵין מַשִּׂיאִין — and on **the night of its extension** (i.e. on Friday night, the eve of the thirty-first day) **they** likewise **could not light** the torches מִפְּנֵי כְּבוֹד שַׁבָּת — **due to the honor of the Sabbath.**[39] Rather, the lighting of the torches to publicize that the month of Tishrei began on Friday needs to be postponed until the night following the Sabbath (i.e. the night preceding the *thirty-second* day).[40]

NOTES

refers to that day as the "extension" of Rosh Chodesh because of its *potential* to serve as Rosh Chodesh in different circumstances.]

[The torches could not be lit on the 30th day itself (during the daytime), for only in darkness are the torches visible at a distance (see *Rashi* to *Pesachim* 2b ד״ה אלמא).]

33. When the new moon of Tishrei is sighted "in its proper time" on the eve of the 30th day of Elul, this indicates that the month of Elul will be a "deficient" one of 29 days, and that the 30th day will be sanctified as Rosh Hashanah (the first day of Tishrei). Since the 30th day actually begins at nightfall following the 29th day, it emerges that the night in which the new moon is sighted must be considered the beginning of Rosh Hashanah! [The sanctification of a day as Rosh Chodesh is effective retroactively to the beginning of the previous night (see above, 12b note 20, at the end of Chapter 1).] The Rabbis therefore could not establish that the torches be lit on the same night that the moon is sighted, for in the case of the month of Tishrei, this would involve a desecration of Yom Tov (*Korban HaEidah; Beur of R' Chaim Kanievski,* first approach).

[For discussion about why the lighting of the torches would constitute a desecration of Yom Tov, see *Turei Even* to *Bavli* 23a סוף ד״ה משום; *Gilyonei HaShas* ירושלמי מועד כרך ד׳ §122; *Shekel HaKodesh, Beur HaHalachah* to *Hil. Kiddush HaChodesh* 3:8; cf. *Aruch LaNer* to *Bavli* ibid. ד״ה בגמרא.]

34. In other words, the Rabbis established that when Rosh Chodesh is sanctified on the 30th day, the torches are lit on the night *after* Rosh Chodesh, to indicate that the new month began on that day. This practice is suitable even for the month of Tishrei, as the torches will not be lit until the night that *follows* Rosh Hashanah (*Korban HaEidah, Pnei Moshe*). Because the lighting of the torches in the beginning of Tishrei can be done only on the night following the 30th day of Elul, the rule was set that this pattern should be followed the entire year. Thus, when the Rosh Chodesh of *any* month is sanctified "in its proper time" on the 30th day, the torches are lit on the following night (*Pnei Moshe*).

[It is difficult to understand the Gemara's need for this reason to explain why the torches are lit on the night that follows the 30th day. Seemingly, there is a much more basic consideration that precludes lighting the torches on the night preceding the 30th day: Even if the new moon is visible on that night, and qualified witnesses who have sighted it are present, the court will not actually sanctify Rosh Chodesh until the 30th day itself (as the sanctification cannot be performed at night — see *Bavli Sanhedrin* 11b). Thus, on the previous night, Rosh Chodesh will not yet have been declared. Since there is still a possibility that the court will fail to sanctify the 30th day as Rosh Chodesh (for whatever reason), surely the torches could not be lit on the eve of the 30th day to announce the new month! (*Masa DiYerushalayim*).

Or Same'ach (*Hil. Kiddush HaChodesh* 2:9) answers that there indeed exists a case in which Rosh Chodesh can already be sanctified by the time the night preceding the 30th day begins; namely, when the new moon is sighted by the judges of the *Beis Din* themselves at the very end of the 29th day. In that instance, the *Beis Din* is able (before nightfall) to sanctify the 30th day as Rosh Chodesh even though it has not yet arrived. That very night, then, will *already* be established as Rosh Chodesh, and one could therefore think that the torches should be lit on that night to publicize the sanctification of Rosh Chodesh. The Gemara therefore informs us that even in this case, the lighting of the torches is postponed until the night *following* the 30th day, for otherwise there could arise a conflict with the holiday of Rosh Hashanah.]

35. This occurs when the new moon is sighted on the night preceding the 30th day. Rosh Chodesh is then declared on the 30th day, and the outgoing month is thus a "deficient" one of 29 days. The Baraisa teaches that only in such cases are the torches lit [on the following night, as we have learned above] to publicize that Rosh Chodesh has been declared (*Korban HaEidah, Pnei Moshe*).

36. When the new moon is not sighted until *after* the 30th day, so that the outgoing month is "full" and Rosh Chodesh will not be sanctified until the 31st day, the torches are not lit at any time to publicize the sanctification of Rosh Chodesh. Rather, the absence of the torches signifies to the people that the 30th day was *not* declared Rosh Chodesh, and that the new month therefore began on the 31st day.

37. [When the day of Rosh Chodesh was determined by the court (through testimony of witnesses who had sighted the new moon), it was indeed possible for Rosh Hashanah to fall on Friday. However, in the fixed calendar presently in use, Rosh Hashanah never begins on a Friday (*Pnei Moshe;* see *Tur, Orach Chaim* §428; see also *Yefei Einayim* to *Bavli* 22b ד״ה גזרה).]

38. As the Gemara explained earlier; see note 33.

39. Normally, when Rosh Chodesh is declared on the 30th day of the month, the torches are lit on the night that follows (i.e. on the night preceding the 31st day); see note 32 above. In this case, however, where the first day of the month is on a Friday, the torches cannot be lit that evening (on Friday night), because of the Sabbath restrictions.

40. *Korban HaEidah, Pnei Moshe.*

מעתה על ניסן לא יקבלינון על שאר ירחיא יקבלינון. אמר ר' יוסי בר' בון עיקר קלקלתהון מן אדר הוות. מעתה כד היא דכוותהון יקבלינון אין לית הוא דכוותהון לא יקבלינון. זו מפני זו. [ס]מעשה ששכרו בייתוסין שני עידי שקר להעיד על החודש שנתקדש ובא אחד והעיד עדותו והלך לו ובא אחר ואמר עולה הייתי במעלה אדומים וראיתיו רבוץ בין שני סלעים ראשו דומה לעגל אזניו דומות לגדי וראיתיו ונבהלתי ונרתעתי לאחוריי והרי מאתים זוז קשורים באפונדתי. אמרו לו הרי מאתים זוז נתונין לך במתנה [א]ושלוחיך יבאו וילקו אתה למה הכנסתה עצמך [ב]למספק. אמר להן ראיתי אותם מבקשין להטעות את חכמים אמרתי מוטב שאלך אני [ג]ונודיע לחכמים: ומה קילקול הוה תמן. דהוון אילין מסבין יום דין ואילין מסבין למחר והיו סבורין שנמלכו בית דין לעברו והן מתקלקלין. מי ביטל את המשואות. רבי ביטל את המשואות. והתיר רוצח. והתיר עד מפי עד. [א]והתיר שיהו יוצאין עליו מבערב בחזקת שנתקדש. אמר ר' אבהו אף על גב דאמר את בטלו את המשואות לא בטלו מים טיבריה. ר' זעירא בעא קומי ר' אבהו אילין דחמיין צפת מהו דיסבון. אמר ליה רבי ביטל את המשואות צפת למה מסבה אלא בגין מודעא דאינון ידעין: [ב]אין משיאין לילי זמנו אלא לילי עיבורו. לילי זמנו אין משיאין מפני יום טוב אבל משיאין לילי עיבורו.
יב. אין משיאין אלא על החדשים [ס]המיושבין בזמנן מפני יום טוב שחל להיות בערב שבת. לילי זמנו אין משיאין מפני יום טוב. לילי עיבורו אין משיאין מפני כבוד שבת.

קרבן העדה

ופריך מעתה על ניסן לא יקבלו. אלא מן המכירין, ועל שאר החדשים יקבלו מכל אדם: עיקר קלקלתהון. כבר התחילו באדר להקדימו שיהא יום ל' של שבט ביום ג', וידעו שלא יעשו בית דין שנים או שלשה חסרים בהדי הדדי: ופריך מעתה. אם הוא שהעדים מעידין שיהיה עצרת באחד בשבת לא יאמינו אלא למכירין, ואם לאו יקבלו מכל אדם: ומשני זו גזרו מפני זו. והתקינו שלא יקבלו שום עדות החדש אלא מן המכירין: באפונדתי. אזור חלול שנותנין בו המעות: נתונין לך במתנה. ואף על פי שלא השלמת התנאי לשוכרך, דיש רשות לבית דין לקנוס ממון ולעשותו הפקר: למספק. לטורח ליכך בשליחות כזה: מה קלקול. קלקלו הכותיים: דהוון אילין וכו'. שהיו הבית דין משיאין משואות בליל עיבורו שהוא ליל ל"א לסימן שנתקדש בזמנו, והכותיים היו משיאין בליל ל"ב וסברו אלו שבגולה שנמלכו בית דין לעבר לכך השיאו שנית להודיע להם ועשאו יום הכיפורים בי"א בתשרי, וכהאי גוונא קלקלו כל המועדות: מסבין. לוקחין משואות: והתיר רוצח. בלא עדים לעדות החדש*: והתיר. פעם אחת עד מפי עד לעדות החדש: והתיר שיהו יוצאין. השלוחים בליל שלשים לאחר שבאו עדים, אף על פי שלא נתקדש עדיין ולא שמעו מפי בית דין מקודש, כיון שלמחר בודאי יקדשו: לא בטלו מים טבריה. אותן שיושבין על ים טבריה, שלא היו כותיים דרים שם: אילין דחמיין. אותן שרואין עיר צפת מהו שיהיו משיאין: אמר ליה רבי ביטל את המשואות. מפני הכותיים, צפת למה תהא משיאה משואות: אלא בגין מודעא וכו'. בשביל הידיעה שהן יודעין שהיו קרובין למקום הועד, מפני השמחה היה דרכיהן של אנשי צפת לעשות משואות, ולא להודיע לשאר בני אדם: אין משיאין. לחדש חסר: לילי זמנו. היינו ליל ל' שהוא זמן שמקדשים החדש החסר: לילי עיבורו. היינו ליל ל"א: מפני יום טוב. של ראש השנה דאסור לישא משואות אבל בזמן עיבורו כבר עבר יום טוב, ואין משיאין אלא על החדש שנראה בזמנו: אלא על החדשים המיושבין בזמנן. היינו החדשים החסרים: מפני יום טוב שחל להיות בערב שבת. והוא חסר, שאי אפשר להשיא משואות עד ליל ל"ב:

פני משה

מעתה על חדש [ניסן] לא יקבלינון. אלא מן המכירין דהדבר תלוי מחשבון העומר שהוא בט"ז בניסן, אבל על שאר ירחייא יקבלינון מהכל שאין לחוש לחשבון המינין: עיקר קלקלתהון מן חדש אדר הוות. שבאותו חדש עשו זה כהאי מעשה דלקמן וסבורין היו שעל ידי חדש אדר יעשו הניסן של אחריו לפי חשבונם ויהא עצרת לאחר השבת: מעתה כד היא כוותהון יקבלינון. שהרי הבית דין הגדול המקבלין עדות החדש יודעין הן לחשוב אם האמת הוא כך שנראית הירח בזמן שמעידין שראו, ואם האמת הוא כך יקבלינון מהכל ואפילו אינן מכירין אותם, ואם הם רואים שאין הדבר כמותם אל יקבלינון: ומשני זו מפני זו. שאם אתה אומר כך סוף סוף שיכול לבוא לידי טעות והתקינו על זו ואף שהאמת הוא כך שלא יקבלו מסתם בני אדם מפני זו שלפעמים שקר הוא, והלכך לא פלוג רבנן: מעשה ששכרו וכו'. תוספתא (פ"א הי"ד) שם: ומה קילקול הוה תמן. גבי משואות: דהוון אילין מסבין יום דין וכו'. שהיו אלו שעושין על פי בית דין נוטלין ועושין המשואות יום זה ואלו הכותים נוטלין למחר ועושין והיו סבורין העם שנמלכו בית דין לעברו ועל ידי כך הן מתקלקלין: מי ביטל את המשואות. באיזה דור אירע הקלקול שמתוך כך בטלו: רבי ביטל וכו' והתיר רוצח. להיות שליח: והתיר עד מפי עד. לומר שקידשו בית דין את החדש כדי שיהו יוצאין השלוחין להודיע, והתיר גם כן שיהו שלוחין יוצאין עליו מבערב בחזקת שנתקדש, כגון שנראה בעליל בכ"ט סמוך לחשיכה או בתחלת הלילה דבחזקת שיקדשו למחר את החדש, ואינן צריכין להמתין עד שישמעו למחר מפי הבית דין מקודש, ואף בניסן ובתשרי דאמרינן בפרק דלעיל דאין יוצאין עד שישמעו מפי בית דין מקודש, התיר רבי לפי הוראת שעה כדי שימהרו הליכתן: לא ביטלו מים טיבריה. מקום האחרון שהוא בית בלתין הנזכר במתני' במתניתן דלקמן, הוא סמוך לים טבריה והוא ים כנרת ושם לא ביטלו שהוא היותר קרוב לגולה: אילין דחמיין צפת. שהוא להלן מן טבריה מהו שיהו הן נוטלין להשיא משואות. אמר ליה אם רבי ביטל את המשואות אם כן צפת למה יטלו שם ומאי שנא דשאלית על צפת: אלא בגין מודעה דאינון ידעין. כלומר וכי בשביל להודיע שהן יודעין שנתקדש החדש, הלא מכל מקום היו שלוחין יוצאין לאחר שביטלו המשואות: אין משיאין לילי זמנו אלא ליל עיבורו. ובתוספתא (פ"א הט"ז) שם מאימתי משיאין על החדש לאור עיבורו, והיינו הך שמשיאין ביום שלשים לערב שהיא אור עיבורו והיינו של יום ל"א ואין משיאין בכ"ט לערב שהוא לילי זמנו יום שלשים: לילי זמנו אין משיאין מפני יום טוב. בחדש אלול שהוא חסר, ואם כן יום שלשים ראש השנה ואי אפשר להשיא בלילי יום טוב, ולפיכך לא נהגו בכל ראש חדש להשיא בליל זמנו אלא בלילי עיבורו שהוא מוצאי יום טוב להודיע שלא עיברו את אלול, וכן בכל החדשים: המיושבין בזמנן. שהוקבעו ביום שלשים מפני יום טוב וכו', כלומר משום חדש חסר שחל להיות בערב שבת ויום טוב של ראש השנה הוא בערב שבת וזהו בזמן שהיו מקדשין על פי הראיה דאפשר דמיקלע כן, ואם כן בלילי זמנו אי אפשר שהוא יום טוב כדלעיל, וכן בלילי עיבורו שהוא מוצאי יום טוב אי אפשר מפני כבוד השבת, שאם אתה אומר וכו', כלומר דהשתא לא היו יכולין להשיא אלא במוצאי שבת שהוא ביום שלשים ואחד לערב, ואם אתה אומר שמשיאין בין אחסר ובין אמלא אם אתה אומר כן אתי למיטעי שיהו סבורין שמא נמלכו בית דין לעברו לאלול ונמצא שהן מתקלקלין ולפיכך עבדינן אחסר לעולם ולא אמלא והשתא ליכא למיחש למידי וכדפרישית במתני':

מסורת הש"ס

א) [ר"ה כב:, תוספתא פ"א הי"ד] ב) ר"ה כב: [פסחים ב:, תוספתא ר"ה פ"א הט"ז, תוספתא מגילה פ"ג ה"ח]

שירי קרבן

והתיר רוצח וכו'. בקונטרס פירשתי דקאי אעדות החדש. ועוד י"ל דה"פ, אם העיד בעדות אשה ואמר הרגתיו שנאמן כדתנן פ"ב דיבמות (כה.), וה"ה עד מפי עד נמי בעדות אשה קאמר. אך הו"ל למקרייה בי"ד שריא, דהא כל בי"ד שהתיר שלשה דברים נקראים בית דין שריא כדאמרינן בשבת דף ו' ע"ב (פ"א ה"ד). ועוד הא ר' עקיבא ורבן גמליאל הן התירו עד מפי עד כדתנן סוף פרק בתרא דיבמות (קכב.), אבל אי אמרינן דקאי אעדות החדש ניחא: אילין דחמיין צפת וכו'. פי' בגליון (פירוש הקצר) אלו שרואין כמין מנורה, כמו לפה הצפית (ישעיהו כא ה), מהו שיקחו אותם לעדים, והשיב היינו משואות, וזה אומרו רבי ביטל המשואות א"כ צפת למה ליקח, ע"כ. ואינו מחוור כלל:

עין משפט

א מיי' פ"ג מהלכות קידוש החודש הלכה י':

שינויי נוסחאות

א] ושלוחיך. בש"ג ושולחיך:
ב] למספק. בתוספתא (פ"א הי"ד) נוסף הזה:
ג] ונודיע. בתוספתא (שם) ואודיע:

מראה הפנים

והתיר רוצח. על כרחך דלענין שליחות קאמר דרבי ביטל משואות והתקין שיהו שלוחין יוצאין והתיר ג"כ רוצח לכך שאינו אלא גלוי מלתא בעלמא ולמדנו מכאן דבכה"ג שאינו אלא גילוי מלתא בעלמא אף פסולי עדות מדאורייתא נאמנים הן:

of these messengers,[22] וְהִתִּיר עֵד מִפִּי עֵד – **and he** also **allowed a witness** who repeats testimony **from the mouth of** another **witness** to serve as a messenger.[23] וְהִתִּיר שֶׁיְּהוּ יוֹצְאִין עָלָיו מִבָּעֶרֶב – **And** at a time when the new moon was clearly visible on the eve of the thirtieth day of the month, **he allowed for [messengers] to go forth that** very **night** to spread the word **about [the new month]**, even though the court had not yet actually declared Rosh Chodesh, בְּחֶזְקַת שֶׁנִּתְקַדֵּשׁ – **on the assumption that [Rosh Chodesh] will** indeed **have been sanctified** by the court during the course of the thirtieth day.[24]

The Gemara returns to the subject of the cancellation of the torch relays:

אָמַר רַבִּי אַבָּהוּ – **R' Abahu said:** אַף עַל גַּב דְּאָמַר אַתְּ בִּטְלוּ אֶת הַמַּשּׂוּאוֹת – **Even though you say that [the Sages] canceled the** method of using a relay of **torches** to signal that Rosh Chodesh had been declared, לֹא בָּטְלוּ מִיַּם טִיבֶרְיָה – the truth is that **they did *not* cancel** the use of torches **from** the area adjacent to **the Sea of Tiberias** and beyond,[25] for the Cutheans did not reside there.[26]

The Gemara presents an inquiry:

רַבִּי זְעֵירָא בָּעָא קוֹמֵי רַבִּי אַבָּהוּ – **R' Z'eira inquired before R' Abahu:** אִילֵּין דְּחָמְיִין צִפַּת מַהוּ דִּיסַבּוּן – **Those** communities of the Diaspora **who see** the torches that were lit in **Tzefas, do they** in turn **take** their own torches and light them for others to see?[27]

R' Abahu responds:

אָמַר לֵיהּ – **He said to [R' Z'eira]:** רַבִּי בִּיטֵּל אֶת הַמַּשּׂוּאוֹת – But **Rebbi** already **canceled the** method of using **torches,**[28] and instead, messengers are sent to inform the people about Rosh Chodesh! צִפַּת לָמָּה מְסַבָּה – **Why,** then, **do** the residents of **Tzefas take** torches and signal with them? Evidently it is not to spread the word about when Rosh Chodesh was declared, אֶלָּא בְּגִין מוֹדְעָא דְּאִינּוּן יָדְעִין – but **rather, in order to inform** the court in Tiberias that the messengers have arrived and delivered their message, and **that [the residents of Tzefas]** therefore now **know** on which day Rosh Chodesh was sanctified. Accordingly, there is no reason at all for those who see the torches in Tzefas to go ahead and light their own torches.[29]

The Gemara cites a Baraisa[30] that provides some details about the process of lighting torches to announce the sanctification of Rosh Chodesh:

אֵין מַשִּׂיאִין לֵילֵי זְמַנּוֹ – WE DO NOT LIGHT the torches to publicize Rosh Chodesh on THE NIGHT OF ITS proper TIME, i.e. on the night preceding the thirtieth day of the outgoing month;[31] אֶלָּא לֵילֵי עִיבּוּרוֹ – RATHER, the torches are lit on THE NIGHT OF ITS EXTENSION, i.e. on the night preceding the *thirty-first* day of the outgoing month.[32]

NOTES

22. [Even though a murderer is normally disqualified from serving as a witness (*Rambam, Hil. Eidus* 10:1-2),] Rebbi allowed a murderer to be sent as a messenger to testify that the court had sanctified the new month, because even such a person is not suspected to lie about a matter that will eventually become known (*Beur of R' Chaim Kanievski;* see *Rambam, Hil. Kiddush HaChodesh* 3:14 with *Shekel HaKodesh* §91; see also *Pnei Moshe* and *Mareh HaPanim;* cf. *Korban HaEidah*).

23. [As a rule, secondhand testimony is inadmissible; witnesses are generally required to have personally seen the event about which they are testifying, not merely to have heard about it from others (see *Bavli, Shabbos* 145a-b and *Sanhedrin* 37a-b). Nevertheless, with regard to the matter at hand] Rebbi ruled that a messenger need not have been present when *Beis Din* sanctified the new month. As long as the messenger heard about it from someone who was there, his testimony will be accepted (*Pnei Moshe;* see also *Ritva* 22b ד״ה ואסיקנא, and *Mazkeres Yerushalayim, Peirush HaAruch;* cf. *Korban HaEidah*).

24. As soon as it was evident that the court would be proclaiming Rosh Chodesh on the 30th day of the month, the messengers would depart. Thus, if the new moon was sighted clearly at the end of the 29th day or during that night, the messengers did not wait until the court actually proclaimed Rosh Chodesh the following day; rather, they departed that very night, being quite certain that the sanctification of the new month would take place on the morrow (*Pnei Moshe;* see *Korban HaEidah* and *Beur of R' Chaim Kanievski*).

Now, we have learned earlier (in 10b note 17, based on *Bavli's* interpretation of Mishnah 1:5) that for the months of Nissan and Tishrei, the messengers were not permitted to depart until Rosh Chodesh was actually proclaimed by the court. [Since the exact days on which the Biblical festivals will be observed depends on when these two months begin, the messengers had to be absolutely sure that the court would not decide to wait another day before declaring Rosh Chodesh.] Rebbi, however, made a temporary exception to this rule. In order to expedite matters, Rebbi allowed the messengers to depart even for Nissan and Tishrei as soon as it became obvious that Rosh Chodesh would be proclaimed the next day (*Pnei Moshe*).

25. When the Great Sanhedrin was located in Tiberias (one of the cities in which it convened after the Destruction of the Second Temple; see above, 13b note 32), and sanctification of the new month took place there, the original practice of lighting torches was reinstated on the eastern side of the city, near the Sea of Kinneres (*Beur of R' Chaim Kanievski*). The people of the Diaspora were thereby notified as to when Rosh Chodesh had been declared (*Mazkeres Yerushalayim*).

26. [Interference by the Cutheans was what compelled the Sages to replace the torch-relay system with the sending of messengers. Accordingly, in the region starting from Tiberias' eastern side] near the Sea, where there were no Cutheans to worry about, the method of lighting torches was able to be employed (*Korban HaEidah, Beur of R' Chaim Kanievski;* cf. *Pnei Moshe*).

27. Even though the torch-relay method had been discontinued, it was nevertheless the custom in Tzefas to light torches after Rosh Chodesh was declared. R' Z'eira assumed that the residents of Tzefas did so in order to inform the people of the Diaspora as to when the new month had begun (i.e. for the same reason torches were still lit in the area near the Sea of Tiberias, as described above). He therefore inquired whether the residents of other cities who saw the light of these torches in Tzefas should likewise shine *their* torches [to propagate the information further] (*Beur of R' Chaim Kanievski;* see *Panim Me'iros;* see also *Korban HaEidah*).

28. [In all locations other than the region to the east of Tiberias.]

29. Our elucidation has followed *Beur of R' Chaim Kanievski;* see also *Korban HaEidah* and *Panim Me'iros.* For other interpretations of this passage, see *Pnei Moshe* and *Peirush HaKatzar* (cited, and disputed, by *Sheyarei Korban*).

30. See *Tosefta* 1:16.

31. As the Gemara will state below, the lighting of torches is done only when the new moon has been sighted on the night preceding the 30th day of the month, so that Rosh Chodesh is sanctified "in its proper time" on the 30th day. [See below, 15b, for the reason the night that begins the 30th day of the month is considered the "proper time" for sighting the new moon.] The Baraisa teaches here that the torches are *not* lit at that time (on the night preceding the 30th day), even though the new moon has already been sighted (*Korban HaEidah, Pnei Moshe, Beur of R' Chaim Kanievski;* for an alternative explanation, see *Beur of R' Chaim Kanievski,* second approach).

32. [The 31st day from the beginning of the previous month is referred to here as the "extension" of Rosh Chodesh, for the following reason: Practically speaking, the 30th day – beginning with the preceding night – must always be observed as Rosh Chodesh, since Rosh Chodesh might be declared on the 30th day (see *Rambam, Hil. Kiddush HaChodesh* 8:4 with *Shekel HaKodesh;* see also *Shibbolei HaLeket* §168, citing *Rashi*). In the event that Rosh Chodesh is not declared until day 31, an additional day must be observed as Rosh Chodesh. Thus, Rosh Chodesh will have been "extended" to the 31st day (see further below, 18b end of note 2).]

The Baraisa is informing us that when the court sanctifies the *thirtieth* day as Rosh Chodesh, the torches are lit on the night following that day; that is, on the night preceding the *thirty-first* of the outgoing month (*Korban HaEidah, Pnei Moshe*). [In this instance, the 31st day will actually be the second day of the new month. The Gemara nevertheless

מעתה על ניסן לא יקבלינון על שאר ירחיא יקבלינון. אמר ר' יוסי בר' בון עיקר קלקלתהון מן אדר הוות. מעתה כד היא דכוותהון יקבלינון אין לית הוא דכוותהון לא יקבלינון. זו מפני זו. [א]מעשה ששכרו בייתוסין שני עידי שקר להעיד על החודש שנתקדש ובא אחד והעיד עדותו והלך לו ובא אחר ואמר עולה הייתי במעלה אדומים וראיתיו רבוץ בין שני סלעים ראשו דומה לעגל אזניו דומות לגדי וראיתיו ונבהלתי ונרתעתי לאחוריי והרי מאתים זוז קשורים באפונדתי. אמרו לו הרי מאתים זוז נתונין לך במתנה [א]ושלוחיך יבאו וילקו אתה למה הכנסתה עצמך [ב]למספק. אמר להן ראיתי אותם מבקשין להטעות את חכמים אמרתי מוטב שאלך אני [ג]ונודיע לחכמים: ומה קילקול הוה תמן. דהוון אילין מסבין יום דין ואילין מסבין למחר והיו סבורין שנמלכו בית דין לעברו והן מתקלקלין. מי ביטל את המשואות. רבי ביטל את המשואות. והתיר רוצה. והתיר עד מפי עד. [א]והתיר שיהו יוצאין עליו מבערב בחזקת שנתקדש. אמר ר' אבהו אף על גב דאמר את בטלו את המשואות לא בטלו מים טיבריה. ר' זעירא בעא קומי ר' אבהו אילין דחמיין צפת מהו דיסבון. אמר ליה רבי ביטל את המשואות צפת למה מסבה אלא בגין מודעא דאינון ידעין: [ב]אין משיאין לילי זמנו אלא לילי עיבורו. לילי זמנו אין משיאין מפני יום טוב אבל משיאין לילי עיבורו. אין משיאין אלא על החדשים [ג]המיושבין בזמנן מפני יום טוב שחל להיות בערב שבת. לילי זמנו אין משיאין מפני יום טוב. לילי עיבורו אין משיאין מפני כבוד שבת. יב.

קרבן העדה

ופריך מעתה על ניסן לא יקבלו. אלא מן המכירין, ועל שאר החדשים יקבלו מכל אדם: עיקר קלקלתהון. כבר התחילו באדר להקדימו שיהא יום ל' של שבט ביום ג', וידעו שלא יעשו בית דין שנים או שלשה חסרים בהדי הדדי: ופריך מעתה. אם הוא שהעדים מעידין שיהיה עצרת באחד בשבת לא יאמינו אלא למכירין, ואם לאו יקבלו מכל אדם: ומשני זו גזרו מפני זו. והתקינו שלא יקבלו שום עדות החדש אלא מן המכירין: באפונדתי. אזור חלול שנותנין בו המעות: נתונין לך במתנה. ואף על פי שלא השלמת התנאי לשוכרך, דיש רשות לבית דין לקנוס ממון ולעשותו הפקר: למספק. לטורח לילך בשליחות כזה: מה קלקול. קלקלו הכותיים: דהוון אילין וכו'. שהיו הבית דין משיאין משואות בליל עיבורו שהוא ליל ל"א לסימן שנתקדש בזמנו, והכותיים היו משיאין בליל ל"ב וסברו אלו שבגולה שנמלכו בית דין לעבר לכך השיאו שנית להודיע להם ועשאו יום הכיפורים בי"א בתשרי, וכהאי גוונא קלקלו כל המועדות: מסבין. לוקחין משואות: והתיר רוצה. בלא עדים לעדות החדש*: והתיר. פעם אחת עד מפי עד לעדות החדש: והתיר שיהו יוצאין. השלוחים בליל שלשים לאחר שבאו עדים, אף על פי שלא נתקדש עדיין ולא שמעו מפי בית דין מקודש, כיון שלמחר בודאי יקדשו: לא בטלו מים טבריה. אותן שיושבין על ים טבריה, שלא היו כותיים דרים שם: אילין דחמיין. אותן שרואין עיר צפת מהו שיהיו משיאין: אמר ליה רבי ביטל את המשואות. מפני הכותיים, צפת למה תהא משיאה משואות: אלא בגין מודעא וכו'. בשביל הידיעה שהן יודעין שהיו קרובין למקום הועד, מפני השמחה היה דרכיהן של אנשי צפת לעשות משואות, ולא להודיע לשאר בני אדם: אין משיאין. לחדש חסר: לילי זמנו. היינו ליל ל' שהוא זמן שמקדשים החדש החסר: לילי עיבורו. היינו ליל ל"א: מפני יום טוב. של ראש השנה דאסור לישא משואות אבל בזמן עיבורו כבר עבר יום טוב, ואין משיאין אלא על החדש שנראה בזמנו: אלא על החדשים המיושבין בזמנן. היינו החדשים החסרים: מפני יום טוב שחל להיות בערב שבת. והוא חסר, שאי אפשר להשיא משואות עד ליל ל"ב:

פני משה

מעתה על חדש [ניסן] לא יקבלינון. אלא מן המכירין דהדבר תלוי מחשבון העומר שהוא בט"ז בניסן, אבל על שאר ירחייא יקבלינון מהכל שאין לחוש לחשבון המינין: עיקר קלקלתהון מן חדש אדר הוות. שבאותו חדש עשו זה כהאי מעשה דלקמן וסבורין היו שעל ידי חדש אדר יעשו הניסן של אחריו לפי חשבונם ויהא עצרת לאחר השבת: מעתה כד היא כוותהון יקבלינון. שהרי הבית דין הגדול המקבלין עדות החדש יודעין הן לחשוב אם האמת הוא כך שנראית הירח בזמן שמעידין שראו, ואם האמת הוא כך יקבלינון מהכל ואפילו אינן מכירין אותם, ואם הם רואים שאין הדבר כמותם אל יקבלינון: ומשני זו מפני זו. שאם אתה אומר כך סוף סוף שיכול לבוא לידי טעות והתקינו על זו ואף שהאמת הוא כך שלא יקבלו מסתם בני אדם מפני זו שלפעמים שקר הוא, והלכך לא פלוג רבנן: מעשה ששכרו וכו'. תוספתא (פ"א הי"ד) שם: ומה קילקול הוה תמן. גבי משואות: דהוון אילין מסבין יום דין וכו'. שהיו אלו שעושין על פי בית דין נוטלין ועושין המשואות יום זה ואלו הכותים נוטלין למחר ועושין והיו סבורין העם שנמלכו בית דין לעברו ועל ידי כך הן מתקלקלין: מי ביטל את המשואות. באיזה דור אירע הקלקול שמתוך כך בטלו: רבי ביטל וכו' והתיר רוצה. להיות שליח: והתיר עד מפי עד. לומר שקידשו בית דין את החדש כדי שיהו יוצאין השלוחין להודיע, והתיר גם כן שיהו שלוחין יוצאין עליו מבערב בחזקת שנתקדש, כגון שנראה בעליל בכ"ט סמוך לחשיכה או בתחלת הלילה דבחזקת שיקדשו למחר את החדש, ואינן צריכין להמתין עד שישמעו למחר מפי הבית דין מקודש, ואף בניסן ובתשרי דאמרינן בפרק דלעיל דאין יוצאין עד שישמעו מפי בית דין מקודש, התיר רבי לפי הוראת שעה כדי שימהרו הליכתן: לא ביטלו מים טיבריה. מקום האחרון שהוא בית בלתין הנזכר במתני' במתניתן דלקמן, הוא סמוך לים טבריה והוא ים כנרת ושם לא ביטלו שהוא היותר קרוב לגולה: אילין דחמיין צפת. שהוא להלן מן טבריה מהו שיהו הן נוטלין להשיא משואות. אמר ליה אם רבי ביטל את המשואות אם כן צפת למה יטלו שם ומאי שנא דשאלית על צפת: אלא בגין מודעה דאינון ידעין. כלומר וכי בשביל להודיע שהן יודעין שנתקדש החדש, הלא מכל מקום היו שלוחין יוצאין לאחר שביטלו המשואות: אין משיאין לילי זמנו אלא ליל עיבורו. ובתוספתא (פ"א הט"ז) שם מאימתי משיאין על החדש לאור עיבורו, והיינו הך שמשיאין ביום שלשים לערב שהיא אור עיבורו והיינו של יום ל"א ואין משיאין בכ"ט לערב שהוא לילי זמנו יום שלשים: לילי זמנו אין משיאין מפני יום טוב. בחדש אלול שהוא חסר, ואם כן יום שלשים ראש השנה ואי אפשר להשיא בלילי יום טוב, ולפיכך לא נהגו בכל ראש חדש להשיא בליל זמנו אלא בלילי עיבורו שהוא מוצאי יום טוב להודיע שלא עיברו את אלול, וכן בכל החדשים: המיושבין בזמנן. שהוקבעו ביום שלשים מפני יום טוב וכו', כלומר משום חדש חסר שחל להיות בערב שבת ויום טוב של ראש השנה הוא בערב שבת וזהו בזמן שהיו מקדשין על פי הראיה דאפשר דמיקלע כן, וא"כ בלילי זמנו אי אפשר שהוא יום טוב כדלעיל, וכן בלילי עיבורו שהוא מוצאי יום טוב אי אפשר מפני כבוד השבת, שאם אתה אומר וכו', כלומר דהשתא לא היו יכולין להשיא אלא במוצאי שבת שהוא ביום שלשים ואחד לערב, ואם אתה אומר שמשיאין בין אחסר ובין אמלא אם אתה אומר כן אתי למיטעי שיהו סבורין שמא נמלכו בית דין לעברו לאלול ונמצא שהן מתקלקלין ולפיכך עבדינן אחסר לעולם ולא אמלא והשתא ליכא למיחש למידי וכדפרישית במתני':

מסורת הש"ס

א) [ר"ה כב:, תוספתא פ"א הי"ד] ב) ר"ה כב: [פסחים ב:, תוספתא ר"ה פ"א הט"ז, תוספתא מגילה פ"ג ה"ח]

שירי קרבן

והתיר רוצה וכו'. בקונטרס פירשתי דקאי אעדות החדש. ועוד י"ל דה"פ, אם העיד בעדות אשה ואמר הרגתיו שנאמן כדתנן פ"ב דיבמות (כה.), וה"ה עד מפי עד נמי בעדות אשה קאמר. אך הו"ל למקרייה בי"ד שריא, דהא כל בי"ד שהתיר שלשה דברים נקראים בית דין שריא כדאמרינן בשבת דף ו' ע"ב (פ"א ה"ד). ועוד הא ר' עקיבא ורבן גמליאל הן התירו עד מפי עד כדתנן סוף פרק בתרא דיבמות (קכב.), אבל אי אמרינן דקאי אעדות החדש ניחא: אילין דחמיין צפת וכו'. פי' בגליון (פירוש הקצר) אלו שרואין כמין מנורה, כמו לפה הלפית (ישעיהו כח ה), מהו שיקחו אותם לעדים, והשיב היינו משואות, וזה אומרו רבי ביטל המשואות א"כ לפת למה ליקח, ע"כ. ואינו מחוור כלל:

עין משפט

א מיי' פ"ג מהלכות קידוש החודש הלכה י:

שינויי נוסחאות

א] ושלוחיך. בש"ג ושולחיך:
ב] למספק. בתוספתא (פ"א הי"ד) נוסף הזה:
ג] ונודיע. בתוספתא (שם) ואודיע:

מראה הפנים

והתיר רוצח. על כרחך דלענין שליחות קאמר דרבי ביטל משואות והתקין שיהו שלוחין יוצאין והתיר ג"כ רוצח לכך שאינו אלא גלוי מלתא בעלמא ולמדנו מכאן דבכה"ג שאינו אלא גילוי מלתא בעלמא אף פסולי עדות מדאורייתא נאמנים הן:

לַאֲחוֹרַיי — I SAW IT, AND I WAS SHOCKED, AND was so startled that I SPRANG BACKWARD. וַהֲרֵי מָאתַיִם זוּז קְשׁוּרִים בְּאַפּוּנְדָּתִי — AND if you do not believe me,[12] BEHOLD there are TWO HUNDRED *ZUZ* TIED UP INSIDE MY MONEY BELT, the payment that I was given to offer this testimony!" אָמְרוּ לוֹ — THEY SAID TO HIM: הֲרֵי מָאתַיִם זוּז נְתוּנִין לָךְ בְּמַתָּנָה — "The TWO HUNDRED *ZUZ* ARE HEREBY GIVEN TO YOU AS A PRESENT,[13] וּשְׁלוּחֶיךָ יָבֹאוּ וְיִלְקוּ — AND YOUR DISPATCHERS SHALL COME AND BE FLOGGED. אַתָּה לָמָּה הִכְנַסְתָּה עַצְמְךָ לְמִסְפֵּק — Now, tell us, WHY DID YOU INSERT YOURSELF INTO this TROUBLESOME AFFAIR to begin with?"[14] אָמַר לָהֶן — HE SAID TO THEM: רָאִיתִי אוֹתָם מְבַקְשִׁין לְהַטְעוֹת אֶת חֲכָמִים — "I SAW THAT [THE BOETHUSIANS] WERE SEEKING TO DECEIVE THE SAGES. אָמַרְתִּי — So I SAID to myself: מוּטָב שֶׁאֵלֵךְ אֲנִי וְנוֹדִיעַ לַחֲכָמִים — IT IS BETTER THAT I SHOULD GO as one of their witnesses AND INFORM THE SAGES about this plan, lest unscrupulous people come and deceive them."

As a result of this revelation, the Sages instituted that testimony about the new moon should be accepted only from those who are known to be trustworthy and loyal Jews.[15]

The Mishnah stated that the Sages discontinued the torch-relay system that was used to communicate when Rosh Chodesh had been declared, on account of the Cutheans' disruption. The Gemara elaborates:

וּמַה קִילְקוּל הֲוָה תַּמָּן — And what disruption was perpetrated there by the Cutheans? דַּהֲווֹן אִילֵּין מַסִּבִין יוֹם דֵּין — For after the court had sanctified the thirtieth day of a month as the new month's Rosh Chodesh, those people who were loyal to the court would take their torches and signal with them on that day (i.e. during the night following the thirtieth day), in order to indicate that the outgoing month was a deficient one of twenty-nine days, and Rosh Chodesh had already been declared on the thirtieth day;[16] וְאִילֵּין מַסִּבִין לְמָחָר — but then those Cutheans would take their torches and signal with them on the next day, i.e. during the night following the *thirty-first* day of the outgoing month. וְהָיוּ סְבוּרִין שֶׁנִּמְלְכוּ בֵּית דִּין לְעַבְּרוֹ — And when the people in the Diaspora saw these torches, they mistakenly thought that the court had reconsidered its original decision to sanctify the thirtieth day as Rosh Chodesh, and had instead decided to make [the outgoing month] a full one of thirty days, with Rosh Chodesh being postponed until the thirty-first day.[17] וְהֵן מִתְקַלְקְלִין — Consequently, [the people] erred in their observance of the holidays.[18]

Seeing that the system of torch relays could no longer be relied upon, the Sages were compelled to change the procedure, and instituted that messengers be sent to personally inform the people when Rosh Chodesh had been declared.

The Gemara identifies the sage who actually discontinued the use of torch relays:

מִי בִּיטֵּל אֶת הַמַּשּׂוּאוֹת — Who canceled the method of using a relay of torches to inform the people about Rosh Chodesh? רַבִּי בִּיטֵּל אֶת הַמַּשּׂוּאוֹת — It was Rebbi who canceled the method of using a relay of torches, and established in its place the method of sending messengers.[19]

The Gemara proceeds to record a number of leniencies that Rebbi authorized with regard to the sending of messengers:[20]

וְהִתִּיר רוֹצֵחַ — And he allowed even a murderer[21] to serve as one

NOTES

Emor pp. 109a-b) and *Maharsha* to *Bavli* ibid., who explain (albeit in different ways) the allegorical connotations of this witness' outlandish characterizations of the moon's appearance. [See also *Aliyos Eliyahu,* p. 13b in marginal gloss.]

12. *Bavli* ibid.

13. I.e. we give you permission to keep the 200 *zuz* that you were given by those who hired you, even though you did not fulfill the terms they stipulated. For the court has the authority to impose monetary penalties, through their power to declare property ownerless. This is derived in *Bavli Yevamos* 89b [and *Yerushalmi Peah* 5:1 (42a)] from the verse in *Ezra* (10:8), which states: *And whoever does not come within three days... all his property shall be forfeited.* [Ezra and the leaders, in order to exhort the people to banish the non-Jewish wives that some had taken, issued a call that all the returning exiles should gather in Jerusalem in three days or suffer the penalties stated in this verse. Hence, we see that *Beis Din* has the authority to confiscate property.] In our case, therefore, the court in effect confiscated the 200 *zuz* from those who hired the false witness, and allowed the witness, who exposed the plot, to keep that money (*Rashi* ibid.; see *Korban HaEidah,* and *Chazon Yechezkel* to *Tosefta* 1:14; cf. *Akeidas Yitzchak* loc. cit.).

14. Since the witness did not end up fulfilling his end of the deal, apparently he had not become involved for the sake of the money (as he had no way of knowing in advance that he would be allowed to keep the money in any event). The court therefore pressed him to explain why he had bothered himself to come (*Yefeh Mareh*).

15. *Bavli* ibid.

16. As we will learn below, when the court accepted testimony and declared Rosh Chodesh on the 30th day, torches were lit that evening. This notified the people that the previous month was "deficient" [i.e. it contained only 29 days] and that the new month had begun on day 30.

17. In actuality, the torches were generally *not* lit when the outgoing month was "full" (as the Gemara will state below). Nevertheless, in this case, where the torches were lit the night before, and were now being lit a second time, the people assumed that the first time had been a mistake. They erroneously believed that the court was forced to correct the mistaken signal of the previous night by lighting the torches again, during the night that follows the 31st day of the outgoing month (*Sefer Nir*).

18. As a result of the Cutheans' interference, the people in the Diaspora ended up observing the holidays one day later than they should have (see *Korban HaEidah*).

The Cutheans were not specifically interested in having Shavuos fall on a Sunday (as the Boethusians were). Rather, their goal was simply to spite the Sages and disrupt the proper observance of the holidays (*Sefer Nir; Rashash* to *Bavli* 22b ד״ה משקלקלו).

19. That is, the disruptions of the Cutheans took place in the days of Rebbi (R' Yehudah HaNasi), and he was the one who instituted the change in the procedure for communicating to the Diaspora when Rosh Chodesh had been declared (see *Pnei Moshe*).

[*Yerushalmi's* assertion that Rebbi was the one who instituted the method of sending messengers seems to be contradicted by the Mishnah above, 1:4 (10b), which speaks about the dispatching of messengers even during the time of the Temple — though the Temple had been destroyed long before Rebbi was born!

Meiri (to 18a סוף ד״ה המשנה השלישית) answers in the name of *Raavad* that torches were used only to notify the Jews living in Babylonia as to the proper day of Rosh Chodesh. The Jews living in Suria and other distant places were always notified by messengers, even before Rebbi's ruling, and even while the Temple stood. The Mishnah in 1:4 is thus dealing with places like Suria, which were always informed about Rosh Chodesh via messengers, while our Mishnah is dealing with Babylonia, to which messengers were not sent until Rebbi abolished the method of using torches. (See also below, 14b note 10.)

For other possible answers, see *Meleches Shlomo* to our Mishnah; *R' Tzadok HaKohen* in *Sefer HaZichronos,* p. 51; *Doros HaRishonim,* Part I Sec. 4, p. 133; *Alei Tamar.*]

20. [*Alei Tamar* ד״ה ועפי״ז contends that the Gemara's preceding response (רַבִּי בִּיטֵּל אֶת הַמַּשּׂוּאוֹת) was actually the citation of a Baraisa, which the Gemara now continues.]

21. I.e. someone who is known to have killed a person, but could not actually be convicted of murder due to the lack of proper witnesses [or because of some other technicality] (see *Korban HaEidah;* see also *Masa DiYerushalayim*).

מעתה על ניסן לא יקבלינון על שאר ירחיא יקבלינון. אמר ר' יוסי בר' בון עיקר קלקלתהון מן אדר הוות. מעתה כד היא דכוותהון יקבלינון אין לית הוא דכוותהון לא יקבלינון. זו מפני זו. [א]מעשה ששכרו בייתוסין שני עידי שקר להעיד על החודש שנתקדש ובא אחד והעיד עדותו והלך לו ובא אחר ואמר עולה הייתי במעלה אדומים וראיתיו רבוץ בין שני סלעים ראשו דומה לעגל אזניו דומות לגדי וראיתיו ונבהלתי ונרתעתי לאחוריי והרי מאתים זוז קשורים באפונדתי. אמרו לו הרי מאתים זוז נתונין לך במתנה [א]ושלוחיך יבאו וילקו אתה למה הכנסתה עצמך [ב]למספק. אמר להן ראיתי אותם מבקשין להטעות את חכמים אמרתי מוטב שאלך אני [ג]ונודיע לחכמים: ומה קילקול הוה תמן. דהוון אילין מסבין יום דין ואילין מסבין למחר והיו סבורין שנמלכו בית דין לעברו והן מתקלקלין. מי ביטל את המשואות. רבי ביטל את המשואות. והתיר רוצח. והתיר עד מפי עד. [א]והתיר שיהו יוצאין עליו מבערב בחזקת שנתקדש. אמר ר' אבהו אף על גב דאמר את בטלו את המשואות לא בטלו מים מטיבריה. ר' זעירא בעא קומי ר' אבהו אילין דחמיין צפת מהו דיסבון. אמר ליה רבי ביטל את המשואות צפת למה מסבה אלא בגין מודעא דאינון ידעין: [ב]אין משיאין לילי זמנו אלא לילי עיבורו. לילי זמנו אין משיאין מפני יום טוב אבל משיאין לילי עיבורו. אין משיאין אלא על החדשים [ג]המיושבין יב. בזמנן מפני יום טוב שחל להיות בערב שבת. לילי זמנו אין משיאין מפני יום טוב. לילי עיבורו אין משיאין מפני כבוד שבת.

קרבן העדה

ופריך מעתה על ניסן לא יקבלו. אלא מן המכירין, ועל שאר החדשים יקבלו מכל אדם: עיקר קלקלתהון. כבר התחילו באדר להקדימו שיהא יום ל' של שבט ביום ג', וידעו שלא יעשו בית דין שנים או שלשה חסרים בהדי הדדי: ופריך מעתה. אם הוא שהעדים מעידין שיהיה עצרת באחד בשבת לא יאמינו אלא למכירין, ואם לאו יקבלו מכל אדם: ומשני זו גזרו מפני זו. והתקינו שלא יקבלו שום עדות החדש אלא מן המכירין: באפונדתי. אזור חלול שנותנין בו המעות: נתונין לך במתנה. ואף על פי שלא השלמת התנאי לשוכרך, דיש רשות לבית דין לקנוס ממון ולעשותו הפקר: למספק. לטורח לילך בשליחות כזה: מה קלקול. קלקלו הכותיים: דהוון אילין וכו'. שהיו הבית דין משיאין משואות בליל עיבורו שהוא ליל ל"א לסימן שנתקדש בזמנו, והכותיים היו משיאין בליל ל"ב וסברו אלו שבגולה שנמלכו בית דין לעבר לכך השיאו שנית להודיע להם ועשאו יום הכיפורים בי"א בתשרי, וכהאי גוונא קלקלו כל המועדות: מסבין. לוקחין משואות: והתיר רוצח. בלא עדים לעדות החדש*: והתיר. פעם אחת עד מפי עד לעדות החדש: והתיר שיהו יוצאין. השלוחים בליל שלשים לאחר שבאו עדים, אף על פי שלא נתקדש עדיין ולא שמעו מפי בית דין מקודש, כיון שלמחר בודאי יקדשו: לא בטלו מים טבריה. אותן שיושבין על ים טבריה, שלא היו כותיים דרים שם: אילין דחמיין. אותן שרואין עיר צפת מהו שיהיו משיאין: אמר ליה רבי ביטל את המשואות. מפני הכותיים, צפת למה תהא משיאה משואות: אלא בגין מודעא וכו'. בשביל הידיעה שהן יודעין שהיו קרובין למקום הועד, מפני השמחה היה דרכיהן של אנשי צפת לעשות משואות, ולא להודיע לשאר בני אדם: אין משיאין. לחדש חסר: לילי זמנו. היינו ליל ל' שהוא זמן שמקדשים החדש החסר: לילי עיבורו. היינו ליל ל"א: מפני יום טוב. של ראש השנה דאסור לישא משואות אבל בזמן עיבורו כבר עבר יום טוב, ואין משיאין אלא על החדש שנראה בזמנו: אלא על החדשים המיושבין בזמנן. היינו החדשים החסרים: מפני יום טוב שחל להיות בערב שבת. והוא חסר, שאי אפשר להשיא משואות עד ליל ל"ב:

פני משה

מעתה על חדש [ניסן] לא יקבלינון. אלא מן המכירין דהדבר תלוי מחשבון העומר שהוא בט"ז בניסן, אבל על שאר ירחייא יקבלינון מהכל שאין לחוש לחשבון המינין: עיקר קלקלתהון מן חדש אדר הוות. שבאותו חדש עשו זה כהאי מעשה דלקמן וסבורין היו שעל ידי חדש אדר יעשו הניסן של אחריו לפי חשבונם ויהא עצרת לאחר השבת: מעתה כד היא כוותהון יקבלינון. שהרי הבית דין הגדול המקבלין עדות החדש יודעין הן לחשוב אם האמת הוא כך שנראית הירח בזמן שמעידין שראו, ואם האמת הוא כך יקבלינון מהכל ואפילו אינן מכירין אותם, ואם הם רואים שאין הדבר כמותם אל יקבלינון: ומשני זו מפני זו. שאם אתה אומר כך סוף סוף שיכול לבוא לידי טעות והתקינו על זו ואף שהאמת הוא כך שלא יקבלו מסתם בני אדם מפני זו שלפעמים שקר הוא, והלכך לא פלוג רבנן: מעשה ששכרו וכו'. תוספתא (פ"א הי"ד) שם: ומה קילקול הוה תמן. גבי משואות: דהוון אילין מסבין יום דין וכו'. שהיו אלו שעושין על פי בית דין נוטלין ועושין המשואות יום זה ואלו הכותים נוטלין למחר ועושין והיו סבורין העם שנמלכו בית דין לעברו ועל ידי כך הן מתקלקלין: מי ביטל את המשואות. באיזה דור אירע הקלקול שמתוך כך בטלו: רבי ביטל וכו' והתיר רוצח. להיות שליח: והתיר עד מפי עד. לומר שקידשו בית דין את החדש כדי שיהו יוצאין השלוחין להודיע, והתיר גם כן שיהו שלוחין יוצאין עליו מבערב בחזקת שנתקדש, כגון שנראה בליל כ"ט סמוך לחשיכה או בתחלת הלילה דבחזקת שיקדשו למחר את החדש, ואינן צריכין להמתין עד שישמעו למחר מפי הבית דין מקודש, ואף בניסן ובתשרי דאמרינן בפרק דלעיל דאין יוצאין עד שישמעו מפי בית דין מקודש, התיר רבי לפי הוראת שעה כדי שימהרו הליכתן: לא ביטלו מים טיבריה. מקום האחרון שהוא בית בלתין הנזכר במתני' במתניתן דלקמן, הוא סמוך לים טבריה והוא ים כנרת ושם לא ביטלו שהוא היותר קרוב לגולה: אילין דחמיין צפת. שהוא להלן מן טבריה מהו שיהו הן נוטלין להשיא משואות. אמר ליה אם רבי ביטל את המשואות אם כן צפת למה יטלו שם ומאי שנא דשאלית על צפת: אלא בגין מודעה דאינון ידעין. כלומר וכי בשביל להודיע שהן יודעין שנתקדש החדש, הלא מכל מקום היו שלוחין יוצאין לאחר שביטלו המשואות: אין משיאין לילי זמנו אלא ליל עיבורו. ובתוספתא (פ"א הט"ז) שם מאימתי משיאין על החדש לאור עיבורו, והיינו הך שמשיאין ביום שלשים לערב שהיא אור עיבורו והיינו של יום ל"א ואין משיאין בכ"ט לערב שהוא לילי זמנו יום שלשים: לילי זמנו אין משיאין מפני יום טוב. בחדש אלול שהוא חסר, ואם כן יום שלשים ראש השנה ואי אפשר להשיא בלילי יום טוב, ולפיכך לא נהגו בכל ראש חדש להשיא בליל זמנו אלא בלילי עיבורו שהוא מוצאי יום טוב להודיע שלא עיברו את אלול, וכן בכל החדשים: המיושבין בזמנן. שהוקבעו ביום שלשים מפני יום טוב וכו', כלומר משום חדש חסר שחל להיות בערב שבת ויום טוב של ראש השנה הוא בערב שבת וזהו בזמן שהיו מקדשין על פי הראיה דאפשר דמיקלע כן, וא"כ בלילי זמנו אי אפשר שהוא יום טוב כדלעיל, וכן בלילי עיבורו שהוא מוצאי יום טוב אי אפשר מפני כבוד השבת, שאם אתה אומר וכו', כלומר דהשתא לא היו יכולין להשיא אלא במוצאי שבת שהוא ביום שלשים ואחד לערב, ואם אתה אומר שמשיאין בין אחסר ובין אמלא אם אתה אומר כן אתי למיטעי שיהו סבורין שמא נמלכו בית דין לעברו לאלול ונמצא שהן מתקלקלין ולפיכך עבדינן אחסר לעולם ולא אמלא והשתא ליכא למיחש למידי וכדפרישית במתני':

מסורת הש"ס

א) [ר"ה כב:, תוספתא פ"א הי"ד] ב) ר"ה כב: [פסחים ב:, תוספתא ר"ה פ"א הט"ז, תוספתא מגילה פ"ג ה"ח]

שירי קרבן

והתיר רוצח וכו'. בקונטרס פירשתי דקאי אעדות החדש. ועוד י"ל דה"פ, אם העיד בעדות אשה ואמר הרגתיו שנאמן כדתנן פ"ב דיבמות (כה.), וה"ה עד מפי עד נמי בעדות אשה קאמר. אך הו"ל למקרייא בי"ד שריא, דהא כל בי"ד שהתיר שלשה דברים נקראים בית דין שריא כדאמרינן בשבת דף ו' ע"ב (פ"א ה"ד). ועוד הא ר' עקיבא ורבן גמליאל הן התירו עד מפי עד כדתנן סוף פרק בתרא דיבמות (קכב.), אבל אי אמרינן דקאי אעדות החדש ניחא: אילין דחמיין צפת וכו'. פי' בגליון (פירוש הקצר) אלו שרואין כמין מנורה, כמו לפה הלפית (ישעיהו כא ה), מהו שיקחו אותם לעדים, והשיב היינו משואות, וזה אומרו רבי ביטל המשואות א"כ לפת למה ליקח, ע"כ. ואינו מחוור כלל:

עין משפט

א מיי' פ"ג מהלכות קידוש החודש הלכה י':

שינויי נוסחאות

א] ושלוחיך. בש"ג ושולחיך:
ב] למספק. בתוספתא (פ"א הי"ד) נוסף הזה:
ג] ונודיע. בתוספתא (שם) ואודיע:

מראה הפנים

והתיר רוצח. על כרחך דלענין שליחות קאמר דרבי ביטל משואות והתקין שיהו שלוחין יוצאין והתיר ג"כ רוצח לכך שאינו אלא גלוי מלתא בעלמא ולמדנו מכאן דבכה"ג שאינו אלא גילוי מלתא בעלמא אף פסולי עדות מדאורייתא נאמנים הן:

The Gemara wonders:

מֵעַתָּה — **But now,** if the heretics were interested only in having Shavuos fall on Sunday, then the law for unrecognized witnesses ought to be that עַל נִיסָן לָא יְקַבְּלִינוּן — **for** establishing Rosh Chodesh **Nissan,** which affects when Shavuos will be observed,[1] **[the court] should** indeed **not accept them,** עַל שְׁאָר יַרְחַיָּא יְקַבְּלִינוּן — but **for** establishing the Rosh Chodesh of **other months,** which has no impact on the observance of Shavuos, **[the court]** ***should*** **accept them!** Why did the Sages in fact apply their decree with regard to all months of the year?

The Gemara responds:

אָמַר רַבִּי יוֹסֵי בְּרַבִּי בּוּן — **R' Yose the son of R' Bun said:** עִיקַּר קַלְקָלְתְהוֹן מִן אֲדָר הֲוָות — **The commencement of [the heretics'] disruption** actually **took place** *before* Nissan, **from** the beginning of **Adar.** For by deceiving the court into establishing Rosh Chodesh Adar on a Thursday (in a year when this was possible), the heretics could ensure that Rosh Chodesh Nissan would fall on the Sabbath, and thus Shavuos would fall on Sunday, in conformance with their belief.[2] Accordingly, it was necessary to reject the testimony of unknown witnesses not only for Rosh Chodesh Nissan, but for Rosh Chodesh Adar as well.[3]

The Gemara asks further:

מֵעַתָּה — **But now,** the law for unknown witnesses ought to depend on another factor, namely, whether their testimony in fact advances the heretics' cause; that is, כַּד הִיא דִכְווָתְהוֹן — **when [their testimony] concurs with** the belief of **[the heretics],** i.e. it will result in Shavuos falling on Sunday, [לָא][4] יְקַבְּלִינוּן — **[the court] should** indeed **not accept them,** אִין לֵית הוּא דִכְווָתְהוֹן — but **if [their testimony] does not concur with** the belief of **[the heretics],** i.e. it will not result in Shavuos falling on Sunday, (לא) יְקַבְּלִינוּן — then **[the court]** ***should*** **accept them!**[5] Why did the Sages categorically decree that testimony about the new moon may not be accepted from unrecognized witnesses under any circumstances?

The Gemara answers:

זוֹ מִפְּנֵי זוֹ — The Sages extended their decree to include **this** case, where the testimony will not result in Shavuos falling on Sunday, **on account of this** case, where the testimony *will* result in Shavuos falling on Sunday.[6]

The Gemara cites a Baraisa[7] that recounts in detail how the heretical Boethusians attempted to deceive the Sages into sanctifying Rosh Chodesh on the wrong day:

מַעֲשֶׂה שֶׁשָּׂכְרוּ בַּיְיתוֹסִין שְׁנֵי עֵידֵי שֶׁקֶר — AN INCIDENT occurred IN WHICH THE BOETHUSIANS HIRED TWO FALSE WITNESSES[8] לְהָעִיד עַל הַחוֹדֶשׁ שֶׁנִּתְקַדֵּשׁ — TO TESTIFY THAT THE MONTH WAS RENEWED.[9] וּבָא אֶחָד וְהֵעִיד עֵדוּתוֹ וְהָלַךְ לוֹ — ONE witness CAME AND PRESENTED HIS false TESTIMONY before the court, AND WENT ON HIS WAY. וּבָא אַחֵר וְאָמַר — THEN THE OTHER witness CAME AND SAID as follows: עוֹלֶה הָיִיתִי בְּמַעֲלֵה אֲדוּמִּים — "I WAS ASCENDING IN MAALEH ADUMIM[10] וּרְאִיתִיו רָבוּץ בֵּין שְׁנֵי סְלָעִים — AND I SAW [THE MOON] CROUCHING BETWEEN TWO ROCKS, רֹאשׁוֹ דּוֹמֶה לְעֵגֶל — ITS HEAD RESEMBLING that of A CALF, אָזְנָיו דּוֹמוֹת לִגְדִי — and ITS EARS RESEMBLING those of A KID;[11] וּרְאִיתִיו וְנִבְהַלְתִּי וְנִרְתַּעְתִּי

NOTES

1. As explained above, 13b note 37.

2. Rosh Chodesh of any given month falls either one day or two days later in the week than the day on which the previous Rosh Chodesh fell: If the preceding month was a "deficient" one of 29 days [חָסֵר], the new month will begin one day later in the week; if the preceding month was a "full" one of 30 days [מָלֵא], the new month will begin two days later in the week. [For example, if Rosh Chodesh Adar is on a Thursday, and Adar itself is a "deficient" month, then Rosh Chodesh Nissan will fall on a Friday; but if Adar is a "full" month, then Rosh Chodesh Nissan will fall on the Sabbath.]

Now, the heretics knew that should they manage to have Rosh Chodesh Adar declared early on 30 Shevat, thus making the month of Shevat "deficient," it would be impossible for the Sages to make Adar "deficient" as well [for if the new moon was not visible on 30 Shevat / 1 Adar, then surely it would not be visible only twenty-nine days later on 30 Adar]. The Sages would thus be forced to make Adar a "full" month, and declare Rosh Chodesh Nissan on the 31st day of Adar.

Accordingly, when the circumstances were such that the 30th day of Shevat fell on a Thursday, the heretics strove to hire false witnesses to testify that the new moon had been sighted on Wednesday night, so that Rosh Chodesh Adar would be declared on Thursday, and Shevat would thus be a "deficient" month. By doing so, the heretics could guarantee that Adar would be a "full" month (as explained above), with its 30th and final day on a Friday — and as a result, Rosh Chodesh Nissan would fall on the Sabbath, and Shavuos on Sunday (see *Korban HaEidah;* see also *Sefer Nir* and *Beur of R' Chaim Kanievski*).

3. At this point, the Gemara has not yet explained why the Sages found it necessary to reject the testimony of unknown witnesses in months other than Adar and Nissan. However, the Gemara's answer to its next question will resolve this matter as well (*Sefer Nir*).

4. Emendations here and below follow *Rabbeinu Chananel* to *Bavli* 22b; evidently this was *Korban HaEidah's* version as well.

5. Our elucidation here follows *Korban HaEidah's* approach, which is based on the alternative reading noted above. For a possible interpretation of the standard text, see Variant A.

6. Since the sanctification process was liable to be disrupted by the heretics when the opportunity existed to arrange that Shavuos should fall on Sunday, the Sages made a sweeping restriction to preclude the involvement of unrecognized witnesses under *any* circumstances (*Korban HaEidah, Beur of R' Chaim Kanievski*). By the same token, the Sages applied their decree to all months of the year, not just to Adar and Nissan (*Sefer Nir, Beur of R' Chaim Kanievski*).

7. *Tosefta* 1:14.

8. In the version of this Baraisa recorded in *Bavli* 22b, it is specified that one of the witnesses was a member of the Boethusians' sect, while the other one was not. The Boethusians, though, did not realize that the latter was in fact a supporter of the Sages (*Rashi* ad loc.).

9. I.e. they were hired to falsely testify that they had sighted the new moon on the night preceding the 30th day of the month. In reality, the new moon was not yet visible at that time, so the proper time for Rosh Chodesh was the 31st day. But the Boethusians sought to deceive the court into declaring the 30th day as Rosh Chodesh, for the reason explained earlier.

[Here, again, the term נִתְקַדֵּשׁ, *sanctified,* is being used as a reference to the moon's renewal (see above, 13b note 39).]

10. A place mentioned in *Joshua* 15:7 and 18:17.

11. In the version of this incident recorded in *Tosefta* and *Bavli,* the witness also described its horns as resembling those of a deer, and its tail being placed between its legs. See *Akeidas Yitzchak* §67 (*Parashas*

TEXTUAL AND INTERPRETIVE VARIANTS

A. *Pnei Moshe* retains the unemended text of the Gemara, and explains the question as follows:

מֵעַתָּה — **But now,** if our concern is about attempts to trick the court into declaring Rosh Chodesh a day early, then the acceptance of unknown witnesses should depend on whether or not their testimony is consistent with the court's calculated projection of when the new moon is supposed to appear [see *Rambam, Hil. Kiddush HaChodesh* 1:6-7, 2:4]. That is, כַּד הִיא דִכְווָתְהוֹן — **when [the court's projection] is in accordance with** the testimony given by **[the witnesses],** יְקַבְּלִינוּן — **[the court] should accept them** (for this will in any case result in Rosh Chodesh being established on the proper day), אִין לֵית הוּא דִכְווָתְהוֹן — and **if [the court's projection] is not in accordance with** the testimony given by **[the witnesses],** לָא יְקַבְּלִינוּן — **[the court] should not accept them.** Why did the Sages decree that testimony about the new moon may *never* be accepted from unrecognized witnesses?

on Friday night.[38] וְהָיוּ יוֹצְאִין עָלָיו מִבָּעֶרֶב בְּחֶזְקַת שֶׁנִּתְקַדֵּשׁ – In a devious attempt to implement their view, **[the heretics]** hired false witnesses, who **went forth in the evening** (on Friday night) in order to testify **about [the moon] as though it had** already **been renewed,**[39] so that the court would be tricked into declaring the Sabbath day as Rosh Chodesh Nissan.[40]

NOTES

38. By default, therefore, Rosh Chodesh Nissan could not be declared until Sunday. The first day of Pesach would then fall on a Sunday as well, and Shavuos would fall on a *Monday.*

[The court declares day 30 of the previous month as Rosh Chodesh of the new month if witnesses testify that they sighted the new moon on the preceding night, i.e. on the night following the 29th. (The new moon is visible for a brief period just after sunset, until it too sets in the west.) If no witnesses come forth on day 30, the next day (day 31) is automatically Rosh Chodesh.]

39. [Literally: sanctified. In the present context, the term נִתְקַדֵּשׁ refers to the renewal of the moon (see *Korban HaEidah* and *Sefer Nir;* see also below, 14a note 9).]

40. [One must wonder what the Boethusians sought to accomplish with this subterfuge. After all, they *knew* the witnesses were false, which would, in their view, invalidate the court's erroneous declaration of Rosh Chodesh! Thus, the subsequent offering of the *pesach* on the fourteenth of Nissan – an offering in which they would necessarily participate – would actually be a day early and of no consequence! *Tosafos* (22b ד״ה להטעות) answer that while generally rejecting the Oral Tradition, the Boethusians did accept the Scriptural exposition (see *Bavli* 25a) which teaches that the court's declaration of Rosh Chodesh is valid even if done in error. (Cf. *Doros HaRishonim,* Part I Sec. 3, Ch. 16 [pp. 418-423] at length.)]

[א]אם כן נמצאת כל העדות מתקיימת בעד אחד. אמר ר' יודן ויאות אילו שנים שיצאו מעיר אחת שרובה גוים כגון הדא סוסיתה אחד הכל מכירין אותו שהוא ישראל ואחד אין אדם מכירו חבירו מכירו חבירו מהו שייעשה כאחד מן השוק להעיד עליו אם אומר את כן לא נמצאת כל העדות מתקיימת בעד אחד והכא נמצאת כל העדות מתקיימת בעד אחד: [א]תמן תנינן [ב]אמר להן הממונה צאו וראו אם הגיע זמן השחיטה. אם הגיע הרואה אומר [ב]בורקי. מהו בורקי. ברקת. [ג]תמן אמרי ברק ברקא אנהר מנהרא. ועד אחד נאמן. שנייא היא הכא [ג]שאין את יכול לעמוד עליו. וחש לומר עד דהוא עליל ונפק היא מנהרא. חכימא היא מילתא. אמר עד אחד נולד [ד]איש פלוני בשבת מלין אותו על פיו. חשיכה מוצאי שבת מטלטלין [ה]אותו על פיו. ר' אמי מטלטל על פומה דמלויתה. ר' מתנייה מטלטל [ו]על איביריתה דזהרא. ר' אימי [ז]מל על פי נשים דאמרן שמשא הוות על סוסיתה. [ח]מכירו מכיריו מהו לחלל עליהן את השבת. נישמעינה מן הדא [ד]אמר [ט]ר' נהוראי [י]כאן שנייה מעשה שירדתי להעיד על עד אחד באושא [כ]ולא היו צריכין לי אלא עילה בקשתי יא: להקביל פני חביריי: [ה]ומה קילקול הוה תמן. [ו]שהיו אומרים עצרת לאחר השבת והיו יוצאין עליו מבערב בחזקת שנתקדש.

פני משה

אם כן נמצאת וכו'. ופשיט לה דאפילו בכהאי גונא נמי לא, שהרי הוא בפנינו ומכיון שאין להאחרים המכירין חתימתו אם אתה אומר שילטרף נמצא כל העדות מתקיימת בעד אחד. וכל העדות לאו דוקא, אלא כלומר רוב העדות וכדאמרן: **אמר ר' יודן ויאות.** הוא דאפילו בכהאי גונא אינו מצטרף עם אחד בשוק להעיד על חבירו, דמה אילו שנים שיצאו מעיר שרובה עכו"ם ואיכא לספוקי אם ישראלים הם: וכגון **הדא סוסיתא.** עיר אחת שרובה עכו"ם ונזכרת בכמה מקומות בהש"ס הזה: **אחד הכל מכירין אותו שהוא ישראל** וכו'. כלומר הא לא דמיא אלא להא שאם אינן מכירין שהוא ישראל אלא על פי זה אם (כזה) [בזה] גם כן תאמר שיעשה כאחד מן השוק להעיד עליו שהוא ישראל ותהא חתימתו כשרה, זה ודאי אינו לפי שכל העדות מתקיים בעד אחד, וא"כ הכא נמי כן דמה לי אם כאן מכירין אותו שהוא ישראל ואין מכירין חתימת ידו אלא על ידי זה ונמצאת כל העדות מתקיימת בעד אחד: **תמן תנינן.** ריש פ"ג דיומא ומפורש שם עד שמשא הוות על סוסיתא ועיי"ש: [וח"ל שם, **ועד אחד נאמן.** בתמיה: ומשני **שנייא היא הכא.** וכי הדבר הוא שאין את יכול לעמוד עליו, בתמיה, ובמילתא דעבידא לגלויי מהימן: **וחש לומר** וכו'. ואכתי ניחוש לומר שמא עד שהוא נכנס ויוצא מנהיר הוא, ובשעה שאמר עדיין לא הגיע הזמן: ומשני **חכימא היא מילתא.** ניכר הדבר אם בשעה שאמר ברקאי כבר היה הזמן או לא: **אמר עד אחד** וכו'. למילתיה הוא מסיק דבכהאי גוונא עד אחד נאמן, שהרי אם אמר עד אחד נולד איש פלוני בשבת מלין אותו בשבת על פיו, וכן האומר שכבר **חשכה מוצאי שבת מטלטלין** (על ידי) **אותו על פיו**, משום דמילתא דעבידא לגלויי היא. אי נמי כשאחד אמר כשנולד זה שכבר חשכה מוצאי שבת מותר לטלטל אותו על פיו, ומפני שאם לא נודע שכלו לו חדשיו אין מטלטלין אותו בשבת (שבת קלה.) שמא נפל הוא, וסומכין על אחד שאמר שכבר חשכה מוצאי שבת: **ר' אמי מטלטל על פומיה דמלויתה.** כך היא בריש פ"ב דר"ה, כלומר שהיה מתיר לטלטל אותו בשבת על פומה של האשה שאמרה שנתמלא וכלו לו חדשיו. א"נ על פומה דמלוידתה גרסינן, על פי המילדת שאומרת כן: **מטלטל על איבריתיה דזהרא.** היה מתיר לטלטל אותו על שנראה שאבריו הן נאהרין ונכרין, וסמך על זה לענין טלטול שאינו נפל: **ר' אימי מל על פי נשים דאמרן שמשא הוות על סוסיתא.** כך הוא בראש השנה וכצ"ל. **סוסיתא.** שם מקום הוא, והיה ר' אימי סומך למול בשבת על פי נשים שאמרו כשנולד זה עדיין היה נראה השמש על העיר ועדיין יום שבת היה:] **מכיריו מהו לחלל את השבת להעיד עליו.** מכירי קמא הנמצא בספרי הדפוס ט"ס היא: **נישמעינה מן הדא.** דתני בתוספתא פ"ק (הט"ו) מעשה בר' נהוראי שבא עם העד בשבת באושא והעיד עליו כך היא שם. והכתוב לפנינו אמר ר' נהוראי כאן שנייה וכו' היא גם כן ליון על ההוא תוספתא, וכלומר כאן נשנית הברייתא שאפילו בשבת בא להעיד עליו. אי נמי כאן שנייה אדבתרה קאי וכלומר כאן ועל זה נשנית ברייתא הדא שאמר ר' נהוראי בעצמו מעשה שירדתי להעיד וכו', ושמעינן שאפילו בשביל עילה כגון זה שרצה להקביל פני חביריו אלא שידע גם כן להעיד עליו מותר לחלל את השבת ולהעיד עליו: **ומה קלקול הוה תמן.** על המתניתן קאי דקתני משקלקלו המינין: **שהיו.** המינין אומרים עצרת לעולם אחר השבת והיו יוצאין להעיד על החדש מבערב בחזקת שנתקדש כדי שעל פי חשבון זה יהא עצרת ממחרת השבת כפי מינות טעותם:

קרבן העדה

ופשיט **אם כן.** דסמכינן אעדות זה העד שמעיד על חבירו שהוא כשר, הרי מוציאין הממון על פי עד אחד: **ויאות.** ושפיר פשיט בעיין: **כגון הדא סוסיתה.** היא עיר שרובה עכו"ם: **חבירו מהו שיעשה כאחד מן השוק.** שמעיד על אחד שהוא ישראל ואחר כך מעידין שניהם בדבר אחר, מי מהני עדותן, דודאי לא מהני, דהרי כל העדות יוצא על פי עד אחד, א"כ הכא נמי לענין קיום השטר ולענין קידוש החדש נמי לא מהני עדותו: **תמן תנינן.** ביומא פ"ג: **ברקת.** לשון ברק, שהניצוצין יוצאין מן הרקיע. לישנא אחרינא מהו בורקי ברקת, דהוה תני במתני' הרואה אומר בורקי ברקת. וכן הוא בבבלי במתניתא (יומא כח:) הרואה אומר בורק ברקאי: **תמן.** בבבל מפרשים שמאיר האור: ופריך **ועד אחד נאמן.** בתמיה, ואיך סמכו על הרואה הזה לחוד: ה"ג **שנייא היא הכא שאת יכול לעמוד עליו.** והכי פירושו, שאני הכא דמילתא דעבידא לגלויי היא שהרי בשעה מועטת יראה גם האור למטה: ופריך **וחש לומר.** וניחוש שמא בתוך שהוא נכנס ויוצא יהיה האור ואי אפשר לעמוד עליו, ולעולם הוא משקר: ומשני **חכימא היא מלתא.** ניכר הדבר גם למטה באותה שעה או אחר כך בשעה מועטת אם היה האור נראה בשעה ההיא למעלה, ואינו אלא גילוי מלתא: **אמר עד אחד** וכו'. כלומר מכאן אנו למידין אם אומר עד אחד שנולד התינוק בשבת מלין אותו בשבת הבא על פיו, אף על פי שאינו אלא עד אחד: **חשיכה** וכו'. והוא הדין אם אמר עד אחד שנולד חשיכה מוצאי שבת והרי הוא בן תשעה, ואילו נולד בשבת הוה בן שמנה שאסור לטלטלו בשבת, כדתניא בפרק ר' אליעזר דמילה (שבת קלה.) סומכין על העד אחד ומטלטלין אותו בשבת הבא. ומה שכתב עם חשיכה לאו דוקא, אלא הוא הדין בשאר ימות השבוע, אלא איידי דאיירי ברישא בשבת תני סיפא במוצאי שבת: **על פום מלויתא.** על פי הנשים המלוים את היולדת וההולכים עמה. אי נמי על פי אור הנראה בראשי ההרים, כמו מלייא בנלא הנזכר בבתרא (נד.): **איבריתא דזיהרא.** ניצוצות של אור השמש, שהוא ודאי לילה ושרי לטלטל: **שמשא הוות.** השמש היתה על סוסיתא הוא שם מקום והוא בראש ההר, ואפילו לא הגידו אלא הנשים סומכין עליהן: **מכיריו.** אותן המעידין על העד שראו את החדש, מהו שיהו מחללין את השבת לבא לבית דין להעיד עליו שכשר הוא: ה"ג **אמר ר' נהוראי מעשה** וכו'. א"נ הכי פירושו, כאן בארץ ישראל נשנית בזה הלשון שבא ר' נהוראי להעיד על העד, ובבבל נשנית בלשון אחר שר' נהוראי אחד מעדים: **מעשה שירדתי.** בשבת לבית דין להעיד על העד: **ולא היו צריכין לי.** בודאי שהיה אפשר שיהיה שם מי שיכיר העד: **אלא.** עלילה מצאתי לתלות בה לילך לאושא בשבת להקביל פני חבירי: **ומה קלקול הוה תמן.** שקלקלו המינין, ומאיזה טעם קלקלו: ומשני **שהיו אומרים.** עצרת לעולם באחד בשבת, שהן דורשין ממחרת השבת יניפנו (ויקרא כג יא), ממחרת שבת בראשית, וכשחל יום ל' של אדר בשבת ולא נראה החדש בזמנו, והם מתאוין שיהא יום ראשון של פסח בשבת, כדי שיהא הנפת העומר באחד בשבת: **והיו יוצאין עליו מבערב.** להעיד, בחזקת שנראה החדש:

עין משפט

א מיי' פ"ג מהלכות קידוש החודש הלכה ג:

שינויי נוסחאות

א] **אם כן.** בירושלמי כתובות (פ"ב ה"ד) אם **אתה אומר** כן, וכעי"ז בש"ג:

ב] **בורקי.** כ"ה גם במשניות שבירושלמי יומא (פ"ג ה"א). במשניות ובבבלי (שם כח.) **ברקאי:**

ג] **שאין את.** כ"ה גם בירושלמי יומא (שם). בר"ח (כב:, יומא כט.) **שאת.** וכעי"ז באו"ז (ח"א סי' שמ), וכן הגיה בקה"ע:

ד] **איש פלוני.** בר"ח יומא (שם) **בן לפלוני.** בר"ח (כב:, שבת קנז:) ואו"ז (מילה קג) ובשבולי הלקט (מילה סי' א) **לאיש פלוני:**

ה] **אותו.** כ"ה גם בר"ח (כב:) ובאו"ז (שם). בש"ג ובר"ח יומא (שם) ובשבולי הלקט (שם) ליתא:

ו] **על.** כ"ה גם בש"ג. בירושלמי יומא (שם) **על פום:**

ז] **מל.** כ"ה גם בש"ג. בירושלמי יומא (שם) ובאו"ז (שם) **מטלטל:**

ח] **מכירו מכיריו מהו לחלל עליהן.** כ"ה גם בש"ג. בר"ח (כב:) **מכירי** מכיריו של עד שראה את הלבנה, מהו לחלל **עליו:**

ט] **ר' נהוראי.** בכי"ל ובש"ג **נוהריי** [וכך נזכר שם זה גם בתוספתא כי"ע קידושין (פ"ה הי"ד) וכעי"ז בירושלמי ובמדרשים בכ"מ] והוגה בכי"ל כמו שלפנינו:

י] **כאן שנייה.** בש"ג **בר שנייה.** [ולפי"ז אולי היינו ר' נהוראי בר שונייא הנזכר בתוספתא מעשרות (פ"א ה"ג) ובירושלמי (שם פ"א ה"ג)]. בר"ח (שם) ליתא, וכן הגיה בקה"ע. וע"ע בפנ"מ:

כ] **ולא היו.** בר"ח (שם) **לא שהיו:**

רידב"ז

אמר ר' נהוראי כאן שנייה מעשה וכו'. פשיטא דגרסינן **אמר רבי נהוראי מעשה וכו',** וטעות דמוכח הוא וזה פשוט:

גליון הש"ס

מל על פי נשים וכו'. עי' שו"ת תשב"ץ ח"א סי' פ"ד:

מסורת הש"ס

א) יומא פ"ג ה"א [כל הענין] ב) [יומא פ"ג מ"א, תמיד פ"ג מ"ב, יומא כז:, מנחות ק.] ג) [יומא כח:, תוספתא יומא פ"א הי"ג] ד) יומא כב: [תוספתא פ"א הט"ו] ה) [תוספתא פ"א הי"ד, עי' ר"ה כב: תוד"ה להטעות] ו) [מנחות סה., מגילת תענית פרק א, ילקו"ש אמור תרמג]

שירי קרבן

אלו שנים שיצאו מעיר אחת שרובה עכו"ם וכו'. גרסינן פ' החולץ (יבמות) דף מ"ו ע"ב ת"ר מי שבא ואמר גר אני יכול נקבלנו, ת"ל (ויקרא יט לג) אתך במוחזק לך. וכתבו תוס' (מז. ד"ה במוחזק) אומר ר"ת דוקא בדידעינן דהוה עכו"ם מעיקרא, אבל אי לא ידעינן מהימן במגו דאי בעי אמר ישראל אני, כדמשמע בפסחים (ג:) גבי האי עכו"ם דהוה סליק ואכל פסח בירושלים, ואין לומר דשאני התם דסמכי ארובא דהוו ישראל, דהא בכל מקום נמי איכא רובא דרוב הבאין לפנינו בתורת יהדות ישראל [הם], ע"כ. וקשה הא מפורש אמרינן כאן דבעינן עדות שיעיד שהוא ישראל. וי"ל דהכא שאני שבאו מעיר שרובה עכו"ם. ונראה שזו ראיה גדולה לדעת הרמב"ם שכתב בפרק י"ג מהלכות איסורי ביאה (ה"י) במה דברים אמורים בארץ ישראל ובאותן הימים שחזקת הכל שם בחזקת ישראל אבל בחו"ל צריך להביא ראיה ואח"כ ישא ישראלית, ואני אומר מעלה עשו ביוחסין, ע"כ. ותמה עליו [הראב"ד], וכתב הרב המגיד שאפשר שיצא לו מהא דפסחים (שם), עיי"ש. ותימה מנא ליה להרמב"ם לחלק, אבל הנראה לי שמסוגיין יצא לו להרמב"ם וחו"ל רובא עכו"ם נינהו. אך קשה הא דסיים הרמב"ם מעלה עשו ביוחסין, דהכא משמע דלכל מילי לא מחזקינן ליה בישראל. ואפשר לומר דדוקא לענין עדות ממון הוא דמחמרינן כאן דבעינן שיהיה מוחזק בעדים דיכול המוחזק לטעון אייתי סהדי דישראל הוא וטול וצ"ע: מלין אותו על פיו וכו'. מה שיש לדקדק בזה עיין במה שכתבתי ביומא ריש פ"ג (ה"א) בתוספות בד"ה מלין וכו':

desecrate the Sabbath on their behalf, so that they may come and vouch for the witness before the court?

The Gemara responds:

נִישְׁמְעִינַּהּ מִן הָדָא – We may derive [the answer] from this incident recorded in the following Baraisa:[30] אָמַר רַבִּי נְהוֹרַאי (כאן) [בֶּן] שִׁנְיָיה – R' NEHORAI BEN SHINYAH[31] SAID: מַעֲשֶׂה שֶׁיָּרַדְתִּי לְהָעִיד עַל עֵד אֶחָד בְּאוּשָׁא – IT HAPPENED once THAT I DESCENDED from my hometown on the Sabbath TO TESTIFY ABOUT the reliability of A SINGLE new-moon WITNESS IN USHA.[32] וְלֹא הָיוּ צְרִיכִין לִי – BUT in fact [THE COURT] DID NOT NEED ME to come, for there was already someone there who could vouch for that witness.[33] אֶלָּא עִילָּה בִּקַּשְׁתִּי לְהַקְבִּיל פְּנֵי חֲבֵירַיי – NEVERTHELESS, I SOUGHT AN EXCUSE TO VISIT MY COLLEAGUE in Usha that Sabbath, and as a pretext to do so, I accompanied the new-moon witness to vouch on his behalf.[34]

From this incident we see that even vouching witnesses may desecrate the Sabbath to travel and testify before the Sanhedrin.[35]

Our Mishnah stated that the requirement that new-moon witnesses be recognized by the court was enacted after the heretics disrupted the process. The Gemara elaborates:

וּמַה קִילְקוּל הֲוָה תַּמָּן – **What disruption was** perpetrated **there** by the heretics? שֶׁהָיוּ אוֹמְרִים עֲצֶרֶת לְאַחַר הַשַּׁבָּת – **For they would say that** the festival of **Shavuos** must always fall on the day **after the Sabbath,** i.e. on Sunday.[36] This occurs only if the first day of Nissan falls on the Sabbath.[37] One year, the thirtieth day of Adar fell on the Sabbath, and the new moon was not yet visible

NOTES

30. See *Tosefta* 1:15 and *Bavli* 22b.

31. Emendation follows *Torasan Shel Rishonim* and *Beur of R' Chaim Kanievski,* based on the version that appears in *Seridei Genizah* (see also *B'Shaar HaMelech* [by *R' Chaim Kanievski*], in *Siach HaSadeh* Vol. 1, p. 37b סוף ד״ה ור׳ מאיר בן גר צדק). According to others, the words כאן שנייה should be deleted entirely (see *Rabbeinu Chananel* to *Bavli* 22b, *Korban HaEidah* [first approach], and *Ridvaz*). For possible explanations of the printed text, see *Korban HaEidah* and *Pnei Moshe.*

32. Usha, a town in the Galilee, was one of the places to which the Great Sanhedrin relocated following the destruction of the Second Temple (see *Bavli* 31a-b). When the Sanhedrin was situated in that location, testimony regarding the new moon was accepted there (*Rashi* 22b ד״ה באושא).

33. R' Nehorai knew that there was somebody in Usha who recognized this witness, and that his testimony would therefore probably not be needed (*Beur of R' Chaim Kanievski;* cf. *Korban HaEidah;* see also *Noam Yerushalmi*).

34. Although it was true that the witness had someone in Usha who could vouch for him, the possibility still existed that the court would not be able to find that individual when the time came. It was therefore permissible for R' Nehorai to go along with the witness to Usha, just in case he would be needed. R' Nehorai utilized this permit as a way to visit his friend in Usha (see *Pnei Moshe* and *Beur of R' Chaim Kanievski*).

It seems strange that R' Nehorai would employ a stratagem to circumvent a Sabbath prohibition. For possible justifications, see *Noam Yerushalmi; Chidushei Chasam Sofer, Sugyos* §4 (pp. 29-30); *Chochmas Shlomo, Orach Chaim* §339:7.

35. That is, the law allowing new-moon witnesses to travel to the Sanhedrin on the Sabbath applies to vouching witnesses as well [since their presence there is essential to the acceptance of the new-moon witnesses' testimony] (see *Tosafos* 22a ד״ה מחללין).

From the story of R' Nehorai it emerges that a vouching witness may desecrate the Sabbath to reach the Sanhedrin even if there is only a *possibility* that his testimony will be needed [as was explained in the previous note] (*Beur of R' Chaim Kanievski*). [A new-moon witness may thus be accompanied even by multiple vouching witnesses, as it is not certain which of them will be accepted by the court, or who will ultimately agree to testify (see *Ritva* 22b סוף ד״ה רב אשי).]

We desecrate the Sabbath for the sake of confirming a new-moon witness even though such confirmation is required only by Rabbinic decree. However, this does not constitute violating the Sabbath merely to uphold a Rabbinic law. For ultimately, the Sanhedrin will not accept the testimony of an unknown witness, and should a confirming witness fail to appear before the Sanhedrin, the end result will be that the new moon will not be sanctified on time. Therefore, the confirming witness' testimony is needed in order to effect the *Biblical* precept of sanctifying the new moon based on the testimony of new-moon witnesses (*Turei Even* to *Bavli* 22a). Violating the Sabbath to thus enable the new-moon witness to testify is really no different from transporting him on the Sabbath if he cannot travel on his own, which the Mishnah at the end of the previous chapter [1:8, 12a] explicitly permits. Just as the transporters may violate the Sabbath, though they themselves are not testifying at all, so too the confirming witnesses, though they will say nothing about the actual sighting of the new moon (*Rashba* and *Ritva* to 22b).

[As was mentioned earlier (13a note 9), *Bavli* maintains (unlike *Yerushalmi*) that an unrecognized new-moon witness needs to have his reliability confirmed by *two* witnesses. Now, *Bavli* also mentions R' Nehorai's trip to Usha on the Sabbath, and concludes – as *Yerushalmi* does – that the Sabbath may be desecrated for the sake of vouching witnesses even in a case of doubt (see *Tosafos* 22b ד״ה סהרא; cf. *Korban HaEidah* above, ד״ה ה״ג). However, the novelty of *Bavli's* conclusion differs from that of *Yerushalmi.* For *Bavli* allows a single vouching witness to travel on the Sabbath on the chance that there might be a second witness there to join him in confirming the new-moon witness (see *Rambam, Hil. Kiddush HaChodesh* 3:3). *Yerushalmi,* on the other hand, allows a single vouching witness to travel on the Sabbath on the chance that a different vouching witness might *not* be available there to confirm the new-moon witness, and this vouching witness will be needed in his stead.]

For a completely different explanation of the preceding passage, see Variant C.

36. [As mentioned above (12b note 6), the heretics to which the Mishnah refers are the Boethusians, who, like the Sadducees, rejected the validity of the Oral Law. Thus,] they maintained that the verse in *Leviticus* 23:11, which states that the *Omer* should be offered מִמָּחֳרַת הַשַּׁבָּת, *on the morrow of the Sabbath,* means that the *Omer* must be offered on the first Sunday following the first day of Pesach. They rejected the Oral Tradition handed down at Sinai, which explains that "the Sabbath" in the context of this verse refers to the first day of Pesach itself, which is called a "Sabbath" because of the *melachah* restrictions that apply on that day. Another consequence of this heretical view was that Shavuos (which is observed on the fiftieth day starting from the day the *Omer* is offered – see *Leviticus* 23:15-16) would have to fall on a Sunday as well. The Boethusians therefore found it advantageous to their cause that the first day of Pesach should fall on the Sabbath, so that the national observance of the *Omer* offering and the Shavuos festival should indeed conform to what they regarded as the literal meaning of the Torah (*Korban HaEidah,* from *Rashi* 22b).

37. If Rosh Chodesh Nissan falls on the Sabbath, then the first day of Pesach (on 15 Nissan) will fall on the Sabbath as well, and Shavuos (which is 50 days later) will fall on a Sunday.

TEXTUAL AND INTERPRETIVE VARIANTS

C. According to the version of this passage recorded by *Rabbeinu Chananel* (to *Bavli* 22b), the Gemara's original inquiry begins with the word מַכִּירֵי (rather than מַכִּירוֹ). The Gemara is thus inquiring about מַכִּירֵי מַכִּירָיו, *those who recognize the ones who recognize [the witness].* In other words, we are dealing with a case in which the court will not recognize the new-moon witness, nor will they recognize the person who was sent along to vouch for him. An additional witness is therefore needed to confirm the reliability of the vouching witness. [This third individual *is* recognized by the court, but he does not have direct knowledge about the reliability of the new-moon witness.] The question is whether such a witness may desecrate the Sabbath to testify before the Sanhedrin about the reliability of the primary vouching witness.

See *Panim Me'iros* for an explanation of the Gemara's proof according to this version.

אם כן נמצאת כל העדות מתקיימת בעד אחד. אמר ר' יודן ויאות אילו שנים שיצאו מעיר אחת שרובה גוים כגון הדא סוסיתה אחד הכל מכירין אותו שהוא ישראל ואחד אין אדם מכירו חבירו מכירו חבירו מהו שייעשה כאחד מן השוק להעיד עליו אם אומר את כן לא נמצאת כל העדות מתקיימת בעד אחד והכא נמצאת כל העדות מתקיימת בעד אחד: תמן תנינן אמר להן הממונה צאו וראו אם הגיע זמן השחיטה. אם הגיע הרואה אומר בורקי. מהו בורקי. ברקת. תמן אמרי ברק ברקא אנהר מנהרא. ועד אחד נאמן. שנייא היא הכא שאין את יכול לעמוד עליו. וחש לומר עד דהוא עליל ונפק היא מנהרא. חכימא היא מילתא. אמר עד אחד נולד איש פלוני בשבת מלין אותו על פיו. חשיכה מוצאי שבת מטלטלין אותו על פיו. ר' אמי מטלטל על פומה דמלויתה. ר' מתנייה מטלטל על איביריתה דזהרא. ר' אימי מל על פי נשים דאמרן שמשא הוות על סוסיתה. מכירו מכיריו מהו לחלל עליהן את השבת. נישמעינה מן הדא אמר ר' נהוראי כאן שנייה מעשה שירדתי להעיד על עד אחד באושא ולא היו צריכין לי אלא עילה בקשתי
יא: להקביל פני חביריי: ומה קילקול הוה תמן. שהיו אומרים עצרת לאחר השבת והיו יוצאין עליו מבערב בחזקת שנתקדש.

פני משה

אם כן נמצאת וכו'. ופשיט לה דאפילו בכהאי גונא נמי לא, שהרי הוא בפניו ומכיון שאין להאחרים המכירין חתימתו אם אתה אומר שילטרף נמלא כל העדות מתקיימת בעד אחד. וכל העדות לאו דוקא, אלא כלומר רוב העדות וכדאמרן: אמר ר' יודן ויאות. הוא דאפילו בכהאי גונא אינו מלטרף עם אחד בשוק להעיד על חבירו, דמה אילו שנים שילאו מעיר שרובה עכו"ם ואיכא לספוקי אם ישראלים הם: וכגון הדא סוסיתא. עיר אחת שרובה עכו"ם ונזכרת בכמה מקומות בהש"ס הזה: אחד הכל מכירין אותו שהוא ישראל וכו'. כלומר הא לא דמיא אלא להא שאם אין מכירין שהוא ישראל אלא על פי זה אם (כזה) [בזה] גם כן תאמר שיעשה כאחד מן השוק להעיד עליו שהוא ישראל ותהא חתימתו כשרה, זה ודאי אינו לפי שכל העדות תתקיים בעד אחד, וא"כ הכא נמי כן דמה לי אם כאן מכירין אותו שהוא ישראל ואין מכירין חתימת ידו אלא על ידי זה ונמלאת כל העדות מתקיימת בעד אחד: תמן תנינן. ריש פ"ג דיומא ומפורש שם עד שמשא הוות על סוסיתא ועיי"ש: [וז"ל שם, ועד אחד נאמן. בתמיה: ומשני שנייא היא הכא. וכי הדבר הוא שאין את יכול לעמוד עליו, בתמיה, ובמילתא דעבידא לגלויי מהימן: וחש לומר וכו'. ואכתי ניחוש לומר שמא עד שהוא נכנס ויולא מנהיר הוא, ובשעה שאמר עדיין לא הגיע הזמן: ומשני חכימא היא מילתא. ניכר הדבר אם בשעה שאמר ברקאי כבר היה הזמן או לא: אמר עד אחד וכו'.
למילתיה הוא מסיק דבכהאי גוונא עד אחד נאמן, שהרי אם אמר עד אחד נולד איש פלוני בשבת מלין אותו בשבת על פיו, וכן האומר שכבר חשכה מוצאי שבת מטלטלין (על ידי) אותו על פיו, משום דמילתא דעבידא לגלויי היא. אי נמי כשאחד אמר כשנולד זה שכבר חשכה מולאי שבת מותר לטלטל אותו על פיו, ומפני שאם לא נודע שכלו לו חדשיו אין מטלטלין אותו בשבת (שבת קלה.) שמא נפל הוא, וסומכין על אחד שאמר שכבר חשכה מולאי שבת: ר' אמי מטלטל על פומיה דמלויתה. כך היא בריש פ"ב דר"ה, כלומר שהיה מתיר לטלטל אותו בשבת על פומה של האשה שאמרה שנתמלא וכלו לו חדשיו. א"נ על פומה דמלוידתה גרסינן, על פי המילדת שאומרת כן: מטלטל על איבריתיה דזהרא. היה מתיר לטלטל אותו על שנראה שאבריו הן נהרין ונכרין, וסמך על זה לענין טלטול שאינו נפל: ר' אימי מל על פי נשים דאמרן שמשא הוות על סוסיתא. כך הוא בראש השנה וכל"ל. סוסיתא. שם מקום הוא, והיה ר' אימי סומך למול בשבת על פי נשים שאמרו כשנולד זה עדיין היה נראה השמש על העיר ועדיין יום שבת היה:] מכיריו מהו לחלל את השבת להעיד עליו. מכירי קמא הנמלא בספרי הדפוס ט"ס היא: נישמעינה מן הדא. דתני בתוספתא פ"ק (הט"ו) מעשה בר' נהוראי שבא עם העד בשבת באושא והעיד עליו כך היא שם. והכתוב לפנינו אמר ר' נהוראי כאן שנייה וכו' היא גם כן ליון על ההוא תוספתא, וכלומר כאן נשנית הברייתא שאפילו בשבת בא להעיד עליו. אי נמי כאן שנייה אדבתרה קאי וכלומר כאן ועל זה נשנית ברייתא הדא שאמר ר' נהוראי בעלמו מעשה שירדתי להעיד וכו', ושמעינן שאפילו בשביל עילה כגון זה שרלה להקביל פני חביריו אלא שידע גם כן להעיד עליו מותר לחלל את השבת ולהעיד עליו: ומה קלקול הוה תמן. על המתניתן קאי דקתני משקלקלו המינין: שהיו. המינין אומרים עצרת לעולם אחר השבת והיו יולאין להעיד על החדש מבערב בחזקת שנתקדש כדי שעל פי חשבון זה יהא עצרת ממחרת השבת כפי מינות טעותם:

קרבן העדה

ופשיט אם כן. דסמכינן אעדות זה העד שמעיד על חבירו שהוא כשר, הרי מוליאין הממון על פי עד אחד: ויאות. ושפיר פשיט בעיין: כגון הדא סוסיתה. היא עיר שרובה עכו"ם: חבירו מהו שיעשה כאחד מן השוק. שמעיד על אחד שהוא ישראל ואחר כך מעידין שניהם בדבר אחר, מי מהני עדותן, דודאי לא מהני, דהרי כל העדות יולא על פי עד אחד, א"כ הכא נמי לענין קיום השטר ולענין קידוש החדש נמי לא מהני עדותו: תמן תנינן. ביומא פ"ג: ברקת. לשון ברק, שהנילולין יולאין מן הרקיע. לישנא אחרינא מהו בורקי ברקת, דהוה תני במתני' הרואה אומר בורקי ברקת. וכן הוא בבבלי במתניתא (יומא כח:) הרואה אומר בורק ברקאי: תמן. בבבל מפרשים שאיר האור: ופריך ועד אחד נאמן. בתמיה, ואיך סמכו על הרואה הזה לחוד: ה"ג שנייא היא הכא שאת יכול לעמוד עליו. והכי פירושו, שאני הכא דמילתא דעבידא לגלויי היא שהרי בשעה מועטת יראה גם האור למטה: ופריך וחש לומר. וניחוש שמא בתוך שהוא נכנס ויולא יהיה האור ואי אפשר לעמוד עליו, ולעולם הוא משקר: ומשני חכימא היא מלתא. ניכר הדבר גם למטה באותה שעה או אחר כך בשעה מועטת אם היה האור נראה בשעה ההיא למעלה, ואינו אלא גילוי מלתא: אמר עד אחד וכו'. כלומר מכאן אנו למידין אם אומר עד אחד שנולד התינוק בשבת מלין אותו בשבת הבא על פיו, אף על פי שאינו אלא עד אחד: חשיכה וכו'. והוא הדין אם אמר עד אחד שנולד חשיכה מולאי שבת והרי הוא בן תשעה, ואילו נולד בשבת הוה בן שמנה שאסור לטלטלו בשבת, כדתניא בפרק ר' אליעזר דמילה (שבת קלה.) סומכין על העד אחד ומטלטלין אותו בשבת הבא. ומה שכתב עם חשיכה לאו דוקא, אלא הוא הדין בשאר ימות השבוע, אלא איידי דאיירי ברישא בשבת תני סיפא במולאי שבת: על פום מלויתא. על פי הנשים המלוים את היולדת וההולכים עמה. אי נמי על פי אור הנראה בראשי ההרים, כמו מלייא בגלא הנזכר בבתרא (נד.): איבריתא דזיהרא. נילולות של אור השמש, שהוא ודאי לילה ושרי לטלטל: שמשא הוות. השמש היתה על סוסיתא הוא שם מקום והוא בראש ההר, ואפילו לא הגידו אלא הנשים סומכין עליהן: מכיריו. אותן המעידין על העד שראו את החדש, מהו שיהו מחללין את השבת לבא לבית דין להעיד עליו שכשר הוא: ה"ג אמר ר' נהוראי מעשה וכו'. א"נ הכי פירושו, כאן בארץ ישראל נשנית בזה הלשון שבא ר' נהוראי להעיד על העד, ובבבל נשנית בלשון אחר שר' נהוראי אחד מעדים: מעשה שירדתי. בשבת לבית דין להעיד על העד: ולא היו צריכין לי. בודאי שהיה אפשר שיהיה שם מי שיכיר העד: אלא. עלילה מלאתי לתלות בה לילך לאושא בשבת להקביל פני חבירי: ומה קלקול הוה תמן. שקלקלו המינין, ומאיזה טעם קלקלו: ומשני שהיו אומרים. עלרת לעולם באחד בשבת, שהן דורשין ממחרת השבת יניפנו (ויקרא כג יא), ממחרת שבת בראשית, וכשחל יום ל' של אדר בשבת ולא נראה החדש בזמנו, והם מתאוין שיהא יום ראשון של פסח בשבת, כדי שיהא הנפת העומר באחד בשבת: והיו יוצאין עליו מבערב. להעיד, בחזקת שנראה החדש:

עין משפט

א מיי' פ"ג מהלכות קידוש החודש הלכה ג:

שינויי נוסחאות

א] אם כן. בירושלמי כתובות (פ"ב ה"ד) אם אתה אומר כן, וכעי"ז בש"ג:

ב] בורקי. כ"ה גם במשניות שבירושלמי יומא (פ"ג ה"א). במשניות ובבבלי (שם כח.) ברקאי:

ג] שאין את. כ"ה גם בירושלמי יומא (שם). בר"ח (כב:, יומא כט.) שאת. וכעי"ז באו"ז (ח"א סי' שם), וכן הגיה בקה"ע:

ד] איש פלוני. בר"ח יומא (שם) בן לפלוני. בר"ח (כב:, שבת קנז:) ואו"ז (מילה קג) ובשבולי הלקט (מילה סי' א) לאיש פלוני:

ה] אותו. כ"ה גם בר"ח (כב:) ובאו"ז (שם). בש"ג ובר"ח יומא (שם) ובשבולי הלקט (שם) ליתא:

ו] על. כ"ה גם בש"ג. בירושלמי יומא (שם) על פום:

ז] מל. כ"ה גם בש"ג. בירושלמי יומא (שם) ובאו"ז (שם) מטלטל:

ח] מכירו מכיריו מהו לחלל עליהן. כ"ה גם בש"ג. בר"ח (כב:) מכירי מכיריו של עד שראה את הלבנה, מהו לחלל עליו:

ט] ר' נהוראי. בכי"ל ובש"ג נוהריי [וכך נזכר שם זה גם בתוספתא כי"ע קידושין (פ"ה הי"ד) וכעי"ז בירושלמי ובמדרשים בכ"מ] והוגה בכי"ל כמו שלפנינו:

י] כאן שנייה. בש"ג בר שנייה. [ולפי"ז אולי היינו ר' נהוראי בר שונייא הנזכר בתוספתא מעשרות (פ"א ה"ג) ובירושלמי (שם פ"א ה"ג)]. בר"ח (שם) ליתא, וכן הגיה בקה"ע. וע"ע בפנ"מ:

כ] ולא היו. בר"ח (שם) לא שהיו:

רידב"ז

אמר ר' נהוראי כאן שנייה מעשה וכו'. פשיטא דגרסינן אמר רבי נהוראי מעשה וכו', וטעות דמוכח הוא וזה פשוט:

גליון הש"ס

מל על פי נשים וכו'. עי' שו"ת תשב"ץ ח"א סי' פ"ד:

מסורת הש"ס

א) יומא פ"ג ה"א [כל הענין] ב) [יומא פ"ג מ"א, תמיד פ"ג מ"ב, יומא כז:, מנחות ק.] ג) [יומא כח:, תוספתא יומא פ"א הי"ג] ד) יומא כב: [תוספתא פ"א הט"ו] ה) [תוספתא פ"א הי"ד, עי' ר"ה כב: תוד"ה להטעות] ו) [מנחות סה., מגילת תענית פרק א, ילקו"ש אמור תרמג]

שירי קרבן

אלו שנים שיצאו מעיר אחת שרובה עכו"ם וכו'. גרסינן פ' החולץ (יבמות) דף מ"ו ע"ב ת"ר מי שבא ואמר גר אני יכול נקבלנו, ת"ל (ויקרא יט לג) אתך במוחזק לך. וכתבו תוס' (מז. ד"ה במוחזק) אומר ר"ת דוקא בדידעינן דהוה עכו"ם מעיקרא, אבל אי לא ידעינן מהימן במגו דאי בעי אמר ישראל אני, כדמשמע בפסחים (ג:) גבי האי עכו"ם דהוה סליק ואכל פסח בירושלים, ואין לומר דשאני התם דסמכי ארובא דהוו ישראל, דהא בכל מקום נמי איכא רובא דרוב הבאין לפנינו בתורת יהדות ישראל [הם], ע"כ. וקשה הא מפורש אמרינן כאן דבעינן עדות שיעיד שהוא ישראל. וי"ל דהכא שאני שבאו מעיר שרובה עכו"ם. ונראה שזו ראיה גדולה לדעת הרמב"ם שכתב בפרק י"ג מהלכות איסורי ביאה (ה"י) במה דברים אמורים בארץ ישראל ובאותן הימים שחזקת הכל שם בחזקת ישראל אבל בחו"ל צריך להביא ראיה ואח"כ ישא ישראלית, ואני אומר מעלה עשו ביוחסין, ע"כ. ותמה עליו [הראב"ד], וכתב הרב המגיד שאפשר שיצא לו מהא דפסחים (שם), עיי"ש. ותימה מנא ליה להרמב"ם לחלק, אבל הנראה לי שמסוגיין יצא לו להרמב"ם וחו"ל רובא עכו"ם ניהו. אך קשה הא דסיים הרמב"ם מעלה עשו ביוחסין, דהכא משמע דלכל מילי לא מחזקינן ליה בישראל. ואפשר לומר דדוקא לענין עדות ממון הוא דאמרינן כאן דבעינן שיהיה מוחזק בעדים דיכול המוחזק לטעון אייתי סהדי דישראל הוא וטול וכו': מלין אותו על פיו וכו'. מה שיש לדקדק בזה עיין במה שכתבתי ביומא ריש פ"ג (ה"א) בתוספות בד"ה מלין וכו':

The Gemara cites another case involving a single witness. This case pertains to the birth of a possibly nonviable child:

חֲשֵׁיכָה מוֹצָאֵי שַׁבָּת – If a single witness said that **it was** already **dark after the Sabbath** when the child was born, thereby testifying to the child's viability, **מְטַלְטְלִין אוֹתוֹ עַל פִּיו** – **we may transport [the child]** on future Sabbaths **on** the basis of **his testimony.** The child is not considered to be *muktzeh.*[24]

The Gemara cites a case in which testimony of women is believed regarding a possibly nonviable child:

רַבִּי אַמִּי מְטַלְטֵל עַל פּוּמַהּ דִמְלַוִּיתָה – **R' Ami would** allow one to **move [the child]** during the Sabbath **on the testimony of those who accompany** the mother, i.e. the midwives.[25]

Another teaching regarding such a child:

רַבִּי מַתַּנְיָיה מְטַלְטֵל עַל אִיבִּירִיתַהּ דְזַהֲרָא – **R' Matanyah would** allow one to **move [the child]** during the Sabbath **on** account of the last **rays of sunlight** having been seen before its birth.[26]

The Gemara cites a final case in which women are trusted regarding a prohibition:

רַבִּי אִימִּי מָל עַל פִּי נָשִׁים – **R' Imi would circumcise [a child]** on the Sabbath **on the testimony of women** **דְּאָמְרָן שִׁמְשָׁא הֲוַות עַל סוּסִיתָה** – **who said** that **the sun was** was still shining **on Susisah** during the previous Sabbath when this child was born.[27]

The Mishnah in the previous chapter (on 10b and 12a) stated that the Sabbath may be desecrated in order to transport new-moon witnesses to testify before the Sanhedrin. The Gemara now inquires whether this rule likewise pertains to those who accompany a new-moon witness to vouch for his reliability:[28]

מַכִּירוֹ מַכִּירָיו מַהוּ לְחַלֵּל עֲלֵיהֶן אֶת הַשַּׁבָּת – Regarding **one who recognizes [a new-moon witness],** or multiple **people who recognize him,**[29] **what is [the law]** as to whether it is permitted **to**

NOTES

birth, he is believed (*Korban HaEidah*), in accordance with the principle that a single witness is believed regarding a prohibition.

Chazon Yechezkel (loc. cit.) explains that in this case (and in those which follow), no *chazakah* contradicts the testimony, for the testimony does not directly address any change in the infant's present status, but simply identifies the day on which the birth took place – i.e. the Sabbath. There is no *chazakah* that argues against the birth having taken place on that day.

However, others maintain that in this case, too, one could argue that the testimony is opposed by a *chazakah* which states that since the infant was previously less than eight days old and thus not subject to circumcision, he is presumed to remain in that state until known otherwise. The testimony of the witness indicates that the infant has in fact left that state, and is now subject to circumcision. The witness' testimony therefore contradicts a *chazakah.* The Gemara informs us that nevertheless, his testimony is believed. The Gemara's reasoning is that the time of the child's birth is a מִילְּתָא דַּעֲבִידָא לְאִגַּלּוּיֵי, *a matter that is likely to be revealed* (see note 17 above), for the mother herself (or the midwife) might contradict the witness. We may therefore assume that the witness fears to lie; hence, he is believed (*Avi HaEzri,* as explained by *Arugas HaBosem* loc. cit.; see there for another approach; see also *Beur of R' Chaim Kanievski*).

24. In Talmudic times, a child born in the eighth month of pregnancy generally could not survive. It was legally classified not as a living being, but as dead. Such a child was deemed to be *muktzeh,* and thus could not be moved on the Sabbath (*Bavli Yevamos* 80a).

Here the Gemara discusses a case in which the Sabbath fell on the final day of a woman's eighth month of pregnancy. She gave birth at the end of that day, but it is unclear whether the child was born on the Sabbath itself, or on the evening following the Sabbath. If the child was born on the Sabbath, i.e. at the end of the eighth month, it is not viable, and may not be moved on succeeding Sabbaths. If the child was born after the Sabbath, i.e. in the first moments of the ninth month, it is a viable child, and so it may be moved on succeeding Sabbaths. A single witness testifies that the birth occurred after the Sabbath. The Gemara states that his testimony is accepted [as per the rule that such testimony is valid regarding prohibitions]. Hence, the child is not *muktzeh* and may be moved on the Sabbath (*Korban HaEidah;* see *Pnei Moshe* to *Yoma* ibid.; cf. *Sefer Nir* to *Yoma* ibid., and *Beur of R' Chaim Kanievski*). [As explained in the previous note, it is possible to say that no *chazakah* contradicts this witness, since his testimony does not concern a change in the child's present status, but simply identifies the day of his birth. According to others, the testimony *is* opposed by a *chazakah;* however, since the mother might contradict the witness, he fears to lie. The same dispute pertains in the cases that follow.]

[This ruling is not specific to a child born on or after the Sabbath. The issues being considered are the same regardless of the day of the week, and apply *whenever* there is a question as to whether a child was born at the end of the eighth month or at the beginning of the ninth. The Gemara discusses the Sabbath only because of the previous ruling, which dealt with testimony regarding an infant born on the Sabbath (*Korban HaEidah*).]

25. If the midwives testified that the child was born in the ninth month, not the eighth (see previous note), R' Ami would accept their testimony and rule that the child is not *muktzeh.* [Our translation of the word מְלַוִּיתָה follows *Korban HaEidah's* first explanation. For other interpretations, see *Korban HaEidah; Pnei Moshe* to *Yoma* ibid., and *Alei Tamar* there; *Beur of R' Chaim Kanievski.*]

The testimony of women, like that of a single witness, is accepted with regard to prohibitions (see *Bavli Kesubos* 72a). Indeed, the validity of single-witness testimony in such cases is actually *derived* from the law regarding women's testimony (see *Tosafos, Gittin* 2b ד״ה עד אחד; cf. *Shitah Mekubetzes, Kesubos* 72a ד״ה ומשמשתו וד״ה לעצמה). Furthermore, the testimony of midwives in particular is often accepted even where that of women in general is not (see *Bavli Kiddushin* 73b; *Taz, Even HaEzer* 4:20).

26. When the child was born, only a few last rays of light were visible, which indicated that the Sabbath day was over and night had begun. This meant that the child had been born in the ninth month and was viable; therefore R' Matanyah permitted moving the child on succeeding Sabbaths (see *Korban HaEidah*). [From *Korban HaEidah* it seems that the remaining light was dim enough to ensure that three medium-size stars had already appeared, and it was thus fully night. Alternatively, the fading light merely indicated that it was בֵּין הַשְּׁמָשׁוֹת, *twilight,* a period whose legal status as day or night is a matter of doubt. Because the child was born in this period of uncertainty, it is unknown whether the child's birth took place in the eighth month or the ninth. Thus, its viability, and consequently its *muktzeh* status, is a matter of doubt. Since the *muktzeh* prohibition is merely Rabbinic, it is not enforced under circumstances of doubt, as per the well-known Talmudic rule of סָפֵק דְּרַבָּנָן לְהָקֵל, *a doubt in matters of Rabbinic law is treated leniently.*]

See *Pnei Moshe* to *Yoma* ibid. for a different approach; for yet other approaches, see *Emek Halachah* 11:9; *Alei Tamar, Yoma* ibid.

27. Susisah (mentioned earlier on this *amud*) is a city located on a hill to the east of Tiberias, on the opposite side of the Sea of Kinneres (Galilee). Because Tiberias itself lies in a valley, and its western horizon is thus obscured, the sun disappears from view in Tiberias some time before the day actually ends [see *Rashi, Shabbos* 118b ד״ה ממכניסי]. However, at that point the sun is still shining on Susisah, and this can be readily seen from Tiberias by looking to the east across the sea. As long as the sun is visible in Susisah, it is still day in Tiberias as well.

If a child was born at the very end of the Sabbath, after the sun had already "set" in Tiberias, the birth would still be deemed to have taken place on the Sabbath day – thus allowing for circumcision to be performed the following Sabbath – if it was observed that Susisah was still sunlit at that time. The Gemara teaches that R' Imi, who lived in Tiberias, accepted the testimony of women to this effect, and thus allowed the child to be circumcised on the following Sabbath (see *Korban HaEidah* and *Alei Tamar*). [As we have explained (note 25), the testimony of women is valid with regard to prohibitions (but see *Tziyun Yerushalayim*).]

[An alternative reading replaces the word סוּסִיתָה, *Susisah,* with צוּצִיתָא, *date palm.* The women testified that they saw the sun above a date palm when the child was born (*Ritva, Shabbos* 137b).]

28. *Korban HaEidah.*

29. Translation follows *Beur of R' Chaim Kanievski;* cf. *Pnei Moshe,* who emends the text.

[א]אם כן נמצאת כל העדות מתקיימת בעד אחד. אמר ר' יודן ויאות אילו שנים שיצאו מעיר אחת שרובה גוים כגון הדא סוסיתה אחד הכל מכירין אותו שהוא ישראל ואחד אין אדם מכירו חבירו מכירו חבירו מהו שייעשה כאחד מן השוק להעיד עליו אם אומר את כן לא נמצאת כל העדות מתקיימת בעד אחד והכא נמצאת כל העדות מתקיימת בעד אחד: [א]תמן תנינן [ב]אמר להן הממונה צאו וראו אם הגיע זמן השחיטה. אם הגיע הרואה אומר [ב]בורקי. מהו בורקי. ברקת. [ג]תמן אמרי ברק ברקא אנהר מנהרא. ועד אחד נאמן. שנייא היא הכא [ג]שאין את יכול לעמוד עליו. וחש לומר עד דהוא עליל ונפק היא מנהרא. חכימא היא מילתא. אמר עד אחד נולד [ד]איש פלוני בשבת מלין אותו על פיו. חשיכה מוצאי שבת מטלטלין [ה]אותו על פיו. ר' אמי מטלטל על פומה דמלויתה. ר' מתנייה מטלטל [ו]על איביריתה דזהרא. ר' אימי [ז]מל על פי נשים דאמרן שמשא הוות על סוסיתה. [א][ח]מכירו מכיריו מהו לחלל עליהן את השבת. נישמעינה מן הדא [ד]אמר [ט]ר' נהוראי [י]כאן שנייה מעשה שירדתי להעיד על עד אחד באושא [כ]ולא היו צריכין לי אלא עילה בקשתי יא: להקביל פני חביריי: [ה]ומה קילקול הוה תמן. [ו]שהיו אומרים עצרת לאחר השבת והיו יוצאין עליו מבערב בחזקת שנתקדש.

פני משה

אם כן נמצאת וכו'. ופשיט לה דאפילו בכהאי גונא נמי לא, שהרי הוא בפנינו ומכיון שאין להאחרים המכירין חתימתו אם אתה אומר שיצטרף נמצא כל העדות מתקיימת בעד אחד. וכל העדות לאו דוקא, אלא כלומר רוב העדות וכדאמרן: אמר ר' יודן ויאות. הוא דאפילו בכהאי גונא אינו מצטרף עם אחד בשוק להעיד על חבירו, דמה אילו שנים שיצאו מעיר שרובה עכו"ם ואיכא לספוקי אם ישראלים הם: וכגון הדא סוסיתא. עיר אחת שרובה עכו"ם ונזכרת בכמה מקומות בהש"ס הזה: אחד הכל מכירין אותו שהוא ישראל וכו'. כלומר הא לא דמיא אלא להא שאם אין מכירין שהוא ישראל אלא על פי זה אם (כזה) [בזה] גם כן תאמר שיעשה כאחד מן השוק להעיד עליו שהוא ישראל ותהא חתימתו כשרה, זה ודאי אינו לפי שכל העדות תתקיים בעד אחד, וא"כ הכא נמי כן דמה לי אם כאן מכירין אותו שהוא ישראל ואין מכירין חתימת ידו אלא על ידי זה ונמצאת כל העדות מתקיימת בעד אחד: תמן תנינן. ריש פ"ג דיומא ומפורש שם עד שמשא הוות על סוסיתא ועיי"ש: [וז"ל שם, ועד אחד נאמן. בתמיה: ומשני שנייא היא הכא. וכי הדבר הוא שאין את יכול לעמוד עליו, בתמיה, ובמילתא דעבידא לגלויי מהימן: וחש לומר וכו'. ואכתי ניחוש לומר שמא עד שהוא נכנס ויוצא מנהיר הוא, ובשעה שאמר עדיין לא הגיע הזמן: ומשני חכימא היא מילתא. ניכר הדבר אם בשעה שאמר ברקאי כבר היה הזמן או לא: אמר עד אחד וכו'. למילתיה הוא מסיק דבכהאי גוונא עד אחד נאמן, שהרי אם אמר עד אחד נולד איש פלוני בשבת מלין אותו בשבת על פיו, וכן האומר שכבר חשכה מוצאי שבת מטלטלין (על ידי) אותו על פיו, משום דמילתא דעבידא לגלויי היא. אי נמי כשאחד אמר כשנולד זה שכבר חשכה מוצאי שבת מותר לטלטל אותו על פיו, ומפני שאם לא נודע שכלו לו חדשיו אין מטלטלין אותו בשבת (שבת קלה.) שמא נפל הוא, וסומכין על אחד שאמר שכבר חשכה מוצאי שבת: ר' אמי מטלטל על פומיה דמלויתה. כך היא בריש פ"ב דר"ה, כלומר שהיה מתיר לטלטל אותו בשבת על פומה של האשה שאמרה שנתמלא וכלו לו חדשיו. א"נ על פומה דמלוידתה גרסינן, על פי המילדת שאומרת כן: מטלטל על איבריתיה דזהרא. היה מתיר לטלטל אותו על שנראה שאבריו הן נאהרין ונכרין, וסמך על זה לענין טלטול שאינו נפל: ר' אימי מל על פי נשים דאמרן שמשא הוות על סוסיתא. כך הוא בראש השנה וכצ"ל. סוסיתא. שם מקום הוא, והיה ר' אימי סומך למול בשבת על פי נשים שאמרו כשנולד זה עדיין היה נראה השמש על העיר ועדיין יום שבת היה:] מכיריו מהו לחלל את השבת להעיד עליו. מכירי קמא הנמצא בספרי הדפוס ט"ס היא: נישמעינה מן הדא. דתני בתוספתא פ"ק (הט"ו) מעשה בר' נהוראי שבא עם העד בשבת באושא והעיד עליו כך היא שם. והכתוב לפנינו אמר ר' נהוראי כאן שנייה וכו' היא גם כן ציון על ההוא תוספתא, וכלומר כאן נשנית הברייתא שאפילו בשבת בא להעיד עליו. אי נמי כאן שנייה אדבתרה קאי וכלומר כאן ועל זה נשנית ברייתא הדא שאמר ר' נהוראי בעצמו מעשה שירדתי להעיד וכו', ושמעינן שאפילו בשביל עילה כגון זה שרצה להקביל פני חביריו אלא שידע גם כן להעיד עליו מותר לחלל את השבת ולהעיד עליו: ומה קלקול הוה תמן. על המתניתן קאי דקתני משקלקלו המינין: שהיו. המינין אומרים עצרת לעולם אחר השבת והיו יוצאין להעיד על החדש מבערב בחזקת שנתקדש כדי שעל פי חשבון זה יהא עצרת ממחרת השבת כפי מיעות טעותם:

קרבן העדה

ופשיט אם כן. דסמכינן אעדות זה העד שמעיד על חבירו שהוא כשר, הרי מוציאין הממון על פי עד אחד: ויאות. ושפיר פשיט בעיין: כגון הדא סוסיתה. היא עיר שרובה עכו"ם: חבירו מהו שיעשה כאחד מן השוק. שמעיד על אחד שהוא ישראל ואחר כך מעידין שניהם בדבר אחר, מי מהני עדותן, דודאי לא מהני, דהרי כל העדות יוצא על פי עד אחד, א"כ הכא נמי לענין קיום השטר ולענין קידוש החדש נמי לא מהני עדותו: תמן תנינן. ביומא פ"ג: ברקת. לשון ברק, שהניצוצין יוצאין מן הרקיע. לישנא אחרינא מהו בורקי ברקת, דהוה תני במתני' הרואה אומר בורקי ברקת. וכן הוא בבבלי במתניתא (יומא כח:) הרואה אומר בורק ברקאי: תמן. בבבל מפרשים שמאיר האור: ופריך ועד אחד נאמן. בתמיה, ואיך סמכו על הרואה הזה לחוד: ה"ג שנייא היא הכא שאת יכול לעמוד עליו. והכי פירושו, שאני הכא דמילתא דעבידא לגלויי היא שהרי בשעה מועטת יראה גם האור למטה: ופריך וחש לומר. וניחוש שמא בתוך שהוא נכנס ויוצא יהיה האור ואי אפשר לעמוד עליו, ולעולם הוא משקר: ומשני חכימא היא מלתא. ניכר הדבר גם למטה באותה שעה או אחר כך בשעה מועטת אם היה האור נראה בשעה ההיא למעלה, ואינו אלא גילוי מלתא: אמר עד אחד וכו'. כלומר מכאן אנו למידין אם אומר עד אחד שנולד התינוק בשבת מלין אותו בשבת הבא על פיו, אף על פי שאינו אלא עד אחד: חשיכה וכו'. והוא הדין אם אמר עד אחד שנולד חשיכה מוצאי שבת והרי הוא בן תשעה, ואילו נולד בשבת הוה בן שמנה שאסור לטלטלו בשבת, כדתניא בפרק ר' אליעזר דמילה (שבת קלה.) סומכין על העד אחד ומטלטלין אותו בשבת הבא. ומה שכתב עם חשיכה לאו דוקא, אלא הוא הדין בשאר ימות השבוע, אלא איידי דאיירי ברישא בשבת תני סיפא במוצאי שבת: על פום מלויתא. על פי הנשים המלוים את היולדת וההולכים עמה. אי נמי על פי אור הנראה בראשי ההרים, כמו מלייא בנלא הנזכר בבתרא (נד.): איבריתא דזיהרא. ניצוצות של אור השמש, שהוא ודאי לילה ושרי לטלטל: שמשא הוות. השמש היתה על סוסיתא הוא שם מקום והוא בראש ההר, ואפילו לא הגידו אלא הנשים סומכין עליהן: מכיריו. אותן המעידין על העד שראו את החדש, מהו שיהו מחללין את השבת לבא לבית דין להעיד עליו שכשר הוא: ה"ג אמר ר' נהוראי מעשה וכו'. א"נ הכי פירושו, כאן בארץ ישראל נשנית בזה הלשון שבא ר' נהוראי להעיד על העד, ובבבל נשנית בלשון אחר שר' נהוראי אחד מעדים: מעשה שירדתי. בשבת לבית דין להעיד על העד: ולא היו צריכין לי. בודאי שהיה אפשר שיהיה שם מי שיכיר העד: אלא. עלילה מצאתי לתלות בה לילך לאושא בשבת להקביל פני חבירי: ומה קלקול הוה תמן. שקלקלו המינין, ומאיזה טעם קלקלו: ומשני שהיו אומרים. עצרת לעולם באחד בשבת, שהן דורשין ממחרת השבת יניפנו (ויקרא כג יא), ממחרת שבת בראשית, וכשחל יום ל' של אדר בשבת ולא נראה החדש בזמנו, והם מתאוין שיהא יום ראשון של פסח בשבת, כדי שיהא הנפת העומר באחד בשבת: והיו יוצאין עליו מבערב. להעיד, בחזקת שנראה החדש:

עין משפט

א מיי' פ"ג מהלכות קידוש החודש הלכה ג:

שינויי נוסחאות

א] **אם כן.** בירושלמי כתובות (פ"ב ה"ד) **אם אתה אומר** כן, וכעי"ז בש"ג:

ב] **בורקי.** כ"ה גם במשניות שבירושלמי יומא (פ"ג ה"א). במשניות ובבבלי (שם כח.) **ברקאי:**

ג] **שאין את.** כ"ה גם בירושלמי יומא (שם). בר"ח (כב:, יומא כט.) **שאת.** וכעי"ז באו"ז (ח"א סי' שם), וכן הגיה בקה"ע:

ד] **איש פלוני.** בר"ח יומא (שם) **בן לפלוני.** בר"ח (כב:, שבת קנז:) ואו"ז (מילה קג) ובשבולי הלקט (מילה סי' א) **לאיש פלוני:**

ה] **אותו.** כ"ה גם בר"ח (כב:) ובאו"ז (שם). בש"ג ובר"ח יומא (שם) ובשבולי הלקט (שם) ליתא:

ו] **על.** כ"ה גם בש"ג. בירושלמי יומא (שם) על **פום:**

ז] **מל.** כ"ה גם בש"ג. בירושלמי יומא (שם) ובאו"ז (שם) **מטלטל:**

ח] **מכירו מכיריו מהו לחלל עליהן.** כ"ה גם בש"ג. בר"ח (כב:) **מכירי** מכיריו של עד שראה את הלבנה, מהו לחלל **עליו:**

ט] **ר' נהוראי.** בכי"ל ובש"ג **נוהריי** [וכך נזכר שם זה גם בתוספתא כי"ע קידושין (פ"ה הי"ד) וכעי"ז בירושלמי ובמדרשים בכ"מ] והוגה בכי"ל כמו שלפנינו:

י] **כאן שנייה.** בש"ג בר שנייה. [ולפי"ז אולי היינו ר' נהוראי בר שונייא הנזכר בתוספתא מעשרות (פ"א ה"ג) ובירושלמי (שם פ"א ה"ג)]. בר"ח (שם) ליתא, וכן הגיה בקה"ע. ועי' בפנ"מ:

כ] **ולא היו.** בר"ח (שם) **לא שהיו:**

רידב"ז

אמר ר' נהוראי כאן שנייה מעשה וכו'. פשיטא דגרסינן **אמר רבי נהוראי מעשה וכו',** וטעות דמוכח הוא וזה פשוט:

גליון הש"ס

מל על פי נשים וכו'. עי' שו"ת תשב"ץ ח"א סי' פ"ד:

מסורת הש"ס

א) יומא פ"ג ה"א [כל הענין] **ב)** [יומא פ"ג מ"א, תמיד פ"ג מ"ב, יומא כז:, מנחות ק.] **ג)** [יומא כח:, תוספתא יומא פ"א הי"ג] **ד)** יומא כב: [תוספתא פ"א הט"ו] **ה)** [תוספתא פ"א הי"ד, עי' ר"ה כב: תוד"ה להטעות] **ו)** [מנחות סה., מגילת תענית פרק א, ילקו"ש אמור תרמג]

שירי קרבן

אלו שנים שיצאו מעיר אחת שרובה עכו"ם וכו'. גרסינן פ' החולץ (יבמות) דף מ"ו ע"ב ת"ר מי שבא ואמר גר אני יכול נקבלנו, ת"ל (ויקרא יט לג) אתך במוחזק לך. וכתבו תוס' (מז. ד"ה במוחזק) אומר ר"ת דוקא בדידעינן דהוה עכו"ם מעיקרא, אבל אי לא ידעינן מהימן במגו דאי בעי אמר ישראל אני, כדמשמע בפסחים (ג:) גבי האי עכו"ם דהוה סליק ואכל פסח בירושלים, ואין לומר דשאני התם דסמכי ארובא דהוו ישראל, דהא בכל מקום נמי איכא רובא דרוב הבאין לפנינו בתורת יהדות ישראל [הם], ע"כ. וקשה הא מפורש אמרינן כאן דבעינן עדות שיעיד שהוא ישראל. וי"ל דהכא שאני שבאו מעיר שרובה עכו"ם. ונראה שזו ראיה גדולה לדעת הרמב"ם שכתב בפרק י"ג מהלכות איסורי ביאה (ה"י) במה דברים אמורים בארץ ישראל ובאותן הימים שחזקת הכל שם בחזקת ישראל אבל בחו"ל צריך להביא ראיה ואח"כ ישא ישראלית, ואני אומר מעלה עשו ביוחסין, ע"כ. ותמה עליו [הראב"ד], וכתב הרב המגיד שאפשר שיצא לו מהא דפסחים (שם), עיי"ש. ותימה מנא ליה להרמב"ם לחלק, אבל הנראה לי שמסוגיין יצא לו להרמב"ם וחו"ל רובא עכו"ם נינהו. אך קשה הא דסיים הרמב"ם מעלה עשו ביוחסין, דהכא משמע דלכל מילי לא מחזקינן ליה בישראל. ואפשר לומר דדוקא לענין עדות ממון הוא דמחמרינן כאן דבעינן שיהיה מוחזק בעדים דיכול המוחזק לטעון אייתי סהדי דישראל הוא וטול וכו"ע: מלין אותו על פיו וכו'. מה שיש לדקדק בזה עיין במה שכתבתי ביומא ריש פ"ג (ה"א) בתוספות בד"ה מלין וכו':

מְנַהֲרָא – **Light is being cast by that which casts light** (i.e. the sun).[13]

The above-cited Mishnah stated that the time for slaughtering the *tamid* offering is determined by the observer's announcement that dawn has arrived. The Gemara questions the permissibility of relying on this testimony:

וְעֵד אֶחָד נֶאֱמָן – **But is a single witness believed** to say that the time for slaughtering the morning *tamid* has arrived?[14] Since his testimony signals a change in the status quo, i.e. from night to day, the single witness should not be trusted to permit the slaughter![15] – ? –

The Gemara answers:

שַׁנְיָיא הִיא הָכָא – **It is different here,** (שאין את) [שֶׁאַתְּ][16] יָכוֹל לַעֲמוֹד עָלָיו – **because** in this case **you are able to determine [the facts]** for yourself, without the observer's help. Since the truth can easily be discovered, a single witness is believed even where his testimony signals a change in the status quo.[17]

The Gemara persists:

עַד דְּהוּא וְחָשׁ לוֹמַר – **But** we should still **be concerned to say**[18] עָלִיל וְנָפֵק הִיא מְנַהֲרָא – that perhaps **by the time [the observer] goes in and comes out,** i.e. in a very short time, **[the light] will be shining** for all to see. Maybe the observer will falsely announce the dawn just before the first light becomes visible, in which case his deception will not be perceived. On account of this possibility, the single witness should not be trusted![19] – ? –

The Gemara responds:

חֲכִימָא הִיא מִילְּתָא – **[The arrival of dawn] is recognizable** from ground level too. Since others will have seen it, we need not be concerned about the possibility of the observer falsifying his report.[20]

Having raised the matter of trusting a single witness regarding a prohibition, the Gemara cites further cases in which a single witness or a woman is trusted regarding a prohibition:[21]

אָמַר עֵד אֶחָד – If **a single witness said:** נוֹלַד [לְ]אִישׁ[22] פְּלוֹנִי בְּשַׁבָּת – "A son **was born to this person, So-and-so, on the Sabbath,"** מָלִין אוֹתוֹ עַל פִּיו – **we may circumcise [the child]** during the following Sabbath **on** the basis of **his testimony.**[23]

NOTES

13. Translation follows *Pnei Moshe* ibid. and *Beur of R' Chaim Kanievski;* see also the Baraisa cited in *Bavli Yoma* 28b.

See Variant A.

14. The Gemara assumes that there was only a single witness announcing the dawn. Presumably, this is based on the Mishnah's statement: הָרוֹאֶה אוֹמֵר בּוֹרְקַי, *the observer would say, "Dawn!,"* which speaks of a single observer (*Or HaYashar* to *Tamid* 30a ד״ה ונל״פ). [One might protest that when the Mishnah quotes the appointed Kohen as saying צְאוּ וּרְאוּ, *go out and see,* it uses the plural form, which implies that there were other observers. See *Or HaYashar* ibid. ד״ה כן for discussion of this difficulty.]

15. As a rule, all testimony regarding legal matters requires two witnesses; the testimony of a single witness is not accepted (see *Deuteronomy* 17:6). An exception to this rule is testimony concerning a prohibition, which is generally accepted even from a single witness, as per the Talmudic rule of עֵד אֶחָד נֶאֱמָן בְּאִסּוּרִין, *a single witness is believed with regard to prohibitory law* (see *Bavli Gittin* 2b; see also above, 13a note 5).

In the Mishnah's case, the testimony of the observer pertains to the prohibition against slaughtering sacrificial offerings at night (see note 9 above). By testifying that dawn has arrived, the observer asserts that slaughtering the *tamid* will not violate this prohibition. Nevertheless, the Gemara argues, he should not be believed. For in this case, the witness' testimony flies in the face of a *chazakah,* a legal presumption, which states that the status quo has not changed. Since it was previously nighttime, we presume that it remains nighttime still. The rule is that the testimony of a single witness is not believed over a *chazakah* (see *Bavli Yevamos* 88a; *Tosafos, Gittin* 2b ד״ה עד אחד). Accordingly, the testimony of the observer should not be believed, and it should be forbidden to slaughter the *tamid* (*Chazon Yechezkel* to *Tosefta Yoma* 1:13 [*Chidushim*], based on *Tos. HaRosh, Horayos* 4a ד״ה סומכוס; see also *Beur of R' Chaim Kanievski;* see, however, *Alei Tamar* to *Yoma* ibid. for discussion).

[There is dispute among the authorities as to whether a *chazakah* remains valid when it is certain that the status quo will eventually undergo a change, such as in this case, where we know for certain that the night will, at some point, give way to day (see *Or Zarua* Vol. 1, end of §672; *Teshuvos Maharit* Vol. 1, §11,41; *Shev Shmaatsa* 3:10-13; *Pnei Yehoshua, Kiddushin, Kuntres Acharon* §94). From the Gemara here it appears that such a *chazakah* is indeed valid (see *Ksav Sofer* to *Gittin* 2b ד״ה ויש לעיין; *Reishis Bikkurim* to *Bechoros* 20b; but cf. *Alei Tamar* to *Yoma* ibid.).]

16. Emendation follows *Korban HaEidah,* and the version quoted by *Rabbeinu Chananel* to *Rosh Hashanah* 22b and *Yoma* 29a. For possible interpretations of the unemended text, see *Pnei Moshe* to *Yoma* ibid., and *Or HaYashar* to *Tamid* 30a ד״ה ונל״פ.

17. If the observer is telling the truth, the light will very shortly be visible also to those on the ground. Since the truth will become known, the observer certainly will not lie; therefore, even a single witness is trusted (*Korban HaEidah; Pnei Moshe* ibid.). [*Bavli* (22b) expresses this rule as: כָּל מִילְּתָא דַּעֲבִידָא לְאִגַּלּוּיֵי לֹא מְשַׁקְּרֵי בָּהּ אִינָשֵׁי, *Regarding any matter that is likely to be revealed, people do not lie.*]

18. [Translation follows *Korban HaEidah* and *Pnei Moshe* ibid. Alternatively, the words וְחָשׁ לוֹמַר are read with the previous line; the Gemara is explaining that because the truth can be ascertained without the observer, חָשׁ לוֹמַר, *he fears to say* an untruth (*Avi HaEzri* [*Raaviah*], cited in *Arugas HaBosem,* Vol. 3, p. 171).]

19. See *Korban HaEidah* and *Pnei Moshe* ibid.

20. The Gemara answers that in fact, there is no reason to fear that the observer will deliberately announce dawn before its actual arrival, and that the *tamid* offering will therefore be slaughtered too early – for the arrival of dawn is immediately, or almost immediately, visible also to those standing on the ground. The Kohen is sent to the rooftop for additional clarification only; the matter does not actually depend on his testimony. Therefore, there is no need for more than a single observer (*Korban HaEidah;* cf. *Pnei Moshe*).

See Variant B.

21. The testimony of a woman or a single witness is generally not accepted (see *Deuteronomy* 17:6, and 19:17 with *Sifrei; Yerushalmi, Sanhedrin* 3:9 and *Shevuos* 4:1). The Gemara now lists several instances in which such testimony *is* accepted.

22. Emendation follows *Rabbeinu Chananel* to *Shabbos* 157b and *Rosh Hashanah* 22b.

23. [As a rule, it is prohibited to cause blood to flow on the Sabbath. The commandment of circumcision, however, overrides this prohibition. Therefore, when a boy is born on the Sabbath, he is circumcised on the following Sabbath.] Even if only a single witness testifies to the Sabbath

TEXTUAL AND INTERPRETIVE VARIANTS

A. According to *Korban HaEidah's* second interpretation, the Gemara from the beginning was discussing an alternative version of the observer's announcement, in which the expression used was בּוֹרְקַי בָּרֶקֶת, *burkai barekes* (see *Bavli Yoma* 28b). The Gemara inquires about the meaning of this phrase, and responds that the Babylonians explained it to mean that light has been cast.

B. *Avi HaEzri* (loc. cit.) explains this Gemara somewhat differently. In his view, the reason the observer is considered to be testifying about a "matter likely to be revealed" is not that the light will shortly be visible to people on the ground, but rather that someone else can ascend to the roof and see if the first rays of dawn are indeed visible. The Gemara objects that perhaps this will not deter an unscrupulous observer, for he might assume that by the time a second person ascends, the light will in any case already be visible. The Gemara answers that the second person will be able to recognize whether the light was there from the time of the original announcement, or if it became visible just then. As such, the observer will indeed be afraid to lie. (See, similarly, *Beur of R' Chaim Kanievski.*)

[א]אם כן נמצאת כל העדות מתקיימת בעד אחד. אמר ר' יודן ויאות אילו שנים שיצאו מעיר אחת שרובה גוים כגון הדא סוסיתה אחד הכל מכירין אותו שהוא ישראל ואחד אין אדם מכירו מכירו חבירו מהו שייעשה כאחד מן השוק להעיד עליו אם אומר את כן לא נמצאת כל העדות מתקיימת בעד אחד והכא נמצאת כל העדות מתקיימת בעד אחד: [א]תמן תנינן [ב]אמר להן הממונה צאו וראו אם הגיע זמן השחיטה. אם הגיע הרואה אומר [ב]בורקי. מהו בורקי. ברקת. [ג]תמן אמרי ברק ברקא אנהר מנהרא. ועד אחד נאמן. שנייא היא הכא [ג]שאין את יכול לעמוד עליו. וחש לומר עד דהוא עליל ונפק היא מנהרא. חכימא היא מילתא. אמר עד אחד נולד [ד]איש פלוני בשבת מלין אותו על פיו. חשיכה מוצאי שבת מטלטלין [ה]אותו על פיו. ר' אמי מטלטל על פומה דמלויתה. ר' מתנייה מטלטל [ו]על איביריתה דזהרא. ר' אימי [ז]מל על פי נשים דאמרן שמשא הוות על סוסיתה. [א][ח]מכירו מכיריו מהו לחלל עליהן את השבת. נישמעינה מן הדא [ד]אמר [ט]ר' נהוראי [י]כאן שנייה מעשה שירדתי להעיד על עד אחד באושא [כ]ולא היו צריכין לי אלא עילה בקשתי יא: להקביל פני חביריי: [ה]ומה קילקול הוה תמן. [ו]שהיו אומרים עצרת לאחר השבת והיו יוצאין עליו מבערב בחזקת שנתקדש.

פני משה

אם כן נמצאת וכו'. ופשיט לה דאפילו בכהאי גונא נמי לא, שהרי הוא בפנינו ומכיון שאין לאחרים המכירין חתימתו אם אתה אומר שילטרף נמלא כל העדות מתקיימת בעד אחד. וכל העדות לאו דוקא, אלא כלומר רוב העדות וכדאמרן: אמר ר' יודן ויאות. הוא דאפילו בכהאי גונא אינו מלטרף עם אחד בשוק להעיד על חבירו, דמה אילו שנים שילאו מעיר שרובה עכו"ם ואיכא לספוקי אם ישראלים הם: וכגון הדא סוסיתא. עיר אחת שרובה עכו"ם ונזכרת בכמה מקומות בהש"ס הזה: אחד הכל מכירין אותו שהוא ישראל וכו'. כלומר הא לא דמיא אלא להא שאם אין מכירין שהוא ישראל אלא על פי זה אם (כזה) [בזה] גם כן תאמר שיעשה כאחד מן השוק להעיד עליו שהוא ישראל ותהא חתימתו כשרה, זה ודאי אינו לפי שכל העדות תתקיים בעד אחד, וא"כ הכא נמי כן דמה לי אם כאן מכירין אותו שהוא ישראל ואין מכירין חתימת ידו אלא על ידי זה ונמלאת כל העדות מתקיימת בעד אחד: תמן תנינן. ריש פ"ג דיומא ומפורש שם עד שמשא הוות על סוסיתא ועיי"ש: [וז"ל שם, ועד אחד נאמן. בתמיה: ומשני שנייא היא הכא. וכי הדבר הוא שאין את יכול לעמוד עליו, בתמיה, ובמילתא דעבידא לגלויי מהימן: וחש לומר וכו'. ואכתי ניחוש לומר שמא עד שהוא נכנס ויולא מנהיר הוא, ובשעה שאמר עדיין לא הגיע הזמן: ומשני חכימא היא מילתא. ניכר הדבר אם בשעה שאמר ברקאי כבר היה הזמן או לא: אמר עד אחד וכו'. למילתיה הוא מסיק דבכהאי גוונא עד אחד נאמן, שהרי אם אמר עד אחד נולד איש פלוני בשבת מלין אותו בשבת על פיו, וכן האומר שכבר חשכה מוצאי שבת מטלטלין (על ידי) אותו על פיו, משום דמילתא דעבידא לגלויי היא. אי נמי כשאחד אמר כשנולד זה שכבר חשכה מוצאי שבת מותר לטלטל אותו על פיו, ומפני שאם לא נודע שכלו לו חדשיו אין מטלטלין אותו בשבת (שבת קלה.) שמא נפל הוא, וסומכין על אחד שאמר שכבר חשכה מוצאי שבת: ר' אמי מטלטל על פומיה דמלויתה. כך היא בריש פ"ג דר"ה, כלומר שהיה מתיר לטלטל אותו בשבת על פומה של האשה שאמרה שנתמלא וכלו לו חדשיו. א"נ על פומה דמלוידתה גרסינן, על פי המילדת שאומרת כן: מטלטל על איבריתיה דזהרא. היה מתיר לטלטל אותו על שנראה שאבריו הן נאהרין ונכרין, וסמך על זה לענין טלטול שאינו נפל: ר' אימי מל על פי נשים דאמרן שמשא הוות על סוסיתא. כך הוא בראש השנה וכל"ל. סוסיתא. שם מקום הוא, והיה ר' אימי סומך למול בשבת על פי נשים שאמרו כשנולד זה עדיין היה נראה השמש על העיר ועדיין יום שבת היה:] מכיריו מהו לחלל את השבת להעיד עליו. מכירי קמא הנמלא בספרי הדפוס ט"ס היא: נישמעינה מן הדא. דתני בתוספתא פ"ק (הט"ו) מעשה בר' נהוראי שבא עם העד בשבת באושא והעיד עליו כך היא שם. והכתוב לפנינו אמר ר' נהוראי כאן שנייה וכו' היא גם כן ליון על ההוא תוספתא, וכלומר כאן נשנית הברייתא שאפילו בשבת בא להעיד עליו. אי נמי כאן שנייה אלדבתרה קאי וכלומר כאן ועל זה נשנית ברייתא הדא שאמר ר' נהוראי בעצמו מעשה שירדתי להעיד וכו', ושמעינן שאפילו בשביל עילה כגון זה שרלה להקביל פני חביריו אלא שידע גם כן להעיד עליו מותר לחלל את השבת ולהעיד עליו: ומה קלקול הוה תמן. על המתניתן קאי דקתני משקלקלו המינין: שהיו. המינין אומרים עצרת לעולם אחר השבת והיו יולאין להעיד על החדש מבערב בחזקת שנתקדש כדי שעל פי חשבון זה יהא עצרת ממחרת השבת כפי מינות טעותם:

קרבן העדה

ופשיט אם כן. דסמכינן אעדות זה העד שמעיד על חבירו שהוא כשר, הרי מוליאין הממון על פי עד אחד: ויאות. ושפיר פשיט בעיין: כגון הדא סוסיתה. היא עיר שרובה עכו"ס: חבירו מהו שיעשה כאחד מן השוק. שמעיד על אחד שהוא ישראל ואחר כך מעידין שניהם בדבר אחר, מי מהני עדותן, דודאי לא מהני, דהרי כל העדות יולא על פי עד אחד, א"כ הכא נמי לענין קיום השטר ולענין קידוש החדש נמי לא מהני עדותו: תמן תנינן. ביומא פ"ג: ברקת. לשון ברק, שהניצולין יולאין מן הרקיע. לישנא אחרינא מהו בורקי ברקת, דהוה תני במתני' הרואה אומר בורקי ברקת. וכן הוא בבבלי במתניתא (יומא כח:) הרואה אומר בורק ברקאי: תמן. בבבל מפרשים שמאיר האור: ופריך ועד אחד נאמן. בתמיה, ואיך סמכו על הרואה הזה לחוד: ה"ג שנייא היא הכא שאת יכול לעמוד עליו. והכי פירושו, שאני הכא דמילתא דעבידא לגלויי היא שהרי בשעה מועטת יראה גם האור למטה: ופריך וחש לומר. וניחוש שמא בתוך שהוא נכנס ויולא יהיה האור ואי אפשר לעמוד עליו, ולעולם הוא משקר: ומשני חכימא היא מלתא. ניכר הדבר גם למטה באותה שעה או אחר כך בשעה מועטת אם היה האור נראה בשעה ההיא למעלה, ואינו אלא גילוי מלתא: אמר עד אחד וכו'. כלומר מכאן אנו למידין אם אומר עד אחד שנולד התינוק בשבת מלין אותו בשבת הבא על פיו, אף על פי שאינו אלא עד אחד: חשיכה וכו'. והוא הדין אם אמר עד אחד שנולד חשיכה מולאי שבת והרי הוא בן תשעה, ואילו נולד בשבת הוה בן שמנה שאסור לטלטלו בשבת, כדתניא בפרק ר' אליעזר דמילה (שבת קלה.) סומכין על העד אחד ומטלטלין אותו בשבת הבא. ומה שכתב עם חשיכה לאו דוקא, אלא הוא הדין בשאר ימות השבוע, אלא איידי דאיירי ברישא בשבת תני סיפא במולאי שבת: על פום מלויתא. על פי הנשים המלוים את היולדת וההולכים עמה. אי נמי על פי אור הנראה בראשי ההרים, כמו מלייא בנלא הנזכר בבתרא (נד.): איבריתא דזיהרא. ניצוצות של אור השמש, שהוא ודאי לילה ושרי לטלטל: שמשא הוות. השמש היתה על סוסיתא הוא שם מקום והוא בראש ההר, ואפילו לא הגידו אלא הנשים סומכין עליהן: מכיריו. אותן המעידין על העד שראו את החדש, מהו שיהו מחללין את השבת לבא לבית דין להעיד עליו שכשר הוא: ה"ג אמר ר' נהוראי מעשה וכו'. א"נ הכי פירושו, כאן בארץ ישראל נשנית בזה הלשון שבא ר' נהוראי להעיד על העד, ובבבל נשנית בלשון אחר שר' נהוראי אחד מעדים: מעשה שירדתי. בשבת לבית דין להעיד על העד: ולא היו צריכין לי. בודאי שהיה אפשר שיהיה שם מי שיכיר העד: אלא. עלילה מלאתי לתלות בה לילך לאושא בשבת להקביל פני חבירי: ומה קלקול הוה תמן. שקלקלו המינין, ומאיזה טעם קלקלו: ומשני שהיו אומרים. עצרת לעולם באחד בשבת, שהן דורשין ממחרת השבת יניפנו (ויקרא כג יא), ממחרת שבת בראשית, וכשחל יום ל' של אדר בשבת ולא נראה החדש בזמנו, והם מתאוין שיהא יום ראשון של פסח בשבת, כדי שיהא הנפת העומר באחד בשבת: והיו יוצאין עליו מבערב. להעיד, בחזקת שנראה החדש:

עין משפט

א מיי' פ"ג מהלכות קידוש החודש הלכה ג:

שינויי נוסחאות

א] **אם כן**. בירושלמי כתובות (פ"ב ה"ד) אם **אתה אומר** כן, וכעי"ז בש"ג:
ב] **בורקי**. כ"ה גם במשניות שבירושלמי יומא (פ"ג ה"א). במשניות ובבבלי (שם כח.) **ברקאי**:
ג] **שאין את**. כ"ה גם בירושלמי יומא (שם). בר"ח (כב:, יומא כט.) **שאת**. וכעי"ז באו"ז (ח"א סי' שם), וכן הגיה בקה"ע:
ד] **איש פלוני**. בר"ח יומא (שם) **בן לפלוני**. בר"ח (כב:, שבת קנז:) ואו"ז (מילה קג) ובשבולי הלקט (מילה סי' א) **לאיש** פלוני:
ה] **אותו**. כ"ה גם בר"ח (כב:) ובאו"ז (שם). בש"ג ובר"ח יומא (שם) ובשבולי הלקט (שם) ליתא:
ו] **על**. כ"ה גם בש"ג. בירושלמי יומא (שם) **על פום**:
ז] **מל**. כ"ה גם בש"ג. בירושלמי יומא (שם) ובאו"ז (שם) **מטלטל**:
ח] **מכירו מכיריו מהו לחלל עליהן**. כ"ה גם בש"ג. בר"ח (כב:) **מכירי** מכיריו של עד שראה את הלבנה, מהו לחלל **עליו**:
ט] ר' **נהוראי**. בכי"ל ובש"ג **נוהריי** [וכך נזכר שם זה גם בתוספתא כי"ע קידושין (פ"ה הי"ד) וכעי"ז בירושלמי ובמדרשים בכ"מ] והוגה בכי"ל כמו שלפנינו:
י] **כאן שנייה**. בש"ג **בר** שנייה. [ולפי"ז אולי היינו ר' נהוראי בר שונייא הנזכר בתוספתא מעשרות (פ"א ה"ג) ובירושלמי (שם פ"א ה"ג)]. בר"ח (שם) ליתא, וכן הגיה בקה"ע. וע"ע בפנ"מ:
כ] **ולא היו**. בר"ח (שם) **לא** שהיו:

רידב"ז

אמר ר' נהוראי כאן שנייה מעשה וכו'. פשיטא דגרסינן **אמר רבי נהוראי מעשה** וכו', וטעות דמוכח הוא וזה פשוט:

גליון הש"ס

מל על פי נשים וכו'. עי' שו"ת תשב"ץ ח"א סי' פ"ד:

מסורת הש"ס

א) יומא פ"ג ה"א [כל הענין] ב) [יומא פ"ג מ"א, תמיד פ"ג מ"ב, יומא כז:, מנחות ק.] ג) [יומא כח:, תוספתא יומא פ"א הי"ג] ד) יומא כב: [תוספתא פ"א הט"ו] ה) [תוספתא פ"א הי"ד, עי' ר"ה כב: תוד"ה להטעות] ו) [מנחות סה., מגילת תענית פרק א, ילקו"ש אמור תרמג]

שירי קרבן

אלו שנים שיצאו מעיר אחת שרובה עכו"ם וכו'. גרסינן פ' החולץ (יבמות) דף מ"ו ע"ב ת"ר מי שבא ואמר גר אני יכול נקבלנו, ת"ל (ויקרא יט לג) אתך במוחזק לך. וכתבו תוס' (מז. ד"ה במוחזק) אומר ר"ת דוקא בדידעינן דהוה עכו"ם מעיקרא, אבל אי לא ידעינן מהימן במגו דאי בעי אמר ישראל אני, כדמשמע בפסחים (ג:) גבי האי עכו"ם דהוה סליק ואכל פסח בירושלים, ואין לומר דשאני התם דסמכי ארובא דהוו ישראל, דהא בכל מקום נמי איכא רובא דרוב הבאין לפנינו בתורת יהדות ישראל [הם], ע"כ. וקשה הא מפורש אמרינן כאן דבעינן עדות שיעיד שהוא ישראל. וי"ל דהכא שאני שבאו מעיר שרובה עכו"ם. ונראה שזו ראיה גדולה לדעת הרמב"ם שכתב בפרק י"ג מהלכות איסורי ביאה (ה"י) במה דברים אמורים בארץ ישראל ובאותן הימים שחזקת הכל שם בחזקת ישראל אבל בחו"ל צריך להביא ראיה ואח"כ ישא ישראלית, ואני אומר מעלה עשו ביוחסין, ע"כ. ותמה עליו [הראב"ד], וכתב הרב המגיד שאפשר שיצא לו מהא דפסחים (שם), עיי"ש. ותימה מנא ליה להרמב"ם לחלק, אבל הנראה לי שמסוגיין יצא לו להרמב"ם וחו"ל רובא עכו"ם נינהו. אך קשה הא דסיים הרמב"ם מעלה עשו ביוחסין, דהכא משמע דלכל מילי לא מחזקינן ליה בישראל. ואפשר לומר דדוקא לענין עדות ממון הוא דמחמרינן כאן דבעינן שיהיה מוחזק בעדים דיכול המוחזק לטעון אייתי סהדי דישראל הוא וטול וכו'. מלין אותו על פיו וכו'. מה שיש לדקדק בזה עיין במה שכתבתי ביומא ריש פ"ג (ה"א) בתוספות בד"ה מלין וכו':

The Gemara explains the reasoning behind this ruling:

אִם כֵּן – For **if** you say **so,** that in this case the first witness *may* join with another person to testify about the second witness' handwriting, נִמְצֵאת כָּל הָעֵדוּת מִתְקַיֶּימֶת בְּעֵד אֶחָד – then **it will be found that all of the** required **testimony is being sustained by a single witness!**[1] Since half of the required testimony must be provided by a second witness, it is necessary that the second witness' signature be authenticated by two people other than the first witness.[2]

The preceding conclusion is supported:[3]

אָמַר רַבִּי יוּדָן – **R' Yudan said:** וְיָאוּת – **And this is** indeed **correct.** For consider the following similar case: אִילּוּ שְׁנַיִם שֶׁיָּצְאוּ מֵעִיר אַחַת שֶׁרוּבָּהּ גּוֹיִם – **If two** individuals **emerged from a particular city that was** populated **mostly** by **non-Jews,** כְּגוֹן הָדָא סוּסִיתָה – **for example,** from **this city of Susisah,** אֶחָד הַכֹּל מַכִּירִין אוֹתוֹ שֶׁהוּא יִשְׂרָאֵל – and **one** of them **everyone** in the court **recognizes as being a Jew,** וְאֶחָד אֵין אָדָם מַכִּירוֹ – **while** the other **one is not recognized by anyone** there חֲבֵירוֹ מַכִּירוֹ – except for **his fellow,** who **does recognize him** as being a Jew; regarding this case, one could ask: חֲבֵירוֹ מָהוּ שֶׁיֵּיעָשֶׂה כְּאֶחָד מִן הַשּׁוּק לְהָעִיד עָלָיו – **What is [the law]** as to **whether his fellow** (the first individual, who everyone knows is Jewish) **can be treated** as an independent witness **like someone from the market, so that he may testify** in conjunction with one other person **about** the Jewishness of **[the second individual],** and then subsequently join with the latter for other testimony?[4] However, this is clearly unacceptable, אִם אוֹמֵר אַתְּ כֵּן – for **if you say so,** that one *may* testify together with a person whom he himself has confirmed as a Jew, לֹא נִמְצֵאת כָּל הָעֵדוּת מִתְקַיֶּימֶת בְּעֵד אֶחָד – **will it not be found that all of the** subsequent **testimony** given by them **is being sustained by a single witness?** Surely it will![5] וְהָכָא – **Here too,** therefore, with regard to the authentication of signatures, one witness may not testify about the handwriting of the other witness even if his own signature has been authenticated by others,[6] נִמְצֵאת כָּל הָעֵדוּת מִתְקַיֶּימֶת בְּעֵד אֶחָד – for then **it will be found that all of the** required **testimony is being sustained by a single witness.**

The Gemara cites a discussion regarding a different situation in which a single witness is believed:

תַּמָּן תְּנִינַן – **We learned in a Mishnah there**[7] regarding the daily *tamid* offering: אָמַר לָהֶן הַמְּמוּנֶּה – THE APPOINTED KOHEN[8] WOULD SAY TO THEM [i.e. to the assembled Kohanim], צְאוּ וּרְאוּ אִם הִגִּיעַ זְמַן הַשְּׁחִיטָה – "GO OUT AND SEE IF THE TIME FOR SLAUGHTERING the morning *tamid* offering HAS ARRIVED."[9] אִם הִגִּיעַ – IF IT HAD ARRIVED, הָרוֹאֶה אוֹמֵר בּוּרְקַי – THE OBSERVER WOULD SAY, "DAWN!"[10]

The Gemara explains how the word בּוּרְקַי, *burkai,* signifies the arrival of dawn:

מַהוּ בּוּרְקַי – **What is** the meaning of ***burkai?*** בָּרֶקֶת – It means **lightning.** Thus, it refers to the first rays of light that shine over the horizon.[11]

The Gemara cites a different version of the observer's announcement:[12]

תַּמָּן אָמְרֵי בְּרַק בַּרְקָא – **There,** in Babylonia, **they say** that the observer uttered the phrase ***"brak barka,"*** which means: אַנְהַר

NOTES

1. Even if the first witness does not confirm his own signature but has it authenticated by others, the majority of the required testimony will still be attributed to him if he participates in authenticating the second witness' handwriting. For through his own signature on the document, he will have provided half of the testimony needed; and by joining with someone else to authenticate the other signature, he will be responsible for an additional one-quarter of the testimony needed. Ultimately, three-quarters of the testimony will stand on his word (*Korban HaEidah* to *Kesubos* ibid.; see 13a note 15).

[The Gemara is speaking imprecisely when it states that *"all* of the testimony" will be sustained by a single witness. What it really means is that *most* of the needed testimony – i.e. three-quarters, as explained above – will be attributed to the first witness (*Pnei Moshe*).]

2. The Gemara is thus concluding that a witness who has signed on a document is never qualified to testify about the other witness' signature – even if his own signature was authenticated by two outside witnesses.

[*Bavli* (*Kesubos* 21a), however, comes to a different conclusion, and asserts that a witness whose signature was authenticated by other people may indeed join with someone else to authenticate the other witness' signature. For discussion about this difference of opinion between *Bavli* and *Yerushalmi,* see *Mareh HaPanim, Gilyon HaShas, Sefer Nir,* and *Sheyarei Korban* to *Kesubos* ibid., with glosses of *Imrei Baruch.* Cf. *Panim Me'iros.*]

3. *Pnei Moshe;* see *Korban HaEidah* here and to *Kesubos* ibid.; cf. *Sefer Nir.*

4. A person who comes from a city with predominantly non-Jewish residents, and is not himself known to be a Jew, must have witnesses testify that he is Jewish in order for his testimony to be accepted by *Beis Din* (see *Sheyarei Korban*). In the case under discussion, two people from such a city want to testify regarding a certain matter, but only one of them is known to be a Jew. The other one is not recognized as a Jew by anyone there except for his partner. The question is whether the recognized individual can [join with someone else to] confirm that his partner is a Jew, after which the two of them will proceed to testify regarding the other matter (*Korban HaEidah;* see *Pnei Moshe,* who explains the case as pertaining to a document signed by these individuals).

5. If the first witness, who provides half of the testimony needed, also shares responsibility for confirming that the other witness is Jewish, it will then emerge that more than half of the testimony (specifically, three-quarters of it) is being substantiated by him. [As before, the Gemara means that the *majority* of the testimony will be attributed to the first witness (see note 1 above).]

6. *Korban HaEidah* to *Kesubos* ibid.

7. *Yoma* 3:1 (*Yerushalmi* 17b, *Bavli* 28a); see also *Tamid* 3:2 (30a in *Bavli*).

8. The term "the appointed Kohen" refers here to the *S'gan,* the Deputy Kohen Gadol (*Rashi* to *Yoma* 28a; see *Rambam, Hil. Klei HaMikdash* 4:16; cf. *Tosafos, Menachos* 100a ד"ה אמר).

9. Sacrificial slaughter performed at night is invalid. This is known from a verse that states regarding the slaughter of sacrificial offerings (*Leviticus* 19:6): בְּיוֹם זִבְחֲכֶם, *on the day of your slaughter,* which implies: By day but not at night (*Rashi* loc. cit.; see *Bavli Megillah* 20b). [Day is reckoned from dawn, i.e. from when the first light appears on the eastern horizon; therefore,] a Kohen was sent to the roof or to the top of a wall to see if dawn had broken (*Rashi* loc. cit.). This made it possible to slaughter the offering at the first possible moment, without running the risk that the offering would inadvertently be slaughtered prior to daybreak.

10. [בּוּרְקַי, *burkai,* refers to the first glimmering of light that appears on the horizon. The literal meaning of the term will be explained shortly.]

The appearance of first light is known as עֲלוֹת הַשַּׁחַר, *the rising of dawn.* This is followed some time later by הָנֵץ הַחַמָּה, *sunrise,* which is when the orb of the sun begins to emerge over the horizon. The Mishnah is informing us that the morning *tamid* offering is slaughtered at dawn, before sunrise (see *Sefer HaChinuch* §401).

11. *Korban HaEidah,* first explanation; *Be'er Sheva, Tamid* Ch. 3, second explanation.

Alternatively, בָּרֶקֶת is a precious stone, one of the twelve mounted on the Kohen Gadol's breastplate (see *Exodus* 28:17). To announce the first rays of dawn, the observer would evoke the gleaming *barekes* stone (*Be'er Sheva* ibid., first explanation; see *Pnei Moshe* to *Yoma* 3:1 (17b); see also *Alei Tamar* there).

See *Siach Yitzchak* to *Bavli Yoma* 28b for another interpretation.

12. *Pnei Moshe* to *Yoma* ibid.

[א]אם כן נמצאת כל העדות מתקיימת בעד אחד. אמר ר' יודן ויאות אילו שנים שיצאו מעיר אחת שרובה גוים כגון הדא סוסיתה אחד הכל מכירין אותו שהוא ישראל ואחד אין אדם מכירו חבירו מכירו חבירו מהו שייעשה כאחד מן השוק להעיד עליו אם אומר את כן לא נמצאת כל העדות מתקיימת בעד אחד והכא נמצאת כל העדות מתקיימת בעד אחד: [א]תמן תנינן [ב]אמר להן הממונה צאו וראו אם הגיע זמן השחיטה. אם הגיע הרואה אומר [ב]בורקי. מהו בורקי. ברקת. [ג]תמן אמרי ברק ברקא אנהר מנהרא. ועד אחד נאמן. שנייא היא הכא [ג]שאין את יכול לעמוד עליו. וחש לומר עד דהוא עליל ונפק היא מנהרא. חכימא היא מילתא. אמר עד אחד נולד [ד]איש פלוני בשבת מלין אותו על פיו. חשיכה מוצאי שבת מטלטלין [ה]אותו על פיו. ר' אמי מטלטל על פומה דמלויתה. ר' מתנייה מטלטל [ו]על איבריתה דזהרא. ר' אימי [ז]מל על פי נשים דאמרן שמשא הוות על סוסיתה. [א][ח]מכירו מכיריו מהו לחלל עליהן את השבת. נישמעינה מן הדא [ד]אמר [ט]ר' נהוראי [י]כאן שנייה מעשה שירדתי להעיד על עד אחד באושא [כ]ולא היו צריכין לי אלא עילה בקשתי יא: להקביל פני חביריי: [ה][ו]ומה קילקול הוה תמן. [ו]שהיו אומרים עצרת לאחר השבת והיו יוצאין עליו מבערב בחזקת שנתקדש.

פני משה

אם כן נמצאת וכו'. ופשיט לה דאפילו בכהאי גונא נמי לא, שהרי הוא בפנינו ומכיון שאין להאחרים המכירין חתימתו אם אתה אומר שילטרף נמצא כל העדות מתקיימת בעד אחד. וכל העדות לאו דוקא, אלא כלומר רוב העדות וכדאמרן: אמר ר' יודן ויאות. הוא דאפילו בכהאי גונא אינו מלטרף עם אחד בשוק להעיד על חבירו, דמה אילו שנים שיצאו מעיר שרובה עכו"ם ואיכא לספוקי אם ישראלים הם: וכגון הדא סוסיתא. עיר אחת שרובה עכו"ם ונזכרת בכמה מקומות בהש"ס הזה: אחד הכל מכירין אותו שהוא ישראל וכו'. כלומר הא לא דמיא אלא להא שאם אין מכירין שהוא ישראל אלא על פי זה אם (כזה) [בזה] גם כן תאמר שיעשה כאחד מן השוק להעיד עליו שהוא ישראל ותהא חתימתו כשרה, זה ודאי אינו לפי שכל העדות תתקיים בעד אחד, וא"כ הכא נמי כן דמה לי אם כאן מכירין אותו שהוא ישראל ואין מכירין חתימת ידו אלא על ידי זה ונמצאת כל העדות מתקיימת בעד אחד: תמן תנינן. ריש פ"ג דיומא ומפורש שם עד שמשא הוות על סוסיתא ועיי"ש: [וז"ל שם, ועד אחד נאמן. בתמיה: ומשני שנייא היא הכא. וכי הדבר הוא שאין את יכול לעמוד עליו, בתמיה, ובמילתא דעבידא לגלויי מהימן: וחש לומר וכו'. ואכתי ניחוש לומר שמא עד שהוא נכנס ויוצא מנהיר הוא, ובשעה שאמר עדיין לא הגיע הזמן: ומשני חכימא היא מילתא. ניכר הדבר אם בשעה שאמר ברקאי כבר היה הזמן או לא: אמר עד אחד וכו'. למילתיה הוא מסיק דבכהאי גוונא עד אחד נאמן, שהרי אם אמר עד אחד נולד איש פלוני בשבת מלין אותו בשבת על פיו, וכן האומר שכבר חשכה מוצאי שבת מטלטלין (על ידי) אותו על פיו, משום דמילתא דעבידא לגלויי היא. אי נמי כשאחד אמר כשנולד זה שכבר חשכה מוצאי שבת מותר לטלטל אותו על פיו, ומפני שאם לא נודע שכלו לו חדשיו אין מטלטלין אותו בשבת (שבת קלה.) שמא נפל הוא, וסומכין על אחד שאמר שכבר חשכה מוצאי שבת: ר' אמי מטלטל על פומיה דמלויתה. כך היא בריש פ"ב דר"ה, כלומר שהיה מתיר לטלטל אותו בשבת על פומה של האשה שאמרה שנתמלא וכלו לו חדשיו. א"נ על פומה דמלוידתה גרסינן, על פי המילדת שאומרת כן: מטלטל על איבריתיה דזהרא. היה מתיר לטלטל אותו על שנראה שאבריו הן נאהרין ונכרין, וסמך על זה לענין טלטול שאינו נפל: ר' אימי מל על פי נשים דאמרן שמשא הוות על סוסיתא. כך הוא בראש השנה וכל"ל. סוסיתא. שם מקום הוא, והיה ר' אימי סומך למול בשבת על פי נשים שאמרו כשנולד זה עדיין היה נראה השמש על העיר ועדיין יום שבת היה:] מכיריו מהו לחלל את השבת להעיד עליו. מכירי קמא הנמצא בספרי הדפוס ט"ס היא: נישמעינה מן הדא. דתני בתוספתא פ"ק (הט"ו) מעשה בר' נהוראי שבא עם העד בשבת באושא והעיד עליו כך היא שם. והכתוב לפנינו אמר ר' נהוראי כאן שנייה וכו' היא גם כן ליון על ההוא תוספתא, וכלומר כאן נשנית הברייתא שאפילו בשבת בא להעיד עליו. אי נמי כאן שנייה אדבתרה קאי וכלומר כאן ועל זה נשנית ברייתא הדא שאמר ר' נהוראי בעצמו מעשה שירדתי להעיד וכו', ושמעינן שאפילו בשביל עילה כגון זה שרצה להקביל פני חביריו אלא שידע גם כן להעיד עליו מותר לחלל את השבת ולהעיד עליו: ומה קלקול הוה תמן. על המתניתן קאי דקתני משקלקלו המינין: שהיו. המינין אומרים עצרת לעולם אחר השבת והיו יוצאין להעיד על החדש מבערב בחזקת שנתקדש כדי שעל פי חשבון זה יהא עצרת ממחרת השבת כפי מינות טעותם:

קרבן העדה

ופשיט אם כן. דסמכינן אעדות זה העד שמעיד על חבירו שהוא כשר, הרי מוציאין הממון על פי עד אחד: ויאות. ושפיר פשיט בעיין: כגון הדא סוסיתה. היא עיר שרובה עכו"ם: חבירו מהו שיעשה כאחד מן השוק. שמעיד על אחד שהוא ישראל ואחר כך מעידין שניהם בדבר אחר, מי מהני עדותן, דודאי לא מהני, דהרי כל העדות יוצא על פי עד אחד, א"כ הכא נמי לענין קיום השטר ולענין קידוש החדש נמי לא מהני עדותו: תמן תנינן. ביומא פ"ג: ברקת. לשון ברק, שהניצוצין יוצאין מן הרקיע. לישנא אחרינא מהו בורקי ברקת, דהוה תני במתני' הרואה אומר בורקי ברקת. וכן הוא בבבלי במתניתא (יומא כח:) הרואה אומר בורק ברקאי: תמן. בבבל מפרשים שמאיר האור: ופריך ועד אחד נאמן. בתמיה, ואיך סמכו על הרואה הזה לחוד: ה"ג שנייא היא הכא שאת יכול לעמוד עליו. והכי פירושו, שאני הכא דמילתא דעבידא לגלויי היא שהרי בשעה מועטת יראה גם האור למטה: ופריך וחש לומר. וניחוש שמא בתוך שהוא נכנס ויוצא יהיה האור ואי אפשר לעמוד עליו, ולעולם הוא משקר: ומשני חכימא היא מלתא. ניכר הדבר גם למטה באותה שעה או אחר כך בשעה מועטת אם היה האור נראה בשעה ההיא למעלה, ואינו אלא גילוי מלתא: אמר עד אחד וכו'. כלומר מכאן אנו למידין אם אומר עד אחד שנולד התינוק בשבת מלין אותו בשבת הבא על פיו, אף על פי שאינו אלא עד אחד: חשיכה וכו'. והוא הדין אם אמר עד אחד שנולד חשיכה מוצאי שבת והרי הוא בן תשעה, ואילו נולד בשבת הוה בן שמנה שאסור לטלטלו בשבת, כדתניא בפרק ר' אליעזר דמילה (שבת קלה.) סומכין על העד אחד ומטלטלין אותו בשבת הבא. ומה שכתב עם חשיכה לאו דוקא, אלא הוא הדין בשאר ימות השבוע, אלא איידי דאיירי ברישא בשבת תני סיפא במוצאי שבת: על פום מלויתא. על פי הנשים המלוים את היולדת וההולכים עמה. אי נמי על פי אור הנראה בראשי ההרים, כמו מלייא בגלא הנזכר בבתרא (נד.): איבריתא דזיהרא. ניצוצות של אור השמש, שהוא ודאי לילה ושרי לטלטל: שמשא הוות. השמש היתה על סוסיתא הוא שם מקום והוא בראש ההר, ואפילו לא הגידו אלא הנשים סומכין עליהן: מכיריו. אותן המעידין על העד שראו את החדש, מהו שיהו מחללין את השבת לבא לבית דין להעיד עליו שכשר הוא: ה"ג אמר ר' נהוראי מעשה וכו'. א"נ הכי פירושו, כאן בארץ ישראל נשנית בזה הלשון שבא ר' נהוראי להעיד על העד, ובבבל נשנית בלשון אחר שר' נהוראי אחד מעדים: מעשה שירדתי. בשבת לבית דין להעיד על העד: ולא היו צריכין לי. בודאי שהיה אפשר שיהיה שם מי שיכיר העד: אלא. עלילה מצאתי לתלות בה לילך לאושא בשבת להקביל פני חבירי: ומה קלקול הוה תמן. שקלקלו המינין, ומאיזה טעם קלקלו: ומשני שהיו אומרים. עצרת לעולם באחד בשבת, שהן דורשין ממחרת השבת יניפנו (ויקרא כג יא), ממחרת שבת בראשית, וכשחל יום ל' של אדר בשבת ולא נראה החדש בזמנו, והם מתאוין שיהא יום ראשון של פסח בשבת, כדי שיהא הנפת העומר באחד בשבת: והיו יוצאין עליו מבערב. להעיד, בחזקת שנראה החדש:

עין משפט

א מיי' פ"ג מהלכות קידוש החודש הלכה ג:

שינויי נוסחאות

א] **אם כן.** בירושלמי כתובות (פ"ב ה"ד) אם **אתה אומר** כן, וכעי"ז בש"ג:

ב] **בורקי.** כ"ה גם במשניות שבירושלמי יומא (פ"ג ה"א). במשניות ובבבלי (שם כח.) **ברקאי**:

ג] **שאין את.** כ"ה גם בירושלמי יומא (שם). בר"ח (כב:, יומא כט.) **שאת.** וכעי"ז באו"ז (ח"א סי' שם), וכן הגיה בקה"ע:

ד] **איש פלוני.** בר"ח יומא (שם) **בן לפלוני.** בר"ח (כב:, שבת קנז:) ואו"ז (מילה קג) ובשבולי הלקט (מילה סי' א) **לאיש** פלוני:

ה] **אותו.** כ"ה גם בר"ח (כב:) ובאו"ז (שם). בש"ג ובר"ח יומא (שם) ובשבולי הלקט (שם) ליתא:

ו] **על.** כ"ה גם בש"ג. בירושלמי יומא (שם) על **פום**:

ז] **מל.** כ"ה גם בש"ג. בירושלמי יומא (שם) ובאו"ז (שם) **מטלטל**:

ח] **מכירו מכיריו מהו לחלל עליהן.** כ"ה גם בש"ג. בר"ח (כב:) **מכירי** מכיריו של עד שראה את הלבנה, מהו לחלל **עליו**:

ט] **ר' נהוראי.** בכי"ל ובש"ג נוהריי [וכך נזכר שם זה גם בתוספתא כי"ע קידושין (פ"ה הי"ד) וכעי"ז בירושלמי ובמדרשים בכ"מ] והוגה בכי"ל כמו שלפנינו:

י] **כאן שנייה.** בש"ג **בר** שנייה. [ולפי"ז אולי היינו ר' נהוראי בר שונייא הנזכר בתוספתא מעשרות (פ"א ח"ג) ובירושלמי (שם פ"א ה"ג)]. בר"ח (שם) ליתא, וכן הגיה בקה"ע. וע"ע בפנ"מ:

כ] **ולא היו.** בר"ח (שם) **לא** שהיו:

רידב"ז

אמר ר' נהוראי כאן שנייה מעשה וכו'. פשיטא דגרסינן אמר רבי נהוראי מעשה וכו', וטעות דמוכח הוא וזה פשוט:

גליון הש"ס

מל על פי נשים וכו'. עי' שו"ת תשב"ץ ח"א סי' פ"ד:

מסורת הש"ס

א) יומא פ"ג ה"א [כל הענין] ב) [יומא פ"ג מ"א, תמיד פ"ג מ"ב, יומא כז:, מנחות ק.] ג) [יומא כח:, תוספתא יומא פ"א הי"ג] ד) יומא כב: [תוספתא פ"א הט"ו] ה) [תוספתא פ"א הי"ד, עי' ר"ה כב: תוד"ה להטעות] ו) [מנחות סה., מגילת תענית פרק א, ילקו"ש אמור תרמג]

שירי קרבן

אלו שנים שיצאו מעיר אחת שרובה עכו"ם וכו'. גרסינן פ' החולץ (יבמות) דף מ"ו ע"ב ת"ר מי שבא ואמר גר אני יכול נקבלנו, ת"ל (ויקרא יט לג) אתך במוחזק לך. וכתבו תוס' (מז. ד"ה במוחזק) אומר ר"ת דוקא בדידעינן דהוה עכו"ם מעיקרא, אבל אי לא ידעינן מהימן במגו דאי בעי אמר ישראל אני, כדמשמע בפסחים (ג:) גבי האי עכו"ם דהוה סליק ואכל פסח בירושלים, ואין לומר דשאני התם דסמכי ארובא דהוו ישראל, דהא בכל מקום נמי איכא רובא דרוב הבאין לפנינו בתורת יהדות ישראל [הם], ע"כ. וקשה הא מפורש אמרינן כאן דבעינן עדות שיעיד שהוא ישראל. וי"ל דהכא שאני שבאו מעיר שרובה עכו"ם. ונראה שזו ראיה גדולה לדעת הרמב"ם שכתב בפרק י"ג מהלכות איסורי ביאה (ה"י) במה דברים אמורים בארץ ישראל ובאותן הימים שחזקת הכל שם בחזקת ישראל אבל בחו"ל צריך להביא ראיה ואח"כ ישא ישראלית, ואני אומר מעלה עשו ביוחסין, ע"כ. ותמה עליו [הראב"ד], וכתב הרב המגיד שאפשר שיצא לו מהא דפסחים (שם), עיי"ש. ותימה מנא ליה להרמב"ם לחלק, אבל הנראה לי שמסוגיין יצא לו להרמב"ם וחו"ל רובא עכו"ם ניניהו. אך קשה הא דסיים הרמב"ם מעלה עשו ביוחסין, דהכא משמע דלכל מילי לא מחזקינן ליה בישראל. ואפשר לומר דדוקא לענין עדות ממון הוא דמחמרינן כאן דבעינן שיהיה מוחזק בעדים דיכול המוחזק לטעון אייתי סהדי דישראל הוא וטול ול"ע: מלין אותו על פיו וכו'. מה שיש לדקדק בזה עיין במה שכתבתי ביומא ריש פ"ג (ה"א) בתוספות בד"ה מלין וכו':

אמר ר' יונה הכין צורכה מיתני בראשונה היו מקבלין עדות החודש מכל אדם אם אינן מכירין אותו היו משלחין עמו אחר להעידו. אמר ר' יוסה אפילו כמתניתן אתיא היא אם אינן מכירין אותו משלחין עמו אחר להעידו למה שבראשונה היו מקבלין עדות החודש מכל אדם. [א]ועד אחד נאמן. משלך נתנו לך בדין היה שלא יהו צריכין עדים והן אמרו שיהו צריכין עדים והן אמרו עד אחד נאמן. עד אחד מהו שיהא נאמן כשנים. היך עבידה. [ב]היו שנים אחד הכל מכירין אותו ואחד אין אדם מכירו חבירו מכירו חבירו מהו שיצטרף עם אחד מן השוק להעיד עליו. ר' זעירא ר' חונה בשם רב [א]אין הוא ואחר מצטרפין על חתימת העד השיני. לא צורכה די לא היו שנים אחד הכל מכירין כתב ידו ואחד אין אדם מכירו א]חבירו מכירו חבירו מהו שייעשה כאחד מן השוק להעיד עליו. יא.

קרבן העדה

גמ' הכין צורכה וכו'. הכי הוי ליה למיתני כסדר, בראשונה היו מקבלין עדות החדש מכל אדם משקלקלו וכו' אלא מן המכירין ואם אינן מכירין היו משלחין אחר עמו: אפילו. כדתני במתני' נמי ניחא, דהכי קאמר, אם אינן מכירין משלחין אחר עמו למה הצריכו עדות לכך והלא כל ישראל בחזקת כשרות, לפי שבראשונה היו מקבלין מכל אדם ואירע קלקול בדבר: ועד אחד נאמן. בתמיה, ובמתני' תני משלחין אחר עמו, משמע דאחד נאמן: ומשני משלך נתנו לך. ממה שהחמירו חכמים עליך חזרו והקילו, שהרי בדין היה לקבל עדות החדש מכל אדם וכבראשונה, אלא מפני הקלקול הצריכו שיהו מכירים אותו, הקילו נמי שיהא עד אחד נאמן להעיד שהוא כשר: עד אחד מהו שיהא נאמן כשנים. בשאר עדות דרבנן כגון קיום שטרות. אי נמי אפילו כאן כגון שזהו העד השני מעיד גם על חבירו שהוא כשר: היך עבידא. כמו היכי דמי: ה"ג היו שנים אחד מכיר כתב ידו וכתב יד חבירו ואחד וכו'. וכן הוא בכתובות (פ"ב ה"ד). והכי פירושו, שהאחד מעיד על כתב ידי עצמו שנאמן כבי תרי וחבירו אינו כאן ובעינן שנים שיעידו על כתב ידו וזה העד מכיר כתב יד חבירו, ומבעיא אם נצרף זה העד עם אחד מן השוק להעיד על כתב חבירו: אין הוא ואחר מצטרף וכו'. דאם כן נפקא תלתא ריבעא דממונא אפומא דחד סהדא דהיינו מחצה שלו וחציו של חבירו: לא צורכא. כי קמיבעיא ליה: די לא. אלא: ה"ג היו שנים אחד הכל מכירין אותו ואחד אין אדם וכו'. והכי פירושו, כגון ששני העדים לפנינו ומעידין על חתימת ידם, אלא שאחד מכירין אותו ומוחזק לן שהוא כשר והשני אינו מוחזק אלא שחבירו מעיד עליו שהוא כשר, מי מוציאין על פי שטר זה:

פני משה

גמ' אמר ר' יונה הכין צורכה מיתני וכו'. מתניתין נשנית שלא כסדר וכן היה צריך לשנות, בראשונה היו מקבלין וכו', משקילקלו המינין התקינו שלא יהו מקבלין אלא מן המכירין אם אינן מכירין וכו', וכדאשכחן בפ"ב דיומא (מ"א) דתני לה כסדר בראשונה כל מי שרוצה לתרום תורם וכו', ומשאירע המעשה התקינו שלא יהו תורמין אלא בפייס וכך צריך למיתני נמי כאן: אפילו כמתניתן אתיא היא. אפילו כמו שנשנה לפנינו במתניתן נמי אתיא שפיר דמה ששנה בראשונה וכו' נתינת טעם הוא על הא דתני אם אינן מכירין אותו משלחין וכו', ולמה הוצרכו לכך לפי שבראשונה וכו': ועד אחד נאמן. להעיד עליו בתמיה: ומשני משלך נתנו לך. כלומר הם אמרו והם אמרו, לפי שבדין היה שלא יהו צריכין עדים להעיד עליו שכל ישראל בחזקת כשרות ונאמנות הם, ואמרו חכמים דאפילו כן צריך עדים להעיד עליו, והן אמרו עד אחד נאמן על זה: עד אחד מהו שיהא נאמן כשנים. דאע"ג דאמרינן דכאן עד אחד גם כן נאמן להעיד עליו, היינו אחד מן השוק ושמשלחין אותו הבית דין שבעירו כדי להעיד עליו, אבל הבעיא היא באחד מן העדים המעידים על עדות החדש וכדמפרש ואזיל וכדמפרשינן לקמן: היך עבידא היו שנים. המעידים על החדש, אחד מהן הכל מכירים אותו שאדם כשר הוא ואחד מהן אין אדם מכירו אלא שחבירו מכירו, והוא לבדו אינו נאמן להעיד עליו, לפי שנוגע בעדותו הוא שרוצה שתתקיים עדותו על החדש, והשתא הבעיא היא חבירו זה שמכירו מהו שילטרף עם אחד מן השוק להעיד עליו. דאע"פ שזה האחד מן השוק לבדו היה נאמן עליו, וכדאמרינן דהן אמרו והן אמרו שכאן עד אחד נאמן, היינו שהבית דין שבעירו הוא שמשלחין אותו להעיד עליו והן מוחזקין בו שאדם נאמן הוא, לפיכך בית דין הגדול סומכין עליו ומקבלין העדות שמעיד על האחד מעדי החדש שאין מכירין אותו לסמוך על עדותו, אבל הכא בגוונא דהבעיא דילן מיירי שלא שלחו בית דין שבעירו שום אחד עמו להעיד עליו, וכשבאו לפני בית דין הגדול לאחד מכירין אותו ולהשני אין מכירין אותו, ובכהאי גוונא מסתברא שצריך שיהו שנים מעידין עליו, ומשום דאיכא למיחש הואיל ובית דין שבעירו לא שלחו אדם עמו אפשר שהוא מעצמו בא אל חבירו זה והסכימו שניהם להעיד על החדש ואף שזה לא ראה כלום. והלכך מיבעיא לן אם חבירו זה שמכירו מצטרף עם אחד מן השוק להעיד עליו והרי כאן שנים, או דילמא חבירו נוגע בעדותו ואינו מצטרף עם האחר ואין כאן אלא אחד ואנן בכה"ג שנים הוא דבעינן, והיינו דקאמר עד אחד מהו שיהא נאמן כשנים, כלומר מהו שילטרף זה האחד מעדי החדש להאחד מן השוק שיהא על ידי כך כשנים להעיד על זה שאין מכירין אותו. אי נמי יש לומר דהך בעיא בדרך אם תמצא לומר מיתפרשא דקאמר עד אחד נאמן בעדות זו ומאי אחר חד כמשמעו, והדר בעי ואם תמצא לומר דהאי אחר זוג אחר ושנים בעינן, מיבעיא לן עד אחד מהו שיהא נאמן כשנים היך עבידא וכו'. אי נמי הכי קאמר דמספקא ליה דמכיון דעדי החדש על כרחין שנים בעינן דמשפט כתיב ביה (תהילים פא ה), ואם אחד מהעדים הכל מכירין אותו ואין צריך להעיד עליו ואחד וכו', מהו שילטרף זה עם אחד מן השוק להעיד עליו, ולא אמרינן דהשתא מתקיימת רוב העדות בעד אחד שזה מעיד על החדש ומעיד גם כן על חבירו שהוא מכירו לאדם נאמן, דמכיון שיש כאן אחד מן השוק להעיד על חבירו ואין צריך לעדותו, ועל עצמו גם כן אין צריך עדות שהרי הכל מכירין אותו שפיר דמי, או דילמא דהואיל דשזה העד מעיד גם כן עליו אף על פי שעכשיו אין אנו צריכין לעדותו זה, מכל מקום הואיל ומצטרף הוא להעיד עליו הוי כאילו כל העדות והיינו רוב העדות מתקיימת בעד אחד: ר' זעירה וכו'. גרסינן להאי מלתא בפ"ב דכתובות בהלכה ד' ומייתי לה הכא כדי למיפשט בעייא דילן וכדלקמן דגרסינן שם על המתניתן דמיירי בעדים המעידים על חתימת ידם שבשטר, זה אומר זה כתב ידי וזה אומר זה כתב ידי צריכין לצרף עמהם אחר דברי רבי, וחכמים אומרים אין צריכין שילטרף עמהן אחר אלא נאמן אדם לומר זה כתב ידי, וקאמר התם ר' זעירה בשם רב אין הוא ואחר מצטרפין על חתימת עד השני וכדמפרש שם היך עבידא, היה אחד מכיר כתב ידו וכתב ידו של חבירו ואחד אין אדם מכירו וחבירו מכירו, שזה המעיד על חתימת ידי עצמו הוא מכירו וזה האחר אינו בפנינו, ובהאי קאמר רב אין הוא ואחר מצטרפין על חתימת חבירו, וטעמו דכיון דקיימא לן כרבנן דהתם דעל מנה שבשטר הן מעידין, וזה המעיד על כתב ידו נפיק פלגא דממונא אפומיה, וכי הדר מצטרף עם אחד מן השוק להעיד על חתימת חבירו הרי דנפיק עוד ריבעא דממונא אפומיה ואישתכח דכולא ממונא נכי רבעא נפיק אפומא דחד סהדא, והתורה אמרה (דברים יז ו) על פי שנים עדים יקום דבר ואי דבר על ידי זה ואי דבר על ידי זה. ובתר הכי גריס שם וחסר הוא כאן חבירו מהו שילטרף עם אחד מן השוק להעיד עליו. ומתמה הש"ס שם הדא הוא דאמר ר' זעירא רב הונא בשם רב אין הוא ואחר מצטרפין על חתימת עד השני, דקא סלקא דעתיה דאין כאן מכירין לחתימת העד שבפנינו אלא הוא בעצמו מעיד על חתימת ידו, ולפיכך מתמה הלא הדא הוא דאמרינן בשם רב שאין מצטרפין ומאי תיבעי לך. ועלה הוא דגרסינן לא צורכה די לא וכו' כדמייתי הכא, כלומר לא צריכא דקמיבעיא לן דאלא בכהאי גונא כגון שהיו שנים ואחד מהן שהוא בפנינו הכל מכירין כתב ידו ואין אנו צריכין לעדות עצמו וזה שאינו בפנינו אין אדם מכירו אלא חבירו זה, ובהא הוא דקמיבעיא לן חבירו מהו שיעשה כאחד מן השוק להעיד עליו, כלומר שהוא לא יעיד על כתיבת יד עצמו מכיון שהכל מכירין כתיבת ידו אלא שילטרף עם אחד מן השוק להעיד על חתימת חבירו, או דילמא מכיון שהוא בפנינו ואין אנו צריכין לעדות אחרים על כתב ידו אכתי מיחזי כדנפיק תלתא רבעי דממונא אפומיה דחד סהדא:

מסורת הש"ס

א) עי' ר"ה כב: [ותוספתא פ"א הט"ו] ב) כתובות פ"ב ה"ד

מראה הפנים

ועד אחד נאמן משלך נתנו לך וכו'. משמע ממסקנא דהכא דבאמת אין צריך כי אם עד אחד להעיד עליו הואיל דעדות זה מדרבנן בעלמא הוא והם אמרו והם אמרו, אבל בבבלי ריש פרקין (כב.) קאמר מאי אחר חד, וחד מי מהימן והתניא מעשה שבא הוא ועדיו עמו להעיד עליו. ופי' רש"י ז"ל (ד"ה מעשה שבא) מעשה שבא העד לפני ב"ד בשבת להעיד על החודש. האמת שכך הוא בתוספתא פ"ק (הט"ו) בהדיא אם אין מכירין אותו משלחין עדיו עמו אפי' בשבת, מעשה בר' נהוראי שבא עם העד בשבת לאושא והעיד עליו. ורש"י הוצרך לפרש כן בלאו הכי אף למה שהובא התם סתם, דלא תימא דילמא מעשה שהיה כך היה הלכך קאמר בשבת דהשתא ע"כ דצריך שני עדים דוקא וכמו עדות החודש בעצמו, דאל"כ לא היה לו להשני לחלל את השבת אם אין צריכין אלא לאחד להעיד עליו. וקאמר רב פפא התם מאי אחר זוג אחר הכי נמי מסתברא דאי לא תימא הכי אם אין מכירין אותו מאי אותו אילימא אותו חד, וחד מי מהימן משפט כתיב ביה, אלא מאי אותו אותו זוג, הכי נמי מאי אחר זוג אחר. וכתבו התוס' (ד"ה אלא) תימא מאי קאמר אני יכול לומר אחד מאותו הזוג. ולכאורה קושיא אלימתא היא מבלי תירוץ דהשתא אזלא לה הוכחה דאחר זוג אחר קאמר, דילמא להעיד עליו לא בעינן אלא חד ואחר כמשמעו הוא וכדעת שיטה דהאי תלמודא, דמכיון דמדרבנן בעלמא הוא לא בעינן אלא חד ומתני' פליגא על התוספתא, וממעשה דר' נהוראי נמי אין במשמע אלא דחד הוא דבעינן וכדבאמת פריך התם וחד לא מהימן וכו', ושני ליה בדוחק ר' נהוראי סהדא אחרינא הוה בהדיה וכו'. ואמנם כי דייקינן שפיר תרתי דלא קשה מידי לקושית התוס' והסוגיות אולי כל חדא וחדא לשיטתייהו במה דמחולקין הן עוד לדינא, כדחזינן מההיא דכתובות (פ"ב ה"ד) ומייתי לה הכא, דלפי האי דבעי עד אחד מהו שיהא נאמן כשנים, (וכבר הסברתי בפנים בזה דלא תיקשי הא לשיטתא דהאי תלמודא לא בעינן שנים ובחד סגי), ומייתי עלה למיפשט מההיא דכתובות ומסיק דאפי' בכהאי גוונא דהכל מכירין לחתימות ידיה דהאי סהדא דאיתיה קמן ולא צריך איהו לאסהודי אחתימת ידיה, אפ"ה אמרינן דאינו כאחד מן השוק להעיד עליו ומשום דא"כ נמצאת כל העדות והיינו רוב העדות מתקיימת בעד אחד, ובהא האי ש"ס לחומרא ושיטת הבבלי שם לקולא דסובר דבכה"ג לא הויא כדנפיק כולא ממונא נכי ריבעא אפומא דחד סהדא ומשום דלא צריכין לסהדותא דידיה, וכדגרסינן שם (כתובות) דף כ"א (ע"א) בהדיא בהא דאמר רב יהודה אמר רב שנים החתומין על השטר ומת אחד מהן צריכין שנים מן השוק להעיד עליו וכו', ואי ליכא תרי אלא חד מאי, [המשך בסוף הספר]

עין משפט

א מיי' פ"ז מהלכות עדות הלכה ג ד טוש"ע חו"מ סימן מו סעיף יא:

שינויי נוסחאות

א] חבירו. בירושלמי כתובות (פ"ב ה"ד) וחבירו:

רידב"ז

אמר ר' יונה הכין צורכה מיתני בראשונה וכו' אמר ר' יוסי אפילו וכו' למה וכו'. כעין זה פליגא ר' יונה ור' יוסי בירושלמי פסחים פ"א ה"ב עיי"ש:

גליון הש"ס

לא צורכה די לא היו שנים אחד הכל מכירין וכו'. עי' קרבן העדה שהגיה. ואין לורך, ועיין בפני משה בכתובות שם (פ"ב ה"ד). ואפשר כוונת הקרבן העדה משום דבבלי בכתובות דף כ"א (ע"א) אמרינן לכתוב חתימת ידיה אחספא וכו' ומחזקי ליה בבי דינא ואזיל איהו וכו' עיי"ש, הרי מבואר דאי איכא סהדי אחרינא על חתימת ידו מאי איהו מסהיד על העד השני, ומשו"ה כדי שלא יסתרו הבבלי והירושלמי פירש דהכא לענין להעיד על חברו שהוא כשר:

one witness cannot be confirmed by the other witness, since all of the testimony would then end up being substantiated by a single witness.[16]

Having resolved its original inquiry, the Gemara proceeds to cite the rest of the discussion regarding the authentication of signatures on a document. An assertion is now made that the ruling of R' Z'eira in the name of Rav (quoted earlier) could not have been stated in reference to the case of a witness who authenticates his own signature, for in that instance it goes without saying that the witness cannot join with someone else to authenticate his partner's signature:[17]

לָא צוֹרְכָה דִי לָא – **There is** actually **no need for this** ruling with regard to the case inquired about earlier, for it is *obvious* that a witness who authenticated his own signature will be sustaining more than half of the testimony if he authenticates his partner's signature as well. **Rather,** the ruling is necessary for the following case: הָיוּ שְׁנַיִם – If **there were two** witnesses signed on a document, אֶחָד הַכֹּל מַכִּירִין כְּתַב יָדוֹ – and present in the court is **one** of the witnesses, **whose handwriting everyone** there **recognizes** (so that he does not need to authenticate his own signature), וְאֶחָד אֵין אָדָם מַכִּירוֹ – **while the other** witness, who is not present, has **no one** there who **recognizes [his handwriting]** חֲבֵירוֹ מַכִּירוֹ – except for **his fellow,** the first witness, **who does recognize it;** regarding this situation, the question arises: חֲבֵירוֹ מַהוּ שֶׁיֵּעָשֶׂה כְּאֶחָד מִן הַשּׁוּק לְהָעִיד עָלָיו – **What is [the law] with regard to his fellow** (the first witness) **being treated** as an independent witness **like someone from the market, so that he may testify** in conjunction with one other person **about** the handwriting of **[the second witness]?**[18]

It was in reference to even this latter case that R' Z'eira said in the name of Rav that the first witness may not join with someone else to authenticate the signature of the second witness.

NOTES

16. When the recognized witness testifies about the new moon, he provides half of the testimony needed for the sanctification. If he were also to confirm the reliability of the other witness, then it would emerge that he is responsible for the testimony provided by that other witness, as well! This is not allowed, as can be seen from the ruling of Rav concerning the authentication of signatures. Rather, someone other than the first witness must vouch for the reliability of the second witness. In this way, the first witness will indeed have provided only half of the testimony, and the second witness will have provided the rest.

17. Our elucidation here will follow *Korban HaEidah* to *Kesubos* 2:4; cf. *Pnei Moshe,* who explains the flow of the Gemara somewhat differently.

18. Unlike the case of the previous inquiry, in which the first witness authenticated his own signature and is thus considered to be providing half of the needed testimony, here the signature of the first witness was authenticated by two outside witnesses, not by the first witness himself. [He is therefore not providing any testimony now; the claim of the document is being supported by his signature from long ago, which was authenticated by others.] Accordingly, there is reason to believe that in this situation the first witness can be regarded as an outsider "from the market," and may thus join with someone else to authenticate the second witness' signature (*Korban HaEidah* to *Kesubos* ibid., *Pnei Moshe* here and in *Kesubos, Beur of R' Chaim Kanievski;* cf. *Korban HaEidah* here).

גמ' אמר ר' יונה הכין צורכה מיתני בראשונה היו מקבלין עדות החודש מכל אדם אם אינן מכירין אותו היו משלחין עמו אחר להעידו. אמר ר' יוסה אפילו כמתניתן אתיא היא אם אינן מכירין אותו משלחין עמו אחר להעידו למה שבראשונה היו מקבלין עדות החודש מכל אדם. [א]ועד אחד נאמן. משלך נתנו לך בדין היה שלא יהו צריכין עדים והן אמרו שיהו צריכין עדים והן אמרו עד אחד נאמן. עד אחד מהו שיהא נאמן כשנים. היך עבידה. [ב]היו שנים אחד הכל מכירין אותו ואחד אין אדם מכירו חבירו מכירו חבירו מהו שיצטרף עם אחד מן השוק להעיד עליו. ר' זעירא ר' חונה בשם רב [א]אין הוא ואחר מצטרפין על חתימת העד השיני. לא צורכה די לא היו שנים אחד הכל מכירין כתב ידו ואחד אין אדם מכירו א] חבירו מכירו חבירו מהו שייעשה כאחד מן השוק להעיד עליו. יא.

קרבן העדה

גמ' הכין צורכה וכו'. הכי הוי ליה למיתני כסדר, בראשונה היו מקבלין עדות החדש מכל אדם משקלקלו וכו' אלא מן המכירין ואם אינן מכירין היו משלחין אחר עמו: אפילו. כדתני במתני' נמי ניחא, דהכי קאמר, אם אינן מכירין משלחין אחר עמו למה הצריכו עדות לכך והלא כל ישראל בחזקת כשרות, לפי שבראשונה היו מקבלין מכל אדם ואירע קלקול בדבר: ועד אחד נאמן. בתמיה, ובמתני' תני משלחין אחר עמו, משמע דאחד נאמן: ומשני משלך נתנו לך. ממה שהחמירו חכמים עליך חזרו והקילו, שהרי בדין היה לקבל עדות החדש מכל אדם וכבראשונה, אלא מפני הקלקול הצריכו שיהו מכירים אותו, הקילו נמי שיהא עד אחד נאמן להעיד שהוא כשר: עד אחד מהו שיהא נאמן כשנים. בשאר עדות דרבנן כגון קיום שטרות. אי נמי אפילו כאן כגון שזהו העד השני מעיד גם על חבירו שהוא כשר: היך עבידא. כמו היכי דמי: ה"ג היו שנים אחד מכיר כתב ידו וכתב יד חבירו ואחד וכו'. וכן הוא בכתובות (פ"ב ה"ד). והכי פירושו, שהאחד מעיד על כתב ידי עצמו שנאמן כבי תרי וחבירו אינו כאן ובעינן שנים שיעידו על כתב ידו וזה העד מכיר כתב יד חבירו, ומבעיא אם נצרף זה העד עם אחד מן השוק להעיד על כתב חבירו: אין הוא ואחר מצטרף וכו'. דאם כן נפקא תלתא ריבעא דממונא אפומא דחד סהדא דהיינו מחצה שלו וחציו של חבירו: לא צורכא. כי קמיבעיא ליה: די לא. אלא: ה"ג היו שנים אחד הכל מכירין אותו ואחד אין אדם וכו'. והכי פירושו, כגון ששני העדים לפנינו ומעידין על חתימת ידם, אלא שאחד מכירין אותו ומוחזק לן שהוא כשר והשני אינו מוחזק אלא שחבירו מעיד עליו שהוא כשר, מי מוליאין על פי שטר זה:

פני משה

גמ' אמר ר' יונה הכין צורכה מיתני וכו'. מתניתין נשנית שלא כסדר וכן היה צריך לשנות, בראשונה היו מקבלין וכו', משקילקלו המינין התקינו שלא יהו מקבלין אלא מן המכירין אם אינן מכירין וכו', וכדאשכחן בפ"ב דיומא (מ"א) דתני לה כסדר בראשונה כל מי שרוצה לתרום תורם וכו', ומשאירע המעשה התקינו שלא יהו תורמין אלא בפייס וכך צריך למיתני נמי כאן: אפילו כמתניתין אתיא היא. אפילו כמו שנשנה לפנינו במתניתין נמי אתיא שפיר דמה ששנה בראשונה וכו' נתינת טעם הוא על הא דתני אם אינן מכירין אותו משלחין וכו', ולמה הוצרכו לכך לפי שבראשונה וכו': ועד אחד נאמן. להעיד עליו בתמיה: ומשני משלך נתנו לך. כלומר הם אמרו והם אמרו, לפי שבדין היה שלא יהו צריכין עדים להעיד עליו שכל ישראל בחזקת כשרות ונאמנות הם, ואמרו חכמים דאפילו כן צריך עדים להעיד עליו, והן אמרו עד אחד נאמן על זה: עד אחד מהו שיהא נאמן כשנים. דאע"ג דאמרינן דכאן עד אחד גם כן נאמן להעיד עליו, היינו אחד מן השוק ושמשלחין אותו הבית דין שבעירו כדי להעיד עליו, אבל הבעיא היא באחד מן העדים המעידים על עדות החדש וכדמפרש ואזיל וכדמפרשינן לקמן: היך עבידא היו שנים. המעידים על החדש, אחד מהן הכל מכירים אותו שאדם כשר הוא ואחד מהן אין אדם מכירו אלא שחבירו מכירו, והוא לבדו אינו נאמן להעיד עליו, לפי שנוגע בעדותו הוא שרוצה שתתקיים עדותו על החדש, והשתא הבעיא היא חבירו זה שמכירו מהו שילטרף עם אחד מן השוק להעיד עליו. דאע"פ שזה האחד מן השוק לבדו היה נאמן עליו, וכדאמרינן דהן אמרו והן אמרו שכאן עד אחד נאמן, היינו שהבית דין שבעירו הוא שמשלחין אותו להעיד עליו והן מוחזקין בו שאדם נאמן הוא, לפיכך בית דין הגדול סומכין עליו ומקבלין העדות שמעיד על האחד מעדי החדש שאינן מכירין אותו לסמוך על עדותו, אבל הכא בגוונא דהבעיא דילן מיירי שלא שלחו בית דין שבעירו שום אחד עמו להעיד עליו, וכשבאו לפני בית דין הגדול לאחד מכירין אותו ולהשני אינן מכירין אותו, ובכהאי גונא מסתברא שצריך שיהו שנים מעידין עליו, ומשום דאיכא למיחש הואיל ובית דין שבעירו לא שלחו אדם עמו אפשר שהוא מעצמו בא אל חבירו זה והסכימו שניהם להעיד על החדש ואף שזה לא ראה כלום. והלכך מיבעיא לן אם חבירו זה שמכירו מצטרף עם אחד מן השוק להעיד עליו והרי כאן שנים, או דילמא חבירו נוגע בעדותו ואינו מצטרף עם האחר ואין כאן אלא אחד ואנן בכה"ג שנים הוא דבעינן, והיינו דקאמר עד אחד מהו שיהא נאמן כשנים, כלומר מהו שילטרף זה האחד מעדי החדש להאחד מן השוק שיהא על ידי כך כשנים להעיד על זה שאינן מכירין אותו. אי נמי יש לומר דהך בעיא בדרך אם תמצא לומר מיתפרשא דקאמר עד אחד נאמן בעדות זו ומאי אחר חד כמשמעו, והדר בעי ואם תמצא לומר דהאי אחר זוג אחר ושנים בעינן, מיבעיא לן עד אחד מהו שיהא נאמן כשנים היך עבידא וכו'. אי נמי הכי קאמר דמספקא ליה דמכיון דעדי החדש על כרחין שנים בעינן דמשפט כתיב ביה (תהילים פא ה), ואם אחד מהעדים הכל מכירין אותו ואין צריך להעיד עליו ואחד וכו', מהו שילטרף זה עם אחד מן השוק להעיד עליו, ולא אמרינן דהשתא מתקיימת רוב העדות בעד אחד שזה מעיד על החדש ומעיד גם כן על חבירו שהוא מכירו לאדם נאמן, דמכיון שיש כאן אחד מן השוק להעיד על חבירו ואין צריך לעדותו, ועל עצמו גם כן אין צריך עדות שהרי הכל מכירין אותו שפיר דמי, או דילמא דהואיל דשזה העד מעיד גם כן עליו אף על פי שעכשיו אין אנו צריכין לעדותו זה, מכל מקום הואיל ומצטרף הוא להעיד עליו הוי כאילו כל העדות והיינו רוב העדות מתקיימת בעד אחד: ר' זעירה וכו'. גרסינן להאי מלתא בפ"ב דכתובות בהלכה ד' ומייתי לה הכא כדי למיפשט בעייא דילן וכדלקמן דגרסינן שם על המתניתן דמיירי בעדים המעידים על חתימת ידם שבשטר, זה אומר זה כתב ידי וזה אומר זה כתב ידי צריכין לצרף עמהם אחר דברי רבי, וחכמים אומרים אין צריכין שילטרף עמהן אחר אלא נאמן אדם לומר זה כתב ידי, וקאמר התם ר' זעירה בשם רב אין הוא ואחר מלטרפין על חתימת עד השני וכדמפרש שם היך עבידא, היה אחד מכיר כתב ידו וכתב ידו של חבירו ואחד אין אדם מכירו וחבירו מכירו, שזה המעיד על חתימת ידי עצמו הוא מכירו וזה האחר אינו בפנינו, ובהאי קאמר רב אין הוא ואחר מלטרפין על חתימת חבירו, וטעמו דכיון דקיימא לן כרבנן דהתם דעל מנה שבשטר הן מעידין, וזה המעיד על כתב ידו נפיק פלגא דממונא אפומיה, וכי הדר מלטרף עם אחד מן השוק להעיד על חתימת חבירו הרי דנפיק עוד ריבעא דממונא אפומיה ואישתכח דכולא ממונא ככי רבעא נפיק אפומא דחד סהדא, והתורה אמרה (דברים יז ו) על פי שנים עדים יקום דבר ולא דבר על ידי זה ודבר על ידי זה. ובתר הכי גריס שם וחסר הוא כאן חבירו מהו שילטרף עם אחד מן השוק להעיד עליו. ומתמה הש"ס שם הדא הוא דאמר ר' זעירא רב הונא בשם רב אין הוא ואחר מלטרפין על חתימת עד השני, דקא סלקא דעתיה דאין כאן מכירין לחתימת העד שבפנינו אלא הוא בעצמו מעיד על חתימת ידו, ולפיכך מתמה הלא הדא הוא דאמרינן בשם רב שאין מלטרפין ומאי תיבעי לך. ועלה הוא דגרסינן לא צורכה די לא וכו' כדמייתי הכא, כלומר לא צריכא דקמיבעיא לן דאלא בכהאי גונא כגון שהיו שנים ואחד מהן שהוא בפנינו הכל מכירין כתב ידו ואין אנו צריכין לעדות עצמו וזה שאינו בפנינו אין אדם מכירו אלא חבירו זה, ובהא הוא דקמיבעיא לן חבירו מהו שיעשה כאחד מן השוק להעיד עליו, כלומר שהוא לא יעיד על כתיבת יד עצמו מכיון שהכל מכירין כתיבת ידו אלא שילטרף עם אחד מן השוק להעיד על חתימת חבירו, או דילמא מכיון שהוא בפנינו ואין אנו צריכין לעדות אחרים על כתב ידו אכתי מיחזי כדנפיק תלתא רבעי דממונא אפומיה דחד סהדא:

מסורת הש"ס

א) עי' ר"ה כב: [ותוספתא פ"א הט"ו] ב) כתובות פ"ב ה"ד

מראה הפנים

ועד אחד נאמן משלך נתנו לך וכו'. משמע ממסקנא דהכא דבאמת אין צריך כי אם עד אחד להעיד עליו הואיל דעדות זה מדרבנן בעלמא הוא והם אמרו והם אמרו, אבל בבבלי ריש פרקין (כב.) קאמר מאי אחר חד, וחד מי מהימן והתניא מעשה שבא הוא ועדיו עמו להעיד עליו. ופי' רש"י ז"ל (ד"ה מעשה שבא) מעשה שבא העד לפני ב"ד בשבת להעיד על החודש. האמת שכך הוא בתוספתא פ"ק (הט"ו) בהדיא אם אינן מכירין אותו משלחין עדיו עמו אפי' בשבת, מעשה בר' נהוראי שבא עם העד בשבת לאושא והעיד עליו. ורש"י הוצרך לפרש כן בלאו הכי אף למה שהובא התם סתם, דלא תימא דילמא מעשה שהיה כך היה הלכך קאמר בשבת דהשתא ע"כ דצריך שני עדים בדוקא וכמו עדות החודש בעצמו, דאל"כ לא היה לו להשני לחלל את השבת אם אינן צריכין אלא לאחד להעיד עליו. וקאמר רב פפא התם מאי אחר זוג אחר הכי נמי מסתברא דאי לא תימא הכי אם אינן מכירין אותו מאי אותו אילימא אותו חד, וחד מי מהימן משפט כתיב ביה, אלא מאי אותו אותו זוג, הכי נמי מאי אחר זוג אחר. וכתבו התוס' (ד"ה אלא) תימא מאי קאמר אני יכול לומר אחד מאותו הזוג. ולכאורה קושיא אלימתא היא מבלי תירוץ דהשתא אזלא לה הוכחה דאחר זוג אחר קאמר, דילמא להעיד עליו לא בעינן אלא חד ואחר כמשמעו הוא וכדעת שיטה דהאי תלמודא, דמכיון דמדרבנן בעלמא הוא לא בעינן אלא חד ומתני' פליגא על התוספתא, וממעשה דר' נהוראי נמי אין במשמע אלא דחד הוא דבעינן וכדבאמת פריך התם וחד לא מהימן וכו', ושני ליה בדוחק ר' נהוראי סהדא אחרינא הוה בהדיה וכו'. ואמנם כי דייקין שפיר תרוייהו דלא קשה מידי לקושית התוס' והסוגיות אזלי כל חדא וחדא לשיטתייהו במה דמחולקין הן עוד לדינא, כדחזינן מההיא דכתובות (פ"ב ה"ד) ומייתי לה הכא, דלפי האי דבעי עד אחד מהו שיהא נאמן כשנים, (וכבר הסברתי בפנים בזה דלא תיקשי הא לשיטתא דהאי תלמודא לא בעינן שנים ובחד סגי), ומייתי עלה למיפשט מההיא דכתובות ומסיק דאפי' בכהאי גוונא דהכל מכירין לחתימות ידיה דהאי סהדא דאיתיה קמן ולא צריך איהו לאסהודי אחתימת ידיה, אפ"ה אמרינן דאינו כאחד מן השוק להעיד עליו ומשום דא"כ נמצאת כל העדות והיינו רוב העדות מתקיימת בעד אחד, ובהא האי ש"ס לחומרא ושיטת הבבלי שם לקולא דסובר דבכה"ג לא הויא כדנפיק כולא ממונא ככי ריבעא אפומא דחד סהדא ומשום דלא צריכין לסהדותא דידיה, וכדגרסינן שם (כתובות דף כ"א ע"א) בהדיא בהא דאמר רב יהודה אמר רב שנים החתומין על השטר ומת אחד מהן צריכין שנים מן השוק להעיד עליו וכו', ואי ליכא תרי אלא חד מאי, [המשך בסוף הספר]

עין משפט

א מיי' פ"ז מהלכות עדות הלכה ג ד טוש"ע חו"מ סימן מו סעיף יא:

שינויי נוסחאות

א] חבירו. בירושלמי כתובות (פ"ב ה"ד) וחבירו:

רידב"ז

אמר ר' יונה הכין צורכה מיתני בראשונה וכו' אמר ר' יוסי אפילו וכו' למה וכו'. כעין זה פליגא ר' יונה ור' יוסי בירושלמי פסחים פ"א ה"ב עיי"ש:

גליון הש"ס

לא צורכה די לא היו שנים אחד הכל מכירין וכו'. עי' קרבן העדה שהגיה. ואין לורך, ועיין בפני משה בכתובות שם (פ"ב ה"ד). ואפשר כוונת הקרבן העדה משום דבבלי בכתובות דף כ"א (ע"א) אמרינן לכתוב חתימת ידיה אחספא וכו' ומחזקי ליה בבי דינא ואזיל איהו וכו' עיי"ש, הרי מבואר דאי איכא סהדי אחרינא על חתימת ידו מלי איהו מסהיד על העד השני, ומשו"ה כדי שלא יסתרו הבבלי והירושלמי פירש דהכא לענין להעיד על חברו שהוא כשר:

question arises: [11][מַהוּ שֶׁיָּעִיד עָלָיו] חֲבֵירוֹ – **May his fellow** witness **testify about him** that he is trustworthy?[12]

[To resolve the inquiry, the Gemara cites a discussion regarding an analogous case:

נִשְׁמְעִינָהּ מִן הָדָא – We may derive [the answer] from a ruling in **this** following discussion concerning the authentication of signatures on a document.[13] A question was asked: **הָיוּ שְׁנַיִם – If there were two** witnesses signed on a document, **אֶחָד מַכִּיר כְּתַב יָדוֹ וּכְתַב יַד חֲבֵירוֹ – and one** of the witnesses, who is present in the court, **recognizes** (i.e. authenticates) **his own handwriting and** also **the handwriting of his fellow** witness, **וְאֶחָד אֵין אָדָם מַכִּירוֹ – while the other** witness, who is absent, has **no one** there who **recognizes [his handwriting] וַחֲבֵירוֹ מַכִּירוֹ – except for his fellow,** the first witness, who **does recognize it;** concerning this case,] **מַהוּ שֶׁיִּצְטָרֵף עִם אֶחָד מִן הַשּׁוּק לְהָעִיד עָלָיו – what is [the law] as to whether [the witness who is present] may join with one** other person **from the market in order to testify about** the handwriting of **[the second witness]?**[14]

A ruling on this matter is cited:

רַבִּי זְעֵירָא רַבִּי חוּנָה בְּשֵׁם רַב – R' Z'eira said in the name of **R' Chunah,** who said **in the name of Rav: אֵין הוּא וְאַחֵר מִצְטָרְפִין עַל חֲתִימַת הָעֵד הַשֵּׁנִי – [The witness who is present] and another** person from the market **may *not* join** to testify **about the signature of the second witness,** as it would then emerge that a single witness is responsible for three-quarters of the testimony.[15]

On the basis of the above, we may conclude that when a pair of witnesses comes to testify about the new moon, the reliability of

NOTES

11. Our emendation and elucidation of this passage (including the additional text until the words וַחֲבֵירוֹ מַכִּירוֹ) follow *Beur of R' Chaim Kanievski,* based on the closely related Gemara in *Yerushalmi Kesubos* 2:4. For other possible ways of emending the text along the same general approach, see *Korban HaEidah, Sefer Nir,* and *Hagahos HaGrim* (printed in the Vilna ed. of *Yerushalmi*). [A possible interpretation of the unemended text is presented in Variant A.]

12. In this case, the reliability of the unrecognized second witness is being confirmed by the first witness, who will be testifying with him about the new moon. If we accept such an arrangement, it will emerge that the entire testimony regarding the new moon ultimately stands on the word of that first witness. But the law is that the sanctification of the new moon requires the testimony of at least two witnesses [see *Bavli* 22b]! The Gemara therefore inquires whether it is acceptable for a single witness to essentially assume the function of two witnesses in this manner.

The crux of the inquiry is as follows: On the one hand, the vouching testimony may be seen as totally independent from the witnesses' subsequent testimony regarding the new moon. It would thus be irrelevant that the first witness is the one who is confirming the reliability of the second witness, for after it has been established that they are both reliable, their testimony about the new moon is accepted as that of two independent witnesses (see *Taz, Even HaEzer* 35:2 [end]). On the other hand, the confirmation of a witness may be seen as an integral part of that witness' subsequent testimony, so that the testimony of that witness is also attributed to the one who vouched for him. Accordingly, if one of the new-moon witnesses vouches for the other, all of the ensuing testimony will be credited to the first witness. This would be unacceptable, since the sanctification of the new moon must stand on the testimony of two independent witnesses, not on the testimony of one witness who is acting in the place of two (see *Beur of R' Chaim Kanievski*).

13. If someone produces a loan document against another and the latter denies liability, the holder of the note cannot collect on its basis (under Rabbinic law) unless the signatures of the witnesses who signed it are confirmed to be authentic, in a process known as קִיּוּם שְׁטָרוֹת, *document certification.* There are various ways for a court to do this. One is to have the two signers confirm that they in fact signed the document. Another is to have any two witnesses testify that they recognize the signatures.

When the signers themselves validate the document, each individual signer is believed to authenticate his own signature, and we do not require that a second witness testify with him that his signature is authentic (according to the Sages, whom the halachah follows; see Mishnah *Kesubos* 2:4). [This is because the signers are not viewed as merely testifying about their signatures, but rather are also understood to be implicitly confirming that they witnessed the loan. Since they are in effect reiterating their signed testimony, no additional witnesses are necessary (*Bavli Kesubos* 21a; see *Rashi* there).] By contrast, when the document is validated by people other than the signers themselves, each signature needs to be authenticated by two witnesses (see *Bavli Kesubos* ibid.; see also *Bavli Gittin* 3a).

Here the Gemara will deal with a case in which one of the signers is present (and thus able to authenticate his own signature), while the other signer is not present (so that two witnesses are needed to authenticate his signature).

14. The signature of the witness who is present is authenticated by that witness himself. The other signature, however, requires authentication by two witnesses. Since the witness who is present recognizes the other signature, perhaps we can simply find one additional person who recognizes it, and together they will testify that the signature is authentic? (*Korban HaEidah*). Or does the fact that this witness himself signed the document make him ineligible to authenticate the other signature, and therefore *two* outsiders who recognize the signature need to be found?

15. When the witness who is present confirms his own signature, he automatically provides half of the testimony needed to support the claim made in the document (for as explained above, self-authentication is considered a reiteration of the initial testimony). If the same witness proceeds to joins with another person to authenticate the signature of the witness who is absent, he will then have provided another quarter of the total testimony needed [since he will have accomplished half of the authentication of the second signature]. In sum, therefore, the witness who is present will have provided three-quarters of the needed testimony! [*Bavli* (*Kesubos* 21a) refers to this figuratively as "exacting three-quarters of the money."] This is unacceptable, because the Torah states (*Deuteronomy* 19:15) that matters should be confirmed by *two* witnesses, implying that each witness should provide no more than half the testimony needed (*Korban HaEidah, Pnei Moshe;* see *Rashi, Kesubos* 21a ד״ה ונפקא מינה).

To avoid this problem, the witness who is present confirms only his own signature, and the second signature is confirmed by two outsiders. In this manner, the witness who is present will have provided only half of the testimony needed (see *Rashi* ibid. ד״ה בין לקולא).

TEXTUAL AND INTERPRETIVE VARIANTS

A. According to the printed version of this Gemara, the inquiry here reads: חֲבֵירוֹ מַהוּ שֶׁיִּצְטָרֵף עִם אֶחָד מִן הַשּׁוּק לְהָעִיד עָלָיו, **What is [the law] as to whether his fellow** witness **may join with one** other person **from the market in order to testify about** the reliability of **[the second witness]?** This question evidently assumes that two witnesses are necessary for the vouching process. However, it was made clear in the preceding Gemara that even a *single* witness is believed to vouch for the reliability of a new-moon witness who is unknown! To avoid this difficulty, most commentators emend the text in some fashion.

Pnei Moshe, though, suggests a number of ways to explain the unemended text. One possibility is that a single vouching witness is believed only if he was explicitly appointed for this purpose by the local court of the city from which the new-moon witness originates. [Presumably, that court would give him a certificate attesting to his own reliability.] Anyone else is *not* believed on his own to vouch for a new-moon witness, for we suspect that the two may be in collusion to provide false testimony. Accordingly, when a court-appointed vouching witness is unavailable, two witnesses are indeed necessary to confirm the reliability of an unknown new-moon witness. The Gemara thus inquires whether a new-moon witness who is recognized by the court may join with another person to testify about the reliability of the other new-moon witness.

For other possible approaches, see further in *Pnei Moshe,* and see *Noam Yerushalmi, Sefer Nir, Gilyon Ephraim,* and *Mazkeres Yerushalayim, Peirush HaAruch.*

אמר ר' יונה הכין צורכה מיתני בראשונה היו מקבלין עדות החודש מכל אדם אם אינן מכירין אותו היו משלחין עמו אחר להעידו. אמר ר' יוסה אפילו כמתניתן אתיא היא אם אינן מכירין אותו משלחין עמו אחר להעידו למה שבראשונה היו מקבלין עדות החודש מכל אדם. [א]ועד אחד נאמן. משלך נתנו לך בדין היה שלא יהו צריכין עדים והן אמרו שיהו צריכין עדים והן אמרו עד אחד נאמן. עד אחד מהו שיהא נאמן כשנים. היך עבידה. [ב]היו שנים אחד הכל מכירין אותו ואחד אין אדם מכירו חבירו מכירו חבירו מהו שיצטרף עם אחד מן השוק להעיד עליו. ר' זעירא ר' חונה בשם רב [א]אין הוא ואחר (יא.) מצטרפין על חתימת העד השיני. לא צורכה די לא היו שנים אחד הכל מכירין כתב ידו ואחד אין אדם מכירו [א]חבירו מכירו חבירו מהו שייעשה כאחד מן השוק להעיד עליו.

קרבן העדה

גמ' הכין צורכה וכו'. הכי הוי ליה למיתני כסדר, בראשונה היו מקבלין עדות החדש מכל אדם משקלקלו וכו' אלא מן המכירין ואם אינן מכירין היו משלחין אחר עמו: אפילו. כדתני במתני' נמי ניחא, דהכי קאמר, אם אינן מכירין משלחין אחר עמו למה הצריכו עדות לכך והלא כל ישראל בחזקת כשרות, לפי שבראשונה היו מקבלין מכל אדם ואירע קלקול בדבר: ועד אחד נאמן. בתמיה, ובמתני' תני משלחין אחר עמו, משמע דאחד נאמן: ומשני משלך נתנו לך. ממה שהחמירו חכמים עליך חזרו והקילו, שהרי בדין היה לקבל עדות החדש מכל אדם וכבראשונה, אלא מפני הקלקול הצריכו שיהו מכירים אותו, הקילו נמי שיהא עד אחד נאמן להעיד שהוא כשר: עד אחד מהו שיהא נאמן כשנים. בשאר עדות דרבנן כגון קיום שטרות. אי נמי אפילו כאן כגון שזהו העד השני מעיד גם על חבירו שהוא כשר: היך עבידא. כמו היכי דמי: ה"ג היו שנים אחד מכיר כתב ידו וכתב יד חבירו ואחד וכו'. וכן הוא בכתובות (פ"ב ה"ד). והכי פירושו, שהאחד מעיד על כתב ידי עצמו שנאמן כבי תרי וחבירו אינו כאן ובעינן שנים שיעידו על כתב ידו וזה העד מכיר כתב יד חבירו, ומבעיא אם נצרף זה העד עם אחד מן השוק להעיד על כתב חבירו: אין הוא ואחר מצטרף וכו'. דאם כן נפקא תלתא ריבעא דממונא אפומא דחד סהדא דהיינו מחצה שלו וחציו של חבירו: לא צורכא. כי קמיבעיא ליה: די לא. אלא: ה"ג היו שנים אחד הכל מכירין אותו ואחד אין אדם וכו'. והכי פירושו, כגון ששני העדים לפנינו ומעידין על חתימת ידם, אלא שאחד מכירין אותו ומוחזק לן שהוא כשר והשני אינו מוחזק אלא שחבירו מעיד עליו שהוא כשר, מי מוציאין על פי שטר זה:

פני משה

גמ' אמר ר' יונה הכין צורכה מיתני וכו'. מתניתין נשנית שלא כסדר וכן היה צריך לשנות, בראשונה היו מקבלין וכו', משקילקלו המינין התקינו שלא יהו מקבלין אלא מן המכירין אם אינן מכירין וכו', וכדאשכחן בפ"ב דיומא (מ"א) דתני לה כסדר בראשונה כל מי שרוצה לתרום תורם וכו', ומשאירע המעשה התקינו שלא יהו תורמין אלא בפייס וכן צריך למיתני נמי כאן: אפילו כמתניתן אתיא היא. אפילו כמו שנשנה לפינו במתניתן נמי אתיא שפיר דמה ששנה בראשונה וכו' נתינת טעם הוא על הא דתני אם אינן מכירין אותו משלחין וכו', ולמה הוצרכו לכך לפי שבראשונה וכו': ועד אחד נאמן. להעיד עליו בתמיה: ומשני משלך נתנו לך. כלומר הם אמרו והם אמרו, לפי שבדין היה שלא יהו צריכין עדים להעיד עליו שכל ישראל בחזקת כשרות ונאמנות הם, ואמרו חכמים דאפילו כן צריך עדים להעיד עליו, והן אמרו עד אחד נאמן על זה: עד אחד מהו שיהא נאמן כשנים. דאע"ג דאמרינן דכאן עד אחד גם כן נאמן להעיד עליו, היינו אחד מן השוק ושמשלחין אותו הבית דין שבעירו כדי להעיד עליו, אבל הבעיא היא באחד מן העדים המעידים על עדות החדש וכדמפרש ואזיל וכדמפרשינן לקמן: היך עבידא היו שנים. המעידים על החדש, אחד מהן הכל מכירים אותו שאדם כשר הוא ואחד מהן אין אדם מכירו אלא שחבירו מכירו, והוא לבדו אינו נאמן להעיד עליו, לפי שנוגע בעדותו הוא שרוצה שתתקיים עדותו על החדש, והשתא הבעיא היא חבירו זה שמכירו מהו שיצטרף עם אחד מן השוק להעיד עליו. דאע"פ שזה האחד מן השוק לבדו היה נאמן עליו, וכדאמרינן דהן אמרו והן אמרו שכאן עד אחד נאמן, היינו שהבית דין שבעירו הוא שמשלחין אותו להעיד עליו והן מוחזקין בו שאדם נאמן הוא, לפיכך בית דין הגדול סומכין עליו ומקבלין העדות שמעיד על האחד מעדי החדש שאינן מכירין אותו לסמוך על עדותו, אבל הכא בגוונא דהבעיא דילן מיירי שלא שלחו בית דין שבעירו שום אחד עמו להעיד עליו, וכשבאו לפני בית דין הגדול לאחד מכירין אותו ולהשני אינן מכירין אותו, ובכהאי גונא מסתברא שצריך שיהו שנים מעידין עליו, ומשום דאיכא למיחש הואיל ובית דין שבעירו לא שלחו אדם עמו אפשר שהוא מעצמו בא אל חבירו זה והסכימו שניהם להעיד על החדש ואף שזה לא ראה כלום. והלכך מיבעיא לן אם חבירו זה שמכירו מצטרף עם אחד מן השוק להעיד עליו והרי כאן שנים, או דילמא חבירו נוגע בעדותו ואינו מצטרף עם האחר ואין כאן אלא אחד ואין בכה"ג שנים הוא דבעינן, והיינו דקאמר עד אחד מהו שיהא נאמן כשנים, כלומר מהו שיצטרף זה האחד מעדי החדש להאחד מן השוק שיהא על ידי כך כשנים להעיד על זה שאינן מכירין אותו. אי נמי יש לומר דהך בעיא בדרך אם תמצא לומר מיתפרשא דקאמר עד אחד נאמן בעדות זו ומאי אחר חד כמשמעו, והדר בעי ואם תמצא לומר דהאי אחר זוג אחר ושנים בעינן, מיבעיא לן עד אחד מהו שיהא נאמן כשנים היך עבידא וכו'. אי נמי הכי קאמר דמספקא ליה דמכיון דעדי החדש על כרחין שנים בעינן דמשפט כתיב ביה (תהלים פא ה), ואם אחד מהעדים הכל מכירין אותו ואין צריך להעיד עליו ואחד וכו', מהו שיצטרף זה עם אחד מן השוק להעיד עליו, ולא אמרינן דהשתא מתקיימת רוב העדות בעד אחד שזה מעיד על החדש ומעיד גם כן על חבירו שהוא מכירו לאדם נאמן, דמכיון שיש כאן אחד מן השוק להעיד על חבירו ואין צריך לעדותו, ועל עצמו גם כן אין צריך עדות שהרי הכל מכירין אותו שפיר דמי, או דילמא דהואיל דשזה העד מעיד גם כן עליו אף על פי שעכשיו אין אנו צריכין לעדותו זה, מכל מקום הואיל ומצטרף הוא להעיד עליו הוי כאילו כל העדות והיינו רוב העדות מתקיימת בעד אחד: ר' זעירה וכו'. גרסינן להאי מלתא בפ"ב דכתובות בהלכה ד' ומייתי לה הכא כדי למיפשט בעייא דילן וכדלקמן דגרסינן שם על המתניתן דמיירי בעדים המעידים על חתימת ידם שבשטר, זה אומר זה כתב ידי וזה אומר זה כתב ידי צריכין לצרף עמהם אחר דברי רבי, וחכמים אומרים אין צריכין שיצטרף עמהן אחר אלא נאמן אדם לומר זה כתב ידי, וקאמר התם ר' זעירה בשם רב אין הוא ואחר מצטרפין על חתימת עד השני וכדמפרש שם היך עבידא, היה אחד מכיר כתב ידו וכתב ידו של חבירו ואחד אין אדם מכירו וחבירו מכירו, שזה המעיד על חתימת ידי עצמו הוא מכירו וזה האחר אינו בפנינו, ובהאי קאמר רב אין הוא ואחר מצטרפין על חתימת חבירו, וטעמו דכיון דקיימא לן כרבנן דהתם דעל מנה שבשטר הן מעידין, וזה המעיד על כתב ידו נפיק פלגא דממונא אפומיה, וכי הדר מצטרף עם אחד מן השוק להעיד על חתימת חבירו הרי דנפיק עוד ריבעא דממונא אפומיה ואישתכח דכולא ממונא נכי רבעא נפיק אפומא דחד סהדא, והתורה אמרה (דברים יז ו) על פי שנים עדים יקום דבר חצי דבר על ידי זה וחצי דבר על ידי זה. ובתר הכי גריס שם וחסר הוא כאן חבירו מהו שיצטרף עם אחד מן השוק להעיד עליו. ומתמה הש"ס שם הדא הוא דאמר ר' זעירה רב הונא בשם רב אין הוא ואחר מצטרפין על חתימת עד השני, דקא סלקא דעתיה דאין כאן מכירין לחתימת העד שבפנינו אלא הוא בעצמו מעיד על חתימת ידו, ולפיכך מתמה הלא הדא הוא דאמרינן בשם רב שאין מצטרפין ומאי תיבעי לך. ועלה הוא דגרסינן לא צורכה די לא וכו' כדמייתי הכא, כלומר לא צריכא דקמיבעיא לן דלאו בכהאי גונא כגון שהיו שנים ואחד מהן שהוא בפנינו הכל מכירין כתב ידו ואין אנו צריכין לעדות עצמו וזה שאינו בפנינו אין אדם מכירו אלא חבירו זה, ובהא הוא דקמיבעיא לן חבירו מהו שיעשה כאחד מן השוק להעיד עליו, כלומר שהוא לא יעיד על כתיבת יד עצמו מכיון שהכל מכירין כתיבת ידו אלא שיצטרף עם אחד מן השוק להעיד על חתימת חבירו, או דילמא מכיון שהוא בפנינו ואין אנו צריכין לעדות אחרים על כתב ידו אכתי מיחזי כדנפיק תלתא רבעי דממונא אפומיה דחד סהדא:

מסורת הש"ס

א) עי' ר"ה כב: [ותוספתא פ"א הט"ו] ב) כתובות פ"ב ה"ד

מראה הפנים

ועד אחד נאמן משלך נתנו לך וכו'. משמע ממסקנא דהכא דבאמת אין צריך כי אם עד אחד להעיד עליו הואיל דעדות זה מדרבנן בעלמא הוא והם אמרו והם אמרו, אבל בבבלי ריש פרקין (כב.) קאמר מאי אחר חד, וחד מי מהימן והתניא מעשה שבא הוא ועדיו עמו להעיד עליו. ופי' רש"י ז"ל (ד"ה מעשה שבא) מעשה שבא העד לפני ב"ד בשבת להעיד על החודש. האמת שכך הוא בתוספתא פ"ק (הט"ו) בהדיא אם אין מכירין אותו משלחין עדיו עמו אפי' בשבת, מעשה בר' נהוראי שבא עם העד בשבת לאושא והעיד עליו. ורש"י הוצרך לפרש כן בלאו הכי אף למה שהובא התם סתם, דלא תימא דילמא מעשה שהיה כך היה הלכך קאמר בשבת דהשתא ע"כ דצריך שני עדים בדוקא וכמו עדות החודש בעצמו, דאל"כ לא היה לו להשני לחלל את השבת אם אין צריכין אלא לאחד להעיד עליו. וקאמר רב פפא התם מאי אחר זוג אחר הכי נמי מסתברא דאי לא תימא הכי אם אין מכירין אותו מאי אותו אילימא אותו חד, וחד מי מהימן משפט כתיב ביה, אלא מאי אותו אותו זוג, הכי נמי מאי אחר זוג אחר. וכתבו התוס' (ד"ה אלא) תימא מאי קאמר אני יכול לומר אחד מאותו הזוג. ולכאורה קושיא אלימתא היא מבלי תירוץ דהשתא אזלא לה הוכחה דאחר זוג אחר קאמר, דילמא להעיד עליו לא בעינן אלא חד ואחר כמשמעו הוא וכדעת שיטה דהאי תלמודא, דמכיון דמדרבנן בעלמא הוא לא בעינן אלא חד ומתני' פליגא על התוספתא, וממעשה דר' נהוראי נמי אין במשמע אלא דחד הוא דבעינן וכדבאמת פריך התם וחד לא מהימן וכו', ושני ליה בדוחק ר' נהוראי סהדא אחרינא הוה בהדיה וכו'. ואמנם כי דייקינן שפיר תראה דלא קשה מידי לקושית התוס' והסוגיות אזלי כל חדא וחדא לשיטתייהו במה דמחולקין הן עוד לדינא, כדחזינן מההיא דכתובות (פ"ב ה"ד) ומייתי לה הכא, דלפי האי דבעי עד אחד מהו שיהא נאמן כשנים, (וכבר הסברתי בפנים בזה דלא תיקשי הא לשיטתא דהאי תלמודא לא בעינן שנים ובחד סגי), ומייתי עלה למיפשט מההיא דכתובות ומסיק דאפי' בכהאי גוונא דהכל מכירין לחתימות ידיה דהאי סהדא דאיתיה קמן ולא צריך איהו לאסהודי אחתימת ידיה, אפ"ה אמרינן דאינו כאחד מן השוק להעיד עליו ומשום דא"כ נמצאת כל העדות והיינו רוב העדות מתקיימת בעד אחד, ובהא האי ש"ס לחומרא ושיטת הבבלי שם לקולא דסובר דבכה"ג לא הויא כדנפיק כולא ממונא נכי ריבעא אפומא דחד סהדא ומשום דלא צריכין לסהדותא דידיה, וכדגרסינן שם (כתובות דף כ"א ע"א) בהדיא בהא דאמר רב יהודה אמר רב שנים החתומין על השטר ומת אחד מהן צריכין שנים מן השוק להעיד עליו וכו', ואי ליכא תרי אלא חד מאי, [המשך בסוף הספר]

עין משפט

א מיי' פ"ז מהלכות עדות הלכה ג ד טוש"ע חו"מ סימן מו סעיף יא:

שינויי נוסחאות

א] חבירו. בירושלמי כתובות (פ"ב ה"ד) וחבירו:

רידב"ז

אמר ר' יונה הכין צורכה מיתני בראשונה וכו' אמר ר' יוסי אפילו וכו' למה וכו'. כעין זה פליגא ר' יונה ור' יוסי בירושלמי פסחים פ"א ה"ב עיי"ש:

גליון הש"ס

לא צורכה די לא היו שנים אחד הכל מכירין וכו'. עי' קרבן העדה שהגיה. ואין צורך, ועיין בפני משה בכתובות שם (פ"ב ה"ד). ואפשר כוונת הקרבן העדה משום דבבלי בכתובות דף כ"א (ע"א) אמרינן לכתוב חתימת ידיה אחספא וכו' ומחזקי ליה בבי דינא ואזיל איהו וכו' עיי"ש, הרי מבואר דאי איכא סהדי אחרינא על חתימת ידו מלי איהו מסהיד על העד השני, ומשו"ה כדי שלא יסתרו הבבלי והירושלמי פירש דהכא לענין להעיד על חברו שהוא כשר:

The Gemara wonders about the sequence in which the Mishnah presents its information:

אָמַר רַבִּי יוֹנָה – R' Yonah said: **הָכֵין צוֹרְכָה מִיתְנֵי – This is how the Mishnah should have taught** it: **בָּרִאשׁוֹנָה הָיוּ מְקַבְּלִין עֵדוּת הַחוֹדֶשׁ מִכָּל אָדָם – "Originally, [the Sanhedrin] would accept testimony about** the sighting of **the new moon from any** Jewish **man.** But after the heretics disrupted the process of sanctifying the new moon, the Sages instituted that the court should not accept witnesses except from those who are known to be trustworthy. **אִם אֵינָן מַכִּירִין אוֹתוֹ** – *As a result,* the law is that **if [the members of the Sanhedrin] do not know [a witness], הָיוּ מְשַׁלְּחִין עִמּוֹ אַחֵר לַהֲעִידוֹ – they** [the court in the witness' town of origin] **send another** person **with him to testify about him."**[1] Why does the Mishnah teach these statements in the reverse order?

The Gemara answers:

אָמַר רַבִּי יוֹסָה – R' Yosah said: **אֲפִילוּ כְּמַתְנִיתָן – Even according to** the text of **our Mishnah** as stated, **אַתְיָא הִיא – [the train of thought] proceeds** logically. For this is how the Mishnah should be read: **אִם אֵינָן מַכִּירִין אוֹתוֹ – "If [the members of the Sanhedrin] do not know [a witness],** **מְשַׁלְּחִין עִמּוֹ אַחֵר לַהֲעִידוֹ – they** [the court in the witness' town of origin] **send another** person **with him to testify about him.** **לָמָּה** – And **why** is this necessary?[2] **שֶׁבָּרִאשׁוֹנָה הָיוּ מְקַבְּלִין עֵדוּת הַחוֹדֶשׁ מִכָּל אָדָם – Because originally, [the Sanhedrin] would accept testimony about** the sighting of **the new moon from any** Jewish **man.** But after the heretics disrupted the process of sanctifying the new moon, the Sages instituted that the court should not accept witnesses except from those who are known to be trustworthy."[3]

The Mishnah stated that if a witness is unknown to the Sanhedrin, then "another" person is sent with the witness to vouch for him. This indicates that a single vouching witness is sufficient.[4] The Gemara asks:

וְעֵד אֶחָד נֶאֱמָן – But is a single witness believed to vouch for someone else's reliability?![5]

The Gemara explains why the law is indeed more lenient here:

מִשֶּׁלְּךָ נָתְנוּ לָךְ – In this case, **[the Sages]** merely **gave you what is** already rightfully **yours.**[6] **בְּדִין הָיָה שֶׁלֹּא יְהוּ צְרִיכִין עֵדִים – For by Biblical law,** the rule **would have been that [the court] does not require** any **witnesses** to vouch for those who are unknown.[7] **וְהֵן אָמְרוּ שֶׁיְּהוּ צְרִיכִין עֵדִים – Rather, [the Sages]** were the ones who **stated that [the court] requires witnesses** to vouch for those who are unknown,[8] **וְהֵן אָמְרוּ עֵד אֶחָד נֶאֱמָן – and [the Sages]** themselves **stated that** even **a single witness is believed** for this purpose.[9]

The Gemara inquires:

עֵד אֶחָד מַהוּ שֶׁיְּהֵא נֶאֱמָן כִּשְׁנַיִם – Concerning **a single witness** who vouches for a new-moon witness, **what is [the law] with regard to his being believed like two** witnesses?

The Gemara clarifies the inquiry:

הֵיךְ עֲבִידָה – What is the case to which this inquiry refers?[10] **הָיוּ שְׁנַיִם** – Where **there were two** witnesses who came to testify about the new moon, **אֶחָד הַכֹּל מַכִּירִין אוֹתוֹ – one** who was **recognized by all** as trustworthy, **וְאֶחָד אֵין אָדָם מַכִּירוֹ – and another** who was **not recognized by anyone** else there, **חֲבֵירוֹ מַכִּירוֹ** – but **his fellow** witness (the one who was known to all) **did recognize him** as trustworthy. Regarding this situation, the

NOTES

1. R' Yonah is asking that before the Mishnah began discussing how to deal with a witness who is unknown, it first should have taught the *next* statement, which provides the necessary background information by explaining that the Sages enacted that the court accept only witnesses that they know to be reliable (*Korban HaEidah, Pnei Moshe*).

2. Are not all Jews presumed fit to testify, even without being vouched for? (*Korban HaEidah;* see above, 12b note 5).

3. R' Yosah is answering that the Mishnah's latter statement indeed does not conceptually follow the first statement, but rather is explaining the basis for that ruling: *Why* is it necessary for an unknown witness to be accompanied by someone else who will vouch for him? *Because* the Sages were compelled to institute that testimony about the new moon be accepted only from witnesses who are known by the court to be reliable (*Pnei Moshe;* see *Ritva* 22a סוד"ה אם אינן מכירין).

4. *Korban HaEidah;* see *Bavli* 22a and *Tosafos* 22b סוף ד"ה וחד.

5. There is, in fact, a rule that עֵד אֶחָד נֶאֱמָן בְּאִסּוּרִין, *a single witness is believed with regard to prohibitory law* (as opposed to monetary or criminal law; see *Bavli Gittin* 2b). However, this rule applies only when one testifies whether a specific food or article is permitted or prohibited. In the Mishnah's case, however, the witness is testifying to establish *his fellow* as a trusted individual. The testimony, then, does not regard a "prohibition," but the status of a fellow Jew, and therefore ought to require two witnesses (*Ritva* 22a; see *Re'ah, Bedek HaBayis* to *Toras HaBayis* 4:2 [29b], in explanation of *Yerushalmi Demai* 4:5; cf. *Pnei Yehoshua* to *Bavli* 22b, and *Beur of R' Chaim Kanievski*). The Gemara thus wonders how the Mishnah can imply that a single witness is sufficient in this case (*Korban HaEidah, Pnei Moshe;* cf. *Sefer Nir*).

6. [The expression "they gave you what is yours" is borrowed from a Mishnah in *Eruvin* 10:15 (*Yerushalmi* 10:14, *Bavli* 104a), where it is used in a similar context. It conveys that the Sages are authorized to implement their own set of lenient criteria for rules they themselves established (see *Korban HaEidah* and *Pnei Moshe*).] The Gemara is thus saying here that the Sages had the authority to allow the reliability of an unknown new-moon witness to be confirmed by a single individual, since it was the Sages themselves who required such confirmation in the first place (as the Gemara proceeds to explain).

7. As was explained in the Mishnah (see 12b note 5), all Jews were assumed to be observant and fit to testify, in the absence of evidence to the contrary. [Even after the heretics sought to subvert the Sanhedrin's sanctification of the new moon, the majority of Jews remained faithful to the Sages. Accordingly,] by Biblical law we may rightfully assume that any witness who comes to testify about the new moon belongs to the faithful majority, unless we know for a fact that he is untrustworthy (*Beur of R' Chaim Kanievski;* see *Pnei Moshe*).

[The rule that two witnesses are necessary in order to establish a person's reliability (mentioned in note 5) pertains only when there is substantial reason to believe that the person is unreliable. This is not the case with regard to new-moon witnesses who are merely unknown to the court.]

8. [By mandating that the court accept only witnesses who are known to be trustworthy, the Sages made it necessary for those who are *not* known to the court to be vouched for by others.]

9. Since it was the Sages who instituted that an unknown witness must have his reliability confirmed, they were able to allow even a single witness to accomplish this. [Thus, when the Sages did not require a second confirming witness in this case, they were merely "giving you what is yours," for according to Biblical law no confirming witnesses at all would be necessary (see *Korban HaEidah*).]

[In contrast to *Yerushalmi's* assumption that a single confirming witness is sufficient, the conclusion of *Bavli* (22b) is that *two* witnesses are necessary to vouch for a witness whom the court does not know; the Mishnah is interpreted to mean that another *pair* of witnesses is sent along with a new-moon witness who will be unknown to the Sanhedrin (see *Pnei Moshe* to our Mishnah). For discussion about this difference of opinion, see *Mareh HaPanim, Shelom Yerushalayim,* and *Masa DiYerushalayim.*]

10. The inquiry is certainly not in reference to a witness sent along by a local court to vouch for a new-moon witness, for we have just learned above that a single witness is indeed sufficient for this purpose (and thus functions in the same capacity as two witnesses). [In fact, *Ritva* (ibid.) cites the preceding Gemara as stating explicitly: וְהֵם אָמְרוּ שֶׁיְּהֵא אֶחָד נֶאֱמָן כִּשְׁנַיִם, *and (the Sages) stated that (in this respect) one witness is believed like two.*] The Gemara therefore proceeds to clarify under what circumstances there can be a question about the believability of a single witness (*Pnei Moshe*).

Chapter Two
Halachah 1

Mishnah The previous chapter discussed in detail the circumstances of the witnesses coming to testify regarding the new moon. In this chapter the Mishnah proceeds to discuss the witnesses' arrival, and the procedures followed by the court:

אִם אֵינָן מַכִּירִין אוֹתוֹ – **If they** [the members of the Sanhedrin, who will accept testimony about the sighting of the new moon] **do not know [a witness],**[1] מְשַׁלְּחִין עִמּוֹ אַחֵר לַהֲעִידוֹ – **they** [the court that presides in the witness' town of origin][2] **send another** person **with him to testify about him.**[3]

The Mishnah proceeds to explain why this is necessary:[4]

בָּרִאשׁוֹנָה הָיוּ מְקַבְּלִין עֵדוּת הַחוֹדֶשׁ מִכָּל הָאָדָם – **Originally, [the Sanhedrin] would accept testimony about** the sighting of **the new moon from any** Jewish **man.**[5] מִשֶּׁקִּילְקְלוּ הַמִּינִים – But **after the heretics disrupted** the process of sanctifying the new moon,[6] הִתְקִינוּ שֶׁלֹּא יְהוּ מְקַבְּלִין אֶלָּא מִן הַמַּכִּירִין – **[the Sages] instituted that [the court] should not accept** witnesses **except from those who are known** as trustworthy and loyal Jews.[7]

The Mishnah records another change that the Sages had to implement due to the interference of a heretical sect:

בָּרִאשׁוֹנָה הָיוּ מַשִּׂיאִין מַשּׂוּאוֹת – **Originally, they would light**[8] a relay of **torches** on mountaintops to spread the word of when Rosh Chodesh had been declared.[9] מִשֶּׁקִּילְקְלוּ הַכּוּתִים – But **after the Cutheans disrupted** this process,[10] הִתְקִינוּ שֶׁיְּהוּ שְׁלוּחִין יוֹצְאִין – **[the Sages] instituted that messengers should go forth** to spread the word.[11]

Gemara The Mishnah stated:

אִם אֵינָן מַכִּירִין אוֹתוֹ כו' – IF THEY DO NOT KNOW [A WITNESS] **etc.** they send another with him to testify about him. Originally, they would accept testimony about the new moon from any man. But after the heretics disrupted the process, [the Sages] instituted that [the court] should not accept witnesses except from those who are known to be trustworthy.

NOTES

1. I.e. if a witness who is traveling to testify that he has sighted the new moon will not be familiar to the members of the Sanhedrin, and thus they will not know whether he is indeed a trustworthy and loyal Jew (*Korban HaEidah,* from *Rashi* 22a; see beginning of note 7 below).

2. *Korban HaEidah,* from *Rashi;* cf. *Rambam Commentary* and *Hil. Kiddush HaChodesh* 2:3.

3. The local *Beis Din* sends along with the witness another person [who *is* recognized by the Sanhedrin (*Tiferes Yisrael* §3)] to vouch for the trustworthiness and loyalty of the witness (*Korban HaEidah,* from *Rashi*).

[From the Gemara below (13a) it is clear that a single vouching witness is sufficient. *Bavli* (22b), however, concludes that two are needed; see *Pnei Moshe,* and 13a note 9.]

4. *Ritva* 22a, citing *Yerushalmi* below (13a).

5. For, barring evidence to the contrary, all Jews were assumed to be observant and fit to testify (see *Rambam, Hil. Kiddush HaChodesh* 2:2).

6. The "heretics" mentioned here are the בַּיְתוֹסִים, *Boethusians* (a heretical sect closely related to the צְדוֹקִים, *Sadducees*). They generally accepted only a literal interpretation of the Written Torah, and rejected the validity of the Oral Law (see *Rambam* to *Avos* 1:3). [As we shall learn in the Gemara below (14a; see also *Bavli* 22b),] the Boethusians sought to subvert the Sanhedrin's sanctification of the new moon by hiring witnesses to give false testimony (*Korban HaEidah*).

[Note that the version of this Mishnah in *Bavli* (22a) states explicitly: מִשֶּׁקִּלְקְלוּ הַבַּיְיתוֹסִים, *after "the Boethusians" disrupted* etc.]

7. [If, however, there is no one to confirm the trustworthiness of a new-moon witness, then we are concerned that he might be a liar or a Boethusian heretic, either of whom might have been sent by the Boethusians to testify falsely about sighting the new moon.]

The Gemara (13b) will discuss whether a confirming witness may desecrate the Sabbath to travel and testify before the Sanhedrin, as the new-moon witnesses themselves may do (see above, Mishnah 1:8 [12a]).

8. [Our translation of מַשִּׂיאִין as *they would light* follows *Bavli* 22b.]

9. [This system will be described in the next Mishnah (on 14b).] By communicating via the lighting of torches, they spared themselves from having to hire messengers to spread this information to the Diaspora [as they were forced to do in later times – see further in the Mishnah] (*Korban HaEidah,* from *Rashi* 22b). [It also helped ensure that in the months containing festivals, the news about when Rosh Chodesh was declared would be received in a timely fashion, so that the proper days would be observed.]

10. The Cutheans were a pagan tribe brought by the Assyrians to settle the part of Eretz Yisrael left vacant by the exile of the Ten Tribes (see *II Kings* 17:24-41). Their subsequent conversion to Judaism was considered questionable and their observance of many laws was lax, which in turn created contentious relations between them and the Sages. One of these conflicts involved the Cutheans' attempts to deceive the people into thinking that Rosh Chodesh had been declared on a different day than it actually was, as will be elaborated in the Gemara (14a; see *Sefer Nir* and *Rashash*, cited in note 18 there).

11. These messengers would carry a document from *Beis Din* that would be recognized as authentic by the people in the Diaspora (*Meiri* 22b ד״ה המשנה השניה). However [as stated in *Bavli* 22b], the messenger, or in fact any Jew, is believed if he testifies that he heard the court declaring Rosh Chodesh, since a person would not state a lie that is bound to be exposed (*Meiri* ibid. ד״ה שלוחים אלו; see also Gemara below, 14a, with notes 22 and 23).

והתנינן [א]העמידו [א]עושה חביתין לעשות [ב]חביתן. תיפתר בחול. תנא ר' חייה בר אדא זה סדר תמיד לעבודת בית אלהינו בין בחול ובין בשבת. והתנינן [ב]קצרוהו ונתנוהו בקופות הביאוהו לעזרה והיו מהבהבין אותו באור כדי לקיים בו מצות קלי דברי ר' מאיר. [ג]אמר ר' יוסה מכיון שהתחיל במצוה אומרים לו [ד]מרק. התיב ר' יודן קפודקייא קומי ר' יוסה הגע עצמך שבא מן העלייה מכיון [ה]שהתחיל במצוה אין אומרין לו מרק. התיב ר' יעקב בר [ו]סוסיי והתנינן שעל מהלך לילה ויום מחללין את השבת ויוצאין לעדות החדש. אמר להן מכיון שהיום צריך ללילה ולילה צריך ליום כמי שכולו יום. אמר ר' יוסי בר' בון ולא [ג]למפריעו הוא קדוש. מכיון שהוא קדוש למפריעו הוא יום הוא לילה:

הדרן עלך פרק ארבעה ראשי שנים

י: [ד]אם אינן מכירין אותו משלחין עמו אחר להעידו. [ה]בראשונה היו מקבלין עדות החודש מכל [ז]האדם. משקילקלו [ח]המינים התקינו שלא יהו מקבלין אלא מן המכירין: [מ"ב] [ו]בראשונה היו משיאין משואות משקילקלו הכותים התקינו שיהו שלוחין יוצאין: גמ' אם אינן מכירין אותו כו':

פני משה

והתנינן. בפ"ג דתמיד (מ"ג) העמידו עושי חביתין וכו', מאי לאו בשבת, דהואיל והקרבת החביתין דוחה את השבת מכשירין לעשותן גם כן דוחה, ודחי לה תיפתר דבחול קאי, ותני ר' חייא בר אדא דלאו מילתא היא לאוקמי להא דבחול דוקא קתני, דהתנינן בשלהי תמיד (פ"ז מ"ג) זה סדר תמיד וכו', ומשמע בין בחול בין בשבת עשו כסדר הנזכר למעלה: והתנינן. במנחות שם (פ"י מ"ד) בתר המתניתין דלעיל קצרוהו וכו', והיבהוב באור הוא מכשירין שלו, אלמא דמכשירין דוחה השבת בלילה שהרי זה היה מיד אחר הקצירה: ר' יוסי אומר וכו'. האי לאו ר' יוסי התנא, אלא ר' יוסי אמורא הוא דדחי לה דשאני התם דמכיון שהתחיל במצוה אומרין לו מרק, וכי קא מיבעיא לן אם המכשירין שלפני הקצירה דוחין שבת בלילה: התיב ר' יודן קפודקיא. והוא אמורא, לפני ר' יוסי חבירו דאמר להא מכיון שהתחיל במצוה וכו', והיינו מכיון שקצירתו דוחה שבת מכשירין שאחר כך נמי, הגע עצמך שבא העומר מן התבואה שבעליה אם לא מצא לקצור וא"כ אין כאן קצירה כלל, והרי הכא מכיון וכו' אין אומרין לו מרק, כלומר דלא שייך כאן האי טעמא מכיון שהתחיל במצוה ולומר לו מרק שהתחלת המצוה אין בה דחיית שבת, וא"כ אם חל ט"ז להיות בשבת לא היו מקיימין בו מצות קלי לדבריך בתמיה: התיב ר' יעקב וכו'. גם כן ממתניתין לסייעתא דמכשירין שלפניו דוחה השבת דתנינן שעל מהלך לילה ויום וכו', והרי העדות היה ביום דוקא דמשפט כתיב ביה (תהלים פא ה), ואם מהלך לילה ויום היה א"כ דוחה השבת בלילה, והרי זה כמכשירין שלפני המצוה וקתני דוחה השבת: אמר להן. ר' יוסי, שאני הכא שהרי מכיון שהלילה צריך ליום וכו' כמי שכולו יום, כלומר כמי שהכל בו ביום הוא של עדות החדש, שהרי אי אפשר לקיים המצוה של עדות החדש ביום אם לא יחלל שבת בלילה שלפניו ולבא להעיד, ומקודם לא היה יכול לבא שעדיין לא ראה החדש, אבל הכא היה יכול המכשירין להביא מקודם השבת להמגל והקופה וכיוצא באלו: אמר ר' יוסי בר' בון ולא למפרע הוא קדוש וכו'. ר' יוסי בר' בון נמי מהדר בכהאי גונא דר' יוסי, דמתניתין דהכא לאו סייעתא היא, שהרי העדים שראו את החדש בתחלת הלילה של שלשים הן שבאין להעיד לפני הבית דין שיקדשוהו למחר ביום, ואם יקדשו למחר וכי לא למפרע הוא קדוש משעה שראו אותה, אם כן הוא יום הוא לילה דהכל אחד הוא, ולפיכך מחללין השבת גם בלילה שלפניו לבא להעיד ולקדשו:

הדרן עלך ארבעה ראשי שנים

אם אינן מכירין אותו. אם אין הבית דין מכירין את העד מהעדים אם נאמן וכשר הוא: משלחין. בית דין שבעירו: אחר עמו. זוג אחר של עדים להעיד עליו לפני בית דין הגדול שמקדשין את החדש: משקלקלו המינין. ששכרו להעיד עדות שקר להטעות את החכמים: בראשונה היו משיאין משואות. לאחר שקדשו את החדש, ולא היו צריכין לשכור שלוחין לשלוח ולהודיע להגולה שהמשואות היו מודיעין אותן: משקלקלו הכותים. והשיאו גם הם משואות שלא בזמן כדי להטעות, לפי שבית דין לא היו משיאין משואות אלא על החדש חסר שנתקדש ביום שלשים והיו משיאין בערב נגהי שלשים ואחד, וטעמא משום ראש חודש חסר שחל להיות בערב שבת שאז היו משיאין במוצאי שבת שהרי אין יכולין להשיא בזמנו מפני השבת, ואי אמרת נעביד משואות נמי אמלא אתו למיטעי דלא ידעי אם חדש חסר הוא והא דלא עבדי מאתמול משום דלא אפשר, או דלמא מלא הוא ובזמנו הוא דעבדי, וכי תימא אכתי נעביד בין אמלא ובין אחסר וכי איקלע ראש חודש חסר בערב שבת לא ליעבד כלל, הא ליתא דאכתי איכא למיטעי דסברי דילמא מלא הוא ואיתנוסו הוא דאיתנים ולהכי לא עבדי, אבל כי לא עבדינן אמלא כלל ליכא למימר דאתו למיטעי דלמא חסר הוא ובשבת לא הוה אפשר ובמוצאי שבת איתנסו, דמכיון דאמלא לא עבדי ושכיחא הוא תלו בשכיחא ולא תלו באונס, ואיפכא נמי לא מצי למיעבד שישיאו אמלא ולא אחסר, וכי מיקלע ראש חודש חסר בערב שבת ולא עבדי מידע ידעי דחסר הוא דלא תלו באונס אלא בשכיח, דא"כ ביטלת את העם ממלאכה שני ימים, משום ראש השנה שיהו צריכים לצפות ביום שני שמא עיברוהו לאלול ובערב ישיאו משואות, אבל כי עבדי משואות לחסר בלחוד ידעי שלמחר חול הוא, ולפיכך לא עבדי אלא אחסר וכשלא היו משיאין בערב של יום שלשים היו הכל יודעין שהחדש מעובר. ופעם אחת עיברו בית דין את החדש ולא עשו משואות בערב של יום שלשים והכותים השיאו בהרים שלהם והטעו את בני הגולה לעשות החדש חסר והתקינו שיהו שלוחין יוצאין:

קרבן העדה

והתנינן. בפ"ק דתמיד, העמידו עושי חביתין לעשות חביתין, דהיינו להחם חמין ושאר צרכיו, וזה היה קודם עלות השחר, שהרי אח"כ היה תרומת הדשן ואח"כ הפייס ואח"כ אמר הממונה צאו וראו אם הגיע זמן השחיטה, שמע מינה שבלילה היה מכינין המכשירין ואפילו בשבת, ונפשטה הבעיא דמכשירין שצריך לעשות בשבת ביום דוחין את הלילה: ומשני תיפתר בחול. תנן, העמידו בחול ולא בשבת, ולא תפשוט: תני רבי חייה וכו'. בסוף תמיד (לג:) תנן, זה סדר תמיד לעבודת בית אלקינו, והוסיף ר' חייה בברייתא בין בחול בין בשבת, היה זה הסדר השנוי בכולא מסכתא דתמיד, ואיפשיטא בעיין: והתנינן. במנחות פרק ר' ישמעאל קצרוהו וכו', כלומר מהא נמי איכא למפשט בעיין: והיו מהבהבין אותו. בעודו בשבולין, והכל נעשה בלילה: ר' יוסי אומר. מהא ליכא למפשט, דהתם כיון שכבר הותר להתחיל בלילה לקצור דעיקרה בלילה, אומרין לו גמור לדחות נמי שבת בהבהוב: מרק. גמור, כדתנן ביומא (לא:) קרצו ומירק אחר שחיטה על ידו: הגע עצמך שבא. העומר מן התבואה הישנה שבעלייה, כגון שאין שם תבואה חדשה, ואפילו הכי מהבהבין השבלים בלילה, אף על פי שלא התחיל לדחות שבת בקצירה: ה"ג כיון שלא התחיל במצוה אין אומרים לו מרוק. וכן הוא במגילה (פ"ב ה"ז). והכי פירושו, מתני' בשקצר בלילה אבל אם הביא מן העלייה באמת אין מהבהבין אותו בלילה בשבת, ולא תפשוט: שעל מהלך לילה ויום. יוצאין בלילה להעיד על עדות החדש ביום, דבלילה אין מקדשין החדש, הרי שבלילה מחללין השבת לדבר שהוא ביום: מכיון שהיום צריך ללילה. שביום לחוד אי אפשר להם להגיע למקום הוועד: כמי שהוא כולו יום. הרי הלילה גם כן זמנו: ולא למפרע הוא קדוש. אם באו עדים ביום א' ואמרו ראינו בזמנו בליל שבת נמי מקודש למפרע, אם כן למה צריך לילך בלילה*: ומשני מכיון שהוא קדוש למפרע. אין חילוק בין יום ללילה דאף ביום לא היו צריכין לחלל שבת, אלא על כרחך לומר דלהעיד כדי לקדש בזמנו נמי מחללין את השבת, אם כן אין חילוק בין לילה ליום:

הדרן עלך ארבעה ראשי שנים

אם אינן מכירין אותו. אם אין בית דין מכירין את העד אם נאמן וכשר הוא: משלחין. בית דין שבעירו: אחר עמו. להעיד עליו לפני בית דין הגדול שמקדשין את החדש: משקלקלו המינין. ששכרו עדות שקר להטעות את החכמים: היו משיאין משואות. לאחר שקדשו החדש, ולא היו צריכין לשכור שלוחים לשלוח לגולה ולהודיע שהמשואות היו מודיעין אותן: משקלקלו הכותים. בגמ' מפרש מה היה הקלקול:

עין משפט

א מיי' פ"ח מהלכות בית הבחירה הלכה יא [ופ"ו מהלכות תמידין ומוספין הלכה א]:
ב מיי' פ"ז מהלכות תמידין ומוספין הלכה יב:
ג מיי' פ"ג מהלכות קידוש החודש הלכה טו טז:
ד מיי' שם הלכה ג:
ה מיי' שם פ"ב הלכה ב:
ו מיי' שם פ"ג הלכה ח:

שינויי נוסחאות

א] עושה. כ"ה גם בר"ח (מגילה כא.). בתמיד (פ"א מ"ג) ובירושלמי מגילה (פ"ב ה"ז) עושי:
ב] חביתן. בתמיד (שם) חביתים:
ג] אמר ר' יוסה. כ"ה בכי"ל ובירושלמי מגילה (שם). וכאן הגיה המגיה אמר ר' יוסי ואחריו בדפוסים:
ד] מרק. בירושלמי מגילה (שם) מרוק:
ה] שהתחיל. בירושלמי מגילה (שם) שלא התחיל. וכן הגיה בקה"ע:
ו] סוסיי. בירושלמי מגילה (שם) נוסף קומי ר' יוסה:
ז] האדם. במשניות ובבבלי (כב.) אדם:
ח] המינים. כ"ה גם במשניות ובגירסת הרמב"ם בפיה"מ. בבבלי (שם) הבייתוסים:

מראה הפנים

אם אינן מכירין אותו. לקושטא דמילתא יש לפרש דמאי אותו אחד מעידי החודש הוא דאינן מכירין אבל לחבירו מכירין, וכן פירשתי בפנים וזהו לשיטתא דהאי תלמודא אלא דמסוגית הבבלי (כב:) משמע דלא בעי הש"ס לפרש הכי, והתוס' (ד"ה אלא) מקשין ולמה לא נפרש הכי וא"כ אזלא לה הוכחה דהש"ס דהתם, ועיין בדבור דלקמן ותמצא ההפרש בין סוגיא דהכא לדהתם בשתי אופנים אחד לקולא ואחד לחומרא והיוצא עוד לדינא ביניהם מלבד מה דמבואר בתחלת הסוגיא ובזה מסולקת תמיהת התוס' דכל חד וחד לשיטתיה הוא דאזיל כמבואר בדבור הסמוך בס"ד:

מסורת הש"ס

א) [תמיד פ"א מ"ג, שקלים פ"ז ה"ג] תמיד כח.
ב) [מנחות פ"ו מ"ח] מנחות סו. [פסיקתא דר"כ ח, פסיקתא רבתי יח, פסיקתא זוטרתא אמור כג יג, ויקרא רבה כח ג, ילקו"ש אמור תרמג]
ג) ר"ה כב. [תוספתא פ"א הט"ו]
ד) ר"ה כב: [ביצה ד:, זהר פנחס רמח:]

שירי קרבן

ולא למפרע הוא קדוש. פירשתי בקונטרס, אם באו עדים ביום א' וכו'. והוא על פי פסק הרמב"ם בפ"ג מהל' קידוש החדש (הט"ו ט"ז) בי"ד שישבו כל יום ל' ולא באו עדים והשכימו בנשף ועברו את החדש וכו' ואחר ד' או ה' ימים באו עדים רחוקים והעידו שראו את החודש בזמנו, ואפי' באו בסוף חדש וכו' אם עמדו העדים בעדותן וכו' מקדשין אותו וחוזרין ומונין לאותו חדש מיום ל' הואיל ונראה הירח בלילו, עכ"ל. ואף שפסק זה הוא תמוה מכמה אנפי שאין להאריך בהן, בפרט מש"כ בסוף פ' הנ"ל (הי"ח) שאם באו בניסן ותשרי קודם חצי החדש שמעברין, ואף שאכלו ביום הכיפורים לא משגיחין עליו, והוא דבר תימה, ועוד יש לפקפק הרבה, וכבר עמד עליו במקצת הלחם משנה עיי"ש, מ"מ ראיה גדולה היא לדברי רמב"ם מסוגיין דאף לאחר שעיברו החדש חוזרין ומקדשין אותו למפרע:

for performing the mitzvah.[20] Where, however, a mitzvah is not at all pertinent to the night, its preliminaries might not override the Sabbath then. Thus, the Mishnah does not constitute proof that such preliminaries override the Sabbath.[21]

הדרן עלך ארבעה ראשי שנים

WE SHALL RETURN TO YOU, ARBA'AH ROSHEI SHANIM

NOTES

20. Although Rosh Chodesh may be sanctified only during the daytime, the sanctification takes effect retroactively, from the previous night. It thus emerges that while the mitzvah of sanctifying Rosh Chodesh may be *performed* only by day, it certainly *pertains* to the night as well. Accordingly, when the witnesses violate the Sabbath at night, they do so not only for the sake of tomorrow's sanctification, but also for the sake of sanctifying this very night. This is therefore a case of desecrating the Sabbath at night for a mitzvah that is relevant to the night. It has no bearing on our question of whether one may desecrate the Sabbath at night for the sake of a mitzvah that is relevant only by day (*Pnei Moshe; Gilyonei HaShas; Beur of R' Chaim Kanievski;* cf. *Korban HaEidah* for an alternative explanation of R' Yosah the son of R' Bun's statement; and see *Sheyarei Korban* for further elaboration).

21. However, while this proof does not resolve the query, it has in fact been proven that preliminaries do override the Sabbath even at night on the basis of the first proof cited by the Gemara (see note 5) [and possibly the second proof as well; see Variant B].

והתנינן א) [א]העמידו [א]עושה חביתין לעשות [ב]חביתין. תיפתר בחול. תנא ר' חייה בר אדא זה סדר תמיד לעבודת בית אלהינו בין בחול ובין בשבת. והתנינן ב) קצרוהו ונתנוהו בקופות הביאוהו לעזרה והיו מהבהבין אותו באור כדי לקיים בו מצות קלי דברי ר' מאיר. [ג]אמר ר' יוסה מכיון שהתחיל במצוה אומרים לו [ד]מרק. התיב ר' יודן קפודקייא קומי ר' יוסה הגע עצמך שבא מן העלייה מכיון [ה]שהתחיל במצוה אין אומרין לו מרק. התיב ר' יעקב בר [ו]סוסיי והתנינן שעל מהלך לילה ויום מחללין את השבת ויוצאין לעדות החדש. אמר להן מכיון שהיום צריך ללילה ולילה צריך ליום כמי שכולו יום. אמר ר' יוסי בר' בון ולא ג)למפריעו הוא קדוש. מכיון שהוא קדוש למפריעו הוא יום הוא לילה:

הדרן עלך פרק ארבעה ראשי שנים

י: ד) ג) **אם** אינן מכירין אותו משלחין עמו אחר להעידו. [ה]בראשונה היו מקבלין עדות החודש מכל [ז]האדם. משקילקלו [ח]המינים התקינו שלא יהו מקבלין אלא מן המכירין: [מ"ב] ו) ד)בראשונה היו משיאין משואות משקילקלו הכותים התקינו שיהו שלוחין יוצאין: **גמ'** אם אינן מכירין אותו כו':

פני משה

והתנינן. בפ"א דתמיד (מ"ג) העמידו עושי חביתין וכו', מאי לאו בשבת, דהואיל והקרבת החביתין דוחה את השבת מכשירין לעשותן גם כן דוחה, ודחי לה תיפתר דבחול קאי, ותני ר' חייא בר אדא דלאו מילתא היא לאוקמי להא דבחול דוקא קתני, דהתנינן בשלהי תמיד (פ"ז מ"ג) זה סדר תמיד וכו', ומשמע בין בחול בין בשבת עשו כסדר הנזכר למעלה: **והתנינן.** במנחות שם (פ"י מ"ד) בתר המתניתין דלעיל קצרוהו וכו', והיבהוב באור הוא מכשירין שלו, אלמא דמכשירין דוחה השבת בלילה שהרי זה היה מיד אחר הקצירה: **ר' יוסי אומר וכו'.** האי לאו ר' יוסי התנא, אלא ר' יוסי אמורא הוא דדחי לה דשאני התם דמכיון שהתחיל במצוה אומרין לו מרק, וכי קא מיבעיא לן אם המכשירין שלפני הקצירה דוחין שבת בלילה: **התיב ר' יודן קפודקיא.** והוא אמורא, לפני ר' יוסי חבירו דאמר להא מכיון שהתחיל במצוה וכו', והיינו מכיון שקצירתו דוחה שבת מכשירין שאחר כך נמי, הגע עצמך שבא העומר מן התבואה שבעליה אם לא מצא לקצור וא"כ אין כאן קצירה כלל, והרי הכא מכיון וכו' אין אומרין לו מרק, כלומר דלא שייך כאן האי טעמא מכיון שהתחיל במצוה ולומר לו מרק שהתחלת המצוה אין בה דחיית שבת, וא"כ אם חל ט"ז להיות בשבת לא היו מקיימין בו מצות קלי לדבריך בתמיה: **התיב ר' יעקב וכו'.** גם כן ממתניתין לסייעתא דמכשירין שלפניו דוחה השבת דתנינן שעל מהלך לילה ויום וכו', והרי העדות היה ביום דוקא דמשפט כתיב ביה (תהילים פא ה), ואם מהלך לילה ויום היה א"כ דוחה השבת בלילה, והרי זה כמכשירין שלפני המצוה וקתני דוחה השבת: **אמר להן.** ר' יוסי, שאני הכא שהרי מכיון שהלילה צריך ליום וכו' כמי שכולו יום, כלומר כמי שהכל בו ביום הוא של עדות החדש, שהרי אי אפשר לקיים המצוה של עדות החדש ביום אם לא יחלל שבת בלילה שלפניו ולבא להעיד, ומקודם לא היה יכול לבא שעדיין לא ראה החדש, אבל הכא היה יכול המכשירין להביא מקודם השבת להמגל והקופה וכיוצא באלו: **אמר ר' יוסי בר' בון ולא למפרע הוא קדוש וכו'.** ר' יוסי בר' בון נמי מהדר בכהאי גונא דר' יוסי, דמתניתין דהכא לאו סייעתא היא, שהרי העדים שראו את החדש בתחלת הלילה של שלשים הן שבאין להעיד לפני הבית דין שיקדשוהו למחר ביום, ואם יקדשו למחר וכי לא למפרע הוא קדוש משעה שראו אותה, אם כן הוא יום הוא לילה דהכל אחד הוא, ולפיכך מחללין השבת גם בלילה שלפניו לבא להעיד ולקדשו:

הדרן עלך ארבעה ראשי שנים

אם אינן מכירין אותו. אם אין הבית דין מכירין את העד מהעדים אם נאמן וכשר הוא: **משלחין.** בית דין שבעירו: **אחר עמו.** זוג אחר של עדים להעיד עליו לפני בית דין הגדול שמקדשין את החדש: **משקלקלו המינין.** ששכרו להעיד עדות שקר להטעות את החכמים: **בראשונה היו משיאין משואות.** לאחר שקדשו את החדש, ולא היו צריכין לשכור שלוחין לשלוח ולהודיע להגולה שהמשואות היו מודיעין אותן: **משקלקלו הכותים.** והשיאו גם הם משואות שלא בזמן כדי להטעות, לפי שבית דין לא היו משיאין משואות אלא על החדש חסר שנתקדש ביום שלשים והיו משיאין בערב נגהי שלשים ואחד, וטעמא משום ראש חודש חסר שחל להיות בערב שבת שאז היו משיאין במוצאי שבת שהרי אין יכולין להשיא בזמנו מפני השבת, ואי אמרת נעביד משואות נמי אמלא אתו למיטעי דלא ידעי אם חדש חסר הוא והא דלא עבדי מאתמול משום דלא אפשר, או דלמא מלא הוא ובזמנו הוא דעבדי, וכי תימא אכתי נעביד בין אמלא ובין אחסר וכי איקלע ראש חודש חסר בערב שבת לא ליעבד כלל, הא ליתא דאכתי איכא למיטעי דסברי דילמא מלא הוא ואיתנסו הוא דאיתניס ולהכי לא עבדי, אבל כי לא עבדינן אמלא כלל ליכא למימר דאתו למיטעי דלמא חסר הוא ובשבת לא הוה אפשר ובמוצאי שבת איתנסו, דמכיון דאמלא לא עבדי ושכיחא הוא תלו בשכיחא ולא תלו באונס, ואיפכא נמי לא מצי למיעבד שישיאו אמלא ולא אחסר, וכי מיקלע ראש חודש חסר בערב שבת ולא עבדי מידע ידעי דחסר הוא דלא תלו באונס אלא בשכיח, דא"כ ביטלת את העם ממלאכה שני ימים, משום ראש השנה שיהו צריכים לצפות ביום שני שמא עיברוהו לאלול ובערב ישיאו משואות, אבל כי עבדי משואות לחסר בלחוד ידעי שלמחר חול הוא, ולפיכך לא עבדי אלא אחסר וכשלא היו משיאין בערב של יום שלשים היו הכל יודעין שהחדש מעובר. ופעם אחת עיברו בית דין את החדש ולא עשו משואות בערב של יום שלשים והכותים השיאו בהרים שלהם והטעו את בני הגולה לעשות החדש חסר והתקינו שיהו שלוחין יוצאין:

קרבן העדה

והתנינן. בפ"ק דתמיד, העמידו עושי חביתין לעשות חביתין, דהיינו להחם חמין ושאר צרכיו, וזה היה קודם עלות השחר, שהרי אח"כ היה תרומת הדשן ואח"כ הפייס ואח"כ אמר הממונה צאו וראו אם הגיע זמן השחיטה, שמע מינה שבלילה היה מכינין המכשירין ואפילו בשבת, ונפשטה הבעיא דמכשירין שצריך לעשות בשבת ביום דוחין את הלילה: **ומשני תיפתר בחול.** תנן, העמידו בחול ולא בשבת, ולא תפשוט: **תני רבי חייה וכו'.** בסוף תמיד (לג:) תנן, זה סדר תמיד לעבודת בית אלקינו, והוסיף ר' חייה בברייתא בין בחול בין בשבת, היה זה הסדר השנוי בכולא מסכתא דתמיד, ואיפשיטא בעיין: **והתנינן.** במנחות פרק ר' ישמעאל קצרוהו וכו', כלומר מהא נמי איכא למפשט בעיין: **והיו מהבהבין אותו.** בעודו בשבולין, והכל נעשה בלילה: **ר' יוסי אומר.** מהא ליכא למפשט, דהתם כיון שכבר הותר להתחיל בלילה לקצור דעיקרה בלילה, אומרין לו גמור לדחות נמי שבת בהבהוב: **מרק.** גמור, כדתנן ביומא (לא:) קרצו ומירק אחר שחיטה על ידו: **הגע עצמך שבא.** העומר מן התבואה הישנה שבעלייה, כגון שאין שם תבואה חדשה, ואפילו הכי מהבהבין השבלים בלילה, אף על פי שלא התחיל לדחות שבת בקצירה: ה"ג **כיון שלא התחיל במצוה אין אומרים לו מרוק.** וכן הוא במגילה (פ"ב ה"ז). והכי פירושו, מתני' בשקצר בלילה אבל אם הביא מן העלייה באמת אין מהבהבין אותו בלילה בשבת, ולא תפשוט: **שעל מהלך לילה ויום.** יוצאין בלילה להעיד על עדות החדש ביום, דבלילה אין מקדשין החדש, הרי שבלילה מחללין השבת לדבר שהוא ביום: **מכיון שהיום צריך ללילה.** שביום לחוד אי אפשר להם להגיע למקום הוועד: **כמי שהוא כולו יום.** הרי הלילה גם כן זמנו: **ולא למפרע הוא קדוש.** אם באו עדים ביום ל' ואמרו ראינו בזמנו בליל שבת נמי מקודש למפרע, אם כן למה צריך לילך בלילה*: **ומשני מכיון שהוא קדוש למפרע.** אין חילוק בין יום ללילה דאף ביום לא היו צריכין לחלל שבת, אלא על כרחך לומר דלהעיד כדי לקדש בזמנו נמי מחללין את השבת, אם כן אין חילוק בין לילה ליום:

הדרן עלך ארבעה ראשי שנים

אם אינן מכירין אותו. אם אין בית דין מכירין את העד אם נאמן וכשר הוא: **משלחין.** בית דין שבעירו: **אחר עמו.** להעיד עליו לפני בית דין הגדול שמקדשין את החדש: **משקלקלו המינין.** ששכרו עדות שקר להטעות את החכמים: **היו משיאין משואות.** לאחר שקדשו החדש, ולא היו צריכין לשכור שלוחים לשלוח לגולה ולהודיע שהמשואות היו מודיעין אותן: **משקלקלו הכותים.** בגמ' מפרש מה היה הקלקול:

עין משפט

א מיי' פ"ח מהלכות בית הבחירה הלכה יא [ופ"ו מהלכות תמידין ומוספין הלכה א]:
ב מיי' פ"ז מהלכות תמידין ומוספין הלכה יב:
ג מיי' פ"ג מהלכות קידוש החודש הלכה טו טז:
ד מיי' שם הלכה ג:
ה מיי' שם פ"ב הלכה ב:
ו מיי' שם פ"ג הלכה ח:

שינויי נוסחאות

א] **עושה.** כ"ה גם בר"ח (מגילה כא.). בתמיד (פ"א מ"ג) ובירושלמי מגילה (פ"ב ה"ז) **עושי:**
ב] **חביתן.** בתמיד (שם) **חביתים:**
ג] **אמר ר' יוסה.** כ"ה בכי"ל ובירושלמי מגילה (שם). וכאן הגיה המגיה **אמר ר' יוסי** ואחריו בדפוסים:
ד] **מרק.** בירושלמי מגילה (שם) **מרוק:**
ה] **שהתחיל.** בירושלמי מגילה (שם) **שלא התחיל.** וכן הגיה בקה"ע:
ו] **סוסיי.** בירושלמי מגילה (שם) נוסף **קומי ר' יוסה:**
ז] **האדם.** במשניות ובבבלי (כב.) **אדם:**
ח] **המינים.** כ"ה גם במשניות ובגירסת הרמב"ם בפיה"מ. בבבלי (שם) **הבייתוסים:**

מראה הפנים

אם אינן מכירין אותו. לקושטא דמילתא יש לפרש דמאי אותו אחד מעידי החודש הוא דאין מכירין אבל לחבירו מכירין, וכן פירשתי בפנים וזהו לשיטתא דהאי תלמודא אלא דמסוגית הבבלי (כב:) משמע דלא בעי הש"ס לפרש הכי, והתוס' (ד"ה אלא) מקשין ולמה לא נפרש הכי וא"כ אזלא לה הוכחה דהש"ס דהתם, ועיין בדבור דלקמן ותמצא ההפרש בין סוגיא דהכא לדהתם בשתי אופנים אחד לקולא ואחד לחומרא והיוצא עוד לדינא ביניהם מלבד מה דמבואר בתחלת הסוגיא ובזה מסולקת תמיהת התוס' דכל חד וחד לשיטתיה הוא דאזיל כמבואר בדבור הסמוך בס"ד:

מסורת הש"ס

א) [תמיד פ"א מ"ג, שקלים פ"ז ה"ג] תמיד כח. ב) [מנחות פ"י מ"ח] מנחות סו. [פסיקתא דר"כ ח, פסיקתא רבתי יח, פסיקתא זוטרתא אמור כג יג, ויקרא רבה כח ב, ילקו"ש אמור תרמג] ג) ר"ה כב. [תוספתא פ"א הט"ו] ד) ר"ה כב: [ביצה ד:, זהר פנחס רמח:]

שירי קרבן

ולא למפרע הוא קדוש. פירשתי בקונטרס, אם באו עדים ביום ל' וכו'. והוא על פי פסק הרמב"ם בפ"ג מהל' קידוש החדש (הט"ו ט"ז) בי"ד שישבו כל יום ל' ולא באו עדים והסכימו בנשף ועברו את החדש וכו' ולאחר ד' או ה' ימים באו עדים רחוקים והעידו שראו את החודש בזמנו, ואפי' באו בסוף חדש וכו' אם עמדו העדים בעדותן וכו' מקדשין אותו וחוזרין ומונין לאותו חדש מיום ל' הואיל ונראה הירח בלילו, עכ"ל. ואף שפסק זה הוא תמוה מכמה אנפי שאין להאריך בהן, בפרט מש"כ בסוף פ' הנ"ל (הי"ח) שאם באו בניסן ותשרי קודם חצי החדש שמעברין, ואף שאכלו ביום הכיפורים לא משגיחין עליו, והוא דבר תימה, ועוד יש לפקפק הרבה, וכבר עמד עליו במקנת הלחם משנה עיי"ש, מ"מ ראיה גדולה היא לדברי רמב"ם מסוגיין דאף לאחר שעיברו החדש חוזרין ומקדשין אותו למפרע:

The proof is rejected:

אָמַר רַבִּי יוֹסָה – **R' Yosah says:** Toasting the *Omer* at night is different, מִכֵּיוָן שֶׁהִתְחִיל בְּמִצְוָה אוֹמְרִים לוֹ מָרֵק – because **once [a person] begins** performing **a mitzvah,** in this case, reaping the *Omer,* which one *must* do at night, **he is told: "Finish** it (i.e. finish the preparations for the *Omer* by toasting the kernels as well)!" Where, however, there is no requirement to begin the preliminaries at night, perhaps no preliminaries may be performed at that time for the sake of a mitzvah that cannot be done until daytime.[9]

The Gemara responds to R' Yosah's argument:

הָתִיב רַבִּי יוּדָן קַפּוּדְקָיָא קוֹמֵי רַבִּי יוֹסָה – **R' Yudan** of **Cappudocia responded** to this argument **before R' Yosah:** הָגַע עַצְמְךָ – **Think about it!**[10] שֶׁבָּא מִן הָעֲלִיָּיה – In a case of **[an *Omer*] that comes from** already harvested produce stored in **the attic,** i.e. from barley that was not reaped on the night of the 16th,[11] do we not permit him to toast it at night? Of course we do! This indicates that the permit is *not* due to the Sabbath having already been overridden by the beginning of the preliminary process (i.e. the reaping), but applies to any preliminary of a mitzvah that must be performed on the Sabbath day.[12]

R' Yosah dismisses R' Yudan's response:

מִכֵּיוָן שֶׁ[לֹא]הִתְחִיל[13] בְּמִצְוָה אֵין אוֹמְרִים לוֹ מָרֵק – In fact, when the *Omer* comes from "produce of the attic," **since [the person] did not begin the mitzvah** of preparing for the *Omer* by reaping on the Sabbath, **we** indeed **do *not* tell him: "Finish** it," i.e. toast the barley. Toasting at night is permitted only when it follows a reaping performed at night, such that the Sabbath was already overridden for the sake of the reaping. There is thus no proof that one may desecrate the Sabbath at night in the case of other preliminaries, which are not mandated to begin at night. Thus, the Mishnah that discusses toasting cannot be cited to resolve the inquiry.[14]

The Gemara offers a third and final proof that the preliminaries to a daytime mitzvah override the Sabbath even at night:

[15]הָתִיב רַבִּי יַעֲקֹב בַּר סוֹסַיי [קוֹמֵי רַבִּי יוֹסָה] – **R' Yaakov bar Sosai responded** to the inquiry **in the presence of R' Yosah:** וְהָתְנִינָן – **But we have learned in our Mishnah**[16] that witnesses traveling to testify about the new moon may desecrate the Sabbath in order to make the journey. The Mishnah stated: שֶׁעַל מַהֲלַךְ לַיְלָה וָיוֹם מְחַלְּלִין אֶת הַשַּׁבָּת וְיוֹצְאִין לְעֵדוּת הַחֹדֶשׁ – BECAUSE FOR A JOURNEY OF A NIGHT AND A DAY, [THE WITNESSES] MAY DESECRATE THE SABBATH AND GO FORTH TO TESTIFY ABOUT THE NEW MOON. Now, the testimony of the new moon is accepted only by day;[17] still, the witnesses may desecrate the Sabbath for the sake of this testimony even at night.[18] Clearly, the preliminaries of a mitzvah performed by day override the Sabbath even at night!

R' Yosah rejects the proof:

[14]אָמַר (להן) [לֵיהּ] – **[R' Yosah] said to [R' Yaakov bar Sosai]:** מִכֵּיוָן שֶׁהַיּוֹם צָרִיךְ לְלַיְלָה וְלַיְלָה צָרִיךְ לְיוֹם – **Since the day requires the night and the night requires the day,** i.e. the journey cannot be completed in the day alone, but requires both night and day, כְּמִי שֶׁכּוּלּוֹ יוֹם – **it is as though [the night and the day are] all daytime.** That is, when the mitzvah can be performed only by desecrating the Sabbath at night as well, it is as though the night, too, is included in the prescribed time for performing the mitzvah.[19] That is why the witnesses may desecrate the Sabbath even at night in order to make their journey. Where, however, the preliminaries *can* be delayed until daytime, perhaps they override the Sabbath only by day, but not at night. Thus, this Mishnah cannot be cited to resolve the inquiry.

A second argument against the proof:

אָמַר רַבִּי יוֹסֵי בְּרַבִּי בּוּן – **R' Yose the son of R' Bun said:** וְלֹא לְמַפְרֵיעוֹ הוּא קָדוֹשׁ – Although Rosh Chodesh is sanctified only by day, **is not [the previous night]** too **sanctified retroactively** as Rosh Chodesh? It most certainly is. מִכֵּיוָן שֶׁהוּא קָדוֹשׁ לְמַפְרֵיעוֹ – **Since [the night]** too **is sanctified retroactively** as Rosh Chodesh, הוּא יוֹם הוּא לַיְלָה – **the day and the night are one and the same** with respect to being deemed the prescribed time

NOTES

9. There is a special command to begin the preparation for the *Omer* (i.e. to reap the barley) at night, even on the Sabbath (see *Bavli Menachos* 72a). Since the beginning of the preparation overrides the Sabbath, the continuation of the process, i.e. the subsequent preparations such as toasting the kernels, overrides the Sabbath as well. Where, however, there is no specific command to *begin* overriding the Sabbath at night, perhaps preliminaries may not be performed at night for the sake of a mitzvah that cannot be done until daytime.

10. Literally: Exert yourself (i.e. exert your mind to think about it).

11. That is, according to the opinion that such barley may be used for the *Omer,* even though it was not harvested on the night of the 16th as essentially required; see above, 12a, at notes 29 and 39.

12. [The Mishnah, which states that the *Omer* is toasted at night, does not distinguish between an *Omer* brought from previously harvested produce, and one brought from produce harvested at night. This implies that in both cases, the barley is toasted at night.] In the former case, the Sabbath was not overridden for the sake of the reaping, for the barley had already been reaped before the Sabbath. Yet, the offering is toasted at night, in violation of the Sabbath. Perforce, the preliminaries to a daytime mitzvah may override the Sabbath even on the preceding night, even when they are not continuing a process that *had* to begin on the Sabbath night (*Korban HaEidah*).

13. Emendation based on *Korban HaEidah,* from text of the parallel Gemara, *Megillah* 2:7 [27a].

14. *Korban HaEidah.* Cf. Variant B.

15. The emendation is based on the parallel Gemara in *Megillah* 2:7 [27b].

16. Above, 12a.

17. See *Bavli* 25b for the source that Rosh Chodesh must be sanctified in the daytime.

18. For the Mishnah stated that they may travel through Friday night – even if it entails Sabbath desecration – for the sake of sanctifying the new moon, which can be performed only in the daytime.

19. Since the Torah commands us to desecrate the Sabbath in order to sanctify the new moon, and this can only be accomplished by desecrating the Sabbath at night as well – for otherwise they would not reach Jerusalem on time – it is as though the night, too, is the prescribed time for the mitzvah. Accordingly, the permit to override the Sabbath is already in effect at night (*Korban HaEidah; Pnei Moshe*).

TEXTUAL AND INTERPRETIVE VARIANTS

B. Our elucidation follows the understanding that R' Yosah asserted – that barley harvested before the night of the 16th would in fact not be toasted on the Sabbath, and that the Gemara therefore conclusively rejects R' Yudan's argument. Others, however, explain that the Gemara's last clause [... *since he did not begin the mitzvah of reaping, we do not tell him: "Finish"*] is not a dismissal of R' Yudan's response, but a continuation of his response. R' Yudan presents his argument as a rhetorical question: *[Regarding an Omer] that comes from the attic [which was harvested before the night of the 16th, would you say that] since he did not begin with the mitzvah [on the night of the 16th, but beforehand], we do not tell him [on the night of the 16th]: "Finish it?" [Of course we do!]* (*Pnei Moshe;* see also *Shekel HaKodesh* 3:1 ד״ה שעל מהלך). According to this interpretation, the Gemara presents R' Yudan's argument as conclusive support of the proof from the toasting of the *Omer,* that a preliminary of a mitzvah does indeed override the Sabbath even at night. This is thus the second proof to this effect.

והתנינן א) א]העמידו עושה חביתין לעשות ב]חביתין. תיפתר בחול. תנא ר' חייה בר אדא זה סדר תמיד לעבודת בית אלהינו בין בחול ובין בשבת. והתנינן ב) קצרוהו ונתנוהו בקופות הביאוהו לעזרה והיו מהבהבין אותו באור כדי לקיים בו מצות קלי דברי ר' מאיר. ג]אמר ר' יוסה מכיון שהתחיל במצוה אומרים לו ד]מרק. התיב ר' יודן קפודקייא קומי ר' יוסה הגע עצמך שבא מן העלייה מכיון ה]שהתחיל במצוה אין אומרין לו מרק. התיב ר' יעקב בר ו]סוסיי והתנינן שעל מהלך לילה ויום מחללין את השבת ויוצאין לעדות החדש. אמר להן מכיון שהיום צריך ללילה ולילה צריך ליום כמי שכולו יום. אמר ר' יוסי בר' בון ולא ג)למפריעו הוא קדוש. מכיון שהוא קדוש למפריעו הוא יום הוא לילה:

הדרן עלך פרק ארבעה ראשי שנים

י: ד) ג) אם אינן מכירין אותו משלחין עמו אחר להעידו. ה)בראשונה היו מקבלין עדות החודש מכל ז]האדם. משקילקלו ח]המינים התקינו שלא יהו מקבלין אלא מן המכירין: [מ"ב] ו)בראשונה היו משיאין משואות משקילקלו הכותים התקינו שיהו שלוחין יוצאין: גמ' אם אינן מכירין אותו כו':

פני משה

והתנינן. בפ"א דתמיד (מ"ג) העמידו עושי חביתין וכו', מאי לאו בשבת, דהואיל והקרבת החביתין דוחה את השבת מכשירין לעשותן גם כן דוחה, ודחי לה תיפתר דבחול קאי, ותני ר' חייא בר אדא דלאו מילתא היא לאוקמי להא דבחול דוקא קתני, דהתנינן בשלהי תמיד (פ"ז מ"ג) זה סדר תמיד וכו', ומשמע בין בחול בין בשבת עשו כסדר הנזכר למעלה: והתנינן. במנחות שם (פ"י מ"ד) בתר המתניתין דלעיל קצרוהו וכו', והיבהוב באור הוא מכשירין שלו, אלמא דמכשירין דוחה השבת בלילה שהרי זה היה מיד אחר הקצירה: ר' יוסי אומר וכו'. האי לאו ר' יוסי התנא, אלא ר' יוסי אמורא הוא דדחי לה דשאני התם דמכיון שהתחיל במצוה אומרין לו מרק, וכי קא מיבעיא לן אם המכשירין שלפני הקצירה דוחין שבת בלילה: התיב ר' יודן קפודקיא. והוא אמורא, לפני ר' יוסי חבירו דאמר להא מכיון שהתחיל במצוה וכו', והיינו מכיון שקצירתו דוחה שבת מכשירין שאחר כך נמי, הגע עצמך שבא העומר מן התבואה שבעליה אם לא מצא לקצור וא"כ אין כאן קצירה כלל, והרי הכא מכיון וכו' אין אומרין לו מרק, כלומר דלא שייך כאן האי טעמא מכיון שהתחיל במצוה ולומר לו מרק שהתחלת המצוה אין בה דחיית שבת, וא"כ אם חל ט"ז להיות בשבת לא היו מקיימין בו מצות קלי לדבריך בתמיה: התיב ר' יעקב וכו'. גם כן ממתניתין לסייעתא דמכשירין שלפניו דוחה השבת דתנינן שעל מהלך לילה ויום וכו', והרי העדות היה ביום דוקא דמשפט כתיב ביה (תהילים פא ה), ואם מהלך לילה ויום היה א"כ דוחה השבת בלילה, והרי זה כמכשירין שלפני המצוה וקתני דוחה השבת: אמר להן. ר' יוסי, שאני הכא שהרי מכיון שהלילה צריך ליום וכו' כמי שכולו יום, כלומר כמי שהכל בו ביום הוא של עדות החדש, שהרי אי אפשר לקיים המצוה של עדות החדש ביום אם לא יחלל שבת בלילה שלפניו ולבא להעיד, ומקודם לא היה יכול לבא שעדיין לא ראה החדש, אבל הכא היה יכול המכשירין להביא מקודם השבת להמגל והקופה וכיוצא באלו: אמר ר' יוסי בר' בון ולא למפרע הוא קדוש וכו'. ר' יוסי בר' בון נמי מהדר בכהאי גונא דר' יוסי, דמתניתין דהכא לאו סייעתא היא, שהרי העדים שראו את החדש בתחלת הלילה של שלשים הן שבאין להעיד לפני הבית דין שיקדשוהו למחר ביום, ואם יקדשו למחר וכי לא למפרע הוא קדוש משעה שראו אותה, אם כן הוא יום הוא לילה דהכל אחד הוא, ולפיכך מחללין השבת גם בלילה שלפניו לבא להעיד ולקדשו:

הדרן עלך ארבעה ראשי שנים

אם אינן מכירין אותו. אם אין הבית דין מכירין את העד מהעדים אם נאמן וכשר הוא: משלחין. בית דין שבעירו: אחר עמו. זוג אחר של עדים להעיד עליו לפני בית דין הגדול שמקדשין את החדש: משקלקלו המינין. ששכרו להעיד עדות שקר להטעות את החכמים: בראשונה היו משיאין משואות. לאחר שקדשו את החדש, ולא היו צריכין לשכור שלוחין לשלוח ולהודיע להגולה שהמשואות היו מודיעין אותן: משקלקלו הכותים. והשיאו גם הם משואות שלא בזמן כדי להטעות, לפי שבית דין לא היו משיאין משואות אלא על החדש חסר שנתקדש ביום שלשים והיו משיאין בערב נגהי שלשים ואחד, וטעמא משום ראש חודש חסר שחל להיות בערב שבת שאז היו משיאין במוצאי שבת שהרי אין יכולין להשיא בזמנו מפני השבת, ואי אמרת נעביד משואות נמי אמלא אתו למיטעי דלא ידעי אם חדש חסר הוא והא דלא עבדי מאתמול משום דלא אפשר, או דלמא מלא הוא ובזמנו הוא דעבדי, וכי תימא אכתי נעביד בין אמלא ובין אחסר וכי איקלע ראש חודש חסר בערב שבת לא ליעבד כלל, הא ליתא דאכתי איכא למיטעי דסברי דילמא מלא הוא ואיתנוסו הוא דאיתניס והכי לא עבדי, אבל כי לא עבדינן אמלא כלל ליכא למימר דאתו למיטעי דלמא חסר הוא ובשבת לא הוה אפשר ובמוצאי שבת איתנסו, דמכיון דאמלא לא עבדי ושכיחא הוא תלו בשכיחא ולא תלו באונס, ואיפכא נמי לא מצי למיעבד שישיאו אמלא ולא אחסר, וכי מיקלע ראש חודש חסר בערב שבת ולא עבדי מידע ידעי דחסר הוא דלא תלו באונס אלא בשכיח, דא"כ ביטלת את העם ממלאכה שני ימים, משום ראש השנה שיהו צריכים לצפות ביום שני שמא עיברוהו לאלול ובערב ישיאו משואות, אבל כי עבדי משואות לחסר בלחוד ידעי שלמחר חול הוא, ולפיכך לא עבדי אלא אחסר וכשלא היו משיאין בערב של יום שלשים היו הכל יודעין שהחדש מעובר. ופעם אחת עיברו בית דין את החדש ולא עשו משואות בערב של יום שלשים והכותים השיאו בהרים שלהם והטעו את בני הגולה לעשות החדש חסר והתקינו שיהו שלוחין יוצאין:

קרבן העדה

והתנינן. בפ"ק דתמיד, העמידו עושי חביתין לעשות חביתין, דהיינו להחם חמין ושאר צרכיו, וזה היה קודם עלות השחר, שהרי אח"כ היה תרומת הדשן ואח"כ הפיים ואח"כ אמר הממונה צאו וראו אם הגיע זמן השחיטה, שמע מינה שבלילה היה מכינין המכשירין ואפילו בשבת, ונפשטה הבעיא דמכשירין שצריך לעשות בשבת ביום דוחין את הלילה: ומשני תיפתר בחול. תנן, העמידו בחול ולא בשבת, ולא תפשוט: תני רבי חייה וכו'. בסוף תמיד (לג:) תנן, זה סדר תמיד לעבודת בית אלקינו, והוסיף ר' חייה בברייתא בין בחול בין בשבת, היא זה הסדר השנוי בכולא מסכתא דתמיד, ואיפשיטא בעיין: והתנינן. במנחות פרק ר' ישמעאל קצרוהו וכו', כלומר מהא נמי איכא למפשט בעיין: והיו מהבהבין אותו. בעודו בשבולין, והכל נעשה בלילה: ר' יוסי אומר. מהא ליכא למפשט, דהתם כיון שכבר הותר להתחיל בלילה לקצור דעיקרה בלילה, אומרין לו גמור לדחות נמי שבת בהבהוב: מרק. גמור, כדתנן ביומא (לא:) קרצו ומירק אחר שחיטה על ידו: הגע עצמך שבא. העומר מן התבואה הישנה שבעלייה, כגון שאין שם תבואה חדשה, ואפילו הכי מהבהבין השבלים בלילה, אף על פי שלא התחיל לדחות שבת בקצירה: ה"ג כיון שלא התחיל במצוה אין אומרים לו מרוק. וכן הוא במגילה (פ"ב ה"ז). והכי פירושו, מתני' בשקצר בלילה אבל אם הביא מן העלייה באמת אין מהבהבין אותו בלילה בשבת, ולא תפשוט: שעל מהלך לילה ויום. יוצאין בלילה להעיד על עדות החדש ביום, דבלילה אין מקדשין החדש, הרי שבלילה מחללין השבת לדבר שהוא ביום: מכיון שהיום צריך ללילה. שביום לחוד אי אפשר להם להגיע למקום הוועד: כמי שהוא כולו יום. הרי הלילה גם כן זמנו: ולא למפרע הוא קדוש. אם באו עדים ביום א' ואמרו ראינו בזמנו בליל שבת נמי מקודש למפרע, אם כן למה צריך לילך בלילה*: ומשני מכיון שהוא קדוש למפרע. אין חילוק בין יום ללילה דאף ביום לא היו צריכין לחלל שבת, אלא על כרחך לומר דלהעיד כדי לקדש בזמנו נמי מחללין את השבת, אם כן אין חילוק בין לילה ליום:

הדרן עלך ארבעה ראשי שנים

אם אינן מכירין אותו. אם אין בית דין מכירין את העד אם נאמן וכשר הוא: משלחין. בית דין שבעירו: אחר עמו. להעיד עליו לפני בית דין הגדול שמקדשין את החדש: משקלקלו המינין. ששכרו עדות שקר להטעות את החכמים: היו משיאין משואות. לאחר שקדשו החדש, ולא היו צריכין לשכור שלוחים לשלוח לגולה ולהודיע שהמשואות היו מודיעין אותן: משקלקלו הכותים. בגמ' מפרש מה היה הקלקול:

מסורת הש"ס

א) [תמיד פ"א מ"ג, שקלים פ"ו ה"ג] תמיד כח. ב) [מנחות פ"ו מ"ח] מנחות סו. [פסיקתא דר"כ ח, פסיקתא רבתי יח, פסיקתא זוטרתא אמור כג יג, ויקרא רבה כח ב, ילקו"ש אמור תרמג] ג) ר"ה כב. [תוספתא פ"א הט"ו] ד) ר"ה כב: [גילה ד:, זהר פנחס רמח:]

שירי קרבן

ולא למפרע הוא קדוש. פירשתי בקונטרס, אם באו עדים ביום א' וכו'. והוא על פי פסק הרמב"ם בפ"ג מהל' קידוש החדש (הט"ו ט"ז) בי"ד שישבו כל יום ל' ולא באו עדים והשכימו בנשף ועברו את החדש וכו' ואחר ד' או ה' ימים באו עדים רחוקים והעידו שראו את החודש בזמנו, ואפי' באו בסוף חדש וכו' אם עמדו העדים בעדותן וכו' מקדשין אותו וחוזרין ומונין לאותו חדש מיום ל' הואיל ונראה הירח בלילו, עכ"ל. ואף שפסק זה הוא תמוה מכמה אנפי שאין להאריך בהן, בפרט מש"כ בסוף פ' הנ"ל (הי"ח) שאם באו בניסן ותשרי קודם חצי החדש שמעברין, ואף שאכלו ביום הכיפורים לא משגיחין עליו, והוא דבר תימה, ועוד יש לפקפק הרבה, וכבר עמד עליו במקנת הלחם משנה עיי"ש, מ"מ ראיה גדולה היא לדברי רמב"ם מסוגיין דאף לאחר שעיברו החדש חוזרין ומקדשין אותו למפרע:

עין משפט

א מיי' פ"ח מהלכות בית הבחירה הלכה יא [ופ"ו מהלכות תמידין ומוספין הלכה א]:
ב מיי' פ"ז מהלכות תמידין ומוספין הלכה יב:
ג מיי' פ"ג מהלכות קידוש החודש הלכה טו טז:
ד מיי' שם הלכה ג:
ה מיי' שם פ"ב הלכה ב:
ו מיי' שם פ"ג הלכה ח:

שינויי נוסחאות

א] עושה. כ"ה גם בר"ח (מגילה כא.). בתמיד (פ"א מ"ג) ובירושלמי מגילה (פ"ב ה"ז) עושי:
ב] חביתן. בתמיד (שם) חביתים:
ג] אמר ר' יוסה. כ"ה בכי"ל ובירושלמי מגילה (שם). וכאן הגיה המגיה אמר ר' יוסי ואחריו בדפוסים:
ד] מרק. בירושלמי מגילה (שם) מרוק:
ה] שהתחיל. בירושלמי מגילה (שם) שלא התחיל. וכן הגיה בקה"ע:
ו] סוסיי. בירושלמי מגילה (שם) נוסף קומי ר' יוסה:
ז] האדם. במשניות ובבבלי (כב.) אדם:
ח] המינים. כ"ה גם במשניות ובגירסת הרמב"ם בפיה"מ. בבבלי (שם) הבייתוסים:

מראה הפנים

אם אינן מכירין אותו. לקושטא דמילתא יש לפרש דמאי אותו אחד מעידי החודש הוא דאין מכירין אבל לחבירו מכירין, וכן פירשתי בפנים וזהו לשיטתא דהאי תלמודא אלא דמסוגית הבבלי (כב:) משמע דלא בעי הש"ס לפרש הכי, והתוס' (ד"ה אלא) מקשין ולמה לא נפרש הכי וא"כ אזלא לה הוכחה דהש"ס דהתם, ועיין בדבור דלקמן ותמלא ההפרש בין סוגיא דהכא לדהתם בשתי אופנים אחד לקולא ואחד לחומרא והיוצא עוד לדינא ביניהם מלבד מה דמבואר בתחלת הסוגיא וזה מסולקת תמיהת התוס' דכל חד וחד לשיטתיה הוא דאזיל כמבואר בדבור הסמוך בס"ד:

The Gemara cites several proofs that these preliminaries may be performed at night. The first proof:

וְהָתְנִינָן – **But we have learned in a Mishnah** in *Tamid,* which discusses the daily routine followed in the Temple:[1] הֶעֱמִידוּ עוֹשֵׂה חֲבִיתִּין לַעֲשׂוֹת חֲבִיתִּין – Before dawn, THEY WOULD DESIGNATE[2] from among the Kohanim **"MAKERS OF** ***CHAVITIN*****" TO MAKE THE** ***CHAVITIN*** offering.[3] The preparation of the *chavitin* was done before dawn every day of the week, including the Sabbath, while the actual offering could not be performed until daytime.[4] This proves that the preliminaries to a daytime mitzvah override the Sabbath even at night.

The Gemara attempts to refute the proof:

תִּיפְתָּר בְּחוֹל – **You may interpret** this teaching of the Mishnah as applying only **on a weekday,** but not on the Sabbath, when preparation of the *chavitin* is perhaps delayed until it is day.

The Gemara rejects this notion:

תָּנָא רַבִּי חִיָּיה בַּר אַדָּא – **R' Chiyah bar Adda taught a Baraisa,** which addresses the Temple routine set forth in *Tamid:* זֶה סֵדֶר תָּמִיד לַעֲבוֹדַת בֵּית אֱלֹהֵינוּ בֵּין בְּחוֹל וּבֵין בְּשַׁבָּת – THIS IS THE ORDER OF THE *TAMID* FOR THE SERVICE OF THE HOUSE OF OUR GOD, BOTH DURING THE WEEK AND ON THE SABBATH. The Baraisa indicates that the order delineated in the Mishnah remains unchanged even on the Sabbath. It follows that on the Sabbath, too, the *chavitin* are prepared before daybreak. It is thus clear that the preliminaries to a daytime mitzvah override the Sabbath even at night.[5]

The Gemara presents a second proof that these preliminaries may be performed at night:

וְהָתְנִינָן – **But we have learned in a Mishnah,** which delineates the process of reaping the *Omer:*[6] קְצָרוּהוּ וּנְתָנוּהוּ בְּקוּפּוֹת – THEY WOULD REAP IT AND PUT IT INTO BASKETS, הֱבִיאוּהוּ לָעֲזָרָה – and THEY WOULD BRING IT TO THE COURTYARD of the Temple, וְהָיוּ מְהַבְהֲבִין אוֹתוֹ בָּאוּר – AND THEY WOULD SINGE IT IN FIRE, כְּדֵי לְקַיֵּים בּוֹ מִצְוַת קָלִי – IN ORDER TO FULFILL THE REQUIREMENT OF bringing the *Omer* from TOASTED KERNELS;[7] דִּבְרֵי רַבִּי מֵאִיר – these are THE WORDS OF R' MEIR. The Mishnah indicates that they would bring the barley into the Courtyard and toast it immediately after the reaping, which was at night. Now, toasting the barley is merely a preliminary to the mitzvah of bringing the *Omer,* which is done by day. Yet, the Mishnah states that the toasting was done by night, without differentiating between a weekday and the Sabbath. This implies that we toast the barley at night even when the 16th of Nissan falls on the Sabbath. Clearly, we may override the Sabbath at night for the sake of a preliminary to any other mitzvah, which can itself be performed only on the following day.[8]

NOTES

1. Mishnah *Tamid* 1:3, *Bavli* 28a.

2. *Mefaresh* to *Tamid* ibid.; cf. *Rabbeinu Gershom* and *Raavad* there.

3. The *chavitin* are the twelve loaves that constitute the *minchah* offering brought by the Kohen Gadol each day, half in the morning [with the morning *tamid*] and half in the afternoon [with the afternoon *tamid*]. Before they were offered upon the Altar, the *chavitin* were kneaded with warm water and olive oil, boiled in boiling water, baked, and fried (see *Leviticus* 6:13-15; *Bavli Menachos* 50b, 76a).

4. The preparation of the *chavitin* began well before dawn. This is evident from the delineation of the daily schedule taught in Tractate *Tamid,* which states that designating the makers of *chavitin* was followed by the *terumas hadeshen* [the removal of a shovelful of ashes from the Altar], which was in turn followed by the casting of lots to see who would perform various tasks of the morning *tamid* service, after which the Kohanim checked to see if dawn had arrived and the *tamid* could be brought (see *Tamid* ibid. and 3:1). The preparation of the *chavitin* involved various forbidden Sabbath labors. Yet, these acts, which are mere preliminaries to the mitzvah, were performed at night, even though the *chavitin* could be offered only in the daytime [see *Bavli Tamid* 28b] (see *Korban HaEidah; Sdeh Yehoshua, Megillah* ibid). See *Bavli Menachos* (50b-51a) for the source that the *chavitin* offering overrides the Sabbath.

[There is a difficulty that must be addressed: As explained above (12a note 43), the Gemara's discussion pertains to preliminaries that could not be done before the Sabbath, for preliminaries that could be done before the Sabbath do not override the Sabbath at all (see above, 12a note 41). Why, then, do any of the *chavitin* preparations override the Sabbath — why could the *chavitin* not be prepared before the Sabbath? See Variant A for discussion.]

5. *Korban HaEidah; Sdeh Yehoshua* [first explanation] to *Megillah* ibid.; see also *Tos. R' Akiva Eiger* to *Tamid* ibid.; *Rambam, Hil. Beis HaBechirah* 8:12, and *Or Same'ach* there; cf. *Sdeh Yehoshua* [second explanation] to *Megillah* ibid.

6. *Bavli Menachos* 66a.

7. The *Omer* is brought from toasted kernels of barley. The verse states (*Leviticus* 2:14): וְאִם־תַּקְרִיב מִנְחַת בִּכּוּרִים לַה׳ אָבִיב קָלוּי בָּאֵשׁ גֶּרֶשׂ כַּרְמֶל, *When you bring a minchah offering of the first grain* (i.e. the *Omer*) *to Hashem, [it shall be] from the first ears, toasted over fire, coarsely ground from plump kernels.*

8. *Korban HaEidah; Beur of R' Chaim Kanievski.*

TEXTUAL AND INTERPRETIVE VARIANTS

A. The preparation of the *chavitin* involved various *melachos,* including boiling water with which to knead and boil the loaves, as well as actually kneading, boiling, baking, and frying the loaves. Our Gemara concludes that the preparations were done: (a) before dawn [every day]; (b) even on the Sabbath. The commentators struggle to identify which of these preparations the Gemara refers to, for none seem to qualify for both leniencies (i.e. they may be done before dawn [every day of the week]; and may be done even on the Sabbath). Boiling the water, which does not involve handling the actual offering (i.e. the flour and oil), may in fact be done before daybreak. However, as explained above (see 12a note 43), the Gemara's discussion pertains only to preliminaries that could not be performed before the Sabbath, for something that could be performed before the Sabbath does not override the Sabbath. Since water could be heated from before the Sabbath, it should presumably not override the Sabbath at all.

The subsequent preparations (kneading etc.), which involve the offering itself, must in fact be done on the day of the offering [for, as *Bavli Menachos* (51a) concludes, the offering must be prepared in a sanctified vessel, and once it is in a sanctified vessel, it becomes invalidated if it is left overnight; it is therefore impossible to prepare it from before the Sabbath]. Therefore, they do override the Sabbath. But for that very reason, they could presumably not be performed before daybreak [for if they are placed in a sanctified vessel yet before daybreak, they will be considered to have been left overnight when daybreak arrives; see *Ranein LaBoker* to *Bavli Tamid* 28b].

Some answer that the Gemara in fact refers to boiling the water. Although hot water could be maintained from before the Sabbath, these commentators suggest that the *chavitin* had to be cooked at a full boil, and water could not be maintained at a full boil from before the Sabbath (*Ranein LaBoker* to *Bavli Tamid* 28a-b; see also *Mikdash David* 25:2 ד״ה והנה לפי מה for a similar understanding and for discussion. See also *Derech Chochmah* to *Rambam, Hil. Beis HaBechirah* 8:12, note 69, and *Tziyun HaHalachah* there).

Others explain that boiling the water in fact does *not* override the Sabbath, and that our Gemara refers to the preparations of the offering itself. Unlike *Bavli*'s conclusion, *Yerushalmi* apparently maintains that the *chavitin* need not be prepared in a sanctified vessel, and may therefore be done before daybreak [yet they still override the Sabbath, apparently because *Yerushalmi* follows another of *Bavli*'s explanations of why preparing the *chavitin* overrides the Sabbath, although *Bavli* itself ultimately adopts the explanation presented above, which precludes its being done before daybreak] (*Or Same'ach, Hil. Beis HaBechirah* 8:11-12).

For further discussion, see *Ranein LaBoker* ibid.

עין משפט

א מיי' פ"ח מהלכות בית הבחירה הלכה יא [ופ"ו מהלכות תמידין ומוספין הלכה א]:
ב מיי' פ"ז מהלכות תמידין ומוספין הלכה יב:
ג מיי' פ"ג מהלכות קידוש החודש הלכה טו טז:
ד מיי' שם הלכה ג:
ה מיי' שם פ"ב הלכה ב:
ו מיי' שם פ"ג הלכה ח:

שינויי נוסחאות

א] עושה. כ"ה גם בר"ח (מגילה כא.). בתמיד (פ"א מ"ג) ובירושלמי מגילה (פ"ב ה"ז) עושי:
ב] חביתן. בתמיד (שם) חביתים:
ג] אמר ר' יוסה. כ"ה בכי"ל ובירושלמי מגילה (שם). וכאן הגיה המגיה אמר ר' יוסי ואחריו בדפוסים:
ד] מרק. בירושלמי מגילה (שם) מרוק:
ה] שהתחיל. בירושלמי מגילה (שם) שלא התחיל. וכן הגיה בקה"ע:
ו] סוסיי. בירושלמי מגילה (שם) נוסף קומי ר' יוסה:
ז] האדם. במשניות ובבבלי (כב.) אדם:
ח] המינים. כ"ה גם במשניות ובגירסת הרמב"ם בפיה"מ. בבבלי (שם) הבייתוסים:

מראה הפנים

אם אינן מכירין אותו. לקושטא דמילתא יש לפרש דמאי אותו אחד מעידי החודש הוא דאינן מכירין אבל לחבירו מכירין, וכן פירשתי בפנים וזהו לשיטתא דהאי תלמודא אלא דמסוגית הבבלי (כב:) משמע דלא בעי הש"ס לפרש הכי, והתוס' (ד"ה אלא) מקשין ולמה לא נפרש הכי וא"כ אזלא לה הוכחה דהש"ס דהתם, ועיין בדבור דלקמן ותמלא ההפרש בין סוגיא דהכא לדהתם בשתי אופנים אחד לקולא ואחד לחומרא והיוצא עוד לדינא ביניהם מלבד מה דמבואר בתחלת הסוגיא ובזה מסולקת תמיהת התוס' דכל חד וחד לשיטתיה הוא דאזיל כמבואר בדבור הסמוך בס"ד:

גמרא

והתנינן [א]העמידו [א]עושה חביתין לעשות [ב]חביתין. תיפתר בחול. תנא ר' חייה בר אדא זה סדר תמיד לעבודת בית אלהינו בין בחול ובין בשבת. והתנינן [ב]קצרוהו ונתנוהו בקופות הביאוהו לעזרה והיו מהבהבין אותו באור כדי לקיים בו מצות קלי דברי ר' מאיר. [ג]אמר ר' יוסה מכיון שהתחיל במצוה אומרים לו [ד]מרק. התיב ר' יודן קפודקייא קומי ר' יוסה הגע עצמך שבא מן העלייה מכיון [ה]שהתחיל במצוה אין אומרין לו מרק. התיב ר' יעקב בר [ו]סוסיי והתנינן שעל מהלך לילה ויום מחללין את השבת ויוצאין לעדות החדש. אמר להן מכיון שהיום צריך ללילה ולילה צריך ליום כמי שכולו יום. אמר ר' יוסי בר' בון ולא [ג]למפריעו הוא קדוש. מכיון שהוא קדוש למפריעו הוא יום הוא לילה:

הדרן עלך פרק ארבעה ראשי שנים

[ד]**אם** אינן מכירין אותו משלחין עמו אחר להעידו. [ה]בראשונה היו מקבלין עדות החודש מכל [ז]האדם. משקילקלו [ח]המינים התקינו שלא יהו מקבלין אלא מן המכירין: [מ"ב] [ו]בראשונה היו משיאין משואות משקילקלו הכותים התקינו שיהו שלוחין יוצאין: גמ' אם אינן מכירין אותו כו':

פני משה

והתנינן. בפ"א דתמיד (מ"ג) העמידו עושי חביתין וכו', מאי לאו בשבת, דהואיל והקרבת החביתין דוחה את השבת מכשירין לעשותן גם כן דוחה, ודחי לה תיפתר דבחול קאי, ותני ר' חייא בר אדא דלאו מילתא היא לאוקמי להא דבחול דוקא קתני, דהתנינן בשלהי תמיד (פ"ז מ"ג) זה סדר תמיד וכו', ומשמע בין בחול בין בשבת עשו כסדר הנזכר למעלה: והתנינן. במנחות שם (פ"י מ"ד) בתר המתניתין דלעיל קצרוהו וכו', והיבהוב באור הוא מכשירין שלו, אלמא דמכשירין דוחה השבת בלילה שהרי זה היה מיד אחר הקצירה: ר' יוסי אומר וכו'. האי לאו ר' יוסי התנא, אלא ר' יוסי אמורא הוא דדחי לה דשאני התם דמכיון שהתחיל במצוה אומרין לו מרק, וכי קא מיבעיא לן אם המכשירין שלפני הקצירה דוחין שבת בלילה: התיב ר' יודן קפודקיא. והוא אמורא, לפני ר' יוסי חבירו דאמר להא מכיון שהתחיל במצוה וכו', והיינו מכיון שקצירתו דוחה שבת מכשירין שאחר כך נמי, הגע עצמך שבא העומר מן התבואה שבעליה אם לא מצא לקצור וא"כ אין כאן קצירה כלל, והרי הכא מכיון וכו' אין אומרין לו מרק, כלומר דלא שייך כאן האי טעמא מכיון שהתחיל במצוה ולומר לו מרק שהתחלת המצוה אין בה דחיית שבת, וא"כ אם חל ט"ז להיות בשבת לא היו מקיימין בו מצות קלי לדבריך בתמיה: התיב ר' יעקב וכו'. גם כן ממתניתין לסייעתא דמכשירין שלפניו דוחה השבת דתנינן שעל מהלך לילה ויום וכו', והרי העדות היה ביום דוקא דמשפט כתיב ביה (תהילים פא ה), ואם מהלך לילה ויום היה א"כ דוחה השבת בלילה, והרי זה כמכשירין שלפני המצוה וקתני דוחה השבת: אמר להן. ר' יוסי, שאני הכא שהרי מכיון שהלילה צריך ליום וכו' כמי שכולו יום, כלומר כמי שהכל בו ביום הוא של עדות החדש, שהרי אי אפשר לקיים המצוה של עדות החדש ביום אם לא יחלל שבת בלילה שלפניו ולבא להעיד, ומקודם לא היה יכול לבא שעדיין לא ראה החדש, אבל הכא היה יכול המכשירין להביא מקודם השבת להמגל והקופה וכיוצא באלו: אמר ר' יוסי בר' בון ולא למפרע הוא קדוש וכו'. ר' יוסי בר' בון נמי מהדר בכהאי גונא דר' יוסי, דמתניתין דהכא לאו סייעתא היא, שהרי העדים שראו את החדש בתחלת הלילה של שלשים הן שבאין להעיד לפני הבית דין שיקדשוהו למחר ביום, ואם יקדשו למחר וכי לא למפרע הוא קדוש משעה שראו אותה, אם כן הוא יום הוא לילה דהכל אחד הוא, ולפיכך מחללין השבת גם בלילה שלפניו לבא להעיד ולקדשו:

הדרן עלך ארבעה ראשי שנים

אם אינן מכירין אותו. אם אין הבית דין מכירין את העד מהעדים אם נאמן וכשר הוא: משלחין. בית דין שבעירו: אחר עמו. זוג אחר של עדים להעיד עליו לפני בית דין הגדול שמקדשין את החדש: משקלקלו המינין. ששכרו להעיד עדות שקר להטעות את החכמים: בראשונה היו משיאין משואות. לאחר שקדשו את החדש, ולא היו צריכין לשכור שלוחין לשלוח ולהודיע להגולה שהמשואות היו מודיעין אותן: משקלקלו הכותים. והשיאו גם הם משואות שלא בזמן כדי להטעות, לפי שבית דין לא היו משיאין משואות אלא על החדש חסר שנתקדש ביום שלשים והיו משיאין בערב נגהי שלשים ואחד, וטעמא משום ראש חודש חסר שחל להיות בערב שבת שאז היו משיאין במוצאי שבת שהרי אין יכולין להשיא בזמנו מפני השבת, ואי אמרת נעביד משואות נמי אמלא אתו למיטעי דלא ידעי אם חדש חסר הוא והא דלא עבדי מאתמול משום דלא אפשר, או דלמא מלא הוא וזמנו הוא דעבדי, וכי תימא הכתי נעביד בין אמלא ובין אחסר וכי איקלע ראש חודש חסר בערב שבת לא ליעבד כלל, הא ליתא דהכתי איכא למיטעי דסברי דילמא מלא הוא ואיתנוסו הוא דאיתניס ולהכי לא עבדי, אבל כי לא עבדינן אמלא כלל ליכא למימר דאתו למיטעי דלמא חסר הוא ובשבת לא הוה אפשר ובמוצאי שבת איתנסו, דמכיון דאמלא לא עבדי ושכיחא הוא תלו בשכיחא ולא תלו באונס, ואיפכא נמי לא מצי למיעבד שישיאו אמלא ולא אחסר, וכי מיקלע ראש חודש חסר בערב שבת ולא עבדי מידע ידעי דחסר הוא דלא תלו באונס אלא בשכיח, דא"כ ביטלת את העם ממלאכה שני ימים, משום ראש השנה שיהו צריכים לצפות ביום שני שמא עיברוהו לאלול ובערב ישיאו משואות, אבל כי עבדי משואות לחסר בלחוד ידעי שלמחר חול הוא, ולפיכך לא עבדי אלא אחסר וכשלא היו משיאין בערב של יום שלשים היו הכל יודעין שהחדש מעובר. ופעם אחת עיברו בית דין את החדש ולא עשו משואות בערב של יום שלשים והכותים השיאו בהרים שלהם והטעו את בני הגולה לעשות החדש חסר והתקינו שיהו שלוחין יוצאין:

קרבן העדה

והתנינן. בפ"ק דתמיד, העמידו עושי חביתין לעשות חביתין, דהיינו להחם חמין ושאר צרכיו, וזה היה קודם עלות השחר, שהרי אח"כ היה תרומת הדשן ואח"כ הפייס ואח"כ אמר הממונה צאו וראו אם הגיע זמן השחיטה, שמע מינה שבלילה היה מכינין המכשירין ואפילו בשבת, ונפשטה הבעיא דמכשירין שצריך לעשות בשבת ביום דוחין את הלילה: ומשני תיפתר בחול. תנן, העמידו בחול ולא בשבת, ולא תפשוט: תני רבי חייה וכו'. בסוף תמיד (לג:) תנן, זה סדר תמיד לעבודת בית אלקינו, והוסיף ר' חייה בברייתא בין בחול בין בשבת, היה זה הסדר השנוי בכולא מסכתא דתמיד, ואיפשיטא בעיין: והתנינן. במנחות פרק ר' ישמעאל קצרוהו וכו', כלומר מהא נמי איכא למפשט בעיין: והיו מהבהבין אותו. בעודו בשבולין, והכל נעשה בלילה: ר' יוסי אומר. מהא ליכא למפשט, דהתם כיון שכבר הותר להתחיל בלילה לקצור דעיקרה בלילה, אומרין לו גמור לדחות נמי שבת בהבהוב: מרק. גמור, כדתנן ביומא (לא:) קרצו ומירק אחר שחיטה על ידו: הגע עצמך שבא. העומר מן התבואה הישנה שבעלייה, כגון שאין שם תבואה חדשה, ואפילו הכי מהבהבין השבלים בלילה, אף על פי שלא התחיל לדחות שבת בקצירה: ה"ג כיון שלא התחיל במצוה אין אומרים לו מרוק. וכן הוא במגילה (פ"ב ה"ז). והכי פירושו, מתני' בשקצר בלילה אבל אם הביא מן העלייה באמת אין מהבהבין אותו בלילה בשבת, ולא תפשוט: שעל מהלך לילה ויום. יוצאין בלילה להעיד על עדות החדש ביום, דבלילה אין מקדשין החדש, הרי שבלילה מחללין השבת לדבר שהוא ביום: מכיון שהיום צריך ללילה. שביום לחוד אי אפשר להם להגיע למקום הוועד: כמי שהוא כולו יום. הרי הלילה גם כן זמנו: ולא למפרע הוא קדוש. אם באו עדים ביום א' ואמרו ראינו בזמנו בליל שבת נמי מקודש למפרע, אם כן למה צריך לילך בלילה*: ומשני מכיון שהוא קדוש למפרע. אין חילוק בין יום ללילה דאף ביום לא היו צריכין לחלל שבת, אלא על כרחך לומר דלהעיד כדי לקדש בזמנו נמי מחללין את השבת, אם כן אין חילוק בין לילה ליום:

הדרן עלך ארבעה ראשי שנים

אם אינן מכירין אותו. אם אין בית דין מכירין את העד אם נאמן וכשר הוא: משלחין. בית דין שבעירו: אחר עמו. להעיד עליו לפני בית דין הגדול שמקדשין את החדש: משקלקלו המינין. ששכרו עדות שקר להטעות את החכמים: היו משיאין משואות. לאחר שקדשו החדש, ולא היו צריכין לשכור שלוחים לשלוח לגולה ולהודיע שהמשואות היו מודיעין אותן: משקלקלו הכותים. בגמ' מפרש מה היה הקלקול:

מסורת הש"ס

א) [תמיד פ"א מ"ג, שקלים פ"ז ה"ג] תמיד כח. ב) [מנחות פ"י מ"ח] מנחות סו. [פסיקתא דר"כ ח, פסיקתא רבתי יח, פסיקתא זוטרתא אמור כג יג, ויקרא רבה כח ב, ילקו"ש אמור תרמג] ג) ר"ה כב. [תוספתא פ"א הט"ו] ד) ר"ה כב: [בילה ד:, זהר פנחס רמח:]

שירי קרבן

ולא למפרע הוא קדוש. פירשתי בקונטרס, אם באו עדים ביום א' וכו'. והוא על פי פסק הרמב"ם בפ"ג מהל' קידוש החדש (הט"ו ט"ז) בי"ד שישבו כל יום ל' ולא באו עדים והשכימו בכשף ועברו את החדש וכו' ואחר ד' או ה' ימים באו עדים רחוקים והעידו שראו את החודש בזמנו, ואפי' באו בסוף חדש וכו' אם עמדו העדים בעדותן וכו' מקדשין אותו וחוזרין ומונין לאותו חדש מיום ל' הואיל ונראה הירח בלילו, עכ"ל. ואף שפסק זה הוא תמוה מכמה אנפי שאין להאריך בהן, בפרט מש"כ בסוף פ' הנ"ל (הי"ח) שאם באו בניסן ותשרי קודם חצי החדש שמעברין, ואף שאכלו ביום הכיפורים לא משגיחין עליו, והוא דבר תימה, ועוד יש לפקפק הרבה, וכבר עמד עליו במקלת הלחם משנה עיי"ש, מ"מ ראיה גדולה היא לדברי רמב"ם מסוגיין דאף לאחר שעיברו החדש חוזרין ומקדשין אותו למפרע:

[ט. ט: י. - ה"ז ה"ח]

אתיין אילין פלוגוותה כאילין פלוגוותה דתני [א]עד זומם פסול בכל עדות שבתורה דברי [א]ר' מאיר. אמר ר' יוסי אימתי בזמן שנמצא זומם בעדות נפשות אבל אם נמצא זומם ט: בעדות ממון [ב]על הממון נחשד וממון נפסל. ואתייא דר' יוסי כרבנן ודר' מאיר כר' אליעזר: **הלכה ח מתני'** [מ"ט] [ב]מי שראה את החודש ואינו יכול להלך מוליכין אותו על החמור אפילו במיטה. אם צודה להן לוקחין בידן מקלות. ואם היתה דרך רחוקה לוקחין בידן מזונות. [ג]שעל מהלך לילה ויום מחללין את השבת ויוצאין לעדות החודש [ד]שנאמר [א]אלה מועדי ה' [ג]מקראי קודש: **גמ'** אמר ר' יצחק דיברה התורה בכל לשון. [ב]והאיש משתאה לה. [ה]כל גרב שהוא מחזיק סאתים. אם צודה להם לוקחים בידן מקלות. [ו]יכול כשם שמחללין את השבת להעיד עליהן כך מחללין את השבת עליהן להודיע שנתקיימו תלמוד לומר [א]אשר תקראו על קריאתן את מחלל את השבת [ג]אין את מחלל השבת להודיע שנתקיימו. [ז]ר' שמעון בן לקיש בעי קצירת העומר מהו שתדחה את השבת ביום. התיב [ד]ר' אביי והא תנינן [ח]מצותו לקצור בלילה [ה]נקצר ביום כשר [י]ודוחה השבת. ולא [ה]קיבלה. אמר ר' אחא חזר ר' שמעון בן לקיש מן הדא [ט]כיון שחשיכה אמר להן בא השמש אומר הין בא השמש אומר הין. מה אנן קיימין אם ללילה כבר הוא [ו]אומר אלא אם אינו עניין ללילה תניהו עניין ליום. דבר שהוא דוחה את השבת ביום י. [ז]מכשירין מהו שידחו את השבת בלילה.

קרבן העדה

בעדות נפשות. פסול לכל, שחשוד לחמור חשוד לקל: ואתייא דר' יוסי כרבנן. דהכא, דסברי גזלנין דרבנן פסולין לעדות דרבנן ולא לעדות דאורייתא: ודר' מאיר כר' אליעזר. דהחשוד לקל חשוד לחמור: מתני' מוליכין אותו. אף בשבת: ואם צודה להם. אורב, כמו (שמואל-א כד יא) ואתה צודה את נפשי לקחתה: שנאמר אלה מועדי ה'. וכל מקום שנאמר במועד במועדו דוחה את השבת: גמ' דיברה התורה בכל לשון. ומייתי ראיה לפרושי מתני' דלא תיקשי, דכי היכא דדברה תורה כך דברו חכמים: והאיש משתאה לה. כמו משתומם אליה, דכיון שהפעולה יוצאה לגוף אחר הוי ליה למימר אליה: כל גרב וכו'. מתני' היא בתרומות בפ"י כל גרב שהוא מחזיק סאתים אם יש בו משקל עשרה זוז ביהודה דג טמא צירו אסור. וגרב הוא שם כלי, והוי ליה לתנא למתני כל גרב שיש בו סאתים, דלא מהני לן ולא מידי מה שהוא מחזיק סאתים, דבמה שיש בו משערינן, אלא דהוא כאלו תנא כל גרב שיש בו: אם צודה להם. היה לו לתנא לשנות ואם צודה עליהם: להעיד עליהן. על החדשים שנראית הלבנה כדי שיתקדשו בזמנן: כך מחללין. על השלוחין שילכו ויודיעו שיקיימו המועדות בזמנן: קצירת העומר מהו שתדחה שבת ביום. ט"ז בניסן, שלא היו יכולים לקצור בליל ט"ז. ולרבנן דסברי (מגילה פ"ב ה"ז) נקצר שלא כמצוותו כשר מיבעיא ליה אי הוה בכלל מכשירין ואינו דוחה שבת, או דלמא הוי ליה כמצוה עצמה ודחיא שבת, אבל לר' אלעזר ב"ר שמעון דסובר נקצר שלא כמצוותו פסול, ודאי לא קמיבעיא ליה דמצות קצירתו בלילה: והא תנינן. במנחות פרק ר' ישמעאל: נקצר ביום כשר ודוחה את השבת. וסובר ר' אביי דהכא קתני, נקצר ביום ט"ז כשר לפיכך דוחה את יום השבת אם לא קצרו בלילה, ואיפשיטא בעיא דר' שמעון בן לקיש: ולא קיבלה. ר' שמעון בן לקיש, דסובר ודוחה את השבת אהקרבה קאי ולא אקצירה. אי נמי מפרש ודוחה את השבת אקצירת ליל ט"ז קאי: חזר ר' שמעון בן לקיש. מבעיא זו, ואפשיטא ליה דקצירה ביום דוחה את השבת: מן הדא. מהא דתנן במנחות (ריש) פרק ר' ישמעאל (סה.) כל העיירות הסמוכות לירושלים מתכנסות כדי שיהא נקצר בעסק גדול: כיון שחשיכה אמר להם. לבני עיירות העומדים שם: בא השמש והן אומרים לו הן בשבת אומר להן שבת היום והן אומרים הן. והשתא הא דתנן בסיפא ודוחה את השבת אהאי קאי, אי אקצירת לילה הרי כבר אמור דבשבת שואל הקוצר לעומדים שם שבת זו, אלא על כרחך לומר דקא משמע לן דאף ביום דוחה קצירה את השבת: דבר שהוא דוחה וכו'. מיבעיא ליה דבר שקבוע לו זמן ונאמר בו במועדו אם מותר להכין מכשיריו בליל שבת לצורך מחר, ובמכשירין שאי אפשר לעשותן מערב שבת איירי, כגון להחם חמין לצורך מנחות:

פני משה

אתיין אילין פלוגוותא. דר' אליעזר ורבנן: כאילין פלוגוותא. דר' מאיר ור' יוסי דלקמיה: דתני. בתוספתא דמכות סוף פ"ק (ה"ו): עד זומם פסול בכל עדות שבתורה. אפילו לא הוזם אלא בעדות ממון פסול הוא אף לעדות נפשות, ולא אמרינן דאפשר נפשות חמירא ליה ולא אתי למיסקר, דברי ר' מאיר: וממון נפסל. בלבד דסבירא ליה לר' יוסי דנפשות חמירא ליה ולא מיפסל: וזהו כרבנן דר' אליעזר, ודר' מאיר כר' אליעזר דפסול אף בעדות דלאו ממון הוא: מתני' מי שראה את החדש ואינו יכול להלך. שהוא חולה וכיוצא בו: מרכיבין אותו על החמור. אף בשבת, ולא עוד אלא שנושאין אותו אפילו במטה, דאע"ג דחולה ככפות דמי וחייב על המטה, אפילו הכי לעדות החדש שרי: אם צודה להם. שיש אורב ומלשון (שמואל-א כד יא) ואתה צודה את נפשי לקחתה. והבייתוסים והכותים היו אורבים להם לעכבם כדי להטעות החכמים: שעל מהלך לילה ויום וכו'. אבל אם היה יותר על כך אין מחללין, לפי שאין עדותן אחר שלשים יום מועלת שכבר נתעבר החדש: שנאמר אלה מועדי ה' וגו'. וראש חודש איקרי מועד (פסחים עז.), וכל מקום שנאמר מועד במועדו דוחה את השבת: גמ' דברה התורה בכל לשון. כלומר תמצא לפעמים שהתורה משתמשת בנרדפים שיש להמלה כוונה על לשון אחר שבמקרא, ואפילו כן דברה בלשון זה וכן בלשון המשנה, וכמו והאיש משתאה לה והוא מלשון שאיה כמו תשאה שממה (ישעיה ו יא), וא"כ פירוש משתאה משתומם הוא והיא גם כן לשון מקרא שמו שמים (ירמיהו ב יב) והדומה לו, והיה לו לכתוב גם כאן והאיש משתומם אלא שדברה בכל לשון שהכוונה אחת היא. וכן בלשון המשנה תמצא כן כל גרב וכו' בפרק עשירי דתרומות (מ"ח), ופירושו חבית, והיה לו לומר כל חבית. וכן כאן ואם צודה ופירושו אורב והיה לו לומר ואם אורב להם, אלא שדברו בכל לשון שהכוונה אחת היא: יכול כשם שמחללין וכו'. ברייתא היא בת"כ פרשת אמור (פרשה ט פ"י ז) והבאתי לעיל בהלכה ד' (י. ד"ה על ששה): קצירת העומר מהו שתדחה את השבת ביום. לפי שמצותו לקצור בליל ט"ז, ואם לא קצר בלילה מהו שתדחה בששה עשר ביום את השבת: התיב ר' אביי. ומאי תיבעי לך והא תנינן בהדיא במנחות בסוף פרק ר' ישמעאל (פ"י מ"ט) מצותו לקצור בלילה ואם נקצר ביום כשר ודוחה את השבת, ומאי ודוחה את השבת דקתני לאו דאיום קאי: ולא קיבלה. ר' שמעון בן לקיש לתשובה זו דאימא לך דלא קאי איום ט"ז, אלא דהכי קאמר מצותו לקצור בליל ט"ז, אם נקצר ביום שלפניו כשר, ודוחה את השבת דקתני, אעיקר מצותו קאי שאם קוצרו בלילה הוא דדוחה השבת, הא ביום ט"ז אינו דוחה: חזר ביה. ר' שמעון בן לקיש אחר כך ופשיט ליה דדוחה השבת אף ביום ט"ז, מן הדא דתנינן שם לעיל (מ"ג) כילד היו עושין וכו' כיון שחשיכה אומר להם בא השמש וכו' בשבת אומר להם שבת זו וכו', ומה אנן קיימין למתניתין זו אם ללילה קאי שאם קוצר בליל ט"ז דוחה השבת כדקתני בשבת וכו', הרי כבר אומר למעלה ריש הפרק שם (מ"א) העומר היה בא בשבת וכו' וחכמים אומרים אחד שבת ואחד חול וכו', אלמא לכולי עלמא דוחה שבת מיהת בליל ט"ז ולמה חזר ושנה כאן ללמד שדוחה שבת: אלא אם אינו ענין ללילה תנהו ענין ליום. דקא משמע לן כאן דאף ביום ט"ז דוחה קצירתו את השבת: דבר שהוא דוחה וכו'. הואיל ואיפשט ליה דהקצירה דוחה את השבת אף ביום ט"ז, הדר מיבעיא ליה מכשירין שלו מהו שידחו את השבת בלילה שלפניו כגון להביא את המגל והקופה וכיוצא בזה:

אפ"ה לא מאחרינן לקצירתו עד לאחר השבת וכל מה דאפשר לאקדומיה מקדמינן ליה, כי היכי דלכל הפחות שבע שבתות מיהת ליהוי ואף שאינן תמימות עם הלילה שלפניהם והיינו הוא דקא מיבעיא ליה. והלכך נמי כדהותיב ליה ר' אביי מהאי מתני' דקתני נקצר ביום כשר לא קיבלה מיניה, משום דס"ד לפרש נקצר ביום דקתני היינו ביום שלפניו וכדפרישית בפנים, דודאי אין לומר דס"ד לפרש דהא דקתני דוחה את השבת היינו להקרבה אבל לא לקצירה, וכדבעי התם (מנחות) בדף ע"ב (ע"ב) לפרושי הכי אליבא דרבי דקאמר שם לעיל דקסבר רבי קצירת העומר לא דחיא שבת, ופריך ולא והתנן וחכמים אומרים אחד שבת וכו' דלא כרבי, וכן מוקי להא דקתני אבתריה וחכמים אומרים וכו' דלא כרבי, וכן להא דקתני ובשבת אומר להן וכו' דלא כרבי, ובתר הכי פריך ממתני' דסוף הפרק נקצר ביום כשר ודוחה את השבת מאן שמעת ליה דאמר נקצר ביום כשר רבי, דאלו לר' אלעזר בר' שמעון ס"ל שם לעיל נקצר שלא כמצותו פסול. וקתני ודוחה את השבת מאי לאו לקצירה לא להקרבה, זה ודאי אין לפרש כלל לשיטתא דהכא, דא"כ הוה ליה לריש לקיש למיבעי אם דוחה את השבת בלילה. וכן להאי דבעי למיפשט מהאי מתני' קשיא דילמא דוחה את השבת להקרבה קתני ואין קצירת העומר דוחה שבת כלל וכדרבי, ואין לומר דלמאי דמיבעי ליה לריש לקיש פשיט ליה דמדקאמר מהו שתדחה שבת ביום, א"כ מיפשט פשיטא לך דבלילה מיהת דחי תפשוט לך דנמי ביום דחי כדקתני במתני', אבל לדידי ס"ל כהאי דאמר התם לרבי דלהקרבה קאמר ולא לקצירה. [המשך בסוף הספר]

מסורת הש"ס

א) סנהדרין כז., תוספתא מכות פ"א ה"ו ב) ר"ה כב. ג) [יומא פ"ד ה"ו, מגילה פ"ב ה"ז] ד) [ר"ה כא:, ספרא אמור פרק י ה"ו, ילקו"ש אמור תרמג] ה) [תרומות פ"י מ"ח, ספרא שמיני פרשה ג ה"ט, פסיקתא זוטרתא שמיני יא יא, ילקו"ש שמיני תקלז] ו) ר"ה כא: [ספרא אמור פרק י ה"ו, ילקו"ש אמור תרמג] ז) מגילה פ"ב ה"ז [כל הענין] ח) [מנחות פ"י מ"ט] מנחות עב. [ילקו"ש ויקרא תנה בשינוי] ט) [מנחות פ"י מ"ג] מנחות סה. [תוספתא מנחות פ"י ה"ו]

גליון הש"ס

דיברה התורה בכל לשון. עי' בתשובות הרשב"א ח"א סי' תקכ"ג פי' הירושלמי דלא כקרבן העדה:

מראה הפנים

ואתיא דר' יוסי כרבנן ודר"מ כר"א. והכי איפסיקא הלכתא בבבלי פרק זה בורר (סנהדרין) דף כ"ז (ע"א) כר' מאיר הואיל וסתם לן תנא הכא כוותיה. וכבר זכרתי מזה פרק זה בורר שם: רבי שמעון בן לקיש בעי קצירת העומר מהו שתדחה את השבת ביום. מדקא מיבעיא ליה ביום, שמע מינה דמיפשט פשיטא ליה דבלילה קצירתו דוחה שבת, ומשום דעיקר מצותו לקצרו בלילה וכדאמרינן במנחות דף ס"ו (ע"א) קצירה וספירה בלילה דשבע שבתות תמימות בעינן, וא"כ מתני' דסוף פרק ר' ישמעאל (מנחות עב.) דמייתי לקמן מצותו לקצור בלילה וכו', הוה מפרש לה נקצר ביום איום שלפניו קאי. וביום המחרת הוא דקמיבעיא ליה שאם הוא שבת ולא קצרו בלילה שלפניו שזהו עיקר מצותו מהו שתדחה את השבת, וטעמא דמספקא ליה בהא משום דאיכא למימר מכיון דעבר זמן עיקר מצות קצירתו שלא נקצר בלילה ושוב אין אתה יכול לקיימו להכתוב (ויקרא כג טו) שבע שבתות תמימות תהיינה, שהרי אי אפשר לספור אלא לאחר הקצירה כדכתיב (דברים טז ט) מהחל חרמש בקמה תחל לספור וגו', א"כ לא דחי שבת ביום, או דילמא

עין משפט

א מיי' פ"כ מהלכות עדות הלכה ח [ופ"י הלכה ד] טוש"ע חו"מ סימן לד סעיף ח:
ב מיי' פ"ג מהלכות קידוש החודש הלכה ד:
ג מיי' שם הלכה ה:
ד מיי' פ"ז מהלכות תמידין ומוספין הלכה ו:
ה מיי' שם הלכה ז:
ו [מיי' שם הלכה ט]:
ז מיי' שם הלכה יא:

שינויי נוסחאות

א] ר' מאיר. כ"ה גם בבבלי (סנהדרין כז.) ובראשונים. בתוספתא מכות (פ"א ה"ו) ר' יהודה:
ב] על הממון נחשד וממון נפסל. בירושלמי סנהדרין (פ"ג ה"ה) ושבועות (פ"ז ה"ד) אינו פסול אלא לאותה עדות בלבד:
ג] מקראי קדש. כ"ה גירסת הרמב"ם בפיה"מ. במשניות ובבבלי (כב.) איתא רק המשך הפסוק אלה מועדי ה' אשר תקראו אותם במועדם:
ד] ר' אביי. הוזכר גם בירושלמי תרומות (פ"ה ה"ב), והוא אמורא שהיה בדורו של ר' שמעון בן לקיש כדמוכח הכא, ואילו אביי הנזכר בבבלי מאוחר ממנו, אחר חתימת התלמוד הירושלמי:
ה] קיבלה. בירושלמי מגילה (פ"ב ה"ז) קבליה:
ו] אומר. בירושלמי מגילה (שם) אמור:
ז] מכשירין. בירושלמי מגילה (שם) ובר"ח (מגילה כא.) מכשיריו:

תורה אור השלם

א) אֵלֶּה מוֹעֲדֵי יְהֹוָה מִקְרָאֵי קֹדֶשׁ אֲשֶׁר תִּקְרְאוּ אֹתָם בְּמוֹעֲדָם: (ויקרא כג ד)
ב) וְהָאִישׁ מִשְׁתָּאֵה לָהּ מַחֲרִישׁ לָדַעַת הַהִצְלִיחַ יְהֹוָה דַּרְכּוֹ אִם לֹא: (בראשית כד כא)

שירי קרבן

אם ללילה כבר הוא אמור אלא וכו'. כתב הרמב"ם פ"ז מהל' תמידין הלכה ו', מצותו להקצר בליל ט"ז בין בחול בין בשבת וכל הלילה כשר לקצירת העומר ואם קצרוהו ביום כשר, ע"כ. וכבר תמהו עליו המפרשים, וזה לשון הלחם משנה, שהן דברים סותרים דכיון שדוחה שבת על כרחך נקצר ביום פסול, ולרבינו שחולק הדברים לא ידעתי טעם, ע"כ. ונראה שהרמב"ם סמך על סוגיא זו שמפורש דהלא דתנן במתני' ונקצר ביום היינו ביום ט"ז, ואפ"ה דוחה שבת, דלכתחלה צריך לקצור בלילה אבל אם לא קצרו בלילה אין דוחין בשביל כך הקרבת העומר, וסוגית הבבלי (מנחות עב) קודם חזרה דר' שמעון בן לקיש נשנית:

in the earlier Mishnah, which indicated that the person reaping at night would do so even on the Sabbath.[38] Clearly, then, the subsequent Mishnah cited by R' Abaye need not teach that reaping at night overrides the Sabbath. אֶלָּא אִם אֵינוֹ עִנְיָין לְלַיְלָה תְּנֵיהוּ עִנְיָין לְיוֹם – **Rather, if [the Mishnah's ruling] is not applicable to** reaping performed at **night, you may interpret it with regard to** reaping performed by **day.** Thus, the Mishnah teaches that reaping the *Omer* overrides the Sabbath even when performed by day.[39]

The Gemara raises a general inquiry regarding preparatory acts for those mitzvos that override the Sabbath:

דָּבָר שֶׁהוּא דוֹחֶה אֶת הַשַּׁבָּת בַּיּוֹם – Concerning **[a mitzvah] whose [performance] by day overrides the Sabbath,** and whose preliminaries cannot be performed before the Sabbath, (מכשירין) [מַכְשִׁירָיו][40] מַהוּ שֶׁיִּדְחוּ אֶת הַשַּׁבָּת בַּלַּיְלָה – **what is [the law]** with regard **its preliminaries**; do they **override the Sabbath at night?**[41]

NOTES

38. That Mishnah said that after confirming that night had arrived, the reaper asked, "[Should I reap on] this Sabbath?" Evidently, the reaping is performed at night even on the Sabbath (see *Korban HaEidah*).

39. We already know from the earlier Mishnah that nighttime reaping of the *Omer* overrides the Sabbath. Perforce, when the later Mishnah says "and it overrides the Sabbath," it is not referring to the initial ruling concerning reaping at night, but rather to the ruling immediately preceding: "If it was harvested on the day of the 16th, it is valid." We see that even a daytime harvest overrides the Sabbath prohibitions (*Korban HaEidah;* for alternative explanations of how R' Shimon ben Lakish inferred from this Mishnah that a daytime harvest overrides the Sabbath, see *Pnei Moshe; Tos. HaRid*).

See Variant A.

40. Emendation based on the parallel *sugya, Megillah* 2:7 [27a].

41. There are a number of mitzvos whose performance override Sabbath law; for example, the *tamid* offering, circumcision, offering testimony regarding the new moon. If these mitzvos require preparatory activities that likewise entail *melachah,* they, too, override the Sabbath, provided that they cannot be performed before the Sabbath. If they *can* be performed before the Sabbath, there is a Tannaic dispute whether their performance overrides the Sabbath: According to R' Eliezer, these preliminaries too override the Sabbath; according to R' Akiva, they do not (see below, end of 2:3 [14b] and notes there).

The Gemara's inquiry concerns a mitzvah that must be performed on the Sabbath *in the daytime*, and whose preliminaries *cannot* be performed before the Sabbath and therefore override the Sabbath. The Gemara wonders whether one may desecrate the Sabbath for the sake of these preliminaries only during the prescribed period for the mitzvah – i.e. by day – but not during the previous night [when the time for the mitzvah has not yet arrived]. Or perhaps one may desecrate the Sabbath for the sake of these preliminaries even on Friday night, before the time for the mitzvah arrives (*Korban HaEidah; Sdeh Yehoshua, Megillah* ibid.; *Beur of R' Chaim Kanievski;* cf. *Pnei Moshe*).

[The fact that it is permitted to *reap* the *Omer* at night proves nothing. The reaping is allowed *not* because it is a preliminary to bringing the *Omer* by day, but because it is a mitzvah in its own right, whose prescribed time is at night.]

TEXTUAL AND INTERPRETIVE VARIANTS

A. *Bavli* (*Menachos* 72a-b) questions the view of the Mishnah in *Menachos* (71a) — which it attributes to Rebbi — discussed in our Gemara. On the one hand, we find that Rebbi follows the view of R' Akiva, who rules that even when a mitzvah does override the Sabbath, any preliminaries [מַכְשִׁירִין] that could be done before the Sabbath do not override the Sabbath. On the other hand, he rules that reaping the *Omer* overrides the Sabbath, even though produce reaped before the Sabbath can be used for the offering. The Gemara first provides an answer similar to the approach outlined above (note 29), that since reaping at night is the optimal time for the mitzvah, even R' Akiva agrees that reaping on that night overrides the Sabbath. *Bavli* then rejects that approach, and concludes that according to Rebbi, reaping the *Omer* does *not* override the Sabbath. The Gemara questions this conclusion on the basis of the Mishnah there, which states explicitly that reaping overrides the Sabbath, and answers that the Mishnah does not refer to reaping the *Omer,* but to offering it up on the Altar, which does indeed override Sabbath law. This interpretation of the Mishnah directly contradicts the view of *Yerushalmi* here, that even according to this view, cutting the barley at night *does* override the Sabbath. [A number of Acharonim state that *Rambam* (*Temidin U'Mussafin* 7:6-7) rules in favor of our Gemara here, contrary to *Bavli*'s conclusion (see *Lechem Mishneh* to *Rambam* ibid., and see *Sheyarei Korban; Mareh HaPanim; Teshuvos Chacham Tzvi* §167; cf. *Tos. HaRid; Or Same'ach* to *Rambam* ibid.).]

אתיין אילין פלוגוותה כאילין פלוגוותה דתני עד זומם פסול בכל עדות שבתורה דברי ר' מאיר. אמר ר' יוסי אימתי בזמן שנמצא זומם בעדות נפשות אבל אם נמצא זומם ט: בעדות ממון על הממון נחשד ומממון נפסל. ואתייא דר' יוסי כרבנן ודר' מאיר כר' אליעזר:

הלכה ח מתני' [מ"ט] מי שראה את החודש ואינו יכול להלך מוליכין אותו על החמור אפילו במיטה. אם צודה להן לוקחין בידן מקלות. ואם היתה דרך רחוקה לוקחין בידן מזונות. שעל מהלך לילה ויום מחללין את השבת ויוצאין לעדות החדש שנאמר אלה מועדי ה' מקראי קודש:

גמ' אמר ר' יצחק דיברה התורה בכל לשון. והאיש משתאה לה. כל גרב שהוא מחזיק סאתים. אם צודה להם לוקחים בידן מקלות. יכול כשם שמחללין את השבת להעיד עליהן כך מחללין את השבת עליהן להודיע שנתקיימו תלמוד לומר אשר תקראו על קריאתן את מחלל את השבת אין את מחלל השבת להודיע שנתקיימו. ר' שמעון בן לקיש בעי קצירת העומר מהו שתדחה את השבת ביום. התיב ר' אביי והא תנינן מצותו לקצור בלילה נקצר ביום כשר ודוחה השבת. ולא קיבלה. אמר ר' אחא חזר ר' שמעון בן לקיש מן הדא כיון שחשיכה אמר להן בא השמש אומר הין בא השמש אומר הין. מה אנן קיימין אם ללילה כבר הוא אומר אלא אם אינו עניין ללילה תניהו עניין ליום. דבר שהוא דוחה את השבת ביום י. מכשירין מהו שידחו את השבת בלילה.

קרבן העדה

בעדות נפשות. פסול לכל, שחשוד לחמור חשוד לקל: ואתייא דר' יוסי כרבנן. דהכא, דסברי גזלנין דרבנן פסולין לעדות דרבנן ולא לעדות דאורייתא: ודר' מאיר כר' אליעזר. דהחשוד לקל חשוד לחמור: **מתני'** מוליכין אותו. אף בשבת: ואם צודה להם. אורב, כמו (שמואל-א כד יא) ואתה צודה את נפשי לקחתה: שנאמר אלה מועדי ה'. וכל מקום שנאמר במועד במועדו דוחה את השבת: **גמ'** דיברה התורה בכל לשון. ומייתי ראיה לפרושי מתני' דלא תיקשי, דכי היכא דדברה תורה כך דברו חכמים: והאיש משתאה לה. כמו משתומם אליה, דכיון שהפעולה יוצאה לגוף אחר הוי ליה למימר אליה: כל גרב וכו'. מתני' היא בתרומות בפ"י כל גרב שהוא מחזיק סאתים אם יש בו משקל עשרה זוז ביהודה דג טמא ציר אסור. וגרב הוא שם כלי, והוי ליה לתנא למתני כל גרב שיש בו סאתים, דלא מהני לן ולא מידי מה שהוא מחזיק סאתים, דבמה שיש בו משערינן, אלא דהוא כאלו תנא כל גרב שיש בו: אם צודה להם. היה לו לתנא לשנות ואם צודה עליהם: להעיד עליהן. על החדשים שנראית הלבנה כדי שיתקדשו בזמנן: כך מחללין. על השלוחין שילכו ויודיעו שיקיימו המועדות בזמנן: קצירת העומר מהו שתדחה שבת ביום. ט"ז בניסן, שלא היו יכולים לקצור בליל ט"ז. ולרבנן דסברי (מגילה פ"ב ה"ז) נקצר שלא כמצותו כשר מיבעיא ליה אי הוה בכלל מכשירין ואינו דוחה שבת, או דלמא הוי ליה כמצוה עצמה ודחיא שבת, אבל לר' אלעזר ב"ר שמעון דסובר נקצר שלא כמצותו פסול, ודאי לא קמיבעיא ליה דמצות קצירתו בלילה: והא תנינן. במנחות פרק ר' ישמעאל: נקצר ביום כשר ודוחה את השבת. וסובר ר' אביי דהדא קתני, נקצר ביום ט"ז כשר לפיכך דוחה את יום השבת אם לא קצרו בלילה, ואיפשיטא בעיא דר' שמעון בן לקיש: ולא קיבלה. ר' שמעון בן לקיש, דסובר ודוחה את השבת אהקרבה קאי ולא אקצירה. אי נמי מפרש ודוחה את השבת אקצירת ליל ט"ז קאי: חזר ר' שמעון בן לקיש. מבעיא זו, ואפשיטא ליה דקצירה ביום דוחה את השבת: מן הדא. מהא דתנן במנחות (ריש) פרק ר' ישמעאל (סה.) כל העיירות הסמוכות לירושלים מתכנסות כדי שיהא נקצר בעסק גדול: כיון שחשיכה אמר להם. לבני עיירות העומדים שם: בא השמש והן אומרים לו הן בשבת אומר להן שבת היום והן אומרים הן. והשתא הא דתנן בסיפא ודוחה את השבת אהאי קאי, אי אקצירת לילה הרי כבר אמור דבשבת שואל הקוצר לעומדים שם שבת זו, אלא על כרחך לומר דקא משמע לן דאף ביום דוחה קצירה את השבת: דבר שהוא דוחה וכו'. מיבעיא ליה דבר שקבוע לו זמן ונאמר בו במועדו אם מותר להכין מכשיריו בליל שבת לצורך מחר, ובמכשירין שאי אפשר לעשותן מערב שבת איירי, כגון להחם חמין לצורך מנחות:

פני משה

אתיין אילין פלוגוותא. דר' אליעזר ורבנן: כאילין פלוגוותא. דר' מאיר ור' יוסי דלקמיה: דתני. בתוספתא דמכות סוף פ"ק (ה"ו): עד זומם פסול בכל עדות שבתורה. אפילו לא הוזם אלא בעדות ממון פסול הוא אף לעדות נפשות, ולא אמרינן דאפשר נפשות חמירא ליה ולא אתי למשקר, דברי ר' מאיר: וממון נפסל. בלבד דסבירא ליה לר' יוסי דנפשות חמירא ליה ולא מיפסל: וזהו כרבנן דר' אליעזר, ודר' מאיר כר' אליעזר דפסול אף בעדות דלאו ממון הוא: **מתני'** מי שראה את החדש ואינו יכול להלך. שהוא חולה וכיוצא בו: מרכיבין אותו על החמור. אף בשבת, ולא עוד אלא שנושאין אותו אפילו במטה, דאע"ג דחולה ככפות דמי וחייב על המטה, אפילו הכי לעדות החדש שרי: אם צודה להם. שיש אורב ומלשון (שמואל-א כד יא) ואתה צודה את נפשי לקחתה. והבייתוסים והכותים היו אורבים להם לעכבם כדי להטעות החכמים: שעל מהלך לילה ויום וכו'. אבל אם היה יותר על כך אין מחללין, לפי שאין עדותן אחר שלשים יום מועלת שכבר נתעבר החדש: שנאמר אלה מועדי ה' וגו'. וראש חודש איקרי מועד (פסחים עז.), וכל מקום שנאמר מועד במועדו דוחה את השבת: **גמ'** דברה התורה בכל לשון. כלומר תמצא לפעמים שהתורה משתמשת בנרדפים שיש להמלה כוונה על לשון אחר שבמקרא, ואפילו כן דברה בלשון זה וכן בלשון המשנה, וכמו והאיש משתאה לה והוא מלשון שאיה כמו תשאה שממה (ישעיה ו יא), וא"כ פירוש משתאה משתומם הוא והיא גם כן לשון מקרא שמו שמים (ירמיהו ב יב) והדומה לו, והיה לו לכתוב גם כאן והאיש משתומם אלא שדברה בכל לשון שהכוונה אחת היא. וכן בלשון המשנה תמצא כן כל גרב וכו' בפרק עשירי דתרומות (מ"ח), ופירושו חבית, והיה לו לומר כל חבית. וכן כאן ואם צודה ופירושו אורב והיה לו לומר ואם אורב להם, אלא שדברו בכל לשון שהכוונה אחת היא: יכול כשם שמחללין וכו'. ברייתא היא בת"כ פרשת אמור (פרשה ט פ"י ז) והבאתי לעיל בהלכה ד' (י. ד"ה על ששה): קצירת העומר מהו שתדחה את השבת ביום. לפי שמצותו לקצור בליל ט"ז, ואם לא קצר בלילה מהו שתדחה בששה עשר ביום את השבת: התיב ר' אביי. ומאי תיבעי לך והא תנינן בהדיא במנחות בסוף פרק ר' ישמעאל (פ"י מ"ט) מצותו לקצור בלילה ואם נקצר ביום כשר ודוחה את השבת, ומאי ודוחה את השבת דקתני לאו דאיום קאי: ולא קיבלה. ר' שמעון בן לקיש לתשובה זו דאימא לך דלא קאי איום ט"ז, אלא דהכי קאמר מצותו לקצור בליל ט"ז, אם נקצר ביום שלפניו כשר, ודוחה את השבת דקתני, אעיקר מצותו קאי שאם קוצרו בלילה הוא דדוחה השבת, הא ביום ט"ז אינו דוחה: חזר ביה. ר' שמעון בן לקיש אחר כך ופשיט ליה דדוחה השבת אף ביום ט"ז, מן הדא דתנינן שם לעיל (מ"ג) כילד היו עושין וכו' כיון שחשיכה אומר להם בא השמש וכו' בשבת אומר להם שבת זו וכו', ומה אנן קיימין למתניתין זו אם ללילה קאי שאם קוצר בליל ט"ז דוחה השבת כדקתני בשבת וכו', הרי כבר אומר למעלה ריש הפרק שם (מ"א) העומר היה בא בשבת וכו' וחכמים אומרים אחד שבת ואחד חול וכו', אלמא לכולי עלמא דוחה שבת מיהת בליל ט"ז ולמה חזר ושנה כאן ללמד שדוחה שבת: אלא אם אינו ענין ללילה תנהו ענין ליום. דקא משמע לן כאן דאף ביום ט"ז דוחה קצירתו את השבת: דבר שהוא דוחה וכו'. הואיל ואיפשט ליה דהקצירה דוחה את השבת אף ביום ט"ז, הדר מיבעיא ליה מכשירין שלו מהו שידחו את השבת בלילה שלפניו כגון להביא את המגל והקופה וכיוצא בזה:

מראה הפנים

ואתיא דר' יוסי כרבנן ודר"מ כר"א. והכי איפסיקא הלכתא בבבלי פרק זה בורר (סנהדרין) דף כ"ז (ע"א) כר' מאיר הואיל וסתם לן תנא הכא כוותיה. וכבר זכרתי מזה פרק זה בורר שם: רבי שמעון בן לקיש בעי קצירת העומר מהו שתדחה את השבת ביום. מדקא מיבעיא ליה ביום, שמע מינה דמיפשט פשיטא ליה דבלילה קצירתו דוחה שבת, ומשום דעיקר מצותו לקצרו בלילה וכדאמרינן במנחות דף ס"ו (ע"א) קצירה וספירה בלילה דשבע שבתות תמימות בעינן, וא"כ מתני' דסוף פרק ר' ישמעאל (מנחות עא.) דמייתי לקמן מצותו לקצור בלילה וכו', הוה מפרש לה נקצר ביום איום שלפניו קאי. וביום המחרת הוא דקמיבעיא ליה שאם הוא שבת ולא קצרו בלילה שלפניו שזהו עיקר מצותו מהו שתדחה את השבת, וטעמא דמספקא ליה בהא משום דאיכא למימר מכיון דעבר זמן עיקר מצות קצירתו שלא נקצר בלילה ושוב אין אתה יכול לקיימו להכתוב (ויקרא כג טו) שבע שבתות תמימות תהיינה, שהרי אי אפשר לספור אלא לאחר הקצירה כדכתיב (דברים טז ט) מהחל חרמש בקמה תחל לספור וגו', א"כ לא דחי שבת ביום, או דילמא אפ"ה לא מאחרינן לקצירתו עד לאחר השבת וכל מה דאפשר לאקדומיה מקדמינן ליה, כי היכי דלכל הפחות שבע שבתות מיהת ליהוי ואף שאינן תמימות עם הלילה שלפניהם והיינו הוא דקא מיבעיא ליה. והלכך נמי כדהותיב ליה ר' אביי מהאי מתני' דקתני נקצר ביום כשר לא קיבלה מיניה, משום דס"ד לפרש נקצר ביום דקתני היינו ביום שלפניו וכדפרישית בפנים, דודאי אין לומר דס"ד לפרש דהא דקתני דוחה את השבת היינו להקרבה אבל לא לקצירה, וכדבעי התם (מנחות) בדף ע"ב (ע"ב) לפרושי הכי אליבא דרבי דקאמר שם לעיל דקסבר רבי קצירת העומר לא דחיא שבת, ופריך ולא והתנן וחכמים אומרים אחד שבת וכו' דלא כרבי, וכן מוקי להא דקתני אבתריה וחכמים אומרים וכו' דלא כרבי, וכן להא דקתני ובשבת אומר להן וכו' דלא כרבי, ובתר הכי פריך ממתני' דסוף הפרק נקצר ביום כשר ודוחה את השבת מאן שמעת ליה דאמר נקצר ביום כשר רבי, דאלו לר' אלעזר בר' שמעון ס"ל שם לעיל נקצר שלא כמצותו פסול. וקתני ודוחה את השבת מאי לאו לקצירה לא להקרבה, זה ודאי אין לפרש כלל לשיטתא דהכא, דא"כ הוה ליה לריש לקיש למיבעי אם דוחה את השבת בלילה. וכן להאי דבעי למיפשט ליה מהאי מתני' קשיא דילמא דוחה את השבת להקרבה קתני ואין קצירת העומר דוחה שבת כלל וכדרבי, ואין לומר דלמאי דמיבעי ליה לריש לקיש פשיט ליה דמדקאמר מהו שתדחה שבת ביום, א"כ מיפשט פשיטא לך דבלילה מיהת דחי תפשוט לך דנמי ביום דחי כדקתני במתני', אבל לדידי ס"ל כהאי דאמר התם לרבי דלהקרבה קאמר ולא לקצירה. [המשך בסוף הספר]

מסורת הש"ם

א) סנהדרין כז., תוספתא מכות פ"א ה"ו ב) ר"ה כב. ג) [יומא פ"ד ה"ו, מגילה פ"ב ה"ו] ד) [ר"ה כא., ספרא אמור פרק י ה"ו, ילקו"ש אמור תרמג] ה) [תרומות פ"י מ"ח, ספרא שמיני פרשה ג ה"ט, פסיקתא זוטרתא שמיני יא יא, ילקו"ש שמיני תקלז] ו) ר"ה כא: [ספרא אמור פרק י ה"ו, ילקו"ש אמור תרמג] ז) מגילה פ"ב ה"ז [כל הענין] ח) [מנחות פ"י מ"ט] מנחות עא. [ילקו"ש ויקרא תנה בשינוי] ט) [מנחות פ"י מ"ג] מנחות סה. [תוספתא מנחות פ"י ה"ו]

גליון הש"ם

דיברה התורה בכל לשון. עי' בתשובות הרשב"א ח"א סי' תקכ"ג פי' הירושלמי דלא כקרבן העדה:

עין משפט

א מיי' פ"כ מהלכות עדות הלכה א [ופ"י הלכה ד] טוש"ע חו"מ סימן לד סעיף ח:
ב מיי' פ"ג מהלכות קידוש החודש הלכה ד:
ג מיי' שם הלכה ח:
ד מיי' פ"ז מהלכות תמידין ומוספין הלכה ו:
ה מיי' שם הלכה ז:
ו [מיי' שם הלכה ו]:
ז מיי' שם הלכה יא:

שינויי נוסחאות

א] ר' מאיר. כ"ה גם בבבלי (סנהדרין כז.) ובראשונים. בתוספתא מכות (פ"א ה"ו) ר' יהודה:
ב] על הממון נחשד וממון נפסל. בירושלמי סנהדרין (פ"ג ה"ה) ושבועות (פ"ז ה"ד) אינו פסול אלא לאותה עדות בלבד:
ג] מקראי קדש. כ"ה גירסת הרמב"ם בפיה"מ. במשניות ובבבלי (כב.) איתא רק המשך הפסוק אלה מועדי ה' אשר תקראו אותם במועדם:
ד] ר' אביי. הוזכר גם בירושלמי תרומות (פ"ה ה"ב), והוא אמורא שהיה בדורו של ר' שמעון בן לקיש כדמוכח הכא, ואילו אביי הנזכר בבבלי מאוחר ממנו, אחר חתימת התלמוד הירושלמי:
ה] קיבלה. בירושלמי מגילה (פ"ב ה"ז) קבליה:
ו] אומר. בירושלמי מגילה (שם) אמור:
ז] מכשירין. בירושלמי מגילה (שם) ובר"ח (מגילה כא.) מכשיריו:

תורה אור השלם

א) אֵלֶּה מוֹעֲדֵי יְהוָה מִקְרָאֵי קֹדֶשׁ אֲשֶׁר תִּקְרְאוּ אֹתָם בְּמוֹעֲדָם: (ויקרא כג ד)

ב) וְהָאִישׁ מִשְׁתָּאֵה לָהּ מַחֲרִישׁ לָדַעַת הַהִצְלִיחַ יְהוָה דַּרְכּוֹ אִם לֹא: (בראשית כד כא)

שירי קרבן

אם ללילה כבר הוא אמור אלא וכו'. כתב הרמב"ם פ"ז מהל' תמידין הלכה ו', מצותו להקצר בליל ט"ז בין בחול בין בשבת וכל הלילה כשר לקצירת העומר ואם קצרוהו ביום כשר, ע"כ. וכבר תמהו עליו המפרשים, וזה לשון הלחם משנה, שהן דברים סותרים דכיון שדוחה שבת על כרחך נקצר ביום פסול, ולרבינו שחילק הדברים לא ידעתי טעם, ע"כ. ונראה שהרמב"ם סמך על סוגיא זו שמפורש דהא דתנן במתני' ונקצר ביום כשר היינו ביום ט"ז, ואפ"ה דוחה שבת, דלכתחלה צריך לקצור בלילה אבל אם לא קצרו בלילה אין דוחין בשביל כך הקרבת העומר, וסוגית הבבלי (מנחות עב.) קודם חזרה דר' שמעון בן לקיש כשניה:

DESIGNATING [ROSH CHODESH] at its appropriate time, אֵין אַתְּ מְחַלֵּל הַשַּׁבָּת לְהוֹדִיעַ שֶׁנִּתְקַיְּימוּ – But **YOU MAY NOT DESECRATE THE SABBATH IN ORDER TO INFORM** the nation of the day **THAT WAS ESTABLISHED [AS ROSH CHODESH].**[27]

The Gemara poses an inquiry regarding the parameters of another mitzvah that overrides the Sabbath – the cutting of the barley for the *Omer* offering:[28]

רַבִּי שִׁמְעוֹן בֶּן לָקִישׁ בָּעֵי – **R' Shimon ben Lakish inquired:** קְצִירַת הָעוֹמֶר מַהוּ שֶׁתִּדְחֶה אֶת הַשַּׁבָּת בַּיּוֹם – **What is [the law]** with regard to **reaping the *Omer*?** Does reaping it **by day override the Sabbath** prohibitions?[29]

The Gemara resolves the inquiry on the basis of a Mishnah:

הֵתִיב רַבִּי אַבַּיֵי – **R' Abaye responded:**[30] וְהָא תְּנִינַן – **But we have learned** the answer to this **in a Mishnah,** which teaches:[31] מִצְוָתוֹ לִקְצוֹר בַּלַּיְלָה – **THE MITZVAH OF [THE *OMER* OFFERING] IS TO REAP** it **AT NIGHT,** i.e. on the night of the 16th of Nissan. נִקְצַר בַּיּוֹם – If, however, **IT WAS REAPED DURING THE DAY** of the 16th, כָּשֵׁר – **IT IS VALID,** וְדוֹחֶה הַשַּׁבָּת – **AND IT OVERRIDES THE SABBATH.** This Mishnah states clearly that even a daytime reaping overrides the Sabbath.[32]

The Gemara records R' Shimon ben Lakish's response:

וְלָא קִיבְּלָהּ – **[R' Shimon ben Lakish] did not accept [this proof]** offered by R' Abaye. In his view, the Mishnah's ruling that reaping the *Omer* overrides the Sabbath might refer back to the Mishnah's initial ruling, that the *Omer* should be harvested at night. The Mishnah thus rules that the nighttime reaping overrides the Sabbath. Reaping by day, however, might not override the Sabbath.[33]

Later, though, R' Shimon ben Lakish reconsidered:

חֲזַר רַבִּי שִׁמְעוֹן בֶּן לָקִישׁ מִן הֲדָא אֲמַר רַבִּי אַחָא – **R' Acha said:** – **R' Shimon ben Lakish retracted** his inquiry, for he resolved his inquiry **from this** following Mishnah, which describes the harvesting of the *Omer*:[34] כֵּיוָן שֶׁחָשֵׁיכָה אָמַר לָהֶן – **ONCE IT BECAME DARK, [THE REAPER] WOULD ASK THEM,** בָּא הַשֶּׁמֶשׁ – **"HAS THE SUN SET?"**[35] אוֹמֵר הֵין – **THEY WOULD SAY, "YES."** בָּא הַשֶּׁמֶשׁ אוֹמֵר הֵין – He would repeat, **"HAS THE SUN SET?"** and **THEY WOULD SAY, "YES."** He would then ask a further series of questions: "[Should I reap with] this sickle? [Should I reap into] this basket? Should I reap [now]?" When the 16th would fall on the Sabbath, he would ask: "[Should I reap on] this Sabbath?" To all the questions, the congregants would respond, "Yes."[36]

This Mishnah – which likewise indicates that the *Omer* is reaped on the Sabbath – caused R' Shimon ben Lakish to concede that the subsequent Mishnah cited by R' Abaye indeed pertains to even a daytime harvest. R' Acha explains:

מַה אֲנַן קַיְימִין – When the Mishnah cited by R' Abaye states that reaping the *Omer* overrides the Sabbath, **what [case] are we dealing with?** אִם לַלַּיְלָה – **If** it pertains **to** reaping at **night** on the 16th, כְּבָר הוּא (אומר) [אָמוּר][37] – **this has already been stated**

NOTES

27. Thus, Scripture teaches that only the timely *designation* of Rosh Chodesh [and the other festivals] overrides the Sabbath, but informing the nation of the date of Rosh Chodesh does not override the Sabbath, even though observance of the festivals depends on it (see *Chidushei HaRan* to *Bavli* 21b ד״ה אמר להם for an explanation of why this is so; see also *Ritva* to *Bavli* ibid.). Hence, the witnesses, who are required for the very designation of Rosh Chodesh, may desecrate the Sabbath, while the messengers who afterward inform the nation of its designation may not.

28. The *Omer* offering was a communal *minchah* brought on the second day of Pesach (the 16th of Nissan) from the new barley crop (see *Leviticus* 2:14-16, 23:9-14). The *Omer* offering overrides the Sabbath (see *Bavli Menachos* 72a). In addition to the actual offering of the *Omer*, there is a special mitzvah to reap the barley for the *Omer* offering on the evening of the 16th of Nissan (see ibid. 66a). This reaping, too, overrides the Sabbath [according to at least one Tanna, whose opinion is followed here] (see ibid. 72a).

[The following *sugya* is the end of a discussion presented in *Yerushalmi Megillah* (2:7 [26b-27a]). For the full discussion, see there.]

29. R' Shimon ben Lakish's inquiry concerns the view of the Tanna of the Mishnah in *Menachos* (71a), who says that while the *Omer* should, in the first place, be reaped on the night of the 16th, in the event that it was not reaped then, but only on the 16th by day, or yet before Pesach, the offering is valid nevertheless. [R' Shimon ben Lakish's inquiry is obviously not relevant according to the dissenting Tanna (R' Elazar ben R' Shimon), who disqualifies all barley for the *Omer* other than that reaped on the night of the 16th (see *Yerushalmi Megillah* ibid.) (*Korban HaEidah*).]

The two sides of this issue are as follows: When the Mishnah (ibid.) says that barley reaped on the day of the 16th is valid, does that mean that a daytime harvest, too, fulfills the special mitzvah of reaping the *Omer* (albeit not optimally)? If so, it overrides the Sabbath just as a nighttime reaping would. Or perhaps while barley reaped on the day of the 16th may be used for the *Omer* offering, its harvest does *not* fulfill the specific mitzvah of reaping the barley, because that mitzvah applies only on the night of the 16th. At other times, the reaping is just a prerequisite for the mitzvah of offering the *Omer*, but not a mitzvah in itself. As such, since it could have been performed before the Sabbath, it does not override the Sabbath [see *Megillah* ibid.; *Menachos* 72a] (see *Korban HaEidah; Sefer Nir* to *Megillah* ibid.; *Beur of R' Chaim Kanievski;* for alternative explanations, see *Mareh HaPanim; Sefer Nir* ibid. [second explanation]; *Or Same'ach* ibid.). See *Yerushalmi Megillah,* 26b note 26, for the Scriptural basis underlying each side of this inquiry.

[Implicit in R' Shimon ben Lakish's question is that reaping the barley on the *night* of the 16th certainly does override the Sabbath, even though the *Omer* could be brought from barley harvested before Pesach (according to this opinion). R' Shimon ben Lakish maintains that since there is a mitzvah to reap the barley for the *Omer* on the 16th at night, doing so overrides the Sabbath even though the *Omer* would be valid with barley reaped at a different time as well (*Mareh HaPanim;* see also *Beur of R' Chaim Kanievski*). *Yerushalmi Megillah* (ibid.) cites a dissenting approach, which maintains that harvesting the barley overrides the Sabbath only if we say that it is not valid at any other time; see Schottenstein edition of *Yerushalmi Megillah,* 26b note 18; see also Variant A below for further discussion).]

30. This is not the oft-cited Abaye of *Bavli* fame, but rather another, earlier Amora, who resided in Eretz Yisrael (see *Toldos Tannaim VaAmoraim* Vol. 1, p. 74).

31. *Bavli Menachos* 71a. [It is the ruling of this Mishnah that is the subject of the inquiry – see note 29.]

32. The Mishnah's statement that "it overrides the Sabbath" would seem to refer to both harvests mentioned beforehand, whether reaped at night or by day. The Mishnah thus states explicitly that harvesting the barley on the day of the 16th overrides the Sabbath (*Korban HaEidah; Pnei Moshe*).

33. *Korban HaEidah* [second explanation]; *Pnei Moshe; Tos. HaRid; Beur of R' Chaim Kanievski*.

Alternatively, Reish Lakish reasoned that the ruling that "it overrides the Sabbath" might not refer to the reaping of the *Omer* at all, but to the actual offering of the *Omer* (*Korban HaEidah* [first explanation]; see, however, *Mareh HaPanim* for a refutation of this understanding).

34. *Bavli Menachos* 65a.

35. He asked whether night – which was the time for reaping the *Omer* – had begun, such that he might proceed with the reaping (see *Meleches Shlomo* to the Mishnah ibid.).

36. The Mishnah there explains that the purpose of these questions was to counteract the view of the Boethusian sect, which rejected the Sages' teaching that the *Omer* is to be offered on the 16th of Nissan.

[The Torah requires that the *Omer* be offered מִמָּחֳרַת הַשַּׁבָּת, *on the morrow of the Sabbath* (*Leviticus* 23:15). According to the tradition of the Sages, the term "Sabbath" refers here to the first day of Pesach. The Boethusians, however, claimed that the term refers, as it usually does, to the seventh day of the week.] To demonstrate our disregard for the Boethusian position, the Sages ordained that those who reap the grain for the *Omer* must make a commotion of it, so that the Boethusians would hear (*Rashi, Menachos* 65a).

37. Emendation based on the parallel *sugya, Megillah* 2:7 [27a].

אתיין אילין פלוגוותה כאילין פלוגוותה דתני [א] עד זומם פסול בכל עדות שבתורה דברי [א] ר' מאיר. אמר ר' יוסי אימתי בזמן שנמצא זומם בעדות נפשות אבל אם נמצא זומם (ט:) בעדות ממון [ב] על הממון נחשד ומממון נפסל. ואתייא דר' יוסי כרבנן ודר' מאיר כר' אליעזר:

הלכה ח מתני' [מ"ט]

[ב] מי שראה את החודש ואינו יכול להלך מוליכין אותו על החמור אפילו במיטה. אם צודה להן לוקחין בידן מקלות. ואם היתה דרך רחוקה לוקחין בידן מזונות. [ג] שעל מהלך לילה ויום מחללין את השבת ויוצאין לעדות החדש [ד] שנאמר [א] אלה מועדי ה' [ג] מקראי קודש: גמ' אמר ר' יצחק דיברה התורה בכל לשון. [ב] והאיש משתאה לה. [ה] כל גרב שהוא מחזיק סאתים. אם צודה להם לוקחים בידן מקלות. [ו] יכול כשם שמחללין את השבת להעיד עליהן כך מחללין את השבת עליהן להודיע שנתקיימו תלמוד לומר [א] אשר תקראו על קריאתן את מחלל את השבת [ג] אין את מחלל השבת להודיע שנתקיימו. [ו] ר' שמעון בן לקיש בעי קצירת העומר מהו שתדחה את השבת ביום. התיב [ד] ר' אביי והא תנינן [ד] מצותו לקצור בלילה [ה] נקצר ביום כשר [י] ודוחה השבת. ולא [ה] קיבלה. אמר ר' אחא חזר ר' שמעון בן לקיש מן הדא [ז] כיון שחשיכה אמר להן בא השמש אומר הין בא השמש אומר הין. מה אנן קיימין אם ללילה כבר הוא [ו] אומר אלא אם אינו עניין ללילה תניהו עניין ליום. (י.) דבר שהוא דוחה את השבת ביום [ז] מכשירין מהו שידחו את השבת בלילה.

קרבן העדה

בעדות נפשות. פסול לכל, שחשוד לחמור חשוד לקל: ואתייא דר' יוסי כרבנן. דהכא, דסברי גזלנין דרבנן פסולין לעדות דרבנן ולא לעדות דאורייתא: ודר' מאיר כר' אליעזר. דהחשוד לקל חשוד לחמור: מתני' מוליכין אותו. אף בשבת: ואם צודה להם. אורב, כמו (שמואל-א כד יא) ואתה צודה את נפשי לקחתה: שנאמר אלה מועדי ה'. וכל מקום שנאמר במועד במועדו דוחה את השבת: גמ' דיברה התורה בכל לשון. ומייתי ראיה לפרושי מתני' דלא תיקשי, דכי היכא דדברה תורה כך דברו חכמים: והאיש משתאה לה. כמו משתומם אליה, דכיון שהפעולה יוצאה לגוף אחר הוי ליה למימר אליה: כל גרב וכו'. מתני' היא בתרומות בפ"י כל גרב שהוא מחזיק סאתים אם יש בו משקל עשרה זוז ביהודה דג טמא צירו אסור. וגרב הוא שם כלי, והוי ליה לתנא למתני כל גרב שיש בו סאתים, דלא מהני לן ולא מידי מה שהוא מחזיק סאתים, דבמה שיש בו משערינן, אלא דהוא כאלו תנא כל גרב שיש בו: אם צודה להם. היה לו לתנא לשנות ואם צודה עליהם: להעיד עליהן. על החדשים שנראית הלבנה כדי שיתקדשו בזמנן: כך מחללין. על השלוחין שילכו ויודיעו שיקיימו המועדות בזמנן: קצירת העומר מהו שתדחה שבת ביום. ט"ז בניסן, שלא היו יכולים לקצור בליל ט"ז. ולרבנן דסברי (מגילה פ"ב ה"ז) נקצר שלא כמצוותו כשר מיבעיא ליה אי הוה בכלל מכשירין ואינו דוחה שבת, או דלמא הוי ליה כמצוה עצמה ודחיא שבת, אבל לר' אלעזר ב"ר שמעון דסובר נקצר שלא כמצוותו פסול, ודאי לא קמיבעיא ליה דמצות קצירתו בלילה: והא תנינן. במנחות פרק ר' ישמעאל: נקצר ביום כשר ודוחה את השבת. וסובר ר' אביי דהכא קתני, נקצר ביום ט"ז כשר לפיכך דוחה את יום השבת אם לא קצרו בלילה, ואיפשיטא בעיא דר' שמעון בן לקיש: ולא קיבלה. ר' שמעון בן לקיש, דסובר ודוחה את השבת אהקרבה קאי ולא אקצירה. אי נמי מפרש ודוחה את השבת אקצירת ליל ט"ז קאי: חזר ר' שמעון בן לקיש. מבעיא זו, ואפשיטא ליה דקצירה ביום דוחה את השבת: מן הדא. מהא דתנן במנחות (ריש) פרק ר' ישמעאל (סה.) כל העיירות הסמוכות לירושלים מתכנסות כדי שיהא נקצר בעסק גדול: כיון שחשיכה אמר להם. לבני עיירות העומדים שם: בא השמש והן אומרים לו הן בשבת אומר להן שבת היום והן אומרים הן. והשתא הא דתנן בסיפא ודוחה את השבת אהאי קאי, אי אקצירת לילה הרי כבר אמור דבשבת שואל הקוצר לעומדים שם שבת זו, אלא על כרחך לומר דקא משמע לן דאף ביום דוחה קצירה את השבת: דבר שהוא דוחה וכו'. מיבעיא ליה דבר שקבוע לו זמן ונאמר בו במועדו אם מותר להכין מכשיריו בליל שבת לצורך מחר, ובמכשירין שאי אפשר לעשותן מערב שבת איירי, כגון להסיק חמין לצורך מנחות:

פני משה

אתיין אילין פלוגוותא. דר' אליעזר ורבנן: כאילין פלוגוותא. דר' מאיר ור' יוסי דלקמיה: דתני. בתוספתא דמכות סוף פ"ק (ה"ו): עד זומם פסול בכל עדות שבתורה. אפילו לא הוזם אלא בעדות ממון פסול הוא אף לעדות נפשות, ולא אמרינן דאפשר נפשות חמירא ליה ולא אתי למישקר, דברי ר' מאיר: וממון נפסל. בלבד דסבירא ליה לר' יוסי דנפשות חמירא ליה ולא מיפסל: וזהו כרבנן דר' אליעזר, ודר' מאיר כר' אליעזר דפסול אף בעדות דלאו ממון הוא: מתני' מי שראה את החדש ואינו יכול להלך. שהוא חולה וכיוצא בו: מרכיבין אותו על החמור. אף בשבת, ולא עוד אלא שנושאין אותו אפילו במטה, דאע"ג דחולה ככפות דמי וחייב על המטה, אפילו הכי לעדות החדש שרי: אם צודה להם. שיש אורב ומלשון (שמואל-א כד יא) ואתה צודה את נפשי לקחתה. והבייתוסים והכותים היו אורבים להם לעכבם כדי להטעות החכמים: שעל מהלך לילה ויום וכו'. אבל אם היה יותר על כך אין מחללין, לפי שאין עדותן אחר שלשים יום מועלת שכבר נתעבר החדש: שנאמר אלה מועדי ה' וגו'. וראש חודש איקרי מועד (פסחים עז.), וכל מקום שנאמר מועד במועדו דוחה את השבת: גמ' דברה התורה בכל לשון. כלומר תמצא לפעמים שהתורה משתמשת בנרדפים שיש להמלה כוונה על לשון אחר שבמקרא, ואפילו כן דברה בלשון זה וכן בלשון המשנה, וכמו והאיש משתאה לה והוא מלשון שאיה כמו תשאה שממה (ישעיה ו יא), וא"כ פירוש משתאה משתומם הוא והיא גם כן לשון מקרא שמו שמים (ירמיהו ב יב) והדומה לו, והיה לו לכתוב גם כאן והאיש משתומם אלא שדברה בכל לשון שהכוונה אחת היא. וכן בלשון המשנה תמצא כן כל גרב וכו' בפרק עשירי דתרומות (מ"ח), ופירושו חבית, והיה לו לומר כל חבית. וכן כאן ואם צודה ופירושו אורב והיה לו לומר ואם אורב להם, אלא שדברו בכל לשון שהכוונה אחת היא: יכול כשם שמחללין וכו'. ברייתא היא בת"כ פרשת אמור (פרשה ט פ"י ז) והבאתי לעיל בהלכה ד' (י. ד"ה על ששה): קצירת העומר מהו שתדחה את השבת ביום. לפי שמצותו לקצור בליל ט"ז, ואם לא קצר בלילה מהו שתדחה בששה עשר ביום את השבת: התיב ר' אביי. ומאי תיבעי לך והא תנינן בהדיא במנחות בסוף פרק ר' ישמעאל (פ"י מ"ט) מצותו לקצור בלילה ואם נקצר ביום כשר ודוחה את השבת, ומאי ודוחה את השבת דקתני לאו דאיום קאי: ולא קיבלה. ר' שמעון בן לקיש לתשובה זו דאימא לך דלא קאי איום ט"ז, אלא דהכי קאמר מצותו לקצור בליל ט"ז, אם נקצר ביום שלפניו כשר, ודוחה את השבת דקתני, אעיקר מצותו קאי שאם קוצרו בלילה הוא דדוחה השבת, הא ביום ט"ז אינו דוחה: חזר ביה. ר' שמעון בן לקיש אחר כך ופשיט ליה דדוחה השבת אף ביום ט"ז, מן הדא דתנינן שם לעיל (מ"ג) כיצד היו עושין וכו' כיון שחשיכה אומר להם בא השמש וכו' בשבת אומר להם שבת זו וכו', ומה אנן קיימין למתניתין זו אם ללילה קאי שאם קוצר בליל ט"ז דוחה השבת כדקתני בשבת וכו', הרי כבר אומר למעלה ריש הפרק שם (מ"א) העומר היה בא בשבת וכו' וחכמים אומרים אחד שבת ואחד חול וכו', אלמא לכולי עלמא דוחה שבת מיהת בליל ט"ז ולמה חזר ושנה כאן ללמד שדוחה שבת: אלא אם אינו ענין ללילה תנהו ענין ליום. דקא משמע לן כאן דאף ביום ט"ז דוחה קצירתו את השבת: דבר שהוא דוחה וכו'. הואיל ואיפשט ליה דהקצירה דוחה את השבת אף ביום ט"ז, הדר מיבעיא ליה מכשירין שלו מהו שידחו את השבת בלילה שלפניו כגון להביא את המגל והקופה וכיוצא בזה:

מסורת הש"ס

א) סנהדרין כז., תוספתא מכות פ"א ה"ו ב) ר"ה כב. ג) [יומא פ"ד ה"ו, מגילה פ"ב ה"ז] ד) [ר"ה כא:, ספרא אמור פרק י ה"ו, ילקו"ש אמור תרמג] ה) [תרומות פי"א מ"ח, ספרא שמיני פרשה ג ה"ט, פסיקתא זוטרתא שמיני יא יא, ילקו"ש שמיני תקלז] ו) ר"ה כב:, [ספרא אמור פרק י ה"ו, ילקו"ש אמור כל הענין] ז) מגילה פ"ב ה"ז ח) [מנחות פ"י מ"ט] מנחות עב. [ילקו"ש ויקרא תנה בשינוי] ט) [מנחות פ"י מ"ג] מנחות סה. [תוספתא מנחות פ"י ה"ו]

גליון הש"ס

דיברה התורה בכל לשון. עי' בתשובות הרשב"א ח"א סי' תקכ"ג פי' הירושלמי דלא כקרבן העדה:

מראה הפנים

ואתיא דר' יוסי כרבנן ודר"מ כר"א. והכי איפסיקא הלכתא בבבלי פרק זה בורר (סנהדרין) דף כ"ז (ע"א) כר' מאיר הואיל וסתם לן תנא הכא כוותיה. וכבר זכרתי מזה פרק זה בורר שם: רבי שמעון בן לקיש בעי קצירת העומר מהו שתדחה את השבת ביום. מדקא מיבעיא ליה ביום, שמע מינה דמיפשט פשיטא ליה דבלילה קצירתו דוחה שבת, ומשום דעיקר מצותו לקצרו בלילה וכדאמרינן במנחות דף ס"ח (ע"א) קצירה וספירה בלילה דבעינן שבעה שבתות תמימות בעינן, וא"כ מתני' דסוף פרק ר' ישמעאל (מנחות עב.) דמייתי לקמן מצותו לקצור בלילה, הוא הכי מפרש לה נקצר ביום שלפניו קאי. וביום המתרת הוא דקמיבעיא ליה שאם הוא שבת ולא קצרו בלילה שלפניו שזהו עיקר מצותו מהו שתדחה את השבת, וטעמא דמספקא ליה בהא משום דאיכא למימר מכיון דעבר זמן עיקר מצות קצירתו שלא נקצר בלילה ושוב אין אתה יכול לקיימו להכתוב (ויקרא כג טו) שבע שבתות תמימות תהיינה, שהרי אי אפשר לספור אלא לאחר הקצירה דכתיב (דברים טז ט) מהחל חרמש בקמה תחל לספור וגו', א"כ לא דחי שבת ביום, או דילמא אמ"ה לא מאחרינן לקצירתו עד לאחר השבת וכל מה דאפשר לאקדומיה מקדמינן ליה, כי היכי דלכל הפחות שבע שבתות מיהת ליהוי ואף שאינן תמימות עם הלילה שלפניהם והיינו הוא דקא מיבעיא ליה. והלכך נמי כדהותיב ליה ר' אביי מהאי מתני' דקתני נקצר ביום כשר לא קיבלה מיניה, משום דס"ד לפרש נקצר ביום דקתני היינו ביום שלפניו וכדפרישית בפנים, דודאי אין לומר דס"ד לפרש דהא דקתני דוחה את השבת היינו להקרבה אבל לא לקצירה, וכדבעי התם (מנחות) בדף ע"ב (ע"ב) לפרושי הכי אליבא דרבי דקאמר שם לעיל דקסבר רבי קצירת העומר לא דחיא שבת, ופריך ולא והתנן וחכמים אומרים אחד שבת וכו' דלא כרבי, וכן מוקי להא דקתני אבתריה וחכמים אומרים וכו' דלא כרבי, וכן להא דקתני ובשבת אומר להן וכו' דלא כרבי, ובתר הכי פריך ממתני' דסוף הפרק נקצר ביום כשר ודוחה את השבת מאן שמעת ליה דאמר נקצר ביום כשר רבי, דאלו לר' אלעזר בר' שמעון ס"ל שם לעיל נקצר שלא כמצותו פסול. וקתני ודוחה את השבת מאי לאו לקצירה לא להקרבה, זה ודאי אין לפרש כלל לשיטתא דהכא, דא"כ הוה ליה לריש לקיש למיבעי אם דוחה את השבת בלילה. וכן להאי דבעי למיפשט ליה מהאי מתני' קשיא דילמא דוחה את השבת להקרבה קתני ואין קצירת העומר דוחה שבת כלל וכדרבי, ואין לומר דלמאי דמיבעי ליה לריש לקיש פשיט ליה דמדקאמר מהו שתדחה שבת ביום, א"כ מיפשט פשיטא לך דבלילה מיהת דחי תפשוט לך דנמי ביום דחי כדקתני במתני', אבל לדידי ס"ל כהאי דאמר התם לרבי דלהקרבה קאמר ולא לקצירה. [המשך בסוף הספר]

עין משפט

א מיי' פ"כ מהלכות עדות הלכה א [ופי"י הלכה ד] טוש"ע חו"מ סימן לד סעיף ח:
ב מיי' פ"ג מהלכות קידוש החודש הלכה ד:
ג מיי' שם הלכה ח:
ד מיי' פ"ז מהלכות תמידין ומוספין הלכה ו:
ה מיי' שם הלכה ז:
ו [מיי' שם הלכה ו]:
ז מיי' שם הלכה יא:

שינויי נוסחאות

א] ר' מאיר. כ"ה גם בבבלי (סנהדרין כז.) ובראשונים. בתוספתא מכות (פ"א ה"ו) ר' יהודה:
ב] על הממון נחשד ומממון נפסל. בירושלמי סנהדרין (פ"ג ה"ה) ושבועות (פ"ז ה"ד) אינו פסול אלא לאותה עדות בלבד:
ג] מקראי קדש. כ"ה גירסת הרמב"ם בפיה"מ. במשניות ובבבלי (כב.) איתא רק המשך הפסוק אלה מועדי ה' אשר תקראו אותם במועדם:
ד] ר' אביי. הוזכר גם בירושלמי תרומות (פ"ה ה"ב), והוא אמורא שהיה בדורו של ר' שמעון בן לקיש כדמוכח הכא, ואילו אביי הנזכר בבבלי מאוחר ממנו, אחר חתימת התלמוד הירושלמי:
ה] קיבלה. בירושלמי מגילה (פ"ב ה"ז) קבליה:
ו] אומר. בירושלמי מגילה (שם) אמור:
ז] מכשירין. בירושלמי מגילה (שם) ובר"ח (מגילה כא.) מכשיריו:

תורה אור השלם

א) אֵלֶּה מוֹעֲדֵי יְהֹוָה מִקְרָאֵי קֹדֶשׁ אֲשֶׁר תִּקְרְאוּ אֹתָם בְּמוֹעֲדָם: (ויקרא כג ד)

ב) וְהָאִישׁ מִשְׁתָּאֵה לָהּ מַחֲרִישׁ לָדַעַת הַהִצְלִיחַ יְהֹוָה דַּרְכּוֹ אִם לֹא: (בראשית כד כא)

שירי קרבן

אם ללילה כבר הוא אומר אלא וכו'. כתב הרמב"ם פ"ז מהל' תמידין הלכה ו', מצותו להקצר בליל ט"ז בין בחול בין בשבת וכל הלילה כשר לקצירת העומר ואם קצרוהו ביום כשר, ע"כ. וכבר תמהו עליו המפרשים, וזה לשון הלחם משנה, שהן שני דברים סותרים דכיון שדוחה שבת על כרחך נקצר ביום פסול, ולרבינו שחילק הדברים לא ידעתי טעם, ע"כ. ונראה שהרמב"ם סמך על סוגיא זו שמפורש דהא דתנן במתני' ונקצר ביום כשר היינו ביום ט"ז, ואפ"ה דוחה שבת, דלכתחלה צריך לקצור בלילה אבל אם לא קצרו בלילה אין דוחין בשביל כך הקרבת העומר, וסוגית הבבלי (מנחות עב:) קודם חזרה דר' שמעון בן לקיש נשנית:

Gemara The Mishnah's term for the word *ambush* is somewhat unusual.[16] The Gemara cites an Amora who notes this and other instances of unusual usage, and thus concludes:

אָמַר רַבִּי יִצְחָק – **R' Yitzchak said:** דִּיבְּרָה הַתּוֹרָה בְּכָל לָשׁוֹן – **The Torah expresses itself with all terms,** even with uncommon and unfamiliar synonyms.[17] We see this in the verse which states:[18] "וְהָאִישׁ מִשְׁתָּאֵה לָהּ" – ***And the man was astonished at her.***[19] This verse uses the word *mishta'eih* to denote *astonishment*, even though *mishta'eih* usually denotes desolation, and the more common word for astonishment is *mishtomeim*.[20] Following Scripture's example, the Sages, too, will employ such usage, as in the following Mishnah, which states:[21] כָּל גָּרָב שֶׁהוּא מַחֲזִיק סָאתַיִם – ANY pickling BARREL THAT CONTAINS TWO *SE'AH* etc. Here, too, the Mishnah uses the word *garav* to denote a barrel, even though *garav* usually denotes *boil*, and the more common word for barrel is *chavis*.[22] Another example is our Mishnah, which states: אִם צוֹדָה לָהֶם לוֹקְחִים בְּיָדָן מַקְלוֹת – IF they fear that [AN ENEMY MAY BE] WAITING FOR THEM IN AMBUSH, THEY MAY arm themselves and TAKE ALONG STAFFS. The Mishnah uses the word *tzodeh* to denote ambush, even though *tzodeh* usually denotes *trapping*, and the more common word for *ambush* is *orev*.[23]

The Mishnah stated that witnesses may desecrate the Sabbath to testify about the new moon. The Gemara cites a Baraisa that qualifies this dispensation:[24]

יָכוֹל כְּשֵׁם שֶׁמְּחַלְּלִין אֶת הַשַּׁבָּת לְהָעִיד עֲלֵיהֶן – ONE MIGHT THINK THAT JUST AS WE MAY DESECRATE THE SABBATH TO TESTIFY ABOUT [SIGHTINGS OF THE NEW MOON], כָּךְ מְחַלְּלִין אֶת הַשַּׁבָּת עֲלֵיהֶן לְהוֹדִיעַ שֶׁנִּתְקַיְּימוּ – SO, TOO, MAY WE DESECRATE THE SABBATH ON THEIR ACCOUNT, IN ORDER TO INFORM the nation of the day THAT WAS ESTABLISHED [AS ROSH CHODESH], so that the festivals will be kept at their right time.[25] תַּלְמוּד לוֹמַר – SCRIPTURE therefore STATES:[26] "אֲשֶׁר תִּקְרְאוּ" – THAT YOU ARE TO DESIGNATE *at their fixed times.* עַל קְרִיאָתָן אַתְּ מְחַלֵּל אֶת הַשַּׁבָּת – This implies that YOU MAY DESECRATE THE SABBATH only FOR THE PURPOSE OF

NOTES

Tosafos to *Bavli* 21b ד״ה על שני; see also *Rashi, Ritva, Chidushei HaRan* to *Bavli* ibid.). According to this understanding, this dispensation essentially applies to every Rosh Chodesh [though the Sages decreed otherwise after the destruction of the Holy Temple; as above, Halachah 5] (see *Rashi* et al. ibid.). Others maintain that Rosh Chodesh itself is not considered a festival that would warrant Sabbath desecration in its own right. It is only because the designation of Rosh Chodesh determines the dates of the festivals that the requirement to designate the festivals at their right times means, in effect, that Rosh Chodesh must be designated at its right time. According to this understanding, this dispensation applies only to the Rosh Chodesh of Tishrei and Nissan, which in fact contain festivals that depend on the date of Rosh Chodesh (*Tos. Yeshanim, Meiri, Rabbeinu Chananel* to *Bavli* ibid.; *Rambam* ibid.). See also note 27 below. [Note, though, that even according to the latter opinion, there is a separate source mandating that the offerings of Rosh Chodesh must be offered even on the Sabbath, which in turn means that Rosh Chodesh must be designated even on the Sabbath. The implication of the above discussion is thus relevant only to the post-Temple period, when the Rosh Chodesh offerings are no longer brought (see *Rabbeinu Chananel* ibid.).]

16. The Mishnah's use of the word צוֹדָה for *ambush* seems inapt, for צוֹדָה more commonly denotes *trapping* (see *Genesis* 25:28; 27:3), whereas the classic word for *ambush* is אוֹרֵב (see, for example, *Deuteronomy* 19:11). The Gemara, therefore, will present an inference that will explain the usage (*Pnei Moshe,* based on *Teshuvos HaRashba* §523; cf. *Korban HaEidah*).

17. It is not unusual for Scripture or for Tannaim to substitute a less familiar term for a familiar one, even if that synonym classically refers to something else, and, in this context, is figurative and vague (*Pnei Moshe*; see *Teshuvos HaRashba* ibid.). The Gemara proceeds to cite examples of this. [Some explain that these unusual usages allude to a deeper meaning of the verse, which would not be represented in the usual word (see *Pane'ach Raza* to *Genesis* 24:21, and *Raza D'Meir* commentary there). In fact, there is an entire work, entitled *Maaseh Roke'ach* (by R' Elazar Rokach of Amsterdam, circa 1740), dedicated to showing the deeper Kabbalistic intent inherent in the composition and text of the Mishnah.]

18. *Genesis* 24:21. The preceding verses describe Eliezer's journey to find a wife for Yitzchak. He prayed for success in identifying an appropriate match, and requested that God aid him by providing certain signs indicating the identity of the right girl. As he concluded his prayer, Rivkah appeared and demonstrated the precise signs that he had described.

19. He was astonished to see that Rivkah had suddenly materialized as the answer to his prayers (*Rashi* ibid.).

20. מִשְׁתָּאֵה usually denotes "to be left desolate" (from the root שאה, *desolate; Rashi* ibid.; see *Isaiah* 6:11). The more classic word for "astonished" would have been מִשְׁתּוֹמֵם (from the root שמם; see *Rashi* ibid., from *Jeremiah* 2:12; *Daniel* 4:16). Nevertheless, the Torah uses the term *mishta'eih*, as a synonym for astonishment [for an astonished person is left speechless, and is thus "desolate" of words] (*Pnei Moshe*; see *Rashi* and *Ibn Ezra* ibid.).

Alternatively, the verse [does not mean that Eliezer "was astonished," but rather it] means that Eliezer "was *waiting*" [to see that his prayers were indeed answered (see *Targum Onkelos*)]. And the more appropriate word would have been מִשְׁתָּהֶה (from the root שהה, *to wait*; see *Rashi* ibid.). Nevertheless, the Torah used the term *mishta'eih* to describe Eliezer's state of inactivity [in which he was "desolate" of action], as he waited to see how things would transpire (*Teshuvas HaRashba* ibid.; see also *Rashi* ibid.; see *Beur of R' Chaim Kanievski* for a similar explanation).

For a completely different approach, see *Korban HaEidah*.

21. *Terumos* 10:8. [The subject of the Mishnah there is determining the status of brine produced when nonkosher fish are pickled together with kosher fish (see *Korban HaEidah*).]

22. גָּרָב generally denotes "a boil" (see *Leviticus* 21:20;22:22; *Deuteronomy* 28:27; see also *Bechoros* 40b-41a). The Tanna could have used the word "חָבִית, *barrel*" or "כְּלִי, *vessel*." Instead, he used the word *garav* as a reference to a barrel, since such boils were bloated, like barrels (*Beur of R' Chaim Kanievski*). Cf. *Korban HaEidah*.

23. [See above, note 17.] Nevertheless, the Tanna uses the word *tzodeh,* since the word does, after all, mean ambush as well [see *Exodus* 21:13 and *Rashi* there; *Lamentations* 4:18] (*Pnei Moshe;* see also *Beur of R' Chaim Kanievski*; cf. *Korban HaEidah*).

24. [*Bavli* 21b cites this Baraisa in its entirety. The Baraisa begins by repeating the Scriptural source cited in our Mishnah, which permits the witnesses themselves to desecrate the Sabbath to go and testify about the new moon (see the Mishnah above, with note 16). Our Gemara cites only the conclusion of the Baraisa.]

25. One might think that if designating the festivals (i.e. Rosh Chodesh, and consequently the other festivals) at the right time overrides the Sabbath, then ensuring that the festivals are observed at the right time should likewise override the Sabbath. If that is the case, then the messengers setting out to the Diaspora to inform the nation of the day that had been declared Rosh Chodesh (as above, Halachah 4) should be allowed [and required] to desecrate the Sabbath as well, to ensure that the people of the Diaspora observe the festivals in their proper times (see *Korban HaEidah* from *Rashi* to *Bavli* 21b).

[*Bavli* presents a slightly different version of this Baraisa: יָכוֹל כְּשֵׁם שֶׁמְּחַלְּלִין עַד שֶׁיִּתְקַדְּשׁוּ כָּךְ מְחַלְּלִין עַד שֶׁיִּתְקַיְּימוּ, *One might think that just as we desecrate [the Sabbath] so that they may be sanctified, so too, we desecrate [the Sabbath] so that they may be observed.* The point is the same: One might think that we may desecrate the Sabbath to inform the people when Rosh Chodesh was established (as in *Yerushalmi*'s version), so that the festivals may be observed on the right day (as in *Bavli*'s version). The only difference is that in *Yerushalmi*'s version, the subject of the Baraisa is Rosh Chodesh, whereas in *Bavli*'s version, the subject of the Baraisa is the other festivals. See above, note 16, for a discussion of whether the requirement to designate Rosh Chodesh at the right time is only a means of sanctifying the other festivals at the right time, or is inherently required for Rosh Chodesh as a festival in its own right (along with the other festivals).]

26. *Leviticus* 23:4.

אתיין אילין פלוגוותה כאילין פלוגוותה דתני [א] עד זומם פסול בכל עדות שבתורה דברי [א] ר' מאיר. אמר ר' יוסי אימתי בזמן שנמצא זומם בעדות נפשות אבל אם נמצא זומם בעדות ממון [ב] על הממון נחשד וממממון נפסל. ואתייא דר' יוסי כרבנן ודר' מאיר כר' אליעזר: **הלכה ח מתני'** [מ"ט] [ב] מי שראה את החודש ואינו יכול להלך מוליכין אותו על החמור אפילו במיטה. אם צודה להן לוקחין בידן מקלות. ואם היתה דרך רחוקה לוקחין בידן מזונות. [ג] שעל מהלך לילה ויום מחללין את השבת ויוצאין לעדות החדש [ד] שנאמר [א] אלה מועדי ה' [ג] מקראי קודש: **גמ'** אמר ר' יצחק דיברה התורה בכל לשון. [ב] והאיש משתאה לה. [ה] כל גרב שהוא מחזיק סאתים. אם צודה להם לוקחים בידן מקלות. [ו] יכול כשם שמחללין את השבת להעיד עליהן כך מחללין את השבת עליהן להודיע שנתקיימו תלמוד לומר [א] אשר תקראו על קריאתן את מחלל את השבת [ג] אין את מחלל השבת להודיע שנתקיימו. [ז] ר' שמעון בן לקיש בעי קצירת העומר מהו שתדחה את השבת ביום. התיב [ד] ר' אביי והא תנינן [ח] מצותו לקצור בלילה [ה] נקצר ביום כשר [ו] ודוחה השבת. ולא [ה] קיבלה. אמר ר' אחא חזר ר' שמעון בן לקיש מן הדא [ט] כיון שחשיכה אמר להן בא השמש אומר הין בא השמש אומר הין. מה אנן קיימין אם ללילה כבר הוא [ו] אומר אלא אם אינו עניין ללילה תניהו עניין ליום. [י] דבר שהוא דוחה את השבת ביום [ז] מכשירין מהו שידחו את השבת בלילה.

קרבן העדה

בעדות נפשות. פסול לכל, שחשוד לחמור חשוד לקל: ואתייא דר' יוסי כרבנן. דהכא, דסברי גזלנין דרבנן פסולין לעדות דרבנן ולא לעדות דאורייתא: ודר' מאיר כר' אליעזר. דהחשוד לקל חשוד לחמור: **מתני'** מוליכין אותו. אף בשבת: ואם צודה להם. אורב, כמו (שמואל-א כד יא) ואתה צודה את נפשי לקחתה: שנאמר אלה מועדי ה'. וכל מקום שנאמר במועדו דוחה את השבת: **גמ'** דיברה התורה בכל לשון. ומייתי ראיה לפרושי מתני' דלא תיקשי, דכי היכא דדברה תורה כך דברו חכמים: והאיש משתאה לה. כמו משתומם אליה, דכיון שהפעולה יוצאה לגוף אחר הוי ליה למימר אליה: כל גרב וכו'. מתני' היא בתרומות בפ"י כל גרב שהוא מחזיק סאתים אם יש בו משקל עשרה זוז ביהודה דג טמא צירו אסור. וגרב הוא שם כלי, והוי ליה לתנא למתני כל גרב שיש בו סאתים, דלא מהני לן ולא מידי מה שהוא מחזיק סאתים, דבמה שיש בו משערינן, אלא דהוא כאלו תנא כל גרב שיש בו: אם צודה להם. היה לו לתנא לשנות ואם צודה עליהם: להעיד עליהן. על החדשים שנראית הלבנה כדי שיתקדשו בזמנן: כך מחללין. על השלוחין שילכו ויודיעו שיקיימו המועדות בזמנן: קצירת העומר מהו שתדחה שבת ביום. ט"ז בניסן, שלא היו יכולים לקצור בליל ט"ז. ולרבנן דסברי (מגילה פ"ב ה"ז) נקצר שלא כמצוותו כשר מיבעיא ליה אי הוה בכלל מכשירין ואינו דוחה שבת, או דלמא הוי ליה כמצוה עצמה ודחיא שבת, אבל לר' אלעזר ב"ר שמעון דסובר נקצר שלא כמצוותו פסול, ודאי לא קמיבעיא ליה דמצות קצירתו בלילה: והא תנינן. במנחות פרק ר' ישמעאל: נקצר ביום כשר ודוחה את השבת. וסובר ר' אביי דהדא קתני, נקצר ביום ט"ז כשר לפיכך דוחה את יום השבת אם לא קצרו בלילה, ואיפשיטא בעיא דר' שמעון בן לקיש: ולא קיבלה. ר' שמעון בן לקיש, דסובר ודוחה את השבת אהקרבה קאי ולא אקצירה. אי נמי מפרש ודוחה את השבת אקצירת ליל ט"ז קאי: חזר ר' שמעון בן לקיש. מבעיא זו, ואפשיטא ליה דקצירה ביום דוחה את השבת: מן הדא. מהא דתנן במנחות (ריש) פרק ר' ישמעאל (סה.) כל העיירות הסמוכות לירושלים מתכנסות כדי שיהא נקצר בעסק גדול: כיון שחשיכה אמר להם. לבני עיירות העומדים שם: בא השמש והן אומרים לו הן בשבת אומר להן שבת היום והן אומרים הן. והשתא הא דתנן בסיפא ודוחה את השבת אהאי קאי, אי אקצירת לילה הרי כבר אמור דבשבת שואל הקוצר לעומדים שם שבת זו, אלא על כרחך לומר דקא משמע לן דאף ביום דוחה קצירה את השבת: דבר שהוא דוחה וכו'. מיבעיא ליה דבר שקבוע לו זמן ונאמר בו במועדו אם מותר להכין מכשיריו בליל שבת לצורך מחר, ובמכשירין שאי אפשר לעשותן מערב שבת איירי, כגון להחם חמין לצורך מנחות:

פני משה

אתיין אילין פלוגוותא. דר' אליעזר ורבנן: כאילין פלוגוותא. דר' מאיר ור' יוסי לדקמיה: דתני. בתוספתא דמכות סוף פ"ק (ה"ו): עד זומם פסול בכל עדות שבתורה. אפילו לא הוזם אלא בעדות ממון פסול הוא אף לעדות נפשות, ולא אמרינן דאפשר נפשות חמירא ליה ולא אתי למישקר, דברי ר' מאיר: וממון נפסל. בלבד דסבירא ליה לר' יוסי דנפשות חמירא ליה ולא מיפסל: וזהו כרבנן דר' אליעזר, ודר' מאיר כר' אליעזר דפסול אף בעדות דלאו ממון הוא: **מתני'** מי שראה את החדש ואינו יכול להלך. שהוא חולה וכיוצא בו: מרכיבין אותו על החמור. אף בשבת, ולא עוד אלא שנושאין אותו אפילו במטה, דאע"ג דחולה ככפות דמי וחייב על המטה, אפילו הכי לעדות החדש שרי: אם צודה להם. שיש אורב ומלשון (שמואל-א כד יא) ואתה צודה את נפשי לקחתה. והבייתוסים והכותים היו אורבים להם לעכבם כדי להטעות החכמים: שעל מהלך לילה ויום וכו'. אבל אם היה יותר על כך אין מחללין, לפי שאין עדותן אחר שלשים יום מועלת שכבר נתעבר החדש: שנאמר אלה מועדי ה' וגו'. וראש חודש איקרי מועד (פסחים עז.), וכל מקום שנאמר מועד במועדו דוחה את השבת: **גמ'** דברה התורה בכל לשון. כלומר תמצא לפעמים שהתורה משתמשת בנרדפים שיש להמלה כוונה על לשון אחר שבמקרא, ואפילו כן דברה בלשון זה וכן בלשון המשנה, וכמו והאיש משתאה לה והוא מלשון שאיה כמו תשאה שממה (ישעיה ו יא), וא"כ פירוש משתאה משתומם הוא והיא גם כן לשון מקרא שמו שמים (ירמיהו ב יב) והדומה לו, והיה לו לכתוב גם כאן והאיש משתומם אלא שדברה בכל לשון שהכוונה אחת היא. וכן בלשון המשנה תמצא כן כל גרב וכו' בפרק עשירי דתרומות (מ"ח), ופירושו חבית, והיה לו לומר כל חבית. וכן כאן ואם צודה ופירושו אורב והיה לו לומר ואם אורב להם, אלא שדברו בכל לשון שהכוונה אחת היא: יכול כשם שמחללין וכו'. ברייתא היא בת"כ פרשת אמור (פרשה ט פ"י ז) והבאתי לעיל בהלכה ד' (י. ד"ה על ששה): קצירת העומר מהו שתדחה את השבת ביום. לפי שמצותו לקצור בליל ט"ז, ואם לא קצר בלילה מהו שתדחה בששה עשר ביום את השבת: התיב ר' אביי. ומאי תיבעי לך והא תנינן בהדיא במנחות בסוף פרק ר' ישמעאל (פ"י מ"ט) מצותו לקצור בלילה ואם נקצר ביום כשר ודוחה את השבת, ומאי ודוחה את השבת דקתני לאו דאיום קאי: ולא קיבלה. ר' שמעון בן לקיש לתשובה זו דאימא לך דלא קאי איום ט"ז, אלא דהכי קאמר מצותו לקצור בליל ט"ז, אם נקצר ביום שלפניו כשר, ודוחה את השבת דקתני, אעיקר מצותו קאי שאם קוצרו בלילה הוא דדוחה השבת, הא ביום ט"ז אינו דוחה: חזר ביה. ר' שמעון בן לקיש אחר כך ופשיט ליה דדוחה השבת אף ביום ט"ז, מן הדא דתנינן שם לעיל (מ"ג) כילד היו עושין וכו' כיון שחשיכה אומר להם בא השמש וכו' בשבת אומר להם שבת זו וכו', ומה אנן קיימין למתניתין זו אם ללילה קאי שאם קוצר בליל ט"ז דוחה השבת כדקתני בשבת וכו', הרי כבר אומר למעלה ריש הפרק שם (מ"א) העומר היה בא בשבת וכו' וחכמים אומרים אחד שבת ואחד חול וכו', אלמא לכולי עלמא דוחה שבת מיהת בליל ט"ז ולמה חזר ושנה כאן ללמד שדוחה שבת: אלא אם אינו ענין ללילה תנהו ענין ליום. דקא משמע לן כאן דאף ביום ט"ז דוחה קצירתו את השבת: דבר שהוא דוחה וכו'. הואיל ואיפשט ליה דהקצירה דוחה את השבת אף ביום ט"ז, הדר מיבעיא ליה מכשירין שלו מהו שידחו את השבת בלילה שלפניו כגון להביא את המגל והקופה וכיוצא בזה:

מסורת הש"ס

א) סנהדרין כז., תוספתא מכות פ"א ה"ו ב) ר"ה כב. ג) [יומא פד:] מגילה פ"ב ה"ז ד) [ר"ה כא:, ספרא אמור פרק י ה"ו, ילקו"ש אמור תרמג] ה) [תרומות פ"י מ"ח, ספרא שמיני פרשה ג ה"ט, פסיקתא זוטרתא שמיני יא, ילקו"ש שמיני תקלז] ו) ר"ה כא: [ספרא אמור פרק י ה"ו, ילקו"ש אמור תרמג] ז) מגילה פ"ב ה"ז [כל הענין] ח) [מנחות פ"י מ"ט] מנחות עא. [ילקו"ש ויקרא תנה בשינוי] ט) [מנחות פ"י מ"ג] מנחות סה. [תוספתא מנחות פ"י ה"ו]

גליון הש"ס

דיברה התורה בכל לשון. עי' בתשובות הרשב"א ח"א סי' תקכ"ג פי' הירושלמי דלא כקרבן העדה:

מראה הפנים

ואתיא דר' יוסי כרבנן ודר"מ כר"א. והכי איפסיקא הלכתא בבבלי פרק זה בורר (סנהדרין) דף כ"ז (ע"א) כר' מאיר הואיל וסתם לן תנא הכא כוותיה. וכבר זכרתי מזה פרק זה בורר שם: רבי שמעון בן לקיש בעי קצירת העומר מהו שתדחה את השבת ביום. מדקא מיבעיא ליה ביום, שמע מינה דמיפשט פשיטא ליה דבלילה קצירתו דוחה שבת, ומשום דעיקר מצותו לקצרו בלילה וכדאמרינן במנחות דף ס"ו (ע"א) קצירה וספירה בלילה דכתיב שבע שבתות תמימות בעינן, וא"כ מתני' דסוף פרק ר' ישמעאל (מנחות עא.) דמייתי לקמן מצותו לקצור בלילה וכו', הוה מפרש לה נקצר ביום היום שלפניו קאי. וביום המחרת היה דקמיבעיא ליה שאם הוא שבת ולא קצרו בלילה שלפניו שזהו עיקר מצותו מהו שתדחה את השבת, וטעמא דמספקא ליה בהא משום דאיכא למימר מכיון דעבר זמן עיקר מצות קצירתו שלא נקצר בלילה ושוב אין אתה יכול לקיימו להכתוב (ויקרא כג טו) שבע שבתות תמימות תהיינה, שהרי אי אפשר לספור אלא לאחר הקצירה כדכתיב (דברים טז ט) מהחל חרמש בקמה תחל לספור וגו', א"כ לא דחי שבת ביום, או דילמא

עין משפט

א מיי' פ"כ מהלכות עדות הלכה א [ופ"י הלכה ד] טוש"ע חו"מ סימן לד סעיף ח:

ב מיי' פ"ג מהלכות קידוש החודש הלכה ד:

ג מיי' שם הלכה ח:

ד מיי' פ"ז מהלכות תמידין ומוספין הלכה ו:

ה מיי' שם הלכה ז:

ו [מיי' שם הלכה ט:]

ז מיי' שם הלכה יא:

שינויי נוסחאות

א] ר' מאיר. כ"ה גם בבבלי (סנהדרין כז.) ובראשונים. בתוספתא מכות (פ"א ה"ו) ר' יהודה.

ב] על הממון נחשד וממממון נפסל. בירושלמי סנהדרין (פ"ג ה"ה) ושבועות (פ"ז ה"ד) אינו פסול אלא לאותה עדות בלבד:

ג] מקראי קדש. כ"ה גירסת הרמב"ם בפיה"מ. במשניות ובבבלי (כב.) איתא רק המשך הפסוק אלה מועדי ה' אשר תקראו אותם במועדם.

ד] ר' אביי. הוזכר גם בירושלמי תרומות (פ"ה ה"ב), והוא אמורא שהיה בדורו של ר' שמעון בן לקיש כדמוכח הכא, ואילו אביי הנזכר בבבלי מאוחר ממנו, אחר חתימת התלמוד הירושלמי.

ה] קיבלה. בירושלמי מגילה (פ"ב ה"ז) קבלה.

ו] אומר. בירושלמי מגילה (שם) אמור.

ז] מכשירין. בירושלמי מגילה (שם) ובר"ח (מגילה כא.) מכשירים:

תורה אור השלם

א) אֵלֶּה מוֹעֲדֵי יְהוָה מִקְרָאֵי קֹדֶשׁ אֲשֶׁר תִּקְרְאוּ אֹתָם בְּמוֹעֲדָם: (ויקרא כג ד)

ב) וְהָאִישׁ מִשְׁתָּאֵה לָהּ מַחֲרִישׁ לָדַעַת הַהִצְלִיחַ יְהוָה דַּרְכּוֹ אִם לֹא: (בראשית כד כא)

שירי קרבן

אם ללילה כבר הוא אומר אלא וכו'. כתב הרמב"ם פ"ז מהל' תמידין הלכה ו', מצותו להקצר בליל ט"ז בין בחול בין בשבת וכל הלילה כשר לקצירת העומר ואם קצרוהו ביום כשר, ע"כ. וכבר תמהו עליו המפרשים, וזה לשון הלחם משנה, שהן דברים סותרים דכיון שדוחה שבת על כרחך נקצר ביום, ולרבינו שחילק הדברים לא ידעתי טעם, ע"כ. ונראה שהרמב"ם סמך על סוגיא זו שמפורש דהא דתנן במתני' ונקצר ביום כשר היינו ביום ט"ז, ואפ"ה דוחה שבת. דלכתחלה צריך לקצור בלילה אבל אם לא קצרו בלילה אין דוחין בשביל כך הקרבת העומר, וסוגית הבבלי (מנחות עב.) קודם חזרה דר' שמעון בן לקיש נשנית:

אפ"ה לא מאחרינן לקצירתו עד לאחר השבת וכל מה דאפשר לאקדומיה מקדמינן ליה, כי היכי דלכל הפחות שבע שבתות תמימות מיהת ליהוי ואף שאינן תמימות עם הלילה שלפניהם והיינו הוא דקא מיבעיא ליה. והלכך נמי כדהותיב ליה ר' אביי מהאי מתני' דקתני נקצר ביום כשר לא קיבלה מיניה, משום דס"ד לפרש נקצר ביום דקתני היינו ביום שלפניו וכדפרישית בפנים, דודאי אין לומר דס"ד לפרש דהא דקתני דוחה את השבת היינו להקרבה אבל לא לקצירה, וכדבעי התם (מנחות) בדף ע"ב (ע"ב) לפרושי הכי אליבא דרבי דקאמר שם לעיל דקסבר רבי קצירת העומר לא דחיא שבת, ופריך ולא והתנן וחכמים אומרים אחד שבת וכו' דלא כרבי, וכן מוקי להא דקתני אבתריה וחכמים אומרים וכו' דלא כרבי, וכן להא דקתני ובשבת אומר להן וכו' דלא כרבי, ובתר הכי פריך ממתני' דסוף הפרק נקצר ביום כשר ודוחה את השבת מאן שמעת ליה דאמר נקצר ביום כשר רבי, דאלו לר' אלעזר בר' שמעון ס"ל שם לעיל נקצר שלא כמצותו פסול. וקתני ודוחה את השבת מאי לאו לקצירה לא להקרבה, זה ודאי אין לפרש כלל לשיטתא דהכא, דא"כ הוה ליה לריש לקיש למיבעי אם דוחה את השבת בלילה. וכן להאי דבעי למיפשט ליה מהאי מתני' קשיא דילמא דוחה את השבת להקרבה קתני ואין קצירת העומר דוחה שבת כלל וכדרבי, ואין לומר דלמאי דמיבעי ליה לריש לקיש פשיט ליה דמדקאמר מהו שתדחה שבת ביום, א"כ מיפשט פשיטא לך דבלילה מיהת דחי תפשוט לך דנמי ביום דחי כדקתני במתני', אבל לדידי ס"ל כהאי דאמר התם לרבי דלהקרבה קאמר ולא לקצירה. [המשך בסוף הספר]

The Gemara concluded that R' Liezer and the Rabbis agree that pigeon fliers are disqualified from testimony in monetary cases, but dispute whether the disqualification extends to capital cases as well. The Gemara notes a parallel Tannaic dispute:[1]

אַתְיָין אִילֵּין פְּלוּגְוָותָה כְּאִילֵּין פְּלוּגְוָותָה – **These disputing opinions** of R' Liezer and the Rabbis **parallel the following disputing opinions.** דְּתָנֵי – **As a Baraisa teaches:**[2] עֵד זוֹמֵם פָּסוּל בְּכָל עֵדוּת שֶׁבַּתּוֹרָה – A *ZOMEIM* WITNESS[3] IS DISQUALIFIED FOR ALL TESTIMONIES IN THE TORAH; דִּבְרֵי רַבִּי מֵאִיר – these are THE WORDS OF R' MEIR.[4] אָמַר רַבִּי יוֹסֵי – R' YOSE SAID: אֵימָתַי – WHEN is this true, that a *zomeim* witness is disqualified for all types of testimony? בִּזְמַן שֶׁנִּמְצָא זוֹמֵם בְּעֵדוּת נְפָשׁוֹת – WHEN HE WAS FOUND TO BE A *ZOMEIM* [WITNESS] IN A TESTIMONY REGARDING A CAPITAL CASE. אֲבָל אִם נִמְצָא זוֹמֵם בְּעֵדוּת מָמוֹן – BUT IF HE WAS FOUND TO BE A *ZOMEIM* [WITNESS] IN A TESTIMONY REGARDING A MONETARY CASE, עַל הַמָּמוֹן נֶחְשַׁד – HE IS SUSPECT only WITH REGARD TO MONEY matters, וּמִמָּמוֹן נִפְסַל – SO HE IS DISQUALIFIED only FROM testifying about MONEY matters.[5]

The Gemara explains the parallel:

וְאַתְיָיא דְּרַבִּי יוֹסֵי כְּרַבָּנָן – **[The ruling] of R' Yose accords with the Rabbis,**[6] וּדְרַבִּי מֵאִיר כְּרַבִּי לִיעֶזֶר – **and [the ruling] of R' Meir accords with R' Liezer.**[7]

Halachah 8

Mishnah מִי שֶׁרָאָה אֶת הַחוֹדֶשׁ וְאֵינוֹ יָכוֹל לְהַלֵּךְ – If **one sighted the new moon but is unable to walk** to *beis din* to testify about it (i.e. he is too ill or weak), מוֹלִיכִין אוֹתוֹ עַל הַחֲמוֹר – **they may bring him on a donkey** even on the Sabbath,[8] אֲפִילוּ בְּמִיטָּה – and if necessary they may **even** carry him on their shoulders **in a bed.**[9] אִם צוֹדָה לָהֶן – And **if** they fear that **[an enemy may be] waiting for them in ambush,**[10] לוֹקְחִין בְּיָדָן מַקְלוֹת – **they may take along staffs** and the like to ward off the ambushers. וְאִם הָיְתָה דֶרֶךְ רְחוֹקָה – **And if the distance** to Jerusalem **was great,**[11] לוֹקְחִין בְּיָדָן מְזוֹנוֹת – **they may take along food.**[12] שֶׁעַל מַהֲלַךְ לַיְלָה וְיוֹם מְחַלְּלִין אֶת הַשַּׁבָּת וְיוֹצְאִין לְעֵדוּת הַחֹדֶשׁ – **Because for a journey of a night and a day [the witnesses] may desecrate the Sabbath and go forth to testify about the new moon.**[13] שֶׁנֶּאֱמַר – **As it says:**[14] "אֵלֶּה מוֹעֲדֵי ה׳ מִקְרָאֵי קֹדֶשׁ" – ***These are the appointed times of Hashem, holy convocations,*** *which you shall declare in their fixed time.*[15]

NOTES

1. *Pnei Moshe; Korban HaEidah* ד״ה ואתיא כו׳ et al.

2. *Tosefta, Makkos* 1:6.

3. That is, a witness convicted of having testified falsely on the basis of a second set of witnesses, who testified that when the first pair claimed to have witnessed the incident in question, they were actually somewhere else (see *Deuteronomy* 19:16-18, and first chapter of *Makkos*).

4. R' Meir maintains any *zomeim* witness — even one who testified falsely in a monetary case — is suspect of testifying falsely in all areas, even in capital cases. He holds that a person guilty of any sin is suspect of all sins, even of greater ones (see *Bavli Sanhedrin* 27a; *Yad Ramah* there ד״ה לימא כתנאי).

5. R' Yose maintains that a transgressor is suspected only of equal or lesser sins, but not of greater sins, than the sin he committed. Therefore, while a person who testified falsely in a capital case is indeed disqualified from all testimonies, a person who testified falsely in a monetary case is not suspected of testifying falsely in a capital case. He is therefore disqualified only from monetary cases, not from capital cases (see *Bavli* and *Yad Ramah* ibid.).

6. R' Yose maintains that a person who testified falsely in a monetary case is disqualified only from monetary testimonies, not from capital cases testimonies. The Rabbis maintain that pigeon fliers (who likewise sinned only in monetary matters) are disqualified only from testifying in monetary cases, not from testifying in capital cases. R' Yose and the Rabbis thus share the position that a person who committed a lesser sin is not suspect of a greater sin.

7. R' Meir maintains that a *zomeim* witness in a monetary case is disqualified even from capital cases. R' Eliezer maintains that pigeon fliers, who sinned only in monetary matters, are disqualified from testifying even in capital cases. Both thus share the position that a person who committed a lesser sin is suspect of even a greater sin.

8. *Korban HaEidah; Pnei Moshe,* from *Rashi* to *Bavli* 22a.

To lead a laden animal through a public domain on the Sabbath, thereby causing it to perform the *melachah* of carrying, is prohibited on the Sabbath (this is the prohibition known as מְחַמֵּר). The Mishnah teaches that a witness to the new moon may do so, because one may desecrate the Sabbath in order to testify about the sighting of the new moon. Moreover, not only may the witness himself do so, but even others, whom the witness needs for assistance, may desecrate the Sabbath in order to enable the witness to testify. This ruling includes another novel point as well: The permission to desecrate the Sabbath for this purpose pertains not only to Rabbinic prohibitions such as *techumin,* which the Mishnah had discussed until now, but also to Biblical prohibitions, such as leading a laden animal (*Ritva, Meiri* to *Bavli* 22a).

9. *Meiri*; cf. *Rambam, Hilchos Kiddush HaChodesh* 3:4; see also *Tos. Yom Tov*. This presents yet another point of novelty: Not only may the witness and his attendants violate the prohibition of leading a laden animal, which is but an ordinary לָאו, *prohibition* (and not punishable by death), but they may violate even the prohibition of carrying in a public domain themselves, which is a true *melachah* and is otherwise punishable by death (*Meiri,* see *Shabbos* 154b).

10. It was common for the Sadducees and the Boethusians to ambush the witnesses going to testify about the new moon, for they wished to prevent Rosh Chodesh from being declared on the proper day (*Pnei Moshe,* based on *Rashi* to *Bavli* 22a).

11. The journey was never more than twenty-four hours long, as the Mishnah will clarify below. "A great distance" simply means that the trip is of a distance that would ordinarily involve taking food along (see next note).

12. Literally: they may take food in their hands. [The Mishnah here adds that — in addition to the dispensations presented above, without which the journey would be impossible or life-threatening — they may take along food as they would in ordinary circumstances, even though they could theoretically make the trip without the food [for the distance was never more than twenty-four hours away, as the Mishnah will state presently] (for discussion, see *Teshuvos Igros Moshe, Orach Chaim* 8:27; *Minchas Shlomo* 1:8; *Shekel HaKodesh* 3:21; see also *Avodas David* to *Bavli* 22a).]

13. That is, if the witnesses — who presumably sighted the new moon on Friday night — can reach *beis din* before the end of Sabbath, the 30th of the month, they are permitted to travel throughout Friday night and Sabbath day in order to testify. In such a case, their testimony will potentially have an effect, since it can enable *Beis Din* to establish the 30th (the Sabbath day) as Rosh Chodesh based on their testimony. However, if their location when sighting the new moon was more than a night and a day's journey to *Beis Din*, they may not desecrate the Sabbath in order to make the journey, for they would not arrive until the night following the Sabbath; and by then Rosh Chodesh will have been automatically deferred to the 31st of the month (*Pnei Moshe; Beur of R' Chaim Kanievski*).

14. *Leviticus* 23:4.

15. As a rule, whenever the Torah states that something must be done *in its fixed time,* it signifies that it must be done even on the Sabbath. Hence, the Torah's stress that the festivals must be declared *in their fixed time* signifies that Rosh Chodesh must be designated at the right time even if it entails desecrating the Sabbath (*Korban HaEidah; Pnei Moshe,* based on *Rabbeinu Chananel* to *Bavli* 21b; see also *Tosafos* to *Pesachim* 66a; *Rambam, Hil. Kiddush HaChodesh* 3:2).

Some commentators explain that the verse cited here refers directly to Rosh Chodesh, for Rosh Chodesh itself is a festival and, as such, must be designated at its right time, even on the Sabbath [see *Bavli Pesachim* 77a; *Bavli Shevuos* 10a] (*Pnei Moshe; Beur of R' Chaim Kanievski,* from for non-money related matters, such as the new moon and capital cases. It is thus clear that the Rabbis *would* accept their testimony about these matters.[33] If so, how can R' Yosah attribute that Mishnah's second ruling – which equates pigeon fliers with women – to the view of the Rabbis? Women are surely disqualified from testifying in capital cases![34]

The Gemara answers:

רַבִּי יוֹנָה בְּשֵׁם רַבִּי חוּנָה – **R' Yonah said in the name of R' Chunah:** כּוּלְהֶן דְּרַבִּי לִיעֶזֶר – **All** [both the beginning and end of the Mishnah] follow the opinion **of R' Liezer,** for R' Liezer agrees that pigeon fliers are eligible to testify about any matter about which a woman can testify.[35]

NOTES

33. As the Gemara said above, the Rabbis would disqualify them only with regard to monetary cases, but would accept their testimony about capital cases and the new moon.

34. *Pnei Moshe's* second explanation. In other words, the implication at the end of the Mishnah that pigeon fliers qualify for testimonies for which a woman qualifies may be true according to the Rabbis. Yet, attributing that ruling to them will create a paradox with regard to capital cases, regarding which women do not qualify. For the Mishnah's rule equates pigeon fliers to women *completely*, and women are disqualified from testifying about capital cases and the new moon. If this ruling is attributed to the Rabbis, it would emerge that the Rabbis disqualify pigeon fliers both with regard to capital cases and the sighting of the new moon, as R' Liezer does. Yet Rav Chunah stated that the beginning of the Mishnah, which disqualifies pigeon fliers for testimony about the new moon (and capital cases), must follow R' Liezer, for the Rabbis maintain that pigeon-fliers *do* qualify for these testimonies! R' Yosah is thus faced with an irreconcilable paradox: Do the Rabbis agree with R' Liezer with regard to capital cases or do they disagree with him?

[*Pnei Moshe* in his first explanation understands the Gemara's question to be simply that it is difficult to explain the two parts of an anonymous Mishnah according to two different opinions. The words, "Do the Rabbis agree with R' Liezer or do they disagree with him," are merely a figure of speech expressing this thought.]

35. Neither Rav Chunah nor R' Yosah ever said that R' Liezer disqualifies pigeon fliers in *all* cases. R' Yosah stated that R' Liezer extends the disqualification beyond the realm of which they are suspect (i.e. from monetary cases to capital cases and the new moon). The Gemara had *assumed* this to mean that he disqualifies them from *all* testimonies, even those for which a woman is valid. R' Yonah clarifies that this is not so: While R' Liezer did in fact extend the disqualification of pigeon fliers to testimonies that are unrelated to money matters, he did so only in regard to standard testimonies that require a man's testimony (such as capital cases, and sightings of the new moon). He himself, however, permits their testimony for those unique matters in which a woman's testimony is accepted.

Accordingly, the entire Mishnah in *Rosh Hashanah* can be explained to be following the view of R' Liezer. The first ruling, which disqualifies pigeon fliers from testifying about the new moon, is clearly following the view of R' Liezer, as R' Chunah said. The second ruling, which equates pigeon fliers with women, is also the view of R' Liezer, since he disqualified them only from testifying regarding ordinary matters, not those unusual issues about which even a woman can testify (see *Pnei Moshe;* cf. *Korban HaEidah,* cited in Variant A).

ויחזור בו חזרה גמורה. סוחר שביעית זה תגר שביעית. [א]אי זהו [א]סוחר שביעית. [א]זה שהוא יושב ובטל כל שני שבוע כיון שהגיעה שביעית התחיל מפשיט את ידיו ונושא ונותן בפירות [ב]עבירה. מאימתי מקבלין אותו. [ב]משתגיע שביעית אחרת ויבדק ויחזור בו חזרה גמורה. תני [ג]ר' יוסי אומר שני שביעיות. תני [ג]בשם ר' נחמיה חזירת ממון [ג]לא חזירת דברים [ג]ויאמר הא לכם מאתים זוז וחלקום לעניים מה [ד]שנשתכרתי מפירות עבירה. [ד][ד]הוסיפו עליהן הרועים [ה]והחמסנים והגזלנים וכל החשודין על הממון עדותן בטילה. אמר ר' אבהו [ו]ובלבד ברועים בבהמה דקה: אמר ר' חונה מאן תנא מפריחי יונים ר' ליעזר דתנינן תמן [ז]שנים בשם ר' ליעזר [ה][ה]יוצא היא אשה בעיר של זהב ומפריחי יונים פסולין [ו]מן העדות. אמר ר' מנא קומי ר' יוסה [ז]כל ההיא דסנהדרין כר' ליעזר. אמר ליה דברי הכל היא. מהו דברי הכל היא. הכא אמר ר' יוסה יודעין [ח]אנו שהוא פסול מעדות ממון [ט]מה בא להעיד [ה][י]כשם שהוא פסול מעדות ממון כך הוא פסול מעדות נפשות. ועידי החודש כעידי נפשות אינון [כ]והא תני זה הכלל כל עדות שאין האשה כשירה לה אף הן אינן כשירין לה מאן תניתה רבנן רבנן כר' ליעזר [ל]מודיי ליה פליגין עלויי. ר' יונה בשם ר' חונה כולהן [מ]דר' ליעזר.

פני משה

חזרה גמורה. להאי לישנא דמין שחוק הוא הויא חזרה גמורה דאפילו בחנם לא עבד. ולאידך לישנא דגזל הוא וכדפרישית במתניתין מקבלי עלייהו דאפילו במדבר לא עבדי: זה תגר שביעית. שנושא ונותן בפירות שביעית: ואיזהו סוחר שביעית. כלומר ובאיזה סוחר שביעית אמרו זה שהוא יושב בטל וכו', לזה הוא שקראו תגר שביעית ולפיכך חזרתו ושיהא מקבלין אותו משתגיע שביעית אחרת ויבדק שחוזר חזרה גמורה שאינו נושא ונותן בפירות שביעית לגמרי, ולא מהני חזרת ממון שבין שביעית לשביעית לענין שיבדק בזה: תני ר' יוסי אומר שני שביעיות. צריך שיעברו ויבדק בהן: חזרת ממון. צריך גם כן, ולא חזירת דברים בלבד אלא שאמר הא לכם וכו': והחמסנים. דיהבי דמי בעל כרחן דבעלים ופסלינהו רבנן: והגזלנים. לאו גזלנים ממש דפסולין מן התורה הן, אלא בהני דאית בהו גזל מפני דרכי שלום כגון מציאת חרש שוטה וקטן (גיטין נט:) וכיוצא בהן: ובלבד ברועים בהמה דקה. רועים שאמרו בבהמה דקה אמרו, לפי שהן עשויין (להשתמש) [להשתמט] ורצים לשדות אחרות, אבל גסה אפשר לשומרה: מאן תנא מפריחי יונים. פסולין לעדות: ר' אליעזר דתנינן תמן. בפ"ב דעדיות (מ"ז) שלשה דברים אמרו לפני ר' עקיבא, שנים משום ר' אליעזר ואחד משום ר' יהושע, שנים משום רבי אליעזר יוצאת היא האשה וכו' ומפריחי יונים פסולין לעדות, ומתניתן דהכא כר' אליעזר היא: כל ההיא דסנהדרין כר' אליעזר. אם מתניתן דתנינן בפ"ג דסנהדרין (מ"ג) אלו הן הפסולין וכו' גם כן כר' אליעזר היא, ולא כרבנן דקתני נמי התם מפריחי יונים: אמר ליה. לא היא אלא מתניתין דהתם כדברי הכל מתנינן לה וכדמפרש ואזיל: מהו דברי הכל. ומאי שנא, דמתניתין דהכא מוקמינן כר"א דוקא ומתניתין דסנהדרין כדברי הכל: הכא. בראש השנה אמר ר' יוסה היינו טעמא דמוקמינן כר' אליעזר דוקא, משום דכל עדות שהעידו בעדיות משום ר' אליעזר בענין זה בעדות נפשות איירי כדמסיק ואזיל: יודעין אנו שהוא פסול מעדות ממון. בלאו האי עדות שאמרו משום ר' אליעזר, היינו יודעין שפסול הוא מעדות ממון הואיל דחשוד על ממון הוא: מאי בא להעיד. האי עדות משום ר' אליעזר, מה בא להוסיף ולהעיד: אלא לאשמעינן דכשם שהוא פסול לעדות ממון כך פסול אף לעדות נפשות. דלא תימא נפשות חמירא ליה ולא חשדינן ליה, קא משמע לן. והשתא עדות החדש כדין עדות נפשות הוא. דלאו לעדות ממון קא מסהדי והלכך מוקמינן למתניתין דהכא כר' אליעזר דסבירא ליה פסול הוא לכל עדות שבעולם, אבל התם בסנהדרין בעדות ממון איירי דברי הכל הוא דפסול: והא תני. הכא בסיפא זה הכלל כל עדות וכו', דמשמע אבל עדות שהאשה כשירה לה וכדפרישית במתניתין אף הן כשרין לה, ומאן תניתה הך סיפא רבנן היא, דאלו לר' אליעזר פסולין הן לשאר עדיות וכמו מפריחי יונים דקתני ברישא ומוקמת לה כר' אליעזר דאפילו בעדות דלאו ממון פסול הוא, והשתא קשיא רבנן כר' אליעזר מודיי ליה פליגין עלוי, וכלומר דודאי לא מצית אמרת דרבנן מודו לר' אליעזר דאף בעדות דלאו ממון מיפסל דהא רישא כר' אליעזר מוקמת לה, ושמע מינה דרבנן פליגין עלוה וסברי דלא מיפסל אלא לעדות ממון, וא"כ תו לא מצינו לאוקי סיפא דמתניתין כרבנן, דרישא כר' אליעזר וסיפא כרבנן בתמיה, ועוד דלרבנן דפליגי אדר' אליעזר לא מצינו לאוקמי הסיפא כוותייהו כלל, דהיכי קתני זה הכלל כל עדות שאין האשה כשירה לה וכו', הא איכא עדות נפשות שאין האשה כשירה לה והן כשרין לה, דהא את אמרת דרבנן לא פסלי להו אלא בעדות ממון דוקא ולא בעדות נפשות ומשום דחמירא להו ולא משקרי: ר' יונה בשם רב הונא. קאמר דלא צריכית לאוקמה להסיפא כרבנן, אלא כולהן בין הרישא ובין הסיפא דמתניתין דר' אליעזר היא, דמודה ר' אליעזר דפסולי עדות מדרבנן אלו כשרין הן לעדיות אלו שהאשה כשרה לה כגון להעיד על אשה שמת בעלה וכו', ולא הוסיף בעדות משום ר' אליעזר במפריחי יונים וכיוצא בהן, אלא בעדות דלאו ממון וכי הא דהכא בעדות החדש שגם האשה אינה כשרה לה:

קרבן העדה

בפירות עבירה. פירות שביעית: שני שביעיות. אינו חוזר לכשרותו עד שיעברו עליו שני שמיטות שנראה שחוזר בהן: לא חזרת דברים. לומר לא נוסיף לעשות עוד סגי, אלא צריך שיחזרו הממון שכינסו מפירות שביעית*: והחמסנים. הם הנותנין דמים, אלא שאין רצון הבעלים למכור: והגזלנים. אפילו הגוזל מציאת חרש שוטה וקטן, דאינו גזל אלא מדרבנן: ובלבד ברועה בהמה דקה. שהם נשמטים ורועות בשדות אחרים, מה שאין כן ברועי בהמה גסה: דתנינן תמן. שני דברים בשם ר' אליעזר אחת יוצאה אשה וכו': עיר של זהב. תכשיט שירושלים עיר הקדש חקוק עליו: מפריחי יונים. ועוד אמרו בשם ר' אליעזר מפריחי יונים פסולין לעדות: כל האי דסנהדרין. לפי זה כולא מתניתין דסנהדרין שהן פסולין מדרבנן, כר' אליעזר אתיא: אמר ליה. ר' יוסה מתניתין דהכא ודסנהדרין דברי הכל היא: הכא. כך אמר ר' יוסי מודים חכמים לר' אליעזר שגזלן מדרבנן פסול לעדות ממון, וזה שבא להעיד משמיה דר' אליעזר לא בא אלא לומר דר' אליעזר פוסל גזלן דרבנן לעדות נפשות: ועידי החדש כעידי נפשות אינון. בתמיה, ודאי כעידי ממון הן, ולפיכך פסולין לעדות החדש, ומתני' כדברי הכל: ופריך והא תני זה הכלל וכו' מאן תניתה רבנן. איך תאמר דאף כרבנן אתיא מתני', והא איכא עדות בדיני נפשות שאין האשה כשרה לה והן כשירין לה, אלא ודאי ר' אליעזר היא: רבנן כר' אליעזר מודין ליה ופליגין עלוי. בתמיה, וסיומא דקושיא היא, דאף לדבריך אי אפשר לאוקמי מתני' דהכא כרבנן: כולהן דר' אליעזר. אף מתניתין דסנהדרין כר' אליעזר, דלרבנן אפילו לעדות ממון כשירין:

עין משפט

א [מיי' פ"י מהלכות עדות הלכה ד טוש"ע חו"מ סימן לד סעיף טז]:
ב [מיי' שם פי"ב הלכה ח טוש"ע חו"מ סימן לד סעיף לב]:
ג מיי' פי"ב מהלכות עדות הלכה ח טוש"ע חו"מ סימן לד סעיף לג:
ד מיי' שם פ"י הלכה ד טוש"ע חו"מ סימן לד סעיף יג:
ה מיי' שם פ"כ הלכה א [ופ"י הלכה ד] טוש"ע חו"מ סימן לד סעיף ח:

שינויי נוסחאות

א] **סוחר**. בירושלמי שבועות (פ"ז ה"ד) **תגר**:
ב] **עבירה**. בירושלמי סנהדרין (פ"ג ה"ה) ושבועות (שם) **שביעית**:
ג] **ויאמר**. בירושלמי סנהדרין (שם) **שיאמר**. בירושלמי שבועות (שם) **שאמר**:
ד] **שנשתכרתי**. בירושלמי סנהדרין (שם) ושבועות (שם) **שכנסתי**:
ה] **יוצא היא**. בעדיות (פ"ב מ"ז) **יוצאת** אשה:
ו] **מן העדות**. בעדיות (שם) **לעדות**:
ז] **כל ההיא דסנהדרין**. בירושלמי סנהדרין (שם) **עוד הדא דסנהדרי**. בירושלמי שבועות (שם) **ועוד מהדא** דסנהדרין:
ח] **אנו**. בירושלמי סנהדרין (שם) **היינו**. בירושלמי שבועות (שם) **היו**:
ט] **מה**. בירושלמי שבועות (שם) **ומה**:
י] **כשם**. בירושלמי סנהדרין (שם) ושבועות (שם) **אלא** כשם:
כ] **והא תני**. בירושלמי סנהדרין (שם) ושבועות (שם) **דתנינן**:
ל] **מודיי ליה פליגין**. בירושלמי סנהדרין (שם) **מודין ליה ופליגין**. בירושלמי שבועות (שם) **מוריין ליה ופליגי**:
מ] **דר'**. בירושלמי סנהדרין (שם) ושבועות (שם) **כר'**:

מסורת הש"ס

א) [שביעית פ"ז ה"א, סנהדרין פ"ג מ"ג ועירובין פב. בשינוי] ב) [סנהדרין פ"ג ה"ה, שבועות פ"ז ה"ד] ג) [סנהדרין פ"ג ה"ה, שבועות פ"ז ה"ד, סנהדרין כה:, תוספתא סנהדרין פ"ה ה"ב] ד) [סנהדרין פ"ג ה"ה, שבועות פ"ז ה"ד, סנהדרין כה:, תוספתא סנהדרין פ"ה ה"ה] ה) [סנהדרין כז., מכילתא משפטים מס' דכספא פרשה כ, ילקו"ש משפטים שנב] ו) [עי' סנהדרין כה:] ז) עדיות פ"ב מ"ז [שבת פ"ו ה"א, עי' תוספתא עדיות פ"א ה"ח] ח) [שבת נט:, קלח., תוספתא שבת פ"ה ה"ו]

שירי קרבן

לא חזרת דברים וכו'. בסנהדרין דף כ"ה ע"ב פירש"י בד"ה לא חזרת וכו', אלא חזרה הניכרת שיפזרו פירות שביעית שבגנותיהן ע"כ. ותימה הא ר' נחמיה קאמר שיפזר המעות שכינס מפירות שביעית. ונראה שרש"י כתב כן משום דקשיא ליה מאי שנא דמי שביעית מדמי רבית וגזל, לכך מפרש דאינו צריך לפזר אלא מה שהוא עדיין בעין בידו. אך לענ"ד יש לחלק ביניהן, דגזל ורבית כיון דלאחר התקנה שתיקנו חכמים אין מקבלין מידן, לא תני לה בכלל חזרה, אבל פירות שביעית דמאיסורא כנים להו צריך לחלקם לעניים כל מה שכינס, וכן נראה מסתימת כל הפוסקים ול"ע:

testifying about monetary cases, so too, he is disqualified from testifying about capital cases.[25] It is with regard to this extension — disqualifying pigeon fliers also for capital cases — that the Rabbis disagree with R' Liezer.[26] But they agree that they are disqualified regarding monetary cases. Accordingly, the Mishnah in *Sanhedrin,* which disqualifies pigeon fliers from testifying in monetary cases, indeed reflects the opinion of all.[27] וְעֵידֵי הַחוֹדֶשׁ כְּעֵידֵי נְפָשׁוֹת אִינּוּן — **And witnesses** testifying to the sighting **of the new moon are like witnesses in capital cases.**[28] The fact that the Tanna of our Mishnah disqualifies pigeon fliers from testifying about the new moon thus indicates that he disqualifies them from testifying in capital cases as well (for both testimonies are unrelated to money matters). For this reason, R' Chunah attributed our Mishnah to the individual opinion of R' Liezer and not to that of the Rabbis.

R' Yosah stated that R' Liezer extends the disqualification of pigeon fliers even to testimonies that are not related to money matters (e.g. capital cases and testimony about the new moon). This implies that R' Liezer denies them any credibility at all.[29] The Gemara shows, however, that this will create a difficulty with the continuation of our Mishnah:[30]

וְהָא תַּנֵּי — **Now,** that which **we learned in the** continuation of our **Mishnah:** זֶה הַכְּלָל — THIS IS THE RULE regarding dice players, lenders on interest, pigeon fliers, and *sheviis* merchants: כָּל עֵדוּת שֶׁאֵין הָאִשָּׁה כְּשֵׁירָה לָהּ — ANY TESTIMONY FOR WHICH A WOMAN IS INELIGIBLE, אַף הֵן אֵינָן כְּשֵׁירִין לָהּ — THEY, TOO, ARE INELIGIBLE, which implies that they *are* eligible for testimonies for which women are eligible,[31] מָאן תְּנִיתָהּ — **who taught that** rule, i.e. who is the author of that part of the Mishnah, which grants them the credibility of women? רַבָּנָן — It must be **the Rabbis,** who dispute R' Liezer's all-encompassing disqualification of pigeon fliers. For according to R' Liezer, they are disqualified from all types of testimony, even those for which a woman is valid.[32]

The Gemara thus concludes its challenge:

רַבָּנָן כְּרַבִּי לִיעֶזֶר מוֹדַיי לֵיהּ פְּלִיגִין עֲלוֹיי — **Do the Rabbis agree with R' Liezer [or do they] disagree with him?** R' Yosah stated that Rav Chunah attributed our Mishnah in *Rosh Hashanah* to the view of R' Liezer because only he would disqualify pigeon fliers

NOTES

25. R' Liezer maintains that one who is unscrupulous in money matters is disqualified from testifying even about other matters, such as capital cases, even though he is not known to be suspect in those areas, and might not lie about them (see *Pnei Moshe*).

26. The Rabbis maintain that these people are disqualified only from testifying about that which they are suspect, i.e. money matters; but they are not disqualified from testifying about non-money matters, such as capital cases [regarding which even a person who would lie for money would be loath to testify falsely], or testimony regarding the new moon, for the fact that they are unscrupulous about money matters, and are therefore suspect of lying about them, does not indicate that they would lie about these other matters as well (see *Pnei Moshe; Sefer Nir*).

27. *Pnei Moshe; Sefer Nir.*

28. According to R' Chunah, the Rabbis maintain that pigeon fliers and the like are eligible for capital cases, for they are disqualified only regarding money matters, of which they are known to be suspect [see note 26 above]. Now, testimony regarding the new moon is unrelated to money matters, just as are capital cases. It is therefore outside the realm of what pigeon fliers are suspected of, and they therefore qualify for such testimony as well, according to the Rabbis (*Pnei Moshe; Sefer Nir*; cf. *Korban HaEidah* [cited in Variant A]; *Meleches Shlomo* to our Mishnah).

29. See *Pnei Moshe* ד״ה אלא וד״ה זה הכלל.

30. *Pnei Moshe; Sefer Nir. Korban HaEidah* presents a completely different understanding of the Gemara; see Variant A.

31. *Pnei Moshe; Sefer Nir;* see *Bavli* ibid.; cf. *Korban HaEidah,* cited in Variant A. [An example of a testimony for which a woman is valid is testifying that a man died in order to permit his wife to remarry (*Rashi* to *Bavli* 22a ד״ה לעדות אשה [see *Yevamos* 15:4]; see there for another example).]

32. R' Chunah, as explained by R' Yosah, explained that the main thrust of R' Liezer's ruling is that pigeon fliers, who have proven untrustworthy in money matters, are ineligible not only for money-related testimonies, but even for testimony such as the new moon and capital cases, which are unrelated to money matters. It thus seems that according to R' Liezer, once they have been proven unscrupulous, albeit only regarding money matters, they are deemed completely unreliable and cannot be trusted for any form of testimony. Ostensibly, then, they should be ineligible even for the unique testimonies for which women qualify. Accordingly, the ruling stated in the second half of the Mishnah, which implies that pigeon fliers can testify about any matter for which a woman qualifies, cannot follow the view of R' Liezer. It must therefore represent the view of the Rabbis who disagree with R' Liezer (*Pnei Moshe*).

TEXTUAL AND INTERPRETIVE VARIANTS

A. Our elucidation follows the understanding that there is no dispute between R' Chunah, R' Yosah, and R' Yonah. R' Chunah inferred from the Mishnah in *Eduyos* that only R' Liezer disqualifies pigeon fliers from testifying about the new moon, while the Rabbis disagree. R' Yosah clarifies that the Rabbis disagree only with regard to testimony about non-money matters, but agree that pigeon fliers cannot testify about money matters. R' Yonah then clarifies that while R' Liezer extends the disqualification of pigeon fliers to non-money related matters, he does concede that they are eligible for those testimonies for which a woman qualifies.

Korban HaEidah, however, explains that R' Yosah disagrees with R' Chunah. R' Yosah first presents his personal understanding that the Rabbis, too, disqualify pigeon fliers from testifying about monetary cases, and dispute R' Liezer only with regard to capital cases. He then proceeds to analyze our Mishnah in *Rosh Hashanah* based on this understanding, and thus disputes R' Chunah's assertion that it follows the opinion of R' Liezer alone. R' Yosah argues:

וְעֵידֵי הַחוֹדֶשׁ כְּעֵידֵי נְפָשׁוֹת אִינּוּן — Now, **are witnesses** testifying to the sighting **of the new moon like witnesses of capital cases?** Of course not! Testifying about the new moon is certainly not regarded as gravely as testifying about a capital case! The Rabbis validate pigeon fliers only for capital cases, since even a person who would sin for money would not testify falsely in a capital case. But this reasoning does not apply for testimony about the new moon. Accordingly, just as the Rabbis agree that pigeon fliers are disqualified for monetary cases, they would agree also that they are disqualified from testifying about the new moon. Therefore, our Mishnah, which disqualifies them from testifying about the new moon, accords with the Rabbis as well — contrary to R' Chunah, who attributed our Mishnah's ruling that pigeon fliers are disqualified from testifying about the new moon to the individual opinion of R' Liezer.

The Gemara then challenges R' Yosah with the continuation of our Mishnah, which equates pigeon fliers and their ilk to women. This implies that pigeon fliers are disqualified even from testifying about capital cases, as are women. But even R' Yosah agrees that according to the Rabbis, pigeon fliers *can* testify in capital cases, as is clear from the Mishnah in *Eduyos*! The Mishnah, therefore, cannot be attributed to the Rabbis as R' Yosah had claimed. It is thus clear that R' Chunah is correct, that the Mishnah, which disqualifies pigeon fliers even from testifying about capital cases, accords only with R' Liezer.

The Gemara thus cites an opinion contrary to that of R' Yosah:

רַבִּי יוֹנָה בְּשֵׁם רַבִּי חוּנָה כּוּלְּהֶן דְּרַבִּי לִיעֶזֶר — **R' Yonah** said **in the name of R' Chunah: [The Mishnah in *Sanhedrin* as well as the Mishnah in *Rosh Hashanah*] all reflect** the opinion of **R' Liezer.** For the Rabbis maintain that pigeon fliers are valid for all testimonies, even for testimony regarding monetary cases and the sighting of the new moon. According to R' Yonah (citing R' Chunah), only R' Liezer disqualifies pigeon fliers in any way.

See *Korban HaEidah* to *Sanhedrin* 3:5 [20a, cited in Variant A there] for yet a third understanding.

ויחזור בו חזרה גמורה. סוחר שביעית זה תגר שביעית. [א]אי זהו [א]סוחר שביעית. [א]זה שהוא יושב ובטל כל שני שבוע כיון שהגיעה שביעית התחיל מפשיט את ידיו ונושא ונותן בפירות [ב]עבירה. מאימתי מקבלין אותו. [ב]משתגיע שביעית אחרת ויבדק ויחזור בו חזרה גמורה. תני [ג]ר' יוסי אומר שני שביעיות. תני [ג]בשם ר' נחמיה חזירת ממון [ג]לא חזירת דברים [ג]ויאמר הא לכם מאתים זוז וחלקום לעניים מה [ד]שנשתכרתי מפירות עבירה. [ד][ד]הוסיפו עליהן הרועים [ה]והחמסנים והגזלנים וכל החשודין על הממון עדותן בטילה. אמר ר' אבהו [ו]ובלבד ברועים בהמה דקה: אמר ר' חונה מאן תנא מפריחי יונים ר' ליעזר דתנינן תמן [ז]שנים בשם ר' ליעזר [ח][ה]יוצא היא אשה בעיר של זהב ומפריחי יונים פסולין [ו]מן העדות. אמר ר' מנא קומי ר' יוסה [ז]כל ההיא דסנהדרין כר' ליעזר. אמר ליה דברי הכל היא. מהו דברי הכל היא. הכא אמר ר' יוסה יודעין [ח]אנו שהוא פסול מעדות ממון [ט]מה בא להעיד [ה][י]כשם שהוא פסול מעדות ממון כך הוא פסול מעדות נפשות. ועידי החודש כעידי נפשות אינון [כ]והא תני זה הכלל כל עדות שאין האשה כשירה לה אף הן אינן כשירין לה מאן תניתה רבנן רבנן כר' ליעזר [ל]מודיי ליה פליגין עלויי. ר' יונה בשם ר' חונה כולהן [מ]דר' ליעזר.

פני משה

חזרה גמורה. להאי ליסנא דמין שחוק הוא הויא חזרה גמורה דאפילו בחנם לא עבד. ולאידך ליסנא דגזל הוא וכדפרישית במתניתין מקבלי עלייהו דאפילו במדבר לא עבדי: זה תגר שביעית. שנושא ונותן בפירות שביעית: ואיזהו סוחר שביעית. כלומר ובאיזה סוחר שביעית אמרו זה שהוא יושב בטל וכו', לזה הוא שקראו תגר שביעית ולפיכך חזרתו ושיהא מקבלין אותו משתגיע שביעית אחרת ויבדק שחזר חזרה גמורה שאינו נושא ונותן בפירות שביעית לגמרי, ולא מהני חזרת ממון שבין שביעית לשביעית לענין שיבדק בזה: תני ר' יוסי אומר שני שביעיות. צריך שיעברו ויבדק בהן: חזרת ממון. צריך גם כן, ולא חזירת דברים בלבד אלא שאמר הא לכם וכו': והחמסנים. דיהבי דמי בעל כרחן דבעלים ופסלינהו רבנן: והגזלנים. לאו גזלנים ממש דפסולין מן התורה הן, אלא בהני דאית בהו גזל מפני דרכי שלום כגון מציאת חרש שוטה וקטן (גיטין נט:) וכיוצא בהן: ובלבד ברועים בהמה דקה. רועים שאמרו בבהמה דקה אמרו, לפי שהן עשויין (להשתמש) [להשתמט] ורצים לשדות אחרות, אבל גסה אפשר לשומרה: מאן תנא מפריחי יונים. פסולין לעדות: ר' אליעזר דתנינן תמן. בפ"ב דעדיות (מ"ז) שלשה דברים אמרו לפני ר' עקיבא, שנים משום ר' אליעזר ואחד משום ר' יהושע, שנים משום רבי אליעזר יוצאת היא האשה וכו' ומפריחי יונים פסולין לעדות, ומתניתן דהכא כר' אליעזר היא: כל ההיא דסנהדרין כר' אליעזר. אם מתניתן דתנינן בפ"ג דסנהדרין (מ"ג) אלו הן הפסולין וכו' גם כן כר' אליעזר היא, ולא כרבנן דקתני נמי התם מפריחי יונים: אמר ליה. לא היא אלא מתניתין דהתם כדברי הכל מתנינן לה וכדמפרש ואזיל: מהו דברי הכל. ומאי שנא, דמתניתין דהכא מוקמינן כר"א דוקא ומתניתין דסנהדרין כדברי הכל: הכא. בראש השנה אמר ר' יוסה היינו טעמא דמוקמינן כר' אליעזר דוקא, משום דכל עדות שהעידו בעדיות משום ר' אליעזר בענין זה בעדות נפשות איירי כדמסיק ואזיל: יודעין אנו שהוא פסול מעדות ממון. בלאו האי עדות שאמרו משום ר' אליעזר, היינו יודעין שפסול הוא מעדות ממון הואיל דחשוד על ממון הוא: מאי בא להעיד. האי עדות משום ר' אליעזר, מה בא להוסיף ולהעיד: אלא לאשמעינן דכשם שהוא פסול לעדות ממון כך פסול אף לעדות נפשות. דלא תימא נפשות חמירא ליה ולא חשדינן ליה, קא משמע לן. והשתא עדות החדש כדין עדות נפשות הוא. דלאו לעדות ממון קא מסהדי והלכך מוקמינן למתניתין דהכא כר' אליעזר דסבירא ליה פסול הוא לכל עדות שבעולם, אבל התם בסנהדרין בעדות ממון מיירי דברי הכל הוא דפסול: והא תני. הכא בסיפא זה הכלל כל עדות וכו', דמשמע אבל עדות שהאשה כשירה לה וכדפרישית במתניתין אף הן כשרין לה, ומאן תניתה הך סיפא רבנן היא, דאלו לר' אליעזר פסולין הן לשאר עדיות וכמו מפריחי יונים דקתני ברישא ומוקמת לה כר' אליעזר דאפילו בעדות דלאו ממון פסול הוא, והשתא קשיא רבנן כר' אליעזר מודיי ליה פליגין עלוי, וכלומר דודאי לא מצית אמרת דרבנן מודו לר' אליעזר דאף בעדות דלאו ממון מיפסל דהא רישא כר' אליעזר מוקמת לה, ושמע מינה דרבנן פליגין עלוה וסברי דלא מיפסל אלא לעדות ממון, וא"כ תו לא מצינו לאוקי סיפא דמתניתין כרבנן, דרישא כר' אליעזר וסיפא כרבנן בתמיה, ועוד דלרבנן דפליגי אדר' אליעזר לא מצינו לאוקמי הסיפא כוותייהו כלל, דהיכי קתני זה הכלל כל עדות שאין האשה כשירה לה וכו', הא איכא עדות נפשות שאין האשה כשירה לה והן כשרין לה, דהא את אמרת דרבנן לא פסלי להו אלא בעדות ממון דוקא ולא בעדות נפשות ומשום דחמירא להו ולא משקרי: ר' יונה בשם רב הונא. קאמר דלא צריכית לאוקמה להסיפא כרבנן, אלא כולהן בין הרישא ובין הסיפא דמתניתין דר' אליעזר היא, דמודה ר' אליעזר דפסולי עדות מדרבנן אלו כשרין הן לעדיות אלו שהאשה כשרה לה כגון להעיד על אשה שמת בעלה וכו', ולא הוסיף בעדות משום ר' אליעזר במפריחי יונים וכיוצא בהן, אלא בעדות דלאו ממון וכי הא דהכא בעדות החדש שגם האשה אינה כשרה לה:

קרבן העדה

בפירות עבירה. פירות שביעית: שני שביעיות. אינו חוזר לכשרותו עד שיעברו עליו שני שמיטות שנראה שחוזר בהן: לא חזרת דברים. לומר לא נוסיף לעשות עוד סגי, אלא צריך שיחזרו הממון שכינסו מפירות שביעית*: והחמסנים. הם הנותנין דמים, אלא שאין רצון הבעלים למכור: והגזלנים. אפילו הגוזל מציאת חרש שוטה וקטן, דאינו גזל אלא מדרבנן: ובלבד ברועה בהמה דקה. שהם נשמטים ורועות בשדות אחרים, מה שאין כן ברועי בהמה גסה: דתנינן תמן. שני דברים בשם ר' אליעזר אחת יוצאה אשה וכו': עיר של זהב. תכשיט שירושלים עיר הקדש חקוק עליו: מפריחי יונים. ועוד אמרו בשם ר' אליעזר מפריחי יונים פסולין לעדות: כל האי דסנהדרין. לפי זה כולא מתניתין דסנהדרין שהן פסולין מדרבנן, כר' אליעזר אתיא: אמר ליה. ר' יוסה מתניתין דהכא ודסנהדרין דברי הכל היא: הכא. כך אמר ר' יוסי מודים חכמים לר' אליעזר שגזלן מדרבנן פסול לעדות ממון, וזה שבא להעיד משמיה דר' אליעזר לא בא אלא לומר דר' אליעזר פוסל גזלן דרבנן לעדות נפשות: ועידי החדש כעידי נפשות אינון. בתמיה, ודאי כעידי ממון הן, ולפיכך פסולין לעדות החדש, ומתני' כדברי הכל: ופריך והא תני זה הכלל וכו' מאן תניתה רבנן. איך תאמר דאף כרבנן אתיא מתני', והא איכא עדות בדיני נפשות שאין האשה כשרה לה והן כשירין לה, אלא ודאי ר' אליעזר היא: רבנן כר' אליעזר מודין ליה ופליגין עלוי. בתמיה, וסיומא דקושיא היא, דאף לדבריך אי אפשר לאוקמי מתני' דהכא כרבנן: כולהן דר' אליעזר. אף מתניתין דסנהדרין כר' אליעזר, דלרבנן אפילו לעדות ממון כשירין:

א [מיי' פ"י מהלכות עדות הלכה ד טוש"ע חו"מ סימן לד סעיף טז]:
ב [מיי' שם פי"ב הלכה ח טוש"ע חו"מ סימן לד סעיף לב]:
ג מיי' פי"ב מהלכות עדות הלכה ח טוש"ע חו"מ סימן לד סעיף לב:
ד מיי' שם פ"י הלכה ד טוש"ע חו"מ סימן לד סעיף יג:
ה מיי' שם פ"כ הלכה א [ופ"י הלכה ד] טוש"ע חו"מ סימן לד סעיף ח:

שינויי נוסחאות

א] **סוחר.** בירושלמי שבועות (פ"ז ה"ד) **תגר**:
ב] **עבירה.** בירושלמי סנהדרין (פ"ג ה"ה) ושבועות (שם) **שביעית**:
ג] **ויאמר.** בירושלמי סנהדרין (שם) **שיאמר.** בירושלמי שבועות (שם) **שאמר**:
ד] **שנשתכרתי.** בירושלמי סנהדרין (שם) ושבועות (שם) **שכנסתי**:
ה] **יוצא היא.** בעדיות (פ"ב מ"ז) **יוצאת** אשה:
ו] **מן העדות.** בעדיות (שם) **לעדות**:
ז] **כל ההיא דסנהדרין.** בירושלמי סנהדרין (שם) **עוד הדא דסנהדרי.** בירושלמי שבועות (שם) **ועוד מהדא** דסנחדרין:
ח] **אנו.** בירושלמי סנהדרין (שם) **היינו.** בירושלמי שבועות (שם) **היו**:
ט] מה. בירושלמי שבועות (שם) **ומה**:
י] **כשם.** בירושלמי סנהדרין (שם) ושבועות (שם) **אלא** כשם:
כ] **והא תני.** בירושלמי סנהדרין (שם) ושבועות (שם) **דתנינן**:
ל] **מודיי ליה פליגין.** בירושלמי סנהדרין (שם) **מודין ליה ופליגין.** בירושלמי שבועות (שם) **מוריין ליה ופליגי**:
מ] **דר'.** בירושלמי סנהדרין (שם) ושבועות (שם) **כר'**:

א) [שביעית פ"ז ה"א, סנהדרין פ"ג מ"ג ועירובין פב. בשינוי] ב) [סנהדרין פ"ג ה"ה, שבועות פ"ז ה"ד] ג) [סנהדרין פ"ג ה"ה, שבועות פ"ז ה"ד, סנהדרין כה:, תוספתא סנהדרין פ"ה ה"ב] ד) [סנהדרין פ"ג ה"ה, שבועות פ"ז ה"ד, סנהדרין כה:, תוספתא סנהדרין פ"ה ה"ה] ה) [סנהדרין כז., מכילתא משפטים מס' דכספא פרשה כ, ילקו"ש משפטים שנג] ו) [עי' סנהדרין כה:] ז) עדיות פ"ב מ"ז [שבת פ"ו ה"א, עי' תוספתא עדיות פ"א ה"ח] ח) [שבת נט:, קלח., תוספתא שבת פ"ה ה"ו]

שירי קרבן

לא חזרת דברים וכו'. בסנהדרין דף כ"ה ע"ב פירש"י בד"ה לא חזרת וכו', אלא חזרה הניכרת שיפזרו פירות שביעית שבגנותיהן ע"כ. ותימה הא ר' נחמיה קאמר שיפזר המעות שכינס מפירות שביעית. ונראה שרש"י כתב כן משום דקשיא ליה מאי שנא דמי שביעית מדמי ריבית וגזל, לכך מפרש דאינו צריך לפזר אלא מה שהוא עדיין בעין בידו. אך לענ"ד יש לחלק ביניהן, דגזל וריבית כיון דלאחר התקנה שתיקנו חכמים אין מקבלין מידן, לא תני לה בכלל חזרה, אבל פירות שביעית דמאיסורא כנים להו צריך לחלקם לעניים כל מה שכינס, וכן נראה מסתימת כל הפוסקים וצ"ע:

The Gemara defines the disqualification of "herders":
אָמַר רַבִּי אַבָּהוּ – **R' Abahu said:** וּבִלְבַד בְּרוֹעִים בְּהֵמָה דַקָּה – This applies **only to herders of small animals.**[14]

Our Mishnah stated that "pigeon fliers" and their kind, who are considered robbers only by Rabbinic law, are disqualified from testifying about the sighting of the new moon. The Gemara now identifies the author of this ruling:
אָמַר רַבִּי חוּנָה – **R' Chunah said:** מַאן תַּנָא מַפְרִיחֵי יוֹנִים – **Who** is the Tanna who **teaches** that **pigeon fliers** are disqualified from testifying about the new moon?[15] רַבִּי לִיעֶזֶר – It is **R' Liezer,** דְּתַנִּינָן תַּמָּן – **as we have learned** in a Mishnah **there,** in *Eduyos*:[16] שְׁנַיִם בְּשֵׁם רַבִּי לִיעֶזֶר – Three rulings were related to R' Akiva, TWO IN THE NAME OF R' LIEZER and one in the name of R' Yehoshua. The two in the name of R' Liezer were: (יוצא היא) [יוֹצְאַת][17] אִשָּׁה בְּעִיר שֶׁל זָהָב – A WOMAN MAY GO OUT WITH A "CITY OF GOLD" on the Sabbath;[18] וּמַפְרִיחֵי יוֹנִים פְּסוּלִין מִן הָעֵדוּת – AND PIGEON FLIERS ARE INELIGIBLE FOR TESTIMONY.[19]

The Gemara analyzes the implications of Rav Chunah's statement:
אָמַר רַבִּי מָנָא קוֹמֵי רַבִּי יוֹסָה – **R' Mana said in the presence of R' Yosah:** כָּל הַהִיא דְּסַנְהֶדְרִין כְּרַבִּי לִיעֶזֶר – Does this mean that **the entire [Mishnah] in** ***Sanhedrin,***[20] which disqualifies pigeon fliers and the others from testifying about money matters, also **accords with the view of R' Liezer** alone, and is disputed by the Rabbis?[21]

R' Yosah responds:
אָמַר לֵיהּ – **[R' Yosah] told him:** דִּבְרֵי הַכֹּל הִיא – No, **[the Mishnah in** ***Sanhedrin*****] accords with all opinions.** While the Rabbis dispute the ruling in *Rosh Hashanah* that pigeon fliers are disqualified from testifying about the new moon, they do agree with the ruling in *Sanhedrin* that pigeon fliers are disqualified from testifying about money matters, as the Gemara will explain.

The Gemara elaborates:
מַהוּ דִּבְרֵי הַכֹּל הִיא – **What** did R' Yosah mean by saying that **[the Mishnah in** ***Sanhedrin*****]**, which disqualifies pigeon fliers from general testimony, **accords with all opinions?** Why would the Rabbis agree that pigeon fliers are disqualified from testimony regarding money matters, as the Mishnah in *Sanhedrin* states, but dispute our Mishnah's ruling that they are disqualified from testimony regarding the new moon?[22] (הכא) [הָכִי][23] אָמַר רַבִּי יוֹסָה – **This is what R' Yosah said** in explanation of the difference between the Mishnah in *Sanhedrin* and our Mishnah in *Rosh Hashanah*: יוֹדְעִין אָנוּ שֶׁהוּא פָּסוּל מֵעֵדוּת מָמוֹן – **We knew** all along **that [a pigeon flier] is disqualified from testifying in monetary cases.**[24] מַה בָּא לְהָעִיד – **What,** then, **did [the Mishnah in** ***Eduyos*****] come to testify to** as the individual opinion of R' Liezer? כְּשֵׁם שֶׁהוּא פָּסוּל מֵעֵדוּת מָמוֹן כָּךְ הוּא פָּסוּל מֵעֵדוּת נְפָשׁוֹת – Only that **just as [a pigeon flier] is disqualified from**

NOTES

14. [That is, goats and sheep], which are prone to run off and graze in other people's fields. Conversely, large animals [e.g. cows and horses] are easier to control and keep confined to one's property (*Korban HaEidah; Pnei Moshe* from *Rashi* ibid. ד״ה מגדלין אתמר; cf. *Tosafos* there ד״ה מגדלי איתמר).

[*Bavli Sanhedrin* (25b) concludes that the disqualification of herders includes herders of large and small animals alike; only *breeders* of large animals, who keep the animals on their property and do not let them out to graze, are eligible. *Mareh HaPanim* to *Sanhedrin* 3:5 understands this to be *Yerushalmi*'s intent as well (this is also implied in *Korban HaEidah* and *Pnei Moshe's* explanation cited above).]

15. That is, which Tanna disqualifies anyone defined as a robber by Rabbinic law, even though he is not defined as a robber by Biblical law? (see *Korban HaEidah* ד״ה הכא; *Pnei Moshe* ד״ה ר׳ יונה; cf. *Gilyon Ephraim*). [Rav Chunah specified pigeon fliers because it is from this ruling that he inferred the identity of the Tanna, as the Gemara continues.]

16. *Eduyos* 2:7.

17. The emendation is based on the text of the Mishnah there.

18. A "city of gold" is a gold ornament engraved with a likeness of the city of Jerusalem (see *Bavli Shabbos* 59a-b). In general, the Sages forbade women from wearing jewelry outdoors on the Sabbath, for concern that a woman might remove an ornament in order to show it off to her friends, and might then carry it through the public domain (see *Shulchan Aruch, Orach Chaim* 303:18, explaining why this prohibition is not observed in our times). With regard to a city of gold, however, R' Liezer ruled that it was permitted. This is because a "city of gold" was a very exclusive ornament, worn only by aristocratic women. Such women would not deign to remove an ornament in order to show it off. Hence, the general concern about jewelry is not relevant to ornaments worn by such women exclusively (*Bavli Shabbos* ibid.).

[*Bavli* ibid. and *Tosefta Shabbos* 5:6 present two dissenting opinions on the matter: that of R' Meir, who maintains that wearing such an ornament is essentially considered carrying and is thus prohibited by Torah law; and that of the Rabbis, who agree that wearing such an ornament is not considered carrying, but maintain that the Rabbinic concern that a woman might remove the ornament and carry it (as above) is relevant to this ornament just as it is to others.]

19. Rav Chunah understands the fact that the Mishnah attributes this ruling specifically to R' Liezer to imply that the Rabbis disagree with R' Liezer and maintain that pigeon fliers *are* eligible to testify. [In their view, only those who are Biblically defined as robbers are disqualified from testifying.] Thus, our Mishnah, which disqualifies pigeon fliers from testifying about the new moon, reflects the opinion of R' Liezer, not that of the Rabbis (*Korban HaEidah* to *Sanhedrin* 3:5).

20. 3:5. This Mishnah discusses those who are disqualified for testimony regarding money matters, and presents a list that is basically identical to that of our Mishnah.

21. *Korban HaEidah; Sefer Nir; Meleches Shlomo* to our Mishnah. R' Mana assumes that there is no reason to differentiate between testimony regarding money matters and testimony regarding the new moon. He therefore reasons that if we infer from the Mishnah in *Eduyos* – which attributes the ruling that pigeon fliers are disqualified to R' Liezer – that it is only R' Liezer who disqualifies pigeon fliers from testifying about the new moon, while the Rabbis maintain that they are eligible (since they are not Biblically disqualified), the same would be true regarding testimony about money matters; only R' Liezer would disqualify pigeon fliers from testimony about money matters, while the Rabbis would maintain that they are eligible. This would mean that also the Mishnah in *Sanhedrin*, which disqualifies pigeon fliers from testifying about money matters, follows the individual opinion of R' Liezer, not that of the Rabbis.

22. R' Chunah attributes our Mishnah – which disqualifies pigeon fliers from testifying about the new moon – to the individual opinion of R' Liezer, since the Mishnah in *Eduyos* implies that only he disqualifies pigeon fliers from testifying. Why, then, would we differentiate between our Mishnah in *Rosh Hashanah*, which rules that pigeon fliers are disqualified from testifying about the new moon, and the Mishnah in *Sanhedrin*, which disqualifies pigeon fliers from testifying about money matters?

23. Emendation based on *Korban HaEidah* and *Michal HaMayim* to *Sanhedrin* 3:5; for an explanation of the unemended text, see *Pnei Moshe*. [*Korban HaEidah* here does not emend, yet explains the Gemara in the same way as he does in *Sanhedrin* based on the emendation, and implies in his commentary to *Sanhedrin* that this was his version of our Gemara as well.]

24. That is, it is obvious, and unanimously agreed upon, that pigeon fliers (and the like) are disqualified from testifying in monetary cases, as the Mishnah in *Sanhedrin* states, for people who engage in illicit activities for monetary gain are obviously unreliable with regard to money matters. This obvious ruling was not the subject of the special testimony in *Eduyos*. Rather, the Mishnah in *Eduyos* – followed by our Mishnah in *Rosh Hashanah* – introduces an expansion of this ruling that was indeed controversial. It was this aspect alone that Rav Chunah attributed specifically to R' Liezer, as the Gemara will explain (*Pnei Moshe; Sefer Nir*).

[ט. - ה"ז]

ויחזור בו חזרה גמורה. סוחר שביעית זה תגר שביעית. [א]אי זהו [א]סוחר שביעית. [א]זה שהוא יושב ובטל כל שני שבוע כיון שהגיעה שביעית התחיל מפשיט את ידיו ונושא ונותן בפירות [ב]עבירה. מאימתי מקבלין אותו. [ב]משתגיע שביעית אחרת ויבדק ויחזור בו חזרה גמורה. תני [ג]ר' יוסי אומר שני שביעיות. תני [ג]בשם ר' נחמיה חזירת ממון [ג]לא חזירת דברים [ג]ויאמר הא לכם מאתים זוז וחלקום לעניים מה [ד]שנשתכרתי מפירות עבירה. [ד][ד]הוסיפו עליהן הרועים [ה]והחמסנים והגזלנים וכל החשודין על הממון עדותן בטילה. אמר ר' אבהו [ו]ובלבד ברועים בבהמה דקה: אמר ר' חונה מאן תנא מפריחי יונים ר' ליעזר דתנינן תמן [ז]שנים בשם ר' ליעזר [ה][ה]יוצא היא אשה בעיר של זהב ומפריחי יונים פסולין [ו]מן העדות. אמר ר' מנא קומי ר' יוסה [ז]כל ההיא דסנהדרין כר' ליעזר. אמר ליה דברי הכל היא. מהו דברי הכל היא. הכא אמר ר' יוסה יודעין [ח]אנו שהוא פסול מעדות ממון [ט]מה בא להעיד [ה][י]כשם שהוא פסול מעדות ממון כך הוא פסול מעדות נפשות. ועידי החודש כעידי נפשות אינון [כ]והא תני זה הכלל כל עדות שאין האשה כשירה לה אף הן אינן כשירין לה מאן תניתה רבנן רבנן כר' ליעזר [ל]מודיי ליה פליגין עלויי. ר' יונה בשם ר' חונה כולהן [מ]דר' ליעזר.

פני משה

חזרה גמורה. להאי לישנא דמין שחוק הוא הויא חזרה גמורה דאפילו בחנם לא עבד. ולאידך לישנא דגזל הוא וכדפרישית במתניתין מקבלי עלייהו דאפילו במדבר לא עבדי: זה תגר שביעית. שנושא ונותן בפירות שביעית: ואיזהו סוחר שביעית. כלומר ואיזה סוחר שביעית אמרו זה שהוא יושב בטל וכו', לזה הוא שקראו תגר שביעית ולפיכך חזרתו ושיהא מקבלין אותו משתגיע שביעית אחרת ויבדק שחוזר חזרה גמורה שאינו נושא ונותן בפירות שביעית לגמרי, ולא מהני חזרת ממון שבין שביעית לשביעית לענין שיבדק בזה: תני ר' יוסי אומר שני שביעיות. צריך שיעברו ויבדק בהן: חזרת ממון. צריך גם כן, ולא חזירת דברים בלבד אלא שאמר הא לכם וכו': והחמסנים. דיהבי דמי בעל כרחן דבעלים ופסלינהו רבנן: והגזלנים. לאו גזלנים ממש דפסולין מן התורה הן, אלא בהני דאית בהו גזל מפני דרכי שלום כגון מציאת חרש שוטה וקטן (גיטין נט:) וכיוצא בהן: ובלבד ברועים בבהמה דקה. רועים שאמרו בבהמה דקה אמרו, לפי שהן עשויין (להשתמש) [להשתמט] ורצים לשדות אחרות, אבל גסה אפשר לשומרה: מאן תנא מפריחי יונים. פסולין לעדות: ר' אליעזר דתנינן תמן. בפ"ב דעדיות (מ"ז) שלשה דברים אמרו לפני ר' עקיבא, שנים משום ר' אליעזר ואחד משום ר' יהושע, שנים משום רבי אליעזר יוצאת היא האשה וכו' ומפריחי יונים פסולין לעדות, ומתניתן דהכא כר' אליעזר היא: כל ההיא דסנהדרין כר' אליעזר. אם מתניתין דתנינן בפ"ג דסנהדרין (מ"ג) אלו הן הפסולין וכו' גם כן כר' אליעזר היא, ולא כרבנן דקתני נמי התם מפריחי יונים: אמר ליה. לא היא אלא מתניתין דהתם כדברי הכל מתנינן לה וכדמפרש ואזיל: מהו דברי הכל. ומאי שנא, דמתניתין דהכא מוקמינן כר"א דוקא ומתניתין דסנהדרין כדברי הכל: הכא. בראש השנה אמר ר' יוסה היינו טעמא דמוקמינן כר' אליעזר דוקא, משום דכל עדות שהעידו בעדיות משום ר' אליעזר בענין זה בעדות נפשות איירי כדמסיק ואזיל: יודעין אנו שהוא פסול מעדות ממון. בלאו האי עדות שאמרו משום ר' אליעזר, היינו יודעין שפסול הוא מעדות ממון הואיל דחשוד על ממון הוא: מאי בא להעיד. האי עדות משום ר' אליעזר, מה בא להוסיף ולהעיד: אלא לאשמעינן דכשם שהוא פסול לעדות ממון כך פסול אף לעדות נפשות. דלא תימא נפשות חמירא ליה ולא חשדינן ליה, קא משמע לן. והשתא עדות החדש כדין עדות נפשות הוא. דלאו לעדות ממון קא מסהדי והלכך מוקמינן למתניתין דהכא כר' אליעזר דסבירא ליה פסול הוא לכל עדות שבעולם, אבל התם בסנהדרין בעדות ממון איירי דברי הכל הוא דפסול: והא תני. הכא בסיפא זה הכלל כל עדות וכו', דמשמע אבל עדות שהאשה כשירה לה וכדפרישית במתניתין אף הן כשרין לה, ומאן תניתה הך סיפא רבנן היא, דאלו לר' אליעזר פסולין הן לשאר עדיות וכמו מפריחי יונים דקתני ברישא ומוקמת לה כר' אליעזר דאפילו בעדות דלאו ממון פסול הוא, והשתא קשיא רבנן כר' אליעזר מודיי ליה פליגין עלוי, וכלומר דודאי לא מצית אמרת דרבנן מודו לר' אליעזר דאף בעדות דלאו ממון מיפסל דהא רישא כר' אליעזר מוקמת לה, ושמע מינה דרבנן פליגין עלוה וסברי דלא מיפסל אלא לעדות ממון, וא"כ תו לא מצינו לאוקי סיפא דמתניתין כרבנן, דרישא כר' אליעזר וסיפא כרבנן בתמיה, ועוד דלרבנן דפליגי אדר' אליעזר לא מצינו לאוקמי הסיפא כוותייהו כלל, דהיכי קתני זה הכלל כל עדות שאין האשה כשירה לה וכו', הא איכא עדות נפשות שאין האשה כשירה לה והן כשרין לה, דהא את אמרת דרבנן לא פסלי להו אלא בעדות ממון דוקא ולא בעדות נפשות ומשום דחמירא להו ולא משקרי: ר' יונה בשם רב הונא. קאמר דלא צריכית לאוקמה להסיפא כרבנן, אלא כולהן בין הרישא ובין הסיפא דמתניתין דר' אליעזר היא, דמודה ר' אליעזר דפסולי עדות מדרבנן אלו כשרין הן לעדיות אלו שהאשה כשרה לה כגון להעיד על אשה שמת בעלה וכו', ולא הוסיף בעדות משום ר' אליעזר במפריחי יונים וכיוצא בהן, אלא בעדות דלאו ממון וכי הא דהכא בעדות החדש שגם האשה אינה כשרה לה:

קרבן העדה

בפירות עבירה. פירות שביעית: שני שביעיות. אינו חוזר לכשרותו עד שיעברו עליו שני שמיטות שנראה שחוזר בהן: לא חזרת דברים. לומר לא נוסיף לעשות עוד סגי, אלא צריך שיחזרו הממון שכינסו מפירות שביעית*: והחמסנים. הם הנותנין דמים, אלא שאין רצון הבעלים למכור: והגזלנים. אפילו הגוזל מציאת חרש שוטה וקטן, דאינו גזל אלא מדרבנן: ובלבד ברועה בהמה דקה. שהם נשמטים ורועות בשדות אחרים, מה שאין כן ברועי בהמה גסה: דתנינן תמן. שני דברים בשם ר' אליעזר אחת יוצאה אשה וכו': עיר של זהב. תכשיט שירושלים עיר הקדש חקוק עליו: מפריחי יונים. ועוד אמרו בשם ר' אליעזר מפריחי יונים פסולין לעדות: כל האי דסנהדרין. לפי זה כולא מתניתין דסנהדרין שהן פסולין מדרבנן, כר' אליעזר אתיא: אמר ליה. ר' יוסה מתניתין דהכא ודסנהדרין דברי הכל היא: הכא. כך אמר ר' יוסי מודים חכמים לר' אליעזר שגזלן מדרבנן פסול לעדות ממון, וזה שבא להעיד משמיה דר' אליעזר לא בא אלא לומר דר' אליעזר פוסל גזלן דרבנן לעדות נפשות: ועידי החדש כעידי נפשות אינון. בתמיה, ודאי כעידי ממון הן, ולפיכך פסולין לעדות החדש, ומתני' כדברי הכל: ופריך והא תני זה הכלל וכו' מאן תניתה רבנן. איך תאמר דאף כרבנן אתיא מתני', והא איכא עדות בדיני נפשות שאין האשה כשרה לה והן כשירין לה, אלא ודאי ר' אליעזר היא: רבנן כר' אליעזר מודין ליה ופליגין עלוי. בתמיה, וסיומא דקושיא היא, דאף לדבריך אי אפשר לאוקמי מתני' דהכא כרבנן: כולהן דר' אליעזר. אף מתניתין דסנהדרין כר' אליעזר, דלרבנן אפילו לעדות ממון כשירין:

עין משפט

א [מיי' פ"י מהלכות עדות הלכה ד טוש"ע חו"מ סימן לד סעיף טז]:
ב [מיי' שם פי"ב הלכה ח טוש"ע חו"מ סימן לד סעיף לב]:
ג מיי' פי"ב מהלכות עדות הלכה ח טוש"ע חו"מ סימן לד סעיף לב:
ד מיי' שם פ"י הלכה ד טוש"ע חו"מ סימן לד סעיף יג:
ה מיי' שם פ"כ הלכה א [ופ"י הלכה ד] טוש"ע חו"מ סימן לד סעיף ח:

שינויי נוסחאות

א] סוחר. בירושלמי שבועות (פ"ז ה"ד) תגר:
ב] עבירה. בירושלמי סנהדרין (פ"ג ה"ה) ושבועות (שם) שביעית:
ג] ויאמר. בירושלמי סנהדרין (שם) שיאמר. בירושלמי שבועות (שם) שאמר:
ד] שנשתכרתי. בירושלמי סנהדרין (שם) ושבועות (שם) שכנסתי:
ה] יוצא היא. בעדיות (פ"ב מ"ז) יוצאת אשה:
ו] מן העדות. בעדיות (שם) לעדות:
ז] כל ההיא דסנהדרין. בירושלמי סנהדרין (שם) עוד הדא דסנהדרי. בירושלמי שבועות (שם) ועוד מהדא דסנהדרין:
ח] אנו. בירושלמי סנהדרין (שם) היינו. בירושלמי שבועות (שם) היו:
ט] מה. בירושלמי שבועות (שם) ומה:
י] כשם. בירושלמי סנהדרין (שם) ושבועות (שם) אלא כשם:
כ] והא תני. בירושלמי סנהדרין (שם) ושבועות (שם) דתנינן:
ל] מודיי ליה פליגין. בירושלמי סנהדרין (שם) מודין ליה ופליגין. בירושלמי שבועות (שם) מוריין ליה ופליגי:
מ] דר'. בירושלמי סנהדרין (שם) ושבועות (שם) כר':

מסורת הש"ס

א) [שביעית פ"ז ה"א, סנהדרין פ"ג מ"ג ועירובין פב. בשינוי] ב) [סנהדרין פ"ג ה"ה, שבועות פ"ז ה"ד] ג) [סנהדרין פ"ג ה"ה, שבועות פ"ז ה"ד, סנהדרין כה:, תוספתא סנהדרין פ"ה ה"ב] ד) [סנהדרין פ"ג ה"ה, שבועות פ"ז ה"ד, סנהדרין כה:, תוספתא סנהדרין פ"ה ה"ה] ה) [סנהדרין כז., מכילתא משפטים מס' דכספא פרשה כ, ילקו"ש משפטים שנב] ו) [עי' סנהדרין כה:] ז) עדיות פ"ב מ"ז [שבת פ"ו ה"א, עי' תוספתא עדיות פ"א ה"ח] ח) [שבת נט:, קלח., תוספתא שבת פ"ה ה"ו]

שירי קרבן

לא חזרת דברים וכו'. בסנהדרין דף כ"ה ע"ב פירש"י בד"ה לא חזרת וכו', אלא חזרה הניכרת שיפזרו פירות שביעית שבגנותיהן ע"כ. ותימה הא ר' נחמיה קאמר שיפזר המעות שכינס מפירות שביעית. ונראה שרש"י כתב כן משום דקשיא ליה מאי שנא דמי שביעית מדמי ריבית וגזל, לכך מפרש דאינו צריך לפזר אלא מה שהוא עדיין בעין בידו. אך לענ"ד יש לחלק ביניהן, דגזל וריבית כיון דלאחר התקנה שתיקנו חכמים אין מקבלין מידן, לא תני לה בכלל חזרה, אבל פירות שביעית דמאיסורא כנים להו צריך לחלקם לעניים כל מה שכינס, וכן נראה מסתימת כל הפוסקים ול"ע:

וְיַחְזוֹר בּוֹ חֲזָרָה גְמוּרָה – **AND** is found to have ***EFFECTED A COMPLETE REFORMATION.***[1]

סוֹחֵר שְׁבִיעִית זֶה תַּגַּר שְׁבִיעִית – **"A *SHEVIIS* MERCHANT" – THIS REFERS TO A BROKER OF *SHEVIIS*** produce.[2] אֵי זֶהוּ סוֹחֵר שְׁבִיעִית – **WHO IS A "*SHEVIIS* MERCHANT"?**[3] זֶה שֶׁהוּא יוֹשֵׁב וּבָטֵל כָּל שְׁנֵי שָׁבוּעַ – **THIS REFERS TO ONE WHO SITS IDLE** from work **ALL THE** other **YEARS OF THE SEVEN-YEAR** *sheviis* **CYCLE,** כֵּיוָן שֶׁהִגִּיעָה שְׁבִיעִית – but **ONCE *SHEVIIS* ARRIVES,** הִתְחִיל מַפְשִׁיט אֶת יָדָיו וְנוֹשֵׂא וְנוֹתֵן בְּפֵירוֹת עֲבֵירָה – **HE BEGINS STRETCHING HIS ARMS**[4] **AND TRADING IN FORBIDDEN PRODUCE** (i.e. *sheviis* produce).[5] מֵאֵימָתַי מְקַבְּלִין אוֹתוֹ – **WHEN CAN HE BE ACCEPTED** as a witness once again? מִשֶּׁתַּגִּיעַ שְׁבִיעִית אַחֶרֶת וְיִבָּדֵק וְיַחְזוֹר בּוֹ חֲזָרָה גְמוּרָה – Only **AFTER ANOTHER *SHEVIIS* ARRIVES, AND HE IS EXAMINED, AND** is found to have **EFFECTED A COMPLETE REFORMATION.**[6]

The Gemara interrupts its citation of the Baraisa to cite a more stringent Tannaic opinion:

תָּנֵי – A different **Baraisa teaches:** רַבִּי יוֹסֵי אוֹמֵר – **R' YOSE SAYS:** שְׁנֵי שְׁבִיעִיּוֹת – A *sheviis* merchant can regain eligibility only after **TWO *SHEVIIS* YEARS** pass, during which he refrains from trading in *sheviis* produce.[7]

The Gemara returns to its citation of the previous Baraisa:[8]

תָּנֵי בְּשֵׁם רַבִּי נְחֶמְיָה – **The Baraisa teaches** further **in the name of R' Nechemyah:** חֲזִירַת מָמוֹן לֹא חֲזִירַת דְּבָרִים – Only a **MONETARY REFORMATION** reinstates his eligibility, **NOT** just a **VERBAL REFORMATION.** וְיֹאמַר – **HE MUST SAY** to the court: הֵא לָכֶם מָאתַיִם זוּז וְחַלְּקוּם לַעֲנִיִּים – **"HERE IS TWO HUNDRED *ZUZ*, AND DISTRIBUTE THEM TO THE POOR** in compensation for מַה שֶּׁנִּשְׂתַּכַּרְתִּי מִפֵּירוֹת עֲבֵירָה – **WHAT I HAVE PROFITED FROM PROHIBITED PRODUCE."**[9]

The Gemara cites a Baraisa[10] that lists additional people disqualified by the Sages:

הוֹסִיפוּ עֲלֵיהֶן – **[THE SAGES] ADDED** other disqualifications **TO THOSE** listed in the Mishnah, stating as follows: הָרוֹעִים – **HERDERS,**[11] וְהַחַמְסָנִים – ***CHAMSANIM,***[12] וְהַגַּזְלָנִים – **ROBBERS,**[13] וְכָל הַחֲשׁוּדִין עַל הַמָּמוֹן – **AND ANYONE ELSE SUSPECTED** of wrongdoing **IN MONEY MATTERS,** עֵדוּתָן בְּטֵילָה – **THEIR TESTIMONY IS VOID.**

NOTES

1. That is, they refrain from engaging in pigeon racing even without betting on the outcome (*Pnei Moshe* from *Bavli Sanhedrin* 25b; see 11a notes 30 and 32).

[According to the alternative explanation above, that "pigeon fliers" refers to those who train their pigeons to capture other people's pigeons, "a complete reformation" entails refraining from having one's pigeons capture any pigeons at all, even in the wild (ibid.).]

2. [That is, not only is a person who sells the produce of his own field in transgression of the laws of *sheviis* disqualified, but also one who buys and sells *sheviis* produce grown in other people's fields is disqualified (see *Bavli Sanhedrin* 26a, which applies the term "*sheviis* brokers" to people who would collect produce from open fields on *sheviis* and sell it to others).

3. That is, who is assumed to be doing business with *sheviis* produce, and is disqualified on that account, even without definite evidence of the fact? (see *Meiri* to *Bavli* ibid.; and see note 5).

4. That is, whereas until now he sat loafing, he suddenly begins moving himself on the *sheviis* year, thus arousing suspicion.

5. That is, even a person who has not been proven to be trading in *sheviis* produce, but who sits idle throughout all the other years of the cycle and in *sheviis* begins trading in produce of unknown origin, is assumed to be dealing with *sheviis* produce [which can be gathered from other people's fields at no cost]. Such a person is therefore disqualified from serving as a witness. Conversely, a person who deals with produce regularly, and is seen dealing with produce on *sheviis* as well, is not suspected of dealing with *sheviis* produce unless it is known as such, since he may be dealing now with permitted produce stored from previous years, or imported from outside Eretz Yisrael (*Rambam, Hil. Eidus* 10:4, as understood by *Kesef Mishneh* there; *Meiri* to *Bavli Sanhedrin* 24b; *Chasdei David* and *Chazon Yechezkel* to *Tosefta* ibid.; cf. *Pnei Moshe* for an alternative explanation of the Baraisa's intent).

6. Since a sinner's repentance must be verified before he can regain eligibility, a *sheviis* merchant cannot regain eligibility until the next *sheviis* arrives, for only then can he prove his repentance by refraining from dealing in *sheviis* produce (*Korban HaEidah*).

7. *Pnei Moshe; Korban HaEidah.* R' Yose maintains that he must establish a *chazakah* of refraining from trading in forbidden produce during the *sheviis* year, and that two *sheviis* years constitute a *chazakah* [based on the opinion of Rebbi (*Bavli Yevamos* 64b), who maintains that two repeated occurrences constitute a *chazakah*] (*Gilyonei HaShas, Kuntres Yerushalmi Moed* §121 [p. 166]).

8. *Tosefta* ibid.

9. He must distribute to the poor an equivalent amount of money to what he earned through his *sheviis* dealings. [Two hundred *zuz* is merely cited as an example] (*Korban HaEidah, from Or Zarua, Piskei Sanhedrin* §31; *Yad Ramah* to *Bavli Sanhedrin* 25b; cf. *Rashi* there ד"ה לא). He must give this money to the poor since they are considered the "victims" of his seizure of *sheviis* produce, as they are the prime beneficiaries of the Torah's command to leave *sheviis* produce available for the public (*Or Zarua; Yad Ramah* ibid.).

The commentators stress that the others mentioned above must certainly return their illicit profits in order to regain eligibility. R' Nechemyah specified *sheviis* merchants to stress that even they – who did not actually take something that belongs to another person, but only goods that were meant to be left available to the public – must relinquish their profits in order to regain eligibility (*Or Zarua* ibid.; *Yad Ramah* ibid.; *Rosh, Sanhedrin* 3:10; *Chidushei HaRan* ibid. 25b ד"ה אמר ר' נחמיה; see, however, *Sheyarei Korban* to *Sanhedrin* 3:5 for discussion).

[The commentators debate whether this position is held by R' Nechemyah alone, or is agreed upon by the Tanna Kamma of the Baraisa. *Rosh* (ibid.; see also *Chidushei HaRan* ibid.) maintains that the Tanna Kamma disputes R' Nechemyah; while the others must return their profits, a *sheviis* merchant need not, since he did not actually take another person's money. R' Nechemyah, however, holds that his repentance is incomplete as long as he profited from his illegal activity (*Rosh* ibid.; *Chidushei HaRan* ibid.). Others maintain that there is no dispute – R' Nechemyah is simply clarifying that the Tanna Kamma does in fact require even the *sheviis* merchant to relinquish his *sheviis* earnings in order to regain eligibility (*Or Zarua* ibid.; *Yad Ramah* ibid.; *Rambam, Hil. Eidus* 12:8, as explained by *Kesef Mishneh* and *Lechem Mishneh* there).]

10. *Tosefta Sanhedrin* 5:5.

11. Because they allow their animals to graze in other people's fields; see note 14 below.

12. A *chamsan* is one who seizes something against the owner's will, but pays for it (*Korban HaEidah; Pnei Moshe,* from *Rashi* to *Bavli Sanhedrin* 25b ד"ה חמסן). Such a person is not considered a thief by Biblical law, and is therefore disqualified from serving as a witness only by Rabbinic law (see *Tosafos* to *Bava Kamma* 62a ד"ה חמסן יהיב דמי).

[Although Scripture explicitly disqualifies an עֵד חָמָס, *a witness of chamas* (*Exodus* 23:1), the Scriptural term *chamas* denotes true robbery, not forcible purchase. The latter is therefore not included in the Biblical disqualification. A person who purchases forcibly is defined as a *chamsan* only by Rabbinic law (*Tosafos HaRosh* to *Bavli Sanhedrin* 25b ד"ה מעיקרא סבור דמי; *Tosafos* to *Bava Kamma* ibid. ד"ה מה בין חמסן).]

13. Actual robbers are certainly disqualified under Biblical law. This Baraisa, which lists robbers as disqualified by the Sages, refers to those who rob a person who is mentally incompetent (i.e. a deaf-mute, a deranged person, or a minor) of a lost object found by them. Under Biblical law, these individuals lack the mental capacity to take legal possession of an ownerless object. As such, the object remains ownerless even after they take it, and one who takes it from them is not, Biblically speaking, a "robber." However, the Sages prohibited taking such an item from them in order to avoid the quarreling that would inevitably result (*Gittin* 5:9). A person who violates this Rabbinic decree for the sake of profit is also suspect of testifying or judging falsely for payment, and was therefore disqualified by the Sages (*Korban HaEidah; Pnei Moshe;* see also *Rashi* ibid. ד"ה סוף ממונא שקלי and *Nimukei Yosef* to *Sanhedrin* fol. 5a ד"ה תאנא).

ויחזור בו חזרה גמורה. סוחר שביעית זה תגר שביעית. [א]אי זהו [א]סוחר שביעית. [א]זה שהוא יושב ובטל כל שני שבוע כיון שהגיעה שביעית התחיל מפשיט את ידיו ונושא ונותן בפירות [ב]עבירה. מאימתי מקבלין אותו. [ב]משתגיע שביעית אחרת ויבדק ויחזור בו חזרה גמורה. תני [ג]ר' יוסי אומר שני שביעיות. תני [ג]בשם ר' נחמיה חזירת ממון [ג]לא חזירת דברים [ג]ויאמר הא לכם מאתים זוז וחלקום לעניים מה [ד]שנשתכרתי מפירות עבירה. [ד][ד]הוסיפו עליהן הרועים [ה]והחמסנים והגזלנים וכל החשודין על הממון עדותן בטילה. אמר ר' אבהו [ו]ובלבד ברועים בהמה דקה: אמר ר' חונה מאן תנא מפריחי יונים ר' ליעזר דתנינן תמן [ז]שנים בשם ר' ליעזר [ח][ה]יוצא היא אשה בעיר של זהב ומפריחי יונים פסולין [ו]מן העדות. אמר ר' מנא קומי ר' יוסה [ז]כל ההיא דסנהדרין כר' ליעזר. אמר ליה דברי הכל היא. מהו דברי הכל היא. הכא אמר ר' יוסה יודעין [ח]אנו שהוא פסול מעדות ממון [ט]מה בא להעיד [י]כשם שהוא פסול מעדות ממון כך הוא פסול מעדות נפשות. ועידי החודש כעידי נפשות אינון [כ]והא תני זה הכלל כל עדות שאין האשה כשירה לה אף הן אינן כשירין לה מאן תניתה רבנן רבנן כר' ליעזר [ל]מודיי ליה פליגין עלויי. ר' יונה בשם ר' חונה כולהן [מ]דר' ליעזר.

פני משה

חזרה גמורה. להאי לישנא דמין שחוק הוא הויא חזרה גמורה דאפילו בחנם לא עבד. ולאידך לישנא דגזל הוא וכדפרישית במתניתין מקבלי עלייהו דאפילו במדבר לא עבדי: **זה תגר שביעית.** שנושא ונותן בפירות שביעית: **ואיזהו סוחר שביעית.** כלומר ובאיזה סוחר שביעית אמרו זה שהוא יושב בטל וכו', לזה הוא שקראו תגר שביעית ולפיכך חזרתו ושיהא מקבלין אותו משתגיע שביעית אחרת ויבדק שחוזר חזרה גמורה שאינו נושא ונותן בפירות שביעית לגמרי, ולא מהני חזרת ממון שבין שביעית לשביעית לענין שיבדק בזה: **תני ר' יוסי אומר שני שביעיות.** צריך שיעברו ויבדק בהן: **חזרת ממון.** צריך גם כן, ולא חזירת דברים בלבד אלא שאמר הא לכם וכו': **והחמסנים.** דיהבי דמי בעל כרחן דבעלים ופסלינהו רבנן: **והגזלנים.** לאו גזלנים ממש דפסולין מן התורה הן, אלא בהני דאית בהו גזל מפני דרכי שלום כגון מציאת חרש שוטה וקטן (גיטין נט:) וכיוצא בהן: **ובלבד ברועים בהמה דקה.** רועים שאמרו בבהמה דקה אמרו, לפי שהן עשויין (להשתמש) [להשתמט] ורצים לשדות אחרות, אבל גסה אפשר לשומרה: **מאן תנא מפריחי יונים.** פסולין לעדות: **ר' אליעזר דתנינן תמן.** בפ"ב דעדיות (מ"ז) שלשה דברים אמרו לפני ר' עקיבא, שנים משום ר' אליעזר ואחד משום ר' יהושע, שנים משום רבי אליעזר יוצאת היא האשה וכו' ומפריחי יונים פסולין לעדות, ומתניתן דהכא כר' אליעזר היא: **כל ההיא דסנהדרין כר' אליעזר.** אם מתניתן דתנינן בפ"ג דסנהדרין (מ"ג) אלו הן הפסולין וכו' גם כן כר' אליעזר היא, ולא כרבנן דקתני נמי התם מפריחי יונים: **אמר ליה.** לא היא אלא מתניתין דהתם כדברי הכל מתניא לה וכדמפרש ואזיל: **מהו דברי הכל.** ומאי שנא, דמתניתין דהכא מוקמינן כר"א דוקא ומתניתין דסנהדרין כדברי הכל: **הכא.** ברה"ש השנה אמר ר' יוסה היינו טעמא דמוקמינן כר' אליעזר דוקא, משום דכל עדות שהעידו בעדיות משום ר' אליעזר בענין זה בעדות נפשות מיירי כדמסיק ואזיל: **יודעין אנו שהוא פסול מעדות ממון.** בלאו האי עדות שאמרו משום ר' אליעזר, היינו יודעין שפסול הוא מעדות ממון הואיל דחשוד על ממון הוא: **מאי בא להעיד.** האי עדות משום ר' אליעזר, מה בא להוסיף ולהעיד: **אלא לאשמעינן דכשם שהוא פסול לעדות ממון כך פסול אף לעדות נפשות.** דלא תימא נפשות חמירא ליה ולא חשדינן ליה, קא משמע לן. והשתא עדות החדש כדין עדות נפשות הוא. דלאו לעדות ממון קא מסהדי והלכך מוקמינן למתניתין דהכא כר' אליעזר דסבירא ליה פסול הוא לכל עדות שבעולם, אבל התם בסנהדרין בעדות ממון מיירי דברי הכל הוא דפסול: **והא תני.** הכא בסיפא זה הכלל כל עדות וכו', דמשמע אבל עדות שהאשה כשירה לה וכדפרישית במתניתין אף הן כשרין לה, ומאן תניתה הך סיפא רבנן היא, דאלו לר' אליעזר פסולין הן לשאר עדיות וכמו מפריחי יונים דקתני ברישא ומוקמת לה כר' אליעזר דאפילו בעדות דלאו ממון פסול הוא, והשתא קשיא רבנן כר' **אליעזר מודיי ליה פליגין עלוי,** וכלומר דודאי לא מצית אמרת דרבנן מודו לר' אליעזר דאף בעדות דלאו ממון מיפסל דהא רישא כר' אליעזר מוקמת לה, ושמע מינה דרבנן פליגין עלוה וסברי דלא מיפסל אלא לעדות ממון, וא"כ תו לא מצינו לאוקי סיפא דמתניתין כרבנן, דרישא כר' אליעזר וסיפא כרבנן בתמיה, ועוד דלרבנן דפליגי אדר' אליעזר לא מצינו לאוקמי הסיפא כוותייהו כלל, דהיכי קתני זה הכלל כל עדות שאין האשה כשירה לה וכו', הא איכא עדות נפשות שאין האשה כשירה לה והן כשרין לה, דהא את אמרת דרבנן לא פסלי להו אלא בעדות ממון דוקא ולא בעדות נפשות ומשום דחמירא להו ולא משקרי: **ר' יונה בשם רב הונא.** קאמר דלא צריכית לאוקמה להסיפא כרבנן, אלא כולהן בין הרישא ובין הסיפא דמתניתין דר' אליעזר היא, דמודה ר' אליעזר דפסולי עדות מדרבנן אלו כשרין הן לעדיות אלו שהאשה כשרה לה כגון להעיד על אשה שמת בעלה וכו', ולא הוסיף בעדות משום ר' אליעזר במפריחי יונים וכיוצא בהן, אלא בעדות דלאו ממון וכי הא דהכא בעדות החדש שגם האשה אינה כשרה לה:

קרבן העדה

בפירות עבירה. פירות שביעית: **שני שביעיות.** אינו חוזר לכשרותו עד שיעברו עליו שני שמיטות שנראה שחוזר בהן: **לא חזרת דברים.** לומר לא נוסיף לעשות עוד סגי, אלא צריך שיחזרו הממון שכינסו מפירות שביעית*: **והחמסנים.** הם הנותנין דמים, אלא שאין רצון הבעלים למכור: **והגזלנים.** אפילו הגוזל מציאת חרש שוטה וקטן, דאינו גזל אלא מדרבנן: **ובלבד ברועה בהמה דקה.** שהם נשמטים ורועות בשדות אחרים, מה שאין כן ברועי בהמה גסה: **דתנינן תמן.** שני דברים בשם ר' אליעזר אחת יוצאה אשה וכו': **עיר של זהב.** תכשיט שירושלים עיר הקדש חקוק עליו: **מפריחי יונים.** ועוד אמרו בשם ר' אליעזר מפריחי יונים פסולין לעדות: **כל האי דסנהדרין.** לפי זה כולא מתניתין דסנהדרין שהן פסולין מדרבנן, כר' אליעזר אתיא: **אמר ליה.** ר' יוסה מתניתין דהכא ודסנהדרין דברי הכל היא: **הכא.** כך אמר ר' יוסי מודים חכמים לר' אליעזר שגזלן מדרבנן פסול לעדות ממון, וזה שבא להעיד משמיה דר' אליעזר לא בא אלא לומר דר' אליעזר פוסל גזלן דרבנן לעדות נפשות: **ועידי החדש כעידי נפשות אינון.** בתמיה, ודאי כעידי ממון הן, ולפיכך פסולין לעדות החדש, ומתני' כדברי הכל: ופריך **והא תני זה הכלל** וכו' **מאן תניתה רבנן.** איך תאמר דאף כרבנן אתיא מתני', והא איכא עדות בדיני נפשות שאין האשה כשרה לה והן כשירין לה, אלא ודאי ר' אליעזר היא: **רבנן כר' אליעזר מודין ליה ופליגין עלוי.** בתמיה, וסיומא דקושיא היא, דאף לדבריך אי אפשר לאוקמי מתני' דהכא כרבנן: **כולהן דר' אליעזר.** אף מתניתין דסנהדרין כר' אליעזר, דלרבנן אפילו לעדות ממון כשירין:

עין משפט

א [מיי' פ"י מהלכות עדות הלכה ד טוש"ע חו"מ סימן לד סעיף טז]:
ב [מיי' שם פי"ב הלכה ח טוש"ע חו"מ סימן לד סעיף לב]:
ג מיי' פי"ב מהלכות עדות הלכה ח טוש"ע חו"מ סימן לד סעיף לב:
ד מיי' שם פ"י הלכה ד טוש"ע חו"מ סימן לד סעיף יג:
ה מיי' שם פ"כ הלכה א [ופ"י הלכה ד] טוש"ע חו"מ סימן לד סעיף ח:

שינויי נוסחאות

א] **סוחר.** בירושלמי שבועות (פ"ז ה"ד) **תגר:**
ב] **עבירה.** בירושלמי סנהדרין (פ"ג ה"ה) ושבועות (שם) **שביעית:**
ג] **ויאמר.** בירושלמי סנהדרין (שם) **שיאמר.** בירושלמי שבועות (שם) **שאמר:**
ד] **שנשתכרתי.** בירושלמי סנהדרין (שם) ושבועות (שם) **שכנסתי:**
ה] **יוצא היא.** בעדיות (פ"ב מ"ז) **יוצאת** אשה:
ו] **מן העדות.** בעדיות (שם) **לעדות:**
ז] **כל ההיא דסנהדרין.** בירושלמי סנהדרין (שם) **עוד הדא דסנהדרי.** בירושלמי שבועות (שם) **ועוד מהדא** דסנהדרין:
ח] **אנו.** בירושלמי סנהדרין (שם) **היינו.** בירושלמי שבועות (שם) **היו:**
ט] **מה.** בירושלמי שבועות (שם) **ומה:**
י] **כשם.** בירושלמי סנהדרין (שם) ושבועות (שם) **אלא** כשם:
כ] **והא תני.** בירושלמי סנהדרין (שם) ושבועות (שם) **דתנינן:**
ל] **מודיי ליה פליגין.** בירושלמי סנהדרין (שם) **מודין ליה ופליגין.** בירושלמי שבועות (שם) **מוריין ליה ופליגי:**
מ] **דר'.** בירושלמי סנהדרין (שם) ושבועות (שם) **כר':**

מסורת הש"ס

א) [שביעית פ"ז ה"א, סנהדרין פ"ג מ"ג ועירובין פב. בשינוי] ב) [סנהדרין פ"ג ה"ה, שבועות פ"ז ה"ד] ג) [סנהדרין פ"ג ה"ה, שבועות פ"ז ה"ד, סנהדרין כה:, תוספתא סנהדרין פ"ה ה"ב] ד) [סנהדרין פ"ג ה"ה, שבועות פ"ז ה"ד, סנהדרין כה:, תוספתא סנהדרין פ"ה ה"ה] ה) [סנהדרין כז., מכילתא משפטים מס' דכספא פרשה כ, ילקו"ש משפטים שנב] ו) [עי' סנהדרין כה:] ז) עדיות פ"ב מ"ז [שבת פ"ו ה"א, עי' תוספתא עדיות פ"א ה"ח] ח) [שבת נט:, קלח., תוספתא שבת פ"ה ה"ו]

שירי קרבן

לא חזרת דברים וכו'. בסנהדרין דף כ"ה ע"ב פירש"י בד"ה לא חזרת וכו', אלא חזרה הניכרת שיפזרו פירות שביעית שבגנותיהן ע"כ. ותימה הא ר' נחמיה קאמר שיפזר המעות שכינס מפירות שביעית. ונראה שרש"י כתב כן משום דקשיא ליה מאי שנא דמי שביעית מדמי ריבית וגזל, לכך מפרש דאינו צריך לפזר אלא מה שהוא עדיין בעין בידו. אך לענ"ד יש לחלק ביניהן, דגזל וריבית כיון דלאחר התקנה שתיקנו חכמים אין מקבלין מידן, לא תני לה בכלל חזרה, אבל פירות שביעית דמאיסורא כנים להו צריך לחלקם לעניים כל מה שכינס, וכן נראה מסתימת כל הפוסקים ול"ע:

מפני שהן ארבעים זוג [א]אבל אם היה זוג אחד לא היה מעכבו: שלח לו רבן גמליאל אם מעכב אתה את הרבים נמצאת [א]מכשלן לעתיד לבוא: [ב]לא נמצאת מעכב את הרבים מלעשות דבר מצוה [א]וכל המעכב את הרבים מלעשות דבר מצוה צריך נידוי. [ג]אמר ר' יהודה הנחתום חס [ב]ושלום לא נתנדה ר' עקיבה אלא ראש [ג]גדר היה ושלח רבן גמליאל והעבירו מראשיתו: **הלכה ו** מתני' [מ"ז] [ב][ד]אב ובנו שראו את החודש ילכו. לא שמצטרפין זה עם זה אלא שמא ייפסל אחד מהן יצטרף השיני עם אחר. [ה]ר' שמעון אומר אב ובנו וכל הקרובים כשירין לעדות החודש. אמר ר' יוסי מעשה בטוביה הרופא שראה את החודש בירושלם הוא ובנו ועבדו המשוחרר וקיבלו הכהנים אותו ואת בנו ופסלו את עבדו. וכשבאו [ד]לבית דין קיבלו אותו ואת עבדו ופסלו את בנו: גמ' טעמא דר' שמעון כתחילתה [א]ויאמר ה' אל משה ואל אהרן החודש הזה לכם ראש חדשים וגו': קיבלו הכהנים אותו ואת בנו ופסלו את עבדו: משם פסול: וכשבאו לבית דין קיבלו אותו ואת עבדו ופסלו את בנו: משם קרוב: **הלכה ז** מתני' [מ"ח] [ג][ו]אלו הן הפסולין המשחק בקוביא והמלוה בריבית [ז]ומפריחי יונים וסוחרי שביעית ט. [ד][ח]ועבדים. [ט]זה הכלל כל עדות שאין האשה כשירה לה אף הן אינן [ה]כשירין: גמ' אלו הם הפסולים המשחק בקוביא: [י]זה המשחק בפסיפסין. [ה]אחד המשחק בפסיפסין ואחד המשחק בקליפי אגוזים ורימונים. מאימתי מקבלין אותו. [ו]משישבור את [ו]פסיפסיו ויבדק ויחזור בו חזרה גמורה. מלוה בריבית זה שהוא מלוה בריבית. מאימתי מקבלין אותם. [ז]משיקרע את שטרותיו ויבדק ויחזור חזרה גמורה. מפריחי יונים זה שהוא ממרה יונים. [ח]אחד ממרה יונים ואחד ממרה שאר בהמה חיה ועוף. מאימתי מקבלין אותו. [ט]משישבור את פגימיו ויבדק

קרבן העדה

אבל אם היה זוג אחד. אע"פ שנראה בגלוי לא היה מעכבן, דמלוה לקדש על פי עדים, דמודה ר' עקיבא דמספיקא מחללין את השבת: **לא נמצאת וכו'.** שאף על פי שאין צורך בהם הם מתכוונים על כל פנים לדבר מצוה: **ראש גדר היה.** שר של מקום ששמו גדר היה, ושלח רבן גמליאל והעבירוהו משררותו: **מתני'** שאם יפסל. יכשל בפיו כשיבדקוהו כדלקמן (פ"ב ה"ד - יד:), או שאר פסול הפוסל העדות: **גמ'** טעם דר' שמעון. דמכשיר בקרובים: כתחלתה. כמו שהיה עדות החדש הראשון שהיה במצרים, והיו משה ואהרן שהיו אחים: **משום פסול.** דדריש החדש הזה לכם, מיוחסים כמוכם: **משום קרוב.** דפסולין לעדות החדש (בכל) [ככל] עדיות שבתורה, ודרשו לכם לחשובי הדור כמותכם תהא מסורה, ולעדות אף העבדים כשירים: **מתני'** משחקים בקוביא. עצמות שמשחקין בהן בערבון, ואמרו רבנן אסמכתא לא קניא (סנהדרין כד:), והרי הן גזלנים מדרבנן: **ומלוי בריבית.** לאו גזלן דאורייתא הוא למיפסליה, דמנפשיה יהיב ליה, וסברי אינשי דלאו גזל הוא: **מפריחי יונים.** מפרש בגמ': **וסוחרי שביעית.** עושין סחורה בפירות שביעית, והתורה אמרה לאכלה ולא לסחורה. ולפי שנחשדו כל אלו לעבור על דת מחמת ממון חשודים להיות מעידים שקר על שוחד: **והעבדים.** פסולים דאורייתא הם, קל וחומר מאשה (ב"ק פח.). וקמ"ל אף על גב דאינן פסולים מחמת עבירה מודה ר' שמעון דפסולים לעדות החדש, אף על גב דמכשיר בקרובים: **גמ'** בפספסין. שברי עצים: **בקליפי אגוזים.** שאין עשויין לכך אלא אקראי בעלמא: **ויבדק.** ויבדל ממנו. אי נמי ויבדק, שחוזר בו חזרה גמורה: **ממרה יונים.** מרגיזין זה על זה להלחם: **שאר בהמה וחיה.** דלאו מילתא דשכיחא הוא: **פגימיו.** אלו דפין שמוזרים בהן:

פני משה

אבל אם היה זוג אחד לא היה מעכבו. כלומר לא שאם לא היה אלא זוג אחד קאמר דפשיטא שלא היה מעכבו, ומאי קא משמע לן, אלא דהכי קאמר שאם אותן ארבעים זוג היו באים כולם כאחד וכמו זוג אחד שבאין שני העדים כאחד דזה בלא זה לא מהני, כך היו באים כל הארבעים זוג כאחד, לא היה מעכבו לשום זוג מאותן הארבעים, וטעמא דאכתי אינו ידוע איזה זוג מהן יכשר שיהא עדותן מכוונת ושלא יהו נתפסין בדבריהן ונמצא שיש צורך לכולם ולא היה מעכבו לשום אחד מהם: **מתני'** אב ובנו שראו את החדש ילכו. לפני הבית דין: **ולא שמצטרפין זה עם זה.** להעיד, אלא שאם יפסול אחד מהן שיכשל בפיו כשיבדקו אותו כילד ראית וכו' כדלקמן (בפ"ו) [בפ"ב] (ה"ד - יד:). אי נמי שמא ימצא אחד פסול שהוא גזלן וכיוצא בו משאר הפסלנות שבגופו: **ר' שמעון אומר אב ובנו וכו' כשרים לעדות החדש.** טעמא דר' שמעון מפרש בגמרא (בבלי כב.) דאמר רחמנא למשה ולאהרן החדש הזה לכם, ודריש ר' שמעון עדות זו של חדש תהא כשירה בכם ואע"פ שאתם אחים, ורבנן סברי דהכי קאמר עדות זו תהא מסורה לכם וכן לגדולים ומומחים בכל דור, ואין יחיד מומחה ראוי לקדש דאין לך מומחה יותר ממשה רבינו, ואמר ליה הקב"ה עד דאיכא אהרן בהדך (בבלי כה:): **ועבד משוחרר.** והרי הוא כישראל לכל דבר: **וקבלו הכהנים וכו'.** דהוה סבירא להו כר' שמעון: **ופסלו את עבדו.** אע"פ שהוא משוחרר משום דהוה דרשי אתך בדומין לך (סנהדרין יז.) מיוחסין וכשרין כמותך, ולמעוטי אלו שאינן מיוחסין כמותך. **וכשבאו לבית דין** וכו' ואין הלכה כר' שמעון: **גמ'** טעם דר' שמעון כתחילתה. כמו שנצטוו בתחילת קידוש החדש דכתיב החדש הזה לכם וכו', כדפרישית במתניתין: **מתני'** אלו הן הפסולין. לעדות החדש: **המשחק בקוביא.** עצמות שמשחקין בהן או במיני פספסין שהן שברי עצים ומשחקין בערבון זה עם זה, ומדאורייתא לא הוי גזלן אלא שחכמים פסלוהו, ומטעמא לפי שאינו מתעסק בישובו של עולם, ואסור לו לאדם להתעסק בדברים כאלו אלא או בתורה ובגמילות חסדים או בסחורה ואומנות שיש בהן ישובו של עולם: **והמלוה בריבית.** מלוה הבאה ברבית לפי שאחד המלוה ואחד הלוה שניהם פסולין (סנהדרין כה:), ואם רבית קצוצה היא מן התורה פסולין הן: **ומפריחי יונה.** אית דמפרשי מין ממיני שחוק אם תקדים יונך ליוני אתן לך כך וכך ואם יוני תקדים תתן לי, ואית דמפרשי שמגדל יונה מלומדת להביא יונים אחרים לבית בעלה בעל כרחן (סנהדרין כה.), ויש בהן גזל מפני דרכי שלום, אבל לא גזל גמור שלא זכה בהן בעל השובך דממילא קאתו ורבו להתם (רש"י שם ד"ה מפני): **וסוחרי שביעית.** עושין סחורה בפירות שביעית ורחמנא אמר (ויקרא כה ו) לכם לאכלה ולא לסחורה, ומכל מקום מדאורייתא אינם פסולין, משום דלא משמע להו לאינשי דאיכא איסורא בסחורה מכיון דהדר אכלי ליה בקדושת שביעית: **ועבדים.** שאינן משוחררין קל וחומר מאשה, ואף על גב דפסולי עדות מדאורייתא נינהו, איצטריך למיתני דלא תימא כיון דלאו מחמת עבירה מיפסלי מתכשרי לעדות החדש מידי דהוה אקרובים לר' שמעון: **זה הכלל כל עדות שאין האשה כשירה לה וכו'.** לפי שיש עדות שהאשה כשירה, כגון להעיד על אשה שמת בעלה להתירה להנשא (יבמות קכב.), וכן להעיד על הסוטה שנטמאת שלא תשתה (סוטה לא.), וכן בעגלה ערופה להעיד על ההורג ושלא יהו עורפין, והנך פסולי עדות מן דבריהם נמי כשרים לכל עדות שהאשה כשירה לה, אבל בפסולי עדות מן התורה לא הכשירו חכמים לעדות אשה, ואע"פ שהכשירו עבד ואשה לעדות אשה, והן פסולין מן התורה לשאר עדות התם טעמא אחרינא איכא משום עיגונא וכו' כמפורש בגיטין (עא.) ובשארי מקומות: **גמ'** המשחק בקוביא זה המשחק בפספסין. תוספתא היא בפ"ה דסנהדרין (ה"ב) וגרסינן לכל הסוגיא דהכא בפ"ג דסנהדרין בהלכה ה': **בקליפי אגוזים וכו'.** אע"פ שאינן עשוים לכך: **משישבור את פספסיו ויבדק.** שלא יעשה עוד, ויחזור בו חזרה גמורה דאפילו בחנם לא עבדי: **משיקרע את שטרותיו ויבדק.** אם חוזר בו חזרה גמורה, דאפילו לנכרים לא מוזפי ברבית: **ממרה יונים.** כדפרישית במתניתין: **משישבור את פגימיו.** הן הדפין שמזרז אותן בהן:

מסורת הש"ס

א) לקמן פ"ב ה"ו - ח. [מגילה פ"ג ה"ז] ב) [תענית פ"ג הי"י] מו"ק פ"ג ה"א ג) ר"ה כב. ד) ר"ה כב. ה) [ילקו"ש בא קפו] ו) [סנהדרין פ"ג מ"ג, שבועות פ"ז ה"ד, עירובין פב.] ר"ה כב. [סנהדרין כז:, תוספתא סנהדרין פ"ה ה"ב בשינוי] ז) [עדיות פ"ב מ"ז, שבת פ"ו ה"א, סנהדרין פ"ג ה"ה, תוספתא עדיות פ"א ה"ח בשינוי] ח) [ב"ק פח. וילקו"ש כי תצא תתקלח בשינוי] ט) [סנהדרין פ"ג ה"ה, שבועות פ"ז ה"ד] י) סנהדרין פ"ג ה"ה ושבועות פ"ז ה"ד [כל הענין] סנהדרין כה: [ותוספתא סנהדרין פ"ה ה"ב כל הענין בשינוי]

מראה הפנים

מפני שהן ארבעים זוג וכו'. על כרחך כדפרישית בפנים, דאל"כ מאי האי דקאמר אבל אם היה זוג אחד לא היה מעכבו. ויש לכוין זה לכוונת רש"י ז"ל שפירש במתני' (כא:) ארבעים זוג זוג אחר זוג. והיינו כדאמרן שאחר שהעיד זוג הראשון ונתקבל עדותן בב"ד עברו אח"כ זוג אחר זוג עד ארבעים זוג ועיכבו, אבל אם היו כולן באים כאחד לא היה מעכב לשום זוג מהן:

עין משפט

א מיי' פ"ו מהלכות תלמוד תורה הלכה יד טוש"ע יו"ד סימן שלד סעיף מג:
ב מיי' פ"ב מהלכות קידוש החודש הלכה א:
ג מיי' פ"י מהלכות עדות הלכה ד [סמ"ג לאוין ריד] טוש"ע חו"מ סימן לד סעיף טז [וסעיף י]:
ד מיי' שם הלכה א [טוש"ע חו"מ סימן לד סעיף יט]:
ה [מיי' שם הלכה ד טוש"ע חו"מ סימן לד סעיף טז]:
ו מיי' שם פי"ב הלכה ו טוש"ע חו"מ סימן לד סעיף ל:
ז מיי' שם הלכה ה טוש"ע חו"מ סימן לד סעיף טו:
ח [מיי' שם פ"י הלכה ד טוש"ע חו"מ סימן לד סעיף טז]:
ט מיי' שם פי"ב הלכה ז טוש"ע חו"מ סימן לד סעיף לא:

שינויי נוסחאות

א] **מכשלן לעתיד לבוא.** בירושלמי תענית (פ"ג הי"י) עפ"י המגיה בכי"ל **מביא מבול לעולם:**
ב] **ושלום וכו'.** בבבלי (כב.) ושלום **שר' עקיבא עיכבן, אלא שזפר ראשה של גדר עיכבן** ושלח:
ג] **גדר היה.** במלאכת שלמה ראש **גולה עיכבן.** וסיים דבירושלמי שלפנינו גרסינן כמו שהוא בפנים:
ד] **לבית.** כ"ה גם גירסת הרמב"ם בפיה"מ. במשניות ובבבלי (כב.) **לפני בית:**
ה] **כשירין.** במשניות ובבבלי (שם) נוסף **לה:**
ו] **פסיפסיו ויבדק ויחזור.** בירושלמי סנהדרין (פ"ג ה"ה) נוסף **או יקרע שטרותיו ויבדק ויחזרו בהן:**

תורה אור השלם

א) וַיֹּאמֶר יְהֹוָה אֶל מֹשֶׁה וְאֶל אַהֲרֹן בְּאֶרֶץ מִצְרַיִם לֵאמֹר: הַחֹדֶשׁ הַזֶּה לָכֶם רֹאשׁ חֳדָשִׁים רִאשׁוֹן הוּא לָכֶם לְחָדְשֵׁי הַשָּׁנָה: (שמות יב א-ב)

זֶה הַכְּלָל – **This is the general rule** regarding these people: כָּל עֵדוּת שֶׁאֵין הָאִשָּׁה כְּשֵׁירָה לָהּ אַף הֵן אֵינָן כְּשֵׁירִין – **Any testimony for which a woman is ineligible, they too are ineligible.**[26]

Gemara

The Mishnah stated: אֵלּוּ הֵן הַפְּסוּלִים הַמְשַׂחֵק בְּקוּבְיָא – **THESE ARE THE ONES WHO ARE INELIGIBLE: ONE WHO PLAYS WITH DICE** etc.

The Gemara cites a Baraisa that elaborates on the disqualifications listed in our Mishnah:

זֶה הַמְשַׂחֵק בְּפִסִּיפְסִין – It was taught in a Baraisa:[27] "One who plays with dice" – **THIS REFERS TO ONE WHO PLAYS WITH WOODEN CHIPS.**[28] אֶחָד הַמְשַׂחֵק בְּפִסִּיפְסִין וְאֶחָד הַמְשַׂחֵק בִּקְלִיפֵּי אֱגוֹזִים וְרִימּוֹנִים – This disqualification applies **WHETHER ONE PLAYS WITH WOODEN CHIPS, OR WHETHER ONE PLAYS WITH** chips made from **NUTSHELLS AND POMEGRANATE PEELS.**[29] מֵאֵימָתַי מְקַבְּלִין אוֹתוֹ – **WHEN CAN HE BE ACCEPTED** as a witness once again? מִשֶּׁיִּשְׁבּוֹר אֶת פִּסִּיפְסָיו וְיִבָּדֵק וְיַחֲזוֹר בּוֹ חֲזָרָה גְּמוּרָה – Only **AFTER HE BREAKS HIS WOODEN CHIPS,**[30] **IS EXAMINED,**[31] **AND** is found to have **EFFECTED A COMPLETE REFORMATION.**[32]

מַלְוֶה בְּרִיבִּית זֶה שֶׁהוּא מַלְוֶה בְּרִיבִּית – **"ONE WHO LENDS ON INTEREST" – THIS REFERS TO ONE WHO LENDS ON INTEREST.**[33] מֵאֵימָתַי מְקַבְּלִין (אותם) [אוֹתוֹ][34] – **WHEN CAN HE BE ACCEPTED** as a witness once again? מִשֶּׁיִּקְרַע אֶת שְׁטָרוֹתָיו וְיִבָּדֵק וְיַחֲזוֹר חֲזָרָה גְּמוּרָה – **AFTER HE TEARS UP HIS** interest-bearing loan **DOCUMENTS,**[35] **IS EXAMINED, AND EFFECTS A COMPLETE REFORMATION.**[36]

מַפְרִיחֵי יוֹנִים זֶה שֶׁהוּא מַמְרֶה יוֹנִים – **"PIGEON FLIERS" – THIS REFERS TO ONE WHO INCITES PIGEONS** to race one another for gambling purposes.[37] אֶחָד מַמְרֶה יוֹנִים – This disqualification applies **WHETHER ONE INCITES PIGEONS** to race one another, וְאֶחָד מַמְרֶה שְׁאָר בְּהֵמָה חַיָּה וְעוֹף – **OR WHETHER ONE INCITES OTHER DOMESTIC ANIMALS, WILD ANIMALS, OR BIRDS** to race one another.[38] מֵאֵימָתַי מְקַבְּלִין אוֹתוֹ – **WHEN CAN [A PIGEON FLIER] BE ACCEPTED** as a witness once again? מִשֶּׁיִּשְׁבּוֹר אֶת פְּגִימָיו וְיִבָּדֵק – **AFTER HE BREAKS HIS CLACKERS** (i.e. the wooden sticks used to spur the pigeons[39]), **IS EXAMINED,**

NOTES

26. Women are generally ineligible to testify (see *Bavli Shevuos* 32a). Yet, there are certain matters in which their testimony is accepted. By comparing the above disqualifications — which are but Rabbinic — to women, the Mishnah signifies that wherever a woman's testimony is accepted, the testimony of a person disqualified by Rabbinic law is accepted as well (*Pnei Moshe,* from *Bavli* 22a). The Gemara [11b] will discuss this implication.

27. *Tosefta Sanhedrin* 5:2.

28. *Korban HaEidah,* from *Rashi* to *Bavli Sanhedrin* 26b ד״ה פספסין.

[*Korban HaEidah* to *Yerushalmi Sanhedrin* 3:5 adds, based on *Aruch* ערך פספס ב׳, that they would play with these chips on colored boards. This would imply that it is a board game of some sort, not dice. This supports the understanding (cited above, note 21) that *kuvya* is not dice per se, but just a general term for gambling, which the Baraisa now illustrates with the example of a type of board game. See also *Targum HaLaaz* (Gukovitzki) for inferences that the wooden chips *Rashi* refers to were actually coin-shaped, which would also seem to indicate markers used for a board game rather than dice.]

29. The disqualification applies even to a person who plays with these rudimentary types of dice, which are not designated for the game and would be used only occasionally (*Korban HaEidah; Pnei Moshe,* from *Rashi* to *Bavli Sanhedrin* 25b ד״ה אפילו קליפי אגוזים).

30. That is, it is not sufficient for a gambler to merely return his ill-gotten gains to their rightful owners in order to regain eligibility. Once one is disqualified on account of these sins, he cannot regain eligibility by merely rectifying his past misdeeds. He must demonstrate his resolve to permanently abandon his sinful practices by breaking his gambling devices (*Meiri* to *Bavli Sanhedrin* 25b; *Yad Ramah* ibid.).

31. That is, even after breaking his gambling devices, it must be proven through his subsequent behavior that he has abandoned gambling completely [as the Baraisa continues; see next note] (*Korban HaEidah*'s second explanation; *Pnei Moshe*).

32. This means that he does not engage in dice-playing even as a pastime, without money (*Pnei Moshe,* from *Bavli Sanhedrin* 25b). A sinner must take extreme measures, and refrain even from permitted activities associated with his past misdeeds, in order to counteract his tendencies toward these activities (*Yad Ramah* to *Bavli* ibid. סוד״ה מיתיבי; *Meiri* ibid. סוד״ה מי).

33. Superficially, this wording — *a lender on interest; this refers to one who lends on interest* — seems redundant. See, however, Variant A.

34. Emendation based on glosses to Vilna ed. [9a].

35. He must tear up these documents even though he will thereby destroy the documentation of the principal portion of the loan as well (*Yad Ramah* ibid. ד״ה מיתיבי; *Rosh* to *Bavli* ibid. 3:10). [This does not mean that he must forgo the principle, but that he must now collect it as an undocumented loan.]

36. That is, he must desist from lending on interest even to non-Jews, which is normally permitted [see *Bavli Bava Metzia* 70b-71a and *Shulchan Aruch, Yoreh Deah* 159:1] (*Pnei Moshe* from *Bavli* ibid.; see above notes 30, 32). See Variant A.

37. *Yad Ramah* to *Bavli Sanhedrin* 25b. [According to the explanation that "pigeon fliers" refers to those who train their pigeons to capture other people's pigeons (see note 23), the intent here is that they incite their pigeons to fight [and thus capture] other people's pigeons (ibid.; see also *Pnei Moshe,* from *Rashi* to *Bavli* ibid.; see *Chasdei David HaAroch* to *Tosefta* ibid.).]

[This explanation translates מַמְרֶה as *incite*, as in מַמְרִים הֱיִיתֶם עִם־ה׳, *you were rebellious* [i.e. *inciteful*] *against Hashem* (see *Yad Ramah* ibid.). Alternatively, מַמְרֶה translates as *train*, i.e. one who trains his pigeon to race, and is related to מוֹרֶה, *teach* (*Aruch* ערך מר ד׳). Yet another explanation translates מַמְרֶה as *gambling*, i.e. one who gambles on pigeons, and is related to הִמְרוּ, which refers to *betting* (see *Rashi* to *Shabbos* 31a ד״ה שהמרו, and *Chasdei David* ibid.).]

38. Even though gambling on these other types of animals is uncommon (*Korban HaEidah,* from *Rashi* to *Bavli* ibid.).

39. *Korban HaEidah; Pnei Moshe,* from *Rashi* ibid.

TEXTUAL AND INTERPRETIVE VARIANTS

A. *Yerushalmi*'s version of this Baraisa stresses that the disqualification on account of interest "refers to one who lends on interest." This seems to imply that only the lender is disqualified from testifying. *Bavli Sanhedrin* (25a), however, concludes that one who borrows on interest is also disqualified from testifying (see note 22 to the Mishnah). Indeed, whereas *Yerushalmi*'s citation of the Baraisa states: זֶה שֶׁהוּא מַלְוֶה בְּרִיבִּית, *this refers to one who **lends** on interest, Bavli*'s citation of the Baraisa (ibid. 25b) states: אֶחָד הַמַּלְוֶה וְאֶחָד הַלֹּוֶה, *both the lender and the borrower [are disqualified]*. Possibly, *Yerushalmi*'s citation represents a view that differs with *Bavli*'s conclusion, and maintains that only the lender is disqualified, not the borrower (as *Bavli* initially understood; see ibid. 25a). However, it is also possible that *Yerushalmi* does not differ with *Bavli* but specifies the lender only because the repentance described in the Baraisa — tearing up the interest-bearing loan documents — is relevant only to the lender. [See *Or Zarua* to *Sanhedrin* ibid., who explains that for the borrower to regain eligibility, he must desist from borrowing on interest even from non-Jews (see note 36).]

[It is of note that *Tosefta*'s version of the Baraisa states simply: הַמַּלְוֶה בְּרִבִּית אֵין יָכוֹל לַחֲזוֹר בּוֹ עַד שֶׁיִּקְרַע שְׁטָרוֹתָיו וכו׳, *a lender on interest cannot [be considered to] have repented until he tears up his documents* ... It is thus conceivable that the respective insertions of *Bavli* (*both the lender and the borrower*) and *Yerushalmi* (*this refers to one who lends on interest*) are not part of the Baraisa itself, but the two Gemaras' elaboration of it (see *Rashi* to *Bavli* ibid. 25b ד״ה במדבר).]

מפני שהן ארבעים זוג [א]אבל אם היה זוג אחד לא היה מעכבו: שלח לו רבן גמליאל אם מעכב אתה את הרבים נמצאת [א]מכשלן לעתיד לבוא: [ב]לא נמצאת מעכב את הרבים מלעשות דבר מצוה [א]וכל המעכב את הרבים מלעשות דבר מצוה צריך נידוי. [ג]אמר ר' יהודה הנחתום חס [ב]ושלום לא נתנדה ר' עקיבה אלא ראש [ג]גדר היה ושלח רבן גמליאל והעבירו מראשיתו: **הלכה ו מתני'** [מ"ז] [ב][ד]אב ובנו שראו את החודש ילכו. לא שמצטרפין זה עם זה אלא שמא ייפסל אחד מהן יצטרף השיני עם אחר. [ה]ר' שמעון אומר אב ובנו וכל הקרובים כשירין לעדות החודש. אמר ר' יוסי מעשה בטוביה הרופא שראה את החודש בירושלם הוא ובנו ועבדו המשוחרר וקיבלו הכהנים אותו ואת בנו ופסלו את עבדו. וכשבאו [ד]לבית דין קיבלו אותו ואת עבדו ופסלו את בנו: גמ' טעמא דר' שמעון כתחילתה [א]ויאמר ה' אל משה ואל אהרן החודש הזה לכם ראש חדשים וגו': קיבלו הכהנים אותו ואת בנו ופסלו את עבדו: משם פסול: וכשבאו לבית דין קיבלו אותו ואת עבדו ופסלו את בנו: משם קרוב: **הלכה ז מתני'** [מ"ח] [ג][ו]אלו הן הפסולין המשחק בקוביא והמלוה בריבית [ט][ז]ומפריחי יונים וסוחרי שביעית [ד][ח]ועבדים. [ט]זה הכלל כל עדות שאין האשה כשירה לה אף הן אינן [ה]כשירין: גמ' אלו הם הפסולים המשחק בקוביא: [י]זה המשחק בפסיפסין. [ח]אחד המשחק בפסיפסין ואחד המשחק בקליפי אגוזים ורימונים. מאימתי מקבלין אותו. [י]משישבור את [ו]פסיפסיו ויבדק ויחזור בו חזרה גמורה. מלוה בריבית זה שהוא מלוה בריבית. מאימתי מקבלין אותם. [ז]משיקרע את שטרותיו ויבדק ויחזור חזרה גמורה. מפריחי יונים זה שהוא ממרה יונים. [ח]אחד ממרה יונים ואחד ממרה שאר בהמה חיה ועוף. מאימתי מקבלין אותו. [ט]משישבור את פגימיו ויבדק

קרבן העדה

אבל אם היה זוג אחד. אע"פ שנראה בגלוי לא היה מעכבן, דמלוה לקדש על פי עדים, דמודה ר' עקיבא דמספיקא מחללין את השבת: **לא נמצאת וכו'.** שאף על פי שאין לורך בהם הם מתכוונים על כל פנים לדבר מלוה: **ראש גדר היה.** שר של מקום ששמו גדר היה, ושלח רבן גמליאל והעבירוהו משררותו: **מתני' שאם יפסל.** יכשל בפיו כשיבדקוהו כדלקמן (פ"ב ה"ד - יד:), או שאר פסול הפוסל העדות: **גמ' טעם דר' שמעון.** דמכשיר בקרובים: **כתחלתה.** כמו שהיה עדות החדש הראשון שהיה במצרים, והיו משה ואהרן שהיו אחים: **משום פסול.** דדריש החדש הזה לכם, מיוחסים כמוכם: **משום קרוב.** דפסולין לעדות החדש (בכל) [ככל] עדיות שבתורה, ודרשו לכם לחשובי הדור כמותכם תהא מסורה, ולעדות אף העבדים כשירים: **מתני' משחקים בקוביא.** עצמות שמשחקין בהן בערבון, ואמרו רבנן אסמכתא לא קניא (סנהדרין כד:), והרי הן גזלנים מדרבנן: **ומלוי בריבית.** לאו גזלן דאורייתא הוא למיפסליה, דמנפשיה יהיב ליה, וסברי אינשי דלאו גזל הוא: **מפריחי יונים.** מפרש בגמ': **וסוחרי שביעית.** עושין סחורה בפירות שביעית, והתורה אמרה לאכלה ולא לסחורה. ולפי שנחשדו כל אלו לעבור על דת מחמת ממון חשודים להיות מעידים שקר על שוחד: **והעבדים.** פסולים דאורייתא הם, קל וחומר מאשה (ב"ק פח.). וקמ"ל אף על גב דאינן פסולים מחמת עבירה מודה ר' שמעון דפסולים לעדות החדש, אף על גב דמכשיר בקרובים: **גמ' בפספסין.** שברי עלים: **בקליפי אגוזים.** שאין עשויין לכך אלא אקראי בעלמא: **ויבדק.** ויבדל ממנו. אי נמי ויבדק, שחוזר בו חזרה גמורה: **ממרה יונים.** מרגיזין זה על זה להלחם: **שאר בהמה וחיה.** דלאו מילתא דשכיחא הוא: **פגימיו.** אלו דפין שמורזים בהן:

פני משה

אבל אם היה זוג אחד לא היה מעכבו. כלומר לא שאם לא היה אלא זוג אחד קאמר דפשיטא שלא היה מעכבו, ומאי קא משמע לן, אלא דהכי קאמר שאם אותן ארבעים זוג היו באים כולם כאחד וכמו זוג אחד שבאין שני העדים כאחד דזה בלא זה לא מהני, כך היו באים כל הארבעים זוג כאחד, לא היה מעכבו לשום זוג מאותן הארבעים, וטעמא דאכתי אינו ידוע איזה זוג מהן יכשר שיהא עדותן מכוונת ושלא יהו נתפסין בדבריהן ונמצא שיש צורך לכולם ולא היה מעכבו לשום אחד מהם: **מתני' אב ובנו שראו את החדש ילכו.** לפני הבית דין: **ולא שמצטרפין זה עם זה.** להעיד, אלא שאם יפסול אחד מהן שיכשל בפיו כשיבדקו אותו כיצד ראית וכו' כדלקמן (בפ"ו) [בפ"ב] (ה"ד - יד:). אי נמי שמא ימצא אחד פסול שהוא גזלן וכיוצא בו משאר הפסלנות שבגופו: **ר' שמעון אומר אב ובנו וכו' כשרים לעדות החדש.** טעמא דר' שמעון מפרש בגמרא (בבלי כב.) דאמר רחמנא למשה ולאהרן החדש הזה לכם, ודריש ר' שמעון עדות זו של חדש תהא כשירה בכם ואע"פ שאתם אחים, ורבנן סברי דהכי קאמר עדות זו תהא מסורה לכם וכן לגדולים ומומחים בכל דור, ואין יחיד מומחה ראוי לקדש דאין לך מומחה יותר ממשה רבינו, ואמר ליה הקב"ה עד דאיכא אהרן בהדך (בבלי כה:): **ועבד משוחרר.** והרי הוא כישראל לכל דבר: **וקבלו הכהנים וכו'.** דהוה סבירא להו כר' שמעון: **ופסלו את עבדו.** אע"פ שהוא משוחרר משום דהוה דרשי אחך בדומין לך (סנהדרין יז.) מיוחסין וכשרין כמותך, ולמעוטי אלו שאינן מיוחסין כמותך. **וכשבאו לבית דין** וכו' ואין הלכה כר' שמעון: **גמ' טעם דר' שמעון כתחילתה.** כמו שנצטוו בתחילת קידוש החדש דכתיב החדש הזה לכם וכו', כדפרישית במתניתין: **מתני' אלו הן הפסולין.** לעדות החדש: **המשחק בקוביא.** עצמות שמשחקין בהן או במיני פספסין שהן שברי עצים ומשחקין בערבון זה עם זה, ומדאורייתא לא הוי גזלן אלא שחכמים פסלוהו, ומטעמא לפי שאינו מתעסק בישובו של עולם, ואסור לו לאדם להתעסק בדברים כאלו אלא או בתורה ובגמילות חסדים או בסחורה ואומנות שיש בהן ישובו של עולם: **והמלוה בריבית.** מלוה הבאה ברבית לפי שאחד המלוה ואחד הלוה שניהם פסולין (סנהדרין כה:), ואם רבית קצוצה היא מן התורה פסולין הן: **ומפריחי יונה.** אית דמפרשי מין ממיני שחוק אם תקדים יונך ליוני אתן לך כך וכך ואם יוני תקדים תתן לי, ואית דמפרשי שמגדל יונה מלומדת להביא יונים אחרים לבית בעלה בעל כרחן (סנהדרין כה.), ויש בהן גזל מפני דרכי שלום, אבל לא גזל גמור שלא זכה בהן בעל השובך דממילא קאתו ורבו להתם (רש"י שם ד"ה מפני): **וסוחרי שביעית.** עושין סחורה בפירות שביעית ורחמנא אמר (ויקרא כה ו) לכם לאכלה ולא לסחורה, ומכל מקום מדאורייתא אינם פסולין, משום דלא משמע להו לאינשי דאיכא איסורא בסחורה מכיון דהדר אכלי ליה בקדושת שביעית: **ועבדים.** שאינן משוחררין קל וחומר מאשה, ואף על גב דפסולי עדות מדאורייתא נינהו, איצטריך למיתני דלא תימא כיון דלאו מחמת עבירה מיפסלי מתכשרי לעדות החדש מידי דהוה אקרובים לר' שמעון: **זה הכלל כל עדות שאין האשה כשירה לה וכו'.** לפי שיש עדות שהאשה כשירה, כגון להעיד על אשה שמת בעלה להתירה להנשא (יבמות קכב.), וכן להעיד על הסוטה שנטמאת שלא תשתה (סוטה לא.), וכן בעגלה ערופה להעיד על ההורג ושלא יהו עורפין, והנך פסולי עדות מן דבריהם נמי כשרים לכל עדות שהאשה כשירה לה, אבל בפסולי עדות מן התורה לא הכשירו חכמים לעדות אשה, ואע"פ שהכשירו עבד ואשה לעדות אשה, והן פסולין מן התורה לשאר עדות התם טעמא אחרינא איכא משום עיגונא וכו' כמפורש בגיטין (עא.) ובשארי מקומות: **גמ' המשחק בקוביא זה המשחק בפספסין.** תוספתא היא בפ"ה דסנהדרין (ה"ב) וגרסינן לכל הסוגיא דהכא בפ"ג דסנהדרין בהלכה ה': **בקליפי אגוזים וכו'.** אע"פ שאינן עשוים לכך: **משישבור את פספסיו ויבדק.** שלא יעשה עוד, ויחזור בו חזרה גמורה דאפילו בחנם לא עבדי: **משיקרע את שטרותיו ויבדק.** אם חוזר בו חזרה גמורה, דאפילו לנכרים לא מוזפי ברבית: **ממרה יונים.** כדפרישית במתניתין: **משישבור את פגימיו.** הן הדפין שמזרז אותן בהן:

מסורת הש"ס

א) לקמן פ"ב ה"ו - יח. [מגילה פ"ב ה"ז] ב) [תענית פ"ג ה"י] מו"ק פ"ג ה"א ג) ר"ה כב. ד) ר"ה כב. ה) [ילקו"ש בא קפז] ו) [סנהדרין פ"ג מ"ג, שבועות פ"ז ה"ד, עירובין פב.] ר"ה כב. [סנהדרין כו:, תוספתא סנהדרין פ"ה ה"ב בשינוי] ז) [עדיות פ"ב מ"ז, שבת פ"ו ה"א, סנהדרין פ"ג ה"ה, תוספתא עדיות פ"א ה"ח בשינוי] ח) [ב"ק פח. וילקו"ש כי תצא תתקלא בשינוי] ט) [סנהדרין פ"ג ה"ה, שבועות פ"ז ה"ד] י) סנהדרין פ"ג ה"ה ושבועות פ"ז ה"ד [כל הענין] סנהדרין כה: [ותוספתא סנהדרין פ"ה ה"ב כל הענין בשינוי]

מראה הפנים

מפני שהן ארבעים זוג וכו'. על כרחך כדפרישית בפנים, דאל"כ מאי האי דקאמר אבל אם היה זוג אחד לא היה מעכבו. ויש לכוין זה לכוונת רש"י ז"ל שפירש במתני' (כא:) ארבעים זוג זוג אחר זוג. והיינו כדאמרן שאחר שהעיד זוג הראשון ונתקבל עדותן בב"ד עברו אח"כ זוג אחר זוג עד ארבעים זוג ועיכבו, אבל אם היו כולן באים כאחד לא היה מעכב לשום זוג מהן:

עין משפט

א מיי' פ"ו מהלכות תלמוד תורה הלכה יד טוש"ע יו"ד סימן שלד סעיף מג:
ב מיי' פ"ב מהלכות קידוש החודש הלכה א:
ג מיי' פ"י מהלכות עדות הלכה ד [סמ"ג לאוין ריד] טוש"ע חו"מ סימן לד סעיף טז [וסעיף י]:
ד מיי' שם הלכה א [טוש"ע חו"מ סימן לד סעיף יט]:
ה [מיי' שם הלכה ד טוש"ע חו"מ סימן לד סעיף טז]:
ו מיי' שם פי"ב הלכה ו טוש"ע חו"מ סימן לד סעיף ל:
ז מיי' שם הלכה ה טוש"ע חו"מ סימן לד סעיף טו:
ח [מיי' שם פ"י הלכה ד טוש"ע חו"מ סימן לד סעיף טז]:
ט מיי' שם פי"ב הלכה ז טוש"ע חו"מ סימן לד סעיף לא:

שינויי נוסחאות

א] **מכשלן לעתיד לבוא.** בירושלמי תענית (פ"ג ה"י) עפ"י המגיה בכי"ל **מביא מבול לעולם:**
ב] **ושלום וכו'.** בבבלי (כב.) ושלום שר' **עקיבא עיכבן, אלא שופר ראשה של גדר עיכבן ושלח:**
ג] **גדר היה.** במלאכת שלמה ראש **גולה עיכבן.** וסיים דבירושלמי שלפנינו גרסינן כמו שהוא בפנים:
ד] **לבית.** כ"ה גם גירסת הרמב"ם בפיה"מ. במשניות ובבבלי (כב.) **לפני בית:**
ה] **כשירין.** במשניות ובבבלי (שם) נוסף **לה:**
ו] **פסיפסיו ויבדק ויחזור.** בירושלמי סנהדרין (פ"ג ה"ה) נוסף **או יקרע שטרותיו ויבדק ויחזרו בהן:**

תורה אור השלם

א) וַיֹּאמֶר יְהֹוָה אֶל מֹשֶׁה וְאֶל אַהֲרֹן בְּאֶרֶץ מִצְרַיִם לֵאמֹר: הַחֹדֶשׁ הַזֶּה לָכֶם רֹאשׁ חֳדָשִׁים רִאשׁוֹן הוּא לָכֶם לְחָדְשֵׁי הַשָּׁנָה: (שמות יב א-ב)

SLAVE] CAME BEFORE *BEIS DIN*, THEY ACCEPTED HIM AND HIS emancipated SLAVE, AND DISQUALIFIED HIS SON. מִשֵּׁם קָרוֹב – The *Beis Din* disqualified Toviah's son from testifying together with him **because** he was a **close relative,** and in their view close relatives are ineligible to testify together regarding the new moon.[19]

Halachah 7

Mishnah The Mishnah lists those who are ineligible to testify about the new moon on account of sins they committed:[20]

אֵלּוּ הֵן הַפְּסוּלִין – **These are the ones who are ineligible** to serve as witnesses with regard to the new moon: הַמְשַׂחֵק בְּקוּבְיָא – **One who plays with dice,**[21] i.e. a gambler, וְהַמַּלְוֶה בְּרִיבִּית – **one who lends with interest,**[22] וּמַפְרִיחֵי יוֹנִים – **pigeon fliers,**[23] וְסוֹחֲרֵי שְׁבִיעִית – ***sheviis* merchants,**[24] וַעֲבָדִים – **and slaves.**[25]

NOTES

19. As explained in note 17, the Sages of our Mishnah maintain that testimony regarding the new moon is no different from any other testimony in this respect. The *Beis Din* concurred with the view of the Sages.

The *Beis Din* further deemed the emancipated slave fit to testify, for the same reason: Testimony regarding the new moon is no different from any other testimony, for which emancipated slaves are eligible (see *Korban HaEidah*).

Bavli (22a) concludes that הִלְכְתָא כְּרַבִּי שִׁמְעוֹן, *the law accords with R' Shimon*. However a variant text states that the law does *not* accord with R' Shimon, and many Rishonim rule in accordance with this text (*Rabbeinu Chananel* 22a; *Rambam, Hil. Kiddush HaChodesh* 2:1; *Meiri* ibid.; see *Rambam Commentary* to our Mishnah). Thus, the halachah accords with the ruling of the *Beis Din*.

20. Sinners are disqualified from testifying, as derived from the verse (*Exodus* 23:1): אַל־תָּשֶׁת יָדְךָ עִם־רָשָׁע לִהְיֹת עֵד חָמָס, *Do not place your hand with an evildoer, to be a witness who is a robber*. *Bavli Sanhedrin* (27a) expounds this verse as disqualifying both an עֵד רָשָׁע, *a witness who is an evildoer*, and an עֵד חָמָס, *a witness who is a robber*. An "evildoer" includes any transgressor of a Torah prohibition punishable by death or lashes, who are referred to in the Torah with the term רָשָׁע (*Numbers* 35:31; *Deuteronomy* 25:2). A robber is disqualified even though his transgression is not punishable by death or lashes (see *Rambam Commentary* to *Sanhedrin* 3:5).

The Mishnah deems it unnecessary to list transgressors of well-known sins, who are disqualified by Torah law, since these are known to all. Rather, it delineates those disqualified by Rabbinic law (*Rashba; Ritva; Chidushei HaRan; Meiri* to *Bavli* 22a; see also *Rashi; Tosafos* ibid.).

The Mishnah lists people who are guilty of monetary prohibitions, but who are nevertheless not considered "robbers" according to Torah law. Thus, they are disqualified only by Rabbinic law. The commentators offer differing explanations of why these people are disqualified only Rabbinically: (1) According to Torah law, only a person who seizes money forcibly, against the will of his victim, is defined as a "robber," and is disqualified on that account. The transgressions listed in the Mishnah do not involve forcible seizure from the victim, and the perpetrators are therefore not disqualified according to Torah law (*Rashi, Bavli* 22a; see also *Rashba, Chidushei HaRan,* and *Meiri* ibid.). Nevertheless, since their passion for profit induces them to transgress, the Rabbis disqualified them for fear that they might bend the law or lie in exchange for money (*Korban HaEidah* ד״ה וסוחרי שביעית, from *Rashi* ibid.; cf. *Tosafos* ibid.). (2) According to Torah law, only a transgressor who is fully aware of the prohibition is disqualified. Our Mishnah lists violators of "subtle" sins, which many people may not realize are prohibited. Transgressors of these laws are disqualified only Rabbinically (see *Tosafos, Rashba, Ritva* ibid.; for discussion, see also *Bach, Choshen Mishpat* 34:17; *Mishneh LaMelech, Hil. Malveh VaLoveh* 4:6; *Tumim* 34:10). (3) The Mishnah refers to transgressors of Rabbinic prohibitions (see *Tosafos, Rashba,* and *Chidushei HaRan* ibid.).

21. That is, chips of bone or wood used for gambling games. Gambling agreements are not legally binding, for they constitute an *asmachta* [i.e. a commitment one made on a condition that he did not think would materialize, such as gambling, where the loser entered the agreement only because he thought he would win (see *Rashi* to *Bavli Sanhedrin* 24b ד״ה אסמכתא)]. Therefore, when a gambler collects his winnings, he is taking money not due him (*Korban HaEidah*; *Rambam, Hil. Gezeilah* 6:10; cf. *Pnei Moshe,* citing *Bavli Sanhedrin* 24b, which records another reason for the disqualification of gamblers). Yet, according to Torah law, he is not considered a robber, for he did not seize the money forcibly; the losing party handed it over willingly [see previous note] (*Rashi, Rashba,* and *Chidushei HaRan* to *Bavli* 22a ד״ה אלו). Alternatively, he is not disqualified by Torah law since people do not realize that gambling is prohibited (*Tosafos* and *Ritva* ibid.).

[We have translated קוּבְיָא as *dice*, as it is commonly translated, apparently based on the phonetic similarity between the words *kuvya* and cube (see *Tiferes Yisrael* commentary to our Mishnah §36). It should be noted, however, that some authorities seem to maintain that the word *kuvya* does not denote a specific game, but is just a general term for gambling; for discussion, see *Teshuvos Mayim Amukim* §14; *Margaliyos HaYam* to *Bavli Sanhedrin* 24b ד״ה המשחק בקוביא. See also below, note 28.]

22. The Torah (*Exodus* 22:24) forbids charging interest on a loan to a fellow Jew. Accordingly, one who does collect interest is taking another's money illegally and is thus disqualified from serving as a witness. His disqualification is only Rabbinic, however [see note 20], either because he did not seize the victim's money forcibly, as the interest was given to him willingly (*Korban HaEidah,* from *Rashi* ibid.); or because people are unaware that interest collected with the borrower's consent is prohibited by Torah law (*Tosafos* ibid.). Alternatively, the Mishnah refers specifically to Rabbinically prohibited interest; one who collects Biblically prohibited interest is indeed disqualified according to Torah law (*Rashba, Meiri, Chidushei HaRan* ibid.; *Rambam* ibid.). Cf. *Ritva* ibid.

[*Pnei Moshe* explains, based on the conclusion of *Bavli Sanhedrin* 25a, that this clause of the Mishnah reads: וְהַמַּלְוֶה בְּרִיבִּית, *and [anyone involved in] a loan on interest;* that is, both the lender and the borrower are disqualified, for it is prohibited to borrow on interest just as it is prohibited to lend on interest (see also *Ritva* to our Mishnah). See note 37 below.]

23. People who race pigeons for gambling purposes (see *Pnei Moshe,* from *Bavli Sanhedrin* 25a; and see Baraisa cited by *Yerushalmi* below). [Although pigeon fliers and dice players are disqualified for reasons of gambling, the Mishnah lists both since each of these games requires a different type of skill. Accordingly, some people might be more certain that they will win when playing dice, while others might be more certain that they will win when racing pigeons. The Mishnah therefore stresses that both forms of gambling are nonetheless considered *asmachta* (see note 21 above), and are thus deemed robbery by Rabbinic law (*Bavli* ibid.).]

Alternatively, "pigeon fliers" are people who train their pigeons to capture pigeons from other people's coves. This is a Rabbinic form of stealing; Biblically, it is not considered stealing since the pigeons had entered those coves from the wild, and the owners of the coves never legally took possession of them (*Pnei Moshe,* from *Bavli* ibid.).

24. The Torah (*Leviticus* 25:6) states that the produce of the seventh year (*sheviis*) shall be "yours to eat," which the Sages expound "to eat, but not for commerce" (*Bavli Avodah Zarah* 62a). That is, one may not trade in crops that grew in Eretz Yisrael during the *sheviis* year. The Mishnah teaches that one who does so ("a *sheviis* merchant") is disqualified from serving as a witness. [However, a *sheviis* merchant is only Rabbinically disqualified, either because the law of *sheviis* and its prohibitions are only in effect Rabbinically nowadays (when most Jews live outside Eretz Yisrael), or because the prohibition of trading in *sheviis* crops is not explicit in the Torah, so that many people are not aware of the extent of this offense [see above, note 20] (see *Tosafos, Ritva, Chidushei HaRan, Meiri* et al.).]

25. Non-Jewish slaves owned by Jews are Biblically ineligible to testify (see *Bavli Bava Kamma* 88a). Although our Mishnah primarily discusses Rabbinic disqualifications, it deemed it necessary to list this Biblical disqualification as well. For one might have mistakenly thought that just as relatives are eligible to testify about the new moon according to R' Shimon (see Halachah 6), slaves, too, are eligible. The Mishnah therefore teaches that slaves are ineligible according to all opinions (*Korban HaEidah; Pnei Moshe,* from *Tosafos, Ritva* et al.; cf. *Chidushei HaRan*).

מפני שהן ארבעים זוג [א]אבל אם היה זוג אחד לא היה מעכבו: שלח לו רבן גמליאל אם מעכב אתה את הרבים נמצאת [א]מכשלן לעתיד לבוא: [ב]לא נמצאת מעכב את הרבים מלעשות דבר מצוה [א]וכל המעכב את הרבים מלעשות דבר מצוה צריך נידוי. [ג]אמר ר' יהודה הנחתום חס [ב]ושלום לא נתנדה ר' עקיבה אלא ראש [ג]גדר היה ושלח רבן גמליאל והעבירו מראשיתו: **הלכה ו** **מתני'** [מ"ז] [ב ד]אב ובנו שראו את החודש ילכו. לא שמצטרפין זה עם זה אלא שמא ייפסל אחד מהן יצטרף השיני עם אחר. [ה]ר' שמעון אומר אב ובנו וכל הקרובים כשירין לעדות החודש. אמר ר' יוסי מעשה בטוביה הרופא שראה את החודש בירושלם הוא ובנו ועבדו המשוחרר וקיבלו הכהנים אותו ואת בנו ופסלו את עבדו. וכשבאו [ד]לבית דין קיבלו אותו ואת עבדו ופסלו את בנו: **גמ'** טעמא דר' שמעון כתחילתה [א]ויאמר ה' אל משה ואל אהרן החודש הזה לכם ראש חדשים וגו': קיבלו הכהנים אותו ואת בנו ופסלו את עבדו: משם פסול: וכשבאו לבית דין קיבלו אותו ואת עבדו ופסלו את בנו: משם קרוב: **הלכה ז מתני'** [מ"ח] [ג ו]אלו הן הפסולין המשחק בקוביא והמלוה בריבית [ו ז]ומפריחי יונים וסוחרי שביעית ט. [ד ח]ועבדים. [ט]זה הכלל כל עדות שאין האשה כשירה לה אף הן אינן [ה]כשירין: **גמ'** אלו הם הפסולים המשחק בקוביא: [י]זה המשחק בפסיפסין. [ה]אחד המשחק בפסיפסין ואחד המשחק בקליפי אגוזים ורימונים. מאימתי מקבלין אותו. [י]משישבור את [ו]פסיפסיו ויבדק ויחזור בו חזרה גמורה. מלוה בריבית זה שהוא מלוה בריבית. מאימתי מקבלין אותם. [י]משיקרע את שטרותיו ויבדק ויחזור חזרה גמורה. מפריחי יונים זה שהוא ממרה יונים. [ח]אחד ממרה יונים ואחד ממרה שאר בהמה חיה ועוף. מאימתי מקבלין אותו. [ט]משישבור את פגימיו ויבדק

קרבן העדה

אבל אם היה זוג אחד. אע"פ שנראה בגלוי לא היה מעכבן, דמלוה לקדש על פי עדים, דמודה ר' עקיבא דמספיקא מחללין את השבת: **לא נמצאת** וכו'. שאף על פי שאין צורך בהם הם מתכוונים על כל פנים לדבר מצוה: **ראש גדר היה.** שר של מקום ששמו גדר היה, ושלח רבן גמליאל והעבירוהו משררותו: **מתני'** שאם **יפסל.** יכשל בפיו כשיבדקוהו כדלקמן (פ"ב ה"ד - יד:), או שאר פסול הפוסל העדות: **גמ'** טעם דר' שמעון. דמכשיר בקרובים: **כתחלתה.** כמו שהיה עדות החדש הראשון שהיה במצרים, והיו משה ואהרן שהיו אחים: **משום פסול.** דדריש החדש הזה לכם, מיוחסים כמוכם: **משום קרוב.** דפסולין לעדות החדש (בכל) [ככל] עדיות שבתורה, ודרשו לכם לחשובי הדור כמותכם תהא מסורה, ולעדות אף העבדים כשירים: **מתני'** **משחקים בקוביא.** עצמות שמשחקין בהן בערבון, ואמרו רבנן אסמכתא לא קניא (סנהדרין כד:), והרי הן גזלנים מדרבנן: **ומלוי בריבית.** לאו גזלן דאורייתא הוא למיפסליה, דמנפשיה יהיב ליה, וסברי אינשי דלאו גזל הוא: **מפריחי יונים.** מפרש בגמ': **וסוחרי שביעית.** עושין סחורה בפירות שביעית, והתורה אמרה לאכלה ולא לסחורה. ולפי שנחשדו כל אלו לעבור על דת מחמת ממון חשודים להיות מעידים שקר על שוחד: **והעבדים.** פסולים דאורייתא הם, קל וחומר מאשה (ב"ק פח.). וקמ"ל אף על גב דאינן פסולים מחמת עבירה מודה ר' שמעון דפסולים לעדות החדש, אף על גב דמכשיר בקרובים: **גמ'** **בפספסין.** שברי עצים: **בקליפי אגוזים.** שאין עשויין לכך אלא אקראי בעלמא: **ויבדק.** ויבדל ממנו. אי נמי ויבדק, שחוזר בו חזרה גמורה: **ממרה יונים.** מרגיזין זה על זה להלחם: **שאר בהמה וחיה.** דלאו מילתא דשכיחא הוא: **פגימיו.** אלו דפין שמזרזים בהן:

פני משה

אבל אם היה זוג אחד לא היה מעכבו. כלומר לא שאם לא היה אלא זוג אחד קאמר דפשיטא שלא היה מעכבו, ומאי קא משמע לן, אלא דהכי קאמר שאם אותן ארבעים זוג היו באים כולם כאחד וכמו זוג אחד שבאין שני העדים כאחד דזה בלא זה לא מהני, כך היו באים כל הארבעים זוג כאחד, לא היה מעכבו לשום זוג מאותן הארבעים, וטעמא דאכתי אינו ידוע איזה זוג מהן יכשר שיהא עדותן מכוונת ושלא יהו נתפסין בדבריהן ונמצא שיש צורך לכולם ולא היה מעכבו לשום אחד מהם: **מתני'** **אב ובנו שראו את החדש ילכו.** לפני הבית דין: **ולא שמצטרפין זה עם זה.** להעיד, אלא שאם יפסול אחד מהן שיכשל בפיו כשיבדקו אותו כיצד ראית וכו' כדלקמן (בפ"ו) [בפ"ב] (ה"ד - יד:). אי נמי שמא ימצא אחד פסול שהוא גזלן וכיוצא בו משאר הפסלנות שבגופו: **ר' שמעון אומר אב ובנו** וכו' **כשרים לעדות החדש.** טעמא דר' שמעון מפרש בגמרא (בבלי כב.) דאמר רחמנא למשה ולאהרן החדש הזה לכם, ודריש ר' שמעון עדות זו של חדש תהא כשירה בכם ואע"פ שאתם אחים, ורבנן סברי דהכי קאמר עדות זו תהא מסורה לכם וכן לגדולים ומומחים בכל דור, ואין יחיד מומחה ראוי לקדש דאין לך מומחה יותר ממשה רבינו, ואמר ליה הקב"ה עד דאיכא אהרן בהדך (בבלי כה:): **ועבד משוחרר.** והרי הוא כישראל לכל דבר: **וקבלו הכהנים** וכו'. דהוה סבירא להו כר' שמעון: **ופסלו את עבדו.** אע"פ שהוא משוחרר משום דהוה דרשי אתך בדומין לך (סנהדרין יז.) מיוחסין וכשרין כמותך, ולמעוטי אלו שאינן מיוחסין כמותך. **וכשבאו לבית דין** וכו' ואין הלכה כר' שמעון: **גמ'** **טעם דר' שמעון כתחילתה.** כמו שנצטוו בתחילת קידוש החדש דכתיב החדש הזה לכם וכו', כדפרישית במתניתין: **מתני'** **אלו הן הפסולין.** לעדות החדש: **המשחק בקוביא.** עצמות שמשחקין בהן או במיני פספסין שהן שברי עצים ומשחקין בערבון זה עם זה, ומדאורייתא לא הוי גזלן אלא שחכמים פסלוהו, ומטעמא לפי שאינו מתעסק בישובו של עולם, ואסור לו לאדם להתעסק בדברים כאלו אלא או בתורה ובגמילות חסדים או בסחורה ואומנות שיש בהן ישובו של עולם: **והמלוה בריבית.** מלוה הבאה ברבית לפי שאחד המלוה ואחד הלוה שניהם פסולין (סנהדרין כה:), ואם רבית קצוצה היא מן התורה פסולין הן: **ומפריחי יונה.** אית דמפרשי מין ממיני שחוק אם תקדים יונך ליוני אתן לך כך וכך ואם יוני תקדים תתן לי, ואית דמפרשי שמגדל יונה מלומדת להביא יונים אחרים לבית בעלה בעל כרחן (סנהדרין כה.), ויש בהן גזל מפני דרכי שלום, אבל לא גזל גמור שלא זכה בהן בעל השובך דממילא קאתו ורבו להתם (רש"י שם ד"ה מפני): **וסוחרי שביעית.** עושין סחורה בפירות שביעית ורחמנא אמר (ויקרא כה ו) לכם לאכלה ולא לסחורה, ומכל מקום מדאורייתא אינם פסולין, משום דלא משמע להו לאינשי דאיכא איסורא בסחורה מכיון דהדר אכלי ליה בקדושת שביעית: **ועבדים.** שאינן משוחררין קל וחומר מאשה, ואף על גב דפסולי עדות מדאורייתא נינהו, איצטריך למיתני דלא תימא כיון דלאו מחמת עבירה מיפסלי מתכשרי לעדות החדש מידי דהוה אקרובים לר' שמעון: **זה הכלל כל עדות שאין האשה כשירה לה** וכו'. לפי שיש עדות שהאשה כשירה, כגון להעיד על אשה שמת בעלה להתירה להנשא (יבמות קכב.), וכן להעיד על הסוטה שנטמאת שלא תשתה (סוטה לא.), וכן בעגלה ערופה להעיד על ההורג ושלא יהו עורפין, והנך פסולי עדות מן דבריהם נמי כשרים לכל עדות שהאשה כשירה לה, אבל בפסולי עדות מן התורה לא הכשירו חכמים לעדות אשה, ואע"פ שהכשירו עבד ואשה לעדות אשה, והן פסולין מן התורה לשאר עדות התם טעמא אחרינא איכא משום עיגונא וכו' כמפורש בגיטין (עא.) ובשארי מקומות: **גמ'** **המשחק בקוביא זה המשחק בפספסין.** תוספתא היא בפ"ה דסנהדרין (ה"ב) וגרסינן לכל הסוגיא דהכא בפ"ג דסנהדרין בהלכה ה': **בקליפי אגוזים** וכו'. אע"פ שאינן עשוים לכך: **משישבור את פספסיו ויבדק.** שלא יעשה עוד, ויחזור בו חזרה גמורה דאפילו בחנם לא עבדי: **משיקרע את שטרותיו ויבדק.** אם חוזר בו חזרה גמורה, דאפילו לנכרים לא מוזפי ברבית: **ממרה יונים.** כדפרישית במתניתין: **משישבור את פגימיו.** הן הדפין שמזרז אותן בהן:

מסורת הש"ס

א) לקמן פ"ב ה"ז - יז. [מגילה פ"ב ה"ז] ב) [תענית פ"ג ה"י] מו"ק פ"ג ה"א ג) ר"ה כב. ד) ר"ה כב. ה) [ילקו"ש בא קפו] ו) [סנהדרין פ"ג מ"ג, שבועות פ"ז ה"ד, עירובין פב.] ר"ה כב. [סנהדרין כו:, תוספתא סנהדרין פ"ה ה"ב בשינוי] ז) [עדיות פ"ב מ"ז, שבת פ"ו ה"א, סנהדרין פ"ג ה"ה, תוספתא עדיות פ"א ה"א בשינוי] ח) [ב"ק פח. וילקו"ש כי תצא תתקלא בשינוי] ט) [סנהדרין פ"ג ה"ה, שבועות פ"ז ה"ד] י) סנהדרין פ"ג ה"ה ושבועות פ"ז ה"ד [כל הענין] סנהדרין כה: [ותוספתא סנהדרין פ"ה ה"ב כל הענין בשינוי]

מראה הפנים

מפני שהן ארבעים זוג וכו'. על כרחך כדפרישית בפנים, דאל"כ מאי האי דקאמר אבל אם היה זוג אחד לא היה מעכבו. ויש לכוין זה לכוונת רש"י ז"ל שפירש במתני' (כא:) ארבעים זוג זוג אחר זוג. והיינו כדאמרן שאחר שהעיד זוג הראשון ונתקבל עדותן בב"ד עברו אח"כ זוג אחר זוג עד ארבעים זוג ועיכבו, אבל אם היו כולן באים כאחד לא היה מעכב לשום זוג מהן:

עין משפט

א מיי' פ"ו מהלכות תלמוד תורה הלכה יד טוש"ע יו"ד סימן שלד סעיף מג:
ב מיי' פ"ב מהלכות קידוש החודש הלכה א:
ג מיי' פ"י מהלכות עדות הלכה ד [סמ"ג לאוין ריד] טוש"ע חו"מ סימן לד סעיף טו [וסעיף י]:
ד מיי' שם הלכה א [טוש"ע חו"מ סימן לד סעיף יט]:
ה [מיי' שם הלכה ד טוש"ע חו"מ סימן לד סעיף טז]:
ו מיי' שם פי"ב הלכה ו טוש"ע חו"מ סימן לד סעיף ל:
ז מיי' שם הלכה ה טוש"ע חו"מ סימן לד סעיף טו:
ח [מיי' שם פ"י הלכה ד טוש"ע חו"מ סימן לד סעיף טז]:
ט מיי' שם פי"ב הלכה ז טוש"ע חו"מ סימן לד סעיף לא:

שינויי נוסחאות

א] **מכשלן לעתיד לבוא.** בירושלמי תענית (פ"ג ה"י) עפ"י המגיה בכי"ל **מביא מבול לעולם:**
ב] **ושלום וכו'.** בבבלי (כב.) ושלום **שר' עקיבא עיכבן, אלא שזפר ראשה של גדר עיכבן** ושלח:
ג] **גדר היה.** במלאכת שלמה ראש גולה **עיכבן.** וסיים דבירושלמי שלפנינו גרסינן כמו שהוא בפנים:
ד] **לבית.** כ"ה גם גירסת הרמב"ם בפיה"מ. במשניות ובבבלי (כב.) **לפני בית:**
ה] **כשירין.** במשניות ובבבלי (שם) נוסף **לה:**
ו] **פסיפסיו ויבדק ויחזור.** בירושלמי סנהדרין (פ"ג ה"ה) נוסף **או יקרע שטרותיו ויבדק ויחזרו בהן:**

תורה אור השלם

א) וַיֹּאמֶר יְהֹוָה אֶל מֹשֶׁה וְאֶל אַהֲרֹן בְּאֶרֶץ מִצְרַיִם לֵאמֹר: הַחֹדֶשׁ הַזֶּה לָכֶם רֹאשׁ חֳדָשִׁים רִאשׁוֹן הוּא לָכֶם לְחָדְשֵׁי הַשָּׁנָה: (שמות יב א-ב)

will join together with a different [witness] and form one eligible set.[11] רַבִּי שִׁמְעוֹן אוֹמֵר – **R' Shimon says:** אָב וּבְנוֹ וְכָל הַקְּרוֹבִים כְּשֵׁרִין לְעֵדוּת הַחוֹדֶשׁ – **A father and his son, as well as all relatives, are eligible to testify** together **regarding the new moon.**[12]

A related incident:

אָמַר רַבִּי יוֹסֵי – **R' Yose said:** מַעֲשֶׂה בְּטוֹבִיָּה הָרוֹפֵא – There was **an incident involving Toviah the healer,** שֶׁרָאָה אֶת הַחוֹדֶשׁ בִּירוּשָׁלַיִם הוּא וּבְנוֹ וְעַבְדּוֹ הַמְשׁוּחְרָר – **who** once **saw the new moon in Jerusalem – he, his son, and his emancipated** Canaanite **slave**[13] – and all three of them came to testify, וְקִיבְּלוּ הַכֹּהֲנִים אוֹתוֹ וְאֶת בְּנוֹ וּפָסְלוּ אֶת עַבְדּוֹ – **and the Kohanim accepted him and his son** as witnesses, **and disqualified his** emancipated **slave;**[14] וּכְשֶׁבָּאוּ לְבֵית דִּין – **but when they arrived before** *Beis Din,* קִיבְּלוּ אוֹתוֹ וְאֶת עַבְדּוֹ וּפָסְלוּ אֶת בְּנוֹ – **they accepted him and his** emancipated **slave, and disqualified his son** from testifying together with him.[15]

Gemara The Gemara explains why R' Shimon holds that relatives may testify together regarding the new moon: טַעְמָא דְּרַבִּי שִׁמְעוֹן – **R' Shimon's reasoning** is as follows: כִּתְחִילָּתָהּ – The law of sanctifying Rosh Chodesh is the same today **as** it was at **its inception,** i.e. the very first time that this sanctification occurred. In that context, the Torah states:[16] "וַיֹּאמֶר ה' אֶל־מֹשֶׁה וְאֶל־אַהֲרֹן. . . הַחֹדֶשׁ הַזֶּה לָכֶם רֹאשׁ חֳדָשִׁים וגו'" – ***Hashem said to Moses and Aaron. . . This renewal of the moon shall be for you the beginning of the months,* etc.** The meaning of Hashem's statement is, "This *testimony* regarding renewal of the moon shall be valid through you." Thus, although Moses and Aaron were brothers, they were eligible to testify together about the new moon, and the same holds true regarding all relatives.[17]

The Mishnah cited the incident in which Toviah the healer came with his son and his emancipated slave to offer testimony regarding the new moon, and a dispute ensued regarding their eligibility. The Gemara cites and clarifies each opinion:

קִיבְּלוּ הַכֹּהֲנִים אוֹתוֹ וְאֶת בְּנוֹ וּפָסְלוּ אֶת עַבְדּוֹ – THE KOHANIM ACCEPTED [TOVIAH] AND HIS SON as witnesses, AND DISQUALIFIED HIS emancipated SLAVE. מִשֵּׁם פָּסוּל – The Kohanim disqualified the former slave **because** in their view his tainted lineage rendered him **ineligible** to testify.[18] וּכְשֶׁבָּאוּ לְבֵית דִּין קִיבְּלוּ אוֹתוֹ וְאֶת עַבְדּוֹ וּפָסְלוּ אֶת בְּנוֹ – BUT WHEN [TOVIAH, HIS SON, AND HIS EMANCIPATED

NOTES

Pnei Moshe in their first explanation, from *Rashi* 22a (ד"ה אב ובנו). Alternatively, maybe one of them will be found to be a thief or otherwise ineligible to testify (*Korban HaEidah* and *Pnei Moshe* in their second explanation, from *Rambam, Hil. Kiddush HaChodesh* 2:1). [For discussion of this dispute, see *Aruch LaNer, Yad David,* and *Menachem Meishiv Nefesh* to *Bavli* 22a.]

11. Even the possibility that one of them will be needed to join with another single witness who arrives in *Beis Din* suffices to justify traveling on the Sabbath (see *Tosafos* ibid.).

12. The Gemara will explain R' Shimon's reason.

13. When a Canaanite slave is emancipated, he is accorded the status of a full convert to Judaism (*Pnei Moshe;* see *Bavli Yevamos* 47b; *Rambam, Hil. Isurei Bi'ah* 13:12).

14. The Kohanim held like R' Shimon, above. Thus, they maintained that relatives are eligible to testify together (*Pnei Moshe,* from *Tosafos* 22a ד"ה ופסלו). The Gemara will explain why they disqualified the former slave.

[It is unclear what authority the Kohanim had to accept Toviah and his son as witnesses. Even if the reference is to a *Beis Din* of Kohanim, they should not have been qualified, since the only *Beis Din* authorized to deal with the matter of *Kiddush HaChodesh* – including the acceptance of testimony and the declaration of Rosh Chodesh – is the Great Sanhedrin! Some commentators explain that the Mishnah does not mean that Toviah and his son *testified* before the *Beis Din* of Kohanim. Rather, on their way up to the seat of the Great Sanhedrin in the לִשְׁכַּת הַגָּזִית, *Chamber of Hewn Stone,* in the Temple Complex, Toviah, along with his son and former slave, stopped to inquire of the learned Kohanim which of them would be eligible to testify before the Great Sanhedrin, and the Kohanim ruled that he and his son could testify together, but the emancipated slave could not testify (*Shoshanim LeDavid; Kehillos Yaakov* §19).]

15. The Gemara will explain the reasoning behind this ruling.

[See *Minchas Chinuch* 4:17, who raises the question as to why Toviah was not automatically disqualified on account of having *seen* the new moon together with his son, and thus having become part of an ineligible pair of witnesses, neither of whom may testify regarding this matter even together with other people (see *Bavli Makkos* 5b). See further, *Meiri* 22a, *Tos. Rid* to *Bava Basra* 113b, *Sefer HaMachria* §25; *Tzafnas Pane'ach, Hil. Kiddush Hachodesh* 1:1; *Kehillos Yaakov* §19; *Shekel HaKodesh, Hil. Kiddush HaChodesh, Beur HaHalachah* 2:1.]

16. *Exodus* 12:1-2.

17. *Bavli* 22a; see *Rashi* and *Turei Even* there. Thus, the case of testimony regarding the new moon is excepted from the general rule that disqualifies close relatives from testifying together.

This explanation of R' Shimon's opinion is also found in *Bavli* 22a, which then explains why the Sages differ. The Sages interpret the verse *This renewal of the moon shall be for you* etc. to mean "This testimony is placed under your jurisdiction." That is, just as Moses and Aaron were the greatest sages of their generation, so too are only the greatest sages of each generation authorized to accept the testimony and sanctify the new month (*Korban HaEidah* from *Rashi* there).

The Sages also derive from this verse that, although a יָחִיד מֻמְחֶה, *a single expert judge,* is authorized to adjudicate monetary disputes, he is not permitted to declare Rosh Chodesh by himself. For there never was a greater expert than Moses, yet Scripture in this verse uses the plural form, stating that the jurisdiction is given לָכֶם, *to [both of] you,* i.e. Moses *and* Aaron together. And since a *Beis Din* can never be composed of an even number of judges, there must be at least three judges to sanctify the new moon (*Bavli* 25b with *Tosafos* ד"ה עד; see *Pnei Moshe;* see further, *Turei Even* 22a ד"ה עדות).

Since the Sages interpret the verse as teaching these laws, and not as teaching that close relatives are fit to testify together, they maintain that this case is subject to the general disqualification of close relatives' testimony.

[*Tzafnas Pane'ach* (ibid.) offers an explanation of *why,* according to R' Shimon, the Torah allows relatives to testify together in the case of *Kiddush HaChodesh.* As mentioned above (note 2), the law is that *Beis Din* has the power to declare Rosh Chodesh based on their knowledge of astronomy, even if no witnesses come forth to testify to a sighting of the new moon. Witnesses are desired merely because it is a mitzvah for *Beis Din* to make the declaration on the basis of eyewitness testimony. Thus, unlike monetary or capital cases, where the testimony *empowers* the court to issue a ruling, in the case of *Kiddush HaChodesh* the testimony merely assists them to perform the mitzvah properly; it is not needed to empower them. Due to this inherent difference in the effect of the testimony, the Torah is more lenient with respect to testimony about the new moon (see similarly, *Aruch HaShulchan HeAsid, Hil. Kiddush HaChodesh* 89:2-3). See, however, the following note.]

18. In this ruling, the Kohanim followed their own opinion. The Gemara has explained that they expound the verse הַחֹדֶשׁ הַזֶּה לָכֶם, *This renewal of the moon shall be "for you,"* to mean that Moses and Aaron (*you,* in the plural form) shall be eligible to serve together as witnesses regarding the new moon. In the same vein, the Kohanim understand *for you* as teaching that any witnesses to the renewal of the moon must be *like* Moses and Aaron, i.e. they must be of pure lineage. Thus, an emancipated slave, or for that matter any convert, is disqualified from testifying, as he is not of pure lineage (*Korban HaEidah,* from *Tosafos* 22a ד"ה ופסלו). In this respect, too, testimony regarding the new moon is different from testimony regarding other matters (see *Aruch LaNer* to *Tosafos* loc. cit.).

מפני שהן ארבעים זוג [ה]אבל אם היה זוג אחד לא היה מעכבו: שלח לו רבן גמליאל אם מעכב אתה את הרבים נמצאת [א]מכשלן לעתיד לבוא: [ב]לא נמצאת מעכב את הרבים מלעשות דבר מצוה [א]וכל המעכב את הרבים מלעשות דבר מצוה צריך נידוי. [ג]אמר ר' יהודה הנחתום חס [ב]ושלום לא נתנדה ר' עקיבה אלא ראש [ג]גדר היה ושלח רבן גמליאל והעבירו מראשיתו: **הלכה ו מתני'** [מ"ז] [ב ד]אב ובנו שראו את החודש ילכו. לא שמצטרפין זה עם זה אלא שמא ייפסל אחד מהן יצטרף השיני עם אחר. [ה]ר' שמעון אומר אב ובנו וכל הקרובים כשירין לעדות החודש. אמר ר' יוסי מעשה בטוביה הרופא שראה את החודש בירושלם הוא ובנו ועבדו המשוחרר וקיבלו הכהנים אותו ואת בנו ופסלו את עבדו. וכשבאו [ד]לבית דין קיבלו אותו ואת עבדו ופסלו את בנו: **גמ'** טעמא דר' שמעון כתחילתה [א]ויאמר ה' אל משה ואל אהרן החודש הזה לכם ראש חדשים וגו': קיבלו הכהנים אותו ואת בנו ופסלו את עבדו: משם פסול: וכשבאו לבית דין קיבלו אותו ואת עבדו ופסלו את בנו: משם קרוב: **הלכה ז מתני'** [מ"ח] [ג ו]אלו הן הפסולין המשחק בקוביא והמלוה בריבית [ס ז]ומפריחי יונים וסוחרי שביעית [ד ח]ועבדים. [ט]זה הכלל כל עדות שאין האשה כשירה לה אף הן אינן [ה]כשירין: **גמ'** אלו הם הפסולים המשחק בקוביא: [י]זה המשחק בפסיפסין. [ה]אחד המשחק בפסיפסין ואחד המשחק בקליפי אגוזים ורימונים. מאימתי מקבלין אותו. [ו]משישבור את [ו]פסיפסיו ויבדק ויחזור בו חזרה גמורה. מלוה בריבית זה שהוא מלוה בריבית. מאימתי מקבלין אותם. [ז]משיקרע את שטרותיו ויבדק ויחזור חזרה גמורה. מפריחי יונים זה שהוא ממרה יונים. [ח]אחד ממרה יונים ואחד ממרה שאר בהמה חיה ועוף. מאימתי מקבלין אותו. [ט]משישבור את פגימיו ויבדק

קרבן העדה

אבל אם היה זוג אחד. אע"פ שנראה בגלוי לא היה מעכבן, דמלוה לקדש על פי עדים, דמודה ר' עקיבא דמספיקא מחללין את השבת: **לא נמצאת וכו'.** שאף על פי שאין צורך בהם הם מתכוונים על כל פנים לדבר מצוה: **ראש גדר היה.** שר של מקום ששמו גדר היה, ושלח רבן גמליאל והעבירוהו משררותו: **מתני' שאם יפסל.** יכשל בפיו כשיבדקוהו כדלקמן (פ"ב ה"ד - יד:), או שאר פסול הפוסל העדות: **גמ' טעם דר' שמעון.** דמכשיר בקרובים: **כתחלתה.** כמו שהיה עדות החדש הראשון שהיה במצרים, והיו משה ואהרן שהיו אחים: **משום פסול.** דדריש החדש הזה לכם, מיוחסים כמוכם: **משום קרוב.** דפסולין לעדות החדש (בכל) [ככל] עדיות שבתורה, ודרשו לכם לחשובי הדור כמותכם תהא מסורה, ולעדות אף העבדים כשירים: **מתני' משחקים בקוביא.** עצמות שמשחקין בהן בערבון, ואמרו רבנן אסמכתא לא קניא (סנהדרין כד:), והרי הן גזלנים מדרבנן: **ומלוי בריבית.** לאו גזלן דאורייתא הוא למיפסליה, דמנפשיה יהיב ליה, וסברי אינשי דלאו גזל הוא: **מפריחי יונים.** מפרש בגמ': **וסוחרי שביעית.** עושין סחורה בפירות שביעית, והתורה אמרה לאכלה ולא לסחורה. ולפי שנחשדו כל אלו לעבור על דת מחמת ממון חשודים להיות מעידים שקר על שוחד: **והעבדים.** פסולים דאורייתא הם, קל וחומר מאשה (ב"ק פח.). וקמ"ל אף על גב דאינן פסולים מחמת עבירה מודה ר' שמעון דפסולים לעדות החדש, אף על גב דמכשיר בקרובים: **גמ' בפספסין.** שברי עצים: **בקליפי אגוזים.** שאין שויין לכך אלא אקראי בעלמא: **ויבדק.** ויבדל ממנו. אי נמי ויבדק, שחוזר בו חזרה גמורה: **ממרה יונים.** מרגיזין זה על זה להלחם: **שאר בהמה וחיה.** דלאו מילתא דשכיחא הוא: **פגימיו.** אלו דפין שמזרזים בהן:

פני משה

אבל אם היה זוג אחד לא היה מעכבו. כלומר לא שאם לא היה אלא זוג אחד קאמר דפשיטא שלא היה מעכבו, ומאי קא משמע לן, אלא דהכי קאמר שאם אותן ארבעים זוג היו באים כולם כאחד וכמו זוג אחד שבאין שני העדים כאחד דזה בלא זה לא מהני, כך היו באים כל הארבעים זוג כאחד, לא היה מעכבו לשום זוג מאותן הארבעים, וטעמא דאכתי אינו ידוע איזה זוג מהן יכשר שיהא עדותן מכוונת ושלא יהו נתפסין בדבריהן ונמצא שיש צורך לכולם ולא היה מעכבו לשום אחד מהם: **מתני' אב ובנו שראו את החדש ילכו.** לפני הבית דין: **ולא שמצטרפין זה עם זה.** להעיד, אלא שאם יפסול אחד מהן שיכשל בפיו כשיבדקו אותו כיצד ראית וכו' כדלקמן (בפ"ו) [בפ"ב] (ה"ד - יד:). אי נמי שמא ימצא אחד פסול שהוא גזלן וכיוצא בו משאר הפסלנות שבגופו: **ר' שמעון אומר אב ובנו וכו' כשרים לעדות החדש.** טעמא דר' שמעון מפרש בגמרא (בבלי כב.) דאמר רחמנא למשה ולאהרן החדש הזה לכם, ודריש ר' שמעון עדות זו של חדש תהא כשירה בכם ואע"פ שאתם אחים, ורבנן סברי דהכי קאמר עדות זו תהא מסורה לכם וכן לגדולים ומומחים בכל דור, ואין יחיד מומחה ראוי לקדש דאין לך מומחה יותר ממשה רבינו, ואמר ליה הקב"ה עד דאיכא אהרן בהדך (בבלי כה:): **ועבד משוחרר.** והרי הוא כישראל לכל דבר: **וקבלו הכהנים וכו'.** דהוה סבירא להו כר' שמעון: **ופסלו את עבדו.** אע"פ שהוא משוחרר משום דהוה דרשי אתך בדומין לך (סנהדרין יז.) מיוחסין וכשרין כמותך, ולמעוטי אלו שאינן מיוחסין כמותך. **וכשבאו לבית דין וכו'** ואין הלכה כר' שמעון: **גמ' טעם דר' שמעון כתחילתה.** כמו שנצטוו בתחילת קידוש החדש דכתיב החדש הזה לכם וכו', כדפרישית במתניתין: **מתני' אלו הן הפסולין.** לעדות החדש: **המשחק בקוביא.** עצמות שמשחקין בהן או במיני פספסין שהן שברי עצים ומשחקין בערבון זה עם זה, ומדאורייתא לא הוי גזלן אלא שחכמים פסלוהו, ומטעמא לפי שאינו מתעסק בישובו של עולם, ואסור לו לאדם להתעסק בדברים כאלו אלא או בתורה ובגמילות חסדים או בסחורה ואומנות שיש בהן ישובו של עולם: **והמלוה בריבית.** מלוה הבאה ברבית לפי שאחד המלוה ואחד הלוה שניהם פסולין (סנהדרין כה:), ואם רבית קצוצה היא מן התורה פסולין הן: **ומפריחי יונה.** אית דמפרשי מין ממיני שחוק אם תקדים יונך ליוני אתן לך כך וכך ואם יוני תקדים תתן לי, ואית דמפרשי שמגדל יונה מלומדת להביא יונים אחרים לבית בעלה בעל כרחן (סנהדרין כה.), ויש בהן גזל מפני דרכי שלום, אבל לא גזל גמור שלא זכה בהן בעל השובך דממילא קאתו ורבו להתם (רש"י שם ד"ה מפני): **וסוחרי שביעית.** עושין סחורה בפירות שביעית ורחמנא אמר (ויקרא כה ו) לכם לאכלה ולא לסחורה, ומכל מקום מדאורייתא אינם פסולין, משום דלא משמע להו לאינשי דאיכא איסורא בסחורה מכיון דהדר אכלי ליה בקדושת שביעית: **ועבדים.** שאינן משוחררין קל וחומר מאשה, ואף על גב דפסולי עדות מדאורייתא נינהו, איצטריך למיתני דלא תימא כיון דלאו מחמת עבירה מיפסלי מתכשרי לעדות החדש מידי דהוה אקרובים לר' שמעון: **זה הכלל כל עדות שאין האשה כשירה לה וכו'.** לפי שיש עדות שהאשה כשירה, כגון להעיד על אשה שמת בעלה להתירה להנשא (יבמות קכב.), וכן להעיד על הסוטה שנטמאת שלא תשתה (סוטה לא.), וכן בעגלה ערופה להעיד על ההורג ושלא יהו עורפין, והנך פסולי עדות מן דבריהם נמי כשרים לכל עדות שהאשה כשירה לה, אבל בפסולי עדות מן התורה לא הכשירו חכמים לעדות אשה, ואע"פ שהכשירו עבד ואשה לעדות אשה, והן פסולין מן התורה לשאר עדות התם טעמא אחרינא איכא משום עיגונא וכו' כמפורש בגיטין (עא.) ובשארי מקומות: **גמ' המשחק בקוביא זה המשחק בפספסין.** תוספתא היא בפ"ה דסנהדרין (ה"ב) וגרסינן לכל הסוגיא דהכא בפ"ג דסנהדרין בהלכה ה': **בקליפי אגוזים וכו'.** אע"פ שאינן עשוים לכך: **משישבור את פספסיו ויבדק.** שלא יעשה עוד, ויחזור בו חזרה גמורה דאפילו בחנם לא עבדי: **משיקרע את שטרותיו ויבדק.** אם חוזר בו חזרה גמורה, דאפילו לנכרים לא מוזפי ברבית: **ממרה יונים.** כדפרישית במתניתין: **משישבור את פגימיו.** הן הדפין שמזרז אותן בהן:

מסורת הש"ס

א) לקמן פ"ב ה"ו - יז. [מגילה פ"ב ה"ז] **ב)** [תענית פ"ג ה"י] מו"ק פ"ג ה"א **ג)** ר"ה כב. **ד)** ר"ה כב. **ה)** [ילקו"ש בא קפז] **ו)** [סנהדרין פ"ג מ"ג, שבועות פ"ז ה"ד, עירובין פב.] ר"ה כב. [סנהדרין כז:, תוספתא סנהדרין פ"ה ה"ב בשינוי] **ז)** [עדיות פ"ב מ"ז, שבת פ"ו ה"א, סנהדרין פ"ג ה"ה, תוספתא עדיות פ"א ה"ח בשינוי] **ח)** [ב"ק פח. וילקו"ש כי תצא תתקלח בשינוי] **ט)** [סנהדרין פ"ג ה"ה, שבועות פ"ז ה"ד] **י)** סנהדרין פ"ג ה"ה ושבועות פ"ז ה"ד [כל הענין] סנהדרין כה: [ותוספתא סנהדרין פ"ה ה"ב כל הענין בשינוי]

מראה הפנים

מפני שהן ארבעים זוג וכו'. על כרחך כדפרישית בפנים, דאל"כ מאי האי דקאמר אבל אם היה זוג אחד לא היה מעכבו. ויש לכוין זה לכוונת רש"י ז"ל שפירש במתני' (כא:) ארבעים זוג זוג אחר זוג. והיינו כדאמרן שאחר שהעיד זוג הראשון ונתקבל עדותן בב"ד עברו אח"כ זוג אחר זוג עד ארבעים זוג ועיכבו, אבל אם היו כולן באים כאחד לא היה מעכב לשום זוג מהן:

עין משפט

א מיי' פ"ו מהלכות תלמוד תורה הלכה יד טוש"ע יו"ד סימן שלד סעיף מג:
ב מיי' פ"ב מהלכות קידוש החודש הלכה א:
ג מיי' פ"י מהלכות עדות הלכה ד [סמ"ג לאוין ריד] טוש"ע חו"מ סימן לד סעיף טז [וסעיף י]:
ד מיי' שם הלכה א [טוש"ע חו"מ סימן לד סעיף יט]:
ה [מיי' שם הלכה ד טוש"ע חו"מ סימן לד סעיף טז]:
ו מיי' שם פי"ב הלכה ו טוש"ע חו"מ סימן לד סעיף ל:
ז מיי' שם הלכה ה טוש"ע חו"מ סימן לד סעיף טו:
ח [מיי' שם פ"י הלכה ד טוש"ע חו"מ סימן לד סעיף טז]:
ט מיי' שם פי"ב הלכה ז טוש"ע חו"מ סימן לד סעיף לא:

שינויי נוסחאות

א] **מכשלן לעתיד לבוא.** בירושלמי תענית (פ"ג ה"י) עפ"י המגיה בכי"ל **מביא מבול לעולם:**
ב] **ושלום וכו'.** בבבלי (כב.) ושלום **שר' עקיבא עיכבן, אלא שזפר ראשה של גדר עיכבן** ושלח:
ג] **גדר היה.** במלאכת שלמה ראש גולה **עיכבן.** וסיים דבירושלמי שלפנינו גרסינן כמו שהוא בפנים:
ד] **לבית.** כ"ה גם גירסת הרמב"ם בפיה"מ. במשניות ובבבלי (כב.) **לפני בית:**
ה] **כשירין.** במשניות ובבבלי (שם) נוסף **לה:**
ו] **פסיפסיו ויבדק ויחזור.** בירושלמי סנהדרין (פ"ג ה"ה) נוסף **או יקרע שטרותיו** ויבדק ויחזרו בהן:

תורה אור השלם

א) וַיֹּאמֶר יְהֹוָה אֶל מֹשֶׁה וְאֶל אַהֲרֹן בְּאֶרֶץ מִצְרַיִם לֵאמֹר: הַחֹדֶשׁ הַזֶּה לָכֶם רֹאשׁ חֳדָשִׁים רִאשׁוֹן הוּא לָכֶם לְחָדְשֵׁי הַשָּׁנָה: (שמות יב א-ב)

Since as many as forty pairs of witnesses came, it is obvious that the moon had been clearly visible.[1] The Gemara elaborates R' Akivah's opinion in light of this point:

מִפְּנֵי שֶׁהֵן אַרְבָּעִים זוּג — The reason R' Akivah detained the witnesses is **because they were** as many as **forty pairs;** אֲבָל אִם הָיָה זוּג אֶחָד — **but if it had been** only **one pair,** then even though the moon had been clearly visible, לֹא הָיָה מְעַכְּבוֹ — **he would not have detained [that pair],** but would have allowed it to proceed to Jerusalem. Thus, R' Akivah agrees with the Tanna Kamma that when the moon is clearly visible we allow witnesses to travel even on the Sabbath, since there is a *possibility* that their testimony will be needed. He maintains merely that when there are numerous sets of witnesses, such that the latter ones *surely* are not needed, we do not allow them to travel on the Sabbath.[2]

The Mishnah recorded Rabban Gamliel's protest against R' Akivah's ruling:

שָׁלַח לוֹ רַבָּן גַּמְלִיאֵל — **RABBAN GAMLIEL SENT [R' AKIVAH]** the following message: אִם מְעַכֵּב אַתָּה אֶת הָרַבִּים — **IF YOU DETAIN THE PUBLIC** from reaching *Beis Din* נִמְצֵאתָ מַכְשִׁילָן לֶעָתִיד לָבוֹא — **IT WILL EMERGE THAT YOU ARE CAUSING THEM TO STUMBLE IN THE FUTURE.**

The Gemara cites a Baraisa that records Rabban Gamliel's objection differently:[3]

לֹא נִמְצֵאתָ מְעַכֵּב אֶת הָרַבִּים מִלַּעֲשׂוֹת דְּבַר מִצְוָה — Rabban Gamliel sent the following message: **DOES IT NOT EMERGE THAT** by detaining the witnesses **YOU ARE PREVENTING THE PUBLIC FROM PERFORMING A MITZVAH?**[4] וְכָל הַמְעַכֵּב אֶת הָרַבִּים מִלַּעֲשׂוֹת דְּבַר מִצְוָה צָרִיךְ נִידּוּי — **AND WHOEVER PREVENTS THE PUBLIC FROM DOING A MITZVAH IS SUBJECT TO EXCOMMUNICATION!**[5]

According to the Baraisa's version, one might get the impression that Rabban Gamliel deemed R' Akivah deserving of excommunication. Another Tanna clarifies that this is not the case:

אָמַר רַבִּי יְהוּדָה הַנַּחְתּוֹם — **R' YEHUDAH THE BAKER SAID:** חַס וְשָׁלוֹם לֹא נִתְנַדָּה רַבִּי עֲקִיבָה — **HEAVEN FORBID** the thought that R' Akivah was the one who detained the witnesses and to whom Rabban Gamliel sent this message! **R' AKIVAH** surely **WAS NOT EXCOMMUNICATED** or even threatened with excommunication! אֶלָּא רֹאשׁ גֶּדֶר הָיָה — **RATHER, IT WAS THE HEAD** official **OF GEDER**[6] who prevented the witnesses from traveling to *Beis Din,* וְשָׁלַח רַבָּן גַּמְלִיאֵל וְהֶעֱבִירוּ מֵרָאשׁוּתוֹ — **AND RABBAN GAMLIEL SENT** an order **AND [THEY] DEPOSED HIM FROM HIS** position of **LEADERSHIP.**[7]

Halachah 6

Mishnah In general, a father and his son, as well as certain other close relatives, are ineligible to testify together as a pair of witnesses before *Beis Din.*[8] The Mishnah discusses whether this rule holds true in regard to the testimony required for sanctification of Rosh Chodesh:

אָב וּבְנוֹ שֶׁרָאוּ אֶת הַחוֹדֶשׁ — **A father and his son who saw the new moon** together יֵלְכוּ — **should** both **go** to *Beis Din;*[9] לֹא שֶׁמִּצְטָרְפִין זֶה עִם זֶה — **not because one may join with the other** to provide testimony, אֶלָּא שֶׁמָּא יִיפָּסֵל אֶחָד מֵהֶן יִצְטָרֵף הַשֵּׁנִי עִם אַחֵר — **rather,** because **perhaps one of them will become disqualified,**[10] and **the other**

NOTES

1. *Meiri* 21b; *Korban HaEidah.*

2. The elucidation follows *Korban HaEidah.* See further below, 2:7, 17a, and note 13 there. [Cf. *Sfas Emes* to *Bavli* 22a ד״ה בגמ׳ אר״י.]

It should be noted that *Beis Din* has the power to declare Rosh Chodesh, based on their knowledge of astronomy, even if no witnesses testify to a sighting of the new moon. It is, however, a mitzvah for them to make the declaration on the basis of eyewitness testimony (see *Bavli* 20a). Thus, even if the moon was clearly visible, such that *Beis Din* is in all probability aware of its renewal, there is a purpose in witnesses traveling to *Beis Din* to testify, and they are allowed to desecrate the Sabbath for this purpose (*Korban HaEidah*).

See *Pnei Moshe* with *Mareh HaPanim* for another approach to this passage.

3. *Korban HaEidah* to *Moed Katan* 3:1 ד״ה לא נמצאת.

4. Witnesses who set out to help *Beis Din* determine the day of Rosh Chodesh are considered to be doing a mitzvah. Even if it turns out that their travels were in vain, they are still credited with having done a mitzvah. Hence, one who stops them is interfering with the performance of a mitzvah (*Korban HaEidah* here and to *Moed Katan* loc. cit.; see *Bavli Berachos* 6a). The fact that they are traveling on the Sabbath does not justify stopping them, since the performance of *melachah* on the Sabbath is permitted [הֶתְּרָה] for the purpose of *Kiddush HaChodesh* (see *Teshuvos Chasam Sofer, Orach Chaim* §203, cited above, 10b note 25).

5. Indeed, *Rambam* (*Hil. Talmud Torah* 6:14) and *Shulchan Aruch* (*Yoreh Deah* 334:43) reckon the sin of preventing someone from doing a mitzvah as one of the twenty-four serious transgressions for which one is excommunicated. [See *Teshuvos Rivash* §253, *Teshuvos Tashbatz* II §106, and *Igros Moshe, Orach Chaim* II §46, for further examples as to what is included in the transgression of preventing others from doing a mitzvah.]

6. The version of this Baraisa cited in *Bavli* 22a specifies that this official's name was Shezzefer.

7. Thus, the head official of Geder (Shezzefer) was deemed deserving of excommunication, and suffered the loss of his position as a result of this incident. R' Akivah was not involved at all.

Our Mishnah— which names R' Akivah as the one who detained the witnesses — disagrees with the Baraisa. That is, the Mishnah should not be understood as meaning that even if Shezzefer was the one who detained the witnesses, the onus for his actions lies on R' Akivah [who perhaps could have intervened and prevented Shezzefer from doing this; see *Bavli Shabbos* 54b]. Rather, the Mishnah maintains that it was actually R' Akivah who detained the witnesses. This is evident from the fact that *Yerushalmi* above analyzed R' Akivah's opinion and explained that he detained the witnesses only because they were forty pairs, but if there had been one pair he would have allowed it to travel to Jerusalem. If the one who detained the witnesses was Shezzefer, the political head of Geder, and R' Akivah is merely blamed for failing to intervene, then what proof is there from this incident to R' Akivah's actual opinion? Rather, *Yerushalmi* understands that the Mishnah and Baraisa are in disagreement, and the Mishnah means literally that R' Akivah was the one who detained the witnesses (*Tos. Yom Tov;* see also *Aruch LaNer* 22a ד״ה בגמרא).

[Now, according to the Mishnah, Rabban Gamliel merely told R' Akivah that he would cause future witnesses to stumble. According to the Baraisa, Rabban Gamliel's objection was much sharper, for he considered the culprit (i.e. Shezzefer) deserving of excommunication — a point absent from the Mishnah's version. Evidently, the Mishnah maintains that since R' Akivah's motive was to prevent what he viewed as unnecessary desecration of the Sabbath, he was not guilty of "preventing the public from performing a mitzvah." As an eminent scholar, R' Akivah was qualified to take the halachic position that once a valid pair of witnesses is known to have gone to *Beis Din,* additional witnesses are not permitted to travel on the Sabbath. Surely, this does not warrant a threat of excommunication. According to the Baraisa, however, Shezzefer — who was the political head of Geder but not a halachic authority — preemptively decided to detain the many pairs of witnesses. Since he interfered with the process of *Kiddush HaChodesh,* he was deemed deserving of excommunication and was deposed from his position of leadership (based on *Tos. Yom Tov* and *Korban HaEidah;* cf. *Teshuvos Chasam Sofer* ibid.).]

8. This is derived from Scripture in *Bavli Sanhedrin* 27b-28a.

9. Even on the Sabbath (*Meleches Shlomo; Tosafos* 22b ד״ה וחד; see *Aruch LaNer* there).

10. That is, perhaps he will become disqualified through the interrogation process described below, 2:4 [14b-15a] (*Korban HaEidah* and

Gemara The second part of the Mishnah discusses the case in which the moon was observed בַּעֲלִיל, *ba'alil.* The Gemara analyzes the meaning of this unusual term:

מַהוּ בַּעֲלִיל – **What is** the meaning of ***ba'alil?***

The Gemara answers:

מְפוּרְסָם – It means **"widely known,"** כְּמָה דְּאַתְּ אָמַר – **as you say** in the verse: כֶּסֶף צָרוּף בַּעֲלִיל לָאָרֶץ מְזֻקָּק שִׁבְעָתָיִם – *The words of Hashem are pure; like* ***PURIFIED SILVER, CLEAR*** *(ba'alil)* ***TO THE WORLD, REFINED SEVENFOLD.***[26] We see here that the word *ba'alil* means "clear." In the context of our Mishnah, then, it means that the new moon was clearly visible to all.

The Mishnah stated:

מַעֲשֶׂה שֶׁעָבְרוּ יוֹתֵר מֵאַרְבָּעִים זוּג וְעִיכְּבָן רַבִּי עֲקִיבָה בְּלוֹד – **IT** once **HAPPENED THAT MORE THAN FORTY PAIRS** of witnesses **PASSED THROUGH** Lod on their way to the *Beis Din,* on the Sabbath, **AND R' AKIVAH DETAINED THEM IN LOD.**

NOTES

26. *Psalms* 12:7.

ועל אלול מפני ראש השנה ועל תשרי מפני תקנת המועדות ועל כסליו מפני חנוכה ועל אדר מפני הפורים. [א]וכשבית המקדש קיים יוצאין [ב]אף על אייר מפני פסח קטן: גמ' (ה)ויצאו אף על העצרת. עצרת חתוכה היא. אשכחת אמר (ג)פעמים חמשה פעמים ששה פעמים שבעה. שלימים חמשה. כסדרן
ח: ששה. חסירין שבעה: (ט)[ג]לא כבר יצאו באלול. אלא בגין מודעא דאיתקדש ירחא. אמר ר' יהושע בן לוי אנא עריב לאילין דאזלין [ד]לנמורין דלית חד מינהון מיית מי אזיל. (ו)תמן חשין לצומא רבה תרין יומין. אמר לון רב חסדא (א)למה אתם מכניסין עצמכם למספק [ה]הזה חזקה שאין בית דין מתעצלין [ו]בו. אבוה דר' שמואל בר רב יצחק חש על גרמיה וצם תרין יומין אפסק [ז]כרוכה ודמך:

הלכה ה מתני' [מ"ד] (ב)(ז)על שני חדשים מחללין את השבת על ניסן ועל תשרי שבהן השלוחין יוצאין לסוריא ובהן היו מתקנין את המועדות. (ג)(ח)[ח]וכשבית המקדש קיים מחללין אף על כולן מפני תקנת הקרבן: [מ"ה] (ד)בין שנראה בעליל ובין שלא נראה בעליל מחללין עליו את השבת. ר' יוסי אומר אם נראה בעליל אין מחללין עליו את השבת: [מ"ו] (ז)מעשה שעברו יותר מארבעים זוג ועיכבן ר' עקיבה בלוד. (ח)שלח לו רבן גמליאל אם מעכב אתה את הרבים נמצאת [ט]מכשלן לעתיד לבוא: גמ' (ט)מהו בעליל. מפורסם. כמה דאת אמר (א)כסף צרוף בעליל לארץ מזוקק שבעתים: מעשה שעברו יותר מארבעים זוג ועיכבן ר' עקיבה בלוד:

פני משה

ועל אלול מפני ראש השנה. מודיעין מתי קדשו לחדש אלול ועושין בגולה ראש השנה ביום שלשים באלול, לפי שרוב השנים אין אלול מעובר, ואע"פ שעדיין יהיה ספק בידם שמא עיברוהו בית דין שנה זו מפני הצורך, על כרחם הולכים אחר רוב השנים שהרי זה אי אפשר להודיעם, ומודיעים להם מתי מתחיל אלול כדי שידעו יום שלשים שלו: ועל תשרי מפני תקנת המועדות. לאחר שקדשו בית דין לתשרי, השלוחין יוצאין ליום המחרת והולכין עד מקום שיכולין להיות שמגיעין עד החג ומודיעין אותם אם עיברו בית דין לאלול אם לאו, כדי שלא יהא לבן נוקפן ביום הכיפורים ובסוכות: מפני פסח קטן. פסח שני לטמא או בדרך רחוקה שהיו בראשון: גמ' ויצאו אף על העצרת. ולמה אין יוצאין בסיון להודיע מתי יעשו עצרת: עצרת חתוכה היא. ברור הדבר ומתוך שיודעין יום חמשים לעומר עצרת היא: אשכחת אמר. דתני בברייתא חלא דגם עצרת אינה חתוכה דלפעמים היא בחמשה בסיון וכו' כדלעיל בהלכה א' (ד:): לא כבר יצאו באלול. וא"כ יודעין הן דראש השנה ביום שלשים שלו ואמאי חוזרין ויוצאין על תשרי: אלא בגין מודעא להון דאיתקדש ירחא דתשרי בזמנו. שאפשר בשנה זו עיברו בית דין לאלול כדפרישית במתניתין: אנא עריב לאילין דאזלין לנימורין. שם מקום בסוריא ושם מקדימין והולכין להודיע להגולה, והיה ר' יהושע בן לוי אומר אני ערב לאלו: דלית מיית חד מנהון מי אזיל. שלא ימות אחד מהן משהלך לשם עד שיחזור לביתו, דשלוחי מצוה הן ואינן ניזוקין לא בהליכתן ולא בחזירתן (פסחים ח:): תמן חשין לצומא רבא תרין יומין. בבבל היו אנשים שחששו לעשות מספק שני ימים יום הכיפורים ולהתענות. ואמר להן רב חסדא למה לכם להכנים עצמיכם לספק הזה שתוכלו להסתכן מחמת כך, הלא חזקה היא שאין הבית דין מתעצלין בו מלשלוח שלוחים להודיע לכל הגולה אם עיברו אלול, ואם אין שלוחין באין תסמכו על הרוב שאין אלול מעובר. ומייתי להאי עובדא דאבוה דר' שמואל בר רב יצחק והוא רב יצחק גופיה שחשש על עצמו וצם תרין יומין ואפסק כרוכה ודמיך. כשהפסיק מן התענית ורצה לכרוך ולאכול נתחלש ונפטר. ועל שהכנים עצמו לסכנה מספק לא הזכירו שמו להדיא, ואמרו אבוה דר' שמואל בר רב יצחק.

וגרסינן להא לעיל בפ"ק דחלה בהלכה א': מתני' על שני חדשים מחללין את השבת. העדים שראו את החדש, כדי לילך ולהודיע לבית דין: שבהן השלוחין יוצאין לסוריא. להודיע לגולה ליום קביעותם, ואע"ג דתנינן ברישא על ששה חדשים השלוחין יוצאין, התם לא בעינן דוקא עד שישמעו מפי בית דין מקודש ולפעמים יכולין לצאת מבערב כדפרישית לעיל, אבל בניסן ותשרי אין יוצאין עד שישמעו מפי בית דין מקודש, וטעמא דמלתא דחיישינן דילמא מימלכי בית דין ומעברי ליה ואתי לקלקולי מועדות, והיינו דקתני ובהן היו מתקנין את המועדות, ומן התורה מחללין על כולן וכדקתני וכשבית המקדש קיים מחללין אף על כולן מפני תקנת הקרבן של ראש חודש שיהא קרב בזמנו, ולאחר חורבן התקין רבן יוחנן בן זכאי שלא יחללו על כולן, שהרי אין קרבן מלבד ניסן ותשרי העמידו על דין תורה לפי שכל המועדות תלויין בהן: בין שנראה בעליל. גלוי לכל שנראה למעלה מן הארץ, ולישנא דקרא הוא כדקאמר בגמרא דכתיב (תהילים יב ז) אמרות ה' אמרות טהורות כסף צרוף בעליל לארץ: ובין שלא נראה בעליל. שהוא למטה ונראית סמוך לארץ ואדמומית החמה מכסה אותה ואינה ניכרת כל כך, מחללין עליו את השבת ומשום דמצוה לקדש על פי הראיה: ר' יוסי אומר וכו'. דמסתמא ראו אותה בירושלים, ואין הלכה כר' יוסי: יותר מארבעים זוג. כתי עדים: ועיכבן ר' עקיבה בלוד. שאין לבית דין צורך בהן: אם מעכב אתה את הרבים. הואיל ועכשיו אין צורך בהן נמצאת מכשילן לעתיד לבא, ושמא לאחר זמן יהיה עדות מועיל אלא אחד מהם וימנעו מלבוא להעיד מתוך שיראו שדבריהן לא היו נשמעין, והלכה כרבן גמליאל: גמ' מהו בעליל מפורסם וכו'. כדבמתניתין: מעשה וכו' מפני שהן ארבעים זוג. כלומר דמיירי שבאו זוג אחר זוג עד ארבעים זוג ועיכבן אותן שבאו אחר זוג הראשון שכבר נתקבל עדותן דשוב אין צורך בהן*:

קרבן העדה

ועל אלול מפני ראש השנה. מודיעין מתי התחיל אלול, ועושין ראש השנה ביום שלשים באלול בגולה, דרוב שנים אין אלול מעובר, ואע"פ שספק בידם שמא יעברוהו בית דין, אי אפשר להן לדעת, ועל כרחן הולכין אחר רוב שנים, ואם לא ידעו מתי התחיל אלול לא ידעו יום שלשים שלו: מפני תקנת המועדות. לאחר שקדשו בית דין לתשרי השלוחין יוצאין ליום המחרת, והולכין עד מקום שיכולין להגיע עד החג, ומודיעים אם עברו בית דין אלול אם לאו, כדי שלא יהא לבן נוקפן ביום הכיפורים ובסוכות: פסח קטן. פסח שני, לטמא ושהיה בדרך רחוקה בראשון: גמ' ופריך ויצאו. נמי על העצרת: ומשני עצרת חתוכה היא. כבר נפסק זמנו שהוא חמשים יום אחר פסח: אשכחת אמר. נמצאת אומר דעצרת לפעמים בה' בסיון כשניסן ואייר מלאים, וכשהן חסירין הוא בשבעה, וכשהן כסדרן אחד מלא ואחד חסר הוא בששה, נמצא דאין תועלת בידיעת סיון: ופריך לא כבר יצאו באלול. ולמה יוצאין עוד בתשרי: ומשני אלא. בשביל להודיע מתי איתקדיש ראש חודש תשרי, אם היה אלול מלא או חסר: אמר ר' יהושע בן לוי. אני ערב לאותן שהולכין למקום ששמו נימורין שלא ימותו בלא זמנן, דכשהולך לשם צריך לחוש ליום הכיפורים לעשותו שני ימים שכך מנהגם של בני נמורין: למספק הזה. דלצום ב' ימים זה אחר זה הוא סכנת נפשות, וחזקה שאין בית דין מתעצלים מלשלוח שלוחים אם לא נתקדש החדש בזמנו: חש. על עצמו לצום שני ימים יום עשירי ואחד עשר משום ספק: אפסק כרוכה. נפסקו בני מעיו ומת: מתני' מחללין את השבת. עדים שראו את החדש כדי לילך ולהודיע לבית דין: יוצאין לסוריא. להודיע לגולה יום קביעותם, הלכך חשיבי, ומן התורה מחללין על כולן, אבל רבנן אסרו לפי שאין תיקון המועדות תלוי בהן, אבל ב' חדשים אלו העמידו על דין תורה שכל המועדות תלויין בהן: תקנת הקרבן. של ראש חודש שיקריב בזמנו: בעליל. למעלה מן הארץ הרבה שהכל רואים אותה, שלא בעליל למטה בשפולו של רקיע סמוך לארץ, ואדמומית החמה מכסה אותה ואינה ניכרת כל כך: אין מחללין. דודאי ראו אותה בירושלים: גמ' מפורסם. בגלוי: בעליל לארץ. גלוי לכל:

עין משפט

א טוש"ע או"ח סימן תרכד סעיף ה בהג"ה:
ב ג [מיי' פ"ג מהלכות קידוש החודש הלכה ב]:
ד [מיי' שם הלכה ד]:

שינויי נוסחאות

א] וכשבית. כ"כ גם במאירי (יח.). במשניות ובבבלי (שם) ובגירסת הרמב"ם בפיה"מ וכשהיה בית. בראב"ד (כתוב שם ה: מדה"ר) ובשעת:
ב] אף. במאירי ובריטב"א (שם) ליתא. וכ"כ בטורי אבן (שם) דל"ג לה, עיי"ש הטעם:
ג] לא. בש"ג ולא:
ד] לנמורין. בש"ג ללמודין:
ה] הזה. בש"ג ליתא. בירושלמי חלה (פ"א ה"א) ובראשונים נוסף המרובה:
ו] בו אבוה. כ"ה גם בש"ג. בירושלמי חלה (שם) ובהג"מ (שביתת עשור מנהגי יוה"כ) בר אבוי:
ז] כרוכה. בש"ג ברוכיה. בירושלמי חלה (שם) ברובא. באו"ז (ח"ב סי' רפא) ובריקאנטי (סי' קסז) כריכיה. בהגה"מ (שם) חד כרוכא:
ח] וכשבית. במשניות ובבבלי (כא:) וכשהיה בית:
ט] מכשלן. במשניות ובבבלי (שם) מכשילן:

תורה אור השלם

א) אִמֲרוֹת יְהֹוָה אֲמָרוֹת טְהֹרוֹת כֶּסֶף צָרוּף בַּעֲלִיל לָאָרֶץ מְזֻקָּק שִׁבְעָתָיִם: (תהלים יב ז)

מסורת הש"ס

א) [עי' ר"ה יח. תוד"ה על ניסן] ב) ר"ה ו. [לעיל ה"א - ד: בשינוי, תוספתא ערכין פ"א ה"ד] ג) חלה פ"א ה"א [ר"ה כא. בשינוי] ד) ר"ה [יט:] כא: ה) [ר"ה כ.] ו) [שבת קלג:, מנחות סד.] ז) [לקמן פ"ב ה"ו - יז., מגילה פ"ב ה"ז, ר"ה כב.] ח) [תענית פ"ג ה"י, מו"ק פ"ג ה"א] ט) [ר"ה כא: בשנוי]

גליון הש"ס

למה אתם מכניסין עצמכם למספק הזה וכו'. עי' בכרתי ופלתי סי' ק"י (בבית הספק ד"ה ויש דמות) ובשו"ת נודע ביהודה חלק יו"ד (מה"ק) סימן כ"ז: ועיכבן ר"ע בלוד מפני שהן מ' זוג. עי' ברמב"ן על התורה פרשת שופטים (דברים יז ו) דאם היו עדים הרבה אפילו מאה בעינן שתדרוש הדבר היטב ע"פ כל העדים הנמצאים עיי"ש. ואפשר דכיון דבעדות החודש לא בעינן תורת עדות גמור ואפילו אם הוזמו העדים החודש מקודש עי' לקמן פ"ב הל' ז' (יח.) [ובירושלמי לקמן פ"ג הל' א' (יח:)] וברמב"ם (קידוש החדש) פ"ג הלכה י"ט, משו"ה א"צ לחקור כולם (ובירושלמי לקמן פ"ג הלכה א'):

וּבִשְׁבִית הַמִּקְדָּשׁ קַיָּים — And when the Holy Temple is in existence **מְחַלְּלִין אַף עַל כּוּלָּן — [the witnesses]** may **desecrate** the Sabbath **even for all [the other months],** **מִפְּנֵי תַּקָּנַת הַקָּרְבָּן — due to** the necessity of **fixing** the proper time for the Rosh Chodesh **offering.**[18]

The Mishnah continues with a discussion of the circumstances under which the witnesses may desecrate the Sabbath in order to come and offer testimony:

בֵּין שֶׁנִּרְאָה בַּעֲלִיל — Whether the [new moon] was clearly visible to everyone, **וּבֵין שֶׁלֹּא נִרְאָה בַּעֲלִיל — or whether it was not clearly visible** to everyone,[19] **מְחַלְּלִין עָלָיו אֶת הַשַּׁבָּת — [the witnesses] may desecrate the Sabbath because of it.**[20] **רַבִּי יוֹסֵי אוֹמֵר — R' Yose says:** **אִם נִרְאָה בַּעֲלִיל — If [the moon] was clearly visible** to everyone, **אֵין מְחַלְּלִין עָלָיו אֶת הַשַּׁבָּת — [the witnesses] may not desecrate the Sabbath because of it.**[21]

A related incident:

מַעֲשֶׂה שֶׁעָבְרוּ יוֹתֵר מֵאַרְבָּעִים זוּג וְעִיכְּבָן רַבִּי עֲקִיבָה בְּלוֹד — It once **happened that more than forty pairs** of witnesses **passed through** Lod on their way to *Beis Din,* on the Sabbath,[22] **and R' Akivah detained them in Lod.**[23] **שָׁלַח לוֹ רַבָּן גַּמְלִיאֵל — Rabban Gamliel sent [R' Akivah]** the following message:[24] **אִם מְעַכֵּב אַתָּה אֶת הָרַבִּים — If you detain the public** from reaching *Beis Din* **נִמְצֵאתָ מְכַשְּׁלָן לֶעָתִיד לָבוֹא — it will emerge that you are causing them to stumble in the future.**[25]

NOTES

It is illogical to suggest that the witnesses may desecrate the Sabbath in order to facilitate the swift departure of the messengers, since the messengers themselves may not desecrate the Sabbath! Rather, the reason the witnesses may desecrate the Sabbath is that, as previously explained, there is a Biblical dispensation permitting them to do so. What the Mishnah means is merely to enumerate the ways in which Nissan and Tishrei are different from other months: (1) The messengers are dispatched to Surya; (2) the Biblical festivals fall in those months. [The latter factor is what caused the Sages to leave the dispensation in place for those months] (*Baal HaMaor* fol. 5b; cf. *Rashi* 21b ד״ה על ניסן).

Bavli (21b) points out an apparent contradiction between this Mishnah and the previous one. Our Mishnah teaches that messengers were dispatched to the Diaspora only in the months of Nissan and Tishrei, but the previous Mishnah (1:4) taught that there were *six* months in which messengers were dispatched! *Bavli* resolves this contradiction by explaining that there is an important distinction between the other four months and Nissan and Tishrei: In the other four months, messengers were dispatched upon observing a clearly visible moon, as it was almost certain that *Beis Din* would declare Rosh Chodesh the next day. [Rosh Chodesh may not be sanctified at night (see *Bavli* 25b).] The Rabbis were not concerned with the (remote) possibility of eligible witnesses not coming forward to testify, forcing *Beis Din* to delay declaring Rosh Chodesh by a day, and thus causing the distant communities that these messengers reached to celebrate holidays on the wrong days, since those holidays are not Biblical in nature. In the months of Nissan and Tishrei, however, when the dates of the Biblical festivals are fixed, the messengers were not dispatched at night, because the Rabbis were concerned for the (remote) possibility that no valid witnesses would testify to the sighting of the moon, and *Beis Din* would be forced to delay declaring Rosh Chodesh until the 31st day. Hence, the messengers were not allowed to set out until they actually heard *Beis Din* declare Rosh Chodesh (see *Pnei Moshe*).

[*Baal HaMaor* (ibid.) explains that this discussion is applicable only if the moon was sighted on the night of the 30th, such that there is a possibility that Rosh Chodesh will be delayed until the 31st. If, however, witnesses did not come on the 30th day, the messengers may start out immediately on the eve of the 31st, even without observing the new moon, since Rosh Chodesh will automatically be declared on the 31st day. Cf. *Rashi* ibid. and *Tosafos* 21b ד״ה על ניסן.]

18. I.e. the *mussaf* offering brought on Rosh Chodesh (as stated in *Numbers* 28:11). When the *Beis HaMikdash* stood, it was important to declare Rosh Chodesh in its proper time, so that this offering could be brought on the correct day. The Rabbis therefore left in place the Biblical dispensation allowing witnesses to desecrate the Sabbath. [Witnesses were thus *required* to travel on the Sabbath for this purpose.] After the destruction of the *Beis HaMikdash,* when there was no longer a *mussaf* offering, the Rabbis decreed that the witnesses not desecrate the Sabbath except to testify concerning the new moons of Nissan and Tishrei, which determine the dates of the Biblical festivals (*Korban HaEidah* and *Pnei Moshe,* from *Rashi* 21b ד״ה שבהם שלוחים).

[Others explain that the Mishnah's ruling represents the Biblical law, for the Biblical dispensation allowing witnesses to desecrate the Sabbath exists only for two purposes: (1) to establish the Biblical festivals in their proper times; (2) to make the Rosh Chodesh *mussaf* offering in its proper time. Hence, when the *Beis HaMikdash* stood, the witnesses were allowed to desecrate the Sabbath in order to testify about any new moon, but after the Destruction, they were *Biblically* prohibited to desecrate the Sabbath for any month other than Nissan and Tishrei (*Chidushei HaRan* 21b ד״ה אמר להם; see also *Rambam, Hil. Kiddush HaChodesh* 3:2 with *Peirush*; *Rabbeinu Chananel* 21b ד״ה תנו רבנן).]

19. I.e., whether the moon was high above the horizon and clearly identifiable, or it was close to the horizon, easily concealed by the setting sun's glare and not readily identifiable (*Korban HaEidah, Pnei Moshe*).

20. Although there is a strong probability that a clearly observed moon was also observed by other witnesses, in Jerusalem, who are in proximity to *Beis Din,* the distant witnesses who saw the moon are allowed to desecrate the Sabbath in order to come to Jerusalem and testify (*Korban HaEidah, Pnei Moshe*). This is because it is not *certain* that the moon was observed in Jerusalem, as it might have been cloudy there. To ensure that *Beis Din* will declare Rosh Chodesh in its proper time, our Tanna allows these seemingly unnecessary witnesses to desecrate the Sabbath by traveling to *Beis Din* (*Pnei Yehoshua* 21b ד״ה במשנה בין שנראה בעליל).

21. R' Yose maintains that since in this case traveling to testify will probably serve no purpose, for in all likelihood other people who are located in *Beis Din's* proximity also sighted the new moon, one may not desecrate the Sabbath because of it (*Pnei Moshe,* from *Rashi* 21b ד״ה נראה).

R' Yose and the Tanna Kamma agree that under Biblical law the witnesses may desecrate the Sabbath even when the moon is clearly visible. They disagree as to whether or not the Rabbis issued a decree against Sabbath desecration in such circumstances (*Ritva* 21b ד״ה מתניתין בין; see also *Sfas Emes;* see *Bavli Shabbos* 133b and *Rashi* there ד״ה ר׳ יוסי).

22. *Meiri* 21b; see also *Teshuvos Chasam Sofer, Orach Chaim* §203; cf. *Turei Even* 25b ד״ה למימרא.

23. Because it was obviously unnecessary for all of them to travel to *Beis Din* (*Rambam Commentary; Pnei Moshe;* see Gemara, 11a).

24. Rabban Gamliel, the *Nasi,* presided over the *Beis Din,* which in his times was located in Yavneh (see *Bavli Sanhedrin* 32b, and Schottenstein edition of *Bavli Rosh Hashanah,* 31b note 1).

25. Rabban Gamliel's opinion is similar to the previously mentioned view of the Tanna Kamma, who allows witnesses of a clearly observed moon to travel on the Sabbath. However, as mentioned above (note 20) the Tanna Kamma holds that witnesses may desecrate the Sabbath only if there is a possibility (however slim) that they may be needed. Rabban Gamliel maintains that even if it is certain that the witnesses are redundant, they may still go to testify, since if they are detained, then in the future they will not wish to travel even in a situation where they are needed [i.e. the moon was not clearly observed] (*Rambam Commentary; Meiri* 21b ד״ה המשנה).

It is Rabban Gamliel's opinion that the rule that sanctification of the new month overrides the Sabbath applies not only when the desecration is necessary for the sake of sanctifying *this* month, but even when it is necessary for the sake of ensuring the proper sanctification of *future* months. Based on the Scriptural dispensation (see note 14), the performance of *melachah* on the Sabbath is completely permitted [הֶתֵּרָה] when this serves the purpose of *Kiddush HaChodesh.* R' Akivah, however, holds that once the proper sanctification of this month has been assured, there is no permit to desecrate the Sabbath for the sake of future sanctifications (see *Teshuvos Chasam Sofer* ibid.; for another explanation, see *Aruch LaNer* 21b ד״ה ועכבן ר״ע).

ועל אלול מפני ראש השנה ועל תשרי מפני תקנת המועדות ועל כסליו מפני חנוכה ועל אדר מפני הפורים. [א]וכשבית המקדש קיים יוצאין [ב]אף על אייר מפני פסח קטן: גמ' [א]ויצאו אף על העצרת. עצרת חתוכה היא. אשכחת אמר [ב]פעמים חמשה פעמים ששה פעמים שבעה. שלימים חמשה. כסדרן
ח: ששה. חסירין שבעה: [ג][ג]לא כבר יצאו באלול. אלא בגין מודעא דאיתקדש ירחא. אמר ר' יהושע בן לוי אנא עריב לאילין דאזלין [ד]לנמורין דלית חד מינהון מיית מי אזל. [ג]תמן חשין לצומא רבה תרין יומין. אמר לון רב חסדא [א]למה אתם מכניסין עצמכם למספק [ה]הזה חזקה שאין בית דין מתעצלין [ו]בו. אבוה דר' שמואל בר רב יצחק חש על גרמיה וצם תרין יומין אפסק [ז]כרוכה ודמך:

הלכה ה מתני' [מ"ד] [ב][ה]על שני חדשים מחללין את השבת על ניסן ועל תשרי שבהן השלוחין יוצאין לסוריא ובהן היו מתקנין את המועדות. [ג][ה][ח]וכשבית המקדש קיים מחללין אף על כולן מפני תקנת הקרבן: [מ"ה] [ד][ו]בין שנראה בעליל ובין שלא נראה בעליל מחללין עליו את השבת. ר' יוסי אומר אם נראה בעליל אין מחללין עליו את השבת: [מ"ו] [ו]מעשה שעברו יותר מארבעים זוג ועיכבן ר' עקיבה בלוד. [ח]שלח לו רבן גמליאל אם מעכב אתה את הרבים נמצאת [ט]מכשלן לעתיד לבוא: גמ' [ט]מהו בעליל. מפורסם. כמה דאת אמר [א]כסף צרוף בעליל לארץ מזוקק שבעתים: מעשה שעברו יותר מארבעים זוג ועיכבן ר' עקיבה בלוד:

פני משה

ועל אלול מפני ראש השנה. מודיעין מתי קדשו לחדש אלול ועושין בגולה ראש השנה ביום שלשים באלול, לפי שרוב השנים אין אלול מעובר, ואע"פ שעדיין יהיה ספק בידם שמא עיברוהו בית דין שנה זו מפני הצורך, על כרחם הולכים אחר רוב השנים שהרי זה אי אפשר להודיעם, ומודיעים להם מתי מתחיל אלול כדי שידעו יום שלשים שלו: ועל תשרי מפני תקנת המועדות. לאחר שקדשו בית דין לתשרי, השלוחין יוצאין ליום המחרת והולכין עד מקום שיכולין להיות שמגיעין עד החג ומודיעין אותם אם עיברו בית דין לאלול אם לאו, כדי שלא יהא לבן נוקפן ביום הכיפורים ובסוכות: מפני פסח קטן. פסח שני לטמא או בדרך רחוקה שהיו בראשון: גמ' ויצאו אף על העצרת. ולמה אין יוצאין בסיון להודיע מתי יעשו עצרת: עצרת חתוכה היא. ברור הדבר ומתוך שיודעין יום חמשים לעומר עצרת היא: אשכחת אמר. דתני בברייתא חדא דגם עצרת אינה חתוכה דלפעמים היא בחמשה בסיון וכו' כדלעיל בהלכה א' (ד:): לא כבר יצאו באלול. וא"כ יודעין הן דראש השנה ביום שלשים שלו ואמאי חוזרין ויוצאין על תשרי: אלא בגין מודעא להון דאיתקדש ירחא דתשרי בזמנו. שאפשר בשנה זו עיברו בית דין לאלול כדפרישית במתניתין: אנא עריב לאילין דאזלין לנימורין. שם מקום בסוריא ולשם מקדימין והולכין להודיע להגולה, והיה ר' יהושע בן לוי אומר אני ערב לאלו: דלית מיית חד מנהון מי אזיל. שלא ימות אחד מהן משהלך לשם עד שיחזור לביתו, דשלוחי מלוה הן ואינן ניזוקין לא בהליכתן ולא בחזירתן (פסחים ח:): תמן חשין לצומא רבא תרין יומין. בבבל היו אנשים שחששו לעשות מספק שני ימים יום הכיפורים ולהתענות. ואמר להן רב חסדא למה לכם להכניס עצמיכם לספק הזה שתוכלו להסתכן מחמת כך, הלא חזקה היא שאין הבית דין מתעצלין בו מלשלוח שלוחים להודיע לכל הגולה אם עיברו אלול, ואם אין שלוחין באין תסמכו על הרוב שאין אלול מעובר. ומייתי להאי עובדא דאבוה דר' שמואל בר רב יצחק והוא רב יצחק גופיה שחשש על עצמו וצם תרין יומין ואפסק כרוכה ודמיך. כשהפסיק מן התענית ורצה לברוך ולאכול נתחלש ונפטר. ועל שהכניס עצמו לסכנה מספק לא הזכירו שמו להדיא, ואמרו אבוה דר' שמואל בר רב יצחק.

וגרסינן להא לעיל בפ"ק דחלה בהלכה א': מתני' על שני חדשים מחללין את השבת. העדים שראו את החדש, כדי לילך ולהודיע לבית דין: שבהן השלוחין יוצאין לסוריא. להודיע לגולה ליום קביעותם, ואע"ג דתנינן ברישא על ששה חדשים השלוחין יוצאין, התם לא בעינן דוקא עד שישמעו מפי בית דין מקודש ולפעמים יכולין לצאת מבערב כדפרישית לעיל, אבל בניסן ותשרי אין יוצאין עד שישמעו מפי בית דין מקודש, וטעמא דמלתא דחיישינן דילמא מימלכי בית דין ומעברי ליה ואתי לקלקולי מועדות, והיינו דקתני ובהן היו מתקנין את המועדות, ומן התורה מחללין על כולן וכדקתני וכשבית המקדש קיים מחללין אף על כולן מפני תקנת הקרבן של ראש חודש שיהא קרב בזמנו, ולאחר חורבן התקין רבן יוחנן בן זכאי שלא יחללו על כולן, שהרי אין קרבן מלבד ניסן ותשרי העמידו על דין תורה לפי שכל המועדות תלויין בהן: בין שנראה בעליל. גלוי לכל שנראה למעלה מן הארץ, ולישנא דקרא הוא כדקאמר בגמרא דכתיב (תהילים יב ז) אמרות ה' אמרות טהורות כסף צרוף בעליל לארץ: ובין שלא נראה בעליל. שהוא למטה ונראית סמוך לארץ ואדמומית החמה מכסה אותה ואינה ניכרת כל כך, מחללין עליו את השבת ומשום דמלוה לקדש על פי הראיה: ר' יוסי אומר וכו'. דמסתמא ראו אותה בירושלים, ואין הלכה כר' יוסי: יותר מארבעים זוג. כתי עדים: ועיכבן ר' עקיבה בלוד. שאין לבית דין צורך בהן: אם מעכב אתה את הרבים. הואיל ועכשיו אין צורך בהן נמצאת מכשילן לעתיד לבא, ושמא לאחר זמן יהיה עדות מועיל אבל אחד מהם וימנעו מלבוא להעיד מתוך שיראו שדבריהן לא היו נשמעין, והלכה כרבן גמליאל: גמ' מהו בעליל מפורסם וכו'. כדמתניתין: מעשה וכו' מפני שהן ארבעים זוג. כלומר דמיירי שבאו זוג אחר זוג עד ארבעים זוג ועיכבן אותן שבאו אחר זוג הראשון שכבר נתקבל עדותן דשוב אין צורך בהן*:

קרבן העדה

ועל אלול מפני ראש השנה. מודיעין מתי התחיל אלול, ועושין ראש השנה ביום שלשים באלול בגולה, דרוב שנים אין אלול מעובר, ואע"פ שספק בידם שמא יעברוהו בית דין, אי אפשר להן לדעת, ועל כרחן הולכין אחר רוב שנים, ואם לא ידעו מתי התחיל אלול לא ידעו יום שלשים שלו: מפני תקנת המועדות. לאחר שקדשו בית דין לתשרי השלוחין יוצאין ליום המחרת, והולכין עד מקום שיכולין להגיע עד החג, ומודיעים אם עברו בית דין אלול אם לאו, כדי שלא יהא לבן נוקפן ביום הכיפורים ובסוכות: פסח קטן. פסח שני, לטמא ושהיה בדרך רחוקה בראשון: גמ' ופריך ויצאו. נמי על העצרת: ומשני עצרת חתוכה היא. כבר נפסק זמנו שהוא חמשים יום אחר פסח: אשכחת אמר. נמצאת אומר דעצרת לפעמים בה' בסיון כשניסן ואייר מלאים, וכשהן חסירין הוא בשבעה, וכשהן כסדרן אחד מלא ואחד חסר הוא בששה, נמצא דאין תועלת בידיעת סיון: ופריך לא כבר יצאו באלול. ולמה יוצאין עוד בתשרי: ומשני אלא. בשביל להודיע מתי איתקדיש ראש חודש תשרי, אם היה אלול מלא או חסר: אמר ר' יהושע בן לוי. אני ערב לאותן שהולכין למקום ששמו נימורין שלא ימותו בלא זמנן, דכשהולך לשם צריך לחוש ליום הכיפורים לעשותו שני ימים שכך מנהגם של בני נמורין: למספק הזה. דלצום ב' ימים זה אחר זה הוא סכנת נפשות, וחזקה שאין בית דין מתעצלים מלשלוח שלוחים אם לא נתקדש החדש בזמנו: חש. על עצמו לצום שני ימים יום עשירי ואחד עשר משום ספק: אפסק כרוכה. נפסקו בני מעיו ומת: מתני' מחללין את השבת. עדים שראו את החדש כדי לילך ולהודיע לבית דין: יוצאין לסוריא. להודיע לגולה יום קביעותם, הלכך חשיבי, ומן התורה מחללין על כולן, אבל רבנן אסרו לפי שאין תיקון המועדות תלוי בהן, אבל ב' חדשים אלו העמידו על דין תורה שכל המועדות תלויין בהן: תקנת הקרבן. של ראש חודש שיקריב בזמנו: בעליל. למעלה מן הארץ הרבה שהכל רואים אותה, שלא בעליל למטה בשפולו של רקיע סמוך לארץ, ואדמומית החמה מכסה אותה ואינה ניכרת כל כך: אין מחללין. דודאי ראו אותה בירושלים: גמ' מפורסם. בגלוי: בעליל לארץ. גלוי לכל:

עין משפט

א טוש"ע או"ח סימן תרכד סעיף ה בהג"ה:
ב ג [מיי' פ"ג מהלכות קידוש החודש הלכה ב]:
ד [מיי' שם הלכה ד]:

שינויי נוסחאות

א] וכשבית. כ"כ גם במאירי (יח.). במשניות ובבבלי (שם) ובגירסת הרמב"ם בפיה"מ וכשהיה בית. בראב"ד (כתוב שם ה: מדה"ר) ובשעת:
ב] אף. במאירי ובריטב"א (שם) ליתא. וכ"כ בטורי אבן (שם) דל"ג לה, עיי"ש הטעם:
ג] לא. בש"ג ולא:
ד] לנמורין. בש"ג ללמודין:
ה] הזה. בש"ג ליתא. בירושלמי חלה (פ"א ה"א) ובראשונים נוסף המרובה:
ו] בו אבוה. כ"ה גם בש"ג. בירושלמי חלה (שם) ובהג"מ (שביתת עשור מנהגי יוה"כ) בר אבוי:
ז] כרוכה. בש"ג ברוכיה. בירושלמי חלה (שם) ברובא. באו"ז (ח"ב סי' רפא) ובריקאנטי (סי' קסז) בריכיה. בהגה"מ (שם) חד כרוכא:
ח] וכשבית. במשניות ובבבלי (כא:) וכשהיה בית:
ט] מכשלן. במשניות ובבבלי (שם) מכשילן:

תורה אור השלם

א) אִמֲרוֹת יְהֹוָה אֲמָרוֹת טְהֹרוֹת כֶּסֶף צָרוּף בַּעֲלִיל לָאָרֶץ מְזֻקָּק שִׁבְעָתָיִם: (תהלים יב ז)

מסורת הש"ס

א) [עי' ר"ה יח. תוד"ה על ניסן] ב) ר"ה ו. [לעיל ה"א - ד: בשינוי, תוספתא ערכין פ"א ה"ד] ג) חלה פ"א ה"א [ר"ה כא. בשינוי] ד) ר"ה [יט:] כא: ה) [ר"ה כ.] ו) [שבת קלג., מנחות סד.] ז) [לקמן פ"ב ה"ז - יז., מגילה פ"ב ה"ז, ר"ה כב.] ח) [תענית פ"ג ה"י, מו"ק פ"ג ה"א] ט) [ר"ה כא: בשנוי]

גליון הש"ס

למה אתם מכניסין עצמכם למספק הזה וכו'. עי' בכרתי ופלתי סי' ק"י (בבית הספק ד"ה ויש דמות) ובשו"ת נודע ביהודה חלק יו"ד (מה"ק) סימן כ"ז: ועיכבן ר"ע בלוד מפני שהן מ' זוג. עי' ברמב"ן על התורה פרשת שופטים (דברים יז ו) דאם היו עדים הרבה אפילו מאה בעינן שתדרוש הדבר היטב ע"פ כל העדים הנמצאים עיי"ש. ואפשר דכיון דבעדות החודש לא בעינן תורת עדות גמור ואפילו אם הוזמו העדים החודש מקודש עי' לקמן פ"ב הל' ז' (יז.) [ובירושלמי לקמן פ"ג הל' א' (יח:)] וברמב"ם (קידוש החדש) פ"ג הלכה י"ט, משו"ה א"צ לחקור כולם (ובירושלמי לקמן פ"ג הלכה א'):

Chisda said to them: לָמָּה אַתֶּם מַכְנִיסִין עַצְמְכֶם לַמְּסַפֵּק הַזֶּה – **Why are you inserting yourself into this troublesome situation** that poses a danger to life?[10] חֲזָקָה שֶׁאֵין בֵּית דִּין מִתְעַצְּלִין בּוֹ – You can rely on the **presumption that the court does not procrastinate with it** (i.e. the court carries out its tasks promptly and thoroughly). If the court had delayed Rosh Chodesh Tishrei, they would surely have sent messengers to tell us. Since they did not do so, it is highly unlikely that Rosh Chodesh Tishrei was later than expected.[11]

The following incident corroborates Rav Chisda's insinuation that fasting two consecutive days is dangerous: אֲבוּהּ דְּרַבִּי שְׁמוּאֵל בַּר רַב יִצְחָק חָשׁ עַל גַּרְמֵיהּ – **The father of R' Shmuel the son of Rav Yitzchak**[12] **was concerned for himself** that Yom Kippur might have fallen on the day assumed to be the eleventh of Tishrei, וְצָם תְּרֵין יוֹמִין – **and** so **he fasted two days.** אַפְסֵק כָּרוּכָה וּדְמַךְ – As a result, **an intestine burst and he died.**[13]

Halachah 5

Mishnah The following Mishnah deals with the issue of two witnesses who observed the new moon on the thirtieth day of the month, and that day was the Sabbath. In order for *Beis Din* to sanctify Rosh Chodesh in its proper time, the witnesses must testify before *Beis Din* that very day, and if they are distant from the location of *Beis Din,* traveling there may involve desecration of the Sabbath. Biblical law states that sanctifying Rosh Chodesh in its proper time overrides the Sabbath restrictions, meaning that the witnesses may travel to the location of *Beis Din* even if this requires them to desecrate the Sabbath.[14] The Mishnah qualifies this dispensation: עַל שְׁנֵי חֳדָשִׁים מְחַלְּלִין אֶת הַשַּׁבָּת – To offer testimony **concerning two** specific **months, [the witnesses]** may **desecrate the Sabbath**[15] – עַל נִיסָן וְעַל תִּשְׁרֵי – **concerning Nissan and concerning Tishrei** – שֶׁבָּהֶן הַשְּׁלוּחִין יוֹצְאִין לְסוּרְיָא – **for in [Nissan and Tishrei] the messengers go forth to Surya**[16] to notify them when Rosh Chodesh occurred, וּבָהֶן הָיוּ מְתַקְּנִין אֶת הַמּוֹעֲדוֹת – **and through them,** i.e through determining the proper days of Rosh Chodesh for the months of Nissan and Tishrei, ***[Beis Din]* fixes** the proper days for all **the** Biblical **festivals.**[17]

NOTES

10. Translation follows *Korban HaEidah* below, 14a ד״ה למספק; cf. *Pnei Moshe.*

Beis Yosef (*Orach Chaim* 624:5) and *Gra* (ibid.) quote the Gemara there as reading סְפֵק סַכָּנָה, *a doubt [involving] danger.*

11. *Korban HaEidah, Pnei Moshe.*

Alternatively, the Gemara means that the court took pains to remove any obstacles that might prevent the month of Tishrei from being declared on time (*Teshuvos Noda BiYehudah, Mahadura Kamma, Yoreh Deah* §57 באי״ד שוב מצאתי). This explanation is preferable, because the previous one (namely, that the court would surely have told us if Yom Kippur has been delayed) is valid only for those living within the reach of the court's messengers, and not for those living in more distant places (*Alei Tamar*).

Rav Chisda added this point ("The court does not procrastinate") to teach that even if someone knows that he has sufficient strength to fast for two days, he has no reason to do so. Since one can rely on the court that the day assumed to be the 10th of Tishrei is truly Yom Kippur, it is an extreme stringency to observe the 11th, too, as Yom Kippur. Accordingly, given the element of danger involved, there is absolutely no basis for engaging in this practice (*Alei Tamar* ibid.).

[Nowadays, although we follow a fixed calendar, we are obligated to observe two days of Yom Tov (Pesach etc.) to perpetuate the practice of our forebears who did not live within reach of the court's messengers and had to observe a second day out of doubt (*Bavli Beitzah* 4b). The authorities comment that for this reason some pious people observe the laws of Yom Kippur for two days (*Hagahos Maimoniyos,* end of *Hil. Shevisas Asor; Tur, Orach Chaim* 624:5; *Rama* ibid.). However, *Hagahos Maimoniyos* argues that this reason does not apply to Yom Kippur. Since most of our forebears themselves did not keep two days of Yom Kippur, we have no basis for doing so. *Rama* ibid. goes further, ruling that because the practice can be dangerous, it should be avoided.]

12. I.e. Rav Yitzchak. Since Rav Yitzchak acted improperly by putting his life in danger just to satisfy a doubt, the Gemara does not mention his name explicitly (*Pnei Moshe*).

[Another explanation might be that this Rav Yitzchak is identified as "the father of Rav Shmuel bar Rav Yitzchak" because Rav Shmuel bar Rav Yitzchak was well known (he is mentioned dozens of times in the Talmud), whereas his father, Rav Yitzchak, was not. The Sages therefore referred to him as "the father of Rav Shmuel bar Rav Yitzchak." *Rashi* to *Chullin* 38a offers a similar explanation of "the father of Bar Abuvram" (ד״ה אבוה דבר אבוברם). Indeed, we find a number of instances in which an Amora is identified as "the father of So-and-so the son of So-and-so." For example: "Abba the father of R' Yirmiyah bar Abba" (*Bavli Shabbos* 56b); "Rav Nassan the father of Rav Huna bar Nassan" (*Bavli Eruvin* 70b and *Pesachim* 43b); "Rav Tachlifa the father of Rav Huna bar Rav Tachlifa" (*Bavli Yoma* 6b); "Rav Iddi the father of R' Yaakov bar Iddi" (*Bavli Chagigah* 5b).]

13. *Korban HaEidah;* cf. *Pnei Moshe.*

14. Biblically, it is permitted (and indeed required) for witnesses who observed the new moon to travel to *Beis Din* on the Sabbath, so that *Beis Din* may sanctify the new month in its proper time. *Bavli* (21b) as well as *Toras Kohanim* (*Emor* 10:6) derive this from the verse: אֵלֶּה מוֹעֲדֵי ה׳ מִקְרָאֵי קֹדֶשׁ אֲשֶׁר־תִּקְרְאוּ אֹתָם בְּמוֹעֲדָם, *These are the appointed festivals of God, the holy convocations, that you shall declare in their appropriate time* (*Leviticus* 23:4). The words מִקְרָאֵי קֹדֶשׁ (*the holy convocations*) can also be interpreted as *declarations of sanctity,* referring to the court's declaration of Rosh Chodesh. By continuing with the phrase בְּמוֹעֲדָם, *in their appropriate time,* Scripture commands that the declaration of Rosh Chodesh not be delayed. It thus teaches that witnesses may desecrate the Sabbath to ensure that Rosh Chodesh is declared in the proper time (*Rashi* 21b ד״ה אשר; see also *Rash MiShantz* and *Raavad* to *Toras Kohanim* loc. cit.).

Alternatively, מוֹעֲדֵי ה׳, *festivals of God,* refers to Rosh Chodesh as well, because ראֹשׁ חֹדֶשׁ אִיקְּרֵי מוֹעֵד, *Rosh Chodesh is [also] called a festival* (*Bavli Pesachim* 77a). Hence, Scripture commands *Beis Din* to declare festivals, including the festival of Rosh Chodesh, in their proper times. Thus, witnesses may desecrate the Sabbath to ensure that Rosh Chodesh is announced in the proper time (*Tosafos* 21b ד״ה על שני).

15. I.e. the witnesses are permitted to perform any *melachah* necessary in order to reach *beis din* on the Sabbath and offer their testimony (*Rambam, Hil. Kiddush HaChodesh* 3:4; *Meiri* ד״ה המשנה; *Tos. Yom Tov* below, 1:9; *Turei Even* 22a ד״ה משלחין; see also *Or Same'ach, Hil. Temidin U'Mussafin* 7:6; cf. *Pnei Yehoshua* 21b ד״ה במשנה).

Although Biblical law allows witnesses to desecrate the Sabbath in order to testify concerning *any* month, the Rabbis decreed that they not rely on this dispensation except concerning two months of the year (*Korban HaEidah,* from *Rashi* 21b ד״ה שבהם שלוחים).

16. I.e. the Diaspora. [The Mishnah specifies Surya because the messengers would go out to Babylonia (which contained the largest concentration of Jews in the Diaspora) via Surya (*Tos. Yom Tov* below, 2:4; for other reasons, see *Meiri* and *Tiferes Yisrael*).] See next note.

17. [The festivals of Rosh Hashanah, Yom Kippur, and Succos fall in Tishrei, and the festival of Pesach falls in Nissan. As for Shavuos, its date is automatically established through affixing the date of Rosh Chodesh Nissan, since (as the Gemara stated just above) Shavuos is celebrated on the 50th day after the bringing of the *Omer*, which is done on the second day of Pesach.]

Although the Mishnah seems to provide two reasons why the witnesses desecrate the Sabbath for these months, this cannot be the intention.

ועל אלול מפני ראש השנה ועל תשרי מפני תקנת המועדות ועל כסליו מפני חנוכה ועל אדר מפני הפורים. [א]וכשבית המקדש קיים יוצאין [ב]אף על אייר מפני פסח קטן: גמ' [א]ויצאו אף על העצרת. עצרת חתוכה היא. אשכחת אמר [ב]פעמים חמשה פעמים ששה פעמים שבעה. שלימים חמשה. כסדרן ששה. חסירין שבעה:
ח: [ג][ג]לא כבר יצאו באלול. אלא בגין מודעא דאיתקדש ירחא. אמר ר' יהושע בן לוי אנא עריב לאילין דאזלין [ד]לנמורין דלית חד מינהון מיית מי אזל. [ד]תמן חשין לצומא רבה תרין יומין. אמר לון רב חסדא [א]למה אתם מכניסין עצמכם למספק [ה]הזה חזקה שאין בית דין מתעצלין [ו]בו. אבוה דר' שמואל בר רב יצחק חש על גרמיה וצם תרין יומין אפסק [ז]כרוכה ודמך:

הלכה ה מתני' [מ"ד] [ב][ה]על שני חדשים מחללין את השבת על ניסן ועל תשרי שבהן השלוחין יוצאין לסוריא ובהן היו מתקנין את המועדות. [ג][ו][ח]וכשבית המקדש קיים מחללין אף על כולן מפני תקנת הקרבן: [מ"ה] [ד][ז]בין שנראה בעליל ובין שלא נראה בעליל מחללין עליו את השבת. ר' יוסי אומר אם נראה בעליל אין מחללין עליו את השבת: [מ"ו] [ז]מעשה שעברו יותר מארבעים זוג ועיכבן ר' עקיבה בלוד. [ח]שלח לו רבן גמליאל אם מעכב אתה את הרבים נמצאת [ט]מכשלן לעתיד לבוא: גמ' [ט]מהו בעליל. מפורסם. כמה דאת אמר [א]כסף צרוף בעליל לארץ מזוקק שבעתים: מעשה שעברו יותר מארבעים זוג ועיכבן ר' עקיבה בלוד:

פני משה

ועל אלול מפני ראש השנה. מודיעין מתי קדשו לחדש אלול ועושין בגולה ראש השנה ביום שלשים באלול, לפי שרוב השנים אין אלול מעובר, ואע"פ שעדיין יהיה ספק בידם שמא עיברוהו בית דין שנה זו מפני הצורך, על כרחם הולכים אחר רוב השנים שהרי זה אי אפשר להודיעם, ומודיעים להם מתי מתחיל אלול כדי שידעו יום שלשים שלו: ועל תשרי מפני תקנת המועדות. לאחר שקדשו בית דין לתשרי, השלוחין יוצאין ליום המחרת והולכין עד מקום שיכולין להיות שמגיעין עד החג ומודיעין אותם אם עיברו בית דין לאלול אם לאו, כדי שלא יהא לבן נוקפן ביום הכיפורים ובסוכות: מפני פסח קטן. פסח שני לטמא או בדרך רחוקה שהיו בראשון: גמ' ויצאו אף על העצרת. ולמה אין יוצאין בסיון להודיע מתי יעשו עצרת: עצרת חתוכה היא. ברור הדבר וחתוך שיודעין יום חמשים לעומר עצרת היא: אשכחת אמר. דתני בברייתא חדא דגם עצרת אינה חתוכה דלפעמים היא בחמשה בסיון וכו' כדלעיל בהלכה א' (ד:): לא כבר יצאו באלול. וא"כ יודעין הן דראש השנה ביום שלשים שלו ואמאי חוזרין ויוצאין על תשרי: אלא בגין מודעא להון דאיתקדש ירחא דתשרי בזמנו. שאפשר בשנה זו עיברו בית דין לאלול כדפרישית במתניתין: אנא עריב לאילין דאזלין לנימורין. שם מקום בסוריא ולשם מקדימין והולכין להודיע להגולה, והיה ר' יהושע בן לוי אומר אני ערב לאלו: דלית מיית חד מנהון מי אזיל. שלא ימות אחד מהן מההלך לשם עד שיחזור לביתו, דשלוחי מצוה הן ואינן ניזוקין לא בהליכתן ולא בחזירתן (פסחים ח:): תמן חשין לצומא רבא תרין יומין. בבבל היו אנשים שחששו לעשות מספק שני ימים יום הכיפורים ולהתענות. ואמר להן רב חסדא למה לכם להכניס עצמיכם לספק הזה שתוכלו להסתכן מחמת כך, הלא חזקה היא שאין הבית דין מתעצלין בו מלשלוח שלוחים להודיע לכל הגולה אם עיברו אלול, ואם אין שלוחין באין תסמכו על הרוב שאין אלול מעובר. ומייתי להאי עובדא דאבוה דר' שמואל בר רב יצחק והוא רב יצחק גופיה שחשש על עצמו וצם תרין יומין ואפסק כרוכה ודמיך. כשהפסיק מן התענית ורצה לכרוך ולאכול נתחלש ונפטר. ועל שהכניס עצמו לסכנה מספק לא הזכירו שמו להדיא, ואמרו אבוה דר' שמואל בר רב יצחק.

וגרסינן להא לעיל בפ"ק דחלה בהלכה א': מתני' על שני חדשים מחללין את השבת. העדים שראו את החדש, כדי לילך ולהודיע לבית דין: שבהן השלוחין יוצאין לסוריא. להודיע לגולה ליום קביעותם, ואע"ג דתנינן ברישא על ששה חדשים השלוחין יוצאין, התם לא בעינן דוקא עד שישמעו מפי בית דין מקודש ולפעמים יכולין לצאת מבערב כדפרישית לעיל, אבל בניסן ותשרי אין יוצאין עד שישמעו מפי בית דין מקודש, וטעמא דמלתא דחיישינן דילמא מימלכי בית דין ומעברי ליה ואתי לקלקולי מועדות, והיינו דקתני ובהן היו מתקנין את המועדות, ומן התורה מחללין על כולן וכדקתני וכשבית המקדש קיים מחללין אף על כולן מפני תקנת הקרבן של ראש חודש שיהא קרב בזמנו, ולאחר חורבן התקין רבן יוחנן בן זכאי שלא יחללו על כולן, שהרי אין קרבן מלבד ניסן ותשרי העמידו על דין תורה לפי שכל המועדות תלויין בהן: בין שנראה בעליל. גלוי לכל שנראה למעלה מן הארץ, ולישנא דקרא הוא כדקאמר בגמרא דכתיב (תהלים יב ז) אמרות ה' אמרות טהורות כסף צרוף בעליל לארץ: ובין שלא נראה בעליל. שהוא למטה ונראית סמוך לארץ ואדמומית החמה מכסה אותה ואינה ניכרת כל כך, מחללין עליו את השבת ומשום דמצוה לקדש על פי הראיה: ר' יוסי אומר וכו'. דמסתמא ראו אותה בירושלים, ואין הלכה כר' יוסי: יותר מארבעים זוג. כתי עדים: ועיכבן ר' עקיבה בלוד. שאין לבית דין צורך בהן: אם מעכב אתה את הרבים. הואיל ועכשיו אין צורך בהן נמצאת מכשילן לעתיד לבא, ושמא לאחר זמן יהיה עדות מועיל אלא אחד מהם וימנעו מלבוא להעיד מתוך שיראו שדבריהן לא היו נשמעין, והלכה כרבן גמליאל: גמ' מהו בעליל מפורסם וכו'. כדמתניתין: מעשה וכו' מפני שהן ארבעים זוג. כלומר דמיירי שבאו זוג אחר זוג עד ארבעים זוג ועיכבן אותן שבאו אחר זוג הראשון שכבר נתקבל עדותן דשוב אין צורך בהן*:

קרבן העדה

ועל אלול מפני ראש השנה. מודיעין מתי התחיל אלול, ועושין ראש השנה ביום שלשים באלול בגולה, דרוב שנים אין אלול מעובר, ואע"פ שספק בידם שמא יעברוהו בית דין, אי אפשר להן לדעת, ועל כרחן הולכין אחר רוב שנים, ואם לא ידעו מתי התחיל אלול לא ידעו יום שלשים שלו: מפני תקנת המועדות. לאחר שקדשו בית דין לתשרי השלוחין יוצאין ליום המחרת, והולכין עד מקום שיכולין להגיע עד החג, ומודיעים אם עברו בית דין אלול אם לאו, כדי שלא יהא לבן נוקפן ביום הכיפורים ובסוכות: פסח קטן. פסח שני, לטמא ושהיה בדרך רחוקה בראשון: גמ' ופריך ויצאו. נמי על העצרת: ומשני עצרת חתוכה היא. כבר נפסק זמנו שהוא חמשים יום אחר פסח: אשכחת אמר. נמצאת אומר דעצרת לפעמים בה' בסיון כשניסן ואייר מלאים, וכשהן חסירין הוא בשבעה, וכשהן כסדרן אחד מלא ואחד חסר הוא בששה, נמצא דאין תועלת בידיעת סיון: ופריך לא כבר יצאו באלול. ולמה יוצאין עוד בתשרי: ומשני אלא. בשביל להודיע מתי איתקדיש ראש חודש תשרי, אם היה אלול מלא או חסר: אמר ר' יהושע בן לוי. אני ערב לאותן שהולכין למקום ששמו נימורין שלא ימותו בלא זמנן, דכשהולך לשם צריך לחוש ליום הכיפורים לעשותו שני ימים שכך מנהגם של בני נמורין: למספק הזה. דלצום ב' ימים זה אחר זה הוא סכנת נפשות, וחזקה שאין בית דין מתעצלים מלשלוח שלוחים אם לא נתקדש החדש בזמנו: חש. על עצמו לצום שני ימים יום עשירי ואחד עשר משום ספק: אפסק כרוכה. נפסקו בני מעיו ומת: מתני' מחללין את השבת. עדים שראו את החדש כדי לילך ולהודיע לבית דין: יוצאין לסוריא. להודיע לגולה יום קביעותם, הלכך חשיבי, ומן התורה מחללין על כולן, אבל רבנן אסרו לפי שאין תיקון המועדות תלוי בהן, אבל ב' חדשים אלו העמידו על דין תורה שכל המועדות תלויין בהן: תקנת הקרבן. של ראש חודש שיקריב בזמנו: בעליל. למעלה מן הארץ הרבה שהכל רואים אותה, שלא בעליל למטה בשפולו של רקיע סמוך לארץ, ואדמומית החמה מכסה אותה ואינה ניכרת כל כך: אין מחללין. דודאי ראו אותה בירושלים: גמ' מפורסם. בגלוי: בעליל לארץ. גלוי לכל:

עין משפט

א טוש"ע או"ח סימן תרכד סעיף ה בהג"ה:
ב ג [מיי' פ"ג מהלכות קידוש החודש הלכה ב]:
ד [מיי' שם הלכה ד]:

שינויי נוסחאות

א] וכשבית. כ"כ גם במאירי (יח.). במשניות ובבבלי (שם) ובגירסת הרמב"ם בפיה"מ וכשהיה בית. בראב"ד (כתוב שם ה: מדה"ר) ובשעת:
ב] אף. במאירי ובריטב"א (שם) ליתא. וכ"כ בטורי אבן (שם) דל"ג לה, עיי"ש הטעם:
ג] לא. בש"ג ולא:
ד] לנמורין. בש"ג ללמודין:
ה] הזה. בש"ג ליתא. בירושלמי חלה (פ"א ה"א) ובראשונים נוסף המרובה:
ו] בו אבוה. כ"ה גם בש"ג. בירושלמי חלה (שם) ובהג"מ (שביתת עשור מנהגי יוה"כ) בר אבוי:
ז] כרוכה. בש"ג ברוכיה. בירושלמי חלה (שם) ברובא. באו"ז (ח"ב סי' רפא) ובריקאנטי (סי' קסז) כריכיה. בהגה"מ (שם) חד כרוכא:
ח] וכשבית. במשניות ובבבלי (כא:) וכשהיה בית:
ט] מכשלן. במשניות ובבבלי (שם) מכשילן:

תורה אור השלם

א) אִמֲרוֹת יְהֹוָה אֲמָרוֹת טְהֹרוֹת כֶּסֶף צָרוּף בַּעֲלִיל לָאָרֶץ מְזֻקָּק שִׁבְעָתָיִם: (תהלים יב ז)

מסורת הש"ס

א) [עי' ר"ה יח. תוד"ה על ניסן] ב) ר"ה ו. [לעיל ה"א - ד: בשינוי, תוספתא ערכין פ"א ה"ד] ג) חלה פ"א ה"א [ר"ה כא. בשינוי] ד) ר"ה [יט:] כא: ה) [ר"ה כ.] ו) [שבת קלג:, מנחות סד.] ז) [לקמן פ"ב ה"ז - יז., מגילה פ"ב ה"ז, ר"ה כב.] ח) [תענית פ"ג ה"י, מו"ק פ"ג ה"א] ט) [ר"ה כא: בשנוי]

גליון הש"ס

למה אתם מכניסין עצמכם למספק הזה וכו'. עי' בכרתי ופלתי סי' ק"י (בבית הספק ד"ה ויש דמות) ובשו"ת נודע ביהודה חלק יו"ד (מה"ק) סימן כ"ז: ועיכבן ר"ע בלוד מפני שהן מ' זוג. עי' ברמב"ן על התורה פרשת שופטים (דברים יז ו) דאם היו עדים הרבה אפילו מאה בעינן שתדרוש הדבר היטב ע"פ כל העדים הנמצאים עיי"ש. ואפשר דכיון דבעדות החודש לא בעינן תורת עדות גמור ואפילו אם הוזמו העדים החודש מקודש עי' לקמן פ"ב הל' ז' (יז.) [ובירושלמי לקמן פ"ג הל' א' (יח:)] וברמב"ם (קידוש החדש) פ"ג הלכה י"ט, משו"ה א"צ לחקור כולם (ובירושלמי לקמן פ"ג הלכה א'):

וְעַל אֱלוּל מִפְּנֵי רֹאשׁ הַשָּׁנָה – at the beginning of **Elul on account of Rosh Hashanah;**[1] וְעַל תִּשְׁרֵי מִפְּנֵי תַּקָּנַת הַמּוֹעֲדוֹת – at the beginning of **Tishrei on account of the correct determination of the holidays;**[2] וְעַל כִּסְלֵיו מִפְּנֵי חֲנוּכָּה – at the beginning of **Kislev on account of Chanukah;** וְעַל אֲדָר מִפְּנֵי הַפּוּרִים – **and at the beginning of Adar on account of Purim.** וּכְשֶׁבֵּית הַמִּקְדָּשׁ קַיָּים – **And when the Holy Temple was in existence,** יוֹצְאִין אַף עַל אִייָר – **they went forth** at the beginning of **Iyar as well,** מִפְּנֵי פֶּסַח קָטָן – **because of the minor Pesach,** i.e. Pesach Sheni.[3]

Gemara The Gemara asks:

וְיֵצְאוּ אַף עַל הָעֲצֶרֶת – **But [messengers] should also go forth** at the beginning of Sivan **on account of Shavuos!** Why is this not mentioned in the Mishnah?

The Gemara answers:

עֲצֶרֶת חֲתוּכָה הִיא – The date of **Shavuos is** already **decided,** for it always falls on the fiftieth day after the first day of Pesach,[4] regardless of whether the intervening months are full or deficient. אַשְׁכְּחַת אָמַר פְּעָמִים חֲמִשָּׁה פְּעָמִים שִׁשָּׁה פְּעָמִים שִׁבְעָה – **You are found saying** that **sometimes** Shavuos falls on the **fifth** of Sivan, **sometimes** on the **sixth,** and **sometimes** on the **seventh.** שְׁלֵימִים חֲמִשָּׁה – **When they** [the months of Nissan and Iyar] **are** both **full,** Shavuos falls on the **fifth** of Sivan; כְּסִדְרָן שִׁשָּׁה – **when** they follow **their** normal **pattern,** i.e. Nissan is full and Iyar is deficient, Shavuos falls on the **sixth** of Sivan; חֲסֵירִין שִׁבְעָה – and when **they are** both **deficient,** Shavuos falls on the **seventh** of Sivan.[5]

The Mishnah stated that messengers of the court travel at the beginning of Tishrei. The Gemara asks:

לֹא כְּבָר יָצְאוּ בֶּאֱלוּל – **But did they not already go forth at** the beginning of **Elul?** Why did they have to journey again at the beginning of Tishrei?[6]

The Gemara answers:

אֶלָּא בְּגִין מוֹדָעָא דְּאִיתְקַדֵּשׁ יַרְחָא – They had to go in Tishrei **only for the purpose of announcing** that **the month** of Tishrei **had been sanctified.** Even if one knows when the month of Elul began, one still cannot be absolutely sure when the month of Tishrei starts. Hence, an announcement regarding Tishrei was still useful.[7]

The Gemara cites a teaching that assures the safety of the court's messengers:

אָמַר רַבִּי יְהוֹשֻׁעַ בֶּן לֵוִי – **R' Yehoshua ben Levi said:** אֲנָא עָרִיב לְאִילֵּין דְּאָזְלִין לִנְמוֹרִין – **I guarantee those who go to Nemorin** דְּלֵית חַד מִינְּהוֹן מָיֵית מִי אָזַל – **that not one of them will die because he traveled** there.[8]

The Gemara discusses the matter of observing Yom Kippur for two days out of doubt:

תַּמָּן חָשִׁין לְצוֹמָא רַבָּה תְּרֵין יוֹמִין – **There,** in Babylonia, **they are concerned to observe the Great Fast** (i.e. Yom Kippur) **for two days.** Some pious Jews in Babylonia were worried that Rosh Chodesh Tishrei might have been declared one day later than expected, and thus Yom Kippur was in fact the day they assumed to be the eleventh of Tishrei. To cover this possibility, they fasted on both the tenth and the eleventh.[9] אֲמַר לוֹן רַב חִסְדָּא – **Rav**

NOTES

1. The people had to be informed when the first day of Elul had been declared in order to celebrate the 30th day as Rosh Hashanah. Although it was possible that the court would decide that Elul should be a full 30 days, making the 31st day Rosh Hashanah, the people were halachically justified in observing the 30th day, because in most years Rosh Hashanah *did* fall on the 30th and one may rely on a majority in cases of doubt (*Rashi* to 18a).

Rashi clearly maintains that only one day of Rosh Hashanah was observed throughout the Diaspora in the time frame of our Mishnah (see also *Tos. Rid* to 19b and Responsa, *Tashbeitz* II 207). However, *Tosafos* 18a cite statements elsewhere in the Gemara (*Bavli, Beitzah* 5a and *Eruvin* 39a) indicating that Rosh Hashanah was observed on two days (see *Rambam, Hil. Kiddush HaChodesh* 5:7 and *Ritva* 18a; see also *Turei Even, Meromei Sadeh* and *Sfas Emes* ibid.). This dispute is related to another dispute whether, in our era of a fixed calendar, the Jews in Eretz Yisrael or Jerusalem should observe one or two days of Rosh Hashanah (see *HaMaor HaKatan* and *Milchamos Hashem* to *Beitzah* [folios 2b-3a in *Rif*]). The halachah follows *Rif* and *Ramban* that two days of Rosh Hashanah are observed universally.

2. The messengers departed the day after Rosh Hashanah and traveled as far as they could until Succos (*Rashi* ibid.).

3. Those who could not bring the *pesach* offering on the 14th of Nissan, because they were *tamei* or some distance away from the Temple Courtyard at that time, were required to bring an offering one month later, on the 14th of Iyar (*Rashi*).

[*Turei Even* comments that the Mishnah's opening statement — *At the beginning of six months, the messengers go forth* — is true in all eras: When the Temple stood, the messengers did not go forth at the beginning of Av, because there was no fast then, but they did go forth at the beginning of Iyar. And after the Temple was destroyed Av replaced Iyar in the set of six months (see also *Tos. R' Akiva Eiger;* cf. *Rambam* in his *Commentary to the Mishnah,* who says that the people of the Second Temple era did indeed fast on Tishah B'Av; see *Sfas Emes*). According to *Turei Even,* the correct version of our Mishnah is יוֹצְאִין עַל אִייָר, *they went forth at the beginning of Iyar,* and not אַף עַל אִייָר, *at the beginning of Iyar as well.*]

The Gemara will explain why messengers did not travel at the beginning of Sivan on account of the festival of Shavuos.

4. The Torah was not particular that Shavuos should fall on the calendar date of the Giving of the Torah. It requires only that Shavuos be observed fifty days after the first day of Pesach, as stated in *Leviticus* 23:16: *Until the morrow of the seventh week you shall count fifty days, and you shall bring a new meal offering to Hashem*, etc.

5. Since Shavuos can fall on any of these dates, nothing is gained by having messengers report which day the month of Sivan began.

[This variability held true when the months were sanctified based on sightings of the new moon. In our fixed calendar, the first day of Shavuos always falls on the sixth of Sivan.]

6. Elul was almost always a month of 29 days. This premise sufficed for people to observe Rosh Hashanah on the 30th day after Rosh Chodesh Elul. Why, then, was it necessary for messengers to report when Rosh Chodesh *Tishrei* began? Just as the people could assume that Elul lasted 29 days with respect to Rosh Hashanah, they should assume the same with respect to the other festivals of Tishrei; namely, Yom Kippur and Succos (*Pnei Moshe*).

7. Although Rosh Hashanah was celebrated on the assumption that it was the 30th day after Rosh Chodesh Elul, there was a slight possibility that Elul would be made into a 30-day month and the first of Tishrei would be pushed off a day. It was therefore worthwhile to inform the people of the court's decision regarding the beginning of Tishrei, so that they would not be nervous as to the dates of Yom Kippur and Succos (*Korban HaEidah* and *Pnei Moshe* here and to the Mishnah; cf. *Alei Tamar*).

8. [It is evident from *Challah* 1:1 (6b) that the words מִי אָזַל belong to the end of R' Yehoshua ben Levi's statement and not to the section that follows (*Yefei Einayim* 21a; see *Alei Tamar;* cf. *Korban HaEidah*).]

The next Mishnah states that on two months of the year (Nissan and Tishrei), the court's messengers would go as far as Surya. Nemorin was the first place in Surya where the messengers would stop. R' Yehoshua assures them that once they have reached Nemorin, they will not die on the road, but will return safely to their homes. His guarantee of their safety is based on the principle (*Bavli Pesachim* 8b et al.): שְׁלוּחֵי מִצְוָה אֵינָן נִיזּוֹקִין לֹא בַּהֲלִיכָתָן וְלֹא בַּחֲזָרָתָן, *Those sent to perform a mitzvah are not harmed on their way [to do the mitzvah] nor on their return* (*Pnei Moshe;* see *Alei Tamar;* cf. *Korban HaEidah*).

9. *Bavli Rosh Hashanah* 21a relates that this was the custom of Rava; see *Rabbeinu Chananel* ad loc.

[ח. ח: - ה"ד ה"ה]

ועל אלול מפני ראש השנה וְעל תשרי מפני תקנת המועדות ועל כסליו מפני חנוכה ועל אדר מפני הפורים. [א]וכשבית המקדש קיים יוצאין [ב]אף על אייר מפני פסח קטן: גמ' [א]ויצאו אף על העצרת. עצרת חתוכה היא. אשכחת אמר [ב]פעמים חמשה פעמים ששה פעמים שבעה. שלימים חמשה. כסדרן ח: ששה. חסירין שבעה: [ג][ג]לא כבר יצאו באלול. אלא בגין מודעא דאיתקדש ירחא. אמר ר' יהושע בן לוי אנא עריב לאילין דאזלין [ד]לנמורין דלית חד מינהון מיית מי אזל. [ג]תמן חשין לצומא רבה תרין יומין. אמר לון רב חסדא [א]למה אתם מכניסין עצמכם למספק [ה]הזה חזקה שאין בית דין מתעצלין [ו]בו. אבוה דר' שמואל בר רב יצחק חש על גרמיה וצם תרין יומין אפסק [ז]כרוכה ודמך:

הלכה ה מתני' [מ"ד] [ב][ה]על שני חדשים מחללין את השבת על ניסן ועל תשרי שבהן השלוחין יוצאין לסוריא ובהן היו מתקנין את המועדות. [ג][ה][ח]וכשבית המקדש קיים מחללין אף על כולן מפני תקנת הקרבן: [מ"ה] [ד][ו]בין שנראה בעליל ובין שלא נראה בעליל מחללין עליו את השבת. ר' יוסי אומר אם נראה בעליל אין מחללין עליו את השבת: [מ"ו] [ז]מעשה שעברו יותר מארבעים זוג ועיכבן ר' עקיבה בלוד. [ח]שלח לו רבן גמליאל אם מעכב אתה את הרבים נמצאת [ט]מכשלן לעתיד לבוא: גמ' [ט]מהו בעליל. מפורסם. כמה דאת אמר [א]כסף צרוף בעליל לארץ מזוקק שבעתים: מעשה שעברו יותר מארבעים זוג ועיכבן ר' עקיבה בלוד:

פני משה

ועל אלול מפני ראש השנה. מודיעין מתי קדשו לחדש אלול ועושין בגולה ראש השנה ביום שלשים באלול, לפי שרוב השנים אין אלול מעובר, ואע"פ שעדיין יהיה ספק בידם שמא עיברוהו בית דין שנה זו מפני הצורך, על כרחם הולכים אחר רוב השנים שהרי זה אי אפשר להודיעם, ומודיעים להם מתי מתחיל אלול כדי שידעו יום שלשים שלו: ועל תשרי מפני תקנת המועדות. לאחר שקדשו בית דין לתשרי, השלוחין יוצאין ליום המחרת והולכין עד מקום שיכולין להיות שמגיעין עד החג ומודיעין אותם אם עיברו בית דין לאלול אם לאו, כדי שלא יהא לבן נוקפן ביום הכיפורים ובסוכות: מפני פסח קטן. פסח שני לטמא או בדרך רחוקה שהיו בראשון: גמ' ויצאו אף על העצרת. ולמה אין יוצאין בסיון להודיע מתי יעשו עצרת: עצרת חתוכה היא. ברור הדבר ומתוך שיודעין יום חמשים לעומר עצרת היא: אשכחת אמר. דתני בברייתא חדא דגם עצרת אינה חתוכה דלפעמים היא בחמשה בסיון וכו' כדלעיל בהלכה א' (ד:): לא כבר יצאו באלול. וא"כ יודעין הן דראש השנה ביום שלשים שלו ולמאי חוזרין ויוצאין על תשרי: אלא בגין מודעא להון דאיתקדש ירחא דתשרי בזמנו. שאפשר בשנה זו עיברו בית דין לאלול כדפרישית במתניתין: אנא עריב לאילין דאזלין לנימורין. שם מקום בסוריא ולשם מקדימין והולכין להודיע להגולה, והיה ר' יהושע בן לוי אומר אני ערב לאלו: דלית מיית חד מנהון מי אזיל. שלא ימות אחד מהן מההלך לשם עד שיחזור לביתו, דשלוחי מצוה הן ואינן ניזוקין לא בהליכתן ולא בחזירתן (פסחים ח:): תמן חשין לצומא רבא תרין יומין. בבבל היו אנשים שחששו לעשות מספק שני ימים יום הכיפורים ולהתענות. ואמר להן רב חסדא למה לכם להכניס עצמיכם לספק הזה שתוכלו להסתכן מחמת כך, הלא חזקה היא שאין הבית דין מתעצלין בו מלשלוח שלוחים להודיע לכל הגולה אם עיברו אלול, ואם אין שלוחין באין תסמכו על הרוב שאין אלול מעובר. ומייתי להאי עובדא דאבוה דר' שמואל בר רב יצחק והוא רב יצחק גופיה שחשש על עצמו וצם תרין יומין ואפסק כרוכה ודמיך. כשהפסיק מן התענית ורצה לכרוך ולאכול נתחלש ונפטר. ועל שהכניס עצמו לסכנה מספק לא הזכירו שמו להדיא, ואמרו אבוה דר' שמואל בר רב יצחק. וגרסינן להא לעיל בפ"ק דחלה בהלכה א': מתני' על שני חדשים מחללין את השבת. העדים שראו את החדש, כדי לילך ולהודיע לבית דין: שבהן השלוחין יוצאין לסוריא. להודיע לגולה ליום קביעותם, ואע"ג דתנינן ברישא על ששה חדשים השלוחין יוצאין, התם לא בעינן דוקא עד שישמעו מפי בית דין מקודש ולפעמים יכולין לצאת מבערב כדפרישית לעיל, אבל בניסן ותשרי אין יוצאין עד שישמעו מפי בית דין מקודש, וטעמא דמלתא דחיישינן דילמא מימלכי בית דין ומעברי ליה ואתי לקלקולי מועדות, והיינו דקתני ובהן היו מתקנין את המועדות, ומן התורה מחללין על כולן וכדקתני וכשבית המקדש קיים מחללין אף על כולן מפני תקנת הקרבן של ראש חודש שיהא קרב בזמנו, ולאחר חורבן התקין רבן יוחנן בן זכאי שלא יחללו על כולן, שהרי אין קרבן מלבד ניסן ותשרי העמידו על דין תורה לפי שכל המועדות תלויין בהן: בין שנראה בעליל. גלוי לכל שנראה למעלה מן הארץ, ולישנא דקרא הוא כדקאמר בגמרא דכתיב (תהלים יב ז) אמרות ה' אמרות טהורות כסף צרוף בעליל לארץ: ובין שלא נראה בעליל. שהוא למטה ונראית סמוך לארץ והאדמומית החמה מכסה אותה ואינה ניכרת כל כך, מחללין עליו את השבת ומשום דמלוה לקדש על פי הראיה: ר' יוסי אומר וכו'. דמסתמא ראו אותה בירושלים, ואין הלכה כר' יוסי: יותר מארבעים זוג. כתי עדים: ועיכבן ר' עקיבה בלוד. שאין לבית דין צורך בהן: אם מעכב אתה את הרבים. הואיל ועכשיו אין צורך בהן נמצאת מכשילן לעתיד לבא, ושמא לאחר זמן יהיה עדות מועיל אלא אחד מהם וימנעו מלבוא להעיד מתוך שיראו שדבריהן לא היו נשמעין, והלכה כרבן גמליאל: גמ' מהו בעליל מפורסם וכו'. כדמתניתין: מעשה וכו' מפני שהן ארבעים זוג. כלומר דמיירי שבאו זוג אחר זוג עד ארבעים זוג ועיכבן אותן שבאו אחר זוג הראשון שכבר נתקבל עדותן דשוב אין צורך בהן*:

קרבן העדה

ועל אלול מפני ראש השנה. מודיעין מתי התחיל אלול, ועושין ראש השנה ביום שלשים באלול בגולה, דרוב שנים אין אלול מעובר, ואע"פ שספק בידם שמא יעברוהו בית דין, אי אפשר להן לדעת, ועל כרחן הולכין אחר רוב שנים, ואם לא ידעו מתי התחיל אלול לא ידעו יום שלשים שלו: מפני תקנת המועדות. לאחר שקדשו בית דין לתשרי השלוחין יוצאין ליום המחרת, והולכין עד מקום שיכולין להגיע עד החג, ומודיעים אם עברו בית דין אלול אם לאו, כדי שלא יהא לבן נוקפן ביום הכיפורים ובסוכות: פסח קטן. פסח שני, לטמא ושהיה בדרך רחוקה בראשון: גמ' ופריך ויצאו. נמי על העצרת: ומשני עצרת חתוכה היא. כבר נפסק זמנו שהוא חמשים יום אחר פסח: אשכחת אמר. נמצאת אומר דעצרת לפעמים בה' בסיון כשניסן ואייר מלאים, וכשהן חסירין הוא בשבעה, וכשהן כסדרן אחד מלא ואחד חסר הוא בששה, נמצא דאין תועלת בידיעת סיון: ופריך לא כבר יצאו באלול. ולמה יוצאין עוד בתשרי: ומשני אלא. בשביל להודיע מתי איתקדיש ראש חודש תשרי, אם היה אלול מלא או חסר: אמר ר' יהושע בן לוי. אני ערב לאותן שהולכין למקום ששמו נימורין שלא ימותו בלא זמנן, דכשהולך לשם צריך לחוש ליום הכיפורים לעשותו שני ימים שכך מנהגם של בני נמורין: למספק הזה. דלצום ב' ימים זה אחר זה הוא סכנת נפשות, וחזקה שאין בית דין מתעצלים מלשלוח שלוחים אם לא נתקדש החדש בזמנו: חש. על עצמו לצום שני ימים יום עשירי ואחד עשר משום ספק: אפסק כרוכה. נפסקו בני מעיו ומת: מתני' מחללין את השבת. עדים שראו את החדש כדי לילך ולהודיע לבית דין: יוצאין לסוריא. להודיע לגולה יום קביעותם, הלכך חשיבי, ומן התורה מחללין על כולן, אבל רבנן אסרו לפי שאין תיקון המועדות תלוי בהן, אבל ב' חדשים אלו העמידו על דין תורה שכל המועדות תלויין בהן: תקנת הקרבן. של ראש חודש שיקריב בזמנו: בעליל. למעלה מן הארץ הרבה שהכל רואים אותה, שלא בעליל למטה בשפולו של רקיע סמוך לארץ, ואדמומית החמה מכסה אותה ואינה ניכרת כל כך: אין מחללין. דודאי ראו אותה בירושלים: גמ' מפורסם. בגלוי: בעליל לארץ. גלוי לכל:

עין משפט

א טוש"ע או"ח סימן תרכד סעיף ה בהג"ה:
ב ג [מיי' פ"ג מהלכות קידוש החודש הלכה ב]:
ד [מיי' שם הלכה ד]:

שינויי נוסחאות

א] וכשבית. כ"כ גם במאירי (יח.). במשניות ובבבלי (שם) ובגירסת הרמב"ם בפיה"מ וכשהיה בית. בראב"ד (כתוב שם ה: מדה"ר) ובשעת:
ב] אף. במאירי ובריטב"א (שם) ליתא. וכ"כ בטורי אבן (שם) דל"ג לה, עיי"ש הטעם:
ג] לא. בש"ג ולא:
ד] לנמורין. בש"ג ללמודין:
ה] הזה. בש"ג ליתא. בירושלמי חלה (פ"א ה"א) ובראשונים נוסף המרובה:
ו] בו אבוה. כ"ה גם בש"ג. בירושלמי חלה (שם) ובהג"מ (שביתת עשור מנהגי יוה"כ) בר אבוי:
ז] כרוכה. בש"ג ברוכיה. בירושלמי חלה (שם) ברובא. באו"ז (ח"ב סי' רפא) ובריקאנטי (סי' קסז) כריכיה. בהגה"מ (שם) חד כרוכא:
ח] וכשבית. במשניות ובבבלי (כא:) וכשהיה בית:
ט] מכשלן. במשניות ובבבלי (שם) מכשילן:

תורה אור השלם

א) אִמְרוֹת יְהוָה אֲמָרוֹת טְהֹרוֹת כֶּסֶף צָרוּף בַּעֲלִיל לָאָרֶץ מְזֻקָּק שִׁבְעָתָיִם: (תהלים יב ז)

מסורת הש"ס

א) [עי' ר"ה יח. תוד"ה על ניסן] ב) ר"ה ו. [לעיל ה"א - ד: בשינוי, תוספתא ערכין פ"א ה"ד] ג) חלה פ"א ה"א [ר"ה כא. בשינוי] ד) ר"ה [יט:] כא: ה) [ר"ה כ.] ו) [שבת קלג:, מנחות סד.] ז) [לקמן פ"ב ה"ז - יח., מגילה פ"ב ה"ז, ר"ה כב.] ח) [תענית פ"ג ה"י, מו"ק פ"ג ה"א] ט) [ר"ה כא: בשנוי]

גליון הש"ס

למה אתם מכניסין עצמכם למספק הזה וכו'. עי' בכרתי ופלתי סי' ק"י (בבית הספק ד"ה ויש דמות) ובשו"ת נודע ביהודה חלק יו"ד (מה"ק) סימן כ"ז: ועיכבן ר"ע בלוד מפני שהן מ' זוג. עי' ברמב"ן על התורה פרשת שופטים (דברים יז ו) דאם היו עדים הרבה אפילו מאה בעינן שתדרוש הדבר היטב ע"פ כל העדים הנמצאים עיי"ש. ואפשר דכיון דבעדות החודש לא בעינן תורת עדות גמור ואפילו אם הוזמו העדים החודש מקודש עי' לקמן פ"ב הל' ז' (יח.) [ובירושלמי לקמן פ"ג הל' א' (יח:)] וברמב"ם (קידוש החדש) פ"ג הלכה י"ט, משו"ה א"ל לחקור כולם (ובירושלמי לקמן פ"ג הלכה א'):

אמר ר' חייה בר בא לנגר שהיו לו כלי נגרות כיון שעמד בנו [א]מסרה לו. אמר ר' יצחק למלך שהיו לו אוצרות כיון שעמד בנו מסרם לו. ורבנן אמרי לרופא שהיה לו נרתיק של רפואות כיון שעמד בנו מסרה לו: ובראש השנה כל באי העולם עוברין לפניו כבני מרון: ר' אחא אמר [א]כהדין דירין. ורבנן אמרי כהדא [ב]במגנימין. [ב]מה טעמא. [א]היוצר יחד לבם המבין אל כל מעשיהם. אמר ר' לוי [ג]היוצר יחד לבם כבר הבין [ג]את כל מעשיהם. אמר ר' לעזר בנוהג שבעולם מה נוח ליוצר הזה לעשות מאה קנקנים או להסתכל בהן לא להסתכל בהן. אמר ר' ברכיה יוצרן רוצה שיהא ליבן יחיד אליו. אמר ר' אבון מי שהוא יחיד בעולמו כבר הבין את כל מעשיהן: ובחג נידונין על המים: מתניתא דר' עקיבה [ד]דר' עקיבה אמר ניסוך המים דבר תורה [ה]בשיני [ב]ונסכיהם בששי [ג]ונסכיה בשביעי [ד]כמשפטם מ"ם יו"ד מ"ם מים. [ו][ד]אמרה התורה הבא שעורים ביכורים בפסח שתתברך לפניך התבואה. הבא חיטים ביכורים בעצרת שיתברכו לפניך פירות האילן. אמור מעתה ניסוך המים בחג שיתברכו לפניך המים. תני ר' שמעון בן יוחי [ז]הרי שהיו ישראל כשירין בראש השנה ונגזרו להם גשמים מרובין ובסוף חטאו לפחות מהן אי איפשר שכבר נגזר גזרה מה הקדוש ברוך הוא עושה מפזרן לימים ולמדברות ולנהרות כדי שלא תיהנה הארץ מהן. מה טעמא. [ה]להמטיר על ארץ לא איש מדבר לא אדם בו. הרי שלא היו ישראל כשירין בראש השנה ונגזרו להן גשמים מועטין ובסוף עשו תשובה. להוסיף עליהן אי איפשר שכבר נגזר גזירה מה הקדוש ברוך הוא עושה להן מורידן כדי הארץ ומשיב עמהן טללים ורוחות כדי שתיהנה הארץ מהן. מה טעמא. [ו]תלמיה רוה נחת גדודיה ברביבים תמוגגנה צמחה תברך. [ז][ז]ציה גם חום יגזלו מימי שלג שאול חטאו. [ה]עונות שעשו ישראל בקיץ גזלו מהן מימי השלג. כתיב [ח]תמיד עיני ה' אלהיך בה מראשית השנה. כהנא אמר [ח]מרשית כתיב. ועד אחרית שנה. מדוה לה בראשה ויהב לה אחרית טבא בסיפא: **הלכה ד מתני'**

[מ"ג] [א][ט]על ששה חדשים [ו]השלוחין יוצאין על ניסן מפני הפסח ועל אב מפני התענית

ח.

קרבן העדה

כלי נגרות. כלי שהוא עושה בו מלאכה, כך מסר הקב"ה לישראל את התורה שבה ברא עולמו: אוצרות. כך מסר לישראל אוצרות גשמים, כמעשה דחוני המעגל: נרתיק. כלי שנותן בו הרופא רפואותיו, כך מסר לישראל שיהיו מחיה מתים כאליהו ואלישע: כהדין דירין. כאותן כבשים שנכנסו לעשר ויוצאין בפתח קטן, שאין שנים יכולין לצאת כאחד: במגנימון. הוא מקום צר ואין שנים יכולין לילך זה בצד זה: מה טעמא וכו'. איך נשמע מהאי קרא דהן עוברין לפניו אחד אחד ואחר כך נסקרים בסקירה אחת, הא קרא איפכא משמע: אמר רבי לוי. הכי קאמר, כשהיוצר יחד לבם כבר הבין תחלה כל מעשיהם אחת לאחת: אמר רבי לעזר. קרא דמייתי במתני' אינו אלא לראיה שהקב"ה סוקר הכל בסקירה אחת, והכי פירושו, אם הוא יוצר יחד לבם כל שכן שהוא מבין אל כל מעשיהם כאחד: אמר ר' ברכיה. הכי פירושא דקרא, היוצר רוצה שיהיה לבן אליו ביחידות ולא יהיה לבן חלוק בעבודה אחרת, ולמה מפני שהוא מבין אל כל מעשיהם ואין אחר כמוהו: אמר ר' אבין. הכי קאמר, היוצר לבן שהוא יחיד בעולם כבר הבין אל כל מעשיהם טרם שעשו רע: דר' עקיבא אמר ניסוך המים דבר תורה. א"כ שפיר קאמר דבחג נידונין על המים, שכן צוה הקב"ה לנסך לפניו מים בחג, ואי לאו דאורייתא מהיכא תיתי לן לומר דנידונין על המים: בששי ונסכיה. והוי מלי למכתב ונסכה: שתתברך לפניו התבואה. שבפסח נידון על התבואה: פירות אילן. שהן מתירין להביא ביכורים שאין מביאין ביכורים קודם לעצרת דכתיב (שמות לד כב) ביכורי קציר חטים. אי נמי עץ שאכל אדם הראשון חטה היתה, נמצא ששתי הלחם מין אילן הם: לפחות מהן אי אפשר. דמה שהקב"ה גוזר על הצבור אינו משתנה: מאי טעמא. כלומר מנא ליה: דכתיב להמטיר על ארץ לא איש. והיינו כשנגזר גשמים מרובים: כדי הארץ. לצורך הארץ: טללים ורוחות. לבתר הגשמים, דרוחא דבתר מיטרא כמיטרא מעלי: מאי טעמא. מנא ליה שהקב"ה מוריד להן אחר כך גשמים מועטין בטובה: שנאמר תלמיה רוה נחת. אם ישראל עושין נחת רוח לפני הקב"ה, אז גדודיה ברביבים, במעט גשמים תמוגגנה ואפילו הכי צמחה תברך: שאול חטאו. שעשו עבירות שראויים להיות בקבר לפיכך מביא עליהם רעב שהוא קשה ממות: עונות שעשו ישראל בקיץ כו'. שמע מינה שבחג נידונין על המים, שעבירות שעשו בקיץ שעבר הם גרמו להם שלא נפסקו עליהם גשמים הרבה בחורף: מדוה לה בראשה. ומרשית לשון עניות, וכיון שהם דואגים ולבם נכנע בראש השנה, גורם להם אחרית טוב שתהא שנה טובה: **מתני'** שלוחין יוצאין. שקדשו בית דין את החדש שולחים ומודיעין לגולה יום שקדשוהו, אם ביום שלושים וחדש שעבר חסר, אם ביום שלושים ואחד וחדש שעבר מלא: מפני הפסח. והולכין השלוחין עד הפסח, חוץ מן השבתות: מפני התענית. לפי שהוכפלו בו צרות יותר משאר תעניות:

פני משה

נרתיק. כיס שמשימין בו מיני רפואה וכלים הצריכים לרפואה: כהדין דירין. של צאן: כהדא במגנימין. מגנימין היא כלי שמשתמשין בו חוזי הכוכבים להסתכל ולהביט במשטרי המזלות, ורואין ומחשבין לפי סדר המזלות וכפי השעה ביום שנולד בו האדם ומגידין לו את קורותיו את שעבר והעתיד לבוא עליו. וזהו לפי הנוסחא דהכא במתניתין כבני מרון בוי"ו והוא לשון חשבון, כך הקב"ה רואה והבין את כל מעשיהם וכדמסיים מה טעמא וכו'. וכדדריש ר' לוי דהוי ליה למיכתב ומבין מאי המבין, אלא שכבר הבין משעה שנוצר הבין לכל מעשיהם ואת אודות הקורות אותם: א"ר אלעזר בנוהג שבעולם וכו' לא להסתכל בהן. כלומר ודאי נוח לו יותר להסתכל בהן אחר שכבר נעשו, ובשעה שהוא עושה אי אפשר לו להסתכל בכולן, ומדת הקב"ה אינו כן אלא יוצר הוא אותן ומבין לכל מעשיהם, ודריש לה נמי מדכתיב המבין דעל שעת היצירה קאי המבין בשעה שיוצר אותם בתחלה: א"ר ברכיה יוצרן רוצה וכו'. היוצר יחד לבם קא דריש, מאי יחד אילימא דמייחד לבייהו בהדדי, הא קא חזינן דלאו הכי הוא דלא לבו של זה כלבו של זה, אלא כביכול רוצה הוא בכך שיהא לבם יחיד אליו אלולא שגזרה חכמתו יתברך ליתן הבחירה לבאי העולם: א"ר אבון וכו'. ר' אבון דריש יחד איוצר קאי שהיוצר והוא יחיד בעולמו כבר הבין את כל מעשיהם וכדלעיל מדלא כתיב ומבין: מתניתא דר' עקיבה וכו'. כדאמר לעיל בפרק לולב וערבה (סוכה פ"ד ה"ו), והלכך אמור מעתה גם כן התורה אמרה ניסוך המים בחג כדי שיתברכו המים בשנה: מורידין כדי הארץ. די הצריכה להארץ: מה טעמא תלמיה רוה וגו'. אף שברביבים תמוגגנה שהוא מעט מעט, מכל מקום צמחה תברך לפי שבאין בזמן הצריך: עונות שעשו ישראל בקיץ. שלא הפרישו תרומות ומעשרות כהוגן: מרשית כתיב. חסר אלף: מדוה לה בראשה. עושה לה כאב וצער בראשה בכדי דיהב לה אחרית טבא בסופה: **מתני'** על ששה חדשים השלוחין יוצאין. ששולחין אותם להודיע לגולה לאחר שקדשו בית דין את החדש. ולפעמים יוצאין אף מבערב וכגון שנראה בעליל ביום כ"ט או בליל שלשים דודאי יקדשו בית דין את החדש למחר, אי נמי בחדש מעובר דפשיטא לן שיתקדש ביום ל"א, מלבד ניסן ותשרי אין יוצאין עד שישמעו מפי בית דין מקודש וכדלקמן, וכדי לידע אם ביום שלשים קדשוהו וחדש שעבר עשו חסר או ביום ל"א וחודש שעבר מלא. ואין השלוחין מחללין את השבת ולא את יום טוב כדדריש לקמן בשלהי פרקין (ה"ח - יב.) אשר תקראו אותם במועדם (ויקרא כג ד), על קריאתם את מחלל את השבת והן העדים שיבאו ויעידו דכתיב במועדם, ומדכתיב אשר תקראו למעט שאין את מחלל השבת להודיע שנתקיימו: ועל **אב** מפני התענית. לפי שהוכפלו בו צרות יותר משאר תעניות, ואף דגם בי"ז בתמוז אירעו בו חמשה דברים, מכל מקום חורבן ביהמ"ק תקיפא טובא וצרה אחת הוכפלה בו:

מסורת הש"ס

א) עי' ר"ה יח. [ופסיקתא זוטרתא בראשית כב יג] ב) [ר"ה יח. וילקו"ש תהלים תשכ ועי' קרבן העדה] ג) [שביעית פ"א ה"ה, סוכה פ"ד ה"א וה"ו, ובשינוי שבת קג:] ותענית ב: [וזבחים קי: ומעילה יג: וספרי פנחס קנ ופסיקתא זוטרתא במדבר כט יד וילקו"ש פנחס תשפב] ד) [עי' תענית ב: רש"י ד"ה בשני ניסוכין ותוס' ד"ה מים] ה) ר"ה טז. [תוספתא ר"ה פ"א הי"א, תוספתא סוכה פ"ג ה"ו, ספרי פנחס קנ, פסיקתא זוטרתא במדבר כט יד] ו) ר"ה יז: [ספרי עקב מ, פסיקתא זוטרתא עקב יא יב, ילקו"ש עקב תתם] ז) [שבת לב:, תענית ז:, ספרי עקב מ, מדרש תנאים לדברים יא יב, ילקו"ש עקב תתם, איוב תתקי] ח) ר"ה טז: [מדרש תנאים לדברים יא יב, פסיקתא זוטרתא דברים יא יב] ט) ר"ה יח. [כא., תוספתא פ"א הי"ג]

עין משפט

א מיי' פ"ג מהלכות קידוש החודש הלכה ט:

שינויי נוסחאות

א] **מסרה.** בש"ג מסרן:
ב] **במגנימין.** בש"ג **בינומין.** וכן נראה שהיה כתוב בכי"ל קודם ששלטה בו יד המגיה:
ג] **את.** בש"ג **אל,** וכן בסמוך:
ד] **אמרה התורה וכו'.** ז"ל התוספתא (פ"א הי"א) מתוקן עפ"י כי"ע "אמר ר' עקיבא, אמרה תורה הבא [עומר] שעורין בפסח, שהוא פרק שעורין, כדי שתתברך (עליך) [לכם] תבואה. הבא חיטים וביכורים בעצרת, שהוא פרק אילן, כדי שיתברכו עליך פירות אילן. הבא ניסוך המים בחג כדי שיתברכו עליך מי גשמים". וכעי"ז בתוספתא סוכה (פ"ג הי"ח) ובבבלי (טז.) ועוד:
ה] **עונות שעשו ישראל וכו'.** בתענית (ז:): "אמר רב חסדא, אין הגשמים נעצרין אלא בשביל ביטול תרומות ומעשרות, שנאמר ציה גם חם יגזלו מימי שלג. מאי משמע, תנא דבי רבי ישמעאל בשביל דברים שצויתי אתכם בימות החמה ולא עשיתם, יגזלו מכם מימי שלג בימות הגשמים":
ו] **השלוחין.** כך הוגה בכי"ל וכ"ה גם בבבלי (יח.). בכי"ל ובגירסת הרמב"ם בפיה"מ ובעוד ראשונים **שלוחין:**

תורה אור השלם

א) הַיֹּצֵר יַחַד לִבָּם הַמֵּבִין אֶל כָּל מַעֲשֵׂיהֶם: (תהלים לג טו)

ב) וּשְׂעִיר עִזִּים אֶחָד חַטָּאת מִלְּבַד עֹלַת הַתָּמִיד וּמִנְחָתָהּ וְנִסְכֵּיהֶם: (במדבר כט יט)

ג) וּשְׂעִיר חַטָּאת אֶחָד מִלְּבַד עֹלַת הַתָּמִיד מִנְחָתָהּ וּנְסָכֶיהָ: (במדבר כט לא)

ד) וּמִנְחָתָם וְנִסְכֵּהֶם לַפָּרִים לָאֵילִם וְלַכְּבָשִׂים בְּמִסְפָּרָם כְּמִשְׁפָּטָם: (במדבר כט לג)

ה) לְהַמְטִיר עַל אֶרֶץ לֹא אִישׁ מִדְבָּר לֹא אָדָם בּוֹ: (איוב לח כו)

ו) תְּלָמֶיהָ רַוֵּה נַחֵת גְּדוּדֶיהָ בִּרְבִיבִים תְּמֹגְגֶנָּה צִמְחָהּ תְּבָרֵךְ: (תהלים סה יא)

ז) צִיָּה גַם חֹם יִגְזְלוּ מֵימֵי שֶׁלֶג שְׁאוֹל חָטָאוּ: (איוב כד יט)

ח) אֶרֶץ אֲשֶׁר יְהוָה אֱלֹהֶיךָ דֹּרֵשׁ אֹתָהּ תָּמִיד עֵינֵי יְהוָה אֱלֹהֶיךָ בָּהּ מֵרֵשִׁית הַשָּׁנָה וְעַד אַחֲרִית שָׁנָה: (דברים יא יב)

inform Jewish communities, near and far, which day has been declared as the first of the month.[30] עַל נִיסָן מִפְּנֵי הַפֶּסַח – They go forth **at** the beginning of **Nissan on account of Pesach;**[31] וְעַל אָב מִפְּנֵי הַתַּעֲנִית – **at** the beginning of **Av on account of the Fast,** i.e. the Ninth of Av;[32]

NOTES

30. At the commencement of the six months listed here, the court would dispatch messengers throughout Eretz Yisrael (*Ritva* 18a) and as far as possible into the Diaspora to inform the people which of the two possible days had been declared Rosh Chodesh (*Rashi* ibid.; see previous note). Although the Mishnah speaks of "messengers" in the plural, it was not necessary for two messengers to testify to the outlying communities. Rather, one messenger could be relied upon: Based on his word, entire communities could set the times that festivals began and ended (see below, 12b-13b; *Bavli* 22b; *Rambam, Hil. Kiddush HaChodesh* 3:14).

[Originally, the court did not inform the people through messengers. Instead, there was a system of strategically situated bonfires that served to notify widely separated communities of the *Beis Din's* decision in one night. However, this system had to be discontinued due to sabotage (see below, 12b, 14a).]

31. [Pesach begins on the 15th of Nissan. The messengers had to inform the people when the first day of Nissan was established so that they would know when the 15th was to be. The messengers therefore traveled every day except the Sabbath until Pesach arrived (*Rashi* to 18a; cf. *Turei Even, Rashash* ibid.).

32. The messengers would travel for the first eight days of the month excluding the Sabbath (*Rashi* ibid.).

They set forth only for the sake of the Ninth of Av and not the other Rabbinically ordained fasts, because more tragedies occurred on the Ninth of Av (*Korban HaEidah* and *Pnei Moshe*). Although five events took place on the Seventeenth of Tammuz, they were not as grave as the events of the Ninth of Av, which included the destruction of the Temple (*Korban HaEidah*).

אמר ר' חייה בר בא לנגר שהיו לו כלי נגרות כיון שעמד בנו [א]מסרה לו. אמר ר' יצחק למלך שהיו לו אוצרות כיון שעמד בנו מסרם לו. ורבנן אמרי לרופא שהיה לו נרתיק של רפואות כיון שעמד בנו מסרה לו: ובראש השנה כל באי העולם עוברין לפניו כבני מרון: ר' אחא אמר [א]כהדין דירין. ורבנן אמרי כהדא [ב]במגנימין. [ב]מה טעמא. [א]היוצר יחד לבם המבין אל כל מעשיהם. אמר ר' לוי [ג]היוצר יחד לבם כבר הבין [ג]את כל מעשיהם. אמר ר' לעזר בנוהג שבעולם מה נוח ליוצר הזה לעשות מאה קנקנים או להסתכל בהן לא להסתכל בהן. אמר ר' ברכיה יוצרן רוצה שיהא ליבן יחיד אליו. אמר ר' אבון מי שהוא יחיד בעולמו כבר הבין את כל מעשיהן: ובחג נידונין על המים: מתניתא דר' עקיבה [ג]דר' עקיבה אמר ניסוך המים דבר תורה [ד]בשיני [ב]ונסכיהם בששי [ג]ונסכיה בשביעי [ד]כמשפטם מ"ם יו"ד מ"ם מים. [ה][ד]אמרה התורה הבא שעורים ביכורים בפסח שתתברך לפניך התבואה. הבא חיטים ביכורים בעצרת שיתברכו לפניך פירות האילן. אמור מעתה ניסוך המים בחג שיתברכו לפניך המים. תני ר' שמעון בן יוחי [ו]הרי שהיו ישראל כשירין בראש השנה ונגזרו להם גשמים מרובין ובסוף חטאו לפחות מהן אי איפשר שכבר נגזר גזרה מה הקדוש ברוך הוא עושה מפזרן לימים ולמדברות ולנהרות כדי שלא תיהנה הארץ מהן. מה טעמא. [ה]להמטיר על ארץ לא איש מדבר לא אדם בו. הרי שלא היו ישראל כשירין בראש השנה ונגזרו להן גשמים מועטין ובסוף עשו תשובה. להוסיף עליהן אי איפשר שכבר נגזר גזירה מה הקדוש ברוך הוא עושה להן מורידן כדי הארץ ומשיב עמהן טללים ורוחות כדי שתיהנה הארץ מהן. מה טעמא. [ו]תלמיה רוה נחת גדודיה ברביבים תמוגגנה צמחה תברך. [ז][ז]ציה גם חום יגזלו מימי שלג שאול חטאו. [ה]עונות שעשו ישראל בקייץ גזלו מהן מימי השלג. כתיב [ח]תמיד עיני ה' אלהיך בה מראשית השנה. כהנא אמר [ח]מרשית כתיב. ועד אחרית שנה. מדוה לה בראשה ויהב לה אחרית טבא בסיפא:

הלכה ד מתני'

[מ"ג] [א][ט]על ששה חדשים [ו]השלוחין יוצאין על ניסן מפני הפסח ועל אב מפני התענית

קרבן העדה

כלי נגרות. כלי שהוא עושה בו מלאכה, כך מסר הקב"ה לישראל את התורה שבה ברא עולמו: אוצרות. כך מסר לישראל אוצרות גשמים, כמעשה דחוני המעגל: נרתיק. כלי שנותן בו הרופא רפואותיו, כך מסר לישראל שיהיו מחיה מתים כאליהו ואלישע: כהדין דירין. כאותן כבשים שנכנסו לעשר ויוצאין בפתח קטן, שאין שנים יכולין לצאת כאחד: במגנימון. הוא מקום צר ואין שנים יכולין לילך זה בצד זה: מה טעמא וכו'. איך נשמע מהאי קרא דהן עוברין לפניו אחד אחד ואחר כך נסקרים בסקירה אחת, הא קרא איפכא משמע: אמר רבי לוי. הכי קאמר, כשהיוצר יחד לבם כבר הבין תחלה כל מעשיהם אחת לאחת: אמר רבי לעזר. קרא דמייתי במתני' אינו אלא לראיה שהקב"ה סוקר הכל בסקירה אחת, והכי פירושו, אם הוא יוצר יחד לבם כל שכן שהוא מבין אל כל מעשיהם כאחד: אמר ר' ברכיה. הכי פירושא דקרא, היוצר רוצה שיהיה לבן אליו ביחידות ולא יהיה לבן חלוק בעבודה אחרת, ולמה מפני שהוא מבין אל כל מעשיהם ואין אחר כמוהו: אמר ר' אבין. הכי קאמר, היוצר לבן שהוא יחיד בעולם כבר הבין אל כל מעשיהם טרם שעשו רע: דר' עקיבא אמר ניסוך המים דבר תורה. א"כ שפיר קאמר דבחג נידונין על המים, שכן צוה הקב"ה לנסך לפניו מים בחג, ואי לאו דאורייתא מהיכא תיתי לן לומר דנידונין על המים: בששי ונסכיה. והוי מלי למכתב ונסכה: שתתברך לפניו התבואה. שבפסח נידון על התבואה: פירות אילן. שהן מתירין להביא ביכורים שאין מביאין ביכורים קודם לעצרת דכתיב (שמות לד כב) ביכורי קציר חטים. אי נמי עץ שאכל אדם הראשון חטה היתה, נמצא ששתי הלחם מין אילן הם: לפחות מהן אי אפשר. דמה שהקב"ה גוזר על הציבור אינו משתנה: מאי טעמא. כלומר מנא ליה: דכתיב להמטיר על ארץ לא איש. והיינו כשנגזר גשמים מרובים: כדי הארץ. לצורך הארץ: טללים ורוחות. לבתר הגשמים, דרוחא דבתר מיטרא כמטרא מעלי: מאי טעמא. מנא ליה שהקב"ה מוריד להן אחר כך גשמים מועטין בטובה: שנאמר תלמיה רוה נחת. אם ישראל עושין נחת רוח לפני הקב"ה, אז גדודיה ברביבים, במעט גשמים תמוגגנה ואפילו הכי צמחה תברך: שאול חטאו. שעשו עבירות שראויים להיות בקבר לפיכך מביא עליהם רעב שהוא קשה ממות: עונות שעשו ישראל בקיץ כו'. שמע מינה שבחג נידונין על המים, שעבירות שעשו בקיץ שעבר הם גרמו להם שלא נפסקו עליהם גשמים הרבה בחורף: מדוה לה בראשה. ומרשית לשון עניות, וכיון שהם דואגים ולבם נכנע בראש השנה, גורם להם אחרית טוב שתהא שנה טובה: מתני' שלוחין יוצאין. שקדשו בית דין את החדש שולחים ומודיעין לגולה יום שקדשוהו, אם ביום שלושים וחדש שעבר חסר, אם ביום שלושים ואחד וחדש שעבר מלא: מפני הפסח. והולכין השלוחין עד הפסח, חוץ מן השבתות: מפני התענית. לפי שהוכפלו בו צרות יותר משאר תעניות:

פני משה

נרתיק. כיס שמשימין בו מיני רפואה וכלים השייכים לרפואה: כהדין דירין. של צאן: כהדא במגנימין. מגנימין היא כלי שמשתמשין בו חוזי הכוכבים להסתכל ולהביט במשטרי המזלות, ורואין ומחשבין לפי סדר המזלות וכפי השעה ביום שנולד בו האדם ומגידין לו את קורותיו את שעבר והעתיד לבוא עליו. וזהו לפי הנוסחא דהכא במתניתין כבני מרון בוי"ו והוא לשון חשבון, כך הקב"ה רואה והבין את כל מעשיהם וכדמסיים מה טעמא וכו'. וכדדריש ר' לוי דהוי ליה למיכתב ומבין מאי המבין, אלא שכבר הבין משעה שנוצר הבין לכל מעשיהם ואת אודות הקורות אותם: א"ר אלעזר בנוהג שבעולם וכו' לא להסתכל בהן. כלומר ודאי נוח לו יותר להסתכל בהן אחר שכבר נעשו, ובשעה שהוא עושה אי אפשר לו להסתכל בכולן, ומדת הקב"ה אינו כן אלא יוצר הוא אותן ומבין לכל מעשיהם, ודריש לה נמי מדכתיב המבין דעל שעת היצירה קאי המבין בשעה שיוצר אותם בתחלה: א"ר ברכיה יוצרן רוצה וכו'. היוצר יחד לבם קא דריש, מאי יחד אילימא דמייחד לבייהו בהדדי, הא קא חזינן דלאו הכי הוא דלא לבו של זה כלבו של זה, אלא כביכול רוצה הוא בכך שיהא לבם יחיד אליו אלולא שגזרה חכמתו יתברך ליתן הבחירה לבאי העולם: א"ר אבון וכו'. ר' אבון דריש יחד איוצר קאי שהיוצר והוא יחיד בעולמו כבר הבין את כל מעשיהם וכדלעיל מדלא כתיב ומבין: מתניתא דר' עקיבה וכו'. כדאמר לעיל בפרק לולב וערבה (סוכה פ"ד ה"ו), והלכך אמור מעתה גם כן התורה אמרה ניסוך המים בחג כדי שיתברכו המים בשנה: מורידין כדי הארץ. די הצריכה להארץ: מה טעמא תלמיה רוה וגו'. אף שברביבים תמוגגנה שהוא מעט מעט, מכל מקום צמחה תברך לפי שבאין בזמן הצריך: עונות שעשו ישראל בקיץ. שלא הפרישו תרומות ומעשרות כהוגן: מרשית כתיב. חסר אלף: מדוה לה בראשה. עושה לה כאב וצער בראשה בכדי דיהב לה אחרית טבא בסופה: מתני' על ששה חדשים השלוחין יוצאין. שמולחין אותם להודיע לגולה לאחר שקדשו בית דין את החדש. ולפעמים יוצאין אף מבערב וכגון שנראה בעליל ביום כ"ט או בליל שלשים דודאי יקדשו בית דין את החדש למחר, אי נמי בחדש מעובר דפשיטא לן שיתקדש ביום ל"א, מלבד ניסן ותשרי אין יוצאין עד שישמעו מפי בית דין מקודש וכדלקמן, וכדי לידע אם ביום שלשים קדשוהו וחדש שעבר עשו חסר או ביום ל"א וחודש שעבר מלא. ואין השלוחין מחללין את השבת ולא את יום טוב כדדריש לקמן בשלהי פרקין (ה"ח - יב.) אשר תקראו אותם במועדם (ויקרא כג ד), על קריאתם את מחלל את השבת והן העדים שיבאו ויעידו דכתיב במועדם, ומדכתיב אשר תקראו למעט שאין את מחלל השבת להודיע שנתקיימו: ועל אב מפני התענית. לפי שהוכפלו בו צרות יותר משאר תעניות, ואף דגם בי"ז בתמוז אירעו בו חמשה דברים, מכל מקום חורבן ביהמ"ק תקיפא טובא וצרה אחת הוכפלה בו:

מסורת הש"ס

א) עי' ר"ה יח. [ופסיקתא זוטרתא בראשית כב יג] ב) [ר"ה יח. וילקו"ש תהלים תשכ ועי' קרבן העדה] ג) [שביעית פ"א ה"ה, סוכה פ"ד ה"א וה"ו, ובשינוי שבת קג.] ותענית ב: [וזבחים קי: ומעילה יג: וספרי פנחס קנ ופסיקתא זוטרתא במדבר כט יד וילקו"ש פנחס תשפב] ד) [עי' תענית ב: רש"י ד"ה בשני ניסוכין ותוס' ד"ה מים] ה) ר"ה טז. [תוספתא ר"ה פ"א הי"א, תוספתא סוכה פ"ג ה"ז, ספרי פנחס קנ, פסיקתא זוטרתא במדבר כט יד] ו) ר"ה יז: [ספרי עקב מ, פסיקתא זוטרתא עקב יא יב, ילקו"ש עקב תתס] ז) [שבת לב:, תענית ז:, ספרי עקב מ, מדרש תנאים לדברים יא יב, ילקו"ש עקב תתס, איוב תתקין] ח) ר"ה טז: [מדרש תנאים לדברים יא יב, פסיקתא זוטרתא דברים יא יב] ט) ר"ה יח. [כא:, תוספתא פ"א הי"ג]

עין משפט

א מיי' פ"ג מהלכות קידוש החודש הלכה ט:

שינויי נוסחאות

א] מסרה. בש"ג מסרן:
ב] במגנימין. בש"ג בינומין. וכן נראה שהיה כתוב בכי"ל קודם ששלטה בו יד המגיה:
ג] את. בש"ג אל, וכן בסמוך:
ד] אמרה התורה וכו'. ז"ל התוספתא (פ"א הי"א) מתוקן עפ"י כי"ע "אמר ר' עקיבא, אמרה תורה הבא [עומר] שעורין בפסח, שהוא פרק שעורין, כדי שתתברך (עליך) [לכם] תבואה. הבא חיטים וביכורים בעצרת, שהוא פרק אילן, כדי שיתברכו עליך פירות אילן. הבא ניסוך המים בחג כדי שיתברכו עליך מי גשמים". וכעי"ז בתוספתא סוכה (פ"ג הי"ח) ובבבלי (טז.) ועוד:
ה] עונות שעשו ישראל וכו'. בתענית (ז:): "אמר רב חסדא, אין הגשמים נעצרין אלא בשביל ביטול תרומות ומעשרות, שנאמר ציה גם חם יגזלו מימי שלג. מאי משמע, תנא דבי רבי ישמעאל בשביל דברים שציויתי אתכם בימות החמה ולא עשיתם, יגזלו מכם מימי שלג בימות הגשמים":
ו] השלוחין. כך הוגה בכי"ל וכ"ה גם בבבלי (יח.). בכי"ל ובגירסת הרמב"ם בפיה"מ ובעוד ראשונים שלוחין:

תורה אור השלם

א) הַיֹּצֵר יַחַד לִבָּם הַמֵּבִין אֶל כָּל מַעֲשֵׂיהֶם: (תהלים לג טו)
ב) וּשְׂעִיר עִזִּים אֶחָד חַטָּאת מִלְּבַד עֹלַת הַתָּמִיד וּמִנְחָתָהּ וְנִסְכֵּיהֶם: (במדבר כט יט)
ג) וּשְׂעִיר חַטָּאת אֶחָד מִלְּבַד עֹלַת הַתָּמִיד מִנְחָתָהּ וּנְסָכֶיהָ: (במדבר כט לא)
ד) וּמִנְחָתָם וְנִסְכֵּהֶם לַפָּרִים לָאֵילִם וְלַכְּבָשִׂים בְּמִסְפָּרָם כְּמִשְׁפָּטָם: (במדבר כט לג)
ה) לְהַמְטִיר עַל אֶרֶץ לֹא אִישׁ מִדְבָּר לֹא אָדָם בּוֹ: (איוב לח כו)
ו) תְּלָמֶיהָ רַוֵּה נַחֵת גְּדוּדֶיהָ בִּרְבִיבִים תְּמֹגְגֶנָּה צִמְחָהּ תְּבָרֵךְ: (תהלים סה יא)
ז) צִיָּה גַם חֹם יִגְזְלוּ מֵימֵי שֶׁלֶג שְׁאוֹל חָטָאוּ: (איוב כד יט)
ח) אֶרֶץ אֲשֶׁר יְהוָה אֱלֹהֶיךָ דֹּרֵשׁ אֹתָהּ תָּמִיד עֵינֵי יְהוָה אֱלֹהֶיךָ בָּהּ מֵרֵשִׁית הַשָּׁנָה וְעַד אַחֲרִית שָׁנָה: (דברים יא יב)

ALREADY ISSUED. מַה הַקָּדוֹשׁ בָּרוּךְ הוּא עוֹשֶׂה לָהֶן — **WHAT DOES THE HOLY ONE, BLESSED IS HE, DO?** מוֹרִידָן כְּדֵי הָאָרֶץ — **HE BRINGS DOWN ENOUGH [RAIN] FOR THE LAND,** וּמַשִּׁיב עִמָּהֶן טְלָלִים וְרוּחוֹת — **AND BLOWS DEW AND WINDS ALONG WITH [THE RAIN],** כְּדֵי שֶׁתֵּיהָנֶה הָאָרֶץ מֵהֶן — **SO THAT THE LAND BENEFITS FROM IT** to the greatest extent. מַה טַעְמָא — **WHAT IS THE** Scriptural **SOURCE?** ,,תְּלָמֶיהָ רַוֵּה נַחֵת גְּדוּדֶהָ בִּרְבִיבִים תְּמֹגְגֶנָּה צִמְחָהּ תְּבָרֵךְ״ — ***TO ABUNDANTLY WATER ITS RIDGES, SETTLE ITS FURROWS; WITH SHOWERS YOU SOFTEN IT, YOU BLESS ITS GROWTH.***[24]

Further Scriptural support: ,,צִיָּה גַם־חֹם יִגְזְלוּ מֵימֵי־שֶׁלֶג שְׁאוֹל חָטָאוּ״ — Scripture states: ***THEY STEAL THE DRYNESS AND HEAT [AND] THE WATERS OF THE SNOW, [BECAUSE] THEY SINNED [AND DESERVE TO BE IN] THE GRAVE.***[25] עֲוֹנוֹת שֶׁעָשׂוּ יִשְׂרָאֵל בַּקַּיִיץ — This verse conveys that **THE SINS THE JEWISH PEOPLE COMMIT IN THE SUMMER** גָּזְלוּ מֵהֶן מֵימֵי הַשֶּׁלֶג — **STEAL FROM THEM THE** melting **WATERS OF THE SNOW** that were decreed for them on the previous Rosh Hashanah.[26]

Another teaching on this theme: כְּתִיב — **It is written:** ,,תָּמִיד עֵינֵי ה׳ אֱלֹהֶיךָ בָּהּ מֵרֵאשִׁית הַשָּׁנָה״ — ***The eyes of Hashem your God are always upon [the land], from the beginning of the year*** *to the end of the year.*[27] כַּהֲנָא אָמַר — **Kahana says** that the word translated here as *from the beginning* ,,מֵרֶשִׁית״ כְּתִיב — is **written:** מרשית (without an *aleph*), which can mean **from the poverty of.** ,,וְעַד אַחֲרִית שָׁנָה״ — Thus, when the verse continues by stating, ***to the end of the year,*** it teaches: מַדְוֶה לָהּ בְּרֹאשָׁהּ וְיָהֵב לָהּ אַחֲרִית טָבָא בְּסֵיפָא — **[God] may make [the year] poor at its beginning but gives it a bountiful conclusion at the end.**[28]

Halachah 4

Mishnah The Mishnah turns to the subject of the sanctification of Rosh Chodesh based on the appearance of the new moon:[29]

עַל שִׁשָּׁה חֳדָשִׁים הַשְּׁלוּחִין יוֹצְאִין — At the beginning of each of **six** specific **months, the messengers go forth** to

NOTES

24. *Psalms* 65:11. Even though the rain falls only in light "showers," the produce will "be blessed" (*Korban HaEidah, Pnei Moshe*).

The commentators ask why the decree cannot be changed completely. It is written in Scripture that if God decrees punishment upon a nation of evildoers, but then they repent, He withdraws the decree; likewise, if God decrees blessing upon a nation that subsequently turns to evil, God withdraws the blessing (see *Jeremiah* 18:7-10). The Gemara elsewhere (*Bavli Kesubos* 8b) states that even if seventy years of blessing were decreed for someone, but he then commits the sin of obscene speech, the decree is retracted and replaced with one for evil. Why, then, does the Gemara indicate here that a Heavenly decree cannot be repealed? This problem is raised in *Bavli* 17b, which asks how the present Baraisa can be reconciled with R' Yochanan's statement (ibid.): "Great is repentance for it tears up a person's decree." The Gemara there answers that a decree is retracted only if there is no other option. Hence, in the Baraisa's two cases, where alternative options exist (e.g. the rain can be diverted to barren land), the decree remains in force and is merely modified (see *Yefeh Mareh*).

25. *Job* 24:19. According to some commentators ad loc., the verse refers to the people of Noah's generation whose sins caused the Flood. During the year of the Flood, the seasons were not in operation (*Bereishis Rabbah* 34:11). Hence, it was as though they "stole" the summer and the winter: *They stole the dryness and heat [and] the waters of the snow, because they sinned [and deserved to be in the] grave* (*Rashi, Mahari Kara;* cf. *Metzudos*).

26. If abundant water is decreed for the people on Rosh Hashanah, but they sin in the following summer, the water will be diverted from them. The verse is interpreted as follows: "[In the season of] dryness and heat, they steal the waters of the snow because they sin [and deserve to be in] the grave" (see *Yefeh Mareh*).

Alternatively, the Gemara refers to the summer that *precedes* the judgment: If the people sin in the summer, God will decree that they will have little water in the following winter (see *Korban HaEidah*).

[*Pnei Moshe* writes that the "sin of summer" is the failure to give *terumah* and the *maaser* from the newly harvested crop.]

27. *Deuteronomy* 11:12.

28. One would have expected the word to be spelled מֵרֵאשִׁית (with an *aleph*), from the root ראשׁ, *beginning.* Instead it is spelled מֵרֶשִׁית, which is expounded here as related to רֵשׁ, *poor.* The verse thus teaches that even if Heaven decrees poverty at the beginning of the year, should the people then repent, the decree will be changed to one of abundance by the end of the year [as stated above] (*Yefeh Mareh;* cf. *Pnei Moshe* and *Korban HaEidah*).

29. Although the first two Mishnayos of our chapter dealt with Rosh Hashanah and related issues, the bulk of the Mishnayos in the tractate speak of *Kiddush HaChodesh,* the sanctification of Rosh Chodesh (the first day of the month). The Gemara treats this topic in depth until 26a. For a thorough introduction to the premises of *Kiddush HaChodesh,* see the General Introduction. The following comments are offered here merely to place our Mishnah in its proper context:

The Jewish calendar is in large part based on the orbit of the moon around the earth. The lunar cycle is approximately 29½ days and there are approximately twelve lunar cycles for every solar cycle, or in calendric terms, twelve months in a year. While the calendar is based on precise astronomical computations, there is also a mitzvah to sanctify each new month based on the sighting of the new moon (*Exodus* 12:2; see *Rambam, Sefer HaMitzvos, Asei* 153; see also *Rambam, Hil. Kiddush HaChodesh* 1:7).

Each month in the Jewish year can be either 29 or 30 days long. If the *Beis Din* proclaims Rosh Chodesh on the 30th day, then that 30th day becomes the first day of the next month and the previous month is deficient, i.e. 29 days long. If, however, the 31st day becomes Rosh Chodesh, then the previous month is termed "full" and contained 30 days (*Rashi*). A month cannot be longer than 30 days (see *Yerushalmi Sheviis* 10:1 [82a]). The observances of all the fasts and festivals depend upon *Beis Din's* declaration, and their decision is final.

The procedures surrounding the sanctification of a new month are as follows: Near the beginning of a lunar cycle, the moon is totally invisible to us. A few hours into a cycle, a small part of the moon becomes visible as a very thin crescent. If during this first phase, a person sees the moon, he is to travel to *Beis Din* and testify to this effect. After screening two witnesses as to their eligibility and interrogating them to determine the reliability of their testimony, *Beis Din* then sanctifies and declares the day to be Rosh Chodesh. Afterward, *Beis Din* has to inform the people in outlying areas of their decision, so that the fasts and festivals can be observed on the proper dates. Places that could not be informed in time had to observe two-day festivals (*Rambam, Hil. Kiddush HaChodesh* 5:4-6; see *Ritva* 18a for a lengthy discussion of this last point).

The method of *Kiddush HaChodesh* described above was in use until the year 4118 after Creation (358 C.E.). Then the entire structure of Jewish communal life in Eretz Yisrael was on the verge of extinction due to foreign persecution, and the very institution of *Beis Din* was endangered. R' Hillel (a 13th-generation direct descendant of Hillel the Elder), who was the head of *Beis Din,* instituted the current Jewish calendar and discontinued קִדּוּשׁ הַחֹדֶשׁ עַל פִּי רְאִיָּה, *sanctification of Rosh Chodesh based on sighting.* By astronomical and halachic calculations, he and his court devised the system in use today, and sanctified every Rosh Chodesh until the coming of the Messiah (*Ramban, Sefer HaZechus, Gittin,* Ch. 4; cf. *Rambam, Hil. Kiddush HaChodesh* 5:1-3 for a different interpretation of R' Hillel's enactment).

The following Mishnah discusses *Beis Din's* notification of far-flung communities, the last step in the *Kiddush HaChodesh* process outlined above. Although it would have seemed more logical to begin with the laws of the moon's sighting, the following Mishnah is discussed first since it contains a list of several months, similar to the preceding Mishnahs (*Meleches Shlomo*).

אמר ר' חייה בר בא לנגר שהיו לו כלי נגרות כיון שעמד בנו [א]מסרה לו. אמר ר' יצחק למלך שהיו לו אוצרות כיון שעמד בנו מסרם לו. ורבנן אמרי לרופא שהיה לו נרתיק של רפואות כיון שעמד בנו מסרה לו: ובראש השנה כל באי העולם עוברין לפניו כבני מרון: ר' אחא אמר כהדין דירין. ורבנן אמרי כהדא [ב]במגנימין. מה ה.
טעמא. היוצר יחד לבם המבין אל כל מעשיהם. אמר ר' לוי היוצר יחד לבם כבר הבין [ג]את כל מעשיהם. אמר ר' לעזר בנוהג שבעולם מה נוח ליוצר הזה לעשות מאה קנקנים או להסתכל בהן לא להסתכל בהן. אמר ר' ברכיה יוצרן רוצה שיהא ליבן יחיד אליו. אמר ר' אבון מי שהוא יחיד בעולמו כבר הבין את כל מעשיהן: ובחג נידונין על המים: מתניתא דר' עקיבה דר' עקיבה אמר ניסוך המים דבר תורה בשיני ונסכיהם בששי ונסכיה בשביעי כמשפטם מ"ם יו"ד מ"ם מים. [ד]אמרה התורה הבא שעורים ביכורים בפסח שתתברך לפניך התבואה. הבא חיטים ביכורים בעצרת שיתברכו לפניך פירות האילן. אמור מעתה ניסוך המים בחג שיתברכו לפניך המים. תני ר' שמעון בן יוחי הרי שהיו ישראל כשירין בראש השנה ונגזרו להם גשמים מרובין ובסוף חטאו לפחות מהן אי איפשר שכבר נגזר גזרה מה הקדוש ברוך הוא עושה מפזרן לימים ולמדברות ולנהרות כדי שלא תיהנה הארץ מהן. מה טעמא. להמטיר על ארץ לא איש מדבר לא אדם בו. הרי שלא היו ישראל כשירין בראש השנה ונגזרו להן גשמים מועטין ובסוף עשו תשובה. להוסיף עליהן אי איפשר שכבר נגזר גזירה מה הקדוש ברוך הוא עושה להן מורידן כדי הארץ ומשיב עמהן טללים ורוחות כדי שתיהנה הארץ מהן. מה טעמא. תלמיה רוה נחת גדודיה ברביבים תמוגגנה צמחה תברך. ציה גם חום יגזלו מימי שלג שאול חטאו. [ה]עונות שעשו ישראל בקיץ גזלו מהן מימי השלג. כתיב תמיד עיני ה' אלהיך בה מראשית השנה. כהנא אמר מרשית כתיב. ועד אחרית שנה. מדוה לה בראשה ויהב לה אחרית טבא בסיפא:

הלכה ד מתני'

[מ"ג] על ששה חדשים [ו]השלוחין יוצאין על ניסן מפני הפסח ועל אב מפני התענית

קרבן העדה

כלי נגרות. כלי שהוא עושה בו מלאכה, כך מסר הקב"ה לישראל את התורה שבה ברא עולמו: אוצרות. כך מסר לישראל אוצרות גשמים, כמעשה דחוני המעגל: נרתיק. כלי שנותן בו הרופא רפואותיו, כך מסר לישראל שיהיו מחיה מתים כאליהו ואלישע:

כהדין דירין. כאותן כבשים שנכנסו לעשר ויוצאין בפתח קטן, שאין שנים יכולין לצאת כאחד: במגנימון. הוא מקום צר ואין שנים יכולין לילך זה בצד זה: מה טעמא וכו'. איך נשמע מהאי קרא דהן עוברין לפניו אחד אחד ואחר כך נסקרים בסקירה אחת, הא קרא איפכא משמע: אמר רבי לוי. הכי קאמר, כשהיוצר יחד לבם כבר הבין תחלה כל מעשיהם אחת לאחת: אמר רבי לעזר. קרא דמייתי במתני' אינו אלא לראיה שהקב"ה סוקר הכל בסקירה אחת, והכי פירושו, אם הוא יוצר יחד לבם כל שכן שהוא מבין אל כל מעשיהם כאחד: אמר ר' ברכיה. הכי פירושא דקרא, היוצר רוצה שיהיה לבן אליו ביחידות ולא יהיה לבן חלוק בעבודה אחרת, ולמה מפני שהוא מבין אל כל מעשיהם ואין אחר כמוהו: אמר ר' אבין. הכי קאמר, היוצר לבן שהוא יחיד בעולם כבר הבין אל כל מעשיהם טרם שעשו רע: דר' עקיבא אמר ניסוך המים דבר תורה. א"כ שפיר קאמר דבחג נידונין על המים, שכן צוה הקב"ה לנסך לפניו מים בחג, ואי לאו דאורייתא מהיכא תיתי לן לומר דנידונין על המים: בששי ונסכיה. והוי מלי למכתב ונסכה: שתתברך לפניו התבואה. שבפסח נידון על התבואה: פירות אילן. שהן מתירין להביא ביכורים שאין מביאין ביכורים קודם לעצרת דכתיב (שמות לד כב) ביכורי קציר חטים. אי נמי עץ שאכל אדם הראשון חטה היתה, נמצא ששתי הלחם מין אילן הם: לפחות מהן אי אפשר. למה שהקב"ה גוזר על הציבור אינו משתנה: מאי טעמא. כלומר מנא ליה: דכתיב להמטיר על ארץ לא איש. והיינו כשנגזר גשמים מרובים: כדי הארץ. לצורך הארץ: טללים ורוחות. לנתר הגשמים, דרוחא דבתר מיטרא כמטרא מעלי: מאי טעמא. מנא ליה שהקב"ה מוריד להן אחר כך גשמים מועטין בטובה: שנאמר תלמיה רוה נחת. אם ישראל עושין נחת רוח לפני הקב"ה, אז גדודיה ברביבים, במעט גשמים תמוגגנה ואפילו הכי צמחה תברך: שאול חטאו. שעשו עבירות שראויים להיות בקבר לפיכך מביא עליהם רעב שהוא קשה ממות: עונות שעשו ישראל בקיץ כו'. שמע מינה שבחג נידונין על המים, שעבירות שעשו בקיץ שעבר הם גרמו להם שלא נפסקו עליהם גשמים הרבה בחורף: מדוה לה בראשה. ומרשית לשון עניות, וכיון שהם דואגים ולבם נכנע בראש השנה, גורם להם אחרית טוב שתהא שנה טובה: מתני' שלוחין יוצאין. שקדשו בית דין את החדש שולחים ומודיעין לגולה יום שקדשוהו, אם ביום שלושים וחדש שעבר חסר, אם ביום שלושים ואחד וחדש שעבר מלא: מפני הפסח. והולכין השלוחין עד הפסח, חוץ מן השבתות: מפני התענית. לפי שהוכפלו בו צרות יותר משאר תעניות:

פני משה

נרתיק. כיס שמשימין בו מיני רפואה וכלים השייכים לרפואה: כהדין דירין. של צאן: כהדא במגנימין. מגנימין היא כלי שמשתמשין בו חוזי הכוכבים להסתכל ולהביט במסטרי המזלות, ורואין ומחשבין לפי סדר המזלות וכפי השעה ביום שנולד בו האדם ומגידין לו את קורותיו את שעבר והעתיד לבוא עליו. וזהו לפי הנוסחא דהכא במתניתין כבני מרון בוי"ו והוא לשון חשבון, כך הקב"ה רואה והבין את כל מעשיהם וכלדמסיים מה טעמא וכו'. וכלדריש ר' לוי דהוי ליה למיכתב ומבין מאי המבין, אלא שכבר הבין משעה שנוצר הבין לכל מעשיהם ואת אודות הקורות אותם: א"ר אלעזר בנוהג שבעולם וכו' לא להסתכל בהן. כלומר ודאי נוח לו יותר להסתכל בהן אחר שכבר נעשו, ובשעה שהוא עושה אי אפשר לו להסתכל בכולן, ומדת הקב"ה אינו כן אלא יוצר הוא אותן ומבין לכל מעשיהם, ודריש לה נמי מדכתיב המבין דעל שעת היצירה קאי המבין בשעה שיוצר אותם בתחלה: א"ר ברכיה יוצרן רוצה וכו'. היוצר יחד לבם קא דריש, מאי יחד אילימא למייחד לבייהו בהדדי, הא קא חזינן דלאו הכי הוא דלא לבו של זה כלבו של זה, אלא כביכול רוצה הוא בכך שיהא לבם יחיד אליו אלולא שגזרה חכמתו יתברך ליתן הבחירה לבאי העולם: א"ר אבון וכו'. ר' אבון דריש יחד איוצר קאי שהיוצר והוא יחיד בעולמו כבר הבין את כל מעשיהם וכדלעיל מדלא כתיב ומבין: מתניתא דר' עקיבה וכו'. כדאמר לעיל בפרק לולב וערבה (סוכה פ"ד ה"ו), והלכך אמור מעתה גם כן התורה אמרה ניסוך המים בחג כדי שיתברכו המים בשנה: מורידין כדי הארץ. די הצריכה להארץ: מה טעמא תלמיה רוה וגו'. אף שברביבים תמוגגנה שהוא מעט מעט, מכל מקום למחה תברך לפי שבאין בזמן הצריך: עונות שעשו ישראל בקיץ. שלא הפרישו תרומות ומעשרות כהוגן: מרשית כתיב. חסר אלף: מדוה לה בראשה. עושה לה כאב וצער בראשה בכדי דיהב לה אחרית טבא בסופה: מתני' על ששה חדשים השלוחין יוצאין. שמשלחין אותם להודיע לגולה לאחר שקדשו בית דין את החדש. ולפעמים יוצאין אף מבערב וכגון שנראה בעליל ביום כ"ט או בליל שלשים דודאי יקדשו בית דין את החדש למחר, אי נמי בחדש מעובר דפשיטא לן שיתקדש ביום ל"א, מלבד ניסן ותשרי אין יוצאין עד שישמעו מפי בית דין מקודש וכדלקמן, וכדי לידע אם ביום שלשים קדשוהו וחדש שעבר עשו חסר או ביום ל"א וחודש שעבר מלא. ואין השלוחין מחללין את השבת ולא את יום טוב כדדריש לקמן בשלהי פרקין (ה"ח - יב.) אשר תקראו אותם במועדם (ויקרא כג ד), על קריאתם את מחלל את השבת והן העדים שיבאו ויעידו דכתיב במועדם, ומדכתיב אשר תקראו למעט שאין את מחלל השבת להודיע שנתקיימו: ועל אב מפני התענית. לפי שהוכפלו בו צרות יותר משאר תעניות, ואף דגם בי"ז בתמוז אירעו בו חמשה דברים, מכל מקום חורבן ביהמ"ק תקיפא טובא וצרה אחת הוכפלה בו:

מסורת הש"ס

א) עי' ר"ה יח. [ופסיקתא זוטרתא בראשית כב יג] **ב)** [ר"ה יח. וילקו"ש תהלים תשכ ועי' קרבן העדה] **ג)** [שביעית פ"א ה"ה, סוכה פ"ד ה"א וה"ו, ובשינוי שבת קג.] ותענית ב: [וזבחים קי: ומעילה יג: וספרי פנחס קנ ופסיקתא זוטרתא במדבר כט יד וילקו"ש פנחס תשפב] **ד)** [עי' תענית ב: רש"י ד"ה בשני ניסוכין ותוס' ד"ה מים] **ה)** ר"ה טז. [תוספתא ר"ה פ"א הי"א, תוספתא סוכה פ"ג ה"ז, ספרי פנחס קנ, פסיקתא זוטרתא במדבר כט יד] **ו)** ר"ה יז: [ספרי עקב מ, פסיקתא זוטרתא עקב יא יב, ילקו"ש עקב תתמ] **ז)** [שבת לב:, תענית ז:, ספרי עקב מ, מדרש תנאים לדברים יא יב, ילקו"ש עקב תתמ, איוב תתקי] **ח)** ר"ה טז: [מדרש תנאים לדברים יא יב, פסיקתא זוטרתא דברים יא יב] **ט)** ר"ה יח. [כא:, תוספתא פ"א הי"ג]

עין משפט

א מיי' פ"ג מהלכות קידוש החודש הלכה ט:

שינויי נוסחאות

א] **מסרה.** בש"ג **מסרן**:
ב] **במגנימין.** בש"ג **בינומין**. וכן נראה שהיה כתוב בכי"ל קודם ששלטה בו יד המגיה:
ג] **את.** בש"ג **אל**, וכן בסמוך:
ד] **אמרה התורה וכו'.** ז"ל התוספתא (פ"א הי"א) מתוקן עפ"י כי"ע "אמר ר' עקיבא, אמרה תורה הבא [עומר] שעורין בפסח, שהוא פרק שעורין, כדי שתתברך (עליך) [לכם] תבואה. הבא חיטים וביכורים בעצרת, שהוא פרק אילן, כדי שיתברכו עליך פירות אילן. הבא ניסוך המים בחג כדי שיתברכו עליך מי גשמים". וכעי"ז בתוספתא סוכה (פ"ג הי"ח) ובבבלי (טז.) ועוד:
ה] **עונות שעשו ישראל וכו'.** בתענית (ז:): "אמר רב חסדא, אין הגשמים נעצרין אלא בשביל ביטול תרומות ומעשרות, שנאמר ציה גם חם יגזלו מימי שלג. מאי משמע, תנא דבי רבי ישמעאל בשביל דברים שצויתי אתכם בימות החמה ולא עשיתם, יגזלו מכם מימי שלג בימות הגשמים":
ו] **השלוחין.** כך הוגה בכי"ל וכ"ה גם בבבלי (יח.). בכי"ל ובגירסת הרמב"ם בפיה"מ ובעוד ראשונים **שלוחין**:

תורה אור השלם

א) הַיֹּצֵר יַחַד לִבָּם הַמֵּבִין אֶל כָּל מַעֲשֵׂיהֶם: (תהלים לג טו)

ב) וּשְׂעִיר עִזִּים אֶחָד חַטָּאת מִלְּבַד עֹלַת הַתָּמִיד וּמִנְחָתָהּ וְנִסְכֵּיהֶם: (במדבר כט יט)

ג) וּשְׂעִיר חַטָּאת אֶחָד מִלְּבַד עֹלַת הַתָּמִיד מִנְחָתָהּ וּנְסָכֶיהָ: (במדבר כט לא)

ד) וּמִנְחָתָם וְנִסְכֵּהֶם לַפָּרִים לָאֵילִם וְלַכְּבָשִׂים בְּמִסְפָּרָם כְּמִשְׁפָּטָם: (במדבר כט לג)

ה) לְהַמְטִיר עַל אֶרֶץ לֹא אִישׁ מִדְבָּר לֹא אָדָם בּוֹ: (איוב לח כו)

ו) תְּלָמֶיהָ רַוֵּה נַחֵת גְּדוּדֶיהָ בִּרְבִיבִים תְּמֹגְגֶנָּה צִמְחָהּ תְּבָרֵךְ: (תהלים סה יא)

ז) צִיָּה גַם חֹם יִגְזְלוּ מֵימֵי שֶׁלֶג שְׁאוֹל חָטָאוּ: (איוב כד יט)

ח) אֶרֶץ אֲשֶׁר יְהוָה אֱלֹהֶיךָ דֹּרֵשׁ אֹתָהּ תָּמִיד עֵינֵי יְהוָה אֱלֹהֶיךָ בָּהּ מֵרֵשִׁית הַשָּׁנָה וְעַד אַחֲרִית שָׁנָה: (דברים יא יב)

A fourth interpretation: אָמַר רַבִּי אָבוּן — R' Avun said: מִי שֶׁהוּא יָחִיד בְּעוֹלָמוֹ כְּבָר הֵבִין אֶת כָּל מַעֲשֵׂיהֶן — It means that **He who is One in His world already understood all their deeds.**[11]

The Mishnah stated: וּבְחַג נִידּוֹנִין עַל הַמַּיִם — AND ON THE FESTIVAL of Succos, THEY ARE JUDGED FOR THE WATER.

The Gemara explains how the Mishnah knows that the judgment for water takes place on Succos: מַתְנִיתָא דְּרַבִּי עֲקִיבָה — **Our Mishnah accords with R' Akivah,** דְּרַבִּי עֲקִיבָה אָמַר — **for R' Akivah says:** נִיסּוּךְ הַמַּיִם דְּבַר תּוֹרָה — The obligation of **the water libation** on Succos[12] **is Biblical,**[13] and this is its Scriptural source: בַּשֵּׁנִי — **In connection** with the *tamid of* **the second day** of Succos, it is written:[14] "וְנִסְכֵּיהֶם" — ***and their libations*** (instead of ונסכה, *and its libation*); a *mem* was added for exegetical purposes.[15] בַּשִּׁשִּׁי — **In connection with** the *tamid* of **the sixth** day, it is written:[16] "וּנְסָכֶיהָ" — ***and its libations*** (instead of ונסכה, *and its libation*); here, the Torah adds the letter *yud.* בַּשְּׁבִיעִי — And **in connection with** the *mussaf* of **the seventh** day, it is written:[17] כְּמִשְׁפָּטָם — ***in accordance with their law*** (instead of כמשפט, *in accordance with the law*), with a *mem* being added for exegetical purposes. The extra letters are: מֵ״ם יוּ״ד מֵ״ם מַיִם — ***mem, yud,*** and ***mem,*** which spell ***mayim*** (*water*). The Torah thereby alludes to the water libation that is performed in the Temple on Succos.

The Gemara teaches how the mitzvah of the water libation on Succos demonstrates that we are judged then for water: אָמְרָה הַתּוֹרָה — **The Torah says:** הָבֵא שְׂעוֹרִים בִּיכּוּרִים בְּפֶסַח שֶׁתִּתְבָּרֵךְ לְפָנֶיךָ הַתְּבוּאָה — **Bring the first barley** to the Temple **on Pesach, so that the grain will be blessed before you.**[18] הָבֵא חִיטִּים בִּיכּוּרִים בַּעֲצֶרֶת שֶׁיִּתְבָּרְכוּ לְפָנֶיךָ פֵּירוֹת הָאִילָן — **Bring the first wheat on Shavous, so that the fruits of the tree will be blessed before you.**[19] אֱמוֹר מֵעַתָּה — **Say, then:** נִיסּוּךְ הַמַּיִם בֶּחָג שֶׁיִּתְבָּרְכוּ לְפָנֶיךָ הַמַּיִם — The purpose of the **water libation on Succos is so that the water will be blessed before you.**[20]

The Gemara discusses the annual judgment for water: תָּנֵי רַבִּי שִׁמְעוֹן בֶּן יוֹחַי — **R' Shimon ben Yochai taught the** following **Baraisa:** הֲרֵי שֶׁהָיוּ יִשְׂרָאֵל כְּשֵׁירִין בְּרֹאשׁ הַשָּׁנָה — CONSIDER THE CASE WHERE THE JEWISH PEOPLE WERE WORTHY ON ROSH HASHANAH, וְנִגְזְרוּ לָהֶם גְּשָׁמִים מְרוּבִּין — AND hence ABUNDANT RAIN WAS DECREED FOR THEM;[21] וּבַסּוֹף חָטְאוּ — BUT SUBSEQUENTLY THEY SINNED. What now becomes of the decree? לְפַחוֹת מֵהֶן אִי אֶיפְשַׁר — TO REDUCE [THE AMOUNT OF THE RAIN] IS IMPOSSIBLE, שֶׁכְּבָר נִגְזַר גְּזֵרָה — BECAUSE THE DECREE WAS ALREADY ISSUED. מַה הַקָּדוֹשׁ בָּרוּךְ הוּא עוֹשֶׂה — WHAT DOES THE HOLY ONE, BLESSED IS HE, DO? מְפַזְּרָן לַיַּמִּים וּלְמִדְבָּרוֹת וְלַנְּהָרוֹת — HE SCATTERS [THE RAIN] INTO THE SEAS, DESERTS, AND RIVERS, כְּדֵי שֶׁלֹּא תֵיהָנֶה הָאָרֶץ מֵהֶן — SO THAT THE fruitful LAND DOES NOT BENEFIT FROM IT.[22] מַה טַעְמָא — WHAT IS THE Scriptural SOURCE? "לְהַמְטִיר עַל־אֶרֶץ לֹא־אִישׁ מִדְבָּר לֹא־אָדָם בּוֹ" — *THAT IT MAY RAIN ON A LAND WITHOUT MAN, A WILDERNESS IN WHICH THERE IS NO PERSON.*[23]

The Baraisa addresses the opposite situation: הֲרֵי שֶׁלֹּא הָיוּ יִשְׂרָאֵל כְּשֵׁירִין בְּרֹאשׁ הַשָּׁנָה — CONSIDER THE CASE WHERE THE JEWISH PEOPLE WERE NOT WORTHY ON ROSH HASHANAH, וְנִגְזְרוּ לָהֶן גְּשָׁמִים מוּעָטִין — AND hence LITTLE RAIN WAS DECREED FOR THEM, וּבַסּוֹף עָשׂוּ תְשׁוּבָה — BUT SUBSEQUENTLY THEY REPENTED. לְהוֹסִיף עֲלֵיהֶן אִי אֶיפְשַׁר — TO INCREASE [THE AMOUNT OF RAIN] IS IMPOSSSIBLE, שֶׁכְּבָר נִגְזַר גְּזֵירָה — BECAUSE THE DECREE WAS

NOTES

11. Like the first two Amoraim, R' Avun also explains the verse as referring to God's prior knowledge of man's deeds. He adds that God had this knowledge when He was the only entity in existence, before the angels were created [on the second day of Creation, as stated in *Bereishis Rabbah* 3:8, cited by *Rashi* to *Genesis* 1:5] (*Kevod Chachamim;* see *Yefeh Mareh* and *Ein Eliyahu*). [Whereas the other Amoraim link the word יַחַד to the next word לִבָּם, *the minds (of people),* R' Avun renders it as יָחִיד (*one*) and associates it with the previous word הַיֹּצֵר, *the Creator* (*HaKoseiv*).]

12. On each morning of Succos, water was poured upon the Altar along with the wine libation that always accompanies the daily *tamid* offering. The wine and water were poured separately into two silver bowls attached to the Altar's roof, from where they drained into cavities beneath the Altar (*Bavli Succah* 48a-b with *Rashi*).

13. The Mishnah must follow the opinion that the mitzvah of water libations on Succos is Biblical, because otherwise it could not have known that we are judged for water on Succos (*Korban HaEidah;* see continuation of the Gemara).

14. *Numbers* 29:19. In this chapter, the Torah details the requirements for the *mussaf* offerings of Succos. A separate paragraph is devoted to each of the days of Succos, and each of these paragraphs concludes with the words: מִלְּבַד עֹלַת הַתָּמִיד (וּ)מִנְחָתָהּ וְנִסְכָּהּ, *Besides the tamid olah offering, and its meal offering and its libation* (i.e. the special *mussaf* offering is brought in addition to the year-round *tamid* offering that one must continue to bring on Succos). The word וְנִסְכָּהּ, *and its libation,* is identical in every paragraph, except in the one for the second day where it is changed to וְנִסְכֵּיהֶם, *and their libations* (v. 19), and in the one for the sixth day where it says וּנְסָכֶיהָ, *and its libations* (v. 31). Furthermore, in every paragraph (after the first one), in reference to the *mussaf* offerings themselves, it says: (וּ)מִנְחָתָם וְנִסְכֵּיהֶם... כַּמִּשְׁפָּט, *(And) their meal offering and libations... in accordance with the law* [i.e. the law that was set forth in the first paragraph]. However, in the paragraph for the seventh day the wording is changed to כְּמִשְׁפָּטָם, *in accordance with their law* (v. 33). R' Akiva proceeds to explain the significance of these three changes.

15. Whereas the Torah could have written וְנִסְכָּהּ, it wrote וְנִסְכֵּיהֶם, adding the letter *mem.* The letter *yud* is not considered extra, because it had to be added on account of the plural form created by the *mem* (*Shitah LeVaal HaTzeroros* to *Bavli Taanis* 2b). Whereas the *mem* changes the meaning of the word, the *yud* serves merely as a vowel (*Shaarei Aharon* to the verse).

16. Ibid. v. 31 (see note 14).

17. Ibid. v. 33 (see note 14).

18. The "first barley" is the *Omer,* the first offering from the new barley crop, which is brought on the second day of Pesach. The Torah requires that the *Omer* be offered on Pesach because Pesach is the time for the judgment on grain, and through this offering of grain we propitiate Heaven for a favorable judgment (*Bavli* 16a with *Rashi* ד״ה שהפסח).

The fact that God ordained the *Omer* on Pesach is the *source* for our knowledge that the judgment on grain takes place during that festival (*Ran* ibid.; *Pnei Moshe* above, 8b; see 8b note 22).

19. An offering of two loaves (*shtei halechem*) baked from the new wheat crop is brought each Shavuos (see *Leviticus* 23:17).

Although the *shtei halechem* is made of grain, it propitiates God for a bountiful crop of *fruit,* because it is only after this offering is brought that the *bikkurim,* which come primarily from fruit trees, may be offered. Alternatively, although wheat is a grain, it is effective for fruits of a tree according to R' Yehudah's own opinion (see *Bavli Sanhedrin* 70b and *Ein Yaakov* there) that the Tree of Knowledge from which Adam ate was a wheat "tree" (*Korban HaEidah,* from *Rashi* 16a).

The fact that the *shtei halechem* — through which we entreat God to be blessed with fruit — must be brought on Shavuos shows that Shavuos is the time for the judgment on fruit (see 8b note 22).

20. Since the obligations of the *Omer* and the *shtei halechem* demonstrate that the judgments for grain and fruit occur on Pesach and Shavuos respectively, it follows that the mitzvah of the water libations on Succos indicates that the judgment for water takes place on Succos (see *Korban HaEidah* ד״ה דר׳ עקיבא; cf. *Yefeh Mareh*).

21. [The Gemara here apparently follows the opinion that the decree for water is sealed on Rosh Hashanah. See above, 9a; and see note 7 there.]

22. *Bavli* 17b states that in this circumstance the rain will fall at an inopportune time, and on land that does not need it (*Yefeh Mareh*).

23. *Job* 38:26.

אמר ר' חייה בר בא לנגר שהיו לו כלי נגרות כיון שעמד בנו [א]מסרה לו. אמר ר' יצחק למלך שהיו לו אוצרות כיון שעמד בנו מסרם לו. ורבנן אמרי לרופא שהיה לו נרתיק של רפואות כיון שעמד בנו מסרה לו: ובראש השנה כל באי העולם עוברין לפניו כבני מרון: ר' אחא אמר (א)כהדין דירין. ורבנן אמרי כהדא [ב]במגנימין. (ב)מה ח. טעמא. (א)היוצר יחד לבם המבין אל כל מעשיהם. אמר ר' לוי (ג)היוצר יחד לבם כבר הבין [ג]את כל מעשיהם. אמר ר' לעזר בנוהג שבעולם מה נוח ליוצר הזה לעשות מאה קנקנים או להסתכל בהן לא להסתכל בהן. אמר ר' ברכיה יוצרן רוצה שיהא ליבן יחיד אליו. אמר ר' אבון מי שהוא יחיד בעולמו כבר הבין את כל מעשיהן: ובחג נידונין על המים: מתניתא דר' עקיבה (ג)דר' עקיבה אמר ניסוך המים דבר תורה (ד)בשיני (ב)ונסכיהם בששי (ג)ונסכיה בשביעי (ד)כמשפטם מ"ם יו"ד מ"ם מים. [ד](ה)אמרה התורה הבא שעורים ביכורים בפסח שתתברך לפניך התבואה. הבא חיטים ביכורים בעצרת שיתברכו לפניך פירות האילן. אמור מעתה ניסוך המים בחג שיתברכו לפניך המים. תני ר' שמעון בן יוחי (ו)הרי שהיו ישראל כשירין בראש השנה ונגזרו להם גשמים מרובין ובסוף חטאו לפחות מהן אי איפשר שכבר נגזר גזרה מה הקדוש ברוך הוא עושה מפזרן לימים ולמדברות ולנהרות כדי שלא תיהנה הארץ מהן. מה טעמא. (ה)להמטיר על ארץ לא איש מדבר לא אדם בו. הרי שלא היו ישראל כשירין בראש השנה ונגזרו להן גשמים מועטין ובסוף עשו תשובה. להוסיף עליהן אי איפשר שכבר נגזר גזירה מה הקדוש ברוך הוא עושה להן מורידן כדי הארץ ומשיב עמהן טללים ורוחות כדי שתיהנה הארץ מהן. מה טעמא. (ו)תלמיה רוה נחת גדודיה ברביבים תמוגגנה צמחה תברך. (ז)(ז)ציה גם חום יגזלו מימי שלג שאול חטאו. [ה]עונות שעשו ישראל בקייץ גזלו מהן מימי השלג. כתיב (ח)תמיד עיני ה' אלהיך בה מראשית השנה. כהנא אמר (ט)מרשית כתיב. ועד אחרית שנה. מדוה לה בראשה ויהב לה אחרית טבא בסיפא: **הלכה ד מתני'**

[מ"ג] (א)(י)על ששה חדשים [ו]השלוחין יוצאין על ניסן מפני הפסח ועל אב מפני התענית

קרבן העדה

כלי נגרות. כלי שהוא עושה בו מלאכה, כך מסר הקב"ה לישראל את התורה שבה ברא עולמו: אוצרות. כך מסר לישראל אוצרות גשמים, כמעשה דחוני המעגל: נרתיק. כלי שנותן בו הרופא רפואותיו, כך מסר לישראל שיהיו מחיה מתים כאליהו ואלישע: כהדין דירין. כאותן כבשים שנכנסו לעשר ויוצאין בפתח קטן, שאין שנים יכולין לצאת כאחד: במגנימון. הוא מקום צר ואין שנים יכולין לילך זה בצד זה: מה טעמא וכו'. איך נשמע מהאי קרא דהן עוברין לפניו אחד אחד ואחר כך נסקרים בסקירה אחת, הא קרא איפכא משמע: אמר רבי לוי. הכי קאמר, כשהיוצר יחד לבם כבר הבין תחלה כל מעשיהם אחת לאחת: אמר רבי לעזר. קרא דמייתי במתני' אינו אלא לראיה שהקב"ה סוקר הכל בסקירה אחת, והכי פירושו, אם הוא יוצר יחד לבם כל שכן שהוא מבין אל כל מעשיהם כאחד: אמר ר' ברכיה. הכי פירושא דקרא, היוצר רוצה שיהיה לבן אליו ביחידות ולא יהיה לבן חלוק בעבודה אחרת, ולמה מפני שהוא מבין אל כל מעשיהם ואין אחר כמוהו: אמר ר' אבין. הכי קאמר, היוצר לבן שהוא יחיד בעולם כבר הבין אל כל מעשיהם טרם שעשו רע: דר' עקיבא אמר ניסוך המים דבר תורה. א"כ שפיר קאמר דבחג נידונין על המים, שכן צוה הקב"ה לנסך לפניו מים בחג, ואי לאו דאורייתא מהיכא תיתי לן לומר דנידונין על המים: בששי ונסכיה. והוי מלי למכתב ונסכה: שתתברך לפניו התבואה. שבפסח נידון על התבואה: פירות אילן. שהן מתירין להביא ביכורים שאין מביאין ביכורים קודם לעצרת דכתיב (שמות לד כב) ביכורי קציר חטים. אי נמי עץ שאכל אדם הראשון חטה היתה, נמצא ששתי הלחם מין אילן הם: לפחות מהן אי אפשר. דמה שהקב"ה גוזר על הציבור אינו משתנה: מאי טעמא. כלומר מנא ליה: דכתיב להמטיר על ארץ לא איש. והיינו כשנגזר גשמים מרובים: כדי הארץ. לצורך הארץ: טללים ורוחות. לבתר הגשמים, דרוחא דבתר מיטרא כמטרא מעלי: מאי טעמא. מנא ליה שהקב"ה מוריד להן אחר כך גשמים מועטין בטובה: שנאמר תלמיה רוה נחת. אם ישראל עושין נחת רוח לפני הקב"ה, אז גדודיה ברביבים, במעט גשמים תמוגגנה ואפילו הכי צמחה תברך: שאול חטאו. שעשו עבירות שראויים להיות בקבר לפיכך מביא עליהם רעב שהוא קשה ממות: עונות שעשו ישראל בקיץ כו'. שמע מינה שבחג נידונין על המים, שעבירות שעשו בקיץ שעבר הם גרמו להם שלא נפסקו עליהם גשמים הרבה בחורף: מדוה לה בראשה. ומרשית לשון עניות, וכיון שהם דואגים ולבם נכנע בראש השנה, גורם להם אחרית טוב שתהא שנה טובה: **מתני'** שלוחין יוצאין. שקדשו בית דין את החדש שולחים ומודיעין לגולה יום שקדשוהו, אם ביום שלושים וחדש שעבר חסר, אם ביום שלושים ואחד וחדש שעבר מלא: מפני הפסח. והולכין השלוחין עד הפסח, חוץ מן השבתות: מפני התענית. לפי שהוכפלו בו צרות יותר משאר תעניות:

פני משה

נרתיק. כיס שמשימין בו מיני רפואה וכלים השייכים לרפואה: כהדין דירין. של צאן: כהדא במגנימין. מגנימין היא כלי שמשתמשין בו חוזי הכוכבים להסתכל ולהביט במשטרי המזלות, ורואין ומחשבין לפי סדר המזלות וכפי השעה ביום שנולד בו האדם ומגידין לו את קורותיו את שעבר והעתיד לבוא עליו. וזהו לפי הנוסחא דהכא במתניתין כבני מרון בוי"ו והוא לשון חשבון, כך הקב"ה רואה ומבין את כל מעשיהם וכדמסיים מה טעמא וכו'. וכדדריש ר' לוי דהוי ליה למיכתב ומבין מאי המבין, אלא שכבר הבין משעה שנוצר הבין לכל מעשיהם ואת אודות הקורות אותם: א"ר אלעזר בנוהג שבעולם וכו' לא להסתכל בהן. כלומר ודאי נוח לו יותר להסתכל בהן אחר שכבר נעשו, ובשעה שהוא עושה אי אפשר לו להסתכל בכולן, ומדת הקב"ה אינו כן אלא יוצר הוא אותן ומבין לכל מעשיהם, ודריש לה נמי מדכתיב המבין דעל שעת היצירה קאי המבין בשעה שיוצר אותם בתחלה: א"ר ברכיה יוצרן רוצה וכו'. היוצר יחד לבם קא דריש, מאי יחד אילימא דמייחד לבייהו בהדדי, הא קא חזינן דלאו הכי הוא דלא לבו של זה כלבו של זה, אלא כביכול רוצה הוא בכך שיהא לבם יחיד אליו אלולא שגזרה חכמתו יתברך ליתן הבחירה לבאי העולם: א"ר אבון וכו'. ר' אבון דריש יחד איוצר קאי שהיוצר והוא יחיד בעולמו כבר הבין את כל מעשיהם וכדלעיל מדלא כתיב ומבין: מתניתא דר' עקיבה וכו'. כדאמר לעיל בפרק לולב וערבה (סוכה פ"ד ה"ו), והלכך אמור מעתה גם כן התורה אמרה ניסוך המים בחג כדי שיתברכו המים בשנה: מורידין כדי הארץ. די הצריכה להארץ: מה טעמא תלמיה רוה וגו'. אף שברביבים תמוגגנה שהוא מעט מעט, מכל מקום צמחה תברך לפי שבאין בזמן הצריך: עונות שעשו ישראל בקיץ. שלא הפרישו תרומות ומעשרות כהוגן: מרשית כתיב. חסר אלף: מדוה לה בראשה. עושה לה כאב וצער בראשה בכדי דיהב לה אחרית טבא בסופה: **מתני'** על ששה חדשים השלוחין יוצאין. שולחין אותם להודיע לגולה לאחר שקדשו בית דין את החדש. ולפעמים יוצאין אף מבערב וכגון שנראה בליל ביום כ"ט או בליל שלשים דודאי יקדשו בית דין את החדש למחר, אי נמי בחדש מעובר דפשיטא לן שיתקדש ביום ל"א, מלבד ניסן ותשרי אין יוצאין עד שישמעו מפי בית דין מקודש וכדלקמן, וכדי לידע אם ביום שלשים קדשוהו וחדש שעבר עשו חסר או ביום ל"א וחודש שעבר מלא. ואין השלוחין מחללין את השבת ולא את יום טוב כדדריש לקמן בשלהי פרקין (ה"ח - יב.) אשר תקראו אותם במועדם (ויקרא כג ד), על קריאתם את מחלל את השבת והן העדים שיבאו ויעידו דכתיב במועדם, ומדכתיב אשר תקראו למעט שאין את מחלל השבת להודיע שנתקיימו: ועל אב מפני התענית. לפי שהוכפלו בו צרות יותר משאר תעניות, ואף דגם בי"ז בתמוז אירעו בו חמשה דברים, מכל מקום חורבן ביהמ"ק תקיפא טובא וצרה אחת הוכפלה בו:

מסורת הש"ם

א) עי' ר"ה יח. [ופסיקתא זוטרתא בראשית כב יג] ב) [ר"ה יח. וילקו"ש תהלים תשכ ועי' קרבן העדה] ג) [שביעית פ"א ה"ה, סוכה פ"ד ה"א וה"ו, ובשינוי שבת קג.] ותענית ב: [וזבחים קי: ומעילה יג: וספרי פנחס קנ ופסיקתא זוטרתא במדבר כט יד וילקו"ש פנחס תשפב] ד) [עי' תענית ב: רש"י ד"ה בשני ניסוכין ותוס' ד"ה מים] ה) ר"ה טז. [תוספתא ר"ה פ"א הי"א, תוספתא סוכה פ"ג ה"ז, ספרי פנחס קנ, פסיקתא זוטרתא במדבר כט יד] ו) ר"ה יז: [ספרי עקב מ, פסיקתא זוטרתא עקב יא יב, ילקו"ש עקב תתס] ז) [שבת לב:, תענית ז:, ספרי עקב מ, מדרש תנאים לדברים יא יב, ילקו"ש עקב תתס, איוב תתקי] ח) ר"ה טז: [מדרש תנאים לדברים יא יב, פסיקתא זוטרתא דברים יא יב] ט) ר"ה יח. [כא., תוספתא פ"א הי"ג]

עין משפט

א מיי' פ"ג מהלכות קידוש החודש הלכה ט:

שינויי נוסחאות

א] מסרה. בש"ג מסרן:
ב] במגנימין. בש"ג בינומין. וכן נראה שהיה כתוב בכי"ל קודם ששלטה בו יד המגיה:
ג] את. בש"ג אל, וכן בסמוך:
ד] אמרה התורה וכו'. ז"ל התוספתא (פ"א הי"א) מתוקן עפ"י כי"ע "אמר ר' עקיבא, אמרה תורה הבא [עומר] שעורין בפסח, שהוא פרק שעורין, כדי שתתברך (עליך) [לכם] תבואה. הבא חיטים וביכורים בעצרת, שהוא פרק אילן, כדי שיתברכו עליך פירות אילן. הבא ניסוך המים בחג כדי שיתברכו עליך מי גשמים". וכעי"ז בתוספתא סוכה (פ"ג הי"ח) ובבבלי (טז.) ועוד:
ה] עונות שעשו ישראל וכו'. בתענית (ז:): "אמר רב חסדא, אין הגשמים נעצרין אלא בשביל ביטול תרומות ומעשרות, שנאמר ציה גם חם יגזלו מימי שלג. מאי משמע, תנא דבי רבי ישמעאל בשביל דברים שצויתי אתכם בימות החמה ולא עשיתם, יגזלו מכם מימי שלג בימות הגשמים":
ו] השלוחין. כך הוגה בכי"ל וכ"ה גם בבבלי (יח.). בכי"ל ובגירסת הרמב"ם בפיה"מ ובעוד ראשונים שלוחין:

תורה אור השלם

א) הַיֹּצֵר יַחַד לִבָּם הַמֵּבִין אֶל כָּל מַעֲשֵׂיהֶם: (תהלים לג טו)
ב) וּשְׂעִיר עִזִּים אֶחָד חַטָּאת מִלְּבַד עֹלַת הַתָּמִיד וּמִנְחָתָהּ וְנִסְכֵּיהֶם: (במדבר כט יט)
ג) וּשְׂעִיר חַטָּאת אֶחָד מִלְּבַד עֹלַת הַתָּמִיד מִנְחָתָהּ וּנְסָכֶיהָ: (במדבר כט לא)
ד) וּמִנְחָתָם וְנִסְכֵּהֶם לַפָּרִים לָאֵילִם וְלַכְּבָשִׂים בְּמִסְפָּרָם כְּמִשְׁפָּטָם: (במדבר כט לג)
ה) לְהַמְטִיר עַל אֶרֶץ לֹא אִישׁ מִדְבָּר לֹא אָדָם בּוֹ: (איוב לח כו)
ו) תְּלָמֶיהָ רַוֵּה נַחֵת גְּדוּדֶיהָ בִּרְבִיבִים תְּמֹגְגֶנָּה צִמְחָהּ תְּבָרֵךְ: (תהלים סה יא)
ז) צִיָּה גַם חֹם יִגְזְלוּ מֵימֵי שֶׁלֶג שְׁאוֹל חָטָאוּ: (איוב כד יט)
ח) אֶרֶץ אֲשֶׁר יְהוָה אֱלֹהֶיךָ דֹּרֵשׁ אֹתָהּ תָּמִיד עֵינֵי יְהוָה אֱלֹהֶיךָ בָּהּ מֵרֵשִׁית הַשָּׁנָה וְעַד אַחֲרִית שָׁנָה: (דברים יא יב)

אָמַר רַבִּי חִיָּיה בַּר בָּא – R' Chiyah bar Ba said: לְנַגָּר שֶׁהָיוּ לוֹ כְּלֵי נַגָּרוּת – It can be compared to a carpenter who had a set of carpentry tools, כֵּיוָן שֶׁעָמַד בְּנוֹ מְסָרָהּ לוֹ – and when his son came of age he gave it over to him.[1] אָמַר רַבִּי יִצְחָק – R' Yitzchak said: לְמֶלֶךְ שֶׁהָיוּ לוֹ אוֹצָרוֹת – It can be compared to a king who had storehouses, כֵּיוָן שֶׁעָמַד בְּנוֹ מְסָרָם לוֹ – and when his son came of age he gave them over to him.[2] וְרַבָּנָן אָמְרֵי – The Rabbis said: לְרוֹפֵא שֶׁהָיָה לוֹ נַרְתִּיק שֶׁל רְפוּאוֹת – It can be compared to a doctor who had a bag of medical remedies, כֵּיוָן שֶׁעָמַד בְּנוֹ מְסָרָהּ לוֹ – and when his son came of age he gave it over to him.[3]

The Mishnah stated:

וּבְרֹאשׁ הַשָּׁנָה כָּל בָּאֵי הָעוֹלָם עוֹבְרִין לְפָנָיו כִּבְנֵי מָרוֹן – AND ON ROSH HASHANAH ALL WHO CAME INTO THE WORLD (i.e. all human beings) PASS BEFORE HIM LIKE *BNEI MARON.*

The Gemara cites two definitions of the phrase "like *bnei maron*":

רַבִּי אַחָא אָמַר – R' Acha says that it means: כְּהָדֵין דִּירִין – Like these sheep that exit their pens one at a time.[4] וְרַבָּנָן אָמְרֵי – But the Rabbis say that it means: כְּהָדָא בַּמַּגְנִימִין – Like people passing one at a time on this narrow path of Bamagnimin.[5]

The Gemara discusses the verse that was quoted in the Mishnah:

מַה טַעְמָא – What is the explanation of this verse?[6] "הַיֹּצֵר יַחַד לִבָּם הַמֵּבִין אֶל־כָּל־מַעֲשֵׂיהֶם" – *The One Who creates their minds together, Who understands all their deeds.*[7] אָמַר רַבִּי לֵוִי – R' Levi said that it means: הַיּוֹצֵר יַחַד לִבָּם כְּבָר הֵבִין אֶת כָּל מַעֲשֵׂיהֶם – The One Who creates their minds together already understood all their deeds.[8]

Another interpretation of the verse:

אָמַר רַבִּי לָעְזָר – R' Lazar said: בְּנוֹהַג שֶׁבָּעוֹלָם – In the way of the world, מַה נּוֹחַ לַיּוֹצֵר הַזֶּה – what is easier for a maker of bottles to do? לַעֲשׂוֹת מֵאָה קַנְקַנִּים – To make a hundred bottles אוֹ לְהִסְתַּכֵּל בָּהֶן – or to look at them? לֹא לְהִסְתַּכֵּל בָּהֶן – Is it not easier to look at them?[9]

A third interpretation:

אָמַר רַבִּי בֶּרֶכְיָה – R' Berechyah said: יוֹצְרָן רוֹצֶה שֶׁיְּהֵא לִיבָּן יָחִיד אֵלָיו – The verse means that their Creator wants their minds to be united toward Him.[10]

NOTES

1. A carpenter's tools, which are used to build and create, allude to Rosh Hashanah, when God created the world, as stated in the Mussaf prayer: *This day is the start of Your handiwork* (*Yefeh Mareh*).

2. On Rosh Hashanah, God decides how much each person will have to eat in the coming year (*Bavli Beitzah* 16a). In this sense, Rosh Hashanah may be compared to a king's storehouses that are full of food, which the king distributes to his people (*Yefeh Mareh*).

3. As the day of judgment, Rosh Hashanah inspires people to cease their sinful ways and repent. It can thus be compared to a doctor's remedies in the sense that Rosh Hashanah heals one's soul just as a doctor's remedies heal one's body (*Yefeh Mareh*).

For another explanation of the six parables, see Variant A.

4. When lambs are counted for tithing (*maasar beheimah*), they are let out one at a time through a gate too narrow for two to exit at once (*Korban HaEidah, Pnei Moshe, Yefeh Mareh,* from *Rashi* 18a). [*Maron* is related to *imrana,* Aramaic for lambs (see *Bavli* ad loc.).]

5. The Mishnah's term *bnei maron* means "the people of Maron." In the region of Maron, the people used a path that was too narrow to allow the passage of more than one person at a time. By way of example, the Gemara names בַּמַּגְנִימִין, which was known in the Gemara's time as an exceedingly narrow path (see *Alei Tamar* and *Yefeh Mareh, Korban HaEidah,* and *Yefei Einayim* 18a; cf. *Pnei Moshe*).

According to both explanations, the Mishnah's point is that on Rosh Hashanah God judges every person on his own. However, each explanation stresses a different aspect of the judgment; see *Yefeh Mareh; Maharal, Maharsha,* and *Ben Yehoyada* to 18a; *Or Yisrael, Kochvei Ohr* §4.

6. *Psalms* 33:15.

7. The Mishnah cited this verse to support its point that God judges man on Rosh Hashanah (see 8b note 21). The Gemara here, however, is not explaining the Mishnah's use of the verse. Rather, it is an independent *sugya* that considers the verse on its own terms (see *Alei Tamar*). [This seems to be the view of many commentaries; see, however, *Korban HaEidah, Pnei Moshe,* and *Yefeh Mareh.*]

8. R' Levi explains the verse as meaning that because God is the Creator of man, He already knew, when each person was created, everything that the person will do throughout his lifetime (see *HaKoseiv* [*Ein Yaakov*], *Kevod Chachamim,* and *Ein Eliyahu*).

Pnei Moshe explains that the verse could have said, הַיֹּצֵר יַחַד לִבָּם וּמֵבִין אֶל כָּל מַעֲשֵׂיהֶם, *The One Who creates their minds together* ***and*** *understands all their deeds,* which would imply that the knowledge *follows* the creation. By stating הַמֵּבִין, *Who understands* (without *and*), the verse indicates that the two phenomena occur at the same time: God knows the deeds of people *when* He creates them.

[Regarding the apparent contradiction between God's prior knowledge and the exercise of free will, see *Rambam, Hil. Teshuvah* 5:5, *Raavad* there, et al.]

9. Since this person is capable of making bottles, he is certainly capable of seeing their qualities and predicting which ones will be more effective and enduring. [Bottles were individually made by hand in ancient times, with no two being exactly alike.] Similarly, the One Who created the mind of each man can predict what that mind will think and what the person will do (see *Yefeh Mareh, Alei Tamar, Kevod Chachamim;* see also *Ein Eliyahu*). [R' Lazar is saying essentially the same thing as R' Levi; he is merely illuminating the concept with a parable.]

10. The phrase הַיֹּצֵר יַחַד לִבָּם apparently implies that God creates everyone alike. However, this cannot be its intent, because the fact is that each person is different (*Bavli* 18a). R' Berechayah therefore explains it to mean that God *wants* everyone to be alike insofar as they all devote themselves to Him. Despite this, God's wisdom decreed that each person be granted the freedom to make his own choices (*Pnei Moshe*).

TEXTUAL AND INTERPRETIVE VARIANTS

A. We have followed *Yefeh Mareh's* first approach, in which the six parables refer to Israel's power to set the date of Rosh Hashanah. Although he regards this approach as primary, *Yefeh Mareh* offers the following alternative: The parables address different areas where God gave the Jewish people control over their own affairs.

❑ The gift of the "horologe" — which represents time — to the Jewish people alludes to the power granted to the *beis din* to set the calendar.

❑ The "watchman's hut," which is always situated at a high point, symbolizes the heights of the heavens. Its transfer to the Jewish people signifies their ability to transcend the *mazalos,* i.e. the heavenly signs that determine man's fate (see *Yerushalmi Shabbos* 6:9; *Bavli Shabbos* 156a-b).

❑ The gift of the "[signet] ring," which kings use to sign their decrees, implies that righteous individuals are granted the power to reverse the decrees of Heaven.

❑ The "carpentry tools" represent the "tool" with which God created the world; namely, the Torah (see *Bereishis Rabbah* 1:1). This gift to the Jewish people conveys that the halachic rulings of the Sages override even the rulings of Heaven (see *Bavli Bava Metzia* 59b).

❑ The giving of "storehouses" and "the bag of remedies" symbolizes the concept that righteous individuals are granted the power to alter natural phenomena. This power can be used in two ways: (a) to produce something beneficial [e.g. bring rain or fuel a flame with vinegar (*Bavli Taanis* 25a)]; (b) to remove harm [e.g. heal an illness (*Bavli Berachos* 5b) or revive the dead (*I Kings* 17:17-22; *II Kings* 4:32-35)]. The "storehouses" represent the ability to produce that which is beneficial, and the "bag of remedies" signifies the ability to remove harm.

For other explanations of the parables, see *Korban HaEidah, Mazkeres Yerushalayim, Ein Eliyahu,* and *Kevod Chachamim.*

Rosh Hashanah, הַקָּדוֹשׁ בָּרוּךְ הוּא אוֹמֵר לְמַלְאֲכֵי הַשָּׁרֵת – **the Holy One, Blessed is He, says to the ministering angels:** הַעֲמִידוּ בִּימָה יַעַמְדוּ סַנֵּיגוֹרִין יַעַמְדוּ קַטֵּיגוֹרִין – **"Set up a platform, let the defenders rise,** and **let the prosecutors rise,**[25] שֶׁאָמְרוּ בָּנַי הַיּוֹם רֹאשׁ הַשָּׁנָה – **for My children have declared** that **today is Rosh Hashanah."** נִמְלְכוּ בֵּית דִּין לְעַבְּרָהּ לְמָחָר – **If [the** ***beis din*****]** then **reconsider** and decide **to postpone [Rosh Hashanah] to the next day,**[26] הַקָּדוֹשׁ בָּרוּךְ הוּא אוֹמֵר לְמַלְאֲכֵי הַשָּׁרֵת – **the Holy One, Blessed is He, says to the ministering angels:** הַעֲבִירוּ בִּימָה יַעַבְרוּ סַנֵּיגוֹרִין יַעַבְרוּ קַטֵּיגוֹרִין – **"Remove the platform, the defenders should depart,** and **the prosecutors should depart,** שֶׁנִּמְלְכוּ בָּנַי לְעַבְּרָהּ לְמָחָר – **for My children have decided to postpone [Rosh Hashanah] until tomorrow."** מַה טַעְמָא – **What is the source?** "כִּי חֹק לְיִשְׂרָאֵל הוּא מִשְׁפָּט לֵאלֹהֵי יַעֲקֹב" – ***Because it is a decree for Israel, a judgment [day] unto the God of Jacob.***[27] אִם אֵינוֹ חוֹק לְיִשְׂרָאֵל – The verse can be interpreted to mean that **if it is not *a decree by Israel,*** כִּבְיָכוֹל אֵינוֹ מִשְׁפָּט לֵאלֹהֵי יַעֲקֹב – **it is not, so to speak, *a judgment [day] unto the God of Jacob.***[28]

The Gemara cites another source for the concept that God's recognition of a festival is contingent upon the decision of men. The teaching that follows is based on the verse: *These are the festivals of Hashem... that you shall declare them:*[29]

רַבִּי קְרִיסְפָּא בְּשֵׁם רַבִּי יוֹחָנָן – **R' Kerispa** said **in the name of R' Yochanan:** לְשֶׁעָבַר – **In the past,** before God empowered the Jewish people to determine the dates of the festivals, the first part of the verse applied: "אֵלֶּה מוֹעֲדֵי ה׳" – ***These are the festivals of Hashem,*** i.e. God Himself determined when the festivals fell. מִיכָּן וְאֵילָךְ – But **from then on:** "אֲשֶׁר־תִּקְרְאוּ אֹתָם" – ***that you shall declare them,*** i.e. the festivals were determined by Israel.[30]

The Gemara expounds a similar verse: *you shall declare them... these are My festivals:*[31]

אָמַר רַבִּי אִילָא – **R' I'la said** that the verse indicates: אִם קְרִיתֶם אוֹתָם – **If you declare them,** הֵם מוֹעֲדַי – ***they are My festivals;*** וְאִם לָאו – **but if** you do **not** declare them, אֵינָן מוֹעֲדַי – **they are not *My festivals.***[32]

Another source:

אָמַר רַבִּי סִימוֹן – **R' Simone said:** כְּתִיב "רַבּוֹת עָשִׂיתָ אַתָּה ה׳ אֱלֹהַי נִפְלְאֹתֶיךָ וּמַחְשְׁבֹתֶיךָ אֵלֵינוּ" – **It is written: *You have done much, O You Hashem, my God; Your wonders and Your thoughts are for us.***[33] לְשֶׁעָבַר – **In the past,** before the giving of the Torah, "רַבּוֹת עָשִׂיתָ" – ***You have done much,*** i.e. You set the calendar; מִיכָּן וְהֵילָךְ – but **from then on,** "נִפְלְאֹתֶיךָ וּמַחְשְׁבֹתֶיךָ אֵלֵינוּ" – ***Your wonders and Your thoughts [were given] to us.***[34]

The Gemara provides six parables to illustrate the idea that Israel was granted the privilege to set the date of Rosh Hashanah:[35]

אָמַר רַבִּי לֵוִי – **R' Levi said:** לְמֶלֶךְ שֶׁהָיָה לוֹ אוֹרְלוֹגִין – It can be compared **to a king who had a horologe,** כֵּיוָן שֶׁעָמַד בְּנוֹ מְסָרָהּ לוֹ – **and when his son came of age he gave it over to him.**[36] אָמַר רַבִּי יוֹסָה בַּר חֲנִינָה – **R' Yosah bar Chaninah said:** לְמֶלֶךְ שֶׁהָיָה לוֹ שׁוֹמֵרָה – It can be compared **to a king who had a watchman's hut,** כֵּיוָן שֶׁעָמַד בְּנוֹ מְסָרָהּ לוֹ – **and when his son came of age he gave it over to him.**[37] אָמַר רַבִּי אַחָא – **R' Acha said:** לְמֶלֶךְ שֶׁהָיָה לוֹ טַבַּעַת – It can be compared **to a king who had a** signet **ring,** כֵּיוָן שֶׁעָמַד בְּנוֹ מְסָרָהּ לוֹ – **and when his son came of age he gave it over to him.**[38]

NOTES

25. [I.e. prepare for judgment.] *Bavli Berachos* 58a states: "The royalty of earth reflects the royalty of Heaven." Therefore, since a mortal king judges while sitting on a platform with defenders and prosecutors at his sides, we may infer that the same is true of the Divine Court. This arrangement is alluded to by the verse (*I Kings* 22:19): *All the host of Heaven stand by [Hashem] on His right and on His left.* The Gemara (*Yerushalmi Sanhedrin,* 1:1 [1b]) explains that the defending angels stand on His right and the prosecuting angels on His left (*Yefeh Mareh*).

26. The *beis din* have the authority to extend the month of Elul from 29 days to 30 days. In that case, Rosh Hashanah would occur one day later than expected (see *Yefeh Mareh*).

27. *Psalms* 81:5. The "judgment day" mentioned here is Rosh Hashanah, as indicated by the preceding verse (ibid. v. 4): *Blow a shofar at the moon's renewal, when [the moon] is covered on our festival day.* Rosh Hashanah is the only festival that falls "when the moon is covered," i.e. at the beginning of the month, when the moon is hidden from view (*Bavli* 8a-b). However, on Rosh Hashanah *all* mankind is judged (as stated in our Mishnah), whereas the verse specifies "a decree for *Israel.*" To avoid this problem, the Gemara interprets the verse allegorically (*Yefeh Mareh*).

28. If the court of Israel does not declare the day Rosh Hashanah, God does not judge the world then (*Yefeh Mareh*).

[This phenomenon applies only to the first day of Rosh Hashanah. If the court does not declare the next day Rosh Hashanah, it is automatically declared by Heaven; see below, Mishnah 2:5 (ibid.).]

29. *Leviticus* 23:4. The verse states: אֵלֶּה מוֹעֲדֵי ה׳ מִקְרָאֵי קֹדֶשׁ אֲשֶׁר־תִּקְרְאוּ אֹתָם בְּמוֹעֲדָם, *These are the festivals of Hashem, declarations of holiness, that you shall declare them in their appointed time.* The first phrase, *These are the festivals of Hashem,* implies that God himself determines when each Yom Tov falls, but the last phrase, *that you shall declare them in their appointed time,* indicates that it is the Jewish people who make this decision. R' Yochanan proceeds to reconcile the two parts of the verse (*Maharzu* on *Devarim Rabbah* 2:14; *Or Simchah;* cf. *Yefeh Mareh, Korban HaEidah*).

30. Initially, the timing of Rosh Chodesh and leap years was based entirely on the lunar and solar cycles, which were created by God. Shortly before the Exodus, however, God gave the Jewish people [represented by the *beis din*] the authority to decide when Rosh Chodesh and leap years fall. The dates of the festivals thus became contingent on the decisions of the court (*Yefeh Mareh*). [Jewish festivals were in existence even before the Torah was given; see, for example, *Rashi* to *Genesis* 19:3.]

31. The Torah states (ibid. v. 2): מוֹעֲדֵי ה׳ אֲשֶׁר־תִּקְרְאוּ אֹתָם מִקְרָאֵי קֹדֶשׁ אֵלֶּה הֵם מוֹעֲדָי, *The festivals of Hashem, that you shall declare them declarations of holiness; these are My festivals.* The final clause, *these are My festivals,* seems superfluous, because the verse had already described them as *the festivals of Hashem.* The Gemara proceeds to explain why the final clause was added (*Yefeh Mareh*).

32. After the Torah stated *you shall declare them,* it repeats, *these are My festivals,* to teach that God considers the festivals "His" only if they were first declared by the *beis din.*

33. *Psalms* 40:6.

34. The words *Your wonders* allude to setting the date of Rosh Hashanah, when God decrees miracles and wonders. [It is "miraculous" for the blessings of peace and sustenance to be bestowed specifically on those who deserve them, and withheld from everyone else (see *Ramban* to *Genesis* 17:1; see also above, note 23).] The verse's conclusion, *Your wonders and Your thoughts [were given] to us,* thus conveys that the authority to set the date of Rosh Hashanah was transferred to the Jewish people (*Yefeh Mareh*).

35. *Yefeh Mareh.* See 10a Variant A for a different explanation.

36. The horologe (a timepiece) represents the setting of times and dates, including the date of Rosh Hashanah. God originally had this power, but he gave it to the Jewish people (*Yefeh Mareh*).

37. The watchman's hut alludes to Rosh Hashanah, for just as the watchman views the entire vineyard from his hut, likewise, on Rosh Hashanah, God views all the events that will transpire in the coming year, as it is stated (*Deuteronomy* 11:12): *The eyes of God are on it from the beginning of the year until the end of the year* (see *Rashi* to *Bavli* 8a ד״ה דכתיב). The king's gift of the watchman's hut to his son symbolizes God ceding control over Rosh Hashanah (i.e. the authority to determine when it will fall) to the Jewish people (*Yefeh Mareh*).

38. A king uses his signet ring to seal written decrees, as it is stated: *It was written in the name of King Achashveirosh and sealed with the king's ring* (*Esther* 3:12; see also *Ramban* to *Genesis* 41:42). A king's ring thus signifies Rosh Hashanah, when God issues decrees for the coming year (*Yefeh Mareh*).

(א) אל תיראי כי שמע אלהים אל קול הנער באשר הוא שם. אמר ר' לוי כתיב (ב) לא יתיצבו הוללים לנגד [א] עיניך למה ששנאת כל פועלי [ב] און. (א) דרש ר' יששכר דכפר מנדי (ב)(ג) כי הוא ידע מתי שוא וירא און ולא יתבונן. אמר ר' יהושע בן לוי (ג)(ד) אם זך וישר הייתה אין כתיב כאן אלא אם זך וישר אתה [ג] [כי עתה יעיר עליך ושלם נות צדקך]. (ד) אמר ר' חייה בר בא (ה) זרזיר מתנים או תיש ומלך אלקום עמו. בנוהג שבעולם זה מבקש לנצח זרזירו וזה מבקש לנצח זרזירו אבל הקדוש ברוך הוא אינו כן אלא ומלך אלקום עמו (ה) לא בעי תקום על דידיה. (ו) כי לא לנצח יריב לא לנצוח יריב. אמר ר' לעזר [ד] פרא בסיליוס [ה] או נומוס [ו] אוגריפים (ו) בנוהג שבעולם מלך בשר ודם גוזר גזירה רצה מקיימה רצו אחרים מקיימים אותה אבל הקדוש ברוך הוא אינו כן אלא גוזר גזירה ומקיימה תחילה. מה טעמא. (ז) ושמרו את משמרתי אני ה' אני הוא ששימרתי מצותיה של תורה תחילה. (ז) אמר ר' סימון כתיב (ח) מפני שיבה תקום והדרת פני זקן ויראת מאלהיך אני ה' (ח) אני הוא שקיימתי עמידת זקן תחילה. אמר ר' סימון כתיב (ט)(ט) כי מי גוי גדול אשר לו [ז] חוקים ומשפטים צדיקים וגו' ר' חמא בר' חנינה ור' הושעיה חד אמר אי זו אומה כאומה הזאת בנוהג שבעולם אדם יודע שיש לו דין לובש שחורים ומתעטף שחורים ומגדל [ח] זקנו שאינו יודע היאך דינו יוצא אבל ישראל אינן כן * אלא לובשים לבנים ומתעטפין לבנים [ט] ומגלחים זקנם ואוכלין ושותין ושמחים [י] יודעין שהקדוש ברוך הוא עושה להן [כ] ניסים. וחורנה אמר אי זו אומה כאומה הזאת בנוהג שבעולם השלטון אומר [ל] הדין היום והליסטים אומר [מ] למחר הדין למי שומעין לא לשלטון אבל הקדוש ברוך הוא אינו כן (י) אמרו בית דין היום ראש השנה הקדוש ברוך הוא אומר למלאכי השרת העמידו בימה יעמדו סניגורין יעמדו קטיגורין שאמרו בני היום ראש השנה. נמלכו בית דין לעברה למחר הקדוש ברוך הוא אומר למלאכי השרת העבירו [נ] בימה יעברו סניגורין יעברו קטיגורין שנמלכו בני לעברה למחר. מה טעמא. (כ)(י) כי חוק לישראל הוא משפט לאלהי [ס] יעקב אם אינו חוק לישראל כביכול אינו משפט לאלהי יעקב. ר' קריספא בשם ר' יוחנן (ל) לשעבר (כ) אלה מועדי ה' מיכן ואילך אשר תקראו אותם. אמר ר' אילא (מ) אם קריתם [ע] אותם הם מועדי ואם לאו אינן מועדי. אמר ר' סימון כתיב (נ)(ל) רבות עשית אתה ה' אלהי נפלאותיך ומחשבותיך אלינו לשעבר רבות עשית מיכן והילך נפלאותיך ומחשבותיך אלינו. אמר [פ] ר' לוי למלך שהיה לו אורלוגין כיון שעמד בנו מסרה [צ] לו. אמר ר' יוסה בר חנינה למלך שהיה לו [ק] שומרה כיון שעמד בנו מסרה לו. אמר ר' אחא למלך שהיה לו טבעת כיון שעמד בנו מסרה לו.

פני משה

ממתינים להם עד אלו ימים שבנתיים: **למה ששנאת כל פועלי און.** פועלי און משמע באותו שעה שפועל הוא שנוי ולא מקודם, אף על פי שהקב"ה רואה את הנולד: **וירא און** וגו'. כלומר אף על פי שרואה את הנולד ויודע שיעשה און, עם כל זה ולא יתבונן לפי שאינו דן אלא לפי מעשיו כאותה שעה שעומד בה: **אם זך וישר היית.** הוה משמע מעולם, ואין כתב כאן אלא אתה דמשמע כעת אם אתה זך וישר: **לא לנצוח יריב.** אין דעתו לנצוח לבני אדם וכביכול רוצה הוא בעצמו לקיים אומרו לחסד ולרחמים: **פרא בסיליוס.** כביכול מחזיק עצמו פחות מהבסיליוס שהוא המושל הגדול, אלא כמו נומים או גריפים והן מיני שררות וממונים תחת ממשלת הבסיליוס, והוא גוזר גזירה ומקיימה בעצמה תחילה כדמסיים בנוהג שבעולם וכו': **רצה מקיימה רצה אחרים מקיימין אותה.** כצ"ל: **ארלוגין.** מורה שעות וכן נקרא בלע"ז ארלוו"י:

קרבן העדה

באשר הוא שם. ואמרו מלאכי השרת לפני הקב"ה רבונו של עולם מי שעתידין בניו להמית את בניך בצמא אתה מעלה לו באר, שנאמר (ישעיהו כא יג יד) משא בערב [וגו'] לקראת צמא התיו מים, שהיו מוציאין לקראת הגולים מיני מלוחים ונודות נפוחים וכו', אמר להם הקב"ה השעה (ה)צדיק הוא או רשע אמרו לו צדיק אמר להם באשר הוא שם איני דן את העולם אלא לפי שעתו (בראשית רבה פרשה נג): **לא יתיצבו הוללים.** המתהללים ברשע אינן עומדים לנגד עיניך להענישם, ומי הוא ששנאת דוקא כל פועלי און שעשו עבירות בפועל אז נענשים: **וירא און.** שיעשה אחר כך, אפילו הכי לא יתבונן להענישו עתה: **אם זך וישר.** אתה כי עתה יעיר עליך: **היית אין כתיב כאן.** דמדכתיב בסיפא כי עתה יעיר עליך דמשמע דקאי על דבר שכבר עבר, דמה שהוא כעת לא שייך ביה התעוררות, א"כ היה לו לומר היית, אלא הכי קאמר, אם ישר אתה כעת יעיר עליך, ואף על פי שיודע שישתנה אחר כך: **זרזיר מתנים.** בא לתת טעם למה תולה הקב"ה יו"ד ימים ואינו דן אותו מיד, לפי שאינו רוצה לנצח הבריות, ודריש ליה מקרא זרזיר מתנים, היא חיה שיכולה לרוץ מהרה, או תיש, דרך בני אדם להמרות זה עם זה איזה זרזיר יקדים חבירו או איזה תיש ינצח חבירו ומי שזרזירו או תישו מנצח נוטל את של חבירו, כהאי דאמרו (סנהדרין כה.) גבי מפריחי יונים, אם תקדמך יוני ליונך, שכל אחד רוצה שינצח זרזירו: **ומלך.** מלכו של עולם אל קום, לא בעי שיקום שלו שינצח הוא את הבריות להענישם, אלא אדרבה רוצה הוא שינצחו אותו שיחזרו בתשובה ויחזור הוא מרעה אשר דיבר עליהם: **לא לנצח יריב.** ולא לעולם יטור, והוי ליה לכלנן ולומר לא לעולם יריב ויטור, אלא הכי קאמר, לא לנצח אחרים יריב אלא מריבו שינצחו הבריות אותו: ה"ג ר' לעזר פדא. והכי פירושו, ר' אלעזר בן פדת. אי נמי **פרא** כמו מן, והוא לשון רומי: **בסיליוס.** מלך: **נימוס.** בעל דת: **אגריפס.** סופר, מן אלו נשמע גדולת הקב"ה: **רצה מקיימה.** הוא עצמו, שאין גזירותיו אלא על אחרים: **רצו.** אלו הגוזרים אינן מקיימין אותה, אלא אחרים מקיימין אותה: **אני הוא שקיימתי עמידת זקן תחלה.** שהיה אברהם יושב ושכינה עומדת, ואברהם עודנו עומד הוא תיקון סופרים, ואם מצוה זו דאית ביה ענוה גדולה קיים כל שכן שאר מצות: **מי גוי גדול.** גוי חשוב. ופליגי ר' חמא ור' הושעיה מהו חשיבותם: **אלא.** בראש השנה לובשים לבנים וכו': **עושה להן נסים.** אפילו אינן זכאין, כדאמרינן (שמות רבה פרשה ג) ראה ראיתי (שמות ג ז), רואה אני שעתידים לעשות העגל בין זוכים בין חייבים עלי להושיע אותם: **וחורנה.** ואידך: **והלסטים.** מי שהוא יורד לידון: **יעמדו סניגורין** וכו'. כדכתיב (מלכים-א כב יט) וכל צבא השמים עומדים עליו מימינו ומשמאלו אלו מיימינים ואלו משמאילים: **מאי טעמא.** מנא ליה דדין של מעלה תולה בבית דין של מטה: **כי חוק לישראל הוא.** וברא השנה משתעי קרא, דלעיל מיניה כתיב תקעו בחדש שופר וגו': **אם אינו חוק לישראל.** שאין ישראל עושים בו החקים שנאמרו בראש השנה דהיינו תקיעת שופר ושביתת יום טוב, אינו משפט לאלהי יעקב: **לשעבר.** קודם שניתנה התורה אלה הם מועדי שקבעם הקב"ה ואף הוא שמרן כדאמר לעיל, ומיתורא דקרא קדריש דבכבר כתיב אלה הם מועדי בפרשה: **אורלוגין.** כלי המורה שעות היום, כך מסר הקב"ה לישראל קידוש החודש: **שומרה.** הוא הסוכה שעושה נוטר הכרם במקום גבוה לראות כל מה שנעשה בכרם, כך מסר הקב"ה לישראל שיהיו צופים בכל מה שלמעלה ושלמטה, (כדתניא) [כדאיתא] (מדרש משלי פ"י) לפית במרכבה: **שהיה לו טבעת.** שהוא חותמו, כך ישראל נקראים אל, שהקב"ה קראו ליעקב אל (מגילה יח.) שהוא חותמו של הקב"ה:

עין משפט

א טוש"ע או"ח סימן תקפא סעיף ד:

שינויי נוסחאות

א] **עיניך למה ששנאת.** בכי"ל **עיניך שנאת** והוגה כמו שלפנינו. בש"ג עיניך **ולמה שנאת:**
ב] **און.** נוסף בכי"ל ע"י המגיה. וכן איתא בש"ג:
ג] **כי אתה וכו' צדקך.** כ"ה בש"ג והוא המשך הפסוק:
ד] **פרא.** כ"ה גם בש"ג ובויק"ר (בחוקתי לה). בכ"י אחר של ש"ג **בן פדיה.** בדפ"ו **פדא.** ועי' קה"ע:
ה] **או נומוס.** כ"ה גם בש"ג. בכ"י אחר של ש"ג **אונומוס.** בויק"ר (שם) **נומוס.** בדפ"ו **או נימוס:**
ו] **אוגריפים.** כ"ה בכי"ל וכעי"ז בש"ג ובויק"ר (שם). בדפ"ו **או גריפות:**
ז] **חוקים ומשפטים צדיקים.** בש"ג ובילקו"ש (ואתחנן תתכה, תהלים תתפח) ובדרשות מהר"ח או"ז (סי' לג) **לו אלהים קרובים אליו.** בתוס' הרא"ש (ח:) **כי מי גוי גדול ומי גוי גדול:**
ח] **זקנו.** בילקו"ש (שם) ובראשונים (או"ז ח"ב סי' רנז ועוד) נוסף **ואינו חותך ציפרניו:**
ט] **ומגלחין זקנם.** כ"ה גם בש"ג ובראשונים (ר"ן יב: מדה"ר, מרדכי תשח ועוד). בכ"י אחר של ש"ג **ומתקנין** זקנם. בילקו"ש (שם) ומגלחין **שערן:**
י] **יודעין.** בש"ג **שהן יודעין.** בילקו"ש (שם) ובראשונים הנ"ל **לפי שיודעים:**
כ] **ניסים.** בילקו"ש (שם) נוסף **ומוציא דינם לכף זכות וקורע להם את גזר דינם.** וכעי"ז בראשונים הנ"ל:
ל] **הדין.** כ"ה גם בש"ג ובראבי"ה (ח"ב סי' תקל). בתוס' הרא"ש (שם) **נדון:**
מ] **למחר הדין.** כ"ה גם בש"ג. בכ"י אחר של ש"ג ובראבי"ה (שם) **הדין למחר.** בתוס' הרא"ש (שם) **למחר:**
נ] **בימה.** בש"ג נוסף **למחר.** בכ"י אחר של ש"ג ובראבי"ה (שם) ובתוס' הרא"ש (שם) **ליתא:**
ס] **יעקב.** בש"ג נוסף **אם חוק לישראל הוא משפט לאלהי יעקב,** אם אינו. בראבי"ה ובראש (שם) כמו שלפנינו:
ע] **אותם.** בש"ג אותם מועדי הם. בספרא (אמור פ"ט ה"ג) **אתם:**
פ] **ר' לוי.** בש"ג ובפסיקתא (פיסקא טו) ובילקו"ש (בא קצ) ובתנחומא (בא יב) **ר' יהושע בן לוי:**
צ] **לו.** בילקו"ש (שם) נוסף **כך אמר הקב"ה עד עכשיו חשבונן של חדשים ושל שנים בידי, מכאן ואילך הרי הן מסורין בידכם, שנאמר החדש הזה לכם:**
ק] **שומרה.** בש"ג **שומירה:**

תורה אור השלם

א) וַיִּשְׁמַע אֱלֹהִים אֶת קוֹל הַנַּעַר וַיִּקְרָא מַלְאַךְ אֱלֹהִים אֶל הָגָר מִן הַשָּׁמַיִם וַיֹּאמֶר לָהּ מַה לָּךְ הָגָר אַל תִּירְאִי כִּי שָׁמַע אֱלֹהִים אֶל קוֹל הַנַּעַר בַּאֲשֶׁר הוּא שָׁם: (בראשית כא יז)
ב) לֹא יִתְיַצְּבוּ הוֹלְלִים לְנֶגֶד עֵינֶיךָ שָׂנֵאתָ כָּל פֹּעֲלֵי אָוֶן: (תהלים ה ו)
ג) כִּי הוּא יָדַע מְתֵי שָׁוְא וַיַּרְא אָוֶן וְלֹא יִתְבּוֹנָן: (איוב יא יא)
ד) אִם זַךְ וְיָשָׁר אָתָּה כִּי עַתָּה יָעִיר עָלֶיךָ וְשִׁלַּם נְוַת צִדְקֶךָ: (איוב ח ו)
ה) זַרְזִיר מָתְנַיִם אוֹ תָיִשׁ וּמֶלֶךְ אַלְקוּם עִמּוֹ: (משלי ל לא)
ו) לֹא לָנֶצַח יָרִיב וְלֹא לְעוֹלָם יִטּוֹר: (תהלים קג ט)
ז) וְשָׁמְרוּ אֶת מִשְׁמַרְתִּי וְלֹא יִשְׂאוּ עָלָיו חֵטְא וּמֵתוּ בוֹ כִּי יְחַלְּלֻהוּ אֲנִי יְהוָה מְקַדְּשָׁם: (ויקרא כב ט)
ח) מִפְּנֵי שֵׂיבָה תָּקוּם וְהָדַרְתָּ פְּנֵי זָקֵן וְיָרֵאתָ מֵּאֱלֹהֶיךָ אֲנִי יְהוָה: (ויקרא יט לב)
ט) וּמִי גּוֹי גָּדוֹל אֲשֶׁר לוֹ חֻקִּים וּמִשְׁפָּטִים צַדִּיקִם כְּכֹל הַתּוֹרָה הַזֹּאת אֲשֶׁר אָנֹכִי נֹתֵן לִפְנֵיכֶם הַיּוֹם: (דברים ד ח)
י) כִּי חֹק לְיִשְׂרָאֵל הוּא מִשְׁפָּט לֵאלֹהֵי יַעֲקֹב: (תהלים פא ה)
כ) אֵלֶּה מוֹעֲדֵי יְהוָה מִקְרָאֵי קֹדֶשׁ אֲשֶׁר תִּקְרְאוּ אֹתָם בְּמוֹעֲדָם: (ויקרא כג ד)
ל) רַבּוֹת עָשִׂיתָ אַתָּה יְהוָה אֱלֹהַי נִפְלְאֹתֶיךָ וּמַחְשְׁבֹתֶיךָ אֵלֵינוּ אֵין עֲרֹךְ אֵלֶיךָ אַגִּידָה וַאֲדַבֵּרָה עָצְמוּ מִסַּפֵּר: (תהלים מ ו)

מסורת הש"ס

א) [עי' ילקו"ש איוב תתקו] ב) שמות רבה ג ב ג) [עי' בראשית רבה עט ג] ד) [ילקו"ש משלי תתקסג] ה) עי' פסחים קיט. [וילקו"ש ישעי' תנח ותהלים תרכז] ו) [ויקרא רבה לה ג בשינוי, ילקו"ש אחרי תרא, בחוקותי תרע] ז) בכורים פ"ג ה"ג ח) [ילקו"ש שה"ש תתקפח] ט) [ילקו"ש ואתחנן תתכה, תהלים תתפח] י) [פסיקתא דר"כ ה, פסיקתא רבתי טו, מדרש תהלים פא, ילקו"ש בא קנ, תהלים תתלא] כ) ר"ה ח: [מדרש תהלים ד] ל) דברים רבה ב יד [ילקו"ש בא קנא] מ) [ספרא אמור פרשה ט ה"ב ופרק י ה"ג, ילקו"ש אמור תרמג] נ) [ילקו"ש בא קפט, תהלים תשלח]

מראה הפנים

ומגלחין זקנם. כלומר מתקנין אותן. ויש לפותרו דגרסינן בכריתות דף ה' (ע"ב) גבי שמן המשחה כשתי טיפות של מרגליות היו תלוין בזקנו של אהרן, וכשהוא מספר עולות ויושבות בעיקרי זקנו, וכתב רש"י ז"ל שם (ד"ה מספר) לישנא אחרינא וכשהוא מסתפר דשקל למזייה, וה"נ מתקן השערות ארוכות וליפות זקנו:

not seek to be victorious over people; rather, He wants them to be "victorious" over Him, by repenting for their sins and meriting a favorable judgment.

Another example of God's behavior that transcends that of mortals:

אֲמַר רַבִּי לְעָזָר — R' Lazar said: פְּרָא בָּסִילֵיוּס (או) [אִי][14] נוֹמוֹס (אוגריפיס) [אִיגְרִיפִּיס] **— For the king, there is no law or written statute.**[15] **בְּנוֹהַג שֶׁבָּעוֹלָם — In the way of the world, מֶלֶךְ בָּשָׂר וָדָם גּוֹזֵר גְּזֵירָה —** when **a king of flesh and blood issues a decree, רָצָה מְקַיְּימָהּ— if he wants, he observes it** himself; (רצו) [רָצָה] אֲחֵרִים מְקַיְּימִים אוֹתָהּ — and **if he wants,** he rules that only **others** need **observe it. אֲבָל הַקָּדוֹשׁ בָּרוּךְ הוּא אֵינוֹ כֵּן — But the Holy One, Blessed is He, is not like that; אֶלָּא גּוֹזֵר גְּזֵירָה וּמְקַיְּימָהּ תְּחִילָּה — rather, He issues a decree and is the first to observe it. מַה טַעְמָא — What is the source?** ,,וְשָׁמְרוּ אֶת־מִשְׁמַרְתִּי... אֲנִי ה׳...״ — The Torah states: ***They shall observe my charge... I am Hashem.***[16] By adding *I am Hashem,* God conveys: **אֲנִי הוּא שֶׁשִּׁימַּרְתִּי מִצְוֹתֶיהָ שֶׁל תּוֹרָה תְּחִילָּה — I am the One Who first observed the Torah's commandments.**[17]

Another source for this concept:

אֲמַר רַבִּי סִימוֹן — R' Simone said: כְּתִיב ,,מִפְּנֵי שֵׂיבָה תָּקוּם וְהָדַרְתָּ פְּנֵי זָקֵן וְיָרֵאתָ מֵאֱלֹהֶיךָ אֲנִי ה׳ ״ **— It is written: *You shall rise in the presence of an old person and you shall honor the presence of an elder; and you shall fear your God, I am Hashem.***[18] By adding *I am Hashem,* God declares: **אֲנִי הוּא שֶׁקִּיַּימְתִּי עֲמִידַת זָקֵן תְּחִילָּה — I am the One Who first fulfilled** the obligation of **rising for an elder.**[19]

Having mentioned one teaching by R' Simone, the Gemara cites another teaching in his name:

אֲמַר רַבִּי סִימוֹן — R' Simone said: כְּתִיב ,,(כי) [וּ]מִי גּוֹי גָּדוֹל אֲשֶׁר־לוֹ חֻקִּים וּמִשְׁפָּטִים צַדִּיקִם״ וגו׳ **— It is written** regarding Israel: ***And which is a great nation that has righteous decrees and ordinances etc.***[20] **רַבִּי חָמָא בְּרַבִּי חֲנִינָה וְרַבִּי הוֹשַׁעְיָה — R' Chama the son of R' Chaninah, and R' Hoshaya,** disagree about this verse. **חַד אָמַר — One says** that it teaches: **אֵי זוֹ אוּמָּה כָּאוּמָּה הַזֹּאת — Which nation is like this nation? בְּנוֹהַג שֶׁבָּעוֹלָם — In the way of the world, אָדָם יוֹדֵעַ שֶׁיֵּשׁ לוֹ דִּין —** when **a person knows that he has an** impending **judgment, לוֹבֵשׁ שְׁחוֹרִים וּמִתְעַטֵּף שְׁחוֹרִים וּמְגַדֵּל זְקָנוֹ — he dresses in black, wraps himself** in a **black** cloak, **and lets his beard grow, שֶׁאֵינוֹ יוֹדֵעַ הֵיאַךְ דִּינוֹ יוֹצֵא — because he does not know how his verdict will come out.**[21] **אֲבָל יִשְׂרָאֵל אֵינָן כֵּן — But [the people of] Israel are not like that; אֶלָּא — rather,** before Rosh Hashanah, when they will be judged on matters of life and death, **לוֹבְשִׁים לְבָנִים וּמִתְעַטְּפִין לְבָנִים וּמְגַלְּחִים זְקָנָם וְאוֹכְלִין וְשׁוֹתִין וּשְׂמֵחִים — they dress in white, wrap themselves in white** cloaks, **shave their beards,**[22] **and they eat and drink and are merry, יוֹדְעִין שֶׁהַקָּדוֹשׁ בָּרוּךְ הוּא עוֹשֶׂה לָהֶן נִיסִּים —** for **they know that** the Holy One, **Blessed is He, will perform miracles for them.**[23]

The other Amora's interpretation of the verse:

וְחוֹרָנָה אָמַר — The other one says that it teaches: **אֵי זוֹ אוּמָּה כָּאוּמָּה הַזֹּאת — Which nation is like this nation! בְּנוֹהַג שֶׁבָּעוֹלָם — In the way of the world, הַשִּׁלְטוֹן אוֹמֵר הַדִּין הַיּוֹם וְהַלִּיסְטִים אוֹמֵר לְמָחָר הַדִּין —** if **the ruler declares** that **the case** will be heard **today, and the accused**[24] **says** that **the case** will be heard **tomorrow, לְמִי שׁוֹמְעִין — to whom do we listen? לֹא לַשִּׁלְטוֹן —** Do we **not** listen **to the ruler?! אֲבָל הַקָּדוֹשׁ בָּרוּךְ הוּא אֵינוֹ כֵּן — But the Holy One, Blessed is He, is not like that; אָמְרוּ בֵּית דִּין הַיּוֹם רֹאשׁ הַשָּׁנָה —** rather, if the ***beis din*** **declares** that **today is**

NOTES

expounds the word לָנֶצַח (*for eternity*) as though it read לְנַצֵּחַ, *to be victorious* (*Yefeh Mareh, Korban HaEidah*).

14. Emendations by *Gilyonei HaShas.*

15. *Gilyonei HaShas; Margaliyos HaYam, Sanhedrin* 20b §18; see also *Mussaf HeAruch* ע׳ אגריפס ibid. and *Shaarei Toras Eretz Yisrael.* [This was a Greek saying (*Margaliyos HaYam* ibid.).]

[Other explanations are given by *Yefeh Mareh, Korban HaEidah,* and *Pnei Moshe.*]

16. *Leviticus* 22:9. This verse appears at the end of a passage that cautions Kohanim who are *tamei* not to eat sacrificial food or *terumah.*

17. God Himself observed the laws of *tumah* before they were observed by the Kohanim. *Mechilta* (*Exodus* 12:1) states that whenever God spoke to Moses in Egypt, He did so outside the city because the idols there spread *tumah* (*Yefeh Mareh*).

18. Ibid. 19:32.

19. God stood before Abraham when the latter sat at the entrance of his tent [see *Genesis* 18:1] (*Korban HaEidah*). Abraham was 99 years old at that time (see ibid. 17:24).

Since God observed this mitzvah, which requires great humility, He certainly observed all the other mitzvos of the Torah (*Korban HaEidah*).

20. *Deuteronomy* 4:8.

Based on *Devarim Rabbah* 2:14, some suggest that the Gemara be emended to cite the preceding verse (7): כִּי מִי־גוֹי גָּדוֹל אֲשֶׁר־לוֹ אֱלֹהִים קְרֹבִים אֵלָיו כַּה׳ אֱלֹהֵינוּ בְּכָל־קָרְאֵנוּ אֵלָיו, *For which is a great nation that has a God Who is close to it, as is Hashem, our God, whenever we call to Him?* (*Yefeh Mareh;* see also *Tur Orach Chaim,* end of §581).

21. Because he is so anxious and fearful, he pays little attention to his clothes and hair, but leaves them as they are (see *Torah Temimah, Deuteronomy* 4:8).

22. Although the Torah forbids shaving certain parts of the beard with a razor (*Leviticus* 21:5; see Mishnah *Makkos* 3:5 [*Bavli* 20a]), some *Poskim* maintain that shaving with a scissors is permitted (see *Beis Yosef, Yoreh Deah* 181:10; *Teshuvos Chasam Sofer, Orach Chaim* end of §159). In light of this opinion, the Gemara can be explained as referring to shaving with a scissors. Men who typically shave their beards with scissors should do so before Rosh Hashanah (as well as Shabbos and Yom Tov), because that gives them comfort and enjoyment (*Pekudas Elazar, Orach Chaim* §581; see *Tispores HaZakan,* pp. 28-30).

Other authorities, however, hold that even the use of scissors is forbidden (see *Mirkeves HaMishneh, Hil. Avodah Zarah* 12:7; *Teshuvos Tzemach Tzedek, Yoreh Deah* §93; *Teshuvos Minchas Elazar* Vol. 2 §48). In addition, based on Kabbalistic sources, some rule that one should avoid not only shaving the beard, but even trimming it (*Minchas Elazar* ibid.). According to these views, the Gemara cannot mean literally that one should shave his beard before Rosh Hashanah. Rather, it means that one should *groom* his beard then (*Mareh HaPanim;* see *Torah Temimah, Deuteronomy* 4:8). Alternatively, the Gemara refers only to those parts of the beard that may be shaved [even with a razor] (*Beur of R' Chaim Kanievski; Tzemach Tzedek* ibid. 93:20; *Chidushei HaRim, Inyanei Rosh Hashanah*).

There are different versions of the text. Although the version above is cited by several Rishonim (*Rosh* and *Ran,* end of *Rosh Hashanah; Tur, Orach Chaim,* end of §581), others have a text that reads: וּמְגַלְּחִין שְׂעָרָן, *and they shave their hair* (*Sefer HaManhig, Hil. Rosh Hashanah; Teshuvos Tashbatz* 1:157). The Gemara thus refers to shaving the hair of the head, and not the hair of the beard (see *Torah Temimah* ibid.). [For other texts, see *Torasan Shel Rishonim* and *Alei Tamar.* For further discussion about this Gemara, see *Minchas Elazar* 2:48; *Sdei Chemed, Kelalim, Maareches HaGimmel* §75 with *Pe'as HaSadeh; Hadras Panim Zaken,* pp. 614-628.]

23. That is, God will forgive those who repent. This is deemed a miracle, because there is no natural reason why a sinner should be spared from punishment for his wrongdoing. We are joyful on Rosh Hashanah because we are confident that, provided we have repented, we will benefit from the miraculous gift of forgiveness (*Yefeh Mareh;* see there for other approaches).

The Gemara specifies white clothing, as opposed to colorful, festive clothing. One who wears colorful clothing does not demonstrate trust in Hashem, for he might be disregarding the judgment altogether. Wearing white clothes, though, given their resemblance to shrouds, demonstrates that one recognizes the gravity of the judgment. Also, white clothing symbolize forgiveness, as Scripture states (*Isaiah* 1:18): *If your sins are like scarlet, they will become white as snow,* etc. (*Maharshal* to *Tur Orach Chaim,* end §581, cited by *Bach* ad loc.).

24. Literally: the robber.

[א]אל תיראי כי שמע אלהים אל קול הנער באשר הוא שם. אמר ר' לוי כתיב [ב]לא יתיצבו הוללים לנגד [א]עיניך למה ששנאת כל פועלי [ב]און. [ג]דרש ר' יששכר דכפר מנדי [ד][ג]כי הוא ידע מתי שוא וירא און ולא יתבונן. אמר ר' יהושע בן לוי [ד]אם זך וישר הייתה אין כתיב כאן אלא אם זך וישר אתה [ג][כי עתה יעיר עליך ושלם נות צדקך]. [ד]אמר ר' חייה בר בא [ה]זרזיר מתנים או תיש ומלך אלקום עמו. בנוהג שבעולם זה מבקש לנצח זרזירו וזה מבקש לנצח זרזירו אבל הקדוש ברוך הוא אינו כן אלא ומלך אלקום עמו [ה]לא בעי תקום על דידיה. [ו]כי לא לנצח יריב לא לנצוח יריב. אמר ר' לעזר [ד]פרא בסיליום [ה]או נומום [ו]אוגריפים [ו]בנוהג שבעולם מלך בשר ודם גוזר גזירה רצה מקיימה רצו אחרים מקיימים אותה אבל הקדוש ברוך הוא אינו כן אלא גוזר גזירה ומקיימה תחילה. מה טעמא. [ז]ושמרו את משמרתי אני ה' אני הוא ששימרתי מצותיה של תורה תחילה. [ז]אמר ר' סימון כתיב [ח]מפני שיבה תקום והדרת פני זקן ויראת מאלהיך אני ה' [ח]אני הוא שקיימתי עמידת זקן תחילה. אמר ר' סימון כתיב [ט][ט]כי מי גוי גדול אשר לו [ז]חוקים ומשפטים צדיקים וגו' ר' חמא בר' חנינה ור' הושעיה חד אמר אי זו אומה כאומה הזאת בנוהג שבעולם אדם יודע שיש לו דין לובש שחורים ומתעטף שחורים ומגדל [ח]זקנו שאינו יודע היאך דינו יוצא אבל ישראל אינן כן [א]אלא לובשים לבנים ומתעטפין לבנים [ט]ומגלחים זקנם ואוכלין ושותין ושמחים [י]יודעין שהקדוש ברוך הוא עושה להן [כ]ניסים. וחורנה אמר אי זו אומה כאומה הזאת בנוהג שבעולם השלטון אומר [ל]הדין היום והליסטים אומר [מ]למחר הדין למי שומעין לא לשלטון אבל הקדוש ברוך הוא אינו כן [י]אמרו בית דין היום ראש השנה הקדוש ברוך הוא אומר למלאכי השרת העמידו בימה יעמדו סניגורין יעמדו קטיגורין שאמרו בני היום ראש השנה. נמלכו בית דין לעברה למחר הקדוש ברוך הוא אומר למלאכי השרת העבירו [נ]בימה יעברו סניגורין יעברו קטיגורין שנמלכו בני לעברה למחר. מה טעמא. [כ][י]כי חוק לישראל הוא משפט לאלהי [ס]יעקב אם אינו חוק לישראל כביכול אינו משפט לאלהי יעקב. ר' קריספא בשם ר' יוחנן [ל]לשעבר [כ]אלה מועדי ה' מיכן ואילך אשר תקראו אותם. אמר ר' אילא [מ]אם קריתם [ע]אותם הם מועדי ואם לאו אינן מועדי. אמר ר' סימון כתיב [נ][ל]רבות עשית אתה ה' אלהי נפלאותיך ומחשבותיך אלינו לשעבר רבות עשית מיכן והילך נפלאותיך ומחשבותיך אלינו. אמר [פ]ר' לוי למלך שהיה לו אורלוגין כיון שעמד בנו מסרה [צ]לו. אמר ר' יוסה בר חנינה למלך שהיה לו [ק]שומרה כיון שעמד בנו מסרה לו. אמר ר' אחא למלך שהיה לו טבעת כיון שעמד בנו מסרה לו.

פני משה

ממתינים להם עד אלו ימים שבנתיים: למה ששנאת כל פועלי און. פועלי און משמע באותו שעה שפועל הוא שנוי ולא מקודם, אף על פי שהקב"ה רואה את הנולד: וירא און וגו'. כלומר אף על פי שרואה את הנולד ויודע שיעשה און, עם כל זה ולא יתבונן לפי שאינו דן אלא לפי מעשיו כאותה שעה שעומד בה: אם זך וישר היית. הוה משמע מעולם, ואין כתב כאן אלא אתה דמשמע כעת אם אתה זך וישר: לא לנצוח יריב. אין דעתו לנצוח לבני אדם וכביכול רוצה הוא בעצמו לקיים אומרו לחסד ולרחמים: פרא בסיליום. כביכול מחזיק עצמו פחות מהבסיליוס שהוא המושל הגדול, אלא כמו נומים או גריפים והן מיני שררות וממונים תחת ממשלת הבסיליוס, והוא גוזר גזירה ומקיימה בעצמה תחילה כדמסיים בנוהג שבעולם וכו': רצה מקיימה רצה אחרים מקיימין אותה. כצ"ל: ארלוגין. מורה שעות וכך נקרא בלע"ז ארלוז"י:

קרבן העדה

באשר הוא שם. ואמרו מלאכי השרת לפני הקב"ה רבונו של עולם מי שעתידין בניו להמית את בניך בצמא אתה מעלה לו באר, שנאמר (ישעיהו כא יג יד) משא בערב [וגו'] לקראת צמא התיו מים, שהיו מוציאין לקראת הגולים מיני מלוחים ונודות נפוחים וכו', אמר להם הקב"ה השעה (ה)צדיק הוא או רשע אמרו לו צדיק אמר להם באשר הוא שם איני דן את העולם אלא לפי שעתו (בראשית רבה פרשה נג): לא יתיצבו הוללים. המתהללים ברשע אינן עומדים לנגד עיניך להענישם, ומי הוא ששנאת דוקא כל פועלי און שעשו עבירות בפועל אז נענשים: וירא און. שיעשה אחר כך, אפילו הכי לא יתבונן להענישו עתה: אם זך וישר. אתה כי עתה יעיר עליך: היית אין כתיב כאן. דמדכתיב בסיפא כי עתה יעיר עליך דמשמע דקאי על דבר שכבר עבר, דמה שהוא כעת לא שייך ביה התעוררות, א"כ היה לו לומר היית, אלא הכי קאמר, אם ישר אתה כעת יעיר עליך, ואף על פי שיודע שישתנה אחר כך: זרזיר מתנים. בא לתת טעם למה תולה הקב"ה יו"ד ימים ואינו דן אותו מיד, לפי שאינו רוצה לנצח הבריות, ודריש ליה מקרא זרזיר מתנים, היא חיה שיכולה לרוץ מהרה, או תיש, דרך בני אדם להמרות זה עם זה איזה זרזיר יקדים חבירו או איזה תיש ינצח חבירו ומי שזרזירו או תישו מנצח נוטל את של חבירו, כהאי דאמרו (סנהדרין כה.) גבי מפריחי יונים, אם תקדמך יוני ליונך, שכל אחד רוצה שינצח זרזירו: ומלך. מלכו של עולם אל קום, לא בעי שיקום שלו שינצח הוא את הבריות להענישם, אלא אדרבה רוצה הוא שינצחו אותו שיחזרו בתשובה ויחזור הוא מרעה אשר דיבר עליהם: לא לנצח יריב. ולא לעולם יטור, והוי ליה לכללן ולומר לא לעולם יריב ויטור, אלא הכי קאמר, לא לנצח אחרים יריב אלא מריבו שינצחו הבריות אותו: ה"ג ר' לעזר פדא. והכי פירושו, ר' אלעזר בן פדת. אי נמי פרא כמו מן, והוא לשון רומי: בסיליום. מלך: נימוס. בעל דת: אגריפס. סופר, מן אלו נשמע גדולת הקב"ה: רצה מקיימה. הוא עצמו, שאין גזירותיו אלא על אחרים: רצו. אלו הגוזרים אינן מקיימין אותה, אלא אחרים מקיימין אותה: אני הוא שקיימתי עמידת זקן תחלה. שהיה אברהם יושב ושכינה עומדת, ואברהם עודנו עומד הוא תיקון סופרים, ואם מצוה זו דאית ביה ענוה גדולה קיים כל שכן שאר מצות: מי גוי גדול. גוי חשוב. ופליגי ר' חמא ור' הושעיה מהו חשיבותם: אלא. בראש השנה לובשים לבנים וכו': עושה להן ניסים. אפילו אינן זכאין, כדאמרינן (שמות רבה פרשה ג) ראה ראיתי (שמות ג ז), רואה אני שעתידים לעשות העגל בין זוכים בין חייבים עלי להושיע אותם: וחורנה. ואידך: והלסטים. מי שהוא יורד לידון: יעמדו סניגורין וכו'. כדכתיב (מלכים-א כב יט) וכל צבא השמים עומדים עליו מימינו ומשמאלו אלו מיימינים ואלו משמאילים: מאי טעמא. מנא ליה דדין של מעלה תולה בבית דין של מטה: כי חוק לישראל הוא. ובראש השנה משתעי קרא, דלעיל מיניה כתיב תקעו בחדש שופר וגו': אם אינו חוק לישראל. שאין ישראל עושים בו החקים שנאמרו בראש השנה דהיינו תקיעת שופר ושביתת יום טוב, אינו משפט לאלהי יעקב: לשעבר. קודם שניתנה התורה אלה הם מועדי שקבעם הקב"ה ואף הוא שמרן כדאמר לעיל, ומיתורא דקרא קדריש דכבר כתיב אלה הם מועדי בפרשה: אורלוגין. כלי המורה שעות היום, כך מסר הקב"ה לישראל קידוש החודש: שומרה. הוא הסוכה שעושה נוטר הכרם במקום גבוה לראות כל מה שנעשה בכרם, כך מסר הקב"ה לישראל שיהיו צופים בכל מה שלמעלה ושלמטה, (כדתניא) [כדאיתא] (מדרש משלי פ"י) צפית במרכבה: שהיה לו טבעת. שהוא חותמו, כך ישראל נקראים אל, שהקב"ה קראו ליעקב אל (מגילה יח.) שהוא חותמו של הקב"ה:

עין משפט

א טוש"ע או"ח סימן תקפא סעיף ד:

שינויי נוסחאות

א] עיניך למה ששנאת. בכי"ל עיניך שנאת והוגה כמו שלפנינו. בש"ג עיניך ולמה שנאת:
ב] און. נוסף בכי"ל ע"י המגיה. וכן איתא בש"ג:
ג] כי אתה וכו' צדקך. כ"ה בש"ג והוא המשך הפסוק:
ד] פרא. כ"ה גם בש"ג ובויק"ר (בחוקתי לה). בכ"י אחר של ש"ג בן פדיה. בדפ"ו פדא. ועי' קה"ע:
ה] או נומום. כ"ה גם בש"ג. בכ"י אחר של ש"ג אונומום. בויק"ר (שם) נומום. בדפ"ו או נימום:
ו] אוגריפים. כ"ה בכי"ל וכעי"ז בש"ג ובויק"ר (שם). בדפ"ו או גריפות:
ז] חוקים ומשפטים צדיקים. בש"ג ובילקו"ש (ואתחנן תתכה, תהלים תתפח) ובדרשות מהר"ח או"ז (סי' לג) לו אלהים קרובים אליו. בתוס' הרא"ש (ח:) כי מי גוי גדול ומי גוי גדול:
ח] זקנו. בילקו"ש (שם) ובראשונים (או"ז ח"ב סי' רנז ועוד) נוסף ואינו חותך ציפרניו:
ט] ומגלחין זקנם. כ"ה גם בש"ג ובראשונים (ר"ן יב: מדה"ר, מרדכי תשח ועוד). בכ"י אחר של ש"ג ומתקנין זקנם. בילקו"ש (שם) ומגלחין שערן:
י] יודעין. בש"ג שהן יודעין. בילקו"ש (שם) ובראשונים הנ"ל לפי שיודעים:
כ] ניסים. בילקו"ש (שם) נוסף ומוציא דינם לכף זכות וקורע להם את גזר דינם. וכעי"ז בראשונים הנ"ל:
ל] הדין. כ"ה גם בש"ג ובראבי"ה (ח"ב סי' תקל). בתוס' הרא"ש (שם) נדון:
מ] למחר הדין. כ"ה גם בש"ג. בכ"י אחר של ש"ג ובראבי"ה (שם) הדין למחר. בתוס' הרא"ש (שם) למחר:
נ] בימה. בש"ג נוסף למחר. בכ"י אחר של ש"ג ובראבי"ה (שם) ובתוס' הרא"ש (שם) ליתא:
ס] יעקב. בש"ג נוסף אם חוק לישראל הוא משפט לאלהי יעקב, אם אינו. בראבי"ה ובתוס' הרא"ש (שם) כמו שלפנינו:
ע] אותם. בש"ג אותם מועדי הם. בספרא (אמור פ"ט ה"ג) אתם:
פ] ר' לוי. בש"ג ובפסיקתא (פיסקא טו) ובילקו"ש (בא קצ) ובתנחומא (בא יב) ר' יהושע בן לוי:
צ] לו. בילקו"ש (שם) נוסף כך אמר הקב"ה עד עכשיו חשבונן של חדשים ושל שנים בידי, מכאן ואילך הרי הן מסורין בידכם, שנאמר החדש הזה לכם:
ק] שומרה. בש"ג שומירה:

תורה אור השלם

א) וישמע אלהים את קול הנער ויקרא מלאך אלהים אל הגר מן השמים ויאמר לה מה לך הגר אל תיראי כי שמע אלהים אל קול הנער באשר הוא שם: (בראשית כא יז)
ב) לא יתיצבו הוללים לנגד עיניך שנאת כל פעלי און: (תהלים ה ו)
ג) כי הוא ידע מתי שוא וירא און ולא יתבונן: (איוב יא יא)
ד) אם זך וישר אתה כי עתה יעיר עליך ושלם נות צדקך: (איוב ח ו)
ה) זרזיר מתנים או תיש ומלך אלקום עמו: (משלי ל לא)
ו) לא לנצח יריב ולא לעולם יטור: (תהלים קג ט)
ז) ושמרו את משמרתי ולא ישאו עליו חטא ומתו בו כי יחללהו אני יהוה מקדשם: (ויקרא כב ט)
ח) מפני שיבה תקום והדרת פני זקן ויראת מאלהיך אני יהוה: (ויקרא יט לב)
ט) ומי גוי גדול אשר לו חקים ומשפטים צדיקם ככל התורה הזאת אשר אנכי נתן לפניכם היום: (דברים ד ח)
י) כי חק לישראל הוא משפט לאלהי יעקב: (תהלים פא ה)
כ) אלה מועדי יהוה מקראי קדש אשר תקראו אתם במועדם: (ויקרא כג ד)
ל) רבות עשית אתה יהוה אלהי נפלאתיך ומחשבתיך אלינו אין ערך אליך אגידה ואדברה עצמו מספר: (תהלים מ ו)

מסורת הש"ס

א) [עי' ילקו"ש איוב תתקו] ב) שמות רבה ג ב ג) [עי' בראשית רבה עט ג] ד) [ילקו"ש משלי תתקסג] ה) עי' פסחים קיט. [וילקו"ש ישעי' תנח ותהלים תרכז] ו) [ויקרא רבה לה ג בשינוי, ילקו"ש אחרי תרא, בחוקותי תרע] ז) בכורים פ"ג ה"ג ח) [ילקו"ש שה"ש תתקפח] ט) [ילקו"ש ואתחנן תתכה, תהלים תתפח] י) [פסיקתא דר"כ ה, פסיקתא רבתי טו, מדרש תהלים פא, ילקו"ש בא קנ, תהלים תתלא] כ) ר"ה ח: [מדרש תהלים ד] ל) דברים רבה ב יד [ילקו"ש בא קנא] מ) [ספרא אמור פרשה ט ה"ב ופרק י ה"ג, ילקו"ש אמור תרמג] נ) [ילקו"ש בא קפט, תהלים תשלח]

מראה הפנים

ומגלחין זקנם. כלומר מתקנין אותן. ויש לפותרו דגרסינן בכריתות דף ה' (ע"ב) גבי שמן המשחה כשתי טיפות של מרגליות היו תלוין בזקנו של אהרן, וכשהוא מספר עולות ויושבות בעיקרי זקנו, וכתב רש"י ז"ל שם (ד"ה מספר) לישנא אחרינא וכשהוא מסתפר דשקל למזייה, וה"נ מתקן השערות ארוכות וליפות זקנו:

,,אַל־תִּירְאִי כִּי־שָׁמַע אֱלֹהִים אֶל־קוֹל הַנַּעַר בַּאֲשֶׁר הוּא־שָׁם" – The Torah states regarding Yishmael: ***Fear not; for God has heeded the cry of the youth as he is there.***[1] The words *as he is, there,* indicate that God judges a person based on his current standing, and disregards what he will do in the future.[2]

The Gemara presents several other sources for this concept. The next source is based on the verse: *Fools will not stand before Your eyes; You despise all those who commit evil:*[3]

אֲמַר רַבִּי לֵוִי – **R' Levi said:** כְּתִיב ,,לֹא־יִתְיַצְּבוּ הוֹלְלִים לְנֶגֶד עֵינֶיךָ" – **It is written: *Fools will not stand before Your eyes,*** i.e. fools do not stand in judgment before You. לָמָּה – **Why?** ,,שָׂנֵאתָ כָּל־פֹּעֲלֵי אָוֶן" – **Because *You despise all those who perpetrate evil.*** God knows that fools will sin in the future, but He does not punish them now, because He despises only those who have already perpetrated evil.[4]

Another source:

דְּרַשׁ רַבִּי יִשָּׂשכָר דִּכְפַר מַנְדִּי – **R' Yissachar of Kfar Mandi expounded** the following verse: ,,כִּי־הוּא יָדַע מְתֵי־שָׁוְא וַיַּרְא־אָוֶן וְלֹא יִתְבּוֹנָן" – ***For He discerns deceitful people; He sees iniquity and does not consider.***[5] God, Who knows the future, already sees the iniquity that a person will perform later, but He does not consider it when judging the person.[6]

The next source is based on the verse: *If you are pure and upright, [God] would even now invoke [these merits] for you, etc.:*[7]

אֲמַר רַבִּי יְהוֹשֻׁעַ בֶּן לֵוִי – **R' Yehoshua ben Levi** said: אִם זַךְ וְיָשָׁר הָיִיתָה אֵין כְּתִיב כָּאן – **It is not written here: *If you were*** (past tense) ***pure and upright;*** אֶלָּא ,,אִם־זַךְ וְיָשָׁר אָתָּה" – **rather,** it is written: ***If you are*** (present tense) ***pure and upright,*** [כִּי־עַתָּה יָעִיר עָלֶיךָ וְשִׁלַּם נְוַת צִדְקֶךָ – ***He would even now invoke [these merits] for you and make whole the abode of your righteousness.***] We derive from here that provided one is pure and upright in the present – albeit not in the future – God will invoke those merits and judge one favorably.[8]

It was taught above that even after the judgment of Rosh Hashanah, God may grant a person time to repent before sealing his decree on Yom Kippur. The Gemara elaborates on this manifestation of Divine benevolence:[9]

אֲמַר רַבִּי חִיָּיה בַּר בָּא – **R' Chiyah bar Ba said:** ,,זַרְזִיר מָתְנַיִם אוֹ־תָיִשׁ וּמֶלֶךְ אַלְקוּם עִמּוֹ" – Scripture states: ***The greyhound,***[10] ***the he-goat, and the king against whom none can stand.***[11] בְּנוֹהַג שֶׁבָּעוֹלָם – In **the way of the world,** when men race their greyhounds against one another, זֶה מְבַקֵּשׁ לְנַצֵּחַ זַרְזִירוֹ – **this one wants *his* greyhound to win,** וְזֶה מְבַקֵּשׁ לְנַצֵּחַ זַרְזִירוֹ – **and this wants *his* greyhound to win.** אֲבָל הַקָּדוֹשׁ בָּרוּךְ הוּא אֵינוֹ כֵן – **But the Holy One, Blessed is He, is not like that;** אֶלָּא ,,וּמֶלֶךְ אַלְקוּם עִמּוֹ" – **rather, He is *the King who does not stand firm with [His subjects],*** לָא בָעֵי תְּקוּם עַל דִּידֵיהּ – that is, **He does not want to stand firm against** those of **His** subjects who deserve punishment. On the contrary! God wants them to repent so that He can repeal His own verdict,[12] כִּי ,,לֹא לָנֶצַח יָרִיב" – **as** Scripure states: ***He does not quarrel for eternity,*** which may alternatively be read: לֹא לִנְצוֹחַ יָרִיב – **He does not quarrel to be victorious.**[13] God does

NOTES

1. *Genesis* 21:17. Ishmael, who had been expelled from Abraham's house, was dying of thirst in the desert. In response to the weeping of his mother Hagar, God sent an angel to inform her that He had heard the boy's cry and would spare him.

2. The Midrash (*Bereishis Rabbah* 53:14) relates that the angels pleaded with God to let Ishmael die because his descendants would kill many Jews. God replied that He would judge him *as he is there* – i.e. in accordance with his righteousness of that moment – regardless of what will happen in the future (*Korban HaEidah,* from *Rashi* to 16b). Similarly, God judges us on Rosh Hashanah in light of our status on that day, and does not consider our subsequent actions.

Alternatively, the Gemara refers to Ishmael's own deeds (not those of his descendants). Although Ishmael would later depart from the ways of virtue and engage in evil behavior, God saved his life at that time because he was still righteous (see *Mazkeres Yerushalayim,* citing *Rabbeinu Chananel* to 16b).

3. *Psalms* 5:6.

4. The Sages say: "A person does not sin unless a spirit of foolishness enters him" (*Bavli Sotah* 3a). The verse teaches that even after such a spirit has entered a person, rendering him a "fool," he is not punished until he actually transgresses (*Masa DiYerushalayim*).

Alternatively, הוֹלְלִים does not mean fools in this context, but instead refers to those who pride themselves (מִתְהַלְּלִים) with the evil that they plan to do. Nevertheless, they are not punished until they put their plan into practice (*Korban HaEidah, Beur of R' Chaim Kanievski*).

5. *Job* 11:11. One of Job's friends, Tzophar the Naamathite, articulates that the source of Job's suffering is his own sins.

6. *Korban HaEidah, Pnei Moshe.*

7. Ibid. 8:6. Another of Job's friends, Bildad the Shuhite, rebukes him for insinuating that God's actions are not just.

8. Since the discussion between Job and his friends concerned the past (i.e. whether Iyov's previous behavior was the cause of his suffering), the verse should have been written in the past tense: "If you *were* pure and upright." Instead it is written in the present tense ("If you *are* pure and upright"), to teach the following lesson: If a person is pure and upright *now,* God will judge him accordingly, even if he will sin in the future (*Yefeh Mareh*).

Some understand the Gemara as referring to repentance. See Variant A.

9. *Yefeh Mareh, Korban HaEidah.* [According to those who understand the preceding two sources as addressing the concept of repentance (see Variant A), the coming Gemara may be a continuation of that discussion.]

10. Literally: belted around the waist. This refers to a greyhound, whose body is thin, as though it were tightly belted (*Metzudos*).

11. *Proverbs* 30:31. This verse together with the preceding one list four creatures who move confidently, with a sense of triumph: the lion, the greyhound, the he-goat, and a human king. The word אַלְקוּם – which is interpreted as a combination of אַל, *not,* and קוּם, *stand* – means that none can stand in their way (*Metzudos* ad loc.). The Gemara will expound this verse homiletically.

12. *Psalms* 103:9.

13. The verse states: *He will not quarrel for eternity and He will not bear a grudge forever.* This could have been written more succinctly: *He will not quarrel or bear a grudge forever.* R' Chiyah bar Ba therefore

TEXTUAL AND INTERPRETIVE VARIANTS

A. Our elucidation follows most commentators, who explain the two verses in *Job* (cited by R' Yissachar of Kfar Mandi and by R' Yehoshua ben Levi respectively) as additional sources for the principle taught by R' Simone — that God judges man based on his present merits, regardless of what he will do in the future.

Others, though, maintain that these Amoraim are addressing a separate issue; namely, the power of repentance. The first verse (ibid. 11:11) teaches: *He discerns deceitful people,* i.e. he punishes those who do not repent sincerely; *but he sees iniquity and does not consider,* i.e. in the case of those who *do* repent, he does not take their past iniquities into account. [See also *Yalkut Shimoni* to this verse (§906) and *Pesikta* (Mandelbaum edition, 24:13).] The second verse (ibid. 8:6): *If you are pure and upright [God] will invoke these merits for you,* conveys that as long as you are pure and upright now, i.e. you repented of your previous sins, God will accept your repentance and not punish you for what you did in the past (*Masa DiYerushalayim;* see *Shaarei Teshuvah* of *Rabbeinu Yonah* 1:41).

[Even if these verses are cited to express the concept of repentance, they are still related to the preceding discussion. Just as God judges man based on his current state, and does not consider his sins of the future, so too God does not hold a penitent responsible for sins of the past.]

[א]אל תיראי כי שמע אלהים אל קול הנער באשר הוא שם. אמר ר' לוי כתיב [ב]לא יתיצבו הוללים לנגד [א]עיניך למה ששנאת כל פועלי [ב]און. [א]דרש ר' יששכר דכפר מנדי [ב][ג]כי הוא ידע מתי שוא וירא און ולא יתבונן. אמר ר' יהושע בן לוי [ג][ד]אם זך וישר הייתה אין כתיב כאן אלא אם זך וישר אתה [ג][כי עתה יעיר עליך ושלם נות צדקך]. [ד]אמר ר' חייה בר בא [ה]זרזיר מתנים או תיש ומלך אלקום עמו. בנוהג שבעולם זה מבקש לנצח זרזירו וזה מבקש לנצח זרזירו אבל הקדוש ברוך הוא אינו כן אלא ומלך אלקום עמו [ה]לא בעי תקום על דידיה. [ו]כי לא לנצח יריב לא לנצוח יריב. אמר ר' לעזר [ד]פרא בסיליום [ה]או נומום [ו]אוגריפים [ו]בנוהג שבעולם מלך בשר ודם גוזר גזירה רצה מקיימה רצו אחרים מקיימים אותה אבל הקדוש ברוך הוא אינו כן אלא גוזר גזירה ומקיימה תחילה. מה טעמא. [ז]ושמרו את משמרתי אני ה' אני הוא ששימרתי מצותיה של תורה תחילה. [ז]אמר ר' סימון כתיב [ח]מפני שיבה תקום והדרת פני זקן ויראת מאלהיך אני ה' [ח]אני הוא שקיימתי עמידת זקן תחילה. אמר ר' סימון כתיב [ט][ט]כי מי גוי גדול אשר לו [ז]חוקים ומשפטים צדיקים וגו' ר' חמא בר' חנינה ור' הושעיה חד אמר אי זו אומה כאומה הזאת בנוהג שבעולם אדם יודע שיש לו דין לובש שחורים ומתעטף שחורים ומגדל [ח]זקנו שאינו יודע היאך דינו יוצא אבל ישראל אינן כן [י]אלא לובשים לבנים ומתעטפין לבנים [ט]ומגלחים זקנם ואוכלין ושותין ושמחים [י]יודעין שהקדוש ברוך הוא עושה להן [כ]ניסים. וחורנה אמר אי זו אומה כאומה הזאת בנוהג שבעולם השלטון אומר [ל]הדין היום והליסטים אומר [מ]למחר הדין למי שומעין לא לשלטון אבל הקדוש ברוך הוא אינו כן [י]אמרו בית דין היום ראש השנה הקדוש ברוך הוא אומר למלאכי השרת העמידו בימה יעמדו סניגורין יעמדו קטיגורין שאמרו בני היום ראש השנה. נמלכו בית דין לעברה למחר הקדוש ברוך הוא אומר למלאכי השרת העבירו [נ]בימה יעברו סניגורין יעברו קטיגורין שנמלכו בני לעברה למחר. מה טעמא. [כ][י]כי חוק לישראל הוא משפט לאלהי [ס]יעקב אם אינו חוק לישראל כביכול אינו משפט לאלהי יעקב. ר' קריספא בשם ר' יוחנן [ל]לשעבר [כ]אלה מועדי ה' מיכן ואילך אשר תקראו אותם. אמר ר' אילא [מ]אם קריתם [ע]אותם הם מועדי ואם לאו אינן מועדי. אמר ר' סימון כתיב [נ][ל]רבות עשית אתה ה' אלהי נפלאותיך ומחשבותיך אלינו לשעבר רבות עשית מיכן והילך נפלאותיך ומחשבותיך אלינו. אמר [פ]ר' לוי למלך שהיה לו אורלוגין כיון שעמד בנו מסרה [צ]לו. אמר ר' יוסה בר חנינה למלך שהיה לו [ק]שומרה כיון שעמד בנו מסרה לו. אמר ר' אחא למלך שהיה לו טבעת כיון שעמד בנו מסרה לו.

פני משה

ממתינים להם עד אלו ימים שבנתיים: **למה ששנאת כל פועלי און.** פועלי און משמע באותו שעה שפועל הוא שנוי ולא מקודם, אף על פי שהקב"ה רואה את הנולד: **וירא און וגו'.** כלומר אף על פי שרואה את הנולד ויודע שיעשה און, עם כל זה ולא יתבונן לפי שאינו דן אלא לפי מעשיו כאותה שעה שעומד בה: **אם זך וישר היית.** הוה משמע מעולם, ואין כתב כאן אלא אתה דמשמע כעת אם אתה זך וישר: **לא לנצוח יריב.** אין דעתו לנצוח לבני אדם וכביכול רוצה הוא בעצמו לקיים אומרו לחסד ולרחמים: **פרא בסיליום.** כביכול מחזיק עצמו פחות מהבסיליום שהוא המושל הגדול, אלא כמו נומים או גריפים והן מיני שררות וממונים תחת ממשלת הבסיליום, והוא גוזר גזירה ומקיימה בעצמה תחילה כדמסיים בנוהג שבעולם וכו': **רצה מקיימה רצה אחרים מקיימין אותה.** כצ"ל: **ארלוגין.** מורה שעות וכך נקרא בלע"ז ארלוז"י:

קרבן העדה

באשר הוא שם. ואמרו מלאכי השרת לפני הקב"ה רבונו של עולם מי שעתידין בניו להמית את בניך בצמא אתה מעלה לו באר, שנאמר (ישעיהו כא יג יד) משא בערב [וגו'] לקראת צמא התיו מים, שהיו מוציאין לקראת הגולים מיני מלוחים ונודות נפוחים וכו', אמר להם הקב"ה השעה (ה)צדיק הוא או רשע אמרו לו צדיק אמר להם באשר הוא שם איני דן את העולם אלא לפי שעתו (בראשית רבה פרשה נג): **לא יתיצבו הוללים.** המתהללים ברשע אינן עומדים לנגד עיניך להעניש, ומי הוא ששנאת דוקא כל פועלי און שעשו עבירות בפועל או נענשים: **וירא און.** שיעשה אחר כך, אפילו הכי לא יתבונן להענישו עתה: **אם זך וישר.** אתה כי עתה יעיר עליך: **היית אין כתיב כאן.** דמדכתיב בסיפא כי עתה יעיר עליך דמשמע דקאי על דבר שכבר עבר, דמה שהוא כעת לא שייך ביה התעוררות, א"כ היה לו לומר היית, אלא הכי קאמר, אם ישר אתה כעת יעיר עליך, ואף על פי שיודע שישתנה אחר כך: **זרזיר מתנים.** בא לתת טעם למה תולה הקב"ה יו"ד ימים ואינו דן אותו מיד, לפי שאינו רוצה לנצח הבריות, ודריש ליה מקרא זרזיר מתנים, היא חיה שיכולה לרוץ מהרה, או תיש, דרך בני אדם להמרות זה עם זה איזה זרזיר יקדים חבירו או איזה תיש ינצח חבירו ומי שזרזירו או תישו מנצח נוטל את של חבירו, כהאי דאמרו (סנהדרין כה.) גבי מפריחי יונים, אם תקדמך יוני ליונך, שכל אחד רוצה שינצח זרזירו: **ומלך.** מלכו של עולם אל קום, לא בעי שיקום שלו שינצח הוא את הבריות להענישם, אלא אדרבה רוצה הוא שינצחו אותו שיחזרו בתשובה ויחזור הוא מרעה אשר דיבר עליהם: **לא לנצח יריב.** ולא לעולם יטור, והוי ליה לכללן ולומר לא לעולם יריב ויטור, אלא הכי קאמר, לא לנצח אחרים יריב אלא מריבו שינצחו הבריות אותו: ה"ג **ר' לעזר פדא.** והכי פירושו, ר' אלעזר בן פדת. אי נמי **פרא** כמו מן, והוא לשון רומי: **בסיליום.** מלך: **נימוס.** בעל דת: **אגריפס.** סופר, מן אלו נשמע גדולת הקב"ה: **רצה מקיימה.** הוא עצמו, שאין גזירותיו אלא על אחרים: **רצו.** אלו הגוזרים אין מקיימין אותה, אלא אחרים מקיימין אותה: **אני הוא שקיימתי עמידת זקן תחלה.** שהיה אברהם יושב ושכינה עומדת, ואברהם עודנו עומד הוא תיקון סופרים, ואם מצוה זו דאית ביה ענוה גדולה קיים כל שכן שאר מצות: **מי גוי גדול.** גוי חשוב. ופליגי ר' חמא ור' הושעיה מהו חשיבותם: **אלא.** בראש השנה לובשים לבנים וכו': **עושה להן נסים.** אפילו אינן זכאין, כדאמרינן (שמות רבה פרשה ג) ראה ראיתי (שמות ג ז), רואה אני שעתידים לעשות העגל בין זוכים בין חייבים עלי להושיע אותם: **וחורנה.** ואידך: **והלסטים.** מי שהוא יורד לידון: **יעמדו סניגורין וכו'.** כדכתיב (מלכים-א כב יט) וכל צבא השמים עומדים עליו מימינו ומשמאלו אלו מיימינים ואלו משמאילים: **מאי טעמא.** מנא ליה דדין של מעלה תולה בבית דין של מטה: **כי חוק לישראל הוא.** ובראש השנה משתעי קרא, דלעיל מיניה כתיב תקעו בחדש שופר וגו': **אם אינו חוק לישראל.** שאין ישראל עושים בו החקים שנאמרו בראש השנה דהיינו תקיעת שופר ושביתת יום טוב, אינו משפט לאלהי יעקב: **לשעבר.** קודם שניתנה התורה אלה הם מועדי שקבעם הקב"ה ואף הוא שמרן כדאמר לעיל, ומיתורא דקרא קדריש דהכא כתיב אלה הם מועדי בפרשה: **אורלוגין.** כלי המורה שעות היום, כך מסר הקב"ה לישראל קידוש החודש: **שומרה.** הוא הסוכה שעושה נוטר הכרם במקום גבוה לראות כל מה שנעשה בכרם, כך מסר הקב"ה לישראל שיהיו צופים בכל מה שלמעלה ושלמטה, (כדתניא) [כדאיתא] (מדרש משלי פ"י) צפית במרכבה: **שהיה לו טבעת.** שהוא חותמו, כך ישראל נקראים אל, שהקב"ה קראו ליעקב אל (מגילה יח.) שהוא חותמו של הקב"ה:

עין משפט

א טוש"ע או"ח סימן תקפא סעיף ד:

שינויי נוסחאות

א] **עיניך למה ששנאת.** בכי"ל **עיניך שנאת** והוגה כמו שלפנינו. בש"ג **עיניך ולמה שנאת**:
ב] **און.** נוסף בכי"ל ע"י המגיה. וכן איתא בש"ג:
ג] **כי אתה וכו' צדקך.** כ"ה בש"ג והוא המשך הפסוק:
ד] **פרא.** כ"ה גם בש"ג ובויק"ר (בחוקתי לה). בכ"י אחר של ש"ג **בן פדיה.** בדפ"ו **פדא.** ועי' קה"ע:
ה] **או נומום.** כ"ה גם בש"ג. בכ"י אחר של ש"ג **אונומוס.** בויק"ר (שם) **נומוס.** בדפ"ו **או נימוס**:
ו] **אוגריפים.** כ"ה בכי"ל וכעי"ז בש"ג ובויק"ר (שם). בדפ"ו **או גריפות**:
ז] **חוקים ומשפטים צדיקים.** בש"ג ובילקו"ש (ואתחנן תתכה, תהלים תתפח) ובדרשות מהר"ח או"ז (סי' לג) **לו אלהים קרובים אליו.** בתוס' הרא"ש (ח:) **כי מי גוי גדול ומי גוי גדול**:
ח] **זקנו.** בילקו"ש (שם) ובראשונים (או"ז ח"ב סי' רנז ועוד) נוסף **ואינו חותך ציפרניו**:
ט] **ומגלחין זקנם.** כ"ה גם בש"ג ובראשונים (ר"ן יב: מדה"ר, מרדכי תשח ועוד). בכ"י אחר של ש"ג **ומתקנין** זקנם. בילקו"ש (שם) **ומגלחין שערן**:
י] **יודעין.** בש"ג **שהן יודעין.** בילקו"ש (שם) ובראשונים הנ"ל **לפי שיודעים**:
כ] **ניסים.** בילקו"ש (שם) נוסף **ומוציא דינם לכף זכות וקורע להם את גזר דינם.** וכעי"ז בראשונים הנ"ל:
ל] **הדין.** כ"ה גם בש"ג ובראבי"ה (ח"ב סי' תקל). בתוס' הרא"ש (שם) **נדון**:
מ] **למחר הדין.** כ"ה גם בש"ג. בכ"י אחר של ש"ג ובראבי"ה (שם) **הדין למחר.** בתוס' הרא"ש (שם) **למחר**:
נ] **בימה.** בש"ג נוסף **למחר.** בכ"י אחר של ש"ג ובראבי"ה (שם) ובתוס' הרא"ש (שם) ליתא:
ס] **יעקב.** בש"ג נוסף **אם חוק לישראל הוא משפט לאלהי יעקב,** אם אינו. בראבי"ה ובר"א"ש (שם) כמו שלפנינו:
ע] **אותם.** בש"ג אותם **מועדי** הם. בספרא (אמור פ"ט ה"ג) **אתם**:
פ] **ר' לוי.** בש"ג ובפסיקתא (פיסקא טו) ובילקו"ש (בא קצ) ובתנחומא (בא יב) **ר' יהושע בן לוי**:
צ] **לו.** בילקו"ש (שם) נוסף **כך אמר הקב"ה עד עכשיו חשבונן של חדשים ושל שנים בידי, מכאן ואילך הרי הן מסורין בידכם, שנאמר החדש הזה לכם**:
ק] **שומרה.** בש"ג **שומירה**:

מסורת הש"ס

א) [עי' ילקו"ש איוב תתקו] ב) שמות רבה ג ב ג) [עי' בראשית רבה עט ג] ד) [ילקו"ש משלי תתקסג] ה) עי' פסחים קיט. [וילקו"ש ישעי' תנח ותהלים תרכז] ו) [ויקרא רבה לה ג בשינוי, ילקו"ש אחרי תרא, בחוקותי תרע] ז) בכורים פ"ג ה"ג ח) [ילקו"ש שה"ש תתקפח] ט) [ילקו"ש ואתחנן תתכה, תהלים תתפח] י) [פסיקתא דר"כ ה, פסיקתא רבתי טו, מדרש תהלים פא, ילקו"ש בא קנ, תהלים תתלא] כ) ר"ה ח: [מדרש תהלים ד] ל) דברים רבה ב יד [ילקו"ש בא קנא] מ) [ספרא אמור פרשה ט ה"ב ופרק י ה"ג, ילקו"ש אמור תרמג] נ) [ילקו"ש בא קפט, תהלים תשלח]

מראה הפנים

ומגלחין זקנם. כלומר מתקנין אותן. ויש לפותרו דגרסינן בכריתות דף ה' (ע"ב) גבי שמן המשחה כשתי טיפות של מרגליות היו תלוין בזקנו של אהרן, וכשהוא מספר עולות ויושבות בעיקרי זקנו, וכתב רש"י ז"ל שם (ד"ה מספר) לישנא אחרינא וכשהוא מסתפר דשקל למזייה, וה"נ מתקן השערות ארוכות וליפות זקנו:

תורה אור השלם

א) וַיִּשְׁמַע אֱלֹהִים אֶת קוֹל הַנַּעַר וַיִּקְרָא מַלְאַךְ אֱלֹהִים אֶל הָגָר מִן הַשָּׁמַיִם וַיֹּאמֶר לָהּ מַה לָּךְ הָגָר אַל תִּירְאִי כִּי שָׁמַע אֱלֹהִים אֶל קוֹל הַנַּעַר בַּאֲשֶׁר הוּא שָׁם: (בראשית כא יז)

ב) לֹא יִתְיַצְּבוּ הוֹלְלִים לְנֶגֶד עֵינֶיךָ שָׂנֵאתָ כָּל פֹּעֲלֵי אָוֶן: (תהלים ה ו) ג) כִּי הוּא יָדַע מְתֵי שָׁוְא וַיַּרְא אָוֶן וְלֹא יִתְבּוֹנָן: (איוב יא יא) ד) אִם זַךְ וְיָשָׁר אָתָּה כִּי עַתָּה יָעִיר עָלֶיךָ וְשִׁלַּם נְוַת צִדְקֶךָ: (איוב ח ו) ה) זַרְזִיר מָתְנַיִם אוֹ תָיִשׁ וּמֶלֶךְ אַלְקוּם עִמּוֹ: (משלי ל לא) ו) לֹא לָנֶצַח יָרִיב וְלֹא לְעוֹלָם יִטּוֹר: (תהלים קג ט) ז) וְשָׁמְרוּ אֶת מִשְׁמַרְתִּי וְלֹא יִשְׂאוּ עָלָיו חֵטְא וּמֵתוּ בוֹ כִּי יְחַלְּלֻהוּ אֲנִי יְהוָֹה מְקַדְּשָׁם: (ויקרא כב ט) ח) מִפְּנֵי שֵׂיבָה תָּקוּם וְהָדַרְתָּ פְּנֵי זָקֵן וְיָרֵאתָ מֵּאֱלֹהֶיךָ אֲנִי יְהוָֹה: (ויקרא יט לב) ט) וּמִי גּוֹי גָּדוֹל אֲשֶׁר לוֹ חֻקִּים וּמִשְׁפָּטִים צַדִּיקִם כְּכֹל הַתּוֹרָה הַזֹּאת אֲשֶׁר אָנֹכִי נֹתֵן לִפְנֵיכֶם הַיּוֹם: (דברים ד ח) י) כִּי חֹק לְיִשְׂרָאֵל הוּא מִשְׁפָּט לֵאלֹהֵי יַעֲקֹב: (תהלים פא ה) כ) אֵלֶּה מוֹעֲדֵי יְהוָֹה מִקְרָאֵי קֹדֶשׁ אֲשֶׁר תִּקְרְאוּ אֹתָם בְּמוֹעֲדָם: (ויקרא כג ד) ל) רַבּוֹת עָשִׂיתָ אַתָּה יְהוָֹה אֱלֹהַי נִפְלְאֹתֶיךָ וּמַחְשְׁבֹתֶיךָ אֵלֵינוּ אֵין עֲרֹךְ אֵלֶיךָ אַגִּידָה וַאֲדַבֵּרָה עָצְמוּ מִסַּפֵּר: (תהלים מ ו)

וגזר דינו של כל אחד ואחד מתחתם בראש השנה. אית תניי תני [א]כולהם נידונין בראש השנה וגזר דינו של כל אחד ואחד מתחתם ביום הכיפורים. אית תניי תני כולהם נידונין בראש השנה וגזר דינו של כל אחד ואחד מתחתם בזמנו. אית תניי תני כל אחד ואחד נידון בזמנו וגזר דינו של כל אחד ואחד מתחתם בזמנו. [ב]מתניתא כמאן דאמר כולהם נידונין בראש השנה וגזר דינו של כל אחד ואחד מתחתם בזמנו דתנינן ובחג נידונין על המים. מילתיה דרב אמרה כולהם נידונין בראש השנה וגזר דינו [א]של [כל] אחד [ואחד] מהן מתחתם [ב]בראש השנה. דתני [ג]בתקיעתא [ג]דרב [ד]זה היום תחילת מעשיך זכרון ליום ראשון [א]כי חוק לישראל הוא משפט לאלהי יעקב. [ה]ועל המדינות בו יאמר אי זו לחרב ואי זו לשלום אי זו לרעב ואי זו לשובע ובריות בו יפקדו להזכירם לחיים ולמות. ודלא כר' יוסה [ו]דר' יוסה אמר יחיד נידון בכל שעה. מה טעמא. [ב]ותפקדנו לבקרים לרגעים תבחננו. ותפקדנו לבקרים זו פרנסתו לרגעים תבחננו זו אכילתו. [ז]ר' יצחק [ד]רבה בשם רבי מלך וציבור [ה]נידונין בכל יום. מה טעמא. [ג]לעשות משפט עבדו ומשפט עמו ישראל דבר יום ביומו. אמר ר' לוי [ח][ד][ו][והוא] ישפוט תבל בצדק ידין לאומים במישרים הקדוש ברוך הוא דן את ישראל ביום בשעה שהן עסוקין במצות ואת האומות בלילה בשעה שהן [ז]בטילין מן [ח]העבירות. שמואל אמר [ט][ט]מי שהוא דן את ישראל הוא דן את האומות. מה מקיים שמואל ידין לאומים במישרים. דנן ככשירים שבהן מזכיר להם מעשה יתרו מזכיר להן מעשה רחב הזונה: ר' חייה בר בא בעי [י]תבואה שלקת בערב הפסח מאי זה דין לוקה. אין תימר משתא דעלת עד כדון לא עלת. אין תימר משתא דנפקת הכן הוות מורכה כל שתא מלקי כדון. אלו שמתים מראש השנה ועד יום הכיפורים מאי זה דין הם מתים. אין תימר משתא דעלת עד כדון לא עלת. אין תימר משתא דנפקא הכן הוון מורכין כל שתא ממות כדון. ולא שמיע [כ]דאמר ר' קרוספא בשם ר' יוחנן שלש פינקסיות הם אחת של צדיקים גמורין ואחת של רשעים גמורין ואחת של בינוניים. [א]זה של צדיקים גמורין כבר נטלו [י]איפופסי של חיים מראש השנה. זה של רשעים גמורין כבר נטלו איפופים שלהן מראש השנה. של בינוניים כבר ניתן להן [ל]עשרת ימי תשובה שבין ראש השנה ליום הכיפורים אם עשו תשובה נכתבין עם הצדיקים ואם לאו נכתבין עם הרשעים. מה טעמא. [ה][כ]ימחו מספר אילו הרשעים. חיים אלו הצדיקים. ועם צדיקים אל יכתבו אלו הבינוניים. ר' חנניה חברהון דרבנן בעי [מ]ואין הקדוש ברוך הוא רואה את הנולד. ולא שמיע דאמר ר' סימון בשם ר' יהושע בן לוי [מ]אין הקדוש ברוך הוא דן את האדם אלא בשעה שהוא עומד בה. מה טעמא.

קרבן העדה

גמ' מתחתם בזמנו. בפסח על התבואה וכו' כדקתני במתני': מתניתין כמאן דאמר וכו'. דמתני' אגמר דין קאי: דתנינן ובחג נידונין על המים. למה לי למימר עוד נידונין הא כבר תנא ליה רישא בד' פרקים העולם נידון, אלא לחלק מראש השנה שהזכיר לפני זה דאית ביה תרווייהו דין וגזר דין אבל בחג אינו אלא גמר דין, ואתי סיפא לגלויי רישא דכולהו בגמר דין איירי: ה"ג וגזר דין של כל אחד מהן: בתקיעיתא דרב. סדר מוסף שסידר רב. וקרי ליה תקיעיתא שבמוסף תוקעין: משפט לאלהי יעקב. היינו תחלת דין: איזו לחרב וכו'. היינו גזר דין. ורעב היינו גמר דין דתבואה ומים: ובריות בו יפקדו להזכירם לחיים וכו'. היינו גזר דין לאדם: ודלא כר' יוסה. מתני' וכולהו ברייתות דלעיל ורב דלא כר' יוסה: זו פרנסתו. דכתיב (שמות טז יב) בבקר תשבעו לחם: זו אכילתו. שאין לה קבע: מלך וציבור נידונין בכל יום. אף ע"ג דיחיד נידון בראש השנה, מלך וציבור אף לאחר גזר דין אם חזרו משתנה דינם בכל יום: וציבור. היינו דברים הכוללים, שלום ומלחמה רעב ושובע: מאי טעמא. כלומר מנא ליה: בשעה שהן עסוקין במצות. דרוב המצות עושין ביום, ומצות נקראין צדק: ה"ג בשעה שהן בטילין מעבירות. והיינו במישרים לפנים משורת הדין: ה"ג שמואל אמר בשעה שהוא דן וכו'. והכי פירושו, שדן ישראל ואומות יחד כדי שיהא ניכר זכותן של ישראל: דנן ככשרים שבהן. שהלכו במישור, וזה לתוכתן שהכשירים אע"פ שהיה להן כל טוב עזבו דרכם הרע והלכו במישור: מאיזה דין לוקה. מאימתי נידונית: אין תימר. משנה הנכנסת דהיינו מפסח דלמחר, הא עדיין לא בא: אין תימר. משנה שיצאה דהיינו בפסח שעבר, קשיא איך הוה מארכת כל השנה ולקי השתא, כלומר כיון שיצא האדם הזה חייב בפסח שעבר היה ראוי שילקה תבואתו שהיה לו בעת ההיא ולא ימתין עד השתא: מאיזה דין הם מתים. דסובר אדם נידון בראש השנה וגזר דינו נחתם ביום הכיפורים, וקשיא ליה אם גזר דינו יחתם למחר הא עדיין לא בא, ואם מיום הכיפורים שעבר קשיא מה לו להמתין עד לאחר ראש השנה היה ראוי שימות קודם ראש השנה, דהא כבר היה די לו בעבירותיו של שנה שעברה דהא כבר נחתם דינו ביום הכיפורים שעבר: ולא שמיע ליה. לר' חייה דמיבעיא ליה, הא דאמר ר' קרוספא וכו' דשל צדיקים ושל רשעים נחתם בראש השנה: פנקסיות. ספרים של זכרון מעשה הבריות: רשעים גמורים רובם עונות: בינונים. מחצה על מחצה: איפופסי. חותם של חיים: מאי טעמא. כמו מנא ליה: ואין הקב"ה רואה את הנולד. בתמיה, וכיון שהוא יודע מי יעשה תשובה בין ראש השנה ליום הכיפורים והוי ליה לדון את הבינונים ג"כ מיד מראש השנה: ולא שמיע. לרבי חנניה הא דאמר ר' סימון שאע"פ שהקב"ה יודע עתידות אין דן את האדם אלא לפי שעה שהוא עומד בה ולא על העתיד:

פני משה

ואית תניי תני וכו'. ומתניתא דידן אתיא כמאן דאמר כולהם נידונים בראש השנה וגזר דינו של כל אחד ואחד מתחתם בזמנו, דהא תנינן ובחג נידונין על המים, וזה ודאי קאי אגזר דין דמכאן ואילך תו ליכא זמן דין, ומיהו נידונים הם בראש השנה דדומיא דאינך קתני, וא"כ העולם נידון דרישא נמי אגזר דין קאי: מילתא דרב אמרה. ממילתיה שמעינן דסבירא ליה דהכל נידונין בראש השנה וגזר דין שלהם גם כן בראש השנה, שכך יסד בברכות דתקיעתא שהתקין רב ועל המדינות בו יאמר וכו', ויאמר משמע דהיום גוזרין שיהא כך, ולרעב ולשובע היינו על התבואה ועל הפירות וצרכי העולם: מה טעמא. דר' יוסי, דכתיב ותפקדנו לבקרים זה פרנסתו מבקר נפקד הוא על כל היום, ולרגעים תבחננו זו רגע ועת אכילתו שלא יארע לו שום קילקול בסעודה ויתחזק בריאות גופו: מי שהוא דן את ישראל. לאחר שהוא דן את ישראל דן את האומות באותו יום, ומה מקיים שמואל וכו', והיינו במישרים שבהן: תבואה שלקת בערב פסח. ולמחר דנין על התבואה ומאיזה דין לקה זו ביום שלפניו, וא"ת משתא דעלת שיכנס זה ודאי לא, דעד כאן לא נכנסה, ואם תאמר משתא דנפקת מפסח שעבר אכתי לא ניחא, דאם כן כל שתא הכין הוות מורבה, נתגדלה בלי שום קילקול, וכדון ביום ערב פסח דווקא מלקי היא, וזה דבר תימא אם נגזרה עליה משנה שעברה שלא יארע לה כלום עד כלות השנה. וכן קשה אלו שמתים מראש השנה ועד יום הכפורים מאיזה דין נגזר עליהם ומתים בזה הזמן דווקא: הכן הוון מורבין. מתגדלין והולכין בבריאות כל השנה, וממות כדון דוקא: ולא שמיע וכו'. וכי לא שמע ר' חייה בר בא להא דאמר ר' קרוספא בשם ר' יוחנן וכו', וא"כ מבני אדם לא קשה מידי שאלו ימים ניתנו שיחזרו בתשובה אם זכו ואם לא זכו וכו', וכל השנה

מסורת הש"ס

א) [ר"ה טז., תוספתא פ"א הי"ב, פסיקתא דר"כ כט, מדרש תהלים טז, מדרש אגדה ויקרא כג, פסיקתא זוטרתא ויקרא כג מ, ילקו"ש אמור תרנג] ב) [עי' ר"ה טז.] ג) [ע"ז פ"א ה"ב, ויקרא רבה כט א, פסיקתא דר"כ כג, ילקו"ש פנחס תשפב] ד) [ר"ה כז., פסיקתא רבתי מו] ה) [תנחומא (ורשא) האזינו ד] ו) [עי' ר"ה טז. ותוספתא פ"א הי"ב ומדרש תהלים עב וילקו"ש איוב תתקב וזהר חדש כד:] ז) [סנהדרין פ"ב ה"ג] ח) בר"ר נ ג [מדרש תהלים ט, פסיקתא רבתי מ] ילקו"ש וירא פד, בלק תשסח, תהלים תרמג] ט) [ר"ה ח: וילקו"ש מלכים קנב ותהלים תתלא ועי' פני משה] י) עי' ר"ה טז. כ) ר"ה טז: [פסיקתא דר"כ כה, פסיקתא זוטרתא בראשית כב יג, ילקו"ש כי תשא שנג, זכרי' תתפב, תהלים תתב, תיקו"ז כד: בשינוי] ל) [בכורים פ"ב ה"א, ר"ה יח., תנא דבי אליהו סוף פי"ח, פסקתא דר"כ כה] מ) ר"ה טז: [בראשית רבה נג יד, תנחומא (ורשא) וילא ה, מדרש תהלים ה, פסיקתא זוטרתא בראשית כא יז, זהר חיי שרה קכא:, זהר חדש לד., ילקו"ש וירא לד]

שירי קרבן

ולא שמיע ליה דאמר ר' קרוספא וכו'. וא"ת א"כ כל המתים בין ר"ה ליום הכיפורים נאמר דהן ח"ו רשעים, ומצינו כמה צדיקים שמתו בין ר"ה ליום הכיפורים. וי"ל לפעמים מיתת הצדיקים לטוב להם כדכתיב (ישעיהו נז א) מפני הרעה נאסף הצדיק, והיינו שלא יראה ברעה. אי נמי לא קשיא ליה אלא באותן שמתים מחמת החטא, אבל ודאי יש שמתים מפני שהגיע זמנם ליפטר מן העולם:

מראה הפנים

תבואה שלקה בערב הפסח מאיזה דין לוקה וכו'. הכא עיקר התמיה וכי היאך אפשר שנידונה לשעבר וכל השנה לא אירע בה שום מקרה עד סוף השנה דווקא ונשאר בתמיה, והתם (בבלי טז.) מדייק כל הני ארפתקאי דעברו עלה כל השנה אימת איתדון וכו', עד למימרא דתרי דיני מיתדיינא. ולענין תמיה דהכא י"ל ג"כ כעין זה דלשעבר נידונית כך שלא תלקה אלא בסוף ואל דעות ה' וגו' (שמואל-א ב ג):

עין משפט

א מיי' פ"ג מהלכות תשובה הלכה ג:

שינויי נוסחאות

א] של כל אחד ואחד. כ"ה בש"ג. בר"ח (טז.) הכל. בריטב"א (שם) שלהם. וראה בקה"ע:
ב] בראש השנה. בריטב"א (שם) ביום הכפורים:
ג] דרב. כ"ה גם בש"ג. בירושלמי ע"ז (פ"א ה"ב) ובר"ח ובריטב"א (שם) דבי רב:
ד] רבה. בש"ג רובה. בירושלמי סנהדרין (פ"ב ה"ג) ליתא:
ה] נידונין. בירושלמי סנהדרין (שם) נוסף לפניו:
ו] והוא. כ"ה במקרא ובש"ג:
ז] בטילין. בב"ר (וירא נ) ובמדרש תהלים (ט יא) ישינים:
ח] העבירות. בד"ק ובדפוסים המצות:
ט] מי שהוא. בש"ג משהו. בקה"ע הגיה משעה:
י] איפופסי. בש"ג איפופים כמו בסמוך. בכי"ל שלטה יד המגיה ואין לדעת מה היה במקור:
כ] ימחו מספר וכו'. כ"ה גם בבבלי (טז:) ובפסיקתא דר"כ (פיסקא כד). בילקו"ש (תהלים תתב) ימחו מספר חיים, זה ספרן של רשעים. ועם צדיקים, זה ספרן של צדיקים. אל יכתבו זה ספרן של בינונים:

תורה אור השלם

א) כִּי חֹק לְיִשְׂרָאֵל הוּא מִשְׁפָּט לֵאלֹהֵי יַעֲקֹב: (תהלים פא ה)
ב) וַתִּפְקְדֶנּוּ לִבְקָרִים לִרְגָעִים תִּבְחָנֶנּוּ: (איוב ז יח)
ג) וְיִהְיוּ דְבָרַי אֵלֶּה אֲשֶׁר הִתְחַנַּנְתִּי לִפְנֵי יְהֹוָה קְרֹבִים אֶל יְהֹוָה אֱלֹהֵינוּ יוֹמָם וָלָיְלָה לַעֲשׂוֹת מִשְׁפַּט עַבְדּוֹ וּמִשְׁפַּט עַמּוֹ יִשְׂרָאֵל דְּבַר יוֹם בְּיוֹמוֹ: (מלכים-א ח נט)
ד) וְהוּא יִשְׁפֹּט תֵּבֵל בְּצֶדֶק יָדִין לְאֻמִּים בְּמֵישָׁרִים: (תהלים ט ט)
ה) יִמָּחוּ מִסֵּפֶר חַיִּים וְעִם צַדִּיקִים אַל יִכָּתֵבוּ: (תהלים סט כט)

גליון הש"ס

מי שהוא דן את ישראל וכו'. נ"ל משהוא דן, והיינו משהוא דן את ישראל אחר כך דן את האומות וכדאמרו בבלי ר"ה דף ח' ע"ב, וזו הוא שאמר מה מקיים ידין לאומים במישרים, הא לאו טיבותא הוא כדאמרו בש"ס שם, ומשני דנן בכשרים וכו', והקרבן העדה והיפה מראה נדחקו בזה:

The Gemara gives a Scriptural source for the existence of these three ledgers:

מַה טַעְמָא – What is the source? „יִמָּחוּ מִסֵּפֶר" אֵילּוּ הָרְשָׁעִים – Scripture states:[29] ***May they be erased from the Book*** – **this refers to** the book of **the wicked;** „חַיִּים" אֵלּוּ הַצַּדִּיקִים – ***Life*** – **this refers to** the book of **the righteous;** „וְעִם צַדִּיקִים אַל־יִכָּתֵבוּ" אֵלּוּ הַבֵּינוֹנִיִּים – ***and with the righteous let them not be inscribed*** – **this refers to** the book of **the intermediate people.**[30]

The Gemara questions R' Keruspa's statement that God waits until Yom Kippur to decide the fate of the intermediate people:

רַבִּי חֲנַנְיָה חַבְרְהוֹן דְּרַבָּנָן בָּעֵי – **R' Chananyah, the colleague of the Rabbis,**[31] **asked:** וְאֵין הַקָּדוֹשׁ בָּרוּךְ הוּא רוֹאֶה אֶת הַנּוֹלָד – **Does the Holy One, blessed is He, not see the future?** Already, on Rosh Hashanah, God knows whether or not each intermediate person will repent by Yom Kippur. Why, then, does He not seal their decrees on Rosh Hashanah?[32]

The Gemara responds to R' Chananyah's question:

וְלָא שְׁמִיעַ דַּאֲמַר רַבִּי סִימוֹן בְּשֵׁם רַבִּי יְהוֹשֻׁעַ בֶּן לֵוִי – **Did he not hear that which R' Simon said in the name of R' Yehoshua ben Levi?** אֵין הַקָּדוֹשׁ בָּרוּךְ הוּא דָּן אֶת הָאָדָם אֶלָּא בְּשָׁעָה שֶׁהוּא עוֹמֵד בָּהּ – **The Holy One, blessed is He, judges man only** according to his position **at the present moment.** Although God knows whether one will repent by Yom Kippur, He does not take that information into account on Rosh Hashanah, but judges each person solely in accordance with his current status. מַה טַעְמָא – **What is the** Scriptural **source?**

NOTES

an unfavorable sentence. Thus, both the thoroughly righteous man who has not a single sin to his name and the thoroughly wicked man who has worshiped idols, committed adultery, and murdered all his life, but has performed one good deed for which God's system of compensation dictates that he be rewarded in this world, are herein called צַדִּיקִים, for they have emerged "righteous" in judgment. Similarly, both the thoroughly wicked man who never performed a single good deed and the righteous man who has fulfilled the entire Torah but has committed one sin for which God has decreed for him death in this world, such as Moses on the Rosh Hashanah of the year in which he died, are herein called רְשָׁעִים. (Such a usage of the terms צַדִּיק and רָשָׁע is found in *Deuteronomy* 25:1: כִּי־יִהְיֶה רִיב בֵּין אֲנָשִׁים וְנִגְּשׁוּ אֶל־הַמִּשְׁפָּט וּשְׁפָטוּם וְהִצְדִּיקוּ אֶת־הַצַּדִּיק וְהִרְשִׁיעוּ אֶת־הָרָשָׁע, *If there be a dispute between people, and they approach the court and they judge them, and they vindicate the righteous one and find the wicked one guilty.* The winner of the case may, in the total picture, be a wicked man, and the loser a saint. They are referred to as צַדִּיק and רָשָׁע only in reference to the case at hand.) According to this approach, the term בֵּינוֹנִי refers to one whose judgment as of Rosh Hashanah is still undecided.

The sense of R' Keruspa's statement thus is that those about whom God has unequivocally decided that they will merit a good year are immediately inscribed for good, those about whom He has decided unequivocally that they will merit a bad year are immediately inscribed for bad, and those whose case is unclear are deferred for a verdict until Yom Kippur (*Ramban*, in his *Derashah LeRosh Hashanah* [*MHK* ed. of *Kisvei Ramban* Vol. 1, p. 225], and *Shaar HaGemul* [Vol. 2, pp. 264-5]; *Ran* on *Rif* folio 3b ד"ה צדיקים).

Accordingly, one who died during the days between Rosh Hashanah and Yom Kippur is not necessarily a wicked person; rather, he is someone who, for whatever reason, was sentenced to death on Rosh Hashanah.

Other Rishonim also address the obvious difficulty with R' Keruspa's teaching and give various explanations. See Variant B.

29. *Psalms* 69:29. Referring to his enemies, David requested: *May they be erased from the Book of Life, and with the righteous let them not be inscribed.*

30. King David prayed that his enemies not survive to Rosh Hashanah to be inscribed in *any* of the three books (*Tos. Rid* to *Bavli* 17a; cf. *Pnei Yehoshua, Aruch LaNer, Sfas Emes* ibid.).

31. He was thus called, because R' Chanayah himself was never ordained to be a Rabbi (*Toldos Tannaim V'Amoraim;* see *Bavli Sanhedrin* 14a).

32. Since God surely knows who will repent and who will not, why does He not finalize the judgment immediately on Rosh Hashanah? Those who will repent would be inscribed with the righteous, and those who will not repent will be inscribed with the wicked (*Yefeh Mareh*).

TEXTUAL AND INTERPRETIVE VARIANTS

B. The Rishonim suggest several ways in which to reconcile R' Keruspa's teaching with the reality of the suffering of righteous and the prospering of the wicked.

(1) **The view of *Ramban.*** In note 25, we cited *Ramban's* explanation that R' Keruspa does not use the terms צַדִּיק and רָשָׁע in their usual sense of righteous and wicked, but in the sense of one who emerges from the judgment with a favorable sentence (possibly for a single good deed) and one who emerges with an unfavorable sentence (possibly for a single transgression). See there for elaboration.

(2) **The view of *Raavad.*** Raavad (*Hil. Teshuvah* 3:2) asserts that "life" and "death" in R' Keruspa's statement do not necessarily signify life and death in the current year. Rather, every person is born into this world with an allotted life span, longer for some and shorter for others. Each Rosh Hashanah, this allotment comes up for review. The righteous have their allotments retained (when we see the righteous die young, it is because their allotted life spans were brief to begin with), while the life spans of the wicked are curtailed (although they may live quite long due to a long original allotment).

(3) **The view of *Tosafos.*** According to *Tosafos* the terms "life" and "death" used by R' Keruspa refer not to life and death in this world but to life and death in the World to Come. Based on whether a person's merits or sins are in the majority (see *Bavli* 17b, which teaches that this is the determinant of whether one is considered a צַדִּיק or a רָשָׁע; cf. *Sefer HaChinuch* §311), God decides on Rosh Hashanah whether that person will merit the World to Come ("live") or be deprived of a share therein ("die"). Although a final determination of this matter is clearly impossible until the end of a person's life, it is necessary for God to rule on the person's status *as of each Rosh Hashanah* in order to decide what type of a year to decree for him in this world. Often, a righteous person, who, as matters stand now, deserves to enter the World to Come, will be sentenced to a year of suffering in this world in order to atone for the few sins he has committed, thereby allowing him upon death to enter the bliss of the Afterlife without undergoing any preparatory purging in Gehinnom. Conversely, a wicked man may be granted a year of contentment in this life in reward for his few good deeds in order to deprive him utterly of any share in the World to Come (*Tosafos* 16b ד"ה ונחתמין, *Tos. HaRosh* ibid.). The great Kabbalists (*Shaarei Orah, Asarah Maamaros*) as well as the Vilna Gaon (to *Orach Chaim* 582:9) strongly support this view.

However, it is difficult to reconcile this approach with *Yerushalmi* here, which clearly sets R' Keruspa's teaching in the context of life and death in *this* world (*Yefeh Mareh*).

Other explanations are proposed by *Sefer HaChinuch* §311; *Pnei Yehoshua* to 16b; *Maharal, Chidushei Aggados* ibid. ד"ה אך עיקר הפירוש; and *Yefeh Mareh.* For analysis of the views, see *Yefeh Mareh, Sichos Chochmah U'Mussar* by *R' David Kronglas,* and *Sifsei Chaim* by *R' Chaim Friedlander,* 5754 edition, pp. 102-9.

וגזר דינו של כל אחד ואחד מתחתם בראש השנה. אית תניי תני [א]כולהם נידונין בראש השנה וגזר דינו של כל אחד ואחד מתחתם ביום הכיפורים. אית תניי תני כולהם נידונין בראש השנה וגזר דינו של כל אחד ואחד מתחתם בזמנו. אית תניי תני כל אחד ואחד נידון בזמנו וגזר דינו של כל אחד ואחד מתחתם בזמנו. [ב]מתניתא כמאן דאמר כולהם נידונין בראש השנה וגזר דינו של כל אחד ואחד מתחתם בזמנו דתנינן ובחג נידונין על המים. מילתיה דרב אמרה כולהם נידונין בראש השנה וגזר דינו [א]של [כל] אחד [ואחד] מהן מתחתם [ב]בראש השנה. דתני [ג]בתקיעתא [ג]דרב [ד]זה היום תחילת מעשיך זכרון ליום ראשון [א]כי חוק לישראל הוא משפט לאלהי יעקב. [ה]ועל המדינות בו יאמר אי זו לחרב ואי זו לשלום אי זו לרעב ואי זו לשובע ובריות בו יפקדו להזכירם לחיים ולמות. ודלא כר' יוסה [ו]דר' יוסה אמר יחיד נידון בכל שעה. מה טעמא. [ב]ותפקדנו לבקרים לרגעים תבחננו. ותפקדנו לבקרים זו פרנסתו לרגעים תבחננו זו אכילתו. [ז]ר' יצחק [ד]רבה בשם רבי מלך וציבור [ה]נידונין בכל יום. מה טעמא. [ג]לעשות משפט עבדו ומשפט עמו ישראל דבר יום ביומו. אמר ר' לוי [ח][ד][ו][והוא] ישפוט תבל בצדק ידין לאומים במישרים הקדוש ברוך הוא דן את ישראל ביום בשעה שהן עסוקין במצות ואת האומות בלילה בשעה שהן [ז]בטילין מן [ח]העבירות. שמואל אמר [ט][ט]מי שהוא דן את ישראל הוא דן את האומות. מה מקיים שמואל ידין לאומים במישרים. דנן ככשירים שבהן מזכיר להם מעשה יתרו מזכיר להן מעשה רחב הזונה: ר' חייה בר בא בעי [י]תבואה שלקת בערב הפסח מאי זה דין לוקה. אין תימר משתא דעלת עד כדון לא עלת. אין תימר משתא דנפקת הכן הוות מורכה כל שתא מלקי כדון. אלו שמתים מראש השנה ועד יום הכיפורים מאי זה דין הם מתים. אין תימר משתא דעלת עד כדון לא עלת. אין תימר משתא דנפקא הכן הוון מורכין כל שתא ממות כדון. ולא שמיע [כ]דאמר ר' קרוספא בשם ר' יוחנן שלש פינקסיות הם אחת של צדיקים גמורין ואחת של רשעים גמורין ואחת של בינוניים. [א]זה של צדיקים גמורין כבר נטלו [י]איפופסי של חיים מראש השנה. זה של רשעים גמורין כבר נטלו איפופים שלהן מראש השנה. של בינוניים כבר ניתן להן [ל]עשרת ימי תשובה שבין ראש השנה ליום הכיפורים אם עשו תשובה נכתבין עם הצדיקים ואם לאו נכתבין עם הרשעים. מה טעמא. [ה][כ]ימחו מספר אילו הרשעים. חיים אלו הצדיקים. ועם צדיקים אל

ז: יכתבו אלו הבינוניים. ר' חנניה חברהון דרבנן בעי [מ]ואין הקדוש ברוך הוא רואה את הנולד. ולא שמיע דאמר ר' סימון בשם ר' יהושע בן לוי [מ]אין הקדוש ברוך הוא דן את האדם אלא בשעה שהוא עומד בה. מה טעמא.

קרבן העדה

גמ' מתחתם בזמנו. בפסח על התבואה וכו' כדקתני במתני': **מתניתין כמאן דאמר וכו'.** דמתני' אגמר דין קאי: **דתנינן ובחג נידונין על המים.** למה לי למימר עוד נידונין הא כבר תנא ליה רישא בד' פרקים העולם נידון, אלא לחלק מראש השנה שהזכיר לפני זה דאית ביה תרווייהו דין וגזר דין אבל בחג אינו אלא גמר דין, ואתי סיפא לגלויי רישא דכולהו בגמר דין איירי: ה"ג **וגזר דינו של כל אחד מהן: בתקיעתא דרב.** סדר מוסף שסידר רב. וקרי ליה תקיעתא שבמוסף תוקעין: **משפט לאלהי יעקב.** היינו תחלת דין: **איזו לחרב וכו'.** היינו גזר דין. ורעב היינו גמר דין לתבואה ומים: **ובריות בו יפקדו להזכירם לחיים וכו'.** היינו גזר דין לאדם: **ודלא כר' יוסה.** מתני' וכולהו ברייתות דלעיל ורב דלא כר' יוסה: **זו פרנסתו.** דכתיב (שמות טז יב) בבקר תשבעו לחם: **זו אכילתו.** שאין לה קבע: **מלך וציבור נידונין בכל יום.** אף ע"ג דיחיד נידון בראש השנה, מלך וציבור אף לאחר גזר דין אם חזרו משתנה דינם בכל יום: **וציבור.** היינו דברים הכוללים, שלום ומלחמה רעב ושובע: **מאי טעמא.** כלומר מנא ליה: **בשעה שהן עסוקין במצות.** דרוב המצות עושין ביום, ומצות נקראין צדק: ה"ג **בשעה שהן בטילין מעבירות.** והיינו במישרים לפנים משורת הדין: ה"ג **שמואל אמר בשעה שהוא דן וכו'.** והכי פירושו, שדן ישראל ואומות יחד כדי שיהא ניכר זכותן של ישראל: **דנן בכשרים שבהן.** שהלכו במישור, וזה לחובתן שהכשירים אע"פ שהיה להן כל טוב עזבו דרכם הרע והלכו במישור: **מאיזה דין לוקה.** מאימתי נידונית: **אין תימר.** משנה הנכנסת דהיינו מפסח דלמחר, הא עדיין לא בא: **אין תימר.** משנה שיצאה דהיינו בפסח שעבר, קשיא איך הוה מארכת כל השנה ולקי השתא, כלומר כיון שיצא האדם הזה חייב בפסח שעבר היה ראוי שילקה תבואתו שהיה לו בעת ההיא ולא ימתין עד השתא: **מאיזה דין הם מתים.** דסובר אדם נידון בראש השנה וגזר דינו נחתם ביום הכיפורים, וקשיא ליה אם גזר דינו יחתם למחר הא עדיין לא בא, ואם מיום הכיפורים שעבר קשיא מה לו להמתין עד לאחר ראש השנה היה ראוי שימות קודם ראש השנה, דהא כבר היה די לו בעבירותיו של שנה שעברה דהא כבר נתחתם דינו ביום הכיפורים שעבר: **ולא שמיע ליה.** לר' חייה למיבעיא ליה, הא דאמר ר' קרוספא וכו' דשל צדיקים ושל רשעים נחתם בראש השנה: **פנקסיות.** ספרים של זכרון מעשה הבריות: **רשעים גמורים** רובם עונות: **בינונים.** מחצה על מחצה: **איפופסי.** חותם של חיים: **מאי טעמא.** כמו מנא ליה: **ואין הקב"ה רואה את הנולד.** בתמיה, וכיון שהוא יודע מי יעשה תשובה בין ראש השנה ליום הכיפורים והוי ליה לדון את הבינונים ג"כ מיד מראש השנה: **ולא שמיע.** לרבי חנניה הא דאמר ר' סימון שאע"פ שהקב"ה יודע עתידות אין דן את האדם אלא לפי שעה שהוא עומד בה ולא על העתיד:

פני משה

ואית תניי תני וכו'. ומתניתא דידן אתיא כמאן דאמר כולהם נידונים בראש השנה וגזר דינו של כל אחד ואחד מתחתם בזמנו, דהא תנינן ובחג נידונין על המים, וזה ודאי קאי אגזר דין דמכאן ואילך תו ליכא זמן דין, ומיהו נידונים הם בראש השנה דדומיא דאיך קתני, וא"כ העולם נידון דרישא נמי אגזר דין קאי: **מילתא דרב אמרה.** ממילתיה שמעינן דסבירא ליה דהכל נידונין בראש השנה וגזר דין שלהם גם כן בראש השנה, שכך יסד בברכות דתקיעתא שהתקין רב ועל המדינות בו יאמר וכו', ויאמר משמע דהיום גוזרין שיהא כך, ולרעב ולשובע היינו על התבואה ועל הפירות וצרכי העולם: **מה טעמא.** דר' יוסי, דכתיב ותפקדנו לבקרים זה פרנסתו מבקר נפקד הוא על כל היום, ולרגעים תבחננו זו רגע ועת אכילתו שלא יארע לו שום קילקול בסעודה ויתחזק בריאות גופו: **מי שהוא דן את ישראל.** לאחר שהוא דן את ישראל דן את האומות באותו יום, ומה מקיים שמואל וכו', והיינו במישרים שבהן: **תבואה שלקת בערב פסח.** ולמחר דנין על התבואה ומאיזה דין לקה זו ביום שלפניו, וא"ת משתא דעלת שיכנס זה ודאי לא, דעד כאן לא נכנסה, ואם תאמר משתא דנפקת מפסח שעבר אכתי לא ניחא, דאם כן כל שתא הכין הוות מורכה, נתגדלה בלי שום קילקול, וכדון ביום ערב פסח דווקא מלקי היא, וזה דבר תימא אם נגזרה עליה משנה שעברה שלא יארע לה כלום עד כלות השנה. וכן קשה אלו שמתים מראש השנה ועד יום הכפורים מאיזה דין נגזר עליהם ומתים בזה הזמן דווקא: **הכן הוון מורבין.** מתגדלין והולכין בבריאות כל השנה, וממות כדון דוקא: **ולא שמיע וכו'.** וכי לא שמע ר' חייה בר בא להא דאמר ר' קרוספא בשם ר' יוחנן וכו', וא"כ מבני אדם לא קשה מידי שאלו ימים ניתנו שיחזרו בתשובה אם זכו ואם לא זכו וכו', וכל השנה

מסורת הש"ס

[א] [ר"ה טז., תוספתא פ"א ה"ב, פסיקתא דר"כ כט, מדרש תהלים טז, מדרש אגדה ויקרא כג, פסיקתא זוטרתא ויקרא כג מ, ילקו"ש אמור תרנג] [ב] [עי' ר"ה טז.] [ג] [ע"ז פ"א ה"ב, ויקרא רבה כט א, פסיקתא דר"כ כג, ילקו"ש פנחס תשפב] [ד] [ר"ה כז., פסיקתא רבתי מו] [ה] [תנחומא (ורשא) האזינו ד] [ו] [עי' ר"ה טז. ותוספתא פ"א הי"ג ומדרש תהלים עב וילקו"ש איוב תתקב וזהר חדש כד:] [ז] [סנהדרין פ"ב ה"ג] [ח] בר"ר נ ג [מדרש תהלים ט, פסיקתא רבתי מ] ילקו"ש וירא פד, בלק תשסח, תהלים תרמג] [ט] [ר"ה ח: וילקו"ש מלכים קצב ותהלים תתלא ועי' פני משה] [י] עי' ר"ה טז. [כ] ר"ה טז: [פסיקתא דר"כ כה, פסיקתא זוטרתא בראשית כב יג, ילקו"ש כי תשא שצג, זכרי' תתפב, תהלים תתב, תיקו"ז נד: בשינוי] [ל] [בכורים פ"ב ה"א, ר"ה יח., תנא דבי אליהו סוף פי"ח, פסקתא דר"כ כה] [מ] ר"ה טז: [בראשית רבה נג יד, תנחומא (ורשא) וירא ה, מדרש תהלים ה, פסיקתא זוטרתא בראשית כא יז, זהר חיי שרה קכא., זהר חדש לד., ילקו"ש וירא לד]

שירי קרבן

ולא שמיע ליה דאמר ר' קרוספא וכו'. וא"ת א"כ כל המתים בין ר"ה ליום הכיפורים נאמר דהן ח"ו רשעים, ומצינו כמה צדיקים שמתו בין ר"ה ליום הכיפורים. וי"ל לפעמים מיתת הצדיקים לטוב להם כדכתיב (ישעיהו נז א) מפני הרעה נאסף הצדיק, והיינו שלא יראה ברעה. אי נמי לא קשיא ליה אלא באותן שמתים מחמת החטא, אבל ודאי יש שמתים מפני שהגיע זמנם ליפטר מן העולם:

מראה הפנים

תבואה שלקה בערב הפסח מאיזה דין לוקה וכו'. הכא עיקר התמיה וכי היאך אפשר שנידונה לשעבר וכל השנה לא אירע בה שום מקרה עד סוף השנה דווקא ונשאר בתמיה, והתם (בבלי טז.) מדייק כל הני ארפתקאי דעברו עלה כל השנה אימת איתדון וכו', עד למימרא דתרי דיני מיתדיינא. ולענין תמיה דהכא י"ל ג"כ כעין זה דלשעבר נידונית כך שלא תלקה אלא בסוף ואל דעות ה' וגו' (שמואל-א ב ג):

עין משפט

א מיי' פ"ג מהלכות תשובה הלכה ג:

שינויי נוסחאות

א] **של כל אחד ואחד.** כ"ה בש"ג. בר"ח (טז.) **הכל.** בריטב"א (שם) **שלהם.** וראה בקה"ע:

ב] **בראש השנה.** בריטב"א (שם) **ביום הכפורים:**

ג] **דרב.** כ"ה גם בש"ג. בירושלמי ע"ז (פ"א ה"ב) ובר"ח ובריטב"א (שם) **דבי רב:**

ד] **רבה.** בש"ג **רובה.** בירושלמי סנהדרין (פ"ב ה"ג) **ליתא:**

ה] **נידונין.** בירושלמי סנהדרין (שם) נוסף **לפניו:**

ו] **והוא.** כ"ה במקרא ובש"ג:

ז] **בטילין.** בב"ר (וירא נ) ובמדרש תהלים (ט יא) **ישינים:**

ח] **העבירות.** בד"ק ובדפוסים **המצות:**

ט] **מי שהוא.** בש"ג **משהו.** בקה"ע הגיה **משעה:**

י] **איפופסי.** בש"ג **איפופים** כמו בסמוך. בכי"ל שלטה יד המגיה ואין לדעת מה היה במקור:

כ] **ימחו מספר וכו'.** כ"ה גם בבבלי (טז:) ובפסיקתא דר"כ (פיסקא כד). בילקו"ש (תהלים תתב) ימחו מספר **חיים,** זה ספרן של רשעים. **ועם צדיקים,** זה ספרן של צדיקים. אל יכתבו **זה ספרן של** בינונים:

תורה אור השלם

א) כִּי חֹק לְיִשְׂרָאֵל הוּא מִשְׁפָּט לֵאלֹהֵי יַעֲקֹב: (תהלים פא ה)

ב) וַתִּפְקְדֶנּוּ לִבְקָרִים לִרְגָעִים תִּבְחָנֶנּוּ: (איוב ז יח)

ג) וְיִהְיוּ דְבָרַי אֵלֶּה אֲשֶׁר הִתְחַנַּנְתִּי לִפְנֵי יְהוָה קְרֹבִים אֶל יְהוָה אֱלֹהֵינוּ יוֹמָם וָלָיְלָה לַעֲשׂוֹת מִשְׁפַּט עַבְדּוֹ וּמִשְׁפַּט עַמּוֹ יִשְׂרָאֵל דְּבַר יוֹם בְּיוֹמוֹ: (מלכים-א ח נט)

ד) וְהוּא יִשְׁפֹּט תֵּבֵל בְּצֶדֶק יָדִין לְאֻמִּים בְּמֵישָׁרִים: (תהלים ט ט)

ה) יִמָּחוּ מִסֵּפֶר חַיִּים וְעִם צַדִּיקִים אַל יִכָּתֵבוּ: (תהלים סט כט)

גליון הש"ס

מי שהוא דן את ישראל וכו'. נ"ל משהוא דן, והיינו משהוא דן את ישראל אחר כך דן את האומות וכדאמרו בבלי ר"ה דף ח' ע"ב, וזו הוא שאמר מה מקיים ידין לאומים במישרים, הא לאו טיבותא הוא כדאמרו בש"ס שם, ומשני דנן בכשרים וכו', והקרבן העדה והיפה מראה נדחקו בזה:

The Gemara discusses the Mishnah's statement that on Pesach the world is judged for grain:

רַבִּי חִיָּיה בַּר בָּא בָּעֵי – **R' Chiyah bar Ba inquired:** תְּבוּאָה שֶׁלָּקַת בְּעֶרֶב הַפֶּסַח – **Grain that was stricken on the eve of Pesach,** מֵאֵי זֶה דִּין לוֹקָה – **as a result of which** year's **judgment was it stricken?** אִין תֵּימַר מִשַּׁתָּא דְעָלַת – **If you say** that it resulted **from** the judgment of **the incoming year,**[20] that is impossible, עַד כְּדוֹן לָא עָלַת – because **[that year] did not yet begin!** אִין תֵּימַר מִשַּׁתָּא דִנְפָקַת – **If you say** that it resulted **from** the judgment of **the past year,** הָכֵן הֲוַות מוֹרְכָה כָּל שַׁתָּא מִלְּקֵי כְּדוֹן – **how can it be that [the grain] lasted all year** and **was stricken** only **now?**[21]

R' Chiyah bar Ba asks a similar question regarding the judgment of man:

אֵלּוּ שֶׁמֵּתִים מֵרֹאשׁ הַשָּׁנָה וְעַד יוֹם הַכִּיפּוּרִים – **Those who die** in the days **between Rosh Hashanah and Yom Kippur,** מֵאֵי זֶה דִּין הֵם מֵתִים – **as a result of which** year's **judgment did they die?** אִין תֵּימַר מִשַּׁתָּא דְעָלַת – **If you say** that their death resulted **from** the judgment of **the incoming year,** that is impossible, עַד כַּדוֹן לָא עָלַת – because **[that year] did not yet begin!**[22] אִין תֵּימַר מִשַּׁתָּא דְנָפְקָא – **If you say** that **it** resulted **from** the judgment of **the past year,** הָכֵן הֲווֹן מוֹרְכִין כָּל שַׁתָּא מִמָּוֶת כְּדוֹן – **how can it be that they were spared from death all year** and died only **now?**[23]

The Gemara responds to R' Chiyah bar Ba's second question:[24]

וְלָא שְׁמִיעַ דְּאָמַר רַבִּי קְרוּסְפָּא בְּשֵׁם רַבִּי יוֹחָנָן – **Did he not hear that which R' Keruspa said in the name of R' Yochanan?** שָׁלֹשׁ פִּינְקָסִיּוֹת הֵם – **There are three ledgers**[25] open before God on Rosh Hashanah: אַחַת שֶׁל צַדִּיקִים גְּמוּרִין – **one of the completely righteous,** וְאַחַת שֶׁל רְשָׁעִים גְּמוּרִין – **one of the completely wicked,**[26] וְאַחַת שֶׁל בֵּינוֹנִיִּים – **and one of the intermediate people.** זֶה שֶׁל צַדִּיקִים גְּמוּרִין כְּבָר נָטְלוּ אִיפּוֹפְסִי שֶׁל חַיִּים מֵרֹאשׁ הַשָּׁנָה – Those whose names are inscribed in **this** ledger **of the completely righteous already received a sentence of life on Rosh Hashanah,** זֶה שֶׁל רְשָׁעִים גְּמוּרִין כְּבָר נָטְלוּ אִיפּוֹפִיס שֶׁלָּהֶן מֵרֹאשׁ הַשָּׁנָה – those whose names are inscribed in **this** ledger **of the completely wicked already received their sentence** of death **on Rosh Hashanah,** שֶׁל בֵּינוֹנִיִּים – and as for those whose names are recorded in **this** ledger **of intermediate people,** כְּבָר נִיתַּן לָהֶן עֲשֶׂרֶת יְמֵי תְשׁוּבָה שֶׁבֵּין רֹאשׁ הַשָּׁנָה לְיוֹם הַכִּיפּוּרִים – **the Ten Days of Repentance between Rosh Hashanah and Yom Kippur were already given to them** for repentance. אִם עָשׂוּ תְּשׁוּבָה – **If they repent** in that time, נִכְתָּבִין עִם הַצַּדִּיקִים – **they are inscribed with the righteous;** וְאִם לַאו – **and if** they do **not** repent, נִכְתָּבִין עִם הָרְשָׁעִים – **they are inscribed with the wicked.**[27] According to this teaching, it is possible that those who die between Rosh Hashanah and Yom Kippur were sentenced to death on that very Rosh Hashanah. Thus, R' Chiyah bar Ba, who was at a loss to explain when their sentence was decided, must have been unaware of this teaching.[28]

NOTES

see *Rashi* on v. 5). Rachav was a harlot in Jericho at the time of Joshua's conquest of the city. *Joshua* Ch. 2 relates how Joshua sent two spies to reconnoiter Jericho. Rachav, because she feared God, took the bold steps of hiding them and helping them escape. She subsequently converted to Judaism.

20. I.e. the judgment that is to take place on the next day, the first of Pesach.

21. If Heaven decreed one year earlier that the grain will not grow properly, the decree should have been executed then. It seems unreasonable that the grain would grow successfully and remain unharmed until nearly one year after the decree (*Yefeh Mareh, Korban HaEidah, Mareh HaPanim, Beur of R' Chaim Kanievski*).

22. R' Chiyah bar Ba holds that man is judged on Rosh Hashanah and his sentence is sealed on Yom Kippur. Thus, if someone died shortly before Yom Kippur, his death could not have been decreed in the judgment of the incoming year, because the sentence for that year has not yet been sealed (*Korban HaEidah*).

23. Since his death was decreed on the previous Yom Kippur, he should have died before Rosh Hashanah [which is the end of the year for the implementation of one's sentence] (*Korban HaEidah*).

In his first question, R' Chiyah bar Ba said that the grain was stricken on the day before Pesach, but in his second question, he did not say that the person died on the day before Rosh Hashanah. The reason for this difference is as follows: If it is decreed that grain will be stricken, there is no purpose in letting it grow normally the entire season only to be destroyed on the very last day. But in the case of man, it is understandable that he should be allowed to live until the end of the year, since there is value in every moment of life. R' Chiyah bar Ba asks only why people would die *after* the time that was apparently granted them in the previous year's judgment (*Beur of R' Chaim Kanievski;* cf. *Yefeh Mareh*).

[*Yefeh Mareh* asks: The first question of R' Chiyah bar Ba assumes that the judgment for grain occurs on Pesach, and his second question is based on the premise that man is judged on Rosh Hashanah and his decree sealed on Yom Kippur (see previous note). Of all the Tannaic views cited above, not one adopts both of these positions. (The Tanna who said that man's decree is sealed on Yom Kippur maintains that the decree for grain is also sealed then, rather than on Pesach.) *Yefeh Mareh* answers that R' Chiyah bar Ba follows a Tannaic opinion that is not mentioned in the Gemara here, but is found in *Bavli* 16a. The Gemara there cites a Baraisa of the school of R' Yishmael, which states that the judgment (both verdict and sentence) for grain, fruit, and water is decided on the respective festivals, but the verdict of man is reached on Rosh Hashanah and his decree is sealed on Yom Kippur (*Yefeh Mareh*). This is how *Bavli* understands the Mishnah (see above, Variant A).]

24. R' Chiyah bar Ba's first question remains unanswered (*Yefeh Mareh;* see, however, *Mareh HaPanim*).

25. The "three ledgers" are merely a metaphor to convey in human terms God's meticulous accounting and recall. Omniscient God needs no record books to help Him keep track of anything (*Sefer HaChinuch* §311).

26. The definitions of the terms "completely righteous" and "completely wicked" are the subject of dispute. See *Ramban* cited in note 29 and *Tosafos* cited in Variant B.

27. If they repent by Yom Kippur, they are sealed for life; if not, they are sealed for death (*Rambam, Hil. Teshuvah* 3:3).

Bavli 16b does not specify that they *repent;* rather, it simply says זָכוּ, *[if] they merit [it],* which seems to mean that any mitzvah they do in this period can tip the balance in their favor (see *Ritva* ibid. ד״ה ומה שנאמר in the name of *Tosafos;* see at length *Kochvei Or* [*R' Yitzchak Blaser*] §5 and *Mishnas Rav Aharon* [*R' Aharon Kotler*] Vol. 2, pp. 179-80; see also *Sichos Mussar* [*R' Chaim Shmulevitz*] 5732:1).

28. On the surface, R' Keruspa's teaching seems straightforward. On Rosh Hashanah, the righteous are granted a year of life and the wicked are sentenced to die, while those in between have their decision deferred until Yom Kippur, at which time they too are placed into one of the above two categories. The Gemara infers from this teaching that people who die between Rosh Hashanah and Yom Kippur must have been among the wicked, who were sentenced on Rosh Hashanah to death (*Yefeh Mareh*).

The problem, of course — and one with which virtually all the commentators deal — is that this simplistic view of things flies in the face of reality. Even if we assume, as many Rishonim do, that "life" in R' Keruspa's statement includes not only length of days but also all of life's other blessings, such as health, financial security, and contentment, while "death" also encompasses sickness, poverty, and strife, R' Keruspa would be saying that on Rosh Hashanah righteous people are inscribed for a year of bliss while the wicked are sentenced to suffering. But is this always the case? Do the righteous all live long blissful lives, and do the wicked all suffer and die young? Even the Prophets, in numerous places, commented, or even complained to God, about the seeming injustice of the wicked prospering and the righteous undergoing suffering; for example (*Ecclesiastes* 7:15): *Sometimes a righteous man perishes for all his righteousness, and sometimes a wicked man endures for all his wickedness,* and (*Jeremiah* 12:1): *Why does the way of the wicked prosper*?

Some Rishonim answer that the terms צַדִּיק and רָשָׁע mentioned by R' Keruspa do not refer to the person's standing as determined by his record of merits and sins. Rather, צַדִּיק means someone who, for whatever the reason may be, emerges from the judgment with a favorable sentence, while רָשָׁע means someone who, again for whatever reason, emerges with

וגזר דינו של כל אחד ואחד מתחתם בראש השנה. אית תניי תני כולהם נידונין בראש השנה וגזר דינו של כל אחד ואחד מתחתם ביום הכיפורים. אית תניי תני כולהם נידונין בראש השנה וגזר דינו של כל אחד ואחד מתחתם בזמנו. אית תניי תני כל אחד ואחד נידון בזמנו וגזר דינו של כל אחד ואחד מתחתם בזמנו. מתניתא כמאן דאמר כולהם נידונין בראש השנה וגזר דינו של כל אחד ואחד מתחתם בזמנו דתנינן ובחג נידונין על המים. מילתיה דרב אמרה כולהם נידונין בראש השנה וגזר דינו של [כל] אחד [ואחד] מהן מתחתם בראש השנה. דתני בתקיעתא דרב זה היום תחילת מעשיך זכרון ליום ראשון כי חוק לישראל הוא משפט לאלהי יעקב. ועל המדינות בו יאמר אי זו לחרב ואי זו לשלום אי זו לרעב ואי זו לשובע ובריות בו יפקדו להזכירם לחיים ולמות. ודלא כר' יוסה דר' יוסה אמר יחיד נידון בכל שעה. מה טעמא. ותפקדנו לבקרים לרגעים תבחננו. ותפקדנו לבקרים זו פרנסתו לרגעים תבחננו זו אכילתו. ר' יצחק רבה בשם רבי מלך וציבור נידונין בכל יום. מה טעמא. לעשות משפט עבדו ומשפט עמו ישראל דבר יום ביומו. אמר ר' לוי [והוא] ישפוט תבל בצדק ידין לאומים במישרים הקדוש ברוך הוא דן את ישראל ביום בשעה שהן עסוקין במצות ואת האומות בלילה בשעה שהן בטילין מן העבירות. שמואל אמר מי שהוא דן את ישראל הוא דן את האומות. מה מקיים שמואל ידין לאומים במישרים. דנן ככשירים שבהן מזכיר להם מעשה יתרו מזכיר להן מעשה רחב הזונה: ר' חייה בר בא בעי תבואה שלקת בערב הפסח מאי זה דין לוקה. אין תימר משתא דעלת עד כדון לא עלת. אין תימר משתא דנפקת הכן הוות מורכה כל שתא מלקי כדון. אלו שמתים מראש השנה ועד יום הכיפורים מאי זה דין הם מתים. אין תימר משתא דעלת עד כדון לא עלת. אין תימר משתא דנפקא הכן הוון מורכין כל שתא ממות כדון. ולא שמיע דאמר ר' קרוספא בשם ר' יוחנן שלש פינקסיות הם אחת של צדיקים גמורין ואחת של רשעים גמורין ואחת של בינוניים. זה של צדיקים גמורין כבר נטלו איפופסי של חיים מראש השנה. זה של רשעים גמורין כבר נטלו איפופים שלהן מראש השנה. של בינוניים כבר ניתן להן עשרת ימי תשובה שבין ראש השנה ליום הכיפורים אם עשו תשובה נכתבין עם הצדיקים ואם לאו נכתבין עם הרשעים. מה טעמא. ימחו מספר אילו הרשעים. חיים אלו הצדיקים. ועם צדיקים אל יכתבו אלו הבינוניים. ר' חנניה חברהון דרבנן בעי ואין הקדוש ברוך הוא רואה את הנולד. ולא שמיע דאמר ר' סימון בשם ר' יהושע בן לוי אין הקדוש ברוך הוא דן את האדם אלא בשעה שהוא עומד בה. מה טעמא.

קרבן העדה

גמ' מתחתם בזמנו. בפסח על התבואה וכו' כדקתני במתני': מתניתין כמאן דאמר וכו'. דמתני' אגמר דין קאי: דתנינן ובחג נידונין על המים. למה לי למימר עוד נידונין הא כבר תנא ליה רישא בד' פרקים העולם נידון, אלא לחלק מראש השנה שהזכיר לפני זה דאית ביה תרווייהו דין וגזר דין אבל בחג אינו אלא גמר דין, ואתי סיפא לגלויי רישא דכולהו בגמר דין איירי: ה"ג וגזר דין של כל אחד מהן: בתקיעתא דרב. סדר מוסף שסידר רב. וקרי ליה תקיעתא שבמוסף תוקעין: משפט לאלהי יעקב. היינו תחלת דין: איזו לחרב וכו'. היינו גזר דין. ורעב היינו גמר דין דתבואה ומים: ובריות בו יפקדו להזכירם לחיים וכו'. היינו גזר דין לאדם: ודלא כר' יוסה. מתני' וכולהו ברייתות דלעיל ורב דלא כר' יוסה: זו פרנסתו. דכתיב (שמות טז יב) בבקר תשבעו לחם: זו אכילתו. שאין לה קבע: מלך וציבור נידונין בכל יום. אף ע"ג דיחיד נידון בראש השנה, מלך וציבור אף לאחר גזר דין אם חזרו משתנה דינם בכל יום: וציבור. היינו דברים הכוללים, שלום ומלחמה רעב ושובע: מאי טעמא. כלומר מנא ליה: בשעה שהן עסוקין במצות. דרוב המצות עושין ביום, ומצות נקראין צדק: ה"ג בשעה שהן בטילין מעבירות. והיינו במישרים לפנים משורת הדין: ה"ג שמואל אמר בשעה שהוא דן וכו'. והכי פירושו, שדן ישראל ואומות יחד כדי שיהא ניכר זכותן של ישראל: דנן ככשרים שבהן. שהלכו במישור, וזה לאותן שהכשירים אע"פ שהיה להן כל טוב עזבו דרכם הרע והלכו במישור: מאיזה דין לוקה. מאימתי נידונית: אין תימר. משנה הנכנסת דהיינו מפסח דלמחר, הא עדיין לא בא: אין תימר. משנה שיצאה דהיינו בפסח שעבר, קשיא איך הוה מארכת כל השנה ולקי השתא, כלומר כיון שיצא האדם הזה חייב בפסח שעבר היה ראוי שילקה תבואתו שהיה לו בעת ההיא ולא ימתין עד השתא: מאיזה דין הם מתים. דסובר אדם נידון בראש השנה וגזר דינו נחתם ביום הכיפורים, וקשיא ליה אם גזר דינו יחתם למחר הא עדיין לא בא, ואם מיום הכיפורים שעבר קשיא מה לו להמתין עד לאחר ראש השנה היה ראוי שימות קודם ראש השנה, דהא כבר היה די לו בעבירותיו של שנה שעברה דהא כבר נתחתם דינו ביום הכיפורים שעבר: ולא שמיע ליה. לר' חייה דמיבעיא ליה, הא דאמר ר' קרוספא וכו' דשל צדיקים ושל רשעים נחתם בראש השנה: פנקסיות. ספרים של זכרון מעשה הבריות: רשעים גמורים רובם עונות: בינונים. מחצה על מחצה: איפופסי. חותם של חיים: מאי טעמא. כמו מנא ליה: ואין הקב"ה רואה את הנולד. בתמיה, וכיון שהוא יודע מי יעשה תשובה בין ראש השנה ליום הכיפורים והוי ליה לדון את הבינונים ג"כ מיד מראש השנה: ולא שמיע. לרבי חנניה הא דאמר ר' סימון שאע"פ שהקב"ה יודע עתידות אין דן את האדם אלא לפי שעה שהוא עומד בה ולא על העתיד:

פני משה

ואית תניי תני וכו'. ומתניתא דידן אתיא כמאן דאמר כולהם נידונים בראש השנה וגזר דינו של כל אחד ואחד מתחתם בזמנו, דהא תנינן ובחג נידונין על המים, וזה ודאי קאי אגזר דין דמכאן ואילך תו ליכא זמן דין, ומיהו נידונים הם בראש השנה דדומיא דאיך קתני, וא"כ העולם נידון דרישא נמי אגזר דין קאי: מילתא דרב אמרה. ממילתיה שמעינן דסבירא ליה דהכל נידונין בראש השנה וגזר דין שלהם גם כן בראש השנה, שכך יסד בברכות דתקיעתא שהתקין רב ועל המדינות בו יאמר וכו', ויאמר משמע דהיום גוזרין שיהא כך, ולרעב ולשובע היינו על התבואה ועל הפירות וצרכי העולם: מה טעמא. דר' יוסי, דכתיב ותפקדנו לבקרים זה פרנסתו מבקר נפקד הוא על כל היום, ולרגעים תבחננו זו רגע ועת אכילתו שלא יארע לו שום קילקול בסעודה ויתחזק בריאות גופו: מי שהוא דן את ישראל. לאחר שהוא דן את ישראל דן את האומות באותו יום, ומה מקיים שמואל וכו', והיינו במישרים שבהן: תבואה שלקת בערב פסח. ולמחר דנין על התבואה ומאיזה דין לקה זו ביום שלפניו, וא"ת משתא דעלת שיכנס זה ודאי לא, דעד כאן לא נכנסה, ואם תאמר משתא דנפקת מפסח שעבר אכתי לא ניחא, דאם כן כל שתא הכין הוות מורבה, נתגדלה בלי שום קילקול, וכדון ביום ערב פסח דוקא מלקי היא, וזה דבר תימא אם נגזרה עליה משנה שעברה שלא יארע לה כלום עד כלות השנה. וכן קשה אלו שמתים מראש השנה ועד יום הכפורים מאיזה דין נגזר עליהם ומתים בזה הזמן דווקא: הכן הוון מורבין. מתגדלין והולכין בבריאות כל השנה, וממות כדון דוקא: ולא שמיע וכו'. וכי לא שמע ר' חייה בר בא להא דאמר ר' קרוספא בשם ר' יוחנן וכו', וא"כ מבני אדם לא קשה מידי שאלו ימים ניתנו שיחזרו בתשובה אם זכו ואם לא זכו וכו', וכל השנה

מסורת הש"ס

א) [ר"ה טז., תוספתא פ"א הי"ב, פסיקתא דר"כ כט, מדרש תהלים טז, מדרש אגדה ויקרא כג, פסיקתא זוטרתא ויקרא כג מ, ילקו"ש אמור תרנג] ב) [עי' ר"ה טז.] ג) [ע"ז פ"א ה"ב, ויקרא רבה כט א, פסיקתא דר"כ כג, ילקו"ש פנחס תשפב] ד) [ר"ה כז., פסיקתא רבתי מו] ה) [תנחומא (ורשא) האזינו ד] ו) [עי' ר"ה טז. ותוספתא פ"א הי"ב ומדרש תהלים עב וילקו"ש איוב תתקב וזהר חדש כד:] ז) [סנהדרין פ"ב ה"ג] ח) בר"ר נ ג [מדרש תהלים ט, פסיקתא רבתי מ] ילקו"ש וירא פד, בלק תשסח, תהלים תרמג] ט) [ר"ה ח: וילקו"ש מלכים קנב ותהלים תתלא ועי' פני משה] י) עי' ר"ה טז. כ) ר"ה טז: [פסיקתא דר"כ כה, פסיקתא זוטרתא בראשית כב יג, ילקו"ש כי תשא שלג, זכרי' תקפב, תהלים תתב, תיקו"ז כד: בשינוי] ל) [בכורים פ"ב ה"א, ר"ה יח., תנא דבי אליהו סוף פי"ח, פסקתא דר"כ כה] מ) ר"ה טז: [בראשית רבה נג יד, תנחומא (ורשא) וירא ה, מדרש תהלים ה, פסיקתא זוטרתא בראשית כא יז, זהר חיי שרה קכא., זהר חדש לד., ילקו"ש וירא לד]

שירי קרבן

ולא שמיע ליה דאמר ר' קרוספא וכו'. וא"ת א"כ כל המתים בין ר"ה ליום הכיפורים נאמר דהן הו רשעים, ומצינו כמה צדיקים שמתו בין ר"ה ליום הכיפורים. וי"ל לפעמים מיתת הצדיקים לטוב להם כדכתיב (ישעיהו נז א) מפני הרעה נאסף הצדיק, והיינו שלא יראה ברעה. אי נמי לא קשיא ליה אלא באותן שמתים מחמת החטא, אבל ודאי יש שמתים מפני שהגיע זמנם ליפטר מן העולם:

מראה הפנים

תבואה שלקה בערב הפסח מאיזה דין לוקה וכו'. הכא עיקר התמיה וכי היאך אפשר שנידונה לשעבר וכל השנה לא אירע בה שום מקרה עד סוף השנה דווקא ונשאר בתמיה, והתם (בבלי טז.) מדייק כל הני ארפתקאי דעברו עלה כל השנה אימת איתדון וכו', עד למימרא דתרי דיני מיתדיינא. ולענין תמיה דהכא י"ל ג"כ כעין זה דלשעבר נידונית כך שלא תלקה אלא בסוף ואל דעות ה' וגו' (שמואל-א ב ג):

עין משפט

א מיי' פ"ג מהלכות תשובה הלכה ג:

שינויי נוסחאות

א] של כל אחד ואחד. כ"ה בש"ג. בר"ח (טז.) הכל. בריטב"א (שם) שלהם. וראה בקה"ע:
ב] בראש השנה. בריטב"א (שם) ביום הכפורים:
ג] דרב. כ"ה גם בש"ג. בירושלמי ע"ז (פ"א ה"ב) ובר"ח ובריטב"א (שם) דבי רב:
ד] רבה. בש"ג רובה. בירושלמי סנהדרין (פ"ב ה"ג) ליתא:
ה] נידונין. בירושלמי סנהדרין (שם) נוסף לפניו:
ו] והוא. כ"ה במקרא ובש"ג:
ז] בטילין. בב"ר (וירא ג) ובמדרש תהלים (ט יא) ישינים:
ח] העבירות. בד"ק ובדפוסים המצות:
ט] מי שהוא. בש"ג משהו. בקה"ע הגיה משעה:
י] איפופסי. בש"ג איפופים כמו בסמוך. בכי"ל שלטה יד המגיה ואין לדעת מה היה במקור:
כ] ימחו מספר וכו'. כ"ה גם בבבלי (טז:) ובפסיקתא דר"כ (פיסקא כד). בילקו"ש (תהלים תתב) ימחו מספר חיים, זה ספרן של רשעים. ועם צדיקים, זה ספרן של צדיקים. אל יכתבו זה ספרן של בינונים:

תורה אור השלם

א) כִּי חֹק לְיִשְׂרָאֵל הוּא מִשְׁפָּט לֵאלֹהֵי יַעֲקֹב: (תהלים פא ה)
ב) וַתִּפְקְדֶנּוּ לִבְקָרִים לִרְגָעִים תִּבְחָנֶנּוּ: (איוב ז יח)
ג) וְיִהְיוּ דְבָרַי אֵלֶּה אֲשֶׁר הִתְחַנַּנְתִּי לִפְנֵי יְהֹוָה קְרֹבִים אֶל יְהֹוָה אֱלֹהֵינוּ יוֹמָם וָלָיְלָה לַעֲשׂוֹת מִשְׁפַּט עַבְדּוֹ וּמִשְׁפַּט עַמּוֹ יִשְׂרָאֵל דְּבַר יוֹם בְּיוֹמוֹ: (מלכים-א ח נט)
ד) וְהוּא יִשְׁפֹּט תֵּבֵל בְּצֶדֶק יָדִין לְאֻמִּים בְּמֵישָׁרִים: (תהלים ט ט)
ה) יִמָּחוּ מִסֵּפֶר חַיִּים וְעִם צַדִּיקִים אַל יִכָּתֵבוּ: (תהלים סט כט)

גליון הש"ס

מי שהוא דן את ישראל וכו'. נ"ל משהוא דן, והיינו משהוא דן את ישראל אחר כך דן את האומות וכדאמרו בבלי ר"ה דף ח' ע"ב, וזו הוא שאמר מה מקיים ידין לאומים במישרים, הא לאו טיבותא הוא כדאמרו בש"ס שם, ומשני דנן בכשרים וכו', והקרבן העדה והיפה מראה נדחקו בזה:

The Gemara introduces a fifth view:

וּדְלָא כְּרַבִּי יוֹסָה — **But not** one of these opinions **accords with R' Yosah,** דְּרַבִּי יוֹסֵי אָמַר — **for R' Yose** (R' Yosah) **said:** יָחִיד נִידּוֹן בְּכָל שָׁעָה — **An individual is judged every moment.** מַה טַעֲמָא — **What is the source?** "וַתִּפְקְדֶנּוּ לִבְקָרִים לִרְגָעִים תִּבְחָנֶנּוּ" — Scripture states:[7] ***You inspect him every morning, every moment You examine him.*** "וַתִּפְקְדֶנּוּ לִבְקָרִים" זוֹ פַּרְנָסָתוֹ — The first clause, ***You inspect him every morning,*** refers to **his livelihood;**[8] "לִרְגָעִים תִּבְחָנֶנּוּ" זוֹ אֲכִילָתוֹ — and the next clause, ***every moment You examine him,*** refers to **his sustenance.**[9] R' Yosah, who rules here that man is judged daily, disputes all the opinions presented above, which concur that man is judged on Rosh Hashanah.[10]

Another teaching about the judgment of man:

רַבִּי יִצְחָק רַבָּה בְּשֵׁם רַבִּי — **R' Yitzchak the Great** said **in the name of Rebbi:** מֶלֶךְ וְצִיבּוּר נִידּוֹנִין בְּכָל יוֹם — **A king and a community**[11] **are judged every day.**[12] מַה טַעֲמָא — **What is the source** for this? "לַעֲשׂוֹת מִשְׁפַּט עַבְדּוֹ וּמִשְׁפַּט עַמּוֹ יִשְׂרָאֵל דְּבַר־יוֹם בְּיוֹמוֹ" — Scripture states: ***To do the judgment of His servant and the judgment of His people Israel, the matter of each day in its day.***[13]

The Gemara contrasts the judgment of the Jewish people with the judgment of other nations:

אָמַר רַבִּי לֵוִי — **R' Levi said:** "[וְהוּא] יִשְׁפֹּט־תֵּבֵל בְּצֶדֶק יָדִין לְאֻמִּים בְּמֵישָׁרִים" — Scripture states:[14] ***He will judge the world with righteousness; He will judge the nations with straightforwardness.*** This verse tells us that הַקָּדוֹשׁ בָּרוּךְ הוּא דָּן אֶת יִשְׂרָאֵל בַּיּוֹם — **the Holy One, blessed is He, judges** the people of **Israel in the daytime,** בְּשָׁעָה שֶׁהֵן עֲסוּקִין בְּמִצְוֹת — **when they are occupied with** the performance of **mitzvos,**[15] וְאֶת הָאוּמּוֹת בַּלַּיְלָה — **and** He judges **the nations in the nighttime,** בְּשָׁעָה שֶׁהֵן בְּטֵילִין מִן הָעֲבֵירוֹת — **when they abstain from the** performance of **transgressions.**[16]

A dissenting view:

שְׁמוּאֵל אָמַר — **Shmuel says:** מִי שֶׁהוּא דָּן אֶת יִשְׂרָאֵל הוּא דָּן אֶת הָאוּמּוֹת — **At the time that [God] judges Israel, He** also **judges the nations.**[17]

Shmuel's assertion is questioned:

מַה מְקַיֵּים שְׁמוּאֵל "יָדִין לְאֻמִּים בְּמֵישָׁרִים" — **How does Shmuel account for** that which is written: ***He will judge the nations with straightforwardness?***

The Gemara answers:

דָּנָן כִּכְשֵׁירִים שֶׁבָּהֶן — The verse means that **[God] judges [the nations] based on the righteous among them.**[18] מַזְכִּיר לָהֶם מַעֲשֵׂה יִתְרוֹ — To this end, **He recalls for them the deed of Yisro,** מַזְכִּיר לָהֶן מַעֲשֵׂה רָחָב הַזּוֹנָה — **and He recalls for them the deed of Rachav the harlot.**[19]

NOTES

Conversely, it is possible for a person to be satisfied with just a paltry amount of food. The question of whether the year's crops will be successful is decided on the festivals, but the question of whether individuals will benefit from them is decided on Rosh Hashanah (*Rabbeinu Tam*, cited by *Ritva;* see *Ramban* ibid.; see also *Ran* folio 3a).

7. *Job* 7:18.

8. Each morning, God decides how much one will earn that day. The phrase, *You inspect him every "morning,"* recalls the verse: *In the "morning" you will be supplied with bread* (*Exodus* 16:12), which speaks of the manna, the daily provisions of the Israelites in the Wilderness (*Yefeh Mareh, Korban HaEidah*).

9. A second judgment, whether one's food will nourish or harm him, is held at every moment, for this is an ongoing process (*Eitz Yosef*).

10. R' Yose certainly agrees that at least some aspect — if not the major part — of man's judgment occurs on Rosh Hashanah. That Rosh Hashanah is a judgment day for man is too well established a fact to be subject to debate. R' Yose means only that *in addition* to the judgment on Rosh Hashanah, man is *also* judged each day or each moment. He disagrees with the other Tannaim insofar as they hold that man is judged *only* on Rosh Hashanah. For elaboration, see *Maharal, Turei Even, Tzlach, Aruch LaNer,* and *Sfas Emes* to 16a; *Or Gadol* to the Mishnah; *Sifsei Chaim* by *R' Chaim Friedlander,* 5749 edition, Vol. 1, p. 65 in the name of *R' E. E. Dessler.*

11. A communal decree concerns matters such as rainfall and famine that affect the population as a whole. This is in contrast to conditions that are tailored for each person individually, such as health (*Yefeh Mareh*).

12. R' Yitzchak the Great agrees with the Tannaim cited above, who hold that man is judged on Rosh Hashanah. He maintains, however, that this applies only to private individuals. A king and a community, due to their importance, are judged every day [besides the primary judgments on Rosh Hashanah or the festivals]. The practical difference is that if a king or community is deserving, their decree can be repealed any day, whereas once the decree of a private person has been handed down at the beginning of the year it remains in force (*Yefeh Mareh*).

[We can nevertheless pray throughout the year for a sick person, because crying out in prayer is effective even after one's decree has been sealed (see *Bavli* 16a and *Ritva* there; cf. *Yefeh Mareh*). Alternatively, our prayers for a sick person are worthwhile when we pray for other members of the community along with him (e.g. by adding the formula בְּתוֹךְ שְׁאָר חוֹלֵי עַמְּךָ יִשְׂרָאֵל, *among other sick people of Your nation Israel*), because — as taught in the Gemara here and *Bavli* 17b — the decree of a community can always be overturned (see *Tosafos* and *Ritva* to 16a; see *Rabbeinu Tam*, cited by *Tosafos*, for another approach; see also *Maharal* to 16a, *Meiri* to *Nedarim* 49b).]

13. *I Kings* 8:59. This verse is from the prayer uttered by King Solomon at the inauguration of the Temple. The "servant" represents Solomon and "His people Israel" refers to the community. Thus, by stating "to do the judgment. . . each day in its day," the verse conveys that the king and the community are judged daily.

14. *Psalms* 9:9.

15. Although there are many mitzvos (especially the study of Torah) that can also be done at night, most of the night is spent in slumber (*Yefeh Mareh*).

16. It is unnecessary for the verse to say that God judges the world with "righteousness" and "straightforwardness," because that is axiomatic (see *Genesis* 18:25). R' Levi therefore interprets these terms as referring not to attributes of God's judgment, but to the standards on which His judgment is based. The Jewish people are judged for their "righteousness" (i.e. performance of mitzvos), while other nations are judged for their "straightforwardness" (i.e. abstention from sin). In this way, each group has the best chance for a favorable judgment (*Yefeh Mareh*).

Alternatively, "straightforwardness" [מֵישָׁרִים] means going "beyond the letter of the law" [לִפְנִים מִשּׁוּרַת הַדִּין] (see *Rashi* to *Deuteronomy* 6:18). God "goes out of His way" to grant the non-Jewish nations a positive verdict, by judging them at a time when they are free of sin (*Korban HaEidah, Beur of R' Chaim Kanievski*).

17. The nations are judged at the same time as the Jews, in order to underscore the merits of the latter (*Yefeh Mareh, Korban HaEidah*).

18. According to this interpretation, מֵישָׁרִים denotes the virtuous people [בַּעֲלֵי מֵישָׁרִים] of the nations (*Yefeh Mareh*). God remembers the righteous members of the nations because He hopes that more such non-Jews will be born in the future. Even if those currently alive are not worthy, God grants them life because they may bring into the world people who *are* righteous (*HaKoseiv* on *Ein Yaakov;* see *Yefeh Mareh*).

Alternatively, the Gemara means that God recalls the deeds of the righteous non-Jews of old so that their merits will help those alive today to be judged favorably (*Beur of R' Chaim Kanievski*).

According to *Korban HaEidah,* the Gemara means that God judges the non-Jews by the standard of their righteous ones, who obey the seven Noahide laws. These include Yisro, who gave up idol worship, and Rachav, who abandoned illicit cohabitation (see next note).

19. Although these individuals enjoyed good lives, they abandoned their wicked ways and took the path of the virtuous (*Korban HaEidah*).

Yisro, the father-in-law of Moses, was a priest in Midian, yet he left his life of honor to join the Israelites in the Wilderness (*Exodus* 18:1-12;

וגזר דינו של כל אחד ואחד מתחתם בראש השנה. אית תניי תני [א]כולהם נידונין בראש השנה וגזר דינו של כל אחד ואחד מתחתם ביום הכיפורים. אית תניי תני כולהם נידונין בראש השנה וגזר דינו של כל אחד ואחד מתחתם בזמנו. אית תניי תני כל אחד ואחד נידון בזמנו וגזר דינו של כל אחד ואחד מתחתם בזמנו. [ב]מתניתא כמאן דאמר כולהם נידונין בראש השנה וגזר דינו של כל אחד ואחד מתחתם בזמנו דתנינן ובחג נידונין על המים. מילתיה דרב אמרה כולהם נידונין בראש השנה וגזר דינו [א]של [כל] אחד [ואחד] מהן מתחתם [ב]בראש השנה. דתני [ג]בתקיעתא [ג]דרב [ד]זה היום תחילת מעשיך זכרון ליום ראשון [א]כי חוק לישראל הוא משפט לאלהי יעקב. [ה]ועל המדינות בו יאמר אי זו לחרב ואי זו לשלום אי זו לרעב ואי זו לשובע ובריות בו יפקדו להזכירם לחיים ולמות. ודלא כר' יוסה [ו]דר' יוסה אמר יחיד נידון בכל שעה. מה טעמא. [ב]ותפקדנו לבקרים לרגעים תבחננו. ותפקדנו לבקרים זו פרנסתו לרגעים תבחננו זו אכילתו. [ז]ר' יצחק [ד]רבה בשם רבי מלך וציבור [ה]נידונין בכל יום. מה טעמא. [ג]לעשות משפט עבדו ומשפט עמו ישראל דבר יום ביומו. אמר ר' לוי [ח][ד][ו][והוא] ישפוט תבל בצדק ידין לאומים במישרים הקדוש ברוך הוא דן את ישראל ביום בשעה שהן עסוקין במצות ואת האומות בלילה בשעה שהן [ז]בטילין מן [ח]העבירות. שמואל אמר [ט][ט]מי שהוא דן את ישראל הוא דן את האומות. מה מקיים שמואל ידין לאומים במישרים. דנן בכשירים שבהן מזכיר להם מעשה יתרו מזכיר להן מעשה רחב הזונה: ר' חייה בר בא בעי [י]תבואה שלקת בערב הפסח מאי זה דין לוקה. אין תימר משתא דעלת עד כדון לא עלת. אין תימר משתא דנפקת הכן הוות מורכה כל שתא מלקי כדון. אלו שמתים מראש השנה ועד יום הכיפורים מאי זה דין הם מתים. אין תימר משתא דעלת עד כדון לא עלת. אין תימר משתא דנפקא הכן הוון מורכין כל שתא ממות כדון. ולא שמיע [כ]דאמר ר' קרוספא בשם ר' יוחנן שלש פינקסיות הם אחת של צדיקים גמורין ואחת של רשעים גמורין ואחת של בינוניים. [א]זה של צדיקים גמורין כבר נטלו [י]איפופסי של חיים מראש השנה. זה של רשעים גמורין כבר נטלו איפופים שלהן מראש השנה. של בינוניים כבר ניתן להן עשרת ימי תשובה שבין ראש השנה ליום הכיפורים אם עשו תשובה נכתבין עם הצדיקים ואם לאו נכתבין עם הרשעים. מה טעמא. [ה][כ]ימחו מספר אילו הרשעים. חיים אלו הצדיקים. ועם צדיקים אל ז: יכתבו אלו הבינוניים. ר' חנניה חבריהון דרבנן בעי [ל]ואין הקדוש ברוך הוא רואה את הנולד. ולא שמיע דאמר ר' סימון בשם ר' יהושע בן לוי [מ]אין הקדוש ברוך הוא דן את האדם אלא בשעה שהוא עומד בה. מה טעמא.

קרבן העדה

גמ' מתחתם בזמנו. בפסק על התבואה וכו' כדקתני במתני': **מתניתין כמאן דאמר וכו'.** דמתני' אגמר דין קאי: **דתנינן ובחג נידונין על המים.** למה לי למימר עוד נידונין הא כבר תנא ליה רישא בד' פרקים העולם נידון, אלא לחלק מראש השנה שהזכיר לפני זה דאית ביה תרווייהו דין וגזר דין אבל בחג אינו אלא גמר דין, ואתי סיפא לגלויי רישא דכולהו בגמר דין איירי: ה"ג וגזר דין של **כל אחד מהן: בתקיעתא דרב.** סדר מוסף שסידר רב. וקרי ליה תקיעתא שבמוסף תוקעין: **משפט לאלהי יעקב.** היינו תחלת דין: **איזו לחרב וכו'.** היינו גזר דין. ורעב היינו גמר דין דתבואה ומים: **ובריות בו יפקדו להזכירם לחיים וכו'.** היינו גזר דין לאדם: **ודלא כר' יוסה.** מתני' וכולהו ברייתות דלעיל ורב דלא כר' יוסה: **זו פרנסתו.** דכתיב (שמות טז יב) בבקר תשבעו לחם: **זו אכילתו.** שאין לה קבע: **מלך וציבור נידונין בכל יום.** אף ע"ג דיחיד נידון בראש השנה, מלך וציבור אף לאחר גזר דין אם חזרו משתנה דינם בכל יום: **וציבור.** היינו דברים הכוללים, שלום ומלחמה רעב ושובע: **מאי טעמא.** כלומר מנא ליה: **בשעה שהן עסוקין במצות.** דרוב המצות עושין ביום, ומצות נקראין צדק: ה"ג **בשעה שהן בטילין מעבירות.** והיינו במישרים לפנים משורת הדין: ה"ג **שמואל אמר בשעה שהוא דן וכו'.** והכי פירושו, שדן ישראל ואומות יחד כדי שיהא ניכר זכותן של ישראל: **דנן בכשרים שבהן.** שהלכו במישור, וזה לחובתן שהכשירים אע"פ שהיה להן כל טוב עזבו דרכם הרע והלכו במישור: **מאיזה דין לוקה.** מאימתי נידונית: **אין תימר.** משנה הנכנסת דהיינו מפסח דלמחר, הא עדיין לא בא: **אין תימר.** משנה שיצאה דהיינו בפסח שעבר, קשיא איך הוה מארכת כל השנה ולקי השתא, כלומר כיון שיצא האדם הזה חייב בפסח שעבר היה ראוי שילקה תבואתו שהיה לו בעת ההיא ולא ימתין עד השתא: **מאיזה דין הם מתים.** דסובר אדם נידון בראש השנה וגזר דינו נחתם ביום הכיפורים, וקשיא ליה אם גזר דינו יחתם למחר הא עדיין לא בא, ואם מיום הכיפורים שעבר קשיא מה לו להמתין עד לאחר ראש השנה היה ראוי שימות קודם ראש השנה, דהא כבר היה די לו בעבירותיו של שנה שעברה דהא כבר נחתם דינו ביום הכיפורים שעבר: **ולא שמיע ליה.** לר' חייה דמיבעיא ליה, הא דאמר ר' קרוספא וכו' דשל צדיקים ושל רשעים נחתם בראש השנה: **פנקסיות.** ספרים של זכרון מעשה הבריות: **רשעים גמורים** רובם עוונות: **בינונים.** מחצה על מחצה: **איפופסי.** חותם של חיים: **מאי טעמא.** כמו מנא ליה: **ואין הקב"ה רואה את הנולד.** בתמיה, וכיון שהוא יודע מי יעשה תשובה בין ראש השנה ליום הכיפורים והוי ליה לדון את הבינונים ג"כ מיד מראש השנה: **ולא שמיע.** לרבי חנניה הא דאמר ר' סימון שאע"פ שהקב"ה יודע עתידות אין דן את האדם אלא לפי שעה שהוא עומד בה ולא על העתיד:

פני משה

ואית תניי תני וכו'. ומתניתא דידן אתיא כמאן דאמר כולהם נידונים בראש השנה וגזר דינו של כל אחד ואחד מתחתם בזמנו, דהא תנינן ובחג נידונין על המים, וזה ודאי קאי אגזר דין דמכאן ואילך תו ליכא זמן דין, ומיהו נידונים הם בראש השנה דדומיא דאינך קתני, וא"כ העולם נידון דרישא נמי אגזר דין קאי: **מילתא דרב אמרה.** ממילתיה שמעינן דסבירא ליה דהכל נידונין בראש השנה וגזר דין שלהם גם כן בראש השנה, שכן יסד בברכות דתקיעתא שהתקין רב ועל המדינות בו יאמר וכו', ויאמר משמע דהיום גוזרין שיהא כך, ולרעב ולשובע היינו על התבואה ועל הפירות וצרכי העולם: **מה טעמא.** דר' יוסי, דכתיב ותפקדנו לבקרים זה פרנסתו מבקר נפקד הוא על כל היום, ולרגעים תבחננו זו רגע ועת אכילתו שלא יארע לו שום קילקול בסעודה ויתחזק בריאות גופו: **מי שהוא דן את ישראל.** לאחר שהוא דן את ישראל דן את האומות באותו יום, ומה מקיים שמואל וכו', והיינו במישרים שבהן: **תבואה שלקת בערב פסח.** ולמחר דנין על התבואה ומאיזה דין לקה זו ביום שלפניו, וא"ת משתא דעלת שיכנס זה ודאי לא, דעד כאן לא נכנסה, ואם תאמר משתא דנפקת מפסח שעבר אכתי לא ניחא, דאם כן כל שתא הכין הוות מורכה, נתגדלה בלי שום קילקול, וכדון ביום ערב פסח דוקא מלקי היא, וזה דבר תימא אם נגזרה עליה משנה שעברה שלא יארע לה כלום עד כלות השנה. וכן קשה אלו שמתים מראש השנה ועד יום הכפורים מאיזה דין נגזר עליהם ומתים בזה הזמן דווקא: **הכן הוון מורבין.** מתגדלין והולכין בבריאות כל השנה, וממות כדון דוקא: **ולא שמיע וכו'.** וכי לא שמע ר' חייה בר בא להא דאמר ר' קרוספא בשם ר' יוחנן וכו', וא"כ מבני אדם לא קשה מידי שאלו ימים ניתנו שיחזרו בתשובה אם זכו ואם לא זכו וכו', וכל השנה

מסורת הש"ס

א) [ר"ה טז., תוספתא פ"א הי"ב, פסיקתא דר"כ כט, מדרש תהלים טז, מדרש אגדה ויקרא כג, פסיקתא זוטרתא ויקרא כג מ, ילקו"ש אמור תרנג] ב) [עי' ר"ה טז.] ג) [ע"ז פ"א ה"ב, ויקרא רבה כט א, פסיקתא דר"כ כג, ילקו"ש פנחס תשפב] ד) [ר"ה כז., פסיקתא רבתי מו] ה) [תנחומא (ורשא) האזינו ד] ו) [עי' ר"ה טז. ותוספתא פ"א הי"ג ומדרש תהלים עב וילקו"ש איוב תתקב וזהר חדש כד:] ז) [סנהדרין פ"ב ה"ג] ח) בר"ר נ ג [מדרש תהלים ט, פסיקתא רבתי מ] ילקו"ש וירא פד, בלק תשסח, תהלים תרמג] ט) [ר"ה ח: וילקו"ש מלכים קנב ותהלים תתלא ועי' פני משה] י) עי' ר"ה טז. כ) ר"ה טז: [פסיקתא דר"כ כה, פסיקתא זוטרתא בראשית כב יג, ילקו"ש כי תשא שנג, זכרי' תתפב, תהלים תתב, תיקו"ז נד: בשינוי] ל) [בכורים פ"ב ה"א, ר"ה יח., תנא דבי אליהו סוף פי"ח, פסקתא דר"כ כה] מ) ר"ה טז: [בראשית רבה נג יד, תנחומא (ורשא) ויצא ה, מדרש תהלים ה, פסיקתא זוטרתא בראשית כא יז, זהר חיי שרה קכא., זהר חדש לד., ילקו"ש וירא לד]

עין משפט

א מיי' פ"ג מהלכות תשובה הלכה ג:

שירי קרבן

ולא שמיע ליה דאמר ר' קרוספא וכו'. וא"ת א"כ כל המתים בין ר"ה ליום הכיפורים נאמר דהן ח"ו רשעים, ומצינו כמה צדיקים שמתו בין ר"ה ליום הכיפורים. וי"ל לפעמים מיתת הצדיקים לטוב להם כדכתיב (ישעיהו נז א) מפני הרעה נאסף הצדיק, והיינו שלא יראה ברעה. אי נמי לא קשיא ליה אלא באותן שמתים מחמת החטא, אבל ודאי יש שמתים מפני שהגיע זמנם ליפטר מן העולם:

מראה הפנים

תבואה שלקה בערב הפסח מאיזה דין לוקה וכו'. הכא עיקר התמיה וכי היאך אפשר שנידונה לשעבר וכל השנה לא אירע בה שום מקרה עד סוף השנה דווקא ונשאר בתמיה, והתם (בבלי טז.) מדייק כל הני ארפתקאי דעברו עלה כל השנה אימת איתדון וכו', עד למימרא דתרי דיני מיתדיינת. ולענין תמיה דהכא י"ל ג"כ כעין זה דלשעבר נידונית כך שלא תלקה אלא בסוף ואל דעות ה' וגו' (שמואל-א ב ג):

שינויי נוסחאות

א] **של כל אחד ואחד.** כ"ה בש"ג. בר"ח (טז.) **הכל.** בריטב"א (שם) **שלהם.** וראה בקה"ע:

ב] **בראש השנה.** בריטב"א (שם) **ביום הכפורים:**

ג] **דרב.** כ"ה גם בש"ג. בירושלמי ע"ז (פ"א ה"ב) ובר"ח ובריטב"א (שם) **דבי רב:**

ד] **רבה.** בש"ג **רובה.** בירושלמי סנהדרין (פ"ב ה"ג) **ליתא:**

ה] **נידונין.** בירושלמי סנהדרין (שם) נוסף **לפניו:**

ו] **והוא.** כ"ה במקרא ובש"ג:

ז] **בטילין.** בב"ר (וירא ג) ובמדרש תהלים (ט יא) **ישינים:**

ח] **העבירות.** בד"ק ובדפוסים **המצות:**

ט] **מי שהוא.** בש"ג **משהו.** בקה"ע הגיה **משעה:**

י] **איפופסי.** בש"ג **איפופים** כמו בסמוך. בכי"ל שלטה יד המגיה ואין לדעת מה היה במקור:

כ] **ימחו מספר וכו'.** כ"ה גם בבבלי (טז:) ובפסיקתא דר"כ (פיסקא כד). בילקו"ש (תהלים תתב) ימחו מספר **חיים,** זה ספרן של רשעים. **ועם צדיקים,** זה ספרן של צדיקים. אל יכתבו **זה ספרן של** בינונים:

תורה אור השלם

א) כִּי חֹק לְיִשְׂרָאֵל הוּא מִשְׁפָּט לֵאלֹהֵי יַעֲקֹב: (תהלים פא ה)

ב) וַתִּפְקְדֶנּוּ לִבְקָרִים לִרְגָעִים תִּבְחָנֶנּוּ: (איוב ז יח)

ג) וְיִהְיוּ דְבָרַי אֵלֶּה אֲשֶׁר הִתְחַנַּנְתִּי לִפְנֵי יְהוָה קְרֹבִים אֶל יְהוָה אֱלֹהֵינוּ יוֹמָם וָלָיְלָה לַעֲשׂוֹת מִשְׁפַּט עַבְדּוֹ וּמִשְׁפַּט עַמּוֹ יִשְׂרָאֵל דְּבַר יוֹם בְּיוֹמוֹ: (מלכים-א ח נט)

ד) וְהוּא יִשְׁפֹּט תֵּבֵל בְּצֶדֶק יָדִין לְאֻמִּים בְּמֵישָׁרִים: (תהלים ט ט)

ה) יִמָּחוּ מִסֵּפֶר חַיִּים וְעִם צַדִּיקִים אַל יִכָּתֵבוּ: (תהלים סט כט)

גליון הש"ס

מי שהוא דן את ישראל וכו'. נ"ל משהוא דן, והיינו משהוא דן את ישראל אחר כך דן את האומות וכדאמרו בבלי ר"ה דף ח' ע"ב, וזו הוא שאמר מה מקיים ידין לאומים במישרים, הא לאו טיבותא הוא כדאמרו בש"ס שם, ומשני דנן בכשרים וכו', והקרבן העדה והיפה מראה נדחקו בזה:

וּגְזַר דִּינוֹ שֶׁל כָּל אֶחָד וְאֶחָד מִתְחַתֵּם בְּרֹאשׁ הַשָּׁנָה — AND THE DECREE FOR EACH ONE IS SEALED ON ROSH HASHANAH.

The second view:
אִית תַּנֵּיי תָּנֵי — **There is a Tanna who teaches:** כּוּלְּהֶם נִידּוֹנִין בְּרֹאשׁ הַשָּׁנָה — ALL OF THEM ARE JUDGED ON ROSH HASHANAH, וּגְזַר דִּינוֹ שֶׁל כָּל אֶחָד וְאֶחָד מִתְחַתֵּם בְּיוֹם הַכִּיפּוּרִים — AND THE DECREE FOR EACH ONE IS SEALED ON YOM KIPPUR.[1]

The third view:
אִית תַּנֵּיי תָּנֵי — **There is a Tanna who teaches:** כּוּלְּהֶם נִידּוֹנִין בְּרֹאשׁ הַשָּׁנָה — ALL OF THEM ARE JUDGED ON ROSH HASHANAH, וּגְזַר דִּינוֹ שֶׁל כָּל אֶחָד וְאֶחָד מִתְחַתֵּם בִּזְמַנּוֹ — AND THE DECREE FOR EACH ONE IS SEALED IN ITS designated TIME (i.e. the time defined in our Mishnah: grain on Pesach, fruit on Shavuos, etc.).[2]

The fourth view:
אִית תַּנֵּיי תָּנֵי — **There is a Tanna who teaches:** כָּל אֶחָד וְאֶחָד נִידּוֹן בִּזְמַנּוֹ — EACH ONE IS JUDGED IN ITS designated TIME, וּגְזַר דִּינוֹ שֶׁל כָּל אֶחָד וְאֶחָד מִתְחַתֵּם בִּזְמַנּוֹ — AND THE DECREE FOR EACH ONE IS SEALED IN ITS designated TIME.

The Gemara states that our Mishnah follows the third view:
מַתְנִיתָא כְּמַאן דְּאָמַר — **Our Mishnah accords with the one who says:** כּוּלְּהֶם נִידּוֹנִין בְּרֹאשׁ הַשָּׁנָה — ALL OF THEM ARE JUDGED ON ROSH HASHANAH, וּגְזַר דִּינוֹ שֶׁל כָּל אֶחָד וְאֶחָד מִתְחַתֵּם בִּזְמַנּוֹ — AND THE DECREE FOR EACH ONE IS SEALED IN ITS designated TIME, דִּתְנִינַן — **for we learned in our Mishnah:** וּבְחַג נִידּוֹנִין עַל הַמַּיִם — AND ON THE FESTIVAL THEY ARE JUDGED FOR THE WATER.[3]

The Gemara adduces support for the first of the four views:
מִילְּתֵיהּ דְּרַב אָמְרָה — **The statement of Rav implies** that כּוּלְּהֶם נִידּוֹנִין בְּרֹאשׁ הַשָּׁנָה וּגְזַר דִּינוֹ שֶׁל [כָּל] אֶחָד [וְאֶחָד] מֵהֶן מִתְחַתֵּם בְּרֹאשׁ הַשָּׁנָה — **they are all judged on Rosh Hashanah and the decree of each one is sealed on Rosh Hashanah,** דְּתָנֵי בְּתְקִיעָתָא דְּרַב — **for it is stated in Rav's Mussaf prayer:**[4] זֶה הַיּוֹם תְּחִילַּת מַעֲשֶׂיךָ זִכָּרוֹן לְיוֹם רִאשׁוֹן — ***This day is** the anniversary of **the start of Your handiwork, a remembrance of the first day,*** ,,כִּי חֹק לְיִשְׂרָאֵל הוּא מִשְׁפָּט לֵאלֹהֵי יַעֲקֹב" — ***"for it is a decree for Israel, judgment by the God of Jacob."***[5] וְעַל הַמְּדִינוֹת בּוֹ יֵאָמֵר — ***Regarding the countries, on [this day] it is said*** אֵי זוֹ לְחֶרֶב וְאֵי זוֹ לְשָׁלוֹם — ***which is** destined **for the sword and which for peace;*** אֵי זוֹ לְרָעָב וְאֵי זוֹ לְשׂוֹבַע — ***which for hunger and which for plenty;*** וּבְרִיּוֹת בּוֹ יִפָּקְדוּ לְהַזְכִּירָם לְחַיִּים וּלְמָוֶת — ***and creatures are recalled on it to remember them for life or for death.*** This prayer, which describes the Heavenly proceedings on Rosh Hashanah, mentions both judgment (*judgment by the God of Jacob*) and decree (*it is said which for the sword*, etc.), including the decrees for produce (*which for hunger and which for plenty*) and man (*creatures are recalled*, etc.). Thus, we see that in regard to all things, both the judgment and the sealing of the decree take place on Rosh Hashanah, as in the first Tannaic view quoted above.[6]

NOTES

1. That is, the verdict (innocent or guilty) is decided on Rosh Hashanah, but the sentence (the specific reward or punishment) is not handed down until Yom Kippur (see *Ritva* to 16a).

2. *Korban HaEidah;* cf. *Yefeh Mareh.*

3. The Mishnah began by stating, *At four junctures the world is judged, on Pesach for the grain, on Shavuos for the fruit.* Following this pattern, the Mishnah should have ended, *and on Succos for the water.* But instead it states, *and on Succos "they are judged" for the water.* The extra words (*they are judged*) indicate that the judgment for water differs in some way from the judgment of man, which the Mishnah had just mentioned. The difference is taken to be that whereas the judgment of man begins and ends on the same day (Rosh Hashanah), the judgment for water only *ends* on its festival (Succos), but it begins earlier, on Rosh Hashanah. Hence, when the Mishnah says, *and on Succos they are judged for the water,* it refers to the final sentencing, and not the verdict. It is then assumed that since the verb, *they are judged,* at the end of the Mishnah denotes the final sentencing, this is also its meaning at the beginning of the Mishnah (*At four junctures the world is judged* etc.). Thus, the "judgments" listed in the Mishnah pertain to the final decree. Heaven seals the decree for grain on Pesach, for fruit on Shavuos, and for water on Succos. But the *verdict* for each of these items is reached on Rosh Hashanah (*Yefeh Mareh, Korban HaEidah*). For discussion about the judgment of man, see Variant A.

[For other explanations of the Gemara's proof, see *Yefeh Mareh, Pnei Moshe,* and *Beur R' Chaim Kanievski; Pnei Yehoshua* to 16a ד״ה במשנה.]

Ramban (*Derashah LeRosh Hashanah, MHK* ed. of *Kisvei Ramban* Vol. I, p. 222) has a version of the Gemara which states that the Mishnah is consistent with the *fourth* Tannaic view; namely, that the judgment *and* the final decree regarding each item is issued on its designated festival.

4. Literally: the blowing. The Mussaf service is thus called because the *shofar* is blown then (*Korban HaEidah, Yefeh Mareh;* see *Alei Tamar*).

5. *Psalms* 81:5.

6. *Yefeh Mareh, Korban HaEidah.*

The passage cited here has been incorporated into our Mussaf prayer of Rosh Hashanah. Some Rishonim infer from this that we do not accept our Mishnah's view as authoritative. Whereas the Mishnah states that the judgments regarding produce and rainfall take place on the three festivals, we follow Rav's opinion, that everything is decided and sealed on Rosh Hashanah (*Ramban* ibid., *Ritva* 16a).

However, *Rabbeinu Tam* does rule in accordance with the Mishnah. In his opinion, there is no contradiction between Rav's prayer and the Mishnah, because the Mishnah means that on the festivals it is decided only whether the crops and rainfall will be abundant or meager. The prayer, on the other hand, speaks of how each individual will be affected by these circumstances. For example, in a year blessed with abundant produce, a person can still suffer from hunger in the event that food is inaccessible to him (e.g. in a time of war) or it fails to nourish him.

TEXTUAL AND INTERPRETIVE VARIANTS

A. According to our version of *Yerushalmi,* the Mishnah is listing only the occasions on which the decree is sealed. When it says that the judgments regarding grain, fruit, and water take place on Pesach, Shavuos, and Succos respectively, it means that the decrees are finalized at those times. The verdict, though, is always reached on Rosh Hashanah. It follows that in the case of man, too, since the Mishnah defines his time of judgment as Rosh Hashanah, that must be when his decree is sealed. Thus, man receives both his verdict and his sentence on the same day, Rosh Hashanah (see *Korban HaEidah*).

Bavli (16a), though, understands the Mishnah as listing the times of the *verdicts.* In the case of grain, fruit, and water, the verdict (and certainly the final decree) is handed down on the relevant festivals. In the case of man, the verdict is issued on Rosh Hashanah, but his sentence is not finalized until Yom Kippur.

It seems that *Yerushalmi* and *Bavli* differ on two points: (a) According to *Yerushalmi's* understanding of the Mishnah, the verdicts for grain, fruit, and water are reached on Rosh Hashanah but the sentence is not finalized until the relevant festival, whereas *Bavli* holds that both the verdict and the sentence are delivered on the festivals. (b) According to *Yerushalmi's* understanding of the Mishnah, the verdict for man and his sentence are both issued on Rosh Hashanah, while *Bavli* maintains that man's sentence is delayed until Yom Kippur.

It is possible, however, that there is no actual dispute regarding man, because the Gemara below (see also *Bavli* 16b) states that different people have their decrees sealed at different times. For some people (the righteous and the wicked) the decree is sealed on Rosh Hashanah, whereas for others (the "intermediate ones") the decree is not handed down until Yom Kippur. It could thus be said that *Yerushalmi* understands the Mishnah as referring to the righteous and the wicked, whose decrees are finalized on Rosh Hashanah, and *Bavli* interprets the Mishnah as speaking of "intermediate" people, whose decrees are finalized on Yom Kippur (see *Pnei Yehoshua* 16a ד״ה שם מני מתניתין).

tree, **וּבְרֹאשׁ הַשָּׁנָה כָּל בָּאֵי הָעוֹלָם עוֹבְרִין לְפָנָיו כִּבְנֵי מָרוֹן – on Rosh Hashanah all those who have entered the world** (i.e. all human beings)[19] **pass before Him like *bnei maron,***[20] **שֶׁנֶּאֱמַר ,,הַיֹּצֵר יַחַד לִבָּם הַמֵּבִין אֶל־כָּל־מַעֲשֵׂיהֶם" – as it is stated: *Who creates their minds together, Who understands all their deeds;***[21] **וּבְחַג נִידּוֹנִין עַל הַמַּיִם – and on the Festival** (i.e. Succos) **they are judged for the water.**[22]

Gemara Our Mishnah represents only one Tannaic view regarding the annual times of judgment for the items that it mentions (grain, fruit, etc.). The Gemara records *four* opinions on this topic, three of which disagree with the Mishnah: **אִית תַּנַּיי תָּנֵי – There is a Tanna who teaches:** **כּוּלְּהֶם נִידּוֹנִין בְּרֹאשׁ הַשָּׁנָה – ALL [MATTERS] ARE JUDGED ON ROSH HASHANAH,**

NOTES

19. Both Jews and non-Jews are included in the judgment of Rosh Hashanah. Jews are judged whether they observed the 613 commandments, while non-Jews are judged whether they observed the seven Noahide laws (see *HaKoseiv* on *Ein Yaakov* ד״ה ידין לאומים; *Yefeh Mareh* to 9a ד״ה ואת האומות בלילה).

20. The Gemara (10a) will explain what these words mean. Their sense is that God judges each person individually.

21. *Psalms* 33:15. The verse is understood to mean: On the day when He fashioned their minds (i.e. created them), which is the first of Tishrei, He understands (i.e. analyzes and judges) all their deeds (see *Ritva* 16a).

This interpretation of the verse follows R' Eliezer, who says (*Bavli* 10b) that Adam was created on the first of Tishrei. Since Adam was judged on that day for partaking of the Tree of Knowledge, it was established as a permanent day of judgment. R' Yehoshua, however, maintains that Adam was created in Nissan. In his opinion, the reason why the first of Tishrei was chosen as the day of judgment is that it falls shortly before Yom Kippur, the day of forgiveness and atonement. We shall learn below, 10a-b, that "intermediate people" (those who are neither righteous nor wicked) are judged on Rosh Hashanah but their sentence is not handed down until Yom Kippur. By designating the first of Tishrei as the day of judgment, God gives just enough time for these people to repent before their fate is sealed on Yom Kippur (*Ran* folio 3a; see *Maharsha* to 16a ד״ה תנא דבי ר׳ ישמעאל).

22. The Torah obligates us to bring the *Omer* offering, which is from the new crop of barley, on Pesach. The purpose of the *Omer* offering is to beseech God for a favorable judgment on grain. Likewise, we bring the *shtei halechem* on Shavuos to propitiate Heaven for a favorable judgment on fruit (see 10a note 19), and we pour the water libation (*nisuch hamayim*) on Succos for a favorable judgment on water (*Bavli* 16a). The timing of these mitzvos is the source for our Mishnah's statement that we are judged on Pesach for grain, on Shavuos for fruit, and on Succos for water (*Ran* folio 3a; *Pnei Moshe;* see Gemara below, 10a). [These occasions are the most appropriate times, given that grain ripens soon after Pesach, fruit ripens soon after Shavuos, and the rainy season begins soon after Succos (*Ran* ibid.; *Yefeh Mareh*).]

ר' זעירא ר' אילא ר' לעזר בשם ר' הושעיה חד אמר [א]כבר יצאו רוב גשמי שנה כולה וכבר רובה של תקופה מבחוץ. וחורנה אמר עד כאן הן חיין ממי השנה שעברה מיכן והילך הן חיין ממי השנה הבאה. ולא ידעין מאן אמר דא ומאן אמר דא. מן מה דאמר ר' יוסא ר' אילא [ב]ר' לעזר בשם ר' הושעיה כבר יצאו רוב גשמי השנה כולה וכבר רוב התקופה מבחוץ הוי ר' זעירא דו אמר עד כאן הן חיין ממי שנה שעברה מיכן והילך הן חיין ממי השנה הבאה. [ג]מעשה בר' עקיבה שלקט אתרוג [א]ונתן עליו [ב]חומרי בית שמאי וחומרי בית הלל. ולמה לי אתרוג אפילו שאר כל האילן. תני [ד]כחומרי רבן גמליאל וכחומרי ר' אליעזר. [ג]רבן גמליאל ור' ליעזר [ד]על דבית הלל אינון הווי. אמר ר' יוסה בר' בון תיפתר שחנט קודם לחמשה עשר בשבט של שנייה ונכנסה שלישית. על דעתיה [ה]דרבן גמליאל [ה]עישורי עני על
ז. דעתיה דר' אליעזר עישורי שיני. [ו]מה עשה. קרא שם על מעשר [ו][שני] שבו ופדייו ונתנו לעני: **הלכה ג מתני'** [מ"ב] [ז]בארבעה פרקים העולם נידון. [ח]בפסח על התבואה. [ט]בעצרת על פירות האילן. [א][י]ובראש השנה כל באי העולם עוברין לפניו כבני מרון שנאמר [א]היוצר יחד לבם המבין אל כל מעשיהם. [כ]ובחג נידונין על המים: **גמ'** אית תניי תני כולהם נידונין בראש השנה

פני משה

ר' זעירה ר' אילא. פליגי בטעמא דאמר ר' אלעזר בשם ר' הושעיה, מפני מה אמרו בשבט הוא ראש השנה לאילן, חד אמר דהיינו טעמא דקאמר מפני שכבר יצאו רוב גשמי שנה כולה של ימות הגשמים ועלה השרף באילנות ונמצאו הפירות חונטין מעתה: **וכבר רובה של תקופה מבחוץ.** שבשתם שנים עברו מימי תקופת טבת כמה וכמה, ורוב דקאמר לאו דוקא היא: **ואחרינא אמר.** דהיינו טעמא דקאמר ר' אלעזר מפני שעוד האילנות הן חיין ממי שנה שעברה, ומכאן ואילך כלתה הלחלוחית ממי שנה שעברה וצריכין הן לגשמים וחיין ממי השנה הבאה: **ולא ידעין וכו'.** אלא מן מה דאמר ר' יסא שמקובל הוא דר' אילא הוא דאמר דר' אליעזר בשם ר' יהושע קאמר לטעמא קמייתא, א"כ רבי זעירא הוא דאמר לטעמא בתרייתא: **מעשה בר' עקיבא שלקט אתרוג וכו'.** גרסינן להא לעיל בפ"ב דבכורים (ה"ד) וגירסא דהכא עיקרית כדפרישית שם: **חומרי בית שמאי וחומרי בית הלל.** שהיה קודם ט"ו בשבט ונהג בו שני עישורין אחד כבית שמאי לפי השנה שנתחדשה דלדידהו אחד בשבט ראש השנה, וחומרי בית הלל שעדיין לא נתחדשה השנה ועישר לפי השנה שעברה: **ולמה לי אתרוג.** אי כחומרי בית שמאי ובית הלל נהוג אפילו בשאר כל האילן אתה מוצא כן דלמר ראש השנה שלו באחד בשבט ולמר בט"ו בו, וא"כ היה צריך לנהוג כן אף בשאר פירות האילן ומאי קא משמע לן בהאי מעשה דאתרוג: **תני.** כלומר אלא כהאי תנא דתני דלא כחומרי ב"ש וב"ה היה המעשה, אלא כחומרי רבן גמליאל וכחומרי ר' אליעזר הוא דנהוג וכדתנן בבכורים שם (פ"ב מ"ו) אתרוג שוה לאילן בג' דרכים, בערלה וברבעי ובשביעית שהולכין בו אחר החנטה כבשאר כל האילן, ולירק בדרך אחד שבשעת לקיטתו עישורו דברי רבן גמליאל, ר' אליעזר אומר שוה לאילן בכל דבר, ונהוג בו שני עישורין אחד בשנת הלקיטה כרבן גמליאל ואחד בשנת החנטה כר' אליעזר: **רבן גמליאל ור' אליעזר על דב"ה אינון הוי.** בתמיה, כלומר ואם כך הוא דכרבן גמליאל ור' אליעזר הוא דעביד ונהג בו שתי עשורין א"כ דלא כבית הלל הוא דעביד, שהרי להאי מאן דאמר דכחומרי בית שמאי וב"ה הוא דעביד על כרחך היה המעשה בתחילת שבט וקודם ט"ו, והשתא להאי מאן דאמר דכרבן גמליאל וכר' אליעזר הוא דעביד, גם כן בתחילת שבט היה דהא לא פליגי הני תנאי, וא"כ למאי דנהוג שתי עישורין כרבן גמליאל וכר' אליעזר סבירא ליה לר' עקיבא דכבר נתחדשה השנה מאחד בשבט, וזה כדברי ב"ש ולא כב"ה: **תיפתר.** כב"ה וכגון שחנט קודם לט"ו בשבט של שנה שניה ונכנס לשנה שלישית ולקט אחר ט"ו בשבט, דעל דעתיה דרבן גמליאל עישורו עני כדין שנת השלישית שנוהג בו מעשר עני, ועל דעתיה דר' אליעזר עישורו מעשר שני כדין שנה שניה שחנט בו דשוה לאילן לכל דבר סבירא ליה, ונהג בו כשתיהן והכל אליבא דב"ה: **מה עשה.** במעשר עני הזה שהרי ודאי מחמת ספיקא דהלכתא הוא דעביד כך שנסתפק לו אליבא דרבן גמליאל היכי סבירא ליה, דאם לא כן היאך עביד כחומרי דתרוייהו דסתרי אהדדי, ואם ספוקי מספקא ליה מה יעשה במעשר עני דילמא הדין בו שמעשרו מעשר שני, ואפשר דלך סבירא ליה לרבן גמליאל דהלכתא כוותיה לגבי ר' אליעזר והעני הזה יאכלנו חוץ לירושלים, הילכך קאמר דלך עשה ר' עקיבא שקראו שם של מעשר שני בו ופדאו והעלה המעות לאכול בירושלים ונתנו להמעשר שהפריש לעני ואין כאן בית מיחוש כלל: **מתני' בארבעה פרקים.** בשנה העולם נידון: **בפסח על התבואה.** מה שהוא נוגע להכלל, וזה נלמד מדאמרה התורה להציבור הביאו לפני עומר בפסח כדי שאברך לכם תבואה שבשדות (בבלי טז.), שמע מינה דבפסח נידונין על התבואה: **בעצרת על פירות האילן.** מדאמרה התורה הביאו לפני שתי הלחם בעצרת כדי שאברך לכם פירות האילן (שם), וחטה עץ קרייה רחמנא דכתיב (בראשית ב יז) ומעץ הדעת טוב ורע וכמאן דאמר עץ שאכל אדם הראשון חטה היה (ברכות מ.): **בראש השנה כל באי עולם עוברין לפניו.** אחד אחד כבני מרון כבני אימרנא (בבלי יח.), כבשים הללו שמוציאין אותם בפתח קטן זה אחר זה לעשרן ואין שנים יכולין לצאת כאחד, כך עוברין לפניו כל באי העולם וגוזרין עליו אלקו מדברים הללו: **שנאמר היוצר יחד לבם.** הכי קאמר היוצר והוא הקב"ה רואה יחד לבם והוא המבין אל כל מעשיהם שאף על פי שעוברין לפניו אחד אחד, מכל מקום כולם נסקרין בסקירה אחת: **ובחג נידונין על המים.** מדאמרה התורה נסכו לפני מים בחג כדי שיתברכו לכם גשמי שנה (בבלי טז.): **גמ' אית תניי תני כולהם.** דקשיא במתניתין נידונין וכו' שגזר דין שלהם גם בראש השנה מתחתם:

קרבן העדה

ה"ג ר' זעירה ור' **אילא** וכו': **חד אמר.** לכך ראש השנה לאילנות ט"ו בשבט שכבר יצאו רוב גשמי שנה שהוא זמן רביעה ועלה השרף באילנות ונמצאו הפירות חונטין מעתה: **וכבר רובה של תקופה מבחוץ.** כלומר אע"פ שרוב התקופה מבחוץ שצריכה לבוא עוד, דהא ברוב שנים אין תקופת טבת בראש חודש טבת ונמצא שלא עברה רוב התקופה: **עד כאן.** עד ט"ו בשבט הפירות גדילין ממים שירדו בשנה שעברה, מכאן ואילך אין גדילין אלא ממים היורדין בשנה הבאה: **ולא ידעין.** מי אמר טעם זה ומי אמר טעם זה: **הוי ר' זעירה.** הוא אמר עד כאן וכו', דהא ר' אילא אמר הטעם שכבר יצאו רוב גשמי שנה וכו': **שלקט אתרוג.** פירות אילן אתרוג לקט באחד בשבט: **ונתן עליו חומרי בית שמאי וחומרי בית הלל.** נהג שני עישורין מעשר שני כשנה שנייה כבית הלל דסברי לא נתחדשה השנה עד ט"ו בשבט, ומעשר עני כשנה שלישית שהיתה שנייה נכנסת לשלישית כבית שמאי דסברי באחד בשבט נכנסת שנה שלישית: **ופריך ולמה.** נקט אתרוג, הא אפילו שאר כל האילנות נמי איכא הך ספיקא אם לקטן באחד בשבט: **ומשני תני.** לא משום ספק כבית שמאי ספק כבית הלל נהג שני עישורין, אלא משום דמספקא ליה אם הלכה כרבן גמליאל דסובר אתרוג אחר לקיטה כירק משום דדרכו ליגדל על כל מים כירק, והרי נלקט בשלישית, או כר' אליעזר דסובר דאתרוג אזלינן אחר חנטה כשאר אילנות, והרי חנט בשנייה: **ופריך רבן גמליאל [ור' אליעזר] על דבית הלל אינון הווי.** וכי פליגי רבן גמליאל ור' אליעזר על בית הלל, בתמיה, וכיון דמודים לבית הלל א"כ כשלקט באחד בשבט הרי חנטה ולקיטה היו בשנה אחד דהיינו בשנה שנייה: **שחנט קודם לט"ו שבט של שנה שנייה.** דאשתקד, ועמד האתרוג באילן עד אחד בשבט של שנה שלישית ובט"ו דאשתקד כבר נכנסה שנה שלישית, נמצא שחנט בשנייה ונלקטה בשלישית. וא' בשבט לאו דוקא הוא הדין קודם לכן, אלא מעשה שהיה כך היה: **מה עשה.** הא אמרינן המרבה במעשרות מעשרותיו מקולקלין: **ומשני קרא שם על מעשר שבו.** על שם מעשר עני ופדאו ואכל המעות בירושלים והאכיל המעשר עצמו לעניים: **מתני' בארבעה פרקים.** בשנה העולם נידון וכו': **כבני מרון.** מפרש בגמ': **שנאמר היוצר יחד לבם וכו'.** בגמ' מפרש ליה:

עין משפט

א [מיי' פ"ג מהלכות תשובה הלכה ג]:

שינויי נוסחאות

א] **ונתן עליו.** בירושלמי ביכורים (פ"ב ה"ד) **ונהג עליו.** בתוספתא שביעית (פ"ד הט"ו) ובבבלי (יד. עירובין ז. יבמות טו.) שלקט אתרוג **באחד בשבט ונהג בו:**
ב] **חומרי ב"ש וחומרי ב"ה.** בתוספתא (שם) **כדברי ב"ש וכדברי ב"ה.** בבבלי (שם) **שני עישורין אחד כדברי ב"ש ואחד כדברי ב"ה:**
ג] **רבן.** בש"ג ובירושלמי ביכורים (שם) ור"ח (יד:) **ורבן:**
ד] **על.** כ"ה גם בש"ג. בירושלמי ביכורים (שם) **לא מן.** בר"ח (שם) **לא על:**
ה] **עישורי.** בש"ג ובירושלמי ביכורים (שם) **עישורו.** בר"ח שח (שם) **מעשר.** וכן בסמוך:
ו] **שני.** כ"ה בש"ג ובירושלמי ביכורים (שם):

תורה אור השלם

א) הַיֹּצֵר יַחַד לִבָּם הַמֵּבִין אֶל כָּל מַעֲשֵׂיהֶם: (תהלים לג טו)

מראה הפנים

וכבר רובה של תקופה מבחוץ. התם בדף י"ד (ע"א) גרים ועדיין רוב התקופה מבחוץ. ופי' רש"י (ד"ה ועדיין) עדיין רוב התקופה לבא. מאי קאמר הכי קאמר אע"פ שרוב התקופה מבחוץ, הואיל ויצאו רוב גשמי שנה. ולפי גירסא דהכא וכבר וכו' אי אפשר לתרץ ולפרש כך, אלא דהאי רוב דקאמר לאו דווקא היא. ועוד דאפשר דסוגיא דהכא אזלא לדעת שהתקופה האמיתית היא קודמת לחשבון האמצעי שאנחנו חושבין וכידוע מתקופת דרב אדא ודשמואל וההפרש שביניהן, ועם כל זה נ"ל דרובה לאו דווקא הוא: **מה עשה קרא שם על מעשר שבו וכו'.** התוס' שם (יד.) ד"ה ונהג בו שני עשורין כתבו אם שני עשורין ממש הפריש לא היה מתוקן. וכתוב בהגה"ה דהמרבה במעשרות הן מקולקלין, אלא מפרש בירושלמי שהפריש מעשר אחד למעשר שני ופדאו וחלקו לעניים. ואין זה במשמע לא מהכא ולא מדהתם, דמה שהקשו דהמרבה במעשרות פירותיו מקולקלין, כמדומה שלא נמצא זה בהש"ס לומר על המרבה במיני מעשרות כן, אלא שהוא מרבה להפריש מעשר מרובה יותר מן הראוי על זה אמרו פירותיו מקולקלין, משום דהיותר מן הראוי אינו מתוקן הוא, אבל אם רוצה להרבות במיני מעשר מה קלקול יש בזה שאינו חייב במעשר עני לפי שנה זו ואעפ"כ רוצה הוא להוסיף מעשר אחד אחר שהפריש מעשר שני כהוגן וכתיקונו וליתן לעני, אלא דהקושיא כך היא מה עשה במעשר עני הזה שהפרישו אם נתנו לעני בתורת מעשר עני, והלא יאכלנו חוץ לירושלים ושמא הוא זה מעשר שני וכדין הוא דאפשר דרבן גמליאל ס"ל הכי וכדפרישית בפנים ואסור לאוכלו חוץ לירושלים בלא פדיון, וקאמר דקרא שם מעשר שני אף להמעשר עני שהפריש ופדאו ונתנו לעני דהשתא אין כאן בית מיחוש כלל דהמעשר שני שהפרישו יעלהו לירושלים או יפדהו ג"כ והמעשר עני ג"כ פדאו וחלקו לעניים:

מסורת הש"ס

א) ר"ה יד. ב) [ר"ה יד.] ג) [בכורים פ"ב ה"ד, ר"ה יד. עירובין ז., יבמות טו. תוספתא שביעית פ"ד הט"ו] ד) בכורים פ"ב ה"ד, ר"ה יד: ה) [בכורים פ"ב מ"ו, סוכה לט:, ר"ה יד:, קידושין ג: וזהר משפטים קכא. בשינוי] ו) [עי' עירובין ז. תוד"ה ונהג ור"ה יד. תוד"ה ונהג ויבמות טו. תוד"ה ונהג] ז) ר"ה טז. [פסיקתא דר"כ כד, תנחומא (ורשא) האזינו ד, מדרש אגדה דברים טז טו, זהר ויחי רכו:, זהר חדש כד:, תוספתא ר"ה פ"א הי"ב בשינוי] ח) [פסיקתא דר"כ כט ד"ה ושמחת, ילקו"ש אמור תרנד] ט) [מגילה לא:, זהר אמור לז., זהר חדש תיקונים עז:] י) [תוספתא פ"א ה"י, מדרש תהלים יז, פסיקתא זוטרתא בראשית כב יג, זהר חדש כה., ילקו"ש תהלים תשכ] כ) [תענית ב.]

שירי קרבן

שחנט קודם ט"ו בשבט. והא דפריך לעיל למה נקט אתרוג, נימא נמי מעשה שהיה כך היה, דא"כ ליתני סתמא מעשה שנהג ר' עקיבא שני עישורין. אבל השתא נקט באחד בשבט איידי דאתרוג, וטפי ניחא לן למימר הכי דמשום ספק דרבן גמליאל ור' אליעזר נהג שני עישורין דלא ידע הלכתא כמאן, מלומר משום חומרא דב"ש וב"ה, דלא עבדינן כתרי חומרא כדאיתא בבבלי (עירובין ו:), והא ודאי ידע דהלכתא כב"ה:

גליון הש"ס

קרא שם על מעשר שבו ופדייו ונתנו לעני. עי' תוס' ר"ה י"ד ע"א ד"ה ונהג, תוס' עירובין ז' ע"א ד"ה ונהג:

The Gemara answers:

אֲמַר רַבִּי יוֹסָה בְּרַבִּי בּוּן – **R' Yosah the son of R' Bun said:** תִּיפְתּוֹר שֶׁחָנַט קוֹדֶם לַחֲמִשָּׁה עָשָׂר בִּשְׁבָט שֶׁל שְׁנִיָּיה – **Interpret** the Baraisa as dealing with a case **where [the *esrog* fruits] emerged before the fifteenth of Shevat** that marked the end **of the second** year of the *shemittah* cycle, וְנִכְנְסָה שְׁלִישִׁית – **and the third** year of the tithing cycle then **arrived,** and the *esrog* was harvested almost a year later, on the first of Shevat at the *end* of the third year. עַל דַּעְתֵּיהּ דְּרַבָּן גַּמְלִיאֵל – **According to Rabban Gamliel,** who assigns the tithing year of an *esrog* by the time it is picked, עִישּׂוּרֵי עָנִי – **its tithe was *maasar ani;*** עַל דַּעְתֵּיהּ דְּרַבִּי אֱלִיעֶזֶר – **according to R' Eliezer,** who assigns the tithing year by the time the fruit emerges, עִישּׂוּרֵי שֵׁינִי – **its tithe was *maaser sheni.***[15]

The Gemara explains what R' Akivah actually did to fulfill both the possible *maaser sheni* and the possible *maasar ani* obligations for the *esrogim*:

מֶה עָשָׂה – **What did [R' Akivah] do** to the *esrog* fruit to fulfill both possible tithes?[16] קָרָא שֵׁם עַל מַעֲשֵׂר [שֵׁנִי] שֶׁבּוֹ – **He designated** a tithe to satisfy **the** possible ***maaser sheni*** obligation **that was in [the crop]**[17] וּפְדָייוֹ – **and he redeemed [this tithe]** and put aside the money to take to Jerusalem to buy food that would be eaten there. וּנְתָנוֹ לְעָנִי – **He then gave [the redeemed produce] to a poor person,** thereby satisfying the possible *maasar ani* obligation.[18]

Halachah 3

Mishnah בְּאַרְבָּעָה פְּרָקִים הָעוֹלָם נִידּוֹן – **At four junctures** of the year **the world is judged:** בְּפֶסַח עַל הַתְּבוּאָה – **on Pesach for the grain,** בַּעֲצֶרֶת עַל פֵּירוֹת הָאִילָן – **on Shavuos for the fruit of the**

NOTES

"R' *Elazar*," according to which the Mishnah and our Gemara refer to R' Elazar ben Shamua (see *Bavli Eruvin* 38b), not R' Eliezer. Alternatively, the Gemara knew that although R' Eliezer was a disciple of Beis Shammai, he adopted the opinion of Beis Hillel as regards determining the New Year for trees (*Mahara Fulda* to *Bikkurim* ad loc.). See also Schottenstein ed. of *Yerushalmi Terumos* ibid. note 7.]

15. Unlike most fruits, an *esrog* can remain on the tree for two or even three years (see *Bavli Succah* 35a). Accordingly, we can say that this incident involved *esrogim* that emerged at the very end of the second year (i.e. immediately preceding the 15th of Shevat that ended the second tithing year), but that were not picked by R' Akivah until the *following* first of Shevat, just before the end of the third year. (The third year extended until the 15th of that month.) According to R' Eliezer, we follow the emergence and assign it to the second year; according to Rabban Gamliel, we follow the picking and assign it to the third year.

It follows that R' Akivah would have separated two tithes even if he had picked the *esrogim* before the first of Shevat [i.e. if he had picked them any time after the previous 15th of Shevat, which marked the beginning of the third year]. The reason the Baraisa (as cited in *Bavli*) mentions that the *esrogim* were picked on the first of Shevat is not because this was the reason R' Akivah double-tithed the *esrogim*, but because the incident happened to occur then (*Korban HaEidah*, from *Bavli* 14b).

[*Sheyarei Korban* accordingly wonders why the Gemara above was puzzled by the Baraisa's mention of the fact that the fruit in question was an *esrog*. Why could the Gemara not have answered that the incident happened to involve an *esrog*, and that the Baraisa mentioned this although it is an irrelevant detail, just as it mentioned the irrelevant detail that the incident occurred on the first of Shevat? *Sefer Nir* answers as follows: If R' Akivah's question related only to *esrogim* (as the Gemara concludes), then it is possible that R' Akivah only once picked *esrogim* that had emerged in a different year than when he picked them. It it thus plausible that the one time he did so happened to be on the first of Shevat, and the Baraisa mentioned this detail. But if R' Akivah's question related to all fruits (because he was unsure when the New Year for fruits is), then R' Akivah undoubtedly faced the issue many times (because fruits often emerge between the first of Shevat and the 15th). The Gemara therefore wondered why the Baraisa specified the one time that R' Akivah had the question with regard to *esrogim*.]

16. He could not actually remove two tithes, designating one as *maaser sheni* and the other as *maasar ani*, because the tithe removed after *maaser rishon* automatically becomes the *maaser* that is in fact required of that year: If *maaser sheni* is required, it automatically becomes *maaser sheni*; if *maasar ani* is required, it automatically becomes *maasar ani* (see *Mahari Korkos* to *Hil. Maaser Sheni* 1:11 and *Toras Zeraim* to *Bikkurim* 2:6). Hence, if the fruit was really attributable to the third year (because *esrogim* are assigned by the year in which they are picked) then the first tithe separated (after *maaser rishon*) would automatically become *maasar ani*. Had R' Akivah designated it as *maaser sheni*, he would be taking *maasar ani* from the poor and contravening his *maasar ani* obligation. [The tithe that he designated after that as *maasar ani* could not substitute for the first tithe (the true *maasar ani*) because only a tenth of the crop can be separated as *maaser*. Since the first tithe was in fact *maasar ani*, the extra produce that comprised the "second tithe" would not become *maaser*.] Similarly, if the fruit was really attributable to the second year (because *esrogim* are assigned by the year in which they emerge) then the first tithe separated would automatically become *maaser sheni*. If R' Akivah would have designated it as *maasar ani* for the poor, he would have contravened the requirement that *maaser sheni* be eaten in Jerusalem (see *Teruas Melech* 22:1 in explanation of *Tosafos* to *Bavli* 14a ד"ה ונהג; see also *Meiri* to *Eruvin* 7a ד"ה ולעיקר and *Pnei Moshe*).

Others explain that R' Akivah could not actually remove two tithes (one as *maaser sheni* and the other as *maasar ani*) for a different reason: If, in fact, the latter separation was called for, it would not effectively permit the first tithe for consumption, inasmuch as the latter tithe was not removed on behalf of the produce in the first tithe! Thus, it would be prohibited to eat the first tithe for fear that it was untithed produce (*Mahara Fulda* ibid.; see *Meiri* ibid. and to *Rosh Hashanah* 14b ד"ה יש שואלין; see also marginal comment to *Tosafos* ibid. and *Korban HaEidah*).

Cf. *Mareh HaPanim*, *Turei Even* to *Bavli* 14a ד"ה ונהג, *Aruch LaNer* there בתוד"ה ונהג, and *Mazkeres Yerushalayim*; see also *Ritva* ad loc.

17. Elucidation follows *Rav Nissim Gaon* to *Eruvin* 7a and *Pnei Moshe*; cf. *Korban HaEidah*.

18. It cannot be that R' Akivah brought the money to Jerusalem and purchased fruit which he then distributed to the poor, because the *maasar ani* must be an actual tithe of the original produce, not substitute produce purchased with *maaser* money. However, *Ritva* to *Bavli* 14a suggests what would seem to be a plausible alternative to the one given by our Gemara: After designating a tenth as *maaser sheni*, R' Akivah perhaps took those fruits themselves to Jerusalem without redeeming them, and distributed them for the poor to eat in Jerusalem, thereby fulfilling both the *maaser sheni* obligation and the *maasar ani* obligation. See *Aruch LaNer* to *Bavli* ibid. בא"ד ופדאו for a possible reason our Gemara rejects this suggestion.

There is much discussion among the commentators as to why R' Akivah had to actually give the produce to the poor. The mere designation of the tithe suffices to remove *tevel* status from the remaining produce, leaving only the question as to whether the tithe is *maaser sheni* or *maasar ani*. Now, the basic principle of monetary law is: הַמּוֹצִיא מֵחֲבֵרוֹ עָלָיו הָרְאָיָה, *the one seeking to exact [property] from his fellow bears the burden of proof.* Since it is uncertain whether there is a *maasar ani* obligation (which would give the poor a claim to this tithe), R' Akivah should have been entitled to keep the produce (after separating it) absent any proof that there was such an obligation! Some commentators answer that R' Akivah could indeed legally have retained the produce. He gave it to the poor merely because he wished to be stringent upon himself (see *Mahari Korkos* to *Hil. Maaser Sheni* 1:11; see there for two other answers). Others suggest that הַמּוֹצִיא מֵחֲבֵרוֹ עָלָיו הָרְאָיָה cannot be applied here since the produce was, in any case, not R' Akivah's: If it was in reality *maasar ani*, it belonged to the poor; if it was in reality *maaser sheni*, it belonged to "the Most High" (*Teruas Melech* ibid. §4 and *Sfas Emes* to *Bavli* 14a). See also *Turei Even* ibid.; see further *Rambam* and *Raavad, Hil. Maaser Sheni* 1:11; *Chazon Ish, Sheviis* 7:15; and *Kehillos Yaakov, Chullin* §39.

ר' זעירא ר' אילא ר' לעזר בשם ר' הושעיה חד אמר [ה]כבר יצאו רוב גשמי שנה כולה וכבר רובה של תקופה מבחוץ. וחורנה אמר עד כאן הן חיין ממי השנה שעברה מיכן והילך הן חיין ממי השנה הבאה. ולא ידעין מאן אמר דא ומאן אמר דא. מן מה דאמר ר' יוסא ר' אילא [ו]ר' לעזר בשם ר' הושעיה כבר יצאו רוב גשמי השנה כולה וכבר רוב התקופה מבחוץ הוי ר' זעירא דו אמר עד כאן הן חיין ממי שנה שעברה מיכן והילך הן חיין ממי השנה הבאה. [ג]מעשה בר' עקיבה שלקט אתרוג [א]ונתן עליו [ב]חומרי בית שמאי וחומרי בית הלל. ולמה לי אתרוג אפילו שאר כל האילן. תני [ד]כחומרי רבן גמליאל וכחומרי ר' אליעזר. [ג]רבן גמליאל ור' ליעזר [ד]על דבית הלל אינון הווי. אמר ר' יוסה בר' בון תיפתר שחנט קודם לחמשה עשר בשבט של שנייה ונכנסה שלישית. על דעתיה [ה]דרבן גמליאל [ה]עישורי עני על ז. דעתיה דר' אליעזר עישורי שיני. [ו]מה עשה. קרא שם על מעשר [ו][שני] שבו ופדייו ונתנו לעני: הלכה ג מתני' [מ"ב] [ז]בארבעה פרקים העולם נידון. [ח]בפסח על התבואה. [ט]בעצרת על פירות האילן. [א][י]ובראש השנה כל באי העולם עוברין לפניו כבני מרון שנאמר [א]היוצר יחד לבם המבין אל כל מעשיהם. [כ]ובחג נידונין על המים: גמ' אית תניי תני כולהם נידונין בראש השנה

פני משה

ר' זעירה ר' אילא. פליגי בטעמא דאמר ר' אלעזר בשם ר' הושעיה, מפני מה אמרו בשבט הוא ראש השנה לאילן, חד אמר דהיינו טעמא דקאמר מפני שכבר יצאו רוב גשמי שנה כולה של ימות הגשמים ועלה השרף באילנות ונמצאו הפירות חונטין מעתה: וכבר רובה של תקופה מבחוץ. שבשתם שנים עברו מימי תקופת טבת כמה וכמה, ורוב דקאמר לאו דוקא היא: ואחרינא אמר. דהיינו טעמא דקאמר ר' אלעזר מפני שעוד האילנות הן חיין ממי שנה שעברה, ומכאן ואילך כלתה הלחלוחית ממי שנה שעברה וצריכין הן לגשמים וחיין ממי השנה הבאה: ולא ידעין וכו'. אלא מן מה דאמר ר' יסא שמקובל הוא דר' אילא הוא דאמר דר' אליעזר בשם ר' יהושע קאמר לטעמא קמייתא, א"כ רבי זעירא הוא דאמר לטעמא בתרייתא: מעשה בר' עקיבא שלקט אתרוג וכו'. גרסינן להא לעיל בפ"ב דבכורים (ה"ד) וגירסא דהכא עיקרית כדפרישית שם: חומרי בית שמאי וחומרי בית הלל. שהיה קודם ט"ו בשבט ונהג בו שני עישורין אחד כבית שמאי לפי השנה שנתחדשה דלדידהו אחד בשבט ראש השנה, וחומרי בית הלל שעדיין לא נתחדשה השנה ועישר לפי השנה שעברה: ולמה לי אתרוג. אי כחומרי בית שמאי ובית הלל נהוג אפילו בשאר כל האילן אתה מוצא כן דלמר ראש השנה שלו באחד בשבט ולמר בט"ו בו, וא"כ היה צריך לנהוג כן אף בשאר פירות האילן ומאי קא משמע לן בהאי מעשה דאתרוג: תני. כלומר אלא כהאי תנא דתני דלא כחומרי ב"ש וב"ה היה המעשה, אלא כחומרי רבן גמליאל וכחומרי ר' אליעזר הוא דנהוג וכדתנן בבכורים שם (פ"ב מ"ו) אתרוג שוה לאילן בג' דרכים, בערלה וברבעי ובשביעית שהולכין בו אחר החנטה כבשאר כל האילן, ולירק בדרך אחד שבשעת לקיטתו עישורו דברי רבן גמליאל, ר' אליעזר אומר שוה לאילן בכל דבר, ונהוג בו שני עישורין אחד בשנת הלקיטה כרבן גמליאל ואחד בשנת החנטה כר' אליעזר: רבן גמליאל ור' אליעזר על דב"ה אינון הוי. בתמיה, כלומר ואם כך הוא דכרבן גמליאל ור' אליעזר הוא דעביד ונהג בו שתי עשורין א"כ דלא כבית הלל הוא דעביד, שהרי להאי מאן דאמר דכחומרי בית שמאי וב"ה הוא דעביד על כרחך היה המעשה בתחילת שבט וקודם ט"ו, והשתא להאי מאן דאמר דכרבן גמליאל וכר' אליעזר הוא דעביד, גם כן בתחילת שבט היה דבהא לא פליגי הני תנאי, וא"כ למאי דנהוג שתי עישורין כרבן גמליאל וכר' אליעזר סבירא ליה לר' עקיבא דכבר נתחדשה השנה מאחד בשבט, וזה כדברי ב"ש ולא כב"ה: תיפתר. כב"ה וכגון שחנט קודם לט"ו בשבט של שנה שניה ונכנס לשנה שלישית ולקט אחר ט"ו בשבט, דעל דעתיה דרבן גמליאל עישורו עני כדין שנת השלישית שנוהג בו מעשר עני, ועל דעתיה דר' אליעזר עישורו מעשר שני כדין שנה שניה שחנט בו דשוה לאילן לכל דבר סבירא ליה, ונהג בו כשתיהן והכל אליבא דב"ה: מה עשה. במעשר עני הזה שהרי ודאי מחמת ספיקא דהלכתא הוא דעביד כך שנסתפק לו אליבא דרבן גמליאל היכי סבירא ליה, דאם לא כן היאך עביד כחומרי דתרוייהו דסתרי אהדדי, ואם ספוקי מספקא ליה מה יעשה במעשר עני דילמא הדין בו שמעשרו מעשר שני, ואפשר דכך סבירא ליה לרבן גמליאל דהלכתא כוותיה לגבי ר' אליעזר והעני הזה יאכלנו חוץ לירושלים, הילכך קאמר דכך עשה ר' עקיבא שקרא שם של מעשר שני בו ופדאו והעלה המעות לאכול בירושלים ונתנו להמעשר שהפריש לעני ואין כאן בית מיחוש כלל: מתני' בארבעה פרקים. בשנה העולם נידון: בפסח על התבואה. מה שהוא נוגע להכלל, וזה נלמד מדאמרה התורה להציבור הביאו לפני עומר בפסח כדי שאברך לכם תבואה שבשדות (בבלי טז.), שמע מינה דבפסח נידונין על התבואה: בעצרת על פירות האילן. מדאמרה התורה הביאו לפני שתי הלחם בעצרת כדי שאברך לכם פירות האילן (שם), ותטה עץ קרייה רחמנא דכתיב (בראשית ג יז) ומעץ הדעת טוב ורע וכמאן דאמר עץ שאכל אדם הראשון חטה היה (ברכות מ.): בראש השנה כל באי עולם עוברין לפניו. אחד אחד כבני מרון כבני אימרנא (בבלי יח.), כבשים הללו שמוציאין אותם בפתח קטן זה אחר זה לעשרן ואין שנים יכולין לצאת כאחד, כך עוברין לפניו כל באי העולם וגוזרין עליו חלקו מדברים הללו: שנאמר היוצר יחד לבם. הכי קאמר היוצר והוא הקב"ה רואה יחד לבם והוא המבין אל כל מעשיהם שאף על פי שעוברין לפניו אחד אחד, מכל מקום כולם נסקרין בסקירא אחת: ובחג נידונין על המים. מדאמרה התורה נסכו לפני מים בחג כדי שיתברכו לכם גשמי שנה (בבלי טז.): גמ' אית תניי תני כולהם. דקשיב במתניתין נידונין וכו' שגזר דין שלהם גם בראש השנה מתחתם:

קרבן העדה

ה"ג ר' זעירה ור' אילא וכו': חד אמר. לכך ראש השנה לאילנות ט"ו בשבט שכבר יצאו רוב גשמי שנה שהוא זמן רביעה ועלה השרף באילנות ונמצאו הפירות חונטין מעתה: וכבר רובה של תקופה מבחוץ. כלומר אע"פ שרוב התקופה מבחוץ שצריכה לבוא עוד, דהא ברוב שנים אין תקופת טבת בראש חודש טבת ונמצא שלא עברה רוב התקופה: עד כאן. עד ט"ו בשבט הפירות גדילין ממים שירדו בשנה שעברה, מכאן ואילך אינן גדילין אלא ממים היורדין בשנה הבאה: ולא ידעין. מי אמר טעם זה ומי אמר טעם זה: הוי ר' זעירה. הוא אמר עד כאן וכו', דהא ר' אילא אמר הטעם שכבר יצאו רוב גשמי שנה וכו': שלקט אתרוג. פירות אילן אתרוג לקט באחד בשבט: ונתן עליו חומרי בית שמאי וחומרי בית הלל. נהג שני עישורין מעשר שני כשנה שנייה כבית הלל דסברי לא נתחדשה השנה עד ט"ו בשבט, ומעשר עני כשנה שלישית שהיתה שנייה נכנסת לשלישית כבית שמאי דסברי באחד בשבט נכנסת שנה שלישית: ופריך ולמה. נקט אתרוג, הא אפילו שאר כל האילנות נמי איכא הך ספיקא אם לקטן באחד בשבט: ומשני תני. לא משום ספק כבית שמאי ספק כבית הלל נהג שני עישורין, אלא משום דמספקא ליה אם הלכה כרבן גמליאל דסובר אתרוג אחר לקיטה כירק משום דדרכו ליגדל על כל מים כירק, והרי נלקט בשלישית, או כר' אליעזר דסובר דאתרוג אזלינן אחר חנטה כשאר אילנות, והרי חנט בשנייה: ופריך רבן גמליאל [ור' אליעזר] על דבית הלל אינון הווי. וכי פליגי רבן גמליאל ור' אליעזר על בית הלל, בתמיה, וכיון דמודים לבית הלל א"כ כשלקט באחד בשבט הרי חנטה ולקיטה היו בשנה אחד דהיינו בשנה שנייה: שחנט קודם לט"ו שבט של שנה שנייה. דאשתקד, ועמד האתרוג באילן עד אחד בשבט של שנה שלישית ובט"ו דאשתקד כבר נכנסה שנה שלישית, נמצא שחנט בשנייה ונלקטה בשלישית. וא' בשבט לאו דוקא הוא הדין קודם לכן, אלא מעשה שהיה כך היה: מה עשה. הא אמרינן המרבה במעשרות מעשרותיו מקולקלין: ומשני קרא שם על מעשר שבו. על שם מעשר עני ופדאו ואכל המעות בירושלים והאכיל המעשר עצמו לעניים: מתני' בארבעה פרקים. בשנה העולם נידון וכו': כבני מרון. מפרש בגמ': שנאמר היוצר יחד לבם וכו'. בגמ' מפרש ליה:

עין משפט

א [מיי' פ"ג מהלכות תשובה הלכה ג]:

שינויי נוסחאות

א] ונתן עליו. בירושלמי ביכורים (פ"ב ה"ד) ונהג עליו. בתוספתא שביעית (פ"ד הט"ו) ובבבלי (יד. עירובין ז. יבמות טו.) שלקט אתרוג באחד בשבט ונהג בו:

ב] חומרי ב"ש וחומרי ב"ה. בתוספתא (שם) כדברי ב"ש וכדברי ב"ה. בבבלי (שם) שני עישורין אחד כדברי ב"ש ואחד כדברי ב"ה:

ג] רבן. בש"ג ובירושלמי ביכורים (שם) ור"ח (יד:) ורבן:

ד] על. כ"ה גם בש"ג. בירושלמי ביכורים (שם) לא מן. בר"ח (שם) לא על:

ה] עישורי. בש"ג ובירושלמי ביכורים (שם) עישורו. בר"ח שה (שם) מעשר. וכן בסמוך:

ו] שני. כ"ה בש"ג ובירושלמי ביכורים (שם):

תורה אור השלם

א) הַיֹּצֵר יַחַד לִבָּם הַמֵּבִין אֶל כָּל מַעֲשֵׂיהֶם: (תהלים לג טו)

מראה הפנים

וכבר רובה של תקופה מבחוץ. התם בדף י"ד (ע"א) גרים ועדיין רוב התקופה מבחוץ. ופי' רש"י (ד"ה ועדיין) עדיין רוב התקופה לבא. מאי קאמר הכי קאמר אע"פ שרוב התקופה מבחוץ, הואיל ויצאו רוב גשמי שנה. ולפי גירסא דהכא וכבר וכו' אי אפשר לתרץ ולפרש כך, אלא דהאי רוב דקאמר לאו דווקא היא. ועוד דאפשר דסוגיא דהכא אזלא לדעת שהתקופה האמיתית היא קודמת לחשבון האמצעי שאנחנו חושבין וכידוע מתקופת דרב אדא ודשמואל וההפרש שביניהן, ועם כל זה נ"ל דרובה לאו דווקא הוא: מה עשה קרא שם על מעשר שבו וכו'. התוס' שם (יד.) ד"ה ונהג בו שני עשורין כתבו אם שני עשורין ממש הפריש לא היה מתוקן. וכתוב בהגה"ה דהמרבה במעשרות הן מקולקלין, אלא מפרש בירושלמי שהפריש מעשר אחד למעשר שני ופדאו וחלקו לעניים. ואין זה במשמע לא מהכא ולא מדהתם, דמה שהקשו דהמרבה במעשרות פירותיו מקולקלין, כמדומה שלא נמצא זה בהש"ס לומר על המרבה במיני מעשרות כן, אלא שהוא מרבה להפריש מעשר מרובה יותר מן הראוי על זה אמרו פירותיו מקולקלין, משום דהיותר מן הראוי אינו מתוקן הוא, אבל אם רוצה להרבות במיני מעשר מה קלקול יש בזה שאינו חייב במעשר עני לפי שנה זו ואעפ"כ רוצה הוא להוסיף מעשר אחד אחר שהפריש מעשר שני כהוגן וכתיקונו וליתן לעני, אלא דהקושיא כך היא מה עשה במעשר עני הזה שהפרישו אם נתנו לעני בתורת מעשר עני, והלא יאכלנו חוץ לירושלים ושמא הוא זה מעשר שני וכדין הוא דאפשר דרבן גמליאל ס"ל הכי וכדפרישית בפנים ואסור לאוכלו חוץ לירושלים בלא פדיון, וקאמר דקרא שם מעשר שני אף להמעשר עני שהפריש ופדאו ונתנו לעני דהשתא אין כאן בית מיחוש כלל דהמעשר שני שהפרישו יעלהו לירושלים או יפדהו ג"כ והמעשר עני ג"כ פדאו וחלקו לענייס:

מסורת הש"ס

א) ר"ה יד. ב) [ר"ה יד.] ג) [בכורים פ"ב ה"ד, ר"ה יד. עירובין ז., יבמות טו. תוספתא שביעית פ"ד הט"ו] ד) בכורים פ"ב ה"ד, ר"ה יד: ה) [בכורים פ"ב מ"ו, סוכה לט., ר"ה יד:, קידושין ג: וזהר משפטים קכא. בשינוי] ו) [עי' עירובין ז. תוד"ה ונהג ור"ה יד. תוד"ה ונהג ויבמות טו. תוד"ה ונהג] ז) ר"ה טז. [פסיקתא דר"כ כד, תנחומא (ורשא) האזינו ד, מדרש אגדה דברים טז טו, זהר ויחי רכו., זהר חדש כד:, תוספתא ר"ה פ"א הי"ב בשינוי] ח) [פסיקתא דר"כ כט ד"ה ושמחת, ילקו"ש אמור תרנד] ט) [מגילה לא:, זהר אמור לז., זהר חדש תיקונים עז:] י) [תוספתא פ"א ה"י, מדרש תהלים יז, פסיקתא זוטרתא בראשית כב יג, זהר חדש כה., ילקו"ש תהלים תשכ] כ) [תענית ב.]

שירי קרבן

שחנט קודם ט"ו בשבט. והא דפריך לעיל למה נקט אתרוג, נימא נמי מעשה שהיה כך היה, דא"כ ליתני סתמא מעשה שנהג ר' עקיבא שני עישורין. אבל השתא נקט באחד בשבט איידי דאתרוג, וטפי ניחא לן למימר הכי דמשום ספק דרבן גמליאל ור' אליעזר נהג שני עישורין דלא ידע הלכתא כמאן, מלומר משום חומרא דב"ש וב"ה, דלא עבדינן כתרי חומרא כדאיתא בבבלי (עירובין ו:), והא ודאי ידע דהלכתא כב"ה:

גליון הש"ס

קרא שם על מעשר שבו ופדייו ונתנו לעני. עי' תוס' ר"ה י"ד ע"א ד"ה ונהג, תוס' עירובין ז' ע"א ד"ה ונהג:

was the one who stated the *latter* view, that Shevat is the New Year for trees because עַד כָּאן הֵן חָיִין מִמֵּי שָׁנָה שֶׁעָבְרָה – **until then, [the trees] live from the waters of the year that passed,** מִיכָּן וְהֵילָךְ הֵן חָיִין מִמֵּי הַשָּׁנָה הַבָּאָה – but **from then on, [the trees] live from the waters of the coming year.**

The Gemara cites a Baraisa that relates to the dispute between Beis Shammai and Beis Hillel:[5]

מַעֲשֶׂה בְּרַבִּי עֲקִיבָה – There was AN INCIDENT WITH R' AKIVAH, שֶׁלָּקַט אֶתְרוֹג – WHERE HE PICKED the fruit of AN ESROG TREE[6] on the first of Shevat[7] in the third year of the *shemittah* cycle,[8] וְנָתַן עָלָיו חוּמְרֵי בֵּית שַׁמַּאי וְחוּמְרֵי בֵּית הִלֵּל – AND because he was unsure of the halachah, HE SUBJECTED IT TO tithes in accordance with both THE STRINGENCIES OF BEIS SHAMMAI, who hold that the New Year for trees is on the first of Shevat, AND THE STRINGENCIES OF BEIS HILLEL, who hold that the New Year is only on the fifteenth of Shevat. He therefore separated from it *maasar ani* as is required in the third year of the *shemittah* cycle (in accordance with the view of Beis Shammai), and he also separated from it *maaser sheni* as is required in the second year of the cycle (in accordance with Beis Hillel's view).[9]

The Gemara notes a problem with this interpretation of R' Akivah's behavior:[10]

וְלָמָּה לִי אֶתְרוֹג – If R' Akivah separated two tithes because he was uncertain whether the New Year for trees is on the first of Shevat or on the fifteenth, **then why do I need** to know that the incident involved **an *esrog* tree?** אֲפִילוּ שְׁאָר כָּל הָאִילָן – The same uncertainty would have applied **even for** the fruit of **any other tree!**[11]

The Gemara therefore cites the view of another Tanna, who interpreted R' Akivah's conduct differently:

תָּנֵי – **It was** indeed **taught in a Baraisa:**[12] כְּחוּמְרֵי רַבָּן גַּמְלִיאֵל וּכְחוּמְרֵי רַבִּי אֱלִיעֶזֶר – R' Akivah separated both *maaser sheni* and *maasar ani* because he subjected the *esrog* fruit to THE STRINGENCIES OF RABBAN GAMLIEL, who assigns *esrogim* to the year in which they were picked, AND THE STRINGENCIES OF R' ELIEZER, who assigns them to the year in which they emerged. The *esrogim* had emerged in the second year of the cycle but were picked in the third year, so he gave *maaser sheni* to satisfy R' Eliezer's view, and he also gave *maasar ani* to satisfy Rabban Gamliel's view.[13]

The Gemara is puzzled by this approach as well:

רַבָּן גַּמְלִיאֵל וְרַבִּי לִיעֶזֶר עַל דְּבֵית הִלֵּל אִינוּן הֲוֵוי – But **were** not **Rabban Gamliel and R' Liezer** disciples **of the academy of Hillel?** They certainly were! Beis Hillel maintain that the new year for fruits does not begin until the fifteenth of Shevat. Accordingly, the *esrogim*, which were picked on the first of the month, were picked in the second year of the *shemittah* cycle, which is the same year in which they emerged. Thus, they would be subject to *maaser sheni* – and not *maasar ani* – according to both Rabban Gamliel and R' Eliezer![14] – ? –

NOTES

5. *Tosefta Sheviis* 4:15; see also *Bavli* 14a-b.

6. Elucidation follows *Korban HaEidah*, from *Rashi* 14a. [Had he picked just a single *esrog*, he would have been exempt from any *maaser* obligation (*Ritva* ad loc., based on Mishnah *Maasros* 3:4 [28b]; see *Derech Emunah, Beur HaHalachah, Hil. Maaser* 4:18 ד״ה כסבר and 4:15 ד״ה אוכל).]

7. *Korban HaEidah*, following the text of the Baraisa recorded in *Tosefta* ibid. and *Bavli* ibid.

8. The third year of the *shemittah* cycle had begun on Rosh Hashanah (in Tishrei). But since the year for trees does not begin until the first of Shevat according to Beis Shammai, and the 15th of Shevat according to Beis Hillel, the day on which R' Akivah picked the *esrog* fruit – the first of Shevat – was legally part of the third year only according to Beis Shammai, but it was still part of the second year (with regard to fruits) according to Beis Hillel (see *Korban HaEidah* and *Pnei Moshe*, based on *Rashi* 14a-b).

There is an important difference between second-year fruit and third-year fruit: After separating the first tithe (*maaser rishon*), one must separate a second tithe. In the second year of the *shemittah* cycle, this second tithe is known as מַעֲשֵׂר שֵׁנִי, *maaser sheni*, and it must either be taken to Jerusalem and eaten there, or be exchanged for money and the money brought to Jerusalem and used to buy food to eat there. In the third year of the cycle, however, the second tithe is known as מַעְשַׂר עָנִי, *maasar ani*; it is not taken to Jerusalem, but is instead distributed to the poor.

[Although fruit is generally classified by the year in which it emerged from the tree, and R' Akivah's *esrogim* obviously emerged long before he picked them, R' Akivah followed the view that an *esrog* differs from other fruit: Its *maaser* obligation is determined not by the date on which it emerged, but by the date on which it is *picked* (*Ritva* to *Bavli* 14a; see note 13; see also *Sefer Nir*).]

9. These were in addition to the *maaser rishon* that he definitely had to separate [since *maaser rishon* is given in every year of the cycle except for *shemittah*] (see *Rashi, Eruvin* 7a ד״ה שני עישורין).

[*Bavli* 14b explains that R' Akivah's doubt was not whether to rule like Beis Shammai or Beis Hillel. He certainly ruled like Beis Hillel – but he was unsure as to which date was the New Year according to Beis Hillel and which according to Beis Shammai! To be sure of fulfilling Beis Hillel's view, he gave both tithes.]

10. Although it was known with certainty that R' Akivah removed *maaser sheni* and *maasar ani*, there was no tradition as to *why* he did so. It was merely the speculation of later Tannaim that R' Akivah did so because he was in doubt as to whether the New Year for trees is the first of Shevat or the 15th. The Gemara challenges this assessment of R' Akivah's conduct.

11. According to the preceding Baraisa's interpretation, R' Akivah was in doubt about a general issue – whether the New Year for fruit is the first of Shevat or the 15th. He should therefore have removed two tithes for any fruit in a similar situation. Why, then, was the report transmitted that he did so with an *esrog*?

[It must be noted, however, that with regard to a fruit other than an *esrog*, the question would have related to a case where the fruit *emerged* on the first of Shevat, not in a case where it was *picked* then. (The *maaser* obligations for fruits other than an *esrog* are definitely determined by the dates on which they emerge, not by the dates on which they are picked.) The Gemara thus means to ask why R' Akivah tithed only these *esrogim* twice; he should have similarly double-tithed all other fruit that emerged between the first of Shevat and the 15th (*Mazkeres Yerushalayim, Peirush HaAruch*; see note 13; see also *Sefer Nir*; cf. *Korban HaEidah*).]

12. In *Tosefta* ibid. and *Bavli* ibid., this view is attributed to R' Yose bar Yehudah.

13. *Korban HaEidah*, from *Rashi* 14b ד״ה לא מנהג ב״ש.

The Mishnah in *Bikkurim* 2:4 (19b) cites a dispute between Rabban Gamliel and R' Eliezer regarding the stage at which an *esrog* is assigned to a year for the purposes of tithing. Rabban Gamliel maintains that an *esrog* is treated like a vegetable, and its tithing status is determined when it is picked. Thus, if an *esrog* emerged in the second year of the *shemittah* cycle and was picked in the third year, it is tithed according to the requirements of the third year (*maasar ani* is given). R' Eliezer, however, maintains that an *esrog* tree is treated like all other trees, and its *maaser* status is determined by the date on which its fruit emerged, not the date on which it was picked. Hence, in the previous example, an *esrog* that emerged in the second year of the cycle and was picked in the third year must be tithed according to the requirements of the second year (*maaser sheni* is given). [See *Yerushalmi Bikkurim* ad loc., particularly 20a note 5, for the basis of this dispute.]

14. Elucidation follows *Beur of R' Chaim Kanievski* and the wording of the parallel passage in *Bikkurim* 2:4 (20b). See *Korban HaEidah* and *Pnei Moshe* for other interpretations of our Gemara's wording to the same overall effect; see also *Alei Tamar*.

[The Gemara's assertion that R' Eliezer was a disciple of Beis Hillel is somewhat surprising, since the *Yerushalmi* elsewhere (*Sheviis* 9:6 [78a] and *Terumos* 5:2 [52a]) reports that he was a disciple of Beis Shammai! It may be that the correct reading of the Mishnah in Bikkurim is

ר' זעירא ר' אילא ר' לעזר בשם ר' הושעיה חד אמר [א]כבר יצאו רוב גשמי שנה כולה וכבר רובה של תקופה מבחוץ. וחורנה אמר עד כאן הן חיין ממי השנה שעברה מיכן והילך הן חיין ממי השנה הבאה. ולא ידעין מאן אמר דא ומאן אמר דא. מן מה דאמר ר' יסא ר' אילא [ב]ר' לעזר בשם ר' הושעיה כבר יצאו רוב גשמי השנה כולה וכבר רוב התקופה מבחוץ הוי ר' זעירא דו אמר עד כאן הן חיין ממי שנה שעברה מיכן והילך הן חיין ממי השנה הבאה. [ג]מעשה בר' עקיבה שלקט אתרוג [א]ונתן עליו [ב]חומרי בית שמאי וחומרי בית הלל. ולמה לי אתרוג אפילו שאר כל האילן. תני [ד]כחומרי רבן גמליאל וכחומרי ר' אליעזר. [ג]רבן גמליאל ור' ליעזר [ד]על דבית הלל אינון הווי. אמר ר' יוסה בר' בון תיפתר שחנט קודם לחמשה עשר בשבט של שנייה ונכנסה שלישית. על דעתיה [ה]דרבן גמליאל [ה]עישורי עני על ז. דעתיה דר' אליעזר עישורי שיני. [ו][ו]מה עשה. קרא שם על מעשר [ו][שני] שבו ופדייו ונתנו לעני: **הלכה ג מתני'** [מ"ב] [ז]בארבעה פרקים העולם נידון. [ח]בפסח על התבואה. [ט]בעצרת על פירות האילן. [א][י]ובראש השנה כל באי העולם עוברין לפניו כבני מרון שנאמר [א]היוצר יחד לבם המבין אל כל מעשיהם. [כ]ובחג נידונין על המים: **גמ'** אית תניי תני כולהם נידונין בראש השנה

פני משה

ר' זעירה ר' **אילא.** פליגי בטעמא דאמר ר' אלעזר בשם ר' הושעיה, מפני מה אמרו בשבט הוא ראש השנה לאילן, חד אמר דהיינו טעמא דקאמר מפני שכבר יצאו רוב גשמי שנה כולה של ימות הגשמים ועלה השרף באילנות ונמצאו הפירות חונטין מעתה: **וכבר רובה של תקופה** מבחוץ. שכשתם שנים עברו מימי תקופת טבת כמה וכמה, ורוב דקאמר לאו דוקא היא: **ואחרינא אמר.** דהיינו טעמא דקאמר ר' אלעזר מפני שעוד האילנות הן חיין ממי שנה שעברה, ומכאן ואילך כלתה הלחלוחית ממי שנה שעברה וצריכין הן לגשמים וחיין ממי השנה הבאה: **ולא ידעין וכו'.** אלא מן מה דאמר ר' יסא שמקובל הוא דר' אילא הוא דאמר דר' אליעזר בשם ר' יהושע קאמר לטעמא קמייתא, א"כ רבי זעירא הוא דאמר לטעמא בתרייתא: **מעשה בר' עקיבא שלקט אתרוג וכו'.** גרסינן להא לעיל בפ"ב דבכורים (ה"ד) וגירסא דהכא עיקרית כדפרישית שם: **חומרי בית שמאי וחומרי בית הלל.** שהיה קודם ט"ו בשבט ונהג בו שני עישורין אחד כבית שמאי לפי השנה שנתחדשה דלדידהו אחד בשבט ראש השנה, וחומרי בית הלל שעדיין לא נתחדשה השנה ועישר לפי השנה שעברה: **ולמה לי אתרוג.** אי כחומרי בית שמאי ובית הלל נהוג אפילו בשאר כל האילן אתה מוצא כן דלמר ראש השנה שלו באחד בשבט ולמר בט"ו בו, וא"כ היה צריך לנהוג כן אף בשאר פירות האילן ומאי קא משמע לן בהאי מעשה דאתרוג: **תני.** כלומר אלא כהאי תנא דתני דלא כחומרי ב"ש וב"ה היה המעשה, אלא כחומרי רבן גמליאל וכחומרי ר' אליעזר הוא דנהוג וכדתנן בבכורים שם (פ"ב מ"ו) אתרוג שוה לאילן בג' דרכים, בערלה וברבעי ובשביעית שהולכין בו אחר החנטה כבשאר כל האילן, ולירק בדרך אחד שבשעת לקיטתו עישורו דברי רבן גמליאל, ר' אליעזר אומר שוה לאילן בכל דבר, ונהוג בו שני עישורין אחד בשנת הלקיטה כרבן גמליאל ואחד בשנת החנטה כר' אליעזר: **רבן גמליאל ור' אליעזר על דב"ה אינון הווי.** בתמיה, כלומר ואם כך הוא דכרבן גמליאל ור' אליעזר הוא דעביד ונהג בו שתי עשורין א"כ דלא כבית הלל הוא דעביד, שהרי להאי מאן דאמר דכחומרי בית שמאי וב"ה הוא דעביד על כרחך היה המעשה בתחילת שבט וקודם ט"ו, והשתא להאי מאן דאמר דכרבן גמליאל וכר' אליעזר הוא דעביד, גם כן בתחילת שבט היה דבהא לא פליגי הני תנאי, וא"כ למאי דנהוג שתי עישורין כרבן גמליאל וכר' אליעזר סבירא ליה לר' עקיבא דכבר נתחדשה השנה מאחד בשבט, וזה כדברי ב"ש ולא כב"ה: **תיפתר.** כב"ה וכגון שחנט קודם לט"ו בשבט של שנה שניה ונכנס לשנה שלישית ולקט אחר ט"ו בשבט, דעל דעתיה דרבן גמליאל עישורו עני כדין שנת השלישית שנוהג בו מעשר עני, ועל דעתיה דר' אליעזר עישורו מעשר שני כדין שנה שניה שחנט בו דשוה לאילן לכל דבר סבירא ליה, ונהג בו כשתיהן והכל אליבא דב"ה: **מה עשה.** במעשר עני הזה שהרי ודאי מחמת ספיקא דהלכתא הוא דעביד כך שנסתפק לו אליבא דרבן גמליאל היכי סבירא ליה, דאם לא כן היאך עביד כחומרי דתרוייהו דסתרי אהדדי, ואם ספוקי מספקא ליה מה יעשה במעשר עני דילמא הדין בו שמעשרו מעשר שני, ואפשר דכך סבירא ליה לרבן גמליאל דהלכתא כוותיה לגבי ר' אליעזר והעני הזה יאכלנו חוץ לירושלים, הילכך קאמר דכך עשה ר' עקיבא שקראו שם של מעשר שני בו ופדאו והעלה המעות לאכול בירושלים ונתנו להמעשר שהפריש לעני ואין כאן בית מיחוש כלל: **מתני' בארבעה פרקים.** בשנה העולם נידון: **בפסח על התבואה.** מה שהוא נוגע להכלל, וזה נלמד מדאמרה התורה להציבור הביאו לפני עומר בפסח כדי שאברך לכם תבואה שבשדות (בבלי טז.), שמע מינה דבפסח נידונין על התבואה: **בעצרת על פירות האילן.** מדאמרה התורה הביאו לפני שתי הלחם בעצרת כדי שאברך לכם פירות האילן (שם), וחטה עץ קרייה רחמנא דכתיב (בראשית ב יז) ומעץ הדעת טוב ורע וכמאן דאמר עץ שאכל אדם הראשון חטה היה (ברכות מ.): **בראש השנה כל באי עולם עוברין לפניו.** אחד אחד כבני מרון כבני אימרנא (בבלי יח.), כבשים הללו שמוציאין אותם בפתח קטן זה אחר זה לעשרן ואין שנים יכולין לצאת כאחד, כך עוברין לפניו כל באי העולם וגוזרין עליו אלקו מדברים הללו: **שנאמר היוצר יחד לבם.** הכי קאמר היוצר והוא הקב"ה רואה יחד לבם והוא המבין אל כל מעשיהם שאף על פי שעוברין לפניו אחד אחד, מכל מקום כולם נסקרין בסקירה אחת: **ובחג נידונין על המים.** מדאמרה התורה נסכו לפני מים בחג כדי שיתברכו לכם גשמי שנה (בבלי טז.): **גמ' אית תניי תני כולהם.** דקשיא במתניתין נידונין וכו' שגזר דין שלהם גם בראש השנה מתחתם:

קרבן העדה

ה"ג ר' זעירה ור' **אילא** וכו': **חד אמר.** לכך ראש השנה לאילנות ט"ו בשבט שכבר יצאו רוב גשמי שנה שהוא זמן רביעה ועלה השרף באילנות ונמצאו הפירות חונטין מעתה: **וכבר רובה של** תקופה מבחוץ. כלומר אע"פ שרוב התקופה מבחוץ שצריכה לבוא עוד, דהא ברוב שנים אין תקופת טבת בראש חודש טבת ונמצא שלא עברה רוב התקופה: **עד כאן.** עד ט"ו בשבט הפירות גדילין ממים שירדו בשנה שעברה, מכאן ואילך אין גדילין אלא ממים היורדין בשנה הבאה: **ולא ידעין.** מי אמר טעם זה ומי אמר טעם זה: הוי ר' זעירה. הוא אמר עד כאן וכו', דהא ר' אילא אמר הטעם שכבר יצאו רוב גשמי שנה וכו': **שלקט אתרוג.** פירות אילן אתרוג לקט באחד בשבט: **ונתן עליו חומרי בית שמאי וחומרי בית הלל.** נהג שני עישורין מעשר שני כשנה שנייה כבית הלל דסברי לא נתחדשה השנה עד ט"ו בשבט, ומעשר עני כשנה שלישית שהיתה שנייה נכנסת לשלישית כבית שמאי דסברי באחד בשבט נכנסת שנה שלישית: **ופריך ולמה.** נקט אתרוג, הא אפילו שאר כל האילנות נמי איכא הך ספיקא אם לקטן באחד בשבט: **ומשני תני.** לא משום ספק כבית שמאי ספק כבית הלל נהג שני עישורין, אלא משום דמספקא ליה אם הלכה כרבן גמליאל דסובר אתרוג אחר לקיטה כירק משום דדרכו ליגדל על כל מים כירק, והרי נלקט בשלישית, או כר' אליעזר דסובר דאתרוג אזלינן אחר חנטה כשאר אילנות, והרי חנט בשנייה: **ופריך רבן גמליאל [ור' אליעזר]** על דבית הלל אינון הווי. וכי פליגי רבן גמליאל ור' אליעזר על בית הלל, בתמיה, וכיון דמודים לבית הלל א"כ כשלקט באחד בשבט הרי חנטה ולקיטה היו בשנה אחד דהיינו בשנה שנייה: **שחנט קודם לט"ו שבט של שנה שנייה.** דאשתקד, ועמד האתרוג באילן עד אחד בשבט של שנה שלישית ובט"ו דאשתקד כבר נכנסה שנה שלישית, נמצא שחנט בשנייה ולקטה בשלישית. וא' בשבט לאו דוקא הוא הדין קודם לכן, אלא מעשה שהיה כך היה: **מה עשה.** הא אמרינן המרבה במעשרות מעשרותיו מקולקלין: **ומשני קרא שם על מעשר שבו.** על שם מעשר עני ופדאו ואכל המעות בירושלים והאכיל המעשר עצמו לעניים: **מתני' בארבעה פרקים.** בשנה העולם נידון וכו': **כבני מרון.** מפרש בגמ': **שנאמר היוצר יחד לבם וכו'.** בגמ' מפרש ליה:

עין משפט

א [מיי' פ"ג מהלכות תשובה הלכה ג]:

שינויי נוסחאות

א] **ונתן עליו.** בירושלמי ביכורים (פ"ב ה"ד) **ונהג עליו.** בתוספתא שביעית (פ"ד הט"ו) ובבבלי (יד. עירובין ז. יבמות טו.) שלקט אתרוג **באחד בשבט ונהג בו:**

ב] **חומרי ב"ש וחומרי ב"ה.** בתוספתא (שם) **כדברי ב"ש וכדברי ב"ה.** בבבלי (שם) **שני עישורין אחד כדברי ב"ש ואחד כדברי ב"ה:**

ג] **רבן.** בש"ג ובירושלמי ביכורים (שם) ור"ח (יד:) **ורבן:**

ד] **על.** כ"ה גם בש"ג. בירושלמי ביכורים (שם) **לא מן.** בר"ח (שם) **לא על:**

ה] **עישורי.** בש"ג ובירושלמי ביכורים (שם) **עישורו.** בר"ח שם (שם) **מעשר.** וכן בסמוך:

ו] **שני.** כ"ה בש"ג ובירושלמי ביכורים (שם):

תורה אור השלם

א) הַיֹּצֵר יַחַד לִבָּם הַמֵּבִין אֶל כָּל מַעֲשֵׂיהֶם: (תהלים לג טו)

מראה הפנים

וכבר רובה של תקופה מבחוץ. התם בדף י"ד (ע"א) גרים ועדיין רוב התקופה מבחוץ. ופי' רש"י (ד"ה ועדיין) עדיין רוב התקופה לבא. מאי קאמר הכי קאמר אע"פ שרוב התקופה מבחוץ, הואיל ויצאו רוב גשמי שנה. ולפי גירסא דהכא וכבר וכו' אי אפשר לתרץ ולפרש כך, אלא דהאי רוב דקאמר לאו דווקא היא. ועוד דאפשר דסוגיא דהכא אזלא לדעת שהתקופה האמיתית היא קודמת לחשבון האמצעי שאנחנו חושבין וכידוע מתקופת דרב אדא ודשמואל וההפרש שביניהן, ועם כל זה נ"ל דרובה לאו דווקא הוא: **מה עשה קרא שם על מעשר שבו וכו'.** התוס' שם (יד.) ד"ה ונהג בו שני עשורין כתבו אם שני עשורין ממש הפריש לא היה מתוקן. וכתוב בהגה"ה דהמרבה במעשרות הן מקולקלין, אלא מפרש בירושלמי שהפריש מעשר אחד למעשר שני ופדאו וחלקו לעניים. ואין זה במשמע לא מהכא ולא מדהתם, דמה שהקשו דהמרבה במעשרות פירותיו מקולקלין, כמדומה שלא נמצא זה בהש"ם לומר על המרבה במיני מעשרות כן, אלא שהוא מרבה להפריש מעשר מרובה יותר מן הראוי על זה אמרו פירותיו מקולקלין, משום דהיותר מן הראוי אינו מתוקן הוא, אבל אם רוצה להרבות במיני מעשר מה קלקול יש בזה שאינו חייב במעשר עני לפי שנה זו ואעפ"כ רוצה הוא להוסיף מעשר אחד אחר שהפריש מעשר שני כהוגן וכתיקונו וליתן לעני, אלא דהקושיא כך היא מה עשה במעשר עני הזה שהפרישו אם נתנו לעני בתורת מעשר עני, והלא יאכלנו חוץ לירושלים ושמא הוא זה מעשר שני וכדין הוא דאפשר דרבן גמליאל ס"ל הכי וכדפרישית בפנים ואסור לאוכלו חוץ לירושלים בלא פדיון, וקאמר דקרא שם מעשר שני אף להמעשר עני שהפריש ופדאו ונתנו לעני דהשתא אין כאן בית מיחוש כלל דהמעשר שני שהפרישו יעלהו לירושלים או יפדהו ג"כ והמעשר עני ג"כ פדאו וחלקו לעניים:

מסורת הש"ם

א) ר"ה יד. ב) [ר"ה יד.] ג) [בכורים פ"ב ה"ד, ר"ה יד. עירובין ז., יבמות טו. תוספתא שביעית פ"ד הט"ו] ד) בכורים פ"ב ה"ד, ר"ה יד: ה) [בכורים פ"ב מ"ו, סוכה לט., ר"ה יד:, קידושין ב: וזהר משפטים קכא. בשינוי] ו) [עי' עירובין ז. תוד"ה ונהג ור"ה יד. תוד"ה ונהג ויבמות טו. תוד"ה ונהג] ז) ר"ה טז. [פסיקתא דר"כ כד, תנחומא (ורשא) האזינו ד, מדרש אגדה דברים טז טו, זהר ויחי רכו:, זהר חדש כד:, תוספתא ר"ה פ"א הי"ב בשינוי] ח) [פסיקתא דר"כ כט ד"ה ושמחת, ילקו"ש אמור תרנד] ט) [מגילה לא:, זהר אמור לז., זהר חדש תיקונים עז:] י) [תוספתא פ"א ה"י, מדרש תהלים יז, פסיקתא זוטרתא בראשית כב יג, זהר חדש כה., ילקו"ש תהלים תשכ] כ) [תענית ב.]

שירי קרבן

שחנט קודם ט"ו בשבט. והא דפריך לעיל למה נקט אתרוג, נימא נמי מעשה שהיה כך היה, דא"כ ליתני סתמא מעשה שנהג ר' עקיבא שני עישורין. אבל השתא נקט באחד בשבט איידי דאתרוג, ומפי ניחא לן למימר הכי דמשום ספק דרבן גמליאל ור' אליעזר נהג שני עישורין דלא ידע הלכתא כמאן, מלומר משום חומרא דב"ש וב"ה, דלא עבדינן כתרי חומרא כדאיתא בבבלי (עירובין ו:), והא ודאי ידע דהלכתא כב"ה:

גליון הש"ם

קרא שם על מעשר שבו ופדייו ונתנו לעני. עי' תוס' ר"ה י"ד ע"א ד"ה ונהג, תוס' עירובין ז' ע"א ד"ה ונהג:

The Mishnah stated that the New Year for trees is on either the first of Shevat (according to Beis Shammai) or the fifteenth of Shevat (according to Beis Hillel). The Gemara explains the reason these dates were chosen:[1]

רַבִּי זְעִירָא רַבִּי אִילָא רַבִּי לְעָזָר בְּשֵׁם רַבִּי הוֹשַׁעְיָה – R' Z'eira and **R' I'la** debated the matter, and each one cited **R' Lazar in the name of R' Hoshayah: חַד אֲמַר – One** of them **said** in the name of R' Lazar in the name of R' Hoshayah: **כְּבָר יָצְאוּ רוֹב גִּשְׁמֵי שָׁנָה כּוּלָּהּ** – The New Year for trees is in Shevat because **most of the rain** days **of the entire year have already passed** by this time[2] **וּכְבָר רוּבָּהּ שֶׁל תְּקוּפָה מִבַּחוּץ – and most of the** winter **season is yet to come.**[3] **וְחוּרְנָה אֲמַר – And the other one said** in the name of R' Lazar in the name of R' Hoshayah: **עַד כָּאן הֵן חָיִין מִמֵּי הַשָּׁנָה שֶׁעָבְרָה** – Shevat is the New Year for trees because **until then, [the trees] live from the waters of the year that passed**, i.e. from the rain that fell in the previous year (before Tishrei), **מִיכָּן וְהֵילָךְ הֵן חָיִין מִמֵּי הַשָּׁנָה הַבָּאָה** – but **from then** [Shevat] **on, [the trees] live from the waters of the coming year**, i.e. from the rain that fell after the first of Tishrei.[4]

The Gemara reported that R' Z'eira and R' I'la each advocated one of these views. The Gemara now identifies which Amora held which view:

וְלָא יָדְעִין מַאן אֲמַר דָּא וּמַאן אֲמַר דָּא – At first, **we did not know who said this** reason **and who said that** reason. **מִן מַה דַּאֲמַר רַבִּי יַסָּא רַבִּי אִילָא רַבִּי לְעָזָר בְּשֵׁם רַבִּי הוֹשַׁעְיָה** – But **from that which R' Yassa said,** that **R' I'la** quoted **R' Lazar** as saying **in the name of R' Hoshayah** that the New Year for trees is in Shevat because **כְּבָר יָצְאוּ רוֹב גִּשְׁמֵי הַשָּׁנָה כּוּלָּהּ – most of the rain** days **of the entire year have already passed** by this time **וּכְבָר רוֹב הַתְּקוּפָה מִבַּחוּץ – and most of the** winter **season is yet to come**, i.e. R' Yassa reported that it was R' I'la who expressed the *first* view stated above, **הָוֵי רַבִּי זְעִירָא דּוּ אֲמַר – perforce, R' Z'eira**

NOTES

1. The Baraisa (cited on 8a) derived from Scripture that the *orlah* prohibition extends past Rosh Hashanah. It is evident from this that the New Year for trees, unlike the New Year for most produce, is not on the first of Tishrei. But how do we know that it is in Shevat? (see *Tosafos* to *Bavli* 14a ד״ה באחד בשבט; see also *Pnei Yehoshua* there and note 4 below).

The Gemara here addresses the views of both Beis Shammai and Beis Hillel (see *Tosafos* ibid.; see next note).

2. [In Eretz Yisrael, rain does not fall throughout the year, only during a rainy season that lasts from midautumn through winter. The rains that fall in the first half of the season are what generate the growth of the new crop.] These rains cause the sap to rise in the trees, and it is this that produces the new fruits. Hence, once the first half of the rainy season has passed, the new fruits begin to emerge (*Korban HaEidah* and *Pnei Moshe*, from *Rashi* 14a ד״ה הואיל). Since Shevat is when the new crop of fruits emerges, Shevat is the natural beginning of the year for trees (*Kehillos Yaakov, Rosh Hashanah* §14 ד״ה והנראה; see *Meiri* to *Bavli* 2a ד״ה באחד בשבט and *Chazon Ish, Sheviis* 7:11).

The rainy season begins in Eretz Yisrael on the 17th of Marcheshvan (see *Bavli Taanis* 6a and *Yerushalmi Taanis* 1:3) and continues until the end of Nissan (see Mishnah *Taanis* 1:8; *Bavli* ibid. 12b). From the 17th of Marcheshvan to the 15th of Shevat is nearly three months. What remains of the rainy season, from the 15th of Shevat until the end of Nissan, is just two and a half months. Thus, by the 15th of Shevat most of the rainy season has passed (*Rabbeinu Chananel* to *Bavli* 14a). [This calculation works for Beis Hillel but not for Beis Shammai, who place the New Year on the *first* of Shevat. It is thus not clear what the basis of Beis Shammai's position is. Possibly, the Gemara means that most of the rain falls by the first of Shevat, so Beis Shammai place the New Year then. Alternatively, *Pnei Yehoshua* to *Bavli* 14a ד״ה באחד בשבט suggests as follows: The Gemara above (on 7b) stated a principle that a month may not be divided between two years, i.e. that a New Year may not fall in the middle of a month. The Gemara there noted that this poses a difficulty for Beis Hillel, according to whom the New Year for trees falls in the middle of Shevat. (See 8a note 2 for a possible answer.) It is thus understood that Beis Shammai in fact refuse to place the New Year in the middle of Shevat and instead make it earlier, on the first of Shevat. See *Pnei Yehoshua* ibid. further for yet another approach.]

3. [Literally: is already on the outside.] The winter season generally begins sometime in Teves [and continues for three months, into the beginning of Nissan]. Hence, on the 15th of Shevat most of the season is yet to come (*Korban HaEidah*).

Bavli 14a wonders why the fact that most of the winter season is yet to come should be a reason to set the New Year in Shevat. If anything, it should indicate that it is not yet the time for the new fruits to emerge, so this should be a reason to defer the New Year to a later date! *Bavli* therefore explains that R' Hoshayah (called R' Oshaya there) actually meant to say that *even though* most of the winter season is yet to come, the New Year is *nonetheless* in Shevat, because most of the rain days of the year have already passed. That is, the passage of more than half of the rain days is more significant than how much of the winter season has passed. *Korban HaEidah* here contends that *Yerushalmi* means this as well.

Mareh HaPanim, however, notes that although this explanation fits the wording of R' Hoshayah as cited in *Bavli* (וַעֲדַיִין רוֹב תְּקוּפָה מִבַּחוּץ, *and most of the season is **yet** on the outside*), it does not fit his wording as cited here (וּכְבָר רוּבָּהּ שֶׁל תְּקוּפָה מִבַּחוּץ, which literally means *and most of the season is **already** on the outside*). On the other hand, *Mareh HaPanim* notes, the Gemara clearly cannot mean that the majority of the winter is over by the 15th of Shevat, since the winter season begins only sometime during Teves. He therefore explains (in *Pnei Moshe*) that our Gemara actually means that *much* of the winter season – i.e. a significant amount of the winter – has already passed, and that this is enough to set the New Year for trees [because this is when the fruit in fact begins to emerge]. (The term רוּבָּהּ here does not mean literally *most*, but *a significant amount* of the season.) For further discussion, see *Yefei Einayim* to *Bavli* 14a ד״ה ועדיין and *Alei Tamar*.

4. Fruits [that emerge] before the 15th of Shevat are the product of the previous year's rains [and are therefore deemed to be from last year's crop], whereas fruits [that emerge] after the 15th of Shevat are the product of the current year's rains [and are consequently deemed to be from this year's crop] (*Korban HaEidah*; see *Tosafos* to *Bavli* 14a ד״ה באחד and *Ran* folio 2b ד״ה והא דאמרי׳).

[Of course, trees receive sustenance from newly fallen rain even before the 15th of Shevat. The Gemara means that they *also* benefit from last year's rains early in the year. After the 15th of Shevat, however, the previous year's rains have been depleted, and the tree is sustained *only* from this year's rains (*Chazon Ish, Sheviis* 7:13 ד״ה בירו׳).]

According to this reason, the New Year for trees is actually the first of Tishrei. However, the criterion for assigning a fruit to a year is not whether the fruit *grew* before this date or after, but whether the fruit is *attributable to rain that fell* before this date or after. In practice, therefore, Shevat serves as the New Year, because whether a fruit emerges before the 15th of Shevat or after indicates whether the rain that produced it fell before the first of Tishrei or after (see *Ran* ibid.; *Turei Even* 14a ד״ה הואיל; *Sefer Nir* above, Halachah 1:1 ד״ה אין תאמר בחנוט; and *Beur of R' Chaim Kanievski*; cf. *Chazon Ish* ibid.). By contrast, according to the first reason (that most of the rain days of the year occur before the 15th of Shevat), the 15th of Shevat is the New Year in and of itself. See *Kehillos Yaakov* §14 for practical differences between the two reasons given by the Gemara, and see also *Panim Me'iros* §159.

[At any rate, *Chidushei HaRan* to *Bavli* 14a argues that the Gemara's logic suffices to establish the New Year for trees in Shevat only because the *maaser* obligation for fruits is Rabbinic. He therefore contends that with regard to olives and grapes, whose *maaser* obligations are Biblical, the New Year is in fact not in Shevat but on the first of Tishrei! However, *Rambam* maintains that the *maaser* obligation for all trees is Biblical (see *Hil. Terumos* 2:1 with *Derech Emunah*), yet he agrees that Shevat is the New Year for trees (*Hil. Maaser Sheni* 1:2). Evidently, *Rambam* maintains that the Gemara's logic establishes the New Year in Shevat even with regard to Biblical obligations. Likewise, *Ritva* 12b ד״ה והא דקתני תבואה explicitly asserts that Shevat is the New Year for fruits under Biblical law, and he explains that "the Torah put it in the hands of the Sages to determine these matters, just as it did many matters" that the Torah did not specify. See *Turei Even* ibid., *Pnei Yehoshua* to *Bavli* 14a בגמרא באחד בשבט ובתוד״ה באחד בשבט, and *Teruas Melech* 21:2 for further discussion.]

ר' זעירא ר' אילא ר' לעזר בשם ר' הושעיה חד אמר [א]כבר יצאו רוב גשמי שנה כולה וכבר רובה של תקופה מבחוץ. וחורנה אמר עד כאן הן חיין ממי השנה שעברה מיכן והילך הן חיין ממי השנה הבאה. ולא ידעין מאן אמר דא ומאן אמר דא. מן מה דאמר ר' יסא ר' אילא [ב]ר' לעזר בשם ר' הושעיה כבר יצאו רוב גשמי השנה כולה וכבר רוב התקופה מבחוץ הוי ר' זעירא דו אמר עד כאן הן חיין ממי שנה שעברה מיכן והילך הן חיין ממי השנה הבאה. [ג]מעשה בר' עקיבה שלקט אתרוג [א]ונתן עליו [ב]חומרי בית שמאי וחומרי בית הלל. ולמה לי אתרוג אפילו שאר כל האילן. תני [ד]כחומרי רבן גמליאל וכחומרי ר' אליעזר. [ג]רבן גמליאל ור' ליעזר [ד]על דבית הלל אינון הווי. אמר ר' יוסה בר' בון תיפתר שחנט קודם לחמשה עשר בשבט של שנייה ונכנסה שלישית. על דעתיה [ה]דרבן גמליאל [ה]עישורי עני על
ז. דעתיה דר' אליעזר עישורי שיני. [ו]מה עשה. קרא שם על מעשר [ו][שני] שבו ופדייו ונתנו לעני:

הלכה ג מתני' [מ"ב] [ז]בארבעה פרקים העולם נידון. [ח]בפסח על התבואה. [ט]בעצרת על פירות האילן. [י]ובראש השנה כל באי העולם עוברין לפניו כבני מרון שנאמר [א]היוצר יחד לבם המבין אל כל מעשיהם. [כ]ובחג נידונין על המים: **גמ'** אית תניי תני כולהם נידונין בראש השנה

פני משה

ר' זעירה ר' **אילא**. פליגי בטעמא דאמר ר' אלעזר בשם ר' הושעיה, מפני מה אמרו בשבט הוא ראש השנה לאילן, חד אמר דהיינו טעמא דקאמר מפני שכבר יצאו רוב גשמי שנה כולה של ימות הגשמים ועלה השרף באילנות ונמצאו הפירות חונטין מעתה: **וכבר רובה של תקופה מבחוץ**. שבשתא שנים עברו מימי תקופת טבת כמה וכמה, ורוב דקאמר לאו דוקא היא: **ואחרינא אמר**. דהיינו טעמא דקאמר ר' אלעזר מפני שעוד האילנות הן חיין ממי שנה שעברה, ומכאן ואילך כלתה הלחלוחית ממי שנה שעברה וצריכין הן לגשמים וחיין ממי השנה הבאה: **ולא ידעין וכו'**. אלא מן מה דאמר ר' יסא שמקובל הוא דר' אילא הוא דאמר דר' אליעזר בשם ר' יהושע קאמר לטעמא קמייתא, א"כ רבי זעירא הוא דאמר לטעמא בתרייתא: **מעשה בר' עקיבא שלקט אתרוג וכו'**. גרסינן להא לעיל בפ"ב דבכורים (ה"ד) וגירסא דהכא עיקרית כדפרישית שם: **חומרי בית שמאי וחומרי בית הלל**. שהיה קודם ט"ו בשבט ונהג בו שני עישורין אחד כבית שמאי לפי השנה שנתחדשה דלדידהו אחד בשבט ראש השנה, וחומרי בית הלל שעדיין לא נתחדשה השנה ועישר לפי השנה שעברה: **ולמה לי אתרוג**. אי כחומרי בית שמאי ובית הלל נהוג אפילו בשאר כל האילן אתה מוצא כן דלמר ראש השנה שלו באחד בשבט ולמר בט"ו בו, וא"כ היה צריך לנהוג כן אף בשאר פירות האילן ומאי קא משמע לן בהאי מעשה דאתרוג: **תני**. כלומר אלא כהאי תנא דתני דלא כחומרי ב"ש וב"ה היה המעשה, אלא כחומרי רבן גמליאל וכחומרי ר' אליעזר הוא דנהוג וכדתנן בבכורים שם (פ"ב מ"ו) אתרוג שוה לאילן בג' דרכים, בערלה וברבעי ובשביעית שהולכין בו אחר החנטה כבשאר כל האילן, ולירק בדרך אחד שבשעת לקיטתו עישורו דברי רבן גמליאל, ר' אליעזר אומר שוה לאילן בכל דבר, ונהוג בו שני עישורין אחד בשנת הלקיטה כרבן גמליאל ואחד בשנת החנטה כר' אליעזר: **רבן גמליאל ור' אליעזר על דב"ה אינון הוי**. בתמיה, כלומר ואם כך הוא דכרבן גמליאל ור' אליעזר הוא דעביד ונהג בו שתי עשורין א"כ דלא כבית הלל הוא דעביד, שהרי להאי מאן דאמר דכחומרי בית שמאי וב"ה הוא דעביד על כרחך היה המעשה בתחילת שבט וקודם ט"ו, והשתא להאי מאן דאמר דכרבן גמליאל וכר' אליעזר הוא דעביד, גם כן בתחילת שבט היה דהא לא פליגי הני תנאי, וא"כ למאי דנהוג שתי עישורין כרבן גמליאל וכר' אליעזר סבירא ליה לר' עקיבא דכבר נתחדשה השנה מאחד בשבט, וזה כדברי ב"ש ולא כב"ה: **תיפתר**. כב"ה וכגון שחנט קודם לט"ו בשבט של שנה שניה ונכנס לשנה שלישית ולקט אחר ט"ו בשבט, דעל דעתיה דרבן גמליאל עישורו עני כדין שנת השלישית שנוהג בו מעשר עני, ועל דעתיה דר' אליעזר עישורו מעשר שני כדין שנה שניה שחנט בו דשוה לאילן לכל דבר סבירא ליה, ונהג בו כשתיהן והכל אליבא דב"ה: **מה עשה**. במעשר עני הזה שהרי ודאי מחמת ספיקא דהלכתא הוא דעביד כך שנסתפק לו אליבא דרבן גמליאל היכי סבירא ליה, דאם לא כן היאך עביד כחומרי דתרוייהו דסתרי אהדדי, ואם ספוקי מספקא ליה מה יעשה במעשר עני דילמא הדין בו שמעשרו מעשר שני, ואפשר דכך סבירא ליה לרבן גמליאל דהלכתא כוותיה לגבי ר' אליעזר והעני הזה יאכלנו חוץ לירושלים, הילכך קאמר דכך עשה ר' עקיבא שקראו שם של מעשר שני בו ופדאו והעלה המעות לאכול בירושלים ונתנו להמעשר שהפריש לעני ואין כאן בית מיחוש כלל: **מתני' בארבעה פרקים**. בשנה העולם נידון: **בפסח על התבואה**. מה שהוא נוגע להכלל, וזה נלמד מדאמרה התורה להביאו לפני עומר בפסח כדי שאברך לכם תבואה שבשדות (בבלי טז.), שמע מינה דבפסח נידונין על התבואה: **בעצרת על פירות האילן**. מדאמרה התורה הביאו לפני שתי הלחם בעצרת כדי שאברך לכם פירות האילן (שם), וחטה עץ קרייה רחמנא דכתיב (בראשית ב יז) ומעץ הדעת טוב ורע וכמאן דאמר עץ שאכל אדם הראשון חטה היה (ברכות מ.): **בראש השנה כל באי עולם עוברין לפניו**. אחד אחד כבני מרון כבני אימרנא (בבלי יח.), כבשים הללו שמוציאין אותם בפתח קטן זה אחר זה לעשרן ואין שנים יכולין לצאת כאחד, כך עוברין לפניו כל באי העולם וגוזרין עליו חלקו מלדברים הללו: **שנאמר היוצר יחד לבם**. הכי קאמר היוצר והוא הקב"ה רואה יחד לבם והוא המבין אל כל מעשיהם שאף על פי שעוברין לפניו אחד אחד, מכל מקום כולם נסקרין בסקירה אחת: **ובחג נידונין על המים**. מדאמרה התורה נסכו לפני מים בחג כדי שיתברכו לכם גשמי שנה (בבלי טז.): **גמ' אית תניי תני כולהם**. דקתני במתניתין נידונין וכו' שגזר דין שלהם גם בראש השנה מתחתם:

קרבן העדה

ה"ג ר' זעירה ור' **אילא וכו'**: **חד אמר**. לכך ראש השנה לאילנות ט"ו בשבט שכבר יצאו רוב גשמי שנה שהוא זמן רביעה ועלה השרף באילנות ונמצאו הפירות חונטין מעתה: **וכבר רובה של תקופה מבחוץ**. כלומר אע"פ שרוב התקופה מבחוץ שצריכה לבוא עוד, דהא ברוב שנים אין תקופת טבת בראש חודש טבת ונמצא שלא עברה רוב התקופה: **עד כאן**. עד ט"ו בשבט הפירות גדילין ממים שירדו בשנה שעברה, מכאן ואילך אין גדילין אלא ממים היורדין בשנה הבאה: **ולא ידעין**. מי אמר טעם זה ומי אמר טעם זה: **הוי ר' זעירה**. הוא אמר עד כאן וכו', דהא ר' אילא אמר הטעם שכבר יצאו רוב גשמי שנה וכו': **שלקט אתרוג**. פירות אילן אתרוג לקט באחד בשבט: **ונתן עליו חומרי בית שמאי וחומרי בית הלל**. נהג שני עישורין מעשר שני כשנה שנייה כבית הלל דסברי לא נתחדשה השנה עד ט"ו בשבט, ומעשר עני כשנה שלישית שהיתה שנייה נכנסת לשלישית כבית שמאי דסברי באחד בשבט נכנסת שנה שלישית: **ופריך ולמה**. נקט אתרוג, הא אפילו שאר כל האילנות נמי איכא הך ספיקא אם לקטן באחד בשבט: **ומשני תני**. לא משום ספק כבית שמאי ספק כבית הלל נהג שני עישורין, אלא משום דמספקא ליה אם הלכה כרבן גמליאל דסובר אתרוג אחר לקיטה כירק משום דדרכו ליגדל על כל מים כירק, והרי נלקט בשלישית, או כר' אליעזר דסובר דאתרוג אזלינן אחר חנטה כשאר אילנות, והרי חנט בשנייה: **ופריך רבן גמליאל [ור' אליעזר] על דבית הלל אינון הווי**. וכי פליגי רבן גמליאל ור' אליעזר על בית הלל, בתמיה, וכיון דמודים לבית הלל א"כ כשלקט באחד בשבט הרי חנטה ולקיטה היו בשנה אחד דהיינו בשנה שנייה: **שחנט קודם לט"ו שבט של שנה שנייה**. דאשתקד, ועמד האתרוג באילן עד אחד בשבט של שנה שלישית ובט"ו דאשתקד כבר נכנסה שנה שלישית, נמצא שחנט בשנייה ונלקטה בשלישית. וא' בשבט לאו דוקא הוא הדין קודם לכן, אלא מעשה שהיה כך היה: **מה עשה**. הא אמרינן המרבה במעשרות מעשרותיו מקולקלין: **ומשני קרא שם על מעשר שבו**. על שם מעשר עני ופדאו ואכל המעות בירושלים והאכיל המעשר עצמו לעניים: **מתני' בארבעה פרקים**. בשנה העולם נידון וכו': **כבני מרון**. מפרש בגמ': **שנאמר היוצר יחד לבם וכו'**. בגמ' מפרש ליה:

עין משפט

א [מיי' פ"ג מהלכות תשובה הלכה ג]:

שינויי נוסחאות

א] **ונתן עליו**. בירושלמי ביכורים (פ"ב ה"ד) **ונהג עליו**. בתוספתא שביעית (פ"ד הט"ו) ובבבלי (יד. עירובין ז. יבמות טו.) שלקט אתרוג **באחד בשבט ונהג בו**:

ב] **חומרי ב"ש וחומרי ב"ה**. בתוספתא (שם) **כדברי ב"ש וכדברי ב"ה**. בבבלי (שם) **שני עישורין אחד כדברי ב"ש ואחד כדברי ב"ה**:

ג] **רבן**. בש"ג ובירושלמי ביכורים (שם) ור"ח (יד:) **ורבן**:

ד] **על**. כ"ה גם בש"ג. בירושלמי ביכורים (שם) **לא מן**. בר"ח (שם) **לא על**:

ה] **עישורי**. בש"ג ובירושלמי ביכורים (שם) **עישורו**. בר"ח (שם) **מעשר**. וכן בסמוך:

ו] **שני**. כ"ה בש"ג ובירושלמי ביכורים (שם):

תורה אור השלם

א) הַיֹּצֵר יַחַד לִבָּם הַמֵּבִין אֶל כָּל מַעֲשֵׂיהֶם: (תהלים לג טו)

מראה הפנים

וכבר רובה של תקופה מבחוץ. התם בדף י"ד (ע"א) גרים ועדיין רוב התקופה מבחוץ. ופי' רש"י (ד"ה ועדיין) עדיין רוב התקופה לבא. מאי קאמר הכי קאמר אע"פ שרוב התקופה מבחוץ, הואיל ויצאו רוב גשמי שנה. ולפי גירסא דהכא וכבר וכו' אי אפשר לתרץ ולפרש כך, אלא דהאי רוב דקאמר לאו דווקא היא. ועוד דאפשר דסוגיא דהכא אזלא לדעת שהתקופה האמיתית היא קודמת לחשבון האמצעי שאנחנו חושבין וכידוע מתקופת דרב אדא ודשמואל וההפרש שביניהן, ועם כל זה נ"ל דרובה לאו דווקא הוא: מה עשה קרא שם על מעשר שבו וכו'. התוס' שם (יד.) ד"ה ונהג בו שני עשורין כתבו אם שני עשורין ממש הפריש לא היה מתוקן. וכתוב בהגה"ה דהמרבה במעשרות הן מקולקלין, אלא מפרש בירושלמי שהפריש מעשר אחד למעשר שני ופדאו וחלקו לעניים. ואין זה במשמע לא מהכא ולא מדהתם, דמה שהקשו דהמרבה במעשרות פירותיו מקולקלין, כמדומה שלא נמצא זה בהש"ס לומר על המרבה במיני מעשרות כן, אלא שהוא מרבה להפריש מעשר מרובה יותר מן הראוי על זה אמרו פירותיו מקולקלין, משום דהיותר מן הראוי אינו מתוקן הוא, אבל אם רוצה להרבות במיני מעשר מה קלקול יש בזה שאינו חייב במעשר עני לפי שנה זו ואע"פ כן רוצה הוא להוסיף מעשר אחד אחר שהפריש מעשר שני כהוגן וכתיקונו וליתן לעני, אלא דהקושיא כך היא מה עשה במעשר עני הזה שהפרישו אם נתנו לעני בתורת מעשר עני, והלא יאכלנו חוץ לירושלים ושמא הוא זה מעשר שני וכדין הוא דאפשר דרבן גמליאל ס"ל הכי וכדפרישית בפנים ואסור לאוכלו חוץ לירושלים בלא פדיון, וקאמר דקרא שם מעשר שני אף להמעשר עני שהפריש ופדאו ונתנו לעני דהשתא אין כאן בית מיחוש כלל דהמעשר שני שהפרישו יעלהו לירושלים או יפדהו ג"כ והמעשר עני ג"כ פדאו וחלקו לעניים:

מסורת הש"ס

א) ר"ה יד. ב) [ר"ה יד.] ג) [בכורים פ"ב ה"ד, ר"ה יד. עירובין ז., יבמות טו. תוספתא שביעית פ"ד הט"ו] ד) בכורים פ"ב ה"ד, ר"ה יד: ה) [בכורים פ"ב מ"ו, סוכה לט., ר"ה יד:, קידושין ג: וזהר משפטים קכא. בשינוי] ו) [עי' עירובין ז. תוד"ה ונהג ור"ה יד. תוד"ה ונהג ויבמות טו. תוד"ה ונהג] ז) ר"ה טז. [פסיקתא דר"כ כד, תנחומא (ורשא) האזינו ד, מדרש אגדה דברים טז טו, זהר ויחי רכו., זהר חדש כד:, תוספתא ר"ה פ"א הי"ב בשינוי] ח) [פסיקתא דר"כ כט ד"ה ושמחת, ילקו"ש אמור תרנד] ט) [מגילה לא:, זהר אמור לז., זהר חדש תיקונים עז:] י) [תוספתא פ"א ה"י, מדרש תהלים יז, פסיקתא זוטרתא בראשית כב יג, זהר חדש כה., ילקו"ש תהלים תשכ] כ) [תענית ב.]

שירי קרבן

שחנט קודם ט"ו בשבט. והא דפריך לעיל למה נקט אתרוג, נימא נמי מעשה שהיה כך היה, דא"כ ליתני סתמא מעשה שנהג ר' עקיבא שני עישורין. אבל השתא נקט באחד בשבט איידי דאתרוג, ומפי ניחא לן למימר הכי דמשום ספק דרבן גמליאל ור' אליעזר נהג שני עישורין דלא ידע הלכתא כמאן, מלומר משום חומרא דב"ש וב"ה, דלא עבדינן כתרי חומרא כדאיתא בבבלי (עירובין ו:), והא ודאי ידע דהלכתא כב"ה:

גליון הש"ס

קרא שם על מעשר שבו ופדיו ונתנו לעני. עי' תוס' ר"ה י"ד ע"א ד"ה ונהג, תוס' עירובין ז' ע"א ד"ה ונהג:

הרי אין כל חדשי השנה שוין וחודש אחד נחלק לשתי שנים: כיצד לנטיעה. תני הנוטע והמבריך והמרכיב שלשים יום לפני ראש השנה ועלתה לו שנה שלימה מותר לקיימו בשביעית. פחות משלשים יום לפני ראש השנה ולא עלתה לו שנה שלימה אסור לקיימן בשביעית אבל אמרו פירות נטיעה זו אסורין עד חמשה עשר בשבט. מה טעמא. ר' יסא בשם ר' יוחנן ובשנה הרביעית. מה את שמע מינה. אמר ר' זעירא שלש שנים יהיה לכם ערלים לא יאכל ובשנה. אמר ר' בא בר ממל קומי ר' זעירא נראים דברים בשנטעו שלשים יום לפני ראש השנה אבל אם נטעו פחות משלשים יום לפני ראש השנה איתא חמי שנה שלימה לא עלתה לו ואת אמר הכין. אמר ליה ואין כיני ואפילו נטעו שלשים יום לפני ראש השנה יהא אסור עד שלשים יום לפני ראש השנה. מאי כדון. אמר ר' מנא מכיון שהוא עומד בתוך שנתו של אילן משלים שנתו: כיצד לירקות. לקט ממנו ישראל ערב ראש השנה עד שלא חשיכה וגוי משחשיכה מעשר מזה בפני עצמו ומזה בפני עצמו.

קרבן העדה

הרי אין כל חדשי השנה שוין. לדברי בית הלל דהא ראש השנה לאילנות מתחילין בט"ו: והמבריך. כופף הזמורות בארץ שקורין פרלפי"ן: המרכיב. אילן בחבירו: ה"ג עלתה לו שנה שלימה ומותר לקיימו בשביעית. והכי פירושו, כיון שהגיע אחד בתשרי עלתה לו שנה, ואם הוא ערב שביעית מותר לקיימו ולא הוה כנוטע בשביעית: פחות משלשים יום לא עלתה לו שנה שלימה. עד תשרי הבא: אסור לקיימו בשביעית. משום תוספת שביעית שמוסיפין מחול אל הקדש: אבל אמרו וכו'. אף על גב שאמרנו קודם שלשים יום שעלתה לו שנה, אם חנטה פירות לאחר ראש השנה של שלישית עד ט"ו בשבט אסורין לעולם כפירות ערלה, שאף על פי שתשרי ראש השנה לפירות ט"ו בשבט ראש השנה לאילנות ובעינן שיעברו עליה ג' פעמים ט"ו בשבט קודם שיצאו פירותיה מן ערלה, וכן לענין רבעי, ולכך הועילו לה שלשים יום שלפני ראש השנה שממהר התירה מט"ו בשבט עד ראש השנה: מה טעמא. כלומר, מנא לן שנות ערלה ורבעי נמשכין לאסור פירות החנוטים קודם ט"ו בשבט לאחר שכלו שנות הערלה: מה את שמע מינה. איך שמעינן מהכא שנאסרו: ובשנה. הרביעית, וי"ו מוסיף על ענין הראשון, והכי קאמר, יהיה לכם ערלים ובשנה הרביעית נמי יהיו ערלים, והיינו כשנטעה ל' יום לפני ראש השנה וכדפרישית: נראים דברים. הא דאמרינן דפירות נטיעה זו אסורים עד ט"ו בשבט, דוקא בשנטעו ל' יום לפני ראש השנה דלא הוי ליה שנה שלימה לאילן ואסור עד שיגמור השנה לאילן, דהיינו עד ט"ו בשבט: אבל אם נטעו פחות משלשים יום לפני ראש השנה. דבעינן שלש שנים שלמות דהיינו מתשרי לתשרי, אין צריך להמתין עד ט"ו בשבט בשנה הרביעית: ואת אמר הכין. שיהא פירות נטיעה זו אסורים בשנה הרביעית, זהו דבר שאין לו סמך מקרא: א"ל. ואם כן דקפדינן אשנים שלימות, א"כ אף בנטעו ל' יום לפני ראש השנה למה יהו מותרים בט"ו בשבט, תהא אסורה עד ל' יום לפני ראש השנה של שנה הרביעית שלא יהו שנים מקוטעות*: מאי כדון. באמת מאי טעמא לחלק: מכיון שהוא עומד בתוך שנתו של אילן משלים שנתו. פירוש שנתו של אילן והוא שבט, כלומר די לנו בכך: ועובד כוכבים משחשיכה. דהא ראש השנה הוא ואי אפשר לישראל ללקט:

פני משה

מתני' הכא מידי: כיצד לנטיעה. לענין מאי ובאיזה ענין אמרו שבאחד בתשרי ראש השנה הוא לנטיעה: תני וכו'. בתוספתא פ"ב דשביעית (ה"ג), ומייתי לה להאי סוגיא לעיל בפ"ב דשביעית בהלכה ו' ושם היא הגירסא נכונה ועיקרת, וכאן יש ט"ס וכדלקמן: עלתה לו שנה שלימה. כשיגיע אחד בתשרי שהוא ראש השנה לנטיעות ועלתה לו שנה למנין שני ערלה ומותר לקיימו בשביעית אם ערב שביעית היא: פחות וכו'. לא עלתה לו שנה לערלה עד אחד בתשרי הבא, ואם ערב שביעית היא אסור לקיימן בשביעית הואיל ונטעה בתוך שלשים יום לפני שביעית: אבל אמרו פירות נטיעה זו. שנטעה שלשים יום לפני ראש השנה אם חנטו אחר ראש השנה של שנת השלישית אסורין הן משום ערלה עד ט"ו בשבט, ואף על גב שזה כמי שעברו עליהן שלש שנים, שהרי שלשים יום לפני ראש השנה הראשון נחשב לשנה, אפילו הכי אסורין משום ערלה עד ט"ו בשבט כדפרישית במתניתין לפי שאחד בתשרי ראש השנה לנטיעה הוא שאמרו, וזה כבר נעשה אילן וראש השנה שלו לצאת מידי ערלה ט"ו בשבט הוא שהוא ראש השנה לאילנות, וכדקאמר לקמיה דילפינן לה מקרא: ובשנה הרביעית. כתיב וכדמסיים ואזיל: מה את שמע מינה. מהאי ובשנה, וקאמר ר' זעירא מדכתיב לקמיה שלש שנים וגו' לא יאכל ובשנה הרביעית, וי"ו דובשנה מוסיף על ענין הראשון דלפעמים בשנה הרביעית גם כן אסורין משום ערלה, וכן מובשנה החמישית דאבתריה פעמים שבחמישית אסורות עדיין משום רבעי וכדפרישית במתני': נראין הדברים בשנטעו שלשים יום לפני ראש השנה. כלומר שלא תטעה לומר הואיל וט"ו בשבט ראש השנה היא לאילנות, וקאמרת דמשום הכי אע"פ שעברו עליהן שלש שנים עדיין אסורין משום ערלה עד ראש השנה לאילנות, א"כ אף בגוונא שעברו עליהן שלש שנים שלימות נימא נמי הכי, וכגון שנטעה פחות משלשים יום לפני ראש השנה דאז אין נחשבין לשנה, אלא דמנינן לשני ערלה מראש השנה עד שלש שנים והו"א שיהיו גם כן הפירות שחנטו אחר ראש השנה שעברו כבר שלש שנים אסורין עד ט"ו בשבט, לפיכך קא משמע לן דהא לא אמרינן, אלא דנראין הדברים דדוקא אמרו בשנטעו שלשים יום לפני ראש השנה דפירות נטיעה זו הוא דאסורין אחר ראש השנה של שנה השלישית עד ט"ו בשבט: אבל אם נטעו פחות משלשים יום לפני ראש השנה איתא חמי שנה שלימה עלתה לו ואת אמר הכין. כן צריך לומר וכך היא הגירסא בשביעית שם, וכאן שכתוב בספרי הדפוס לא עלתה לו טעות סופר הוא ואין להעמידה. וכלומר דמסיק בטעמא דאי אפשר לומר דגם כן בנטעו בפחות משלשים יום לפני ראש השנה שיהו הפירות של שנת רביעית אסורין משום ערלה עד ט"ו בשבט, דבוא וראה הרי שנה שלימה עלתה לו ואת אמר הכין בתמיה, וכלומר דמכיון שעברו עליהן שלש שנים שלימות מהיכי תיתי יהיו אסורין משום ערלה עד ט"ו בשבט: אמר ליה. ר' זירא: ואין כיני. אי הכי דאיכא שלש שנים שלימות תו לא אסרינן משום ערלה עד ט"ו בשבט, וא"כ קרא דובשנה לא דרשינן אלא על גוונא דלא עברו שלש שנים שלימות אלא שתי שנים שלימות ושלשים יום שלפני ראש השנה של שנת הנטיעה דאז אסורין עד ט"ו בשבט, א"כ מעתה תיקשי לך דאימא כוליה לחומרא דרשינן, שאף אם נטעו שלשים יום לפני ראש השנה יהא אסור עד שלשים יום שלפני ראש השנה שלאחר ט"ו בשבט ובשנה הרביעית, דשלש שנים שלימות מיום אל יום ליבעי דאימא דקרא הכי קאמר ובשנה הרביעית יהו לפעמים גם כן אסורין, ואע"פ שעברו עליהן שלש שנים והיינו שתי שנים עם אותן שלשים יום שלפני ראש השנה הקודמין והן נחשבין לשנה, אפילו הכי אסורין הן כל שנה הרביעית עד שלשים יום האחרונים שלפני ראש השנה שאז הן שלש שנים שלימות מיום אל יום: מאי כדון. והשתא בעינן טעמא דקאמרת שאינו אסור אלא עד ט"ו בשבט שלאחר ראש השנה של שנה השלישית שהיא רביעית עם השלשים יום הקודמין: אמר ר' מנא. היינו טעמא שמכיון שעומד בתוך שנתו של אילן, כלומר מכיון שהגיע לט"ו בשבט שהוא שנתו של אילן משלים הוא שנתו, והיינו כמו שעברו עליהן שלש שנים מיום אל יום דמי, ודי לנו בזה שנחמיר לאסור מר"ה של אחר שנת השלישית שהיא רביעית עד ט"ו בשבט, וטפי מהכי לא מחמרינן: כיצד לירקות. שיהא נראה שאחד בתשרי הוא ראש השנה, והרי לירק בתר לקיטה אזלינן והיכי משכחת לה שילקוט לכתחלה היום ושישתנה השנה למעשר הלא לא ילקוט ביום טוב, ואם לאחר יום טוב אמאי נקט באחד בתשרי, ומפרש דהכי משכחת לה שליקט ממנה ישראל ערב ראש השנה עד שלא חשיכה, ועכו"ם לקט משחשיכה את של ישראל, ואין מעשרין את שנלקט מבעוד יום על שנלקט משחשיכה דהוי משנה זו על שנה זו, וכן הנלקט מבעוד יום נוהג בו מעשר של שנה שעברה והנלקט משחשיכה נוהג בו מעשר של שנה הבאה, וכגון אם היתה שניה נכנסת לשלישית:

מסורת הש"ס

א) [שביעית פ"ב ה"ד, ערלה פ"א ה"ב] ר"ה ט: [תוספתא שביעית פ"ב ה"ג, תוספתא ר"ה פ"א ה"ז, שמחות פ"ז הכ"ו, ובשינוי שביעית פ"ב מ"ו ומעשר שני פ"א ה"א ויבמות פג.] ב) [ספרא קדושים פרשה ג ה"ז, ספרא בהר פרק א ה"א, פסיקתא זוטרתא ויקרא יט כד, ילקו"ש קדושים תרטו] ג) [ר"ה י., ספרא קדושים פרשה ג ה"ז, פסיקתא זוטרתא ויקרא יט כד, ילקו"ש קדושים תרטו] ד) שביעית פ"ב ה"ד ה) ר"ה יב. [תוספתא פ"א ה"ח] ועי' ר"ה יב: תוד"ה משתבא

שירי קרבן

אמר ליה אין כיני וכו'. גירסת הרז"ה והר"ן (ג: מדה"ר ד"ה והא דאמרינן) א"ל כן הוא אפי' נטען פחות משלשים יום לפני ר"ה אסור, ע"כ. ומתוך כך פסקו דאם נטעו פחות מל' יום לפני ר"ה אסורין עד ט"ו בשבט של שנה רביעית. והכסף משנה בפ"ט מהל' נטע רבעי (ה"י) כתב, ויש לתמוה על מש"כ הר"ן דפלוגתא היא בירושלמי, דלפי האמת לאו פלוגתא היא דאע"ג דאקשי ליה אפי' נטעו ל' יום לפני ר"ה יהא אסור וכו', הרי השיב לו ושתק. ועוד דהאי דאקשי ליה וכו' אינו סותר דין זה שכתב רבינו, וק"ל עכ"ל. ואני שמעתי ולא אבין, דהר"ן כתב לפי גירסתו כמו שכתבנו למעלה והא ודאי פליגי ור' מנא לא השיב לו כלום, אדרבא סייעא ליה לר' זעירה, ולע"ג. ודע דפירושי שבקונטרס הוא פירוש הראב"ד בהשגות, והוא כדעת הרמב"ם (שם ה"א) ורש"י, וכ"כ בשו"ע (יו"ד סי' רצד סעיף ד). והר"א פולדא במס' שביעית פ"ב (ה"ד) פירש לפי המסקנא כדעת הרז"ה, עיי"ש. ואינו מחוור, דלפי גירסתינו מודה הרז"ה לדעת הראב"ד אלא שגירסא אחרת היתה לו וכמו שכתבתי למעלה. ולולי דמספקינא אמינא דה"פ, נראין הדברים הא דתני אבל אמרו פירות נטיעה זו וכו', קאי אנטעו שלשים יום לפני ר"ה דמחמרינן וצריך להמתין עד ט"ו בשבט, אבל לא קאי אנטעו פחות משלשים יום ולקולא דבט"ו בשבט בשנה שלישית תהא מותרת כיון דנטעו שלשים יום לפני ט"ו שבט. איתא חמי דהא מ"מ שנה שלימה לא עלתה לו ולמה תאמר כן שיהא מותר בט"ו בשבט. אמר ליה א"כ דל' יום קודם ט"ו שבט לא מהני אלא בעינן שנה שלימה אף בנטעו שלשים יום נמי יהא אסור מיום ליום. מאי כדון באמת מ"ט לחלק. אמר ר' מנא היינו טעמא, אם נטעו בפחות מל' יום לפני ר"ה כיון שעדיין האילן לא כלו לו שלש שנים מתשרי, דביה איירי קרא, דסתם שנים מתשרי מנינן כדאמרינן לעיל, צריך להשלים שנתו, משא"כ בנטעו שלשים יום קודם ר"ה כבר כלו שלש שנים לתשרי דל' יום בשנה חשיב שנה. והא דאסור עד ט"ו בשבט, טעמו כדמסיק ר' זעירא בעצמו שעדיין הן חיין ממי שנה שעברו. זהו הנראה לי ברור לפום פשטא דשמעתא ומדוקדק מאוד בלשון הגמ' ומסכים לשיטת הפוסקים:

עין משפט

א מיי' פ"ט מהלכות מעשר שני ונטע רבעי הלכה ח טוש"ע יו"ד סימן רצד סעיף ד:

ב מיי' שם הלכה יא ובהשגות ובכס"מ טוש"ע יו"ד סימן רצד סעיף ה:

ג מיי' פ"ה מהלכות תרומות הלכה יא טוש"ע יו"ד סימן שלא סעיף מז:

שינויי נוסחאות

א] ועלתה וכו' מותר וכו' ולא עלתה וכו' אסור. בתוספתא (פ"א ה"ז ושביעית פ"ב ה"ג) ובבבלי (ט:) עלתה וכו' ואסור וכו' לא עלתה וכו' ומותר:

ב] אבל אמרו פירות. כ"ה גם בירושלמי שביעית (פ"ב ה"ד). בתוספתא (שם) ובבבלי (י.) ופירות:

ג] בשבט. בתוספתא (שם) ובבבלי (שם) נוסף אם לערלה ערלה ואם לרבעי רבעי:

ד] אם נטעו פחות משלשים. כ"ה גם בכל הראשונים. בירושלמי שביעית (שם) אם לא נטעו שלשים יום:

ה] לא. כ"ה גם ברשב"א ובריטב"א (י.) ובבעה"מ ובר"ן על הרי"ף (ב: מדה"ר) ובראב"ש (הל' ערלה סי' ט). בירושלמי שביעית (שם) ובראב"ד (מע"ש פ"ט הי"א) ליתא. וכתב בביאור הגר"א על גירסת הראב"ד "והיא מיושבת יותר ואין נפק"מ בזה":

ו] שלשים. כ"ה גם בירושלמי שביעית (שם) ובראב"ד (שם). בראשונים הנ"ל ובהגהת הגר"א בשביעית שם פחות משלשים. ועי' ביאור הגר"א (שם):

ז] עד שלשים יום לפני ר"ה. כ"ה גם בירושלמי שביעית (שם) ובראב"ד (שם). בהגהת הגר"א (שם) עד פחות משלשים יום לפני ר"ה. בביאור הגר"א כ"א (שם) עד ט"ו בשבט. בבעה"מ ובר"ן (שם) וברשב"א ובריטב"א (שם) ליתא:

תורה אור השלם

א) וּבַשָּׁנָה הָרְבִיעִת יִהְיֶה כָּל פִּרְיוֹ קֹדֶשׁ הִלּוּלִים לַיהוָה: (ויקרא יט כד)

ב) וְכִי תָבֹאוּ אֶל הָאָרֶץ וּנְטַעְתֶּם כָּל עֵץ מַאֲכָל וַעֲרַלְתֶּם עָרְלָתוֹ אֶת פִּרְיוֹ שָׁלֹשׁ שָׁנִים יִהְיֶה לָכֶם עֲרֵלִים לֹא יֵאָכֵל: (ויקרא יט כג)

מראה הפנים

איתא חמי שנה שלימה עלתה לו ואת אמר הכין. כך היא הגירסא בפ"ב דשביעית (ה"ד) והיא עיקרית, וכך העתיק הראב"ד בהשגות בפ"ט מנטע רבעי בהל' י"א, וכוונת ההשגה שם כך היא דאף שכתב דבר זה הוציא מתוך הירושלמי וכו', וכפי הגירסא הנכונה דשביעית ופירושה, מ"מ משיג הוא ז"ל על מה שכתב הרמב"ם ז"ל שם נטען בט"ז באב וכו', דלמה היה לו זה לא היה צריך לומר אלא סתם, ואם נטען פחות משלשים יום לפני ר"ה לא עלתה לו השנה והרי הוא ערלה שנת הי"א והי"ב והי"ג וכו' ולא יותר, וזהו שסיים הראב"ד עתה לזה הטעם דווקא בשנטען שלשים יום לפני ר"ה מוסיפין לו עד שבט, אבל פחות משלשים יום הואיל ויש לה שלש שנים שלימות חוץ מקליטתה אין מוסיפין לה כלום אלא מראש תשרי לראש תשרי. ור"ל דאף אם נטעו מתחלת אלול ובכמה ימים בו, כל שיש שלש שנים שלימות מר"ה עד ר"ה חוץ מימי קליטתה אין מוסיפין לה כלום. ולדעת הרמב"ם שכתב כן יש לומר דאגב השמיענו עוד דין אחד דימי הקליטה והן י"ד יום צריכין שיהו שלימין מלבד אלו השלשים יום ומלבד יום הנטיעה ולא אמרינן יום אחד עולה לכאן ולכאן, דהא דאמרו התם בפרקין דף י' (ע"ב) יום שלשים עולה לכאן ולכאן, זהו אליבא דר' מאיר בדווקא הוא דאמרו אבל לא קיי"ל הכי, ולפיכך כתב הרמב"ם אם נטע בט"ו באב הוא דמשכחת לה דעלתה לו שנה דאיכא שלשים יום שלימין וימי הקליטה שלימין, אבל לא בנטע בט"ז באב, ומיהו לענין הדין דהיכא דאיכא שלש שנים שלימות מלבד ימי הקליטה בין הרמב"ם ובין הראב"ד שוין בזה שאין מוסיפין לה עד ט"ו בשבט וכדדייק נמי מדקתני בברייתא ופירות נטיעה זו דמשמע נטיעה זו דווקא. והבאתי שם (שביעית פ"ב ה"ד) לדעת בעל המאור דכאן (ב: מדה"ר ד"ה מה"מ) ולפירושו, שכתב ויש שטועין בפי' שמועה זו וכו' ולדעתי כך הוא הדין לעולם וכו', והאי דקאמר ופירות נטיעה זו כלומר שהנטיעה שגורמת לה לאיסור ערלה וכו'. ובמחכ"ת כמה וכמה דחוק ומוטעה פירושו זה, ולא עוד אלא שכתב וכן נראין הדברים מתוך התלמוד ירושלמי כפירושינו וכו', וסמך עצמו על מה שראה הגירסא משובשת דכאן ולא ראה הגירסא הנכונה הכתובה בשביעית, וכן מה שכתב עוד בהא דלקמן ואין כיני וכו' גירסא מוטעת מאוד היתה לפניו ולא נמצא לא כאן ולא בשביעית כדבריו הללו בזה. והר"ן כתב כאן (חי' הר"ן י. ד"ה ופירות) ופלוגתא היא בירושלמי וכו', ולפי מה שנתבאר לנו בפי' זה וכפי הגירסא הנכונה דשביעית אין כאן פלוגתא כלל וכלל אלא הדין ברור הוא ומתבאר יפה בס"ד:

The Mishnah stated that the New Year for vegetables is on the first of Tishrei. A Baraisa elaborates:[26]

כֵּיצַד לִירָקוֹת — HOW is the first of Tishrei the New Year **FOR VEGETABLES?** לָקַט מִמֶּנּוּ יִשְׂרָאֵל עֶרֶב רֹאשׁ הַשָּׁנָה עַד שֶׁלֹּא חֲשֵׁיכָה — If **A JEW PICKED** vegetables **FROM [HIS GARDEN] ON THE EVE OF ROSH HASHANAH, WHILE IT WAS NOT YET DARK,**[27] וְגוֹי מִשֶּׁחֲשֵׁיכָה — **AND A NON-JEW** picked vegetables **AFTER IT BECAME DARK,**[28] מְעַשֵּׂר מִזֶּה בִּפְנֵי עַצְמוֹ — **ONE MUST TITHE FROM THIS [BATCH OF VEGETABLES],** which were picked before dark, **ON ITS OWN,** וּמִזֶּה בִּפְנֵי עַצְמוֹ — **AND FROM THIS [BATCH OF VEGETABLES],** picked after dark, **ON ITS OWN;** one may not tithe from one pile on behalf of the other, since they are considered to be from different years' crops.[29]

NOTES

26. See *Tosefta, Terumos* 2:5 and *Rosh Hashanah* 1:8; see also *Bavli* 12a-b.

27. I.e. before sunset (*Tosefta* ibid. and *Bavli* ibid.; see *Halachah LeMoshe* and *Derech Emunah, Hil. Terumos* 5:122).

28. The Gemara specifies that this second batch of vegetables was picked by a non-Jew because the Yom Tov of Rosh Hashanah begins at dark, and it is prohibited for a Jew to pick vegetables on Yom Tov (*Korban HaEidah*; see *Pnei Moshe*). [See, however, *Ritva* to *Bavli* 12a ד״ה ת״ר, as well as *Pnei Yehoshua* and *Hagahos Yavetz* to *Bavli* 12b בתוד״ה משתבא השמש, for applications of this law to cases where the second batch of vegetables was picked by a Jew.]

29. The first batch of vegetables, which was picked before dark, was picked while it was still the previous year. The second batch of vegetables, picked after dark, was picked after the new year began. The Baraisa teaches that vegetables are considered as the product of the year in which they were picked, not the year in which they grew (*Rashi* 12a ד״ה ליקט ירק). The two batches of vegetables are thus considered to be the products of two different years, and they must therefore be tithed separately.

In the version of the Baraisa found in *Tosefta* and *Bavli*, the Baraisa specifies that the fact that the two batches of vegetables are considered to be of different years' crops actually has two ramifications: First, vegetables picked in one year may not be designated as the *terumah* or *maaser* on behalf of vegetables picked in a different year. Second, the year in which the vegetables were picked determines whether they are subject to *maaser sheni* or to *maasar ani*. For example, if before Rosh Hashanah it was the second year of the *shemittah* cycle and so the third year of the cycle began when it became dark, the vegetables picked before dark are subject to *maaser sheni* and those picked after dark are subject to *maasar ani* (see *Pnei Moshe*; see also 7a note 20).

[The case of the Baraisa is evidently one where the vegetables picked by the non-Jew were owned by a Jew (*Pnei Moshe*); produce owned by a non-Jew is not subject to tithes (see *Bavli Menachos* 66b and *Yerushalmi Demai* 2:1 [16a]). In fact, according to *Rambam, Hil. Terumos* 1:13 and many other Rishonim (see *Tziyun HaHalachah* there §293), if a non-Jew "finishes" processing the produce (which is the act that subjects the produce to the tithing obligation), the produce is not subject to tithes even if it *is* owned by a Jew. In the case of vegetables, however, the produce does not become subject to the tithing obligation (i.e. it is not "finished") when the vegetables are *picked*, but when they are bundled or when one fills a container with them (see Mishnah *Maasros* 1:4 [6b]). The Baraisa deals with a case where this "finishing" act was performed by a Jew, so the vegetables are indeed subject to the tithing obligation (see *Chasdei David* to *Tosefta Rosh Hashanah* 1:8; see also *Teshuvos Har Tzvi, Zeraim* I 17:4-5; cf. *Chazon Ish, Sheviis* 1:24 ד״ה ר״מ).]

TEXTUAL AND INTERPRETIVE VARIANTS

מַאי כְּדוֹן — **What now** is the reason that the fruits are forbidden even in this case until the 15th of Shevat? That is, what is the reason for the prohibition *according to R' Z'eira*? R' Mana explains: מִכֵּיוָן שֶׁהוּא עוֹמֵד בְּתוֹךְ שְׁנָתוֹ שֶׁל אִילָן — **Since [this new tree] is standing within the year for trees** when it completes its third year,. . . . . מַשְׁלִים שְׁנָתוֹ — **it** is required to **complete its** third **year** as a mature tree rather than as a sapling. That is, since at the end of its third year the sapling is a tree, it has to finish its third year according to the rules of a tree, on the 15th of Shevat (see note 25), *even if it is already three full years old*. Thus, according to these Rishonim, our Gemara concludes that there is a dispute between R' Z'eira (explained by R' Mana) and R' Ba bar Mammal as to whether the 15th-of-Shevat extension applies to all trees or only to trees whose first *orlah* year was not actually complete, but the Gemara does not render a decision in the matter. In fact, these Rishonim rule in favor of R' Z'eira, that it applies to all trees. See *Rashba* and *Ran* there for the reason.

Notably, *Mahara Fulda* to *Sheviis* 2:4 (12a-b) asserts that our text of the Gemara can also be read so that R' Mana supports R' Z'eira's view, that all trees become permitted only on the 15th of Shevat; the Gemara accordingly concludes in favor of this position. See the Schottenstein ed. of *Sheviis* there, where *Mahara Fulda's* interpretation is presented at length.

See also *Gra* to *Sheviis* ibid. for yet a third reading of the Gemara, which also seems to conclude in favor of R' Z'eira's view that one must wait until the 15th of Shevat for all trees.

הרי אין כל חדשי השנה שוין וחודש אחד נחלק לשתי שנים: כיצד לנטיעה. תני [א]הנוטע והמבריך והמרכיב שלשים יום לפני ראש השנה [א]ועלתה לו שנה שלימה מותר לקיימו בשביעית. פחות משלשים יום לפני ראש השנה ולא עלתה לו שנה שלימה אסור לקיימן בשביעית [ב]אבל אמרו פירות נטיעה זו אסורין עד חמשה עשר [ג]בשבט. מה טעמא. ר' יוסא בשם ר' יוחנן [א]ובשנה הרביעית. [°]מה את שמע מינה. אמר ר' זעירא ו:
[ב]שלש שנים יהיה לכם ערלים לא יאכל ובשנה. [ד]אמר ר' בא בר ממל קומי ר' זעירא נראים דברים בשנטעו שלשים יום לפני ראש השנה [ב]אבל [ד]אם נטעו פחות משלשים יום לפני ראש השנה איתא חמי שנה שלימה [ה]לא עלתה לו ואת אמר הכין. אמר ליה ואין כיני ואפילו נטעו [ו]שלשים יום לפני ראש השנה יהא אסור [ז]עד שלשים יום לפני ראש השנה. מאי כדון. אמר ר' מנא מכיון שהוא עומד בתוך שנתו של אילן משלים שנתו: כיצד לירקות. [ג]לקט ממנו ישראל ערב ראש השנה עד שלא חשיכה וגוי משחשיכה מעשר מזה בפני עצמו ומזה בפני עצמו.

קרבן העדה

הרי אין כל חדשי השנה שוין. לדברי בית הלל דהא ראש השנה לאילנות מתחילין בט"ו: והמבריך. כופף הזמורות בארץ שקורין פרלאפי"ן: המרכיב. אילן בחבירו: ה"ג עלתה לו שנה שלימה ומותר לקיימו בשביעית. והכי פירושו, כיון שהגיע אחד בתשרי עלתה לו שנה, ואם הוא ערב שביעית מותר לקיימו ולא הוה כנוטע בשביעית: פחות משלשים יום לא עלתה לו שנה שלימה. עד תשרי הבא: אסור לקיימו בשביעית. משום תוספת שביעית שמוסיפין מחול אל הקדש: אבל אמרו וכו'. אף על גב שאמרנו קודם שלשים יום שעלתה לו שנה, אם חנטה פירות לאחר ראש השנה של שלישית עד ט"ו בשבט אסורין לעולם כפירות ערלה, שאף על פי שתשרי ראש השנה לפירות ט"ו בשבט ראש השנה לאילנות ובעינן שיעברו עליה ג' פעמים ט"ו בשבט קודם שיצאו פירותיה מן ערלה, וכן לענין רבעי, ולכך הועילו לה שלשים יום שלפני ראש השנה שממהר התירה מט"ו בשבט עד ראש השנה: מה טעמא. כלומר, מנא לן שנות ערלה ורבעי נמשכין לאסור פירות החנוטים קודם ט"ו בשבט לאחר שכלו שנות הערלה: מה את שמע מינה. איך שמעינן מהכא שנאסרו: ובשנה. הרביעית, וי"ו מוסיף על ענין הראשון, והכי קאמר, יהיה לכם ערלים ובשנה הרביעית נמי יהיו ערלים, והיינו כשנטעה ל' יום לפני ראש השנה וכדפרישית: נראים דברים. הא דאמרינן דפירות נטיעה זו אסורים עד ט"ו בשבט, דוקא בשנטעו ל' יום לפני ראש השנה דלא הוי ליה שנה שלימה לאילן ואסור עד שיגמור השנה לאילן, דהיינו עד ט"ו בשבט: אבל אם נטעו פחות משלשים יום לפני ראש השנה. דבעינן שלש שנים שלמות דהיינו מתשרי לתשרי, אין צריך להמתין עד ט"ו בשבט בשנה הרביעית: ואת אמר הכין. שיהא פירות נטיעה זו אסורים בשנה הרביעית, זהו דבר שאין לו סמך מקרא: א"ל. ואם כן דקפדינן אשנים שלימות, א"כ אף בנטעו ל' יום לפני ראש השנה למה יהו מותרים בט"ו בשבט, תהא אסורה עד ל' יום לפני ראש השנה של שנה הרביעית שלא יהו שנים מקוטעות*: מאי כדון. באמת מאי טעמא לחלק: מכיון שהוא עומד בתוך שנתו של אילן משלים שנתו. פירוש שנתו של אילן והוא שבט, כלומר די לנו בכך: ועובד כוכבים משחשיכה. דהא ראש השנה הוא ואי אפשר לישראל ללקט:

פני משה

משני הכא מידי: כיצד לנטיעה. לענין מאי ובאיזה ענין אמרו שבאחד בתשרי ראש השנה הוא לנטיעה: תני וכו'. בתוספתא פ"ב דשביעית (ה"ג), ומייתי לה להאי סוגיא לעיל בפ"ב דשביעית בהלכה ו' ושם היא הגירסא נכונה ועיקרת, וכאן יש ט"ס וכדלקמן: עלתה לו שנה שלימה. כשיגיע אחד בתשרי שהוא ראש השנה לנטיעות ועלתה לו שנה למנין שני ערלה ומותר לקיימו בשביעית אם ערב שביעית היא: פחות וכו'. לא עלתה לו שנה לערלה עד אחד בתשרי הבא, ואם ערב שביעית היא אסור לקיימן בשביעית הואיל ונטעה בתוך שלשים יום לפני שביעית: אבל אמרו פירות נטיעה זו. שנטעה שלשים יום לפני ראש השנה אם חנטו אחר ראש השנה של שנת השלישית אסורין הן משום ערלה עד ט"ו בשבט, ואף על גב שזה כמי שעברו עליהן שלש שנים, שהרי שלשים יום לפני ראש השנה הראשון נחשב לשנה, אפילו הכי אסורין משום ערלה עד ט"ו בשבט כדפרישית במתניתין לפי שאחד בתשרי ראש השנה לנטיעה הוא שאמרו, וזה כבר נעשה אילן וראש השנה שלו לצאת מידי ערלה ט"ו בשבט הוא שהוא ראש השנה לאילנות, וכדקאמר לקמיה דילפינן לה מקרא: ובשנה הרביעית. כתיב וכדמסיים ואזיל: מה את שמע מינה. מהאי ובשנה, וקאמר ר' זעירא מדכתיב לקמיה שלש שנים וגו' לא יאכל ובשנה הרביעית, וי"ו דובשנה מוסיף על ענין הראשון דלפעמים בשנה הרביעית גם כן אסורין משום ערלה, וכן מובשנה החמישית דאבתריה פעמים שבחמישית אסורות עדיין משום רבעי וכדפרישית במתני': נראין הדברים בשנטעו שלשים יום לפני ראש השנה. כלומר שלא תטעה לומר הואיל וט"ו בשבט ראש השנה היא לאילנות, וקאמרת דמשום הכי אע"פ שעברו עליהן שלש שנים עדיין אסורין משום ערלה עד ראש השנה לאילנות, א"כ אף בגוונא שעברו עליהן שלש שנים שלימות נימא נמי הכי, וכגון שנטעה פחות משלשים יום לפני ראש השנה דאז אין נחשבין לשנה, אלא דמנינן לשני ערלה מראש השנה עד שלש שנים והו"א שיהיו גם כן הפירות שחנטו אחר ראש השנה שעברו כבר שלש שנים אסורין עד ט"ו בשבט, לפיכך קא משמע לן דהא לא אמרינן, אלא דנראין הדברים דדוקא אמרו בשנטעו שלשים יום לפני ראש השנה דפירות נטיעה זו הוא דאסורין אחר ראש השנה של שנה השלישית עד ט"ו בשבט: אבל אם נטעו פחות משלשים יום לפני ראש השנה איתא חמי שנה שלימה עלתה לו ואת אמר הכין. כן צריך לומר וכך היא הגירסא בשביעית שם, וכאן שכתוב בספרי הדפוס לא עלתה לו טעות סופר הוא ואין להעמידה. וכלומר דמסיק בטעמא דאי אפשר לומר דגם כן בנטעו בפחות משלשים יום לפני ראש השנה שיהו הפירות של שנת רביעית אסורין משום ערלה עד ט"ו בשבט, דבוא וראה הרי שנה שלימה עלתה לו ואת אמר הכין בתמיה, וכלומר דמכיון שעברו עליהן שלש שנים שלימות מהיכי תיתי יהיו אסורין משום ערלה עד ט"ו בשבט: אמר ליה. ר' זירא: ואין כיני. אי הכי דבאיכא שלש שנים שלימות תו לא אסרינן משום ערלה עד ט"ו בשבט, וא"כ קרא דובשנה לא דרשינן אלא על גוונא דלא עברו שלש שנים שלימות אלא שתי שנים שלימות ושלשים יום שלפני ראש השנה של שנת הנטיעה דאז אסורין עד ט"ו בשבט, א"כ מעתה תיקשי לך דאימא כוליה לחומרא דרשינן, שאף אם נטעו שלשים יום לפני ראש השנה יהא אסור עד שלשים יום שלפני ראש השנה שלאחר ט"ו בשבט ובשנה הרביעית, דשלש שנים שלימות מיום אל יום ליבעי דאימא דקרא הכי קאמר ובשנה הרביעית יהו לפעמים גם כן אסורין, ואע"פ שעברו עליהן שלש שנים והיינו שתי שנים עם אותן שלשים יום שלפני ראש השנה הקודמין והן נחשבין לשנה, אפילו הכי אסורין הן כל שנה הרביעית עד שלשים יום האחרונים שלפני ראש השנה שאז הן שלש שנים שלימות מיום אל יום: מאי כדון. והשתא בעינן טעמא דקאמרת שאינו אסור אלא עד ט"ו בשבט שלאחר ראש השנה של שנה השלישית שהיא רביעית עם השלשים יום הקודמין: אמר ר' מנא. היינו טעמא שמכיון שעומד בתוך שנתו של אילן, כלומר מכיון שהגיע לט"ו בשבט שהוא שנתו של אילן משלים הוא שנתו, והיינו כמו שעברו עליהן שלש שנים מיום אל יום דמי, ודי לנו בזה שנחמיר לאסור מר"ה של אחר שנת השלישית שהיא רביעית עד ט"ו בשבט, וטפי מהכי לא מחמרינן: כיצד לירקות. שיהא נראה שאחד בתשרי הוא ראש השנה, והרי לירק בתר לקיטה אזלינן והיכי משכחת לה שילקוט לכתחלה היום ושיהא השנה למעשר הלא לא ילקוט ביום טוב, ואם לאחר יום טוב אמאי נקט באחד בתשרי, ומפרש דהכי משכחת לה שליקט ממנה ישראל ערב ראש השנה עד שלא חשיכה, ועכו"ם לקט משחשיכה את של ישראל, ואין מעשרין את שנלקט מבעוד יום על שנלקט משחשיכה דהוי משנה זו על שנה זו, וכן הנלקט מבעוד יום נוהג בו מעשר של שנה שעברה והנלקט משחשיכה נוהג בו מעשר של שנה הבאה, וכגון אם היתה שניה נכנסת לשלישית:

מסורת הש"ס

א) [שביעית פ"ב ה"ד, ערלה פ"א ה"ב] ר"ה ט: [תוספתא שביעית פ"ב ה"ג, תוספתא ר"ה פ"א ה"ז, שמחות פ"ז הכ"ו, ובשינוי שביעית פ"ב מ"ו ומעשר שני פ"א ה"א ויבמות פג.] ב) [ספרא קדושים פרשה ג ה"ז, ספרא בהר פרק א ה"א, פסיקתא זוטרתא ויקרא יט כד, ילקו"ש קדושים תרטו] ג) [ר"ה י., ספרא קדושים פרשה ג ה"ז, פסיקתא זוטרתא ויקרא יט כד, ילקו"ש קדושים תרטו] ד) שביעית פ"ב ה"ד ה) ר"ה יב. [תוספתא פ"א ה"ח] ועי' ר"ה יב: תוד"ה משנה

עין משפט

א מיי' פ"ט מהלכות מעשר שני ונטע רבעי הלכה ח טוש"ע יו"ד סימן רצד סעיף ד:
ב מיי' שם הלכה יא והשגות וכס"מ טוש"ע יו"ד סימן רצד סעיף ה:
ג מיי' פ"ה מהלכות תרומות הלכה יא טוש"ע יו"ד סימן שלא סעיף מז:

שינויי נוסחאות

א] ועלתה וכו' מותר וכו' ולא עלתה וכו' אסור. בתוספתא (פ"א ה"ז ושביעית פ"ב ה"ג) ובבבלי (ט:) עלתה וכו' ואסור וכו' לא עלתה וכו' ומותר:
ב] אבל אמרו פירות. כ"ה גם בירושלמי שביעית (פ"ב ה"ד). בתוספתא (שם) ובבבלי (י.) ופירות:
ג] בשבט. בתוספתא (שם) ובבבלי (שם) נוסף אם לערלה ערלה ואם לרבעי רבעי:
ד] אם נטעו פחות משלשים. כ"ה גם בכל הראשונים. בירושלמי שביעית (שם) אם לא נטעו שלשים יום:
ה] לא. כ"ה גם ברשב"א ובריטב"א (י.) ובבעה"מ ובר"ן על הרי"ף (ב: מדה"ר) ובראש (הל' ערלה סי' ט). בירושלמי שביעית (שם) ובראב"ד (מע"ש פ"ט הי"א) ליתא. וכתב בביאור הגר"א על גירסת הראב"ד "והיא מיושבת יותר ואין נפק"מ בזה":
ו] שלשים. כ"ה גם בירושלמי שביעית (שם) ובראב"ד (שם). בראשונים הנ"ל ובהגהת הגר"א בשביעית שם פחות משלשים. ועי' ביאור הגר"א (שם):
ז] עד שלשים יום לפני ר"ה. כ"ה גם בירושלמי שביעית (שם) ובראב"ד (שם). בהגהת הגר"א (שם) עד פחות משלשים יום לפני ר"ה. בביאור הגר"א כ"א (שם) עד ט"ו בשבט. בבעה"מ ובר"ן (שם) וברשב"א ובריטב"א (שם) ליתא:

תורה אור השלם

א) וּבַשָּׁנָה הָרְבִיעִת יִהְיֶה כָּל פִּרְיוֹ קֹדֶשׁ הִלּוּלִים לַיהוָה: (ויקרא יט כד)
ב) וְכִי תָבֹאוּ אֶל הָאָרֶץ וּנְטַעְתֶּם כָּל עֵץ מַאֲכָל וַעֲרַלְתֶּם עָרְלָתוֹ אֶת פִּרְיוֹ שָׁלֹשׁ שָׁנִים יִהְיֶה לָכֶם עֲרֵלִים לֹא יֵאָכֵל: (ויקרא יט כג)

שירי קרבן

אמר ליה אין כיני וכו'. גירסת הרז"ה והר"ן (ב: מדה"ר ד"ה והא דאמרינן) א"ל כן הוא אפי' נטען פחות משלשים יום לפני ר"ה אסור, ע"כ. ומתוך כך פסקו דאם נטעו פחות מל' יום לפני ר"ה אסורין עד ט"ו בשבט של שנה רביעית. והכסף משנה בפ"ט מהל' נטע רבעי (ה"י) כתב, ויש לתמוה על מש"כ הר"ן דפלוגתא היא בירושלמי, דלפי האמת לאו פלוגתא היא דאע"ג דאקשי ליה אפי' נטעו ל' יום לפני ר"ה יהא אסור וכו', הרי השיב לו ושתק. ועוד דהאי דאקשי ליה וכו' אינו סותר דין זה שכתב רבינו, וק"ל עכ"ל. ואני שמעתי ולא אבין, דהר"ן כתב לפי גירסתו כמו שכתבנו למעלה והא ודאי פליגי ור' מנא לא השיב לו כלום, אדרבא סייעא ליה לר' זעירא, ועט"ג. ודע דפירושי שבקונטרס הוא פירוש הראב"ד בהשגות, והוא כדעת הרמב"ם (שם ה"א) ורש"י, וכ"כ בשו"ע (יו"ד סי' רצד סעיף ד). והר"א פולדא במס' שביעית פ"ב (ה"ד) פירש לפי המסקנא כדעת הרז"ה, עיי"ש. ואינו מחוור, דלפי גירסתינו מודה הרז"ה לדעת הראב"ד אלא שגירסא אחרת היתה לו וכמו שכתבתי למעלה. ולולי דמספקינא אמינא דה"פ, נראין הדברים הא דתני אבל אמרו פירות נטיעה זו וכו', קאי אנטעו שלשים יום לפני ר"ה דמחמרינן וצריך להמתין עד ט"ו בשבט, אבל לא קאי אנטעו פחות משלשים יום ולקולא דבט"ו בשבט בשנה שלישית תהא מותרת כיון דנטעו שלשים יום לפני ט"ו שבט. איתא חמי דהא מ"מ שנה שלימה לא עלתה לו ולמה תאמר כן שיהא מותר בט"ו בשבט. אמר ליה א"כ דל' יום קודם ט"ו שבט לא מהני אלא בעינן שנה שלימה אף בנטעו שלשים יום נמי יהא אסור מיום ליום. מאי כדון באמת מ"ט לחלק. אמר ר' מנא היינו טעמא, אם נטעו בפחות מל' יום לפני ר"ה כיון שעדיין האילן לא כלו לו שלש שנים מתשרי, דביה איירי קרא, דסתם שנים מתשרי מנינן כדאמרינן לעיל, צריך להשלים שנתו, משא"כ בנטעו שלשים יום קודם ר"ה כבר כלו שלש שנים לתשרי דל' יום בשנה חשיב שנה. והא דאסור עד ט"ו בשבט, טעמו כדמסיק ר' זעירא בעלמו שעדיין הן חיין ממי שנה שעברו. זהו הנראה לי ברור לפום פשטא דשמעתא ומדוקדק מאוד בלשון הגמ' ומסכים לשיטת הפוסקים:

מראה הפנים

איתא חמי שנה שלימה עלתה לו ואת אמר הכין. כך היא הגירסא בפ"ב דשביעית (ה"ד) והיא עיקרית, וכך העתיק הראב"ד בהשגות בפ"ט מנטע רבעי בהל' י"א, וכוונת ההשגה שם כך היא דאף שכתב דבר זה הוציא מתוך הירושלמי וכו', וכפי הגירסא הנכונה דשביעית ופירושה, מ"מ משיג הוא ז"ל על מה שכתב הרמב"ם ז"ל שם נטען בט"ז באב וכו', דלמה היה לו זה לא היה צריך לומר אלא סתם, ואם נטען פחות משלשים יום לפני ר"ה לא עלתה לו השנה והרי הוא ערלה שנת הי"א והי"ב והי"ג וכו' ולא יותר, וזהו שסיים הראב"ד עתה לזה הטעם דווקא בשנטען שלשים יום לפני ר"ה מוסיפין לו עד שבט, אבל פחות משלשים יום הואיל ויש לה שלש שנים שלימות חוץ מקליטתה אין מוסיפין לה כלום אלא מראש תשרי לראש תשרי. ור"ל דאף אם נטעו מתחלת אלול ובכמה ימים בו, כל שיש שלש שנים שלימות מר"ה עד ר"ה חוץ מימי קליטתה אין מוסיפין לה כלום. ולדעת הרמב"ם שכתב כן יש לומר דאגב השמיענו עוד דין אחד דימי הקליטה והן י"ד יום צריכין שיהו שלימין מלבד אלו השלשים יום ומלבד יום הנטיעה ולא אמרינן יום אחד עולה לכאן ולכאן, דהא דאמרו התם בפרקין דף י' (ע"ב) יום שלשים עולה לכאן ולכאן, זהו אליבא דר' מאיר בדווקא הוא דאמרו אבל לא קיי"ל הכי, ולפיכך כתב הרמב"ם אם נטע בט"ו באב הוא דמשכחת לה דעלתה לו שנה דאיכא שלשים יום שלימין וימי הקליטה שלימין, אבל לא בנטע בט"ז באב, ומיהו לענין הדין דהיכא דאיכא שלש שנים שלימות מלבד ימי הקליטה בין הרמב"ם ובין הראב"ד שוין בזה שאין מוסיפין לה עד ט"ו בשבט וכדדייק נמי מדקתני בברייתא ופירות נטיעה זו דמשמע נטיעה זו דווקא. והבאתי שם (שביעית פ"ב ה"ד) לדעת בעל המאור דכאן (ב: מדה"ר ד"ה מה"מ) ולפירושו, שכתב ויש שטועין בפי' שמועה זו וכו' ולדעתי כך הוא הדין לעולם וכו', והאי דקאמר ופירות נטיעה זו כלומר שהנטיעה שגורמת לה לאיסור ערלה וכו'. ובמחכ"ת כמה וכמה דחוק ומוטעה פירושו זה, ולא עוד אלא שכתב וכן נראין הדברים מתוך התלמוד ירושלמי כפירושינו וכו', וסמך עצמו על מה שראה הגירסא משובשת דכאן ולא ראה הגירסא הנכונה הכתובה בשביעית, וכן מה שכתב עוד בהא דלקמן ואין כיני וכו' גירסא מוטעת מאוד היתה לפניו ולא נמצא לא כאן ולא בשביעית כדבריו הללו בזה. והר"ן כתב כאן (חי' הר"ן י. ד"ה ופירוש) ופלוגתא היא בירושלמי וכו', ולפי מה שנתבאר לנו בפי' זה וכפי הגירסא הנכונה דשביעית אין כאן פלוגתא כלל וכלל אלא הדין ברור הוא ומתבאר יפה בס"ד:

years, so by the time Rosh Hashanah of the fourth year arrives, a full three years have passed, וְאַתְּ אָמַר הָכֵין – **and you say this,** that he must wait even longer, until the fifteenth of Shevat of the fourth year, before the *orlah* prohibition is lifted?![22]

R' Z'eira rejects R' Ba bar Mammal's argument:

אֲמַר לֵיהּ – **[R' Z'eira] said to [R' Ba bar Mammal]:** וְאִין כֵּינִי – **But if this were so** – that the teaching of the verse applies only to a tree planted thirty days before Rosh Hashanah – וַאֲפִילוּ נְטָעוֹ שְׁלֹשִׁים יוֹם לִפְנֵי רֹאשׁ הַשָּׁנָה – **then even if one planted it thirty days before Rosh Hashanah** יְהֵא אָסוּר עַד שְׁלֹשִׁים יוֹם לִפְנֵי רֹאשׁ הַשָּׁנָה – **[fruits that emerge] should be forbidden until thirty days before Rosh Hashanah** in the fourth year, and not just until the fifteenth of Shevat of that year![23]

The Gemara asks:

מַאי כְּדוֹן – **What now** is the reason the fruits are forbidden only until the fifteenth of Shevat? I.e. what is the answer to R' Z'eira's question?[24]

The Gemara answers:

אֲמַר רַבִּי מָנָא – **R' Mana said:** מִכֵּיוָן שֶׁהוּא עוֹמֵד בְּתוֹךְ שְׁנָתוֹ שֶׁל אִילָן – **Since [the tree] is standing within the year for trees** when it completes its third year, מַשְׁלִים שְׁנָתוֹ – **it completes its** third **year** as a *tree* rather than as a sapling. The New Year for trees is on the fifteenth of Shevat, so it is sufficient that the *orlah* prohibition be extended until that time and not beyond.[25]

NOTES

22. R' Ba bar Mammal argues that it is not logical to say that the Torah requires a tree to be subject to *orlah* for more than three complete years. Rather, it stands to reason [that the verse means to teach] that the *orlah* prohibition extends into the fourth year (until the 15th of Shevat) only in a case where the tree is less than three actual years old (*Pnei Moshe*; *Mahara Fulda* ibid.; see *Korban HaEidah*). [Thus, when the tree is less than three actual years old, even though it is legally three, we derive from this verse that it is subject to *orlah* until the 15th of Shevat of the fourth year. But when the tree is both actually and legally three years old, we do not derive from the verse that it is subject to *orlah* until the 15th of Shevat, since the previous verse states that the law of *orlah* is for three years.]

R' Ba bar Mammal does not mean to limit the 15th-of-Shevat rule to trees planted exactly thirty days prior to Rosh Hashanah. A tree planted anytime after the 15th of Shevat and before thirty days before Rosh Hashanah will also be included in this rule. Moreover, trees planted between Rosh Hashanah and the 15th of Shevat will likewise be subject to *orlah* law even after Rosh Hashanah, but only until they complete their third actual year [i.e. until the date on which they were planted three years earlier] (*Rambam, Hil. Maaser Sheni* 9:12; *Mahara Fulda* ibid.; see Variant B for other views regarding this last point).

23. R' Z'eira argues that if R' Ba bar Mammal were correct that the verse's prohibition refers only to trees that are not three actual years old, then the prohibition should apply until the trees in fact become three years old. Thus, a tree planted thirty days before Rosh Hashanah should be forbidden until thirty days before Rosh Hashanah of the fourth year, which is exactly three years after it was planted. Why does the prohibition end with the 15th of Shevat of the fourth year? (*Raavad* ibid.; *Korban HaEidah*; see *Mahara Fulda* ibid., *Pnei Moshe*, and *Sefer Nir*).

R' Z'eira means to demonstrate with this argument that when the Torah requires three years for *orlah*, these are always legal years, and actual years are not a factor. Hence, when the Baraisa rules that "the fruits of this planting are forbidden until the 15th of Shevat," this means that the last year legally ends on that day (since it is the New Year for trees), and there is no reason to limit this rule to trees whose first year was not complete! The Baraisa's rule, then, does not refer specifically to a tree planted thirty days before Rosh Hashanah (the first case of the Baraisa) but to *all* new trees, regardless of when they were planted. R' Z'eira thus rules that the *orlah* prohibition never ends on Rosh Hashanah, but always on the 15th of Shevat (see *Mahara Fulda* ibid.).

24. Elucidation follows *Korban HaEidah* and *Pnei Moshe*.

25. Elucidation follows *Raavad* ibid. and *Korban HaEidah*; see *Rash Sirilio* to *Sheviis* ad loc., *Pnei Moshe*, and *Beur of R' Chaim Kanievski* for other explanations of R' Mana's words to the same effect.

By the time a planting has completed three years, it is no longer considered a sapling [נְטִיעָה] but is classified a mature tree [אִילָן] (see Mishnah *Sheviis* 1:6 [6b]). Although the New Year for saplings is on Rosh Hashanah, the New Year for mature trees is on the 15th of Shevat, as taught by the Mishnah (see *Rashi* 10a ד״ה ופירות נטיעה זו; see also above, 7b note 1).

[This explanation seems to adopt the view of R' Akiva in Mishnah *Sheviis* ibid., that a sapling becomes classified as a mature tree after one year. Other Tannaim there give different criteria for the changeover from sapling to tree, which postpone the reclassification beyond three years. See *Shelom Yehudah, Moed* §51 for discussion of this issue.]

R' Mana thus upholds R' Ba bar Mammal's ruling that *orlah* status extends until the 15th of Shevat only for trees whose first year was not actually a complete year. *Raavad* explains that this is why *Rambam, Hil. Maaser Sheni* 9:11 rules this way. *Rashi* ibid. follows this view as well (see *Rosh, Hil. Orlah* §9 [printed in the Vilna ed. of *Bavli* after *Menachos*]).

See Variant C.

TEXTUAL AND INTERPRETIVE VARIANTS

B. Following *Rambam* and *Mahara Fulda,* we have explained that according to R' Ba bar Mammal, a tree that is planted between Rosh Hashanah and the 15th of Shevat retains its *orlah* status until it becomes three actual years old, i.e. until the date on which it was planted. This point is not universally accepted. *Ritva* to *Bavli* 10a ד״ה ופירות נטיעה זו asserts that even according to R' Ba bar Mammal, *orlah* dates are never individualized to the date of a tree's planting; rather, they expire uniformly on *either* Rosh Hashanah *or* the 15th of Shevat. That is, trees planted less than thirty days before Rosh Hashanah complete their *orlah* cycle at Rosh Hashanah of their fourth year, since they are by then three full years old. Trees planted during the rest of the year (i.e. any time from Rosh Hashanah until thirty days before the following Rosh Hashanah) complete their *orlah* cycle at the 15th of Shevat of their fourth year, since on Rosh Hashanah of that year they were still less than three full years old. Accordingly, R' Ba bar Mammal means to exclude from the Baraisa's 15th-of-Shevat rule *only* a tree planted within the thirty days before Rosh Hashanah.

Piskei Rid to *Bavli* 10a and *Piskei Riaz* §3 (also printed alongside *Rif* folio 2a) share *Ritva's* view that *orlah* dates are never individualized, but they follow a different criterion for determining when *orlah* expires on Rosh Hashanah and when it expires on the 15th of Shevat. The rule according to them is that a tree must pass through three Rosh Hashanahs and three 15th-of-Shevats (after having taken root) to be released from *orlah*. Thus, just as a tree planted within thirty days of Rosh Hashanah sees its *orlah* restrictions expire at Rosh Hashanah of the fourth year, so does a tree planted between Rosh Hashanah and the 15th of Shevat, since it will by then have passed through three Rosh Hashanahs and three 15th-of-Shevats.

For further analysis of these views, see *Sefer Nir, Bein HaMishpesayim* (by *R' Reuven Fein*), *Rosh Hashanah* §18; and *Shelom Yehudah* (by *R' Eliezer Plachinsky*), *Moed* §50.

C. A number of Rishonim had a different reading of our Gemara (see *Baal HaMaor* and *Ran*, both to *Rif* folio 2b, as well as *Rashba* and *Ritva* to *Bavli* 10b; see also *Sheyarei Korban*). According to their reading, when R' Ba bar Mammal states that it is implausible that the *orlah* prohibition should extend until the 15th of Shevat for a tree that finished three complete years by Rosh Hashanah, R' Z'eira argues: כֵּן הִיא — **It is** nonetheless **so,** אֲפִילוּ נְטָעָן פָּחוֹת מִשְּׁלֹשִׁים יוֹם קוֹדֶם רֹאשׁ הַשָּׁנָה יְהֵא אָסוּר — for **even if he planted them** ***less*** **than thirty days before Rosh Hashanah, they will be forbidden** as *orlah* until the 15th of Shevat; i.e. even if they had a complete first year they are subject to *orlah* until the 15th of Shevat of the fourth year. [According to this version, R' Z'eira is not asking a question (וְאִין כֵּינִי, *if it is so*), but is simply rejecting R' Ba's premise (and says כֵּן הִיא, *it is so*). He is also not referring to the case of a tree planted thirty days before Rosh Hashanah, but to the case of a tree planted *less* than thirty days before Rosh Hashanah.] The Gemara then asks:

הרי אין כל חדשי השנה שוין וחודש אחד נחלק לשתי שנים: כיצד לנטיעה. תני [א](א) הנוטע והמבריך והמרכיב שלשים יום לפני ראש השנה [א](א) ועלתה לו שנה שלימה מותר לקיימו בשביעית. פחות משלשים יום לפני ראש השנה ולא עלתה לו שנה שלימה אסור לקיימן בשביעית [ב] אבל אמרו פירות נטיעה זו אסורין עד חמשה עשר [ג] בשבט. מה טעמא. ר' יוסא בשם ר' יוחנן [א](ג) ובשנה הרביעית. [ו:] מה את שמע מינה. אמר ר' זעירא (ב) שלש שנים יהיה לכם ערלים לא יאכל ובשנה. [ד] אמר ר' בא בר ממל קומי ר' זעירא נראים דברים בשנטעו שלשים יום לפני ראש השנה [ב] אבל [ד] אם נטעו פחות משלשים יום לפני ראש השנה איתא חמי שנה שלימה [ה] לא עלתה לו ואת אמר הכין. אמר ליה ואין כיני ואפילו נטעו [ו] שלשים יום לפני ראש השנה יהא אסור [ז] עד שלשים יום לפני ראש השנה. מאי כדון. אמר ר' מנא מכיון שהוא עומד בתוך שנתו של אילן משלים שנתו: כיצד לירקות. [ג](ה) לקט ממנו ישראל ערב ראש השנה עד שלא חשיכה וגוי משחשיכה מעשר מזה בפני עצמו ומזה בפני עצמו.

קרבן העדה

הרי אין כל חדשי השנה שוין. לדברי בית הלל דהא ראש השנה לאילנות מתחילין בט"ו: והמבריך. כופף הזמורות בארץ שקורין פרא"פי"ן: המרכיב. אילן בחבירו: ה"ג עלתה לו שנה שלימה ומותר לקיימו בשביעית. והכי פירושו, כיון שהגיע אחד בתשרי עלתה לו שנה, ואם הוא ערב שביעית מותר לקיימו ולא הוה כנוטע בשביעית: פחות משלשים יום לא עלתה לו שנה שלימה. עד תשרי הבא: אסור לקיימו בשביעית. משום תוספת שביעית שמוסיפין מחול אל הקדש: אבל אמרו וכו'. אף על גב שאמרנו קודם שלשים יום שעלתה לו שנה, אם חנטה פירות לאחר ראש השנה של שלישית עד ט"ו בשבט אסורין לעולם כפירות ערלה, שאף על פי שתשרי ראש השנה לפירות ט"ו בשבט ראש השנה לאילנות ובעינן שיעברו עליה ג' פעמים ט"ו בשבט קודם שיצאו פירותיה מן ערלה, וכן לענין רבעי, ולכך הועילו לה שלשים יום שלפני ראש השנה שממהר התירה מט"ו בשבט עד ראש השנה: מה טעמא. כלומר, מנא לן ששנות ערלה ורבעי נמשכין לאסור פירות החנוטים קודם ט"ו בשבט לאחר שכלו שנות הערלה: מה את שמע מינה. איך שמעינן מהכא שנאסרו: ובשנה. הרביעית, וי"ו מוסיף על ענין הראשון, והכי קאמר, יהיה לכם ערלים ובשנה הרביעית נמי יהיו ערלים, והיינו כשנטעה ל' יום לפני ראש השנה וכדפרישית: נראים דברים. הא דאמרינן דפירות נטיעה זו אסורים עד ט"ו בשבט, דוקא בשנטעו ל' יום לפני ראש השנה דלא הוי ליה שנה שלימה לאילן ואסור עד שיגמור השנה לאילן, דהיינו עד ט"ו בשבט: אבל אם נטעו פחות משלשים יום לפני ראש השנה. דבעינן שלש שנים שלמות דהיינו מתשרי לתשרי, אין צריך להמתין עד ט"ו בשבט בשנה הרביעית: ואת אמר הכין. שיהא פירות נטיעה זו אסורים בשנה הרביעית, זהו דבר שאין לו סמך מקרא: א"ל. ואם כן דקפדינן אשנים שלימות, א"כ אף בנטעו ל' יום לפני ראש השנה למה יהו מותרים בט"ו בשבט, תהא אסורה עד ל' יום לפני ראש השנה של שנה הרביעית שלא יהו שנים מקוטעות*: מאי כדון. באמת מאי טעמא לחלק: מכיון שהוא עומד בתוך שנתו של אילן משלים שנתו. פירוש שנתו של אילן והוא שבט, כלומר די לנו בכך: ועובד כוכבים משחשיכה. דהא ראש השנה הוא ואי אפשר לישראל ללקט:

פני משה

משני הכא מידי: כיצד לנטיעה. לענין מאי ובאיזה ענין אמרו שבאחד בתשרי ראש השנה הוא לנטיעה: תני וכו'. בתוספתא פ"ב דשביעית (ה"ג), ומייתי לה להאי סוגיא לעיל בפ"ב דשביעית בהלכה ו' ושם היא הגירסא נכונה ועיקרת, וכאן יש ט"ס וכדלקמן: עלתה לו שנה שלימה. כשיגיע אחד בתשרי שהוא ראש השנה לנטיעות ועלתה לו שנה למנין שני ערלה ומותר לקיימו בשביעית אם ערב שביעית היא: פחות וכו'. לא עלתה לו שנה לערלה עד אחד בתשרי הבא, ואם ערב שביעית היא אסור לקיימן בשביעית הואיל ונטעה בתוך שלשים יום לפני שביעית: אבל אמרו פירות נטיעה זו. שנטעה שלשים יום לפני ראש השנה אם חנטו אחר ראש השנה של שנת השלישית אסורין הן משום ערלה עד ט"ו בשבט, ואף על גב שזה כמי שעברו עליהן שלש שנים, שהרי שלשים יום לפני ראש השנה הראשון נחשב לשנה, אפילו הכי אסורין משום ערלה עד ט"ו בשבט כדפרישית במתניתין לפי שאחד בתשרי ראש השנה לנטיעה הוא שאמרו, וזה כבר נעשה אילן וראש השנה שלו לצאת מידי ערלה ט"ו בשבט הוא שהוא ראש השנה לאילנות, וכדקאמר לקמיה דילפינן לה מקרא: ובשנה הרביעית. כתיב וכדמסיים ואזיל: מה את שמע מינה. מהאי ובשנה, וקאמר ר' זעירא מדכתיב לקמיה שלש שנים וגו' לא יאכל ובשנה הרביעית, וי"ו דובשנה מוסיף על ענין הראשון דלפעמים בשנה הרביעית גם כן אסורין משום ערלה, וכן מובשנה החמישית דאבתריה פעמים שבחמישית אסורות עדיין משום רבעי וכדפרישית במתני': נראין הדברים בשנטעו שלשים יום לפני ראש השנה. כלומר שלא תטעה לומר הואיל וט"ו בשבט ראש השנה היא לאילנות, וקאמרת דמשום הכי אע"פ שעברו עליהן שלש שנים עדיין אסורין משום ערלה עד ראש השנה לאילנות, א"כ אף בגוונא שעברו עליהן שלש שנים שלימות נימא נמי הכי, וכגון שנטעה פחות משלשים יום לפני ראש השנה דאז אין נחשבין לשנה, אלא דמנינן לשני ערלה מראש השנה עד שלש שנים והו"א שיהיו גם כן הפירות שחנטו אחר ראש השנה שעברו כבר שלש שנים אסורין עד ט"ו בשבט, לפיכך קא משמע לן דהא לא אמרינן, אלא דנראין הדברים דדוקא אמרו בשנטעו שלשים יום לפני ראש השנה דפירות נטיעה זו הוא דאסורין אחר ראש השנה של שנה השלישית עד ט"ו בשבט: אבל אם נטעו פחות משלשים יום לפני ראש השנה איתא חמי שנה שלימה עלתה לו ואת אמר הכין. כן צריך לומר וכך היא הגירסא בשביעית שם, וכאן שכתוב בספרי הדפוס לא עלתה לו טעות סופר הוא ואין להעמידה. וכלומר דמסיק בטעמא דאי אפשר לומר דגם כן בנטעו בפחות משלשים יום לפני ראש השנה שיהו הפירות של שנת רביעית אסורין משום ערלה עד ט"ו בשבט, דבוא וראה הרי שנה שלימה עלתה לו ואת אמר הכין בתמיה, וכלומר דמכיון שעברו עליהן שלש שנים שלימות מהיכי תיתי יהיו אסורין משום ערלה עד ט"ו בשבט: אמר ליה. ר' זירא: ואין כיני. אי הכי דבאיכא שלש שנים שלימות תו לא אסרינן משום ערלה עד ט"ו בשבט, וא"כ קרא דובשנה לא דרשינן אלא על גוונא דלא עברו שלש שנים שלימות אלא שתי שנים שלימות ושלשים יום שלפני ראש השנה של שנת הנטיעה דאז אסורין עד ט"ו בשבט, א"כ מעתה תיקשי לך דאימא כוליה לחומרא דרשינן, שאף אם נטעו שלשים יום לפני ראש השנה יהא אסור עד שלשים יום שלפני ראש השנה שלאחר ט"ו בשבט ובשנה הרביעית, דשלש שנים שלימות מיום אל יום ליבעי דאימא דקרא הכי קאמר ובשנה הרביעית יהו לפעמים גם כן אסורין, ואע"פ שעברו עליהן שלש שנים והיינו שתי שנים עם אותן שלשים יום שלפני ראש השנה הקודמין והן נחשבין לשנה, אפילו הכי אסורין הן כל שנה הרביעית עד שלשים יום האחרונים שלפני ראש השנה שאז הן שלש שנים שלימות מיום אל יום: מאי כדון. והשתא בעינן טעמא דקאמרת שאינו אסור אלא עד ט"ו בשבט שלאחר ראש השנה של שנה השלישית שהיא רביעית עם השלשים יום הקודמין: אמר ר' מנא. היינו טעמא שמכיון שעומד בתוך שנתו של אילן, כלומר מכיון שהגיע לט"ו בשבט שהוא שנתו של אילן משלים הוא שנתו, והיינו כמו שעברו עליהן שלש שנים מיום אל יום דמי, ודי לנו בזה שנחמיר לאסור מר"ה של אחר שנת השלישית שהיא רביעית עד ט"ו בשבט, וטפי מהכי לא מחמרינן: כיצד לירקות. שיהא נראה שאחד בתשרי הוא ראש השנה, והרי לירק בתר לקיטה אזלינן והיכי משכחת לה שילקוט לכתחלה היום ושישתנה השנה למעשר הלא לא ילקוט ביום טוב, ואם לאחר יום טוב אמאי נקט באחד בתשרי, ומפרש דהכי משכחת לה שליקט ממנה ישראל ערב ראש השנה עד שלא חשיכה, ועכו"ם לקט משחשיכה את של ישראל, ואין מעשרין את שנלקט מבעוד יום על שנלקט משחשיכה דהוי משנה זו על שנה זו, וכן הנלקט מבעוד יום נוהג בו מעשר של שנה שעברה והנלקט משחשיכה נוהג בו מעשר של שנה הבאה, וכגון אם היתה שניה נכנסת לשלישית:

מסורת הש"ס

א) [שביעית פ"ב ה"ד, ערלה פ"א ה"ב] ר"ה ט: [תוספתא שביעית פ"ב ה"ג, תוספתא ר"ה פ"א ה"ז, שמחות פ"ז הכ"ו, ובשינוי שביעית פ"ב מ"ו ומעשר שני פ"א ה"א ויבמות פג.] ב) [ספרא קדושים פרשה ג ה"ז, ספרא בהר פרק א ה"א, פסיקתא זוטרתא ויקרא יט כד, ילקו"ש קדושים תרטז] ג) [ר"ה י., ספרא קדושים פרשה ג ה"ז, פסיקתא זוטרתא ויקרא יט כד, ילקו"ש קדושים תרטז] ד) שביעית פ"ב ה"ד ה) ר"ה יב: [תוספתא פ"א ה"ח] ועי' ר"ה יב: תוד"ה משתכא

שירי קרבן

אמר ליה אין כיני וכו'. גירסת הרז"ה והר"ן (ב: מדה"ד ד"ה והא דאמרינן) א"ל כן הוא אפי' נטען פחות משלשים יום לפני ר"ה אסור, ע"כ. ומתוך כך פסקו דאם נטעו פחות מל' יום לפני ר"ה אסורין עד ט"ו בשבט של שנה רביעית. והכסף משנה בפ"ט מהל' נטע רבעי (ה"י) כתב, ויש לתמוה על מש"כ הר"ן דפלוגתא היא בירושלמי, דלפי האמת לאו פלוגתא היא דלע"ג דאקשי ליה אפי' נטעו ל' יום לפני ר"ה יהא אסור וכו', הרי השיב לו ושתק. ועוד דהאי דאקשי ליה וכו' אינו סותר דין זה שכתב רבינו, וק"ל עכ"ל. ואני שמעתי ולא אבין, דהר"ן כתב לפי גירסתו כמו שכתבנו למעלה והא ודאי פליגי ור' מנא לא השיב לו כלום, אדרבא סייעא ליה לר' זעירא, ולע"ג. ודע דפירושי שבקונטרס הוא פירוש הראב"ד בהשגות, והוא כדעת הרמב"ם (שם ה"ח) ורש"י, וכ"כ בשו"ע (יו"ד סי' רצד סעיף ד). והר"א פולדא במס' שביעית פ"ב (ה"ד) פירש לפי המסקנא כדעת הרז"ה, עיי"ש. ואינו מחוור, דלפי גירסתינו מודה הרז"ה לדעת הראב"ד אלא שגירסא אחרת היתה לו וכמו שכתבתי למעלה. ולולי דמסתפינא אמינא דה"פ, נראין הדברים הא דתני אבל אמרו פירות נטיעה זו וכו', קאי אנטעו שלשים יום לפני ר"ה דמחמרינן וצריך להמתין עד ט"ו בשבט, אבל לא קאי אנטעו פחות משלשים יום ולקולא דבט"ו בשבט בשנה שלישית תהא מותרת כיון דנטעו שלשים יום לפני ט"ו שבט. איתא חמי דהא מ"מ שנה שלימה לא עלתה לו ולמה תאמר כן שיהא מותר בט"ו בשבט. אמר ליה א"כ דל' יום קודם ט"ו שבט לא מהני אלא בעינן שנה שלימה אף בנטעו שלשים יום נמי יהא אסור מיום ליום. מאי כדון באמת מ"ט לחלק. אמר ר' מנא היינו טעמא, אם נטעו בפחות מל' יום לפני ר"ה כיון שעדיין האילן לא כלו לו שלש שנים מתשרי, דביה איירי קרא, דסתם שנים מתשרי מנינן כדאמרינן לעיל, צריך להשלים שנתו, משא"כ בנטעו שלשים יום קודם ר"ה כבר כלו שלש שנים לתשרי דל' יום בשנה חשיב שנה. והא דאסור עד ט"ו בשבט, טעמו כדמסיק ר' זעירא בעצמו שעדיין הן חיין ממי שנה שעברו. זהו הנראה לי ברור לפום פשטא דשמעתתא ומדוקדק מאוד בלשון הגמ' ומסכים לשיטת הפוסקים:

עין משפט

א מיי' פ"ט מהלכות מעשר שני ונטע רבעי הלכה ח טוש"ע יו"ד סימן רצד סעיף ד:
ב מיי' שם הלכה יא ובהשגות ובכס"מ טוש"ע יו"ד סימן רצד סעיף ה:
ג מיי' פ"ה מהלכות תרומות הלכה יא טוש"ע יו"ד סימן שלא סעיף נז:

שינויי נוסחאות

א] ועלתה וכו' מותר וכו' ולא עלתה וכו' אסור. בתוספתא (פ"א ה"ז ושביעית פ"ב ה"ג) ובבבלי (ט:) עלתה וכו' ואסור וכו' לא עלתה וכו' ומותר:
ב] אבל אמרו פירות. כ"ה גם בירושלמי שביעית (פ"ב ה"ד). בתוספתא (שם) ובבבלי (י.) ופירות:
ג] בשבט. בתוספתא (שם) ובבבלי (שם) נוסף אם לערלה ערלה ואם לרבעי רבעי:
ד] אם נטעו פחות משלשים. כ"ה גם בכל הראשונים. בירושלמי שביעית (שם) אם לא נטעו שלשים יום:
ה] לא. כ"ה גם ברשב"א וריטב"א (י.) ובבעה"מ ובר"ן על הרי"ף (ב: מדה"ר) ובראש (הל' ערלה סי' ט). בירושלמי שביעית (שם) ובראב"ד (מע"ש פ"ט הי"א) ליתא. וכתב בביאור הגר"א על גירסת הראב"ד "והיא מיושבת יותר ואין נפק"מ בזה":
ו] שלשים. כ"ה גם בירושלמי שביעית (שם) ובראב"ד (שם). בראשונים הנ"ל ובהגהת הגר"א בשביעית שם פחות משלשים. ועי' ביאור הגר"א (שם):
ז] עד שלשים יום לפני ר"ה. כ"ה גם בירושלמי שביעית (שם) ובראב"ד (שם). בהגהת הגר"א (שם) עד פחות משלשים יום לפני ר"ה. ובביאור הגר"א ריא (שח) עד ט"ו בשבט. בבעה"מ ובר"ן (שם) וברשב"א ובריטב"א (שם) ליתא:

תורה אור השלם

א) וּבַשָּׁנָה הָרְבִיעִת יִהְיֶה כָּל פִּרְיוֹ קֹדֶשׁ הִלּוּלִים לַיהֹוָה: (ויקרא יט כד)
ב) וְכִי תָבֹאוּ אֶל הָאָרֶץ וּנְטַעְתֶּם כָּל עֵץ מַאֲכָל וַעֲרַלְתֶּם עָרְלָתוֹ אֶת פִּרְיוֹ שָׁלֹשׁ שָׁנִים יִהְיֶה לָכֶם עֲרֵלִים לֹא יֵאָכֵל: (ויקרא יט כג)

מראה הפנים

איתא חמי שנה שלימה עלתה לו ואת אמר הכין. כך היא הגירסא בפ"ב דשביעית (ה"ד) והיא עיקרית, וכך העתיק הראב"ד בהשגות בפ"ט מנטע רבעי בהל' י"א, וכוונת ההשגה שם כך היא דאף שכתב דבר זה הוציא מתוך הירושלמי וכו', וכפי הגירסא הנכונה דשביעית ופירושה, מ"מ משיג הוא ז"ל על מה שכתב הרמב"ם ז"ל שם נטען בט"ו באב וכו', דלמה היה לו זה לא היה צריך לומר אלא סתם, ואם נטען פחות משלשים יום לפני ר"ה לא עלתה לו השנה והרי הוא ערלה שנת הי"א והי"ב והי"ג וכו' ולא יותר, וזהו שסיים הראב"ד עתה לזה הטעם דווקא בשנטען שלשים יום לפני ר"ה מוסיפין לו עד שבט, אבל פחות משלשים יום הואיל ויש לה שלש שנים שלימות חוץ מקליטתה אין מוסיפין לה כלום אלא מראש תשרי לראש תשרי. ור"ל דאף אם נטעו מתחלת אלול ובכמה ימים בו, כל שיש שלש שנים שלימות מר"ה עד ר"ה חוץ מימי קליטתה אין מוסיפין לה כלום. ולדעת הרמב"ם שכתב כן יש לומר דאגב השמיענו עוד דין אחד דימי הקליטה והן י"ד יום צריכין שיהו שלימין מלבד אלו השלשים יום ומלבד יום הנטיעה ולא אמרינן יום אחד עולה לכאן ולכאן, דהא דאמרו התם בפרקין דף י' (ע"ב) יום שלשים עולה לכאן ולכאן, זהו אליבא דר' מאיר בדווקא הוא דאמרו אבל לא קיי"ל הכי, ולפיכך כתב הרמב"ם אם נטע בט"ו באב הוא דמשכחת לה דעלתה לו שנה דאיכא שלשים יום שלימין וימי הקליטה שלימין, אבל לא בנטע בט"ז באב, ומיהו לענין הדין דהיכא דאיכא שלש שנים שלימות מלבד ימי הקליטה בין הרמב"ם ובין הראב"ד שוין בזה שאין מוסיפין לה עד ט"ו בשבט וכדדייק נמי מדקתני בברייתא ופירות נטיעה זו דמשמע נטיעה זו דווקא. והבאתי שם (שביעית פ"ב ה"ד) לדעת בעל המאור דכאן (ב: מדה"ד ד"ה מה"מ) ולפירושו, שכתב ויש שטועין בפי' שמועה זו וכו' ולדעתי כך הוא הדין לעולם וכו', והאי דקאמר ופירות נטיעה זו כלומר שהנטיעה שגורמת לה לאיסור ערלה וכו'. ובמחכ"ת כמה וכמה דחוק ומוטעה פירושו זה, ולא עוד אלא שכתב וכן נראין הדברים מתוך התלמוד ירושלמי כפירושינו וכו', וסמך עצמו על מה שראה הגירסא משובשת דכאן ולא ראה הגירסא הנכונה הכתובה בשביעית, וכן מה שכתב עוד בהא דלקמן ואין כיני וכו' גירסא מוטעת מאוד היתה לפניו ולא נמצא לא כאן ולא בשביעית כדבריו הללו בזה. והר"ן כתב כאן (חי' הר"ן י. ד"ה ופירות) ופלוגתא היא בירושלמי וכו', ולפי מה שנתבאר לנו בפי' זה וכפי הגירסא הנכונה דשביעית אין כאן פלוגתא כלל וכלל אלא הדין ברור הוא ומתבאר יפה בס"ד:

עָשָׂר בִּשְׁבָט – **ARE FORBIDDEN** as *orlah* **UNTIL THE FIFTEENTH OF SHEVAT** of the fourth year.[12]

The Gemara asks:

מַה טַעְמָא – **What is the source** for this last ruling? Since the Torah defines *orlah* as the fruits of the first three years of the tree,[13] why should fruits that emerge after Rosh Hashanah of the *fourth* year be treated as *orlah?*[14]

The Gemara answers:

רַבִּי יָסָּא בְּשֵׁם רַבִּי יוֹחָנָן – **R' Yassa** said **in the name of R' Yochanan:** "וּבַשָּׁנָה הָרְבִיעִת" – After stating that the fruits of a tree's first three years are *orlah*, the Torah states in the next verse: ***And in the fourth year***. . .[15] This teaches us that fruit is sometimes forbidden even in the fourth year.

The Gemara elaborates:

מַה אַתְּ שָׁמַע מִינָּהּ – **And what** (i.e. how) **do you learn from this** verse that fruits that emerge in the fourth year are forbidden?[16]

אָמַר רַבִּי זְעִירָא – **R' Z'eira said:** "שָׁלֹשׁ שָׁנִים יִהְיֶה לָכֶם עֲרֵלִים לֹא יֵאָכֵל. וּבַשָּׁנָה" – This verse is expounded together with the previous verse, as follows: ***three years it shall be orlah to you, it shall not be eaten. And in the** fourth **year. . .*** The word "and" in the phrase "and in the fourth year" connects the beginning of the second verse ("and in the fourth year") to the first verse ("it shall not be eaten"). This teaches that the prohibition that is stated in regard to the first three years sometimes extends into the fourth year as well.[17]

Having established the source of the *orlah* prohibition for fruits that emerge before the fifteenth of Shevat of the fourth year, the Gemara analyzes the scope of this law:[18]

אָמַר רַבִּי בָּא בַּר מָמָל קוֹמֵי רַבִּי זְעִירָא – **R' Ba bar Mammal said in the presence of R' Z'eira:** נִרְאִים דְּבָרִים בְּשֶׁנְּטָעוֹ שְׁלֹשִׁים יוֹם לִפְנֵי רֹאשׁ הַשָּׁנָה – These **words** of the Baraisa **would appear** to be correct only in a case **where one planted [the tree] thirty days before Rosh Hashanah.** Since in this case the first "year" in the *orlah* count is less than a full year, the Torah waits until the fifteenth of Shevat of the fourth year before lifting the *orlah* prohibition from this tree.[19] אֲבָל אִם נְטָעוֹ פָּחוֹת מִשְּׁלֹשִׁים יוֹם לִפְנֵי רֹאשׁ הַשָּׁנָה – **However, if one planted [the tree] less than thirty days before Rosh Hashanah,**[20] אֵיתָא חֲמִי – then **come** and **see:** שָׁנָה שְׁלֵימָה (לֹא)[21] עָלְתָה לוֹ – **A complete year** actually **passed for him** in the first year, as well as in the tree's other

NOTES

12. That is, even after the three years of *orlah* have been counted, whatever fruits emerge in the *fourth* year between Rosh Hashanah and the 15th of Shevat are also *orlah*, and are forbidden forever (*Beur of R' Chaim Kanievski*; see *Korban HaEidah* and *Pnei Moshe*). The Gemara will explain the reason for this, and will discuss in what cases this law applies.

[The Baraisa gives the 15th of Shevat as the cutoff date in accordance with Beis Hillel's ruling in our Mishnah that this is the New Year for trees.]

13. *Leviticus* 19:23 states: *three years it shall be orlah to you, it shall not be eaten.*

14. *Korban HaEidah.* As taught in our Mishnah, the years of a newly planted tree are counted from Rosh Hashanah (the first of Tishrei). Thus, once Rosh Hashanah of the fourth year has arrived, the tree is legally past its third year, and fruits that emerge then should be permitted!

15. Verse 24 there states: *And in the fourth year all its fruits shall be sanctified to laud Hashem* – i.e. they should be eaten in Jerusalem in accordance with the laws of *reva'i* sanctity.

16. Elucidation follows *Korban HaEidah*. [The verse teaches that the fruits of the fourth year are to be sanctified to God and eaten as *reva'i*, not that they are forbidden!]

17. *Korban HaEidah* and *Pnei Moshe*, from *Rashi* 10a ד"ה ובשנה הרביעית. [Accordingly, the phrase *and in the fourth year* must be seen as doing double duty; it is expounded as part of the previous verse as well as part of the new verse.]

Now, this cannot mean that the law of *orlah* applies to all fruits of the fourth year, because the Torah states that the fruits of the fourth year are to be eaten (*Beur of R' Chaim Kanievski* to the parallel passage in *Sheviis* 2:4). Rather, it means that *some* fruits that emerge in the fourth year are treated as third-year fruits and some are treated as fourth-year fruits. Which ones are treated which way? If the fruits emerge early in the fourth year, between Rosh Hashanah and the 15th of Shevat, they are subject to the laws of *orlah* and are forbidden for benefit. If, however, they emerge from the 15th of Shevat on, they are treated as *reva'i* (*Rash Sirilio* and *Mahara Fulda* ad loc., following *Rashi* 10a ד"ה פעמים).

18. The Baraisa discussed two cases: In the first case, the tree was planted thirty days or more before Rosh Hashanah; in the second case, the tree was planted less than thirty days before Rosh Hashanah. The Baraisa then stated that fruits that emerge before the 15th of Shevat of the fourth year are forbidden as *orlah*. It is, however, unclear from the Baraisa whether this last statement refers to both of the previous cases (i.e. to all newly planted trees, regardless of how close to Rosh Hashanah they were planted) or just to the first case, where the tree was planted thirty days before Rosh Hashanah and so a partial year is being counted as the first year. This question will now be debated.

19. *Korban HaEidah* et al.

R' Ba bar Mammal argues that the Baraisa's ruling, that fruits that emerge in the fourth year are treated as *orlah* if they emerge between Rosh Hashanah and the 15th of Shevat, refers only to the Baraisa's first case, where the tree was planted thirty days before Rosh Hashanah. The Baraisa had taught that these thirty days count as a complete year for *orlah*. Consequently, three *orlah* years elapse in just two years and thirty days, so when fruits emerge on this tree just after Rosh Hashanah of the fourth year, the tree is still less than three *full* years old (*Mahara Fulda* to *Sheviis* ibid.; *Beur of R' Chaim Kanievski*).

20. This is the second case of the Baraisa. In this case, the days before the first Rosh Hashanah do not count as an *orlah* year, so the *orlah* count in essence begins on Rosh Hashanah. Thus, by Rosh Hashanah of the fourth year of the *orlah* count, the tree is actually [more than] three years old (*Korban HaEidah*, *Pnei Moshe*, et al.).

21. Deletion follows the text of the parallel passage in *Sheviis* ad loc. and *Pnei Moshe*; see also *Raavad, Hil. Maaser Sheni* 9:11. See *Sheyarei Korban* for an explanation of the standard text.

TEXTUAL AND INTERPRETIVE VARIANTS

note 11 (see *Rashi, Bavli* 10b ד"ה לעולם, and *Ritva* and *Pnei Yehoshua* to *Bavli* 9b; cf. *Chazon Ish, Sheviis* 22:5 and 26:3).

Now, this all follows the view of *Rashi* and *Rabbeinu Tam* (see *Tosafos* to *Bavli* 10b ד"ה שלשים ושלשים) that there is a Biblical prohibition to cause a tree to take root during *sheviis*, even when the act of planting takes place before *sheviis* begins. Other Rishonim reject this premise and maintain that there is no Biblical prohibition to do something before *sheviis* that causes a tree to take root during *sheviis*. The prohibition to plant within thirty days of *sheviis*, they argue, is a Rabbinic one, based on an entirely different concern: When a tree is planted within thirty days of Rosh Hashanah, the first year of its *orlah* count is the following year (as the Baraisa just stated). Accordingly, if a tree was planted within thirty days of *sheviis*, the first year of the *orlah* count will be the year of *sheviis*. In such a case, when the *orlah* prohibition expires three years later, people who calculate back to the time of the tree's planting will erroneously conclude that it was planted in *sheviis*, which might lead them to think that it is permissible to plant in *sheviis*. To prevent such an error, the Rabbis prohibited planting a tree within thirty days of *sheviis* (*Ramban* and *Ritva* to *Bavli* 9b; *Shenos Eliyahu* to *Sheviis* 2:6; see *Rambam, Hil. Shemittah* 3:11).

For a fuller treatment of the different reasons for the prohibition and the practical application of the various opinions, see the Schottenstein ed. of *Yerushalmi Sheviis*, Halachah 2:4 (11a-12b), in particular 11a note 4, note 7 with Variant A, and 11b note 18 with Variant B.

הרי אין כל חדשי השנה שוין וחודש אחד נחלק לשתי שנים: כיצד לנטיעה. תני הנוטע והמבריך והמרכיב שלשים יום לפני ראש השנה ועלתה לו שנה שלימה מותר לקיימו בשביעית. פחות משלשים יום לפני ראש השנה ולא עלתה לו שנה שלימה אסור לקיימן בשביעית אבל אמרו פירות נטיעה זו אסורין עד חמשה עשר בשבט. מה טעמא. ר' יסא בשם ר' יוחנן ובשנה הרביעית. מה את שמע מינה. אמר ר' זעירא שלש שנים יהיה לכם ערלים לא יאכל ובשנה.
ו: אמר ר' בא בר ממל קומי ר' זעירא נראים דברים בשנטעו שלשים יום לפני ראש השנה אבל אם נטעו פחות משלשים יום לפני ראש השנה איתא חמי שנה שלימה לא עלתה לו ואת אמר הכין. אמר ליה ואין כיני ואפילו נטעו שלשים יום לפני ראש השנה יהא אסור עד שלשים יום לפני ראש השנה. מאי כדון. אמר ר' מנא מכיון שהוא עומד בתוך שנתו של אילן משלים שנתו: כיצד לירקות. לקט ממנו ישראל ערב ראש השנה עד שלא חשיכה וגוי משחשיכה מעשר מזה בפני עצמו ומזה בפני עצמו.

קרבן העדה

הרי אין כל חדשי השנה שוין. לדברי בית הלל דהא ראש השנה לאילנות מתחילין בט"ו: והמבריך. כופף הזמורות בארץ שקורין פראפי"ן: המרכיב. אילן בחבירו: ה"ג עלתה לו שנה שלימה ומותר לקיימו בשביעית. והכי פירושו, כיון שהגיע אחד בתשרי עלתה לו שנה, ואם הוא ערב שביעית מותר לקיימו ולא הוה כנוטע בשביעית: פחות משלשים יום לא עלתה לו שנה שלימה. עד תשרי הבא: אסור לקיימו בשביעית. משום תוספת שביעית שמוסיפין מחול אל הקדש: אבל אמרו וכו'. אף על גב שאמרנו קודם שלשים יום שעלתה לו שנה, אם חנטה פירות לאחר ראש השנה של שלישית עד ט"ו בשבט אסורין לעולם כפירות ערלה, שאף על פי שתשרי ראש השנה לפירות ט"ו בשבט ראש השנה לאילנות ובעינן שיעברו עליה ג' פעמים ט"ו בשבט קודם שיצאו פירותיה מן ערלה, וכן לענין רבעי, ולכך הועילו לה שלשים יום שלפני ראש השנה שממהר התירה מט"ו בשבט עד ראש השנה: מה טעמא. כלומר, מנא לן שסנות ערלה ורבעי נמשכין לאסור פירות החנוטים קודם ט"ו בשבט לאחר שכלו שנות הערלה: מה את שמע מינה. איך שמעינן מהכא שנאסרו: ובשנה. הרביעית, וי"ו מוסיף על ענין הראשון, והכי קאמר, יהיה לכם ערלים ובשנה הרביעית נמי יהיו ערלים, והיינו כשנטעה ל' יום לפני ראש השנה וכדפרישית: נראים דברים. הא דאמרינן דפירות נטיעה זו אסורים עד ט"ו בשבט, דוקא בשנטעו ל' יום לפני ראש השנה דלא הוי ליה שנה שלימה לאילן ואסור עד שיגמור השנה לאילן, דהיינו עד ט"ו בשבט: אבל אם נטעו פחות משלשים יום לפני ראש השנה. דבעינן שלש שנים שלמות דהיינו מתשרי לתשרי, אין צריך להמתין עד ט"ו בשבט בשנה הרביעית: ואת אמר הכין. שיהא פירות נטיעה זו אסורים בשנה הרביעית, וזהו דבר שאין לו סמך מקרא: א"ל. ואם כן דקפדינן אשנים שלימות, א"כ אף בנטעו ל' יום לפני ראש השנה למה יהו מותרים בט"ו בשבט, תהא אסורה עד ל' יום לפני ראש השנה של שנה הרביעית שלא יהו שנים מקוטעות*: מאי כדון. באמת מאי טעמא לחלק: מכיון שהוא עומד בתוך שנתו של אילן משלים שנתו. פירוש שנתו של אילן והוא שבט, כלומר די לנו בכך: ועובד כוכבים משחשיכה. דהא ראש השנה הוא ואי אפשר לישראל ללקט:

פני משה

משני הכא מידי: כיצד לנטיעה. לענין מאי ובאיזה ענין אמרו שבאחד בתשרי ראש השנה הוא לנטיעה: תני וכו'. בתוספתא פ"ב דשביעית (ה"ג), ומייתי לה להאי סוגיא לעיל בפ"ב דשביעית בהלכה ו' ושם היא הגירסא נכונה ועיקרת, וכאן יש ט"ס וכדלקמן: עלתה לו שנה שלימה. כשיגיע אחד בתשרי שהוא ראש השנה לנטיעות ועלתה לו שנה למנין שני ערלה ומותר לקיימו בשביעית אם ערב שביעית היא: פחות וכו'. לא עלתה לו שנה לערלה עד אחד בתשרי הבא, ואם ערב שביעית היא אסור לקיימן בשביעית הואיל ונטעה בתוך שלשים יום לפני שביעית: אבל אמרו פירות נטיעה זו. שנטעה שלשים יום לפני ראש השנה אם חנטו אחר ראש השנה של שנת השלישית אסורין הן משום ערלה עד ט"ו בשבט, ואף על גב שזה כמי שעברו עליהן שלש שנים, שהרי שלשים יום לפני ראש השנה הראשון נחשב לשנה, אפילו הכי אסורין משום ערלה עד ט"ו בשבט כדפרישית במתניתין לפי שאחד בתשרי ראש השנה לנטיעה הוא שאמרו, וזה כבר נעשה אילן וראש השנה שלו לצאת מידי ערלה ט"ו בשבט הוא שהוא ראש השנה לאילנות, וכדקאמר לקמיה דילפינן לה מקרא: ובשנה הרביעית. כתיב וכדמסיים ואזיל: מה את שמע מינה. מהאי ובשנה, וקאמר ר' זעירא מדכתיב לקמיה שלש שנים וגו' לא יאכל ובשנה הרביעית, וי"ו דובשנה מוסיף על ענין הראשון דלפעמים בשנה הרביעית גם כן אסורין משום ערלה, וכן מובשנה החמישית דאבתריה פעמים שבחמישית אסורות עדיין משום רבעי וכדפרישית במתני': נראין הדברים בשנטעו שלשים יום לפני ראש השנה. כלומר שלא תטעה לומר הואיל וט"ו בשבט ראש השנה היא לאילנות, וקאמרת דמשום הכי אע"פ שעברו עליהן שלש שנים עדיין אסורין משום ערלה עד ראש השנה לאילנות, א"כ אף בגוונא שעברו עליהן שלש שנים שלימות נימא נמי הכי, וכגון שנטעה פחות משלשים יום לפני ראש השנה דאז אין נחשבין לשנה, אלא דמנינן לשני ערלה מראש השנה עד שלש שנים והו"א שיהיו גם כן הפירות שחנטו אחר ראש השנה שעברו כבר שלש שנים אסורין עד ט"ו בשבט, לפיכך קא משמע לן דהא לא אמרינן, אלא דנראין הדברים דבדוקא אמרו בשנטעו שלשים יום לפני ראש השנה דפירות נטיעה זו הוא דאסורין אחר ראש השנה של שנה השלישית עד ט"ו בשבט: אבל אם נטעו פחות משלשים יום לפני ראש השנה איתא חמי שנה שלימה עלתה לו ואת אמר הכין. כן צריך לומר וכך היא הגירסא בשביעית שם, וכאן שכתוב בספרי הדפוס לא עלתה לו טעות סופר הוא ואין להעמידה. וכלומר דמסיק בטעמא דאי אפשר לומר דגם כן בנטעו בפחות משלשים יום לפני ראש השנה שיהו הפירות של שנת רביעית אסורין משום ערלה עד ט"ו בשבט, דהוא ורואה הרי שנה שלימה עלתה לו ואת אמר הכין בתמיה, וכלומר דמכיון שעברו עליהן שלש שנים שלימות מהיכי תיתי יהיו אסורין משום ערלה עד ט"ו בשבט: אמר ליה. ר' זירא: ואין כיני. אי הכי דלאיכא שלש שנים שלימות תו לא אסרינן משום ערלה עד ט"ו בשבט, וא"כ קרא דובשנה לא דרשינן אלא על גוונא דלא עברו שלש שנים שלימות אלא שתי שנים שלימות ושלשים יום שלפני ראש השנה של שנת הנטיעה דאז אסורין עד ט"ו בשבט, א"כ מעתה תיקשי לך דאימא כוליה לחומרא דרשינן, שאף אם נטעו שלשים יום לפני ראש השנה יהא אסור עד שלשים יום שלפני ראש השנה שלאחר ט"ו בשבט ובשנה הרביעית, דשלש שנים שלימות מיום אל יום ליבעי דאימא דקרא הכי קאמר ובשנה הרביעית יהו לפעמים גם כן אסורין, ואע"פ שעברו עליהן שלש שנים והיינו שתי שנים עם אותן שלשים יום שלפני ראש השנה הקודמין והן נחשבין לשנה, אפילו הכי אסורין הן כל שנה הרביעית עד שלשים יום האחרונים שלפני ראש השנה שאז הן שלש שנים שלימות מיום אל יום: מאי כדון. והשתא בעינן טעמא דקאמרת שאינו אסור אלא עד ט"ו בשבט שלאחר ראש השנה של שנה השלישית שהיא רביעית עם השלשים יום הקודמין: אמר ר' מנא. היינו טעמא שמכיון שעומד בתוך שנתו של אילן, כלומר מכיון שהגיע לט"ו בשבט שהוא שנתו של אילן משלים הוא שנתו, והיינו כמו שעברו עליהן שלש שנים מיום אל יום דמי, ודי לנו בזה שנחמיר לאסור מר"ה של אחר שנת השלישית שהיא רביעית עד ט"ו בשבט, וטפי מהכי לא מחמרינן: כיצד לירקות. שיהא נראה שאחד בתשרי הוא ראש השנה, והרי לירק בתר לקיטה אזלינן והיכי משכחת לה שילקט לכתחלה היום ושיתחשב השנה למעשר הלא לא ילקוט ביום טוב, ואם לאחר יום טוב אמאי נקט באחד בתשרי, ומפרש דהכי משכחת לה שליקט ממנו ישראל ערב ראש השנה עד שלא חשיכה, ועכו"ם לקט משחשיכה את של ישראל, ואין מעשרין את שנלקט מבעוד יום על שנלקט משחשיכה דהוי משנה זו על שנה זו, וכן הנלקט מבעוד יום נוהג בו מעשר של שנה שעברה והנלקט משחשיכה נוהג בו מעשר של שנה הבאה, וכגון אם היתה שניה נכנסת לשלישית:

מסורת הש"ס

א) [שביעית פ"ב ה"ד, ערלה פ"א ה"ב] ר"ה ט: [תוספתא שביעית פ"ב ה"ג, תוספתא ר"ה פ"א ה"ז, שמחות פ"ז הכ"ו, ובשינוי שביעית פ"ב מ"ו ומעשר שני פ"א ה"א ויבמות פג.] ב) [ספרא קדושים פרשה ג ה"ו, ספרא בהר פרק א ה"א, פסיקתא זוטרתא ויקרא יט כד, ילקו"ש קדושים תרטו] ג) [ר"ה י., ספרא קדושים פרשה ג ה"ז, פסיקתא זוטרתא ויקרא יט כד, ילקו"ש קדושים תרטו] ד) שביעית פ"ב ה"ד ה) ר"ה יב. [תוספתא פ"א ה"ח] ועי' ר"ה יב: תוד"ה משתבא

שירי קרבן

אמר ליה אין כיני וכו'. גירסת הרז"ה והר"ן (ב: מדה"ר ד"ה והא דאמרינן) א"ל כן הוא אפי' נטען פחות משלשים יום לפני ר"ה אסור, ע"כ. ומתוך כך פסקו דאם נטעו פחות מל' יום לפני ר"ה אסורין עד ט"ו בשבט של שנה רביעית. והכסף משנה בפ"ט מהל' נטע רבעי (ה"י) כתב, ויש לתמוה על מש"כ הר"ן דפלוגתא היא בירושלמי, דלפי האמת לאו פלוגתא היא דאע"ג דאקשי ליה אפי' נטעו ל' יום לפני ר"ה יהא אסור וכו', הרי השיב לו ושתק. ועוד דהאי דאקשי ליה וכו' אינו סותר דין זה שכתב רבינו, וק"ל עכ"ל. ואני שמעתי ולא אבין, דהר"ן כתב לפי גירסתו כמו שכתבנו למעלה והא ודאי פליגי ור' מנא לא השיב לו כלום, אדרבא סייעא ליה לר' זעירה, ולע"ג. ודע דפירושי שבקונטרס הוא פירוש הראב"ד בהשגות, והוא כדעת הרמב"ם (שם ה"א) ורש"י, וכ"כ בשו"ע (יו"ד סי' רצד סעיף ד). והר"א פולדא במס' שביעית פ"ב (ה"ד) פירש לפי המסקנא כדעת הרז"ה, עיי"ש. ואינו מחוור, דלפי גירסתינו מודה הרז"ה לדעת הראב"ד אלא שגירסא אחרת היתה לו וכמו שכתבתי למעלה. ולולי דמסתפינא אמינא דה"פ, נראין הדברים הא דתני אבל אמרו פירות נטיעה זו וכו', קאי אנטעו שלשים יום לפני ר"ה דמחמרינן וצריך להמתין עד ט"ו בשבט, אבל לא קאי אנטעו פחות משלשים יום ולקולא דבט"ו בשבט בשנה שלישית תהא מותרת כיון דנטעו שלשים יום לפני ט"ו שבט. איתא חמי דהא מ"מ שנה שלימה לא עלתה לו ולמה תאמר כן שיהא מותר בט"ו בשבט. אמר ליה א"כ דל' יום קודם ט"ו שבט לא מהני אלא בעינן שנה שלימה אף בנטעו שלשים יום נמי יהא אסור מיום ליום. מאי כדון באמת מ"ט לחלק. אמר ר' מנא היינו טעמא, אם נטעו בפחות מל' יום לפני ר"ה כיון שעדיין האילן לא כלו לו שלש שנים מתשרי, דביה איירי קרא, דסתם שנים מתשרי מנינן כדאמרינן לעיל, צריך להשלים שנתו, משא"כ בנטעו שלשים יום קודם ר"ה כבר כלו שלש שנים לתשרי דל' יום בשנה חשיב שנה. והא דאסור עד ט"ו בשבט, טעמו כדמסיק ר' זעירא בעצמו שעדיין הן חיין ממי שנה שעברו. זהו הנראה לי ברור לפום פשטא דשמעתתא ומדוקדק מאוד בלשון הגמ' ומסכים לשיטת הפוסקים:

עין משפט

א מיי' פ"ט מהלכות מעשר שני ונטע רבעי הלכה ח טוש"ע יו"ד סימן רצד סעיף ד:
ב מיי' שם הלכה יא ובהשגות ובכס"מ טוש"ע יו"ד סימן רצד סעיף ה:
ג מיי' פ"ה מהלכות תרומות הלכה יא טוש"ע יו"ד סימן שלא סעיף נז:

שינויי נוסחאות

א] ועלתה וכו' מותר וכו' ולא עלתה וכו' אסור. בתוספתא (פ"א ה"ז ושביעית פ"ב ה"ג) ובבבלי (ט:) עלתה וכו' ואסור וכו' לא עלתה וכו' ומותר:
ב] אבל אמרו פירות. כ"ה גם בירושלמי שביעית (פ"ב ה"ד). בתוספתא (שם) ובבבלי (י.) ופירות:
ג] בשבט. בתוספתא (שם) ובבבלי (שם) נוסף אם לערלה ערלה ואם לרבעי רבעי:
ד] אם נטעו פחות משלשים. כ"ה גם בכל הראשונים. בירושלמי שביעית (שם) אם לא נטעו שלשים יום:
ה] לא. כ"ה גם ברשב"א ובריטב"א (י.) ובבעה"מ ובר"ן על הרי"ף (ב: מדה"ר) ובהרא"ש (הל' ערלה סי' ט). בירושלמי שביעית (שם) ובראב"ד (מע"ש פ"ט הי"א) ליתא. וכתב בביאור הגר"א על גירסת הראב"ד "והיא מיושבת יותר ואין נפק"מ בזה":
ו] שלשים. כ"ה גם בירושלמי שביעית (שם) ובראב"ד (שם). בראשונים הנ"ל ובהגהת הגר"א בשביעית שם פחות משלשים. ועי' ביאור הגר"א (שם):
ז] עד שלשים יום לפני ר"ה. כ"ה גם בירושלמי שביעית (שם) ובראב"ד (שם). בהגהת הגר"א (שם) עד פחות משלשים יום לפני ר"ה. ובביאור הגר"א רי"א (שם) עד ט"ו בשבט. בבעה"מ ובר"ן (שם) וברשב"א ובריטב"א (שם) ליתא:

תורה אור השלם

א) וּבַשָּׁנָה הָרְבִיעִת יִהְיֶה כָּל פִּרְיוֹ קֹדֶשׁ הִלּוּלִים לַיהֹוָה: (ויקרא יט כד)

ב) וְכִי תָבֹאוּ אֶל הָאָרֶץ וּנְטַעְתֶּם כָּל עֵץ מַאֲכָל וַעֲרַלְתֶּם עָרְלָתוֹ אֶת פִּרְיוֹ שָׁלֹשׁ שָׁנִים יִהְיֶה לָכֶם עֲרֵלִים לֹא יֵאָכֵל: (ויקרא יט כג)

מראה הפנים

איתא חמי שנה שלימה עלתה לו ואת אמר הכין. כך היא הגירסא בפ"ב דשביעית (ה"ד) והיא עיקרית, וכך העתיק הראב"ד בהשגות בפ"ט מנטע רבעי בהל' י"א, וכוונת ההשגה שם כך היא דאף שכתב דבר זה הוציא מתוך הירושלמי וכו', וכפי הגירסא הנכונה דשביעית ופירושה, מ"מ משיג הוא ז"ל על מה שכתב הרמב"ם ז"ל שם נטען בט"ו באב וכו', דלמה היה לו זה לא היה צריך לומר אלא סתם, ואם נטען פחות משלשים יום לפני ר"ה לא עלתה לו השנה והרי הוא ערלה שנת הי"א והי"ב והי"ג וכו' ולא יותר, וזהו שסיים הראב"ד עתה לזה הטעם דווקא בשנטען שלשים יום לפני ר"ה מוסיפין לו עד שבט, אבל פחות משלשים יום הואיל ויש לה שלש שנים שלימות חוץ מקליטתה אין מוסיפין לה כלום אלא מראש תשרי לראש תשרי. ור"ל דאף אם נטעו מתחלת אלול וכמה ימים בו, כל שיש שלש שנים שלימות מר"ה עד ר"ה חוץ מימי קליטתה אין מוסיפין לה כלום. ולדעת הרמב"ם שכתב כן יש לומר דאגב השמיענו עוד דין אחד דימי הקליטה והן י"ד יום צריכין שיהו שלימין מלבד אלו השלשים יום ומלבד יום הנטיעה ולא אמרינן יום אחד עולה לכאן ולכאן, דהא דאמרו התם בפרקין דף י' (ע"ב) יום שלשים עולה לכאן ולכאן, זהו אליבא דר' מאיר בדווקא הוא דאמרו אבל לא קיי"ל הכי, ולפיכך כתב הרמב"ם אם נטע בט"ו באב הוא דמשכחת לה דעלתה לו שנה דאיכא שלשים יום שלימין וימי הקליטה שלימין, אבל לא בנטע בט"ז באב, ומיהו לענין הדין דהיכא דאיכא שלש שנים שלימות מלבד ימי הקליטה בין הרמב"ם ובין הראב"ד שוין בזה שאין מוסיפין לה עד ט"ו בשבט וכדדייק נמי מדקתני בברייתא ופירות נטיעה זו דווקא. והבאתי שם (שביעית פ"ב ה"ד) לדעת בעל המאור דכאן (ב: מדה"ר ד"ה מה"מ) ולפירושו, שכתב ויש שטועין בפי' שמועה זו וכו' ולדעתי כך הוא הדין לעולם וכו', והאי דקאמר ופירות נטיעה זו כלומר שהנטיעה שגורמת לה לאיסור ערלה וכו'. ובמחכ"ת כמה וכמה דחוק ומוטעה פירושו זה, ולא עוד אלא שכתב וכן נראין הדברים מתוך התלמוד ירושלמי כפירושינו וכו', וסמך עצמו על מה שראה הגירסא משובשת דכאן ולא ראה הגירסא הנכונה הכתובה בשביעית, וכן מה שכתב עוד בהא דלקמן ואין כיני וכו' גירסא מוטעת מאוד היתה לפניו ולא נמצא לא כאן ולא בשביעית כדבריו הללו בזה. והר"ן כתב כאן (חי' הר"ן י. ד"ה ופירות) ופלוגתא היא בירושלמי וכו', ולפי מה שנתבאר לנו בפי' זה וכפי הגירסא הנכונה דשביעית אין כאן פלוגתא כלל וכלל אלא הדין ברור הוא ומתבאר יפה בס"ד:

הֲרֵי אֵין כָּל חָדְשֵׁי הַשָּׁנָה שָׁוִין — In this case, according to Beis Hillel, **all months of the year are *not* the same** from beginning to end, וְחוֹדֶשׁ אֶחָד נֶחֱלָק לִשְׁתֵּי שָׁנִים — **and one month** (Shevat) ***is* divided between two years** with regard to trees![1] By the same token, it should also be permitted to divide Tishrei between two years with regard to *Yovel*, and the tenth of Tishrei may very well be the New Year for *Yovel*! **— ? —**

The Gemara does not answer this question.[2]

The Mishnah ruled that the New Year for saplings is on the first of Tishrei. The Gemara elaborates:

כֵּיצַד לִנְטִיעָה — **How** is the first of Tishrei the New Year **for the sapling?** תָּנֵי — **It was taught in a Baraisa:**[3] הַנּוֹטֵעַ וְהַמַּבְרִיךְ וְהַמַּרְכִּיב שְׁלֹשִׁים יוֹם לִפְנֵי רֹאשׁ הַשָּׁנָה — If ONE PLANTS a tree, LAYERS a vine or tree,[4] OR GRAFTS a branch onto an existing tree[5] THIRTY DAYS BEFORE ROSH HASHANAH (i.e. thirty days before the first of Tishrei) (ו)עָלְתָה לוֹ שָׁנָה שְׁלֵימָה[6] — when Rosh Hashanah arrives IT IS COUNTED AS A FULL YEAR FOR HIM with regard to *orlah*,[7] [וּ]מוּתָּר לְקַיְּימוֹ בִּשְׁבִיעִית — AND, if it was planted at the end of the sixth year of the *shemittah* cycle,[8] HE IS PERMITTED TO MAINTAIN IT IN *SHEVIIS*.[9] פָּחוֹת מִשְּׁלֹשִׁים יוֹם לִפְנֵי רֹאשׁ הַשָּׁנָה — But if one planted, layered, or grafted it LESS THAN THIRTY DAYS BEFORE ROSH HASHANAH, (ו)לֹא עָלְתָה לוֹ שָׁנָה שְׁלֵימָה — when Rosh Hashanah arrives, IT IS NOT COUNTED AS A FULL YEAR FOR HIM with regard to *orlah*,[10] [וְ]אָסוּר לְקַיְּימָן בִּשְׁבִיעִית — AND, if he planted it at the end of the sixth year, HE IS FORBIDDEN TO MAINTAIN IT IN *SHEVIIS*.[11] אֲבָל אָמְרוּ — BUT [THE SAGES] SAID: פֵּירוֹת נְטִיעָה זוֹ — THE FRUITS OF THIS PLANTING אֲסוּרִין עַד חֲמִשָּׁה

NOTES

1. According to Beis Hillel, the New Year for trees is on the 15th of Shevat [so fruits that emerge from trees during the first half of the month are considered part of the previous year's crop, whereas fruits that emerge during the second half of the month are considered part of the new year's crop] (*Korban HaEidah* and *Pnei Moshe*).

2. *Pnei Moshe* 7b ד״ה והתנינן. [There is, in fact, a Tannaic view (cited in *Bavli* 8b) that disagrees with our Mishnah and rules that the New Year for *Yovel* is the 10th of Tishrei.]

Commentaries suggest an answer to the question: The Gemara below (on 8b) will explain why the New Year for trees is on the 15th of Shevat according to Beis Hillel: this date marks a significant point in the growth of the trees (see there for details). Since it is based on a natural event that actually occurs in the middle of the month, it is acceptable for the New Year to be then. *Yovel*, by contrast, does not depend on any natural event; its beginning is entirely dependent on Scriptural decree. It is thus illogical to understand Scripture to be decreeing that it begins in midmonth (see *Chidushei HaRan* to *Bavli* 3a ד״ה ואם איתא and *Sefer Nir*). See *Pnei Yehoshua* to *Bavli* 14a ד״ה באחד בשבט for another answer.

3. *Tosefta, Rosh Hashanah* 1:7 and *Sheviis* 2:3; see *Bavli* 9b-10a.

4. "Layering" refers to bending a vine [or branch] into the ground [with its end protruding] (*Korban HaEidah*, from *Rashi* 9b). This induces the branch to root and grow a new vine or tree.

5. The Baraisa refers to a case in which one grafted a branch onto a tree of the same species (*Rashi, Sotah* 43b ד״ה מרכיב). It is forbidden to graft onto a tree of a different species (see Mishnah *Kilayim* 1:7 [5a]).

6. Emendations here and below follow *Tosefta* ibid., *Bavli* ibid., and the parallel passages in *Sheviis* 2:4 [11b] and *Orlah* 1:2 [7b]; see also *Korban HaEidah* and *Pnei Moshe*.

7. The Mishnah taught that the first of Tishrei is the New Year for saplings, which means that the second year with regard to the count of *orlah* years begins on the first of Tishrei (see 7a note 19). However, it is not enough that the tree be *planted* by the first of Tishrei; the tree must have taken root (or the graft must have become one with the host tree) by then. The Baraisa maintains that a tree [or layer] is considered to have taken root [and a graft to have taken hold] only once it has been planted for thirty days (*Rash Sirilio* and *Mahara Fulda* to the parallel passage in *Sheviis* 2:3 [11b], following the conclusion of *Bavli* 10b). Thus, if the tree was planted thirty days or more before Rosh Hashanah, when Rosh Hashanah arrives it is considered one year old [and the second year begins then] (*Korban HaEidah*, from *Rashi* 9b).

[In the case of layering, the law of *orlah* applies to the new growth only if it has been severed from the old tree, or it at least no longer derives its nourishment from the old tree [i.e. it has laid down sufficient roots of its own to nourish itself]. Otherwise, the new growth is considered to derive from the original tree, and its years are counted from the time the original tree was planted (see *Tosafos* to *Bavli* 9b ד״ה מרכיב and *Ritva* there, following Mishnah *Orlah* 1:3 [8a] with *Yerushalmi* 10b-11a). With regard to grafting, there is considerable discussion about if, and when, the prohibition of *orlah* applies to grafts made onto trees that are past their *orlah* years. In fact, *Yerushalmi Orlah* 1:2 [7b] cites Amoraim who delete the word הַמַּרְכִּיב, *one who grafts*, from this Baraisa. Rishonim note, however, that *Bavli* cites the Baraisa without emendation. They explain that, according to *Bavli*, the Baraisa refers to a fruit-bearing tree that was grafted onto a non-fruit-bearing tree or at least onto a tree that was planted for purposes other than bearing fruit [e.g. for its wood]. In these instances, the new branch does not become legally subordinate to the host tree, but maintains an independent status with regard to *orlah*, so the *orlah* count begins from the time of the grafting (see *Ramban, Rashba, Ritva* et al. to *Bavli* 9b, based on *Bavli Sotah* 43b). See also *Shulchan Aruch, Yoreh Deah* 294:16, *Beur HaGra* there §48, and *Chazon Ish, Sheviis* 22:5.]

8. *Pnei Moshe*.

9. See note 11.

10. [Since it did not take root before Rosh Hashanah, the old year cannot be counted toward its *orlah* and *reva'i* years.] Hence, the first year of the *orlah* count does not end until the *following* Tishrei (*Korban HaEidah* and *Pnei Moshe*, from *Rashi* 9b).

11. Although *sheviis* (the *shemittah* year) begins on the first of Tishrei, it is prohibited even prior to this date to do something that will cause a plant to take root during *sheviis*. [In this respect, *sheviis* differs from the Sabbath, where it is permitted, for example, to light candles on Friday even though they will continue to burn on the Sabbath. See *Minchas Chinuch* 298:8; *Eglei Tal, Zorei'a* 8:1-5; and *Mikdash David* 59:7 for explanations of the difference.] According to this Baraisa, it takes up to thirty days for a planting, layering, or grafting to take root. Hence, one may not perform these activities for thirty days before *sheviis* begins, because if one were to do so, the rooting might occur during *sheviis* itself (*Tos. Rid* to *Bavli* 10b; *Minchas Chinuch* ibid.; see *Minchas Shlomo* to *Sheviis* 2:6). Trees planted, layered, or grafted during that time, in violation of the law, must be uprooted (Mishnah *Sheviis* 2:4 [11a]; see *Yerushalmi Terumos* 2:1 [22a-b] and *Bavli Gittin* 53b-54a for the reason).

See Variant A for other possible reasons for the prohibition.

TEXTUAL AND INTERPRETIVE VARIANTS

A. Following the commentaries listed in note 11, we have explained that the reason one may not plant a tree during the thirty days prior to *sheviis* is that such a planting will take root during *sheviis* itself. There are, however, two other reasons offered for the prohibition:

Rashi 9b ד״ה פחות משלשים יום, followed by *Korban HaEidah* here, explains that the prohibition derives from the requirement that one "add from the mundane (i.e. the sixth year) onto the holy (i.e. the seventh)." That is, one must extend the sanctity of *sheviis* and treat part of the sixth year as though it were *sheviis* in certain respects (see *Yerushalmi Sheviis* 1:1 [1a] and *Bavli Moed Katan* 3b-4a for the source of this law). It is therefore prohibited to perform certain types of agricultural work for thirty days before *sheviis* actually begins on the first of Tishrei, irrespective of whether this work will cause the tree to take root during *sheviis*.

Commentaries note, however, that this explanation by *Rashi* is based on the way *Bavli* (10a) *initially* understood the Baraisa: that a plant is considered to take root as soon as it is placed into the ground. But *Bavli* then rejects this understanding, and reaches the conclusion that, according to the Baraisa, thirty days are required for a tree to take root. According to *Bavli's* conclusion [which *Yerushalmi* does not dispute] the prohibition to plant within thirty days of *sheviis* is not based on the requirement to "add from the mundane onto the holy," but on the prohibition to cause a tree to take root during *sheviis*, as described in

The Gemara argues that a month *may* be divided between two years:

הֲתִיבוּן – **[The scholars] challenged** R' Yonah's and R' Yosah's answer: וְהָתְנִינַן – **But our Mishnah taught:** בְּאֶחָד בִּשְׁבָט רֹאשׁ הַשָּׁנָה לְאִילָן – ON THE FIRST OF SHEVAT IS THE NEW YEAR FOR THE TREE כְּדִבְרֵי בֵּית שַׁמַּאי – ACCORDING TO THE OPINION OF BEIS SHAMMAI. בֵּית הִלֵּל אוֹמְרִים – But BEIS HILLEL SAY: בַּחֲמִשָּׁה עָשָׂר בּוֹ – It is ON THE FIFTEENTH OF [SHEVAT].

NOTES

verse 10 teaches that "You shall sanctify the fiftieth year [as *Yovel*]" before this, on the first of the month.]

The Gemara does not give a source for the principle that a month cannot be divided among two years, which implies that the precept is rooted in logic [סְבָרָא] (see also *Chidushei HaRan* to *Bavli* 3a ד״ה ואם איתא). However, *Pnei Yehoshua* to *Bavli* 14a ד״ה באחד בשבט maintains that the Gemara is basing itself on a Scriptural exegesis [found in *Bavli, Megillah* 5a and *Nazir* 7a]. The Torah (*Exodus* 12:2) states: לְחָדְשֵׁי הַשָּׁנָה, *for the months of the year,* which teaches that "one counts [full] months to [calculate] years, but one does not count days to [calculate] years." In *Bavli* ibid., this means that although we may extend a year (i.e. create a leap year) by adding a month, we may not add mere days to the year. However, the underlying principle is that the Jewish year is reckoned in units of months, not days. Consequently, the *Yovel* year must also consist of units of full months; it may not begin in midmonth, as this would make the *Yovel* year include a partial month.

Cf. *Bavli* 8b for an alternative source for the law that the *Yovel* year begins on the first of Tishrei.

ⓐבאחד בשבט ראש השנה לאילן כדברי בית שמאי ובית הלל אומרים אⓑבחמשה עשר בו: גמ׳ שנים מניין. ⓖכתוב אחד אומר אⓐוחג האסיף בצאת השנה וכתוב אחר אומר ⓑוחג האסיף תקופת השנה ⓓאי זהו חודש שיש בו חג ותקופה ואסיף ושנה יוצא בו אי זה זה תשרי. אין תימר טבת אית ביה תקופה ולית ביה חג ואסיף. אין תימר ניסן אית ביה תקופה וחג ולית ביה אסיף. אין תימר תמוז אית ביה תקופה ואסיף ולית ביה חג ואי זה זה תשרי. אמרין חברייא קומי ר׳ יונה ויהא תמוז. אמר לון כתיב ⓖבחודש השביעי ואתון אמרין הכין. אמרין ליה ויהא תמוז. אמר לון מיכן והילך על שמות חדשים אתם רבים עלי ⓗדאמר ר׳ חנינה שמות חדשים עלו בידם מבבל. בראשונה ⓘבירח האיתנים שבו נולדו אבות מתו אבות נפקדו אימהות. בראשונה ⓩⓓבירח בול שבו אⓐהעלה נובל והארץ עשויה בולות בולות בⓑשבו בוללים לבהמה גⓖמתוך הבית. בראשונה הⓗבירח זיו דⓓשבו זיוו של עולם הצמחים ניכרין והאילנות ניכרין מיכן והילך ⓘויהי בחודש ניסן שנת עשרים. ⓩויהי בחודש כסליו שנת עשרים. ⓗבחודש העשירי הוא חודש טבת. ⓟר׳ שמעון בן לקיש אמר אף שמות המלאכים עלו בידן מבבל. בראשונה ⓣויעף אלי אחד מן השרפים ⓘשרפים עומדים ממעל לו מיכן והילך ⓒוהאיש גבריאל ⓛכי אם מיכאל שרכם: לשמיטים: מניין. ⓜמקץ שבע שנים תעשה שמיטה מה שנים מתשרי אף שמיטים מתשרי: ליובילות: מניין. ⓝוספרת לך שבע שבתות שנים שבע שנים שבע פעמים מה שנים ושמיטין מתשרי אף יובילות מתשרי. התיבון ⓣוהכתיב ⓢוהעברת שופר תרועה בחודש השביעי וגו׳. ר׳ יונה ור׳ יוסה תריהון בשם ר׳ שמואל בר ר׳ יצחק כדי שיהו כל חדשי השנה שוין לא יהא חדש אחד נחלק לשתי שנים. התיבון והתנינן באחד בשבט ראש השנה לאילן כדברי בית שמאי בית הלל אומרים בחמשה עשר בו

פני משה

שמעשר שלהן מדרבנן ומכל שכן לדברים שמעשרותיהן מדאורייתא, ודתני ירקות בלשון רבים משום דתרי גווני ירק הן כדתנן גבי גורן (מעשרות פ״א מ״ה) הירק הנאגד משיאגד ושאינו נאגד משילקט כל צרכן: ראש השנה לאילן. לענין מעשר שאין מעשרין פירות שחנטו קודם ט״ו בשבט על הפירות שחנטו לאחר ט״ו בשבט, וכן נמי לענין שני המעשרות ששני שנים הראשונים של שמיטה מעשר ראשון ומעשר שני, ובשנה השלישית נוהג מעשר עני תחת מעשר שני, ואותן פירות שחנטו מראש השנה של שנת השלישית עד ט״ו בשבט עדיין תורת שנה שניה עליהן ונוהג בהן מעשר ראשון ומעשר שני ומכאן ואילך נוהג בהן מעשר ראשון ומעשר עני בשנה הזאת, ובאילן אזלינן בתר חנטה: גמ׳ שנים מנין. שראש השנה שלהן תשרי: כתוב אחד אומר וכו׳. במשפטים כתיב בצאת השנה ובפרשת כי תשא כתיב תקופת השנה, ואיזהו חדש שיש בו אלו השלשה חג ותקופה ואסיף והשנה שעברה יוצאת בו ומתחיל שנה אחרת הוי אומר זה תשרי, דאם תאמר טבת וכו׳, ואם תאמר ניסן דאית ביה חג ותקופה אבל לית ביה אסיף, ואם תאמר תמוז דאית ביה תקופה ואסיף וזהו מקציר חטים שביכורי קציר חטים היא בסיון, כדכתיב (שמות לד כב) וחג שבועות תעשה לך ביכורי קציר חטים ואסיף שלהן בתמוז, אבל לית ביה חג, ועל כרחך איזה שיש בו כולן זה תשרי: אמרין חברייא קומי ר׳ יונה ויהא תמוז. וכסבור היה ר׳ יונה ששואלין על ראש השנה ועל החג, דאימא לך דחג האסיף בצאת השנה על תמוז הוא נאמר דהשתא אית ביה נמי שלשתן, ולפיכך השיב להן בלשון תמיה כתיב בחדש השביעי ואתון אמרין הכין, הא כתיב בפרשת אמור (ויקרא כג לט) אך בחמשה עשר יום לחדש השביעי באספכם את תבואת הארץ תחגו את חג ה׳ וגו׳ ואיך סלקא דעתך שיהא תמוז: אמרין ליה ויהא תמוז. דאפילו כן אנן שואלין ויהא תמוז, אז הבין ר׳ יונה קושייתם שהן שואלין על שם החדש דמנא לך דחדש השביעי נקרא תשרי דאימא שמו הוא תמוז, והיינו דאמר לון מכאן ואילך הבינותי שעל שמות החדשים אתם רבים, כלומר מריבין עלי דלמה נקרא שמו תשרי ויהא תמוז שמו, אבל היינו דאמר ר׳ חנינה דאף שלא מצינו שמות החדשים מפורשים בתורה מכל מקום כך קבלנו, ומצינו ששמות החדשים עלו בידם מבבל בשעה שעלה עזרא עמהן שלאחר כך תמצא שמות החדשים שאנחנו קוראים מפורשין המה בכתוב, שבראשונה היו אומרים בירח האיתנים וכו׳ הכתוב אצל שלמה (מלכים-א ח ב), דלמאן דאמר בניסן נולדו אבות הוא ניסן, ולמאן דאמר בתשרי הוא תשרי והאיתנים לישנא דתקיפי הוא: בירח בול. הוא מרחשון שבו העלה נובל מן האילנות: בולות בולות. מקומות חלולין, ושבו בוללין מאכל לבהמה מתוך הבית שכבר אין מצוי בשדה: שבו זיוו של עולם. הוא אייר: מכאן ואילך. מצינו בכתובים ויהי בחדש ניסן וכו׳: אף שמות המלאכים. שאנחנו אומרים היום עלו בידם מבבל שבראשונים לא מצינו אלא סתם מלאך ה׳, ויעף אלי אחד מן השרפים וכו׳: מה שנים. מנינן מתשרי כדאמרן, אף לשמיטין המנין מתשרי וכן ליובלות וכו׳, דילפינן שנים שנים: התיבון והכתיב והעברת שופר תרועה בחדש השביעי. בעשור לחדש ביום הכפורים וגו׳. וא״כ בעשרה בתשרי היא: כדי שיהו כל חדשי השנה שוין. לפיכך קבעוה לומר באחד בתשרי ראש השנה ליובלות, ומראש השנה הוא דחייל יובל שלא יהא חדש אחד נחלק לשתי שנים אם לא יתחיל היובל עד עשרה בחדש: והתנינן באחד בשבט וכו׳. ולב״ה דאמרי בט״ו בו א״כ הרי אין כל חדשי השנה שוין וכו׳, ולא

קרבן העדה

לאילן. לענין מעשר, שאין מעשרין פירות אילן שחנטו קודם שבט על שחנטו לאחר שבט, שהאילן הולך אחר חנטה. ובגמ׳ מפרש טעמא מאי שנא שבט: גמ׳ שנים מניין. דמתשרי מנינן: ה״ג ושנה יוצא בו זה תשרי: אית ביה תקופה ואסיף. שמתחילין לאסוף: ויהא תמוז. ודקשיא לך שאין בו חג, נימא דראש השנה וחג יהיו בתמוז: אמר. להו כתיב בקרא בחדש השביעי יהיו ראש השנה וחג, וזהו תשרי דלחדשים לכולי עלמא מניסן מנינן, ואתון אמרין שיהא ראש השנה וחג בתמוז דלא ככתוב: ויהא תמוז. שחדש השביעי יקרא תמוז: אמר לון מיכאן ואילך. אין אתם מקשים עלי אלא משמות (השבטים) [החדשים], ולא קשיא: עלו עמהם מבבל. ובתחלה לא היו נקראים כך: בירח האיתנים. הוא תשרי שבו נולדו אבות שהם איתני ותקיפי דעלמא, ואיתן לשון תוקף כדכתיב (במדבר כד כא) איתן מושבך: ירח בול. היינו (כסליו) [מרחשון] כדכתיב הוא החדש השמיני: שבו העלה נבל. מן האילנות מחמת הקור: בולות בולות. חתיכות חתיכות שהיא מתפררת, מלשון (ישעיהו מד יט) לבול עץ אסגוד: שבו בוללין לבהמות בבתים. שנותנין להם יבול בבית שאין עשב בשדה: בירח זיו. היינו אייר: והאילנות ניכרין. מה המה פירותיו: מיכאן ואילך. לאחר שעלו מבבל קורא לחדשים בשמות אחרים, ניסן אייר וכו׳: אף שמות מלאכים. שם העצם שלהן: ויעף אלי אחד מן השרפים. היינו גבריאל שהיה האש בידו, ויליף ליה בגזירה שוה, נאמר כאן ויעף ונאמר להלן והאיש גבריאל אשר ראיתי בחזון בתחלה מועף ביעף: ה״ג ובעת ההיא יעמוד מיכאל (דניאל יב א). ויליף בגזירה שוה דמיכאל הוה, נאמר כאן עומדים ונאמר להלן יעמוד וכו׳: מה שנים מתשרי. כדלעיל מדכתיב חג ואסיף ותקופה: בחדש השביעי. בעשור לחדש, הרי דאין ראש השנה ליובלות אלא בעשרה בתשרי: לא יהא חדש אחד נחלק לשתי שנים. ואף ע״ג דתוקעין ביום הכיפורים ראש השנה שלו מתשרי:

עין משפט

א [מיי׳ פ״א מהלכות מעשר שני ונטע רבעי הלכה ב ופ״ה מהלכות תרומות הלכה יא טוש״ע יו״ד סימן שלא סעיף נז וסעיף קכה]:

שינויי נוסחאות

א] העלה. בתוס׳ (ז.) כל העולם:
ב] שבו. ברד״ק (מלכים-א ו לח) וירח שבו:
ג] מתוך הבית. בתוס׳ (שם) בבתיהם. בתוס׳ הרא״ש (שם) בבתים:
ד] שבו. בתוס׳ הרא״ש (שם) שהוא:

תורה אור השלם

א) וְחַג הַקָּצִיר בִּכּוּרֵי מַעֲשֶׂיךָ אֲשֶׁר תִּזְרַע בַּשָּׂדֶה וְחַג הָאָסִף בְּצֵאת הַשָּׁנָה בְּאָסְפְּךָ אֶת מַעֲשֶׂיךָ מִן הַשָּׂדֶה: (שמות כג טז)

ב) וְחַג שָׁבֻעֹת תַּעֲשֶׂה לְךָ בִּכּוּרֵי קְצִיר חִטִּים וְחַג הָאָסִיף תְּקוּפַת הַשָּׁנָה: (שמות לד כב)

ג) אַךְ בַּחֲמִשָּׁה עָשָׂר יוֹם לַחֹדֶשׁ הַשְּׁבִיעִי בְּאָסְפְּכֶם אֶת תְּבוּאַת הָאָרֶץ תָּחֹגּוּ אֶת חַג יְהוָה שִׁבְעַת יָמִים בַּיּוֹם הָרִאשׁוֹן שַׁבָּתוֹן וּבַיּוֹם הַשְּׁמִינִי שַׁבָּתוֹן: (ויקרא כג לט)

ד) וּבַשָּׁנָה הָאַחַת עֶשְׂרֵה בְּיֶרַח בּוּל הוּא הַחֹדֶשׁ הַשְּׁמִינִי כָּלָה הַבַּיִת לְכָל דְּבָרָיו וּלְכָל מִשְׁפָּטָיו וַיִּבְנֵהוּ שֶׁבַע שָׁנִים: (מלכים-א ו לח)

ה) בַּשָּׁנָה הָרְבִיעִית יֻסַּד בֵּית יְהוָה בְּיֶרַח זִו: (מלכים-א ו לז)

ו) וַיְהִי בְּחֹדֶשׁ נִיסָן שְׁנַת עֶשְׂרִים לְאַרְתַּחְשַׁסְתְּא הַמֶּלֶךְ יַיִן לְפָנָיו וָאֶשָּׂא אֶת הַיַּיִן וָאֶתְּנָה לַמֶּלֶךְ וְלֹא הָיִיתִי רַע לְפָנָיו: (נחמיה ב א)

ז) דִּבְרֵי נְחֶמְיָה בֶּן חֲכַלְיָה וַיְהִי בְחֹדֶשׁ כִּסְלֵו שְׁנַת עֶשְׂרִים וַאֲנִי הָיִיתִי בְּשׁוּשַׁן הַבִּירָה: (נחמיה א א)

ח) וַתִּלָּקַח אֶסְתֵּר אֶל הַמֶּלֶךְ אֲחַשְׁוֵרוֹשׁ אֶל בֵּית מַלְכוּתוֹ בַּחֹדֶשׁ הָעֲשִׂירִי הוּא חֹדֶשׁ טֵבֵת בִּשְׁנַת שֶׁבַע לְמַלְכוּתוֹ: (אסתר ב טז)

ט) וַיָּעָף אֵלַי אֶחָד מִן הַשְּׂרָפִים וּבְיָדוֹ רִצְפָּה בְּמֶלְקַחַיִם לָקַח מֵעַל הַמִּזְבֵּחַ: (ישעיה ו ו)

י) שְׂרָפִים עֹמְדִים מִמַּעַל לוֹ שֵׁשׁ כְּנָפַיִם שֵׁשׁ כְּנָפַיִם לְאֶחָד בִּשְׁתַּיִם יְכַסֶּה פָנָיו וּבִשְׁתַּיִם יְכַסֶּה רַגְלָיו וּבִשְׁתַּיִם יְעוֹפֵף: (ישעיה ו ב)

כ) וְעוֹד אֲנִי מְדַבֵּר בַּתְּפִלָּה וְהָאִישׁ גַּבְרִיאֵל אֲשֶׁר רָאִיתִי בֶחָזוֹן בַּתְּחִלָּה מֻעָף בִּיעָף נֹגֵעַ אֵלַי כְּעֵת מִנְחַת עָרֶב: (דניאל ט כא)

ל) אֲבָל אַגִּיד לְךָ אֶת הָרָשׁוּם בִּכְתָב אֱמֶת וְאֵין אֶחָד מִתְחַזֵּק עִמִּי עַל אֵלֶּה כִּי אִם מִיכָאֵל שַׂרְכֶם: (דניאל י כא)

מ) מִקֵּץ שֶׁבַע שָׁנִים תַּעֲשֶׂה שְׁמִטָּה: (דברים טו א)

נ) וְסָפַרְתָּ לְךָ שֶׁבַע שַׁבְּתֹת שָׁנִים שֶׁבַע שָׁנִים שֶׁבַע פְּעָמִים וְהָיוּ לְךָ יְמֵי שֶׁבַע שַׁבְּתֹת הַשָּׁנִים תֵּשַׁע וְאַרְבָּעִים שָׁנָה: (ויקרא כה ח)

ס) וְהַעֲבַרְתָּ שׁוֹפַר תְּרוּעָה בַּחֹדֶשׁ הַשְּׁבִעִי בֶּעָשׂוֹר לַחֹדֶשׁ בְּיוֹם הַכִּפֻּרִים תַּעֲבִירוּ שׁוֹפָר בְּכָל אַרְצְכֶם: (ויקרא כה ט)

מסורת הש"ס

א) [מכילתא דרשב״י משפטים כג טז, ובשינוי עירובין ז. ויבמות טו. ותוספתא שביעית פ״ד הט״ו] ב) [שביעית פ״ה ה״א, תוספתא שביעית פ״ד הי״ג, תוספתא תרומות פ״ב ה״ו ותוספתא ר״ה פ״א ה״ח בשינוי, פסיקתא זוטרתא בהר כה ה] ג) מכילתא בא מסכתא דפסחא פרשה א [מכילתא דרשב״י משפטים כג טז, תנחומא (ורשא) בא ו, פסיקתא זוטרתא שמות יב ב, ילקו״ש בא קפח] ד) עי׳ ר״ה ז. [מכילתא דרשב״י כי תשא לד כב] ה) [בראשית רבה מח ט, ילקו״ש וירא פב] ו) ר״ה יא. [פסיקתא רבתי ו, זהר משפטים קי., ילקו״ש מלכים-א קפא] ז) [תנחומא נח יז, ילקו״ש מלכים-א קפד] ח) [בראשית רבה מח ט, ילקו״ש וירא פב] ט) [ר״ה ח.]

שירי קרבן

ואי זה זה תשרי. וקשה הא בקרא כתיב בצאת השנה, וא״כ נימא ר״ה חשון ותשרי חדש האחרון שבו יוצא השנה:

מראה הפנים

התיבון והכתיב והעברת שופר תרועה וכו׳ כדי שיהו כל חדשי השנה שוין וכו׳. זהו כשינויא דמשני התם בדף ח׳ ע״ב דמוקי לה כר׳ ישמעאל בנו של ר׳ יוחנן בן ברוקא, והאי דמותיב והתנינן באחד בשבט וכו׳, כעין דמותיב לרב אשי שם (בבלי ח.) אחד בשבט כב״ש, ומשני התם ה״ק שלשה לדברי הכל וכו׳, וכבר ביארתי לעיל בריש פרקין (א. בד״ה והשתא) דלרב אשי לא איצטריך לאוקי דמתני׳ כר׳ ישמעאל בנו של ר׳ יוחנן בן ברוקה הוא דמיתניא אלא כדברי הכל, וכן נתבאר שם מה נפק״מ לדינא בין שינויא דרבא ובין שינויא דרב אשי שהרמב״ם פסק כרב אשי דהוא בתרא. והיוצא עוד מזה תמצא מבואר הכל בס״ד:

גליון הש"ס

שמות חדשים עלו בידם מבבל וכו׳. עיין בתוס׳ ר״ה ז׳ ע״א ד״ה מדברי וברמב״ן על התורה פרשת בא (שמות יב ב), ועי׳ במדרש רבה פרשת וירא (בראשית מח ט) ובפרש״י שם ול״ע, אולי ט״ס יש שם:

The Gemara now demonstrates that the contemporary names of the months were adopted at the time of the return from the Babylonian exile:

מִיכָּן וְהֵילָךְ – **From now on** (i.e. after the Exile), Scripture states: "וַיְהִי בְּחֹדֶשׁ נִיסָן שְׁנַת עֶשְׂרִים" – ***It happened in the month of Nissan in the twentieth year...***;[25] and: "וַיְהִי בְחֹדֶשׁ־כִּסְלֵו שְׁנַת עֶשְׂרִים" – ***It was during the month of Kislev of the twentieth year...***;[26] and: "בַּחֹדֶשׁ הָעֲשִׂירִי הוּא־חֹדֶשׁ טֵבֵת" – ***in the tenth month, which is the month of Teves.***[27]

The Gemara cites a similar tradition concerning the names of the angels:

רַבִּי שִׁמְעוֹן בֶּן לָקִישׁ אָמַר – **R' Shimon ben Lakish said:** אַף שְׁמוֹת הַמַּלְאָכִים עָלוּ בְיָדָן מִבָּבֶל – **The names of the angels also came up with [the Jewish people] from Babylonia.** בָּרִאשׁוֹנָה "וַיָּעָף אֵלַי אֶחָד מִן־הַשְּׂרָפִים" – **Initially,** before the Babylonian exile, Scripture referred to the angels without naming them, such as in the verse: ***And one of the Seraphim flew to me,***[28] "שְׂרָפִים עֹמְדִים מִמַּעַל לוֹ" – or in the verse: ***Seraphim were standing above, at His service.***[29] מִיכָּן וְהֵילָךְ – But **from now on** (after the return from Babylonia), Scripture refers to specific angels by name, such as in the verse: "וְהָאִישׁ גַּבְרִיאֵל" – ***and the Ish, Gabriel,***[30] and in the verse: "כִּי אִם־מִיכָאֵל שַׂרְכֶם" – ***except your prince, Michael.***[31]

The Mishnah stated:

לִשְׁמִיטִּים – The first of Tishrei is the New Year FOR *SHEMITTAH* YEARS.

The Gemara inquires:

מְנַיִין – **From where** do we know this?

The Gemara answers:

"מִקֵּץ שֶׁבַע־שָׁנִים תַּעֲשֶׂה שְׁמִטָּה" – The verse states: ***At the end of seven years, you shall institute a shemittah.***[32] This teaches that מַה שָּׁנִים מִתִּשְׁרֵי – **just as years** themselves begin **from** the first of **Tishrei,** אַף שְׁמִיטִּים מִתִּשְׁרֵי – **so too *Shemittah* years** start **from** the first of **Tishrei.**[33]

The Mishnah stated:

לְיוֹבֵילוֹת – The first of Tishrei is the New Year FOR *YOVEL* YEARS.

The Gemara inquires:

מְנַיִין – **From where** do we know this?

The Gemara answers:

"וְסָפַרְתָּ לְךָ שֶׁבַע שַׁבְּתֹת שָׁנִים שֶׁבַע שָׁנִים שֶׁבַע פְּעָמִים" – In describing how *Yovel* is to be calculated, the verse states: ***You shall count for yourself seven shemittah years, seven years seven times.***[34] This teaches that מַה שָׁנִים וּשְׁמִיטִין מִתִּשְׁרֵי – **just as years** themselves **and *Shemittah* years** begin **from** the first of **Tishrei,** אַף יוֹבֵילוֹת מִתִּשְׁרֵי – **so too *Yovel* years** start **from** the first of **Tishrei.**[35]

The Gemara challenges the Mishnah's ruling that *Yovel* years begin on the first of Tishrei:

הֲתִיבוֹן – **[The scholars] asked:** וְהָכְתִיב "וְהַעֲבַרְתָּ שׁוֹפַר תְּרוּעָה בַּחֹדֶשׁ הַשְּׁבִעִי וגו'" – **But it is written: *And you shall sound a teruah on the shofar in the seventh month,* etc.** *on the tenth of the month.*[36] This indicates that *Yovel* starts on the *tenth* of Tishrei, not on the first![37] – ? –

The Gemara answers:

רַבִּי יוֹנָה וְרַבִּי יוֹסָה תְּרֵיהוֹן בְּשֵׁם רַבִּי שְׁמוּאֵל בַּר רַבִּי יִצְחָק – **R' Yonah and R' Yosah both** said **in the name of R' Shmuel the son of R' Yitzchak:** כְּדֵי שֶׁיְּהוּ כָּל חָדְשֵׁי הַשָּׁנָה שָׁוִין – The *Yovel* year must start on the first of Tishrei **so that every month of the year will be the same** from beginning to end, לֹא יְהֵא חֹדֶשׁ אֶחָד נֶחֱלָק לִשְׁתֵּי שָׁנִים – **and a single month will not be divided between two years,** with part of the month belonging to the *Yovel* year and part to another year. Hence, the *Yovel* year cannot begin in the middle of a month, so it must begin on the *first* of Tishrei, not the tenth.[38]

NOTES

25. *Nehemiah* 2:1.

26. Ibid. 1:1.

27. *Esther* 2:16.

Ramban to *Exodus* 12:2 explains why these names (which, as he notes, are Persian is origin) were adopted by the Jews at the time of their return from the Babylonian exile: The Torah had initially prescribed counting the months from Nissan as a means of remembering the Exodus from Egypt, which occurred in Nissan. However, the prophet Jeremiah, in prophesying the redemption from Babylonia and Persia, had said: *However, behold, days are coming – the word of Hashem – when it will no longer be said, "As Hashem lives, Who took out the Children of Israel from the land of Egypt," but rather, "As Hashem lives, Who took out the Children of Israel from the land of the North* (Babylonia) *and from all the lands where He had scattered them"* (*Jeremiah* 16:14-15; see also ibid. 23:7-8). In fulfillment of this prophecy, the exiles who returned from Babylonia and Persia adopted the Persian names of the months, thus using the months to remember the *Babylonian* exile and the deliverance of the Jewish people from *this* exile, in place of the previous use of the months to remember the *Egyptian* exile and redemption.

For other reasons for the change, see *Bnei Yisas'char, Nissan* 1:6; *Pri Tzaddik, Rosh Chodesh Kislev* §2; *R' Yaakov Kamenetsky* in *Emes LeYaakov* to *Exodus* ibid.; and *Alei Tamar.*

28. *Isaiah* 6:6.

29. Ibid. 6:2. [*Seraphim* are one of the ten types of angels (see *Zohar, Bo* 43a; *Rambam, Hil. Yesodei HaTorah* 2:7).]

30. *Daniel* 9:21. [An *Ish* is another of the ten types of angels (*Zohar* ibid.; *Rambam* ibid.).]

31. Ibid. 10:21.

Sefer Chassidim §192 explains that the reason the names of the angels were initially not revealed was so that people should not deify them. Commentaries accordingly explain why these names were later revealed, at the time of the return from the Babylonian exile: At that time, the evil inclination for idolatry was abolished (*Bavli Yoma* 69b), so there ceased to be a risk that the angels would be worshiped (*R' Reuven Margalios* in *Malachei Elyon* עי' גבריאל note 3; see *R' Tzaddok HaKohen* in *Sichas Malachei HaShareis* pp. 38-39; see also pp. 33-37 for another approach).

32. *Deuteronomy* 15:1.

33. The verse juxtaposes the term "years" to the institution of *shemittah.* This creates a Scriptural analogy [הֶקֵּשׁ] between the two areas of law, and we derive that just as "years" begin with the first of Tishrei [as the Gemara derived before from the various Scriptural descriptions for Succos], the *shemittah* year also begins with the first of Tishrei (*Yefei Einayim* to *Bavli* 8b; cf. *Pnei Moshe* and *Beur of R' Chaim Kanievski* for other explanations of the exegesis).

See *Bavli* 8b for an alternative source for the law.

34. *Leviticus* 25:8. Scripture then explains that after these forty-nine years, "You shall sanctify the fiftieth year... it shall be *Yovel"* (ibid. v. 10).

35. This verse juxtaposes "years," *shemittah,* and *Yovel.* This also creates a Scriptural analogy between the laws, which teaches that just as "years" and *shemittah* begin with the first of Tishrei [as the Gemara just derived], *Yovel* also begins with the first of Tishrei (cf. *Pnei Moshe* and *Beur of R' Chaim Kanievski*).

36. Ibid. v. 9.

37. *Korban HaEidah* and *Pnei Moshe.* [This verse appears after the verse that describes how seven years are to be counted seven times, and before the verse that states, "You shall sanctify the fiftieth year... it shall be *Yovel.*" It would thus appear that the *Yovel* year is to be sanctified beginning with the *tenth* of Tishrei (Yom Kippur) of the fiftieth year!]

38. [If the *Yovel* year were to start on the 10th of Tishrei, then the first nine days of Tishrei would be part of the 49th year, and the last 21 days of Tishrei would be part of the *Yovel* year! This is impossible; perforce the *Yovel* year must begin on the first of Tishrei.] Thus, although the verse mandates that one blow the *shofar* on the Yom Kippur of *Yovel,* this has nothing to do with the beginning of *Yovel,* which is on [the first of] Tishrei (*Korban HaEidah*). [Verse 9 thus is unconnected to verse 10. Verse 9 teaches that one blows the *shofar* on the tenth of Tishrei;

ⓐבאחד בשבט ראש השנה לאילן כדברי בית שמאי ובית הלל אומרים ⓐⓑבחמשה עשר בו: גמ' שנים מניין. ⓖכתוב אחד אומר [א]וחג האסיף בצאת השנה וכתוב אחר אומר [ב]וחג האסיף תקופת השנה ⓓאי זהו חודש שיש בו חג ותקופה ואסיף ושנה יוצא בו אי זה זה תשרי. אין תימר טבת אית ביה תקופה ולית ביה חג ואסיף. אין תימר ניסן אית ביה תקופה וחג ולית ביה אסיף. אין תימר תמוז אית ביה תקופה ואסיף ולית ביה חג ואי זה זה תשרי. אמרין חברייא קומי ר' יונה וידא תמוז. אמר לון כתיב [ג]בחודש השביעי ואתון אמרין הכין. אמרין ליה וידא תמוז. אמר לון מיכן והילך על שמות חדשים אתם רבים עלי ⓗדאמר ר' חנינה שמות חדשים עלו בידם מבבל. בראשונה ⓥבירח האיתנים שבו נולדו אבות מתו אבות נפקדו אימהות. בראשונה ⓩ[ד]בירח בול שבו [א]העלה נובל והארץ עשויה בולות [ב]שבו בוללים לבהמה [ג]מתוך הבית. בראשונה [ה]בירח זיו [ד]שבו זיוו של עולם הצמחים ניכרין והאילנות ניכרין מיכן והילך [ו]ויהי בחודש ניסן שנת עשרים. [ז]ויהי בחודש כסליו שנת עשרים. [ח]בחודש העשירי הוא חודש טבת. ⓣר' שמעון בן לקיש אמר אף שמות המלאכים עלו בידן מבבל. בראשונה [ט]ויעף אלי אחד מן השרפים [י]שרפים עומדים ממעל לו מיכן והילך [כ]והאיש גבריאל [ל]כי אם מיכאל שרכם: לשמיטים: מניין. [מ]מקץ שבע שנים תעשה שמיטה מה שנים מתשרי אף שמיטים מתשרי: ליובילות: מניין. [נ]וספרת לך שבע שבתות שנים שבע שנים שבע פעמים מה שנים ושמיטין מתשרי אף יובילות מתשרי. התיבון ⓨוהכתיב [ס]והעברת שופר תרועה בחודש השביעי וגו'. ר' יונה ור' יוסה תריהון בשם ר' שמואל בר ר' יצחק כדי שיהו כל חדשי השנה שוין לא יהא חדש אחד נחלק לשתי שנים. התיבון והתנינן באחד בשבט ראש השנה לאילן כדברי בית שמאי בית הלל אומרים בחמשה עשר בו

פני משה

שמעשר שלהן מדרבנן ומכל שכן לדברים שמעשרותיהן מדאורייתא, ודתני ירקות בלשון רבים משום דתרי גווני ירק הן כדתנן גבי גורנן (מעשרות פ"א מ"ה) הירק הנאגד משיאגד ושאינו נאגד משילקט כל צרכן: **ראש השנה לאילן.** לענין מעשר שאין מעשרין פירות שחנטו קודם ט"ו בשבט על הפירות שחנטו לאחר ט"ו בשבט, וכן נמי לענין שני המעשרות ששני שנים הראשונים של שמיטה מעשר ראשון ומעשר שני, ובשנה השלישית נוהג מעשר עני תחת מעשר שני, ואותן פירות שחנטו מראש השנה של שנת השלישית עד ט"ו בשבט עדיין תורת שנה שניה עליהן ונוהג בהן מעשר ראשון ומעשר שני ומכאן ואילך נוהג בהן מעשר ראשון ומעשר עני בשנה הזאת, ובאילן אזלינן בתר חנטה: **גמ' שנים** מנין. שראש השנה שלהן תשרי: **כתוב אחד אומר וכו'.** במשפטים כתיב בצאת השנה ובפרשת כי תשא כתיב תקופת השנה, ואיזהו חדש שיש בו אלו השלשה חג ותקופה ואסיף והשנה שעברה יוצאת בו ומתחיל שנה אחרת הוי אומר זה תשרי, דאם תאמר טבת וכו', ואם תאמר ניסן דאית ביה חג ותקופה אבל לית ביה אסיף, ואם תאמר תמוז דאית ביה תקופה ואסיף וזהו מקציר חטים שביכורי קציר חטים היא בסיון, כדכתיב (שמות לד כב) וחג שבועות תעשה לך ביכורי קציר חטים ואסיף שלהן בתמוז, אבל לית ביה חג, ועל כרחך איזה שיש בו כולן זה תשרי: **אמרין חברייא** קומי ר' יונה **וידא תמוז.** וכסבור היה ר' יונה ששואלין על ראש השנה ועל החג, דאימא לך דחג האסיף בצאת השנה על תמוז הוא נאמר דהשתא אית ביה נמי שלשתן, ולפיכך השיב להן בלשון תמיה כתיב בחדש השביעי **ואתון אמרין** הכין, הא כתיב בפרשת אמור (ויקרא כג לט) אך בחמשה עשר יום לחדש השביעי באספכם את תבואת הארץ תחגו את חג ה' וגו' ואיך סלקא דעתך שיהא תמוז: **אמרין ליה וידא תמוז.** דאפילו כן אנן שואלין ויהא תמוז, אז הבין ר' יונה קושייתם שהן שואלין על שם החדש דמנא לך דחדש השביעי נקרא תשרי דאימא שמו הוא תמוז, והיינו דאמר לון מכאן ואילך הבינותי שעל שמות החדשים אתם רבים, כלומר מריבין עלי דלמה נקרא שמו תשרי ויהא תמוז שמו, אבל היינו דאמר ר' חנינה דאף שלא מצינו שמות החדשים מפורשים בתורה מכל מקום כך קבלנו, ומצינו ששמות החדשים עלו בידם מבבל בשעה שעלה עזרא עמהן שלאחר כך תמצא שמות החדשים שאנחנו קוראים מפורשין המה בכתוב, שבראשונה היו אומרים בירח האיתנים וכו' הכתוב אצל שלמה (מלכים-א ח ב), דלמאן דאמר בניסן נולדו אבות הוא ניסן, ולמאן דאמר בתשרי הוא תשרי והאיתנים לישנא דתקיפי הוא: **בירח בול.** הוא מרחשון שבו העלה נובל מן האילנות: **בולות בולות.** מקומות חלולין, ושבו בוללין מאכל לבהמה מתוך הבית שכבר אין מלוי בשדה: **שבו זיוו של עולם.** הוא אייר: **מכאן ואילך.** מצינו בכתובים ויהי בחדש ניסן וכו': **אף שמות המלאכים.** שאנחנו אומרים היום עלו בידם מבבל שבראשונים לא מצינו אלא סתם מלאך ה', ויעף אלי אחד מן השרפים וכו': **מה שנים.** מנינן מתשרי כדאמרן, אף לשמיטין המנין מתשרי וכן ליובלות וכו', דילפינן שנים שנים: **התיבון והכתיב והעברת שופר תרועה בחדש השביעי.** בעשור לחדש ביום הכפורים וגו'. וא"כ בעשרה בתשרי היא: **כדי שיהו כל חדשי השנה שוין.** לפיכך קבעוה לומר באחד בתשרי ראש השנה ליובלות, ומראש השנה הוא דחייל יובל שלא יהא חדש אחד נחלק לשתי שנים אם לא יתחיל היובל עד עשרה בחדש: **והתנינן באחד בשבט וכו'.** ולצ"ה דאמרי בט"ו בו א"כ הרי אין כל חדשי השנה שוין וכו', ולא

קרבן העדה

לאילן. לענין מעשר, שאין מעשרין פירות אילן שחנטו קודם שבט על שחנטו לאחר שבט, שהאילן הולך אחר חנטה. ובגמ' מפרש טעמא מאי שנא שבט: **גמ' שנים מניין.** דמתשרי מנינן: ה"ג ושנה יוצא בו זה תשרי: **אית ביה תקופה ואסיף.** שמתחילין לאסוף: **וידא תמוז.** ודקשיא לך שאין בו חג, נימא דראש השנה וחג יהיו בתמוז: **אמר.** להו כתיב בקרא בחדש השביעי יהיו ראש השנה וחג, וזהו תשרי דלחדשים לכולי עלמא מניסן מנינן, ואתון אמרין שיהא ראש השנה וחג בתמוז דלא ככתוב: **וידא תמוז.** שחדש השביעי יקרא תמוז: **אמר לון מיכאן ואילך.** אין אתם מקשים עלי אלא משמות (השבטים) [החדשים], ולא קשיא: **עלו עמהם מבבל.** ובתחלה לא היו נקראים כך: **בירח האיתנים.** הוא תשרי שבו נולדו אבות שהם איתני ותקיפי דעלמא, ואיתן לשון תוקף כדכתיב (במדבר כד כא) איתן מושבך: **ירח בול.** היינו (כסליו) [מרחשון] כדכתיב הוא החדש השמיני: **שבו העלה נבל.** מן האילנות מחמת הקור: **בולות בולות.** חתיכות חתיכות שהיא מתפררת, מלשון (ישעיהו מד יט) לבול עץ אסגוד: **שבו בוללין לבהמות בבתים.** שנותנין להם יבול בבית שאין עשב בשדה: **בירח זיו.** היינו אייר: **והאילנות ניכרין.** מה המה פירותיו: **מיכאן ואילך.** לאחר שעלו מבבל קורא לחדשים בשמות אחרים, ניסן אייר וכו': **אף שמות מלאכים.** שם העצם שלהן: **ויעף אלי אחד מן השרפים.** היינו גבריאל שהיה האש בידו, ויליף ליה בגזרה שוה, נאמר כאן ויעף ונאמר להלן והאיש גבריאל אשר ראיתי בחזון בתחלה מועף ביעף: ה"ג **ובעת ההיא יעמוד מיכאל** (דניאל יב א). ויליף בגזירה שוה דמיכאל הוה, נאמר כאן עומדים ונאמר להלן יעמוד וכו': **מה שנים מתשרי.** כדלעיל מדכתיב חג ואסיף ותקופה: **בחדש השביעי.** בעשור לחדש, הרי דאין ראש השנה ליובלות אלא בעשרה בתשרי: **לא יהא חדש אחד נחלק לשתי שנים.** ואף ע"ג דתוקעין ביום הכיפורים ראש השנה שלו מתשרי:

עין משפט

א [מיי' פ"א מהלכות מעשר שני ונטע רבעי הלכה ב ופ"ה מהלכות תרומות הלכה יא טוש"ע יו"ד סימן שלא סעיף נז וסעיף קכה]:

שינויי נוסחאות

א] העלה. בתוס' (ז.) כל העולם:
ב] שבו. ברד"ק (מלכים-א ו לח) וירח שבו:
ג] מתוך הבית. בתוס' (שם) בבתיהם. בתוס' הרא"ש (שם) בבתים:
ד] שבו. בתוס' הרא"ש (שם) שהוא:

תורה אור השלם

א) וְחַג הַקָּצִיר בִּכּוּרֵי מַעֲשֶׂיךָ אֲשֶׁר תִּזְרַע בַּשָּׂדֶה וְחַג הָאָסִף בְּצֵאת הַשָּׁנָה בְּאָסְפְּךָ אֶת מַעֲשֶׂיךָ מִן הַשָּׂדֶה: (שמות כג טז)

ב) וְחַג שָׁבֻעֹת תַּעֲשֶׂה לְךָ בִּכּוּרֵי קְצִיר חִטִּים וְחַג הָאָסִיף תְּקוּפַת הַשָּׁנָה: (שמות לד כב)

ג) אַךְ בַּחֲמִשָּׁה עָשָׂר יוֹם לַחֹדֶשׁ הַשְּׁבִיעִי בְּאָסְפְּכֶם אֶת תְּבוּאַת הָאָרֶץ תָּחֹגּוּ אֶת חַג יְהוָה שִׁבְעַת יָמִים בַּיּוֹם הָרִאשׁוֹן שַׁבָּתוֹן וּבַיּוֹם הַשְּׁמִינִי שַׁבָּתוֹן: (ויקרא כג לט)

ד) וּבַשָּׁנָה הָאַחַת עֶשְׂרֵה בְּיֶרַח בּוּל הוּא הַחֹדֶשׁ הַשְּׁמִינִי כָּלָה הַבַּיִת לְכָל דְּבָרָיו וּלְכָל מִשְׁפָּטָיו וַיִּבְנֵהוּ שֶׁבַע שָׁנִים: (מלכים-א ו לח)

ה) בַּשָּׁנָה הָרְבִיעִית יֻסַּד בֵּית יְהוָה בְּיֶרַח זִו: (מלכים-א ו לז)

ו) וַיְהִי בְּחֹדֶשׁ נִיסָן שְׁנַת עֶשְׂרִים לְאַרְתַּחְשַׁסְתְּא הַמֶּלֶךְ יַיִן לְפָנָיו וָאֶשָּׂא אֶת הַיַּיִן וָאֶתְּנָה לַמֶּלֶךְ וְלֹא הָיִיתִי רַע לְפָנָיו: (נחמיה ב א)

ז) דִּבְרֵי נְחֶמְיָה בֶּן חֲכַלְיָה וַיְהִי בְחֹדֶשׁ כִּסְלֵיו שְׁנַת עֶשְׂרִים וַאֲנִי הָיִיתִי בְּשׁוּשַׁן הַבִּירָה: (נחמיה א א)

ח) וַתִּלָּקַח אֶסְתֵּר אֶל הַמֶּלֶךְ אֲחַשְׁוֵרוֹשׁ אֶל בֵּית מַלְכוּתוֹ בַּחֹדֶשׁ הָעֲשִׂירִי הוּא חֹדֶשׁ טֵבֵת בִּשְׁנַת שֶׁבַע לְמַלְכוּתוֹ: (אסתר ב טז)

ט) וַיָּעָף אֵלַי אֶחָד מִן הַשְּׂרָפִים וּבְיָדוֹ רִצְפָּה בְּמֶלְקַחַיִם לָקַח מֵעַל הַמִּזְבֵּחַ: (ישעיה ו ו)

י) שְׂרָפִים עֹמְדִים מִמַּעַל לוֹ שֵׁשׁ כְּנָפַיִם שֵׁשׁ כְּנָפַיִם לְאֶחָד בִּשְׁתַּיִם יְכַסֶּה פָנָיו וּבִשְׁתַּיִם יְכַסֶּה רַגְלָיו וּבִשְׁתַּיִם יְעוֹפֵף: (ישעיה ו ב)

כ) וְעוֹד אֲנִי מְדַבֵּר בַּתְּפִלָּה וְהָאִישׁ גַּבְרִיאֵל אֲשֶׁר רָאִיתִי בֶחָזוֹן בַּתְּחִלָּה מֻעָף בִּיעָף נֹגֵעַ אֵלַי כְּעֵת מִנְחַת עָרֶב: (דניאל ט כא) ל) אֲבָל אַגִּיד לְךָ אֶת הָרָשׁוּם בִּכְתָב אֱמֶת וְאֵין אֶחָד מִתְחַזֵּק עִמִּי עַל אֵלֶּה כִּי אִם מִיכָאֵל שַׂרְכֶם: (דניאל י כא) מ) מִקֵּץ שֶׁבַע שָׁנִים תַּעֲשֶׂה שְׁמִטָּה: (דברים טו א) נ) וְסָפַרְתָּ לְךָ שֶׁבַע שַׁבְּתֹת שָׁנִים שֶׁבַע שָׁנִים שֶׁבַע פְּעָמִים וְהָיוּ לְךָ יְמֵי שֶׁבַע שַׁבְּתֹת הַשָּׁנִים תֵּשַׁע וְאַרְבָּעִים שָׁנָה: (ויקרא כה ח) ס) וְהַעֲבַרְתָּ שׁוֹפַר תְּרוּעָה בַּחֹדֶשׁ הַשְּׁבִעִי בֶּעָשׂוֹר לַחֹדֶשׁ בְּיוֹם הַכִּפֻּרִים תַּעֲבִירוּ שׁוֹפָר בְּכָל אַרְצְכֶם: (ויקרא כה ט)

מסורת הש"ס

ⓐ) [מכילתא דרשב"י משפטים כג טז, ובשינוי עירובין ז. ויבמות טו. ותוספתא שביעית פ"ד הט"ו] ⓑ) [שביעית פ"ה ה"א, תוספתא שביעית פ"ד הי"ג, תוספתא תרומות פ"ב ה"ו ותוספתא ר"ה פ"א ה"ח בשינוי, פסיקתא זוטרתא בהר כה ה] ⓖ) מכילתא בא מסכתא דפסחא פרשה א [מכילתא דרשב"י משפטים כג טז, תנחומא (ורשא) בא ו, פסיקתא זוטרתא שמות יב ב, ילקו"ש בא קפח] ⓓ) עי' ר"ה ז. [מכילתא דרשב"י כי תשא לד כב] ⓗ) [בראשית רבה מח ט, ילקו"ש וירא פב] ⓥ) ר"ה יא. [פסיקתא רבתי ו, זהר משפטים קי., ילקו"ש מלכים-א קפא] ⓩ) [תנחומא נח יז, ילקו"ש מלכים-א קפד] ⓗ) [בראשית רבה מח ט, ילקו"ש וירא פב] ⓣ) [ר"ה ח.]

שירי קרבן

ואי זה זה תשרי. וקשה הא בקרא כתיב בצאת השנה, וא"כ נימא ר"ה חשון ותשרי חדש האחרון שבו יוצא השנה:

מראה הפנים

התיבון והכתיב והעברת שופר תרועה וכו' כדי שיהו כל חדשי השנה שוין וכו'. זהו כשיטת דמשני התם בדף ח' ע"ב דמוקי לה כר' ישמעאל בנו של ר' יוחנן בן ברוקא, והאי דמותיב והתנינן באחד בשבט וכו', כעין דמותיב לרב אשי שם (בבלי ח.) אחד בשבט כב"ש, ומשני התם ה"ק שלשה לדברי הכל וכו', וכבר ביארתי לעיל בריש פרקין (א. בד"ה והשתא) דלרב אשי לא איצטריך לאוקי דמתני' כר' ישמעאל בנו של ר' יוחנן בן ברוקה הוא דמיתניא אלא כדברי הכל, וכן נתבאר שם מה נפק"מ לדינא בין שינויא דרבא ובין שינויא דרב אשי שהרמב"ם פסק כרב אשי דהוא בתרא. והיוצא עוד מזה תמצא מבואר הכל בס"ד:

גליון הש"ס

שמות חדשים עלו בידם מבבל וכו'. עיין בתוס' ר"ה ז' ע"א ד"ה מדברי וברמב"ן על התורה פרשת בא (שמות יב ב), ועי' במדרש רבה פרשת וירא (בראשית מח ט) ובפרש"י שם ונ"ב, אולי ט"ס יש שם:

R' Yonah responds:

אֲמַר לוֹן – He said to [the scholars]: "כְּתִיב „בַּחֹדֶשׁ הַשְּׁבִיעִי – But **it is written** elsewhere: ***in the seventh month*** *you shall celebrate [Succos].*[10] Now, Tammuz is the *fourth* month of the year, not the *seventh,* **וְאַתּוּן אָמְרִין הָכֵין – and you say this,** that Succos should be in Tammuz!?[11]

The scholars repeat the question, thereby clarifying their intent: **אָמְרִין לֵיהּ וִיהֵא תַּמּוּז – They said to [R' Yonah]: But let [the month] be** named **Tammuz!**[12] **– ? –**

Having understood the meaning of the question, R' Yonah responds:

אֲמַר לוֹן – He said to them: **מִיכָּן וְהֵילָךְ עַל שְׁמוֹת חֳדָשִׁים אַתֶּם רָבִים עָלַי – Now, you are debating the names of the months with me?!** That is absurd, **דְּאָמַר רַבִּי חֲנִינָה – for R' Chaninah said:** **שְׁמוֹת חֳדָשִׁים עָלוּ בְּיָדָם מִבָּבֶל – The names of the months came up with [the Jewish people]**[13] **from Babylonia.** The names of the months are thus a matter of oral tradition, and this tradition identifies the fourth month as Tammuz and the seventh month — which contains Succos — as Tishrei.[14]

The Gemara notes that even before the Babylonian exile, the months were occasionally referred to by name — but these names were different from the ones in use today. Moreover, the Gemara explains, these were not true names, but allusions to certain characteristics of these months:[15]

בָּרִאשׁוֹנָה „בְּיֶרַח הָאֵתָנִים" – Initially, before the Babylonian exile, Scripture referred to Tishrei by stating: ***in the month of the Mighty Ones,***[16] **שֶׁבּוֹ נוֹלְדוּ אָבוֹת – because in [that month], the Patriarchs were born,**[17] **מֵתוּ אָבוֹת – the Patriarchs died,**[18] **נִפְקְדוּ אִימָּהוֹת –** and **the Matriarchs** Sarah and Rachel **were remembered** by the Almighty, who decreed that they would bear children.[19]

Another example:

בָּרִאשׁוֹנָה „בְּיֶרַח בּוּל" – Similarly, Scripture **initially** referred to Marcheshvan by stating: ***in the month of Bul,***[20] **שֶׁבּוֹ הֶעָלֶה נוֹבֵל – for in [that month] the leaves wither** *(noveil)* on the trees, **וְהָאָרֶץ עֲשׂוּיָה בּוּלוֹת בּוּלוֹת – the earth is formed into clods** *(bulos),*[21] **שֶׁבּוֹ בּוֹלְלִים לִבְהֵמָה מִתּוֹךְ הַבַּיִת – and one provides food** *(bolel)* **for the animals from within the house,** because it is no longer found in the fields.[22]

Yet another example:

בָּרִאשׁוֹנָה „בְּיֶרַח זִו" – Scripture **initially** referred to Iyar by stating: ***in the month of Radiance,***[23] **שֶׁבּוֹ זִיווֹ שֶׁל עוֹלָם – for in [that month], the radiance of the world** is apparent, **הַצְּמָחִים נִיכָּרִין וְהָאִילָנוֹת נִיכָּרִין –** as this is when **the produce is recognizable and** the fruits of **the trees are recognizable.**[24]

NOTES

10. *Leviticus* 23:41.

11. Nissan is the first month of the year, and each successive month is counted from it (see *Exodus* 12:2). Thus, Tammuz [is the fourth month, and] cannot be the month when Succos falls! The seventh month, however, is Tishrei, and this must be the month where Succos falls and [which is therefore identified as] the beginning of the year (*Korban HaEidah*).

12. By repeating the question, the scholars indicated that they did not mean to suggest that Succos should be at the beginning of summer, in the fourth month. In fact, they agreed that Succos must be in the seventh month, and that the seventh month is the beginning of the year, as the Gemara stated before (see *Beur of R' Chaim Kanievski* ד״ה מיכן והילך [הא׳]). They suggested, however, that the seventh month be *called* Tammuz; how do we know that it is to be referred to as Tishrei? (*Pnei Moshe;* see *Korban HaEidah*).

[The Torah does not refer to the months of the year by name. Instead, it refers to them by number, with Nissan referred to as the first month, Iyar the second, and so forth. Now, although some of the months are named in the Prophets [נְבִיאִים] and the Sacred Writings [כְּתוּבִים], neither Tammuz nor Tishrei is referred to by name anywhere in Scripture. Thus, the scholars wondered, how do we know that the fourth month is Tammuz and the seventh month is Tishrei; perhaps the reverse is true!]

13. Literally: came up in their hands.

14. *Beur of R' Chaim Kanievski* (ד״ה מיכן והילך (הב׳; see *Pnei Moshe.*

15. *Yefeh Mareh* and *Peirush HaKatzar;* see *Ramban* in *Derashah LeRosh Hashanah,* Chavel ed. p. 216 and *Ritva* to *Bavli* 3a בא״ד חדא.

The Gemara thus answers an important question: The Torah mandates that the months be numbered, with Nissan being the first in the count (see *Exodus* 12:2 with *Ramban*). How, then, was it permitted for the Jews to adopt names for the months in lieu of referring to them by number? [Although they did so in fulfillment of a prophecy (see note 27 below), the law is that even a prophet is not permitted to make any change to the laws of the Torah (see *Bavli Megillah* 2b and *Rambam, Hil. Yesodei HaTorah* Ch. 9).] The answer is that the Torah did not require that the months be referred to *only* by number; it simply mandated that if the months were to be numbered, Nissan must be the first in the count (*HaKoseiv* to *Ein Yaakov* here and to *Bavli Megillah* 2b; *Get Pashut* 126:35; see *R' Yerucham Fishel Perla's* commentary to *Sefer HaMitzvos* of *R' Saadiah Gaon* Vol. 1, pp. 236b-239b; cf. *Sefer HaIkkarim* 3:16, *Abarbanel* to *Exodus* ad loc., and *Teshuvos Binyan Shlomo* §22 for other explanations of the permit). The Gemara proves that it is not forbidden to call the months by name by demonstrating that the months had always been referred to by various appellations alongside the numbers. Thus, there was nothing improper with adopting the names Nissan, Iyar, etc. at the time of the Babylonian exile (*Alei Tamar;* see *Sefer Nir*).

16. *I Kings* 8:2. [The word אֵיתָן means *mighty,* as we find in *Numbers* 24:21 (*Korban HaEidah,* from *Bavli* 11a).]

The verse refers to Tishrei (*Korban HaEidah,* from *Bavli* ibid.; cf. *Pnei Moshe*). This is clear from the end of the verse, which in fact specifies that it refers to the seventh month.

17. I.e. Abraham and Jacob (*Rashi* 11a). [Isaac, however, was born on Pesach, in Nissan (*Bavli* 10b).]

The Patriarchs are referred to as "the mighty ones" because the world exists in their merit, and they are thus the foundations that support the world (*Rabbeinu Chananel* and *Maharsha* to *Bavli* 11a).

[*Bavli* there cites a Tannaic dispute as to when Abraham and Jacob were born. Our Gemara follows the opinion of R' Eliezer, who maintains that they were in fact born in Tishrei. R' Yehoshua, however, maintains they were born in Nissan; see *Bavli* ibid. for how R' Yehoshua interprets this verse.]

18. God causes the righteous to die on their birthdays. Accordingly, the Patriarchs, who were born in Tishrei, evidently died in Tishrei as well (*Bavli* 11a). [It thus emerges that although Abraham and Jacob died in Tishrei, Isaac did not (see *Turei Even* and *Sfas Emes* to *Bavli* ibid.).]

19. *Rashi* 11a. See *Bavli* ibid. for the proof to this from Scripture.

20. *I Kings* 6:38. The reference clearly is to Marcheshvan, as the verse continues by identifying Bul as "the eighth month" (*Korban HaEidah;* see *Nechmad LeMareh*).

21. In the summer, the ground dries up and cracks due to the heat. When the first rains fall in Marcheshvan, the particles of earth clump together into clods (*Rashi* and *Matnos Kehunah* to *Bereishis Rabbah* 13:12 ד״ה בולין בולין; see *Yefeh Mareh* and *Korban HaEidah;* cf. *Pnei Moshe* and *Beur of R' Chaim Kanievski*).

22. *Korban HaEidah* et al.

[*Yalkut Shimoni* to *I Kings* §184 cites another reason why the month of Marcheshvan is called Bul — because the *Mabul* (Deluge) in Noah's times began during this month (according to one view; see *Bavli* 11b). Moreover, *Yalkut* adds, every year following the *Mabul* there were forty days of flooding starting in the month of Marcheshvan, a phenomenon that ceased when the Temple was built. Our verse, which is written in the context of the building of the Temple, therefore calls the month Bul, omitting the letter *mem* from the word *Mabul,* to allude to the cessation of this forty-day phenomenon (the numerical value of the letter *mem* is 40).]

23. *I Kings* 6:37. The reference is to Iyar (*Korban HaEidah* and *Pnei Moshe,* following *Rashi* 11a), as v. 1 there explicitly identifies the month of Radiance as being "the second month" (see *Beur of R' Chaim Kanievski*).

24. The fruits and other produce that emerged in Nissan become recognizable in Iyar [and the trees and plants are thus clothed in the splendor of their new growths] (*Yefeh Mareh* and *Korban HaEidah*).

עין משפט

א [מיי' פ"א מהלכות מעשר שני ונטע רבעי הלכה ב ופ"ה מהלכות תרומות הלכה יא טוש"ע יו"ד סימן שלא סעיף נז וסעיף קכה]:

[א]באחד בשבט ראש השנה לאילן כדברי בית שמאי ובית הלל אומרים [א][ג]בחמשה עשר בו: גמ' שנים מניין. [ג]כתוב אחד אומר [א]וחג האסיף בצאת השנה וכתוב אחר אומר [ב]וחג האסיף תקופת השנה [ד]אי זהו חודש שיש בו חג ותקופה ואסיף ושנה יוצא בו אי זה זה תשרי. אין תימר טבת אית ביה תקופה ולית ביה חג ואסיף. אין תימר ניסן אית ביה תקופה וחג ולית ביה אסיף. אין תימר תמוז אית ביה תקופה ואסיף ולית ביה חג ואי זה זה תשרי. אמרין חברייא קומי ר' יונה ויהא תמוז. אמר לון כתיב [ג]בחודש השביעי ואתון אמרין הכין. אמרין ליה ויהא תמוז. אמר לון מיכן והילך על שמות חדשים אתם רבים עלי [ה]דאמר ר' חנינה שמות חדשים עלו בידם מבבל. בראשונה [ו]בירח האיתנים שבו נולדו אבות מתו אבות נפקדו אימהות. בראשונה [ז][ד]בירח בול שבו [א]העלה נובל והארץ עשויה בולות בולות [ב]שבו בוללים לבהמה [ג]מתוך הבית. בראשונה [ה]בירח זיו [ד]שבו זיוו של עולם הצמחים ניכרין והאילנות ניכרין מיכן והילך [ו]ויהי בחודש ניסן שנת עשרים. [ז]ויהי בחודש כסליו שנת עשרים. [ח]בחודש העשירי הוא חודש טבת. [ט]ר' שמעון בן לקיש אמר אף שמות המלאכים עלו בידן מבבל. בראשונה [ט]ויעף אלי אחד מן השרפים [י]שרפים עומדים ממעל לו מיכן והילך [כ]והאיש גבריאל [ל]כי אם מיכאל שרכם: לשמיטים: מניין. [מ]מקץ שבע שנים תעשה שמיטה מה שנים מתשרי אף שמיטים מתשרי: ליובילות: מניין. [נ]וספרת לך שבע שבתות שנים שבע שנים שבע פעמים מה שנים ושמיטין מתשרי אף יובילות מתשרי. התיבון [ט]והכתיב [ס]והעברת שופר תרועה בחודש השביעי וגו'. ר' יונה ור' יוסה תריהון בשם ר' שמואל בר ר' יצחק כדי שיהו כל חדשי השנה שוין לא יהא חדש אחד נחלק לשתי שנים. התיבון והתנינן באחד בשבט ראש השנה לאילן כדברי בית שמאי בית הלל אומרים בחמשה עשר בו

פני משה

שמעשר שלהן מדרבנן ומכל שכן לדברים שמעשרותיהן מדאורייתא, ודתני ירקות בלשון רבים משום דתרי גווני ירק הן כדתנן גבי גורנן (מעשרות פ"א מ"ה) הירק הנאגד משיאגד ושאינו נאגד משילקט כל צרכן: ראש השנה לאילן. לענין מעשר שאין מעשרין פירות שחנטו קודם ט"ו בשבט על הפירות שחנטו לאחר ט"ו בשבט, וכן נמי לענין שני המעשרות ששני שנים הראשונים של שמיטה מעשר ראשון ומעשר שני, ובשנה השלישית נוהג מעשר עני תחת מעשר שני, ואותן פירות שחנטו מראש השנה של שנת השלישית עד ט"ו בשבט עדיין תורת שנה שניה עליהן ונוהג בהן מעשר ראשון ומעשר שני ומכאן ואילך נוהג בהן מעשר ראשון ומעשר עני בשנה הזאת, ובאילן אזלינן בתר חנטה: גמ' שנים מנין. שראש השנה שלהן תשרי: כתוב אחד אומר וכו'. במשפטים כתיב בצאת השנה ובפרשת כי תשא כתיב תקופת השנה, ואיזהו חדש שיש בו אלו השלשה חג ותקופה ואסיף והשנה שעברה יוצאת בו ומתחיל שנה אחרת הוי אומר זה תשרי, דאם תאמר טבת וכו', ואם תאמר ניסן דאית ביה חג ותקופה אבל לית ביה אסיף, ואם תאמר תמוז דאית ביה תקופה ואסיף וזהו מקציר חטים שבכורי קציר חטים היא בסיון, כדכתיב (שמות לד כב) וחג שבועות תעשה לך בכורי קציר חטים ואסיף שלהן בתמוז, אבל לית ביה חג, ועל כרחך איזה שיש בו כולן זה תשרי: אמרין חברייא קומי ר' יונה ויהא תמוז. וכסבור היה ר' יונה ששואלין על ראש השנה ועל החג, דאימא לך דחג האסיף בצאת השנה על תמוז הוא נאמר דהשתא אית ביה נמי שלשתן, ולפיכך השיב להן בלשון תמיה כתיב בחדש השביעי ואתון אמרין הכין, הא כתיב בפרשת אמור (ויקרא כג לט) אך בחמשה עשר יום לחדש השביעי באספכם את תבואת הארץ תחגו את חג ה' וגו' ואיך סלקא דעתך שיהא תמוז: אמרין ליה ויהא תמוז. דאפילו כן אנן שואלין ויהא תמוז, אז הבין ר' יונה קושייתם שהן שואלין על שם החדש דמנא לך דחדש השביעי נקרא תשרי דלימא שמו הוא תמוז, והיינו דאמר לון מכאן ואילך הבינותי שעל שמות החדשים אתם רבים, כלומר מריבין עלי דלמה נקרא שמו תשרי ויהא תמוז שמו, אבל היינו דאמר ר' חנינה דאף שלא מצינו שמות החדשים מפורשים בתורה מכל מקום כך קבלנו, ומצינו ששמות החדשים עלו בידם מבבל בשעה שעלה עזרא עמהן שלאחר כך תמצא שמות החדשים שאנחנו קוראים מפורשין המה בכתוב, שבראשונה היו אומרים בירח האיתנים וכו' הכתוב אצל שלמה (מלכים-א ח ב), למאן דאמר בניסן נולדו אבות הוא ניסן, ולמאן דאמר בתשרי הוא תשרי והאיתנים לישנא דתקיפי הוא: בירח בול. הוא מרחשון שבו העלה נובל מן האילנות: בולות בולות. מקומות חלולין, ושבו בוללין מאכל לבהמה מתוך הבית שכבר אין מצוי בשדה: שבו זיוו של עולם. הוא אייר: מכאן ואילך. מצינו בכתובים ויהי בחדש ניסן וכו': אף שמות המלאכים. שאנחנו אומרים היום עלו בידם מבבל שבראשונים לא מצינו אלא סתם מלאך ה', ויעף אלי אחד מן השרפים וכו': מה שנים. מנינן מתשרי כדאמרן, אף לשמיטין המנין מתשרי וכן ליובלות וכו', דילפינן שנים שנים: התיבון והכתיב והעברת שופר תרועה בחדש השביעי. בעשור לחדש ביום הכפורים וגו'. וא"כ בעשרה בתשרי היא: כדי שיהו כל חדשי השנה שוין. לפיכך קבעוה לומר באחד בתשרי ראש השנה ליובלות, ומראש השנה הוא דחייל יובל שלא יהא חדש אחד נחלק לשתי שנים אם לא יתחיל היובל עד עשרה בחדש: והתנינן באחד בשבט וכו'. ולב"ה דאמרי בט"ו בו א"כ הרי אין כל חדשי השנה שוין וכו', ולא

קרבן העדה

לאילן. לענין מעשר, שאין מעשרין פירות אילן שחנטו קודם שבט על שחנטו לאחר שבט, שהאילן הולך אחר חנטה. ובגמ' מפרש טעמא מאי שנא שבט: גמ' שנים מניין. דמתשרי מנינן: ה"ג ושנה יוצא בו זה תשרי: אית ביה תקופה ואסיף. שמתחילין לאסוף: ויהא תמוז. ודקשיא לך שאין בו חג, נימא דראש השנה וחג יהיו בתמוז: אמר. להו כתיב בקרא בחדש השביעי יהיו ראש השנה וחג, וזהו תשרי דלחדשים לכולי עלמא מניסן מנינן, ואתון אמרין שיהא ראש השנה וחג בתמוז דלא ככתוב: ויהא תמוז. שחדש השביעי יקרא תמוז: אמר לון מיכאן ואילך. אין אתם מקשים עלי אלא משמות (השבטים) [החדשים], ולא קשיא: עלו עמהם מבבל. ובתחלה לא היו נקראים כך: בירח האיתנים. הוא תשרי שבו נולדו אבות שהם איתני ותקיפי דעלמא, ואיתן לשון תוקף כדכתיב (במדבר כד כא) איתן מושבך: ירח בול. היינו (כסליו) [מרחשון] כדכתיב הוא החדש השמיני: שבו העלה נבל. מן האילנות מחמת הקור: בולות בולות. חתיכות חתיכות שהיא מתפררת, מלשון (ישעיהו מד יט) לבול עץ אסגוד: שבו בוללין לבהמות בבתים. שנותנין להם יבול בבית שאין עשב בשדה: בירח זיו. היינו אייר: והאילנות ניכרין. מה המה פירותיו: מיכאן ואילך. לאחר שעלו מבבל קורא לחדשים בשמות אחרים, ניסן אייר וכו': אף שמות מלאכים. שם העצם שלהן: ויעף אלי אחד מן השרפים. היינו גבריאל שהיה האש בידו, ויליף ליה בגזרה שוה, נאמר כאן ויעף ונאמר להלן והאיש גבריאל אשר ראיתי בחזון בתחלה מועף ביעף: ה"ג ובעת ההיא יעמוד מיכאל (דניאל יב א). ויליף בגזירה שוה דמיכאל הוה, נאמר כאן עומדים ונאמר להלן יעמוד וכו': מה שנים מתשרי. כדלעיל מדכתיב חג ואסיף ותקופה: בחדש השביעי. בעשור לחדש, הרי דאין ראש השנה ליובלות אלא בעשרה בתשרי: לא יהא חדש אחד נחלק לשתי שנים. ואף ע"ג דתוקעין ביום הכיפורים ראש השנה שלו מתשרי:

מסורת הש"ס

א) [מכילתא דרשב"י משפטים כג טז, ובשינוי עירובין ז. ויבמות טו. ותוספתא שביעית פ"ד הט"ו] ב) [שביעית פ"ה ה"א, תוספתא שביעית פ"ד הי"ג, תוספתא תרומות פ"ב ה"ו ותוספתא ר"ה פ"א ה"ח בשינוי, פסיקתא זוטרתא בהר כה ה] ג) מכילתא בא מסכתא דפסחא פרשה א [מכילתא דרשב"י משפטים כג טז, תנחומא (ורשא) בא ו, פסיקתא זוטרתא שמות יב ב, ילקו"ש בא קפח] ד) עי' ר"ה ז. [מכילתא דרשב"י כי תשא לד כב] ה) [בראשית רבה מח ט, ילקו"ש וירא פב] ו) ר"ה יא. [פסיקתא רבתי ו, זהר משפטים קי., ילקו"ש מלכים-א קפא] ז) [תנחומא נח יז, ילקו"ש מלכים-א קפד] ח) [בראשית רבה מח ט, ילקו"ש וירא פב] ט) [ר"ה ח.]

שינויי נוסחאות

א] העלה. בתוס' (ז.) כל העולם:
ב] שבו. ברד"ק (מלכים-א ו לח) וירח שבו:
ג] מתוך הבית. בתוס' (שם) בבתיהם. בתוס' הרא"ש (שם) בבתים:
ד] שבו. בתוס' הרא"ש (שם) שהוא:

תורה אור השלם

א) וְחַג הַקָּצִיר בִּכּוּרֵי מַעֲשֶׂיךָ אֲשֶׁר תִּזְרַע בַּשָּׂדֶה וְחַג הָאָסִף בְּצֵאת הַשָּׁנָה בְּאָסְפְּךָ אֶת מַעֲשֶׂיךָ מִן הַשָּׂדֶה: (שמות כג טז)

ב) וְחַג שָׁבֻעֹת תַּעֲשֶׂה לְךָ בִּכּוּרֵי קְצִיר חִטִּים וְחַג הָאָסִיף תְּקוּפַת הַשָּׁנָה: (שמות לד כב)

ג) אַךְ בַּחֲמִשָּׁה עָשָׂר יוֹם לַחֹדֶשׁ הַשְּׁבִיעִי בְּאָסְפְּכֶם אֶת תְּבוּאַת הָאָרֶץ תָּחֹגּוּ אֶת חַג יְהוָה שִׁבְעַת יָמִים בַּיּוֹם הָרִאשׁוֹן שַׁבָּתוֹן וּבַיּוֹם הַשְּׁמִינִי שַׁבָּתוֹן: (ויקרא כג לט)

ד) וּבַשָּׁנָה הָאַחַת עֶשְׂרֵה בְּיֶרַח בּוּל הוּא הַחֹדֶשׁ הַשְּׁמִינִי כָּלָה הַבַּיִת לְכָל דְּבָרָיו וּלְכָל מִשְׁפָּטָיו וַיִּבְנֵהוּ שֶׁבַע שָׁנִים: (מלכים-א ו לח)

ה) בַּשָּׁנָה הָרְבִיעִית יֻסַּד בֵּית יְהוָה בְּיֶרַח זִו: (מלכים-א ו לז)

ו) וַיְהִי בְּחֹדֶשׁ נִיסָן שְׁנַת עֶשְׂרִים לְאַרְתַּחְשַׁסְתְּא הַמֶּלֶךְ יַיִן לְפָנָיו וָאֶשָּׂא אֶת הַיַּיִן וָאֶתְּנָה לַמֶּלֶךְ וְלֹא הָיִיתִי רַע לְפָנָיו: (נחמיה ב א)

ז) דִּבְרֵי נְחֶמְיָה בֶּן חֲכַלְיָה וַיְהִי בְחֹדֶשׁ כִּסְלֵו שְׁנַת עֶשְׂרִים וַאֲנִי הָיִיתִי בְּשׁוּשַׁן הַבִּירָה: (נחמיה א א)

ח) וַתִּלָּקַח אֶסְתֵּר אֶל הַמֶּלֶךְ אֲחַשְׁוֵרוֹשׁ אֶל בֵּית מַלְכוּתוֹ בַּחֹדֶשׁ הָעֲשִׂירִי הוּא חֹדֶשׁ טֵבֵת בִּשְׁנַת שֶׁבַע לְמַלְכוּתוֹ: (אסתר ב טז)

ט) וַיָּעָף אֵלַי אֶחָד מִן הַשְּׂרָפִים וּבְיָדוֹ רִצְפָּה בְּמֶלְקַחַיִם לָקַח מֵעַל הַמִּזְבֵּחַ: (ישעיה ו ו)

י) שְׂרָפִים עֹמְדִים מִמַּעַל לוֹ שֵׁשׁ כְּנָפַיִם שֵׁשׁ כְּנָפַיִם לְאֶחָד בִּשְׁתַּיִם יְכַסֶּה פָנָיו וּבִשְׁתַּיִם יְכַסֶּה רַגְלָיו וּבִשְׁתַּיִם יְעוֹפֵף: (ישעיה ו ב)

כ) וְעוֹד אֲנִי מְדַבֵּר בַּתְּפִלָּה וְהָאִישׁ גַּבְרִיאֵל אֲשֶׁר רָאִיתִי בֶחָזוֹן בַּתְּחִלָּה מֻעָף בִּיעָף נֹגֵעַ אֵלַי כְּעֵת מִנְחַת עָרֶב: (דניאל ט כא) ל) אֲבָל אַגִּיד לְךָ אֶת הָרָשׁוּם בִּכְתָב אֱמֶת וְאֵין אֶחָד מִתְחַזֵּק עִמִּי עַל אֵלֶּה כִּי אִם מִיכָאֵל שַׂרְכֶם: (דניאל י כא) מ) מִקֵּץ שֶׁבַע שָׁנִים תַּעֲשֶׂה שְׁמִטָּה: (דברים טו א) נ) וְסָפַרְתָּ לְךָ שֶׁבַע שַׁבְּתֹת שָׁנִים שֶׁבַע שָׁנִים שֶׁבַע פְּעָמִים וְהָיוּ לְךָ יְמֵי שֶׁבַע שַׁבְּתֹת הַשָּׁנִים תֵּשַׁע וְאַרְבָּעִים שָׁנָה: (ויקרא כה ח) ס) וְהַעֲבַרְתָּ שׁוֹפַר תְּרוּעָה בַּחֹדֶשׁ הַשְּׁבִעִי בֶּעָשׂוֹר לַחֹדֶשׁ בְּיוֹם הַכִּפֻּרִים תַּעֲבִירוּ שׁוֹפָר בְּכָל אַרְצְכֶם: (ויקרא כה ט)

שירי קרבן

ואי זה זה תשרי. וקשה הא בקרא כתיב בצאת השנה, וא"כ נימא ר"ה חשון ותשרי חדש האחרון שבו יוצא השנה:

מראה הפנים

התיבון והכתיב והעברת שופר תרועה וכו' כדי שיהו כל חדשי השנה שוין וכו'. זהו כשינויא דמשני התם בדף ח' ע"ב דמוקי לה כר' ישמעאל בנו של ר' יוחנן בן ברוקה, והאי דמותיב והתנינן באחד בשבט וכו', כעין דמותיב לרב אשי שם (בבלי ח.) אחד בשבט כב"ש, ומשני התם ה"ק שלשה לדברי הכל וכו', וכבר ביארתי לעיל בריש פרקין (ה. בד"ה והשתא) דלרב אשי לא איצטריך לאוקי דמתני' כר' ישמעאל בנו של ר' יוחנן בן ברוקה הוא דמיתניא אלא כדברי הכל, וכן נתבאר שם מה נפק"מ לדינא בין שינויא דרבא ובין שינויא דרב אשי שהרמב"ם פסק כרב אשי דהוא בתראה. והיוצא עוד מזה תמצא מבואר הכל בס"ד:

גליון הש"ס

שמות חדשים עלו בידם מבבל וכו'. עיין בתוס' ר"ה ז' ע"א ד"ה מדברי וברמב"ן על התורה פרשת בא (שמות יב ב), ועי' במדרש רבה פרשת וירא (בראשית מח ט) ובפרש"ס ולב"ע, אולי ט"ס יש שם:

בְּאֶחָד בִּשְׁבָט רֹאשׁ הַשָּׁנָה לְאִילָן – On the first of Shevat is the New Year for the tree,[1] **כְּדִבְרֵי בֵּית שַׁמַּאי – according to the opinion of Beis Shammai. וּבֵית הִלֵּל אוֹמְרִים – But Beis Hillel say: בַּחֲמִשָּׁה עָשָׂר בּוֹ –** It is **on the fifteenth of [Shevat].**

Gemara The Mishnah stated that the first of Tishrei is the New Year for reckoning years. The Gemara cites a Scriptural source for this teaching:

שָׁנִים מְנַיִין – From where do we know that **years** are counted from the beginning of Tishrei? From the following Scriptural verses, which describe the festival of Succos in various ways: **כָּתוּב אֶחָד אוֹמֵר – One verse states: "וְחַג הָאָסִף בְּצֵאת הַשָּׁנָה"** – ***and the Festival of the Ingathering, near the close of the year,***[2] **וְכָתוּב אֶחָד אוֹמֵר – and another verse states: "וְחַג הָאָסִיף תְּקוּפַת הַשָּׁנָה"** – ***and the Festival of the Ingathering, at the seasonal change of the year.***[3] **אֵי זֶהוּ חוֹדֶשׁ שֶׁיֵּשׁ בּוֹ חַג וּתְקוּפָה וְאָסִיף –** Now, **which is the month that contains a festival, a seasonal change, and the ingathering** of the harvest, so that it can be the month referred to by these verses, **וְשָׁנָה יוֹצֵא בּוֹ – and** it is thus identified as **the [month] near which the year closes** and a new year begins?[4] **אֵי זֶה זֶה – Which [month] is this? זֶה תִּשְׁרֵי – It is Tishrei!**[5]

The Gemara explains why no other month meets these qualifications to be the month intended by Scripture here:[6]

אִין תֵּימַר טֵבֵת – If you were to say that **Teves** is the month referred to in these verses – **אִית בֵּיהּ תְּקוּפָה – [Teves]** indeed **contains a seasonal change** (from autumn to winter), **וְלֵית בֵּיהּ חַג וְאָסִיף – but it does not contain a festival, nor** does it contain **the ingathering** of the harvest, so Teves cannot be the month intended by Scripture. **אִין תֵּימַר נִיסָן – If you were to say** that **Nissan** is the month referred to here – **אִית בֵּיהּ תְּקוּפָה וְחַג – [Nissan] contains a seasonal change** (from winter to spring), **and** it contains **a festival** (Pesach), **וְלֵית בֵּיהּ אָסִיף – but it does not contain the ingathering** of harvested produce,[7] so it, too, cannot be the intended month. **אִין תֵּימַר תַּמּוּז –** And **if you were to say** that **Tammuz** is the month referred to here – **אִית בֵּיהּ תְּקוּפָה וְאָסִיף – [Tammuz] contains a seasonal change** (from spring to summer), **and** it contains part of the **ingathering** of the harvest,[8] **וְלֵית בֵּיהּ חַג – but it does not possess a festival,** so Tammuz also cannot be the month intended by Scripture. **וְאֵי זֶה זֶה – So which [month] is it** that indeed possesses all three qualifications, and which is accordingly identified by Scripture as the beginning of the year? **זֶה תִּשְׁרֵי – It is Tishrei!**

The Gemara objects:

אָמְרִין חַבְרַיָּיא קוֹמֵי רַבִּי יוֹנָה – The scholars said before R' Yonah: וִיהֵא תַּמּוּז – But let [the month] referred to by Scripture **be Tammuz!** That is, let us say that Succos *is* in Tammuz; the verses could then refer to Tammuz and they would then indicate that the year begins then![9] – ? –

NOTES

1. [I.e. a tree at least three years old.] As explained in the preceding note, the produce of each year must be treated separately with respect to *terumah* and *maaser.* The New Year for a tree and its fruit is on the first of Shevat. Hence, one may not designate fruit that emerged on the tree before the first of Shevat as the *terumah* or *maaser* on behalf of fruit that emerged afterward [or vice versa] (*Korban HaEidah* and *Pnei Moshe,* from *Rashi* 2a). [Unlike vegetables, fruits are classified by the year in which they begin to emerge, not the year in which they are picked (*Korban HaEidah* and *Pnei Moshe,* from *Rashi;* see above, 6b note 21).]

The first of Shevat also determines whether *maaser sheni* or *maasar ani* must be separated from fruit [as explained in 7a note 20 with regard to vegetables] (*Pnei Moshe,* from *Rambam Commentary; Ran* folio 1b ד״ה לאילן).

There is also another ramification of the New Year for trees. Fruit that grows during a tree's fourth year must be taken to Jerusalem and eaten there (נֶטַע רְבָעִי, *neta reva'i*). This fourth year begins [in certain circumstances] on the first of Shevat. Thus, in contrast to a newly planted tree, which begins its second and third years in Tishrei (see 7a note 19), an older tree does not necessarily begin its fourth year until Shevat. The Gemara will elaborate (on 8a).

[Some authorities argue that even with respect to *shemittah,* the New Year for trees begins in Shevat. That is, fruit that emerges before Shevat of the seventh year is not subject to laws of *shemittah,* but fruit that emerges before Shevat of the *eighth* year *is* subject to these laws (*Aruch* ע׳ בנות שבע; *Rabbeinu Chananel* to *Bavli* 15b; *Shelah, Shaar HaOsiyos, Kedushas HaAchilah* §55; *Turei Even* to *Bavli* 14a ד״ה הואיל). Most authorities, however, maintain that the Mishnah's earlier statement, that the New Year for *shemittah* is on the first of Tishrei, applies to trees as well. Accordingly, the ruling here that the New Year for trees is in Shevat refers only to the laws of *terumah, maaser,* and *reva'i* (*Teshuvos Radvaz* VI §2221; *Tos. R' Akiva Eiger* to Mishnah §5; *Pe'as HaShulchan, Beis Yisrael* 22:13; *Chazon Ish, Sheviis* 7:13, 7:16 ד״ה שנת, and 9:18 ד״ה יו״ד; see *Pnei Yehoshua* to *Bavli* 14a ד״ה באחד בשבט and *Sfas Emes* to *Succah* 39b ד״ה אתרוג בתר לקיטה). For further discussion, see commentaries to *Toras Kohanim, Behar* 1:4; *Kehillos Yaakov* §1 and §14; *Shelom Yehudah* (by *R' Eliezer Plachinsky*), *Moed* §50; *Teshuvos Minchas Yitzchak* 8:97; and *Derech Emunah, Beur HaHalachah* to *Hil. Shemittah* 4:9.]

The Gemara will give the sources for the Mishnah's various rulings.

2. *Exodus* 23:16. [Our translation of בְּצֵאת as *near the close* follows *Masa DiYerushalayim* and *Beur of R' Chaim Kanievski;* see note 4.]

3. Ibid. 34:22. [Succos occurs when the seasons change from summer to autumn.]

4. Scripture describes the Festival of the Ingathering as occurring בְּצֵאת הַשָּׁנָה. The preposition ב indicates that the festival occurs *near* the close of the year, i.e. in the month *following* the year's end. Thus, the month of the festival is the *first* month of the year, and the month before it is the last month of the year (*Masa DiYerushalayim* [first approach] and *Beur of R' Chaim Kanievski;* see *Ibn Ezra* to *Exodus* 34:22 and *Ramban* in *Derashah LeRosh Hashanah,* Chavel ed. p. 215). [See *Numbers* 14:14 with *Ramban* for a similar use of the preposition בְּ. Cf. *Sefer Nir* and *Masa DiYerushalayim's* second approach for other explanations of the Gemara's exegesis.]

5. I.e. it emerges from these verses that the year begins in a month that possesses three characteristics: It contains a festival, it is during the ingathering of the crops from the field, and it occurs during a time of seasonal change. Now, Tishrei possesses all these characteristics: It contains the Festival of Succos, it occurs during the ingathering, and it occurs when the seasons change from summer to autumn. By contrast, as the Gemara will proceed to demonstrate, no other month possesses all these characteristics (*Pnei Moshe*).

[See *Bavli* 8a-b and 11a for other sources for the Mishnah's ruling that Tishrei is the New Year for "years," in accordance with *Bavli's* various interpretations of the ruling.]

6. The seasons change during Tishrei (from summer to autumn), Teves (from autumn to winter), Nissan (from winter to spring), and Tammuz (from spring to summer). The Gemara's upcoming discussion therefore considers only these four months (see *Beur of R' Chaim Kanievski;* see also *Sefer Nir*).

7. Nissan is the beginning of the *harvest* season (*Bavli Bava Metzia* 106b), long before the produce is actually gathered in from the fields.

8. The harvest season ends in the middle of Sivan. The ingathering of the harvest begins after that [and lasts through the summer, including Tammuz] (*Beur of R' Chaim Kanievski,* based on *Bavli* ibid.; see *Pnei Moshe*).

9. [The scholars did not actually say that this was what they meant.] R' Yonah, however, *thought* that they intended to suggest that Succos be celebrated in Tammuz. If so, Tammuz *would* possess a festival in addition to possessing a seasonal change and the ingathering of the harvest, and so the verses could very well refer to Tammuz. We would consequently derive from these verses that Tammuz, not Tishrei, is the beginning of the year (*Pnei Moshe;* see *Korban HaEidah;* cf. *Sefer Nir*).

[א]באחד בשבט ראש השנה לאילן כדברי בית שמאי ובית הלל אומרים [א][ב]בחמשה עשר בו: גמ' שנים מניין. [ג]כתוב אחד אומר [א]וחג האסיף בצאת השנה וכתוב אחר אומר [ב]וחג האסיף תקופת השנה [ד]אי זהו חודש שיש בו חג ותקופה ואסיף ושנה יוצא בו אי זה זה תשרי. אין תימר טבת אית ביה תקופה ולית ביה חג ואסיף. אין תימר ניסן אית ביה תקופה וחג ולית ביה אסיף. אין תימר תמוז אית ביה תקופה ואסיף ולית ביה חג ואי זה זה תשרי. אמרין חברייא קומי ר' יונה ויהא תמוז. אמר לון כתיב [ג]בחודש השביעי ואתון אמרין הכין. אמרין ליה ויהא תמוז. אמר לון מיכן והילך על שמות חדשים אתם רבים עלי [ה]דאמר ר' חנינה שמות חדשים עלו בידם מבבל. בראשונה [ו]בירח האיתנים שבו נולדו אבות מתו אבות נפקדו אימהות. בראשונה [ז][ד]בירח בול שבו [א]העלה נובל והארץ עשויה בולות בולות [ב]שבו בוללים לבהמה [ג]מתוך הבית. בראשונה [ה]בירח זיו [ד]שבו זיוו של עולם הצמחים ניכרין והאילנות ניכרין מיכן והילך [ו]ויהי בחודש ניסן שנת עשרים. [ז]ויהי בחודש כסליו שנת עשרים. [ח]בחודש העשירי הוא חודש טבת. [ח]ר' שמעון בן לקיש אמר אף שמות המלאכים עלו בידן מבבל. בראשונה [ט]ויעף אלי אחד מן השרפים [י]שרפים עומדים ממעל לו מיכן והילך [כ]והאיש גבריאל [ל]כי אם מיכאל שרכם: לשמיטים: מניין. [מ]מקץ שבע שנים תעשה שמיטה מה שנים מתשרי אף שמיטים מתשרי: ליובילות: מניין. [נ]וספרת לך שבע שבתות שנים שבע שנים שבע פעמים מה שנים ושמיטין מתשרי אף יובילות מתשרי. התיבון [ט]והכתיב [ס]והעברת שופר תרועה בחודש השביעי וגו'. ר' יונה ור' יוסה תריהון בשם ר' שמואל בר ר' יצחק כדי שיהו כל חדשי השנה שוין לא יהא חדש אחד נחלק לשתי שנים. התיבון והתנינן באחד בשבט ראש השנה לאילן כדברי בית שמאי בית הלל אומרים בחמשה עשר בו

פני משה

שמעשר שלהן מדרבנן ומכל שכן לדברים שמעשרותיהן מדאורייתא, ודתני ירקות בלשון רבים משום דתרי גווני ירק הן כדתנן גבי גורנן (מעשרות פ"א מ"ה) הירק הנאגד משיאגד ושאינו נאגד משילקט כל צרכן: ראש השנה לאילן. לענין מעשר שאין מעשרין פירות שחנטו קודם ט"ו בשבט על הפירות שחנטו לאחר ט"ו בשבט, וכן נמי לענין שני המעשרות ששני שנים הראשונים של שמיטה מעשר ראשון ומעשר שני, ובשנה השלישית נוהג מעשר עני תחת מעשר שני, ואותן פירות שחנטו מראש השנה של שנת השלישית עד ט"ו בשבט עדיין תורת שנה שניה עליהן ונוהג בהן מעשר ראשון ומעשר שני ומכאן ואילך נוהג בהן מעשר ראשון ומעשר עני בשנה הזאת, ובאילן אזלינן בתר חנטה: גמ' שנים מנין. שראש השנה שלהן תשרי: כתוב אחד אומר וכו'. במשפטים כתיב בצאת השנה ובפרשת כי תשא כתיב תקופת השנה, ואיזהו חדש שיש בו אלו השלשה חג ותקופה ואסיף והשנה שעברה יוצאת בו ומתחיל שנה אחרת הוי אומר זה תשרי, דאם תאמר טבת וכו', ואם תאמר ניסן דאית ביה חג ותקופה אבל לית ביה אסיף, ואם תאמר תמוז דאית ביה תקופה ואסיף וזהו מקציר חטים שביכורי קציר חטים הוא בסיון, כדכתיב (שמות לד כב) וחג שבועות תעשה לך ביכורי קציר חטים ואסיף שלהן בתמוז, אבל לית ביה חג, ועל כרחך איזה שיש בו כולן זה תשרי: אמרין חברייא קומי ר' יונה ויהא תמוז. וכסבור היה ר' יונה ששואלין על ראש השנה ועל החג, דאימא לך דחג האסיף בצאת השנה על תמוז הוא נאמר דהשתא אית ביה נמי שלשתן, ולפיכך השיב להן בלשון תמיה כתיב בחדש השביעי ואתון אמרין הכין, הא כתיב בפרשת אמור (ויקרא כג לט) אך בחמשה עשר יום לחדש השביעי באספכם את תבואת הארץ תחגו את חג ה' וגו' ואיך סלקא דעתך שיהא תמוז: אמרין ליה ויהא תמוז. דאפילו כן אנן שואלין ויהא תמוז, אז הבין ר' יונה קושייתם שהן שואלין על שם החדש דמנא לך דחדש השביעי נקרא תשרי דאימא שמו הוא תמוז, והיינו דאמר לון מכאן ואילך הבינותי שעל שמות החדשים אתם רבים, כלומר מריבין עלי דלמה נקרא שמו תשרי ויהא תמוז שמו, אבל היינו דאמר ר' חנינה דאף שלא מצינו שמות החדשים מפורשים בתורה מכל מקום כך קבלנו, ומצינו ששמות החדשים עלו בידם מבבל בשעה שעלה עזרא עמהן שלאחר כך תמצא שמות החדשים שאנחנו קוראים מפורשין המה בכתוב, שבראשונה היו אומרים בירח האיתנים וכו' הכתוב אצל שלמה (מלכים-א ח ב), דלמאן דאמר בניסן נולדו אבות הוא ניסן, ולמאן דאמר בתשרי הוא תשרי והאיתנים לישנא דתקיפי הוא: בירח בול. הוא מרחשון שבו העלה נובל מן האילנות: בולות בולות. מקומות חלולין, ושבו בוללין מאכל לבהמה מתוך הבית שכבר אין מצוי בשדה: שבו זיוו של עולם. הוא אייר: מכאן ואילך. מצינו בכתובים ויהי בחדש ניסן וכו': אף שמות המלאכים. שאנחנו אומרים היום עלו בידם מבבל שבראשונים לא מצינו אלא סתם מלאך ה', ויעף אלי אחד מן השרפים וכו': מה שנים. מנינן מתשרי כדאמרן, אף לשמיטין המנין מתשרי וכן ליובלות וכו', דילפינן שנים שנים: התיבון והכתיב והעברת שופר תרועה בחדש השביעי. בעשור לחדש ביום הכפורים וגו'. וא"כ בעשרה בתשרי היא: כדי שיהו כל חדשי השנה שוין. לפיכך קבעוה לומר באחד בתשרי ראש השנה ליובלות, ומראש השנה הוא דחייל יובל שלא יהא חדש אחד נחלק לשתי שנים אם לא יתחיל היובל עד עשרה בחדש: והתנינן באחד בשבט וכו'. ולב"ה דאמרי בט"ו בו א"כ הרי אין כל חדשי השנה שוין וכו', ולא

קרבן העדה

לאילן. לענין מעשר, שאין מעשרין פירות אילן שחנטו קודם שבט על שחנטו לאחר שבט, שהאילן הולך אחר חנטה. ובגמ' מפרש טעמא מאי שנא שבט: גמ' שנים מניין. דמתשרי מנינן: ה"ג ושנה יוצא בו זה תשרי: אית ביה תקופה ואסיף. שמתחילין לאסוף: ויהא תמוז. ודקשיא לך שאין בו חג, נימא דראש השנה וחג יהיו בתמוז: אמר. להו כתיב בקרא בחדש השביעי יהיו ראש השנה וחג, וזהו תשרי דלחדשים לכולי עלמא מניסן מנינן, ואתון אמרין שיהא ראש השנה וחג בתמוז דלא ככתוב: ויהא תמוז. שחדש השביעי יקרא תמוז: אמר לון מיכאן ואילך. אין אתם מקשים עלי אלא משמות (השבטים) [החדשים], ולא קשיא: עלו עמהם מבבל. ובתחלה לא היו נקראים כך: בירח האיתנים. הוא תשרי שבו נולדו אבות שהם איתני ותקיפי דעלמא, ואיתן לשון תוקף כדכתיב (במדבר כד כא) איתן מושבך: ירח בול. היינו (כסליו) [מרחשון] כדכתיב הוא החדש השמיני: שבו העלה נבל. מן האילנות מחמת הקור: בולות בולות. חתיכות חתיכות שהיא מתפררת, מלשון (ישעיהו מד יט) לבול עץ אסגוד: שבו בוללין לבהמות בבתים. שנותנין להם יבול בבית שאין עשב בשדה: בירח זיו. היינו אייר: והאילנות ניכרין. מה המה פירותיו: מיכאן ואילך. לאחר שעלו מבבל קורא לחדשים בשמות אחרים, ניסן אייר וכו': אף שמות מלאכים. שם העצם שלהן: ויעף אלי אחד מן השרפים. היינו גבריאל שהיה האש בידו, ויליף ליה בגזרה שוה, נאמר כאן ויעף ונאמר להלן והאיש גבריאל אשר ראיתי בחזון בתחלה מועף ביעף: ה"ג ובעת ההיא יעמוד מיכאל (דניאל יב א). ויליף בגזירה שוה דמיכאל הוה, נאמר כאן עומדים ונאמר להלן יעמוד וכו': מה שנים מתשרי. כדלעיל מדכתיב חג ואסיף ותקופה: בחדש השביעי. בעשור לחדש, הרי דאין ראש השנה ליובלות אלא בעשרה בתשרי: לא יהא חדש אחד נחלק לשתי שנים. ואף ע"ג דתוקעין ביום הכיפורים ראש השנה שלו מתשרי:

עין משפט

א [מיי' פ"א מהלכות מעשר שני ונטע רבעי הלכה ב ופ"ה מהלכות תרומות הלכה יא טוש"ע יו"ד סימן שלא סעיף נז וסעיף קכה]:

שינויי נוסחאות

א] העלה. בתוס' (ז.) כל העולם:
ב] שבו. ברד"ק (מלכים-א ו לח) וירח שבו:
ג] מתוך הבית. בתוס' (שם) בבתיהם. בתוס' הרא"ש (שם) בבתים:
ד] שבו. בתוס' הרא"ש (שם) שהוא:

תורה אור השלם

א) וְחַג הַקָּצִיר בִּכּוּרֵי מַעֲשֶׂיךָ אֲשֶׁר תִּזְרַע בַּשָּׂדֶה וְחַג הָאָסִף בְּצֵאת הַשָּׁנָה בְּאָסְפְּךָ אֶת מַעֲשֶׂיךָ מִן הַשָּׂדֶה: (שמות כג טז)

ב) וְחַג שָׁבֻעֹת תַּעֲשֶׂה לְךָ בִּכּוּרֵי קְצִיר חִטִּים וְחַג הָאָסִיף תְּקוּפַת הַשָּׁנָה: (שמות לד כב)

ג) אַךְ בַּחֲמִשָּׁה עָשָׂר יוֹם לַחֹדֶשׁ הַשְּׁבִיעִי בְּאָסְפְּכֶם אֶת תְּבוּאַת הָאָרֶץ תָּחֹגּוּ אֶת חַג יְהוָה שִׁבְעַת יָמִים בַּיּוֹם הָרִאשׁוֹן שַׁבָּתוֹן וּבַיּוֹם הַשְּׁמִינִי שַׁבָּתוֹן: (ויקרא כג לט)

ד) וּבַשָּׁנָה הָאַחַת עֶשְׂרֵה בְּיֶרַח בּוּל הוּא הַחֹדֶשׁ הַשְּׁמִינִי כָּלָה הַבַּיִת לְכָל דְּבָרָיו וּלְכָל מִשְׁפָּטָיו וַיִּבְנֵהוּ שֶׁבַע שָׁנִים: (מלכים-א ו לח)

ה) בַּשָּׁנָה הָרְבִיעִית יֻסַּד בֵּית יְהוָה בְּיֶרַח זִו: (מלכים-א ו לז)

ו) וַיְהִי בְּחֹדֶשׁ נִיסָן שְׁנַת עֶשְׂרִים לְאַרְתַּחְשַׁסְתְּא הַמֶּלֶךְ יַיִן לְפָנָיו וָאֶשָּׂא אֶת הַיַּיִן וָאֶתְּנָה לַמֶּלֶךְ וְלֹא הָיִיתִי רַע לְפָנָיו: (נחמיה ב א)

ז) דִּבְרֵי נְחֶמְיָה בֶּן חֲכַלְיָה וַיְהִי בְחֹדֶשׁ כִּסְלֵו שְׁנַת עֶשְׂרִים וַאֲנִי הָיִיתִי בְּשׁוּשַׁן הַבִּירָה: (נחמיה א א)

ח) וַתִּלָּקַח אֶסְתֵּר אֶל הַמֶּלֶךְ אֲחַשְׁוֵרוֹשׁ אֶל בֵּית מַלְכוּתוֹ בַּחֹדֶשׁ הָעֲשִׂירִי הוּא חֹדֶשׁ טֵבֵת בִּשְׁנַת שֶׁבַע לְמַלְכוּתוֹ: (אסתר ב טז)

ט) וַיָּעָף אֵלַי אֶחָד מִן הַשְּׂרָפִים וּבְיָדוֹ רִצְפָּה בְּמֶלְקַחַיִם לָקַח מֵעַל הַמִּזְבֵּחַ: (ישעיה ו ו)

י) שְׂרָפִים עֹמְדִים מִמַּעַל לוֹ שֵׁשׁ כְּנָפַיִם שֵׁשׁ כְּנָפַיִם לְאֶחָד בִּשְׁתַּיִם יְכַסֶּה פָנָיו וּבִשְׁתַּיִם יְכַסֶּה רַגְלָיו וּבִשְׁתַּיִם יְעוֹפֵף: (ישעיה ו ב)

כ) וְעוֹד אֲנִי מְדַבֵּר בַּתְּפִלָּה וְהָאִישׁ גַּבְרִיאֵל אֲשֶׁר רָאִיתִי בֶחָזוֹן בַּתְּחִלָּה מֻעָף בִּיעָף נֹגֵעַ אֵלַי כְּעֵת מִנְחַת עָרֶב: (דניאל ט כא) ל) אֲבָל אַגִּיד לְךָ אֶת הָרָשׁוּם בִּכְתָב אֱמֶת וְאֵין אֶחָד מִתְחַזֵּק עִמִּי עַל אֵלֶּה כִּי אִם מִיכָאֵל שַׂרְכֶם: (דניאל י כא) מ) מִקֵּץ שֶׁבַע שָׁנִים תַּעֲשֶׂה שְׁמִטָּה: (דברים טו א) נ) וְסָפַרְתָּ לְךָ שֶׁבַע שַׁבְּתֹת שָׁנִים שֶׁבַע שָׁנִים שֶׁבַע פְּעָמִים וְהָיוּ לְךָ יְמֵי שֶׁבַע שַׁבְּתֹת הַשָּׁנִים תֵּשַׁע וְאַרְבָּעִים שָׁנָה: (ויקרא כה ח) ס) וְהַעֲבַרְתָּ שׁוֹפַר תְּרוּעָה בַּחֹדֶשׁ הַשְּׁבִעִי בֶּעָשׂוֹר לַחֹדֶשׁ בְּיוֹם הַכִּפֻּרִים תַּעֲבִירוּ שׁוֹפָר בְּכָל אַרְצְכֶם: (ויקרא כה ט)

מסורת הש"ס

א) [מכילתא דרשב"י משפטים כג טז, ובשינוי עירובין ז. ויבמות טו. ותוספתא שביעית פ"ד הט"ו] ב) [שביעית פ"ה ה"א, תוספתא שביעית פ"ד הי"ג, תוספתא תרומות פ"ב ה"ו ותוספתא ר"ה פ"א ה"ח בשינוי, פסיקתא זוטרתא בהר כה ה] ג) מכילתא בא מסכתא דפסחא פרשה א [מכילתא דרשב"י משפטים כג טז, תנחומא (ורשא) בא ו, פסיקתא זוטרתא שמות יב ב, ילקו"ש בא קפח] ד) עי' ר"ה ז. [מכילתא דרשב"י כי תשא לד כב] ה) [בראשית רבה מח ט, ילקו"ש וירא פב] ו) ר"ה יא. [פסיקתא רבתי ו, זהר משפטים קי., ילקו"ש מלכים-א קפא] ז) [תנחומא נח יז, ילקו"ש מלכים-א קפד] ח) [בראשית רבה מח ט, ילקו"ש וירא פב] ט) [ר"ה ח.]

שירי קרבן

ואי זה זה תשרי. וקשה הא בקרא כתיב בצאת השנה, וא"כ נימא ר"ה חשון ותשרי חדש האחרון שבו יוצא השנה:

מראה הפנים

התיבון והכתיב והעברת שופר תרועה וכו' כדי שיהו כל חדשי השנה שוין וכו'. זהו כשינויא דמשני התם בדף ח' ע"ב דמוקי לה כר' ישמעאל בנו של ר' יוחנן בן ברוקה, והאי דמותיב והתנינן באחד בשבט וכו', כעין דמותיב לרב אשי שם (בבלי ח. אחד בשבט כב"ש, ומשני התם ה"ק שלשה לדברי הכל וכו', וכבר ביארתי לעיל בריש פרקין (ה. בד"ה והשתא) דלרב אשי לא איצטריך לאוקי דמתני' כר' ישמעאל בנו של ר' יוחנן בן ברוקה הוא דמיתניא אלא כדברי הכל, וכן נתבאר שם מה נפק"מ לדינא בין שינויא דרבא ובין שינויא דרב אשי שהרמב"ם פסק כרב אשי דהוא בתראה. והיוצא עוד מזה תמצא מבואר הכל בס"ד:

גליון הש"ס

שמות חדשים עלו בידם מבבל וכו'. עיין בתוס' ר"ה ז' ע"א ד"ה מדברי וברמב"ן על התורה פרשת בא (שמות יב ב), ועי' במדרש רבה פרשת בא (בראשית מח ט) ובפרש"י שם ול"ע, אולי ט"ס יש שם.

ניתני כל הנולדים עד עשרים ושנים בו. ר' שמי בשם ר' בון בר חייה כשליש עשו אותו כר' שמעון [א]דר' שמעון אמר מחוסר זמן נכנס לדיר להתעשר. קם ר' מנא עם ר' שמי אמר ליה את אמרת הדא מילתא [א][אמר ליה אין. אמר ליה] והא תנינן בן עזאי אומר האלוליים מתעשרין בפני עצמן. לא אפילו נולד עד עשרים ותשעה באלול. אית לך מימר בן עזאי כר' שמעון לא [א]כרבנן הוא. כמה דאת אמר על דרבנן מניחן [ב]ומעשרן לשנה הבאה והן מתעשרין עם בני שנתן כן את אמר על דבן עזאי מניחן לגורן הבא והן מתעשרין עם בני אלול. אמר ר' חונה זאת אומרת [ב]ימים שהבכור מחוסר זמן בהן עולין לו מתוך שנתו. אמר ר' מנא ר' יונה אבא שמע לה מן הדא [א]כל הבכור אשר יולד בבקרך ובצאנך הזכר תקדיש לה' אלהיך. [ג]הכיצד משעת לידתו את מונה לו שנה:

הלכה ב מתני' [מ"א] [ג]באחד בתשרי ראש השנה לשנים [ד]ולשמיטין [ה]וליובילות [ו]ולנטיעה [ז]ולירקות. ו.

קרבן העדה

ניתני כל הנולדים עד כ"ב בו. דהיינו הנולדים שבעה ימים קודם ראש השנה, אבל הנולדים אח"כ אינן ראוין להקרבה בשנה זו, דהא כתיב (ויקרא כב כז) מיום השמיני והלאה (תתנו לי) [ירצה לקרבן ה']: כשליש עשו אותו. ודקשיא לך ניתני עד כ"ב בו, מתני' ר' שמעון היא דסובר מחוסר זמן דהיינו קודם שבעה נכנס לדיר להתעשר: את אמר הדא מילתא. דמתני' ר' שמעון היא: האלוליים מתעשרין בפני עצמן. מאי לאו הנולדים עד כ"ט באלול מיקרי אלוליים, וכי אפשר לך לומר דבן עזאי סובר כר' שמעון ולא כרבנן דפליגי על ר' שמעון וסברי דמחוסר זמן אינו נכנס לדיר, אלא ודאי הכל אזיל בתר לידה וזה גמרו כמו תבואה ואע"ג שאינן ראויין להקרבה: כמה דאת אמר וכו'. וכמו דאמרת לרבנן דאותן שנולדו מכ"ב אלול עד ראש השנה הן מתעשרין לאחר ראש השנה עם אותן שנולדו קודם ראש השנה, הכי נמי לבן עזאי דסובר דאלוליים מתעשרין בפני עצמן מכל מקום גרנן לא הוי עד פסח הבא, כיון דלדידיה מספקא ליה דלמא מתחיל מאלול ואין להן גורן עד פסח מיהו אז מתעשרין עם האלוליים: זאת אומרת. מדמצרפין לרבנן כל הנולדים בתוך השנה שעברו אף ע"ג דנולדים בסוף השנה והם מחוסר זמן, שמעינן דאף בבכור מתחילין שנתו מיום הולדו וימים שהוא מחוסר זמן בהם מצרפין לשנה: כל הבכור אשר יולד. תקדיש לה' אלהיך: הא כיצד. שיקדיש בכור הא ממעי אמו קדוש, אלא ללמד מכי יולד תתחיל למנות קדושתו דשנתו מתחיל מיום שנולד: מתני' לשנים. מפרש בגמ': לשמיטין וליובלות. משנכנס תשרי אסור לחרוש ולזרוע מן התורה: לנטיעה. למנין שני ערלה, ואפילו נטעה באב כלתה שנתו הראשונה לסוף אלול. ובכולהו מפרש טעמא בגמ': ולירקות. למעשר ירק, שאין תורמין ומעשרין מן הנלקט לפני ראש השנה על של אחר ראש השנה:

פני משה

עם הנולדים מקודם באותה השנה, וא"כ תיפוק ליה דאפילו מחוסר זמן הוו, והכי מיבעי ליה למיתני, כל הנולדים מאחד בתשרי עד עשרים ושנים באלול מצטרפין שאז אינו מחוסר זמן בכ"ט בו שהיא זמן הגורן לר"א ור"ש, ומדקתני עד כ"ט באלול, ש"מ דאפילו אמחוסר זמן לא קפיד ומכל שכן דלא בעינן עד שיהא ניכר בשליש גידולו: ר' שמי. אמר דלית ש"מ להא מהכא, דאיכא למימר דלעולם לשאר תנאי בעינן בשליש, והא דדייקת ממחוסר זמן, אימא לך דעשו אותו כר"ש וכלומר דהא קמ"ל דכר"ש אתיא דקתני בתוספתא דבכורות בפ"ז (ה"א) ר"ש אומר מחוסר זמן נכנס לדיר להתעשר, ופליג אמתני' דבכורות שם דתני הכל נכנסין לדיר להתעשר חוץ מן הכלאים וכו' ומחוסר זמן: קם ר' מנא עם ר' שמי. ושאל לו ר' מנא אם אתה אמרת כך, וא"ל אין, וא"ל ר' מנא, והא תנינן בן עזאי אומר האלוליים מתעשרין בפני עצמן, וכדמפרש טעמיה לעיל הואיל ואלו אומרים כך וכו', וא"כ דייקית נמי ואמרת לא אפילו נולד עד כ"ט באלול ג"כ מצטרף עם אותן הנולדין בחדש הזה ואפילו הן מחוסר זמן, וכי אית לך מימר דבן עזאי נמי כר"ש ס"ל במחוסר זמן בתמיה, אלא לאו ע"כ כרבנן דהתוספתא שם ס"ל וכדתנינן בסתמא דמתני' דאין מחוסר זמן נכנס לדיר להתעשר. והשתא לרבנן דס"ל בהא כר"א ור"ש דכל הנולדים מאחד בתשרי עד כ"ט באלול מצטרפין היכי מתרצית לה להאי דדייקית במחוסר זמן, על כרחך דהכי מתרצת דאותן שנולדו סמוך לכ"ט באלול והן מחוסר זמן אין מתעשרין בהגורן שהוא בכ"ט באלול, אלא מניחין אותן לשנה הבאה אח"כ והן מתעשרין עם בני שנתן שנולדו ג"כ בשנתן מקודם כ"ט באלול הזה, וכלומר שמניחין מאותן בני שנתן מלעשר עד שיהא זה ראוי להתעשר ומצטרפין אח"כ ומתעשרין שהרי הן בני שנה אחת. והשתא כמה דאת אמר על דרבנן וכו', כן נמי את אמר אליבא דבן עזאי למאי דסבירא ליה שהאלוליים מתעשרין בפני עצמן, דלא שיהא כולן מתעשרין בגורן הזה שבא עכשיו דהא אית בהו גם כן הנולדים והן עדיין מחוסר זמן, אלא מניחן לגורן הבא אחר כן ומניח גם כן מהנולדים באלול, וכשיהיה זה ראוי להתעשר מצטרף הוא עם אותן בני אלול ומתעשרין: זאת אומרת. מדאמרינן אליבא דרבנן דכשיש כאן מחוסר זמן ממתינין עד לשנה הבאה עד שיהא ראוי להתעשר עם אותן בני שנתו שלו דוקא ומפני שאין מעשרין מן הנולדים בשנה זו על הנולדים בשנה האחרת, ואמאי ונימא דהואיל וזה היה מחוסר זמן בעשרים ותשעה באלול ואי אפשר לו להתעשר, ליחשביה כמאן דנולד בשנה הבאה וליצטרף להתעשר עם הנולדים בשנה הבאה, אלא ודאי דטעמא הוי משום דמשעת לידתו מונין לו השנה אף על גב דמחוסר זמן הוא מכל מקום אותן הימים עולין לו לשנתו, אם כן זאת אומרת דבבכור נמי דינא הכי, דקיימא לן הבכור נפסל משנה לחברתה להקרבה והימים שהוא מחוסר זמן עולין לו מתוך שנתו דמשעת לידתן מונין לו שנה. וטעמא, דהרי גבי מעשר לא כתיב ביה שנה בשנה ומגופיה לא ידעינן דבעי שיתעשר עם בני שנתו בדוקא, אלא דילפינן קדש קדש מבכור דכתיב ביה תאכלנו שנה בשנה, ואם כן שמע מינה דבבכור מונין לו שנה משעת לידתו, ולהכי מעשר דילפינן מיניה גם כן דיניה הכי הוא דהוי: ר' יונה אבא שמע ליה. לבכור מן הדא, דכתיב ביה בגופיה כל הבכור אשר יולד וגו' תקדיש לה' אלהיך, והכתוב בפרשת בחוקותי (ויקרא כז כו) אך בכור אשר יבכר לה' בבהמה לא יקדיש איש אותו וגו' אלמא דבכבר הוא קדוש וא"א להקדישו להקדש אחר וכן אין צריך להקדישו, הא כילד, אלא דלא בא הכתוב הזה אשר יולד וגו' אלא ללמד משעת לידתו אתה מונה לו שנה:] מתני' באחד בתשרי ראש השנה לשנים. לדין השנים שהקב"ה דן בתשרי את כל באי עולם כל הקורות אותם עד תשרי הבא, דכתיב (דברים יא יב) מראשית השנה ועד אחרית שנה, מראש השנה נידון מה יהא בסופה, וממאי דתשרי הוא דכתיב (תהלים פא ד) תקעו בחדש שופר בכסה ליום חגנו איזהו חג שהחדש מתכסה בו הוי אומר זה ראש השנה, וכתיב (תהלים שם ה) כי חק לישראל הוא משפט לאלהי יעקב: ולשמיטין וליובלות. משנכנס תשרי אסור לחרוש ולזרוע מן התורה: ולנטיעה. משעת נטיעה וכלומר שאין מונין מראש השנה לראש השנה, אלא שלשים יום בשנה חשובין שנה, והוא שתקלוט הנטיעה קודם שלשים יום וסתם קליטה לכל האילנות שתי שבתות, נמצאת למד שהנוטע ארבע וארבעים יום קודם ראש השנה עלתה לו שנה, ואף על פי כן הפירות של נטיעה זו שחנטו לאחר ראש השנה של שנת השלישית אסורין משום ערלה עד ט"ו בשבט, ואע"ג שזהו כמו שעברו עליהן שלש שנים שלימות שהרי השלשים יום שלפני ראש השנה הראשון נחשב לשנה, אפילו הכי אסורין הן משום ערלה עד ט"ו בשבט, לפי שאחד בתשרי ראש השנה היא לנטיעה דוקא וזה כבר נעשה אילן וראש השנה שלו לצאת מידי ערלה ט"ו בשבט הוא שהוא ראש השנה לאילנות, וכן הפירות שחנטו אחר ראש השנה של שנת הרביעית אסורין הן משום רבעי עד ט"ו בשבט וצריכין פדיון כדין נטע רבעי, וכדילפינן לה מקראי דכתיב (ויקרא יט כג) שלש שנים יהיה לכם ערלים לא יאכל ובשנה הרביעית יהיה כל פריו קדש וגו', ודרשינן וי"ו מוסיף על ענין ראשון שלפעמים יהיה לכם ערלים אף בתוך שנה רביעית שלו, וכגון זה שלא יצא מדין ערלה עד ט"ו בשבט, ואז יש לו דין רבעי להפירות שחנטו אחר כך ומותרין בפדיון, והכי נמי דרשינן לקרא דאבתריה ובשנה החמישית תאכלו את פריו דוי"ו מוסיף אדלעיל שלפעמים דין רבעי לו אף בשנה החמישית וצריך פדיון לאותן שחנטו מקודם ט"ו בשבט. וכל זה דוקא לפירות נטיעה זו, אבל אם נטע פחות משלשים יום לפני ראש השנה ואינן נחשבין לו שנה אז כשיגיע אחד בתשרי מונין לו שלש שנים שלימות מיום ליום לערלה וכן הוא לרבעי: ולירקות. למעשר ירק שאין תורמין ומעשרין מן הירק הנלקט לפני ראש השנה על הירק שנלקט לאחר ראש השנה, ותני התנא לירקות

מסורת הש"ם

א) בכורות כא: [נו., תוספתא בכורות פ"ז ה"ג, תמורה יט:, מכילתא דרשב"י בא יג יב] ב) [עי' ר"ה ו:] ג) ר"ה ב. [ע"ז י., תוספתא פ"א ה"ז, ילקו"ש עקב תתם, תהלים תתלא] ד) [ילקו"ש בהר תרנח] ה) [ר"ה ח:, ערכין כח:] ו) [ילקו"ש קדושים תרטו] ז) [תוספתא פ"א הלכה ז-ח]

עין משפט

א מיי' פ"ו מהלכות בכורות הלכה יד:
ב מיי' פ"ד מהלכות שמיטה ויובל הלכה ט ופ"י הלכה ד:
ג מיי' פ"ט מהלכות מעשר שני ונטע רבעי הלכה ח טוש"ע יו"ד סימן רלד סעיף ד:
ד [מיי' שם פ"א הלכה ב ופ"ה מהלכות תרומות הלכה יא טוש"ע יו"ד סימן שלא סעיף נז וסעיף קכה קכו]:

שינויי נוסחאות

א] אמר ליה אין א"ל. כ"ה בירושלמי שקלים (פ"ג ה"א):
ב] ומעשרן. בירושלמי שקלים (שם) ליתא:
ג] הכיצד. בירושלמי שקלים (שם) הא כיצד:

תורה אור השלם

א) כָּל הַבְּכוֹר אֲשֶׁר יִוָּלֵד בִּבְקָרְךָ וּבְצֹאנְךָ הַזָּכָר תַּקְדִּישׁ לַיהוָה אֱלֹהֶיךָ לֹא תַעֲבֹד בִּבְכֹר שׁוֹרֶךָ וְלֹא תָגֹז בְּכוֹר צֹאנֶךָ: (דברים טו יט)

וּלְיוֹבְלוֹת – for the *shemittah* and *Yovel* years,[18] **וְלִנְטִיעָה – for the sapling,**[19] **וְלִירָקוֹת – and for the vegetables.**[20]

NOTES

18. [Every seventh year (known as *shemittah*) it is forbidden to cultivate the land of Eretz Yisrael. This restriction also applies every fiftieth year (known as *Yovel*), which is the year that immediately follows seven *shemittah* cycles.] The Mishnah teaches that it is forbidden to plow or sow under Biblical law from the beginning of Tishrei (*Korban HaEidah* and *Pnei Moshe*, from *Rashi* 2a). [In actuality, it is forbidden to plow for thirty days before this date; see *Meiri, Turei Even, Pnei Yehoshua, Aruch LaNer*, and *Mitzpeh Eisan* to *Bavli* 2a for discussion of why the Mishnah nonetheless considers the first of Tishrei to be the beginning of *shemittah*.]

In the *Yovel* year, two additional obligations apply: Jewish slaves must be set free, and bought land in Eretz Yisrael must be returned to its ancestral owners (see *Bavli* 8b; see also *Poras Yosef* to *Bavli* 2a).

19. [I.e. a tree less than three years old.] Fruit that grows on a tree during its first three years is forbidden for consumption or any other benefit (such fruit is called עָרְלָה, *orlah*). In regard to this law, the New Year starts on the first of Tishrei. Hence, if a tree was planted in the month of Av, its first year concludes at the end of Elul [and the second year begins on the first of Tishrei] (*Korban HaEidah*, from *Rashi* 2a; see *Turei Even* and *Aruch LaNer* there; cf. *Pnei Moshe*).

20. The owner of produce (grain, vegetables, fruit) grown in Eretz Yisrael must separate various portions from it each year [other than *shemittah*]. He gives a certain amount to a Kohen (תְּרוּמָה, *terumah*) and one-tenth of the remainder to a Levi (מַעֲשֵׂר רִאשׁוֹן, *maaser rishon*). He then separates a second tenth from that which still remains. In the first, second, fourth, and fifth years of the seven-year *shemittah* cycle, he takes the second tenth to Jerusalem and eats it there, or he may exchange it for money, which he takes to Jerusalem to buy food to eat there (מַעֲשֵׂר שֵׁנִי, *maaser sheni*). In the third and sixth years of the cycle, he does not take the second tenth to Jerusalem, but instead distributes it to the poor (מַעְשַׂר עָנִי, *maasar ani*).

These portions must be taken from the produce of each year separately. That is, produce of one year may not be designated as the *terumah* or *maaser* on behalf of the produce of another year. The Mishnah therefore teaches that the New Year for vegetables is on the first of Tishrei. This means that one may not take *terumah* or *maaser* from vegetables picked before the first of Tishrei for the sake of vegetables picked after that date [or vice versa] (*Korban HaEidah* and *Pnei Moshe*, from *Rashi* 2a; see below, 8a).

The first of Tishrei is also the date that determines whether *maaser sheni* or *maasar ani* must be separated from vegetables. For example, vegetables picked at the end of the second year of the *shemittah* cycle, before the first of Tishrei that begins the third year, are treated as second-year produce, so *maaser sheni* must be separated from them. Vegetables picked after that first of Tishrei are deemed third-year produce, and the law of *maasar ani* applies instead (*Rambam Commentary*, based on a Baraisa cited in *Bavli* 12a-b; see *Turei Even* and *Aruch LaNer* to *Bavli* 2a regarding why *Rashi* omits this point).

While the Mishnah mentions only vegetables, the first of Tishrei is also the beginning of the New Year for grain (*Meiri*, from *Bavli* 12a). [However, in contrast to vegetables, which are classified according to the year in which they are picked, grain is classified by the year in which it reaches a third of its growth (ibid.; see above, 6b).] Regarding fruit, see 7b note 1.

מסורת הש"ס

א) בכורות כא: [נו., תוספתא בכורות פ"ז ה"ג, תמורה יט:, מכילתא דרשב"י בא יג] ב) [עי' ר"ה ו:] ג) ר"ה ב. [ע"ז י., תוספתא פ"א ה"ז, ילקו"ש עקב תתם, תהלים תתלא] ד) [ילקו"ש אמר תרנח] ה) [ר"ה ח:, ערכין כח:] ו) [ילקו"ש קדושים תרטו] ז) [תוספתא פ"א הלכה ז-ח]

ניתני כל הנולדים עד עשרים ושנים בו. ר' שמי בשם ר' בון בר חייה כשליש עשו אותו כר' שמעון [ה]דר' שמעון אמר מחוסר זמן נכנס לדיר להתעשר. קם ר' מנא עם ר' שמי אמר ליה את אמרת הדא מילתא [א][אמר ליה אין. אמר ליה] והא תנינן בן עזאי אומר האלוליים מתעשרין בפני עצמן. לא אפילו נולד עד עשרים ותשעה באלול. אית לך מימר בן עזאי כר' שמעון לא [א]כרבנן הוא. כמה דאת אמר על דרבנן מניחן [ב]ומעשרן לשנה הבאה והן מתעשרין עם בני שנתן כן את אמר על דבן עזאי מניחן לגורן הבא והן מתעשרין עם בני אלול. אמר ר' חונה זאת אומרת [ו]ימים שהבכור מחוסר זמן בהן עולין לו מתוך שנתו. אמר ר' מנא ר' יונה אבא שמע לה מן הדא [א]כל הבכור אשר יולד בבקרך ובצאנך הזכר תקדיש לה' אלהיך. [ג]הכיצד משעת לידתו את מונה לו שנה:

הלכה ב מתני'

[מ"א] [ג]באחד בתשרי ראש השנה לשנים [ב ז]ולשמיטין [ה]וליובילות [ג ו]ולנטיעה [ד ז]ולירקות.

קרבן העדה

ניתני כל הנולדים עד כ"ב בו. דהיינו הנולדים שבעה ימים קודם ראש השנה, אבל הנולדים אח"כ אינן ראוין להקרבה בשנה זו, דהא כתיב (ויקרא כב כז) מיום השמיני והלאה (תתנו לי) [ירצה לקרבן ה']: כשליש עשו אותו. ודקשיא לך ניתני עד כ"ב בו, מתני' ר' שמעון היא דסובר מחוסר זמן דהיינו קודם שבעה נכנס לדיר להתעשר: את אמר הדא מילתא. דמתני' ר' שמעון היא: האלוליים מתעשרין בפני עצמן. מאי לאו הנולדים עד כ"ט באלול מיקרי אלוליים, וכי אפשר לך לומר דבן עזאי סובר כר' שמעון ולא כרבנן דפליגי על ר' שמעון וסברי דמחוסר זמן אינו נכנס לדיר, אלא ודאי הכל אזיל בתר לידה וזה גמרו כמו תבואה ואע"ג שאינן ראויין להקרבה: כמה דאת אמר וכו'. וכמו דאמרת לרבנן דאותן שנולדו מכ"ב אלול עד ראש השנה הן מתעשרין לאחר ראש השנה עם אותן שנולדו קודם ראש השנה, הכי נמי לבן עזאי דסובר דאלוליים מתעשרין בפני עצמן מכל מקום גרנן לא הוי עד פסח הבא, כיון דלדידיה מספקא ליה דלמא מתחיל מאלול ואין להן גורן עד פסח מיהו אז מתעשרין עם האלוליים: זאת אומרת. מדמצרפין לרבנן כל הנולדים בתוך השנה שעברו אף ע"ג דנולדים בסוף השנה והם מחוסר זמן, שמעינן דאף בבכור מתחילין שנתו מיום הולדו וימים שהוא מחוסר זמן בהם מצרפין לשנה: כל הבכור אשר יולד. תקדיש לה' אלהיך: הא כיצד. שיקדיש בכור הא ממעי אמו קדוש, אלא ללמד מכי יולד תתחיל למנות קדושתו דשנתו מתחיל מיום שנולד: מתני' לשנים. מפרש בגמ': לשמיטין וליובלות. משנכנס תשרי אסור לחרוש ולזרוע מן התורה: לנטיעה. למנין שני ערלה, ואפילו נטעה באב כלתה שנתו הראשונה לסוף אלול. ובכולהו מפרש טעמא בגמ': ולירקות. למעשר ירק, שאין תורמין ומעשרין מן הנלקט לפני ראש השנה על של אחר ראש השנה:

פני משה

עם הנולדים מקודם באותה השנה, וא"כ תיפוק ליה דאפילו מחוסר זמן הוו, והכי מיבעי ליה למיתני, כל הנולדים מאחד בתשרי עד עשרים ושנים באלול מצטרפין שאז אינו מחוסר זמן בכ"ט בו שהיא זמן הגורן לר"א ור"ש, ומדקתני עד כ"ט באלול, ש"מ דאפילו מחוסר זמן לא קפיד ומכל שכן דלא בעינן עד שיהא ניכר בשליש גידולו: ר' שמי. אמר דלית ש"מ להא מהכא, דאיכא למימר דלעולם לשאר תנאי בעינן בשליש, והא דדייקת ממחוסר זמן, אימא לך דעשו אותו כר"ש וכלומר דהא קמ"ל דכר"ש אתיא דקתני בתוספתא דבכורות בפ"ז (ה"א) ר"ש אומר מחוסר זמן נכנס לדיר להתעשר, ופליג אמתני' דבכורות שם דתני הכל נכנסין לדיר להתעשר חוץ מן הכלאים וכו' ומחוסר זמן: קם ר' מנא עם ר' שמי. ושאל לו ר' מנא אם אתה אמרת כך, וא"ל אין, וא"ל ר' מנא, והא תנינן בן עזאי אומר האלוליים מתעשרין בפני עצמן, וכדמפרש טעמיה לעיל הואיל ואלו אומרים כך וכו', וא"כ דייקית נמי ואמרת לא אפילו נולד עד כ"ט באלול ג"כ מצטרף עם אותן הנולדין בחדש הזה ואפילו הן מחוסר זמן, וכי אית לך מימר דבן עזאי נמי כר"ש ס"ל במחוסר זמן בתמיה, אלא לאו ע"כ כרבנן דהתוספתא שם ס"ל וכדתנינן בסתמא דמתני' דאין מחוסר זמן נכנס לדיר להתעשר. והשתא לרבנן דס"ל בהא כר"א ור"ש דכל הנולדים מאחד בתשרי עד כ"ט באלול מצטרפין היכי מתרצית לה להאי דדייקית במחוסר זמן, על כרחך דהכי מתרצת דאותן שנולדו סמוך לכ"ט באלול והן מחוסר זמן אין מתעשרין בהגורן שהוא בכ"ט באלול, אלא מניחין אותן לשנה הבאה אח"כ והן מתעשרין עם בני שנתן שנולדו ג"כ בשנתן מקודם כ"ט באלול הזה, וכלומר שמניחין מאותן בני שנתן מלעשר עד שיהא זה ראוי להתעשר ומצטרפין אח"כ ומתעשרין שהרי הן בני שנה אחת. והשתא כמה דאת אמר על דרבנן וכו', כן נמי את אמר אליבא דבן עזאי למאי דסבירא ליה שהאלוליים מתעשרין בפני עצמן, דלא שיהא כולן מתעשרין בגורן הזה שבא עכשיו דהא אית בהו גם כן הנולדים והן עדיין מחוסר זמן, אלא מניחן לגורן הבא אחר כן ומניח גם כן מהנולדים באלול, וכשיהיה זה ראוי להתעשר מצטרף הוא עם אותן בני אלול ומתעשרין: זאת אומרת. מדאמרינן אליבא דרבנן דכשיש כאן מחוסר זמן ממתינין עד לשנה הבאה עד שיהא ראוי להתעשר עם אותן בני שנתו שלו דוקא ומפני שאין מעשרין מן הנולדים בשנה זו על הנולדים בשנה האחרת, ואמאי ונימא דהואיל וזה היה מחוסר זמן בעשרים ותשעה באלול ואי אפשר לו להתעשר, ליחשביה כמאן דנולד בשנה הבאה וליצטרף להתעשר עם הנולדים בשנה הבאה, אלא ודאי דטעמא הוי משום דמשעת לידתו מונין לו השנה אף על גב דמחוסר זמן הוא מכל מקום אותן הימים עולין לו לשנתו, אם כן זאת אומרת דבבכור נמי דינא הכי, דקיימא לן הבכור נפסל משנה לחברתה להקרבה והימים שהוא מחוסר זמן עולין לו מתוך שנתו דמשעת לידתן מונין לו שנה. וטעמא, דהרי גבי מעשר לא כתיב ביה שנה בשנה ומגופיה לא ידעינן דבעי שיתעשר עם בני שנתו בדוקא, אלא דילפינן קדש קדש מבכור דכתיב ביה תאכלנו שנה בשנה, ואם כן שמע מינה דבבכור מונין לו שנה משעת לידתו, ולהכי מעשר דילפינן מיניה גם כן דיניה הכי הוא דהוי: ר' יונה **אבא שמע** ליה. לבכור מן הדא, דכתיב ביה בגופיה כל הבכור אשר יולד וגו' תקדיש לה' אלהיך, והכתוב בפרשת בחוקותי (ויקרא כז כו) אך בכור אשר יבכר לה' בבהמה לא יקדיש איש אותו וגו' אלמא דבכבר הוא קדוש וא"א להקדישו להקדש אחר וכן אין צריך להקדישו, הא כיצד, אלא דלא בא הכתוב הזה אשר יולד וגו' אלא ללמד משעת לידתו אתה מונה לו שנה:] מתני' **באחד בתשרי ראש השנה** לשנים. לדין השנים שהקב"ה דן בתשרי את כל באי עולם כל הקורות אותם עד תשרי הבא, דכתיב (דברים יא יב) מראשית השנה ועד אחרית שנה, מראש השנה נידון מה יהא בסופה, וממאי דתשרי הוא דכתיב (תהילים פא ד) תקעו בחדש שופר בכסה ליום חגנו איזהו חג שהחדש מתכסה בו הוי אומר זה ראש השנה, וכתיב (תהלים שם ה) כי חק לישראל הוא משפט לאלהי יעקב: ולשמיטין וליובלות. שמשנכנס תשרי אסור לחרוש ולזרוע מן התורה: ולנטיעה. משעת נטיעה וכלומר שאין מונין מראש השנה לראש השנה, אלא שלשים יום בשנה חשובין שנה, והוא שמקלוט הנטיעה קודם שלשים יום וסתם קליטה לכל האילנות שתי שבתות, נמצאת למד שהנוטע ארבע וארבעים יום קודם ראש השנה עלתה לו שנה, ואף על פי כן הפירות של נטיעה זו שחנטו לאחר ראש השנה של שנת השלישית אסורין משום ערלה עד ט"ו בשבט, ואע"ג שזהו כמו שעברו עליהן שלש שנים שלימות שהרי השלשים יום שלפני ראש השנה הראשון נחשב לשנה, אפילו הכי אסורין הן משום ערלה עד ט"ו בשבט, לפי שאחד בתשרי ראש השנה היא לנטיעה דוקא וזה כבר נעשה אילן וראש השנה שלו לצאת מידי ערלה ט"ו בשבט הוא שהוא ראש השנה לאילנות, וכן הפירות שחנטו אחר ראש השנה של שנת הרביעית אסורין הן משום רבעי עד ט"ו בשבט וצריכין פדיון כדין נטע רבעי, וכדילפינן לה מקראי דכתיב (ויקרא יט כג) שלש שנים יהיה לכם ערלים לא יאכל ובשנה הרביעית יהיה כל פריו קדש וגו', ודרשינן וי"ו מוסיף על ענין ראשון שלפעמים יהיה לכם ערלים אף בתוך שנה רביעית שלו, וכגון זה שלא יצא מדין ערלה עד ט"ו בשבט, ואז יש לו דין רבעי להפירות שחנטו אחר כך ומותרין בפדיון, והכי נמי דרשינן לקרא דאבתריה ובשנה החמישית תאכלו את פריו דוי"ו מוסיף אדלעיל שלפעמים דין רבעי לו אף בשנה החמישית וצריך פדיון לאותן שחנטו מקודם ט"ו בשבט. וכל זה דוקא לפירות נטיעה זו, אבל אם נטע פחות משלשים יום לפני ראש השנה ואינן נחשבין לו שנה אז כשיגיע אחד בתשרי מונין לו שלש שנים שלימות מיום ליום לערלה וכן הוא לרבעי: ולירקות. למעשר ירק שאין תורמין ומעשרין מן הירק הנלקט לפני ראש השנה על הירק שנלקט לאחר ראש השנה, ותני התנא לירקות

עין משפט

א מיי' פ"ו מהלכות בכורות הלכה יד:
ב מיי' פ"ד מהלכות שמיטה ויובל הלכה ט ופ"י הלכה ד:
ג מיי' פ"ט מהלכות מעשר שני ונטע רבעי הלכה ח טוש"ע יו"ד סימן רצד סעיף ד:
ד [מיי' שם פ"א הלכה ג ופ"ה מהלכות תרומות הלכה יא טוש"ע יו"ד סימן שלא סעיף נז וסעיף קכה קכו]:

שינויי נוסחאות

א] **אמר ליה אין א"ל.** כ"ה בירושלמי שקלים (פ"ג ה"א):
ב] **ומעשרן.** בירושלמי שקלים (שם) ליתא:
ג] **הכיצד.** בירושלמי שקלים (שם) **הא כיצד:**

תורה אור השלם

א) כָּל הַבְּכוֹר אֲשֶׁר יִוָּלֵד בִּבְקָרְךָ וּבְצֹאנְךָ הַזָּכָר תַּקְדִּישׁ לַיהוָה אֱלֹהֶיךָ לֹא תַעֲבֹד בִּבְכֹר שׁוֹרֶךָ וְלֹא תָגֹז בְּכוֹר צֹאנֶךָ: (דברים טו יט)

other [**animals**] that were **born in their year,**[10] כֵּן אַתְּ אָמַר עַל דְּבֶן עַזַּאי – **so** too **shall you say with regard to** the opinion **of Ben Azzai** מַנִּיחָן לְגוֹרֶן הַבָּא – that **one** who has animals that were born after the twenty-second of Elul **leaves them until the following designated date** (29 Adar), וְהֵן מִתְעַשְּׂרִין עִם בְּנֵי אֱלוּל – **and they are** then **tithed together with** other [**animals**] that were **born in Elul.**[11]

It emerges from the above discussion that animals are tithed according to the year in which they were born, not according to the year in which they became fit for sacrifice. The Gemara infers that this principle also holds true with regard to calculating the first year of a *bechor*:[12]

אָמַר רַבִּי חוּנָה – **R' Chunah said:** זֹאת אוֹמֶרֶת – **This tells** us that יָמִים שֶׁהַבְּכוֹר מְחוּסָּר זְמַן בָּהֶן – **the days in which a** ***bechor*** **is** considered **premature** (i.e. the first seven days of its life) עוֹלִין לוֹ מִתּוֹךְ שְׁנָתוֹ – **are reckoned in the count of its** first **year.**[13]

The Gemara adduces a Scriptural source for this rule:

אֲמַר רַבִּי מָנָא – **R' Mana said:** רַבִּי יוֹנָה אַבָּא שְׁמַע לָהּ מִן הֲדָא – **My father R' Yonah derived [this rule] from the following** verse: ,,כָּל־הַבְּכוֹר אֲשֶׁר יִוָּלֵד בִּבְקָרְךָ וּבְצֹאנְךָ הַזָּכָר תַּקְדִּישׁ לַה' אֱלֹהֶיךָ" – ***Every bechor that will be born in your cattle or in your sheep, a male, you shall sanctify to Hashem, your God.***[14] Now, considering that a *bechor* is inherently sanctified from birth, הָכֵיצַד – **how is this** verse to be understood?[15] מִשְּׁעַת לֵידָתוֹ אַתְּ מוֹנֶה לוֹ שָׁנָה – It means that **from the time [a** ***bechor*****] is born you** should begin to **count its** first **year.**[16]

Halachah 2

Mishnah The Mishnah continues its list of the dates that mark the beginning of a year for various purposes:

בְּאֶחָד בְּתִשְׁרֵי רֹאשׁ הַשָּׁנָה לְשָׁנִים – **On the first of Tishrei is the New Year for** reckoning **the years,**[17] וְלִשְׁמִיטִין

NOTES

10. According to R' Elazar and R' Shimon, "premature" animals are assigned to the year in which they were born, as R' Yosah inferred from the Mishnah in *Bechoros*. The problem, however, is that these animals cannot be tithed on 29 Elul [the next tithing date according to these Tannaim] together with the other animals born that year, since they have not yet reached their eighth day! R' Mana therefore explains the procedure to be followed: The premature animals, together with several others born earlier that year [if needed to complete a group of ten], are left untithed at year's end. Then, when the premature animals become fit for tithing [during Tishrei of the new year], all of the animals remaining from the previous year are tithed together (see *Korban HaEidah* and *Pnei Moshe*).

11. According to Ben Azzai, as well, the animals born in the last week of Elul may not be tithed immediately. Instead, they must be kept untithed, along with the animals born earlier in Elul. [There is no tithing date in Elul according to Ben Azzai.] Several months later, when the pre-Pesach tithing date arrives, *maaser* is separated from this group of leftover animals [separately from the *maaser* that is taken from the animals born after the first of Tishrei] (see *Korban HaEidah*; cf. *Rash Sirilio* ibid. and *Gilyonos of R' Y. Y. Kanievski*).

[When discussing the opinion of the Rabbis, R' Mana states simply that "one leaves them to be tithed until the following year," and does not specify that one must wait until the designated date. When discussing Ben Azzai's opinion, he does specify that one wait until then. See *Sefer Nir* here, and *Mahara Fulda* and *Or HaChamah* to *Shekalim,* for possible reasons for this difference; cf. *Talmid HaRashbash* there.]

12. The *bechor* (firstborn) of a kosher, domestic animal must be offered and eaten during the first year of its life. This is derived from the verse (*Deuteronomy* 15:20): *Before Hashem, your God, shall you eat it year by year.* The Gemara here clarifies from when this year is reckoned.

13. R' Mana just concluded that with regard to *maaser*, "premature" animals are assigned to the year in which they were born, even though they were not actually fit for tithing at that time. Similarly, R' Chunah contends, the year of a *bechor* begins as soon as it is born [not seven days later when it becomes fit for offering and consumption] (*Korban HaEidah*).

14. *Deuteronomy* 15:19.

15. *Leviticus* 27:26 teaches that a *bechor* does not need to be sanctified by a person, but is automatically vested with sanctity at birth (see *Ramban* there and *Pnei Moshe*). What, then, does the Torah mean when it states: *Every bechor... you shall sanctify*? (*Korban HaEidah*).

16. I.e. the verse is not referring to the actual sanctification of the *bechor,* which takes effect automatically when the animal is born. Rather, it is discussing how the sanctity of a *bechor* is *reckoned.* The verse teaches that a *bechor's* first year is to be calculated from the time of its birth (*Korban HaEidah* and *Pnei Moshe*; cf. *Mahara Fulda* to *Shekalim* ibid. for another explanation of the Gemara's proof; cf. *Rambam, Hil. Bechoros* 1:4 and *Ramban* ibid. for other explanations of the verse).

See Variant A for discussion of whether the Gemara refers to a blemished *bechor* or an unblemished one.

17. *Bavli* 8a-b presents three explanations of this ruling. In brief, they are: (1) The first of Tishrei is the New Year for dating documents, if they are dated by the reign of a non-Jewish king. In contrast to the years of Jewish kings, which begin on the first of Nissan (see above, 1a note 2), the years of non-Jewish kings begin on the first of Tishrei. [See, however, the Gemara above, 1b-2b, for an extensive discussion of when the years of non-Jewish kings begin.] (2) The seasons and the lunar cycle are calculated based on the assumption that the world was created in Tishrei. (3) On the first of Tishrei, God judges the populace of the world and decides everything that will occur during the coming year (see Mishnah 1:3 [8b]). *Pnei Moshe* here cites the third explanation.

It is, however, difficult to see how the source cited by *Yerushalmi* below for the Mishnah's ruling serves to support the law according to *any* of these interpretations. Commentaries therefore suggest that *Yerushalmi* interprets the Mishnah a fourth way, as does *Rambam* in his *Commentary to the Mishnah*: The first of Tishrei is the New Year for dating documents if they are dated from the creation of the world [the way documents are in fact dated nowadays in Jewish law] (*Shelom Yerushalayim*; see *Sefer Nir* and *Mazkeres Yerushalayim*; see also *Shoshanim LeDavid* to the Mishnah).

TEXTUAL AND INTERPRETIVE VARIANTS

A. Our Gemara proves from the laws of *maaser* and from a verse that the year during which a *bechor* must be eaten is reckoned from the time of its birth. Now, *Bavli* 6b-7a distinguishes between a blemished *bechor* and an unblemished one: For a blemished *bechor,* which will in any case not be brought as an offering, the year indeed begins at birth. But for an unblemished *bechor,* which is brought as an offering, the year begins only when it is fit be offered, i.e. when it becomes eight days old. *Yerushalmi,* however, appears to refer to an unblemished *bechor* when it states that the year begins at birth. The proof to this is from the Gemara above (on 4b), which asserts that the very requirement that a blemished *bechor* be eaten within a year is Rabbinic in origin. Hence, when our Gemara cites a Scriptural exposition to prove that the year begins at birth, it necessarily refers to an unblemished *bechor,* where there is a Biblical requirement to eat it within a year (*Yefei Einayim* to *Shekalim* 3:1 [8a]; see also *Shelom Yerushalyim* here and *Aruch LaNer* to *Bavli* 6b בתוד"ה שנה; cf. *Masa DiYerushalayim*).

ניתני כל הנולדים עד עשרים ושנים בו. ר' שמי בשם ר' בון בר חייה כשליש עשו אותו כר' שמעון (א)דר' שמעון אמר מחוסר זמן נכנס לדיר להתעשר. קם ר' מנא עם ר' שמי אמר ליה את אמרת הדא מילתא א][אמר ליה אין. אמר ליה] והא תנינן בן עזאי אומר האלוליים מתעשרין בפני עצמן. לא אפילו נולד עד עשרים ותשעה באלול. אית לך מימר בן עזאי כר' שמעון לא (א)כרבנן הוא. כמה דאת אמר על דרבנן מניחן ב]ומעשרן לשנה הבאה והן מתעשרין עם בני שנתן כן את אמר על דבן עזאי מניחן לגורן הבא והן מתעשרין עם בני אלול. אמר ר' חונה זאת אומרת (ב)ימים שהבכור מחוסר זמן בהן עולין לו מתוך שנתו. אמר ר' מנא ר' יונה אבא שמע לה מן הדא (א)כל הבכור אשר יולד בבקרך ובצאנך הזכר תקדיש לה' אלהיך. ג]הכיצד משעת לידתו את מונה לו שנה: **הלכה ב מתני'** [מ"א] (ג)באחד בתשרי ראש השנה לשנים ב(ד)ולשמיטין (ה)וליובילות ג(ו)ולנטיעה ד(ז)ולירקות. ו.

קרבן העדה

ניתני כל הנולדים עד כ"ב בו. דהיינו הנולדים שבעה ימים קודם ראש השנה, אבל הנולדים אח"כ אינן ראוין להקרבה בשנה זו, דהא כתיב (ויקרא כב כז) מיום השמיני והלאה (תתנו לי) [ירצה לקרבן ה']: כשליש עשו אותו. ודקשיא לך ניתני עד כ"ג בו, מתני' ר' שמעון היא דסובר מחוסר זמן דהיינו קודם שבעה נכנס לדיר להתעשר: את אמר הדא מילתא. דמתני' ר' שמעון היא: האלוליים מתעשרין בפני עצמן. מאי לאו הנולדים עד כ"ט באלול מיקרי אלוליים, וכי אפשר לך לומר דבן עזאי סובר כר' שמעון ולא כרבנן דפליגי על ר' שמעון וסברי דמחוסר זמן אינו נכנס לדיר, אלא ודאי הכל אזיל בתר לידה וזה גמרו כמו תבואה ואע"ג שאינן ראויין להקרבה: כמה דאת אמר וכו'. וכמו דאמרת לרבנן דאותן שנולדו מכ"ב אלול עד ראש השנה הן מתעשרין לאחר ראש השנה עם אותן שנולדו קודם ראש השנה, הכי נמי לבן עזאי דסובר דאלוליים מתעשרין בפני עצמן מכל מקום גרנן לא הוי עד פסח הבא, כיון דלדידיה מספקא ליה דלמא מתחיל מאלול ואין להן גורן עד פסח מיהו אז מתעשרין עם האלוליים: זאת אומרת. מדמצרפין לרבנן כל הנולדים בתוך השנה שעברו אף ע"ג דנולדים בסוף השנה והם מחוסר זמן, שמעינן דאף בבכור מתחילין שנתו מיום הולדו וימים שהוא מחוסר זמן בהם מצרפינן לשנה: כל הבכור אשר יולד. תקדיש לה' אלהיך: הא כיצד. שיקדיש בכור הא ממעי אמו קדוש, אלא ללמד מכי יולד תתחיל למנות קדושתו דשנתו מתחיל מיום שנולד: **מתני'** לשנים. מפרש בגמ': לשמיטין וליובלות. משנכנס תשרי אסור לחרוש ולזרוע מן התורה: לנטיעה. למנין שני ערלה, ואפילו נטעה באב כלתה שנתו הראשונה לסוף אלול. ובכולהו מפרש טעמא בגמ': ולירקות. למעשר ירק, שאין תורמין ומעשרין מן הנלקט לפני ראש השנה על של אחר ראש השנה:

פני משה

עם הנולדים מקודם באותה השנה, וא"כ תיפוק ליה דאפילו מחוסר זמן הוו, והכי מיבעי ליה למיתני, כל הנולדים מאחד בתשרי עד עשרים ושנים באלול מצטרפין שאז אינו מחוסר זמן בכ"ט בו שהיא זמן הגורן לר"א ור"ש, ומדקתני עד כ"ט באלול, ש"מ דאפילו אמחוסר זמן לא קפיד ומכל שכן דלא בעינן עד שיהא ניכר בשליש גידולו: ר' שמי. אמר דלית ש"מ להא מהכא, דאיכא למימר דלעולם לשאר תנאי בעינן בשליש, והא דדייקת ממחוסר זמן, אימא לך דעשו אותו כר"ש וכלומר דהא קמ"ל דכר"ש אתיא דקתני בתוספתא דבכורות בפ"ז (ה"א) ר"ש אומר מחוסר זמן נכנס לדיר להתעשר, ופליג אמתני' דבכורות שם דתני הכל נכנסין לדיר להתעשר חוץ מן הכלאים וכו' ומחוסר זמן: קם ר' מנא עם ר' שמי. ושאל לו ר' מנא אם אתה אמרת כך, וא"ל אין, וא"ל ר' מנא, והא תנינן בן עזאי אומר האלוליים מתעשרין בפני עצמן, וכדמפרש טעמיה לעיל הואיל ואלו אומרים כך וכו', וא"כ דייקית נמי ואמרת לא אפילו נולד עד כ"ט באלול ג"כ מצטרף עם אותן הנולדין בחדש הזה ואפילו הן מחוסר זמן, וכי אית לך מימר דבן עזאי נמי כר"ש ס"ל במחוסר זמן בתמיה, אלא לאו ע"כ כרבנן דהתוספתא שם ס"ל וכדתנינן בסתמא דמתני' דאין מחוסר זמן נכנס לדיר להתעשר. והשתא לרבנן דס"ל בהא כר"א ור"ש דכל הנולדים מאחד בתשרי עד כ"ט באלול מצטרפין היכי מתרצית לה להאי דדייקת במחוסר זמן, על כרחך דהכי מתרצת דאותן שנולדו סמוך לכ"ט באלול והן מחוסר זמן אין מתעשרין בהגורן שהוא בכ"ט באלול, אלא מניחין אותן לשנה הבאה אח"כ והן מתעשרין עם בני שנתן שנולדו ג"כ בשנתן מקודם כ"ט באלול הזה, וכלומר שמניחין מאותן בני שנתן מלעשר עד שיהא זה ראוי להתעשר ומצטרפין אח"כ ומתעשרין שהרי הן בני שנה אחת. והשתא כמה דאת אמר על דרבנן וכו', כן נמי את אמר אליבא דבן עזאי למאי דסבירא ליה שהאלוליים מתעשרין בפני עצמן, דלא שיהא כולן מתעשרין בגורן הזה שבא עכשיו דהא אית בהו גם כן הנולדים והן עדיין מחוסר זמן, אלא מניחן לגורן הבא אחר כן ומניח גם כן מהנולדים באלול, וכשיהיה זה ראוי להתעשר מצטרף הוא עם אותן בני אלול ומתעשרין: זאת אומרת. מדאמרינן אליבא דרבנן דכשיש כאן מחוסר זמן ממתינין עד לשנה הבאה עד שיהא ראוי להתעשר עם אותן בני שנתו שלו דוקא ומפני שאין מעשרין מן הנולדים בשנה זו על הנולדים בשנה האחרת, ואמאי ונימא דהואיל וזה היה מחוסר זמן בעשרים ותשעה באלול ואי אפשר לו להתעשר, ליחשביה כמאן דנולד בשנה הבאה וליצטרף להתעשר עם הנולדים בשנה הבאה, אלא ודאי דטעמא הוי משום דמשעת לידתו מונין לו השנה אף על גב דמחוסר זמן הוא מכל מקום אותן הימים עולין לו לשנתו, אם כן זאת אומרת דבבכור נמי דינא הכי, דקיימא לן הבכור נפסל משנה לחברתה להקרבה והימים שהוא מחוסר זמן עולין לו מתוך שנתו דמשעת לידתן מונין לו שנה. וטעמא, דהרי גבי מעשר לא כתיב ביה שנה בשנה ומגופיה לא ידעינן דבעי שיתעשר עם בני שנתו בדוקא, אלא דילפינן קדש קדש מבכור דכתיב ביה תאכלנו שנה בשנה, ואם כן שמע מינה דבבכור מונין לו שנה משעת לידתו, ולהכי מעשר דילפינן מיניה גם כן דיניה הכי הוא דהוי: ר' יונה אבא שמע ליה. לבכור מן הדא, דכתיב ביה בגופיה כל הבכור אשר יולד וגו' תקדיש לה' אלהיך, והכתוב בפרשת בחוקותי (ויקרא כז כו) אך בכור אשר יבכר לה' בבהמה לא יקדיש איש אותו וגו' אלמא דכבר הוא קדוש וא"א להקדישו להקדש אחר וכן אין צריך להקדישו, הא כילד, אלא דלא בא הכתוב הזה אשר יולד וגו' אלא ללמד משעת לידתו אתה מונה לו שנה:] **מתני'** באחד בתשרי ראש השנה לשנים. לדין השנים שהקב"ה דן בתשרי את כל באי עולם כל הקורות אותם עד תשרי הבא, דכתיב (דברים יא יב) מראשית השנה ועד אחרית שנה, מראש השנה נידון מה יהא בסופה, וממאי דתשרי הוא דכתיב (תהילים פא ד) תקעו בחדש שופר בכסה ליום חגנו איזהו חג שהחדש מתכסה בו הוי אומר זה ראש השנה, וכתיב (תהילים שם ה) כי חק לישראל הוא משפט לאלהי יעקב: ולשמיטין וליובלות. שמשנכנס תשרי אסור לחרוש ולזרוע מן התורה: ולנטיעה. משעת נטיעה וכלומר שאין מונין מראש השנה לראש השנה, אלא שלשים יום בשנה חשובין שנה, והוא שתקלוט הנטיעה קודם שלשים יום וסתם קליטה לכל האילנות שתי שבתות, נמצאת למד שהנוטע ארבע וארבעים יום קודם ראש השנה עלתה לו שנה, ואף על פי כן הפירות של נטיעה זו שחנטו לאחר ראש השנה של שנת השלישית אסורין משום ערלה עד ט"ו בשבט, ואע"ג שזהו כמו שעברו עליהן שלש שנים שלימות שהרי השלשים יום שלפני ראש השנה הראשון נחשב לשנה, אפילו הכי אסורין הן משום ערלה עד ט"ו בשבט, לפי שאחד בתשרי ראש השנה היא לנטיעה דוקא וזה כבר נעשה אילן וראש השנה שלו לצאת מידי ערלה ט"ו בשבט הוא שהוא ראש השנה לאילנות, וכן הפירות שחנטו אחר ראש השנה של שנת הרביעית אסורין הן משום רבעי עד ט"ו בשבט וצריכין פדיון כדין נטע רבעי, וכדילפינן לה מקראי דכתיב (ויקרא יט כג) שלש שנים יהיה לכם ערלים לא יאכל ובשנה הרביעית יהיה כל פריו קדש וגו', ודרשינן וי"ו מוסיף על ענין ראשון שלפעמים יהיה לכם ערלים אף בתוך שנה רביעית שלו, וכגון זה שלא יצא מדין ערלה עד ט"ו בשבט, ואז יש לו דין רבעי להפירות שחנטו אחר כך ומותרין בפדיון, והכי נמי דרשינן לקרא דלבתריה ובשנה החמישית תאכלו את פריו דוי"ו מוסיף אדלעיל שלפעמים דין רבעי לו אף בשנה החמישית וצריך פדיון לאותן שחנטו מקודם ט"ו בשבט. וכל זה דוקא לפירות נטיעה זו, אבל אם נטע פחות משלשים יום לפני ראש השנה ואינן נחשבין לו שנה אז כשיגיע אחד בתשרי מונין לו שלש שנים שלימות מיום ליום לערלה וכן הוא לרבעי: ולירקות. למעשר ירק שאין תורמין ומעשרין מן הירק הנלקט לפני ראש השנה על הירק שנלקט לאחר ראש השנה, ותני התנא לירקות

מסורת הש"ס

א) בכורות כא: [נו., תוספתא בכורות פ"ז ה"ג, תמורה יט:, מכילתא דרשב"י בא יג יב] ב) [עי' ר"ה ו:] ג) ר"ה ב. [ע"ז י., תוספתא פ"א ה"ז, ילקו"ש עקב תתם, תהלים תתלא] ד) [ילקו"ש בהר תרנח] ה) [ר"ה ח:, ערכין כח:] ו) [ילקו"ש קדושים תרטז] ז) [תוספתא פ"א הלכה ז-ח]

עין משפט

א מיי' פ"ו מהלכות בכורות הלכה יד:
ב מיי' פ"ד מהלכות שמיטה ויובל הלכה ט ופ"י הלכה ז:
ג מיי' פ"ט מהלכות מעשר שני ונטע רבעי הלכה ח טוש"ע יו"ד סימן רלד סעיף ז:
ד [מיי' שם פ"א הלכה ג ופ"ה מהלכות תרומות הלכה יא טוש"ע יו"ד סימן שלא סעיף נז וסעיף קכה קכו]:

שינויי נוסחאות

א] **אמר ליה אין א"ל.** כ"ה בירושלמי שקלים (פ"ג ה"א):
ב] **ומעשרן.** בירושלמי שקלים (שם) ליתא:
ג] **הכיצד.** בירושלמי שקלים (שם) **הא כיצד:**

תורה אור השלם

א) כָּל הַבְּכוֹר אֲשֶׁר יִוָּלֵד בִּבְקָרְךָ וּבְצֹאנְךָ הַזָּכָר תַּקְדִּישׁ לַיהוָה אֱלֹהֶיךָ לֹא תַעֲבֹד בִּבְכֹר שׁוֹרֶךָ וְלֹא תָגֹז בְּכוֹר צֹאנֶךָ:
(דברים טו יט)

נִיתְנֵי כָּל הַנּוֹלָדִים עַד עֶשְׂרִים וּשְׁנַיִם בּוֹ – then **[the Mishnah] should teach: "All** animals **that are born... until the** ***twenty-second*** **of [Elul]..."**[1] Since the Mishnah in fact states that animals are assigned to the year in which they were *born,* and that the year's end for this purpose is the *twenty-ninth* of Elul, evidently the criteria for animal *maaser* are not the same as those for the *maaser* of fruit, grain, or olives.[2]

R' Yosah's assertion is contested:

רַבִּי שַׁמַּי בְּשֵׁם רַבִּי בּוּן בַּר חִיָּיה – **R' Shammai** said **in the name of R' Bun bar Chiyah:** כִּשְׁלִישׁ עָשׂוּ אוֹתוֹ – Actually, we may say that **they made it** [the determining factor for assigning the tithing year of an animal] **similar to** the **"one-third"** criterion that is used for the *maaser* of grain and olives; כְּרַבִּי שִׁמְעוֹן – and the Mishnah's ruling [that animals born up until the first of Tishrei are included in that year's crop] was taught **in accordance with** the opinion of **R' Shimon.** דְּרַבִּי שִׁמְעוֹן אָמַר – **For R' Shimon says:** מְחוּסַּר זְמַן נִכְנָס לְדִיר לְהִתְעַשֵּׂר – A PREMATURE animal (i.e. an animal less than eight days old) indeed ENTERS THE PEN TO BE TITHED with the other animals that were born that year.[3]

The Gemara cites an objection to R' Shammai's approach:

קָם רַבִּי מָנָא עִם רַבִּי שַׁמַּי – Upon hearing of the preceding exchange, **R' Mana got up** to speak **with R' Shammai.** אֲמַר לֵיהּ אַתְּ אֲמַרְתְּ הָדָא מִילְּתָא – **[R' Mana] said to him: Did you** really **say this thing,** that the ruling of the Mishnah in *Bechoros* follows only the opinion of R' Shimon?[4] אֲמַר לֵיהּ אֵין – **[R' Shammai] said to [R' Mana]: Yes!** אֲמַר לֵיהּ – **[R' Mana] said to [R' Shammai]:]** וְהָא תְּנִינָן – **But we learned** earlier in that Mishnah: בֶּן עַזַּאי אוֹמֵר הָאֱלוּלִיִּים מִתְעַשְּׂרִין בִּפְנֵי עַצְמָן – BEN AZZAI SAYS: THOSE BORN IN ELUL ARE TITHED BY THEMSELVES.[5] לָא אֲפִילוּ נוֹלַד עַד עֶשְׂרִים וְתִשְׁעָה בֶּאֱלוּל – Now, does this ruling of Ben Azzai **not** include **even** those animals that were **born** from the twenty-second of Elul **until the twenty-ninth of Elul?** Presumably it does.[6] אִית לָךְ מֵימַר בֶּן עַזַּאי כְּרַבִּי שִׁמְעוֹן לָא כְּרַבָּנָן הוּא – **Is it** possible **for you to say that Ben Azzai,** too, is ruling **in accordance with R' Shimon** and **not in accordance with the Rabbis** who dispute R' Shimon?! Of course not![7]

Having proven R' Shammai's approach untenable, R' Mana reverts to the Gemara's original understanding – that "premature" animals are *not* fit for tithing, but they are nevertheless assigned to the year in which they were born. R' Mana therefore explains how such animals are to be tithed in practice:[8]

כְּמָה דְאַתְּ אָמַר עַל דְּרַבָּנָן – **Just as you will say with regard to** the opinion **of the Rabbis**[9] מַנִּיחָן וּמְעַשְּׂרָן לְשָׁנָה הַבָּאָה – that **one** who has animals that were born after the twenty-second of Elul **leaves them to be tithed until the following year,** וְהֵן מִתְעַשְּׂרִין עִם בְּנֵי שְׁנָתָן – **and they are** then **tithed together with**

NOTES

1. The reason grain and olives are tithed based on when they attain one-third of their full growth is that this is the point when they become subject to the *maaser* obligation (see Mishnah *Maasros* 1:2 [3b]), and if one separates *terumah* or *maaser* from produce before this time, his action is invalid and the produce he separated is in fact not *terumah* or *maaser*. Consequently, this is the time when these items are established as part of a particular year's crop. Now, an animal is fit to be brought as an offering [including as animal *maaser*] only once it reaches the eighth day of its life (*Leviticus* 22:27). Moreover, the Mishnah (*Bechoros* 57a) rules, one may not even tithe an animal during the first seven days of its life, since it is not yet fit to be an offering. [During these first seven days of an animal's life, it is referred to as מְחוּסַּר זְמַן, *premature* (literally: missing time).] Therefore, our Gemara argues, if the parameters of animal *maaser* were parallel to those of grain and olive *maaser*, then an animal should be assigned to a year based not upon when it was born, but upon when it became eligible to be tithed – i.e. when it reached the eighth day of its life. Accordingly, only those animals whose *eighth day of life* occurs on 29 Elul or earlier should be considered part of that year's crop, which in practice means that only animals that were born on 22 Elul or earlier would be tithed with that year's animals. Animals born after 22 Elul, however, are not eligible to be offered as *maaser* until the New Year has passed, so they should be tithed together with the next year's crop (*Rash Sirilio* ibid.; *Sefer Nir*; *Beur of R' Chaim Kanievski*; see *Korban HaEidah* and *Tiklin Chadtin* ibid.; cf. *Pnei Moshe*).

2. [There is actually another stage at which certain produce is assigned a year with regard to tithes: Vegetables are classified by the year in which they are *picked* (see below, 8a). The birth of an animal would thus seem to be comparable to the picking of vegetables, yet R' Yosah makes no mention of this correlation. The reason may be that vegetable *maaser* is only Rabbinic, so the laws of animal *maaser*, which is Biblical, are obviously not modeled after the laws of vegetable *maaser*! By contrast, the *maaser* of grain, olives, and (at least some) fruit is also Biblical, so it is conceivable that animal *maaser* would follow the same rules as the *maaser* of these items.]

3. Until now, it was taken for granted that an animal less than eight days old is ineligible to be tithed, in accordance with the view of the Rabbis (cited in note 1 from the Mishnah in *Bechoros*) that an animal too young to be brought as an offering is not eligible to be tithed. R' Shimon, however, disagrees with this view, and maintains that even an animal less than eight days old *is* brought into the pen and included in the *maaser* count, despite the fact that it is not yet fit for offering. If that "premature" animal happens to exit the pen tenth, it becomes *maaser,* and one simply waits until the eighth day of its life to bring it as an offering. [This opinion of R' Shimon can be found in *Tosefta Bechoros* 7:3; for his source, see *Bavli Bechoros* 21b.]

R' Shammai here argues that the determining factor for animal *maaser* indeed parallels the "one-third" criterion for grain and olives, and so animals are assigned to the year in which they become eligible for tithing. The Mishnah in *Bechoros* deems even the animals born between 22 Elul and 1 Tishrei as part of the previous year's crop only because it follows the opinion of R' Shimon, that animals are eligible to be tithed even before they are eight days old [so even animals born after 22 Elul are eligible] (*Korban HaEidah*). The Rabbis who disagree with R' Shimon, and maintain that animals may *not* be included in the *maaser* count until they are eight days old, would in fact consider the animals born after 22 Elul to be part of the next year's crop (see *Pnei Moshe*).

4. *Korban HaEidah*.

5. As the Baraisa explained on 6b, Ben Azzai maintains that the animals born in Elul must be tithed independently, because he is uncertain whether the New Year for animal *maaser* is on the first of Elul or on the first of Tishrei.

6. Ben Azzai refers broadly to "the ones born in Elul," without qualification. This indicates that he is referring even to the animals that were born at the very end of the month (*Tiklin Chadtin* ibid. and *Beur of R' Chaim Kanievski*; see *Korban HaEidah* and *Sefer Nir*).

7. [As the Gemara mentioned before, the opinion stated by R' Elazar and R' Shimon, that the New Year for animal *maaser* is the first of Tishrei, is also the opinion of R' Akivah.] It is unreasonable to suggest that both Ben Azzai and R' Akivah agree with the view articulated by R' Shimon, that a "premature" animal is included in the *maaser* count. For if they agreed with this position, then which Tanna does the Mishnah in *Bechoros* follow when it rules that such an animal is *not* included in the *maaser* count? (see *Rash Sirilio* to *Shekalim* ibid.; see also *Talmid HaRashbash* there and *Sefer Nir* here; cf. *Tiklin Chadtin* there for a different understanding of this question, based on the text advanced by *Hagahos HaGra* there §3).

8. R' Mana agrees with R' Yosah that the critical stage for animal *maaser* is the time of an animal's *birth*, despite its dissimilarity to both the "emergence" stage of fruits and the "one-third" stage of grain and olives (*Talmid HaRashbash* ibid.; *Beur of R' Chaim Kanievski*; cf. *Korban HaEidah*).

[Our elucidation of the upcoming section follows the printed text of the Gemara, as explained by *Korban HaEidah* and most other commentaries. For an alternative text and elucidation, see *R' Meshullam, Hagahos HaGra*, and *Tiklin Chadtin* to *Shekalim* ad loc.]

9. I.e. R' Elazar and R' Shimon, who rule that the New Year for animal *maaser* is on the first of Tishrei.

וְלֹא כִּשְׁלִישׁ – **nor** did they make it similar **to** the **"one-third"** criterion that is used for the *maaser* of grain and olives.[22] אִין תֵּימַר כְּחֶנֶט – For **if you will say** that they made it **similar to** the **"emergence"** criterion that is used for the *maaser* of fruits, נִיתְנֵי כָּל הַמְעוּבָּרִים מֵ[אֶחָד בְּתִשְׁרֵי עַד][23] עֶשְׂרִים וְתִשְׁעָה בֶּאֱלוּל – then **[the Mishnah] should teach: "All** animals **that are *conceived* from the first of Tishrei until the** following **twenty-ninth of Elul. . ."**[24] אִין תֵּימַר כִּשְׁלִישׁ – And **if you will say** that they made it **similar to** the **"one-third"** criterion that is used for the *maaser* of grain and olives,

NOTES

explains that this critical stage is חֲנָטָה, *emergence* (*Korban HaEidah*). More precisely, חֲנָטָה is the point at which the flower falls off the tree and the fruit emerges in its place (*Rashi* to *Numbers* 17:23; *Meiri* to *Bavli* 2a ד״ה באחד בשבט, where he also cites another view; *Rash Sirilio* to *Sheviis* 5:1 [34a]; *Chazon Ish, Sheviis* 7:11, in explanation of *Rash* to *Sheviis* 2:7; cf. *Rambam, Hil. Maaser Sheni* 1:2, as explained by *Chazon Ish* ibid. §12; see also *Derech Emunah, Hil. Shemittah* 4:64 and *Tziyun HaHalachah, Hil. Maaser Sheni* 1:35-36).

22. The point of development that determines the year to which grain and olives belong is when they have grown to one-third the size they reach when fully mature. Grain or olives that have grown this much before the New Year are tithed together with the produce of the old year; otherwise, they are tithed with the produce of the coming year (see *Bavli* 12b-13b and *Rash* to *Sheviis* 2:7 for the source of this law; see *Rash* and *Rosh* to *Sheviis* 4:9, *Rambam* and *Raavad, Hil. Maaser* 2:5, and *Chazon Ish, Sheviis* 19:23 regarding how this third is calculated). [The New Year for the *maaser* of grain is on the first of Tishrei (*Bavli* 12a). Regarding the New Year for olives, see 8b note 4.]

R' Yosah here asserts that the point of development at which animals are assigned to a particular tithing year does not correspond to the "emergence" stage at which fruits are assigned a *maaser* year, nor does it correspond to the "one-third" stage at which grain and olives are assigned a *maaser* year.

23. Emendation follows the parallel passage in *Shekalim* 3:1 (8a).

24. The phase of an animal's development that parallels the "emergence" of a fruit into the world is when the animal is conceived and thus begins its existence (see *Rash Sirilio* ibid.; see also *Talmid HaRashbash* there). Clearly, the Mishnah in *Bechoros* holds this stage to be insignificant with regard to animal *maaser*, for the Mishnah refers to the animals that were *born* from the first of Tishrei on. If the year in which an animal is tithed would depend on the time of its conception, then the Mishnah should have stated that animals that were *conceived* from the first of Tishrei on are considered to be from the new crop and animals that were conceived prior to that date are considered part of the last year's crop [even if they were born in the current year] (*Rash Sirilio* ibid.; see *Korban HaEidah* and *Tiklin Chadtin* ibid.; see also *Pnei Moshe*).

יתרועעו אף ישירו אלו ואלו נכנסין לדיר להתעשר. אמר בן עזאי הואיל ואלו אומרים כך ואלו אומרים כך יהו האלוליים מתעשרין בפני עצמן. הא כיצד. נולד לו חמשה באב וחמשה באלול וחמשה בתשרי אינן מצטרפין. נולד לו חמשה באב וחמשה בתשרי הרי אלו מצטרפין. [א](זאת אומרת שבן עזאי חבר ותלמיד היה לו לר' עקיבה) ובן עזאי מכריע על דברי תלמידיו. ר' ירמיה ר' מיישא בשם ר' שמואל בר ר' יצחק שכן נחלקו עליה אבות העולם. מאן אינון אבות העולם. תני ר' יונה קומי ר' ירמיה ר' ישמעאל ור' עקיבה. זאת אומרת [א]בן עזאי תלמיד וחבר היה לר' עקיבה. אין תימר רביה אית בר נש אמר לרביה הואיל ואלו אומרים כך ואלו אומרים כך. ר' אבהו בשם ר' שמואל בר ר' יצחק [ב][ב]שמע מן הדא [ג]אמר לו בן עזאי על החלוקין אנו מצטערין אלא שבאת [ג]לחלוק עלינו את השוין. זאת אומרת בן עזאי חבר ותלמיד היה לר' עקיבה. אין תימר רביה אית בר נש אמר לרביה [ד]אלא שבאתה לחלוק וכו'. תמן תנינן [א][ד]מאחד בתשרי עד עשרים ותשעה באלול הרי אלו מצטרפין. חמשה לפני ראש השנה וחמשה לאחר ראש השנה אינן מצטרפין. חמשה לפני הגורן וחמשה לאחר הגורן הרי אלו מצטרפין. אם כן למה אמרו שלש גרנות למעשר בהמה. [ב]שעד שלא [ה]תגיע הגורן מותר למכור ולשחוט הגיעה הגורן לא ישחוט ואם שחט פטור. אמר ר' יוסה זאת אומרת מעשר בהמה לא עשו אותו לא [ה]כחנט ולא כשליש. [ו]אין תימר כחנט ניתני כל המעוברים מעשרים ותשעה באלול. אין תימר כשליש

פני משה

שהוא בניסן ואותן הולכות ויולדות עד סוף אלול, ולפיכך קבעו ר"ה שלהן למעשר באחד בתשרי שאז אלו ואלו נכנסין לדיר להתעשר שכולן משנה אחת הן: אמר בן עזאי הואיל ואלו אומרים כך. שר"ה שלהן באחד באלול: ואלו אומרים כך. שר"ה שלהן באחד בתשרי, לפיכך אומר אני שיהו האלולים אותן שנולדים בחדש אלול מתעשרין בפני עצמן, ואינן מצטרפות לעשרה לא עם אלו הנולדות מקודם אלול ולא עם אותן שנולדו אח"כ כדמפרש ואזיל: הא כיצד נולד לו חמשה. טלאים באב וחמשה באלול וחמשה בתשרי אינן מצטרפות, דאותן שבאלול אינן מצטרפין עם אותן שבאב דשמא ר"ה שלהן כמ"ד באחד באלול והרי זה חדש וישן ואינן מצטרפין, וכדתנינן שם ומייתי לה לקמן חמשה לפני ר"ה וחמשה לאחר ר"ה אינן מצטרפין, וכן אותן שבאלול אין מצטרפין עם אותן שבתשרי דשמא ר"ה שלהן כמ"ד באחד בתשרי והרי זה חדש וישן: נולד לו חמשה באב וחמשה בתשרי. וכן הוא בתוספתא דבכורות בפ"ז (ה"ו) מצטרפין הן, והיינו באב שאחר תשרי, מצטרפין הן עם אותן שנולדו מקודם בתשרי דלכו"ע משנה אחת הן, וקמ"ל שאע"פ שבין תשרי ובין אב שלאחריו יש זמן גרנות הרבה, אפ"ה הואיל ומשנה אחת הן מצטרפין, וכאותה ששנינו חמשה לפני הגורן וחמשה לאחר הגורן הרי אלו מצטרפין, שאין הגורן שביניהם מפסיקן מלצרף: ובן עזאי מכריע על דברי תלמידיו. בתמיה, שהרי בן עזאי מדורות שלפניהם היה שהיה תלמיד חבר לר"ע כדאמר לקמן, ור"מ ור' אלעזר בן שמוע שהוא הנזכר במתני' תלמידי ר"ע היו, וכן ר"ש סתם שהוא ר' שמעון בן יוחאי היה תלמידו ורבו של רבי, והיך אמר בן עזאי עליהם הואיל ואלו אומרים כך ואלו אומרים כך: שבן נחלקו עליה אבות העולם. במחלוקת זו, ומאן נינהו ר' ישמעאל ור"ע, ועליהם אמר בן עזאי כך: זאת אומרת בן עזאי. חבר ותלמיד דר"ע היה, דאם רבו מובהק היה וכי אית בר נש אומר לרביה כך הואיל ואלו וכו', לא ה"ל למימר אלא הואיל ורבי אומר כך וכו': שמע לה מן הדא. דתלמיד חבר היה לר"ע, מדאשכחן בסוף פרק מי שמת שאמר לו בן עזאי לר"ע על חלוקין וכו' אלא שבאת לחלק עלינו את השוין, וכי אית בר נש אמר לרביה אלא שבאת, לא הוה ליה למימר אלא שבא רבי לחלק. וגרים להא נמי שם: תמן תנינן. בבכורות שם: כל הנולדין מאחד בתשרי עד כ"ט באלול וכו'. ואליבא דרבי אלעזר ורבי שמעון מיתניא שהכל משנה אחת הן: חמשה לפני הגורן וכו'. וכדפרישית לעיל: זאת אומרת. מדקתני כל הנולדים מאחד בתשרי ואע"פ שאותן היולדות באחד בתשרי נתעברו הן בשנה שעברה, אין הולכין אלא אחר הלידה, וש"מ שבמעשר בהמה לא עשו אותו לא בחנט, כלומר לילך אחר החנטה כמו בפירות האילן שהולכין למעשרות אחר שנה שחנטו בה הפירות. ולא עשו אותו ג"כ כשליש והיינו לומר שלא יתעשרו עד שיהא ניכר לכל הפחות שהן שליש בגידולן, וכמו דאשכחן בזיתים ובתבואה שהולכין בהן אחר שנה שהביאו שליש גידולן כדתנינן בפ"ק דמעשרות (מ"ג), אבל במעשר בהמה לא הלכו בו אלא אחר הלידה בלבד כדמסיק ואזיל: אין תימר בחנט ניתני כל המעוברין מעשרים ותשעה באלול. כלומר, שאם תאמר דאיכא איזו סברא לילך בהן אחר החנט והיינו העיבור שלהן שהיא כמו החנטה בפירות האילן, א"כ הוה קשה, עד דהתנא בא להשמיענו שהנולדים מאחד בתשרי מצטרפין הן עם הנולדים של אחריהן עד כ"ט באלול, לישמעינן רבותא טפי וליתני לאידך גיסא כל המעוברין מכ"ט באלול מצטרפין הן עם אותן שנולדו בשנה שעברה, דהואיל והחנט שלהן מיהת בסוף שנה היתה הרי הן כמשל שנה אחת ומצטרפין, דנהי שבודאי אינן יכולין להצטרף עם אותן שלאחר אחד בתשרי, דפשיטא הוא שאם הולכין אחר החנט ה"ז חדש וישן ואינן משנה אחת, אלא דהאי הוה שייך שפיר למיתני כל המעוברין מכ"ט באלול מצטרפין הן עם אותן שנולדו מקודם ובשנה זו בעצמה, והרבותא שאע"פ שלא נתעברו עד סוף השנה אעפ"כ מצטרפין הן וכשל שנה אחת הן, ועוד דאם הולכין אחר החנט א"כ לא ליצטרפו אותן של שנה אחת עד שיתעברו וילדו באותה השנה, ומדלא קתני אלא כל הנולדים מאחד בתשרי וכו', ש"מ דאין סברא כלל לילך אחר החנט במעשר בהמה, וכל הנולדים בשנה זו לעולם מצטרפין הן ואע"פ שנתעברו בשנה שעברה דלא אזלינן אלא בתר הלידה גרידתא. א"נ יש לפרש כפשטה, דלא עשו אותה בחנט ולומר שאע"פ שנתעברו מקודם לשנה זו אפ"ה מכיון שעיקר העיבור היתה בשנה זו והוי כחנטו באותה שנה, מצטרפין הן עם הנולדין אח"כ וכגון שלא נתעברו עד סוף שנה שעברה, דאי איתא דעשו אותה כחנט והולכין אחר עיקר החנטה ליתני כל המעוברין מכ"ט באלול עד כ"ט אלול הבא מצטרפין דכמשנה אחת הן, אלא ש"מ דדוקא שנולדו בשנה זו היא דבעינן: אין תימר בשליש. וכן ש"מ עוד כדאמרן, דלא בעינן במעשר בהמה עד שיגדיל מיהת שיהא ניכר קצת גידולו, דאם תאמר דבעינן בשליש קשה, הא דתני עד עשרים ותשעה באלול דמשמע אפילו נולדין הן יום או יומים מקודם דכשנולדים עד כ"ט באלול סגי שיצטרפו

קרבן העדה

אלו ואלו נכנסין לדיר להתעשר. דדריש יתרועעו לשון רעים, וישירו כאילו כתיב יעשירו, וקאמר דנעשו רעים ויעשירו אלו עם אלו: הואיל ואלו אומרים כך. ר' מאיר אומר בא' באלול ור' אלעזר ור' שמעון אומרים בא' בתשרי, ואין אנו יודעין הלכה כמאן הלכך יהיה האלוליים וכו': ה"ג נולדו לו ה' באב וה' באלול, או ה' באלול וה' בתשרי אין מצטרפין: ה"ג נולדו לו ה' בתשרי וה' באב אין מצטרפין. והכי פירושו, ה' באב שלאחר תשרי מצטרפין ואף ע"ג דמפסקי גרנות שתקנו חכמים: ופריך ובן עזאי מכריע על דברי תלמידיו. שהרי ר' מאיר ור' שמעון לאחר בן עזאי היו: שכן נחלקו עליה אבות עולם. תנאים הראשונים: ר' ישמעאל ור' עקיבא. ועליהם בן עזאי אומר הואיל ואלו וכו' ומכריע דבריהם: זאת אומרת. שבן עזאי תלמיד חבר היה לר' עקיבא: אין תימר וכו'. שר' עקיבא היה רבו של בן עזאי וכי אדם אומר על דברי רבו הואיל ואלו וכו' ומכריע דבריו: שמע לה מן הדא. שתלמיד חבר היה לו לר' עקיבא: אמר לו בן עזאי וכו'. מתניתין בבתרא פרק מי שמת: אלא שבאת. ולא קאמר שבא: תמן תנינן. בכורות פ' מעשר בהמה: כל הנולדים בא' בתשרי. אתאן לר' אלעזר ור' שמעון דאמרו בא' בתשרי ר"ה למעשר בהמה: מצטרפין. לכנסן לדיר אחד: לפני הגורן. מאלו ג' גרנות, שאין הגורן מפסיק: לא כחנט. לא כאילנות שאזלינן בהו לענין מעשר בתר חנטה, כל שחנטו פירותיו קודם ט"ו מתעשר לשנה שעברה: ולא כשליש. ולא כתבואה וזיתים דאזלינן בהו בתר שליש, והיינו כשעת גמרן דמשהביאו שליש ראויין לאכילה ע"י הדחק: אין תימר כחנט. דאזלינן בהן בתר חנטה הוי ליה למתני כל המעוברין מכ"ט באלול ואילך הן החדשות: אין תימר כשליש. א"כ אף במעשר בהמה אזלינן בתר גמרן שהן ראויין להקרבה:

עין משפט

א מיי' פ"ו מהלכות בכורות הלכה ו:
ב מיי' שם הלכה ח:

שינויי נוסחאות

א] זאת אומרת וכו' לר' עקיבה. נוסף בכי"ל ע"י המגיה. בירושלמי שקלים (פ"ג ה"א) ליתא:
ב] שמע. בירושלמי שקלים (שם) שמע לה:
ג] לחלוק. בב"ב (פ"ט מ"י) לחלק:
ד] אלא שבאת לחלוק וכו'. כ"ה בכי"ל. בד"ו ובדפוסים נשמט:
ה] תגיע. בבכורות (פ"ט מ"ו) ובדפ"ו הגיע:

מסורת הש"ס

א) [עי' מכילתא בא מס' דפסחא פרשה א וספרא ויקרא דבורא דנדבה פרק ב הי"ב ובמדבר רבה יד כב וילקו"ש ויקרא תלא וירמיה שכט] ב) [ב"ב פ"ט ה"ט ב"ב קנח:] ג) [ב"ב פ"ט מ"י] ד) [בכורות פ"ט מ"ה, שקלים פ"ג ה"א כל הענין בכורות נז:] ה) [שביעית פ"ה ה"א, ר"ה יג:, טו:, תוספתא שביעית פ"ד הי"ג, מכילתא דרשב"י כג טז] ו) [תוספתא שביעית פ"ב ה"י, ר"ה יב:, יג:, ילקו"ש בהר תרמא]

מַאן אִינּוּן אֲבוֹת הָעוֹלָם – And **who are these "fathers of the world"?** תָּנֵי רַבִּי יוֹנָה קוֹמֵי רַבִּי יִרְמְיָה – **R' Yonah taught in the presence of R' Yirmiyah:** רַבִּי יִשְׁמָעֵאל וְרַבִּי עֲקִיבָה – They are **R' Yishmael and R' Akivah.**[11]

Based on this discussion, the Gemara makes an observation regarding the relationship between Ben Azzai and R' Akivah:

זֹאת אוֹמֶרֶת – **This** Baraisa, as we have explained it, **tells** us that בֶּן עַזַּאי תַּלְמִיד וְחָבֵר הָיָה לְרַבִּי עֲקִיבָה – **Ben Azzai was** both **a student and a colleague of R' Akivah.**[12] אִין תֵּימַר רַבֵּיהּ – For **if you will say** that R' Akivah was **[Ben Azzai's] teacher** and not his colleague, I will counter: אִית בַּר נַשׁ אָמַר לְרַבֵּיהּ הוֹאִיל וְאֵלּוּ אוֹמְרִים כָּךְ וְאֵלּוּ אוֹמְרִים כָּךְ – **Is there any person who says to his teacher, "Since these say this way, and these say that way. . ."?!**[13]

The Gemara cites an alternative source for the notion that Ben Azzai was also R' Akivah's colleague:

רַבִּי אַבָּהוּ בְּשֵׁם רַבִּי שְׁמוּאֵל בַּר רַבִּי יִצְחָק שְׁמַע מִן הָדָא – **R' Abahu, in the name of R' Shmuel the son of R' Yitzchak, deduced** this fact **from the following** Mishnah:[14] אָמַר לוֹ בֶּן עַזַּאי – **BEN AZZAI SAID TO [R' AKIVAH]:** עַל הַחֲלוּקִין אָנוּ מִצְטַעֲרִין – **WE ARE** already **PAINED ABOUT THE DISPUTED ISSUES,** אֶלָּא שֶׁבָּאתָ לַחֲלוֹק עָלֵינוּ אֶת הַשָּׁוִין – **BUT** now **YOU COME** even **TO DISPUTE THE UNANIMOUS** decisions![15] זֹאת אוֹמֶרֶת בֶּן עַזַּאי חָבֵר וְתַלְמִיד הָיָה לְרַבִּי עֲקִיבָה – **This** Mishnah **tells** us that **Ben Azzai was** both **a colleague and a student of R' Akivah.** אִין תֵּימַר רַבֵּיהּ – For **if you will say** that R' Akivah was **[Ben Azzai's] teacher** and not his colleague, I will counter: אִית בַּר נַשׁ אָמַר לְרַבֵּיהּ אֶלָּא שֶׁבָּאתָה לַחֲלוֹק וכו' – **Is there any person who says to his teacher, "But now you come** even **to dispute etc.** the unanimous decisions!"[16] **– ? –**

The Gemara returns to its discussion about the New Year for animal *maaser*:

תַּמָּן תְּנִינַן – **We learned in a Mishnah elsewhere**, in *Bechoros*:[17] מֵאֶחָד בְּתִשְׁרֵי עַד עֶשְׂרִים וְתִשְׁעָה בֶּאֱלוּל – Animals that were born **FROM THE FIRST OF TISHREI** (i.e. Rosh Hashanah) **UNTIL THE** following **TWENTY-NINTH OF ELUL** (Erev Rosh Hashanah of the following year) הֲרֵי אֵלּוּ מִצְטָרְפִין – **COMBINE** to be tithed together.[18] חֲמִשָּׁה לִפְנֵי רֹאשׁ הַשָּׁנָה וַחֲמִשָּׁה לְאַחַר רֹאשׁ הַשָּׁנָה – **FIVE** animals that were born **BEFORE ROSH HASHANAH AND FIVE** that were born **AFTER ROSH HASHANAH** אֵינָן מִצְטָרְפִין – **DO NOT COMBINE** to be tithed together. חֲמִשָּׁה לִפְנֵי הַגּוֹרֶן וַחֲמִשָּׁה לְאַחַר הַגּוֹרֶן – But **FIVE** animals that were born **BEFORE A DESIGNATED DATE AND FIVE** that were born **AFTER A DESIGNATED DATE** in the same year הֲרֵי אֵלּוּ מִצְטָרְפִין – **DO COMBINE** to be tithed together.[19] אִם כֵּן לָמָּה אָמְרוּ שָׁלֹשׁ גְּרָנוֹת לְמַעְשַׂר בְּהֵמָה – **IF SO, WHY DID [THE SAGES] SAY** that there are **THREE DESIGNATED DATES FOR ANIMAL *MAASER*?** I.e. what is the significance of these designated dates? שֶׁעַד שֶׁלֹּא תַּגִּיעַ הַגּוֹרֶן מוּתָּר לִמְכּוֹר וְלִשְׁחוֹט – It is **THAT UNTIL THE DESIGNATED DATE ARRIVES, IT IS PERMITTED TO SELL AND TO SLAUGHTER** newborn animals without first tithing them, הִגִּיעָה הַגּוֹרֶן לֹא יִשְׁחוֹט – but once **A DESIGNATED DATE HAS ARRIVED, ONE MAY NOT SLAUGHTER** or sell a newborn animal without first tithing it.[20] וְאִם שָׁחַט פָּטוּר – **IF, HOWEVER, ONE** transgressed and **DID SLAUGHTER** an animal without first tithing it, **HE IS NOT LIABLE** to any penalty.

The Gemara infers:

אֲמַר רַבִּי יוֹסָה – **R' Yosah said:** זֹאת אוֹמֶרֶת – **This** Mishnah **tells** us מַעְשַׂר בְּהֵמָה – that when the Sages established how animals are assigned to their respective years for **animal *maaser*,** לֹא עָשׂוּ אוֹתוֹ לֹא כְּחֶנֶט – **they did not make it similar to** the **"emergence"** criterion that is used for the *maaser* of fruits,[21]

NOTES

11. When Ben Azzai spoke of "these Tannaim. . . and these Tannaim," he referred to R' Yishmael and R' Akivah [not to R' Meir, R' Elazar, and R' Shimon, who later debated the issue again]. Ben Azzai could not conclusively determine the fundamental underpinnings of *their* dispute [since he was *not* superior in scholarship to R' Yishmael and R' Akivah]; this is why he ruled that one must take both opinions into account (*Tiklin Chadtin* ibid.).

[According to *Bavli Bechoros* ibid., the date of the New Year for animal *maaser* was an Oral Tradition transmitted by the prophets Chaggai, Zechariah, and Malachi. Hence, the various disagreements between the Tannaim, and Ben Azzai's uncertainty, were rooted not in the Tannaim's own logic, but in differing traditions regarding which date had been transmitted by the prophets (see *Talmud HaRashbash* to *Shekalim* ad loc. ד"ה מאי ניהו and *Rashi ms.* to *Bechoros* ad loc. ד"ה מפי; see also *Rash Sirilio* ibid.).]

12. We know that Ben Azzai was originally R' Akivah's student. The Gemara is now proving that his studies progressed to the point that he became R' Akivah's colleague (see *Rashbam* to *Bava Basra* 158b ד"ה תלמיד; cf. *Rashi* to *Eruvin* 63a ד"ה תלמיד and *Rambam, Hil. Talmud Torah* 5:9; see *Beur HaGra* to *Yoreh Deah* 242:12-14; see also *Rabbeinu Gershom* to *Bava Basra* ad loc.).

13. [R' Shmuel the son of R' Yitzchak just explained that Ben Azzai ruled the way he did because he could not determine whether the law should follow R' Akivah's view or R' Yishmael's.] Had Ben Azzai been only a student of R' Akivah's and not also a colleague, it would have been forbidden for him to mediate between his teacher's opinion and an opposing one (see *Korban HaEidah*).

Moreover [even in a situation where he would have been permitted to voice an opinion contrary to his teacher's] he should have spoken in a more reverent manner; e.g. "Since *our teacher* says this way. . ." (*Pnei Moshe*; *Tiklin Chadtin* and other commentaries to *Shekalim* ibid.).

14. Mishnah *Bava Basra* 9:9; *Bavli Bava Basra* 158b.

15. The Mishnah there cites a series of three disputes regarding inheritance law. In the preceding two cases (ibid. 157a and 158a in *Bavli*), the law is a matter of dispute between Beis Shammai and Beis Hillel; regarding the third case, however, the Mishnah teaches that the law is unanimous. The Mishnah then cites R' Akivah, who states that Beis Shammai and Beis Hillel disagreed concerning the third case as well. In its final section (quoted here), the Mishnah records Ben Azzai's objection to the view espoused by R' Akivah: We are already pained that Beis Shammai and Beis Hillel disagreed in the previous cases; now you aggravate the situation by maintaining that they disagreed even in this third case, where your colleagues stated that they were in agreement!

16. Had Ben Azzai been only a student of R' Akivah and not also his colleague, he should have referred to R' Akivah reverentially in the third person ["now *our teacher* comes. . ."], which is how a student should address his mentor. From the fact that Ben Azzai addressed R' Akivah in the second person ["now *you* come. . ."], it is apparent that the two had become colleagues (*Korban HaEidah* et al., from *Bavli Bava Basra* ibid. with *Rashbam* ד"ה תלמיד).

17. Mishnah *Bechoros* 57b.

18. This follows the view of R' Elazar and R' Shimon in our Mishnah, that the first of Tishrei is the New Year for animal *maaser* (*Korban HaEidah* et al., from *Rashi* to *Bechoros* ad loc.).

19. As explained in note 8, the Rabbis designated three dates during the year to separate animal *maaser*. However, these designated dates do not separate those born beforehand and those born afterward into "old" and "new" crops that cannot be tithed together.

20. See note 8.

[The term גְּרָנוֹת, which we have translated as *designated dates,* literally means *threshing floors.* The term is borrowed from the context of produce tithes, where it refers to the time when the pile of grain on the threshing floor is smoothed. This activates the tithing obligation, so that the produce in the pile may no longer be consumed, until it is tithed (see Mishnah *Maasros* 1:4 [6b]). With regard to animals, the term refers to the analogous time at which one may no longer slaughter and consume his animals until he tithes them (*Bavli Bechoros* 58a).]

21. The New Year for the tithing of most fruits is in Shevat (see below, Mishnah 1:2 [7b]). Fruits that have reached a certain critical stage in their development before this date are considered to be part of the last year's crop, whereas those that have not yet reached this stage are tithed with the crop of the coming year. A Baraisa cited in *Bavli* 15b

עין משפט

א מיי' פ"ז מהלכות בכורות הלכה ו:
ב מיי' שם הלכה ח:

שינויי נוסחאות

א] **זאת אומרת** וכו' לר' עקיבה. נוסף בכי"ל ע"י המגיה. בירושלמי שקלים (פ"ג ה"א) ליתא:
ב] **שמע.** בירושלמי שקלים (שם) שמע לה:
ג] **לחלוק.** בב"ב (פ"ט מ"י) לחלק:
ד] **אלא שבאת לחלוק וכו'.** כ"ה בכי"ל. בד"ו ובדפוסים נשמט:
ה] **תגיע.** בבכורות (פ"ט מ"ו) ובדפ"ו הגיע:

יתרועעו אף ישירו אלו ואלו נכנסין לדיר להתעשר. אמר בן עזאי הואיל ואלו אומרים כך ואלו אומרים כך יהו האלוליים מתעשרין בפני עצמן. הא כיצד. נולד לו חמשה באב וחמשה באלול וחמשה בתשרי אינן מצטרפין. נולד לו חמשה באב וחמשה בתשרי הרי אלו מצטרפין. [א](זאת אומרת שבן עזאי חבר ותלמיד היה לו לר' עקיבה) ובן עזאי מכריע על דברי תלמידיו. ר' ירמיה ר' מיישא בשם ר' שמואל בר ר' יצחק שכן נחלקו עליה אבות העולם. מאן אינון אבות העולם. תני ר' יונה קומי ר' ירמיה ר' ישמעאל ור' עקיבה. זאת אומרת (א)בן עזאי תלמיד וחבר היה לר' עקיבה. אין תימר רביה אית בר נש אמר לרביה הואיל ואלו אומרים כך ואלו אומרים כך. ר' אבהו בשם ר' שמואל בר ר' יצחק (ב)[ב]שמע מן הדא (ג)אמר לו בן עזאי על החלוקין אנו מצטערין אלא שבאת [ג]לחלוק עלינו את השוין. זאת אומרת בן עזאי חבר ותלמיד היה לר' עקיבה. אין תימר רביה אית בר נש אמר לרביה [ד]אלא שבאתה לחלוק וכו'. תמן תנינן א(ד)מאחד בתשרי עד עשרים ותשעה באלול הרי אלו מצטרפין. חמשה לפני ראש השנה וחמשה לאחר ראש השנה אינן מצטרפין. חמשה לפני הגורן וחמשה לאחר הגורן הרי אלו מצטרפין. אם כן למה אמרו שלש גרנות למעשר בהמה. ב שעד שלא [ה]תגיע הגורן מותר למכור ולשחוט הגיעה הגורן לא ישחוט ואם שחט פטור. אמר ר' יוסה זאת אומרת מעשר בהמה לא עשו אותו לא (ה)כחנט ולא כשליש. (ו)אין תימר כחנט ניתני כל המעוברים מעשרים ותשעה באלול. אין תימר כשליש

פני משה

שהוא בניסן ואותן הולכות ויולדות עד סוף אלול, ולפיכך קבעו ר"ה שלהן למעשר באחד בתשרי שאז אלו ואלו נכנסין לדיר להתעשר שכולן משנה אחת הן: **אמר בן עזאי הואיל ואלו אומרים כך.** שר"ה שלהן באחד באלול: **ואלו אומרים כך.** שר"ה שלהן באחד בתשרי, לפיכך אומר אני שיהו האלולים אותן שנולדים בחדש אלול מתעשרין בפני עצמן, ואינן מצטרפות לעשרה לא עם אלו הנולדות מקודם אלול ולא עם אותן שנולדו אח"כ כדמפרש ואזיל: **הא כיצד נולד לו חמשה.** טלאים באב וחמשה באלול וחמשה בתשרי אינן מצטרפות, דאותן שבאלול אינן מצטרפין עם אותן שבאב דשמא ר"ה שלהן כמ"ד באחד באלול והרי זה חדש ויש ואינן מצטרפין, וכדתנינן שם ומייתי לה לקמן חמשה לפני ר"ה וחמשה לאחר ר"ה אינן מצטרפין, וכן אותן שבאלול אין מצטרפין עם אותן שבתשרי דשמא ר"ה שלהן כמ"ד באחד בתשרי והרי זה חדש וישן: **נולד לו חמשה באב וחמשה בתשרי.** וכן הוא בתוספתא דבכורות בפ"ז (ה"ו) מצטרפין הן, והיינו באב שאחר תשרי, מצטרפין הן עם אותן שנולדו מקודם בתשרי דלכו"ע משנה אחת הן, וקמ"ל שאע"פ שבין תשרי ובין אב שלאחריו יש זמן גרנות הרבה, אפ"ה הואיל ומשנה אחת הן מצטרפין, וכאותה ששנינו חמשה לפני הגורן וחמשה לאחר הגורן הרי אלו מצטרפין, שאין הגורן שביניהם מפסיקן מלצרף: **ובן עזאי מכריע על דברי תלמידיו.** בתמיה, שהרי בן עזאי מדורות שלפניהם היה שהיה תלמיד חבר לר"ע כדאמר לקמן, ור"מ ור' אלעזר בן שמוע שהוא הנזכר במתני' תלמידי ר"ע היו, וכן ר"ש סתם שהוא ר' שמעון בן יוחאי היה תלמידו ורבו של רבי, והיך אמר בן עזאי עליהם הואיל ואלו אומרים כך ואלו אומרים כך: **שכן נחלקו עליה אבות העולם.** במחלוקת זו, ומאן נינהו ר' ישמעאל ור"ע, ועליהם אמר בן עזאי כך: **זאת אומרת בן עזאי.** חבר ותלמיד דר"ע היה, דאם רבו מובהק היה וכי אית בר נש אומר לרביה כך הואיל ואלו וכו', לא ה"ל למימר אלא הואיל ורבי אומר כך וכו': **שמע לה מן הדא.** דתלמיד חבר היה לר"ע, מדאשכחן בסוף פרק מי שמת שאמר לו בן עזאי לר"ע על חלוקין וכו' אלא שבאת לחלק עלינו את השוין, וכי אית בר נש אמר לרביה אלא שבאת, לא הוה ליה למימר אלא שבא רבי לחלק. וגריס להא נמי שם: **תמן תנינן.** בבכורות שם: **כל הנולדין מאחד בתשרי עד כ"ט באלול וכו'.** ואליבא דרבי אלעזר ורבי שמעון מיתנייא שהכל משנה אחת הן: **חמשה לפני הגורן וכו'.** וכדפרישית לעיל: **זאת אומרת.** מדקתני כל הנולדים מאחד בתשרי ואע"פ שאותן היולדות באחד בתשרי נתעברו הן בשנה שעברה, אין הולכין אלא אחר הלידה, וש"מ שבמעשר בהמה **לא עשו אותו לא בחנט,** כלומר לילך אחר החנטה כמו בפירות האילן שהולכין למעשרות אחר שנה שחנטו בה הפירות. ולא עשו אותו ג"כ כשליש והיינו לומר שלא יתעשרו עד שיהא ניכר לכל הפחות שהן שליש בגידולן, וכמו דאשכחן בזתים ובתבואה שהולכין בהן אחר שנה שהביאו שליש גידולן כדתנינן בפ"ק דמעשרות (מ"ג), אבל במעשר בהמה לא הלכו בו אלא אחר הלידה בלבד כדמסיק ואזיל: **אין תימר בחנט ניתני כל המעוברין מעשרים ותשעה באלול.** כלומר, שאם תאמר דאיכא איזו סברא לילך בהן אחר החנט והיינו העיבור שלהן שהיא כמו החנטה בפירות האילן, א"כ הוה קשה, עד דהתנא בא להשמיענו שהנולדים מאחד בתשרי מצטרפין הן עם הנולדים של אחריהן עד כ"ט באלול, לישמעינן רבותא טפי וליתני לאידך גיסא כל המעוברין מכ"ט באלול מצטרפין הן עם אותן שנולדו בשנה שעברה, דהואיל והחנט שלהן מיהת בסוף שנה היתה הרי הן כמשל שנה אחת ומצטרפין, דנהי שבודאי אינן יכולין להצטרף עם אותן שלאחר אחד בתשרי, דפשיטא הוא שאם הולכין אחר החנט ה"ז חדש וישן ואינן משנה אחת, אלא דהאי הוה שייך שפיר למיתני כל המעוברין מכ"ט באלול מצטרפין הן עם אותן שנולדו מקודם ובשנה זו בעצמה, והרבותא שאע"פ שלא נתעברו עד סוף השנה אעפ"כ מצטרפין הן וכשל שנה אחת הן, ועוד דאם הולכין אחר החנט א"כ לא ליצטרפו אותן של שנה אחת עד שיתעברו וילדו באותה השנה, ומדלא קתני אלא כל הנולדים מאחד בתשרי וכו', ש"מ דאין סברא כלל לילך אחר החנט במעשר בהמה, וכל הנולדים בשנה זו לעולם מצטרפין הן ואע"פ שנתעברו בשנה שעברה דלא אזלינן אלא בתר הלידה גרידתא. א"נ יש לפרש כפשטה, דלא עשו אותה בחנט ולומר שאע"פ שנתעברו מקודם לשנה זו אפ"ה מכיון שעיקר העיבור היתה בשנה זו והוי כחנטו באותה שנה, מצטרפין הן עם הנולדין אח"כ וכגון שלא נתעברו עד סוף שנה שעברה, דאי איתא דעשו אותה כחנט והולכין אחר עיקר החנטה ליתני כל המעוברין מכ"ט באלול עד כ"ט אלול הבא מצטרפין דכמשנה אחת הן, אלא ש"מ דדוקא שנולדו בשנה זו היא דבעינן: **אין תימר בשליש.** וכן ש"מ עוד כדאמרן, דלא בעינן במעשר בהמה עד שיגדיל מיהת שיהא ניכר קצת גידולו, דאם תאמר דבעינן בשליש קשה, הא דתני עד עשרים ותשעה באלול דמשמע אפילו נולדין הן יום או יומים מקודם דכשנולדים עד כ"ט באלול סגי שיצטרפו

קרבן העדה

אלו ואלו נכנסין לדיר להתעשר. דדריש יתרועעו לשון רעים, וישירו כאילו כתיב יעשירו, וקאמר דנעשו רעים ויעשירו אלו עם אלו: **הואיל ואלו אומרים כך.** ר' מאיר אומר בא' באלול ור' אלעזר ור' שמעון אומרים בא' בתשרי, ואין אנו יודעין הלכה כמאן הלכך יהיה האלוליים וכו': ה"ג **נולדו לו ה' באב וה' באלול, או ה' באלול וה' בתשרי אין מצטרפין:** ה"ג **נולדו לו ה' בתשרי וה' באב אין מצטרפין.** והכי פירושו, ה' באב שלאחר תשרי מצטרפין ואף ע"ג דמפסקי גרנות שתקנו חכמים: ופריך **ובן עזאי מכריע על דברי תלמידיו.** שהרי ר' מאיר ור' שמעון לאחר בן עזאי היו: **שכן נחלקו עליה אבות עולם.** תנאים הראשונים: **ר' ישמעאל ור' עקיבא.** ועליהם בן עזאי אומר הואיל ואלו וכו' ומכריע דבריהם: **זאת אומרת.** שבן עזאי תלמיד חבר היה לר' עקיבא: **אין תימר וכו'.** שר' עקיבא היה רבו של בן עזאי וכי אדם אומר על דברי רבו הואיל ואלו וכו' ומכריע דבריו: **שמע לה מן הדא.** שתלמיד חבר היה לו לר' עקיבא: **אמר לו בן עזאי וכו'.** מתניתין בבתרא פרק מי שמת: **אלא שבאת.** ולא קאמר שבא: **תמן תנינן.** בכורות פ' מעשר בהמה: **כל הנולדים בא' בתשרי.** אתאן לר' אלעזר ור' שמעון דאמרו בא' בתשרי ר"ה למעשר בהמה: **מצטרפין.** לכנסן לדיר אחד: **לפני הגורן.** מאלו ג' גרנות, שאין הגורן מפסיק: **לא כחנט.** לא כאילנות שאזלינן בהו לענין מעשר בתר חנטה, כל שחנטו פירותיו קודם ט"ו מתעשר לשנה שעברה: **ולא כשליש.** ולא כתבואה וזיתים דאזלינן בהו בתר שליש, והיינו כשעת גמרן דמשהביאו שליש ראויין לאכילה ע"י הדחק: **אין תימר כחנט.** דאזלינן בהן בתר חנטה הוי ליה למתני כל המעוברין מכ"ט באלול ואילך הן החדשות: **אין תימר כשליש.** א"כ אף במעשר בהמה אזלינן בתר גמרן שהן ראויין להקרבה:

מסורת הש"ס

א) [עי' מכילתא בא מס' דפסחא פרשה א וספרא ויקרא דבורא דנדבה פרק ב ה"ב ובמדבר רבה יד כב וילקו"ש ויקרא תלא וירמיה שכט] ב) [ב"ב פ"ט ה"ט ב"ב קנח:] ג) [ב"ב פ"ט מ"י] ד) [בכורות פ"ט מ"ה, שקלים פ"ג ה"א כל הענין] בכורות נז: ה) [שביעית פ"ה ה"א, ר"ה יג:, טו:, תוספתא שביעית פ"ד ה"ג, מכילתא דרשב"י כג טז] ו) [תוספתא שביעית פ"ב ה"י, ר"ה יב:, יג:, ילקו"ש בהר תרסא]

"יִתְרוֹעֲעוּ אַף־יָשִׁירוּ" אֵלּוּ וְאֵלּוּ נִכְנָסִין לְדִיר לְהִתְעַשֵּׂר – ***they shout joyfully, they even sing!*** – **both these and those,** i.e. the offspring of both groups of sheep **enter the pen to be tithed** at the same time.[1]

Having explained both the opinion of R' Meir and that of R' Elazar and R' Shimon, the Gemara cites a Baraisa that elaborates upon Ben Azzai's position:[2]

אָמַר בֶּן עַזַּאי – **BEN AZZAI SAID:** **הוֹאִיל וְאֵלּוּ אוֹמְרִים כָּךְ** – **SINCE THESE** Tannaim **SAY THIS WAY,** that the New Year for animal *maaser* is on the first of Elul,[3] **וְאֵלּוּ אוֹמְרִים כָּךְ** – **AND THESE** Tannaim **SAY THAT WAY,** that the New Year for animal *maaser* is on the first of Tishrei,[4] **יְהוּ הָאֱלוּלִיִּים מִתְעַשְּׂרִין בִּפְנֵי עַצְמָן** – therefore, **THOSE BORN IN ELUL ARE TO BE TITHED BY THEMSELVES.**[5] **הָא כֵּיצַד** – **HOW IS THIS** illustrated? **נוֹלַד לוֹ חֲמִשָּׁה בְּאָב וַחֲמִשָּׁה בֶּאֱלוּל וַחֲמִשָּׁה בְּתִשְׁרֵי** – If **FIVE** animals **WERE BORN TO [A LIVESTOCK OWNER] IN AV, FIVE** were born **IN ELUL, AND FIVE** were born **IN TISHREI,** **אֵינָן מִצְטָרְפִין** – **THEY DO NOT COMBINE** to be tithed together, since it is unclear whether the New Year for animal *maaser* is on the first of Elul or on the first of Tishrei.[6] **נוֹלְדוּ[וּ] לוֹ חֲמִשָּׁה (באב) [בְּתִשְׁרֵי] וַחֲמִשָּׁה (בתשרי) [בְּאָב]**[7] – But **IF FIVE WERE BORN TO HIM IN TISHREI AND** another **FIVE** were born to him ten months later **IN AV,** **הֲרֵי אֵלּוּ מִצְטָרְפִין** – **THESE DO COMBINE** to be tithed together, since they were all born in the same *maaser* year.[8]

(זאת אומרת שבן עזאי חבר ותלמיד היה לו לרבי עקיבה)

The Gemara wonders:

וּבֶן עַזַּאי מַכְרִיעַ עַל דִּבְרֵי תַּלְמִידָיו – **But did Ben Azzai mediate between the opinions of his students?!** Let him determine which line of reasoning is superior, and decide the halachah accordingly![9] – ? –

The Gemara answers:

רַבִּי יִרְמְיָה רַבִּי מְיָישָׁא בְּשֵׁם רַבִּי שְׁמוּאֵל בַּר רַבִּי יִצְחָק – **R' Yirmiyah** in the name of **R' Meyasha** explained **in the name of R' Shmuel the son of R' Yitzchak:** **שֶׁכְּבָר נֶחְלְקוּ עָלֶיהָ אֲבוֹת הָעוֹלָם** – Ben Azzai was stringent in this matter **because the "fathers of the world"** [i.e. the early Tannaim][10] already **disagreed about it.**

NOTES

1. The Gemara expounds the word יִתְרוֹעֲעוּ to be a derivative of the word רֵעַ, *friend,* and the word יָשִׁירוּ as though it were written יַעֲשִׂירוּ, *they shall be tithed.* The verse thus means that the "early" animals that are born in Av and the "late" ones that are born in Elul become *"friends,"* and join each other to be *tithed* as a single group (*Korban HaEidah* et al.; cf. *Rash Sirilio* ibid.). It is evident from this that the animals born in Av and the animals born in Elul are deemed to have been born in the same year, so R' Elazar and R' Shimon maintain that the New Year for animal *maaser* does not occur until the first of Tishrei, after both Av and Elul have passed.

[*Bavli* 8a expounds this verse in a different manner to support R' Elazar and R' Shimon. It also cites yet another exposition of the verse to support R' Meir. (See *Pnei Moshe*, who interprets *Yerushalmi* as referring to these expositions found in *Bavli*.) However, *Bavli* there concludes that in actuality, the Tannaic opinions are not based on this verse, but are rooted in a dispute regarding the exegesis of a different verse.]

2. *Tosefta*, *Rosh Hashanah* 1:6 and *Bechoros* 7:6; see *Bavli Bechoros* 58a.

3. This is the view of R' Meir.

4. This is the view of R' Elazar and R' Shimon.

5. Ben Azzai is uncertain which opinion regarding the New Year for animal *maaser* is correct. He therefore rules that those animals born during Elul, which is between the two possible dates for the New Year, must be tithed independently. If they were tithed together with those born before Elul, this would constitute a mixing of the "old" and the "new" according to R' Meir. If they were tithed together with those born after Elul, this would constitute such a mixing according to R' Elazar and R' Shimon. Tithing them independently, however, is permissible according to all opinions, because whether the New Year is the first of Elul or whether it is the first of Tishrei, all animals born in Elul were definitely born in the same year.

6. The animals born in Elul may not be tithed together with those born in Av, nor with those born in Tishrei. They may not be tithed together with those born in Av, because if the New Year is on the first of Elul, the animals born in Elul are from a "new" crop. And they also may not be tithed with those born in Tishrei, because if the New Year is not until the first of Tishrei, the Elul animals are from the "old" crop (*Pnei Moshe*). Needless to say, the animals born in Av may not be tithed together with those born in Tishrei, since they are from different crops according to all opinions (*Beur of R' Chaim Kanievski*). See Variant A.

7. Emendations follow *Tosefta* ibid., *Bavli* ibid., the parallel passage in *Shekalim* ibid., and *Korban HaEidah*. See *Pnei Moshe*, who interprets the standard reading to the same effect.

8. The point of this last ruling is as follows: Under Biblical law, there is no prohibition against slaughtering and eating an animal before the herd or flock has been tithed. [In contrast to the laws governing the *maaser* of produce, which prohibit consuming an untithed crop once the tithing obligation has taken effect, the Biblical command to tithe the one's animals does not restrict one from slaughtering and eating an animal that has not been tithed.] The Rabbis, however, established three times during the year when it becomes mandatory to separate the animal *maaser*: 29 Adar, 1 Sivan, and 29 Av. When these days arrive, all animals that are eligible for tithing become Rabbinically forbidden to be slaughtered and eaten, or to be sold, until *maaser* has been separated (see Mishnah *Bechoros* 57b with *Rashi*; see there for other opinions regarding which three dates were designated). Now, one might have thought that these dates also separate crops of animals the way the New Year does, so that animals born earlier than 29 Adar, for example, could not be tithed together with animals born after this date. The Baraisa therefore emphasizes that this is not so, and that these two groups of animals may indeed be tithed together, despite any intervening *maaser* dates (*Korban HaEidah* and *Pnei Moshe*, from *Bavli Bechoros* 58a; see below, notes 19 and 20).

9. The wording of the Baraisa ("since these [Tannaim] say this way, and these [Tannaim] say that way...") implies that Ben Azzai was stringent because he could not resolve whether the law should follow the view of R' Meir or the view of R' Elazar and R' Shimon. But this is problematic, for Ben Azzai was considerably greater in scholarship than those Tannaim (see *Pnei Moshe* and *Mishnas Eliyahu* to *Shekalim* ad loc.), so he should have been capable of understanding the bases of each position, weighing their respective merits, and deciding the matter one way or the other! (*Tiklin Chadtin* ibid.; see *Bavli Bechoros* ibid.).

10. *Korban HaEidah*.

TEXTUAL AND INTERPRETIVE VARIANTS

A. The Baraisa cited here states that if there were five animals born in Av, five in Elul, and five in Tishrei, "they do not combine" to be tithed together according to Ben Azzai. In *Bavli Bechoros* 58a-b, Rava explains what one should do in this case: One should put all fifteen animals into a single pen. This way, although it is not known if the five born in Elul will combine with the five born in Av or with the five born in Tishrei, it is certain that they will combine with *one* of these two groups to form a group of ten that is needed for tithing. (The New Year is either the first of Elul or the first of Tishrei, not both. Hence, one of these two dates is insignificant with regard to the laws of animal *maaser*.) Now, the five animals born in Elul are definitely among the ten subject to tithing, whereas the animals born in Av and those born in Tishrei may belong to a different year's crop, and may not have been part of a group of ten. One should therefore arrange that one of the five animals born in Elul is the actual *maaser*. (See *Rashi* and *Tosafos* there regarding how this is to be arranged.)

Our Baraisa's statement that the animals in this case "do not combine" implies that it disagrees with Rava's ruling. See, however, *Korban HaEidah*, who emends the text of our Gemara so that it does not pose a contradiction to *Bavli's* ruling (and also conforms to *Tosefta's* text of the Baraisa). See also *Mareh HaPanim* to the parallel passage in *Shekalim*, who offers an interpretation of *Bavli* that conforms with the standard text of our Gemara.

עין משפט

א מיי' פ"ז מהלכות בכורות הלכה ו:
ב מיי' שם הלכה ח:

שינויי נוסחאות

א] **זאת אומרת וכו' לר' עקיבה.** נוסף בכי"ל ע"י המגיה. בירושלמי שקלים (פ"ג ה"א) ליתא:
ב] **שמע.** בירושלמי שקלים (שם) שמע לה:
ג] **לחלוק.** בב"ב (פ"ט מ"י) לחלק:
ד] **אלא שבאת לחלוק וכו'.** כ"ה בכי"ל. בד"ו ובדפוסים נשמט:
ה] **תגיע.** בבכורות (פ"ט מ"ו) ובדפ"ו הגיע:

מסורת הש"ס

א) [עי' מכילתא בא מס' דפסחא פרשה א וספרא ויקרא דבורא דנדבה פרק ב הי"ב ובמדבר רבה יד כב וילקו"ש ויקרא תלא וירמיה שכט] **ב)** [ב"ב פ"ט ה"ט] ב"ב קנח: **ג)** [ב"ב פ"ט מ"י] **ד)** [בכורות פ"ט מ"ה, שקלים פ"ג ה"א כל הענין] בכורות נז: **ה)** [שביעית פ"ה ה"א, ר"ה יג:, טו:, תוספתא שביעית פ"ד הי"ג, מכילתא דרשב"י כג טז] **ו)** [תוספתא שביעית פ"ב ה"י, ר"ה יב:, יג:, ילקו"ש בהר תרסא]

יתרועעו אף ישירו אלו ואלו נכנסין לדיר להתעשר. אמר בן עזאי הואיל ואלו אומרים כך ואלו אומרים כך יהו האלוליים מתעשרין בפני עצמן. הא כיצד. נולד לו חמשה באב וחמשה באלול וחמשה בתשרי אינן מצטרפין. נולד לו חמשה באב וחמשה בתשרי הרי אלו מצטרפין. [א](זאת אומרת שבן עזאי חבר ותלמיד היה לו לר' עקיבה) ובן עזאי מכריע על דברי תלמידיו. ר' ירמיה ר' מיישא בשם ר' שמואל בר ר' יצחק שכן נחלקו עליה אבות העולם. מאן אינון אבות העולם. תני ר' יונה קומי ר' ירמיה ר' ישמעאל ור' עקיבה. זאת אומרת א)בן עזאי תלמיד וחבר היה לר' עקיבה. אין תימר רביה אית בר נש אמר לרביה הואיל ואלו אומרים כך ואלו אומרים כך. ר' אבהו בשם ר' שמואל בר ר' יצחק ב)[ב]שמע מן הדא ג)אמר לו בן עזאי על החלוקין אנו מצטערין אלא שבאת [ג]לחלוק עלינו את השוין. זאת אומרת בן עזאי חבר ותלמיד היה לר' עקיבה. אין תימר רביה אית בר נש אמר לרביה [ד]אלא שבאתה לחלוק וכו'. תמן תנינן א ד)מאחד בתשרי עד עשרים ותשעה באלול הרי אלו מצטרפין. חמשה לפני ראש השנה וחמשה לאחר ראש השנה אינן מצטרפין. חמשה לפני הגורן וחמשה לאחר הגורן הרי אלו מצטרפין. אם כן למה אמרו שלש גרנות למעשר בהמה. ב שעד שלא [ה]תגיע הגורן מותר למכור ולשחוט הגיעה הגורן לא ישחוט ואם שחט פטור. אמר ר' יוסה זאת אומרת מעשר בהמה לא עשו אותו לא ה)כחנט ולא כשליש. ו)אין תימר כחנט ניתני כל המעוברים מעשרים ותשעה באלול. אין תימר כשליש

פני משה

שהוא בניסן ואותן הולכות ויולדות עד סוף אלול, ולפיכך קבעו ר"ה שלהן למעשר באחד בתשרי שאז אלו ואלו נכנסין לדיר להתעשר שכולן משנה אחת הן: **אמר בן עזאי הואיל ואלו אומרים כך.** שר"ה שלהן באחד באלול: **ואלו אומרים כך.** שר"ה שלהן באחד בתשרי, לפיכך אומר אני שיהו האלולים אותן שנולדים בחדש אלול מתעשרין בפני עצמן, ואינן מצטרפות לעשרה לא עם אלו הנולדות מקודם אלול ולא עם אותן שנולדו אח"כ כדמפרש ואזיל: **הא כיצד נולד לו חמשה.** טלאים באב וחמשה באלול וחמשה בתשרי אינן מצטרפות, דאותן שבאלול אינן מצטרפין עם אותן שבאב דשמא ר"ה שלהן כמ"ד באחד באלול והרי זה חדש וישן ואינן מצטרפין, וכדתנינן שם ומייתי לה לקמן חמשה לפני ר"ה וחמשה לאחר ר"ה אינן מצטרפין, וכן אותן שבאלול אין מצטרפין עם אותן שבתשרי דשמא ר"ה שלהן כמ"ד באחד בתשרי והרי זה חדש וישן: **נולד לו חמשה באב וחמשה בתשרי.** וכן הוא בתוספתא דבכורות בפ"ז (ה"ו) מצטרפין הן, והיינו באב שאחר תשרי, מצטרפין הן עם אותן שנולדו מקודם בתשרי דלכו"ע משנה אחת הן, וקמ"ל שאע"פ שבין תשרי ובין אב שלאחריו יש זמן גרנות הרבה, אפ"ה הואיל ומשנה אחת הן מצטרפין, וכאותה ששנינו חמשה לפני הגורן וחמשה לאחר הגורן הרי אלו מצטרפין, שאין הגורן שביניהם מפסיקן מלצרף: **ובן עזאי מכריע על דברי תלמידיו.** בתמיה, שהרי בן עזאי מדורות שלפניהם היה שהיה תלמיד חבר לר"ע כדאמר לקמן, ור"מ ור' אלעזר בן שמוע שהוא הנזכר במתני' תלמידי ר"ע היו, וכן ר"ש סתם שהוא ר' שמעון בן יוחאי היה תלמידו ורבו של רבי, והיך אמר בן עזאי עליהם הואיל ואלו אומרים כך ואלו אומרים כך: **שכן נחלקו עליה אבות העולם.** במחלוקת זו, ומאן נינהו ר' ישמעאל ור"ע, ועליהם אמר בן עזאי כך: **זאת אומרת בן עזאי.** חבר ותלמיד דר"ע היה, דאם רבו מובהק היה וכי אית בר נש אומר לרביה כך הואיל ואלו וכו', לא ה"ל למימר אלא הואיל ורבי אומר כך וכו': **שמע לה מן הדא.** דתלמיד חבר היה לר"ע, מדאשכחן בסוף פרק מי שמת שאמר לו בן עזאי לר"ע על חלוקין וכו' אלא שבאת לחלק עלינו את השוין, וכי אית בר נש אמר לרביה אלא שבאת, לא הוה ליה למימר אלא שבא רבי לחלק. וגרים להא נמי שם: **תמן תנינן.** בבכורות שם: **כל הנולדין מאחד בתשרי עד כ"ט באלול וכו'.** **ואליבא דרבי אלעזר ורבי שמעון מיתנייא** שהכל **משנה אחת** הן: **חמשה לפני הגורן וכו'.** וכדפרישית לעיל: **זאת אומרת.** מדקתני כל הנולדים מאחד בתשרי ואע"פ שאותן היולדות באחד בתשרי נתעברו הן בשנה שעברה, אין הולכין אלא אחר הלידה, וש"מ שבמעשר בהמה **לא עשו אותו לא בחנט,** כלומר לילך אחר החנטה כמו בפירות האילן שהולכין למעשרות אחר שנה שחנטו בה הפירות. ולא עשו אותו ג"כ כשליש והיינו לומר שלא יתעשרו עד שיהא ניכר לכל הפחות שהן שליש בגידולן, וכמו דאשכחן בזתים ובתבואה שהולכין בהן אחר שנה שהביאו שליש גידולן כדתנינן בפ"ק דמעשרות (מ"ג), אבל במעשר בהמה לא הלכו בו אלא אחר הלידה בלבד כדמסיק ואזיל: **אין תימר בחנט ניתני כל המעוברין מעשרים ותשעה באלול.** כלומר, שאם תאמר דאיכא איזו סברא לילך בהן אחר החנט והיינו העיבור שלהן שהיא כמו החנטה בפירות האילן, א"כ הוה קשה, עד דהתנא בא להשמיענו שהנולדים מאחד בתשרי מצטרפין הן עם הנולדים של אחריהן עד כ"ט באלול, לישמעינן רבותא טפי וליתני לאידך גיסא כל המעוברין מכ"ט באלול מצטרפין הן עם אותן שנולדו בשנה שעברה, דהואיל והחנט שלהן מיהת בסוף שנה היתה הרי הן כמשל שנה אחת ומצטרפין, דנהי שבודאי אינן יכולין להצטרף עם אותן שלאחר אחד בתשרי, דפשיטא הוא שאם הולכין אחר החנט ה"ז חדש וישן ואינן משנה אחת, אלא דהאי הוה שייך שפיר למיתני כל המעוברין מכ"ט באלול מצטרפין הן עם אותן שנולדו מקודם ובשנה זו בעצמה, והרבותא שאע"פ שלא נתעברו עד סוף השנה אעפ"כ מצטרפין הן וכשל שנה אחת הן, ועוד דאם הולכין אחר החנט א"כ לא ליצטרפו אותן של שנה אחת עד שיתעברו וילדו באותה השנה, ומדלא קתני אלא כל הנולדים מאחד בתשרי וכו', ש"מ דאין סברא כלל לילך אחר החנט במעשר בהמה, וכל הנולדים בשנה זו לעולם מצטרפין הן ואע"פ שנתעברו בשנה שעברה דלא אזלינן אלא בתר הלידה גרידתא. א"נ יש לפרש כפשטה, דלא עשו אותה בחנט ולומר שאע"פ שנתעברו מקודם לשנה זו אפ"ה מכיון שעיקר העיבור היתה בשנה זו והוי כחנטו באותה שנה, מצטרפין הן עם הנולדין אח"כ וכגון שלא נתעברו עד סוף שנה שעברה, דאי איתא דעשו אותה כחנט והולכין אחר עיקר החנטה ליתני כל המעוברין מכ"ט באלול עד כ"ט אלול הבא מצטרפין דכמשנה אחת הן, אלא ש"מ דדוקא שנולדו בשנה זו היא דבעינן: **אין תימר בשליש.** וכן ש"מ עוד כדאמרן, דלא בעינן במעשר בהמה עד שיגדיל מיהת שיהא ניכר קצת גידולו, דאם תאמר דבעינן בשליש קשה, הא דתני עד עשרים ותשעה באלול דמשמע אפילו נולדין הן יום או יומים מקודם דכשנולדים עד כ"ט באלול סגי שיצטרפו

קרבן העדה

אלו ואלו נכנסין לדיר להתעשר. דדריש יתרועעו לשון רעים, וישירו כאילו כתיב יעשירו, וקאמר דנעשו רעים ויעשירו אלו עם אלו: **הואיל ואלו אומרים כך.** ר' מאיר אומר בא' באלול ור' אלעזר ור' שמעון אומרים בא' בתשרי, ואין אנו יודעין הלכה כמאן הלכך יהיה האלוליים וכו': ה"ג **נולדו לו ה' באב וה' באלול, או ה' באלול וה' בתשרי אין מצטרפין:** ה"ג **נולדו לו ה' בתשרי וה' באב אין מצטרפין.** והכי פירושו, ה' באב שלאחר תשרי מצטרפין ואף ע"ג דמפסקי גרנות שתקנו חכמים: **ופריך ובן עזאי מכריע על דברי תלמידיו.** שהרי ר' מאיר ור' שמעון לאחר בן עזאי היו: **שכן נחלקו עליה אבות עולם.** תנאים הראשונים: **ר' ישמעאל ור' עקיבא.** ועליהם בן עזאי אומר הואיל ואלו וכו' ומכריע דבריהם: **זאת אומרת.** שבן עזאי תלמיד חבר היה לר' עקיבא: **אין תימר וכו'.** שר' עקיבא היה רבו של בן עזאי וכי אדם אומר על דברי רבו הואיל ואלו וכו' ומכריע דבריו: **שמע לה מן הדא.** שתלמיד חבר היה לו לר' עקיבא: **אמר לו בן עזאי וכו'.** מתניתין בבתרא פרק מי שמת: **אלא שבאת.** ולא קאמר שבא: **תמן תנינן.** בכורות פ' מעשר בהמה: **כל הנולדים בא' בתשרי.** אתאן לר' אלעזר ור' שמעון דאמרו בא' בתשרי ר"ה למעשר בהמה: **מצטרפין.** לכנסן לדיר אחד: **לפני הגורן.** מאלו ג' גרנות, שאין הגורן מפסיק: **לא כחנט.** לא כאילנות שאזלינן בהו לענין מעשר בתר חנטה, כל שחנטו פירותיו קודם ט"ו מתעשר לשנה שעברה: **ולא כשליש.** ולא כתבואה וזיתים דאזלינן בהו בתר שליש, והיינו כשעת גמרן דמשהביאו שליש ראוין לאכילה ע"י הדחק: **אין תימר כחנט.** דאזלינן בהן בתר חנטה הוי ליה למתני כל המעוברין מכ"ט באלול ואילך הן החדשות: **אין תימר כשליש.** א"כ אף במעשר בהמה אזלינן בתר גמרן שהן ראוין להקרבה:

ר' חמא חברהון דרבנן בעי אמר הרי עלי וחזר ואמר הרי זו. ר' חיננא בעי לא מסתברא די לא אמר הרי זו וחזר ואמר הרי עלי איסור חמור חל על איסור קל אין איסור קל חל על איסור חמור: (א)הוסיפו עליהן שכר בתים (א)ותרומת שקלים. שכר בתים אמר ר' יונה (ב)והוא שאמר שנה זו אבל אם אמר שנה אחת נותן מעת לעת. ותרומת שקלים (ג)כהיא דאמר ר' שמואל (א)בר יצחק כתחילתה (א)(ב)ויהי בחודש הראשון בשנה השנית באחד לחודש הוקם המשכן. ותני עלה ביום שהוקם המשכן בו ביום נתרמה התרומה. ר' טבי (ד)ר' יאשיהו בשם כהנא נאמר כאן (ב)חדשי ונאמר להלן (ג)חדשי מה חדשי שנאמר להלן אין מונין אלא מניסן אף חדשי שנאמר כאן אין מונין אלא מניסן. אמר ר' יונה שבק ר' טבי ראשה ואמר סופא דלא כן כהדא דתני (ב)זאת עולת חודש בחדשו יכול יהא תורם בכל חודש וחודש תלמוד לומר (ה)בחדשו לחדשי בחודש אחד הוא תורם לכל חדשי השנה. יכול באי זה חודש שירצה. נאמר כאן חדשי ונאמר להלן חדשי מה חדשי שנאמר להלן אין מונין אלא מניסן אף חדשי שנאמר כאן אין מונין אלא מניסן: תמן תנינן (ו)ר' מאיר אומר באחד באלול ראש השנה למעשר בהמה. (ז)בן עזאי אומר (ח)האלוליים מתעשרין בפני עצמן. (ה:) (ח)אמר ר' חונה טעמיה דר' מאיר עד כאן הן מתמצות לילד מן הישנות מיכאן והילך הן מתחילות לילד מן החדשות. ר' יוסי בר' בון בשם ר' חונה (ט)טעמא דר' לעזר ור' שמעון (ד)לבשו כרים הצאן אלו הבכירות. ועמקים יעטפו בר אלו האפילות.

קרבן העדה

וחזר ואמר הרי זו. מי הויא חזרה או לא: ר' חיננא. פריך לה מסתברא הך בעיא כלל, אלא אמר הרי זו וחזר ואמר הרי עלי ודאי דמהני לאיסור חמור הוא וחייב (באחרים) [באחריותו]: ואין איסור קל. אבל היכא דאמר תחלה הרי עלי שהוא איסור חמור ואחר כך אמר הרי זו דהוי ליה איסור קל, פשיטא שאינו חל עליו: הוסיפו עליהן. על אותן השנויין במשנתינו שראש השנה שלהן ניסן, שכר בתים ותרומת שקלים שראש השנה שלהן ניסן: והוא שאמר שנה זו. הוא דלא הוה אלא עד ניסן, אבל אם אמר שנה אחת דר בה שנה מיום ליום כהא דתנן בנדרים פ' קונס (ס.): כתחילתה. כמו שהיתה תרומה הראשונה בשעה שהוקם המשכן בראש חודש ניסן, כן לדורות נמי מראש חודש ניסן מתחילין לתרום מן החדש: נאמר כאן חדשי. זאת עולת חדש בחדשו לחדשי השנה: ונאמר להלן חדשי. ראשון הוא לכם לחדשי השנה: שבק ר' טבי וכו'. הניח ר' טבי רישא דברייתא ואמר הסיפא לחוד: דלא כן. דלא כן היה לו לעשות שקיצר במקום שהיה לו להאריך, דמסיפא לא שמעינן דמדאורייתא צריך להביא מן החדש: תלמוד לומר בחדשו לחדשי. דהוי מצי למיכתב זאת עולת החדש: בחדש אחד וכו'. והכי פירושו, זאת עולת החדש בחדשו שיחדש ויביא מתרומה חדשה לכל חדשי השנה: תמן תנינן. בבכורות פ' מעשר בהמה: ה"ג ר' אלעזר ור' שמעון אומרים בא' בתשרי בן עזאי וכו': האלוליים. אותן שנולדו באלול לא מתעשרין לא עם בני תשרי ולא עם בני אב, וטעמיה מפרש בסמוך: עד כאן. עד אלול נמשך שהאחרונות יולדות מן אותן שנתעברו קודם ניסן, דבהמה דקה עיבורה ה' חדשים: מכאן ואילך. לאחר אלול הן מאותן שנתעברו לאחר ניסן והוו להו חדשות: לבשו כרים הצאן. מקרא הוא בספר תילים לבשו כרים הצאן ועמקים י(ת)עטפו בר יתרועעו אף ישירו. והכי קאמר, לבשו כרים הצאן מתלבשות הכבשים שנתעברות: אלו הבכירות. שמתעברות מיד: ועמקים י(ת)עטפו בר. ואיכא נמי צאן שמתעברות בזמן שעמקים יתעטפו בר והזריעה ניכרת יפה יפה, והיינו בניסן, ואע"ג דגם באדר ניכר הזריעה מכל מקום באפלייתה אין הזריעה ניכרת יפה אלא בניסן:

פני משה

אמר הרי עלי וחזר ואמר הרי זו. מהו שיחול לשון נדבה על לשון נדר: ר' חיננא בעי. הקשה לא מסתברא למיבעיא דאלא כך, אם אמר הרי זו וחזר ואמר הרי עלי אם חל לשון נדר על לשון נדבה, וטעמא דמסתברא היא מפני דאיכא למימר איסור חמור חל על איסור קל, וזהו נדר שהוא חמור מנדבה שהנדר חייב באחריותו מה שאין כן בנדבה, ואין איסור קל חל על איסור חמור, ואם אמר בתחלה הרי עלי כבר נתחייב באחריות ולא מהני לשון נדבה שאחר כך: הוסיפו עליה. על המתניתין שאחד בניסן ראש השנה לשכר בתים ובאומר לשנה זו השכרתי לך וכדר' יונה: כהיא דאמר ר' שמואל בר יצחק בתחלתה וכו'. גרסינן להא לעיל בריש מסכת שקלים (פ"א ה"א) עיי"ש: [וז"ל שם, ומר ר' שמואל וכו'. וכדקאמר ר' שמואל תרומת הלשכה בתחלתה היתה באחד בניסן דכתיב ויהי בחדש הראשון וכו', ותני עלה שביום שהוקם המשכן בו ביום נתרמה תרומת הלשכה והביאו קרבנות הצבור ממנה: ר' טבי ר' יאשיה וכו'. ס"ל דלא ילפינן מתרומת הלשכה בתחלתה, דשאני תחלתה שאי אפשר היה לא להקדים שעדיין לא הוקם המשכן, ולא לאחר שמכיון שהוקם המשכן הוצרכו לתרום הלשכה ולהביא קרבנות הצבור שקרבו בו ביום, אלא מהכא הוא דילפינן, נאמר כאן חדשי זאת עולת חדש בחדשו לחדשי השנה: ונאמר להלן. החדש הזה וגו' לחדשי השנה, מה חדשי שנאמר להלן וכו', אף כאן אין מונין אלא מניסן, שיהא ניסן ראשון לתרומת הלשכה של חדשי השנה: אמר ר' יונה שבק ר' טבי ראשה. דהברייתא, ולא אמר אלא סופה, והרי מסיפא דהברייתא לא שמעינן שיהא ניסן ראש לתרומה לכל חדשי השנה, אלא דצריך נמי כדדריש ברישא דהברייתא: דלא כן כהדא דתני וכו'. וכך הגירסא לקמן בפ"ק דר"ה בהלכה א' דמייתי להא דר' טבי. כלומר וכי לא כן צריך למימר כהדא דתני בספרי דדרשינן הכי וכסדר הכתוב דנפקא לן שפיר הכל: זאת עולת חדש בחדשו. אי לא כתב אלא חדש בחדשו ללמד שיהא תורם תרומה חדשה בתחלת החדש, יכול הייתי אומר יהא תורם בכל חודש וחודש לצורך הקרבנות צבור של אותו חדש בלבד: ת"ל בחדשו לחדשי השנה. ללמד שבחדש אחד הוא תורם לכל חדשי השנה: יכול באיזה חדש שירצה. יתרום לכל חדשי השנה, נאמר כאן חדשי וכו'. והשתא לר' טבי דלא אמר אלא כהך סיפא נאמר כאן וכו', אכתי לא הוה ידעינן דתרומת ניסן תהא לכל חדשי השנה, אלא דהוה אמינא שהכתוב מלמדינו שיהא ניסן ראש לתרומת חדש בחדשו, וכן בכל חדש וחדש שלאחריו יהא תורם לאותו החדש, והלכך על כרחך צריך נמי לדרשא דרישא דהברייתא]: תמן תנינן. בפ"ט דבכורות (מ"ה), וגרסינן להא עד סוף הלכה לעיל בריש פרק שלישי דשקלים (ה"א) ושם מפורש עיי"ש: [וז"ל שם, תמן תנינן. בפ"ט דבכורות (שם) ששנינו גם שם לפלוגתייהו דתנאי דמתני', ותנינן בסיפא התם ר"מ אומר וכו'. וגרסינן נמי להא לקמן בפ"ק דר"ה בהלכה א': טעמא דר"מ. משום דעד כאן הן מתמצות לילד מן הישנות והיינו שכלות לילד ממה שנתעברו באדר והן יולדות באב, דזמן עיבור בהמה דקה חמשה חדשים, ור"מ דריש נמי האי קרא דמייתי לקמן דכתיב לבשו כרים הצאן ועמקים יעטפו בר יתרועעו אף ישירו, והכי דריש ליה, לבשו כרים הצאן וכתרגומו יעלון דכרייא עלי ענא והיא לשון נקייה, ושהן מתעברות בזמן שעמקים יעטפו בר שהזריעה צומחת וניכרת יפה, ואימתי היא, זהו באדר. ויתרועעו אף ישירו דכתיב דריש ליה הכי, דאיכא נמי אפילתא המתאחרות להתעבר עד ניסן שהוא זמן שהתבואה בקשין שלה והשבלים נוקשות זו על זו ומתנועעות ונראין כמשוררין, ואותן הן המיעוט, ומכיון דאיכא רובא דמתעברי באדר אזלינן בתרייהו, ולפי שהן כלות לילד עד סוף אב, שאותן שנתעברו בתחלת אדר יולדות בתחלת אב והמתעברות בסוף אדר יולדות בסוף אב, לפיכך קאמר עד כאן הן מתמצות לילד מן הישנות וזהו עד אחד באלול: מכאן ואילך. מאחד באלול ואילך הן מתחילות לילד מן החדשות, והיינו המתעברות בניסן שהן האפילות ומתחילין להיות יולדות בתחלת אלול, ולפיכך קבעו ר"ה שלהן באחד באלול למעשר, שאז כלות הן אותן שנתעברו בישנות והוא אב ובתרייהו אזלינן: טעמא דרבי אלעזר ורבי שמעון. דסבירא להו ר"ה שלהן באחד בתשרי, דהכי דרשי להאי קרא, לבשו כרים הצאן אלו הבכירות שהן אותן המתעברות בתחלת אדר ויולדות בתחלת אב, ועמקים יעטפו בר אלו הן האפילות שאינן מתעברות עד סוף אדר, ומתחיל חדש ניסן דאיכא נמי יתרועעו אף ישירו

מסורת הש"ס

א) ר"ה ז. [תוספתא פ"א ה"א, מכילתא בא מס' דפסחא פ"א, ילקו"ש בא קפח] ב) ר"ה ז: [תוספתא פ"א ה"ה] ג) שקלים פ"א ה"א [כל הענין, ילקו"ש כי תשא שפו, פנחס תשפב] ד) [ר"ה ז.] ה) [יומא סה: ומגילה כט: בשינוי] ו) [בכורות פ"ט מ"ה, שקלים פ"ג ה"א, ר"ה ז:] בכורות מ: [מדרש תנאים לדברים יד כב, ילקו"ש ראה תתלד, תהלים תשפט] ז) [תוספתא פ"א ה"ו, תוספתא בכורות פ"ז ה"ו, בכורות נח.] ח) שקלים פ"ג ה"א [כל הענין] ט) [עי' ר"ה ח. וילקו"ש תהלים תשפט]

שירי קרבן

שבק ר' טבי וכו'. מה שיש לדקדק בסוגיא זו כבר כתבתי בשקלים דף א' (פ"א ה"א ד"ה יכול) ובדף ו', עיי"ש:

מראה הפנים

תמן תנינן ר"מ אומר באחד באלול וכו'. עיין בריש פ"ג דשקלים מה שנתבאר שם מזה בס"ד:

עין משפט

א מיי' פ"ד מהלכות שקלים הלכה יא [סמ"ג עשין מה]:

שינויי נוסחאות

א] בר. בירושלמי שקלים (פ"א ה"א) בר רב:
ב] ויהי. בירושלמי שקלים (שם) דכתיב ויהי:

תורה אור השלם

א) וַיְהִי בַּחֹדֶשׁ הָרִאשׁוֹן בַּשָּׁנָה הַשֵּׁנִית בְּאֶחָד לַחֹדֶשׁ הוּקַם הַמִּשְׁכָּן: (שמות מ יז)

ב) וְנִסְכֵּיהֶם חֲצִי הַהִין יִהְיֶה לַפָּר וּשְׁלִישִׁת הַהִין לָאַיִל וּרְבִיעִת הַהִין לַכֶּבֶשׂ יָיִן זֹאת עֹלַת חֹדֶשׁ בְּחָדְשׁוֹ לְחָדְשֵׁי הַשָּׁנָה: (במדבר כח יד)

ג) הַחֹדֶשׁ הַזֶּה לָכֶם רֹאשׁ חֳדָשִׁים רִאשׁוֹן הוּא לָכֶם לְחָדְשֵׁי הַשָּׁנָה: (שמות יב ב)

ד) לָבְשׁוּ כָרִים הַצֹּאן וַעֲמָקִים יַעַטְפוּ בָר יִתְרוֹעֲעוּ אַף יָשִׁירוּ: (תהלים סה יד)

רידב"ז

ר' חמא חברהון דרבנן בעי אמר הרי עלי וחזר ואמר הרי זו. פי' אם הא דמחייב על כל נדר ונדר ועל כל נדבה ונדבה הנ"מ בשנדר על גופים מחולקים, אבל אם נדר על גוף אחד ב' פעמים ה"ד כגון דאמר הרי עלי וחזר ואמר הרי זו. ר' חיננא בעי לא מסתברא וכו', פי' דזה אי אפשר אלא דווקא באמר הרי זו וחזר ואמר הרי עלי דאין איסור קל חל על איסור חמור:

The Mishnah taught that the New Year for animal *maaser* is on the first of Elul, but that R' Elazar and R' Shimon maintain that it is on the first of Tishrei. The Gemara cites a related Mishnah: תַּמָּן תְּנִינַן – **We learned in a Mishnah elsewhere:**[21] רַבִּי מֵאִיר אוֹמֵר – R' MEIR SAYS: בְּאֶחָד בֶּאֱלוּל רֹאשׁ הַשָּׁנָה לְמַעְשַׂר בְּהֵמָה – ON THE FIRST OF ELUL IS THE NEW YEAR FOR THE *MAASER* OF ANIMALS.[22] בֶּן עַזַּאי אוֹמֵר – BEN AZZAI SAYS: הָאֱלוּלִיִּים מִתְעַשְּׂרִין בִּפְנֵי עַצְמָן – THOSE BORN IN ELUL[23] ARE TITHED BY THEMSELVES.[24]

The Gemara explains the rationale behind the view of R' Meir: אָמַר רַבִּי חוּנָה – **R' Chunah said:** טַעְמֵיהּ דְּרַבִּי מֵאִיר – **R' Meir's reason** for setting the first of Elul as the New Year for animal *maaser* is that עַד כָּאן הֵן מִתְמַצּוֹת לֵילֵד מִן הַיְשָׁנוֹת – **until this point, [the animals] continue**[25] **to give birth from** pregnancies that began in **the old** year; מִיכָּאן וְהֵילָךְ הֵן מַתְחִילוֹת לֵילֵד מִן הַחֲדָשׁוֹת – whereas **from this point on** (i.e. once the first of Elul has arrived), **they begin giving birth from** pregnancies that began in **the new** year, after the first of Nissan.[26]

The Gemara provides the source for the opinion of R' Elazar and R' Shimon:[27]

רַבִּי יוֹסֵי בְּרַבִּי בּוּן בְּשֵׁם רַבִּי חוּנָה – **R' Yose the son of R' Bun** said **in the name of R' Chunah:** טַעְמָא דְּרַבִּי לְעָזָר וְרַבִּי שִׁמְעוֹן – **The reason of R' Lazar and R' Shimon** for setting the first of Tishrei as the New Year for animal *maaser* is the following Scriptural exposition: "לָבְשׁוּ כָרִים הַצֹּאן" אֵלּוּ הַבַּכִּירוֹת – ***The sheep of the flock become clad*** [i.e. pregnant][28] – **these are the early ones,** which conceive in Adar[29] and give birth in Av; "וַעֲמָקִים יַעַטְפוּ־בָר" אֵלּוּ הָאֲפִילוֹת – ***and the valleys cloak themselves with fodder*** – **these are the late ones,** i.e. the sheep that do not conceive until Nissan, and thus do not give birth until Elul;[30]

NOTES

21. Mishnah *Bechoros* 57b.

22. This opinion, which our Mishnah presents anonymously, is here attributed to R' Meir.

23. Literally: the Elul ones.

24. Ben Azzai maintains that the animals born in Elul may not be tithed together with those born later (e.g. in Tishrei), nor may they be tithed together with those born earlier (e.g. in Av); rather, they must be tithed independently. The Gemara will explain why (*Korban HaEidah*).

25. Literally: are squeezed out, are finished.

26. R' Meir maintains that the critical date for animal *maaser* is the first of Nissan. He also maintains that it is the time of an animal's *conception* – not the time of its birth – that determines the year to which it belongs. Hence, animals that were conceived prior to Nissan will be considered part of the old year's crop, and those that were conceived after the beginning of Nissan are part of the new crop (*Or Same'ach, Hil. Bechoros* 7:6 and *Beur of R' Chaim Kanievski*; see *Or HaChamah* to *Shekalim* 3:1 for possible reasons for R' Meir's two presumptions; see also *Sefer Nir* ד״ה אין תאמר בחנוט).

Now, the gestation period for small domestic animals is five months (see *Bavli Bechoros* 8a), so animals born before Elul were conceived before Nissan, in the "old" year, and animals born from Elul on were conceived after the first of Nissan, in the "new" year (*Korban HaEidah* et al.). Hence, in practice, animals born before the first of Elul are deemed part of the old crop, and animals born from the first of Elul on are deemed to be from the new.

[Commentaries note that this accounts only for the small animals (i.e. sheep and goats); large animals (i.e. cattle), however, are pregnant for *nine* months before giving birth (see *Bechoros* ibid.). Why, then, is the New Year for *maaser* of large animals also fixed at the first of Elul? See *Tos. Yom Tov* to Mishnah 1:1, *Chidushei HaRan* to *Bavli* 8a, *Turei Even* ad loc., and *Yad David* ad loc. for possible answers.]

27. This opinion, which does not appear in the Mishnah in *Bechoros*, appears in our Mishnah. [Cf. *Korban HaEidah*, who emends the text of the Gemara above to include this opinion in the citation from *Bechoros*.]

28. *Psalms* 65:14. [Our translation follows *Korban HaEidah*, from *Rashi* 8a ד״ה לבשו; see *Amos* 6:4; cf. *Tosafos* to *Bavli* ad loc.; see also *Rashash* to *Bereishis Rabbah* 13:6.]

29. *Tiklin Chadtin* to the parallel passage in *Shekalim* 3:1 (8a); see *Korban HaEidah* and *Pnei Moshe* (whose commentary to *Shekalim* ad loc. is reprinted here in the Oz VeHadar ed.); cf. *Yefei Einayim* to *Shekalim* ad loc.

30. These sheep conceive in Nissan when "the valleys cloak themselves with fodder," i.e. when the crops have already grown to the point that they are easily noticed (*Korban HaEidah* and *Beur of R' Chaim Kanievski*; see *Bavli* 8a; cf. *R' Meshullam, Yefeh Mareh, Mahara Fulda*, and *Tiklin Chadtin* to *Shekalim* ad loc.; see also *Rash Sirilio* there).

TEXTUAL AND INTERPRETIVE VARIANTS

draw all of the year's funds by the first of Nissan. [See *Zichron Elazar* to *Shekalim* 3:4 and *Peiros Te'einah* to *Shekalim* 1:1 (ד״ה יכול (ב׳ for another answer, based on *Rambam's* (ibid. §4-7) distinctive explanation of the procedure for withdrawing *shekalim*; see also *Mishnas Eliyahu* to *Shekalim* 3:2 (8b).]

For further discussion of when the funds were, in practice, withdrawn, see *Tosefta Megillah* 1:4 with *Chasdei David* and *Minchas Yitzchak*; *Tos. HaRosh* to *Shevuos* 10b ד״ה תמידין; *Gur Aryeh Yehudah* (by *R' M. Ziemba*), *Moadim* §20:1; and *Peiros Te'einah* ibid. (ד״ה יכול (ב׳ וד״ה ע׳ במקדש דוד.

ר' חמא חברהון דרבנן בעי אמר הרי עלי וחזר ואמר הרי זו. ר' חיננא בעי לא מסתברא די לא אמר הרי זו וחזר ואמר הרי עלי איסור חמור חל על איסור קל אין איסור קל חל על איסור חמור: [א]הוסיפו עליהן שכר בתים [א]ותרומת שקלים. שכר בתים אמר ר' יונה [ב]והוא שאמר שנה זו אבל אם אמר שנה אחת נותן מעת לעת. ותרומת שקלים [ג]כהיא דאמר ר' שמואל [א]בר יצחק כתחילתה [א)ב]ויהי בחודש הראשון בשנה השנית באחד לחודש הוקם המשכן. ותני עלה ביום שהוקם המשכן בו ביום נתרמה התרומה. ר' טבי [ד]ר' יאשיהו בשם כהנא נאמר כאן [ב)]חדשי ונאמר להלן [ג)]חדשי מה חדשי שנאמר להלן אין מונין אלא מניסן אף חדשי שנאמר כאן אין מונין אלא מניסן. אמר ר' יונה שבק ר' טבי ראשה ואמר סופא דלא כן כהדא דתני [ב)]זאת עולת חודש בחדשו יכול יהא תורם בכל חודש וחודש תלמוד לומר [ה]בחדשו לחדשי בחודש אחד הוא תורם לכל חדשי השנה. יכול באי זה חודש שירצה. נאמר כאן חדשי ונאמר להלן חדשי מה חדשי שנאמר להלן אין מונין אלא מניסן אף חדשי שנאמר כאן אין מונין אלא מניסן: תמן תנינן [ו]ר' מאיר אומר באחד באלול ראש השנה למעשר בהמה. [ז]בן עזאי אומר °האלוליים מתעשרין בפני עצמן. ה: [ח]אמר ר' חונה טעמיה דר' מאיר עד כאן הן מתמצות לילד מן הישנות מיכאן והילך הן מתחילות לילד מן החדשות. ר' יוסי בר' בון בשם ר' חונה [ט]טעמא דר' לעזר ור' שמעון [ד)]לבשו כרים הצאן אלו הבכירות. ועמקים יעטפו בר אלו האפילות.

קרבן העדה

וחזר **ואמר הרי זו.** מי הויא חזרה או לא: **ר' חיננא.** פריך לא מסתברא הך בעיא כלל, אלא אמר הרי זו וחזר ואמר הרי עלי ודאי דמהני דאיסור חמור הוא וחייב (באחרים) [באחריותו]: **ואין איסור קל.** אבל היכא דאמר תחלה הרי עלי שהוא איסור חמור ואחר כך אמר הרי זו דהוי ליה איסור קל, פשיטא שאינו חל עליו: **הוסיפו עליהן.** על אותן השנויין במשנתינו שראש השנה שלהן ניסן, שכר בתים ותרומת שקלים שראש השנה שלהן ניסן: **והוא שאמר שנה זו.** הוא דלא הוה אלא עד ניסן, אבל אם אמר שנה אחת דר בה שנה מיום ליום כהא דתנן בנדרים פ' קונם (ס.): **כתחילתה.** כמו שהיתה תרומה הראשונה בשעה שהוקם המשכן בראש חודש ניסן, כן לדורות נמי מראש חודש ניסן מתחילין לתרום מן החדש: **נאמר כאן חדשי.** זאת עולת חדש בחדשו לחדשי השנה: **ונאמר להלן חדשי.** ראשון הוא לכם לחדשי השנה: **שבק ר' טבי** וכו'. הניח ר' טבי רישא דברייתא ואמר הסיפא לחוד: **דלא כן.** דלא כן היה לו לעשות שקיצר במקום שהיה לו להאריך, דמסיפא לא שמעינן דמדאורייתא צריך להביא מן החדש: **תלמוד לומר בחדשו לחדשי.** דהוי מצי למיכתב זאת עולת החדש: **בחדש אחד** וכו'. והכי פירושו, זאת עולת החדש בחדשו שיחדש ויביא מתרומה חדשה לכל חדשי השנה: **תמן תנינן.** בבכורות פ' מעשר בהמה: ה"ג **ר' אלעזר ור' שמעון אומרים בא' בתשרי בן עזאי** וכו': **האלוליים.** אותן שנולדו באלול לא מתעשרין לא עם בני תשרי ולא עם בני אב, וטעמיה מפרש בסמוך: **עד כאן.** עד אלול נמשך שהאחרונות יולדות מן אותן שנתעברו קודם ניסן, דבהמה דקה עיבורה ה' חדשים: **מכאן ואילך.** לאחר אלול הן מאותן שנתעברו לאחר ניסן והוו להו חדשות: **לבשו כרים הצאן.** מקרא הוא בספר תילים לבשו כרים הצאן ועמקים י(ת)עטפו בר יתרועעו אף ישירו. והכי קאמר, לבשו כרים הצאן מתלבשות הכבשים שנתעברות: **אלו הבכירות.** שמתעברות מיד: **ועמקים י(ת)עטפו בר.** ואיכא נמי צאן שמתעברות בזמן שעמקים יתעטפו בר והזריעה ניכרת יפה יפה, והיינו בניסן, ואע"ג דגם באדר ניכר הזריעה מכל מקום באפלייתה אין הזריעה ניכרת יפה אלא בניסן:

פני משה

אמר הרי עלי וחזר ואמר הרי זו. מהו שיחול לשון נדבה על לשון נדר: **ר' חיננא בעי.** הקשה לא מסתברא למיבעיא דאלא כך, אם אמר הרי זו וחזר ואמר הרי עלי אם חל לשון נדר על לשון נדבה, וטעמא דמסתברא היא מפני דאיכא למימר איסור חמור חל על איסור קל, וזהו נדר שהוא חמור מנדבה שהנדר חייב באחריותו מה שאין כן בנדבה, ואין איסור קל חל על איסור חמור, ואם אמר בתחלה הרי עלי כבר נתחייב באחריות ולא מהני לשון נדבה שאחר כך: **הוסיפו עליה.** על המתניתין שאחד בניסן ראש השנה לשכר בתים ובאומר לשנה זו השכרתי לך וכדר' יונה: **כהיא דאמר ר' שמואל בר יצחק בתחלתה** וכו'. גרסינן להא לעיל בריש מסכת שקלים (פ"א ה"א) עיי"ש: [וז"ל שם, ומר ר' **שמואל** וכו'. וכדקאמר ר' שמואל תרומת הלשכה בתחלתה היתה באחד בניסן דכתיב ויהי בחדש הראשון וכו', ותני עלה שביום שהוקם המשכן בו ביום נתרמה תרומת הלשכה והביאו קרבנות הצבור ממנה: **ר' טבי ר' יאשיה** וכו'. ס"ל דלא ילפינן מתרומת הלשכה בתחלתה, דשאני תחלתה שאי אפשר היה לא להקדים שעדיין לא הוקם המשכן, ולא לאחר שמכיון שהוקם המשכן הוצרכו לתרום הלשכה ולהביא קרבנות הצבור שקרבו בו ביום, אלא מהכא הוא דילפינן. **נאמר כאן חדשי** זאת עולת חדש בחדשו לחדשי השנה: **ונאמר להלן.** החדש הזה וגו' לחדשי השנה, מה חדשי שנאמר להלן וכו', אף כאן אין מונין אלא מניסן, שיהא ניסן ראשון לתרומת הלשכה של חדשי השנה: **אמר ר' יונה שבק ר' טבי ראשה.** דהברייתא, ולא אמר אלא סופה, והרי מסיפא דהברייתא לא שמעינן שיהא ניסן ראש לתרומה לכל חדשי השנה, אלא דצריך נמי כדדריש ברישא דהברייתא: **דלא כן כהדא דתני** וכו'. וכך הגירסא לקמן בפ"ק דר"ה בהלכה א' דמייתי להא דר' טבי. כלומר וכי לא כן צריך למימר כהדא דתני בספרי דדרשינן הכי וכסדר הכתוב דנפקא לן שפיר הכל: **זאת עולת חדש בחדשו.** אי לא כתב אלא חדש בחדשו ללמד שיהא תורם תרומה חדשה בתחלת החדש, יכול הייתי אומר **יהא תורם בכל חודש וחודש** לצורך הקרבנות צבור של אותו חדש בלבד: **ת"ל בחדשו לחדשי השנה.** ללמד שבחדש אחד הוא תורם לכל חדשי השנה: **יכול באיזה חדש שירצה.** יתרום לכל חדשי השנה, נאמר כאן חדשי וכו'. והשתא לר' טבי דלא אמר אלא כהך סיפא נאמר כאן וכו', אכתי לא הוה ידעינן דתרומת ניסן תהא לכל חדשי השנה, אלא דהוה אמינא שהכתוב מלמדינו שיהא ניסן ראש לתרומת חדש בחדשו, וכן בכל חדש וחדש שלאחריו יהא תורם לאותו החדש, והלכך על כרחך צריך נמי לדרשא דרישא דהברייתא]: **תמן תנינן.** בפ"ט דבכורות (מ"ה), וגרסינן להא עד סוף הלכה לעיל בריש פרק שלישי דשקלים (ה"א) ושם מפורש עיי"ש: [וז"ל שם, **תמן תנינן.** בפ"ט דבכורות (שם) ששנינו גם שם לפלוגתייהו דתנאי דמתני', ותנינן בסיפא התם ר"מ אומר וכו'. וגרסינן נמי להא לקמן בפ"ק דר"ה בהלכה א': **טעמא דר"מ.** משום דעד כאן הן מתמצות לילד מן הישנות והיינו שכלות לילד ממה שנתעברו באדר והן יולדות באב, דזמן עיבור בהמה דקה חמשה חדשים, ור"מ דריש נמי האי קרא דמייתי לקמן דכתיב לבשו כרים הצאן ועמקים יעטפו בר יתרועעו אף ישירו, והכי דריש ליה, לבשו כרים הצאן וכתרגומו יעלון דכרייא עלי ענא והיא לשון נקייה, ושהן מתעברות בזמן שעמקים יעטפו בר שהזריעה צומחת וניכרת יפה, ואימתי היא, זהו באדר. ויתרועעו אף ישירו דכתיב דריש ליה הכי, דאיכא נמי אפילתא המתאחרות להתעבר עד ניסן שהוא זמן שהתבואה בקשין שלה והשבלים נוקשות זו על זו ומתנועעות ונראין כמשוררין, ואותן הן המיעוט, ומכיון דאיכא רובא דמתעברי באדר אזלינן בתרייהו, ולפי שהן כלות לילד עד סוף אב, שאותן שנתעברו בתחלת אדר יולדות בתחלת אב והמתעברות בסוף אדר יולדות בסוף אב, לפיכך קאמר עד כאן הן מתמצות לילד מן הישנות וזהו עד אחד באלול: **מכאן ואילך.** מאחד באלול ואילך הן מתחילות לילד מן החדשות, והיינו המתעברות בניסן שהן האפילות ומתחילין להיות יולדות בתחלת אלול, ולפיכך קבעו ר"ה שלהן באחד באלול למעשר, שאז כלות הן אותן שנתעברו בישנות והוא אב ובתרייהו אזלינן: **טעמא דרבי אלעזר ורבי שמעון.** דסבירא להו ר"ה שלהן באחד בתשרי, דהכי דרשי להאי קרא, לבשו כרים הצאן אלו הבכירות שהן אותן המתעברות בתחלת אדר ויולדות בתחלת אב, ועמקים יעטפו בר אלו הן האפילות שאינן מתעברות עד סוף אדר, ומתחיל חדש ניסן דאיכא נמי יתרועעו אף ישירו

מסורת הש"ס

א) ר"ה ז. [תוספתא פ"א ה"א, מכילתא בא מס' דפסחא פ"א, ילקו"ש בא קפח] ב) ר"ה ז: [תוספתא פ"א ה"ה] ג) שקלים פ"א ה"א [כל הענין, ילקו"ש כי תשא שפו, פנחס תשפב] ד) [ר"ה ז.] ה) [יומא סה: ומגילה כט: בשינוי] ו) [בכורות פ"ט מ"ה, שקלים פ"ג ה"א, ר"ה ז:] בכורות נז: [מדרש תנאים לדברים יד כב, ילקו"ש ראה תתנד, תהלים תשפט] ז) [תוספתא פ"א ה"ו, תוספתא בכורות פ"ז ה"ו, בכורות נח.] ח) שקלים פ"ג ה"א [כל הענין] ט) [עי' ר"ה ח. וילקו"ש תהלים תשפט]

שירי קרבן

שבק ר' טבי וכו'. מה שיש לדקדק בסוגיא זו כבר כתבתי בשקלים דף א' (פ"א ה"א ד"ה יכול) ובדף ו', עיי"ש:

מראה הפנים

תמן תנינן ר"מ אומר באחד באלול וכו'. עיין בריש פ"ג דשקלים מה שנתבאר שם מזה בס"ד:

עין משפט

א מיי' פ"ד מהלכות שקלים הלכה יא [סמ"ג עשין מה]:

שינויי נוסחאות

א] **בר.** בירושלמי שקלים (פ"א ה"א) **בר רב:**
ב] **ויהי.** בירושלמי שקלים (שם) **דכתיב ויהי:**

תורה אור השלם

א) וַיְהִי בַּחֹדֶשׁ הָרִאשׁוֹן בַּשָּׁנָה הַשֵּׁנִית בְּאֶחָד לַחֹדֶשׁ הוּקַם הַמִּשְׁכָּן: (שמות מ יז)

ב) וְנִסְכֵּיהֶם חֲצִי הַהִין יִהְיֶה לַפָּר וּשְׁלִישִׁת הַהִין לָאַיִל וּרְבִיעִת הַהִין לַכֶּבֶשׂ יָיִן זֹאת עֹלַת חֹדֶשׁ בְּחָדְשׁוֹ לְחָדְשֵׁי הַשָּׁנָה: (במדבר כח יד)

ג) הַחֹדֶשׁ הַזֶּה לָכֶם רֹאשׁ חֳדָשִׁים רִאשׁוֹן הוּא לָכֶם לְחָדְשֵׁי הַשָּׁנָה: (שמות יב ב)

ד) לָבְשׁוּ כָרִים הַצֹּאן וַעֲמָקִים יַעַטְפוּ בָר יִתְרוֹעֲעוּ אַף יָשִׁירוּ: (תהלים סה יד)

רידב"ז

ר' חמא חברהון דרבנן בעי אמר הרי עלי וחזר ואמר הרי זו. פי' אם הא דמחייב על כל נדר ונדר ועל כל נדבה ונדבה הנ"מ בשנדר על גופים מחולקים, אבל אם נדר על גוף אחד ב' פעמים ה"ד כגון דאמר הרי עלי וחזר ואמר הרי זו. **ר' חיננא בעי לא מסתברא** וכו', פי' דזה אי אפשר אלא דווקא באמר הרי זו וחזר ואמר הרי עלי דאין איסור קל חל על איסור חמור:

to be counted, ***THE MONTHS OF** the year*.[12] This forms a *gezeirah shavah* (Scriptural linkage) between the two verses, from which we derive that מַה ,,חָדְשֵׁי" שֶׁנֶּאֱמַר לְהַלָּן אֵין מוֹנִין אֶלָּא מִנִּיסָן – **JUST AS** the phrase ***THE MONTHS OF** the year* **THAT IS STATED THERE**, with regard to counting the months, teaches that **WE COUNT** the months **ONLY FROM NISSAN**,[13] אַף ,,חָדְשֵׁי" שֶׁנֶּאֱמַר כָּאן אֵין מוֹנִין אֶלָּא מִנִּיסָן – **SO TOO**, the phrase ***THE MONTHS OF** the year* **THAT IS STATED HERE**, with regard to communal offerings, means that **WE COUNT** the year with regard to funding the offerings **ONLY FROM NISSAN**, i.e. that the New Year with regard to using these funds is on the first of Nissan.

The Gemara finds fault with this teaching:

אֲמַר רַבִּי יוֹנָה – **R' Yonah said:** שְׁבַק רַבִּי טָבִי רֵאשָׁה וַאֲמַר סוֹפָא – **R' Tavi forsook the first part** of the Baraisa **and stated** only **the latter part!** דְּלָא כֵן – **But it is incorrect** to do **so!** The latter part of the Baraisa is meaningless on its own, since it does not establish the law that communal offerings must be purchased with funds withdrawn at a specific time of year.[14] Rather, R' Tavi should have quoted the exposition in its entirety, כַּהֲדָא דְתָנֵי – **as it was taught in the Baraisa:** ,,זֹאת עֹלַת חֹדֶשׁ בְּחָדְשׁוֹ" – Scripture states: ***THIS IS THE OLAH OF THE NEW MOON AT ITS RENEWAL***.[15] יָכוֹל יְהֵא תוֹרֵם בְּכָל חוֹדֶשׁ וְחוֹדֶשׁ – **IT MIGHT** be thought that **ONE SHOULD WITHDRAW** funds **IN EACH AND EVERY MONTH** for that month's communal offerings.[16] תַּלְמוּד לוֹמַר ,,בְּחָדְשׁוֹ לְחָדְשֵׁי" – To teach otherwise, **[THE TORAH] STATES:** ***AT ITS RENEWAL FOR THE MONTHS OF** the year*; this indicates that בְּחוֹדֶשׁ אֶחָד הוּא תוֹרֵם לְכָל חָדְשֵׁי הַשָּׁנָה – **ONE WITHDRAWS** funds **IN ONE MONTH FOR ALL THE MONTHS OF THE YEAR**, i.e. the funds for all the year's offerings must be withdrawn at a single time during the year.[17] יָכוֹל בְּאֵי זֶה חוֹדֶשׁ שֶׁיִּרְצֶה – Now, **IT MIGHT** still be thought that one may withdraw the funds for all the months of the year **IN ANY MONTH THAT ONE WISHES**.[18] We therefore derive from the following exegesis that this is not the case: נֶאֱמַר כָּאן ,,חָדְשֵׁי" – **IT IS STATED HERE**, in the above verse concerning the New Moon communal offerings, ***THE MONTHS OF** the year;* וְנֶאֱמַר לְהַלָּן ,,חָדְשֵׁי" – **AND IT IS STATED THERE**, regarding how the months are to be counted, ***THE MONTHS OF** the year*.[19] This forms a *gezeirah shavah* between the two verses, from which we derive that מַה ,,חָדְשֵׁי" שֶׁנֶּאֱמַר לְהַלָּן אֵין מוֹנִין אֶלָּא מִנִּיסָן – **JUST AS** the phrase ***THE MONTHS OF** the year* **THAT IS STATED THERE**, with regard to counting the months, teaches that **WE COUNT** the months **ONLY FROM NISSAN**, אַף ,,חָדְשֵׁי" שֶׁנֶּאֱמַר כָּאן אֵין מוֹנִין אֶלָּא מִנִּיסָן – **SO TOO**, the phrase ***THE MONTHS OF** the year* **THAT IS STATED HERE**, with regard to the New Moon offerings, teaches that **WE COUNT** the year with regard to funding the offerings **ONLY FROM NISSAN**, i.e. that the *shekalim* for the year's offerings must be withdrawn on the first of Nissan.[20]

NOTES

12. *Exodus* 12:2, which states in full: הַחֹדֶשׁ הַזֶּה לָכֶם רֹאשׁ חֳדָשִׁים רִאשׁוֹן הוּא לָכֶם לְחָדְשֵׁי הַשָּׁנָה, *This month shall be for you the beginning of months; it shall be for you the first for "the months of" the year.*

13. The verse states explicitly that, "This month... shall be for you the first for the months of the year." It is known from an oral tradition that the verse refers to Nissan (see 7b below and *Bavli* 7a).

14. Elucidation follows *Korban HaEidah*. Cf. *Rash Sirilio* to *Shekalim* 1:1, *Mahara Fulda* ibid., and *Pnei Moshe* for other elucidations of this line to the same effect.

15. *Numbers* 28:14.

The Baraisa understands the verse as teaching that the Rosh Chodesh offerings under discussion must be purchased with new *shekalim*. [The law applies to the *tamid* and other communal offerings as well – see *Rashash* to *Bavli* 7a ד״ה חדש.] The basis for this understanding is the following exegesis: An earlier verse in that passage (v. 11) already states that וּבְרָאשֵׁי חָדְשֵׁיכֶם תַּקְרִיבוּ עֹלָה, *And on your New Moons, you shall bring an olah.* Verse 14 is thus entirely redundant, which leads us to expound all three uses of the root חדש in the verse (חֹדֶשׁ בְּחָדְשׁוֹ לְחָדְשֵׁי, *New Moon, renewal, for the months of*). First, the Baraisa here takes for granted an exegesis stated in *Bavli* 7a: חַדֵּשׁ וְהָבֵא לִי קָרְבָּן מִתְּרוּמָה חֲדָשָׁה, *Renew [the sacrificial service] and bring me an offering from a new withdrawal.* That is, the first use of the root חדש in the verse is expounded in the sense of "new," so זאת עלת חדש is taken to mean *This is the olah of the new [funds]*. Accordingly, the Torah mandates that one must withdraw new funds from the treasury at certain times in order to purchase offerings and thereby "renew" the service [and one may not simply wait until the old funds are depleted] (*Rash Sirilio* ibid.; see *Rashi* 7a ד״ה חדש and *Rashi* to *Megillah* 29b ד״ה אמרה תורה; see *Korban HaEidah*).

16. That is, one might think that one should "renew" the funds for the communal offerings every month.

17. I.e. one must "renew" the funds only once a year.

This is derived from the word בְּחָדְשׁוֹ in the verse (the second use of the root חדש), which the Baraisa expounds to mean that the funds are withdrawn *at [the year's designated] month*, i.e. that there is one month designated for the "renewal" of the funds (see *Rash Sirilio* ibid.).

18. Although we have derived that the funds must be "renewed" in a designated month, we have not yet derived that there is a specific month chosen by the Torah. Perhaps, then, the Temple treasurers may choose any month they wish for this purpose!

19. See note 12 above.

20. This is the exegesis of the third use of חדש in the verse: לְחָדְשֵׁי, *for the month of* (see *Sheyarei Korban* to *Shekalim* ad loc.).

[The Gemara has thus presented two sources for the law that the first of Nissan is the New Year for withdrawing *shekalim* to pay for the communal offerings: R' Shmuel bar Yitzchak maintains that the law is based on the fact that the initial withdrawal of funds was on the first of Nissan, and R' Tavi's Baraisa derives the law from Scripture. Some commentaries maintain that there is a significant difference between these views. According to R' Shmuel bar Rav Yitzchak, the law is a Rabbinic enactment [that the yearly withdrawal of *shekalim* resemble the original withdrawal that was performed in the Wilderness]. According to the Baraisa, however, the law is Biblical (*Rash Sirilio* and *Sheyarei Korban* to *Shekalim* ad loc.; cf. *Shelom Yerushalayim* and *Gevuras Yitzchak* there, and *Masa DiYerushalayim* here ד״ה ר׳ טבי). See *Pnei Moshe* ד״ה ר׳ טבי for another reason the Baraisa rejects R' Shmuel bar Rav Yitzchak's derivation; and cf. *Mateh Yehudah* to *Orach Chaim* 694:4 and *Torah Temimah* to *Numbers* 28:14.]

See Variant A for further discussion of when the funds are withdrawn from the treasury.

TEXTUAL AND INTERPRETIVE VARIANTS

A. As we have elucidated it, the Gemara states that the *shekalim* are withdrawn on the first of Nissan. *Rabbeinu Chananel* to *Bavli* 7a and *Rambam, Hil. Shekalim* 2:5 in fact rule that this is when funds are withdrawn (see *Tos. Yom Tov* to *Shekalim* 3:1 ד״ה בפרוס and *Rashash* to *Megillah* 29b ד״ה כמאן). Others, however, assert that they are withdrawn on the 29th of Adar, not on the first of Nissan itself (*Rash Sirilio* to *Shekalim* 3:1; *Meleches Shlomo* there; see *Rashi ms.* to *Bechoros* 57b ד״ה פרוס and *Tosafos* there). Why, then, does the Baraisa state that the New Year is on the first of Nissan?

Rashi and *Meiri* to *Bavli* 7a ד״ה ולתרומת interpret the Baraisa's ruling (that the New Year for תְּרוּמַת שְׁקָלִים is on the first of Nissan) to mean not that the **withdrawal** of the *shekalim* takes place then, but that the offerings purchased with the newly withdrawn *shekalim* are first **brought** then. That is, the law simply requires that the previous year's *shekalim* no longer be used beginning on the first of Nissan, but it does not mandate when the funds be withdrawn. It is thus understandable that the new year's *shekalim* are withdrawn earlier, on the 29th of Adar. [See also *Sfas Emes* to *Bavli* 7b ד״ה בתוה״כ לא; cf. *Tosafos* there.]

This also answers another difficulty: The Mishnah in *Shekalim* 3:1 (7b) rules that *shekalim* are withdrawn from the treasury at *three* times during the year! How, then, does the Gemara state that there is one New Year with regard to withdrawing *shekalim*? According to *Rashi* et al., that תְּרוּמַת שְׁקָלִים actually means bringing offerings from the new year's funds, it is readily understood that there is no need to with-

ר' חמא חברהון דרבנן בעי אמר הרי עלי וחזר ואמר הרי זו. ר' חיננא בעי לא מסתברא די לא אמר הרי זו וחזר ואמר הרי עלי איסור חמור חל על איסור קל אין איסור קל חל על איסור חמור: [א]הוסיפו עליהן שכר בתים [א]ותרומת שקלים. שכר בתים אמר ר' יונה [ב]והוא שאמר שנה זו אבל אם אמר שנה אחת נותן מעת לעת. ותרומת שקלים [ג]כהיא דאמר ר' שמואל [א]בר יצחק כתחילתה [א][ב]ויהי בחודש הראשון בשנה השנית באחד לחודש הוקם המשכן. ותני עלה ביום שהוקם המשכן בו ביום נתרמה התרומה. ר' טבי [ד]ר' יאשיהו בשם כהנא נאמר כאן [ב]חדשי ונאמר להלן [ג]חדשי מה חדשי שנאמר להלן אין מונין אלא מניסן אף חדשי שנאמר כאן אין מונין אלא מניסן. אמר ר' יונה שבק ר' טבי ראשה ואמר סופא דלא כן כהדא דתני [ב]זאת עולת חודש בחדשו יכול יהא תורם בכל חודש וחודש תלמוד לומר [ה]בחדשו לחדשי בחודש אחד הוא תורם לכל חדשי השנה. יכול באי זה חודש שירצה. נאמר כאן חדשי ונאמר להלן חדשי מה חדשי שנאמר להלן אין מונין אלא מניסן אף חדשי שנאמר כאן אין מונין אלא מניסן: תמן תנינן [ו]ר' מאיר אומר באחד באלול ראש השנה למעשר בהמה. [ז]בן עזאי אומר [ה]האלוליים מתעשרין בפני עצמן. [ח]אמר ר' חונה טעמיה דר' מאיר עד כאן הן מתמצות לילד מן הישנות מיכאן והילך הן מתחילות לילד מן החדשות. ר' יוסי בר' בון בשם ר' חונה [ט]טעמא דר' לעזר ור' שמעון [ד]לבשו כרים הצאן אלו הבכירות. ועמקים יעטפו בר אלו האפילות.

קרבן העדה

וחזר ואמר הרי זו. מי הויא חזרה או לא: ר' חיננא. פריך לא מסתברא הך בעיא כלל, אלא אמר הרי זו וחזר ואמר הרי עלי ודאי דמהני דאיסור חמור הוא וחייב (באחרים) [באחריותו]: ואין איסור קל. אבל היכא דאמר תחלה הרי עלי שהוא איסור חמור ואחר כך אמר הרי זו דהוי ליה איסור קל, פשיטא שאינו חל עליו: הוסיפו עליהן. על אותן השנויין במשנתינו שראש השנה שלהן ניסן, שכר בתים ותרומת שקלים שראש השנה שלהן ניסן: והוא שאמר שנה זו. הוא דלא הוה אלא עד ניסן, אבל אם אמר שנה אחת דר בה שנה מיום ליום כהא דתנן בנדרים פ' קונם (ס.): כתחילתה. כמו שהיתה תרומה הראשונה בשעה שהוקם המשכן בראש חודש ניסן, כן לדורות נמי מראש חודש ניסן מתחילין לתרום מן החדש: נאמר כאן חדשי. זאת עולת חדש בחדשו לחדשי השנה: ונאמר להלן חדשי. ראשון הוא לכם לחדשי השנה: שבק ר' טבי וכו'. הניח ר' טבי רישא דברייתא ואמר הסיפא לחוד: דלא כן. דלא כן היה לו לעשות שקיצר במקום שהיה לו להאריך, דמסיפא לא שמעינן דמדאורייתא צריך להביא מן החדש: תלמוד לומר בחדשו לחדשי. דהוי מצי למיכתב זאת עולת החדש: בחדש אחד וכו'. והכי פירושו, זאת עולת החדש בחדשו שיחדש ויביא מתרומה חדשה לכל חדשי השנה: תמן תנינן. בבכורות פ' מעשר בהמה: ה"ג ר' אלעזר ור' שמעון אומרים בא' בתשרי בן עזאי וכו': האלוליים. אותן שנולדו באלול לא מתעשרין לא עם בני תשרי ולא עם בני אב, וטעמיה מפרש בסמוך: עד כאן. עד אלול נמשך שהאחרונות יולדות מן אותן שנתעברו קודם ניסן, דבהמה דקה עיבורה ה' חדשים: מכאן ואילך. לאחר אלול הן מאותן שנתעברו לאחר ניסן והוו להו חדשות: לבשו כרים הצאן. מקרא הוא בספר תילים לבשו כרים הצאן ועמקים י(ת)עטפו בר יתרועעו אף ישירו. והכי קאמר, לבשו כרים הצאן מתלבשות הכבשים שנתעברות: אלו הבכירות. שמתעברות מיד: ועמקים י(ת)עטפו בר. ואיכא נמי צאן שמתעברות בזמן שעמקים יתעטפו בר והזריעה ניכרת יפה יפה, והיינו בניסן, ואע"ג דגם באדר ניכר הזריעה מכל מקום באפלייתה אין הזריעה ניכרת יפה אלא בניסן:

פני משה

אמר הרי עלי וחזר ואמר הרי זו. מהו שיחול לשון נדבה על לשון נדר: ר' חיננא בעי. הקשה לא מסתברא למיבעיא דאלא כך, אם אמר הרי זו וחזר ואמר הרי עלי אם חל לשון נדר על לשון נדבה, וטעמא דמסתברא היא מפני דאיכא למימר איסור חמור חל על איסור קל, וזהו נדר שהוא חמור מנדבה שהנדר חייב באחריותו מה שאין כן בנדבה, ואין איסור קל חל על איסור חמור, ואם אמר בתחלה הרי עלי כבר נתחייב באחריות ולא מהני לשון נדבה שאחר כך: הוסיפו עליה. על המתניתין שאחד בניסן ראש השנה לשכר בתים ובאומר לשנה זו השכרתי לך וכדר' יונה: כהיא דאמר ר' שמואל בר יצחק בתחלתה וכו'. גרסינן להא לעיל בריש מסכת שקלים (פ"א ה"א) עיי"ש: [וז"ל שם, ומר ר' שמואל וכו'. וכדקאמר ר' שמואל תרומת הלשכה בתחלתה היתה באחד בניסן דכתיב ויהי בחדש הראשון וכו', ותני עלה שביום שהוקם המשכן בו ביום נתרמה תרומת הלשכה והביאו קרבנות הצבור ממנה: ר' טבי ר' יאשיה וכו'. ס"ל דלא ילפינן מתרומת הלשכה בתחלתה, דשאני תחלתה שאי אפשר היה לא להקדים שעדיין לא הוקם המשכן, ולא לאחר שמכיון שהוקם המשכן הוצרכו לתרום הלשכה ולהביא קרבנות הצבור שקרבו בו ביום, אלא מהכא הוא דילפינן, נאמר כאן חדשי זאת עולת חדש בחדשו לחדשי השנה: ונאמר להלן. החדש הזה וגו' לחדשי השנה, מה חדשי שנאמר להלן וכו', אף כאן אין מונין אלא מניסן, שיהא ניסן ראשון לתרומת הלשכה של חדשי השנה: אמר ר' יונה שבק ר' טבי ראשה. דהברייתא, ולא אמר אלא סופה, והרי מסיפא דהברייתא לא שמעינן שיהא ניסן ראש לתרומה לכל חדשי השנה, אלא דצריך נמי כדדריש ברישא דהברייתא: דלא כן כהדא דתני וכו'. וכך הגירסא לקמן בפ"ק דר"ה בהלכה א' דמייתי להא דר' טבי. כלומר וכי לא כן צריך למימר כהדא דתני בספרי דדרשינן הכי וכסדר הכתוב דנפקא לן שפיר הכל: זאת עולת חדש בחדשו. אי לא כתב אלא חדש בחדשו ללמד שיהא תורם תרומה חדשה בתחלת החדש, יכול הייתי אומר יהא תורם בכל חודש וחודש לצורך הקרבנות צבור של אותו חדש בלבד: ת"ל בחדשו לחדשי השנה. ללמד שבחדש אחד הוא תורם לכל חדשי השנה: יכול באיזה חדש שירצה. יתרום לכל חדשי השנה, נאמר כאן חדשי וכו'. והשתא לר' טבי דלא אמר אלא כהך סיפא נאמר כאן וכו', אכתי לא הוה ידעינן דתרומת ניסן תהא לכל חדשי השנה, אלא דהוה אמינא שהכתוב מלמדינו שיהא ניסן ראש לתרומת חדש בחדשו, וכן בכל חדש וחדש שלאחריו יהא תורם לאותו החדש, והלכך על כרחך צריך נמי לדרשא דרישא דהברייתא]: תמן תנינן. בפ"ט דבכורות (מ"ה), וגרסינן להא עד סוף הלכה לעיל בריש פרק שלישי דשקלים (ה"א) ושם מפורש עיי"ש: [וז"ל שם, תמן תנינן. בפ"ט דבכורות (שם) ששנינו גם שם לפלוגתייהו דתנאי דמתני', ותנינן בסיפא התם ר"מ אומר וכו'. וגרסינן נמי להא לקמן בפ"ק דר"ה בהלכה א': טעמא דר"מ. משום דעד כאן הן מתמצות לילד מן הישנות והיינו שכלות לילד ממה שנתעברו באדר והן יולדות באב, דזמן עיבור בהמה דקה חמשה חדשים, ור"מ דריש נמי האי קרא דמייתי לקמן דכתיב לבשו כרים הצאן ועמקים יעטפו בר יתרועעו אף ישירו, והכי דריש ליה, לבשו כרים הצאן וכתרגומו יעלון דכרייא עלי ענא והיא לשון נקייה, ושהן מתעברות בזמן שעמקים יעטפו בר שהזריעה צומחת וניכרת יפה, ואימתי היא, זהו באדר. ויתרועעו אף ישירו דכתיב דריש ליה הכי, דאיכא נמי אפילתא המתאחרות להתעבר עד ניסן שהוא זמן שהתבואה בקשין שלה והשבלים נוקשות זו על זו ומתנועעות ונראין כמשוררין, ואותן הן המיעוט, ומכיון דאיכא רובא דמתעברי באדר אזלינן בתרייהו, ולפי שהן כלות לילד עד סוף אב, שאותן שנתעברו בתחלת אדר יולדות בתחלת אב והמתעברות בסוף אדר יולדות בסוף אב, לפיכך קאמר עד כאן הן מתמצות לילד מן הישנות וזהו עד אחד באלול: מכאן ואילך. מאחד באלול ואילך הן מתחילות לילד מן החדשות, והיינו המתעברות בניסן שהן האפילות ומתחילין להיות יולדות בתחלת אלול, ולפיכך קבעו ר"ה שלהן באחד באלול למעשר, שאז כלות הן אותן שנתעברו בישנות והוא אב ובתרייהו אזלינן: טעמא דרבי אלעזר ורבי שמעון. דסבירא להו ר"ה שלהן באחד בתשרי, דהכי דרשי להאי קרא, לבשו כרים הצאן אלו הבכירות שהן אותן המתעברות בתחלת אדר ויולדות בתחלת אב, ועמקים יעטפו בר אלו הן האפילות שאינן מתעברות עד סוף אדר, ומתחיל חדש ניסן דאיכא נמי יתרועעו אף ישירו

מסורת הש"ס

א) ר"ה ז. [תוספתא פ"א ה"א, מכילתא בא מס' דפסחא פ"א, ילקו"ש בא קפח] ב) ר"ה ז: [תוספתא פ"א ה"ה] ג) שקלים פ"א ה"א [כל הענין, ילקו"ש כי תשא שפו, פנחס תשפב] ד) [ר"ה ז.] ה) [יומא סה: ומגילה כט: בשינוי] ו) [בכורות פ"ט מ"ה, שקלים פ"ג ה"א, ר"ה ז:] בכורות נז: [מדרש תנאים לדברים יד כב, ילקו"ש ראה תתלד, תהלים תשפט] ז) [תוספתא פ"א ה"ו, תוספתא בכורות פ"ז ה"ו, בכורות נח.] ח) שקלים פ"ג ה"א [כל הענין] ט) [עי' ר"ה ח. וילקו"ש תהלים תשפט]

שירי קרבן

שבק ר' טבי וכו'. מה שיש לדקדק בסוגיא זו כבר כתבתי בשקלים דף א' (פ"א ה"א ד"ה יכול) ובדף ו', עיי"ש:

מראה הפנים

תמן תנינן ר"מ אומר באחד באלול וכו'. עיין בריש פ"ג דשקלים מה שנתבאר שם מזה בס"ד:

עין משפט

א מיי' פ"ד מהלכות שקלים הלכה יא [סמ"ג עשין מה]:

שינויי נוסחאות

א] **בר.** בירושלמי שקלים (פ"א ה"א) **בר רב:**

ב] **ויהי.** בירושלמי שקלים (שם) **דכתיב ויהי:**

תורה אור השלם

א) וַיְהִי בַּחֹדֶשׁ הָרִאשׁוֹן בַּשָּׁנָה הַשֵּׁנִית בְּאֶחָד לַחֹדֶשׁ הוּקַם הַמִּשְׁכָּן: (שמות מ יז)

ב) וְנִסְכֵּיהֶם חֲצִי הַהִין יִהְיֶה לַפָּר וּשְׁלִישִׁת הַהִין לָאַיִל וּרְבִיעִת הַהִין לַכֶּבֶשׂ יָיִן זֹאת עֹלַת חֹדֶשׁ בְּחָדְשׁוֹ לְחָדְשֵׁי הַשָּׁנָה: (במדבר כח יד)

ג) הַחֹדֶשׁ הַזֶּה לָכֶם רֹאשׁ חֳדָשִׁים רִאשׁוֹן הוּא לָכֶם לְחָדְשֵׁי הַשָּׁנָה: (שמות יב ב)

ד) לָבְשׁוּ כָרִים הַצֹּאן וַעֲמָקִים יַעַטְפוּ בָר יִתְרוֹעֲעוּ אַף יָשִׁירוּ: (תהלים סה יד)

רידב"ז

ר' חמא חברהון דרבנן בעי אמר הרי עלי וחזר ואמר הרי זו. פי' אם הא דמחייב על כל נדר ונדר ועל כל נדבה ונדבה הנ"מ בשנדר על גופים מחולקים, אבל אם נדר על גוף אחד ב' פעמים ה"ד כגון דאמר הרי עלי וחזר ואמר הרי זו. **ר' חיננא בעי לא מסתברא** וכו', פי' דזה אי אפשר אלא דווקא באמר הרי זו וחזר ואמר הרי עלי דאין איסור קל חל על איסור חמור:

A query:
רַבִּי חָמָא חַבְרְהוֹן דְּרַבָּנָן בָּעֵי – **R' Chama the Rabbis' colleague inquired:** אָמַר הֲרֵי עָלַי – If **someone said, "It is hereby** incumbent **upon me** to bring an offering," חָזַר וְאָמַר הֲרֵי זוֹ – **and he subsequently said, "This** animal **is hereby** sanctified as an offering," is he liable for two separate transgressions if he delays the offering?[1]

The inquiry is modified:
רַבִּי חִינְנָא בָּעֵי – **R' Chinana asked:** לָא מִסְתַּבְּרָא דִי לָא[2] – **It is not reasonable** to pose **this** inquiry **except**with regard to the converse case: אָמַר הֲרֵי זוֹ – **Someone said, "This** animal **is hereby** sanctified as an offering," וְחָזַר וְאָמַר הֲרֵי עָלַי – **and he subsequently said, "It is hereby** incumbent **upon me** to bring an offering." In this case it is possible that he will be liable for two separate transgressions if he delays his obligation, אִיסּוּר חָמוּר חָל עַל אִיסּוּר קַל – for **a severe prohibition can take effect on a light prohibition,** אֵין אִיסּוּר קַל חָל עַל אִיסּוּר חָמוּר – but **a light prohibition cannot take effect on a severe prohibition.**[3]

Having completed its discussion of the two laws mentioned by the Mishnah whose New Year is on the first of Nissan, the Gemara cites a Baraisa that mentions other laws for which the New Year is also on the first of Nissan:
הוֹסִיפוּ עֲלֵיהֶן שְׂכַר בָּתִּים וּתְרוּמַת שְׁקָלִים – [THE SAGES] ADDED ONTO [THE LAWS] mentioned by the Mishnah for which the New Year is the first of Nissan,[4] THE RENTAL OF HOUSES[5] AND THE WITHDRAWAL OF *SHEKALIM* from the Temple treasury to pay for the communal offerings.[6]

The Baraisa taught:
שְׂכַר בָּתִּים – The first of Nissan is the New Year for THE RENTAL OF HOUSES.

The Gemara qualifies this law:
אָמַר רַבִּי יוֹנָה – **R' Yonah said:** וְהוּא שֶׁאָמַר שָׁנָה זוֹ – **This is** true only **when [the owner] said** that he is renting the house for **"*this* year,"** אֲבָל אִם אָמַר שָׁנָה אַחַת – **but if he said** that he is renting the house for **"*one* year,"** נוֹתֵן מֵעֵת לְעֵת – **he must give** it to the tenant **from** a point in **time** in one year **to** the same point in **time** the following year. I.e. in this case he has rented the house for a full year, so the lease remains in force for a year from when it began, and it does not expire on the first of Nissan.

The Baraisa taught further:
וּתְרוּמַת שְׁקָלִים – AND the first of Nissan is the New Year for THE WITHDRAWAL OF *SHEKALIM* from the Temple treasury to pay for the communal offerings.

The Gemara provides the source of this law:
כְּהִיא דְּאָמַר רַבִּי שְׁמוּאֵל בַּר יִצְחָק – It is **as R' Shmuel bar Yitzchak said:** The withdrawal of the new *shekalim* from the Temple treasury occurs on the first of Nissan, כִּתְחִילָּתָהּ – **like** the date of **its initial** occurrence in the Wilderness.[7] We know that the first withdrawal of funds to pay for offerings occurred on the first of Nissan, for it is written:[8] "וַיְהִי בַּחֹדֶשׁ הָרִאשׁוֹן בַּשָּׁנָה הַשֵּׁנִית בְּאֶחָד לַחֹדֶשׁ הוּקַם הַמִּשְׁכָּן" – ***And it was in the first month*** (Nissan), ***in the second year, on the first of the month,***[9] ***that the Tabernacle was erected;*** וְתָנֵי עֲלָהּ – **and [a Baraisa] states concerning it** [the erection of the Tabernacle]: בְּיוֹם שֶׁהוּקַם הַמִּשְׁכָּן בּוֹ בַּיּוֹם נִתְרְמָה הַתְּרוּמָה – ON THE DAY THE TABERNACLE WAS ERECTED, ON THAT VERY DAY A WITHDRAWAL of half-*shekels* WAS MADE from the treasury to pay for the communal offerings.[10] From here we see that the withdrawal of *shekalim* to pay for the communal offerings occurred on the first of Nissan. Accordingly, this became the date when the new coins are withdrawn from the Temple treasury each year.

An alternative source:
רַבִּי טָבִי רַבִּי יֹאשִׁיָּהוּ בְּשֵׁם כַּהֲנָא – **R' Tavi** said in the name of **R' Yoshiyahu,** who said **in the name of Kahana:** נֶאֱמַר כָּאן "חָדְשֵׁי" – A Baraisa teaches: IT IS STATED HERE, regarding communal offerings, *THE MONTHS OF the year;*[11] וְנֶאֱמַר לְהַלָּן "חָדְשֵׁי" – AND IT IS STATED THERE, regarding how the months are

NOTES

1. We have previously learned that when someone delays two distinct *nedarim* or *nedavos,* he is liable for two transgressions. R' Chama inquires regarding a case in which someone vowed to bring an offering and subsequently designated a specific animal with which to fulfill his vow. On one hand, he can be viewed as having made two separate pledges: (a) a vow (*neder*) to bring an offering, and (b) a donation (*nedavah*) to bring the specific offering that he subsequently consecrated. On the other hand, since one animal is brought for both obligations, it is possible that delaying the offering three festivals is viewed as a violation of only one sacrificial obligation (*Gilyonei HaShas; Noam Yerushalmi; Ridvaz; Beur of R' Chaim Kanievski;* cf. *Korban HaEidah; Gilyonos of R' Y. Y. Kanievski* to *Megillah* 1:7).

2. [The word דִי is understood as דָא, *this,* and the word לָא is a contraction of אֶלָּא, *except.*]

3. A *neder* is considered a severe obligation, because it holds the vower responsible to bring an offering under all circumstances. A *nedavah,* by contrast, is considered a light obligation, because the person is responsible only to bring the specific offering that he designated; if the designated animal is lost or dies, he need not bring another in its place (as on 5b note 20).

Hence, if someone initially consecrates a particular animal (*nedavah*) and then commits himself to bring a replacement in the case that the first one is lost (*neder*), it is possible to inquire whether the person will be liable for two violations of the *not-to-delay* prohibition if he delays his offering beyond three festivals. In the converse case, however, where he first commits himself to the more severe *neder* and then designates the less severe *nedavah,* it is obvious that both commitments are viewed as one, and if he fails to fulfill his obligation before three festivals he will violate only one transgression (see the sources cited in note 1).

4. *Korban HaEidah* and *Pnei Moshe*; see *Tosefta* 1:1 and *Bavli* 7a. [See *Bavli* 7b regarding why the Mishnah does not include these laws in its listing.]

5. If someone leases a house to another person and stipulates that the lease is for "this year," the year ends and the lease expires on the first of Nissan – even if the tenant has lived there for as little as one month (*Tosefta* 1:5; *Bavli* 7b). [This law is Rabbinic in nature, so the Gemara does not seek a Scriptural source for it (*Rashi* 7b ד"ה הכי גרסינן). *Bavli* ibid. explains why the Rabbis designated the first of Nissan as the New Year for this purpose: People generally rent houses for the entire rainy season (i.e. winter), and the season effectively ends in Nissan.]

6. The public offerings of the Temple are purchased with half-*shekels* donated yearly by all Jewish males. (These half-*shekels* are generally known as *shekalim* – see *Ramban* to *Exodus* 30:13.) The funds are stored in the Temple treasury until they are withdrawn to be used. The Torah requires that, beginning with the first of Nissan, the offerings be purchased with "new" *shekalim,* i.e. those donated for that year. (The Gemara will soon give the source of this law.) Accordingly, the first withdrawal each year from the treasury was on the first of Nissan.

7. Just as the Jewish nation's first withdrawal [of *shekalim* to purchase communal offerings] took place on the first of Nissan, so too future withdrawals are to begin on the first of Nissan (*Korban HaEidah*).

8. *Exodus* 40:17.

9. I.e. on the first of Nissan in the year following the Exodus from Egypt.

10. *Pnei Moshe* (whose commentary to the parallel passage in *Shekalim* 1:1 is printed here in the Oz VeHadar ed.).

11. *Numbers* 28:14. The full phrase states, זֹאת עֹלַת חֹדֶשׁ בְּחָדְשׁוֹ לְחָדְשֵׁי הַשָּׁנָה, *this is the olah of the New Moon at its renewal, for "the months of" the year.* The relevance of this verse to the law that new *shekalim* must be withdrawn to purchase communal offerings will be explained below, in note 15.

"כַּאֲשֶׁר נָדַרְתָּ לַה׳ אֱלֹהֶיךָ נְדָבָה" – *JUST AS YOU VOWED TO HASHEM, YOUR GOD, A DONATION.* וְיֵשׁ נֶדֶר קָרוּי נְדָבָה – But IS THERE A VOW (*neder*) THAT IS CALLED A DONATION (*nedavah*)?[32] אֶלָּא לְחַיֵּיב עַל כָּל נֶדֶר וְנֶדֶר – RATHER, the verse comes TO MAKE HIM LIABLE FOR EACH AND EVERY VOW, וְעַל כָּל נְדָבָה וּנְדָבָה – AND FOR EACH AND EVERY DONATION.[33]

In conclusion, the Gemara defines the terms "vow" (*neder*) and "donation" (*nedavah*), and discusses the relation between the two:

אֵי זֶהוּ נֶדֶר שֶׁאָמְרוּ – **What is a vowed offering of which they spoke** in the Baraisa? הָאוֹמֵר הֲרֵי עָלַי עוֹלָה – **One who says, "It is hereby** incumbent **upon me** to bring **an *olah*** offering." אֵי זֶהוּ נְדָבָה שֶׁאָמְרוּ – And **what is a donated offering of which they spoke** in the Baraisa? הָאוֹמֵר הֲרֵי זֶה עוֹלָה – **One who says, "This** animal **is hereby** sanctified as **an *olah*** offering."[34]

NOTES

If a person makes an *erech*-vow, or if he vows to bring *olah* or *shelamim* offerings, which are not brought to atone for sins, we exact security to ensure that the person does not neglect his vow. But if a person committed an infraction that obligates him in a *chatas* or *asham,* we do not seize his property as security for this obligation. Since a person is generally eager for atonement, we assume that he will not delay bringing the offering. There is therefore no need to exact security (*Rashi* to *Bava Kamma* 40a). If, however, the three-festival deadline passes, and the person has still not fulfilled his obligation, we seize security even for *chatas* and *asham* offerings (see *Tosafos, Rosh Hashanah* 6a ד״ה יקריב; *Milchamos Hashem, Bava Kamma* folio 18a-b).]

32. As the Gemara will demonstrate below, the terms "vow" (*neder*) and "donation" (*nedavah*) refer to two different types of obligations. Why, then, does the verse say that one "vowed" a "donation"?

33. I would have thought that if a person made several vows (*nedarim*) or several donations (*nedavos*) he transgresses only one prohibition if he delays all of them for three festivals. The verse therefore states "just as you vowed... a donation" to teach that one's liability is comparable to the case where someone made both a *neder* and a *nedavah.* Just as there the person is liable to two separate transgressions, so too he is liable for every *neder* and every *nedavah* that he delays (*Korban HaEidah;* see also *Beur of R' Chaim Kanievski;* cf. *Sefer Nir*).

34. See *Kinnim* 1:1, and above, note 20.

[א] ואמר ר' יוסה קיימה ר' אבודמא נחותה בכהנים בשעיר אוף הכא הכהנים בשעיר. ר' חגיי בעא קומי ר' יוסה כתיב [א] וביום השמיני ימול עבר ולא מל. אמר ליה [ב] כי תדר נדר לה' אלהיך לא תאחר לשלמו דבר שהוא ניתן לתשלומין יצא זה שאינו ניתן לתשלומין. [ב] לא תאחר לשלמו ולא את חליפיו כהדא דתני [ג] ואל פתח אוהל מועד לא הביאו ולא את חליפיו. אמר ר' יונה [ה] פירשה לוי בן סיסי קומי רבי באומר הרי עלי עולה ועברו עליה שלשה רגלים והביא אחרת והקריבה מיד הייתי אומר ייפטר מן הראשונה לפום כן צרך מימר לא תאחר לשלמו ולא חליפיו. אמר ר' יוסה אם באומר הרי עלי מיד הוא עובר אלא [ג] כן אנן קיימין [א] באומר הרי זה עולה ועברו עליה שני רגלים והביא אחרת [א] תחתיה ולא הקריבה מיד ועבר עליה רגל שלישי הייתי אומר תצטרף עם תמורה שלשה רגלים לפום כן צרך מימר לא תאחר לשלמו ולא את חליפיו. [ג][ב] כי דרוש ידרשנו אלו חטאות [ב] ואשמות. [ב] ה' אלהיך זה הקדש בדק הבית. [ד][ב] מעמך זה לקט שכחה ופיאה. [ה][ב] והיה בך חטא [ג] ולא בקרבנך חטא. דלא כן מה אנן אמרין. אמר ר' שמואל בריה דר' יוסה בר' בון שלא תאמר שמא ימצא זבח פסול לפום כן צרך מימר [ג] והיה בך חטא בך ולא בקרבנך חטא. [ד] מוצא שפתיך תשמור ועשית [ד] תשמור [ו] ועשית [ג] להזהיר בית דין שיעשוך. רבנן דקיסרין בשם ר' אבונא [ד] מיכן למשכון. [ד] כאשר נדרת לה' אלהיך נדבה. [ו] ויש נדר קרוי נדבה. אלא לחייב על כל נדר ונדר ועל כל נדבה ונדבה. [ה][ה] אי זהו נדר שאמרו האומר הרי עלי עולה. אי זהו נדבה שאמרו האומר הרי זה עולה.

פני משה

עבר ולא מל. ביום השמיני מהו אם עובר בבל תאחר: **אמר ליה**. בהאי קרא דכתיב ביה לא תאחר כתיב לשלמו, דמשמע דבר שניתן לתשלומין שהוא משלים למחר או באיזה יום והוי כמי שהקריב בו ביום שנתחייב להקריבו: **יצא זה**. מילה ביום השמיני שאינו ניתן לתשלומין להיות כביום שנתחייב שאף שחייב הוא למולו אחר כך, מכל מקום יום השמיני אי אפשר להשלימו, והלכך אין חיוב מילה בכלל מקרא הזה כולל: **לא תאחר לשלמו ולא את חליפיו**. היינו חליפיו דלא חזי למיקרב, וכדמסיק ואזיל כהדא דתני ואל פתח אהל מועד לא הביאו כתיב גבי שחוטי חוץ ודריש ולא את חליפיו. לא מצאתי ברייתא זו כלשונה, וראיתי בפסיקתא פרשת אחרי מות דמייתי בכל מקום ברייתות דספרא וספרי ובקצת נוסחאות שונות, וגריס התם ואל פתח אהל מועד לא הביאו להקריב וגו', הכשרין ולא הפסולין יצאו בעלי מומין. והיינו נמי ולא את חליפיו, דממעט בעלי מומין דהתמורה חיילא עלייהו כדתנן בפ"ק דתמורה (מ"ב), ואינן קריבין ופטור עליהן משום שחוטי חוץ, והכא נמי ולא את חליפיו שאם לא מכרו כדי שיפול דמיו לנדבה אינו עובר משום בל תאחר: **פירשה לוי בן סוסי קומי רבי**. בדרך אחרת כגון באומר הרי עלי עולה ועברו עליה שלשה רגלים והביא אחרת שהראשון אבד והקריבה מיד, הייתי אומר יפטר בזה מן הראשונה, לפום כן וכו' ולא חליפיו, שאין החליפין משלים לראשונה: **אמר ר' יוסי**. מאי האי דקאמרת, אם באומר הרי עלי מיד הוא עובר, וכלומר מיד שעברו עליה שלשה רגלים עובר הוא ומהיכי תיתי לומר שיפטור באחרת שהקריבה, הלא זה קרבן אחר הוא: **אלא כן אנן קיימין**. את הדרש הזה, באומר הרי זה עולה ועברו עליה שני רגלים והביא אחרת תחתיה שהמיר בה ולא הקריבה מיד עד שעבר עליה רגל שלישי והייתי אומר תצטרף מה שעברו על הראשונה עם התמורה ויהיה שלשה רגלים, לפום כן צריך מימר וכו': **אלו חטאות ואשמות**. שהן נדרשין ממך לפי שהן חובה מוטל עליך: **מעמך זה לקט שכחה ופאה**. שהן חלקו של עני דכתיב בה (שמות כב כד) את העני עמך: **ולא בקרבנך חטא**. כדמפרש ואזיל: **דלא כן מה אנן אמרין**. ואם לא מיעט הכתוב לזה מה הייתי אומר: **א"ר שמואל שלא תאמר שמא ימצא זבח פסול**. כלומר שמא הואיל והוא עובר ויש בו חטא נמצא גם כן הזבח פסול, לפום כן וכו': **מכאן למשכון**. מכאן למדו לומר חייבי עולות ושלמים ממשכנין אותן כדתנן בסוף פ"ה דערכין (מ"ו): **ויש נדר קרוי נדבה**. הרי הפרש בין זה לזה, ואם הוא נדר אמאי קרוי נדבה, אלא מכאן לחייב על כל נדר ונדר וכו' בפני עצמו:

קרבן העדה

קיימה ר' **אבודמא נחותא**. למתני' דתני שמחה כל שמנה, היינו בכהנים שאוכלין משעיר החטאת מוסף של יום טוב דמקריבין בשבת, ויוצאין ידי חובת שמחה בחטאת ואשם כדתנן פ"ק דחגיגה (ז:), א"כ לא קשיא אמגורע דליכא חיובא על כל ישראל לשמוח ברגל כל שמנה: **עבר ולא מל**. מהו שיעבור על בל תאחר: **דבר שהוא ניתן לתשלומין**. שע"י הקדישו הוא חייב להביא, מה שאין כן מילה לאו תשלומין היא אלא חיובא: **לא תאחר לשלמו**. ולא כתיב לא תאחר לשלם, למעט חילופיו: **לא הביאו**. ולא כתיב ולא הביא, למעט חילופיו: **פירשה לוי וכו'**. מהו חילופיו דאינו עובר עליו, הא גם בחילופיו קרינן לא תאחר לשלמו דהא מיקרב קרב, לכך קאמר דהוה אמינא דכשהקריב חילופיו אינו עובר על קרבן ראשון אפילו שהה אותו ג' רגלים, קמ"ל דהאי אחרינא הוא: **ה"ג ועברו עליה ב' רגלים**: **אם באומר הרי עלי**. הוי ליה נדר ועובר מיד ולא צריך לג' רגלים: **אלא**. הכא במאי עסקינן באומר הרי זו עולה דהוי ליה נדבה, והפריש אחרת תחתיה לאחר ב' רגלים, ולא הקריבה לאחרת עד לאחר הרגל הג' לראשונה, הוה אמינא הואיל ומכח ראשון קאתי תצטרף הראשונה עם האחרונה ויעבור עליה: **לפום כן וכו'**. לפיכך איצטריך קרא לאשמועינן ולא חילופיו, דנותנין לו ג' רגלים לעצמו: **אלו חטאות ואשמות**. שהן נדרשין ממך שהרי חובה הן מוטלין עליך: **ה' אלקיך זה הקדש בדק הבית**. דהא קרא יתירא הוא דהא כבר כתיב ה' ברישא דקרא, אלא ללמד שאף דברים שהן לה' ולא לכהנים ולמזבח עובר עליו, ואיזהו זה הקדש בדק הבית: **מעמך זה לקט שכחה ופיאה**. שהן חלקו של עני, דכתיב ביה (שמות כב כד) את העני עמך: **ולא בקרבנך חטא**. שאין הקרבן נפסל בכך: **שלא תאמר**. שהזבח פסול אם עברו עליו ג' רגלים, לפיכך צריך קרא לאשמועינן ולא בקרבנך חטא: **להזהיר הבית דין שיעשוך**. בעל כרחך: **מכאן למשכון**. שממשכנין על הקרבנות, כדתנן בערכין (פ"ה מ"ו): **ויש נדר קרויה נדבה**. בתמיה, דמתחיל בנדר ומסיים בנדבה: **אלא לחייב על כל נדר**. בפני עצמו, דהוה אמינא דאם יש לו כמה נדרים וכמה נדבות אינו עובר אלא לאו אחד, קמ"ל דעובר על כל אחד בפני עצמו, כי היכא דעובר על נדר לעצמו ועל נדבה לעצמה:

עין משפט

א מיי' פי"ד מהלכות מעשה הקרבנות הלכה יד:
ב מיי' שם הלכה טו:
ג [מיי' שם]:
ד מיי' שם הלכה יז:
ה מיי' שם הלכה ד ופ"א מהלכות נדרים הלכה ב:

שינויי נוסחאות

א] **תחתיה ולא הקריבה מיד**. נוסף בכי"ל ע"י המגיה. בש"ג ליתא:
ב] **ואשמות וכו' בדק הבית**. כ"ה גם בספרי (כי תצא רסד). בבבלי (ה:) ואשמות **עולות ושלמים. ה' אלוהיך אלו צדקות ומעשרות ובכור**:
ג] **והיה בך חטא ולא בקרבנך חטא**. בכי"ל ובש"ג **לא תאחר לשלמו ולא את חליפיו**, והמגיה בכי"ל הגיה כמו שלפנינו:
ד] **תשמור ועשית**. בבבלי (ו.) מוצא שפתיך זו **מצות עשה**. **תשמור זו מצות לא תעשה**. **ועשית אזהרה לבית דין** שיעשוך:

תורה אור השלם

א) וּבַיּוֹם הַשְּׁמִינִי יִמּוֹל בְּשַׂר עָרְלָתוֹ: (ויקרא יב ג)

ב) כִּי תִדֹּר נֶדֶר לַיהוָה אֱלֹהֶיךָ לֹא תְאַחֵר לְשַׁלְּמוֹ כִּי דָרֹשׁ יִדְרְשֶׁנּוּ יְהוָה אֱלֹהֶיךָ מֵעִמָּךְ וְהָיָה בְךָ חֵטְא: (דברים כג כב)

ג) וְאֶל פֶּתַח אֹהֶל מוֹעֵד לֹא הֱבִיאוֹ לְהַקְרִיב קָרְבָּן לַיהוָה לִפְנֵי מִשְׁכַּן יְהוָה דָּם יֵחָשֵׁב לָאִישׁ הַהוּא דָּם שָׁפָךְ וְנִכְרַת הָאִישׁ הַהוּא מִקֶּרֶב עַמּוֹ: (ויקרא יז ד)

ד) מוֹצָא שְׂפָתֶיךָ תִּשְׁמֹר וְעָשִׂיתָ כַּאֲשֶׁר נָדַרְתָּ לַיהוָה אֱלֹהֶיךָ נְדָבָה אֲשֶׁר דִּבַּרְתָּ בְּפִיךָ: (דברים כג כד)

רידב"ז

ר' חגי בעי קומי רבי יוסה כתיב ביום השמיני ימול עבר ולא מל. פי' אם עובר בבל תאחר כשהגיע ג' רגלים כמו קרבנות ומתנות עניים וערכין וחרמים, ולא מיבעיא על מצוה שאין לה זמן קבוע דזה פשיטא דלא שייך ב"ת בזה, דלא שייך ב"ת רק במצוה שקבוע לה זמן ע"ז שייך בל תאחר יותר מזמן הזה, אבל האיך שייך בל תאחר יותר מזמן הזה אחרי שאין קבוע לה זמן, ע"כ בקרבנות וערכין וחרמים וכו' וכל ענינים ששייך בהם נתינה והבאה יש להם זמן קבוע ברגל הראשון ובאתם שמה והבאתם שמה ע"כ עובר ברגל ג' בבל תאחר יותר, אבל מצוה שאינה בנתינה והבאה ולא קבוע לה זמן פשיטא דלא שייך בל תאחר יותר מזמן הזה, אבל קמיבעיא לן במצות מילה דקבוע לה זמן אם עובר בב"ת לאחר ג' רגלים. וקפשיט **לא תאחר לשלמו דבר שהוא נותן לתשלומין יצא זה שאינו נותן לתשלומין**. פי' דלא שייך ב"ת רק במילתא דנתינה ותשלומין או לגבוה או לעניים, אבל מצוה בלא תשלומין לא שייך ב"ת, ודו"ק: **אמר ר' יוסי אם באומר הרי עלי מיד הוא עובר אלא וכו'**. יפה הסביר בגליון הש"ס:

מסורת הש"ס

א) [סוכה פ"ד ה"ה] חגיגה פ"א ה"ד, עי' פסחים עא. **ב)** עי' ר"ה ה: [ילקו"ש כי תצא תתקלה] **ג)** ר"ה ה: [נדרים ד., ספרי כי תצא רסד, מדרש תנאים לדברים כג כב, פסיקתא זוטרתא דברים כג כב, ילקו"ש כי תצא תתקלה] **ד)** [ר"ה ה:, ו:, נדרים ז., ספרי כי תצא רסד, מדרש תנאים לדברים כג כב, פסיקתא זוטרתא דברים כג כב, ילקו"ש ראה תתפ, כי תצא תתקלה] **ה)** [זבחים כט:, ילקו"ש צו תצו] **ו)** ר"ה ו. [ספרי כי תצא רסה, מדרש תנאים לדברים כג כד, פסיקתא זוטרתא דברים כג כד, ילקו"ש ויקרא תלו, כי תצא תתקלו] **ז)** [כעין זה זבחים ב. ד: מנחות ב. ילקו"ש צו תקטו כי תצא תתקלו] **ח)** [קינים פ"א מ"א] מגילה פ"א ה"ז [ר"ה ו., מגילה ח., חולין קלט., פסיקתא זוטרתא בראשית כח כ, פסיקתא זוטרתא חוקת כא ב, ילקו"ש ויקרא תלו, כי תצא תתקלו]

שירי קרבן

דבר שהוא ניתן לתשלומין. וקשה הרי בכור נמי לאו תשלומין הוא ועובר עליו. וי"ל דשאני בכור דרבי ביה קרא, דכתיב (דברים טו כ) שנה שנה. אך קשה בל תאחר מנ"ל דעובר, דהא במילה נמי כתיב (ויקרא יב ג) ביום השמיני ימול, ואפילו הכי אינו עובר על בל תאחר: **אם באומר הרי עלי מיד הוא עובר**. וקשה הא נדר כתיב בקרא דלא תאחר וכדדרשינן לקמן, ונדר הוא הרי עלי, ושמעינן דאינו עובר עליו אלא לאחר ג' רגלים דומיא דאינך. וי"ל דסובר דנדר דקרא היינו באומר הרי עלי על מנת שאיני חייב באחריותה דהו"ל דומיא דנדבה, אבל באומר הרי עלי סתם לאלתר חייב להביאה. אי נמי דסובר אע"ג דלשאר קרבנות אינו עובר אלא לאחר ג' רגלים אנדר עובר מיד, דהא איכא נמי לדקה דכתיב בהאי קרא, וקעבר עליו מיד, ועיין בבבלי בפרקין דף ו' ע"א:

גליון הש"ס

שיירי קרבן ד"ה אם באומר וכו'. עיין שיירי קרבן. ונראה דאין הכוונה שעובר מיד לאחר דיבורו, דודאי גם בנדר אינו עובר אלא אחר ג' רגלים, אבל סברת הירושלמי דכל דאמר הרי עלי דמחמת דיבורו לחוד עבר בבל תאחר ואינו תלוי בהפרשה כלל, א"כ אם הפריש ואחר ב' רגלים הביא אחרת תחתיה עובר מיד אחר רגל ראשון בבל תאחר אף אם לא נימא דמכח קמא קאתו, דדל הפרשתו, מ"מ עובר בבל תאחר כיון דכבר עברו ג' רגלים משעת נדרו, וזו דקאמר מיד הוא עובר, היינו אחר רגל ראשון דהוא רגל שלישי משעת נדרו, **אלא כן אנן קיימין באומר הרי זה**, דאז הפרשתו מחייבתו וסד"א דתצטרף עם הפרשה ראשונה דמכחו קאתי ודוק. ועיין בטורי אבן (לדף ה:): **מיכן למשכון**. עיין בספר המלחמות להרמב"ן בב"ק פ"ד (יח. מדה"ר) שהאריך בזה:

הִקְרִיבָהּ מִיָּד – **but he did not sacrifice [the substitute] immediately,** i.e. before the third festival, וְעָבַר עָלֶיהָ רֶגֶל שְׁלִישִׁי – **and** then **a third festival passed over it.** הָיִיתִי אוֹמֵר תִּצְטָרֵף עִם תְּמוּרָה שְׁלֹשָׁה רְגָלִים – In such a case **I would have said** that the two festivals that passed over **[the original offering] combine with** the festival that passed over **the substitute** to comprise **three festivals.**[22] לְפוּם כֵּן צְרַךְ מֵימַר – **Therefore [the Torah] had to state:** „לֹא תְאַחֵר לְשַׁלְּמוֹ" – ***do not delay to pay it,*** to teach that one is liable for delaying "it," וְלֹא אֶת חֲלִיפָיו – **but not** for delaying **its substitute.**[23]

The Baraisa continues its exposition of the verse:

„כִּי־דָרֹשׁ יִדְרְשֶׁנּוּ" – ***FOR HE WILL DEMAND IT:*** אֵלּוּ חַטָּאוֹת וַאֲשָׁמוֹת – **THIS REFERS TO** the ***CHATAS*** **AND** ***ASHAM*** **OFFERINGS.**[24] „ה' אֱלֹהֶיךָ" – ***HASHEM YOUR GOD:*** זֶה הֶקְדֵּשׁ בֶּדֶק הַבַּיִת – **THIS REFERS TO ITEMS CONSECRATED FOR THE UPKEEP OF THE TEMPLE.**[25] „מֵעִמָּךְ" – ***OF YOU:*** זֶה לֶקֶט שִׁכְחָה וּפֵאָה – **THIS REFERS TO** ***LEKET, SHICH'CHAH,*** **AND** ***PEAH.***[26]

The verse concludes:

„וְהָיָה בְךָ חֵטְא" – ***AND THERE WILL BE A SIN IN YOU.*** This teaches that if you delay payment of a vow, there will be a sin only in you, וְלֹא בְקָרְבָּנְךָ חֵטְא – **BUT** there will **NOT** be **A SIN IN YOUR OFFERING.**

The Gemara explains the latter exposition:

דִּלָא כֵּן מַה אֲנַן אָמְרִין – **If not for this** verse, **what would we have said?** אֲמַר רַבִּי שְׁמוּאֵל בְּרֵיהּ דְּרַבִּי יוֹסָה בְּרַבִּי בּוּן – **R' Shmuel the son of R' Yosah the son of R' Bun said:** The verse is necessary, שֶׁלֹּא תֹאמַר שֶׁמָּא יִמָּצֵא זֶבַח פָּסוּל – **so that you will not say** that **perhaps the offering will become invalid** with the passing of three festivals.[27] לְפוּם כֵּן צְרַךְ מֵימַר „וְהָיָה בְךָ חֵטְא" – **Therefore [the Torah] needed to state** ***and there will be a sin in you,*** בְּךָ וְלֹא בְקָרְבָּנְךָ חֵטְא – to teach that **in you** there will be a sin, **but** there will **not** be **a sin in your offering,** i.e. the offering does not become invalid.[28]

The Baraisa now expounds the second verse:[29]

„מוֹצָא שְׂפָתֶיךָ תִּשְׁמֹר וְעָשִׂיתָ" – ***WHAT EMERGES FROM YOUR LIPS YOU SHALL OBSERVE AND YOU SHALL DO;*** „תִּשְׁמֹר וְעָשִׂיתָ" – the words ***YOU SHALL OBSERVE AND YOU SHALL DO*** come לְהַזְהִיר בֵּית דִּין שֶׁיַּעֲשׂוּךָ – **TO WARN THE COURT THAT THEY SHOULD MAKE YOU** pay your vow.[30]

The Gemara notes a practical ramification:

רַבָּנָן דְּקֵיסָרִין בְּשֵׁם רַבִּי אַבּוּנָא – **The Rabbis of Caesarea** said **in the name of R' Avuna:** מִיכָּן לְמַשְׁכּוֹן – **From here** we learn that we exact **security** from the vower to ensure his fulfillment of the vow.[31]

The Baraisa expounds the continuation of the verse:

NOTES

was lost and another was consecrated in its stead, since if the first animal was consecrated as a *nedavah,* there would be no reason for the owner to replace it if it was lost (see previous note). And if the owner does decide to replace it, the newly consecrated animal would not be considered a "substitute" for the first one (*Sefer Nir;* see also *Kuntres Acharon* ibid.).]

22. Since the second offering was consecrated as a substitute for the first, they should be treated as a single offering over which three festivals passed. Hence the owner should be liable for having delayed his offering for three festivals (*Korban HaEidah,* from *Bavli* 5b).

23. The verse teaches that the substitute is an offering in its own right, which triggers its own count of three festivals. According to this explanation, the pronoun *it* in the phrase *you shall not delay to pay it* is interpreted thus: You are liable for delaying *it* alone (i.e. a single offering), and not for delaying a combination of it and its substitute. That is, the prohibition is transgressed only if one delays a single offering for the entire period [three festivals], and not if one delays it for part of the period and its substitute for the remainder of the period (*Rashi* ad loc.; see also *Korban HaEidah*).

As R' Yosah emphasizes, this is true only if the original *olah* was consecrated as a *nedavah.* For if the owner vowed to bring an *olah* as a *neder,* then even if the substitute offering was not viewed as a part of the original *olah,* the owner would still transgress the *not-to-delay* prohibition for failing to fulfill his vow before three festivals. When the first offering was a *nedavah,* however, the owner did not commit himself to bring an offering under all circumstances; he only pledged to bring the specific animal that he consecrated. Hence, only if the latter offering is viewed as an extension of the former one will the two festivals of the first offering combine with the third festival of the substitute offering. The verse comes to teach that this is not so; rather, each one is viewed as an independent offering and is granted its own three festivals (*Gilyon HaShas; Noam Yerushalmi; Meshech Chochmah, Deuteronomy* 23:22; *Emek Berachah, Bal Te'acher* §2 [p. 106]; *Mishnas Rav Aharon, Nedarim,* p. 67; see also *Turei Even, Rosh Hashanah* 5b ד״ה כגון).

[This explanation, given here by R' Yosah, is given in *Bavli* 5b by Rav Sheishess.]

24. These words of the verse (*Deuteronomy* 23:22) allude to obligatory offerings, which God "demands of you," such as the *chatas* and *asham* offerings (*Korban HaEidah,* from *Rashi* to 5b). I.e. the *not-to-delay* prohibition applies not only to voluntary vows, as is implied by the beginning of the verse (*When you make a* **vow** *to Hashem, your God, you shall not delay to pay it*), but to obligatory offerings as well.

25. The words *Hashem, your God* are superfluous. Since the verse has already mentioned the Name of God, it could have stated here "for He will demand it" (without a subject) and we would have inferred from the context that the reference is to God. Therefore, the words *Hashem, your God* are available to include donations to the Temple treasury. These are signified by the words, *to Hashem, your God,* because they are dedicated entirely to God, without any part being given to the Kohanim [unlike an offering from which the Kohanim receive certain portions] (*Korban HaEidah,* based on *Rashi* ibid. ד״ה אלו הדמין וד״ה ה׳ אלוקיך).

26. The Torah commands that one leave the following portions of one's crop for the poor: לֶקֶט, *leket* (*gleanings*) – ears of grain that fell from the reaper (see *Leviticus* 19:9, 23:22); שִׁכְחָה, *shich'chah* (*forgotten produce*) – sheaves inadvertently left in the field, as well as standing produce that the reaper overlooked (see *Deuteronomy* 24:19); פֵּאָה, *peah* (*edge*) – a portion of the standing crop must be left unharvested (see *Leviticus* ibid.).

The word עִמָּךְ, *with you,* is used elsewhere with respect to the poor, as it is stated (*Exodus* 22:24): אֶת־הֶעָנִי עִמָּךְ, *the poor person who is with you.* Hence, it is interpreted here as referring to *leket, shich'chah,* and *peah,* since they are entitlements of the poor (*Korban HaEidah,* from *Rashi* ibid.).

[The Rishonim raise the following difficulty: Since the owner is not required to *give* these portions to the poor, but only to leave them for the poor to take themselves, how can he be liable for delaying payment? They answer that the Baraisa refers to a case in which the owner had taken these portions and is now required to return them (see *Tosafos* et al. to 4b).]

27. Literally: perhaps the offering will be found invalid. [*Yefei Einayim* (*Bavli* 5b) deletes the words שֶׁמָּא יִמָּצֵא. The Gemara thus reads: שֶׁלֹּא תֹאמַר זֶבַח פָּסוּל, *So that you will not say that the offering is invalid,* if three festivals pass.]

28. *Korban HaEidah; Pnei Moshe;* cf. *Sefer Nir; Gilyonos of R' Y. Y. Kanievski.*

29. The second verse (*Deuteronomy* 23:24) reads: מוֹצָא שְׂפָתֶיךָ תִּשְׁמֹר וְעָשִׂיתָ כַּאֲשֶׁר נָדַרְתָּ לַה' אֱלֹהֶיךָ נְדָבָה אֲשֶׁר דִּבַּרְתָּ בְּפִיךָ, *What emerges from your lips you shall observe and you shall do; just as you vowed to Hashem, your God, a donation that you spoke with your mouth.*

30. *Korban HaEidah,* from *Bavli* 6a with *Rashi.* After commanding the vower *you shall observe,* the verse adds *and you shall do,* to teach that even if one plans to defy this commandment, he will inevitably do as he is obligated, because the court will force him to do so (*Ritva* ad loc.; see *Meshech Chochmah, Deuteronomy* 23:24 ד״ה ועשית; *Torah Temimah* ibid. §126).

31. I.e. this verse is the source for the Mishnah's ruling in Tractate *Arachin* (21a) that *beis din* seize as security the property of one who has a sacrificial obligation, to ensure that he fulfills his vow (*Korban HaEidah; Pnei Moshe*).

[The Mishnah there distinguishes between two types of obligations.

עין משפט

א מיי' פי"ד מהלכות מעשה הקרבנות הלכה יד:
ב מיי' שם הלכה טו:
ג [מיי' שם]:
ד מיי' שם הלכה יז:
ה מיי' שם הלכה ד ופ"א מהלכות נדרים הלכה ג:

[א] ואמר ר' יוסה קיימה ר' אבודמא נחותה בכהנים בשעיר אוף הכא הכהנים בשעיר. ר' חגיי בעא קומי ר' יוסה כתיב [א]וביום השמיני ימול עבר ולא מל. אמר ליה [ב]כי תדר נדר לה' אלהיך לא תאחר לשלמו דבר שהוא ניתן לתשלומין יצא זה שאינו ניתן לתשלומין. [ב]לא תאחר לשלמו ולא את חליפיו כהדא דתני [ג]ואל פתח אוהל מועד לא הביאו ולא את חליפיו. אמר ר' ה. יונה [ה]פירשה לוי בן סיסי קומי רבי באומר הרי עלי עולה ועברו עליה שלשה רגלים והביא אחרת והקריבה מיד הייתי אומר ייפטר מן הראשונה לפום כן צרך מימר לא תאחר לשלמו ולא חליפיו. אמר ר' יוסה אם באומר הרי עלי מיד הוא עובר אלא [ו]כן אנן קיימין [א]באומר הרי זה עולה ועברו עליה שני רגלים והביא אחרת [א]תחתיה ולא הקריבה מיד ועבר עליה רגל שלישי הייתי אומר תצטרף עם תמורה שלשה רגלים לפום כן צרך מימר לא תאחר לשלמו ולא את חליפיו. [ג][ב]כי דרוש ידרשנו אלו חטאות [ב]ואשמות. [ב]ה' אלהיך זה הקדש בדק הבית. [ד][ב]מעמך זה לקט שכחה ופיאה. [ה][ב]והיה בך חטא [ג]ולא בקרבנך חטא. דלא כן מה אנן אמרין. אמר ר' שמואל בריה דר' יוסה בר' בון שלא תאמר שמא ימצא זבח פסול לפום כן צרך מימר [ג]והיה בך חטא בך ולא בקרבנך חטא. [ד]מוצא שפתיך תשמור ועשית [ד]תשמור [ו]ועשית [ג]להזהיר בית דין שיעשוך. רבנן דקיסרין בשם ר' אבונא [ד]מיכן למשכון. [ד]כאשר נדרת לה' אלהיך נדבה. [ו]ויש נדר קרוי נדבה. אלא לחייב על כל נדר ונדר ועל כל נדבה ונדבה. [ה][ח]אי זהו נדר שאמרו האומר הרי עלי עולה. אי זהו נדבה שאמרו האומר הרי זה עולה.

פני משה

עבר ולא מל. ביום השמיני מהו אם עובר בבל תאחר: אמר ליה. בהאי קרא דכתיב ביה לא תאחר כתיב לשלמו, דמשמע דבר שניתן לתשלומין שהוא משלים למחר או באיזה יום והוי כמי שהקריב בו ביום שנתחייב להקריבו: יצא זה. מילה ביום השמיני שאינו ניתן לתשלומין להיות כביום שנתחייב שאף שחייב הוא למולו אחר כך, מכל מקום יום השמיני אי אפשר להשלימו, והלכך אין חיוב מילה בכלל מקרא הזה כולל: לא תאחר לשלמו ולא את חליפיו. היינו חליפיו דלא חזי למיקרב, וכדמסיק ואזיל כהדא דתני ואל פתח אהל מועד לא הביאו כתיב גבי שחוטי חוץ ודריש ולא את חליפיו. לא מצאתי ברייתא זו כלשונה, וראיתי בפסיקתא פרשת אחרי מות דמייתי בכל מקום ברייתות דספרא וספרי ובקצת נוסחאות שונות, וגריס התם ואל פתח אהל מועד לא הביאו להקריב וגו', הכשרין ולא הפסולין יצאו בעלי מומין. והיינו נמי ולא את חליפיו, דממעט בעלי מומין דהתמורה איילא עלייהו כדתנן בפ"ק דתמורה (מ"ג), ואינן קריבין ופטור עליהן משום שחוטי חוץ, והכא נמי ולא את חליפיו שאם לא מכרו כדי שיפול דמיו לנדבה אינו עובר משום בל תאחר: פירשה לוי בן סוסי קומי רבי. בדרך אחרת כגון באומר הרי עלי עולה ועברו עליה שלשה רגלים והביא אחרת שהראשון אבד והקריבה מיד, הייתי אומר יפטר בזה מן הראשונה, לפום כן וכו' ולא חליפיו, שאין החליפין משלים לראשונה: אמר ר' יוסי. מאי האי דקאמרת, אם באומר הרי עלי מיד הוא עובר, וכלומר מיד שעברו עליה שלשה רגלים עובר הוא ומהיכי תיתי לומר שיפטור באחרת שהקריבה, הלא זה קרבן אחר הוא: אלא כן אנן קיימין. את הדרש הזה, באומר הרי זה עולה ועברו עליה שני רגלים והביא אחרת תחתיה שהמיר בה ולא הקריבה מיד עד שעבר עליה רגל שלישי והייתי אומר תצטרף מה שעברו על הראשונה עם התמורה ויהיה שלשה רגלים, לפום כן צריך מימר וכו': אלו חטאות ואשמות. שהן נדרשין ממך לפי שהן חובה מוטל עליך: מעמך זה לקט שכחה ופאה. שהן חלקו של עני דכתיב בה (שמות כב כד) את העני עמך: ולא בקרבנך חטא. כדמפרש ואזיל: דלא כן מה אנן אמרין. ואם לא מיעט הכתוב לזה מה הייתי אומר: א"ר שמואל שלא תאמר שמא ימצא זבח פסול. כלומר שמא הואיל והוא עובר ויש בו חטא נמלא גם כן הזבח פסול, לפום כן וכו': מכאן למשכון. מכאן למדו לומר חייבי עולות ושלמים ממשכנין אותן כדתנן בסוף פ"ה דערכין (מ"ו): ויש נדר קרוי נדבה. הרי הפרש בין זה לזה, ואם הוא נדר אמאי קרוי נדבה, אלא מכאן לחייב על כל נדר ונדר וכו' בפני עצמו:

קרבן העדה

קיימה ר' אבודמא נחותא. למתני' דתני שמחה כל שמנה, היינו בכהנים שאוכלין משעיר החטאת מוסף של יום טוב דמקריבין בשבת, ויוצאין ידי חובת שמחה בחטאת ואשם כדתנן פ"ק דחגיגה (ז:), א"כ לא קשיא אמלורע דליכא חובה על כל ישראל לשמוח ברגל כל שמנה: עבר ולא מל. מהו שיעבור על בל תאחר: דבר שהוא ניתן לתשלומין. שע"י הקדישו הוא חייב להביא, מה שאין כן מילה לאו תשלומין היא אלא חובה: לא תאחר לשלמו. ולא כתיב לא תאחר לשלם, למעט חילופיו: לא הביאו. ולא כתיב ולא הביא, למעט חילופיו: פירשה לוי וכו'. מהו חילופיו דאינו עובר עליו, הא גם בחילופיו קרינן לא תאחר לשלמו דהא מיקרב קרב, לכך קאמר דהוה אמינא דכשהקריב חילופיו אינו עובר על קרבן ראשון אפילו שהה אותו ג' רגלים, קמ"ל דהאי אחרינא הוא: ה"ג ועברו עליה ב' רגלים: אם באומר הרי עלי. הוי ליה נדר ועובר מיד ולא צריך לג' רגלים: אלא. הכא במאי עסקינן באומר הרי זו עולה דהוי ליה נדבה, והפריש אחרת תחתיה לאחר ב' רגלים, ולא הקריבה לאחרת עד לאחר הרגל הג' לראשונה, הוה אמינא הואיל ומכח ראשון קאתי תצטרף הראשונה עם האחרונה ויעבור עליה: לפום כן וכו'. לפיכך איצטריך קרא לאשמועינן ולא חילופיו, דנותנין לו ג' רגלים לעצמו: אלו חטאות ואשמות. שהן נדרשין ממך שהרי חובה הן מוטלין עליך: ה' אלקיך זה הקדש בדק הבית. דהא קרא יתירא הוא דהא כבר כתיב ה' ברישא דקרא, אלא ללמד שאף דברים שהן לה' ולא לכהנים ולמזבח עובר עליו, ואיזהו זה הקדש בדק הבית: מעמך זה לקט שכחה ופיאה. שהן חלקו של עני, דכתיב ביה (שמות כב כד) את העני עמך: ולא בקרבנך חטא. שאין הקרבן נפסל בכך: שלא תאמר. שהזבח פסול אם עברו עליו ג' רגלים, לפיכך צריך קרא לאשמועינן ולא בקרבנך חטא: להזהיר הבית דין שיעשוך. בעל כרחך: מכאן למשכון. שממשכנין על הקרבנות, כדתנן בערכין (פ"ה מ"ו): ויש נדר קרויה נדבה. בתמיה, דמתחיל בנדר ומסיים בנדבה: אלא לחייב על כל נדר. בפני עצמו, דהוה אמינא דאם יש לו כמה נדרים וכמה נדבות אינו עובר אלא לאו אחד, קמ"ל דעובר על כל אחד בפני עצמו, כי היכא דעובר על נדר לעצמו ועל נדבה לעצמה:

מסורת הש"ס

א) [סוכה פ"ד ה"ה] חגיגה פ"א ה"ד, ע' פסחים עא. ב) ע' ר"ה ה: [ילקו"ש כי תצא תתקלה] ג) ר"ה ה: [נדרים ד., ספרי כי תצא רסד, מדרש תנאים לדברים כג כג, פסיקתא זוטרתא דברים כג כג, ילקו"ש כי תצא תתקלה] ד) [ר"ה ה:, ו:, נדרים ז., ספרי כי תצא רסד, מדרש תנאים לדברים כג כג, פסיקתא זוטרתא דברים כג כג, ילקו"ש ראה תתט, כי תצא תתקלה] ה) [זבחים כט:, ילקו"ש לו תצז] ו) ר"ה ו. [ספרי כי תצא רסה, מדרש תנאים לדברים כג כד, פסיקתא זוטרתא דברים כג כד, ילקו"ש ויקרא תלו, כי תצא תתקלו] ז) [כעין זה זבחים ב. ד: מנחות ב. ילקו"ש צו תקט כי תצא תתקלו] ח) [קינים פ"א מ"א] מגילה פ"א ה"ו [ר"ה ו., מגילה ח., חולין קלט., פסיקתא זוטרתא בראשית כח כ, פסיקתא זוטרתא חוקת כא ב, ילקו"ש ויקרא תלו, כי תצא תתקלו]

שינויי נוסחאות

א] **תחתיה ולא הקריבה מיד.** נוסף בכי"ל ע"י המגיה. בש"ג ליתא:
ב] **ואשמות וכו' בדק הבית.** כ"ה גם בספרי (כי תצא רסד). בבבלי (ה:) ואשמות עולות ושלמים. ה' אלוהיך אלו צדקות ומעשרות ובכור:
ג] **והיה בך חטא ולא בקרבנך חטא.** בכי"ל ובש"ג לא תאחר לשלמו ולא את חליפיו, והמגיה בכי"ל הגיה כמו שלפנינו:
ד] **תשמור ועשית.** בבבלי (ו.) מוצא שפתיך זו מצות עשה. תשמור זו מצות לא תעשה. ועשית אזהרה לבית דין שיעשוך:

תורה אור השלם

א) וּבַיּוֹם הַשְּׁמִינִי יִמּוֹל בְּשַׂר עָרְלָתוֹ: (ויקרא יב ג)

ב) כִּי תִדֹּר נֶדֶר לַיהוָה אֱלֹהֶיךָ לֹא תְאַחֵר לְשַׁלְּמוֹ כִּי דָרֹשׁ יִדְרְשֶׁנּוּ יְהוָה אֱלֹהֶיךָ מֵעִמָּךְ וְהָיָה בְךָ חֵטְא: (דברים כג כב)

ג) וְאֶל פֶּתַח אֹהֶל מוֹעֵד לֹא הֱבִיאוֹ לְהַקְרִיב קָרְבָּן לַיהוָה לִפְנֵי מִשְׁכַּן יְהוָה דָּם יֵחָשֵׁב לָאִישׁ הַהוּא דָּם שָׁפָךְ וְנִכְרַת הָאִישׁ הַהוּא מִקֶּרֶב עַמּוֹ: (ויקרא יז ד)

ד) מוֹצָא שְׂפָתֶיךָ תִּשְׁמֹר וְעָשִׂיתָ כַּאֲשֶׁר נָדַרְתָּ לַיהוָה אֱלֹהֶיךָ נְדָבָה אֲשֶׁר דִּבַּרְתָּ בְּפִיךָ: (דברים כג כד)

רידב"ז

ר' חגי בעי קומי רבי יוסה כתיב ביום השמיני ימול עבר ולא מל. פי' אם עובר בבל תאחר כשהגיע ג' רגלים כמו קרבנות ומתנות עניים וערכין וחרמים, ולא מיבעיא על מצוה שאין לה זמן קבוע דזה פשיטא דלא שייך ב"ת בזה, דלא שייך ב"ת רק במצוה שקבוע לה זמן ע"ז שייך בל תאחר יותר מזמן הזה, אבל האיך שייך בל תאחר יותר מזמן הזה אחרי שאין קבוע לה זמן, ע"כ בקרבנות וערכין וחרמים וכו' וכל ענינים ששייך בהם נתינה והבאה יש להם זמן קבוע ברגל הראשון ובאתם שמה והבאתם שמה ע"כ עובר ברגל ג' בבל תאחר יותר, אבל מצוה שאינה בנתינה והבאה ולא קבוע לה זמן פשיטא דלא שייך בל תאחר יותר מזמן הזה, אבל קמיבעיא לן במצות מילה דקבוע לה זמן אם עובר בב"ת לאחר ג' רגלים. וקפשיט **לא תאחר לשלמו דבר שהוא נותן לתשלומין יצא זה שאינו נותן לתשלומין.** פי' דלא שייך ב"ת רק במילתא דנתינה ותשלומין או לגבוה או לעניים, אבל מצוה בלא תשלומין לא שייך ב"ת, ודו"ק: **אמר ר' יוסי אם באומר הרי עלי מיד הוא עובר אלא וכו'.** יפה הסביר בגליון הש"ס:

שירי קרבן

דבר שהוא ניתן לתשלומין. וקשה הרי בכור נמי לאו תשלומין הוא ועובר עליו. וי"ל דשאני בכור דרבי ביה קרא, דכתיב (דברים טו כ) שנה שנה. אך קשה בל תאחר מנ"ל דעובר, דהא במילה נמי כתיב (ויקרא יב ג) ביום השמיני ימול, ואפילו הכי אינו עובר על בל תאחר: **אם באומר הרי עלי מיד הוא עובר.** וקשה הא נדר כתיב בקרא דלא תאחר וכדדרשינן לקמן, ונדר הוא הרי עלי, ושמעינן דאינו עובר עליו אלא לאחר ג' רגלים דומיא דאיך. וי"ל דסובר דנדר דקרא היינו באומר הרי עלי על מנת שאיני חייב באחריותה דהו"ל דומיא דנדבה, אבל באומר הרי עלי סתם לאלתר חייב להביאה. אי נמי דסובר אע"ג דלאחר קרבנות אינו עובר אלא לאחר ג' רגלים אנדר עובר מיד, דהא איכא נמי לדקה דכתיב בהאי קרא, וקעבר עליו מיד, ועיין בבבלי בפרקין דף ו' ע"א:

גליון הש"ס

שיירי קרבן ד"ה **אם באומר** וכו'. עיין שיירי קרבן. ונראה דאין הכוונה שעובר מיד לאחר דיבורו, דודאי גם בנדר אינו עובר אלא אחר ג' רגלים, אבל סברת הירושלמי דכל דאמר הרי עלי דמחמת דיבורו לחוד עבר בבל תאחר ואינו תלוי בהפרשה כלל, א"כ אם הפריש ולאחר ב' רגלים הביא אחרת תחתיה עובר מיד אחר רגל ראשון בבל תאחר אף אם לא נימא דמכח קמא קאתו, דלא הפרשתו, מ"מ עובר בבל תאחר כיון דכבר עברו ג' רגלים משעת נדרו, וזו דקאמר מיד הוא עובר, היינו אחר רגל ראשון דהוא רגל שלישי משעת נדרו, **אלא כן אנן קיימין באומר הרי זה,** דאז הפרשתו מחייבתו וסד"א דתצטרף עם הפרשה ראשונה דמכחו קאתי ודוק. ועיין בטורי אבן (לדף ה:) מיכן למשכון. עיין בספר המלחמות להרמב"ן בב"ק פ"ד (יח. מדה"ר) שהאריך בזה:

As it nears the end of the *not-to-delay* discourse, the Gemara cites a Baraisa that expounds the two verses that serve as the Scriptural source of this prohibition:[9]

"לֹא תְאַחֵר לְשַׁלְּמוֹ" – The final "it" in the clause, ***DO NOT DELAY TO PAY IT,*** comes to teach that one is liable for delaying the offering itself, וְלֹא אֶת חֲלִיפָיו – **BUT NOT** for delaying **ITS SUBSTITUTE.**[10]

The Gemara records a similar exposition regarding a different prohibition:

כַּהֲדָא דְתָנֵי – This is **similar to that which was taught in a Baraisa** with regard to the prohibition against sacrificing offerings outside the Temple:[11] The verse states: "וְאֶל־פֶּתַח אֹהֶל מוֹעֵד לֹא הֱבִיאוֹ" – ***AND TO THE ENTRANCE OF THE TENT OF MEETING HE DID NOT BRING IT*** . . . *this man shall be cut off from the midst of his people.*[12] The suffix "it" comes to teach that only on account of the offering itself is one liable, וְלֹא אֶת חֲלִיפָיו – **BUT NOT** for sacrificing **ITS SUBSTITUTE** outside the Temple.[13]

It is clear that the Baraisa's ruling releasing substitute offerings from the *not-to-delay* prohibition cannot be understood literally.[14] The Gemara, therefore, provides two variant interpretations of this ruling. The first interpretation:

אָמַר רַבִּי יוֹנָה – **R' Yonah said:** פֵּירְשָׁהּ לֵוִי בֶּן סִיסִי קוֹמֵי רַבִּי – **Levi ben Sisi explained [the Baraisa] in the presence of Rebbi** בְּאוֹמֵר הֲרֵי עָלַי עוֹלָה – as dealing **with someone who says, "It is hereby** incumbent **upon me** to bring **an** ***olah,***"[15] and he subsequently designated a specific animal as the offering. וְעָבְרוּ עָלֶיהָ (שלשה) [שְׁנֵי][16] רְגָלִים – **And** then **two festivals passed over it,** וְהֵבִיא אַחֶרֶת וְהִקְרִיבָהּ מִיַּד – **and he brought another** animal as a substitute for the first one **and sacrificed it immediately,** i.e. before the passage of the third festival.[17] הָיִיתִי אוֹמֵר יִפָּטֵר מִן הָרִאשׁוֹנָה – **I would have said** that **he is** now **exempt from** bringing **the first one** before the third festival passes.[18] לְפוּם כֵּן צָרִיךְ מֵימַר – **Therefore [the Torah] had to state:** "לֹא תְאַחֵר לְשַׁלְּמוֹ" – ***do not delay to pay "it,"*** which implies וְלֹא חֲלִיפָיו – **but not its substitute,** i.e. the bringing of a substitute does not free the initial animal from having to be brought on time.[19]

The above interpretation is challenged and a second interpretation is provided:

אָמַר רַבִּי יוֹסָה – **R' Yosah said:** אִם בְּאוֹמֵר הֲרֵי עָלַי – **If** the Baraisa is dealing **with someone who says, "It is hereby** incumbent **upon me** to bring an offering," מִיַּד הוּא עוֹבֵר – **he** surely **transgresses** the *do-not-delay* prohibition **immediately** upon the passing of the third festival after his vow, regardless of whether a substitute offering was brought. The verse definitely does not come to teach this law![20] אֶלָּא כֵּן אֲנַן קַיָּימִין – **Rather, we are dealing with the following** case, בְּאוֹמֵר הֲרֵי זֶה עוֹלָה – **where someone says, "This** animal **is hereby an** ***olah,***" וְעָבְרוּ עָלֶיהָ שְׁנֵי רְגָלִים – **and two festivals passed over it** וְהֵבִיא אַחֶרֶת תַּחְתֶּיהָ – **and he brought another** animal **in its stead,**[21] וְלֹא

NOTES

up at a later date (*Pnei Moshe; Noam Yerushalmi,* second explanation; *Or Same'ach, Hil. Nezirus* 7:14).

[*Avi Ezri* (Vol. 5, *Maaseh HaKorbanos* 14:13) and *Beur of R' Chaim Kanievski,* however, question this explanation from the Gemara on 3b, which considered (and, according to the explanation of *Pnei Moshe* cited in Variant B there, even *concluded*) that one is liable for the prohibition *not to delay* for not bringing the *pesach* on the 14th of Nissan – even though the *pesach* is not subject to being made up at a later date.]

9. *Deuteronomy* 23:22,24; see *Bavli* 5b-6a. The Baraisa (see *Toras Kohanim, Ki Seitzei* §264-5) first expounds the former verse, which reads: כִּי־תִדֹּר נֶדֶר לַה׳ אֱלֹהֶיךָ לֹא תְאַחֵר לְשַׁלְּמוֹ כִּי־דָרֹשׁ יִדְרְשֶׁנּוּ ה׳ אֱלֹהֶיךָ מֵעִמָּךְ וְהָיָה בְךָ חֵטְא, *When you make a vow to Hashem, your God, you shall not delay to pay it, for Hashem, your God, will demand it of you, and there will be a sin in you.* [The Gemara will interrupt its citation of the Baraisa to expound on some of the Baraisa's clauses.]

10. Scripture could have stated: לֹא תְאַחֵר לְשַׁלֵּם, *do not delay to pay.* The extra "it" comes to exclude a substitute offering (*Korban HaEidah*), as the Gemara will explain below.

11. One who slaughters a sacrificial animal outside the Temple confines is liable to *kares.* This prohibition is known as שְׁחוּטֵי חוּץ, *external slaughtering* (see *Leviticus* 17:1-7).

12. *Leviticus* 17:4.

13. Here too, Scripture could have stated: לֹא הֵבִיא, *he did not bring.* The extra "it" comes to exclude a substitute offering (*Korban HaEidah*).

[The Gemara below does not explain this ruling of the Baraisa. It is fairly obvious, however, that a standard substitute offering, which stands to be sacrificed on the Altar, *is* subject to the "external slaughtering" prohibition (*Beur of R' Chaim Kanievski*). See *Pnei Moshe, Or Same'ach, Hil. Maaseh HaKorbanos* 18:2, and *Alei Tamar* for some explanations.]

14. The standard case of a substitute offering is where an animal that had been designated as an *olah* or *shelamim* was lost and another was designated in its place. In such a case, even if the original *olah* or *shelamim* was found and offered, the substitute must also be offered. The substitute is therefore an offering in its own right, and is certainly included in the phrase *you shall not delay to pay it*! (*Korban HaEidah,* from *Bavli* 5b with *Rashi*).

15. [The Gemara (here and below) uses the *olah* merely as an example; the same would be true if he vowed to bring a *shelamim.*]

16. Emended by *Korban HaEidah* and *Noam Yerushalmi.*

17. [The original *olah* was lost, another animal was designated in its place and sacrificed after two festivals, and then the original *olah* was found. The question is whether the owner must offer the original animal – which must still be sacrificed, because the designation of the second offering did not remove the first one's sanctity – before the third festival passes.]

18. Since the original offering was consecrated in fulfillment of the person's *neder* to bring an *olah,* and he fulfilled that vow by bringing a substitute offering, I would have thought that the original offering need not be offered before three festivals (*Sefer Nir*).

19. Although a substitute was already offered, the owner is still obligated to bring the original offering within the three-festival period (*Korban HaEidah*). The word לְשַׁלְּמוֹ is interpreted thus: One may not delay paying *it,* i.e. the original offering, and the bringing of a substitute does not exempt him from this obligation (*Pnei Moshe*).

[*Rashi* (5b ד״ה חילופי עולה), as emended by *Hagahos HaBach,* explains that *Bavli* initially understood the Baraisa in this manner. See, however, *Sfas Emes* there, who challenges *Bach's* version of *Rashi.*]

20. As we will see below, there is a difference between a נֶדֶר, *neder* (vowed offering), and a נְדָבָה, *nedavah* (donated offering). In the case of a *neder,* the vower declares הֲרֵי עָלַי קָרְבָּן, "It is hereby incumbent upon me to bring an offering." He fulfills his vow by later designating a specific animal as the offering and offering it. In the case of a *nedavah,* the vower declares הֲרֵי זוֹ קָרְבָּן, "This [animal] is an offering," designating from the very start the particular animal he wishes to bring as an offering.

The legal significance of this distinction is that in the case of a *neder,* if the designated animal is lost or dies, the vower must bring another in its place, since he has not yet fulfilled his vow to bring "*an* offering." In the case of a *nedavah,* however, if anything happens to the designated animal the vower need not replace it, since his vow was only to bring "*this* offering" (*Kinnim* 1:1).

R' Yosah argues that if the person made a *neder* and later designated a specific animal as the offering for that *neder* (as R' Yonah in the name of Levi ben Sisi explained the case to be), it goes without saying that once three festivals pass he transgresses the *not-to-delay* prohibition. The only way to understand the Baraisa is by saying that it deals with a case of a *nedavah,* as R' Yosah proceeds to explain (*Noam Yerushalmi; Gilyon HaShas;* see note 23; cf. *Korban HaEidah, Sheyarei Korban,* and *Sefer Nir*).

21. The first animal became blemished, and the owner transferred its sanctity to another animal (*Sefer Nir,* based on *Bavli* 5b; *Kuntres Acharon* to *Turei Even, Rosh Hashanah* 5b ד״ה כגון). Alternatively, he designated an animal as a *temurah* for the *olah* (*Pnei Moshe,* following the simple reading of the Gemara below; see also *Meiri* to *Bavli* 5b; see 4a note 18 for the definition of *temurah*).

[The Gemara cannot be discussing a case in which the original animal

(א)ואמר ר' יוסה קיימה ר' אבודמא נחותה בכהנים בשעיר אוף הכא הכהנים בשעיר. ר' חגיי בעא קומי ר' יוסה כתיב (א)וביום השמיני ימול עבר ולא מל. אמר ליה (ב)כי תדר נדר לה' אלהיך לא תאחר לשלמו דבר שהוא ניתן לתשלומין יצא זה שאינו ניתן לתשלומין. (ב)לא תאחר לשלמו ולא את חליפיו כהדא דתני (ג)ואל פתח אוהל מועד לא הביאו ולא את חליפיו. אמר ר' יונה (ה)פירשה לוי בן סיסי קומי רבי באומר הרי עלי עולה ועברו עליה שלשה רגלים והביא אחרת והקריבה מיד הייתי אומר ייפטר מן הראשונה לפום כן צרך מימר לא תאחר לשלמו ולא חליפיו. אמר ר' יוסה אם באומר הרי עלי מיד הוא עובר אלא (ג)כן אנן קיימין (א)באומר הרי זה עולה ועברו עליה שני רגלים והביא אחרת (א)תחתיה ולא הקריבה מיד ועבר עליה רגל שלישי הייתי אומר תצטרף עם תמורה שלשה רגלים לפום כן צרך מימר לא תאחר לשלמו ולא את חליפיו. (ג)(ב)כי דרוש ידרשנו אלו חטאות (ב)ואשמות. (ב)ה' אלהיך זה הקדש בדק הבית. (ד)(ב)מעמך זה לקט שכחה ופיאה. (ה)(ב)והיה בך חטא (ג)ולא בקרבנך חטא. דלא כן מה אנן אמרין. אמר ר' שמואל בריה דר' יוסה בר' בון שלא תאמר שמא ימצא זבח פסול לפום כן צרך מימר (ג)והיה בך חטא בך ולא בקרבנך חטא. (ד)מוצא שפתיך תשמור ועשית (ו)תשמור (ז)ועשית (ג)להזהיר בית דין שיעשוך. רבנן דקיסרין בשם ר' אבונא (ד)מיכן למשכון. (ד)כאשר נדרת לה' אלהיך נדבה. (ו)ויש נדר קרוי נדבה. אלא לחייב על כל נדר ונדר ועל כל נדבה ונדבה. (ה)(ח)אי זהו נדר שאמרו האומר הרי עלי עולה. אי זהו נדבה שאמרו האומר הרי זה עולה.

פני משה

עבר ולא מל. ביום השמיני מהו אם עובר בבל תאחר: אמר ליה. בהאי קרא דכתיב ביה לא תאחר כתיב לשלמו, דמשמע דבר שניתן לתשלומין שהוא משלים למחר או באיזה יום והוי כמי שהקריב בו ביום שנתחייב להקריבו: יצא זה. מילה ביום השמיני שאינו ניתן לתשלומין להיות כביום שנתחייב שאף שחייב הוא למולו אחר כך, מכל מקום יום השמיני אי אפשר להשלימו, והלכך אין חיוב מילה בכלל מקרא הזה כולל: לא תאחר לשלמו ולא את חליפיו. היינו חליפיו דלא חזי למיקרב, וכדמסיק ואזיל כהדא דתני ואל פתח אהל מועד לא הביאו כתיב גבי שחוטי חוץ ודריש ולא את חליפיו. לא מצאתי ברייתא זו כלשונה, וראיתי בפסיקתא פרשת אחרי מות דמייתי בכל מקום ברייתות דספרא וספרי ובקצת נוסחאות שונות, וגריס התם ואל פתח אהל מועד לא הביאו להקריב וגו', הכשרין ולא הפסולין יצאו בעלי מומין. והיינו נמי ולא את חליפיו, דממעט בעלי מומין דהתמורה חיילא עלייהו כדתנן בפ"ק דתמורה (מ"ב), ואינן קריבין ופטור עליהן משום שחוטי חוץ, והכא נמי ולא את חליפיו שאם לא מכרו כדי שיפול דמיו לנדבה אינו עובר משום בל תאחר: פירשה לוי בן סוסי קומי רבי. בדרך אחרת כגון באומר הרי עלי עולה ועברו עליה שלשה רגלים והביא אחרת שהראשון אבד והקריבה מיד, הייתי אומר יפטר בזה מן הראשונה, לפום כן וכו' ולא חליפיו, שאין החליפין משלים לראשונה: אמר ר' יוסי. מאי האי דקאמרת, אם באומר הרי עלי מיד הוא עובר, וכלומר מיד שעברו עליה שלשה רגלים עובר הוא ומהיכי תיתי לומר שיפטור באחרת שהקריבה, הלא זה קרבן אחר הוא: אלא כן אנן קיימין. את הדרש הזה, באומר הרי זה עולה ועברו עליה שני רגלים והביא אחרת תחתיה שהמיר בה ולא הקריבה מיד עד שעבר עליה רגל שלישי והייתי אומר תצטרף מה שעברו על הראשונה עם התמורה ויהיה שלשה רגלים, לפום כן צריך מימר וכו': אלו חטאות ואשמות. שהן נדרשין ממך לפי שהן חובה מוטל עליך: מעמך זה לקט שכחה ופאה. שהן חלקו של עני דכתיב בה (שמות כב כד) את העני עמך: ולא בקרבנך חטא. כלמפרש ואזיל: דלא כן מה אנן אמרין. ואם לא מיעט הכתוב לזה מה הייתי אומר: א"ר שמואל שלא תאמר שמא ימצא זבח פסול. כלומר שמא הואיל והוא עובר ויש בו חטא נמלא גם כן הזבח פסול, לפום כן וכו': מכאן למשכון. מכאן למדו לומר חייבי עולות ושלמים ממשכנין אותן כדתנן בסוף פ"ה דערכין (מ"ו): ויש נדר קרוי נדבה. הרי הפרש בין זה לזה, ואם הוא נדר אמאי קרוי נדבה, אלא מכאן לחייב על כל נדר ונדר וכו' בפני עצמו:

קרבן העדה

קיימה ר' אבודמא נחותא. למתני' דתני שמחה כל שמנה, היינו בכהנים שאוכלין משעיר החטאת מוסף של יום טוב דמקריבין בשבת, ויוצאין ידי חובת שמחה בחטאת ואשם כדתנן פ"ק דחגיגה (ז:), א"כ לא קשיא אמגורע דליכא חיובא על כל ישראל לשמוח ברגל כל שמנה: עבר ולא מל. מהו שיעבור על בל תאחר: דבר שהוא ניתן לתשלומין. שע"י הקדישו הוא חייב להביא, מה שאין כן מילה לאו תשלומין היא אלא חיובא: לא תאחר לשלמו. ולא כתיב לא תאחר לשלם, למעט חילופיו: לא הביאו. ולא כתיב ולא הביא, למעט חילופיו: פירשה לוי וכו'. מהו חילופיו דאינו עובר עליו, הא גם בחילופיו קרינן לא תאחר לשלמו דהא מיקרב קרב, לכך קאמר דהוה אמינא דכשהקריב חילופיו אינו עובר על קרבן ראשון אפילו שהה אותו ג' רגלים, קמ"ל דהאי אחרינא הוא: ה"ג ועברו עליה ב' רגלים: אם באומר הרי עלי. הוי ליה נדר ועובר מיד ולא צריך לג' רגלים: אלא. הכא במאי עסקינן באומר הרי זו עולה דהוי ליה נדבה, והפריש אחרת תחתיה לאחר ב' רגלים, ולא הקריבה לאחרת עד לאחר הרגל הג' לראשונה, הוה אמינא הואיל ומכח ראשון קאתי תצטרף הראשונה עם האחרונה ויעבור עליה: לפום כן וכו'. לפיכך איצטריך קרא לאשמועינן ולא חילופיו, דנותנין לו ג' רגלים לעצמו: אלו חטאות ואשמות. שהן נדרשין ממך שהרי חובה הן מוטלין עליך: ה' אלקיך זה הקדש בדק הבית. דהא קרא יתירא הוא דהא כבר כתיב ה' ברישא דקרא, אלא ללמד שאף דברים שהן לה' ולא לכהנים ולמזבח עובר עליו, ואיזהו זה הקדש בדק הבית: מעמך זה לקט שכחה ופיאה. שהן חלקו של עני, דכתיב ביה (שמות כב כד) את העני עמך: ולא בקרבנך חטא. שאין הקרבן נפסל בכך: שלא תאמר. שהזבח פסול אם עברו עליו ג' רגלים, לפיכך צריך קרא לאשמועינן ולא בקרבנך חטא: להזהיר הבית דין שיעשוך. בעל כרחך: מכאן למשכון. שממשכנין על הקרבנות, כדתנן בערכין (פ"ה מ"ו): ויש נדר קרויה נדבה. בתמיה, דמתחיל בנדר ומסיים בנדבה: אלא לחייב על כל נדר. בפני עצמו, דהוה אמינא דאם יש לו כמה נדרים וכמה נדבות אינו עובר אלא לאו אחד, קמ"ל דעובר על כל אחד בפני עצמו, כי היכא דעובר על נדר לעצמו ועל נדבה לעצמה:

עין משפט

א מיי' פי"ד מהלכות מעשה הקרבנות הלכה יד:
ב מיי' שם הלכה טו:
ג [מיי' שם]:
ד מיי' שם הלכה יז:
ה מיי' שם הלכה ד ופ"א מהלכות נדרים הלכה ב:

שינויי נוסחאות

א] תחתיה ולא הקריבה מיד. נוסף בכי"ל ע"י המגיה. בש"ג ליתא:
ב] ואשמות וכו' בדק הבית. כ"ה גם בספרי (כי תצא רסד). בבבלי (ה:) ואשמות עולות ושלמים. ה' אלוהיך אלו צדקות ומעשרות ובכור:
ג] והיה בך חטא ולא בקרבנך חטא. בכי"ל ובש"ג לא תאחר לשלמו ולא את חליפיו, והמגיה בכי"ל הגיה כמו שלפנינו:
ד] תשמור ועשית. בבבלי (ו.) מוצא שפתיך זו מצות עשה. תשמור זו מצות לא תעשה. ועשית אזהרה לבית דין שיעשוך:

תורה אור השלם

א) וּבַיּוֹם הַשְּׁמִינִי יִמּוֹל בְּשַׂר עָרְלָתוֹ: (ויקרא יב ג)
ב) כִּי תִדֹּר נֶדֶר לַיהֹוָה אֱלֹהֶיךָ לֹא תְאַחֵר לְשַׁלְּמוֹ כִּי דָרֹשׁ יִדְרְשֶׁנּוּ יְהֹוָה אֱלֹהֶיךָ מֵעִמָּךְ וְהָיָה בְךָ חֵטְא: (דברים כג כב)
ג) וְאֶל פֶּתַח אֹהֶל מוֹעֵד לֹא הֱבִיאוֹ לְהַקְרִיב קָרְבָּן לַיהֹוָה לִפְנֵי מִשְׁכַּן יְהֹוָה דָּם יֵחָשֵׁב לָאִישׁ הַהוּא דָּם שָׁפָךְ וְנִכְרַת הָאִישׁ הַהוּא מִקֶּרֶב עַמּוֹ: (ויקרא יז ד)
ד) מוֹצָא שְׂפָתֶיךָ תִּשְׁמֹר וְעָשִׂיתָ כַּאֲשֶׁר נָדַרְתָּ לַיהֹוָה אֱלֹהֶיךָ נְדָבָה אֲשֶׁר דִּבַּרְתָּ בְּפִיךָ: (דברים כג כד)

רידב"ז

ר' חגי בעי קומי רבי יוסה כתיב ביום השמיני ימול עבר ולא מל. פי' אם עובר בבל תאחר כשהגיע ג' רגלים כמו קרבנות ומתנות עניים וערכין וחרמים, ולא מיבעיא על מצוה שאין לה זמן קבוע דזה פשיטא דלא שייך ב"ת בזה, דלא שייך ב"ת רק במצוה שקבוע לה זמן ע"ז שייך בל תאחר יותר מזמן הזה, אבל האיך שייך בל תאחר יותר מזמן הזה אחרי שאין קבוע לה זמן, ע"כ בקרבנות וערכין וחרמים וכו' וכל ענינים ששייך בהם נתינה והבאה יש להם זמן קבוע ברגל הראשון ובאתם שמה והבאתם שמה ע"כ עובר ברגל ג' בבל תאחר יותר, אבל מצוה שאינה בנתינה והבאה ולא קבוע לה זמן פשיטא דלא שייך בל תאחר יותר מזמן הזה, אבל קמיבעיא לן במצות מילה דקבוע לה זמן אם עובר בב"ת לאחר ג' רגלים. וקפשיט לא תאחר לשלמו דבר שהוא נותן לתשלומין יצא זה שאינו נותן לתשלומין. פי' דלא שייך ב"ת רק במילתא דנתינה ותשלומין או לגבוה או לעניים, אבל מצוה בלא תשלומין לא שייך ב"ת, ודו"ק: אמר ר' יוסי אם באומר הרי עלי מיד הוא עובר אלא וכו'. יפה הסביר בגליון הש"ס:

מסורת הש"ס

א) [סוכה פ"ד ה"ה] חגיגה פ"א ה"ד, עי' פסחים עא. ב) עי' ר"ה ה: [ילקו"ש כי תצא תתקלה] ג) ר"ה ה: [נדרים ד., ספרי כי תצא רסד, מדרש תנאים לדברים כג כב, פסיקתא זוטרתא דברים כג כב, ילקו"ש כי תצא תתקלה] ד) [ר"ה ה:, ו:, נדרים ז., ספרי כי תצא רסד, מדרש תנאים לדברים כג כב, פסיקתא זוטרתא דברים כג כב, ילקו"ש ראה תתפ, כי תצא תתקלה] ה) [זבחים כט:, ילקו"ש צו תצז] ו) ר"ה ו. [ספרי כי תצא רסה, מדרש תנאים לדברים כג כד, פסיקתא זוטרתא דברים כג כד, ילקו"ש ויקרא תלו, כי תצא תתקלו] ז) [כעין זה זבחים ב. ד: מנחות ב. ילקו"ש צו תקט כי תצא תתקלו] ח) [קינים פ"א מ"א] מגילה פ"א ה"ז [ר"ה ו., מגילה ח., חולין קלט., פסיקתא זוטרתא בראשית כח כ, פסיקתא זוטרתא חוקת כא ב, ילקו"ש ויקרא תלו, כי תצא תתקלו]

שירי קרבן

דבר שהוא ניתן לתשלומין. וקשה הרי בכור נמי לאו תשלומין הוא ועובר עליו. וי"ל דשאני בכור דרבי ביה קרא, דכתיב (דברים טו כ) שנה שנה. אך קשה בל תאחר מנ"ל דעובר, דהא במילה נמי כתיב (ויקרא יב ג) ביום השמיני ימול, ואפילו הכי אינו עובר על בל תאחר: אם באומר הרי עלי מיד הוא עובר. וקשה הא נדר כתיב בקרא דלא תאחר וכדדרשינן לקמן, ונדר הוא הרי עלי, ושמעינן דאינו עובר עליו אלא לאחר ג' רגלים דומיא דאיך. וי"ל דסובר דנדר דקרא היינו באומר הרי עלי על מנת שאיני חייב באחריותה דהו"ל דומיא דנדבה, אבל באומר הרי עלי סתם לאלתר חייב להביאה. אי נמי דסובר אע"ג דאשאר קרבנות אינו עובר אלא לאחר ג' רגלים אנדר עובר מיד, דהא איכא נמי לדקה דכתיב בהאי קרא, וקעבר עליו מיד, ועיין בבבלי בפרקין דף ו' ע"א:

גליון הש"ס

שיירי קרבן ד"ה אם באומר וכו'. עיין שיירי קרבן. ונראה דאין הכוונה שעובר מיד לאחר דיבורו, דודאי גם בנדר אינו עובר אלא אחר ג' רגלים, אבל סברת הירושלמי דכל דאמר הרי עלי דמחמת דיבורו לחוד עבר בבל תאחר ואינו תלוי בהפרשה כלל, א"כ אם הפריש ואחר ב' רגלים הביא אחרת תחתיה עובר מיד אחר רגל ראשון בבל תאחר אף אם לא נימא דמכח קמא קאתו, דבל הפרשתו, מ"מ עובר בבל תאחר כיון דכבר עברו ג' רגלים משעת נדרו, וזו דקאמר מיד הוא עובר, היינו אחר רגל ראשון דהוא רגל שלישי משעת נדרו, אלא כן אנן קיימין באומר הרי זה, דאז הפרשתו מחייבתו וסד"א דתצטרף עם הפרשה ראשונה דמכחו קאתי ודוק. ועיין בטורי אבן (לדף ה:) מיכן למשכון. עיין בספר המלחמות להרמב"ן בב"ק פ"ד (יח. מדה"ר) שהאריך בזה:

וַאֲמַר רַבִּי יוֹסָה – and R' Yosah said: קַיְּימָהּ רַבִּי אֲבוּדְמָא נָחוֹתָה – R' Avudma the "descender"[1] explained [the Mishnah] as follows: **בְּכֹהֲנִים בְּשָׂעִיר** – When the first day of Succos falls on the Sabbath, the mitzvah of rejoicing is fulfilled **by the Kohanim through** their consumption of the meat of **the** *chatas* **goat** that is among the festival *mussaf* offerings.[2] Since the Kohanim are able to fulfill the mitzvah of rejoicing even when the first day of Succos falls on the Sabbath, the Mishnah states that the obligation of rejoicing is in force for all eight days.[3] **אוּף הָכָא הַכֹּהֲנִים בְּשָׂעִיר – Here too,** then, regarding the *metzora,* we can answer that the mitzvah of rejoicing on the first day is fulfilled **by the Kohanim, through** their consumption of the meat of **the** *chatas* **goat.**[4]

The Gemara presents an additional query pertaining to the *not-to-delay* prohibition:

רַבִּי חַגַּיי בְּעָא קוֹמֵי רַבִּי יוֹסָה – R' Chaggai asked in the presence of R' Yosah: כְּתִיב – It is written regarding a baby boy:[5] **"וּבַיּוֹם הַשְּׁמִינִי יִמּוֹל" – *and on the eighth day* the *flesh of his foreskin* shall be circumcised. עָבַר וְלֹא מָל – If one transgressed and did not circumcise** his son on the eighth day, is he guilty of violating the prohibition against delaying one's obligations?[6]

R' Yosah responds:

אֲמַר לֵיהּ – He said to him: The verse regarding the *not-to-delay* prohibition states:[7] **"כִּי־תִדֹּר נֶדֶר לַה' אֱלֹהֶיךָ לֹא תְאַחֵר לְשַׁלְּמוֹ" – *If you make a vow to Hashem, your God, do not delay to pay it.*** The verse implies that the prohibition refers specifically to **דָּבָר שֶׁהוּא נִיתָּן לְתַשְׁלוּמִין – something that involves payment. יָצָא זֶה שֶׁאֵינוֹ נִיתָּן לְתַשְׁלוּמִין – Excluded is this** [circumcision], **which does not involve payment.**[8]

NOTES

1. R' Avudma was one of the couriers who regularly descended from Eretz Yisrael to Babylonia [to transmit the teachings of the Sages there to the Babylonian yeshivos] (*Pnei Moshe* to *Succah* 4:5 [25a]). This is the same person who is called Rav Dimi in *Bavli,* and who is frequently cited there as having "arrived" [from Eretz Yisrael] with a quotation from R' Yochanan [כִּי אֲתָא רַב דִּימִי אָמַר רַבִּי יוֹחָנָן] (*Toldos Tannaim VaAmoraim* ע' רב דימי). See at length *Doros HaRishonim* Vol. 5, pp. 467-473, regarding the "descenders."

2. The *mussaf* offerings of each festival day include numerous *olah* offerings, which are burnt in their entirety on the Altar, and a communal *chatas* goat, whose meat is eaten by the Kohanim (see *Numbers* Chs. 28-29). Since the *mussaf* is an offering that must be brought at a set time, its slaughter overrides the Sabbath (see Mishnah *Temurah* 14a).

Although the mitzvah of *simchah* is ordinarily fulfilled with *shalmei simchah* that are offered specifically for this purpose, it is possible to fulfill the mitzvah by partaking of the meat of *any* offering (*Korban HaEidah,* from Mishnah *Chagigah* 1:4 [7b in *Bavli*]). According to R' Lazar, when the first day of Succos falls on the Sabbath and *shalmei simchah* cannot be brought, the only offering made that day whose meat is available for consumption is the *chatas* goat of the *mussafin.* Thus, the Kohanim who eat the meat of this *chatas* are the ones who fulfill the mitzvah of *simchah* that day.

3. Since there are *some* people who fulfill the mitzvah even when the first day falls on the Sabbath, the Mishnah states that the *simchah* obligation is in force all eight days.

[*Bavli* (*Pesachim* 71a) rejects *Yerushalmi's* resolution of R' Lazar's view and provides an alternative resolution. For an analysis of the differing approaches of *Bavli* and *Yerushalmi,* see our edition of *Yerushalmi Succah,* 25a note 16.]

4. The mitzvah will not be fulfilled on the first day by the *metzora,* but only by the Kohanim through their eating of the *chatas* goat (see *Korban HaEidah; Pnei Moshe*). [Actually, in years when the first day of Succos does not fall on the Sabbath, all Jews, not only Kohanim, will fulfill the mitzvah on the first day. The Gemara merely means to say that no implication can be drawn from the Mishnah in *Succah* that the *metzora* must fulfill the mitzvah of *simchah* all eight days, because in any case the mitzvah is not always fulfilled by everyone all eight days (see *Beur of R' Chaim Kanievski*).]

See Variant A.

5. *Leviticus* 12:3.

6. *Korban HaEidah; Pnei Moshe.* The eighth day stated with regard to *milah* is different from that stated with regard to the *metzora.* Whereas the eighth day of the *metzora* is the earliest date for bringing his offerings, and not a deadline (see 5 note 10), the mitzvah of *milah* must be fulfilled specifically on the eighth day. [*Bavli Shabbos* (132a) teaches that two verses speak of the requirement to circumcise on the eighth day, *Leviticus* ibid. and *Genesis* 17:12; one verse is needed to exclude performing the *milah* before the eighth day, and one is needed to exclude performing the *milah* after the eighth day. One who fails to circumcise his son on the eighth day transgresses a positive commandment. After the fact, however, he is still required to fulfill the mitzvah as soon as possible.] Since the Torah requires that *milah* be performed specifically on the eighth day, one could entertain the possibility that delaying the *milah* until after the eighth day is also a violation of the prohibition against delaying one's obligations to God.

7. *Deuteronomy* 23:22.

8. One who has a sacrificial obligation can be viewed as being required to "pay" his "debt" to the Temple by bringing the offering. Hence, all sacrificial obligations are included in the Scriptural commandment not to delay "payment." The same is true of the *bechor,* which must be "paid" to the Kohen. The mitzvah of circumcision, by contrast, does not involve any manner of "payment." It is therefore not subject to this prohibition (*Ridvaz; Sefer Nir; Noam Yerushalmi,* first explanation; *Torah Temimah* to *Leviticus* 12:3 §24; *Kehillos Yaakov, Rosh Hashanah* §8; cf. *Korban HaEidah*).

An alternative explanation: The command לֹא תְאַחֵר לְשַׁלְּמוֹ implies the possibility of paying up on a day subsequent to the one on which the obligation took effect. This is indeed possible with sacrificial obligations, where if one brings his offering even after the day on which he made his vow, he has fully discharged his obligation. Circumcision, on the other hand, is not subject to being paid at a later date, because if a father circumcises his child after the eighth day, although he has fulfilled the obligation to circumcise his child, he has not fulfilled his obligation to circumcise the child *on the eighth day* (מִילָה בִּזְמַנָּהּ). [According to this explanation, the Gemara is rendered: דָּבָר שֶׁהוּא נִיתָּן לְתַשְׁלוּמִין – **Something that is subject to being made up** at a later date. יָצָא זֶה שֶׁאֵינוֹ נִיתָּן לְתַשְׁלוּמִין **– Excluded is this** [circumcision], **which is not subject to being made**

TEXTUAL AND INTERPRETIVE VARIANTS

A. According to the elucidation given above, the Gemara's concluding words אוּף הָכָא הַכֹּהֲנִים בְּשָׂעִיר, *here too the Kohanim through the [chatas] goat* are (as noted above) imprecise, because in years in which the first day of Succos does not fall on the Sabbath (which is most years), all Jews, and not just Kohanim, fulfill the mitzvah of *simchah* all eight days; only the *metzora* and the other *mechusarei kapparah* do not. Furthermore, asks *Sefer Nir,* how can the Gemara compare our case of a *metzora* to that of a year in which the first day of Yom Tov fell on the Sabbath? In the latter case everyone besides the Kohanim is *unavoidably prevented* from fulfilling the mitzvah on the first day of Yom Tov (since the mitzvah can be performed only with the meat of an offering brought on Yom Tov, and private offerings may not be brought on the Sabbath). This is no comparison to the case of a *metzora,* who has the option of bringing his offerings before the festival and making himself *tahor* to be able to fulfill the mitzvah of *simchah* all eight days. What excuse does he have for not doing so?

Others, however (*Tal Torah; Or Same'ach, Hil. Avos HaTumah* 12:15), explain the Gemara to mean that the statement of the Baraisa that even a *metzora* may deliberately delay his offerings until the festival can be explained as referring specifically to a year in which the first day of Yom Tov falls on the Sabbath. In such a case the *metzora* loses nothing by delaying his offerings until the first day of Chol HaMoed, since he will in any event be unable to fulfill the mitzvah of *simchah* on the first day of Yom Tov that year. [Note that according to this new explanation — unlike according to the one given above — in most years the *metzora* will in fact be *required* to bring his offerings before the festival.]

עין משפט

א מיי' פי"ד מהלכות מעשה הקרבנות הלכה יד:
ב מיי' שם הלכה טו:
ג [מיי' שם]:
ד מיי' שם הלכה יז:
ה מיי' שם הלכה ד ופ"א מהלכות נדרים הלכה ג:

שינויי נוסחאות

א] **תחתיה ולא הקריבה מיד.** נוסף בכי"ל ע"י המגיה. בש"ג ליתא:
ב] **ואשמות וכו' בדק הבית.** כ"ה גם בספרי (כי תצא רסד). בבבלי (ה:) ואשמות **עולות ושלמים.** ה' אלוהיך **אלו** צדקות ומעשרות ובכור:
ג] **והיה בך חטא ולא בקרבנך חטא.** בכי"ל ובש"ג **לא תאחר לשלמו ולא את חליפיו,** והמגיה בכי"ל הגיה כמו שלפנינו:
ד] **תשמור ועשית.** בבבלי (ו.) מוצא שפתיך זו **מצות עשה.** תשמור זו **מצות לא תעשה.** ועשית **אזהרה לבית** דין שיעשוך:

תורה אור השלם

א) וּבַיּוֹם הַשְּׁמִינִי יִמּוֹל בְּשַׂר עָרְלָתוֹ: (ויקרא יב ג)

ב) כִּי תִדֹּר נֶדֶר לַיהוָה אֱלֹהֶיךָ לֹא תְאַחֵר לְשַׁלְּמוֹ כִּי דָרֹשׁ יִדְרְשֶׁנּוּ יְהוָה אֱלֹהֶיךָ מֵעִמָּךְ וְהָיָה בְךָ חֵטְא: (דברים כג כב)

ג) וְאֶל פֶּתַח אֹהֶל מוֹעֵד לֹא הֱבִיאוֹ לְהַקְרִיב קָרְבָּן לַיהוָה לִפְנֵי מִשְׁכַּן יְהוָה דָּם יֵחָשֵׁב לָאִישׁ הַהוּא דָּם שָׁפָךְ וְנִכְרַת הָאִישׁ הַהוּא מִקֶּרֶב עַמּוֹ: (ויקרא יז ד)

ד) מוֹצָא שְׂפָתֶיךָ תִּשְׁמֹר וְעָשִׂיתָ כַּאֲשֶׁר נָדַרְתָּ לַיהוָה אֱלֹהֶיךָ נְדָבָה אֲשֶׁר דִּבַּרְתָּ בְּפִיךָ: (דברים כג כד)

רידב"ז

ר' חגי בעי קומי רבי יוסה כתיב ביום השמיני ימול **עבר ולא מל.** פי' אם עובר בבל תאחר כשהגיע ג' רגלים כמו קרבנות ומתנות עניים וערכין וחרמים, ולא מיבעיא על מצוה שאין לה זמן קבוע דזה פשיטא דלא שייך ב"ת בזה, דלא שייך ב"ת רק במצוה שקבוע לה זמן ע"ז שייך בל תאחר יותר מזמן הזה, אבל האיך שייך בל תאחר יותר מזמן הזה אחרי שאין קבוע לה זמן, ע"כ בקרבנות וערכין וחרמים וכו' וכל ענינים ששייך בהם נתינה והבאה יש להם זמן קבוע ברגל הראשון ובאתם שמה והבאתם שמה ע"כ עובר ברגל ג' בבל תאחר יותר, אבל מצוה שאינה בנתינה והבאה ולא קבוע לה זמן פשיטא דלא שייך בל תאחר יותר מזמן הזה, אבל קמיבעיא לן במצות מילה דקבוע לה זמן אם עובר בב"ת לאחר ג' רגלים. וקפשיט **לא תאחר לשלמו דבר שהוא נותן לתשלומין יצא זה שאינו נותן לתשלומין.** פי' דלא שייך ב"ת רק במילתא דנתינה ותשלומין או לגבוה או לעניים, אבל מצוה בלא תשלומין לא שייך ב"ת, ודו"ק: **אמר ר' יוסי אם באומר הרי עלי מיד הוא עובר אלא** וכו'. יפה הסביר בגליון הש"ס:

[גמרא]

(א) ואמר ר' יוסה קיימה ר' אבודמא נחותה בכהנים בשעיר אוף הכא הכהנים בשעיר. ר' חגיי בעא קומי ר' יוסה כתיב (א) וביום השמיני ימול עבר ולא מל. אמר ליה (ב) כי תדר נדר לה' אלהיך לא תאחר לשלמו דבר שהוא ניתן לתשלומין יצא זה שאינו ניתן לתשלומין. (ב) לא תאחר לשלמו ולא את חליפיו כהדא דתני (ג) ואל פתח אוהל מועד לא הביאו ולא את חליפיו. אמר ר' ה. יונה (ה) פירשה לוי בן סיסי קומי רבי באומר הרי עלי עולה ועברו עליה שלשה רגלים והביא אחרת והקריבה מיד הייתי אומר ייפטר מן הראשונה לפום כן צרך מימר לא תאחר לשלמו ולא חליפיו. אמר ר' יוסה אם באומר הרי עלי מיד הוא עובר אלא (ו) כן אנן קיימין (א) באומר הרי זה עולה ועברו עליה שני רגלים והביא אחרת [א] תחתיה ולא הקריבה מיד ועבר עליה רגל שלישי הייתי אומר תצטרף עם תמורה שלשה רגלים לפום כן צרך מימר לא תאחר לשלמו ולא את חליפיו. (ג)(ב) כי דרוש ידרשנו אלו חטאות [ב] ואשמות. (ב) ה' אלהיך זה הקדש בדק הבית. (ד)(ב) מעמך זה לקט שכחה ופיאה. (ח)(ב) והיה בך חטא (ג) ולא בקרבנך חטא. דלא כן מה אנן אמרין. אמר ר' שמואל בריה דר' יוסה בר' בון שלא תאמר שמא ימצא זבח פסול לפום כן צרך מימר (ג) והיה בך חטא בך ולא בקרבנך חטא. (ד) מוצא שפתיך תשמור ועשית [ד] תשמור (ו) ועשית (ג) להזהיר בית דין שיעשוך. רבנן דקיסרין בשם ר' אבונא (ד) מיכן למשכון. (ד) כאשר נדרת לה' אלהיך נדבה. (ז) ויש נדר קרוי נדבה. אלא לחייב על כל נדר ונדר ועל כל נדבה ונדבה. (ה)(ח) אי זהו נדר שאמרו האומר הרי עלי עולה. אי זהו נדבה שאמרו האומר הרי זה עולה.

פני משה

עבר ולא מל. ביום השמיני מהו אם עובר בבל תאחר: **אמר ליה.** בהאי קרא דכתיב ביה לא תאחר כתיב לשלמו, דמשמע דבר שניתן לתשלומין שהוא משלים למחר או באיזה יום והוי כמי שהקריבו בו ביום שנתחייב להקריבו: **יצא זה.** מילה ביום השמיני שאינו ניתן לתשלומין להיות כביום שנתחייב שאף שחייב הוא למולו אחר כך, מכל מקום יום השמיני אי אפשר להשלימו, והלכך אין חיוב מילה בכלל מקרא הזה כולל: **לא תאחר לשלמו ולא את חליפיו.** היינו חליפיו דלא חזי למיקרב, וכדמסיק ואזיל כהדא דתני ואל פתח אהל מועד לא הביאו כתיב גבי שחוטי חוץ ודריש ולא את חליפיו. לא מצאתי ברייתא זו כלשונה, וראיתי בפסיקתא פרשת אחרי מות דמייתי בכל מקום ברייתות דספרא וספרי ובקצת נוסחאות שונות, וגרים התם ואל פתח אהל מועד לא הביאו להקריב וגו', הכשרין ולא הפסולין יצאו בעלי מומין. והיינו נמי ולא את חליפיו, דממעט בעלי מומין דהתמורה חיילא עלייהו כדתנן בפ"ק דתמורה (מ"ג), ואינן קריבין ופטור עליהן משום שחוטי חוץ, והכא נמי ולא את חליפיו שאם לא מכרו כדי שיפול דמיו לנדבה אינו עובר משום בל תאחר: **פירשה לוי בן סוסי קומי רבי.** בדרך אחרת כגון באומר הרי עלי עולה ועברו עליה שלשה רגלים והביא אחרת שהראשון אבד והקריבה מיד, הייתי אומר יפטור בזה מן הראשונה, לפום כן וכו' ולא חליפיו, שאין החליפין משלים לראשונה: **אמר ר' יוסי.** מאי האי דקאמרת, אם באומר הרי עלי מיד הוא עובר, וכלומר מיד שעברו עליה שלשה רגלים עובר הוא ומהיכי תיתי לומר שיפטור באחרת שהקריבה, הלא זה קרבן אחר הוא: **אלא כן אנן קיימין.** את הדרש הזה, באומר הרי זה עולה ועברו עליה שני רגלים והביא אחרת תחתיה שהמיר בה ולא הקריבה מיד עד שעבר עליה רגל שלישי והייתי אומר תצטרף מה שעברו על הראשונה עם התמורה ויהיה שלשה רגלים, לפום כן צריך מימר וכו': **אלו חטאות ואשמות.** שהן נדרשין ממך לפי שהן חובה מוטל עליך: **מעמך זה לקט שכחה ופאה.** שהן חלקו של עני דכתיב בה (שמות כב כד) את העני עמך: **ולא בקרבנך חטא.** כלמפרש ואזיל: **דלא כן מה אנן אמרין.** ואם לא מיעט הכתוב לזה מה הייתי אומר: **א"ר שמואל שלא תאמר שמא ימצא זבח פסול.** כלומר שמא הואיל והוא עובר ויש בו חטא נמצא גם כן הזבח פסול, לפום כן וכו': **מכאן למשכון.** מכאן למדו לומר חייבי עולות ושלמים ממשכנין אותן כדתנן בסוף פ"ה דערכין (מ"ו): **ויש נדר קרוי נדבה.** הרי הפרש בין זה לזה, ואם הוא נדר אמאי קרוי נדבה, אלא מכאן לחייב על כל נדר ונדר וכו' בפני עצמו:

קרבן העדה

קיימה ר' אבודמא נחותא. למתני' דתני שמחה כל שמנה, היינו בכהנים שאוכלין משעיר החטאת מוסף של יום טוב דמקריבין בשבת, ויוצאין ידי חובת שמחה בחטאת ואשם כדתנן פ"ק דחגיגה (ז:), א"כ לא קשיא אמנורע דליכא חיובא על כל ישראל לשמוח ברגל כל שמנה: **עבר ולא מל.** מהו שיעבור על בל תאחר: **דבר שהוא ניתן לתשלומין.** שע"י הקדישו הוא חייב להביא, מה שאין כן מילה לאו תשלומין היא אלא חיובא: **לא תאחר לשלמו.** ולא כתיב לא תאחר לשלם, למעט חילופיו: **לא הביאו.** ולא כתיב ולא הביא, למעט חילופיו: **פירשה לוי וכו'.** מהו חילופיו דאינו עובר עליו, הא גם בחילופיו קרינן לא תאחר לשלמו דהא מיקרב קרב, לכך קאמר דהוה אמינא דכשהקריב חילופיו אינו עובר על קרבן ראשון אפילו שהה אותו ג' רגלים, קמ"ל דהאי אחרינא הוא: ה"ג ועברו עליה ב' רגלים: **אם באומר הרי עלי.** הוי ליה נדר ועובר מיד ולא צריך לג' רגלים: **אלא.** הכא במאי עסקינן באומר הרי זו עולה דהוי ליה נדבה, והפריש אחרת תחתיה לאחר ב' רגלים, ולא הקריבה לאחרת עד לאחר הרגל הג' לראשונה, הוה אמינא הואיל ומכח ראשון קאתי תצטרף הראשונה עם האחרונה ויעבור עליה: **לפום כן וכו'.** לפיכך איצטריך קרא לאשמועינן ולא חילופיו, דנותנין לו ג' רגלים לעצמו: **אלו חטאות ואשמות.** שהן נדרשין ממך שהרי חובה הן מוטלין עליך: **ה' אלקיך זה הקדש בדק הבית.** דהא קרא יתירא הוא דהא כבר כתיב ה' ברישא דקרא, אלא ללמד שאף דברים שהן לה' ולא לכהנים ולמזבח עובר עליו, ואיזהו זה הקדש בדק הבית: **מעמך זה לקט שכחה ופיאה.** שהן חלקו של עני, דכתיב ביה (שמות כב כד) את העני עמך: **ולא בקרבנך חטא.** שאין הקרבן נפסל בכך: **שלא תאמר.** שהזבח פסול אם עברו עליו ג' רגלים, לפיכך צריך קרא לאשמועינן ולא בקרבנך חטא: **להזהיר הבית דין שיעשוך.** בעל כרחך: **מכאן למשכון.** שממשכנין על הקרבנות, כדתנן בערכין (פ"ה מ"ו): **ויש נדר קרויה נדבה.** בתמיה, דמתחיל בנדר ומסיים בנדבה: **אלא לחייב על כל נדר.** בפני עצמו, דהוה אמינא דאם יש לו כמה נדרים וכמה נדבות אינו עובר אלא לאו אחד, קמ"ל דעובר על כל אחד בפני עצמו, כי היכא דעובר על נדר לעצמו ועל נדבה לעצמה:

מסורת הש"ס

א) [סוכה פ"ד ה"ה] חגיגה פ"א ה"ד, עי' פסחים עא. ב) עי' ר"ה ה: [ילקו"ש כי תצא תתקלה] ג) ר"ה ה: [נדרים ד., ספרי כי תצא רסד, מדרש תנאים לדברים כג כג, פסיקתא זוטרתא דברים כג כב, ילקו"ש כי תצא תתקלה] ד) [ר"ה ה:, ו:, נדרים ז., ספרי כי תצא רסד, מדרש תנאים לדברים כג כג, פסיקתא זוטרתא דברים כג כב, ילקו"ש ראה תתפ, כי תצא תתקלה] ה) [זבחים כט:, ילקו"ש צו תלו] ו) ר"ה ו. [ספרי כי תצא רסה, מדרש תנאים לדברים כג כד, פסיקתא זוטרתא דברים כג כד, ילקו"ש ויקרא תלו, כי תצא תתקלו] ז) [כעין זה זבחים ב. ד: מנחות ב. ילקו"ש צו תקטו כי תצא תתקלו] ח) [קינים פ"א מ"א] מגילה פ"א ה"ז [ר"ה ו., מגילה ח., חולין קלט., פסיקתא זוטרתא בראשית כח כ, פסיקתא זוטרתא חוקת כא ב, ילקו"ש ויקרא תלו, כי תצא תתקלו]

שירי קרבן

דבר שהוא ניתן לתשלומין. וקשה הרי בכור נמי לאו תשלומין הוא ועובר עליו. וי"ל דשאני בכור דרבי ביה קרא, דכתיב (דברים טו כ) שנה שנה. אך קשה בל תאחר מנ"ל דעובר, דהא במילה נמי כתיב (ויקרא יב ג) ביום השמיני ימול, ואפילו הכי אינו עובר על בל תאחר: **אם באומר הרי עלי מיד הוא עובר.** וקשה הא נדר כתיב בקרא דלא תאחר וכדדרשינן לקמן, ונדר הוא הרי עלי, ושמעינן דאינו עובר עליו אלא לאחר ג' רגלים דומיא דאיך. וי"ל דסובר דנדר דקרא היינו באומר הרי עלי על מנת שאיני חייב באחריותה דהו"ל דומיא דנדבה, אבל באומר הרי עלי סתם לאלתר חייב להביאה. אי נמי דסובר אע"ג דאשאר קרבנות אינו עובר אלא לאחר ג' רגלים אנדר עובר מיד, דהא איכא נמי לדקה דכתיב בהאי קרא, וקעבר עליו מיד, ועיין בבבלי בפרקין דף ו' ע"א:

גליון הש"ס

שיירי קרבן ד"ה **אם באומר** וכו'. עיין שיירי קרבן. ונראה דאין הכוונה שעובר מיד לאחר דיבורו, דודאי גם בנדר אינו עובר אלא אחר ג' רגלים, אבל סברת הירושלמי דכל דאמר הרי עלי דמחמת דיבורו לחוד עבר בבל תאחר ואינו תלוי בהפרשה כלל, א"כ אם הפריש ואחר ב' רגלים הביא אחרת תחתיה עובר מיד אחר רגל ראשון בבל תאחר אף אם לא נימא דמכח קמא קאתו, דלא הפרשתו, מ"מ עובר בבל תאחר כיון דכבר עברו ג' רגלים משעת נדרו, וזו דקאמר **מיד הוא עובר,** היינו אחר רגל ראשון דהוא רגל שלישי משעת נדרו. **אלא כן אנן קיימין באומר הרי זה,** דאז הפרשתו מחייבתו וסד"א דתצטרף עם הפרשה ראשונה דמכחו קאתי ודוק. ועיין בטורי אבן (לדף ה:) מיכן למשכון. עיין בספר המלחמות להרמב"ן בב"ק פ"ד (יח. מדה"ר) שהאריך בזה:

מסורת הש"ס

א) נגעים פי"ד מ"ז
ב) [סוכה פ"ד מ"א, פסחים עא.] סוכה מב:

תמן תנינן [א]ביום השמיני [א]מביא שלש בהמות חטאת ואשם ועולה והדל היה מביא חטאת העוף ועולת העוף. ואין חטאת העוף מחוסרת זמן אצל אשם. אמר ר' לעזר כאן התירה התורה להקדיש מחוסרי זמן. ר' בא בר ממל בעא קומי ר' אימי °כתיב [א]בשמיני יביא עבר ולא הביא מהו ד: שיעבור. אמר ליה כל דבר שבא להתיר אינו עובר. מה בא להתיר. כהיא דאמר ר' לעזר כאן התירה התורה להקדיש מחוסר זמן. אמר ר' יוסי בר' בון כל שבעה אין אומר לו הבא מיכן ואילך אומר לו הבא. מתניתא פליגא על ר' יוסי בר' בון כולהם מתכוונין ומביאין קרבנותיהן ברגל. ניחא נזיר מצורע לא מחוסר כיפורים הוא והא תנינן [ב]ההלל והשמחה שמונה. פתר לה בנזיר. ר' זכריה חתניה דר' לוי בעי רישא אתון פתרין בנזיר וסיפא במצורע. אמר ר' חנניה בריה דר' הלל לא כבר איתתבת תמן

קרבן העדה

תמן תנינן. בנגעים (פי"ד מ"ז) מצורע כשגלח בשביעי מביא ביום השמיני חטאת ואשם ועולה ואם היה דל ואין ידו מספקת להביא אשם בהמה מפריש חטאת ועולת העוף, והאשם עליו חובה להפרישו אח"כ: ופריך ואין חטאת העוף מחוסרת זמן. קודם שהביא אשם שהאשם תחלה לקרבנותיו. אי נמי אהקדש פריך שמקדיש חטאת ואשם בבת אחת, והרי החטאת קודם האשם הוא מחוסר זמן: כאן. גבי מצורע התירה התורה להקדיש מחוסר זמן, דהא כתיב (ויקרא יד י) וביום השמיני יקח שני כבשים, דמקדיש שניהם כאחת: כתיב. בנזיר טמא, וביום השמיני יביא וגו', עבר ולא הביא קרבנותיו בשמיני מהו שיעבור על בל תאחר: כל דבר שבא להתיר. דבר הנאסר אינו עובר עליו: ומשני כהאי. דאמר ר' לעזר גבי מצורע: כאן התירה וכו'. הכי נמי בנזיר התירה התורה להקדיש חטאת ועולה בבת אחת אף על גב דעולה מחוסרת זמן קודם החטאת. לישנא אחרינא ה"ג כתיב במצורע וביום השמיני יקח וכו' ומיבעיא ליה אם עבר ולא הביא בשמיני אם עובר על בל תאחר, ומשני דהאי קרא אתא להתיר וכדאמר ר' אלעזר דבא להתיר להקדיש מחוסר זמן, דהא ודאי אשם מצורע קודם לחטאת כדתנן פ' כל התדיר (זבחים נ:), ואפילו הכי כתיב תחלה יקח שני כבשים וכבשה אחת והיינו אשם אע"ג שאשם צריך להיות תחלה, אלא שהתורה התירה: כל שבעה וכו'. קרא דוביום השמיני יקח וכו' בא ללמד דכל שבעה אין אומרים לו שיביא קרבנותיו ומיום השמיני ואילך כופין אותו להקריב. לישנא אחרינא כל שבעת ימי החג אין כופין אותו להקריב קרבנותיו ולאחר החג כופין אותו. והראשון נראה: כולהם. כל חייבי קרבנות: ומביאין קרבנותיהם ברגל. ואי סלקא דעתך דמיד לאחר שבעת ימי גמרו כופין אותו שיביא, איך אפשר שימתין עד הרגל: ניחא נזיר וכו'. אהא דתני שאף מצורע ממתין בקרבנו עד הרגל פריך, הניחא נזיר שיכול להמתין שהוא מותר באכילת קדשים בימי נזרו, אלא מצורע שהוא מחוסר כפורים ואסור באכילת קדשים ואנן תנן פרק לולב וערבה ההלל והשמחה שמונה, ושמחה היינו לאכול בשר שלמים, ואם אין המצורע מקריב קודם הרגל איך אפשר לו לאכול כל שמנה בקדשים, הא אי אפשר לו להקריב קרבנותיו ביום טוב הראשון דחובות שאין קבוע להם זמן לכולי עלמא אין דוחין יום טוב, והוי ליה מחוסר כיפורים ואסור בשלמים: ומשני פתר לה. להך ברייתא דמביא קרבנותיו ברגל בנזיר, אבל מצורע מביא מיד: רישא. היינו דהך ברייתא וכולן מתכוונין וכו' מוקמינן בנזיר: וסיפא במצורע. לא איתפרש לן הך סיפא: לא כבר וכו'. כלומר קושיתך ממתני' דהלל ושמחה מעיקרא ליתא, דהא כבר אקשי לה התם בסוכה אם חל יום טוב ראשון בשבת ליכא שמנה, דאם שחטו מערב יום טוב אין יוצאין בהן ובשבת אין שלמי שמחה דוחין:

פני משה

תמן תנינן. בפרק בתרא דנגעים (מ"ז) דמיירי בטהרת מצורע ביום השביעי מגלח וכו', ביום השמיני מביא שלש בהמות וכו' והדל היה מביא חטאת העוף ועולת העוף תחת חטאת ועולת בהמה, ומביא כבש אחד לאשם כדכתיב (ויקרא יד כא-כב): ואין חטאת העוף מחוסרת זמן אצל אשם. בתמיה, שהרי אשם מצורע קודם הוא לחטאת, וכדתנן בפ"י דזבחים (מ"ה) כל החטאות שבתורה קודמות לאשמות חוץ מאשם מצורע מפני שהוא בא ע"י הכשר להכשיר את המצורע לאכילת קדשים ולביאת המקדש, וכל זמן שלא קרב האשם הרי החטאת העוף כמחוסרת זמן היא והאיך יכול להקדישה, דבשלמא מצורע עשיר שמביא שלש בהמות שפיר הוא דמשכחת לה דאין כאן מקדיש מחוסר זמן מפני שהוא יכול להקדישן לפי סדר הקרבתן שהוא מקדיש האשם ומקריבן ואחר כך החטאת והעולה, אלא בקרבן מצורע עני זימנין דמקדיש לחטאת העוף ומחוסרת זמן היא אצל אשם שעדיין לא הוקרב, וכגון שהיה עשיר והעני אחר שהפריש שלש בהמות לקרבנו, דהדין הוא שכל זמן שלא קרב אשמו מביא הוא החטאת והעולה של עני וכדתנינן שם (נגעים פי"ד מי"א) מצורע עשיר והעני הכל הולך אחר האשם וכר' יהודה דהלכתא כוותיה, ונמצא שהכבש שהפרישו לאשם בתחלה הרי הוא לאשמו ובלבד שעדיין לא קרב שאז הוא יכול להביא חטאת ועולה של עני שאם קרב האשם צריך הוא להביא כל השאר כקרבן עשיר, והשתא משכחת לה בקרבן מצורע עני שמקדיש הוא לחטאת העוף מחוסרת זמן מפני האשם שעדיין לא הוקרב. ולהכי נקט חטאת העוף בלחוד משום שהיא קודמת לעולת העוף, וכדתנן בזבחים שם (מ"ד) חטאת העוף קודמת לעולת העוף וכן בהקדשה: כאן התירה התורה להקדיש מחוסר זמן. מפני שאי אפשר בענין אחר: כתיב בשמיני יביא. גבי מצורע עני והביא אותם ביום השמיני לטהרתו אל הכהן, ואם עבר ולא הביא בשמיני מהו שיעבור עליו בבל תאחר: אמר ליה כל דבר שבא להתיר וכו'. וכדמסיק ואזיל ומה בא להתיר כהאי דאמר ר' אליעזר שכאן התירה התורה להקדיש מחוסר זמן, ומכיון שמלינו שמותר כאן להקדיש מחוסר זמן משום טהרתו של מצורע, כל זמן שמביא לטהרתו מביא ואינו עובר, שרשות בידו לשהות קרבנותיו ולא נאמר ביום השמיני אלא להוציא לפניו שלא יביא בשבעת ימים שלפניו: א"ר יוסי בי ר' בון כל שבעה וכו'. ר' יוסי בר' בון פליג וסבירא ליה שכל שבעה שלפניו אין אומרים לו הבא קרבנות שלך, מכאן ואילך אומרים לו צריך אתה להביא ואם לא הביא בשמיני עובר הוא: מתניתא. ברייתא (חדא) [הדא] פליגא היא על ר' יוסי בר' בון דקתני כולהם מתכוונין וכו', על המתניתין דריש פרקין ואלו מגלחין במועד (מו"ק פ"ג מ"א) מיתניא, דתנינן ואלו מגלחין במועד הבא ממדינת הים וכו' והנזיר והמצורע העולה מטומאתו לטהרתו, ותני עלה וכולן מתכוונין ומביאין קרבנותיהן ברגל, אפילו לכתחלה יכולין להתכוין ולשהות קרבנותיהם עד הרגל ומביאין, אלמא יכולין להשהות קרבנותיהן ודלא כר' יוסי בר' בון: ניחא נזיר. אמתניתין דהתם קאי, ולמאי דגרים הכא שיכולין לשהות קרבנותיהן עד הרגל בכדי שיכולין לשמוח ברגל, ופריך דהניחא נזיר שפיר הוא שאפילו בראשון שעדיין לא קרב קרבנו יכול הוא לשמוח ברגל ולאכול בשר עד שיקריב קרבנו והותר לשתות יין, אלא מצורע וכי לא מחוסר כפורים הוא, ועד שיביא קרבנותיו אסור הוא לאכול משלמי שמחה, והיאך יכול לשהות קרבנותיו עד הרגל, הא אנן תנן (סוכה פ"ד מ"א) ההלל והשמחה שמונה, ואין שמחה אלא בבשר שלמים, וזה שלא יכול לשמוח עד שיביא קרבנותיו ונמצא שאין כאן אלו שמחת שמונה: פתר לה בנזיר. הא דקתני כולן מתכוונין להביא קרבנותיהן בנזיר ואיכא דרישא דמתניתין הוא דקאמר, אבל לא במצורע שאינו יכול לשהות קרבנותיו עד הרגל ולמנוע ממנו שמחת הרגל עד שיקרבו: רישא אתון פתרין במצורע וסיפא בנזיר. כן צריך לומר ובספרי הדפוס נתחלפו התיבות. וכלומר לדידך דהברייתא לא קאי אמצורע, א"כ לא דמיא הסיפא וזו היא הברייתא דמיתנייא על המתניתין וקרי לה רישא דרישא תני נמי מצורע בהדי איך, וברייתא דהיא הסיפא לא תפרש לה אלא בנזיר לא במצורע: אמר ר' חנניה בריה דר' הלל. ומאי קושיא מהאי מתניתין דסוכה, וכי לא כבר איתותבת תמן לעיל בפרק לולב וערבה בהלכה (ד') [ה'] דפריך נמי מהאי מתניתין אמאן דאמר התם דאין זביחה אלא בשעת שמחה, ואם חל יום ראשון להיות בשבת היאך אתה מולא השמחה שמונה, ואמר ר' יוסי התם דקיימה ר' אבודמא נחותה למשכחת שמונה בכהנים ובשעיר של רגלים, אלמא אי אשכחן השמחה אף בכהנים לחוד שפיר קרינן השמחה שמנה, אוף הכא נמי כן:

עין משפט

א מיי' פ"ד מהלכות מחסרי כפרה הלכה ג:

תורה אור השלם

א) להפנ"מ וְהֵבִיא אֹתָם בַּיּוֹם הַשְּׁמִינִי לְטָהֳרָתוֹ אֶל הַכֹּהֵן אֶל פֶּתַח אֹהֶל מוֹעֵד לִפְנֵי יְהוָה: (ויקרא יד כג)

להקה"ע וּבַיּוֹם הַשְּׁמִינִי יָבִא שְׁתֵּי תֹרִים אוֹ שְׁנֵי בְּנֵי יוֹנָה אֶל הַכֹּהֵן אֶל פֶּתַח אֹהֶל מוֹעֵד: (במדבר ו י)

רידב"ז

אמר ר' יוסי בר בון כל שבעה אין אומרים לו הבא מיכן ואילך אומרים לו הבא. פי' לא לחלוק באו דעובר בעשה, אלא דקמ"ל דלא ימתין עד הרגל אלא משמיני ואילך מחויב בכל יום להביא. ע"ז קאמרינן מתניתא פליגא על ריב"ב כולם מתכונים ומביאים קרבנותיהם ברגל וכו' רישא אתון פתרין בנזיר וסיפא במצורע. פי' דסיפא דברייתא שם ע"כ במצורע איירי, ולא מסיים לפנינו סיפא דהאי ברייתא כפי' הק"ע ז"ל:

אֲמַר לֵיהּ – **He said to him:** כָּל דָּבָר שֶׁבָּא לְהַתִּיר אֵינוֹ עוֹבֵר – **Any [verse] that comes to permit** a certain practice, **one does not transgress** by acting contrary to what is stated in that verse. מַה בָּא לְהַתִּיר – And **what does [Scripture] come to permit** here? כְּהִיא דְּאָמַר רַבִּי לְעָזָר – It is **like that which R' Lazar said:** כָּאן הִתִּירָה הַתּוֹרָה לְהַקְדִּישׁ מְחוּסַּר זְמַן – **Here the Torah has permitted consecrating premature** animals.[10]

Another Amora disagrees:

אָמַר רַבִּי יוֹסֵי בְּרַבִּי בּוּן – **R' Yose the son of R' Bun said:** כָּל שִׁבְעָה אֵין אוֹמֵר לוֹ הָבֵא – **All** of the first **seven** days, **we do not say to him: "Bring** your offerings," מִיכָּן וְאֵילָךְ אוֹמֵר לוֹ הָבֵא – but **from then and on we say to him: "Bring** your offerings."[11]

The latter opinion is rejected:

מַתְנִיתָא פְּלִיגָא עַל רַבִּי יוֹסֵי בְּרַבִּי בּוּן – **A Baraisa contradicts R' Yose the son of R' Bun.** For it was taught in a Baraisa: כּוּלְּהֶם מִתְכַּוְּונִין וּמְבִיאִין קָרְבְּנוֹתֵיהֶן בָּרֶגֶל – ALL OF THEM, i.e. all people who are obligated to bring offerings to the Temple, MAY DELIBERATELY PLAN AND BRING THEIR OFFERINGS ON THE FESTIVAL.[12]

The Gemara notes that the Baraisa is difficult on another account:

נִיחָא נָזִיר – **It is understandable** that **a *nazir*** can bring his offerings on the forthcoming festival, מְצוֹרָע לֹא מְחוּסָּר כִּיפּוּרִים הוּא – but as for **a *metzora,* is he not lacking atonement** until he brings his offerings, and, as such, is forbidden to partake of the festival offerings?[13] וְהָא תְּנִינָן – **But we learned in the Mishnah** in Tractate *Succah:*[14] הַהַלֵּל וְהַשִּׂמְחָה שְׁמוֹנָה – The obligation to recite THE full *HALLEL* AND THE obligation of REJOICING (i.e. the requirement to eat *shelamim* meat) remain in force for the EIGHT days of the Succos festival.[15] Thus, if the *metzora* delays his offerings until the first day of Chol HaMoed (for he may not bring his offering on Yom Tov), he will be unable to partake of *shelamim* meat on the first day of the festival![16] – ? –

The Gemara answers:

פְּתַר לָהּ בְּנָזִיר – **Interpret [the Baraisa]** as dealing **with a *nazir*** but not with a *metzora.*[17]

The Gemara rejects this answer:

רַבִּי זְכַרְיָה חַתְנֵיהּ דְּרַבִּי לֵוִי בָּעֵי – **R' Zecharyah the son-in-law of R' Levi asked:** רֵישָׁא אַתּוּן פָּתְרִין בְּנָזִיר – **The beginning clause** of the Baraisa **you interpret as dealing with a *nazir*** וְסֵיפָא בִּמְצוֹרָע – **and the end clause** as dealing **with a *metzora*?**[18]

The Gemara therefore provides an alternative answer to the question:

אָמַר רַבִּי חֲנַנְיָה בְּרֵיהּ דְּרַבִּי הִלֵּל – **R' Chananyah the son of R' Hillel said:** לָא כְּבָר אִיתְּתַבַת תַּמָּן – **Was not [a similar question]** involving the above Mishnah **already asked there** in Tractate *Succah,*[19]

NOTES

delay if he did not bring them then. If, however, the Torah does not mean to require him to bring them specifically on the eighth day, he would not be guilty of the prohibition *not to delay* if he did bring them then, but would transgress this prohibition only after three festivals, just as with other offerings.]

10. The Torah does not mean that the *metzora's* offerings must be offered specifically on the eighth day (as opposed to the ninth and subsequent days). Rather, it means that starting on the eighth day (as opposed to the previous seven days) he is permitted to consecrate his *chatas* and *olah* offerings despite the fact that the *asham* was not yet offered, and such a consecration is not considered premature (see *Beur of R' Chaim Kanievski; cf. Pnei Moshe*).

11. R' Yose maintains that the *metzora* in fact is obligated to bring his offerings on the eighth day, and if he does not bring them at that time he transgresses the prohibition *not to delay* (*Pnei Moshe; Noam Yerushalmi; Beur of R' Chaim Kanievski;* cf. *Ridvaz; Sefer Nir*).

12. The Baraisa states that we do not require anyone who has a sacrificial obligation to [make a special trip to Jerusalem to] fulfill his obligation before the upcoming festival. Rather, he may save his sacrificial obligations for the upcoming festival [when he in any case will be in Jerusalem]. The opinion of R' Yose the son of R' Bun, who says that the Torah demands that the *metzora* bring his offerings on the eighth day, is thus refuted.

13. A *metzora* is one of the four *mechusrei kapparah* (literally: those lacking atonement) listed in the Mishnah in *Kereisos* 8b. [The other three are the *zav,* the *zavah,* and the woman who has given birth.] The offerings of *mechusrei kapparah,* while not atoning for any sin, bring "atonement" in the sense that they restore the person's eligibility to eat *kodashim* and to enter the Temple Courtyard. The Mishnah in *Negaim* (14:3) describes the three-step purification process of the *metzora*: (1) Once he immerses in a *mikveh* on the seventh day he may eat *maaser sheni,* but not *terumah* or *kodashim.* [In this state he is called a *tevul yom,* one who has immersed that day.] (2) When the sun sets, he may eat *terumah,* but not *kodashim.* In this state he is called a *mechussar kapparah.* (3) When, on the following day, he brings his purification offerings, the last vestige of his *tumah* leaves him, and he may eat *kodashim.* The Gemara will demonstrate that it is problematic for a *metzora* to remain *mechusar kapparah* on the festival.

A *nazir,* by contrast, even when obligated to bring offerings (i.e. after having purified himself from *tumas meis,* or when consummating his *nezirus*), is not a *mechusar kapparah,* and may partake of *kodashim* even before his offerings are sacrificed.

14. *Succah* 4:5 [24b in our edition]; 48a in *Bavli.*

15. The Jew is enjoined to be joyful before God during the festivals (see *Deuteronomy* 16:14). It is derived from here that he should slaughter *shelamim* offerings ("*shalmei simchah*" – *shelamim* of joy) and daily partake of their meat during the course of the festival. Since the festival of Succos lasts for eight days, the obligation to partake of *shalmei simchah,* in addition to the requirement to recite the full *Hallel,* is in force for eight days.

16. *Korban HaEidah.*

17. The Baraisa means that all the other Jews who have sacrificial obligations may delay them till the festival; the *metzora* [and the other *mechusrei kapparah*], however, must bring their offerings *before* the festival, so that they will be able to partake of the festival offerings (see *Korban HaEidah*).

[It is not clear why the Gemara specifies a *nazir,* instead of stating in general that all other sacrificial obligations (aside from those of the four *mechusrei kapparah*) may be delayed till the festival. Perhaps a previous or later clause of the Baraisa mentions the *nazir* explicitly (see following note). See *Pnei Moshe* and *Noam Yerushalmi.*]

18. We do not have a record of the latter clause of the Baraisa, but the scholars of the Gemara knew that it deals with the *metzora.* Accordingly, they argued that it is unlikely that the beginning clause does not likewise deal with a *metzora* (*Korban HaEidah;* cf. *Pnei Moshe* and *Noam Yerushalmi*).

19. *Succah* 4:5 [25a in the Schottenstein edition]. R' Lazar ruled there [ibid. 24b] that only an offering that is slaughtered during the festival qualifies for fulfillment of the *simchah* obligation. [This ruling comes to preclude one from offering *shelamim* on the eve of the festival, and saving the meat for the festival. This would have otherwise been possible, since a *shelamim* may be eaten until nightfall of the day after it is offered.] But accordingly, when the first day of Succos falls on the Sabbath, it is not possible to fulfill the obligation of rejoicing – which means partaking of *shalmei simchah* – for the full eight days! For the offering of *shalmei simchah* does not override the Sabbath, and one cannot fulfill his obligation with *shelamim* offered before the festival. Why, then, does the Mishnah state unequivocally that rejoicing is in force for *eight* days? It should have stated "for seven or eight days" (*Pnei Moshe,* from *Yerushalmi Succah* ibid.).

[Actually, even when the first day of Succos falls on a weekday, it is inevitable that at least one day of Succos will fall on the Sabbath. Nevertheless, in such a year one can partake of *shalmei simchah* all eight days. Since *shelamim* offerings may be eaten for two days, one can simply slaughter the *shelamim* on Friday, which is part of the festival, and leave some of the meat for the Sabbath. But when the first day falls on the Sabbath, there is no way – according to R' Lazar – that one can have meat of valid *shalmei simchah* on that day (*Korban HaEidah* ibid.).]

תמן תנינן (א)ביום השמיני (א)מביא שלש בהמות חטאת ואשם ועולה והדל היה מביא חטאת העוף ועולת העוף. ואין חטאת העוף מחוסרת זמן אצל אשם. אמר ר' לעזר כאן התירה התורה להקדיש מחוסרי זמן. ר' בא בר ממל בעא קומי ר' אימי כתיב (א)בשמיני יביא עבר ולא הביא מהו ד: שיעבור. אמר ליה כל דבר שבא להתיר אינו עובר. מה בא להתיר. כהיא דאמר ר' לעזר כאן התירה התורה להקדיש מחוסר זמן. אמר ר' יוסי בר' בון כל שבעה אין אומר לו הבא מיכן ואילך אומר לו הבא. מתניתא פליגא על ר' יוסי בר' בון כולהם מתכוונין ומביאין קרבנותיהן ברגל. ניחא נזיר מצורע לא מחוסר כיפורים הוא והא תנינן (ב)ההלל והשמחה שמונה. פתר לה בנזיר. ר' זכריה חתניה דר' לוי בעי רישא אתון פתרין בנזיר וסיפא במצורע. אמר ר' חנניה בריה דר' הלל לא כבר איתתבת תמן

מסורת הש"ס

א) נגעים פי"ד מ"ז
ב) [סוכה פ"ד מ"א, פסחים עא.] סוכה מב:

פני משה

תמן תנינן. בפרק בתרא דנגעים (מ"ז) דמיירי בטהרת מצורע ביום השביעי מגלח וכו', ביום השמיני מביא שלש בהמות וכו' והדל היה מביא חטאת העוף ועולת העוף תחת חטאת ועולת בהמה, ומביא כבש אחד לאשם כדכתיב (ויקרא יד כא-כב): **ואין חטאת העוף מחוסרת זמן אצל אשם.** בתמיה, שהרי אשם מצורע קודם הוא לחטאת, וכדתנן בפ"י דזבחים (מ"ה) כל החטאות שבתורה קודמות לאשמות חוץ מאשם מצורע מפני שהוא בא ע"י הכשר להכשיר את המצורע לאכילת קדשים ולביאת המקדש, וכל זמן שלא קרב האשם הרי החטאת העוף כמחוסרת זמן היא והאיך יכול להקדישה, דבשלמא מצורע עשיר שמביא שלש בהמות שפיר הוא דמשכחת לה דאין כאן מקדיש מחוסר זמן מפני שהוא יכול להקדישן לפי סדר הקרבתן שהוא מקדיש האשם ומקריבן ואחר כך החטאת והעולה, אלא בקרבן מצורע עני זימנין דמקדיש לחטאת העוף ומחוסרת זמן היא אצל אשם שעדיין לא הוקרב, וכגון שהיה עשיר והעני אחר שהפריש שלש בהמות לקרבנו, דהדין הוא שכל זמן שלא קרב אשמו מביא הוא החטאת והעולה של עני וכדתנינן שם (נגעים פי"ד מי"א) מצורע עשיר והעני הכל הולך אחר האשם וכר' יהודה דהלכתא כוותיה, ונמצא שהכבש שהפרישו לאשם בתחלה הרי הוא לאשמו ובלבד שעדיין לא קרב שאז הוא יכול להביא חטאת ועולה של עני שאם קרב האשם צריך הוא להביא כל השאר כקרבן עשיר, והשתא משכחת לה בקרבן מצורע עני שמקדיש הוא לחטאת העוף מחוסרת זמן מפני האשם שעדיין לא הוקרב. ולהכי נקט חטאת העוף בלחוד משום שהיא קודמת לעולת העוף, וכדתנן בזבחים שם (מ"ד) חטאת העוף קודמת לעולת העוף וכן בהקדשה: **כאן התירה התורה להקדיש מחוסר זמן.** מפני שאי אפשר בענין אחר: **כתיב בשמיני יביא.** גבי מצורע עני והביא אותם ביום השמיני לטהרתו אל הכהן, ואם עבר ולא הביא בשמיני מהו שיעבור עליו בבל תאחר: **אמר ליה כל דבר שבא להתיר וכו'.** וכדמסיק ואזיל ומה בא להתיר כהאי דאמר ר' אליעזר שכאן התירה התורה להקדיש מחוסר זמן, ומכיון שמצינו שמותר כאן להקדיש מחוסר זמן משום טהרתו של מצורע, כל זמן שמביא לטהרתו מביא ואינו עובר, שרשות בידו לשהות קרבנותיו ולא נאמר ביום השמיני אלא להוציא לפניו שלא יביא בשבעת ימים שלפניו: **א"ר יוסי בי ר' בון כל שבעה וכו'.** ר' יוסי בר' בון פליג וסבירא ליה שכל שבעה שלפניו אין אומרים לו הבא קרבנות שלך, מכאן ואילך אומרים לו צריך אתה להביא ואם לא הביא בשמיני עובר הוא: **מתניתא.** ברייתא (חדא) [הדא] פליגא היא על ר' יוסי בר' בון דקתני כולהם מתכוונין וכו', על המתניתין דריש פרקין ואלו מגלחין במועד (מו"ק פ"ג מ"א) מיתניא, דתנינן ואלו מגלחין במועד הבא ממדינת הים וכו' והנזיר והמצורע העולה מטומאתו לטהרתו, ותני עלה וכולן מתכוונין ומביאין קרבנותיהן ברגל, אפילו לכתחלה יכולין להתכוין ולשהות קרבנותיהם עד הרגל ומביאין, אלמא יכולין להשהות קרבנותיהן ודלא כר' יוסי בר' בון: **ניחא נזיר.** אמתניתין דהתם קאי, ולמאי דגרים הכא שיכולין לשהות קרבנותיהן עד הרגל בכדי שיכולין לשמוח ברגל, ופריך דהניחא נזיר שפיר הוא שאפילו בראשון שעדיין לא קרב קרבנו יכול הוא לשמוח ברגל ולאכול בשר עד שיקריב קרבנו והותר לשתות יין, אלא מצורע וכי לא מחוסר כפורים הוא, ועד שיביא קרבנותיו אסור הוא לאכול משלמי שמחה, והיאך יכול לשהות קרבנותיו עד הרגל, הא אנן תנן (סוכה פ"ד מ"א) ההלל והשמחה שמונה, ואין שמחה אלא בבשר שלמים, וזה שלא יכול לשמוח עד שיביא קרבנותיו ונמצא שאין כאן אלו שמחת שמונה: **פתר לה בנזיר.** הא דקתני כולן מתכוונין להביא קרבנותיהן בנזיר ואיך דרישא דמתניתין הוא דקאמר, אבל לא במצורע שאינו יכול לשהות קרבנותיו עד הרגל ולמנוע ממנו שמחת הרגל עד שיקרבו: **רישא אתון פתרין במצורע וסיפא בנזיר.** כן צריך לומר ובספרי הדפוס נתחלפו התיבות. וכלומר לדידך דהברייתא לא קאי אמצורע, א"כ לא דמיא הסיפא וזו היא הברייתא דמיתנייא על המתניתין וקרי לה רישא דרישא תני נמי מצורע בהדי איך, ובברייתא דהיא הסיפא לא תפרש לה אלא בנזיר ולא במצורע: **אמר ר' חנניה בריה דר' הלל.** ומאי קושיא מהאי מתניתין דסוכה, וכי לא כבר איתותבת תמן לעיל בפרק לולב וערבה בהלכה (ד') [ה'] דפריך נמי מהאי מתניתין אמאן דאמר התם דאין זביחה אלא בשעת שמחה, ואם חל יום ראשון להיות בשבת היאך אתה מוצא השמחה שמונה, ואמר ר' יוסי התם דקיימה ר' אבודמא נחותה דמשכחת שמונה בכהנים ובשעיר של רגלים, אלמא אי אשכחן השמחה אף בכהנים לחוד שפיר קרינן השמחה שמנה, אוף הכא נמי כן:

קרבן העדה

תמן תנינן. בנגעים (פי"ד מ"ז) מצורע כשגלח בשביעי מביא ביום השמיני חטאת ואשם ועולה ואם היה דל ואין ידו מספקת להביא אשם בהמה מפריש חטאת ועולת העוף, והאשם עליו חובה להפרישו אח"כ: ופריך **ואין חטאת העוף מחוסרת זמן.** קודם שהביא אשם שהאשם תחלה לקרבנותיו. אי נמי אהקדש פריך שמקדיש חטאת ואשם בבת אחת, והרי החטאת קודם האשם הוא מחוסר זמן: **כאן.** גבי מצורע התירה התורה להקדיש מחוסר זמן, דהא כתיב (ויקרא יד י) וביום השמיני יקח שני כבשים, דמקדיש שניהם כאחת: **כתיב.** בנזיר טמא, וביום השמיני יביא וגו', עבר ולא הביא קרבנותיו בשמיני מהו שיעבור על בל תאחר: **כל דבר שבא להתיר.** דבר הנאסר אינו עובר עליו: **ומשני כהאי.** דאמר ר' לעזר גבי מצורע: **כאן התירה וכו'.** הכי נמי בנזיר התירה התורה להקדיש חטאת ועולה בבת אחת אף על גב דעולה מחוסרת זמן קודם החטאת. לישנא אחרינא ה"ג **כתיב** במצורע **וביום השמיני יקח** וכו' ומיבעיא ליה אם עבר ולא הביא בשמיני אם עובר על בל תאחר, ומשני דהאי קרא אתא להתיר וכדאמר ר' אלעזר דבא להתיר להקדיש מחוסר זמן, דהא ודאי אשם מצורע קודם לחטאת כדתנן פ' כל התדיר (זבחים פט:), ואפילו הכי כתיב תחלה יקח שני כבשים וכבשה אחת והיינו אשם אע"ג שאשם צריך להיות תחלה, אלא שהתורה התירה: **כל שבעה וכו'.** קרא דוביום השמיני יקח וכו' בא ללמד דכל שבעה אין אומרים לו שיביא קרבנותיו ומיום השמיני ואילך כופין אותו להקריב. לישנא אחרינא כל שבעת ימי החג אין כופין אותו להקריב קרבנותיו ולאחר החג כופין אותו. והראשון נראה: **כולהם.** כל חייבי קרבנות: **ומביאין קרבנותיהם ברגל.** ואי סלקא דעתך דמיד לאחר שבעת ימי גמרו כופין אותו שיביא, איך אפשר שימתין עד הרגל: **ניחא נזיר וכו'.** אהא דתני שאף מצורע ממתין בקרבנו עד הרגל פריך, הניחא נזיר שיכול להמתין שהוא מותר באכילת קדשים בימי נזרו, אלא מצורע שהוא מחוסר כפורים ואסור באכילת קדשים ואנן תנן פרק לולב וערבה ההלל והשמחה שמונה, ושמחה היינו לאכול בשר שלמים, ואם אין המצורע מקריב קודם הרגל איך אפשר לו לאכול כל שמנה בקדשים, הא אי אפשר לו להקריב קרבנותיו ביום טוב הראשון דחובות שאין קבוע להם זמן לכולי עלמא אין דוחין יום טוב, והוי ליה מחוסר כיפורים ואסור בשלמים: **ומשני פתר לה.** להך ברייתא דמביא קרבנותיו ברגל בנזיר, אבל מצורע מביא מיד: **רישא.** היינו דהך ברייתא וכולן מתכוונין וכו' מוקמינן בנזיר: **וסיפא במצורע.** לא איתפרש לן הך סיפא: **לא כבר וכו'.** כלומר קושיתך ממתני' דהלל ושמחה מעיקרא ליתא, דהא כבר אקשי לה התם בסוכה אם חל יום טוב ראשון בשבת ליכא שמנה, דאם שחטו מערב יום טוב אין יוצאין בהן ושבת אין שלמי שמחה דוחין:

עין משפט

א מיי' פ"ד מהלכות מחוסרי כפרה הלכה ב:

תורה אור השלם

א) להפנ"מ וְהֵבִיא אֹתָם בַּיּוֹם הַשְּׁמִינִי לְטָהֳרָתוֹ אֶל הַכֹּהֵן אֶל פֶּתַח אֹהֶל מוֹעֵד לִפְנֵי יְהוָה: (ויקרא יד כג)

להקה"ע וּבַיּוֹם הַשְּׁמִינִי יָבִא שְׁתֵּי תֹרִים אוֹ שְׁנֵי בְּנֵי יוֹנָה אֶל הַכֹּהֵן אֶל פֶּתַח אֹהֶל מוֹעֵד: (במדבר ו י)

רידב"ז

אמר ר' יוסי בר בון כל שבעה אין אומרים לו הבא מיכן ואילך אומרים לו הבא. פי' לא לחלוק בא דעובר בעשה, אלא דקמ"ל דלא ימתין עד הרגל אלא משמיני ואילך מחויב בכל יום להביא. ע"ז קאמרינן **מתניתא פליגא על ריב"ב כולם מתכונים ומביאים קרבנותיהם ברגל וכו' רישא אתון פתרין בנזיר וסיפא במצורע.** פי' דסיפא דברייתא שם ע"כ במצורע איירי, ולא מסיים לפנינו סיפא דהאי ברייתא כפי' הק"ע ז"ל:

A related discussion:[1]

תַּמָּן תְּנֵינָן – We learned there in a Mishnah, with regard to the offerings brought by a *metzora* upon healing from his *tzaraas:*[2] **בַּיּוֹם הַשְּׁמִינִי מֵבִיא שָׁלֹשׁ בְּהֵמוֹת – ON THE EIGHTH DAY** of his purification process, **HE BRINGS THREE ANIMAL [OFFERINGS]: חַטָּאת וְאָשָׁם וְעוֹלָה – A *CHATAS,* AN *ASHAM,* AND AN *OLAH.*[3] וְהַדַּל הָיָה מֵבִיא חַטַּאת הָעוֹף וְעוֹלַת הָעוֹף – AND A POOR [*METZORA*] WOULD BRING A BIRD *CHATAS* AND A BIRD *OLAH*** together with his animal *asham.*[4]

The Mishnah implies that all three offerings are consecrated before the first one (the *asham*) is sacrificed.[5] The Gemara asks: **וְאֵין חַטַּאת הָעוֹף מְחוּסֶּרֶת זְמַן אֵצֶל אָשָׁם – But is the bird *chatas* not premature on account of the *asham,*** which must be offered first? How is the *metzora* allowed to consecrate the *chatas* before its time?[6]

The Gemara answers:

אָמַר רַבִּי לְעָזָר – R' Lazar said: כָּאן הִתִּירָה הַתּוֹרָה לְהַקְדִּישׁ מְחוּסְּרֵי זְמַן – Here the Torah has permitted consecrating premature animals.[7]

The Gemara records a related query:

רַבִּי בָּא בַּר מַמָּל בְּעָא קוֹמֵי רַבִּי אִימִּי – R' Ba bar Mammal asked in the presence of R' Imi: כְּתִיב בַּשְּׁמִינִי יָבִיא – It is written with regard to the *metzora* that **on the eighth day he shall bring** his offerings.[8] **עָבַר וְלֹא הֵבִיא מַהוּ שֶׁיַּעֲבוֹר – If [the *metzora*] acted contrary** to this verse **and did not bring** his offerings on the eighth day, **has he transgressed** the commandment against delaying one's offerings?[9]

R' Imi answers:

NOTES

1. [The following *sugya* similarly deals with "a verse that comes to permit," and will eventually lead back to the *not-to-delay* prohibition (see 4b note 20).]

2. *Negaim* 14:7. [The purification process for both wealthy and indigent *metzoraim* is delineated in *Leviticus* 14:1-32.]

3. He brings a female lamb for a *chatas,* a male lamb for an *asham,* and a second male lamb for an *olah.* They are then offered in the following order: *asham, chatas,* and *olah* (*Leviticus* ibid.). [See *Tiferes Yisrael* (ad loc.) who explains why the Mishnah mentions the offerings in a different order; see also the Variants section below.]

4. A poor *metzora* likewise brings the male lamb for an *asham,* but instead of lambs for his *chatas* and *olah,* he brings birds (*Pnei Moshe,* from *Leviticus* ibid. vs. 21-22).

5. [After the above Mishnah lists the three offerings that the *metzora* must bring, the next Mishnah (Mishnah 8) proceeds to describe the process of sacrificing the first offering: the *asham.* Evidently, when the earlier Mishnah states that the *metzora* "brings" a *chatas,* an *asham,* and an *olah,* it means that he consecrates all three animals and brings them together to the Temple.]

6. It is Biblically forbidden to sacrifice an animal, or even to consecrate it for the Altar, before it is eight days old. The Torah states (*Leviticus* 22:27): שׁוֹר אוֹ־כֶשֶׂב אוֹ־עֵז... וּמִיּוֹם הַשְּׁמִינִי וָהָלְאָה יֵרָצֶה לְקָרְבַּן אִשֶּׁה לַה׳, *An ox, or a lamb, or a goat... from the eighth day on, it shall be acceptable for a fire offering to Hashem.* A Baraisa (*Toras Kohanim, Emor, Parshasa* 8:6, cited in *Bavli Yoma* 63b) derives from the extra word לְקָרְבַּן (the Torah could have written merely לְאִשֶּׁה לַה׳) that not only is it forbidden to sacrifice an animal before its eighth day, it is also prohibited to *consecrate* such an animal, even if one intends to sacrifice it only later.

The Gemara understands that the same law forbids a *metzora* to consecrate his *chatas* before his *asham* is sacrificed. Since the *chatas* is unfit for sacrifice until the *asham* is offered (Mishnah *Zevachim* 90b; see also *Menachos* 5a, from *Tosefta Negaim* 8:11), it is seemingly "premature" in the meantime. The Gemara thus questions the implication of the Mishnah that a poor *metzora* consecrates his bird *chatas* before the *asham* is offered (*Pnei Moshe; Beur of R' Chaim Kanievski;* see also *Korban HaEidah,* second approach).

[Although the *metzora's olah* is also consecrated prematurely, the Gemara asks its question from the premature consecration of the *metzora's chatas,* because the *chatas* is consecrated before the *olah* (*Pnei Moshe*). Unclear, however, is why the Gemara asks from the bird *chatas* (of the poor *metzora*) and not from the animal *chatas* (of the rich *metzora*), which also may not precede the *asham* (see *Beur of R' Chaim Kanievski*). For this reason, *Noam Yerushalmi* deletes the word הָעוֹף. Cf. *Pnei Moshe* and *Sefer Nir.*]

7. Although consecrating premature offerings is ordinarily Biblically prohibited (see previous note), the Torah permitted the *metzora* to consecrate the *chatas* before the *asham* is sacrificed, since the *asham* will be brought later that very day (*Beur of R' Chaim Kanievski,* see *Tosafos, Menachos* 5a ד״ה אלא).

The Gemara does not state where this allowance for consecrating the *chatas* prematurely is indicated in the verse. Possibly, the derivation is from the verses written with regard to the poor *metzora* (*Leviticus* 14:21-23): וְלָקַח כֶּבֶשׂ אֶחָד אָשָׁם לִתְנוּפָה... וּשְׁתֵּי תֹרִים אוֹ שְׁנֵי בְּנֵי יוֹנָה... וְהָיָה אֶחָד חַטָּאת וְהָאֶחָד עֹלָה. וְהֵבִיא אֹתָם בַּיּוֹם הַשְּׁמִינִי לְטָהֳרָתוֹ אֶל־הַכֹּהֵן אֶל־פֶּתַח אֹהֶל־מוֹעֵד, *And he shall take one lamb as an asham for waving... and two turtledoves or two pigeons... and one will be a chatas and one will be an olah. And he shall bring them on the eighth day of his purification to the Kohen, to the entrance of the Tent of Meeting.* The verse indicates that the owner consecrates ("takes") the lamb as an *asham* and the birds as *chatas* and *olah* offerings before bringing them to the Temple (see *Rashi* to *Yoma* 41a ד״ה ולקחה; cf. *Korban HaEidah*). See Variant A.

8. As found in *Leviticus* 14:10 and 23 (*Korban HaEidah,* second explanation; *Pnei Moshe*)

9. *Korban HaEidah, Pnei Moshe;* cf. *Tos. HaRid; Beur of R' Chaim Kanievski,* first explanation.

If the verse means to obligate the *metzora* to bring his offerings specifically on the eighth day, then he surely violates the command *not to delay* if he does not bring them then. The question is only (as we shall soon see) whether the verse in fact means to obligate the *metzora* to bring his offerings specifically on the eighth day.

[In regard to the *pesach* offering, the Gemara on 3b was *in doubt* whether one transgresses the *not-to-delay* prohibition if he does not bring his offering on the 14th of Nissan. This is because the prohibition not to delay might not apply to the *pesach,* where the obligation cannot be discharged after the prescribed date (as explained there in note 18). In the case of the *metzora,* however, even if the Torah means to obligate him to bring his offerings on the eighth day, if he did not do so at that time he would still be required to bring them later. Hence, if the Torah in fact means to require the *metzora* to bring his offerings specifically on the eighth day, he would be in violation of the commandment *not to*

TEXTUAL AND INTERPRETIVE VARIANTS

A. According to our elucidation (which accords with *Pnei Moshe* and *Beur of R' Chaim Kanievski*), the Gemara asks why the *metzora's* consecration of the *chatas* is not considered premature on account of the obligation to offer the *asham* first.

Others explain that the Gemara means to ask how the *metzora* is allowed to consecrate his *chatas* before *consecrating* the *asham* (for the Mishnah indicates that the *chatas* is the first offering to be consecrated by the *metzora*). Why, the law is that the consecration of the offerings must be done in the order of their sacrifice (see Mishnah *Zevachim* 89a [end]; see also *Tosafos* to *Zevachim* 90a ד״ה למקראה), and the *asham* is sacrificed before the *chatas*! The Gemara answers that the Torah makes an exception with respect to the *metzora's* offerings, and allows the *metzora* to consecrate them out of order. The Torah indicates this in *Leviticus* 14:10: וּבַיּוֹם הַשְּׁמִינִי יִקַּח שְׁנֵי־כְבָשִׂים תְּמִימִם וְכַבְשָׂה אַחַת בַּת־שְׁנָתָהּ תְּמִימָה, *And on the eighth day he shall take two unblemished male lambs, and one unblemished female lamb in its first year.* Now, of the two male lambs, one is for an *asham* [as stated in v. 12] and one is for an *olah* [because an *olah* must always be a male, see *Leviticus* 1:3], while the female lamb is for a *chatas* [a private individual's *chatas* is a female, see *Leviticus* 4:28,32] (*Ramban* to *Leviticus* 14:10). Since the Torah mentions the *olah* before the *chatas,* we infer that the Torah permits consecrating the animals out of order of their sacrifice [because the order of their sacrifice is *chatas* before *olah,* as stated in vs. 19-20] (*Noam Yerushalmi; Tos. HaRid*).

If **someone acted contrary** to the law stated in the verse **and distinguished** between the animals, **has he transgressed?**[22]

R' Z'eirah replies:

אֲמַר לֵיהּ – He said to him: כָּל דָּבָר שֶׁבָּא לְהַתִּיר אֵינוֹ עוֹבֵר – Any [verse] that comes [i.e. is needed] **to permit** a certain practice, **one does not transgress** by acting contrary to what is stated in that verse.[23] **מַה בָּא לְהַתִּיר** – And **what** practice **does [the verse] come to permit** here? **כָּאן הִתִּירָה הַתּוֹרָה לְהַקְדִּישׁ בַּעֲלֵי מוּמִין – Here the Torah has permitted consecrating blemished [animals].**[24]

NOTES

22. I.e. do the words לֹא יְבַקֵּר mean that the owner *shall* not intervene in the selection of the tithe, or do they mean that he *need* not intervene? (In Hebrew, the word לֹא can have either one of these meanings.)

23. Whenever the Torah describes the procedure for a particular mitzvah and that description involves doing something that is ordinarily forbidden, we do not say that the Torah meant that the mitzvah *must* be performed in that manner. Rather, we say that the Torah meant to *allow* the mitzvah to be performed *even* in that manner. In our verse's case, we do not say that the Torah meant to *prohibit* the tither from distinguishing between a blemished and a non-blemished animal ("he *shall* not distinguish"). Rather it meant to *permit* him not to distinguish between them ("he *need* not distinguish"). The Gemara goes on to explain why such a permit is needed (*Pnei Moshe; Noam Yerushalmi; Tuv Yerushalayim;* see also *Zohar HaRakia* §53; cf. *Korban HaEidah,* and *R' Y. F. Perla* ibid. p. 635 ד״ה אלא, who questions his approach).

[*Bavli* (*Bechoros* 53b), however, understands the verse as a prohibition (*Tal Torah; R' Perla* ibid. p. 634 ד״ה ועדיין).]

24. As a rule, the Torah forbids consecrating blemished animals for offerings (see *Temurah* 6b-7b). Here, though, when separating *maasar beheimah,* the Torah teaches that one need not be concerned that a blemished animal will exit the pen tenth and become consecrated (see *Zohar HaRakia* ibid.; cf. *Beur of R' Chaim Kanievski* and *R' Y. F. Perla* ibid.).

[ג: ד. - ה"א]

היך עבידא. שוחטו בערב ראש השנה ואוכלו ערב ראש השנה ובראש השנה. תני ר' ישמעאל [א*]נולד לו מום בחמשה עשר יום בתוך שנתו רשאי לקיימו לאחר שנתו עד חמשה עשר יום. אמר ר' אילא ד. זאת אומרת °שאין שנתו של בעל מום מחוורת. אמר [א]ר' יוסה [ב]מתניתא מסייעא לר' אילא [ה*][ג]הבכור בזמן הזה רשאי לקיימו [ד]אפילו ארבע וחמש שנים [ב]עד שלא הראהו למומחה. מה אנן קיימין. אם לתם הא כבר אמור אלא אם אינו עניין לתם תניהו עניין לבעל מום. [ג]אחד בכור ואחד כל הקדשים עובר עליהם משם רגלים בלא שנה שנה בלא רגלים. ניחא רגלים בלא שנה שנה בלא רגלים. תמן אמרין [ד]תיפתר שהיה מחוסר זמן לפסח. כמה דאת אמר תמן הראוי למקצת שנה ראוי לכולה ואמור אוף הכא הראוי למקצת הפסח ראוי לכולו. אמר [ה]ר' אבא מרי תיפתר שהיתה עצרת הבאה בחמשה ונולד בששה והיתה עצרת הבאה בשבעה: ר' בון בר חייה בעא קומי ר' זעירא כתיב [א]לא יבקר בין טוב לרע עבר וביקר מהו שיעבור. אמר ליה כל דבר שבא להתיר אינו עובר. מה בא להתיר. כאן התירה התורה להקדיש בעלי מומין.

פני משה

היך עבידא. היאך נלמד מכאן: שוחטו בערב ראש השנה. כלומר ביום שלפני ראש השנה שניה שלו ואכלו באותו יום שהוא ערב ראש השנה שלו ולמחרתו בראש השנה השניה. אי נמי ערב ראש השנה ממש, וקא משמע לן דלשנה דידיה מנינן ולא שנה של מנין עולם, ואם שוחטו ערב ראש השנה אוכלו בערב ראש השנה ובראש השנה, שהרי נאכל לשני ימים ולילה אחד ואינו נפסל משנה לחבירתה: תני ר' ישמעאל נולד לו בט"ו יום וכו'. דבמתניתין ריש פ"ד דבכורות (מ"ג) תנן נולד לו מום בתוך שנתו רשאי לקיימו כל י"ב חודש לאחר שנתו אינו רשאי לקיימו אלא שלשים יום, ועלה קאי האי תני ר' ישמעאל דלא תימא הא דקתני במתניתין לאחר שנתו וכו' אנולד לו מום בתוך שנתו קאי שמותר לקיימו כל שנתו ואחר שנתו שלשים יום, הלכך קתני שאם נולד לו מום ט"ו יום בתוך שנתו נותנין לו להשלים ט"ו יום אחר שנתו ותו לא, ומתניתין הכי קאמר נולד לו מום לאחר שנתו נותנין לו שלשים יום: א"ר אילא זאת אומרת שאין שנתו של בעל מום מחוורת. אינו מחוור לנו בהדיא שנותנין לו שנה שלימה קודם שיאכלנו, דהא דדריש שנה לתם ושנה לבעל מום אינו מפורש בהדיא לבעל מום אלא מלישנא יתירה דרשינן הכי, ולפיכך אינו נותנין לו אלא השלמה לאחר שנתו, ואחר ששלמה שנה מיום שנפל בו מום אינו רשאי לקיימו אלא צריך שיאכלנו: מתני'. ברייתא דלקמיה מסייעא לר' אילא דקתני הבכור בזמן הזה שאינו ראוי להקרבה: רשאי לקיימו אפי' ארבע וחמש שנים עד שלא הראהו למומחה. כלומר עד שלא נפל בו מום וראוי להראותו למומחה אם הוא מום שראוי לשחוט עליו, ושמע מינה דמשעה שראוי לשוחטו אין רשאי לקיימו אחר שנתו וכדמפרש ר' אילא להא דתני ר' ישמעאל, וכדמסיק דמה אנן קיימין אליבא דהאי ברייתא: אם לתם. כלומר דהכי דרשינן לקרא דכתיב שנה בשנה: ומה אנן קיימין אם בתם הרי כבר אמור. ברישיה דקרא ולמה לי למיהדר ולכתוב בשנה: אלא אם אינו ענין לתם תנהו ענין לבעל מום. הלכך הואיל דמייתורא דקרא היא דנפקא לן לבעל מום, אינו נותנין לו שנה אלא מיום שנפל בו מום בתוך שנתו וכדאמרן: אחד בכור ואחד כל הקדשים וכו'. תוספתא היא בפ"ג דבכורות ה"ג: ופריך ניחא רגלים בלא שנה, שנה בלא רגלים. בתמיה והיכי משכחת לה: תמן. בבבל: אמרין תיפתר שהיה מחוסר זמן לפסח. כלומר בפסח שהיה רגל הראשון לנדרו היה זה מחוסר זמן ואינו ראוי להקרבה, וכשבא חג הפסח האחר שנה מלאה רגלים לא מלאו, שחג הפסח הראשון אינו בכלל, ופריך ואמאי כמה דאמר תמן גבי ראוי להקריב בשנה זו שאם ראוי למקצת השנה כאילו ראוי לכולה, וזהו כדאמרינן לעיל שאם שלמה שנתו בעצרת שהיה רגל האחרון מהשלשה רגלים מאחר שאם עבר והביא כשר עובר, וטעמא דבדיעבד כשר משום שהראוי למקצת השנה קודם ששלמה שנתו ברגל הזה הוי כראוי לכולה, וא"כ הכי נמי נימא הראוי למקצת הפסח כראוי לכולו, שהרי בימים אחרונים של הפסח כבר אינו מחוסר זמן וראוי הוא להקרבה והרי זה כראוי מתחלת חג הפסח ואכתי רגלים נמי איכא: תיפתר שהיתה עצרת הבאה בחמשה וכו'. לפי שעצרת פעמים היא בחמשה בסיון, כגון שניסן ואייר שניהם מלאין ושלמו חמשים יום לעומר בחמשה בסיון, ופעמים בששה שאחד מלא ואחד חסר ושלמו החמשים יום בששה בסיון, ופעמים בשבעה שהיו שניהן חסרין ושלמו החמשים יום בשבעה בסיון, והשתא משכחת לה שהיתה עצרת הבאה בחמישי, כלומר הבאה עכשיו בשנה זו הוא בחמשה בסיון ונולד בששה זה הקרבן והיתה עצרת הבאה בשנה הבאה בשבעה בסיון, ונמלא השנה מליאה בששה בסיון משעה שנולד ועדיין לא עברה עצרת עליו: כתיב. גבי מעשר העשירי יהיה קדש לא יבקר בין טוב לרע, בין שיצא בעל מום לעשירי ובין תמים, ואם עבר וביקר שעשה תחבולה שהעשירי יהיה תמים מהו שיעבור על לאו דלא יבקר: כל דבר שבא להתיר. כל מקום שבא הכתוב להתיר כדמפרש לקמיה שהתירה התורה כאן להקדיש בעלי מומין אינו עובר אם ביקר, דלא נאמר לא יבקר אלא שאינו צריך לבקר ואם ביקר לא הקפידה התורה:

קרבן העדה

היך עבידא. כמו היכי דמי: שוחטו בערב ראש השנה. כלומר ביום האחרון לשנתו שהוא ערב ראש השנה השנייה שנאכל ביום האחרון של שנה ראשונה ויום ראשון של שנה שנית, הרי שעל כרחך לומר שבכור נאכל לשני ימים ולילה אחד: נולד לו מום בט"ו. לאו דוקא ט"ו אלא בתוך שנתו משלימין לו שלשים יום מיום שנפל בו מום: שאין שנתו של בעל מום מחוורת. שאין ברור מן התורה שיהיה לבעל מום דוקא שנה ולא יותר, דא"כ אפילו נולד לו מום בסוף שנה נמי לא ישלים השלשים יום: בזמן הזה. שאין תם ראוי לכלום: מה אנן קיימין. במאי עסקינן, דליכא לפרושי עד שלא הראהו לחכם שלא נפל בו מום להראותו לחכם: הא כבר אמור. דתני בזמן הזה ופשיטא דלא אפשר להראותו, אלא ודאי בבעל מום איירי ואפילו הכי מותר להשהותו אפילו ד' וה' שנים כל זמן שלא הראהו לחכם, שמע מינה שאין שנתו מחוורת: ניחא רגלים בלא שנה. משכחת לה, אלא שנה בלא רגלים היכי משכחת לה: תמן אמרין. בבבל מפרשין דמשכחת ליה שנה בלא רגלים כגון שהיה מחוסר זמן ברגל ראשון שעדיין לא היה בן שמנת ימים נמלא שהוא מחוסר זמן ולכך לא נחשב לרגל: ופריך כמה דאת אמר תמן. גבי בכור, שמשעת לידתו את מונה לו שנתו כדלקמן בסוגיין, אע"ג דאינו ראוי להרצאה עד יום השמיני אפילו הכי נמנה בכלל שנתו הואיל ומקצתו ראוי, א"כ הכי נמי נאמר דכיון דעבר עליו מקצת פסח שהיה ראוי להקריב דעל כרחך כשנולד קודם פסח איירי א"כ ביום שביעי של פסח ראוי להקריב, והוי ליה רגלים בלא שנה: תיפתר כגון שהיתה עצרת באה בה' וכו'. דעצרת פעמים חל בה' בסיון, כגון שניסן ואייר שניהם מלאים הרי ט"ו מניסן ול' דאייר מלא להו חמשין בה' בסיון, ונולד הבכור בשנה ההיא בששה בסיון דהיינו יום אחד אחר עצרת: והיתה עצרת של שנה הבאה בז' בסיון. כגון שניהן ניסן ואייר חסירים, מלא להו חמשין יומי בז' בסיון: כתיב. גבי מעשר בהמה לא יבקר בין טוב לרע, והיינו בין תם לבעל מום: עבר וביקר. ובחר הטוב, מהו שיעבור אלאו: כל דבר שבא להתיר. כל לאו שבא להתיר דבר אם עבר וסבר לעשות מלוה מן המובחר אינו עובר: מה בא. המקרא הזה לא יבקר להתיר: ומשני בא להתיר להקדיש בעלי מומין. למעשר בהמה, דרע היינו בעל מום:

עין משפט

א מיי' פ"א מהלכות בכורות הלכה ט טוש"ע יו"ד סימן שו סעיף ח:
ב מיי' שם הלכה יא טוש"ע יו"ד סימן שו סעיף ט:

שינויי נוסחאות

א] ר' יוסה. בש"ג ר' הו[י]לא:
ב] מתניתא. בש"ג לישן מתניתא. [בכי"ל לשם ונמחק ע"י המגיה]:
ג] הבכור. בתוספתא (בכורות פ"ג ה"א) בכור תם:
ד] אפילו ארבע וחמש. בתוספתא (שם) שתים ושלש:
ה] ר' אבא מרי. בר"ח (ו:) ר' אבדימי:

תורה אור השלם

א) לֹא יְבַקֵּר בֵּין טוֹב לָרַע וְלֹא יְמִירֶנּוּ וְאִם הָמֵר יְמִירֶנּוּ וְהָיָה הוּא וּתְמוּרָתוֹ יִהְיֶה קֹדֶשׁ לֹא יִגָּאֵל: (ויקרא כז לג)

מראה הפנים

תמן אמרין תיפתר שהיה מחוסר זמן לפסח. התוס' דף ו' ע"ב ד"ה שנה בלא רגלים וכו' מביאין לזה, וכתבו ולקמן אין משמע כן דאמרינן אין מונין שנה לבכור אלא משעה שהוא ראוי להרצאה. ואי משום הא לא אריא דזהו למסקנת הבבלי, אבל הכא קאמר בסוף הלכה משעת לידתו את מונה לו שנה, אלא דדחי לה הכא מטעמא דהראוי למקצת הפסח ראוי לכולו ומוקי לה כדהתם דמשכחת לה כדתני רב שמעיה עצרת פעמים חמשה וכו', ומיהו בזה נמי פליג אדהתם דמשמע מהסוגיא שם דכולי רגל בעי כדכתבו התוספות שם: כאן התירה התורה להקדיש מחוסר זמן. התוס' בפ"ק דזבחים דף י"ב (ע"א ד"ה לילה לקדושה) מדייקי מדקאמר התם לילה לקדושה יום להרצאה משמע קודם לכן לא, ובדף קי"ד (ע"ב) ד"ה היתר במה וכו' מפלפלין בזה ורולין לחלק בין לכתחלה לדיעבד ועיי"ש, וכן כתבו עוד בפ"ג דתמורה בדף י"ט ע"ב (ד"ה אף) אהא דקאמר התם אליבא דר' שמעון דאמר מחוסר זמן נכנס לדיר להתעשר, דיליף לה מבכור שקדוש לפני זמנו וקרב לאחר זמנו אף מחוסר זמן קדוש לפני זמנו וקרב לאחר זמנו, והקשו שם דהא בפ"ג דבכורות דף כ"ח ע"ב קאמר בפשיטות ונילף מקדשים דלא קדושי, משמע דקדשים אינם קדושים במחוסר זמן. ועוד דאמר בזבחים שם לילה לקדושה יום להרצאה, משמע דליל שמיני דוקא קדיש אבל מקמי הכי לא, ותירצו דהני מילי לכתחלה אסור להקדישו למחוסר זמן, מיהו אם עבר והקדישו קדיש דילפינן ליה מבכור. ובכל זה לדעת התוס', אבל אין כן דעת הרמב"ם ז"ל וכדמוכרח מדבריו שבפ"ג מהל' איסורי מזבח שביאר שם דין מחוסר זמן וכתב בהלכה י' וכן המקדיש מחוסר זמן הרי זה כמקדיש בעל מום עובר ואינו לוקה כמו שביארנו. הרי שלא כתב אלא שאינו לוקה ודומה למקדיש בעל מום עובר, א"כ לא חיילא קדושה עליה כמו דלא חיילא קדושה על בעל מום עובר, שהרי הוא כבעל מום קבוע כל זמן דלא עביר מום דיליה, וכמו שביאר שם לעיל בפ"ק דאין הפרש ביניהם אלא לענין הולדות וכו' וכמו שכתב שם בהלכה י"א עיי"ש, וטעמיה דבכל מקום בהש"ס שתמלא דמשמע דקדושה חיילא על מחוסר זמן, היינו אליבא דר' שמעון דס"ל נמי בפרק בתרא דזבחים (קיב:) שעובר עליו משום שחוטי חוץ הואיל וראוי לבוא לאחר זמן, וא"כ לת"ק דר' שמעון שם שאין חייבין עליו משום שאין ראוי להתקבל בפנים, ואי בדיעבד קדוש הוא אם כן ראוי הוא להתקבל וזה פשוט אליבא דת"ק דהלכתא כוותיה, וכך נראה מסתמא דהש"ס דבכורות כנזכר דלא קדשי כלל, וכמו דמבואר בהדיא בת"כ פרשת אמור (פרשה ח פרק ז ו) והביאו[ו] שם רש"י ז"ל (בכורות כח: ד"ה לילף מקדשים), ומיום השמיני והלאה ירצה לקרבן אשה לה' אין לי לאשה מנין אף להקדיש ת"ל לקרבן, א"כ אינו לרצון כלל אפי' בדיעבד, והכא דקאמר בפשיטות כאן התירה התורה להקדיש מחוסר זמן י"ל דכר' שמעון הוא דאתיא, א"כ יש לחלק בין מחוסר זמן דאיירי הכא ובין מחוסר זמן בעלמא וכמו דמחלקין התוס' בכמה מקומות. ובבכורות שם רולין לחלק אף אליבא דר' שמעון בין מעשר בהמה לבין שאר קדשים עיי"ש, ומיהת נקטינן לדעת הרמב"ם דאין קדושה חיילא כלל על מחוסר זמן ואפי' בלילה שלפני שמיני דהא דר' אפטוריקי דזבחים (יב.) דלעיל לא הביא כלל, ומשום דלא איתמר אלא אליבא דרב פפא דקאמר התם לילה אין מחוסר זמן, ורב פפא גופיה ס"ל בריש מנחות (ה.) יש מחוסר זמן לבו ביום, והביאו התוס' שם (זבחים יב. ד"ה רב פפא) וכתבו וצריך לחלק בין מחוסר זמן דהכא לדהתם עיי"ש ואין להאריך:

מסורת הש"ס

א) [בכורות כח.] ב) בכורות כח. [תוספתא בכורות פ"ג ה"א] ג) ר"ה ו: [תוספתא בכורות פ"ג ה"ג, תוספתא ערכין פ"ג ה"ט] ד) [עי' ר"ה ו: תוד"ה שנה]

גליון הש"ס

זאת אומרת שאין שנתו של בעל מום מחוורת. מדברי הרמב"ם פ"א מבכורות הל' ח' נראה שגם בכור בעל מום נאכל בתוך שנתו מה"ת עיי"ש, וכ"כ בקרית ספר להמבי"ט שם, וכאן מבואר להיפך, ועי' בט"ז יו"ד סי' ש"ו סק"ו ועיין בטורי אבן ר"ה דף ז' ע"א: תיפתר שהיה מחוסר זמן לפסח. עיין תוס' ר"ה דף ו' ע"ב ד"ה שנה ומה שהקשו שם מבכור עיי"ש, [ו]לפי דברי הירושלמי לקמן (ז.) דמשעת לידתו מונין (שעה) [שנה] לבכור לא קשיא:

שירי קרבן

כמה דאת אמר תמן וכו'. וקשה למה לא מוקי לה בשנולד ערב עצרת, דהא מסקינן לעיל דלכך עובר עליו בעצרת כשהוא בסוף דהו"ל להקריב בערב יו"ט, והכא כיון דלא היה אפשר להקריב בערב יו"ט אין לו לעבור עליו. ועוד קשה הא בשביעי של פסח נמי אין לו לעבור עליו דהא הוה יו"ט ואין חובות שאין קבוע להן זמן קריבין ביו"ט, ובערב יו"ט דבששי של פסח לא היה אפשר להקריב שהיה מחוסר זמן. וי"ל דודאי אפשר לאוקמי בעצרת אלא דהש"ס מקשי על מאי דפתרי תמן. ועל הקושיא השניה י"ל דכיון דאם עבר והביא כשר עובר. אך לפי מש"כ לעיל בתוס' בד"ה אמר ר' חיננא וכו' משום דאילו הביא ועבר אין לעבור עליו, וצ"ע:

The two time limits for delaying one's offerings are expounded by a Baraisa:[12]

אֶחָד בְּכוֹר וְאֶחָד כָּל הַקֳּדָשִׁים – Regarding **BOTH THE *BECHOR* AND ALL** other **SACRED OFFERINGS,** עוֹבֵר עֲלֵיהֶם מִשֵּׁם רְגָלִים בְּלֹא שָׁנָה – **ONE TRANSGRESSES ON THEIR ACCOUNT** if three **FESTIVALS** pass even **WITHOUT A YEAR,** שָׁנָה בְּלֹא רְגָלִים – or if **A YEAR** passes even **WITHOUT** three **FESTIVALS.**[13]

The Gemara examines this ruling:

נִיחָא רְגָלִים בְּלֹא שָׁנָה – **It is understandable** that three **festivals** can pass **without a year,** שָׁנָה בְּלֹא רְגָלִים – but how can **a year** pass **without** three **festivals?**[14]

An explanation is provided:

תַּמָּן אָמְרִין – **There,** i.e. in Babylonia, **they said:** תִּיפְתּוֹר שֶׁהָיָה מְחוּסַּר זְמַן לְפֶסַח – **Interpret [the Baraisa]** as dealing with **where [the offering] was premature on Pesach.**[15]

The Gemara rejects this explanation:

כְּמָה דְאַתְּ אָמַר תַּמָּן – **Just as you say there,** with regard to the one-year limit, הָרָאוּי לְמִקְצָת שָׁנָה רָאוּי לְכוּלָּהּ – that **what is fit for part of a year is fit for the entire [year],**[16] וְאֵימוֹר אוּף הָכָא – **say here as well,** with regard to the three-festival limit, הָרָאוּי לְמִקְצָת הַפֶּסַח רָאוּי לְכוּלּוֹ – that **what is fit for part of Pesach is fit for the entire [Pesach].**[17]

The Gemara provides an acceptable explanation for how a year can pass without three festivals:

אָמַר רַבִּי אַבָּא מָרִי – **R' Abba Mari said:** תִּיפְתּוֹר שֶׁהָיְתָה עֲצֶרֶת הַבָּאָה בַּחֲמִשָּׁה – **Interpret** the Baraisa as dealing with a case **where Shavuos fell on the fifth** of Sivan, וְנוֹלַד בְּשִׁשָּׁה – **[the *bechor*] was born** or the vow was made **on the sixth** of Sivan, וְהָיְתָה עֲצֶרֶת הַבָּאָה בְּשִׁבְעָה – **and the following** year **Shavuos was on the seventh** of Sivan.[18] In this case the year ends on the sixth of Sivan, and the third festival falls one day later, on the seventh of Sivan.[19]

The Gemara records a query:[20]

רַבִּי בּוּן בַּר חִיָּיה בְּעָא קוֹמֵי רַבִּי זְעֵירָא – **R' Bun bar Chiyah inquired in the presence of R' Z'eira:** כְּתִיב – **It is written** regarding the animal-*maaser* count: ״לֹא יְבַקֵּר בֵּין־טוֹב לָרַע״ – ***He shall not distinguish between good and bad.***[21] עָבַר וּבִיקֵּר מַהוּ שֶׁיַּעֲבוֹר –

NOTES

HaNetziv (*Sifrei, Parashas Re'eh* p. 158) attempt to reconcile *Rambam's* view with *Bavli,* but they do not deal with the proof against his opinion from our Gemara (see *Maharit Algazi* ibid. and *Meshech Chochmah, Deuteronomy* 15:19-20).]

12. See *Tosefta Bechoros* 3:3, *Tosefta Arachin* 3:9 (end), and *Bavli* 6b.

13. The three-festival limit was derived above (3b) from a verse that deals with non-festival offerings in general, including the *bechor.* The one year limit is written in the context of the *bechor,* but, as the Gemara on 4a taught, all other offerings are also included. [Since the source for this law is found in a passage about the *bechor,* the Baraisa mentions the *bechor* separately (*Tosafos* to *Bavli* 6b ד״ה אחד).]

14. Even if the person made the vow during a festival, the year will not end before the passage of three festivals. For example, if he made the vow on Pesach, the remainder of that Pesach combines with the beginning of the next Pesach to be reckoned as a complete festival. Thus, a year after his vow, the three festivals will have been completed (*Tosafos* ibid. ד״ה שנה).

The Gemara asks its question according to view of the Sages (above, 3a), who maintain that three festivals cause liability regardless of their order. According to R' Shimon (ibid.), however, who requires that the three festivals pass sequentially (i.e. with Pesach first), a case of a year without three festivals is easily found. For example, if the person made his vow just after Pesach, when the year ends just after Pesach the next year, the three festivals will not have passed in sequence (*Beur of R' Chaim Kanievski,* from *Bavli* ibid.).

15. For instance, an animal was born on Erev Pesach and its owner sanctified it as an offering that day, or else a *bechor* was born on Erev Pesach and became sanctified automatically that day. The first time such an animal is able to be offered is on the seventh day of Pesach, when the animal turns eight days old (*Leviticus* 22:27). Now, if the owner delays this offering for a year, until the following Erev Pesach, he will be liable for delaying his offering a year, but not for delaying it three festivals, because the first festival to pass, i.e. Pesach, is not reckoned, due to the animal's being unfit during the first part of that festival (see *Beur of R' Chaim Kanievski*).

[As we will see below (5a note 6), it is Biblically forbidden to consecrate an animal for the Altar before it is eight days old. Since the Baraisa mentions that all sacred offerings can also be delayed a year without three festivals, it necessarily deals with someone who transgressed this prohibition and consecrated his animal before it turned eight days old (cf. *Aruch LaNer* to 6b ד״ה עוד).]

16. Although the animal is not fit to be offered during its first seven days, the scholars of Babylonia maintain that its one-year limit ends the next Erev Pesach, exactly one year from its consecration. [For if the year is also reckoned from the eighth day, the year will end together will the three festivals.] Apparently, we hold that since the animal is fit to be offered during the rest of the year, we reckon its year from its birth, regardless of its first unfit week (*Sefer Nir; Beur of R' Chaim Kanievski;* cf. *Korban HaEidah*).

17. The Gemara argues that the same logic should apply to the three-festival limit. Although the animal is unfit for the first six days of Pesach, since it becomes fit to be offered on the last day, the Pesach festival should be reckoned together with the following two festivals (*Korban HaEidah*). [Although the last day of Pesach is Yom Tov, on which non-festival offerings may not be brought, we have previously seen (4a) that a Yom Tov day is considered fit for bringing an offering, because an offering that is brought on Yom Tov is valid after the fact (*Pnei Moshe;* see *Sheyarei Korban*).] For further discussion, see Variant A.

18. The Torah does not give a specific date for Shavuos. It states only that Shavuos falls on the 50th day from the *Omer* count, which begins on the second day of Pesach (*Leviticus* 23:15-21). Accordingly, the date of Shavuos can vary, depending on the varying lengths of the months of Nissan and Iyar. If both Nissan and Iyar comprise 30 days, Shavuos falls on the 5th of Sivan; if both months comprise 29 days, Shavuos falls on the 7th of Sivan; and if one month is full and one month is deficient, Shavuos falls on the 6th of Sivan (see *Bavli* 6b). [Nowadays we follow the fixed calendar, according to which Nissan always has 30 days and Iyar always has 29. Hence, Shavuos always falls on the 6th of Sivan.]

19. *Pnei Moshe.* [This same answer is given by *Bavli* (6b).]

20. The ensuing Gemara segment is unrelated to the topic under discussion. It is cited here merely because of its similarity to the next discussion, which *is* connected to the *not-to-delay* prohibition (*Tuv Yerushalayim;* cf. *R' Y. F. Perla* to *Sefer HaMitzvos L'Rasag* Vol. I, pp. 634-636).

21. *Leviticus* 27:33. The verse teaches that when tithing one's newborn animals, where the procedure is to allow the animals to pass one by one through a narrow opening in a pen and consecrate as the *maaser* animal the one that emerges tenth, the tenth animal becomes holy whether unblemished ("good") or blemished ("bad") (*Bechoros* 14b and 57a). The owner should not [or: need not (see the Gemara below)] intervene in the selection of the tithe; whichever animal exits tenth from the pen attains *maaser* sanctity, even if it has a blemish. [This blemished *maasar beheimah,* since it is unfit for offering, is slaughtered outside the Temple Courtyard, and is eaten by its owner as ordinary *chullin* meat.]

TEXTUAL AND INTERPRETIVE VARIANTS

A. The Gemara concludes that once part of a festival is fit for an offering, that festival is reckoned as one of the three critical festivals. This indicates, however, that if the *entire* festival would be unfit for the offering, the festival would not be reckoned. Accordingly, the question arises: Why does the Gemara not suggest that there can be a year without three festivals in a case where the animal was premature for the entire festival, for instance, when a *bechor* was born right before the festival of Shavuos? (see *Sheyarei Korban*).

Sefer Nir, therefore, suggests that the wording of the Gemara is inexact. Rather, even if the *entire* Pesach would be unfit for the offering, Pesach would still be reckoned as one of the festivals, since the other two festivals are fit.

היך עבידא. שוחטו בערב ראש השנה ואוכלו ערב ראש השנה ובראש השנה. תני ר' ישמעאל [א]נולד לו מום בחמשה עשר יום בתוך שנתו רשאי לקיימו לאחר שנתו עד חמשה עשר יום. אמר ר' אילא ד. זאת אומרת שאין שנתו של בעל מום מחוורת. אמר [א]ר' יוסה [ב]מתניתא מסייעא לר' אילא [ג]הבכור בזמן הזה רשאי לקיימו [ד]אפילו ארבע וחמש שנים עד שלא הראהו למומחה. מה אנן קיימין. אם לתם הא כבר אמור אלא אם אינו עניין לתם תניהו עניין לבעל מום. אחד בכור ואחד כל הקדשים עובר עליהם משם רגלים בלא שנה שנה בלא רגלים. ניחא רגלים בלא שנה שנה בלא רגלים. תמן אמרין תיפתר שהיה מחוסר זמן לפסח. כמה דאת אמר תמן הראוי למקצת שנה ראוי לכולה ואמור אוף הכא הראוי למקצת הפסח ראוי לכולו. אמר [ה]ר' אבא מרי תיפתר שהיתה עצרת הבאה בחמשה ונולד בששה והיתה עצרת הבאה בשבעה: ר' בון בר חייה בעא קומי ר' זעירא כתיב [א]לא יבקר בין טוב לרע עבר וביקר מהו שיעבור. אמר ליה כל דבר שבא להתיר אינו עובר. מה בא להתיר. כאן התירה התורה להקדיש בעלי מומין.

פני משה

היך עבידא. היאך נלמד מכאן: שוחטו בערב ראש השנה. כלומר ביום שלפני ראש השנה שניה שלו ואכלו באותו יום שהוא ערב ראש השנה שלו ולמחרתו בראש השנה השניה. אי נמי ערב ראש השנה ממש, וקא משמע לן דלשנה דידיה מנינן ולא שנה של מנין עולם, ואם שוחטו ערב ראש השנה אוכלו בערב ראש השנה ובראש השנה, שהרי נאכל לשני ימים ולילה אחד ואינו נפסל משנה לחבירתה: תני ר' ישמעאל נולד לו בט"ו יום וכו'. דבמתניתין ריש פ"ד דבכורות (מ"ב) תנן נולד לו מום בתוך שנתו רשאי לקיימו כל י"ב חודש לאחר שנתו אינו רשאי לקיימו אלא שלשים יום, ועלה קאי הא דתני ר' ישמעאל דלא תימא הא דקתני במתניתין לאחר שנתו וכו' אנולד לו מום בתוך שנתו קאי שמותר לקיימו כל שנתו ואחר שנתו שלשים יום, הלכך קתני שאם נולד לו מום ט"ו יום בתוך שנתו נותנין לו להשלים ט"ו יום אחר שנתו ותו לא, ומתניתין הכי קאמר נולד לו מום לאחר שנתו נותנין לו שלשים יום: א"ר אילא זאת אומרת שאין שנתו של בעל מום מחוורת. אינו מחוור לנו בהדיא שנותנין לו שנה שלימה קודם שיאכלנו, דהא דדריש שנה לתם ושנה לבעל מום אינו מפורש בהדיא לבעל מום אלא מלישנא יתירה דרשינן הכי, ולפיכך אינו נותנין לו אלא השלמה לאחר שנתו, ואחר ששלמה שנה מיום שנפל בו מום אינו רשאי לקיימו אלא צריך שיאכלנו: מתני'. ברייתא דלקמיה מסייעא לר' אילא דקתני הבכור בזמן הזה שאינו ראוי להקרבה: רשאי לקיימו אפי' ארבע וחמש שנים עד שלא הראהו למומחה. כלומר עד שלא נפל בו מום וראוי להראותו למומחה אם הוא מום שראוי לשחוט עליו, ושמע מינה דמשעה שראוי לשוחטו אין רשאי לקיימו אחר שנתו וכדמפרש ר' אילא להא דתני ר' ישמעאל, וכדמסיק דמה אנן קיימין אליבא דהאי ברייתא: אם לתם. כלומר דהכי דרשינן לקרא דכתיב שנה בשנה: ומה אנן קיימין אם בתם הרי כבר אמור. ברישיה דקרא ולמה לי למיהדר ולכתוב בשנה: אלא אם אינו ענין לתם תנהו ענין לבעל מום. הלכך הואיל דמייתורא דקרא היא דנפקא לן לבעל מום, אינו נותנין לו שנה אלא מיום שנפל בו מום בתוך שנתו וכדאמרן: אחד בכור ואחד כל הקדשים וכו'. תוספתא היא בפ"ג דבכורות ה"ג: ופריך ניחא רגלים בלא שנה, שנה בלא רגלים. בתמיה והיכי משכחת לה: תמן. בבבל: אמרין תיפתר שהיה מחוסר זמן לפסח. כלומר בפסח שהיה רגל הראשון לנדרו היה זה מחוסר זמן ואינו ראוי להקרבה, וכשבא חג הפסח האחר שנה מלאה רגלים לא מלאו, שחג הפסח הראשון אינו בכלל, ופריך ואמאי כמה דאמר תמן גבי ראוי להקריב בשנה זו שאם ראוי למקצת השנה כאילו ראוי לכולה, וזהו כדאמרינן לעיל שאם שלמה שנתו בעצרת שהיה רגל האחרון מהשלשה רגלים מאחר שאם עבר והביא כשר עובר, וטעמא דבדיעבד כשר משום שהראוי למקצת השנה קודם ששלמה שנתו ברגל הזה הוי כראוי לכולה, וא"כ הכי נמי נימא הראוי למקצת הפסח כראוי לכולו, שהרי בימים אחרונים של הפסח כבר אינו מחוסר זמן וראוי הוא להקרבה והרי זה כראוי מתחלת חג הפסח ואכתי רגלים נמי איכא: תיפתר שהיתה עצרת הבאה בחמשה וכו'. לפי שעצרת פעמים היא בחמשה בסיון, כגון שניסן ואייר שניהם מלאין ושלמו חמשים יום לעומר בחמשה בסיון, ופעמים בששה שאחד מלא ואחד חסר ושלמו החמשים יום בששה בסיון, ופעמים בשבעה שהיו שניהן חסרין ושלמו החמשים יום בשבעה בסיון, והשתא משכחת לה שהיתה עצרת הבאה בחמישי, כלומר הבאה עכשיו בשנה זו הוא בחמשה בסיון ונולד בששה זה הקרבן והיתה עצרת הבאה בשנה הבאה בשבעה בסיון, ונמלא השנה מליאה בששה בסיון משעה שנולד ועדיין לא עברה עצרת עליו: כתיב. גבי מעשר העשירי יהיה קדש לא יבקר בין טוב לרע, בין שיצא בעל מום לעשירי ובין תמים, ואם עבר וביקר שעשה תחבולה שהעשירי יהיה תמים מהו שיעבור על לאו דלא יבקר: כל דבר שבא להתיר. כל מקום שבא הכתוב להתיר כדמפרש לקמיה שהתירה התורה כאן להקדיש בעלי מומין אינו עובר אם ביקר, דלא נאמר לא יבקר אלא שאינו צריך לבקר ואם ביקר לא הקפידה התורה:

קרבן העדה

היך עבידא. כמו היכי דמי: שוחטו בערב ראש השנה. כלומר ביום האחרון לשנתו שהוא ערב ראש השנה השנייה שנאכל ביום האחרון של שנה ראשונה ויום ראשון של שנה שנית, הרי שעל כרחך לומר שבכור נאכל לשני ימים ולילה אחד: נולד לו מום בט"ו. לאו דוקא ט"ו אלא בתוך שנתו משלימין לו שלשים יום מיום שנפל בו מום: שאין שנתו של בעל מום מחוורת. שאין ברור מן התורה שיהיה לבעל מום דוקא שנה ולא יותר, דא"כ אפילו נולד לו מום בסוף שנה נמי לא ישלים השלשים יום: בזמן הזה. שאין תם ראוי לכלום: מה אנן קיימין. במאי עסקינן, דליכא לפרושי עד שלא הראהו לחכם שלא נפל בו מום להראותו לחכם: הא כבר אמור. דתני בזמן הזה ופשיטא דלא אפשר להראותו, אלא ודאי בבעל מום איירי ואפילו הכי מותר להשהותו אפילו ד' וה' שנים כל זמן שלא הראהו לחכם, שמע מינה שאין שנתו מחוורת: ניחא רגלים בלא שנה. משכחת לה, אלא שנה בלא רגלים היכי משכחת לה: תמן אמרין. בבבל מפרשין דמשכחת ליה שנה בלא רגלים כגון שהיה מחוסר זמן ברגל ראשון שעדיין לא היה בן שמנת ימים נמצא שהוא מחוסר זמן ולכך לא נחשב לרגל: ופריך כמה דאת אמר תמן. גבי בכור, שמשעת לידתו את מונה לו שנתו כדלקמן בסוגיין, אע"ג דאינו ראוי להרצאה עד יום השמיני אפילו הכי נמנה בכלל שנתו הואיל ומקצתו ראוי, א"כ הכי נמי נאמר דכיון דעבר עליו מקצת פסח שהיה ראוי להקריב דעל כרחך כשנולד קודם פסח איירי א"כ ביום שביעי של פסח ראוי להקריב, והוי ליה רגלים בלא שנה: תיפתר כגון שהיתה עצרת באה בה' וכו'. דעצרת פעמים חל בה' בסיון, כגון שניסן ואייר שניהם מלאים הרי ט"ו מניסן ול' דאייר מלא להו חמשין בה' בסיון, ונולד הבכור בשנה ההיא בששה בסיון דהיינו יום אחד אחר עצרת: והיתה עצרת של שנה הבאה בז' בסיון. כגון ששניהן ניסן ואייר חסירים, מלא להו חמשין יומי בז' בסיון: כתיב. גבי מעשר בהמה לא יבקר בין טוב לרע, והיינו בין תם לבעל מום: עבר וביקר. ובחר הטוב, מהו שיעבור אלאו: כל דבר שבא להתיר. כל לאו שבא להתיר דבר אם עבר וסבר לעשות מצוה מן המובחר אינו עובר: מה בא. המקרא הזה לא יבקר להתיר: ומשני בא להתיר להקדיש בעלי מומין. למעשר בהמה, דרע היינו בעל מום:

עין משפט

א מיי' פ"א מהלכות בכורות הלכה ט טוש"ע יו"ד סימן שו סעיף ח:
ב מיי' שם הלכה יא טוש"ע יו"ד סימן שו סעיף ט:

שינויי נוסחאות

א] ר' יוסה. בש"ג ר' הו[י]לא:
ב] מתניתא. בש"ג לישן מתניתא. [בכי"ל לשם ונמחק ע"י המגיה]:
ג] הבכור. בתוספתא (בכורות פ"ג ה"א) בכור תם:
ד] אפילו ארבע וחמש. בתוספתא (שם) שתים ושלש:
ה] ר' אבא מרי. בר"ח (ו:) ר' אבדימי:

תורה אור השלם

א) לֹא יְבַקֵּר בֵּין טוֹב לָרַע וְלֹא יְמִירֶנּוּ וְאִם הָמֵר יְמִירֶנּוּ וְהָיָה הוּא וּתְמוּרָתוֹ יִהְיֶה קֹּדֶשׁ לֹא יִגָּאֵל: (ויקרא כז לג)

מסורת הש"ס

א) [בכורות כח.] ב) בכורות כח. [תוספתא בכורות פ"ג ה"א] ג) ר"ה ו: [תוספתא בכורות פ"ג ה"ג, תוספתא ערכין פ"ג ה"ט] ד) [עי' ר"ה ו: תוד"ה שנה]

גליון הש"ס

זאת אומרת שאין שנתו של בעל מום מחוורת. מדברי הרמב"ם פ"א מבכורות הל' ח' נראה שגם בכור בעל מום נאכל בתוך שנתו מה"ת עיי"ש, וכ"כ בקרית ספר להמבי"ט שם, וכאן מבואר להיפך, ועי' בט"ז יו"ד סי' ש"ו סק"ו ועיין בטורי אבן ר"ה דף ז' ע"א: תיפתר שהיה מחוסר זמן לפסח. עיין תוס' ר"ה דף ו' ע"ב ד"ה שנה ומה שהקשו שם מבכור עיי"ש, [ו]לפי דברי הירושלמי לקמן (ז.) דמשעת לידתו מונין (שעה) [שנה] לבכור לא קשיא:

שירי קרבן

כמה דאת אמר תמן וכו'. וקשה למה לא מוקי לה בשנולד ערב עצרת, דהא מסקינן לעיל דלכך עובר עליו בעצרת כשהוא בסוף דהו"ל להקריב בערב יו"ט, והכא כיון דלא היה אפשר להקריב בערב יו"ט אין לו לעבור עליו. ועוד קשה הא בשביעי של פסח נמי אין לו לעבור עליו דהא הוה יו"ט ואין חובות שאין קבוע להן זמן קריבין ביו"ט, ובערב יו"ט דבששי של פסח לא היה אפשר להקריב שהיה מחוסר זמן. וי"ל דודאי אפשר לאוקמי בעצרת אלא דהש"ס מקשי על מאי דפתרי תמן. ועל הקושיא השניה י"ל דכיון דאם עבר והביא כשר עובר. אך לפי מש"כ לעיל בתוס' בד"ה אמר ר' חיננא וכו' משום דאילו הביא ועבר אין לעבור עליו, וצ"ע:

מראה הפנים

תמן אמרין תיפתר שהיה מחוסר זמן לפסח. התוס' דף ו' ע"ב ד"ה שנה בלא רגלים וכו' מביאין לזה, וכתבו ולקמן אין משמע כן דאמרינן אין מונין שנה לבכור אלא משעה שהוא ראוי להרצאה. ואי משום הא לא אריא דזהו למסקנת הבבלי, אבל הכא קאמר בסוף הלכה משעת לידתו את מונה לו שנה, אלא דדחי לה הכא מטעמא דהראוי למקצת הפסח ראוי לכולו ומוקי לה כדהתם דמשכחת לה כדתני רב שמעיה עצרת פעמים חמשה וכו', ומיהו בזה נמי פליג אדהתם דמשמע מהסוגיא שם דכולי רגל בעי כדכתבו התוספות שם: כאן התירה התורה להקדיש מחוסר זמן. התוס' בפ"ק דזבחים דף י"ב (ע"א ד"ה לילה לקדושה) מדייקי מדקאמר התם לילה לקדושה יום להרצאה משמע קודם לכן לא, ובדף קי"ד (ע"ב) ד"ה היתר במה וכו' מפלפלין בזה ורוצין לחלק בין לכתחלה לדיעבד ועיי"ש, וכן כתבו עוד בפ"ג דתמורה בדף י"ט ע"ב (ד"ה אף) אהא דקאמר התם אליבא דר' שמעון דאמר מחוסר זמן נכנס לדיר להתעשר, דיליף לה מבכור שקדוש לפני זמנו וקרב לאחר זמנו אף מחוסר זמן קדוש לפני זמנו וקרב לאחר זמנו, והקשו שם דהא בפ"ג דבכורות דף כ"ח ע"ב קאמר בפשיטות ונילף מקדשים דלא קדושי, משמע דקדשים אינם קדושים במחוסר זמן. ועוד דאמר בזבחים שם לילה לקדושה יום להרצאה, משמע דליל שמיני דוקא קדיש אבל מקמי הכי לא, ותירצו דהני מילי לכתחלה אסור להקדישו למחוסר זמן, מיהו אם עבר והקדישו קדיש דילפינן ליה מבכור. ובכל זה לדעת התוס', אבל אין כן דעת הרמב"ם ז"ל וכדמוכרח מדבריו שבפ"ג מהל' איסורי מזבח שביאר שם דין מחוסר זמן וכתב בהלכה י' וכן המקדיש מחוסר זמן הרי זה כמקדיש בעל מום עובר ואינו לוקה כמו שביארנו. הרי שלא כתב אלא שאינו לוקה ודומה למקדיש בעל מום עובר, א"כ לא חיילא קדושה עליה כמו דלא חיילא קדושה על בעל מום עובר, שהרי הוא כבעל מום קבוע כל זמן דלא עביר מום דיליה, וכמו שביאר שם לעיל בפ"ק דאין הפרש ביניהם אלא לענין הולדות וכו' וכמו שכתב שם בהלכה י"א עיי"ש, וטעמיה דבכל מקום בהש"ס שתמלא דמשמע דקדושה חיילא על מחוסר זמן, היינו אליבא דר' שמעון דס"ל נמי בפרק בתרא דזבחים (קיב:) שעובר עליו משום שחוטי חוץ הואיל וראוי לבוא לאחר זמן, וא"כ לת"ק דר' שמעון שם שאין חייבין עליו משום שאין ראוי להתקבל בפנים, ואי בדיעבד קדוש הוא אם כן ראוי הוא להתקבל וזה פשוט אליבא דת"ק דהלכתא כוותיה, וכך נראה מסתמא דהש"ס דבכורות כנזכר דלא קדשי כלל, וכמו דמבואר בהדיא בת"כ פרשת אמור (פרשה ח פרק ז ו) והביא[ו] שם רש"י ז"ל (בכורות כח: ד"ה ליליף מקדשים), ומיום השמיני והלאה ירצה לקרבן אשה לה' אין לי לאשה מנין אף להקדיש ת"ל לקרבן, א"כ אינו לרצון כלל אפי' בדיעבד, והכא דקאמר בפשיטות כאן התירה התורה להקדיש מחוסר זמן י"ל דכר' שמעון הוא דאתיא, א"נ יש לחלק בין מחוסר זמן דאיירי הכא ובין מחוסר זמן בעלמא וכמו דמחלקין התוס' בכמה מקומות. ובבכורות שם רוצין לחלק אף אליבא דר' שמעון בין מעשר בהמה לבין שאר קדשים עיי"ש, ומיהת נקטינן לדעת הרמב"ם דאין קדושה חיילא כלל על מחוסר זמן ואפי' בלילה שלפני שמיני דהא דר' אפטוריקי דזבחים (יב.) דלעיל לא הביא כלל, ומשום דלא איתמר אלא אליבא דרב פפא דקאמר התם לילה אין מחוסר זמן, ורב פפא גופיה ס"ל בריש מנחות (ה.) יש מחוסר זמן לבו ביום, והביאו התוס' שם (זבחים יב. ד"ה רב פפא) וכתבו וצריך לחלק בין מחוסר זמן דהכא לדהתם עיי"ש ואין להאריך:

הֵיךְ עֲבִידָא – **How does this occur?** שׁוֹחֲטוֹ בְּעֶרֶב רֹאשׁ הַשָּׁנָה – Where **one slaughters [the** ***bechor*****] on Erev Rosh Hashanah,** וְאוֹכְלוֹ עֶרֶב רֹאשׁ הַשָּׁנָה וּבְרֹאשׁ הַשָּׁנָה – **and he eats [its meat] on Erev Rosh Hashanah and on Rosh Hashanah.**[1]

A Baraisa discusses a case where the *bechor* may be slaughtered and eaten beyond its one-year limit:

תָּנֵי רַבִּי יִשְׁמָעֵאל – **R' Yishmael taught in a Baraisa:**[2] נוֹלַד לוֹ מוּם בַּחֲמִשָּׁה עָשָׂר יוֹם בְּתוֹךְ שְׁנָתוֹ – If [THE *BECHOR*] DEVELOPED A BLEMISH FIFTEEN DAYS WITHIN ITS YEAR [i.e. when fifteen days remain until the end of its year], רַשַּׁאי לְקַיְּימוֹ לְאַחַר שְׁנָתוֹ עַד חֲמִשָּׁה עָשָׂר יוֹם – ONE IS PERMITTED TO KEEP IT ALIVE UP TO FIFTEEN DAYS AFTER ITS YEAR.[3]

An inference is drawn from this Baraisa:

אָמַר רַבִּי אִילָא – **R' I'la said:** זֹאת אוֹמֶרֶת שֶׁאֵין שְׁנָתוֹ שֶׁל בַּעַל מוּם מְחוּוֶּרֶת – **This** Baraisa in effect **says that the year** limit **of a blemished** *bechor* **is not clear-cut,** i.e. it is not a genuine Biblical interpretation of the verse. If it were Biblically required to eat a blemished *bechor* within its first year, the Rabbis would not have sanctioned an extension to the one-year limit.[4]

The Gemara provides additional support for R' I'la's observation:

אָמַר רַבִּי יוֹסָה – **R' Yosah said:** מַתְנִיתָא מְסַייְעָא לְרַבִּי אִילָא – **The** following **Baraisa**[5] **supports R' I'la:** הַבְּכוֹר בִּזְמַן הַזֶּה – With regard to A *BECHOR* NOWADAYS,[6] רַשַּׁאי לְקַיְּימוֹ אֲפִילוּ אַרְבַּע וְחָמֵשׁ שָׁנִים – [THE OWNER] IS PERMITTED TO KEEP IT ALIVE EVEN FOUR OR FIVE YEARS, עַד שֶׁלֹּא הֶרְאָהוּ לְמוּמְחֶה – AS LONG AS HE DID NOT SHOW IT TO AN EXPERT.[7]

The Gemara examines the Baraisa:

מַה אֲנַן קַיָּימִין – **With what** case **are we dealing?** אִם לְתָם הָא כְּבָר אָמוּר – **If** you say **with** a case of **an unblemished** *bechor,*[8] **that has already been stated,** i.e. since the Baraisa already mentioned that it is dealing with a *bechor* nowadays, it need not be stated that if it is unblemished it may be kept alive for many years.[9] אֶלָּא אִם אֵינוֹ עִנְיָין לְתָם – **Rather, if [the Baraisa] has no application to** the case of **an unblemished** *bechor,* תְּנֵיהוּ עִנְיָין לְבַעַל מוּם – **assign it an application to** the case of **a blemished** *bechor.* The Baraisa comes to allow the owner to keep the blemished *bechor* for an unlimited amount of time until it is shown to an expert.[10] Perforce, the year limit for a blemished *bechor* is not Biblical.[11]

NOTES

1. When one slaughters a *bechor* on the last day of the year (Erev Rosh Hashanah), he may eat the animal's meat on that day and on the following day, which is the first day of the next year (*Chidushei HaGriz* ibid.; see also *Tuv Yerushalayim*).

[*Korban HaEidah,* however – based on *Rashi* to *Bechoros* 27b ד״ה יום אחד and to *Deuteronomy* ibid. – explains that when the Gemara mentions "Rosh Hashanah," it is referring to the beginning of the *animal's* second year. Accordingly, the verse teaches that when one slaughters a *bechor* on the last day of "its" year (i.e. on the last day of the year following its birth), he may eat the meat of the animal on that day and on the following day, which is the first day of "its" second year. The commentators note that according to this understanding we must say that the Torah allows the meat of the *bechor* to be eaten even beyond the one-year limit, as long as the *bechor* was *slaughtered* within the year (*Avnei Nezer* ibid.; *Chidushei HaGriz* ibid. ד״ה שם בגמ׳).]

2. See *Bechoros* 28a.

3. But no more than fifteen days.

The case of fifteen days is merely an example. The rule is that the owner is always granted thirty days from the time the *bechor* develops a blemish until he is required to slaughter it (*Korban HaEidah,* from *Bechoros* ibid.). Now, in cases in which the *bechor* develops a blemish more than thirty days before the end of its first year, the thirty-day allowance is of no significance, because the owner in any case has until the end of the year to slaughter the animal. But if the blemish developed toward the end of the first year, the owner may wait thirty days from the appearance of the blemish, even if the thirty-day period extends beyond the first year. [This is the law that is taught in our Baraisa.] If the blemish is sustained after the first year is over [which can occur permissibly nowadays, because now that there is no Altar the law is that the *bechor* is left to graze indefinitely, even for many years, until it develops a blemish (*Rambam, Commentary* to *Bechoros* 4:2)] the owner is granted thirty days from when the blemish occurred. [This law is stated in a Mishnah in *Bechoros* 26b: "If a *bechor* develops a blemish... after its year, he is permitted to keep it only until thirty days."]

As explained by a Baraisa cited in *Bechoros* 28a, the reason for this thirty-day allowance is to prevent the Kohen from suffering a loss. If not for this allowance, in a situation in which the *bechor* is still in the hands of its Israelite owner and a recipient Kohen is not available, the animal would have to be slaughtered at the end of its year, and its meat would spoil. The *bechor* is therefore allowed to be kept alive for thirty days after sustaining the blemish, on the chance that in the interim a Kohen will be found (cf. *Tosafos* there ד״ה מפני).

4. *Korban HaEidah.* Rather, the requirement to slaughter a blemished *bechor* within a year of its birth is of Rabbinic origin, and the Baraisa's exposition is merely an *asmachta* (Scriptural allusion to a Rabbinic law). [See *Perishah* (*Yoreh Deah* 306:16), *Taz* (ibid. 306:6), and *Levush* (ibid. 306:7) for why the Rabbis enacted such a law.]

[One may ask: Why did R' I'la choose to base his inference on the Baraisa of R' Yishmael, and not on the Mishnah in *Bechoros* 26b (cited in the previous note) which states that if the *bechor* develops a blemish after its first year, the owner is permitted to keep it an additional thirty days? *Sefer Nir* suggests that in the Mishnah's case in which the *bechor* incurred the blemish after its first year, it could be argued that the Rabbis were able to grant the owner thirty additional days because there is no Biblical prohibition against delaying an offering once its first year has already passed. In the case of the Baraisa, by contrast, in which the blemish was incurred *within* the first year, the allowance to delay slaughtering the animal until after the end of its year clearly demonstrates that the one-year limit is not Biblical.]

5. See *Tosefta Bechoros* 3:1; *Bavli Bechoros* 28a.

6. Nowadays that there is no Temple, an unblemished *bechor* is unfit for anything (*Korban HaEidah,* from *Rashi* to *Bechoros* ibid.). As an offering it is unfit because there is no Temple, and for consumption by the Kohen it is unfit because it is not yet blemished.

7. I.e. although a *bechor* must be slaughtered within its year, since nowadays an unblemished *bechor* may not be slaughtered, one is permitted to keep it alive even for many years, until it develops a blemish and an expert on blemishes examines it and verifies that the blemish qualifies as a legal blemish.

8. And when the Baraisa says that the owner may keep the *bechor* "as long as he did not show it to an expert," it means that he may keep it as long as it remains unblemished and does not *stand to be shown* to an expert (*Korban HaEidah*). [This is in fact how *Rashi* to *Bechoros* ibid. understands this Baraisa.]

9. Because, as mentioned above, nowadays an unblemished *bechor* is unfit for anything. Obviously, then, the only thing to do with it is to keep it alive indefinitely (see *Korban HaEidah*).

10. The Baraisa is discussing someone who has a blemished *bechor* and lives in a place where there is no expert to inspect it. The Baraisa teaches that the owner is not obligated to take it to an expert in a distant location (*Tosafos, Bechoros* 28a ד״ה עד; see also *Shach, Yoreh Deah* 306:15).

11. If there were a Biblical obligation to eat the blemished *bechor* within a year, one would surely be required to have the blemish examined by an expert within the first year. [For if the blemish is indeed one that permits the *bechor* to be eaten, the owner would be Biblically required to slaughter the *bechor* within the year. And since the rule is that in cases of doubt involving Biblical law one must be stringent (סְפֵק דְּאוֹרַיְיתָא לְחוּמְרָא), the owner would have to act immediately and verify whether the *bechor* must be slaughtered on account of the blemish (*Maharit Algazi, Bechoros* 4:24 [printed after *Hilchos Challah*] ד״ה איבעיא להו).] Perforce, the obligation to eat a blemished *bechor* within its first year is only Rabbinic, and the Rabbis did not trouble the owner to seek an expert if none is available locally.

[*Bavli* as well, the Acharonim (*Turei Even* 7a ד״ה בעל מום; *Teshuvos Shivas Tziyon* §24) prove, maintains that the obligation to eat a blemished *bechor* within its first year is only Rabbinic. *Rambam* (*Hil. Bechoros* 1:8), however, maintains that it is Biblical. *Rashash* (*Bechoros* 28a) and *Emek*

היך עבידא. שוחטו בערב ראש השנה ואוכלו ערב ראש השנה ובראש השנה. תני ר' ישמעאל [א]נולד לו מום בחמשה עשר יום בתוך שנתו רשאי לקיימו לאחר שנתו עד חמשה עשר יום. אמר ר' אילא ד. זאת אומרת שאין שנתו של בעל מום מחוורת. אמר [א]ר' יוסה [ב]מתניתא מסייעא לר' אילא [ג]הבכור בזמן הזה רשאי לקיימו [ד]אפילו ארבע וחמש שנים [ב]עד שלא הראהו למומחה. מה אנן קיימין. אם לתם הא כבר אמור אלא אם אינו עניין לתם תניהו עניין לבעל מום. [ג]אחד בכור ואחד כל הקדשים עובר עליהם משם רגלים בלא שנה בלא רגלים. ניחא רגלים בלא שנה שנה בלא רגלים. תמן אמרין [ד]תיפתר שהיה מחוסר זמן לפסח. כמה דאת אמר תמן הראוי למקצת שנה ראוי לכולה ואמור אוף הכא הראוי למקצת הפסח ראוי לכולו. אמר [ה]ר' אבא מרי תיפתר שהיתה עצרת הבאה בחמשה ונולד בששה והיתה עצרת הבאה בשבעה: ר' בון בר חייה בעא קומי ר' זעירא כתיב [א]לא יבקר בין טוב לרע עבר וביקר מהו שיעבור. אמר ליה כל דבר שבא להתיר אינו עובר. מה בא להתיר. כאן התירה התורה להקדיש בעלי מומין.

פני משה

היך עבידא. היאך נלמד מכאן: שוחטו בערב ראש השנה. כלומר ביום שלפני ראש השנה שניה שלו ואוכלו באותו יום שהוא ערב ראש השנה שלו ולמחרתו בראש השנה השניה. אי נמי ערב ראש השנה ממש, וקא משמע לן דלשנה דידיה מנינן ולא שנה של מנין עולם, ואם שוחטו ערב ראש השנה אוכלו בערב ראש השנה ובראש השנה, שהרי נאכל לשני ימים ולילה אחד ואינו נפסל משנה לחבירתה: תני ר' ישמעאל נולד לו בט"ו יום וכו'. דמתניתין ריש פ"ד דבכורות (מ"ג) תנן נולד לו מום בתוך שנתו רשאי לקיימו כל י"ב חודש לאחר שנתו אינו רשאי לקיימו אלא שלשים יום, ועלה קאי האי תני ר' ישמעאל דלא תימא הא דקתני במתניתין לאחר שנתו וכו' אנולד לו מום בתוך שנתו קאי שמותר לקיימו כל שנתו ואחר שנתו שלשים יום, הלכך קתני שאם נולד לו מום ט"ו יום בתוך שנתו נותנין לו להשלים ט"ו יום אחר שנתו ותו לא, ומתניתין הכי קאמר נולד לו מום לאחר שנתו נותנין לו שלשים יום: א"ר אילא זאת אומרת שאין שנתו של בעל מום מחוורת. אינו מחוור לנו בהדיא שנותנין לו שנה שלימה קודם שיאכלנו, דהא דדריש שנה לתם ושנה לבעל מום אינו מפורש בהדיא לבעל מום אלא מלישנא יתירה דרשינן הכי, ולפיכך אינו נותנין לו אלא השלמה לאחר שנתו, ואחר שנשלמה שנה מיום שנפל בו מום אינו רשאי לקיימו אלא צריך שיאכלנו: מתני'. ברייתא דלקמיה מסייעא לר' אילא דקתני הבכור בזמן הזה שאינו ראוי להקרבה: רשאי לקיימו אפי' ארבע וחמש שנים עד שלא הראהו למומחה. כלומר עד שלא נפל בו מום וראוי להראותו למומחה אם הוא מום שראוי לשחוט עליו, ושמע מינה דמשעה שראוי לשוחטו אין רשאי לקיימו אחר שנתו וכדמפרש ר' אילא להא דתני ר' ישמעאל, וכדמסיק דמה אנן קיימין אליבא דהאי ברייתא: אם לתם. כלומר דהכי דרשינן לקרא דכתיב שנה בשנה: ומה אנן קיימין אם בתם הרי כבר אמור. ברישיה דקרא ולמה לי למיהדר ולכתוב בשנה: אלא אם אינו ענין לתם תנהו ענין לבעל מום. הלכך הואיל דמייתורא דקרא היא דנפקא לן לבעל מום, אינו נותנין לו שנה אלא מיום שנפל בו מום בתוך שנתו וכדאמרן: אחד בכור ואחד כל הקדשים וכו'. תוספתא היא בפ"ג דבכורות ה"ג: ופריך ניחא רגלים בלא שנה, שנה בלא רגלים. בתמיה והיכי משכחת לה: תמן. בבבל: אמרין תיפתר שהיה מחוסר זמן לפסח. כלומר בפסח שהיה רגל הראשון לנדרו היה זה מחוסר זמן ואינו ראוי להקרבה, וכשבא חג הפסח האחר שנה מלאה רגלים לא מלאו, שחג הפסח הראשון אינו בכלל, ופריך ואמאי כמה דאמר תמן גבי ראוי להקריב בשנה זו שאם ראוי למקצת השנה כאילו ראוי לכולה, וזהו כדאמרינן לעיל שאם שלמה שנתו בעצרת שהיה רגל האחרון מהשלשה רגלים מאחר שאם עבר והביא כשר עובר, וטעמא דבדיעבד כשר משום שהראוי למקצת השנה קודם שנשלמה שנתו ברגל הזה הוי כראוי לכולה, וא"כ הכי נמי נימא הראוי למקצת הפסח כראוי לכולו, שהרי בימים אחרונים של הפסח כבר אינו מחוסר זמן וראוי הוא להקרבה והרי זה כראוי מתחלת חג הפסח ואכתי רגלים נמי איכא: תיפתר שהיתה עצרת הבאה בחמשה וכו'. לפי שעצרת פעמים היא בחמשה בסיון, כגון שניסן ואייר שניהם מלאין ושלמו חמשים יום לעומר בחמשה בסיון, ופעמים בששה שאחד מלא ואחד חסר ושלמו החמשים יום בששה בסיון, ופעמים בשבעה שהיו שניהן חסרין ושלמו החמשים יום בשבעה בסיון, והשתא משכחת לה שהיתה עצרת הבאה בחמישי, כלומר הבאה עכשיו בשנה זו הוא בחמשה בסיון ונולד בששה זה הקרבן והיתה עצרת הבאה בשנה הבאה בשבעה בסיון, ונמלא השנה מליאה בששה בסיון משעה שנולד ועדיין לא עברה עצרת עליו: כתיב. גבי מעשר העשירי יהיה קדש לא יבקר בין טוב לרע, בין שיצא בעל מום לעשירי ובין תמים, ואם עבר וביקר שעשה תחבולה שהעשירי יהיה תמים מהו שיעבור על לאו דלא יבקר: כל דבר שבא להתיר. כל מקום שבא הכתוב להתיר כדמפרש לקמיה שהתירה התורה כאן להקדיש בעלי מומין אינו עובר אם ביקר, דלא נאמר לא יבקר אלא שאינו צריך לבקר ואם ביקר לא הקפידה התורה:

קרבן העדה

היך עבידא. כמו היכי דמי: שוחטו בערב ראש השנה. כלומר ביום האחרון לשנתו שהוא ערב ראש השנה השנייה שנאכל ביום האחרון של שנה ראשונה ויום ראשון של שנה שנית, הרי שעל כרחך לומר שבכור נאכל לשני ימים ולילה אחד: נולד לו מום בט"ו. לאו דוקא ט"ו אלא בתוך שנתו משלימין לו שלשים יום מיום שנפל בו מום: שאין שנתו של בעל מום מחוורת. שאין ברור מן התורה שיהיה לבעל מום דוקא שנה ולא יותר, דא"כ אפילו נולד לו מום בסוף שנה נמי לא ישלים השלשים יום: בזמן הזה. שאין תם ראוי לכלום: מה אנן קיימין. במאי עסקינן, דליכא לפרושי עד שלא הראהו לחכם שלא נפל בו מום להראותו לחכם: הא כבר אמור. דתני בזמן הזה ופשיטא דלא אפשר להראותו, אלא ודאי בבעל מום איירי ואפילו הכי מותר להשהותו אפילו ד' וה' שנים כל זמן שלא הראהו לחכם, שמע מינה שאין שנתו מחוורת: ניחא רגלים בלא שנה. משכחת לה, אלא שנה בלא רגלים היכי משכחת לה: תמן אמרין. בבבל מפרשין דמשכחת ליה שנה בלא רגלים כגון שהיה מחוסר זמן ברגל ראשון שעדיין לא היה בן שמנת ימים נמצא שהוא מחוסר זמן ולכך לא נחשב לרגל: ופריך כמה דאת אמר תמן. גבי בכור, שמשעת לידתו את מונה לו שנתו כדלקמן בסוגיין, אע"ג דאינו ראוי להרצאה עד יום השמיני אפילו הכי נמנה בכלל שנתו הואיל ומקצתו ראוי, א"כ הכי נמי נאמר דכיון דעבר עליו מקצת פסח שהיה ראוי להקריב דעל כרחך כשנולד קודם פסח איירי א"כ ביום שביעי של פסח ראוי להקריב, והוי ליה רגלים בלא שנה: תיפתר כגון שהיתה עצרת באה בה' וכו'. דעצרת פעמים חל בה' בסיון, כגון שניסן ואייר שניהם מלאים הרי ט"ו מניסן ול' דאייר מלא להו חמשין בה' בסיון, ונולד הבכור בשנה ההיא בששה בסיון דהיינו יום אחד אחר עצרת: והיתה עצרת של שנה הבאה בז' בסיון. כגון ששניהן ניסן ואייר חסירים, מלא להו חמשין יומי בז' בסיון: כתיב. גבי מעשר בהמה לא יבקר בין טוב לרע, והיינו בין תם לבעל מום: עבר וביקר. ובחר הטוב, מהו שיעבור אלאו: כל דבר שבא להתיר. כל לאו שבא להתיר דבר אם עבר וסבר לעשות מצוה מן המובחר אינו עובר: מה בא. המקרא הזה לא יבקר להתיר: ומשני בא להתיר להקדיש בעלי מומין. למעשר בהמה, דרע היינו בעל מום:

עין משפט

א מיי' פ"א מהלכות בכורות הלכה ט טוש"ע יו"ד סימן שו סעיף ח:
ב מיי' שם הלכה יא טוש"ע יו"ד סימן שו סעיף ט:

שינויי נוסחאות

א] ר' יוסה. בש"ג ר' הו[י]לא:
ב] מתניתא. בש"ג לישן מתניתא. [בכי"ל לשם ונמחק ע"י המגיה]:
ג] הבכור. בתוספתא (בכורות פ"ג ה"א) בכור תם:
ד] אפילו ארבע וחמש. בתוספתא (שם) שתים ושלש:
ה] ר' אבא מרי. בר"ח (ו:) ר' אבדימי:

תורה אור השלם

א) לֹא יְבַקֵּר בֵּין טוֹב לָרַע וְלֹא יְמִירֶנּוּ וְאִם הָמֵר יְמִירֶנּוּ וְהָיָה הוּא וּתְמוּרָתוֹ יִהְיֶה קֹּדֶשׁ לֹא יִגָּאֵל: (ויקרא כז לג)

מראה הפנים

תמן אמרין תיפתר שהיה מחוסר זמן לפסח. התוס' דף ו' ע"ב ד"ה שנה בלא רגלים וכו' מביאין לזה, וכתבו ולקמן אין משמע כן דאמרינן אין מונין שנה לבכור אלא משעה שהוא ראוי להרצאה. ואי משום הא לא אריא דזהו למסקנת הבבלי, אבל הכא קאמר בסוף הלכה משעת לידתו את מונה לו שנה, אלא דדחי לה הכא מטעמא דהראוי למקצת הפסח ראוי לכולו ומוקי לה כדהתם דמשכחת לה כדתני רב שמעיה עצרת פעמים חמשה וכו', ומיהו בזה נמי פליג אדהתם דמשמע מהסוגיא שם דכולי רגל בעי כדכתבו התוספות שם: כאן התירה התורה להקדיש מחוסר זמן. התוס' בפ"ק דזבחים דף י"ב (ע"א ד"ה לילה לקדושה) מדייקי מדקאמר התם לילה לקדושה יום להרצאה משמע קודם לכן לא, ובדף קי"ד (ע"ב) ד"ה היתר במה וכו' מפלפלין בזה ורוצין לחלק בין לכתחלה לדיעבד ועיי"ש, וכן כתבו עוד בפ"ג דתמורה בדף י"ט ע"ב (ד"ה אף) אהא דקאמר התם אליבא דר' שמעון דאמר מחוסר זמן נכנס לדיר להתעשר, דיליף לה מבכור שקדוש לפני זמנו וקרב לאחר זמנו אף מחוסר זמן קדוש לפני זמנו וקרב לאחר זמנו, והקשו שם דהא בפ"ג דבכורות דף כ"ח ע"ב קאמר בפשיטות ונילף מקדשים דלא קדושי, משמע דקדשים אינם קדושים במחוסר זמן. ועוד דאמר בזבחים שם לילה לקדושה יום להרצאה, משמע דליל שמיני דוקא קדיש אבל מקמי הכי לא, ותירצו דהני מילי לכתחלה אסור להקדישו למחוסר זמן, מיהו אם עבר והקדישו קדיש דילפינן ליה מבכור. וכל זה לדעת התוס', אבל אין כן דעת הרמב"ם ז"ל וכדמוכרח מדבריו שבפ"ג מהל' איסורי מזבח שביאר שם דין מחוסר זמן וכתב בהלכה י' וכן המקדיש מחוסר זמן הרי זה כמקדיש בעל מום עובר ואינו לוקה כמו שביארנו. הרי שלא כתב אלא שאינו לוקה ודומה למקדיש בעל מום עובר, א"כ לא חיילא קדושה עליה כמו דלא חיילא קדושה על בעל מום עובר, שהרי הוא כבעל מום קבוע כל זמן דלא עביר מום דיליה, וכמו שביאר שם לעיל בפ"ק דאין הפרש ביניהם אלא לענין הולדות וכו' וכמו שכתב שם בהלכה י"א עיי"ש, וטעמיה דבכל מקום בהש"ס שתמצא דמשמע דקדושה חיילא על מחוסר זמן, היינו אליבא דר' שמעון דס"ל נמי בפרק בתרא דזבחים (קיב:) שעובר עליו משום שחוטי חוץ הואיל וראוי לבוא לאחר זמן, וא"כ לת"ק דר' שמעון שם שאין חייבין עליו משום שאין ראוי להתקבל בפנים, ואי בדיעבד קדוש הוא אם כן ראוי הוא להתקבל וזה פשוט אליבא דת"ק דהלכתא כוותיה, וכך נראה מסתמא דהש"ס דבכורות כנזכר דלא קדשי כלל, וכמו דמבואר בהדיא בת"כ פרשת אמור (פרשה ח פרק ז ו) והביא[ו] שם רש"י ז"ל (בכורות כח: ד"ה ונילף מקדשים), ומיום השמיני והלאה ירצה לקרבן אשה לה' אין לי לאשה מנין אף להקדיש ת"ל לקרבן, א"כ אינו לרצון כלל אפי' בדיעבד, והכא דקאמר בפשיטות כאן התירה התורה להקדיש מחוסר זמן י"ל דכר' שמעון הוא דאתיא, א"כ יש לחלק בין מחוסר זמן דאיירי הכא ובין מחוסר זמן בעלמא וכמו דמחלקין התוס' בכמה מקומות. ובבכורות שם רוצין לחלק אף אליבא דר' שמעון בין מעשר בהמה לבין שאר קדשים עיי"ש, ומיהת נקטינן לדעת הרמב"ם דאין קדושה חיילא כלל על מחוסר זמן ואפי' בלילה שלפני שמיני דהא דר' אפטוריקי דזבחים (יב.) דלעיל לא הביא כלל, ומשום דלא איתמר אלא אליבא דרב פפא דקאמר התם לילה אין מחוסר זמן, ורב פפא גופיה ס"ל בריש מנחות (ה.) יש מחוסר זמן לבו ביום, והביאו התוס' שם (זבחים יב. ד"ה רב פפא) וכתבו וצריך לחלק בין מחוסר זמן דהכא לדהתם עיי"ש ואין להאריך:

מסורת הש"ס

א) [בכורות כח.] ב) בכורות כח. [תוספתא בכורות פ"ג ה"א] ג) ר"ה ו: [תוספתא בכורות פ"ג ה"ג, תוספתא ערכין פ"ג ה"ט] ד) [עי' ר"ה ו: תוד"ה שנה]

גליון הש"ס

זאת אומרת שאין שנתו של בעל מום מחוורת. מדברי הרמב"ם פ"א מבכורות הל' ח' נראה שגם בכור בעל מום נאכל בתוך שנתו מה"ת עיי"ש, וכ"כ בקרית ספר להמבי"ט שם, וכאן מבואר להיפך, ועי' בט"ז יו"ד סי' ש"ו סק"ו ועיין בטורי אבן ר"ה דף ז' ע"א: תיפתר שהיה מחוסר זמן לפסח. עיין תוס' ר"ה דף ו' ע"ב ד"ה שנה ומה שהקשו שם מבכור עיי"ש, [ו]לפי דברי הירושלמי לקמן (ה.) דמשעת לידתו מונין (שעה) [שנה] לבכור לא קשיא:

שירי קרבן

כמה דאת אמר תמן וכו'. וקשה למה לא מוקי לה בשנולד ערב עצרת, דהא מסקינן לעיל דלכך עובר עליו בעצרת כשהוא בסוף דהו"ל להקריב בערב יו"ט, והכא כיון דלא היה אפשר להקריב בערב יו"ט אין לו לעבור עליו. ועוד קשה הא בשביעי של פסח נמי אין לו לעבור עליו דהא הוה יו"ט ואין חובות שאין קבוע להן זמן קריבין ביו"ט, ובערב יו"ט דבששי של פסח לא היה אפשר להקריב שהיה מחוסר זמן. וי"ל דודאי אפשר לאוקמי בעצרת אלא דהש"ס מקשי על מאי דפתרי תמן. ועל הקושיא השניה י"ל דכיון דאם עבר והביא כשר עובר. אך לפי מש"כ לעיל בתוס' בד"ה אמר ר' חיננא וכו' משום דאילו הביא ועבר אין לעבור עליו, וצ"ע:

כלום הוא עובר על עשה ועל לא תעשה לא עד שיעברו עליו שלשה רגלים. ר' אבון בשם רבנן דתמן באומר הרי עלי עולה להביאה בשיני בשבת כיון שבא שיני בשבת ולא הביאה עובר. שלמה שנתו את מפיל יום האחרון א) והוא עובר על כל יום ויום. ג: ה) אין כיני עברו עליו שלשה רגלים את מפיל א] את רגל האחרון והוא עובר על כל רגל ורגל. ר' בון בר חייה בעי שלמה שנתו בעצרת איפשר לומר הוא אינו כשר ועובר. כהדא א) לא ילין חלב חגי עד בקר. ב) ואימורי חול קריבין ביום טוב. ג) אמר ר' אבהו קיימתיה ב בשחל ארבעה עשר להיות בשבת. ב] [ר' יונה בעי אם בשחל ארבעה עשר להיות בשבת] ד) אין חגיגה באה עמו. אמרה תורה הקריבהו מבעוד יום שלא יבוא לידי בל תלין והכא הקריבהו מבעוד יום שלא יבוא לידי בל תאחר. אמר ר' חיננא אילו עבר והביא ג שמא אינו כשר מאחר שאילו עבר והביא כשר עובר: כתיב ב) לפני ה' אלהיך תאכלנו שנה בשנה. שנה לו ושנה לתמורתו. ד ה) שנה לתם ושנה לבעל מום. ו) שנה לבכור ושנה ג] לקדשים. ז) שנה בשנה מלמד ה שהבכור נאכל לשני ימים ולשתי שנים.

קרבן העדה

ופריך כלום הוא עובר. בעשה ולא תעשה עד שיעברו ג' רגלים, וכבר שמעינן ליה מבל תאחר ומובאת שמה, והאי קרא למה לי: כיון שבא שני בשבת ולא הביאה עובר. בעשה ולא תעשה, משום דכתיב תשמור ועשית: שלמה שנתו. בלא רגלים וכדלקמן: את מפיל יום אחרון. דאם עבר יום האחרון של השנה ולא הביא עובר בבל תאחר ואח"כ עובר בכל יום ויום בבל תאחר: אין כיני. אם כן אף ברגלים כן אם עבר עליו רגל השלישי כבר עבר על בל תאחר ומשם והלאה עובר בכל רגל: בעי. פריך, לדבריך דברגל שלישי מיד עובר אם שלמה שנתו בעצרת שאינו יכול להקריבו דנדרים ונדבות אין קריבין ביום טוב, וכיון דאינו כשר למה יעבור עליו: ומשני כהדא. דכתיב לא ילין חלב חגי, היינו חגיגת י"ד לא ילין עד בקר, ומשמע הא כל הלילה של ט"ו מותר להקטיר אימורי חגיגה הנשחטים בי"ד, וקשיא ליה וכי אימורי חול של י"ד קריבין ביום טוב, בתמיה: ושני ר' אבהו. דקרא איירי כשחל י"ד להיות בשבת והוי ליה אימורי שבת דקריבין ביום טוב, לפיכך מותר להקטירן בלילה: ואקשינן אין חגיגה באה עמו. כשחל ערב פסח בשבת אין מביאין עמו חגיגה כדתנן בפסחים פרק אלו דברים (סט:): ושנינן אמרה תורה וכו'. לעולם בי"ד שחל בחול ובלילה נמי לא יקטיר, והכי קאמר רחמנא שתקריב אימורי חגיגה מבעוד יום שאם לא כן תבא לידי בל ילין שבלילה אי אפשר להקטירן מפני שהוא יום טוב: והכא. נמי אמרינן הכי אע"ג שאינו יכול להקריב בעצרת עובר בבל תאחר דאמרה תורה להקריב קודם עצרת שלא יבא לידי בל תאחר: אמר רבי חיננא. מהתם ליכא למיפשט דלעולם בי"ד שחל להיות בשבת איירי קרא, ודקשיא הא אין מביאין עמו חגיגה, כיון דאם עבר והביא חגיגה בשבת כשר כדתניא בתוספתא דפסחים פ"ה (ה"ז), איצטרך קרא לאשמועינן שלא ילין חלבו עד בקר ואם הלין עובר: ושנה לתמורתו. דהוה אמינא דאף תמורתו חשבינן שנה מיום שנולד הבכור הואיל וממנו קאתי, לכך כתיב שנה שנה, דנותנין לכל אחד שנה בפני עצמו: שנה לתם. לבכור תם, ושנה לבכור בעל מום דמותר לשהותו שנה שלימה: ושנה לקדשים. אם עבר עליהן שנה בלא רגלים שעובר על בל תאחר:

פני משה

ר' אבין וכו'. מילתא באנפי נפשה היא: אם אומר הרי עלי עולה להביאה בשני בשבת וכו' עובר. מאחר שקיבל עליו בפירוש להביאה בשני בשבת: שלמה שנתו את מפיל יום האחרון וכו'. אם נדר להביא איזה קרבן והיה בתוך שנתו שראוי להביאו ולא הביאו עד ששלמה שנתו ושוב אינו ראוי כגון כגש, את מפיל יום האחרון כלומר אותו יום ששלמה שנתו אתה מפילו את החיוב עליו והוא עובר על כל יום ויום שלא הביאו בשעה שהיה ראוי ועיכבו עד שאינו ראוי להקריבו: אין כיני. ואם אתה אומר כן, אם כן בעברו עליו שלשה רגלים נימא נמי את מפיל את חיוב רגל האחרון ויהא עובר על כל רגל ורגל שלא הביא בתמיה, אלא אינו עובר אלא עד שיעבור עליו כל השלשה רגלים, והוא הדין בשלמה שנתו אין החיוב עליו לעבור אלא כמה שאמרו בבל תאחר: שלמה שנתו בעצרת וכו'. זה קושיא אחריתי, לדידך שאתה אומר בשלמה שנתו את מפיל חיוב יום האחרון על כל יום ויום שלא הביאו, והשתא אם שלמה שנתו בעצרת והוא הדין בשאר רגל אלא דחדא מינייהו נקט, וכגון שזהו רגל האחרון משלשה רגלים, וזהו ששלמה שנתו בעצרת ואי אפשר להקריבו שהרי עברה שנתו בתוך רגל זה, והיאך תאמר שיהא עובר עליו והוא אינו כשר עכשיו להקריבו בתמיה: כהדא לא ילין וכו'. גרסינן לה לעיל בפרק אלו דברים (פסחים פ"ו) בהלכה א' וכמפורש שם דאין הכי נמי קאמר שעובר עליו ועיי"ש: [וז"ל שם, ואימורי חול קריבין ביו"ט. בתמיה, והא גופה קשיא והיאך הן קרבין בלילה ביו"ט, והא עולת חול הן וקי"ל (שבת כד:) דאין עולת חול קרבין לא בשבת ולא ביו"ט: א"ר אבהו קיימתיה. להאי קרא, בשחל י"ד להיות בשבת, וא"כ אימורי פסח עולת שבת הן וקרבין הן בלילה ביו"ט: ר' יונה בעי. על זה, שהרי משמעות הפסוק על חגיגה נאמר דחגי כתיב, וא"כ על חגיגת י"ד הבאה עם הפסח משתעי קרא, ואם בשחל י"ד להיות בשבת, אין חגיגה באה עמו כדתנן לקמן בפרקין (פסחים שם ה"ד): אמרה תורה וכו'. מסקנת דברי ר' יונה היא, דלא תוקמי לקרא בשחל י"ד להיות בשבת מיירי וקושיין, אלא לעולם (ש)בשאר ערב פסח מיירי, ודקשיא לך וכי אימורי חול קריבין ביו"ט, דבאמת לא קריבין הן בלילה ביו"ט, אלא הכי אמרה תורה הקריבהו מבעוד יום בכדי שלא יבא לידי בל תלין, שאם אי אתה מקטירו מבעוד יום, ובלילה אין אתה יכול להקטירו לפי שעולת חול הן, ונמצא שאתה בא לידי בל תלין: והכא הקריבהו מבעוד יום וכו'. האי מילתא לאו הכא הוא דאיתמר, אלא בפ"ק דר"ה הוא דאיתמר והתם הוא דשייכא, ואגב דמייתי שם להא דהכא ומסיים כן מייתי לה נמי כאן, דגרסי' התם לעיל דאיירי בענין בל תאחר, שלמה שנתו אתה מפיל יום האחרון והוא עובר על כל יום ויום, וכלומר שאתה מפיל חיוב יום האחרון שלא הקריבו בעוד שלא שלמה שנתו על כל יום ויום ועובר על בל תאחר, ועלה קאמר שם, ר' בון בר חייה בעי שלמה שנתו בעצרת איפשר לומר הוא אינו כשר ועובר בתמיה, והיאך אתה אומר שאם שלמה שנתו אתה מפיל החיוב שלא הקריבו ביום האחרון, על כל יום ויום לעבור עליו, הרי ששלמה שנתו בעצרת, וה"ה בשאר רגל אלא חדא מינייהו נקט, וכגון שזהו הרגל האחרון משלש רגלים, שאינו עובר על בל תאחר עד שיעברו עליו שלש רגלים, וזה ששלמה שנתו בעצרת והוא רגל אחרון ולא היה אפשר להקריבו שהרי שלמה שנתו בתוך הרגל, וא"כ איך אפשר לומר זה שהוא אינו כשר להקריבו באותו יום ויהא עובר עליו בבל תאחר, והא השתא לא מיקרי עברו עליו שלשה רגלים מכיון שברגל האחרון לא היה ראוי להקריבו, ואם גם בכהאי גוונא אתה אומר שהוא עובר עליו, ועלה מייתי התם הא דהכא כהדא לא ילין חלב חגי עד בקר ואימורי חול וכו' עד אמרה תורה הקריבהו מבעוד יום שלא יבא לידי בל תלין והכא הקריבהו מבעוד יום שלא יבא לידי בל תאחר, וכלומר אה"נ שעובר עליו אפילו שלמה שנתו בתוך רגל האחרון, דכמו ששנינו גבי בל תלין דה"ק קרא שמרהו להקריבהו מבעוד יום שלא תבא לידי בל תלין, וה"ה הכא נמי הקריבהו מבעוד יום קודם שיבא רגל האחרון, ובו עצמו אין אתה יכול להקריבו, מכיון שנשלם לו שנתו ונמצא אתה בא לידי בל תאחר: אמר ר' חיננא. לעוד טעמא אחרינא איכא על שיעבור עליו בבל תאחר, שאילו עבר והביא אותו בו ביום שעברה שנתו שמא אינו כשר, דבדיעבד מיהת נתקבל לנדרו הוא, והלכך מאחר שאם עבר והביא כשר הוא, עובר עליו בבל תאחר:] כתיב. גבי בכור לפני ה' אלהיך תאכלנו שנה בשנה, ודריש לשון הכפל ללמד שנה לו ושנה לתמורתו, דתמורת הבכור והמעשר הרי אלו כמותן כדתנן בפ"ג דתמורה (מ"ה): שנה לתם ושנה לבעל מום. כדתנן בפ"ד דבכורות (מ"א) הבכור נאכל שנה בשנה בין תם ובין בעל מום, והיינו לשני ימים ולילה אחד כדדריש לקמן: שנה לבכור ושנה בקדשים. בקדשים קלים כגון שלמים ומעשר שנאכלין לשני ימים ולילה אחד כדאמרינן בפ"ה דזבחים (מ"ח): שנה בשנה מלמד וכו'

מסורת הש"ס

א) [ר"ה ו., תמורה יח:, ילקו"ש ראה תתפ, כי תצא תתקלה ועי' קרבן העדה] ב) פסחים פ"ו ה"א כל הענין [שבת כד: קלג. ופסחים פג: בשינוי] ג) פסחים נט: [ועיי"ש בתוד"ה בארבעה עשר, ילקו"ש משפטים שנו, פינחס תשפב] ד) [פסחים פ"ו מ"ג] ה) [בכורות פ"ד מ"א, ספרי ראה קכד, פסיקתא זוטרתא ראה טו יט, ילקו"ש ראה תתק] ו) [ר"ה ו:] ז) בכורות כז: [תמורה כא:]

שירי קרבן

ר' בון בר חייה בעי שלמה שנתו בעצרת וכו'. וקשה הו"ל למיפרך אם עצרת רגל ראשון אמאי יעבור בעשה. ועוד הוה מצי למפרך אם שלמה שנתו בשבת למה יעבור עליו אמר ר' חיננא אילו עבר והביא וכו'. לפום ריהטא יש לפרש דה"ק מעיקרא לא קשיא קושית ר' בון, כיון דאם עבר והביא נדרים ונדבות ביו"ט הקרבן כשר אע"ג דעבד איסורא הלכך עובר על בל תאחר. אך אחרי העיון אין נראה, חדא דטעמא בעי למה יעבור הא מ"מ לכתחלה אין מניחין אותו להקריב, וקשיא הוא אינו ראוי ועובר. ועוד דטפי מסתבר לפרש דאחגיגה קאי כדי ליישב קושית תוס' בפסחים דף נ"ט ע"ב (ד"ה ולא), וכמו שכתבתי בפסחים דף כ' ע"ב (פ"ה ה"א) בד"ה לא ילין וכו' עיי"ש. ועוד דבפסחים פ' אלו דברים (ה"א) איתא נמי להך סוגיא ולא מוזכר שם מבל תאחר, לכן פירושי שבקונטרס עיקר:

עין משפט

א מיי' פי"ד מהלכות מעשה הקרבנות הלכה טו:
ב מיי' פ"א מהלכות תמידין ומוספין הלכה ז:
ג מיי' פ"ב מהלכות שגגות הלכה יד:
ד מיי' פ"א מהלכות בכורות הלכה ח [טוש"ע יו"ד סימן שו סעיף ז]:
ה מיי' פי"ד מהלכות מעשה הקרבנות הלכה ו:

שינויי נוסחאות

א] **את.** בש"ג ליתא:
ב] **ר' יונה בעי וכו' בשבת.** כ"ה בירושלמי פסחים (פ"ו ה"א) וכעי"ז בש"ג:
ג] **לקדשים.** כ"ה בש"ג ובד"ק ובדפוסים. בכי"ל וד"ו בקדשים:

תורה אור השלם

א) לֹא תִזְבַּח עַל חָמֵץ דַּם זִבְחִי וְלֹא יָלִין חֵלֶב חַגִּי עַד בֹּקֶר: (שמות כג יח)
ב) לִפְנֵי יְהוָה אֱלֹהֶיךָ תֹאכְלֶנּוּ שָׁנָה בְשָׁנָה בַּמָּקוֹם אֲשֶׁר יִבְחַר יְהוָה אַתָּה וּבֵיתֶךָ: (דברים טו כ)

גליון הש"ס

כהדא לא ילין חלב חגי עד בקר ואימורי חול קריבין ביו"ט וכו'. עיין תוס' פסחים נ"ט ע"ב ד"ה בארבעה: ושנה לתמורתו. נ"ע הא תמורת בכור אינה קריבה עי' זבחים (נ"ב) [נ"ז] ע"ב וברמב"ם פ"ג מתמורה הלכה א':

The Gemara discusses the one-year deadline for bringing one's offerings to the Temple:

כְּתִיב – It is written regarding a *bechor*:[16] **,,לִפְנֵי ה' אֱלֹהֶיךָ תֹאכְלֶנּוּ שָׁנָה בְשָׁנָה" – *Before Hashem, your God, you shall eat it, year by year.*** The verse teaches that the *bechor* must be eaten within a year of its birth.[17] The double language, *year by year,* comes to include additional cases, teaching that we allow **שָׁנָה לוֹ וְשָׁנָה לִתְמוּרָתוֹ – a year for [the *bechor*] as well as a year for its *temurah*;**[18] **שָׁנָה לְתָם וְשָׁנָה לְבַעַל מוּם – a year for an unblemished [*bechor*] as well as a year for a blemished one;**[19] **שָׁנָה לִבְכוֹר וְשָׁנָה לְקָדָשִׁים – a year for a *bechor* as well as a year** for all other **sacrifices.**[20]

A further exposition of this phrase:[21] **שָׁנָה בְשָׁנָה** – The expression ***year by year*** **מְלַמֵּד שֶׁהַבְּכוֹר נֶאֱכָל לִשְׁנֵי יָמִים וְלִשְׁתֵּי שָׁנִים – teaches that a *bechor* is eaten for two days and in two** different **years.**[22]

NOTES

16. *Deuteronomy* 15:20. A *bechor,* the male firstborn of a female ox, sheep, or goat, is given to the Kohen. If it is unblemished, the Kohen brings it as an offering to the Temple; its sacrificial parts are offered upon the Altar, and its meat is eaten by the Kohen and his family (*Numbers* 18:18). If it is blemished, the Kohen slaughters it and partakes of it as regular *chullin* meat (*Deuteronomy* ibid. vs. 21-22).

17. See Mishnah *Bechoros* 26b. [The Gemara below (7a) will state that the year is reckoned from the day of the animal's birth. *Bavli* (6b-7a), however, rules that the year is counted from when the *bechor* becomes fit to be brought as an offering, i.e. from its eighth day (see *Leviticus* 22:27).] The Gemara proceeds to expound the redundant term *year by year* [since the verse could have stated: תֹאכְלֶנּוּ בַשָּׁנָה, *you shall eat it within the year* (*Beur of R' Chaim Kanievski*)].

18. [A *temurah* is an animal that one attempted to substitute for an offering that he has in his possession. If one declares, "Let this (unconsecrated) animal be a *temurah* (substitute) for this (consecrated) one," the original offering retains its designation and the "substitute" is also sanctified with that designation (*Leviticus* 27:10).] The verse teaches that if one makes a *temurah* of a *bechor,* the *temurah* must also be eaten within a year (*Beur of R' Chaim Kanievski*). Alternatively, the verse comes to teach that when reckoning the year for the *temurah* of a *bechor* we do not count from the birth of the *bechor* but rather from the consecration of the *temurah* (*Korban HaEidah*).

[This ruling is difficult to understand, because the law is that the *temurah* of a *bechor* is not offered in the Temple (*Toras Kohanim, Bechukosai, Parshasa* 8:9; *Bavli Temurah* 21a; *Rambam, Hil. Temurah* 3:1). How, then, can the *temurah* of a *bechor* possibly be subject to the one-year limit? (*Gilyon HaShas*). Some answer that although the *temurah* of a *bechor* is not offered on the Altar, once it sustains a blemish it is eaten by the Kohen outside the Temple, like a regular *bechor* that sustains a blemish. It is regarding the slaughtering and eating of the blemished *temurah* that the verse teaches that it must be done within a year (*Panim Me'iros; Amudei Yerushalayim; Beur of R' Chaim Kanievski;* cf. *Michal HaMayim*).]

19. Just as an unblemished *bechor* must be offered within a year of its birth, so too a blemished *bechor* must be slaughtered and eaten within a year of the animal's birth. [See *Avnei Nezer, Yoreh Deah* 2:2, and *Mikdash David, Kodashim* 14:5, who expound on this obligation.] See the Gemara below (4b) as to whether this law that the blemished *bechor* must be eaten within the year is Biblical.

[The fact that the following verse (v. 21) turns to teach the laws of a blemished *bechor* (וְכִי־יִהְיֶה בוֹ מוּם וכו', *If it shall have a blemish* etc.) indicates that our verse refers to an unblemished *bechor.* It is only through the redundant expression *year by year* that we learn that the same one-year limit applies to a blemished *bechor.* In *Sifrei* (to *Deuteronomy* 15:19), however, this law is derived from the inclusive כָּל־הַבְּכוֹר (in verse 19), *"Every" firstborn male.* A third derivation is mentioned by *Rambam* (*Hil. Bechoros* 1:8), who writes that the inclusion of a blemished *bechor* is derived from the juxtaposition of its laws to those of an unblemished *bechor.* See *Maharit Algazi* (*Bechoros* 4:22:3 [printed after *Hilchos Challah*]) for why *Rambam* eschewed *Sifrei's* exegesis. Cf. *Emek HaNetziv* to *Sifrei, Re'eh* p. 157.]

20. Although the one-year limit is written in the context of the laws of the *bechor,* the Scriptural inclusion teaches that it similarly applies to all types of offerings; all offerings must be offered within a year of their consecration. [*Sifrei* (ibid., cited by *Tosafos* to 6b ד"ה אחד), however, derives this law from the inclusive word כָּל, *every,* in verse 19.]

It is unclear how so many laws can be derived by the Gemara from the same exposition (*Beur of R' Chaim Kanievski;* see *Teshuvos Reishis Bikkurim,* p. 67 ד"ה ואולם).

21. Though the verse needed to use repetitive language in order to teach the above laws, nevertheless it could have stated שָׁנָה שָׁנָה (as in *Deuteronomy* 14:22). Why did it state שָׁנָה בְשָׁנָה? (see *Maskil LeDavid* to *Rashi* to our verse; cf. *Masa DiYerushalayim*).

22. The expression שָׁנָה בְשָׁנָה can be understood to mean that the *bechor* may be eaten in two different years. The verse comes to teach that after the unblemished *bechor* is offered, it may be eaten for two subsequent days, which can result in its being eaten in two different years, as the Gemara proceeds to illustrate.

Some offerings (*chatas, asham,* and *todah*) must be eaten within one day and one night (following their offering); other offerings (*shelamim* and *maasar beheimah*) are eaten for two days and one night (the day in which the animal was slaughtered, the following day, and the intervening night). By implying that it is possible for a *bechor* to be eaten in two different years, the Torah is teaching that a *bechor* is of the latter type, i.e. it is eaten for two days and one night.

Although the "two years" could actually be just one day (the last day of the first year, when the animal was slaughtered) and one night (the ensuing night, which begins a new day — viz. the first day of the second year), the verse perforce comes to permit the following day as well, because otherwise the exposition would be superfluous, since no offering is eaten for less than a day and a night (*Chidushei HaGriz* to *Bechoros* 28a ד"ה והנה בירושלמי; see also *Shai LaMora, Bechoros* ibid.; *Tzafnas Pane'ach, Hil. Teshuvah* 3:2; *He'aros BeMaseches Bechoros* to 27b [from *R' Y. S. Elyashiv*]; cf. *Rashash, Bechoros* ibid.).

TEXTUAL AND INTERPRETIVE VARIANTS

fourteenth, suggesting that it actually does deal with a *chagigah* of Erev Pesach that falls on the Sabbath:

אָמַר רַבִּי חִינָנָא **— R' Chinana said:** אִילּוּ עָבַר וְהֵבִיא שֶׁמָּא אֵינוֹ כָּשֵׁר **— If one transgressed and brought** a *chagigah* on the fourteenth that fell on the Sabbath, **is it perhaps not valid?** Certainly it is. Therefore, מֵאַחַר שֶׁאִילּוּ עָבַר וְהֵבִיא כָּשֵׁר **— since if he transgressed and brought** a *chagigah* **it is valid,** עוֹבֵר — the Torah teaches that **he transgresses** the prohibition *it shall not remain overnight* in such a case.

מסורת הש"ס

א) [ר"ה ו:, תמורה יח:, ילקו"ש ראה תתפ, כי תצא תתקלה ועי' קרבן העדה] ב) פסחים פ"ו ה"א כל הענין [שבת כד: קלג. ופסחים פג: בשינוי] ג) פסחים נט: [ועיי"ש בתוד"ה בארבעה עשר, ילקו"ש משפטים שנז, פינחס תשפב] ד) [פסחים פ"ו מ"ג] ה) [בכורות פ"ד מ"א, ספרי ראה קכד, פסיקתא זוטרתא ראה טו יט, ילקו"ש ראה תתק] ו) [ר"ה ו:] ז) בכורות כז: [תמורה כא:]

שירי קרבן

ר' בון בר חייה בעי שלמה שנתו בעצרת וכו'. וקשה הו"ל למיפרך אם עצרת רגל ראשון אמאי יעבור בעשה. ועוד הוה מצי למפרך אם שלמה שנתו בשבת למה יעבור עליו אמר ר' חיננא אילו עבר והביא וכו'. לפום ריהטא יש לפרש דה"ק מעיקרא לא קשיא קושית ר' בון, כיון דאם עבר והביא נדרים ונדבות ביו"ט הקרבן כשר אע"ג דעבד איסורא הלכך עובר על בל תאחר. אך אחרי העיון אין נראה, חדא דטעמא בעי למה יעבור הא מ"מ לכתחלה אין מניחין אותו להקריב, וקשיא הוא אינו ראוי ועובר. ועוד דטפי מסתבר לפרש דאחגיגה קאי כדי ליישב קושית תוס' בפסחים דף כ"ט ע"ב (ד"ה ולא), וכמו שכתבתי בפסחים דף כ' ע"ב (פ"ה ה"א) בד"ה לא ילין וכו' עיי"ש. ועוד דבפסחים פ' אלו דברים (ה"א) איתא נמי להך סוגיא ולא מוזכר שם מבל תאחר, לכן פירושי שבקונטרס עיקר:

גמרא

כלום הוא עובר על עשה ועל לא תעשה לא עד שיעברו עליו שלשה רגלים. ר' אבון בשם רבנן דתמן באומר הרי עלי עולה להביאה בשיני בשבת כיון שבא שיני בשבת ולא הביאה עובר. שלמה שנתו את מפיל יום האחרון (א) והוא עובר על כל יום ויום. (ו) אין ביני עברו עליו שלשה רגלים את מפיל [א] את רגל האחרון והוא עובר על כל רגל ורגל. ר' בון בר חייה בעי שלמה שנתו בעצרת איפשר לומר הוא אינו כשר ועובר. כהדא (א) לא ילין חלב חגי עד בקר. (ב) ואימורי חול קריבין ביום טוב. (ג) אמר ר' אבהו קיימתיה (ב) בשחל ארבעה עשר להיות בשבת. [ב] [ר' יונה בעי אם בשחל ארבעה עשר להיות בשבת] (ד) אין חגיגה באה עמו. אמרה תורה הקריבהו מבעוד יום שלא יבוא לידי בל תלין והכא הקריבהו מבעוד יום שלא יבוא לידי בל תאחר. אמר ר' חיננא אילו עבר והביא (ג) שמא אינו כשר מאחר שאילו עבר והביא כשר עובר: כתיב (ב) לפני ה' אלהיך תאכלנו שנה בשנה. שנה לו ושנה לתמורתו. (ד) (ה) שנה לתם ושנה לבעל מום. (ו) שנה לבכור ושנה [ג] לקדשים. (ז) שנה בשנה מלמד (ה) שהבכור נאכל לשני ימים ולשתי שנים.

קרבן העדה

ופריך כלום הוא עובר. בעשה ולא תעשה עד שיעברו ג' רגלים, וכבר שמעינן ליה מבל תאחר ומובאת שמה, והאי קרא למה לי: כיון שבא שני בשבת ולא הביאה עובר. בעשה ולא תעשה, משום דכתיב תשמור ועשית: שלמה שנתו. בלא רגלים וכדלקמן: את מפיל יום אחרון. דאם עבר יום האחרון של השנה ולא הביא עובר בבל תאחר ואח"כ עובר בכל יום ויום בבל תאחר: אין ביני. אם כן אף ברגלים כן אם עבר עליו רגל השלישי כבר עבר על בל תאחר ומשם והלאה עובר בכל רגל: בעי. פריך, לדבריך דברגל שלישי מיד עובר אם שלמה שנתו בעצרת שאינו יכול להקריבו דנדרים ונדבות אין קריבין ביום טוב, וכיון דאינו כשר למה יעבור עליו: ומשני כהדא. דכתיב לא ילין חלב חגי, היינו חגיגת י"ד לא ילין עד בקר, ומשמע הא כל הלילה של ט"ו מותר להקטיר אימורי חגיגה הנשחטים בי"ד, וקשיא ליה וכי אימורי חול של י"ד קריבין ביום טוב, בתמיה: ושני ר' אבהו. דקרא איירי כשחל י"ד להיות בשבת והוי ליה אימורי שבת דקריבין ביום טוב, לפיכך מותר להקטירן בלילה: ואקשינן אין חגיגה באה עמו. כשחל ערב פסח בשבת אין מביאין עמו חגיגה כדתנן בפסחים פרק אלו דברים (סט:): ושנינן אמרה תורה וכו'. לעולם בי"ד שחל בחול ובלילה נמי לא יקטיר, והכי קאמר רחמנא שתקריב אימורי חגיגה מבעוד יום שאם לא כן תבא לידי בל ילין שבלילה אי אפשר להקטירן מפני שהוא יום טוב: והכא. נמי אמרינן הכי אע"ג שאינו יכול להקריב בעצרת עובר בבל תאחר דאמרה תורה להקריב קודם עצרת שלא יבא לידי בל תאחר: אמר רבי חיננא. מהתם ליכא למיפשט דלעולם בי"ד שחל להיות בשבת איירי קרא, ודקשיא הא אין מביאין עמו חגיגה, כיון דאם עבר והביא חגיגה בשבת כשר כדתניא בתוספתא דפסחים פ"ה (ה"ז), איצטרך קרא לאשמועינן שלא ילין חלבו עד בקר ואם הלין עובר: ושנה לתמורתו. דהוה אמינא דאף תמורתו חשבינן שנה מיום שנולד הבכור הואיל וממנו קאתי, לכך כתיב שנה שנה, דנותנין לכל אחד שנה בפני עצמו: שנה לתם. לבכור תם, ושנה לבכור בעל מום דמותר לשהותו שנה שלימה: ושנה לקדשים. אם עבר עליהן שנה בלא רגלים שעובר על בל תאחר:

פני משה

ר' אבין וכו'. מילתא באנפי נפשה היא: אם אומר הרי עלי עולה להביאה בשני בשבת וכו' עובר. מאחר שקיבל עליו בפירוש להביאה בשני בשבת: שלמה שנתו את מפיל יום האחרון וכו'. אם נדר להביא איזה קרבן והיה בתוך שנתו שראוי להביאו ולא הביאו עד ששלמה שנתו ושוב אינו ראוי כגון כבש, את מפיל יום האחרון כלומר אותו יום ששלמה שנתו אתה מפילו את החיוב עליו והוא עובר על כל יום ויום שלא הביאו בשעה שהיה ראוי ועיכבו עד שאינו ראוי להקריבו: אין ביני. ואם אתה אומר כן, אם כן בעברו עליו שלשה רגלים נימא נמי את מפיל את חיוב רגל האחרון ויהא עובר על כל רגל ורגל שלא הביא בתמיה, אלא אינו עובר אלא עד שיעבור עליו כל השלשה רגלים, והוא הדין בשלמה שנתו אין החיוב עליו לעבור אלא כמה שאמרו בבל תאחר: שלמה שנתו בעצרת וכו'. זה קושיא אחריתי, לדידך שאתה אומר בשלמה שנתו את מפיל חיוב יום האחרון על כל יום ויום שלא הביאו, והשתא אם שלמה שנתו בעצרת והוא הדין בשאר רגל אלא דחדא מינייהו נקט, וכגון שזהו רגל האחרון משלשה רגלים, וזהו ששלמה שנתו בעצרת ואי אפשר להקריבו שהרי עברה שנתו בתוך רגל זה, והיאך תאמר שיהא עובר עליו והוא אינו כשר עכשיו להקריבו בתמיה: כהדא לא ילין וכו'. גרסינן לה לעיל בפרק אלו דברים (פסחים פ"ו) בהלכה א' וכמפורש שם דאין הכי נמי קאמר שעובר עליו ועיי"ש: [וז"ל שם, ואימורי חול קריבין ביו"ט. בתמיה, והא גופה קשיא והיאך הן קרבין בלילה ביו"ט, והא עולת חול הן וקי"ל (שבת כד:) דאין עולת חול קרבין לא בשבת ולא ביו"ט: א"ר אבהו קיימתיה. להאי קרא, בשחל י"ד להיות בשבת, וא"כ אימורי פסח עולת שבת הן וקרבין הן בלילה ביו"ט: ר' יונה בעי. על זה, שהרי משמעות הפסוק על חגיגה נאמר דחגי כתיב, וא"כ על חגיגת י"ד הבאה עם הפסח משתעי קרא, ואם בשחל י"ד להיות בשבת, אין חגיגה באה עמו כדתנן לקמן בפרקין (פסחים שם ה"ד): אמרה תורה וכו'. מסקנת דברי ר' יונה היא, דלא תוקמי לקרא בשחל י"ד להיות בשבת מיירי וכקושיין, אלא לעולם (ש)בשאר ערב פסח מיירי, ודקשיא לך וכי אימורי חול קריבין ביו"ט, דבאמת לא קריבין הן בלילה ביו"ט, אלא הכי אמרה תורה הקריבהו מבעוד יום בכדי שלא יבא לידי בל תלין, שאם אי אתה מקטירו מבעוד יום, ובלילה אין אתה יכול להקטירו לפי שעולת חול הן, ונמצא שאתה בא לידי בל תלין: והכא הקריבהו מבעוד יום וכו'. האי מילתא לאו הכא הוא דאיתמר, אלא בפ"ק דר"ה הוא דאיתמר והתם הוא דשייכא, ואגב דמייתי שם להא דהכא ומסיים כן מייתי לה נמי כאן, דגרסי' התם לעיל דאיירי בענין בל תאחר, שלמה שנתו אתה מפיל יום האחרון והוא עובר על כל יום ויום, וכלומר שאתה מפיל חיוב יום האחרון שלא הקריבו בעוד שלא שלמה שנתו על כל יום ויום ועובר על בל תאחר, ועלה קאמר שם, ר' בון בר חייה בעי שלמה שנתו בעצרת איפשר לומר הוא אינו כשר ועובר בתמיה, והיאך אתה אומר שאם שלמה שנתו אתה מפיל החיוב שלא הקריבו ביום האחרון, על כל יום ויום לעבור עליו, הרי ששלמה שנתו בעצרת, וה"ה בשאר רגל אלא חדא מינייהו נקט, וכגון שזהו הרגל האחרון משלש רגלים, שאינו עובר על בל תאחר עד שיעברו עליו שלש רגלים, וזה ששלמה שנתו בעצרת והוא רגל אחרון ולא היה אפשר להקריבו שהרי שלמה שנתו בתוך הרגל, וא"כ איך אפשר לומר זה שהוא אינו כשר להקריבו באותו יום ויהא עובר עליו בבל תאחר, והא השתא לא מיקרי עברו עליו שלשה רגלים מכיון שברגל האחרון לא היה ראוי להקריבו, ואם גם בכהאי גוונא אתה אומר שהוא עובר עליו, ועלה מייתי התם הא דהכא כהדא לא ילין חלב חגי עד בקר ואימורי חול וכו' עד אמרה תורה הקריבהו מבעוד יום שלא יבא לידי בל תלין והכא הקריבהו מבעוד יום שלא יבא לידי בל תאחר, וכלומר אה"נ שעובר עליו אפילו שלמה שנתו בתוך רגל האחרון, דכמו ששנינו גבי בל תלין דה"ק קרא שמרהו להקריבהו מבעוד יום שלא תבא לידי בל תלין, וה"ה הכא נמי הקריבהו מבעוד יום קודם שיבא רגל האחרון, ובו עצמו אין אתה יכול להקריבו, מכיון שנשלם לו שנתו ונמצא אתה בא לידי בל תאחר: אמר ר' חיננא. דעוד טעמא אחרינא איכא על שיעבור עליו בבל תאחר, שאילו עבר והביא אותו בו ביום שעברה שנתו שמא אינו כשר, דבדיעבד מיהת נתקבל לנדרו הוא, והלכך מאחר שאם עבר והביא כשר הוא, עובר עליו בבל תאחר:] כתיב. גבי בכור לפני ה' אלהיך תאכלנו שנה בשנה, ודריש לשון הכפל ללמד שנה לו ושנה לתמורתו, דתמורת הבכור והמעשר הרי אלו כמותן כדתנן בפ"ג דתמורה (מ"ה): שנה לתם ושנה לבעל מום. כדתנן בפ"ד דבכורות (מ"א) הבכור נאכל שנה בשנה בין תם ובין בעל מום, והיינו לשני ימים ולילה אחד כדדריש לקמן: שנה לבכור ושנה בקדשים. בקדשים קלים כגון שלמים ומעשר שנאכלין לשני ימים ולילה אחד כדאמרינן בפ"ה דזבחים (מ"ח): שנה בשנה מלמד וכו'

עין משפט

א מיי' פי"ד מהלכות מעשה הקרבנות הלכה טו:
ב מיי' פ"א מהלכות תמידין ומוספין הלכה ז:
ג מיי' פ"ב מהלכות שגגות הלכה יד:
ד מיי' פ"א מהלכות בכורות הלכה ח [טוש"ע יו"ד סימן שו סעיף ז]:
ה מיי' פ"י מהלכות מעשה הקרבנות הלכה ו:

שינויי נוסחאות

א] **את.** בש"ג ליתא:
ב] **ר' יונה בעי וכו' בשבת.** כ"ה בירושלמי פסחים (פ"ו ה"א) וכעי"ז בש"ג:
ג] **לקדשים.** כ"ה בש"ג ובד"ק ובדפוסים. בכי"ל וד"ו בקדשים:

תורה אור השלם

א) לֹא תִזְבַּח עַל חָמֵץ דַּם זִבְחִי וְלֹא יָלִין חֵלֶב חַגִּי עַד בֹּקֶר: (שמות כג יח)

ב) לִפְנֵי יְהֹוָה אֱלֹהֶיךָ תֹאכְלֶנּוּ שָׁנָה בְשָׁנָה בַּמָּקוֹם אֲשֶׁר יִבְחַר יְהֹוָה אַתָּה וּבֵיתֶךָ: (דברים טו כ)

גליון הש"ס

כהדא לא ילין חלב חגי עד בקר ואימורי חול קריבין ביו"ט וכו'. עיין תוס' פסחים נ"ט ע"ב ד"ה בארבעה: ושנה לתמורתו. צ"ע הא תמורת בכור אינה קריבה עי' זבחים (ל"ב) [ל"ז] ע"ב וברמב"ם פ"ג מתמורה הלכה א':

כַּהֲדָא — It is as in **the following** discussion: ,,לֹא־יָלִין חֵלֶב־חַגִּי עַד־בֹּקֶר" — It is written: ***THE FAT OF MY FESTIVAL OFFERING SHALL NOT REMAIN OVERNIGHT UNTIL MORNING.***[8] וְאֵימוּרֵי חוֹל קְרֵיבִין בְּיוֹם טוֹב — **Now,** this verse is difficult, for **may the sacrificial parts of a weekday** offering **be offered on a festival?** Certainly not![9] How, then, can the sacrificial parts of the *chagigah* of the fourteenth, which is a weekday offering (since it is slaughtered on Erev Pesach), be burned on the Altar that night, after Yom Tov has already begun?

The Gemara answers:

אָמַר רַבִּי אַבָּהוּ — **R' Abahu said:** קַיְּימְתֵּיהּ בְּשֶׁחָל אַרְבָּעָה עָשָׂר לִהְיוֹת בְּשַׁבָּת — **I established [the verse]** as referring to **where the fourteenth** of Nissan **fell on the Sabbath.** The *chagigah* is then a Sabbath offering, which may be burned on Yom Tov.[10]

Another Amora refutes this understanding of the verse and offers a different one:

[רַבִּי יוֹנָה בָּעֵי — **R' Yonah asked:** How is it possible to say that this verse refers to when the fourteenth fell on the Sabbath? אִם בְּשֶׁחָל אַרְבָּעָה עָשָׂר לִהְיוֹת בְּשַׁבָּת — Why, **if the fourteenth fell on the Sabbath,]** אֵין חֲגִיגָה בָּאָה עִמּוֹ — **no *chagigah* comes with [the *pesach* offering]!**[11] Rather, the verse refers to where the fourteenth fell on a weekday. As for your question that the fat of a weekday offering may not be burned on Yom Tov, אָמְרָה תּוֹרָה — **the Torah is saying:** הַקְרִיבֵהוּ מִבְּעוֹד יוֹם — **Offer [the fat] while it is still day,** שֶׁלֹּא יָבוֹא לִידֵי בַּל תָּלִין — **so that it should not come to** be subject to the prohibition of ***it shall not remain overnight.***[12]

The Gemara now applies this answer to our discussion:

וְהָכָא — **Here** too, **therefore,** regarding the prohibition *not to delay,* in a case in which the third festival after one's vow is Shavuos, the Torah's command is construed in a similar manner: הַקְרִיבֵהוּ מִבְּעוֹד יוֹם שֶׁלֹּא יָבוֹא לִידֵי בַּל תְּאַחֵר — **Offer [your sacrifice] while it is still day,** i.e. on Erev Shavuos, **so that it should not come to** be subject to the prohibition ***not to delay*** when Shavuos passes.[13]

Another Amora offers a different explanation for why one violates the prohibition *not to delay* when the third festival after the vow is Shavuos:

אָמַר רַבִּי חִינָנָא — **R' Chinana said:** אִילּוּ עָבַר וְהֵבִיא שֶׁמָּא אֵינוֹ כָּשֵׁר — **If one transgressed and brought** his offering on Yom Tov, **is it perhaps not valid,** i.e. has he not fulfilled his vow? Certainly he has.[14] מֵאַחַר שֶׁאִילּוּ עָבַר וְהֵבִיא כָּשֵׁר — **Since if he transgressed and brought** his offering **it is valid,** עוֹבֵר — **he transgresses** the prohibition *not to delay* if the day passes without his offering having been brought.[15]

NOTES

liability is incurred for the *last* festival, how can the person be liable in a case in which the last festival is one on which offering private sacrifices is prohibited?

[There is a Tannaic dispute whether non-festival-related offerings may be brought on Yom Tov or not (*Bavli Beitzah* 19a-b). Our Gemara follows the opinion that they are not brought on Yom Tov.]

The Gemara could similarly have asked its question regarding the positive commandment to bring one's offerings on the first festival after his vow, or regarding the "year" deadline in a case in which the year ended on a Sabbath (see *Sheyarei Korban*).

8. *Exodus* 23:18. The entire verse reads: לֹא־תִזְבַּח עַל־חָמֵץ דַּם־זִבְחִי וְלֹא־יָלִין חֵלֶב־חַגִּי עַד־בֹּקֶר, *You shall not slaughter over chametz the blood of My sacrifice, and the fat of My festival offering shall not remain overnight until morning.* The first half of the verse discusses the *pesach* offering, teaching that it may not be slaughtered while one is in possession of *chametz.* The second half of the verse switches to discuss the festival offering that accompanies the *pesach* offering; namely, the *chagigah* of the fourteenth. It teaches that this offering's fat and other sacrificial parts must be burned by the morning of the 15th. The Gemara will address the implication of the verse that it is permissible to burn the fat of the *chagigah* on the night of the 15th, even though it is a Yom Tov (*Korban HaEidah*).

[The Gemara understands the latter part of the verse as dealing with the *chagigah* of the fourteenth because of its juxtaposition to the law pertaining to the *pesach* offering, which is also sacrificed on the 14th (see *Mishneh LaMelech, Hil. Korban Pesach* 1:7 סוד"ה המניח; *Malbim* ad loc.). *Bavli* (*Pesachim* 71a), however, understands the verse to be dealing with the *chagigah* brought on the 15th; see also *Bavli Pesachim* 59b with *Tosafos* ד"ה בארבעה.]

9. The Torah states (*Numbers* 28:10): *the olah of each Sabbath on its own Sabbath.* Implied is that a Sabbath *olah* is burned on the Sabbath, but a weekday *olah* is not burned on the Sabbath or Yom Tov (*Bavli, Shabbos* 24b and *Pesachim* 59b; see *Tosafos* there for an explanation of how any prohibition about Yom Tov, which is less stringent than the Sabbath, can be derived from a verse referring to the Sabbath).

10. See *Bavli Shabbos* 114a; *Rambam, Hil. Temidin U'Mussafin* 1:7-8.

11. A Mishnah in *Pesachim* (*Yerushalmi Pesachim* 6:4, 49a in our edition [69b in *Bavli*]) teaches that the *chagigah* of the fourteenth is brought as an accompaniment to the *pesach* offering only when Erev Pesach falls on a weekday. When Erev Pesach falls on the Sabbath, only the *pesach* offering itself overrides the Sabbath.

[In *Bavli Pesachim* 70b, a minority Tannaic opinion is recorded according to which the *chagigah* of the fourteenth in fact does override the Sabbath. Possibly R' Abahu meant his explanation according to that opinion. R' Yonah, however, rejects R' Abahu's explanation, because the Mishnah — which is authoritative — states flatly that the *chagigah* of the fourteenth does *not* override the Sabbath.]

12. Do not infer from the verse that until morning of the 15th the fat may be burned. Rather, the verse means that the fat should be burned on the 14th, while it is still day, so that you should not come, when the morning of the 15th arrives, to have transgressed the prohibition against leaving the fat overnight. Although the fat may not be burned on the night of the 15th — because its burning does not override Yom Tov — the prohibition of leaving it overnight is not violated until morning.

13. *Korban HaEidah.*

[R' Abahu's explanation of the verse *the fat of My festival offering shall not remain overnight until morning* — namely, that the verse is discussing the 14th of Nissan that fell on the Sabbath — was refuted by the Gemara on the grounds that a *chagigah* is not offered when the 14th falls on a Sabbath. In *Bavli Pesachim* 59b, however, R' Abahu's explanation is cited in connection with a *different* verse, and there his explanation is viable (and indeed seems to be accepted by that Gemara as authoritative), because a different verse states (*Exodus* 34:25): וְלֹא־יָלִין לַבֹּקֶר זֶבַח חַג הַפָּסַח, *the sacrifice of the Pesach festival* (not the *chagigah* offering) *shall not remain overnight until morning.* Implied is that the *pesach's* sacrificial parts may be burned all night. *Bavli* asks that this verse is difficult, because the sacrificial parts of a weekday offering (which the *pesach* is, since it is offered on the 14th) may not be offered on Yom Tov. In answer to *this* question *Bavli* cites R' Abahu as explaining that the verse refers to where the 14th fell on the Sabbath. Since the *pesach* was brought on the Sabbath, its fat may be offered at night, for it is then a Sabbath offering, and the fat of a Sabbath offering may be brought on Yom Tov.]

14. See *Tosefta Pesachim* 5:7; *Rambam, Hil. Shegagos* 2:14; see also *Sheyarei Korban* to *Pesachim* 6:1 ד"ה אלו [46b in our edition].

15. *Pnei Moshe* to *Pesachim* 6:1 (inserted in our edition into *Pnei Moshe's* commentary on the facing page); *Beur of R' Chaim Kanievski.* See Variant B.

TEXTUAL AND INTERPRETIVE VARIANTS

B. According to the approach we have followed, R' Chinana argues that Shavuos can consummate the three-festival prohibition, since, after the fact, an offering brought on Shavuos is valid. *Sheyarei Korban* argues, however, that it is unreasonable to say that the vower will transgress the prohibition *not to delay* for not bringing his vow on a festival on which it is initially forbidden to do so.

Korban HaEidah, therefore, explains that the Gemara comes to offer a different explanation of the verse regarding the *chagigah* of the

כלום הוא עובר על עשה ועל לא תעשה לא עד שיעברו עליו שלשה רגלים. ר' אבון בשם רבנן דתמן באומר הרי עלי עולה להביאה בשיני בשבת כיון שבא שיני בשבת ולא הביאה עובר. שלמה שנתו את מפיל יום האחרון [א]והוא עובר על כל יום ויום. ג: [ב]אין כיני עברו עליו שלשה רגלים את מפיל [א]את רגל האחרון והוא עובר על כל רגל ורגל. ר' בון בר חייה בעי שלמה שנתו בעצרת איפשר לומר הוא אינו כשר ועובר. כהדא [א]לא ילין חלב חגי עד בקר. [ב]ואימורי חול קריבין ביום טוב. [ג]אמר ר' אבהו קיימתיה [ב]בשחל ארבעה עשר להיות בשבת. [ב][ר' יונה בעי אם בשחל ארבעה עשר להיות בשבת] [ד]אין חגיגה באה עמו. אמרה תורה הקריבהו מבעוד יום שלא יבוא לידי בל תלין והכא הקריבהו מבעוד יום שלא יבוא לידי בל תאחר. אמר ר' חיננא אילו עבר והביא [ג]שמא אינו כשר מאחר שאילו עבר והביא כשר עובר: כתיב [ב]לפני ה' אלהיך תאכלנו שנה בשנה. שנה לו ושנה לתמורתו. [ד][ה]שנה לתם ושנה לבעל מום. [ו]שנה לבכור ושנה [ג]לקדשים. [ז]שנה בשנה מלמד [ה]שהבכור נאכל לשני ימים ולשתי שנים.

קרבן העדה

ופריך **כלום הוא עובר**. בעשה ולא תעשה עד שיעברו ג' רגלים, וככר שמעינן ליה מבל תאחר ומובאת שמה, והאי קרא למה לי: **כיון שבא שני בשבת ולא הביאה עובר**. בעשה ולא תעשה, משום דכתיב תשמור ועשית: **שלמה שנתו**. בלא רגלים וכדלקמן: **את מפיל יום אחרון**. דאם עבר יום האחרון של השנה ולא הביא עובר בבל תאחר ואח"כ עובר בכל יום ויום בבל תאחר: **אין כיני**. אם כן אף ברגלים כן אם עבר עליו רגל השלישי כבר עבר על בל תאחר ומשם והלאה עובר בכל רגל: **בעי**. פריך, לדבריך דברגל שלישי מיד עובר אם שלמה שנתו בעצרת שאינו יכול להקריבו דנדרים ונדבות אין קריבין ביום טוב, וכיון דאינו כשר למה יעבור עליו: ומשני **כהדא**. דכתיב לא ילין חלב חגי, היינו חגיגת י"ד לא ילין עד בקר, ומשמע הא כל הלילה של ט"ו מותר להקטיר אימורי חגיגה הנשחטים בי"ד, והקשה ליה וכי אימורי חול של י"ד קריבין ביום טוב, בתמיה: ושני **ר' אבהו**. דקרא איירי כשחל י"ד להיות בשבת והוי ליה אימורי שבת דקריבין ביום טוב, לפיכך מותר להקטירן בלילה: ואקשינן **אין חגיגה באה עמו**. כשחל ערב פסח בשבת אין מביאין עמו חגיגה כדתנן בפסחים פרק אלו דברים (סט:): ושנינן **אמרה תורה וכו'**. לעולם בי"ד שחל בחול ובלילה נמי לא יקטיר, והכי קאמר ראה שתקריב אימורי חגיגה מבעוד יום שאם לא כן תבא לידי בל ילין שבלילה אי אפשר להקטירן מפני שהוא יום טוב: **והכא**. נמי אמרינן הכי אע"ג שאינו יכול להקריב בעצרת עובר בבל תאחר דאמרה תורה להקריב קודם עצרת שלא יבא לידי בל תאחר: **אמר רבי חיננא**. מהתם ליכא למיפשט דלעולם בי"ד שחל להיות בשבת איירי קרא, ודקשיא הא אין מביאין עמו חגיגה, כיון דאם עבר והביא חגיגה בשבת כשר כדתניא בתוספתא דפסחים פ"ה (ה"ז), איצטרך קרא לאשמועינן שלא ילין חלבו עד בקר ואם הלין עובר: **ושנה לתמורתו**. דהוה אמינא דאף תמורתו חשבינן שנה מיום שנולד הבכור הואיל וממנו קאתי, לכך כתיב שנה שנה, דנותנין לכל אחד שנה בפני עצמו: **שנה לתם**. לבכור תם, ושנה לבכור בעל מום דמותר לשהותו שנה שלימה: **ושנה לקדשים**. אם עבר עליהן שנה בלא רגלים שעובר על בל תאחר:

פני משה

ר' אבין וכו'. מילתא באנפי נפשה היא: **אם אומר הרי עלי עולה להביאה בשני בשבת וכו' עובר**. מאחר שקיבל עליו בפירוש להביאה בשני בשבת: **שלמה שנתו את מפיל יום האחרון וכו'**. אם נדר להביא איזה קרבן והיה בתוך שנתו שראוי להביאו ולא הביאו עד ששלמה שנתו ושוב אינו ראוי כגון כבש, את מפיל יום האחרון כלומר אותו יום ששלמה שנתו אתה מפילו את החיוב עליו והוא עובר על כל יום ויום שלא הביאו בשעה שהיה ראוי ועיכבו עד שאינו ראוי להקריבו: **אין כיני**. ואם אתה אומר כן, אם כן בעברו עליו שלשה רגלים נימא נמי את מפיל את חיוב רגל האחרון ויהא עובר על כל רגל ורגל שלא הביא בתמיה, אלא אינו עובר אלא עד שיעבור עליו כל השלשה רגלים, והוא הדין בשלמה שנתו אין החיוב עליו לעבור אלא כמה שאמרו בבל תאחר: **שלמה שנתו בעצרת וכו'**. זה קושיא אחריתי, לדידך שאתה אומר בשלמה שנתו את מפיל חיוב יום האחרון על כל יום ויום שלא הביאו, והשתא אם שלמה שנתו בעצרת והוא הדין בשאר רגל אלא דחדא מינייהו נקט, וכגון שזהו רגל האחרון משלשה רגלים, וזהו ששלמה שנתו בעצרת ואי אפשר להקריבו שהרי עברה שנתו בתוך רגל זה, והיאך תאמר שיהא עובר עליו והוא אינו כשר עכשיו להקריבו בתמיה: **כהדא לא ילין וכו'**. גרסינן לה לעיל בפרק אלו דברים (פסחים פ"ו) בהלכה א' וכמפורש שם דאין הכי נמי קאמר שעובר עליו ועיי"ש: [וז"ל שם, **ואימורי חול קריבין ביו"ט**. בתמיה, והא גופה קשיא והיאך הן קרבין בלילה ביו"ט, והא עולת חול הן וקי"ל (שבת כד:) דאין עולת חול קרבין לא בשבת ולא ביו"ט: **א"ר אבהו קיימתיה**. להאי קרא, בשחל י"ד להיות בשבת, וא"כ אימורי פסח עולת שבת הן וקרבין הן בלילה ביו"ט: **ר' יונה בעי**. על זה, שהרי משמעות הפסוק על חגיגה נאמר דחגי כתיב, וא"כ על חגיגת י"ד הבאה עם הפסח משתעי קרא, ואם בשחל י"ד להיות בשבת, אין חגיגה באה עמו כדתנן לקמן בפרקין (פסחים שם ה"ד): **אמרה תורה וכו'**. מסקנת דברי ר' יונה היא, דלא תוקמי לקרא בשחל י"ד להיות בשבת מיירי וכקושיין, אלא לעולם (ש)בשאר ערב פסח מיירי, ודקשיא לך וכי אימורי חול קריבין ביו"ט, דבאמת לא קריבין הן בלילה ביו"ט, אלא הכי אמרה תורה הקריבהו מבעוד יום בכדי שלא יבא לידי בל תלין, שאם אי אתה מקטירו מבעוד יום, ובלילה אין אתה יכול להקטירו לפי שעולת חול הן, ונמצא שאתה בא לידי בל תלין: **והכא הקריבהו מבעוד יום וכו'**. האי מילתא לאו הכא הוא דאיתמר, אלא בפ"ק דר"ה הוא דאיתמר והתם הוא דשייכא, ואגב דמייתי שם להא דהכא ומסיים כן מייתי לה נמי כאן, דגרסי' התם לעיל דאיירי בענין בל תאחר, שלמה שנתו אתה מפיל יום האחרון והוא עובר על כל יום ויום, וכלומר שאתה מפיל חיוב יום האחרון שלא הקריבו בעוד שלא שלמה שנתו על כל יום ויום ועובר על בל תאחר, ועלה קאמר שם, ר' בון בר חייה בעי שלמה שנתו בעצרת איפשר לומר הוא אינו כשר ועובר בתמיה, והיאך אתה אומר שאם שלמה שנתו אתה מפיל החיוב שלא הקריבו ביום האחרון, על כל יום ויום לעבור עליו, הרי ששלמה שנתו בעצרת, וה"ה בשאר רגל אלא חדא מינייהו נקט, וכגון שזהו הרגל האחרון משלש רגלים, שאינו עובר על בל תאחר עד שיעברו עליו שלש רגלים, וזה ששלמה שנתו בעצרת והוא רגל אחרון ולא היה אפשר להקריבו שהרי שלמה שנתו בתוך הרגל, וא"כ איך אפשר לומר זה שהוא אינו כשר להקריבו באותו יום ויהא עובר עליו בבל תאחר, והא השתא לא מיקרי עברו עליו שלשה רגלים מכיון שברגל האחרון לא היה ראוי להקריבו, ואם גם בכהאי גוונא אתה אומר שהוא עובר עליו, ועלה מייתי התם הא דהכא כהדא לא ילין חלב חגי עד בקר ואימורי חול וכו' עד אמרה תורה הקריבהו מבעוד יום שלא יבא לידי בל תלין והכא הקריבהו מבעוד יום שלא יבא לידי בל תאחר, וכלומר הה"נ שעובר עליו אפילו שלמה שנתו בתוך רגל האחרון, דכמו ששנינו גבי בל תלין דה"ק קרא שמרהו להקריבהו מבעוד יום שלא תבא לידי בל תלין, וה"ה הכא נמי הקריבהו מבעוד יום קודם שיבא רגל האחרון, ובו עצמו אין אתה יכול להקריבו, מכיון שנשלם לו שנתו ונמצא אתה בא לידי בל תאחר: **אמר ר' חיננא**. דעוד טעמא אחרינא איכא על שיעבור עליו בבל תאחר, שאילו עבר והביא אותו בו ביום שעברה שנתו שמא אינו כשר, דבדיעבד מיהת נתקבל לנדרו הוא, והלכך מאחר שאם עבר והביא כשר הוא, עובר עליו בבל תאחר:] **כתיב**. גבי בכור לפני ה' אלהיך תאכלנו שנה בשנה, ודריש לשון הכפל ללמד שנה לו ושנה לתמורתו, דתמורת הבכור והמעשר הרי אלו כמותן כדתנן בפ"ג דתמורה (מ"ה): **שנה לתם ושנה לבעל מום**. כדתנן בפ"ד דבכורות (מ"א) הבכור נאכל שנה בשנה בין תם ובין בעל מום, והיינו לשני ימים ולילה אחד כדדריש לקמן: **שנה לבכור ושנה בקדשים**. בקדשים קלים כגון שלמים ומעשר שנאכלין לשני ימים ולילה אחד כדאמרינן בפ"ה דזבחים (מ"ח): **שנה בשנה מלמד וכו'**

עין משפט

א מיי' פי"ד מהלכות מעשה הקרבנות הלכה טו:
ב מיי' פ"א מהלכות תמידין ומוספין הלכה ז:
ג מיי' פ"ב מהלכות שגגות הלכה יד:
ד מיי' פ"א מהלכות בכורות הלכה ח [טוש"ע יו"ד סימן שו סעיף ז]:
ה מיי' פ"י מהלכות מעשה הקרבנות הלכה ו:

מסורת הש"ס

א) [ר"ה ו:, תמורה יח:, ילקו"ש ראה תתפ, כי תצא תתקלה ועי' קרבן העדה] ב) פסחים פ"ו ה"א כל הענין [שבת כד: קלג. ופסחים פג: בשינוי] ג) פסחים נט: [ועיי"ש בתוד"ה בארבעה עשר, ילקו"ש משפטים שנו, פינחס תשפב] ד) [פסחים פ"ו מ"ג] ה) [בכורות פ"ד מ"א, ספרי ראה קכד, פסיקתא זוטרתא ראה טו יט, ילקו"ש ראה תתק] ו) [ר"ה ו:] ז) בכורות כז: [תמורה כא:]

שינויי נוסחאות

א] **את**. בש"ג ליתא:
ב] **ר' יונה בעי וכו' בשבת**. כ"ה בירושלמי פסחים (פ"ו ה"א) וכעי"ז בש"ג:
ג] **לקדשים**. כ"ה בש"ג ובד"ק ובדפוסים. בכי"ל וד"ו בקדשים:

תורה אור השלם

א) לֹא תִזְבַּח עַל חָמֵץ דַּם זִבְחִי וְלֹא יָלִין חֵלֶב חַגִּי עַד בֹּקֶר: (שמות כג יח)

ב) לִפְנֵי יְהוָה אֱלֹהֶיךָ תֹאכְלֶנּוּ שָׁנָה בְשָׁנָה בַּמָּקוֹם אֲשֶׁר יִבְחַר יְהוָה אַתָּה וּבֵיתֶךָ: (דברים טו כ)

גליון הש"ס

כהדא לא ילין חלב חגי עד בקר ואימורי חול קריבין ביו"ט וכו'. עיין תוס' פסחים נ"ט ע"ב ד"ה בארבעה: ושנה לתמורתו. נ"ע הא תמורת בכור אינה קריבה עי' זבחים (נ"ב [נ"ז]) ע"ב וברמב"ם פ"ג מתמורה הלכה א':

שירי קרבן

ר' בון בר חייה בעי שלמה שנתו בעצרת וכו'. וקשה הו"ל למיפרך אם עצרת רגל ראשון אמאי יעבור בעשה. ועוד הוה מצי למפרך אם שלמה שנתו בשבת למה יעבור עליו אמר ר' חיננא אילו עבר והביא וכו'. לפום ריהטא יש לפרש דה"ק מעיקרא לא קשיא קושית ר' בון, כיון דאם עבר והביא נדרים ונדבות ביו"ט הקרבן כשר אע"ג דעבד איסורא הלכך עובר על בל תאחר. אך אחרי העיון אין נראה, חדא דטעמא בעי למה יעבור הא מ"מ לכתחלה אין מניחין אותו להקריב, וקשיא הוא אינו ראוי ועובר. ועוד דטפי מסתבר לפרש דאחגיגה קאי כדי ליישב קושית תוס' בפסחים דף נ"ט ע"ב (ד"ה ולא), וכמו שכתבתי בפסחים דף כ' ע"ב (פ"ה ה"א) בד"ה לא ילין וכו' עיי"ש. ועוד דבפסחים פ' אלו דברים (ה"א) איתא נמי להך סוגיא ולא מוזכר שם מבל תאחר, לכן פירושי שבקונטרס עיקר:

The Gemara asks:

כְּלוּם הוּא עוֹבֵר עַל עֲשֵׂה וְעַל לֹא תַעֲשֶׂה לָא עַד שֶׁיַּעַבְרוּ עָלָיו שְׁלֹשָׁה רְגָלִים – Does one then transgress the **positive commandment and** the **negative commandment** found in this verse **before three festivals have passed?** No.[1] But then why do I need the verse *you shall observe and you shall do,* since we already know from the verses *You shall come there and you shall bring there* and *You shall not delay* that a positive and a negative commandment are violated at this point.[2] – ? –

The Gemara answers:

רַבִּי אָבוּן בְּשֵׁם רַבָּנָן דְּתַמָּן – R' Avun said **in the name of the Rabbis of there** [i.e. Babylonia]: The verse *you shall observe and you shall do* teaches liability in a case **בְּאוֹמֵר הֲרֵי עָלַי עוֹלָה לַהֲבִיאָהּ בְּשֵׁינִי בְּשַׁבָּת – where one says: "It is hereby** incumbent **upon me to bring an** ***olah*** **on Monday." כֵּיוָן שֶׁבָּא שֵׁינִי בְּשַׁבָּת וְלֹא הֱבִיאָהּ עוֹבֵר – In** such a case, **once Monday arrives and he has not brought [his offering], he transgresses** the positive and negative commandments contained in the verse *you shall observe and you shall do.*[3] The verses *You shall come there and you shall bring there* and *You shall not delay,* by contrast, apply where the person himself did not specify a deadline when making his vow. In that case the Torah imposes its own deadline; namely, three festivals.[4]

As we will see shortly, in addition to the three-festival deadline, the Torah requires that every offering be brought within a year of the vow (i.e. even if three festivals have not yet passed). The Gemara discusses the law for when the year passes with the obligation still pending, and draws an analogy to when three festivals pass in this same situation:

שָׁלְמָה שְׁנָתוֹ – If [the vow's] year ended with the vow unfulfilled, **אַתְּ מַפִּיל יוֹם הָאַחֲרוֹן – you assign** liability to **the last day** of the year, **וְהוּא עוֹבֵר עַל כָּל יוֹם וָיוֹם – and he is** then **liable for each** additional **day** that he delays.[5] **אִין כֵּינִי – If so, עָבְרוּ עָלָיו שְׁלֹשָׁה רְגָלִים –** if **three festivals passed** with the vow unfulfilled, **אַתְּ מַפִּיל אֶת רֶגֶל הָאַחֲרוֹן – you** likewise **assign** liability to **the last festival, וְהוּא עוֹבֵר עַל כָּל רֶגֶל וָרֶגֶל – and he is** then **liable for each** additional **festival** that he delays.[6]

The Gemara has stated that liability for delaying three festivals is assigned to the last festival. The Gemara raises a difficulty with this:

רַבִּי בּוּן בַּר חִיָּיה בָּעֵי – R' Bun bar Chiyah inquired: שָׁלְמָה שְׁנָתוֹ בַּעֲצֶרֶת – If [the vow's] year ended on Shavuos, i.e. if someone made a vow before Succos, in which case Shavuos was the last festival, **אֶיפְשַׁר לוֹמַר הוּא אֵינוֹ כָשֵׁר וְעוֹבֵר – is it possible to say** that **[Shavuos] is unfit** for sacrificing an offering **and he** nevertheless **transgresses** the prohibition *not to delay*?[7]

The Gemara resolves this question by citing a related discussion:

NOTES

1. We have learned that the negative and positive commandments *You shall not delay* and *You shall come there and you shall bring there* are transgressed only after three festivals pass. (The positive commandment is actually violated after just one festival passes; nevertheless, since the negative commandment is violated only after three festivals pass, the Gemara states that both commandments together have been violated only after three festivals pass.) Presumably, then, the positive and negative commandments implied by the verse *you shall observe and you shall do* are also transgressed only after three festivals. [Note: The word לָא here is a shortened form of אֶלָּא.]

2. *Korban HaEidah; Chazon Ish, Nedarim* 136 ד״ה ד׳ א׳; see *Tos. HaRid* ד״ה אבל.

3. Since he did not meet the deadline that he himself specified in his vow, he has transgressed the verse *What emerges from your lips you shall observe and you shall do.*

4. All the verses are thus necessary. See Variant A.

5. His liability is not considered to be for allowing the *year* to pass without bringing his offering, such that he would incur additional liability only for each additional *year* that he delays. Rather, his liability comes for allowing the *last day* of the year to pass without bringing his offering, and thus he incurs additional liability for each additional *day* that he delays.

6. His liability is not considered to be for allowing *three festivals* to pass without bringing his offering, such that he would incur additional liability only when another *three festivals* pass. Rather, his liability comes for allowing the *last festival* to pass without bringing his offering, and hence he incurs additional liability for each additional *festival* that he delays.

[Rava in *Bavli* (6b), however, states that once three festivals have passed, he is liable for each additional *day* that passes.]

7. In cases in which the last of the three festivals following the person's vow is Pesach or Succos, it is understandable that he is liable if he allowed the last festival to pass without fulfilling his vow, for he could have brought his offering on Chol HaMoed. Shavuos, by contrast, does not possess any Chol HaMoed days; it consists of a single Yom Tov day, on which sacrificing private offerings is forbidden. How can one be liable for not fulfilling his vow then, when that day is unsuitable for bringing offerings?

Had we said that liability for the prohibition *not to delay* is incurred for allowing *all three* festivals to pass without bringing one's vow, it would not bother us if the last festival happened to be one on which sacrificing private offerings is forbidden. But since we have said that the

TEXTUAL AND INTERPRETIVE VARIANTS

A. *Bavli* (6a) asks the same question as our Gemara (i.e. why the verse *What emerges from your lips you shall observe and you shall do* is needed, when we already have the verses *You shall not delay* and *You shall come there and you shall bring there* to teach negative and positive commandments). *Bavli,* though, gives a different, more complicated, answer (see there). Since *Yerushalmi's* answer is straightforward, why would *Bavli* not also give it?

Tos. HaRid asserts that the answer to this question is rooted in a fundamental difference of understanding between the two Talmuds as to the nature of the Torah's giving the festivals as dates for the violation of the commandments *You shall not delay* and *You shall come there and you shall bring there.* As understood by *Bavli,* the festivals are *due dates* the Torah imposes for the fulfillment of one's vows. That is to say, one who vows to bring an offering may not postpone fulfilling his vow indefinitely; if he did not specify a due date at the time he made his vow, the Torah imposes its own due date (one festival for the violation of a positive commandment, three festivals for the violation of a negative commandment). It follows that if the person did specify a due date at the time of his vow, those same verses *You shall not delay* and *You shall come there and you shall bring there* obligate him to fulfill his vow by the specified date. Accordingly, *Bavli* could not answer that the verse *What emerges from your lips you shall observe and you shall do* is needed to impose a negative and a positive commandment for when the person specified a date in his vow, because that is already known from the verses *You shall not delay* and *You shall come there and you shall bring there. Bavli* was therefore forced to come up with a different answer for why the verse *What emerges from your lips you shall observe and you shall do* is needed.

Yerushalmi, on the other hand, understands that the festivals are the *cause* of the obligation to bring one's vowed offerings. In other words, just as the festivals obligate one to bring *re'iyah* and *chagigah* offerings (and to sit in a *succah* on Succos and eat matzah on Pesach), so do they obligate him to fulfill any sacrificial vows that he may have made and are still pending. Accordingly, *Yerushalmi* is free to answer that the verse *What emerges from your lips you shall observe and you shall do* is needed to impose a negative and a positive commandment for where the person specified a due date in his vow, because this is not known from the verses *You shall not delay* and *You shall come there and you shall bring there,* which impose festival-related obligations and are not due dates for vows.

An objection is raised:

הָתִיב רַבִּי בָּא – **R' Ba challenged** the inquiry: וְהָתָנֵי – **But it was taught in a Baraisa:**[26] חֲגִיגָה שֶׁלֹּא קָרְבָה בְּרִאשׁוֹן תִּיקָּרֵב בְּשֵׁנִי – A *CHAGIGAH* OFFERING THAT WAS NOT OFFERED ON THE FIRST festival MAY BE OFFERED ON THE SECOND festival.[27] The question arises: וּמַתִּירִין לוֹ לַעֲבוֹר – **But do they permit him to transgress** the positive commandment by delaying the offering until the second festival? Surely not![28] Evidently, it is *not* forbidden to delay one's offerings between two festivals.[29]

We learned in the Baraisa cited above that one who delays his offerings also transgresses the positive commandment *you shall come there and you shall bring there,* in addition to the negative commandment *you shall not delay to pay it.* The Gemara notes:

וְעוֹד מִן הָדָא – **And from the following** verse **as well** we learn that a positive and negative commandment are transgressed.[30] The verse states: *What emerges from your lips you shall observe and you shall do; just as you vowed to Hashem, your God,* etc.[31] "וְעָשִׂיתָ" בַּעֲשֵׂה – The term ***and you shall do*** teaches that one who delays his offering is liable **for** transgressing **a positive commandment,** "תִּשְׁמֹר" בְּלֹא תַעֲשֶׂה – and the term ***you shall observe*** teaches that he is liable **for** transgressing **a negative commandment.**[32]

NOTES

for bringing one's *re'iyah* and *chagigah* offerings), or is it merely a *due date* that is given for the fulfillment of one's vow? According to the first understanding, once the festival is over there is no reason to further transgress this commandment until the following festival. According to the second understanding, once the due date has arrived (the day of the festival), any further delay constitutes additional transgression (*Tos. HaRid; Mishnas Rav Aharon, Nedarim,* p. 77).

26. *Tosefta, Pesachim* 9:6 and *Yoma* 3:6.

27. On the first day of the festivals of Pesach, Shavuos, and Succos, every male is obligated to bring a *chagigah* (celebration) offering to the Temple (*Exodus* 23:14; *Leviticus* 23:41; see also *Bavli Chagigah* 9a). The *chagigah* is a *shelamim* offering (*Rambam, Hil. Chagigah* 1:1) that one consecrates specifically for the fulfillment of the *chagigah* obligation (see *Bavli Beitzah* 19b). The Baraisa teaches that if someone consecrated a *chagigah* offering for the upcoming festival but for some reason did not sacrifice it then, he may wait until the following festival to bring it (*Chazon Yechezkel* to *Tosefta* ibid., *Beurim* ד״ה יקרב בשני). Although the *chagigah* is in essence a *shelamim* offering, which may be brought all year round, the owner is not obligated to bring this offering immediately after the festival.

28. If one were prohibited to delay his offerings even between festivals, he would surely have to sacrifice the *chagigah* immediately, instead of waiting for the following festival.

29. Because the festival is not a *due date* for fulfilling one's vows; the Torah did not impose any due date for fulfilling one's vows. Rather, the festival is the *cause* of the obligation (i.e. the festival requires that when one visits the Temple for the festival he should sacrifice his outstanding vowed offerings at that time). Once the festival is over, therefore, he has no further obligation until the next festival arrives (*Tos. HaRid.*).

30. *Korban HaEidah.* For alternative explanations see *Pnei Moshe; Tos. HaRid.; Mishnas Rav Aharon, Nedarim,* pp. 77-78.

31. *Deuteronomy* 23:24. This verse appears in close proximity after the commandment: לֹא תְאַחֵר לְשַׁלְּמוֹ, *you shall not delay to pay it* (ibid. v. 22).

32. [The term שמר, lit. *guarding,* indicates a negative commandment, where one is required to *guard* himself from transgression (see *Bavli Eruvin* 96a et al.).]

אשר תתנו לה' מה תלמוד לומר. [א]שיכול אין ליקרב ברגל אלא קרבנות הרגל בלבד מניין קרבנות היחיד וקרבנות הציבור שהוקדשו ברגל שיבואו ברגל שהוקדשו לפני הרגל שיבואו ברגל תלמוד לומר מלבד שבתות ה'. אשר תתנו לה' אלו עופות ומנחות לרבות את כולם [א]שיהו קריבין ברגל. [ב]יכול רשות. תלמוד לומר [א]אלה תעשו לה' במועדיכם אלה קבען חובה שיהו כולן קריבין ברגל. יכול באי זה רגל שירצה תלמוד לומר [ב]ובאת שמה והבאתם שמה אם להתיר כבר התיר אם לקבוע כבר קבע אם כן למה נאמר ובאת שמה והבאתם שמה אלא זה רגל הראשון שפגעת בו. יכול אם [ב]עיבר אחד מהן ולא הביא יהא עובר עליו משום בל תאחר תלמוד לומר [א]אלה תעשו לה' במועדיכם אינו עובר עליו משום בל תאחר עד שיעברו עליו רגלי השנה כולה. ר' שמעון אומר שלשה רגלים [ג]כסדרן. [ג]כיצד. נדר לפני הפסח עד שיעברו עליו פסח ועצרת וחג. נדר לפני העצרת עד שיעברו עליו עצרת וחג ופסח ועצרת וחג. נדר לפני החג עד שיעברו עליו החג ופסח ועצרת וחג:

ג. [ס]בעון קומי ר' אילא עד כדון בעשה בלא תעשה מניין. תלמוד לומר [ב]ובאת שמה והבאתם שמה. מה אנן קיימין. אם בעשה הרי כבר אמור אלא אם אינו עניין בעשה תניהו עניין בלא תעשה: [ו]פסחים בזמנן מהו שיעבור. [ד]אשכחת תני פסחים בזמנן עובר דלא כן מה אנן אמרין. אמר ר' שמואל בריה דר' יוסה בר' בון שלא תאמר שאם אבד ונמצא מאחר שכיפרו [ה]בו הבעלים גופו קרב שלמים עד כדון צריכה פסחים בזמנן מהו שיעבור. בעון קומי ר' זעירא בין רגל לרגל מהו שיעבור. התיב ר' בא והתני [ס]חגיגה שלא קרבה בראשון תיקרב בשני. ומתירין לו לעבור. ועוד מן הדא [ג][ו]ועשית בעשה תשמור בלא תעשה.

פני משה

שהוקדשו ברגל וכו'. כלומר בין שהוקדשו לפני הרגל או שהוקדשו ברגל: יכול רשות. שלא נאמר אלא לרשות שמותר הוא להקריבן ברגל אף אם הוקדשו באיזה שעה שהוא: תלמוד לומר. בפרשת פנחס אלה תעשו לה' במועדיכם לבד מנדריכם ונדבותיכם, ואם להתיר אותן הנדרים ונדבות שיוקרבו ברגל כבר התיר כאן: אלא קבעם. לחובה שחובה היא שיבאו ברגל כולן: אלא זה רגל ראשון שפגעת בו. אחר שנדר ונדב: תלמוד לומר וכו' במועדיכם. רבים משמע: בעון קומי ר' אילא. מנלן שעובר בלא תעשה, דילמא עד כדון בעשה ובאת שמה וגו', ובלא תעשה מנין: תלמוד לומר ובאת שמה וכו'. כלומר אם הכתוב הזה בא ללמד על עשה הרי כבר אמור כאן אלה תעשו וגו' וכדדריש ליה לחובה, אלא אם אינו ענין בעשה תנהו ענין לעבור עליו בלא תעשה: פסחים בזמנן מהו שיעבור. אם לא הקריב פסח בזמנו מהו שיעבור עליו מיד ולא נריך שלשה רגלים: אשכחת תני. בהדיא פסחים בזמנן עובר מיד: דלא כן מה אנן אמרין. בתמיה, פשיטא וכי נריכא ליה למיתני להא הא פסח זימנא קביעא ליה ואי לא אקרביה ודאי עובר עליו מיד: שלא תאמר וכו'. כלומר איצטריך שלא תאמר הואיל ואם אבד הפסח ונמצא מאחר שכיפרו בו הבעלים בפסח אחר שדינו שגופו קרב שלמים כדתנן בפ"ט דפסחים (מ"ז), אימא כשלמים דמי ועד שיעבור עליו שלשה רגלים קא משמע לן: עד כדון צריכה פסחים וכו'. כלומר והשתא דאתית להכא אכתי קא מיבעיא לן פסחים בזמנן מהו שיעבור והיינו בכהאי גונא גופה דקאמרת, שאם אבד הפסח וכיפרו הבעלים באחר ואחר כך נמצא, ומי נימא דהואיל וגופו קרב שלמים אינו עובר עד שיעברו עליו שלשה רגלים, או דילמא דהואיל ומחמת פסח הוא בא כפסח גופיה הוא ועובר עליו מיד: בעון קומי ר' זירא בין רגל לרגל מהו שיעבור. בעשה בכל יום ויום: התיב ר' בא והתני חגיגה שלא קרבה בראשון. ברגל ראשון. תיקרב בשני. ואי איתא דבין רגל לרגל עובר בכל יום בעשה וכי מתירין לו לעבור בעשה בכל יום בתמיה: ועוד מן הדא. שמעינן דאינו עובר על הימים שבין רגל לרגל, דדרשינן מוצא שפתיך תשמור ועשית כאשר נדרת, ועשית מכאן שהוא בעשה, תשמור שהוא בלא תעשה וכלום הוא עובר על שתיהן עשה ולא תעשה עד שיעבור עליו שלשה רגלים, והשתא כמו שאינו עובר על שתיהן עד אחר שלשה רגלים כך על עשה בלחוד, אף על גב דאמרינן לעיל רגל ראשון שפגעת בו עובר בעשה דכתיב ובאת שמה וגו' והיינו דוקא ברגל עצמו, אבל בימים שבין רגל לרגל אינו עובר:

קרבן העדה

שיכול. אני לומר דאין להקריב ברגל אלא קרבנות הרגל בלבד דכתיב (ויקרא כג לז) דבר יום ביומו: מנין קרבנות היחיד. כגון קרבן נזיר ומצורע ושאר קרבנות: וקרבנות ציבור. כגון פר העלם דבר שהקדישן קודם הרגל או ברגל עצמו שיקרבו במועד. ולמאן דאמר נדרים ונדבות אין קריבין במועד (עי' ביצה יט:), איצטריך שקריבין בחול המועד: אלו עופות ומנחות. שנאמר בהן לה', ואם מן העוף עולה קרבנו לה' (ויקרא א יד), ובמנחה כתיב (ויקרא ב א) נפש כי תקריב קרבן מנחה לה': לרבות את כולן. שמביאין ברגל, והכי קאמר כל אשר תתנו לה' יקרב ברגל: יכול רשות. ועדיין אני אומר שרשות להקריב כל אלו במועד אבל לא חובה: תלמוד לומר בסוף פרשת מועדות שבחומש הפקודים אלה תעשו לה' במועדיכם. למה לי אי להתירן להקריבן במועד כבר שמעינן מדכתיב מלבד מנדריכם וכו', אלא לקבען חובה שחייב להביאם ברגל: יכול באיזה וכו'. ועדיין אני אומר שחייב להקריבן ברגל, אלא שאין חובה להקריבן ברגל ראשון אלא באיזה רגל שירצה: אלא זה רגל ראשון שפגעת בו. חייב אתה להקריבן: יכול אם עבר. רגל אחד ולא הביא קרבנותיו כשם שעובר בעשה דובאת שמה כך יהא עובר על בל תאחר: במועדיכם. לשון רבים, לומר שאינו עובר על בל תאחר עד שיעברו עליו רגלי השנה כולה: עד כדון בעשה. עובר ברגל ראשון, דכתיב (דברים כג כד) מוצא שפתיך תשמור ועשית, ועובר השמר דעשה עשה: בלא תעשה מנין. שעובר ברגל ראשון אע"ג דאינו עובר על בל תאחר עד לאחר ג' רגלים. ואיכא בין בל תאחר לשאר לאוין, דאילו בל תאחר עובר עליו בכל יום כדלקמן ואשאר לאוין אינו עובר אלא בזמנו: מה אנן קיימין. במאי עסקינן דצריכין והבאתם שמה: הרי כבר אמור. ועשית, אלא לעבור עליו אף בלא תעשה*: פסחים בזמנן. בי"ד, אם לא קרב אותן מהו שיעבור על בל תאחר: אשכחית תני פסחים. מלא ברייתא דתניא בה פסחים עובר עליהן על בל תאחר, ועל כרחך בזמנן קאמר: דלא כן. דאם לא כן אלא דאיירי בשעבר זמנן, מאי קתני בברייתא פסחים ושלמים, הא פסחים שלא בזמנן היינו שלמים: שלא תאמר וכו'. איצטריך לאשמועינן שלמי פסח דסלקא דעתך אמינא כיון שאם נמצא גופו קרב שלמים מיד (ולא נדחה כלל) ליהוי כפסח [ולא נדחה כלל, קמ"ל] דהוא כשאר קרבנות: עד כדון צריכה. ועדיין קמיבעיא לן פסח בזמנן אם עובר עליו מיד בבל תאחר או לא: בין רגל לרגל. אם עלה לירושלים בין רגל לרגל מהו שיעבור בעשה דובאת שמה*: חגיגה שלא קרבה. ברגל ראשון תיקרב ברגל שני, ומשמע דוקא בשני ולא קודם לו אפילו עלה בין רגל לרגל: ומתירין לו לעבור. בתמיה, אלא ודאי דאינו עובר עד רגל הבא: ועוד מן הדא. אברייתא דלעיל קאי דיליף עשה מובאת שמה, וקאמר סתמא דש"ס דאף מהאי קרא שמעינן עשה ולא תעשה:

שינויי נוסחאות

א] שיכול וכו'. בספרא (אמור פרשתא יב ה"י) "מנין למוספי שבת שיקרבו עם אימורי הרגל, תלמוד לומר מלבד שבתות ה'. מלבד מתנותיכם ומלבד כל נדריכם ומלבד כל נדבותיכם אשר (תדרו) [תתנו] לה' מה תלמוד לומר, שיכול אין לי קרב ברגל אלא קרבנות הרגל בלבד, מנין קרבנות היחיד וקרבנות הציבור ושהוקדשו ברגל שיבואו ברגל, תלמוד לומר (מלבד שבתות ה'. הגר"א מחק תיבות אלו, וכ"נ בפירוש המיוחס לר"ש משאנץ שם) מלבד מתנותיכם ומלבד כל נדריכם ומלבד כל נדבותיכם. אשר תתנו לה', אלו העופות והמנחות (לרבות את כולם. מיותר, הגר"א) שכולם יבואו ברגל":
ב] עיבר. בספרא (שם) ובדפ"ו עבר. [והיא היא, אלא שכן הוא לשון הירושלמי, ראה פסחים (פ"ט ה"א) וביצה (פב"ה "ד) ועוד 'עיבר זמנו']:
ג] כסדרן. בספרא (שם) נוסף וחג המצות ראשון:
ד] אשכחת. בש"ג אשכח:
ה] בו. בש"ג ליתא:

תורה אור השלם

א) אֵלֶּה תַּעֲשׂוּ לַיהוָה בְּמוֹעֲדֵיכֶם לְבַד מִנִּדְרֵיכֶם וְנִדְבֹתֵיכֶם לְעֹלֹתֵיכֶם וּלְמִנְחֹתֵיכֶם וּלְנִסְכֵּיכֶם וּלְשַׁלְמֵיכֶם: (במדבר כט לט)

ב) כִּי אִם אֶל הַמָּקוֹם אֲשֶׁר יִבְחַר יְהוָה אֱלֹהֵיכֶם מִכָּל שִׁבְטֵיכֶם לָשׂוּם אֶת שְׁמוֹ שָׁם לְשִׁכְנוֹ תִדְרְשׁוּ וּבָאתָ שָׁמָּה: וַהֲבֵאתֶם שָׁמָּה עֹלֹתֵיכֶם וְזִבְחֵיכֶם וְאֵת מַעְשְׂרֹתֵיכֶם וְאֵת תְּרוּמַת יֶדְכֶם וְנִדְרֵיכֶם וְנִדְבֹתֵיכֶם וּבְכֹרֹת בְּקַרְכֶם וְצֹאנְכֶם: (דברים יב ה-ו)

ג) מוֹצָא שְׂפָתֶיךָ תִּשְׁמֹר וְעָשִׂיתָ כַּאֲשֶׁר נָדַרְתָּ לַיהוָה אֱלֹהֶיךָ נְדָבָה אֲשֶׁר דִּבַּרְתָּ בְּפִיךָ: (דברים כג כד)

רידב"ז

בעון קומי ר' אילא עד כדון בעשה בלא תעשה מנין. פי' דהא האי קרא דאלה תעשו קאי על העשה דובאתם והבאתם, מנין לבל תאחר, דאימא דאלה תעשו קאי דאינו עובר בעשה עד שיעברו עליו כל הג' רגלים. ת"ל ובאתם שמה וגו' מה אנן קיימין, פי' האי אלה תעשו, אם בעשה כבר הוא אמור, דעובר ברגל ראשון דהא כיון דבא ולא הביא פשיטא דעובר בעשה, אלא אם אינו ענין בעשה תנהו ענין ללא תעשה, ע"כ דקאי לל"ת: התיב ר' בא והתני חגיגה שלא קרבה בראשון תוקרב בשני ומתירין לו לעבור. מכאן מוכח כשיטת רש"י ז"ל (ה:) דעולות ושלמים הוא עולות ראיה ושלמי חגיגה ג"כ, וכפי' התוס' ז"ל (ד"ה אלו) דאפרישן, דאז הוא בלתא דבל תאחר אף שהן חובת הרגל, מכל מקום באפריש הוי בכלל כי תדור נדר ובין חובה ובין נדבה בכלל, ודו"ק:

מסורת הש"ס

א) [כעין זה תמורה יד: וילקו"ש פנחס תשפב] ב) [ספרא אמור פרק טו הל' א-ד, ספרי ראה סג, מדרש תנאים לדברים יב ו, ילקו"ש אמור תרנא, ראה תתפא] ג) [ר"ה ד., תוספתא פ"א ה"ב, ילקו"ש אמור תרנא] ד) עי' ר"ה ה. [וילקו"ש ראה תתפ] ס) [תוספתא פסחים פ"ט ה"ו, תוספתא יומא פ"ג ה"ו] ו) ר"ה ו.

שירי קרבן

אלא אם אינו ענין בעשה וכו'. וא"ת וכי היכן מצינו דמוקמינן עשה יתירא בלא תעשה. וי"ל דה"ק, אם בעשה הרי כבר אמר ובאת שמה, אם כן תשמור ועשית למה לי, אלא על כרחך דהאי תשמור לא תעשה הוא: בין רגל לרגל מהו שיעבור. אפשר לפרש דקמיבעיא ליה אם עלה בין רגל לרגל אם נחשב כרגל ויעבור על בל תאחר אם עלה שלש פעמים או לא. ופשיט מן הדא דתניא ועשית בעשה וכו', ומוקי לה רבי אבון באומר להביאו בשני בשבת, ואי ס"ד דבכהאי גוונא נמי עובר אמאי לא מוקי לקרא בהכי, אלא ודאי דאינו עובר אלא ברגלים. ופירושי שבקונטרס נ"ל קרוב יותר לפשטא דשמעתתא:

מראה הפנים

פסחים בזמנן מהו שיעבור. ומסיק דבמותר הפסח הוא דקא מיבעיא ליה. והתם בדף ה' (ע"א) קאמר ס"ד אמינא הואיל ומחמת פסח קאתי כפסח דמי קמ"ל:

The Gemara cites proof:[19]

אַשְׁכְּחַת תָּנֵי פְּסָחִים – **A Baraisa was found which teaches** ***pesachim*** in its list of offerings for which one transgresses the prohibition *not to delay.* For it was taught in a Baraisa:[20] "Those obligated in... a *chatas, asham, olah,* or *shelamim* offering, a *maaser, bechor,* or *pesach* offering... as soon as three festivals pass, they transgress the commandment *not to delay.*" בִּזְמַנָּן עוֹבֵר – Now, perforce this mention of the *pesach* offering means that for *pesachim* **in their proper time one transgresses,** דְּלָא כֵן מַה אֲנַן אָמְרִין – **for if not so, what can we say?** The Baraisa cannot possibly be referring to a *pesach* whose time has passed, for such an animal stands to be sacrificed as a *shelamim,*[21] and a *shelamim* is already mentioned in the Baraisa! Perforce, the Baraisa refers to a standard *pesach* offering, and teaches that one violates the prohibition *not to delay* even in this case.[22]

The Gemara deflects the proof:

אָמַר רַבִּי שְׁמוּאֵל בְּרֵיהּ דְּרַבִּי יוֹסָה בְּרַבִּי בּוּן – **R' Shmuel the son of R' Yosah the son of R' Bun said:** Perhaps the prohibition not to delay does not apply to a *pesach* in its proper time, and the Baraisa is not referring to a standard *pesach,* but rather to a *pesach* whose time has passed, which became a *shelamim.* As for your question that the Baraisa already listed the *shelamim,* it was necessary to list this type of *shelamim* separately, שֶׁלֹּא תֹאמַר – **so that you should not say** שֶׁאִם אָבַד וְנִמְצָא מֵאַחַר שֶׁכִּיפְּרוּ בוֹ הַבְּעָלִים – **that** since **if it became lost and was** subsequently **found after the owner discharged his obligation with a [substitute *pesach*]** גּוּפוֹ קָרֵב שְׁלָמִים – **it itself is brought as a *shelamim,*** it is comparable to the *pesach* from which it stemmed, and it is not subject to the *not to delay* prohibition. The Baraisa therefore teaches that even this type of *shelamim* is subject to the prohibition.[23] עַד כְּדוֹן צְרִיכָה פְּסָחִים בִּזְמַנָּן מַהוּ שֶׁיַּעֲבוֹר – Accordingly, we have no proof from the Baraisa as to our question, and **it is still necessary** to inquire regarding ***pesachim*** **in their** proper **time whether one transgresses** the prohibition *not to delay* for them.[24]

We have previously seen that one who delays his offerings beyond one festival transgresses the positive commandment *You shall come there, and you shall bring there.* A question is raised regarding the scope of this commandment:

בְּעוֹן קוֹמֵי רַבִּי זְעִירָא – **They inquired in the presence of R' Z'eira:** בֵּין רֶגֶל לְרֶגֶל מַהוּ שֶׁיַּעֲבוֹר – If one delays his offerings **between one festival and another, does he** further **transgress** the positive commandment?[25]

NOTES

19. [Our elucidation of the *sugya* follows *Korban HaEidah.* An alternative approach will be offered in the Variants section below.]

20. See *Tosefta Arachin* 3:9, and *Bavli Rosh Hashanah* 4a.

21. See note 18.

22. [And even though the Baraisa states that for the listed offerings one transgresses the prohibition *not to delay* when three festivals pass – whereas if the *pesach* in its time is subject to this prohibition the transgression would occur immediately (on the 14th of Nissan) – it is conceivable that the date given by the Baraisa is imprecise vis-a-vis the *pesach* offering; i.e. the Baraisa means that for *most* of the offerings in its list the deadline is three festivals, but for the *pesach* the deadline is in fact earlier. But if the *pesach* is not subject *at all* to the prohibition *not to delay,* the Baraisa would surely not have included the *pesach* in its list (see *Chochmas Mano'ach* to *Bavli* 5a תוס׳ ד״ה ואי).]

23. The Baraisa mentions the *pesach* to teach that a *pesach* that became a *shelamim* is subject to the three-festival *not-to-delay* prohibition. One might have thought that in such a case the *shelamim* retains the laws of the original *pesach* offering, and just as the *pesach* is not subject to the *not-to-delay* prohibition (according to this side of the Gemara's query), so this residual *pesach* is not subject to that prohibition. The Baraisa therefore teaches that this *pesach*-come-*shelamim* is treated like any other *shelamim* and is subject to the prohibition *not to delay* (see *Korban HaEidah,* from *Bavli* 5a-b; *Yefei Einayim* to *Bavli* 5a).

Now there are two types of "residual *pesach*" offerings (see Mishnah *Pesachim* ibid. with Gemara). If the lost animal was found *before* its substitute was offered, in which case it became available for the mitzvah and yet was not offered, it is deemed נִדְחָה, *rejected,* and may never again be sacrificed, even as a *shelamim.* [Rather, it must be left to graze until it develops a blemish. It is then redeemed and a *shelamim* offering is purchased with the redemption money.] If, however, the animal was found *after* the slaughter of the substitute *pesach,* it itself is brought as a *shelamim.* In such a case, one might think that since the same animal that was sanctified as a *pesach* is to be offered on the Altar (albeit as a *shelamim*), the prohibition of *do not delay* does not apply to it.

24. In summary: We have two ways to understand the Baraisa's mention of the *pesach* offering: (a) The Baraisa might mean that one who fails to bring his *pesach* on the 14th of Nissan transgresses the *do-not-delay* prohibition immediately. (b) It is possible that the *pesach* itself is not subject to this prohibition, and the Baraisa refers to a *pesach* that became a *shelamim,* and teaches that it is subject to the three-festival *do-not-delay* prohibition. Since we do not know which understanding of the Baraisa is correct, the Gemara's inquiry stands unresolved.

See Variant B.

25. One who allows a festival to pass before fulfilling his vow transgresses the positive commandment: *You shall come there, and you shall bring there.* The Gemara inquires whether he continues to transgress this positive commandment even after the festival has passed, until he fulfills his obligation by bringing the offering to the Temple. Or, perhaps, the obligation is specifically to bring the offering on the festival; once the festival has passed, he need not hasten to fulfill his vow until the following festival (*Pnei Moshe; Noam Yerushalmi; Tos. HaRid;* see also *Pnei Yehoshua* to 4a; see *Korban HaEidah* for an alternative approach to the Gemara; see also *Sheyarei Korban* and *Sefer Nir*).

The underlying question is how to understand the Torah's command to bring one's offerings on the first festival following his vow: Is the festival an intrinsic *cause* of the obligation (i.e. the festival day is the time for paying one's outstanding debts to the Temple, just as it is the time

TEXTUAL AND INTERPRETIVE VARIANTS

B. According to the approach we have followed, the Gemara deliberates whether or not the Baraisa deals with a standard *pesach* ("*pesach* in its time"). According to *Pnei Moshe,* however, the Gemara quotes an explicit Baraisa that states that the prohibition applies to a *pesach* in its time:

אַשְׁכְּחַת תָּנֵי – **A Baraisa was found which teaches:** פְּסָחִים בִּזְמַנָּן עוֹבֵר – Regarding **PESACHIM** IN THEIR proper TIME, ONE TRANSGRESSES the prohibition *not to delay* once their time for sacrifice passes.

The Gemara questions the necessity of such a ruling:

דְּלָא כֵן מַה אֲנַן אָמְרִין – **If not for this** ruling, **what would we have said?** How could one have thought otherwise?

The Gemara answers:

אָמַר רַבִּי שְׁמוּאֵל בְּרֵיהּ דְּרַבִּי יוֹסָה בְּרַבִּי בּוּן – **R' Shmuel the son of R' Yosah the son of R' Bun said:** This ruling is necessary, שֶׁלֹּא תֹאמַר – **so that you should not say** שֶׁאִם אָבַד וְנִמְצָא מֵאַחַר שֶׁכִּיפְּרוּ בוֹ הַבְּעָלִים – **that** since **if it was lost and was** subsequently **found after the owner discharged his obligation with a [substitute *pesach* offering]** גּוּפוֹ קָרֵב שְׁלָמִים – **it itself is brought as a *shelamim,*** and for a *shelamim* one transgresses the *not-to-delay* prohibition only after three festivals, even now one transgresses this prohibition only after three festivals עַד כְּדוֹן צְרִיכָה פְּסָחִים בִּזְמַנָּן מַהוּ שֶׁיַּעֲבוֹר – That is why **until now** (i.e. until the Baraisa was found) **it was necessary** to inquire regarding ***pesachim*** **in their** proper **time whether one transgresses** the prohibition immediately or only after three festivals. [Note: The above rendition of the final line עַד כְּדוֹן צְרִיכָה פְּסָחִים בִּזְמַנָּן מַהוּ שֶׁיַּעֲבוֹר follows *Beur of R' Chaim Kanievski* rather than *Pnei Moshe.*]

See also *Sefer Nir* at the end of ד״ה בין רגל; *Kehillos Yaakov, Rosh Hashanah* §4 and in *Gilyonos* of *R' Y. Y. Kanievski; Avi Ezri* V, *Hil. Maaseh HaKorbanos* 14:13.

אשר תתנו לה' מה תלמוד לומר. [א] שיכול אין ליקרב ברגל אלא קרבנות הרגל בלבד מניין קרבנות היחיד וקרבנות הציבור שהוקדשו ברגל שיבואו ברגל שהוקדשו לפני הרגל שיבואו ברגל תלמוד לומר מלבד שבתות ה'. אשר תתנו לה' אלו עופות ומנחות לרבות את כולם [א] שיהו קריבין ברגל. [ב] יכול רשות. תלמוד לומר [א] אלה תעשו לה' במועדיכם אלה קבען חובה שיהו כולן קריבין ברגל. יכול באי זה רגל שירצה תלמוד לומר [ב] ובאת שמה והבאתם שמה אם להתיר כבר התיר אם לקבוע כבר קבע אם כן למה נאמר ובאת שמה והבאתם שמה אלא זה רגל הראשון שפגעת בו. יכול אם [ב] עיבר אחד מהן ולא הביא יהא עובר עליו משום בל תאחר תלמוד לומר [א] אלה תעשו לה' במועדיכם אינו עובר עליו משום בל תאחר עד שיעברו עליו רגלי השנה כולה. ר' שמעון אומר שלשה רגלים [ג] כסדרן. [ג] כיצד. נדר לפני הפסח עד שיעברו עליו פסח ועצרת וחג. נדר לפני העצרת עד שיעברו עליו עצרת וחג ופסח ועצרת וחג. נדר לפני החג עד שיעברו עליו החג ופסח ועצרת וחג: ג. [ד] בעון קומי ר' אילא עד כדון בעשה בלא תעשה מניין. תלמוד לומר [ב] ובאת שמה והבאתם שמה. מה אנן קיימין. אם בעשה הרי כבר אמור אלא אם אינו עניין בעשה תניהו עניין בלא תעשה: [ז] פסחים בזמנן מהו שיעבור. [ד] אשכחת תני פסחים בזמנן עובר דלא כן מה אנן אמרין. אמר ר' שמואל בריה דר' יוסה בר' בון שלא תאמר שאם אבד ונמצא מאחר שכיפרו [ה] בו הבעלים גופו קרב שלמים עד כדון צריכה פסחים בזמנן מהו שיעבור. בעון קומי ר' זעירא בין רגל לרגל מהו שיעבור. התיב ר' בא והתני [ס] חגיגה שלא קרבה בראשון תיקרב בשני. ומתירין לו לעבור. ועוד מן הדא [ג] [ו] ועשית בעשה תשמור בלא תעשה.

פני משה

שהוקדשו ברגל וכו'. כלומר בין שהוקדשו לפני הרגל או שהוקדשו ברגל: יכול רשות. שלא נאמר אלא לרשות שמותר הוא להקריבן ברגל אף אם הוקדשו באיזה שעה שהוא: תלמוד לומר. בפרשת פנחס אלה תעשו לה' במועדיכם לבד מנדריכם ונדבותיכם, ואם להתיר אותן הנדרים ונדבות שיוקרבו ברגל כבר התיר כאן: אלא קבעם. לחובה שחובה היא שיבאו ברגל כולן: אלא זה רגל ראשון שפגעת בו. אחר שנדר ונדב: תלמוד לומר וכו' במועדיכם. רבים משמע: בעון קומי ר' אילא. מנלן שעובר בלא תעשה, דילמא עד כדון בעשה ובאת שמה וגו', ובלא תעשה מנין: תלמוד לומר ובאת שמה וכו'. כלומר אם הכתוב הזה בא ללמד על עשה הרי כבר אמור כאן אלה תעשו וגו' וכדדריש ליה לחובה, אלא אם אינו ענין בעשה תנהו ענין לעבור עליו בלא תעשה: פסחים בזמנן מהו שיעבור. אם לא הקריב פסח בזמנו מהו שיעבור עליו מיד ולא צריך שלשה רגלים: אשכחת תני. בהדיא פסחים בזמנן עובר מיד: דלא כן מה אנן אמרין. בתמיה, פשיטא וכי צריכא ליה למיתני להא הא פסח זימנא קביעא ליה ואי לא אקרביה ודאי עובר עליו מיד: שלא תאמר וכו'. כלומר אילטריך שלא תאמר הואיל ואם אבד הפסח ונמצא מאחר שכיפרו בו הבעלים בפסח אחר שדינו שגופו קרב שלמים כדתנן בפ"ט דפסחים (מ"ז), אימא כשלמים דמי ועד שיעבור עליו שלשה רגלים קא משמע לן: עד כדון צריכה פסחים וכו'. כלומר והשתא דאתית להכא אכתי קא מיבעיא לן פסחים בזמנן מהו שיעבור והיינו בכהאי גונא גופה דקאמרת, שאם אבד הפסח וכיפרו הבעלים באחר ואחר כך נמצא, ומי נימא דהואיל וגופו קרב שלמים אינו עובר עד שיעברו עליו שלשה רגלים, או דילמא דהואיל ומחמת פסח הוא בא כפסח גופיה הוא ועובר עליו מיד: בעון קומי ר' זירא בין רגל לרגל מהו שיעבור. בעשה בכל יום ויום: התיב ר' בא והתני חגיגה שלא קרבה בראשון. ברגל ראשון. תיקרב בשני. ואי איתא דבין רגל לרגל עובר בכל יום בעשה וכי מתירין לו לעבור בעשה בכל יום בתמיה: ועוד מן הדא. שמעינן דאינו עובר על הימים שבין רגל לרגל, דדרשינן מוצא שפתיך תשמור ועשית כאשר נדרת, ועשית מכאן שהוא בעשה, תשמור שהוא בלא תעשה וכלום הוא עובר על שתיהן עשה ולא תעשה עד שיעבור עליו שלשה רגלים, והשתא כמו שאינו עובר על שתיהן עד אחר שלשה רגלים כך על עשה בלחוד, אף על גב דאמרינן לעיל רגל ראשון שפגעת בו עובר בעשה דכתיב ובאת שמה וגו' והיינו דוקא ברגל עצמו, אבל בימים שבין רגל לרגל אינו עובר:

ועוד מן הדא. אברייתא דלעיל קאי דיליף עשה מובאת שמה, וקאמר סתמא דש"ס דאף מהאי קרא שמעינן עשה ולא תעשה:

קרבן העדה

שיכול. אני לומר דאין להקריב ברגל אלא קרבנות הרגל בלבד דכתיב (ויקרא כג לז) דבר יום ביומו: מנין קרבנות היחיד. כגון קרבן נזיר ומצורע ושאר קרבנות: וקרבנות ציבור. כגון פר העלם דבר שהקדישן קודם הרגל או ברגל עצמו שיקרבו במועד. ולמאן דאמר נדרים ונדבות אין קריבין במועד (עי' ביצה יט:), אילטריך שקריבין בחול המועד: אלו עופות ומנחות. שנאמר בהן לה', ואם מן העוף עולה קרבנו לה' (ויקרא א יד), ובמנחה כתיב (ויקרא ב א) נפש כי תקריב קרבן מנחה לה': לרבות את כולן. שמביאין ברגל, והכי קאמר כל אשר תתנו לה' יקרב ברגל: יכול רשות. ועדיין אני אומר שרשות להקריב כל אלו במועד אבל לא חובה: תלמוד לומר בסוף פרשת מועדות שבחומש הפקודים אלה תעשו לה' במועדיכם. למה לי אי להתירן להקריבן במועד כבר שמעינן מדכתיב מלבד מנדריכם וכו', אלא לקבען חובה שחייב להביאם ברגל: יכול באיזה וכו'. ועדיין אני אומר שחייב להקריבן ברגל, אלא שאין חובה להקריבן ברגל ראשון אלא באיזה רגל שירצה: אלא זה רגל ראשון שפגעת בו. חייב אתה להקריבן: יכול אם עבר. רגל אחד ולא הביא קרבנותיו כשם שעובר בעשה דובאת שמה כך יהא עובר על בל תאחר: במועדיכם. לשון רבים, לומר שאינו עובר על בל תאחר עד שיעברו עליו רגלי השנה כולה: עד כדון בעשה. עובר ברגל ראשון, דכתיב (דברים כג כד) מוצא שפתיך תשמור ועשית, וסובר השמר דעשה עשה: בלא תעשה מנין. שעובר ברגל ראשון אע"ג דאינו עובר על בל תאחר עד לאחר ג' רגלים. ואיכא בין בל תאחר לשאר לאוין, דאילו בל תאחר עובר עליו בכל יום כדלקמן ואשאר לאוין אינו עובר אלא בזמנו: מה אנן קיימין. במאי עסקינן דצריכין והבאתם שמה: הרי כבר אמור. ועשית, אלא לעבור עליו אף בלא תעשה*: פסחים בזמנן. בי"ד, אם לא קרב אותן מהו שיעבור על בל תאחר: אשכחית תני פסחים. מלא ברייתא דתניא בה פסחים עובר עליהן על בל תאחר, ועל כרחך בזמנן קאמר: דלא כן. דאם לא כן אלא דאיירי בשעבר זמנן, מאי קתני בברייתא פסחים ושלמים, הא פסחים שלא בזמנן היינו שלמים: שלא תאמר וכו'. אילטריך לאשמועינן שלמי פסח דסלקא דעתך אמינא כיון שאם נמצא גופו קרב שלמים מיד (ולא נדחה כלל) ליהוי כפסח [ולא נדחה כלל, קמ"ל] דהוא כשאר קרבנות: עד כדון צריכה. ועדיין קמיבעיא לן פסח בזמנן אם עובר עליו מיד בבל תאחר או לא: בין רגל לרגל. אם עלה לירושלים בין רגל לרגל מהו שיעבור בעשה דובאת שמה*: חגיגה שלא קרבה. ברגל ראשון תיקרב ברגל שני, ומשמע דוקא בשני ולא קודם לו אפילו עלה בין רגל לרגל: ומתירין לו לעבור. בתמיה, אלא ודאי דאינו עובר עד רגל הבא:

א] שיכול וכו'. בספרא (אמור פרשתא יב ה"י) "מנין למוספי שבת שיקרבו עם אימורי הרגל, תלמוד לומר מלבד שבתות ה'. מלבד מתנותיכם ומלבד כל נדריכם ומלבד כל נדבותיכם אשר (תדרו) [תתנו] לה' מה תלמוד לומר, שיכול אין לי קרב ברגל אלא קרבנות הרגל בלבד, מנין קרבנות היחיד וקרבנות הציבור ושהוקדשו ברגל שיבואו ברגל, תלמוד לומר (מלבד שבתות ה'. הגר"א מחק תיבות אלו, וכ"נ בפירוש המיוחס לר"ש משאנץ שם) מלבד מתנותיכם ומלבד כל נדריכם ומלבד כל נדבותיכם. אשר תתנו לה', אלו העופות והמנחות (לרבות את כולם. מיותר, הגר"א) שכולם יבואו ברגל":

ב] עיבר. בספרא (שם) ובדפ"ו עבר. [והיא היא, אלא שכן הוא לשון הירושלמי, ראה פסחים (פ"ט ה"א) וביצה (פב"ה "ד) ועוד 'עיבר זמנו']:

ג] כסדרן. בספרא (שם) נוסף וחג המצות ראשון:

ד] אשכחת. בש"ג אשכח:

ה] בו. בש"ג ליתא:

תורה אור השלם

א) אֵלֶּה תַּעֲשׂוּ לַיהוָה בְּמוֹעֲדֵיכֶם לְבַד מִנִּדְרֵיכֶם וְנִדְבֹתֵיכֶם לְעֹלֹתֵיכֶם וּלְמִנְחֹתֵיכֶם וּלְנִסְכֵּיכֶם וּלְשַׁלְמֵיכֶם: (במדבר כט לט)

ב) כִּי אִם אֶל הַמָּקוֹם אֲשֶׁר יִבְחַר יְהוָה אֱלֹהֵיכֶם מִכָּל שִׁבְטֵיכֶם לָשׂוּם אֶת שְׁמוֹ שָׁם לְשִׁכְנוֹ תִדְרְשׁוּ וּבָאתָ שָּׁמָּה: וַהֲבֵאתֶם שָׁמָּה עֹלֹתֵיכֶם וְזִבְחֵיכֶם וְאֵת מַעְשְׂרֹתֵיכֶם וְאֵת תְּרוּמַת יֶדְכֶם וְנִדְרֵיכֶם וְנִדְבֹתֵיכֶם וּבְכֹרֹת בְּקַרְכֶם וְצֹאנְכֶם: (דברים יב ה-ו)

ג) מוֹצָא שְׂפָתֶיךָ תִּשְׁמֹר וְעָשִׂיתָ כַּאֲשֶׁר נָדַרְתָּ לַיהוָה אֱלֹהֶיךָ נְדָבָה אֲשֶׁר דִּבַּרְתָּ בְּפִיךָ: (דברים כג כד)

רידב"ז

בעון קומי ר' אילא עד כדון בעשה בלא תעשה מנין. פי' דהא האי קרא דאלה תעשו קאי על העשה דובאתם והבאתם, מנין לבל תאחר, דאימא דאלה תעשו קאי דאינו עובר בעשה עד שיעברו עליו כל הג' רגלים. ת"ל ובאתם שמה וגו' מה אנן קיימין, פי' האי אלה תעשו, אם בעשה כבר הוא אמור, דעובר ברגל ראשון דהא כיון דבא ולא הביא פשיטא דעובר בעשה, אלא אם אינו ענין בעשה תנהו ענין ללא תעשה, ע"כ דקאי לל"ת: התיב ר' בא והתני חגיגה שלא קרבה בראשון תוקרב בשני ומתירין לו לעבור. מכאן מוכח כשיטת רש"י ז"ל (ה:) דעולות ושלמים הוא עולות ראיה ושלמי חגיגה ג"כ, וכפי' התוס' ז"ל (ד"ה אלו) דאפרישן, דאז הוא בלתא דבל תאחר אף שהן חובת הרגל, מכל מקום באפריש הוי בכלל כי תדור נדר ובין חובה ובין נדבה בכלל, ודו"ק:

מסורת הש"ס

א) [כעין זה תמורה יד: וילקו"ש פנחס תשפב] ב) [ספרא אמור פרק טו הל' א-ד, ספרי ראה סג, מדרש תנאים לדברים יב ו, ילקו"ש אמור תרנא, ראה תתפא] ג) [ר"ה ד., תוספתא פ"א ה"ב, ילקו"ש אמור תרנא] ד) עי' ר"ה ה. [וילקו"ש ראה תתפ] ס) [תוספתא פסחים פ"ט ה"ו, תוספתא יומא פ"ג ה"ו] ו) ר"ה ו.

שירי קרבן

אלא אם אינו ענין בעשה וכו'. וא"ת וכי היכן מצינו דמוקמינן עשה יתירא בלא תעשה. וי"ל דה"ק, אם בעשה הרי כבר אמר ובאת שמה, אם כן תשמור ועשית למה לי, אלא על כרחך דהאי תשמור לא תעשה הוא: בין רגל לרגל מהו שיעבור. אפשר לפרש דקמיבעיא ליה אם עלה בין רגל לרגל אם נחשב כרגל ויעבור על בל תאחר אם עלה שלש פעמים או לא. ופשיט מן הדא דתניא ועשית בעשה וכו', ומוקי לה רבי אבון באומר להביאו בשני בשבת, ואי ס"ד דבכהאי גוונא נמי עובר אמאי לא מוקי לקרא בהכי, אלא ודאי דאינו עובר אלא ברגלים. ופירושי שבקונטרס נ"ל קרוב יותר לפשטא דשמעתתא:

מראה הפנים

פסחים בזמנן מהו שיעבור. ומסיק דבמותר הפסח הוא דקא מיבעיא ליה. והתם בדף ה' (ע"א) קאמר ס"ד אמינא הואיל ומחמת פסח קאתי כפסח דמי קמ"ל:

יְהֵא עוֹבֵר עָלָיו מִשּׁוּם בַּל תְּאַחֵר — HE TRANSGRESSES ON ITS ACCOUNT the prohibition *NOT TO DELAY.*[14] תַּלְמוּד לוֹמַר — THE TORAH therefore STATES: "אֵלֶּה תַּעֲשׂוּ לַה׳ בְּמוֹעֲדֵיכֶם" — *THESE SHALL YOU MAKE FOR HASHEM IN YOUR APPOINTED FESTIVALS.* The expression "your appointed *times,*" in the plural, teaches that אֵינוֹ עוֹבֵר עָלָיו מִשּׁוּם בַּל תְּאַחֵר — ONE DOES NOT TRANSGRESS ON ACCOUNT [OF A DELAYED OFFERING] the prohibition *NOT TO DELAY* עַד שֶׁיַּעַבְרוּ עָלָיו רִגְלֵי הַשָּׁנָה כּוּלָּהּ — UNTIL THE FESTIVALS OF AN ENTIRE YEAR PASS OVER IT.[15]

The Baraisa concludes with R' Shimon's dissenting opinion: רַבִּי שִׁמְעוֹן אוֹמֵר — R' SHIMON SAYS: שְׁלֹשָׁה רְגָלִים כְּסִדְרָן — One is liable only if the THREE FESTIVALS pass IN SEQUENCE.[16] כֵּיצַד — HOW is this? נָדַר לִפְנֵי הַפֶּסַח — If ONE VOWED BEFORE PESACH, עַד שֶׁיַּעַבְרוּ עָלָיו פֶּסַח וַעֲצֶרֶת וְחַג — he is not liable UNTIL PESACH, SHAVUOS, AND SUCCOS PASS OVER HIM with the vow unfulfilled; נָדַר לִפְנֵי הָעֲצֶרֶת — if HE VOWED BEFORE SHAVUOS, עַד שֶׁיַּעַבְרוּ עָלָיו עֲצֶרֶת וְחַג וּפֶסַח וַעֲצֶרֶת וְחַג — he is not liable UNTIL SHAVUOS, SUCCOS, PESACH, SHAVUOS, AND SUCCOS PASS OVER HIM; נָדַר לִפְנֵי הֶחָג — if HE VOWED BEFORE SUCCOS, עַד שֶׁיַּעַבְרוּ עָלָיו הֶחָג וּפֶסַח וַעֲצֶרֶת וְחַג — he is not liable UNTIL SUCCOS, PESACH, SHAVUOS, AND SUCCOS PASS OVER HIM.

The Baraisa has derived from the verse *These shall you make for Hashem in your appointed festivals* that one transgresses the negative prohibition *not to delay* after three festivals have passed. This derivation is questioned:

בְּעוֹן קוֹמֵי רַבִּי אִילָא — **They inquired before R' I'la:** עַד כְּדוֹן בַּעֲשֵׂה — **Thus far** we know only that when three festivals pass, one is liable **for** transgressing **a positive commandment,** because the verse is worded as a positive commandment. בְּלֹא תַעֲשֶׂה מְנַיִין — **From where** do we know that he is liable **for** transgressing **a negative commandment?** תַּלְמוּד לוֹמַר — **The Torah** therefore **states:** "וּבָאתָ שָׁמָּה וַהֲבֵאתֶם שָׁמָּה" — ***You shall come there. And you shall bring there****... your vows and your donations.* This verse teaches that there is a positive commandment to bring one's offerings to the Temple on the first festival. מָה אֲנַן קַיָּימִין — Accordingly, with **what** case **are we dealing** in the verse *These shall you make for Hashem in your appointed festivals?* אִם בַּעֲשֵׂה הֲרֵי כְּבָר אָמוּר — **If** it is **with a positive commandment, this has already been stated.** אֶלָּא אִם אֵינוֹ עִנְיָין בַּעֲשֵׂה — **Rather, if [the verse] has no application to** teach **a positive commandment,** תְּנֵיהוּ עִנְיָין בְּלֹא תַעֲשֶׂה — **assign it an application to** teach the scope of the **negative commandment.**[17]

The Gemara inquires:

פְּסָחִים בִּזְמַנָּן מָהוּ שֶׁיַּעֲבוֹר — Regarding ***pesach*** **offerings in their** proper **time** (i.e. on the fourteenth of Nissan), **does one transgress** on their account the prohibition *not to delay?*[18]

NOTES

14. In addition to the positive commandment (מִצְוַת עֲשֵׂה) to bring one's vows on the first festival, the Torah also states a negative commandment (מִצְוַת לֹא תַעֲשֶׂה): לֹא תְאַחֵר לְשַׁלְּמוֹ, *you shall not delay to fulfill [your vow]* (*Deuteronomy* 23:22). Now, the Torah does not define the scope of the postponement that comprises a "delay." It might have been assumed, however, that since the Torah commands a person to bring his vowed offerings during the first pilgrimage festival, if he does not do so at that time, he is regarded as having delayed fulfillment of his obligation. At that point, therefore, he should also become subject to the negative commandment against delaying (*Beur of R' Chaim Kanievski,* from *Bavli* 4b). [Indeed this is the opinion of R' Meir in *Bavli* ibid.]

15. The verse uses the term "your appointed festivals" to teach that one is not considered to have delayed his offerings unless all three festivals have passed (*Korban HaEidah; Pnei Moshe*). The term מוֹעֲדֵיכֶם implies *all* of your festivals (*Rabbeinu Hillel* to *Sifrei* ibid.; *Korban Aharon* to *Toras Kohanim* ibid.; *Yefei Einayim* to *Bavli* 4b ד״ה לכדר׳ יונה; cf. *Bavli* ibid., which adduces a different Scriptural source to teach this). Although one who neglects to bring his vowed offerings by the end of the first festival has failed to fulfill the *positive* commandment וַהֲבֵאתֶם שָׁמָּה, *And you shall bring there,* he has not violated the *negative* commandment לֹא תְאַחֵר לְשַׁלְּמוֹ until the passage of three festivals. [Although this verse is positive in wording (*These shall you make...*), the Baraisa understands that when the verse concludes *aside from your vows and your donations* it means to define the scope of the *negative* prohibition; see the Gemara below.]

16. I.e. in the sequence in which they are listed in the Torah (*Deuteronomy* Ch. 16); namely, Pesach, Shavuos, and Succos. R' Shimon understands בְּמוֹעֲדֵיכֶם to imply the festivals *in sequence* (*Korban Aharon* ibid.; *Emek HaNetziv* to *Sifrei, Pinchas,* p. 271; *Beur of R' Chaim Kanievski;* cf. *Bavli* 4b, which gives a different Scriptural derivation for R' Shimon's opinion).

17. *Masa DiYerushalyim,* first approach; *Beur of R' Chaim Kanievski;* see also *Ridvaz.* See Variant A for an alternative approach.

18. Unlike offerings that may be offered throughout the year, the *pesach* is brought exclusively on the afternoon of the 14th of Nissan (*Exodus* 12:6). Since the *pesach* may be brought only at that time, the prohibition of delaying one's offering three festivals is seemingly not relevant (*Panim Me'iros*). On the other hand, perhaps the law for the *pesach* offering is more stringent, and once its brief period for sacrifice passes, the owner immediately transgresses the commandment *not to delay* [in addition to transgressing the commandment to offer a *pesach*] (see *Korban HaEidah* ד״ה עד כדון; see also *Bavli* 5a, with *Tosafos* ד״ה ואי, *Turei Even, Aruch LaNer, Sfas Emes*).

The term "*pesachim* in their proper time" is in contradistinction to "*pesachim* beyond their proper time." The law is that if an animal was designated as a *pesach* but was not offered on the 14th of Nissan (e.g. it was lost at that time and a replacement was offered, and afterward the original animal was found), it becomes a *shelamim* (see Mishnah *Pesachim* 9:6 [96b in *Bavli*]; see *Bavli* ibid. 70b for the Scriptural source of this law). Since this *residual pesach* (מוֹתַר הַפֶּסַח) is now offered as a regular *shelamim,* it is presumably subject to the three-festival *not-to-delay* prohibition, as the Gemara will promptly state.

TEXTUAL AND INTERPRETIVE VARIANTS

A. According to *Korban HaEidah,* the Gemara accepts the Baraisa's assertion that the negative prohibition *not to delay* is transgressed with the passage of three festivals. The Gemara understands, however, that even when one festival passes, a negative commandment is transgressed. The Gemara seeks the source of this commandment:

עַד כְּדוֹן בַּעֲשֵׂה — **Thus far** we know that one is liable **for** transgressing **a positive commandment** when one festival passes, for the Torah states (*Deuteronomy* 23:24): "מוֹצָא שְׂפָתֶיךָ תִּשְׁמֹר וְעָשִׂיתָ כַּאֲשֶׁר נָדַרְתָּ", *What emerges from your lips you shall observe and carry out, just as you vowed.* בְּלֹא תַעֲשֶׂה מְנַיִין — **From where** do we know that one is also liable **for** transgressing **a negative commandment** after one festival passes? תַּלְמוּד לוֹמַר — **The Torah** therefore **states:** "וּבָאתָ שָׁמָּה וַהֲבֵאתֶם שָׁמָּה" — ***You shall come there, and you shall bring there.*** מָה אֲנַן קַיָּימִין — With **what** case **are we dealing** in this verse? אִם בַּעֲשֵׂה הֲרֵי כְּבָר אָמוּר — **If** it is **with a positive commandment, this has already been stated** in the former verse, *what emerges from your mouth you shall do.* אֶלָּא אִם אֵינוֹ עִנְיָין בַּעֲשֵׂה — **Rather, if [the verse] has no application to** teach **a positive commandment,** תְּנֵיהוּ עִנְיָין בְּלֹא תַעֲשֶׂה — **assign it an application to** teach **a negative commandment.** The verse thus comes to teach that one transgresses a negative commandment when the first festival passes.

This approach is novel, for where do we ever find the Sages interpreting a superfluous positive commandment as coming to teach a negative commandment? (see *Sheyarei Korban*). [According to the approach we have followed in our elucidation, by contrast, the verse merely defines the scope of the negative commandment that is written elsewhere.] See *Sefer Nir,* who notes other difficulties with this approach.

For additional approaches, see *Panim Me'iros; Yefei Einayim* to *Bavli* 6a ד״ה מוצא; *Mishnas Rav Aharon, Nedarim,* p. 77.

אשר תתנו לה' מה תלמוד לומר. [א]שיכול אין ליקרב ברגל אלא קרבנות הרגל בלבד מניין קרבנות היחיד וקרבנות הציבור שהוקדשו ברגל שיבואו ברגל שהוקדשו לפני הרגל שיבואו ברגל תלמוד לומר מלבד שבתות ה'. אשר תתנו לה' אלו עופות ומנחות לרבות את כולם [א]שיהו קריבין ברגל. [ב]יכול רשות. תלמוד לומר [א]אלה תעשו לה' במועדיכם אלה קבען חובה שיהו כולן קריבין ברגל. יכול באי זה רגל שירצה תלמוד לומר [ב]ובאת שמה והבאתם שמה אם להתיר כבר התיר אם לקבוע כבר קבע אם כן למה נאמר ובאת שמה והבאתם שמה אלא זה רגל הראשון שפגעת בו. יכול אם [ב]עיבר אחד מהן ולא הביא יהא עובר עליו משום בל תאחר תלמוד לומר [א]אלה תעשו לה' במועדיכם אינו עובר עליו משום בל תאחר עד שיעברו עליו רגלי השנה כולה. ר' שמעון אומר שלשה רגלים [ג]כסדרן. [ג]כיצד. נדר לפני הפסח עד שיעברו עליו פסח ועצרת וחג. נדר לפני העצרת עד שיעברו עליו עצרת וחג ופסח ועצרת וחג. נדר לפני החג עד שיעברו עליו החג ופסח ועצרת וחג:

ג. בעון קומי ר' אילא עד כדון בעשה בלא תעשה מניין. תלמוד לומר [ב]ובאת שמה והבאתם שמה. מה אנן קיימין. אם בעשה הרי כבר אמור אלא אם אינו עניין בעשה תניהו עניין בלא תעשה: [ד]פסחים בזמנן מהו שיעבור. [ד]אשכחת תני פסחים בזמנן עובר דלא כן מה אנן אמרין. אמר ר' שמואל בריה דר' יוסה בר' בון שלא תאמר שאם אבד ונמצא מאחר שכיפרו [ה]בו הבעלים גופו קרב שלמים עד כדון צריכה פסחים בזמנן מהו שיעבור. בעון קומי ר' זעירא בין רגל לרגל מהו שיעבור. התיב ר' בא והתני [ה]חגיגה שלא קרבה בראשון תיקרב בשני. ומתירין לו לעבור. ועוד מן הדא [ו][ג]ועשית בעשה תשמור בלא תעשה.

פני משה

שהוקדשו ברגל וכו'. כלומר בין שהוקדשו לפני הרגל או שהוקדשו ברגל: יכול רשות. שלא נאמר אלא לרשות שמותר הוא להקריבן ברגל אף אם הוקדשו באיזה שעה שהוא: תלמוד לומר. בפרשת פנחס אלה תעשו לה' במועדיכם לבד מנדריכם ונדבותיכם, ואם להתיר אותן הנדרים ונדבות שיוקרבו ברגל כבר התיר כאן: אלא קבעם. לחובה שחובה היא שיבאו ברגל כולן: אלא זה רגל ראשון שפגעת בו. אחר שנדר ונדב: תלמוד לומר וכו' במועדיכם. רבים משמע: בעון קומי ר' אילא. מנלן שעובר בלא תעשה, דילמא עד כדון בעשה ובאת שמה וגו', ובלא תעשה מנין: תלמוד לומר ובאת שמה וכו'. כלומר אם הכתוב הזה בא ללמד על עשה הרי כבר אמור כאן אלה תעשו וגו' וכדדריש ליה לחובה, אלא אם אינו ענין בעשה תנהו ענין לעבור עליו בלא תעשה: פסחים בזמנן מהו שיעבור. אם לא הקריב פסח בזמנו מהו שיעבור עליו מיד ולא צריך שלשה רגלים: אשכחת תני. בהדיא פסחים בזמנן עובר מיד: דלא כן מה אנן אמרין. בתמיה, פשיטא וכי צריכא ליה למיתני להא הא פסח זימנא קביעא ליה ואי לא אקרביה ודאי עובר עליו מיד: שלא תאמר וכו'. כלומר אילטריך שלא תאמר הואיל ואם אבד הפסח ונמצא מאחר שכיפרו בו הבעלים בפסח אחר שדינו שגופו קרב שלמים כדתנן בפ"ט דפסחים (מ"ז), אימא כשלמים דמי ועד שיעבור עליו שלשה רגלים קא משמע לן: עד כדון צריכה פסחים וכו'. כלומר והשתא דאתית להכא אכתי קא מיבעיא לן פסחים בזמנן מהו שיעבור והיינו בכהאי גונא גופה דקאמרת, שאם אבד הפסח וכיפרו הבעלים באחר ואחר כך נמצא, ומי נימא דהואיל וגופו קרב שלמים אינו עובר עד שיעברו עליו שלשה רגלים, או דילמא דהואיל ומחמת פסח הוא בא כפסח גופיה הוא ועובר עליו מיד: בעון קומי ר' זירא בין רגל לרגל מהו שיעבור. בעשה בכל יום ויום:

התיב ר' בא והתני חגיגה שלא קרבה בראשון. ברגל ראשון. תיקרב בשני. ואי איתא דבין רגל לרגל עובר בכל יום בעשה וכי מתירין לו לעבור בעשה בכל יום בתמיה: ועוד מן הדא. שמעינן דאינו עובר על הימים שבין רגל לרגל, דדרשינן מוצא שפתיך תשמור ועשית כאשר נדרת, ועשית מכאן שהוא בעשה, תשמור שהוא בלא תעשה וכלום הוא עובר על שתיהן עשה ולא תעשה עד שיעבור עליו שלשה רגלים, והשתא כמו שאינו עובר על שתיהן עד אחר שלשה רגלים כך על עשה בלחוד, אף על גב דאמרינן לעיל רגל ראשון שפגעת בו עובר בעשה דכתיב ובאת שמה וגו' והיינו דוקא ברגל עצמו, אבל בימים שבין רגל לרגל אינו עובר:

קרבן העדה

שיכול. אני לומר דאין להקריב ברגל אלא קרבנות הרגל בלבד דכתיב (ויקרא כג לז) דבר יום ביומו: מנין קרבנות היחיד. כגון קרבן נזיר ומצורע ושאר קרבנות: וקרבנות ציבור. כגון פר העלם דבר שהקדישן קודם הרגל או ברגל עצמו שיקרבו במועד. ולמאן דאמר נדרים ונדבות אין קריבין במועד (עי' ביצה יט:), אילטריך שקריבין בחול המועד: אלו עופות ומנחות. שנאמר בהן לה', ואם מן העוף עולה קרבנו לה' (ויקרא א יד), ובמנחה כתיב (ויקרא ב א) נפש כי תקריב קרבן מנחה לה': לרבות את כולן. שמביאין ברגל, והכי קאמר כל אשר תתנו לה' יקרב ברגל: יכול רשות. ועדיין אני אומר שרשות להקריב כל אלו במועד אבל לא חובה: תלמוד לומר בסוף פרשת מועדות שבחומש הפקודים אלה תעשו לה' במועדיכם. למה לי אי להתירן להקריבן במועד כבר שמעינן מדכתיב מלבד מנדריכם וכו', אלא לקבען חובה שחייב להביאם ברגל: יכול באיזה וכו'. ועדיין אני אומר שחייב להקריבן ברגל, אלא שאין חובה להקריבן ברגל ראשון אלא באיזה רגל שירצה: אלא זה רגל ראשון שפגעת בו. חייב אתה להקריבן: יכול אם עבר. רגל אחד ולא הביא קרבנותיו כשם שעובר בעשה דובאת שמה כך יהא עובר על בל תאחר: במועדיכם. לשון רבים, לומר שאינו עובר על בל תאחר עד שיעברו עליו רגלי השנה כולה: עד כדון בעשה. עובר ברגל ראשון, דכתיב (דברים כג כד) מוצא שפתיך תשמור ועשית, וסובר השמר דעשה עשה: בלא תעשה מנין. שעובר ברגל ראשון אע"ג דאינו עובר על בל תאחר עד לאחר ג' רגלים. ואיכא בין בל תאחר לשאר לאוין, דאילו בל תאחר עובר עליו בכל יום כדלקמן ושאר לאוין אינו עובר אלא בזמנו: מה אנן קיימין. במאי עסקינן דצריכין והבאתם שמה: הרי כבר אמור. ועשית, אלא לעבור עליו אף בלא תעשה*: פסחים בזמנן. בי"ד, אם לא קרב אותן מהו שיעבור על בל תאחר:

אשכחית תני פסחים. מלא ברייתא דתניא בה פסחים עובר עליהן על בל תאחר, ועל כרחך בזמנן קאמר: דלא כן. דאם לא כן אלא דאיירי בשעבר זמנן, מאי קתני בברייתא פסחים ושלמים, הא פסחים שלא בזמנן היינו שלמים: שלא תאמר וכו'. אילטריך לאשמועינן שלמי פסח דסלקא דעתך אמינא כיון שאם נמצא גופו קרב שלמים מיד (ולא נדחה כלל) ליהוי כפסח [ולא נדחה כלל, קמ"ל] דהוא כשאר קרבנות: עד כדון צריכה. ועדיין קמיבעיא לן פסח בזמנן אם עובר עליו מיד בבל תאחר או לא: בין רגל לרגל. אם עלה לירושלים בין רגל לרגל מהו שיעבור בעשה דובאת שמה*: חגיגה שלא קרבה. ברגל ראשון תיקרב ברגל שני, ומשמע דוקא בשני ולא קודם לו אפילו עלה בין רגל לרגל: ומתירין לו לעבור. בתמיה, אלא ודאי דאינו עובר עד רגל הבא:

ועוד מן הדא. אברייתא לעיל קאי דיליף עשה מובאת שמה, וקאמר סתמא דש"ס דאף מהאי קרא שמעינן עשה ולא תעשה:

שינויי נוסחאות

א] שיכול וכו'. בספרא (אמור פרשתא יב ה"י) "מנין למוספי שבת שיקרבו עם אימורי הרגל, תלמוד לומר מלבד שבתות ה'. מלבד מתנותיכם ומלבד כל נדריכם ומלבד כל נדבותיכם אשר (תדרו) [תתנו] לה' מה תלמוד לומר, שיכול אין לי קרב ברגל אלא קרבנות הרגל בלבד, מנין קרבנות היחיד וקרבנות הציבור ושהוקדשו ברגל שיבואו ברגל, תלמוד לומר (מלבד שבתות ה'. הגר"א מחק תיבות אלו, וכ"נ בפירוש המיוחס לר"ש משאנץ שם) מלבד מתנותיכם ומלבד כל נדריכם ומלבד כל נדבותיכם. אשר תתנו לה', אלו העופות והמנחות (לרבות את כולם. מיותר, הגר"א) שכולם יבואו ברגל":

ב] עיבר. בספרא (שם) ובדפ"ו עבר. [והיא היא, אלא שכן הוא לשון הירושלמי, ראה פסחים (פ"ט ה"א) וביצה (פב"ה ה"ד) ועוד 'עיבר זמנו']:

ג] כסדרן. בספרא (שם) נוסף וחג המצות ראשון:

ד] אשכחת. בש"ג אשכח:

ה] בו. בש"ג ליתא:

תורה אור השלם

א) אֵלֶּה תַּעֲשׂוּ לַיהֹוָה בְּמוֹעֲדֵיכֶם לְבַד מִנִּדְרֵיכֶם וְנִדְבֹתֵיכֶם לְעֹלֹתֵיכֶם וּלְמִנְחֹתֵיכֶם וּלְנִסְכֵּיכֶם וּלְשַׁלְמֵיכֶם: (במדבר כט לט)

ב) כִּי אִם אֶל הַמָּקוֹם אֲשֶׁר יִבְחַר יְהֹוָה אֱלֹהֵיכֶם מִכָּל שִׁבְטֵיכֶם לָשׂוּם אֶת שְׁמוֹ שָׁם לְשִׁכְנוֹ תִדְרְשׁוּ וּבָאתָ שָׁמָּה: וַהֲבֵאתֶם שָׁמָּה עֹלֹתֵיכֶם וְזִבְחֵיכֶם וְאֵת מַעְשְׂרֹתֵיכֶם וְאֵת תְּרוּמַת יֶדְכֶם וְנִדְרֵיכֶם וְנִדְבֹתֵיכֶם וּבְכֹרֹת בְּקַרְכֶם וְצֹאנְכֶם: (דברים יב ה-ו)

ג) מוֹצָא שְׂפָתֶיךָ תִּשְׁמֹר וְעָשִׂיתָ כַּאֲשֶׁר נָדַרְתָּ לַיהֹוָה אֱלֹהֶיךָ נְדָבָה אֲשֶׁר דִּבַּרְתָּ בְּפִיךָ: (דברים כג כד)

רידב"ז

בעון קומי ר' אילא עד כדון בעשה בלא תעשה מנין. פי' דהא האי קרא דאלה תעשו קאי על העשה דובאתם והבאתם, מנין לבל תאחר, דאימא דאלה תעשו קאי דאינו עובר בעשה עד שיעברו עליו כל הג' רגלים. ת"ל ובאתם שמה וגו' מה אנן קיימין, פי' האי אלה תעשו, אם בעשה כבר הוא אמור, דעובר ברגל ראשון דהא כיון דבא ולא הביא פשיטא דעובר בעשה, אלא אם אינו ענין בעשה תנהו ענין ללא תעשה, ע"כ דקאי לל"ת: התיב ר' בא והתני חגיגה שלא קרבה בראשון תוקרב בשני ומתירין לו לעבור. מכאן מוכח כשיטת רש"י ז"ל (ה:) דעולות ושלמים הוא עולות ראיה ושלמי חגיגה ג"כ, וכפי' התוס' ז"ל (ד"ה אלו) דאפרישן, דאז הוא בלתא דבל תאחר אף שהן חובת הרגל, מכל מקום באפריש הוי בכלל כי תדור נדר ובין חובה ובין נדבה בכלל, ודו"ק:

מסורת הש"ס

א) [כעין זה תמורה יד: וילקו"ש פנחס תשפב]
ב) [ספרא אמור פרק טו הל' א-ד, ספרי ראה סג, מדרש תנאים לדברים יב ו, ילקו"ש אמור תרנא, ראה תתפא]
ג) [ר"ה ד., תוספתא פ"א ה"ב, ילקו"ש אמור תרנא]
ד) עי' ר"ה ה. [וילקו"ש ראה תתפ]
ה) [תוספתא פסחים פ"ט ה"ו, תוספתא יומא פ"ג ה"ו]
ו) ר"ה ו.

שירי קרבן

אלא אם אינו ענין בעשה וכו'. וא"ת וכי היכן מלינו דמוקמינן עשה יתירא בלא תעשה. וי"ל דה"ק, אם בעשה הרי כבר אמר ובאת שמה, אם כן תשמור ועשית למה לי, אלא על כרחך דהאי תשמור לא תעשה הוא: בין רגל לרגל מהו שיעבור. אפשר לפרש דקמיבעיא ליה אם עלה בין רגל לרגל אם נחשב כרגל ויעבור על בל תאחר אם עלה שלש פעמים או לא. ופשיט מן הדא דתניא ועשית בעשה וכו', ומוקי לה רבי אבון באומר להביאו בשני בשבת, ואי ס"ד דבכהאי גוונא נמי עובר אמאי לא מוקי לקרא בהכי, אלא ודאי דאינו עובר אלא ברגלים. ופירושי שבקונטרס נ"ל קרוב יותר לפשטא דשמעתתא:

מראה הפנים

פסחים בזמנן מהו שיעבור. ומסיק דבמותר הפסח הוא דקא מיבעיא ליה. והתם בדף ה' (ע"א) קאמר ס"ד אמינא הואיל ומחמת פסח קאתי כפסח דמי קמ"ל:

"אֲשֶׁר תִּתְּנוּ לַה׳" – *THAT YOU WILL GIVE TO HASHEM.*[1] מַה תַּלְמוּד לוֹמַר – WHAT DOES [THIS VERSE] COME TO TEACH?[2] שֶׁיָּכוֹל – אֵין לִיקְרַב בָּרֶגֶל אֶלָּא קָרְבְּנוֹת הָרֶגֶל בִּלְבַד – BECAUSE IT COULD BE thought THAT ONLY FESTIVAL OFFERINGS MAY BE SACRIFICED ON THE FESTIVAL.[3] מִנַּיִין קָרְבְּנוֹת הַיָּחִיד וְקָרְבְּנוֹת הַצִּיבּוּר שֶׁהוּקְדְּשׁוּ בָּרֶגֶל שֶׁיָּבוֹאוּ בָּרֶגֶל – FROM WHERE do we know that PRIVATE OFFERINGS AND COMMUNAL OFFERINGS THAT WERE SANCTIFIED ON THE FESTIVAL MAY BE BROUGHT ON THE FESTIVAL, שֶׁהוּקְדְּשׁוּ לִפְנֵי הָרֶגֶל שֶׁיָּבוֹאוּ בָּרֶגֶל – and THAT [SUCH OFFERINGS] THAT WERE SANCTIFIED BEFORE THE FESTIVAL MAY BE BROUGHT ON THE FESTIVAL?[4] תַּלְמוּד לוֹמַר – THE TORAH therefore STATES: "מִלְּבַד שַׁבְּתֹת ה׳" – *ASIDE FROM THE SABBATHS OF HASHEM, and aside from your gifts, and aside from all your vows, and aside from all your donations,* to teach that these offerings may also be brought on the festival.[5] The concluding words of the verse are expounded as follows: "אֲשֶׁר תִּתְּנוּ לַה׳" – *THAT YOU WILL GIVE TO HASHEM,* אֵלּוּ עוֹפוֹת וּמְנָחוֹת – THESE ARE BIRDS AND *MENACHOS,* לְרַבּוֹת אֶת כּוּלָּם שֶׁיְּהוּ קְרֵיבִין בָּרֶגֶל – TO INCLUDE ALL OF THEM and teach THAT THEY MAY BE OFFERED ON THE FESTIVAL.[6]

The Baraisa continues:

יָכוֹל רְשׁוּת – IT COULD BE thought that it is merely PERMISSIBLE to sacrifice these offerings on the festival, but it is not obligatory to do so. תַּלְמוּד לוֹמַר – THE TORAH therefore STATES elsewhere: "אֵלֶּה תַּעֲשׂוּ לַה׳ בְּמוֹעֲדֵיכֶם" – *THESE SHALL YOU MAKE FOR HASHEM IN YOUR APPOINTED FESTIVALS, aside from your vows and your donations. . .*[7] "אֵלֶּה" קְבָעָן חוֹבָה – The verse *"THESE shall you make"* ESTABLISHES THEM AS OBLIGATORY, שֶׁיְּהוּ כּוּלָּן קְרֵיבִין בָּרֶגֶל – teaching THAT THEY MUST ALL BE SACRIFICED ON THE FESTIVAL.[8] יָכוֹל בְּאֵי זֶה רֶגֶל שֶׁיִּרְצֶה – IT COULD BE thought that one may sacrifice his offerings ON ANY FESTIVAL of the year THAT HE DESIRES.[9] תַּלְמוּד לוֹמַר – THE TORAH therefore STATES elsewhere:[10] "וּבָאתָ שָׁמָּה וַהֲבֵאתֶם שָׁמָּה" – *YOU SHALL COME THERE* [to the Temple], *AND YOU SHALL BRING THERE. . . your vows and your donations. . .* Now, what does this verse teach? אִם לְהַתִּיר – IF it comes TO PERMIT sacrificing vows on the festival, כְּבָר הִתִּיר – [THE TORAH] HAS ALREADY PERMITTED this.[11] אִם לִקְבּוֹעַ – IF it comes TO ESTABLISH them as obligatory, כְּבָר קָבַע – [THE TORAH] HAS ALREADY ESTABLISHED this.[12] אִם כֵּן לָמָּה נֶאֱמַר "וּבָאתָ שָׁמָּה וַהֲבֵאתֶם שָׁמָּה" – IF SO, WHY IS IT STATED *YOU SHALL COME THERE. AND YOU SHALL BRING THERE. . . your vows and your donations. . .?* אֶלָּא זֶה רֶגֶל הָרִאשׁוֹן שֶׁפָּגַעְתָּ בּוֹ – RATHER, THIS IS a reference to THE FIRST FESTIVAL THAT YOU ENCOUNTER, teaching that there is a positive commandment to bring all of your outstanding obligations to the Temple on the first festival.[13]

The Baraisa continues:

יָכוֹל אִם עִיבֵּר אֶחָד מֵהֶן וְלֹא הֵבִיא – IT COULD BE thought that IF ONE OF [THE FESTIVALS] PASSES AND HE DID NOT BRING his offering

NOTES

1. *Leviticus* 23:38. The verse teaches that the festival offerings are brought in addition to the other offerings that might be offered on the festival, i.e. the Sabbath *mussaf* offerings and various types of voluntary offerings.

The preceding verse (v. 37) reads: אֵלֶּה מוֹעֲדֵי ה׳ אֲשֶׁר־תִּקְרְאוּ אֹתָם מִקְרָאֵי קֹדֶשׁ לְהַקְרִיב אִשֶּׁה לַה׳ עֹלָה וּמִנְחָה זֶבַח וּנְסָכִים דְּבַר־יוֹם בְּיוֹמוֹ, *These are the appointed festivals of Hashem that you shall proclaim as holy convocations, to offer a fire-offering to Hashem, an olah and [its] minchah, a sacrifice and [its] nesachim, each day's requirement for its day.* Our verse (v. 38) then continues: מִלְּבַד שַׁבְּתֹת ה׳ וּמִלְּבַד מַתְּנוֹתֵיכֶם וּמִלְּבַד כָּל־נִדְרֵיכֶם וּמִלְּבַד כָּל־נִדְבֹתֵיכֶם אֲשֶׁר תִּתְּנוּ לַה׳, *Aside from the Sabbaths of Hashem, and aside from your gifts, and aside from all your vows, and aside from all your donations that you will give to Hashem.*

2. Earlier, the Baraisa stated that the first clause of v. 38, *Aside from the Sabbaths of Hashem,* is necessary. One could have thought that when the Torah dictates that seven *mussaf* lambs be brought on Pesach and Shavuos and fourteen lambs on Succos, it means that even when a festival falls on the Sabbath *only* seven or fourteen lambs respectively are required. The verse therefore teaches that the prescribed number of festival lambs are to be brought *aside* from the two *mussaf* lambs brought because of the Sabbath (*Toras Kohanim* ibid., as explained by *Rash MiShantz;* cf. *Zayis Raanan* to *Yalkut Shimoni* §651). The Baraisa now focuses on the remainder of the verse (*and aside from your gifts, and aside from all your vows, and aside from all your donations that you will give to Hashem*). Why was all this written?

3. We might have thought that the previous verse (v. 37), which states: *These are the appointed festivals of Hashem that you shall proclaim as holy convocations, to offer. . . each day's requirement for its day,* comes to teach that on festivals one may offer *only* the requirements of the day (*Korban HaEidah*).

4. The reference is to offerings that are not related to the festival. Examples of such offerings of an individual are *nedarim* and *nedavos* [examples of such offerings of the community are the קַיִץ הַמִּזְבֵּחַ, communal *olah* offerings that are brought when the Altar is idle (*Rash MiShantz* ibid.)]. From where do we know that such offerings may be brought on the festival? [And even if we should have a Scriptural source for this, perhaps this holds true only if the offerings were sanctified on the festival (making them, in a certain sense, "festival offerings"). From where do we know that even if such offerings were sanctified before the festival they may be brought on the festival?]

5. The three terms, *your gifts, your vows,* and *your donations,* come to include three categories of non-festival-related offerings: private offerings, communal offerings – both of which were sanctified on the festival – and those same offerings that were sanctified before the festival (see *Aderes Eliyahu* ad loc.; cf. *Malbim* to *Toras Kohanim* ibid.).

6. The first three terms come to include the various types of non-festival-related *animal* offerings. The concluding term comes to include even bird and *minchah* (flour) offerings. The words *that you will give **to Hashem*** allude to the bird sacrifice, regarding which Scripture states (*Leviticus* 1:14): וְאִם מִן־הָעוֹף עֹלָה קָרְבָּנוֹ לַה׳, *And if one's offering **to Hashem** is an olah from fowl,* and to the *minchah* offering, regarding which Scripture states (ibid. 2:1): וְנֶפֶשׁ כִּי־תַקְרִיב קָרְבַּן מִנְחָה לַה׳, *If a soul will bring a minchah offering **to Hashem*** (*Korban HaEidah,* from *Korban Aharon* to *Toras Kohanim* ibid.; *Rabbeinu Hillel* to *Sifrei, Re'eh* §63; cf. *Emek HaNetziv* ibid. p. 96 ד״ה לרבות עופות ומנחות).

There is a Tannaic dispute whether vowed and donated offerings (נְדָרִים וּנְדָבוֹת) may be offered on Yom Tov (see *Bavli Beitzah* 19a-b). According to the view that they may, the Baraisa can be understood as we have explained above, permitting them on Yom Tov. According to the view that they may not be offered on Yom Tov, the Baraisa must be understood as permitting them to be sacrificed on Chol HaMoed (*Korban HaEidah;* cf. *Sefer Nir;* see below, 4a with note 7).

7. *Numbers* 29:39. This verse is found after the Torah's listing of the *mussaf* offerings that must be brought on each of the various holidays. The verse states that in addition to these communal offerings, you shall offer all of your private vowed and donated offerings on these days.

8. The verse is not needed to teach us that one's vowed sacrifices *may* be offered on the festival, as this is already derived from the verse in *Leviticus* 23:38. Rather, it teaches that one *must* bring all his vows on the festival (*Korban HaEidah*). [*Toras Kohanim* reads: אֶלָּא קְבָעָן חוֹבָה, ***Rather,** this establishes them as obligatory.*]

9. I.e. perhaps the Torah means only that one is obligated to bring his vowed offerings on one of the three festivals of that year, but not necessarily on the first festival following his vow (*Korban HaEidah;* cf. *Sefer Nir*).

10. *Deuteronomy* 12:5-6.

11. In *Leviticus* 23:38.

12. In *Numbers* 29:39.

13. As soon as *you come there* (to the Temple), *you shall bring there* your vows and donations. Since you are obligated to come there on the festival following your vow – because every male is obligated to visit the Temple on each of the three festivals – it emerges that this verse is a command to offer one's vowed offerings on the first festival after the vow was made. [Although the word וּבָאתָ, *you shall come,* could denote *any* visit to the Temple (even one made on an ordinary day *before* the next festival), the Baraisa understands it as signifying occasions when one is *obligated* to come to the Temple (see 4b *Sfas Emes* ד״ה בגמ׳ ר״מ and *Turei Even* ד״ה ור׳ מאיר).]

אשר תתנו לה' מה תלמוד לומר. [א]שיכול אין ליקרב ברגל אלא קרבנות הרגל בלבד מניין קרבנות היחיד וקרבנות הציבור שהוקדשו ברגל שיבואו ברגל שהוקדשו לפני הרגל שיבואו ברגל תלמוד לומר מלבד שבתות ה'. אשר תתנו לה' אלו עופות ומנחות לרבות את כולם [א]שיהו קריבין ברגל. [ב]יכול רשות. תלמוד לומר [א]אלה תעשו לה' במועדיכם אלה קבען חובה שיהו כולן קריבין ברגל. יכול באי זה רגל שירצה תלמוד לומר [ב]ובאת שמה והבאתם שמה אם להתיר כבר התיר אם לקבוע כבר קבע אם כן למה נאמר ובאת שמה והבאתם שמה אלא זה רגל הראשון שפגעת בו. יכול אם [ב]עיבר אחד מהן ולא הביא יהא עובר עליו משום בל תאחר תלמוד לומר [א]אלה תעשו לה' במועדיכם אינו עובר עליו משום בל תאחר עד שיעברו עליו רגלי השנה כולה. ר' שמעון אומר שלשה רגלים [ג]כסדרן. [ג]כיצד. נדר לפני הפסח עד שיעברו עליו פסח ועצרת וחג. נדר לפני העצרת עד שיעברו עליו עצרת וחג ופסח ועצרת וחג. נדר לפני החג עד שיעברו עליו החג ופסח ועצרת וחג: ג. [ד]בעון קומי ר' אילא עד כדון בעשה בלא תעשה מניין. תלמוד לומר [ב]ובאת שמה והבאתם שמה. מה אנן קיימין. אם בעשה הרי כבר אמור אלא אם אינו עניין בעשה תניהו עניין בלא תעשה: [ד]פסחים בזמנן מהו שיעבור. [ד]אשכחת תני פסחים בזמנן עובר דלא כן מה אנן אמרין. אמר ר' שמואל בריה דר' יוסה בר' בון שלא תאמר שאם אבד ונמצא מאחר שכיפרו [ה]בו הבעלים גופו קרב שלמים עד כדון צריכה פסחים בזמנן מהו שיעבור. בעון קומי ר' זעירא בין רגל לרגל מהו שיעבור. התיב ר' בא והתני [ו]חגיגה שלא קרבה בראשון תיקרב בשני. ומתירין לו לעבור. ועוד מן הדא [ג][ו]ועשית בעשה תשמור בלא תעשה.

פני משה

שהוקדשו ברגל וכו'. כלומר בין שהוקדשו לפני הרגל או שהוקדשו ברגל: יכול רשות. שלא נאמר אלא לרשות שמותר הוא להקריבן ברגל אף אם הוקדשו באיזה שעה שהוא: תלמוד לומר. בפרשת פנחס אלה תעשו לה' במועדיכם לבד מנדריכם ונדבותיכם, ואם להתיר אותן הנדרים ונדבות שיוקרבו ברגל כבר התיר כאן: אלא קבעם. לחובה שחובה היא שיבאו ברגל כולן: אלא זה רגל ראשון שפגעת בו. אחר שנדר ונדב: תלמוד לומר וכו' במועדיכם. רבים משמע: בעון קומי ר' אילא. מנלן שעובר בלא תעשה, דילמא עד כדון בעשה ובאת שמה וגו', ובלא תעשה מנין: תלמוד לומר ובאת שמה וכו'. כלומר אם הכתוב הזה בא ללמד על עשה הרי כבר אמור כאן אלה תעשו וגו' וכדדריש ליה לחובה, אלא אם אינו ענין בעשה תנהו ענין לעבור עליו בלא תעשה: פסחים בזמנן מהו שיעבור. אם לא הקריב פסח בזמנו מהו שיעבור עליו מיד ולא צריך שלשה רגלים: אשכחת תני. בהדיא פסחים בזמנן עובר מיד: דלא כן מה אנן אמרין. בתמיה, פשיטא וכי צריכא ליה למיתני להא הא פסח זימנא קביעא ליה ואי לא אקרביה ודאי עובר עליו מיד: שלא תאמר וכו'. כלומר איצטריך שלא תאמר הואיל ואם אבד הפסח ונמצא מאחר שכיפרו בו הבעלים בפסח אחר שדינו שגופו קרב שלמים כדתנן בפ"ט דפסחים (מ"ז), אימא כשלמים דמי ועד שיעבור עליו שלשה רגלים קא משמע לן: עד כדון צריכה פסחים וכו'. כלומר והשתא דאתית להכא אכתי קא מיבעיא לן פסחים בזמנן מהו שיעבור והיינו בכהאי גונא גופה דקאמרת, שאם אבד הפסח וכיפרו הבעלים באחר ואחר כך נמצא, ומי נימא דהואיל וגופו קרב שלמים אינו עובר עד שיעברו עליו שלשה רגלים, או דילמא דהואיל ומחמת פסח הוא בא כפסח גופיה הוא ועובר עליו מיד: בעון קומי ר' זירא בין רגל לרגל מהו שיעבור. בעשה בכל יום ויום: התיב ר' בא והתני חגיגה שלא קרבה בראשון. ברגל ראשון. תיקרב בשני. ואי איתא דבין רגל לרגל עובר בכל יום בעשה וכי מתירין לו לעבור בעשה בכל יום בתמיה: ועוד מן הדא. שמעינן דאינו עובר על הימים שבין רגל לרגל, דדרשינן מוצא שפתיך תשמור ועשית כאשר נדרת, ועשית מכאן שהוא בעשה, תשמור שהוא בלא תעשה וכלום הוא עובר על שתיהן עשה ולא תעשה עד שיעבור עליו שלשה רגלים, והשתא כמו שאינו עובר על שתיהן עד אחר שלשה רגלים כך על עשה בלחוד, אף על גב דאמרינן לעיל רגל ראשון שפגעת בו עובר בעשה דכתיב ובאת שמה וגו' והיינו דוקא ברגל עצמו, אבל בימים שבין רגל לרגל אינו עובר:

ועוד מן הדא. אברייתא דלעיל קאי דיליף עשה מובאת שמה, וקאמר סתמא דש"ס דאף מהאי קרא שמעינן עשה ולא תעשה:

קרבן העדה

שיכול. אני לומר דאין להקריב ברגל אלא קרבנות הרגל בלבד דכתיב (ויקרא כג לז) דבר יום ביומו: מנין קרבנות היחיד. כגון קרבן נזיר ומצורע ושאר קרבנות: וקרבנות ציבור. כגון פר העלם דבר שהקדישן קודם הרגל או ברגל עצמו שיקרבו במועד.

ולמאן דאמר נדרים ונדבות אין קריבין במועד (עי' ביצה יט:), איצטריך שקריבין בחול המועד: אלו עופות ומנחות. שנאמר בהן לה', ואם מן העוף עולה קרבנו לה' (ויקרא א יד), ובמנחה כתיב (ויקרא ב א) נפש כי תקריב קרבן מנחה לה': לרבות את כולן. שמביאין ברגל, והכי קאמר כל אשר תתנו לה' יקרב ברגל: יכול רשות. ועדיין אני אומר שרשות להקריב כל אלו במועד אבל לא חובה: תלמוד לומר בסוף פרשת מועדות שבחומש הפקודים אלה תעשו לה' במועדיכם. למה לי אי להתירן להקריבן במועד כבר שמעינן מדכתיב מלבד מנדריכם וכו', אלא לקבען חובה שחייב להביאם ברגל: יכול באיזה וכו'. ועדיין אני אומר שחייב להקריבן ברגל, אלא שאין חובה להקריבן ברגל ראשון אלא באיזה רגל שירצה: אלא זה רגל ראשון שפגעת בו. חייב אתה להקריבן: יכול אם עבר. רגל אחד ולא הביא קרבנותיו כשם שעובר בעשה דובאת שמה כך יהא עובר על בל תאחר: במועדיכם. לשון רבים, לומר שאינו עובר על בל תאחר עד שיעברו עליו רגלי השנה כולה: עד כדון בעשה. עובר ברגל ראשון, דכתיב (דברים כג כד) מוצא שפתיך תשמור ועשית, ושומר השמר דעשה עשה: בלא תעשה מנין. שעובר ברגל ראשון אע"ג דאינו עובר על בל תאחר עד לאחר ג' רגלים. ואיכא בין בל תאחר לשאר לאוין, דאילו בל תאחר עובר עליו בכל יום כדלקמן ושאר לאוין אינו עובר אלא בזמנו: מה אנן קיימין. במאי עסקינן דצריכין והבאתם שמה: הרי כבר אמור. ועשית, אלא לעבור עליו אף בלא תעשה*: פסחים בזמנן. בי"ד, אם לא קרב אותן מהו שיעבור על בל תאחר:

אשכחית תני פסחים. מלא ברייתא דתניא בה פסחים עובר עליהן על בל תאחר, ועל כרחך בזמנן קאמר: דלא כן. דאם לא כן אלא דאיירי בשעבר זמנן, מאי קתני בברייתא פסחים ושלמים, הא פסחים שלא בזמנן היינו שלמים: שלא תאמר וכו'. איצטריך לאשמועינן שלמי פסח דסלקא דעתך אמינא כיון שאם נמצא גופו קרב שלמים מיד (ולא נדחה כלל) ליהוי כפסח [ולא נדחה כלל, קמ"ל] דהוא כשאר קרבנות: עד כדון צריכה. ועדיין קמיבעיא לן פסח בזמנן אם עובר עליו מיד בבל תאחר או לא: בין רגל לרגל. אם עלה לירושלים בין רגל לרגל מהו שיעבור בעשה דובאת שמה*: חגיגה שלא קרבה. ברגל ראשון תיקרב ברגל שני, ומשמע דוקא בשני ולא קודם לו אפילו עלה בין רגל לרגל: ומתירין לו לעבור. בתמיה, אלא ודאי דאינו עובר עד רגל הבא:

שינויי נוסחאות

א] שיכול וכו'. בספרא (אמור פרשתא יב ה"י) "מנין למוספי שבת שיקרבו עם אימורי הרגל, תלמוד לומר מלבד שבתות ה'. מלבד מתנותיכם ומלבד כל נדריכם ומלבד כל נדבותיכם אשר (תדרו) [תתנו] לה' מה תלמוד לומר, שיכול אין לי קרב ברגל אלא קרבנות הרגל בלבד, מנין קרבנות היחיד וקרבנות הציבור ושהוקדשו ברגל שיבואו ברגל, תלמוד לומר (מלבד שבתות ה'. הגר"א מחק תיבות אלו, וכ"נ בפירוש המיוחס לר"ש משאנץ שם) מלבד מתנותיכם ומלבד כל נדריכם ומלבד כל נדבותיכם. אשר תתנו לה', אלו העופות והמנחות (לרבות את כולם. מיותר, הגר"א) שכולם יבואו ברגל":

ב] עיבר. בספרא (שם) ובדפ"ו עבר. [והיא היא, אלא שכן הוא לשון הירושלמי, ראה פסחים (פ"ט ה"א) וביצה (פב"ה "ד) ועוד 'עיבר זמנו']:

ג] כסדרן. בספרא (שם) נוסף וחג המצות ראשון:

ד] אשכחת. בש"ג אשכח:

ה] בו. בש"ג ליתא:

תורה אור השלם

א) אֵלֶּה תַּעֲשׂוּ לַיהוָה בְּמוֹעֲדֵיכֶם לְבַד מִנִּדְרֵיכֶם וְנִדְבֹתֵיכֶם לְעֹלֹתֵיכֶם וּלְמִנְחֹתֵיכֶם וּלְנִסְכֵּיכֶם וּלְשַׁלְמֵיכֶם: (במדבר כט לט)

ב) כִּי אִם אֶל הַמָּקוֹם אֲשֶׁר יִבְחַר יְהוָה אֱלֹהֵיכֶם מִכָּל שִׁבְטֵיכֶם לָשׂוּם אֶת שְׁמוֹ שָׁם לְשִׁכְנוֹ תִדְרְשׁוּ וּבָאתָ שָׁמָּה: וַהֲבֵאתֶם שָׁמָּה עֹלֹתֵיכֶם וְזִבְחֵיכֶם וְאֵת מַעְשְׂרֹתֵיכֶם וְאֵת תְּרוּמַת יֶדְכֶם וְנִדְרֵיכֶם וְנִדְבֹתֵיכֶם וּבְכֹרֹת בְּקַרְכֶם וְצֹאנְכֶם: (דברים יב ה-ו)

ג) מוֹצָא שְׂפָתֶיךָ תִּשְׁמֹר וְעָשִׂיתָ כַּאֲשֶׁר נָדַרְתָּ לַיהוָה אֱלֹהֶיךָ נְדָבָה אֲשֶׁר דִּבַּרְתָּ בְּפִיךָ: (דברים כג כד)

רידב"ז

בעון קומי ר' אילא עד כדון בעשה בלא תעשה מנין. פי' דהא האי קרא דאלה תעשו קאי על העשה דובאתם והבאתם, מנין לבל תאחר, דאימא דאלה תעשו קאי דאינו עובר בעשה עד שיעברו עליו כל הג' רגלים. ת"ל ובאתם שמה וגו' מה אנן קיימין, פי' האי אלה תעשו, אם בעשה כבר הוא אמור, דעובר ברגל ראשון דהא כיון דבא ולא הביא פשיטא דעובר בעשה, אלא אם אינו ענין בעשה תנהו ענין ללא תעשה, ע"כ דקאי לל"ת: התיב ר' בא והתני חגיגה שלא קרבה בראשון תוקרב בשני ומתירין לו לעבור. מכאן מוכח כשיטת רש"י ז"ל (ה:) דעולות ושלמים הוא עולות ראיה ושלמי חגיגה ג"כ, וכפי' התוס' ז"ל (ד"ה אלו) דאפרישן, דאז הוא בלתא דבל תאחר אף שהן חובת הרגל, מכל מקום באפריש הוי בכלל כי תדור נדר ובין חובה ובין נדבה בכלל, ודו"ק:

מסורת הש"ס

א) [כעין זה תמורה יד: וילקו"ש פנחס תשפב] ב) [ספרא אמור פרק טו הל' א-ד, ספרי ראה סג, מדרש תנאים לדברים יב ו, ילקו"ש אמור תרנא, ראה תתפא] ג) [ר"ה ד., תוספתא פ"א ה"ב, ילקו"ש אמור תרנא] ד) עי' ר"ה ה. [וילקו"ש ראה תתפ] ה) [תוספתא פסחים פ"ט ה"ו, תוספתא יומא פ"ג ה"ו] ו) ר"ה ו.

שירי קרבן

אלא אם אינו ענין בעשה וכו'. וא"ת וכי היכן מלינו דמוקמינן עשה יתירא בלא תעשה. וי"ל דה"ק, אם בעשה הרי כבר אמר ובאת שמה, אם כן תשמור ועשית למה לי, אלא על כרחך דהאי תשמור לא תעשה הוא: בין רגל לרגל מהו שיעבור. אפשר לפרש דקמיבעיא ליה אם עלה בין רגל לרגל אם נחשב כרגל ויעבור על בל תאחר אם עלה שלש פעמים או לא. ופשיט מן הדא דתניא ועשית בעשה וכו', ומוקי לה רבי אבון באומר להביאו בשני בשבת, ואי ס"ד דבכהאי גוונא נמי עובר אמאי לא מוקי לקרא בהכי, אלא ודאי דאינו עובר אלא ברגלים. ופירושי שבקונטרס נ"ל קרוב יותר לפשטא דשמעתתא:

מראה הפנים

פסחים בזמנן מהו שיעבור. ומסיק דבמותר הפסח הוא דקא מיבעיא ליה. והתם בדף ה' (ע"א) קאמר ס"ד אמינא הואיל ומחמת פסח קאתי כפסח דמי קמ"ל:

אין לך לעמוד על שני מלכי ישראל אלא משני מלכי יהודה ולא על שני מלכי יהודה אלא משני מלכי ישראל. והימים אשר מלך דוד על ישראל ארבעים שנה וגו'. וכתיב בחברון מלך על יהודה שבע שנים וששה חדשים ובירושלם מלך וגו'. בכלל חסירים ובפרט יתירים. ר' יצחק בר קצצתה בשם ר' יונה שלשים ושתים ומחצה היו אלא בשביל לחלוק לו כבוד לירושלם הוא מונה אותן שלימות. יהודה ברבי אומר חשבון מרובה בולע לחשבון ממועט. אמר ר' שמואל בר נחמן והיה כי מלאו ימיך אמר לו הקדוש ברוך הוא דוד ימים מליאים אני מונה לך איני מונה לך ימים חסירים. שלמה בנך בונה בית המקדש אלא להקריב קרבנות חביב עלי משפט וצדקה שלך יותר מכל הקרבנות שנאמר עשה צדקה ומשפט נבחר לה' מזבח. ר' חונא אמר כל אותן ששה חדשים שהיה דוד בורח מפני אבשלום בנו בשעירה היה מתכפר כהדיוט. אמר ר' יודן בר' שלום כתיב כי ששת חדשים ישב שם יואב וכל ישראל אמר לו הקדוש ברוך הוא אני אמרתי לך אל תתגרו בם וביקשת להתגרות בם חייך שאינן נימנין לך: מאן תנא רגלים ר' שמעון דר' שמעון אמר שלשה רגלים כסדרן ובלבד חג המצות ראשון. אשכחת אמר פעמים חמשה פעמים ארבעה פעמים שלשה. לפני עצרת חמשה. לפני החג ארבעה. לפני הפסח שלשה. ר' לעזר בר' שמעון אמר ובלבד חג המצות אחרון. אשכחת אמר פעמים שלשה פעמים שנים פעמים אחד. וחכמים אומרים רגל שפגע בו תחילה ובלבד שיעברו עליו רגלי שנה כולה. כתיב שבתות ה' ומלבד מתנותיכם וגו'.

קרבן העדה

בכלל חסירים. דאינן אלא מ': ובפרט יתירים. דהוה להו ארבעים שנה וששה חדשים: שלשים ושתים ומחצה היו. השנים שמלך (בחברון) [בירושלים], והא דכתיב ל"ג שלימים, כדי לחלוק כבוד לירושלים מונה לחצי שנה לשנה שלימה: יהודה ברבי אומר. שמלך ארבעים שנה ומחצה, אלא כשמגיע למנין מלא כגון ארבעים אף על פי שיש חצי שנה יותר לא חש למנותו, ודומה לזה ארבעים יכנו (דברים כה ג) דאינן אלא תשעה ושלשים, וגבי שבע שנים קחשיב חצי שנה שאינו מנין מלא: ימים מלאים אני מונה לך. דוד חי שבעים שנים מלאים מיום ליום, והיה בעת מלכו בחברון בן תשעה ועשרים שנה ומחצה: בשעירה היה מתכפר כהדיוט. שמלך מביא שעיר עזים לחטאתו, כדכתיב (ויקרא ד כג) אשר נשיא יחטא, דהיינו מלך, והביא קרבנו שעיר עזים זכר תמים, ואותן ששה חדשים היה מביא על שגגתו שעירת עזים נקבה כהדיוט, ואפשר דסובר לכך לא חשבינן אלא ארבעים שמלך דלא קחשיב לששה חדשים שברח: אל תתגרו בם. וסובר דאדום לאו היינו עמלק: חייך שאינן נמנין לך אותן ששה חדשים. בכלל, שלא מנה אלא מ' שנה: מאן תנא רגלים. ראש השנה שלו (תשרי) [ניסן]: ר' שמעון. היא, ולענין בל תאחר וכדמסיק: ג' רגלים כסדרן. אם עברו אחר הנדר עובר עליו בל תאחר, ואם אין כסדרן אינו עובר עליו: ה"ג ובלבד חג הסוכות אחרון. דסובר אף שחג המצות וחג השבועות אילטריך למיהדר משום בל תאחר אע"ג דברגלים איירי קרא מכל מקום חג הסוכות למה לי הרי הענין עסוק בו, אלא ללמדך שיהא חג הסוכות אחרון לג' רגלים והיינו כסדרן: אשכחת אמר. נמצאת אומר פעמים עובר על בל תאחר בה' רגלים וכו' כדמפרש לקמן: ה"ג ובלבד חג הסוכות אחרון. וכן הוא בבבלי (ד:). והכי פירושו, אחג הסוכות קפיד קרא, דלא אייתר ליה חג המצות וחג השבועות דלא עסיק ביה, אלא חג הסוכות למה לי, אלא לומר שהוא הגורם: רגל שפגע בו תחלה. לאחר נדרו, ממנו מתחיל הג' רגלים, אלא שאינו עובר עד שיעברו עליו כולן: כתיב מלבד שבתות ה' וגו'. מה תלמוד לומר ממילא ידעינן דמוספין מלבד ממוספי שבת ומלבד ממתנות הן באין, דדבר שבחובה אינו בא אלא מן החולין:

פני משה

אחר זה בשנה זו עצמה, וזהו זכריהו ושלום בן יבש, שהרי זכריהו לא מלך אלא ששה חדשים ואחריו מלך שלום בן יבש חדש אחד והיה זה משנת ל"ח למלך יהודה, והדר קחשיב משנת ל"ט למלך יהודה מלכו שלום בן יבש ומנחם בן גדי באותה השנה, הא כילד, ועל כרחך צריך אתה לומר שאלו ששה חדשים של זכריהו וחדש שלאחריו של שלום בן יבש לא היה הכל בשנה אחת, אלא שזכריהו מלך בסוף שנת ל"ח לעזיהו והיינו בחצי השני של שנת הל"ח עד חצי אדר שבו, ושלום בן יבש מלך אחריו ירח ימים והיינו בחצי אדר ובחצי ניסן שאז כשיצא אדר כלו הל"ח של עזיהו, ובניסן התחילה שנת הל"ט לעזיהו ונמצא שמלך שלום בן יבש בשנת ל"ח ובשנת ל"ט לעזיהו, ולמדין אנו ממקראות הללו שדוקא כשנכנס השני לניסן אז הוא שמונין לו מאדר ונחשב גם כן למנין שלו כמו שתמצא בשלום בן יבש וכדמוכח קראי: אין לך לעמוד על שני מלכי ישראל וכו'. שמתוך שמספר הכתוב בכך וכך למלך יהודה זה, מלך זה וזה על ישראל אתה יודע לעמוד אימתי היה מנין שנותם ואימתי מלכו וכדאמרן: כתיב והימים וגו'. איידי דאיירי בשנות המלכים דריש נמי לאלו הכתובים דבמלכים א' כתיב והימים אשר מלך דוד על ישראל ארבעים שנה בחברון מלך שבע שנים ובירושלים מלך שלשים ושלש שנים, וכתיב בשמואל ב' (ד-ה) בן שלשים שנה דוד במלכו ארבעים שנה מלך, בחברון מלך על יהודה שבע שנים וששה חדשים ובירושלים מלך שלשים ושלש שנה על כל ישראל ויהודה, כשתמצא בכלל הם חסרים ששה חדשים מהל"ג שמלך בירושלים וכשתמנה הפרט מהכתוב בשמואל אתה מוצא יתירים ששה חדשים על הכלל שהוא ארבעים בלבד: שלשים ושתים ומחצה היו. באלו השנים שמלך בירושלים, לפי שאלו ששה חדשים הראשונים בחברון היו: אלא בשביל לחלוק כבוד לירושלים. מונה הוא אותן ל"ג שנים שלימות: חשבון מרובה בולע וכו'. כלומר כשהכתוב מונה חשבון מרובה אינו מדקדק אם הן שלימות או לא ומונה אותן כמו שהן שלימות: אמר הקב"ה לדוד ימים מלאים אני מונה לך. מיום אל יום ואיני מונה לך וכו', וגרסינן להא לעיל בפ"ב דברכות (ה"א): כל אותן ששה חדשים וכו'. שלא היה לו דין מלך ומתכפר היה בשעירה כדין ההדיוט: חייך שאינן נמנין לך. למלכות ששה חדשים כנגד אלו ששה חדשים:

מאן תנא רגלים. שניסן ראש השנה לרגלים: ר' שמעון וכו'. כמפורש במתני' ותוספתא היא שם (פ"א ה"ב): אשכחת. נמצא אתה אומר שלפעמים אין עובר בבל תאחר עד שיעברו חמשה רגלים כדמפרש ואזיל, אם נדר לפני עצרת חמשה וכו': ובלבד חג המצות אחרון. כלומר חג המצות הוא הגורם שהוא העיקר שבו פתח הכתוב תחילה, ואם עברו עליו שלשה רגלים יהיה חג המצות אחרון, ולפיכך אשכחת אמר פעמים שהן שלשה כשנדר לפני עצרת, ופעמים שהן שנים כשנדר לפני החג, ופעמים שאינו אלא אחד כשנדר לפני הפסח שאז כשיעבור עליו הפסח עובר מיד*: רגל שפגע בו תחילה. איזה שיהיה הוא הרגל הראשון של שלשה רגלים, ובלבד שיעברו עליו כל שלשה רגלים של השנה כולה ואז הוא עובר: כתיב מלבד שבתות ה' וגו'. ברייתא היא בת"כ פרשת אמור (יב):

מסורת הש"ס

א) סנהדרין קז. בשינוי [מדרש שמואל כו, ילקו"ש שמואל ב קמה, דה"י א תתרפג, ילקו"ש תהלים תרעז בשינוי] ב) ברכות פ"ב ה"א, מו"ק פ"ג ה"ז [שקלים פ"ב ה"ה, ילקו"ש שמואל ב קמו] ג) סוכה מט. [וילקו"ש משלי תתקנט כעין זה] ד) הוריות פ"ג ה"ב, רות רבה ה ו [מדרש שמואל כו בשינוי, ילקו"ש שמואל ב קמה, דה"י א תתרפג] ה) ר"ה ד. ו) [ביצה יט:, תוספתא פ"א ה"ב, תוספתא ערכין פ"ג ה"ט, ספרא אמור פרק טו ה"ג, ילקו"ש אמור תרנא, ראה תתפ] ז) ר"ה ד: [ביצה יט:, תוספתא ערכין פ"ג ה"ט, ילקו"ש ראה תתפ] ח) [ר"ה ד:, ביצה יט:, פסיקתא זוטרתא שמות יב ב, ילקו"ש אמור תרנא, ראה תתפא] ט) ספרא אמור פרשה יב ה"י [ספרי ראה סג, פסיקתא זוטרתא ויקרא כג לח, מדרש תנאים לדברים יב ו, ילקו"ש אמור תרנא, ראה תתפא]

גליון הש"ס

חשבון מרובה בולע חשבון ממועט. עיין בסה"מ להרמב"ן שורש א': בשעירה היה מתכפר בהדיוט. נראה הטעם משום דאמרו בסנהדרין דף ק"ז (ע"א) דלא חשבינן אותן ששה חדשים לדוד משום שנצטרע עיי"ש, והרי אמרו בהוריות דף י' ע"א אשר נשיא יחטא (ויקרא ד כב) פרט לנשיא שנצטרע והכי קיי"ל פט"ו משגגות הל' ט', ומשו"ה היה מתכפר באותן ו' חדשים בשעירה: אמר לו הקב"ה אני אמרתי לך וכו'. עין בהשגות הרמב"ן על ספר המצות בסוף הספר:

מראה הפנים

כל אותן ששה חדשים שהיה דוד בורח וכו'. גרסינן להא בפ"ג דהוריות (ה"ב), ועיי"ש מה שנתבאר מזה בס"ד: רבי אלעזר בי ר' שמעון אמר ובלבד חג המצות אחרון. והתם (בבלי ד:) גרים לר' אלעזר בר' שמעון כיון שעבר עליהן חג הסוכות עובר וכך הוא בתוספתא (ערכין פ"ג ה"ט), ולפי גירסא דהכא מדייק מדפתח בו הכתוב שהרי לפי סדר הרגלים בשנה היה צריך לפתוח בחג הסוכות, אלא לומר שהוא הגורם וכמבואר בפנים:

עין משפט

א מיי' פי"ד מהלכות מעשה הקרבנות הלכה יג [סמ"ג לאוין שלא]:

שינויי נוסחאות

א] על. כ"ה במקרא. בכי"ל ובדפוסים על כל:
ב] בכלל חסירים ובפרט יתירים. בילקו"ש (דה"י-א תתרפג) בכלל מלאים ובפרט חסרים:
ג] קצצתה. בילקו"ש (שם) קצרתה:
ד] לו. בילקו"ש (שם) ליתא:
ה] יהודה ברבי. כ"ה גם ברמב"ן (השגות לסה"מ שרש א). בילקו"ש (שם) רבי יהודה בר רבי. בילקו"ש (ש"ב קמה) ובמדרש שמואל (כו ה) רב יודן:
ו] לחשבון ממועט. בילקו"ש (שם) החשבון מועט. ברמב"ן (שם) חשבון מועט:
ז] מלאו. כ"ה במקרא (דה"י-א יז יא). בכי"ל ובדפוסים ימלאו. [ואמנם בשמואל-ב (ז יב) איתא כן, אך תיבת 'והיה' ליתא שם. ובירושלמי שקלים (פ"ב ה"ה) ועוד מדרשים מייתי קרא דשמואל וגריס 'והיה כי ימלאו' ימיך ושכבת וגו']:
ח] דוד. בירושלמי שקלים (שם) לדוד. בירושלמי ברכות (פ"ב ה"א) ובירושלמי מו"ק (פ"ג ה"ז) לדוד דוד:
ט] שלמה וכו' אלא וכו' לה' מזבח. בכי"ל ליתא ונוסף ע"י המגיה. בירושלמי ברכות (שם) ומו"ק (שם) כלום שלמה וכו' לא כדי:
י] קרבנות. בירושלמי שקלים (שם) נוסף ציבור. בירושלמי ברכות ומו"ק (שם) ליתא:
כ] לך. בילקו"ש (שם) נוסף אלא ליואב:
ל] ובלבד חג המצות. בתוספתא (ערכין פ"ג ה"ט) ובבבלי (ד:) כיון שעבר עליו חג הסוכות עובר עליהן משום בל תאחר. בקה"ע הגיה ובלבד חג הסוכות:
מ] שבתות ה' וכו'. בפסיקתא זוטרתא (אמור) "מלבד שבתות ה', מלמד שמוספי שבת קריבים עם אימורי הרגל. ומלבד כל מתנותיכם ומלבד כל נדריכם, מלמד שכל קרבנות היחיד וקרבנות הציבור שהוקדשו ברגל שיבואו ברגל". וראה עוד בהערה הבאה:

תורה אור השלם

א) והימים אשר מלך דוד על ישראל ארבעים שנה בחברון מלך שבע שנים ובירושלם מלך שלשים ושלש שנים: (מלכים-א ב יא)
ב) בחברון מלך על יהודה שבע שנים וששה חדשים ובירושלם מלך שלשים ושלש שנה על כל ישראל ויהודה: (שמואל-ב ה ה)
ג) כי ימלאו ימיך ושכבת את אבתיך והקימתי את זרעך אחריך אשר יצא ממעיך והכינתי את ממלכתו: (שמואל-ב ז יב) ד) עשה צדקה ומשפט נבחר ליהוה מזבח: (משלי כא ג) ה) כי ששת חדשים ישב שם יואב וכל ישראל עד הכרית כל זכר באדום: (מלכים-א יא טז)
ו) אל תתגרו בם כי לא אתן לכם מארצם עד מדרך כף רגל כי ירשה לעשו נתתי את הר שעיר: (דברים ב ה) ז) מלבד שבתת יהוה ומלבד מתנותיכם ומלבד כל נדריכם ומלבד כל נדבתיכם אשר תתנו ליהוה: (ויקרא כג לח)

פְּעָמִים שְׁנַיִם פְּעָמִים אֶחָד — sometimes three, sometimes two, and **sometimes one.**[24]

A third opinion:

וַחֲכָמִים אוֹמְרִים — But the Sages say: רֶגֶל שֶׁפָּגַע בּוֹ תְּחִילָּה — The festival that one encounters first starts the sequence of three festivals, **וּבִלְבַד שֶׁיַּעַבְרוּ עָלָיו רַגְלֵי שָׁנָה כוּלָּהּ — provided that** all **the festivals of an entire year pass over him** before he fulfills his vow.[25]

The source of the prohibition *not to delay* one's vows more than three festivals (according to R' Shimon and the Sages) is given in a Baraisa:[26]

כְּתִיב — IT IS WRITTEN regarding the special festival offerings: "[מִלְּבַד] שַׁבְּתֹת ה׳ וּמִלְּבַד מַתְּנוֹתֵיכֶם וגו׳" — ***ASIDE FROM THE SABBATHS OF HASHEM, AND ASIDE FROM YOUR GIFTS,* etc.,** *and aside from all your vows, and aside from all your donations*

NOTES

24. If he vowed before Shavuos, three festivals must pass [Shavuos, Succos, and Pesach]; if he vowed before Succos, two festivals must pass [Succos and Pesach]; if he vowed before Pesach, one festival must pass [Pesach] (*Pnei Moshe*).

[In *Tosefta* and *Bavli* ibid., R' Lazar the son of R' Shimon is recording as maintaining that Succos — not Pesach — is the critical festival. *Korban HaEidah* emends our Gemara to accord with these sources.]

25. *Korban HaEidah.* The Sages agree with R' Shimon that liability for בַּל תְּאַחֵר depends on the passing of three festivals. [Their Scriptural source is given on 3b (see note 15 there).] However, in contrast to R' Shimon, who requires that the festivals pass in sequence starting with Pesach, the Sages maintain that the order of the festivals is irrelevant. According to them, the three festivals that immediately follow the vow cause liability, regardless of when the vow was pronounced. [According to them, of course, there is no Rosh Hashanah for festivals.]

26. *Toras Kohanim* to *Leviticus* 23:38 (*Emor, Parshasa* 12:10 through *Perek* 15:4); *Sifrei* to *Deuteronomy* 12:5-6 (*Re'eh* §63), as emended by *Gra*.

[א]אין לך לעמוד על שני מלכי ישראל ב: אלא משני מלכי יהודה ולא על שני מלכי יהודה אלא משני מלכי ישראל. [א][א]והימים אשר מלך דוד [א]על ישראל ארבעים שנה וגו'. וכתיב [ב]בחברון מלך על יהודה שבע שנים וששה חדשים ובירושלם מלך וגו'. [ב]בכלל חסירים ובפרט יתירים. ר' יצחק בר [ג]קצתה בשם ר' יונה שלשים ושתים ומחצה היו אלא בשביל לחלוק [ד]לו כבוד לירושלם הוא מונה אותן שלימות. [ה]יהודה ברבי אומר חשבון מרובה בולע [ו]לחשבון ממועט. [ב]אמר ר' שמואל בר נחמן [ג]והיה כי [ז]מלאו ימיך אמר לו הקדוש ברוך הוא [ח]דוד ימים מליאים אני מונה לך איני מונה לך ימים חסירים. [ט]שלמה בנך בונה בית המקדש אלא להקריב [י]קרבנות [ג]חביב עלי משפט וצדקה שלך יותר מכל הקרבנות שנאמר [ד]עשה צדקה ומשפט נבחר לה' מזבח. [ד]ר' חונא אמר כל אותן ששה חדשים שהיה דוד בורח מפני אבשלום בנו בשעירה היה מתכפר כהדיוט. אמר ר' יודן בר' שלום כתיב [ה]כי ששת חדשים ישב שם יואב וכל ישראל אמר לו הקדוש ברוך הוא אני אמרתי לך [ו]אל תתגרו בם וביקשת להתגרות בם חייך שאינן נימנין [כ]לך: [ה]מאן תנא רגלים ר' שמעון [ו]דר' שמעון אמר שלשה רגלים כסדרן ובלבד חג המצות ראשון. אשכחת אמר פעמים חמשה פעמים ארבעה פעמים שלשה. לפני עצרת חמשה. לפני החג ארבעה. לפני הפסח שלשה. [ז]ר' לעזר בר' שמעון אמר [ל]ובלבד חג המצות אחרון. אשכחת אמר פעמים שלשה פעמים שנים פעמים אחד. [ח]וחכמים אומרים *רגל שפגע בו תחילה ובלבד שיעברו עליו רגלי שנה כולה. [ט]כתיב [ז][מ]שבתות ה' ומלבד מתנותיכם וגו'.

קרבן העדה

בכלל חסירים. דאינן אלא מ': ובפרט יתירים. דהוה להו ארבעים שנה וששה חדשים: שלשים ושתים ומחצה היו. השנים שמלך (בחברון) [בירושלים], והא דכתיב ל"ג שלימים, כדי לחלוק כבוד לירושלים מונה לחצי שנה לשנה שלימה: יהודה ברבי אומר. שמלך ארבעים שנה ומחצה, אלא כשמגיע למנין מלא כגון ארבעים אף על פי שיש חצי שנה יותר לא חש למנותו, ודומה לזה ארבעים יכנו (דברים כה ג) דאינן אלא תשעה ושלשים, וגבי שבע שנים קחשיב חצי שנה שאינו מנין מלא: ימים מלאים אני מונה לך. דוד חי שבעים שנים מלאים מיום ליום, והיה בעת מלכו בחברון בן תשעה ועשרים שנה ומחצה: בשעירה היה מתכפר כהדיוט. שמלך מביא שעיר עזים לחטאתו, כדכתיב (ויקרא ד כג) אשר נשיא יחטא, דהיינו מלך, והביא קרבנו שעיר עזים זכר תמים, ואותן ששה חדשים היה מביא על שגגתו שעירת עזים נקבה כהדיוט, ואפשר דסובר לכך לא חשבינן אלא ארבעים שמלך דלא קחשיב לששה חדשים שברח: אל תתגרו בם. וסובר דאדום לאו היינו עמלק: חייך שאינן נמנין לך אותן ששה חדשים. בכלל, שלא מנה אלא מ' שנה: מאן תנא רגלים. ראש השנה שלו (תשרי) [ניסן]: ר' שמעון. היא, ולענין בל תאחר וכדמסיק: ג' רגלים כסדרן. אם עברו אחר הנדר עובר עליו בל תאחר, ואם אינן כסדרן אינו עובר עליו: ה"ג ובלבד חג הסוכות אחרון. דסובר אף שחג המצות וחג השבועות איצטריך למיהדר משום בל תאחר אע"ג דברגלים איירי קרא מכל מקום חג הסוכות למה לי הרי הענין עסוק בו, אלא ללמדך שיהא חג הסוכות אחרון לג' רגלים והיינו כסדרן: אשכחת אמר. נמצאת אומר פעמים עובר על בל תאחר בה' רגלים וכו' כדמפרש לקמן: ה"ג ובלבד חג הסוכות אחרון. וכן הוא בבבלי (ד:). והכי פירושו, אחג הסוכות קפיד קרא, דלא אייתר ליה חג המצות וחג השבועות דלא עסיק ביה, אלא חג הסוכות למה לי, אלא לומר שהוא הגורס: רגל שפגע בו תחלה. לאחר נדרו, ממנו מתחיל הג' רגלים, אלא שאינו עובר עד שיעברו עליו כולן: כתיב מלבד שבתות ה' וגו'. מה תלמוד לומר ממילא ידעינן דמוספין מלבד ממוספי שבת ומלבד ממתנות הן באין, דדבר שבחובה אינו בא אלא מן החולין:

פני משה

אחר זה בשנה זו עצמה, וזהו זכריהו ושלום בן יבש, שהרי זכריהו לא מלך אלא ששה חדשים ואחריו מלך שלום בן יבש חדש אחד והיה זה משנת ל"ח למלך יהודה, והדר קחשיב משנת ל"ט למלך יהודה מלכו שלום בן יבש ומנחם בן גדי באותה השנה, הא כילד, ועל כרחך צריך אתה לומר שאלו ששה חדשים של זכריהו וחדש שלאחריו של שלום בן יבש לא היה הכל בשנה אחת, אלא שזכריהו מלך בסוף שנת ל"ח לעזיהו והיינו בחצי השני של שנת הל"ח עד חצי אדר שבו, ושלום בן יבש מלך אחריו ירח ימים והיינו בחצי אדר ובחצי ניסן שאז כשיצא אדר כלו הל"ח של עזיהו, ובניסן התחילה שנת הל"ט לעזיהו ונמצא שמלך שלום בן יבש בשנת ל"ח ובשנת ל"ט לעזיהו, ולמדין אנו ממקראות הללו שדוקא כשנכנס השני לניסן אז הוא שמונין לו מאדר ונחשב גם כן למנין שלו כמו שתמצא בשלום בן יבש וכדמוכח קראי: אין לך לעמוד על שני מלכי ישראל וכו'. שמתוך שמספר הכתוב בכך וכך למלך יהודה זה, מלך זה וזה על ישראל אתה יודע לעמוד אימתי היה מנין שנותם ואימתי מלכו וכדאמרן: כתיב והימים וגו'. איידי דאיירי בשנות המלכים דריש נמי לאלו הכתובים דבמלכים א' כתיב והימים אשר מלך דוד על ישראל ארבעים שנה בחברון מלך שבע שנים ובירושלים מלך שלשים ושלש שנים, וכתיב בשמואל ב' (ד-ה) בן שלשים שנה דוד במלכו ארבעים שנה מלך, בחברון מלך על יהודה שבע שנים וששה חדשים ובירושלים מלך שלשים ושלש שנה על כל ישראל ויהודה, כשתמצא בכלל הם חסרים ששה חדשים מהל"ג שמלך בירושלים וכשתמנה הפרט מהכתוב בשמואל אתה מוצא יתירים ששה חדשים על הכלל שהוא ארבעים בלבד: שלשים ושתים ומחצה היו. באלו השנים שמלך בירושלים, לפי שאלו ששה חדשים הראשונים בחברון היו: אלא בשביל לחלוק כבוד לירושלים. מונה הוא אותן ל"ג שנים שלימות: חשבון מרובה בולע וכו'. כלומר כשהכתוב מונה חשבון מרובה אינו מדקדק אם הן שלימות או לא ומונה אותן כמו שהן שלימות: אמר הקב"ה לדוד ימים מלאים אני מונה לך. מיום אל יום ואיני מונה לך וכו', וגרסינן להא לעיל בפ"ב דברכות (ה"א): כל אותן ששה חדשים וכו'. שלא היה לו דין מלך ומתכפר היה בשעירה כדין ההדיוט: חייך שאינן נמנין לך. למלכות ששה חדשים כנגד אלו ששה חדשים:

מאן תנא רגלים. שניסן ראש השנה לרגלים: ר' שמעון וכו'. כמפורש במתני' ותוספתא היא שם (פ"א ה"ג): אשכחת. נמצא אתה אומר שלפעמים אין עובר בבל תאחר עד שיעברו חמשה רגלים כדמפרש ואזיל, אם נדר לפני עצרת חמשה וכו': ובלבד חג המצות אחרון. כלומר חג המצות הוא הגורס שהוא העיקר שבו פתח הכתוב תחילה, ואם עברו עליו שלשה רגלים יהיה חג המצות אחרון, ולפיכך אשכחת אמר פעמים שהן שלשה כשנדר לפני עצרת, ופעמים שהן שנים כשנדר לפני החג, ופעמים שאינו אלא אחד כשנדר לפני הפסח שאז כשיעבור עליו הפסח עובר מיד*: רגל שפגע בו תחילה. איזה שיהיה הוא הרגל הראשון של שלשה רגלים, ובלבד שיעברו עליו כל שלשה רגלים של השנה כולה ואז הוא עובר: כתיב מלבד שבתות ה' וגו'. ברייתא היא בת"כ פרשת אמור (יב):

עין משפט

א מיי' פי"ד מהלכות מעשה הקרבנות הלכה יג [סמ"ג לאוין שלא]:

שינויי נוסחאות

א] על. כ"ה במקרא. בכי"ל ובדפוסים על כל:

ב] בכלל חסירים ובפרט יתירים. בילקו"ש (דה"י-א תתרפג) בכלל מלאים ובפרט חסרים:

ג] קצתה. בילקו"ש (שם) קצרתה:

ד] לו. בילקו"ש (שם) ליתא:

ה] יהודה ברבי. כ"ה גם ברמב"ן (השגות לסה"מ שרש א). בילקו"ש (שם) רבי יהודה בר רבי. בילקו"ש (ש"ב קמה) ובמדרש שמואל (כו ה) רב יודן:

ו] לחשבון ממועט. בילקו"ש (שם) החשבון מועט. ברמב"ן (שם) חשבון מועט:

ז] מלאו. כ"ה במקרא (דה"י-א יז יא). בכי"ל ובדפוסים ימלאו. [ואמנם בשמואל-ב (ז יב) איתא כן, אך תיבת 'והיה' ליתא שם. ובירושלמי שקלים (פ"ב ה"ה) ועוד מדרשים מייתי קרא דשמואל וגריס 'והיה כי ימלאו' ימיך ושכבת וגו']:

ח] דוד. בירושלמי שקלים (שם) לדוד. בירושלמי ברכות (פ"ב ה"א) ובירושלמי מו"ק (פ"ג ה"ז) לדוד דוד:

ט] שלמה וכו' אלא וכו' לה' מזבח. בכי"ל ליתא ונוסף ע"י המגיה. בירושלמי ברכות (שם) ומו"ק (שם) כלום שלמה וכו' לא כדי:

י] קרבנות. בירושלמי שקלים (שם) נוסף ציבור. בירושלמי ברכות ומו"ק (שם) ליתא:

כ] לך. בילקו"ש (שם) נוסף אלא ליואב:

ל] ובלבד חג המצות. בתוספתא (ערכין פ"ג ה"ט) ובבבלי (ד:) כיון שעבר עליו חג הסוכות עובר עליהן משום בל תאחר. בקה"ע הגיה ובלבד חג הסוכות:

מ] שבתות ה' וכו'. בפסיקתא זוטרתא (אמור) "מלבד שבתות ה', מלמד שמוספי שבת קריבים עם אימורי הרגל. ומלבד כל מתנותיכם ומלבד כל נדריכם, מלמד שכל קרבנות היחיד וקרבנות הציבור שהוקדשו ברגל שיבואו ברגל". וראה עוד בהערה הבאה:

תורה אור השלם

א) וְהַיָּמִים אֲשֶׁר מָלַךְ דָּוִד עַל יִשְׂרָאֵל אַרְבָּעִים שָׁנָה בְּחֶבְרוֹן מָלַךְ שֶׁבַע שָׁנִים וּבִירוּשָׁלַם מָלַךְ שְׁלֹשִׁים וְשָׁלֹשׁ שָׁנִים: (מלכים-א ב יא)

ב) בְּחֶבְרוֹן מָלַךְ עַל יְהוּדָה שֶׁבַע שָׁנִים וְשִׁשָּׁה חֳדָשִׁים וּבִירוּשָׁלַםִ מָלַךְ שְׁלֹשִׁים וְשָׁלֹשׁ שָׁנָה עַל כָּל יִשְׂרָאֵל וִיהוּדָה: (שמואל-ב ה ה)

ג) כִּי יִמְלְאוּ יָמֶיךָ וְשָׁכַבְתָּ אֶת אֲבֹתֶיךָ וַהֲקִימֹתִי אֶת זַרְעֲךָ אַחֲרֶיךָ אֲשֶׁר יֵצֵא מִמֵּעֶיךָ וַהֲכִינֹתִי אֶת מַמְלַכְתּוֹ: (שמואל-ב ז יב)

ד) עֲשֹׂה צְדָקָה וּמִשְׁפָּט נִבְחָר לַיהוָה מִזָּבַח: (משלי כא ג)

ה) כִּי שֵׁשֶׁת חֳדָשִׁים יָשַׁב שָׁם יוֹאָב וְכָל יִשְׂרָאֵל עַד הִכְרִית כָּל זָכָר בֶּאֱדוֹם: (מלכים-א יא טז)

ו) אַל תִּתְגָּרוּ בָם כִּי לֹא אֶתֵּן לָכֶם מֵאַרְצָם עַד מִדְרַךְ כַּף רָגֶל כִּי יְרֻשָּׁה לְעֵשָׂו נָתַתִּי אֶת הַר שֵׂעִיר: (דברים ב ה)

ז) מִלְּבַד שַׁבְּתֹת יְהוָה וּמִלְּבַד מַתְּנוֹתֵיכֶם וּמִלְּבַד כָּל נִדְרֵיכֶם וּמִלְּבַד כָּל נִדְבֹתֵיכֶם אֲשֶׁר תִּתְּנוּ לַיהוָה: (ויקרא כג לח)

מסורת הש"ס

א) סנהדרין קז. בשינוי [מדרש שמואל כו, ילקו"ש שמואל ב קמה, דה"י א תתרפג, ילקו"ש תהלים תרעז בשינוי] ב) ברכות פ"ב ה"א, מו"ק פ"ג ה"ז [שקלים פ"ב ה"ה, ילקו"ש שמואל ב קמו] ג) סוכה מט. [וילקו"ש משלי תתקנט כעין זה] ד) הוריות פ"ג ה"ב, רות רבה ה ו [מדרש שמואל כו בשינוי, ילקו"ש שמואל ב קמה, דה"י א תתרפג] ה) ר"ה ד. ו) [בילה יט:, תוספתא פ"א ה"ב, תוספתא ערכין פ"ג ה"ט, ספרא אמור פרק טו ה"ג, ילקו"ש אמור תרנא, ראה תתפ] ז) ר"ה ד: [בילה יט:, תוספתא ערכין פ"ג ה"ט, ילקו"ש ראה תתפ] ח) [ר"ה ד:, בילה יט:, פסיקתא זוטרתא שמות יב ב, ילקו"ש אמור תרנא, ראה תתפא] ט) ספרא אמור פרשה יב ה"י [ספרי ראה סג, פסיקתא זוטרתא ויקרא כג לח, מדרש תנאים לדברים יב ו, ילקו"ש אמור תרנא, ראה תתפא]

גליון הש"ס

חשבון מרובה בולע חשבון ממועט. עיין בסה"מ להרמב"ן שורש א': בשעירה היה מתכפר כהדיוט. נראה הטעם משום דאמרו בסנהדרין דף ק"ז (ע"א) דלא חשבינן אותן ששה חדשים לדוד משום שנצטרע עיי"ש, והרי אמרו בהוריות דף י' ע"א אשר נשיא יחטא (ויקרא ד כב) פרט לנשיא שנצטרע והכי קיי"ל פט"ו משגגות הל' ט', ומשו"ה היה מתכפר באותן ו' חדשים בשעירה: אמר לו הקב"ה אני אמרתי לך וכו'. יין בהשגות הרמב"ן על ספר המצות בסוף הספר:

מראה הפנים

כל אותן ששה חדשים שהיה דוד בורח וכו'. גרסינן להא בפ"ג דהוריות (ה"ב), ועיי"ש מה שנתבאר מזה בס"ד: רבי אלעזר בי ר' שמעון אמר ובלבד חג המצות אחרון. והתם (בבלי ד:) גרים לר' אלעזר בר' שמעון כיון שעבר עליהן חג הסוכות עובר וכך הוא בתוספתא (ערכין פ"ג ה"ט), ולפי גירסא דהכא מדייק מדפתח בו הכתוב שהרי לפי סדר הרגלים בשנה היה צריך לפתוח בחג הסוכות, אלא לומר שהוא הגורס וכמבואר בפנים:

At any rate, the verse states that God promised that David's days would be complete. This means not only that he would live his allotted life span, but also that the count of his years of kingship would be a complete number. Therefore, in stating the number of years David ruled, the verse refers to a round number — forty — rather than the forty years and six months he actually ruled.[11]

A fourth answer:

רַבִּי חוּנָא אָמַר — R' Chuna says: כָּל אוֹתָן שִׁשָּׁה חֳדָשִׁים שֶׁהָיָה דָוִד בּוֹרֵחַ מִפְּנֵי אַבְשָׁלוֹם בְּנוֹ — For **those entire six months that David fled from his** rebellious **son Avshalom,** בִּשְׂעִירָה הָיָה מִתְכַּפֵּר כְּהֶדְיוֹט — had he committed a sin that required atonement by bringing a sin offering, **he would** have **achieved atonement through a she-goat, like an ordinary person,** and not through a he-goat, like a king.[12] Since David was treated as a commoner during those six months, Scripture does not include them in its count of the total number of years he ruled.[13]

A fifth and final answer:

אָמַר רַבִּי יוּדָן בְּרַבִּי שָׁלוֹם — R' Yudan the son of R' Shallum said: כְּתִיב — **It is written:** ,,כִּי שֵׁשֶׁת חֳדָשִׁים יָשַׁב־שָׁם יוֹאָב וְכָל־יִשְׂרָאֵל״ — ***For Yoav and all*** [the army of] ***Israel remained there for six months,*** *until he had cut off every male in Edom.*[14] אָמַר לוֹ הַקָּדוֹשׁ בָּרוּךְ הוּא — **The Holy One, Blessed is He, said to [David]:** אֲנִי אָמַרְתִּי לָךְ — **I said to you** (i.e. I wrote in the Torah) with regard to the Edomites: ,,אַל־תִּתְגָּרוּ בָם״ — ***Do not provoke them*** to war,[15] וּבִיקַּשְׁתָּ לְהִתְגָּרוֹת בָּם — **and you wished to provoke them.** חַיֶּיךָ שֶׁאֵינָן נִימְנִין לָךְ — I swear by **your life that [those months] will not be reckoned for you** in the count of the years of your rule. Therefore, although David actually ruled for forty years and six months, the verse states that he reigned for only forty years.[16]

The Mishnah taught that the first of Nissan is the New Year for the festivals. The Gemara identifies the author of this law:

מַאן תַּנָּא רְגָלִים — **Who taught** that Nissan is the New Year for the **festivals?**[17] רַבִּי שִׁמְעוֹן — **R' Shimon.** דְּרַבִּי שִׁמְעוֹן אָמַר — **For R' Shimon says** regarding the prohibition *not to delay* one's vows,[18] שְׁלֹשָׁה רְגָלִים כְּסִדְרָן — that one is liable only if **three festivals** pass **in sequence,** וּבִלְבַד חַג הַמַּצּוֹת רִאשׁוֹן — **provided that the Festival of Matzos** (Pesach) **is first.**[19]

The Gemara expounds:

אִשְׁתַּכְּחַת אָמַר — **It emerges** that **he maintains** that the number of festivals that must pass for one to be liable is פְּעָמִים חֲמִשָּׁה פְּעָמִים אַרְבָּעָה פְּעָמִים שְׁלֹשָׁה — **sometimes five, sometimes four,** and **sometimes three.** לִפְנֵי עֲצֶרֶת חֲמִשָּׁה — If he vowed **before Shavuos,** he is liable after **five** festivals;[20] לִפְנֵי הֶחָג אַרְבָּעָה — if he vowed **before Succos,** he is liable after **four** festivals;[21] לִפְנֵי הַפֶּסַח שְׁלֹשָׁה — if he vowed **before Pesach,** he is liable after **three** festivals.[22]

The Gemara cites a dissenting opinion:

רַבִּי לְעָזָר בְּרַבִּי שִׁמְעוֹן אָמַר — **R' Lazar the son of R' Shimon says:** True, sometimes three festivals must pass before one is liable, וּבִלְבַד חַג הַמַּצּוֹת אַחֲרוֹן — **but** that is **provided the Festival of Matzos** (Pesach) **is** ***last,*** because liability depends solely on the passing of the festival of Pesach.[23]

The Gemara expounds:

אִשְׁתַּכְּחַת אָמַר — **It emerges** that **[R' Lazar the son of R' Shimon] says** that the number of festivals that must pass is פְּעָמִים שְׁלֹשָׁה

NOTES

Solomon is destined to offer before Me on the Altar (see *I Kings* 3:4). [God therefore promises that He will not cause David to die sooner than the date destined for his death.] See *Yefeh Mareh* ibid. who expounds on these two sources.

11. *Yefeh Mareh;* see also *Tuv Yerushalayim* and *Parashas Derachim* §10 ד״ה וראיתי בירושלמי; see *Beur of R' Chaim Kanievski.*

12. The *chatas* offering of an ordinary Jew, which is brought to atone for unintentionally committing a sin whose willful transgression carries the penalty of *kares,* is a she-goat (*Leviticus* 4:27-28). A king, on the other hand, must bring a male goat for his *chatas* offering (ibid. 4:22-26). R' Chuna maintains that when Avshalom rebelled against his father and King David was forced to flee from Jerusalem (*II Samuel* Ch. 15), David was treated as one who no longer holds office. Therefore, the law of the king's special *chatas* offering did not apply to him during that time (*Korban HaEidah; Pnei Moshe; Yefeh Mareh*).

[The Gemara does not explain *why* David was treated as a commoner during the six months of Avshalom's rebellion. Understood simply, it was because during that time, he could not sit on the throne (*Amudei Yerushalayim*). *Gilyon HaShas* (see also *Parashas Derachim* §12 ד״ה ועל פי האמור, cited by *Tuv Yerushalayim*), however, suggests a different reason: *Bavli* (*Sanhedrin* 107a-b) accounts for the discrepancy between the different counts of David's reign by explaining that for six months during his reign David was afflicted with *tzaraas,* and those six months were not included in the count of the total number of years he reigned. *Gilyon HaShas* posits that these six months coincided with the six months of Avshalom's rebellion. And the law is that a king who is afflicted with *tzaraas* brings the *chatas* of an ordinary Jew (see *Bavli Horayos* 10a).

13. Of the 33 years Scripture states David ruled in Jerusalem, he had the halachic status of a king for only 32 ½. Therefore, the verse states that he ruled for 40 years in total — 7 ½ in Hebron, and 32 ½ in Jerusalem (*Korban HaEidah; Yefeh Mareh;* see also *Rus Rabbah* 5:6). Nevertheless, since he did have the *title* of king the entire time, the verse states that he ruled in Jerusalem for 33 years (*Yefeh Mareh*).

14. *I Kings* 11:16. The verse refers to the war described in *II Samuel* 8:13, which was fought by Yoav, the general of King David's army, against Edom (*Rashi* ad loc.).

15. *Deuteronomy* 2:5. This command was stated at the end of the Jews' forty-year sojourn in the Wilderness, when they neared the border of Edom. God warned them not to initiate a war against Edom, or even to provoke Edom into starting a war with them. [It is apparent from our Gemara that this prohibition applies even in later generations (*Ramban,* end of glosses to *Sefer HaMitzvos*).]

16. *Korban HaEidah; Yefeh Mareh;* see also *Tuv Yerushalayim.*

According to *Bereishis Rabbah* 74:15 (cited in *Tosafos, Bava Kamma* 38a-b), King David received permission from the Sanhedrin to wage war against Edom to revenge their unprovoked attacks against Israel in the past. Nevertheless, he was reprimanded for having punished Edom so harshly, sending Yoav to slay all of their males (*Ramban* ibid.; *Yefeh Mareh*).

[It is interesting to note that *Bavli Bava Basra* (21a-b) understands that the branch of the Edomite nation against whom Yoav fought were Amalekites (whom we are commanded to destroy utterly; see *Deuteronomy* 25:19), and Yoav was reprimanded for having killed *only* their males and not the females! Our Gemara, however, understands that the verse refers to other members of the Edomite family (*Korban HaEidah*).]

17. As explained in *Bavli* (4a), the Mishnah means that on the first of Nissan begins the month that contains the festival (Pesach) that is the Rosh Hashanah for festivals. Which Tanna maintains that Pesach is the Rosh Hashanah for festivals?

18. See above, 1a note 3.

19. According to R' Shimon, one violates the prohibition against delaying his vows (בַּל תְּאַחֵר) if he pledges to bring an offering and then allows three consecutive festivals to pass before fulfilling his vow. R' Shimon further maintains that the three festivals must pass in sequence, with Pesach first, as the Gemara proceeds to illustrate.

R' Shimon's view, as well as the two dissenting views cited below, are recorded in *Tosefta Arachin* 3:9 and in *Bavli* 4a-b. [The view of R' Elazar the son of R' Shimon there, however, is different from the one attributed to him by our Gemara; see below, note 24.

20. It is not until Pesach that the critical sequence of three festivals begins. Consequently, in this case, a total of five festivals (Shavuos, Succos, Pesach, Shavuos, Succos) must pass before he is liable.

21. I.e. Succos, Pesach, Shavuos, Succos.

22. I.e. Pesach, Shavuos, Succos.

23. *Pnei Moshe.* See *Mareh HaPanim* for the Scriptural source of this view.

אין לך לעמוד על שני מלכי ישראל ב: אלא משני מלכי יהודה ולא על שני מלכי יהודה אלא משני מלכי ישראל. א)[א] והימים אשר מלך דוד [א]על ישראל ארבעים שנה וגו'. וכתיב ב)בחברון מלך על יהודה שבע שנים וששה חדשים ובירושלם מלך וגו'. [ב]בכלל חסירים ובפרט יתירים. ר' יצחק בר [ג]קצצתה בשם ר' יונה שלשים ושתים ומחצה היו אלא בשביל לחלוק [ד]לו כבוד לירושלם הוא מונה אותן שלימות. [ה]יהודה ברבי אומר חשבון מרובה בולע [ו]לחשבון ממועט. [ב]אמר ר' שמואל בר נחמן ג)והיה כי [ז]מלאו ימיך אמר לו הקדוש ברוך הוא [ח]דוד ימים מליאים אני מונה לך איני מונה לך ימים חסירים. [ט]שלמה בנך בונה בית המקדש אלא להקריב [י]קרבנות [ג]חביב עלי משפט וצדקה שלך יותר מכל הקרבנות שנאמר ד)עשה צדקה ומשפט נבחר לה' מזבח. [ד]ר' חונא אמר כל אותן ששה חדשים שהיה דוד בורח מפני אבשלום בנו בשעירה היה מתכפר כהדיוט. אמר ר' יודן בר' שלום כתיב ה)כי ששת חדשים ישב שם יואב וכל ישראל אמר לו הקדוש ברוך הוא אני אמרתי לך ו)אל תתגרו בם וביקשת להתגרות בם חייך שאינן נימנין [כ]לך: [ה]מאן תנא רגלים ר' שמעון [ו]דר' שמעון אמר שלשה רגלים כסדרן ובלבד חג המצות ראשון. אשכחת אמר פעמים חמשה פעמים ארבעה פעמים שלשה. לפני עצרת חמשה. לפני החג ארבעה. לפני הפסח שלשה. [ו]ר' לעזר בר' שמעון אמר [ל]ובלבד חג המצות אחרון. אשכחת אמר פעמים שלשה פעמים שנים פעמים אחד. [ח]וחכמים אומרים [א*]רגל שפגע בו תחילה ובלבד שיעברו עליו רגלי שנה כולה. [ט]כתיב ז)[מ]שבתות ה' ומלבד מתנותיכם וגו'.

קרבן העדה

בכלל חסירים. דאינן אלא מ': ובפרט יתירים. דהוה להו ארבעים שנה וששה חדשים: שלשים ושתים ומחצה היו. השנים שמלך (בחברון) [בירושלים], והא דכתיב ל"ג שלימים, כדי לחלוק כבוד לירושלים מונה לחצי שנה לשנה שלימה: יהודה ברבי אומר. שמלך ארבעים שנה ומחצה, אלא כשמגיע למנין מלא כגון ארבעים אף על פי שיש חצי שנה יותר לא חש למנותו, ודומה לזה ארבעים יכנו (דברים כה ג) דאינן אלא תשעה ושלשים, וגבי שבע שנים קחשיב חצי שנה שאינו מנין מלא: ימים מלאים אני מונה לך. דוד חי שבעים שנים מלאים מיום ליום, והיה בעת מלכו בחברון בן תשעה ועשרים שנה ומחצה: בשעירה היה מתכפר כהדיוט. שמלך מביא שעיר עזים לחטאתו, כדכתיב (ויקרא ד כג) אשר נשיא יחטא, דהיינו מלך, והביא קרבנו שעיר עזים זכר תמים, ואותן ששה חדשים היה מביא על שגגתו שעירת עזים נקבה כהדיוט, ואפשר דסובר לכך לא חשבינן אלא ארבעים שמלך דלא קחשיב לששה חדשים שברח: אל תתגרו בם. וסובר דאדום לאו היינו עמלק: חייך שאינן נמנין לך אותן ששה חדשים. בכלל, שלא מנה אלא מ' שנה: מאן תנא רגלים. ראש השנה שלו (תשרי) [ניסן]: ר' שמעון. היא, ולענין בל תאחר וכדמסיק: ג' רגלים כסדרן. אם עברו אחר הנדר עובר עליו בל תאחר, ואם אינן כסדרן אינו עובר עליו: ה"ג ובלבד חג הסוכות אחרון. דסובר אף שחג המצות וחג השבועות איצטריך למיהדר משום בל תאחר אע"ג דברגלים איירי קרא מכל מקום חג הסוכות למה לי הרי הענין עסוק בו, אלא ללמדך שיהא חג הסוכות אחרון לג' רגלים והיינו כסדרן: אשכחת אמר. נמצאת אומר פעמים עובר על בל תאחר בה' רגלים וכו' כדמפרש לקמן: ה"ג ובלבד חג הסוכות אחרון. וכן הוא בבבלי (ד:). והכי פירושו, אחג הסוכות קפיד קרא, דלא לייתר ליה חג המצות וחג השבועות דלא עסיק ביה, אלא חג הסוכות למה לי, אלא לומר שהוא הגורם: רגל שפגע בו תחלה. לאחר נדרו, ממנו מתחיל הג' רגלים, אלא שאינו עובר עד שיעברו עליו כולן: כתיב מלבד שבתות ה' וגו'. מה תלמוד לומר ממילא ידעינן דמוספין מלבד ממוספי שבת ומלבד ממתנות הן באין, לדבר שבחובה אינו בא אלא מן החולין:

פני משה

אחר זה בשנה זו עצמה, וזהו זכריהו ושלום בן יבש, שהרי זכריהו לא מלך אלא ששה חדשים ואחריו מלך שלום בן יבש חדש אחד והיה זה משנת ל"ח למלך יהודה, והדר קחשיב משנת ל"ט למלך יהודה מלכו שלום בן יבש ומנחם בן גדי באותה השנה, הא כילד, ועל כרחך צריך אתה לומר שאלו ששה חדשים של זכריהו וחדש שלאחריו של שלום בן יבש לא היה הכל בשנה אחת, אלא שזכריהו מלך בסוף שנת ל"ח לעזיהו והיינו בחצי השני של שנת הל"ח עד חצי אדר שבו, ושלום בן יבש מלך אחריו ירח ימים והיינו בחצי אדר ובחצי ניסן שאז כשיצא אדר כלו הל"ח של עזיהו, ובניסן התחילה שנת הל"ט לעזיהו ונמצא שמלך שלום בן יבש בשנת ל"ח ובשנת ל"ט לעזיהו, ולמדין אנו ממקראות הללו שדוקא כשנכנס השני לניסן אז הוא שמונין לו מאדר ונחשב גם כן למנין שלו כמו שתמצא בשלום בן יבש וכדמוכח קראי: אין לך לעמוד על שני מלכי ישראל וכו'. שמתוך שמספר הכתוב בכך וכך למלך יהודה זה, מלך זה וזה על ישראל אתה יודע לעמוד אימתי היה מנין שנותם ואימתי מלכו וכדאמרן: כתיב והימים וגו'. איידי דאיירי בשנות המלכים דריש נמי לאלו הכתובים דבמלכים א' כתיב והימים אשר מלך דוד על ישראל ארבעים שנה בחברון מלך שבע שנים ובירושלים מלך שלשים ושלש שנים, וכתיב בשמואל ב' (ד-ה) בן שלשים שנה דוד במלכו ארבעים שנה מלך, בחברון מלך על יהודה שבע שנים וששה חדשים ובירושלים מלך שלשים ושלש שנה על כל ישראל ויהודה, כשתמצא בכלל הם חסרים ששה חדשים מהל"ג שמלך בירושלים וכשתמנה הפרט מהכתוב בשמואל אתה מוצא יתירים ששה חדשים על הכלל שהוא ארבעים בלבד: שלשים ושתים ומחצה היו. באלו השנים שמלך בירושלים, לפי שאלו ששה חדשים הראשונים בחברון היו: אלא בשביל לחלוק כבוד לירושלים. מונה הוא אותן ל"ג שנים שלימות: חשבון מרובה בולע וכו'. כלומר כשהכתוב מונה חשבון מרובה אינו מדקדק אם הן שלימות או לא ומונה אותן כמו שהן שלימות: אמר הקב"ה לדוד ימים מלאים אני מונה לך. מיום אל יום ואיני מונה לך וכו', וגרסינן להא לעיל בפ"ב דברכות (ה"א): כל אותן ששה חדשים וכו'. שלא היה לו דין מלך ומתכפר היה בשעירה כדין ההדיוט: חייך שאינן נמנין לך. למלכות ששה חדשים כנגד אלו ששה חדשים: מאן תנא רגלים. שניסן ראש השנה לרגלים: ר' שמעון וכו'. כמפורש במתני' ותוספתא היא שם (פ"א ה"ג): אשכחת. נמצא אתה אומר שלפעמים אין עובר בבל תאחר עד שיעברו חמשה רגלים כדמפרש ואזיל, אם נדר לפני עצרת חמשה וכו': ובלבד חג המצות אחרון. כלומר חג המצות הוא הגורם שהוא העיקר שבו פתח הכתוב תחילה, ואם עברו עליו שלשה רגלים יהיה חג המצות אחרון, ולפיכך אשכחת אמר פעמים שהן שלשה כשנדר לפני עצרת, ופעמים שהן שנים כשנדר לפני החג, ופעמים שאינו אלא אחד כשנדר לפני הפסח שאז כשיעבור עליו הפסח עובר מיד*: רגל שפגע בו תחילה. איזה שיהיה הוא הרגל הראשון של שלשה רגלים, ובלבד שיעברו עליו כל שלשה רגלים של השנה כולה ואז הוא עובר: כתיב מלבד שבתות ה' וגו'. ברייתא היא בת"כ פרשת אמור (יג):

תורה אור השלם

א) וְהַיָּמִים אֲשֶׁר מָלַךְ דָּוִד עַל יִשְׂרָאֵל אַרְבָּעִים שָׁנָה בְּחֶבְרוֹן מָלַךְ שֶׁבַע שָׁנִים וּבִירוּשָׁלַםִ מָלַךְ שְׁלֹשִׁים וְשָׁלֹשׁ שָׁנִים: (מלכים-א ב יא)

ב) בְּחֶבְרוֹן מָלַךְ עַל יְהוּדָה שֶׁבַע שָׁנִים וְשִׁשָּׁה חֳדָשִׁים וּבִירוּשָׁלַםִ מָלַךְ שְׁלֹשִׁים וְשָׁלֹשׁ שָׁנָה עַל כָּל יִשְׂרָאֵל וִיהוּדָה: (שמואל-ב ה ה)

ג) כִּי יִמְלְאוּ יָמֶיךָ וְשָׁכַבְתָּ אֶת אֲבֹתֶיךָ וַהֲקִימֹתִי אֶת זַרְעֲךָ אַחֲרֶיךָ אֲשֶׁר יֵצֵא מִמֵּעֶיךָ וַהֲכִינֹתִי אֶת מַמְלַכְתּוֹ: (שמואל-ב ז יב) ד) עֲשֹׂה צְדָקָה וּמִשְׁפָּט נִבְחָר לַיהֹוָה מִזָּבַח: (משלי כא ג) ה) כִּי שֵׁשֶׁת חֳדָשִׁים יָשַׁב שָׁם יוֹאָב וְכָל יִשְׂרָאֵל עַד הִכְרִית כָּל זָכָר בֶּאֱדוֹם: (מלכים-א יא טז) ו) אַל תִּתְגָּרוּ בָם כִּי לֹא אֶתֵּן לָכֶם מֵאַרְצָם עַד מִדְרַךְ כַּף רָגֶל כִּי יְרֻשָּׁה לְעֵשָׂו נָתַתִּי אֶת הַר שֵׂעִיר: (דברים ב ה) ז) מִלְּבַד שַׁבְּתֹת יְהוָה וּמִלְּבַד מַתְּנוֹתֵיכֶם וּמִלְּבַד כָּל נִדְרֵיכֶם וּמִלְּבַד כָּל נִדְבֹתֵיכֶם אֲשֶׁר תִּתְּנוּ לַיהוָה: (ויקרא כג לח)

עין משפט

א מיי' פי"ד מהלכות מעשה הקרבנות הלכה יג [סמ"ג לאוין שלא]:

שינויי נוסחאות

א] על. כ"ה במקרא. בכי"ל ובדפוסים על כל:
ב] בכלל חסירים ובפרט יתירים. בילקו"ש (דה"י-א תתרפג) בכלל מלאים ובפרט חסרים:
ג] קצצתה. בילקו"ש (שם) קצרתה:
ד] לו. בילקו"ש (שם) ליתא:
ה] יהודה ברבי. כ"ה גם ברמב"ן (השגות לסה"מ שרש א). בילקו"ש (שם) רבי יהודה בר רבי. בילקו"ש (ש"ב קמה) ובמדרש שמואל (כו ה) רב יודן:
ו] לחשבון ממועט. בילקו"ש (שם) החשבון מועט. ברמב"ן (שם) חשבון מועט:
ז] מלאו. כ"ה במקרא (דה"י-א יז יא). בכי"ל ובדפוסים ימלאו. [ואמנם בשמואל-ב (ז יב) איתא כן, אך תיבת 'והיה' ליתא שם. ובירושלמי שקלים (פ"ב ה"ה) ועוד מדרשים מייתי קרא דשמואל וגריס 'והיה כי ימלאו' ימיך ושכבת וגו']:
ח] דוד. בירושלמי שקלים (שם) לדוד. בירושלמי ברכות (פ"ב ה"א) ובירושלמי מו"ק (פ"ג ה"ז) לדוד דוד:
ט] שלמה וכו' אלא וכו' לה' מזבח. בכי"ל ליתא ונוסף ע"י המגיה. בירושלמי ברכות (שם) ומו"ק (שם) כלום שלמה וכו' לא כדי:
י] קרבנות. בירושלמי שקלים (שם) נוסף ציבור. בירושלמי ברכות ומו"ק (שם) ליתא:
כ] לך. בילקו"ש (שם) נוסף אלא ליואב:
ל] ובלבד חג המצות. בתוספתא (ערכין פ"ג ה"ט) ובבבלי (ד:) כיון שעבר עליו חג הסוכות עובר עליהן משום בל תאחר. בקה"ע הגיה ובלבד חג הסוכות:
מ] שבתות ה' וכו'. בפסיקתא זוטרתא (אמור) "מלבד שבתות ה', מלמד שמוספי שבת קריבים עם איבורי הרגל. ומלבד כל מתנותיכם ומלבד כל נדריכם, מלמד שכל קרבנות היחיד וקרבנות הציבור שהוקדשו ברגל שיבואו ברגל". וראה עוד בהערה הבאה:

מסורת הש"ס

א) סנהדרין קז. בשינוי [מדרש שמואל כו, ילקו"ש שמואל ב קמה, דה"י א תתרפג, ילקו"ש תהלים תרעג בשינוי] ב) ברכות פ"ב ה"א, מו"ק פ"ג ה"ז [שקלים פ"ב ה"ה, ילקו"ש שמואל ב קמו] ג) סוכה מט. [וילקו"ש משלי תתקנט כעין זה] ד) הוריות פ"ג ה"ב, רות רבה ה ו [מדרש שמואל כו בשינוי, ילקו"ש שמואל ב קמה, דה"י א תתרפג] ה) ר"ה ד. ו) [ביצה יט., תוספתא פ"א ה"ב, תוספתא ערכין פ"ג ה"ט, ספרא אמור פרק טו ה"ג, ילקו"ש אמור תרנא, ראה תתפט] ז) ר"ה ד: [ביצה יט., תוספתא ערכין פ"ג ה"ט, ילקו"ש ראה תתפ] ח) [ר"ה ד:, ביצה יט:, פסיקתא זוטרתא שמות יב ב, ילקו"ש אמור תרנא, ראה תתפא] ט) ספרא אמור פרשה יב ה"י [ספרי ראה סג, פסיקתא זוטרתא ויקרא כג לח, מדרש תנאים לדברים יב ו, ילקו"ש אמור תרנא, ראה תתפא]

גליון הש"ס

חשבון מרובה בולע חשבון ממועט. עיין בסה"מ להרמב"ן שורש א': בשעירה היה מתכפר כהדיוט. נראה הטעם משום דאמרו בסנהדרין דף ק"ז (ע"א) דלא חשבינן אותן ששה חדשים לדוד משום שנצטרע עיי"ש, והרי אמרו בהוריות דף י' ע"א אשר נשיא יחטא (ויקרא ד כב) פרט לנשיא שנצטרע והכי קיי"ל פט"ו משגגות הל' ט', ומשו"ה היה מתכפר באותן ו' חדשים בשעירה: אמר לו הקב"ה אני אמרתי לך וכו'. עיין בהשגות הרמב"ן על ספר המצות בסוף הספר:

מראה הפנים

כל אותן ששה חדשים שהיה דוד בורח וכו'. גרסינן להא בפ"ג דהוריות (ה"ב), ועיי"ש מה שנתבאר מזה בס"ד: רבי אלעזר בי ר' שמעון אמר ובלבד חג המצות אחרון. והתם (בבלי ד:) גרים לר' אלעזר בר' שמעון כיון שעבר עליהן חג הסוכות עובר וכך הוא בתוספתא (ערכין פ"ג ה"ט), ולפי גירסא דהכא מדייק מדפתח בו הכתוב שהרי לפי סדר הרגלים בשנה היה צריך לפתוח בחג הסוכות, אלא לומר שהוא הגורם וכמבואר בפנים:

The Baraisa stated that a single year can be attributed to the rule of two different kings. The Gemara remarks on this: אֵין לָךְ לַעֲמוֹד עַל שְׁנֵי מַלְכֵי יִשְׂרָאֵל – Since one year can be attributed to two kings, **you cannot determine the** exact **years of the** reign of the **kings of Israel,** אֶלָּא מִשְּׁנֵי מַלְכֵי יְהוּדָה – **except from** a comparison with **the years of the kings of Judah** who ruled contemporaneously with them. וְלֹא עַל שְׁנֵי מַלְכֵי יְהוּדָה – **Nor** can you determine **the** exact **years of the** reign of the **kings of Judah,** אֶלָּא מִשְּׁנֵי מַלְכֵי יִשְׂרָאֵל – **except from** a comparison **with the years of the kings of Israel** who ruled contemporaneously with them.[1]

The Gemara discusses Scripture's count of the years of King David's reign:

"וְהַיָּמִים אֲשֶׁר מָלַךְ דָּוִד עַל־יִשְׂרָאֵל אַרְבָּעִים שָׁנָה וגו׳" – It is written:[2] ***"And the days that David reigned over Israel were forty years*** **etc.;** *in Hebron he reigned seven years and in Jerusalem he reigned thirty-three years.* וּכְתִיב – **And it is** also **written** regarding David's rule:[3] "בְּחֶבְרוֹן מָלַךְ עַל־יְהוּדָה שֶׁבַע שָׁנִים וְשִׁשָּׁה חֳדָשִׁים וּבִירוּשָׁלַם מָלַךְ וגו׳" – *David was thirty years old when he began to reign; he ruled for forty years.* ***In Hebron he ruled over Judah seven years and six months, and in Jerusalem he ruled*** *for thirty-three years* **etc.**

The Gemara notes an inconsistency in the Scriptural account: בִּכְלָל חֲסֵירִים – **In the total** given by Scripture of the years of David's rule, **[the years] are less** (only forty), וּבִפְרָט יְתֵירִים – **but in the detailed** count of the years **they are more** (seven and a half plus thirty-three, i.e. forty and a half)![4] – **?** –

The Gemara suggests several answers to this question. The first answer:

רַבִּי יִצְחָק בַּר קְצַצְתָּה בְּשֵׁם רַבִּי יוֹנָה – **R' Yitzchak bar Ketzatztah** said **in the name of R' Yonah:** Although the verse states that the years of David's reign in Jerusalem were thirty-three, שְׁלֹשִׁים וּשְׁתַּיִם וּמֶחֱצָה הָיוּ – **they were** actually only **thirty-two-and-a-half** years. אֶלָּא בִּשְׁבִיל לַחֲלוֹק לוֹ כָּבוֹד לִירוּשָׁלַם – **But in order to bestow honor upon Jerusalem,** הוּא מוֹנֶה אוֹתָן שְׁלֵימוֹת – **[Scripture] reckons them** as **whole** years.[5]

A second answer:

יְהוּדָה בְּרַבִּי אוֹמֵר – **Yehudah the Wise says:** חֶשְׁבּוֹן מְרוּבֶּה בּוֹלֵעַ לְחֶשְׁבּוֹן מְמוּעָט – **The large sum** (forty years) **swallows up the small sum** (a half of a year).[6]

A third answer:

אָמַר רַבִּי שְׁמוּאֵל בַּר נַחְמָן – **R' Shmuel bar Nachman said:** The verse states: "(והיה) כִּי [יִ]מְלְאוּ יָמֶיךָ" – ***When your days are complete*** *and you lie with your forefathers, I shall raise up after you your offspring. . . He shall build a Temple for My sake.*[7] אָמַר לוֹ הַקָּדוֹשׁ בָּרוּךְ הוּא – The verse means as follows: **The Holy One, Blessed is He, said to [David]:** דָּוִד – **David!** יָמִים מְלֵיאִים אֲנִי מוֹנֶה לָךְ – **Complete days I shall count out to you;** אֵינִי מוֹנֶה לָךְ יָמִים חֲסֵירִים – **I shall not count out to you incomplete days.** Although the building of the Temple must wait until the time of your son, Solomon, I shall not subtract any time from your allotted life span in order that the Temple be constructed earlier.[8] [כְּלוּם] שְׁלֹמֹה בִּנְךָ בּוֹנֶה בֵּית הַמִּקְדָּשׁ אֶלָּא לְהַקְרִיב קָרְבָּנוֹת – **Is there any reason for your son Solomon to build the Temple except to offer offerings** in it?[9] חָבִיב עָלַי מִשְׁפָּט וּצְדָקָה שֶׁלְּךָ יוֹתֵר מִכָּל הַקָּרְבָּנוֹת – **Your just deeds and charity are more precious to Me than all the offerings!** שֶׁנֶּאֱמַר "עֲשֹׂה צְדָקָה וּמִשְׁפָּט נִבְחָר לַה׳ מִזָּבַח" – **As** the verse **states:** ***Performing charity and what is just is more acceptable to Hashem than an offering.***[10]

NOTES

1. [After the death of King Solomon, the Jewish kingdom was divided between Solomon's son Rechavam, who ruled over Judah and Benjamin, and Yeravam, who ruled over the remaining Ten Tribes of Israel (see *I Kings* Ch. 12). The Books of *Kings* and *Chronicles* give concurrent accounts of the rulers of both kingdoms, specifying the date at which each king ascended the throne and the duration of each one's reign. The date of ascension of each king is recorded in terms of the years of his counterpart in the opposite kingdom.]

Since Scripture reckons part of a year as a whole year, and, moreover, attributes the same year to two consecutive kings, it is impossible to ascertain the exact number of calendar years any king actually reigned. Consider: If a king began his rule at the end of Adar, and died at the beginning of Nissan just over three years later, Scripture will nevertheless describe him as having ruled for five years (since the period until the first Nissan of his rule and the period from the last Nissan of his rule each counts as a full year). If his successor rules until the beginning of Nissan four years later, he, too, will be described as having ruled for five years. If only for Scripture's description, one might think that between them the two kings ruled for ten years, when in fact their rule lasted for a little more than *seven.* However, by comparing these years to the years of the kings of the other kingdom one can get a more accurate picture of the true duration of the kings' reigns (see *Beur of R' Chaim Kanievski;* for other interpretations, see *Korban HaEidah, Pnei Moshe,* and *Yefei Einayim* loc. cit.).

2. *I Kings* 2:11.

3. *II Samuel* 5:4-5.

4. In giving the total number of years of David's rule, Scripture states he ruled for forty years. But combining the number of years he ruled in Hebron with the years he ruled in Jerusalem yields a larger number, forty years and six months (*Korban HaEidah; Beur of R' Chaim Kanievski;* see *Pnei Moshe* for a slightly different interpretation).

[It seems strange that the Gemara mentions the verse from *I Kings,* given that the same discrepancy in count exists between the two consecutive verses in *II Samuel*! (see *Parashas Derachim* §10 ד״ה הן אמת; see also *Maharsha* to *Bavli Sanhedrin* 107b). For a possible solution, see *Yefeh Mareh.*

It is also not clear why the Gemara presents the question as a contradiction between the total sum and its two components. The two accounts of the components are also contradictory: In the verse in *I Kings* it is written that David reigned in Hebron seven years, and in the account in *II Samuel* it is written that he reigned in Hebron seven-and-a-half years! (see *Bavli Sanhedrin* ibid.).]

5. King David actually reigned for only forty years — seven years and six months in Hebron, and thirty-two years and six months in Jerusalem. However, out of respect to Jerusalem the verse refers to those initial six months in Jerusalem as a full year (*Korban HaEidah; Pnei Moshe*).

6. In fact, David reigned for 40 ½ years. The reason Scripture mentions only forty years is because when referring to a large amount of years, the verse does not mention half years. By contrast, when the verse refers to the seven years David reigned in Hebron it does mention the extra half year, because seven years is not a large number (*Korban HaEidah;* see *Pnei Moshe,* who explains the point somewhat differently).

7. *II Samuel* 7:12-13. In these verses, God informs David that his son will build the Temple, but only after David completes all his prescribed years.

[Emendation follows the text of the verses in *II Samuel.* The printed version is apparently based on a similar verse in *I Chronicles* 17:11.]

8. *Bavli* 11a (from *Tosefta Sotah* 11:3) teaches: "The Holy One, Blessed is He, sits and makes full the years of the righteous from day to day and from month to month." That is, He ensures that the righteous will die on the very day of the very month in which they were born. God thus tells David that he will fill his days, and take his life on the same date as his birth and not earlier, even though this will mean a delay in the building of the Temple (*Yefeh Mareh* to *Berachos* 2:1,20a; *Korban HaEidah* to *Shekalim* 2:5,7b and *Moed Katan* 3:7).

9. Emendation is based on the parallel *sugyos* in *Berachos, Shekalim,* and *Moed Katan* ibid.

10. *Proverbs* 21:3. In a similar vein, *Bavli Shabbos* 30a and *Makkos* 10a record that God told David: "כִּי טוֹב־יוֹם בַּחֲצֵרֶיךָ מֵאָלֶף" – *For a day in Your courts is better than a thousand* (*Psalms* 84:11), which it interprets as meaning: טוֹב לִי יוֹם אֶחָד שֶׁאַתָּה יוֹשֵׁב וְעוֹסֵק בַּתּוֹרָה מֵאֶלֶף עוֹלוֹת שֶׁעָתִיד שְׁלֹמֹה בִּנְךָ לְהַקְרִיב לְפָנַי עַל גַּבֵּי הַמִּזְבֵּחַ, *I prefer a single day in which you sit and engage [in the study of] Torah, over the thousand olah offerings that your son*

actually take place in the second year, from which it follows that the Mishkan was also erected in the second year, and that a single day of a year is reckoned as a full year.[12]

The Gemara concludes:

הֲדָא מִן תְּתוּבָתָה דְּרַבִּי יִצְחָק דְּאִינִין קַשְׁיָין – This is one of R' Yitzchak's challenges that [remain] difficult.[13]

The Gemara wonders what the practical ramifications are of the dispute regarding the date of the New Year for non-Jewish kings: **בֵּין כְּמַאן דְּאָמַר מִנִּיסָן מוֹנִין – Whether according to the one who says that we count** a non-Jewish king's reign **from Nissan, בֵּין כְּמַאן דְּאָמַר מִתִּשְׁרֵי מוֹנִין –** and **whether according to the one who says that we count** a non-Jewish king's reign **from Tishrei, מַה בֵּינֵיהוֹן – what is** the practical difference **between them?** What legal ramifications emerge from their dispute?

The Gemara answers:

אֲמַר רַבִּי יוֹנָה – R' Yonah said: שְׁטָרוֹת יוֹצְאוֹת בֵּינֵיהוֹן – The practical difference **between them** relates to loan **documents that are produced** by creditors in order to collect payment from the real property of the borrowers.[14]

R' Yonah illustrates:

לָוָוה מִלְוֶוה בְּאִיָּיר – Consider the following example: **[A borrower] took out a loan in Iyar, וְכָתַב בָּהּ שָׁנָה שְׁנִיָּיה לְמַלְכוּת – and wrote [in the loan document]** that the loan took place in Iyar of **the second** year **of the monarchy. מָכַר מְכִירָה בְּמַרְחֶשְׁוָן** – And **he** also **sold** one of his properties **in sale in Marcheshvan, וְכָתַב בָּהּ שְׁנִיָּיה לְמַלְכוּת – and wrote [in the sale document]** that the sale took place in Marcheshvan of **the second** year **of the monarchy. מַאן דְּאָמַר מִנִּיסָן מוֹנִין** – According to **the one who says** that **we count** a king's reign **from Nissan, מִלְוֶוה קָדְמָה** – we can infer from the dates on the documents that **the loan preceded** the sale, for Iyar comes before Marcheshvan in the year of non-Jewish kings. Therefore, the creditor may collect his due from the property the borrower sold in Marcheshvan. **מַאן דְּאָמַר מִתִּשְׁרֵי מוֹנִין** – But according to **the one who says** that **we count** a king's reign **from Tishrei, מְכִירָה קָדְמָה** – the dates indicate that **the sale preceded** the loan, for Marcheshvan comes before Iyar in the year of non-Jewish kings. Therefore, the creditor may not collect from that property.[15]

A Baraisa illustrates the Mishnah's ruling that the first of Nissan is the New Year for kings:

כֵּיצַד לִמְלָכִים – HOW is the law that Nissan is New Year **FOR KINGS** applied in practice? **מֵת בַּאֲדָר** – If **[ONE KING] DIED IN ADAR, וְעָמַד מֶלֶךְ בַּאֲדָר – AND** the next **KING ASCENDED** the throne **IN** the same month, **ADAR, נִמְנֵית שָׁנָה לָזֶה וְשָׁנָה לָזֶה – IT IS COUNTED** as **A YEAR FOR THIS [KING] AND** as **A YEAR FOR THAT [KING].**[16]

The Gemara qualifies the Baraisa's ruling:

אֲמַר רַבִּי יוֹנָה – R' Yonah said: וְהוּא שֶׁנִּכְנַס לְנִיסָן – This law, that when a king began his reign in the middle of the year that year is counted as one year of his reign even though he ruled for only part of the year, is true **provided that [the king's reign] enters into** the month of **Nissan,** but not if he died before Nissan, in the same year he ascended the throne.[17] **דִּי לָא כֵן – For if it is not so,** rather, even a king who ruled only in the middle of the year is counted as having ruled for a year, then we are faced with a difficulty, **כַּהֲדָא – as** emerges from **the following** verse:[18] "וַיִּמְלֹךְ יֶרַח־יָמִים בְּשֹׁמְרוֹן" – *Shallum ben Yavesh became king in the thirty-ninth year of Uzziah king of Judah,* ***and he reigned for a month of days in Samaria***.[19] Now, if a king who rules for even just part of a year is counted as having ruled for a year, why does the verse refer to the number of days that Shallum ruled, rather than simply stating that he ruled for a year? Perforce, a reign that does not include the first of Nissan is not reckoned as a year of rule, and Shallum's reign began in the middle of the year and ended before the following Nissan.[20]

NOTES

12. Thus, the Gemara's proof from the Book of *Nehemiah* that Nissan is not the New Year for non-Jewish kings stands (*Pnei Moshe*).

13. *Korban HaEidah; Pnei Moshe.*

The Gemara thus concludes that the reign of non-Jewish kings is reckoned from Tishrei, and not from Nissan (*Pnei Moshe*; see *Bavli* 3a-b).

14. Loans recorded in a formal document signed by two witnesses create a lien on all of the borrower's real property. Even if the borrower subsequently sells his property, the lien remains attached to it. Thus, in the event that payment is not forthcoming from the debtor himself, the lender can produce his document and collect the property from the buyer. But the lender is entitled to collect from the buyer only those properties sold after the loan, for he has no lien on properties that were no longer in the borrower's possession at the time of the loan. It is therefore necessary to be able to verify the exact date of the loan and the exact date of the sale, in order to ascertain which came first, and thus, whether the property is mortgaged to the loan or not.

15. *Korban HaEidah; Pnei Moshe.*

This is actually the reason why the Rabbis established a fixed date for the New Year for kings – both Jewish and non-Jewish – in the first place, rather than simply counting the year as beginning on the anniversary of the king's ascension to the throne. As explained above (1a note 2), not everyone is aware of the exact date on which the king began his reign, so without a fixed date *beis din* could not rely on the dates written in the documents to ascertain whether the loan or the sale came first, for it is very possible that one of the documents was dated incorrectly. Thus, out of doubt they would never allow the creditor to collect the debt from the sold property (*Rashba, Bavli* 2a, end of ד"ה למלכים, in explanation of *Bavli* ibid.; but see *Tosafos* ad loc., end of ד"ה לשטרות; see *Tosafos* ibid. and *Rashi* ad loc. for other interpretations of the Gemara).

16. The same year is attributed to two different kings. It is counted as the last year of the first king's reign, but it is also counted as the first year of his successor's reign, with his second year beginning in Nissan (*Rabbeinu Chananel, Bavli* 2b). [See above, 1a note 2.]

When the Baraisa states that the year in which a king died and his successor ascended the throne is counted for both, it means not only that a single year can be reckoned as a year for two different kings, but also that even the part of the year that remains *after the first king's death* can be attributed to both. That is, if a document is written in Adar after the second king came to the throne, it may be dated using either the year of the deceased king's reign or the first year of the new king's reign (*Korban HaEidah* and *Pnei Moshe*, from *Rashi* to 2b ד"ה לזה ולזה; cf. *Meiri* ad loc.; see *Turei Even* and *Sfas Emes* there).

17. The rule that a part of a year is reckoned like an entire year applies only for a king who began his reign on the first of Nissan and died before the year was over, or for one who began his reign in the middle of the year and continued beyond the first of Nissan into the following year. If, however, he started his reign in the middle of the year, and died before that year was over, we do not say that he reigned for a year (*Beur of R' Chaim Kanievski; Yefei Einayim, Bavli* 2b; see also *Rashba, Bavli* ibid.). Thus, all documents written in that year after the king's death must be dated according to the years of the previous king, who was on the throne when the year had begun (*Pnei Moshe*).

18. *Korban HaEidah; Pnei Moshe*; but see *Tos. HaRosh* (*Bavli* 2b) for a different version of the text.

19. *II Kings* 15:13.

Shallum ben Yavesh ruled over the Ten Tribes of Israel. He succeeded Zechariah ben Yeravam, whom he assassinated (see ibid. v. 10). He ruled for only one month before he, himself, was assassinated by Menachem ben Gadi, who succeeded him (see v. 14).

20. *Beur of R' Chaim Kanievski; Yefei Einayim* loc. cit.; for other interpretations, see *Korban HaEidah* and *Pnei Moshe*.

[We know that the month of Shallum's reign did not include the first of Nissan, because the verse states that he became king in the 39th year of Uzziah's rule, and a different verse (ibid. v. 17) states that his successor, Menachem ben Gadi, also ascended the throne in the 39th year of Uzziah (whom that verse refers to as Azariah). Had Shallum still ruled on the first of Nissan, the verse would have stated that Menachem began his reign in the *40th* year of Uzziah.]

והכתיב ויהי בחדש ניסן שנת עשרים ויהי בחדש כסליו שנת עשרים. תיפתר כר' אליעזר דר' אליעזר אמר כל שנה שלא נכנסו לה שלשים יום אין מונין אותה שנה שלימה. והכתיב ויהי בחדש הראשון בשנה השנית באחד לחדש הוקם המשכן. אין תימר שנת שלישית היא על ידי שלא נכנסו שלשים יום אין מונין אותה שנה שלימה והכתיב ויהי בשנה השנית בחדש השני בעשרים בחדש והא אית בשתא חמשין יומין ואין מונין אותה שנה שלימה. הדא מן תתובתה דר' יצחק דאינין קשיין. בין כמאן דאמר מניסן מונין בין כמאן דאמר מתשרי מונין מה בינידהון. אמר ר' יונה שטרות יוצאות בינידהון. לווה מלווה באייר וכתב בה שנה שנייה למלכות. מכר מכירה במרחשון וכתב בה שנייה למלכות. מאן דאמר מניסן מונין מלווה קדמה. מאן דאמר מתשרי מונין מכירה קדמה: כיצד למלכים. מת באדר ועמד מלך באדר נמנית שנה לזה ושנה לזה. אמר ר' יונה והוא שנכנס לניסן די לא כן כהדא וימלוך ירח ימים בשומרון

עולה מן המנין, היינו שאינה עולה למנין ולסדר השנים כלל וכדאמרן, והא דקאמר תיפתר כר' אליעזר הרי להן פירושא אפילו כר' יהושע אתיא, היינו משום דאדלעיל קאי דבעי רבי יצחק למימר דטעמא דקאמר דאף למלכי אומות העולם מונין מניסן משום דסבירא ליה כר' יהושע דבניסן נברא העולם ולפיכך הותיב עלה מקראי דמבול, ועלה קאמר תיפתר כר' אליעזר וכו', וכלומר לא כדקא סלקא דעתיה דר' חנינה אליבא דר' יהושע קאמר להא, אלא תיפתר כר' אליעזר נמי דסבירא ליה בתשרי נברא העולם. והא דקאמר למלכי אומות העולם מונין נמי מניסן טעמא אחרינא אית בהא, ומשום דמכיון דגלי קרא דלמלכים מניסן מנינן תו לא מחלקינן בין מלכי ישראל לבין מלכי אומות העולם, וכהאי דאמר לעיל (א:) לא זכו למנות לעצמן התחילו מונין למלכיות ומשמע דאותו מנין עצמו הוא, וקראי דמבול מיתרצי בין למר ובין למר וכדאמרן: והכתיב. בנחמיה ויהי בחדש ניסן שנת עשרים לארתחשסתא המלך יין לפניו וגו', וכתיב בריש נחמיה ויהי בחדש כסליו שנת עשרים ואני הייתי בשושן הבירה וגו', ודברים אלו שאמר חנניה לנחמיה בכסליו, אמרן נחמיה לפני המלך בניסן, ומדקאי בכסליו וקרי לה שנת עשרים, וקאי בניסן וקרי לה שנת עשרים מכלל דראש השנה לאו ניסן הוא, וקשיא על ר' חנינה דקאמר אף למלכי אומות העולם מונין מניסן: תיפתר כר' אליעזר דאמר ר' אליעזר כל שנה וכו'. והכא נמי איירי שאמר נחמיה להמלך בתחלת ניסן, ולפי שלא נכנסו לה שלשים יום לשנת עשרים ואחת קרי לה שנת עשרים, ולעולם מניסן מנינן אף למלכי אומות העולם: והכתיב ויהי בחדש הראשון בשנה השנית באחד לחדש הוקם המשכן. והרי כאן באחד לחדש הוא וקרי לה בשנה השנית: אין תימר וכו'. כלומר ואם תאמר דבאמת שנת שלישית היתה, והא דקרי לה בשנה השנית נמי מהאי טעמא משום דעל ידי שלא נכנסו לה שלשים יום אין מונין לה שנה שלימה לומר בה שנת (שלשים) [שלישית], אכתי קשיא דהא כתיב ויהי בחדש השני בשנה השנית בעשרים לחדש נעלה הענן מעל המשכן, והא אית כאן בשתא חמשין יומין ואפילו הכי אין מונין אותה שנה שלימה, א"כ הדרא קושיא לדוכתה מקראי דנחמיה: הדא מן תתובתה דר' יצחק דאינון קשיין. הרי זה חד מן הני תיובתא דמותיב שהן קשין מלתרצן, דאי אמרת אף למלכי אומות העולם מונין מניסן קשיא, אלא דלא כר' חנינה דלא שנו למלכים מניסן אלא למלכי ישראל, אבל למלכי אומות העולם מתשרי מנינן: מה בינידהון וכו'. כלומר וכל כך למה דאנן שקלין וטרינן אם למלכי אומות העולם גם כן מניסן מנינן או מתשרי, ומה נפקא מינה לדינא איכא הכא: שטרות. איכא לדינא ביניהן וכדמפרש ואזיל: לוה מלוה באייר. ושיעבד לו הלוה נכסיו וכתוב בשטר בשנה שנייה למלכות ומכר הלוה שדה במרחשון וכתוב גם כן בשנה שנייה למלכות, א"כ למאן דאמר מניסן מנינן והתחילה שנה שניה לאותו מלכות המלוה קדמה למכירה שהיתה אחר כך במרחשון ויכול המלוה לטרוף אותה מן הלוקח, ולמאן דאמר מתשרי מנינן והתחילה שנה שניה א"כ המכירה שבמרחשון קדמה להלואה שהיתה אחר כך באייר באותה שנה, ואין המלוה יכול לטרוף אותה מזה שקדמה המכירה להשיעבוד ואין אותה שדה משועבדת להמלוה: כיצד למלכים וכו'. תוספתא היא בפ"ק (ה"א): נמנית שנה לזה וכו'. אם רוצה כותב בכך וכך להמלך שמת, ואם רוצה כותב בשנה הראשונה להמלך שעמד, וקמ"ל דמנינן שתא לבי תרי: והוא שנכנס לניסן. הא דאמרינן דמונין שנה אחת לזה ולזה, דוקא אם יכנס השני לניסן ואז כשהגיע ניסן עלתה לו שנה וכותבין בניסן בשנה שניה למלך פלוני, מפני שחדש אדר שעמד בו נמנית לו לשנה ראשונה אף על פי שנמנית גם כן להמלך שקדם לו, אבל אם לא נכנס לניסן לא נחשב לו חדש אדר לשנה שלימה, וכלומר אם זה השני גם כן מת באדר אין מונין לו שנה כלל אלא למלך שהיה לפניו בלבד: די לא כן כהדא וימלך ירח ימים בשומרון. דאי לא תימא הכי קשיא לן קראי דמלכים דכתיב (מלכים-ב טו ח-י) בשנת שלשים ושמנה לעזריהו מלך יהודה מלך זכריהו בן ירבעם על ישראל בשמרון ששה חדשים וגו', ויקשר עליו שלום בן יבש ויכהו וגו' וימלך תחתיו, וכתיב (מלכים-ב טו יג, יד, יז) שלום בן יבש מלך בשנת שלשים ותשע שנה לעזיה מלך יהודה וימלך ירח ימים בשומרון, ויעל מנחם בן גדי מתרצה ויבא שמרון ויך את שלום בן יבש וימיתהו וימלך תחתיו וגו', בשנת שלשים ותשע שנה לעזריה מלך יהודה מלך מנחם בן גדי על ישראל, הרי שתמצא כאן שנת ל"ח למלך יהודה מלכו שני מלכים על ישראל זה

ופריך והכתיב בנחמיה ויהי בחדש ניסן בשנת עשרים לארתחשסתא, וכתיב ויהי בחדש כסליו שנת עשרים. וילפינן שנת עשרים לגזרה שוה דהאי נמי לארתחשסתא קאמר, וקשיא קאי בכסליו וקרי ליה שנת עשרים וקאי בניסן וקרי ליה שנת עשרים, שמע מינה דניסן לאו ראש השנה. ובבבלי (ג.) יליף מקראי למעשה דכסליו קדים: אין מונין אותה שנה שלימה. והאי דניסן בעשרים בו הוה לכך לא קחשיב ליה בשנה: בחדש הראשון בשנה השנית באחד לחדש הוקם המשכן. דלא עייל אלא יום אחד וקרי ליה שני, וקשיא למאן דאמר מניסן מנינן, דאלו למאן דאמר מתשרי מנינן כשהגיע תשרי ראשון כבר היה שנה שנית: אין תימר שנה שלישית היתה. כשהוקם המשכן והא דכתיב שנית משום דלא עייל לה שלשים יום, קשיא והכתיב ויהי בחדש השני וכו' דכבר עייל בשנה נ' יום וקרי ליה שנית, אלא שמע מינה דהוה בשנה שנית ויום אחד בשנה חשוב שנה, א"כ קשיא משנת עשרים: הדא וכו'. זהו מן תשובותיו של ר' יצחק שהם קשין ולית להון פירוקא: בין כמאן דאמר מניסן וכו'. מאי בינייהו: שטרות יוצאות. איכא בינייהו וכדמסיק: לוה. שלוה באייר וכתב בשטר בשנה שנייה למלכות: מכר. הלוה שדה וכתב בשטר מכירה בחשון בשנה שנית למלכות: מאן דאמר מניסן מנינן מלוה קדמה. וטורף מלקוחות: ומאן דאמר מתשרי מנינן. המכירה היתה קודם ההלואה ואינו טורף המלוה מהלקוחות: נמנית שנה לזה ושנה לזה. הבא לכתוב שטר באדר לאחר שעמד השני, אם רצה לכתוב בשטר בשנת פלוני למלך שמת כותב, ואם רצה כותב בשנה הראשונה למלך שעמד: והוא שנכנס לניסן. שמת המלך הראשון בניסן ונמנה השני ג"כ בניסן הוא דמונין שנה לזה ולזה, אבל בשאר חדשים אין מונין לשני שנה בפני עצמה עד שיגיע ניסן. לישנא אחרינא כשיגיע ניסן אז מונין לראשון שני שנים. ולשון ראשון עיקר כדמסיק: די לא כן. דאם לא כן אלא שלעולם מונין מקצת השנה גם לשני לשנה שלימה, קשיא הא דכתיב במלכים (ב, טו יג) שלום בן יבש מלך בשנת ל"ט לעוזיה מלך יהודה וימלוך ירח ימים בשומרון, וכתיב (מלכים שם יז) בשנת ל"ט לעוזיה מלך יהודה מלך מנחם בן גדי על ישראל עשר שנים, וכתיב (מלכים שם כג) בשנת חמשים לעוזיה מלך יהודה מלך פקחיה בנו תחתיו. ואי סלקא דעתך דאפילו נמנה במקצת השנה מונין לו שנה שלימה הוי ליה למכתב (דפקחיה) [דמנחם] מלך אחד עשר שנה, שהרי מן ל"ט עד חמשים הם אחד עשר שנה, אלא ודאי דשנת ל"ט אין מונין (לפקחיה) [למנחם] כיון שלא מלך בניסן, שהרי שלום מלך ירח ימים ואם כן ודאי כבר עבר ניסן, ומת בשנת חמשים לעוזיה בניסן, נמצא שאין כאן אלא עשר שנים, והיינו דקאמר אין לך לעמוד על שני מלכי ישראל וכו', דמשנת עוזיה ידעינן שנותיו של (פקח) [מנחס] וכדפרישית:

שינויי נוסחאות

א] בשנה השנית בחדש השני. כ"ה במקרא ובתוס' הרא"ש (ג:) ובדפ"ו. בכי"ל ובדפוסים הישנים בחדש השני בשנה השנית:
ב] ר' יונה. בתוס' (ב.) ר' יצחק:

תורה אור השלם

א) וַיְהִי בְּחֹדֶשׁ נִיסָן שְׁנַת עֶשְׂרִים לְאַרְתַּחְשַׁסְתְּא הַמֶּלֶךְ יַיִן לְפָנָיו וָאֶשָּׂא אֶת הַיַּיִן וָאֶתְּנָה לַמֶּלֶךְ וְלֹא הָיִיתִי רַע לְפָנָיו: (נחמיה ב א)

ב) דִּבְרֵי נְחֶמְיָה בֶּן חֲכַלְיָה וַיְהִי בְחֹדֶשׁ כִּסְלֵיו שְׁנַת עֶשְׂרִים וַאֲנִי הָיִיתִי בְּשׁוּשַׁן הַבִּירָה: (נחמיה א א)

ג) וַיְהִי בַּחֹדֶשׁ הָרִאשׁוֹן בַּשָּׁנָה הַשֵּׁנִית בְּאֶחָד לַחֹדֶשׁ הוּקַם הַמִּשְׁכָּן: (שמות מ יז)

ד) וַיְהִי בַּשָּׁנָה הַשֵּׁנִית בַּחֹדֶשׁ הַשֵּׁנִי בְּעֶשְׂרִים בַּחֹדֶשׁ נַעֲלָה הֶעָנָן מֵעַל מִשְׁכַּן הָעֵדֻת: (במדבר י יא)

ה) שַׁלּוּם בֶּן יָבֵישׁ מָלַךְ בִּשְׁנַת שְׁלֹשִׁים וָתֵשַׁע שָׁנָה לְעֻזִּיָּה מֶלֶךְ יְהוּדָה וַיִּמְלֹךְ יֶרַח יָמִים בְּשֹׁמְרוֹן: (מלכים-ב טו יג)

גליון הש"ס

בין כמאן דאמר מניסן מונין וכו' שטרות יוצאות בינהון וכו'. עיין תוס' ב' ע"א ד"ה לשטרות:

מראה הפנים

הדא מן תתובתה דר' יצחק דאינון קשיין. ונשאר בתיובתא ומסקינן דלמלכי אומות העולם מתשרי מנינן וכדאסיק רב חסדא התם (בבלי ג.): בין כמ"ד מניסן מונין וכו'. עיין לעיל (א:) סוף ד"ה באחד בניסן ר"ה למלכים מה שהוזכר מזה בס"ד:

מסורת הש"ס

א) ר"ה ג: ב) ר"ה י: [סדר עולם רבה פרק ד, ילקו"ש נח נו, וכעין זה מכות ג: בכורות כח. נדה מד: מה. תוספתא נדה פ"ו ה"ב ילקו"ש שמיני תקכא] ג) [עי' ר"ה י: תוד"ה מדאכתי] ד) [ר"ה ב., ח., ע"ז י., עי' ר"ה ב. תוד"ה לשטרות] ה) [ר"ה ב: בשינוי, תוספתא פ"א ה"א]

R' Yitzchak raises a different objection to the view that the New Year for even non-Jewish kings is in Nissan:

וְהָכְתִיב – **But it is written** in the Book of *Nehemiah*: "וַיְהִי בְּחֹדֶשׁ נִיסָן שְׁנַת עֶשְׂרִים" – ***It was in the month of Nissan of the twentieth year*** *of King Artachshasta...*[1] And it is written earlier there: "וַיְהִי בְחֹדֶשׁ־כִּסְלֵו שְׁנַת עֶשְׂרִים" – *The words of Nehemiah the son of Chachaliah:* ***It was in the month of Kislev of the twentieth year...***[2] Now, we know that the incident of Kislev preceded that one of Nissan,[3] yet Scripture describes both incidents as having taken place in the twentieth year of the king's reign. But if Nissan marks the beginning of a new year for non-Jewish kings, then the incident in Kislev took place in the *twenty-first* year![4] — ? —

The Gemara answers:

תִּיפְתֹּר כְּרַבִּי (אליעזר) [אֶלְעָזָר] – **Interpret [the verses] according to R' Elazar;** i.e. these verses can be reconciled with the position that the New Year for non-Jewish kings is Nissan if we follow R' Elazar's view. דְּרַבִּי (אליעזר) [אֶלְעָזָר] אָמַר – **For R' Elazar says:** כָּל שָׁנָה שֶׁלֹּא נִכְנְסוּ לָהּ שְׁלֹשִׁים יוֹם – Regarding **any year of which thirty days have not passed,** אֵין מוֹנִין אוֹתָהּ שָׁנָה שְׁלֵימָה – **we do not count it as a full year.** Thus, even if Nissan is the New Year for non-Jewish kings, in which case the second incident actually occurred in the *twenty-first* year of Artachshasta's reign, the verse describes it as having taken place in his twentieth year because it occurred in Nissan, less than thirty days after the start of the new year.[5]

The Gemara rejects this answer:

וְהָכְתִיב – **But it is written:** "וַיְהִי בַּחֹדֶשׁ הָרִאשׁוֹן בַּשָּׁנָה הַשֵּׁנִית בְּאֶחָד לַחֹדֶשׁ הוּקַם הַמִּשְׁכָּן" – ***It was in the first month, in the second year, on the first of the month, the Mishkan was erected.***[6] Although this event occurred only one day into the second year, Scripture nevertheless describes it as having occurred in the second year.[7] Clearly, even a single day of a year is reckoned as a full year![8]

The Gemara deflects a possible resolution:

אִין תֵּימַר שְׁנַת שְׁלִישִׁית הִיא – And **if you will** attempt to **say** that **it was** really **the** beginning of the **third year** when the Mishkan was erected, עַל יְדֵי שֶׁלֹּא נִכְנְסוּ שְׁלֹשִׁים יוֹם – but **due** to the fact **that thirty days had not entered** into the year, i.e. it was less than thirty days since the beginning of the year, אֵין מוֹנִין אוֹתָהּ שָׁנָה שְׁלֵימָה – **we do not count [the year] as a full year,** and the verse therefore refers to the date as being in the second year,[9] this cannot be. וְהָכְתִיב – **For it is written:** "וַיְהִי בַּשָּׁנָה הַשֵּׁנִית בַּחֹדֶשׁ הַשֵּׁנִי בְּעֶשְׂרִים בַּחֹדֶשׁ" – ***It was in the second month, in the second year, on the twentieth of the month,*** *the Cloud (of Glory) was lifted from upon the Mishkan of Testimony.*[10] וְהָא אִית בְּשַׁתָּא חַמְשִׁין יוֹמִין – **Now,** at the time of this event, which occurred after the Mishkan was erected, **the year** already **contained fifty days,** i.e. fifty days had passed since the beginning of the year, וְאֵין מוֹנִין אוֹתָהּ שָׁנָה שְׁלֵימָה – **and** can it be that **we do not count it as a full year?** Certainly not![11] Clearly, this latter event did

NOTES

1. *Nehemiah* 2:1. This verse introduces the passage in which Nehemiah pleads to the king to allow him to go up to Jerusalem and rebuild its walls.

2. Ibid. 1:1. This verse introduces the passage that describes how Nehemiah was informed by Chanani of the sorry state of the Jews in Jerusalem, and that the walls of the city had fallen into disrepair.

By means of a *gezeirah shavah* linking this verse with the first verse cited by the Gemara (*Nehemiah* 2:1), it is derived that "the 20th year" of which this verse speaks, like "the 20th year" of the other verse, refers to the 20th year of the rule of King Artachshasta (*Korban HaEidah*, from *Bavli* 3b).

3. For it was based on the report Nehemiah received from Chanani (in Kislev) that he made his request of the king (in Nissan) to allow him to go to Jerusalem (*Pnei Moshe*, from *Bavli* ibid.).

4. *Korban HaEidah* and *Pnei Moshe*, based on *Bavli* 3a.

Since an event that took place in Kislev and an event that took place in Nissan (a few months later) both occurred in the same year of Artachshasta's reign, it is evident that there was no New Year between them. Hence, the New Year for non-Jewish kings cannot be the first of Nissan.

5. In *Tosefta Parah* 1:1 (cited by *Bavli* 10a), R' Elazar and R' Meir argue regarding the minimum age of the פַּר, *bull*, that the Torah commands be brought for various offerings. Both agree that the term refers to a three-year-old animal. However, R' Meir holds that on the first day following its second birthday, it is considered that a full year has passed, so the animal is legally considered to be three years old. R' Elazar requires the passage of thirty days (see *Beur HaGra* to *Tosefta* ibid.).

The Gemara suggests that this dispute also pertains to the counts of years in Scripture. When dating an event, Scripture takes into account only full years, not parts of years. Thus, if an event occurred in the middle of a year, that year is not included in the count unless the event occurred after a period of time since the year's beginning that is long enough to legally be considered a full year. According to R' Meir, this means that the year is included in the count even if the event occurred on the very first day of the year; according to R' Elazar, the year is included only if the event occurred thirty days after the year began (see *Bavli* 10b). Thus, according to R' Elazar, an event that occurred in the first month of the 21st year of Artachshasta's reign would be described by Scripture as having occurred in the *20th* year of his reign, and not in the 21st year (see *Korban HaEidah* and *Pnei Moshe*).

[Emendations follow Vilna edition and accord with *Bavli* 10a.]

6. *Exodus* 40:17. [As is usually the case in Scriptural usage, "the first month" is Nissan.] "The second year" is the second year from the Exodus (*Beur of R' Chaim Kanievski*).

7. *Pnei Moshe*. [As the Baraisa cited by the Gemara above (1b) states, the New Year in the count of years from the Exodus is the first of Nissan. Thus, "the first month... on the first of the month" was the very first day of the year.]

8. This verse disproves R' Elazar's view that less than thirty days cannot be legally considered a year (*Beur of R' Chaim Kanievski*; see also *Tosafos* to 10b ד״ה מדאכתי יום אחד; cf. *Korban HaEidah*). Thus, we cannot say that the Nissan in which the incident described in *Nehemiah* 2:1 took place was actually the 21st year of Artachshasta's reign, and Scripture refers to it as the 20th year only because it was within thirty days of the beginning of the 21st year. Rather, it must have actually still been the 20th year of Artachshasta's reign — the same year as the earlier, Kislev incident — and we must say that Nissan is not the New Year for non-Jewish kings.

[*Korban HaEidah* argues that the verse in *Exodus* does not necessarily disprove R' Elazar's view. For perhaps he disagrees with the Baraisa on 1b and maintains that although the Exodus took place in Nissan, in the Torah's count of years from the Exodus, the year begins on the first of *Tishrei* (which, in his opinion, is the date of Creation). The second year from the Exodus, then, did not begin on the day the Mishkan was erected, on the first of Nissan, but *six months earlier*, so R' Elazar would agree that the verse rightfully describes the event as occurring "in the second year." However, the verse does disprove the Gemara's suggestion that according to R' Elazar, at least, the New Year for non-Jewish kings is the first of Nissan. For if R' Elazar maintains that even the years from the Exodus are counted from the date of Creation, he must certainly hold that the years of non-Jewish kings are.

This interpretation, though, would seem to be at odds with *Bavli*. *Bavli* (2b-3a) also suggests that the years of the Exodus are counted from Tishrei, but it subsequently rejects this view, based on various verses that clearly indicate that these years are not counted from Tishrei.]

9. *Korban HaEidah; Pnei Moshe*.

10. *Numbers* 10:11. The verse describes how on the 20th of Iyar, fifty days after the Mishkan was erected on the first day of Nissan, God caused the Clouds of Glory that normally hovered above the Mishkan (see ibid. 9:15) to rise from atop the Mishkan, as a signal for the Jews to prepare to travel further (see ibid. v. 17).

11. Even R' Elazar agrees that a period of fifty days can legally constitute a full year.

[ב. - ה"א]

א) והכתיב א) ויהי בחדש ניסן שנת עשרים ב) ויהי בחדש כסליו שנת עשרים. תיפתר כר' אליעזר ג) דר' אליעזר אמר כל שנה שלא נכנסו לה שלשים יום אין מונין אותה שנה שלימה. והכתיב ג) ויהי בחדש הראשון בשנה השנית באחד לחדש הוקם המשכן. ג) אין תימר שנת שלישית היא על ידי שלא נכנסו שלשים יום אין מונין אותה שנה שלימה והכתיב ד) ויהי א] בשנה השנית בחדש השני בעשרים בחדש והא אית בשתא חמשין יומין ואין מונין אותה שנה שלימה. הדא מן תתובתה דר' יצחק דאינין קשיין. ד) בין כמאן דאמר מניסן מונין בין כמאן דאמר מתשרי מונין מה ביניהון. אמר ב] ר' יונה שטרות יוצאות ביניהון. לווה מלווה באייר וכתב בה שנה שנייה למלכות. מכר מכירה במרחשון וכתב בה שנייה למלכות. מאן דאמר מניסן מונין מלווה קדמה. מאן דאמר מתשרי מונין מכירה קדמה: ה) כיצד למלכים. מת באדר ועמד מלך באדר נמנית שנה לזה ושנה לזה. אמר ר' יונה והוא שנכנס לניסן די לא כן כהדא ה) וימלוך ירח ימים בשומרון

פני משה

עולה מן המנין, היינו שאינה עולה למנין ולסדר השנים כלל וכדאמרן, והא דקאמר תיפתר כר' אליעזר הרי להן פירושא אפילו כר' יהושע אתיא, היינו משום דאלעיל קאי דבעי רבי יצחק למימר דטעמא דקאמר דאף למלכי אומות העולם מונין מניסן משום דסבירא ליה כר' יהושע דבניסן נברא העולם ולפיכך הותיב עלה מקראי דמבול, ועלה קאמר תיפתר כר' אליעזר וכו', וכלומר לא כדקא סלקא דעתיה דר' חנינה אליבא דר' יהושע קאמר להא, אלא תיפתר כר' אליעזר נמי דסבירא ליה בתשרי נברא העולם. והא דקאמר למלכי אומות העולם מונין נמי מניסן טעמא אחרינא אית בהא, ומשום דמכיון דגלי קרא דלמלכים מניסן מנינן תו לא מחלקינן בין מלכי ישראל לבין מלכי אומות העולם, וכהאי דאמר לעיל (א:) לא זכו למנות לעצמן התחילו מונין למלכיות ומשמע דבאותו מנין עצמו הוא, וקראי דמבול מיתרצי בין למר ובין למר וכדאמרן: **והכתיב.** בנחמיה ויהי בחדש ניסן שנת עשרים לארתחשסתא המלך יין לפניו וגו', וכתיב בריש נחמיה ויהי בחדש כסליו שנת עשרים ואני הייתי בשושן הבירה וגו', ודברים אלו שאמר חנניה לנחמיה בכסליו, אמרן נחמיה לפני המלך בניסן, ומדקאי בכסליו וקרי לה שנת עשרים, וקאי בניסן וקרי לה שנת עשרים מכלל דראש השנה לאו ניסן הוא, וקשיא על ר' חנינה דקאמר אף למלכי אומות העולם מונין מניסן: **תיפתר כר' אליעזר דאמר ר' אליעזר כל שנה וכו'.** והכא נמי איירי שאמר נחמיה להמלך בתחלת ניסן, ולפי שלא נכנסו לה שלשים יום לשנת עשרים ואחת קרי לה שנת עשרים, ולעולם מניסן מנינן אף למלכי אומות העולם: **והכתיב ויהי בחדש הראשון בשנה השנית באחד לחדש הוקם המשכן.** והרי כאן באחד לחדש הוא וקרי לה בשנה השנית: **אין תימר וכו'.** כלומר ואם תאמר דבאמת שנת שלישית היתה, והא דקרי לה בשנה השנית נמי מהאי טעמא משום דעל ידי שלא נכנסו לה שלשים יום אין מונין לה שנה שלימה לומר בה שנת (שלשים) [שלישית], אכתי קשיא דהא כתיב ויהי בחדש השני בשנה השנית בעשרים לחדש נעלה הענן מעל המשכן, והא אית כאן בשתא חמשין יומין ואפילו הכי אין מונין אותה שנה שלימה, א"כ הדרא קושיא לדוכתה מקראי דנחמיה: **הדא מן תתובתה דר' יצחק דאינון קשיין.** הרי זה חד מן הני תיובתא דמותיב שהן קשין מלתרצן, דאי אמרת אף למלכי אומות העולם מונין מניסן קשיא, אלא דלא כר' חנינה דלא שנו למלכים מניסן אלא למלכי ישראל, אבל למלכי אומות העולם מתשרי מנינן: **מה ביניהון וכו'.** כלומר וכל כך למה דאנן שקלין וטרינן אם למלכי אומות העולם גם כן מניסן מנינן או מתשרי, ומה נפקא מינה לדינא איכא הכא: **שטרות.** איכא לדינא ביניהן וכדמפרש ואזיל: **לוה מלוה באייר.** ושיעבד לו הלוה נכסיו וכתוב בשטר בשנה שנייה למלכות ומכר הלוה שדה במרחשון וכתוב גם כן בשנה שניה למלכות, א"כ למאן דאמר מניסן מנינן והתחילה שנה שניה לאותו מלכות המלוה קדמה למכירה שהיתה אחר כך במרחשון ויכול המלוה לטרוף אותה מן הלוקח, ולמאן דאמר מתשרי מנינן והתחילה שנה שניה א"כ המכירה שבמרחשון קדמה להלואה שהיתה אחר כך באייר באותה שנה, ואין המלוה יכול לטרוף אותה מזה שקדמה המכירה להשיעבוד ואין אותה שדה משועבדת להמלוה: **כיצד למלכים וכו'.** תוספתא היא בפ"ק (ה"א): **נמנית שנה לזה וכו'.** אם רוצה כותב בכך וכך להמלך שמת, ואם רוצה כותב בשנה הראשונה להמלך שעמד, וקמ"ל דמנינן שתא לבי תרי: **והוא שנכנס לניסן.** הא דאמרינן דמונין שנה אחת לזה ולזה, דוקא אם יכנס השני לניסן ואז כשהגיע ניסן עלתה לו שנה וכותבין בניסן בשנה שניה למלך פלוני, מפני שחדש אדר שעמד בו נמנית לו לשנה ראשונה אף על פי שנמנית גם כן להמלך שקדם לו, אבל אם לא נכנס לניסן לא נחשב לו חדש אדר לשנה שלימה, וכלומר אם זה השני גם כן מת באדר אין מונין לו שנה כלל אלא למלך שהיה לפניו בלבד: **די לא כן כהדא וימלך ירח ימים בשומרון.** דאי לא תימא הכי קשיא לן קראי דמלכים דכתיב (מלכים-ב טו ח-י) בשנת שלשים ושמנה לעזריהו מלך יהודה מלך זכריהו בן ירבעם על ישראל בשמרון ששה חדשים וגו', ויקשר עליו שלום בן יבש ויכהו וגו' וימלך תחתיו, וכתיב (מלכים-ב טו יג, יד, יז) שלום בן יבש מלך בשנת שלשים ותשע שנה לעזיה מלך יהודה וימלך ירח ימים בשומרון, ויעל מנחם בן גדי מתרצה ויבא שמרון ויך את שלום בן יבש וימיתהו וימלך תחתיו וגו', בשנת שלשים ותשע שנה לעזריה מלך יהודה מלך מנחם בן גדי על ישראל, הרי שתמצא כאן שנת ל"ח למלך יהודה מלכו שני מלכים על ישראל זה

קרבן העדה

ופריך והכתיב בנחמיה ויהי בחדש ניסן בשנת עשרים לארתחשסתא, וכתיב ויהי בחדש כסליו שנת עשרים. וילפינן שנת עשרים לגזרה שוה דהאי נמי לארתחשסתא קאמר, וקשיא קאי בכסליו וקרי ליה שנת עשרים וקאי בניסן וקרי ליה שנת עשרים, שמע מינה דניסן לאו ראש השנה. ובבבלי (ג.) יליף מקראי דמעשה דכסליו קדים: **אין מונין אותה שנה שלימה.** והאי דניסן בעשרים בו הוה לכך לא קחשיב ליה בשנה: **בחדש הראשון בשנה השנית באחד לחדש הוקם המשכן.** דלא עייל אלא יום אחד וקרי ליה שני, וקשיא למאן דאמר מניסן מנינן, דאלו למאן דאמר מתשרי מנינן כשהגיע תשרי ראשון כבר היה שנה שנית: **אין תימר שנה שלישית היתה.** כשהוקם המשכן והא דכתיב שנית משום דלא עייל לה שלשים יום, קשיא והכתיב ויהי בחדש השני וכו' דכבר עייל בשנה נ' יום וקרי ליה שנית, אלא שמע מינה דהוה בשנה שנית ויום אחד בשנה חשוב שנה, א"כ קשיא משנת עשרים: **הדא וכו'.** זהו מן תשובותיו של ר' יצחק שהם קשיין ולית להון פירוקא: **בין כמאן דאמר מניסן וכו'.** מאי בינייהו: **שטרות יוצאות.** איכא בינייהו וכדמסיק: **לוה.** שלוה באייר וכתב בשטר בשנה שנייה למלכות: **מכר.** הלוה שדה וכתב בשטר מכירה בחשון בשנה שנית למלכות: **מאן דאמר מניסן מנינן מלוה קדמה.** וטורף מלקוחות: **ומאן דאמר מתשרי מנינן.** המכירה היתה קודם ההלואה ואינו טורף המלוה מהלקוחות: **נמנית שנה לזה ושנה לזה.** הבא לכתוב שטר באדר לאחר שעמד השני, אם רצה לכתוב בשטר בשנת פלוני למלך שמת כותב, ואם רצה כותב בשנה הראשונה למלך שעמד: **והוא שנכנס לניסן.** שמת המלך הראשון בניסן ונמנה השני ג"כ בניסן הוא דמונין שנה לזה ולזה, אבל בשאר חדשים אין מונין לשני שנה בפני עצמה עד שיגיע ניסן. לישנא אחרינא כשיגיע ניסן אז מונין לראשון שני שנים. ולשון ראשון עיקר כדמסיק: **די לא כן.** דאם לא כן אלא שלעולם מונין מקצת השנה גם לשני לשנה שלימה, קשיא הא דכתיב במלכים (ב, טו יג) שלום בן יבש מלך בשנת ל"ט לעוזיה מלך יהודה וימלוך ירח ימים בשומרון, וכתיב (מלכים שם יז) בשנת ל"ט לעוזיה מלך יהודה מלך מנחם בן גדי על ישראל עשר שנים, וכתיב (מלכים שם כג) בשנת חמשים לעוזיה מלך יהודה מלך פקחיה בנו תחתיו. ואי סלקא דעתך דאפילו נמנה במקצת השנה מונין לו שנה שלימה הוי ליה למכתב (דפקחיה) [דמנחם] מלך אחד עשר שנה, שהרי מן ל"ט עד חמשים הם אחד עשר שנה, אלא ודאי דשנת ל"ט אין מונין (לפקחיה) [למנחם] כיון שלא מלך בניסן, שהרי שלום מלך ירח ימים ואם כן ודאי כבר עבר ניסן, ומת בשנת חמשים לעוזיה בניסן, נמצא שאין כאן אלא עשר שנים, והיינו דקאמר אין לך לעמוד על שני מלכי ישראל וכו', דמשנת עוזיה ידעינן שנותיו של (פקח) [מנחם] וכדפרישית:

שינויי נוסחאות

א] **בשנה השנית בחדש השני.** כ"ה במקרא ובתוס' הרא"ש (ג:) ובדפ"ו. בכי"ל ובדפוסים הישנים **בחדש השני בשנה השנית:**
ב] **ר' יונה.** בתוס' (ב.) ר' יצחק:

תורה אור השלם

א) וַיְהִי בְּחֹדֶשׁ נִיסָן שְׁנַת עֶשְׂרִים לְאַרְתַּחְשַׁסְתְּא הַמֶּלֶךְ יַיִן לְפָנָיו וָאֶשָּׂא אֶת הַיַּיִן וָאֶתְּנָה לַמֶּלֶךְ וְלֹא הָיִיתִי רַע לְפָנָיו: (נחמיה ב א)

ב) דִּבְרֵי נְחֶמְיָה בֶּן חֲכַלְיָה וַיְהִי בְחֹדֶשׁ כִּסְלֵיו שְׁנַת עֶשְׂרִים וַאֲנִי הָיִיתִי בְּשׁוּשַׁן הַבִּירָה: (נחמיה א א)

ג) וַיְהִי בַּחֹדֶשׁ הָרִאשׁוֹן בַּשָּׁנָה הַשֵּׁנִית בְּאֶחָד לַחֹדֶשׁ הוּקַם הַמִּשְׁכָּן: (שמות מ יז)

ד) וַיְהִי בַּשָּׁנָה הַשֵּׁנִית בַּחֹדֶשׁ הַשֵּׁנִי בְּעֶשְׂרִים בַּחֹדֶשׁ נַעֲלָה הֶעָנָן מֵעַל מִשְׁכַּן הָעֵדֻת: (במדבר י יא)

ה) שַׁלּוּם בֶּן יָבֵישׁ מָלַךְ בִּשְׁנַת שְׁלֹשִׁים וָתֵשַׁע שָׁנָה לְעֻזִּיָּה מֶלֶךְ יְהוּדָה וַיִּמְלֹךְ יֶרַח יָמִים בְּשֹׁמְרוֹן: (מלכים-ב טו יג)

גליון הש"ס

בין כמאן דאמר מניסן מונין וכו' שטרות יוצאות בינהון וכו'. עיין תוס' ב' ע"א ד"ה לשטרות:

מראה הפנים

הדא מן תתובתה דר' יצחק דאינון קשיין. ונשאר בתיובתא ומסקינן דלמלכי אומות העולם מתשרי מנינן וכדאסיק רב חסדא התם (בבלי ג.): בין כמ"ד מניסן מונין וכו'. עיין לעיל (א:) סוף ד"ה באחד בניסן ר"ה למלכים מה שהוזכר מזה בס"ד:

מסורת הש"ס

א) ר"ה ג: ב) ר"ה י: [סדר עולם רבה פרק ד, ילקו"ש נח נו, וכעין זה מכות ג: בכורות כח. נדה מד: מה. תוספתא נדה פ"ו ה"ב ילקו"ש שמיני תקכח] ג) [עי' ר"ה י: תוד"ה מדאכתי] ד) [ר"ה ב., ח., ע"ז י., עי' ר"ה ב. תוד"ה לשטרות] ה) [ר"ה ב: בשינוי, תוספתא פ"א ה"א]

אמר ר' יונה כתיב [א]ועתה שימו נא לבבכם מן היום הזה ומעלה מטרם שום אבן [א]אל אבן בהיכל ה'. הא כיצד. בששי הוסד [ב]בשמיני נאמר המקרא הזה. אין תימר כבר שמו יאות אמר חיפה אין תימר לא שמו לא אמר חיפה כלום. [א]התיב ר' יצחק והכתיב [ב]ויהי באחת ושש מאות שנה בראשון באחד לחדש ותני עלה [ב]שנת המבול אינה עולה מן המנין. [ב]תיפתר [ג]כר' אליעזר [ג]דר' אליעזר אמר [ד]בתשרי נברא העולם. ב.

קרבן העדה

אמר ר' יונה כתיב. בנבואת חגי, בעשרים וארבעה לתשיעי בשנת שתים לדריוש ועתה שימו וגו': **הא כיצד.** אפשר לקיים שני המקראות, הא דכתיב בששי הוסד, ואח"כ כתיב בתשיעי מטרם שום אבן על אבן: ה"ג **בתשיעי נאמר המקרא הזה: אין תימר** שכבר שמו. בששי בשעת היסוד אבן על אבן, צריך לומר דמעשה דתשיעי היה קודם הששי ומתשרי מנינן אלא שאין מוקדם ומאוחר בתורה, ויפה אמר חיפה דאף נבואת זכריה קודמת לנבואת חגי: **אין תימר.** לא שמו בששי אבן על אבן, אע"ג שהוסד לא היה יסוד אמיתי: **לא אמר חיפה כלום.** אין כאן הוכחה שנאמרו הנבואות שלא על הסדר. ויותר היה נראה לי לגרוס **אין תימר שלא שמו יאות אמר חיפה ואין תימר שכבר שמו לא אמר חיפה ולא כלום.** והכי פירושו, אם תאמר דהכי קאמר שימו לבבכם היום שלא התחלתם בבנין הבית שיש בכם מארה וכשתתחילו יהיה ברכה בארץ, א"כ בתשיעי עדיין לא התחילו לבנות, וקשיא הא כתיב לפני זה בששי הוסד הבית, אלא אין מוקדם ומאוחר בתורה ותשיעי הוא קודם לששי דמניסן מנינן, ויפה אמר חיפה. ואם תאמר לא שמו, והכי קאמר שישימו לבבם מה שהיה קודם ששמו אבן על אבן שהיה מארה אבל היום שכבר התחילו בבנין בששי מאז נשתלחה ברכה, אין כאן ראיה לדברי חיפה: **ותני עלה שנת המבול אינו עולה מן המנין** השנים. לפי שהיו ימי צער וצרה, ואי סלקא דעתך מניסן מנינן למה אינו עולה מן המנין הרי לא התחיל המבול לירד עד חדש השני דהיינו אייר ובחדש הראשון יבשה הארץ, אלא ודאי דמתשרי מנינן וכיון דבראש השנה היה המבול לא קחשבינן לשנת המבול ממנין השנים: **ומשני תיפתר כר' אלעזר דאמר בתשרי נברא העולם.** ובראשון באחד לחדש היינו בתשרי, ומפני שהוא ראשון לבריאת עולם ולמנין שנים קרי ליה ראשון:

פני משה

אמר ר' יונה כתיב. בנבואת חגי ועתה שימו נא לבבכם וגו' מטרם שום אבן על אבן וגו' היתה קללה, כדכתיב בתריה (חגי ב טז) מהיותם בא אל ערמות עשרים והיתה עשרה וגו', וכתיב אחר כך (חגי שם יח-יט) שימו נא לבבכם מן היום הזה ומעלה מיום עשרים וארבעה לתשיעי למן היום אשר יסד היכל ה' שימו לבבכם וגו' מן היום הזה אברך: **הא כיצד.** אימתי נאמרו מקראות הללו ואימתי נאמרה נבואת זכריה: **בששי הוסד.** בתחילת נבואת חגי שהיתה בחדש ששי והוכיח אותם כמו שנאמר שם (חגי א ב) העם הזה אמרו לא עת בא עת בית ה' להבנות וכו', ועל זה נאמר אחר כך (חגי שם יב) וישמע זרובבל בן שלתיאל וגו', ויבאו ויעשו מלאכה בבית ה' צבאות אלהיהם (חגי שם יד), וא"כ הוסד בששי מיד אחר התחלת נבואת חגי, ובחדש שמיני שהוא מרחשון מקודם נבואת חגי נאמר מקרא הזה של נבואת זכריה כדאמר חיפה והכל בשנה אחת היה: **אין תימר כבר שמו יאות אמר חיפה.** כלומר והשתא האיך תפרש להכתוב של חגי שלאחר כן שכתוב בו מטרם שום אבן וגו', ודכתיב בתריה מיום עשרים וארבעה לתשיעי למן היום אשר (הוסד) [יסד] היכל ה', והתשיעי הזה הוא כסליו של אחריו, ואמר להם אז למן היום אשר יסד היכל ה' שימו לבבכם העוד הזרע במגורה וגו' ועץ הזית לא נשא מן היום הזה אברך, וא"כ קשו קראי אהדדי אליביה דחיפה, דאם בחדש ששי שהוא אלול אמר להם מטרס שום אבן אל אבן, דמשמע שעדיין לא שמו באותו הזמן ולא התחילו ליסד את הבית, והרי כתיב בתשיעי שהוא קודם ואחר נבואת זכריה למן היום אשר יסד היכל, והא כילד, אלא א"כ תוכל לפרש דהאי מטרם שום אבן היינו שכבר שמו בשעה שאמר להם חגי המקרא הזה, אז יאות אמר חיפה לפי שכבר הוסד מקודם כשאמר להם בחדש התשיעי אחר נבואת זכריה שהיא קודם ובשנה זו וכדאמרן, אבל אם תימר לא שמו עדיין באותו זמן כשאמר להם חגי זה בחדש הששי, א"כ לא אמר חיפה כלום, שאין אתה יכול לפרשו שנבואת זכריה היה קודם ובשנה עצמה זו והתחילה מתשרי, דא"כ האיך תפרש לנבואת חגי בחדש התשיעי שלאחריו דמשמע שכבר הוסד, והרי חגי אמר להם בחדש הששי שהוא אחר כך באותה שנה מטרם שום אבן*: **התיב ר' יצחק.** על הא דקאמר ר' חנינה אף למלכי אומות העולם מניסן מנינן, וקא סלקא דעתיה דטעמיה משום דסבירא ליה כר' יהושע שבניסן נברא העולם, ולפיכך כל שני הדורות וכל המניינים שבכתוב הכל מניסן מנינן, ולפיכך פריך הכתיב ויהי באחת ושש מאות שנה בראשון באחד לחדש חרבו המים מעל הארץ, ולעיל מיניה כתיב (בראשית ז ו) ונח בן שש מאות שנה והמבול היה מים על הארץ וגו', בשנת שש מאות שנה לחיי נח בחדש השני בשבעה עשר יום לחדש ביום הזה וגו' (בראשית שם יא) והתחיל המבול: **ותני עלה שנת המבול אינה עולה מן המנין.** לשש מאות שנה של חיי נח, וכלומר שלא תטעה לומר מדכתיב בשנת שש מאות שנה לחיי נח וגו', שהמבול היה באותה שנה עצמה של שש מאות שנה לחיי נח ואחר שעבר המבול היה ת"ר שנה לחיי נח, הלכך קאמר דשנת המבול אינה מן המנין של שש מאות שנה לחיי נח, אלא שכבר כלו לו שש מאות שנה לנח קודם שבא המבול, וקרא דכתיב בשנת שש מאות שנה לחיי נח בחדש השני וגו' נבקעו כל מעיינות וגו' זה הוא אחר שכבר היה לו לנח ת"ר שנה, והשתא לכשתחשוב עוד לשנת המבול עצמה היה לו לנח תר"א שנים כשכלה המבול, וזה הוא כשהגיע ניסן, שהרי לדבריך כל שני הדורות מניסן מנינן ונמצאו מניסן מתחיל שנת תר"ב לחיי נח, וקשה הא דכתיב ויהי באחת ושש מאות שנה בראשון באחד לחדש הרי זה ניסן היא שהוא חדש הראשון והוה ליה למימר ויהי בשתים ושש מאות שנה, ובשלמא אי אמרינן דשני הדורות מתשרי מנינן אפילו למאן דאמר בניסן נברא העולם, וא"כ שנת המבול גם כן מתחיל מניסן שפיר הוא דמפרשינן לקראי ולהך ברייתא דשנת המבול אינה עולה למנין של שש מאות שנה לנח, ולא תיקשי שהרי כשהתחיל המבול כבר היו לו לנח שש מאות שנה תחשוב עוד שנת המבול היו לו לנח תר"א שנים כשהגיע תשרי, וא"כ היאך אומר הכתוב על ניסן שלאחר המבול באחת ושש מאות בתר"ב מיבעי ליה, הא ליתא דכשאנחנו מחשבין שני הדורות מתשרי א"כ בתשרי שלפני המבול התחילה השנת השש מאות שנה של נח וכלו הת"ר שנים שלו בתשרי שבתוך המבול והתחיל שנת התר"א, וכשכלה המבול וזה כשהגיע הניסן שאחר המבול עדיין היה נח בשנת תר"א שלו, ודקתני בברייתא שנת המבול אינה עולה מן המנין לאו דכל שנת המבול אינה עולה למנין חיי נח קאמר, שזה אי אתה יכול לפרשו דלכולי עלמא תיקשי דא"כ תר"ב מיבעי ליה למימר על ניסן שלאחר המבול, אלא דהכי קאמר כל שנת המבול אינה עולה מן המנין של חיי נח לפי שלא כלו לו השש מאות שנה אחר המבול אלא בתוך שנת המבול הוא שכלו לו ת"ר שנים והיינו בתשרי שבתוך המבול, ונמצא ניסן שאחריו שאז כלה המבול עדיין היה בשנת תר"א שלו שלא כלתה עד בא תשרי שלאחריו, ומתרלינן קראי וכן הברייתא, אלא לדידך דשני הדורות גם כן לעולם מניסן מנינן קשיא: **תיפתר כר' אליעזר דר' אליעזר אומר בתשרי נברא העולם.** כלומר לעולם לר' יהושע דאמר בניסן נברא העולם הכל מניסן מנינן ואף לשני הדורות, ולדידיה לא קשה מידי דיש לומר דלא סבירא ליה כלל כהאי ברייתא דאין שנת המבול עולה מן המנין של חיי נח, אלא עם שנת המבול עצמה תחשוב לו ת"ר שנה ובניסן שלאחר המבול התחילה שנת תר"א. אי נמי דהך ברייתא נמי אתיא כר' יהושע ולא כדקא סלקא דעתיה דאינה עולה לו מן המנין דקאמר דבלאו האי שנה היו לנח ת"ר שנה, וא"כ צריך אתה לדחוק ולפרש כדלעיל, אלא דהכי קאמר אין שנת המבול עולה כלל למנין סדר השנים לא לשל עולם ולא לחיי נח, וטעמא לפי שלא שמשו המזלות באותה שנה כלל כדאמרינן במדרש (בראשית רבה כה ב), ולדברי ר' אליעזר דאמר בתשרי נברא העולם והתחיל המבול בתשרי ולדידיה פשיטא דמנין שני הדורות מתשרי מנינן, והאי בראשון באחד לחדש דקרא גבי חרבו המים היינו בראשון בתשרי הוא וכדאיתא בסדר עולם (פ"ד) בהדיא לר' אליעזר הכי, ודתני עלה שנת המבול אינה

מסורת הש"ס

א) [עי' ר"ה ג: תוד"ה למניינא] ב) בראשית רבה לג ו [ילקו"ש נח נו] ג) ר"ה [ח.] י: [כז., סדר עולם רבה, בראשית רבה כב ד] ד) [ע"ז פ"א ה"ב, ע"ז ח., פסיקתא זוטרתא בראשית ז יא, במדבר כט א, תיקו"ז פא:, ילקו"ש בראשית ח, לה]

שירי קרבן

התיב ר' יצחק וכו' ותני עלה שנת המבול אינה עולה מן המנין. רש"י (בראשית רבה לג ו) פי' למנין שנותיו של נח, כשהכתוב מונה שנותיו של נח אינו מונה שנת המבול, שאתה מולא שחי נח תתק"ן שנה ואחת עם שנת המבול, שכן הוא אומר (בראשית ז ו) ונח בן שש מאות שנה והמבול היה, משמע שהמבול היה לאחר ת"ר שנה, דכן משמע שכבר עברו עליו שש מאות שנה שלימים, וכתיב (שם ח יג) ויהי באחת ושש מאות שנה חרבו המים, [וכתיב] (שם ט כח) ויחי נח אחר המבול שלש מאות וחמשים שנה, וכתיב (שם כט) ויהי כל ימי נח אשר חי תשע מאות שנה וחמשים שנה, והו"ל תתקנ"א, אלמא שאין שנת המבול עולה למנין שנותיו לפי שהוא שנת צרה, ע"כ. ומעתה י"ל דגרסינן תחלה קושית ר' יצחק משנת עשרים, ושני ליה מדר' אלעזר כל שנה וכו', והדר פריך משנות המבול. וה"פ, אי ס"ד דמניסן מנינן למה קחשיב ליה קרא בחדש הראשון לשנה אחת הא אכתי לא עייל ביה תלתין יומין, אלא ודאי מתשרי מנינן וכבר עייל חצי שנה קודם המבול. והרב מהרש"א כתב בדף ג' ע"ב בד"ה למניינא אחרינא וכו' פי' לדברי הירושלמי אלו, עיי"ש. ודבריו תמוהין, חדא דבבראשית רבה (שם) מפורש דשנת המבול אינו נכנס לשום מנין לא לפניו ולא לאחריו, דהא ר' נחמיה פליג וקאמר אע"פ שאינו עולה מן המנין עולה בתקופות ובחשבונות, וכן פירשו כל המפרשים. ועוד קשה לדבריו הא דכתיב ויהי נח בן שש מאות שנה היינו מלבד מקצת שנת תר"א שכבר נכנס שאינו עולה מן המנין, א"כ מאי ניחא ליה אי אמרינן דתשרי ר"ה הא לפי זה מתשרי שקודם המבול התחיל שנת תר"א, ועדיין הקושיא במקומה עומדת דלכתוב בשנת שש מאות ושתים חרבו המים, ודבריו לע"ג:

שינויי נוסחאות

א] **אל.** כ"ה במקרא. בכי"ל ובדפוסים **על**:

ב] **בשמיני.** בתוס' הרא"ש (ג:) **ובשביעי.** (עיי"ש עוד שינויים, וסיים "ונראה קצת טעות סופר בירושלמי"). בקה"ע הגיה **בתשיעי**:

ג] **כר' אליעזר.** וכ"ה בבבלי (י:). בדפ"ו **כר' אלעזר**, וכן בהמשך:

תורה אור השלם

א) וְעַתָּה שִׂימוּ נָא לְבַבְכֶם מִן הַיּוֹם הַזֶּה וָמָעְלָה מִטֶּרֶם שׂוּם אֶבֶן אֶל אֶבֶן בְּהֵיכַל יְהוָה: (חגי ב טו)

ב) וַיְהִי בְּאַחַת וְשֵׁשׁ מֵאוֹת שָׁנָה בָּרִאשׁוֹן בְּאֶחָד לַחֹדֶשׁ חָרְבוּ הַמַּיִם מֵעַל הָאָרֶץ וַיָּסַר נֹחַ אֶת מִכְסֵה הַתֵּבָה וַיַּרְא וְהִנֵּה חָרְבוּ פְּנֵי הָאֲדָמָה: (בראשית ח יג)

גליון הש"ס

ותני עלה שנת המבול וכו'. עיין תוס' ר"ה ג' ע"ב ד"ה למנינא:

מראה הפנים

אין תימר כבר שמו יאות אמר חיפה וכו'. מבואר בפנים לפי הנראה מהמקראות שהבאתי, והכוונה דר' יונה כך היא שאם אתה היה יכול לפרשו שכבר שמו היה אתה יכול לומר כדאמר חיפה, אבל מכיון דכתיב מטרם שום אבן משמע שאמר להם שימו לבבכם מה שהיה עד לא שמו אבן א"כ אמור מעתה לא אמר חיפה כלום, והדרינן דמוכח מהני קראי דלעיל בששי בשנת שתים לדריוש וכו' דאף למלכי אומות העולם מניסן מנינן, והיינו כמה דמתיב רב יוסף בבבלי דף ג' ע"ב דאי איתא דמתשרי מנינן בשביעי בשנת שלש מיבעי ליה, ומשני ר' אבהו שם כורש מלך כשר היה וכו', ובהא דמייתי התם להני קראי בששי וכו' פירש"י ז"ל (שם ד"ה בששי) שניהם בנבואת חגי, נבדק במקרא ולא נמצא כתוב בפסוק שני בשנת שתים. אך י"ל שלפסוק שלמעלה הימנו קאי שכתוב בו בשנת שתים, וזהו לפי הגירסא דהתם דגרים בפסוק השני בשביעי בשנת שתים וזה באמת לא נמצא כתוב בנבואת חגי וצריך לדחוק כפירושו, ולגירסא דהכא בששי בשמיני בשנת שתים והוא בריש נבואת זכריה שאחר נבואת חגי לפי הסדר ניחא וכדפרישית בפנים: ותני עלה שנת המבול אינה עולה מן המנין. התוס' שם (ג:) ד"ה למניינא אחרינא וכו' הביאו לזה, ועיין במהרש"א במה שרצה לפרש כאן ודברים קשים להולמן הן, וביותר במ"ש בהא דקאמר תיפתר כר' אליעזר וכו', ומשני תיפתר הך דתני שנת המבול אינה עולה מן המנין כר' אליעזר דאמר בתשרי נברא העולם וכו מתחיל שנת המבול והשנים מניסן מנינן דהשתא תשרי שאחר המבול לא היה רק שנת תר"א וכו' עיי"ש, וזה קשה הרבה וכי ס"ד לומר למ"ד בתשרי נברא העולם שאעפ"כ השנים מניסן מנינן, ואיפכא הוא דאשכחן דאף למ"ד בניסן נברא העולם י"ל דהשנים מתשרי מנינן, וכדכתב רש"י ז"ל בנימוקי חומש בריש פרשת כי תשא (שמות ל טז) ובדף י"א (ע"א) דלקמן ג"כ מוכח דלמ"ד בתשרי א"כ הכל מתשרי מנינן, ולמ"ד מניסן הכל מניסן מנינן. ועיין בתוס' שם דף י' ע"ב ד"ה מכלל דתרווייהו וכו' שכתבו ונראה דלעולם גרים ליה וכו' ועמד המבול שנה וחצי וכו', ור"ל דאף שאמרו משפט דור המבול י"ב חודש כדתנינן סוף פ"ב דעדיות, מ"מ לא חרבו המים עד שנה חדשים שלאחר המשפט שזה היה י"ב חודש. ובענין פירושא דהכא תמצא בפנים פירוש הברור, ובהא דקאמר תיפתר כר' אליעזר ואף דאליבא דר' יהושע נמי מיתוקמא שפיר לפי האי פירושא דאינה עולה מן המנין כלל וכלל ולא חשבינן ליה כסדר השנים, מ"מ הוזיל דס"ד דדברי ר' חנינה לא קיימין אלא לר' יהושע, כלפי הס"ד זה קאמר תיפתר כר' אליעזר כלומר אף כר' אליעזר מיתוקמא וכמבואר הכל בפנים:

The Gemara questions the view of R' Lazar in the name of R' Chaninah that even the years of non-Jewish kings are reckoned from Nissan.[9]

הָתִיב רַבִּי יִצְחָק – R' Yitzchak challenged R' Chaninah's view: **וְהָכְתִיב – But it is written** regarding the Flood in the time of Noah:[10] "וַיְהִי בְּאַחַת וְשֵׁשׁ־מֵאוֹת שָׁנָה בָּרִאשׁוֹן בְּאֶחָד לַחֹדֶשׁ" – ***And it was in the six hundred and first year*** [of Noah's life], ***in the first [month], on the first of the month,*** *the waters dried from upon the earth.* **וְתָנֵי עֲלַהּ – And a Baraisa was stated in connection with [this verse]:**[11] שְׁנַת הַמַּבּוּל אֵינָהּ עוֹלָה מִן הַמִּנְיָן – **THE YEAR OF THE FLOOD IS NOT INCLUDED IN THE COUNT.** I.e. the waters actually dried up in the six-hundred-and-*second* year of Noah's life; however, Scripture describes them as drying up in his six-hundred-and-first year because it does not reckon the year during which the Flood covered the world in the count of Noah's years, since it was a time of sorrow and affliction.[12]

Presumably, Scripture uses the same system in reckoning Noah's years as it does in reckoning the years of non-Jewish kings; whichever date – Tishrei or Nissan – marks the beginning of a new year for non-Jewish kings, also marked the beginning of a new year in the count of Noah's years.[13] Now, the Flood began on the seventeenth of Iyar, as the verse states: *In the second month, on the seventeenth day of the month, on that day all the fountains of the great deep burst forth.*[14] If Noah's years (and so, too, the years of non-Jewish kings) are reckoned from Tishrei, it is understandable why the year of the Flood was not included in the count of Noah's years. For on the first of Tishrei, four-and-a-half months after the Flood began, on what should have marked the beginning of Noah's six-hundred-and-second year, the waters of the Flood still covered the world. Since that date was a time of suffering, Scripture does not count a new year as having begun then, so Noah was considered to still be in his six-hundred-and-first year on the day the waters of the Flood dried up, until the following Tishrei. However, if Noah's years are reckoned from the first of Nissan, why is the year of the Flood not included? On the first of Nissan that marked the beginning of his six-hundred-and-first year the Flood had not yet begun, and on the following first of Nissan the waters had already dried up and it was no longer a time of suffering![15] – ? –

The Gemara answers:

תִּיפְתַּר כְּרַבִּי אֱלִיעֶזֶר – Interpret [the Baraisa] as being **in accordance with R' Eliezer. דְּרַבִּי אֱלִיעֶזֶר אָמַר – For R' Eliezer said: בְּתִשְׁרֵי נִבְרָא הָעוֹלָם – The world was created in Tishrei,** and Scripture's dating of the Flood is based on the date of Creation. Thus, when the verse states that the Flood began *in the second month, on the seventeenth day of the month,* it does not refer to the seventeenth of Iyar but to the seventeenth of *Cheshvan.*[16] Similarly, when Scripture states that the waters dried up *in the first [month], on the first of the month,* it means that they dried up on the first day of the following Tishrei; on the first day of the previous Nissan, however, the waters still covered the world. Thus, the Baraisa can hold that the New Year for non-Jewish kings is Nissan and yet maintain that the year of the Flood is not included in the count of Noah's years, because on Nissan, when the new year should have begun, the world was still in a state of suffering.[17]

NOTES

9. *Pnei Moshe*; see also *Korban HaEidah* ד״ה ותני עלה; cf. *Beur of R' Chaim Kanievski*, who understands the Gemara as challenging Cheifah's view that the New Year for non-Jewish kings is the first of *Tishrei*.

10. *Genesis* 8:13.

11. See *Bereishis Rabbah* 32:9.

12. *Korban HaEidah; Beur of R' Chaim Kanievski*; see also *Rashi* to *Bereishis Rabbah* ibid., cited by *Sheyarei Korban*; cf. *Pnei Moshe*.

From the fact that the verse states that the waters dried up in the 601st year of Noah's life, it is evident that the year of the Flood was not included in the reckoning of Noah's year. For we know that the Flood *began* in the 601st year of his life, as the verse states (*Genesis* 7:6): *And Noah was six hundred years old when the Flood was water upon the earth*; i.e., he had completed his 600th year and begun his 601st. Now, the Flood began on the 17th day of the second month of that year. Yet Scripture states that on the first day of the first month of the following year Noah was still in his 601st year! Perforce, the entire year of the Flood was not included in the reckoning of Noah's years (*Beur of R' Chaim Kanievski*).

Another proof: As the above verse states, Noah lived for 600 years before the Flood. A different verse states (*Genesis* 9:28): *And Noah lived after the Flood three hundred and fifty years*. Thus, including the year of the Flood itself, Noah lived a total of 951 years. Yet Scripture explicitly states (ibid. v. 29): *And all the days of Noah were nine hundred and fifty years*! Clearly, then, the year of the Flood is not taken into account in reckoning the years of Noah's life (*Rashi* ibid.).

13. When counting the years of men, Scripture does not reckon by the date of one's birth but by a single fixed date [just as its reckoning of the years of kings is based on a fixed date and not the anniversary of their ascent to the throne] (see *Turei Even, Bavli* 10b; *Rashi, Exodus* 30:16 ד״ה ונתת אותו with *Gur Aryeh*; cf. *Ramban* ad loc.). R' Yitzchak assumes that the "New Year" for such counts is the same as that for non-Jewish kings.

14. *Genesis* 7:11. [As mentioned previously (1a note 7, 1b note 34), in Scriptural usage, the months of the year are always numbered from Nissan, the "first month," regardless of when the calendar year actually begins. Thus, even if Noah's years are reckoned from Tishrei, the "second month" is Iyar.]

[The verse begins: *In the six hundredth year of Noah's life, in the second month* etc., which would seem to indicate that the Flood began in Noah's *600th* year. See *Yefeh Toar* to *Bereishis Rabbah* loc. cit., who reconciles this verse with v. 6 (cited in note 12, above), which implies that the Flood began in Noah's 601st year.]

15. *Korban HaEidah*.

16. See *Bavli* 11b-12a. [R' Yitzchak's challenge was based on the view of R' Yehoshua (cited by *Bavli* ibid.), who maintains that the Flood indeed began on the 17th of Iyar.]

According to R' Eliezer, the dating of the Flood is an exception to Scripture's normal practice of referring to the months of the year based on their relation to Nissan, the first month. In this particular case, Scripture refers to the months by their relation to the month of Creation (see *Korban HaEidah*; see also *Rashash, Bavli* 12a ד״ה אלא לרבי אליעזר and *Gilyon HaShas* ad loc.).

17. *Korban HaEidah*.

According to this interpretation, not only does the Baraisa not contradict R' Chaninah's contention that the New Year for non-Jewish kings is the first of Nissan and not the first of Tishrei, it *supports* it. For if the New Year for non-Jewish kings is Tishrei, then according to R' Eliezer, who maintains that the Flood began on the 17th of Cheshvan and lasted until the first of the following Tishrei, why did Scripture not reckon that day in Tishrei as the beginning of Noah's 602nd year?

For other interpretations of the Gemara's discussion, see *Pnei Moshe; Sefer Nir; Beur of R' Chaim Kanievski; Maharsha* to *Tosafos* 3b ד״ה למנינא אחרינא; and *Yefei Einayim* ad loc.

אמר ר' יונה כתיב [א]ועתה שימו נא לבבכם מן היום הזה ומעלה מטרם שום אבן [א]אל אבן בהיכל ה'. הא כיצד. בששי הוסד [ב]בשמיני נאמר המקרא הזה. אין תימר כבר שמו יאות אמר חיפה אין תימר לא שמו לא אמר חיפה כלום. [א]התיב ר' יצחק והכתיב [ב]ויהי באחת ושש מאות שנה בראשון באחד לחדש ותני עלה [ג]שנת המבול אינה עולה מן המנין. °תיפתר [ג]כר' אליעזר ב.
[ג]דר' אליעזר אמר [ד]בתשרי נברא העולם.

קרבן העדה

אמר ר' יונה כתיב. בנבואת חגי, בעשרים וארבעה לתשיעי בשנת שתים לדריוש ועתה שימו וגו': הא כיצד. אפשר לקיים שני המקראות, הא דכתיב בששי הוסד, ואח"כ כתיב בתשיעי מטרם שום אבן על אבן: ה"ג בתשיעי נאמר המקרא הזה: אין תימר שכבר שמו. בששי בשעת היסוד אבן על אבן, צריך לומר למעשה דתשיעי היה קודם הששי ומתשרי מנינן אלא שאין מוקדם ומאוחר בתורה, ויפה אמר חיפה דאף נבואת זכריה קודמת לנבואת חגי: אין תימר. לא שמו בששי אבן על אבן, אע"ג שהוסד לא היה יסוד אמיתי: לא אמר חיפה כלום. אין כאן הוכחה שנאמרו הנבואות שלא על הסדר. ויותר היה נראה לי לגרוס אין תימר שלא שמו יאות אמר חיפה ואין תימר שכבר שמו לא אמר חיפה ולא כלום. והכי פירושו, אם תאמר דהכי קאמר שימו לבבכם היום שלא התחלתם בבנין הבית שיש בכם מארה וכשתתחילו יהיה ברכה בארץ, א"כ בתשיעי עדיין לא התחילו לבנות, וקשיא הא כתיב לפני זה בששי הוסד הבית, אלא אין מוקדם ומאוחר בתורה ותשיעי הוא קודם לששי דמניסן מנינן, ויפה אמר חיפה. ואם תאמר לא שמו, והכי קאמר שישימו לבבם מה שהיה קודם ששמו אבן על אבן שהיה מארה אבל היום שכבר התחילו בבנין בששי מאז נשתלחה ברכה, אין כאן ראיה לדברי חיפה: ותני עלה שנת המבול אינו עולה מן המנין השנים. לפי שהיו ימי צער וצרה, ואי סלקא דעתך מניסן מנינן למה אינו עולה מן המנין הרי לא התחיל המבול לירד עד חדש השני דהיינו אייר ובחדש הראשון יבשה הארץ, אלא ודאי דמתשרי מנינן וכיון דברוב השנה היה המבול לא קחשבינן לשנת המבול ממנין השנים: ומשני תיפתר כר' אלעזר דאמר בתשרי נברא העולם. ובראשון באחד לחדש היינו בתשרי, ומפני שהוא ראשון לבריאת עולם ולמנין שנים קרי ליה ראשון:

פני משה

אמר ר' יונה כתיב. בנבואת חגי ועתה שימו נא לבבכם וגו' מטרם שום אבן על אבן וגו' היתה קללה, כדכתיב בתריה (חגי ב טז) מהיותם בא אל ערמות עשרים והיתה עשרה וגו', וכתיב אחר כך (חגי שם יח-יט) שימו נא לבבכם מן היום הזה ומעלה מיום עשרים וארבעה לתשיעי למן היום אשר יסד היכל ה' שימו לבבכם וגו' מן היום הזה אברך: הא כיצד. אימתי נאמרו מקראות הללו ואימתי נאמרה נבואת זכריה: בששי הוסד. בתחילת נבואת חגי שהיתה בחדש ששי והוכיח אותם כמו שנאמר שם (חגי א ב) העם הזה אמרו לא עת בא עת בית ה' להבנות וכו', ועל זה נאמר אחר כך (חגי שם יב) וישמע זרובבל בן שלתיאל וגו', ויבאו ויעשו מלאכה בבית ה' צבאות אלהיהם (חגי שם יד), וא"כ הוסד בששי מיד אחר התחלת נבואת חגי, ובחדש שמיני שהוא מרחשון מקודם נבואת חגי נאמר מקרא הזה של נבואת זכריה כדאמר חיפה והכל בשנה אחת היה: אין תימר כבר שמו יאות אמר חיפה. כלומר והשתא האיך תפרש להכתוב של חגי שלאחר כן שכתוב בו מטרם שום אבן וגו', ודכתיב בתריה מיום עשרים וארבעה לתשיעי למן היום אשר (הוסד) [יסד] היכל ה', והתשיעי הזה הוא כסליו של אחריו, ואמר להם אז למן היום אשר יסד היכל ה' שימו לבבכם העוד הזרע במגורה וגו' ועץ הזית לא נשא מן היום הזה אברך, וא"כ קשו קראי אהדדי אליביה דחיפה, דאם בחדש ששי שהוא אלול אמר להם מטרם שום אבן אל אבן, דמשמע שעדיין לא שמו באותו הזמן ולא התחילו ליסד את הבית, והרי כתיב בתשיעי שהוא קודם ואחר נבואת זכריה למן היום אשר יסד היכל, והא כיצד, אלא א"כ תוכל לפרש דהאי מטרם שום אבן היינו שכבר שמו בשעה שאמר להם חגי המקרא הזה, אז יאות אמר חיפה לפי שכבר הוסד מקודם כשאמר להם בחדש התשיעי אחר נבואת זכריה שהיא קודם ובשנה זו וכדאמרן, אבל אם תימר לא שמו עדיין באותו זמן כשאמר להם חגי זה בחדש הששי, א"כ לא אמר חיפה כלום, שאין אתה יכול לפרשו שנבואת זכריה היה קודם ובשנה עצמה זו והתחילה מתשרי, דא"כ האיך תפרש לנבואת חגי בחדש התשיעי שלאחריו דמשמע שכבר הוסד, והרי חגי אמר להם בחדש הששי שהוא אחר כך באותה שנה מטרם שום אבן*: התיב ר' יצחק. על הא דקאמר ר' חנינה אף למלכי אומות העולם מניסן מנינן, וקא סלקא דעתיה דטעמיה משום דסבירא ליה כר' יהושע שבניסן נברא העולם, ולפיכך כל שני הדורות וכל המניינים שבכתוב הכל מניסן מנינן, ולפיכך פריך הכתיב ויהי באחת ושש מאות שנה בראשון באחד לחדש חרבו המים מעל הארץ, ולעיל מיניה כתיב (בראשית ז ו) ונח בן שש מאות שנה והמבול היה מים על הארץ וגו', בשנת שש מאות שנה לחיי נח בחדש השני בשבעה עשר יום לחדש ביום הזה וגו' (בראשית שם יא) והתחיל המבול: ותני עלה שנת המבול אינה עולה מן המנין. לשש מאות שנה של חיי נח, וכלומר שלא תטעה לומר מדכתיב בשנת שש מאות שנה לחיי נח וגו', שהמבול היה באותה שנה עצמה של שש מאות שנה לחיי נח ואחר שעבר המבול היה ת"ר שנה לחיי נח, הלכך קאמר דשנת המבול אינה מן המנין של שש מאות שנה לחיי נח, אלא שכבר כלו לו שש מאות שנה לנח קודם שבא המבול, וקרא דכתיב בשנת שש מאות שנה לחיי נח בחדש השני וגו' נבקעו כל מעיינות וגו' זה הוא אחר שכבר היה לו לנח ת"ר שנה, והשתא לכשתחשוב עוד לשנת המבול עצמה היה לו לנח תר"א שנים כשכלה המבול, וזה הוא כשהגיע ניסן, שהרי לדבריך כל שני הדורות מניסן מנינן ונמצאו מניסן מתחיל שנת תר"ב לחיי נח, וקשה הא דכתיב ויהי באחת ושש מאות שנה בראשון באחד לחדש הרי זה ניסן היא שהוא חדש הראשון והוה ליה למימר ויהי בשתים ושש מאות שנה, ובשלמא אי אמרינן דשני הדורות מתשרי מנינן אפילו למאן דאמר בניסן נברא העולם, וא"כ שנת המבול גם כן מתחיל מניסן שפיר הוא דמפרשינן לקראי ולהך ברייתא דשנת המבול אינה עולה למנין של שש מאות שנה לנח, ולא תיקשי שהרי כשהתחיל המבול כבר היו לו לנח שש מאות שנה תחשוב עוד שנת המבול היו לו לנח תר"א שנים כשהגיע תשרי, וא"כ היאך אומר הכתוב על ניסן שלאחר המבול באחת ושש מאות בתר"ב מיבעי ליה, הא ליתא דכשאנחנו מחשבין שני הדורות מתשרי א"כ בתשרי שלפני המבול התחילה השנת השש מאות שנה של נח וכלו הת"ר שנים שלו בתשרי שבתוך המבול והתחיל שנת התר"א, וכשכלה המבול וזה כשהגיע הניסן שאחר המבול עדיין היה נח בשנת תר"א שלו, ודקתני בברייתא שנת המבול אינה עולה מן המנין לאו דכל שנת המבול אינה עולה למנין חיי נח קאמר, שזה אי אתה יכול לפרשו דלכולי עלמא תיקשי דא"כ תר"ב מיבעי ליה למימר על ניסן שלאחר המבול, אלא דהכי קאמר כל שנת המבול אינה עולה מן המנין של חיי נח לפי שלא כלו לו השש מאות שנה אחר המבול אלא בתוך שנת המבול הוא שכלו לו ת"ר שנים והיינו בתשרי שבתוך המבול, ונמצא ניסן שאחריו שאז כלה המבול עדיין היה בשנת תר"א שלו שלא כלתה עד בא תשרי שלאחריו, ומתרצינן קראי וכן הברייתא, אלא לדידך דשני הדורות גם כן לעולם מניסן מנינן קשיא: תיפתר כר' אליעזר דר' אליעזר אומר בתשרי נברא העולם. כלומר לעולם לר' יהושע דאמר בניסן נברא העולם הכל מניסן מנינן ואף לשני הדורות, ולדידיה לא קשה מידי דיש לומר דלא סבירא ליה כלל כהאי ברייתא דאין שנת המבול עולה מן המנין של חיי נח, אלא עם שנת המבול עצמה תחשוב לו ת"ר שנה ובניסן שלאחר המבול התחילה שנת תר"א. אי נמי דהך ברייתא נמי אתיא כר' יהושע ולא כדקא סלקא דעתיה דאינה עולה לו מן המנין דקאמר דבלאו האי שנה היו לנח ת"ר שנה, וא"כ צריך אתה לדחוק ולפרש כדלעיל, אלא דהכי קאמר אין שנת המבול עולה כלל למנין סדר השנים לא לשל עולם ולא לחיי נח, וטעמא לפי שלא שמשו המזלות באותה שנה כלל כדאמרינן במדרש (בראשית רבה כה ב), ולדברי ר' אליעזר דאמר בתשרי נברא העולם והתחיל המבול בתשרי ולדידיה פשיטא דמנין שני הדורות מתשרי מנינן, והאי בראשון באחד לחדש דקרא גבי חרבו המים היינו בראשון בתשרי הוא וכדאיתא בסדר עולם (פ"ד) בהדיא לר' אליעזר הכי, ודתני עלה שנת המבול אינה

מסורת הש"ס

א) [עי' ר"ה ג: תוד"ה למניינא] ב) בראשית רבה לג ו [ילקו"ש נח נו] ג) ר"ה [ח.] י: [כו., סדר עולם רבה, בראשית רבה כב ד] ד) [ע"ז פ"א ה"ב, ע"ז ח., פסיקתא זוטרתא בראשית ז יא, במדבר כט א, תיקו"ז פא:, ילקו"ש בראשית מ, לה]

שירי קרבן

התיב ר' יצחק וכו' ותני עלה שנת המבול אינה עולה מן המנין. רש"י (בראשית רבה לג ו) פי' למנין שנותיו של נח, כשהכתוב מונה שנותיו של נח אינו מונה שנת המבול, שאתה מוצא שחי נח תתק"ן שנה ואחת עם שנת המבול, שכן הוא אומר (בראשית ז ו) ונח בן שש מאות שנה והמבול היה, משמע שהמבול היה לאחר ת"ר שנה, דכן משמע שכבר עברו עליו שש מאות שנה שלימים, וכתיב (שם ח יג) ויהי באחת ושש מאות שנה חרבו המים, [וכתיב] (שם ט כח) ויחי נח אחר המבול שלש מאות וחמשים שנה, וכתיב (שם כט) ויהי כל ימי נח אשר חי תשע מאות שנה וחמשים שנה, והו"ל תתקנ"א, אלמא שאין שנת המבול עולה למנין שנותיו לפי שהוא שנת צרה, ע"כ. ומעתה י"ל דגרסינן תחלה קושית ר' יצחק משנת עשרים, ושני ליה מדר' אלעזר כל שנה וכו', והדר פריך משנות המבול. וה"פ, אי ס"ד דמניסן מנינן למה קחשיב ליה קרא בחדש הראשון לשנה אחת הא אכתי לא עייל ביה תלתין יומין, אלא ודאי מתשרי מנינן וכבר עייל חצי שנה קודם המבול. והרב מהרש"א כתב בדף ג' ע"ב בד"ה למניינא אחרינא וכו' פי' לדברי הירושלמי אלו, עיי"ש. ודבריו תמוהין, חדא דבבראשית רבה (שם) מפורש דשנת המבול אינו נכנס לשום מנין לא לפניו ולא לאחריו, דהא ר' נחמיה פליג וקאמר אע"פ שאינו עולה מן המנין עולה בתקופות ובחשבונות, וכן פירשו כל המפרשים. ועוד קשה לדבריו הא דכתיב ויהי נח בן שש מאות שנה היינו מלבד מקצת שנת תר"א שכבר נכנס שאינו עולה מן המנין, א"כ מאי ניחא ליה אי אמרינן דתשרי ר"ה הא לפי זה מתשרי שקודם המבול התחיל שנת תר"א, ועדיין הקושיא במקומה עומדת לכתוב בשנת שש מאות ושתים חרבו המים, ודבריו לצ"ע:

שינויי נוסחאות

א] אל. כ"ה במקרא. בכי"ל ובדפוסים על:
ב] בשמיני. בתוס' הרא"ש (ג:) ובשביעי. (עיי"ש עוד שינויים, וסיים "ונראה קצת טעות סופר בירושלמי"). בקה"ע הגיה בתשיעי:
ג] כר' אליעזר. וכ"ה בבבלי (י:). בדפ"ו כר' אלעזר, וכן בהמשך:

תורה אור השלם

א) וְעַתָּה שִׂימוּ נָא לְבַבְכֶם מִן הַיּוֹם הַזֶּה וָמָעְלָה מִטֶּרֶם שׂוּם אֶבֶן אֶל אֶבֶן בְּהֵיכַל יְהוָה: (חגי ב טו)

ב) וַיְהִי בְּאַחַת וְשֵׁשׁ מֵאוֹת שָׁנָה בָּרִאשׁוֹן בְּאֶחָד לַחֹדֶשׁ חָרְבוּ הַמַּיִם מֵעַל הָאָרֶץ וַיָּסַר נֹחַ אֶת מִכְסֵה הַתֵּבָה וַיַּרְא וְהִנֵּה חָרְבוּ פְּנֵי הָאֲדָמָה: (בראשית ח יג)

גליון הש"ס

ותני עלה שנת המבול וכו'. עיין תוס' ר"ה ג' ע"ב ד"ה למנינא:

מראה הפנים

אין תימר כבר שמו יאות אמר חיפה וכו'. מבואר בפנים לפי הנראה מהמקראות שהבאתי, והכוונה דר' יונה כך היא שאם אתה היה יכול לפרשו שכבר שמו היה אתה יכול לומר כדאמר חיפה, אבל מכיון דכתיב מטרם שום אבן משמע שאמר להם שימו לבבכם מה שהיה עד לא שמו אבן א"כ אמור מעתה לא אמר חיפה כלום, והדרינן דמוכח מהני קראי דלעיל בששי בשנת שתים לדריוש וכו' דאף למלכי אומות העולם מניסן מנינן, והיינו כמה דמתיב רב יוסף בבבלי דף ג' ע"ב דאי איתא דמתשרי מנינן בשביעי בשנת שלש מיבעי ליה, ומשני ר' אבהו שם כורש מלך כשר היה וכו', ובהא דמייתי התם להני קראי בששי וכו' פירש"י ז"ל (שם ד"ה בששי) שניהם בנבואת חגי, נבדק במקרא ולא נמצא כתוב בפסוק שני בשנת שתים. אך י"ל שלפסוק שלמעלה הימנו קאי שכתוב בו בשנת שתים, וזהו לפי הגירסא דהתם דגרים בפסוק השני בשביעי בשנת שתים וזה באמת לא נמצא כתוב בנבואת חגי וצריך לדחוק כפירושו, ולגירסא דהכא בהשני בשמיני בשנת שתים והוא בריש נבואת זכריה שאחר נבואת חגי לפי הסדר ניחא וכדפרישית בפנים: ותני עלה שנת המבול אינה עולה מן המנין. התוס' שם (ג:) ד"ה למניינא אחרינא וכו' הביאו לזה, ועיין במהרש"א במה שרצה לפרש כאן ודבריס קשים להולמן הן, וביותר במ"ש בהא דקאמר תיפתר כר' אליעזר וכו', ומשני תיפתר הך דתני שנת המבול אינה עולה מן המנין כר' אליעזר דאמר בתשרי נברא העולם ובו מתחיל שנת המבול והשנים מניסן מנינן דהשתא תשרי שאחר המבול לא היה רק שנת תר"א וכו' עיי"ש, וזה קשה הרבה וכי ס"ד לומר למ"ד בתשרי נברא העולם שאעפ"כ השנים מניסן מנינן, ואיפכא הוא דאשכחן דאף למ"ד בניסן נברא העולם י"ל דהשנים מתשרי מנינן, וכדכתב רש"י ז"ל בנימוקי חומש בריש פרשת כי תשא (שמות ל טז) ובדף י"א (ע"א) דלקמן ג"כ מוכח דלמ"ד בתשרי א"כ הכל מתשרי מנינן, ולמ"ד מניסן הכל מניסן מנינן. ועיין בתוס' שם דף י' ע"ב ד"ה מכלל דתרווייהו וכו' שכתבו ונראה דלעולם גרים ליה וכו' ועמד המבול שנה וחצי וכו', ור"ל דאף שאמרו משפט דור המבול י"ב חודש כדתנינן סוף פ"ב דעדיות, מ"מ לא חרבו המים עד ששה חדשים שלאחר המשפט שזה היה י"ב חודש. ובענין פירושא דהכא תמצא בפנים פירוש הברור, ובהא דקאמר תיפתר כר' אליעזר ואף דאליבא דר' יהושע נמי מיתוקמא שפיר לפי האי פירושא דאינה עולה מן המנין כלל וכלל ולא חשבינן ליה כסדר השנים, מ"מ הואיל דס"ד דדברי ר' חנינה לא קיימין אלא לר' יהושע, כלפי הס"ד זה קאמר תיפתר כר' אליעזר כלומר אף כר' אליעזר מיתוקמא וכמבואר הכל בפנים:

The Gemara notes that Cheifah's rebuttal depends on how we interpret a different verse in *Haggai*:

אֲמַר רַבִּי יוֹנָה – **R' Yonah said:** כְּתִיב – **It is written:** ,,וְעַתָּה שִׂימוּ־נָא לְבַבְכֶם מִן־הַיּוֹם הַזֶּה וָמָעְלָה מִטֶּרֶם שׂוּם־אֶבֶן אֶל־אֶבֶן בְּהֵיכַל ה' " – ***And now, consider [the situation] from this day onward, before stone was placed upon stone in the Sanctuary of Hashem*** etc.[1] הָא כֵּיצַד – **How is this** verse to be understood? It would seem to imply that construction of the Temple began on that day,[2] but this is clearly not the case. בְּשִׁשִּׁי הוּסַד – For we know that it was **in the sixth** month (Elul) of Daryavesh's second year that **[the Temple's] foundation was laid,**[3] (בשמיני) [בִּתְשִׁיעִי] נֶאֱמַר הַמִּקְרָא הַזֶּה – and **this verse was stated in the *ninth*** month (Kislev) of Daryavesh's second year.[4]

The Gemara suggests two possible interpretations of the verse, one of which supports Cheifah's assertion and one that disproves it:

אִין תֵּימַר (כבר) [לֹא] שָׂמוּ – **If you say** that at the time the verse was stated **they had not** yet **placed** stone upon stone, i.e. they had not yet laid the foundation of the Temple, and the verse refers to the construction that would begin the *following* Elul,[5] יָאוּת אֲמַר חֵיפָה – then **Cheifah said well,** that the first of Tishrei, and not the first of Nissan, is the New Year for non-Jewish kings. His contention is supported by our verse, for the prophecy contained in the verse, which was stated in Kislev, preceded the construction of the Temple that began the following Elul, and yet Scripture describes both as taking place in the second year of Daryavesh's rule. This can only be because the new year for non-Jewish kings begins in Tishrei, and Tishrei did not fall in between the two events.[6] אִין תֵּימַר (לא) [כְּבָר] שָׂמוּ – However, **if you say** that at the time the verse was stated **they had already placed** stone upon stone, and the verse refers to the construction that had begun in the *previous* Elul,[7] לָא אֲמַר חֵיפָה כְּלוּם – then **Cheifah did not say anything;** i.e. his contention is *disproven* by the verse. For Tishrei fell between the beginning of the construction in Elul and the prophecy in the following Kislev, and if the first of Tishrei is the New Year for non-Jewish kings the verse should have stated that the prophecy was received in Kislev of the *third* year of Daryavesh's rule.[8]

NOTES

1. *Haggai* 2:15. [Translation follows *Ibn Ezra* and *Radak* ad loc.; cf. *Rashi* and *Metzudas Tzion* there.]

In this passage the prophet directs the people's attention to the fact that before they started rebuilding the Temple, their crop was diminished by a Heavenly curse, but once they begin the construction they will enjoy Divine blessing.

[The verse refers to the commencement of the construction as "placing stone upon stone" because the foundation of the Temple had actually been laid earlier, in the time of the Persian king Koresh (*Ezra* 3:10). However, construction was interrupted by decree of his successor, Artachshasta (ibid. 4:23). Thus, when they resumed construction during the reign of Daryavesh, they added to a foundation that already existed (see *Rashi* ad loc.). When in the course of its discussion our Gemara speaks of "laying the foundation" of the Temple, it, too, refers to *adding* to the existing foundation.]

2. Understood simply, the verse is stating that until now, the crop was cursed, but henceforth it will be blessed, and the reason for the change is that on this day they began construction of the Temple.

3. As the verse (*Haggai* 1:14-15, cited by the Gemara above, 1a) states: *They came and did work in the Temple... on the twenty-fourth day of the month, in the sixth month, in the second year of Daryavesh* (*Pnei Moshe; Yefeh Mareh* ד״ה שמיני וד״ה בששי).

4. As the verse that introduces this passage states (ibid. 2:10): *On the twenty-fourth of the ninth [month], in the second year of Daryavesh, the word of Hashem came to Haggai the prophet, saying.*

[Emendation follows *Korban HaEidah* and *Beur of R' Chaim Kanievski*, and is based on the above verse. For interpretations that preserve the printed version of the text, see *Pnei Moshe* and *Yefeh Mareh*.]

5. According to this explanation, the verse does not mean that the curse stopped on the day this prophecy was given over; rather, that it *would* stop as soon as they began work on the Temple. This did not occur until precisely nine months later, on the 24th of Elul (*Korban HaEidah*, second approach; *Beur of R' Chaim Kanievski*).

The fact that the verse that refers to the 24th of Elul appears earlier in *Haggai* (1:14-15) than the prophecy that was given on the 24th of Kislev (2:10-19) does not imply that the events it describes occurred earlier, for as Cheifah explained above (1b), "The Torah is not [written] in chronological order" (*Korban HaEidah*).

[Emendation of this and the following line of the Gemara follows the second approach of *Korban HaEidah* and *Beur of R' Chaim Kanievski*. For an interpretation that preserves the printed version of the text, see below, Variant A.]

6. *Korban HaEidah; Beur of R' Chaim Kanievski*.

7. According to this interpretation, the change from curse to blessing had already occurred on the 24th of the previous Elul. Haggai explained to the people that the reason for their change of fortune was that on that day, three months earlier, they began construction of the Temple (*Korban HaEidah; Beur of R' Chaim Kanievski*).

8. *Korban HaEidah; Beur of R' Chaim Kanievski*.
See Variant A.

TEXTUAL AND INTERPRETIVE VARIANTS

A. As noted, our elucidation is based on the text of the Gemara as emended by *Korban HaEidah* in his second approach and *Beur of R' Chaim Kanievski*. According to this version, the foundation of the Temple was undoubtedly laid on the 24th of Elul in Daryavesh's second year of rule, as indicated by *Haggai* 1:14-15, which states that at that time they began construction of the Temple. The Gemara's uncertainty is whether it had already been laid at the time the verse in *Haggai* 2:15 was stated, on the 24th of Kislev. If it had not, then the verses support Cheifah's contention that the first of Tishrei is the New Year for non-Jewish kings; if it had been, then the verses *disprove* his contention. The printed version of the Gemara, however, assumes the opposite. It reads: אִין תֵּימַר כְּבָר שָׂמוּ — **If you say they had *already placed*** stones on the foundation of the Temple, יָאוּת אֲמַר חֵיפָה — **Cheifah said well.** אִין תֵּימַר לֹא שָׂמוּ — However, **if you say they had *not* yet placed** stones on the foundation of the Temple, לָא אֲמַר חֵיפָה כְּלוּם — **Cheifah did not say anything.**

Korban HaEidah, in his first approach, explains that according to this version, there is no question what the verse in *Haggai* 2:15 means: the foundation had not been laid before the 24th of Kislev, when that verse was stated, and Haggai meant that the curse would not stop until later, when they would lay the foundation of the Temple. The question is what the verse in *Haggai* 1:14-15 means when it states that they began construction of the Temple. If it means that they actually laid the foundation on this day, then the fact that the later verse in *Haggai* 2:15 implies that they had not yet laid the foundation supports Cheifah's contention, for that verse can only be understood if we say that Kislev precedes Elul in the year of non-Jewish kings because the new year begins in Tishrei. However, the verse in *Haggai* 1:14-15 can also be understood as meaning that although they *began* work on the construction of the Temple, they did not actually lay the foundation then. [Rather, they simply prepared building materials to use for the construction (see *Rashi* and *Radak* ad loc.); alternatively, they only began laying the foundation on that day, but did not finish (*Korban HaEidah*).] If so, the verse in 2:15 does not prove Cheifah's point, for even if we say that the new year begins in Nissan and Elul precedes Kislev in the year of non-Jewish kings, it may be that they began construction of the Temple in Elul but they had not yet finished laying the foundation by the 24th of Kislev, and thus Haggai prophesied that the curse would continue until they finished laying the foundation.

[On the other hand, this latter interpretation of *Haggai* 1:14-15 also does not *disprove* Cheifah's contention that the New Year for non-Jewish kings is the first of Tishrei. For even if the verse is understood as meaning that they only began laying the foundation on the 24th of Elul, this may very well have occurred in the Elul that *followed* Haggai's prophecy, and since Tishrei did not fall in between the two events, Scripture describes both as having occurred in the second year of Daryavesh's reign.]

The verse from which it is derived that the king's year begins on the first of Nissan refers to a Jewish king (Solomon). The Gemara discusses whether the first of Nissan also marks the beginning of a new year in the reign of non-Jewish kings, or if the year begins on the first of Tishrei, as it does in most halachic contexts:[32]

רַבִּי לְעָזָר בְּשֵׁם רַבִּי חֲנִינָה – **R' Lazar** said **in the name of R' Chaninah:** אַף לְמַלְכֵי אוּמּוֹת הָעוֹלָם אֵין מוֹנִין אֶלָּא מִנִּיסָן – **Also** with regard **to the kings of the** other **nations of the world, we count** the new year **only from Nissan,** and not from Tishrei.

R' Lazar brings a proof from Scripture:

"בַּשִּׁשִּׁי בִּשְׁנַת שְׁתַּיִם לְדָרְיָוֶשׁ" – The verse in the Book of *Haggai* states:[33] *They came and did work in the Temple. . . on the twenty-fourth day of the month, **in the sixth [month]*** (Elul),[34] ***in the second year of Daryavesh.*** A different verse, in the Book of *Zechariah*, states:[35] "בַּ[חֹדֶשׁ הַ]שְּׁמִינִי בִּשְׁנַת שְׁתַּיִם לְדָרְיָוֶשׁ" – ***In the eighth month*** (Cheshvan) ***in the second year of Daryavesh,*** *the word of Hashem came to Zechariah the son of Berechyah.* Now, in the arrangement of the Books of the Prophets, the Book of *Haggai* comes before the Book of *Zechariah*. Presumably, then, the prophecy mentioned in the verse in *Zechariah* occurred after the events described in the verse in *Haggai*.[36] Thus, נֹאמַר בַּשְּׁמִינִי בִּשְׁנַת שָׁלֹשׁ – if Tishrei, the seventh month, is the New Year for the reign of non-Jewish kings, **[the latter verse] should have stated, "in the eighth** month ***in the third year*** of Daryavesh." For the events in *Haggai* took place in Elul, and Zechariah received his prophecy the following Cheshvan, which was *after* Tishrei, the beginning of a new year in Daryavesh's reign! Perforce, the New Year for reckoning the reign of non-Jewish kings is *not* the first of Tishrei, but the first of Nissan. Thus, the events described in *Haggai* and Zechariah's prophecy both occurred in the same year of Daryavesh's reign.[37]

The proof is rejected:

חֵיפָה אָמַר – **Cheifah says:** These verses do not prove that Tishrei is not the New Year for non-Jewish kings. For it may be that שְׁמִינִי נֶאֱמַר תְּחִילָּה – the verse in *Zechariah* that refers to **the eighth** month of the second year of Daryavesh's rule **was stated first,** before the verse in *Haggai* that refers to the sixth month of that year, i.e. Zechariah received his prophecy in Cheshvan and the events described in *Haggai* occurred in the *following* Elul, אֶלָּא שֶׁאֵין מוּקְדָּם וּמְאוּחָר בַּתּוֹרָה – **but** nevertheless Zechariah's prophecy was recorded in a later Book of the Prophets than the verse in *Haggai*, **because the Torah is not** written **in chronological order.**[38] Thus, it is possible that Tishrei is the New Year for non-Jewish kings, and Scripture describes both Zechariah's prophecy and the events recorded in *Haggai* as occurring in the same year because the former occurred after Tishrei and the latter occurred before the following Tishrei.[39]

NOTES

32. Certainly, the Rabbis established a fixed date as the New Year for non-Jewish kings, for the same reason they established one for Jewish kings (see 1a note 2). It is not clear, however, whether when the Mishnah states that the New Year for kings is the first of Nissan, it refers to non-Jewish kings as well as to Jewish kings.

33. *Haggai* 1:14-15.

34. [As noted above (1a note 7), in Scripture Nissan is always referred to as the "first month," regardless of the date of the New Year. Thus, the sixth month is Elul.]

35. *Zechariah* 1:1.

36. See *Pnei Moshe* ד״ה חיפה אמר; but see next note.

37. *Korban HaEidah; Pnei Moshe*.

These verses do not actually prove that the New Year for non-Jewish kings is in Nissan, only that it is not in Tishrei or Cheshvan (for otherwise, Scripture could not have stated that Zechariah's prophecy occurred in the same year as the events described in *Haggai*). However, if the New Year is not in Tishrei, we may assume that it is in Nissan, as is the New Year for Jewish kings is.

[*Yefei Einayim* (*Bavli* 3b ד״ה מתיב רב יוסף) questions the assertion that simply because in the arrangement of the Prophets *Haggai* comes before *Zechariah*, whatever is written in the former must have occurred before events described in the latter. Haggai and Zechariah were contemporaries, and certainly not all the events recorded in the Book of *Haggai* occurred after all the events and prophecies recorded in the Book of *Zechariah*! He therefore suggests that the Gemara actually means to contrast *Haggai* 1:14-15 with a later verse in *Haggai* (2:10, cited by the Gemara below): *In the twenty-fourth of the* **ninth** *[month]* (Kislev), *in the second year of Daryavesh, the word of Hashem came to Haggai the prophet.* Since this latter verse is written later in the same Book as the first verse, it is plausible to assume that it describes events that occurred after those described in the first verse. Yet both verses describe these events as having taken place in same year of Daryavesh's reign (the second), even though the first took place in Elul and the second in Kislev! Clearly, then, the first of Tishrei does not mark the beginning of a new year in the reign of non-Jewish kings. See also *Beur of R' Chaim Kanievski*, who emends the text of the Gemara to reflect this interpretation.]

38. Literally: There is no earlier and later in the Torah. That is, Scripture does not follow a strict chronological order in arranging its Books [or chapters within each Book].

39. *Korban HaEidah; Pnei Moshe.*

[For a different means of reconciling these verses with the view that the New Year for non-Jewish kings is in Tishrei, see *Bavli* 3b.]

או אינו אלא שנים בשבת. לא מצאנו חשבון זה [א][א]מן התורה. והא כתיב [א]ויהי ערב ויהי בקר יום שני. [א]אין למדין מברייתו של עולם. והיי דין הוא שיני שבחדשים והיי דין הוא שיני שבשנים. ר' חנניה ור' מנא חד אמר [ב]ויחל לבנות בחודש השני זה שיני שבחדשים. בשני זה שני שבשנים. וחורנה אפילו מיחלף לית בה כלום. ר' שמעון בר כרסנא בשם ר' אחא שמע לה מן הדא [ג]החודש הזה לכם מיעט. ראשון הוא לכם מיעט. [ב]מיעוט אחר מיעוט לרבות למלכים א: ורגלים. [ג]וירבה לשנים ולשמיטים וליובילות ולנטיעה ולירקות. כהיא דאמר ר' יעקב בר אחא ר' יסא בשם ר' יוחנן [ב]ויחל לבנות בחדש השני בשני בשנת ארבע למלכותו הקיש שנת ארבע למלכותו לשיני שבחדשים מה שיני שבחדשים אין מונין אלא מניסן אף שיני שבשנת ארבע למלכותו אין מונין אלא מניסן. ר' יונה ר' יצחק בר נחמן בשם ר' חייה בר יוסף [ב]ויחל לבנות בחודש השני זה שיני שבחדשים. בשני זה שיני שבשנים. וכשהוא אומר בשנת ארבע למלכותו הקיש שנת ארבע למלכותו לשיני שבחדשים מה שיני שבחדשים אין מונין אלא מניסן אף שיני שבשנת ארבע למלכותו אין מונין אלא מניסן. תני שמואל ופליג [ג][ד]בחודש השלישי לצאת בני ישראל מארץ מצרים מיכן שמונין חדשים ליציאת מצרים. אין לי אלא חדשים שנים מניין. [ה]וידבר ה' אל משה במדבר סיני בשנה השנית. אין לי אלא לאותו הזמן לאחר הזמן הזה מניין. [ו]בשנת הארבעים לצאת בני ישראל מארץ מצרים. אין לי אלא לשעה לדורות מניין. [ד][ז]ויהי בשמונים שנה וארבע מאות שנה לצאת בני ישראל מארץ מצרים וגו'. משנבנה הבית התחילו מונין לבנינו [ח][ב]מקצה עשרים שנה אשר בנה שלמה את שני הבתים וגו'. לא זכו למנות לבנינו התחילו מונין לחרבנו [ט]בעשרים וחמש שנה לגלותנו בראש השנה בעשור לחדש וגו'. לא זכו למנות לעצמן [ג]התחילו מונין למלכיות שנאמר [י]בשנת שתים לדריוש [כ]בשנת שלש לכורש מלך פרס. [ד]ואומר [ב]ויחל לבנות בחודש השני בשני בשנת ארבע למלכותו הקיש שנת ארבע למלכותו לשיני שבחדשים מה שיני שבחדשים אין מונין אלא מניסן אף שיני שבשנת ארבע למלכותו אין מונין אלא מניסן. [ה]ר' לעזר בשם ר' חנינה [ה]אף למלכי אומות העולם אין מונין אלא מניסן [ל]בששי בשנת שתים לדריוש [מ](בשמיני) [ו][בחודש השמיני] בשנת שתים לדריוש נאמר בשמיני בשנת שלש. חיפה אמר שמיני נאמר תחילה אלא [ו]שאין מוקדם [ז]ומואחר בתורה.

פני משה

או אינו אלא. האי בשני בשני בשבת הוא: ומשני **לא מצינו חשבון זה מן התורה.** דלא נמצא חשבון של ימי שבוע בתורה: **והא כתיב ויהי ערב ויהי בקר יום שני.** ומשני **אין למדין מברייתו של עולם.** דלא מצי קאי אשני בשבוע שעדיין לא היה שבוע אלא שהיה יום שני לברייתו של עולם: **והיי דין הוא שני שבחדשים וכו'.** ואיזה הוא שני שבכתוב זה דקאי על שני שבחדשים, ואיזה הוא דקאי על השנים ושני למנין חדש שמונין השנים למלכותו: **חד אמר וכו'.** בחדש השני קמא זה הוא שני שבחדשים חדש השני למנין החדשים, ובשני בתרא זה שני לחדש שמונין לשנים של מלכותו: **ואחרינא אמר אפילו מיחליף** מפרשת להו **לית בה כלום.** דהא מיהת רמיזא בכתוב שניהן ומקיש זה לזה וכדאמרן: **שמע לה מן הדא וכו'.** כלומר שאינו פותח בדרשה דדריש לעיל מדכתיב לכם הוא ראש ואינו ראש לשנים וכו', אלא כך דריש מדכתיב שני פעמים לכם ולכם, קמא מיעוט הוא לכם הוא ראש ולא לדבר אחר, והדר כתיב ראשון הוא לכם מיעוט, ומיעוט אחר מיעוט אינו אלא לרבות שהוא ראש למלכים ולרגלים: **וירבה לשנים וכו'.** ומאי חזית דמרבית להני ולא להני: **כהיא דאמר ר' יעקב וכו'.** כלומר דהשתא אתינן להא דר' יעקב בשם ר' יוחנן דנפקא לן מהאי קרא ויחל לבנותו וגו': **תני שמואל ופליג.** דלא דריש כהאי דלעיל מקרא דהחדש הזה לכם כלל, אלא כך בחדש השלישי (לצאתם) [לצאת בני ישראל] וכו', וידבר ה' אל משה במדבר סיני בשנה השנית לצאתם מארץ מצרים: **בשנת הארבעים לצאת וגו'.** גבי ויעל אהרן וגו': **משנבנה הבית וכו'.** איידי דאיירי בהאי קרא דריש לה נמי להא: **ואומר ויחל לבנותו וכו'.** דזה נמי מיבעי ליה למילף דלמלכות מונין נמי מניסן: **אף למלכי אומות העולם אין מונין להם אלא מניסן בששי וכו'.** דכתיב בריש חגי בשנת שתים לדריוש המלך בחדש הששי ביום אחד לחדש היה דבר ה' וגו', וכתיב אחר כך בריש זכריה בחדש השמיני בשנת שתים לדריוש: **נאמר וכו'.** כלומר אי איתא דלמלכי אומות העולם לאו מניסן אלא מתשרי מנינן, א"כ היה לו לומר בשמיני בשנת שלש, אלא לאו דאף להם מניסן מנינן ובאותו השנה בעצמה היתה גם כן נבואת זכריה אחרי נבואת חגי: **חיפה אמר.** דאין ראיה מכאן משום דאיכא למימר נבואת זכריה שכתוב אחר כך נאמר תחלה קודם נבואת חגי אלא שאין מוקדם ומאוחר בתורה, ומתשרי התחילה שנת שתים ואחר כך בחדש אלול היתה נבואת חגי באותה שנה:

קרבן העדה

ופריך **או אינו אלא שנים בשבת.** דשני בתרא אתי לאשמועינן כמה ימים בשבת הוה: ומשני **לא מצאנו חשבון.** כזה בתורה, להדר ביה קרא בשני: ופריך **והא כתיב ויהי ערב ויהי בקר יום שני.** א"כ מלינו למונה בקרא ימי השבת: ומשני **אין למדין מברייתו של עולם.** כלומר לאו אימי השבת קאי אלא שהיה יום שני לברייתו של עולם, כן כתבו תוס' (ב. ד"ה שני). אי נמי שאני התם שלא היו עדיין שנים או חדשים למנות בהו לכך הוכרח למנות לימי השבת, נראה לי: ופריך והיידין וכו'. ואיזהו מהשני דכתיב בקרא קאי אחדשים, ואיזהו מהן קאי אחדש שני שבשנות המלך: **בחדש השני.** קאי על החדשים דסמיך ליה, בשני בשנת וכו' האי שני בתרא קאי על שנת המלך דסמיך ליה בשנת ד' למלכותו: **וחורנה אמר.** ואידך אמר אפילו נפרש בהיפך דהראשון קאי על שנת המלך והשני על החדשים לית לן בה, דעל כל פנים היקישא הוא: **החדש הזה לכם מיעט.** דלכם מיותר ולמעט אתי: **ראשון הוא לכם מיעט.** לכם שני דכתיב בהאי קרא נמי מיעוט הוא, ואין מיעוט אחר מיעוט אלא לרבות, ומרבים דראשון הוא אף למלכים ולרגלים: ופריך **וירבה לשנים וכו'.** כי היכא דמרבינן מלכים ורגלים נרבי הכל: **זה שני שבחדשים.** סובר כמאן דאמר לעיל השני הראשון הוא שני שבחדשים והשני הוא שני שבשנים: **תני שמואל ופליג.** דסובר שאין מקרא מן התורה למאי מונין אלא כל שהסכימו עליו חכמי הדור לאותו מנין מונין, וכדמסיק שמנו ליציאת מצרים לבנין הבית ולחרבן הבית: ה"ג **אין לי אלא באותו זמן וכו':** **התחילו מונין לבנינו.** הניחו מנין הראשון שמנו ליציאת מצרים והתחילו למנות לבנין הבית. והיפה מראה דחק בזה ללא צורך: **ואומר.** דאף דמונין למנין אחר מכל מקום ניסן הוא ראש השנה: **נאמר בשמיני בשנת שלש.** אי סלקא דעתך דלמלכי אומות מתשרי מנינן הוי ליה למימר בשמיני בשנת שלש, דבששי היינו אלול ובשמיני היינו חשון ובתשרי שביניהם כבר נתחדשה השנה, אלא ודאי דמניסן מנינן: **חיפה.** שם אמורא: **שמיני נאמר תחלה.** לעולם מתשרי מנינן אלא שנבואת זכריה נאמרה תחלה קודם נבואת חגי, והשמיני לעולם קודם הששי:

שינויי נוסחאות

א] **מן.** בכי"ל **אלא** מן והוגה כמו שלפנינו:

ב] **מקצה.** כ"ה במקרא. בכי"ל ובדפוסים ובר"ח (ד.) מקץ. [ונשתרבב מן הכתוב (דה"י-ב ח א) ויהי מקץ עשרים שנה אשר בנה שלמה את בית ה' ואת ביתו]:

ג] **התחילו מונין למלכויות.** בר"ח (שם) **נתחייבו למנות לאומות העולם:**

ד] **ואומר.** בכי"ל **ואֱמר** (הניקוד במקור). בד"ו **ואימר.** בדפ"ו **ואומר:**

ה] **ר' לעזר.** בתוס' הרא"ש (ג:) **ר' יוחנן:**

ו] **בחודש השמיני.** כ"ה במקרא. בכי"ל ובדפוסים **בשמיני:**

ז] **ומואחר.** כ"ל בכי"ל וכ"ה דרך הירושלמי בהרבה מקומות. בד"ק ובדפוסים **מאוחר:**

תורה אור השלם

א) וַיִּקְרָא אֱלֹהִים לָרָקִיעַ שָׁמָיִם וַיְהִי עֶרֶב וַיְהִי בֹקֶר יוֹם שֵׁנִי: (בראשית א ח)

ב) וַיָּחֶל לִבְנוֹת בַּחֹדֶשׁ הַשֵּׁנִי בַּשֵּׁנִי בִּשְׁנַת אַרְבַּע לְמַלְכוּתוֹ: (דברי הימים-ב ג ב)

ג) הַחֹדֶשׁ הַזֶּה לָכֶם רֹאשׁ חֳדָשִׁים רִאשׁוֹן הוּא לָכֶם לְחָדְשֵׁי הַשָּׁנָה: (שמות יב ב)

ד) בַּחֹדֶשׁ הַשְּׁלִישִׁי לְצֵאת בְּנֵי יִשְׂרָאֵל מֵאֶרֶץ מִצְרָיִם בַּיּוֹם הַזֶּה בָּאוּ מִדְבַּר סִינָי: (שמות יט א)

ה) וַיְדַבֵּר יְהוָה אֶל מֹשֶׁה בְמִדְבַּר סִינַי בַּשָּׁנָה הַשֵּׁנִית לְצֵאתָם מֵאֶרֶץ מִצְרַיִם בַּחֹדֶשׁ הָרִאשׁוֹן לֵאמֹר: (במדבר ט א)

ו) וַיַּעַל אַהֲרֹן הַכֹּהֵן אֶל הֹר הָהָר עַל פִּי יְהוָה וַיָּמָת שָׁם בִּשְׁנַת הָאַרְבָּעִים לְצֵאת בְּנֵי יִשְׂרָאֵל מֵאֶרֶץ מִצְרַיִם בַּחֹדֶשׁ הַחֲמִישִׁי בְּאֶחָד לַחֹדֶשׁ: (במדבר לג לח)

ז) וַיְהִי בִשְׁמוֹנִים שָׁנָה וְאַרְבַּע מֵאוֹת שָׁנָה לְצֵאת בְּנֵי יִשְׂרָאֵל מֵאֶרֶץ מִצְרַיִם בַּשָּׁנָה הָרְבִיעִית בְּחֹדֶשׁ זִו הוּא הַחֹדֶשׁ הַשֵּׁנִי לִמְלֹךְ שְׁלֹמֹה עַל יִשְׂרָאֵל וַיִּבֶן הַבַּיִת לַיהוָה: (מלכים-א ו א)

ח) וַיְהִי מִקְצֵה עֶשְׂרִים שָׁנָה אֲשֶׁר בָּנָה שְׁלֹמֹה אֶת שְׁנֵי הַבָּתִּים אֶת בֵּית יְהוָה וְאֶת בֵּית הַמֶּלֶךְ: (מלכים-א ט י)

ט) בְּעֶשְׂרִים וְחָמֵשׁ שָׁנָה לְגָלוּתֵנוּ בְּרֹאשׁ הַשָּׁנָה בֶּעָשׂוֹר לַחֹדֶשׁ בְּאַרְבַּע עֶשְׂרֵה שָׁנָה אַחַר אֲשֶׁר הֻכְּתָה הָעִיר בְּעֶצֶם הַיּוֹם הַזֶּה הָיְתָה עָלַי יַד יְהוָה וַיָּבֵא אֹתִי שָׁמָּה: (יחזקאל מ א)

י) בִּשְׁנַת שְׁתַּיִם לְדָרְיָוֶשׁ הַמֶּלֶךְ בַּחֹדֶשׁ הַשִּׁשִּׁי בְּיוֹם אֶחָד לַחֹדֶשׁ הָיָה דְבַר יְהוָה בְּיַד חַגַּי הַנָּבִיא אֶל זְרֻבָּבֶל בֶּן שְׁאַלְתִּיאֵל פַּחַת יְהוּדָה וְאֶל יְהוֹשֻׁעַ בֶּן יְהוֹצָדָק הַכֹּהֵן הַגָּדוֹל לֵאמֹר: (חגי א א)

כ) בִּשְׁנַת שָׁלוֹשׁ לְכוֹרֶשׁ מֶלֶךְ פָּרַס דָּבָר נִגְלָה לְדָנִיֵּאל אֲשֶׁר נִקְרָא שְׁמוֹ בֵּלְטְשַׁאצַּר וֶאֱמֶת הַדָּבָר וְצָבָא גָדוֹל וּבִין אֶת הַדָּבָר וּבִינָה לוֹ בַּמַּרְאֶה: (דניאל י א)

ל) בְּיוֹם עֶשְׂרִים וְאַרְבָּעָה לַחֹדֶשׁ בַּשִּׁשִּׁי בִּשְׁנַת שְׁתַּיִם לְדָרְיָוֶשׁ הַמֶּלֶךְ: (חגי א טו)

מ) בַּחֹדֶשׁ הַשְּׁמִינִי בִּשְׁנַת שְׁתַּיִם לְדָרְיָוֶשׁ הָיָה דְבַר יְהוָה אֶל זְכַרְיָה בֶּן בֶּרֶכְיָה בֶּן עִדּוֹ הַנָּבִיא לֵאמֹר: (זכריה א א)

מסורת הש"ס

א) [עי' ר"ה ג. תוד"ה שני]

ב) [יומא מג. ושם נסמן, ברייתא דל"ב מידות מידה ד]

ג) [מכילתא יתרו מס' דבחדש פ"א, מכילתא דרשב"י יתרו יט א, ספרי בהעלותך סד, פסיקתא זוטרתא שמות יט א, ילקו"ש יתרו רעד, מלכים א קפא, כעין זה פסיקתא זוטרתא במדבר ט א]

ד) [ר"ה ב:]

ה) [עי' ר"ה ג. ושם ע"ב ושם ח.]

ו) [שקלים פ"ו ה"א, מגילה פ"א ה"ה, סוטה פ"ח ה"ג, פסחים ו., מכילתא בשלח מס' דשירה פ"ז, מכילתא דרשב"י בשלח טו ו, ספרי בהעלותך סד]

שירי קרבן

כהיא דאמר ר' יעקב בר אחא וכו'. וקשה א"כ לכם שני למה לי. וי"ל דסובר ר' שמעון בר כרסנא דמיתורא דלכם מרבינן רגלים, ומלכים שמעינן מהא דאמר ר' יעקב בר אחא וכו': **תני שמואל ופליג וכו'.** מהר"ש יפה (יפה מראה) האריך מאוד בדברים דחוקים. ובעל הגה"ה ביפה מראה פי' אדלעיל קאי דקאמר החדש הזה לכם לכם הוא ראש אבל לא לשנים וכו', משמע אף ליציאת מצרים כשמונין השנים אין מונין מניסן אלא מתשרי דראש חדשים לכם כתיב. על זה מייתי דשמואל תני אף לשנים מנינן ליציאת מצרים מניסן כמו למנין חדשים, ע"כ. וגם זה קשה דמי איכא למ"ד דיציאת מצרים לאו מניסן מנינן, כדמוכחי קראי. על כן נראה עיקר כמו שפירשתי בקונטרס:

of Sinai.[17] מִיכָּן שֶׁמּוֹנִין חֳדָשִׁים לִיצִיאַת מִצְרַיִם – **FROM HERE** it is derived **THAT WE RECKON THE MONTHS** by counting **FROM** the month in which **THE EXODUS FROM EGYPT** occurred (Nissan).[18] אֵין לִי אֶלָּא חֳדָשִׁים – From this verse **I KNOW ONLY** that **MONTHS** were reckoned from the Exodus. שָׁנִים מִנַּיִין – **FROM WHERE** do we know that **YEARS** were also reckoned from the Exodus? The verse states:[19] ,,וַיְדַבֵּר ה' אֶל־מֹשֶׁה בְמִדְבַּר־סִינַי בַּשָּׁנָה הַשֵּׁנִית" – ***HASHEM SPOKE TO MOSES IN THE WILDERNESS OF SINAI IN THE SECOND YEAR** after their Exodus from the land of Egypt, in the first month, saying.* אֵין לִי אֶלָּא לְאוֹתוֹ הַזְּמַן – From this verse **I** know **ONLY** that **IN THAT** particular **TIME**, immediately after the Exodus,[20] years were reckoned in this manner. לְאַחַר הַזְּמַן הַזֶּה מִנַּיִין – **FROM WHERE** do we know that even **AFTER THIS TIME** years were reckoned in the same manner? The verse states:[21] ,,בִּשְׁנַת הָאַרְבָּעִים לְצֵאת בְּנֵי־יִשְׂרָאֵל מֵאֶרֶץ מִצְרַיִם" – *Aaron the Kohen went up to Mount Hor at the word of Hashem and died there, **IN THE FORTIETH YEAR AFTER THE CHILDREN OF ISRAEL WENT FORTH FROM THE LAND OF EGYPT.*** אֵין לִי אֶלָּא לְשָׁעָה – From this verse **I** know **ONLY** that years were reckoned in this manner **FOR** a limited amount of **TIME**, i.e. in that generation.[22] לְדוֹרוֹת מִנַּיִין – **FROM WHERE** do we know that years were reckoned in this manner even **IN** future **GENERATIONS?** The verse states:[23] ,,וַיְהִי בִשְׁמוֹנִים שָׁנָה וְאַרְבַּע מֵאוֹת שָׁנָה לְצֵאת בְּנֵי־יִשְׂרָאֵל מֵאֶרֶץ־מִצְרַיִם וגו' " – ***IN THE FOUR HUNDRED AND EIGHTIETH YEAR AFTER THE EXODUS OF THE CHILDREN OF ISRAEL FROM THE LAND OF EGYPT,* etc.,** *he* (Solomon) *built the Temple for Hashem.* מִשֶּׁנִּבְנָה הַבַּיִת – **ONCE THE TEMPLE WAS BUILT,** הִתְחִילוּ מוֹנִין לְבִנְיָנוֹ – **THEY BEGAN COUNTING FROM ITS CONSTRUCTION**[24] rather than from the Exodus, as the verse states: ,,מִקְצֵה עֶשְׂרִים שָׁנָה אֲשֶׁר־בָּנָה שְׁלֹמֹה אֶת־שְׁנֵי הַבָּתִּים וגו' " – *It happened **AT THE END OF TWENTY YEARS FROM WHEN SOLOMON BUILT THE TWO BUILDINGS*** **etc.**[25] לֹא זָכוּ לִמְנוֹת לְבִנְיָנוֹ – When **THEY NO LONGER MERITED TO COUNT FROM [THE TEMPLE'S] CONSTRUCTION,** that is, once it was destroyed,[26] הִתְחִילוּ מוֹנִין לְחָרְבָּנוֹ – **THEY BEGAN COUNTING FROM ITS DESTRUCTION,** as the verse states: ,,בְּעֶשְׂרִים וְחָמֵשׁ שָׁנָה לְגָלוּתֵנוּ בְּרֹאשׁ הַשָּׁנָה בֶּעָשׂוֹר לַחֹדֶשׁ וגו' " – ***IN THE TWENTY-FIFTH YEAR OF OUR EXILE, AT THE BEGINNING OF THE YEAR, ON THE TENTH OF THE MONTH,** in the fourteenth year after the city [Jerusalem] was conquered, on that very day the hand of Hashem came upon me* **etc.**[27] לֹא זָכוּ לִמְנוֹת לְעַצְמָן – When **THEY NO LONGER MERITED TO COUNT FROM THEIR OWN** historical events,[28] הִתְחִילוּ מוֹנִין לְמַלְכִיּוֹת – **THEY BEGAN COUNTING ACCORDING TO** the years of **THE** non-Jewish **MONARCHIES,** שֶׁנֶּאֱמַר ,,בִּשְׁנַת שְׁתַּיִם לְדָרְיָוֶשׁ" – as the verse states: ***In the second year of Daryavesh*** (the king), *in the sixth month, on the first of the month, the word of Hashem came to Haggai.*[29] And another verse similarly states: ,,בִּשְׁנַת שָׁלוֹשׁ לְכוֹרֶשׁ מֶלֶךְ פָּרַס" – ***IN THE THIRD YEAR OF KORESH THE KING OF PERSIA** a matter was revealed to Daniel.*[30]

The verse cited in the first clause of the Baraisa teaches only that when reckoning years from the Exodus the year begins in Nissan. Shmuel now cites the exposition from where it is derived that when reckoning years according to the rule of the king the year also begins in Nissan:[31]

וְאוֹמֵר – **And [the verse] states:** ,,וַיָּחֶל לִבְנוֹת בַּחֹדֶשׁ הַשֵּׁנִי בַּשֵּׁנִי בִּשְׁנַת אַרְבַּע לְמַלְכוּתוֹ" – ***He*** (King Solomon) ***began to build*** [the Temple] ***in the second month, in the second, in the fourth year of his reign.*** הִקִּישׁ שְׁנַת אַרְבַּע לְמַלְכוּתוֹ – The verse refers to the second month of the year and to the second month of the fourth year of Solomon's reign. By juxtaposing the two counts **[Scripture] compares** the second month of **the fourth year of his reign** לְשֵׁינִי שֶׁבֶּחֳדָשִׁים – **to the second of the months** of the year. This teaches that מַה שֵּׁינִי שֶׁבֶּחֳדָשִׁים אֵין מוֹנִין אֶלָּא מִנִּיסָן – **just as we count the second of the months** beginning **only from Nissan,** אַף שֵׁינִי שֶׁבִּשְׁנַת אַרְבַּע לְמַלְכוּתוֹ – **so too, the second** month **of the fourth year of his reign,** i.e. the second month of the king's year, אֵין מוֹנִין אֶלָּא מִנִּיסָן – **we count only** beginning **from Nissan.**

This is the same source given by R' Yochanan for the rule that the New Year for kings is the first of Nissan. From the fact that Shmuel did not cite R' Acha's exposition as the source for this rule we can infer that he disagrees with R' Acha and rejects his exposition.

NOTES

17. *Exodus* 19:1. This verse introduces the passage that discusses the giving of the Torah on Mount Sinai. The Exodus took place in Nissan, so "the third month from the Exodus" was Sivan.

18. I.e. Nissan is counted as the first month, Iyar as the second, Sivan as the third, and so on.

19. *Numbers* 9:1.

20. *Beur of R' Chaim Kanievski.*

21. *Numbers* 33:38.

22. *Beur of R' Chaim Kanievski.*

23. *I Kings* 6:1.

24. I.e. from the date when the construction of the Temple *commenced* (*Emek HaNetziv* to *Sifrei* loc. cit.; see next note).

25. *I Kings* 9:10. The two buildings to which the verse refers are the Temple and Solomon's palace. Solomon began the construction of both these buildings at the same time (*Emek HaNetziv* ibid., based on *II Chronicles* 2:1; but see *Rashi* and *Radak* to *I Kings* ibid.). The construction of the Temple took seven years (*I Kings* 6:38), and that of his palace, thirteen years (ibid. 7:1). Thus, at the time the events introduced by the verse occurred, seven years had passed since Solomon finished constructing the two buildings. From the fact that the verse nevertheless dates these events from the beginning of the construction of the Temple, we see that the practice at that time had become to count from the commencement of the building of the Temple. [Although the verse also mentions the building of Solomon's palace, the building of the Temple was undoubtedly of greater significance, and the Baraisa takes it for granted that it, and not the building of the palace, served as the basis for this system of dating (*Emek HaNetziv* ibid.; see there for the reason why the verse refers also to the building of the palace).]

At first, the practice was to count from the Exodus, as a reminder of the love and closeness that God showed the Jews by delivering them from Egyptian bondage. After the Temple was built, they began counting from its construction, because the Temple, God's "dwelling place" on earth, represented an even higher level of intimacy with Him (*Kevod Chachamim*).

26. See *Sifrei* loc. cit.

27. *Ezekiel* 40:1. The prophet Ezekiel was exiled together with King Jehoiachin, eleven years before the destruction of the Temple. Thus, he counted his own exile from then. But he also specified that it was the 14th year from the destruction of Jerusalem and the Temple, because all the Jews of his time would count the years from the destruction of the Temple (*Emek HaNetziv* loc. cit.), as a means of demonstrating their sorrow at the destruction and their longing for the return of God's Presence on earth (*Kevod Chachamim*).

28. *Beur of R' Chaim Kanievski,* second approach.

Due to the many tribulations of the exile, the sorrow of the Destruction was forgotten. The Jews, therefore, abandoned their former manner of counting from the Destruction (*Emek HaNetziv* ibid.).

29. *Haggai* 1:1. Alternatively, the reference is to ibid. vs. 14,15: *They came and did work in the Temple... on the twenty-fourth day of the month, in the sixth month* (Elul), *in the second year of Daryavesh the king.*

30. *Daniel* 10:1.

[Although the events described in this passage occurred before those described in the verse in *Haggai* (Koresh ruled before Daryavesh; see *Ezra* 1:1, 6:15), the Baraisa cites the verse in *Haggai* first, because it is found in Prophets, whereas *Daniel* is part of the Writings (see *Emek HaNetziv* loc. cit.).]

31. *Pnei Moshe.*

או אינו אלא שנים בשבת. לא מצאנו חשבון זה [א]מן התורה. והא כתיב (א)ויהי ערב ויהי בקר יום שני. (א)אין למידין מברייתו של עולם. והיי דין הוא שיני שבחדשים והיי דין הוא שיני שבשנים. ר' חנניה ור' מנא חד אמר (ב)ויחל לבנות בחודש השני זה שיני שבחדשים. בשני זה שני שבשנים. וחורנה אפילו מיחלף לית בה כלום. ר' שמעון בר כרסנא בשם ר' אחא שמע לה מן הדא (ג)החודש הזה לכם מיעט. ראשון הוא לכם מיעט. (ב)מיעוט אחר מיעוט לרבות למלכים ורגלים. (ג)וירבה לשנים ולשמיטים וליובילות ולנטיעה ולירקות. כהיא דאמר ר' יעקב בר אחא ר' יסא בשם ר' יוחנן (ב)ויחל לבנות בחדש השני בשני בשנת ארבע למלכותו הקיש שנת ארבע למלכותו לשיני שבחדשים מה שיני שבחדשים אין מונין אלא מניסן אף שיני שבשנת ארבע למלכותו אין מונין אלא מניסן. ר' יונה ר' יצחק בר נחמן בשם ר' חייה בר יוסף (ב)ויחל לבנות בחודש השני זה שיני שבחדשים. בשני זה שיני שבשנים. וכשהוא אומר בשנת ארבע למלכותו הקיש שנת ארבע למלכותו לשיני שבחדשים מה שיני שבחדשים אין מונין אלא מניסן אף שיני שבשנת ארבע למלכותו אין מונין אלא מניסן. תני שמואל ופליג (ג)(ד)בחודש השלישי לצאת בני ישראל מארץ מצרים מיכן שמונין חדשים ליציאת מצרים. אין לי אלא חדשים שנים מניין. (ה)וידבר ה' אל משה במדבר סיני בשנה השנית. אין לי אלא לאותו הזמן לאחר הזמן הזה מניין. (ו)בשנת הארבעים לצאת בני ישראל מארץ מצרים. אין לי אלא לשעה לדורות מניין. (ד)(ז)ויהי בשמונים שנה וארבע מאות שנה לצאת בני ישראל מארץ מצרים וגו'. משנבנה הבית התחילו מונין לבנינו (ח)[ב]מקצה עשרים שנה אשר בנה שלמה את שני הבתים וגו'. לא זכו למנות לבנינו התחילו מונין לחרבנו (ט)בעשרים וחמש שנה לגלותנו בראש השנה בעשור לחדש וגו'. לא זכו למנות לעצמן [ג]התחילו מונין למלכיות שנאמר (י)בשנת שתים לדריוש (כ)בשנת שלש לכורש מלך פרס. [ד]ואומר (ב)ויחל לבנות בחודש השני בשני בשנת ארבע למלכותו הקיש שנת ארבע למלכותו לשיני שבחדשים מה שיני שבחדשים אין מונין אלא מניסן אף שיני שבשנת ארבע למלכותו אין מונין אלא מניסן. [ה]ר' לעזר בשם ר' חנינה (ה)אף למלכי אומות העולם אין מונין אלא מניסן (ל)בששי בשנת שתים לדריוש (מ)(בשמיני) [ו][בחודש השמיני] בשנת שתים לדריוש נאמר בשמיני בשנת שלש. חיפה אמר שמיני נאמר תחילה אלא (ו)שאין מוקדם [ז]ומואחר בתורה.

פני משה

או אינו אלא. האי בשני בשבת הוא: ומשני **לא מצינו** חשבון זה מן התורה. דלא נמלא חשבון של ימי שבוע בתורה: **והא כתיב** ויהי ערב ויהי בקר יום שני. ומשני **אין למדין מברייתו של עולם.** דלא מלי קאי אשני בשבוע שעדיין לא היה שבוע אלא שהיה יום שני לברייתו של עולם: **והיי דין הוא שני שבחדשים וכו'.** ואיזה הוא שני שבכתוב זה דקאי על שני שבחדשים, ואיזה הוא דקאי על השנים ושני למנין חדש שמונין השנים למלכותו: **חד אמר וכו'.** בחדש השני קמא זה הוא שני שבחדשים חדש השני למנין החדשים, ובשני בתרא זה שני לחדש שמונין לשנים של מלכותו: **ואחרינא אמר אפילו מיחליף** מפרשת להו **לית בה כלום.** דהא מיהת רמיזא בכתוב שניהן ומקיש זה לזה וכדאמרן: **שמע לה מן הדא וכו'.** כלומר שאינו פותח בדרשה דדריש לעיל מדכתיב לכם הוא ראש ואינו ראש לשנים וכו', אלא כך דריש מדכתיב שני פעמים לכם ולכם, קמא מיעוט הוא לכם הוא ראש ולא לדבר אחר, והדר כתיב ראשון הוא לכם מיעוט, ומיעוט אחר מיעוט אינו אלא לרבות שהוא ראש למלכים ולרגלים: **וירבה לשנים וכו'.** ומאי חזית דמרבית להני ולא להני: **כהיא דאמר ר' יעקב וכו'.** כלומר דהשתא אתינן להא דר' יעקב בשם ר' יוחנן דנפקא לן מהאי קרא ויחל לבנותו וגו': **תני שמואל ופליג.** דלא דריש כהאי דלעיל מקרא דהחדש הזה לכם כלל, אלא כך בחדש השלישי (לצאתם) [לצאת בני ישראל] וכו', וידבר ה' אל משה במדבר סיני בשנה השנית לצאתם מארץ מצרים: **בשנת הארבעים לצאת וגו'.** גבי ויעל אהרן וגו': **משנבנה הבית וכו'.** איידי דאיירי בהאי קרא דריש לה נמי להא: **ואומר ויחל לבנותו וכו'.** דזה נמי מיבעי ליה למילף דלמלכות מונין נמי מניסן: **אף למלכי אומות העולם אין מונין להם אלא מניסן בששי וכו'.** דכתיב בריש חגי בשנת שתים לדריוש המלך בחדש הששי ביום אחד לחדש היה דבר ה' וגו', וכתיב אחר כך בריש זכריה בחדש השמיני בשנת שתים לדריוש: **נאמר וכו'.** כלומר אי איתא דלמלכי אומות העולם לאו מניסן אלא מתשרי מנינן, א"כ היה לו לומר בשמיני בשנת שלש, אלא לאו דאף להם מניסן מנינן ובאותו השנה בעצמה היתה גם כן נבואת זכריה אחרי נבואת חגי: **חיפה אמר.** דאין ראיה מכאן משום דאיכא למימר נבואת זכריה שכתוב אחר כך נאמר תחלה קודם נבואת חגי אלא שאין מוקדם ומאוחר בתורה, ומתשרי התחילה שנת שתים ואחר כך בחדש אלול היתה נבואת חגי באותה שנה:

קרבן העדה

ופריך **או אינו אלא שנים בשבת.** דשני בתרא אתי לאשמועינן כמה ימים בשבת הוה: ומשני **לא מצאנו חשבון.** כזה בתורה, להדר ביה קרא בשני: ופריך **והא כתיב ויהי ערב ויהי בקר יום שני.** א"כ מצינו דמונה בקרא ימי השבת: ומשני **אין למידין מברייתו של עולם.** כלומר לאו אימי השבת קאי אלא שהיה יום שני לברייתו של עולם, כן כתבו תוס' (ב. ד"ה שני). אי נמי שאני התם שלא היו עדיין שנים או חדשים דלמנות בהו לכך הוכרח למנות לימי השבת, נראה לי: ופריך **והיידין וכו'.** ואיזהו מהשני דכתיב בקרא קאי אחדשים, ואיזהו מהן קאי אחדש שני שבשנות המלך: **בחדש השני.** קאי על החדשים דסמיך ליה, בשני בשנת וכו' האי שני בתרא קאי על שנת המלך דסמיך ליה בשנת ד' למלכותו: **וחורנה אמר.** ואידך אמר אפילו נפרש בהיפך דהראשון קאי על שנת המלך והשני על החדשים לית לן בה, דעל כל פנים היקישא הוא: **החדש הזה לכם מיעט.** דלכם מיותר ולמעט אתי: **ראשון הוא לכם מיעט.** לכם שני דכתיב בהאי קרא נמי מיעוט הוא, ואין מיעוט אחר מיעוט אלא לרבות, ומרבים דראשון הוא אף למלכים ולרגלים: ופריך **וירבה לשנים וכו'.** כי היכא דמרבינן מלכים ורגלים נרבי הכל: **זה שני שבחדשים.** סובר כמאן דאמר לעיל השני הראשון הוא שני שבחדשים והשני הוא שני שבשנים: **תני שמואל ופליג.** דסובר שאין מקרא מן התורה למאי מונין אלא כל שהסכימו עליו חכמי הדור לאותו מנין מונין, וכדמסיק שמנו ליציאת מצרים לבנין הבית ולחרבן הבית: **ה"ג אין לי אלא באותו זמן וכו':** **התחילו מונין לבנינו.** הניחו מנין הראשון שמנו ליציאת מצרים והתחילו למנות לבנין הבית. והיפה מראה דחק בזה שלא לורך: **ואומר.** דאף דמונין למנין אחר מכל מקום ניסן הוא ראש השנה: **נאמר בשמיני בשנת שלש.** אי סלקא דעתך דלמלכי אומות מתשרי מנינן הוי ליה למימר בשמיני בשנת שלש, דבששי היינו אלול ובשמיני היינו חשון ובתשרי שביניהם כבר נתחדשה השנה, אלא ודאי דמניסן מנינן: **חיפה.** שם אמורא: **שמיני נאמר תחלה.** לעולם מתשרי מנינן אלא שנבואת זכריה נאמרה תחלה קודם נבואת חגי, והשמיני לעולם קודם הששי:

שינויי נוסחאות

א] **מן.** בכי"ל **אלא** מן והוגה כמו שלפנינו:

ב] **מקצה.** כ"ה במקרא. בכי"ל ובדפוסים ובר"ח (ד.) **מקץ.** [ונשתרבב מן הכתוב (דה"י-ב ח א) ויהי מקץ עשרים שנה אשר בנה שלמה את בית ה' ואת ביתו]:

ג] **התחילו מונין למלכויות.** בר"ח (שם) **נתחייבו למנות לאומות העולם:**

ד] **ואומר.** בכי"ל **ואֱמר** (הניקוד במקור). בד"ו **ואימר.** בדפ"ו **ואומר:**

ה] **ר' לעזר.** בתוס' הרא"ש (ג:) **ר' יוחנן:**

ו] **בחודש השמיני.** כ"ה במקרא. בכי"ל ובדפוסים **בשמיני:**

ז] **ומואחר.** כ"ל בכי"ל וכ"ה דרך הירושלמי בהרבה מקומות. בד"ק ובדפוסים **מאוחר:**

תורה אור השלם

א) וַיִּקְרָא אֱלֹהִים לָרָקִיעַ שָׁמָיִם וַיְהִי עֶרֶב וַיְהִי בֹקֶר יוֹם שֵׁנִי: (בראשית א ח)

ב) וַיָּחֶל לִבְנוֹת בַּחֹדֶשׁ הַשֵּׁנִי בַּשֵּׁנִי בִּשְׁנַת אַרְבַּע לְמַלְכוּתוֹ: (דברי הימים-ב ג ב)

ג) הַחֹדֶשׁ הַזֶּה לָכֶם רֹאשׁ חֳדָשִׁים רִאשׁוֹן הוּא לָכֶם לְחָדְשֵׁי הַשָּׁנָה: (שמות יב ב)

ד) בַּחֹדֶשׁ הַשְּׁלִישִׁי לְצֵאת בְּנֵי יִשְׂרָאֵל מֵאֶרֶץ מִצְרָיִם בַּיּוֹם הַזֶּה בָּאוּ מִדְבַּר סִינָי: (שמות יט א)

ה) וַיְדַבֵּר יְהוָה אֶל מֹשֶׁה בְמִדְבַּר סִינַי בַּשָּׁנָה הַשֵּׁנִית לְצֵאתָם מֵאֶרֶץ מִצְרַיִם בַּחֹדֶשׁ הָרִאשׁוֹן לֵאמֹר: (במדבר ט א)

ו) וַיַּעַל אַהֲרֹן הַכֹּהֵן אֶל הֹר הָהָר עַל פִּי יְהוָה וַיָּמָת שָׁם בִּשְׁנַת הָאַרְבָּעִים לְצֵאת בְּנֵי יִשְׂרָאֵל מֵאֶרֶץ מִצְרַיִם בַּחֹדֶשׁ הַחֲמִישִׁי בְּאֶחָד לַחֹדֶשׁ: (במדבר לג לח)

ז) וַיְהִי בִשְׁמוֹנִים שָׁנָה וְאַרְבַּע מֵאוֹת שָׁנָה לְצֵאת בְּנֵי יִשְׂרָאֵל מֵאֶרֶץ מִצְרַיִם בַּשָּׁנָה הָרְבִיעִית בְּחֹדֶשׁ זִו הוּא הַחֹדֶשׁ הַשֵּׁנִי לִמְלֹךְ שְׁלֹמֹה עַל יִשְׂרָאֵל וַיִּבֶן הַבַּיִת לַיהוָה: (מלכים-א ו א)

ח) וַיְהִי מִקְצֵה עֶשְׂרִים שָׁנָה אֲשֶׁר בָּנָה שְׁלֹמֹה אֶת שְׁנֵי הַבָּתִּים אֶת בֵּית יְהוָה וְאֶת בֵּית הַמֶּלֶךְ: (מלכים-א ט י)

ט) בְּעֶשְׂרִים וְחָמֵשׁ שָׁנָה לְגָלוּתֵנוּ בְּרֹאשׁ הַשָּׁנָה בֶּעָשׂוֹר לַחֹדֶשׁ בְּאַרְבַּע עֶשְׂרֵה שָׁנָה אַחַר אֲשֶׁר הֻכְּתָה הָעִיר בְּעֶצֶם הַיּוֹם הַזֶּה הָיְתָה עָלַי יַד יְהוָה וַיָּבֵא אֹתִי שָׁמָּה: (יחזקאל מ א)

י) בִּשְׁנַת שְׁתַּיִם לְדָרְיָוֶשׁ הַמֶּלֶךְ בַּחֹדֶשׁ הַשִּׁשִּׁי בְּיוֹם אֶחָד לַחֹדֶשׁ הָיָה דְבַר יְהוָה בְּיַד חַגַּי הַנָּבִיא אֶל זְרֻבָּבֶל בֶּן שְׁאַלְתִּיאֵל פַּחַת יְהוּדָה וְאֶל יְהוֹשֻׁעַ בֶּן יְהוֹצָדָק הַכֹּהֵן הַגָּדוֹל לֵאמֹר: (חגי א א)

כ) בִּשְׁנַת שָׁלוֹשׁ לְכוֹרֶשׁ מֶלֶךְ פָּרַס דָּבָר נִגְלָה לְדָנִיֵּאל אֲשֶׁר נִקְרָא שְׁמוֹ בֵּלְטְשַׁאצַּר וֶאֱמֶת הַדָּבָר וְצָבָא גָדוֹל וּבִין אֶת הַדָּבָר וּבִינָה לוֹ בַּמַּרְאֶה: (דניאל י א)

ל) בְּיוֹם עֶשְׂרִים וְאַרְבָּעָה לַחֹדֶשׁ בַּשִּׁשִּׁי בִּשְׁנַת שְׁתַּיִם לְדָרְיָוֶשׁ הַמֶּלֶךְ: (חגי א טו)

מ) בַּחֹדֶשׁ הַשְּׁמִינִי בִּשְׁנַת שְׁתַּיִם לְדָרְיָוֶשׁ הָיָה דְבַר יְהוָה אֶל זְכַרְיָה בֶּן בֶּרֶכְיָה בֶּן עִדּוֹ הַנָּבִיא לֵאמֹר: (זכריה א א)

מסורת הש"ס

א) [עי' ר"ה ג. תוד"ה שני] ב) [יומא מג. ושם נסמן, ברייתא דל"ב מידות מידה ד] ג) [מכילתא יתרו מס' דבחדש פ"א, מכילתא דרשב"י יתרו יט א, ספרי בהעלותך סד, פסיקתא זוטרתא שמות יט א, ילקו"ש יתרו רעד, מלכים א קפא, כעין זה פסיקתא זוטרתא במדבר ט א] ד) [ר"ה ג:] ה) [עי' ר"ה ג. ושם ע"ב ושם ח.] ו) [שקלים פ"ו ה"א, מגילה פ"א ה"ה, סוטה פ"ח ה"ג, פסחים ו., מכילתא בשלח מס' דשירה פ"ז, מכילתא דרשב"י בשלח טו ו, ספרי בהעלותך סד]

שירי קרבן

כהיא דאמר ר' יעקב בר אחא וכו'. וקשה א"כ לכם שני למה לי. וי"ל דסובר ר' שמעון בר כרסנא דמיתורא דלכם מרבינן רגלים, ומלכים שמעינן מהא דאמר ר' יעקב בר אחא וכו': תני שמואל ופליג וכו'. מהר"ש יפה (יפה מראה) האריך מאוד בדברים דחוקים. ובעל הגה"ה ביפה מראה פי' אדלעיל קאי דקאמר החדש הזה לכם לכם הוא ראש אבל לא לשנים וכו', משמע אף ליציאת מצרים כשמונין השנים אין מונין מניסן אלא מתשרי דראש חדשים לכם כתיב. על זה מייתי דשמואל תני אף לשנים מנינן ליציאת מצרים מניסן כמו למנין חדשים, ע"כ. וגם זה קשה דמי איכא למ"ד דיציאת מצרים לאו מניסן מנינן, כדמוכחי קראי. על כן נראה עיקר כמו שפירשתי בקונטרס:

the New Year **for** reckoning **the years, for the *shemittah* and *Yovel*** years, **for young trees, and for vegetables!**[11] — ? —

The Gemara answers:

כַּהִיא דְּאָמַר רַבִּי יַעֲקֹב בַּר אַחָא רַבִּי יַסָּא בְּשֵׁם רַבִּי יוֹחָנָן — It is as R' Yaakov bar Acha said that **R' Yassa** said **in the name of R' Yochanan:**[12] It is written: "וַיָּחֶל לִבְנוֹת בַּחֹדֶשׁ הַשֵּׁנִי בַּשֵּׁנִי בִּשְׁנַת אַרְבַּע לְמַלְכוּתוֹ" — ***He*** (King Solomon) ***began to build*** [the Temple] ***in the second month, in the second, in the fourth year of his reign.*** הִקִּישׁ שְׁנַת אַרְבַּע לְמַלְכוּתוֹ — The verse refers to the second month of the year and to the second month of the fourth year of Solomon's reign. By juxtaposing the two counts **[Scripture] compares** the second month of **the fourth year of his reign** לְשֵׁנִי שֶׁבֶּחֳדָשִׁים — **to the second of the months** of the year. This teaches that מַה שֵּׁנִי שֶׁבֶּחֳדָשִׁים אֵין מוֹנִין אֶלָּא מִנִּיסָן — **just as we count the second of the months** beginning **only from Nissan,** אַף שֵׁנִי שֶׁבִּשְׁנַת אַרְבַּע לְמַלְכוּתוֹ — **so too, the second** month **of the fourth year of his reign,** i.e. the second month of the king's year, אֵין מוֹנִין אֶלָּא מִנִּיסָן — **we count only** beginning **from Nissan.** Since this verse indicates that the New Year for kings is in fact the first of Nissan, the Biblical verse (*This month shall be for you* etc.) perforce is expounded as teaching that the king's year begins on the first of Nissan, not that the year for the reckoning of years, *shemittah, yovel*, young trees, and vegetables do.[13]

A different version of the exposition from the verse regarding Solomon and the building of the Temple:

רַבִּי יוֹנָה רַבִּי יִצְחָק בַּר נַחְמָן בְּשֵׁם רַבִּי חִיָּיה בַּר יוֹסֵף — **R' Yonah** related that **R' Yitzchak bar Nachman** said **in the name of R' Chiyah bar Yosef:** "וַיָּחֶל לִבְנוֹת בַּחֹדֶשׁ הַשֵּׁנִי" — When the verse states, ***He began to build in the second month,*** זֶה שֵׁנִי שֶׁבֶּחֳדָשִׁים — **this refers to the second of the months.** "בַּשֵּׁנִי" זֶה שֵׁנִי שֶׁבַּשָּׁנִים — When it states later, *in the second,* **this refers to the second** month **in the years** of the king's reign. וּכְשֶׁהוּא אוֹמֵר "בִּשְׁנַת אַרְבַּע לְמַלְכוּתוֹ" — **And** thus, **when [the verse]** then **states *in the fourth year of his reign,*** הִקִּישׁ שְׁנַת אַרְבַּע לְמַלְכוּתוֹ — **it compares** the second month of ***the fourth year of his reign,*** לְשֵׁנִי שֶׁבֶּחֳדָשִׁים — **to the second of the months** (Iyar), mentioned just before. This comparison teaches that מַה שֵּׁנִי שֶׁבֶּחֳדָשִׁים אֵין מוֹנִין אֶלָּא מִנִּיסָן — **just as we count the second of the months** beginning **only from Nissan,** אַף שֵׁנִי שֶׁבִּשְׁנַת אַרְבַּע לְמַלְכוּתוֹ — **so too, the second** month **of the fourth year of his reign** אֵין מוֹנִין אֶלָּא מִנִּיסָן — **we count only** beginning **from Nissan.**[14]

R' Acha derives the rule that the New Year for kings is the first of Nissan from the double exclusion in the verse, *This month shall be for you*. The Gemara cites an Amora who eschews this exposition:[15]

תָּנֵי שְׁמוּאֵל וּפְלִיג — **Shmuel taught a Baraisa,**[16] in the course of which **he argues** with R' Acha:

"בַּחֹדֶשׁ הַשְּׁלִישִׁי לְצֵאת בְּנֵי־יִשְׂרָאֵל מֵאֶרֶץ מִצְרָיִם" — The verse states: ***IN THE THIRD MONTH FROM THE EXODUS OF THE CHILDREN OF ISRAEL FROM EGYPT,*** *on this day, they arrived at the wilderness*

NOTES

11. [As stated by the Baraisa cited by the Gemara earlier (1a), the first use of the exclusionary term "for you" teaches that the New Year in these contexts is not the first of Nissan.] But why do we assume that the first exclusionary term excludes them and the inclusion implied by the verse's second use of the term comes to teach that the New Year for kings *is* the first of Nissan? Perhaps the opposite is true: the first term excludes the king's year and the second term comes to include these other matters! (*Beur of R' Chaim Kanievski*).

[Presumably, the Gemara means to ask that *one* of these other matters should be included on the basis of the second exclusionary term, not *all* of them. But see below, Variant A.]

12. See above, 1a.

13. In contrast to R' Yochanan, who *derives* the rule that the first of Nissan is the New Year for kings from the verse in *II Chronicles*, R' Acha merely uses the verse as an *indicator* of how to expound what he considers the primary source, the Biblical verse in *Exodus* (*Beur of R' Chaim Kanievski*). For other interpretations of the Gemara's discussion, see Variant A.

14. This version of the exposition is identical to the one the Gemara cited earlier, except that R' Chiyah bar Yosef specifies that "in the second month" refers to the count of months, and "in the second" refers to the month of the king's year (*Korban HaEidah; Beur of R' Chaim Kanievski*). [The Gemara earlier cited a dispute about this.]

15. *Pnei Moshe*. For other interpretations, see *Korban HaEidah* and *Beur of R' Chaim Kanievski*.

16. See *Sifrei* to *Numbers* 9:1.

TEXTUAL AND INTERPRETIVE VARIANTS

A. We have followed *Beur of R' Chaim Kanievski* in explaining that the Gemara's discussion revolves around the question of which halachic years are excluded by the verse in *Exodus* from beginning on the first of Nissan, and which are included. *Korban HaEidah*, however, interprets the Gemara differently. He explains the Gemara's question as being that the verse's use of a double exclusion should teach that the New Year in *all* halachic contexts is the first of Nissan, and not that just the New Year for kings is then.

These differing interpretations reflect a fundamental dispute as to the nature of the rule that an exclusion following an exclusion teaches an inclusion. Some authorities maintain that the second exclusion does not nullify the first exclusion entirely, which would result in the inclusion of everything, for then the second exclusion would contradict the first one, and both verses would be superfluous. Rather, the second exclusion comes to *limit* the scope of the first exclusion, and serves thereby to include *some* of the things that would otherwise have been excluded by the first exclusion. The end result, therefore, is the exclusion of some things [by virtue of the first exclusion], and the inclusion of other things [by virtue of the second exclusion's qualification of the first one]. In this manner, the second exposition does not contradict the first, but *defines* it (see *Halichos Olam* 4:9, cited by *Tos. Yom Tov, Orlah* 1:2; *Mahara Fulda* and *Gra* in explanation of *Sheviis* 8:1, 60b; *Shenos Eliyahu, Sheviis* 8:1). According to this approach, the Gemara's question here cannot be that the verse should be understood as teaching that the first of Nissan is the New Year in all halachic contexts, for some matters are undoubtedly excluded by virtue of the first exclusionary term in the verse. Rather, the Gemara wonders what R' Acha's basis was for determining which matters are included by the verse and which are excluded.

However, *Tosafos* (*Yoma* 60a ד"ה תרי, *Bava Kamma* 86b ד"ה ואין, *Menachos* 9b ד"ה אין, cited by *Tos. Yom Tov* ibid.) seem to understand the principle to mean that the second exclusion nullifies the first exclusion entirely, with the end result being the inclusion of everything. [See *Tosafos* ibid. for why the Torah did not simply omit the first exclusionary term, in which case there would be no need for a second exclusionary term to nullify the first.] *Korban HaEidah* apparently subscribes to this approach. Thus he explains the Gemara as asking why R' Acha interprets the verse as teaching only that the king's year begins on the first of Nissan, and not that in other halachic contexts the year begins then as well.

It is not entirely clear, however, how R' Yochanan's exposition of the verse in *II Chronicles* serves as a response to the Gemara's challenge. Possibly, the Gemara means to demonstrate from this exposition that although normally a double exclusion includes everything, the verse in *Exodus* must be an exception. For if the intent of the verse were to teach that the New Year in all halachic contexts is the first of Nissan, there would be no need for the verse in *II Chronicles* to teach that in Scripture's reckoning of the years of kings the year begins on the first of Nissan (*Halachah LeMoshe*). For other explanations, see *Sheyarei Korban* and *Masa DiYerushalayim*.

או אינו אלא שנים בשבת. לא מצאנו חשבון זה [א]מן התורה. והא כתיב (א)ויהי ערב ויהי בקר יום שני. {א}אין למדין מברייתו של עולם. והיי דין הוא שיני שבחדשים והיי דין הוא שיני שבשנים. ר' חנניה ור' מנא חד אמר (ב)ויחל לבנות בחודש השני זה שיני שבחדשים. בשני זה שני שבשנים. וחורנה אפילו מיחלף לית בה כלום. ר' שמעון בר כרסנא בשם ר' אחא שמע לה מן הדא (ג)החודש הזה לכם מיעט. ראשון הוא לכם מיעט. {ב}מיעוט אחר מיעוט לרבות למלכים ורגלים. א: {ג}וירבה לשנים ולשמיטים וליובילות ולנטיעה ולירקות. כהיא דאמר ר' יעקב בר אחא ר' יסא בשם ר' יוחנן (ב)ויחל לבנות בחדש השני בשני בשנת ארבע למלכותו הקיש שנת ארבע למלכותו לשיני שבחדשים מה שיני שבחדשים אין מונין אלא מניסן אף שיני שבשנת ארבע למלכותו אין מונין אלא מניסן. ר' יונה ר' יצחק בר נחמן בשם ר' חייה בר יוסף (ב)ויחל לבנות בחודש השני זה שיני שבחדשים. בשני זה שיני שבשנים. וכשהוא אומר בשנת ארבע למלכותו הקיש שנת ארבע למלכותו לשיני שבחדשים מה שיני שבחדשים אין מונין אלא מניסן אף שיני שבשנת ארבע למלכותו אין מונין אלא מניסן. תני שמואל ופליג {ג}(ד)בחודש השלישי לצאת בני ישראל מארץ מצרים מיכן שמונין חדשים ליציאת מצרים. אין לי אלא חדשים שנים מניין. (ה)וידבר ה' אל משה במדבר סיני בשנה השנית. אין לי אלא לאותו הזמן לאחר הזמן הזה מניין. (ו)בשנת הארבעים לצאת בני ישראל מארץ מצרים. אין לי אלא לשעה לדורות מניין. {ד}(ז)ויהי בשמונים שנה וארבע מאות שנה לצאת בני ישראל מארץ מצרים וגו'. משנבנה הבית התחילו מונין לבנינו (ח)[ב]מקצה עשרים שנה אשר בנה שלמה את שני הבתים וגו'. לא זכו למנות לבנינו התחילו מונין לחרבנו (ט)בעשרים וחמש שנה לגלותנו בראש השנה בעשור לחדש וגו'. לא זכו למנות לעצמן [ג]התחילו מונין למלכיות שנאמר (י)בשנת שתים לדריוש (כ)בשנת שלש לכורש מלך פרס. [ד]ואומר (ב)ויחל לבנות בחודש השני בשני בשנת ארבע למלכותו הקיש שנת ארבע למלכותו לשיני שבחדשים מה שיני שבחדשים אין מונין אלא מניסן אף שיני שבשנת ארבע למלכותו אין מונין אלא מניסן. [ה]ר' לעזר בשם ר' חנינה {ה}אף למלכי אומות העולם אין מונין אלא מניסן (ל)בששי בשנת שתים לדריוש (מ)(בשמיני) [ו][בחודש השמיני] בשנת שתים לדריוש נאמר בשמיני בשנת שלש. חיפה אמר שמיני נאמר תחילה אלא {ו}שאין מוקדם [ז]ומואחר בתורה.

פני משה

או אינו אלא. האי בשני בשבת הוא: ומשני **לא מצינו חשבון זה מן התורה.** דלא נמצא חשבון של ימי שבוע בתורה: **והא כתיב ויהי ערב ויהי בקר יום שני.** ומשני **אין למדין מברייתו של עולם.** דלא מני קאי אשני בשבוע שעדיין לא היה שבוע אלא שהיה יום שני לברייתו של עולם: **והיי דין הוא שני שבחדשים וכו'.** ואיזה הוא שני שבכתוב זה דקאי על שני שבחדשים, ואיזה הוא דקאי על השנים ושני למנין חדש שמונין השנים למלכותו: **חד אמר וכו'.** בחדש השני קמא זה הוא שני שבחדשים חדש השני למנין החדשים, ובשני בתרא זה שני לחדש שמונין לשנים של מלכותו: **ואחרינא אמר אפילו מיחליף מפרשת להו לית בה כלום.** דהא מיהת רמיזא בכתוב שניהן ומקיש זה לזה וכדאמרן: **שמע לה מן הדא וכו'.** כלומר שאינו פותח בדרשה דדריש לעיל מדכתיב לכם הוא ראש ואינו ראש לשנים וכו', אלא כך דריש מדכתיב שני פעמים לכם ולכם, קמא מיעוט הוא לכם הוא ראש ולא לדבר אחר, והדר כתיב ראשון הוא לכם מיעוט, ומיעוט אחר מיעוט אינו אלא לרבות שהוא ראש למלכים ולרגלים: **וירבה לשנים וכו'.** ומאי חזית דמרבית להני ולא להני: **כהיא דאמר ר' יעקב וכו'.** כלומר דהשתא אתינן להא דר' יעקב בשם ר' יוחנן דנפקא לן מהאי קרא ויחל לבנותו וגו': **תני שמואל ופליג.** דלא דריש כהאי דלעיל מקרא דהחדש הזה לכם כלל, אלא כך בחדש השלישי (לצאתם) [לצאת בני ישראל] וכו', וידבר ה' אל משה במדבר סיני בשנה השנית לצאתם מארץ מצרים: **בשנת הארבעים לצאת וגו'.** גבי ויעל אהרן וגו': **משנבנה הבית וכו'.** איידי דאיירי בהאי קרא דריש לה נמי להא: **ואומר ויחל לבנותו וכו'.** דזה נמי מיבעי ליה למילף דלמלכות מונין נמי מניסן: **אף למלכי אומות העולם אין מונין להם אלא מניסן בששי וכו'.** דכתיב בריש חגי בשנת שתים לדריוש המלך בחדש הששי ביום אחד לחדש היה דבר ה' וגו', וכתיב אחר כך בריש זכריה בחדש השמיני בשנת שתים לדריוש: **נאמר וכו'.** כלומר אי איתא דלמלכי אומות העולם לאו מניסן אלא מתשרי מנינן, א"כ היה לו לומר בשמיני בשנת שלש, אלא לאו דאף להם מניסן מנינן ובאותו השנה בעצמה היתה גם כן נבואת זכריה אחרי נבואת חגי: **חיפה אמר.** דאין ראיה מכאן משום דאיכא למימר נבואת זכריה שכתוב אחר כך נאמר תחלה קודם נבואת חגי אלא שאין מוקדם ומאוחר בתורה, ומתשרי התחילה שנת שתים ואחר כך בחדש אלול היתה נבואת חגי באותה שנה:

קרבן העדה

ופריך **או אינו אלא שנים בשבת.** דשני בתרא אתי לאשמועינן כמה ימים בשבת הוה: ומשני **לא מצאנו חשבון.** כזה בתורה, דהדר ביה קרא בשני: ופריך **והא כתיב ויהי ערב ויהי בקר** יום שני. א"כ אלינו דמונה בקרא ימי השבת: ומשני **אין למידין מברייתו של עולם.** כלומר לאו אימי השבת קאי אלא שהיה יום שני לברייתו של עולם, כן כתבו תוס' (ב. ד"ה שני). אי נמי שאני התם שלא היו עדיין שנים או חדשים דלמנות בהו לכך הוכרח למנות לימי השבת, נראה לי: ופריך **והיידין וכו'.** ואיזהו מהשני דכתיב בקרא קאי אחדשים, ואיזהו מהן קאי אחדש שני שבשנות המלך: **בחדש השני.** קאי על החדשים דסמיך ליה, בשני בשנת וכו' האי שני בתרא קאי על שנת המלך דסמיך ליה בשנת ד' למלכותו: **וחורנה אמר.** ואידך אמר אפילו נפרש בהיפך דהראשון קאי על שנת המלך והשני על החדשים לית לן בה, דעל כל פנים היקישא הוא: **החדש הזה לכם מיעט.** דלכם מיותר ולמעט אתי: **ראשון הוא לכם מיעט.** לכם שני דכתיב בהאי קרא נמי מיעוט הוא, ואין מיעוט אחר מיעוט אלא לרבות, ומרבים דראשון הוא אף למלכים ולרגלים: ופריך **וירבה לשנים וכו'.** כי היכא דמרבינן מלכים ורגלים נרבי הכל: **זה שני שבחדשים.** סובר כמאן דאמר לעיל השני הראשון הוא שני שבחדשים והשני הוא שני שבשנים: **תני שמואל ופליג.** דסובר שאין מקרא מן התורה למאי מונין אלא כל שהסכימו עליו חכמי הדור לאותו מנין מונין, וכדמסיק שמנו ליציאת מצרים לבנין הבית ולחרבן הבית: ה"ג **אין לי אלא באותו זמן וכו':** **התחילו מונין לבנינו.** הניחו מנין הראשון שמנו ליציאת מצרים והתחילו למנות לבנין הבית. והיפה מראה דחק בזה ללא צורך: **ואומר.** דאף דמונין למנין אחר מכל מקום ניסן הוא ראש השנה: **נאמר בשמיני בשנת שלש.** אי סלקא דעתך דלמלכי אומות מתשרי מנינן הוי ליה למימר בשמיני בשנת שלש, דבששי היינו אלול ובשמיני היינו חשון ובתשרי שביניהם כבר נתחדשה השנה, אלא ודאי דמניסן מנינן: **חיפה.** שם אמורא: **שמיני נאמר תחלה.** לעולם מתשרי מנינן אלא שנבואת זכריה נאמרה תחלה קודם נבואת חגי, והשמיני לעולם קודם הששי:

מסורת הש"ס

א) [עי' ר"ה ג. תוד"ה שני] ב) [יומא מג. ושם נסמן, ברייתא דל"ב מידות מידה ד] ג) [מכילתא יתרו מס' דבחדש פ"א, מכילתא דרשב"י יתרו יט א, ספרי בהעלותך סד, פסיקתא זוטרתא שמות יט א, ילקו"ש יתרו רעד, מלכים א קפא, כעין זה פסיקתא זוטרתא במדבר ט א] ד) [ר"ה ג:] ה) [עי' ר"ה ג. ושם ע"ב ושם ח.] ו) [שקלים פ"ו ה"א, מגילה פ"א ה"ה, סוטה פ"ח ה"ג, פסחים ו., מכילתא בשלח מס' דשירה פ"ז, מכילתא דרשב"י בשלח טו ו, ספרי בהעלותך סד]

שירי קרבן

כהיא דאמר ר' יעקב בר אחא וכו'. וקשה א"כ לכם שני למה לי. וי"ל דסובר ר' שמעון בר כרסנא דמיתורא דלכם מרבינן רגלים, ומלכים שמעינן מהא דאמר ר' יעקב בר אחא וכו': **תני שמואל ופליג וכו'.** מהר"ש יפה (יפה מראה) האריך מאוד בדברים דחוקים. ובעל הגה"ה ביפה מראה פי' אדלעיל קאי דקאמר החדש הזה לכם לכם הוא ראש אבל לא לשנים וכו', משמע אף ליציאת מצרים כשמונין השנים אין מונין מניסן אלא מתשרי דראש חדשים לכם כתיב. על זה מייתי דשמואל תני אף לשנים מנינן ליציאת מצרים מניסן כמו למנין חדשים, ע"כ. וגם זה קשה דמי איכא למ"ד דיציאת מצרים לאו מניסן מנינן, כדמוכחי קראי. על כן נראה עיקר כמו שפירשתי בקונטרס:

שינויי נוסחאות

א] **מן.** בכי"ל **אלא** מן והוגה כמו שלפנינו:

ב] **מקצה.** כ"ה במקרא. בכי"ל ובדפוסים ובר"ח (ד.) מקץ. [ונשתרבב מן הכתוב (דה"י-ב ח א) ויהי מקץ עשרים שנה אשר בנה שלמה את בית ה' ואת ביתו]:

ג] **התחילו מונין למלכויות.** בר"ח (שם) **נתחייבו למנות לאומות העולם:**

ד] **ואומר.** בכי"ל **ואָמר** (הניקוד במקור). בד"ו **ואימר.** בדפ"ו **ואומר:**

ה] **ר' לעזר.** בתוס' הרא"ש (ג:) ר' **יוחנן:**

ו] **בחודש השמיני.** כ"ה במקרא. בכי"ל ובדפוסים **בשמיני:**

ז] **ומואחר.** כ"ל בכי"ל וכ"ה דרך הירושלמי בהרבה מקומות. בד"ק ובדפוסים **מאוחר:**

תורה אור השלם

א) וַיִּקְרָא אֱלֹהִים לָרָקִיעַ שָׁמָיִם וַיְהִי עֶרֶב וַיְהִי בֹקֶר יוֹם שֵׁנִי: (בראשית א ח)

ב) וַיָּחֶל לִבְנוֹת בַּחֹדֶשׁ הַשֵּׁנִי בַּשֵּׁנִי בִּשְׁנַת אַרְבַּע לְמַלְכוּתוֹ: (דברי הימים-ב ג ב)

ג) הַחֹדֶשׁ הַזֶּה לָכֶם רֹאשׁ חֳדָשִׁים רִאשׁוֹן הוּא לָכֶם לְחָדְשֵׁי הַשָּׁנָה: (שמות יב ב)

ד) בַּחֹדֶשׁ הַשְּׁלִישִׁי לְצֵאת בְּנֵי יִשְׂרָאֵל מֵאֶרֶץ מִצְרָיִם בַּיּוֹם הַזֶּה בָּאוּ מִדְבַּר סִינָי: (שמות יט א)

ה) וַיְדַבֵּר יְהוָה אֶל מֹשֶׁה בְמִדְבַּר סִינַי בַּשָּׁנָה הַשֵּׁנִית לְצֵאתָם מֵאֶרֶץ מִצְרַיִם בַּחֹדֶשׁ הָרִאשׁוֹן לֵאמֹר: (במדבר ט א)

ו) וַיַּעַל אַהֲרֹן הַכֹּהֵן אֶל הֹר הָהָר עַל פִּי יְהוָה וַיָּמָת שָׁם בִּשְׁנַת הָאַרְבָּעִים לְצֵאת בְּנֵי יִשְׂרָאֵל מֵאֶרֶץ מִצְרַיִם בַּחֹדֶשׁ הַחֲמִישִׁי בְּאֶחָד לַחֹדֶשׁ: (במדבר לג לח)

ז) וַיְהִי בִשְׁמוֹנִים שָׁנָה וְאַרְבַּע מֵאוֹת שָׁנָה לְצֵאת בְּנֵי יִשְׂרָאֵל מֵאֶרֶץ מִצְרַיִם בַּשָּׁנָה הָרְבִיעִית בְּחֹדֶשׁ זִו הוּא הַחֹדֶשׁ הַשֵּׁנִי לִמְלֹךְ שְׁלֹמֹה עַל יִשְׂרָאֵל וַיִּבֶן הַבַּיִת לַיהוָה: (מלכים-א ו א)

ח) וַיְהִי מִקְצֵה עֶשְׂרִים שָׁנָה אֲשֶׁר בָּנָה שְׁלֹמֹה אֶת שְׁנֵי הַבָּתִּים אֶת בֵּית יְהוָה וְאֶת בֵּית הַמֶּלֶךְ: (מלכים-א ט י)

ט) בְּעֶשְׂרִים וְחָמֵשׁ שָׁנָה לְגָלוּתֵנוּ בְּרֹאשׁ הַשָּׁנָה בֶּעָשׂוֹר לַחֹדֶשׁ בְּאַרְבַּע עֶשְׂרֵה שָׁנָה אַחַר אֲשֶׁר הֻכְּתָה הָעִיר בְּעֶצֶם הַיּוֹם הַזֶּה הָיְתָה עָלַי יַד יְהוָה וַיָּבֵא אֹתִי שָׁמָּה: (יחזקאל מ א)

י) בִּשְׁנַת שְׁתַּיִם לְדָרְיָוֶשׁ הַמֶּלֶךְ בַּחֹדֶשׁ הַשִּׁשִּׁי בְּיוֹם אֶחָד לַחֹדֶשׁ הָיָה דְבַר יְהוָה בְּיַד חַגַּי הַנָּבִיא אֶל זְרֻבָּבֶל בֶּן שְׁאַלְתִּיאֵל פַּחַת יְהוּדָה וְאֶל יְהוֹשֻׁעַ בֶּן יְהוֹצָדָק הַכֹּהֵן הַגָּדוֹל לֵאמֹר: (חגי א א)

כ) בִּשְׁנַת שָׁלוֹשׁ לְכוֹרֶשׁ מֶלֶךְ פָּרַס דָּבָר נִגְלָה לְדָנִיֵּאל אֲשֶׁר נִקְרָא שְׁמוֹ בֵּלְטְשַׁאצַּר וֶאֱמֶת הַדָּבָר וְצָבָא גָדוֹל וּבִין אֶת הַדָּבָר וּבִינָה לוֹ בַּמַּרְאֶה: (דניאל י א)

ל) בְּיוֹם עֶשְׂרִים וְאַרְבָּעָה לַחֹדֶשׁ בַּשִּׁשִּׁי בִּשְׁנַת שְׁתַּיִם לְדָרְיָוֶשׁ הַמֶּלֶךְ: (חגי א טו)

מ) בַּחֹדֶשׁ הַשְּׁמִינִי בִּשְׁנַת שְׁתַּיִם לְדָרְיָוֶשׁ הָיָה דְבַר יְהוָה אֶל זְכַרְיָה בֶּן בֶּרֶכְיָה בֶּן עִדּוֹ הַנָּבִיא לֵאמֹר: (זכריה א א)

The Gemara raises a different objection:

אוֹ אֵינוֹ אֶלָּא שֵׁנַיִם בְּשַׁבָּת – **But maybe it** refers to **the second** day **of the week!** –?–

The Gemara answers:

לֹא מָצָאנוּ חֶשְׁבּוֹן זֶה מִן הַתּוֹרָה – **We do not find this** manner of **reckoning** by days of the week **in the Torah.**[1] Thus, our verse's second mention of "the second" is unlikely to be referring to the second day of the week.

The Gemara questions this assertion:

וְהָא כְתִיב ,,וַיְהִי־עֶרֶב וַיְהִי־בֹקֶר יוֹם שֵׁנִי" – **But it is written** in the Torah's account of the Creation:[2] ***And it was evening and it was morning, the second day***. The "second day" here refers to the second day of the Week of Creation. Thus we find that the Torah does refer to the days of the week![3] – ? –

The Gemara answers:

אֵין לְמֵידִין מִבְּרִיָּיתוֹ שֶׁל עוֹלָם – **We cannot learn from** the Torah's account of **the Creation of the world** that it reckons dates in terms of the days of the week. For even that verse does not refer to the second day of the week; rather, it refers to the second day from the beginning of Creation.[4]

The Gemara has thus demonstrated that the term "the second" in the verse: *He began to build in the second month, in the second, in the fourth year of his reign*, can only be referring to the second month. This allows us to expound the verse as teaching that the king's year, like the count of the months, begins in Nissan, as above.

The Gemara analyzes the above verse:

וְהַיי דֵּין הוּא שֵׁנִי שֶׁבָּחֳדָשִׁים – Of the two mentions of the term "the second" in the verse, **which** one **refers to the second** month in the count **of the months** (Iyar), וְהַיי דֵּין הוּא שֵׁנִי שֶׁבְּשָׁנִים – **and which** one **refers to the second** month **in the years** of King Solomon's reign?

The Gemara cites a dispute about the matter:

רַבִּי חֲנַנְיָה וְרַבִּי מָנָא – **R' Chananyah and R' Mana** disagree regarding this matter. חַד אָמַר – **One says** that when the beginning of the verse states: ,,וַיָּחֶל לִבְנוֹת בַּחֹדֶשׁ הַשֵּׁנִי" – ***He began to build in the second month,*** זֶה שֵׁנִי שֶׁבָּחֳדָשִׁים – **this** is a reference to **the second** month in the count **of the months;** ,,בַּשֵּׁנִי" זֶה שֵׁנִי שֶׁבְּשָׁנִים – and when the verse subsequently states: ***in the second,*** **this** is a reference to **the second** month **in the years** of the king's reign.[5] וְחוֹרָנָה – **And the other** says: אֲפִילוּ מִיחְלָף לֵית בָּהּ כְּלוּם – **Even if [you say] the opposite,** that the beginning of the verse refers to the month in the year of the king's reign and the second segment refers to the count of the months of the year, **there is nothing** wrong **with it;** i.e. the verse can just as easily be understood in this manner as well.[6]

The Gemara cites a different Scriptural source for the rule that the New Year for kings is the first of Nissan:

רַבִּי שִׁמְעוֹן בַּר כַּרְסָנָא בְּשֵׁם רַבִּי אַחָא שָׁמַע לָהּ מִן הָדָא – **R' Shimon bar Karsana, in the name of R' Acha, derives it** (the rule that the king's year begins on the first of Nissan) **from this** following verse:[7] ,,הַחֹדֶשׁ הַזֶּה לָכֶם" – ***This month shall be for you*** *the beginning of the months.* מִיעֵט – The term *for you* **excludes** all halachic "years" other than the count of the months from beginning on the first of Nissan.[8] The verse continues: ,,רִאשׁוֹן הוּא לָכֶם" – ***It shall be for you the first*** *for the months of the year.* מִיעֵט – In this clause, as well, the term *for you* **excludes** all halachic "years" other than the count of the months from beginning on the first of Nissan. מִיעוּט אַחַר מִיעוּט – Thus, it is a case of **an exclusion following an exclusion.** The general rule governing exclusions following exclusions is that they actually come to *include* something.[9] לְרַבּוֹת לַמְּלָכִים וּרְגָלִים – The verse is therefore understood as coming **to include** the first of Nissan as the New Year **for kings and festivals.** Thus, we have a source from the Torah for the Mishnah's ruling.[10]

The Gemara asks:

וִירַבֶּה לְשָׁנִים וְלִשְׁמִיטִּים וּלְיוֹבֵילוֹת וְלִנְטִיעָה וְלִירָקוֹת – **But let [the verse],** instead, be expounded as **including** the first of Nissan as

NOTES

1. We do not find in Scripture a verse that refers to the day of the week, only to the day of the month (*Pnei Moshe;* see, however, *Sfas Emes* to *Bavli* 3a ד״ה בגמ׳ דהא).

2. *Genesis* 1:8.

3. *Korban HaEidah*.

4. *Korban HaEidah*, first approach, from *Tosafos* to 3a ד״ה שני בשבת; *Rashba* ad loc.; *Ritva* ad loc., first approach.

Alternatively, the Gemara means that the Torah's account of Creation is an exception to the rule. While the verse in *Genesis* indeed refers to the second day of the week, in that particular case the Torah departed from its practice of not citing dates by the day of the week because during the Week of Creation there were not yet any fixed months or years. Thus, the dates of that period could only be given in terms of the day of the week. Events that occurred after the Week of Creation, however, are never dated in the Torah in terms of the day of the week (*Korban HaEidah*, second approach; *Ritva* ibid., second approach).

5. The first mention of "the second" is followed by the word "month"; the second mention is followed by "in the fourth year of his reign." Thus, this Amora maintains, it is more likely that the first mention refers to the count of months, and the second to the month in the king's year (*Korban HaEidah*).

6. *Beur of R' Chaim Kanievski*.

[*Korban HaEidah* and *Pnei Moshe* imply that these Amoraim are not simply debating the precise meaning of the verse; rather, they argue as to how the verse must be interpreted if it is to support the Gemara's exposition. According to the first Amora, the verse can be expounded as teaching that the king's year begins in Nissan only if we say that the first mention of "the second" refers to the count of months and the second mention of the term refers to the month of the king's year. The second Amora argues that since the exposition is based on the juxtaposition of the count of the month of the year with the count of the month in the year of the king's reign, it makes no difference which term refers to which count, for in either case the verse juxtaposes the two counts.

It is not entirely clear, however, why the first Amora maintains that the viability of the exposition depends on the order in which the verse refers to the count of the months and the months of the king's year. For as the second Amora argues, there would seem to be no reason why this should make a difference (*Sefer Nir*; see there for an entirely different interpretation of the Gemara).]

7. *Exodus* 12:2.

8. As explained above (1a), the term "for you" is superfluous in this verse, and is therefore expounded as an exclusionary term [that limits the establishment of the first of Nissan as the New Year to the subject of the verse, the count of months] (*Korban HaEidah*).

9. One of the principles of Scriptural exegesis is that when two exclusionary terms follow each other, the second exclusion qualifies the first one (similar to a double negative), and the overall effect is to indicate an *inclusion* of something that would otherwise have been excluded on the basis of the first exclusion. [For further elaboration of this principle, see Variant A, below.]

10. R' Acha prefers this source to the earlier source, which is not from the Torah but from the Writings [*II Chronicles*] (*Beur of R' Chaim Kanievski*). Alternatively, he cites this exposition because it implies not merely a permit but an *obligation* to establish the first of Nissan as the New Year for kings. Presumably, this obligation is related to the fact that Nissan marks the anniversary of the Exodus (*Sefer Nir* to 1a ד״ה ובעיקר הענין).

[Here too, the Gemara's reference to the New Year for festivals would seem to be imprecise, since the verse refers to matters whose New Year is the first of Nissan, and the New Year for festivals is the *15th* of Nissan (see 1a note 10).]

או אינו אלא שנים בשבת. לא מצאנו חשבון זה [א]מן התורה. והא כתיב [א]ויהי ערב ויהי בקר יום שני. [א]אין למדין מברייתו של עולם. והיי דין הוא שיני שבחדשים והיי דין הוא שיני שבשנים. ר' חנניה ור' מנא חד אמר [ב]ויחל לבנות בחודש השני זה שיני שבחדשים. בשני זה שני שבשנים. וחורנה אפילו מיחלף לית בה כלום. ר' שמעון בר כרסנא בשם ר' אחא שמע לה מן הדא [ג]החודש הזה לכם מיעט. ראשון הוא לכם מיעט. [ב]מיעוט אחר מיעוט לרבות למלכים ורגלים. [ג]וירבה לשנים ולשמיטים וליובילות ולנטיעה ולירקות. כהיא דאמר ר' יעקב בר אחא ר' יסא בשם ר' יוחנן [ב]ויחל לבנות בחדש השני בשני בשנת ארבע למלכותו הקיש שנת ארבע למלכותו לשיני שבחדשים מה שיני שבחדשים אין מונין אלא מניסן אף שיני שבשנת ארבע למלכותו אין מונין אלא מניסן. ר' יונה ר' יצחק בר נחמן בשם ר' חייה בר יוסף [ב]ויחל לבנות בחודש השני זה שיני שבחדשים. בשני זה שיני שבשנים. וכשהוא אומר בשנת ארבע למלכותו הקיש שנת ארבע למלכותו לשיני שבחדשים מה שיני שבחדשים אין מונין אלא מניסן אף שיני שבשנת ארבע למלכותו אין מונין אלא מניסן. תני שמואל ופליג [ד][ד]בחודש השלישי לצאת בני ישראל מארץ מצרים מיכן שמונין חדשים ליציאת מצרים. אין לי אלא חדשים שנים מניין. [ה]וידבר ה' אל משה במדבר סיני בשנה השנית. אין לי אלא לאותו הזמן לאחר הזמן הזה מניין. [ו]בשנת הארבעים לצאת בני ישראל מארץ מצרים. אין לי אלא לשעה לדורות מניין. [ז][ו]ויהי בשמונים שנה וארבע מאות שנה לצאת בני ישראל מארץ מצרים וגו'. משנבנה הבית התחילו מונין לבנינו [ב][ח]מקצה עשרים שנה אשר בנה שלמה את שני הבתים וגו'. לא זכו למנות לבנינו התחילו מונין לחרבנו [ט]בעשרים וחמש שנה לגלותנו בראש השנה בעשור לחדש וגו'. לא זכו למנות לעצמן [ג]התחילו מונין למלכיות שנאמר [י]בשנת שתים לדריוש [כ]בשנת שלש לכורש מלך פרס. [ד]ואומר [ב]ויחל לבנות בחודש השני בשני בשנת ארבע למלכותו הקיש שנת ארבע למלכותו לשיני שבחדשים מה שיני שבחדשים אין מונין אלא מניסן אף שיני שבשנת ארבע למלכותו אין מונין אלא מניסן. [ה]ר' לעזר בשם ר' חנינה [ט]אף למלכי אומות העולם אין מונין אלא מניסן [ל]בששי בשנת שתים לדריוש [מ](בשמיני) [ו][בחודש השמיני] בשנת שתים לדריוש נאמר בשמיני בשנת שלש. חיפה אמר שמיני נאמר תחילה אלא [י]שאין מוקדם [ז]ומואחר בתורה.

פני משה

או אינו אלא. האי בשני בשני בשבת הוא: ומשני לא מצינו חשבון זה מן התורה. דלא נמלא חשבון של ימי שבוע בתורה: והא כתיב ויהי ערב ויהי בקר יום שני. ומשני אין למדין מברייתו של עולם. דלא מצי קאי אשני בשבוע שעדיין לא היה שבוע אלא שהיה יום שני לברייתו של עולם: והיי דין הוא שני שבחדשים וכו'. ואיזה הוא שני שבכתוב זה דקאי על שני שבחדשים, ואיזה הוא דקאי על השנים ושני למנין חדש שמונין השנים למלכותו: חד אמר וכו'. בחדש השני קמא זה הוא שני שבחדשים חדש השני למנין החדשים, ובשני בתרא זה שני לחדש שמונין לשנים של מלכותו: ואחרינא אמר אפילו מיחליף מפרשת להו לית בה כלום. דהא מיהת רמיזא בכתוב שניהן ומקיש זה לזה וכדאמרן: שמע לה מן הדא וכו'. כלומר שאינו פותח בדרשה דדריש לעיל מדכתיב לכם הוא ראש ואינו ראש לשנים וכו', אלא כך דריש מדכתיב שני פעמים לכם ולכם, קמא מיעוט הוא לכם הוא ראש ולא לדבר אחר, והדר כתיב ראשון הוא לכם מיעוט, ומיעוט אחר מיעוט אינו אלא לרבות שהוא ראש למלכים ולרגלים: וירבה לשנים וכו'. ומאי חזית דמרבית להני ולא להני: כהיא דאמר ר' יעקב וכו'. כלומר להשתא אתינן להא דר' יעקב בשם ר' יוחנן דנפקא לן מהאי קרא ויחל לבנותו וגו': תני שמואל ופליג. דלא דריש כהאי דלעיל מקרא דהחדש הזה לכם כלל, אלא כך בחדש השלישי (לצאתם) [לצאת בני ישראל] וכו', וידבר ה' אל משה במדבר סיני בשנה השנית לצאתם מארץ מצרים: בשנת הארבעים לצאת וגו'. גבי ויעל אהרן וגו': משנבנה הבית וכו'. איידי דאיירי בהאי קרא דריש לה נמי להא: ואומר ויחל לבנותו וכו'. דזה נמי מיבעי ליה למילף דלמלכות מונין נמי מניסן: אף למלכי אומות העולם אין מונין להם אלא מניסן בששי וכו'. דכתיב בריש חגי בשנת שתים לדריוש המלך בחדש הששי ביום אחד לחדש היה דבר ה' וגו', וכתיב אחר כך בריש זכריה בחדש השמיני בשנת שתים לדריוש: נאמר וכו'. כלומר אי איתא דלמלכי אומות העולם לאו מניסן אלא מתשרי מנינן, א"כ היה לו לומר בשמיני בשנת שלש, אלא לאו דאף להם מניסן מנינן ובאותו השנה בעצמה היתה גם כן נבואת זכריה אחרי נבואת חגי: חיפה אמר. דאין ראיה מכאן משום דאיכא למימר נבואת זכריה שכתוב אחר כך נאמר תחלה קודם נבואת חגי אלא שאין מוקדם ומאוחר בתורה, ומתשרי התחילה שנת שתים ואחר כך בחדש אלול היתה נבואת חגי באותה שנה:

קרבן העדה

ופריך או אינו אלא שנים בשבת. דשני בתרא אתי לאשמועינן כמה ימים בשבת הוה: ומשני לא מצאנו חשבון. כזה בתורה, דהדר ביה קרא בשני: ופריך והא כתיב ויהי ערב ויהי בקר יום שני. א"כ אלינו דמונה בקרא ימי השבת: ומשני אין למדין מברייתו של עולם. כלומר לאו איימי השבת קאי אלא שהיה יום שני לברייתו של עולם, כן כתבו תוס' (ב. ד"ה שני). אי נמי שאני התם שלא היו עדיין שנים או חדשים דלמנות בהו לכך הוכרח למנות לימי השבת, נראה לי: ופריך והיידין וכו'. ואיזהו מהשני דכתיב בקרא קאי אחדשים, ואיזהו מהן קאי אחדש שני שבשנות המלך: בחדש השני. קאי על החדשים דסמיך ליה, בשני בשנת וכו' האי שני בתרא קאי על שנת המלך דסמיך ליה בשנת ד' למלכותו: וחורנה אמר. ואידך אמר אפילו נפרש בהיפך דהראשון קאי על שנת המלך והשני על החדשים לית לן בה, דעל כל פנים היקישא הוא: החדש הזה לכם מיעט. דלכם מיותר ולמעט אתי: ראשון הוא לכם מיעט. לכם שני דכתיב בהאי קרא נמי מיעוט הוא, ואין מיעוט אחר מיעוט אלא לרבות, ומרבים דראשון הוא אף למלכים ולרגלים: ופריך וירבה לשנים וכו'. כי היכא דמרבינן מלכים ורגלים נרבי הכל: זה שני שבחדשים. סובר כמאן דאמר לעיל השני הראשון הוא שני שבחדשים והשני הוא שני שבשנים: תני שמואל ופליג. דסובר שאין מקרא מן התורה למאי מונין אלא כל שהסכימו עליו חכמי הדור לאותו מנין מונין, וכדמסיק שמנו ליציאת מצרים לבנין הבית ולחרבן הבית: ה"ג אין לי אלא באותו זמן וכו': התחילו מונין לבנינו. הניחו מנין הראשון שמנו ליציאת מצרים והתחילו למנות לבנין הבית. והיפה מראה דחק בזה שלא לצורך: ואומר. דאף דמונין למנין אחר מכל מקום ניסן הוא ראש השנה: נאמר בשמיני בשנת שלש. אי סלקא דעתך דלמלכי אומות מתשרי מנינן הוי ליה למימר בשמיני בשנת שלש, דבששי היינו אלול ובשמיני היינו חשון ובתשרי שביניהם כבר נתחדשה השנה, אלא ודאי דמניסן מנינן: חיפה. שם אמורא: שמיני נאמר תחלה. לעולם מתשרי מנינן אלא שנבואת זכריה נאמרה תחלה קודם נבואת חגי, והשמיני לעולם קודם הששי:

שינויי נוסחאות

א] מן. בכי"ל אלא מן והוגה כמו שלפנינו:
ב] מקצה. כ"ה במקרא. בכי"ל ובדפוסים ובר"ח (ד.) מקץ. [ונשתרבב מן הכתוב (דה"י-ב ח א) ויהי מקץ עשרים שנה אשר בנה שלמה את בית ה' ואת ביתו]:
ג] התחילו מונין למלכויות. בר"ח (שם) נתחייבו למנות לאומות העולם:
ד] ואומר. בכי"ל ואֱמר (הניקוד במקור). בד"ו ואימר. בדפ"ו ואומר:
ה] ר' לעזר. בתוס' הרא"ש (ג:) ר' יוחנן:
ו] בחודש השמיני. כ"ה במקרא. בכי"ל ובדפוסים בשמיני:
ז] ומואחר. כ"ל בכי"ל וכ"ה דרך הירושלמי בהרבה מקומות. בד"ק ובדפוסים מאוחר:

תורה אור השלם

א) וַיִּקְרָא אֱלֹהִים לָרָקִיעַ שָׁמָיִם וַיְהִי עֶרֶב וַיְהִי בֹקֶר יוֹם שֵׁנִי: (בראשית א ח)

ב) וַיָּחֶל לִבְנוֹת בַּחֹדֶשׁ הַשֵּׁנִי בַּשֵּׁנִי בִּשְׁנַת אַרְבַּע לְמַלְכוּתוֹ: (דברי הימים-ב ג ב)

ג) הַחֹדֶשׁ הַזֶּה לָכֶם רֹאשׁ חֳדָשִׁים רִאשׁוֹן הוּא לָכֶם לְחָדְשֵׁי הַשָּׁנָה: (שמות יב ב)

ד) בַּחֹדֶשׁ הַשְּׁלִישִׁי לְצֵאת בְּנֵי יִשְׂרָאֵל מֵאֶרֶץ מִצְרָיִם בַּיּוֹם הַזֶּה בָּאוּ מִדְבַּר סִינָי: (שמות יט א)

ה) וַיְדַבֵּר יְהֹוָה אֶל מֹשֶׁה בְמִדְבַּר סִינַי בַּשָּׁנָה הַשֵּׁנִית לְצֵאתָם מֵאֶרֶץ מִצְרַיִם בַּחֹדֶשׁ הָרִאשׁוֹן לֵאמֹר: (במדבר ט א)

ו) וַיַּעַל אַהֲרֹן הַכֹּהֵן אֶל הֹר הָהָר עַל פִּי יְהֹוָה וַיָּמָת שָׁם בִּשְׁנַת הָאַרְבָּעִים לְצֵאת בְּנֵי יִשְׂרָאֵל מֵאֶרֶץ מִצְרַיִם בַּחֹדֶשׁ הַחֲמִישִׁי בְּאֶחָד לַחֹדֶשׁ: (במדבר לג לח)

ז) וַיְהִי בִשְׁמוֹנִים שָׁנָה וְאַרְבַּע מֵאוֹת שָׁנָה לְצֵאת בְּנֵי יִשְׂרָאֵל מֵאֶרֶץ מִצְרַיִם בַּשָּׁנָה הָרְבִיעִית בְּחֹדֶשׁ זִו הוּא הַחֹדֶשׁ הַשֵּׁנִי לִמְלֹךְ שְׁלֹמֹה עַל יִשְׂרָאֵל וַיִּבֶן הַבַּיִת לַיהֹוָה: (מלכים-א ו א)

ח) וַיְהִי מִקְצֵה עֶשְׂרִים שָׁנָה אֲשֶׁר בָּנָה שְׁלֹמֹה אֶת שְׁנֵי הַבָּתִּים אֶת בֵּית יְהֹוָה וְאֶת בֵּית הַמֶּלֶךְ: (מלכים-א ט י)

ט) בְּעֶשְׂרִים וְחָמֵשׁ שָׁנָה לְגָלוּתֵנוּ בְּרֹאשׁ הַשָּׁנָה בֶּעָשׂוֹר לַחֹדֶשׁ בְּאַרְבַּע עֶשְׂרֵה שָׁנָה אַחַר אֲשֶׁר הֻכְּתָה הָעִיר בְּעֶצֶם הַיּוֹם הַזֶּה הָיְתָה עָלַי יַד יְהֹוָה וַיָּבֵא אֹתִי שָׁמָּה: (יחזקאל מ א)

י) בִּשְׁנַת שְׁתַּיִם לְדָרְיָוֶשׁ הַמֶּלֶךְ בַּחֹדֶשׁ הַשִּׁשִּׁי בְּיוֹם אֶחָד לַחֹדֶשׁ הָיָה דְבַר יְהֹוָה בְּיַד חַגַּי הַנָּבִיא אֶל זְרֻבָּבֶל בֶּן שְׁאַלְתִּיאֵל פַּחַת יְהוּדָה וְאֶל יְהוֹשֻׁעַ בֶּן יְהוֹצָדָק הַכֹּהֵן הַגָּדוֹל לֵאמֹר: (חגי א א)

כ) בִּשְׁנַת שָׁלוֹשׁ לְכוֹרֶשׁ מֶלֶךְ פָּרַס דָּבָר נִגְלָה לְדָנִיֵּאל אֲשֶׁר נִקְרָא שְׁמוֹ בֵּלְטְשַׁאצַּר וֶאֱמֶת הַדָּבָר וְצָבָא גָדוֹל וּבִין אֶת הַדָּבָר וּבִינָה לוֹ בַּמַּרְאֶה: (דניאל י א)

ל) בְּיוֹם עֶשְׂרִים וְאַרְבָּעָה לַחֹדֶשׁ בַּשִּׁשִּׁי בִּשְׁנַת שְׁתַּיִם לְדָרְיָוֶשׁ הַמֶּלֶךְ: (חגי א טו)

מ) בַּחֹדֶשׁ הַשְּׁמִינִי בִּשְׁנַת שְׁתַּיִם לְדָרְיָוֶשׁ הָיָה דְבַר יְהֹוָה אֶל זְכַרְיָה בֶּן בֶּרֶכְיָה בֶּן עִדּוֹ הַנָּבִיא לֵאמֹר: (זכריה א א)

מסורת הש"ס

א) [עי' ר"ה ג. תוד"ה שני] ב) [יומא מג. ושם נסמן, ברייתא דל"ב מידות מידה ד] ג) [מכילתא יתרו מס' דבחדש פ"א, מכילתא דרשב"י יתרו יט א, ספרי בהעלותך סד, פסיקתא זוטרתא שמות יט א, ילקו"ש יתרו רעד, מלכים א קפא, כעין זה פסיקתא זוטרתא במדבר ט א] ד) [ר"ה ג:] ס) [עי' ר"ה ג. ושם ע"ב ושם ח.] ו) [שקלים פ"ו ה"א, מגילה פ"א ה"ה, סוטה פ"ח ה"ג, פסחים ו., מכילתא בשלח מס' דשירה פ"ז, מכילתא דרשב"י בשלח טו ו, ספרי בהעלותך סד]

שירי קרבן

בהיא דאמר ר' יעקב בר אחא וכו'. וקשה א"כ לכם שני למה לי. וי"ל דסובר ר' שמעון בר כרסנא דמיתורא דלכם מרבינן רגלים, ומלכים שמעינן מהא דאמר ר' יעקב בר אחא וכו': תני שמואל ופליג וכו'. מהר"ש יפה (יפה מראה) האריך מאוד בדברים דחוקים. ובעל הגה"ה ביפה מראה פי' אדלעיל קאי דקאמר החדש הזה לכם לכם הוא ראש אבל לא לשנים וכו', משמע אף ליציאת מצרים כשמונין השנים אין מונין מניסן אלא מתשרי דראש חדשים לכם כתיב. על זה מייתי דשמואל תני אף לשנים מנינן ליציאת מצרים מניסן כמו למנין חדשים, ע"כ. וגם זה קשה דמי איכא למ"ד דיציאת מצרים לאו מניסן מנינן, כדמוכחי קראי. על כן נראה עיקר כמו שפירשתי בקונטרס:

[א. - ה"א]

ארבעה

[א]ראשי שנים הן. [ב]באחד בניסן ראש השנה למלכים ולרגלים. [ג]באחד באלול ראש השנה למעשר בהמה. ר' לעזור ור' שמעון אומרים [א]באחד בתשרי: גמ' ארבעה ראשי שנים הן וכו': כתיב [א]החודש הזה לכם ראש חדשים [ד]לכם הוא ראש ואינו ראש לא לשנים ולא לשמיטים ולא ליובילות ולא [א]לנטיעה ולא לירקות. [ב]ואימר לכם הוא ראש ואינו ראש לא למלכים ולא לרגלים. ר' יעקב בר אחא ר' יסא בשם ר' יוחנן [ה]כתיב [ב]ויחל לבנות בחדש השני בשני בשנת ארבע למלכותו הקיש שנת ארבע למלכותו לשיני שבחדשים מה שיני שבחדשים אין מונין אלא מניסן אף שיני שבשנת ארבע למלכותו אין מונין אלא מניסן. או אינו אלא שנים בחודש. כל מקום שנאמר שנים בחודש פירש.

קרבן העדה

ארבעה ראשי שנים. למלכים. רגילים היו למנות זמן שטרותיהם לשנות המלך, משנה שעמד בה המלך, וקבעו חכמים אחד בניסן לתחילת שנתו, ואפילו עמד בשבט או באדר כלתה שנתו משהגיע ניסן, ויתחילו למנות לו שנה שנייה: ולרגלים. רגל שבו ראש השנה לרגלים, לענין בל תאחר כדמפרש בגמרא: למעשר בהמה. שאין מעשרין מן הנולדים בשנה זו על הנולדים בחברתה, דכתיב (דברים יד כב) עשר תעשר את כל תבואת זרעך היוצא השדה שנה שנה, ואמר מר (בכורות נג.) בשתי מעשרות הכתוב מדבר אחד מעשר דגן ואחד מעשר בהמה. ואמר קרא (שם) שנה שנה, ולא משנה על של חברתה: בא' בתשרי. כיון דאתקש מעשר בהמה למעשר דגן, מה מעשר דגן ראש השנה שלו תשרי אף מעשר בהמה ראש השנה שלו תשרי: גמ' לכם הוא ראש. דהוי מצי למכתב החדש הזה ראש חדשים, לכם למה לי, אלא למדרש לכם הוא ראש שהוא תחלה לגאולתכם וליציאתכם ממצרים, אבל לא לשנים וכו'. אי נמי לכם הוא ראש שזהו החדש הראשון שאתם מקדשים החדש לכך הוא ראשון לחדשים, אבל לשאר דברים אינו ראש: ופריך ואומר לכם. מיעוטא הוא אף למלכים ולרגלים, כי היכא דממעטינן מיניה שנים ושמיטין וכו': ויחל לבנות בחדש השני בשני. תרי זימני שני למה לי, אלא ללמדך דאף החדש השני שבמלכות הוא לעולם בחדש השני שבשנים, דלעולם מניסן מנינן: מה שני שבחדשים אין מונין אלא מניסן. דכתיב (שמות יב ב) ראשון הוא לכם לחדשי השנה: ופריך או אינו אלא שנים בחדש. והכי קאמר, בחדש השני ביום השני לחדש, ולא קאי שני בתרא אחדשי שנה: ומשני כל מקום שנאמר בתורה שנים בחדש פירש. כגון באחד לחדש [השני] בשנה השנית (במדבר א א), בשנה (השלישית) [התשיעית בחודש העשירי] בעשור לחדש (יחזקאל כד א):

פני משה

ארבעה ראשי שנים הן. מסקינן התם (בבלי ח.) דארבעה ראשי שנים שהן בארבעה ראשי חדשים קתני, והכי קאמר שלשה הן לדברי הכל, ובאחד בשבט מחלוקת בית שמאי ובית הלל: באחד בניסן ראש השנה למלכים. רגילין היו למנות זמן בשטרותיהן לשני המלכים משנה שעמד בה, למלכי ישראל מונין להם מניסן שאפילו עמד בעשרים ותשעה באדר כיון שהגיע אחד בניסן עלה לו שנה, ומונין לו מאחד בניסן ואילך שנה שניה. ומנין שאין מונין למלכי ישראל אלא מניסן דכתיב (מלכים-א ו א) ויהי בשמונים שנה וארבע מאות שנה לצאת בני ישראל מארץ מצרים בשנה הרביעית בחדש זיו הוא החודש השני למלוך שלמה על ישראל, מקיש מלכות שלמה ליציאת מצרים מה יציאת מצרים מניסן מנינן אף מלכות שלמה מניסן, ובדין הוא כך דמכיון שיציאת מצרים היתה תחלת מלכותן של ישראל שאם לא כן היינו משועבדים, לפיכך נעשה זכר ליציאת מצרים שכל מלך ממלכי ישראל מונין לו מניסן ולמלכי אומות העולם מונין להן מתשרי. והא דאין מונין להם מיום שעמד בו, לפי שאפשר שיעמוד איזה מלך ממלכי האומות בניסן וכשיראו שימנו לו מניסן יחשבו שראש השנה שלהם ניסן כשל מלכי ישראל, ולפיכך קבעו להם ראש השנה בפני עצמו וקבעו באחד בתשרי מפני שהיא ראש השנה לשארי דברים כדקחשיב לקמן במתניתן. ונפקא מינה לשטרות דתנן (שביעית פ"י מ"ה) שטרי חוב המוקדמין פסולין, והלכך אם עמד המלך באדר וכתב לו הסופר בניסן אחר שהוא לאחר י"ב חודש, ניסן של שניה להמלך, כיון דניסן ראש השנה למלכים הוי ליה האי שטר מוקדם ופסול, משום דהאי ניסן של שנה שלישית היא ונמצא זה טורף לקוחות שלקחו השדה מן הלוה בין זמנו של שטר לזמן הלואה שלא כדין, שהרי קדמה המכירה לזמן הלואה, ולפיכך קנסוהו חכמים שלא יטרוף מהלקוחות אף מאותן שלקחו אחר זמן הלואה ואינו גובה אלא מבני חורין: ולרגלים. הכי קאמר, רגל שבו, כלומר בהחדש שנכנס באחד בניסן והוא פסח, ראש השנה לרגלים, ונפקא מינה לבל תאחר לענין הנודר שאם עברו עליו שלשה רגלים משעה שנדר ולא קיים נדרו ילפינן מקרא שהוא עובר בבל תאחר לא תאחר לשלמו (דברים כג כב), ומשום דכתיב בפרשת חג הסוכות (דברים טז טז) בחג המצות בחג השבועות ובחג הסוכות ולמה לי לאהדרינהו הא בהו איירי קרא, אלא שמע מינה לבל תאחר אהדרינהו, וניסן ראש השנה הוא לכך, וכדר' שמעון היא דסבירא ליה אינו עובר עד שיעברו עליו שלשה רגלים כסדרן, ויליף ליה מדכתב כאן בחג הסוכות, דאע"ג דאהדרינהו לבל תאחר לא היה צריך למיהדר ולמיכתב בחג הסוכות שבו דיבר הכתוב, ולא הוה צריך למיכתב אלא שלש פעמים בשנה וגו' ובחג המצות ובחג השבועות וממילא הוה ידעינן דשלש רגלים בעינן לענין בל תאחר דבחג הסוכות איירי ומהדר נמי לחג המצות וחג השבועות, אלא מדהדר נמי לחג הסוכות לומר שזה אחרון וחג המצות תחלה כמו שהן סדורין במקרא. ואין הלכה כר' שמעון אלא משיעבור עליו שלשה רגלים עובר בבל תאחר ולא בעינן כסדרן. ומיהו בעשה עובר משיעבור עליו רגל אחד בלבד ולא הביא נדרו דכתיב (דברים יב ה-ו) ובאת שמה והבאתם שמה עולותיכם וגו', רגל ראשון שאתה בא אתה צריך להביא: באחד באלול ראש השנה למעשר בהמה וכו'. סתם בהמות דקה מתעברות באדר ויולדות באב, וילפינן נמי מקרא דכתיב (תהילים סה יד) לבשו כרים הצאן ועמקים יעטפו בר, אימתי לבשו כרים הצאן, כלומר שמתלבשות מהזכרים העולים עליהם ומתעברות, בזמן שעמקים יעטפו בר והיינו באדר שהזריעה צומחת ונכרת יפה, ויולדות הן באב שזמן עיבורה של בהמה דקה חמשה חדשים, וכן בהמה גסה שיולדת לתשעה חדשים גם כן רובן יולדות באב או איזה ימים קודם אלא שזמן עיבורן קדים ובהא כולי עלמא מודים, והכא בהאי קרא קמיפלגי דכתיב (דברים יד כב) עשר תעשר בשני מעשרות הכתוב מדבר אחד מעשר בהמה ואחד מעשר דגן, וכתיב גבי בכור (דברים טו כ) שנה בשנה וילפינן מעשר בהמה מיניה שאין מעשרין משנה זו על חבירתה, וקסבר ת"ק דאיתקש מעשר בהמה למעשר דגן, מה מעשר דגן סמוך לגמרו עישורו שראש השנה שלו תשרי (והיא) [והוא] סמוך לגמרו שכל ימות החמה עומד בגורן להתייבש, אף מעשר בהמה נמי סמוך לגמרו עישורו והיינו אחד באלול שאז נגמר זמן עיבורן שיולדות באב, ור' אליעזר ור' שמעון סברי דהכי הוא דאיתקש מה מעשר דגן ראש השנה שלו תשרי אף מעשר בהמה ראש השנה שלו תשרי, והלכה כר"א ור"ש וכך שנינו בפ"ט (מ"ה) דבכורות: גמ' כתיב החדש הזה לכם ראש חדשים וכו'. כך הוא נדרש במכילתא (שמות בא פרשה א) ראש חדשים מגיד שניסן ראש לחדשים, ומנין אף למלכים תלמוד לומר (מלכים-א ו א) הוא החדש השני למלוך שלמה על ישראל, ומנין אף לרגלים תלמוד לומר (דברים טז טז) בחג המצות חג השבועות וחג הסוכות, ר' נתן ור' יצחק אומרים אף לשכירות בתים, ולא לשנים ולא לשמיטין ויובלות ולא לנטיעה ולא לירקות. ומדייק הש"ס ומאי חזית דמרבית להני וממעט להני, ואימא לכם הוא ראש ולאלו שאמרנו ולא למלכים ולא לרגלים: ר' יעקב וכו'. מהכא דכתיב ויחל לבנות בחדש השני בשני בשנת ארבע למלכותו, הקיש שנת ארבע למלכותו, כלומר האי בשני דכתיב סמוך לשנת ארבע למלכותו, מקיש לשני קמא, מה שני שבחדשים אין מונין אלא מניסן אף שני שסמוך לבשנת ארבע למלכותו אין מונין אלא מניסן, דהכי קאמר חדש שני לחדש שמונין בו למלכותו והוא ניסן: או אינו אלא. האי בשני שני ימים בחדש הוא דקאמר: ומשני כל מקום שנאמר שנים בחדש פירש הכתוב בהדיא בשני בחדש:

מסורת הש"ס

א) ר"ה ב. [פסיקתא זוטרתא שמות יב ב] ב) [ר"ה ח., ע"ז י., תוספתא פ"א ה"א, ובשינוי מכילתא דר"י מס' דפסחא פ"א וילקו"ש בא קפח] ג) [בכורות פ"ט מ"ה, שקלים פ"ג ה"א, תוספתא פ"א ה"ו, אסתר רבה ז יא, מדרש תנאים לדברים יד כב, ילקו"ש תהלים תשפט] ד) [מכילתא דרשב"י בא יב ב] ה) ר"ה ג. [ילקו"ש מלכים א קפא]

שירי קרבן

ואומר לכם הוא ראש וכו'. וא"ת נפרש הכי, לכם הוא ראש מה שאתם עושים הוא ראש, כגון העמדת מלך שהוא ע"י אדם, וכן רגלים שהוא ע"י קידוש בי"ד, משא"כ בשאר דברים כגון נטיעה שהיא גדילה מן הקב"ה. ולא קשיא דא"כ נימא נמי ראש לשנים, דאף מלכי אומות לאו לכם הוא שאין ישראל מעמידין אותו. וי"ל דהכתי תיקשי אם כן לשמיטין וליובלות נמי דבקידוש בי"ד תליא: כתיב ויחל לבנות וכו'. קצת קשה לרגלים מנ"ל, דאין לומר דיליף מבחג המצות בחג השבועות בחג הסוכות (דברים טז טז), דא"כ מעיקרא מאי קא קשיא ליה דלמא לכם אתי למעוטי רגלים, הא קרא כתיב:

עין משפט

א מיי' פ"ז מהלכות בכורות הלכה ו:

שינויי נוסחאות

א] לנטיעה. בדפ"ו לנטיעות:
ב] ואימר. בכי"ל ואֱמר (הניקוד במקור) בדפ"ו ואומר:

תורה אור השלם

א) הַחֹדֶשׁ הַזֶּה לָכֶם רֹאשׁ חֳדָשִׁים רִאשׁוֹן הוּא לָכֶם לְחָדְשֵׁי הַשָּׁנָה: (שמות יב ב)

ב) וַיָּחֶל לִבְנוֹת בַּחֹדֶשׁ הַשֵּׁנִי בַּשֵּׁנִי בִּשְׁנַת אַרְבַּע לְמַלְכוּתוֹ: (דברי הימים-ב ג ב)

מראה הפנים

ארבעה ראשי שנים הן. התם בגמרא (בבלי ז:) פריך באחד באלול וכו' מני ר' מאיר, ולרגלים מני ר' שמעון אימא סיפא ר' אלעזר ור' שמעון אומרים באחד בתשרי רישא וסיפא ר"ש ומציעתא ר"מ, אמר רב יוסף רבי היא ונסיב לה אליבא דתנאי וכו', ורבא משני ארבעה לדברי הכל לר"מ ארבעה דל רגלים, לר"ש ארבעה דל מעשר בהמה, ומותיב לרבא מהברייתא ט"ו בניסן ר"ה לעומר וכו' ליתני ששה, ומשני רב פפא כי קא חשיב מידי דחיילי מאורתא וכו', והרי יובלות ר' ישמעאל בנו של ר' יוחנן בן ברוקה היא וכו', ורב אשי משני למתני' ארבעה ראשי השנים הן שהן בארבעה ראשי חדשים וכו' כמו שהבאתי בפנים. נראה דטעמיה דרב אשי דלא בעי לפרושי מתני' אליבא דחד תנא ולאוקמי כר' ישמעאל בנו של ר' יוחנן בן ברוקא, ולא תיקשי דהא על כרחך לא אתיא אלא כוותיה מדקתני באחד בתשרי ר"ה ליובלות וכדפריך לקמן (בבלי ח:) יובלות בעשרה בתשרי היא וכו', ומשני הא מני ר' ישמעאל בנו של ר' יוחנן בן ברוקא היא וכו', משום דאפשר למידחי ולומר דהכי קאמר רגל שבו ר"ה ליובלות וכדמתרץ רב חסדא בדף ד' ע"א להא דקתני באחד בניסן ר"ה לרגלים, ובהכי מתורץ קושית התוס' בדף ח' ע"א בד"ה והרי יובלות תימא מאי סלקא דעתך הא לא מיתוקמא כלל אלא לר' ישמעאל בנו של ר' יוחנן בן ברוקא לקמן, משום דאפשר לאוקמי נמי כרבנן ורגל שבו קאמר, והתוס' שם ע"ב כתבו ד"ה בעשרה בתשרי היא לרב אשי פריך וכו', ומשמע מדבריהם ג"כ כאן דאליביה דרב אשי לא מציט לשנויי הכי, אבל אינו מוכרח דהרי רש"י ז"ל (ז. ד"ה ר"א אמר) כתב בהאי דרב אשי האי דלא חשיב במתני' אלא ארבעה לפי שלא מנה אלא ראשי שנים הבאים בראשי חדשים ואין רגלים מן המנין אלא כדאמרינן רגל שבו ולהכי לא תני נמי ר"ה דעומר ושתי הלחם עכ"ל. והשתא שפיר נמי מצי לשנויי הכי ביובלות דרגל שבו קאמר ואין יובלות מן המנין אלא לשנים ולאיך דשייכי בר"ח ממש, [המשך בסוף הספר]

YOU, i.e. in your count of the months of the year,[8] **IS IT** (Nissan) **THE BEGINNING,** וְאֵינוֹ רֹאשׁ לֹא לְשָׁנִים — **BUT IT IS NOT THE BEGINNING FOR THE** reckoning of **YEARS,** וְלֹא לִשְׁמִיטִים — **NOR FOR *SHEMITTAH* YEARS,** וְלֹא לְיוֹבֵילוֹת — **NOR FOR *YOVEL* YEARS,** וְלֹא לִנְטִיעָה — **NOR FOR** halachic matters pertaining to **YOUNG TREES,** וְלֹא לְיַרְקוֹת — **NOR FOR** those pertaining to **VEGETABLES.**[9]

The Gemara asks:

וְאֵימַר לָכֶם הוּא רֹאשׁ — But let us similarly **say: *For you* it is the beginning,** וְאֵינוֹ רֹאשׁ לֹא לִמְלָכִים וְלֹא לִרְגָלִים — **but it is not the beginning** of the year **for kings, nor for the festivals.** If the term is expounded as teaching that it is only with respect to the count of the months of the year that Nissan marks the beginning of a new year, then the year for kings and for festivals also should be excluded from beginning in Nissan. Yet the Mishnah rules that for these two matters the New Year *is* Nissan![10] — ? —

The Gemara answers that a different verse indicates that the New Year for kings is the first of Nissan:

רַבִּי יַעֲקֹב בַּר אַחָא רַבִּי יָסָא בְּשֵׁם רַבִּי יוֹחָנָן — R' Yaakov bar Acha related that **R' Yassa** said **in the name of R' Yochanan:** כְּתִיב **— It is written:**[11] ,,וַיָּחֶל לִבְנוֹת בַּחֹדֶשׁ הַשֵּׁנִי בַּשֵּׁנִי בִּשְׁנַת אַרְבַּע לְמַלְכוּתוֹ" — ***He*** (King Solomon) ***began to build*** [the Temple] ***in the second month, in the second, in the fourth year of his reign.*** Now, presumably the latter mention of "the second" in the verse is also a reference to the month of the year. Why does the verse repeat that Solomon began building the Temple in the second month of the year? Perforce, one mention refers to the second month in the count of months (which begins in Nissan),[12] and the other to the second month of the *king's* year (i.e. it was the second month of the fourth year of Solomon's reign). הִקִּישׁ שְׁנַת אַרְבַּע לְמַלְכוּתוֹ — By juxtaposing the two counts **[Scripture] compares the** second month of the **fourth year of [Solomon's] reign** לְשֵׁנִי שֶׁבֶּחֳדָשִׁים — **to the second** in the count **of the months** (Iyar); i.e. it compares the count of the months of the year to the months of the king's year.[13] This comparison teaches that מַה שֵּׁנִי שֶׁבֶּחֳדָשִׁים אֵין מוֹנִין אֶלָּא מִנִּיסָן — **just as we count the second of the months** beginning **only from Nissan,** אַף שֵׁנִי שֶׁבִּשְׁנַת אַרְבַּע לְמַלְכוּתוֹ — **so too, the second** month **of the fourth year of his reign,** i.e. the second month of the king's year, אֵין מוֹנִין אֶלָּא מִנִּיסָן — **we count only** beginning **from Nissan.**[14] Thus we see that the New Year for kings is the first of Nissan.[15]

R' Yochanan's exposition is predicated on the understanding that the second mention of "the second" in the verse also refers to a second month. The Gemara challenges this assumption:

אוֹ אֵינוֹ אֶלָּא שְׁנַיִם בַּחוֹדֶשׁ — But maybe it (the verse's reference to "the second") refers to **the second** day **in the month,** and not to the second month in the year![16] — ? —

The Gemara answers:

כָּל מְקוֹם שֶׁנֶּאֱמַר שְׁנַיִם בַּחוֹדֶשׁ פֵּירֵשׁ — Wherever the second of the month is stated in Scripture, **Scripture states explicitly** that it refers to the day of the month. Since the above verse does not do so, it clearly is not referring to the *day* of the month, but to the month itself.[17]

NOTES

8. *Beur of R' Chaim Kanievski*; see also *Korban HaEidah*.

9. Rather, for these matters the New Year is the first of Tishrei, as stated in the Mishnah below, 7a. See there for elaboration.

10. By indicating that the first of Nissan is the New Year only in the context of the count of the months of the year, the verse implies that it is *forbidden* to establish the first of Nissan as the New Year for any other matter. How, then, could the Rabbis establish the first of Nissan as the New Year for kings?

The Gemara's reference to the New Year for festivals would seem to be imprecise, for as explained above (note 3), the new year for festivals does not begin on the first of Nissan, but on the *15th*. This does not contradict the verse, which can be understood as excluding the *beginning* of Nissan from serving as the New Year for all matters other than the count of the months. Presumably, the Gemara does not actually mean to question the Mishnah's ruling regarding the New Year for festivals, and includes it here only because the Mishnah mentions this law in the same clause as its ruling regarding the New Year for kings. Indeed, as will be seen, in its answer to the question the Gemara does not address the New Year for festivals at all (*Tuv Yerushalayim;* cf. *Sheyarei Korban* ד״ה כתיב; *Halachah LeMoshe*).

11. *II Chronicles* 3:2.

12. As the verse (*Exodus* 12:2) states: *It* (Nissan) *shall be for you the first of the months of the year* (*Korban HaEidah*; see note 7 above).

13. *Korban HaEidah; Pnei Moshe*; cf. *Sefer Nir*.

14. That is, whenever Scripture gives a date in terms of the years of a particular king's reign, those years are reckoned as having begun in Nissan (and not on the anniversary of the king's ascension to the throne).

[The mere fact that the verse refers to Iyar as the second month of the fourth year of Solomon's reign does not by itself prove that in Scripture's reckoning Nissan marks the beginning of the year of a king's reign. For one might argue that perhaps the New Year for kings is reckoned from the anniversary of their ascension to the throne, and Iyar was the second month in the years of Solomon's reign because he ascended the throne in Nissan. It is only because of the comparison Scripture makes between the yearly count of the months and the count of the king's year that we can derive that the New Year for kings is, in fact, Nissan, regardless of the month in which they begin their rule (see *Sefer Nir*, from *Tosafos* to 3a ד״ה תניא כוותיה; see also *Tosafos* to 2b ד״ה מקיש מלכות שלמה).]

15. This verse does not indicate the precise *day* in Nissan on which the year for kings begins in Scripture's reckoning. However, it may be assumed to begin on the *first* of the month. For unless there is a specific reason to begin a year in the middle of the month (e.g. the year for festivals, which begins on the 15th of Nissan because that is when Pesach falls out), we do not divide a month into two separate years (*Rashba, Ritva,* and *Chidushei HaRan* to *Bavli* 3a).

Now, although the verse does not *mandate* establishing the first of Nissan as the New Year for kings (it indicates only that in *Scripture's* reckoning of kings' years the year begins on that date), it does prove that this is permitted. For if Scripture itself follows the practice of treating the first of Nissan as the New Year for kings, then clearly there is no prohibition against doing so. Thus, when, for the reason given above (note 2), the Rabbis decreed a fixed date as the New Year for kings for the purpose of dating documents, they followed the Scriptural precedent and chose the first of Nissan (see *Sefer Nir*; but see *Pnei Moshe* to Mishnah, who suggests that the Rabbis chose the first of Nissan as the New Year for kings in commemoration of the Exodus, when the Jews achieved autonomy for the first time; see also *Chidushei HaRan, Bavli* 2b ד״ה מקיש).

16. And when the verse states that Solomon began building the Temple "in the second month, in the second," it means that he began on the second day of the second month of the year, and not that it was the second month of the fourth year of his reign. If so, the verse makes no mention of the count of months of the king's year, and makes no comparison between that count and the yearly count of the months (*Korban HaEidah*).

17. We never find that Scripture refers to the day of the month by number alone. Rather, it refers to the day as "such and such of the month." [For example: *Hashem spoke to Moses... on the first of the second month* (*Numbers* 1:1); *The word of Hashem came to me in the ninth year, in the tenth month, on the tenth of the month* (*Ezekiel* 24:1).] Thus, had the verse been referring to the second day of the second month, it would have stated: *in the second month, in the second **day of the month**, in the fourth year of his reign* (*Korban HaEidah; Pnei Moshe*).

ארבעה

[א]ראשי שנים הן. [ב]באחד בניסן ראש השנה למלכים ולרגלים. [ג]באחד באלול ראש השנה למעשר בהמה. ר' לעזר ור' שמעון אומרים [א]באחד בתשרי: גמ' ארבעה ראשי שנים הן וכו': כתיב [א)]החודש הזה לכם ראש חדשים [ד]לכם הוא ראש ואינו ראש לא לשנים ולא לשמיטים ולא ליובילות ולא [א]]לנטיעה ולא לירקות. [ב]]ואימר לכם הוא ראש ואינו ראש לא למלכים ולא לרגלים. ר' יעקב בר אחא ר' יסא בשם ר' יוחנן [ה]כתיב [ב)]ויחל לבנות בחדש השני בשני בשנת ארבע למלכותו הקיש שנת ארבע למלכותו לשיני שבחדשים מה שיני שבחדשים אין מונין אלא מניסן אף שיני שבשנת ארבע למלכותו אין מונין אלא מניסן. או אינו אלא שנים בחודש. כל מקום שנאמר שנים בחודש פירש.

קרבן העדה

ארבעה ראשי שנים. למלכים. רגילים היו למנות זמן שטרותיהם לשנות המלך, משנה שעמד בה המלך, וקבעו חכמים אחד בניסן לתחילת שנתו, ואפילו עמד בשבט או באדר כלתה שנתו משהגיע ניסן, ויתחילו למנות לו שנה שנייה: ולרגלים. רגל שבו ראש השנה לרגלים, לענין בל תאחר כדמפרש בגמרא: למעשר בהמה. שאין מעשרין מן הנולדים בשנה זו על הנולדים בחברתה, דכתיב (דברים יד כב) עשר תעשר את כל תבואת זרעך היוצא השדה שנה שנה, ואמר מר (בכורות נג:) בשתי מעשרות הכתוב מדבר אחד מעשר דגן ואחד מעשר בהמה. ואמר קרא (שם) שנה שנה, ולא משנה על של חברתה: בא' בתשרי. כיון דאתקש מעשר בהמה למעשר דגן, מה מעשר דגן ראש השנה שלו תשרי אף מעשר בהמה ראש השנה שלו תשרי: גמ' לכם הוא ראש. דהוי מצי למכתב החדש הזה ראש חדשים, לכם למה לי, אלא למדרש לכם הוא ראש שהוא תחלה לגאולתכם וליציאתכם ממצרים, אבל לא לשנים וכו'. אי נמי לכם הוא ראש שזהו החדש הראשון שאתם מקדשים החדש לכך הוא ראשון לחדשים, אבל לשאר דברים אינו ראש: ופריך ואומר לכם. מיעוטא הוא אף למלכים ולרגלים, כי היכא דממעטינן מיניה שנים ושמיטין וכו': ויחל לבנות בחדש השני בשני. תרי זימני שני למה לי, אלא ללמדך דאף החדש השני שבמלכות הוא לעולם בחדש השני שבשנים, דלעולם מניסן מנינן: מה שני שבחדשים אין מונין אלא מניסן. דכתיב (שמות יב ב) ראשון הוא לכם לחדשי השנה: ופריך או אינו אלא שנים בחדש. והכי קאמר, בחדש השני ביום השני לחדש, ולא קאי שני בתרא אחדשי שנה: ומשני כל מקום שנאמר בתורה שנים בחדש פירש. כגון באחד לחדש [השני] בשנה השנית (במדבר א א), בשנה (השלישית) [התשיעית בחודש העשירי] בעשור לחדש (יחזקאל כד א):

פני משה

ארבעה ראשי שנים הן. מסקינן התם (בבלי ח.) דארבעה ראשי שנים שהן בארבעה ראשי חדשים קתני, והכי קאמר שלשה הן לדברי הכל, ובאחד בשבט מחלוקת בית שמאי ובית הלל: באחד בניסן ראש השנה למלכים. רגילין היו למנות זמן בשטרותיהן לשני המלכים משנה שעמד בה, למלכי ישראל מונין להם מניסן שאפילו עמד בעשרים ותשעה באדר כיון שהגיע אחד בניסן עלה לו שנה, ומונין לו מאחד בניסן ואילך שנה שניה. ומנין שאין מונין למלכי ישראל אלא מניסן דכתיב (מלכים-א ו א) ויהי בשמונים שנה וארבע מאות שנה לצאת בני ישראל מארץ מצרים בשנה הרביעית בחדש זיו הוא החודש השני למלוך שלמה על ישראל, מקיש מלכות שלמה ליציאת מצרים מה יציאת מצרים מניסן מנינן אף מלכות שלמה מניסן, ובדין הוא כך דמכיון שיציאת מצרים היתה תחלת מלכותן של ישראל שאם לא כן היינו משועבדים, לפיכך נעשה זכר ליציאת מצרים שכל מלך ממלכי ישראל מונין לו מניסן ולמלכי אומות העולם מונין להן מתשרי. והא דאין מונין להם מיום שעמד בו, לפי שאפשר שיעמוד איזה מלך ממלכי האומות בניסן וכשיראו שימנו לו מניסן יחשבו שראש השנה שלהם ניסן כשל מלכי ישראל, ולפיכך קבעו להם ראש השנה בפני עצמו וקבעו באחד בתשרי מפני שהיא ראש השנה לשארי דברים כדקחשיב לקמן במתניתן. ונפקא מינה לשטרות דתנן (שביעית פ"י מ"ה) שטרי חוב המוקדמין פסולין, והלכך אם עמד המלך באדר וכתב לו הסופר בניסן אחר שהוא לאחר י"ב חודש, ניסן של שניה להמלך, כיון דניסן ראש השנה למלכים הוי ליה האי שטר מוקדם ופסול, משום דהאי ניסן של שנה שלישית היא ונמצא זה טורף לקוחות שלקחו השדה מן הלוה בין זמנו של שטר לזמן הלואה שלא כדין, שהרי קדמה המכירה לזמן הלואה, ולפיכך קנסוהו חכמים שלא יטרוף מהלקוחות אף מאותן שלקחו אחר זמן הלואה ואינו גובה אלא מבני חורין: ולרגלים. הכי קאמר, רגל שבו, כלומר בהחדש שנכנס באחד בניסן והוא פסח, ראש השנה לרגלים, ונפקא מינה לבל תאחר לענין הנודר שאם עברו עליו שלשה רגלים משעה שנדר ולא קיים נדרו ילפינן מקרא שהוא עובר בבל תאחר לא תאחר לשלמו (דברים כג כב), ומשום דכתיב בפרשת חג הסוכות (דברים טז טז) בחג המצות בחג השבועות ובחג הסוכות ולמה לי לאהדרינהו הא בהו איירי קרא, אלא שמע מינה לבל תאחר אהדרינהו, וניסן ראש השנה הוא לכך, וכדר' שמעון היא דסבירא ליה אינו עובר עד שיעברו עליו שלשה רגלים כסדרן, ויליף ליה מדכתב כאן בחג הסוכות, דאע"ג דאהדרינהו לבל תאחר לא היה צריך למיהדר ולמיכתב בחג הסוכות שבו דיבר הכתוב, ולא הוה צריך למיכתב אלא שלש פעמים בשנה וגו' ובחג המצות ובחג השבועות וממילא הוה ידעינן דשלש רגלים בעינן לענין בל תאחר דבחג הסוכות איירי ומהדר נמי לחג המצות וחג השבועות, אלא מדהדר נמי לחג הסוכות לומר שזה אחרון וחג המצות תחלה כמו שהן סדורין במקרא. ואין הלכה כר' שמעון אלא משיעבור עליו שלשה רגלים עובר בבל תאחר ולא בעינן כסדרן. ומיהו בעשה עובר משיעבור עליו רגל אחד בלבד ולא הביא נדרו דכתיב (דברים יב ה-ו) ובאת שמה והבאתם שמה עולותיכם וגו', רגל ראשון שאתה בא אתה צריך להביא: באחד באלול ראש השנה למעשר בהמה וכו'. סתם בהמות דקה מתעברות באדר ויולדות באב, וילפינן נמי מקרא דכתיב (תהלים סה יד) לבשו כרים הצאן ועמקים יעטפו בר, אימתי לבשו כרים הצאן, כלומר שמתלבשות מהזכרים העולים עליהם ומתעברות, בזמן שעמקים יעטפו בר והיינו באדר שהזריעה צומחת ונכרת יפה, ויולדות הן באב שזמן עיבורה של בהמה דקה חמשה חדשים, וכן בהמה גסה שיולדת לתשעה חדשים גם כן רובן יולדות באב או איזה ימים קודם אלא שזמן עיבורן קדים והא כולי עלמא מודים, והכא בהאי קרא קמיפלגי דכתיב (דברים יד כב) עשר תעשר בשני מעשרות הכתוב מדבר אחד מעשר בהמה ואחד מעשר דגן, וכתיב גבי בכור (דברים טו כ) שנה בשנה וילפינן מעשר בהמה מיניה שאין מעשרין משנה זו על חבירתה, וקסבר ת"ק דאיתקש מעשר בהמה למעשר דגן, מה מעשר דגן סמוך לגמרו עישורו שראש השנה שלו תשרי (והיא) [והוא] סמוך לגמרו שכל ימות החמה עומד בגורן להתייבש, אף מעשר בהמה נמי סמוך לגמרו עישורו והיינו אחד באלול שאז נגמר זמן עיבורן שיולדות באב, ור' אליעזר ור' שמעון סברי דהכי הוא דאיתקש מה מעשר דגן ראש השנה שלו תשרי אף מעשר בהמה ראש השנה שלו תשרי, והלכה כר"א ור"ש וכך שנינו בפ"ט (מ"ה) דבכורות: גמ' כתיב החדש הזה לכם ראש חדשים וכו'. כך הוא נדרש במכילתא (שמות בא פרשה א) ראש חדשים מגיד שניסן ראש לחדשים, ומנין אף למלכים תלמוד לומר (מלכים-א ו א) הוא החדש השני למלוך שלמה על ישראל, ומנין אף לרגלים תלמוד לומר (דברים טז טז) בחג המצות חג השבועות וחג הסוכות, ר' נתן ור' יצחק אומרים אף לשכירות בתים, ולא לשנים ולא לשמיטין ויובלות ולא לנטיעה ולא לירקות. ומדייק הש"ס ומאי חזית דמרבית להני וממעט להני, ואימא לכם הוא ראש ולאלו שאמרנו ולא למלכים ולא לרגלים: ר' יעקב וכו'. מהכא דכתיב ויחל לבנות בחדש השני בשני בשנת ארבע למלכותו, הקיש שנת ארבע למלכותו, כלומר האי בשני דכתיב סמוך לשנת ארבע למלכותו, מקיש לשני קמא, מה שני שבחדשים אין מונין אלא מניסן אף שני שסמוך לבשנת ארבע למלכותו אין מונין אלא מניסן, דהכי קאמר חדש שני לחדש שמונין בו למלכותו והוא ניסן: או אינו אלא. האי בשני שני ימים בחדש הוא דקאמר: ומשני כל מקום שנאמר שנים בחדש פירש הכתוב בהדיא בשני בחדש:

מסורת הש"ס

א) ר"ה ב. [פסיקתא זוטרתא שמות יב ב] ב) [ר"ה ח., ע"ז י., תוספתא פ"א ה"א, ובשינוי מכילתא דר"י מס' דפסחא פ"א וילקו"ש בא קפח] ג) [בכורות פ"ט מ"ה, שקלים פ"ג ה"א, תוספתא פ"א ה"ו, אסתר רבה ז יא, מדרש תנאים לדברים יד כב, ילקו"ש תהלים תשפט] ד) [מכילתא דרשב"י בא יב ב] ה) ר"ה ג. [ילקו"ש מלכים א קפא]

שירי קרבן

ואומר לכם הוא ראש וכו'. וא"ת נפרש הכי, לכם הוא ראש מה שאתם עושים הוא ראש, כגון העמדת מלך שהוא ע"י אדם, וכן רגלים שהוא ע"י קידוש בי"ד, משא"כ בשאר דברים כגון נטיעה שהיא גדילה מן הקב"ה. ולא קשיא דא"כ נימא נמי ראש לשנים, דאף מלכי אומות לאו לכם הוא שאין ישראל מעמידין אותו. וי"ל דאכתי תיקשי אם כן לשמיטין וליובלות נמי דבקידוש בי"ד תליא: כתיב ויחל לבנות וכו'. קצת קשה לרגלים מנ"ל, דאין לומר דיליף מבחג המצות בחג השבועות בחג הסוכות (דברים טז טז), דא"כ מעיקרא מאי קא קשיא ליה דלמא לכם אתי למעוטי רגלים, הא קרא כתיב:

עין משפט

א מיי' פ"ז מהלכות בכורות הלכה ו:

שינויי נוסחאות

א] לנטיעה. בדפ"ו לנטיעות:
ב] ואימר. בכי"ל ואֵמר (הניקוד במקור) בדפ"ו ואומר:

תורה אור השלם

א) הַחֹדֶשׁ הַזֶּה לָכֶם רֹאשׁ חֳדָשִׁים רִאשׁוֹן הוּא לָכֶם לְחָדְשֵׁי הַשָּׁנָה: (שמות יב ב)

ב) וַיָּחֶל לִבְנוֹת בַּחֹדֶשׁ הַשֵּׁנִי בַּשֵּׁנִי בִּשְׁנַת אַרְבַּע לְמַלְכוּתוֹ: (דברי הימים-ב ג ב)

מראה הפנים

ארבעה ראשי שנים הן. התם בגמרא (בבלי ז:) פריך באחד באלול וכו' מני ר' מאיר, ולרגלים מני ר' שמעון אימא סיפא ר' אלעזר ור' שמעון אומרים באחד בתשרי רישא וסיפא ר"ש ומציעתא ר"מ, אמר רב יוסף רבי היא ונסיב לה אליבא דתנאי וכו', ורבא משני ארבעה לדברי הכל לר"מ ארבעה דל רגלים, לר"ש ארבעה דל מעשר בהמה, ומותיב לרבא מהברייתא ט"ו בניסן ר"ה לעומר וכו' ליתני ששה, ומשני רב פפא כי קא חשיב מידי דחיילי מאורתא וכו', והרי יובלות ר' ישמעאל בנו של ר' יוחנן בן ברוקה היא וכו', ורב אשי משני למתני' ארבעה ראשי השנים הן שהן בארבעה ראשי חדשים וכו' כמו שהבאתי בפנים. נראה דטעמיה דרב אשי דלא בעי לפרושי מתני' אליבא דחד תנא ולאוקמי כר' ישמעאל בנו של ר' יוחנן בן ברוקא, ולא תיקשי דהא על כרחך לא אתיא אלא כוותיה מדקתני באחד בתשרי ר"ה ליובלות וכדפריך לקמן (בבלי ח:) יובלות בעשרה בתשרי היא וכו', ומשני הא מני ר' ישמעאל בנו של ר' יוחנן בן ברוקא היא וכו', משום דאפשר למידחי ולומר דהכי קאמר רגל שבו ר"ה ליובלות וכדמתרץ רב חסדא בדף ד' ע"א להא דקתני באחד בניסן ר"ה לרגלים, ובהכי מתורץ קושית התוס' בדף ח' ע"א בד"ה והרי יובלות תימא מאי סלקא דעתך הא לא מיתוקמא כלל אלא לר' ישמעאל בנו של ר' יוחנן בן ברוקא לקמן, משום דאפשר לאוקמי נמי כרבנן ורגל שבו קאמר, והתוס' שם ע"ב כתבו ד"ה בעשרה בתשרי היא לרב אשי פריך וכו', ומשמע מדבריהם ג"כ כאן דאליביה דרב אשי לא מצינו לשנויי הכי, אבל אינו מוכרח דהרי רש"י ז"ל (ו. ד"ה ר"א אמר) כתב בהאי דרב אשי האי דלא חשיב במתני' אלא ארבעה לפי שלא מנה אלא ראשי שנים הבאים בראשי חדשים ואין רגלים מן המנין אלא כדאמרינן רגל שבו ולהכי לא תני נמי ר"ה דעומר ושתי הלחם עכ"ל. והשתא שפיר נמי מצי לשנויי הכי ביובלות דרגל שבו קאמר ואין יובלות מן המנין אלא לשנים ולאיך דשייכי בר"ח ממש, [המשך בסוף הספר]

Chapter One

Halachah 1

Mishnah In many areas of halachah it is necessary to distinguish between one year and the next. However, the date that determines when one year ends and the next begins is not the same in every context. The first two Mishnayos of the tractate list various dates that mark the beginning of a year for different halachic purposes:

אַרְבָּעָה רָאשֵׁי שָׁנִים הֵן – There are four New Years:[1] **בְּאֶחָד בְּנִיסָן רֹאשׁ הַשָּׁנָה לַמְּלָכִים – On the first of Nissan is the New Year for kings**[2] **וְלָרְגָלִים – and for the festivals.**[3]

בְּאֶחָד בֶּאֱלוּל רֹאשׁ הַשָּׁנָה לְמַעְשַׂר בְּהֵמָה – On the first of Elul is the New Year for the *maaser* of animals.[4] רַבִּי לְעָזָר וְרַבִּי שִׁמְעוֹן אוֹמְרִים – However, **R' Lazar and R' Shimon say:** בְּאֶחָד בְּתִשְׁרֵי – It is **on the first of Tishrei.**[5]

Gemara The Gemara cites the first segment of the Mishnah: אַרְבָּעָה רָאשֵׁי שָׁנִים הֵן וכו׳ – THERE ARE FOUR NEW YEARS etc. On the first of Nissan is the New Year for kings and for the festivals.

The Gemara seeks the Scriptural basis for establishing the first of Nissan as the New Year for kings. It begins its discussion by citing a Baraisa[6] that explains why the New Year in other halachic contexts is *not* the first of Nissan:

כְּתִיב – IT IS WRITTEN: "הַחֹדֶשׁ הַזֶּה לָכֶם רֹאשׁ חֳדָשִׁים" – ***THIS MONTH*** (Nissan) ***SHALL BE FOR YOU THE BEGINNING OF THE MONTHS; it shall be for you the first of the months of the year.***[7] The seemingly superfluous term "for you" teaches: לָכֶם הוּא רֹאשׁ – Only ***FOR***

NOTES

1. I.e. there are four days in the year, each of which marks the beginning of a new year for a certain halachic matter or matters.

2. I.e. it marks the beginning of a new year in the count of the king's reign.

This rule is relevant to legal documents. It was customary to date documents by the current year of the monarch's reign ("In such and such year of King So-and-so..."). Since not everyone is aware of the exact date on which the king ascended the throne, the Rabbis were concerned that one might date a document incorrectly. They therefore established a fixed date – the first of Nissan – as the day on which the new year is considered to begin (see *Bavli* 2a; see further below, 2b note 15). Thus, even if the king ascended the throne in Shevat or Adar, the following Rosh Chodesh Nissan is counted as the beginning of the second year of his reign, and any document written on or after that day must be dated accordingly (*Korban HaEidah*, from *Rashi* to 2a ד״ה ארבעה ראשי שנים; see also *Pnei Moshe*). [The Gemara below (2b) will discuss the legal ramifications of dating documents in this manner.]

[The two examples given by *Korban HaEidah* and *Rashi* (a king whose reign began in Shevat, and one whose reign began in Adar) reflect the differing views of the Tannaim R' Elazar and R' Meir regarding the amount of time that can be regarded as a full "year" for halachic purposes (see below, 2b with note 5). In the opinion of R' Elazar (cited below, 2b; *Bavli* 10b), nothing less than a period of thirty days can legally be considered a "year." According to this view, a king on Rosh Chodesh Nissan is considered to have completed his first year of rule on Rosh Chodesh Nissan, and begun his second year, only if he ascended the throne at least thirty days before then. And since the month of Adar is only 29 days long, this means that the latest date on which a king can ascend the throne and still be considered to start his second year of rule on the following Rosh Chodesh Nissan is the last day of Shevat. R' Meir (cited in *Bavli* 7b,10a), on the other hand, maintains that even one day of a year can legally be regarded as a full "year." Thus, even if the king ascended the throne in Adar, even if only one day before Rosh Chodesh Nissan, that day can be reckoned as the first year of his reign, with the second year beginning on Rosh Chodesh Nissan (*Pnei Yehoshua* and *Sfas Emes* to *Rashi* ibid.; cf. *Ritva, Bavli* 2b ד״ה קמ״ל, who maintains that in the particular case of the count of a king's rule, even R' Elazar agrees that a single day can be accounted a full year).]

3. The term רְגָלִים refers specifically to the three festivals of Pesach, Shavuos, and Succos (see *Exodus* 23:14-16). The Mishnah teaches that Pesach, the festival that falls in Nissan, is the first festival in the yearly cycle of festivals.

Although the Mishnah states that the *first* of Nissan is the New Year for festivals, it does not mean that the new year actually begins on this date, for Pesach, the first festival of the year, falls out on the *15th* of Nissan. Rather, the Mishnah means that the festival that falls in the month that *begins* on the first of Nissan is the New Year for festivals (*Korban HaEidah* and *Pnei Moshe*, from *Bavli* 4a; see *Rashash* ad loc., who suggests a different interpretation of the Gemara). The *actual* New Year for festivals, however, is the *15th* of Nissan, when Pesach occurs (see *Rashi* to 7b ד״ה אי הכי). [It is for this reason that our Mishnah refers to the New Year for kings before the New Year for festivals: the former begins before the latter (*Sfas Emes* to *Bavli* 2a; *Kol HaRamaz* to Mishnah).]

The halachic significance of the designation of Pesach as the first festival of the year pertains to the prohibition of בַּל תְּאַחֵר, *do not delay,* which forbids one to delay fulfilling his vow to bring an offering to the Temple (*Deuteronomy* 23:22). Our Mishnah subscribes to the view that one does not violate this prohibition until all three of the yearly festivals pass in sequential order without him fulfilling his vow. The Mishnah teaches that for this purpose, the yearly cycle of festivals begins with Pesach (*Korban HaEidah* and *Pnei Moshe*, from Gemara below, 3a; see also *Bavli* 4a; see *Pnei Moshe*, from *Bavli* 4b, for the Scriptural source for this law).

4. [There is a Biblical obligation to separate a tenth of the cattle, sheep, and goats born to one's herds and flocks each year [מַעְשַׂר בְּהֵמָה, *animal maasar*] (see *Leviticus* 27:32). All the newborn animals are gathered into a pen that has an opening large enough for only one animal to pass through at a time. The owner counts the animals as they exit, marking every tenth animal with red dye and declaring, "This one is *maaser*" (see *Rambam, Hil. Bechoros* 7:1). The animals thus designated are brought as offerings in the Temple and their meat is eaten by the owner and his guests in Jerusalem.]

According to the Tanna Kamma of our Mishnah, the first of Elul marks the beginning of a new year in the context of the laws of animal *maaser*.

The Mishnah's ruling has two applications: First, the law is that one may not designate animals born in one year as *maaser* for animals born in another year. Rather, all the animals from which one takes *maaser* (i.e. all the animals in the pen) must have been born in the same year. A verse in the Torah (*Deuteronomy* 14:22) conveys a parallel law with respect to the *maaser* of grain, and that verse is exegetically interpreted as referring to the *maaser* of animals as well (see *Bavli* 8a, *Bechoros* 53b). Thus, according to the Tanna Kamma, one may not separate animals born before the first of Elul as *maaser* for animals born after the first of Elul, and vice versa (*Korban HaEidah*, from *Rashi* to 2a ד״ה למעשר בהמה). Second, animals born in one year do not combine with animals born in a different year to form a group of ten animals, the minimum from which one is obligated to separate *maaser* (see *Bechoros* 9:6, *Bavli* 57b). Thus, if one has five animals that were born before Elul and five that were born after the first of Elul, he is exempt from the obligation to separate animal *maaser* (*Meiri, Bavli* 2a; see below, 6b).

5. The Gemara (6a) will explain the basis for the dispute between the Tanna Kamma and R' Lazar and R' Shimon.

6. See *Mechilta* to *Exodus* 12:2.

7. *Exodus* ibid. In this verse the Torah teaches that in the numbering of the months of the year, Nissan is reckoned the first month [with Iyar being the second month, and so forth] (see *Rashi* ad loc.; see *Bavli* 7a for how it is known that the verse refers to Nissan).

Nechmad LeMareh, by R' Nissim Avraham Ashkenazi (Salonika 5592-5606 / 1832-1846; Izmir 5617-5621 / 1857-1861).

Tosefes Yerushalayim, by R' Yisrael Isserlin (Vilna 5631/1871), is a commentary to *Shulchan Aruch* that links the laws codified there to related passages in *Tosefta* and *Yerushalmi.*

Masa DiYerushalayim on *Seder Moed,* by R' Moshe Leib Litsch-Rosenbaum (Pressburg 5635/1875).

LeChaim BiYerushalayim, by R' Chaim Palaji (Izmir 5638/1878).

Amudei Yerushalayim, by R' Yisrael Eisenstein (first published in his *Teshuvos Amudei Eish,* Lemberg 5640/1880).

Noam Yerushalmi, by R' Yitzchak Isaac Spira of Slonim (Vilna 5643/1883).

Sefer Nir, by R' Meir Marim of Kobrin (*Seder Moed,* Vilna 5650/1890).

Michal HaMayim, by R' Yechiel Michel Epstein of Novaradok, 5589-5662 / 1829-1902 (author of *Aruch HaShulchan).*

Gilyonei HaShas, by R' Yosef Engel (5619-5680 / 1859-1920).

Chidushei R' Meir Simchah, by R' Meir Simchah HaKohen of Dvinsk (Jerusalem 5757/1997).

Hagahos HaYerushalmi, by R' Chaim Elazar Shapiro of Munkacz, author of *Minchas Elazar* (Jerusalem 5740/1980).

Alei Tamar, by R' Yissachar Tamar of Tel Aviv (Givatayim 5739/1979).

Lev Yerushalayim, a contemporary work by R' Chaim Mordechai Green and R' Yehudah Aryeh Friedman of Bnei Brak. The volume on *Rosh Hashanah* was published in 5763/2003.

COMMENTARIES

While no broad commentary to *Yerushalmi* by any of the Rishonim has reached us, explanations of many individual passages can be found scattered throughout the literature of the Rishonim. This is particularly true in the current tractate, where the classical commentaries to *Talmud Bavli* clarify many of the *sugyos* in *Yerushalmi.* Moreover, a wealth of material pertaining to our tractate is found in the *Shulchan Aruch* and its many commentaries. Our elucidation draws extensively on these sources.

The commentary of *Rashba* to which we refer is the one originally published by Feldheim Publishers and subsequently by Mossad HaRav Kook. This version is based on a manuscript containing a great deal of material not found in the original published versions of the *Rashba's* commentary to this tractate. *Chida* is known to have said that he had in his possession a manuscript of the *Rashba's* commentary to *Rosh Hashanah* containing five times as much material as the standard one. The evidence for the authenticity of this manuscript is presented at length by the editor in his introduction to the volume. Reference is also occasionally made to the *Peirush HaRambam,* which is not to be confused with the *Rambam's* well-known commentary to the Mishnah. It is rather a separate commentary to the Gemara ascribed to the *Rambam*. It is printed in a collection of commentaries published under the title, *Asifas Zekeinim.* We have also made reference to *Maggid HaRakia* by R' Moshe Hesgel, a contemporary work on the astronomy relevant to this tractate, and to *Shekel HaKodesh* by R' Chaim Kanievski, an extensive commentary on *Rambam's Hilchos Kiddush HaChodesh.*

A number of great Acharonim authored commentaries on all or major portions of *Yerushalmi.* We will mention here the commentaries that are quoted regularly in our elucidation.

Korban HaEidah and its companion, ***Shiyarei Korban,*** composed by R' David Frankel, the Rav of Berlin (5467-5522 / 1707-1762), cover the *Sedarim Moed* and *Nashim* and parts of *Nezikin.* They were first published in Dessau and Berlin between 5503-5522 / 1743-1762.

Pnei Moshe, the most famous commentary to *Yerushalmi,* and the only one that covers its entirety, was written by R' Moshe Margolios, Rav of Amsterdam. Publication of this elucidation and its complementary section ***Mareh HaPanim*** began in Amsterdam, 5515/1775.

Yefeh Mareh is a commentary to the Aggadic sections of *Yerushalmi.* It was written by R' Shmuel Yafeh Ashkenazi of Constantinople (5285-5355 / 1525-1595), who also authored the commentary *Yefei To'ar* to *Midrash Rabbah.*

Gilyon HaShas for *Yerushalmi* consists of glosses compiled by the brothers-in-law, R' Yosef Shaul Nathanson and R' Mordechai Zev Ittinga of Lwow, who also compiled the ***Mesoras HaShas*** and ***Ein Mishpat*** for *Yerushalmi.* Their work was first published in Zhitomir, 5621-5626 / 1861-1866.

Ridvaz, with its companion commentary ***Tosefos HaRid,*** were authored by R' Yaakov David Wilowski of Slutzk and later of Safed (5605-5674 / 1845-1914). This was first published in Pietrokow, 5658/1898.

Beur of R' Chaim Kanievski, a commentary based on lectures to *Yerushalmi* given by HaRav Kanievski שליט״א, is a work in progress. The commentary has been published to date on *Sedarim Zeraim* and *Moed,* and parts of *Nashim.*

Yefei Einayim to *Bavli,* by R' Aryeh Leib of Bilsk (5580-5646 / 1820-1886), is a valuable source of comments to *Yerushalmi.*

The following commentaries, though less extensive than those mentioned above, are also invaluable aids to the study of *Yerushalmi* and are often referred to in our work.

Shelom Yerushalayim, by R' Nachum Trebitsch of Nikolsburg, d. 5602/1842 (*Seder Moed,* Vienna 5581/1821).

days: either on the thirtieth day from the previous Rosh Chodesh or on the thirty-first day (Gemara 3:1 [18a]; see also *Arachin* 8b-9a).

If the witnesses appeared on the thirtieth day and their testimony was accepted, then that day was declared Rosh Chodesh. In such a case, the previous month had only twenty-nine days and was called a חָסֵר, *deficient [month]* [having *less* than the full 29 days, 12 hours, and 793 *chalakim* of the lunar cycle]. If witnesses did not appear on the thirtieth day, then the next day would necessarily be Rosh Chodesh in any event. In that case, the previous month contained thirty days and was called מָלֵא, *full,* or מְעֻבָּר, *pregnant* [having *more* than the full 29-12-793 of the lunar cycle] (see *Rambam, Hil. Kiddush HaChodesh* 1:3 and 8:2).[8]

Since either day thirty or day thirty-one could be declared Rosh Chodesh, the exact date of the festivals (which are expressly dated by the Torah on specific days of specific months and hence dependent upon Rosh Chodesh) was always in doubt until *Beis Din* made its decision. And once that decision was made, *Beis Din* had to inform the people of the outcome, so that they could celebrate the holy days on the proper dates. Places that could not be informed in time had to celebrate any given day of Yom Tov for two days, since they did not know which of the two days was really Yom Tov[9] (*Rambam, Hil. Kiddush HaChodesh* 5:4-6).

This method of sanctifying Rosh Chodesh was in use until the year 4118 after Creation (358 C.E.). At that time, the entire structure of Jewish communal life in Eretz Yisrael was on the verge of extinction, due to foreign persecution, and the very institution of the *Beis Din* was endangered. R' Hillel (a thirteenth-generation direct descendant of Hillel the Elder), who was head of the *Beis Din,* instituted the current Jewish calendar and suspended sanctification of Rosh Chodesh based on sighting. By astronomical and halachic calculations, he and his court devised the system in use today, and sanctified every Rosh Chodesh until the coming of the Messiah, when sanctification based on sighting will be restored (see *Ramban, Sefer HaZechus, Gittin,* Ch. 4; cf. *Rambam, Hil. Kiddush HaChodesh* 5:1-3 for a different interpretation of R' Hillel's enactment).

☙ The Leap Year

Since the lunar cycle is approximately 29½ days long, a twelve-month lunar year will therefore generally contain 354 days (12 x 29½). This makes the lunar year some eleven days shorter than the solar year (which contains approximately 365¼ days). Thus, if the Jewish calendar were to be governed strictly by the lunar cycle, any given lunar month would occur eleven days earlier in the solar year than that same month did in the previous year. Since the seasons are functions of the solar year, any given lunar month would migrate backward through the seasons at the rate of eleven days a year. Thus, for example, the month of Nissan, which should fall in the spring, would occur eleven days earlier after one year, twenty-two days earlier after two years, thirty-three days earlier after three, and so on. Eventually, Nissan would fall in the winter, and then in the fall, and then in the summer, etc. The Torah, however, commands (*Deuteronomy* 16:1): שָׁמוֹר אֶת־חֹדֶשׁ הָאָבִיב וְעָשִׂיתָ פֶּסַח, *Guard the month of springtime and you shall perform the pesach offering ...,* which indicates that Pesach must be kept in the spring season. It is therefore incumbent upon *Beis Din* to occasionally intercalate a leap month (Adar Sheni) into the Jewish calendar, in order to prevent Pesach from slipping backward into wintertime. In this way, following a leap year Nissan falls some nineteen days *later* in the solar year than it did on the previous year.[10] In times of the Sanhedrin, the Sanhedrin would decide based on various considerations which years to expand into leap years. Today, according to R' Hillel's fixed calendar (see above), seven leap years are added in every nineteen-year cycle.[11]

NOTES

8. This possibility of Rosh Chodesh falling on either the thirtieth or thirty-first day is the basis for celebrating a two-day Rosh Chodesh five to seven times a year. Since Rosh Chodesh might be declared on the thirtieth day, that day is always observed as Rosh Chodesh, beginning with the preceding night (*Rambam, Hil. Kiddush HaChodesh* 8:4 and *Shekel HaKodesh* there; see also *Rashi* cited in *Shibbolei HaLeket* §168). In the event Rosh Chodesh is not until day thirty-one, two days are observed: the first (day thirty) being the last day of the outgoing month, and the second (day thirty-one) being the first of the incoming month. Festivals and dates in legal documents are counted from that second day (see *Orach Chaim* 427:1 and *Even HaEzer* 126:6). See at length in *Beis Yosef, Even HaEzer* 126 and *Teshuvos Tashbetz* 1:153.

R' Yeshaya D'Trani (*Shibbolei HaLeket* 162; *Teshuvos HaRid* 32:1; see also *Rabbeinu Bachya* to *Exodus* 12:2) finds that a two-day Rosh Chodesh was observed even in Biblical times. The יוֹם הַחֹדֶשׁ הַשֵּׁנִי, *second day of the chodesh,* mentioned in *I Samuel* 20:27, refers to the second day of Rosh Chodesh (see *Peirush R' Yeshaya* ad loc.; see, however, *Rashi* and *Radak* there). This is also evident from *Targum Yonasan's* translation of that verse (see *R' Yosef Kara* there; *Teshuvos Tashbetz* 1:153). *Yerushalmi* (*Taanis* 4:3) also understands the verse in this sense (cf. *Tziyon ViYerushalayim* there, and *Maharsha, Chidushei Aggados* to *Bava Metzia* 59b ד"ה ההוא יומא).

9. This is the source for celebrating a "two-day Yom Tov" in the Diaspora.

10. The extra month (30 days) makes the lunar year some 384 days long, about 19 days longer than the solar year.

11. This results in 210 days added to the lunar calendar every nineteen years (7 x 30 = 210), to compensate for the same cumulative shortfall in the strictly lunar year (19 x 11 = 209). [The calendar is adjusted to account for the two hundred and tenth day as well.]

sun, while the entire "dark" half faces the earth, with the result that the moon is totally invisible to us. This is the moment of the *molad;* for at precisely that instant the moon begins its movement to its next phase, when it starts to be "reborn," or visible again. A number of hours later, as it gradually moves out of alignment with the earth, the moon reaches a point where *some* sunlight is reflected toward the earth. Then, a small part of the moon becomes visible as a very thin crescent, which is known as the *first phase* of the moon (see *Bavli* 20b; *Rambam, Hil. Kiddush HaChodesh* 1:3, with *Lechem Mishneh; Aruch HaShulchan HeAsid, Kiddush HaChodesh* 88:10-12). In Rabbinic terminology, this first phase is called חִדּוּשָׁה שֶׁל לְבָנָה, *renewal of the moon,* or חֹדֶשׁ, *chodesh.* The word *chodesh* means not only "month," but "renewal," in the sense that the moon is "renewed" after having disappeared.[4]

As the moon continues to circle the earth, more and more of it becomes visible. Finally, when it reaches the halfway point in its revolution, it appears to us as a full moon. As it continues on its way, the darkened portion of the moon gradually shifts toward the side facing the earth and the size of the visible area gradually diminishes until the moon ultimately becomes invisible again.

☙§ Additional Factors

It would seem, based on the above, that the Jewish month should always begin at the moment of the *molad* and and thus each month should be about 29½ days long. However, this is not so, for we are commanded to establish Rosh Chodesh עַל פִּי רְאִיָּה, *based on the sighting* [of the new moon] (*Bavli* 20a; *Rambam, Kiddush HaChodesh* 5:1), and, as stated above, the moon is invisible at the moment of the *molad.* Furthermore, the Torah commands that months must consist of whole days and cannot include fractions of a day; thus months cannot begin or end in the middle of the day (*Bavli Megillah* 5a).[5] We are hence precluded from using the moment of the *molad* or the moment of the *chodesh* as the start of the month. Nonetheless, both the *molad* and the *chodesh* are necessary in determining the day of ראשׁ חֹדֶשׁ, *[Rosh Chodesh] the first of the month,* as we will soon see.

☙§ The Mitzvah of Kiddush HaChodesh

הַחֹדֶשׁ הַזֶּה לָכֶם ראשׁ חֳדָשִׁים, *This month shall be for you the first of the months* (*Exodus* 12:2). This verse contains the positive commandment (see *Rambam, Sefer HaMitzvos, Asei* 153; *Chinuch* §4) incumbent upon *Beis Din* to perform the mitzvah of קִדּוּשׁ הַחֹדֶשׁ, *sanctifying the renewal,* by sanctifying and declaring which day is to be Rosh Chodesh, based on certain specific criteria (*Rambam, Hil. Kiddush HaChodesh* 1:7).[6]

The *Beis Din* that has this responsibility is the Sanhedrin [Supreme Court] of seventy-one judges, any three members of which may perform this mitzvah. However, the Sanhedrin may authorize nonmembers to proclaim Rosh Chodesh, provided these nonmembers, too, have the proper ordination (Mishnah *Sanhedrin* 1:1; *Rambam, Hil. Kiddush HaChodesh* 1:5,5:1).[7]

Furthermore, except under extraordinary circumstances, this mitzvah must be performed in Eretz Yisrael (*Bavli Berachos* 63a; *Rambam, Hil. Kiddush HaChodesh* 1:8).

☙§ Performance of Kiddush HaChodesh

As mentioned above, *Beis Din* is commanded to sanctify the day of Rosh Chodesh עַל פִּי רְאִיָּה, *based on the sighting [of the new moon].* Therefore, *Beis Din* must rely on the testimony of two witnesses who saw the first phase of the moon some time after the actual *molad. Beis Din* did not, however, completely dispense with the true astronomical calculation of the *molad.* This, along with a great deal of other astronomical calculations, was considered by the *Beis Din.* Thus, if the moon could not have been visible when the witnesses claimed to have seen it, or if it had to be in a different position from the one described in their testimony, their testimony was rejected (*Rambam, Hil. Kiddush HaChodesh* 1:6,2:4).

After carefully screening the witnesses as to their eligibility and interrogating them to determine the reliability of their testimony, the *Beis Din* would then sanctify and declare the day to be Rosh Chodesh.

The time of Rosh Chodesh, therefore, depended on the testimony of witnesses and their acceptance by *Beis Din.* But this dependence was not total. If, for example, the sky was so overcast that the moon was not seen until the night following the thirty-second day after the previous Rosh Chodesh, this did not mean that the thirty-third day was Rosh Chodesh, thus making the previous month thirty-two days long. Rosh Chodesh can be on only one of two

NOTES

4. Many authorities refer to this first phase as the *molad.* Though technically incorrect (as the *molad* strictly speaking refers to the moment of conjunction), it does not in any way change matters halachically.

5. The day, in Jewish law, starts at the onset of the night and ends at sunset of the next day. When we speak of the night of the thirtieth, for example, we mean the night that precedes the thirtieth day.

6. *Beis Din's* mitzvah to "sanctify the renewal" actually embodies two distinct elements. The judges determine which day is Rosh Chodesh, and they declare "It is sanctified" (see *Minchas Chinuch* 4:2).

7. See, though, *Ramban's Hasagos* to *Sefer HaMitzvos, Asei* 153.

from *Exodus* 12:2 and *Numbers* 28:14 (*Rambam, Hil. Kiddush HaChodesh* 1:1). Twelve of these months make up a lunar year, although there is no specific astronomical occurrence that takes place over the course of a "lunar year."

☙ The Lunar Cycle

There are two distinct cycles of lunar motion evident to the observer on earth. There is the apparent daily circuit of the moon across the sky from east to west (caused by the earth's rotation on its axis from west to east). There is also the monthly (west-to-east) actual orbit of the moon around the earth. It is this latter, actual orbit of the moon around the earth that determines the duration of a month, as follows:

The moon moves around the earth (eastward) completing its cycle once a month. At one point in this cycle, the moon will be aligned exactly between the earth and the sun. That alignment is known as the "conjunction" (of the moon and sun, relative to the earth).[1] The average interval between successive conjunctions is 29 days, 12 hours, 44 minutes, and 3⅓ seconds.[2] Our Sages did not divide the hour into minutes and seconds, but rather into חֲלָקִים, *chalakim* [portions], 1,080 of which constitute an hour. Each portion [*chelek*], therefore, is equal to 3⅓ seconds (or 1/18 of a minute). In Rabbinic terminology, the duration of the moon's revolution is expressed as כ״ט־י״ב־תשצ״ג, [29-12-793], or 29 days, 12 hours, and 793 *chalakim* (*Bavli* 25a; *Rambam, Hil. Kiddush HaChodesh* 6:3).

The precise moment of "conjunction," at which the moon completes its revolution of the earth to begin a new revolution and changes from an "old" moon to a "new" moon,[3] is called מוֹלַד הַלְּבָנָה *[molad halevanah], birth of the moon,* or מוֹלָד, *molad,* for short (*Rambam, Hil. Kiddush HaChodesh* 6:1). The time between one *molad* and the next represents the duration of the lunar month.

Although the *molad* is an extremely important factor in the determination of the Jewish month, another factor of equal importance must be taken into account: the actual appearance of the first phase of the moon.

☙ Phases of the Moon

If the moon were a luminous body, it would always appear to us as "full" like the sun or a star — and the concept of *molad* would be meaningless. The moon, however, has no light of its own; it reflects the light it receives from the sun (*Peirush HaRambam* on *Bavli* 20b; *Zohar Bereishis* 135b, 249b; see also *Rabbeinu Bachya* to *Numbers* 28:15 at length). Depending upon its position relative to the sun and the earth during its monthly revolution around the earth, the moon appears to us in different phases, ranging from a thin crescent to a full moon. Once a month, the moon's position is between the sun and the earth. When that happens, the entire "light" half of the moon faces the

NOTES

1. What is meant by "alignment" and "conjunction" is that the earth, moon, and sun have the same celestial *longitude.* The moon's celestial *latitude,* however, will generally be higher or lower than the plane of the earth's orbit around the sun, since the path of the moon's orbit around the earth is inclined some five degrees to that plane. On the rare occasions that the moon at conjunction also happens to occupy the same celestial *latitude* as the plane of the earth's orbit — placing the earth, moon, and sun in a direct line in both celestial longitude *and* latitude — we experience a solar eclipse, in which the moon blocks the view of the sun from earth.

[There is also a second monthly alignment, when the moon moves into line with the sun and earth on the *opposite* side of the earth. This second conjunction results in a "full moon." On the rare occasions that the moon at this moment also happens to occupy the same celestial *latitude* as the plane of the earth's orbit, we experience a lunar eclipse, in which the earth blocks the sun from illuminating what would otherwise be a "full" moon.]

2. This is the mean duration of the synodic month: the average interval between successive conjunctions of the sun, moon, and earth. [The sidereal month — the time it takes the moon to return to the same point with respect to the stars — is some two days shorter. The sidereal month has no significance in Jewish law.]

Due to a number of factors affecting the orbit of the moon, the *actual* interval between any two conjunctions varies from month to month, and can differ by several hours from the *average* duration given above. The members of the Sanhedrin were proficient in calculating the true moment of lunar conjunction, and used this knowledge in the process of establishing the day of Rosh Chodesh, as will be described later (see *Rambam, Hil. Kiddush HaChodesh* 6:1 and 11:1-4).

3. The "old moon" refers to the waning (diminishing) moon toward the end of the month, when the illuminated left side of the moon gradually decreases. The "new moon" refers to the waxing (growing) moon at the beginning of the month, when the illuminated right side of the moon gradually increases.

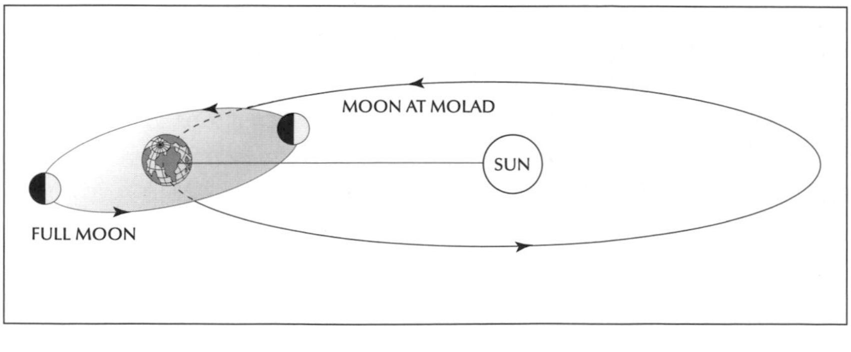

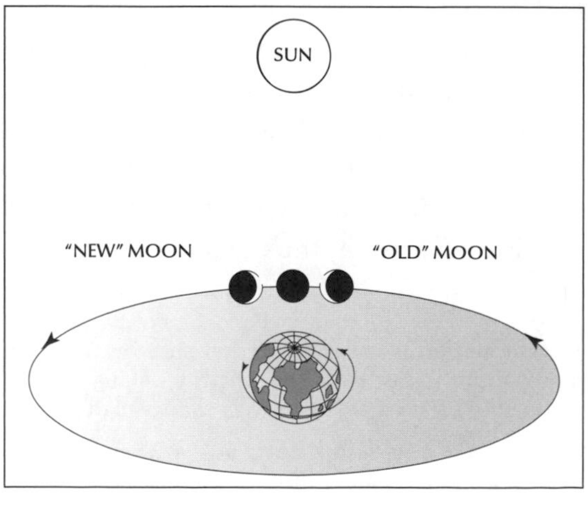

Because of concerns arising from the prohibition against making pictures of the sun and moon (see *Bavli* 24a-b; *Yoreh Deah* 141:4 ff), we have simplified the depictions of these bodies in our illustrations.

מסכת ראש השנה / Tractate Rosh Hashanah

General Introduction

The concept and institution of Rosh Hashanah — the day that marks the beginning of the new year — is familiar to all. Since the monthly cycles of the moon and the yearly cycles of the sun repeat regularly, it is necessary for the concept of "a year" to have a fixed meaning, to define a certain day in a particular month as the "beginning" of the year. The Torah sets this date, in regard to most matters, as the first of Tishrei: the day commonly known as "Rosh Hashanah." It is on this date, our Sages tell us, that God sits in judgment over all mankind, to decree their fate for the upcoming year (Mishnah 1:3 [8b], *Bavli* 16a). And it is on this date that the Torah decrees that we blow the shofar (*Leviticus* 23:24, *Numbers* 29:1) to be remembered before God (see *Bavli* 16a, 26a). According to the opinion of R' Eliezer, this day marks the creation of the world and mankind (Gemara 2a, *Bavli* 10b).

The establishment of a particular date as the beginning of the new year has many legal ramifications. There are a number of commandments and prohibitions whose rules apply only in certain years or vary according to the year. Thus, the date on which the new year begins determines whether and when these rules apply.

For some laws, the legal year does not begin on the first of Tishrei but on some other date. These other dates are therefore referred to as the רֹאשׁ הַשָּׁנָה, *New Year,* for those laws. Tractate *Rosh Hashanah* begins with a listing of dates that serve as a "New Year" in regard to any legal matter, as well as those times that, like the holiday of Rosh Hashanah, are days of Heavenly judgment.

Toward the end of Chapter One (10a), the Mishnah turns its attention to the calendar and the ways in which it was set in ancient times, as well as the systems employed to notify those who lived outside the Land of Israel of the decisions of the *Beis Din* in this regard. The months of the Jewish calendar are determined by the cycles of the moon, with the "new moon" serving as the basis for Rosh Chodesh: the beginning of the month. Since the time of the Torah-ordained festivals are tied to specific days of specific months, they cannot be observed at their appointed times unless the day of the new moon is decided and made known to the populace. A discussion of how this was done is therefore a fitting adjunct to the laws of the holidays. This topic forms the subject of the last part of Chapter One, all of Chapter Two, and parts of Chapter Three.

The final two chapters of this tractate deal with the holiday of Rosh Hashanah and the special laws that are its feature: the sounding of the shofar and the extended Mussaf prayer service.

The Jewish Calendar

As mentioned, a significant portion of this tractate deals with laws and procedures surrounding the *Beis Din's* establishment of Rosh Chodesh. The following brief introduction to the matter will provide a background for the study of this subject in the course of this tractate.

◆§ The Jewish Month

The commonly used secular calendar is based solely on the solar cycle, in which the earth makes a complete revolution around the sun in approximately 365¼ days. The year's division into twelve months (of between 28 and 31 days) is quite arbitrary; there is no natural event that dictates which day should be the first of the month, or even that the year should be divided into twelve monthly units rather than five, fifteen, or twenty. The lunar cycle is not a factor in the solar calendar [although the term "month" — from the word "moon" — is indeed borrowed from the word for the corresponding unit in the lunar calendar].

Months of the Jewish calendar, however, are not arbitrary but are based on the lunar cycle, in which each revolution of the moon around the earth is a month. As the Sages teach (*Bavli Succah* 29a): *Jews reckon [the calendar] according to the moon, and the nations according to the sun.* This method of reckoning is ordained by the Torah, and is derived

מסכת ראש השנה
TRACTATE ROSH HASHANAH

לוח ראשי-תיבות

ד"א .... דפוס אמסטרדם	כי"ר .... כתב-יד רומי
ד"ו .... דפוס ונציה	כי"ש .... כתב-יד שכטר
דו"ב .... דפוס ונציה בבלי	כעי"ז .... כעין זה
ד"נ .... דפוס נאפולי	כפו"פ .... כפתור ופרח
ד"פ .... דפוס פיזארו	מלאכ"ש .... מלאכת שלמה
דפ"ו .... דפוס וילנא	מראה"פ .... מראה הפנים
ד"ק .... דפוס קושטא	מתדב"מ .... מתניתא דבני מערבא
כה"ע .... כל העניין	ע"י .... עין יעקב
כי"א .... כתב-יד אוקספורד	צק"מ .... צוקרמנדל
כי"ו .... כתב-יד וטיקן	רא"פ .... רבי אליהו פולדא
כי"ל .... כתב-יד ליידן	רש"ס .... רבינו שלמה סיריליאו
כי"ע .... כתב-יד ערפורט	ש"ג .... שרידי גניזה
כי"מ .... כתב-יד מינכן	שד"י .... שדה יהושע

לפעמים מצויים בו גם פלפולים ודיונים ארוכים, לעומת החרדים שמיוסד כולו ע"ד הפשט הפשוט).

פירוש רבי אליהו מפולדא הוגה בדייקנות ע"פ דפוסים ראשונים (אמסטרדם ת"ע; אופנבך תפ"ה; פפד"מ תק"ב), ותוקנו בו אלפי שיבושים. תיקונים רבים מקורם ב"לוח הטעות", שנדפס עד האידנא בסוף החיבור, ולפיכך לא שתו הלומדים לב לתיקונים הנחוצים המופיעים בו (וגם כאשר הוכנס התיקון בגוף החיבור, מצוי שהוכנס שלא במקומו). "לוח הטעות" נערך רבי דוד אופנהיים מפראג, אשר העתיק אליו את התיקונים שרשם רבינו בכתב-ידו על גיליון ספרו, והוסיף תיקונים מדיליה. מתוכם, הצגנו בגוף החיבור את תיקוני רבינו, והם נתונים בסוגריים מרובעים **מוארכים** עם ציון * בסמוך לסוגר הראשון, באופן שהלומד יהיה מודע לכך שלפניו תיקון של המחבר בעצמו. תיקוניו של רבי דוד אופנהיים מופיעים ב"ילקוט מפרשים".

רבינו הרא"פ, לאהבת הקיצור, נהג להשתמש בקיצורים רבים שפתרונם אינו נהיר לכל, וע"פ רוב, לא פוענחו קיצורים אלו ע"י המדפיסים. אף במקומות שניסו המדפיסים להשלים את החסר, מצוי שלא כוונו יפה ושגו בפתרונם. במהדורתנו פוענחו כל הקיצורים כראוי וכהוגן.

כידוע, נוסח הרא"פ בירושלמי משופע בגרסאות מחודשות (ראה ע"כ במבוא), ולכן בהרבה מקומות יבחין הלומד שאין דמיון בין נוסח הירושלמי שבפנים לנוסחו ב"דיבורי המתחיל" של הרא"פ. די ללומד בידיעה זו בכדי להימנע ממבוכה כאשר ייתקל בשוני זה, ולכן בדרך כלל לא הערנו על חילופי הגרסאות הללו, אלא הסתפקנו בהבהרה זו שכאן. אכן, כאשר ביאורו של הרא"פ מבוסס על גרסתו דווקא וא"א ליישבו על הגירסא שבפנים, העמדנו את הלומד על עובדה זו, והחווינו בפניו על השוני שבגירסת הרא"פ.

ראוי ללומד בפירוש הרא"פ שיידע, כי דרך המחבר לקצר מאוד בלשונות "דיבורי המתחיל", ולפיכך אין לשפוט מהא דלא נזכר לשון ירושלמי בדיבור המתחיל, ש"מ לא נתפרש בגוף הביאור.

לפי המלצת הגר"ש הלוי וואזנר שליט"א והגר"ח קניבסקי שליט"א נדפס פירוש הרא"פ במהדורתנו לצד הירושלמי, על מקום ה"פני משה"; וזאת עקב היותו מיוסד על רוב מפרשי המשנה הראשונים, כריבמ"ץ, ר"ש משאנץ והרא"ש, לעומת ה"פני משה" המיוסד רק על פירושי הרמב"ם ועל מסקנות המשתמעות מפירושיו. וראה במבואנו לירושלמי, שצורת עריכה זו כבר קיימת במהדורות שיצאו לאור ע"י גדולי תורה ויראה בדור הקודם.

פירוש "פני משה" נערך בהשוואה לדפוס ראשון, וכתוצאה מכך זכינו להשיב לו פסקאות רבות שנשמטו ממנו בדפוס וילנא, בעיקר עקב "טעות הדומות".

פירוש "פני משה" נתחבר כסדר מהדורת ונציה, שכאמור, נסדרו בה המשניות בסדר שונה ממהדורת וילנא. מדפיסי וילנא לא חשו להשוות את הסדר ב"פני משה" לסדר הירושלמי שבהוצאתם, ולפיכך קטעים רבים מן ה"פני משה" נדפסו שם שלא במקומם. במהדורתנו תוקן עיוות זה, ודברי ה"פני משה" באים דבר דבור על אופנו.

כאשר המחבר הרחיב פירושו בחיבורו **"מראה הפנים"** צוין כוכב כזה * לעיין בחיבורו שנדפס בסוף המסכת.

ביאורי הגר"א והגהותיו הוגהו ונערכו מחדש ובסדר נכון ע"פ כתבי-היד מהם נדפסו במהדורת וילנא ושמורים כיום בירושלים (סימניהם: 733 °8 5893 °24) וע"פ כת"י נוסף השמור בהמ"ל בניו-יורק (סימנו: 2295 ANE), בו באים דברי הגר"א בתוספת מרובה. כמו"כ הוכנסו תיקונים בהגהות הגר"א שבהעתקת הרד"ל, ע"פ טופס הירושלמי שעליו רשומות הגהות הגר"א בכי"ק.

הערות הרד"ל על הגהות הגר"א (אשר משובצות בתוך ההגהות), נדפסו במהדורתנו באותיות דפוס כהות, לעומת מהדורת וילנא בה נדפסו באותיות רש"י.

ליקטנו מן הפירוש הארוך שב**"שנות אליהו"** את הפסקאות הדנות בדברי הירושלמי, והצגנו אותן על הדף ללא כל שינויי עריכה, למעט מילות קישור הכרחיות שנדפסו בסוגריים מרובעים.

פירוש הרידב"ז עיקר מגמתו לבאר את סוגיות הירושלמי על דרך הגר"א, לפי שמצוי הוא שכאשר מגיה הגר"א במקום אחד או בב' מקומות בסוגיא, משתנה כליל בעקבות זה פירוש הסוגיא כולה. מטעם זה ערוכים פירוש הרידב"ז ברצף אחד – ללא הפסק דיבורי המתחיל בתוך הסוגיא, להתוודע כי אין כאן ביאור נבדל לכל פיסקא בפני-עצמה, אלא כל הביאורים נובעים ממהלכו המיוחד של הגר"א בסוגיא, עליו ניתן לעמוד מתוך התבוננות מעמיקה בהגהתו. אכן, למען לא יטעה הלומד כי אין לפניו ברידב"ז אלא פירוש לפתיחת הסוגיא, בעוד שבפנים נתפרשה היטב כל השקו"ט, הודגשו במהדורתנו לשונות הירושלמי המשוקעים בגוף הפירוש, שהרידב"ז דן בהם ומבארם.

כל התיקונים שהכנסנו במפרשי הירושלמי נקבעו בגוף נוסח החיבורים, ללא אזכור הנוסח המוטעה. אך כאשר הנוסח המוטעה מופיע כבר בכתב-היד, **הקפנוהו סוגריים עגולים, ואת התיקון הבאנו בסוגריים מרובעים.**

"מסורת הש"ס" "עין משפט" ו"תורה אור"

מפעלם הכביר של רבותינו בעלי המסורה על הירושלמי: רבי יוסף שאול נתנזון ורבי מרדכי זאב איטינגא – הלא הוא החיבור "נר מערבי" הכולל "עין משפט" ו"מסורת הש"ס" – נערך מחדש בדקדקנות ובקפידה, ובס"ד עלה בידינו לתקן שגיאות לרוב במראי המקומות. תיקונים אלו תוקנו בתוך החיבורים, ללא אזכור הציון המוטעה.

במהדורתנו נתעשר **"מסורת הש"ס"** באלפי ציונים חדשים לדברי הירושלמי, העניים במקום זה ועשירים במקום אחר, וכן לבבלי, לתוספתא ולשאר ספרי חז"ל, שעמדנו עליהם מתוך עמל רב וחיפוש מדוקדק. ציונים רבים נוספים נלקטו מהחיבורים המופלאים "לולאות" שחיבר הגאון רבי מאיר מארים מקוברין זצ"ל בעל "ספר ניר" על הירושלמי, ו"שער העין" שחיבר הגאון רבי מרדכי ויסמאן-חיות זצ"ל. כאשר מופיעה האות **ל'** בסמוך לציון ב"מסורת הש"ס" במהדורתנו אות הוא כי מקור הציון בספר "לולאות", ואילו האות **ש'** מורה כי מקור הציון בספר "שער העין". כל הציונים החדשים הובאו בסוגריים מרובעים.

כאשר מצינו סוגיא שלמה שנכפלה במקום אחר, לא ציינו זאת שוב ושוב בכל מימרא בפ"ע, כי-אם בראש הסוגיא בלבד, בתוספת תיבות **כל העניין.**

מאמר המובא בהרבה מקומות בחז"ל באותו נוסח ממש, צוין רק למקום אחד מתוכם.

ציונים המפנים למקומות בהם נשנו הדברים בהבדלים מהותיים, כגון הכא פשיטותא והתם פלוגתא וכיו"ב, צוינו בתוספת תיבת **עיין.**

הציונים לתוספתא הם ע"פ הוצאת וילנא, אך כאשר בהוצאות האחרות של התוספתא ישנו שינוי משמעותי מנוסח וילנא, ציינו גם אליהן והראנו מקורן, כגון: **צק"מ** (הוצאת צוקרמנדל) שמקורם מכת"י ערפורט.

ב"עין משפט" שבמהדורתנו, נוספו ג"כ ציונים למכביר להלכות רבות שעד כה לא צוין לגביהם מאומה. ציונים חדשים אלו הוקפו בסוגריים מרובעים.

"תורה אור" התעשר אף הוא במאות ציונים חדשים. כן הגשנו לפני הלומד את המדור **"תורה אור השלם"** הנדפס בשולי העמוד, ובו מופיעים כל הפסוקים הנזכרים בגוף דברי הגמרא – במלואם ובניקוד מלא.

כידוע, לשון הפסוקים שבתלמוד ירושלמי, באים בו בשינויים רבים מלשונם בכתבי הקודש, וכבר דנו בזה רבוותא קדמאי. לפי הוראת גדולי ישראל שליט"א נמנענו מלתקן כל-כי-האי-גוונא בפנים הירושלמי.

ציונים והערות

במדור "ציונים והערות" שהצגנו על הדף כלולים אלפי הערות, ציונים ומראי-מקומות, שמטרתם ליישר המסילה עבור הלומד, ולהסיר כל מעכב מדרך לימודו. מרבית ההערות והציונים נלקטו בדי-עמל ממאות חיבורים בכל מקצועות התורה, אך מקום הניחו לנו להתגדר בתוספת נופך מדילן.

ילקוט מפרשים

במהדורתנו לוקטו החידושים והביאורים ממבחר החיבורים שנספחו למהדורת וילנא, וכן מחיבורים נוספים, ונכללו במדור "ילקוט מפרשים" הנדפס אחר כל מסכת במהדורתנו, כשהם מסודרים לפי סדר דפי הירושלמי של מהדורתנו. במדור זה גם מצאו את מקומן הערותיהם של גדולי ישראל שנמסרו לנו על מנת לפאר בהן את מהדורתנו. כאשר מופיע במפרשי הירושלמי שעל הדף ציון * אות הוא כי ב"ילקוט מפרשים" נידונו הדברים ע"י חד מן המפרשים.

ילקוט תוספות

במהדורתנו יוחסה חשיבות רבה להצגתם של חיבורי מפרשי פשט הירושלמי, על הדף. אי לכך, המליצו לנו גדולי ישראל שליט"א להעתיק חיבורים שעניינם משא-ומתן בדברי הירושלמי, כגון "מראה הפנים" "שיירי קרבן", תוספות הרי"ד וכד', ממקומם הקבוע להם במהדורת וילנא, ולקובעם במדור "ילקוט תוספות" בסוף המסכת. כמו"כ נדפסו במדור זה "תוספות מהר"א פולדא". כאשר רבינו הרש"ס בפירושו, מאריך בפלפול שאינו נוגע ישירות לפשט הסוגיא, קבענו דבריו בשלמותם ב"ילקוט תוספות", והותרנו על הדף רק את חלק הפשט שבהם.

את מנין ההלכות הרגיל (שבדפוס וילנא) הצגנו גם בראש כל עמוד, מאחר ומצוי שהלכה אחת משתרעת על-פני כמה עמודים רצופים.

במהדורת וילנא מצינו משניות שנדפסו הן בראש הפרק, הן באמצעו – קודם תחילת הסוגיא העוסקת בדברי המשנה. (הדבר נעשה בהשפעת מהדורת ונציה בה נדפס בראש כל פרק גמרא, פרק המשנה בשלמותו – מחולק ל"הלכות". אלא שבמהדורה זו לא נדפסו בראשי הסוגיות רק תיבות ספורות מההלכה עליה מיוסדת הסוגיא, בתוספת תיבת וכו', ולפעמים נדפס בראשי הסוגיות רק **מנין** ההלכה עליה מיוסדת הסוגיא דלהלן ותו לא.) בכגון דא, השמטנו במהדורתנו את המשנה שבראש הפרק, על-מנת למנוע מבוכות שווא מן הלומד.

סימני פיסוק והוראתם שיבוץ פסקאות מן המשנה

בתלמוד בבלי מופיעים, כידוע, סימני "נקודתיים" להיכרא, כדי להפריד בין סוגיא לחברתה וכן קודם ציטוט פיסקה מדברי המשנה ולאחריו. בתלמוד ירושלמי הוצגו סימנים אלו באופן חלקי ביותר, ולא זו בלבד: במקומות הרבה אין מופיעים כלל בראשי הסוגיות דברי המשנה שעל אודותם יתייחד הדיון מכאן ואילך, כפי שמצינו בבבלי; ולפיכך, מרובים הם המקומות בהם פרושה רשת הטעות לרגלי הלומד, שבהעדר סימנים וציטוטים נחוצים אלו לא יידע שעליו להפריד בין הדבקים, ויכרוך ויתני עניינים נפרדים דלא שייכי אהדדי. לעומת זאת, השימוש בנקודה בודדת רווח ביותר בירושלמי (בדפוס ונציה וכן במקורו – כת"י ליידן), אלא שנקודה זו – הוראתה כפולה, לפי שהוצבה הן בסופי פסקאות (כשימושה של הנקודה בזמננו), הן באמצען (להורות על אתנחתא קלה= פסיק), ושוב אין הלומד יודע את אשר לפניו, אי סיפא אי מציעתא.

במהדורתנו באנו למלא חסרונות אלו, למען תהיה דרך הלומד סלולה לפניו: הצגנו נקודתיים במקומות התחלפות הסוגיות, והשלמנו את הנקודתיים החסרות לפני כל ציטוט מהמשנה, ולאחריו. כמו-כן הצגנו בראש כל סוגיא את הפיסקה מן המשנה עליה מיוסדת הסוגיא, ובזה קדמנו רבינו הרש"ס, שבירושלמי שלו רשם בראש כל סוגיא את הפיסקה המתאימה מן המשנה. [אכן, באופנים מסוימים, המבוארים בקטע הבא, לא הצגנו בגוף הירושלמי פיסקאות מן המשנה שהציג הרש"ס, אלא בהערה בלבד.] הפסקאות שנוספו נתונות בסוגריים מרובעים, וסימני נקודתיים לפניהן ולאחריהן. את הנקודות הבודדות הותרנו רק בסוף משפט, והוצאנו את כל הנקודות ששימשו חלף פסיק.

אכן, כאשר נפלו חילוקי-דעות בקרב מפרשי הירושלמי אם במקום פלוני נפתחת סוגיא חדשה אי לאו, או שנחלקו על איזו פיסקא מן המשנה מוסבים דברי הירושלמי הבאים, וכן כאשר נחלקו היכן מסתיים המשפט, בכגון אלו לא שינינו מאומה, אלא הותרנו הדברים כמות שהם, והצענו הדעות השונות ב"ציונים והערות" שבשולי הדף. **לפיכך שומה על הלומד לדעת, כי למרות שבמהדורתנו הושם דגש על שילוב הפיסקאות ועל הצגת הנקודות במקומן, אין לראות בהעדר פיסקא או נקודה במקום מסוים הוכחה להמשכיות הסוגיא או המשפט; אלא ייתכן שנחלקו המפרשים בדבר, כנ"ל.**

צורת הדף

במהדורתנו, שונים מנין הדפים וכן "צורת הדפים" מאשר במהדורות הקודמות. שינוי זה נעשה לפי הכרעת גדולי ישראל שליט"א, והוא נועד לאפשר להדפיס על הדף פירושים נכבדים ונחוצים שלא צורפו עד היום אל הירושלמי כדוגמת פירוש ר"ש סיריליאו, פירוש ר"א פולדא, ביאורי הגר"א ועוד (ראה להלן: **מפרשי הירושלמי**). נהיר, כי אילו באנו להותיר את צורת הדף של מהדורת וילנא על כנה, מן הנמנע היה להוציא לפועל כוונה זו.

עם זאת, בכדי להקל על המעיין להשוות בין מהדורתנו למהדורת וילנא, רשמנו את מנין הדף והעמוד של מהדורת וילנא בראש כל עמוד, וכן בצידי הגמרא במקומות התחלפות העמודים.

מפרשי הירושלמי

במהדורתנו נדפסו פירושים רבים ויקרים של גאוני-ישראל על הירושלמי, לתועלת הלומדים. סביב הירושלמי נדפסו: פירוש הרש"ס לסדר זרעים ומסכת שקלים; פירוש ה"חרדים" עמ"ס ברכות וביצה; פירוש רבי אליהו פורקאן מפולדא (רא"ף) לסדר זרעים וחלק מסדר נזיקין; פירוש "פני משה"; פירוש "קרבן העדה" מסדר מועד והלאה; ביאור הגר"א לסדר זרעים (כת"י א וכת"י ב); הגהות הגר"א; "שנות אליהו" להגר"א על משניות זרעים, הכולל ביאורים רבים בירושלמי; פירוש הרידב"ז, וביאור הגר"ח קנייבסקי שליט"א, שהושלם ע"י הגאון המחבר שליט"א על כל הירושלמי במיוחד עבור מהדורתנו. במדור "**ילקוט ביאורים**" שבסוף המסכת נדפסו: פירוש הכותב, פירוש הקצר (לרבי דוד דרשן), יפה מראה, שדה יהושע, ספר ניר ונועם ירושלמי. ראה גם להלן תחת הכותרת "ילקוט תוספות".

כל החיבורים נערכו מחדש באותיות מאירות עיניים, בחלוקה לקטעים, בתוספת סימני פיסוק וציוני מקורות, בהדגשת ראשי הדיבורים, בפענוח של ראשי-תיבות וקיצורים בלתי שגרתיים, וכמובן בהשוואה לכתבי-יד ודפוסים ראשונים, וכדלהלן:

פירוש הרש"ס נדפס במהדורתנו ע"פ כת"י בריטיש מוזיאום 403-405, שנוסחאותיו מובחרות ומעולות, ובין השיטין שלו וע"ג גיליונותיו תיקונים ממקורות מיוחסים. במדור "הגהות וציונים" הבאנו תיקונים נוספים מכת"י פאריס 1389/1, מכת"י מוסקבה-גינצבורג 1135 ומכת"י אמסטרדם עץ חיים 74 A 13/1, ובס"ד זכינו לנפות את החיבור משיבושים רבים וחמורים שנפלו בדפוסיו הקודמים. כמו"כ הכנסנו בו הרבה תיקונים והוספות ע"פ ה"שדה יהושע" וה"מלאכת שלמה", אשר דרכם להביא מדברי הרש"ס, ופעמים רבות הביאו דבריו בנוסחא ישרה ובתוספת ביאור. במקומות מסוימים בהם לשון הרש"ס עמומה, הוספנו, בסוגריים מרובעים, תיבות בודדות להבהרת העניין.

כאמור, בכת"י בריטיש מוזיאום נוספו הגהות ותיקונים רבים, הכתובים בכתיבות שונות. לגבי חלק ניכר מהן קיים ספק מקולמוסו של מי יצאו: אי מרש"ס, אי ממגיה מאוחר. מאחר אין בידינו להעדיף נוסחא פלונית על-פני רעותה שיבצנו את בשתי הנוסחאות בגוף הרש"ס, אך כל-אחת מהן סומנה בסימן מיוחד המעיד על מקורה: כל תוספת שמקורה בהגהות המאוחרות, נתונה בסוגריים מרובעים מוארכים, וציון * לאחר הסוגר הפותח. הנוסח הקדום, שהוחלף ע"י ההגהה, נתון בסוגריים עגולים מוארכים, וגם כאן מופיע ציון * לאחר הסוגר הפותח. (ראה בהרחבה במבואנו לרש"ס.)

חשוב לציין, כי חלק גדול מהגהות כת"י הבריטיש מוזיאום, הוכנסו בכת"י מאוחרים יותר, אל גוף החיבור. לגבי אותן מקצת ההגהות שלא הוכנסו לגוף הפירוש באף אחד מכתבי-היד, לא ראינו עצמנו רשאים לשנות מעמדן ולקובען מדעתנו בגוף הרש"ס, וע"כ הצגנו אותן בנפרד בשולי הגיליון.

כמו"כ כאשר אחת מבין שתי הנוסחאות מוקשית בעליל, והנוסחא השנייה, לעומתה, נכוחה וברורה, הצגנו בפנים רק את הנוסחא הברורה, ללא כל סימן היכר, ואת האחרת הצגנו בשולי הגיליון.

כאשר נתקלנו בשינוי-נוסח שאין בינו לבין הנוסח הקדום כי אם הבדל-סגנון גרידא, הצגנו רק את הנוסח הרהוט מבין השניים בגוף הרש"ס, ללא כל סימן היכר. את הנוסחא האחרת לא הצגנו אף בשולי הגיליון, וזאת מתוך רצון למעט ככל האפשר בציונים והפניות, הקוטעים את רצף הלימוד.

כאשר גירסת הרש"ס שונה מהגירסא המופיעה במהדורתנו, הצגנו בסמוך לתחילת הדיבור ברש"ס עיגול חלול כזה ○ כדי להעיר את תשומת-לב הלומד לגירסא המחודשת הערוכה לפניו. וכל כי האי גוונא רצוי שהלומד יעיין במדור "שינויי נוסחאות", באשר שמצוי ביותר ששינוי גירסא במקום אחד בסוגיא משליך על הגירסא במקומות נוספים במרחבי הסוגיא. מעיון ב"שינויי נוסחאות" אכן יתוודע הלומד לגירסא הנקוטה ביד רש"ס בכללות הסוגיא.

פירוש החרדים במתכונתו הנדפסת עד האידנא הפך כליל את עינו מרוב שיבושים והשמטות, ואין לך עמוד שאינו לוקה בחסר וביתר. ההשמטות מקורן ע"פ רוב בטעות הדומות ודילוגי שורות, ואילו השיבושים נובעים בעיקר מעירוב לשונות הירושלמי וה"חרדים", שנגרם מכך שבכתה"י באו הירושלמי והפירוש בשני טורים סמוכים. במהדורתנו, בה נערך ה"חרדים" מחדש ע"פ כתב-היד (אוקספורד 199), זכה חיבור מופלא זה לבוא אל תכליתו הנרצית.

כמו"כ שיבצנו במקומם קטעים, שעד היום נדפסו שלא במקומם מן הסיבה המבוארת להלן בדברינו על ה"פני משה".

במהדורות הירושלמי הנפוצות נוספו בפירוש ה"חרדים" תיבות קישור שאינן בכתה"י. במהדורתנו הובא הנוסח כפי שהוא בכתה"י במדויק. וכאשר הכרחי להוסיף תיבת קישור, הוספנו זאת בסוגריים מרובעים.

לפי המלצת הגר"ח קנייבסקי שליט"א נדפס פירוש החרדים במהדורתנו במקביל לירושלמי, כעין פירוש רש"י, ולא במקום שנתייחד לו במהדורת וילנא – בתחתית העמוד; וזאת עקב היותו מפרש הפשט העיקרי והקדום למסכת זו. (ופירוש הרש"ס, אף שנכתב גם הוא באותו הפרק, מ"מ

דבר אל הלומד
בתלמוד ירושלמי מהדורת עוז והדר
הנספח למהדורת שוטנשטין

במהדורה זו של תלמוד ירושלמי, הוכנסו שיפורים רבים ונכבדים. למען יפיק מהם הלומד את מרב התועלת, כדאי שיעיין בשימת-לב בדברים דלהלן, בהם יימסרו עיקרי מעלותיה של מהדורתנו ודרכי עריכתה, בצורה תמציתית ובהירה.

נוסח הירושלמי

כידוע, נוסחאות הירושלמי השתבשו הרבה כבר בדורות קדמונים, ולפיכך הוגהו מהדורות הדפוס של הירושלמי ע"י מגיהים שונים באופנים שונים, עד שכל מהדורה שונה מרעותה בנוסחאותיה. מבין המהדורות השונות יש יתרון רב למהדורת דפוס ונציה רפ"ג (להלן: ד"ו), שבהיותה הקדומה ביותר נעדרים ממנה השיבושים שחדרו למהדורות המאוחרות. מדפיסי ונציה גם שקדו, כדבריהם, להגיה את מעשה דפוסם ע"פ כמה כתבי-יד, ולפיכך יש למהדורה זו יתרון גם על פני כתבי-היד הקדומים. לאור האמור, הורו לנו גדולי ישראל שליט"א להעדיף את נוסח ד"ו על פני שאר ההוצאות, ואכן, **נוסח הירושלמי במהדורתנו מיוסד על נוסח מהדורת ונציה.**

אכן, כיון שגם בהוצאת ונציה נפלו שיבושים קשים, נעזרנו בכתבי-היד של הירושלמי המצויים בידינו (כת"י ליידן, כת"י רומי, כת"י אסקוריאל וכן שרידי הירושלמי מן הגניזה) לשם תיקון הנוסח, וכן בדפוסים ישנים שלעיתים ניתן לדלות גם מהם נוסחאות ישרות. כן הצגנו שינויי-נוסח המצויים בסוגיות מקבילות בירושלמי ובבבלי, ובשאר ספרי חז"ל. עוד פנינו לתור אחר נוסחאות הפזורות בחיבורי רבותינו הראשונים המביאים לשונות הירושלמי, ולצורך זה נערכה עבודת חיפוש יסודית ומקיפה בחיבורי הראשונים ז"ל. יצוין, כי במלאכה זו של ריכוז שינויי-הנוסח, פתחו כבר מדפיסי וילנא, אשר הציגו על הגיליון מדור "שינויי נוסחאות", אלא שנבצר מהם להשלימה כדבעי מחמת מיעוט האמצעים שעמדו לרשותם (ראה במבוא למהדורת וילנא), ולפיכך לא הובא שם אלא מעט מזעיר משפע הנוסחאות הישרות המצויות במקורות שנמנו בשער הוצאה זו.

מלאכה רבה זו, של השוואת המקורות הרבים, נעשתה בדקדקנות ובקפידה, ובעשותנו בה זכינו לגלות פניני-נוסח שלא שזפתם עין עד הנה, אשר רב חילם להאיר עיני הלומד, ולהדריכו בדרך מישור.

חשיבות מיוחדת יש לכת"י ליידן, ששימש מקור עיקרי לנוסח דפוס ונציה, ולפיכך התייחסנו **לכל שינוי-נוסח** שישנו בין נוסח כת"י ליידן לנוסח ד"ו (אלא שצורת ההתייחסות – בגוף הירושלמי או בהערה – תלויה במידת נכונות השינוי וחשיבותו, וכדלקמן). בהתאם לכך יידע הלומד כי "סתם נוסחא" בירושלמי שבמהדורתנו, הולמת הן את הנמצא בכת"י ליידן הן את הנמצא בד"ו.

הגהות שתוקנו בגוף הנוסח

א. הגהות ע"פ כת"י ליידן: כאשר נוכחנו כי נוסח כת"י ליידן, מקורו העיקרי של דפוס ונציה, מתוקן יותר מנוסח דפוס ונציה (דהיינו שמגיהי ונציה העדיפו במקום זה נוסח משובש המצוי בכת"י אחר), הוכנס נוסח כי"ל בגוף הירושלמי ואילו הנוסח המשובש שבד"ו הוצג בהערה במדור "שינויי נוסחאות" הערוך בשולי הגיליון. מעיון בהערה זו יוכל הלומד להתוודע מה נשתנה למעליותא בנוסח שלפניו.

ב. הגהות ע"פ שאר כת"י ודפוסים ישנים: כאשר מצאנו את נוסח שאר כתבי-יד, או שאר דפוסים, עדיף על נוסח דפוס ונציה, הוקף הנוסח הטעון תיקון סוגריים עגולים והתיקון הוצג בגוף הנוסח בסוגריים מרובעים, כאשר מקור התיקון מצוין במדור "שינויי נוסחאות" (ובמידת הצורך נתבארו בו בפרטרוט הנימוקים לשינוי הנוסח).

ג. הגהות לריהטא דלישנא: לעומת האמור, בבואנו לתקן תיקוני נוסח קלים, שאינם משנים מאומה במשמעות העניין, ואשר עיקר תרומתם הינה לבהירות הנוסח ואחידותו, כגון אלו תוקנו, ע"פ כל המקורות הנ"ל, בגוף נוסח הירושלמי ללא סימן-היכר שיעיד על הכנסת שינוי. נקטנו בדרך זו מתוך רצון להקל על הלומד לבל תהיה דרכו בלימוד הירושלמי עמוסה ציונים ומראי-מקומות, המפריעים לרצף הלימוד. כדוגמא נציין את החילופים הרבים בשמות החכמים המופיעים בכתבי-היד של הירושלמי ובדפוסיו השונים (כגון: ר' יוסי/ ר' יוסה; ר' זעירא/ ר' זעירה/ ר' זעורה, וכיו"ב). במהדורתנו הקפדנו שלאורך כל הסוגיא יופיעו השמות בצורה אחידה, וכמבואר במבוא. מאחר ואין בצורת הכתיב נפק"מ לגופם של עניינים, והאחידות נעשתה מטעמי נוחיות-הלומד בלבד, ראינו לנכון לא לציין בשנו"ס את שלל-צורות הכתיב שבכתה"י ובדפוסים.

הגהות שהובאו במדור "שינויי נוסחאות"

א. כל שינויי הנוסח שבכת"י ליידן, למעט המנויים לעיל (אות א) שהוכנסו בפנים הירושלמי.

ב. שינויים שאינם בהכרח עדיפים על נוסח המהדורות הנפוצות אך הם בעלי משמעות, המצויים בכתבי היד השונים ובדפוסים הראשונים (למעט דפוס קושטא תכ"ב שנשתבשו נוסחאותיו טובא).

ג. שינויי הנוסח המצויים בחיבורי הראשונים, לרבות שינויים מהותיים ומוכרחים.

ד. נוסחאות הירושלמי של הר"ש סיריליאו: למרות ששינויי הנוסח המצויים למכביר בשאר חיבורי האחרונים על הירושלמי לא הובאו בשנו"ס, ראינו לנכון להביא את נוסחאות הרש"ס. ונהגנו כן, לפי שביאורים רבים של הרש"ס מיוסדים על נוסחאותיו המיוחדות בירושלמי, ואת הנוסחאות הללו לא שיקע הרש"ס **בפירושו,** אלא קבע אותן **בגוף הירושלמי** שהציג במקביל לפירושו. ולפי שנוסח הירושלמי במהדורתנו מיוסד, כאמור, על נוסח ונציה הנבדל הרבה מנוסח הרש"ס, ומאידך, במהדורתנו נדפס **פירוש הרש"ס** על הדף, לפיכך, אם לא נקפיד להביא את נוסחאות הרש"ס לידיעת הלומד, עלול הוא להתקשות בהבנת פירושיו, אשר לא יעלו בקנה אחד עם נוסח הירושלמי ש"בפנים". מטעם זה ליקטנו את כל שינויי-הנוסח שבירושלמי של הרש"ס והצענו אותם לפני הלומד במדור "שינויי נוסחאות".

ה. שינויים **המצויים בסוגיות מקבילות בירושלמי ובבבלי, ובשאר ספרי חז"ל.**

ו. שינויי **הנוסח שבדפוס וילנא:** אף הנוסחאות המשובשות שבו הובאו בשנו"ס, ונהגנו כן לפי שמהדורה זו הינה הנפוצה ביותר ונוסחאותיה שגורות בפי הלומדים, אשר-על-כן כאשר יפגוש הלומד במהדורתנו נוסחאות שונות מאשר הסכין להן, שמא כזר ייחשבו לו נוסחאות אלו. לפיכך, נחוץ להודיעו כי לא נעלמה מאיתנו נוסחת מהדורת וילנא, ושינוי הנוסח שלפניו נעשה במתכוון, ע"פ מקורות מיוחסים ונאמנים.

אופן עריכת ההגהות במדור "שינויי נוסחאות"

טרם הבאנו שינויי-נוסח כלשהו בשנו"ס, הקדמנו לציין את המקור לגירסא שבפנים הירושלמי, באופן זה: **כ"ה** (=כך הגירסא) **במקור פלוני** (חוץ מכת"י ליידן ודפוס ויניציא), **ובמקור פלוני הגירסא כך וכך.**

כאשר מופיעים במקורות השונים דרכים שונות לתיקון הנוסח, הבאנו את כולן לפי הסדר דלהלן: א. מקור בכתב-יד על-אתר ב. מקור בדפוס ישן על-אתר ג. מקור בחז"ל ד. מקור בחיבורי הראשונים; **אולם,** כאשר כל אופני ההגהה לדבר אחד יתכוונו, ואין ביניהם אלא הבדלי סגנון, הבאנו את הנוסח הברור ביותר בתוספת הערה: **וכעי"ז במקור פלוני.**

במקומות בהם יש מקום לטעות לאלו תיבות מכוונת ההגהה (כגון שאותן תיבות מופיעות פעמים אחדות בסמיכות), העתקנו גם תיבות ספורות קודם הטעון תיקון או לאחריו (לפי העניין), ואת התיקון גופו הבאנו באותיות מודגשות. אך ברוב המקומות, בהם כוונת ההגהה מבוארת דיה, הובאו רק תיבות ההגהה ללא תוספת כלשהי.

חלוקת ה"הלכות"

מניין המשניות (=הלכות) שבכל פרק בירושלמי שונה ממהדורה למהדורה. במהדורת וונציה נחלק כל פרק למספר גדול של הלכות קצרות. לעומת זה במהדורת וילנא אוחדו מספר הלכות קצרות להלכה אחת ארוכה, ועל-כן מניינן פחות. במהדורתנו השתמשנו בחלוקת וילנא (למרות עדיפותה של חלוקת ונציה המפורטת) וזאת מאחר וציוני ה"הלכות" שברוב ספרי האחרונים מתאימים לחלוקת וילנא. לצד כל משנה צייַנו גם את מניינה במהדורת ונציה, בכדי להועיל ללומד בבואו לעיין במפרשי ירושלמי מסוימים שנערכו לפי סדר מהדורה זו.

עם זאת, בכדי להפיק את התועלת שבחלוקת ונציה, בכל מקום בו מופיעה "הלכה" בדפוס ונציה הצגנו אותה גם במהדורתנו בתור "פיסקת ציטוט" מן המשנה, אך מבלי להחליף את מניין ההלכה, וכנ"ל.

Mishnah Series with the Yad Avraham commentary; **HASHI HERZKA,** an early Talmud Associate, the inaugural dedicator of a volume in the **ARTSCROLL EDITION OF RAMBAN,** and the dedicator of a volume in Talmud Yerushalmi; **SHIMMIE HORN,** patron of the **HORN EDITION OF SEDER MOED,** of Talmud Bavli, a self-effacing person to whom support of Torah is a priority; **MOTTY KLEIN,** dedicator of several Talmud volumes and of the **OHEL SARAH WOMEN'S SIDDUR,** a leader in his community and a force for Torah; **MOSHE MARX,** a very dear friend who is a respected supporter of Torah causes; **ANDREW NEFF,** dedicator of several history and Talmud volumes and a leader in his industry, who has made Mesorah his own cause; **DR. ALAN NOVETSKY,** the very first dedicator of an ArtScroll volume, who has continued his support over the years; **SHLOMO SEGEV** of Bank Leumi, who has been a responsible and effective friend; **HESHE SEIF,** patron of the **SEIF EDITION TRANSLITERATED PRAYER BOOKS,** who has added our work to his long list of important causes; **A. JOSEPH STERN,** patron of the **SEFARD ARTSCROLL MACHZORIM** and of tractates in the Talmud Bavli edition, whose warmth and concern for people and Torah causes are legendary; **NATHAN SILBERMAN,** a dear friend and leader in his profession, who makes his skills and judgment available in too many ways to mention; **WOLI STERN** (Sao Paulo), a man of unusual warmth and sincerity who honors us with friendship; **ELLIOT TANNENBAUM,** a warm and gracious inaugural patron of Talmud Yerushalmi as well as several other volumes, including the very popular *"Ner Naftali"* Eretz Yisrael Siddur, whose example has motivated many others; **STEVEN WEISZ,** whose infectious zeal for our work has brought many others under its banner; **SHLOMO WERDIGER,** a dear and loyal friend whose concern for the needy is extraordinary; and יבל״ח **HIRSCH WOLF** ז״ל, who was a valued friend and a fountain of encouragement from our very beginning, and an energetic, effective leader in many causes.

We are grateful, as well, to many other friends who have come forward when their help was needed most: **YERUCHAM LAX, RABBI YEHUDAH LEVI, DR. NEIL MARON, RABBI ARTHUR SCHICK, FRED SCHULMAN, WILLY WEISNER,** and **MENDY YARMISH.**

The patrons of individual volumes are on the honor roll of those who are raising the level of Torah learning in our era. Not only we, but the thousands who can now comprehend Yerushalmi are grateful to them. They are listed below in the Patrons' section.

The Hebrew folios in this volume were newly typeset, with numerous improvements, by **KOLLEL OZ VEHADAR,** whose many additions and enhancements are sure to establish a new standard in Talmud Yerushalmi publishing.

Enough cannot be said about our dear friend and colleague **RABBI SHEAH BRANDER,** whose graphics genius set the standard of excellence in Torah publishing. In addition, he is a *talmid chacham* of note who added more than one dimension to the quality of every volume of every edition of the Talmud. Reb Sheah is involved in every aspect of the project, from scholarship to production. He has earned the respect, trust, and affection of the entire staff, to the point where it is inconceivable to envision the past and future success and quality of the work without him.

The graphics skill and innovative work of **ELI KROEN** distinguish many of our works.

We express our appreciation to our esteemed colleague **SHMUEL BLITZ,** who continues to coordinate the activities of our authors and editors in Israel with dedication and distinction. On this side of the ocean, **AVROHOM BIDERMAN** and **MENDY HERZBERG** do the same, as they shepherd works from manuscript to computer to print.

MRS. LEA BRAFMAN, as comptroller virtually since ArtScroll's creation, is indispensable to the efficient functioning of our work, and her loyalty and competence are unexcelled. She is ably assisted by **MRS. SARA LEA HOBERMAN** and **MRS. LEYA RABINOWITZ.**

We conclude with gratitude to Hashem Yisbarach for His infinite blessings and for the privilege of being the vehicle to disseminate His word. May this work continue so that all who thirst for His word may find what they seek in the refreshing words of the Torah.

Rabbi Nosson Scherman / Rabbi Meir Zlotowitz

Menachem Av, 5772 / August, 2012

contribution to *harbatzas Torah.* Although complex halachic matters come to the Rosh Yeshivah from across the world, he always makes himself available to us whenever we consult him. He is also a founding Trustee of the Foundation.

We are humbled and honored that this country's senior roshei hayeshivah have been so generous with their time and counsel. **HAGAON HARAV ZELIK EPSTEIN** זצ״ל always was a valued source of wisdom and counsel; יבלח״ט **HAGAON HARAV SHMUEL KAMENETSKY** שליט״א offers warm friendship and invaluable advice; **HAGAON HARAV AHARON SCHECHTER** שליט״א is unfailingly gracious and supportive; the Novominsker Rebbe, **HAGAON HARAV YAAKOV PERLOW** שליט״א, is a wise counselor, good friend, and staunch supporter of our efforts for *harbatzas Torah.* We are grateful beyond words to them all.

HAGAON HARAV DAVID COHEN שליט״א has been a dear friend for nearly half a century; he places the treasury of his knowledge at our disposal whenever he is called upon, and has left his erudite mark on ArtScroll's projects from its inception. **HAGAON HARAV HILLEL DAVID** שליט״א is a valued friend, counselor, and source of comment and advice. **HAGAON HARAV FEIVEL COHEN** שליט״א is a dear friend who gladly interrupts his personal schedule whenever needed.

The trustees of the Mesorah Heritage Foundation join the Schottenstein family in acknowledging **RABBI DR. NORMAN LAMM** for his warm encouragement and invaluable assistance from the very beginning of the Foundation's work.

We are deeply grateful to **RABBI HESHIE BILLET,** a distinguished rav, teacher, leader, and good friend; **RABBI RAPHAEL B. BUTLER,** a constant friend and counselor, and the dynamic and imaginative founder of the Afikim Foundation; **RABBI YISRAEL H. EIDELMAN,** an effective, dedicated servant of Torah; **RABBI SHLOMO GERTZULIN,** whose competence and vision are invaluable assets to our people; **RABBI MOSHE M. GLUSTEIN,** an accomplished *marbitz Torah* and rosh yeshivah; **RABBI BURTON JAFFA,** who devoted his life as the successful pioneer in giving hope to children and their parents; **RABBI MICHOEL LEVI,** one of the community's most accomplished educators; **RABBI PINCHOS LIPSCHUTZ,** a leader in Torah journalism and treasured friend; **RABBI SHIMSHON SHERER,** who inspires his congregation and honors us with his friendship; **RABBI DAVID WEINBERGER,** whose warmth and erudition invigorate his community, and whose works we have the honor to publish; and **RABBI HOWARD ZACK,** a warm friend who is making an enormous impact for good in Columbus.

We are deeply grateful to **JAMES S. TISCH,** a Founding Trustee of the Foundation, and **THOMAS J. TISCH,** who are a credit to their family tradition of community service; **PROF. JOEL L. FLEISHMAN,** Founding Trustee of the Foundation, whose sage advice and active intervention was a turning point in our work; **YECHIEL BENZION FISHOFF,** patron of several volumes of the Talmud, and a sensitive, visionary, respected friend who has brought many people under the banner of this project.

RABBI MEYER H. MAY devotes his considerable acumen and prestige to the service of Torah. Thanks to him, many patrons have enlisted in support of the Foundation.

We are grateful also to **SOLI SPIRA,** a learned and magnanimous patron of several Talmud volumes, and of this Talmud Yerushalmi; **ABRAHAM BIDERMAN,** a Founding Trustee, whose achievements for Torah and community, here and abroad, are astounding; **MALCOLM HOENLEIN,** one of Jewry's truly great lay leaders, an eloquent and effective spokesman, a dear personal friend, and one who generously makes time to offer guidance and counsel; **JUDAH SEPTIMUS,** a Founding Trustee and *talmid chacham* whose acumen and resources are devoted to numerous Torah causes, who extends himself beyond belief whenever he can be helpful; **STEVE ADELSBERG,** a governor, friend, and dedicator in every edition of the Talmud; and to **DAVID RETTER,** scion of a distinguished family and a leader in his own right. We are grateful to **SAM ASTROF,** a distinguished community leader, who serves in our Audit Committee; and to **JOSEPH SHENKER,** one of New York's preeminent attorneys, a good friend and Torah scholar, for joining our work as a member of the Board of Trustees and of the Audit and Finance Committee.

Loyal friends who have been instrumental in the success of our work and to whom we owe a debt of gratitude are, in alphabetical order:

REUVEN DESSLER, a good friend and respected leader, who adds luster to a distinguished family lineage; **HOWARD TZVI FRIEDMAN,** a dear friend and dedicator, who places his enormous reservoir of energy and good will at Klal Yisrael's disposal; **ABRAHAM FRUCHTHANDLER,** who has placed support for Torah institutions on a new plateau; **LOUIS GLICK,** who sponsored the ArtScroll unselfish builders of Torah wherever they lived. We are proud to count Mr. and Mrs. Graff as members of the "ArtScroll/Mesorah family."

ASHER MILSTEIN joined our work recently by dedicating the **MILSTEIN EDITION OF SEDER NASHIM** in the Schottenstein Edition of Talmud Yerushalmi. Since then he has undertaken the dedication of other major projects: the **MILSTEIN EDITION OF THE FIVE MEGILLOS** in the Kleinman Edition of Midrash Rabbah, and the forthcoming **MILSTEIN EDITION OF THE LATER PROPHETS,** which is now in preparation. Not content with *sponsoring* Torah works, he has become a major disseminator of Torah in a unique way, by arranging for the distribution of huge numbers of ArtScroll/Mesorah volumes to synagogues, organizations, and individuals throughout the world. Mr. Milstein, the scion of a distinguished lineage, is a discerning person with an eye to the eternity of Torah study and an imaginative thinker in how to foster the growth of Jewish awareness. We are gratified that he has chosen us as a vehicle to accomplish this goal.

We are proud to welcome **ELISHA SHLOMO MILSTEIN** to our roster of major dedicators. He has come forward to dedicate the **MILSTEIN EDITION OF SEDER TOHOROS** in the Schottenstein Edition of Talmud Yerushalmi, and the **MILSTEIN EDITION OF SEFER BAMIDBAR** in the Kleinman Edition of Midrash Rabbah. Mr. Milstein adds luster to his distinguished family and joins his brother Asher as an important disseminator of Torah.

Seder Nezikin has been dedicated in memory of **SAUL SCHOTTENSTEIN** ז״ל. Saul Schottenstein was a leader of his industry and his memory is revered by the countless people who benefited from his devotion to the needs of the elderly and his generous support of Jewish education.

ELLY AND BROCHIE KLEINMAN are dear friends who are renowned for their warmth, integrity, judgment, and generosity. In addition to individual Talmud volumes, they have dedicated several historic and popular projects: the now-complete 5-volume **KLEINMAN EDITION OF KITZUR SHULCHAN ARUCH,** an elucidation of a halachic classic, including the rulings of *Mishnah Berurah* and Rabbi Moshe Feinstein; the **INTERACTIVE MISHKAN DVD;** the English full-color **MISHKAN** volume, and its Hebrew counterpart; 43 volumes of the three series of the **DAILY DOSE OF TORAH;** and the monumental 17-volume **KLEINMAN EDITION OF MIDRASH RABBAH.** The Midrash Rabbah project is breathtaking in its scope and clarity, and it makes accessible an essential source of commentary, history, and thought.

RABBI ZVI AND BETTY RYZMAN are patrons of several Talmud tractates and the inaugural dedicators of the **TALMUD YERUSHALMI.** Rabbi Ryzman is a *talmid chacham,* a noted international *maggid shiur,* author of many *sefarim*, and a dynamic force for Torah life. The Ryzmans are loyal, devoted friends. Most recently they have undertaken the dedication of the **RYZMAN EDITION OF THE MISHNAH** in Hebrew, which will be a major contribution to Torah study.

STANLEY AND ELLEN WASSERMAN, soft-spoken, generous supporters of so many Torah projects, are high on the honor roll of those who bring the Torah to our people in an unprecedented way. They are inaugural dedicators of volumes in **TALMUD YERUSHALMI** and the **ARTSCROLL EDITION OF RAMBAN.** In addition, they have dedicated the **WASSERMAN EDITION OF THE ARTSCROLL SIDDUR** and the **WASSERMAN EDITION OF SEFER BEREISHIS** in the Kleinman Edition of Midrash Rabbah. And now, to cap off their long list of visionary benefactions for the cause of Torah study, they have dedicated the **WASSERMAN DIGITAL INITIATIVE,** which harnesses the latest advances of technology to put the riches of Torah at people's fingertips. Mr. and Mrs. Wasserman are uncommonly kind and gracious, and we are honored by their friendship.

We are grateful to our dear friend and patron **JOSEPH WEISS,** who has dedicated several volumes. As a *talmid chacham* in his own right, he has made many astute comments that are much appreciated by our editors and that have been incorporated into their work. Mr. Weiss has also influenced others to follow in his footsteps by dedicating volumes and enlisting in programs of Torah study.

It is especially gratifying that many visionary, generous supporters have already undertaken to dedicate individual volumes. The names of these dedicators are listed on the Patrons of the Talmud pages. Through their help, and the help of those visionary people who will dedicate the other volumes of this Talmud, this edition of TALMUD YERUSHALMI will בע״ה enrich countless people around the globe.

HAGAON HARAV DAVID FEINSTEIN שליט״א has been a guide, mentor, and friend since the first day of the ArtScroll Series, and we are honored that he regards our work as an important

ACKNOWLEDGMENTS

The Roshei HaYeshivah and Gedolei Torah of the previous generation, such as the great **GEONIM MARANAN VERABBANAN HARAV MOSHE FEINSTEIN, HARAV YAAKOV KAMENETSKY, HARAV GEDALIA SCHORR,** and **HARAV MORDECHAI GIFTER זצ״ל** were unstintingly generous with their time, wisdom, encouragement, and guidance from the inception of the ArtScroll Series thirty-five years ago. HaRav Kamenetsky foresaw the need for an English-language edition of the Talmud Bavli eight years before the work began. Six years before that, HaRav Gifter encouraged us to embark on such an elucidation, and later guided us in arriving at its final format. The great Torah leaders of Israel joined in support and encouraged us to produce the Hebrew edition as well.

When the Schottenstein Edition of the Talmud Bavli was nearing completion and we were ready to turn to the Talmud Yerushalmi, we again consulted great Torah leaders. We are gratified that the eminent and revered Gedolei Torah of Eretz Yisrael, **MARAN HAGAON HARAV YOSEF SHOLOM ELIASHIV זצוק״ל, ויבלח״ט MARAN HAGAON HARAV AHARON LEIB SHTEINMAN, MARAN HAGAON HARAV CHAIM KANIEVSKI,** and **MARAN HAGAON HARAV SHMUEL AUERBACH שליט״א** gave their warm endorsement to this undertaking. In the United States major Roshei HaYeshivah and Rabbanim gave their encouragement and letters of approbation. We are grateful to them all. Their letters appear earlier in this volume.

A vast investment of time and resources will be required to make this edition of the Talmud Yerushalmi a reality. Only through the generous support of many people will it be possible not only to undertake and sustain such a huge and ambitious undertaking, but to keep the price of the volumes within reach of the average family and student.

The Trustees and Governors of the **MESORAH HERITAGE FOUNDATION** saw the need to support the scholarship and production of this and other outstanding works of Torah literature. Their names are listed on an earlier page.

JAY SCHOTTENSTEIN is chairman of the Board of Governors and has enlisted many others in support of this and other monumental projects. In addition, he and his wife **JEANIE** have dedicated the **HEBREW ELUCIDATION OF THE SCHOTTENSTEIN EDITION OF THE TALMUD** and the **DAF YOMI EDITION OF THE TALMUD** in honor of their parents. And they have also undertaken to dedicate the *next* revolution in Talmud elucidation: the **SCHOTTENSTEIN EDITION OF TALMUD YERUSHALMI.** But those are only formal identifications. The Schottensteins are deeply involved in a host of causes and their generosity is beyond description. They have also undertaken sponsorship of the **SCHOTTENSTEIN INTERLINEAR SERIES** and **PEREK SHIRAH,** which are bringing a new and innovative dimension of understanding to Chumash and *tefillah,* and most recently, the dedication of **SEFER HACHINUCH,** the classic enumeration and elucidation of the 613 mitzvos. Nevertheless, the Talmud is their *liebling.* To assure the continuity of the English and Hebrew elucidations of Talmud Bavli, they surpassed every commitment, and it has justly become synonymous with their name. With dedication of this elucidation of the Talmud Yerushalmi they are performing yet another historic service for our people.

We are proud that **IRA AND INGEBORG RENNERT,** widely respected, generous supporters of a host of worthy causes, were the first dedicators of a Seder in Talmud Yerushalmi. By having dedicated the **RENNERT EDITION OF SEDER ZERAIM** in both the Hebrew and English editions, they were instrumental in bringing this work to fruition, and in making available the major source of the agricultural laws of the Land of Israel.

JACOB M.M. AND PNINA (RAND) GRAFF have emerged in the top rank of those whose vision and generosity is directed to the cause of making the classics of Torah accessible to today's Jews in their own language. They have dedicated **SEDER MOED IN OUR HEBREW EDITION OF TALMUD BAVLI AND SEDER MOED IN THE NEW ENGLISH EDITION OF TALMUD YERUSHALMI.** In so doing, they are opening up the essential texts of Torah Sheb'al Peh to generations far into the future. Not content with dedications of the Oral Torah, they turned their attention to the Written Torah. Their **GRAFF-RAND EDITION OF CHUMASH-RAMBAN** is bringing the magnificent commentary of Ramban to English-speaking Jews around the world. These dedications are in memory of their parents Meyer H. & Joy (Taxon) Graff and Chaim and Ronia (Grinfogel) Rand, who were

THE SCHOTTENSTEIN EDITION
TALMUD YERUSHALMI

Talmud Yerushalmi is one of the major components of the Oral Law — and this edition elucidates it for the broad Jewish public for the first time in history.

This project is unprecedented and momentous. As explained in the Preface, the Talmud Yerushalmi is one of the major components of the Oral Law — and this edition elucidates it for the broad Jewish public for the first time in history. It is fitting that such a project should be dedicated by **JAY AND JEANNIE SCHOTTENSTEIN**, for who, more than they, has brought the riches of our Torah tradition to the nation of Torah?

The Hebrew and English Schottenstein Editions of the Talmud Bavli have revolutionized Torah study for countless thousands, in homes, study halls, offices, commuter trains, airplanes — wherever Jews have the desire and opportunity to attach themselves to their Torah heritage. More than that, thanks to Jay and Jeanie, tens of thousands of Jews, including former yeshivah students who had not opened a volume of the Talmud for years, have now become its daily students.

Thanks to Jay and Jeanie, tens of thousands of Jews have now become its daily students.

This Edition is dedicated in memory of Jay's father **JEROME SCHOTTENSTEIN** ז״ל, in honor of his mother **GERALDINE** תחי׳, and in honor of Jeanie's parents, **LEONARD AND HEDDY RABE** שיחיו. They are constant sources of personal strength, dignity, integrity, loyalty to the past, and dedication to the future. Their stature can be measured by the nobility of the children they raised. Jerome was the first to have the vision of what the elucidation of the Babylonian Talmud would accomplish. When others wondered if such a mammoth project was possible, he, with the support of Geraldine, undertook to dedicate it. We are proud that, with the help of his children and many generous people, we were able to vindicate his faith. Jay and Jeanie have picked up the gauntlet and are bringing his vision to new vistas.

Gracious and generous, kind and caring, Jay and Jeanie have opened their hearts to countless people and causes. Quietly and considerately, they elevate the dignity and self respect of those they help, they make their beneficiaries feel like benefactors; they imbue institutions with a new sense of mission, to be worthy of the trust placed in them.

Quietly and considerately, they elevate the dignity and self respect of those they help; they make their beneficiaries feel like benefactors.

In this dedication, they are joined by their children, **JOSEPH AARON AND LINDSAY BROOKE, JONATHAN RICHARD, AND JEFFREY ADAM,** so that the next generation of this magnificent family will carry on their legacy of responsibility for Klal Yisrael. They are now joined by a fourth generation, with the birth of **JACOB MEIR, JONAH PHILIP,** and **EMMA BLAKE** who will surely take their place in the Schottenstein aristocracy of merit. Just as Jerome and Geraldine followed in the footsteps of their parents, and Jeanie and Jay follow in the footsteps of theirs, we look forward to the accomplishments of the crown princes of this family to take their own places in the forefront of those who insure the future of our people.

Just as Jerome and Geraldine followed in the footsteps of their parents, Jeanie and Jay follow in the footsteps of theirs.

In the merit of their support of this and countless other Torah and chessed causes, may Jay, Jeanie, and their loved ones enjoy continued good health and success — and may the Jewish people continue to enjoy their leadership.

Patrons of This Volume

This volume is dedicated by **EDWARD MENDEL AND ELISSA CZUKER AND FAMILY** of Los Angeles, who have become dear friends and major pillars of our work. They have dedicated the **JAN CZUKER FAMILY ELUCIDATION OF THE TORAH'S COMMANDMENTS** and **BEREISHIS/GENESIS VOL. I, BEREISHIS-NOACH** of the Kleinman Edition of Midrash Rabbah. People of vision and generosity and highly respected members of their community, they are among the architects of the renaissance of Torah life and learning that is sweeping the world. We are privileged that they are part of the ArtScroll/Mesorah family.

ישיבה גדולה זכרון לימא ד׳לינדן
Yeshiva Gedolah Zichron Leyma of Linden

הרב אליעזר גינזבורג
הרב גרשון נוימאן
ראשי הישיבה

Harav Eliezer Ginsburg
Harav Gershon Neumann
Roshei Hayeshiva

בס״ד

יום הגדול של סיום הש״ס בבלי במחזור אחד עשר כ״א אדר ראשון שנת תשס״ה יום ד׳ לפרשת ויקהל

שלום רב לאוהבי תורתינו הקדושה, אלופים ומיודעים שקבלו על שכמם עול הפצת תורה הקדושה לרחבי תבל ע״י עט סופר מהיר וברור ה״ה הרב מאיר זלאטוויץ שליט״א והרב נתן שערמאן שליט״א והרב יעקב יהושע בראנדר שליט״א, ה׳ יחנם מרב טוב.

ההתאחדות של אלפים ורבבות של עמנו עם הקודש בני ישראל בהמעמד הנורא, שנאספו ביחד לכבוד התורה ולכבוד קבלת מלכותו יתברך, וכדברי משה רבינו ע״ה בילקוט ריש פ׳ ויקהל, אמר משה לישראל אם אתם עושים כסדר הזה, הקב״ה מעלה עליכם כאילו המלכתם אותי בעולמי. נשא רוחי לכתוב לכם מכתב ברכה מעומקא דלבי.

פרי עמלכם ראיתם בעת השמחה הגדולה של מספר מאחינו בני עמנו שסיימו ושמחו ״אך ורק״ מחמת שהבינו צורתא דשמעתתא ע״י התירגום של תלמוד בבלי לשפת אנגלית. ולכן ראויים אתם שיהא ה׳ תמיד עמכם להגביר חילכם במפעל הקדוש לקרב היעוד של ומלאה הארץ דעה ה׳.

גדולי תורה וחכמיה ומנהיגי הדור העידו שחיים אנו בזמן של עת לעשות לה׳, ולכן עלה ברעיונכם לתרגם גם התלמוד ירושלמי לשפת אנגלית.

ברכתי ברכת הדיוט, שלא תצא שום תקלה מתחת ידיכם ותראו ברכה והצלחה לקרב עוד יותר הלבבות של אחינו בני ישראל לתורה ולתעודה, ולהגדיל כבוד התורה וכבודו יתברך בכל עולמו.

ברגשי הוקרה

אליעזר גינזבורג

אליעזר גינזבורג

הסכמות ומכתבי ברכה למהדורת ארטסקרול / שוטנשטיין

APPROBATIONS TO THE ELUCIDATED ARTSCROLL SCHOTTENSTEIN EDITION

הלל דייוויד — **RABBI HILLEL DAVID**

רב דקהל — 1118 East 12 Street

ישיבה שערי תורה — Brooklyn NY 11230

בס״ד

ו׳ תמוז תשס״ד

כבוד ידידי ויקירי ה״ה הה״ג ר׳ מאיר זלאטאוויץ שליט״א והה״ג ר׳ נתן שערמאן שליט״א.

אחדשה״ט,

אודות הידיעה שנתקבלה, על רעיונכם החדש להתחיל הוצאת סידרה חדשה ע״י ארטסקראל-מסורה, של תלמוד ירושלמי מוסבר בלשון אנגלית באופן שיהיו מובנים לא רק פירושי המלות אלא גם השקלא וטריא, עם הוספות הגהות מועילות בהעתקת הפירושים השונים מדברי הראשונים והאחרונים ז״ל אשר מפיהם אנו חיים, וגם עם הרבה מראי מקומות לספרים המפרשים כל חמירא וספרי הלכה, אשר גם לצורבא מדרבנן תהי׳ תועלת גדולה, מובטחני שהסידרה תהי׳ מבורכת בהצלחה שהרי כבר יש לכם חזקת חברים אשר אינכם מוציאין מתח״י דבר שאינו מתוקן.

אשריכם שזכות התורה הק׳ וזכות הרבים מסייעת אתכם עד היום. כן יתן ה׳ שתברכו על המוגמר במפעלכם החדש, אתם וגם לרבות כל החבורה של ת״ח מופלגים העוסקים בעבודת הק׳ באמונה הן בבירור הסוגיות הן בהסברת הענינים הן בהעתקתם אשר יש בה מלאכת מחשבת וחכמה גם יחד. וגם לרבות כל העוסקים בהוצאת הספרים שתהי׳ באופן הדור בכל מיני הידור אמן.

רעיונכם תנינא תהוי כרעיונכם קמא אשר טבא הוה, כן יהא רעוא קדם אבוהון דבשמיא דטבא הוא וטבא להוי ורחמנא לשויה לטב.

החותם לכבוד התורה

אוהבכם בלו״נ

הלל דייוויד

שרגא פייוול כהן — **RABBI FEIVEL COHEN**

בעמ״ח ספר „בדי השולחן״ — 1722 Avenue N

Brooklyn, NY 11230

בס״ד, שבט תשס״ד

מעלת כבוד חברי מערכת ״ארטסקרול-מסורה״ שליט״א,

נעימות בימינכם נצח!

אמר הכתוב ״כי לא תשכח מפי זרעו״, ופירש רש״י שזו הבטחה לישראל שאין תורה משתכת מזרעם. והיינו, שעל אף כל צבא הקשיים המכתירים אותנו לבקרים ומאיימים להשכיח התורה ממנו, בכל זאת הנותן את התורה יתברך שמו הבטיח לעמו שבכל הדורות ובכל המצבים יסבב סיבות שתהא מתנתו מתקיימת והתורה תהא נלמדת וזכורה אצלנו [והרי אמרו שהנותן בעין יפה נותן ובודאי שיופי העין מחייב שהמתנה תתקיים], והיפלא מה׳ דבר.

והנה כחלק מקיום הבטחה זו עומדת למראה עינינו הצלחת המבצע של חברת ״ארטסקרול-מסורה״ לתרגם ולבאר את דברי התלמוד הבבלי גם בלשון הקודש וגם (להבדיל) בעוד שפות המדוברות אצל אחינו בני ישראל במדינתנו ובעוד מדינות, ורבבות מבני עמנו מרווים את צמאונם לשמוע דבר ה׳ ושקועים בים התלמוד הודות למלאכת הקודש של החברה הנ״ל.

והנה עכשיו נשאם לבם של ידידי ראשי החברה הרב ר׳ מאיר זלאטאוויץ שליט״א והרב ר׳ נתן שערמאן שליט״א להוסיף עוד טבעת רבת־ערך לשלשלת קדושה זו, והיא לתרגם ולבאר גם את התלמוד הירושלמי כמעשיהם בתלמוד בבלי, אשר התלמוד הירושלמי בהרבה מקומות חוא כספר החתום מפני ריבוי שינויי הגירסאות שבו, ומפני אי־רגילותנו בסגנונו וביטוייו השונים מאלו שבתלמוד בבלי, ומפני הקושי לפעמים להתאים את הדברים השנויים שם באיזה נושא עם אותם ששנויים בתלמוד בבלי בנושא ההוא, ועל אף כל זה עומדים הרבנים הנ״ל ליטול על שכמם משימה אתגרית זו - לשים בפיהם של בני עמנו גם את דברי התלמוד ירושלמי למטרה הקדושה של הפצת דבר ה׳ בכל מקום שהוא מופיע.

וארשום גרגיר אחד בענין התלמוד הירושלמי, והוא במה שאמר הנביא ״ציון במשפט תפדה ושביה בצדקה״, ומטו בה בשם גדולי ישראל ד׳ציון במשפט תפדה׳ עולה בגימטריא ׳תלמוד ירושלמי׳ [דציון היינו ירושלים], ׳ושביה בצדקה׳ עולה בגימטריא ׳תלמוד בבלי׳ [דשיבת ציון היינו מהגלות שבחוץ לארץ]. ונראה להוסיף על זה, דבתלמוד בבלי כשבאים לומר שאיזשהו דין הוא כפי שיטת חכם פלוני - הלשון הוא ״אליבא״ דהך תנא או אמורא, ואילו בתלמוד ירושלמי כשבאים לומר כן - הלשון הוא ״אדעתא״ דהך תנא או אמורא. והרי זה מתאים לנאמר לעיל דירושלים מתייחסת למשפט ובבל מתייחסת לצדקה, כי המשפט הוא בדעת ולא ברגשי הלב, וכאמרם [כתובות פ״ד א׳] אין מרחמים בדין, בעוד שהצדקה היא ברגש הלב שמרחם על העני, ולכן מה שבתלמוד בבלי הוא ״אליבא״, דהיינו כפי לבו של החכם - בתלמוד ירושלמי הוא ״אדעתא״, דהיינו כפי דעתו. ועוד יש להוסיף בזה מה שאמרו בסנהדרין ל״ח א׳: אדם הראשון גופו [כולל לבו כמש״כ המהרש״א] מבבל וראשו מארץ ישראל, וגם זה מתאים להנ״ל כמבואר. ונמצא, שהעוסק בשני התלמודים - נקשרים גם לבו וגם דעתו בתורה הקדושה, ויחדו יהיו תמים אצלו להשלים את קנין התורה שלו.

ובברכת כהן הדיוט הנני מאחל לכם ולכל הצוות שיחי׳ העוסק במלאכת הקודש הזו כוננות למעשי ידיכם, וברצות ה׳ דרככם יתקבלו לרצון אצל עם קודש, וחפץ ה׳ בידכם יצלח להגדיל תורה ולהאדירה.

הכותב וחותם לכבוד התורה, מרביציה, ולומדיה

שרגא פייוול כהן

אברהם חיים לוין
RABBI AVROHOM CHAIM LEVIN
5104 N. DRAKE AVENUE • CHICAGO, IL 60625
ROSH HAYESHIVA/TELSHE-CHICAGO • ראש הישיבה\טלז-שיקגו

יום ג׳ תמוז תשס״ד

לכבוד ידידי מרביצי תורה ומזכי הרבים מנהלי המוסד ארטסקרול-מסורה הר״ר מאיר יעקב זלאטאוויץ שליט״א והר״ר נתן שערמאן שליט״א.

הנה בשנים האחרונות הוצאתם לאור כמה וכמה ספרים וחיבורים לתועלת הרבים, ובפרט מפעלכם הגדול הוצאת ש״ס בבלי עם תרגום אנגלי הביא ברכה ורוב תועלת לאלפי מאחינו בנ״י, ופתחתם להם פתח להבנת דברי רבותינו ז״ל.

ועכשיו שאתם עומדים קרוב לגמר המפעל הנפלא הזה של תרגום ש״ס בבלי, בדעתכם להתחיל מפעל חדש של תרגום ש״ס ירושלמי שהוא כספר חתום לפני רוב בני תורה במדינתנו, ובודאי תצא מזה הרבה תועלת לתלמידי חכמים ובני תורה שהם במדרגה ללימוד הזה, ויהי׳ לכם הזכות לפתוח להם פתח להכנס אל הקודש פנימה להבין דברי רבותינו ז״ל בתלמוד ירושלמי.

ואני מברך אתכם שתצליחו במפעל הגדול הזה, ולהמשיך עבודתכם הקד׳ בהדפסת ספרים וחיבורים אחרים לזכות את הרבים.

ידידכם

אברהם חיים הלוי לוין

אברהם חיים הלוי לוין

דוד קאהן

ביהמ״ד גבול יעבץ
ברוקלין, נוא יארק

בס״ד

לכבוד ידידי עז הני צנתרי דדהבא הרב ר׳ מאיר יעקב זלטוביץ שליט״א והרב נתן שרמן שליט״א וכל הפמליא קדישא של חברת ארטסקרול ה׳ עליהם יחיו.

שמחתי באומרים לי שהנכם מתכוננים להמשיך עבודתכם שהתחלתם בתלמוד בבלי ולהתחיל לפרש תלמוד ירושלמי כדרככם בקודש. הנה סברות שונות נאמרו למצוא הסיבה שכלל ישראל נתן משפט הבכורה ללימוד תלמוד בבלי, והיו תקופות שכמעט הוניחו התלמוד הירושלמי. ראשונים כתבו שהגאונים עברו על אותן מסכתות שנוגעות למעשה והעמידו אותן על הגירסא הנכונה, ומטעם זה לא הסירו הקמשונים שבסדר קדשים (חוץ ממסכת חולין), ולכן לא עסקו בתלמוד הירושלמי שלא היה כל כך נוגע למעשה.

אמנם בדורנו אנו שהישוב בארץ ישראל נתרבה ת״ל ובעיות הלכותיות מסדר זרעים מתרבות, הלא צו השעה הוא להתעסק בתלמוד ירושלמי לסדר זרעים שחסרה גמרא בבבלי חוץ ממסכת ברכות; וממילא מדין גרירה – שכן דרכה של תורה – אומרים לו להמתחיל גמור.

למותר להאריך בהרבולוציה שחברת ארטסקרול פעלה בהרבצת תורה לכל מבין עם תלמיד, בין בהבנה פשוטה בפירוש ובין בעמקות. הלומדים מכירים שיש לסמוך על התלמידי חכמים שבארטסקרול שנושאים ונותנים זה עם זה לברר וללבן כל ענין ובהערה קטנה מפיצים אור על כל הסוגיא. סומכים עליהם שעברו על הענין בעיון רב וחפשו המטמוניות בין במפרשים שהם על אתר ובין בספרים שאין רבים דשים בהם.

אומרים בשם הגר״ח מוואלאזין זצ״ל שפעם אמר אודות אמריקה שתהיה התחנה האחרונה של תורה לפני הקץ. וכן אומרים בשם הרב מנדל האדמו״ר מקאצק זצ״ל. וממה שאמרו ביומא (כט, א) ששילהי דקייטא קשיא מקייטא הרגישו גדולי ישראל שבסוף ימי הגלות תבא התגברות בלימוד התורה, וממילא יש מקום לחברת ארטסקרול להאיר הדרך גם בתלמוד הירושלמי.

ישנן אימרות השגורות בפי העם שאומרים עליהן שהן מדברי חז״ל. אחת מהן היא שעתידה ארץ ישראל להתפשט [באחרית הימים] בכל הארצות. נלאו למצוא מקור ל״מימרא״ זו (עיין בשו״ת אבני חפץ). אמנם יש לקיימה – שהרי היו מכנים לתלמוד ירושלמי בשם תלמוד ארץ ישראל, ועתיד תלמודה של ארץ ישראל להתפשט בכל הארצות, וזה יתקיים ע״י עבודת החברה.

והנני מברך אתכם מלב ונפש שתשיגו מחוז חפצכם, וכל הלומדים המתענגים ממעשי ידיכם ישירו אתכם השיר החדש, במהרה בימינו – אמן.

החותם לכבוד התורה ולומדיה ראש חודש ניסן תשס״ד

דוד קאהן

דוד קאהן

הסכמות ומכתבי ברכה למהדורת ארטסקרול / שוטנשטיין

APPROBATIONS TO THE ELUCIDATED ARTSCROLL SCHOTTENSTEIN EDITION

שמואל קמנצקי
Rabbi S. Kamenetsky

2018 Upland Way
Philadelphia, Pa 19131

Home: 215-473-2798
Study: 215-473-1212

בס״ד כ׳ טבת נרננה ונשמחה לפ״ק

אמע״כ הני תרי צנתרי דדהבא מזכי הרבים ומרביצי תורה הר״ר מאיר יעקב זלאטאויץ שליט״א והר״ר נתן שערמאן שליט״א.

כבר ראינו הצלחת עבודתכם הפורי׳ בתירגום ש״ס בבלי בשפה המדוברת ואתם עומדים לברך על המוגמר בע״ה. כמה גדולה השמחה שעל ידיכם נתרבו הלומדים לאלפים ולרבבות בכל קצוי תבל, היתה מהפיכה גדולה בלימוד התורה ואף לאלו שלא ראו אור התורה מעולם. הריבוי בשיעורים בכל העולם להפליא בזכותכם הוא.

ת״ל שעדיין ידיכם נטוי׳ בתורה שרחבה מני ים וארוכה מארץ מידה, שאתם עומדים לתרגם ולבאר תלמוד ירושלמי שקראום חז״ל אין תורה כתורת ארץ ישראל ואין חכמה כחכמת ארץ ישראל, והנה בלימוד ירושלמי הזניחו לומדי תורה שאין שם גפ״ת וראשונים והלימוד קשה מאד.

בטוח אני שתוציאו לאור דבר נאה ומתקבל כאשר כבר החזקה ברובה שאתם מוציאים דבר מתוקן ומקובל בתכלית היופי. ונפתח לנו הזדמנות ליגע ולהבין התלמודא דמערבא ומתוך זה יתלבנו סוגיות חמורות גם בש״ס בבלי, יומא טבא הוא לרבנן שכמה בני תורה יתעמקו בלימוד זה.

תפילתי וברכתי שתצליחו בעבודת הקודש ויתרבה החכמה ודעת השי״ת.

בידידות כנה

שמואל קמנצקי

שמואל קמנצקי

RABBI YAAKOV PERLOW
1569 - 47TH STREET
BROOKLYN N.Y. 11219

יעקב פרלוב
קהל עדת יעקב נאוואמינסק
ישיבת נאוואמינסק - קול יהודא
ברוקלין, נ.י.

ו׳ שבט תשס״ד

אחד מחסדי ההשגחה מאת הבורא ית׳ על עמו ועל תורתו היא התופעה בדורנו שיצאו לעולם מבועי תורה חדשים מלאים אוצרות של יינות ישנים, ובראשם הש״ס הנודע בשם ארט־סקרול שפתח פתחו של אולם לאלפים ורבבות לעסוק בשמעתתא דתלמודא, ואין ערוך לגודל הריבוי של הרבצת תורה שהסתבב על ידו של הש״ס המפואר הלזה, הודו לה׳.

ועתה רחש לבם דבר טוב של ראשי ארט־סקרול, ידידי הנעלים והחשובים הרה״ג ר׳ מאיר זלטוביץ שליט״א והרה״ג ר׳ נתן שרמן שליט״א המפיקים כבוד ישראל סבא בכל עבודתם הפורי׳, להוסיף עוד ברכה ותושיה לדרופתקי דאורייתא ולהוציא לאור גם תלמוד ירושלמי במתכונת אשר עשו בתלמוד בבלי, דהיינו עם תרגום אנגלי משובץ בהערות מאליפות ומאירות עינים. ומסכתות הירושלמי הרי הם כספר החתום לרוב הציבור מחמת חוסר פירושי הראשונים והסגנון הקשה, וכעת בעזה״י המלמד תורה לעמו ישראל יפתח שער חדש להבין ריהטא דשמעתתא בתלמודה של ארץ ישראל ולעמוד על הסוגיות שבשני התלמודים יחד.

אשרי חלקם של כל המערכת, תלמידי חכמים העמלים בתורה ומנחילים פירותיהם המתוקים לכל שכבות עם ה׳, יעמדו כולם על הברכה. ויהי רצון שיתרבו עדרים עדרים בלימוד ויתרבה כבוד שמים ע״י המפעל הכביר העומד לפנינו, ויתקיים במהרה יעוד הנביא ״ציון במשפט תפדה״, בגימ׳ תלמו״ד ירושלמ״י, ״ושביה בצדקה״, בגימ׳ תלמו״ד בבל״י, [כדברי הגרי״ח זאנענפעלד זצוק״ל] ונזכה לראות בנחמת ציון וירושלים אכי״ר.

הכו״ח לכבוד התורה ולומדיה

יעקב פרלוב

יעקב פרלוב

דוד פיינשטיין
ר״מ תפארת ירושלים

Rabbi Dovid Feinstein
477 F.D.R. Drive
New York, N.Y. 10002

משנכנס אדר מרבין בשמחה

שישו ושמחו אחינו בני תורה על מה שקבלו בני הכולל ארטסקראל לתרגם ולפרש תלמוד ירושלמי ללשון אנגלית על דרך שעשו לש״ס בבלי. ומכבר איתמחי הני גברי במלאכת הקודש. ומאחר שנתקבל מעשי ידיהם במפעל הבבלי ראיה שחפץ ה׳ מצליח בידם ומובטח אני שגם מעשיהם במפעל הירושלמי יתקבל בעולם התורה ויצליחו במעשיהם.

ואומר להם – ובפרט לעמודי המוסד שהם ידידי הרב מאיר יעקב זלאטאוויץ שליט״א והרב נתן שערמאן שליט״א והרב יעקב יהושע בראנדר שליט״א – שכשם שזיכה אותם הקב״ה להאיר את תלמוד החושך (עיין סנהדרין כד, א) בקרב ישראל, כן יזכה אותם להאיר גם את תלמוד האור, ויתרבו הלומדים אותו, ויהא ה׳ בסעדם שישלימו מלאכתם, להמשיך לתרגם ולבאר ספרים וחיבורים אחרים לצורך בני דורנו, עד ביאת גואל הצדק בב״א.

ועל זה באתי על החתום ר״ח אדר תשס״ד

נאום דוד פיינשטיין

דוד פיינשטיין

Rabbi Aaron M. Schechter **אהרן משה שכטר**
Mesivta Yeshiva Rabbi Chaim Berlin
1593 Coney Island Avenue
Brooklyn, N.Y. 11230

ב״ה ר״ח סיון תשס״ד

הוצאת הירושלמי על ידם של ארט־סקרול, אינה רק תרגום והעתקה לעוד לשון, אלא מלאכה שלמה היא של הוצאה מרשות היחיד לרשות הרבים. שהרי רבותינו הראשונים אשר כל לימוד תורתנו אינו אלא על פיהם, לא האירו על הירושלמי הדרך ללכת בה. ולזה, אף שגדולי עולם האירו בה נתיב אבל דרך הרבים לא נהייתה, ונשאר רשות היחיד להיחידים הראויים לה. אמנם הוצאת ארט־סקרול דמכוון מתחילה לכלל הלומדים, בסידור שיהיה מובן ופתוח לכל אחד לפי מדריגתו, ועם אסיפת דברי רבותינו הראשונים מכל המקומות שהם נמצאים שם וגם דברי גדולי עולם שבאו אחריהם, מסודר ומוכן על ידי תלמידי החכמים של חבר המערכת של ארט־סקרול שכבר הוכתרו כמומחים לרבים, הרי זה בבחינה ידועה הופעה חדשה לתורת הירושלמי בינינו, שמעתה ניתן בידה כלי שעל ידו ״ברחובות תתן קולה״, ולא בכדי קבלו הנהלת ארט־סקרול רשותם וברכתם של גדולי ומנהיגי הדור עד שבאו למידה זאת.

ומכיון שמצב התורה בישראל כולו השגחה היא, ראוי להטעים לנפשנו מהלך במפנה זה. הנה רואים אנחנו שחז״ל הניחו סדר זרעים מלפרשו בתלמוד בבלי ונקבע סדר פירושו בתלמוד ירושלמי, כי בה צוה ה׳ הברכה בפירוש סדר זה מכיון ששם זכו שלימודם זה יהיה בפועל תורה על מנת לעשות. והלא באמת דבר גדול הוא שזכינו לו בדורותינו דשמירת כל המצוות התלויות בארץ הולכת ומתגדלת בכמות ובאיכות, וברשות הרבים של הציבור שלנו בארץ ישראל חלק שולחן ערוך זה חי וקים – וישראל ואורייתא חד – בשוק רשות הרבים מתקיים סדר זרעים, וההשגחה מכניסה התלמוד שיחודו תורת זרעים לרשות הרבים של לומדיה.

ויש למצוא דבש מתחת לדברים הנ״ל. הנה אמרו (סנהדרין כד, א) במחשכים הושיבני כמתי עולם אמר ר׳ ירמיה זה תלמודה של בבל. ומבואר במהר״ל (חידושי אגדות שם ובנתיב התורה פרק י״ג) שבבל ארץ חשיכה היא ולכך שם נמצא ביותר הפלפול, שמקשים זה כנגד זה. ואין לחשוב דבר זה חסרון מעלה, אדרבה מעלה היא על כל המעלות כי החכמים בבבל היו מתגברים בחכמתם בקושיות ובתרוצים בטורח ובעיון מאד [וכמו שאמרו מה עץ קטן מדליק את הגדול אף תלמידי חכמים קטנים מחדדים את הגדולים (תענית ז, א) כן הקושיות והפלפול של תלמוד בבלי] ומפני כך תלמוד בבלי שלנו הוא עיקר ביותר מפני שנתברר הפלפול בתכלית הבירור – הוא חדא.

עוד עלינו להעתיק מה שכתב רבינו יונה (אבות פ״ד מ״ה) בפירוש הלומד על מנת לעשות מספיקין בידו ללמוד וללמד ולעשות, שרצונו לומר שדעתו לפלפל בלימוד כדי לדעת אמתת הדברים ורצונו לטרוח כמה ימים ושנים להשיג דבר קטן ולנהוג עצמו על פי האמת, הרי זה לומד על מנת לעשות, שכל עיקר מחשבתו אין כי אם אל המעשה להיות אמיתי, לפיכך מספיקים בידו ללמוד וללמד ולעשות שהכל בכלל המעשה עכ״ל הטהור.

הרי הצד השוה שלמדנו במעלות תלמוד בבל ובמעלות הלומד על מנת לעשות הוא השגת השכל והאמת על ידי הטרחה והיגיעה אחריהם. אלא שבתלמודה של בבל ההתגברות על החושך היא סיבת האור, ובהלומד על מנת לעשות אורח ישר הוא, שעול המעשה המוטל עליו מביאו לדעת האמת.

והנה התלמוד הירושלמי הוא החיבור האחרון על ידי מושב בית דין של כלל ישראל שישב עדיין בצוהר הארץ הקדושה אשר עול חובת מצוות התלויות בארץ המוטל בה האיר להם הדרך ילכו בה, ואילו לאחר כך כבר נעתק עיקר מקום כנסת ישראל לגמרי במחשכים, וההשגחה יחדה והעמידה תוקף כח הבית דין שנשאר לפרש לנו דברי המשניות ולבאר לנו עמקותיה, שם במחשכי הגלות של ארץ בבל. ומדרתה היא עוז הפלפול הבא להוציא האור מתוך החושך.

כבר כתבנו הנרגש לנו במעלת שינוי פנים שיש בהוצאה זו של הירושלמי; ואשר נראה קישורו עם עילוי המצב של קיום מצוות התלויות בארץ בתוך כלליות ישראל. למרות זה באתי להזכיר (אף שמן הסתם אין צריך) שנראה שאין ראוי שמתוך חידוש הופעת הירושלמי יניחו כלל לומדי תורה מסדר לימודם הקבוע בתלמוד בבלי לעשות מקום לרעותה הירושלמי.

אחוזים אנו במערכה שערכו לנו חז״ל דאור סדר זרעים מן הירושלמי זורחת. ברם מאז נשלמה סדר טלטולה של תורה בעולם, ונחה בבבל, עיקר ישיבתנו מפלאי המחשכים של תלמוד בבלי מתפרנסת, ומהם חיינו ואורך ימינו.

בצפיה עומדים אנו לקראת עשירות התורה הבאה בשלימות הוצאה זו של הירושלמי. בשמחה מקדימין אנו ניצוצות הוספת אור הקדושה שהקב״ה מאיר לנו, ובתפלה שהוא ישמח בנו ונהיה נחת רוח לפניו להוסיף לנו עוד להגדיל תורה ולהאדירה.

אהרן משה שכטר

בס"ד

ישיבת שער התורה - גרודנה
Yeshivath Shaar Hatorah - Grodno
117-06 84th Avenue, Kew Gardens, NY 11418
(Tel) 718-846-1940 (Fax) 718-846-1942

אהרן זליג הלוי עפשטיין
ראש הישיבה

Rabbi Zelik Epstein
Rosh Hayeshiva

יום עש"ק לסדר שמות ה'תשס"ד

כבוד ידידי הדגולים הרב ר' מאיר זלאטאויץ והרב ר' נתן שערמאן שליט"א בברכת שלום וכל טוב.

שמחתי לשמוע שאתם מוכנים לגשת אל הקודש ולהוציא לאור את הש"ס ירושלמי עם תרגומו לשפה האנגלית בהוספת הערות יקרות ונחוצות להבנת סוגית הגמרא הירושלמית כמתכונת הש"ס הבבלי שאתם עוסקים בהוצאתו זה שנים. במפעלכם החדש תפתחו פתח לאחב"י הצמאים לדבר ה' להכנס אל ההיכל פנימה. אתם זכיתם לאימונם ועידודם של גדולי דורנו בהגישכם לקהל הלומדים דבר מתוקן מכלל יופי הן מבית והן מבחוץ. אשריכם שזכיתם לקרב אלפים רבים בכל התפוצות ללימוד תורתנו הקדושה. ויהי רצון שהעזר האלקי שליווה אתכם עד עתה ילווה אתכם גם להבא ויתרבה כבוד שמים וכבוד התורה בישראל.

בהוקרה ובידידות נאמנה

אהרן זליג הלוי עפשטיין

אהרן זליג הלוי עפשטיין

אלתר חנוך הענאך בלאאמו"ר הגרח"ד הכהן לייבאוויטש
RABBI A. HENACH LEIBOWITZ
67-18 GROTON STREET
FOREST HILLS, NY 11375
(718) 261-6144

ראש הישבה
ישבת רבנו ישראל מאיר הכהן
בעל "חפץ חים" זצ"ל

Rabbinical Seminary of America
Dean

יום ה' לסדר וארא התשס"ד

לכבוד הרבנים החשובים הרב מאיר זלוטוביץ והרב נתן שרמן שליט"א:

אחדשה"ט, שמעתי בשורה טובה מדשנת עצמות שאתם עומדים להוציא לאור תרגום ש"ס ירושלמי לשפה המדוברת במדינתינו.

הנה באמת אנו גרים בדור שיש כוח ממרום שמעורר לבות אחב"י להתקרב אל אבינו שבשמים. חברת ארטסקרול היו מן הראשונים שהכירו זה וסללו דרך לאלו השואפים לעלי' רוחנית אלא שחסרו להם "כלי זיין".

עכשיו אתם בונים מסילה חדשה בתוך ים התלמוד הירושלמי שתתן הזדמנות לאלה, המוכנים לעלות עוד דרגא בתורה, לעבור המים העמוקים. אני מברך אתכם מעומקא דליבא שתצליחו ותמשיכו בעבודתכם הקדושה והפורי' מתוך בריאות ומנוחת הנפש.

הכותב וחותם לכבוד התורה ומרביציה

אלתר חנוך הענאך בלאאמו"ר הגר"ד זצוקל"ה הכהן לייבאוויטש

אלתר חנוך העניך
בלאאמו"ר הגרח"ד הכהן לייבאוויטש

Before embarking on the Talmud Yerushalmi project, we sought the guidance and counsel of great Torah authorities in Eretz Yisrael and America.

We are gratified that

MARANAN VERABBANAN HAGEONIM
HARAV YOSEF SHOLOM ELIASHIV, HARAV CHAIM KANIEVSKI,
and **HARAV SHMUEL AUERBACH שליט״א**

have given warm encouragement to this project.

When someone mentioned to HaRav Eliashiv that an elucidation of Yerushalmi is an extremely difficult undertaking, he replied, "True, but they have סייעתא דשמיא, *Heavenly assistance.*"

In his letter about the Hebrew Edition
MARAN HAGAON HARAV AHARON LEIB SHTEINMAN שליט״א
extended his blessing to "those who engage in increasing Torah study in Israel, and to the scholars who labor to enable others to learn, especially regarding the study of Yerushalmi, on much of which we did not merit to have commentaries of the *Rishonim.*"

The written approbations of the roshei hayeshivah and rabbanim in America appear on the following pages.

הסכמה למהדורת "עוז והדר" של התלמוד הירושלמי ומפרשיו
מאת רבותינו גדולי ארץ ישראל
הגאון מוהר"ר שמואל הלוי ואזנר שליט"א והגאון מוה"ר יוסף שלום אלישיב זצוק"ל

APPROBATION BY
HAGAON HARAV SHMUEL HALEVI WOSNER שליט"א AND HAGAON HARAV YOSEF SHALOM ELYASHIV זצוק"ל
TO THE NEW "OZ VEHADAR" EDITION OF TALMUD YERUSHALMI AND COMMENTARIES

שמואל הלוי ואזנר
רב אב"ד ור"מ
זכרון-מאיר, בני-ברק

SHMUEL HALEVI WOSNER
RABBI OF
ZICHRON-MEIR, BNEI-BRAK

ב"ה, יום ו' תמוז תשס"ה לפ"ק

כבוד ידידינו המכובד

הרב הגאון המושלם בתו"י בנש"ק

מוהר"ר יהושע לייפער שליט"א נשיא "עוז והדר"

אחדשה"ט וש"ת באהבה,
זה כמה שקבלתי מכתבו מחודש ניסן ש. ז. ולא יכלתי להשיב עד עכשיו שאני כמה ימים בחו"ל. הנה קול מבשר מבשר ואומר שמעלת כב' וכל העוסקים במלאכת הקודש מתאזרים להו"ל תלמוד ירושלמי בגירסא מתוקנת ע"פ דפוס ויניציא במהדורא משובחת מאוד, ושמועה טובה תדשן עצם כי בדעתכם להדפיס על הדף בצורת דף חדשה הפירושים מגאוני עולם הקדמונים, המהר"ש סיריליאו זצ"ל ומהר"א פולדא זצ"ל וכן ביאורי רבינו גאון עולם הגר"א זי"ע, וכן ספר החרדים השלם - ואני הגבר בענ"ד כאשר זכיתי לפני בערך יותר משישים שנה להגיד השיעור ירושלמי, אשר בחבורת הגאון רי"מ סלמון זצ"ה בירושלים ת"ו, ויישבו שמה אריות בתורה וגם הגה"צ רי"מ סלמון ז"ל, ואז הרגשתי עשרות עשרות פעמים, כמה חסר עדיין עומק הפשט וקשר הסוגיא בירושלמי, ואם אתם מחזירים עטרה ליושנה, זכות הרבים בכם ובעוזרים ותשוחח"ל - ויה"ר בזכות גילוי תורה זאת נזכה להשיב שבות עמו - ירושלים ובית מקדשינו - כיר"א.

הכ"ד דוש"ת מבקשי תורת אלקים חיים

מצפה לרחמי ה'

ג"א מצטרף לחזק ידי העוסקים בהוצאת הירושלמי. עם פירושי רבותינו ז"ל במהדורה מתוקנת

Pillars of Talmud Yerushalmi

We wish to acknowledge in this volume the friendship of the following:

In loving memory of

אלתר אברהם חיים ב״ר מרדכי ז״ל ויענטל בת ר׳ ראובן ע״ה

Abraham and Yetta Schulman ע״ה

by their children

Morton and Miriam Schulman **Isaac and Honey Schulman**

Raphael and Pessy Butler

R. Sterling Family Trust

The Written Word is Forever

In Memoriam — לזכרון עולם

Dedicated by the Talmud Yerushalmi Associates
to those who forged eternal links

M. Manuel Merzon — משה בן מנחם מנדל ז״ל
Miller — מו״ר הרה״ג ר׳ אביגדור ב״ר ישראל זצוק״ל
Henrietta Milstein — מרת הינדא בת אברהם הלוי ע״ה
Milstein — הילד בצלאל בנימין ז״ל ב״ר אליעזר פסח שליט״א
Neuman — ר׳ יצחק אייזיק ב״ר אהרן ז״ל
Neuman — ר׳ משה ב״ר יצחק אייזיק ז״ל
Oppenheimer — הרב שלמה ב״ר קלונימוס הכהן ז״ל
Perlman — יוסף ב״ר נפתלי בנימין ע״ה
Pinczower — ר׳ אפרים ב״ר ישראל חיים ז״ל ופייגלא בת ר׳ יעקב ע״ה
Rieder — הרב שמואל יוסף ב״ר צבי ז״ל וחיה בת ר׳ שמעון צבי ע״ה
Schechter — משה בן שמואל ז״ל
Stern — ישראל אשר בן אברהם ז״ל
Bonnie Torgow — טיבל שרה בת ר׳ משה ע״ה
הרב אהרן ב״ר מאיר יעקב זצ״ל
הרבנית פרומא בת ר׳ חיים צבי ע״ה

Bachrach — ר׳ זאב צבי בן הרה״ג ר׳ יצחק יוסף ע״ה
Bachrach — מרת גיטל בת אשר ע״ה
Barbalatt — הרב החזן דוד שמעון אלטער ב״ר שלמה ראובן ז״ל
Jerome Batkin — יוחנן בן ניסן הכהן ז״ל
Joshua Mordechai Batkin — יהושע כוכבא ז״ל בן משה הכהן שיחי׳
Philip Belz — שרגא פייוול בן משה חיים ע״ה
Sarah T. Belz — שרה בת אהרן צבי הלוי ע״ה
Berkovits — הרב משה גרשון בן ירמיהו צבי ע״ה
Goldberger — הרה״ח רבי אברהם צבי ז״ל בן הר״ר מתתיהו זצ״ל
Goldberger — גאלדע רויזע בת ר׳ צבי ע״ה
Herzka — ר׳ פנחס ב״ר יעקב ז״ל
Kahanow — הגאון רבי אלעזר בן הגאון ר׳ אורי מאיר הכהן זצוק״ל
Kraf — זעליג ב״ר שמואל גימפל ז״ל
Marcus — שאול בן שבתאי ז״ל
Marks — חיים בן פייוויש ז״ל

תנצב״ה

Talmud Yerushalmi Associates*

A fellowship of benefactors dedicated to
the dissemination of Talmud Yerushalmi

Yoni and Sima Bachrach
לזכות מרת מיניא בת יעקב
ובניהם ונכדיהם היקרים שיחיו:
ירוחם וגיטל טובה, אסתר רחל, זאב צבי, לאה שרה,
שירה קילא, שרה רינה

Gerald Barbalatt

Mike and Jamie Batkin

Drs. Mark and Barbara Bell
Bentzion Yosef, Mordechai Yehudah, and Adina Kayla

The Belz Family

Aryeh and Cheryl Farkas

Raphael and Blimie Manela
לזכות בניהם היקרים שיחיו:
מתתיהו, ישראל, ישעיהו, חיים משה, ושמעון

Anthony and Asa Marks
Yessica Benjamin and Theodore

Asher Milstein

Robby and Judy Neuman and Family
לזכות בניהם היקרים שיחיו:
אברהם לייב, שרה מאטיל, מרדכי שרגא,
זיסל, שמואל שמעלקא, נחמה,
רחל ברכה, ישראל זכריהו ומנשה ברוך

Naftali Binyomin and Zypora Perlman

Shlomo Perlman

Kenneth Ephraim and Julie Pinczower

Harold and Ann Platt

Joseph Chaim and Nina Shenker

Jeffrey and Orly Stern and Family
in honor of their mothers
Grace Stern שתחי' Meira Berman שתחי'

David and Joan Tepper

Gary and Malke Torgow

*In formation

PATRONS OF TALMUD YERUSHALMI

AVODAH ZARAH I: **Ron and Gizelle Russ**

in honor of our beloved mother Ruthie Stern Russ שתחי'
and in memory of our father
דוד בן מאיר הכהן ע"ה — Daniel G. Russ ע"ה
and our brothers
אהרן שלום בן דוד הכהן ע"ה — Stephen A. Russ ע"ה
Mirek Cassnell ע"ה

AVODAH ZARAH II: **Jeff and Leslie Gould**

Rachel Jacob

in memory of their fathers
ראובן בן יוסף ע"ה — Rubin Gould ע"ה
חיים בן אברהם ע"ה — Herbert Kulwin ע"ה
and in honor of his mother
Lucy Gould שתחי'

HORAYOS: **Jacques and Ariane Stern** (Sao Paulo)

in honor of our children
Anat Mindel and Yechezkel Hartman and their daughter Jael Jocheved
Miriam Ilana and Marcel Faintuch
Zwi Jonathan Tobi Dacha Dina and Itla Tali

and in honor of our beloved parents who are role models to everyone who knows them
Mr. and Mrs. Woli Stern לאוי"ט עמו"ש
Ariane's mother Ruscha Weitman שתחי' עמו"ש
Ariane's father יששכר טוביה בן יוסף ז"ל

PATRONS OF TALMUD YERUSHALMI

MOED KATAN: **Adam and Suri Sokol**
Ari Yehuda Akiva Aaron
in honor of our parents and grandparents
Mendy and Susan Sokol
Rabbi Mordechai and Edna Besser
and in honor of our grandmothers and great grandmothers
Bernice Scharaga, Tzila Besser and Zena Sales Neuhaus
In loving memory of our grandparents and great grandparents
צבי אריה בן ר׳ יעקב מנחם ז״ל — Harry Sokol ז״ל
רחל בת יצחק ע״ה — Dolly Sokol ע״ה
צבי בן יצחק מאיר הכהן ז״ל — Harry Scharaga ז״ל
עקיבא בן נפתלי ז״ל — Akiva Besser ז״ל
יהודה בן אליעזר ליבר ז״ל — Leon Sales ז״ל

KESUBOS I and II: **Menachem and Nechama Klein** (Los Angeles)
Kolev and Shoshana Klein — Dovi, Yakov, Avi and Ahron
Shimson and Sara Lea Bienstock — Yaakov, Dovid, Miriam and Raizy
Reuven and Leah Klein — Yaakov, Aliza and Meir
Yechiel Yehudah Klein
in tribute to the memory of
הרב יחיאל יהודה זצ״ל — Isacsohn זצ״ל
who took Los Angeles to great heights in Torah and Avodas Hashem
and in memory of their parents and grandparents
יעקב בן יהושע ע״ה, נפ׳ ט״ו שבט תשנ״ג — Yaakov Klein ע״ה
מרים בת מנחם ע״ה, נפ׳ ט׳ שבט תשנ״ב — Miriam Klein ע״ה
כלב בן שלמה ע״ה, נפ׳ י׳ כסלו תש״ו — Kolev Gestetner ע״ה
רעזל בת עזריאל ע״ה, נפ׳ י״ח אב תשנ״א — Raizel Gestetner ע״ה

GITTIN I: **Keren Naftali**
in memory of
ר׳ נפתלי ב״ר יהודה אריה ע״ה
ר׳ נתן יוסף בן הרב יצחק הכהן ע״ה

NAZIR II: **Paul and Beth Guez and Family**
in memory of
Felix (Mazal) Guez ע״ה

SOTAH: **Motti and Malka Klein and Family**

SANHEDRIN I: **Barry and Tova Kohn**
Elli and Ahuva Deena Zemel — Sarah Malka, Tzippora Miriam
Shlomo and Hadassah Dubin — Elana Malka
in memory of their fathers, grandfathers, and brother
ר׳ יוסף יצחק אייזיק ב״ר בן ציון ז״ל, נפ׳ י׳ שבט תשנ״ח — Josef Kohn ז״ל
הרב מנחם מנדל בן ר׳ יוסף יצחק אייזיק זצ״ל, נפ׳ כ״ז מנחם אב תשס״ו — HaRav Menachem Kohn זצ״ל
ר׳ בנימין אלכסנדר ב״ר דוד ז״ל, נפ׳ ל׳ שבט תשס״א — Benjamin Wiederman ז״ל
and in honor of their mothers and grandmothers שתחיי׳ לאוי״ט
Helene Kohn Sylvia Wiederman

Benzion J. and Joyce M. Westreich
Akiva and Deena **Doni and Rivka** **Zaki** **Elie**
Yehoshua Moshe **Yehoshua Aharon**
Dovid Avraham Dov
in memory of their parents and grandparents
הרב יהושע ב״ר מוה״ר יוסף יאסקא ז״ל, נפ׳ ה׳ מנחם אב תשנ״ה — Rabbi Yehoshua Westreich ז״ל
גיטל בת ר׳זאב וואלף ע״ה, נפ׳ י״א אייר תשס״ב — Gerda Westreich ע״ה
ר׳ יועץ עקיבא ב״ר שמעון ז״ל, נפ׳ י״ז אייר תשכ״ה — Akiva Mayer ז״ל
ר׳ אברהם דוב ב״ר עקיבא יונתן ז״ל, נפ׳ ב׳ כסלו תש״ע — Armand Ungar ז״ל
and in honor of their mother and grandmother Susan Ungar שתחיי׳ לאוי״ט

PATRONS OF TALMUD YERUSHALMI

PESACHIM II: **Benjamin Steinitz**
in honor of his parents
Bernard Baruch and Simone Steinitz
in memory of his brother David ז״ל
and of his father's mother Rosa ע״ה
and his sister Mireille ע״ה
who perished in the Holocaust;
and in memory of his grandfather Paul (Shia) Steinitz ז״ל

ROSH HASHANAH: **Edward Mendel and Elissa Czuker and Family** (Los Angeles)
In memory of our beloved father
Jan Czuker ז״ל
ר׳ יוסף ב״ר מנחם מענדל ז״ל
נפ׳ פסח שני תש״ע
and יבל״ח in honor of our beloved mother
Mrs. Susanne Czuker שתחי׳

YOMA I: **Rabbi Dr. and Mrs. Neil Maron**
in memory of his parents
Louis and Pearl Maron ז״ל – חיים אליעזר בן אברהם צבי הכהן ז״ל   פעשא פריידא בת יהודה לייב ע״ה
נפ׳ ז׳ תמוז תשס״ה   נפ׳ ב׳ דר״ח טבת תשס״ב
and in honor of
Rabbi Aron and Sherry Heinemann and family

SUCCAH: **Nachum Dov and Malkie Silberman**
in honor of her mother
Gussie Friedlander שתחי׳
לאורך ימים טובים
and in memory of their parents
Sidney Friedlander ז״ל — ר׳ סיני ב״ר אריה לייב ז״ל
Silberman — ר׳ צבי ב״ר זאב הלוי ז״ל   דבורה אסתר בת ר׳ ישראל ע״ה

BEITZAH: Dedicated to the memory of
Eliyahou Shamah Halevi ז״ל
אליהו שמאע הלוי בן גלדיס
בן לאותו עסקן המפורסם האיש על העדה ר׳ יוסף שמאע הלוי זצ״ל
נפ׳ כ״ו אדר תשס״ז

TAANIS: **Jean and David Bernstein**
Matthew Bernstein
Andrea and Scott Bernstein
Samara, Jonah, and Jesse Bernstein
in memory of
Anna and Harry Bernstein ע״ה   Sarah and Joseph Furman ע״ה
Seymour Furman ע״ה

MEGILLAH: **Raanan and Dr. Nicole Agus**
Gabrielle, Alexander, and Elan
in honor of our parents and grandparents
Avram and Renée Schreiber שיחי׳
Dr. Saul and Marcelle Agus שיחי׳
in honor of our grandmother and great grandmother
Yetta Mandel שתחי׳
and in memory of our grandparents and great grandparents
Ber Mandel ז״ל — מנחם דב בן הרב זאב ז״ל
Louis and Evelyn Schreiber ע״ה — יעקב אריה בן יוסף זאב ז״ל   חוה בת חנוך הענוך הכהן ע״ה
Dr. Robert and Anne Appel ע״ה — ראובן בן משה ז״ל   חנה בת מנחם מענדל יצחק ע״ה
Dr. Haim and Edith Agus ע״ה — חיים שמואל בן יהודה ליב ז״ל   איטה חיה בת יוסף שמעון ע״ה

PATRONS OF TALMUD YERUSHALMI

MAASER SHENI: **איידעל ביילע ור' יהודה יודל ברוידא שיחיו**
לכבוד בנם **ר' אהרן אריה וזוג' רייזל**
ונכדיהם
עליזה זהבה אליעזר זאב שיינדל ומרים גיטל
למשפ' ברוידא שיחיו
ולכבוד בתם **צביה ובעלה ר' יוסף יהודה**
ונכדיהם
מלכה מרים גיטל ובנימין שלמה
למשפ' דובין שיחיו

CHALLAH: **Hashi and Miriam Herzka**
Baruch and Chayala Yanki and Adina Eli
Menachem and Emily Moishe Yehoshua Batsheva
in memory of their dear sister and aunt
אלטע חיה שרה ב"ר פנחס ע"ה — Mrs. Vivian Paneth ע"ה
and her cherished son, their beloved nephew and cousin
יעקב מנחם ז"ל ב"ר יחזקאל ישעיה שיחי' לאוי"ט — Yanki Paneth ז"ל

ORLAH-BIKKURIM: **Howard and Chaya Balter**
Nachum and Perri Augenbaum Gavriel Shmuel, Rachel Naftali and Perele Aryeh Leib Akiva
in memory of our parents and grandparents
דוד זאב בן הרב שלמה ז"ל, נפ' ז' תמוז תשס"ח — **David Balter** ז"ל
רחל בת ר' חיים ע"ה, נפ' ז' שבט תשנ"ט — **Ruth L. Balter** ע"ה
and in honor of their parents and grandparents שיחי'
Noah and Shirley Schall
and in beloved memory of their grandparents and great grandparents
ר' שלמה ב"ר דוד ז"ל אדעל בת ר' זאב ע"ה — Balter
ר' חיים ב"ר לייב ז"ל פערל בת ר' ביינוש הערש ע"ה — Lelling
ר' דוב בער ב"ר אליעזר ז"ל ליבה בת ר' ישראל ע"ה — Zabrowsky
ר' נפתלי ב"ר יעקב שלמה ז"ל שרה בת ר' רפאל ע"ה — Schall

SHABBOS I: Dedicated in honor of
Dr. Samuel and Paula Rosenblum עמו"ש
by their children and grandchildren
Dr. Jonathan and Temima Rosenblum and children
Dr. Sean and Michele Rosenblum and children
Dr. Andrew and Sarit Rosenblum and children
Estie Rosenblum

SHABBOS II: **Stanley and Ellen Wasserman**
and their children
Alan and Svetlana Wasserman Mark and Anne Wasserman
Neil and Yael Wasserman Stuart and Rivka Berger
and families
In loving memory of
יוסף בן דוב בער ע"ה בילא בת יעקב ע"ה — Joseph and Bess Wasserman ע"ה, and
שמריהו בן משה ע"ה רבקה בת הרב יוסף הכהן ע"ה — Sascha and Regina (Czaczkes) Charles ע"ה

PESACHIM I: **Joseph and Freda Levi**
Shlomo and Devora, Miri, Yisroel Elazar, Aliza, Mordechai, Shoshana
in loving memory of
יצחק בן אליהו הלוי ז"ל — Levi
שלמה אריה בן שמשון ז"ל — Sternberg

Shachna and Miriam Perel Korsinsky
Shlomo Mordechai, Chana Mindel, Faiga Devorah
in loving memory of
יצחק בן מרדכי זלמן ז"ל פיגא דבורה בת שלום שכנא ע"ה — Korsinsky
אברהם אלטר בן יהודה ז"ל — Indig
אברהם חיים בן יעקב הלוי ז"ל חנה מינדל בת משה אלימלך ע"ה — Klein

PATRONS OF TALMUD YERUSHALMI

With generosity, vision, and devotion to the perpetuation of Torah study, the following patrons have dedicated individual volumes of Talmud Yerushalmi*

BERACHOS I: In memory of
Jerome Schottenstein ע״ה
יעקב מאיר חיים בן אפרים אליעזר הכהן ע״ה

BERACHOS II: **Zvi and Betty Ryzman**
Mickey and Shelly Fenig — Aliza, Yissachar David, Batsheva, Aharon Yakov and Elazar
Elie and Adina Ryzman — Leora, Yonatan Zev, Ari and Shai
Avi and Zahava Ryzman — Sarah Chloe
Rafi and Elimor Ryzman — Ora
in tribute to the memory of the unforgettable *manhig Yisrael*
who instituted the Daf Yomi of Talmud Yerushalmi
כ״ק אדמו״ר מגור זצוק״ל בעל ה„לב שמחה"
נלב״ע ז׳ תמוז תשנ״ב
and in honor of their father and grandfather להבחל״ח
Harav Heshel Ryzman שליט״א

PEAH: **Joseph H. and Miriam F. Weiss and Family**
in memory of his parents
הרב משה ב״ר צבי ז״ל — Rabbi Moses Weiss ז״ל
נפ׳ ה׳ תשרי תשנ״ד
חוה דבורה בת ר׳ יוסף למשפחת פריעד ע״ה — Dora Weiss ע״ה
נפ׳ י״א אדר תשס״א

DEMAI: **Barbara and Tuvia Levkovich**
and their children
Zahava, Talia, and Arel
In loving memory of their mothers and grandmothers
פעריל בת נפתלי נחמן ע״ה — Perla Levkovich ע״ה
נפ׳ כ״ח אדר תשס״ט
שולמית הליה בת אברהם משה ע״ה — Sandy Pinsky ע״ה
נפ׳ כ״ב אלול תשנ״ו

KILAYIM: **Vera and Soli Spira and Family**
dedicated to the memory of a giant — a giant in Torah and a giant in *chessed* —
the great gaon and *tzaddik* whose memory remains an inspiration
to everyone who was blessed to grow up in his glow
HaGaon HaRav Chaim Kreiswirth זצ״ל

SHEVI'IS: **Shlomo and Esther Werdiger and Family**
in memory of her father
משה בן אשר ענזיל שארף ז״ל — Moshe Scharf ז״ל
נפ׳ ז׳ תמוז תשנ״ט

TERUMOS I: **Terumah Foundation**

TERUMOS II: **Zareh and Aram Bezikian**
in honor of our parents
Alecco and Annie Bezikian שיחי׳

MAASROS: **Andrew and Nancy Neff**
Abigail, Esther, Barnet and Philip
in memory of our mother and grandmother
לאה מרים בת ישראל ע״ה — Lucy Rabin ע״ה
נפ׳ י״ד סיון תשס״ז
and in honor of our parents and grandparents
Alan and Joyce Neff
Sidney Rabin

*In formation

PATRONS OF THE SEDARIM

Recognizing the need for the holy legacy of the Talmud to be available to its heirs in their own language, these generous and visionary patrons have each dedicated one of the Sedarim/Orders of Talmud Yerushalmi.

SAUL SCHOTTENSTEIN EDITION OF SEDER NEZIKIN

In memory of

Saul Schottenstein ז״ל

ישראל בן אפרים אליעזר ז״ל

נפ׳ כ״ז אב תשס״ז

He was a genius of his industry and — especially —
a warmhearted and generous provider of spiritual services to the elderly

and in honor of

Sonia Schottenstein

a priceless community treasure.

Dedicated by **The Saul Schottenstein Memorial Foundation**

THE MILSTEIN EDITION OF SEDER TOHOROS

is lovingly dedicated by

Elisha Shlomo Milstein

in memory of his grandparents

Rabbi Elazar Kahanow ז״ל — הגאון רבי אלעזר בן הגאון ר׳ אורי מאיר הכהן זצוק״ל

Henrietta Milstein ע״ה — מרת הינדא בת אברהם הלוי ע״ה

and his brother

Betzalel Milstein ז״ל — הילד בצלאל בנימין ז״ל ב״ר אליעזר פסח שליט״א

and in honor of his parents

Lazer and Ziporah Milstein שיחי׳

his grandparents

Monroe and Judy Milstein שיחי׳ Rebbetzin Rochel Kahanow שיחי׳

and in tribute to

Rabbi Jeff Seidel

PATRONS OF THE SEDARIM

Recognizing the need for the holy legacy of the Talmud to be available to its heirs in their own language, these generous and visionary patrons have each dedicated one of the Sedarim/Orders of Talmud Yerushalmi.

THE RENNERT EDITION OF SEDER ZERA'IM

is lovingly dedicated by

Ira Leon and Ingeborg Rennert

Sarah Tamara and David Randall Winn

Yonina Nechama and Mitchell Abraham Davidson

Gabriella Sarah Eliana Rivka

Ari Eliyahu Yonah Menachem and Erynne Rebeccah Rennert

in memory of his parents

יונה מנחם בן אהרן ז״ל | **שרה בת יצחק יעקב ע״ה**

נפ׳ ג׳ טבת | נפ׳ כ״ז חשון

Jonas Mendel and Sadie Rennert ע״ה

THE GRAFF-RAND EDITION OF SEDER MOED

is lovingly dedicated by

Jacob M. M. and Pnina (Rand) Graff

Malka Ita and Boruch Blum Chaya Rivka Graff Meira and Elie Portnoy

Joy and Adam Kushnir Meir Reuven Yekusiel and Itta Graff Ahuva Esther Graff

and families

and also dedicated by

Rabbi and Mrs. Jerry Hochbaum, Mrs. Chana Kersz, Rabbi and Mrs. Yosef Moshe Rand, and families

in loving memory of our parents לעילוי נשמות הורינו ומורינו

ר׳ מאיר חיים ב״ר יקותיאל ז״ל נפטר ד׳ תשרי תשד״מ

פריידא ריקלא בת הרב משה נתן ע״ה נפטרה כ״ז אייר תשמ״ו

למשפחת גראף

Meyer H. and Joy Ruth (Taxon) Graff ז״ל

ר׳ חיים ב״ר יוסף משה ז״ל נפטר כ״ח תשרי תשס״ג

ראניא בת ישראל ע״ה נפטרה י״ט שבט תשנ״ט

למשפחת ראנד

Chaim and Ronia (Grïnfogel) Rand ז״ל

THE MILSTEIN EDITION OF SEDER NASHIM

is lovingly dedicated by

Asher David Milstein

in memory of his grandparents

הגאון רבי אלעזר בן הגאון ר׳ אורי מאיר הכהן זצוק״ל — Rabbi Elazar Kahanow ז״ל

מרת הינדא בת אברהם הלוי ע״ה — Henrietta Milstein ע״ה

and his brother

הילד בצלאל בנימין ז״ל ב״ר אליעזר פסח שליט״א — Betzalel Milstein ז״ל

and in honor of his parents **Lazer and Ziporah Milstein שיחי׳**

his grandparents

Monroe and Judy Milstein שיחי׳ Rebbetzin Rochel Kahanow שיחי׳

and in tribute to **Rabbi Jeff Seidel and Rabbi Yehoshua Bertram**

GRAFF-RAND EDITION OF SEDER MOED

The Graff-Rand edition of Seder Moed is endowed by

Jacob M. M. and Pnina (Rand) Graff

Malka Ita and Boruch Blum Chaya Rivka Graff Meira and Elie Portnoy
Joy and Adam Kushnir Meir Reuven Yekusiel and Itta Graff Ahuva Esther Graff
and families

and also dedicated by

Rabbi Dr. and Mrs. Jerry Hochbaum, Mrs. Chana Kersz, Rabbi and Mrs. Yosef Moshe Rand, and families

In loving memory of our parents לעילוי נשמות הורינו ומורינו

ר׳ מאיר חיים ב״ר יקותיאל ז״ל נפטר ד׳ תשרי תשד״מ
פריידא ריקלא בת הרב משה נתן ע״ה נפטרה כ״ז אייר תשמ״ו
למשפחת גראף
Meyer H. and Joy Ruth (Taxon) Graff ז״ל

ר׳ חיים ב״ר יוסף משה ז״ל נפטר כ״ח תשרי תשס״ג
ראניא בת ישראל ע״ה נפטרה י״ט שבט תשנ״ט
למשפחת ראנד
Chaim and Ronia (Grïnfogel) Rand ז״ל

And in loving memory of our grandparents ולעילוי נשמות זקנינו

ר׳ יקותיאל ב״ר מרדכי דוד ז״ל
חיה רבקה בת מאיר ע״ה
Sol K. and Ida Rose (Kulwin) Graff

הרב משה נתן ב״ר שלמה ז״ל
חיה איטה בת יעקב ע״ה
Rabbi Morris Nathan and
Edythe Irene (Schottenstein) Taxon

ר׳ יוסף משה ב״ר שמעון ראנד ז״ל
פעסל בת ישראל (לבית שטרענגער) ע״ה
Yosef Moshe and Pesel (Strenger) Rand
ובניהם שנספו בשואה: אברהם, ראובן, דוב בער ז״ל הי״ד

ר׳ ישראל ב״ר שכנא גרינפאגל ז״ל
פערל רחל בת ליפא (לבית טרעפלר) ע״ה
Yisrael and Perel (Trefler) Grïnfogel
ובנותם שנספו בשואה: מלכה, פעסל ז״ל הי״ד

Meyer H. and Joy Ruth Graff

In the early twentieth century Midwest and South, Orthodox Judaism was not fashionable, but Joy Ruth Taxon and Meyer H. Graff and their families remained steadfastly commited to Torah values.

Our mother was always proud in being the daughter of a rabbi and rebbetzin, Rabbi Moshe Nosson and Edythe (Schottenstein) Taxon. Rabbi Taxon, a musmach from Slabodka, led budding Orthodox communities in Columbus, Omaha, Dallas, Chicago and Memphis. Our parents first met in Chicago as children, where her father was a rav and his father was president of that shul. During the Great Depression the shul could not afford the rabbi's salary, so he and his family moved to Memphis. Our father learned in the Beis Medrosh LeTorah (yeshiva gedola) of Chicago, quite a rarity in those early years, and he was also a brilliant general studies student.

Years later our parents met as adults, and married in 1940. People were still financially and emotionally devastated by the Depression. Shabbos observance and Jewish education were neglected by the vast majority of American Jews, but our parents' families had sowed the seeds of Torah in the pre-World War I American heartland. Our parents joined spiritual forces and nurtured those seeds.

They spent all their married years in Chicago, and were life partners in every way for 43 years. They were integral parts of the Orthodox community's backbone, joining the pioneers who founded shuls and day schools. Dad was PTA president, a volunteer teacher of adults, and a great organizer. Mom was his helpmate, completely devoted to her family. They engaged in outreach, when that concept was foreign to Orthodoxy. They opened their home and embodied the most profound values of our faith through personal chesed, and love of all mankind. This was their legacy to their children and grandchildren. May their memory be a blessing for Klal Yisroel.

Chaim and Ronia Rand

Our parents, Chaim and Ronia (Grïnfogel) Rand were born and raised in Poland, in homes of Torah and chessed, where sheltering needy guests was not unusual. Tragically, they were the only survivors of their families in Europe.

Our father was born to Sadigerer chassidim in Sanok, where Rabbi Meir Shapira was rav. As the youngest, he supported his parents, until forced to flee in 1939. He spent the war years in a Siberian hard labor camp, but his faith and spirit remained strong. Our mother was born in Warsaw and survived the war in Russia, where she was exiled to Syktyvkar, where she labored and braved hunger and deprivation with firm faith.

At the end of the War, our parents met and married in Russia. They returned to Poland where they founded a kehilla, but soon realized they could not build a Jewish family there. They then moved to Bnei Brak where our father was reunited with the Sadigerer Rebbe. Despite their own struggle to start anew in Eretz Yisrael, they were active in their kehilla and helped marry off war orphans. They faced a new set of challenges when they moved to Chicago in 1956, but compromise in matters of Shemiras Shabbos and emunah was never an option.

For all 53 years of their devoted marriage their values were Torah education for their children and loving-kindness to others. They lived their final years in Los Angeles, where our father never gave up energetically working and was at home in shul and at shiurim, and our mother lightened people's burdens with her love, humor and wisdom. Their aspiration was to have children and grandchildren who would carry on their legacy of Torah and mitzvos. Baruch HASHEM, they saw the fulfillment of their dream.

תנצב״ה

THE SCHOTTENSTEIN EDITION

TALMUD YERUSHALMI

is lovingly dedicated in honor of
our parents and grandparents

Jerome ז״ל and Geraldine Schottenstein תחי׳

Leonard and Heddy Rabe שיחי׳

Constant sources of strength and role models
of dignity, integrity, loyalty to the past
and dedication to the future.

It is fitting that now, as we dedicate the new frontier
of Mesorah Heritage Foundation
— the Talmud Yerushalmi —
we pay tribute to them,
for they symbolize to us the values of our heritage,
their constant support day in day out,
and the encouragement
to go beyond our goals.

Jay and Jeanie Schottenstein

Joseph Aaron and Lindsay Brooke,

Jacob Meir Jonah Philip Emma Blake

Jonathan Richard, Jeffrey Adam

This volume is dedicated in loving memory
of our beloved father,

Jan Czuker ז״ל
ר׳ יוסף ב״ר מנחם מענדל ז״ל
נפ׳ פסח שני תש״ע

Our father survived the Holocaust,
but his faith and spirit remained intact.
His determination to rebuild not only his own life and family
but also those of others made him a generous supporter
of many Jewish institutions and individuals in the community.
His good cheer and charisma drew others to him.
He was a loyal friend, always ready to help.
He was a blessing to all who crossed his path.

Torah education, chessed, and ahavas Yisrael were all precious to him.
A devoted father and grandfather, in words and deeds he instilled
Jewish values in his children and grandchildren.

And in honor of our beloved mother,

Mrs. Susanne Czuker שתחי׳

She is the quintessential Eishes Chayil. Accomplished in her
own right, her steady guidance and encouragement enabled
our father to achieve all that he did. The love she has for her
children and grandchildren lights up all of our lives.
May Hashem bless her with many years of good health and the
nachas of seeing that her offspring live up to her hopes and example.

Maseches Rosh Hashanah deals with the New Moon and the New Year —
how fitting that this volume honors our parents. They began a new life
on this continent, a life dedicated to the eternal values of our Torah.
Our Sages liken the Jewish people to the moon. The moon wanes and
seems to be gone, but it always re-emerges and becomes full again.
Our father ז״ל and mother שתחי׳ exemplified this faith in their own lives.

Together, our parents laid the foundation for us to carry on
their Torah values and ideals, and fulfill their dreams.

Edward Mendel and Elissa Czuker
and Family

We gratefully acknowledge the outstanding
Torah scholars who contributed to this volume:

Rabbi Chaim Malinowitz, Rabbi Mordechai Marcus,
Rabbi Yisroel Simcha Schorr, and **Rabbi Avraham Forman**
who reviewed and commented on the manuscript,
Rabbis Yehezkel Danziger, Hillel Danziger, Yosef Davis, Zev Dickstein,
Reuvain Dowek, Menachem Goldberger, Avrohom Greenwald,
Eliezer Herzka, Menachem Jacobowitz, Binyamin Jacobson, Zev Meisels,
Dovid Nachfolger, Feivel Wahl, and **Mordechai Weiskopf,**

Rabbis Yosaif Asher Weiss, Eliyahu Cohen, Avrohom Yitzchak Deutsch,
Yisroel Dovid Londinski, David Lyons, and **Avrohom Shereshevsky**
who edited, contributed, and assisted in the production of this volume.

Rabbi Yehezkel Danziger and **Rabbi Eliezer Herzka**
Editorial Directors

Special thanks to one of our Patrons, Mr. Joseph H. Weiss, for his help in reviewing the manuscript.
We are also grateful to our proofreaders: Mrs. Judi Dick, Mrs. Mindy Stern, and Mrs. Faigie Weinbaum;
our typesetters: Moshe Deutsch, Mrs. Esther Feierstein, Mrs. Chumie Lipschitz, Mrs. Sury England, Mrs. Estie Dicker,
Mrs. Toby Goldzweig, and Yechezkel Sochaczewski

FIRST EDITION
First Impression . . . August 2012

Published and Distributed by
MESORAH PUBLICATIONS, Ltd.
4401 Second Avenue
Brooklyn, New York 11232

Distributed in Europe by
LEHMANNS
Unit E, Viking Business Park
Rolling Mill Road
Jarrow, Tyne & Wear NE32 3DP
England

Distributed in Australia & New Zealand by
GOLDS WORLD OF JUDAICA
3-13 William Street
Balaclava, Melbourne 3183
Victoria Australia

Distributed in Israel by
SIFRIATI / A. GITLER — BOOKS
6 Hayarkon Street
Bnei Brak 51127

Distributed in South Africa by
KOLLEL BOOKSHOP
Northfield Centre, 17 Northfield Avenue
Glenhazel 2192, Johannesburg, South Africa

THE ARTSCROLL SERIES® / SCHOTTENSTEIN EDITION OF TALMUD YERUSHALMI
TRACTATE ROSH HASHANAH

4401 Second Avenue / Brooklyn, N.Y. 11232 / (718) 921-9000 / FAX (718) 680-1875 / www.artscroll.com

ISBN 10: 1-4226-0254-0
ISBN 13: 978-1-4226-0254-6

Typography by CompuScribe at ArtScroll Studios, Ltd.
Custom bound by **Sefercraft, Inc.,** Brooklyn, N.Y.

The Schottenstein Edition

TALMUD

THE JERUSALEM TALMUD

WITH AN ANNOTATED, INTERPRETIVE ELUCIDATION,
AS AN AID TO TALMUD STUDY

under the General Editorship of
Rabbi Chaim Malinowitz, Rabbi Yisroel Simcha Schorr,
and Rabbi Mordechai Marcus
in collaboration with a team of Torah Scholars

The Hebrew folios are from
the new OZ VEHADAR EDITION

Published by
Mesorah Publications, ltd

תלמוד ירושלמי

YERUSHALMI

THE GRAFF-RAND EDITION OF SEDER MOED

מסכת ראש השנה
TRACTATE ROSH HASHANAH

Elucidated by

Rabbi Gershon Hoffman,
Rabbi Mordechai Smilowitz, Rabbi Yehudah Jaffa,
and Rabbi Mordechai Stareshefsky (Chapter 1)

Rabbi Mordechai Smilowitz (Chapter 2)

Rabbi Chaim Ochs (Chapter 3)

Rabbi Abba Zvi Naiman (Chapter 4)

A PROJECT OF THE

Mesorah Heritage Foundation

THE SCHOTTENSTEIN EDITION

תלמוד ירושלמי

TALMUD YERUSHALMI

The ArtScroll Series®

THE GRAFF-RAND EDITION OF SEDER MOED

מסכת ראש השנה
TRACTATE ROSH HASHANAH

TALMUD YERUSHALMI תלמוד ירושלמי